平定禍亂部

討平藩王宗親叛亂分部

漢王楊諒之亂

綜　述

《隋書》卷一《高祖紀上》　開皇元年二月【略】乙亥，封【略】皇子雁門公廣爲晉王，俊爲秦王，秀爲越王，諒爲漢王。

又　卷二《高祖紀下》（開皇十二年）二月己巳，以蜀王秀爲內史令，兼右領軍大將軍，漢王諒爲雍州牧、右衛大將軍。

十八年【略】二月【略】乙巳，以漢王諒爲行軍元帥，水陸三十萬伐高麗。

九月己丑，漢王諒師遇疾疫而旋，死者十八九。

又　卷三《煬帝紀上》（仁壽）四年七月，高祖崩，上卽皇帝位於仁壽宮。八月，奉梓宮還京師。并州總管漢王諒舉兵反，詔尚書左僕射楊素討平之。

又　卷四五《庶人楊諒傳》　庶人諒，字德章，一名傑，開皇元年，立爲漢王。十二年，爲雍州牧，加上柱國、右衛大將軍。歲餘，轉左衛大將軍。十七年，出爲并州總管，上幸温湯而送之。自山以東，至於滄海，南拒黃河，五十二州盡隸焉。特許以便宜，不拘律令。十八年，起遼東之役，以諒爲行軍元帥，率衆至遼水，遇疾疫，不利而還。十九年，突厥犯塞，以諒爲行軍元帥，竟不臨戎。高祖甚寵愛之。

諒自以所居天下精兵處，以太子讒廢，居常怏怏，陰有異圖。遂諷高祖云：『突厥方强，太原卽爲重鎮，宜修武備。』高祖從之。於是大發工役，繕治器械，貯納於并州。招傭亡命，左右私人，殆將數萬。王頍者，梁將王僧辯之子也，少倜儻，有奇略，爲諒咨議參軍。蕭摩訶者，陳氏舊將。二人俱不得志，每鬱鬱思亂，併爲諒所親善。

及蜀王以罪廢，諒愈不自安。會高祖崩，徵之不赴，遂發兵反。總管司馬皇甫誕切諫，諒怒，收繫之。王頍説諒曰：『王所部將吏家屬，盡在關西，若用此等，卽宜長驅深入，直據京都，所謂疾雷不及掩耳。若但欲割據舊齊之地，宜任東人。』諒不能專定，乃兼用二策，唱言曰：『楊素反，將誅之。』聞喜人總管府兵曹裴文安説諒曰：『井陘以西，是王掌握之內，山東士馬，亦爲我有，宜悉發之。分遣羸兵，屯守要路，仍令隨方略地。率其精鋭，直入蒲津。文安請爲前鋒，王以大軍繼後，風行電擊，頓於霸上，咸陽以東可指麾而定。京師震擾，兵不暇集，上下相疑，羣情離駭，我卽陳兵號令，誰敢不從，旬日之間，事可定矣。』諒大悅。於是遣所署大將軍餘公理出大谷，以趣河陽。大將軍綦良出滏口，以趣黎陽。大將軍劉建出井陘，以略燕、趙。柱國喬鐘葵出雁門。署文安爲柱國，紇單貴、王聃、大將軍茹茹天保、侯莫陳惠直指京師。未至蒲津百餘里，諒忽改圖，令紇單貴斷河橋，守蒲州，而召文安。文安至曰：『兵機詭速，本欲出其不意。王既不行，文安又退，使彼計成，大事去矣。』諒不對。以王聃爲蒲州刺史，裴文安爲晉州，薛粹爲絳州，梁菩薩爲潞州，韋道正爲韓州，張伯英爲澤州。

煬帝遣楊素率騎五千，襲王聃、紇單貴於蒲州，破之。於是率步騎四萬趣太原。諒使趙子開守高壁，楊素擊走之。諒大懼，拒素於蒿澤。屬天大雨，諒欲旋師，王頍諫曰：『楊素懸軍，士馬疲弊，王以鋭卒親戎擊之，其勢必舉。今見敵而還，示人以怯，阻戰士之心，益西軍之氣，願王必勿還也。』諒不從，退守清源。素進擊之，諒勒兵與官軍大戰，死者萬八千人。諒退保并州，楊素進兵圍之。諒窮蹙，降於素。百僚奏諒罪當死，帝曰：『朕終鮮兄弟，情不忍言，欲屈法恕諒一死。』於是除名爲民，絕其屬籍，竟以幽死。

又　卷三九《竇抗傳》（竇榮定子）抗美容儀，性通率，長於巧思。父卒之後，恩遇彌隆，所賜錢帛金寶，亦以鉅萬。抗官至定州刺史，復檢校幽州總管。煬帝卽位，漢王諒構逆，由是除名，以其弟慶襲封陳公焉。

又《豆盧毓傳》 毓字道生，少英果，有氣節。漢王諒出鎮并州，毓以妃兄爲王府主簿。從趙仲卿北征突厥，以功授儀同三司。

及高祖崩，煬帝即位，徵諒入朝。諒納諮議王頍之謀，發兵作亂。毓苦諫不從，因謂弟懿曰：『吾匹馬歸朝，自得免禍。此乃身計，非爲國也。今且僞從，以思後計。』毓兄顯州刺史賢，言於帝曰：『臣弟毓素懷志節，必不從亂，但逼凶威，不能克遂。臣請從軍，與毓爲表裏，諒不足圖也。』帝以爲然，許之。賢密遣家人齎敕書至毓所，與之計議。諒出城，將往介州，令毓與總管屬朱濤留守。毓謂濤曰：『漢王搆逆，敗不旋踵，吾豈坐受夷滅，孤負家國邪！當與卿出兵拒之。』濤驚曰：『王以大事相付，何得有是語！』因拂衣而去。毓追斬之。時諒司馬皇甫誕前以諫諒被囚。毓於是出誕，與之協計，及開府、磐石侯宿勤武，開府宇文永昌，儀同成端、長孫愷，車騎、安成侯元世雅，原武令皇甫文顥等，閉城拒諒。部分未定，有人告諒，諒襲擊之。毓見諒至，紿其衆曰：『此賊軍也。』諒攻城南門，毓時遣稽胡守堞，稽胡不識諒，射之，箭下如雨。諒復至西門，守兵皆并州人，素識諒，即開門納之。毓遂見害，時年二十八。

又 卷四八《楊素傳》 漢王諒反，遣茹茹天保來據蒲州，燒斷河橋。又遣王聃子率數萬人并力拒守。素將輕騎五千襲之，潛於渭口宵濟，遲明擊之，天保敗走，聃子懼而以城降。有詔徵還。初，素將行也，計日破賊，皆如所量。帝於是以素爲并州道行軍總管、河北安撫大使，率衆數萬討諒。時晉、絳、呂三州並爲諒城守，素各以二千人縻之而去。諒遣趙子開擁衆十餘萬，策絶徑路，屯據高壁，布陣五十里。素令諸將以兵臨之，自引奇兵潛入霍山，緣崖谷而進，直指其營，一戰破之，殺傷數萬。諒所署介州刺史梁修羅屯介休，聞素至，懼，棄城而走。進至清源，去并州三十里，諒率其將王世宗、趙子開、蕭摩訶等，衆且十萬，來拒戰。又擊破之，擒蕭摩訶。諒退保并州，素進兵圍之，諒窮蹙而降，餘黨悉平。

又 卷五一《長孫行布傳》（長孫晟）長子行布，亦多謀略，有父風。起家漢王諒庫眞，甚見親狎。後遇諒於并州起逆，率衆南拒官軍，乃留行布城守，遂與豆盧毓等閉門拒諒，城陷，遇害。次子恆安，以兄功授鷹揚郎將。

又 卷五六《薛胄傳》 時左僕射高頍稍被疏忌，及王世積之誅也，頍事與相連，上因此欲成頍罪。胄明雪之，正議其獄。由是忤旨，械繫之，久而得免。檢校相州事，甚有能名。會漢王諒作亂并州，遣僞將綦良東略地，攻逼慈州。刺史上官政請援於胄，胄畏諒兵鋒，不敢拒。良又引兵攻胄，胄欲以計卻之，遣親人魯世範説良曰：『天下事未可知，胄爲人臣，去就須得其所，何遽相攻也？』良於是釋去，進圖黎陽。及良爲史祥所攻，棄軍歸胄。朝廷以胄懷貳心，鎖詣大理。相州吏人素懷其恩，詣闕理胄者百餘人，胄竟坐除名，配防嶺南，道病卒。

又 卷六二《柳彧傳》 彧嘗得博陵李文博所撰《治道集》十卷，蜀王秀遣人求之。彧送之於秀，秀復賜彧奴婢十口。及秀得罪，楊素奏彧以内臣交通諸侯，除名爲民，配戍懷遠鎮。行達高陽，有詔徵還。至晉陽，值漢王諒作亂，遣使馳召彧，將與計事。彧爲使所逼，初不知諒反，將入城而諒反形已露。彧度不得免，遂詐中惡不食，自稱危篤。諒怒，囚之。及諒敗，楊素奏彧心懷兩端，以候事變，迹雖不反，心實同逆，坐徙敦煌。楊素卒後，乃自申理，有詔徵還京師，卒於道。

又 卷六三《史祥傳》 煬帝即位，漢王諒發兵作亂，遣其將綦良自滏口徇黎陽，塞白馬津，余公理自太行下河内。帝以祥爲行軍總管，軍於河陰，久不得濟。祥謂軍吏曰：『余公理輕而無謀，才用素不足稱。又新得志，謂其衆可恃。恃衆必驕。且河北人先不習兵，所謂擁市人而戰。以吾籌之，不足圖也。』乃令軍中修攻具，公理使諜知之，果屯兵於河陽内城以備祥。祥於是艤船南岸，公理聚甲以當之，祥乃簡精鋭於下流潛渡，公理率衆拒之。祥至須水，兩軍相對，公理未成列，祥縱擊，大破之。東趣黎陽討綦良等。良列陣以待，兵未接，良棄軍而走。於是其衆大潰，祥縱兵乘之，殺萬餘人。

又《楊義臣傳》 煬帝嗣位，漢王諒作亂并州。時代州總管李景爲漢王將喬鐘葵所圍，詔義臣救之。義臣率馬步二萬，夜出西陘，遲明行數十里。鐘葵覘見義臣兵少，悉衆拒之。鐘葵亞將王拔，驍勇，善用矟，射之者不能中，每以數騎陷陣。義臣患之，募能當拔者。車騎將軍楊思恩請當之。義臣見思恩氣貌雄勇，顧之曰：『壯士也！』賜以卮酒。思恩望見拔立於陣後，投觴於地，策馬赴之。再往不克，義臣復選騎士十餘人從之。思恩遂突擊，殺數人，直至拔麾下。短兵方接，所從騎士退，思恩爲拔所殺。拔遂乘之，義臣軍北者十餘里。於是購得思恩屍，義臣哭之甚慟，三軍莫不下泣。所從騎士皆腰斬。義臣自以兵少，悉取軍中牛驢，得數千頭，復令兵數百人，人持一鼓，潛驅之澗谷間，出其不意。義臣晡後復與鐘葵軍戰，兵初合，命驅牛驢者疾進。一時鳴鼓，塵埃張天，鐘葵軍不知，以爲伏兵發，因而大潰，縱擊破之。

又　卷六五《李景傳》　仁壽中，檢校代州總管。漢王諒作亂并州，景發兵拒之。諒遣劉嵩襲景，戰於城東。升樓射之，無不應弦而倒。選壯士擊之，斬獲略盡。諒復遣嵐州刺史喬鐘葵率勁勇三萬攻之。景戰士不過數千，加以城池不固，爲賊衝擊，崩毀相繼。景且戰且築，士卒皆殊死鬭，屢挫賊鋒。司馬馮孝慈、司法參軍呂玉并驍勇善戰，儀同三司侯莫陳乂多謀畫，工拒守之術。景知將士可用，其後推誠於此三人，無所關預，唯在閤持重，時出撫循而已。月餘，朔州總管楊義臣以兵來援，合擊大破之。

又　卷六六《榮毗傳》　榮毗字子諶，北平無終人也。**【略】**

漢王諒之反也，河東豪傑以城應諒。刺史丘和覺，遁歸關中。長史渤海高義明謂毗曰：『河東要害，國之東門，若失之，則爲難不細。城中雖復恟恟，非悉反也。但收桀黠者十餘人斬之，自當立定耳。』毗然之。義明馳馬追和，將與協計。至城西門，爲反者所殺，毗亦被執。及諒平，拜治書侍御史，帝謂之曰：『今日之舉，馬坊之事也。無改汝心。』帝亦敬之。

又　卷六九《王劭傳》　煬帝嗣位，漢王諒作亂，帝不忍加誅。劭上書曰：『臣聞黄帝滅炎，蓋云母弟，周公誅管，信亦天倫。叔向戮叔魚，仲尼謂之遺直，石碏殺石厚，丘明以爲大義。此皆經籍明文，帝王常法。今陛下置此逆賊，度越前聖，含弘寬大，未有以謝天下。謹案賊諒毒被生民者也。是知古者同德則同姓，異德則異姓，故黄帝有二十五子，其得姓者十有四人，唯青陽、夷鼓，與黄帝同爲姬姓。諒既自絕，請改其氏。』劭以此求媚，帝依違不從。

又　卷七〇《李子雄傳》　漢王諒之作亂也，煬帝將發幽州兵以討之。時竇抗爲幽州總管，帝恐其有二心，問可任者於楊素。素進子雄，授大將軍，拜廉州刺史，馳至幽州，止傳舍，召募得千餘人。抗恃素貴，不時相見。子雄遣人諭之。後二日，抗從鐵騎二千，來詣子雄所。子雄伏甲，請與相見，因擒抗。遂發幽州兵步騎三萬，自井陘以討諒。時諒遣大將軍劉建略地燕、趙，正攻井陘，相遇於抱犢山下，力戰，破之。遷幽州總管，尋徵拜民部尚書。

又　《裴仁基傳》　河東裴仁基，字德本。**【略】**平陳之役，先登陷陣，拜儀同，賜物千段。以本官領漢王諒府親信。煬帝嗣位，諒舉兵作亂，仁基苦諫，諒大怒，囚之於獄。及諒敗，帝嘉之，超拜護軍。

又　卷七一《陶謨敬釗傳》　時漢王諒爲并州總管，朝廷盛選僚佐，前後長史、司馬，皆一時名士。上以誕公方著稱，拜并州總管司馬，總府政事，一以諮之，諒甚敬焉。及煬帝即位，徵諒入朝，諒用諮議王頍之謀，發兵作亂。誕數諫止，諒不納。誕因流涕曰：『竊料大王兵資，無敵京師者。加以君臣位定，逆順勢殊，士馬雖精，難以取勝。願王奉詔入朝，守臣子之節，必有松、喬之壽，累代之榮。如更遷延，陷身叛逆，一挂刑書，爲布衣黔首不可得也。願察區區之心，思萬全之計，敢以死請。』諒怒而囚之。及楊素將至，諒屯清源以拒之。諒主簿豆盧毓出誕於獄，相與協謀，閉城拒諒。諒襲擊破之，并抗節而遇害。

初，漢王諒之反也。州縣莫不響應。有嵐州司馬陶模、繁畤令敬釗，并抗節不從。

陶模，京兆人也，性明敏，有器幹。仁壽初，爲嵐州司馬。諒既作亂，刺史喬鐘葵發兵將赴逆，模拒之曰：『漢王所圖不軌，公荷國厚恩，致位方伯，謂當竭誠效命以答慈造，豈有大行皇帝梓宮未掩，翻爲厲階！』鐘葵失色曰：『司馬反邪？』臨之以兵，辭氣不撓，葵義而釋之。軍吏進曰：『若不斬模，何以壓衆心？』於是囚之於獄，悉掠取資財，分賜賞與。及諒平，煬帝嘉之，拜開府，授大興令。

敬釗字積善，河東蒲坂人也。父元約，周布憲中大夫。釗，仁壽中，爲繁時令，甚有能名。及賊至，力戰城陷。賊帥墨弼掠其資産而臨之以兵，釗辭氣不撓。弼義而止之，執送於僞將喬鍾葵所。鍾葵釋之，署爲代州總管司馬，釗正色拒之，至於再三。鍾葵忿然曰：『受官則可，不然當斬！』釗答曰：『忝爲縣宰，遭逢逆亂，進不能保境，退不能死節，爲辱已多，何乃復以僞官相迫也？死生唯命，餘非所聞。』鍾葵怒甚，熟視釗曰：『卿不畏死邪？』復將殺之。會楊義臣軍至，鍾葵遽出戰，因而大敗，釗遂得免。

又　卷七六《文學傳・王頍》　開皇五年，授著作佐郎。尋令於國子講授。會高祖親臨釋奠，國子祭酒元善講《孝經》，頍與相論難，詞義鋒起，善往往見屈。高祖大奇之，超授國子博士。後坐事解職，配防嶺南。數載，授漢王諒府諮議參軍，王甚禮之。時諒見房陵及秦、蜀二王相次廢黜，潛有異志。頍遂陰勸諒繕治兵甲。及高祖崩，諒遂舉兵反，多頍之計也。頍後數進奇策，諒不能用。楊素至蒿澤，將戰，頍謂其子曰：『氣候殊不佳，兵必敗。汝可隨從我。』既而兵敗，頍將歸突厥，至山中，徑路斷絶，知必不免，謂其子曰：『吾之計數，不減楊素，但坐言不見從，遂至於此。不能坐受擒執，以成豎子名也。吾死之後，汝慎勿過親故。』於是自殺，瘞之石窟中。

宋・司馬光《資治通鑑》卷一八〇《隋紀四・文帝仁壽四年》　及高祖崩，煬帝遣車騎將軍屈突通以高祖璽書徵之。先是，高祖與諒密約：『若璽書召汝，敕字傍別加一點，又與玉麟符合者，當就徵。』及發書無驗，諒知有變。詰通，通占對不屈，乃遣歸長安。諒遂發兵反。

論說

《隋書》卷四五《文帝四子傳論》　高祖之子五人，莫有終其天命，異哉！【略】秀窺岷、蜀之阻，諒起晉陽之甲，成茲亂常之釁，蓋亦有以動之也。《棠棣》之詩徒賦，有鼻之封無期，或幽囚於囹圄，或顛殞於鴆毒。本根既絶，枝葉畢剪，十有餘年，宗社淪陷。自古廢嫡立庶，覆族傾宗者多矣，考其亂亡之禍，未若有隋之酷。《詩》曰：『殷鑑不遠，在夏后之世。』後之有國有家者，可不深戒哉！

宋・司馬光《資治通鑑》卷一八〇《隋紀四・文帝仁壽四年》　臣光曰：昔辛伯諗周桓公曰：『內寵並后，外寵貳政，嬖子配嫡，大都偶國，亂之本也。』人主誠能慎此四者，亂何自生哉！隋高祖徒知嫡庶之多爭，孤弱之易搖，曾不知勢鈞位逼，雖同産至親，不能無相傾奪。考諸辛伯之言，得其一而失其三乎！

雜録

《隋書》卷二一《天文志下》　（仁壽四年）七月乙未，日青無光，八日乃復。占曰：『主勢奪。』又曰：『日無光，有死王。』甲辰，上疾甚，丁未，宮車晏駕。漢王諒反，楊素討平之。皆兵喪亡國死王之應。

《舊唐書》卷七九《傅奕傳》　傅奕，相州鄴人也。尤曉天文曆數。隋開皇中，以儀曹事漢王諒。及諒舉兵，謂奕曰：『今茲熒惑入井，是何祥也？』奕對曰：『天上東井，黃道經其中，正是熒惑行路所涉，不爲怪異；若熒惑入地上井，是爲災也。』諒不悅。及諒敗，由是免誅，徙扶風。

廬江王李瑗之亂

綜述

《舊唐書》卷一《高祖紀》　（武德元年）冬十月壬申朔，【略】封皇從父弟襄武公琛爲襄武王，黃臺公瑗爲廬江王。

又　卷二《太宗紀上》　（武德九年六月，）罷幽州大都督府。【略】壬午，幽州大都督廬江王瑗謀逆，廢爲庶人。

又　卷六〇《廬江王李瑗傳》　廬江王瑗，高祖從父兄子也。父哲，隋柱國、備身將軍，追封濟南王。瑗，武德元年歷信州總管，封廬江王。九年，累遷幽州大都督。朝廷以瑗儒愞，非邊將才，遣右領軍將軍王君廓助典兵事。君廓故嘗爲盜，勇力絶人，瑗倚仗之，許結婚姻，以布心腹。時隱太子建成將有異圖，外結於瑗。及建成誅死，遣通事舍人崔敦禮召瑗入朝，瑗有懼色。君廓素險薄，欲因事陷之以爲己功，遂紿瑗曰：『京都有變，事未可知。大王國之懿親，受委作鎮，寧得擁兵數萬而從一使召耶！且聞趙郡王先以被拘，太子、齊王又言若此，大王今去，能自保乎？』相與共泣。瑗乃囚敦禮，舉兵反。召北燕州刺史王詵，將與計事，兵曹參軍王利涉説瑗曰：『王不奉詔而擅發兵，此爲反矣。須改易法度，以權宜應變，先定衆心。今諸州刺史或有逆命，王徵兵不集，何以保全？』瑗曰：『若之何？』利涉曰：『山東之地，先從竇建德，酋豪首領，皆是僞官，今併黜之，退居匹庶，此人思亂，若旱苗之望雨。王宜發使復其舊職，各於所在遣募本兵，諸州倘有不從，即委隨便誅戮。此計若行，河北之地可呼吸而定也。然後分遣王詵北連突厥，道自太原，南臨蒲、絳；大王整駕親詣洛陽，西入潼關。兩軍合勢，不盈旬月，天下定矣。』瑗從之。

瑗以内外機悉付君廓。利涉以君廓多翻覆，又説瑗委兵於王詵而除君廓，瑗不能決。君廓知之，馳斬詵，持首告其衆曰：『李瑗與王詵共反，禁錮敕使，擅追兵集。今王詵已斬，獨李瑗在，無能爲也。汝若從之，終亦族滅；從我取之，立得富貴。禍福如是，意欲何從？』衆曰：『皆願討賊。』君廓領其麾下登城西面，瑗未之覺。君廓自領千餘人先往獄中出敦禮，瑗始知之，遽率數百人披甲，纔出至門外，與君廓相遇。君廓謂其衆曰：『李瑗作逆誤人，何忽從之，自取塗炭。』衆皆倒戈，一時潰走。瑗塊然獨存，謂君廓曰：『小人賣我以自媚，汝行當自及矣。』君廓擒瑗，縊殺之，年四十一，傳首京師，絶其屬籍。

又　卷八一《崔敦禮傳》　崔敦禮，雍州咸陽人，隋禮部尚書仲方孫也。【略】武德中，拜通事舍人。九年，太宗使敦禮往幽州召廬江王瑗。瑗舉兵反，執敦禮，問京師之事，敦禮竟無異詞。太宗聞而壯之，遷左衛郎將，賜以良馬及黄金雜物。

《新唐書》卷一《高祖紀》　（武德九年六月）庚申，秦王世民殺皇太子建成、齊王元吉。【略】庚辰，幽州都督廬江郡王瑗反，伏誅。癸未，赦幽州管内爲瑗所詿誤者。

論　説

《舊唐書》卷六〇《廬江王李瑗傳論贊》　無私於物，物亦公焉。高祖纔定中原，先封疏屬，致廬江爲叛，神通爭功，封德彝論之於前，房玄齡譏之於後。若河間機謀深沉，識度弘遠，縱虛舟而降蕭銑，飲妖血而平公祏，入朝定君臣之分，賣第爲子孫之謀，善始令終，論功行賞，即無私矣。

贊曰：疏屬盡封，啓亂害公。

越王李貞之亂

綜　述

《舊唐書》卷三《太宗紀下》　（貞觀）十年春正月【略】癸丑，徙封【略】漢王貞爲越王。

又　卷六《則天皇后紀》　弘道元年十二月丁巳，大帝崩，皇太子顯即位，尊天后爲皇太后。既將篡奪，是日自臨朝稱制。庚午，加授澤州刺史、韓王元嘉爲太尉，豫州刺史、滕王元嬰爲開府儀同三司，絳州刺史、魯王靈夔爲太子太師，相州刺史、越王貞爲太子太傅，安州都督、紀王慎爲太子太保。元嘉等地尊望重，恐其生變，故進加虛位，以安其心。

（垂拱四年）八月壬寅，博州刺史、琅耶王沖據博州起兵，命左金吾大將軍丘神勣爲行軍總管討之。庚戌，沖父豫州刺史、越王貞又舉兵於豫州，與沖相應。

九月，命内史岑長倩、鳳閣侍郎張光輔、左監門大將軍鞠崇裕率兵討之。丙寅，斬貞及沖等，傳首神都，改姓爲虺氏。曲赦博州。韓王元嘉、魯王靈夔、元嘉子黄國公譔、靈夔子左散騎常侍范陽王藹、霍王元軌及子江都王緒、故虢王元鳳子東莞公融坐與貞通謀，元嘉、靈夔自殺，元軌配流黔州，譔等伏誅，改姓虺氏。自是宗室諸王相繼誅死者，殆將盡矣。其子孫年幼者咸配流嶺外，誅其親黨數百餘家。

又　卷八《玄宗紀上》（開元五年）冬十月【略】丁丑，詔以故越王貞死非其罪，封故許王男琳爲嗣越王，以繼其後。

又　卷七六《越王李貞傳》　越王貞，太宗第八子也。貞觀五年，封漢王。七年，授徐州都督。十年，改封原王，尋徙封越王，拜揚州都督，賜實封八百户。十七年，轉相州刺史。二十三年，加實封滿千户。永徽四年，授安州都督。咸亨中，復轉相州刺史。貞少善騎射，頗涉文史，兼有吏幹。所在或偏受讒言，官僚有正直者多被貶退，又縱諸僮豎侵暴部人，由是人伏其才而鄙其行。

則天臨朝，加太子太傅，除蔡州刺史。自則天稱制，貞與韓王元嘉、魯王靈夔、霍王元軌及元嘉子黄國公譔、靈夔子范陽王藹、元軌子江都王緒併貞長子博州刺史、琅邪王沖等，密有匡復之志。垂拱四年七月，撰作謬書與貞云：『内人病漸重，恐須早療；若至今冬，恐成痼疾，宜早下手，仍速相報。』是歲，則天以明堂成，將行大享之禮，追皇宗赴集。元嘉因遞相語云：『大享之際，神皇必遣人告諸王密，因大行誅戮，皇家子弟無遺種矣。』撰遂詐爲皇帝璽書與沖云：『朕被幽縶，王等宜各救拔我也。』沖在博州，又僞爲皇帝璽書云：『神皇欲傾李家之社稷，移國祚於武氏。』遂命長史蕭德琮等召募士卒，分報韓、魯、霍、越、紀等五王，各令起兵應接，以赴神都。

初，沖與諸王連謀，及沖先發而莫有應者，惟貞以父子之故，獨舉兵以應之。尋遣兵破上蔡縣，聞沖敗，恐懼，索鎖欲自拘馳驛詣闕謝罪。會其所署新蔡令傅延慶得勇士二千餘人，貞遂有拒敵之意。乃宣言於其衆曰：『琅邪王已破魏、相數州，聚兵至二十萬，朝夕即到，爾宜勉之。』徵屬縣兵至七千人，分爲五營，貞自爲中營，署其所親汝陽縣丞裴守德爲大將軍、内營總管；趙成美爲左中郎將，押左營；閭弘道爲右中郎將，押右營；安摩訶爲郎將、後軍總管；王孝忠爲右將軍、前軍總管。又以蔡州長史韋慶禮爲銀青光禄大夫，行其府司馬。凡署九品上以上官五百餘人。令道士及僧轉讀諸經，以祈事集，家僮、戰士咸帶符以辟兵。其所署官皆迫脅見從，本無鬬志，惟裴守德實與之同。守德驍勇，善騎射，貞將起事，便以女良鄉縣主妻之，而委以爪牙心腹之任。

則天命左豹韜衛大將軍麴崇裕爲中軍大總管，夏官尚書岑長倩爲後軍大總管，率兵十萬討之，仍令鳳閣侍郎張光輔爲諸軍節度。於是制削貞及沖屬籍，改姓虺氏。崇裕等軍至蔡州城東四十里，貞命少子規及裴守德拒戰。規等兵潰而歸，貞大懼，閉門自守。裴守德排閤入，問王安在，意欲殺貞以自購也。官軍進逼州城，貞家僮悉力衛貞，曰：『事既如此，豈得受戮辱，當須自爲計。』貞乃飲藥而死。家僮方始一時散，捨仗就擒。規亦縊其母自殺，守德攜良鄉縣主亦同縊於別所。麴崇裕斬貞父子及裴守德等，傳首東都，梟於闕下。貞起兵凡二十日而敗。

貞之在蔡州，數奏免所部租賦以結人心，家僮千人，馬數千匹，外托以畋獵，内實習武備。嘗游於城西水門橋，臨水自鑑，不見其首，心甚惡之，未幾而及禍。神龍初，追復爵土，與子沖俱復舊姓。

初，貞將起兵，作書與壽州刺史、駙馬都尉趙環曰：『仵總義兵，來入貴境。』環甚喜，復許率兵相應。環妻常樂長公主，高祖第七女，和思皇后之母也，謂其使曰：『爲我報越王，與其進不與其退。爾諸王若是男兒，不應至許時尚未舉動。我常見耆老云，隋文帝將篡奪周室，尉遲迥是周家外甥，猶能起兵相州，連結突厥，天下聞風，莫不響應。況爾諸王，併國家懿親，宗社是託，豈不學尉遲迥感恩效節，舍生取義耶？夫爲臣子，若救國家則爲忠，不救則爲逆。諸王必須以匡救爲急，不可虚生浪死，取笑於後代。』及貞等敗，環與公主亦伏誅。

又　卷六四《韓王李元嘉傳》　韓王元嘉，高祖第十一子也。【略】高宗末，元嘉轉澤州刺史。及天后臨朝攝政，欲順物情，乃進授元嘉爲太尉，定州刺史、霍王元軌爲司徒，青州刺史、舒王元名爲司空，隆州刺史、魯王靈夔爲太子太師，蘇州刺史、越王貞爲太子太傅，安州都督、紀王慎爲太子太保，併外示尊崇，實無所綜理。其後漸將誅戮宗室諸王不附己者，元嘉大懼，與其子通州刺史、黄公譔及越王貞父子謀起兵，於是皇宗國戚内外相連者甚廣。遣使報貞及貞子琅邪王沖曰：『四面同來，事無不濟。』沖與諸道計料未審而先發兵，倉卒唯貞應之，諸道莫有赴者，故其事不成。元嘉坐誅。

又　《霍王李元軌傳》　霍王元軌，高祖第十四子也。【略】垂拱元年，加位司徒，尋出爲襄州刺史，轉青州。四年，坐與越王貞連謀起兵，事覺，徙居黔州，仍令載以檻車，行至陳倉而死。

又《虢王李鳳傳》 虢王鳳，高祖第十五子也。【略】第五子東莞郡公融，少以武勇見知。垂拱中，爲申州刺史。初，黄公譔將與越王貞通謀，深倚仗融以爲外助。時詔追諸親赴都，融私使問其所親成均助教高子貢曰：『可入朝以否？』子貢報曰：『來必取死。』融乃稱疾不朝，以俟諸藩期。及得越王貞起兵書，倉卒不能相應，爲僚吏所逼，不獲已而奏之，於是擢授銀青光禄大夫，行太子右贊善大夫。未幾，爲支黨所引，被誅。

又《魯王李靈夔傳》 魯王靈夔，高祖第十九子也。【略】垂拱元年，授邢州刺史。四年，與兄元嘉子黄公譔結謀，欲起兵應接越王貞父子，事洩，配流振州，自縊而死。

又 卷七六《琅邪王李沖傳》 沖，貞長子也。好文學，善騎射。歷密、濟、博三州刺史，皆有能名。初，沖自博州募得五千餘人，欲渡河攻濟州，先取武水縣。縣令郭務悌赴魏州請援，魏州莘縣令馬玄素領兵千七百人邀之於路，恐力不敵，先入武水城，閉門拒守。沖乃令積草車上，放火燒南門，擬乘火突入。火之未起，南風甚急，及火已燃，遽回爲北風，未至城門，燒草已甚，沖軍由是沮氣。有堂邑丞董玄寂爲沖統帥兵仗，及沖擊武水，玄寂曰：『琅邪王與國家交戰，此乃反也。』沖聞之，斬玄寂以徇。兵衆懼而散入草澤，不可禁止，惟有家僮左右不過數十而已。乃卻走入博州城，爲守門者所殺。則天命左金吾將軍丘神勣爲清平道行軍大總管以討沖，兵未至，沖已死，傳首東都，梟於闕下。沖起兵凡七日而敗。

沖三弟。茜，封常山公，歷常州別駕，坐與父兄連謀伏誅。温，以告其朋黨得實，減死流嶺南，尋卒。

神龍初，侍中敬暉等以沖父子翼戴皇家，義存社稷，請復其官爵，武三思令昭容上官氏代中宗手詔不許。開元四年，詔追復爵土，令備禮改葬。太常奏謚議曰：『故越王貞，往者願匡宗社，夙懷誅呂之謀，乃心王國，用擊非劉之議。以茲獲戾，上悼聖心。謹按謚法「死不忘君曰敬」，請謚曰敬。』從之。五年，下詔曰：『九族以親，克敦其教；百代必祀，允竟厥德。故蔡州刺史、越王貞，執心不回，臨事能斷。粤自藩國，勤於王家。弘道之後，寶圖將缺，懷劉章之輔漢，追鄭武之翊周。遂能奮不顧身，率先唱義，雖英謀未克，而忠節居多。嗣絶國除，年逾二紀，奠享淪廢，甚爲憫焉。永言興繼，式備典册。其封貞姪孫故許王男左監門衛將軍、夔國公琳爲嗣越王，以奉其祀。仍官爲立碑。』琳尋卒，國除。

又 卷八九《狄仁傑傳》 初，越王之亂，宰相張光輔率師討平之。將士恃功，多所求取，仁傑不之應。光輔怒曰：『州將輕元帥耶？』仁傑曰：『亂河南者，一越王貞耳。今一貞死而萬貞生。』光輔質其辭，仁傑曰：『明公董戎三十萬，平一亂臣，不戢兵鋒，縱其暴横，無罪之人，肝腦塗地，此非萬貞何耶？且凶威脅從，勢難自固，及天兵暫臨，乘城歸順者萬計，縋墜四面成蹊。公奈何縱邀功之人，殺歸降之衆？但恐冤聲騰沸，上徹於天。如得尚方斬馬劍加於君頸，雖死如歸。』光輔不能詰，心甚銜之。還都，奏仁傑不遜，左授復州刺史。入爲洛州司馬。

《新唐書》卷八三《常樂公主傳》 常樂公主，下嫁趙瓌。生女，爲周王妃，武后殺之。逐瓌括州刺史，徙壽州。

越王貞將舉兵，遺瓌書假道，瓌將應之。主進使者曰：『爲我謝王，與其進，不與其退。若諸王皆丈夫，不應淹久至是。我聞楊氏簒周，尉遲迥乃周出，猶能連突厥，使天下響震。况諸王國懿親，宗祏所托，不舍生取義，尚何須邪？人臣同國患爲忠，不同爲逆，王等勉之。』王敗，周興劾瓌與主連謀，皆被殺。

又 卷二〇二《蕭穎士傳》 蕭穎士，字茂挺，梁鄱陽王恢七世孫。祖晶，賢而有謀，任雅相伐高麗，表爲記室。越王貞舉兵，杖策詣之，陳三策，王不用，晶度必敗，乃亡去，客死廣陵。

論説

《舊唐書》卷七六《太宗諸子傳論贊》 武后斫喪王室，潛移龜鼎，越王貞父子痛憤，義不圖全。毁室之悲，《鴟鴞》之詩，傷矣！比齊祐之妄作，豈同年而語哉！

贊曰：子弟作藩，磐石維城。驕侈取敗，身無令名。沖、譔憤發，視死如生。

雜録

唐·劉肅《大唐新語》卷四《政能第八》　則天將不利王室，越王貞於汝南舉兵，不克，士庶坐死者六百餘人，没官人五千餘口。司刑使相次而至，逼促行刑。時狄仁傑檢校刺史，哀其詿誤，止司刑使，停斬決，飛奏表曰：『臣欲聞奏，似爲逆人論理，知而不言，恐乖陛下存恤之意。奏成復毁，意不能定。此輩非其本心，願矜其詿誤。』表奏，特敕配流豐州。諸囚次於寧州，寧州耆老郊迎之，曰：『我狄使君活汝耶！』相攜哭於碑側，齋三日而後行。諸囚至豐州，復立碑紀德。初，張光輔以宰相討越王，既平之後，將士恃威，徵斂無度，仁傑率皆不應。光輔怒曰：『州將輕元帥耶何徵發之不赴。仁傑，汝南勃亂，一越王耶！』仁傑曰：『今一越王已死，而萬越王生。』光輔質之，仁傑曰：『明公親董戎旃二十餘萬，所在劫奪，遠邇流離，創鉅之餘，肝腦塗地。此非一越王死而萬越王生耶？且脅從之徒，勢不自固，所以先著綱理之也。自天兵暫臨，其棄城歸順者不可勝計，繩墜四面成蹊，奈何縱求功之人，殺投降之士？但恐冤聲騰沸，上徹於天。將請尚方斷馬劍斬足下，當北面請命，死猶生也。』遂爲光輔所譖，左授復州刺史。尋徵還魏州刺史，威惠大行，百姓爲立生祠。

宋·王溥《唐會要》卷五《諸王》　越王貞，累授相州刺史。善騎射，涉文史，兼有吏幹。但信讒言，官寮有正直者，多被貶退。又縱諸僮豎，侵暴部民，由是皆伏其才而鄙其行。則天臨朝，加太子太傅，除蔡州刺史。則天稱制，貞與韓王元嘉、魯王靈夔、霍王元軌等，密有匡復之志。垂拱三年七月，遂各起兵赴神都，則天命左豹韜衛大將軍麴崇裕等，率兵十萬討之，其衆大潰，貞等首併梟闕下。

又　卷八六《奴婢》　永昌元年九月，越王貞破。諸家僮勝衣甲者千餘人，於是制王公以下奴婢有數。

譙王李重福之亂

綜述

《舊唐書》卷五《高宗紀下》　永淳二年（略）秋七月己丑，封皇孫重福爲唐昌郡王。甲辰，相王輪改封豫王，仍名旦。

又　卷六《則天皇后紀》　（大足四年）三月，進封平恩郡王重福爲譙王，夏官侍郎宗楚客同鳳閣鸞臺平章事。

又　卷七《中宗紀》　（神龍元年二月）丙寅，左散騎常侍、譙王重福貶濮州員外刺史，不知州事。【略】丁丑，【略】改封義興郡王重俊爲衛王，北海郡王重茂爲温王。

（景龍四年）六月壬午，帝遇毒，崩於神龍殿，年五十。秘不發喪，皇后親總庶政。癸未，【略】命左右金吾衛大將軍趙承恩、右監門大將軍薛簡帥兵五百人往均州，備譙王重福。立温王重茂爲皇太子。

又　卷八六《庶人李重福傳》　庶人重福，中宗第二子也。初封唐昌王，聖曆三年，徙封平恩王。長安四年，進封譙王，歷遷國子祭酒、左散騎常侍。神龍初，爲韋庶人所譖，云與張易之兄弟潛搆成重潤之罪，由是左授濮州員外刺史。轉均州，司防守，不許視事。景龍三年，中宗親祀南郊，大赦天下，流人併放還。重福不得歸京師，尤深鬱怏，上表自陳曰：『臣聞功同賞異，則勞臣疑；罪均刑殊，則百姓惑。伏惟陛下德侔造化，明齊日月，恩及飛烏，惠加走獸。近者焚柴展禮，郊祀上玄，萬物霑愷悌之仁，六合承曠盪之澤。事無輕重，咸赦除之。蒼生併得赦除，赤子偏加擯棄，皇天平分之道，固若此乎？天下之人，聞者爲臣流涕；況陛下慈念，豈不湣臣恓惶？伏望捨臣罪愆，許臣朝謁。儻得一仰云陛，再覩聖顔，雖没九泉，實爲萬足。重投荒徼，亦所甘心。』表奏不報。

及韋庶人臨朝，遽令左屯衛大將軍趙承恩以兵五百人就均州守衛重福。俄而韋氏伏誅，睿宗即位，又轉集州刺史。未及行，洛陽人張靈均進計於重福曰：『大王地居嫡長，自合繼爲天子。相王雖有討平韋氏功，安可趙次而居大位。昔漢誅諸吕，猶迎代王，今東都百官士庶，皆願王來。王若潛行直詣洛陽，亦是從天上落，遣人襲殺留守，即擁兵西據陝州，東下河北，此天下可圖也。』初，景龍三年，鄭愔自吏部侍郎出爲江州司馬，便道詣重福，陰相結託。至是又與靈均通傳動靜，亦密遣使勸重福搆逆，預推尊重福爲天子，温王重茂爲皇太弟，自署爲左丞相。重福乃遣家臣王道先赴東都，潛募勇敢之士，重福遽自均州詐乘驛與靈均繼進。

王道始至東都，俄有洩其謀者，洛州司馬崔日知捕獲其黨數十人。頃聞重福至，王道等率衆隨重福徑取左右屯營兵作亂，將至天津橋，願從者已數百人，皆執持器仗，助其威勢。侍御史李邕先詣左掖門，令閉關拒守。又至右屯營號令云：『重福雖先帝之子，已得罪於先帝，今者無故入城，必是作亂。君等皆委質聖朝，宜盡誠節，立功立事，以取富貴。』有頃，重福果來奪右屯營，堅壁不動，營中矢射如雨。便趣左掖門，擬取留守，遇門閉，遂縱火以燒城門。左屯營兵又來逼之，重福度數窮，出自上東門而遁，匿於山谷間。明日，東都留守裴談等大出兵搜索，重福窘迫，自投漕河而死，磔屍三日，時年三十一。

詔曰：『集州刺史譙王重福，幼則凶頑，長而險詖。幸託體於先聖，嘗通交於巨逆。子而不子，自絶於天，有國有家，莫容於代。往者頗不含忍，長令幽縶，自大行晏駕，韋氏臨朝，將肆屠滅，尤加防衛。洎天有成命，集於朕躬，永懷猶子之情，庶協先親之義。所以開置僚屬，任隆刺舉，冀其悛改，以怙恩榮。而詿誤有徒，狂狡未息，便即私出均州，詐乘驛騎，至於都下，遂逞其謀。先犯屯兵，次燒左掖，計窮力屈，投河而斃。雖人所共棄，邦有常刑，我非不慈，爾自招咎。且聞其故，有惻於懷。昔劉長既歿，楚英遂殞，以禮收葬，抑惟舊章，屈法申恩，宜仍舊寵。可以三品禮葬。』

又　卷九七《張説傳》　睿宗即位，遷中書侍郎，兼雍州長史。景雲元年秋，譙王重福於東都搆逆而死，留守捕係枝黨數百人考訊結搆之狀，經時不決，睿宗令説往按其獄，一宿捕獲重福謀主張靈均、鄭愔等盡得其情狀，自餘枉被係禁者，一切釋放。

又　卷九九《崔日用傳》　日用從父兄日知，亦有吏幹。景雲中，爲洛州司馬。會譙王重福入東都作亂，羣臣皆避難逃匿，日知獨督率人吏赴留守，與屯營合勢討賊。重福既死，以功加銀青光禄大夫，累遷京兆尹。

又　卷一九一《嚴善思傳》　嚴善思，同州朝邑人也。【略】景龍中，遷禮部侍郎，出爲汝州刺史。睿宗在藩，善思嘗謂姚元之曰：『相王必登帝位。』及踐祚，元之以事聞奏，由是召拜右散騎常侍。唐隆元年，鄭愔謀册譙王重福爲帝，乃草僞制，除善思爲禮部尚書，知吏部選事。及譙王下獄，景雲元年，大理寺奏：『善思與逆人重福通謀，合從極法。』給事中韓思復奏曰：『議獄緩死，列聖明規；刑疑惟輕，有國恆典。嚴善思往在先朝，屬韋氏擅内，恃寵宮掖，謀危社稷。善思此時，乃能先覺，因詣相府，有所發明，進論聖躬。必登宸極。雖交遊重福，謀陷韋氏，敕追善思，書至便發，向懷逆節，寧即奔命？一面疏網，誠合順生；三驅取禽，來而有宥。唯刑是恤，理合昭詳。請付刑部集羣官議定奏裁，以符慎獄。』時議者多云『善思合從原宥』，有司仍執前議請誅之，思復又駁奏懇直，睿宗納其奏，竟免善思死，配流静州。

論說

《舊唐書》卷七《中宗紀論》　史臣曰：廉士可以律貪夫，賢臣不能輔孱主。誠以志昏近習，心無遠圖，不知創業之難，唯取當年之樂。孝和皇帝越自負扆，遷於房陵，崎嶇瘴癘之鄉，契闊幽囚之地。所以張漢陽徘徊於克復，狄梁公哽咽以奏論，遂得生還，庸非己力。洎滌除金虎，再握璿衡，不能罪己以謝萬方，而更漫遊以隳入政。縱艷妻之煽黨，則聚、楀爭衡；信妖女以撓權，則彝倫失序。桓、敬由之覆族，節湣所以興戈，竟以元首之尊，不免齊眉之禍。比漢、晉之惠、盈輩爲優，苟非繼以命世之才，則土德去也。

又　卷八六《庶人李重福傳論贊》　前代以嬖婦孽子破國亡家者多矣，然未如大帝、孝和之甚也。高宗八子，二王早世，爲武后所斃者四人，章懷以母子之愛，穎悟之賢，猶不免於虎口，況燕、澤、素節異腹之胤乎！覆載胡心，産茲鴆毒，悲夫！孝和母嚚婦傲女暴，如置身羣魅之中，安有保其終吉哉！天將滌盪昏氛，非重茂所能支也。

贊曰：父子天性，嬖能害正。宜臼、申生，翻爲不令。唐年鈞德，章懷最仁。凶母畏明，取樂於身。

節愍太子李重俊之亂

綜　述

《舊唐書》卷七《中宗睿宗紀》（神龍元年二月丁丑）改封義興郡王重俊爲衛王。【略】

（三月）庚寅，衛王重俊上洛州牧。王乘駟馬車，鹵簿從，諸王公已下、中書門下五品已上及諸親並祖送，禮儀甚盛。事畢，賜物有差。【略】

（十一月）辛丑，衛王重俊爲左衛大將軍，遥領揚州大都督。【略】

（神龍二年）秋七月丙午，立衛王重俊爲皇太子。【略】

（神龍三年）秋七月庚子，皇太子重俊與羽林將軍李多祚等，率羽林千騎兵三百餘人，誅武三思、武崇訓，遂引兵自肅章門斬關而入。【略】

（景龍四年秋七月丙辰）追謚【略】庶人重俊曰節愍太子。

又　卷八六《節愍太子李重俊傳》　節愍太子重俊，中宗第三子也。聖曆元年，封義興郡王。長安中，累授衛尉員外少卿。神龍初，封衛王，拜洛州牧，賜實封千户，尋遷左衛大將軍，兼遥授揚州大都督。二年秋，立爲皇太子。重俊性雖明果，未有賢師傅，舉事多不法。俄以祕書監楊璬、太常卿武崇訓並爲太子賓客，璬等皆主壻年少，唯以蹴鞠猥戲取狎於重俊，竟無調護之意。左庶子姚珽數上疏諫諍，右庶子平貞慎又獻《孝經議》、《養德傳》以諷，重俊皆優納焉。時武三思得幸中宮，深忌重俊。三思子崇訓尚安樂公主，常教公主凌忽重俊，以其非韋氏所生，常呼之爲奴。或勸公主請廢重俊爲王，自立爲皇太女，重俊不勝忿恨。三年七月，率左羽林大將軍李多祚、右羽林將軍李思沖、李承況、獨孤禕之、沙吒忠義等，矯制發左右羽林兵及千騎三百餘人，殺三思及崇訓於其第，並殺黨與十餘人。又令左金吾大將軍成王千里分兵守宫城諸門，自率兵趨肅章門，斬關而入，求韋庶人及安樂公主所在。又以昭容上官氏素與三思姦通，扣閤索之，韋庶人及公主遽擁帝馳赴玄武門樓，召左羽林將軍劉仁景等，令率留軍飛騎及百餘人於樓下列守。俄而多祚等兵至，欲突玄武門樓，宿衛者拒之，不得進。帝據檻呼多祚等所將千騎，謂曰：『汝並是我爪牙，何故作逆？若能歸順，斬多祚等，與汝富貴。』於是千騎王歡喜等倒戈，斬多祚及李承況、獨孤禕之、沙吒忠義等於樓下，餘黨遂潰散。重俊既敗，率其屬百餘騎趨肅章門，奔終南山，帝令長上果毅趙思慎率輕騎追之。重俊至鄠縣西十餘里，騎不能屬，唯從奴數人，會日暮憩林下，爲左右所殺。制令梟首於朝，又獻之於太廟，并以祭三思、崇訓屍柩。

睿宗即位，下制曰：『朕聞曾氏之孝也，慈親惑於疑聽；趙虜之族也，明主哀而望思。歷考前聞，率由舊典。重俊，大行之子，元良守器。往罹搆間，困於讒嫉。莫顧鈇鉞，輕盜甲兵，有此誅夷，無不悲惋。今四凶咸服，十起何追，方申赤暈之冤，以紓黄泉之痛。可贈皇太子。』謚曰節愍，陪葬定陵。一子宗暉，開元初封湖陽郡王。

又　卷一〇九《李多祚傳》　李多祚，代爲靺鞨酋長。多祚驍勇善射，意氣感激。少以軍功歷位右羽林軍大將軍，前後掌禁兵，北門宿衛二十餘年。

神龍初，張柬之將誅張易之兄弟，引多祚將籌其事。【略】遂與柬之等定謀誅易之兄弟，以功進封遼陽郡王，食實封八百户，仍拜其子承訓爲衛尉少卿。

其年，將有事於太廟，特令多祚與安國相王登輦夾侍。

節愍太子之殺武三思也，多祚與羽林大將軍李千里等率兵以從。太子令多祚先至玄武樓下，冀上問以殺三思之意，遂按兵不戰。時有宫闈令楊思勖於樓上侍帝，請拒其先鋒。多祚子壻羽林中郎將野呼利爲先軍總管，思勖挺刃斬之，兵衆大沮。多祚俄爲左右所殺，併殺其二子，籍没其家。

睿宗即位，下制曰：『以忠報國，典册所稱；感義捐軀，名節斯在。故右羽林大將軍、上柱國、遼陽郡王李多祚，三韓貴種，百戰餘雄。席寵禁營，乃心王室，伏茲誠信，翻陷誅夷。賴彼神明，重清姦慝，永言徽烈，深合襃崇。宜追歿後之榮，以復生前之命。可還舊官，仍宥其妻子。』

又　卷一八三《武三思傳》　（武）三思既與韋庶人及上官昭容私

通，嘗忌節愍太子，又因安樂公主密謀廢黜之。三年七月，太子率羽林大將軍李多祚等，發左右羽林兵，殺三思及其子崇訓於其第，併殺其親黨十餘人。俄而事變，太子既死，中宗爲三思舉哀，廢朝五日，贈太尉，追封梁王，謚曰宣。安樂公主又以節愍太子首致祭於三思及崇訓靈柩前。睿宗踐祚，以三思父子俱有逆節，制令斲棺暴屍，平其墳墓。

又　卷五一《后妃傳・中宗上官昭容婉兒》　中宗上官昭容名婉兒，西臺侍郎儀之孫也。父庭芝，與儀同被誅，婉兒時在襁褓，隨母配入掖庭。及長，有文詞，明習吏事。則天時，婉兒忤旨當誅，則天惜其才不殺，但黥其面而已。自聖曆已後，百司表奏，多令參決。中宗卽位，又令專掌制命，深被信任。尋拜爲昭容，封其母鄭氏爲沛國夫人。婉兒既與武三思淫亂，每下制敕，多因事推尊武氏而排抑皇家。節愍太子深惡之，及舉兵，至肅章門，扣閤索婉兒。婉兒大言曰：『觀其此意，卽當次索皇后以及大家。』帝與后遂激怒，併將婉兒登玄武門樓以避兵鋒，俄而事定。

又　卷六四《李承況傳》　（李智雲）子承況，神龍中爲右羽林將軍，與節愍太子同舉兵，入玄武門，爲亂兵所殺。

又　卷七六《李仁傳》　永昌元年，授襄州刺史，不知州事。後改名千里，天授後，歷唐、廬、許、衛、蒲五州刺史。時皇室諸王有德望者，必見誅戮，惟千里褊躁無才，復數進獻符瑞事，故則天朝竟免禍。長安三年，充嶺南安撫討擊使，歷遷右金吾將軍。中興初，進封成王，拜左金吾大將軍，兼領益州大都督，又追贈其父爲司空。三年，又領廣州大都督、五府經略安撫大使。節愍太子誅武三思，千里與其子天水王禧率左右數十人斫右延明門，將殺三思黨與宗楚客、紀處訥等。及太子兵敗，千里與禧等坐誅，仍籍没其家，改姓蝮氏。睿宗卽位，詔曰：『故左金吾衛大將軍成王千里，保國安人，克成忠義，願除凶醜，翻陷誅夷。永言淪没，良深痛悼。宜復舊班，用加新寵，可還舊官。』又令復姓。

又　卷八一《李思沖傳》　（李敬玄）子思沖，神龍初，歷工部侍郎、左羽林軍將軍，從節愍太子誅武三思，事敗見殺，籍没其家。

又　卷九二《魏元忠傳》　是時，安樂公主嘗私請廢節愍太子，立己爲皇太女，中宗以問元忠，元忠固稱不可，乃止。尋遷左僕射，餘併如故。元忠又嫉武三思專權用事，心常憤歎，思欲誅之。三年秋，節愍太子起兵誅三思，元忠及左羽林大將軍李多祚等皆潛預其事。太子既斬三思，又率兵詣闕，將請廢韋后爲庶人，遇元忠子太僕少卿升於永安門，脅令從已。太子兵至玄武樓下，多祚等猶豫不戰，元忠又持兩端，由是不克，升爲亂兵所殺。中宗以元忠有平寇之功，又素爲高宗、天后所禮遇，竟不以升爲累，委位如初。

是時，三思之黨兵部尚書宗楚客與侍中紀處訥等又執證元忠及升，云素與節愍太子同謀構逆，請夷其三族，中宗不許。元忠懼不自安，上表固請致仕，手制聽解左僕射，以特進、齊國公致仕于家，仍朝朔望。楚客等又引右衛郎將姚庭筠爲御史中丞，令劾奏元忠，由是貶渠州員外司馬。

論説

《舊唐書》卷七《中宗紀論》　廉士可以律貪夫，賢臣不能輔孱主。誠以志昏近習，心無遠圖，不知創業之難，唯取當年之樂。孝和皇帝越自負扆，還於房陵，崎嶇瘴癘之鄉，契闊幽囚之地。所以張漢陽徘徊於克復，狄梁公哽咽以奏論，遂得生還，庸非己力。洎滌除金虎，再握璿衡，不能罪己以謝萬方，而更漫遊以隳八政。縱艷妻之煽黨，則聚、檇爭衡；信妖女以撓權，則彝倫失序。桓、敬由之覆族，節愍所以興戈，竟以元首之尊，不免齊眉之禍。比漢、晉之惠、盈輩爲優，苟非繼以命世之才，則土德去也。

又　卷八六《節愍太子李重俊傳論贊》　前代以嬖婦孽子破國亡家者多矣，然未如大帝、孝和之甚也。高宗八子，二王早世，爲武后所斃者四人，章懷以母子之愛，穎悟之賢，猶不免於虎口，況燕、澤、素節異腹之胤乎！覆載胡心，産茲鴆毒，悲夫！孝和母嚚婦傲女暴，如置身羣魅之中，安有保其終吉哉！天將滌盪昏氛，非重茂所能支也。

贊曰：父子天性，嬖能害正。宜臼、申生，翻爲不令。唐年鈞德，章懷最仁。凶母畏明，取樂於身。

雜録

唐·劉肅《大唐新語》卷五《忠烈第九》 節愍太子以武三思亂國，起北軍誅之。既而韋庶人與安樂公主翊中宗以登玄武門，千騎王歡憙倒戈擊太子，太子兵散，走至鄠縣，爲宗楚客之黨所害。三思嘗令子宗訓與安樂公主淩忽太子，太子積忿恨，遂舉兵而死，兆庶咸痛之。

睿宗皇帝卽位，悼太子殞身殉難，下詔曰：『曾氏之孝也，慈親惑於疑聽；趙虜之族也，明帝哀而望思。歷考前聞，率由舊典。太子，大行之子，元良守器，往羅搆間，困於讒嫉，莫顧鈇鉞，輕盜甲兵，有此誅夷，無不憤惋。今四凶滅服，十起何追，方申赤暈之冤，以抒黄泉之痛。可贈皇太子謚曰節愍。』先是宗楚客、紀處訥、冉祖雍等奏言：『相王及太平公主與太子同謀，請收付獄。』中宗命御史中丞蕭至忠鞫之，至忠泣而奏曰：『陛下富有四海，貴爲天子，豈不能保持一弟一妹，受人羅織。宗社存亡，實在於此。臣雖至愚，竊爲陛下不取。《漢書》云：「一尺布，尚可縫；一斗粟，尚可舂；兄弟二人不相容。」願陛下詳之。且往者則天欲立相王爲太子，相王累日不食，請迎陛下，固讓之誠，天下傳説。』且明祖雍所奏，咸是搆虛。中宗納其言，乃止。

永王李璘之亂

綜述

《舊唐書》卷九《玄宗紀下》 （天寶十四載十二月辛丑）以永王璘爲山南節度使。

（天寶十五載秋七月丁卯）永王璘江陵府都督，統山南東路、黔中、江南西路等節度大使。

又 卷一〇《肅宗紀》 （至德元載十二月）甲辰，江陵大都督府永王璘擅領舟師下廣陵。

（至德二載，二月戊子）永王璘兵敗，奔於嶺外，至大庾嶺，爲洪州刺史皇甫侁所殺。

又 卷九二《韋陟傳》 經歲餘，潼關失守，肅宗卽位於靈武，起爲吳郡太守，兼江南東道采訪使。未到郡，肅宗使中官賈游嚴手詔追之。未至鳳翔，會江東永王擅起兵，令陟招諭，除御史大夫，兼江東節度使。陟以季廣琛從永王下江，非其本意，懼罪出奔，未有所適，乃有表請拜廣琛爲丹陽太守、兼御史中丞、緣江防禦使，以安反側。因與淮南節度使高適、淮西節度使來瑱等同至安州。陟謂適、瑱曰：『今中原未復，江淮動摇，人心安危，實在茲日。若不齊盟質信，以示四方，令知三帥協心，萬里同力，則難以集事矣。』陟推瑱爲地主，乃爲載書，登壇誓衆曰：『淮西節度使、兼御史大夫瑱，江東節度使、御史大夫陟，淮南節度使、御史大夫適等，銜國威命，各鎮方隅，糾合三垂，翦除凶慝，好惡同之，無有異志。有渝此盟，墜命亡族。皇天后土，祖宗神明，實鑑斯言。』陟等辭旨慷慨，血淚俱下，三軍感激，莫不隕泣。其後江表樹碑以紀忠烈。

無何，有詔令陟赴行在。陟以廣琛雖承恩命，猶且遲回，恐後變生，禍貽於陟，欲往招慰，然後赴征，乃發使上表，懇言其急。陟馳至歷陽，見廣琛，且宣恩旨，勞徠行賞，陟自以私馬數匹賜之，安其疑懼。卽日便赴行在，謁見肅宗，肅宗深器之，拜御史大夫。

又 卷一一一《高適傳》 高適者，渤海蓨人也。【略】（至德）二年，永王璘起兵於江東，欲據揚州。初，上皇以諸王分鎮，適切諫不可。及是永王叛，肅宗聞其論諫有素，召而謀之。適因陳江東利害，永王必敗。上奇其對，以適兼御史大夫、揚州大都督府長史、淮南節度使。詔與江東節度來瑱率本部兵平江淮之亂，會於安州。師將渡而永王敗，乃招季廣琛於歷陽。兵罷，李輔國惡適敢言，短於上前，乃左授太子少詹事。

又 卷一四〇下《文苑傳·李白》 禄山之亂，玄宗幸蜀，在途以永王璘爲江淮兵馬都督、揚州節度大使，白在宣州謁見，遂辟爲從事。永王謀亂，兵敗，白坐長流夜郎。後遇赦得還，竟以飲酒過度，醉死於宣城。有文集二十卷，行於時。

又 卷一〇七《永王李璘傳》 永王璘，玄宗第十六子也。母曰郭順儀，劍南節度尚書虛己之妹。璘數歲失母，肅宗收養，夜自抱眠之。少聰敏好學，貌陋，視物不正。開元十三年三月，封爲永王。十五年五月，遥領荆州大都督。二十年七月，加開府儀同三司，改名璘。

天寶十四載十一月，安禄山反范陽。十五載六月，玄宗幸蜀，至漢中郡，下詔以璘爲山東南路及嶺南黔中江南西路四道節度采訪等使、江陵郡大都督，餘如故。璘七月至襄陽，九月至江陵，召募士將數萬人，恣情補署，江淮租賦，山積於江陵，破用鉅億。以薛鏐、李臺卿、蔡坰爲謀主，因有異志。肅宗聞之，詔令歸覲於蜀，璘不從命。

十二月，擅領舟師東下，甲仗五千人趨廣陵，以季廣琛、渾惟明、高仙琦爲將。璘生於宫中，不更人事，其子襄城王偒又勇而有力，馭兵權，爲左右眩惑，遂謀狂悖。

璘雖有窺江左之心，而未露其事。吴郡采訪使李希言乃平牒璘，大署其名，璘遂激怒，牒報曰：『寡人上皇天屬，皇帝友於，地尊侯王，禮絶僚品，簡書來往，應有常儀，今乃平牒抗威，落筆署字，漢儀隳紊，一至於斯！』

乃使渾惟明取希言，季廣琛取廣陵攻採訪李成式。璘進至當塗，希言在丹陽，令元景曜、閻敬之等以兵拒之，身走吴郡，李成式使將李承慶拒之。先是，肅宗以璘不受命，先使中官啖廷瑶、段喬福招討之。中官至廣陵，成式括得馬數百匹。時河北招討判官、司虞郎中李銑在廣陵，瑶等結銑爲兄弟，求之將兵。銑麾下有騎一百八十人，遂率所領屯於楊子，成式使判官評事裴茂以廣陵步卒三千同拒於瓜步洲伊婁埭。希言將元景曜及成式將李神慶併以其衆迎降於璘，璘又殺丹徒太守閻敬之以徇，江左大駭。

裴茂至瓜步州，廣張旗幟，耀于江津。璘與偒登陴望之竟日，始有懼色。季廣琛召諸將割臂而盟，以貳於璘。是日，渾惟明走於江寧，馮季康、康謙投于廣陵之白沙。廣琛以步卒六千趨廣陵，璘使騎追之，廣琛曰：『我感王恩，是以不能決戰，逃而歸國。若逼我，我則不擇地而回戰矣。』使者返報。其夕，銑等多燃火，人執兩炬以疑之，隔江望者，兼水中之影，一皆爲二矣。

璘軍又以火應之。璘懼，以官軍悉濟矣，遂以兒女及麾下宵遁。遲明，不見濟者，遂入城具舟楫，使襄城王驅其衆以奔晋陵。宵諜曰：『王走矣。』於是江北之軍齊進，募敢死士趙侃、庫狄岫、趙連城等共二十人，先鋒遊弈於新豐，皆因醉而寐。璘聞官軍之至，乃使襄城王、高仙琦逆擊之。驛騎奔告，侃等介馬而出，襄城王已隨而至，銑等奔救，張左右翼擊之，射中襄城王首，偒軍遂敗。高仙琦等四騎與璘南奔，至鄱陽郡，司馬陶備閉城拒之。

璘怒，命焚其城。至餘幹，及大庾嶺，將南投嶺外，爲江西采訪使皇甫侁下防禦兵所擒，因中矢而薨。子偒等爲亂兵所害。肅宗以璘愛弟，隱而不言。

又 卷一五四《孔巢父傳》 孔巢父，冀州人，字弱翁。【略】永王璘起兵江淮，聞其賢，以從事辟之。巢父知其必敗，側身潛遁，由是知名。

《新唐書》卷五《玄宗紀》（至德元載七月）丁卯，皇太子爲天下兵馬元帥，都統朔方、河東、河北、平盧節度使，御史中丞裴冕、隴西郡司馬劉秩副之。江陵大都督永王璘爲山南東路黔中江南西路節度使，盛王琦爲廣陵郡都督、江南東路淮南道節度使，豐王珙爲武威郡都督、河西隴右安西北庭節度使。【略】

癸巳，皇太子即皇帝位于靈武，以聞。庚子，上皇天帝誥遣韋見素、房琯、崔涣奉皇帝册於靈武。十一月甲寅，憲部尚書李麟同中書門下平章事。十二月甲辰，永王璘反，廢爲庶人。

又 卷六《肅宗紀》（至德元載七月），遣永王璘朝上皇天帝於蜀郡。璘反，丹徒郡太守閻敬之及璘戰於伊婁埭，死之。

二載正月，永王璘陷鄱陽郡。【略】戊戌，庶人璘伏誅。

又 卷八二《永王李璘傳》 永王璘，少失母，肅宗自養視之。長聰敏好學，貌陋甚，不能正視。既封，領荆州大都督。安禄山反，帝至扶風，詔璘即日赴鎮，俄又領山南、江西、嶺南、黔中四道節度使，以少府監竇昭爲副。璘至江陵，募士得數萬，補署郎官、御史。

時江淮租賦鉅億萬，在所山委。璘生宫中，於事不通曉，見富且强，遂有闚江左意，以薛鏐、李臺卿、韋子春、劉巨鱗、蔡駉爲謀主。肅宗聞之，詔璘還覲上皇於蜀，璘不從，其子襄城王偒，剛鷙乏謀，亦樂亂，勸璘取金陵。即引舟師東下，甲士五千趨廣陵，以渾惟明、季廣琛、高仙琦爲將，然未敢顯言取江左也。

會吳郡采訪使李希言平牒璘，璘因發怒曰：『寡人上皇子，皇帝弟，地尊禮絕。今希言乃平牒抗威，落筆署字，何邪？』乃使惟明襲希言，而令廣琛趨廣陵，攻采訪使李成式。璘至當塗，希言已屯丹楊，遣將元景曜等拒戰，不勝，降於璘，江淮震動。

明年，肅宗遣宦者啖廷瑤等與成式謀招喻之。時河北招討判官李銑在廣陵，有兵千餘，廷瑤邀銑屯揚子，成式又遣裴茙以廣陵卒三千戍伊婁埭，張旗幟，大閱士。璘與瑒登陴望之，有懼色。廣琛知事不集，謂諸將曰：『與公等從王，豈欲反邪？上皇播遷，道路不通，而諸子無賢於王者。如總江淮鋭兵，長驅雍、洛，大功可成。今乃不然，使吾等名絓叛逆，如後世何？』衆許諾，遂割臂盟，於是惟明奔江寧，馮季康奔白沙，廣琛以兵六千奔廣陵。璘使騎追躡之，廣琛曰：『我德王，故不忍決戰，逃命歸國耳。若逼我，且決死。』追者止，乃免。

是夜，銑陣江北，夜然束葦，人執二炬，景亂水中，覘者以倍告，璘軍亦舉火應之。璘疑王師已濟，攜兒女及麾下遁去。遲明覺其紿，復入城，具舟楫，使瑒驅衆趨晉陵。諜者告曰：『王走矣！』成式以兵進，先鋒至新豐，璘使瑒、仙琦逆擊之。銑合勢，張左右翼，射瑒中肩，軍遂敗。仙琦與璘奔鄱陽，司馬閉城拒。璘怒，焚城門入之，收庫兵，掠餘幹，將南走嶺外。皇甫侁兵追及之。戰大庾嶺，璘中矢被執，侁殺之。瑒爲亂兵所害，仙琦逃去。

璘未敗時，上皇下誥：『降爲庶人，徙置房陵。』及死，侁送妻子至蜀，上皇傷悼久之。肅宗以少所自鞠，不宣其罪。謂左右曰：『皇甫侁執吾弟，不送之蜀而擅殺之，何邪？』由是不復用。薛鏐等皆伏誅。

又 卷一四九《劉晏傳》 劉晏，字士安，曹州南華人。【略】祿山亂，避地襄陽。永王璘署晏右職，固辭，移書房琯，論封建與古異，『今諸王出深宮，一旦望桓、文功，不可致』。詔拜度支郎中，兼侍御史，領江淮租庸事。晏至吳郡而璘反，乃與采訪使李希言謀拒之。希言假晏守余杭，會戰不利，走依晏。晏爲陳可守計，因發義兵堅壁。會王敗，欲轉略州縣，聞晏有備，遂自晉陵西走。

又 卷二〇二《文藝傳·李白》 安祿山反，轉側宿松、匡廬間，永王璘辟爲府僚佐。璘起兵，逃還彭澤；璘敗，當誅。初，白游并州，見郭子儀，奇之。子儀嘗犯法，白爲救免。至是子儀請解官以贖，有詔長流夜郎。會赦，還尋陽，坐事下獄。

論説

《舊唐書》卷一〇七《玄宗諸子傳論》 前史有云：『母愛者子抱』，太子瑛之廢，有由然矣。琬爲元帥，不幸遽薨，豈天啓亂階，何失衆望之速也！永王璘，父在蜀城，兄居靈武，不能立忠孝之節，爲社稷之謀，而乃聚兵江上，規爲己利，不義不昵，以災其身，《書》所謂『自作孽，不可逭』也。豐王珙因緣厄運，竊有覬覦，不慎樞機，自貽伊咎，悲矣！

後唐秦王之亂

綜述

《舊五代史》卷四一《唐書·明宗紀七》 （長興元年八月）壬寅，皇子河南尹、判六軍諸衛事從榮封秦王，仍令所司擇日册命。

又 卷四三《唐書·明宗紀九》 長興三年春正月癸未朔，【略】辛丑，秦王從榮加開府儀同三司、兼中書令。

又 卷四四《唐書·明宗紀十》 長興四年春正月【略】戊子，秦王從榮加守尚書令、兼侍中，依前河南尹，判六軍諸衛事。

（九月）辛丑，詔天下兵馬大元帥、秦王從榮班宜在宰臣之上。

（十一月）壬辰，天下大元帥、守尚書令、兼侍中、秦王從榮領兵陣於天津橋，内出禁軍拒之。從榮敗奔河南府，遇害。帝聞之悲駭，幾落御榻，氣絶而蘇者再，由是不豫有加。

又 卷五一《唐書·秦王李從榮傳》 秦王從榮，明宗第二子也。明宗踐阼，天成初，授鄴都留守、天雄軍節度使。三年，移北京留守，充河東節度使。四年，入爲河南尹。一日，明宗謂安重誨曰：『近聞從榮左右有詐宣朕旨，令勿接儒生，儒生多懦，恐鈍志相染。朕方知之，頗駭其事。余比以從榮方幼，出臨大藩，故選儒雅，賴其裨佐。今聞此姦憸之言，豈朕之所望也。』鞫其言者將戮之，重誨曰：『若遽行刑，又慮賓從難處，且望嚴誡。』遂止。【略】

從榮爲詩，與從事高輦等更相唱和，自謂章句獨步於一時，有詩千餘首，號曰《紫府集》。

長興中，以本官充天下兵馬大元帥。從榮乃請以嚴衛、捧聖步騎兩指揮爲秦府衙兵，每入朝，以數百騎從行，出則張弓挾矢，馳騁盈巷。既受元帥之命，即令其府屬僚佐及四方遊士，各試《檄淮南書》一道，陳己將廓清宇內之意。初，言事者請爲親王置師傅，明宗顧問近臣，執政以從榮名勢既隆，不敢忤旨，即奏云：『王官宜委。』從榮乃奏刑部侍郎劉贊爲王傅，又奏翰林學士崔棁爲元帥府判官。明宗曰：『學士代予詔令，不可擬議。』從榮不悅，退謂左右曰：『既付以元帥之任，而阻予請僚佐，又未諭制旨也。』復奏刑部侍郎任贊，從之。後舉兵犯宮室，敗死，廢爲庶人。

又 卷六六《唐書·朱弘昭傳》（長興）四年，秦王從榮爲元帥，屢宣惡言，執政大臣皆懼，謀出避之。樞密使范延光、趙延壽日夕更見，涕泣求去，明宗怒而不許。延壽使其妻興平公主入言於中，延光亦因孟漢瓊、王淑妃進説，故皆得免。未幾，趙延壽出鎮汴州，召弘昭於襄陽，代爲樞密使，加同平章事。十月，范延光出鎮常山，以三司使馮贇與弘昭對掌樞務，與康義誠、孟漢瓊同謀以殺秦王。

又 卷六八《唐書·劉贊傳》 劉贊，魏州人也。幼有文性。【略】贊性雍和，與物無忤，居官畏慎，人若以私干之，雖權豪不能移其操。未幾，改秘書監，兼秦王傅。贊節概貞素，忽聞其命，掩泣固辭，竟不能止。時秦王參佐，皆新進小生，動多輕脱，每稱頌秦王功德，阿意順旨，只奉談笑，惟贊從容諷議，必獻嘉言。秦王常接見賓僚及遊客，於酒筵之中，悉令秉筆賦詩。贊爲師傅，亦與諸客混然，容狀不悅。秦王知其意，自是戒典客，贊至勿通，令每月一度至衙。

又 卷六九《唐書·孫岳傳》 孫岳，稷州人也。強幹有才用，歷府衛右職。天成中，爲潁耀二州刺史、閬州團練使，所至稱治，遷鳳州節度使。受代歸京，秦王從榮欲以岳爲元帥府都押衙，事未行，馮贇舉爲三司使，時預密謀。朱、馮患從榮之恣橫，岳曾極言其禍之端，康義誠聞之不悅。及從榮敗，義誠召岳同至河南府檢閲府藏，時紛擾未定，義誠密遣騎士射之，岳走至通利坊，爲騎士所害，識與不識皆痛之。

又 卷八八《晉書·楊思權傳》 楊思權，邠州新平人也。【略】會秦王從榮鎮太原，明宗乃以馮贇爲副留守、以思權爲北京步軍都指揮使，以佐佑之。從榮幼驕狠，不親公務，明宗乃遣紀綱一人素善從榮者，與之游處，俾從容諷道之。嘗私謂從榮曰：『河南相公恭謹好善，親禮端士，有老成之風，相公處長，更宜自勵，勿致聲聞在河南之下。』從榮不悅，因告思權曰：『朝廷人皆推從厚，共非短我，吾將廢棄矣。』思權曰：『請相公勿憂，萬一有變，但思權在處有兵甲，足以濟事。』乃勸從榮招置部曲，調弓礪矢，陰爲之備。思權又謂使者曰：『朝廷教君伴相公，終日言弟賢兄弱何也？吾輩苟在，豈不能與相公爲主耶？』使者懼，告馮贇，乃密奏之，明宗乃詔思權赴京師，以秦王之故，亦弗之罪也。

《新五代史》卷二七《唐臣傳·康義誠》 康義誠，字信臣，代北三部落人也。【略】秦王從榮素驕，自爲河南尹，典六軍，拜大元帥。唐諸大臣皆懼禍及，思自脱，獨義誠心結之，遣其子事秦王府。明宗病，從榮謀以兵入宮，唐大臣朱弘昭、馮贇等皆以爲不可，而義誠獨持兩端。從榮已舉兵，至天津橋，弘昭等入，以反白，明宗涕泣召義誠，使自處置，而義誠卒不出兵。馬軍指揮使朱弘實以兵擊從榮，從榮敗走，見殺。

三司使孫岳嘗爲馮贇言從榮必敗之狀，義誠聞而不悅。及從榮死，義誠始引兵入河南府，召岳檢閲從榮家貲。岳至，義誠乘亂，使人射之，岳走至通利坊見殺，明宗不能詰。義誠已殺岳，又以從榮故，與弘實有隙。愍帝即位，弘實常以誅從榮功自負，義誠心益不平。

論説

《新五代史》卷六《唐紀·明宗紀》 夷狄性果，仁而不明，屢以非辜誅殺臣下。至於從榮父子之間，不能慮患爲防，而變起倉卒，卒陷之以大惡。帝亦由此飲恨而終。

當是時，大理少卿康澄上疏言時事，其言曰：『爲國者有不足懼者五，深可畏者六：三辰失行不足懼，天象變見不足懼，小人訛言不足懼，山崩川竭不足懼，水旱蟲蝗不足懼也；賢士藏匿深可畏，四民遷業深可畏，上下相徇深可畏，廉恥道消深可畏，毀譽亂眞深可畏，直言不聞深可畏也。』識者皆多澄言切中時病。若從榮之變，任圜、安重誨等之死，可謂上下相徇，而毁譽亂眞之敝矣。然澄之言，豈止一時之病，凡爲國者，可不戒哉！

雜　録

宋·孫光憲《北夢瑣言》卷二〇《秦王輕佻》　秦王從榮之爲元帥，輕佻淺露，狎近浮薄，列坐將帥而與判官論詩，未躋大位而許人禍福。由是中外忌憚，竟及誅敗。上聞從榮伏誅，悲駭幾落御榻，氣絶復蘇者再，由是不豫轉增，以至晏駕，自云：『我今日自作劉窟頭也。』

又《逸文》　草書僧文英大師彦脩始在洛都，明宗世子秦王從榮復厚遇之。後有故，南居江陵西湖曾口寺，一日恍惚見秦王擁二十騎詣寺訪彦脩，彦脩問大王何以此來，恰未對，倏而不見。彦脩方訪於人，不旬日，秦王遇害。

宋·陶岳《五代史補》卷二《秦王掇禍》　秦王從榮，明宗之愛子。好爲詩，判河南府，辟高輦爲推官。輦尤能爲詩，賓主相遇甚歡。自是出入門下者，當時名士有若張杭、高文蔚、何仲舉之徒，莫不分庭抗禮，更唱迭和。時干戈之後，武夫用事，睹從榮所爲，皆不悦。於是康知訓等竊議曰：『秦王好文，交遊者多詞客，此子若一旦南面，則我等轉死溝壑，不如早圖之。』高輦知其謀，因勸秦王托疾：『此輩以所就之間須來問候，請大王伏壯士，出其不意皆斬之，庶幾免禍矣。』從榮曰：『至尊在上，一旦如此，得無危乎？』輦曰：『子弄父兵，罪當笞爾，不然則悔無及矣。』從榮猶豫不決，未幾及禍，高輦棄市。初，從榮之敗也，高輦竄於民家，且落髮爲僧。既擒獲，知訓以其毁形難認，復使巾幘著緋，驗其眞僞，然後用刑。輦神色自若，猶厲聲曰：『朱衣才脱，白刃難逃。』觀者壯之。

前蜀元膺之亂

綜　述

《新五代史》卷六三《前蜀世家·王建》　（天復七年）秋九月，己亥，建乃即皇帝位，封其諸子爲王。

（武成元年）六月，以遂王宗懿爲皇太子。建加尊號英武睿聖皇帝。

二年，又加號曰英武睿聖神功文德光孝皇帝。

三年【略】秋七月，皇太子元膺殺太子少保唐襲。元膺，建次子也，初名宗懿，後更名宗坦。建得銅牌子於什仿，有文二十餘字，建以爲符讖，因取之以名諸子，故又更曰元膺。元膺爲人猳喙齵齒，多材藝，能射錢中孔。嘗自抱畫毬擲馬上，馳而射之，無不中。年十七，爲皇太子，判六軍。創天武神機營，開永和府，置官屬。（王）建以元膺年少任重，以記事戒之，令：『一切學朕所爲，則可以保國。』又命道士廣成先生杜光庭爲之師。唐襲，建之嬖也。元膺易之，屢謔於朝。建懼其交惡，乃罷襲樞密使，出爲興元節度使。已而襲罷歸，元膺廷疏其過失，建益不悦。是月七夕，元膺召諸王大臣置酒，而集王宗翰、樞密使潘峭、翰林學士毛文錫不至，元膺怒曰：『集王不來，峭與文錫教之耳。』明日，元膺白建峭及文錫離間語。建怒，將罪之。元膺出，而襲入，建以問之，襲曰：『太子謀作亂，欲召諸將諸王以兵錮之，然後舉事爾！』建疑之，襲請召營兵入衛。元膺初不爲備，聞襲召兵，以爲誅己，乃與伶人安悉、香軍將喻全殊率天武兵自衛，遣人擒峭及文錫而笞之，幽於其家，召大將徐瑤、常謙率兵出拒襲，與襲戰神武門，襲中流矢，墜馬死。建遣王宗賀以兵討之，元膺兵敗，皆潰去。元膺匿躍龍池檻中，明日出而丐食，蜀人識之以告建，遣宗翰招諭之，宗翰未至，爲衛兵所殺。建乃立其幼子鄭王宗衍爲太子。

雜録

宋・張唐英《蜀檮杌》卷上《王建》（永平）三年七月，大昌軍使徐瑤等脅太子元膺，舉宮中以叛。諸軍討之，斬元膺，瑤伏誅。以衍爲太子。

宋・佚名《五國故事》卷上《王建》 建在位，有漢州人郭迴，耕得古銅牌以獻，有『王建王元』，膺以下六十餘字。建乃改其長子名元膺，以應其事。識者曰：『膺者，胸也；胸者，凶也，皆非吉兆。』俄而，元膺以延巧之夕，將請建宴於東宮，遂謀作亂。事發，元膺伏誅。乃立其少子鄭王衍，是爲後主。

平定州郡要員叛亂分部

三總管之叛

綜述

《隋書》卷一《高祖紀上》 大象二年六月，【略】相州總管尉遲迥自以重臣宿將，志不能平，遂舉兵東夏。趙、魏之士，從者若流，旬日之間，衆至十餘萬。又宇文胄以滎州，石愻以建州，席毗以沛郡，毗弟叉羅以兗州，皆應於迥。迥遣子質於陳請援。高祖命上柱國、鄖國公韋孝寬討之。雍州牧畢王賢及趙、陳等五王，以天下之望歸於高祖，因謀作亂。高祖執賢斬之，寢趙王等之罪，因詔五王劍履上殿，入朝不趨，用安其心。

七月，陳將陳紀、蕭摩訶等寇廣陵，吳州總管於顗轉擊破之。廣陵人杜喬生聚衆反，刺史元義討平之。韋孝寬破尉遲迥於相州，傳首闕下，餘黨悉平。初，迥之亂也，鄖州總管司馬消難據州響應，淮南州縣多同之。命襄州總管王誼討之，消難奔陳。荊、郢羣蠻乘釁作亂，命亳州總管賀若誼討平之。先是，上柱國王謙爲益州總管，既見幼主在位，政由高祖，遂起巴蜀之衆，以匡復爲辭。高祖方以東夏、山南爲事，未遑致討。謙進兵屯劍閣，陷始州。至是，乃命行軍元帥、上柱國梁睿討平之，傳首闕下。巴蜀阻險，人好爲亂，於是更開平道，毀劍閣之路，立銘垂誡焉。

《周書》卷八《靜帝紀》 大象二年，六月【略】甲子，相州總管尉遲迥舉兵不受代。詔發關中兵，即以孝寬爲行軍元帥，率軍討之。【略】秋七月甲申，【略】庚寅，申州刺史李慧起兵。【略】庚子，【略】滎州刺史、邵國公宇文胄舉兵，遣大將軍、清河公楊素討之。青州總管尉遲勤舉兵。丁未，隨公楊堅爲都督内外諸軍事。己酉，鄖州總管司馬消難舉兵，以柱國、楊國公王誼爲行軍元帥，率軍討之。

八月庚申，益州總管王謙舉兵不受代，即以梁睿爲行軍元帥，率軍討之。【略】庚午，韋孝寬破尉遲迥於鄴城，迥自殺，相州平。移相州於安陽，其鄴城及邑居皆毁廢之。

庚辰，司馬消難擁其衆以魯山、甑山二鎮奔陳，遣大將軍、宋安西元景山率衆追擊，俘斬五百餘人，鄖州平。沙州氏帥、開府楊永安聚衆應王謙，遣大將軍、樂寧公達奚儒討之。

十月戊寅，梁睿破王謙於劍南，追斬之，傳首京師。益州平。

又 卷一〇《宇文胄傳》（宇文）胄少而孤貧，頗有幹略。【略】天和中，【略】授大將軍、開府儀同三司，襲爵邵公。尋除宗師中大夫，進位大將軍，出爲原州刺史，轉滎州刺史。大象末，隋文帝輔政，胄舉州兵應尉遲迥，與清河公楊素戰，敗，遂走，追獲於石濟，遂斬之。

又 卷一七《梁睿傳》 天和中，拜開府儀同三司。以御佐命有功，進蔣國公。大象末，除益州總管，加授柱國。睿將之任，而王謙舉兵，拒不受代，仍詔睿爲行軍元帥，討謙，破之。進位上柱國。

又 卷一九《達奚震傳》（達奚）震弟甚，車騎將軍、渭南縣子。大象末，爲益州刺史，與王謙據蜀起兵。尋敗，被誅。

又 卷二一《尉遲迥傳》 宣帝即位，以迥爲大前疑，出爲相州總管。宣帝崩，隋文帝輔政，以迥望位夙重，懼爲異圖，乃令迥子魏安公惇齎詔書以會葬征迥。尋以鄖公韋孝寬代迥爲總管。迥以隋文帝當權，將圖篡奪，遂謀舉兵，留惇而不受代。隋文帝又使候正破六汗裒詣迥喻旨，密與總管府長史晉昶等書，令爲之備。迥聞之，殺長史及裒，乃集文武士庶，登城北樓而令之曰：『楊堅以凡庸之才，籍后父之勢，挾幼主而令天下，威福自己，賞罰無章，不臣之迹，暴於行路。吾居將相，與國舅甥，同休共戚，義由一體。先帝處吾於此，本欲寄以安危。今欲與卿等糾合義勇，匡國庇人，進可以享榮名，退可以終臣節。卿等以爲何如？』於是衆咸從命，莫不感激。乃自稱大總管。承制署置官司。於時趙王招已入朝，留少子在國，迥又奉以號令。迥弟子勤，時爲青州總管，亦從迥，迥所管相、衛、黎、毛、名、貝、趙、冀、瀛、滄，勤所統青、膠、光莒諸州，皆從之。衆數十萬。榮州刺史邵公宇文胄、申州刺史李惠、東楚州刺史費也利進、東潼州刺史曹孝遠，各據州以應迥。迥又北結高寶寧以通突厥；南連陳人，許割江、淮之地。

隋文帝於是徵兵討迥，即以韋孝寬爲元帥。惇率衆十萬入武德，軍於沁東。孝寬等諸軍隔水相持不進。隋文帝又遣高熲馳驛督戰。惇布兵二十里，麾軍小卻，欲待孝寬軍半度擊之。孝寬因其小卻，鳴鼓齊進，惇大敗。孝寬乘勝進至鄴。迥與子惇、祐等又悉其卒十三萬，陳於城南。迥別統萬人，皆綠巾錦襖，號曰黃龍兵。勤率衆五萬，自青州赴迥，以三千騎先到，迥舊習軍旅，雖老猶被甲臨陣。其麾下千兵，皆關中人，爲之力戰。孝寬等軍失利而卻。鄴中士女，觀者如堵。高熲與李詢整陣，先犯觀者，因其擾而乘之。迥大敗，遂入鄴。迥走保北城，孝寬縱兵圍之。李詢、賀樓子干以其屬先登。迥上樓，射殺數人，乃自殺。勤、惇等東走，併追獲之。餘衆，月餘皆斬之。

迥末年衰耄，惑於後妻王氏，而諸子多不睦。以開府、小御正崔達拏爲長史，餘委任亦多用齊人。達拏文士，無籌略，舉措多失綱紀，不能有所匡救。迥自起兵至敗，六十八日。

武德中，迥從孫庫部員外郎耆福上表，請改葬。朝議以迥忠於周室，有詔許之。

又　**《王謙傳》**　王謙字敕萬，太保雄之子也。性恭謹，無他才能。以父功，累遷驃騎大將軍、開府。孝閔踐祚，治右小武伯。雄從晉公護東討，爲齊人所斃。朝議以謙父殞身行陣，特加殊寵，乃授謙柱國大將軍。以情禮未終，固辭不拜。高祖手詔奪情，襲爵庸公，邑萬户。（後）［從］皇太子討吐谷渾，力戰有功。是時高祖東征，謙又力戰，進上柱國、益州總管。

時［隋文帝秉政］，謙令司録賀若昂奉表詣闕。昂還，具陳京師事勢。謙以世受國恩，將圖匡復，遂舉兵，署官司。所管益、潼、新、始、龍、邛、青、瀘、戎、寧、汶、陵、遂、合、楚、資、眉、普十八州及嘉、渝、臨、渠、蓬、隆、通、興、武、庸十州之人多從之。總管長史乙弗虔、益州刺史達奚惎勸廉據險觀變。隆州刺史［高］阿（史）那瓌爲謙畫三策曰：『公親率精鋭，直至散關，蜀人知公有勤王之節，必當各思效命，此上策也；出兵梁、漢，以顧天下，此中策也；坐守劍南，發兵自衛，此下策也。』謙參用其中下之策。

梁睿未至大劍，謙遣兵鎮始州。隋文即以睿爲行軍元帥，便發利、鳳、文、泰、成諸州兵討之。達奚惎、乙弗虔等衆十萬攻利州。聞睿至，衆潰。睿乘其弊，縱兵深入。惎、虔密使詣睿，請爲内應以贖罪。謙不知之，併令守成都。謙先無籌略，承籍父勳，遂居重任。初謀舉兵，咸以地有江山之險，進可以立功，退可以自守。且任用多非其才。及聞睿兵奄至，惶懼，乃自率衆迎戰。又以惎、虔之子爲左右軍。行數十里，軍皆叛。謙以二十騎奔新都，縣令王寶斬之，傳首京師。惎、虔以成都降，隋文以其首謀，斬之。［高］阿（史）那瓌亦誅。

又　**《司馬消難傳》**　隋文帝輔政，消難既聞蜀公迥不受代，遂欲與迥合勢，亦舉兵應之。以開府田廣等爲腹心，殺總管長史侯莫陳杲、鄖州刺史蔡澤等四十餘人。所管鄖、隨、温、應士、順、沔、環、岳九州，魯山、甑山、沌陽、應城、平靖、武陽、上明、（須）［溳］水八鎮，併從之。使其子泳質於陳以求援。隋文帝命襄州總管王誼爲元帥，發荆襄兵以討之。八月，消難聞誼軍將至，夜率其麾下，歸於陳。陳宣帝以爲都督安（趙）［隨］九州八鎮、車騎將軍、司空、隨公。

又　**卷三〇《竇熾傳》**　隋文帝輔政，停洛陽宫作，熾請入朝。屬尉遲迥舉兵，熾乃移入金墉城，簡練關中軍士得數百人，與洛州刺史、平涼公元亨同心固守，仍權行洛州鎮事。相州平，熾方入朝。屬隋文帝初爲相國。百官皆勸進。熾自以累代受恩，遂不肯署牋。時人高其節。

又　**《于翼傳》**　大象初，徵拜大司徒。詔翼巡長城，立亭鄣。西自雁門，東至碣石，創新改舊，咸得其要害云。仍除幽定七州六鎮諸軍事、幽州總管。先是，突厥屢爲寇掠，居民失業。翼素有威武，兼明斥候，自是不敢犯塞，百姓安之。

及尉遲迥據相州舉兵，以書招翼。翼執其使，并書送之。於時隋文帝執政，賜翼雜綵一千五百段、粟麥一千五百石，并珍寶服玩等。進位上柱國，封任國公，增邑通前五千户，別食任城縣一千户，收其租賦。翼又遣子讓通表勸進，并請入朝。隋文帝許之。

尉遲迥之舉兵也，河西公李賢弟穆爲并州總管，亦執迥子送之。

又　卷三一《韋孝寬傳》　韋叔裕字孝寬，京兆杜陵人也，少以字行。【略】及宣帝崩，隋文帝輔政，時尉遲迥先爲相州總管，詔孝寬代之。又以小司徒叱列長乂爲相州刺史，先令赴鄴。孝寬續進，至朝歌，迥遣大都督賀蘭貴齎書候孝寬。孝寬留貴與語以察之，疑其有變，遂稱疾徐行。又使人至相州求醫藥，密以伺之。既到湯陰，逢長乂奔還。孝寬兄子魏郡守藝又棄郡南走。孝寬審訐其狀，乃馳還。所經橋道，皆令毀撤，驛馬悉擁以自隨。又勒（騎）［驛］將曰：『蜀公將至，可多備肴酒及芻粟以待之。』迥果遣儀同梁子康將數百騎追孝寬，驛司供設豐厚，所經之處，皆輒停留，由是不及。

時或勸孝寬，以爲洛京虛弱，素無守備，河陽鎮防，悉是關東鮮卑，迥若先往據之，則爲禍不小。乃入保河陽。河陽城內舊有鮮卑八百人，家并在鄴，見孝寬輕來，謀欲應迥。孝寬知之，遂密造東京官司，詐稱遣行，分人詣洛陽受賜。既至洛陽，并留不遣。因此離解，其謀不成。

六月，詔發關中兵，以孝寬爲元帥東伐。七月，軍次河陽。迥所署儀同薛公禮等圍逼懷州，孝寬遣兵擊破之。進次懷縣永［橋］城（橋）之東南。其城既在要衝，雉堞牢固，迥已遣兵據之。諸將士以此城當路，請先攻取。孝寬曰：『城小而固，若攻而不拔，損我兵威。今破其大軍，此亦何能爲也。』於是引軍次於武陟，大破迥子惇，惇輕騎奔鄴。軍次於鄴西門豹祠之南。迥自出戰，又破之。迥窮迫自殺。兵士在小城中者，盡坑於遊豫園。諸有未服，皆隨機討之，關東悉平。十月，凱還京師。十一月薨，時年七十二。贈太傅、十二州諸軍事、雍州牧。謚曰襄。

又　《梁士彦傳》　梁士彦字相如，安定烏氏人也。【略】宣帝卽位，除徐州總管。與烏丸軌禽陳將吳明徹、裴忌於呂梁，略定淮南地。隋文帝作相，轉亳州總管。尉遲迥反，爲行軍總管，及韋孝寬擊之。令家僮梁默等爲前鋒，士彦繼之，所當皆破。及迥平，除相州刺史。深見忌，乃代還京師。

又　卷三三《趙文表傳》　趙文表，其先天水西人也，後徙居南鄭。【略】大象中，拜吳州總管。時開府於顗爲吳州刺史。及隋文帝執政，尉遲迥等舉兵，遠近騷然，人懷異望。顗自以族大，且爲國家肺腑，懼文表圖己，謀欲先之。乃稱疾不出。文表往問之，顗遂手刃文表。因令吏人告云『文表謀反』，仍馳啓其狀。隋文以諸方未定，恐顗爲變，遂授顗吳州總管以安之。後知文表無異志，雖不罪顗，而聽其子仁海襲爵。

又　卷三六《崔彦穆傳》　大象二年，宣帝崩，隋文帝輔政，三方兵起。以彦穆爲行軍總管，率兵與襄州總管王誼討司馬消難。軍次荆州，彦穆疑荆州總管獨孤永業有異志，遂收而戮之。及事平，隋文帝徵王誼入朝，卽以彦穆爲襄州總管、六州諸軍事、襄州刺史，加授上大將軍，進爵東郡公，邑二千户。頃之，永業家自理得雪，彦穆坐除名。

又　卷三八《劉昉傳》　于時尉迥起兵，高祖令韋孝寬討之。至武陟，諸將不一。高祖欲遣昉、譯一人往監軍，因謂之曰：『須得心膂以統大軍，公等兩人，誰當行者？』昉自言未嘗爲將，譯又以母老爲請，高祖不懌。而高熲請行，遂遣之。由是恩禮漸薄。又王謙、司馬消難相繼而反，高祖憂之，忘寢與食。昉逸游縱酒，不以職司爲意，相府事物，多所遺落。高祖深銜之，以高熲代爲司馬。是後益見疏忌。及受禪，進位柱國，改封舒國公，閑居無事，不復任使。

又　《柳裘傳》　尉迥作亂，天下騷動，并州總管李穆頗懷猶豫，高祖令裘往喻之。裘見穆，盛陳利害，穆甚悦，遂歸心於高祖。後以奉使功，賜綵三百匹，金九環帶一腰。時司馬消難阻兵安陸，又令喻之，未到而消難奔陳。高祖卽令裘隨便安集淮南，賜馬及雜物。

又　卷三九《于義傳》　高祖作相，王謙搆逆，高祖將擊之，問將於高熲。熲答曰：『于義素有經略，可爲元帥。』高祖初然之。劉昉進曰：『梁睿位望素重，不可居義之下。』高祖乃止。於是以睿爲元帥，以義爲行軍總管。謙將達奚惎擁衆據開遠，義將左軍擊破之。尋拜潼州總管，賜奴婢五百口，雜綵三千段，超拜上柱國。

又《元景山傳》 高祖爲丞相，尉迥稱兵作亂。滎州刺史宇文胄與迥通謀，陰以書諷動景山。景山執其使，封書詣相府。高祖甚嘉之，進位上大將軍。司馬消難之以鄖州入陳也，陳遣將樊毅、馬傑等來援。景山率輕騎五百馳赴之。毅等懼，掠居民而遁。景山追之，一日一夜，行三百餘里，與毅戰於漳口，二合皆克。毅等退保甑山鎮。其城邑爲消難所陷者，悉平之。

又《豆盧勣傳》 高祖爲丞相，益州總管王謙作亂。勣嬰城固守，謙遣其將達奚惎、高阿那肱、乙弗虔等衆十萬攻之，起土山，鑿城爲七十餘穴，堰江水以灌之。勣時戰士不過二千，晝夜相拒。經四旬，勢漸迫。勣於是出奇兵擊之，斬數千級，降二千人。梁睿軍且至，賊因而解去。高祖遣開府趙仲卿勞之，詔曰：『勣器識優長，氣調英遠，總馭藩部，風化已行。巴、蜀稱兵，奄來圍逼，入守出戰，大摧凶醜。貞節雄規，厥功甚茂，可使持節、上柱國。賜一子爵中山縣公。』

又《賀若誼傳》 高祖爲丞相，拜亳州總管，馳驛之部。西遏司馬消難，東拒尉迥。申州刺史李慧反，誼討之，進爵范陽郡公，授上大將軍。

又 卷四〇《王誼傳》 及高祖爲丞相，轉爲鄭州總管。司馬消難舉兵反，高祖以誼爲行軍元帥，率四總管討之。軍次近郊，消難懼而奔陳。於時北至商、洛，南拒江、淮，東西二千餘里，巴蠻多叛，共推渠帥蘭雒州爲主。雒州自號河南王，以附消難，北連尉迥。誼率行軍總管李威、馮暉、李遠等分討之，旬月皆平。

又 卷四一《高熲傳》 尉迥之起兵也，遣子惇率步騎八萬，進屯武陟。高祖令韋孝寬擊之，軍至河陽，莫敢先進。高祖以諸將不一，令崔仲方監之，仲方辭父在山東。時熲又見劉昉、鄭譯併無去意，遂自請行，深合上旨，遂遣熲。熲受命便發，遣人辭母，云忠孝不可兩兼，歔欷就路。至軍，爲橋於沁水，賊於上流縱火栰，熲預爲土狗以御之。既渡，焚橋而戰，大破之。遂至鄴下，與迥交戰，仍共宇文忻、李詢等設策，因平尉迥。

又 卷四二《李德林傳》 宣帝大漸，屬高祖初受顧命，邗國公楊惠謂德林曰：『朝廷賜令總文武事，經國任重，非羣才輔佐，無以克成大業。今欲與公共事，必不得辭。』德林聞之甚喜，乃答云：『德林雖庸愞，微誠亦有所在。若曲相提獎，必望以死奉公。』高祖大悅，卽召與語。劉昉、鄭譯初矯詔召高祖受顧命輔少主，總知內外兵馬事。諸衛既奉敕，併受高祖節度。鄭譯、劉昉議，欲授高祖冢宰，鄭譯自攝大司馬，劉昉又求小冢宰。高祖私問德林曰：『欲何以見處？』德林云：『卽宜作大丞相，假黄鉞，都督內外諸軍事。不爾，無以壓衆心。』及發喪，便卽依此。以譯爲相府長史，帶內史上大夫，昉但爲丞相府司馬。譯、昉由是不平。以德林爲丞相府屬，加儀同大將軍。未幾而三方搆亂，指授兵略，皆與之參詳。軍書羽檄，朝夕填委，一日之中，動逾百數。或機速競發，口授數人，文意百端，不加治點。鄖公韋孝寬爲東道元帥，師次永橋，爲沁水泛長，兵未得度。長史李詢上密啓云：『大將梁士彥、宇文忻、崔弘度併受尉遲迥饟金，軍中慅慅，人情大異。』高祖得詢啓，深以爲憂，與鄭譯議，欲代此三人。德林獨進計云：『公與諸將，併是國家貴臣，未相伏馭，今以挾令之威，使得之耳。安知後所遣者，能盡腹心，前所遣人，獨致乖異？又取金之事，虛實難明，卽令換易，彼將懼罪，恐其逃逸，便須禁錮。然則鄖公以下，必有驚疑之意。且臨敵代將，自古所難，樂毅所以辭燕，趙括以之敗趙。如愚所見，但遣公一腹心，明於智略，爲諸將舊來所信服者，速至軍所，使觀其情僞。縱有異志，必不敢動。』丞相大悟曰：『若公不發此言，幾敗大事。』卽令高熲馳驛往軍所，爲諸將節度，竟成大功。凡厥謀謨，多此類也。

又 卷四六《趙芬傳》 趙芬字士茂，天水西人也。【略】復出爲浙州刺史，轉東京小宗伯，鎮洛陽。高祖爲丞相，尉迥與司馬消難陰謀往來，芬察知之，密白高祖。由是深見親委，遷東京左僕射，進爵郡公。

又《長孫平傳》 長孫平字處均，河南洛陽人也。【略】高祖龍潛時，與平情好款洽，及爲丞相，恩禮彌厚。尉迥、王謙、司馬消難併稱兵內侮，高祖深以準南爲意。時賀若弼鎮壽陽，恐其懷二心，遣平馳驛往代之。弼果不從，平麾壯士執弼，送於京師。

又 卷五〇《宇文慶傳》 初，上（隋文帝）潛龍時，嘗從容與慶言及天下事，上謂慶曰：『天元實無積德，視其相貌，壽亦不長。加以法令繁苛，耽恣聲色，以吾觀之，殆將不久。又復諸侯微弱，各令就國，曾無深根固本之計，羽翮既剪，何能及遠哉！尉迥貴戚，早著聲望，國家有釁，必爲亂階。然智量庸淺，子弟輕佻，貪而少惠，終致亡滅。司馬消難反覆之虜，亦非池內之物，變成俄頃，但輕薄無謀，未能爲害，不過自竄江南耳。庸、蜀險隘，易生艱阻，王謙愚惷，素無籌略，但恐爲人所誤，不足爲虞。』未幾，上言皆驗。

又　卷五四《元亨傳》　高祖爲丞相，遇尉遲迥作亂，洛陽人梁康、邢流水等舉兵應迥，旬日之間，衆至萬餘。州治中王文舒潛與梁康相結，將圖亨。亨陰知其謀，乃選關中兵，得二千人爲左右，執文舒斬之，以兵襲擊梁康、邢流水，皆破之。

又　卷五五《張威傳》　王謙作亂，高祖以威爲行軍總管，從元帥梁睿擊之。軍次通谷，謙守將李三王擁勁兵拒守。睿以威爲先鋒。三王初閉壘不戰，威令人詈侮以激怒之，三王果出陣。威令壯士奮擊，三王軍潰，大兵繼至，於是擒斬四千餘人。進至開遠，謙將趙儼衆十萬，連營三十里。威鑿山通道，自西嶺攻其背，儼遂敗走。追至成都，與謙大戰，威將中軍。及謙平，進位上柱國，拜瀘州總管。

又　卷六〇《于仲文傳》　高祖爲丞相，尉迥作亂，遣將檀讓收河南之地。復使人誘致仲文，仲文拒之。迥怒其不同己，遣儀同宇文威攻之。仲文迎擊，大破威衆，斬首五百餘級。以功授開府。迥又遣其將宇文胄渡石濟，宇文威、鄒紹自白馬，二道俱進，復攻仲文。賊勢逾盛，人情大駭，郡人赫連僧伽、敬子哲率衆應迥。仲文自度不能支，棄妻子，將六十餘騎，開城西門，潰圍而遁。爲賊所追，且戰且行，所從騎戰死者十七八。仲文僅而獲免，達於京師。迥於是屠其三子一女。高祖見之，引入臥內，爲之下泣。賜綵五百段，黄金二百兩，進位大將軍，領河南道行軍總管。給以鼓吹，馳傳詣洛陽發兵，以討檀讓。

時韋孝寬拒迥於永橋，仲文詣孝寬有所計議。時總管宇文忻頗有自疑之心，因謂仲文曰：『公新從京師來，觀執政意何如也？尉迥誠不足平，正恐事寧之後，更有藏弓之慮。』仲文懼忻生變。因謂之曰：『丞相寬仁大度，明識有餘，苟能竭誠，必心無貳。仲文在京三日，頻見三善，以此爲觀，非尋常人也。』忻曰：『三善如何？』仲文曰：『有陳萬敵者，新從賊中來，即令其弟難敵召募鄉曲，從軍討賊。此其有大度一也。上士宋謙，奉使勾檢，謙緣此別求他罪。丞相責之曰：「入網者自可推求，何須別訪，以虧大體。」此其不求人私二也。言及仲文妻子，未嘗不潸泫。此其有仁心三也。』忻自此遂安。

仲文軍至汴州之東倪塢，與迥將劉子昂、劉浴德等相遇，進擊破之。軍次蓼隄，去梁郡七里，讓擁衆數萬，仲文以羸師挑戰。讓悉衆來拒，仲文僞北，讓軍頗驕。於是遣精兵左右翼擊之，大敗讓軍，生獲五千餘人，斬首七百級。進攻梁郡，迥守將劉子寬棄城遁走。仲文追擊，擒斬數千人，子寬僅以身免。初，仲文在蓼隄，諸將皆曰：『軍自遠來，士馬疲敝，不可決勝。』仲文令三軍趣食，列陣大戰。既而破賊，諸將皆請曰：『前兵疲不可交戰，竟而克勝，其計安在？』仲文笑曰：『吾所部將士皆山東人，果於速進，不宜持久。乘勢擊之，所以制勝。』諸將皆以爲非所及也。進擊曹州，獲迥所署刺史李仲康及上儀同房勁。

檀讓以餘衆屯城武，別將高士儒以萬人屯永昌。仲文詐移書州縣曰：『大將軍至，可多積粟。』讓謂仲文未能卒至，方槌牛享士，仲文知其怠，選精騎襲之，一日便至。遂拔城武。迥將席毗羅，衆十萬，屯於沛縣，將攻徐州。其妻子在金鄉。仲文遣人詐爲毗羅使者，謂金鄉城主徐善淨曰：『檀讓明日午時到金鄉，將宣蜀公令，賞賜將士。』金鄉人謂爲信然，皆喜。仲文簡精兵，僞建迥旗幟，倍道而進。善淨望見仲文軍且至，以爲檀讓，乃出迎謁。仲文執之，遂取金鄉。諸將多勸屠之，仲文曰：『此城是毗羅起兵之所，當寬其妻子，其兵可自歸。如即屠之，彼望絶矣。』衆皆稱善。於是毗羅恃衆來薄官軍，仲文背城結陣，去軍數里，設伏於麻田中。兩陣纔合，伏兵發，俱曳柴鼓噪，塵埃張天。毗羅軍大潰，仲文乘之，賊皆投洙水而死，爲之不流。獲檀讓，檻送京師，河南悉平。毗羅匿滎陽人家，執斬之，傳首闕下。勒石紀功，樹於泗上。

又　卷六五《周法尚傳》　高祖爲丞相，司馬消難作亂，陰遣上開府段珣率兵陽爲助守，因欲奪其城。法尚覺其詐，閉門不納，珣遂圍之。於時倉卒，兵散在外，因率吏士五百人守拒二十日。外無救援，自度力不能支，遂拔所領，棄城遁走。消難虜其母弟及家累三百人歸於陳。

又　卷三七《梁睿傳》　梁睿，字恃德，安定烏氏人也。【略】高祖總百揆，代王謙爲益州總管。行至漢川而謙反，遣兵攻始州，睿不得進。高祖命睿爲行軍元帥，率行軍總管於義、張威、達奚長儒、梁升、石孝義步騎二十萬討之。時謙遣開府李三王等守通谷，睿使張威擊破之，擒數千人，進至龍門。謙將趙儼、秦會擁衆十萬，據嶮爲營，周亘三十里。睿令將士銜枚出自間道，四面奮擊，力戰破之。蜀人大駭，睿鼓行而進。謙將敬豪守劍閣，梁巖拒平林，併懼而來降。謙又令高阿那肱、達奚惎等以盛兵攻利州。聞睿將至，惎分兵據開遠。睿顧謂將士曰：『此虜據要，欲遏吾兵勢，吾當出其不意，破之必矣。』遣上開府拓拔宗趣劍閣，大將軍宇文敻詣巴西，大將軍趙達水軍入嘉陵。睿遣張威、王倫、賀若震、於義、韓相貴、阿那惠等分道攻惎，自午及申，破之。惎奔歸於謙。睿進逼成都，謙令達奚惎、乙弗虔城守，親率精兵五萬，背城結陣。睿擊之，謙不利，將入城，惎、虔以城降，拒謙不內。謙將麾下三十騎遁走，新都令王寶執之。睿斬謙於市，劍南悉平。進位上柱國，總管如故。賜物五千段，奴婢一千口，金二千兩，銀三千兩，食邑千户。

論説

《北史》卷六二《尉遲迥傳論》　夫士之成名，其途不一，蓋有不待爵禄而貴，不因學藝而重者何？亦云忠孝而已。若乃竭力以奉其親者，人子之行也；致身以事其君者，人臣之節也。斯固彌綸三極，囊括百代。當宣帝之在東朝，凶德方兆，王軌志惟無諱，極議於骨肉之間，竟遇淫刑，以至夷滅。若斯人者，人或以爲其不忠，則天下莫之信也。觀樂運之所以行己之節，其有古之遺直之風乎。

《周書》卷二一《尉遲迥等傳論》　尉遲迥地則舅甥，職惟台衮，沐恩累葉，荷睠一時，居形勝之地，受藩維之托，顛而不扶，憂責斯在。及主威云謝，鼎業將遷，九服移心，三靈改卜，遂能志存赴蹈，投袂稱兵。忠君之勤未宣，違天之禍便及。校其心，翟義、葛誕之儔歟。

清·王夫之《讀通鑑論》卷一八《周宣帝》　尉遲迥可以爲宇文氏之忠臣乎？宇文闡稱帝已二年矣，父死而正乎其位，楊氏雖逼，闡未有失德也，迥乃奉趙王招之少子以起兵。曹操所不敢奉劉虞以叛獻帝者，而迥爲之不忌，迥之志可知矣。迥可爲忠臣，則劉裕之討劉毅，蕭道成之拒沈攸之，使其敗而死也，亦晉、宋仗節死義之臣乎？楊堅無功而欲奪人之國，於是乎有兵可擁者，皆欲爲堅之爲，迥亦一堅也，司馬消難亦一迥也，王謙亦一消難也。志相若，事相競，則以勢之强弱、謀之工拙、所與之多寡分勝敗矣。勝者，幸也；敗者，其常也；抑此而伸彼，君子而受奸雄之罔矣。

君子不逆詐，而未嘗不先覺，以情度之，以理衡之而已矣。王淩、諸葛誕不保其不爲司馬懿，況迥輩之紜紜者乎？宇文氏之亡，虜運之衰已訖也。楊堅無德以堪，而迥、謙、消難愈不可以君天下，『民亦勞止，汔可小康』。三方滅而楊氏興，民之小康，豈迥之所能競乎？

藝文

清·羅惇衍《集義軒詠史詩鈔》卷三二《七言律詩二十九首·隋·李德林》　誰膺驅使貢天閶，才勝麒麟與鳳凰。一旦文書三殿搆，百篇羽檄六軍揚。將心遙結師難代，公面翹思夜恨長。駿馬賜偕金帶厚，不應選宅奪民莊。

雜録

《舊唐書》卷三九《地理志二》　鄴漢縣，屬魏郡。後魏於此置相州，東魏改爲司州。周平齊，復爲相州。周大象二年，隋文輔政，相州刺史尉遲迥舉兵不順，楊堅令韋孝寬討回，平之，乃焚燒鄴城，徙其居人，南遷四十五里。以安陽城爲相州理所，仍爲鄴縣。

宋·李昉等《太平廣記》卷二五三《嘲誚一·司馬消難》　周司馬消難以安陸附陳，宣帝遇之甚厚，以爲司空。見朝士皆垂學術，積經史，消難切慕之。乃多卷黄紙，加之朱軸，詐爲典籍，以矜僚友。尚書令濟陽江總戲之曰：『黄紙五經，赤軸三史。』消難，齊司空子如之子。

宋·張君房《雲笈七籤》卷一二〇《靈驗部四·王謙據蜀隋文帝黄籙齋剋平驗》　隋文帝開皇之初，干戈不施，寰海克定。唯王謙後周舊臣，勳名素重，畏憚隋祖，恐禍及身，遂據三蜀以圖變。帝出師征之，頻戰不克，兵士多病，死者相枕。乃於內殿脩黄籙道場，祈天請祐。三日，夜夢神人降曰：帝王上承天命，下順人心，天人合符，然後有國。今陛下革周立隋，天所命也，一方之力，何以敵於四海之力乎！帝曰：『克蜀吊民，蓋不獲已，但主帥疾疫，以此爲憂爾。神人曰：疾疫者，北人不堪瘴毒，所以多病。壇中法水，可救億兆，況偏師乎！』即見神人取壇中禁水，向西南噀之，曰：雨至卽愈，無煩聖慮也，子日進軍，必當克蜀。旬日軍中奏，某夜雷雨麗營壘之上，三軍疾者皆愈，無復疾疫矣。其後王謙傳首，三蜀底寧，果是子日也。

楊玄感之叛

綜　述

《隋書》卷四《煬帝紀下》（大業九年）六月乙巳，禮部尚書楊玄感反於黎陽。丙辰，玄感逼東都。河南贊務裴弘策拒之，反爲賊所敗。戊辰，兵部侍郎斛斯政奔于高麗。庚午，上班師。高麗犯後軍，敕右武衛大將軍李景爲後拒。遣左翊衛大將軍宇文述、左候衛將軍屈突通等馳傳發兵，以討玄感。

秋七月己卯，令所在發人城縣府驛。癸未，余杭人劉元進舉兵反，衆至數萬。

八月壬寅，左翊衛大將軍宇文述等破楊玄感於閿鄉，斬之。餘黨悉平。癸卯，吳人朱燮、晉陵人管崇擁衆十萬餘，自稱將軍，寇江左。甲辰，制驍果之家蠲免賦役。丁未，詔郡縣城去道過五里已上者，徙就之。戊申，制盜賊籍没其家。乙卯，賊帥陳瑱等聚衆三萬，攻陷信安郡。辛酉，司農卿、光禄大夫、葛國公趙元淑以罪伏誅。

十二月甲申，車裂玄感弟朝請大夫積善及黨與十餘人，仍焚而揚之。丁亥，扶風人向海明舉兵作亂，稱皇帝，建元白烏。遣太僕卿楊義臣擊破之。

又　卷四四《蔡王楊智積傳》　煬帝卽位，滕王綸、衛王集倂以讒構得罪，高陽公智明亦以交遊奪爵，智積逾懼。大業七年，授弘農太守，委政僚佐，清淨自居。及楊玄感作亂，自東都引軍而西，智積謂官屬曰：『玄感聞大軍將至，欲西圖關中。若成其計，則根本固矣。當以計縻之，使不得進。不出一旬，自可擒耳。』及玄感軍至城下，智積登陴詈辱之，玄感怒甚，留攻之。城門爲賊所燒，智積乃更益火，賊不得入。數日，宇文述等援軍至，合擊破之。

又　卷四七《韋福子傳》　長子福子，官至司隸別駕。次子福嗣，仕至內史舍人，後以罪黜。楊玄感之作亂也，以兵逼東都，福嗣從衛玄戰於城北，軍敗，爲玄感所擒。令作文檄，辭甚不遜。尋背玄感還東都，帝銜之不已，車裂於高陽。少子福獎，通事舍人，在東都，與玄感戰没。

又　卷五二《韓世諤傳》　世諤倜儻驍捷，有父風。楊玄感之作亂也，引世諤爲將，每戰先登。及玄感敗，爲吏所拘。時帝在高陽，送詣行所。

又　卷五九《越王侗傳》　越王侗字仁謹，美姿儀，性寬厚。大業二年，立爲越王。帝每巡幸，侗常留守東都。楊玄感作亂之際，與民部尚書樊子蓋拒之。及玄感平，朝於高陽，拜高陽太守。

又　卷六四《來護兒傳》　煬帝卽位，遷右驍衛大將軍，帝甚親重之。【略】明年，又出滄海道，師次東萊，會楊玄感作逆黎陽，進逼鞏、洛，護兒勒兵與宇文述等擊破之。封榮國公，邑二千户。

又　《斛斯萬善傳》　河南斛斯萬善，驍勇果毅，與辯齊名。大業中，從衛玄討楊玄感，頻戰有功。及玄感敗走，萬善與數騎追及之，玄感窘迫自殺。由是知名，拜武賁郎將。

又　卷六一《宇文述傳》　明年，帝有事遼東，復述官爵，待之如初。從至遼東，與將軍楊義臣率兵復臨鴨緑水。會楊玄感作亂，帝召述班師，令馳驛赴河陽，發諸郡兵以討玄感。時玄感逼東都，聞述軍將至，懼而西遁，將圖關中。述與刑部尚書衛玄、左御衛將軍來護兒、武衛將軍屈突通等躡之。至閿鄉皇天原，與玄感相及。述與來護兒列陣當其前，遣屈突通以奇兵擊其後，大破之，遂斬玄感，傳首行在所。賜物數千段。復從東征，至懷遠而還。

又　卷六三《樊子蓋傳》　九年，車駕復幸遼東，命子蓋爲東都留守。屬楊玄感作逆，來逼王城，子蓋遣河南贊治裴弘策逆擊之，返爲所敗，遂斬弘策以徇。國子祭酒楊汪小有不恭，子蓋又將斬之。汪拜謝，頓首流血，久乃釋免。於是三軍莫不戰慄，將吏無敢仰視。玄感每盡鋭攻城，子蓋徐設備御，至輒摧破，故久不能克。會來護兒等救至，玄感解去。子蓋凡所誅殺者數萬人。

十年冬，車駕還東都，帝謂子蓋曰：『玄感之反，神明故以彰公赤心耳。折珪進爵，宜有令謨。』是日下詔，進爵爲濟公，言其功濟天下，特爲立名，無此郡國也。賜縑三千匹，奴婢二十口。後與蘇威、宇文述陪宴積翠亭，帝親以金杯屬子蓋酒，曰：『良算嘉謀，俟公後動，即以此杯賜公，用爲永年之瑞。』并綺羅百匹。

又《衛玄傳》（大業）九年，車駕幸遼東，使玄與代王侑留守京師，拜爲京兆內史，尚書如故。許以便宜從事，敕代王待以師傅之禮。會楊玄感圍逼東都，玄率步騎七萬援之。至華陰，掘楊素冢，焚其骸骨，夷其塋域，示士卒以必死。既出潼關，議者恐崤、函有伏兵，請於陝縣沿流東下，直趣河陽，以攻其背。玄曰：『以吾度之，此計非豎子所及。』於是鼓行而進。既度函谷，卒如所量。於是遣武賁郎將張峻爲疑軍於南道，玄以大兵直趣城北。玄感逆拒之，且戰且行，屯軍金谷。於軍中掃地而祭高祖曰：『刑部尚書、京兆內史臣衛文升，敢昭告於高祖文皇帝之靈。自皇家啓運，三十餘年，武功文德，漸被海外。楊玄感孤負聖恩，躬爲蛇豕，蜂飛蟻聚，犯我王略。臣二世受恩，一心事主，董率熊羆，志梟凶逆。若社稷靈長，宜令醜徒冰碎，如或大運去矣，幸使老臣先死。』詞氣抑揚，三軍莫不涕咽。時衆寡不敵，與賊頻戰不利，死傷太半。玄感盡鋭來攻，玄苦戰，賊稍卻，進屯北芒。會宇文述、來護兒等援兵至，玄感懼而西遁。玄遣通議大夫斛斯萬善、監門直閤龐玉前鋒追之，及于閿鄉，與宇文述等合擊破之。車駕至高陽，徵詣行在所。帝勞之曰：『社稷之臣也。使朕無西顧之憂。』乃下詔曰：『近者妖氛充斥，擾動關、河，文升率勵義勇，應機響赴，表裏奮擊，摧破凶醜，宜升榮命，式弘賞典。可右光禄大夫。』賜以良田、甲第，資物鉅萬。還鎮京師，帝謂之曰：『關右之任，一委於公，公安，社稷乃安；公危，社稷亦危。出入須有兵衛，坐臥恆宜自牢，勇夫重閉，此其義也。今特給千兵，以充侍從。』賜以玉麟符。

又　卷七〇《趙元淑傳》　禮部尚書楊玄感潛有異志，以元淑可與共亂，遂與結交，多遺金寶。遼東之役，領將軍，典宿衛，加授光禄大夫，封葛公。明年，帝復征高麗，以元淑鎮臨渝。及玄感作亂，其弟玄縱自帝所逃歸，路經臨渝。元淑出其小妻魏氏見玄縱，對宴極歡，因與通謀，併授玄縱賂遺。及玄感敗，人有告其事者，帝以屬吏。元淑言與玄感結婚，所得金寶則爲財娉，實無他故。魏氏復言初不受金。帝親臨問，卒無異辭。帝大怒，謂侍臣曰：『此則反狀，何勞重問！』元淑及魏氏俱斬於涿郡，籍没其家。

又《李密傳》　李密字法主，眞鄉公衍之從孫也。祖耀，周邢國公。

及楊玄感在黎陽，有逆謀，陰遣家僮至京師召密，令與弟玄挺等同赴黎陽。玄感舉兵而密至，玄感大喜，以爲謀主。玄感謀計於密，密曰：『愚有三計，惟公所擇。今天子出征，遠在遼外，地去幽州，懸隔千里。南有鉅海之限，北有胡戎之患，中間一道，理極艱危。今公擁兵，出其不意，長驅入薊，直扼其喉。前有高麗，退無歸路，不過旬月，齎糧必盡。舉麾一召，其衆自降，不戰而擒，此計之上也。又關中四塞，天府之國，有衛文昇，不足爲意。今宜率衆，經城勿攻，輕齎鼓行，務早西入。天子雖還，失其襟帶，據險臨之，故當必克，萬全之勢，此計之中也。若隨近逐便，先向東都，唐禕告之，理當固守。引兵攻戰，必延歲月，勝負殊未可知，此計之下也。』玄感曰：『不然。公之下計，乃上策矣。今百官家口併在東都，若不取之，安能動物？且經城不拔，何以示威？』密計遂不行。

玄感既至東都，皆捷，自謂天下響應，功在朝夕。及獲韋福嗣，又委以腹心，是以軍旅之事，不專歸密。福嗣既非同謀，因戰被執，每設籌畫，皆持兩端。後使作檄文，福嗣固辭不肯。密揣知其情，因謂玄感曰：『福嗣元非同盟，實懷觀望。明公初起大事，而姦人在側，聽其是非，必爲所誤矣。請斬謝衆，方可安輯。』玄感曰：『何至於此！』密知言之不用，退謂所親曰：『楚公好反而不欲勝，如何？吾屬今爲虜矣！』後玄感將西入，福嗣竟亡歸東都。

時李子雄勸玄感速稱尊號，玄感以問於密。密曰：『昔陳勝自欲稱王，張耳諫而被外，魏武將求九錫，荀彧止而見疏。今者密欲正言，還恐追蹤二子，阿諛順意，又非密之本圖。何者？兵起已來，雖復頻捷，至於郡縣，未有從者。東都守御尚强，天下救兵益至，公當身先士衆，早定關中。乃欲急自尊崇，何示不廣也！』玄感笑而止。

及宇文述、來護兒等軍且至，玄感謂密曰：『計將安出？』密曰：『元弘嗣統强兵於隴右，今可揚言其反，遣使迎公，因此入關，可得紿衆。』玄感遂以密謀，號令其衆，因引西入。至陝縣，欲圍弘農宫，密諫之曰：『公今詐衆入西，軍事在速，況乃追兵將至，安可稽留！若前不得據關，退無所守，大衆一散，何以自全？』玄感不從，遂圍之，三日攻不能拔，方引而西。至於閿鄉，追兵遂及。

玄感敗，密間行入關，與玄感從叔詢相隨，匿於馮翊詢妻之舍。尋爲鄰人所告，遂捕獲，囚於京兆獄。是時煬帝在高陽，與其黨俱送帝所。在途謂其徒曰：『吾等之命，同於朝露，若至高陽，必爲葅醢。今道中猶可爲計，安得行就鼎鑊，不規逃避也？』衆咸然之。其徒多有金，密令出示使者曰：『吾等死日，此金併留付公，幸用相瘞。其餘即皆報德。』使者利其金，遂相然許。及出關外，防禁漸弛，密請通市酒食，每讌飲喧嘩竟夕，使者不以爲意。行次邯鄲，夜宿村中，密等七人皆穿牆而遁，與王仲伯亡抵平原賊帥郝孝德。孝德不甚禮之，備遭饑饉，至削樹皮而食。仲伯潛歸天水，密詣淮陽，舍於村中，變姓名稱劉智遠，聚徒教授。經數月，密鬱鬱不得志，爲五言詩曰：『金風蕩初節，玉露凋晚林。此夕窮塗士，空軫鬱陶心。眺聽良多感，慷慨獨霑襟。霑襟何所爲？悵然懷古意。秦俗猶未平，漢道將何冀！樊噲市井徒，蕭何刀筆吏。一朝時運合，萬古傳名器。寄言世上雄，虚生眞可愧。』詩成而泣下數行。時人有怪之者，以告太守趙他，縣捕之，密乃亡去，抵其妹夫雍丘令丘君明。後君明從子懷義以告，帝令捕密，密得遁去，君明竟坐死。

又《楊玄感傳》 楊玄感，司徒素之子也。體貌雄偉，美鬚髯。少時晚成，人多謂之癡，其父每謂所親曰：『此兒不癡也。』及長，好讀書，便騎射。以父軍功，位至柱國，與其父俱爲第二品，朝會則齊列。其後高祖命玄感降一等，玄感拜謝曰：『不意陛下寵臣之甚，許以公廷獲展私敬。』初拜郢州刺史，到官，潛布耳目，察長吏能不。其有善政及臟汙者，纖介必知之，往往發其事，莫敢欺隱。吏民敬服，皆稱其能。後轉宋州刺史，父憂去職。歲餘，起拜鴻臚卿，襲爵楚國公，遷禮部尚書。性雖驕倨，而愛重文學，四海知名之士多趨其門。

自以累世尊顯，有盛名於天下，在朝文武多是父之將吏，復見朝綱漸紊，帝又猜忌日甚，内不自安，遂與諸弟潛謀廢帝，立秦王浩。及從征吐谷渾，還至大斗拔谷，時從官狼狽，玄感欲襲擊行宫。其叔慎謂玄感曰：『士心尚一，國未有釁，不可圖也。』玄感乃止。

時帝好征伐，玄感欲立威名，陰求將領。謂兵部尚書段文振曰：『玄感世荷國恩，寵逾涯分，自非立效邊裔，何以塞責！若方隅有風塵之警，庶得執鞭行陣，少展絲髮之功。明公兵革是司，敢布心腹。』文振因言於帝，帝嘉之，顧謂羣臣曰：『將門必有將，相門必有相，故不虚也。』於是賚物千段，禮遇益隆，頗預朝政。

帝征遼東，命玄感於黎陽督運。於時百姓苦役，天下思亂，玄感遂與武賁郎將王仲伯、汲郡贊治趙懷義等謀議，欲令帝所軍衆飢餒，每爲逗遛，不時進發。帝遲之，遣使者逼促，玄感揚言曰：『水路多盜賊，不可前後而發。』其弟武賁郎將玄縱、鷹揚郎將萬碩併從幸遼東，玄感潛遣人召之。時將軍來護兒以舟師自東萊將入海，趣平壤城，軍未發。玄感無以動衆，乃遣家奴僞爲使者，從東方來，謬稱護兒失軍期而反。玄感遂入黎陽縣，閉城大索男夫。於是取帆布爲牟甲，署官屬，皆準開皇之舊。移書傍郡，以討護兒爲名，各令發兵，會於倉所。以東光縣尉元務本爲黎州刺史，趙懷義爲衞州刺史，河内郡主簿唐禕爲懷州刺史。有衆且一萬，將襲洛陽。唐禕至河内，馳往東都告之。越王侗、民部尚書樊子蓋等大懼，勒兵備御。修武縣民相率守臨清關，玄感不得濟，遂於汲郡南渡河，從亂者如市。數日，屯兵上春門，衆至十餘萬。子蓋令河南贊治裴弘策拒之，弘策戰敗。瀍、洛父老競致牛酒。玄感屯兵尚書省，每誓衆曰：『我身爲上柱國，家累鉅萬金，至於富貴，無所求也。今者不顧破家滅族者，但爲天下解倒懸之急，救黎元之命耳。』衆皆悦，詣轅門請自效者，日有數千。與樊子蓋書曰：

夫建忠立義，事有多途，見機而作，蓋非一揆。昔伊尹放太甲於桐宮，霍光廢劉賀於昌邑，此併公度內，不能一二披陳。高祖文皇帝誕膺天命，造茲區宇，在琁璣以齊七政，握金鏡以馭六龍，無爲而至化流，垂拱而天下治。今上纂承寶曆，宜固洪基，乃自絶於天，殄民敗德。頻年肆眚，盜賊於是滋多，所在修治，民力爲之凋盡。荒淫酒色，子女必被其侵，耽玩鷹犬，禽獸皆離其毒。朋黨相扇，貨賄公行，納邪佞之言，杜正直之口。加以轉輸不息，徭役無期，士卒填溝壑，骸骨蔽原野。黄河之北，則千里無煙，江淮之間，則鞠爲茂草。玄感世荷國恩，位居上將，先公奉遺詔曰：『好子孫爲我輔弼之，惡子孫爲我屏黜之。』所以上稟先旨，下順民心，廢此淫昏，更立明哲。四海同心，九州響應，士卒用命，如赴私讎，民庶相趨，義形公道。天意人事，較然可知。公獨守孤城，勢何支久！願以黔黎在念，社稷爲心，勿拘小禮，自貽伊戚。誰謂國家一旦至此，執筆潸泫，言無所具。遂進逼都城。

刑部尚書衛玄，率衆數萬，自關中來援東都。以步騎二萬渡瀍、澗挑戰，玄感僞北。玄逐之，伏兵發，前軍盡没。後數日，玄復與玄感戰，兵始合，玄感詐令人大呼曰：『官軍已得玄感矣。』玄軍稍怠。玄感與數千騎乘之，於是大潰，擁八千人而去。玄感驍勇多力，每戰親運長矛，身先士卒，喑嗚叱吒，所當者莫不震懾。論者方之項羽，又善撫馭，士樂致死，由是戰無不捷。玄軍日蹙，糧又盡，乃悉衆決戰，陣於北邙，一日之間，戰十餘合。玄感弟玄挺中流矢而斃，玄感稍卻。樊子蓋復遣兵攻尚書省，又殺數百人。

帝遣武賁郎將陳稜攻元務本於黎陽，武衛將軍屈突通屯河陽，左翊衛大將軍宇文述發兵繼進，右驍衛大將軍來護兒復來赴援。玄感請計於前民部尚書李子雄，子雄曰：『屈突通曉習兵事，若一渡河，則勝負難決，不如分兵拒之。通不能濟，則樊、衛失援。』玄感然之，將拒通。子蓋知其謀，數擊其營，玄感不果進。通遂濟河，軍於破陵。玄感爲兩軍，西抗衛玄，東拒屈突通。子蓋復出兵，於是大戰，玄感軍頻北。復請計於子雄，子雄曰：『東都援軍益至，我師屢敗，不可久留。不如直入關中，開永豐倉以賑貧乏，三輔可指麾而定。據有府庫，東面而爭天下，此亦霸王之業。』會華陰諸楊請爲鄉道，玄感遂釋洛陽，西圖關中，宣言曰：『我已破東都，取關西矣。』宇文述等諸軍躡之。至弘農宮，父老遮説玄感曰：『宫城空虚，又多積粟，攻之易下。進可絶敵人之食，退可割宜陽之地。』玄感以爲然，留攻之，三日城不下，追兵遂至。玄感西至閿鄉，上槃豆，布陣亘五十里，與官軍且戰且行，一日三敗。復陣於董杜原，諸軍擊之，玄感大敗，獨與十餘騎竄林木間，將奔上洛。追騎至，玄感叱之，皆懼而返走。至葭蘆戍，玄感窘迫，獨與弟積善步行。自知不免，謂積善曰：『事敗矣。我不能受人戮辱，汝可殺我。』積善抽刀斫殺之，因自刺，不死，爲追兵所執，與玄感首俱送行在所。磔其屍於東都市三日，復臠而焚之。餘黨悉平。其弟玄獎爲義陽太守，將歸玄感，爲郡丞周琁玉所殺。玄縱弟萬碩，自帝所逃歸，至高陽，止傳舍，監事許華與郡兵執之，斬於涿郡。萬碩弟民行，官至朝請大夫，斬於長安。併具梟磔。公卿請改玄感姓爲梟氏，詔可之。

初，玄感圍東都也，梁郡人韓相國舉兵應之，玄感以爲河南道元帥。旬月間，衆十餘萬，攻剽郡縣。至於襄城，遇玄感敗，兵漸潰散，爲吏所執，傳首東都。

又　卷七一《游元傳》　游元字楚客，廣平任人，魏五更明根之玄孫也。

（大業）九年，奉使於黎陽督運，楊玄感作逆，乃謂元曰：『獨夫肆虐，天下士大夫肝腦塗地，加以陷身絶域之所，軍糧斷絶，此亦天亡之時也。我今親率義兵，以誅無道，卿意如何？』元正色答曰：『尊公荷國寵靈，功參佐命，高官重禄，近古莫儔。公之弟兄，青紫交映，當謂竭誠盡節，上答鴻恩。豈意墳土未乾，親圖反噬，深爲明公不取，願思禍福之端。僕有死而已，不敢聞命。』玄感怒而囚之，屢脅以兵，竟不屈節，於是害之。帝甚嘉歎，贈銀青光禄大夫，賜縑五百匹。拜其子仁宗爲正議大夫、弋陽郡通守。

《舊唐書》卷一《高祖紀》　大業初，爲滎陽、樓煩二郡太守，徵爲殿内少監。九年，遷衛尉少卿。遼東之役，督運於懷遠鎮。及楊玄感反，詔高祖馳驛鎮弘化郡，兼知關右諸軍事。高祖歷試中外，素樹恩德，及是結納豪傑，衆多款附。

《新唐書》卷一《高祖紀》　大業中，歷岐州刺史、滎陽樓煩二郡太守，召爲殿内少監、衛尉少卿。煬帝征遼東，遣高祖督運糧於懷遠鎮。煬玄感將反，其兄弟從征遼者皆逃歸，高祖先覺以聞。煬帝遽班師，以高祖爲弘化留守以禦玄感，詔關右諸郡兵皆受高祖節度。

論説

《北史》卷四一《楊玄感傳論》　玄感宰相之子，荷恩二世，君之失德，當竭腹心。未議致身，先圖問鼎，假稱伊、霍之事，將肆莽、卓之心，人神同疾，敗不旋踵。昆弟就菹醢之誅，先人受焚如之酷，不亦甚乎。

約外示温柔，内懷狡算，爲蛇畫足，終傾國本，俾無遺育，不亦宜哉。寬閒關夷險，竟以功名自卒。文思能以爵讓，其殆仁乎。

《隋書》卷七〇《楊玄感傳論》　玄感宰相之子，荷國重恩，君之失得，當竭股肱。未議致身，先圖問鼎，遂假伊、霍之事，將肆莽、卓之心。人神同疾，敗不旋踵，兄弟就菹醢之誅，先人受焚如之酷，不亦甚乎！

雜録

《北史》卷七六《李景傳》　楊玄感之反，朝臣子弟多預焉，景獨無關涉。

《隋書》卷二三《五行志下》　大業八年，楊玄感作亂於東都。尚書樊子蓋，坑其黨與於長夏門外，前後數萬，洎於末年，數聞其處鬼哭，有呻吟之聲。與前同占。其後王世充害越王侗於洛陽。

六年正月朔旦，【略】後三年，楊玄感作亂，旨兵圍洛陽，戰敗伏誅。

八年，有澄公者，若狂人，於東都大叫唱賊。帝聞而惡之。明年，玄感舉兵，圍洛陽。

又　卷二四《食貨志》　（大業）九年，詔又課關中富人，計其貲産出驢，往伊吾、河源、且末運糧，多者至數百頭，每頭價至萬餘。又發諸州丁，分爲四番，於遼西柳城營屯，往來艱苦，生業盡罄。盜賊四起，道路南絶，隴右牧馬，盡爲奴賊所掠，楊玄感乘虛爲亂。時帝在遼東，聞之，遽歸於高陽郡。及玄感平，帝謂侍臣曰：『玄感一呼而從者如市，益知天下不欲多，多則爲賊。不盡誅，後無以示勸。』乃令裴蘊窮其黨與，詔郡縣坑殺之，死者不可勝數。所在驚駭。舉天下之人十分，九爲盜賊，皆盜武馬，始作長槍，攻陷城邑。

羅藝之叛

綜述

《舊唐書》卷一《高祖紀》　（武德二年）冬十月己亥。封幽州總管羅藝爲燕郡王，賜姓李氏。

又　卷二《太宗紀上》　貞觀元年春正月乙酉，改元。辛丑，燕郡王李藝據涇州反，尋爲左右所斬，傳首京師。

又　卷五六《羅藝傳》　羅藝字子延，本襄陽人也，寓居京兆之雲陽。父榮，隋監門將軍。藝性桀黠，剛愎不仁，勇於攻戰，善射，能弄矟。大業時，屢以軍功官至虎賁郎將，煬帝令受右武衛大將軍李景節度，督軍於北平。藝少習戎旅，分部嚴肅，然任氣縱暴，每凌侮於景，頻爲景所辱，藝深銜之。

後遇天下大亂，涿郡物殷阜，加有伐遼器仗，倉粟盈積。又臨朔宮中多珍産，屯兵數萬，而諸賊競來侵掠。留守官虎賁郎將趙什住、賀蘭誼、晉文衍等皆不能拒，唯藝獨出戰，前後破賊不可勝計，威勢日重。什住等頗忌藝，藝陰知之，將圖爲亂，乃宣言於衆曰：『吾輩討賊，甚有功效，城中倉庫山積，制在留守之官，而無心濟貧，此豈存恤之意也！』以此言激怒其衆，衆人皆怨。既而旋師，郡丞出城候藝，藝因執之，陳兵而什住等懼，皆來聽命。於是發庫物以賜戰士，開倉以賑窮乏，境内咸悦。殺渤海太守唐禕等不同己者數人，威振邊朔，柳城、懷遠併歸附之。藝黜柳城太守楊林甫，改郡爲營州，以襄平太守鄧暠爲總管，藝自稱幽州總管。

宇文化及至山東，遣使召藝，藝曰：『我隋室舊臣，感恩累葉，大行顛覆，實所痛心。』乃斬化及使者，而爲煬帝發喪，大臨三日。竇建德、高開道亦遣使於藝，藝謂官屬曰：『建德、開道皆劇賊耳，化及弑逆，併不可從。今唐公起兵，皆符人望，入據關右，事無不成。吾率衆歸之，意已決矣，有沮衆異議者必戮之。』會我使人張道源綏輯山東，遣人諭意，藝大悦。武德三年，奉表歸國，詔封燕王，賜姓李氏，預宗正屬籍。

太宗之擊劉黑闥也，藝領本兵數萬，破黑闥弟什善於徐河，俘斬八千人。明年，黑闥引突厥俱入寇，藝復將兵與隱太子建成會於洺州，因請入朝，高祖遇之甚厚，俄拜左翊衛大將軍。藝自以功高位重，無所降下，太宗左右嘗至其營，藝無故毆擊之。高祖怒，以其屬吏，久而乃釋，待之如初。時突厥屢爲寇患，以藝素有威名，爲北夷所憚，令以本官領天節軍將鎮涇州。

太宗即位，拜開府儀同三司，而藝懼不自安，遂於涇州詐言閲武，因追兵，矯稱奉密詔勒兵入朝，率衆軍至於幽州。治中趙慈皓不知藝反，馳出謁之，藝遂入據幽州。太宗命吏部尚書長孫無忌、右武侯大將軍尉遲敬德率衆討藝。王師未至，慈皓與統軍楊岌潛謀擊之，事洩，藝執慈皓繫獄。岌時在城外，覺變，遽勒兵攻之，藝大潰，棄妻子，與數百騎奔於突厥。至寧州界，過烏氏驛，從者漸散，其左右斬藝，傳首京師，梟之于市。復其本姓羅氏。藝弟壽，時爲利州都督，緣坐伏誅。

先是，曹州女子李氏爲五戒，自言通於鬼物，有病癩者，就療多愈，流聞四方，病人自遠而至，門多車騎。高祖聞之，詔赴京師。因往來藝家，謂藝妻孟氏曰：『妃骨相貴不可言，必當母儀天下。』孟篤信之，命密觀藝，又曰：『妃之貴者，由於王；王貴色發矣，十日間當升大位。』孟氏由是遽勸反，孟及李皆坐斬。

又 卷五七《劉師立傳》 劉師立者，宋州虞城人也。

羅藝之反也，長安人情騷動，以師立檢校右武侯大將軍以備非常。及藝平，憲司窮究黨與，師立坐與交通，遂除名。又以藩邸之舊，尋檢校岐州都督。

論説

《舊唐書》卷五六《羅藝傳論》 （羅藝）歸國立功，信妖言而爲叛。善始令終者鮮矣。

徐敬業之叛

綜述

《舊唐書》卷六《則天皇后紀》 九月，大赦天下，改元爲光宅。**【略】** 故司空李勣孫柳州司馬徐敬業僞稱揚州司馬，殺長史陳敬之，據揚州起兵，自稱上將，以匡復爲辭。

冬十月，楚州司馬李崇福率所部三縣以應敬業。命左玉鈐衛大將軍李孝逸爲大總管，率兵三十萬以討之。殺內史裴炎。丁酉，追削敬業父祖官爵，復其本姓徐氏。

垂拱元年春正月，以敬業平，大赦天下，改元。

又 卷七《中宗紀》 （神龍元年）三月辛巳，追復故司空、英國公李勣官爵，令所司爲起墳改葬。甲申，制文明已來破家臣僚所有子孫，併還資廕。其揚州構逆徒黨，唯徐敬業一房不在免限，餘併原宥。

又 卷六七《徐敬業傳》 （李）勣孫敬業。高宗崩，則天太后臨朝，既而廢帝爲廬陵王，立相王爲皇帝，而政由天后，諸武皆當權任，人情憤怨。時給事中唐之奇貶授括蒼令，長安主簿駱賓王貶臨海丞，詹事司直杜求仁黜縣丞，敬業坐事左授柳州司馬，其弟盩厔令敬猷亦坐累左遷，俱在揚州。敬業用前盩厔尉魏思温謀，據揚州。嗣聖元年七月，敬業遣其黨監察御史薛璋元求使江都，又令雍州人韋超詣璋告變，云『揚州長史陳敬之與唐之奇謀逆』，璋乃收敬之繫獄。居數日，敬業矯制殺敬之，自稱揚州司馬，詐言『高州首領馮子猷叛逆，奉密詔募兵進討。』是日開府庫，令士曹參軍李宗臣解繫囚及丁役、工匠，得數百人，皆授之以甲。録事參軍孫處行拒命，敬業斬之以徇。遂據揚州，鳩聚民衆，以匡復廬陵爲辭。乃開三府：一曰匡復府，二曰英公府，三曰揚州大都督府。敬業自稱匡復府上將，領揚州大都督，以杜求仁、唐之奇、駱賓王爲府屬，餘皆僞署職位。旬日之間，勝兵有十餘萬。仍移檄諸郡縣曰：

僞臨朝武氏者，人非温順，地實寒微。昔充太宗下陳，嘗以更衣入侍，洎乎晚節，穢亂春宮，密隱先帝之私，陰圖後庭之嬖。入門見嫉，蛾眉不肯讓人；掩袖工讒，狐媚偏能惑主。踐元后於翬翟，陷吾君於聚麀。加以虺蜴爲心，豺狼成性，近狎邪僻，殘害忠良，殺姊屠兄，弑君鴆母。人神之所同嫉，天地之所不容。猶復包藏禍心，窺竊神器。君之愛子，幽之於別宮；賊之宗盟，委之以重任。嗚呼！霍子孟之不作，朱虚侯之已亡。燕啄皇孫，知漢祚之將盡；龍漦帝後，識夏廷之遽衰。

敬業，皇唐舊臣，公侯冢胤，奉先君之成業，荷本朝之舊恩。宋微子之興悲，良有以也；袁君山之流涕，豈徒然哉！是用氣憤風雲，志安社稷，因天下之失望順宇内之推心，爰舉義旗，誓清妖孽。南連百越，北盡三河，鐵騎成羣，玉軸相接。海陵紅粟，倉儲之積靡窮；江浦黄旗，匡復之功何遠。班聲動而北風起，劍氣沖而南斗平。暗嗚則山嶽崩頽，叱吒則風雲變色。以此制敵，何敵不摧？以此圖功，何功不克？

公等或家傳漢爵，或地協周親，或膺重寄於爪牙，或受顧命於宣室。言猶在耳，忠豈忘心？一抔之土未乾，六尺之孤何託？倘能轉禍爲福，送往事居，共立勤王之師，無廢舊君之命，凡諸爵賞，同裂山河。請看今日之域中，竟是誰家之天下！

則天命左玉鈐衛大將軍李孝逸將兵三十萬討之，追削敬業祖、父官爵，剖墳斲棺，復本姓徐氏。

初，敬業兵集，圖其所向，薛璋曰：『金陵王氣猶在，大江設險，可以自固。且取常、潤等州，以爲霸基，然後治兵北渡。』魏思温曰：『兵貴神速，但宜早渡淮而北，招合山東豪傑，乘其未集，直取東都，據關決戰，此上策也。』敬業不從。十月，率衆渡江，攻拔潤州，殺刺史李思文。先是，太子賢爲天后所廢，死於巴州，敬業乃求狀貌似賢者，置於城中，奉之爲主，云賢本不死。孝逸軍渡淮，至楚州，敬業之衆狼狽還江都，屯兵高郵以拒之。頻戰大敗，孝逸乘勝追躡。敬業奔至揚州，與唐之奇、杜求仁等乘小舸，將入海投高麗。追兵及，皆捕獲之。初，敬業傳檄至京師，則天讀之微哂，至『一抔之土未乾』，遽問侍臣曰：『此語誰爲之？』或對曰：『駱賓王之辭也。』則天曰：『宰相之過，安失此人？』

中宗返正，詔曰：『故司空勣，往因敬業，毁廢墳塋。朕追想元勳，永懷佐命。昔竇憲干紀，無累安豐之祠；霍禹亂常，猶全博陸之祀。罪不相及，國之通典。宜特垂恩禮，令所司速爲起墳，所有官爵，併宜追復。』勣諸子孫坐敬業誅殺，靡有遺胤，偶脱禍者，皆竄迹胡越。貞元十七年，吐蕃陷麟州，驅掠民畜而去。至鹽州西横槽烽，蕃將號徐舍人者，環集漢俘於呼延州，謂僧延素曰：『師勿甚懼，予本漢人，司空、英國公五代孫也。屬武太后斲喪王室，吾祖建義不果，子孫流落絶域，今三代矣。雖代居職任，掌握兵要，然思本之心，無忘於國。但族屬已多，無由自拔耳。此地蕃漢交境，放師還鄉。』數千百人，解縛而遣之。

又　卷六〇《李孝逸傳》　光宅元年，徐敬業據揚州作亂，以孝逸爲左玉鈐衛大將軍、揚州行軍大總管，督軍以討之。孝逸引軍至淮，而敬業方南攻潤州，遣其弟敬猷屯兵淮陰，僞將韋超據都梁山，以拒孝逸。裨將馬敬臣擊斬賊之別帥尉遲昭、夏侯瓚等，超乃擁衆憑山以自固。或謂孝逸曰：『超衆守險，且憑山爲阻，攻之則士無所施其力，騎無所騁其足，窮寇殊死，殺傷必衆。不若分兵守之，大軍直趣揚州，未數日，其勢必降也。』支度使、廣府司馬薛克構曰：『超雖據險，其卒非多，今逢小寇不擊，何以示武？若加兵以守，則有闕前機；捨之而前，則終爲後患，不如擊之。克超則淮陰自懾，淮陰破，則楚州諸縣必開門而候官軍。然後進兵高郵，直趣江都，逆豎之首，可指掌而懸也。』孝逸從其言，進兵擊超，賊衆壓伏，官軍登山急擊之，殺數百人，日暮圍解，超銜枚夜遁。孝逸引兵擊淮陰，大破敬猷之衆。時敬業回軍屯於下阿溪以拒官軍，有流星墜其營，孝逸引兵渡溪以擊之。敬業初勝後敗，孝逸乘勝追奔數十里，敬業窘迫，與其黨攜妻子逃入海曲。孝逸進據揚州，盡捕斬敬業等，振旅而還，以功進授鎮軍大將軍，轉左豹韜衛大將軍，改封吴國公。

又　卷七七《劉延嗣傳》　（劉）審禮從父弟延嗣，文明年爲潤州司馬，屬徐敬業作亂，率衆攻潤州，延嗣與刺史李思文固守不降。俄而城陷，敬業執延嗣，邀之令降，辭曰：『延嗣世蒙國恩，當思效命，州城不守，多負朝廷。終不能苟免偷生，以累宗族，豈以一身之故，爲千載之辱。今日之事，得死爲幸。』敬業大怒，將斬之，其黨魏思温救之獲免，乃囚之於江都獄。俄而賊敗，竟以裴炎近親，不得敍功，遷爲梓州長史，再轉汾州刺史卒。

又　卷八七《裴炎傳》　文明元年，官名改易，炎爲内史。秋，徐敬業構逆，太后召炎議事。炎奏曰：『皇帝年長，未俾親政，乃致猾豎有詞。若太后返政，則此賊不討而解矣。』御史崔察聞而上言，曰：『裴炎伏事先朝，二十餘載，受遺顧託，大權在己，若無異圖，何故請太后歸政？』乃命御史大夫騫味道、御史魚承曄鞫之。鳳閣侍郎胡元範奏曰：『炎社稷忠臣，有功於國，悉心奉上，天下所知，臣明其不反。』右衛大將軍程務挺密表申理之，文武之間證炎不反者甚衆，太后皆不納。光宅元年十月，斬炎於都亭驛之前街。炎初被擒，左右勸炎遜詞於使者，炎歎曰：『宰相下獄，焉有更全之理！』竟無折節。及籍没其家，乃無儋石之蓄。

又　卷九二《魏元忠傳》　文明年，遷殿中侍御史。其年，徐敬業據揚州作亂，左玉鈐衛大將軍李孝逸督軍討之，則天詔元忠監其軍事。孝逸至監淮，而偏將雷仁智爲敬業先鋒所敗，敬業又攻陷潤州，迴兵以拒孝逸。孝逸懼其鋒，按甲不敢進。元忠謂孝逸曰：『朝廷以公王室懿親，故委以閫外之事，天下安危，實資一決。且海内承平日久，忽聞狂狡，莫不注心傾耳，以俟其誅。今大軍留而不進，則解遠近之望，萬一朝廷更命他將代公，其將何辭以逃逗撓之罪？幸速進兵，以立大效，不然，則禍難至矣。』孝逸然其言，乃部勒士卒以圖進討。

時敬業屯於下阿谿，敬業弟敬猷率偏師以逼淮陰。元忠請先擊敬猷，諸將咸曰：『不如先攻敬業，敬業敗，則敬猷不戰而擒矣。若擊敬猷，則敬業引兵救之，是腹背受敵也。』元忠曰：『不然，賊之勁兵精卒，盡在下阿，蟻聚而來，利在一決，萬一失捷，則大事去矣。敬猷本出博徒，不習戰鬬，其衆寡弱，人情易摇，大軍臨之，其勢必克。既克敬猷，我軍乘勝而進，彼若引救淮陰，計程則不及，又恐我之進掩江都，必邀我於中路。彼則勞倦，我則以逸待之，破之必矣。譬之逐獸，弱者先擒，豈可捨必擒之弱獸，趨難敵之强兵？恐未可也。』孝逸從之，乃引兵擊敬猷，一戰而破之，敬猷脱身而遁，孝逸乃進軍，與敬業隔溪相拒，前軍總管蘇孝祥爲賊所破，孝逸又懼，欲引退。初，敬業至下阿，有流星墜其營，及是，有羣烏飛噪於陣上，元忠曰：『驗此，即賊敗之兆也。風順荻幹，火攻之利。』固請決戰，乃平敬業。

又　卷一八七上《忠義傳·成三郎》　成三郎，幽州漁陽人也。光宅年，爲左豹韜衛長上果毅。李孝逸之討徐敬業，以爲前鋒，與賊戰於高郵，官軍敗績，被擒，送於江都。賊黨唐之奇紿其衆曰：『此李孝逸也！』將斬之，三郎大呼曰：『我是果毅成三郎，不是將軍李孝逸。官軍已圍爾數重，破爾在於朝夕。我死，妻子受榮；爾死，家口配没，終不及我。』之奇怒，斬之。敬業平，贈左監父表門將軍，謚曰勇。時曲阿令尹元貞，亦死敬業之難。

尹元貞者，瀛州河間人也。在曲阿，聞敬業攻陷潤州，率兵赴援。及戰敗，被擒。敬業臨以白刃，脅令附己，將加任用。元貞詞色慷慨，竟不之屈，尋遇害。敬業平，贈潤州刺史，謚曰壯。

又　卷一八九下《儒學傳·高子貢》　高子貢者，和州歷陽人也。弱冠游太學，遍涉《六經》，尤精《史記》。與文偉及亳州朱敬則爲莫逆之交。明經舉，歷秘書正字、弘文館直學士。鬱鬱不得志，棄官而歸。屬徐敬業作亂於揚州，遣弟敬猷統兵五千人，緣江西上，將逼和州。子貢率鄉曲數百人拒之，自是賊不敢犯。

又　《王紹宗傳》　王紹宗，揚州江都人也，梁左民尚書銓曾孫也，其先自琅邪徙焉。紹宗少勤學，遍覽經史，尤工草隸。家貧，常傭力寫佛經以自給，每月自支錢足即止，雖高價盈倍，亦即拒之。寓居寺中，以清淨自守，垂三十年。文明中，徐敬業於揚州作亂，聞其高行，遣使徵之，紹宗稱疾固辭。又令唐之奇親詣所居逼之，竟不起。敬業大怒，將殺之，之奇曰：『紹宗人望，殺之恐傷士衆之心。』由是獲免。

又　卷一九〇上《文苑傳·劉延佑》　（劉胤）弟子延佑，弱冠本州舉進士，累補渭南尉，刀筆吏能，爲畿邑當時之冠。司空李績嘗謂曰：『足下春秋甫爾，便擅大名，宜稱自貶抑，無爲獨出人右也。』後歷右司郎中，檢校司賓少卿，封薛縣男。徐敬業之亂，揚州初平，所有刑名，莫能決定，延佑奉使至軍所決之。時議者斷受賊五品官者斬，六品者流。延佑以爲諸非元謀，迫脅從盜，則置極刑，事涉枉濫，乃斷受賊五品者流，六品已下俱除名而已。其得全濟者甚衆。

又《駱賓王傳》 駱賓王，婺州義烏人。少善屬文，尤妙於五言詩，嘗作《帝京篇》，當時以爲絶唱。然落魄無行，好與博徒游。高宗末，爲長安主簿。坐贜，左遷臨海丞，怏怏失志，棄官而去。文明中，與徐敬業於揚州作亂。敬業軍中書檄，皆賓王之詞也。敬業敗，伏誅，文多散失，則天素重其文，遣使求之。有兖州人郄雲卿集成十卷，盛傳於世。

又 卷一九三《列女傳·樊彦琛妻魏氏》 樊彦琛妻魏氏，楚州淮陰人。彦琛病篤，將卒，魏泣而言曰：「幸以愚陋，托身明德，奉侍衣裳，二十餘載。豈意釁妨所招，遽見此禍，同入黄泉，是其願也。」彦琛答曰：「死生常道，無所多恨。君宜勉勵，養諸孤，使其成立。若相從而死，適足貽累，非吾所取也。」彦琛卒後，屬李敬業之亂，乃爲賊所獲。賊黨知其素解絲竹，逼令彈箏，魏氏歎曰：「我夫不幸亡歿，未能自盡，苟復婾生，今復見逼管弦，豈非禍從手發耶？」乃引刀斬指，棄之於地。賊黨又欲妻之，魏以必死自固，賊等忿怒，以刃加頸，語云：「若不從我，即當殞命。」乃厲聲罵曰：「爾等狗盜，乃欲汙辱好人，今得速死，會我本志。」賊乃斬之，聞者莫不傷惜。

《新唐書》卷一九九《王紹宗傳》 王紹宗，字承烈，梁左民尚書銓曾孫。係本琅邪，徙江都云。少貧狹，嗜學，工草隷，客居僧坊，寫書取庸自給，凡三十年。庸足給一月即止，不取贏，人雖厚償，輒拒不受。徐敬業起兵，聞其行，以幣劫之，稱疾篤。復令唐之奇强遣，不肯赴，敬業怒，將殺之，之奇曰：「彼人望也，殺之沮士心，不可。」由是免。事平，大總管李孝逸表其節，武后召赴東都，謁殿中，褒尉良厚，擢太子文學。

論説

《新唐書》卷九三《徐敬業傳贊》 贊曰：唐興，其名將曰英、衛，擢皆罪亡之餘，遂能依乘風雲，勒功帝籍。蓋君臣之際，固有以感之，獨推期運，非也。若靖闔門稱疾，畏遠權逼，功大而主不疑，雖古哲人，何以尚茲？勣之節，見於黎陽，故太宗勤勤於託孤，誠有爲也。至以老臣輔少主，會房帷易奪，天子畏大臣，依違不專，委誠取決，惟議是聽。勣乃私己畏禍，從而道之，武氏奮而唐之宗屬幾殲焉。及其孫，因民不忍，舉兵覆宗，至掘冢而暴其骨。嗚呼，不幾一言而喪邦乎？惜其不通學術，昧夫臨大節不可奪之誼，反與許、李同科，可不戒哉！世言靖精風角、鳥占、雲祲、孤虚之術，爲善用兵。是不然，特以臨機果，料敵明，根於忠智而已。俗人傳著怪詭禨祥，皆不足信。

藝文

元·楊維楨《鐵崖詠史》卷五《匡復府》 黑衾紫帳中妖牝啼，廬陵下殿黄臺西。二三義士謀大舉，揚州都督開三府。勝兵一聚十萬餘，山東豪傑爭相呼。金華駱子哀六尺，檄文一紙春秋筆。帳前天授韜略師，韜略不用將何爲。空令玉鈐誇賊選，魏郎劉郎雙桀犬。

清·羅惇衍《集義軒詠史詩鈔》卷三四《唐三·駱賓王》 象服何人七廟興，墨磨盾鼻筆飛騰。鳶肩形竦今移檄，驛官卑舊作丞相，君看復辟起廬陵。初心不遂嗟亡命，靈隱傳聞有老僧。

雜録

唐·張鷟《朝野僉載》卷一 永淳之後，天下皆唱「楊柳，楊柳，漫頭駝」。後徐敬業犯事，出柳州司馬，遂作僞敕，自授揚州司馬，殺長史陳敬之，據江淮反。使李孝逸討之，斬業首，驛馬馱入洛陽。「楊柳，楊柳，漫頭駝」，後此其應也。

明堂主簿駱賓王《帝京篇》曰：「倏忽搏風生羽翼，須臾失浪委泥沙。」賓王後與敬業興兵揚州，大敗，投江而死，此其讖也。

又 卷五 裴炎爲中書令，時徐敬業欲反，令駱賓王畫計，取裴炎同起事。賓王足踏壁，靜思食頃，乃爲謡曰：「一片火，兩片火，緋衣小兒當殿坐。」教炎莊上小兒誦之，并都下童子皆唱。炎乃訪學者令解之。召賓王至，數啖以寶物錦綺，皆不言。又賂以音樂、女妓、駿馬，亦不語。乃對古忠臣烈士圖共觀之，見司馬宣王，賓王欻然起曰：「此英雄丈夫也。』即説自古大臣執政，多移社稷，炎大喜。賓王曰：『但不知謡讖何如耳。』炎以謡言『片火緋衣』之事白，賓王即下，北面而拜曰：『此眞人矣。』遂與敬業等合謀。揚州兵起，炎從內應，書與敬業等合謀。惟有『青鵞』，人闕有告者，朝廷莫之能解，則天曰：『此「青」字者十二月，「鵞」字者我自與也。』遂誅炎，敬業等尋敗。

又　卷六　唐魚思咺有沈思，極巧。上欲造匭，召工匠，無人作得者。咺應製爲之，甚合規矩，遂用之。無何，有人投匭言咺，云徐敬業在揚州反，咺爲敬業作刀輪以衝陣，殺傷官軍甚衆。推問具承，誅之。爲法自斃，乃至於此。

唐英公徐勣初卜葬，謡曰：『朱雀和鳴，子孫盛榮。』張景藏聞之，私謂人曰：『所占者過也。此所謂朱雀悲哀，棺中見灰。』後孫敬業揚州反，弟敬貞答款曰：『敬業初生時，於蓐下掘得一龜，云大貴之象。英公令秘而不言，果有大變之象。』則天怒，斲英公棺，焚其屍，灰之應也。

唐·杜佑《通典》卷一六二《兵典十五》　大唐光宅初，武太后臨朝稱制，徐敬業於揚州起兵，以匡復皇家爲辭，月餘日間，致精卒數萬。太后遣將軍李孝逸領兵討之。敬業率軍拒於下阿谿，方成列，敬業謂其徒曰：『自知衣甲非厚者，居後。』衆乃爭退。孝逸之師因其動噪而奔擊，乃大敗焉。

唐·劉肅《大唐新語》卷三　裴炎有雅望於朝庭。高宗臨崩，與舅王德眞俱受遺詔輔少主。則天既臨朝，廢中宗爲廬陵王，將行革命之事。徐敬業舉兵於揚州，時炎爲內史，示閑暇不急討。則天潛察之，下炎詔獄。鳳閣侍郎胡元範、劉齊賢等庭爭，以炎忠鯁無反狀。則天曰：『炎反有端，顧卿不知耳。』範、賢曰：『若裴炎反，臣等亦反。』則天曰：『朕知裴炎反，知卿不反。』炎既誅，範、賢亦被廢黜。炎將刑，顧謂兄弟曰：『可憐官職並自得之，炎無分毫遺，今坐炎流竄矣。』炎雖官達而甚清貧，收其家，略無積聚，時人傷焉。

唐·劉餗《隋唐嘉話》卷中　高宗時，蠻羣聚爲寇，討之輒不利，乃以徐敬業爲刺史。州發卒郊迎，敬業盡放令還，單騎至府。賊聞新刺史至，皆繕理以待。敬業一無所問，他事已畢，方曰：『賊皆安在？』曰：『在南岸。』乃從一二佐史而往，觀者莫不駭愕。賊初持兵覘望，見船中無所有，乃閉營藏隱。敬業直入其營內，使告曰：『國家知君等爲貪吏所苦，非有他惡，可悉歸田里。後去者爲賊。』唯召其魁帥，責以早降之意，各杖數十而遣之，境內肅然。其祖英公聞之，壯其膽略，曰：『吾不辦此。然破我家者必此兒。』英公既薨，高宗思平遼勳，令制其塚像高麗中三山，猶漢霍去病之祁連云。後孫敬業兵起，武后令掘平之，大霧三日不解，乃止焉。

宋·李昉等《太平廣記》卷九一《異僧五·徐敬業》　唐則天朝，徐敬業揚州作亂，則天討之，軍敗而遁。敬業竟養一人，貌類於己，而寵遇之。及敬業敗，擒得所養者，斬其元以爲敬業，而敬業實隱大孤山，與同伴數十人結廬不通人事。乃削髮爲僧，其侶亦多削髮。天寶初，有老僧法名住括，年九十餘，與弟子至南岳衡山寺訪諸僧而居之，月餘。忽集諸僧徒，懺悔殺人罪咎。僧徒異之。老僧曰：『汝頗聞有徐敬業乎？則吾身也。吾兵敗，人於大孤山，精勤修道。今命將終，故來此寺，令世人知吾已證第四果矣。』因自言死期。果如期而卒。遂葬於衡山。

僕固懷恩之叛

綜　述

《舊唐書》卷一〇《肅宗紀》（至德元載九月戊辰）封故邠王守禮男承寀爲燉煌王，令使回紇和親，册回紇可汗女爲毗伽公主，仍令僕固懷恩送承寀至回紇部。

又　卷一一《代宗紀》（寶應元年）冬十月辛酉，詔天下兵馬元帥雍王統河東、朔方及諸道行營、回紇等兵十餘萬討史朝義，會軍於陝州。加朔方行營節度使、大寧郡王僕固懷恩同中書門下平章事。【略】

（十二月）辛未，僕固懷恩爲尚書左僕射、兼中書令，靈州大都督府長史、河北副元帥。【略】

（廣德元年秋七月壬子）元帥雍王兼尚書令，河北副元帥僕固懷恩加太保，回紇登里可汗進徽號。功臣皆賜鐵券，藏名太廟，畫像凌煙閣。【略】

九月壬戌朔，僕固懷恩拒命於汾州，遣宰臣裴遵慶往宣撫之。【略】

（十二月）丁酉，朔方行營節度使僕固瑒爲帳下梟首來獻。懷恩聞瑒死，燒營遁入吐蕃。朝臣稱賀，上不悅，曰：『朕之涼德，信不及人，致勳臣顛覆，用增愧恧，何至賀焉！』【略】

（廣德二年）冬十月丙寅，僕固懷恩引吐蕃二萬寇邠州，節度使白孝德閉城拒守。丁卯，寇奉天，京師戒嚴。先鋒郭晞斬賊營於邠州西，俘斬數百計。子儀屯涇陽，蕃軍挑戰，子儀不出。【略】

十一月乙未，懷恩與蕃軍自潰，京師解嚴。【略】

（永泰元年九月）丁酉，僕固懷恩死於靈州之鳴沙縣。時懷恩誘吐蕃數十萬寇邠州，客將尚品息贊磨、尚悉東贊等寇奉天、醴泉，党項羌、渾、奴剌寇同州及奉天，逼鳳翔府、盩厔縣，京師戒嚴。【略】

（冬十月己未）壬午，僕固懷恩大將僕固名臣以千騎來降。

又 卷一一〇《李光弼傳》 光弼收懷州，思明來救，迎擊於沁水之上，又敗之。城將安太清極力拒守，月餘不下。光弼令僕固懷恩、郝玉由地道而入，得其軍號，乃登陴大呼，我師同登，城遂拔。生擒安太清、周摯、楊希文等，送於闕下，即日懷州平。以功進爵臨淮郡王，累加實封至一千五百户。

觀軍容使魚朝恩屢言賊可滅之狀，朝旨令光弼速收東都。光弼屢表：『賊鋒尚銳，請候時而動，不可輕進。』僕固懷恩又害光弼之功，潛附朝恩，言賊可滅。由是中使督戰，光弼不獲已，進軍列陣於北邙山下。賊悉精銳來戰，光弼敗績，軍資器械併爲賊所有。時李抱玉亦棄河陽，光弼渡河保聞喜。朝旨以懷恩異同致敗，優詔征之。

又 卷一一三《裴遵慶傳》 廣德初，僕固懷恩阻兵汾上，指中官爲詞，上以遵慶忠純，特遣往汾州宣慰懷恩。遵慶既見懷恩，具陳朝旨，懷恩引過聽命，將隨遵慶朝謁，爲副將范志誠以邪説惑之，懷恩遂以懼死爲詞。

又 卷一二〇《郭子儀傳》 是時（上元三年十一月），河北副元帥僕固懷恩方頓軍汾州，掠并、汾諸縣以爲己邑，乃以子儀兼關內河東副元帥、河中節度觀察使，出鎮河中。蕃戎既退，僕固懷恩部下離散。是月，懷恩子瑒主兵榆次，爲帳下將張惟岳所殺，傳首京師。惟岳以瑒主之衆歸於子儀，懷恩懼，棄其母而走靈州。明年九月，以子儀守太尉，充北道邠寧、涇原、河西已東通和蕃及朔方招撫觀察使，其關內河東副元帥、中書令如故。子儀以懷恩未誅，不宜讓使，堅辭太尉。

（上元四年）十月，僕固懷恩引吐蕃、回紇、党項數十萬南下，京師大恐，子儀出鎮奉天。帝召子儀問御戎之計，子儀曰：『以臣所見，懷恩無能爲也。』帝問其故，對曰：『懷恩雖稱驍勇，素失士心，今所以能爲亂者，引思歸之人耳。懷恩本臣偏將，其下皆臣之部曲，臣恩信嘗及之，今臣爲大將，必不忍以鋒刃相向，以此知其無能爲也。』虜寇邠州，子儀在涇陽，子儀令長男朔方兵馬使曜率師援之，與邠寧節度使白孝德閉城拒守。懷恩前鋒至奉天，近城挑戰，諸將請擊之，子儀止之曰：『夫客兵深入，利在速戰，不可爭鋒。彼皆吾之部曲，緩之自當攜貳；若迫之，是速其戰，戰則勝負未可知，敢言戰者斬！』堅壁待之，果不戰而退。

永泰元年五月，以子儀都統河南道節度行營，出鎮河中。八月，僕固懷恩誘吐蕃、回紇、党項、羌、渾、奴剌，山賊任敷、鄭庭、郝德、劉開元等三十餘萬南下，先發數人掠同州，期自華陰趨藍田，以扼南路，懷恩率重兵繼其後。回紇、吐蕃自涇、邠、鳳翔數道寇京畿，掠奉天、醴泉。京師震恐，天子下詔親征，命李忠臣屯東渭橋，李光進屯雲陽，馬璘、郝廷玉屯便橋，駱奉先、李日越屯盩厔，李抱玉屯鳳翔，周智光屯同州，杜冕屯坊州，天子以禁軍屯苑內。京城壯丁，併令團結。城二門塞其一。魚朝恩括士庶私馬，重兵捉城門，市民由竇穴而遁去，人情危迫。

是時，急召子儀自河中至，屯於涇陽，而虜騎已合。子儀一軍萬餘人，而雜虜圍之數重。子儀使李國臣、高升拒其東，魏楚玉當其南，陳回光當其西，朱元琮當其北。子儀率甲騎二千出没於左右前後，虜見而問曰：『此誰也？』報曰：『郭令公也。』回紇曰：『令公存乎？僕固懷恩言天可汗已棄四海，令公亦謝世，中國無主，故從其來。今令公存，天可汗存乎？』報之曰：『皇帝萬歲無疆。』回紇皆曰：『懷恩欺我。』子儀又使諭之曰：『公等頃年遠涉萬里，翦除凶逆，恢復二京。是時子儀與公等周旋艱難，何日忘之。今忽棄舊好，助一叛臣，何其愚也！且懷恩背主棄親，於公等何有？』回紇曰：『謂令公亡矣，不然，何以至此。

令公誠存，安得而見之？」子儀將出，諸將諫曰：「戎狄之心，不可信也，請無往。」子儀曰：「虜有數十倍之衆，今力固不敵，且至誠感神，況虜輩乎！」諸將曰：「請選鐵騎五百衛從。」子儀曰：「適足以爲害也。」乃傳呼曰：「令公來！」虜初疑，持滿注矢以待之。子儀以數十騎徐出，免胄而勞之曰：「安乎？久同忠義，何至於是？」回紇皆捨兵下馬齊拜曰：「果吾父也。」子儀召其首領，各飲之酒，與之羅錦，歡言如初。

子儀説回紇曰：「吐蕃本吾舅甥之國，無負而至，是無親也。若倒戈乘之，如拾地芥耳。其羊馬滿野，長數百里，是謂天賜，不可失也。今能逐戎以利舉，與我繼好而凱旋，不亦善乎！」會懷恩暴死於鳴沙，羣虜無所統攝，遂許諾，乃遣首領石野那等入朝，子儀遣朔方兵馬使白元光與回紇會軍。

又　卷一二一《僕固懷恩傳》　僕固懷恩，鐵勒部落僕骨歌濫拔延之曾孫，語訛謂之僕固。貞觀二十年，鐵勒九姓大首領率其部落來降，分置瀚海、燕然、金微、幽陵等九都督府於夏州，別爲蕃州以禦邊，授歌濫拔延爲右武衛大將軍、金微都督。拔延生乙李啜拔，乙李啜拔生懷恩，世襲都督。

天寶中，加左領軍大將軍同正員，特進。歷事節度王忠嗣、安思順，皆以善格鬭，達諸蕃情，有統御材，委之心腹。及安禄山反，從郭子儀討高秀巖於雲中，破之，又敗薛忠義於背度山下，抗賊七千騎，生擒忠義男，襲下馬邑郡。十五載，進軍與李光弼合勢，及史思明戰於常山、趙郡、沙河、嘉山，皆大破之，懷恩功居多。

肅宗即位於靈武，懷恩從郭子儀赴行在所。時同羅部落自西京叛賊，北寇朔方，子儀與懷恩擊之。懷恩子玢領徒擊賊，兵敗而降，尋又自拔而歸，懷恩叱而斬之。將士懾駭，無不一當百，遂破同羅千餘騎於河上，盡收其器械、駝馬。肅宗雖仗朔方之衆，將假蕃兵以張形勢，乃遣懷恩與敦煌王承寀使於回紇，請兵結好。回紇可汗遂以女妻承寀，兼請公主，遣首領隨懷恩入朝。

二年正月，又從子儀下馮翊、河東二郡。走僞將崔乾祐，又襲破潼關。賊將安守忠、李歸仁自京率衆來援，苦戰二日，官軍敗績。懷恩退至

渭水，無舟楫，抱馬以渡，存者僅半，乃奔歸子儀於河東，整其餘衆。四月，子儀赴鳳翔，李歸仁以勁卒五千邀之於三原北。子儀窘急，使懷恩及王升、陳迴光、渾釋之、李國貞等五將伏兵於白渠留運橋以待之，賊至伏發，歸仁大敗而走。又從子儀戰於清渠，不利，歸於鳳翔。及回紇使葉護帝得數千騎來赴國難，南蠻、大食之卒相繼而至。肅宗乃遣廣平王爲元帥，以子儀爲副，而懷恩領回紇兵從之澧水。賊伏兵於營東，懷恩引回紇馳殺之，匹馬不歸，賊乃大潰。日暮，懷恩謂王曰：「賊必棄城走矣，請以二百騎馬追之，縛取李歸仁、田幹真、安守忠、張通儒。」王曰：「將軍戰亦疲矣，且休息，迨明而後圖之。」懷恩曰：「歸仁、守忠，天下驍賊也，聚勝而敗，此天與我也，奈何縱之不取？若使得衆，復爲我患，雖悔無及。夫戰尚速，何明日爲？」王固止之，令還營。懷恩又固請，往而復反，一夕四五起。遲明諜至，守忠等果逃。又從王大破賊於陝西之新店，收兩京，皆立殊功。以前後功加開府儀同三司、鴻臚卿同正員、同節度副使。十二月，封豐國公，食實封二百户。

乾元元年九月，遣九節度擊安慶緒於相州。從郭子儀領朔方行營，破安太清，下懷、衛二州，圍相州，戰愁思崗。凡經五月，常爲先鋒，堅敵大陣，必經其戰，勇冠三軍。尋充都知兵馬使。及李光弼代子儀，懷恩又副之。乾元二年，進封大寧郡王，遷御史大夫、朔方行營節度。又從李光弼守河陽，破周乂，擒徐璜玉、安太清，拔懷州，皆摧鋒陷敵，功冠諸將。其男瑒又以開府儀同三司從將兵於其軍，每深入虜陣，以勇敢聞，軍中號爲「鬬將」。

懷恩爲人雄毅寡言，應對舒緩，而剛決犯上，始居偏裨之中，意有不合，雖主將必詬怒之。郭子儀爲帥，以寬厚容衆，素重懷恩，其麾下皆朔方蕃漢勁卒，恃功怙將，多爲不法，子儀每事優容之，行師用兵，倚以輯事。而光弼持法嚴肅，法不貸下，懷恩心憚而頗不葉。上元二年，從李光弼與史思明戰於邙山，不利。肅宗以懷恩功高，恩顧特異諸將，至冬，加工部尚書，敕李輔國及常參官送上，太官造食以寵之。

代宗即位，拜隴右節度，未行，改朔方行營節度，以副郭子儀。其秋，上使中官劉清潭請兵於回紇登里可汗，登里已爲史朝義誘之傾國入塞，衆號十萬，關中騷擾，上使殿中監藥子昂馳於塞上勞之，遇於忻州。

先是，肅宗以寧國公主下嫁於毘伽闕可汗，毘伽闕可汗又以少子請婚，肅宗以懷恩女妻之。毘伽可汗死，少子代立，即登里可汗。登里立，以懷恩女爲可敦。至是，可汗請與懷恩及懷恩之母相見，詔從之。懷恩嫌疑不敢，上因賜鐵券，手詔以遣之，即令其母便發。懷恩與回紇可汗相見於太原，可汗大悦，遂許助討朝義，於是進兵，歷太原、汾、晉，營于陝州以俟期。十月，詔天下兵馬元帥雍王爲中軍先鋒，以懷恩爲副，加同中書門下平章事，領河東、朔方節度行營及鎮西、回紇兵馬赴陝州，并令諸道節度一時齊進。懷恩與回紇左殺爲先鋒，觀軍容使魚朝恩、陝州節度郭英乂爲後殿，自澠池入；陳鄭節度李抱玉自河陽入；河南副元帥、雍王留陝州。懷恩等師至黄水，賊徒數萬，堅柵自固。懷恩陣於西原上，廣張旗幟以當之，命驍騎及回紇之衆傍南山出於東北，兩軍舉旗内應，表裏擊之，一鼓而拔，賊死者數萬。朝義領鐵騎十萬來救，陣於昭覺寺，賊皆殊死決戰，短兵既接，相殺甚衆。官軍驟擊之，賊陣而不動。魚朝恩令射生五百人下馬，弓弩亂發，多中賊而死，陣亦如初。鎮西節度使馬璘曰：『事急矣！』遂援旗而進，單騎奔擊，奪賊兩牌，突入萬衆之中，左右披靡，大軍乘之而入，朝義大敗，斬首一萬六千級，生擒四千六百人，降者三萬二千人。轉戰於石榴園、老君廟，賊黨又敗，人馬蹂踐，填於尚書谷，朝義輕騎而走。懷恩乃進收東京及河陽城，封其府庫，僞中書令許叔冀、王伷等，承制釋之，悉皆安堵。

懷恩留回紇可汗營於河陽，乃使其子右廂兵馬使瑒、北庭朔方兵馬使高輔成以步軍萬餘衆乘勝逐北。懷恩常壓賊而行，至於鄭州，再戰皆捷；進至汴州，僞節度張獻誠開門降；又拔滑州，追破朝義於衛州。僞睢陽節度田承嗣、李進超、李達盧等兵馬四萬餘衆，又與朝義合，據河來拒。瑒連盤濟師，登岸薄之，賊黨悉奔，長驅至昌縣東。朝義率魏州兵馬來戰，又敗走，達盧來降，賊徒震駭。於是相州僞節度薛嵩以相、衛州、洺、邢、趙降於李抱玉、高輔成、尚文悊；僞恆陽節度李寶臣以深、恆、定、易四州降於河東節度辛雲京。朝義至貝州，又與僞大將薛忠義兩節度合。瑒至臨清縣，懼賊氣盛，駐軍以俟變。朝義領衆三萬併攻具來攻，瑒令高彦崇、渾日進、李光逸等設三伏以待之，賊半渡，伏發，合擊而走之。其時回紇又至，官軍益振，瑒卷甲馳之，大戰於下博縣東南。賊背水而陣，大軍衝擊而崩之，積屍擁流而下。朝義又走莫州。於是河南副元帥都知兵馬使薛兼訓、兵馬使郝廷玉、兖鄆節度使辛雲京會師於下博，進軍莫州城下。朝義與田承嗣頻出挑戰，大敗而旋，臨陣殺其僞尚書敬榮。朝義懼，自分萬餘衆投歸義縣，留承嗣守城。於是淄青節度侯希逸繼諸將同爲攻守，凡月餘日。瑒與高彦崇、侯希逸、薛兼訓等以衆三萬追及朝義於歸義縣，交鋒而賊潰。屬幽州節度使李懷仙送降款，瑒頓兵於其境，遣懷仙分兵追躡。二年三月，朝義至平州石城縣温泉柵，窮蹙，走入長林自縊，懷仙使妻弟徐有濟傳其首以獻。又降田承嗣之軍，河北悉平，懷恩乃與諸將班師。

先是，去冬郭子儀以懷恩有平定河朔之功，讓位於懷恩，遂授河北副元帥、尚書左僕射、兼中書令、靈州大都督府長史、單於鎮北大都護、朔方節度使，仍加實封四百户，通前一千户。春，又加太子少師，充朔方都知兵馬使、同節度副大使，食實封五百户，莊宅各一所，仍與一子五品官。高輔成太子少傅、兼御史中丞，充河北副元帥都知兵馬使，加實封三百户，仍與一子五品官。高彦崇太子賓客，仍舊朔方右廂兵馬使，實封二百户，莊宅各賜一所，與一子五品官。

遂詔懷恩統可汗還蕃，遂自相州西郭口趣潞州，與回紇可汗會，出太原之北。懷恩初至太原，辛雲京以可汗是其子婿，疑其召戎，閉關不報，且懼可汗相襲，不敢犒軍；及還，亦如之。懷恩父子宣力王室，攻城野戰，無役不從，一舉滅史朝義，復燕、趙、韓、魏之地，自以爲功無以讓。至是，又爲雲京所拒，懷恩怒，上表列其狀，頓軍汾州。會中官駱奉先使於雲京，雲京言懷恩與可汗爲約，逆狀已露，乃與奉先厚結歡。奉先回至懷恩所，其母數讓奉先曰：『爾等與我兒約爲兄弟，今又親雲京，何兩面乎？雖然，前事勿論，自今母子兄弟如初。』酒酣，懷恩起舞，奉先贈纏頭彩。懷恩將酬其貺，奉先遽告發，懷恩曰：『明日端午，請宿爲令節。』奉先固辭，懷恩苦邀之，命藏其馬。中夕謂其從者曰：『向者責吾，又收吾馬，是將害我也。』奉先懼，遂逾垣而走。懷恩驚，遽令追還其馬。奉先使回，奏其反狀。懷恩累奏請誅雲京、奉先，上以雲京有功，手詔和解之，懷恩遂有貳於我。至七月，改元廣德，册勳拜太保，仍與一子三品、一子四品官併階，仍加實封五百户。僕固瑒一子五品官，加實封一百户。仍賜鐵券，以名藏太廟，畫像於凌煙閣。尋以瑒爲御史大夫、朔方行營節度。

懷恩以寇難已來，一門之内死王事者四十六人，女嫁絶域，再收兩京，皆道引回紇，摧滅强敵，而爲人媒孼，蓄性獷戾，怏怏不已。乃上書自敍功伐，曰：

廣德元年八月二十三日，開府儀同三司、尚書左僕射、兼中書令、朔方節度副大使、河北副元帥、上柱國、大寧郡王臣懷恩，刺肝瀝血，謹頓首頓首上書寶應聖文神武皇帝陛下：臣家本蕃夷，代居邊塞，爰自祖父，早沐國恩。臣年未弱冠，即蒙上皇驅策，出入死生，竭力疆埸，叨承先帝報功，時年已授特進。洎乎禄山作亂，大振王師，臣累任偏裨，決死靖難，上以安社稷，下以拯生靈，仗皇天之威神，滅狂胡之醜類。無何，思明繼逆，又據東周，宸極不安，海内騰沸。臣謬承大行皇帝委任，授以兵權，誓雪國仇，以匡時難。闔門忠烈，咸願殺身，野戰攻城，皆先士卒。兄弟死於陣敵，子侄没於軍前，九族之親，十不存一，縱有在者，瘡痍徧身。況陛下潛龍之時，親統師旅，臣忝事麾下，陛下悉臣愚誠。大行皇帝未捐宫館之時，臣頻立微效，累霑官賞，遂被輔國等讒害，幾至破家，便奪兵權，逾年宿衞。臣雖内省無疚，終懼讒佞傾危，以日繼時，命懸秋葉，至將歸骨泉壤，永謝明時。幸遇陛下龍躍天衢，繼纘鴻業，知臣負謗，察臣丹心，遂開獨見之明，杜絶衆多之口，特拔臣於汧、隴，再任臣於朔方。誠謂遊魂返骸，枯骨再肉，使臣得竭駑蹇之力，效錐刀之功，上答陛下再造之恩，下展微臣犬馬之志。

去年秋末，回紇仗義而來，士庶不知，悉皆驚駭。陛下以臣與其姻婭，令至太原只迎，一切事宜，許臣逐便處置。遂與可汗計議，分道用兵，克復洛陽，平蕩幽、薊，惟有神策兵馬，頓軍獨住陳留。可汗時在洛陽，即被朝恩猜阻，要爲流議，已失蕃情。臣自平賊卻回，天恩又令餞送，臣遂罄竭家産，爲國周旋，發遣外蕃，貴圖上道。行至山北，被奉先、雲京共生異見，妄作加諸，閉城不出只迎，仍令潛行竊盜。蕃夷怨怒，早欲相仇，臣遂彌縫，方得出界。及其祖餞事了，回至太原，臣忝迹鼎司，又承重寄，奉先、雲京曾無禮數，閉關不出相看。臣遂過汾州，休息士馬，凡經數日，不遣一介知聞。自以行事乘疏，恐臣先有論奏，遂乃構其謗黷，妄起異端，扇動軍城，以爲設備。又臣從潞府過日，見抱玉祇迎回紇，庶事用心，懇稱家資罄於公用，又與臣馬兼銀器四事，臣於回紇處得絹，便與抱玉二千匹以充答贈。今被抱玉共相組織，將此往來之貺，便爲結託之私，貴在厚誣，務相傾奪。陛下不垂明察，採聽流言，欲令忠直之臣，枉陷讒邪之黨。臣實不欺天地，不負神明，夙夜三思，臣罪有六：

往年同羅背叛，河曲騷然，經略數軍，兵圍不解。臣不顧老母，走投靈州，先帝嘉臣忠誠，遂遣徵兵討叛，使得河曲清泰，賊徒奔亡。是臣不忠於國，其罪一也。

臣男玢嘗被同羅虜將，蓋亦制不由己，旋即棄逆歸順，卻來投臣，臣斬之以令士衆。且臣不愛骨肉之重，而徇忠義之誠，是臣不忠於國，其罪二也。

臣有二女，俱聘遠蕃，爲國和親，合從討難，致使賊徒殄滅。寰宇清平。是臣不忠於國，其罪三也。

臣及男瑒，不顧危亡，身先行陣，父子效命，志寧邦家。是臣不忠於國，其罪四也。

陛下委臣副元帥之權，令臣指麾河北。其新附節度使，皆握强兵，臣之撫綏，悉安反側，州縣既定，賦税以時。是臣不忠於國，其罪五也。

臣葉和回紇，戡定凶徒，天下削平，蕃夷歸國，使其永爲鄰好。義著急難，萬姓安寧，干戈止息，二聖山陵事畢，陛下忠孝兩全。是臣不忠於國，其罪六也。

臣既負六罪，誠合萬誅，延頸轅門，以待斧鑕。過此以往，更無他違。陛下若以此誅臣，何異伍子胥存吳，卒浮屍於江上，大夫種霸越，終賜劍於稽山。唯當吞恨九泉，銜冤千古，復何訴哉！復何訴哉！

且葵藿尚解仰陽，犬馬猶能戀主，臣忝恩至重，委任非輕，夙夜思奉天顔，豈暫心離魏闕，誠恐以忠獲罪，龜鏡不遥。頃者來瑱受誅，朝廷不示其罪，天下忠義，從此生疑。況來瑱功業素高，人多所忌，不審聖衷獨斷，復爲奸臣弄權？臣欲入朝，恐罹斯禍，諸道節度使皆懼，非臣獨敢如此。近聞追詔數人，并皆不至，實畏中官讒口，又懼陛下損傷，豈唯是臣不忠，只爲回邪在側。且臣前後所奏駱奉先詞情，非不摭實，陛下竟無處置，寵用彌深。皆由同類相從，致蒙蔽聖聰，人皆懼死，誰復敢言！臣義切君臣，志憂社稷，若無極諫，有負聖朝，敢肆愚忠，以干鼎鑊。況今西有犬戎背亂，東有吳、越不庭，均、房羣盜縱橫，鄜、坊稽胡草擾。陛下不思外御，而乃內忌忠良，何以混一車書，而使梯航納賮？天下至大，豈可暫輕。

伏承四方敷奏之人，引對之時，陛下皆云與驃騎商量，曾不委宰臣可否。或有稽留數月，不放歸還，遠近之心，轉加疑阻。且臣朔方將士，功效最高，爲先帝中興主人，是陛下蒙塵故吏，曾不別加優獎，卻信嫉妒譖詞，子儀先已被猜，臣今又遭毀黷。弓藏鳥盡，兔死犬烹，臣昔謂非，今方知實。且臣息軍汾上，關鍵大開，收馬放羊，曾無守備，分兵數郡，貴免般糧，勸課農桑，務安黎庶，有何狀迹，而涉異端。陛下必信矯詞，何殊指鹿爲馬？陛下倘斥逐邪佞，親附忠良，蠲削狐疑，敷陳政化，使君臣無二，天下歸心，則窺邊之戎，不足爲患，梗命之寇，將復何憂，偃武修文，其則不遠。陛下若不納愚懇，且貴因循，臣實不敢保家，陛下豈能安國！忠言利行，良藥愈病，伏惟陛下圖之。

臣今戎事已安，糧儲且繼，深願一至闕下，披露心肝，再睹聖顏，萬死無恨。臣欲公然進發，慮恐將士留連。臣今便託巡晉、絳等州，於彼遷延且住，謹遣押衙開府儀同三司、試太常卿張休臧先進書兼口奏事。伏惟陛下覽臣此書，知臣誠懇，特垂聖斷，勿議近臣，待臣如初，浮謗不入，臣當死節王命，誓酬國恩。仍請遣一介專使至絳州問臣，臣即便與同行，冀獲蹈舞軒陛。鄙臣愚慮，不顧死亡，輕觸天威，戰汗無地。

九月，上以回紇近塞，懷恩又與辛雲京有隙，上欲其悔過，推心以待之。恐其不信，詔黃門侍郎裴遵慶使汾州喻旨，且察其去就。遵慶卽至，懷恩抱其足號泣而訴，遵慶因宣聖恩優厚，諷令入朝，懷恩許諾。副將范志誠說之曰：『公以讒言交構，有功高不賞之懼，嫌隙已成，奈何入不測之朝？公不見來瑱、李光弼之事乎！功成而不見容，二臣以走誅。』懷恩然之。明日，又以懼死爲辭，許令一子入朝，志誠又不可。遵慶復命。御史大夫王翊自回紇使還，懷恩與可汗往來，恐洩其事，乃止之。遂令子瑒率衆攻雲京，雲京出戰，瑒大敗而旋，進圍榆次，朝廷患之。先是，尚書右丞顏眞卿請奉詔召懷恩，上因以眞卿爲刑部尚書、兼御史大夫往宣慰之。眞卿曰：『臣往請行者，時也；今方受命，事無益矣。』上問其故，對曰：『懷恩阻兵，是其反側明矣。頃陛下避狄於陝郊，臣方責以《春秋》之義，云寡君蒙塵於郊，敢不恭問官守。當是時也，懷恩來朝，以助討賊，則其辭順。今陛下攘去犬戎，卽宮京邑，懷恩進不勤王，退不釋衆，其辭曲，必不來矣。且明懷恩反者，獨辛雲京、李抱玉、駱奉先、魚朝恩四人耳，自外朝臣，咸言其枉。然懷恩將士，皆子儀部曲，恩信結其心，陛下何不以子儀代之，喻以逆順禍福，必相率而歸耳。』上從之。子儀至河中，僕固瑒已爲朔方兵馬使張惟岳等四人斬其首，獻於闕下。懷恩聞之，率麾下數百騎，棄其母，渡河北走靈武。餘衆聞子儀到，束甲來奔，歸者數萬。懷恩至靈武，嘯聚亡命，其衆復振。上念其勳舊，不欲罪功臣，厚撫其家，懷恩終不從。其母月餘日竟以壽終。又遙授太師、兼中書令、大寧王，餘併停。

是秋爲鄉道，誘吐蕃十萬入寇涇、邠州，祭來瑱之墓，自序云『俱遭放逐』。寇奉天、醴泉，郭子儀拒之而退。永泰元年，上徵天下兵以防之。懷恩又糾合諸蕃，衆號二十萬，南犯京師：遣吐蕃之衆自北道先寇醴泉、奉天，任敷、鄭庭、郝德自東道寇奉先、同州，羌、渾、奴剌之衆自西道寇盩厔、鳳翔。朝廷大駭，詔遣郭子儀屯涇陽，渾日進、白元光屯奉天，李光進屯雲陽，馬璘、郝廷玉屯中渭橋，董秦屯東渭橋，駱奉先、李日越屯盩厔，李抱玉屯鳳翔，周智光、杜冕屯同州。上親率六軍，令魚朝恩屯苑中，下詔親征。

懷恩領回紇及朔方之衆繼進，行至鳴沙縣，遇疾舁歸。九月九日，死於靈武，部曲以鄉法焚而葬之。張韶代領其衆，爲徐璜玉所殺；璜玉領其衆，又爲范志誠所殺，志誠領其衆。回紇進寇涇陽，諸軍堅壁不戰。吐蕃相持二十餘日，又聞懷恩死，與回紇爭長，自相疑貳，莫敢先進，遂大掠居人，焚燒捨宇，驅男女數萬而去，所過踐禾谷殆盡。回紇乃詣子儀降，請擊吐蕃以自效。子儀分兵隨之，大破吐蕃於涇州界。任敷又敗走，羌、渾又多降於李抱玉。

懷恩逆命三年，再犯順，連諸蕃之衆，爲國大患，士不解甲，糧盡饋軍，適幸天亡，而上爲之隱惡，前後下制，未嘗言其反。及懷恩死，羣臣以聞，上爲之憫默曰：『懷恩不反，爲左右所誤。』其寬仁如此。閏十月，懷恩姪名臣領千餘騎來降。

又　卷一二四《薛嵩傳》　薛嵩，絳州萬泉人。祖仁貴，高宗朝名將，封平陽郡公。父楚玉，爲范陽、平盧節度使。嵩少以門蔭，落拓不事家產，有膂力，善騎射，不知書。自天下兵起，束身戎伍，委質逆徒。廣德元年，東都平，時皇太子爲天下兵馬元帥，遣僕固懷恩東收河朔。（薛）嵩爲賊守相州，聞賊朝義兵潰，王師至，嵩惶惑迎拜於懷恩馬前，懷恩釋之，令守舊職，時懷恩二心已萌。懷恩平河朔旋，乃奏嵩及田承嗣、張忠志、李懷仙分理河北道；詔遂以嵩爲相州刺史，充相、衞、洺、邢等州節度觀察使，承嗣鎮魏州，忠志鎮恆州，懷仙鎮幽州，各據數州之地。時多事之後，姑欲安人，遂以重寄委嵩。嵩感恩奉職，數年間，管內粗理，累遷檢校右僕射。大曆八年正月卒。

又　卷一三二《李抱眞傳》　李抱眞，抱玉從父弟也。抱玉爲澤潞節度使，甚器抱眞，任以軍事，累授汾州別駕。當是時，僕固懷恩反於汾州，抱眞陷焉。乃脱身歸京師。代宗以懷恩倚回紇，所將朔方兵又勁，憂甚，召見抱眞問狀，因奏曰：『郭子儀領朔方之衆，人多思之。懷恩欺其衆，曰「子儀爲朝恩所殺」，詐而用之。今復子儀之位，可不戰而克。』其後懷恩子爲其下所殺，懷恩奔遁，多如抱眞策，因是遷殿中少監。

又　卷一三四《馬燧傳》　寶應中，澤潞節度使李抱玉署奏（馬燧）趙城尉。是時回紇大軍還國，恃復東都之功，倔强恣睢，所過或虜掠廩粟，供餼小不如意，恣行殺害。抱玉具供辦，賓介皆憚不敢行，燧自贊請主郵驛。比回紇至，則先賂其渠帥，與明要約，回紇乃授燧旗幟爲識，犯令者命燧戮之。燧取死囚給左右廝役，小違令，輒殺之。回紇相顧失色，虜涉其境，無敢暴掠。抱玉益奇之。燧因説抱玉曰：『屬者與回紇言，燧得其情。今僕固懷恩恃功樹黨，李懷仙、張忠志、薛嵩、田承嗣分授疆土，皆出於懷恩，其子瑒佻勇不義。以燧度之，將必窺太原西山爲亂，公宜深備之。』無何，懷恩果與太原都將李竭誠通謀，將取太原，其帥辛雲京覺之，斬竭誠，固城自守，懷恩遣其子率兵圍之。初，回紇北歸，遣其將安恪、石常庭將兵數百及誘募附麗者復數千人以守河陽。東都所虜掠重貨，悉積河陽。是時，懷恩遣薛嵩自相、衞餽糧以絶河津。抱玉令燧詣薛嵩説之，嵩乃絶懷恩從順。

又《渾瑊傳》　從郭子儀收兩京，討安慶緒，破賊於新鄉。改檢校太僕卿，充武鋒軍使。又從僕固懷恩討史朝義，前後數十戰。朝義平，加開府儀同三司、太常卿，賜實封二百户。及懷恩謀亂，令子瑒與瑊率軍圍榆次，朔方將殺瑒，瑊率所部歸郭子儀。

《新唐書》卷二二四上《叛臣傳・僕固懷恩》　（郭）子儀至河中，（僕固懷恩子）瑒攻榆次，未拔，追兵於祁，責其緩，鞭之，衆怒。是夕，偏將焦暉、白玉等斬其首，獻闕下。懷恩聞，以告母。母曰：『我戒汝勿反，國家酬汝不淺，今衆變，禍且及我，奈何？』懷恩再拜出，母提刀逐之曰：『吾爲國殺此賊，取其心以謝軍中。』懷恩走，乃與部曲三百北度河，走靈武，稍稍引亡命，軍復振。帝念舊勛，不加罪，詔輦其母歸京師，厚恤之，以壽終。又下詔拜懷恩太保兼中書令、大寧郡王，罷餘官。

論　説

《舊唐書》卷一二一《僕固懷恩傳論贊》　僕固懷恩、李懷光，咸以勇力，有勞王家，爲臣不終，遂行反噬，其罪大矣。然辛雲京、駱奉先、盧杞、白志貞輩，致彼二逆，貽憂時君，亦可謂國之讒賊矣。梁崇義既無令始，又無善終，與妻投泉，何塞其咎。

贊曰：臣之事君，有死無二。懷恩、懷光，凶終一致。崇義多姦，國家所棄。迷而亡歸，自速其斃。

《新唐書》卷二二四上《僕固懷恩傳贊》　懷恩與賊百戰，闔宗死事至四十六人，遂汛掃燕、趙無餘埃，功高威重，不能防患，凶德根於心，弗得其所輒發，果於犯上，惜哉！其母拔刀逐賊，烈婦人也。懷光提萬衆，振天子於難，一爲讒人所沮，忿戾不自還，身首殊分，然讒人亦可疾矣，所謂『交亂四國』者也。

宋・張耒《柯山集》卷三六《唐代宗論》　予嘗論代宗，唐之庸主也，而安史壞亂之後，肅宗草創，事出一切，人情震摇，易以生變，此非常才所能定。而代宗承之，又嘗一爲吐蕃所驚，逃奔於陜，然國遂以定，不及其身者，何也？予考代宗行事，有類英主者二焉，誠率是道而充之，其身安而國定，蓋無足怪。何也？能容大功之臣，背之而不疑，犯之而不怒，而外無姑息之迹，一也。僕固懷恩、李光弼二人之功著矣，懷恩之恃功犯上，自敵以下，誰能忍之？而代宗不與之較，故優容包納，卒待其自斃，豈不曰與之較力，則彼驍獷也？與之較理，則彼異類也？其乘氣而凶悖也，蓋將亡也。是其料懷恩於目中矣。

討伐藩鎮割據勢力分部

『四王二帝』之亂

綜述

《舊唐書》卷一二《德宗紀上》（建中）二年春正月庚申朔。戊辰，成德軍節度、恒定等州觀察使、司空、兼太子太傅、同中書門下平章事、恒州刺史、隴西郡王李寶臣卒。

三月庚申朔，築汴州城。初，大曆中李正己有淄、青、齊、海、登、萊、沂、密、德、棣、曹、濮、徐、兖、鄆十五州之地，李寶臣有恒、定、易、趙、深、冀、滄七州之地，田承嗣有魏、博、相、衛、洺、貝、澶七州之地，梁崇義有襄、鄧、均、房、復、郢六州之地，各聚兵數萬。始因叛亂得位，雖朝廷寵待加恩，心猶疑貳，皆連衡盤結以自固。朝廷增一城，浚一池，便飛語有辭，而諸盜完城繕甲，略無寧日。至是田悅初稟命，劉文喜殄除，羣凶震懼。又奏計者還，都無賜與，既歸，皆搆怨言。先是汴州以城隘不容衆，請廣之。至是築城，正己、田悅移兵於境爲備，故詔分汴、宋、滑爲三節度，移京西防秋兵九萬二千人以鎮關東。又於郾城置溵州。

五月丙寅，以軍興十一而税。己巳，以淮寧軍節度使李希烈充漢南北諸道都知兵馬招撫處置等使，封南平王。

八月辛卯，平盧淄青節度觀察使、司徒、太子太保、同中書門下平章事李正己卒。【略】壬子，淮寧軍節度使李希烈攻襄陽，誅梁崇義，斬其同惡三十餘人。

九月辛酉，以易州刺史張孝忠爲恒州刺史，充成德軍節度觀察使。壬戌，加李希烈同中書門下平章事。

冬十月【略】徐州刺史李洧棄其帥李納，以州來降。

十一月辛未，宣武節度劉洽與神策將曲環大破李納之衆於徐州。己巳，詔：『成德軍節度都知兵馬使、恒州刺史、襲隴西郡王李惟岳，以其父寶臣有忠勞於王室，惟岳隳墜父業，蔑棄國恩，縗絰之中，擅掌戎務。外結凶黨，益固姦謀，不孝不忠，宜肆原野。削爾在身官爵。』【略】李納將海州刺史王涉以州降。

十二月庚寅，河中節度使馬燧檢校左僕射，澤潞節度使李抱眞檢校兵部尚書，賞破田悅之功也。

三年春正月乙卯朔。丙寅，幽州節度使朱滔、張孝忠破李惟岳之兵於束鹿。辛未，詔供御及太子諸王常膳有司宜減省之，於是宰臣上言，減堂廚百官月俸，請三分省一以助軍，從之。【略】甲辰，成德軍兵馬使王武俊殺李惟岳，傳首京師。庚戌，馬燧、李抱眞李艽破田悅兵於洹水，進攻魏州。

二月戊午，惟岳將定州刺史楊政義以州降。加朱滔檢校司徒，以張孝忠檢校兵部尚書、易定滄三州節度使，以檢校太子賓客王武俊檢校秘書監、恒州刺史、恒冀都團練觀察使，康日知爲趙州刺史、深趙都團練觀察使。

三月乙未，以徐州刺史李洧爲徐、沂、海團練觀察使。戊戌，田悅、洺州刺史田昂以城降。

夏四月，李納守德州將李士眞、守棣州將李長卿皆以城降。【略】壬戌，封朱滔爲通義郡王。朱滔、王武俊與田悅合從而爲叛。太常博士韋都賓、陳京以軍興庸調不給，請借京城富商錢，大率每商留萬貫，餘併入官，不一二十大商，則國用濟矣。判度支杜佑曰：『今諸道用兵，月費度支錢一百餘萬貫，若獲五百萬貫，纔可支給數月。』甲子，詔京兆尹、長安萬年令大索京畿富商，刑法嚴峻，長安令薛蘋荷校乘車，於坊市搜索，人不勝鞭笞，乃至自縊。京師囂然，如被盜賊。搜括既畢，計其所得纔八十萬貫，少尹韋禎又取僦櫃質庫法拷索之，纔及二百萬。【略】戊寅，以中書侍郎、平章事張鎰兼鳳翔尹、隴右節度使，以代朱泚。加泚實封五百户，賜竇氏名園、涇水上腴田及錦綵金銀器，以安其意，時滔叛故也。

五月丙戌，增兩稅、鹽榷錢，兩稅每貫增二百，鹽每斗增一百。【略】辛卯，詔朔方節度使李懷光率神策及朔方軍東討。【略】丁酉，加河東節度使、檢校左僕射馬燧同平章事，澤潞李抱眞檢校右僕射，河陽李芃檢校兵部尚書，神策營招討使李晟右散騎常侍，賞破田悅功也。乙巳，貶户部侍郎、判度支杜佑爲蘇州刺史，以中書舍人趙贊爲户部侍郎、判度支。辛亥，易定節度賜名義武軍。

六月【略】辛未，朱滔、王武俊兵救田悅，至魏州北。是日李懷光兵亦至，馬燧、抱眞、李芃等盛軍容迓懷光。朱滔等慮其掩襲，遽出兵，懷光與之接戰於連篋山之西，王師不利，各還營壘。賊乃壅河決水，絶我糧道。

秋七月甲申，【略】以括率商户，人情不安，癸巳，詔除已收納入庫外，一切停，已貯納者仍明置簿歷，各給文牒，後准元數卻還。【略】庚子，馬燧、李懷光、李抱眞、李芃等四節度兵退保魏橋。朱滔、王武俊、田悅之衆亦屯於魏橋東南，與官軍隔河對壘。自五月不雨，甲辰始雨。宣武節度李勉爲檢校司徒，懷寧李希烈檢校司空，邠寧李懷光同平章事，李芃封開陽郡王。

八月【略】庚辰，徐、海、沂都團練使李洧卒。

九月丁亥，以李洧部將高承宗爲徐州刺史、徐海沂都團練使。判度支趙贊上言，請爲兩都、江陵、成都、揚汴、蘇、洪等州署常平輕重本錢。上至百萬貫，下至十萬貫，收貯斛斗匹段絲麻，候貴則下價出賣，賤則加估收糴，權輕重以利民。從之。贊乃於諸道津要置吏稅商貨，每貫稅二十文，竹木茶漆皆什一稅一，以充常平之本。己亥夜，有猛獸入宣陽里，傷二人，詰朝獲之。

十一月【略】，朱滔、田悅、王武俊於魏縣軍壘各相推獎，僭稱王號。滔稱大冀王，武俊稱趙王，悅稱魏王。又勸李納稱齊王。僭署官名如國初親王行臺之制。丁丑，李希烈自稱天下都元帥、太尉、建興王，與朱滔等四盜膠固爲逆。

四年春正月【略】庚寅，李希烈陷汝州，執州將李元平而去，東都震駭。甲午，遣顏眞卿宣慰李希烈軍。戊戌，以龍武大將軍哥舒曜爲東都畿汝節度使，率鳳翔、邠寧、涇原等軍，東討希烈。

二月戊申，於河陽三城置河陽軍節度。乙卯，哥舒曜收汝州。

三月【略】辛卯，嗣曹王臯擊李希烈將陳質之衆，敗之，收復黄州。丁酉，荆南張伯儀與賊戰，敗績。嗣曹王收復蘄州。

夏四月庚申，以永平宣武河陽等軍節度都統、檢校司徒、平章事李勉爲淮西招討使，襄陽帥賈耽、江西嗣曹王等爲之副。【略】丙子，哥舒曜進軍至潁橋，大震雷，人死者十之三四，乃退保襄城。

六月庚戌，初稅屋間架、除陌錢。時馬燧、李懷光、李抱眞、李芃屯魏縣，李晟屯易定，李勉、陳少游、哥舒曜屯懷汝間，神策諸軍皆臨賊境。凡諸道之軍出境，仰給於度支，謂之食出界糧，月費錢一百三十萬貫，判度支趙贊巧法聚斂，終不能給。至是又稅屋，所由吏秉筆持算，入人廬舍而抄計，峻法繩之，愁嘆之聲，徧於天下。

八月丁未，李希烈率衆三萬攻哥舒曜於襄城。

九月【略】丙戌，李勉將唐漢臣、劉德信喪師於扈澗，汴軍自此不振，東都危急。

冬十月丙午，詔涇原節度使姚令言率涇原之師救哥舒曜。丁未，涇原軍出京城，至滻水，倒戈謀叛，姚令言不能禁。上令載繒綵二車，遣晉王往慰諭之，亂兵已陣於丹鳳闕下，促神策軍拒之。無一人至者。與太子諸王妃主百餘人出苑北門，右龍武軍使令狐建方教射於軍中，聞難，聚射士得四百人扈從。其夕至咸陽，飯數匕而過。戊申，至奉天。己酉，元帥都虞候渾瑊以子弟家屬至，乃以瑊爲行在都虞候，神策軍使白志貞爲行在都知兵馬使，以令狐建爲中軍鼓角使，金吾將軍侯仲莊爲奉天防城使。亂兵既剽京城，屯於白華，乃於晉昌里迎朱泚爲帥，稱太尉，居含元殿。上以奉天隘，欲幸鳳翔，壬子，鳳翔軍亂，殺節度使張鎰，乃止。癸丑，李希烈陷襄城，哥舒曜走洛陽。乙卯，賜檢校司空崔寧薨。丁巳，以吏部尚書蕭復，刑部侍郎劉從一、諫議大夫姜公輔併以本官同中書門下平章事。邠寧節度韓游瓌與論惟明率兵三千至，纔入奉天，賊軍亦至，乃出拒之，王師不利。賊乘勝攻門，自卯至午，殺傷殆半，會有草車在門外，渾瑊令焚之，賊衆遂退。癸巳，泚賊三面攻城，渾瑊力戰禦之，方退。大將呂希倩死之。賊自丁未攻城，至己巳二十餘日，矢石不絕。

十一月乙亥，以隴右節度判官、隴州留後、殿中侍御史韋皋爲隴州刺史、兼御史大夫、奉義軍節度使。靈武留後杜希全、鹽州刺史戴休顏、夏州刺史時常春合兵六千來援，至漠谷，爲賊所敗而退。賊由是攻城愈急，矢石雨下，死傷者衆，人心危蹙，上與渾瑊對泣。朱泚據干陵作樂，下瞰城中，詞多侮慢。戊子，賊造雲橋，攻東北隅，兵仗不能及，城中憂恐，相顧失色。渾瑊預爲地道，及雲橋傅城，脚陷不得進，瑊命焚之，風回焰轉，橋焚而賊退。朔方節度李懷光遣兵馬使張韶奉表，言大軍將至，乃令昇韶巡城，叫呼歡聲動地，賊不之測，疑懼緩攻。癸巳，懷光軍次醴泉，是夜賊解圍而去。神策將李晟自定州率師赴難，軍於渭橋。甲午，以商州都虞候王仙鶴權商州防禦使。

十二月壬戌，貶門下侍郎、平章事盧杞爲新州司馬，貶行在都知兵馬使白志貞爲恩州司馬，户部侍郎、判度支趙贊爲播州司馬。【略】乙丑，以祠部員外郎陸贄爲考功郎中，金部員外郎吳通微爲職方郎中，翰林學士併如故。【略】庚午，李希烈陷汴州。以右庶子崔縱爲京兆尹。癸酉，以中書侍郎、平章事關播爲刑部尚書，司封郎中杜黄裳爲給事中。命給事中孔巢父淄青宣慰，華州刺史董晉河北宣慰。

興元元年春正月癸酉朔，上在奉天行宫受朝賀。詔曰：

立政興化，必在推誠；忘己濟人，不吝改過。朕嗣服丕構，君臨萬邦，失守宗祧，越在草莽。不念率德，誠莫追於既往；永言思咎，期有復於將來。明徵其義，以示天下。小子懼德不嗣，罔敢怠荒。然以長於深宫之中，暗於經國之務，積習易溺，居安忘危。不知稼穡之艱難，不恤徵戍之勞苦。致澤靡下究，情不上通，事既壅隔，人懷疑阻。猶昧省己，遂用興戎，徵師四方，轉餉千里。賦車籍馬，遠近騷然；行齎居送，衆庶勞止。力役不息，田萊多荒。暴令峻於誅求，疲民空於杼軸，轉死溝壑，離去鄉里，邑里丘墟，人烟斷絕。天譴於上而朕不寤，人怨於下而朕不知。馴致亂階，變起都邑，賊臣乘釁，肆逆滔天，曾莫愧畏，敢行凌逼。萬品失序，九廟震驚，上累於祖宗，下負於蒸庶。痛心靦面，罪實在予，永言愧悼，若墜泉谷。賴天地降祐，人祇協謀，將相竭誠，爪牙宣力，羣盜斯屏，皇維載張。將弘遠圖，必布新令。朕晨興夕惕，惟省前非。乃者公卿百僚用加虚美，以『聖神文武』之號，被蒙暗寡昧之躬，固辭不獲，俯遂羣議。昨因内省，良所瞿然。自今已後，中外書奏不得言『聖神文武』之號。

今上元統歷，獻歲發祥，宜革紀年之號，式敷在宥之澤，可大赦天下，改建中五年爲興元元年。李希烈、田悦、王武俊、李納，咸以勳舊，繼守藩維，朕扶馭乖方，致其疑懼，皆由上失其道而下罹其災。一切併與洗滌，復其爵位，待之如初，仍即遣使宣諭。朱滔以泚連坐，路遠必不同謀，永念舊勳，務存弘貸，如能交效順，亦與惟新。朱泚反易天常，盜竊名器，暴犯陵寢，所不忍言，獲罪祖宗，朕不敢赦。除泚外，併從原宥。應赴奉天併進收京城將士，併賜名『奉天定難功臣』，身有過犯，減罪三等，子孫過犯，減罪二等。先稅除陌、間架等錢，竹木茶漆等稅，併停。奉天升爲赤縣。

分命朝臣諸道宣諭。以奉天行營都團練使楊惠元檢校工部尚書。丙戌，以吏部侍郎蕭復爲門下侍郎、同平章事，以吏部侍郎盧翰爲兵部侍郎、同平章事。戊子，命宰臣蕭復往山南、荆南、湖南、江西、鄂岳、浙江東西、福建等道宣慰。己丑，以京兆尹裴胄爲户部侍郎、判度支。丙申，以山南東道行軍司馬樊澤爲襄州刺史、山南東道節度使；以渾瑊爲行在都知兵馬使；以前趙州觀察使康日知兼同州刺史，充奉誠軍節度使。

二月戊寅，詔故司農卿張掖王段秀實贈太尉，謚曰忠烈，賜實封五百户。【略】是日，李晟自咸陽移兵東渭橋，避懷光也。晟以懷光反狀已明，請上幸蜀。王武俊效順，加中書門下平章事，兼幽州節度使，令討朱滔。吐蕃遣使來朝，請以兵助國討逆，乃令御史大夫於頎入蕃宣諭之。甲子，加李懷光太尉，仍賜鐵券，赦三死罪。懷光怒曰：『凡人臣反逆，乃賜鐵券，今賜懷光，是反必矣！』乃投之於地。上命翰林學士陸贄曉諭之。是日人心恐駭。懷光奪楊惠元、李建徽所將兵，惠元被害。丁卯，車駕幸梁州，留戴休顏守奉天，以御史中丞齊映爲沿路置頓使。李晟大集兵賦，以收復爲己任。李懷光患之，移軍涇陽，連朱泚，欲同滅晟。晟卑詞厚意，致書諭之，冀其感悟，懷光頗增愧懼。三月甲申，以秘書監崔漢衡爲上都留守，右散騎常侍於頎爲京兆尹。是日，懷光燒營，走歸河中。

其將孟涉、段威勇等千人奔歸李晟。【略】庚寅，車駕次城固。【略】壬申，至梁州。丁丑，宣武節度使劉洽加同平章事。己亥，以行在都知兵馬使渾瑊檢校左僕射、同平章事、靈州大都督，充朔方節度使、邠寧振武永平奉天行營副元帥。是日，詔授李懷光太子太保，其餘官職併罷。涇州亂，牙將田希鑑殺其帥馮河清，自稱留後。

四月辛丑朔。時將士未給春衣，上猶夾服，漢中早熱，左右請御暑服，上曰：『將士未易冬服，獨御春衫可乎！』俄而貢物繼至，先給諸軍而始御之。壬寅，詔奉天隨從將士並賜號『元從功臣』。【略】魏博行軍司馬田緒殺其帥田悅，詔贈悅太尉，以緒爲魏州長史、魏博節度觀察使。【略】乙丑，渾瑊與吐蕃將論莽羅之衆破賊將韓旻之衆於武功，斬首萬級。丙寅，加李納平章事。

五月【略】丙子，李抱眞、王武俊破朱滔於經城東南，斬首三萬級，擒僞相朱良祐、李俊以獻。朱滔遁歸幽州。癸未，岳州李兼、黔南元全柔、桂管盧岳加御史大夫，岳加中丞。庚寅，李納上章稟命，乃贈李正己太尉。壬辰，商州尚可孤破賊於藍田。乙未，安西四鎮節度使郭昕、北庭都護李元忠加左右僕射。是夜，李晟自渭北移軍於光泰門外。賊來薄，我軍爭奮擊，大敗之，蹙入光泰門，斬馘數千計，賊黨慟哭而入白華。戊辰，列陳於光泰門外。遣騎將史萬頃往神麐村，開苑牆二百餘步，賊樹柵當之。我軍爭柵，雲合電擊，與賊血戰，賊黨大敗，追擊至白華，朱泚、姚令言率衆萬餘遁去。晟收復京城。是日，渾瑊與戴休顔亦破賊三千於咸陽，韓游瑰追朱泚於經州。

六月庚子朔，升恆州爲大都督府。癸卯，贈神策兵馬使楊惠元右僕射。是日，李晟上《收京城露布》，上覽之，涕下霑襟。涇州田希鑑斬姚令言，幽州軍士韓旻於彭原斬朱泚，並傳首至行在。

秋七月【略】庚辰，詔：

李懷光往因職任，頗著幹能，朕嗣位之初，首加拔擢，托爲心膂，授以節旄。頃歲河朔不寧，俾令征討，任兼將相，恩極丘山。及朱泚倡狂，擾亂京邑，懷光回軍赴難，宗社再寧，保佑朕躬，厥功甚茂。故元帥、河中之權，太尉、中書之秩，仍加實封，爰及宗親，人臣之榮，孰可爲比？非朕於懷光不厚，豈朕報懷光不崇！賊寇未除，猜嫌已構，受朱泚姦凶之說，聽張佋罔惑之言，曾不沈思，遂生疑阻，交通逆孽，殘害忠良。朕志在推誠，事皆掩覆，禮遇轉厚，委任益隆。懷光都不改圖，愈深不軌。敕書慰問將士，懷光並不令宣；三軍咸欲收城，懷光並不令出。自云已共朱泚定約，不能更事國家。朕以眇身，獲承鴻業，務全大計，移幸山南，倉皇之間，備歷危險。據其罪狀，情實難容，然以解圍奉天，其功不細，昨又遣男璀謝罪，請束身歸朝，朕憫其知過之心，念其赴難之效，以功贖罪，務在優恩。今遣給事中孔巢父齎先授懷光太子太保敕牒，往河中宣諭，三日內便與懷光同赴上都，如欲家口同行，亦聽懷光自便。朕必能保全終始，寵待如初。朔方將士，嘗立大功，子儀再收京城，咸是此軍之效，昨遠從河朔，赴難奉天，逆賊畏威，望風奔遁，永言勞績，朕不暫忘。將士各竭忠謀，中遭迫脅，朕每念及，痛心自咎。此者君臣阻隔，只爲懷光一人，懷光既請入朝，尚捨其罪，況諸將士並是功臣，各宜坦然，勿更憂慮。先賜官封，一切如舊。

壬午，至自興元。時渾瑊、韓游瑰、戴休顔以其衆扈從，李晟、駱元光、尚可孤以其衆奉迎，步騎十餘萬，旌旗連亙數十里，都民僧道，歡呼感泣。李晟見於三橋，自陳收城遲晚之咎，伏地請罪，上慰勞遣之。丁亥，河中宣慰使孔巢父、中官啖守盈並爲懷光所害。辛卯，御丹鳳樓，大赦天下。賜李晟永崇里第，女樂八人。甲午，命宰臣諸將送晟入新賜第。教坊樂，京兆府供帳食饌，鼓吹道從，京城以爲榮觀。

八月辛丑，詔所司爲贈太尉段秀實樹碑立廟。淄青節度使承前帶陸海運、押新羅渤海兩蕃等使，宜令李納兼之。癸卯，【略】河東保寧軍節度使、太原尹、北都留守、檢校司徒、平章事、北平郡王馬燧爲奉誠軍晉絳慈隰節度行營兵馬副元帥；以靈鹽節度使、侍中、兼靈州大都督、樓煩郡王渾瑊爲河中尹、晉絳節度使、河中同陝虢等州及管內行營兵馬副元帥，改封咸寧郡王。時方命瑊與馬燧各出師討懷光故也。

九月【略】乙亥，王武俊加檢校司徒，李抱眞檢校司空，並賜實封五百户，賞破朱滔之功也。甲申，以前嶺南節度使元琇爲户部侍郎、判度支。丁亥，上顧謂宰臣曰：『今大盜雖除，時猶多難，宜廣延納，以達下情。近日諫官都無論奏，自今每正衙及延英坐日，常令朝臣三兩人面奏時政得失，庶有弘益也。』是秋，螟蝗蔽野，草木無遺。

冬十月乙丑，馬燧收絳州。戊辰，令中官竇文場、王希遷監左右神策軍都知兵馬使。閏月庚午，詔：『朕臨御萬方，失於君道，兵革不息，於今五年。閔衆庶之勞，悔征伐之事。而李希烈蔑義棄德，反道虐人。朕哀彼生靈，陷於塗炭。苟存拯物，不憚屈身，故於歲首特布新令，赦其殊死，待以至誠。使臣纔及於郊圻，巨猾已聞其僭竊。酷烈滋甚，吞噬無厭。將相大臣，咸懷憤激，繼陳章疏，固請討除。朕以所行天誅，本去人害，兵戈既接，玉石難分。言念勳臣，横遭脅制，雖思改革，厥路無由。受汙終身，銜冤没代，淪胥以逞，誠可痛傷。豈孽自一夫，而毒流萬姓，爲人父母，寧不愧懷！宜令諸道節度使明行曉諭，罪止元凶，脅制之徒，一切不問。』唐朝臣奏收永樂縣。

十一月癸卯，宋亳節度使劉洽與曲環破希烈之衆於陳州，俘斬三萬級，生擒賊將翟崇暉以獻。戊午，劉洽大破希烈之衆，擒其僞相鄭賁等五人以獻。希烈遁歸蔡州，汴州平。貞元元年【略】三月【略】丁未，李希烈陷南陽，殺守將黄金岳。

（二年）二月癸亥，山南樊澤奏破希烈將杜文朝之衆五千，擒文朝以獻。

三月壬寅，滑州李澄奏破希烈之衆於鄭州。【略】四月丙寅，淮西李希烈爲其牙將陳仙奇所酖，併誅其妻子，仙奇以淮西歸順。

又 卷一〇八《崔縱傳》 （崔涣）子縱，初以蔭補協律郎，三遷爲監察御史。詔擇令長於臺省，除藍田令，寛明勤幹，德化大行，縣人爲之立碑頌德。轉京兆府司録，累遷金部員外郎。以父貶道州刺史，棄官就養。丁父憂，終制，六遷大理卿、兼御史中丞、汴西水陸運兩税監鐵等使。田悦連敗，走魏州，嬰城自守，諸道兵圍之，屢乏食，詔縱兼魏州四節度糧料使，軍儲稍給。

德宗幸奉天，四方握兵，未有至者。縱先知之，潛告李懷光勸令奔命，懷光從之。縱乃悉斂軍財與懷光俱來，調給具備。懷光兵士久戰河外，及次河中，將遷延。縱之貨幣先已渡河，縱謂衆曰：『若濟，悉以分賜。』衆利之，乃西。至奉天，加右庶子，充使。無幾拜京兆尹、兼御史大夫。數奏懷光剛愎反覆，宜陰備之。及行幸梁州，左右或短之曰：『縱素善懷光，今不來矣。』上曰：『他人不知縱，吾可保其心。』不數日，縱至，拜御史大夫。嘗議其大體，不親細事，獄訴儀制，皆付之僚吏。

又 卷一二一《李懷光傳》 時馬燧、李抱眞諸軍同討魏城未拔，朱滔、王武俊皆反，連兵救悦。（建中）三年，詔遣懷光統朔方兵步騎一萬五千同討田悦，懷光勇而無謀，至魏城之日，營壘未設，因與滔等大戰於愜山，爲滔等所敗。復爲悦決水以灌之，諸軍不利，因與燧等退軍於魏縣，尋加同平章事，益實封二百户。自是與滔等相持不戰。明年十月，涇原之卒叛，上居奉天。朱泚既僭大號，遣中使馳告河北諸帥，懷光率軍奔命，時屬泥淖，懷光奮厲軍士，道自蒲津渡河，敗泚騎兵於醴泉，直赴奉天。前數日，先遣裨將張韶持表封蠟丸隨賊攻城，乘間逾塹，呼城上人曰：『朔方軍使也。』乃以繩引上城而入，比登堞，身中數十矢，時上在重圍中，守拒益急，既知懷光軍至，令張韶號令於城上，人心乃安，懷光又敗泚兵於魯店，泚乃解兵還走入城。

懷光性粗厲疏愎，緣道數言盧杞、趙贊、白志貞等姦佞，且曰：『天下之亂，皆此輩也。吾見上，當請誅之。』杞等微知之，懼甚，因説上令懷光乘勝逐泚，收復京師，不可許至奉天，德宗從之，懷光屯軍咸陽，數上表暴揚杞等罪惡，上不得已爲貶杞、趙贊、白志貞慰安之。又疏中使翟文秀，上之信任也。又殺之。懷光既不敢進軍，遷延自疑，因謀爲亂。初，詔遣崔漢衡使於吐蕃，出兵佐收京城，蕃相尚結贊曰：『蕃法，進軍以統兵大臣爲信。今奉制書，無懷光名署，故不敢前。』上聞之，遣翰林學士陸贄詣懷光議用蕃軍，懷光堅執言不可者三，不肯署制，詞慢，且謂贄曰：『爾何所能？』興元元年二月，詔加太尉，兼賜鐵券，遣李升及中使鄧鳴鶴齎券喻旨。懷光怒甚，投券於地曰：『凡人臣反，則賜鐵券，今授懷光，是使反也。』詞氣益悖，衆爲之懼。

時懷光部將韓游瓌掌兵在奉天，懷光乃與游瓌書，約令爲變，游瓌密奏之。翌日，懷光又使趣之，游瓌復奏聞。數日，懷光又使趣游瓌，爲門者所捕。懷光且宣言曰：『吾今與朱泚連和，車駕當須引避。』由是上遽幸梁州。時李晟已移軍東渭橋，懷光復劫李建徽、楊惠元等軍，移於好時，其下頗多攜貳，先是朱泚甚畏之，至是因欲臣之。懷光虜劫無所得，益疑懼不自安，居二旬，乃驅兵分爲部隊，掠涇陽、三原、富平，自同州往河中。神策將孟涉、段威勇自三原擁兵三千餘人奔歸李晟，懷光不能遏。韓游瓌殺懷光留後張昕，以邠州從順。戴休顔自奉天令於軍曰：『懷光已反。』乃令城守馳表以聞。上於是授游瓌、休顔節度使。乃除懷光太子太保，罷其餘官，其所管委本軍擇一人功高望崇者統之，皆不奉詔。四月，懷光至河中，遂偷有同、絳等州，按兵觀望。

李晟既收復京師，上遣給事中孔巢父、中使啖守盈持詔徵之，懷光素服受命。巢父乃宣言於衆：『太尉軍中誰可領軍事者？』懷光左右皆胡虜，因發怒，亂持兵殺巢父及守盈，自是繕兵益修守拒。上還京師，以侍中渾瑊爲河中節度副元帥，將兵討懷光。瑊復破同州，屯軍不進，數爲懷光所敗。時仍歲旱蝗，京師初復，經費不給，言事者多請赦懷光。時河東節度使馬燧威名素著，乃加燧副無帥，與瑊及鎮國軍節度駱元光、邠寧節度韓游瓌、鄜坊節度唐朝臣會兵同討懷光，燧率軍拔絳州，至寶鼎，慮懷光西走，唐突京邑，乃捨軍朝京師。既還，與瑊先自河東而降其驍將尉珪、徐庭光，統諸軍以圍河中。貞元元年秋，朔方部將牛名俊斬懷光首以降燧，其子琟刃其弟數人，乃自殺。懷光死時年五十七，尋詔以男一人爲嗣，賜莊宅各一所，仍還懷光屍首，任其收葬，妻子併徒澧州。五年，又詔曰：

懷舊念功，仁之大也；興滅繼絕，義之弘也。昔蔡叔圮族，周公封其子於東土；韓信干紀，漢后爵其孥以弓高。侯君集之不率景化，我太宗存其胤以主祀。詳考先王之道，洎乎烈祖之訓，皆以刑佐德，俾人響方，則斧鉞之誅，甲兵之伐，蓋不得已而用也。曩歲盜臣竊發，國步多虞，朕狩於近郊，指期薄伐，將振昆陽之旅，以興涿鹿之功，徵師未達於諸侯，衛士且疲於七萃。而李懷光三軍夙駕，千里勤王，上假雷霆之威，下逐虎狼之衆。議功方始，守節靡終，潛搆禍胎，拒違朝命，棄同卽異，捨順效逆。爲臣至此，在法必誅，猶示綏懷，庶其牽復，而梟音益厲，豨突莫還，大戮所加，曾無噍類。雖自貽伊戚，與衆棄之，百言念爾勞，何嗟及矣？以其前效猶在，孤魂無歸，懷之怳然，是用悽軫，予欲布陳大惠，冀以化成，保合太和，期於刑措，宜以懷光外孫燕八八賜姓李氏，名承緒，授左衛率府胄曹參軍，承懷光之後。仍賜錢一千貫，任於懷光墓側置立莊園，侍養懷光妻王氏，幷備四時享奠之禮。嗚呼！朕實不德，臨於兆人，泣辜宥罪，素誠所志，爾其保姓受氏，宣力承家，勉紹乃考之建國庸，無若爾父之違王命。

初，懷光授首，其子琟、瑗等皆死，唯妻王氏在，故上特捨其死，及是又思懷光舊勳，哀絶後，乃命承緒繼之。

又《梁崇義傳》 梁崇義，長安人。以升斗給役於市，有膂力，能卷金舒鉤。後爲羽林射生，從來瑱於襄陽。沉默寡言，衆悦之，累遷爲偏。裨瑱朝京師，分使諸將戍福昌、南陽。來瑱被誅，戍者皆潰歸。崇義時在南陽，統歸師徑入襄州，與同列李昭、薛南陽相讓爲長，不決。諸將請曰：『兵非梁卿主之不可。』遂推崇義爲帥。寶應二年三月，崇義殺昭與南陽，以脅衆心，朝廷因授其節度焉。以襄州薦履兵禍，屈法含容，姑務息人也。歷御史中丞、大夫、尚書。遂與田承嗣、李正己、薛嵩、李寶臣爲輔車之勢，奄有襄、漢七州之地，帶甲二萬，連結根固，未嘗朝覲，然於羣凶，地最褊，兵最少，法令最理，禮貌最恭。其地跨東南之沖，數有王命之所宣洽，故其人知化。所親嘗勸其來朝，崇義曰：『吾本帥來公有大勳庸，當上元中以閹豎譏讒，逡巡稽召，及代宗嗣位，不俟駕行，旋見誅族。今吾釁盈而事久，若之何見上？』

建中元年，淮西節度使李希烈數請興師討崇義，崇義懼，軍旅之事加嚴焉。流人郭昔告其爲變，崇義聞之，請罪昔，坐決杖配流，命金部員外郎李舟諭旨以安之。初，劉文喜作難，舟嘗入其城説利害，文喜拘之，會帳下殺文喜而降。四方反側者聞之，謂舟必能覆軍殺將，是以皆惡。及舟至，又勸其入覲，言頗切直，崇義益不悦。二年春，發五使宣諭諸道，而舟復如荆、襄，崇義慮有變，拒境不納，上言『軍中疑懼，請換他使。』由是益不安，凶謀日深，賓僚或有忠言沮勸，多遭傷害。

時羣凶方自疑阻，朝廷將仗大信，欲來而安之以示天下。乃加崇義同平章事，其妻子悉加封賞，且賜鐵券誓之，兼授其裨將藺杲爲鄧州刺史，遣御史張著齎手詔徵之。崇義益恐怖，使持滿而受命。藺杲奉詔書，又不敢發，馳詣崇義請命，崇義益疑懼，對著號哭，不受詔。由是徵四方兵，使希烈統擊之。崇義乃發兵攻江陵，以通黔、嶺，及四望，大敗而歸，遂屯襄、鄧。希烈先發千餘人守臨漢，崇義屠之，無遺噍。既而希烈統大軍緣漢而上，崇義使將翟暉杜少誠迎戰於蠻水，希烈大破之；復合於涑口，又破之。二將求降，希烈受之，使統本兵入襄陽號令，以安百姓。崇義領親兵老小閉壁，將守者斬關爭出，不可止。其年八月，崇義與其妻投井而死，傳首闕下。其親戚希烈皆戮之，選其嘗從臨漢之役者三千人，悉斬之。

又　卷一二二《曲環傳》　建中三年十月，加檢校左常侍，充邠、隴行營節度使。李希烈侵陷汴州，環與諸軍守固寧陵、陳州，大破希烈軍於陳州城下，殺逆黨三萬五千人，擒其驍將翟暉以獻，希烈因遁歸蔡州。環以功加檢校工部尚書，兼陳州刺史。希烈平，加環兼許州刺史、陳許等州節度觀察，加實封三百户。

又《楊朝晟傳》　楊朝晟字叔明，夏州朔方人也。初在朔方爲步軍先鋒，嘗有功，授甘泉府果毅。建中初，從李懷光討劉文喜於涇州，斬獲生擒居多，授驃騎大將軍，稍爲右先鋒兵馬使。後李納寇徐州，從唐朝臣征討，嘗冠軍鋒，以功授開府儀同三司、檢校太子賓客。

上在奉天，李懷光自山東赴難，以朝晟爲左廂兵馬使，將千餘人下咸陽以挫朱泚，加御史中丞，實封一百五十户。及懷光反於河中，朝晟被脅在軍。上幸梁、洋，韓游瓌退於邠、寧。懷光以嘗在邠、寧，迫制如屬城，以賊黨張昕在邠州總後務。昕懼難作，乃大索軍資，徵卒乘，約明潛發，歸於懷光。朝晟父懷賓爲游瓌將，因夜以數十騎斬昕及同謀，游瓌即日使懷賓奉表聞奏，上召勞問，授兼御史中丞，正除游瓌邠寧節度使。間諜至河中，朝晟聞其事，泣告懷光曰：『父立功於國，子合誅戮，不可主兵矣。』懷光遂縶之。及諸軍進圍河中，韓游瓌營於長春宮，懷賓身當戰伐。及懷光平，上念其忠，俾副元帥渾瑊特原朝晟，遂爲游瓌都虞候。時父子同軍，皆爲開府賓客、御史中丞，榮於軍中。

又　卷一二六《陳少游傳》　建中三年，李納反叛，少游以師收徐、海等州，尋棄之，退軍盱眙。又加檢校左僕射，賜實封三百户。其年，就加同平章事。關播嘗爲少游賓僚，盧杞早年與之同在僕固懷恩使府，故驟加其官秩。

四年十月，駕幸奉天，度支汴東兩稅使包佶在揚州，尚未知也。佶判官崔沅遽報少游，佶時所總賦稅錢帛約八百萬貫在焉，少游意以爲賊據京師，未卽收復，遂脅取其財物。先使判官崔頏就佶强索其納給文歷，幷請供二百萬貫錢物以助軍費，佶答曰：『所用財帛，須承敕命。』未與之。頏勃然曰：『中丞若得，爲劉長卿；不爾，爲崔衆矣。』長卿嘗任租庸使，爲吳仲孺所困，崔衆供軍吝財，爲光弼所殺，故頏言及之，佶大懼，不敢固護，財帛將轉輸入京師者，悉爲少游奪之。佶自謁，少游止焉，長揖而遣，既懼禍，奔往白沙。少游又遣判官房孺復召之，佶愈懼，託以巡檢，因急棹過江，妻子伏案牘中。至上元，復爲韓滉所拘留，佶先有兵三千，守禦財貨，令高越、元甫將焉，少游盡奪之。隨佶渡江者，又爲韓滉所留，佶但領胥吏往江、鄂等州。佶於彈丸中置表，以少游脅取財帛事。會少游使繼至，上問曰：『少游取包佶財帛，有之乎？』對曰：『臣發揚州後，非所知也。』上曰：『少游國之守臣，或防他盜，供費軍旅，收亦何傷。』時方隅阻絶，國命未振，遠近聞之大驚，咸以聖情達於變通，明見萬里。少游後聞之，乃安。

及李希烈陷汴州，聲言欲襲江淮。少游懼，乃使參謀温述由壽州送款於希烈曰：『濠、壽、舒、廬，尋令罷壘，韜戈卷甲，佇候指揮。』少游又遣巡官趙詵於鄆州結李納。其年，希烈僭號，遣其將楊豐齎僞赦書赴揚州，至壽州，爲刺史張建封候騎所得，建封對中使二人及少游判官許子瑞廷責豐而斬之。希烈聞之大怒，卽署其大將杜少誠爲僞僕射、淮南節度，令先平壽州，後取廣陵。建封於霍丘堅柵，嚴加守禁，少誠竟不能進。後包佶入朝，具奏少游奪財賦事狀，少游大懼，乃上表，以所取包佶財貨，皆是供軍急用，今請據數卻納。既而州府殘破，無以上塡，乃與腹心孔目官等設法重税管内百姓以供之。無何，劉洽收汴州，得希烈僞起居注『某月日陳少游上表歸順』。少游聞之，慚惶發疾，數日而卒，年六十一，贈太尉，賻布帛，葬祭如常儀。

又　卷一二七《姚令言傳》　建中四年，李希烈叛，寇陷汝州，詔哥舒曜率師攻之，營於襄城。希烈兵數萬圍襄城，勢甚危急。十月，詔令言率本鎮兵五萬赴援。涇師離鎮，多攜子弟而來，望至京師以獲厚賞，及師上路，一無所賜。時詔京兆尹王翃犒軍士，唯糧食菜啖而已，軍士覆而不顧，皆憤怒，揚言曰：『吾輩棄父母妻子，將死於難，而食不得飽，安能以草命捍白刃耶！國家瓊林、大盈，寶貨堆積，不取此以自活，何往耶？』行次滻水，乃返戈，大呼鼓譟而還。令言曰：『比約東都有厚賞，兒郎勿草草，此非求活之良圖也。』衆不聽，以戈環令言請退，令言急奏之。上恐，令內庫出繒綵二十車馳賜之，軍聲浩浩，令言不能戢。街市居人狼狽走竄，亂兵呼曰：『勿走，不稅汝間架矣！』德宗令普王與學士姜公輔往撫勞之，才出內門，賊已斬關，陣於丹鳳樓下。是日，德宗倉卒出幸，賊縱入府庫輦運，極力而止。

時太尉朱泚罷鎮居晉昌里第，是夜，叛卒謀曰：『朱太尉久囚於宅，若迎爲主，大事濟矣。』泚嘗節制涇州，衆知其失權，廢居怏怏，又幸泚寬和，乃請令言率騎迎泚於晉昌里。泚初遲疑，以食飼之，徐觀衆意，既而諸校齊至，乃自第張炬火入居含元殿。既僭號，乃以令言爲侍中，與源休同知賊政事。

既以身先逆亂，頗盡心於賊，害宗室，圍奉天，皆令言爲首帥也。羣凶宴樂，既醉，令言與源休論功，令言自比蕭何，源休曰：『帷幄之謀，成秦之業，無出予之右者。吾比蕭何無讓，子當曹參可矣。』時朝士在賊廷者，聞之皆笑，謂源休爲火迫酇侯。朱泚敗，令言與張廷芝尚有衆萬人，從泚將入吐蕃。至涇州，欲投田希鑑，希鑑僞致禮誘之，與泚俱斬首來獻。

又《喬琳傳》　朱泚之亂，扈從至奉天，轉吏部尚書，遷太子太師。再幸梁、洋，琳從至盩厔，託以馬乏遲留，上以琳舊老，心敬重之，慰諭頗至，以御馬一匹給焉。又懇辭以老疾不堪山阻登頓，上悵然，賜之所執策曰：『勉爲良圖，與卿決矣。』後數日，乃削髮爲僧，止仙遊寺。賊泚聞之，遂令數十騎追至京城，俾爲僞吏部尚書。令源休被公服，饋肉食，琳雖辭讓，而僧言求施。琳掌賊中吏部，選人前請曰：『所注某官不穩便。』琳謂之曰：『足下謂此選竟穩便乎？』及官軍收京師，當處極刑，時琳已七十餘，李晟憫其衰老，表請減死。上以其累經重任，頓虧臣節，自受逆命，頗聞譏謟悖慢之言，背義負恩，固不可捨，命斬之。臨刑歎曰：『喬琳以七月七日生，亦以此日死，豈非命歟！』

又《洪經綸傳》　洪經綸，建中初爲黜陟使。至東都，訪聞魏州田悅食糧兵凡七萬人，經綸素昧時機，先以符停其兵四萬人，令歸農畝。田悅順命，即依符罷之；而大集所罷兵士，激怒之曰：『爾等在軍旅，各有父母妻子，既爲黜陟使所罷，如何得衣食？』遂大哭。悅乃盡出家財衣服厚給之，各令還其部伍，自此人堅叛心，由是罷職。

又《彭偃傳》　偃以才地當掌文誥，以躁求爲時論所抑，鬱鬱不得志。涇師之亂，從駕不及，匿於田家，爲賊所得。朱泚素知之，得偃甚喜，僞署中書舍人，僭號辭令，皆偃爲之。賊敗，與僞中丞崔宣、賊將杜如江、吳希光等十三人，李晟收之，俱斬於安國寺前。

又卷一二八《段秀實傳》（建中）四年，朱泚盜據宮闕，源休教泚僞迎鑾駕，陰濟逆志。泚乃遣其將韓旻領馬步三千疾趨奉天。時蒼黃之中，未有武備。泚以秀實嘗爲涇原節度，頗得士心，後罷兵權，以爲蓄憤且久，必肯同惡，乃召與謀議。秀實初詐從之，陰說大將劉海賓、何明禮，姚令言判官岐靈岳同謀殺泚，以兵迎乘輿。三人者，皆秀實夙所獎遇，遂皆許諾。及韓旻追駕，秀實以爲宗社之危，期於頃刻，乃使人走諭靈岳，竊令言印。不遂，乃倒用司農印印符以追兵。旻至駱驛得符，軍人亦莫辯其印文，惶遽而回。秀實謂海賓等曰：『旻之來，吾黨無遺類矣！我當直搏殺泚，不得則死，終不能向此賊稱臣。』乃與海賓約，事急爲繼，而令明禮應於外。明日，泚召秀實議事，源休、姚令言、李忠臣、李子平皆在坐。秀實戎服，與泚併膝，語至僭位，秀實勃然而起，執休腕奪其象笏，奮躍而前，唾泚而大罵曰：『狂賊，吾恨不斬汝萬段，我豈逐汝反耶！』遂擊之。泚舉臂自捍，纔中其顙，流血匍匐而走。凶徒愕然，初不敢動；而海賓等不至，秀實乃曰：『我不同汝反，何不殺我！』凶黨羣至，遂遇害焉。海賓、明禮、靈岳相次被殺。德宗在奉天聞其事，惜其委用不至，垂涕久之。

又《顏眞卿傳》　盧杞專權，忌之，改太子太師，罷禮儀使，諭於眞卿曰：『方面之任，何處爲便？』眞卿候杞於中書曰：『眞卿以褊性爲小人所憎，竄逐非一。今已羸老，幸相公庇之。相公先中丞傳首至平原，面上血眞卿不敢衣拭，以舌舐之，相公忍不相容乎？』杞矍然下拜，而含怒心。會李希烈陷汝州，杞乃奏曰：『顏眞卿四方所信，使諭之，可不勞師旅。』上從之，朝廷失色。李勉聞之，以爲失一元老，貽朝廷羞，乃密表請留。又遣逆於路，不及。

初見希烈，欲宣詔旨，希烈養子千餘人露刃爭前迫眞卿，將食其肉。諸將叢繞慢罵，舉刃以擬之，眞卿不動。希烈遽以身蔽之，而麾其衆，衆退，乃揖眞卿就館舍。因逼爲章表，令雪己，願罷兵馬。累遣眞卿兄子峴與從吏凡數輩繼來京師。上皆不報。每於諸子書，令嚴奉家廟，恤諸孤而已。希烈大宴逆黨，召眞卿坐，使觀倡優斥黷朝政爲戲，眞卿怒曰：『相公，人臣也，奈何使此曹如是乎？』拂衣而起，希烈慚，亦呵止。時朱滔、王武俊、田悅、李納使在坐，目眞卿謂希烈曰：『聞太師名德久矣，相公欲建大號，而太師至，非天命正位？欲求宰相，孰先太師乎？』眞卿正色叱之曰：『是何宰相耶！君等聞顔杲卿無？是吾兄也。禄山反，首舉義兵，及被害，詬罵不絶於口。吾今年向八十，官至太師，守吾兄之節，死而後已，豈受汝輩誘脅耶！』諸賊不敢復出口。

希烈乃拘眞卿，令甲士十人守，掘方丈坎於庭，曰『坑顔』，眞卿怡然不介意。後張伯儀敗績於安州，希烈令齎伯儀旌節首級誇示眞卿，眞卿慟哭投地。後其大將周曾等謀襲汝州，因回兵殺希烈，奉眞卿爲節度。事洩，希烈殺曾等，遂送眞卿於龍興寺。眞卿度必死，乃作遺表，自爲墓誌、祭文，常指寢室西壁下云：『吾殯所也。』希烈既陷汴州，僭僞號，使人問儀於眞卿，眞卿曰：『老夫耄矣，曾掌國禮，所記者諸侯朝覲禮耳。』

興元元年，王師復振，逆賊慮變起蔡州，乃遣其將辛景臻、安華至眞卿所，積柴庭中，沃之以油，且傳逆詞曰：『不能屈節，當自燒。』眞卿乃投身赴火，景臻等遽止之，復告希烈。德宗復宫闕，希烈弟希倩在朱泚黨中，例伏誅。希烈聞之怒，興元元年八月三日，乃使閹奴與景臻等殺眞卿。先曰：『有敕。』眞卿拜，奴曰：『宜賜卿死。』眞卿曰：『老臣無狀，罪當死，然不知使人何日從長安來？』奴曰：『從大梁來。』眞卿罵曰：『乃逆賊耳，何敕耶！』遂縊殺之，年七十七。

又　卷一二九《韓滉傳》　滉既移鎮，安輯百姓，均其租稅，未及逾年，境内稱理。及建中年冬，涇師之亂，德宗出幸，河、汴騷然，滉訓練士卒，鍛礪戈甲，稱爲精勁。李希烈既陷汴州，滉乃擇其鋭卒，令裨將李長榮、王棲曜與宣武軍節度劉玄佐犄角討襲，解寧陵之圍，復宋、汴之路，滉功居多。

又　卷一三〇《李元平傳》　李元平者，宗室子。始爲湖南觀察使蕭復判官，試大理評事。性疏傲，敢大言，好論兵，天下賢士大夫無可其意者，以是人多銜怒。關播奇重之，許以將帥。時希烈反叛，朝廷以汝州與賊接壤，刺史韋光裔懦弱不任職，播乃盛稱元平，特召見，超左補闕，不數日，擢爲檢校吏部郎中，兼汝州别駕，知州事。既至部，募工徒繕理郛郭，希烈乃使勇士應募，執役板築，凡入數百人，元平不之覺。希烈遣僞將李克誠以數百騎突至其城，先應募執役者應於内，縛元平馳去。既見希烈，遺下汙地。希烈見其無鬚眇小，戲謂克誠曰：『使汝取李元平，何得將元平兒來？』因嫚罵曰：『盲宰相使汝當我，何待我淺耶！』僞署爲御史中丞。播聞元平得用，仍欺於人曰：『李生功業濟矣。』言必能覆希烈而建功也。居無何，希烈用爲宰相，或告其有二者，乃斷一指以自誓。希烈既死，或有人言在賊中微有謀慮，貸死流於珍州。會赦得歸剡中，浙東觀察使皇甫政表聞其到，以發上怒，復流賀州而死。

又　卷一三一《李勉傳》　建中元年，檢校左僕射，充河南汴宋滑亳河陽等道都統，餘如故。四年，李希烈反，以他盜爲名，悉衆來寇汴州。勉城守累月，救援莫至，謂其將曰：『希烈凶逆殘酷，若與較力，必多殺無辜，吾不忍也。』遂潛師潰圍，南奔宋州。詔以司徒平章事徵。既至朝廷，素服請罪，優詔復其位，勉引過備位而已。

又《李皋傳》　建中二年，丁母艱，奉喪至江陵。會梁崇義反，乃授起復左衛大將軍，復還湖南，尋加散騎常侍。李希烈反，遷江西道節度使、洪州刺史、兼御史大夫。至州，集將吏而令曰：『嘗有功未申者，别爲行；有策謀及器能堪佐軍者，别爲行。』有裨將伊慎、李伯潛、劉旻皆自占，皋察其詞氣，驗其有功，悉補大將。擢王鍔委之中軍，以馬彝、許孟容爲賓佐。繕甲兵，具戰艦，將軍二萬餘。初，伊慎將江西兵從李希烈平襄州，及反，懼皋任之，乃陰遺遺之鎖甲，又詐爲慎書往復，置遺於境。上聞，卽遣中使斬慎，皋表請舍令自效。會與賊夾江爲陣，中使又至，皋乃勉令以功自贖，賜之以所乘馬及器甲，令將鋒而先，皋率軍繼之，責其有功，果大破賊，斬首數百級，慎方得免罪。賊樹堡柵於蔡山，皋度峻險不可攻，乃聲言西取蘄州，理戰艦，分兵傍南涯，與舟師泝江而上。賊以老弱守柵，引軍循江隨戰艦，南北與皋兵相直，去蔡山三百餘里。皋令步兵登舟，順流東下，不日拔蔡山。賊還救，間一日方至，大破之，因進拔蘄州，降其將李良，又取黃州，斬首千餘，兵益振。舒王爲元帥，加皋前軍兵馬使。

德宗居奉天，淮南節度陳少游强取鹽鐵錢，其使包佶以財幣泝江，次於蘄口。時希烈已屠汴州，又遣驍將杜少誠將步騎萬餘來寇蘄、黄，將絶江道。皋遣伊慎將七千衆禦之，遇於永安戍。慎列三栅，相去纔四里，列鼓角中栅。少誠至，分兵圍之，部隊未嚴，聲鼓面三栅齊出奮擊，不爲行陣，賊亂，少誠敗走，斬首萬級，封尸爲京觀。以功加銀青光禄大夫，進封五百户。上至梁州，進獻繼至。皋以上蒙塵於外，不敢居城府，乃於西塞山上游大洲屯軍，從近縣爲軍市，商貨畢至。加工部尚書。駕還京師，又遣伊慎、王鍔將兵圍安州，州城阻溳水爲固，攻之累日不下。希烈遣甥劉戒虚將步騎八千來援。皋命李伯潛分師迎擊於應山，獲戒虚及大將二、裨將二十，斬首千餘。面縛戒虚等之城下，乃使人説之，賊曰：『得大將及賓佐一二人爲信，當降。』皋乃使王鍔、馬彝縋城而入，城中大呼，乃出降。希烈又遣兵援隨州，皋令伊慎擊於厲鄉，大破之，復平靜、白雁等關。希烈懼，乃戢兵。

又　卷一三二《李抱眞傳》　德宗即位，拜檢校工部尚書，兼潞州長史、昭義軍節度支度營田、澤潞磁邢觀察使。建中二年，田悦以魏博反，乃悉兵圍邢州及臨洺益急，詔河東節度使馬燧及神策兵救之。抱眞與燧敗悦兵於雙岡，斬悦將楊朝光，又擊破悦於臨洺，遂解臨洺及邢州之圍，以功加檢校兵部尚書。復與燧大破悦於洹水，悦以數百騎走歸魏州。復與燧圍魏州，又敗悦於城下，以功加檢校右僕射。時悦窘蹙，朱滔、王武俊皆反，聯兵救悦，抱眞與燧等退次魏縣。上幸奉天，中使告問至，諸將皆仰天慟哭。李懷光席卷奔命，馬燧、李芃各引兵歸鎮。朱泚既汙宫闕，時李希烈陷大梁，李納亦反鄆州。無何，上幸梁州，李懷光又竊據河中。抱眞獨於擾攘傾潰之中，以山東三州外抗羣賊，内輯軍士，羣賊深憚之。

興元初，遷檢校左僕射、平章事。時朱滔悉幽薊軍，借兵回紇，擁衆五萬，南向以應泚，攻圍貝州。初，羣賊附於希烈，希烈僭僞，有臣屬羣賊意，羣心稍離。上自奉天下罪己之詔，悉赦羣賊，抱眞乃遣門客賈林以大義説武俊，合從擊朱滔，武俊許之。時兩軍尚相疑，抱眞乃以數騎徑入武俊營。其將去也，賓客皆止之，抱眞遣軍司馬盧玄卿勒軍部分曰：『僕今日此舉，繫天下安危。仆死不還，領軍事以聽朝命，亦唯子；奮勵士馬，東向雪僕之恥，亦唯子。』言訖而去。武俊設備甚嚴，抱眞曰：『朱泚、希烈僭竊大位，朱滔攻圍貝州，此輩皆欲陵駕吾屬。足下既不能自振數賊之上，舍九葉天子而北面臣反虜乎？乃者聖上奉天下罪己之詔，可謂禹、湯之主也。』因言及播越，持武俊哭，涕泗交下，武俊亦哭，感動左右。因退臥武俊帳中，酣寢久之。武俊感其不疑，待之益恭，指心仰天曰：『此身已許公死敵矣。』遂與結爲兄弟而别，約明日合戰，遂擊破朱滔於經城，以功加檢校司空，實封五百户。貞元初，朝於京師，居頃之，還鎮。

又　《李澄傳》　李澄，遼東襄平人，隋蒲山公寬之後也。居京兆。父鎬，清江太守，以澄贈工部尚書。澄以武藝爲偏將，累除試將作監，隸於江淮都統李峘。建中初，以檢校太子賓客、兼御史中丞，隸於永平軍節度使李勉。及勉移理汴州，乃奏澄爲滑州刺史。四年冬，李希烈陷汴州，勉奔歸行在，澄遂以城降希烈，僞署尚書令，兼滑州永平軍節度使。

興元元年春，澄密令親信人盧融間道齎表達於奉天，上嘉之，乃以帛詔藏於蠟丸中，加澄刑部尚書，兼汴州刺史、汴滑節度觀察使。澄秘而未宣，乃集州兵嚴加訓習。希烈頗疑之，乃令養子六百人戍之，以虞其變。希烈苦攻寧陵，邀澄率其衆至石柱。澄令縱火焚營而僞遁，誘六百人因驚行剽而加其罪，果大俘掠，悉令斬之以告。希烈不能詰焉。無幾，希烈遣其將翟暉等寇陳州，久之未復。

是歲十月，澄以汴州兵寡，度希烈不能制己，又會中官薛盈珍持節且至，加檢校兵部尚書，封武威郡王，賜實封五百户。澄乃乘勢力焚賊旌節，誓衆歸國。及十一月，希烈既失澄，又聞翟暉大敗，由是奔歸蔡州。澄遽率衆將復汴州，屯於城北門，恇怯不敢進。及宣武軍節度使劉洽師至城東門，賊將田懷珍開關以納之。翌日，澄方自北入，洽已據子城。澄乃舍於浚儀縣，兩軍將士，日有忿競，不自安。會鄭州賊將孫液通款於澄，澄遣其子清赴之。先是，河陽軍節度使李芃遣其將雍顥攻鄭州，顥所過縱掠，液拒之尤固；及清至，遂納之。顥怒攻液，清以衆助之，殺登城者數十人，顥方引退，又焚陽武而歸。澄乃出赴鄭州，朝廷特授清檢校太子賓客、兼御史中丞，更名克寧。

又　卷一三三《李晟傳》　建中二年，魏博田悅反，將兵圍臨洺、邢州，詔以晟爲神策先鋒都知兵馬使，與河東節度使馬燧、昭義節度使李抱眞合兵救臨洺。尋加兼御史中丞。河東、昭義軍攻楊光於臨洺南，晟與河東騎將李自良、李奉國擊悅於雙岡，悅兵卻，遂斬朝光。戰於臨洺，諸軍皆卻。晟引兵渡洺水，乘冰而濟，橫擊悅軍，王師復振，擊悅，大破之。三年正月，復以諸道軍擊敗悅軍於洹水，遂進攻魏州，以功加檢校左散騎常侍，實封百户。無幾，兼魏府左司馬。時朱滔、王武俊聯兵在深、趙，怒朝廷賞功薄，田悅知其可間，遣使求援，滔與武俊應之，遂以兵圍康日知於趙州。李抱眞分兵二千人守邢州，馬燧大怒，欲班師。晟謂燧曰：『初奉詔進討，三帥齊進。李尚書以邢州與趙州接壤，分兵守之，誠未爲害，其精卒鋭將皆在於此，令公遽自引去，奈王事何？』燧釋然謝晟，燧乃自造抱眞壘，與之交歡如初。

王武俊攻趙州，晟乃獻狀請解趙州之圍，欲引兵赴定州與張孝忠合勢，欲圖范陽。德宗壯之，加晟御史大夫，俾禁軍將軍莫仁擢、趙光銑、杜季泚皆隸焉。晟自魏州引軍而北，徑趨趙州，武俊聞之，解圍而去。晟留趙州三日，與孝忠兵合，北略恆州，圍朱滔將鄭景濟於清苑，決水以灌之。田悅、王武俊皆遣兵來救，戰於白樓。賊犯義武軍，稍卻，晟引步騎擊破之，晟所乘馬連中流矢。逾月，城中益急，滔、武俊大懼，乃悉收魏博之衆而來，復圍晟軍。晟內圍景濟，外與滔等拒戰，日數合，自正月至於五月。會晟病甚，不知人者數焉，軍吏合謀，乃以馬輿還定州，賊不敢逼。

晟疾間，復將進師，會京城變起，德宗在奉天，詔晟赴難。晟承詔泣下，即日欲赴關輔。義武軍間於朱滔、王武俊，倚晟爲輕重，不欲晟去，數謀沮止晟軍。晟謂將吏曰：『天子播越於外，人臣當百舍一息，死而後已。張義武欲沮吾行，吾當以愛子爲質，選良馬以啗其意。』乃留子憑以爲婚。義武軍有大將爲孝忠委信者謁晟，晟乃解玉帶以遺之，因曰：『吾欲西行，願以爲別。』陳赴難之意，受帶者果德晟，乃諫孝忠勿止晟。晟得引軍逾飛狐，師次代州，詔加晟檢校工部尚書、神策行營節度使，實封二百户。晟軍令嚴肅，所過樵採無犯。自河中由薄津而軍渭北，壁東渭橋以逼泚。時劉德信將子弟軍救襄城，敗於扈澗，聞難，率餘軍先次渭南，與晟合軍。軍無統一，晟不能制，因德信入晟軍，乃數其罪斬之。晟以數騎馳入德信軍，撫勞其衆，無敢動者。既併德信軍，軍益振。

時朔方節度使李懷光亦自河北赴難，軍於咸陽，不欲晟獨當一面以分己功，乃奏請與晟兵合，乃詔晟移軍合懷光軍。晟奉詔引軍至陳濤斜，軍壘未成，賊兵遽至，晟乃出陣，且言於懷光曰：『賊堅保宮苑，攻之未必克；今離其窟穴，敢出索戰，此殆天以賊賜明公也！』懷光恐晟立功，乃曰：『吾軍適至，馬未秣，士未飯，詎可戰耶？不如蓄鋭養威，俟時而舉。』晟知其意，遂收軍入壘，時興元元年正月也。每將合戰，必自異，衣錦裘、繡帽前行，親自指道。懷光望見惡之，乃謂晟曰：『將帥當持重，豈宜自表飾以啗賊也！』晟曰：『晟久在涇原，軍士頗相畏服，故欲令其先識以奪其心耳。』懷光益不悅，陰有異志，遷延不進。晟因人説懷光曰：『寇賊竊據京邑，天子出居近甸，兵柄廟略，屬在明公。公宜觀兵速進，晟願以所部得奉嚴令，爲公前驅，雖死不悔。』懷光益拒之。晟兵軍於朔方軍北，每晟與懷光同至城下，懷光軍輒虜驅牛馬，百姓苦之；晟軍無所犯。懷光軍惡其獨善，乃分所獲與之，晟軍不敢受。

久之，懷光將謀沮晟軍，計未有所出。時神策軍以舊例給賜厚於諸軍，懷光奏曰：『賊寇未平，軍中給賜，咸宜均一。今神策獨厚，諸軍皆以爲言，臣無以止之，惟陛下裁處。』懷光計欲因是令晟自署侵削己軍，以撓破之。德宗憂之，欲以諸軍同神策，則財賦不給，無可奈何，乃遣翰林學士陸贄往懷光軍宣諭，仍令懷光與晟參議所宜以聞。贄、晟俱會於懷光軍，懷光言曰：『軍士稟賜不均，何以令戰？』贄未有言，數顧晟。晟曰：『公爲元帥，弛張號令，皆得專之。晟當將一軍，唯公所指，以效死命。至於增損衣食，公當裁之。』懷光默然，無以難晟，又不欲侵刻神策軍發自於己，乃止。

懷光屯咸陽，堅壁八十餘日，不肯出軍，德宗憂之，屢降中使，促收復之期。懷光托以卒疲，更請休息，以伺其便，然陰與朱泚交通，其迹漸露。晟懼爲所併，乃密疏請移軍東渭橋，以分賊勢，上初未之許。晟以懷光反狀已明，緩急宜有所備，蜀、漢之路，不可壅也，請以裨將趙光銑爲洋州刺史，唐良臣爲利州刺史，晟子壻張彧爲劍州刺史，各將兵五百以防未然。上初納之，未果行。無何，吐蕃請以後佐誅泚，上欲親總六師，移幸咸陽，以促諸軍進討。懷光聞之大駭，疑上奪其軍，謀亂益急。時鄜坊節度李建徽、神策將楊惠元及晟，併與懷光聯營，晟以事迫，會有中使過晟軍，晟乃宣令云：『奉詔徙屯渭橋。』乃結陣而行，至渭橋。不數日，懷光果劫建徽、惠元而併其兵，建徽遁免，惠元爲懷光所害。

是日，車駕幸梁州。時變生倉卒，百官扈從者十二三，駱谷道路險阻，儲供無素，從官乏食，上歎曰：『早從李晟之言，三蜀可坐致也。』晟大將張少弘自行在傳口詔授晟尚書左僕射、同中書門下平章事，以安衆心。晟拜哭受命，且曰：『長安宗廟所在，爲天下本，若皆執羈靮，誰復京師？』及浚城隍，繕兵甲，以圖收復。晟以孤軍獨當强寇，恐爲二賊之所併，乃卑詞厚幣，僞致誠於懷光，外示推崇，内爲之備。時芻粟未集，乃令檢校户部郎中張彧假京兆少尹，擇官吏以賦渭北畿縣。不旬日，芻糧皆足，晟乃大陳三軍，令之曰：『國家多難，亂逆繼興，屬車駕西幸，關中無主。予代受國恩，見危死節，臣子之分，况當此時，不能誅滅凶渠，以取富貴，非人豪也。渭橋横跨大川，斷賊首尾，吾與公等戮力勤王，擇利而進，興復大業，建不世之功，能從我乎？』三軍無不泣下，曰：『唯公所使。』晟亦歔欷流涕。

是時，朱泚盜據京城，懷光圖爲反噬，河朔僭僞者三，李納虎視於河南，希烈鴟張於汴、鄭。晟内無貨財，外無轉輸，以孤軍而抗劇賊，而鋭氣不衰，徒以忠義感於人心，故英豪歸向。戴休顔率奉天之衆，韓游瓌治邠寧之師，駱元光以華州之兵守潼關，尚可孤以神策之旅屯七盤，皆稟晟節度，晟軍大振。懷光以休顔、游瓌從晟，益懼。晟又致書於懷光，諭以禍福，令破賊迎鑾，以掩前過。懷光卒不悟，軍衆漸多離散，糗糧且竭，虜剽無所得，懼爲晟所襲。三月，懷光自三原、富平東抵奉天，所至焚掠，乃自馮翊入據河中。懷光將孟涉、段威勇者，本神策將，惡懷光之不臣，既至富平，結陣於軍中，外向大呼而去，懷光不能制。涉、威勇以數千人歸晟，乃陳兵受涉等降卒，乃奏授涉檢校工部尚書，威勇兼御史大夫。

德宗之幸山南，既入駱谷，謂渾瑊曰：『渭橋在賊腹内，兵勢懸隔，李晟可辦事乎？』瑊對曰：『李晟秉義執志，臨事不可奪，以臣計之，破賊必矣。』帝意始安。是月，渾瑊步將上官望自間道懷詔書加晟檢校右僕射，兼河中尹、河中晉絳慈隰節度使，益實封三百户，又兼京畿、渭北、鄜坊丹延節度招討使。晟承詔流涕。時帝欲移幸西川，晟上表：『請駐蹕梁漢，繫億兆之心，圖翦滅之勢。若規小捨大，作都岷峨，卽人心失望，武士謀臣無所施矣。』四月，有詔加晟京畿、渭北、鄜坊、商華兵馬副元帥。時京兆府司録李敬仲自京城來，諫議大夫鄭雲逵自奉天至，晟以京兆少尹張彧爲副使，鄭雲逵爲行軍司馬，李敬仲爲節度判官，俾同主軍畫。又請以懷光舊將唐良臣保潼關，以河中節度授之，戴休顔守奉天，請以鄜坊節度授之，上皆從之。渭橋舊有粟十餘萬斛，度支先饋懷光軍欲盡，晟又奏曰：『近畿雖乘兵亂，猶可賦斂，儻寇賊未滅，宿兵曠時，人廢耕桑，又無儲蓄，非防微制勝之術也。』上納之。晟乃於畿甸率聚徵賦，吏民樂輸，守禦益固，由是軍不乏食。

神策軍家族多陷於泚，晟家亦百口在賊中，左右或有言及家者，晟因泣下曰：『乘輿何在？而敢恤家乎！』泚又使晟小吏王無忌之婿詣晟軍，且曰：『公家無恙，城中有書聞。』晟曰：『爾敢與賊爲間！』遽命斬之。時轉輸不至，盛夏軍士或衣裘褐，晟亦同勞苦，每以大義奮激士心，卒無離叛者。會將吏數輩自賊中逃來，言泚衆攜離可滅之狀，士心益奮。先是，賊將姚令言及僞中丞崔宣咸使諜覘我軍，爲邏騎所得，拘送於晟，晟解縛，食而遣之，誡之曰：『爾報崔宣，善爲賊守，諸人勉力自固，勿不忠於賊也！』五月三日，晟引軍抵通化門，耀武而還，賊不敢出。晨集將佐，圖兵所向，諸將曰：『先拔外城，既有市里，然後北清宫闕。』晟曰：『若先收坊市，巷陌隘狹，間以居人，若賊設伏格鬭，百姓囂潰，非計也。且賊重兵堅甲，皆在苑中，若自苑擊其心腹，彼將圖走不暇，如此則宫闕保安，市不易肆，計之上也。』諸將曰：『善。』乃移書渾瑊、駱元光、尚可孤，克期進軍於城下。

其月二十五日夜，晟自東渭橋移軍於光泰門外米倉村，以薄京城。晟臨高指麾，令設壕柵以候賊軍。俄而賊衆大至，賊驍將張庭芝、李希倩逼柵求戰，晟謂諸將曰：『吾恐賊不出，今冒死而來，天贊我也！』勒吳詵、康英俊、史萬頃、孟涉等縱兵擊之。時華州營在北，兵少，賊并力攻之，晟遣李演、孟華以精卒救之。中軍鼓噪，演力戰，大破之，乘勝入光泰門；再戰，又敗之，僵屍蔽地，餘衆走入白華，夜聞慟哭之聲。

翌日，將復出師，諸將請待西軍至，則左右夾攻。晟曰：『賊既傷敗，須乘勝撲滅，若俟其有備，豈王師之利耶！如待西軍，恐失機便。二十八日，晟大集諸將駱元光、尚可孤，兵馬使吳詵、王佖，都虞候邢君牙、李演、史萬頃，神策將孟涉、康英俊，華州將郭審金、權文成，商州將彭元俊等，號令誓師畢，陳兵於光泰門外。乃使王佖、李演率騎軍，史萬頃領步卒，直抵苑牆神麚村。晟先是夜使人開苑牆二百餘步，至是賊已樹木柵之，賊倚柵拒戰。晟叱軍士曰：『安得縱賊如此，當先斬公等！』萬頃懼，先登，拔柵而入，王佖騎軍繼進，賊卽奔潰，獲賊將段誠諫，大軍分道併入，鼓噪雷動。姚令言、張庭芝、李希倩猶力捍官軍，晟令決勝軍使唐良臣、兵馬使趙光銑、楊萬榮、孟日華等步騎齊進，賊軍陣成而屢北。戰十餘合，乘勝驅蹙，至於白華。忽有賊騎千餘出於官軍之背，晟以麾下百餘騎馳之，左右呼曰：『相公來！』賊聞之驚潰，官軍追斬，不可勝計。朱泚、姚令言、張庭芝尚有衆萬人，相率遁走，晟遣田子奇追之，其餘凶黨相率來降。

是日，晟軍入京城，勒兵屯於含元殿前，晟舍於右金吾仗，仍號令諸軍曰：『晟實不武，上憑睿算，下賴士心，幸得殲厥凶渠，肅清宮禁，皆三軍之力也。長安士庶，久陷賊庭，若小有震驚，則非伐罪吊人之義也。晟與公等各有家室，離別數年，今已成功，相見非晚，五日內不得輒通家信，違命者斬。』乃遣京兆尹李齊運、攝長安令陳元衆、攝萬年令韋上仮告喻百姓，居人安堵，秋毫無所犯。尚可孤軍人有擅取賊馬者，晟大將高明曜虜賊女妓一人，司馬伷取賊馬二匹，晟皆立斬之，莫敢忤視。士庶無不感悅，咸歔欷流涕，遠坊居人，亦有經宿方知者。二十九日，令孟涉屯於白華，尚可孤屯望仙門，駱元光屯章敬寺，晟自屯於安國寺。是日，斬賊將李希倩等八人，徇於市。

六月四日，晟破賊露布至梁州，上覽之感泣，羣臣無不隕涕，因上壽稱萬歲，奏曰：『李晟虔奉聖謨，盪滌凶醜。然古之樹勳，力復都邑者，往往有之；至於不驚宗廟，不易市肆，長安人不識旗鼓，安堵如初，自三代以來，未之有也。』上曰：『天生李晟，爲社稷萬人，不爲朕也。』百官拜賀而退。是日，晟斬僞相李忠臣、張光晟、蔣鎮、喬琳、洪經綸、崔宣等，又表守臣節不屈於賊者程鎮之、劉迺、蔣沇、趙曄、薛岌等。

晟初屯渭橋時，熒惑守歲，久之方退，賓介或勸曰：『今熒惑已退，皇家之利也，可速用兵。』晟曰：『天子外次，人臣但當死節，垂象玄遠，吾安知天道耶！』至是，謂參佐曰：『前者士大夫勸晟出兵，非敢拒也，且軍可用之，不可使知之。嘗聞五緯盈縮無準，晟懼復來守歲，則我軍不戰而自潰。』參佐歎服，皆曰：『非所及也。』

尋拜晟司徒，兼中書令，實封一千户。

晟綜理以備百司，令大將吳詵將兵三千至寶鷄清道，晟又請至鳳翔迎扈，不許。七月十三日，德宗至自興元，渾瑊、韓游瓌、戴休顔以其兵扈從，晟與駱元光、尚可孤以其兵奉迎。時元從禁軍及山南、隴州、鳳翔之衆，步騎凡十餘萬，旌旗連亘數十里，傾城士庶，夾道歡呼。晟以戎服謁見於三橋，上駐馬勞之。晟再拜稽首，初賀元惡殄滅，宗廟再清，宮闈咸肅，抃舞感涕，跪而言曰：『臣忝備爪牙之任，不能早誅妖逆，至鑾輿再遷。及師於城隅，累月方殄賊寇，皆臣庸懦不任職之責，敢請死罪。』伏於路左。上爲之掩涕，命給事中齊映宣旨，令左右起晟於馬前。

又《王佖傳》 王佖，晟之甥。雄武善騎射，自晟河西、河北出師，佖無役不從。朱泚之亂，晟攻賊於光泰門，賊鋒尚勁，佖與兵馬使李演踰苑牆血戰，敗賊前鋒，諸軍方振，論功爲神策將。

又 卷一三四《馬燧傳》 建中二年六月，朝於京師，加檢校兵部尚書，令還太原。初，田悅新代承嗣統兵，恐人不附己，詐效誠款，燧上疏明其必反，宜先備之。其年，悅果與淄青、恆冀通謀，自將兵三萬圍邢州，次臨洺，築重城，絶其內外，以拒救兵。邢州將李洪、臨洺將張伓，皆堅守不拔。昭義軍告急，乃詔燧將步騎二萬與昭義節度使李抱眞、神策行營兵馬使李晟合軍救臨洺。燧軍出崞口，兵未過險，乃遣持書喻悅，且示之好，悅謂燧畏之。十一月，師次邯鄲，悅遣使至，燧皆斬之以徇；遣兵擊破其支軍，射殺其將成炫之。悅自攻臨洺，遣大將楊朝光將兵萬人，於臨洺南雙岡東西列二柵以禦燧。燧乃率李抱眞、李晟進軍，營於二柵之中。其夜，東柵走歸悅。明日，燧進軍營明山，取其棄柵以置輜重。悅謂將吏曰：『朝光堅柵不下萬人，假令燧等盡鋭攻之，比數日，計不能下，殺傷必甚。吾此必拔臨洺，賞勞軍士而與之戰，必勝之術也。』悅乃分恆州李惟岳救兵五千以助朝光，燧率軍攻朝光，田悅將萬餘人救之。

燧乃令大將李自良、李奉國將騎兵合神策軍於雙岡禦之，令曰：『令悅得過，當斬爾！』自良等擊卻悅。燧乃令推火車以焚其柵，斬朝光及大將盧子昌，斬首五千餘級，生虜八百餘人。居五日，進軍至臨洺，田悅悉軍復戰。燧自將鋭兵扼其衝口，凡百餘合，士皆決死，悅兵大敗，斬首萬餘級，生虜九百人，得穀三十萬斛，器甲稱是。悅收敗兵夜遁，邢州圍亦解。以功加右僕射。先戰，燧誓軍中，戰勝請以家財行賞，既勝，盡出其私財以頒將士。德宗嘉之，詔度支出錢五萬貫行賞，還燧家財。尋加魏博招討使。

三年正月，田悅求救於淄青、恆冀，李納遣大將衛俊將兵萬人救悅，李惟岳亦遣兵三千赴援。悅收合散卒二萬餘人，壁於洹水，淄青軍其東，恆冀軍其西，首尾相應。燧率諸軍進屯於鄴，奏請益河陽兵，詔河陽節度使李艽將兵會之。軍次於漳，悅遣將王光進以兵守長橋，築月城以爲固，軍不得渡。燧乃於下流以車數百乘，維以鐵鎖，鎖絶中流，實以土囊以遏水，水稍淺，諸軍畢渡。是時軍糧少，悅深壁不戰，欲老燧軍。燧令諸軍持十日糧，進次倉口，與悅夾洹水而軍。抱眞與李艽問曰：『糧少而深入，何也？』燧曰：『糧少利速戰，兵法善於致人，不致於人。今田悅與淄青、恆三軍爲首尾，計欲不戰，以老我師，若分軍擊其左右，兵少未可必破，悅且來救，是前後受敵也。兵法所謂攻其必救，彼固當戰也，燧爲諸軍合而破之。』燧乃造三橋道逾洹水，日挑戰，悅不敢出。恆州兵以軍少，懼爲燧所併，引軍合於悅。悅謂燧明日復挑戰，乃伏兵萬人，欲邀燧。燧乃令諸軍半夜皆食，先雞鳴時擊鼓吹角，潛師傍洹水徑趨魏州，令曰：『聞賊至，則止爲陣。』又令百騎吹鼓角，皆留於後，仍抱薪持火，待軍畢發，止鼓角匿其旁，伺悅軍畢渡，焚其橋。軍行十數里，悅乃率淄青、恆州步騎四萬餘人踰橋掩其後，乘風縱火，鼓譟而進。燧乃坐，申令無動。命前除草斬榛棘廣百步以爲陣；燧出陣，募勇力得五千餘人，分爲前列，以俟賊至。比悅軍至，則火止氣乏，力少衰，乃縱兵擊之，悅軍大敗。時神策、昭義、河陽軍小卻，河東軍既勝，諸軍還鬭，合擊又大破之。迫洹水，悅軍走橋，橋已焚矣。悅軍亂，赴水，斬首二萬餘級，殺大將孫晉卿、安墨啜，生獲三千餘人，溺死者不可勝紀。淄青軍殆盡，死者相枕籍三十餘里。悅收敗卒千餘人走魏州，至門，州將李長春閉門不納。久之，追兵不至，比明，乃納悅。悅既入，殺長春，嬰城自守。數日，李再春以博州降，悅克昂以洺州降，王光進以長橋降。悅遣符璘、李瑶將五百騎送淄青兵還鎮，璘、瑶因來降燧。魏州先引御河入城南流，燧令塞其領口，河流絶，城中益恐。悅乃遣許士則、侯藏徒步間行説朱滔、王武俊，借兵求救。時王武俊已殺李惟岳，傳首京師，授武俊恆冀觀察都防禦使；時武俊同列張孝忠已爲易定節度使，武俊獨爲防禦使，又割趙、深二州爲一鎮，以康日知爲觀察使，甚爲怨望，且素輕孝忠，恥名在下。時朱滔討李惟岳，拔深州，求隸幽州不得，亦怨望。由是滔、武俊同謀救悅。悅恃燕、趙之援，又出兵二萬背城而陣，燧復與諸軍擊破之。五月，加燧同中書門下平章事。

六月，朱滔、王武俊聯兵五萬來救悅，至於城下。諸帥議退兵，燧固不可，德宗遣朔方節度使李懷光將朔方軍步騎萬五千人赴燧。是月晦，懷光亦至。懷光勇而無謀，軍至之日，未休息，堅請與滔等戰，王師不利。悅等決水灌燧等軍，燧兵屈糧少，七月，燧與諸軍退次魏縣。是月，詔加燧魏州大都督府長史，兼魏博貝四州節度、觀察、招討等使。田悅、朱滔、王武俊軍亦至魏縣，與官軍隔河對壘。十一月，三盜於魏縣軍中遞相推獎王號：朱滔稱冀王，田悅稱魏王，王武俊稱趙王；又遣使於李納，納稱齊王。四道其推淮西李希烈爲天下兵馬元帥、太尉、建興王，皆僞署官號，如國初行臺之制，而名目止頗有妖僻者，然未敢僞稱年號。而五盜合從圖傾社稷，兩河鼎沸，寇盜橫行，燧等雖志在勤王，竟莫能驅攘患難。

四年十月，涇師犯闕，帝幸奉天，燧引軍還太原。議者云：『燧若乘田悅洹水之敗，并力攻之，時城中敗卒無三二千人，皆夷傷未起，日夕俟降；燧與抱眞不和，遷延於擊賊，乃致三盜連結，至今爲梗，職燧之由。』燧至太原，遣行軍司馬王權將兵五千赴奉天，又遣男彙及大將之子與俱來，壁於中渭橋。及帝幸梁州，權、彙領兵還鎮。燧以晉陽王業所起，度都城東面平易受敵，時天下騷動，北邊數有警急，乃引晉水架汾而注城之東，瀦以爲池，寇至計省守陴者萬人；又決汾水環城，多爲池沼，樹柳以固堤。尋兼保寧軍節度使。

興元元年正月，加檢校司徒，封北平郡王。七月，德宗還京，加燧奉誠軍及晉絳慈隰節度并管内諸軍行營副元帥，令與侍中渾瑊、鎮國軍節度使駱元光同討河中。初，李懷光據河中，燧遣使招諭之，懷光妹婿要廷珍守晉州，衙將毛朝敭守隰州，鄭抗守慈州，皆相次降燧。初，王武俊自魏縣還鎮，雖去僞號，而攻圍趙州不解，康日知窘蹙，欲棄趙州，燧奏曰：『可詔武俊與抱眞同擊朱滔，以深、趙隸武俊，請改日知爲晉慈隰節度使。』日知未至而三州降燧，故又加燧晉慈隰節度使。燧乃表讓三州於日知，且言因降而授之，恐後有功者踵以爲常。上嘉而許之。燧乃遣使迎日知，既至，籍府庫而歸之，日知喜且過望。

九月十五日，燧帥步騎三萬次於降，分兵收夏縣，略稷山，攻龍門，降其將馮萬興、任象玉。燧以兵攻絳州，十月，拔其外城，其夜僞刺史王克同與大將達奚小進棄城走，降其衆四千人。又遣大將李自良、谷秀分兵略定聞喜、夏縣、萬泉、虞鄉、永樂、猗氏六縣，降其將辛兟及兵五千人。谷秀以犯令虜士女，斬之以徇。

貞元元年，軍次寶鼎，敗賊騎兵於陶城，前鋒將李黯追擊之，射殺賊將徐伯文，斬首萬餘級，護馬五百匹。是歲，天下蝗旱，物價騰踊，軍乏糧餉，而京師言事多請捨懷光，上意未決。燧以懷光逆節尤甚，河中密邇京邑，反覆不可保信，捨之無以示天下，慮上爲左右所惑，且兵事尚密。六月，燧乃捨軍以數百騎朝於京師。比召見，燧曰：『臣雖不武，得芻糧支一月，足以平河中。』上許之。

七月，燧因朝京師，乃與渾瑊、駱元光、韓游瓌合軍，次於長春宮。懷光將徐廷光以兵六千守宮城，御備甚嚴。燧度長春不下，則懷光自固，攻之曠日持久，所傷必甚，乃挺身至城下呼廷光。廷光素憚燧威名，則拜於城上。燧度廷光心已屈，乃徐謂之曰：『我來自朝廷，可西面受命。』廷光復拜。燧乃喻之曰：『公等皆朔方將士，禄山以來，首建大勳，四十餘年，功伐最高，奈何棄祖父之勳力，背君上，爲族滅之計耶！從吾，非止免禍，富貴可圖也。』賊徒皆不對。燧又曰：『爾以吾言不誠，今相去不遠數步，爾當射我！』乃披襟示之。廷光感泣俯伏，軍士亦泣下。先一日，賊焦籬堡守將尉珪以兵二千因堡降燧；廷光東道既絶，乃率衆出降。燧以數騎徑入城，處之不疑，莫不畏服，衆大呼曰：『吾輩復得爲王人矣！』渾瑊由是服燧，私謂參佐曰：『予嘗謂馬公用兵與予不相遠，但驚怪累敗田悅；今觀其行兵料敵，吾不逮遠矣！』八月，燧移軍於焦籬堡。其夜，賊太原堡守將吴冏棄堡而遁，其下皆降。燧率諸軍濟河，兵凡八萬，陣於城下。是日，賊將牛名俊斬懷光首以城降。其守兵猶一萬六千人，斬賊將閻晏、孟寶、張清、吴冏等七人以徇，爲懷光脅虜者皆捨之。

又《渾瑊傳》 建中四年，李希烈遣間諜詐爲瑊書與希烈交通，瑊奏其狀，上特保證之，仍賜瑊馬一匹并鞍轡，錦彩二百匹。時以普王爲荆襄等道兵馬元帥討李希烈，大開府幕，以瑊檢校户部尚書、御史大夫，充中軍都虞候。會涇師亂，德宗幸奉天，後三日，瑊率家人子弟自京城至，乃署爲行在都虞候、檢校兵部尚書、京畿渭北節度觀察使。居數日，邠寧節度使韓游瓌與慶州刺史論惟明統兵三千，自乾陵北過，赴醴泉以拒朱泚。會諜報泚已出兵，帝遽令追游瓌兵，纔至奉天，賊軍果至。游瓌等戰於城東，王師不利，遂乘勝奔突，將入，官軍與賊隔門相持，自卯至午，殺傷頗甚。門内有草車數乘，瑊令推車塞門，焚之以外禦，乘火力戰，賊方解去，然重圍已合。賊大修攻具，以僧法堅爲匠師，毁佛寺房宇以爲梯櫓。是月，賊自丁未至辛未，四面攻城，晝夜矢石不絶，瑊隨機應敵，僅能自固。

十一月，靈武節度使杜希全、鹽州刺史戴休顔、夏州刺史時常春合兵六千人赴難。將至，上議其所向，宰相盧杞、白志貞以漠谷路爲便。瑊曰：『漠谷險隘，必爲賊所邀，不若取乾陵北過，附柏城而行，便取城東北鷄子堆下營，與城中掎角相應，且分賊勢，朱泚必不更於陵寢往來。』杞曰：『漠谷路近，若慮逆賊邀擊，即出兵應接，若取乾陵路，恐驚陵寢。』瑊曰：『今朱泚圍城，斬伐柏城，以夜繼晝，驚動已多。今城中危急，佇望救軍，唯希全等率先赴難，安危是賴，所繫非輕，制置不宜差跌。但令希全等於鷄子堆下營，固守善地，賊泚可以計破也。』盧杞等曰：『陛下以順討逆，不可自驚陵寢。』白志貞從而贊之，上從杞議。希全等進至漠谷，果爲賊軍邀擊，奪據水口，乘高以大弩、巨石左右夾擊，殺傷頗甚；城中出兵應援，亦爲賊挫鋭而退。希全等各歸還本鎮，賊攻城逾急，壕塹圜之。旬日，復偏攻東北角，矢石亂入，晝夜如雨，城中死傷者甚衆。重圍救絶，芻粟俱盡，城中伺賊休息，輒遣人城外捃拾樵採以進御。人心危蹙，上與瑊對泣。賊泚北據乾陵，下瞰城内，身衣黄衣，蔽以翟扇，前後左右，皆朱紫閹官，宴賜拜舞，紛紜旁午。城中動息，賊俯窺之，慢辭戲侮，以爲破在漏刻之頃，時令騎將環城招公卿、士庶，責以不識天命。

十五日，賊造雲橋成，闊數十丈，以巨輪爲脚，推之使前，施濕氈生牛革，多懸水囊以爲障，直指城東北隅，兩旁構木爲廬，冒以牛革，迴環相屬，負土運薪於其下，以填壕塹，矢石不能傷。城中恟懼，相顧失色。上召瑊勉諭之，令齎空名告身自御史大夫、實封五百户已下者千餘軸，募諸軍突將敢死之士以當之；兼賜瑊御筆一管，當戰勝，量其功伐，即署其名授之，不足者，筆書其身，因命以位。仍謂瑊曰：『朕便與卿別，更不用對來，縱有急切，令馬承倩在卿處，但令附奏。』瑊俯伏嗚咽，上亦悲慟不自勝，撫瑊背而遣之。前一日，瑊與防城使侯仲莊揣雲橋來路，先鑿地道，下可深丈餘，上積馬糞，深五六尺。次二日，即令烈火，次一日復下柴薪夜燒之，平明，火焰高於城壘。是時，北風正急，賊乃隨風推橋以薄城下，賊三千餘人相繼而登。城上士卒皆久寒餒，又少甲胄，瑊但感激誡厲之。以飢弱之衆，當劇賊之鋒，雖力戰應敵，人憂不濟，公卿已下，仰首祝天。賊徒至地道所，橋脚偏陷，不能進。須臾，風回焰轉，雲橋焚爲灰燼，賊焚死者數千，城中歡噪振地。時瑊中流矢，遽自拔之，血流沾沬，格鬬不已，初不言瘡痛，以激士心。是日，上先授瑊二子官，餘授將校有差。賊又別造雲橋，周以重鐵，方就，而朔方節度使李懷光自魏縣行營赴難，先遣兵馬使張韶入奏。韶至奉天，與賊填塹者相雜，臨城忽大呼，謂城上曰：『我李懷光使也，懷光自河北領大軍至矣。』即繩引而登。城中得懷光表，歡聲振動，賊衆不之測，乃令舁韶巡於城上。翌日，懷光大軍次醴泉。是夜，賊解圍而去。

興元元年正月，以瑊爲行在都知兵馬使。二月，賜實封五百户。是月，德宗移幸山南。時懷光叛逆，二賊連結，寇盜縱横，瑊分布諸軍，以爲翼衛，纔入谷口，而懷光追騎遽至，瑊令侯仲莊以後軍擊敗之。三月，加檢校左僕射、同中書門下平章事，兼靈州都督、靈鹽豐夏等州、定遠西城天德軍節度等使，仍充朔方邠寧振武等道兼永平軍奉天行營兵馬副元帥，上臨軒授鉞，用漢拜韓信故事。是月，瑊將諸軍赴京畿，賊將韓旻、張廷芝、宋歸朝等拒我師於武功，瑊與吐蕃將論莽羅之衆大破賊於武亭川，斬首萬餘級。瑊便赴奉天應接李晟，抗京城西面。五月，李晟自東渭橋抵京城攻賊，瑊亦與韓游瓌、戴休顔西面諸軍會合。晟破賊之日，瑊亦進收咸陽。尋聞朱泚、姚令言奔敗，命諸軍分道邀擊，其衆離潰，相率來降。選勁騎三千急追泚至涇州，賊將誅泚，傳首來獻。

又 卷一四〇《韋臯傳》 建中四年，涇師犯闕，德宗幸奉天，鳳翔兵馬使李楚琳殺張鎰，以府城叛歸於朱泚，隴州刺史郝通奔於楚琳。先是，朱泚自范陽入朝，以甲士自隨；後泚爲鳳翔節度使，既罷，留范陽五百人戍隴州，而泚舊將牛雲光督之。時泚既以逆徒圍奉天，雲光因稱疾，請臯爲帥，將謀亂，擒臯以赴泚。臯將翟曄伺知之，白臯爲備，雲光知事洩，遂率其兵以奔泚。行及汧陽，遇泚家僮蘇玉將使於臯所，蘇玉謂雲光曰：『太尉已登寶位，使我持詔以韋臯爲御史中丞，君可以兵歸隴州。臯若承命，即爲吾人；如不受詔，彼書生，可以圖之，事無不濟矣。』乃反旆疾趨隴州。臯迎勞之，先納蘇玉，受其僞命，乃問雲光曰：『始不告而去，今又來，何也？』雲光曰：『前未知公心，故潛去；知公有新命，今乃復還。願與公戮力定功，同其生死。』臯曰：『善。』又謂雲光曰：『大使苟不懷詐，請納器甲，使城中無所危疑，乃可入。』雲光以書生待臯，且以爲信然，乃盡付弓矢戈甲，臯既受之，乃内其兵。明日，臯犒宴蘇玉、雲光之卒於郡舍，伏甲於兩廊，酒既行，伏發，盡誅之，斬雲光、蘇玉首以徇。泚又使家僮劉海廣以臯爲鳳翔節度使，臯斬海廣及從者三人，生一人使報泚。於是詔以臯爲御史大夫、隴州刺史，置奉義軍節度以旌之。臯遣從兄平及弇繼入奉天城，城中聞臯有備，士氣增倍。

臯乃築壇於廷，血牲，與將士等盟曰：『上天不弔，國家多難，逆臣乘間，盗據宫闈。而李楚琳亦扇凶徒，傾陷城邑，酷虐所加，爰及本使，既不事上，安能恤下。臯是用激心憤氣，不遑底寧，誓與羣公，竭誠王室。凡我同盟，一心協力，仗順除凶，先祖之靈，必當幽贊。言誠則志合，義感則心齊，粉骨糜軀，決無所顧。有渝此志，明神殛之，迨於子孫，亦罔遺類。皇天后土，當兆斯言。』又遣使入吐蕃求援。十一月，加檢校禮部尚書。興元元年，德宗還京，徵爲左金吾衛將軍，尋遷大將軍。

又《張建封傳》 時淮西節度使李希烈乘破滅梁義之勢，漸縱恣跋扈，壽州刺史崔昭數書疏往來，淮南節度使陳少游奏之，上遽召宰相令選壽州刺史。盧杞本惡建封，是日蒼黃，遂薦建封以代崔昭牧壽陽。李希烈稱兵，寇陷汝州，擒李元平，擊走劉德信、唐漢臣等，又摧破哥舒曜於襄城，連陷鄭、汴等州，李勉棄城而遁。涇師內逆，駕幸奉天，賊鋒益盛，淮南陳少游潛通希烈。尋稱僞號，改元，遣將楊豐齎僞赦書二道，令送少游及建封。至壽州，建封縛楊豐徇於軍中，適會中使自行在及使江南迴者同至，建封集衆對中使斬豐於通衢。封僞赦書送行在，遠近震駭。陳少游聞之，既怒又懼。建封乃具奏少游與希烈往來事狀。希烈又僞署其黨杜少誠爲淮南節度使，令先平壽州，趣江都，建封令其將賀蘭元均、邵怡等守霍丘秋柵。少誠竟不能侵軼，乃南掠蘄、黃等州，又爲伊慎所挫衄。尋加建封兼御史中丞、本州團練使。車駕還京，陳少游憂憤而卒。興元元年十二月，乃加兼御史大夫，充濠壽廬三州都團練觀察使，於是大修緝城池，悉心綏撫，遠近悅附，自是威望益重。李希烈選凶黨精悍者率勁卒以攻建封，曠日持久，無所克獲而去。及希烈平，進階封，賜一子正員官。

又 卷一四四《尚可孤傳》 尚可孤，東部鮮卑宇文之別種也，代居松、漠之間。天寶末歸國，隸范陽節度安祿山，後事史思明。上元中歸順，累授左、右威衛二大將軍同正，充神策大將，以前後功改試太常卿，仍賜實封一百五十户。魚朝恩之統禁軍，愛其勇，甚委遇之，俾爲養子，奏姓魚氏，名智德，以禁兵三千鎮於扶風縣，後移武功。可孤在扶風、武功凡十餘年，士伍整肅，軍邑安之。朝恩死，賜可孤姓李氏，名嘉勳。會李希烈反叛，建中四年七月，除兼御史中丞、荆襄應援淮西使，仍復本姓名尚可孤，以所統之衆赴山南，累有戰功。

及涇原兵叛，詔徵可孤軍至藍田，賊衆方盛，遂營於七盤，修城柵而居之。賊將仇敬等來寇，可孤頻擊破之，因收藍田縣。興元元年三月，遷檢校工部尚書、兼御史大夫、神策京畿渭南商州節度使。四月，仇敬又來寇，可孤率兵急擊，擒仇敬斬之，遂進軍與副元帥李晟決策攻討。五月，晟率可孤及駱元光之軍收京城，可孤之師爲先鋒。京師平，以功升檢校右僕射，封馮翊郡王，增邑通前八百户，實封二百户。可孤性謹愿沉毅，既有勳績，衆會之中，未嘗言功。賊平之後，營於白花亭，御衆公平，號令嚴整，時人稱焉，李晟甚親重之。及李懷光以河中叛，詔可孤帥師與諸軍進討，次於沙苑，遇疾，卒於軍。

又《戴休顏傳》 戴休顏，夏州人。在軍伍以膽略稱。大曆中，爲郭子儀部將，以戰功累遷至鹽州刺史。奉天之難，倍道以所部蕃漢三千人號泣赴難，德宗嘉之，賜實封二百户。與渾瑊、杜希全、韓游瓌等捍禦有功。車駕再幸梁、洋，留守奉天。及李懷光叛據咸陽，使誘休顏，休顏集三軍斬其使，嬰城自守。懷光大駭，遂自涇陽夜遁。其月，拜檢校工部尚書，奉天行營節度使。李晟收京師，乃與渾瑊破泚偏師，斬首三千級，休顏追賊至中渭橋。李晟既清宮闕，休顏與瑊等率兵赴岐陽邀擊泚餘衆。及策勳，加檢校右僕射，封至六百户。七月，扈駕至京，特賜女樂、甲第以褒功伐，尋拜左龍武將軍。

又《陽惠元傳》 陽惠元，平州人。【略】田悅反叛，詔惠元領禁兵三千與諸將討伐，戰御河，奪三橋，皆惠元之功也。尋加檢校工部尚書，攝貝州刺史，令以兵屬李懷光。建中四年冬，自河朔與懷光同赴國難，解奉天之圍。明年二月，懷光背國叛逆，惠元義不受汙，脱身奔竄奉天。會乘輿南幸，懷光怒惠元之逸，令其將冉宗以百餘騎追及於好畤縣。惠元計窮，父子三人併投人家井中，冉宗併出而害之。

又《賈隱林傳》 賈隱林者，滑州牙將也。建中初，爲本軍兵馬使，令率兵宿衛。朱泚之亂，諸軍未集，隱林率衆扈從。性質樸，在奉天，賊急攻城，隱林與侯仲莊遂急救應，難險備至。既而懷光軍至，逆賊解圍，從臣稱慶，隱林抃舞畢，奏曰：『賊泚奔遁，臣下大慶，此皆宗社無疆之休。然陛下性靈太急，不能容忍，若舊性未改，賊雖奔亡，臣恐憂未艾也。』上不以爲忤，甚稱之。

又 卷一四五《劉玄佐傳》 劉玄佐，本名洽，滑州匡城人也。【略】李正己死，子納匿喪謀叛，而李洧以徐州歸順，納遣兵圍之。詔洽與諸軍援洧，與賊接戰，大破之，斬首萬餘級，由是轉輸路通，加御史大夫。又收濮州，降其將楊令暉，分兵挾之，徇濮陽，降其將高彥昭。以通濮陽津，遷尚書，累封四百户，兼曹濮觀察使，尋加淄青兗鄆招討使，又加汴滑都統副使。李希烈攻汴州，德宗在奉天，連戰，賊稍卻。興元初，進加檢校左僕射。加平章事。希烈圍寧陵，洽大將劉昌堅守不下。希烈攻陳州，洽遣劉昌與諸軍救之，大敗賊黨，獲其將翟崇暉。希烈棄汴州，洽率軍收汴，詔加汴宋節度。無幾，授本管及陳州諸軍行營都統，賜名玄佐。

又 卷一四六《李自良傳》 馬燧代防爲帥，署奏自良代州刺史、兼御史大夫，仍爲軍候。自良勤恪有謀，燧深委信之。建中年，田悦叛，燧與抱眞東討，自良常河東大將，摧鋒陷陣，破田悦。及討李懷光於河中，自良專河東軍都將，前後戰績居多。燧之立功名，由自良協輔之力也。

又 卷一五一《伊慎傳》 討梁崇義之歲，慎以江西牙將從李希烈，摧鋒陷敵，功又居多。江漢既平，希烈愛慎之材，數遣善馬，意欲縻之，慎以計遁，歸命本道。明年，希烈果反。嗣曹王皋始至鐘陵，大集將吏，得慎而壯之。大集兵將，繕理舟師。希烈懼慎爲曹王所任，遣慎七屬之甲，詐爲慎書行間焉。上遣中使卽軍以詰之，曹王乃抗疏論雪。上章未報，會賊兵泝江來寇，曹王乃召慎勉之令戰，大破三千餘衆，朝廷始信其不貳。累破蔡山柵，取蘄州，降其將李良。又攻黄梅縣，殺賊將韓霜露，斬首千餘級。優詔褒異，授試太子詹事，封南充郡王，又兼御史中丞、蘄州刺史，充節度都知兵馬使。

建中末，車駕在梁、洋，鹽鐵使包佶以金幣泝江將進獻，次於蘄口。時賊已屠汴州，遣驍將杜少誠將步騎萬餘來寇黄梅，以絶江道。慎兵七千遇於永安戍。慎列樹三柵，相去數里，偃旗臥鼓。於中柵聲鼓，三柵悉兵以擊，賊軍大亂，少誠脱身以免，斬級不可勝數，江路遂通。又破苟莽柵，進兵圍安州。賊阻溳水，攻之不能下。希烈遣其甥劉戒虚將騎八千來援，慎分兵迎擊，戰於應山，擒戒虚，縛示城下，遂開門請罪。以功拜安州刺史、兼御史大夫，仍賜實封一百户。希烈又遣將援隋州，慎擊之於厲鄉，走康叔夜，斬首五千級。希烈死，李惠登爲賊守隋州，慎飛書招諭，惠登遂以城降。因密奏惠登可用，詔授隋州刺史。

又 卷一五二《王栖曜傳》 李靈曜叛於汴州，浙西觀察使李涵俾栖曜將兵四千爲河南掎角。以功加銀青光禄大夫，累加至御史中丞。李希烈既陷汴州，乘勝東侵，連陷陳留、雍邱，頓軍寧陵，期襲宋州。浙西節度使韓滉命栖曜將强弩數千，夜入寧陵。希烈不之知，晨朝，弩矢及希烈坐幄，希烈驚曰：『此江、淮弩士入矣！』遂不敢東去。

又 《劉昌傳》 李納反，（劉昌）以師收考城，充行營諸軍馬步都虞候，加檢校太子詹事、兼御史中丞。明年，玄佐圍濮州，昌攝濮州刺史。李希烈既陷汴州，玄佐遣將高翼以精兵五千保援襄邑，城陷，翼赴水死。自宋及江、淮，人心震恐。時昌以三千人守寧陵，希烈率五萬衆陣於城下，昌深塹以遏地道，凡四十五日，不解甲胄，躬勵士卒，大破希烈。希烈解圍攻陳州，刺史李公廉計窮，昌從劉玄佐以浙西兵合三萬人救之。至陳州西五十里與賊遇，昌晨壓其陣，及未成列，大破之，生擒其將翟曜。希烈退保蔡州，自此不復侵軼。詔加檢校左散騎常侍。隨玄佐收汴州，加檢校工部尚書，增實封通前二百户。

《新唐書》卷一三五《哥舒曜傳》 李希烈陷汝州，以周晃爲僞刺史。詔拜曜東都、汝州行營節度使，將鳳翔、邠寧、涇原、奉天、好畤兵萬人討希烈。【略】曜擊賊，收汝州，禽晃以獻，斬其將二人。希烈退保許州。詔城襄城，曜以疲人版築不如按甲持重以挫之，帝不許。有詔督戰。曜進次潁橋，雷震軍中七馬斃，曜懼，還屯襄城。希烈遣衆萬人縱火攻柵，殪人於塹以薄壘，曜苦戰破之。居數月，希烈自率兵三萬圍曜，築甬道屬城，矢集如雨。帝遣神策將劉德信以兵三千援之，又詔河南都統李勉出兵相掎角。勉以『希烈在外，許守兵少，乘虚襲之，希烈自解』，乃遣部將與德信趨許，未至，有詔切讓，使班師。德信等惶惑還，軍無斥候，至扈澗，爲賊設伏詭擊，死者殆半，器械輜重皆亡。德信走汝州。勉恐東都危，使將李堅華以兵四千往守，賊梗道，不得入。汴兵沮，襄城圍益急。帝乃詔普王以荆、襄、江西、鄂、沔之師討蔡州，詔涇原節度使姚令言救襄城。未行，京師亂，帝幸奉天。襄城陷，曜走洛陽。會母喪，奪爲東都畿、汝節度使。遷河南尹。

又 卷一三六《陳利貞傳》 李希烈叛，詔哥舒曜東討，（陳）利貞爲前鋒，次郟城。賊衆大集，利貞出奇兵五百，橫擣其右，賊鋒詘，數月不敢前。及希烈攻曜襄城，利貞登陴捍守，七十日未嘗櫛沐，非議事不下城。

朱泚反，利貞及張廷芝所統士皆幽、薊、河、隴人，故與廷芝合謀應泚，而利貞麾下亦從爲亂。夜半，難作，利貞拔劍當軍門，大譁曰：『欲過門者，先殺我！』衆畏其勇，乃止。廷芝出奔。德宗嘉之，擢汝州防禦使。

又 《柏良器傳》 李希烈圍寧陵，遏水灌之，親令軍中明日拔城。良器以救兵至，擇弩手善游者，沿汴渠夜入，及旦，伏弩發，賊乘城者皆死。録功封平原郡王，入爲左神策軍大將軍、知軍事，圖形凌煙閣。

又 卷一四五《李希烈傳》 李希烈，遼西人。父大定。希烈少從平盧軍，後隨李忠臣過海至河南。寶應初，忠臣爲淮西節度，署希烈爲偏裨，累授將軍、試光禄卿、殿中監。忠臣兼領汴州，希烈爲左廂都虞候，加開府儀同三司。大曆末，忠臣軍政不脩，事多委妹壻張惠光，爲押衙，弄權縱恣，人怨。與少將丁暠等斬惠光父子，忠臣奔赴朝廷。詔以忻王爲淮西節度副大使，授希烈蔡州刺史、兼御史中丞、淮西節度留後，令滑亳節度李勉兼領汴州。

德宗卽位後月餘，加御史大夫，充淮西節度支度營田觀察使，又改淮西節度淮寧軍以寵之。建中元年，又加檢校禮部尚書。會山南東道節度梁崇義拒捍朝命，迫脅使臣，二年六月，詔諸軍節度率兵討之；加希烈南平郡王，兼漢北都知諸兵馬招撫處置使。希烈破崇義衆，遂討平之。録希烈功，加檢校右僕射、同平章事，賜實封五百户。淄青節度李正己又謀不軌，三年秋，加希烈檢校司空，兼淄青兖鄆登萊齊等州節度支度營田、新羅、渤海兩蕃使，令討襲正己。希烈遂率所部三萬人移居許州，聲言遣使往青州招諭李納，其實潛與交通，又移牒汴州令備供擬，將與納同爲亂。李勉以其道路合自陳留，乃除道具饌以待之，希烈不從，乃大慢罵。自是志意縱肆，言多悖慢，日遣使交通河北諸賊帥等。是歲長至日，朱滔、田悅、王武俊、李納各僭稱王，滔使至希烈，希烈亦僭稱建興王、天下都元帥。

四年，希烈遣其將襲陷汝州，執李元平而去，東都大擾亂。朝廷猶爲含容，遣太子太師顔眞卿往宣慰。眞卿發後數日，以龍武將軍哥舒曜爲東都兼汝州行營兵馬節度。希烈既見眞卿，但肆凶言，令左右慢罵，指斥朝廷。又遣逆黨董待名、韓霜露、劉敬宗、陳質、翟暉等四人伺外，侵抄州縣，官軍皆爲其所敗，荆南節度張伯儀全軍覆没。又令周曾、王玢、姚憺、吕從賁、康琳等來襲曜，曾、玢、憺等謀回軍據蔡州襲討希烈，事泄，並遇害。神策軍使白志貞又獻策謀，令嘗爲節度、都團練使者各出家僮部曲一人及馬，令劉德信總之討希烈。尋詔李勉爲淮西招討使，哥舒曜爲副。至四月，曜率衆屯襄城，頻與賊戰，皆不勝。八月，希烈率衆二萬圍襄城，李勉又令將唐漢臣率兵與劉德信同爲曜之影援，皆望風敗衄。希烈凶逆既甚，帝乃命舒王爲荆襄、江西、沔鄂等道節度諸軍行營兵馬都元帥，大開幕府，文武僚屬之盛，前後出師，未有其比。又令涇原諸道出兵，皆赴襄城。軍未發，會涇州兵亂，車駕幸奉天。其日，希烈大破曜軍於襄城，曜遁歸東都，賊因乘勝攻陷汴州，李勉奔歸宋州。

希烈性慘毒酷，每對戰陣殺人，流血盈前，而言笑飲饌自若，以此人畏而服從其教令，盡其死力。其攻汴州，驅百姓，令運木土築壘道，又怒其未就，乃驅以填之，謂之濕梢。既入汴州，於是僭號曰武成，以孫廣、鄭賁、李綬、李元平爲宰相；以汴州爲大梁府，李清虚爲尹，署百官。遣兵東討，至寧陵，竟爲劉洽所拒，不得前。又遣將翟暉率精卒襲陳州，爲劉洽、李納大破之，生擒暉以獻。諸軍乘勝進攻汴州，希烈遁歸蔡州，擒其僞署將相鄭賁、劉敬宗等。李皋、樊澤、曲環、張建封又四面討襲之，累拔其郡縣，希烈敗衄。貞元二年三月，因食牛肉遇疾，其將陳仙奇令醫人陳仙甫置藥以毒之而死。妻男骨肉兄弟共一十七人，並誅之。初，希烈於唐州得象一頭，以爲瑞應，又上蔡、襄城獲其珍寶，乃是爛車釭及滑石僞印也。

又 卷一九三《周曾傳》 周曾者，本李希烈部將，與王玢、姚憺、韋清志相善，號四公子。希烈反，曾密得其計，一一以告李勉。玢爲許州鎮遏使。曾哥舒曜拔汝州，希烈遣曾往拒。曾欲引軍據蔡，使玢爲應，憺、清居中謀取希烈。密求藥毒希烈，不死。曾之行，希烈使假子十人從。次襄城，知其謀，以告。希烈使李克誠率騾軍千人劫曾殺之，而收其兵，并殺玢、憺。始，約事覺毋相引。清懼，陽説希烈曰：『今兵寡，恐不能就事，請乞師朱滔。』希烈然之。至襄邑，奔劉洽。德宗贈曾太尉，玢司徒，憺工部尚書，擢清安定郡王，實封户二百。

又有吕賁、康秀琳、梁興朝、賈樂卿、侯仙欽皆死希烈之難，贈賁、秀琳尚書左右僕射，興朝等皆秩尚書，遣蕭昕致祭境上。命李勉、哥舒曜訪其家。

又　卷二〇〇下《朱泚傳》　朱泚，幽州昌平人。曾祖利，贊善大夫，贈禮部尚書。祖思明，太子洗馬，贈太子太師。父懷珪，天寶初，事范陽節度使裴寬爲衙前將，授折衝將軍。及安禄山、史思明叛，累爲管兵將。寶應中，李懷仙歸順，奏爲薊州刺史、平盧軍留後、柳城軍使。大曆元年卒，累贈左僕射，祖、父之贈，皆以泚故也。

泚以父資從軍，幼壯偉，腰帶十圍，騎射武藝亦不出人。外若寬和，中頗殘忍，然輕財好施，每征戰所得賞物，輒分與麾下將士，以是爲衆所推，故得濟其凶謀。初隸李懷仙爲部將，改經略副使。朱希彩既殺李懷仙，自爲節度，以泚宗姓，甚委信之。希彩爲政苛酷，人不堪命。大曆七年秋，希彩爲其下所殺，倉卒之際，未有所從。泚營在城北，弟滔，主衙内兵，亦得衆心。滔變詐多端，潛使百餘人於衆中大言曰：『節度使非城北朱副使莫可。』衆既無從，因共推泚，泚遂權知留後，遣使奉表京師。十月，拜檢校左散騎常侍、兼御史中丞、幽州盧龍節度等使。八年三月，遷幽州盧龍節度等使、幽州長史、兼御史大夫。其年，泚上表令弟滔率兵二千五百人赴京西防秋，代宗嘉之，手詔褒美。

九年，就加檢校户部尚書，賜實封百户。幽州及河北諸鎮，自天寶末便爲逆亂之地。李懷仙、朱希彩與連境三節度，名雖向順，未嘗朝謁，至是泚率先上表。請自領步騎三千人入覲，詔修甲第以待之。九月，泚至京師，代宗御内殿引見，賜御馬兩匹、戰馬十匹、金銀錦彩甚厚，又以器物十牀、馬四十匹、絹二萬匹、衣一千七百襲賜其將士，宴犒之盛，近時未有。泚又上表，請留京師，從之。因授其弟滔兼御史大夫、幽州節度留後。仍以河陽永平軍防秋兵，郭子儀統之；決勝軍楊猷兵，李抱玉統之；淮西鳳翔兵，馬璘統之；汴宋、淄青兵，俾泚統焉。十一年八月，加拜同平章事。尋令出鎮奉天行營，復賜金銀繒綵并内庫弓箭以寵之。十二月，加檢校司空，代李抱玉爲隴右節度使，權知河西，澤潞行營兵馬事。

德宗嗣位，加太子太師、鳳翔尹，實封至三百户。建中元年，涇州將劉文喜阻兵爲亂，加泚四鎮北庭行軍、涇原節度使，與諸軍討之。涇州平，加泚中書令，還鎮鳳翔，而以舒王謨遥領涇原節度。二年，加泚太尉。朱滔將反叛，陰使人與泚計議，以帛書内蠟丸中，置髮髻間，河東節度馬燧搜獲之，以聞，並送帛書及所遣使。泚惶懼，頓首乞歸罪有司，上勉之曰：『千里不同謀，非卿之過。』三年四月，以張鎰代泚爲鳳翔隴右節度留後，留泚京師，加實封至一千户，與一子正員官，其幽州盧龍節度、太尉、中書令並如故。

四年十月，涇原兵叛，鑾駕幸奉天，叛卒等以泚嘗統涇州，知其失權廢居，怏怏思亂，羣盜無帥，幸泚政寬，乃相與謀曰：『朱太尉久囚空宅，若迎而爲主，事必濟矣！』姚令言乃率百餘騎迎泚於晉昌里第，泚乘馬擁從北向，燭炬星羅，觀者萬計，入居含元殿。明日，移處白華殿，但稱太尉。朝官有謁泚者，悉勸奉迎鑾駕，卽不合泚意，皆逡巡而退。源休至，遂屏人移時，言動悖逆，又盛陳成敗，稱述符命，勸其僭僞，泚甚悦之。又李忠臣、張光晟繼至，咸以官閑積憤，樂於禍亂。鳳翔、涇原大將張廷芝、假誠諫以潰卒三千餘，自襄城而至，賊泚自謂衆望所集，僭竊之心，自此而定，乃以源休爲京兆尹、判度支，李忠臣爲皇城使，段秀實久失兵柄，故推心委之遂發鋭師三千。言奉迎乘輿，實陰有逆謀。秀實與劉海賓謀誅泚，且虞叛卒之震驚法駕，乃潛爲賊符，追所發兵。至六日，兵及駱驛而回，因與海賓同入見，泚爲陳逆順之理，而海賓於靴中取匕首爲其所覺，遂不得前。秀實知不可以義動，遽奪源休象笏，挺而擊泚，仍大呼曰：『反虜萬段！』泚舉臂衞首，秀實格拉之，恟恟然，李忠臣馳助泚，泚素多力，纔破其面，逆徒譟集，秀實、海賓遂並見害。

明日，聲言以親王權主社稷，士庶競往觀之。八日，源休、姚令言、李忠臣、張光晟等八人，道泚自白華入宣政殿，僭卽僞位，自稱大秦皇帝，號應天元年，愚智莫不憤心。侍衞皆卒伍，行列不過十餘人。下僞詔曰：『幽囚之中，神器自至，豈朕薄德所能經營。』彭偃之詞也。僞署姚令言爲侍中，李忠臣爲司空、兼侍中，源休爲中書侍郎、平章事、判度支，蔣鎮爲吏部侍郎，樊係爲禮部侍郎、禮儀使，許季常爲京兆尹，洪經綸爲太常少卿，彭偃爲中書舍人，裴揆、崔幼貞爲給事中，崔莫爲御史中丞，張光晟、仇敬忠、敬釭、張寶、何望之、段誠諫、張庭芝、杜如江爲節度使，仍以其兄子遂爲太子，遥封弟滔爲冀王、太尉、尚書令，尋又號皇太弟。

十日，泚自領兵侵逼奉天，竊威儀輦輅，闐溢道途，蟻聚之衆，軍勢頗盛，以姚令言爲元帥，張光晟爲副。以李忠臣爲京兆尹，皇城留守，居中書省，尋以蔣鎮爲門下侍郎，李子平爲諫議大夫兼平章事。泚軍合於城下，渾瑊、韓遊瓌御之，泚衆大敗，死者萬計，泚收軍於奉天東三里，下營，大修攻具。明日，泚又分兵營於乾陵下瞰，城内大震。十一月三日，杜希全與泚衆戰於漠谷，官軍不利，自是泚益驕大。王師乘城而戰，人百其勇，賊多敗衄。或出野戰，官軍又獲利焉。泚乃大驅百姓填壍，夜攻城，城中設奇以應之，賊乃退縮。西明寺僧法堅有巧思，爲泚造雲梯。十五日辰時，梯臨城東北隅，城内震駭。渾瑊使侯仲莊設大坑，爲地道陷之，又縱火焚其梯，東風起，吹我軍，衆頗危。俄而風回，吹賊軍，瑊益薪潑油，萬鼓齊震，風吹俱熾，須臾，雲梯與凶黨同爲灰燼。城中三門悉出兵，王師又捷其夜兵復出攻，泚衆敗績。李懷光以五萬人來援，自河北至，泚衆惶駭，因而大潰，長圍遂解焉。衆庶以懷光三日不至，城則危矣。

三十日夜，泚走至京城，時姚令言於城中造戰格抛樓，每坊團結，人心大異。泚自奉天回，乃悉令去之，曰：『攻戰吾自有計。』前此每三五日，卽使人僞自城外來，周走號令曰：『奉天已破。』百姓聞之，莫不飲泣，道路閴寂。時有入台省吏人，不過十數輩，郎官六七人，而亦令依常年舉選，初有數十人陳狀，旬日亦皆屏退。泚自號其宅曰『潛龍宮』。悉移内庫珍貨瓌寶以實之，識者曰：『《易》稱「潛龍勿用」，此敗徵也。』無幾，百姓剽奪其珍寶，泚不能禁止。

明年正月一日，泚改僞國號曰漢，稱天皇元年。二月，李懷光既圖叛逆，遣使與泚通和，鑾駕幸梁、洋，自此衣冠之潛匿者，出受僞官十七八焉。懷光初與泚往復通好甚密，以錢穀金帛互相饋遺，泚與書，事之如兄，約云：『削平關中，當割據山河，永爲鄰國。』及懷光決計背叛，逼乘輿還幸，泚乃下僞詔書，待懷光以臣禮，仍徵兵馬，懷光既爲所賣，慚怒憤恥，遂領衆遁歸河中。

三月，李晟、駱元光、尚可孤之衆，悉於城東累敗泚衆。四月，泚使韓旻、宋歸朝、張庭芝等寇武功，渾瑊以衆及吐蕃論莽羅大敗歸朝，殺逆黨萬餘人於武亭川。五月，泚又使仇敬忠寇藍田，尚可孤擊之，大破泚衆，擒敬忠斬之。李晟、駱元光、尚可孤遂悉師齊進，晟屯光泰門，逆徒拒官軍，王師累捷。二十八日，官軍入苑，收復京師，逆黨大潰。泚與姚令言、張庭芝、源休、李子平、朱遂以數千人西走，其餘黨或奔竄，或來降。泚衆緣路潰散，乃奔涇州，才百餘騎，田希鑑閉門登陴。泚令謂鑑曰：『我與爾節度，何故背恩？』希鑑乃使人自城上擲泚所送旌節於外，續又投火焚之。泚遂過數里，息於逆旅。泚將梁庭芬入涇州説田希鑑曰：『公比日殺馮河清背叛，今雖歸順，國家必不能久容。公他日不免受禍。何如開門納朱公，與共成大事。』希鑑以爲然，庭芬乃追及泚言之，泚大悦，使庭芬卻往涇州。庭芬請授己尚書、平章事，泚不從。

時賊中以卻月大雨，僞星官謂泚曰：『當以宗中年長者禳其災變。』泚乃毒殺重曜，而以王禮葬焉。及京師平，亦出其屍而斬之。姚令言自有傳。

論説

《舊唐書》卷一三《德宗紀論贊》 德宗皇帝初總萬機，勵精治道。思政若渴，視民如傷。凝旒延納於讜言，側席思求於多士。其始也，去無名之費，罷不急之官；出永巷之嬪嬙，放文單之馴象；減太官之膳，誡服玩之奢；解鷹犬而放伶倫止，榷酤而絶貢奉。百神咸秩，五典克從，御正殿而策賢良，輟廷臣而治畿甸。此皆前王之能事，有國之大猷，率是而行，夫何敢議。加以天才秀茂，文思雕華。灑翰金鑾，無愧淮南之作；屬辭鉛槧，何慙隴坻之書。文雅中興，敻高前代，二南三祖，豈盛於兹。然而王霸迹殊，淳醨代變，揆時而理，斟酌斯難。苟於交喪之秋，輕取鄙夫之論，歷觀近世，靡不敗亡。德宗在藩齒胄之年，曾爲統帥；及出震承乾之日，頗負經綸。故從初罷郭令戎權，非次聽楊炎謬計，遂欲混同華裔，束縛姦豪，南行襄漢之誅，北舉恆陽之伐。出車雲擾，命將星繁，罄國用不足以餽軍，竭民力未聞於破賊。一旦德音掃地，愁歎連甍，果致五盜僭擬於天王，二朱憑凌於宗社。奉天之窘，可爲涕零，罪已之言，補之何益。所賴忠臣戮力，否運再昌。雖知非竞逐於楊炎，而受侫不忘於盧杞。用延賞之私怨，奪李晟之兵符；取延齡之姦謀，罷陸贄之相位。知人則哲，其若是乎！貞元之辰，吾道窮矣。

贊曰：聰明文思，惟睿作聖。保姦傷善，聽斷不令。御曆三九，適逢天幸。賜宴之辰，徒矜篇咏。

宋・范祖禹《唐鑑》卷一三《德宗二》　臣祖禹曰：昔秦逐匈奴，戍五嶺而陳勝起大澤，隋伐突厥、高麗而楊玄感亂爲黎陽，自古攻戰不已，傾國以外向者，必召內患，民疲而本摇故也。襄城之危，德宗以爲至憂，故竭天下之力以救之，而不知大盜之覆都邑，譬之欲除疥而疾潰於腹心，欲救四支而禍發於頭目，兵革既起，天下之變，其可勝慮乎！

又　卷一七《憲宗》　臣祖禹曰：人君之患，在狃於一勝而欲事所難，不知敵之彊弱堅脆而輕用其武，一戰不克，喪威長寇，征伐不息，或起內患，德宗奉天之亂是也。夫根深則難拔，疾固則難除。先王內修政事，外攘夷狄，其爲之有本末，圖之有先後，是以無欲速輕舉之悔也。

宋・張耒《柯山集》卷三六《唐德宗論》　德宗憤藩鎮之强僭，有鞭撻海內之志，竭其帑藏，空其禁衛，以從事於伐叛。然師出無功，兵連禍結，大盜竊發，身播國殘，滅亡之禍，間不容髮。自是之後，亂不得熄，至於憲宗，用一裴度，決策出師，淮西既平，山東河北，强藩大鎮，弭耳聽命，終憲宗之世，海內略定，二帝於用兵伐叛則同，而功烈何其相反也？蓋攻堅則瑕者堅，攻瑕則瑕者瑕，德宗始使馬燧、李抱眞討田悅。魏鎮自承嗣以來，兵强國富，屹然大鎮，非可易攻者也。二將之力，弊於田悦而王武俊、朱滔相煽而起，自魏至燕數千里間，莽爲戰場，而四方諸侯，始輕京師。淮西雖積於叛，然數郡之地也，暴取其才，虐用其民，爲日久矣。危亡之機已見，而元濟昏庸，倔强其間，此特不欲取耳。取之可以必得，豈與河朔諸鎮比哉？憲宗乘其機，察其時，一舉而滅之，而李師道、王承宗之徒，或誅或臣，而四方靡然效順矣。此無他，德宗先攻其堅，敵未已，而已之氣先索，力先弊矣。已索之氣，既弊之力，人所易侮，此朱泚、李懷光所以陸梁而不忌也。憲宗先攻其易，碎其巢穴，戮其鯨鯢，兵雖未出而氣已震於天下，師道、承宗所以消沮而不能抗也。有扛鼎之力者，使之負石而趨，終日則必蹶，立談之間而礫，嬰兒則賁育在旁，必且心悸。此攻堅攻瑕之論也。

清・愛新覺羅・弘曆《御製樂善堂全集定本》卷五《唐德宗論》　世之論德宗者，以爲有三失焉。一曰事姑息，二曰任閹宦，三曰好聚斂，而不知其致亂之由，則在於用小人而忌君子。也觀其卽位之初，用崔佑甫爲相，而天下清寧，屢有善政，卻李正己之幣，而賜其本軍，非務姑息也。杖中使邵光超，非任閹宦也。詔罷四方貢獻，非好聚斂也，故翕然稱治幾於貞觀。而盧杞一用，三者皆反之，馴致涇原之亂，豈非治亂興衰之明驗？與在奉天時，朱泚圍城，救兵不至，於是始信陸贄，言聽計從，下罪己之詔，而軍士感泣。懷光再叛，帝幸梁州，中路失贄，至於痛哭，用其謀，社稷復安。至於復國之後，鳥盡弓藏，以讒見遠，懼藩鎮之禍，而繼以姑息。念窘窮之敝，而加以好貨，中使用事，天下衰微，是猶弱病方愈，而懲其不能飲食，加之以飽食酣飲，豈不殆哉！原其本末，則始之清明由用崔佑甫，其亂由用盧杞，其復故都，由信任陸贄其後復幾至於亂，由不卒用陸贄而貶斥之。一人之身，所爲如是，蓋能戒之於有事之日，而不能謹之於無事之時也。其致亂顧不宜哉！

清・吳孟堅《一草亭讀史漫筆二・唐德宗》　史稱帝性猜多忌，喜諛惡直，是君道之宜戒者，帝皆兼之矣。終唐之世，奸相惡閹禍國，實德宗成之。孟子所謂不仁者，可與言哉！誠哉可以類德宗矣。

又　《李晟》　晟之立功亦不在郭公下，其復神京，破朱泚，制懷光斬，希鑑以明法，竭心力以術上，猶不免於猜忌，然則功臣亦難居矣哉。

清・王楨《史弋》卷下《顏眞卿》　嗚呼！眞卿之死其職，豈足以盡公之節哉？惟歷折權奸而始終不以死生爲顧慮，非篤於遒者，何能致此！雖然，朝有元老如眞卿，而出使希烈，已歷年矣。生死存亡。德宗曾不之問也，而卒爲希烈所殺，豈不惜哉！吁，希烈何能殺眞卿也，實德宗殺之爾。

藝文

宋・羅公升《宋貞士羅滄州先生集》卷二《燕城讀史・唐德宗》

德宗急詒相見質，間架算盡瓊林開。魯宣强聒亦徒耳，直到山南未覺來。

元・楊維楨《鐵崖詠史》卷六《孔巢父》　孔巢父，竹溪流，竹溪之水可飲牛，胡爲乎乾肉食謀？孔巢父，盍歸來，河北虎幸斃，河中虎方威。孔巢父，不歸去，十年東海迷烟霧，釣竿空負珊瑚樹。

明・李東陽《西涯樂府》卷下《問中使》 問中使，幾日發長安？老臣當死，死不難。中使言，從大梁至。大梁賊耳，胡稱使？君不見，吐蕃使者中道亡，相臣節度死鳳翔。老姦有貌幸不揚，三年佨食居廟堂，澧州客死非人殃。

又《司農笏》 司農手中無寸鐵，奮笏擊賊賊腦裂。賊雖未死氣已折，奉天天子雙淚横。十年葉卿眞負卿，臣身區區勞記憶，平原太守曾未識。

清・謝啓昆《樹經堂詠史詩》卷六《唐・德宗》 二朱殿扈勢縱横，五盜稱王瞰帝京。藍面中丞多誤國，盲心宰相不知兵。行無襦袴三軍怨，稅有方圓面庫盈。魚藻水嬉荒宴甚，元良猶幸繼離明。

又《段秀實》 尚書門下戴頭來，郭氏功名亦殆哉。一宿行營衷甲罷，四更驚鼓亂心回。司農倒用符飛速，狂賊横行膽已摧。奮笏坐中驚唾面，至今碧血未成灰。

清・史夢蘭《全史宫詞》卷一三《唐・德宗》 内旨新宣立五坊，连朝遊獵賦長楊。鶻鵰鷹大皆邀賞，獨賜雲離一品糧。

清・陳啓疇《詠史擬古樂府》卷下《大梁使》 老臣罪當萬死，長安幾日來此？使者答云自大梁，有敕賜死卿休傷，咄嗟大梁乃賊耳，使何模糊稱敕旨？恨無司農笏，親擊眼中賊，掘坎積薪枉脅逼。

又《東渭橋》 馬齋蕭，東湯橋，忠義薄雲霄。羣賊慘不驕，乘與播越臣心焦，掃除凶慝仗死力，餘勇誓杀河中賊。五日家信斷消息。咄嗟！大尉中書等閒棄，麟閣雲臺何足異？有子雪夜擒元濟。

清・王廷紹《淡香齋詩草》卷二《唐・顏眞卿》 姦人盧杞札殺文忠，元老平教陷賊中。黄土久甘理寢室，白頭難更宿齋宫。兵連河北功猶在，兄有常山命共窮。號得魯公應不恨，書生能匹楚重瞳。

又《段秀實》 禁兵寡弱誤朝廷，語奏朝廷竟不聽。涇地廢臣曾怨望，唐家天子又飄零。追軍那辨司農印，當代空傳相笏經。逆豎血流公就死，咸陽西去路冥冥。

又《李晟》 淩烟難畫寸心丹，垂老西平淚未乾。寇去懷光安國易，相遭廷賞釋仇難。憂讒欲託頭陀寺，置散虚隆太尉官。能保忠臣惟李泌，怪他仙骨曰珊珊。

清・曹振鏞《話雲軒詠史詩》卷下《唐・顏眞卿》 甘雨眞隨御史來，嚴霜烈日把天回。羯奴祇作書生待，盟主誰知太守推。討向禄山忠獨奮，此從希烈志難摧。不能屈節當焚死，赴火何愁化劫灰。

又《段秀實》 張椎高筑事從同，象笏淋灕奮擊中。倉卒兵符一印倒，遷延鼓節四更終。臨危肆罵呼狂賊，侍病忘餐號孝童。可惜殿前會畫地，安邊有策未收功。

又《李晟》 錦裘繡帽陣前裝，態度從容氣激昂。執法立誅劉德信，移書切讓李懷光。偏當羣賊圍城壘，獨領孤軍入戰場。不是忌功兵柄奪，吐蕃何自劫平涼？

清・張晉《艷雪堂詩集》卷一《讀唐書列傳二十八首・段秀實》 殿前戎服對源休，一擊驚看面血流。豈有武人能辨此，即無逸事亦千秋。追兵倒用司農印，植槊高懸悍卒頭。梁上大綾三百疋，塵封依舊未曾收。

又《田悦》 築壇建號抗王師，欲效連衡事大奇。益土可曾先有兆，此云眞是太無知。軍前痛哭持刀日，帳下要盟斷髻時。悔不長驅應殄滅，罪歸三帥復何辭。

又《李希烈》 席前流血任縱横，殘忍鴟張本性成。滑石嘉祥須自詡，濕梢名字亦堪驚。臨終斷送來仙甫，餘毒遷延到少誠。更羨含桃潛蠟帛，實家女貌果傾城。

清・鮑桂星《覺生詠史詩鈔》卷二《唐・段秀實》 僞將迎鑾勢已危，司農倒印急追之。孤忠振駭諸狂賊，一笏高凌百義旗。早戴頭來寧復惜，空差手搏竟何施。六軍神策無人至，憶否成公抗疏時。

又《李晟》 萬人敵自少年稱，重返皇輿國祚興。突騎精兵猶步伐，錦袭繡帽獨飛騰。生兒異日擒元濟，致主當年慕魏徵。卻恨奪公兵柄早，吐蕃戎馬得憑陵。

清・羅惇衍《集義軒詠史詩鈔》卷三七《唐六・段秀實》 印倒司農勢殆哉，血濺象笏有餘哀。老臣魂逐鑾輿去，逆將兵追駱驛回。禁旅儻憂環衛弱，涇師爭得斬關來。奉天他日思忠讜，空悔當年不盡才。

又《李晟》 艱難百戰佐中興，敢諫君偏慕魏徵。太尉官高兵柄解，吐蕃盟敗佞臣憎人能俻怨無如相，身爲憂讒悔不儈幸有鄰侯工瘖主，衰朝恩寵始終承。

又《孔巢父》 海東垂釣拂珊枝，仙骨天生志不羈。幾卷詩留草堂詠，六人名併竹溪馳。江淮幕避强藩府，魏博軍慙劇賊師。惆悵河中宣慰後，辯才空望有歸期。

雜録

《舊唐書》卷三七《五行志》 建中初，魏州魏縣西四十里，忽然土長四五尺數畝，里人駭異之。明年，魏博田悅反，德宗命河東馬燧、潞州李抱真討之，營於陘山。幽州朱滔、恆州王武俊帥兵救田悅，王師退保魏縣西。朱滔、武俊、田悅引軍與王師對壘。三年十一月，朱滔僭稱冀王，武俊稱趙王，田悅稱魏王。悅時壘正當土長之所，及僭署告天，乃因其長土爲壇以祭。魏州功曹韋稔爲《益土頌》以媚悅。馬燧聞之，笑曰：「田悅異常賊也。」

又 卷四八《食貨志上》 德宗朝討河朔及李希烈，物力耗竭。趙贊司國計，纖瑣刻剝，以爲國用不足，宜賦取於下，以資軍蓄。與諫官陳京等更陳計策，贊請稅京師居人屋宅，據其間架差等計入，陳京又請籍列肆商賈資產，以分數借之。宰相同爲欺罔，遂行其計。中外沸騰，人懷怨望。時又配王公已下及嘗在方鎮之家出家僮及馬以助征行，公私囂然矣。後又張滂、裴延齡、王涯等，剝下媚上，此皆足爲世戒者也。

《新唐書》卷五三《食貨志三》 及田悅、李惟岳、李納、梁崇義拒命，舉天下兵討之，諸軍仰給京師。而李納、田悅兵守渦口，梁崇義搤襄、鄧，南北漕引皆絶，京師大恐。江淮水陸轉運使杜佑以秦、漢運路出浚儀十里入琵琶溝，絶蔡河，至陳州而合。自隋鑿汴河，官漕不通，若道流培岸，功用甚寡；鷄鳴岡首尾，可以通舟，陸行纔四十里，則江、湖、黔中、嶺南、蜀、漢之粟可方舟而下，繇沙趣東關，歷潁、蔡，涉汴抵東都，無濁河泝淮之阻，減故道二千餘里。會李納將李洧以徐州歸命，淮路通而止。户部侍郎趙贊又以錢貨出淮迂緩，分置汴州東西水陸運兩稅鹽使，以度支總大綱。

唐·陸贄《翰苑集》卷一《奉天改元大赦制平朱泚後改建中五年爲興元**元年》** 門下：【略】夫人情不常，繫於時化；天道既隱，亂獄滋豐。朕既不能宏德道人，又不能一法齊衆，苟設密綱，以羅非辜，爲之父母，實增愧悼。今上元統歷，獻歲發生，宜革紀年之號，式敷在宥之澤，與人更始，以答天休。可大赦天下，改建中五年爲興元元年。自正月一日昧爽以前，大辟罪已下，罪無輕重，咸赦除之。李希烈、田悅、王武俊、李納等，有以忠勞，任膺將相，有以勳舊繼守藩維。朕撫馭乖方，信誠靡著，致令疑懼，不自保安。兵興累年，海内騷擾，皆由上失其道，下罹其災，朕實不君，人則何罪，屈已弘物，予何愛焉。庶懷引慝之誠，以洽好生之德，其李希烈、田悅、王武俊、李納及所管將士官吏等，一切併與洗滌，各復爵位，待之如初，仍即遣使，分道宣諭。朱滔雖與賊泚連坐，路遠未必同謀，朕方推以至誠，務欲弘貸，如能效順，亦與惟新。其河南河北諸軍兵馬，併宜各於本道自固封疆，勿相侵軼。

又 卷三《誅李希烈後原淮西將士并授陳仙奇節度詔》 反易天常，悖違人紀，衆之所棄，罔或逃誅。李希烈蔑義背恩，窮姦極暴，謂神器可以力取，謂生靈可以詐欺。志在凶殘，躬行僭竊，罪無與比，法實難容。以君德不修，致人於禍，究其端本，過實在予。不忍烝黎，重相攻戰，屢施詔命，務欲懷柔。抑羣帥奮發之誠，駐諸軍討逐之勢，不憚屈己，期於息人。希烈曾無悛心，益逞驕志，虐毒滋甚，吞噬無厭，惡貫既盈，自底夷滅。開府儀同三司御史中丞臨漳郡王陳仙奇，忠勇有餘，沉毅能斷，據闔境受汙之憤，道三軍思順之心，唱義一呼，羣情響附，廓清氛祲，殲戮渠魁。驛書上聞，函首入獻，方隅既乂，役戍其休。懸賞之科，是宜必信。其以仙奇爲檢校工部尚書兼蔡州刺史御史大夫、充淮西節度，仍賜實封五百户。應淮西管内將士官吏百姓等，頃迫凶威，遂從脅制，既誅元惡，俱是平人，除李希烈一家，其餘併準前後赦敕原放，更無所問。其將士等，或本屬平盧，或久鎮淮右，素推忠義，累著勳庸，果能叶志同謀，輸誠奉順，以兹節效，良有可嘉。委仙奇即以諸色官錢，優與宴勞。其中首建謀議，同斬希烈人等，宜併條録聞奏，節次褒賞。比年以來，有潛圖效順，節義著明，計或未行，爲賊屠害者，亦當審加訪察，具事績以聞；如有子孫，仍併録名聞奏。百姓等久經淪陷，兼被傷夷，遐想凋殘，實足哀憫，除供當道軍用外，宜給二年。應被希烈差點兵馬及團練子弟，併即放散，其本額將士之中，有不樂在軍，願歸農業者，委節度刺史量給逃死户田宅，併借貸種糧優給復終身，使之存濟，宜令尚書左丞鄭叔則充淮西宣慰使。嗚呼！往欽哉。自希烈叛命，於今五年，王澤不通，下情亦阻。所宜宣我信令，以釋危疑，敷我惠和，以慰疲瘵。滌清汙俗，咸與惟新，底難一方，以稱朕意。

又《重原宥淮西將士詔》　乃者希烈亂常，阻兵竊號，汙脅士衆，殘虐烝黎。朕志在好生，誠深罪己，爲人受恥，不忍加兵。惟兹一軍，代著忠節，果殲元惡，不替舊勳。詢於衆情，就拜戎帥，人亦勞止，期於小康。旋乖恤下之方，重致喪身之禍，由朕薄德俾人不寧，撫臨萬邦，且愧且悼。猶賴將校士旅，秉其誠心，邦人不驚，軍部無撓，以兹節效，良有可嘉。所宜慰安，俾洽寬澤。應將士吏人承前所有諸過犯，罪無輕重，一切釋放，曠然昭洗，咸與惟新。其有先請受莊宅財物者，各以見管爲主。將士衣賜節料併家口糧賜等，一切併準舊例，以時給付，不得停減。先令優與賞設，亦準元敕處分，務令豐厚，以稱朕懷。仍加曉諭，各委知悉。

又　卷五《安撫淮西歸順將士百姓敕》　李希烈首亂淮瀆，又侵滎汴，凶威所及，罔不脅從。百姓既罹於網羅，將士兼質其家口，哀我衆庶，銜冤莫伸，雖欲歸降，何有自達。朕爲人父母，不克保安，遂使忠良，横遭脅汙，興言憫悼，思惻深衷。今王師四臨，所至剋捷，將士百姓，款附甚多。或棄其鄉園，或捐其家族，脱身效節，良有可嘉，特宜撫綏，以獎誠效。應淮西界内及鄭汴等州將士歸順者，委所在節度防禦等使便與收管，切加存恤，優給資糧，仍各具名銜聞奏，當與甄獎，併給遣衣賜。其百姓從賊界内歸順者，亦委所在觀察使刺史量以本道諸色錢物賑給，令得存濟。如情願便住者，即配與死户田宅，使營生業。若欲赴諸州縣者，隨其所之，當時給文牒發遣，不得止遏。所至之處，準前優賞。率土之内，莫非王臣，雖陷冠中，諒非獲已，但能效順，即是平人，務於招綏，副朕所恤。

又《不許諸軍侵擾敕》　李希烈阻兵淮右，虐害烝人，朕哀憫無辜，横遭脅制，若興師行伐，則玉石俱焚，所以頻下詔書，再三開諭，曾無悛革，但益憑陵。忠勇之徒，皆思奮激。朕悔於征伐，務在含容，以一夫無良，遂百姓罹禍，安人忍恥，初是素懷。今東作方興，麥秋在近，儻行侵抄，深害農功，一方之人，實足矜憫。應與淮西接界州縣，各委本道都統節度都防禦團練等使，明申前敕，嚴設隄防，務使農人，遂其耕獲。賊若不先侵軼，但自保守封疆，勿令越境，暴犯田苗。及有侵掠，務宣朝化，以洽遠人，仍於所在界首，明加招諭，咸令知悉。

宋·李昉等《文苑英華》卷五八八《韓翃〈爲李希烈謝留後表〉》

臣某言：中使梁某至，伏奉今月日制書，授臣使持節蔡州刺史兼御史中丞充淮西節度觀察度支營田等使留後。特達睿恩，殊常寵寄，權兼專席，榮重褰帷，稠疊聖慈，心魂戰越。臣某中謝，臣少小孤遺，又無藝術。叔父忠臣，勵以成人，自屬艱難，親承任使。備牙門之將，總帳下之兵。耳目腹心，臣當職分；毫厘絲發，臣合知委。而依阿從事，曖昧居心。羣小用權，臣不能規諫；三軍潛怨，臣不能警覺。蒼黄之際，遂成禍階。十起之恩，低佪未報；一朝之難，逼迫見留。白刃交前，脱身無路。謝安内舉，竊效驅馳；疏廣告歸，獨乖隨從。在臣情地，何以自容？雖早殄仇讐，纔雪家怨，而自慙面目，有負國恩。豈謂降以殊私，副兹重鎮。上承朱邸之令，下奉玉帳之謨。權副九州，地方千里。在臣微眇，難繼威聲。豈臣竊賣舊勳，謬膺殊澤？撫心泣血，何地自容？特望聖恩，察臣微懇，選朝廷舊德，副節度重權。許臣歸骨關西，死且不朽。

宋·宋敏求《唐大詔令集》卷一一八《政事·招諭·招諭淮西將吏敕》　敕：朕臨御已來，連兵不息，自經播越，方歷險難，耳聞鼙鼓之聲，目覩殺傷之苦。由是覺悟，悔於興師。既省已以知非，欲人之遷。此下有闕文即據界首及行營軍額，分配定數，逐便支送。仍委本道統節度、防禦、都團練使，即條録功第名銜聞奏，併與甄敍。其行營將士，仍各放歸本道，明加宣諭，令悉朕懷。

又　卷一一九《政事·討伐上·討李希烈詔》　李希烈：頃梁崇義叛逆，使之專徵，既集勳庸，大加恩禮，名極台輔，賞延子孫。而乃負德棄身，去忠效逆，攻劫道路，擅攻鄧州，而又圖汴州，攘奪尉氏，攻圍鄭圃，暴犯汝墳，已敕神策、汴滑、河陽東、汝州、淮南、山南、荆南、湖南、劍南、江西、鄂岳等道十五萬衆，克日齊進。吊人靖亂，罪止元凶，有能斬希烈歸降者四品已上，以希烈官爵授之，五品已下封異姓王，實封四百户。諸軍將士斬希烈者，亦準此例封賞。以軍城降者，便以其職授之，賜其實封。賊平後，除供當道外，百姓給復三年。朕德之不明，化有不洽，未躋仁壽，尚勞甲兵，中心咎悼，無忘鑒寐。

又《討李希烈詔》 朕臨御萬方，失於君道，兵革不息，於今五年。憫衆庶之勞，悔征伐之事。而李希烈蔑義棄德，反道畔常，朕哀彼生靈，陷於塗炭，苟存拯物，不憚屈身。故於首春，特布新令，赦其殊死，待以初誠。使臣才及於郊畿，巨猾已聞於狡竊。酷烈滋甚，吞噬無厭，將相大臣，咸懷憤激，繼陳章疏，固請討除。朕以天誅，本欲去害，兵戈既接，玉石難分，言念忠良，遭罹脅制，雖欲改節，厥路無由，受汙終身，銜冤没代，淪胥以逆，誠足痛傷。豈孽自一夫而毒流百姓，爲民父母寧不疚懷！宜令諸節度使將欲進軍，先加曉諭，王師致討，準在元凶，所是脅從，一切勿問。如能去逆效順，因事建功，設科以示褒勸。

又 卷一二一《政事・捨雪上・放李希烈將士還本本道詔》 李希烈負恩作亂，劫脅平人，朕念生靈無辜，務欲息兵捨罪，累行赦令，皆許自新。言必再三，事出誠素，此朕含垢忍恥，屈法爲人之心，天下所明知也。希烈又固執凶圖，驅脅將士，違我詔命，犯我軍兵。今月三日，遣僞署申隨唐鄧四州都知兵馬使杜文朝率馬步五千人入襄州北界。山南東道節度使樊澤勒兵馬與戰，大破其徒，斬級生擒，盪除略盡。又於陣上生擒杜文朝及大將馬坦然等，此皆朕德不昭感，殺未敢行，致使平人，脅從逆命。首帥有罪，其人何辜？朕所以有哀悼心，感事增歎，猶冀改過，尚可息兵。再明屈已之心，式洽好生之義。其陣上生擒將士馬坦然等七百九十人，宜令樊澤給衣服粮食，併令放還，併寫前後赦文敕命宣示朕懷。將士等有能嚮化者，准赦令一切不問，官爵如初，其有傷痍壞支體，併委醫療，令其得所。其陣上所殺人，宜差由官於側近埋瘞，兼立碑記，無使暴露，鬱吾春和，其杜文朝，身領全軍，事得由已，不得歸順，力屈就擒，得當日有處分。

又 卷一一六《政事・慰撫中・貞元元年八月慰撫平盧軍先陷在淮西將士敕》 敕：淮寧軍將士等，頃自平盧，來越赴國難，涉溟海不測之險，滅凶賊作亂之徒。其後分鎮淮西，防秋壠上，奉我王事，久著勳勞。或耆老見存，子弟相繼，舉其誠效，併是勳臣。頃被李希烈脅從，無路申雪，永言勳舊，實可憫傷。邇者已敕諸軍，不加征伐，冀能相率，歸保功名，副我念舊之心，成其自新之節。其陷在淮西將士，應有親族，在節度觀察使及刺史縣令等，切使安存，使皆得所。如有在宅店鋪奴婢六畜産業等，各任如舊，不得輒有侵擾。如全家没在淮西，更無親族爲主者，卽官爲檢校，待當主復，卽時檢付。仍分明布告，咸使知之。

又 卷一一八《政事・招諭・楊炎〈諭梁崇義詔〉》 敕：朕聞君臣之分，義固金石；將相之職，任同安危。在昔哲王，罔不注意。體合股肱，則付之以大位；道暌終始，則載之以丹書。所以保親諸侯，弘樹一德者也。朕自纂統，於茲三載，兢兢業業，日慎一日。任夫難任，安夫難安。實賴公侯藩輔，作鎮於外；將帥戎士，盡瘁勤王。冀忠賢之同德，躋億兆於仁壽。思達寤寐，動推至誠，大開匈月懷，彰示天下。雖姦邪不逞，搆造異端，離間往來，反白作黑，下動危疑之勢，上陳似是之言。焚其表章，前後數四，未嘗不寘以極法，竄於窮荒。庶夫讒謏杜口，謡妄卷迹，中外上下，俱臻大和，豈止同體之不疑，萬方之知我而已。金紫光禄大夫檢校刑部尚書襄州刺史山南東道節度使梁崇義，往以邦家不寧，襄漢未静，奮自諸將，累建戎勳。忠謀僉一，保大安衆；授鉞南紀，表正江山。勤輯士人，克謹侯度，惠化周洽，俗阜風移。踰二十年，績用光備，内修貢職，首課方州。朕夙茂勳德，用崇爵命，而忠規益勵，亟請來朝，期啓乃心，以成吾事。尋以郭昔鄭茂勳、鄭和叔等，姦謀參會，庸狡妄作。朕雖聽斷無惑，寘以嚴科；猶聞疑貳不安，外求援助。是何顛沛以舉，謂我齷齪。而今憮然懷想，深用歎惜。夫禹湯前古之聖後也一。夫不獲，有納隍之懼；齊桓霸者之中人也，舉讎棄怨，致九合之功。朕上而爲君，子有萬國，涉道日淺，誠明未敷。使心腹耳目之臣，負義懷忠之士，坐相猜阻，交質往來，構此異端，頓虧大節。頃亦頻遣將命，諭達至情。近得章奏，猶云隔在恩外。言之有犯，豈爲是乎？終用咎悔，永思更始。今予命爾檢校户部尚書同中書門下平章事，餘併如故。兼賜以鐵券鏤其庸，斯於永終，與國無極。是表至公之舉，用昭勿貳之懷。嗚呼！其敬之哉。無再聽邪說，無外蓄私心，唯臣道是固，惟國章是守。天命可畏，敬順予言。其管内諸將，三軍官健，久勤征鎮，咸著忠勞。數年已來，未更敍録，比類諸道，實合甄收。其大將委中書門下卽條件進擬，自餘委本使一月内具名聞奏。仍令殿中侍御史張著與使孟遊仙同往宣諭，布告軍府，令悉朕懷。

唐憲宗平蜀

綜　述

《舊唐書》卷一四《憲宗紀上》　憲宗聖神章武孝皇帝諱純，順宗長子也，母曰莊憲王太后。【略】順宗卽位之年四月，册爲皇太子。七月乙未，權勾當軍國政事。八月丁酉朔，受内禪。乙巳，卽皇帝位於宣政殿。【略】癸丑，劍南西川節度使、檢校太尉、中書令、南康郡王韋皋薨。甲寅，以常州刺史穆贊爲宣歙池觀察使，以前宣歙觀察使崔衍爲工部尚書。己未，以中書侍郎、平章事袁滋爲劍南東西兩川、山南西道安撫大使，時昌韋皋卒，劉辟據蜀邀節鉞故也。【略】

冬十月【略】戊戌，以宰臣劍南安撫使袁滋檢校吏部尚書、同中書門下平章事、成都尹、劍南西川節度觀察等使，以西川行軍司馬齊辟爲給事中。【略】壬申，【略】貶劍南西川節度使袁滋爲吉州刺史，以其慰撫三川逗留不進故也。【略】

十二月【略】甲辰，襄陽于頔加平章事。丙申，月犯畢。己酉，以新除給事中、西川行軍司馬劉辟爲成都尹、劍南西川節度使。歲星犯太微西垣。庚戌，金州復析漢陰縣置石泉縣。壬子，以右諫議大夫韋丹爲梓州刺史，充劍南東川節度使，以常州刺史路應爲宣州刺史、宣歙池觀察使。【略】

元和元年春正月【略】戊子，制：『劍南西川，疆界素定，藩鎮守備，各有區分。頃因元臣薨謝，鄰藩不睦，劉闢乃因虚搆隙，以忿結仇，遂勞王軍，兼害百姓。朕志存含垢，務欲安人，遣使諭宣，委之旄鉞。如聞道路擁塞，未息干戈，輕肆攻圍，擬圖吞併。爲君之體，義在勝殘，命將興師，蓋非獲已。宜令興元嚴礪、東川李康掎角應接，神策行營節度使高崇文、神策兵馬使李元奕率步騎之師，與東川、興元之師類會進討。其糧料供餉，委度支使差官以聞。』甲午，高崇文之師由斜谷路，李元奕之師由駱谷路，俱會於梓潼。

二月乙未朔，以度支郎中敬寬爲山劍行營糧料使。嚴礪奏收劍州。

三月【略】丙子，嚴礪收梓州。【略】壬辰，【略】以右神策行營節度高崇文檢校兵部尚書、梓州刺史、劍南東川節度。戊戌，以安南經略副使張舟爲安南都護、本管經略使。己亥，以前劍南東川節度使韋丹爲晉絳觀察使。

五月【略】壬申，貶劍南東川節度使李康爲雷州司馬。【略】

九月【略】辛亥，高崇文奏收成都，擒劉闢以獻。【略】戊子，斬劉闢幷子超郎等九人於獨柳樹下。

又　卷一四〇《韋皋附劉闢傳》　（韋）皋在蜀二十一年，重賦斂以事月進，卒致蜀土虚竭，時論非之。其從事累官稍崇者，則奏爲屬郡刺史，或又署在府幕，多不令還朝，蓋不欲洩所爲於闕下故也。故劉闢因皋故態，圖不軌以求三川，厲階之作，蓋有由然。【略】

劉闢者，貞元中進士擢第，宏詞登科，韋臯辟爲從事，累遷至御史中丞支度副使。永貞元年八月，韋皋卒，闢自爲西川節度留後，率成都將校上表請降節鉞，朝廷不許，除給事中，便令赴闕，闢不奉詔。時憲宗初卽位，以無事息人爲務，遂授闢檢校工部尚書，充劍南西川節度使。闢益凶悖，出不臣之言，而求都統三川，與同幕盧文若相善，欲以文若爲東川節度使，遂舉兵圍梓州。憲宗難於用兵，宰相杜黄裳奏：『劉闢一狂蹶書生耳，王師鼓行而俘之，兵不血刃。臣知神策軍使高崇文驍果可任，舉必成功。』帝數日方從之，於是令高崇文、李元奕將神策京西行營兵相續進發，令與嚴礪、李康掎角相應以討之，仍許其自新。

元和元年正月，崇文出師。三月，收復東。川乃下詔曰：『朕聞皇祖玄元之誡曰：「兵者凶器也，不得已而用之。」恭惟聖謨，常所祇服。故惟文誥有所不至，誠信有所未孚，始務安人，必能忍恥，朕之此志。亦可明徵。近者德宗皇帝舉柔服之規，授宰衡之傑，弘我廟勝，遂康巴庸，故得南詔入貢，西戎寢患。成績始究，元臣喪亡，劉闢乘此變故，坐邀符節。朕以成狂命者雖乖於理體，從權便者所冀於輯寧，竟乖卿士之謀，遂允幸求之志，朕之於闢，恩亦弘矣。曾不知恩，負牛羊之力，飽則逾凶；畜梟獍之心，馴之益悖。誑惑士伍，圍逼梓州；誘陷戎臣，塞絶劍路。

師徒所至，燒劫無遺，干紀之辜，擢髮難數。朕爲人司牧，字彼黎元，如闢之罪，非朕敢捨，可削奪在身官爵。」

六月，崇文破鹿頭關，進收漢州。九月，崇文收成都府。劉闢以數十騎遁走，投水不死，騎將酈定進入水擒闢於成都府西洋灌田。盧文若先自刃其妻子，然後縋石投江，失其屍。闢檻送京師，在路飲食自若，以爲不當死。及至京西臨皋驛，左右神策兵士迎之，以帛繫首及手足，曳而入，乃驚曰：『何至於是！』或紿之曰：『國法當爾，無憂也。』是日，詔曰：『劉闢生於士族，敢蓄梟心，驅劫蜀人，拒扞王命。肆其狂逆，詿誤一州，俾我黎元，肝腦塗地。賊將崔綱等同惡相扇，至死不回，咸宜伏辜，以正刑典。劉闢男超郎等九人，併處斬。』闢入京城，上御興安樓受俘馘，令中使於樓下詰闢反狀，闢曰：『臣不敢反，五院子弟爲惡，臣不能制。』又遣詰之曰：『朕遣中使送旌節官告，何故不受？』闢乃伏罪。令獻太廟、郊社，徇于市，即日戮於子城西南隅。

初，闢嘗病，見諸問疾者來，皆以手據地，倒行入闢口，闢因磔裂食之；惟盧文若至，則如平常。故尤與文若厚，竟以同惡俱赤族，不其怪歟！

又 卷一四六《嚴綬傳》 元和元年，楊惠琳叛於夏州，劉闢叛於成都，綬表請出師討伐。綬悉選精甲，付牙將李光顔兄弟，光顔累立戰功。蜀夏平，加綬檢校尚書左僕射，尋拜司空，進階金紫，封扶風郡公。

又 卷一四七《杜黄裳傳》 劉闢作亂，議者以劍南險固，不宜生事；唯黄裳堅請討除，憲宗從之。又奏請不以中官爲監軍，衹委高崇文爲使。黄裳自經營伐蜀，以至成功，指授崇文，無不懸合。崇文素憚劉澭，黄裳使人謂崇文曰：『若不奮命，當以劉澭代之。』由是得崇文之死力。既平闢，宰臣入賀，帝目黄裳曰：『此卿之功也。』後與憲宗語及方鎮除授，黄裳奏曰：『德宗自艱難之後，事多姑息。貞元中，每帥守物故，必先命中使偵伺其軍動息，其副貳大將中有物望者，必厚賂近臣以求見用，帝必隨其稱美而命之，以是因循，方鎮罕有特命帥守者。陛下宜熟思貞元故事，稍以法度整肅諸侯，則天下何憂不治！』憲宗然其言。由是用兵誅蜀、夏之後，不容藩臣蹇傲，克復兩河，威令復振，蓋黄裳啓其衷也。

又 卷一五一《高崇文傳》 高崇文，其先渤海人。崇文生幽州，樸厚寡言，少從平盧軍。貞元中，隨韓全義鎮長武城，治軍有聲。五年夏，吐蕃三萬寇寧州，崇文率甲士三千救之，戰於佛堂原，大破之，死者過半。韓全義入覲，崇文掌行營節度留務，遷兼御史中丞。十四年，爲長武城使，積粟練兵，軍聲大振。永貞元年冬，劉闢阻兵，朝議討伐，宰臣杜黄裳以爲獨任崇文，可以成功。元和元年春，拜檢校工部尚書、兼御史大夫，統左神策行營節度使，兼統左右神策、奉天麟游諸鎮兵以討闢。時宿將專徵者甚衆，人人自謂當選，及詔出大驚。崇文在長武城，練卒五千，常若寇至。及是，中使至長武，卯時宣命，而辰時出師五千，器用無闕者。軍至興元，軍中有折逆旅之匕箸，斬之以徇西從閬中入遂卻劍門之師，解梓潼之圍，賊將邢泚遁歸。屯軍梓州，因拜崇文爲東。川節度使。先是，劉闢攻陷東川，擒節度使李康，及崇文克梓州，乃歸康求雪己罪，崇文以康敗軍失守，遂斬之。

成都北一百五十里有鹿頭山，扼兩川之要，闢築城以守，又連八柵，張犄角之勢以拒王師。是日，破賊二萬於鹿頭城下，大雨如注，不克登乃止。明日，又破於萬勝堆。堆在鹿頭之東，使驍將高霞寓親鼓，士攀緣而上，矢石如雨，又命敢死士連登，奪其堆，燒其柵，柵中之賊殲焉。遂據堆下瞰鹿頭城，城中人物可數。凡八大戰皆大捷，賊搖心矣。

八月，阿跌光顔與崇文約，到行營愆一日，懼誅，乃深入以自贖，故軍於鹿頭西大河之口，以斷賊糧道，賊大駭。是日，賊綿江柵將李文悦以三千人歸順，尋而鹿頭將仇良輔舉城降者衆二萬。闢之男方叔、子壻蘇强先監良輔軍，是日械繫送京師，降卒投戈面縛者彌十數里，遂長驅而直指成都。德陽等縣城皆鎮以重兵，莫不望旗率服，師無留行。闢大懼，以親兵及逆黨盧文若齎重寶西走吐蕃。吐蕃素受其賂，且將啓之，崇文遣高霞寓、酈定進倍道追之，至羊灌田及焉。闢自投岷江，擒於湧湍之中。西蜀平，乃檻闢送京師伏法。文若赴水死。王師入成都，介士屯於大逵，軍令嚴肅，珍寶山積，市井不移，無秋毫之犯。

先是，賊將邢泚以兵二萬爲鹿頭之援，既降又貳，斬之以徇。衣冠陷逆者，皆匍匐衙門請命，崇文條奏全活之。制授崇文檢校司空，兼成都尹，充劍南西川節度、管內支度營田觀察處置、統押近界諸蠻西山八國云南安撫等使。改封南平郡王，食實封三百户，詔刻石紀功於鹿頭山下。

論説

宋・范祖禹《唐鑑》卷一七《憲宗》 臣祖禹曰：藩鎮之亂，異於諸侯。諸侯自上古以來有之，皆聖賢之後，王者不得而滅絶也。王畿不過千里，其外皆以封國，故王者不勤於德，則諸侯强大，其理勢然也。唐之藩鎮，本起於盗賊。其始也，天子封殖之，又從而姑息之，至於不可制，人主自取之也。憲宗一裁以法而莫不畏威，猶反掌之易，天下治亂，豈有不由君相者哉？

藝文

清・羅惇衍《集義軒詠史詩鈔》卷三八《唐七・杜黄裳》 赫赫中興輔相賢，獨將秋弊云當年。兩河盡復朝廷土，諸鎮從歸將帥權。詔詰賊臣流漢服，言爭嬌客拂衣傳。城南韋曲過鄉里，不信人翻劾受錢。

雜録

宋・宋敏求《唐大詔令集》卷一一八《政事・招諭・招諭討劉闢詔》 劍南西川，疆界素定，藩鎮守備，各有區分。頃因元臣薨謝，鄰境不睦，劉闢乃因虚搆隙，以忿報讎，遂勞三軍，兼害百姓。朕志在含垢，道務安人，遣使宣諭，委以旄鉞。如聞道路壅塞，未息干戈，輕肆攻圍，擬圖吞併。爲臣之體，義在勝殘；命將興師，蓋非獲已。宜令山南西道節度使嚴礪，領當道士馬，與劍南東川節度使李康，犄角應接，仍令神策行營節度使高崇文，領馬步五千人爲左軍，左右神策京西行營兵馬使李元奕，領馬步二千人爲攻軍，併相續繼發，仍仰高崇文等，各差人先與嚴礪計會齊進。朕以三蜀之人，本無過犯，征鎮將士，各著勳勞，迫於威制，不能自拔。各宜分明曉諭，令悉朕懷。如劉闢稟奉朝經，抽兵卻歸本鎮，朕務存誠信，必當委待如初。其效順之誠，臨陣歸款，高位重賞，當不食言。如尚執迷，自貽覆滅，法既無赦，令在必行。宜一乃心，恭守所職。其置頓、糧料等，仍委度支差官勾當，無令缺失。

又《招諭劍南諸州詔》 朕聞皇祖玄元之誡曰：『兵者凶器也，不得已而用之。』恭惟聖謨，常所祗服。故雖文告有所不至，誠信有所未孚，姑務安人，必能忍恥。朕之此志，亦可明徵。近者德宗皇帝舉柔服之規，授宰衡之任，宏我廟勝，遂康巴庸，故得南詔入貢，西戎寢患。成績始究，元臣喪亡，劉闢乘此變故，坐邀符節。朕以枉成命者，雖乖於理體；從權變者，所冀於輯寧。竟違卿士之謀，遂允僥求之志，朕之於辟，恩亦宏矣。曾不知負牛羊之力，飽則逾凶；畜梟獍之心，馴之益悖。誑惑士伍，圍逼梓州，誘陷戎臣，塞絶劍路。師徒所至，燒掠無遺，干紀之辜，擢髮難數。朕爲人司牧，宥彼黎元，如闢之罪，非朕敢舍。是用葉羣率之謀，除百姓之害，永清妖孽，底定一方，伐罪弔人，於是乎在。其逆賊劉闢在身官爵，宜併削除。今王師鼓行，尋濟天險，梓潼城守，已解攻圍，壓卵注螢，坐看撲滅。其西川將士，如有乘此聲勢，翻然改圖，梟斬凶魁，以效誠節，必當特加爵秩，高位重賞，朕無愛焉。其餘將吏等，便能去逆效順，以所領歸降者，超三資授官；以一身降者，亦與改轉。長行官健歸順者，併與敍録，仍加賞給。其西川管内刺史等，當其阻亂，孰克静柯，雖章表未通，而衷誠可見，今能歸款，亦仍舊職。如或乘機立效，因事建功，併特加酬賞，務極優厚。夫皇王之道，弔伐所加，義在除殘，情非樂戰。故脅從罔理，必誡於徂徵；焚溺是哀，俾興於徯怨。禁暴止亂，其在茲乎。况有迹陷凶徒，心非黨惡，歸我無路，遂至淪胥，言念斯流，尤深軫惻。所以明諭將帥，罪止渠魁，其餘染汙，一切勿問。布告遐邇，宜悉朕懷。

唐憲宗平吴

綜述

《舊唐書》卷一四《憲宗紀上》（元和二年）十月己酉，以浙西節度使李錡爲左僕射；以御史大夫李元素爲潤州刺史，鎮海軍、浙西節度使。庚申，李錡據潤州反，殺判官王淡、大將趙琦。時錡詐請入朝，署淡爲留後，因諷詔：『李錡屬列宗枝，任居方伯，窮赫奕之貴，飽綢繆之恩。待以親賢，報之以逆節；授其師旅，用云以亂常。累獻表章，亟請朝會，初則詐疾，後萬縱兵。僚佐以獻規受屠，王臣以傳命見脅。朕切於含垢，未忍發明，累降中人，令遵前旨。無輅車之戒路，有沴氣之滔天。加以日逞淫刑，月興暴賦。朕爲人父母，聞甚惻然，顧惟紀綱，焉敢廢墜！李錡在身官爵，併宜削奪。』以淮南節度使王鍔充諸道行營招討使，內官薛尚衍爲監軍，率汴、徐、鄂、淮南、宣歙之師，取宣州路進討。丁卯，以門下侍郎、平章事武元衡檢校吏部尚書，兼門下侍郎、平章事、成都尹，充劍南西川節度使，仍封臨淮郡公。將行，上御安福門慰勞之。癸酉，潤州大將張子閬、李奉獨等執李錡以獻。辛巳，錡從父弟宋州刺史銛，通事舍人銑坐貶嶺外。

十一月甲申，斬李錡於獨柳樹下，削錡屬籍。丙戌，以擒李錡潤州牙將張子良爲左金吾衛將軍，封南陽郡王；田少卿、李奉仙等爲羽林將軍，并封公。

又　卷一六四《李絳傳》　李絳字深之，趙郡贊皇人也。曾祖貞簡。祖剛，官終宰邑。父元善，襄州録事參軍。絳舉進士，登宏辭科，授秘書省校書郎。秩滿，補渭南尉。貞元末，拜監察御史。元和二年，以本官充翰林學士。未幾，改尚書主客員外郎。踰年，轉司勳員外郎。五年，遷本司郎中、知制誥。皆不離內職，孜孜以匡諫爲己任。

憲宗卽位，叛臣李錡阻兵於浙右。錡既誅，朝廷將輦其所没家財，絳上言曰：『李錡凶狡叛戾，僭侈誅求，刻剥六州之人，積成一道之苦。聖恩本以叛亂致討，蘇息一方。今輦運錢帛，播聞四海，非所謂式遏亂略，惠綏困窮。伏望天慈，併賜本道，代貧下户今年租税，則萬姓欣戴，四海歌詠矣。』憲宗嘉之。

《新唐書》卷一四六《李吉甫傳》　元和二年，杜黄裳罷宰相，乃擢吉甫中書侍郎、同中書門下平章事。【略】又度李錡必反，勸帝召之，使者三往，以病解，而多持金啖權貴，至爲錡遊説者。吉甫曰：『錡，庸材，而所蓄乃亡命羣盜，非有鬭志，討之必克。』帝意決。復言：『昔徐州亂，嘗敗吳兵，江南畏之。若起其衆爲先鋒，可以絶徐後患。韓弘在汴州，多憚其威，誠詔弘子弟率兵爲掎角，則賊不戰而潰。』從之。詔下，錡衆聞徐、梁兵興，果斬錡降。以功封贊皇縣侯，徙趙國公。德宗以來，姑息藩鎮，有終身不易地者。吉甫爲相歲餘，凡易三十六鎮，殿最分明。

又　卷二二四上《叛臣傳·李錡》　李錡，淄川王孝同五世孫。以父國貞蔭調鳳翔府參軍。貞元初，遷至宗正少卿。嘗與卿李乾爭議，錡以直不坐，德宗兩置之。自雅王傅出爲杭、湖二州刺史。方李齊運用事，錡以賂結其歡，居三歲，遷潤州刺史、浙西觀察、諸道鹽鐵轉運使。多積奇寶，歲時奉獻，德宗昵之。錡因恃恩驁横，天下攉酒漕運，錡得專之，故朝廷用事臣，錡以利交，餘皆干没於私，國計日耗。浙西布衣崔善貞上書闕下暴其罪，帝械以賜錡，錡豫浚大坎，至則并械瘞坎中，聞者切齒。

錡得志，無所憚，圖久安計，乃益募兵，選善射者爲一屯，號『挽硬隨身』，以胡、奚雜類虯須者爲一將，號『蕃落健兒』，皆錡腹心，稟給十倍，使號錡爲假父，故樂爲其用。帝於是復鎮海軍，以錡爲節度使，罷領鹽鐵轉運。錡喜得節，而忘其權去，暴踞日甚，屬吏死不以過甚衆，又逼汙良家，寮佐力諫不能得，遽遁去。

憲宗卽位，不假籍方鎮，故倔彊者稍稍入朝。錡不自安，亦三請覲。有詔拜尚書左僕射，以御史大夫李元素代之。中使馳驛勞問，兼撫慰其軍錡署判官王淡爲留後。錡無入朝意，稱疾遷延不卽行。澹及中使數趣之，錡不悦，乘淡視事有所變更者，諷親兵圖澹。因給冬服，錡坐幄中，以挽硬、蕃落自衛，淡與中使入謁，既出，衆持刃嫚罵，殺淡食之。監軍使遣牙將趙琦慰諭，又食之。以兵注中使頸，錡陽驚扈解，乃囚別館。蕃落兵，薛頡主之；挽硬兵，李鈞主之。又以公孫玠、韓運分總餘軍。室五劍，授管內鎮將，令殺五州刺史。屬别將庾伯良兵三千築石頭城，謀據江左。

常州刺史顔防用其客李雲謀，矯詔稱招討副使，殺鎮將李深，傳檄蘇、杭、湖睦四州同討錡。湖州辛秘亦殺鎮將趙惟忠，而蘇州李素爲鎮將姚志安所執，釘舷上，獻於錡，錡敗而免。

憲宗以淮南節度使王鍔爲諸道行營兵馬招討處置使，中官薛尚衍爲都監招討宣慰使，發宣武、武寧、武昌、淮南、宣歙、江西、浙東兵、自宣、杭、信三州進討。初，錡以宣州富饒，遣四院隨身兵馬使張子良、李奉仙、田少卿領兵三千分下宣、歙、池，錡甥裴行立雖預謀，而欲效順，故相與約還兵執錡，行立應於內。子良等既行，其夕，諭軍中曰：『僕射反矣，精兵四面皆至，常、湖鎮將干首通衢，勢蹙且敗，吾輩徒死，不如轉禍希福。』部衆大悅，遂回趣城。行立舉火，內外合譟，行立攻牙門。錡大驚，左右曰：『城外兵馬至。』錡曰：『何人邪？』曰：『張中丞也。』錡怒甚曰：『門外兵何人也？』曰：『裴侍御也。』錡拊膺曰：『行立亦叛吾邪！』跣足逃於女樓下。李鈞引兵三百趨出庭院格鬭，行立兵貫出其中，斬鈞，傳首城下。錡聞之，舉族慟哭。子良以監軍命曉諭城中逆順，且呼錡束身還朝，左右以幕縋而出之。錡以僕射召，數日而反狀至，下詔削官爵，明日而敗，送京師神策兵自長樂驛護至闕下，帝御興安門問罪，對曰：『張子良教臣反，非臣意也。』帝曰：『爾以宗臣爲節度使，不能斬子良然後入朝邪？』錡不能對。以其日與子師回腰斬於城西南，年六十七。屍數日，帝出黃衣二襲，葬以庶人禮。

擢子良檢校工部尚書、左金吾將軍，封南陽郡王，賜名奉國；田少卿檢校左散騎常侍、左羽林將軍；代國公；李奉仙檢校右常侍、右羽林將軍，邠國公，裴行立泌州刺史。贈王淡給事中，趙錡和州刺史，崔善貞睦州司馬。削錡屬籍，從弟宋州刺史銛、通事舍人銑從、子師偃流嶺南。

藝　文

清·羅惇衍《集義軒詠史詩鈔》卷三八《李絳》　學士陳謨眷己優，酴醾酒爲直言酬。策教魏博軍歸命，獵向蓬萊苑止遊。明主期懲朋黨患，司徒特諷羨餘求。拳拳獻替書紳美，補上凌煙後少傳。

雜　録

宋·宋敏求《唐大詔令集》卷一一九《政事·討伐上·討李錡詔》

朕聞好生者，天地之仁，不任乎肅殺；止戈者帝王之武，不尚乎誅鉏。恭惟至言，可謂明誠。朕只荷前訓，纘承丕圖，每思道以自宏，豈佳兵而在念。雖朔陲阻命，有戡亂之徵，蜀部興妖，獻夷凶之捷，而所傷皆及於百姓，所費寧止於千金，靜言思之，往往興嘆，非不得已，豈復用師。李錡屬列宗支，任居方伯，窮赫奕之貴，飽綢繆之恩。待以親賢，報之以逆節；授以師律，用之以亂常。肖圓首方足之形，無五常百行之性。頃者累陳章疏，勤請會朝，姦態不形，僞言甚懇。朕頗謂誠志，久方允從，乃降詔書，俾修覲禮，示以後命，委其深心，而梟音驟呼，虺毒横厲。初則詐疾，後乃縱兵。寮屬以獻規受屠，使臣以傳命見脅。朕務於含垢，未忍明言，累降中人，令遵前旨。無軺車之戒路，有沴氣之滔天。加以日逞淫刑，冤痛者無告；日興暴賦，杼軸者皆空。赤子咸罄於餱糧，白刃屢膏於頸血。朕爲人父母，聞甚惻然。罪人無狀，卻有常刑，顧惟紀綱，豈敢廢墜。其討伐之師，併已有處分，克期齊進。其李錡在身官爵階勳等，併宜削除。仍令宗正寺削一房屬籍，其兩都及諸州府應有李錡莊宅錢物等，併委所繇官簿録聞奏。浙西將士素非同惡，朕所深知，迫於凶威，不能自達。但王師進討，因事立功，梟斬渠魁，以效節誠，必當特加爵秩，超異等倫。其將吏等以所領歸降者，超三資授官；以一身降者，亦超資改轉；官健歸順者，以厚加賞給，仍與敍録。明諭將士，罪止一夫，其餘染汙，一切不問。

清·趙翼《廿二史劄記》卷五《籍没財産代民租》　唐李錡反，兵敗伏誅，朝廷將輦其所没家財送京。李絳奏言：『「錡家財皆刻剝六州之人所得，不如賜本道，代貧下户今年租稅。」』憲宗從之。

以橫取於民者，仍還之民。此法最善。憲宗英主，其説易從。不謂桓帝先已行之也。後世有似此者，籍没貪吏之財，以償民欠；籍没權要之財，以補官虧。亦裒益之一術也。

魏博歸朝

綜　述

《舊唐書》卷一五《憲宗紀下》　（元和七年）冬十月乙未，魏博三軍舉其衙將田興知軍州事。時田季安死，子懷諫年十一，爲副大使、知軍府事，軍政一決於家僮蔣士則，數易大將，軍情不安。因田興入衙，兵環而劫請，興頓仆於地，軍衆不散。興曰：『欲聽吾命，勿犯副大使。』衆曰：『諾。』但殺蔣士則等十數人而止。卽日移懷諫於外，令朝京師。甲辰，以魏博都知兵馬使、兼御史中丞、沂國公田興爲銀青光祿大夫、檢校工部尚書，兼魏州大都督府長史，充魏博節度使。庚戌，澧王寬改名惲，深王察改名忭，洋王寰改名悰，絳王寮改名悟，建王審改名恪。以鄭滑節度使袁滋爲户部尚書。【略】

十一月丙辰朔。乙丑，詔：『田興以魏博請命，宜令司封郎中、知制誥裴度往彼宣慰，賜三軍賞錢一百五十萬貫，以河陰院諸道合進內庫物充。六州百姓給復一年，兼赦管內見繫囚徒。』及度至魏州，田興禮待甚恭仍請度至六州諸縣宣達朝旨。辛未，太保致仕杜佑卒。東川觀察使潘孟陽奏龍州武安縣嘉禾生，有麟食之。麟食來，羣鹿環之，光彩不可正視。使畫工圖之以獻。乙亥，以給事中李逢吉、司勳員外郎李巨併充皇太子諸王侍讀。戊寅，吏部尚書鄭餘慶請復置吏部考官三員，吏部郎中楊於陵執奏以爲不便。乃詔考官韋顗等三人只考及第科目人，其餘吏部侍郎自定。己卯，江西觀察使崔芃卒。辛巳以前魏博節度副使田懷諫爲右監門衞將軍，賜宅一區、芻粟等。【略】己亥，魏博奏管內州縣官員二百五十三員，請吏部銓注。

元和八年二月乙酉朔。辛卯，田興改名弘正。【略】夏四月辛亥，賜魏博田弘正錢二十萬貫，收市軍糧。【略】

十一月【略】丙午，以金吾衞將軍田進爲夏州刺史、夏綏銀節度使。以河溢浸滑州羊馬城之半，滑州薛平、魏博田弘正徵役萬人，於黎陽界開古黄河道南北長十四里，東西闊六十步，深一丈七尺，決舊河水勢，滑人遂無水患。

又 卷一四一《田弘正傳》 田弘正本名興。祖延惲，魏博節度使承嗣之季父也，位終安東都護府司馬。延惲生廷玠幼敦儒雅，不樂軍職，起家爲平舒丞，遷樂壽、清池、束城、河間四縣令，所至以良吏稱。大歷中，累官至太府卿、滄州別駕，遷滄州刺史、兼御史中丞，充横海軍使。承嗣與淄青李正己、恆州李寶臣不協，承嗣既令廷玠守滄州，而寶臣、朱滔聯兵攻擊，欲兼其土宇。廷玠嬰城固守，連年受敵，兵盡食竭，人易子而食，卒無叛者，卒能保全城守。朝廷嘉之，遷洺州刺史，又改相州。屬薛粤之亂，承嗣蠶食薛嵩所部；廷玠守正字民，不以宗門迴避而改節。建中初，族姪悦代承嗣領軍政，志圖凶逆，慮廷玠不從，召爲節度副使。悦姦謀頗露，廷玠謂悦曰：『爾籍伯父遺業，可稟守朝廷法度，坐享富貴，何苦與恆、鄆同爲叛臣，自兵亂以來，謀叛國家者，可以歷數，鮮有保完宗族者。爾若狂志不悛，可先殺我，無令我見田氏之赤族也。』乃謝病不出。悦過其第而謝之，廷玠杜門不納，將吏請納。建中三年，鬱憤而卒。

弘正，廷玠之第二子。少習儒書，頗通兵法，善騎射，勇而有禮，伯父承嗣愛重之。當季安之世，爲衙內兵馬使。季安惟務侈靡，不恤軍務，屢行殺罰，弘正每從容規諷，軍中甚賴之。季安以人情歸附，乃出爲臨清鎮將，欲捃摭其過害之。弘正假以風痺請告，灸灼滿身，季安謂其無能爲。及季安病篤，其子懷諫幼騃，乃召弘正署其舊職。

季安卒，懷諫委家僮蔣士則改易軍政，人情不悦，咸曰：『都知兵馬使田興可爲吾帥也。』衙兵數千詣興私第陳請，興拒關不出，衆呼噪不已。興出，衆環而拜，請入府署。興頓仆於地，久之，度終不免，乃令於軍中曰：『三軍不以興不肖，令主軍務，欲與諸軍前約，當聽命否？』咸曰：『惟命是從。』興曰：『吾欲守天子法，以六州版籍請吏，勿犯副大使可乎？』皆曰：『諾。』是日，入府視事，殺蔣士則十數人而已。晚自府歸第，其兄融責興曰：『爾卒不能自晦，取禍之道也。』翌日，具事上聞，憲宗嘉之。加興銀青光祿大夫、檢校工部尚書、魏州大都督府長史，兼御史大夫、上柱國、沂國公，充魏、博等州節度觀察處置支度營田等使，仍賜名弘正。仍令中書舍人裴度使魏州宣慰，賜魏博三軍賞錢一百五十萬貫。

弘正既受節鉞，上表曰：『臣聞君臣父子，是謂大倫，爰立紀綱，以正上下。其或子不爲子，臣不爲臣，覆載莫可得容，幽明所宜共殛。臣家本邊塞，累代唐人，從乃祖乃父以來，沐文子文孫之化。臣幸因宗族，早列偏裨，驅馳戎馬之鄉，不覩朝廷之禮。惟忠與孝，天與臣心，常思奮不顧生，以身殉國，無由上達，私自感傷。豈意命偶昌時，事緣難故，白刃之下，謬見推崇。天慈遽臨，免書罪累，朝章薦及，仍委旂旄。錫封壤於全藩，列班榮於八座，君父之恩已極，絲毫之效未伸，但以靦冒知羞，低徊自愧。是知功榮所著，必俟危亂之時；徼幸之來，卻在清平之日。循涯揣分，以寵爲憂。伏自天寶已還，幽陵肇亂，山東奧壤，悉化戎墟。外撫車馬，內懷梟獍，官封代襲，刑賞自專，國家含垢匿瑕，垂六十載。臣每思此事，當食忘餐。若稍假天年，得奉宸算，兼弱攻昧，批亢擣虛，竭鷹犬之資，展獲禽之用，道揚和氣，洗滌僞風，然後退歸田園，以避賢路。臣懷此志，陛下察之。』優詔褒美。

弘正樂聞前代忠孝立功之事，於府舍起書樓，聚書萬餘卷，視事之隙，與賓佐講論古今言行可否。今河朔有《沂公史例》十卷，弘正客爲弘正所著也。魏州自承嗣已來，館宇服玩有踰常制者，悉命徹毀之，以正廳大侈不居。乃視事於采訪使廳。賓寮參佐，請之於朝。頗好儒書，尤通史氏，左傳國史，知其大略。

自弘正歸國，幽、恆、鄆、蔡有齒寒之懼，屢遣客間說，多方誘阻，而弘正終始不移其操。裴度明理體，詞説雄辯，弘正聽其言，終夕不倦，遂深相結納，由是奉上之意逾謹。元和十年，朝廷用兵討吳元濟，弘正遣子布率兵三千進討，屢戰有功。李師道以弘正效忠，又襲其後，不敢顯助元濟，故絶其犄角之援，王師得致討焉。俄而王承宗叛，詔弘正以全師壓境，承宗懼，遣使求救於弘正，遂表其事，承宗遂納二子，獻德、棣二州以自解。

十三年王師加兵於鄆，詔弘正與宣武、義成、武寧、橫海等五鎮之師會軍齊進。十一月弘正自帥全師自楊劉渡河築壘，距鄆四十里。師道遣大將劉悟率重兵以抗弘正，結壘相望。前後合戰，魏軍大捷，而李愬、李光顔三面進攻，賊皆挫敗，其勢將危。十四年三月，劉悟以河上之衆倒戈入鄆，斬師道首，詣弘正請降。淄青十二州平，論功加檢校司徒、同中書門下平章事。是年八月弘正入覲，憲宗待之隆異，對於麟德殿，參佐將校二百餘人皆有頒錫，進加檢校司徒、兼侍中，實封三百户。仍以其兄檢校刑部尚書、相州刺史融爲太子賓客，東都留司。弘正三上章，願留闕下，憲宗勞之曰：『昨韓弘至朝，稱疾懇辭戎務，朕不得不從。今卿復請留，意誠可尚，然魏土樂卿之政，鄰境服卿之威，爲我長城，不可辭也。可亟歸藩。』正每懼有一旦之憂，嗣襲之風不革，兄弟子姪，悉仕於朝，憲宗皆擢居班列，朱紫盈庭，當時榮之。

十五年十月，鎮州王承宗卒，穆宗以弘正檢校司徒、兼中書令、鎮州大都督府長史，充成德軍節度、鎮冀深趙觀察等使弘正以新與鎮人戰伐，有父兄之怨，乃以魏兵二千爲衛從。十一月二十六日，至鎮州時賜鎮州三軍賞錢一百萬貫，不時至，軍衆諠騰以爲言弘正親自撫喻人情稍安仍表請留魏兵爲紀綱之僕，以持衆心，其糧賜請給於有司。時度支使崔倰不知大體，固阻其請，凡四上表不報。明年七月，歸卒於魏州，是月二十八日夜軍亂，弘正并家屬、參佐、將吏等三百餘口并遇害，穆宗聞之震悼，册贈太尉，賵賻加等弘正孝友慈惠，骨肉之恩甚厚。兄弟子姪在兩都者數十人，競爲崇飾，日費約二十萬，魏、鎮州之財，皆輦屬於道。河北將卒心不平之，故不能盡變其俗，竟以此致亂。正子布、羣、牟。

布，弘正第三子始弘正爲田季安裨將，鎮臨清，布年尚幼，知季安身世必危，密白其父帥其所鎮之衆歸朝，弘正甚奇之。及弘正節制魏博，布掌親兵，國家討淮、蔡，布率偏師嚴綬，軍於唐州，授檢校秘書監、兼殿中侍御史。前後十八戰，破凌雲柵，下郾城，布皆有功，擢授御史中丞。時裴度爲宣撫使，嘗觀兵於沱口，賊將董重質領驍騎遽至，布以二百騎突出溝中擊之，俄而諸軍大集，賊乃退去。淮西平，拜左金吾衛將軍、兼御史大夫。

論説

《舊唐書》卷一四一《田弘正傳論贊》 朝廷治亂，在法制當否，形勢得失而已。秦人叛上，法制失也；漢道勃興，形勢得也，臣『觀開元之政舉，坐制百蠻；』天寶之法衰，遂淪四海。玄宗一失其勢，橫流莫救，地分於羣盜，身播於九夷。河朔二十餘州，竟爲盜穴，諸田凶險，不近物情。而弘正孝忠，頗達人臣之節，沂國力善無報，殆天意之好亂惡治歟茂昭忠梗有禮，明禍福大端，近代之賢侯也。

贊曰：田宗不令，禍淫無應。謂天輔仁，胡覆弘正。茂昭知止，終以善勝。孰生厲階，上失威柄。

宋・孫甫《唐史論斷》卷下《憲宗・李绛料魏博事勢》 論曰：李绛料魏博事勢，請憲宗不用兵，遂收其地，此眞廟堂之謀。與之同列者，得不推其賢、贊其謀，以濟國事，安可異議邪。河北自天寶之亂陷賊，廣德初雖平之，尋爲强臣所據，傳付其家，各爲子孫業。至元和中六十年矣。德宗常以魏博叛逆，遣將討之，反致大亂。憲宗又以鎮定拒命出兵伐之，卒不能平。蓋三鎮相爲勢援，復結河南叛臣，膠固其力，不可卒破也。及田季安死，懷諫一稚子領軍府事，李吉甫利其幼弱，建議用兵以取魏博。此固常人之見。殊不知三鎮相結，正爲子孫計。一稚子雖可取，奈它鎮救援何。必又如前日伐鎮州之失策也。李絳獨以先覺之明，論河北諸將用部將之計，令均管軍馬，不偏任一將，故力敵權均，爲變不得。又當主帥威權，能制死命。此策在賊中固便，今魏博之勢，一童子爲帥，不能領事，必偏任一將。所任者權重，衆心不服，則六十年均任之計爲賊中患矣。衆既起變，必歸軍中一寬厚之人。部將忽起主兵權，懼它鎮攻討，非納疆土歸朝則存立不得。此必然之勢也。絳料千里未形之事如見。憲宗英明，從之。不兩月，魏博軍中有變如絳所料。部將田興以六州版籍請命於朝，是絳之算如神。眞廟堂之謀也。

初吉甫請用兵討伐，絳料其勢堅，止用兵。當論未形之事，以平常之見尚可異議，及田興請命，事已效矣，猶請遣中使宣勞，以觀其變，待回日處置。賴絳力爭不已，憲宗頗有英斷，不待使回，授田興節度之命，使諸鎮畏威知恩，平定兩河自茲而始。以絳之賢明忠亮，視吉甫爲何人。然吉甫亦忠智可稱，非庸常奸回之人也。但恥智略不逮於絳，故有横議以撓其謀，至使内臣援助，幾敗國事，遂成姦回所爲也。夫宰相，謀謨係天下休慼，已有不逮，理當博採。同列嘉謨，固當贊助。若宋璟與蘇許公同相明皇，璟刪正多所裁斷，蘇順其美，奏對則爲之助，故璟得盡其才，爲開元賢相。蘇亦獲美名於時。若絳與吉甫、權德輿同列，絳、吉甫屢於憲宗前論事，形於言也。其詣理者，德輿亦不能爲之發明，故時論以循默貶之。然則宰相之任，能瞭軍國大事，此固大才上也。若智謀不至，能從同列之議而贊助焉，亦其次也。若不能發明同列議論，循默不言，斯爲下矣。若吉甫撓絳正論，又與内臣相結，幾敗國事。雖有他節可觀，此一事不得不爲奸回也。後之爲相者切戒之。

藝文

唐·韓愈《五百家注昌黎文集》卷二六《魏博節度觀察使沂國公先廟碑銘併序》　召太史尚書比部郎中韓愈至政事堂，傳詔曰：『田宏正始有廟京師，朕惟弘正先祖父，厥心靡不向帝室，訖不得施，乃以教付厥子；維宏正銜訓嗣事，乃朝夕不怠，以能迎天之休，顯有丕功。維父子繼忠厚，予維寵嘉之。是以命汝愈銘。欽哉！』惟時臣愈承命悸恐。明日，詣東上閤門拜疏辭謝，不報。退，伏念昔者魯僖公能遵其祖伯禽之烈，周天子實命其史臣克作爲《駉》、《駜》、《泮》、《閟》之詩，使聲於其廟，以假魯靈。今天子嘉田侯服父訓不違，用康靖我國家，蓋寵銘之，所以休寧田氏之祖考；而臣適執筆隸太史，奉明命，其可以辭！謹按：魏博節度使銀青光禄大夫檢校工部尚書兼魏博大都督府長史御史大夫沂國公田宏正，北平盧龍人。故爲魏博諸將，忠孝畏慎。田季安卒，其子幼弱，用故事代父，人吏不附，迎弘正於其家，使領軍事。宏正籍其軍之衆，與六州之人，還之朝廷，悉除河北故事，比諸州，故得用爲帥。已而復贈其父故滄州刺史兵部尚書，母夫人鄭氏梁國太夫人，得立廟祭三代：曾祖都水使者府君祭初室，祖安東司馬贈襄州刺史府君祭二室，兵部府君祭東室。其銘曰：唐繼古帝，海外受制。狎於太寧，燕盜以驚。羣黨相維，河北失平。號登元和，大聖載營。風揮日舒，咸順指令。業業魏王，嬰兒戲兵。吏戎愁毒，莫保腰頸。人曰田侯，其德可倚。叫噪奔趨，乘門請起。田侯攝事，奉我天明。束縛弓戈，考校度程。提疆籍户，來復邦經。帝欽良臣，曰維錫予。嗟我六州，始復故初。告慶於宗，降以命書。旌節有韜，豹尾神旗。兜戟纛，以長魏師。田侯稽首，臣愚不肖。造茲有成，祖考之教，帝曰俞哉，維汝忠孝。予思乃父，作秩夏卿。媲德娠賢，梁國是榮。田侯作廟，相方視址。見於蓍龜，祖考咸喜。曁曁田侯，兩有文武。訖其外庸，可作承輔。咨汝田侯，勿亟勿遲。覲饗式時，爾祖之思。

唐·元稹《元氏長慶集》卷五二《沂國公魏博德政碑》　陛下以元年正月壬戌詔臣稹曰：『朕有臣弘正，自魏入鎮。魏人思之，因守臣愬狀其德政，乞文。爾司予言，其文以付。』臣拜稽首，退而奏書於陛下曰：始安禄山以玄宗四十三年盜幽州兵，劫擊郡縣，踰關據京，天下掉撓。肅宗征之，海內甫定，而夾河五十餘州，或服或叛，更立迭奪，廢置、征伐、朝覲、賦入之宜，皆自爲意。五紀四宗，容受隱忍。田承嗣始有魏、博、相、衛、貝、澶之地，承嗣卒，以其地傳兄子悦，悦傳緒，緒傳季安。既而季安悍誕淫驕，風勃蟲蠹，發則喜殺左右，漸及於骨肉，往往顧妻子曰：『安用此？』由是內外惴悸。妻元氏，因人不忍，移置他所。餘一月乃卒，是歲先皇帝元和之七年八月也。季安子懷諫始十餘歲，衆襲故態，名爲副大使，而家臣蔣士則逆虐用事。士衆不分服，日夜相告曰：『田中丞興博大孝敬，於軍謹廉，讀儒家書，好言君臣事，儻可依倚爲將帥乎？』聞者皆踴躍，一朝牙旗下衆來捧附。興仆地不肯起，衆亦不肯去。乃大言曰：『爾輩卽欲用吾語，能不殺副大使，且許吾取天子恩澤，洗汝痕穢，使千萬衆知君臣父子之道，從我乎？』皆曰：『諾。』遂殺蔣士則等十數人，以興知留後事，移懷諫於外，明年歸之朝，蓋七年之十月四日也。興乃圖六州之地域，籍其人與三軍之生齒，自軍司馬已下，至於郡邑吏之廢置，盡獻於先帝。先帝詔興以工部尚書長魏、博、相、衛、貝、澶之地，仍敕司封郎中知制誥裴度使於興，且以錢一百五十萬緡，賜其軍，曲赦管內，使百姓一年勿復事，問耆羸，賑乏困，褒之不以法者。魏之人相喜曰：『歸天子乃如是耶！』興又悉取魏之僭服、異器，人臣所不當爲者，斥去之。先帝曰：『興吾六州善心者，田興也。使興弘吾至正，不亦可乎！』因名曰弘正。

先是魏諸賓猶僕役也，將卒無畏避。弘正始求副節度，以下於朝，至則迎迓承奉，功雖勳將，莫不乘者避，謁者趨，付授咨度，始用賓禮。先是諸將之外有權者，莫不拘劫妻子以爲固，四方之來聘問者，莫不防礙出入以爲密，士吏工賈，限其往來，人多懼愁，稀復會聚，至是皆曠然矣。魏之人又相喜曰：『人之生不當如是耶！』滑以水害聞於朝，請移河於衛之四十里，且役衛工三萬餘，詔弘正議之。皆曰：『壞吾地，役吾人，以利他邑，古無有也。』弘正曰：『魏於滑信彼此矣，朝廷何異焉。』不時興工，以教人讓。魏俗丕又，先帝多之，以右僕射就加焉。十三年又加司空，以子布之會蔡有勞也。是歲，李師道燒河陰，驚洛邑，陰通元濟，詔弘正誅之。明年，破賊五萬於東阿，進收鄆之陽谷，距其城四十里營焉。二月壬戌，劉悟斬師道，加司徒平章事，復歸於魏。其年八月朝京師，先帝待之有加焉，乞留不獲，詔加侍中以遣之。又明年，陛下以成德喪師，詔弘正入焉。

初，王武俊以戰朱滔功，得有趙地傳子孫，凡三十九年矣，至承宗爲盧從史、李師道所詿誤，先皇帝徵而赦之者再，憂畏戚恧，不克來覲，既而聞陛下天覆海深，悉包悉受，乃果自信，將朝有時，未行會病，將没，以志付其弟承元，聽命於朝。陛下語宰相曰：『弘正在魏，吾何患焉？』卽日內出五詔，詔弘正爲中書令，節度於鎮，且詔父子皆爲帥，以大其威。十一月甲寅，成德獻狀曰：『弘正自去魏，魏人哭之，鎮人歌之。奉宣詔條，除去僭異，猶魏政也。

且臣聞之，德之至者有二，政之大者有三。三政：一曰仁，爲惠政；二曰法，爲善政；三曰謙，爲和政。二德：一曰忠，爲令德；二曰孝，爲吉德。今弘正獻魏博六州之地，平淄青四代之寇，入鎮冀不測之泉，可以爲忠矣；祖考食宗廟，父子分土疆，兄弟羅軒冕，可以爲孝矣；始初山東鍵閉束縛，泳而游之，歌而舞之，可以爲仁矣；始初山東逼越廢怠，裁而制之，舉而用之，可以爲法矣；始初山東傲狠侵取地，以德讓之，功以助之，可以爲謙矣。謙法仁孝，資之以忠，不曰德政，謂之何哉？』臣請奉制以一百九十二字付守臣愬，銘之石，用申約束，銘曰：

帝命弘正，予言是聽。理亂有數，其道甚明。亂則隱約，理由亂生。既理復亂，生於翫輕。唐受天命，海內承平。高祖太宗，不荒不寧。玄宗抑厄，其否乃革。四十三年，奄有丕宅。始視燕寇，胡雛弄兒。雖我寵重，彼將胡爲。所細所忽，忽焉而罹。四後垂顧，山東不夷。逮我聖父，殷憂儉克。乘其淫驕，乃伐乃殛。爾視羣孽，胡爲而亡。僭久而大，頑昏暴狂。爾亦自視，胡爲而昌。憂畏逼側，永思悠長。曩爾之無，今爾之有。既克而有，在克而守。惟爾惟我，而今而後。爾雖穹崇，無忘辱詬。我雖平寧，無忘燕寇。銘之戒之，以永聲臭。

又　卷五三《故中書令贈太尉沂國公墓誌銘》　長慶二年某月某日，司禮氏持第一品轜翣已下，備衞，椎鉦鼓鳴鐃簫笳笛，前道我沂國公洎某國夫人某氏合葬於某縣某鄉某里某原。先是沂國嗣子肇乞予銘墓石。

按沂國公姓田氏，諱某，字某，平州盧龍人。曾祖璟，官至鄭州別駕；祖延惲，官至安東都護府司馬，沂國既貴，贈尚書右僕射；父庭玠，官至銀青光禄大夫相州刺史中丞，沂國既貴，累至司空。公本諱興，司空第某子。幼敏雋，年十八，爲魏博衙前都知兵馬使，自是魏劇地劇職，盡更之，由太子賓客沂國公累加殿中御史、侍御史、中丞、秘書監。元和七年同節度副使，步射之衆皆隸焉。魏帥季安卒，子懷諫始十餘歲，惡輩樹之，不累月，魏法大壞。一旦萬衆相叫噪，皆曰『田中丞當爲帥』，公曰：『叱叱止止。』衆曰：『何謂也？』公曰：『爾輩牽制孺子猶一累，吾焉能受？爾輩卽欲受吾使，用我乎？』皆曰：『諾。』公曰：『孺子之家敢有辱者死，擅殺人者死，掠財者死，天子未命敢有言吾麾節者死，訖吾世敢有不從吾忠孝者死，汝輩可乎？』皆曰『可。』公乃狀其事於先帝，先帝大悦，降工部尚書魏、博、相、衛、貝、澶六州節度支度營田觀察處置制，刻節以授之，而又賜緡錢、赦死罪、復租入。公乃獻地圖，編口籍，修職貢，上吏員，凡魏之廢置，不關於有司者悉罷，軍司馬已下，皆請命於廷，然後斬暴亂，敍勞舊，除僭異，弛禁閉，家家始以燈火相會聚，親戚吉凶通弔問，出入無所詰。魏之人，老者聞見平時多出涕，少者不知所以然，百辟四方皆奉賀。明年錫嘉名，又明年加僕射，十三年子布功於蔡，加司空，十四年帥師克東平，加司徒平章宰相事，八月朝京師，乞侍從，先帝付以山東，加侍中實封以遣之。十五年，會上新卽位，成德表帥，上曰：『非吾勳賢，莫可入者。』轉中書令以往焉，是日命子布節度河陽以張之。公既入鎮，去就事法猶在魏，魏之人相與立石乞文於陛下，陛下詔臣稹爲文以付之。先是瀛之樂壽、博野入於鎮，公乃奏歸之。

長慶元年七月，幽州亂，公卽日命將悉帥麾下集於境，鎮人初受制，未慣用於王，是月二十八日潛作亂，公薨於師，年至五十八。天子震悼，罷五日朝，册贈太尉，下詔徵天下兵，且命子布脫縗絰總魏師以自報。兵勢未合，布冤憤自殺，遂罷討。三年，鎮人歸其喪，詔葬有加焉。

嗚呼！魏之法虐切疑忌，諸將以才多死者，公既故爲刺史子，又多才好讀書，識理亂形勢，孝友信義，士衆多附服，官望已重，不宜免，然而晦養謹慎，不下二十年，訖無禍，用是建大勳，更大鎮，模樣聲名，施於後世，身以忠歿，子以孝歿，累累在壙下者，如公幾何人？公若干男、若干女，子布，終魏博節度使，子肇，鳳翔府少尹，子犨某將軍，子某某官，子某某官，女邵氏、某氏婦。近世勳將，尤貴富者言李、郭，然而汾陽、西平，猶不得父子併世爲節制，公與子布同日登將壇，諸子洎伯季，龜緺金銀，被腰佩者十數人，不亦多乎哉！銘曰：忠乎仁乎？可以用於彼，而不可用於此乎？何魏人之不我以異，而鎮人之不與我爲徒？化萇弘而爲血，辨青旂於葦蒲。感異物之先兆，豈人力之能圖。送横之客歌《薤露》，於嗟沂公今已乎。

宋·姚鉉《唐文粹》卷八六《田弘正〈與李勃書〉》　弘正珍重執事之心，積二十餘年，竟不獲自道於執事者，徒懇懇終日，常恐空老而無所師，誠固内不自安矣。自前年朝謁，得展拜執事於道路之間，時苦牽事復略，不得伸前時所畜之思，彌有不足於心矣。執事以古今仁義，發爲懲惡勸善之心，豈惟當世士君子所賴？抑亦姬公、孔子之心，待執事而明白之矣。每覽前後史策，紀其所爲，古之賢者有出無愧矣。弘正近奉制書，去魏就鎮，自念寵榮已極，能無憂惕之甚哉！且自一寇亂常已來，六十餘載矣，河北之地，教化之所不行，冀、趙、魏、常山，又河北之尤者。日月積習，遂爲匪人，誠可悲矣。寢食常念之，以爲負經濟不羈之才者，執事可以將朝廷之化，移獷俗之心矣。弘正庸虚，輒不自意，思君子降重爲邑人，啓茅塞之心，仰執事坐師氏之筵，使鄙夫修擁篲之禮，則向之羞姑可掩矣。不審執事當俯而就之乎？復恥而不就乎？今輒虚上倅之位矣。君子光臨，古人有功成不居，退得所詣者。鄙人咏之久矣，儻終不拒，至誠之情幸甚。

唐憲宗討成德

綜　述

《舊唐書》卷一五《憲宗紀下》　（元和十年）六月辛丑朔。癸卯，鎮州節度使王承宗遣盗夜伏於靖安坊，刺宰相武元衡，死之；又遣盗於通化坊刺御史中丞裴度，傷首而免。是日，京城大駭，自京師至諸門加衛兵；宰相道從加金吾騎士，出入則彀弦露刃，每過里門，訶索甚諠；公卿持事柄者，以家僮兵仗自隨。武元衡死數日，未獲賊。兵部侍郎許孟容請見，奏曰：『豈有國相橫屍路隅，不能擒賊！』因灑泣極言，上爲之憤歎。乃詔京城諸道，能捕賊者賞錢萬貫，仍與五品官，敢有蓋藏，全家誅戮。乃積錢二萬貫於東西市。京城大索，公卿節將復壁重轑者皆搜之。庚戌，神策將士王士則、王士平以盜名上言，且言王承宗所使，乃捕得張晏等八人誅之。乙丑，制以朝議郎、守御史中丞、兼刑部侍郎、飛騎尉、賜紫金魚袋裴度爲朝請大夫、守刑部侍郎、同中書門下平章事。

秋七月【略】甲戌，詔：『成德軍節度使王承宗，自滌瑕疵，累加獎拔，列在維藩之任，待以忠正之徒。謂懷君父之恩，克勵人臣之節。而動思棄命，恣逞非心，傲狠反常，橫辱無畏。以其先祖，嘗立忠勳，每念含容，庶聞悛革。曾不知陰謀逆狀，久則逾彰；凶德禍機，盈而自覆。乃敢輕肆指斥，妄陳表章，潛遣姦人，內懷兵刃，賊殺元輔，毒傷憲臣，縱其凶殘，無所顧望。推窮事迹，罪狀昭明，周覽讟詞，良用驚歎。宜令絕其朝貢，其所部博野、樂壽兩縣本屬范陽，宜卻隸劉總。駙馬都尉王承係、太子贊善王承迪、丹王府司馬王承榮等，併宜遠郡安置。』先是，承宗上表怨咎武元衡，留中不報。又肆指斥，上使持其表以示百官，羣臣皆請問罪。丙戌，涇原節度使李彙卒，以將作監王潛爲涇州刺史、四鎮北庭涇原節度使。乙未，以京兆尹裴武爲司農卿，以捕賊弛慢故也。

十一月戊辰，詔出內庫繒絹五十五萬匹供軍。乙亥，以山南東道節度使嚴綬爲太子少保。戊寅，盜焚獻陵寢宮。詔發振武兵二千，會義武軍以討王承宗。

十一年春正月丁卯朔，以宿師于野，不受朝賀。【略】戊寅，詔羣臣曰：『今用兵已久，利害相半。其攻守之宜，罰宥之要，宜各具議狀以聞。』庚辰，翰林學士錢徽、蕭俛各守本官，以上疏請罷兵故也。癸未，削奪王承宗在身官爵，所襲封邑賜武俊子金吾將軍士平。令河東、河北道諸鎮加兵進討。甲申，盜斷建陵門戟四十七竿。甲子，李光顏奏破賊。

二月癸卯，【略】以內庫絹四萬匹賞幽、魏將士。

五月【略】庚戌，田弘正軍討王承宗，次于南宮。

八月壬寅，以宰臣韋貫之爲吏部侍郎，罷知政事。貫之以淮西、河北兩處用兵，勞於供餉，請緩承宗而專討元濟，與裴度爭論上前故也。

（元和十二年）二月壬申，出內庫絹布六十九萬段匹、銀五千兩，付度支供軍。庚子，敕京城居人五家相保，以搜姦慝。時王承宗、李師道欲阻用兵之勢，遣人折陵廟之戟，焚芻藁之積，流矢飛書，恐駭京國，故搜索以防姦。及賊平，復得淄青簿領，中有賞蒲、潼關吏案，乃知容姦者關吏也，搜索不足以爲防。庚申，敕宜於許汝行營側近置行郾城，以處賊中歸降人户。

又 卷一四二《王承宗傳》 承宗，士眞長子。河朔三鎮自置副大使，以嫡長爲之。承宗累奏至鎮州大都督府右司馬、知州事、御史大夫，充都知兵馬使、副大使。

元和四年三月，士眞卒，三軍推爲留後，朝廷伺其變，累月不問。承宗懼，累上表陳謝。至八月，上令京兆少尹裴武往宣諭，承宗奉詔甚恭，且曰：『三軍見迫，不俟朝旨，今請割德、棣二州上獻，以表丹懇。』由是起復雲麾將軍、左金吾衛大將軍同正、檢校工部尚書、鎮州大都督府長史、御史大夫、成德軍節度、鎮冀深趙等州觀察等使。又以德州刺史薛昌朝檢校右散騎常侍、德州刺史、御史大夫，充保信軍節度、德棣觀察等使。昌朝，故昭義節度使嵩之子，婚姻於王氏，入仕於成德軍，故爲刺史。

承宗既獻二州，朝廷不欲別命將帥，且授其親將。保信旌節未至德州，承宗遣數百騎馳往德州，虜昌朝歸眞定囚之。朝廷又加棣州刺史田渙充本州團練守捉使，冀漸離之。令中使景忠信往諭旨，令遣昌朝還鎮，承宗不奉詔。憲宗怒，下詔曰：『王承宗頃在苦廬，潛窺戎鎮，而內外以事君之禮，逆而必誅，分土之儀，專則有辟。朕念其先祖嘗有茂勳，貸以私恩，抑於公議。使臣旁午以告諭，孽童俯伏以陳誠，願獻兩州，期無二事。朕欲收其後效，用以曲全，授節制於舊疆，齒勳賢於列位。況德、棣本非成德所管，昌朝又是承宗懿親，俾撫近鄰，斯誠厚渥，外雖兩鎮，中實一家。而承宗象恭懷姦，肖貌稔禍，欺裴武於得位之後，縲昌朝於受命之中。豺狼之心，飽之而愈發；梟獍之性，養之而益凶。加以表疏之中，悖慢斯甚。式遏亂略，期于無刑；恭行天誅，示於有制。可削承宗在身官爵。』詔左神策護軍中尉吐突承璀爲左右神策、河中、河陽、浙西、宣歙等道赴鎮州行營兵馬招討處置等使，會諸道軍進討。神策兵馬使趙萬敵者，王武俊之騎將也，驍悍聞於燕、趙，具言進討必捷。承璀因得兵柄，與萬敵偕行。承璀至行營，威令不振，禁軍屢挫衄。都將酈定進前擒劉辟有功，號爲驍將，又陷於賊。唯范陽節度使劉濟、易定節度使張茂昭至效忠赤，戰賊屢捷。而昭義節度使盧從史反復難制，陰附於賊，憲宗密詔承璀擒之，送於京師。

五年七月，承宗遣巡官崔遂上表三封，乞自陳首，且歸過於盧從史，其略曰：『臣頃在苫廬，綿歷時序，恭守朝旨，罔敢闕違。復奉詔書，令獻州郡，迫以三軍之勢，不從孤臣之心。今天兵四臨，王命久絶，白刃之下，難避國刑；殷憂之中，轉積釁隙。中由盧從史首爲亂階，興天下之兵，生海内之亂，既不忠於國，又不孝於家。當其聞父之喪，已變爲臣之節，迫脅天使，瀆紊朝經。而乃倖臣居喪，敗臣求利，上敢欺於聖主，下不顧其死親，矯情徒見於封章，邪妄素萌於胸臆。今搆禍者已就擒獲，抱冤者實冀辯明。況臣之一軍，素守忠義，橫被從史離間君臣，哀號轅門，痛隔恩外。伏冀陛下以天地之德，容納爲心，弘好生之仁，許自新之路。順陽和而布澤，因雷雨以覃恩，追念祖父之前勞，俯觀臣子之來效，特開湯網，使樂堯年。』時朝廷以承璀宿師無功，國威日沮，頗憂之；會承宗使至，宰臣商量，請行赦宥，乃全以六郡付之。承宗送薛昌朝入朝，授以右武衛將軍。

承宗以國家加兵不勝，誣從史姦計得行，雖上章表謙恭，而心無忌憚。十年，王師討吴元濟，承宗與李師道繼獻章表，請宥元濟。其牙將尹少卿奏事，因爲元濟游説。少卿至中書，見宰相論列，語意不遜，武元衡怒，叱出之，承宗益不順。自是與李師道姦計百端，以沮用兵。四月，遣盜燒河陰倉。六月，遣盜伏於靖安里，殺宰相武元衡，京師震恐，大索旬日，天子爲之旰食。是時，承宗、師道之盜，所在竊發，焚襄州佛寺，斬建陵門戟，燒獻陵寢宫，欲伏甲屠洛陽。憲宗赫怒，命田弘正出師臨其境，并鄰道六節度之衆討之。時方淮西用兵，國用虚竭，河北諸軍多觀望不進。獨昭義節度使郗士美率精兵壓賊壘，欲乘釁而取之，軍威甚盛，承宗懼，不敢犯。俄詔權罷河北用兵，併力淮西。

十二年十月，誅吴元濟，承宗始懼，求救於田弘正。十三年三月，弘正遣人送承宗男知感、知信及其牙將石汎等詣闕請命，令於客舍安置；又獻德、棣二州圖印，兼請入管内租税，除補官吏。上以弘正表疏相繼，重違其意，乃下詔曰：

帝者承天子人，下臨萬國。觀乾坤覆載之施，常務其曲全；用德刑撫御之方，每先其弘貸。叛則必伐，服而舍之，訪於典謨，亦尚斯道。朕祇符前訓，纘嗣丕圖，底寧方隅，盪滌氛祲。上以攄祖宗之宿憤，下以致黎庶之阜康，思厚者生，務去者殺。至於包荒藏慝，屈法伸恩，苟衷誠之可矜，則有過而無大。

王承宗頃居喪紀，見賣於鄰封；後領藩城，受疑於朝野。國恩雖厚，時憲不容；戚實自貽，寵非我絶。百辟卿士，昌言在廷；四方諸侯，飛奏盈篋，競請致討，爭先出軍。尚復廣示招懷，務存容納，至於動衆，事豈願然。開境愍罹其殺傷，退舍爲伏其士伍，取陷救溺，能無慘嗟。以其先祖武俊，有勞王室，書於甲令，銘在景鐘；雖再駕王師，再從人欲，而十代之宥，常切朕懷。

近以三朝稱慶，八表流澤，廣此鴻霈，開其自新。而承宗果能翻然改圖，披露忠懇，遠遣二子，進陳表章，緘圖印以上聞，獻德、棣之名部，發囷奉粟，并竈貢鹽，地願帥於職方，物請歸於司會。且天子所臨，莫非王土，析茲舊服，將表爾誠，諒由效順之心，悉見納忠之志，抑而不撫，何以示懷。朕念此方，亦猶赤子，一物失所，寢興靡寧，忍驅樂土之人，竟就陳原之戮！既克翦暴，常思止戈，予之此心，天地臨鑑。況常山師旅，舊有功勞，將改往以修來，誓酬恩而遷善，鑑精誠之俱切，俾渙汗而再敷。曠滌乃愆，斷於朕志；復此殊渥，當懷永圖。承宗可依前銀青光禄大夫、檢校吏部尚書、鎮州大都督府長史、御史大夫，充成德軍節度、鎮冀深趙觀察等使。

仍令右丞崔從往鎮州宣慰。承宗素服俟命，乃以華州刺史鄭權爲德州刺史，充横海軍節度、德棣滄景觀察等使。明年，加金紫光禄大夫、檢校尚書左僕射。是歲，李師道平，承宗奉法逾謹，請當管四州，每州置録事參軍一員、判司三員，每縣令一員、主簿一員，吏補授皆聽朝旨。十五年十一月卒，贈侍中。子知感、知信在朝。

又　卷一八四《宦官傳·吐突承璀》　吐突承璀，幼以小黄門直東宮，性敏慧，有才幹。憲宗卽位，授内常侍，知内省事，左監門將軍。俄授左軍中尉、功德使。四年，王承宗叛，詔以承璀爲河中、河南、浙西、宣歙等道赴鎮州行營兵馬招討等使，内侍省常侍宋惟澄爲河南、陝州、河陽已來館驛使，内官曹進玉、劉國珍、馬江朝等分爲河北行營糧料館驛等使。諫官、御史上疏相屬，皆言自古無中貴人爲兵馬統帥，者補闕獨孤郁段平仲尤激切。憲宗不獲已，改爲充鎮州已來招撫處置等使。及承璀率禁軍上路，帝御通化門樓，慰諭遣之。出師經年無功，乃遣密人告王承宗，令上疏待罪，許以罷兵爲解。仍奏昭義節度使盧從史素與賊通，許爲承宗求節鉞。乃誘潞州牙將烏重謀胤執從史送京師。及承宗表至，朝廷議罷兵，承璀班師，仍爲禁軍中尉。段平仲抗疏極論承璀輕謀弊賦，請斬之以謝天下，憲宗不獲已，降爲軍器使。俄復爲左衛上將軍，知内侍省事。

《新唐書》卷二一一《藩鎮傳·王承宗》　始，河北三鎮自置副大使，常處嫡長，故承宗以御史大夫爲之。及總留事，憲宗久不報，伺其變。承宗數上疏自言。帝聞劉濟、田季安俱大病，議更建節度。翰林學士李絳曰：『鎮州世相繼，人所狃習，惟拒命則討之。且諸道之賞饋百萬士，又燕、魏、淄青，勢同必合。方江、淮水潦，財力刓困，宜卽詔承宗嗣領。季安等雖病，徐圖所宜。定四方有天時，不可速也。』帝然之，欲析鎮分建節度，使承宗歲輸賦如李師道。絳曰：『假令承宗奉詔，諸道以割地同怨，是官爵虚出而無當也。不如令使者諭之，無出上意。』帝乃詔京兆尹裴武慰撫，承宗奉詔恭甚，請上德、棣二州，遂以檢校工部尚書嗣領節度，而以德州刺史薛昌朝爲保信軍節度使，統德、棣。

論説

唐·蔣偕《李相國論事集》卷三《論鎮州事宜》　奉宣：今因鎮州事勢，朝廷欲自除人，如何？學士奏曰：臣等伏以河北專有土地，父子相承，每思此事，常所憤歎。自聞士眞亡没，夙夜思量，誠願别議除人，以去久弊。然以朝廷法制初立，須慎事機，度其萬全，方可處置。伏以自武俊父子相承，至今四十餘年，軍鎮人情，慣實已久，兼聞士眞有子，久領兵權，今别除人，深恐未可。况范陽、魏博、易定、淄青，皆是父子相承，實同流類。鎮州若有革易，此輩必不自安，茂昭雖有所陳，亦恐未得甚信。竊料四鄰節度，多有此心，必謂進退之間，皆有何所利者？若鎮州除人，人得其便，以此爲功名，若敕命萬一不行，因此卻相交結。在於國體，不可便休，卽須備守封疆，兼議討伐，因此節度使必加封賞，軍士亦須給資糧賜，臣以知其四鄰，進退有利。况今江淮水旱，財不充力，陛下方切憂勤，猶思賑恤。當於新河以北，近來稍加恭順，當其畏威懷德之際，示以含弘光大之恩，且令士眞之依師道例充留後，既推恩信，且獲便安。近日師道最奉朝廷，猶奏小男引方充副使，則鎮州未可改易，事理灼然。但國家財力漸豐，德化漸及，他時制置，必易指揮。臣等慮及此事，已具聞奏。累日思量，非不審細，利害得失，斷在不疑，伏望聖恩，俯賜詳鑑。

又《上鎮州事》　奉密宣：今欲與承宗留後，便割鎮州管内德、棣兩州，别置一鎮，又欲令人諭承宗，遣依師道例送兩稅，卿等商量如何者？學士奏曰：臣等竊以鎮州專有土地四十餘年，軍鎮人情，久已附著。今若别議割隸，承宗不安，軍情又阻，憂疑怨望，以此爲辭，官爵恩澤，悉爲虚弃。倘割隸之際，萬一遲回，事體之間，倍難處置。况鄰近數處，情狀皆同，料其中心，亦憂分割，若潛計會，必有拒違。朝廷計謀，須審利害，舍小取大，斯爲遠圖。臣細思量，必難割隸。其兩稅官員等，伏望聖恩授承宗後，因吊祭使鎮州日，令出自其意，以諭承宗，使其感戴恩造。若引師道例，不欲令知出自聖旨，倘或自效，理固合宜。若事或不行，體亦不損。臣之愚慮，敢不竭誠，伏望聖恩，俯賜詳鑑。

又《又上鎮州事》　密奉進旨：『今劉濟、季安，皆有疾患，忽有故者，不可盡如鎮州例，皆與其子。今欲乘此便，鎮州别除人，如不可，卽議用兵。議者皆以爲然，恐卿不細知彼事情，宜審商量奏來，勿錯誤者。』學士奏曰：臣等再三思度，敢不詳審。伏以鎮州人心固結，難卽改移。鄰境事同，必相扶會。當其無事，則相疑沮，見有改易，則卻同心，意者以子弟爲謀，他日還慮及此。情狀可見，事理昭然。今若欲除大臣守鎮，臣愚必知未可，不如且示懷撫，以收其心。所以頻有奏陳，伏冀俯存含忍，實慮别除人後，制命不行，卽須興師，且事征討。蓋以江淮水旱，人力困窮，陛下每切憂勞，尚加賑恤，財賦所入，經用不充。今若鎮州用兵，須令諸處進計用兵數，供費已多。萬一四鄰之中，同類潛相扶結，相爲影援，延引歲時，則爲患益深，所費轉廣。縱陛下悉出府庫，以給軍須，若更淹延，將何及計？兵連之後，勢不得休，北狄西戎，素多姦狡，忽乘間隙，侵犯邊疆，又須興兵，以事防遏，首尾應敵，則內外憂危。臣等必知興師未可。自陛下臨御天下，諸州連帥，頻建軍功，言事者不計始終，喜功者輕議討伐。今鎮州事勢，與劉辟、李錡不同。何者？劍南、浙西，本非反側之地，劉辟、李錡，暴生狂逆之心，唯以財貨誘人，人心本無結固，又四面皆是國家兵鎮，事與河北不同，所以懇請誅討，料其事勢，舉必萬全。今鎮州事宜，與此有異，外則結連勢廣，內則膠固歲深，以此用兵，必爲不可。其劉濟、季安，雖有疾患，至於事體，與鎮州略同，若亡没之後，或別有其便，卽相其便可否，臨時裁制。伏以崇勳盛烈，底定四方，必有其時，可以斷致。自鎮州有故，臣夙夜思量，誠愿因其此時，收得一道。事有未可，不敢因循，瀝竭肺肝，備陳愚款，貴得萬全之計，上酬不次之恩。事之安危，伏冀聖慮所切，惟望不納浮議，斷在宸衷，臣不勝懇切之至。

又 卷四《鎮州淮西事宜》 學士奏：臣等前後陳奏，縷盡利害機宜，伏冀聖恩備賜詳覽。今聞少誠病甚，計必不起，則淮西事勢，與河北不同，須別除人，今正得便。何者？淮西不與諸賊鄰接，四面盡是國家鎮兵，勢力孤危，援助懸絶，重立賞罰，必易指麾。若萬一不從，則可議征伐，鎮兵足用，事力自豐。臣所以願舍鎮、冀難致之謀，就申、蔡易成之計。倘若河北四面命將，不可淮西兩處用兵。人既不堪其勞，財又不給其費，人情一阻，時事難量。脱鎮、冀難兵，事未如意，蔡州有變，勢可興師，南北之役俱興，財力之用不足。倘事不得已，卽須赦承宗，則恩德虛施，威令頓廢。不如早賜處分，已收鎮、冀之心，用赴機宜，必獲申、蔡之利。時固難得，事在不疑。伏望聖恩，俯賜裁斷。

宋·葛勝仲《丹陽集》卷七《論鎮冀》 憲宗再駕成德，出入十年，叛渙之臣，訖不能羈致闕下。問罪之師方興，含糊之詔已行，偷安留毒，縱虵豕而勿之搏，元和史策，未嘗書某日克趙，而司農賦入，卒無鎮冀之半菽焉。論者皆以厭兵縱敵，威令不振，歸過章武。愚則以爲，羣臣謀算乖失，謗有所分矣。丁未詔書赦承宗而班師者，謀失於白居易，庚辰詔書赦承宗而受地者，謀失於田宏正。初承宗拒命，劫因薛昌朝，拒御景忠信，於是詔削官秩，遣神策、河中、河陽、浙西、宣歙兵進討。時元和四年冬十月也。雖吐突承璀非制將之才，酈定進有喪師之悔，然精兵剽師，雲翔電合。張茂昭有木刀溝之勝，劉濟有饒陽、束鹿之捷，高霞寓多獲鎧仗，田季安自辦餉億。盧從史逗橈顧望，陰相嘯結，又已縛送京師矣。賊勢困蹙，上書請罪，譬釜魚喘息，勢不支久。朝廷誠能遣名將督戰，以代承璀，則削平逋寇，咳唾間爾。居易反謂不亟罷兵，且有四害，其説與李絳、權德輿相表裏，於是五年秋七月詔罷兵，而全以六郡付之矣。嗚呼！居易風節挺正，唐名臣也，至此則不得無罪。其後承宗益桀，謀援蔡兵，燔河陽倉，斷建陵戟，殺丞相，傷御史。於是詔絶其朝貢，出河東、義武、盧龍、魏博之師進討。時元和十年秋七月也。時雖營屯離置，主總不一，然諸鎮鋭兵，凱捷踵至。燕人敗之於武彊，魏人敗之於南宮，郗士美兵鋭整，最有功，帝以爲能辦我事。於是殷侑招諭而聽命，柏耆脅説而承宗已破膽矣。於時，齊、蔡既平，而賊無脣齒之援，譬如破竹數節之後，迎刃而解。朝廷誠能遣一乘之使，緩頰鈎説，使籍地自效，不聽則舉兵勦滅之。臨菑渤海之地，可全有也。宏正反因其請，救而表于上，欲效三郡，質二子而緩兵。朝議不欲忤宏正而猥狥其請。於是十三年四月，詔罷兵而赦承宗矣。嗚呼！宏正去汗效順，唐功臣也，至此則不得無罪。機會一跌，百年不復。承宗得完首領，憲宗有失刑之議。成德之地，終唐不能有。不於二子，而誰責乎？帝之討蔡也，沮議百出，錢徽、蕭俛之徒，交請罷兵，惟韓愈謂持之不堅，傷威損費，毅然致誅，由是師出有功。至成德之役，則搖於浮議而志不堅決，所謂師老力僊而訖無成也。成敗異變，功業相反。無他，斷與不斷而已。

雜録

唐·白居易《白氏長慶集》卷五六《與王承宗詔》 敕王承宗：朕臨馭天下，及此五年，三叛誅夷，四方清泰。不以功武自負，常推恩信爲先。爾父云亡，卽欲命卿受詔，而遠近方鎮，內外人情，紛然奏陳，皆云不可。朕以卿累代積勳賢之業，一門有忠義之風，功著艱危，恩連姻戚，雖中心是念，而衆請難違，可否之間，久不能決。然亦欲觀卿進退之禮，察卿忠孝之心。卿自罹憫凶，屬經時月，待使臣而動皆得禮，奉章疏而言必由衷，請獻官員，願輸貢賦，而又上陳密款，遠達深誠，潔身而謀出三軍，損己而讓推二郡，斯有以得臣子之大節，知君親之大恩。卿心既然，朕意已定，特加新命，仍撫舊封，今授卿起復左金吾衛大將軍檢校工部尚書充成德軍節度使恆州刺史恆冀深趙等州觀察等使兼御史大夫，仍賜上柱國，併賜告身旌節等往。想卿忠孝，哀感兼深。其德棣兩州，以卿進讓，尤欲於卿親屬之内，選授一人，在法雖有推恩，相時亦恐非便。今所以除薛昌朝德棣兩州觀察使，昌朝昔嘗事卿先父，今又與卿親鄰，卿宜具以誠懷，令報昌朝知悉。卿今授命之後，足得節制三軍，使其不失事宜，方見卿之忠藎。昨者衆情易惑，非卿不能效此誠，羣議難排，非朕不能斷此意。所宜保持大義，勉勵遠圖，深念斯言，永副予望。其當軍大將已下，各宜特與改轉，卿卽條録聞奏，其官健，亦宜量加優賞，想宜知悉。

又　卷五九《請罷兵第二狀·請罷恆州兵事宜》　右，緣討伐恆州事宜，前者已具奏聞，此事至大至切，臣不合一奏便休，伏願聖聰再賜詳省。臣伏以河北事體，本不合用兵，既已用兵，亦希萬一，所以人意或望成功。今看事勢，保必無望。何者？陛下本用兵之初，第一倚望承璀，第二準擬希朝、茂昭。今承璀自去以來，未敢苦戰，已喪大將，先挫軍威，至今與從史兩軍入賊界下營未得。從史雖經接戰，與賊勝負略均，況奏報之間，又事恐非實，遷延進退，貴引日時，不唯意在逗遛，兼是力難支敵。希朝、茂昭，數月以來方入賊界，據所奏到賊新市城，一鎮便過不得，又奏深澤縣令卻被賊打破，則其進討之勢，想亦可知。劉濟親領全軍，分圍樂壽，又奏賊城堅守，卒不易攻。師道、季安，元不可保，今看情狀，似相計會，各收一縣，便不進軍。如此事由，陛下具見，據其去就，豈有成功？未審聖心何如更有所望。以臣愚見，速須罷兵，若又遲疑，其害有四，可爲陛下痛惜者二，可爲陛下深憂者二。

何則？若果有成功，卽不論用度多少，既的知不可，卽不合虛費貲糧。悟而後行，事亦非晚。今遲校一日有一日之費，更延旬月，所費滋多，終須罷兵，何如早罷？臣伏見陛下比來愛人省用，發自深心，至於聖躬，每事節儉。今以府庫錢帛，百姓脂膏，資助河北諸侯，轉令富貴强大。臣每念此，不勝憤歎。此其爲陛下痛惜者一也。臣伏恐河北諸將，見吴少陽已受制命，必引事例輕重，同詞請雪承宗。若章表繼來，卽議無不許，請而後捨，模樣可知，轉令承宗膠固同類。如此則與奪皆由鄰道，恩信不出朝廷，實恐威權盡歸河北。臣每念此，實所疚心。此其爲陛下痛惜者二也。

今天時已熱，兵氣相蒸，至於飢渴疲勞，疫疾暴露，衣甲暑濕，弓箭瘡痍，上有赤日，前有白刃，驅以就戰，人何以堪？縱不惜身，亦難忍苦。況神策官健，又最烏雜，以城市之人，例皆不慣如此，忽思生路，或有奔逃。一人若逃，百人相扇，一軍若散，諸軍必摇。事忽至此，悔將何及此其爲陛下深憂者一也。臣伏聞回鶻、吐蕃，皆有細作，中國之事，小大盡知。今聚天下之兵，唯討承宗一賊，自冬及夏，都未立功，則兵力之强弱，資費之多少，豈宜使西戎北虜一一知之？忽見利生心，承虛入寇，以今日之勢力，可能救其首尾哉？兵連禍生，何事不有，萬一及此，實關安危，臣每思之，憂入骨髓。此其爲陛下深憂者二也。

伏惟詳臣此狀，察臣此心，審賜裁量，速有處分。如此則是陛下社稷宗廟之福，不獨天下幸甚。謹具奏聞。

又　《請罷兵第三狀·請罷恆州兵馬事宜》　右，臣所請罷兵，前後已頻陳奏。今日事勢，又更不同，比來日月漸深，憂惶轉甚，若不極慮，若不切言，是臣懼罪惜身，上負陛下。伏希聖鑑憐察血誠，知臣心如此，更詳此狀。臣伏以行營近日事體，陛下一一具知。師道令收棣州，至今竟未奉詔，至於表章詞意，近者亦甚乖宜。季安等心元不可測，與賊計會，各收一空縣而已，相顧拱手便休。聞昨者澤潞潰散健兒，其間有入魏博卻投邢州者，季安追捉，併按軍令，昨所與詔，都不稟承。據此情狀，略無形迹，但恐今日以後，此輩無不辦爲。又比來所望有功，只在南北兩道。今師道、希朝等屯軍向欲半年，過新市一鎮未得，茂昭又稱兵少，特地方請加兵，則南道勢力，今亦可見。北道承璀，竟未立功。元陽新到邢州，又奏兵數至少，請諸軍兵馬，議不可抽。假使承璀等竭力盡忠，終恐不副聖意。據此事勢，萬無成功。陛下猶未罷兵，不知更有何所待？

臣伏恐劉濟近日，情似盡忠，今忽罷兵，慮傷其意。以臣所見，理固不然。劉濟大姦，過於羣輩，外雖似順，中不可知，有功無功，進退獲利，初聞罷討，或可有詞，見雪恆州，必私懷喜。何則？於承宗本末之勢同也。假令劉濟實忠實藎，陛下難阻其心，猶須計量重輕，捨小圖大。豈緣劉濟一人惆悵，而不顧天下遠圖？況今事情，又不至此。伏望聖意斷之不疑。臣昨日以軍久無功，時又漸熱，人不堪命，慮有奔逃，前狀之中，已具陳奏。今果聞神策所管徐泗、鄭滑兩道兵馬，各有言語，似少不安，臣自聞之，不勝憂切。一軍若不寧貼，必扇諸軍之心，自此動摇，何慮不有？事忽至於此者，則陛下求不罷討得乎？一種罷兵，何如早罷！必待事不得已，然後罷之，只使陛下威權轉銷，天下模様更惡。如此事勢，皆在目前，只合逆防，不合追悔。今盧從史已歸罪左降，王承宗又乞雪表來，元陽方再整本軍，劉濟且引兵欲進，因此事勢，正可罷兵，赦既有名，罷猶有勢。若又此時不罷，臣實不測聖心。

臣伏料陛下去年初鋭意用兵之時，必謂討承宗如討劉辟、李錡，兵合之後，坐見誅擒，豈料遷延經年如此？然則始謀必克，猶不可知，後事轉難，更何所望？至於竭府庫以富河北諸將，虛中國以使戎狄生心，可爲深憂，可爲痛惜，已具前奏，不敢再陳。況今日已前，所惜者威權財用，今日已後，所憂者治亂安危。國家有天下二百年，陛下承宗社十一葉，豈得以小忿而忘國家大計，豈得以小恥而忘宗社遠圖？伏願聖心以此爲慮。臣前後已獻三狀，不啻千言，詞既繁多，語亦懇切。陛下若以臣所見非是，所言非忠，況以塵黷不休，臣卽合便得罪；若以臣所見爲是，所言爲忠，則陛下何忍知是不從，知忠不納。不然，則臣合得罪；不然，則陛下罷兵。伏望讀臣此狀一二十遍，斷其可否，速賜處分。臣不勝負憂待罪懇迫兢惶之至，謹奏。

又《承璀充諸軍行營招討處置使》　右，緣承璀職名，自昨日來，臣與李絳等已頻論奏，又奉宣令依前定者。臣實深知不可，豈敢順旨便休，伏望聖慈更賜詳察。臣伏以國家故事，每有征伐，專委將帥，以責成功。近年以來，漸失舊制，始加中使，命爲都監。頃者韓全義討淮西之時，以賈良國爲都監；近日高崇文討劉辟之時，以劉貞亮爲都監。此皆權宜，且爲近例。然則興王者之師，徵天下之兵，自古及今，未有令中使專統領者。今神策軍既不置行營節度使，卽承璀便是制將，又充諸軍招討處置使，卽承璀便是都統。豈有制將、都統而使中使兼之？臣恐四方聞之，必輕朝廷；四夷聞之，必笑中國；王承宗聞之，必增其氣；國史記之，後嗣何觀？陛下忍令後代相傳云，以中官爲制將、都統自陛下始？伏乞聖慮，以此思之。臣又兼恐劉濟、茂昭及希朝、從史，乃至諸道將校，皆恥受承璀指麾。心既不齊，功何由立？此是資承宗之計，而挫諸將之勢也。伏乞聖慮，又以此思之。臣伏以陛下自春宫以來，則曾驅使承璀，歲月既久，恩澤遂深。望陛下念其勤勞，貴之可也，陛下憐其忠赤，富之可也，至於軍國權柄，動關於治亂，朝廷制度，出自於祖宗，陛下寧忍徇下之情，而自隳法制，從人之欲，而自損聖明？何不思於一時之間，而取笑於萬代之後！今臣忘身命，瀝肝膽，爲陛下痛言者，非不知逆耳，非不知危身，但以螻蟻之命至輕，社稷之計至重，伏乞聖慮，又以此思之。陛下必不得已，事須用之，卽望改爲都監，且循舊例。雖威權尚重，而制度稍存，天下聞之，不甚驚聽。如蒙允許，伏望速宣與中書，改爲諸軍都監。臣不勝憂迫懇切彷徨之至。

宋·宋敏求《唐大詔令集》卷一一八《政事·招諭·討王承宗招諭敕》　敕：自古哲王之有天下也，懲其暴亂，則法所宜加；察其情衷，則罪有不及。故太尉兼中書令武俊，忠扶邦國，節著艱難，覽視册書，想見風槩。而承宗毀弃門户，違悖君親，遽肆姦凶，自貽討伐。欒盈干紀，寧忘武子之勳；蕭延紹封，無廢酇侯之嗣。矧忠而見節，禮以議賢，宜降深恩，庶行中典。載明樵採之禁，兼茂歸降之制。好生之德，俾洽人心；止殺之源，用孚朕志。其王士率、士則，並宜各守舊官。其武俊實封，仍特賜士則承襲。鎮州大將，並著茂勳，言念其勞，每用增歎。其有食封者，並且依舊，不須停給。如領兵軍將以所領歸降者，超三資與官，賜實封三百户，仍賞錢一萬貫文。其武俊、士眞松楸墳墓，行營諸軍並不得輒有毁伐。除暴勝殘，事非獲已，布德施澤，仁豈遠乎。用彰弔伐之師，式示皇王之道，宣布内外，宜悉衷懷。元和四年十月十七日

又《討鎮州禁侵掠敕》　敕鎮冀管内諸州百姓等，莫匪王人，皆同赤子。蓋戀生業，遂迫凶威。暴賦急徵，既嗟於無告；冒鋒觸刃，又慮其俱焚。言念於茲，良深憫惻。其應討伐鎮州諸軍，所到之處，宜先存撫百姓，使安其業，勿令虜掠傷害，以副朕心。

又　卷一一九《政事・討伐上・削奪王承宗官爵詔》　天地以大德煦物，而高秋勵肅殺之威，帝皇以至道育人，而前王設黜罰之典，於是有版泉之役，有舟浦之威，情豈佳兵，義存禁暴？朕嗣膺寶曆，於茲五年，以惕厲居於人上，以仁恕撫於天下，恭惟文祖之訓，敢以武功爲先。昨者吴蜀興妖，師徒獻捷，朕每念陳原野之衆，行鈇鉞之刑，雖舉彝章，頗懷慙德，蓋不獲已，豈樂於斯？王承宗頃在苫廬，潛窺戎鎮，而内外以事君之禮，將而必誅，分土之儀，專則有辟。朕念其先祖，嘗有茂勳，貸以私恩，抑於公議，使臣旁午以告諭，孽童俯伏以陳誠，願獻兩州，期無貳事。朕欲收其後效，用以曲全，授節制於舊疆，齒勳賢於列位。況德棣本非成德所管，昌朝又是承宗懿親，俾撫近鄰，斯誠厚澤，外雖兩鎮，中實一家。而承宗象恭懷姦，肖貌稔禍欺裦武於得位之後，縲昌朝於受命之中，豺狼之心，飽之而逾發；梟獍之性，養之而益生。加以表疏之間，悖慢斯甚，神祇所以不祐，天地所以不容，智士所以奮懷，義夫所以興憤。式遏亂略，期於無刑，龔行天誅，示於有制。其諸道諸軍進討，已從別制處分。王承宗在身官爵，並宜削除。其鎮州管内將士官吏，久在戎行，未知朝典，或陷於邪説，或迫以凶威，雖有忠誠，無由自達。但能效順，即是王人，豈止惟新，當加寵渥。其有能回戈弭寇因事立功，特有褒崇，不拘資次，貴爵厚禄設之而高懸，實封名藩待之以茂賞。其以一州歸順者，便與當州刺史，仍賜實封二百户。先是，刺史以州歸順者，超三資與官，仍賜實封三百户。以一縣歸順者，超兩資與官，賜實封一百户。其長行官健歸順者，當與優厚褒賞。如將校内有翻然改圖，梟斬元惡者，授以不次之位，寵以殊賞之封。王承宗如能革心悔過，束身入朝，待之如初，一切不問，仍准舊官爵秩寵授。於戲！王者之師，蓋除於暴亂止戈之武，豈願於傷殘？而承宗不能負荷舊勳秩，承新命，自貽其咎，寧怨於天！遽此興戎，至於用鉞固非素意，用歎於懷，百辟萬方，宜諒朕志。

又　《王承宗絶朝貢敕》　敕：天地至廣，有自絶者不得容；皇王至仁，有當誅者不敢赦。朕纘承丕業，虔奉睿圖。樂戰佳兵，每思聖祖之誡；納汙藏疾，嘗佩先哲之言。罪有難原，事非獲已。

成德軍節度管内度支營田、恆、冀、深、趙、德、棣等州觀察處置等使銀青光禄大夫檢校，吏部尚書兼恆州大都督府長史御史大夫上柱國王承宗，洗滌疵瑕，累加獎授，列在藩方之重，待以忠正之途。謂懷君父之恩，克勵人臣之節，而動思棄命，恣逞非心，傲狠反常，横厲無畏。以其先祖，常立忠勳，每爲含容，庶聞悛革。曾不知陰謀逆狀，久則逾彰；凶德禍機，盈而自覆。乃敢輕肆指斥，妄陳表章，潛遣姦人，竊懷兵刃，賊殺元輔，毒傷憲臣。縱其凶殘，無所顧忌，推窮事迹，罪狀彰明，周覽讞詞，良用驚歎。今罪人咸伏，首惡有歸，雖當去害之誅，猶軫録功之念。宜令絶其朝貢，使自懲省，冀其翻然改過，束身歸朝，攻討之宜，更俟後命。儻或不能遷善，即當續有處分。所爲指使，蓋自承宗，其事不在於三軍，其辜（闕）延於百姓，所以但絶朝貢，未加討除。如不自新，止於有罪，咨爾成德之衆，勉於忠順之機。

博野樂壽之郊，本范陽管界，總自授朝寄，常罄公忠，既有維於能勞，則宜仍於舊服。其博野、樂壽兩縣，並卻賜劉總收管。太中大夫檢校左散騎常侍兼少府少監駙馬都尉賜紫金魚袋王承宗，亦由勳伐之後，錫以姻戚之榮，莫顧寵私，用包淫慝，交通謀慮，叶比姦凶。撫茲情狀，合正典刑，俾居遐遠，猶示寬弘，宜於黔府安置。朝請郎守太子左贊善大夫賜紫金魚袋王承迪、朝請郎守丹王府司馬上柱國賜紫金魚袋王承榮，國有彝章，亦宜從坐。承迪宜於歸州安置，承榮宜於通州安置。仍並馳騎發遣，各委本道具道州府月日奏聞。雲麾將軍上護軍王士平，忠列武將軍守左神武將軍事兼御史大夫賜紫金魚袋王士則，並志秉恭德，家承茂勳，既申勸善懲惡之義，亦以全功臣紹續之慶，示朝典旌別之宜，委中書門下即加獎授。

於戲！朕方以五常之道，刑於萬國之風，猶有棄德而崇姦，興穢以自臭。惟訓道之不至，顧菲薄而自慚，尚欲依違，務弘天討，而公卿庶尹，多士具僚，繼有陳論，咸請誅言。沉吟軫慮，未忍加兵，屈法申恩，茲未懲絶。迫於公議，難狥衷懷，宣示中外，咸令知悉。

又　《討鎮州王承宗德音》　上天垂象，耀弧矢之芒；先王取威，陳鈇鉞之柄。蓋所以昭宣七德，保乂兆人，故窮陰有助於歲功，而大刑無廢於國典。朕承累聖之休祉，奉蒼穹之眷命，道思格物，心豈佳兵。期致俗於和同，庶納人於軌度。緬窺鍾鼎，無忘衛國之榮；永惟帶礪，每存延代之。故太尉武俊，頃因多難，首建大勳。懸捧日之明誠，遏滔天之逆豎，武烈有過於震電，壯容具紀於丹青。餘風凜然，雖死不朽，是宜子孫席寵，邦國同休，而王承宗墜於弓裘，隳其門户。不思祖考之德，忍與梟獍同謀；不顧天地之恩，敢以豺狼爲性。飽則逾悖，撫之不馴，凶狂屢見於表章，戕賊竊加於宰輔。四方同駭，千古所無。朕以思人愛樹，投鼠忌器，優游而不斷，隱忍而未徵。屈其憲法，絶其朝貢，俾之思過，且將革心。而乃先動干戈，屢犯城邑，焚燒剽劫，流毒於人。罪惡既不可容，誅討蓋非獲已。況四面征鎮，憤激咸同，中朝卿士，奏議相繼。雖覆以天道，欲更含弘，而迫於羣情，須正刑典。

宜令河東、幽州盧龍、義武、横海、魏博、昭義等節度兵馬計會進討。其承宗在身官爵，併從削奪。言念乃祖，嘗著功庸，蠢兹狡童，自取廢絶。其所襲實封，宜廻賦役子右金吾衛將軍士平，俾之纂承，元之祭祀。若承宗翻然改悟，束身入朝，必議加恩，不唯貸法。如沉迷自若，討伐遂行，則罪止一身，其脅從之徒，一切不問。大軍既臨，計卽戡殄。其成德將士等，或染汙俗，或迫凶威，雖有忠誠，無自階達，但能去逆效順，因事立功，隨其高下，厚加寵賜。如有梟斬渠魁，及執送南兆，以效誠節者，其承宗在身官爵土地等，便以回授，仍與實封五百户，莊宅各一區，錢二萬貫。如有能率所管兵馬，及以城鎮來降者，併超三資與官。仍實封二百户，錢一萬貫。其以州降者，便與刺史，仍賜實封二百户。如本是刺史，更超三資與官，賜實封三百户，以縣降者，超兩資與官，賜實封一百户。其以一營一柵降者，節級褒升，務從優厚。其諸軍行營將士，如有先登陷陣，屠城下邑者，亦準此處分。其接近賊界諸道，應副行營將士，如有能梟斬承宗者，亦準前例處分。其接近賊界州縣，自軍興已來，供饋繁併，嗟我疲瘵，良增憫然。應免元和十年兩税斛斗錢物，在百姓腹内，併十一年夏税，併宜放免。其有城鎮將士百姓，守節拒賊，身死王事者，各委長吏，優給其家，仍具事迹聞奏，當加褒贈。其有潛謀誅斬承宗，被其屠戮者，優加追贈，併賜錢帛，仍與一子官。六州百姓，莫匪吾人，墜於塗炭，深用嗟惻。兵之所至，不得妄加殺戮，及焚燒廬舍，掠奪資産，併有拘執，以爲俘馘。事平之後，給復三年。其六州管内百姓，能相率來歸者，所在安存，各加優奬。方當春候，務切農桑，邊界之人，慮妨耕織。應緣軍務所須，併不得干擾百姓，如要車牛夫役工匠之類，宜和雇優給價錢。賊平之後，應立功將士，併與超資改轉，節級賜物，續有處分。

於戲！朕正位凝命，竭誠響方，勞謙在心，慈儉爲寶。而化未陶於頑傲，澤未浸於隱微，薦興甲兵，布在原野，中宵愧歎，當寧憂兢，庶將除姦，非曰尚武。宣示中外，宜體至懷。

唐憲宗平淮蔡

綜　述

《舊唐書》卷一五《憲宗紀下》（元和九年秋七月）己丑，月掩軒轅。淮西節度使吴少陽卒，其子元濟匿喪，自總兵柄，乃焚劫舞陽等四縣。朝廷遣使弔祭，拒而不納。

冬十月【略】甲子，制：『朕嗣膺寶位，于兹十年。每推至誠，以御方夏，庶以仁化，臻于太和，宵衣旰食，意屬於此。今淮西一道，未達朝經，擅自繼襲，肆行寇掠。將士等迫於受制，非是本心。思去三面之羅，庶遵兩階之義。宜以山南東道節度使嚴綬兼充申光蔡等州招撫使。』仍命内常侍崔潭峻爲監軍。

十年春正月癸酉朔。乙酉，宣武軍節度使韓弘守司徒，平章事併如故。丙申，嚴綬帥師次蔡州界。己亥，制削奪吴元濟在身官爵。

二月癸卯朔。甲辰，嚴綬軍爲賊所襲，敗於磁丘，退守唐州。田弘正子布、韓弘子公武各率師隸李光顔討賊。

五月辛未朔。辛巳，御史中丞裴度兼刑部侍郎。時度自淮西行營宣慰還，所言軍機，多合上旨，故以兼官寵之。丙申，李光顔大破賊黨於洄曲。自徵兵討賊，凡十餘鎮之師，環於申、蔡，未立戰功。裴度使還，奏曰：『臣觀諸將，惟光顔見義能勇，必能立功。』至是告捷，京師相賀，上尤賞度之知人。

九月癸酉，以宣武軍節度使韓弘充淮西行營兵馬都統。丁酉，以太子賓客韓皋爲兵部尚書。

十一年春正月【略】甲子，李光顔奏破賊。

五月丁卯夜，辰、歲二宿合於東井。宥州軍亂，逐刺史駱怡。壬申，李光顔破賊于淩雲柵。六月甲辰，高霞寓敗于鐵城，退保新興柵，是日人情悚駭，宰相奏對，多請罷兵。上曰：『勝負兵家常勢，不可以一將失利，便沮成計。今但議用兵方略，朝廷庶務，制置可否耳。』

秋七月丁丑，貶隨唐節度使高霞寓爲歸州刺史。以河南尹鄭權爲襄州刺史，充山南東道節度使；以荆南節度使袁滋爲唐州刺史、彰義軍節度使、申光唐蔡隨鄧州觀察使，權以唐州爲理所；以華州刺史裴武爲江陵尹，充荆南節度使。戊寅，以隨州刺史楊旻爲唐州刺史，充行營都知兵馬使。以滋儒者，故復以旻將其兵。壬午，宣武軍奏破賊。

八月【略】乙酉，蔡州軍前奏拔凌雲柵。

冬十月【略】庚午，以司農卿王遂爲宣州刺史、宣歙池觀察使，以京兆尹李脩爲潤州刺史、浙西觀察使。以遂、脩常歷計司，能聚斂，方借供軍，故有斯授。壬申，敕諸道奏事官，非急切不得乘驛馬。丁丑，出內庫錢五十萬貫供軍。【略】辛巳，命內常侍梁守謙監淮西行營諸軍，仍以空名告身五百通及金帛付之。【略】

十二年春正月辛酉朔，以用兵不受朝賀。癸未，貶義武軍節度使渾鎬爲循州刺史，坐討賊失律也。甲申，貶唐鄧節度袁滋爲撫州刺史，以上疏請罷兵故也。

三月【略】癸未，賊將吳秀琳以文城柵兵三千降李愬。

夏四月辛卯，李光顔破賊三萬於郾城，殺其卒什二三，獲馬千匹、器甲三萬。【略】庚戌，敕改蔡州吳房縣爲遂平縣，移置於文城柵南新城內。丁卯，賊郾城守將鄧懷金與縣令董昌齡以郾城降。甲戌，渭南雨雹，中人有死者。丙子，詔權罷河北行營，專討淮蔡。

五月庚寅朔。癸巳，隨唐節度使李愬奏敗賊於吳房，獲賊將李佑。己亥，以尚書左丞許孟容爲東都留守，充都畿防禦使。時東畿民户供軍尤苦，車數千乘相錯於路，牛皆饋軍，民户多以驢耕。

六月己未朔，以衛尉卿程異爲鹽鐵使，代王播。時異爲鹽鐵使副，自江南收拾到供軍錢一百八十五萬以進，故得代播。壬戌，賊吳元濟上表，請束身歸朝。時連破三柵，賊勢迫蹙，實欲歸朝，而制於左右，故不果行。【略】

秋七月【略】丙辰，制以中書侍郎、平章事裴度守門下侍郎、同平章事、使持節蔡州諸軍事、蔡州刺史，充彰義軍節度、申光蔡觀察處置等使，仍充淮西宣慰處置使。【略】以刑部侍郎馬總兼御史大夫，充淮西行營諸軍宣慰副使；以太子右庶子韓愈兼御史中丞，充彰義軍行軍司馬；以司勳員外郎李正封、都官員外郎馮宿、禮部員外郎李宗閔皆兼侍御史，爲判官書記：從度出征。詔以郾城爲行蔡州治所。

八月戊午朔。庚申，裴度發赴行營，敕神策軍三百人衛從，上御通化門勞遣之。度望門再拜，銜涕而辭，上賜之犀帶。【略】甲申，裴度至郾城。

九月丁亥朔。戊子，出內庫羅綺、犀玉、金帶之具，送度支估計供軍。【略】

冬十月壬申，裴度往沲口觀板築五溝，賊遽至，注弩挺刃將及度，而李光顔、田布扼其歸路，大敗之。是日，度幾陷。【略】甲申，以淮南節度使、檢校左僕射李鄘爲門下侍郎、同中書門下平章事，以左丞衛次公代鄘爲淮南節度使。己卯，隨唐節度使李愬率師入蔡州，執吳元濟以獻，淮西平。甲申，詔：『淮西立功將士，委韓弘、裴度條疏奏聞。淮西軍人，一切不問。宜準元敕給復二年。』

又 卷一三三《李愬傳》 愬有籌略，善騎射。元和十一年，用兵討蔡州吳元濟。七月，唐鄧節度使高霞寓戰敗，又命袁滋爲帥，滋亦無功。愬抗表自陳，願於軍前自效。宰相李逢吉亦以愬才可用，遂檢校左散騎常侍，兼鄧州刺史、御史大夫，充隨唐鄧節度使。兵士摧敗之餘，氣勢傷沮，愬揣知其情，乃不肅軍陣，不齊部伍。或以不肅爲言，愬曰：『賊方安袁尚書之寬易，吾不欲使其改備。』乃給告三軍曰：『天子知愬柔而忍恥，故令撫養爾輩。戰者，非吾事也。』軍衆信而樂之。愬又散其優樂，未嘗宴樂，士卒傷痍者，親自撫之。賊以嘗敗高、袁二帥，又以愬名位非所畏憚者，不甚增其備。

愬沉勇長算，推誠待士，故能用其卑弱之勢，出賊不意。居半歲，知人可用，乃謀襲蔡，表請濟師。詔河中、鄜坊騎兵二千人益之，由是完緝器械，陰計戎事。嘗獲賊將丁士良，召入與語，辭氣不撓，愬異之，因釋其縛，置爲捉生將。士良感之，乃曰：『賊將吳秀琳總衆數千，不可遽破者，用陳光洽之謀也。士良能擒光洽以降秀琳。』愬從之，果擒光洽。十二月，吳秀琳以文成柵兵三千降。愬乃徑徙之新興柵，遂以秀琳之衆攻吳房縣，收其外城。初，將攻吳房，軍吏曰：『往亡日，請避之。』愬曰：『賊以往亡謂吾不來，正可擊也。』及戰，勝捷而歸。賊以驍騎五百追愬，愬下馬據胡牀，令衆悉力赴戰，射殺賊將孫忠憲，乃退。或勸愬遂拔吳房，愬曰：『取之則合勢而固其穴，不如留之以分其力。』

初，吳秀琳之降，愬單騎至柵下與之語，親釋其縛，署爲衙將。秀琳感恩，期於效報，謂愬曰：『若欲破賊，須得李祐，某無能爲也。』祐者，賊之騎將，有膽略，守興橋柵，常侮易官軍，去來不可備。愬召其將史用誠誡之曰：『今祐以衆穫麥於張柴，爾可以三百騎伏旁林中，又使搖旆於前，示將焚麥者。祐素易我軍，必輕而來逐，爾以輕騎搏之，必獲祐。』用誠等如其料，果擒祐而還。官軍常苦祐，皆請殺之，愬不聽，解縛而客禮之。愬乘間常召祐及李忠義，屏人而語，或至夜分。忠義，亦降將也，本名憲，愬致之。軍中多諫愬，愬益寵祐。始募敢死者三千人以爲突將，愬自教習之。愬將襲元濟，會雨水，自五月至七月不止，溝塍潰溢，不可出師。軍吏咸以不殺祐爲言，簡翰日至，且言得賊諜者具言其事。愬無以止之，乃持祐泣曰：『豈天意不欲平此賊，何爾一身見奪於衆口！』愬又慮諸軍先以謗聞，則不能全祐，乃械送京師，先表請釋，且言：『必殺祐，則無以成功者。』比祐至京，詔釋以還愬，乃署爲散兵馬使，令佩刀巡警，出入帳中，略無猜閒。又改爲六院兵馬使。舊軍令，有舍賊諜者屠其家，愬除其令，因使厚之，諜反以情告愬，愬益知賊中虛實。

陳許節度使李光顏勇冠諸軍，賊悉以精卒抗光顏。由是愬乘其無備，十月，將襲蔡州。其月七日，使判官鄭澥告師期於裴度。十日夜，以李祐率突將三千爲先鋒，李忠義副之，愬自帥中軍三千，田進誠以後軍三千殿而行。初出文成柵，衆請所向，愬曰：『東六十里止。』至賊境，曰張柴砦，盡殺其戍卒，令軍士少息，繕羈靮甲胄，發刃彀弓，復建旆而出。是日，陰晦雨雪，大風裂旗旆，馬慄而不能躍，士卒苦寒，抱戈殭仆者道路相望。其川澤梁逕險夷，張柴已東，師人未嘗蹈其境，皆謂投身不測。初至張柴，諸將請所止，愬曰：『入蔡州取吳元濟也。』諸將失色。監軍使哭而言曰：『果落李祐計中！』愬不聽，促令進軍，皆謂必不生還；然已從愬之令，無敢爲身計者。愬道分五百人斷洄曲路橋，其夜涷死者十二三。又分五百人斷朗山路。自張柴行七十里，比至懸瓠城，夜半，雪愈甚。近城有鵝鴨池，愬令驚擊之，以雜其聲。賊恃吳房、朗山之固，晏然無一人知者。李祐、李忠義坎墉而先登，敢鋭者從之，盡殺守門卒而登其門，留擊柝者。黎明，雪亦止，愬入，止元濟外宅。蔡吏告元濟曰：『城已陷矣。』元濟曰：『是洄曲子弟歸求寒衣耳。』俄聞愬軍號令將士云：『常侍傳語。』乃曰：『何常侍得至於此？』遂驅率左右乘子城拒捍。田進誠以兵環而攻之。愬計元濟猶望董重質來救，乃令訪重質家安恤之，使其家人持書召重質。重質單騎而歸愬，白衣泥首，愬以客禮待之。田進誠焚子城南門，元濟城上請罪，進誠梯而下之，乃檻送京師。其申、光二州及諸鎮兵尚二萬餘人，相次來降。

自元濟就擒，愬不戮一人，其爲元濟執事帳下廚廄之間者，皆復其職，使之不疑。乃屯兵鞠場以待裴度。翌日，度至，愬具櫜鞬候度馬首。度將避之，愬曰：『此方不識上下等威之分久矣，請公因以示之。』度以宰相禮受愬迎謁，衆皆聳觀。明日，愬軍還於文成柵。

又 卷一四五《吳元濟傳》 吳元濟，少陽長子也。初爲試協律郎、兼監察御史、攝蔡州刺史。及父死，不發喪，以病聞，因假爲少陽表，請元濟主兵務。帝遣醫工候之，卽稱少陽疾愈，不見而還。先是，少陽判官蘇兆、楊元卿及其將侯惟清嘗同爲少陽畫朝覲計；及元濟自領軍，凶狠無義，唯暱軍中凶悍之徒。素不便兆，縊殺之，歸其屍於家，械侯惟清而囚之。時朝廷誤聞惟清已死，贈兵部尚書，贈蘇兆以右僕射。楊元卿先奏事在京師，得盡言經略淮西事於宰相李吉甫。始，少陽以病聞，元卿請凡淮西使在道路者，所在留止之。及少陽卒，凡四十日，不爲輟朝，但易將加兵於外以待。其邸吏無何妄傳董重質已殺元濟，併屠其家，李吉甫遽請對拜賀，乃輟朝。數日，知元濟尚在。時賊陰計已成，羣衆四出，狂悍而不可遏，屠舞陽，焚葉縣，攻掠魯山、襄城。汝州、許州及陽翟人多逃伏山谷荆棘間，爲其殺傷驅剽者千里，關東大恐。

十月，以陳州刺史李光顏爲忠武軍節度使，又以山南東道節度使嚴綬充申光蔡等州招撫使，仍令內常侍崔潭峻監綬軍。十年正月，綬軍臨賊西境。詔曰：『吳元濟逆絶人理，反易天常；不居父喪，擅領軍政。諭以詔旨，曾無謙恭，熒惑一方之人，迫脅三軍之衆。以少陽嘗經任使，爲之軫悼，命申吊祭，臨遣使臣。陵虐封疆，遂致稽阻，絶朝廷之理，忘父子之恩。旋又掩寇舞陽，傷殘吏卒，焚燒葉縣，騷擾閭閻，恣行奪攘，無所畏忌。朕念賞延之義，重傷藩帥之門，尚欲納於忠順之途，處在顯榮之地。未能飭怒，猶爲包荒，再降詔書，俾申招撫。而毒螫滋甚，姦心靡悛，壽春西南，又陷鎮柵，窮凶稔惡，縱暴延災。覆載之所不容，人神之所共棄，良非獲已，致此興戎。吳元濟在身官爵，併宜令削奪。令宣武、大寧、淮南、宣歙等道兵馬合勢，山南東道及魏博、荆南、江西、劍南東川兵馬與鄂岳許會，東都防禦使與懷鄭汝節度及義成兵馬犄角相應，同期進討。』

二月，綬兵爲賊所襲，敗于磁丘，退保唐州。四月，光顔破賊黨，元濟遣人求援於鎮州王承宗、淄鄆李師道，二帥上表于朝廷，請赦元濟之罪，朝旨不從。自是兩河賊帥所在竊發，冀以沮撓王師。五月，承宗、師道遣盜燒河陰倉，詔御史中丞裴度於軍前宣喻，覩用兵形勢。度還奏曰：『臣觀諸將，唯光顔勇義盡心，必有成功。』上意甚悦。翌日，光顔奏大破賊於時曲，上曰：『度知光顔，可謂至矣。』乃以度兼刑部侍郎。自是中外相賀，決不赦賊，徵天下兵環申、蔡之郊，大小十餘鎮。六月，承宗、師道遣盜伏於京城，殺宰相武元衡、中丞裴度，衡先死，度重傷而免。憲宗特怒，卽命度爲宰相，淮右用兵之事，一以委之。七月，李師道遣嵩山僧圓淨結山賊與留邸兵，欲焚燒東都，先事敗而禍弭。嚴綬退罷，乃以汴州節度使韓弘爲淮右行營兵馬都統，以高霞寓有名，用爲唐鄧節度。

十一年春，諸軍雲合，惟李光顔、懷汝節度烏重胤心無顧望，旦夕血戰，繼獻戎捷。六月，高霞寓爲賊所擊，敗于鐵城，退保新興柵。時諸軍勝負皆不實聞，多虚稱克捷，及霞寓敗，中外恟恟。宰相諫官屢以罷兵爲請，唯裴度堅於破賊。尋以袁滋代霞寓爲唐鄧帥，滋柔懦不能軍。十二年正月，袁滋復貶，閑廄使李愬表請軍前自效，乃用愬爲唐鄧帥以代滋。愬軍壓境，拔賊文城柵，擒柵將吳秀琳，又獲賊將李祐。李光顔亦拔賊郾城。元濟始懼，盡發左右及守城卒，屬董重質以抗光顔、重胤。

六月，元濟乞降，爲羣賊所制，不能自拔。上以元凶已蹙，兵未臨於賊城，挽饋日殫，因延英問計於宰相，裴度曰：『賊力已困，但羣帥不一，故未能決降。』上曰：『卿決能行乎？』曰：『臣誓不與賊偕全。』七月，詔以度爲彰義軍節度使，兼申光蔡四面行營招撫使，以郾城爲行在，蔡州爲節度所。八月，度至郾城，激勵士衆，軍士喜度至，以賞罰必行，皆願輸罄，每出勞，軍士有流涕者。

時李愬營文城柵，既得吳秀琳、李祐，知其可用，委信無疑，日夜與計事於帳中。祐曰：『元濟勁軍，多在洄曲西境防捍，而守蔡者皆市人疲耄之卒，可以乘虚掩襲，直抵懸瓠，比賊將聞之，元濟成擒矣。』愬然之，咨於裴度。度曰：『兵非出奇不勝，常侍良圖也。』十一月，愬夜出軍，令李祐率勁騎三千爲前鋒，田進誠三千爲後軍，愬自率三千爲中軍。其月十日夜，至蔡州城下，坎牆而畢登，賊不之覺。十一日，攻衙城，擒元濟併其家屬以聞。

初，元濟之叛，恃其凶狠，然治軍無紀綱。其將趙昌洪、淩朝江、董重質等各權兵外寇。李師道鄆州之鹽，城往來寧陵、雍丘之間，韓弘知而不禁。淮右自少誠阻兵已來，三十餘年，王師加討，未嘗及其城下，嘗走韓全義，敗于頓，故驕悍無所顧忌。且恃城池重固，有陂浸阻回，故以天下兵環攻三年，所克者一縣而已。及黜高霞寓、李遜、袁滋，諸軍始進。又得陰山府沙陀驍騎、邯鄲勇卒，光顔、重胤之奮命，及丞相臨統，破諸將首尾之計，方擒元惡。

申、蔡之始，人劫於希烈、少誠之虐法，而忘其所歸。數十年之後，長者衰喪，而壯者安於毒暴而恬於搏噬。地既少馬，而廣畜騾，乘之教戰，謂之騾子軍，尤稱勇悍，而甲仗皆畫爲雷公星文以爲厭勝，而少誠能以姦謀固衆心。初，韓全義敗於溵水，蔡兵於全義帳中得公卿問訊書，少誠束而諭衆曰：『朝廷公卿以此書託全義，收蔡州日，乞一將士妻女以爲婢妾。』以此激怒其衆，絶其歸向之心。是以蔡人有老死不聞天子恩宥者，故堅爲賊用。地雖中州，人心過于夷貊，乃至搜閱天下豪鋭，三年而後屈者，彼非將才而力備，蓋勢驅性習，不知教義之所致也。

元濟至京，憲宗御興安門受俘，百僚樓前稱賀，乃獻廟社，徇于兩市，斬之於獨柳，時年三十五。其夜失其首。妻沈氏，没入掖庭；弟二人、子三人，流於江陵誅之；判官劉協庶七人皆斬。光、蔡等州平，始復爲王土矣。

又 卷一六一《李光顏傳》 光顏與兄光進以葛旃善騎射，兄弟自幼皆師之，葛旃獨許光顏之勇健，己不能逮。及長，從河東軍爲裨將，討李懷光、楊惠琳皆有功。後隨高崇文平蜀，搴旗斬將，出入如神，由是稍稍知名。自憲宗元和已來，歷授代、洺二州刺史，兼御史大夫。九年，將討淮、蔡，九月，遷陳州刺史，充忠武軍都知兵馬使。踰月，遷忠武軍節度使、檢校工部尚書。

會朝廷徵天下兵，環申、蔡而討吳元濟，詔光顏以本軍獨當一面。光顏於是引兵臨溵水，抗洄曲。明年五月，破元濟之師於時曲。初，賊衆晨壓光顏之壘而陣，光顏不得出，乃自毀其柵之左右，出騎以突之。光顏將數騎冒堅而冲之，出入者數四，賊衆盡識，矢集於身如蝟。其子攬光顏馬鞅，止其深入，光顏舉刃叱之，乃退。於是人爭奮躍，賊乃大潰，死者數千人。捷聲至京師，人人相賀。時伐蔡之師，大小凡十餘鎮，自裴度使還，唯奏光顏勇而知義，終不辱命。至是，果立功焉。

是歲十一月，光顏又與懷汝節度烏重胤同破元濟之衆於小溵河，平其柵。初都統韓弘令諸軍齊攻賊城，賊又徑攻烏重胤之壘。重胤御之，中數槍，馳請救於光顏光顏以小溵橋賊之堡也，乘其無備，使田穎宋朝隱襲而取之，乃平其城塹由是克救重胤韓弘以光顏違令，取穎及朝隱將戮之。穎及朝隱勇而材，軍中皆惋惜之。光顏畏弘不敢留。中使景忠信至，知其情，乃矯詔令所在械係之。走馬入見，具以本末聞。憲宗赦忠信矯詔罪，令卽往釋穎及朝隱。弘及光顏迭以表論。憲宗謂弘使曰：『穎等違都統令，固當處死。但光顏以其襲賊有功，亦可宥之。軍有三令五申，宜舍此以收來效。』及以詔諭弘，弘不悦。十一年，光顏連敗元濟之衆。賊凌雲柵，憲宗大悦，賜其告捷者奴婢銀錦。進位檢校尚書左僕射。

十二年四月，光顏敗元濟之衆三萬於郾城，其將張伯良奔於蔡州，殺其賊什二三，獲馬千匹，器甲三萬聯，皆畫雷公符，仍書云：『速破城北軍。』尋而郾城守將鄧懷金請以城降，光顏許之，而收郾城。初，鄧懷金以官軍圍青陵城，絕其歸路懷金懼，謀於郾城令董昌齡。昌齡母素誡其子令降，昌齡因此勸懷金歸款於光顏，且曰：『城中之人，父母妻子皆質於蔡州，如不屈而降，則家盡屠矣。請來攻城，我則舉烽求救。救兵將至，官軍逆擊之必敗，此時當以城降。』光顏從之，賊果敗走。於是昌齡執印，帥吏列於門外，懷金與諸將素服倒戈，列於門內，光顏受降，乃入羅城，其城自壞五十餘步。

時韓弘爲汴帥，驕矜倔强，常倚賊勢索朝廷姑息，惡光顏力戰，陰圖撓屈，計無所施。遂舉大梁城求得一美婦人，教以歌舞絃管六博之藝，飾之以珠翠金玉衣服之具，計費數百萬，命使者送遺光顏，冀一見悦惑而怠於軍政也。使者卽齋書先造光顏壘曰：『本使令公德公私愛，憂公暴露，欲進一妓，以慰公徵役之思，謹以候命。』光顏曰：『今日已暮，明旦納焉。』詰朝，光顏乃大宴軍士，三軍咸集，命使者進妓。妓至則容止端麗，殆非人間所有，一座皆驚。光顏乃於座上謂來使曰：『令公憐光顏離家室久，舍美妓見贈，誠有以荷德也。然光顏受國家恩深，誓不與逆賊同生日月下。今戰卒數萬，皆背妻子，蹈白刃，光顏奈何以女色爲樂？』言訖，涕泣嗚咽。堂下兵士數萬，皆感激流涕。乃厚以縑帛酬其來使，俾領其妓自席上而回，謂使者曰：『爲光顏多謝令公。光顏事君許國之心，死無貳矣！』自此兵衆之心，彌加激勵。

及裴度至行營，率賓從於方城沱口觀板築，五溝賊遽至，注弩挺刃，勢將及度，光顏決戰於前以御之。時光顏預慮其來，先使田布以二百騎伏於溝中，出賊不意交擊之，度方獲免。布又先扼其溝中歸路，賊多棄騎越溝，相牽墜壓而死者千餘人。是日微光顏之救，度幾陷矣。是月，賊知光顏勇冠諸將，乃悉其衆出當光顏之師。時李愬乘其無備，急引兵襲蔡州，拔之，獲元濟。董重質棄洄曲軍，入城降愬。光顏知之，躍馬入賊營，大呼以降，賊衆萬餘人，皆解甲投戈請命。賊平，加檢校司空。

又 《烏重胤傳》 烏重胤，潞州牙將也。元和中，王承宗叛，王師加討。潞帥盧從史雖出軍，而密與賊通。時神策行營吐突承璀與從史軍相近，承璀與重胤謀，縛從史於帳下。是日，重胤戒嚴，潞軍無敢動者。憲宗賞其功，授潞府左司馬，遷懷州刺史，兼充河陽三城節度使。會討淮、蔡，用重胤壓境，仍割汝州隸河陽。自王師討淮西三年，重胤與李光顏掎角相應，大小百餘戰，以至元濟誅。就加檢校尚書右僕射，轉司空。蔡將有李端者，過溵河降重胤。其妻爲賊束縛於樹，臠食至死，將絕猶呼其夫曰：『善事烏僕射。』其得人心如此。

又　卷一七〇《裴度傳》　裴度字中立，河東聞喜人。祖有鄰，濮州濮陽令。父漵，河南府澠池丞。度，貞元五年進士擢第，登宏辭科。應制舉賢良方正、能直言極諫科，對策高等，授河陰縣尉。遷監察御史，密疏論權倖，語切忤旨，出爲河南府功曹。遷起居舍人。元和六年，以司封員外郎知制誥，尋轉本司郎中。

七年，魏博節度使田季安卒，其子懷諫幼年不任軍政，牙軍立小將田興爲留後。興布心腹於朝廷，請守國法，除吏輸常賦，憲宗遣度使魏州宣諭。興承僭侈之後，車服垣屋，有踰制度，視事齋閤，尤加宏敞。興惡之，不於其間視事，乃除舊采訪使廳居之，請度爲壁記，述興謙降奉法，魏人深德之。興又請度徧至屬郡，宣述詔旨，魏人郊迎感悅。使還，拜中書舍人。

九年十月，改御史中丞。宣徽院五坊小使，每歲秋按鷹犬於畿甸，所至官吏必厚邀供餉，小不如意，即恣其須索，百姓畏之如寇盜。先是，貞元末，此輩暴横尤甚，乃至張網羅於民家門及井，不令出入汲水，曰：『驚我供奉鳥雀。』又羣聚於賣酒食家，肆情飲啖。將去，留蛇一篋，誡之曰：『吾以此蛇致供奉鳥雀，可善飼之，無使飢渴。』主人賂而謝之，方肯擕蛇篋而去，至元和初，雖數治其弊，故態未絶。小使嘗至下邽縣，縣令裴寰性嚴刻，嫉其凶暴，公館之外，一無曲奉。小使怒，構寰出慢言，及上聞，憲宗怒，促令攝寰下獄，欲以大不敬論。宰相武元衡等以理開悟，帝怒不解，度入延英奏事，因極言論列，言寰無罪，上愈怒曰：『如卿之言，寰無罪即決五坊小使；如小使無罪，即決裴寰。』度對曰：『按罪誠如聖旨，但以裴寰爲令長，憂惜陛下百姓如此，豈可加罪？』上怒色遽霽。翌日，令釋寰。

尋以度兼刑部侍郎，奉使蔡州行營，宣諭諸軍。既還，帝問諸將之才，度曰：『臣觀李光顔見義能勇，終有所成。』不數日，光顔奏大破賊軍於時曲，帝尤歎度之知人。

十年六月，王承宗、李師道俱遣刺客刺宰相武元衡，亦令刺度。是日度出通化里盜三以劍擊度，初斷韡帶，次中背，纔絶單衣，後微傷其首，度墮馬。會度帶氈帽，故創不至深。賊又揮刃追度，度從人王義乃持賊連呼甚急，賊反刃斷義手，乃得去。度已墮溝中，賊謂度已死，乃捨去。居三日，詔以度爲門下侍郎、同中書門下平章事。

度勁正而言辯，尤長於政體，凡所陳諭，感動物情。自魏博使還，宣達稱旨，帝深嘉屬。又自蔡州勞軍還，益聽其言。尚以元衡秉政，大用未果，自盜發都邑，便以大計屬之。初，元衡遇害，獻計者或請罷度官以安二鎮之心，憲宗大怒曰：『若罷度官，是姦計得行，朝綱何以振舉？吾用度一人，足以破此二賊矣。』度亦以平賊爲己任。度以所傷請告二十餘日，詔以衛兵宿度私第，中使問訊不絶。未拜前一日，宣旨謂度曰：『不用宣政參假，即延英對來。』及度入對，撫諭周至。時羣盜干紀，變起都城，朝野恐駭。及度命相制下，人情始安，以爲必能殄寇。自是誅賊之計，日聞獻替，用軍愈急。

十一年，莊憲皇后崩，度爲禮儀使。上不聽政，欲準故事置冢宰以總百司。度獻議曰：『冢宰是殷、周六官之首，既掌邦理，實統百司。故王者諒闇，百官有權聽之制。後代設官，既無此號，不可虚設。且國朝故事，或置或否，古今異制，不必因循。』敕旨曰：『諸司公事，宜權取中書門下處分。』識者是之。

六月，蔡州行營唐鄧節度使高霞寓兵敗于鐵城，中外恟駭。先是詔羣臣各獻誅吴元濟可否之狀，朝臣多言罷兵赦罪爲便，翰林學士錢徽、蕭俛語尤切，唯度言賊不可赦。及霞寓敗，宰相以上必厭兵，欲以罷兵爲對。延英方奏，憲宗曰：『夫一勝一負，兵家常勢。若帝王之兵不合敗，則自古何難於用兵，累聖不應留此凶賊。今但論此兵合用與否，及朝廷制置當否，卿等唯須要害處置。將帥有不可者，去之勿疑；兵力有不足者，速與應接。何可以一將不利，便沮成計？』於是宰臣不得措言，朝廷無敢言罷兵者，故度計得行。

王稷家二奴告稷换父遺表，隱没進奉物。留其奴於仗内，遣中使往東都檢責稷之家財。度奏曰：『王鍔身歿之後，其家進奉已多。今因其奴告檢責其家事，臣恐天下將帥聞之，必有以家爲計者。』憲宗即日遣中使還，二奴付京兆府決殺。

十二年，李愬、李光顔屢奏破賊，然國家聚兵淮右四年，度支供餉，不勝其弊，諸將玩寇相視，未有成功，上亦病之。宰相李逢吉、王涯等三人以勞師弊賦，意欲罷兵，見上互陳利害。度獨無言，帝問之，對曰：

『臣請身自督戰。』明日延英重議，逢吉等出，獨留度，謂之曰：『卿必能爲朕行乎？』度俯伏流涕曰：『臣誓不與此賊偕全。』上亦爲之改容。度復奏曰：『臣昨見吳元濟乞降表，料此逆賊，勢實窘蹙。但諸將不一，未能迫之，故未降耳。若臣自赴行營，則諸將各欲立功以固恩寵，破賊必矣！』上然之。翌日，詔曰：

輔弼之臣，軍國是賴。興化致理，則秉鈞以居；取威定功，則分閫而出。所以同君臣之體，一中外之任焉。屬者問罪汝南，致誅淮右，蓋欲刷其汙俗，吊彼頑人。雖挈地求生者實繁有徒，而嬰城執迷者未翦其類，何獸困而猶鬬豈鳥窮之無歸歟？由是遥聽鼓鼙，更張琴瑟，煩我臺席，董兹戎旃。朝議大夫、守中書侍郎、同平章事、飛騎尉、賜紫金魚袋裴度，爲時降生，協朕夢卜，精辨宣力，堅明納忠。當軸而才謀老成，運籌而智略有定。司其樞務，備知四方之事；付以兵要，必得萬人之心。是用禱於上玄，揀此吉日，帶丞相之印綬，所以尊其名；賜諸侯之斧鉞，所以重其命。爾宜宣布清問，恢壯皇猷，感勵連營，盪平多壘，招懷孤疾，字撫夷傷。況淮西一軍，素效忠節，過海赴難，史册書勳。建中初，攻破襄陽，擒滅崇義。比者脅於凶逆，歸命無由。每念前勞，常思安撫。所以内輟輔臣，俾爲師率，實欲保全慰諭，各使得宜。汝往欽哉！無越我丕訓。可門下侍郎、同中書門下平章事、蔡州刺史，充彰義軍節度、申光蔡觀察等使，仍充淮西宣慰招討處置使。

詔出，度以韓弘爲淮西行營都統，不欲更爲招討，請祇稱宣慰處置使。又以此行既兼招撫，請改『翦其類』爲『革其志』。又以弘已爲都統，請改『更張琴瑟』爲『近輟樞衡』，請改『煩我臺席』爲『授以成算』，皆從之。仍奏刑部侍郎馬總爲宣慰副使，太子右庶子韓愈爲彰義行軍司馬，司勳員外郎李正封、都官員外郎馮宿、禮部員外郎李宗閔等爲兩使判官書記，皆從之。

初，德宗朝政多僻，朝官或相過從，多令金吾伺察密奏，宰相不敢於私第見賓客。及度輔政，以羣賊未誅，宜延接奇士，共爲籌畫，乃請於私居接延賓客，憲宗許之。自是天下賢俊，得以效計議於丞相，接士於私第，由度之請也。

自討淮西，王師屢敗。論者以殺傷滋甚，轉輸不逮，擬議密疏，紛紜交進。度以腹心之疾，不時去之，終爲大患，不然，兩河之盜，亦將視此爲高下，遂堅請討伐，上深委信，故聽之不疑。

度既受命，召對於延英，奏曰：『主憂臣辱，義在必死。賊滅，則朝天有日；賊在，則歸闕無期。』上爲之惻然流涕。十二年八月三日，度赴淮西，詔以神策軍三百騎衛從，上御通化門慰勉之。度樓下銜涕而辭，賜之犀帶。度名雖宣慰，其實行元帥事，仍以郾城爲治所。上以李逢吉與度不協，乃罷知政事，出爲劍南東川節度。

既離京，淮西行營大將李光顔、烏重胤謂監軍梁守謙曰：『若俟度至而有功，卽非我利。可疾戰，先事立功。』是月六日，將出兵，與賊戰於賈店，爲賊所敗。度二十七日至郾城，巡撫諸軍，宣達上旨，士皆賈勇。時諸道兵皆有中使監陣，進退不由主將，戰勝則先使獻捷，偶創則凌挫百端。度至行營，併奏去之，兵柄專制之於將，衆皆喜悦。軍法嚴肅，號令畫一，以是出戰皆捷。度遣使入蔡州，元濟與度書曰：比密有降款，而索日進隔河大呼，遂令三軍防元濟，故歸首無路。十月十一日，唐鄧節度使李愬，襲破懸瓠城，擒吳元濟。度先遣宣慰副使馬總入城安撫。明日，度建彰義軍節，領洄曲降卒萬人繼進，李愬具櫜鞬以軍禮迎度，拜之路左。度既視事，蔡人大悦。舊令：途無偶語，夜不燃燭，人或以酒食相過從者，以軍法論。度乃約法，唯盜賊鬬殺外，餘盡除之，其往來者，不復以晝夜爲限，於是蔡之遺黎始知有生人之樂。

初，度以蔡卒爲牙兵，或以爲反側之子，其心未安，不可自去其備。度笑而答曰：『吾受命爲彰義軍節度使，元惡就擒，蔡人卽吾人也。』蔡之父老，無不感泣，申、光之民，卽時平定。

十一月二十八日，度自蔡州入朝，留副使馬總爲彰義軍留後。初，度入蔡州，或譖度没入元濟婦女珍寶，聞上頗疑之。上欲盡誅元濟舊將，封二劍以授梁守謙，使往蔡州。度回至郾城遇之，乃復與守謙入蔡州，量罪加刑，不盡如詔。守謙固以詔止，度先以疏陳，乃徑赴闕下。

《新唐書》卷二一四《藩鎮傳·吳元濟》 元濟者，其長子也，山首燕頷，垂頤，鼻長六寸。始仕試協律郎，攝蔡州刺史。有董重質者，少誠壻也，勇悍，久將，善爲兵，元濟倚之，因説元濟，請以精兵三千由壽之間道取揚州，東約李師道以舟師襲潤州，據之；遣奇兵掩商、鄧，取嚴綬，進守襄陽，以摇東南，則荆、衡、黔、巫傳一矢可定，五嶺非朝廷所有。又請輕兵五百，自崿領三日襲東都，則天下騷動，可以横行。元濟猶豫不能用。

先是，其屬蘇兆、楊元卿、侯惟清嘗勸少陽入朝，或言其有異志，元濟縊兆，歸其屍，而囚惟清。帝以二人者皆死，故贈惟清兵部尚書，兆尚書右僕射。時元卿奏事在長安，見宰相李吉甫，具言淮西事，且請蔡使在道者，隨在所繫之。少陽死四十日，帝不爲輟朝，易將增戍以須變。

會傳言重質殺元濟，族其家，吉甫因請爲少陽輟朝，遣使吊賻，贈尚書右僕射。而元濟不得命，乃悉兵四出，焚舞陽及葉，掠襄城、陽翟。時許、汝居人皆竄伏榛莽間，剽係千餘里，關東大恐。吊使至，弗克入而還。乃詔烏重胤兼汝州刺史，引軍壓其境，寧州刺史曹華爲之副，以戍襄城；李光顔爲忠武節度使，總兵臨屯；析山南東道，詔節度使嚴綬爲申、光、蔡等州招撫使，以中人崔潭峻監其軍。下詔奪元濟官爵，趣諸道進討。時大旱，詔既下，雨雪凡三日。田弘正、韓弘各遣子率兵隸綬、光顔軍。綬屯蔡西鄙，師小勝，不設備，爲賊襲，敗于磁丘，退保唐州。壽州刺史令狐通戰數北，賊乃拔霍丘，屠馬塘，通嬰城不敢出。詔左金吾衛大將軍李文通宣慰，度其至，使代通。

會裴度輔政，賊始懼，而元濟不能有所指授，諸將趙昌、凌朝江、董重質、李祐、李憲、王覽、趙曄、王仁清等以便宜人自爲戰，抗王師，有少誠、少陽舊風。而李師道餽饟，出入寧陵、雍丘間，韓弘知而不肯禁。文通引兵與賊將王覽、董重質戰史蔟岡，馘覽首。光顔又大破賊於時曲，復與重胤合擊賊小溵河，敗之，夷其屯塹。天子責綬失律，更以韓弘兼都統，擢高霞寓唐鄧隨節度使。

十一年，諸軍大合。光顔壁掌河；文通敗賊於固始，拔鐵山；霞寓戰朗山，斬首千餘級，焚其壁，次鐵城。賊僞奔，霞寓窮追，伏發，死傷略盡，退保新興，賊圍之，監軍李議誠馳入唐州。以救兵至，圍解，還守唐州。

元濟以霞寓敗，不足虞，併兵以備陳。其秋，文通以兵銜枚夜出九女原，屠保壁三十所，分兵西北併安陽山，破屯邏數百人，降者萬餘，執兩將。光顔敗郾城兵二萬，俘六將，復與重胤合攻凌雲栅，拔之。帝怒諸軍無大功，詔内常侍梁守謙宣慰，因督戰，付詔書五百以待有功，斥金帛募死士。進拜光顔檢校尚書左僕射，重胤右僕射，布御史中丞，公武御史大夫。詔旨約束，厲賞罰，諸將恐懼。貶霞寓，以袁滋代之。滋懦不能軍，更以李愬爲唐鄧隨節度使。

元濟食盡，士卒食菱芡魚鼈皆竭，至斸草根以給者。民苦飢，相與四潰，元濟亦嗇其食，不復禁，諸將爭納之。帝始僑置郾城、吴房於行營，以綏新附。愬引兵攻其西，破屯栅十餘所，執丁士良、吴秀琳，皆賊票健者。賊帥張伯良以兵三萬與光顔戰郾城，大敗。獲馬千匹、甲三萬首，伯良奔還蔡。曹華取青陵城，斷郾歸路。賊將鄧懷金懼，即送款，光顔受之。愬又襲破朗山，執戍將梁希果，平汶港等三壁。元濟知衆數潰，而外失秀琳等，因奉表請束身北闕下，帝遣使者許以不死。元濟取行營馬三百，董重質不與，故不果降。愬略興橋，得守將李祐，不殺，引至帳下計議，始謀襲蔡，賊勢益沮。

帝御興安門受俘，羣臣稱賀，以元濟獻廟社，徇于市斬之，年二十五。

論說

唐·韓愈《五百家注昌黎文集》卷四〇《論淮西事宜狀》 右，臣伏以淮西三州之地，自少陽疾病，去年春夏以來，圖爲今日之事。有職位者，勞其計慮撫循；奉所役者，修其器械防守。金帛糧畜，匱於賞給。執兵之卒，四向侵掠，農夫織婦，攜持幼弱，餉於其後。雖時侵掠，小有所得；力盡筋疲，不償其費。又聞畜馬甚多，自半年以來，皆上槽櫪。譬如有人，雖有十夫之力，自朝及夕，常自大呼跳躍，初雖可畏，其勢不久，必自委頓。乘其力衰，三尺童子可使制其死命。況以三小州殘弊困劇之餘，而當天下之全力，其破敗可立而待也。然所未可知者，在陛下斷與不斷耳。夫兵不多，則不足以必勝。取勝之師，必在速戰；兵多而戰不速，則所費必廣。兩界之間，疆場之上，日相攻劫，必有殺傷。近賊州縣，徵役百端，農夫織婦，不得安業。或時小遇水旱，百姓愁苦。當此之時，則人人異議，以惑陛下之聽矣。陛下持之不堅，半塗而罷，傷威損費，爲弊必深，所以要先決於心，詳度本末，事至不惑，然可圖功。爲統師者，盡力行之於前；而參謀議者，盡心奉之於後。內外相應，其功乃成。昔者殷高宗，大聖之主也。以天子之威，伐背叛之國，三年乃克，不以爲遲。志在立功，不計所費。《傳》曰：『斷而後行，鬼神避之。』遲疑不斷，未有能成其事者也。臣謬承恩寵，獲掌綸誥，地親職重，不同庶寮，輒竭愚誠，以效裨補。謹條次平賊事宜，一一如後：

一、諸道發兵，或三二千人，勢力單弱；羈旅異鄉，與賊不相諳委；望風懾懼，難便前進。所在將帥，以其客兵，雜處使使，先不撫存優恤。待之既薄，使之又苦，或被分割隊伍，隸屬諸頭，士卒本將，一朝相失，心孤意怯，難以有功。又其本軍各須資遣，道路遼遠，勞費倍多。士卒有征行之艱，閭里懷離別之思。今聞陳、許、安、唐、汝、壽等州與賊界連接處，村落百姓，悉有兵器，小小俘劫，皆能自防，習於戰鬭，識賊深淺。既是土人，護惜鄉里，比來未有處分，猶願自備衣糧，共相保聚，以備寇賊。若令召募，立可成軍；若要添兵，自可取足。賊平之後，易使歸農。伏請諸道先所追到行營者，悉令卻歸本道，據牒所追人額、器械、弓矢，一物已上，悉送行營，充給所召募人。兵數既足，加之教練，三數月後，諸道客軍，一切可罷。比之徵發遠人，利害懸隔。

一、繞逆賊州縣堡柵等，各置兵馬，都數雖多，每處則至少，又相去闊遠，難相應接，所以數被攻劫，致有損傷。今若分爲四道，每道各置三萬人，擇要害地，屯聚一處，使有隱然之望，審量事勢，乘時逐利。可入，則諸道一時俱發，使其狼狽驚惶，首尾不相救濟；若未可入，深壁高壘，以逸待勞，自然不要諸處多置防備，臨賊小縣，可收百姓於便地，作行縣以主領之，使免失散。

一、蔡州士卒，爲元濟迫脅，勢不得已，遂與王師交戰。原其本根，皆是國家百姓。進退皆死，誠可閔傷。宜明敕諸軍，使深知此意。當戰鬭之際，固當以盡敵爲心；若形勢已窮，不能爲惡者，不須過有殺戮。喻以聖德，放之使歸，銷其凶悖之心，貸以生全之幸，自然相率棄逆歸順。

一、《論語》曰：『欲速則不達，見小利則大事不成。』比來征討無功，皆由欲其速捷。有司計算所費，苟務因循，小不如意，即求休罷。河北、淮西等見承前事勢，知國家必不與之持久，併力苦戰，幸其一勝，即希冀恩赦。朝廷無至忠憂國之人，不惜傷損威重，因其請，便議罷兵。往日之事患皆然也。臣愚以爲淮西三小州之地，元濟又甚庸愚，而陛下以聖明英武之姿，用四海九州之力，除此小寇，難易可知。太山壓卵，未足爲喻。

一、兵之勝負，實在賞罰。賞厚可令廉士動心，罰重可令凶人喪魄，然可集事。不可愛惜所費，憚於行刑。

一、淄青、恆冀兩道，與蔡州氣類略同，今聞討伐元濟，人情必有救助之意。然皆闇弱，自保無暇。虛張聲勢，則必有之；至於分兵出界，公然爲惡，亦必不敢。宜特下詔云：『蔡州自吳少誠以來，相承爲節度使，亦微有功效。少陽之歿，朕亦本擬與元濟。恐其年少，未能理事，所以未便處置。待其稍能緝綏，然擬許其承繼。今忽自爲狂勃侵掠，不受朝命，事不得已，所以有此討伐。至如淄青、恆州、范陽等道，祖父各有功業，相承節制，年歲已久，朕必不利其土地，輕有改易，各宜自安。如妄自疑懼，敢相扇動，朕即赦元濟不問，回軍討之。』自然破膽，不敢妄有異說。

以前件謹録奏聞，伏乞天恩，特賜裁擇，謹奏。

宋·石介《徂徠集》卷八《書淮西碑文後》　淮西之賊五十年，王師屢戰無功，天下之兵，百十萬之將，過時不下。天啓神算，以授裴度。度克恭，行天罰，以夷不靖。度建大謀，以任李愬。愬克先登賊城，以殲元凶淮。西以平，蔡人以生。天人相與乎？君臣協心乎？上下同力乎？

推其用，則度得天也，愬得人也。計其功，則度任智也，愬任力也。曰燥者，曰潤者，人止知其風雨也。曰生者，曰成者，人止知其春秋也。然不動而運其用者，天也。曰戰者，曰勝者，人止知其愬也，光顔也，重裔也。然無爲而任其謀者，度也。漢高帝取天下，蕭何無汗馬之勞。韓信攻必取，戰必勝，曹參身被七十創而功居何次，豈不曰發蹤指示者人也？追殺獸者，狗也。度與愬之功亦猶是乎！文公豈昧此者？辭於碑，優度功，誰曰不實也！初度輔政，以郡賊未除，亦延接奇士，共爲籌畫，乃請於私第接延賓客。自是天下賢俊，得以效計議於丞相，則取蔡之謀已落於彀中矣。諸將連年出兵，玩寇相視，持以歲月，未有成功。而羣臣皆欲罷兵，度獨倡堅議，與上協心，計定意斷，衆不能破。請身自督戰，且曰：誓不與此賊偕全。則得勝之算，已運於掌上矣。及至郾城，巡撫諸軍，宣達上旨，士皆賈勇。時諸道兵皆有中使監之，軍陣進退不由主帥，勝則先使獻捷，偶衄則淩挫百端。度至，行營併奏去其柄，專制之於主將，衆皆喜悦。軍法嚴肅，號令畫一，則將軍之令，專行於閫外矣。以天下取蔡之謀，掌上得勝之算，閫外將軍之令，合而用之，一而行之。《易》曰：『師貞丈人，吉。』有不利乎？七月度出，十月賊平，成天下之務，通天下之志，不疾而速，不怒而威，非惟幾惟深惟神，其孰能與於此乎？故曰：度得天也，其功無敵於天下矣。

宋・孫甫《唐史論斷》卷下《憲宗・用裴度相》 論曰：前代以來，天子有興治平亂之志，而或功不成、事不立者，明斷不足也。以天子之尊，有明斷之才，何爲而不可。蓋當興治平亂之時，必究事機、詳利害、任賢者、去時弊，數者之類，君不能獨計，必謀之臣。臣未必皆賢，必有異同之論。若辯之不至則惑，惑則其事不行，雖或行之，一姦人沮之，則半道而止矣。此明斷不足之患也。憲宗用裴度爲相，使平寇亂，可謂明斷至矣。憲宗以河北藩臣不奉朝命，方有平定之志。吴元濟於河南近鎮擅襲父位，且放兵肆劫，命將討之，鎮鄆二賊同惡相援，乞赦元濟之罪。憲宗不許，但委武元衡經畫其事，又得裴度贊其大計。鎮鄆二賊乘凶忿，恣行逆計，至遣其黨於都下害武元衡及傷裴度。中外惶駭，日虞不測。有獻計者請罷裴度官，以安賊心，憲宗大怒曰：『若罷度官，是姦計得行。朝綱何以振舉？朕用裴度一人，足以破賊。』此眞英主之言也。夫能知裴度之賢足以破賊，明之至也。京師凶賊竊發，殺害宰相，不撓用兵之計，斷之至也。宜乎不數年誅除宿盜，平定兩河，盡復高祖太宗之土。向非明斷之才，何以至此夫。用兵固難事，加六十年叛涣之地，朝廷恬於姑息，一日決計征討，止由明斷，遂果有功。若軍國之事不至如此之難者，天子以明斷行之，豈有不成乎？

又《裴度罷相位》 論曰：憲宗用數賢相，故能平治天下。然數相中裴度功尤大，惜乎以成大功，遽爲姦人所擠，罷去相位，何前日用度之明，後罷度之昏也。當淮西之亂，鎮鄆連謀，變起都城，宰輔被害時，不用度，賊勢莫遏，天下亂矣。憲宗既以明斷用度，度得盡其才，經營國事故，朝政日修，國威日振，平淮西、服鎮州、收淄青、四方欣欣再見平世。度之大功如是。若久任之，貞觀之治可復也。但憲宗以世難漸平。有侈樂之態。姦人皇甫鎛本以聚斂進用，至爲宰相，度極陳鎛姦惡之狀，一不聽納。鎛自知公議不容，益以狡計固寵，會内出陳朽庫物付度支，鎛以善價買之，用給邊軍。將士大怒，焚其所賜。度入言之，鎛於人主前引足指靴曰：『此乃内庫物也。臣以二千得之，其堅如此。』此眞奴僕之態。憲宗寵奴僕之人，不顧忠臣之奏，竟以鎛言罷度相位，何昏闇如此。蓋憲宗中智，可上可下之主也。當患難則能用忠良，稍無事則必説姦佞。用忠良所以成己之事，説姦佞又以濟己之欲。故前之用度其明出中智之上，懼患難之大也。後日寵鎛其昏在中智之下，見世事之平也。又素寵内臣吐突承璀，承璀方用事，鎛以賂結之，姦計日行。度不得不罷也。度既罷，鎛得專養君欲，自固恩勢。憲宗方盪然自得，謂天下無事，唯慮年壽之不長，侈樂之不極。鎛進方士，以長生惑之。宦官衆多，日益親寵，不數月，爲金丹所誤，忿怒不常，宦官遂起逆謀矣。前日用賢能平天下，後日寵姦不保其身。以憲宗中智以上之主，功業已成，威福甚盛，一日昏惑，尚取大禍。後之人君，功業威福不逮者，得不爲戒。

宋・孔武仲等《清江三孔集》卷一八《書裴度傳後》 大丈夫之處世，其進退果能必得其志哉？方其遭遇明主，垂紳廟堂，斟酌國命，四方萬里莫不聳動奔走而服從之。及間隙一開，主志移易而讒邪之人掎摭其後，雖勳被社稷，澤流生民，其零丁孤蹇與拘縶之囚無以異。此英豪之士所以慷慨而深嘆也。晉公起於書生，以文章中第，數期之間，致位顯近。會憲宗有削平淮西之志，遂登宰相。公亦以宰相討賊，自任一舉而擒吴元濟，再舉而戮李師道，四方跋扈之臣，喪心失氣，遂使承宗獻地，韓弘入朝。方此時也，公蓋自謂得志於天下矣。既而憲宗驕於屢勝，聽任不終而異、鎛以財利進。自此，公迍邅跋躓，所向不勝，至於用兵河北而元稹沮格於禁中，入朝論事而逢吉流言於都下，以至奏疏屢上，請誅奸臣而不能得。卒爲庸人所憎，嫌摘其短，逐之襄陽。自公不復用而訓注之禍作矣。蓋自元和以來，公之出處進退，與唐之興衰治亂相上下，則其志不就，亦有天數，非人爲也。方其爭論人主之前，不憂山東諸侯而憂五坊使暴横輦轂，可謂得宰相之體矣。夫禍亂之機，藏於隱微，似不足信，類非常人之情所能察也。而公能辨之，此其所以高於世也。及其晚節，遺落世事，盤桓洛陽，與一時文士飲酒言笑，有山林之高，尤知其不屑富貴，而自得於塵垢之外也。而史臣謂公結納後進，以自求安，豈不誣哉！使公而在，餘雖爲之執鞭，亦所欣慕焉。

宋・范祖禹《唐鑑》卷一八《憲宗》（元和）十二年十月，李愬擒吳元濟，裴度入蔡州，以蔡州卒爲牙兵。或諫曰：『蔡人反仄者尚多，不可不備。』度笑曰：『吾爲彰義節度使，元惡既擒，蔡人則吾人也，又何疑焉？』蔡人聞之感泣。先是，吳氏父子阻兵，禁人偶語於塗，夜不燃燭，有以酒食相過從者，罪之死。度既視事，下令惟禁盜賊鬬殺，餘皆不問，往來者不限晝夜，蔡人始知有生民之樂。

臣祖禹曰：裴度伐叛，以刑柔服，以德使百姓，曉然知賊之爲暴而唐之爲仁，故能變獷戾之俗爲歡虞之民。其後取淄青如反掌，不惟乘勝用兵之易，蓋人心先服故也，豈非待物以誠之效歟？

初，淮西之人劫於李希烈、吳少誠之威虐不能自拔，久而老者、衰幼者、壯安於悖逆，不復知有朝廷矣。自少誠以來，遣諸將出兵，皆不束以法制，聽各以便宜自戰，故人人得盡其才。韓全義之敗於溵水也，於其帳中得朝貴所與問訊書，少誠束而示衆曰：『此皆公卿屬全義書，云破蔡州日，乞一將士妻女爲婢妾。』由是衆皆憤怒，以死爲賊用，雖中土，風俗獷戾，過於夷貊。故以三州之衆，舉天下之兵，環而攻之四年，然後克之。

臣祖禹曰：人君之御天下，其失之甚易，其取之甚難。以憲宗之明，斷將相之忠賢，竭天下之兵力以伐三州，四年而後克，其難如此，則人君豈可不兢兢業業，慎其所以守之者也？

宋・葛勝仲《丹陽集》卷七《論彰義》 憲宗以元和九年秋討蔡，至十有二年冬十一月，然後元濟就獨柳之誅。嘗私怪憲宗以英鋭之資而制一孺子，據人上之勢而討一叛臣，圜天下之兵而搏蚍蜉蟻子之聚，將李愬、光顔之朋而與趙曄王仁清爲敵，當吳蜀、江東、澤潞、易定、魏博厎平之後，破竹迎刃之勢而致討於蕞爾之三州，以碬投卵，未足爲易，宜其咄嗟談笑之間，摧滅破蕩，顧乃涉四年而後定，嘗竊遲之。

論者曰：自希烈盜蔡而少誠踵之，彌四十年，民不知天子之恩澤，習暴掠，嗜搏鬬，宛然有夷貊風。又趙翼其北，承宗爲之援，齊隱其東，師道爲之謀，內恃陂浸以爲阻，是以拏兵累年，官軍厪克其一縣，厎定若此，艱難也。嘗竊迹其事政，以當時廟堂有二失五敗而已。討蔡之役未竟，而堂堂之師又出于鎮冀之郊。於時李绛謂蔡鎮不可併取，韋貫之請釋鎮州，專力淮西，張宏靖謂戎事併興，鮮克有濟，請俟淮西平乃治承宗，而謀適不用，方且命劉總興武强之役，誘郄士美舉柏鄉之戰，是以勢分力屈，兵不堅決，其失一矣。李逢吉險譎，王涯暗沓，非惟才識不足屬大事，且忌裴度有功，陰圖沮止，排抵中傷，訕訕百緒，而帝不之察，顧使與度併肩當國，由是二子得與錢徽、蕭俛輩共爲首鼠而屢有休師之請。逮至十二年逢吉始罷，十三年涯始出，不既晚耶！其失二矣。

杜牧論兵，謂元和誅蔡，天下乾耗，四歲不能取，由五敗不去也。尋牧之言，誠中時病。蓋當是時調兵諸道，名爲客軍，每戰客軍居前，主人在後，志羸力弱，多致敗衂。此董重質所深恨也，則牧以不蒐，練爲一敗，信矣。韓愈請四道置兵，道率三萬，乘時逐利，一日俱縱，則蔡首尾不救，可以責功。吳武陵欲分三大將環賊而屯，以實期授，瀕蔡諸將，而以三期紿賊，皆指日破賊計也，而議不出此。是以師老兵屈，餉億不繼，天子至出禁錢以贍軍，程異諷諸路輸貨。李鄘先諸道籍府，皇甫鎛且因是得宰相，則牧以不責實料食爲二敗，信矣。韓宏爲都統以官，齊王鍔爲耻，陳書自列校，遽授司徒，班謂上。他時，諸將告捷，輒累日不怡，逗橈若此而受賞，每與諸將埒，雖裴度猶畏之，至避更張，琴瑟之語，則牧以賞重爲三敗，信矣。袁滋去斥侯與賊通好，六月無功而止，貶爲刺史。高霞寓輕悍寡謀，統制不善，敗於鐵城，而旋召爲將軍。嚴綬有磁丘之衂，令狐通有馬塘之敗，而未聞斥責以勵將率，則牧以輕罰爲四敗，信矣。崔峻爲監軍，李議誠爲制將，謀畫不同，進退掣肘，一曰爲偃月，一曰爲魚麗，三軍萬夫，日翔惝怳之間，賊騎之來，每致折北，則牧以不專任責成，爲五敗，信矣。

鄉使二失五敗無譏議之迹，則緩不過歲月無蔡州矣，何至曠日持久，而後勝相府有橫屍之禍，陵戟有燔毀之辱乎？議者徒見德宗合十六道兵以討少誠，溵河廣利五楼之役，相次而敗，尺地一級無得焉。未幾，怵韋皐之説，聽賈耽之計而復其官封，終其身不能臣也。憲宗由裴度而得李愬，由愬而得王士良而得吳秀琳，由秀琳而得李祐，遂定襲蔡之謀而赤叛者之族，遂以德宗爲稔寇，憲宗爲成功，殊不知憲宗特賢於德宗耳，兵法有役不再籍，憲宗何預也！

宋·李光《莊簡集》卷一一《進裴度平蔡州故事論主斷》 《唐書·李愬傳》曰：初吳秀林降，元濟請罪，梯而下，檻送京師。臣聞古之善用兵必有正有奇是也。唐太宗問李靖曰：曹公云奇正旁擊，卿謂若何？靖曰：臣愚，謂大衆所合爲正，將所自出爲奇，烏有先後旁擊之拘哉！臣觀李愬之入蔡，蹈不測之險以邀非常之功，可謂用奇矣。當是時，吳元濟勁兵鋭卒多屯洄曲，宰相裴度爲宣慰招討使，馬總副之韓弘爲都統，李光顔烏重胤爲大將軍，賊兵雖衆，勢足以抗之。愬之勝敗，不係朝廷之安危也。愬自文城栅襲張柴，疾馳二百里，夜半到蔡，黎明擒元濟，其摧大敵不啻反覆手之易，一何神哉！今議者不盡歸功於愬，曰平淮蔡者裴度也；不盡歸功於度，曰成蔡功者憲宗也。蓋愬雖出奇，其實功狗耳，而排衆論以主伐蔡之謀者度也。度雖主謀，議而獨斷不疑者，憲宗也，故韓愈頌曰：凡此蔡功惟斷乃成。嗚呼！社稷之計，安危之機，有間不容髮者，與衆智慮之，一庸人足以擾之，故謀之欲廣，斷之在獨斷而後行，鬼神避之，非人主灼見，禍福利害之源，孰能成其功哉！

宋·陳亮《龍川集》卷八《李愬》 天下之事，衆人之所不敢爲者，有一人焉。奮身而出，爲之必有術以處乎此矣。虎者，人之所共畏而不敢肆者也，而善養虎者，狎而玩之，如未始有可畏者，此豈病狂也哉！蓋其力足以制之而又能去其爪牙，啗以肉餌使之甘心焉。故雖驅而用之而垂耳下首，卒不敢動何者？有術以縻其心也。夫將者，天下之所難御者也，御之必以術，而況於降將乎？彼其心之不可測，孰敢信用之哉！古之人蓋亦有度其可用而用之者矣，然亦未嘗專倚之以成功。獨李愬用三降將以擒吳元濟，當時之人皆謂其不可，而愬獨以爲可，遂決意用之，卒能如其意之所逆料。不知者以爲幸，知之者以爲神。乃若愬，則有術以處乎此也，何以言之？

敵人之將無故而降者，此未可信也，恐其謀也。至於勢窮力屈而後就縛者，蓋可保其無謀矣。且此數子者，亦一時之傑也，不幸而事逆，猶竭忠以報之，使其獲背逆，事順則其忠報之心，當何如哉！而又愬之才智足以驅之，豁達足以容之，愬復能待以厚禮，示之赤誠，言笑無間，洞見肺腑。此南霽雲所以眷眷於張巡而不肯去也。數子者，固已甘爲愬役矣。雖然李愬未足以縻其心也，如丁士良之擒吳秀琳，秀琳之擒李祐，其忠款固可見矣。獨李祐未有以縻其心而又欲專倚之以謀蔡，則其術不可不盡也。故方其得祐也，諸將皆請殺之，愬不聽，待之愈厚。會霖雨不止，將吏洶然，以爲不殺祐之罰。愬力不能勝，乃表諸朝，且言必殺祐，無與共誅蔡者。詔釋還之，卒賴其用。大將者三軍之紀綱也，生殺予奪皆稟其令，故雖天子之詔猶或不受，而亦何畏於將吏之言乎！使將吏必欲殺祐，不過以色辭拒之，如囂然不止，則又從而戮之，彼固不敢有辭矣，何至表諸朝而後用之哉？吾於此識愬之心矣。其心曰：吾之待祐者如此，其厚也，全祐者如此，其至也。將吏囂然不已，吾力不能獨勝，復泣涕而送諸朝，表言其必不可殺，此雖父母之所以生全祐者，不過如是也，祐安得不竭其死力以報之哉！雖啗以高爵，脅以白刃，固不肯棄愬而就賊矣。故其始也，愬雖待之無間，未使之佩劍統兵也。及朝廷還之，乃使佩刀出入帳下，統六院鋭士而襲蔡之謀始定。愬之心蓋可見矣。

吾以是知古之英豪所以臨事機者，未嘗無術，特其不以語人而人亦莫之識也。昔韓信背楚歸漢，高帝用之無以異於楚也。及滕公言之，上亦未之奇，使其憤怒而出亡，然後命蕭何往追之。何力言其可用，乃以爲大將。夫以一將之亡而丞相自追之，人主驟用之，信之心固甘爲漢役矣。其後漢之所以定天下者，皆信之力。而蒯通、武涉之説，不得而間，卽其效也，論者乃以爲何之追信，高帝不知也。不然，何以反疑何之亡乎？曾不知高帝失何，如失左右手，然遲之一二日而不問者何也？帝之心固可見矣。嗟！夫古之人，所以御降將者，其術如此，苟不思其術而欲遽用之，其不爲所陷者幾希矣。

清·愛新覺羅·弘曆《御製樂善堂全集定本》卷五《裴度論》 憲宗首卽大位，卽有削平藩鎮之志，用賢能之相，時若杜黄裳、李絳、裴度諸人，皆在相位，而出將入相，功烈顯著者，又推裴度爲首焉。當是時，憲宗方望治於度，而度亦以治平爲己任。國有賢相，外寇拱手，理固然也。方吳元濟之欲爲亂也，自請襲節度使，朝臣皆務姑息，欲與之。帝曰：吾用度一人，足破二賊。乃聽其謀猷，專任責成。於是成德、魏博、淄青三鎮皆歸朝廷，天下方翕然望治，以爲武功既成，度相天子居廟堂，煥文治明良之遇何如也！不知志滿驕生，小人乘間，方士鼓其邪説，利臣中其膏肓，而裴度出爲河東節度使矣。穆宗時，三鎮叛亂，復以度討之，而小人沮之於內，使無成功。敬宗聽韋處厚之言，用以爲相，而復出之。文宗有優崇之典，而無信用之心，度亦遂優游緑野，而無志天下事矣。嗟！夫君臣之間若此，其難哉以裴度之忠誠正直，加以經國之才，歷事四帝，獨憲宗初年信用，亶篤以有成效，餘則或用之不專，或出之於外，皆由小人在朝，而正直之人日以疏遠。以憲宗知度之深，功烈顯著猶不能保其終，況於穆宗、敬宗、文宗哉！

清・汪琬《堯峰文鈔》卷八《吴元濟》　元濟反，吴武陵以書諭之曰：『人情與足下一也。足下反天子人亦反足下。易地而論，則其情可知矣。』汪子曰：『善哉！武陵之言！如陳仙奇之誅李希烈，張子良之討李錡，與李師道之授首於劉悟，劉稹之滅族於郭誼，皆所謂反天子而人亦反之者也。圖伯業者，雖挾天子以令，猶懼其有不濟，而奈何以反爲名乎！蜣蜋方攘臂怒搏，而不知黄雀之在其後。此可鑑矣。』

清・吴孟堅《一草亭讀史漫筆二・李愬》　李愬愬爲西平王子，其擒吴元濟也，行師有律，克服有方，無不出千公忠，西平可謂有子矣。愬亦誠能接武也哉。

清・王鳴盛《十七史商榷》卷八九《李愬平蔡功居其半》　李愬平蔡功居其半舊李晟傳史臣論曰：『西平作善遺慶，諸子俱才，元和平賊之功，聽、愬居其半。父子昆弟皆以功名始終，道家所忌，李氏以善勝矣。』又贊云：『愬事章武，誅蔡平齋。凌煙畫圖，父子爲宜』平齋謂愬於擒吴元濟平淮蔡之後又平淄青李師道也。舊書此論甚允，愬既大功臣之了，入蔡功又甚偉，自請櫜鞬見裴度，使蔡人知上下分，事見舊本傳，亦載錢希白南部新書丙。其公忠不伐如此。韓昌黎平淮西碑敍愬之功，實爲太略，羅隱讒書第五卷説石烈士篇言：『魏人石孝忠事愬爲前驅，蔡平，詔刑部韓侍郎撰碑，孝忠熟視其文，大恚，作力推其碑傾陊，上召見，頓首曰：「吴秀琳，蔡奸賊也，愬降之；李祐，蔡驍將也，愬擒之。蔡之爪牙脱落於是矣，及元濟縛，丞相不能先知也。蔡平，刻石紀功，盡歸丞相，愬名反與光顔、重允齒，愬固無言，不幸復有一淮西將略如愬者，復肯爲陛下用乎？」憲宗復詔翰林段學士撰淮西碑，一如孝忠語。』唐文粹第五十九卷録段文昌作，不及韓作，文苑英華第八百七十二卷雖采韓作，而仍併列段作，其有見於此與？

藝文

唐・韓愈《五百家注昌黎文集》卷一《元和聖德詩》　樊曰：憲宗《新舊紀》永貞元年八月卽位。其月，劍南西川節度使韋臯卒，行軍司馬劉辟自稱留後。高崇文爲左神策行營節度使討辟。九月，克成都；十月，辟伏誅；二年正月己丑，朝獻於大清宫；庚寅，朝享於太廟；辛卯，祀昊天上帝於郊丘。還宫，大赦天下。臣愈頓首再拜言，臣伏見皇帝陛下卽位以來，誅流奸臣，朝廷清明，無有欺蔽，外斬楊惠琳、劉辟以收夏蜀，東定青徐積年之叛，海內怖駭，不敢違越。郊天告廟，神靈歡喜；風雨明晦，無不從順。太平之期，適當今日。臣蒙被恩澤，日與羣臣序立紫宸殿下，親望穆穆之光，況其職業，又在以經籍教道國子，誠宜率先作歌詩以稱道盛德，不可以辭語淺薄不足以自效爲解，輒依古作四言《元和聖德詩》一篇，凡千有二十四字，指事實録，具載明天子文武神聖，以警動百姓耳目傳示無極，其詩曰：

皇帝卽祚，物無違拒。曰暘而暘，曰雨而雨。維是元年，有盜在夏。
欲覆其州，以踵近武。皇帝曰嘻，豈不在我。負鄙爲艱，縱則不可。
出師征之，其衆十旅。軍其城下，告以福禍。腹敗枝披，不敢保聚。
擲首陴外，降幡夜豎。疆外之險，莫過蜀土。韋臯去鎮，劉辟守後。
血人於牙，不肯吐口。開庫啗士，曰隨所取。汝張汝弓，汝伐汝鼓。
汝爲表書，求我帥汝。事始上聞，在列咸怒。皇帝曰然，嗟遠士女。
苟附而安，則且付與。讀命於庭，出節少府。朝發京師，夕至其部。
辟喜謂黨，汝振而伍。蜀可全有，此不當受。萬牛臠炙，萬甕行酒。
以錦纏股，以紅帕首。有恇其凶，有餌其誘。其出穰穰，隊以萬數。
遂劫東川，遂據城阻。皇帝曰嗟，其又可許。爰命崇文，分卒禁禦。
有安其驅，無暴我野。日行三十，徐闢其右。辟黨聚謀，鹿頭是守。
崇文奉詔，進退規矩。戰不貪殺，擒不濫數。四方節度，整兵頓馬。
上章乞討，俟命起坐。皇帝曰嘉，無汝煩苦。荆并洎梁，在國門戶。
出師三千，各選爾醜。四軍齊作，殷其如阜。或拔其角，或脱其距。
長驅洋洋，無有齟齬。八月壬午，辟棄城走。載妻與妾，包裹稚乳。

是日崇文，入處其宇。分散逐捕，搜原剔藪。辟窮見窘，無地自處。俯視大江，不見洲渚。遂自顛倒，若杵投臼。取之江中，枷脰械手。婦女累累，啼哭拜叩。來獻闕下，以告廟社。周示城市，咸使觀覩。解脱攣索，夾以砧斧。婉婉弱子，赤立傴僂。牽頭曳足，先斷腰膂。次及其徒，體骸撑拄。末乃取辟，駭汗如雨。揮刀紛紜，爭切膾脯。優賞將吏，扶珪綴組。帛堆其家，粟塞其庾。哀憐陣歿，廩給孤寡。贈官封墓，周匝宏溥。經戰伐地，寬免租簿。施令酬功，急疾如火。天地中間，莫不順序。魏幽恒青，東盡海浦。南至徐蔡，區外珠族。烜威赫德，踧踖蹈舞。掉棄兵革，私習簋簠。來請來覲，十百其耦。皇帝曰吁，伯父叔舅。各安爾位，訓厥甿畮。正月元日，初見宗祖。躬執百禮，登降拜俯。薦饗新宮，視瞻梁梠。感見容色，淚落入俎。侍祠之臣，助我惻楚。乃以上辛，於郊用牡。除於國南，鱗筍毛簴。廬幕周施，開揭磊砢。獸盾騰挐，圓壇帖妥。天兵四羅，旗常妸娜。駕龍十二，魚魚雅雅。宵升於丘，奠璧獻斝。衆樂驚作，轟豗融冶。紫燄噓呵，高靈下墮。羣星從坐，錯落侈哆。日君月妃，煥赫婐姽。瀆鬼蒙鴻，岳只業峩。飫沃膻薌，産祥降嘏。鳳皇應奏，舒翼自拊。赤鱗黃龍，逶陀結糾。卿士庶人，黃童白叟。踴躍嘆呀，失喜噎嘔。乾清坤夷，境落褰舉。帝車迴來，日正當午。幸丹鳳門，大赦天下。滌濯鏟磢，磨滅瑕垢。續功臣嗣，拔賢任耇。孩養無告，仁滂施厚。皇帝神聖，通達先古。聽聰視明，一似堯禹。生知法式，動得理所。天錫皇帝，爲天下主。并包畜養，無異細鉅。億載萬年，敢有違者。皇帝儉勤，盥濯陶瓦。斥遣浮華，好此綈紵。敕戒四方，侈則有咎。天錫皇帝，多麥與黍。無召水旱，耗於雀鼠。億載萬年，有富無窶。皇帝正直，別白善否。擅命而狂，既翦既去。盡逐羣姦，靡有遺侶。天錫皇帝，龐臣碩輔。博問遐觀，以置左右。億載萬年，無敢余侮。皇帝大孝，慈祥悌友。怡怡愉愉，奉太皇后。浹於族親，濡及九有。天錫皇帝，與天齊壽。登茲太平，無怠永久。億載萬年，爲父爲母。博士臣愈，職是訓詁。作爲歌詩，以配吉甫。

唐・姚合《姚少監詩集》卷一《送蕭正字往蔡州賀裴相淮西平》 相府旌旆重，還邀上客行。今朝郭門路，初徹蔡州城。從馬唯提酒，防身不要兵。從來皆作使，君去是時平。

唐・白居易《白氏長慶集》卷三〇《題裴晉公女几山刻石詩後并序》

裴侍中晉公出討淮西時，過女几山下，刻石題詩，末句云：『待平賊壘報天子，莫指仙山示武夫。』果如所言，克期平賊，由是淮蔡迄今底寧，殆二十年，人安生業。夫嗟歎不足則詠歌之，故居易作詩二百言，繼題公之篇末。欲使採詩者、修史者、後之往來觀者，知公之功德本末前後也。

何處畫功業，何處題詩篇？麒麟高閣上，女几小山前。爾後多少時，四朝二十年。賊骨化爲土，賊壘犁爲田。一從賊壘平，陳蔡民晏然。騾軍成牛户，鬼火變人烟。生子已嫁娶，種桑亦絲綿。皆云公之德，欲報無由緣。公今在何處，守都鎮三川。舊宅留永樂，新居開集賢。公今在何官，被衮珥貂蟬。戰袍破猶在，髀肉生欲圓。襟懷轉瀟灑，氣力彌精堅。登山不拄杖，上馬能掉鞭。利澤浸入池，福降自升天。昔號天下將，今稱地上仙。勿追赤松游，勿拍洪崖肩。商山有遺老，可以奉周旋。

唐・温庭筠《温飛卿詩集箋注》卷四《題裴晉公林亭》 謝傅林亭暑氣微，山丘零落閟音徽。東山終爲蒼生起，南浦虚言白首歸。池鳳已傳春水浴，渚禽猶帶夕陽飛。悠然到此忘情處，一日何妨有萬機。

唐・王建《王司馬集》卷五《贈李愬僕射》 唐州將士死生同，盡逐雙旌舊鎮空。獨破淮西功業大，新除隴右世家雄。知時每笑論兵法，識勢還輕立戰功。次第各分茅土貴，殊勳并在一門中。

又 卷八《贈李愬僕射二首》 和雪翻營一夜行，神旗凍定馬無聲。遥看火號連營赤，知是先鋒已上城。

旗旛四面下營稠，手詔頻來老將憂。每日城南空挑戰，不知生縛入唐州。

唐・李商隱《李義山詩集》卷上《韓碑》 元和天子神武姿，彼何人哉軒與羲。誓將上雪列聖耻，坐法宮中朝四夷。淮西有賊五十載，封狼生貙貙生羆。不據山河據平地，長戈利矛日可麾。

帝得聖相相曰度，賊斫不死神扶持。腰懸相印作都統，陰風慘淡天王旗。

愬武古通作牙爪，儀曹外郎載筆隨。行軍司馬智且勇，十四萬衆猶虎貔。

入蔡縛賊獻太廟，功無與讓恩不訾。帝曰汝度功第一，汝從事愈宜爲詞。

愈拜稽首蹈且舞，金石刻畫臣能爲。古者世稱大手筆，此事不繫於職司。

當仁自古有不讓，言訖屢頷天子頤。公退齋戒坐小閤，濡染大筆何淋灕。

點竄堯典舜典字，塗改清廟生民詩。文成破體書在紙，清晨再拜鋪丹墀。

表曰臣愈昧死上，詠神聖功書之碑。碑高三丈字如手，負以靈鼇蟠以螭。

句奇語重喻者少，讒之天子言其私。長繩百尺拽碑倒，麤砂大石相磨治。

公之斯文若元氣，先時已入人肝脾。湯盤孔鼎有述作，今無其器存其詞。

嗚呼聖皇及聖相，相與烜赫流淳熙。公之斯文不示後，曷與三五相攀追。

願書萬本誦萬過，口角流沫右手胝。傳之七十有二代，以爲封禪玉檢明堂基。

唐·元稹《元氏長慶集補遺》卷二《賀裴相公破淮西啓》 某啓：伏見當道節度使牒，伏承相公生禽吳元濟，歸斬闕下，功高振古，事絶稱言，億兆歡呼，天下幸甚。某聞舉世非之而心不惑者謂之明，羣疑未亡而計先定者謂之智。日者天棄淮蔡，蓄爲汙瀦，五十年間，三后垂顧。耿爾元濟，繼爲凶妖，謂君命可逃，以父死爲利。聖上以睿謨神算，方議剪除，羣下守見習聞，咸懷阻沮。公英猷獨運，卓立不回，内排疑惑之詞，外輯異同之旅。三軍保任，一意誅鋤。投石之卵雖危，拒輪之臂猶奮。賴閣下忠誠憤激，親自拊巡，靈旗一臨，餘沴電掃，此所謂俟周公而後淮夷，服得元凱而後吳寇平。凡在陶甄，孰不忻幸！況某早趨門館，抃躍尤深，僻守遐荒，不獲隨例。拜賀無任，踴躍徘徊之至。

又 卷三四《賀誅吳元濟表》 臣聞拯遺甿於溝瀆，非聖不能；掃餘沴以雪霜，非智不可。日者神棄申、蔡，蓄爲汙瀦，五十年間，三后待之。寛厚元濟，繼爲凶妖，謂君命可逃，謂父死爲利。陛下凝玆睿算，取彼凶殘，不越殷宗之期，遂剿淮夷之命。威動區宇，道光祖宗，凡在生成，孰不歡忭？臣忝官藩翰，率舞闕庭，瞻望徘徊，無任踴躍屏營之至。

宋·王安石《臨川集》卷七《董伯懿示裴晉公平淮右題名碑詩用其韻和酬》 元和伐蔡何危哉，朝廷百口無一諧。盜傷中丞偶不死，利劍白日投天街。

裹瘡入相議軍旅，國火一再更檀槐。上前慷慨語發涕，誓出按撫除睽乖。

指撝光顏戰洄曲，闞如怒虎搏虒豺。愬能捕虜取肝鬲，護送密乞完形骸。

笞兵夜半投死地，雪濕不敢燃薪藍。空城豎子已可縛，中使尚作嘷兒哇。

退之道此尤儁偉，當鏤玉牒東燔柴。欲編詩書播後嗣，筆墨雖巧終類俳。

唐從天寶運中圮，廊廟往往非忠佳。諸侯縱横代割據，疆土豈得無離。

德宗末年懲戰禍，一矢不試塵蒙韔。憲皇初起衆未信，意欲立掃除昏霾。

追還清明救薄蝕，屢敕劾主府拘窮蛙。王師傷夷徵賦窘，千里亦忌毫釐差。

小夫偷安自非計，長者遠慮或可懷。桓桓晉公忠且壯，時命適與功名偕。

是非末世主成敗，烜赫今古誰譏排。賢哉韋純議北赦，倉卒兩伐尤難皆。

重華聲明彌萬國，服苗干羽舞兩階。宣王側身内修政，常德立武能平淮。

昔人經綸初若緩，欲棄此道非吾儕。千秋事往蹤迹在，嶽石款記如湘崖。

文嚴字麗皆可喜，黄埃蔽没蒼蘚埋。當時將佐盡豪傑，想此兵禱陪祠齋。

君曾西遷爲拓本，濡麝割蜜親劘揩。新篇波瀾特浩盪，把卷熟讀迷津涯。裦賢樂善自爲美，當挂廟壁爲詩牌。

宋·周紫芝《太倉稊米集》卷一一《題裴晉公畫像二絶》 朝論當年洶洶時，此翁奇事少人知。夢中縛得吳元濟，猶説緋衣是小兒。

瘦著輕裘似不勝，書生事業復誰能。莫嗔小鴨可禽兔，眞有禪師解放鷹。

宋·石介《徂徠集》卷四《讀晉魯二公傳》 節似魯公猶被陷，忠如裴度亦遭讒。上無明主姦邪勝，我讀遺編淚滿衫。

宋·黄庭堅《山谷集·外集》卷一四《裴晉公書堂》 裴公入相便論兵，躍馬淮西一戰平。黄閤不須金印好，卻來山下作書生。

宋·胡仔《漁隱叢話·後集》卷三五《錢易〈擬張籍上裴晉公〉》 午橋莊上千竿竹，緑野堂中白日春。富貴極來唯歎老，功名高後轉輕身。嚴更未報皇城裏，勝賞時游洛水濱。昨日庭趍三節度，淮西曾是執戈人。

宋·惠洪《石門文字禪》卷一《題李愬畫像》 淮陰北面師廣武，其氣豈止吞項羽？君得李祐不肯誅，便知元濟在掌股。羊公德化行悍夫，臥鼓不戰良驕吳。公方沈鷙諸將底，又笑元濟無頭顱。

雪中行師等兒戲，夜取蔡州藏袖裏。遠人信宿猶未知，大類西平擊朱泚。

錦袍玉帶仍父風，拄頤長劍大梁公。君看韃櫜見丞相，此意與天相始終。

宋·周密《浩然齋雅談》卷中《范成大〈酬姜堯章〉》 鵝鶩聲喑雪意豪，直前不憚夜行勞。更能櫜韃尊裴度，千古人知李愬高。

宋·李昉等《文苑英華》卷六一六《韋嗣立〈代裴度論淮西事宜表〉》 臣某言。臣伏以方岳之任，職主分憂，苟事涉安危，利深社稷，詞得專達，臣敢備言，是用輕冒上聞。

伏惟少紓僅踰數月，朝廷未議所伐。臣恐日長姦謀，彼將膠固士心，必希徼幸，啗利滋蔓，事則難圖。當其人情尚摇，足以觀釁。臣自聞少陽權主留務，衆未甚寧。昨知少誠之子，誘扇其軍，又以誅戮。天其或者勦絶姦類，大振皇綱，陛下得不上順天心，乘時廢置，而又謀之遲久，臣竊爲陛下惜之。何則？夫以少誠怙兵偷安，二十餘載，恩惠自己，人知素懷，衆之所懷，必厚其子弟，其勢以分。臣度具聞不與者半，所以人心持兩，至有動摇。以斯觀之，或未盡附少陽。又以新殺其子，必有疑衆之心。今若及未寧，出於不意，擇四方節制之臣可爲其帥者，使馳而入之，移少陽於他鎮以待之，彼得所安，必效順承，而無固衆之志，則其黨自離心矣。因其所離，而制其命，何求而不克哉！《易》所謂『見幾而作，不俟終日』。然以方布大信，不宜隱情，若先命中貴他日奉明詔，將告易位，以誠諭之，從而後行，事可以濟。臣又度當今節制可以處淮西任者，莫若河中節度使王鍔，寬厚慎重，練識軍情，必能悦慰羣心，鎮撫疑黨。若將移鍔於淮西，而俾與少陽不遠矣。朝廷立遷授之權，而内足以除姦蠹之本，使少陽感恩以效命，王鍔推誠以涖衆，是淮西絶繼代之業，朝廷存弘貸之德，亦將以息河北狐鼠之勢，示去逆效順之利，自然風靡以承化，從此不希於苟得矣。斯事體大，伏惟陛下行之。

議者以爲少陽兵戎賊臣，曾居叛黨，若將易處於關輔之地，寵任以兵戎之權，何異夫朝四暮三，而終不離其數。是不然也。夫根深者難拔，源長者難絶。彼盤結衆根其人久矣，我能絶之使安，植施於他，以變其所，庸非至計乎？且事不先漸化之道，而欲頓歸於大政，亦難矣。方今徵承宗以名聞於天下者，豈不恃衆違命邀爵乎？若使少陽復而行之，則其罪均矣，不可獨赦，則必分師以討之。當淮楚灾旱之餘，徵賦耗竭之日，是使蒼生興流亡之歎，甲兵無暫息之時。上以傷陛下子育之心，下以竭邦賦資用之費，得不審慎其舉而保其成筭哉？伏以國家艱難已來，何北戎臣，竊據州郡，父殁子代，兄終弟及，皆朝廷稽緩其事，不時卽謀，使生人之心，率以沿習，爲患久矣。陛下神略獨斷，超冠百王，事當其機，宜以時革。臣不勝誠懇悃款之至。

又《張述〈代韓僕射諫伐淮西表〉》 臣某言。某月日，中使某至，伏奉手詔，兼宣聖旨，以淮西事體。令臣謬竊藩隅，每慙叨忝，職惟承命，恩深隕越。陛下特迂宸聽，議及凡品。累從聽之德，蹔啓聖之才。感恩徘徊，難酬寵遇，敢不罄陳愚瞽，竊備令蕘！伏以少陽男元濟，不取聖裁，擅理戎務。國有常典，罪必當誅。或恐淮西一使，曾經反側，衆情所裁，覬自偷安。元濟此時，求免無路，陛下式遏爲心，死寇固合深除剪滅。猥蒙詢訪，無有寇能不死，勢必萬全，天討淹留，衆心前卻，干戈難弭，殺戮滋深。陛下愛人之心，異殷湯釋網之意。伏願與輔弼信臣，朝廷碩德，平章利害，以取厥中。使兆庶安生，四方蒙福，實天下幸甚，豈惟臣一方？臣所部兵馬，排比有序，但思報國，恭候指揮。伏惟賜鑑微詞，俯察愚懇。輕陳膚烈，慚懼伏深云云。

又《王計〈代王僕射諫伐淮西表〉》　臣某言：中使至，奉詔兼宣口敕：以彰義軍節度使吴少陽不起所疾，奄謝明時，聖情追念藩臣，良深軫悼；少陽男元濟，不待朝旨，自領軍戎，陛下尚念舊勳，特頒詔命，冀其追悔，未即加兵；以臣謬列方隅，俯賜宣示。綵綸遠降，天使荐臨，祇奉睿謀，仰荷玄澤。亮臣微賤，素無識知，猥蒙恩私，訪以去就。其於利害，臣所難言，以臣旋觀，誠在天斷。伏以陛下内有輔弼，外有勳賢，資廟算可以叶宸衷，審政議可以正天下；如臣庸瑣，備位藩屏，爲將非衛霍之籌，在朝無絳灌之列，徒以虛承重寄，苟竊明時每荷寵光，載懷兢惕，豈敢輕塵聖聽，以冒天威？仿徨靡寧，進退惟谷。臣竊有愚懇，思欲上達，況承天問，敢不奏陳？伏惟陛下光有萬方，子育兆庶，安危所繫，實在陛下。忠於陛下者，則獻弭兵之謀；諂於陛下者，則獻用兵之計。臣性本專直，心願竭忠，苟徇羣情，是惑宸聽；臣若勸陛下韜兵匿甲，則淮西受賜。又慮多士，横議微臣，以臣私情，有何阿黨？二途之内，伏俟聖裁。臣於藩閫之中，名位最下，雖陳鄙見，豈副天心？其有不載表章，附李誠義聞奏。伏希玄造，俯賜明鑑。限守戎律，不獲陳露闕庭。

又《陸行儉〈代淄青諫伐淮西表〉》　臣某言。臣聞忠以事君，則正其詞，所以誠臣也；諂以事君，則僞其辭，所以諛臣也。臣以多幸，生逢昭代。受方隅之重寄，籍日月之餘輝。荷寵益深，殺身難報。而心尚謇直，志無回邪，苟利國家，臣敢無隱！一昨中使李誠義銜命遠降軍中，蒙以淮西事宜俯賜宣示。跪捧宸諭，枉受德音，仰荷自天之恩，下訪列藩之將。恭承聖問，思露下情，芻蕘之言，慮有塵黷，誠義回日，已附表奏聞。雖詞達於上，而誠鶪動天，仿徨轅門，懼獲罪戾。伏以堯舜在上，伊皋立朝，陛下謀及宰臣，詢于卿士，併以弼諧帝道，匡贊皇猷。在臣何知，豈宜獻計？然臣擁旄歲久，受國恩深，玄造未酬，赤誠空竭。得申犬馬之志，敢逃湯鑊之誅？仰天誓心，白日所鑑。伏以陛下君臨萬國，子育兆人，覆載所均，無遠不至。溥天之下，孰匪王土？率土之濱，孰匪王臣？永言雨露之澤，豈隔遐邇之人？今少陽云亡，胤子在疚，賞未追於後嗣，兵已纏於四郊。然則一方之人，豈非陛下聲教所加，蓋示懷柔，俾霑恩信。竊料中外日獻章疏，來陳所見，以惑上心。夫爲姦邪者，則願師旅荐興；秉忠誠者，則願干戈再戢。羣情不一，豈叶大中。伏望皇明燭幽，宸鑑及遠，誠宜辨邪正於衆口，斷可否於萬機，擇善而行，從諫則聖。如臣愚直，謬竊寵私，不敢以息兵沮議。今所上表，貴以直書，非敢私於淮西，誠愿安於宇宙。不然者，恐煩聖上之慮，有費天府之財。不惟塗炭一方，誠亦憂危四海。盡忠於國者，猶自銷難；不忠於國者，因此生禍。國之理亂，實所攸繫。伏冀陛下弘以好生之德，降以推恩之典，使死者懷媿於幽壤，生者盡節於聖朝。凡在臣子，孰不幸甚！陳露愚懇，輕冒天威，周章失容，進退無據。臣限以戎閫，不獲陳露闕庭，無任憂，惶殞越之至。

《全宋詩》卷二七三五《金朋説〈唐憲宗〉》　能詢天寶亂從生，林甫專權罷九齡。刺史權纔除柳泌，金丹燥發命隨傾。

又《李絳裴度》　輔主中興劃懋功，削平僭叛一循公。自憐黨起羣邪進，王業蕭條不克終。

又　卷三五八四《徐鈞〈裴度〉》　功名久震平淮後，機務方閑罷相餘。晚節浮沉非失計，一園花竹午橋居。

又《李愬》　雪夜平吴自一奇，功成猶守分尊卑。櫜鞬道左躬迎帥，此禮藩方久不知。

元·陳孚《陳剛中詩集》卷三《裴中立》　唐自天寶藩臣强，關東割地尊犬狼；皇赫怒思賢佐，十載始得緋衣郎；六龍夾日升黄道，魑魅誰敢爭天光；惟有蔡州煽逆焰，假鉞一指孤臣亡；瘦骨昂昂五尺長，四夷聞名驚欲僵；垂紳搢笏坐臺席，隱然一身佩巨唐；唐家太常紀勳烈，後有西平前汾陽；誰如公探皇王祕，笑睨伊召躋羲黄。

元・方回《瀛奎律髓》卷二八《陵廟類・張耒〈題裴晉公祠〉》 獨持將鉞靜氛妖，後世英名日月昭。善聽聖君非易遇，將亡凶豎不難梟。悲風蔓草移今古，野殿空庭鎖寂寥。更有從軍老司馬，勒銘文字配咸韶。

元・楊維楨《鐵崖詠史》卷六《石忠烈》 淮西碑，千尺立，龜趺司馬大手筆，點竄古典謨，千載不可磨。石力士，鷄狗奴，金椎椎碎石，不怕天子誅，天子貸厥辜。段學士，石重書，力士爾非鷄狗奴。

明・孫承恩《文簡集》卷四一《唐憲宗》 志感時艱，治慕祖烈好謀惟明成功，惟決强梗；效順紀綱遂，張允毅允臧，中興煌煌。

清・謝啓昆《樹經堂詠史詩》卷六《唐・裴度》 桓桓淮蔡六師臨，一德明良倚賴深。著帽賊難傷首相，非衣謠豈亂君心？雨河將帥佔風烈，四國蠻酋望德音。緣野堂高恩眷在，元公柱石曲江吟。

又《李晟子愬》 河西一矢萬人雄，奉詔勤王渭水東。繡帽錦袍軍壘望，雲旗露布賊營坐。久教酋長知名將，更有奇見繡父風。雪夜懸瓠鵝鴨亂，手擒元濟奏膚功。

清・張晉《艷雪堂詩集》卷一《讀唐書二十八首・裴晉公度》 旋袖齊傳打麥謡，宰臣顱骨喪崇朝。何人更建平戎策，一出能令積寇消。聖主每思同唱和，遠夷爭欲覩丰標。暮年詩酒蕭閒甚，緑野堂開傍午橋。

又《李太尉愬》 飛雪漫天路不通，五更鵝鴨亂池中。是何常侍呼偏急，退保牙城計已窮。

將士幾人疑李祐，櫜鞬獨自拜裴公。昌黎書法原無誤，淮蔡平時第一功。

清・鮑桂星《覺生詠史詩鈔》卷二《唐・裴度》 通天犀帶紫麟袍，柱國功名日月高。出入四朝深仗倚，削平羣盜奏弓櫜。潼關曉聞風生纛，緑野春廻水没蒿。莫以浮沉疑晚節，後愚前智是英豪。

清・嚴如熤《樂園詩稿》卷三《裴晉公》 圖像丹青貌未揚，安危身繫繼汾陽。蔡州力戰煩都統，司馬行軍得侍郎。謠起緋衣憑舌爛，稿傳皇嗣劇心傷。六朝憂國忠臣老，花鳥間情緑野堂。

清・王廷紹《淡香齋詩草》卷二《唐・裴度》 老年不是愛優游，帝室權都宦者收。一代奇冤憐訓注，四朝寵遇極公侯。林泉化態羣疑釋，儲貳關心半稾留。輸與香山知此意，涼臺燠館伴清謳。

清・曹振鏞《話雲軒詠史詩》卷下《唐・裴度》 三賊兵連氣正驕，淮西督戰蔡功超。不容伏盜成奸計，未僻非衣作僞謠。年歲幾何詢外國，威棱所在重中朝。堂開綠野歡無極，燠館涼臺傍午橋。

清・羅惇衍《集義軒詠史詩鈔》卷三九《李愬》 大風雪破蔡州來，白偃前旌凍不開。鵞鴨三更驚水畔，貔貅萬隧陟城隈。金鄉盪寇台衡望，寶劍遺人上將才。四十功名能繼父，東都歸後慰銜杯。

又《裴度》 破蔡功成領百官，堂開綠野樂盤桓。凌雲柵翦强藩易，甘露園除宦寺難。犀帶麟袍英主賜，涼臺燠館故交歡。皇儲未立留遺憾，身後書搜半稾殘。

又《李光顔》 北平貽劍識雄才，環蔡連屯挺刃開。馬逸不隨兒攬鞅，燕歌難助客銜懷。君臣大義堅榆塞，兄弟能聲共柏臺。尤愛孔懷辭管鑰，蘐闌付託靡私財。

清・徐世昌《晚晴簃詩匯》卷四六《鄧漢儀〈平淮西碑〉》 雪夜功成罷鼓鼙，昌黎碑版照淮西。文章何意開讒妒，婦女偏能竊品題。易代磨崖爭日月，當年奮筆掃鯨鯢。只今蒼碣斜陽外，頻見游人駐馬蹄。

又 卷一二六《吴振棫〈聞喜弔裴晉公〉》 朋黨難消賊易除，四朝遺迹動欷歔。風裁陸贄詞尤激，功業汾陽福不如。豈有賢姦能併進，空言恩禮未全疏。蕭條綠野堂中酒，世事傷心白首餘。

雜録

宋・宋敏求《唐大詔令集》卷一一八《政事・招諭・憲宗〈招諭蔡州詔敕〉》 敕朕嗣膺寶位，於茲十年，每推至誠，以御方夏，庶以仁化臻於太和，宵衣旰食，意屬於此。今淮西一道，未達朝經，擅自繼襲，肆行寇掠，將士等迫於受制，非是本心，遂令此軍，若墜淵谷。朕每念此，爲之興懷。思去三面之羅，庶遵兩限之義，故擇慈惠之長，授之鄰封，俾申朝旨，敷我大信。山南東道節度管内支度營田觀察處置等使金紫光禄大夫檢校司空使持節襄州諸軍事兼襄州刺史御史大夫上柱國鄭國公食邑三千户嚴綬，信能及物，寬以服人，道融謙光，志尚柔克，一登揆務，三命齊壇，戎機吏術，靡不更練，必能招懷不類，敷我國恩。宜授兼申、光、蔡等州招撫使，仍與鄰道將帥等，卽同糺率，共申曉諭。其淮西將士官吏等，如有歸國仰，量其高下，便授職任，仍具聞奏，卽起授官爵，縱舊有罪犯，一無所問。吴元濟如束身歸朝，亦當棄瑕録用。其百姓有歸投者，任便給粮食，仍與田宅，務加存卹，使其安堵。待事平之後，淮西將士，宜共賜錢二百萬貫，百姓給復三年。詔書所不該者，委嚴綬量其所宜，條件聞奏，庶盡綏懷之義，以申生育之恩。若尚敢執迷，不能遷善，至於問罪，自有常刑。宜以誠懷，使其知悉。

又 卷一一九《政事・討伐上・討吴元濟敕》 勑天地之化，由肅殺而成歲功；帝王之道，以威武而輔文德。朕只荷鴻業，撫臨庶邦，務先含弘，每慎征戰。俾懷仁者有耻且格，畏罪者見善則遷，而或昏迷不共，造命不及，固興悖亂之孽，自速原野之誅。除害正刑，國有彝典。吴元濟逆絶人理，反易天常，不居父喪，擅領軍事。諭以詔旨，曾無敬恭。熒惑一方之人，迫脅三軍之衆。以其父少陽嘗經任使，爲之軫悼，命申奠祭，臨遣使臣。凌虐封疆，遂致稽阻，絶朝廷之禮意，忘父子之恩情。旋又掩襲舞陽，傷殘吏卒；焚燒葉縣，騷擾閭閻，恣行寇攘，無所畏忌。朕嘗念賞延之義，重傷藩帥之門，尚欲納於忠順之途，處以顯榮之列。未能飭法，猶爲包荒，再以詔書，俾申招撫。而蠆毒滋長，姦心靡悛。壽春西南，又陷鎮柵，窮凶稔惡，縱暴挺灾。覆載之所不容，人神之所共棄，良非獲已，致此興戎。蓋以方伯連帥，同請討除，伐罪弔人，故茲申命。

宜令宣武、忠武、太原、武寧、淮南、宣歙等兵馬合勢，山南東道及魏博、荆南、江西、劍南東道兵馬與鄂南計會，東都防禦使與淮汝節度及劍南、義成軍兵馬犄角相應，同爲進討。吴元濟舊有官秩，宜并削除。大軍既臨，計卽戮殄。嗟我淮右之衆，本爲勤王之師，雖是脅從，頻已招洸，念此勳力，未嘗弭忘。近罹狡童，又此詿誤。心懷忠順，迫在凶威，苟能率誡，卽可收效。其淮西將士，有能梟斬凶渠者，先是六品已下官，授三品正員官，其先授五品已上官者，節級升進；仍與實封五百户，莊宅各一區，錢二萬貫。如能率所管兵馬，以城鎮來降者，併超三資與改官，仍與實封二百户，錢一萬貫。以一身降者，亦與改轉，仍賜錢帛。諸道應赴行營將士，如有斬元惡者，亦準此處分。吴元濟如能束身歸朝，併與洗雪。若不能改過，罪止其身，其餘汙脅，一切不問。接賊界州縣百姓，軍興已來，供饋繁併，言念疲瘵，良增憫然。元和九年兩税斛斗錢物等，在百姓腹内者，併十年夏税，併宜放免。其有城鎮將士百姓，守節拒賊，身死王事者，各委長吏，優給其家。仍具事迹申奏，當加褒贈，併賜錢帛，仍與一子官。

三州百姓，莫匪吾人，諸軍所至，不得妄加殺戮，焚燒廬舍，據奪財産，併有拘執，以爲俘馘；事平之後，給復二年。三州内有自置義營堡柵，王師所至，能相率來降，各加酬奬。時當春候，務切農桑，應緣軍務所須，併不得干擾百姓。如要車牛夫役及工匠之類，併宜和雇情願，仍給優價。賊平之後，應立功將士，併與超資改官，節級賜物。於戲！朕率理道，靡敢荒寧，思致中和，以康億兆。而德之寡薄，化未昭宣，爰用甲兵，良深愧嘆，顧非重武，其在止戈。宣示中外，咸令知悉。

唐憲宗討淄青

綜　述

《舊唐書》卷一五《憲宗紀下》 （元和十年）八月【略】丁未，淄青節度使李師道陰與嵩山僧圓淨謀反，勇士數百人伏於東都進奏院，乘洛城無兵，欲竊發焚燒宮殿而肆行剽掠。小將楊進、李再興告變，留守吕元膺乃出兵圍之，賊突圍而出，入嵩岳，山棚盡擒之。訊其首，僧圓淨主謀也。僧臨刑歎曰：「誤我事，不得使洛城流血！」

十二月壬寅夜，太白犯鎮星。甲辰，李愬擊敗李師道之衆九千，斬首二千級。

冬十月【略】丙寅，幽州劉總加平章事，鄆州李師道加檢校司空。師道聞拔淩雲柵，乃懼，僞貢款誠，故有是命。

（元和）十二年春正月【略】庚寅，敕李師道頻獻表章，披露懇誠，宜令諫議大夫張宿往彼宣慰。【略】

秋七月【略】乙酉，詔削奪淄青節度使李師道在身官爵，仍令宣武、魏博、義成、武寧、橫海等五鎮之師，分路進討。

九月【略】丁未，出內庫絹十萬匹給東軍。

十二月【略】戊寅，軍前擒到李師道將夏侯澄等四十七人，詔併釋付魏博及義成軍收管，要還賊中者，則量事優給放還。

（元和）十四年春正月庚辰朔，以東師宿野，不受朝賀。【略】丁亥，徐州軍破賊二萬於金鄉。【略】丙申，魏博軍破賊五萬於東阿。辛巳，斬前滄州刺史李宗奭於獨柳樹。朝廷初除鄭權滄州，宗奭拒詔不受代，既而爲三軍所逐，乃入朝，故誅之。【略】丙午，魏博軍破賊萬人於陽谷。

二月己酉朔，以商州刺史嚴謨爲黔中觀察使。乙卯，敕淄青行營諸軍，所至收下城邑，不得妄行傷殺，及焚燒廬舍，掠奪民財，開發墳墓。宜嚴加止絶。以鎮、冀水災，賜王承宗綾絹萬匹。【略】壬戌，田弘正奏，今月九日，淄青都知兵馬使劉悟斬李師道并男二人首請降，師道所管十二州平。甲子，上御宣政殿受賀。己巳，上御興安門受田弘正所獻賊俘，羣臣賀於樓下。庚午，制以淄青兵馬使、金紫光禄大夫、試殿中監、兼監察御史劉悟檢校工部尚書、滑州刺史，充義成軍節度使，封彭城郡王，食邑三千户，賜錢二萬貫、莊宅各一區。癸酉，田弘正加檢校司徒、同中書門下平章事。

三月己卯朔。丁酉，上以齊、魯初平，宴羣臣於麟德殿，賜物有差。戊子，以華州刺史馬總鄆濮曹等州觀察等使；己丑，以義成軍節度使薛平爲青州刺史，充平盧軍節度、淄青齊登萊等州觀察等使；以淄青四面行營供軍使王遂爲沂州刺史，充沂海兖密等州都團練觀察等使：析李師道所據十二州爲三鎮也。

又 卷一二四《李師道傳》 師道，師古異母弟。其母張忠志女。師道時知密州事，師古死，其奴不發喪，潛使迎師道於密而奉之。朝命久未至，師道謀於將吏，或欲加兵於四境，其判官高沐固止之。乃請進兩稅，守鹽法，申官員，遣判官崔承寵、孔目官林英相繼奏事。時杜黄裳作相，欲乘其未定也，以計分削之，憲宗以蜀川方擾，不能加兵於師道。元和元年七月，遂命建王審遥領節度，授師道檢校左散騎常侍、兼御史大夫，權知鄆州事，充淄青節度留後。十月，加檢校工部尚書，兼鄆州大都督府長史，充平盧軍及淄青節度副大使，知節度事、管内支度營田觀察處置、陸運海運押新羅渤海兩蕃等使。自正己至師道，竊有鄆、曹等十二州，六十年矣。懼衆不附己，皆用嚴法制之。大將持兵鎮於外者，皆質其妻子；或謀歸款於朝，事洩，其家無少長皆殺之。以故能劫其衆，父子兄弟相傳焉。五年七月，檢校尚書右僕射。

十年，王師討蔡州，師道使賊燒河陰倉，斷建陵橋。初，師道置留邸於河南府，兵諜雜以往來，吏不敢辨。因吳元濟北犯汝、鄭，郊畿多警，防禦兵盡戍伊闕，師道潛以兵數十百人內其邸，謀焚宫闕而肆殺掠。既烹牛饗衆矣，明日將出，會有小將楊進、李再興者詣留守呂元膺告變，元膺追伊闕兵圍之，半日不敢進攻。防禦判官王茂元殺一人而後進，或有毀其墉而入者。賊衆突出殺人，圍兵奔駭，賊得結伍中衢，內其妻子於囊槖中，以甲冑殿而行，防禦兵不敢追。賊出長夏門，轉掠郊墅，東濟伊水，入嵩山。元膺誡境上兵重購以捕之。數月，有山棚鬻鹿於市，賊遇而奪之，山棚走而徵其黨，或引官軍共圍之谷中，盡獲之。窮理得其魁首，乃中岳寺僧圓静，年八十餘，嘗爲史思明將，偉悍過人。初執之，使巨力者奮鎚，不能折脛。圓静罵曰：『鼠子，折人脚猶不能，敢稱健兒乎！』乃自置其足教折之。臨刑，乃曰：『誤我事，不得使洛城流血。』死者凡數十人。留守禦將二人、都亭驛卒五人、甘水驛卒三人，皆潛受其職署，而爲之耳目，自始謀及將敗，無知者。

初，師道多買田於伊闕、陸渾之間，凡十所處，欲以舍山棚而衣食之。有訾嘉珍、門察者，潛部分之，以屬圓静，以師道錢千萬僞理嵩山之佛光寺，期以嘉珍竊發時舉火於山中，集二縣山棚人作亂。及窮按之，嘉珍、門察，乃賊武元衡者，元膺具狀以聞。及誅吳元濟，師道恐懼，上表乞聽朝旨，請割三州并遣長子入侍宿衛，詔許之。

師道識暗，政事皆決於羣婢。婢有號蒲大姊、袁七娘者，爲謀主，乃言曰：『自先司徒以來，有此十二州，奈何一日無苦而割之耶！今境內兵士數十萬人，不獻三州，不過發兵相加，可以力戰，戰不勝，乃議割地，未晚也。』師道從之而止，表言軍情不叶，乃詔諸軍討伐。十年十二月，武寧軍節度使李願遣將王智興擊破師道之衆九千，斬首二千餘級，獲牛馬四千，遂至平陰。十一年十一月，加師道司空，仍遣給事中柳公綽往宣慰，且觀所爲，欲寬容之。師道苟以遜順爲辭，長惡不悛。十三年七月，滄州節度使鄭權破淄青賊於齊州福城縣，斬首五百餘級。十月，徐州節度使李愬、兵馬使李祐於兖州魚臺縣破賊三千餘人。魏博節度使田弘正率本軍自陽劉渡河，距鄆州九十里下營，再接戰，破賊三萬餘衆，生擒三千人，收器械不可勝紀。陳許節度使李光顔於濮陽縣界破賊，收斗門城、杜莊柵。田弘正復於故東阿縣界破賊五萬。諸軍四合，累下城柵。

師道使劉悟將兵當魏博軍，既敗，數令促戰。師未進，乃使奴召悟計事。悟知其來殺己，乃稱病不出，召將吏謀曰：『魏博兵强，乘勝出戰，必敗吾師，不出則死。今天子所誅，司空一人而已。悟與公等皆被驅逐就死地，何如轉禍爲福，殺其來使，以兵趣鄆州，立大功以求富貴。』衆皆曰：『善。』乃迎其使而斬之，遂賫師道追牒，以兵趣鄆州。及夜，至門，示以師道追牒，乃得入。兵士繼進，至毬場，因圍其内城，以火攻之，擒師道而斬其首，送於魏博軍，元和十四年二月也。是月，弘正獻於京師，天子命左右軍如受馘儀，先獻于太廟郊社，憲宗御興安門受之，百僚稱賀。

初，東軍諸道行營節度擒逆賊將夏侯澄等共四十七人，詔曰：『附麗凶黨，拒抗王師，國有常刑，悉合誅戮。朕以久居汙俗，皆被脅從，況討伐已來，時日未幾，縱懷轉禍之計，未有效款之由，情似可矜，朕不忍殺。況三軍百姓，孰非吾人，詔令頒行，罪止師道。方欲拯於塗炭，是用活其性命，誠爲屈法，庶使知恩。併宜特從釋放，仍令卻遞送至魏博及義成行營，各委節度收管驅使。如父母血屬猶在賊中，或羸老疾病情切歸還者，仍量事優當放去，務相全貸，何所疑留。』及澄等至行營，賊覘知傳告，叛徒皆感朝恩，由是劉悟得行其謀焉。

師道妻魏氏及小男併配掖庭。堂弟師賢、師智配流春州，姪弘巽配流雷州。詔分其十二州爲三節度，俾馬總、薛平、王遂分鎮焉。仍命宰臣崔羣撰碑以紀其績。國家自天寶末安禄山首亂兩河，至寶應元年王師平史朝義，其將薛嵩、李懷仙、田承嗣、李寶臣等受僞命分領州郡，朝廷厭兵，因僕固懷恩請，就加官爵。及侯希逸爲軍人逐出，正己又據齊、魯之地，既而遞相膠固，聯結姻好，職貢不入，法令不加，率以爲常。仍皆署其子爲副大使，父死子立，則以三軍之請聞，亦有爲大將所殺而自立者。自安、史以後，迄至于貞元，朝廷多務優容，每聞擅襲，因而授之，以故六十餘年，兩河號爲反側之俗。憲宗知人善任，削平亂迹，兩河復爲王土焉。師道妻魏氏，元和十五年出家爲尼。

又《薛嵩傳》　平李師道，朝廷以東平十二州析爲三道，以淄、青、齊、登、萊五州爲平盧軍，以平爲節度觀察等使，仍押新羅、渤海兩蕃使。

又卷一三三《李愬傳》　元和十三年五月，授愬鳳翔隴右節度使，仍詔路由闕下。愬未發，屬李師道再叛，詔田弘正、義成、宣武等軍討之，乃移愬爲徐州刺史。

又《李聽傳》　元和中，討李師道，聽爲楚州刺史統淮南之師。鄆人素易淮軍聽潛訓練，出其不意，趨海州，據險要，破沭陽兵，降朐山戍懷仁、東海。兩城望風乞降，山東平。元和十四年五月，以功授檢校左散騎常侍、夏州刺史、夏綏銀宥節度使。

又卷一四一《田弘正傳》　元和十年，朝廷用兵討吴元濟，正遣子布率兵三千進討，屢戰有功。李師道以弘正效忠，又襲其後，不敢顯助元濟，故絶其犄角之援，王師得致討焉。

又卷一五四《吕元膺傳》　十年七月，鄆州李師道留邸伏甲謀亂，初師道於東都置邸院，兵諜雜以往來，吏不敢辨。因吴元濟北犯，郊畿多警，防禦兵盡，戍伊闕。師道伏甲百餘於邸院，將焚宮室，而肆殺掠。已烹牛饗衆，明日將出，會小將李再興告變元膺追兵伊闕，圍之半日。無敢進攻者防禦判官王茂元殺一人而後進。或有毁其墉而入者，賊衆突出，圍兵奔駭。賊乃團，結以其孥偕行，出長夏門轉掠郊墅，奪牛馬，東濟伊水，望山而去。元膺誡境上兵，重購，以捕之。數月有山棚賣，鹿於市，賊過，山棚乃召集其黨，引官兵圍於谷中，盡獲之。窮理其魁，乃中，岳寺僧圓淨，年八十餘，嘗爲史思明將，偉悍過人。初執之，使折其脛，鎚之不折。圓淨罵曰：『脚猶不解折，乃稱健兒乎！』自置其足教折之。臨刑歎曰：『誤我事，不得使洛城流血！』死者凡數十人。留守防禦將二人，都亭驛卒五人，甘水驛卒三人，皆潛受其職署而爲之耳目，自始謀及將敗無知者。初，師道多買田於伊闕、陸渾之間，凡十餘處，故以舍山棚而衣食之。有訾嘉珍、門察者，潛部分之，以屬圓淨。以師道錢千萬僞理佛寺，期以嘉珍竊發時舉火於山中，集二縣山棚人作亂。及窮按之，嘉珍、門察皆稱害武元衡者。元膺以聞，送之上都，賞告變人楊進、李再興錦彩三百匹、宅一區，授之郎將。元膺因請募山河子弟以衛宮城，從之。盜發之日，都城震恐，留守兵寡弱不可倚，而元膺坐皇城門，指使部分，氣意自若，以故居人帖然。

又　卷一六一《劉悟傳》　劉悟，正臣之孫也。正臣本名客奴。天寶末，禄山叛，平盧軍節度使柳知晦受賊僞署。客奴時職居牙門，襲殺知晦，馳章以聞，授平盧軍節度使，賜名正臣。

悟少有勇力。叔逸準爲汴帥，積緡錢數百萬於洛中；悟輒破扃鐍，悉盜用之。既而懼，亡歸李師古。始亦未甚知，後因擊毬馳突，沖師古馬僕，師古怒，將斬之。悟猛以氣語押觸師古，師古奇而免之，因令管壯士，將後軍，累署衙門右職，奏授淄青節度都知兵馬使、兼監察御史。

元和末，憲宗既平淮西，下詔誅師道，師道遣悟將兵拒魏博軍，而數促悟戰。悟未及進，馳使召之。悟度使來必殺己，乃僞疾不出，令都虞候往迎之。使者亦果以誠告其人云：『奉命殺悟以代悟。』都虞候即時先還，悟劾之得其實，乃召諸將與謀曰：『魏博田弘正兵强，出戰必敗，不出則死。今天子所誅者，司空一人而已，悟與公等皆爲所驅迫，使就其死。何如殺其來使，整戈以取鄆，立大功，轉危亡爲富貴耶！』衆咸曰：『善，唯都將所命！』悟於是立斬其使，以兵取鄆，圍其內城，兼以火攻其門。不數刻，擒師道併男二人，併斬其首以獻。擢拜悟檢校工部尚書、兼御史大夫、義成軍節度使，封彭城郡王，仍賜實封五百户，錢二萬貫，莊、宅各一區。十五年正月入覲，又加檢校兵部尚書，餘如故。

《新唐書》卷一九三《高沐傳》　沐，貞元中擢進士第，以家托鄆，故李師古辟署判官。師道叛，沐率其僚郭昈、郭航、李公度引古今成敗，前後鐫説，不能入。師道所厚吏李文會、林英等乘間訴曰：『比悉心憂公家事，而爲沐等所疾，公奈何舉十二州地成沐輩千載名乎？』由是疏斥沐，令守濮州。沐上書盛誇山東煮海之饒，得其地可以富國。師道謀皆露。後英奏事京師，脅邸史言沐以誠款結天子。師道怒，誅沐，而因昈濮州，守衛苛嚴，凡十年。

吴元濟拒命，師道引兵攻彭城，敗蕭、沛數縣而還，以緩王師。昈爲繒書藏衣絮間，使郭航間道走武寧軍見李愿，請奇兵三千浮海搗萊、淄，賊倚海不爲備，且居皆罪人，無與守。始，昈畏事泄，署師道所信吏劉諒名以遣，願白諸朝，議者疑師道使爲之，不得報。航不敢循故道，間關回遠還昈所。未幾，師道召航，昈疑事露，欲引決，航曰：『事覺，吾獨死，君無患。』航卒自殺，遂絶。及王師討師道，諸節度兵四入，而彭城兵下魚臺金鄉、李聽軍取海州若拾遺，頗用昈策。

初，淮西平，師道勢蹙，內甚懼。李公度與大將李英曇教獻三州，使長子入侍。師道然可，俄中悔，欲殺英曇，賈直言諷師道嬖奴曰：『高沐冤氣在天，禍且至。英曇復死，是益其祟也。』乃止。逐於萊州，俄殺之。

又有崔承寵、楊偕、陳佑、崔清皆抗節忤賊，李文會指爲沐黨，沐之死，皆被囚。劉悟既平師道，捉昈臂歔欷流涕，辟置義成節度府，亦請公度爲僚屬。元和十四年，贈沐吏部尚書，委馬總備禮收葬，恤其家。

航，萊州人，以氣聞，師道署右職，與昈世居齊。初，昈舉進士，權德輿將取之，聞其家賊中，乃罷，遂爲賊聘。二人卒能以忠顯。

賈直言，河朔舊族也，史失其地。父道沖，以藝待詔。代宗時，坐事賜鴆，將死，直言紿其父曰：『當謝四方神祇。』使者少怠，輒取鴆代飲，迷而踣。明日，毒潰足而出，久乃蘇。帝憐之，減父死，俱流嶺南。直言由是躄。

後署師道府屬。及師道不軌，提刀負棺入諫曰：『願前死，不見城之破。』又畫縛載檻車狀而妻子係累者以獻，師道怒，囚之。劉悟既入，釋其禁，辟署義成府。後從潞，亦隨府遷。

監軍劉承偕與悟不平，陰與慈州刺史張汶謀縛悟送闕下，以汶代節度。事洩，悟以兵圍承偕，殺小使，直言遽入責曰：『司空縱兵脅天子使者，是欲效李司空邪？它日復爲軍中所指笑。』悟聞，感悔，匿承偕於第以免。悟每有過，必爭，故悟能以臣節光明於朝。穆宗召爲諫議大夫，羣情灑然稱允。而悟固留，得聽。

始，悟子從諫貴甚，見直言輒衣紫擁笏，以兵自衛。直言諫悟曰：『郎少年，毋使襲山東態，朝服可擅著邪？』悟死，從諫不發喪，召大將劉武德等矯悟遺言，與鄰道使共表求襲位，直言入讓曰：『父死不哭，何顏面見山東義士乎？』從諫曰：『欲反耳。』直言仰天哭曰：『爾父提十二州地歸朝廷爲功臣。然以張汶故，自謂不絜淋頭，卒羞死。郎今日乃欲反邪？』從諫起抱直言項哭曰：『計窮而然。』直言曰：『君何憂無土地，今脅朝廷，正速死耳。若從武德謀，吾見劉氏爲元濟矣。』從諫拜曰：『唯大夫救之。』直言乃自攝留後，使從諫居喪。初，從諫惟鄆兵二千同謀。直言既折之，軍中遂安。

雜録

唐・白居易《白氏長慶集》卷五六《與師道詔》　敕師道：省表具悉。卿業重相門，位崇戎閫，忠輸於國，行著於家，久而益彰，嘉歎無已。所奏亡兄師古，請列於私廟昭穆者，此乃心推孝友，誠切恭敬，覽表見情，深足嘉尚。但以祠廟所見，貴於禮成，師古雖則始營，至卿方行祔禮，卽卿爲廟主，固合其宜。況師古爵位尊崇，宏選自合祔廟，別立祠宇，使其主之，奉以蒸嘗，亦非乏祀也。已令有司重議，如此頗謂得中，且叶《禮經》，卿宜知悉。

又《與師道詔》　敕師道：朱何至，省所奏，當道赴行營兵馬，取正月過渡河，逐便攻討；并奏兵馬出界後，請自供一月糧料；又奏待收下城邑，若有軍糧，一月已後，續更支計；幷陳謝慰問者，具悉。卿文武間生，忠貞特立，動有所效，知無不爲。昨獻帛助軍，極盈數于萬疋，今又齎糧出境，減經費于三旬。此乃力之所任，無不罄竭，慮之所及，不無經營。因時見憂國之心，臨事識忠臣之節。詔書慰諭，未盡朕懷，章疏謝陳，益嘉乃志，再三興歎，寤寐難忘。其所奏聞，併依來表，想宜知悉。

宋・宋敏求《唐大詔令集》卷一二〇《政事・討伐下・令百僚議徵李師道敕》　李師道潛包禍心，僞布誠懇。緣自淮西用兵已後，愆釁屢彰，累有疏陳，請捨凶逆。當道租稅，頻年不送，陰通信使，數致帛書。又逆黨訾嘉珍等，蓄聚凶徒，謀燒洛邑，所圖不軌，臨發事彰。又使其徒燒劫河陰庫倉，沮國大計。中使李重秀宣諭到本道，又縱官健凌暴。況又元和十年六月傷害宰相，事之端本，實啓潛謀。凡此罪名，皆當不赦。朝廷以新平淮寇，貴且息人，素爲含容，令其獻效。師道自知罪過，難掩羣言，累違崔承寵、王玄同，自將表陳，請令長子入侍，兼獻沂、密、海三州；林英續來，又獻三州圖印，併奏其男發日。國家每務每弘貸，屈法招綏。今忽翻然，盡變前意。應所陳列，無相忘言。其師道并軍將健兒表共三道，詞頗悖慢，宜出示百寮，議可徵可捨以聞。

又《討李師道詔》　天覆至弘，爲惡者每聞於自絶；國章具舉，干紀者難逭其常刑。玄言至戒於佳兵，丹浦本非其樂戰。朕纘承鴻業，祇奉層圖，居軫納隍，動思濟物，仗以大信，御茲萬邦。省躬靡忘於憂勤，弘道必先於撫諭，猶以庶政多缺，至誠未孚，兢兢之心，豈自暇逸。近者淮右致討，宿兵累年，宗社降靈，妖氛克殄。方櫜弓而匣刃，期阜俗以息人，旋議徂征，諒非獲已。

李師道代荷寵榮，謬居垣翰，功不列於勳籍，過難掩於簡書，尚復潛包禍心，果是僞布誠懇。頃屬問罪蔡士，征師合圍，助彼寇讎，敢爲影援，陰通信使，密致帛書。累抗表章，請捨元惡，所圖不軌，事匪一端。遂至伏聚姦凶，震驚洛邑，焚劫內庫，擾動河陰，皆欲撓軍旅之深機，阻邦國之大計。加以擅興甲兵，侵軼徐方，斯逼戎行，凌脅中使，惡逾滋蔓，志益猖狂。乃者盜發京師，實啓端本，又常賦不入，自致愆違。凡此罪名，皆在不赦。朕以新除淮寇，務息征師，素爲含容，令其獻效。而乃懷其積惡，懼彼羣言，將佐交馳，頻疏叠至。疚疚心首罪，請命求哀，時降使臣，往加宣諭。而師道請令長子，入侍闕庭，願獻三列，上歸圖印，指期而發，飛奏以聞。詐爲納地之謀，翻稔滔天之逆。凡所陳列，無非怨望。露其悖慢之詞，備在封章之內。明示百辟，衆怒一心，咸請致誅，以懲無上。猶爲伏念，至於旬時。乃聞遽越封疆，寇掠德、棣，焚爇村落，縱暴挻灾，大肆鴟張，曾無畏忌。斯則人神之所共棄，天地之所不容，罪惡貫盈，自當撲滅。

宜令宣武、魏博、義成、武寧、橫海等軍節度兵馬，分路併進，同力攻討，相爲犄角。其李師道在身所有官爵，併宜削奪。其淄青將士，如能梟斬凶渠者，先是六品已下官，授三品正員官，其先是五品已上官者，節級超獎。仍與實封五百户，莊宅各一區，錢二萬貫。

於戲！動衆興師，誠有乖於至理；養灾蓄患，恐流毒於生人。敷信未化於窮凶，格物深慙於菲德，甫於寇難，遄務討除。宵旰在懷，良深愧歎，庶將去暴，永用止戈。宣示中外，咸令知悉。

又《**討淄青禁焚燒廬舍**》敕：寇孽背恩，自取誅剪，黎元不幸，久陷凶殘。王師有征，義先拯物，苟加殘暴，諒匪予懷。況諸軍討伐已畢，百姓歸投相繼，既足嘉憫，尤宜撫存。時屬春陽，各務農業，陶我惠化，當令便安。其淄青四面諸道兵馬，應入賊界收城，所至百姓，明加曉諭，任其營生，輒不得妄行傷殺及有拘縶、焚燒廬舍、掠奪資産、開發墳墓等事，併宜禁斷。詔下之初，已有處分，今更申勑，切在遵行。

唐武宗平澤潞

綜　述

《**舊唐書**》**卷一八上**《**武宗紀**》（會昌三年）四月，昭義節度使劉從諫卒，三軍以從諫姪稹爲兵馬留後，上表請授節鉞。尋遣使齎詔潞府，令稹護從諫之喪歸洛陽。稹拒朝旨。詔中書門下兩省尚書御史台四品已上、武官三品已上，會議劉稹可誅可宥之狀以聞。【略】

五月，敕諸道節度使置隨身不得過六十人，觀察使不得過四十人，經略、都護不得過三十人。築望仙觀於禁中。宰臣百僚進議狀：『以昆戎未殄，塞上用兵，不宜中原生事，潞府請以親王遙領，令稹權知兵馬事，以俟邊上罷兵。』獨李德裕以爲澤潞內地，前時從諫許襲，已是失斷，自後跋扈難制，規脅朝廷。以稹豎子，不可復踐前車，討之必殄。武宗性雄俊，曰：『吾與德裕同之，保無後悔。』自是諫官上疏言不可用兵相繼。【略】

秋七月戊子，宰相奏：『秋色已至，將議進軍，幽州須早平回鶻，鎮、魏須速誅劉稹，各須遣使諭旨，兼偵三鎮軍情。今日延英面奉聖旨，欲遣張賈充使。臣等續更商量，張賈幹濟有才，甚諳軍中體勢，然性剛負氣，慮不安和，不如且命李回。若以臺綱闕人，卽兵部侍郎鄭涯久爲征鎮判官，情甚精敏，雖無詞辯，言事分明，官重事閒，最似相稱。』上曰：『不如令李回去。』卽遣回奉使三鎮。

八月壬戌，火星自七月蒼赤色，動搖井中，至是月十六日犯輿鬼。萬年縣東市火。黠戛斯使諦德伊斯難珠入朝。以右僕射、平章事陳夷行檢校司空，兼河中尹、御史大夫，充河中節度、晉絳慈隰觀察等使。

九月，制：定天下者，致風俗於大同；安生人者，齊法度於畫一。雖晉之欒、趙，家有舊勳；漢之韓、黥，身爲佐命。至于干亂紀律，罔不梟夷，禁暴除殘，古今大義。

故昭義節度劉悟，頃居海岱，嘗列爪牙。屬師道阻兵，王師問罪，三面開網，一境離心，乘此危機，遂能歸命。憲宗嘉其誠款，授以南燕；穆宗待以腹心，委之上黨。招致死士，固護一方，迨于末年，已虧臣節。劉從諫生稟戾氣，幼習亂風。因跋扈之資，以專封壤；恃紀綱之力，以襲兵符。暫展執珪之儀，終無上綬之請。隙駒爲喻，魏豹姑務於絕河；井蛙自居，孫述頗聞于恃險。誘受亡命，妄作妖言，中罔朝廷，潛圖左道。接壤戎帥，屢奏陰謀，顧髫齔之所矜，豈淵魚之是察。洎乎沈痼，曾靡哀鳴，猶駐將盡之魂，恣行邪僻之志，罔或奮拔，自樹狡童。中使授醫，莫覩其朝服；近臣銜命，不入於壘門。逆節甚明，人神共棄。其贈官及先所授官爵、幷劉稹在身官爵，宜併削奪。成德軍節度使王元逵、魏博節度使何弘敬，或姻連王室，或任重藩維，懇陳一至之誠，願揚九伐之命。吳漢任職，受詔而初無辦嚴；卜式樸忠，未戰而義形於色。況成德軍嘗以梟騎橫陳，首破朱滔。戰氣方酣，再回魯陽之日；鼓音不息，三周不注之山。魏博軍頃以大旆涉河，竟殲師道。建十二郡之旗鼓，以列降人；削六十年之厲階，盡歸皇化。士傳餘勇，軍有雄名，必能稟鄭侯之指縱，成葛亮之心伐。咨爾二帥，朕所注懷，元逵可本官充北面招討澤潞使，弘敬充東面招討澤潞使。

曩者列祖在藩，先天啓聖。符瑞昭晰，綵繪煥於泗亭；鑾輅巡遊，金石刻於代邸。實謂可封之俗，久爲仁壽之鄉。寇難以來，頗著誠節，必非同惡，咸許自新。其昭義舊將士及百姓等，如保初心，併赦而不問。如能捨逆效順，以州郡兵衆歸降者，必厚加封賞。如能擒送劉稹者，別授土地，以報勳庸。頃隨劉悟鄆州舊將校子孫，既有義心，宜思改悔。如能感喻劉稹，束身歸朝，必當待之如初，特與洗雪。爾等舊校，亦併酬勞。仍委夷行、劉沔、王茂元各進兵同力攻討。其諸道進軍，併不得焚燒廬舍，發掘墳墓，擒執百姓以爲俘囚。桑麻田苗，各許本户爲主。罪止元惡，務拯生靈。

於戲！蕃維大臣，抗疏於外；髦俊舊老，昌言於朝。戒朕以祖宗之法，不可私一族；刑賞之柄，所以正萬邦。宜用甲兵，陳於原野。雖朕以恩不聽，而羣臣以義固爭，詢自僉謀，諒非獲已。布告中外，明體朕懷。

仍以徐泗節度使李彦佐爲澤潞西南面招討使。河陽節度使王茂元以本軍屯萬善。彦佐制下後踰月未出師，朝廷疑其持重，乃以天德軍石雄爲彦佐之副。劉稹牙將李丕降，用爲忻州刺史。以陳許節度使王宰充澤潞南面招討使。河陽節度使王茂元卒，贈司徒。王宰代茂元總萬善之師。

十月，宰相監修國史李紳、兵部郎中史館修撰判館事鄭亞進重修《憲宗實録》四十卷，頒賜有差。晉絳行營副招討石雄奏收賊砦五。以河東節度使劉沔檢校司空，兼滑州刺史、御史大夫，充義成軍節度、鄭滑濮觀察等使。以荆南節度使、檢校右僕射、同平章事李石可檢校司空、平章事，兼太原尹、北都留守，充河東節度、管内觀察等使。

十一月，敕：『中外官員，過爲繁冗，量宜減省，以便軍民。宜令吏部條疏合減員數以聞。』

十二月，王宰奏收天井關。榆社行營都將王逢奏兵少，乞濟師，詔太原軍二千人赴之。初劉沔破回鶻，留三千人戍横水，至是，李石以太原無兵，抽横水戍卒一千五百人以赴王逢。是月二十八日，横水軍至太原，請出軍優給。舊例每一軍絹二疋，時劉沔交代後，軍庫無絹。石以己絹益之。方可人給一疋，便催上路。軍人以歲將除，欲候過歲，期既速，軍情不悦。都頭楊弁乘士卒流怨，激之爲亂。

四年春正月乙酉朔，以澤潞用兵，罷元會。其日，楊弁逐太原節度使李石。敕：『齋月斷屠，出於釋氏，國家創業，猶近梁、隋，卿相大臣，或沿兹弊。鼓刀者既獲厚利，糾察者潛受請求。正月以萬物生植之初，宜斷三日。列聖忌斷一日。仍準開元二十二年敕，三元日各斷三日，餘月不禁。』壬子，河東監軍使呂義忠收復太原，生擒楊弁，盡斬其亂卒，百僚稱賀。

二月甲寅朔。丁巳，制河中晉絳慈隰等州節度觀察等使、中散大夫、檢校左散騎常侍、河中尹、御史大夫、上柱國、博陵縣開國男、食邑三百户崔元式可檢校禮部尚書，兼太原尹、北都留守，充河東節度觀察等使。戊午夜，太白犯鎮星。辛酉，太原送楊弁與其同惡五十四人來獻，斬於狗脊嶺。

三月，以晉絳副招討石雄爲澤潞西面招討，以汾州刺史李丕爲副。以道士趙歸眞爲左右街道門教授先生。時帝志學神仙，師歸眞。歸眞乘寵，每對，排毁釋氏，言非中國之教，蠹耗生靈，盡宜除去，帝頗信之。四月，王宰進軍攻澤州。【略】

六月，金紫光禄大夫、尚書右僕射、中書侍郎、同平章事、判度支崔珙貶澧州刺史。癸丑，敕：『諫官論事，所見不同，連狀署名，事同糾率。此後凡論公事，各隨己見，不得連署姓名。如有大政奏論，即可連署。』制追削故左軍中尉仇士良先授官及贈官，其家財併籍没。士良死後，中人於其家得兵仗數千件，兼發士良宿罪故也。敕責授官銀青光禄大夫、澧州刺史、上柱國、安平郡開國公、食邑二千户崔珙再貶恩州司馬員外置，以珙領鹽鐵時欠宋滑院鹽鐵九十萬貫。帝令度支、鹽鐵、轉運合爲一使。

七月，以淮南節度使、檢校司空杜悰守尚書右僕射、兼門下侍郎、同平章事，仍判度支，充鹽鐵轉運等使。又制銀青光禄大夫、守尚書右僕射、兼門下侍郎、同平章事、監修國史、上柱國、趙郡開國公、食邑二千户李紳可檢校司空、平章事、揚州大都督府長史、淮南節度副大使、知節度事。吏部條奏中外合減官員一千一百一十四員。王元逵奏邢州刺史裴問，別將高元武以城降。洺州刺史王釗、磁州刺史安玉以城降何弘敬。山東三州平。潞州大將郭誼、張谷、陳揚廷遣人至王宰軍，請殺稹以自贖。王宰以聞，乃詔石雄率軍七千人潞州，誼斬劉稹首以迎雄，澤、潞等五州平。

又　卷一六一《石雄傳》　昭義劉從諫卒，其子稹擅主軍務，朝議問罪。令徐帥李彦佐爲潞府西南面招撫使，以晉州刺史李丕爲副。時王宰在萬善柵，劉沔在石會，相顧未進。碓受【略】越烏嶺，破賊五砦，斬獲千計。武宗聞捷大悦，謂侍臣曰：『今之義而有勇，罕有雄之比者。』碓既率先破賊，不旬日，王宰收天井關，何弘敬、王元逵亦收磁洺等郡。先是潞州狂人折腰於市，謂人曰：『碓七千人至矣。』劉從諫捕而誅之。

及積危蹙，大將郭誼密款請斬積歸朝，軍中疑其詐。碓倡言曰：『賊積之叛，郭誼爲謀主。今請斬積，卽誼自謀，又何疑焉？』武宗亦以狂人之言，詔碓以七千兵受降。碓卽徑馳潞州降誼，盡擒其黨與。賊平，進加檢校司空。

又 卷一七四《李德裕傳》（會昌三年）四月，澤潞節度使劉從諫卒，軍人以其姪稹擅總留後，三軍請降旄鉞。帝與宰臣議可否，德裕曰：『澤潞國家內地，不同河朔。前後命帥，皆用儒臣。頃者李抱眞成立此軍，身歿之後，德宗尚不許繼襲，令李緘護喪歸洛。洎劉悟作鎮，長慶中頗亦自專。屬敬宗因循，遂許從諫繼襲。

開成初，於長子屯軍，欲興晉陽之甲，以除君側；與鄭注、李訓交結至深，外托效忠，實懷窺伺。自疾病之初，便令劉稹管兵馬。若不加討伐，何以號令四方？若因循授之，則藩鎮相效，自茲威令去矣！』帝曰：『卿算用兵必克否？』對曰：『劉稹所恃者，河朔三鎮耳。但得魏鎮不與稹同，破之必矣。請遣重臣一人，傳達聖旨，言澤潞命帥，不同三鎮。自艱難已來，列聖皆許三鎮嗣襲，已成故事。今國家欲加兵誅稹，禁軍不欲出山東。其山東三州，委鎮魏出兵攻取。』上然之，乃令御史中丞李回使三鎮諭旨，賜魏鎮詔書云：『卿勿爲子孫之謀，欲存輔車之勢。』何弘敬、王元逵承詔，聳然從命。初議出兵，朝官上疏相繼，請依從諫例，許之繼襲，而宰臣四人，亦有以出師非便者。德裕奏曰：『如師出無功，臣請自當罪戾，請不累李紳、讓夷等。』及弘敬、元逵出兵，德裕又奏曰：『貞元、太和之間，朝廷伐叛，詔諸道會兵，纔出界便費度支供餉，遲留逗撓，以困國力。或密與賊商量，取一縣一柵以爲勝捷，所以師出無功。今請處分元逵、弘敬，只令收州，勿攻縣邑。』帝然之。及王宰、石雄進討，經年未拔澤潞。及弘敬、元逵收邢、洺、磁三州，稹黨遂離，以至平殄，皆如其算。

時王師方討澤潞。三年十二月，太原橫水戍兵因移戍榆社。乃倒戈入太原城，逐節度使李石，推其都將楊弁爲留後。武宗以賊稹未殄，又起太原之亂，心頗憂之。遣中使馬元貫往太原宣諭，覘其所爲。元貫受楊弁賂，欲保祐之。四年正月，使還，奏曰：『楊弁兵馬極多，自牙門列隊至柳子，十五餘里，明光甲曳地。』德裕奏曰：『李石比以城內無兵，抽橫水兵一千五百人赴榆社，安能朝夕間便致十五里兵甲耶？』元貫曰：『晉人驍敢，盡可爲兵，重賞招致耳。』德裕曰：『招召須財，昨橫水兵亂，止爲欠絹一匹。李石無處得，楊弁從何致耶？又太原有一聯甲，併在行營，安致十五里明光耶？』元貫詞屈。德裕奏曰：『楊弁微賊，決不可恕！如國力不及，寧捨劉稹。』卽時請降詔，令王逢起榆社軍，又令王元逵兵自土門入，會于太原。河東監軍呂義忠聞之，卽日召榆社本道兵，誅楊弁以聞。

自開成五年冬回紇至天德，至會昌四年八月平澤潞，首尾五年，其籌度機宜，選用將帥，軍中書詔，奏請雲合，起草指蹤，皆獨決於德裕，諸相無預焉。以功兼守太尉，進封衛國公，三千户。五年，武宗上徽號後，累表乞骸，不許。德裕病月餘，堅請解機務，乃以本官平章事兼江陵尹、荆南節度使。數月追還，復知政事。宣宗卽位，罷相，出爲東都留守、東畿汝都防禦使。

德裕特承武宗恩顧，委以樞衡。決策論兵，舉無遺悔，以身扞難，功流社稷。及昭肅棄天下，不逞之伍咸害其功。白敏中、令狐綯，在會昌中德裕不以朋黨疑之，置之台閣，顧待甚優。及德裕失勢，抵掌戟手，同謀斥逐，而崔鉉亦以會昌末罷相怨德裕。

《新唐書》卷二一四《藩鎮傳·劉稹》（劉從諫）從子稹，父從素仕右驍衛將軍。從諫以爲嗣，病甚，與妻裴謀，令主軍事，置大將王協、郭誼、劉武德、劉守義等佐稹。祕不發喪，協謀遣將姜岑請醫於朝。中人與醫至，時從諫死已再旬，稹曰：『公困革不任受詔，稹請代拜。』中人曰：『臥而視可也。』辭以母夫人侍，不可屏。中人欲直入，武德等户之，中人恐有變，趨出，貺饋百萬。後使者繼往，爲知從諫已死者，未至數舍，衆懼，武德與將董可武出兵萬人迎勞，至牙門，不得前。諸將乃詣監軍崔士康邀説，請如河朔故事。士康懦，不敢拒，乃至喪次，扶出稹，爲裹絁巾，曰：『毋更欲殺敕使。』諸將哄然笑，遂出見三軍。

帝怒前使者不入，謫隸恭陵；稹所遣姜岑、梁叔文、梁叔明三輩，皆杖死京兆府。詔從素書敕稹護喪還東都，稹不奉詔。詔羣臣議，李德裕建言：『稹所恃者，河朔耳。若遣大臣諭上旨，出山東兵，破之必矣。』有詔奪從諫、稹官，敕諸軍進討。

於是河陽王茂元以兵屯萬善；河東劉沔守昂車關，壁榆社；魏博何弘敬柵肥鄉，侵平恩；成德王元逵次臨洺，略任、堯山、向城；河中陳夷行營冀城，侵冀氏。茂元別遣將營天井關，爲賊將薛茂卿所破，執四將，火十七柵。張巨進攻萬善，不能下。茂元欲走，會日暮，賊自潰去。詔忠武王宰以本軍入懷澤行營，陳許士票武，賊衆素憚畏。而茂卿負戰勝，冀厚賞。或言：『其兵犯王略深，朝廷且怒，節益不可至。』稹然之，故茂卿大望，乃與宰通，卽僞挑戰，亟北，委天井關去，左右七營皆潰。茂卿奔澤州，使諜言於宰曰：『澤可取，吾應於內。』宰疑不進，失期，茂卿扼腕悵恨。稹聞其貳，召誅之。宰進破劉公直，拔陵川。劉沔又取石會關。李石代沔領河東，稹因石兄洺州刺史恬移書乞降，石以聞，右拾遺崔碣表請納之，帝怒，斥碣鄧城令，詔敢言罷兵者戮賊境。上令石答書許稹面縛，石馳往受之，稹不出。俄而太原將楊弁逐李石，與稹連和，稹諸將建議：『我求承襲，彼叛卒，若與之，是與反者。』械其使送京師，使康良佺屯鼓腰嶺，敗太原兵，生禽卒七百。帝猶不赦。

始，從諫將死，命稹無笞辱羣奴，故李士貴等與王協尤用事，士戰，有功不賞，下無鬬志。府中財貨尚山積，而協請稅商人，使劉溪等分出檢實，而溪幷齊民閲其貲，十取二，百姓始怨。從諫妻弟裴問守邢州，有募兵五百，號『夜飛將』，多豪姓子，其家以輸貲不時，爲溪所囚。問以爲言，溪大怒，問因殺溪，與刺史崔嘏斬大將，自歸成德軍。王釗守洺州，給士帛布一端，稹檄代歲稟。釗謂衆曰：『庫物尚多，欲發以爲賞，可乎？』士皆喜。悉所有給之，送款魏博軍。磁州將高玉、堯山將魏元談等以次降成德，元逵以久爲賊守，殺之。

稹聞三州降，大懼。大將郭誼與王協始議圖稹，使董可武誘稹至北第，置酒，飲酣，卽斬首，悉取從諫子在襁褓者二十餘，幷從子積、匡周等殺之。誅張谷、張沿、陳揚庭、李仲京、王渥、王羽、韓茂章、茂實、賈庠、郭臺、甄戈十一族，夷之，軍中素不附者皆殺。函稹首送王宰，獻京師，告廟社，帝御興安門受之。劉公直亦降於宰。

先時，河北諸將死，皆先遣使弔祭，次册贈，次近臣宣慰，度軍便宜乃與節，軍中不許出，乃用兵，大抵不半歲不能定，故謷將逆子皆得爲之備。稹初不意帝怒卽見討，及茂元録詔示稹，舉族號慟，欲自歸，而愚懦不決云。自悟至稹三世，凡二十六年。

論說

《舊唐書》卷一八上《武宗紀論》 開成中，王室浸卑，政由閽寺。及綴衣將變，儲位遽移。昭肅以孤立維城，副茲當璧。而能雄謀勇斷，振已去之威權；運策勵精，拔非常之俊傑。屬天驕失國，潞孽阻兵，不惑盈庭之言，獨納大臣之計。戎車既駕，亂略底寧，紀律再張，聲名復振，足以蹈章武出師之迹，繼元和戡亂之功。

又 卷一七四《李德裕傳論贊》 臣總角時，亟聞耆德言衛公故事。是時天子神武，明於聽斷；公亦以身犯難，酬特達之遇。言行計從，功成事遂，君臣之分，千載一時。觀其禁掖彌綸，巖廊啓奏，料敵制勝，襟靈獨斷，如由基命中，罔有虛發，實奇才也。語文章，則嚴、馬扶輪；論政事，則蕭、曹避席。罪其竊位，卽太深文。所可議者，不能釋憾解仇，以德報怨，泯是非於度外，齊彼我於環中。與夫市井之徒，力戰錐刀之末，淪身瘴海，可爲傷心。古所謂攫金都下，忽於市人，離婁不見於眉睫。才則才矣，語道則難。

贊曰：公之智決，利若青萍。破虜誅叛，摧枯建瓴。功成北闕，骨葬南溟。嗚呼煙閣，誰上丹青？

《新唐書》卷八《武宗紀贊》 武宗用一李德裕，遂成其功烈。然其奮然除去浮圖之法甚銳，而躬受道家之籙，服藥以求長年。以此見其非明智之不惑者，特好惡有不同爾。

宋·孫甫《唐史論斷》卷下《武宗·不能駕馭李德裕》 論曰：人君於大臣得委任之道，又得駕馭之術，則大臣得盡心於事以成勳業，而推公於人不敢竊威福矣。二者一不可失，惟太宗得之。貞觀中，陳思合上《拔士論》，意間房、杜，則立行竄逐，蕭瑀奏中書門下朋黨則折其妄言，竟黜於外，可謂能委任矣。集中書門下議事，必命諫官、御史、史官隨入，或正其失，或糾其過，或書其非。李靖以老疾家居，欲復使爲將，一言於朝，靖已起而統兵，可謂能駕馭矣。使大臣各成功名，不敢驕横，其道其術如此。

武宗用李德裕，頗得委任之道，故德裕盡其才謀，獨當國事，時之威令大振者，委任之至也。但武宗性雄毅，觀前朝法令不行，紀綱衰替，將大振威令，知德裕才，首命作相，德裕謀略，動合其意，故專任之。委任既專，權勢自重。權勢既重，天子始不悦之，則怨者得窺其隙而攻之矣。彼勢已重而怨者攻之，肯帖帖乎？必至於禍而後已。嗚呼！武宗英主，知賢相而任之，不能駕馭，尚致太專之弊，中常之主不知人而任之，又不能駕馭，爲害大矣。或曰：既稱英主，賢相何待駕馭而無過？答曰：君臣之性皆雄毅，則鋭於行事，而或不思則喜怒有時，而過行事不無不平，武宗自未免此累，安能察德裕之情？德裕於牛僧孺、李宗閔輩相怨之久，人人所知。平上黨之際，奏逐僧孺輩，明恃成功而報怨，僧孺雖非大賢，嘗位宰輔矣，德裕之言有何顯狀，至貶之遐裔？宗閔已出遠郡刺史，亦不因顯過而流竄。御史崔元藻按事有異，是舉其職，乃不覆驗而黜之。柳公權方以才望爲集賢學士，無故罷職，是一徇德裕之意矣。任其才，從其謀，高其位，厚其禮可矣，何得一徇其意耶？若德裕言人之罪，其狀明白，固自當從事，或不明，豈得不詢驗其狀？若不然，當有所制也，有所制則德裕無過矣。或曰：武宗英主，能任大臣而不能駕馭，中常之君何以盡委任之道，駕馭之術？答曰：惟至公可矣。至公者，不以合意悦之而不察其過，不以違意怒之而不知其賢。人君用大臣，平其心如是，則委任之道、駕馭之術庶幾矣。

宋・范祖禹《唐鑑》卷二〇《武宗》　臣祖禹曰：自天寶以後，河朔世爲唐患，憲宗雖得魏博，而穆宗復失之。是以朝廷惟事姑息，幸其不叛斯可矣，豈得而使之也？至於武宗，不惟使三鎮不敢助逆，又因以爲臂指之用，由德裕。所以告之者，能服其心也。揚雄曰：『御得其道則天下狙詐咸作使，御失其道則天下狙詐咸作敵。』人主威制天下，豈有不由一相者哉！【略】

臣祖禹曰：古之明王，天下有不順者，必諄諄而告教之，再三不可，然後徵之。則其民知罪，而用兵有辭矣。自唐之失河朔，或討伐之，或姑息之，不聞有文告之命，戒敕之辭也，是以加兵而不服，恩厚而愈驕。李德裕以一相而制御三鎮，如運之掌，使武宗享國長久，天下豈有不平者乎！

宋・葛勝仲《丹陽集》卷七《論澤潞》　用兵有六要，而敵之堅脆不論也。抵排浮議則計不摇，要結外援則力不困，師整而壯則有剽疾之功，將專而勇則無折北之慮。孤其勢則我益强，擣其虚則我滋實，六者兼備而敵已困於冥冥矣。嘗觀？會昌澤潞之役，劉禎有可誅之形，武宗有決誅之志，而丞相德裕有能誅之功，指縱授勝，六要具舉，茲所以堂堂潞子之邦，訖不淪於篡逆也。迹夫劉悟死而從諫欲主留務，寶曆之君違李绛之計而狥王守澄之請，于是舉五州而棄之，已而擅兵長子，陰連訓、注，致論二蕭，欲清君側，迨至從諫因崔士康而以符節自擅，謝醫拒使檢商閣貨，脅其君而剿其民，上憤下怨，所謂可誅之形也。武宗以內地叛涣，鋭意征討，使者不入則謫隸恭陵，賊使遠來則杖死京兆，彼能緩茂卿之賞而不疑，禽太原之兵而不赦，李悟乞降而不從，崔碣請納而遠逐，羣臣議罷兵者誓戮之於境上，茲所謂決誅之志也。至于巨謀纖計，算不失一而六要具舉，則又一出於德裕，何謂抵排浮議則計不摇？始議用兵，沮梗百緒，或曰：劉悟挈十二州還天子，當使遺育。或曰：從諫兵强食足，未易可破。廷臣皆婾要趣和，并爲一談，獨德裕以嬴縮勝負爲兵家之常，而慨然以身任責，故謝郤陳夷讓，易置李宗閔，而賊已喪膽矣，何謂要結外援則力不困？上黨之地，前觸魏，側肘趙。魏人馳勁騎，不三四日兵交於漳水西矣。趙人出堅甲，不五六日兵合於泜水東矣。形利勢便，封略相錯也。德裕因敕李回諭旨，使二鎮出兵，于是王元逵次臨洺，何宏敬柵肥鄉，左排右掖而賊無炊火焉，何謂師整而壯則有剽疾之功？異時，團諸道兵有所討伐，尺布斗粟仰給公上，多遷延以耗供億，甚者約賊令解守備，得一屯一縣則獻公要賞。德裕因敕諸將，直取州勿攻縣，故邢洺繼降，而劉稹氣索矣，何謂將專而勇則無折北之慮？異時，閹寺掌兵，進退掣肘。監軍取精剽士以自隨，而以疲瑣者備行陣，師小不利則卷旂自遁，大兵輒隨以北。德裕請詔本道付宰司，乃下監軍不得干凡事，百人取一爲衛。又王宰觀望而薄責，由是石衛以勝聞，李産佐逗留而遣代，由是烏嶺以捷奏，何謂孤其勢則我益强？李丕善長短術，軍中雅疾之，脱族自歸，議者疑爲賊遣。德裕建議討賊，半載始有降者。廪賜不厚，何以勸餘？于是擢刺忻州而賊嘔慟泣，未幾裴問以邢歸趙，王釗以洺款魏，高玉、魏元談輩以次降附，而賊無與戰矣。何謂擣其虚則我滋實？先是，河朔諸將，死卽加弔祀，申以册贈之使，重以宣慰之人，度軍便宜乃與節，軍中不許始用兵，大抵不半歲不能定。故譬將逆子，因得固巢穴。禎之叛，德裕請乘其未備討之，于是倉黄號慟，而二十六載之逋寇平矣。或曰：劉悟以此始，則郭誼以此終，殆天道好還。愚獨以爲一出德裕之功也。至賊平之後，以郭誼釁斧而不赦，畏諸將請地。以宏正團結三州，又見其謀畫之善。《詩》云：『式固爾，猶淮夷卒獲。』德裕有焉。史臣謂武宗用一德裕，遂成其功，諒哉！

宋・孫甫《唐史論斷》卷下《武宗・李德裕讓太尉》　論曰：李德裕自穆宗至文宗朝，歷内外職任，奏議忠直，政績彰顯，遂當輔相之任。然爲邪佞所排，不克就功業。及相武宗，英主始盡其才。回鶻在邊，先請待以恩好，及其侵軼，乃授劉沔、石雄成算，使之平蕩，得中國大體。上黨拒命，舉朝懼生事，不欲用兵。德裕料其事勢，奏遣使魏鎮，先破聲援之謀；且委征討之任。魏帥遷延其役，使王宰領師直趨磁州，據魏之右。魏帥懼，全軍以出。又以王宰必有顧望，令劉沔領軍直抵萬善，示代宰之勢。宰卽時進兵。太原之亂，楊弁結中使，張皇其事。德裕折中使姦言，使王逢將陳許、易定兵進討太原。兵戍於外者，懼客軍攻城并屠其家，徑歸擒弁，盡誅叛卒。此皆獨任，其策不與諸將同謀。大得制御將帥、用兵必勝之術。上黨既平，太尉之命，賞其功也。德裕懇辭而後受者，懼位高而禍至爾。既知其禍，何不益修仁德以保功名，反益剛强之性取怨於人，竟爲姦邪所陷，是知禍而不知避也。夫得位而立大功名，人之所難也。保其功名，人之所易也。立功名，非天賦大才不能；保功名，平其心無怨忌足矣。德裕能其難者，不能其易者。惜哉！

宋・李綱《梁谿集》卷一五三《迂論九・論霍光李德裕》　霍光膺武帝之托，擁幼主，摧奸臣，處廢立之際，臨大节而不可奪，爲漢社稷之臣。至宣帝謁見高廟，光從驂乘，内嚴憚之，若有芒刺在背。後張安世代之，天子從容，肆體甚安近焉。及光死而宗族夷滅，故霍氏之禍，萌於驂乘。李德裕相武宗，當國凡六年。方時用兵、決策、制勝，他相無與，威名獨重於時。至宣宗卽位，德裕奉册太極殿。帝退，謂左右曰：『向行事近我者，非太尉邪？每顧我，毛髮爲森豎。』翌日罷相。其後以吴湘事，遂貶朱崖。故德裕之貶，始於奉册。《傳》曰：『威震主者，身危其光。』德裕之謂歟？然二君者，亦可謂忍而少恩矣。故爲宣帝謀，則念光之功而不使霍光絶祀；爲宣宗謀則念德裕之功，而不使之死于海外可也。

宋・張耒《柯山集》卷三五《又讀唐書二首》　李德裕制變應事之分，裴度有所愧。然度之制變，務出于中和，故事出而人不驚，事已而身安。德裕矜才而快意者也，故其所發竦動人之觀聽而後多悔。宧者劉承偕監劉悟軍，悟不堪其侮而言朝，憲宗以其有寵于母后，問計于度，請斬之，又曰不能斬則流之。夫斬之則風采足以震動，而于事也健然，苟求下足，以厭悟意。上不傷太后心，流之亦足矣，何必求動人之視聽哉！此度過人者也。劉稹之叛，計策出于郭誼爲多，稹勢已窮蹙，誼斬稹以降。此在稹爲可賞，德裕以爲劉稹小子，安知反？誼始教之而終賣稹以求生，卒斬之。德裕之出此，不過欲明大義，立風聲以竦動視聽耳。若誼者，置而不問斯可矣，何必求名而殺之耶？是時强藩叛鎮，力足以拒王命而所深忌者，左右之竊發也。誅郭誼而叛臣始安心于其下，其爲慮蓋已疏矣。德裕惡牛僧孺，其傾僧孺也。曰：僧孺聞劉從諫滅而慷慨，又搆成其往來之迹。夫傾大臣惟有交友者之罪，爲無以加人主之所不恕。僧孺由此遂竄德裕，於復怨則快矣。而君子豈忍爲是哉！故一失勢羣起而擠之，身没南荒非偶然也。

宋・張嵲《紫微集》卷二五《論・進故事》　《唐書・李回傳》會昌伐劉稹，武帝慮河朔列鎮陰相締以撓兵事，至未及期，二日賊平。臣竊觀唐自安史之亂，握兵據土者浸以難制。至德宗始務裁抑，其後惟以姑息爲事。至憲宗威令稍振而不克終，彌漫及於武宗，强藩巨鎮，根蟠節錯，蓋甚於曩時矣。然得一李德裕爲相，指揮號令，一時鷙夫悍將，俛首聽命。故回一使而洪欽、元逵奪氣於輔車之詔，卒取三州以自效，而王宰、石雄屬鞬道左，震恐而授破賊之牒，未？劉稹授首，澤潞遂平矣。世之人徒多德裕之能任職，而以回有將命之材而不知所以能成其功者有以也。伐稹之役議者，初固不以爲然，稹未下而太原又逐其主帥，李石奉裨將楊昇主留事，朝廷頗以爲憂，議者益言兵可罷。向非武宗不奪於浮議，雖有德裕數十輩何益，而況於回乎？韓愈謂憲宗伐蔡之功惟斷，乃成臣於澤潞亦云，豈獨二宗爲然哉？循其理而觀之，雖百世可知也。

清・王夫之《讀通鑑論》卷二六《唐武宗》 河北三鎮之不戢也，豈其富强足以抗天下不可制哉？唐無以制之耳。盧龍之亂，陣行泰、張絳相繼擁兵以脅節鉞，張仲武起而討之，問其所有士卒幾何，合軍士土團千餘人而已；問其兵食所出，則仰給於嬀州以北而已。卒如仲武之料，幽州下，叛人得。然則唐果制勝得理，以天下之力，舉三鎮如拾芥耳。而終困於不能者，廟謨不定，諸帥離心，且逆黨私人奔走京國，賄賂行於廷臣，皆爲張皇賊勢以勸姑息，囂張不輯，亂其成謀也。君暗臣偷，視蕞爾之叛臣，莫之能勝，而曰河朔習亂已久，人心難化。惡！是何言也！

劉稹阻兵擅立，李德裕決策討之，是已；而復曰：『但得鎮魏不與之同，則稹無能爲。』何其視鎮魏之太重也！張仲武既以盧龍歸命，拊鎮魏之背矣；何弘敬、王元逵非有田承嗣、王武俊之梟桀，即令納稹賂以陰相唇齒，而朝廷宣昭義問以臨之，又豈敢北不畏盧龍之乘其後，南不畏宣武之逼其前，西不畏河中之制其腋，顯相抗拒，以黨逆而蹶興哉？戰卽不力，亦持兩端以視勢所趨耳。然則劉稹既滅，移弘敬、元逵於他鎮，不敢違也；召弘敬、元逵以赴闕，不敢拒也。彼雖驕蹇而惛瞀，抑且念昔之負固以長子孫者，不死於天誅，則死於帳下；何如束身歸闕，席富貴而保後昆。部曲雖或囂張，帥心弛而氣亦頽矣。威可服也，恩可懷也，張仲武之令圖可羡，劉稹之狂謀可鑒也。區區數州之土，兩竪子尸居其上，而曰終難化也，德裕之於此懵矣。乃遣重臣輸悃於二鎮曰：『河朔自艱難以來，列聖許其傳襲，已成故事。』則既明輸左券，授以不拔之勢，儼若敵國，此言出，後其可追哉？

澤潞，王土也；其人，王人也；鎮魏亦非北胡南蠻自爲君長之國也。鎮魏可，澤潞奚其不可？又何以折劉稹而服澤潞之人心乎？夫鎮魏西扼關壺、東連曹、鄆，南一涉河而卽汴宋，中原之堂奧也。横骨頤中，而欲食之下咽也，必不可得。唐之所以一亂而不可再興，皆此等成之也。德裕苟且以成一時之功，曾不恤禍結兵連之無日，習之難化，豈在河朔哉？在朝廷耳。武宗聽之，詔二鎮曰：『澤潞一鎮，與卿事體不同。』言不順，事不成，嗚呼！唐終不可爲矣。【略】

楊弁稱亂河東，逐李石，結劉稹，而其所恃者，納賄於中使馬元實。元實歸，大言於廷曰：『弁有十五裹光明甲。』以恐喝朝廷，徼求節鉞，李德裕折之而後沮。以此推之，凡唐之藩鎮，類以數州之土，一旅之衆，抗天下之威，而朝廷僶俛以從其欲，非兵力之果强也，皆賄也。非李德裕折元實之姦，則弁之納賄亦揜而不著，史氏亦無從記之矣。賄行於中涓，而天子懾；賄行於宰相，而百官不能爭；賄行於省寺臺諫，而天子宰相亦不能勝。前此之討淮蔡、討平盧，廷議紛然，唯恐兵之不罷者，此也；德宗窺見其情，厚疑羣臣，孤憤興兵，而中外坐視其敗者，亦此也。唐之亂，賄賂充塞於天下爲之耳。凡三百餘年，自盧懷慎、張九齡、裴休而外，唐之能飾簠簋以自立於金帛之外者無有。雖賢者固不能保其潔清，特以未敗露而不章，實固不可問也。藩鎮之叛，峙若敵國，相惎若仇讎，且唯以金錢貿中外之心，而天子不能自固，況州郡羣有司之廢置哉？

清・愛新覺羅・玄燁《聖祖仁皇帝御製文集》卷三六《李德裕・討劉稹制》 德裕處分澤潞，比迹蔡功。似此辭義嚴明，所謂制勝於廟堂也。

清・愛新覺羅・弘曆《御製樂善堂全集定本》卷五《李德裕論》 唐自明皇以後，爲國大害者，外則有藩鎮彊梁，抗横天子，内則有宦寺秉權，威福已出。武宗卽位，用一李德裕而河北三鎮效命，昭義軍拒命卽以兩鎮兵討之。仇士良屏息而致仕，後復籍其家，何其威命之行，至於如此哉？蓋由賢相用事，垂紳正笏，不動聲色，而天下自畏其威也。當是時，武宗方信任德裕，期以必治，而德裕之才，亦足以制服諸鎮。故諸鎮使者至京，必面諭之曰：『語汝使，與其使大將以求官，何如自結明天子？』以是三鎮不敢有異志。爲國輕重者，幾數年功烈，顯名肩於裴度，然而不能免於朋黨之習，因公以報私，挾勢以復怨，君子未嘗不惜之。以德裕之才，加之公正無偏，雖古名臣何以過哉！

藝文

唐・杜牧《樊川文集》卷八《上李司徒相公論用兵書》 伏覩明詔誅山東不受命者，廟堂之上，事在相公。雖樽俎之謀，算畫已定，而賤末之士，芻蕘敢陳。伏希捨其狂愚，一賜聽覽。

某大和二年爲校書郎，曾詣淮西將軍董重質，詰其以三州之衆，四歲不破之由。重質自誇勇敢多算之外，復言其不破之由，是徵兵太雜耳。徧徵諸道兵士，上不過五千人，下不至千人，既不能自成一軍，事須帖附地主，名爲客軍。每有戰陣，客軍居前，主人在後，勢羸力弱，心志不一，既居前列，多致敗亡。如戰似勝，則主人引救以爲已功，小不勝，主人先退，至有殲焉。初戰二年已來，戰則必勝，是多殺客軍，及二年已後，客軍殫少，止與陳許、河陽全軍相搏。縱使唐州軍不能因雪取城，蔡州事力亦不支矣，其時朝廷若使鄂州、壽州、唐州祇令保境，不用進戰，但用陳許、鄭滑兩道全軍，帖以宣、潤弩手，令其守隘，卽不出一歲，無蔡州矣。

今者上黨之叛，復與淮西不同。淮西爲寇僅五十歲，破汴州、襄州、襄城，盡得其財貨，輸之懸瓠，復敗韓全義於溵上，多殺官軍四萬餘人，輸輦財谷，數月不盡。是以其人味爲寇之腴，見爲寇之利，風俗益固，氣焰已成，自以爲天下之兵莫我與敵。父子相勉，僅於兩世，根深源潤，取之固難。夫上黨則不然，自安、史南下，不甚附隸，建中之後，每奮忠義，是以卿公抱眞能窘田悅，走朱滔，常以孤窮寒苦之軍，横折河朔强梁之衆。貞元中，節度使李長策卒，中使提詔授與本軍大將，但軍士附者卽授之。其時大將來希皓爲衆所服，中使將以手詔付之，希皓言於衆曰：『此軍取人，合是希皓，但作節度使不得，若朝廷以一束草來，希皓亦必敬事。』中使言：『面奉進旨，只令此軍取大將拔與節鉞，朝廷不別除人。』希皓固辭。押衙盧從史其位居下，因潛與監軍相結，超出伍曰：『去來大夫不肯受詔，某請且勾當此軍。』監軍曰：『盧中丞若肯如此，此亦固合聖旨。』中使因探懷取詔以授之，從史捧詔，再拜舞蹈。希皓回揮同列，使北面稱賀，軍士畢集，更無一言。從史爾後漸畜姦謀，養義兒三千人，日夕照沫，及父虔死，軍士留之，表請起復，亦只義兒與之唱和，其餘大將王翼元、烏重允、第五釗等，及長行兵士，併不同心。及至被擒，烏重允坐於軍門，喻以禍福，義兒三千，一取約束。及河陽取孟元陽爲之統帥，一軍無主僅一月日，曾無犬吠，況於他謀。以此證驗人心忠赤，習尚書一，可以盡見。及元和十五年，授與劉悟，時當幽鎮入覲，天下無事。柄廟算者議必銷兵。雄健敢勇之士，百戰千攻之勞，坐食租賦，其來已久，一旦黜去，使同編户，紛紛諸鎮，停解至多，是以天下兵士聞之，無不忿恨。至長慶元年七月，幽鎮乘此首唱爲亂。昭義一軍，初亦咈，及詔下誅叛，使溫起居造宣慰澤潞，便令發兵。其時九月，天已寒，四方全師未頒冬衣服，聚之授詔，或伍或離，垂手强項，往往詐語。及溫起居立於重榻，大布恩旨，併疏昭義一軍自七十餘年忠義戰伐之功勞，安、史已還叛逆滅亡之明效，辭語既畢，無不歡呼。人衣裋褐，爭出效命。其時用兵處處敗北，唯昭義一軍，於臨城縣北同果堡下大戰，殺賊五千餘人，所殺皆樓下步射搏天飛者，賊之精勇，無不殲焉，賊中大震。更一月日田布不死，賊亦自潰。後一月，其軍大亂，殺大將磁州刺史張汶，因劫監軍劉承階，盡殺其下小使，此實承階侮媟一軍，侵取不已。張汶隨王承元出於鎮州，久與昭義相攻，軍人惡之。汶既因依承階，謀欲殺悟自取，軍人忌怒，遂至大亂，非悟獨能使其如此。劉悟卒，從諫求繼，與扶同者只鄆州隨來中軍二千耳。其副倅賈直言入責從諫曰：『爾父提十二州地歸之朝廷，其功非細，只以張汶之故，自謂不潔淋頭，竟至羞死。爾一孺子，安敢如此？』從諫恐悚，不敢出言。一軍聞之，皆陰然直言之說。値寶曆多故，因以授之，今纔二十餘歲，風俗未改，故老尚存，雖欲劫之，必不用命。

伏以河陽西北去天井關强一百里，關隘多山，井泉可鑿，雖有兵力，必恐無功。若以萬人爲壘下窒其口，高壁深壍，而與之戰。忽有敗負，勢驚洛師。蓋河陽軍士，素非精勇，戰則不足，守則有餘。成德一軍，自六十年來，世與昭義爲敵，訪聞無事之日，村落鄰里，不相往來。今王司徒代君反側，思一自雪，況聯姻戚，願奮可知。六十年相讐之兵仗，朝廷委任之重，必宜盡節，以答殊私。魏博承風，亦當效順。然亦止於圍一城攻一堡，刋木堙井，係纍稚老而已，必不能背二十城，長驅上山，徑擣上黨。其用武之地，必取之策，在於西面。今者嚴紫塞之守備，謹白馬之隄防，祇以忠武、武寧兩軍，以青州五千精甲，宣、潤二千弩手，由絳州路直東徑入，不過數日，必覆其巢。何者？昭義軍糧盡在山東，澤、潞兩州全居山內，土堉地狹，積穀全無。是以節度使多在邢州，名爲就糧，山東糧谷既不可輸，山西兵士亦必單鮮，擣虛之地，正在於此。後周武帝大舉伐齊，路由河陽，吏部宇文弼曰：『夫河陽要衝，精兵所聚，盡力攻圍，恐難得志。如臣所見，彼汾之曲，戍小山平，用武之地，莫過於此。』帝不納，無功而還。後復大舉，竟用弢計，遂以滅齊。前秦苻堅遣將王猛伐後燕慕容暐，大破暐將幕容評於潞州，因遂滅之，路亦由此。北齊高歡再攻後周，路亦由此。而後周名將韋孝寬、齊王攸常鎮勳州王壁城。故東西相伐，每由此路，以古爲證，得之者多。以某愚見，不言劉稹終不能取，貴欲速擒，免生他患。昨者北虜纔畢，復生上黨，賴相公廟算深遠，北虜卽日敗亡。倘使北虜至今尚存，沿邊猶須轉戰，回顧上黨，豈能討除，天下雖言無事，若上黨久不能解，別生患難，此亦非難。自古皆因攻伐未解，旁有他變，故孫子曰：『兵聞拙速，未睹巧之久也。』伏聞聖主全以兵事付於相公，某受恩最深，切敢干冒威靈，遠陳愚見，無任戰汗。某頓首再拜。

唐・李商隱《李義山文集箋注》卷八《爲濮陽公檄劉稹文》　足下前以肺肝，布諸簡素，仰承復命，猶事枝辭。夫豈告者之不忠，抑乃聽之而未審？擇福莫若重，擇禍莫若輕，一去不廻者良時，一失不復者機事。噫嘻執事，誰與爲謀？延首北風，心焉如灼。是以再陳禍福，用釋危疑，言不避煩，理在易暸。丁寧懇款，至於再三者，誠以某與先太師相國俱沐天光，併爲藩後，昔云與國，今則親鄰。而大年不登，同盟未至，飯貝纔畢，縗衣莫陳。乃睠後生，遽乖先訓，遷延朝命，迷失臣職，不思先縠之忠，將覆欒書之族。此僕隸之所共惜，兒女之所同悲。況某擁節臨戎，援旗誓衆，封疆甚邇，音旨猶存，忍欲賣之以爲已功，間之以開戎役？將袪未寤，欲罷不能，願思苦口之言，以定束身之計。

昔先太尉相公常蹈亂邦，不從逆命，翻身歸國。全家受封，居韓之西，爲國之屏，棄代之際，人情帖然。太師相公，以早副軍牙，久從征旆，事君之節已著，居喪之禮又彰。故乃獎其象賢，仍以舊服，納職貢賦，五十餘年。於我唐爲忠臣，於劉氏爲孝子。人之不幸，天亦難忱，才加壯室之年，奄有壞梁之歎。主上深固義烈，是降優恩，蓋將顯足下之門，爲列藩之式，不欲劉氏有自立之帥，上黨爲宰恩之軍，俾之還朝，以聽復命。其義甚著，其恩莫階。昨者秘不發喪，已踰一月，安而拒詔，又曆數旬。秘喪則於孝子未聞，拒詔則於忠臣已失。失忠於國，失孝於家，望此用人，由茲保族，是亦坐薪言泰，巢幕云安。智士之所寒心，謀夫之所齚舌。矧於僕者，得不動心？竊計足下之懷，執事之論，當以趙氏傳子，魏氏襲侯，欲以逡巡希恩，顧望謀立耳。夫事殊者輒異，勢別者迹暌，故度其始而議其終，搴其華而尋其實？願爲足下一一而陳之。趙魏二侯，於其先也，親則父子，於其人也，職則副戎，賞罰得以相參，恩威得以相抗，朝廷推而與之，今足下之於太師也，地則相近，職非副戎，賞罰未嘗相參，恩威未嘗相抗，秘喪則於義爽，拒詔則於事乖，比趙魏二侯，信事殊而勢別矣。此施之於太師，趙魏則爲繼代象賢之美；施之於足下，足下則爲自立擅命之尤。得失之間，其理甚白。又計足下，未必不恃太師之好賢下士，重義輕財。吳國之錢，往往而有；梁園之客，比比而來。將倚以爲牆藩，託以爲羽翼，使之謀取，使以數求。細而思之，此又非計。山高則羝羊自至，泉深則沈玉自來。已立然後人歸，身正然後士附。語有之曰：『政亂則勇者不爲鬬，德薄則賢者不爲謀。』故吳濞有姦而鄒陽去，燕惠無德而樂生奔。晉寵大夫，卒成分國之禍；衞多君子，孰救渡河之裁，此之前車，得不深鏡？

代憲四祖，文明繼興，當時燕、趙、中山、淮陽、齊、魯，連結者幾姓，旅拒者幾侯？咸逆天用人，背惠忘德。據指掌之地，謂可逃刑；倚親戚之私，謂能取信。一旦地空家破，首裂支分，闇者不能爲謀，明者固以先去，悔而莫及，末如之何。先太尉與李洧尚書，齊之密戚；楊太保與蘇肇給事，蔡之懿親。併據要地方州，領精甲鋭卒。及其王師戾止，我武維揚，則割地驅人以降，送款輸忠以入。非不顧密戚，非不念懿親，非不思恩，非不懷惠，直以逆順是逼，死生實難，能與其同休，不能與其共戚故也。況足下大未侔齊、蔡，久未及李、吳，將以其人，動於不義。僕固恐夙沙之國，縛主之卒重生；彭寵之家，不義之侯更出。

又計足下當恃太行九折之險，部内數州之饒，兵士尚强，倉儲且足，謂得支久謀而使安。危哉此心，自棄何速！昔李抱眞相國用彼州之人，破朱滔於燕國，困田悅於魏，郊連兵轉戰，緜歲經時，而潞人夫死不敢哭，子死不敢悲。何者？李相國奉討逆之命，爲勤王之師，義著而誠順故也。及盧從史釋喪就位，賣降冀功，將乘討伐之時，欲肆凶邪之性，計未就而人神已怒，事未立而兵衆已離。以萬夫之長，困一卒之手，驅檻北闕，棄屍南荒。而潞之人猶老者捫胸，少者扼腕，謂朝廷不卽顯戮，深爲失刑。其故何哉？以從史不義不昵暱，去安就危，衆黜其謀，下不爲用故也。二帥去就，非因傳聞，鳩杖之人，鮐背之叟，知其本末，尚能言之。則太行之險，固不爲渤者之守；數州之衆，固不爲邪者之徒。此又其不足恃也。由此言之，則以何名隳家聲，何事捨君命，何道求死士，何計得人心？此僕者所以對案忘餐，推枕不寢，爲足下惜，爲足下危，而不知其所以然也！

況太師比者養牛添卒，畜馬訓兵，旁招武幹之材，中舉將軍之令，然而聽於遠近，頗有是非。雖朝廷推赤心，弘大度，然而不逞者已有乖異之説，横議者屢興悖惡之歎，人之多言，亦可畏也，誰爲來者，宜其弭之。今足下背季父引進之恩，失大朝文誥之令，則是實先太師之浮議，彰昭義軍之有謀。爲人姪，則致叔父於不忠，爲人孫，則敗乃祖於無後，亦何以對燕趙之士，見齊魯之人耶？

又計足下旬日之前，造次爲慮，今茲追改，懼有後艱，此左右者不明，而咨詢之未盡也。近者李尚書祐、董常侍重質之輩，并親爲賊將，拒我官軍，納質於匪人，效用於戎首，久乃來復，尚蒙殊恩，皆受郡符，咸領旗鼓，不能悉數，厥徒實繁。豈有足下籍兩代之餘資，委數萬之舊旅，俯首聽命，舉宗效誠，則朝廷又豈以一日之稽遲，片辭之疑異，而致足下於不測，沮足下於後至？故事具存，可以明驗。幸請自求多福，無辱前人，護龍旐以歸洛師，秉象笏而朝魏闕，必當勳庸繼代，富貴通身，無爲鄰道所資，使作他人之福。

儻尚淹歸款，未整來軒，戎臣鼓勇以爭先，天子赫斯而降怒，金玦一受，牙璋四馳，魏、衛壓其東南，晉、趙出其西北。拔距投石者，數逾萬計；科頭戟手者，動以千羣。兼驅扼虎之材官，仍率射鵰之都督。感義則日月能駐，拗憤則砂石可吞，使兵用火焚，城將水灌。魏趣邢郡，趙出洺州，分二大都之間，是古平原之地，車甲盡輸於此境，糗糧反聚於他人。恃河北而河北無儲，倚山東而山東不守。以數州之殘殍，抗百道之奇兵，比累卵而未危，寄孤根於何所？則老夫不佞，亦有志焉，願驅敢死之徒，以從諸侯之末，下飛狐之口，入天井之關。巨浪難防，長飈易扇，此際必當驚地底之鼓角，駭樓上之梯衝。喪貝躋陵，飛走之期既絶；投戈散地，灰釘之望斯窮。自然麾下平生，盡忘舊愛，帳中親信，即起他謀，辱先祖之神靈，爲明時之哂笑。靜言其漸，良以驚魂。

今故再遣使車，重申丹素，惟鑑前代之成敗，訪歷事之賓僚，思反道敗德之難，念順令畏威之易。時以吉日，蹈茲坦途，勿餒劉氏之魂，勿汙潞人之俗。封帛增欷，含毫益酸，延望還章，用以上表。成敗之舉，慎惟圖之，不宣。河陽三城節度使王茂元頓首。

明・孫承恩《文簡集》卷四一《唐武宗》　君得臣興，臣得君行。君臣道合，事乃有成。裕既賢弼，帝亦英主。會昌之功，卓然可紀。

清・張晉《艷雪堂詩集》卷一《李贊皇德裕》　運籌決策仰風裁，藩鎮憑陵勢已摧。功阻受降誰失計，禍萌驂乘有同哀。朝廷何日除朋黨，宰相如公信偉才。萬里珠崖拋旅櫬，夢中精爽尚能來。

清・謝啓昆《樹經堂詠史詩》卷六《唐・李德裕》　丹扆明箴奏玉臺，鏤牙脂盝詔停催九重視草京華戀，萬里籌邊幕府開。顧我殿中毛髮豎，惜公海上夢魂來。崖州精爽臨如昨，猶記中書午漏回。

清・洪亮吉《唐宋小樂府・中興相》　中興宰相誰最優？唐惟李文饒，僕則魏弱侯。

清・王廷紹《淡香齋詩草》卷二《唐・李德裕》　籌邊樓外鎖寒雲，起草亭空日又曛。六載股肱匡武廟，一時毛髮豎新君。骨歸炎海魂寧怨，石卧平泉酒水醺。怕讀香山長慶集，祇因朋黨議紛紛。

清・鮑桂星《覺生詠史詩鈔》卷二《唐・李德裕》　六年樞軸武宗朝，功烈光明器識超。帝恨無官酬太尉，人言有黨在羣僚。鼎湖一日乾坤暗，炎海孤舟道路遥。死骨未歸終見夢，素旗翩向北風飄。

清・嚴如熤《樂園詩稿》卷三《李贊皇公》　李贊皇公五千人擁石雄來，潞澤從茲削戰壘。絶恨傾危成黨局，誰憐宏濟仗奇才？唐家事爲清流壞，李相心同司户哀。到底兩朝輕社稷，至今風雨怒崖雷。

清・曹振鏞《話雲軒詠史詩》卷下《唐・李德裕》　清代詩文集彙編牛李相傾結釁仇，激成朋黨國貽憂。六箴不愧嘉猷告，三鎮誰爲異志謀。趙國初封求衛國，潮州再貶死崖州。令孤人夢公哀我，精爽悲思葬故邱。

清・羅惇衍《集義軒詠史詩鈔》卷四〇《唐九・李德裕》　中書決策葉維州，南詔籌邊尚有樓。恩怨苦爭朋黨論，安危誰共廟堂憂。一朝毛髮新君豎，六載經綸舊輔優。起草院空餘落日，孤寒八百淚紛流。

雜　録

唐·白居易《白氏長慶集》卷五六《與昭義軍將士詔》　敕昭義軍節度下將士等：卿等當軍將士，與諸道不同，自經艱難，多易將帥，而忠順之節，未嘗有虧。朕每思之，無時暫忘。盧從史爲卿主將，作朕藩臣，權位尊崇，恩寵優厚，而乃外示恭順，內懷姦邪，刻削軍中，暴殄境內。朕以君臣之道，未忍發明，爲之含容，頗有年月。近又苟求起復，請討恒州，與賊通謀，爲國生患，自領士馬，久屯行營，收當軍賞設之資，加本道芻粟之估，不爲公用，盡入私家。此則主將之恩，於卿何有；臣子之分，負朕日深。卿等辨邪正之兩端，識逆順之大義，抱忠勇者恥居其下，守名節者憤發於中，失三軍之心已聞大去，犯衆人之怒果見不容。遠察事宜，備知誠款，興言嘉歎，至于再三。其當軍將士等賞設，已有處分。上自將校，下及士卒，各勵爾志，再思朕言。卿等承前以來，常保忠貞之節，自今以後，永爲心腹之軍，宜念始終，副茲矚望。故令宣慰，宜併悉之。夏熱，卿等各得平安。

又《與承璀詔》　敕承璀：卿總領禁軍，控臨戎境，見敵每彰其勇敢，因事益表其忠勤，言念在懷，發於寤歎。昭義軍將士等去邪遠惡，仗義保忠，統其成師，宜得良帥。孟元陽夙懷武毅，累著功庸，威名甚彰，人望所屬。以之爲帥，必愜軍情，以之討賊，必有勳績。今授元陽檢校尚書右僕射充昭義軍節度等使。未到行營間，其昭義軍卿宜切加宣撫，務使安寧。烏重胤職在偏裨，保於忠正，宜從獎擢，以表殊恩，今授烏重胤河陽節度使兼御史大夫。卿亦宜諭此恩意，令知朕心。兼恐河陽無人，速宜進發，想當知悉。

又《與元陽詔》　敕元陽：澤潞全軍，方討恒冀。盧從史虧失大節，包藏二心，姦迹邪謀，日已自露，軍情物議，俱所不容，尋追赴朝，今已在道。朕以昭義將士，忠順成風，況在行營，久勤戎事，今欲使其戰者奮發，居者悅安，共成大功，必在良帥。以卿有淀水之勳效，有河陽之政令，思之甚熟，無以易卿，宜領重藩，仍還宗秩。今授卿檢校尚書右僕射充澤潞節度等使，併賜旌節告身等往。卿宜速發，先到潞府上訖，便赴行營，慰安軍心，宣諭朕意。烏重胤徇忠守節，宜加獎用，今便授重胤河陽節度使兼御史大夫，想宜知悉。

又《與昭義軍將士詔》　敕詔義軍節度下將士等：卿等久在行營，乍無主將，而士旅輯睦，軍壘安寧，足彰守正之心，尤見盡忠之節，以此歎矚，勞於寢興。孟元陽是朕信臣，爲國良將，威略可以攝凶孽，慈和可以牧師人，累著忠勤，克諧朕命，爲其主帥，必副羣情。況卿等同嫉姦邪，久困貪暴，宜以仁賢之帥，撫卿忠義之軍，靖思元陽，無出其右。今授元陽檢校尚書右僕射，充卿等當道節度使。勉同王事，以慰朕懷。烏重胤特效忠誠，深宜獎擢，今便授河陽節度使兼御史大夫。故令宣慰，併宜知悉。

唐·李德裕《會昌一品集》卷三《討劉稹制奉宣撰》　門下：定天下者，致風俗於大同；安生人者，齊法度於畫一。雖晉之欒趙，家有舊勳，漢之韓黥，身爲佐命，至於干紀亂律，罔不梟夷，禁暴除殘，古今大義。劉悟填居海岱，嘗列爪牙，屬師道阻兵，六師問罪，三面開網，一境離心，乘此危機，遂能歸命。憲宗嘉其誠款，授以南燕，穆宗待以腹心，委之上黨。招致死士，固護一方，逮於末年，已虧臣節。劉從諫生稟戾氣，幼習亂風，因跋扈之資，以專封壤，恃紀綱之律，以逞驕恣，暫展執珪之儀，終無上綬之請。隙駒爲樂，魏豹姑務於絕河；井蛙自居，孫述頗聞於巴蜀。大受亡命，妄作妖言，中詗朝廷，潛圖左道。輒謀動戎帥，屢奏陰謀。顧茗卯之可矜，豈泉魚之自察？暨乎沉痼，曾靡哀鳴，猶駐將盡之魂，恣行邪僻之志，罔惑舊校，樹立狡童。中使挾醫，莫覩其朝服；近臣銜命，不入於壘門。逆節甚明，人神共棄。其贈官及先所授官爵，并劉稹在身官，併宜削奪。

成德軍節度使王元逵，魏博節度使何弘敬，或姻連王室，或任重藩維，懇陳一志之誠，願揚九伐之命。吳漢任職，受詔而初無辦嚴；卜式樸忠，未戰而義形於內。況成德軍嘗以驍騎橫衝，首破朱滔，戰勢方酣，再回魯陽之日，鼓音不息，三周不注之山。魏博軍亦以大旆涉河，竟殲師道，建十二郡之旗鼓，以列降人，削六十年之厲階，盡歸王化。士賈餘勇，軍有雄名，必能稟鄰侯之指蹤，成葛亮之心伐。咨汝二帥，朕尤注懷。成德軍節度鎮冀深趙等州觀察處置等使金紫光禄大夫檢校司徒兼鎮州大都督府長史御史大夫駙馬都尉雲騎尉元逵宜守本官充北面招討澤潞使，餘如故；魏博等州節度觀察處置等使銀青光禄大夫檢校户部尚書兼鎮州大都督府長史御史大夫上柱國何弘敬守本官充東面招討澤潞使，餘如故。

潞府曩者，烈祖在藩，先天啓聖，符瑞昭晰，續事焕於泗亭，鑾輅巡遊，金石烈於代邸，實爲可封之俗，久爲仁壽之鄉，艱難以來，頗著誠節，必非同惡，咸許自新。其昭義軍舊將士及百姓等，如保初心，併赦而不問。昭義軍舊大將等，如能舍逆效順，以州郡兵衆歸降者，必厚加封賞。如能擒送劉稹者，别授土地，以振勳庸。其村鄉百姓，如所在團結歸順者，亦加爵賞。劉悟下鄆州舊將校子孫及劉從諫近招致將士等，喻以善道，宜聽朕言。凡秉義立名，須明大順，未有忠於所奉，上悖君親。昔郤至有言：『受君之禄，是以聚黨。』有黨而爭命，罪孰大焉？田横能得士心，人多致命，伏於海島，莫敢猖狂，及漢高召之，奔走向闕。豈嘗違拒漢使，留止田横？唯慕殉以成仁，不相挺而作亂。故得其主歿延殊寵，光顯令名。爾等既有義心，宜思改悔，如能感喻劉稹，束身歸朝，必當待之如初，特與洗雪，爾等舊校，亦併甄酬。

仍委夷行、劉沔、茂元各務進兵，同力攻討。其諸道進軍，併不得焚燒廬舍，發掘丘墓，擒執百姓，以爲俘囚。桑麻田苗，皆許本户爲主，罪止元惡，務安生靈。於戲！藩維大臣抗疏於外，髦俊舊老昌言於朝，戒朕以祖宗之法，不可私一族，刑賞之柄，所以正萬邦，宜用甲兵，陳於原野。雖朕以恩，不聽，羣臣以義固爭，詢自僉謀，諒非獲已。布告中外，明體朕懷。主者施行。

又　卷六《賜何重順詔》　敕重順：卿代傳忠孝，志在功名，朕每用注心，豈忘終食。況卿先父當太和之際，已有誠款，思靖鄰封，臣節昭彰，遐邇稱歎。澤潞一軍，素聞忠順，從前命帥，皆是儒臣。穆宗以劉悟有歸闕之功，委之心膂，令居善地，鎮靖一方。及殂謝之時，不能堅守臣節，遂使三軍上請，以幼子總戎。其時朝廷因循，姑務安靖，授以旄鉞，事蓋從權。今從諫疾恙所侵，頗聞緜惙，昨士庥奏至，大將及下，復請劉稹權知軍務。朕深惜劉悟一門，自夫逸懷以來，累代忠節，今劉稹又欲自擅，隳其門風。當撤瑟之辰，罔聞憂戚，嘗藥之際，便窺兵權，尤爲臣子所當共棄。卿宜訓練戎旅，嚴固封疆，候彼軍中有變，便須遣書告諭，令其三軍送劉稹歸闕，請朝廷推新擇帥。朕必選舊德重望，委之撫循，劉稹厚加爵賞，别有任用。如妄自制置，邀求寵榮，國家典法，亦難寬宥。澤潞一鎮，與卿事體不同，勿爲子孫之謀，欲存輔車之勢，但能顯立功效，自然福及後昆。勉務良圖，副茲委遇，高秩厚賞，無所恪焉。

又　《賜潞州軍人敕書意》　劉稹乳臭騃童，未有所識，皆是郭誼、王協，幸其昏弱，矯託軍情，妄獻表章，欲繼襲志在肆行禍福，自擅兵權，稱感從諫之恩，誓同生死，及見山東三郡皆已歸降，事迫勢窮，歸惡劉稹，令其一門受戮，便欲自取寵榮，不義不忠，古無其比。朕以誘陷劉稹，皆是此二人，販賣圖全，義難容捨，已令澤潞、冀氏兩路遣軍，只取郭誼、王協及同惡之類，其他軍人，一切不問，仍各有優賞，後從赦處分。如兩道兵馬未到以前，有忠義之士先非同惡者，能自擒僇郭誼等，所與優賞，併同裴問、王釗例處分。已詔石雄、王宰，到彼不令侵擾軍人百姓，如秋毫有犯，便按軍法。各宜勉思機計，共保忠誠，勿受姦人扇動，妄生疑忌。互相告報，咸使明知。

又　卷七《賜李石詔意》　訪聞近日賊中，轉更窮蹙，自相殺戮，人心不安。卽日兵權，多在郭誼，因此誘動，必應事機。李丕是郭誼親密，尤合相信。卿宜暫追赴使，令與郭誼書，諭以利害，遣其自圖劉稹，早務歸降，倘效誠款，必重酬賞。卿宜面看李丕手疏，兼令便自封題，分付王逢，遣密作計召軍人百姓，送入澤潞。其書草卿宜封進。

又　《賜王元逵詔書》　材幹筋革，出自江淮，除進奉之外，併敕令所禁。蓋以有國之制，固須立防，朝廷法度，理當畫一。卿國之懿戚，時之信臣，方進勁兵，坐清殘孽，誠宜假以利器，壯我軍威。朕之於卿，固無愛惜。但以河朔數鎮，事體應同，若一度賜卿，必轉相援例。恩信不一，非撫御之遠圖；賜與頻繁，隳朝廷之舊制。卿是朕之心腹，必合樂守憲章，故示至懷，想當知悉。

又　《賜李石詔意》　省所奏，劉稹令賈羣齎李恬書與卿，將兵屬同赴闕庭，兼請歸葬東都，事宜具悉。比者河朔諸鎮，惟淄青變詐最多，劉悟隨來舊將，皆習見此事，察其情僞，深要精詳。蓋緣四面王師，剋期赴敵又聞王元逵幷石雄、王宰，已據天井，卿當道又得石會，既失重關之嶮，將弌在穴之妖，鎮衞勁兵，皆臨境上，城孤援絶，情計已窮，所以密將款詞，歸命上相，恐是偷安旬月，潰緩王師，稍得自完，復來侵軼。況饋運日有所費，春作漸已及時，勞我師徒，恐非至計。卿與其要約，令面縛來降，卿卽馳至界首，親自受納。苟不如此，且須進軍必不得因此遷延，令其得計。仍不得先受章表，便與奏聞。今賜與劉稹書白，想宜知悉。

又《賜王宰詔意》　省所奏，差張公輔入澤州，潞州亦粗得賊中軍情，若許招誘，乞賜詔命，事宜具悉。劉稹喪父之初，已拒朝命，旋又焚爇晉絳廬舍，侵逼萬善孤軍，罪惡貫盈，言詞甚悖。自卿全師壓境，頓挫其勢，尋得天井重關，下臨高平危壁，邇來頗自知懼，方獻僞詞。然天奪其心，鬼迷其志，宋人已病，不告析骸之情，朱鮪乞降，曾無面縛之效。尚聞張皇叛卒，覬望鴻恩，不戢羣凶，徒云繼襲。想卿忠憤，必志梟夷。況自去年以來，頻奄畢，今又福星煥耀，正臨天駟，《東漢書》云：『畢爲天綱，網羅不善之人；房爲明堂，方集重華之慶。』懸象昭晰，前史所書。朕奉天道以行誅，守祖宗之成法，顧茲小寇，終不貸刑。亦知晏實是卿之愛弟，將申大義，在抑私懷，豈無鴒原，固慎名器。今料其初通信使，必謂卿且駐軍，想彼叛徒，猶希洗雪，乘此討襲，必有奇功。韓信襲歷下之軍，李靖翦陰山之寇，皆因敵心懈弛，故得機討不遺。想卿久習兵符，備詳虜態，便須覆其巢穴，不可更有招攜。劉稹縱有表章，請自面縛，不得便自報答，亦須奏聞。當務遠圖，勿拘小信，速宜攻討，以副朕懷。想宜知悉。

又《賜王元逵何弘敬詔意》　比緣暑熱未退，固難進軍，想卿至誠，豈安終食。今清商已至，鼙鼓聲雄，白露將凝，戈鋋氣肅，擊隼應節而逾厲，代馬嘶風而自豪，順天行誅，正在今日。近者天井冀氏，頻有交鋒，蓋緣卿等當軍未抵刑州，莫分賊勢，併有精卒，得以奔衝。今四面王師一十萬，鎮魏兩軍，自當其半，屯集在境，已及歲期。雖罰罪除殘，誠無所恪，然人生膏血，杼軸其空。朕既爲父母，豈有坐延歲月？想卿忠憤，固不懷安。況卿當道，頃爲盧從史、劉從諫所敗，與澤潞素是深讐，卿之騎兵，海內精勁，將虔劉殘憤，士有鬬心，宜乘此機，豈可翫寇？想詔到之後，速抵邢州，但得綴其力精兵，不合併力西向。朕當詔王宰、石雄，齊心攻討，破此殘寇，決在今秋。故令中使往諭朕意，想卿勿更疑惑，副茲朕懷。

又《賜王元逵何弘敬詔意》　近頻捉得賊界生口，及收得投降人等，每知賊中精卒，數亦無多，只是應急旋抽，併當一面，破其此計，實在共攻。緣王宰卽過乾河，便抵澤州城下，恐賊兵取山東兵馬，抗拒南面王師。卿宜詔到日，便須深入，綴其精卒，不遺東西，旬月免有捄兵，王宰必能成事。如因此犄角，便克澤州，則卿之功勳，更高王宰。朕每念陳兵原野，又屬炎熱，由此孽童，致茲暴陵。然玁狁孔亟，周宣興六月之師，淮夷未寧，公且有三年之役，事非獲已，諒匪勞人。卿當深體朕懷，早圖戡剪，上薦功於宗廟，下息患於生靈，則卿之子孫，永受休禄，朕之酬賞，必極寵榮。布告三軍，咸令知悉。

又　卷一五《論昭義三軍請劉稹勾當軍務狀》　右，伏以元和中李師道自擅一方，久爲桀逆。及王師壓境，天網四陳，劉悟頗識轉禍之機，乃有納忠之效。朝廷獎其歸命，寵遇逾渥，待以信臣，委之雄鎮。從諫因父殁，自總兵權，屬寶歷中政務因循，事歸苟且，與其符節，以紊國章。然猶恭守詔條，諮諏善道，亦修覲禮，一至闕庭，驟陟臺階，實非公議。爰自近歲，頗聚甲兵，招致亡命之徒，遂成逋逃之藪，怵於邪説，自謂雄豪。及寢疾彌留，罔思臣節，又令紀綱舊校，誘動軍情，樹置騃童，再圖兵柄。陛下以澤潞玄宗歷試舊地，有上黨故風風俗和平，人心忠義，艱難以後，多用儒臣，又以劉悟功著先朝，欲全其宗族，特令供奉官薛士幹宣諭，示以聖情。而將校繼有表章，未從明命。臣等伏思劉悟以師道之逆，親自梟夷，誠合示一軍大順之源，置子孫於無過之地，而乃繼師道覆車之軌，襲怙亂之風，此而可容，孰不可忍，固須廣詢庭議，以盡羣情。臣等商量，望令兩省御史台并文官四品以上、武官三品以上，於尚書省集議奏。未審。

又《李彦佐翼城駐軍事宜狀》　右，彦佐卽至翼城，計賊中軍人百姓必有歸降來者，彦佐務推恩信，必盡綏懷。臣等深慮賊中潛姦人詐爲降附，人數漸廣，必有異謀。臣等商量，望付翰林詔示彦佐：如有百姓歸降，量事優卹，各令復業；如軍歸降者，亦須各有優賞，便令將朝廷意旨，轉相招誘，逐旋疏理處置，不得留在翼城；如軍人已歸降者，不許卻入賊中，卽望於界上別立一營令屯集，委彥佐揀幹事軍將別將三五百人主領，仍不與器械，併不得令在晉絳界內屯集。未審。

又《請賜澤潞四面節度使狀》 右，臣伏見後漢秦豐叛，光武令朱祐盡力攻之，至窮困，豐乃將其母子九人降祐，光武不舍其罪，至洛陽斬之，大司馬吳漢劾奏祐違詔受降，失將帥之任。伏以兵未交鋒，便能歸順，須存大信，猶可曲全。今劉稹告諭不悛，加兵自備，逆命之罪，天地不容。若至窮蹙歸降，併不得受。臣等謹録漢朝故事如前，望付翰林録示元逵、彥佐、劉沔、茂元、弘敬及義逸、行周等，詔令準此處分。未審。

又《幽州鎮魏使狀》 右，弘秋氣已至，將議進兵。幽州須早取可汗，鎮魏須速平劉稹，各要遣使諭旨，兼潛探三鎮軍情。今日延英面奉聖旨，欲令張賈充使，臣等續商量，張賈幹濟有才，甚諳軍中事體，然性稍負氣，不安恬，恐不如且輟李回充使。如以綱台不可暫闕，卽兵部侍郎鄭涯，久充戎鎮判官，性甚精敏，雖無詞辨，言亦分明，官重事閑，最相宜稱。

又《請賜弘敬詔狀》 右，緣令王宰自領陳許兵，直抵邢州，要詔示元逵、弘敬，諭以：『河陽、太原，皆隔山險，進軍未得。緣卿等已東面進軍，賊中慴懼，近日頻入晉絳，焚燒村舍。地邇關輔，深要防虞，恐昭義知西道進軍稍難，偷安旬月。今令王宰自領全師，直抵磁州，以分賊勢。』望付翰林約此意撰詔，未審。

又《論彥佐劉沔下諸道客軍狀》 右，訪聞諸道客軍，皆自有都頭，常相顧望，不肯效命。請依河朔軍法，委彥佐、劉沔每三二千人分爲一團，如有應急使用處，便點一團令去，一切成敗，責在都頭，如此則人必齊心，將必懼法，臨機赴敵，不敢因循。如蒙允許，望付翰林，各賜詔處分，未審。

又《論陳許兵馬狀》 右，緣魏博討賊遷延，頗招物議，昨令陳許兵馬，直抵磁州，此是制敵深謀，攻心上策。徐乃文到京之後，方知陳許發兵，便云弘敬全軍自取磁州，則是畏懼陳許，須待弘敬出軍表到，方得委知。若便遣王宰罷行，亦是姑息太過。只緣河陽山險，攻守艱難，王宰頓軍，虛費饋運，望密詔示王宰，但令從容排比，未要速便道途。賊中聞此軍聲，必合破膽。魏博若全師自出，續止陳許不遲。如蒙允許，望付翰林約此意賜詔處分，未審。

又《論河陽事宜狀》 右，緣河陽奏事官高從眞到，稱十八日陳後遍山遍谷，盡是賊軍，茂元兵力寡少，頗似危急。若賊勢更甚，便要退守懷州，非惟損挫威聲，必恐驚動東洛，皆由魏博未有戰，陳彥佐又隔深山，所以併力南攻，不得不虞。自元和以來，賊中用衆，皆取軍寡弱處，卽併兵用力，一處不敵後，卽移向他處。計王宰排比，已有次第，倘遣全軍便發，救援河陽，不止捍蔽洛京，足以臨制魏博。如恐全軍費損饋運計王宰必見先鋒望今日降中使賜詔令宜發先鋒五千人，便赴河陽，所冀免落姦計。事機至切，不可更遲。如蒙允許，望賜茂元、王宰、行敏詔處分，未審。

又《第二狀》 右，訪聞河陽兵力已竭，弓矢皆盡，地邇東洛，實係安危，內外人臣，無不憂恐。切望詔王宰，發先鋒五千人後，須自領全軍繼進，仍望今日內發使賜詔處分。河陽所貯諸道進助軍器械，併望且搬賜茂元，猶恐器械數少，兼望內賜甲一千副、弓三千張，并弦箭三萬隻，陌刀二千口。兼聞河陽軍用罄竭，賞給不充，自出軍以來，併未有恩賜，望賜絹三萬疋，且以河陰見在物委度支差脚速搬送。未審。

又《奉宣王宰欲令直抵磁州得否宜商量奏來者》 右，臣等商量，昨者緣魏博久未進軍，兼涉物議，所以請王宰全軍直抵磁州，以分賊勢，所冀昭義破膽，宏敬不敢逗留。今既收平恩，殺傷不少，便許弘敬自當一面，必見成功。然河朔軍情，常須以威臨制，弘敬一心，雖至忠順，終慮將校異端。況中外人心，皆憂河陽寡弱，王宰已排比兵，又頒恩賜，且令全軍赴河陽，兼得遙制魏博，兩面事勢，皆得機宜。未審。

又《請賜仲武詔狀》 右，臣等見李回說，仲武似疑劉稹未有罪狀，及見李回說從諫積惡僭侈，便忠憤感激，告若罪狀如此，朝廷固合誅夷。臣等商量，因處分邊事，望賜仲武書，諭以深意，要云：『從諫入覲之初，與鄭注交結，因緣貨賄，濫授鈞衡。及歸鎮後，又與李訓結託，所謀狂險，中外具悉。自訓注夷滅，心不自安，頗恃甲兵，轉懷悖慢，先朝外雖優寵，中實懷疑。及從諫疾病之時，曾無誠款，昨遣中使臨問，兼籍名醫，矯託異端，竟不相見。便樹置劉稹，令將校繼獻章表，不待朝旨，便令繼襲。以澤潞一鎮，有啓聖舊宮，艱難已來，多用文吏，如抱眞首創軍募於國，兼有大功，身歿之後，其子皆赴京闕。比謂劉稹愚騃，迫於軍情，望其愛惜家門，稍能悛悔。頻敢馳突晉絳，侵軼河陽。近李丕投降，及魏博收平恩縣，得劉稹榜帖，併已進來，皆呼官軍爲賊，逢著卽須痛殺。悖逆如此，天地不容，想卿遠聞，應當奮激。卿宜速諭諸蕃部落，同滅可汗。卿但北邊立功，劉稹必當自潰，策勳命賞，以卿一道爲先。卿深體此懷，兼示將校。』如蒙允許，望會翰林約此意撰詔。未審。

又《請授王宰兼行營諸軍攻討使狀》 右，緣王茂元雖是將家，久習吏事，深入攻討，非其所長，訪聞東畿自聞狂寇侵軼，尚未安定，茂元縱得痊復，且要留鎮河陽，行營諸軍，須便有所委，茂元疾雖加重，朝廷亦免他虞。前月二十九日延英面奉聖旨，亦以兩道節度同在一處非便。臣等商量，望授王宰兼行營諸軍攻討使。未審。

又《論石雄請添兵狀》 右，訪聞冀氏去潞州最近，纔二百里已下，於此進兵，最當要害。翼城亦是大路，須備賊奔衝。石雄雖兵數已多，終是分張處廣，便須初允所請，方可責其成功。今緣西備蕃戎，邊鎮不可抽減，向東抽發，又不及幾。訪聞奏事軍將張弘慶云：『陳許、徐泗兵初到行營，軍外子弟有一萬人已上。』緣未有戰陣，聞不得已稍卻歸本道，今猶有少壯堪充戰卒五六千人，皆是父子兄弟，人心齊一，臨時使用，絕勝諸軍。冀氏去賊最近，石雄又至驍勇，假其兵力，事必速成。陛下方集大勳，不可更惜小費，臣等商量，望賜石雄、義逸詔，令與陳許、徐泗軍外子弟各召二千人，併須揀少壯有武藝堪入戰陣者充，仍望約陳許長行制度支權給衣糧，徐泗緣有醬菜，望以兩處兵馬皆在行營，事體須同，不可獨給。如蒙允許，望速賜詔示。未審。

又《請問薄仲榮賊中事宜狀》 右，臣等昨於延英奏，請降中使問薄仲榮：生口四十人內，幾人是赤頭郎。聖意以元逵之故，不欲更問。臣等商量，緣薄仲榮是賊之心腹，必盡知謀計，終要遣使出城，勘問賊中兵馬多少，諸界布置防備何處，今欲入兵，何處最當要害，兼問賊中人情，還思歸順否，直對鎮州押衙軍將，仔細勘問，不要迴避，必得事情，因此不妨便知生口赤頭郎數。元逵知勘赤頭郎、賊中事宜，必不疑慮。因此兼勘河陽、魏博出口，以此參驗必知。未審。

又《請問生口取賊計策狀》 右，伏以殘寇未平，須廣求良計，臣等苟有所見，則合上聞。遠則韓信，近則李靖，皆臨列免死，後立殊勳，忽有其人，亦不可料。望令勘事中使宣聞，如有奇計秘能，必取劉稹，或可以反間，令自相梟戮，及能設計取彼州縣，兼招得都頭者，併仰速具事由聞奏。如計畫明切，便堪施行，卽貸其死命，令於諸軍敕命。不妨有可采録，或助戎功。可否之間，在於宸斷。

又《請諸道進軍狀》 右，緣王宰兵已深入，須取澤州，又恐賊於萬善向東衝突，須更剋期齊進。正月六日，併是良日，一日雖是歲首，亦合軍機。緣軍在行營，歲日與常日無異，賊中有州縣村閭，隨分必須作歲，乘其無備，必是成功。其兩日伏在聖明裁定。戎事尚密，所降中使，望計行程，令取事前兩日到行營卽待。又恐賊中困蹙，卽自有變，望密詔王宰、石雄、忠義等，聞彼有變，便須星夜進兼，先差專使與彼大將書，具云：初經變革，須得王師應接，以安人心，兵馬併不入潞州，只在三數十里內下營，併不驚擾村閭，卽當秋毫不犯，直須待立功軍出潞州，新節度使入後，處置大段公事了，方得抽軍。其元逵、弘敬，緣隔山東，又恐漏泄此意，併望不賜詔示。如蒙允許，望付翰林各賜詔處分。

又《論劉稹送款與李石狀》 右，臣等得李石狀報，劉稹潛有款誠。伏以王師壓境，已是六月，賊境累經侵軼，頗肆猖狂，今事勢困窮，人心思變，因此請命，冀逭靈誅。望詔李石且與李恬書，不得云已與奏聞，但遣將兵屬直界首，方敢上聞，以此邀之，更觀旬月。仍望詔元逵、弘敬、王宰、石雄，便令齊入，切料旬朔之內，必有變生。今饋運之費，計至春末併足，如二月以來，尚未殄滅，然後議納其款，事亦不遲。如蒙允許，望付翰林各賜詔處分。

又《請發河中馬軍五百騎赴振武狀》 右，臣德裕得忠順狀，請自至界上，親臨賊營，專看事機，首爲撲滅，緣當道軍馬數少，請馬軍一二千騎。臣等商量，緣可汗移營，已近振武，忠順勇於戰鬭，必可指縱。河中地閑，馬軍有朔方舊法，都虞候闞川防戎，臣素所諳知。望發馬軍五百騎，令王縱部赴振武，取忠順指揮。今當回鶻衰殘，亦要及時驅逐，事有應變，不可憚煩。仍望賜絹一千八百匹，內三百匹充職掌人優賞，以户部物充，度支差綱發遣，兼望令中使送。如蒙允許，望付翰林賜詔處分，兼詔示忠順、守志。其賜忠順狀，謹遵連封。未審。

又 卷一六**《論用兵·請遣使至天井冀氏宣慰狀》** 右，臣等近訪聞賊中之計，只待林木陰合，以老王師，如此遷延，必恐過夏。伏見元和中憲宗緣淮西久未成功，遣尚書右丞許孟容至行營宣慰，令面詰責光顏、重胤，兼取光顏等及大將已下狀，皆請一個月內併賊，自後不敢逗留，累破大城柵。憲宗又令梁守謙往，遂破郾城，續令裴度去，竟破淮蔡。去秋李回唯至鎮魏兩道，王宰、石雄併未有制使宣慰。臣等商量，望令李回至天井、冀氏宣慰，兼取王宰、石雄及諸軍都頭、兩道大將等狀，令具破賊期聞奏。如蒙允許，望令乘遞早發，未審。

又《李克勤請官軍一千二百人自引路取涉縣斷賊山東三州道路狀》 右，奏宣令臣等商量奏來者。臣等喚得王逢細問，王云：『自領行營兵馬，便在榆社，併不到儀州。其涉縣道路遠近，山川險阻，先不曾諳委。』又恐李克勤所通涉縣多少，未得諳實。今請於儀州置軍糧，迤邐下寨，兼側近捉生勘問，委知涉縣無賊大兵鎮守，方可進軍。又云榆社、河東怯弱，終不堪用，代山向北軍馬，王逢曾經使用，郎校精强。今來是防秋時，請委節度使，除蔚州、飛狐、靈丘與幽州接界外，代諸州軍量抽二千人卽得，此二千人已敵榆社五千人。又向北烽子約有一千人，敵已來極勁耐辛苦，一人敵十人。量抽五百人，將赴行營，每隊與十人五人，令陰入偷城，非常得力。又云李克勤與一千二百人無闕三百人已來堪用。臣等商量，且差中使押令李克勤赴榆社。至晉州過日，先召取李丕，與李克勤面議機計，審定入兵處所，録取兩本狀，一本封進，一本將與義忠。其所要兵馬多少，及進軍時日，併委義忠與行營大將及克勤審細商量奏聞。如可決行，須便應機速去，不要更待進止，卽事得神速，免漏軍機。如蒙允許，望賜義忠、李丕詔處分。未審。

又《魏城入賊路狀》 右，伏以饋運支計，本約至五月，今若五月未平小寇，卽須便過盛暑，臣等夙夜思慮，切要改張。石雄西面險阻，須得王宰、忠義深入，方可進軍。榆社兵甲未足，天井固難獨入，以此故遂成因循。訪聞魏城絶當要害，向南十二里至狗脊嶺，雖有小山，併無險阻，二十五里便至武鄉縣，直抵潞州，便是平川。臣等訪問五逢，須得一萬精兵，方可前進。今側近更無徵兵處，遠處又不及事。望降中使與石雄商量，便將義武步兵萬人就義武馬軍，兼沙陀馬軍五百就榆社沙陀，此外於中武部兵及河中衙隊共揀七千人，通約似僅一萬人，併榆社、宣武、兖海、義父馬軍，都是一萬五千精兵，足得濟事，取魏武路直入，旬月必見成功。冀氏、翼城猶有一萬八千人，但令保險，又守城寨，權差供奉一人監領。待石雄得武鄉後，卽令冀氏、翼城諸寨兵馬齊進，與石雄合軍，仍委石雄與李丕同商量。如此穩便，卽須排比今月中旬末赴魏城，事貴神速，不得漏泄。

又《天井冀氏行營狀》 右，昨者初夏，頻請進軍，所冀未熱之時，便見次第。今炎毒已甚，迫促稍難。殷宗伐鬼方，周公東征，皆三年乃剋；淮蔡、滄景，亦三四年。王者之師，以全取勝，急攻則狂賊得計，稍緩則賊勢日窮。況出內庫貨財，以資軍食，計量饋運，必及冬間。緣兩道皆有供奉官，非惟節將心不敢安，難於擇便，亦恐營柵甚暑，不易秖供，望賜詔各令且回。兼詔示王宰、石雄亦不可稍緩之意，但云時方炎暑，恐供奉在彼有妨戎事，任卿自擇便利，不得安閒。

又《論赤頭赤心健兒等狀》 右，健兒等敢同元惡，久抗王師，比屋皆誅，示足塞責。然以此軍忠義，未嘗失節，艱難已後，頻立戰功，赤頭赤心，皆是賊妄立此名，以張聲勢，未必人皆敢勇，生死一心，所慮玉石俱焚，善惡同棄。詔王宰、石雄、義逸、國亮，許其自相糺出。如是鄆州父兄子弟，及從諫處招到凶惡將健等，乘用兵後爲劉稹出死力戰圖，先犯官軍，毀罵行營節度使者，任自推出，卽免累及平人。伏料如此號令，必不敢容蔽凶黨，其合誅戮者，亦自甘心。招示四方，稱朝廷弔人伐罪之意。如蒙允許，望付翰林約此意詔示，未審。

又《論堯山縣狀》 右，臣等見鎮州奏事官梁居簡稱，城內併無禮於元逵凶惡頭首，推出二十餘人，併梟戮訖，其餘皆懼殺戮，卻閉城門。伏以寇孽既平，盡是國家城鎮，控制河朔，須存壘垣，豈可更令元逵窮兵攻取？望中使賜城內將士敕書招遣，各令安堵。仍賜元逵詔，便令抽兵歸本道。并賜盧鈞詔，亦令自遣使安存。未審。

又《奏磁邢州諸縣兵馬狀》 右件鎮縣兵馬，併準江淮諸道例，割屬本州收管。所有解補，併委刺史自處置訖闕。如鎮遏十將已上，是軍中舊將，兼有憲官，不願屬刺史者，併委盧鈞追上驅使。

又《潞磁等四州縣令録事參軍狀》 右，緣地貧俸薄，無人情願，多是假攝，破害疲甿。望委吏部於今年選人中，揀幹濟曾有績效人，稍優一兩任注擬。其俸料待勘數至，續請商量奏聞。

以前併是積久之弊，且要改張。所冀刺史得主兵權，免受牽制。官人皆由選擇，可委緝綏，既無軍頭干侵，自然得施教化。臣等商量如前，未審。

又《論邢州狀》 右，邢州城門盧弘指稱，劉從諫安置昭義軍額，龍罡縣安置邢州額，刺史李行循見在縣中安置。伏以朝廷制置，必在正名，劉從諫曾不聞奏，擅自移改。臣等商量，邢州額望依前於城安置，刺史便勒移入州內，如亭臺有僭侈處，併勒毀拆訖聞奏，龍罡縣依前充縣令理所。

又《昭義軍事宜狀》 右，今日見石雄報狀，盧鈞因出城至斐村兵馬，步軍遂回旗劫掠。以此知盧鈞都不曉戎事。從前發遣兵馬，節度使不合出子城，諸城門亦合先布腹心把捉。聞昭義軍中畏懼石雄稍甚，如軍亂未定，且要石雄提挈精卒，自至澤州，移牒索亂軍頭首。如送出首惡，其餘不問，計必當無事。如指揮未定，且要分五百人，兼揀好將，鎮守端氏城。其端氏城是劉從諫近年修築，非常牢固。去年劉稹阻命，安全慶軍元在端氏，所以敢擾西界，今若分兵鎮守端氏，即翼城盡無可虞。又恐亂軍潰散，於諸處劫殺，河陰兵馬，切不可抽，亦須稍加警備。石雄忠勇，思慮恐未周至，伏望賜密詔處分。謹録奏聞。

又 卷一七《論劉稹狀》 右，臣適見度支報狀，王宰已似納其情款，發使之時，不以先聞，便受表章，欲自擅招撫之功。昔韓信破田榮，李靖擒頡利，皆是納降之後，潛兵掩襲。只可令王宰失信，豈得損朝廷武威，建立奇功，實在今日，必不可以太原小擾，失此事機。緣內養尋常充使，恐節將未便承稟，優望降供奉官，今日便赴行營。自看進軍，掩其無備，兼許三軍倘立殊勳，必比諸軍倍加賞賜。如劉稹已出潞府，須令全家面縛，兼郭誼、劉公直、張谷、陳揚庭、李仲京等，面縛即受領。如劉稹自來，卻令送回，輒不得受。兼要降供奉官至晉絳行營，密諭石雄：若王宰已納劉稹，即石雄無功可紀；累經大陣，自當矢石，垂成之際，須自取奇功，便看齊入，勿失此便。

又《論鎮州奏事官高迪陳意見二事狀》 右高迪稱，賊中更無他計，只是潛抽兵併向一處排陣，引官軍索戰。官軍即須探知，若攻城寨來，即要與戰，如不來，併不要將兵逼逐。緣婾兵併來，停住三日不得，即須卻歸本處，但三四數度不與戰，即賊知官軍覺其情計，自然喪氣。如此不得便宜後，必軍人別有變故。每度出軍排陣，官軍便逼逐與鬭，皆是落賊姦計。一度小得便宜，後知官軍三個月瘡痍未復，即撤兵又向別處。切要王宰、石雄、義忠常密遣細作探知，偵知諸處抽兵來，即不要戰，知抽兵卻兵虛處，即入兵攻討。但常如此支敵，萬萬不落便宜。

又《第二狀》 右，高迪稱，鎮州、魏博兵馬至多，併未分得賊勢。緣不離舊處下營，一兩個月一度將兵深入，燒掠村閭，驅討牛馬，與乞火相類。賊中併固守城邑，外有村閭牛馬，賊亦不惜。今須令鎮州兵馬移軍下寨，扼其要害，每移三二十里即得，魏博即須令早過漳河。若且如今日下營處，賊中都未忙忽，灼然分賊勢未得。又云，河北節度使，朝廷若會其情，甚易驅使。每賜詔，切要好言語優獎，彼此不要令知。與元逵詔，即須云一切委任元逵；與弘敬詔，即云一切委任弘敬。但稍示親信，必自盡心。

以前謹具如前。高迪雖是河北軍將，臣每度與言，頗似忠信。盡望付翰林，約此意賜元逵、弘敬、王宰、石雄、義忠詔，所冀速平殘寇。謹録奏聞。謹處。

又《請令鎮州魏博深入下營要分賊勢狀》 右：高迪稱鎮州魏博兵馬至多，併未分得賊勢，緣不離舊處下營。一兩個月一度將兵深入，燒掠村閭，驅討牛馬，與乞火相類。賊中併固守城邑，外有村閭牛馬，賊亦不惜。今須令鎮州兵馬，移軍下寨，扼其要害。每移三二十里即得。魏博即須令早過漳河，若且如今日下營處，賊中都未忙忽，灼然分賊勢未得。又云河北節度使，朝廷若會其情，甚易驅使，每賜詔，切要好言語優獎，彼此不要令知，與元逵詔即須云一切委任元逵，與弘敬詔即云一切委任弘敬，但稍示親信，必自盡心。以前謹具。如前高迪，雖是河北軍將，臣每度與言，頗似忠信。盡望付翰林約此意，賜元逵、弘敬、王宰、石雄、義忠詔，所冀速平殘寇，謹録奏聞。謹處。

又《任畹李丕與臣狀共三道》 右，臣緣小寇未殄，前月末與河中留後任畹委曲，令轉問李丕，有何方略，一一條疏報。今得任畹書，并封送李丕狀兩道，併謹封進。其李丕狀一道，謹論請依前取黃澤嶺路，斷賊要害。臣近訪知魏城路，又狗脊嶺東西，經五月十四日陣破，賊掘坑塹至深，必恐進兵不得。古人云：『戰不勝，則易地而處。』伏望密詔義忠、朝清，潛移兵取黃澤路，掩其不備。得否令子細籌度，如可去，便候進止。事貴神速，須務至密，機計倘漏，還備隄防。其一狀請令諸軍各齎十日乾糧，深入過險。此亦是用奇之計，伏望約此意賜石雄、王逢詔，令如此排比。石雄就河府，王逢就絳州，各曬乾糧，緣日色猶烈，數日可致。兼各賜度支側近軍糧米一二千石，尤冀集事。臣緣寇孽未剪，每得四遠文狀，皆願一一上聞，頻瀆宸嚴，不任惶惕。伏望留中不出。

又《續得高文端賊中事宜四狀》 一、高文端稱，直下打澤州城，恐損官軍兵馬。緣賊兵原有一萬五千人，常出一半已上，於四面山谷埋伏，待官軍打城困乏，即四面齊來救援，恐落賊姦計。其陳許軍請過乾河，北逼澤州，更下一寨，城寨連接，更築鹿項夾城，但從一面起手，圍遶澤州，每日常須大兵排陣，四面抵敵賊救兵。賊心危急，恐被圍合，必有大戰。待賊軍退敗，乘勢便收澤州。如此則不損官軍，免落姦計。伏望依此詔示王宰。

一、請令王逢進軍取賊固鎮兩寨。但兩嶺上排陣，直抵賊固鎮寨，當川亦須着兵，亦抵賊寨。緣固鎮兩寨，四面懸崖，官軍便打，必恐損人難收。其賊寨更無井水，盡喫泉水，在寨東南澗內，約一里已來。但逼賊寨三兩日，絕其取水路，賊軍無水可喫，即須拔寨退走，官軍便可進固鎮。東十五里是青龍寨，在嶺北側上，四面併是懸崖，取水亦在寨外。還依固鎮寨，絕其取水路即得。青龍寨東去沁州十五里，城寨至牢固，賊兵約一千五百人，內五百人土軍團練，安全慶自領。伏望依此詔示王逢。

一、長橋賊都頭王釗約將一萬兵，今在沼州城內。緣劉稹處置卻失天井關都頭薛茂卿一門，又處置卻邢洺兩州救援兵馬使談朝清兄弟三人，王釗自此疑懼。劉稹差親器仗官賈少遇追王釗入潞州，併不伏追。官健一時叫鬪，王釗已持兩端，必不肯爲劉稹用命。本是潞州子弟，見有兄弟數人在軍，材能最出於衆，若招降，至多必恐顧惜家口，又官健投降後爲諸軍所殺，亦恐非願。唯密將意與王釗，令將一萬人卻入潞州，處置得劉稹，別與一道節度使，兼與檢校高官，更別賜錢物。高文端云，官健受苦日久，朝夕難過，家屬盡在潞州，若遣回軍，必皆情願。臣恐弘敬不知王釗不伏劉稹追呼，伏望專降中使，密賜詔示，令依此速致意與王釗，取其回意聞奏。河朔多異色人，若遣傳意，計合必達。

一、臣問高文端，賊中誰人作急。高文端云，潞州城內即有郭誼、王協、張谷，向外即劉公直。臣先得元龜狀稱，劉公直曾事王晏，平常依倚於王宰。伏望詔王宰，令百方將意與劉公直，若肯回戈卻取劉稹，亦許別與重官酬，仍別賜錢物。

以前謹具如前。昨日高文端到宅辭臣，因子細問得賊中事宜，兼共商量計策，皆似可，謹録奏聞。謹奏。

又《天井冀氏事宜狀》 右，臣昨日晚見鎮州奏事官高迪云，向前已曾向臣言軍中密事，今更有切事要言於臣，請不令王助知。今山東三州歸降已平了，天井冀氏卻須令堅守城寨，不得與戰，不二十日內，必自變生。緣賊已窮蹙，不可更逼著，恐其計窮，必爲濟河焚舟之計，一人敵十人之命，官軍與戰，必恐不利，若萬一小衄，卻恐延賊旬月之命。緣臨洺已投魏博，當道兵馬過來不得，請召弘敬速撥兵取臨洺路，便扼武安。潞府知山東兵來，必梟擒劉稹向闕。臣伏見高迪之言，至忠至切，伏望速賜弘敬、王宰、石雄詔處分。謹密狀奏聞，伏望留中不出。謹録奏聞。

又《潞州事宜狀》 右，臣伏見報，兵馬不肯發赴振武，閉城叫反。古人云：『敗軍之氣，没世不復。』今潞府乘破敗之後，又失天險，只是憚於徵役，豈敢更爲逆命？亦恐是盧鈞姑息太過，軍人知其畏懦，因此生心。然亦須及其事初，預爲之備。臣比見叛亂之地，皆是置制太遲，及朝廷徵發，賊已處處設備。兵法云：『疾雷不及掩耳。』又云：『用兵只聞拙速，不聞巧遲。』去春楊弁便是速討之力，旬日而平。望賜王宰密詔，令府城下揀四千人，樅樅排比，如已聞作亂，不要更待詔旨，令一千人守石會關，令三千人取儀州路，把斷武安。緣軍糧兵馬，多在山東，但遺邢州不通，自然駐旬月不得。邢洺之心未可保，亦望密詔王縱、温士等各令自守，不得出兵，唯要於武安路太原兵馬遙爲聲援，最切在令山東斷絕，即立可誅剪。縱萬一無事，不妨且賜密詔王宰先知。石雄勇於赴敵，計亦知警急，必便澤州。亦要賜澤州詔，守併須用河陽兵馬，不得用昭義舊人。亦安賜恭甫詔，知有警急，發馬步一千人赴晉州屯集，以防越軼。臣思慮所及，不敢不便奏聞，伏望留中不出。

又《論昭義軍事宜狀》 右，適魏博奏事徐乃文見臣云，昨日聞三道使出城，一道往魏博，恐令弘敬出軍，卻慮三州不安，實非穩便。臣當時説向聖意，只令石雄至潞州界首搜索惡人，恐三州未諭朝旨，知弘敬忠藎，故令中使先往，遣弘敬安存三州，並不徵發。乃文稱若如此處置，至爲切當。緣涉縣正當山東係口，絶是要地，有鎮兵五百人已下，去潞府一百六十里，軍糧至多，潞州官健月糧，皆在此請受，恐潞府叛兵急則投竄涉縣，揺動三州，切要國家先遣兵把捉此鎮。有昭義舊都押衙焦長楚，是本軍舊人，劉從諫降黜，令往山東，今在邯鄲。若朝廷特賜一詔，令鎮守涉縣，兼把捉潞河徼子口，至爲穩便。如焦長楚不可委信，朝廷專揀一武將速去亦得。古人云：『耕當問奴，織當問婢。』蓋以其雖是下賤，能識耕織之故。臣不諳澤潞界内山川，見乃文所説，稍似有理，不敢不便密狀聞奏，望留中不出。

又 卷八《代弘敬與澤潞軍將書》 昨覽大將等陳情表，未知迷復，頗事游詞。弘敬任忝專徵，兼許招諭，思欲布朝廷大信，解彼深疑，指事而言，更無文飾。只如公等本使，疾病綿惙，既以上聞，便須請監軍權知兵馬，以俟朝旨，豈有表章未發，邪計已萌，遽遣劉稹銜内決事，不令常侍父疾，既虧子道，深紊國章，遠近聞知，無不駭聽。姜崟四月十三日到城，至二十三日，聖上驚異此事，要知端的，遂令追問，冀得實情。姜崟狀稱：『四月六日大衙宅内小聽，實見本使。至八日晚後，劉稹傳本使處分，令入城請醫，併不見本使。』又云：『女婿李全方四月五日降職至十將，妹婿王再晟發遣山東，充邯鄲鎮佐軍虞候。崟見女婿輩皆被降黜，遂懷憂懼，求郭誼覓使入城。』至四月三十日，追問梁叔乂，亦只緣公等本使不見宣慰問疾使，又不見醫官，梁叔乂自通狀云：『劉守義扶劉稹時，叔乂對都押衙郭誼、向守義道：「且莫如此，若擬扶郎君，待國家處分，不可依河朔自專。」劉守義因此懷恨叔乂，詐傳本使處分，令入奏謝醫藥方，便奪叔乂職事。』姜崟、梁叔乂是彼心腹，尚不得面見本使，於朝廷通狀，稱本軍盡云已亡。軍中法嚴，不知委細，宣慰使既不得面見，固難辯明。今公等表章，仍云故使初奏疾病，姜崟、梁叔乂併云被台司收繫。軍人聞此消息，自是公等行詭譎之計，誣罔朝廷，丹所施爲，事多矯詐。在朝廷須知事實，焉得不一一追問？及奏公等本使喪亡，聖上三日廢朝，寵贈師傅。方欲遣使吊祭，以備哀榮，尋屬薛常侍回，知不入衙門不受敕，又鎮州省使方回及常道軍將樊琮回，知公等拒命之心，必無悛改。聖上曲爲含忍，詢訪百僚。朝廷大臣，藩翰戎帥，切齒憤惋，如報私讐。聖上事非獲已，方降明制。始終恩禮，可謂無遺。公等須知罪惡貫盈，神人共棄，更不得扇虚妄之説，歸怨朝廷。聊布所懷。各當深悉。

又《代彦佐與澤潞三軍書》 自天寶以後，兵起山東，惟澤潞一軍，不虧臣節。李司徒抱玉以元勳上將，初領戎韜，李相公抱眞武略忠誠，復總戎柄，教習步射，振起軍聲，爲列鎮之雄，皆李公之力。及説諭太尉武俊，首破朱滔，擊韓師於武安，屋瓦皆振，剪符寇於淮服，草木爲兵，六十年間，忠名尚在。及李相公殂謝，朝廷以王尚書虔休代之，追李緘令居喪東洛，一軍受命，莫敢籍留。致澤潞功勳，成澤潞節義，邇代節相，誰繼李公，彼軍尚不顧私恩，以隳王制，豈有從諫跋扈既久，忠孝無聞，於彼一軍，有何恩澤？若委心澤潞將校，卽不合别置紀綱，劫脅人心，自圖身計。奈何拒君親之命，從逆亂之謀？近者盧從史道鼠兩端，貪狼成性，苞隱姦慝，逗撓兵機。彼大將烏司徒與王憲等，因事圖之，尋就束縛。破朱滔之功未朽，擒從史之效又彰，誠動上玄，忠貫白日，一軍盛美，可不惜哉！比聞從諫志在猖狂，招致亡命，逆人親黨，遊客布衣，皆在公宴之中，列於大將之上，一軍憤愧，固已積年。豈可舍累代之美名，忘近歲之深恥，將性命家族，以徇騃童，生爲不忠之人，死爲不臣之鬼？彦佐忝受明命，總彼成師，感嘆之懷，寢食忘次。願將忠素，宣布皇恩，俟彼英豪，見幾而作，爵秩榮寵，身自取之。豈得臨難因循，爲人受禍？勉思奇策，以副深心。

又 卷九《奉宣代諸道節度使書・代李石與劉稹書》 賈羣至，承二十八日書晦，承郎君自知僭負，因保生全，望闕披誠，祈天請命，遠述迷復，聊慰石懷。以石思之，郎君爲子爲臣，忠孝併棄，居喪求襲，阻命專權，數遣亂軍，侵軼鄰境。比者河陽晉絳，未有重兵，侵犯顔行，屢焚廬舍。又疆場之吏，收得彼管簿書，皆呼官軍爲賊，來卽痛殺。可謂悖言肆口，逆節滔天。今欲自新，誠爲善意。伏思聖上屈累朝之法，實亦至難，在將相等懷忿惋之心，豈宜延納？然須得實事，併見忠誠，則聖上矜貸有名，羣臣陳請有路。惟有盡率國屬，面縛來降，石卽馳詣界首，親自受納，然後承詔解縛，送赴闕廷。則在朝公卿，豈有異議，臨境將帥，皆得息詞。如擬先求解兵，次望洗雪，則此暫延旬月之命，以偷頃刻之安，苟懷是心，誰敢保信？石屬忝宗室，任極臺階，將身族保人，豈是小事？況國家自元和以來，累翦叛臣，至於事迫計窮，潛輸密款，僞詞變詐，無不備諳，今欲行之，必恐非計。夫魯陽回日，鄒子動天，更無其他，只在誠信。如未從鄙見，空獻表章，石忝帥臣，豈敢容受？時不可失，幸少詳思。

又《代盧鈞與昭義大將書》 鈞謬承寵寄，獲撫雄藩，實欲布時雨潤物之仁，昭蘇合境，揚薰風解愠之德，安輯疲人，想彼衆心，必當感懷。況昭義艱難之後，常保忠名，興元之初，又著勳力，穆宗以劉稹祖宗，乘機變歸款，朝廷委以節義之軍，授以腹心之寄。豈謂移淄青舊染之俗，汙上黨爲善之人，日往月來，羣情如醉。今王師問罪，將及歲期，憫彼一方，迷而不返，皆以奉劉稹爲義，實所懵然。且封壤城池，莫非王土，軍人黎庶，莫非王臣，劉稹祖父竊我憲章，質爾家族，蔑棄大義，顯負於君親，將何詭詞，自固於軍旅？且夫示衆以大順，求人以盡心，而五郡從之，終乃不悟。昔晉侯重耳曰：『君父之命不校，校者吾讎。』公等豈無誠心，見此事理？又公等貴劉稹祖者，必以識君臣之義，審逆順之心，濯身滄波，上覩白日，以此爲是，遂能樂從。今則自遭其時，足以行志。近者楊弁起於卒伍，敢亂晉陽，康政、孫制等皆是耆將，已居右職，一旦狂惑，助其凶威，曾不再旬，果就擒縛，戮於都市，罪及妻孥。公等睹覩禍機，得不深戒？李丕中丞能全勁節，自拔亂邦，曾未一年，驟歷三郡，已分茆土，爲國功臣。公等見其光榮，得不健羨？成敗利害，昭然可知，禍福無門，行之卽是。鈞所以不引古事，不飾虛詞，直指目前，易於取信。公等倘梟戮劉稹，自建功名，大則别領將旄，次則不失符竹，身受爵禄，福及子孫，去危就安，事同反掌。又得戎旅解甲，黎庶歸耕，老幼無焚灼之虞，閭井得晏安之樂，再治恩化，豈不美哉。先布至懷，名當信納。

又《代李丕與郭誼書》 夏首初熱，伏惟十三叔動止萬福。丕自歸朝廷，頗獲優寵，三領大郡，榮列中司，想十三叔遠聞，必深喜慰。頃歲寓游上黨，與主公素未相知，十三叔翦拂提攜，遂叨右職。尋蒙見哀覊旅，申以婚姻，託繫援於高門，實光榮於鄙族，每懷恩遇，刻骨銘肌。去年初投國家，便蒙聖上於三殿召對，此時不具奏云：『臣是十三叔遺密歸國，先布款誠。十三叔久受劉家厚恩，未忍便棄，留待挾持不得，執力稍衰，必擒翦軍中惡人，率先歸國。』聖上深賜信納，已記十三叔姓名。自後緣丕除授忻州，去彼疆界遥遠，常抱深恨，無由自申。今蒙改授晉州，兼充右尚書副使，密邇封壤，瞻望不遥，若不披露赤誠，實負姻好。回鶻可汗士馬已盡，一身歸授黑車子，近黠戛斯國王遣將軍百餘人入朝，請發本國兵四十萬衆，襲逐可汗，擒送京闕。又西蕃贊普近亡，新立贊普纔年十歲，國中至今未定，兩蕃宰相以下進表請託附大唐。今國家邊塞底寧，八表無事，須將國力，平殄五州。除有司饋運之外，聖上不惜內府金帛，頻以出賜。又諸道兵馬微有損傷，卽徵兵填替，必作數年討伐之意。十三叔自料形埶，必當坐見危亡。幸因丕在鄰近，朝廷委信，必須早圖攻效，自取寵榮，保衰老之年，全一門之命，書名竹帛，豈不美哉？丕只在冀氏，相去咫尺，只要十三叔有一明據，得聖上密知。此狀到後，且望惠數行手示，潛布忠款，丕便遣人進上，必請密詔安存。此事石尚書併不知。丕指天誓心，達此誠意，幸垂延納，不至遲疑。禍機在身，豈得顧望？古人云：『宴安鴆毒，不可懷也。』蓋以偷安比於鴆毒，切望思之。臨紙零涕，此情何極，不宣。丕再拜。

又《代石雄與劉稹書》 雄曰：比者牙兵馬使棄累代之勳業，爲四海之罪人，寄命網羅，坐待夷滅，將謂迫於將校，未遂本心。今則將校盡離，軍心日駭，若不見幾而作，必恐受僇於人。昨打暮宿寨，收得文書云：『陳許游奕使賀意密報云，官軍二十五日齊進。』雄牒報王尚書，請勘虛實。近得王尚書報云：『追到賀意勘責，款稱曾在昭義效職，與彼軍游奕使唐再清情分至深，每因游奕相見，彼此説軍中密事，併已承伏。』王尚書便已按軍令訖。賀意又款稱，唐再清隔乾河密説云：『朝廷若與郎君節，須從西面來。若從南面來，緣劉公直心懷兩端，必恐自取。』又云：『二郎疾病絶重，命在朝夕，軍中已别有準擬，不久卽是王人。』忠武軍何必苦相殺傷？』又收得彼處投降軍將高文端等，皆云回西諸寨兵馬商量，欲立安全慶替兵馬使，文端等不顧更事全慶，所以歸國。

雄雖久在行間，不與先相公交接，然俱是河朔軍將，臭味略同，將睹覆亡，不無深惜。今聖上方示大信，以安危疑，倘能自新，必舍罪釁。況兩面主兵大將，皆有賊心，事迫圖全，必自救禍，兵馬使若不早決大計，束身歸降，更欲遷延，即無所及。涼風已至，白露將凝，弓勁馬豪，視險如砥，糧儲豐足，器甲精堅，併是諸道强兵，近訪抽到，士皆宿飽，人有鬬心，大兵一交，立見燋爛。輒申愚慮，幸納至懷。

又《宰相等書併誅罪人敕・宰相與王宰書》 近聞游奕使更收得劉稹章表。竊以王太尉武俊有安國之大勳，藏於清廟，至於孫承宗阻命，在鎮猶遣親弟承恭自太原詣張相上表祈哀，憲宗不許，旋又遣男知感、知信入朝。屬淄青殄滅，因制使楊僕射檢得文案，方知危害武相，本在淄青，承宗無盜殺之罪，方獲昭雪。今劉稹父子無功，皆負重釁，既不詣尚書面縛，又不遣家屬祈哀，置章表於衢路之間，望朝廷降非常之澤，悖慢無禮，前古未聞。游奕將不便毀除，實恐非是。況楊弁遣親姪入潞州潛通情計，劉稹併不擒送，又石會關將楊珍卻還石會關，兼投賊界，劉稹便敢受納，已加兵固守。比令逆將賈羣送表至太原，少傅李相公奏聞，旋屬軍中有變，竟未有進止處分。楊弁潛送，賈羣卻歸，劉稹亦便受領，狡童逆狀如此，不知進表何爲？昔漢宣帝將圖霍禹，名臣張敞云：『不合明詔自親其文，只合明詔以恩不聽，羣臣以義固爭。』今將帥大臣容其章表，卽是私惠歸於臣下，不赦在於朝廷，事體之間，交恐不可。切慮尚書以疆埸之事，皆須上聞，惟此事抑而不奏，未爲至當。望向後更有章表，便令將校所在焚之，惟面縛而來，然後可受領。輒此披陳，幸垂鑑納。

宋・宋敏求《唐大詔令集》卷一二五《政事・平亂下・平潞州德音》

門下：朕聞覆載之內，逆命者必滅其身；日月所臨，亂常者必覆其族。矧有恩孤亭毒，禮背君親，罪惡貫盈，人神共棄，咎將自執，禍豈能逃。逆賊劉稹，包祖父之姦謀，肆豺狼之狠戾，動干紀律，力逞凶頑。招亡命而爲心腹，憑山川而爲險固，脅從百姓，殘忍一方，積惡成殃，擢發難數。朕恭承寶位，祗畏上天，每戒佳兵，常思去殺。然事關除暴，理合興師，遂命戎臣，會兵攻伐。鼙鼓震雷霆之怒，戈鋋行原野之誅，惡黨既誅，元戎就戮。載馳驛騎，傳首上聞，文獻不絕，降書既至。是用不變弊俗，洗盪妖氛，式布新恩，獲全舊土。念彼戰爭之地，諒當凋瘵之餘，租稅且蠲，徵徭合減。其澤潞五州，兵給復一年。邇河南府當路州縣，太原府及接昭義界縣，河陽、懷州、陝、晉、絳及當路州縣，今年秋稅，并且放免。酧忠旌善，爵賞宜加，其行營立功節度使，併別敕處分。其已下，委本道各具功效聞奏，續有處分。諸道行營，咸盡忠力，至於攻取，剋捷屢聞。應緣討伐將士，歸還之際，併有優賞，已從別敕處分。離鄉徵役，固有勤勞，臨陣殺傷，倍深慘惻。行魏祖弔魂之禮，施周文葬骨之仁。其行營將士陣亡者，先已有敕，便令子弟填替。如無填替，三年不停衣糧。有因戰陣傷損手足永廢者，併不得停衣糧。陣歿將士骸骨，先令所在埋瘞，不許令便將歸。今已事平，如家口還取，委所在州縣量事應接發遣。如無親屬來取者，重與改瘞，勿令暴露，仍與設祭。諸道行營陷没將士見在昭義者，各放歸本道。

其澤潞五州百姓，先因用兵逃散在諸處者，令委元逵、弘敬、劉沔、元式、石雄安存發遣，各令歸業。仍委盧鈞設法招攜，務於綏輯。其有劉從諫已後暴賦加徵，害於百姓者，并且放免。用兵已來，劉稹所招收團練官健，營生。五州內百姓，如有家事蕩盡，交切飢餓者，委盧約以軍粮賑貸。如先有食已，被賊收管，未破用者，併還本主。其莊田已爲人占奪者，亦併令還。秋方當種麥，如自無麥種子者，且以官麥貸借。如五州又自無麥種子者，共借三萬石，令供軍縣逐便支付。其先賢墳墓碑記，爲人所知後被發掘者，卻與掩藏，仍量事致祭。其諸色人內，如有文學節行，比來藏避劉從諫，隱迹山林者，併以搜訪，具以名聞。又自劉悟從諫至劉稹逆命已來，如有忠義之徒，曾謀歸國，爲殘害者，併具聞奏，當有贈恤。應五州界內戰處所在骸骨，如無主者，併與收拾埋瘞。今遣吏部侍郎高銖、給事中盧弘正專往宣慰，有存問疾苦，撫恤凋殘，廻日各宜具利害聞奏。於戲！朕以四海爲家，兆人爲子，一夫不獲，心所歉然。務欲太和，遐邇聞知，當體予意。主者施行。

清・董誥等《全唐文》卷四八八《權德輿〈昭義軍事宜狀〉》 右，山東節將，有沃壤利兵，三十年間，寖以强大。或父歿子繼，起復臨戎，名器雖出於中朝，爵地實專於外閫。澤潞素爲雄鎮，磁邢洺與數道犬牙，故欲變山東之俗，先在擇昭義之帥，可以練兵賦，循法制，鎮以威重，扼其咽喉，化彼譸張，納諸軌度，此爲樞鍵，不可不慎。盧從史拔自軍校，列於藩垣，以先朝含煦之恩，積臣以寵禄之重。且自建中貞元以來，每命一方鎮，遂綿歷歲時，就加爵秩，以至於没身吊贈。自陛下聖澤亭育，天威震曜，吴蜀底定，人神洽和。三四年間，易置節將，出入中外者，凡數十輩，執介圭不俟駕者，相望於道塗，而從史宴安自居，未著勳績。頃來羣情，猶望除代，今則因其憂服，可以慎選守臣。況盧虔以文學至大官，歿於闕下。以從史之賢，自可全儒家喪紀之儀，宏聖朝孝理之道；以從史非賢，則連衡非人，煽結爲患，貽朝廷憂，恐自此始。且成德事體，與昭義不同，衆情以爲許成德之請則可。許昭義之請則不可，以恆冀習俗頗久，倘類相因，含垢推恩，制之以漸。故上黨内地，未嘗因循，失之毫釐，利害相萬或者慮苟未受命，則勞王師，誘劫武人，阻拒旬朔。臣愚以爲凡朝廷計之甚遠大者，以來至當，倘成命既下，不時率道，鄰道戒嚴，備於境上，人各有心，必思自效。前秘書省校書郎薛貽謀，比充從史掌書已，去歲懇求罷免，歸里京師。臣比任禮部侍郎日，貽謀進士及第，數與相見，訪其人情澤潞山東事體，貽謀一二詳悉。言其恩信不及於下，若命將以伐，萬無所虞，或召貽謀陳奏，亦冀少廣聰聽，事更淹緩，轉失機宜。臣備位班行，稟性愚魯，苟有所見，輒披肺肝，得於衆多，事甚明白，不敢緘默，上疏上陳。無任惶懼，懇迫隕越之至！謹録奏聞，謹奏。

晉王李存勖滅燕

綜　述

《舊五代史》卷二七《唐書·莊宗紀一》（天祐八年）八月甲子，幽州劉守光僭稱大燕皇帝，年號應天。

九月庚子，梁祖將親軍自洛渡河而北，至相州，聞帝軍未出，乃止。

十月，幽州劉守光殺帝之行人李承勳，忿其不行朝禮也。

十一月辛丑，燕人侵易定，開王處直來告難。

十二月甲子，帝遣周德威、劉光濬、李嗣源及諸將率蕃漢之兵發晉陽，伐劉守光於幽州。

又　卷二八《唐書·莊宗紀二》　天祐九年春正月庚辰朔，周德威等自飛狐東下。丙戌，會鎮定之師。進營祁溝。庚子，次涿州，刺史劉知温以城歸順。德威進迫幽州，守光出兵拒戰，燕將王行方等以部下四百人來奔。【略】

五月乙卯朔，周德威大破燕軍於羊頭岡，擒大將單廷珪，斬首五千餘級。德威自涿州進軍於幽州，營於城下。閏月己酉，攻其西門，燕人出戰敗之。【略】

十月【略】庚申，周德威報劉守光三遣使乞和，不報。丁卯，燕將趙行實來奔。

天祐十年春正月丁巳，周德威攻下順周，獲刺史王在思。

二月甲戌朔，攻下安遠軍，獲燕將一十八人。庚寅，梁朱友珪爲其將袁象先所殺，均王友貞即位於汴州。丙申，周德威報檀州刺史陳確以城降。

三月甲辰朔，收盧臺軍。乙丑，收古北口。時居庸關使胡令珪等與諸戍將相繼挈族來奔。丙寅，武州刺史高行珪遣使乞降。時劉守光遣愛將元行欽牧馬於山北，聞行珪有變，率戍兵攻行珪。行珪遣其弟行温爲質，且乞應援。周德威遣李嗣源、李嗣本、安金全率兵救武州，降元行欽以歸。

四月甲申，燕將李暉等二十餘人舉族來奔。德威攻幽州南門。壬辰，劉守光遣使王遵化致書哀祈於德威。德威戲遵化曰：『大燕皇帝尚未郊天，何怯劣如是耶！』守光再遣哀祈德威乃以狀聞。己亥，劉光濬攻下平州，獲刺史張在吉。

五月壬寅朔，光濬進迫營州，刺史楊靖以城降。乙巳，梁將楊師厚會劉守奇率大軍侵鎮州，時帝之先鋒將史建瑭自趙州率五百騎入眞定，師厚大掠鎮、冀之屬邑。王鎔告急於周德威，德威分兵赴援，師厚移軍寇滄州，張萬進懼，遂降於梁。

六月壬申朔，帝遣監軍張承業至幽州，與周德威會議軍事。

秋七月，承業與德威率千騎至幽州西。守光遣人持信箭一隻，乞修和好。承業曰：『燕帥當令子弟一人爲質則可』。是日，燕將司全爽等十一人併舉族來奔。辛亥，德威進攻諸城門。壬子，賊將楊師貴等五十人來降。甲子，五院軍使李信攻下莫州。時守光繼遣人乞降，將緩帝軍，陰令其將孟脩阮通謀於滄州節度使劉守奇，及求援於楊師厚，帝之遊騎擒其使以獻。是日，帝會王鎔於天長。

九月，劉守光率衆夜出，遂陷順州。

冬十月己巳朔，守光帥七百騎，步軍五千夜入檀州。庚午，周德威自涿州將兵躡之。壬申，守光自檀州南山而遁，德威追及，大敗之，獲大將李劉、張景紹及將吏八百五十人，馬一百五十匹。守光得百餘騎遁入山谷，德威急馳，扼其城門，守光惟與親將李小喜等七騎奔入燕城。己丑，守光遣牙將劉化脩、周遵業等以書幣哀祈德威。庚寅，守光乘城以病告，復令人獻自乘馬、玉鞍勒易德威所乘馬而去。俄而劉光濬擒送守光僞殿直二十五人於軍門，守光又乘城謂德威曰：『予俟晉王至，卽泥首俟命』。祈德威卽馳驛以聞。【略】

十二月庚午，墨制授周德威幽州節度使。癸酉，檀州燕樂縣人執劉守光並妻李氏祝氏、子繼祚以獻。己卯，帝下令班師，自云、代而旋。時鎮州王鎔、定州王處直遣使請帝由井陘而西，許之。庚辰，帝發幽州，擄仁恭父子以行。甲申，次定州，舍於關城。翌日，次曲陽。【略】

天祐十一年春正月戊戌朔，王鎔以履新之日，與其子昭祚、昭誨奉觴上壽置宴。鎔啓曰：『燕主劉太師傾爲鄰國，今欲俋其風儀，可乎？』帝卽命主者破械，引仁恭、守光至，與之同宴。鎔饋以衣被飲食。己亥，帝發鎮州，因與王鎔畋於行唐之西。壬子，至晉陽，以組係仁恭、守光至，同宴，鎔饋以衣被飲食。己亥，帝發鎮州，因與王鎔畋於行唐之西。壬子，至晉陽，以組繫仁恭、守光，號令而入。是日，誅守光。遣大將李存霸拘送仁恭於代州，刺其心血奠告於武皇陵，然後斬之。

又 卷五五《唐書·李承勳傳》 李承勳者，【略】善於奉使，名聞軍中。承勳累遷至太原少尹。劉守光之僭號也，莊宗遣承勳往使，問其釁端。承勳至幽州，見守光，如藩方聘問之禮。謁者曰：『燕王爲帝矣，可行朝禮。』爲帝矣，可行朝禮。承勳曰：『吾大國使人，太原亞尹，是唐帝除授，燕主自可臣其部人，安可臣我哉！』守光聞之不悅，拘留於獄，數日而出，詰之曰：『臣我乎？』承勳曰：『燕君能臣我王，則我臣之，吾有死而已，安敢辱命！』會王師討守光，承勳竟歿於燕。

又 卷五六《唐書·周德威傳》 周德威，字鎮遠，小字陽五，朔州馬邑人也。

（光化八年）【略】八月，劉守光僭稱大燕皇帝。

十二月，【略】德威率步騎三萬出飛狐，與鎮州將王德明、定州將程嚴等軍進討。

（光化）九年正月，收涿州，降刺史劉知温。五月七日，劉守光令驍將單廷珪督精甲萬人出戰，德威遇於龍頭崗。初，廷珪謂左右曰：『今日擒周陽五。』既臨陣，見德威，廷珪單騎持槍躬追德威，垂及，德威側身避之，廷珪少退，德威奮檛繫墜其馬，生獲廷珪，賊黨大敗，斬首三千級，獲大將李山海等五十二人。十二日，德威自涿州進軍良鄉、大城。守光既失廷珪，自是奪氣。德威之師，屢收諸郡，降者相繼。

（光化）十年十一月，擒守光父子，幽州平。

十二月，授德威檢校侍中、幽州盧龍等軍節度使。

又 卷六五《唐書·高行珪傳》 高行珪，燕人也。家世勇悍，與弟行周俱有武藝，初仕燕爲騎將，驍果出諸將之右。燕帥劉守光僭逆不道，莊宗令周德威征之，守光大懼，以行珪爲武州刺史，令張掎角之勢。時明宗將兵助德威平燕，俄聞行珪至，率騎以御之，明宗論以逆順之理，行珪乃降。守光將元行欽在山北，聞行珪有變，卽率部下軍衆以攻行珪。行珪遣弟行周告急於周德威，德威命明宗、李嗣本、安金全將兵援之。明宗破行欽於廣邊軍，行欽亦降。尋以行珪爲朔州刺史，歷忻、嵐二郡，遷云州留後。

又 卷七〇《唐書·元行欽傳》 元行欽，本幽州劉守光之愛將。守光之奪父位也，令行欽攻大恩山，又令殺諸兄弟。天祐九年，周德威攻圍山州，守光困蹙，令行欽於山北募兵，以應契丹。時明宗爲將，攻行欽於山北，與之接戰，矢及明宗馬鞍，既而以勢迫來降。明宗憐其有勇，奏隸爲假子，後因從征討，恩禮特隆。

又 卷八八《晉書·張希崇傳》 張希崇，字德峰，幽州薊縣人也。父行簡，假蘇州玉田令。希崇少通在氏春秋，復癖於吟詠。【略】天祐中，劉守光爲燕帥，性慘酷，不喜儒士，希崇乃擲筆以自效，守光納之，漸升爲裨將。俄而守光敗，唐莊宗命周德威鎮其地，希崇以舊籍列於麾下，尋遣率偏師守平州。

又 卷一三五《僭僞傳·劉守光》 劉守光，深州樂壽人也。其父仁恭，初隨父晟客於范陽，晟以軍吏補新興鎮將，事節度使李可舉。仁恭幼多智機，數陳力於軍中。李全忠之攻易、定也，别將於晏圍易州，累月不能拔，仁恭穴地道以陷之，軍中號曰『劉窟頭』，稍遷裨校。仁恭志大氣豪，自言嘗夢大佛幡出於指端，或云年四十九當領旄節。此言頗泄，燕帥李匡威惡之，不欲令典軍，改爲府掾，出爲景城令。屬瀛州軍亂，殺郡守，仁恭募白丁千人討平之，匡威壯其才，復使爲帳中爪牙，令將兵戍蔚州。兵士以過期不代，思歸流怨，會李匡儔奪兄位，戍軍擁仁恭爲帥，欲攻幽州，比至居庸關，爲府兵所敗，仁恭挈族奔於太原。武皇遇之甚厚，賜田宅以處之，出爲壽陽鎮將，從征吐渾。仁恭數進畫於蓋寓，言幽州可圖之狀，願得步騎萬人，即指期可取，武皇從之。洎仁恭舉兵，屢不剋捷。

唐乾寧元年十一月，武皇親征匡儔。十二月，破燕軍於威塞，進拔嬀州，收居庸。二十六日，匡儔棄城而遁，武皇令李存審與仁恭入城撫勞，封府庫，即以仁恭爲幽州節度使，留腹心燕留德等十餘人分典軍政，武皇乃還。二年七月，武皇討王行瑜，師於渭北，上章請授仁恭節鉞。九月，天子以仁恭爲檢校司空、幽州盧龍軍節度使。三年，羅宏信背盟，武皇遣李存信攻魏州，徵兵於燕，仁恭托以契丹入寇，俟敵退聽命。四年七月，武皇聞兖、鄆俱陷，復徵兵於仁恭，數月之間，使車結轍，仁恭辭旨不遜。武皇以書讓之，仁恭覽書嫚駡，拘其使人，晉之戍兵在燕者皆拘之，復以厚利誘晉之驍將，由是亡命者衆矣。八月，武皇討仁恭。九月五日，次安塞軍。九日，渡木瓜澗，大爲燕軍所敗，死傷大半。既而仁恭告捷於梁祖，梁祖聞之喜，因表仁恭加平章事。仁恭又遣使於武皇，自陳邊將擅興之罪，武皇以書報之。仁恭既絶於晉，恆懼討罰，募兵練衆，常無虚月。

光化元年三月，令其長子襲滄州，盧彦威委城而遁，遂兼有滄、景、德三郡，以守文爲留後，請節鉞於朝。昭宗怒其擅興，不時與之。會中使至范陽，仁恭私之曰：『旄節吾自有，但要長安本色耳。何以累章見阻，爲吾言之。』其悖戾如此。仁恭兵鋒益盛，每戰多捷，以爲天贊，遂有吞噬河朔之志。

二年正月，仁恭率幽、滄步騎十萬，號三十萬，將兼併魏博、鎮定。師次貝州，一鼓而拔，無少長皆屠之，清水爲之不流。羅紹威求援於汴，汴將李思安、葛從周赴之，思安屯内黄。仁恭兵圍魏州，聞汴軍在内黄，戒其子守文曰：『李思安怯懦，汝之智勇，比之十倍，當先殄此鼠輩，次擒紹威。』守文與單可及率漁陽精甲五萬，夾清水而上。思安設伏於内黄清水之左，袁象先設伏於清水之右。思安逆戰於繁陽城，僞不勝，徐退，燕人追躡，至於内黄，思安步兵成列，回擊之。燕人將引退，左右伏兵發，燕軍大敗。臨陣斬單可及，守文單騎僅免，五萬之衆無生還者。時葛從周率邢、洺之衆入魏州，與賀德倫、李暉出擊賊營。是夜，仁恭燒營遁走，汴人長驅追擊，自魏至長河數百里，殭屍蔽地，敗旗折戟，累累於路。鎮人又邀擊於東境，燕軍復敗。仁恭自是垂翅不振者累年。汴人乘勝攻滄州，仁恭率師援之，營於乾寧軍。汴將氏叔琮逆戰，燕軍逗撓，退保瓦橋，乃卑辭厚禮乞師於晉，武皇遣兵逼邢、洺以應之。十月，汴人陷瀛、鄚二州，晉將周德威將兵出飛狐，仁恭復脩好於晉。

天祐三年七月，梁祖自將兵攻滄州，營於長蘆。仁恭師徒屢喪，乃酷法盡發部内男子十五已上、七十已下，各自備兵糧以從軍，閭里爲之一空。部内男子無貴賤，併黥其面，文曰『定霸都』，士人黥其臂，文曰『一心事主』。繇是燕、薊人士例多黥涅，或伏竄而免。仁恭閲衆，得二十萬，進至瓦橋，汴人深溝高壘以攻滄州，内外阻絶，仁恭不能合戰，城中大饑，人相篡啖，析骸而爨，丸土而食，轉死骨立者十之六七。自七月至十月，仁恭遣使求援於晉，前後百餘輩，武皇乃徵兵於燕，仁恭遣都將李溥夏侯景、監軍張居翰、書記馬郁等，以兵三萬來會。十二月，合晉師以攻潞州，降丁會，乃解滄州之圍。

是時，天子播遷，中原多故，仁恭嘯傲薊門，志意盈滿，師道士王若訥，祈長生羽化之道。幽州西有名山曰大安山，仁恭乃於其上盛飾館宇，僭擬宫掖，聚室女艷婦，窮極侈麗。又招聚緇黄，合仙丹，講求法要。又以瑾泥作錢，令部内行使，盡斂銅錢於大安山巔，鑿穴以藏之，藏畢即殺匠石以滅其口。又禁江表茶商，自擷山中草葉爲茶，以邀厚利。改山名爲大恩山。仁恭有嬖妾曰羅氏，美姿色，其子守光烝之，事洩，仁恭怒，笞守光，謫而不齒。

四年四月，汴將李思安以急兵攻幽州，營於石子河，仁恭在大安山，城中無備，守光自外帥兵來援，登城拒守。汴軍既退，守光乃自爲幽州節度，令其部將李小喜、元行欽將兵攻大安山。仁恭遣兵拒戰，爲小喜所敗，乃擄仁恭歸幽州，囚於別室。仁恭左右，迨至婢媵，與守光不協者畢誅之。其兄守文在滄州，聞父被囚，聚兵大哭，諭之曰：『哀哀父母，生我劬勞。自古豈有讎父者，吾家生此梟獍，吾生不如死。』卽率滄、德之師討之。守光逆戰於鷄蘇，爲守文所敗。既而守文詐悲，單馬立於陣場，泣諭於衆曰：『勿殺吾弟！』時守光驍將元行欽識之，被擒，滄兵失帥自潰。守光乃縶兄於別室，援以叢棘，乘勝進攻滄州。滄州賓佐孫鶴、呂兖已推守文子延祚爲帥，守光攜守文於城下，攻圍累月。城中乏食，米斗直三萬，人首一級亦直十千，軍士食人，百姓食墐土，驢馬相遇，食其鬃尾，士人出入，多爲强者屠殺。久之，延祚力窮，以城降於守光，守文尋亦遇害。

守光性本庸昧，以父兄失勢，謂天所助，淫虐滋甚。每刑人必以鐵籠盛之，薪火四逼，又爲鐵刷剷剔人面。嘗衣赭黃袍，顧謂將吏曰：『當今海內四分五裂，吾欲南面以朝天下，諸君以爲何如？』賓佐有孫鶴者，骨鯁方略之士也，率先對曰：『王西有幷、汾之患，北有契丹之虞，乘時覬覦，專待薄人，彼若結黨連衡，侵我疆場，地形雖險，勢不可支，甲兵雖多，守恐不暇，縱能卻敵，未免生憂。王但拊士愛民，補兵完賦，義聲馳於天下，諸侯自然推戴。今若恃兵與險，未見良圖。』守光不悅，及梁軍據深、冀，王鎔乞師於守光，孫鶴勸守光出援軍以圖霸業，守光不從。及莊宗有柏鄉之捷，守光謀攻易、定，諷動鎮人，欲爲河朔元帥。莊宗乃與鎮州節度使王鎔、易定節度使王處直、昭義節度使李嗣昭、振武節度使周德威、天德軍節度使宋瑤，同遣使奉册，推守光爲尚父，以稔其惡。守光不悟，謂藩鎮畏己，仍以諸鎮狀送梁祖，言：『臣被晉王等推臣爲尚父，堅辭不獲，又難推違。臣竊料所宜，不如陛下與臣河北道都統，則幷、鎮之叛，不足平殄矣。』梁祖知其詐，優答之。仍命閤門使王瞳、供奉官史彦璋等使於燕，册守光爲河北道采訪使。

六月，梁使至，守光令所司定尚父采訪使儀注，所司取唐朝册太尉禮以示之。守光曰：『此儀注中何無郊天改元之事？』梁使曰：『尚父雖尊，猶是人臣。』守光怒，投於地，謂將吏曰：『方今天下鼎沸，英雄角逐。朱公創號於夷門，楊渭假名於淮海，王建自尊於巴蜀，茂貞矯制於岐陽，皆因茅土之封，自假帝王之制，然兵虛力寡，疆場多虞。我大燕地方二千里，帶甲三十萬，東有魚鹽之饒，北有塞馬之利，我南面稱帝，誰如我何！今爲尚父，孰當帝者？公等促具帝者之儀，予且爲河朔天子。』燕之將吏竊議，以爲不可。守光置斧鑕於庭，令將佐曰：『今三方協贊，予難重違，擇日而帝矣。從我者賞，横議者誅。』孫鶴對曰：『滄州破敗，僕乃罪人，大王寬容，乃至今日，不敢阿旨，以誤家國，苟聽臣言，死且無悔。』守光大怒，推之伏鑕，令軍士割其肉生啖之。鶴大呼曰：『百日之外，必有急兵矣！』守光命窒其口，寸斬之，有識爲之嗟惋。乃悉召部內官吏，教習朝儀，邊人既非素習，舉措失容，相顧誚笑。

八月十三日，守光僭號大燕皇帝，改年曰應天。以梁使王瞳、判官齊涉爲宰相，史彦璋爲御史大夫。僞册之日，契丹陷平州。莊宗聞之大笑，監軍張承業曰：『惡不積不足以滅身，老氏所謂「將欲取之，必先與之」。今守光狂蹶，請遣使省問，以觀其釁。』十月，莊宗令太原少尹李承勳往使。承勳至，守光怒不稱臣，械之於獄。

十二月，莊宗遣周德威出飛狐，會鎮、定之師以討之，德威攻圍歷年，屬郡皆下。守光堅保幽州，求援於梁，北誘契丹，救終不至。十年十月，守光遣使持幣馬見德威乞降，又乘城呼曰：『予俟晉王至卽出城。』十一月，莊宗親征。二十三日，至幽州，單騎臨城，召守光曰：『丈夫成敗，須決所向，公將何如？』守光曰：『某俎上肉耳！』莊宗愍之，折弓爲盟，許其保全。守光辭以佗日，莊宗乃令諸軍攻之。二十四日，四面畢攻，莊宗登燕太子墓觀之。俄而數騎執仁恭幷其孥來獻，檀州游奕將李彦暉於燕樂縣獲守光，幷妻李氏、祝氏，男繼珣、繼方、繼祚等來獻。初，守光城破後，攜其妻子將走關南依劉守奇。沿路寒瘡足踵，經日不食。至燕樂縣，匿於坑谷，令妻祝氏乞食於田父張師造家，怪婦人異狀，詰之，遂俱擒焉。莊宗方宴府第，引仁恭、守光至席，父子號泣謝罪，莊宗慰撫之曰：『往事不復言。人誰無過，改之爲貴。』乃歸之傳舍。是月己卯，晉人執守光及仁恭，露布表其罪，驅以班師。

十一年正月，至晉陽，仁恭父子荷校於露布之下，父母唾面罵守光曰：『逆賊，破家如是！』守光俯首不顧。自范陽至晉陽，涉千餘里，所在聚觀，呼守光爲『劉黑子』，略無愧色。莊宗以仁恭、守光徇於都城，卽告南宫七廟，禮畢，守光與李小喜、鄭藏斐、劉延卿及其二妻皆伏誅。李小喜者，本晉之小校，先奔於燕，守光以爲愛將。守光雖凶淫出於天性，然而稔惡侈毒，抑亦小喜贊成。守光將敗，前一日來降。守光將死，大呼曰：『臣之誤計，小喜熒惑故也，若罪人不死，臣必訴於地下。』莊宗急召小喜至，令證辯。小喜瞋目叱守光曰：『囚父殺兄，烝淫骨肉，亦我教耶！』莊宗怒小喜失禮，先斬之。守光慟哭曰：『王將定天下，臣精於騎，何不且留指使。』二妻讓之曰：『皇帝，事勢及此，生不如死！』卽延頸就戮。守光猶哀訴不已。既誅，命判官司馬揆備轊櫝祭醊，瘞於城西三里龍山下。令副使盧汝弼、李存霸拘送仁恭至代州，於武皇陵前刺心血以祭，誅於雁門山下。自仁恭乾寧二年春入幽州，至天祐十年，父子相承，十九年而滅。

論説

《舊五代史》卷一三五《僭僞傳·劉守光》 史臣曰：守光逆天反道，從古所無，迨至臨刑，尚求免死，非唯惡之極也，抑亦愚之甚也。劉晟據南極以稱雄，屬中原之多事，洎乎奕世，遇我昌朝，力僨而亡，不泯其嗣，亦其幸也。劉崇以亡國之餘，竊僞王之號，多見其不知量也。今元惡雖斃，遺孽尚存，勢蹙民殘，不亡何待！

清·王夫之《讀通鑑論》卷二八《五代上》 張承業請李存勖劉守光之稱帝以驕之，唐高祖驕李密之故智也。密終降而授首，守光終虜而伏誅，所謂獸之搏也必蹲其足，禽之擊也必戢其翼，權謀之險術，王者所弗尚也。

存勖聞守光之自尊，欲伐之矣。然則伐之爲正乎？可伐之罪在彼已極，執言申討，師則有名矣。而徒恃其名以責人之逆，反之於己，既無天與人歸之實，亦無撥亂安民之志，且於固本自彊之術未有得也，憑氣而爭，奚必勝之在己哉？

王者以義興師，而四方攸服，非徒以其名也。唐高初定長安，殘隋未翦，怒李密之妄而挑之，密且扼關以困己，而内受劉武周、薛舉之逼，則唐高之事敗矣。李存勖孤處河東，鎮、定之交未固，朱温之勢方張，空國以與狂騃之豎子爭虚名於幽、薊，鎮、定疑而河中起擣其虚，則存勖之亡必矣。

由是言之，推尊以驕之，非義之所許；憤怒而攻之，抑爲謀之不臧；使王者而處此，將如之何哉？王者正己而不求於人者也。彼枵然自大者，何足比數乎？脃弱者必折，暴興者必萎，冥行者必躓，天怒人怨者必見絶於天人，知之既審，視之如蠛動之蟲，無待吾之爭而抑無容驕之也。其來也，以非禮加我而未甚也，姑應之以禮，而告之以正可也；其以非禮加我而不可忍也，閉關以絶其使命而已。欲犯我而我無啓釁之端，欲狎我而我居是非之外，秉義以自强，固本以待時，飭邊陲之守，杜小利之爭，凝静不撓，而飄風疾雨坐視其消散，或人亡之而爲我驅除，或惡已窮而徐申吾天討，則兩者之失亡，而貞勝之理得矣。天下莫敢不服，後世無得而訕矣。張承業何足以及此哉？克用父子之終以詐力窮而不能混一區宇，國祚不延，與假義挑兵者均之失也。

莊生曰：『人莫鑑於流水，而鑑於止水。』勇而悖怒，智而詐諼，皆流水之波也。稍静以止，而得失昭然，豈難知哉？唐高姑以一紙報李密，差賢於存勖之往賀，雖非王者之道，而猶足以興，毫釐之差，亦相懸絶矣。

李存勖據河東與朱温爭天下，亦已久矣。所任者皆搏擊之雄，無有人焉贊其大計爲立國之規者也。其略用士人參帷幕者，自馮道始，沙陀之不永，四易姓而天下終裂，於此可知已。

劉守光之凶虐，觸之必死，其攻易、定，犯强晉，道諫之而繫獄，然免於刀鋸，逸出而西奔者，何也？孫鶴之流，力爭得失，是以滅身；道之諫之也，其辭必遜，且脂韋之性，素爲守光所狎，而左右宵人固與無猜，是以全也。守光囚父殺兄而道不言，其有言也，皆舍大以規小，留餘地以自全，而聊以避緘默之咎者也。

豈徒於守光爲然哉？其更事數姓也，李存勖之滅梁而驕，狎倡優、吝糧賜也，而道不言；忌郭崇韜，激蜀兵以復反，而道不言；李從珂挑石敬瑭以速禍，而道不言；石重貴不量力固本以亟與虜爭，而道不言；劉承祐狎羣小、殺大臣，而道不言；數十年民之憔悴於虐政，流離死亡以瀕盡，而道不言；其或言也，則摘小疵以示直，聽則居功，不聽而終免於斥逐，視人國之存亡，若浮雲之聚散，眞所謂讒諂面諛之臣也。劉守光不能殺，而誰能殺之邪？克用父子經營天下數十年，僅得一士焉，則道也，其所議之帷帝而施之天下者，概可知矣。

嗚呼！人知道之墮節以臣人，不知其挾小慧以媚主，國未亡而道已讎其賣主之術，非一日矣。此數主者，顛倒背亂於黼扆，道且尸位而待焉，不知其何以道諛也？然而不傳者，摘小過以炫直，自飾而藏姦，世固未易察也。【略】

李存勖方有事於幽、燕，而不遑速進，天討之稽，有自來矣。蓋存勖一將帥之才耳，平一海宇之略，討逆誅暴之義，非其所可勝任也。使能滅朱温父子，定汴、雒，劉守光瑣瑣狂夫，坐窮於絶塞，將焉往哉？困吾力以與守光爭勝負，朱友貞乃復以寬緩收離散之衆，相持於河上，梁雖滅而存勖之精華已竭矣。

清·乾隆敕撰《評鑑闡要》卷七《五季·梁劉守文討劉守光，守光戰敗，守文立陣前謂衆勿殺吾弟，守光將元行欽直前擒之目》 兄討幽父之弟，卽誅之，亦不爲過，乃對衆泣謂勿殺，此與宋襄不擒二毛，同一迂庸，卒以自取敗亡，所謂可笑可鄙者耳。

又 《晉王將殺劉守光，因李小喜嗔目叱守光，怒其無禮，先斬之目》 守光逆倫傷化，罪不容誅，然小喜則曾受其恩者，既紿故主以私降，甚至瞋目叱，詈良心澌滅盡矣，存朂先正其誅，頗爲快舉。

藝文

清·張晉《艷雪堂詩集》卷一《讀五代史雜詠·劉守光》 赭黃著體笑當年，愚愎公然號大燕。祗見主人曾避客，不聞尚父也郊天。

後唐平定王都叛亂

綜述

《舊五代史》卷二九《唐書·莊宗紀三》 天祐十九年春正月甲午，帝至新城，契丹前鋒三千騎至新樂。是時，梁將戴思遠乘虛以寇魏州，軍至魏店，李嗣源自領兵馳入魏州。梁人知其有備，乃西渡洹水，陷成安而去。時契丹渡沙河口，諸將相顧失色，又聞梁人內侵，鄴城危急，皆請旋師，唯帝謂不可，乃率親騎至新城。契丹萬餘騎，遽見帝軍，惶駭而退。帝分軍爲二廣，追躡數十里，獲阿保機之子。時沙河冰薄，橋梁隘狹，敵爭踐而過，陷溺者甚衆。阿保機方在定州，聞前軍敗，退保望都。帝至定州，王都迎謁，是夜宿於開元寺。

（同光元年）閏月丁丑，以李嗣源爲檢校侍中，依前橫海軍節度使、內外蕃漢副總管；以幽州節度使李存審爲檢校太師、兼中書令，依前蕃漢馬步總管；以河中節度使朱友謙爲檢校太師、兼尚書令。安國軍節度使符習加同平章事，定州節度使王都加檢校侍中。

又 卷三二《唐書·莊宗紀六》 （同光三年二月）丙寅，定州節度使王都來朝。【略】丙戌，定州節度使、檢校太尉、兼侍中王都進封開國公，加食邑實封。

又 卷三八《唐書·明宗紀四》 天成二年）九月辛亥，義武軍節度使、檢校太尉、兼中書令王都加食邑實封。

又 卷三九《唐書·明宗紀五》 （天成三年夏四月）北面副招討、宋州節度使王晏球以定州節度使王都反狀聞。庚子，制義武軍節度使、檢校太尉、兼中書令、太原王王都削奪官爵。壬寅，以王晏球爲北面行營招討使，知定州行軍州事；以滄州節度使兼北面行營馬軍都指揮使安審通爲副招討使兼諸道馬軍都指揮使。【略】辛亥，沙州節度使曹義金加爵邑。王晏球上言，收奪得定州北西二關城。【略】己未，幽州奏，契丹禿餒領二千騎西南趣定州。【略】丁卯，鎮州奏，今月十八日，王師不利於新樂。壬申，王晏球奏，今月二十一日，大破定州賊軍及契丹於曲陽，斬獲數千人，王都與禿餒以數十騎復入於定州。

又 卷四〇《唐書·明宗紀六》 （天成四年）二月乙巳，王晏球奏，此月三日收復定州，獲王都首級，生擒契丹禿餒等二千餘人。

又 卷五四《唐書·王都傳》 王都，本姓劉，小字雲郎，中山陘邑人也。初，有妖人李應之得於村落間，養爲己子。及處直有疾，應之以左道醫之，不久病間，處直神之，待爲羽人。始假幕職，出入無間，漸署爲行軍司馬，軍府之事，咸取決焉。處直時未有子，應之以都遺於處直曰：『此子生而有異。』因是都得爲處直之子。其後應之閲白丁於管内，别置新軍，起第於博陵坊，面開一門，動皆鬼道。處直信重日隆，將校相慮，變在朝夕，欲先事爲難。會燕師假道，伏甲於外城，以備不虞，昧旦入郭，諸校因引軍以圍其第，應之死於亂兵，咸云不見其屍，衆不解甲。乃逼牙帳請殺都，處直堅靳之，久乃得免。翌日賞勞，籍其兵於卧内，自隊長已上記於别簿，漸以佗事孥戮，迨二十年，别簿之記，略無孑遺。都既成長，總其兵柄，姦詐巧佞，生而知之。處直愛養，漸有付託之意，時處直諸子尚幼，乃以都爲節度副大使。

王郁者，亦處直之孽子也。

天祐十八年十二月，莊宗親征鎮州，敗契丹於沙河。明年正月，乘勝追敵，過定州，都馬前奉迎，莊宗幸其府第曲宴。都有愛女，十餘歲，莊宗與之論婚，許爲皇子繼岌妻，遷太尉、侍中。時周玄豹見之曰：『形若鯉魚，難免刀機。』及明宗嗣位，加中書令，然以其奪據父位，深心惡之。

初，同光中，祁、易二州刺史，都奏部下將校爲之，不進户口，租賦自贍本軍，天成初仍舊。既而安重誨用事，稍以朝政釐之。時契丹犯塞，諸軍多屯幽、易間，大將往來，都陰爲之備，屢廢迎送，漸成猜間。和昭訓爲都籌畫曰：『主上新有四海，其勢易離，可圖自安之計。』會朱守殷據汴州反，鎮州節度使王建立與安重誨不協，心懷怨嫉。都陰知之，乃遣人説建立謀叛，建立僞許之，密以狀聞。都又與青、徐、岐、潞、梓五帥蠟書以離間之。三年四月，制削都在身官爵，遣宋州節度使王晏球率師討之。都急與王郁謀，引契丹爲援。洎王師攻城，契丹將禿餒率騎萬人來援，都與契丹合兵大戰於嘉山，爲王師所敗，惟禿餒以二千騎奔入定州。都仗之守城，呼爲餒王，屈身瀝懇，冀其盡力，孤壘週年，亦甚有備。諸校或思歸向，以其訪察嚴密，殺人相繼，人無宿謀，故數構不就。

都好聚圖書，自常山始破，梁國初平，令人廣將金帛收市，以得爲務，不責貴賤，書至三萬卷，名畫樂器各數百，皆四方之精妙者，萃於其府。四年三月，晏球拔定州，時都校馬讓能降於曲陽門，都巷戰而敗，奔馬歸於府第，縱火焚之，府庫妻孥，一夕俱燼，唯擒禿餒併其男四人、弟一人獻於行在。

李繼陶者，莊宗初略地河朔，俘而得之，收養於宫中，故名曰得得。天成初，安重誨知其本末，付段佪養之爲兒，佪知其不稱，許其就便。王都素蓄異志，潛取以歸，呼爲莊宗太子。及都叛，遂僭其服裝，時俾乘墉，欲惑軍士，人咸知其僞，競詬辱之。城陷，晏球獲之，拘送於闕下，行至邢州，遣使戮焉。

又 卷六四《唐書·王晏球傳》 王晏球，字瑩之，自言洛都人。

【略】

天成二年，授北面行營副招討，以兵戍滿城。是歲，王都據定州，契丹遣禿餒率騎千餘來援都，突入定州，晏球引軍保曲陽。王都、禿餒出軍拒戰，晏球督厲軍士，令短兵擊賊，戒之曰：『回首者死。』符彦卿以龍武左軍攻其左，高行周以龍武右軍攻其右，奮劍揮撾，應手首落，賊軍大敗於嘉山之下，追襲至於城門。俄而契丹首領惕隱率勇騎五千至唐河。是時大雨，晏球出師逆戰，惕隱復敗，追至易州，河水暴漲，所在陷没，俘獲二千騎而還。惕隱以餘衆北走幽州，趙德鈞令牙將武從諫以騎邀擊，德鈞分扼諸要路，旬日之内，盡獲惕隱已下酋長七百餘人，契丹遂弱。晏球圍城既久，帝遣使督攻城，晏球曰：『賊壘堅峻，但食三州租税，撫恤黎民，愛養軍士，彼自當魚潰。』帝然其言。

晏球能與將士同其甘苦，所得禄賜私財，盡以饗士，日具飲饌，與將校筵宴，待軍士有禮，軍中無不敬伏。其年冬，平賊。自初戰至於城拔，不戮一士，上下歡心，物議以爲有將帥之略。

《遼史》卷三《太宗紀上》 （天贊三年）三月乙卯，東蒐。癸亥，獵殺攊山。乙丑，獵松山。唐義武軍節度使王都遣人以定州來歸。唐主出師討之，使來乞援，命奚禿里鐵刺往救之。

（秋七月）壬子，王都奏唐兵破定州，鐵刺死之，涅里衮、查刺等數十人被執。上以出師非時，甚悔之，厚賜戰殁將校之家。

論　説

《舊五代史》卷五四《王都傳論》 王鎔據鎮、冀以稱王，治將數世；處直分易、定以爲帥，亦既重侯。一則惑佞臣而覆其宗，一則孽子而失其國，其故何哉？蓋富貴斯久，仁義不修，目眩於妖妍，耳惑於絲竹，故不能防姦於未兆，察禍於未萌，相繼敗亡，又誰咎也。

雜録

清·董誥等《全唐文》卷一〇六《唐明宗〈討王都制〉》　王者君臨八表，子育萬民，務匿瑕含垢之仁，引禁暴戢兵之德。每存寬恕，貴就和平。其有受國深恩，承家舊履，乖失臣節，包藏禍心，萌悖亂以欺天，資貪殘而害物，苟無征討，曷示紀綱？義武軍節度觀察等使檢校太尉兼中書令守定州刺史太原郡王王都，猥以凡林，託於盛族，梟獍之凶早縱，豺狼之性不移，位極人臣，迹無忠孝。自朕纘承大業，懷輯羣方，山河之寄愈堅，帶礪之盟益甚。凡於事體，每務優崇，骨肉淪落者，併致歸還；嗣息薦論者，遍加任使。一門受寵，九族同榮，近以家艱，疊頒國命，行吊遠繫於卿士，奪情尋復於公侯。纔下絲綸，薦及垣翰，在予之分，於爾何虧？而屬者所爲，頻彰逆狀，徵發不從於朝命，賦租罔係於省司，擅致軍都，遍抽編户，專修城壘，潛造甲兵，説誘佐命藩臣，留滯歸朝刺史。賴皆忠順，尋各奏聞。曾令近侍馳書，責使深思改過。載惟撫御，敢怠含宏。近乃長惡靡悛，亂常尤甚，遣姦人招軍前節級，出妖言惑管内生靈。兼挂牒文，已爲邊患。闔境之蒸黎愁沮，遠遣告陳；鄰藩之主帥封章，共期戡定。其王都宜削奪在身官爵，仍令馬步兵士，於州側近權置行州，招誘在州軍人百姓，及安撫鄉川人户。於戲，不祥之器，寧願舉於干戈；無罪之民，豈忍墜於塗炭？將行吊伐，倍軫情懷，勉施拯救之功，勿致傷夷之弊。雖軍威須振，在王道無虧，凡百戎臣，當體朕意，宣布遐邇，减使聞知。

又《進封王晏球等制》　朕嘗披國史，備閲軍功，裴度之破淮西，無遺廟算；石雄之攻山北，益展皇威。莫不仰遺烈於祖宗，委全才於將相。而自中山逆命，外域朋姦，奪戎旅以鷹揚，屠賊兵而魚爛。夕聞告捷，朝賞殊勳。竭忠建策興復功臣北面行營招討歸德軍節度宋亳單潁等州觀察處置亳州太清宫等使權知定州軍州事特進檢校太傅同中書門下平章事使持節宋州諸軍事宋州刺史上柱國琅琊郡開國侯食邑一千户王晏球，長劍倚天，洪河帶地，居萬夫之長，擅三傑之名。黄石兵書，運子房之籌略；清淮公族，興仲爽之源流。自統雄師，往收逆壘，摧曲陽之堅陣，厭滱水之驚波。爰築室以反耕，攻圍雉堞，果析骸而易子，傾覆鳥巢。招降之士庶數千，撲滅之凶狂非一。王都授首，秃餒生擒，火焚而惡蔓皆除，電掃而妖氛併息。諒茲丕績，宜降優恩。迺眷汶陽，實惟巨鎮，據犬牙之内地，當馬頰之要津。是命疇以勳庸，福其黎庶，進國公之品秩，崇藩後之等威。俾濬鳳池，仍加蟬冕，帷幄共推於重席，井田兼別於眞封。

於戲，解甲休兵，實歸於上將，安民和衆，議仗於賢臣。永保令猷，無替朕命。可依前檢校太傅兼侍中使持節鄆州諸軍事守鄆州刺史充天平軍節度齊棣等州觀察處置使，仍進封開國公，加食邑一千五百户食實封一百户，行營副招討横海軍節度觀察等使守滄州刺史李從敏可光禄大夫檢校太保使持節定州諸軍事守定州刺史充義武軍節度觀察北平軍等使，進封開國伯，加食邑一千二百户。北面行營兵馬都監鄭州防禦使張虔釗可光禄大夫檢校司徒使持節滄州諸軍事守滄州刺史充横海軍節度觀察等使，仍封清河縣開國子，食邑五百户。

又卷一〇九《唐明宗〈放免鄴都等州諸色差配敕〉》　王都負國，命將除凶，攻伐之勞，朕所常憫，般運之苦，朕實備知。近自收城，方期罷役，宜加矜恤，遍示優饒。其鄴都幽鎮滄刑易定等州管内百姓，除正税外，免諸色差配庶令生聚，併獲舒蘇。

又卷一一二《收復定州露布》　蓋聞禍福兩途，鄉應雖從於天道；賞罰二柄，憲章必在於帝王。所以虞殛四凶之徒，周誅三監之類，爲時除害，令在必行，顯申旄鉞之威，以剿豺狼之黨。逆賊王都，濫承餘緒，叨據邊方。當朝廷念舊之時，冒藩翰賞延之帥，曾無績效，但抱姦邪。國家光有萬邦，寵綏諸夏，累頒殊渥，官兼右相之榮，疊示優恩，秩冠三公之貴。諒茲聰命，果至滿盈。況去歲駐蹕夷門，吊民梁苑，萬乘有省方之念，諸侯專述職之勤。而乃王都背惠孤恩，藏姦積釁，不思入覲，惟自偷安。以至繼歷寒暄，逗留川陸。朝廷務從寬恕，累降詔書，候其悛心，冀全理體。殊不知凶頑益固，抗拒彌堅，信折簡以難招，非舞干而可格。而又朋連北狄，禦捍王師，擾我疆場，負我盟誓。須茲飾怒，所冀夷凶，乃謀帥於軍中，俾恭行於天罰。繇是貔貅雲集，虎豹風馳，咸搗梟巢，誓平蟻穴。北面招討天平軍節度使王晏球等，推心許國，挺志忘家，皆矜摩壘之雄，各騁寢皮之勇，遂乃交飛矢石，齊舞梯衝，指其戲鼎之魚，必取膏碪之肉。以致徵兵調食，結壘連營，逾沙軼漠之戎，全軍皆戮；同惡齊姦之虜，匹馬不回。而又舉螳臂以求生，張蝟毛而自固。計窮力盡，且無飛走之門；萬詐千妖，寧免芟夷之禍？是以致其醜類，無所逃刑，既諧飲至之期，爰契疇庸之典。今月三日，定州指揮使馬讓能已下三人，先約歸降。是時果於賊城之上，自相殺戮。王晏球等領兵士直扣曲陽門，接勢而攻，一合收下。其逆賊王都及禿餒趁入子城，斬首生擒，不可勝計。至於徒黨骨肉，略無孑遺。今則獻俘行闕，懸首藁街，六師盡敵而凱旋，一境復安於生聚。王晏球等已下，從上行賞，表不逾時，或跨鎮分封，官居極品；或雙旌大旆，寵寄十連。著銘鐘鏤鼎之榮，顯傳子示孫之業。

於戲，違天逆道，鬼瞰神誅，顧斯盪定之勳，實快華夷之意，可期康樂，以泰黎元。申號令於市朝，明征伐之有謂。布告天下，咸使聞知。

後晉平定范楊叛亂

綜　述

《舊五代史》卷七六《晉書·高祖紀二》（天福二年春正月丙寅）**【略】**魏府范延光奏：『當管夏津鎮捕賊兵士，誤殺卻新齊州防禦使秘瓊。』初，延光將萌異志，使人潛結於瓊，諾之。及是，以瓊背其謀，密使精騎殺之，由是延光反狀明矣。

六月甲午，六宅使張言自魏府廻，奏范延光叛命。滑州符彥饒飛奏，有兵士自北來，傳范延往延光所問罪。尋命護聖都指揮使白奉進領騎士一千五百赴白馬渡巡檢。乙未，魏府范延光男閑廄使守圖送御史台。

丁酉白奉進奏：『捉得賊卒張柔，稱范延光差澶州刺史馮暉充一行都部署，元從都押衙孫鋭充一行兵馬都監。』帝覽奏，謂侍臣曰：『朕雖寡德寡謀，自謂不居延光之下，而馮暉、孫鋭過於兒戲，朝夕就擒，安能抗拒大軍爲我之患乎！』天平軍節度使安審琦起復舊任，翰林學士、禮部侍郎和凝改端明殿學士。乙巳，范延光差牙將王知新賫表到闕，不令朝見，收付武德司。丁未，詔侍衛使楊光遠充魏府四面都部署，以張從賓充副，兼諸軍都虞候；昭義節度使高行周充魏府西面都部署。是日，張從賓亦叛，與范延光叶謀，害皇子河陽節度使重信、皇子東都留守重乂。己酉，以奉國都指揮使侯益、護聖都指揮使杜重威領步騎五千往屯汜水關，備從賓之亂也。

七月**【略】**甲寅，**【略】**是日，削奪范延光在身官爵。

又　卷七七《晉書·高祖紀三》（天福三年）九月己酉，宮苑使焦繼勳自軍前押范延光牙將馬諤賫歸命請罪表到闕。壬子，延光領部下將士素服於本府門俟命，有詔釋罪。乙卯，詔司空兼門下侍郎、平章事馮道官一品，給門戟十六枝，中書侍郎平章事桑維翰、李崧給門戟十二枝。己未，宜遣靜鞭官劉守威、左金吾仗勘契官王英、司天臺鷄叫學生商暈等，併赴契丹。庚申，契丹使人往洛京般取趙氏公主。襄州奏，漢江水漲三丈，出岸害稼。東都奏，洛陽水漲一丈五尺，壞下浮橋。乙丑，于闐國王楊仁美遣使貢方物。回鶻可汗遣使貢駞馬。丙寅，趙延壽進馬謝恩，放燕國長公主歸幽州。范延光差節度副使李式到闕，奉表首罪，兼進玉帶一條。遣宣徽南院使劉處讓權知魏府軍府事。己巳，復范延光官爵，其制略曰：『頃朕始登大寶，未靜中原，六飛纔及於京師，千里未通於懷抱。楚王求舊，方在遺簪；曾子傳疑，忽成投杼。尋聞悛悔，遽戮奸回，干戈俄至於經時，雷雨因思於作解。果馳賓介，疊貢表章，向丹闕以傾心，瀝衷誠而效順。而況保全黎庶，完整甲兵，納款斯來，其功非細。得不特頒鐵契，重建牙章，封本郡之土茅，移欒郊之旌鉞。至於將吏，咸降絲綸。於戲！上玄之運四時，不忒者信；大道之崇三寶，所重者慈。活萬户之傷夷，息六師之勞瘁。遂予仁憫，旌爾變通。永貽子孫，長守富貴，敬佩光寵，可不美歟！可復推誠奉義佐運致理功臣、天雄軍節度、管內觀察處置等使、開府儀同三司、守太傅、兼中書令、廣晉尹、上柱國、臨清王，食邑一萬户，食實封一千户，改授鄆州刺史、天平軍節度、鄆齊等州觀察處置等使，賜鐵券，改封高平郡王，仍令擇日備禮册命。』

又　卷八二《晉書·少帝紀二》（天福八年）十二月乙巳朔，遣左領軍衛將軍蔡行遇押兵士屯於鄆州，仍遣供奉官殿直二十六人自河陰至海口，分擘地分巡檢，以青州節度使楊光遠謀叛故也。【略】丁卯，詔宣徽使劉繼勳就杜威園亭會節度使統軍等習射。淄州奏，青州節度使楊光遠反，遣兵士取淄州，劫刺史翟進宗入青州。

開運元年春正月甲戌朔，是夕陣雲掩北斗之魁星。乙亥，滄、恆、貝、鄴馳告，契丹前鋒趙延壽、趙延昭引五萬騎入寇，將及甘陵，青州楊光遠召之也。

二月，鄆州奏，博州刺史周儒以城降契丹，又與楊光遠潛約，光遠引契丹於馬家渡濟河。壬戌，楊光遠率兵圍棣州，刺史李瓊以州兵擊之，棄營而遁。

（五月）戊寅，遣侍衛親軍都虞候李守貞率步騎二萬討楊光遠於青州。丁亥，以鄴都留守張從恩爲貝州行營都部署，以滑州節度使皇甫遇爲行營都虞候，以左神武統軍潘環掌騎兵，右神武統軍張彥澤掌步兵。辛卯，張從恩奏，貝州賊將趙延昭縱火大掠，棄城而遁。以李守貞爲青州行營都部署，以河陽節度使符彥卿副之。戊戌，以鄧州節度使何建爲貝州永清軍節度使。是月，澤潞上言，餓死者凡五千餘人。

（開運元年）六月辛丑朔，王師拔淄州，斬楊光遠僞署刺史劉翰。

又　卷八三《晉書・少帝紀三》　（開運元年十二月）丁巳，青州楊光遠降。光遠子承勳等斬觀察判官丘濤、牙將白延祚、楊贍、杜延壽等首級，送於招討使李守貞，乃縱火大譟，劫其父處於私第，以城納款。遣卽墨縣令王德柔貢表待罪。楊光遠亦遣節度判官楊麟奉表請死，詔釋之。

閏月庚午，以楊承信爲右羽林將軍，承祚爲右驍騎衛將軍。皆光遠之子，先詣闕請罪，故特授是官。癸酉，李守貞奏，楊光遠卒。初，光遠既上表送降，帝以光遠頃歲太原歸命，欲曲全之，議者曰：「豈有反狀滔天而赦之也！」乃命守貞便宜處置。守貞遣人拉殺之，以病卒聞。乙酉，前登州刺史張萬迪削奪官爵處斬，青州節度判官楊麟配流威州，掌書記任邈配流原州，支使徐晏配流武州。縱逢恩赦，不在放還之限，併以楊光遠叛故也。

又　卷九七《晉書・范延光傳》　范延光，鄴郡臨漳人也。少隸於郡牙，唐明宗牧相州，收爲親校。同光中，明宗下鄆州，梁兵屯楊劉口以扼之，先鋒將康延孝潛使人送款於明宗。明宗欲使人達機事於莊宗，方難其選，延光請行，遂以蠟書授之。延光既至，奏莊宗曰：「楊劉渡控扼已定，未可圖也。請築壘馬家口，以通汶陽之路。」莊宗從之，復遣歸鄆州。俄而梁將王彥章攻馬家口所築新壘，明宗恐城中不備，又遣間行告莊宗，請益兵。中夜至河上，爲梁兵所獲，送夷門下獄，榜笞數百，威以白刃，終不洩其事。復爲獄吏所護，在獄半年，不復理問。及莊宗將至汴城，獄吏卽去其桎梏，拜謝而出之，乃見於路側。莊宗喜，授銀青光禄大夫、檢校工部尚書。

明宗登極，擢爲宣徽使。與霍彥威平青州王公儼，遷檢校司徒。明宗之幸夷門也，至滎陽，聞朱守殷拒命，延光曰：「若不急攻，賊堅矣，請騎兵五百，臣先赴之，則人心必駭。」明宗從其請。延光自酉時至夜央，馳二百餘里，奄至城下，與賊交鬬。翌日，守陴者望見乘輿，乃相率開門，延光乃入，與賊巷戰，至厚載門，盡殲其黨，明宗喜之。明年，還樞密使，權知鎮州軍府事，尋正授節旄，加檢校太保。長興中，以安重誨得罪，再入爲樞密使，加同平章事。

既而以秦王從榮不軌，恐及其禍，屢請外任，明宗久之方許，遂出鎮常山。清泰中，復召爲樞密使，未幾，出爲汴州節度使。會魏府屯將張令昭逐其帥劉延皓，據城以叛，唐末帝命延光討而平之，遂授鄴都留守，加檢校太師、兼中書令。門下有術士張生者，自云妙通術數，當延光微時，言將來必爲將相，延光既貴，酷信其言。歷數鎮，嘗館於上舍，延光謂之曰：「余夢大蛇，自臍入腹，半而掣去之，是何祥也？」張生曰：「蛇者龍也，入腹爲帝王之兆明矣。」延光自是稍萌僭竊之意。

及高祖建義於太原，唐末帝遣延光以本部二萬屯遼州，與趙延壽犄角合勢，及延壽兵敗，延光促還，故心不自安。高祖入洛，尋封臨清王，以寬其反側。後延光擅殺齊州防禦使秘瓊，而聚兵部下，復收部內刺史入城，高祖甚疑之，乃東幸夷門。時延光有牙校孫鋭者，與延光有鄉曲之舊，軍機民政，一以委焉。故魏博六州之賦，無半錢上供，符奏之間，有不如意者，鋭卽對延光毀之，其凶戾也如此。初，朝廷遣使封延光爲臨清王，因會僚屬，延光暴得疾，伏枕經旬，鋭乃密惑羣小，召澶州刺史馮暉等，以不臣之謀逼於延光，延光亦惑於術者，因而聽之。

天福二年夏六月，遣鋭與暉將步騎二萬，南抵黎陽。時鋭以女妓十餘輩從之，擁蓋操扇，必歌吹而後食，將士煩熱，都之解體，尋爲王師所敗，賊衆退還鄴城。高祖繼遣楊光遠討之，延光知事不濟，乃殺孫鋭以歸其罪，發人賫表待罪，且邀姑息，高祖不許。及經歲受圍，城中饑窘，高祖以師老民勞，思解其役，遣謁者入謂之曰：『卿既危蹙，破在旦夕，能返掌轉規，改節歸我，我當以大藩處之；如降而殺之，則何以享國？明明白日，可質是言。』因賜鐵券，改封高平郡王，移鎮天平。延光謂門人李式曰：『主上敦信明義，言無不踐，許以不死，則不死矣。』因撤去守備。素服請降。

又《楊光遠傳》 明年，范延光據鄴城叛，高祖命光遠率師討之。將濟河，會滑州軍亂，時軍衆欲推光遠爲主。光遠曰：『自古有折臂天子乎？且天子豈公輩販弄之物？晉陽之降，乃勢所窮迫，今若爲之，直反賊也。』由是其下惕然，無復言者。高祖聞之，尤加寵重。光遠既圍延光，尋授魏博行府節度使。兵柄在手，以爲高祖懼己，稍干預朝政，或抗有所奏，高祖亦曲從之。復下詔以其子承祚尚長安公主，次子承信皆授美官。恩渥殊等，爲當時之冠。桑維翰爲樞密使，往往彈射其事，光遠心銜之。及延光降，光遠入朝，面奏維翰擅權。

又《張從賓傳》 張從賓，未詳何許人也。【略】及范延光據鄴城叛，詔從賓爲副部署使，從楊光遠同討延光。延光使人誘從賓，從賓時在河陽，乃起兵以應之。先害皇子重信，及入洛，又害皇子重乂，取内庫金帛以給部伍，因東據汜水關，且欲觀望軍勢。高祖命杜重威、侯益分兵討之，從賓大敗，乘馬入河，溺水而死焉。

又 卷九五《晉書・白奉進傳》 白奉進，字德升，云州清塞軍人也。【略】天福二年，改護聖左右廂都指揮使。是歲，車駕幸夷門。五月，領昭信軍節度，充侍衛馬軍都指揮使。

六月，范延光據鄴爲亂，詔遣率騎軍三千北屯滑臺。時符彦饒爲滑州節度使，一夕，有軍士夜掠居人，奉進捕之，凡獲五盜，三在奉進本軍，二在彦饒麾下，尋命俱斬之。彦饒怒其不先告，深銜之。明日，奉進左右勸奉進面謝，奉進然之，以從騎數人候彦饒於牙城，既入，且述其過。彦饒曰：『軍中法令，各有部分，何得將滑州兵士一例處斬，殊無主客之義乎！』奉進曰：『軍士抵法，寧有彼我，今僕以咎自陳，而公怒不息，莫是與范延光同反耶！』因拂衣而起，彦饒不留。其帳下介士大譟，擒奉進殺之。是日，步軍都校馬萬、次校盧順密聞奉進遇害，率其步衆攻滑之子城，執彦饒送於京師，戮於班荆館北。高祖以奉進倉卒遇禍，歎惜久之，詔贈太傅。

又 卷一〇九《漢書・李守貞傳》 李守貞，河陽人也。【略】開運元年五月，以守貞爲青州行營都部署，率兵二萬東討楊光遠，命符彦卿爲副。十一月，光遠子承勳等乞降，守貞入城，害光遠於別第。

論説

《舊五代史》卷九七《晉書・范延光等傳論》 延光昔爲唐臣，綽有令譽，洎逢晉祚，顯恣狂謀，既力屈以來降，尚靦顏而惜死，孟津之歿，乃取笑於千載也。從賓而下，俱怙亂以滅身，亦何足與議也。文進懼强敵之威，金全爲輿臺所賣，事雖弗類，叛則攸同，咸附島夷，皆可醜也。

《新五代史》卷五一《雜傳・范延光》 嗚呼，甚哉，人性之慎於習也！故聖人於仁義深矣，其爲教也，勤而不怠，緩而不迫，欲民漸習而自趨之，至於久而安以成俗也。然民之無知，習見善則安於爲善，習見惡則安於爲惡。五代之亂，其來遠矣。自唐之衰，干戈饑饉，父不得育其子，子不得養其親。其始也，骨肉不能相保，蓋出于不幸，因之禮義日以廢，恩愛日以薄，其習久而遂以大壞，至於父子之間，自相賊害。五代之際，其禍害不可勝道也。夫人情莫不共知惡於不孝，然彦珣彎弓射其母，高祖從而赦之，非徒彦珣不自知爲大惡，而高祖亦安焉不以爲怪也，豈非積習之久而至於是歟！《語》曰：『性相近，習相遠。』至其極也，使人心不若禽獸，可不哀哉！若彦珣之惡，而恬然不以爲怪，則晉出帝之絶其父，宜其舉世不知爲非也。

清・乾隆敕撰《評鑑闡要》卷七《五季》 晉以楊光遠難於顯誅，陰命李守貞拉殺之，以其子承勳爲汝州防禦使。注：光遠反側無常，降又非出其本心，留之適以貽患，明正其罪，誅之不爲過當，而乃陰遣人殺之，其誰欺乎？劉友益以晉不能明正其罪，例諸李輔國之書盗殺是也。

至承勳劫父以降與光遠之忘君而叛者，罪逆相等，乃殺其父而官其子，是何懲勸然？五季之亂，亦無一可與論倫理者矣。

雜録

宋・陶岳《五代史補》卷三《晉・楊光遠叛》 楊光遠滅范延先之後，朝廷以其功高，授青州節度，封東平王，奄有登、萊、沂、密數郡。既而自負强盛，舉兵反朝廷。以宗州節度李守正常與光遠有隙，乃命李討之。李受詔欣然，志在必取，莫不身先矢石。光遠見而懼之，度不能禦，遂降。初光遠反，書至，中外大震，時百官起居次，忽有朝士揚言於衆曰：楊光遠欲謀大事，吾不信也，光遠素患禿瘡，其妻又跛，自古豈有禿頭天子跛脚皇后耶？於是人心頓安。未幾光遠果降。

後晉平定安重榮叛亂

綜述

《舊五代史》卷四七《唐書・末帝紀中》 （清泰二年六月庚辰）河東節度使石敬瑭奏，邊軍乏芻糧，其安重榮巡邊兵士欲移振武就糧。從之。

又 卷四八《唐書・末帝紀下》 （五月）己酉，振武節度使安叔千奏，西北界巡檢使安重榮驅掠戍兵五百騎叛入太原。

又 卷七五《晉書・高祖紀一》 （清泰三年）六月，北面招收指揮使安重榮以部曲數千人入城。

又 卷七九《晉書・高祖紀五》 （天福六年春正月）丙寅，遣供奉官張澄等領兵二千，發并、鎮、忻、代四州山谷吐渾，令還舊地。先是，吐渾苦契丹之虐，受鎮州安重榮誘召，叛而南遷，入常山、太原二境，帝以契丹歡好之國，故遣歸之。【略】（五月）甲戌，北京遣牙將劉從以吐渾大首領白承福、念寵里、赫連功德來朝。邢州上言，吐渾移族帳於鎮州封部。【略】（六月）戊午，鎮州節度使安重榮執契丹使拽剌，遣輕騎掠幽州南境之民，處於博野，仍貢表及馳書天下，述契丹援天子父事之禮，貪傲無厭，困耗中國，已繕治甲兵，將與決戰。帝發所諭而止之，重榮跋扈愈甚，由是與襄州節度使安從進潛相構謀爲不軌。

又 卷八〇《晉書・高祖紀六》 （天福六年十一月）丁丑，襄州安從進舉兵叛，以西京留守高行周爲南面行營都部署，率兵討之，以前同州節度使宋彦筠爲副，以宣徽南院使張從恩監護焉。

十二月丙戌朔，以東京留守、開封尹、鄭王重貴爲廣晉尹，進封齊王；以鄴都留守、廣晉尹李德琓爲開封尹，充東京留守。南面軍前奏，十一月二十七日，武德使焦繼勳、先鋒都指揮使郭金海等於唐州南遇安從進賊軍一萬餘人，大破之，生擒衙内都指揮使安宏義，獲山南東道之印，其安從進單騎奔逸。丁亥，詔襄州行營都部署高行周權知襄州軍州事。是日，鎮州節度使安重榮稱兵向闕，以侍衛親軍馬步軍都指揮使杜重威爲北面行營招討使，率兵擊之，以邢州節度使馬全節爲副，以前貝州節度使王周爲馬步軍都虞侯。癸巳，武德使焦繼勳奏，安從進遣弟從貴領兵千人，取接均州刺史蔡行遇，尋領所部兵掩殺賊軍七百餘人，生擒安從貴，截其雙腕，卻放入城。【略】己亥，北面軍前奏，十三日未時，於宗城縣西南大破鎮州賊軍，殺一萬五千人，餘黨走保、宗城縣。是夜三更，破縣城，前深州刺史史虔武自縛歸降，獲馬三千疋，絹三萬餘疋，餘物稱是。安重榮脱身遁走。是日，百官稱賀。癸卯，削奪安從進、安重榮在身官爵。【略】丁未，南面行營都部署高行周奏，今月十三日，部領大軍至襄州城下，相次降賊軍二千人，其降兵馬軍詔以『彰聖』爲號，【略】壬子，杜重威部領大軍至鎮州城下。

天福七年春正月丙辰朔，不受朝賀，用兵故也。戊午，以前將作監李鍇爲少府監。北面招討使杜重威奏，今月已，收復鎮州，斬安重榮，傳首闕下。

又 卷九八《晉書・安重榮傳》 安重榮，朔州人。祖從義，利州刺史。父全，勝州刺史、振武蕃漢馬步軍都指揮使。重榮有膂力，善騎射。唐長興中，爲振武道巡邊指揮使，犯罪下獄。時高行周爲帥，欲殺之，其母赴闕申告，樞密使安重誨陰護之，奏於明宗，有詔釋焉。

張敬達之圍晉陽也，高祖聞重榮在代北，使人誘之，重榮乃召邊士，得千騎赴焉。高祖大喜，誓以土地。及即位，授成德軍節度使，累加至使相。自梁、唐已來，藩侯郡牧，多以勳授，不明治道，例爲左右羣小惑亂，賣官鬻獄，割剝蒸民，率有貪猥之名，其實賄賂半歸於下。惟重榮自能鉤距，凡有爭訟，多庭辯之，至於倉庫耗利，百姓科徭，悉入於己，諸司不敢窺覬。嘗有夫婦共訟其子不孝者，重榮面加詰責，抽劍令自殺之，其父泣曰：『不忍也。』其母詬詈，仗劍逐之。重榮疑而問之，乃其繼母也，因叱出，自後射之，一箭而斃，聞者莫不快意。由此境内以爲强明，大得民情。

重榮起於軍伍，暴獲富貴，復覩累朝自節鎮遽升大位，每謂人曰：『天子，兵彊馬壯者當爲之，寧有種耶！』又以奏請過當，爲權臣所否，心常憤憤，遂畜聚亡命，收市戰馬，有飛揚跋扈之志。嘗因暴怒殺部校賈章，以謀叛聞。章有女一人，時欲舍之，女曰：『我家三十口，繼經兵亂，死者二十八口，今父就刑，存此身何爲？』再三請死，亦殺之。鎮人由是惡重榮之酷，而嘉賈女之烈焉。

天福中，朝廷姑息契丹，務安邊塞，重榮每見蕃使，必以箕踞慢罵。會有梅里數十騎由其境内，交言不遜，因盡殺之，契丹主大怒，責讓朝廷。朝廷隱忍，未卽加罪，重榮乃密構吐渾等諸族，以爲援助，上表論之。其略曰：

臣昨據熟吐渾節度使白承福、赫連公德等，各領本族三萬餘帳，自應州地界奔歸王化。續準生吐渾併渾葜苾兩突厥三部落，南北將沙陀、安慶、九府等，各領部族老小，併牛羊、車帳、甲馬，七八路慕化歸奔，俱至五台及當府地界已來安泊。累據告勞，具説被契丹殘害，平取生口，率略羊馬，凌害至甚。又自今年二月後來，須領點檢强壯，置辦人馬衣甲，告報上秋向南行營，諸蕃部等實恐上天不祐，殺敗後隨例不存家族，所以預先歸順，兼隨府族，各量點檢强壯人馬約十萬衆。又準沿河党項及山前、山後、逸利、越利諸族部落等首領，併差人各將契丹所授官告、職牒、旗號來送納，例皆號泣告勞，稱被契丹凌虐，憤惋不已，情願點集甲馬，會合殺戮。續又朔州節度副使趙崇與本城將校殺僞節度使劉山，尋已安撫軍城，乞歸朝廷。臣相次具奏聞。昨奉宣頭及累傳聖旨，令臣凡有往復契丹，更須承奉，當侯彼生頭角，不欲自起釁端，貴守初終，不愆信誓。仰認睿旨，深惟匿瑕，其如天道人心，至務勝殘去虐，須知機不可失，時不再來。竊以諸蕃不招呼而自至，朔郡不攻伐以自歸，蓋係人情，盡由天意。更念諸陷蕃節度使等，本自勳勞，早居富貴，没身邊塞，遭酷虐以異常，企足朝廷，冀傾輸而不已，如聞傳檄，盡願倒戈。如臣者雖是愚蒙，粗知可否，不思忌諱，罄寫丹衷，細具敷陳，冀裨萬一。

其表數千言，大抵指斥高祖稱臣奉表，罄中國珍異，貢獻契丹，凌虐漢人，竟無厭足。又以此意爲書，遺諸朝貴及藩鎮諸侯。

高祖憂其變也，遂幸鄴都以詔諭之，凡有十焉。其略曰：『爾身爲大臣，家有老母，忿不思難，棄君與親。吾因契丹而興基業，爾因吾而致富貴，吾不敢忘，爾可忘耶！且前代和親，只爲安邊，今吾以天下臣之，爾欲以一鎮抗之，大小不等，無自辱焉。』重榮愈恣縱不悛，雖有此奏，亦密令人與契丹幽州帥劉晞結托。蓋重榮有内顧之心，契丹幸我多事，復欲侵吞中國，契丹之怒重榮，亦非本志也。時重榮嘗與北來蕃使併轡而行，指飛鳥射之，應弦而落，觀者萬衆，無不快抃，蕃使因輟所乘馬以慶之，由是名振北方，自謂天下可以一箭而定也。又重榮素與襄州安從進連結，及聞從進將議起兵，而姦謀乃決。

天福六年冬，大集境内飢民，衆至數萬，揚旌向闕，聲言入覲，朝廷遣杜重威帥師禦之，遇於宗城。軍才成列，有賊將趙彦之臨陣卷旗來奔，重榮方戰，聞彦之背己，大恐，退於輜重中，王師因而擊之，一鼓而潰。重榮與十餘騎北走，其下部衆，屬嚴冬寒冽，殺戮及凍死者二萬餘人。重榮至鎮，取牛馬革旋爲甲，使郡人分守夾城以待王師。杜重威至，有部將自西郭水門引官軍入焉，殺守陴百姓萬餘人，重威尋害道者，自收其功。重榮擁吐渾數百，匿於牙城，重威使人襲而得之，斬首以進。高祖御樓閱其浮馘，宣露布訖，遣漆其頭顱，函送契丹。

又《安從進傳》 安從進，天福六年，高祖幸鄴，討安重榮。少帝以鄭王留守京師，時和凝請於高祖曰：『陛下北征，臣料安從進必反，何以制之？』高祖曰：『卿意將奈何？』凝曰：『臣聞之兵法，先人者奪人，願陛下爲空名宣敕十通授鄭王，有急則命將往。』從進聞高祖往北，遂反，少帝以空名授李建崇、郭金海討之。從進引兵攻鄧州，不克，進至湖陽，遇建崇等，大駭，以爲神速，復爲野火所燒，遂大敗，從進自焚。

又 卷九〇《晉書・馬全節傳》 馬全節，字大雅，魏郡元城人也。【略】清泰六年秋，移鎮邢州，加同中書門下平章事。安重榮之叛也，授鎮州行營副招討兼排陣使，與重榮戰於宗城，大敗之。鎮州平，加開府儀同三司，充義武軍節度、易定祁等州觀察處置、北平軍等使。

又 卷一〇九《漢書・杜重威傳》 杜重威，其先朔州人，近世徙家於太原。【略】及鎮州安重榮稱兵向闕，命重威禦之，敗重榮於宗城。重榮奔據常山，重威尋拔其城，斬重榮首傳於闕下，授成德軍節度使。所得重榮家財及常山公帑，悉歸於己，晉高祖知而不問。至鎮，復重斂於民，稅外加賦，境內苦之。

論説

《舊五代史》卷九八《晉書・安重榮傳論》 帝王之尊，必由天命，雖韓信、彭越之勇，吳濞、淮南之勢，猶不可以妄冀，而況二安之庸昧，相輔爲亂，固宜其自取滅亡也。後之擁强兵莅重鎮者，得不以爲鑑乎！彦澤狼子野心，盈貫而死，晚矣！德鈞諸人，與晉事相終始，故附見於茲焉。

清・吴孟堅《一草亭讀史漫筆二・安重榮》 晉主父事契丹，萬世之辱也，竭中國之膏血，以賂無厭之求，罪莫此甚，重榮深耻焉，每見契丹之使必嫚罵，或邀殺且執之，不足愧夫晉主乎？彼其上表請伐，語甚激厲，此《春秋》大義所深許者，而朝臣不以爲然。晉主疑爲多事，史氏則以其不奉君命書之曰叛矣。嗟夫！重榮身爲大帥，既已上疏，不可謂不尊朝請也，所謂閫以外，將軍制之，胡以叛云邪？至其後跋扈欲叛，則又晉主有以激之也夫？

清・王夫之《讀通鑑論》卷三〇《五代下》 自唐以來，人主之速趨於亡者，皆以姑息養强臣而倒授之生殺之柄，非其主剛核過甚而激之使叛也。今欲使敬瑭以呴沫之仁假籍將相，則當時所宜推心信任、恣其淩轢而不問者，莫知遠若矣。恩徧加於將相，而可獨致猜防於知遠乎？柔而召侮，躁人先淩之，以亂其心志，故安重榮之流，急起以疲敬瑭之力，知遠乃乘其後席捲而收之已耳。威移於己，則三軍所畏服者，知有知遠而忘有敬瑭。戢兵以衛民，則百姓所仰戴者，不感敬瑭而唯感知遠。兵從令而民歸心，故可以安坐晉陽，而俟契丹之倦歸，以受人之推戴。此知遠之成算，使敬瑭入其中而不覺者也，籍令石重貴而不爲契丹之俘虜邪？亦拱手而授之知遠爾。

石敬瑭起而爲天子，於是人皆可爲，而人思爲之。石敬瑭受契丹之册命爲天子，於是人皆以天子爲唯契丹之命，而求立於契丹，趙延壽、楊光遠、杜重威，皆敬瑭之教也。欲爲天子，而思反敬瑭之爲，拒契丹以滅石氏者，安重榮耳，雖兵敗身死，蒙叛臣之號，而以視延壽輩之腥汙，猶有生人之氣矣。

藝文

清・張晉《艷雪堂詩集》卷一《五代雜詠・安重榮》 天子如公作得無，兵强馬壯笑區區，不因兩箭誇神驗，安得旛竿誤鐵胡。

後漢平定鄴都叛亂

綜述

《舊五代史》卷一〇〇《漢書・高祖紀下》（天福十二年閏月）新授宋州節度使杜重威據鄴都叛，詔削奪重威官爵，貶爲庶人。以高行周爲行營都部署，率兵進討。辛未，以權樞密使楊邠爲樞密使，加檢校太傅；以權樞密副使郭威爲副樞密使，加檢校太保；以權三司使王章爲三司使，加檢校太傅。【略】

九月戊寅，詔以杜重威叛命，取今月二十九日暫幸澶、魏。

冬十月丙申，以相州留後王繼弘爲相州節度使，加檢校太傅。至鄴都城下。丙午，詔都部署高行周督衆攻城，帝登高阜以觀之，時衆議未欲攻擊，副部署慕容彦超堅請攻之。是日，王師傷夷者萬餘人，不克而退。

十一月壬申，杜重威上表請命。癸酉，雨木冰。丁丑，杜重威素服出降，待罪於宮門，詔釋其罪。鄴都留守、天雄軍節度使高行周加守太尉，封臨清王。以杜重威爲檢校太師、守太傅、兼中書令、楚國公。

又　卷一〇九《漢書·杜重威傳》　杜重威，其先朔州人，近世徙家於太原。【略】及鎮州安重榮稱兵向闕，命重威禦之，敗重榮於宗城。重榮奔據常山，重威尋拔其城，斬重榮首傳於闕下，授成德軍節度使。所得重榮家財及常山公帑，悉歸於己，晉高祖知而不問。至鎮，復重斂於民，稅外加賦，境内苦之。

少帝嗣位，與契丹絶好，契丹主連年伐晉，重威但閉壁自守。部内城邑相繼破陷，一境生靈受屠戮，重威任居方面，未嘗以一士一騎救之。每敵騎數十驅漢人千萬過城下，如入無人之境。重威但登陴注目，略無邀取之意。開運元年秋，加北面行營招討使。二年，領大軍下秦州、滿城、遂城。契丹主自古北口回軍，追躡王師，重威等狼狽而旋，至陽城，爲契丹所困。會大風狂猛，軍情憤激，符彦卿、張彦澤等引軍四出，敵衆大潰，諸將欲追之，重威曰：『逢賊得命，更望福乎！』遂收軍馳歸常山。先是，重威於州内括借錢帛，吏民大被其苦，人情咸怨，重以境内凋弊，十室九空，重威遂無留意，連上表乞歸朝，不俟報即時上路。朝廷以邊上重鎮，主帥擅離，苟有奔衝，慮失御備，然亦無如之何，即以馬全節代之。重威尋授鄴都留守。會鎮州軍食不繼，遣殿中監王欽祚就本州和市，重威私第有粟十餘萬斛，遂録之以聞。朝廷給絹數萬匹，償其粟直。重威大忿曰：『我非反逆，安得籍没耶！』

三年冬，晉少帝詔重威與李守貞等率師經略瀛、鄚。師至瀛州城下，晉騎將梁漢璋進與契丹接戰，漢璋死焉。重威即時命回軍，次武强，聞契丹主南下，乃西趨鎮州，至中渡橋，與契丹夾滹水而營。十二月八日，宋彦筠、王清等率數千人渡滹沲，陣於北岸，爲敵所破。時契丹遊軍已至欒城，道路隔絶，人情危蹙，重威密遣人詣敵帳，潛布腹心。契丹主大悦，許以中原帝之，重威庸暗，深以爲信。一日，伏甲於内，召諸將會，告以降敵之意，諸將愕然，以上將既變，乃俛首聽命，遂連署降表，令中門使高勳齎送敵帳，軍士解甲，舉聲慟哭。是日，有大霧起於降軍之上。契丹主使重威衣赭袍以示諸軍，尋僞加守太傅，鄴都留守如故。

契丹主南行，命重威部轄晉軍以從，既至東京，駐晉軍於陳橋，士伍飢凍，不勝其苦。重威每出入衢路，爲市民所詬，俛首而已。契丹下令括率京城錢帛，將相公私，雷同率配，重威與李守貞各萬緡。乃告契丹主曰：『臣等以十萬漢軍降於皇帝，不免配借，臣所不甘。』契丹主笑而免之。尋羣盜斷澶州浮梁，契丹乃遣重威歸藩。明年三月，契丹主北去，至相州城下，重威與妻石氏詣牙帳貢獻而回。

高祖車駕至闕，以重威爲宋州節度使，加守太尉，重威懼，閉城拒命。詔高行周率兵攻討，重威遣其子弘遂等告急於鎮州麻荅，乞師救援，且以弘遂爲質，麻荅遣蕃將楊衮赴之。未幾，鎮州諸軍逐麻荅，楊衮至洺州而回。十月，高祖親征，車駕至鄴城之下，遣給事中陳觀等，齎詔入城，許其歸命，重威不納。數日，高祖親率諸軍攻其壘，不克，王師傷夷者萬餘人。高祖駐軍數旬，城中糧盡，屑麴餅以給軍士，吏民踰壘而出者甚衆，皆無人色。至是，重威牙將詣行宮請降，復遣節度判官王敏奉表請罪，賜優詔敦勉，許其如初。重威即遣其子弘遂、妻石氏出候高祖，重威繼踵出降，素服俟罪，復其衣冠，賜見，即日制授檢校太師、守太傅、兼中書令。鄴城士庶，殍殕者十之六七。先是，契丹遣幽州指揮使張璉，以部下軍二十餘人屯鄴，時亦有燕軍一千五百人在京師。會高祖至闕，有上變者，言燕軍謀亂，盡誅於繁臺之下，咸稱其冤。有逃奔於鄴者，備言其事，故張璉等懼死，與重威膠固守城，略無叛志。高祖亦悔其前失，累令宣諭，許以不死。璉等於城上揚言曰：『繁臺之誅，燕軍何罪？既無生理，以死爲期。』璉一軍在圍中，重威推食解衣，盡力姑息。燕軍驕悍，憑陵吏民，子女金帛，公行豪奪。及重威請命，璉等邀朝廷信誓，詔許璉等卻歸本土。及出降，盡誅璉等將數十人，其什長已下放歸幽州，將出漢境，剽略而去。

又　卷一二三《周書·高行周傳》　高行周，字尚質，幽州人也。【略】漢高祖入汴，加守太傅、兼中書令，代李守貞爲天平節度使。杜重威據鄴叛，漢祖以行周爲招討使，總兵討之。鄴平，授鄴都留守，加守太尉，進爵臨清王。

《新五代史》卷一〇《漢紀·高祖紀》（天福十二年秋閏七月）天雄軍節度使杜重威反，天平軍節度使高行周爲鄴都行營都部署以討之。冬十月甲申，次韋城，赦河北。

十一月壬申，杜重威降。

十二月癸巳，至自鄴都。

又 卷五三《雜傳·慕容彥超》 慕容彥超，吐谷渾部人，漢高祖同産弟也。【略】杜重威反於魏，高祖以天平軍節度使高行周爲都部署以討之，以彥超爲副。彥超與行周謀議多不協，行周用兵持重，兵至城下，久之不進。彥超欲速進戰，而行周不許。行周有女嫁重威子，彥超揚言行周以女故，惜賊城而不攻，行周大怒。高祖聞二人不相得，懼有佗變，由是遽親征。彥超數以事淩辱行周，行周不能忍，見宰相涕泣，以屎塞口以自訴。高祖知曲在彥超，遣人慰勞行周，召彥超責之，又遣詣行周謝過，行周意稍解。

是時，漢兵頓魏城下已久，重威守益堅，諸將皆知未可圖，方伺其隙，而彥超獨言可速攻，高祖以爲然，因自督士卒急攻，死傷者萬餘人，由是不敢復言攻。後重威出降，高祖以行周爲天雄軍節度使，行周辭不敢受，高祖遣蘇逢吉諭之曰：『吾當爲爾徙彥超。』行周乃受，而彥超徙鎮泰寧。

《宋史》卷二六二《李濤傳》 李濤，字信臣，京兆萬年人。唐敬宗子郇王瑋十世孫。

（天福十二年閏七月）杜重威據鄴叛，高祖命高行周、慕容彥超討之，二帥不協。濤密疏請親征。高祖覽奏，以濤堪任宰輔，即拜中書侍郎兼户部尚書、平章事。

論　説

《舊五代史》卷一〇〇《漢書·高祖紀論》 在昔皇天降禍，諸夏無君。漢高祖肇起并、汾，遄臨汴、洛，乘虚而取神器，因亂而有帝圖，雖曰人謀，諒由天啓。然帝昔莅戎藩，素虧物望，洎登宸極，未厭人心，徒矜拯溺之功，莫契來蘇之望。良以急於止殺，不暇崇仁。燕薊降師，既連營而受戮；鄴臺叛帥，因閉壘以婾生。蓋撫御以乖方，俾征伐之不息。及回鑾輅，尋墮烏號，故雖有應運之名，而未睹爲君之德也。

《新五代史》卷五二《雜傳·杜重威傳論》 嗚呼，晉之事醜矣，而惡亦極也！其禍亂覆亡之不暇，蓋必然之理爾。使重威等雖不叛以降虜，亦未必不亡；然開虜之隙，自一景延廣，而卒成晉禍者，此三人也。視重威、彥澤之死，而晉人所以甘心者，可以知其憤疾怨怒於斯人者，非一日也。至於爭已戮之尸，臠其肉，剔其髓而食之，撦裂蹈踐，斯須而盡，何其甚哉！

此自古未有也。然當是時，舉晉之兵皆在北面，國之存亡，繫此三人之勝敗，則其任可謂重矣。蓋天下惡之如彼，晉方任之如此，而終以不悟，豈非所謂臨亂之君，各賢其臣者歟？

宋·司馬光《資治通鑑》卷二八七《後漢紀二·高祖睿文聖武昭肅孝皇帝中》 臣光曰：漢高祖殺幽州無辜千五百人，非仁也；誘張璉而誅之，非信也；杜重威罪大而赦之，非刑也。仁以合衆，信以行令，刑以懲姦；失此三者，何以守國！其祚運之不延也，宜哉！

清·王夫之《讀通鑑論》卷三〇《五代下》 自唐以來，彊臣擅兵以思篡奪源石敬者相沿成習，無有寧歲久矣。朱温、李克用先後以得中原，而李嗣源、石敬瑭、劉知遠踵之以興。蓋其間效之蹶起，或謀而不成，或幾成而敗者，鋒刃相仍，民以荼毒也，不可勝紀當其使爲偏裨與贊逆謀也，已伏自竊之心。延及於石、劉之代，而無人不思爲天子矣。安重榮、安從進、楊光遠、杜重威、張彥澤、李守貞雖先後授首，而主臣喋血以競雌雄，敗則族，勝則帝，皆徼幸於不可知之數。幸而伏誅，國亦因是而卒斬。流血成川，民財括盡，以僅夷一叛臣，而叛者又起。彼固曰：與我併肩而起者，資我以興，惡能執法以操我生死之柄？況其煢煢孺子，而敢儼然帝制，秉鈇鉞以臨我乎？

後漢平定三鎮叛亂

綜　述

《舊五代史》卷一〇一《漢書·隱帝紀上》（乾祐元年三月）【略】西道諸州奏，河中李守貞謀叛，發兵據潼關。

夏四月辛巳，陝州兵馬監押王玉奏，收復潼關。三月二十四日，行次永興，思綰等作亂，突入府城，據城以叛。故命從義帥師以討之。甲申，王景崇奏，趙思綰叛，見起兵攻討。辛卯，削奪李守貞在身官爵。

八月己卯，以華州節度使侯章爲邠州節度使，以左金吾上將軍扈彦珂爲華州節度使。壬午，命樞密使郭威赴河中府軍前，詔河府、永興、鳳翔行營諸軍，一稟威節制。時李守貞、王景崇、趙思綰連衡作叛。朝廷雖命白文珂、常思攻討河中，物議以二帥非守貞之敵，中外憂之。及是命之降，人情大愜。癸巳，以奉國左廂都指揮使、閬州防禦使劉詞爲夔州節度使，充侍衛步軍都指揮使，兼河中行營都虞候，以護聖左廂都指揮使、岳州防禦使李洪義爲遂州節度使，充侍衛馬軍都指揮使。乙未，【略】新授鳳翔節度使趙暉奏，部署兵士赴鳳翔城下。癸卯，郭威奏，今月二十三日，大軍已抵河府賊城。至二十六日，開長連塹畢，築長連城次。

九月戊申，侯益、部曲王守筠自鳳翔來奔，言益家屬盡爲王景崇所害。壬子，郭威奏，破河府賊軍於城下。戊辰，鳳翔都部署趙暉奏，大破川軍於大散關，殺三千餘人，其餘棄甲而遁。壬申，郭威奏得郭從義報，今月十四日，鳳翔王景崇兵士離本城，尋遣監軍李彦從率兵襲至法門寺西，殺戮二千餘人。

冬十月戊寅，趙暉奏，破王景崇賊軍於鳳翔城下。甲辰，延州奏，夏州李彝殷先出兵臨州境，欲應接李守貞，今卻抽退。

又　卷一〇二《漢書·隱帝紀中》　乾祐二年春正月乙巳朔，制曰：【略】河府李守貞、鳳翔王景崇、永興趙思綰等，比與國家素無釁，偶因疑懼，遂至叛違。然以彼之生靈，朕之赤子，久陷孤壘，可念非辜，易子析骸，填溝委壑，爲人父母，寧不軫傷！但以屈己愛人，先王厚德，包垢含辱，列聖美談，宜推濟物之恩，用廣好生之道。其李守貞等，宜令逐處都部署分明曉諭，若能翻然歸順，朕即待之如初，當保始終，享其富貴，明申信誓，固無改移。其或不順推誠，堅欲拒命，便可應時攻擊，克日盪平。候收復城池，罪止元惡，其餘詿誤，一切不問。【略】

時蜀軍自大散關來援王景崇，郭威自將兵赴岐下，將行，戒白文珂、劉詞等曰：『賊之驍勇，併在城西，慎爲儆備。』既行，至華州，聞川軍敗退，且憂文珂等爲賊奔突，遂兼程而回。賊城內偵知郭威西行，於正月四日夜，遣賊將王三鐵等，率驍勇千餘人，沿流南行，坎岸而登，爲三道來攻。賊軍已入王師砦中，劉詞極力拒之，短兵既接，遂敗之。

三月丙辰，以北京衙內指揮使劉鈞爲汾州防御使。

夏四月丙子，以荆南節度行軍司馬、武泰軍節度留後王保義爲檢校太尉，領武泰軍節度使，行軍如故。丁丑，潁州獻紫兔、白兔。是月，幽、定、滄、貝、深、冀等州地震。辛巳，太白經天。辛丑，幸道宫禱雨。

五月戊申，以前邠州節度使安審約爲右神武統軍，乙卯，河府軍前奏，今月九日，河中節度副使周光遜棄賊河西寨，與將士一千一百三十人來奔。

秋七丙辰，樞密使郭威奏，收復河府羅城，李守貞退保子城。丁巳，永興都部署郭從義奏：『新除華州留後趙思綰，自今月三日授華州留後，準詔赴任，三移行期，仍要鎧甲以給牙兵，及與之，竟不遵路。至九日夕，有部曲曹彦進告，思綰欲於十一日夜與同惡五百人奔南山入蜀。是日詰旦，再促上路，云俟夜進途。臣尋與王峻入城，分兵守四門，其趙思綰部下軍，各已執帶，遂至牙署，令趙思綰至則執之，與一行徒黨，併處置訖。』甲子，樞密使郭威奏，收復河中府，逆賊李守貞自燔而死。丙寅，以權涼州留後折逋嘉施爲河西軍節度留後。【略】戊辰，永興軍節度使兼兵馬都部署郭從義加同平章事，徙華州節度使郭從義奏，處斬前巡檢使喬守温，供奉官王益、時知化、任繼勳等。守温受高祖命巡檢京兆，會王益自鳳翔押送趙思綰等赴闕，行至京兆，守温迎益於郊外，思綰等突然作亂，遂據其城。及郭從義率兵攻討，令守温部署役夫。守温有愛姬陷在賊城，爲思綰所録，及收城，從義盡得思綰之婢僕，守温求其愛姬，從義雖與之，意有所慊，遂發前罪，密啓於郭威，請除之，與王益等併誅焉。

又　卷一〇九《漢書·李守貞傳》　李守貞，河陽人也。少桀黠落魄，事本郡爲牙將。晉高祖鎮河陽，用爲典客，後移數鎮，皆從之。及即位，累遷至客省使。天福中，李金全以安州叛，淮夷入寇，晉高祖命馬全節討之，守貞監護其軍，賊平，以守貞爲宣徽使。少帝即位，授滑州節度兼侍衛馬軍都指揮使，未幾，改侍衛都虞候。開運元年春，契丹犯澶、魏，少帝幸澶州，契丹遣將麻答以奇兵由鄆州馬家口濟河，立柵於東岸，守貞率師自澶州馳赴之。契丹大敗，溺死者數千人，獲馬數百匹，偏裨七十餘人。有頃，敵退。晉少帝還京，以守貞爲兗州節度使，依前侍衛都虞候。

五月，以守貞爲青州行營都部署，率兵二萬東討楊光遠，命符彦卿爲副。十一月，光遠子承勳等乞降，守貞入城，害光遠於別第。光遠有孔目官吏宋顔者，盡以光遠財寶、名姬、善馬告於守貞，得之置於帳下。近例，官軍克復城隍，必降德音，洗滌瑕穢。時樞密使桑維翰以光遠同惡數十輩潛竄未出，搜索甚急，故制書久不下。或有告宋顔匿於守貞處者，朝廷取而殺之，守貞由是怨維翰。時行營將士所給賞賜，守貞盡以䴵茶、染木、薑藥之類分給之，軍中大怨，乃以帛包所得物，如人首級，目之爲守貞頭，懸於樹以詛之。守貞班師，加同平章事，以楊光遠東京第賜之。守貞因取連宅軍營，以廣其第，大興土木，治之歲餘，爲京師之甲，行幸賜宴，恩禮無比。

開運二年春，契丹以全軍南下，前鋒至相州湯陰縣，詔守貞屯滑州。少帝再幸澶州，守貞爲北面行營都監，與招討使杜重威北伐，洎獲陽城之捷，遂收軍而還。四月，車駕還京，以守貞爲侍衛副都指揮使，移鎮宋州，加檢校太師。三年春，詔守貞率師巡邊，至衡水，獲鄚州刺史趙思英而還。居無何，代高行周爲侍衛親軍都指揮使，移鎮鄆州，意頗觖望。會宰臣李崧加侍中，守貞謂樞密使直學士殷鵬曰：『樞密何功，便加正相！』先是，桑維翰以元勳舊德爲樞密使，守貞位望素處其下，每憚之，與李彦韜、馮玉輩恊力排斥，維翰竟罷樞務。李崧事分疏遠，守貞得以凌蔑。

其年夏，契丹寇邊，以守貞爲北面行營都部署。少帝開曲宴於内殿，以寵其行，教坊伶人獻語云：『天子不須憂北寇，守貞面上管幽州。』既罷，守貞有自負之色，以其言誇詫於外。既而率兵至定州北，與契丹偏師遇，斬其將解里而還。九月，加兼侍中。會契丹遣瀛州刺史僞降於少帝，請發大軍應接，朝廷信之。十月，詔杜重威爲北面行營招討使，以守貞爲兵馬都監，知幽州行府事。先是，守貞領兵再由鄴都，杜重威厚加贈遺，曲意承迎，守貞悦之，每於帝前稱舉，請委征討之柄。至是，守貞、重威等會兵於鄴，遂趨瀛州，瀛州不應。貝州節度使梁漢璋爲蕃將高牟翰所敗，死之，王師遂還。師至深州，聞契丹大至，乃西趨鎮州，至滹沲之中渡，與敵相遇。官軍營於滹水之南，未幾，敵騎潛渡至欒城，斷我糧路，尋則王清戰死，杜重威遂與守貞歸命契丹，授守貞司徒，依前鄆州節度使，從契丹至汴。時京輦之下，契丹充斥，都人士庶，若在塗炭。二帥出入揚颺，市人詬之，略無慚色。有頃，河北及京東草寇大起，澶州浮橋爲羣賊所斷，契丹主甚恐，乃命諸帥各歸本鎮，守貞遂赴汶陽。高祖入汴，守貞懼而來朝，授守貞太保，移鎮河中。居無何，高祖晏駕，杜重威被誅，守貞愈不自安，乃潛畜異計。

乾祐元年三月，先致書於權臣，布求保證，而完城郭，繕甲兵，晝夜不息。守貞以漢室新造，嗣君才立，自謂舉無遺策。又有僧總倫者，以占術乾守貞，謂守貞有人君之位。未幾，趙思綰以京兆叛，遣使奉表送御衣於守貞，守貞自謂天時人事合符於己，乃潛給草賊，令所在竊發，遣兵據潼關。朝廷命白文珂、常思等領兵問罪，復遣樞密使郭威西征。官軍初至，守貞以諸軍多曾隸於麾下，自謂素得軍情，坐俟扣城迎己，及軍士詬譟，大失所望。俄而王景崇據岐下，與趙思綰遣使推奉，守貞乃自號秦王，思綰、景崇皆受守貞署置。又遣人齎蠟彈於吳、蜀、契丹，以求應援。既而城中糧盡，殺人爲食，召總倫詰其休咎，總倫至曰：『王自有天分，人不能奪。然分野災變，俟磨滅將盡，存留一人一騎，即王鵲起之際也。』守貞深以爲信。洎攻城，守貞欲發石以拒外軍，砲竿子不可得，無何，上游汎一筏至，其木悉可爲砲竿，守貞以爲神助。又嘗因宴？將佐，守貞執弧矢，遥指一虎？掌圖曰：『我若有非常，事當中虎舌。』引弓一發中之，左右拜賀，守貞亦自負焉。

及周光遜以西砦降，其勢益窘，人情離散。官軍攻城愈急，守貞乃潛於衙署多積薪蒭，爲自焚之計。二年七月，城陷，舉家蹈火而死。王師入城，於煙中獲其屍，斷其首函之，併獲數子二女，與其黨俱獻於闕下。隱帝御明德樓受俘馘，宣露布，百僚稱賀。禮畢，以俘馘徇於都城，守貞首級梟於南市，諸子併賊黨孫愿、劉芮、張延嗣、劉仁裕、僧總倫、靖琮、張球、王廷秀、焦文傑、安在欽等併磔於西市，餘皆斬之。

又 《趙思綰傳》 趙思綰，魏府人也。唐同光末，趙在禮之據魏城也，思綰隸於帳下，累從之。在禮卒，趙延壽籍其部曲，盡付於其長子贊，思綰即其首領也。高祖定河、洛，趙贊自河中移京兆尹。趙贊以久事契丹，常慮國家終不能容，乃與鳳翔侯益謀，引蜀兵爲援，又令判官李恕入朝請覲，趙贊不待報赴闕，留思綰等數百人在京兆。會高祖遣王景崇等西赴鳳翔，行次京兆，時思綰等數百人在焉。思綰等比是趙在禮御士。本不刺面，景崇、齊藏珍既至京兆，欲令文面，以防逋逸。景崇微露風旨，思綰厲聲先請自刺，以率其下，景崇壯之。藏珍竊言曰：『思綰粗暴難制，不如殺之。』景崇不聽，但率之同赴鳳翔。

朝廷聞之，遣供奉官王益部署思綰等赴闕。思綰既發，行至途中，謂其黨常彦卿曰：『小太尉已入佗手，吾輩至，則併死矣。』小太尉蓋謂趙贊也。彦卿曰：『臨機制變，子勿復言！』既行，至永興，副使安友規、巡檢使喬守温出迎，於郊外離亭置酒。思綰前曰：『部下軍士已在城東安下，緣家屬在城，欲各將家今夜便宿城東。』守温等然之。思綰等辭去，與部下併無兵仗，纔入西門，有州校坐門側，思綰遽奪其佩劍，即斬之。其衆持白挺殺守門軍士十餘人，分衆守捉諸門。思綰劫庫兵以授之，遂據其城，時乾祐元年三月二十四日也。翌日，集城中丁壯得四千餘人，濬池隍，修樓櫓，旬浹之間，戰守皆備。尋遣人送款於河中，李守貞遣使齎僞詔授思綰晉昌軍節度使、檢校太尉。朝廷聞之，命郭從義、王峻帥師伐之。及攻其城，王師傷者甚衆，乃以長塹圍之。經年糧盡，遂殺人充食。思綰嘗對衆取人膽以酒吞之，告衆曰：『吞此至一千，即膽氣無敵矣。』

二年夏，食既盡，思綰計無從出，時左驍衛上將軍致仕李肅寓居城中，因與判官程讓能同言於思綰曰：『太尉比與國家無嫌，但負罪懼誅，遂爲急計。今朝廷三處用兵，一城未下，太尉若翻然效順，率先歸命，以功補過，庶幾無患。若坐守窮城，端然待斃，則何貴於智也。』思綰然之，即令讓能爲章表，遣牙將劉成琦入朝，制授思綰華州留後、檢校太保，以常彦卿爲虢州刺史，遣內臣齎官告國信賜之。既受命，遲留未發。郭從義、王峻等籌之曰：『狼子野心，終不可用，留之必貽後悔耳！』既而從義、王峻等緩轡入城，陳列步騎至牙署，遣人召思綰曰：『太保登途，不暇出祖，對飲一杯，便申仳別。』思綰至，則執之，遂斬於市，并族其家。思綰臨刑，市人爭投瓦石以擊之，軍吏不能禁。是日，并部下叛黨新授虢州刺史常彦卿等五百餘人併誅之。籍思綰家財，得二十餘萬貫，入於官。

始思綰入城，丁口僅十餘萬，及開城，惟餘萬人而已，其餓斃之數可知矣。

又 卷一一〇《周書・太祖紀一》 有頃，河中李守貞據城反，朝廷憂之，諸大臣共議進取之計。史弘肇曰：『守貞，河陽一客司耳，竟何能爲？』帝曰：『守貞雖不習戎行，然善接英豪，得人死力，亦勍敵，宜審料之。』乃命白文珂、常思率兵攻取。師未至，而趙思綰竊據永興，王景崇反狀亦露，朝廷遣郭從義、王峻討趙思綰。

七月，西面師徒大集，未果進取。其月十三日，制授帝同平章事，即遣西征，以安慰招撫爲名，詔西面諸軍，併取帝節度。時論以白文珂、常思非守貞之敵，聞帝西行，羣情大愜。八月六日，帝發離京師。二十日，師至河中。命白文珂營於河西，帝營於河東。不數日，周設長塹，復築長連城以逼之。帝在軍，居常接賓客，與大將讌語，即褒衣博帶，或遇巡城壘，對陳敵，幅巾短後，與衆無殊。臨矢石，冒鋒刃，必以身先，與士伍分甘共苦。稍立功效者，厚其賜與，微有傷痍者，親爲循撫。士無賢不肖，有所陳啓，温顔以接，俾盡其情，人之過忤，未嘗介意，故君子小人皆思效用。守貞聞之，深以爲憂。十二月，帝以蜀軍屯大散關，即親率牙兵往鳳翔、永興。相度將發，謂白文珂、劉詞曰：『困獸猶鬭，當謹備之。』帝至華州，聞蜀軍退敗，遂還。

（乾祐）二年正月五日夜，李守貞遣將王三鐵領千餘人，夜突河西砦，果爲劉詞等力戰敗之。

五月九日，攻河西砦，賊將周光遜以砦及部衆千餘人來降。十七日，下令攻城，會西北大風，揚沙晦冥，帝令禱河伯祠，奠訖而風止，自是晝夜攻之。

七月十三日，帝率三砦將士奪賊羅城。二十一日，城陷，守貞舉家自焚而死。

又 卷一二四《周書・劉詞傳》 劉詞，字好謙，元城人。【略】乾祐初，李守貞叛於河中，太祖征之，朝廷以爲侍衛步軍都指揮使，遙領寧江軍節度使，充行營馬步都虞候，命分屯於河西。二年正月，守貞遣敢死之士數千，夜入其營，皆怖懼不知所爲。唯詞神氣自若，令於軍中曰：

『此小盜耳，不足驚也。』遂免冑橫戈，叱短兵以擊之，賊衆大敗而退。自是守貞喪膽，不復有奔突之意。河中平，太祖嘉之，表其功爲華州節度使，歲餘，移鎮邢臺。

又《白文珂傳》 白文珂，字德温，太原人也。【略】漢祖定兩京，改天平軍節度使，加同平章事。未幾，鎮陝州，檢校太師。會河中李守貞叛，詔充河中府行營都部署。時文珂已老，朝議恐非守貞之敵，乃命太祖西征。河中平，文珂授西京留守、河南尹。

又 卷一二五《周書・趙暉傳》 趙暉，字重光，澶州人也。【略】乾祐初，移鎮鳳翔，加同平章事。屬王景崇叛據岐山，及期不受代，朝廷卽命暉爲西南面行營都部署，統兵以討之。時李守貞叛於蒲，趙思綰據於雍，與景崇皆遞相爲援，又引蜀軍出大散關，勢不可遏。暉領兵數千，數戰而勝，然後塹而圍之。暉屢使人挑戰，賊終不出，乃潛使千餘人，於城南一舍之外，擐甲執兵，僞爲蜀兵旗幟，循南山而下，詐令諸軍聲言川軍至矣。須臾，西南塵起，城中以爲信，乃令數千人潰圍而出，以爲應援，暉設伏而待，一鼓而盡殪之。自是景崇膽破，不復敢出。明年春，拔之，加檢校太保、兼侍中。

又 卷一三二《世襲傳・彝超》 彝超，仁福之次子也。命之初，以犯廟諱故改之。是歲，李守貞叛於河中，潛使人搆之，彝興爲之出師，駐於延州之北境，既而聞守貞被圍，乃收軍而退。周顯德中，累加至守太傅、兼中書令，封西平王。

《新五代史》卷五三《雜傳・王景崇》 王景崇，邢州人也。爲人明敏巧辯，善事人。唐明宗鎮邢州，以爲牙將，其後嘗從明宗，隸麾下。明宗卽位，拜通事舍人，歷引進閤門使，馳詔方鎮、監軍征伐，必用景崇。後事晉，累拜左金吾衛大將軍，常怏怏人主不能用其材。晉亡，蕭翰據京師，景崇厚賂其將高牟翰以求用。已而翰北歸，許王從益居京師，用景崇爲宣徽使、監左藏庫。

漢高祖起太原，景崇取庫金奔迎高祖。高祖至京師，拜景崇右衛大將軍，未之奇也。高祖攻鄴，景崇不得從，乃求留守起居，表詣行在見高祖，願留軍中效用，爲高祖畫攻戰之策，甚有辯，高祖乃奇其材。

是時，漢方新造，鳳翔侯益、永興趙贊皆嘗受命契丹，高祖立，益等内顧自疑，乃陰召蜀人爲助，高祖患之。及已破鄴，益等懼，皆請入朝。會回鶻入貢，言爲党項所隔不得通，願得漢兵爲援，高祖遣景崇以兵迎回鶻。景崇將行，高祖已疾，召入臥內戒之曰：『益等已來，善矣，若猶遲疑，則以便宜圖之。』景崇行至陝，趙贊已東入朝，而蜀兵方寇南山，景崇擊破蜀兵，追至大散關而還。高祖乃詔景崇兼鳳翔巡檢使。

景崇至鳳翔，侯益未有行意，而高祖崩，或勸景崇可速誅益，景崇念獨受命先帝而少主莫知，猶豫未決。益從事程渥，與景崇同鄉里，有舊，往說景崇曰：『吾與子爲故人，吾位不過賓佐，而子已貴矣，奈何欲以陰狡害人而取之乎？侯公父子爪牙數百，子毋妄發，禍行及矣！非吾，誰爲子言之。』於是景崇頗不欲殺益，益乃亡去，景崇大悔失不殺之。

益至京師，隱帝新立，史弘肇、楊邠等用事，益乃厚賂邠等，陰以事中景崇。已而益拜開封尹，景崇心不自安，諷鳳翔將吏求己領府事。朝廷患之，拜景崇邠州留後，以趙暉爲鳳翔節度使。景崇乃叛，盡殺侯益家屬，與趙思綰共推李守貞爲秦王，隱帝卽以趙暉討之。景崇西招蜀人爲助，蜀兵至寶鷄，爲暉將藥元福、李彦從所敗。暉攻鳳翔，塹而圍之，數以精兵挑戰，景崇不出。暉乃令千人潛之城南一舍，僞爲蜀兵旗幟，循南山而下，聲言蜀救兵至矣，須臾塵起，景崇以爲然，乃令數千人潰圍而出以爲應。暉設伏以待之，景崇兵大敗，由是不敢復出。

明年，守貞、思綰相次皆敗，景崇客周璨謂景崇曰：『公能守此者，以有河中、京兆也。今皆敗矣，何所恃乎？不如降也。』景崇曰：『誠累君等，然事急矣，吾欲爲萬有一得之計可乎？吾聞趙暉精兵皆在城北，今使公孫輦等燒城東門僞降，吾以牙兵擊其城北兵，脱使不成而死，猶勝於束手也。』璨等皆然之。遲明，輦燒東門將降，而府中火起，景崇自焚矣，輦乃降暉。

《宋史》卷二五四《扈彦珂傳》 扈彦珂，代州雁門人。【略】乾祐初，河中李守貞、永興趙思綰、鳳翔王景崇併據城叛。周祖爲樞密使，總兵出征。道出華州，時議多以先討景崇、思綰爲便，周祖意未決。彦珂曰：『三叛連衡，推守貞爲主，宜先擊河中；河中平，則永興、鳳翔失勢矣。今捨近圖遠，若景崇、思綰逆戰於前，守貞兵其後，腹背受敵，爲之奈何？』周祖從其言。及平河中，以功遷護國軍節度。

又　卷二七四《王繼勳傳》　王繼勳，陝州平陸人，隸河中府爲牙校。李守貞之叛，令繼勳據潼關，爲郭從義所破，走還河中。俄白文珂、劉詞領兵至城下，守貞又遣繼勳與其愛將聶知遇夜出攻河西砦，復爲漢兵所敗，被創而遁。繼勳度守貞必敗，遂踰城出降。

周世宗致力統一戰爭

反擊北漢

綜　述

《舊五代史》卷一一四《周書·世宗紀一》　世宗睿武孝文皇帝，諱榮，太祖之養子，蓋聖穆皇后之姪也。本姓柴氏，父守禮，太子少保致仕。【略】顯德元年二月庚戌，潞州奏，河東劉崇與契丹大將軍楊衮，舉兵南指。壬戌，宰臣馮道率百僚上表，請御殿，凡三上，允之。丁卯，以中書令馮道充山陵使，太常卿田敏充禮儀使，兵部尚書張昭充鹵簿使，御史中丞張煦充儀仗使，開封少尹、權判府事王敏充橋道使。河東賊將張暉率前鋒自團柏谷入寇，帝召羣臣議親征。宰臣馮道等奏，以劉崇自平陽奔遁之後，勢弱氣奪，未有復振之理，竊慮聲言自來，以誤於我，陛下纂嗣之初，先帝山陵有日，人心易摇，不宜輕舉，命將禦寇，深以爲便。帝曰：「劉崇幸我大喪，聞我新立，自謂良便，必發狂謀，謂天下可取，謂神器可圖，此際必來，斷無疑耳！」馮道等以帝鋭於親征，因固諍之。帝曰：「昔唐太宗之創業，靡不親征，朕何憚焉！」道曰：「陛下未可便學太宗。」帝又曰：「劉崇烏合之衆，苟遇王師，必如山壓卵耳。」道曰：「不知陛下作得山否？」帝不悦而罷。詔諸道募山林亡命之徒有勇力者，送於闕下，仍目之爲强人。帝以趫捷勇猛之士多出於羣盜中，故令所在招納，有應命者，卽貸其罪，以禁衛處之，至有朝行殺奪，暮升軍籍，讎人遇之，不敢仰視。帝意亦患之，其後頗有不獲宥者。

三月丁丑，潞州奏，河東劉崇入寇，兵馬監押穆令均部下兵士爲賊軍所襲，官軍不利。詔天雄軍節度使符彦卿領兵自磁州固鎮路赴潞州，以澶州節度使郭崇副之。詔河中節度使王彦超領兵取晉州路東向邀擊，以陝府節度使韓通爲副。命宣徽使向訓、馬軍都指揮使樊愛能、步軍都指揮使何徽、滑州節度使白重贊、鄭州防禦使史彦超、前耀州團練使符彦能等，領兵先赴澤州。辛巳，制：「大赦天下，常赦所不原者，咸赦除之。諸貶降責授官，量與升陟敍用，應配流徒役人，併放逐便。諸道州府所欠去年夏秋租税併放。內外見任文武職官併與加恩，父母在者併與恩澤，亡没者與封贈，其母妻未敍者，特與敍封」云。前涇州節度使史懿卒。

癸未，詔以劉崇入寇，車駕取今月十一日親征。甲申，以樞密使鄭仁誨爲東京留守。乙酉，車駕發京師。壬辰，至澤州。癸巳，王師與河東劉崇、契丹楊衮大戰於高平，賊軍敗績。初，車駕行次河陽，聞劉崇自潞而南，卽倍程而進。是月十八日，至澤州，既晡，帝御戎服，觀兵於東北郊，距州十五里，夜宿於村舍。十九日，前鋒與賊軍相遇，賊陣於高平縣南之高原。有賊中來者，云：「劉崇自將騎三萬，并契丹萬餘騎，嚴陣以待官軍。」帝促兵以擊之，崇東西列陣，頗亦嚴整。乃令侍衛馬步軍都虞候李重進、滑州節度使白重贊將左，居陣之西廂；侍衛馬軍都指揮使樊愛能、步軍都指揮使何徽將右，居陣之東廂；宣徽使向訓、鄭州防禦使史彦超，以精騎當其中；殿前都指揮使張永德以禁兵衛蹕。帝介馬觀戰。兩軍交鋒，未幾，樊愛能、何徽望賊而遁，東廂騎軍亂，步軍解甲投賊，帝乃自率親騎，臨陣督戰。今上馳騎於陣前，先犯其鋒，戰士皆奮命爭先，賊軍大敗。日暮，賊萬餘人阻澗而陣，會劉詞領兵至，與大軍迫之，賊軍又潰，臨陣斬賊大將張暉。及僞樞密使王延嗣。諸將分兵追襲，殭尸棄甲，填滿山谷。初夜，官軍至高平，降賊軍數千人，所獲輜重、兵器、駝馬、僞乘輿器服等不可勝紀。其夕，殺降軍二千餘人，我軍之降敵者亦皆就戮。初，兩軍之未整也，風自東北起，不便於我，及與賊軍相遇，風勢陡回，人情相悦。戰之前夕，有大星如日，流行數丈，墜於賊營之上。及戰，北人望見官軍之上，有雲氣如龍虎之狀，則天之助順，亶其然乎！是日，危急之勢，頃刻莫保，賴帝英武果敢，親臨寇敵，不然則社稷幾若綴旒矣。是夕，帝宿於野次。甲午，次高平縣。詔賜河東降軍二千餘人各絹二匹，并給其衣裝，鄉兵各給絹一匹，放還本部。是日大雨。

戊戌，車駕至潞州。訶南府上言，前青州節度使常思卒。

己亥，侍衛馬軍都指揮使、夔州節度使樊愛能，夔州，侍衛步軍都指揮使、壽州節度使何徽等并諸將校七十餘人，併伏誅。高平之役，兩軍既成列，賊騎來挑戰，愛能望風而退，何徽以徒兵陣於後，爲奔騎所突，即時潰亂，二將南走。帝遣近臣宣諭止遏，莫肯從命，皆揚言曰：『官軍大敗，餘衆已解甲矣。』至暮，以官軍克捷，方稍稍而回。帝至潞州，録其奔遁者，自軍使以上及監押使臣併斬之，由是驕將墮兵，無不知懼。帝以何徽有平陽守禦之功，欲貸其罪，竟不可，與愛能俱殺之，皆給槥車歸葬。

又 卷一三五《僭僞傳·劉崇》 劉崇，太原人，漢高祖之從弟也。少無賴，好陸博意錢之戲。弱冠隸河東軍。唐長興中，遷虢州軍校。漢祖鎮并、汾，奏爲河東步軍都指揮使。逾年，授麟州刺史，復爲河東馬步軍都指揮使兼三城巡檢使，遙領泗州防禦使。漢祖起義於河東，以崇爲特進、檢校太尉、行太原尹。是歲五月，漢祖南行，以崇爲北京留守，尋加同平章事。隱帝嗣位，加檢校太師、兼侍中。乾祐二年九月，加兼中書令。時漢隱帝以幼年在位，政在大臣，崇亦招募亡命，繕完兵甲，爲自全之計，朝廷命令，多不稟行，徵斂一方，略無虛日，人甚苦之。三年十一月，隱帝遇害，朝廷議立崇之子徐州節度使贇爲主，會周太祖爲軍衆所推，降封贇爲湘陰公。崇乃遣牙將李𧦬奉書求贇歸藩，會贇已死，唯以優辭答之。

周廣順元年正月，崇僭號於河東，稱漢，改名旻，仍以乾祐爲年號。署其子承鈞爲侍衛親軍都指揮使、太原尹，以判官鄭珙、趙華爲宰相，副使李瓌、代州刺史張暉爲腹心，尋遣承鈞率兵攻晉、隰二州，不克而退。九月，崇自領兵由陰地關寇晉州，乞師於契丹，契丹以五千騎助之，合兵以攻平陽，又分兵寇昭義。周太祖遣樞密使王峻等率大軍以援晉、絳，崇聞周師至，遂焚營而遁。是歲，晉、絳大雪，崇駐軍六十餘日，邊民走險自固，兵無所掠，士有飢色，比至太原，十亡三四。二年二月，崇遣兵三千餘衆寇府州，爲折德扆所破，其所部岢嵐軍爲德扆所取。崇自僭稱之後，以重幣求援於契丹，仍稱侄以事之，契丹僞册爲英武皇帝。及周世宗嗣位，崇復乞師於契丹，以圖入寇，契丹遣將楊衮合勢大舉，來迫潞州。顯德元年三月，周世宗親征，與崇戰於高平，大敗之。崇與親騎十數人踰山而遁，中夜迷懵，不知所適，劫村民使爲鄉道，誤趨晉州路，行百餘里方覺。崇怒，殺鄉道者，得佗路而去，乃易名號，被毛褐，張樺笠而行。至沁州，與從者三五騎止於郊舍，寒餒尤甚，潛令告僞刺史李廷誨，廷誨饋盤飧、解衣裘而與之。每至屬邑，縣吏奉食，匕箸未舉，聞周師至，即蒼黄而去。崇年老力憊，伏於馬上，日夜奔竄，僅能支持。距太原一舍，其子承鈞夜以兵百人迎之而入。及周師臨城下，崇氣懾，自固閉壘不出。月餘，世宗乃旋軍。

又 卷一二四《周書·劉詞傳》 劉詞，字好謙，元城人。【略】顯德初，世宗親征劉崇，詞奉命領所部兵隨駕，行及高平南，遇樊愛能等自北退回，且言官軍已敗，止詞不行，詞不聽，疾驅而北。世宗聞而嘉之，尋命爲隨駕都部署，又授河東道行營副部署。其年夏，車駕還京，授永興軍節度使，加兼侍中，行京兆尹。

又《史彦超傳》 史彦超，雲州人也。性驍獷，有膽氣，累功至龍捷都指揮使。太祖之赴内難，彦超以本軍從。國初，與虎捷都指揮使何征戍晉州，會劉崇與契丹入寇，攻圍州城月餘，是時本州無帥，知州王萬敢不協物情，彦超與何征協力固拒，累挫敵鋒。攻擊日急，禦捍有備，軍政甚嚴，居人無擾。及朝廷遣樞密使王峻總兵爲援，寇戎宵遁。太祖嘉其善守之功，賞賜甚厚。未幾，授龍捷右廂都指揮使，尋授鄭州防禦使。劉崇之寇潞州也，車駕親征，以彦超爲先鋒都指揮使。高平之戰，先登陷陣，以功授華州節度使，先鋒如故。大軍至河東城下，契丹營於忻、代之間，遙應賊勢，詔天雄軍節度使符彦卿率諸將屯忻州以拒之。彦卿襲契丹於忻口。彦超以先鋒軍追蕃寇，離大軍稍遠，賊兵伏發，爲賊所陷。世宗痛惜久之，詔贈太師，示加等也，仍命優恤其家焉。

宋·王稱《東都事略》卷一《宋太祖紀》 顯德元年，世宗命太祖掌衛兵。太原劉崇寇澤潞，世宗親征，陳於高平。大將樊愛能、何徽未戰而遁，世宗躬自督戰，太祖謂麾下曰：『主危如此，是吾致命之秋也。』即大呼躍馬，徑犯其鋒，萬衆披靡，崇大潰。

《宋史》卷二四九《魏仁浦傳》 魏仁浦字道濟，衛州汲人。【略】廣順末，太原劉崇寇晉州，仁浦居母喪，而宅邇宮城，周祖步登寛仁門，密遣小黃門召仁浦計事。明日，起復舊職。周祖大漸，謂世宗曰：『李洪義長興節鎮，魏仁浦無遺違禁密。』

世宗即位，授右監門衛大將軍、樞密副使。從征高平，周師不利，東偏已潰，仁浦勸世宗出陣西殊死戰，遂克之。師還，拜檢校太保、樞密使。

又　卷二五五《王彥超傳》　王彥超，大名臨清人。性温和恭謹，能禮下士。【略】

顯德初，加同平章事。劉崇南寇，命彥超領兵取晉州路東向邀擊，從戰高平。彥超自陰地關與符彥卿會兵圍汾州，諸將請急攻，彥超曰：『城已危矣，旦暮將降，我士卒精鋭，儻驅以先登，必死傷者衆，少待之。』翌日，州將董希顔果降。遂引兵趣石州，彥超親鼓士乘城，躬冒矢石，數日下之，擒其守將安彥進，獻行在。師還，改忠武軍節度，加兼侍中。詔率所部浚胡蘆河，城李晏口。工未畢，遼人萬餘騎來侵，彥超擊敗之，殺傷甚衆。

又　《張永德傳》　張永德字抱一，并州陽曲人。家世饒財。【略】

顯德元年，并州劉崇引契丹來侵。世宗親征，戰於高平，大將樊愛能、何徽方戰退衄。時太祖與永德各領牙兵二千，永德部下善左射，太祖與永德厲兵分進，大捷，降崇軍七千餘衆。及駐上黨，世宗晝臥帳中，召永德語曰：『前日高平之戰，主將殊不用命，樊愛能而下，吾將案之以法。』永德曰：『陛下欲固守封疆則已，必欲開拓疆宇，威加四海，宜痛懲其失。』世宗擲枕於地，大呼稱善。翌日，誅二將以徇，軍威大振。進攻太原，師薄城下，永德與符彥卿、史彥超北控忻口以斷契丹援路。太原城四十里，周師去城三百步，圍之三匝。自四月至六月，攻之不克。契丹援兵果至，彥超戰没，繼敗其衆二千，餘衆遁去。

論　説

《舊五代史》卷一三五《僭僞傳・劉崇》　史臣曰：守光逆天反道，從古所無，迨至臨刑，尚求免死，非唯惡之極也，抑亦愚之甚也。劉晟據南極以稱雄，屬中原之多事，洎乎奕世，遇我昌朝，力憊而亡，不泯其嗣，亦其幸也。劉崇以亡國之餘，竊僞王之號，多見其不知量也。今元惡雖斃，遺孽尚存，勢蹙民殘，不亡何待！

宋・洪適《盤洲文集》卷六四《經筵故事》　周世宗斬樊愛能、何徽。五代史周世宗擊劉崇於晉陽，樊愛能、何徽引兵先遁，帝欲誅之，猶豫未決，晝臥行宮帳中，張永德侍側，帝訪之，對曰：愛能等素無大，功忝冒節鉞，望敵先逃，死未塞責陛下方欲削平四海，苟軍法不立，雖百萬之衆，安得而用之？帝擲枕於地，大呼稱善。即收愛能、徽及所部軍使以上七十餘人，悉斬之。帝以何徽先守晉州有功，欲免其死，既而以法不可廢，遂幷誅之。自是驕將、惰卒始知所懼。臣聞天壤之間，蟲魚微物，尚猶貪生而畏死，況赳赳之士。而欲使其冒白刃不避者，以有賞罰驅誘之爾。然熊羆之士，帶甲成林，賞不信，罰不必，皆不足爲用五代之君。惟周世宗爲英武，南征北討，無不如志者，能執勸懲之柄也。蓋無功而賞，謂之濫恩；有罪不誅，謂之佚罰；有賞而無罰，則是姑息之政，不足以激勵士卒，惟明主知其然，故以爵禄結其心，以刑戮鞭其後，使其聞將軍之令，而凜如秋霜，有進死，無退生。以守則固，以戰則勝，以征則克矣。又況爲大將者，爵位已崇，珍寶已積，奴妾音樂已盛，名園甲第已侈，愛其身不啻，千金之子，國家但易於行賞，而恕於行罰，使之無所忌憚，則其下雖勇，如賁獲馭之，非其人亦不能成功。樊、何皆一時貴將，何徽又有舊勳，而不免其死，世宗賢矣哉。

清・王夫之《讀通鑑論》卷三〇《五代下》　高平之戰，決志親行，羣臣皆欲止之，馮道持之尤堅，乃至面折之曰：『未審陛下能爲唐太宗否？』夫謂其君爲不能爲堯、舜者，賊其君者也。唐太宗一躬帥六師之能，而大聲疾呼，絶其君以攀躋之路，小人之無忌憚也，一至此哉！道之心，路人知之矣，周主之責樊愛能等曰：『欲賣朕興劉崇。』道之心，亦此而已。習於朱友貞、李從珂之朒縮困潰而亡，已不難袖劝進之表以迎新君，而己愈重，賣之而得利，又何恤焉？周主憚於其虚名而不能卽斬道以徇，然不旋踵而道死矣，道不死，恐不能免於英君之竄逐也。

若夫高平之戰，則治亂之樞机，豈但劉、郭之興亡乎？郭氏奪人之國，失之而非其固有；劉氏興報讎之師，得之而非其不義；乃其係天下治亂之樞机者，何也？朱友貞、李存勖、李從珂、石重貴、劉承祐之亡，皆非外寇之亡。之也。驕帥挾不定之心，利人之亡，而因讎其不軌之志，其戰不力，一敗而潰，反戈内向，殪故主以迎仇讎，因以居功，擅兵擁土，尸位將相，立不拔之基以图度非分；樊愛能等犹是心也，馮道亦犹是心也。況周主者，尤非郭氏之苗裔，未有大功於國，王峻輩忌而思奪之夙矣。峻雖死，其懷峻之邪心者實繁有徒。使此一役也，不以身先而坐守汴都，仰諸軍以禦患，小戰不勝，崩潰而南，郭從謙、朱守殷之於李存勗，康義誠之於李從厚，趙德鈞之於李從珂，杜重威、張彦澤之於石重貴，侯益、劉銖之於劉承祐，皆秉鉞而出，倒戈而反，寇未入而孤立之君殪，周主亦如是而已矣。

且不徒長逆臣之惡、以習亂於不已也，劉崇方挾契丹以入，周師潰，周國亡，草穀之毒再試，而黎民無孑遺，德光且留不去，而中國無天子，劉崇者，又豈能保其不爲劉豫？而靖康汴梁、祥興海上之禍，在此役矣。夫馮道亦逆知有此而固不以動其心，不失其爲瀛王者，而抑又何求哉？唯周主決志親征，而後已潰之右軍，不足以摇众志；潰掠之逃將，不足以劫宫闕；身立血戰之功，而樊愛能等七十人之伏辜，無敢爲之請命。於是主乃成乎其爲主，臣乃成乎其爲臣，契丹不戰而奔，中國乃成乎其爲中國。周主之爲天子，非郭氏授之，自以死生爲生民請命而得焉者也。何遽不能爲唐太宗，而豈馮道之老姦所可測哉？

親征淮南

綜述

《舊五代史》卷一一五《周書・世宗紀二》 顯德二年冬十月。是月始議南征。

十一月乙未朔，以宰臣李谷爲淮南道前軍行營都部署，知廬、壽等州行府事；以許州節度使王彦超爲行營副部署；命侍衛馬軍都指揮使韓令坤等一十二將，各帶征行之號以從焉。己亥，諭淮南州縣，詔曰：朕自纘承基構，統御寰瀛，方當恭己臨朝，誕修文德，豈欲興兵動衆，專耀武功！顧兹昏亂之邦，須舉吊伐之義。蠢爾淮甸，敢拒大邦，因唐室之陵遲，接黄寇之紛亂，飛揚跋扈，垂六十年，盜據一方，僭稱僞號。幸數朝之多事，與北境以交通，厚啓戎心，誘爲邊患。晉、漢之代，寰海未寧，而乃招納叛亡，朋助凶慝，李金全之據安陸，李守貞之叛河中，大起師徒，來爲應援，攻侵高密，殺掠吏民，迫奪閩、越之封疆，塗炭湘、潭之士庶。以至我朝啓運，東魯不庭，發兵而應接叛臣，觀釁而憑淩徐部。沭陽之役，曲直可知，尚示包荒，猶稽問罪。邇後維揚一境，連歲阻饑，我國家念彼災荒，大許糴易。前後擒獲將士，皆遣放還，自來禁戢邊兵，不令侵撓。我無所負，彼實多姦，勾誘契丹至今未已，結連并寇，與我爲讎，罪惡難名，人神共憤。

今則推輪命將，鳴鼓出師，徵浙右之樓船，下朗陵之戈甲，東西合勢，水陸齊攻。吳孫皓之計窮，自當歸命；陳叔寶之數盡，何處偷生！應淮南將士軍人百姓等，久隔朝廷，莫聞聲教，雖從僞俗，應樂華風，必須善擇安危，早圖去就。如能投戈獻款，舉郡來降，具牛酒以犒師，納圭符而請命，車服玉帛，豈吝旌酬，土地山河，誠無愛惜。刑賞之令，信若丹青，苟或執迷，寧免後悔。王師所至，軍政甚明，不犯秋毫，有如時雨，百姓父老，各務安居，剽擄焚燒，必令禁止云。

壬戌，淮南前軍都部署李谷奏，先鋒都指揮使白延遇破淮賊於來遠鎮。十二月己卯，李谷奏，破淮賊千餘人於山口鎮。

又 卷一一六《周書・世宗紀三》 （顯德三年春正月）丁酉，李谷奏，破淮賊於上窰。戊戌，發丁夫十萬城京師羅城。壬寅，車駕發京師。丁未，李穀奏，自壽州引軍退守正陽。辛亥，李重進奏，大破淮賊於正陽，斬首二萬餘級，伏尸三十里，臨陣斬賊大將劉彦貞，生擒偏將咸師朗已下，獲戎甲三十萬副、馬五百匹。先是，李谷駐軍於壽春城下，以攻其城，既而淮南援軍大至，乃與將佐謀曰：賊軍舟棹將及正陽，我師無水戰之備，萬一橋梁不守，則大軍隔絶矣，不如全師退守正陽浮橋，以俟鑾輅。諸將皆以爲然，遂燔其糧草而退。軍回之際，無復嚴整，公私之間，頗多亡失，淮北役夫，亦有陷於賊境者。帝聞之，急詔侍衛都指揮使李重進率師赴之。時淮賊乘李谷退軍之勢，發戰棹數百艘，沿淮而上，且張斷橋之勢，彦貞以大軍列陣而進。李重進既至正陽，聞淮軍在近，率諸將渡橋而進，與賊軍遇，重進等合勢擊之，一鼓而敗之。殺獲之外，降者三千餘人，皆爲我將趙晁所殺。甲寅，車駕至正陽，以侍衛都指揮使李重進爲淮南道行營都招討使，命宰臣李谷判壽州行府事。乙卯，車駕渡淮。丙辰，至壽州城下，營於州西北淝水之陽，詔移正陽浮橋於下蔡。庚申，耀兵於城下。壬戌，今上奏，破淮賊萬餘衆於渦口，斬僞兵馬都監何延錫等，獲戰船五十艘。

二月丙寅，幸下蔡。斬前濟州馬軍都指揮使康儼於路左，坐橋道不謹也。朗州節度使王進逵奏，領兵入淮南界。戊辰，廬壽巡檢使司超奏，破淮賊三千於盛唐，獲都監僞吉州刺史高弼以獻。詔釋之。兵部尚書張昭奏，準詔撰集兵法，分爲十卷，凡四十二門，目之爲《制旨兵法》，上之。優詔褒美，仍以器幣賜之。壬申，今上奏，破淮賊萬五千人於清流山，乘勝攻下滁州，擒僞命江州節度使、充行營應援使皇甫暉，常州團練使、充應援都監姚鳳以獻。甲戌，江南國主李景遣泗州牙將王知朗齎書一函至滁州，本州以聞，書稱唐皇帝奉書於大周皇帝，其略云：願陳兄事，永奉鄰歡，設或俯鑑遠圖，下交小國，悉班卒乘，俾乂蒼黔，慶鷄犬之相聞，奉瓊瑤以爲好，必當歲陳山澤之利，少助軍旅之須。虔俟報章，以聽高命，道塗朝坦，禮幣夕行云。書奏不答。乙亥，今上繫送所獲江南二將皇甫暉、姚鳳至行在，詔釋之。壬午，江南國主李景遣其臣僞翰林學士户部侍郎鍾謨、僞工部侍郎文理院學士李德明等，奉表來上，敍願依大國稱臣納貢之意，仍進金器千兩，錦綺綾羅二千匹及御衣、犀帶、茶茗、藥物等，又進犒軍牛五百頭，酒二千石。是日，賜謨等錦綺綾羅二百匹，銀器一百兩，襲衣、金帶、鞍馬等。丙戌，侍衛馬軍指揮韓令坤奏，收下揚州。丁亥，壽州城内左神衛軍使徐象等一十八人來奔。庚寅，朗州節度使王進逵上言，領兵入鄂州界，攻長山砦，殺賊軍三千餘衆。辛卯，今上表僞命天長軍制置使耿謙以本軍降，獲糧草二十餘萬。侍衛馬軍都指揮使韓令坤上言，泰州降。癸巳，荆南上言，朗州節度使王進逵爲部將潘叔嗣所殺。遣人詣潭州，請周行逢爲帥，行逢至朗州，斬叔嗣於市。

三月丙申，行光州刺史何超奏，光州僞命都監張承翰以城歸順，尋授承翰集州刺史。庚子，文武百僚再上表請聽樂，詔允之。行舒州刺史郭令圖奏，收下舒州。江南國主李景表送先隔過朝廷兵士一百五十人至行在。其軍卽蜀軍也，秦、鳳之役，爲王師所擒，配隸諸軍，及渡淮，輒復南逸。帝怒其奔竄，盡戮之。丙午，江南國主李景遣其臣僞司空孫晟、僞禮部尚書王崇質等奉表來上，仍進金一千兩，銀十萬兩，羅綺二千匹，又進賞給將士茶絹金銀羅帛等。庚戌，兩浙奏，遣大將率兵攻常州。延州留後李彦頵奏，蕃衆與部民爲亂，尋與兵司都監閻綰掩殺，獲其酋帥高闊兒等十人，磔於市。彦頵本賈人也，貪而好利，蕃漢之民怨其侵刻，故至於是。辛亥，賜江南李景書曰：

頃自有唐失御，天步方艱，巢、蔡喪亂之餘，朱、李戰爭之後，中夏多故，六紀於茲，海縣瓜分，英豪鼎峙，自爲聲教，各擅烝黎，連衡而交結四夷，乘釁而憑陵上國。華風不競，否運所鍾，凡百有心，孰不興憤。

朕猥承先訓，恭荷永圖，德不迨於前王，道不方於往古。然而擅一百州之富庶，握三十萬之甲兵，農戰交修，士卒樂用，思欲報累朝之宿怨，刷萬姓之包羞。是以踐位已來，懷安不暇，破幽、幷之巨寇，收秦、鳳之全封，兵不告疲，民有餘力。一昨回軍隴上，問罪江干，我實有辭，咎將誰執？朕親提金鼓，尋渡淮、淝，上順天心，下符人欲，前鋒所向，彼衆無遺，棄甲僵屍，動盈川谷。收城徇地，已過滁陽，豈有落其爪牙，折其羽翼，潰其心腹，扼其吭喉而不亡者哉！

早者，泗州主將遞送到書一函；尋又使人鍾謨、李德明至，齎所上表及貢奉衣服腰帶、金銀器幣、茶藥牛酒等；今又使人孫晟等併到行朝。觀其降身聽命，引咎告窮，所謂君子見機，不俟終日，苟非達識，孰能若斯。但以奮武興戎，所以討不服；惇信明義，所以懷遠人，五帝三王，盛德大業，恒用此道，以正萬邦。

朕今躬統戎師，龔行討伐，告於郊廟社稷，詢於將相公卿，天誘其衷，國無異論。苟不能恢復内地，申畫邊疆，便議班旋，眞同戲劇，則何以光祖宗之烈，厭士庶之心，匪獨違天，兼且咈衆。但以淮南部内，已定六州，廬、壽、濠、黄，大軍悉集，指期剋日，拉朽焚枯，其餘數城，非足介意。必若盡淮甸之土地，爲大國之隄封，猶是遠圖，豈同迷復。如此則江南吏卒，悉遣放還，江北軍民，併當留住，免違物類之性，俾安鄉土之情。至於削去尊稱，願輸臣禮，非無故事，實有前規。蕭詧奉周，不失附庸之道；孫權事魏，自同藩國之儀。古也雖然，今則不取，但存常號，何爽歲寒。儻堅事大之心，終不迫人於險，事資眞慤，辭匪枝游，俟諸郡之悉來，即大軍之立罷。質於天地，信若丹青，我無彼欺，爾無我詐，言盡於此，更不煩云，苟曰未然，請自茲絶。

切以陽春在候，庶務縈思，願無廢於節宣，更自期於愛重。音塵非遠，風壤猶殊，翹想所深，勞於夢寐。又賜其將佐書曰：

朕自類禡出師，麾旆問罪，絶長淮而電擊，指建業以鷹揚，旦夕之間，克捷相繼。至若兵興之所自，釁起之所來，勝負之端倪，戎甲之次第，不勞盡諭，必想具知。

近者金陵使人，繼來行闕，追悔前事，委質大朝，非無謝咎之辭，亦有罷軍之請，但以南邦之土地，本中夏之封疆，苟失克復之期，大辜朝野之望，已興是役，固不徒還。必若自淮以南，畫江爲界，盡歸中國，猶是遠圖。所云願爲外臣，乞比湖、浙，彼既服義，朕豈忍人，必當別議封崇，待以殊禮。凡爾將佐，各盡乃心，善爲國家之謀，勉擇恆久之利。

初，李景遣鍾謨、李德明奉表至行闕，使人面奏云：『本國主願割壽、濠、泗、楚、光、海六州之地，歸於大朝。』帝志在盡取江北諸郡，不允其請。使人見王師急攻壽陽，李德明奏曰：『願陛下寬臣數日之誅，容臣自往江南，取本國表，盡獻江北之地。』帝許之，乃令李德明、王崇質齎此書以賜李景。

夏四月甲子，以徐州節度使武行德爲濠州城下行營都部署，以前鄧州節度使侯章爲壽州城下水砦都部署。己巳，車駕發壽春，循淮而東。辛未，揚州奏，江南大破兩浙軍於常州。初，兩浙錢俶承詔遣部將率兵攻常州，爲江南大將陸孟俊所敗，將佐陷没者甚衆，李景亦以表聞。乙亥，駐蹕於濠州城下。丁丑，揚州韓令坤破江南賊軍於州東境，獲大將陸孟俊。今上表大破江南軍於六合，斬首五千級。時李景乘常州之捷，遣陸孟俊領兵迫泰州，王師不守，韓令坤欲棄揚州而回。帝怒，急遣殿前都指揮使張永德帥親兵往援之，又命今上領步騎二千人屯於六合。俄而陸孟俊領其徒自海陵抵揚州，令坤迎擊，敗之，生擒孟俊。李景遣其弟齊王達率大衆由瓜步濟江，距六合一舍而設柵。居數日，乃棄柵來迫官軍。今上麾兵以擊之，賊軍大敗，餘衆赴江溺死者不可勝紀。己卯，韓令坤奏，敗楚州賊將馬在貴萬餘衆於灣頭堰，獲漣州刺史秦進崇。丙戌，以宣徽南院使向訓爲權淮南節度使，充沿江招討使；以侍衛馬軍都指揮使韓令坤充沿江副招討使。丁亥，車駕發濠州，幸渦口。己丑，以前湖南節度使馬希崇爲左羽林統軍。

五月壬辰朔，以渦口爲鎮淮軍。戊戌，車駕還京，發渦口。乙卯，上至自淮南，詔赦都下見禁罪人。丁巳，陳州節度使王令温卒。戊午，以江南僞命東都副留守、工部侍郎馮延魯爲太府卿。己未，太子賓客於德辰卒。辛酉，詔：『天下公私織造布帛及諸色匹段，幅尺斤兩，併須依向來制度，不得輕弱假僞，犯者擒捉送官。』

六月甲子，以鳳翔節度使王景爲秦州節度使，兼西面沿邊都部署；以宣徽南院使、陳州節度使向訓爲淮南節度使，依前南院宣徽使，加檢校太尉；以曹州節度使韓通爲許州節度使，加檢校太尉；以亳州防禦使王全斌爲隴州防禦使，遙領利州昭武軍兩使留後。丙寅，許州王彦超移鎮永興軍，鄧州田景咸移鎮鄜州。御史中丞楊昭儉、知雜侍御史趙礪、侍御史張乣併停任，坐鞫獄失實也。丁卯，以翰林學士、户部侍郎陶谷爲兵部侍郎，充翰林學士承旨；以水部員外郎知制誥扈載、度支員外郎王著，併本官充翰林學士；以給事中高防爲右散騎常侍；以前都官郎中、知制誥薛居正爲左諫議大夫，充昭文館學士，判館事。壬申，曲赦淮南道諸州見禁罪人，自今年六月十一日已前，凡有違犯，無問輕重，併不窮問。先屬江南之時，應有非理科徭，無名配率，一切停罷云。戊寅，以右衛上將軍扈彦珂爲太子太師致仕。庚辰，以西京留守王晏爲鳳翔節度使。戊子，升瞻國軍爲濱州。淮南道招討使李重進奏，壽州賊軍攻南砦，王師不利。先是，詔步軍都指揮使李繼勳營於壽州之南，攻賊壘。是日，賊軍出城來攻我軍，破柵而入，其攻城之具併爲賊所焚，將士死者數百人。李重進在東砦，亦不能救。時城堅未下，師老於外，加之暑毒，糧運不繼。李繼勳喪失之後，軍無固志，諸將議欲退軍，賴今上自六合領兵歸闕，過其城下，因爲駐留旬日，王師復振。

秋七月辛卯朔，以武清軍節度使、知潭州軍府事周行逢爲朗州大都督，充武平軍節度使，加檢校太尉、兼侍中。丁酉，以太子賓客盧價爲禮部尚書致仕，以給事中李明爲大理卿。庚子，廬州行營都部署劉重進奏，破淮賊千餘人於州界。丁未，濠州行營都部署武行德奏，敗淮賊二千人於州界。庚戌，太子太保王仁裕卒。辛亥，皇后符氏薨。淮南節度使向訓自揚州班師，回駐壽春。時王師攻壽春，經年未下，江、淮盜賊充斥，舒、蘄、和、泰等州復爲吴人所據，故棄揚州併力於壽春焉。

八月壬戌，河陽白重贊移鎮涇州，張澤移鎮河中。甲子，以前鄧州節度使侯章復爲鄧州節度使，以侍衛步軍都指揮使、彰信軍節度使李繼勳爲河陽節度使。乙丑，太僕卿劇可久停任，坐爲舉官累也。戊辰，端明殿學士王朴撰成新歷上之，命曰《顯德欽天曆》，上親爲制序，仍付司天監行用。殿前都指揮使張永德奏，破淮賊於下蔡。先是，江南李景以王師猶在壽州，遣其將林仁肇、郭廷謂率水陸軍至下蔡，欲奪浮梁，以舟實薪芻，乘風縱火，永德御之。有頃，風勢倒指，賊衆稍卻，因爲官軍所敗。己卯，工部侍郎王敏停任，坐薦子壻陳南金爲河陽記室也。

冬十月【略】癸亥，以右神武統軍宋延渥爲廬州行營副部署。乙丑，舒州刺史郭令圖責授虢州教練使，坐棄郡逃歸也。【略】壬申，以武平軍節度副使、知潭州軍府事宇文瓊爲武清軍節度使，知潭州軍府事。癸酉，淮南招討使李重進奏，破淮賊於盛唐，斬二千級。【略】審琦鎮漢上十餘年，至是來朝，故以命寵之。【略】甲申，宣授今上同州節度使兼殿前都指揮使；宣授內外馬步軍都軍頭袁彥爲曹州節度使兼侍衛步軍都指揮使。戊子，右神武統軍張彥超卒。

十一月【略】乙巳，江南進奉使孫晟下獄死，江南進奉使鍾謨責授耀州司馬。庚戌，殿前都指揮使張永德奏，敗濠州送糧軍二千人於下蔡，奪米船十餘艘。宰臣李谷以風痹請告十旬，三上表求解所任，不允。

十二月【略】壬申，以滑州節度使兼殿前都指揮使、駙馬都尉張永德爲殿前都點校。發陳、蔡、宋、亳、潁、曹、單等州丁夫城下蔡。【略】戊子，淮南道招討使李重進奏，破淮賊二千人塌山北。

又　卷一一七《周書・世宗紀四》　（顯德四年春正月）丁未，淮南道招討使李重進奏，破淮賊五千人於壽州北。先是，李景遣其弟僞齊王達率全軍來援壽州，達留駐濠州，遣其將許文縝、邊鎬、朱元領兵數萬，泝淮而上，至紫金山，設十餘砦，與城內烽火相應。又築夾道數里，將抵壽春，爲運糧之路，至是爲重進所敗。戊申，詔取來月幸淮南。

二月【略】辛酉，【略】淮南道行營都監向訓奏，破淮賊二千於黄著砦。甲戌，以樞密副使王朴爲權東京留守兼判開封府，以三司使張美爲大內都巡檢。乙亥，車駕發京師。乙酉，次下蔡。

三月庚寅旦，帝率諸軍駐於紫金山下，命今上率親軍登山擊賊，連破數砦，斬獲數千，斷其來路，賊軍首尾不相救。是夜，賊將朱元、朱仁裕、孫璘各舉砦來降，降其衆萬餘人。翌日，盡陷諸砦，殺獲甚衆，擒賊大將建州節度使許文縝、前湖南節度使邊鎬，其餘黨沿流東奔，帝自率親騎沿淮北岸追賊。及晡，馳二百餘里，至鎮淮軍，殺獲數千人，奪戰艦糧船數百艘，錢帛器仗不可勝數。甲午，詔發近縣丁夫城鎮淮軍，仍搆浮梁於淮上。廬州都部署劉重進奏，殺賊三千人於壽州東山口，皆紫金山之潰兵也。戊戌，授宣徽南院使、淮南節度使向訓爲徐州節度使，充淮南道行營都監，卽命屯鎮淮上。己亥，帝自鎮淮軍復幸下蔡。壬寅，賜淮南降軍許文縝、邊鎬已下萬五百人衣服錢帛有差。丙午，壽州劉仁贍上表乞降，帝遣閤門使張保續入城慰撫。翌日，仁贍復令子崇讓上表請罪。戊申，幸壽州城北，劉仁贍與將佐已下及兵士萬餘人出降，帝慰勞久之，恩賜有差。庚戌，詔移壽州於下蔡，以故壽州爲壽春縣。是日，曲赦壽州管內見禁罪人，自今月二十一日已前，凡有過犯，併從釋放。應歸順職員，併與加恩。壽州管界去城五十里內，放今年秋夏租稅。自來百姓，有曾受江南文字聚集山林者，併不問罪。如有曾相傷害者，今後不得更有相酬及經官論訴。自用兵已來，被擄卻骨肉者，不計遠近，併許本家識認，官中給物收贖。曾經陣敵處所暴露骸骨，併仰收拾埋瘞。自前政令有不便於民者，委本州條例聞奏，當行釐革。辛亥，以僞命清淮軍節度使、檢校太尉、兼侍中劉仁贍爲特進、檢校太尉、兼中書令、鄆州節度使，以右羽林統軍楊信爲壽州節度使。是日，劉仁贍卒。壬子，以江南僞命西北面行營都監使、舒州團練使朱元爲蔡州防禦使，以江南僞命文德殿使、壽州監軍使周廷構爲衛尉卿，以江南僞命壽州營田副使孫羽爲太僕卿，以壽州節度判官鄭牧爲鴻臚卿，賞歸順也。癸丑，追奪前許州行軍司馬韓倫在身官爵，配流沙門島。倫，侍衛馬軍都指揮使令坤之父也。令坤領陳州，倫在州干預郡政，掊斂之暴，公私患之，爲項城民武都等所訟。帝命殿中侍御史率汀就按之，倫詐報汀云『準詔赴闕』，汀卽奏之，帝愈怒，遽令遣劾，盡得其實，故有是命。遣左諫議大夫尹日就於壽州開倉賑飢民。丙辰，車駕發下蔡還京。

夏四月己巳，車駕至自下蔡。辛未，以江南僞命西北面行營應援使、前永安軍節度使、檢校太尉許文縝爲左監門衛上將軍、檢校太尉，以僞命西北面行營應援都軍使、前武安軍節度使邊鎬爲左千牛衛上將軍、檢校太傅。丙子，宰臣李谷以風痹經年，上章請退，凡三上章，不允。【略】甲申，以先降到江南兵士團結爲三十指揮，號懷德軍。

五月丁亥朔，帝御崇元殿受朝，仗衛如式。己丑，以新修永福殿改爲廣政殿。辛卯，以端午賜文武百僚衣服，書始也。癸巳，侍衛親軍都指揮使、宋州節度使、充淮南道行營都招討李重進加檢校太傅、兼侍中；以宣徽南院使、淮南節度使向訓爲徐州節度使，加檢校太尉、同平章事。丙申，斬密州防禦副使侯希進於本郡。時太常博士張乣檢視本州夏苗，移牒希進分檢，希進以不奉朝旨，不從。乣具事以聞，帝怒，遣使斬之。【略】辛亥，知廬州行府事劉重進奏，相次殺敗賊，獲戰船三十艘。

秋七月丁亥，以前徐州節度使、檢校太師、兼中書令武行德爲左衛上將軍。先是，詔行德分兵屯定遠縣，既爲淮寇所襲，王師死者數百人，帝懲其僨軍之咎，故以環衛處之。以前河陽節度使李繼勳爲右衛大將軍，責壽春南砦之敗也。

冬十月丙辰，賜京城內新修四寺額，以天清、天壽、顯靜、顯寧爲名。壬戌，左藏庫使符令光棄市。時帝再議南征，先期敕令光廣造軍士袍襦，不卽辦集，帝怒，命斬之。時宰臣等至庭救解，帝起入宮，遂戮於都市。令光出勳閥之後，歷職內庭，以清慎自守，累總繁劇，甚有廉幹之譽。帝素重其爲人，每加委用，至是以小過見誅，人皆冤之。【略】戊辰，詔取月內車駕暫幸淮上。己巳，以樞密使王朴爲權東京留守，以三司使張美爲大內都點檢。壬申，駕發京師。

十一月癸未朔，以內客省使昝居潤爲宣徽北院使，權東京留守。丙戌，車駕至濠州城下。戊子，親破十八里灘。砦在濠州東北淮水之中，四面阻水，上令甲士數百人跨駞以濟。今上以騎軍浮水而渡，遂破其砦，擄其戰艦而回。癸巳，帝親率諸軍攻濠州，奪關城，破水砦，賊衆大敗，焚戰艦七十餘艘，斬首二千級，進軍攻羊馬城。丙申夜，僞濠州團練使郭廷謂上表陳情，且言家在江南，欲遣人稟命於李景，從之。辛丑，帝自濠州率大軍水陸齊進，循淮而下，命今上率精騎爲前鋒。癸卯，大破淮賊於渦口，斬首五千級，收降卒二千餘人，奪戰船三百艘，遂鼓行而東，以追奔寇，晝夜不息，沿淮城柵，所至皆下。乙巳，至泗州。今上乘勢麾軍，焚郭門，奪月城，帝親冒矢石以攻其壘。丙午，日南至，從臣拜賀於月城之上。

十二月乙卯，泗州守將范再遇以其城降，授再遇宿州團練使。戊午，帝自泗州率衆東下，命今上領兵行於南岸，與帝夾淮而進。己未，至清口，追及淮賊，軍行鼓噪之聲，聞數十里。辛酉，至楚州西北，大破賊衆，水陸俱奔，有賊船數艘，順流而逸，帝率驍騎與今上追之數十里，今上擒賊大將僞保義軍節度使、江北都應援使陳承昭以獻。收穫舟船，除焚盪外得三百餘艘，將士除殺溺外得七千餘人。初，帝之渡淮也，比無水戰之備，每遇賊之戰棹，無如之何，敵人亦以此自恃，有輕我之意。帝卽於京師大集工徒，脩成艛艦，踰歲得數百艘，兼得江、淮舟船，遂令所獲南軍教北人習水戰出没之勢，未幾，舟師大備。至是水陸皆捷，故江南大震。壬戌，僞命濠州團練使郭廷謂以城歸順。乙丑，雄武軍使崔萬迪以漣水歸順。丙寅，以郭廷謂爲亳州防禦使，以僞命濠州兵馬都監陳還爲沂州團練使，以僞命保義軍節度使陳承昭爲右監門上將軍。江南李景遣兵驅擄揚州士庶渡江，焚其州郭而去。丙子，故同州節度使白延遇贈太尉，故濠州刺史唐景思贈武清軍節度使。丁丑，泰州平。

又 卷一一八《周書·世宗紀五》 顯德五年春正月癸未朔，帝在楚州城下，從臣詣行宮稱賀。乙酉，降同州爲郡。右驍衛將軍王環卒。丙戌，右龍武將軍王漢璋奏，攻海州。戊子，詔：『諸道幕職州縣官，併以三週年爲考限，閏月不在其內，州府不得差攝官替正官』云。己丑，詔侍衛馬軍都指揮使韓令坤權知揚州軍府事。庚寅，發楚州管內丁壯，開鸛河以通運路。乙巳，帝親攻楚州。時今上在楚州城北，晝夜不解甲冑，親冒矢石，麾兵以登城。丙午，拔之，斬僞守將張彥卿等，六軍大掠，城內軍民死者萬餘人，廬舍焚之殆盡。

二月甲寅，僞命天長軍使易贇以城歸順。戊午，車駕發楚州南巡。丁卯，駐蹕於廣陵，詔發揚州部內丁夫萬餘人城揚州。帝以揚州焚盪之後，居民南渡，遂於故城內就東南別築新壘。戊辰，遣使祭故淮南節度使楊行密、故升府節度使徐温等墓。癸酉，幸揚子渡觀大江。乙亥，黄州刺史司超奏，破淮賊三千人，擒僞舒州刺史施仁望。丙子，隰州奏，河東賊軍逃遁。時劉鈞聞帝南征，發兵圍隰州，巡檢使李謙溥以州兵拒之而退。

三月壬午朔，幸泰州。丁亥，復幸廣陵。辛卯，幸迎鑾江口。遣右武衛大將軍李繼勳率舟師至江島以觀寇。癸巳，帝臨江望見賊船數十艘，命今上帥戰棹以追之，賊軍退去，今上直抵南岸，焚其營柵而回。甲午，以右武衛大將軍李繼勳爲左領軍上將軍。乙未，殿前都虞候慕容延釗奏，大破賊軍於東沛州。丙申，江南李景遣其臣兵部侍郎陳覺奉表陳情，兼貢羅縠紬絹三千匹，乳茶三千斤，及香藥犀象等。覺至行在，睹樓船戰棹已泊於江岸，以爲自天而降，愕然大駭。丁酉，荆南高保融奏，本道舟師已至鄂州。

戊戌，兩浙錢俶奏，差發戰棹四百艘，水軍萬七千人，已泊江岸，請師期。己亥，今上率水軍破賊船百餘隻於瓜步。是日，李景遣其臣劉承遇奉表以廬、舒、蘄、黄等四州來獻，且請以江爲界，帝報曰：『皇帝恭問江南國主。使人至，省奏請分割舒、廬、蘄、黄等州，畫江爲界者。頃逢多事，莫通玉帛之歡，適自近年，遂搆干戈之役，兩地之交兵未息，蒸民之受弊斯多。一昨再辱使人，重尋前意，將敦久要，須盡縷陳。今者承遇爰來，封函復至，請割州郡，仍定封疆，猥形信誓之辭，備認始終之意，既能如是，又復何求。邊陲頓靜於烟塵，師旅便還於京闕，永言欣慰，深切誠懷。其常、潤一路及沿江兵棹，今已指揮抽退；兼兩浙、荆南、湖南水陸兵士，各令罷兵；其廬、黄、蘄三路將士，亦遣抽拔近内，候彼中起揭逐處將員及軍都家口丁畢，祇請差人勾喚在彼將校，交割州城』云。淮南平，凡得州十四、縣六十、户二十二萬六千五百七十四。

先是，李景以江南危蹙，謀欲傳位於世子，使附庸於我，故遣陳覺上表陳敍。至是帝以既許其通好，乃降書以答之，曰：『别睹來章，備形縟旨，敍此日傳讓之意，述向來高尚之懷。仍以數歲已還，交兵不息，備論追悔之事，無非剋責之辭，雖古人有引咎責躬，因災致懼，亦無以過此也。況君血氣方剛，春秋甚富，爲一方之英主，得百姓之歡心。卽今南北才通，疆埸甫定，是玉帛交馳之始，乃干戈載戢之初，豈可高謝君臨，輕辭世務，與其慕希夷之道，曷若行康濟之心。重念天災流行，分野常事，前代賢哲，所不能逃。苟盛德之日新，則景福之彌遠，勉修政理，勿倦經綸，保高義於初終，垂遠圖於家國，流芳貽慶，不亦美乎！』

庚子，詔曰：『比者以近年貢舉，頗是因循，頻詔有司，精加試練，所冀去留無濫，優劣昭然。昨據貢院奏，今年新及第進士等，所試文字，或有否臧，爰命辭臣，再令考覆，庶涇、渭之不雜，免玉石之相參。其劉坦、戰貽慶、戰貽慶、李頌、徐緯、張覲等詩賦稍優，宜放及第；王汾據其文辭，亦未精當，念以頃曾剝落，特與成名；熊若谷、陳保衡皆是遠人，深可嗟念，亦放及第；郭峻、趙保雍、楊丹、安玄度、張昉、董咸則、杜思道等，未甚苦辛，併從退黜，更宜修進，以俟將來。知貢舉、右諫議大夫劉濤選士不當，有失用心，責授右贊善大夫，俾令省過，以戒當官。』先是，濤於東京放榜後，引新及第進士劉坦已下一十五人赴行在，帝命翰林學士李昉覆試，故有是命。

壬寅，復幸揚州，改廬州軍額爲保信軍。甲辰，以右龍武統軍趙贊爲廬州節度使，以殿前都虞候慕容延釗爲淮南節度使兼殿前副指揮使。遣鹽城監使申屠謂齎書及御馬一十匹、金銀銜全、散馬四十匹、羊千口，賜江南李景。謂先爲王師所俘，故遣之。丙午，江南李景遣所署宰相馮延巳獻犒軍銀十萬兩，絹十萬匹、錢十萬貫、茶五十萬斤、米麥二十萬石。庚戌，詔：『故淮南節度使楊行密、故升府節度使徐温，各給守塚户。應江南臣僚有先代墳墓在江北者，委所在長吏差人檢校。』辛亥，李景遣所署臨汝郡公徐遼進買宴錢二百萬，併遣伶官五十人與遼俱來獻壽觴。

夏四月癸丑，宴從臣及江南進奉使馮延巳等於行宮，徐遼代李景捧壽觴以獻，進金酒器、御衣、犀帶、金銀、錦綺、鞍馬等。乙卯，車駕發揚州還京。丙辰，太常博士、權知宿州軍州事趙礪除名，坐推劾弛慢也。先是，翰林醫官馬道玄進狀，訴壽州界被賊殺御男，獲正賊，見在宿州，本州不爲勘斷。帝大怒，遣端明殿學士竇儀乘驛往按之，及獄成，坐族死者二十四人。儀奉辭之日，帝旨甚峻，故儀之用刑傷於深刻。【略】壬申，至自淮南。癸酉，命宣徽北院使昝居潤判開封府事。

五月辛巳朔【略】詔：『侍衛諸軍及諸道將士，各賜等第優給。應行營將士歿於王事者，各與贈官；親的子孫，併量才録用；傷夷殘廢者，别賜救接。淮南諸州及徐、宿、宋、亳、陳、潁、許、蔡等州，所欠去年秋夏稅物，併與除放』云。【略】辛卯，以襄州節度使安審琦爲青州節度使；以許州節度使韓通爲宋州節度使，依前兼侍衛馬步都虞候；以宋州節度使向訓爲襄州節度使；以今上爲忠武軍節度使，依前殿前都指揮使。淮南之役，今上之功居最，及是命之降，雖云酬勳，止於移鎮而已，賞典太輕，物議不以爲允。【略】戊申，以襄州節度使向訓兼西南面水陸發運招討使。己酉，以太府卿馮延魯充江南國信使，以衛尉少卿鍾謨爲副。賜李景御衣、玉帶、錦綺羅縠帛共十萬匹、金器千兩、銀器萬兩、御馬五匹、金玉鞍轡全、散馬百匹、羊三百匹。賜江南世子李弘冀器幣鞍馬等。別賜李景書曰：『皇帝恭問江南國主。煮海之利，在彼海濱，屬疆壤之初分，慮供食之有闕。江左諸郡，素號繁饒，然於川澤之間，舊無斥鹵之地，曾承素旨，常在所懷，願均收積之餘，以助軍旅之用。已下三司，逐年支撥供軍食鹽三十萬石。』又賜李景今年曆日一軸。

六月【略】辛未，放先俘獲江南兵士四千七百人歸本國。【略】丁丑，以中書舍人張正爲工部侍郎，充江北諸州水陸轉運使。【略】

八月【略】辛丑，江南李景上表乞降，詔書不允。

九月丁巳，以太府卿馮延魯爲刑部侍郎，以衛尉少卿鍾謨爲給事中，併放歸江南。時延魯、鍾謨自江南復命，李景復奏欲傳位元於其世子弘冀，帝亦以書答之。甲子，賜江南羊萬口、馬三百匹、橐駝三十頭；賜兩浙錢俶羊五千口、馬二百匹、橐駝二十頭。【略】壬申，【略】江南進奉使商崇義代李景捧壽觴以獻。【略】

十二月【略】江南李景殺其臣僞太傅中書令宋齊丘、僞兵部侍郎陳覺、僞鎮南軍節度副使李征古等。初，帝之南征也，吳人大懼，覺與征古皆齊丘門人，因進說於景，請委國事於齊丘，景繇是銜之。及吳人遣鍾謨、李德明奉表至行在，帝尋遣德明復命於金陵，德明因說李景請割江北之地求和於我，而陳覺、李征古等以德明爲賣國，請戮之，景遂殺德明。及江南內附，帝放鍾謨南歸，謨本德明之黨也，因譖齊丘等，故齊丘等得罪。放齊丘歸九華山，覺等貶官，尋併害之。景既誅齊丘等，令鍾謨到闕，具言其事，故書。

又　卷一二九《周書·劉仁贍傳》　劉仁贍，略通儒術，好兵書，在澤國甚有聲望。吳主知之，累遷爲僞右監門衛將軍，歷黃、袁二州刺史，所至稱治。洎李景僭襲僞位，俾掌親軍，遷鄂州節度使。居數年，復以兵柄任之，改壽州節度使。及王師渡淮，而仁贍固守甚堅。洎世宗駐蹕於其壘北，數道齊攻，填塹陷壁，晝夜不息，如是者累月。世宗臨城以諭之，而仁贍但遜詞以謝。及車駕還京，命李重進總兵守之，復乘間陷我南砦。自是圍之愈急，城中飢死者甚衆。三年冬，淮寇復來救援，列砦於紫金山，夾道相屬，累然數十里，垂及壽壁，而重進兵幾不能支，世宗患之，遂復議親征。車駕至壽春，命今上率師破紫金山之衆，擒其應援使陳承昭以獻。仁贍聞援兵既敗，計無所出，但扼腕浩歎而已。會世宗以紫金山之捷，飛詔以諭之，時仁贍臥疾已亟，因翻然納款，而城內諸軍萬計，皆屏息以聽其命。及見於行在，世宗撫之甚厚，賜與加等，復令入城養病，尋授天平軍節度使、兼中書令。制出之日，薨於其家，年五十八。世宗聞之，遣使吊祭，命內臣監護喪事，追封彭城郡王。後以其子崇讚爲懷州刺史。仁贍輕財重士，法令嚴肅，重圍之中，其子崇諫犯軍禁，即令斬之，故能以一城之衆，連年拒守。逮其來降，而其下未敢竊議者，保其後嗣，抑有由焉。

《新五代史》卷一二《周紀·世宗紀》　（顯德三年春正月），壬寅，南征。

二月丙寅，幸下蔡浮橋。壬申，克滁州。甲戌，李景來求成，不答。壬午，景使其臣鍾謨來奉表。丙戌，取揚州。辛卯，取泰州。

三月庚子，內外馬步軍都軍頭袁彥爲竹龍都部署。

夏四月，常、泰州復入於唐。

五月乙卯，至自淮南，赦京師囚。

六月壬申，德音赦淮南囚。

秋七月，【略】揚、光、舒、滁州復入于唐。【略】

十一月【略】乙巳，殺李景之臣孫晟。

顯德四年【略】二月甲戌，王朴留守東京。乙亥，南征。

三月丁未，克壽州。

夏四月，己巳，至自壽州。【略】

冬十月己巳，王朴留守東京，三司使張美爲大內都點檢。壬申，南征。

十二月乙卯，泗州守將范再遇叛於唐，以其州來降。庚申，濠州團練使郭廷謂以其州來降。丁丑，取泰州。

顯德五年春正月丁亥，取海州。壬辰，取靜海軍。丁未，克楚州，守將張彥卿、鄭昭業死之。

二月【略】丁卯，如揚州。癸酉，如瓜洲。

三月壬午朔，如泰州。丁亥，復如揚州。辛卯，幸迎鑾。己亥，克淮南十有四州，以江爲界。三月辛亥，李景來買宴。

四月【略】壬申，至自淮南，回鶻、達靼遣使來。

六月辛未，放降卒四千六百于唐。

又　卷三三《死事傳・孫晟》　孫晟初名鳳，又名忌，密州人也。【略】晟奔於吳。是時，李昪方篡楊氏，多招四方之士，得晟，喜其文辭，使爲教令，由是知名。晟爲人口吃遇人不能道寒暄，已而坐定，談辯鋒生，聽者忘倦。昪尤愛之，引與計議，多合意，以爲右僕射，與馮延巳併爲昪相。晟輕延巳爲人，常曰：『金椀玉盃而盛狗屎可乎？』晟事昪父子二十餘年，官至司空，家益富驕，每食不設几案，使衆妓各執一器，環立而侍，號『肉臺盤』，時人多效之。

周世宗征淮，李景懼，始遣泗州牙將王知朗至徐州，奉書以求和，世宗不答。又遣翰林學士鐘謨、文理院學士李德明，奉表稱臣，不答。乃遣禮部尚書王崇質副晟奉表，謨與晟等皆言：景願割壽、濠、泗、楚、光、海六州之地，歲貢百萬以佐軍。而世宗已取滁、揚、濠、泗諸州，欲盡取淮南乃止，因留使者不遣，而攻壽州益急。謨等見世宗英武非景敵，而師甚盛，壽春且危，乃曰：『願陛下寬臣五日之誅，容臣還取景表，盡獻淮北諸州。』世宗許之，遣供奉官安弘道押德明、崇質南還，而謨與晟皆見留。德明等既還，景悔，不肯割地。世宗亦以暑雨班師，留李重進、張永德等分攻廬、壽，周兵所得揚、泰諸州，皆不能守，景兵復振。重進與永德兩軍相疑，有隙，永德上書言重進反，世宗不聽。景知二將之相疑也，乃以蠟丸書遺重進，勸其反。

初，晟之奉使也，語崇質曰：『吾行必不免，然吾終不負永陵一抔土也。』永陵者，昪墓也。及崇質還，而晟與鐘謨俱至京師，館於都亭驛，待之甚厚，每朝會入閣，使班東省官後，召見必飲以醇酒。已而周兵數敗，盡失所得諸州，世宗憂之，召晟問江南事，晟不對，世宗怒，未有以發。會重進以景蠟丸書來，上多斥周過惡以爲言，由是發怒曰：『晟來使我，言景畏吾神武，願得北面稱臣，保無二心，安得此指斥之言乎？』亟召侍衛軍虞候韓通收晟下獄，及其從者二百餘人皆殺之。晟臨死，世宗猶遣近臣問之，晟終不對，神色怡然，正其衣冠南望而拜曰：『臣惟以死報國爾！』乃就刑。晟既死，鐘謨亦貶耀州司馬。其後，世宗怒解，憐晟忠，悔殺之，召拜鐘謨衞尉少卿。景已割江北，遂遣謨還，而景聞晟死，亦贈魯國公。

又　卷六二《南唐世家・李景》　（保大）十三年十一月，周師南征，詔曰：『蠢爾淮甸，敢拒大邦，盜據一方，僭稱僞號。晉、漢之代，寰海未寧，而乃招納叛亡，朋助凶逆。金全之據安陸，守貞之叛河中，大起師徒，來爲應援。迫奪閩、越，塗炭湘、潭，至於應接慕容，憑凌徐部，沭陽之役，曲直可知。勾誘契丹，入爲邊患，結連并壘，實我世讎。罪惡難名，人神共憤。』乃拜李谷爲行營都部署，攻自壽州始。是時，宋齊丘爲洪州節度使，景召齊丘還金陵，以劉彥貞爲神武統軍，劉仁贍爲清淮軍節度使，以距周師。李谷曰：『吾無水戰之具，而使淮兵斷正陽浮橋，則我背腹受敵。』乃焚其芻糧，退屯正陽。是時世宗親征，行至圉鎮，聞谷退軍，曰：『吾軍卻，唐兵必追之。』遣李重進急趨正陽，曰：『唐兵且至，宜急擊之。』劉彥貞等聞谷退軍，果以爲怯，急追之。比及正陽，而重進先至，軍未及食而戰，彥貞等遂敗。彥貞之兵施利刃於拒馬，維以鐵索；又刻木爲獸，號『捷馬牌』；以皮囊布鐵蒺藜於地。周兵見而知其怯，一鼓敗之。世宗營於淝水之陽，徙浮橋於下蔡。景遣林仁肇等爭之不得，而周師取滁州。景懼，遣泗州牙將王知朗至徐州，稱唐皇帝奉書，願效貢賦，陳兄事之禮，世宗不答。景東都副留守馮延魯、光州刺史張紹、舒州刺史周祚、泰州刺史方訥皆棄城走，延魯削髮爲僧，爲周兵所獲。蘄州裨將李福殺其刺史王承雋降周。景益懼，始改名景以避周廟諱，遣其翰林學士鐘謨、文理院學士李德明奉表稱臣，獻犒軍牛五百頭、酒二千石、金銀羅綺數千，請割壽、濠、泗、楚、光、海六州，以求罷兵。世宗不報，分兵襲下揚、泰。景遣人懷蠟丸書走契丹求救，爲邊將所執。光州刺史張承翰降周。

十四年三月，景又遣司空孫晟、禮部尚書王崇質奉表，辭益卑服，世宗猶不答，前遣鐘謨等併晟、崇質皆留行在。而謨等請歸取景表，盡獻江北地，世宗許之，遣崇質、德明等還，始賜景書曰：『自有唐失御，天步方艱，六紀於茲，瓜分鼎峙。自爲聲教，各擅蒸黎，交結四夷，憑淩上國。華風不競，否運所鐘，凡百有心，孰不興憤？朕擅一百州之富庶，握三十萬之甲兵，農戰交修，士卒樂用，苟不能恢復內地，申畫邊疆，便議班旋，眞同戲劇。至於削去尊稱，願輸臣節，孫權事魏，蕭詧奉周，古也雖然，今則不取。但存帝號，何爽歲寒，儻堅事大之心，必不迫人于險。』德明等還，盛稱世宗英武，景不悅。宋齊丘、陳覺等皆以割地無益，而德明賣國以圖利。景怒，斬德明。遣元帥齊王景達與陳覺、邊鎬、許文縝率兵趣壽春，景達將朱元等復得舒、蘄、泰三州。夏，大雨，周師在揚、滁、和者皆卻，諸將請要其險隘擊之。宋齊丘曰：『擊之怨深，不如縱之以爲德。』誡諸將閉壁，無得要戰，故周師皆集於壽州。世宗屯於渦口，欲再幸揚州，宰相范質以師老泣諫，乃班師，以李重進攻廬、壽，向訓守揚州。訓請棄揚州，併力以攻壽春，乃封府庫付主者，遣景舊將按巡城中，秋毫不犯而去，淮人大悅，皆負糗糧，以送周師。

十五年，景達遣朱元等屯紫金山，築甬道以餉壽州。二月，世宗復南征，徙下蔡浮橋於渦口，爲鎮淮軍，築二城以夾淮。周師連破紫金諸寨。景達雖爲元帥，兵事皆決於陳覺。覺與朱元素有隙，以元李守貞客，反覆難信，景遣大將楊守忠代元，且召之。元憤怒，叛降於周，諸軍皆潰，許文縝、邊鎬皆被執，景達以舟兵奔還金陵。劉仁贍病且死，其副使孫羽等以壽州降於周。世宗班師。景遣人焚揚州，驅其士庶而去。冬十月，世宗復南征，遂圍濠州，刺史郭廷謂告於周曰：『臣不能守一州以抗王師，然願請命於唐而後降。』世宗爲之緩攻，廷謂遣人請命於景，景許其降，乃降。又取泗州。周師步騎數萬，水陸齊進，軍士作《檀來》之歌，聲聞數十里。十二月，屯於楚州之北門。

交泰元年正月，大赦改元。周師攻楚州，守將張彥卿、鄭昭業城守甚堅，攻四十日不可破。世宗親督兵以洞屋穴城而焚之，城壞，彥卿、昭業戰死，周兵怒甚，殺戮殆盡。周師復取海、泰、揚州。世宗幸迎鑾以臨大江，景知不能支，而恥自屈身去其名號，乃遣陳覺奉表，請傳國與其世子而聽命。

初，周師南征，無水戰之具，已而屢敗景兵，獲水戰卒，乃造戰艦數百艘，使降卒教之水戰，命王環將以下淮。景之水軍多敗，長淮之舟，皆爲周師所得。又造齊雲船數百艘，世宗至楚州北神堰，齊雲舟大，不能過，乃開老鸛河以通之，遂至大江。景初自恃水戰，以周兵非敵，且未能至江。及覺奉使，見舟師列於江次甚盛，以爲自天而下，乃請曰：『臣願還國取景表，盡獻江北諸州，如約。』世宗許之，始賜景書曰『皇帝恭問江南國主』，勞其良苦而已。是時揚、泰、滁、和、壽、濠、泗、楚、光、海等州，已爲周得，景遂獻廬、舒、蘄、黃，畫江以爲界。五月，景下令去帝號，稱國主，奉周正朔，時顯德五年也。

初，孫晟使於周，留不遣，而世宗問晟江南虛實，不對，世宗怒，殺晟。周已罷兵，景乃贈劉仁贍太師，追封晟魯國公。世宗遣鐘謨、馮延魯歸國。景復遣謨等朝京師，手自書表，稱天地父母之恩不可報；又請降詔書同藩鎮，遣謨面陳願傳位世子。世宗遣謨等還國，優詔以勞安之。景以謨爲禮部侍郎、延魯户部侍郎。

景爲太子時，延魯等皆出入東宮，禮部尚書常夢錫自昇世屢言不可使延魯等近太子，及景立，延魯用事，夢錫每排斥之。景既割地稱臣，有語及朝廷爲大朝者，夢錫大笑曰：『君等嘗欲致君如堯、舜，今日自爲小朝邪？』鐘謨素善李德明，既歸，而聞德明由宋齊丘等見殺，欲報其冤，未能發。陳覺，齊丘黨也，與嚴續素有隙。覺嘗奉使周，還言世宗以江南不即聽命者，嚴續之謀，勸景誅續以謝罪。景疑之，謨因請使於周，驗其事。景已割地稱臣，乃遣謨入朝謝罪，言不即割地者，非續謀，願赦之。世宗大驚，曰：『續能爲謀，是忠其主也，朕豈殺忠臣乎？』謨還，言覺姦詐，景怒，流覺饒州，殺之，宋齊丘坐覺黨與，放還青陽，賜死。以太弟景遂爲洪州節度使，燕王冀爲太子。

（建隆）二年六月，景卒，年六十四。從嘉嗣立，以喪歸金陵，遣使入朝，願復景帝號，太祖皇帝許之，乃謚曰明道崇德文宣孝皇帝，廟號元宗，陵曰順陵。

《宋史》卷一《太祖紀一》 太祖，宣祖仲子也，母杜氏。（顯德）三年春，從征淮南，首敗萬衆於渦口，斬兵馬都監何延錫等。南唐節度皇甫暉、姚鳳衆號十五萬，塞清流關，擊走之。追至城下，暉曰：『人各爲其主，願成列以決勝負。』太祖笑而許之。暉整陣出，太祖擁馬項直入，手刃暉中腦，併姚鳳禽之。宣祖率兵夜半至城下，傳呼開門，太祖曰：『父子固親，啓閉，王事也。』詰旦，乃得入。韓令坤平揚州，南唐來援，令坤議退，世宗命太祖率兵二千趨六合。太祖下令曰：『揚州兵敢有過六合者，斷其足。』令坤始固守。太祖尋敗齊王景達於六合東，斬首萬餘級。還，拜殿前都指揮使，尋拜定國軍節度使。

四年春，從征壽春，拔連珠砦，遂下壽州。還，拜義成軍節度、檢校太保，仍殿前都指揮使。冬，從征濠、泗，爲前鋒。時南唐砦於十八里灘，世宗方議以橐駝濟師，而太祖獨躍馬截流先渡，麾下騎隨之，遂破其砦。因其戰艦乘勝攻泗州，下之。南唐屯清口，太祖從世宗翼淮東下，夜追至山陽，俘唐節度使陳承詔以獻，遂拔楚州。進破唐人於迎鑾江口，直抵南岸，焚其營柵，又破之於瓜步，淮南平。唐主畏太祖威名，用間於世宗，遣使遺太祖書，餽白金三千兩，太祖悉輸之內府，間乃不行。五年，改忠武軍節度使。

又　卷二五一《韓令坤傳》　韓令坤，磁州武安人。世宗命宰相李穀將兵征淮南，俾令坤等十二將以從。谷退保正陽，爲吳人所乘。令坤與宣祖、李重進合兵擊之，大敗吳人。世宗親征，聞揚州無備，遣令坤及宣祖、白延遇、趙晁等襲之。令坤先令延遇以精騎數百遲明馳入，城中不之覺。令坤繼至撫之，民皆按堵。南唐東都副留守馮延魯爲僧匿寺中，令坤求獲之，送行在，遂以令坤知州事。由是泰州懼，以城降。

時錢俶受詔攻常、潤，圍毗陵，反爲南唐所敗。南唐乘勝遣將陸孟俊逼泰州，周師不能守，孟俊遂進軍蜀岡，逼揚州，令坤棄其城。世宗怒，命太祖與張永德領兵趨六合援之。令坤聞援至，復入城守，與孟俊兵戰，大敗之，擒孟俊，敗其將馬貴於楚州灣頭堰，擒漣州刺史秦進崇。俄命向拱爲緣江招討使，以令坤副之，下壽州。歸朝，加檢校太尉、領鎮安軍節度使。世宗乃復幸淮右，次楚州，遣令坤率兵先入揚州，命權知軍府事。揚州城爲吳人所毀，詔發丁壯別築新城，命令坤爲修城都部署。

（顯德）六年春，命令坤以汴、亳民道汴水入於蔡。

又　卷二五五《向拱傳》　向拱字星民，懷州河內人。【略】顯德二年，世宗親征淮南，以拱權東京留守兼判開封府事。時揚州初平，南唐令境上出師，謀收復。韓令坤有棄城之意，卽驛召拱赴行在，拜淮南節度，依前宣徽使兼緣江招討使，以令坤爲副。時周師久駐淮陽，都將趙晁、白廷遇等驕恣橫暴，不相稟從，惟務貪濫，至有劫人妻女者。及拱至，戮其不奉法者數輩，軍中肅然。六月，追敘秦、鳳功，加檢校太尉。

時周師圍壽春經年未下，江、淮草寇充斥，吳援兵柵於紫金山，與城中烽火相應。而舒、蘄、和、泰復爲吳人所據。拱上言欲且徙揚州之師併力攻壽春，俟其城下，然後改圖進取。世宗從之。拱乃封庫，付揚州主者；復遣本府牙將分部按巡城中。秋毫不犯，軍民感悅。及師行，吳人有負糗糧以送者。至壽春，與李重進合勢以攻其城，改淮南道招討都監，敗淮南軍二千於黃蓍砦。

世宗再幸壽州，召拱宴賜甚厚，以爲武寧軍節度，命領其屬駐鎮淮軍。及克壽州，以功加同平章事、領武寧軍節度。四年，徙歸德軍節度。淮南平，改山南東道節度，俄充西南面水陸發運招討使。恭帝卽位，加檢校太師、河南尹、西京留守。

又　卷二六二《李谷傳》　李谷字惟珍，潁州汝陰人。【略】（顯德）二年冬，議伐南唐，以谷爲淮南道行營前軍都部署，兼知廬、壽等州行府事，忠武軍節度王彥超副之韓令坤以下十二將率從。谷領兵自正陽渡淮，先鋒都將白延遇敗吳軍數千於來遠，又破千餘人於山口鎮，進攻上窰，又敗千餘衆，獲其小校數十人，長圍壽春。南唐遣大將劉彥貞來援，谷召將佐謀曰：『今援軍已過來遠，距壽陽二百里，舟櫂將及正陽。我師無水戰之備，萬一斷橋梁，隔絕王師，則腹背受敵矣。不如退守浮梁，以待戎輅之至。』初，世宗至圉鎮，已聞此謀，亟走內侍乘馹止之。谷已退保正陽，仍焚芻糧，回軍之際，遞相掠奪，淮北役夫數百悉陷於壽春。世宗聞之怒，亟命李重進率師伐之，以谷判壽州行府。是秋，詔歸闕，得風痹疾，告滿百日，累表請致仕，優詔不允。每軍國大事，令中使就第問之。

四年春，吳人壁紫金山，築甬道以援壽春，不及者數里。師老無功，時請罷兵爲便，世宗令范質、王溥就谷謀之。谷手疏請親征，有必勝之利者三，世宗大悅，用其策。及淮南平，賞賜甚厚。出谷疏，令翰林學士承旨陶谷爲贊以賜之。是夏，世宗還，谷扶疾見便殿，詔令不拜，命坐御坐側。以抱疾既久，請辭禄位。世宗怡然勉之，謂曰：『譬如家有四子，一人有疾，棄而不養，非父之道也。朕君臨萬方，卿處輔相之位，君臣之間，分義斯在，奈何以禄奉爲言。』谷愧謝而退。俄以平壽州，敍功加爵邑。是秋，谷抗表乞骸骨，罷相，守司空，加邑封，令每月肩輿一詣便殿，訪以政事。

五年夏，世宗平淮南回，賜穀錢百萬、米麥五百斛、芻粟薪炭等。恭帝卽位，加開府儀同三司，進封趙國公。求歸洛邑，賜錢三十萬，從其請。太祖卽位，遣使就賜器幣。建隆元年，卒，年五十八。太祖聞之震悼，贈侍中。

又　卷四八四《李重進傳》　李重進，其先滄州人。【略】世宗親征淮南，命重進將兵先赴正陽。俄聞李穀攻壽春不克，退保正陽，促重進兵助之。吳人以穀退爲懼，乃發兵三萬餘，旌旗輜重亙數百里；又發戰櫂二百艘以張斷橋之勢，列陣鼓譟而北，橫布拒馬以萬數，皆貫以利刃，維以鐵索；又刻木爲戰形，立陣前，號『捷馬牌』，皮囊貯鐵蒺莉以布戰地。時周師未朝食，吳師奄至，周師望其陣皆笑之。宣祖領前軍與重進、韓令坤合勢擊之，一鼓而敗，斬首萬餘級，追奔二十餘里，殺大將劉彦貞，擒裨將盛師朗數十人，降三千人，獲戈甲三十萬。世宗大悦，詔書褒諭，卽以重進代穀爲行營招討使，賜襲衣、金帶、玉鞍、名馬。

三年，以重進爲廬、壽等州招討使。時李繼勳主壽春，重進駐軍城北，聞城南洞屋爲淮人所焚，將議退軍。會太祖自六合歸，道出壽州，因駐師旬餘，重進倚以爲援，兵威復振。吳人大懼，以重進色黔，號『黑大王』。

張永德屯下蔡，與重進不協，永德每晏將吏，多暴重進短，後乘醉謂重進有姦謀，將吏無不驚駭。永德密遣親信乘驛上言，世宗不之信，亦不介意。二將俱握重兵，人情益憂恐。重進遂自壽陽單騎直詣永德帳中，命飲酒，親酌謂永德曰：『吾與公皆國家肺腑，相與戮力，同奬王室，公何疑我之深也。』永德意解，三軍皆安。李景知之，密令人齎蠟書誘重進，啖以厚利，重進表其事。時行濠州刺史齊藏珍亦説重進，世宗知之。假他事誅藏珍。

詔重進夾淮城正陽、下蔡，既成，上其圖。俄又取淮兵二千餘於塌山北。時圍壽經年未下，吳遣將許文縝、邊鎬州帥數萬，泝淮來援。文縝維舟淮南，據紫金山，山距壽數里，設十餘砦，連亙相望，與城中烽火相應；又南築夾道，將抵壽爲饋路。重進伺其城北展砦，出兵擊之，敗五千餘衆，奪二砦，獲器甲甚衆。世宗幸壽，宴從官，召重進賜戎服、玉帶、金銀器、繒彩、鞍勒馬。及克壽，録功加檢校太傅兼侍中，又改天平軍節度使，仍爲招討使。

四年，攻取濠州南關城，其團練使郭廷謂以兵萬餘降，獲糧數萬斛。從平楚州，命先還揚州。五年，世宗在迎鑾，遣重進將兵赴廬州，會李景請畫江爲界，世宗遂還，留重進戍守，景遣人以牛酒來犒，俄乃還鎮。六年，世宗北征，次博州，重進來朝，賜宴行宮，卽命將兵先趣北面，及世宗駐瓦橋關，重進與諸將率師而至。時關南已平，議進取幽州，會世宗不豫而止。卽命率所部趣河東，次百井路，敗併人五千餘，斬二千餘級。恭帝嗣位，加檢校太尉，改淮南道節度。

揮師攻遼

綜　述

《舊五代史》卷一一九《周書·世宗紀六》（顯德六年三月）三月【略】甲子，詔以北境未復，取此月内幸滄州。以宣徽南苑使吳延祚爲權東京留守，判開封府事；以宣徽北苑使昝居潤爲副使；以三司使張美爲大内都部署。命諸將各領馬步諸軍及戰棹赴滄州。【略】甲戌，車駕發京師。

夏四月辛卯，車駕次滄州，以前左諫議大夫薛居正爲刑部侍郎。是日，帝率諸軍北征。壬辰，至乾寧軍，僞寧州刺史王洪以城降。丁酉，駕御龍舟，率舟師順流而北，首尾數十里。辛丑，至益津關。自此以西，水路漸隘，舟師難進，乃捨舟登陸。壬寅，宿於野次。時帝先期而至，大軍未集，隨駕之士不及一旅，賴今上率材官騎士以衛乘輿。癸卯，今上先至瓦橋關，僞守將姚内斌以城降。甲辰，鄭州刺史劉楚信以州來降。

五月乙巳朔，帝駐蹕於瓦橋關。侍衛親軍都指揮使李重進及諸將相繼至行在，瀛州刺史高彥暉以本城歸順。關南平，凡得州三、縣十七、户一萬八千三百六十。是役也，王師數萬，不亡一矢，邊界城邑皆望風而下。丙午，帝與諸將議攻幽州，諸將皆以爲未可，帝不聽。是夜，帝不豫，乃止。戊申，定州節度使孫行友奏，攻下易州，擒僞命刺史李在欽來獻，斬於軍市。己酉，以瓦橋關爲雄州，以益津關爲霸州。是日，先鋒都指揮使張藏英破契丹數百騎於瓦橋關北，攻下固安縣。詔發濱、棣二州丁夫城霸州。庚戌，遣侍衛都指揮使李重進率兵出土門，入河東界。壬子，車駕發雄州，還京。

六月乙亥朔，潞州李筠奏，攻下遼州，獲僞刺史張丕旦。【略】庚辰，命宣徽北院使昝居潤判開封府事。晉州節度使楊廷璋奏，率兵入河東界，招降堡寨一十三所。戊子，潞州部送所獲遼州刺史張丕旦等二百四十五人以獻，詔釋之。帝之北征也，凡供軍之物，皆令自京遞送行在。一日，忽於地中得一木，長二三尺，如人之揭物者，其上卦全題云：『點檢做』，觀者莫測何物也。至是，今上始受點檢之命，明年春，果自此職以副人望，則『點檢做』之言乃神符也。辛卯，以宣徽北院使、判開封事昝居潤爲左領軍上將軍，充宣徽南院使；以三司使、左領衛大將軍張美爲左監門衛上將軍，充宣徽北院使，判三司。癸巳，帝崩於萬歲殿，聖壽三十九。

論説

宋·王質《雪山集》卷四《周世宗論》 石晉元年，高祖始割全燕以賂契丹，而十八州之民遂爲其所有。全燕號爲天下之形勢，而民物富庶，土田衍沃，水草豐美，皆足以爲天下之冠。契丹資之，益以盛强。開運之末，契丹擁全燕之勢而窺中原，震盪飄忽，如風雨之至，而中原坐以覆没。漢高祖、周太祖雖創業之君，而彷徨倥偬，自衛之不暇，而何敢覬覦。於其間，世宗不血刃而取三關，此豈可以不喜？而中遂班師，毁已成之功，而十四州之地，垂得而復失，此又豈可以不惜也！蓋嘗深維其故，則以爲世宗用智深而爲謀審，未嘗不歎息。世宗之善用兵，知所以勝，知所以敗，何者？用兵之患，莫大於腹背之受敵。昔者，夫差謀中原，而越入吴；劉備抗袁術，而吕布入下邳。腹背受敵，智者不能爲之謀矣。惟曹操不顧袁術之襲，許而征劉備；劉裕不顧盧循之犯，建業而伐關中。雖僅保不敗，而國勢岌岌，幾至於不可復返。今夫契丹之於太原，與國也；而太原之於周，仇讎也。蓋自太祖襲劉氏之孤而奪其國，以殘其宗，此固太原切骨銘心而不忘者也。高平之戰，雖足以挫太原之鋒，而忻口之敗反所以張契丹之勢。當是之時，契丹之形益强，而太原之怨益深。有益强之形而扼之於前，有益深之怨而邀之於後，世宗安得安枕而卧也？以史攷之四月壬辰，取乾寧軍；辛丑，取益津關，則相距十日也。癸卯，取瓦橋關，則相距三日也。五月乙巳，取瀛州，則又相距三日也。不兩旬而克三關，馳騁暴露於盛夏苦熱之地，周之師亦少憊矣，而契丹養其鋒以待之於前，太原蓄其鋭以伺之於後，如是而能不敗者，太公穰苴之所難也。嗟夫！天下之事固自有先後、緩急之序，爲世宗之策，莫若先有事於太原，遣一將提五萬師當忻口之衝，而斷契丹之援；諸將數萬人略汾潞，下慈隰，而蹙河東之勢；而後徐以重兵擣太原。既得太原，而幽、薊之地，可以次第而經略矣。豈以世宗而不察此也？以萬乘之重，而頓於二國之間，契丹不拒，太原不救，以待我之敝而乘之，使世宗狃勝而不知返。嗚呼！可憂也哉！

清·王夫之《讀通鑑論》卷三〇《五代下》 周主南伐江南，勞師三載，躬親三駕，履行陣，冒矢石，數十戰以極兵力，必得江北而後止。江北既獻，無難席捲以渡江，而修好休兵，饋鹽還俘，置之若忘。嗚呼！此其所以明於定紛亂之天下而得用兵之略也。蓋周主之志，不在江南而在契丹也。

當時中原之所急者，莫有大於契丹也。石敬瑭割地以使爲主於塞内，南向而俯臨中夏，有建瓴之勢焉。叛臣降將，道以竊中國之政令，而民且奉之爲主。德光死，兀欲、述律交相戕賊，至是而其勢亦衰矣，是可乘之機也。然其控弦馳馬獷悍之力，猶未易折棰以驅之出塞。且自朱温以來，所號爲中國主者，僅横亙一線於雍、豫、兖、青之中，地狹力微，不足以逞志。而立國之形，犬牙互入，未能截然有其四封，以保其内而應乎外。則不收淮南、江北之地，中國不成其中國。守不固，兵不彊，食不裕，强起而問燕雲之故壤，石重貴之覆軌，念之而寒心矣。

然而契丹不北走，十六州不南歸，天下終不可得而寧。而欲勤外略，必靖內訌。乃孟氏之在蜀，劉氏之在粵，淫虐已甚，下之也易，而要不足以厚吾力、張吾威也。唯江南之立國也固矣，楊、徐、李閲三姓，而保境息民之謀不改。李璟雖庸，人心尚固，求以勝之也較難。唯其難也，是以勝其兵而足以取威，得其衆而足以效用，有其土而足以阜財，受其降而足以息亂。且使兵習於戰，以屢勝而張其勢；將試於敵，以功罪而擇其才。割地畫江，無南顧之憂，粤人且遙爲效順。於是踰年而自將以伐契丹，其志乃大白於天下。而中國之威，因以大振。其有疾而竟不克者天也，其略則實足以一天下而紹漢、唐者也。王樸先蜀、粤而後幽、燕之策非也，屢試而驕以疲矣。威方張而未竭，周主亟之，天假之年，中原其底定乎！

雜録

宋・陶岳《五代史補》卷五《周・世宗上病龍臺》　世宗末年，大舉以取幽州，契丹聞其親征，君臣恐懼，沿邊城壘皆望風而下，凡蕃部之在幽州者，亦連宵遁去。車駕至瓦橋關，探邏是實，甚喜，以爲大勳必集，因登高阜，因以觀六師。頃之，有父老百餘輩持牛酒以獻，世宗問曰：『此地何名？』對曰：『歷世相傳，謂之病龍臺。』默然，遽上馬馳去。是夜，聖體不豫。翌日病亟，有詔回戈，未到關而晏駕。先是，世宗之在民間，已常夢神人以大傘見，遺色如鬱金，加道經一卷，其後遂有天下。及瓦橋不豫之際，復夢向之神人來索傘與經，夢中還之而驚起，謂近侍曰：『吾夢不祥，豈非天命將去耶！』遂召大臣，戒以後事。初，幽州聞車駕將至，父老或有竊議曰：『此不足憂，且天子姓柴，幽州爲燕地，燕者亦烟火之謂也。此柴入火不利之兆，安得成功。』卒如其言。

平息部族首領叛亂分部

契丹首領李盡忠之叛

綜述

《舊唐書》卷六《則天皇后紀》　（萬歲通天元年）五月，營州城傍契丹首領松漠都督李盡忠與其妻兄歸誠州刺史孫萬榮殺都督趙文翽，舉兵反，攻陷營州。盡忠自號可汗。乙丑，命鷹揚將軍曹仁師、右金吾大將軍張玄遇、右武威大將軍李多祚、司農少卿麻仁節等二十八將討之。

秋七月，命春官尚書、梁王三思爲安撫大使，納言姚璹爲之副。制改李盡忠爲盡滅，孫萬榮爲萬斬。

秋八月，張玄遇、曹仁師、麻仁節與李盡滅戰於西硤石黄麞谷，官軍敗績，玄遇、仁節併爲賊所虜。

九月，命右武衛大將軍、建安王攸宜爲大總管以討契丹。并州長史王方慶爲鸞台侍郎，與殿中監李道廣併同鳳閣鸞臺平章事。吐蕃寇涼州，都督許欽明爲賊所執。庚申，王方慶爲鳳閣侍郎，仍依舊知政事。李盡滅死，其黨孫萬斬代領其衆。

冬十月，孫萬斬攻陷冀州，刺史陸寶積死之。

十一月，又陷瀛州屬縣。

二年【略】春二月，王孝傑、蘇宏暉等率兵十八萬與孫萬斬戰於硤石谷，王師敗績，孝傑没於陣，宏暉棄甲而遁。【略】

五月，命右金吾大將軍、河內王懿宗爲大總管，右肅政御史大夫婁師德爲副大總管，右武威衛大將軍沙吒忠義爲前軍總管，率兵二十萬以討孫萬斬。

六月，【略】孫萬斬爲其家奴所殺，餘黨大潰。

又　卷三七《五行志》　如意初，里歌云：『黄麞黄麞草裏藏，彎弓射爾傷。』後契丹李萬榮叛，陷營州，則天令總管曹仁師、王孝傑等將兵百萬討之，大敗於黃麞谷，契丹乘勝至趙郡。

又　卷九三《王孝傑傳》　萬歲通天年，契丹李盡忠、孫萬榮反叛，復詔孝傑白衣起爲清邊道總管，統兵十八萬以討之。孝傑軍至東硤石谷遇賊，道隘，虜甚衆，孝傑率精鋭之士爲先鋒，且戰且前，及出谷，布方陣以捍賊。後軍總管蘇宏暉畏賊衆，棄甲而遁，孝傑既無後繼，爲賊所乘，營中潰亂，孝傑墮谷而死，兵士爲賊所殺及奔踐而死殆盡。時張説爲節度管記，馳奏其事。則天問孝傑敗亡之狀，説曰：『孝傑忠勇敢死，乃誠奉國，深入寇境，以少禦衆，但爲後援不至，所以致敗。』於是追贈孝傑夏官尚書，封耿國公，拜其子無擇爲朝散大夫。遣使斬宏暉以徇。使未至幽州，而宏暉已立功贖罪，竟免誅。

又　卷一〇一《王求禮傳》　王求禮，許州長社人。則天朝爲左拾遺，遷監察御史。性忠謇敢言，每上封彈事，無所畏避。時契丹李盡忠反叛，其將孫萬榮寇陷河北數州，河内王武懿宗擁兵討之，畏懦不敢進。既而賊大掠而去，懿宗條奏滄、瀛百姓爲賊詿誤者數百家，請誅之。求禮執而劾之曰：『此詿誤之人，比無良吏教習，城池又不完固，爲賊驅逼，苟徇圖全，豈素有背叛之心哉！懿宗擁强兵數十萬，聞賊將至，走保城邑，罪當誅戮。今乃移禍於詿誤之人，豈是爲臣之道？請斬懿宗以謝河北百姓。』懿宗大懼，則天竟降制赦之。

又　卷一九三《列女傳・鄒保英妻奚氏》　鄒保英妻奚氏，不知何許人也。萬歲通天年，契丹賊李盡忠來寇平州，保英時任刺史，領兵討擊。既而城孤援寡，勢將欲陷，奚氏乃率家僮及城内女丁相助固守。賊退，所司以聞，優制封爲誠節夫人。

又　卷一九四上《突厥傳上》　萬歲通天元年，契丹首領李盡忠、孫萬榮反叛，攻陷營府，默啜遣使上言：『請還河西降户，即率部落兵馬爲國家討擊契丹。』制許之。默啜遂攻討契丹，部衆大潰，盡獲其家口，默啜自此兵衆漸盛。

又　卷一九九下《北狄傳・契丹》　萬歲通天中，（孫）萬榮與王妹壻松漠都督李盡忠，俱爲營州都督趙翽所侵侮，二人遂舉兵殺翽，據營州作亂。盡忠即窟哥之胤，歷位右武衛大將軍兼松漠都督。則天怒其叛亂，下詔改萬榮名爲萬斬，盡忠爲盡滅。盡滅尋自稱無上可汗，以萬斬爲大將，前鋒略地，所向皆下，旬日兵至數萬，進逼檀州。詔令右金吾大將軍張玄遇、左鷹揚衛將軍曹仁師、司農少卿麻仁節率兵討之。與萬斬戰於西硤石谷，官軍敗績，玄遇、仁節併爲賊所虜。又令夏官尚書王孝傑、左羽林將軍蘇宏暉領兵七萬以繼之。與萬斬戰於東硤石谷，孝傑左陣陷沒，宏暉棄甲而遁。萬斬乘勝率其衆入幽州，殺略人吏。清邊道大總管、建安郡王武攸宜遣裨將討之，不能克。又詔左金吾大將軍、河内王武懿宗爲大總管，御史大夫婁師德爲副大總管，右武衛將軍沙吒忠義爲前軍總管，率兵三十萬以討之。俄而李盡滅死，萬斬代領其衆。萬斬又遣別帥駱務整、何阿小爲遊軍前鋒，攻陷冀州，殺刺史陸寶積，屠官吏子女數千人。俄而奚及突厥之衆掩擊其後，掠其幼弱。萬斬棄其衆，以輕騎數千人東走。前軍副總管張九節率數百騎設伏以邀之。萬斬窮蹙，乃將其家奴輕騎宵遁，至潞河東，解鞍憩於林下，其奴斬之。張九節傳其首於東都，自是其餘衆遂降突厥。

雜録

唐・杜佑《通典》卷二〇〇《邊防十六・北狄七・契丹》　大唐貞觀二十二年十一月，契丹帥窟哥率其部内屬，以契丹部爲松漠都督府，拜窟哥爲持節十州諸軍事、松漠都督於營州，兼置東夷都護，以統松漠、饒樂之地，罷護東夷校尉官。武太后萬歲通天元年五月，窟哥曾孫松漠都督羈縻松漠都護府屬，今柳城郡。李盡忠與其妻兄歸誠州刺史孫萬榮，殺都督趙文翽，舉兵反，陷營州，今柳城。自號可汗。命左鷹揚將軍曹仁師、右金吾將軍張玄遇、右武威大將軍李多祚、司農少卿麻仁節等二十八將討之。遇賊於西硤石、黃麞谷，官軍敗績，玄遇、仁節没於賊。李盡忠死，孫萬榮代領其衆，攻陷冀州，今信都郡。刺史陸寶積死之。又陷瀛州屬縣。今河間郡。

又　卷一九八《邊防十四・北狄五・突厥中》　默啜者，骨咄禄之弟也。【略】默啜俄遣使來朝，武太后大悦，册授左衛大將軍，封歸國公，賜物五千段。明年，復遣使請和，又加授遷善可汗。萬歲通天元年，契丹首領李盡忠、孫榮反叛，攻陷營府，默啜遣使上言『請還河西降户，卽率部落兵馬爲國討擊契丹』，許之。默啜遂攻討契丹，部衆大潰，盡俘其家口，默啜自此兵衆漸盛。

《新唐書》卷四三下《地理志下·河北道·突厥州二》 松漠都督府，貞觀二十二年以内屬契丹窟哥部置，其別帥七部分置峭落等八州。李盡忠叛後廢，開元二年復置。

宋·王溥《唐會要》卷八六《奴婢》 萬歲通天元年九月敕：士庶家僮僕有驍勇者，官酬主直，併令討擊契丹。時契丹首領李盡忠攻陷營州也。

安南首領梅玄成之叛

綜述

《舊唐書》卷八《玄宗紀上》（開元十年）秋八月丙戌，嶺南按察使裴伷先上言安南賊帥梅叔鸞等攻圍州縣，遣驃騎將軍兼内侍楊思勖討之。丁亥，遣户部尚書陸象先往汝、許等州存撫賑給。

又 卷一八四《宦官傳·楊思勖》 開元初，安南首領梅玄成叛，自稱『黑帝』，與林邑、眞臘國通謀，陷安南府，詔思勗將兵討之。思勗至嶺表，鳩募首領子弟兵馬十餘萬，取伏波故道以進，出其不意。玄成遽聞兵至，惶惑計無所出，竟爲官軍所擒，臨陣斬之，盡誅其黨與，積屍爲京觀而還。

《新唐書》卷二〇七《宦者傳·楊思勖》 楊思勗，羅州石城人。【略】開元初，安南蠻渠梅叔鸞叛，號黑帝，舉三十二州之衆，外結林邑、眞臘、金鄰等國，據海南，衆號四十萬。思勗請行，詔募首領子弟十萬，與安南大都護光楚客繇馬援故道出不意，賊駭眙不暇謀，遂大敗，封尸爲京觀而還。

隴州首領陳行範之叛

綜述

《舊唐書》卷八《玄宗紀上》（開元）十六年春正月庚子，【略】春，瀧等州獠首領瀧州刺史陳行範、廣州首領馮仁智、何遊魯叛，遣驃騎大將軍楊思勗討之。

又 卷一八四《宦官傳·楊思勗》（開元）十六年，瀧州首領陳行範、何游魯、馮璘等聚徒作亂，陷四十餘城。行範自稱帝，遊魯稱定國大將軍，璘稱南越王，割據嶺表。詔思勗率永、連、道等兵及淮南弩手十萬人進討。兵至瀧州，臨陣擒遊魯、馮璘，斬之。行範潛竄深州，投雲際、盤遼二洞。思勗悉衆攻之，生擒行範，斬之，斬其黨六萬級，獲口馬金玉巨萬計。思勗性剛決，所得俘囚，多生剝其面，或剺髮際，掣去頭皮，將士已下，望風慴憚，莫敢仰視，故所至立功。

挫敗朝臣叛逆活動分部

梁士彥謀逆伏誅

綜述

《隋書》卷一《高祖紀上》（開皇）六年【略】閏月【略】丙子，上柱國、郕國公梁士彥，上柱國、杞國公宇文忻，柱國、舒國公劉昉，以謀反伏誅。上柱國、許國公宇文善坐事除名。

九月辛巳，上素服御射殿，詔百僚射，賜梁士彥三家資物。丙戌，上柱國、宋安郡公元景山卒。庚子，以上柱國李詢爲隰州總管。辛丑，詔大象已來死事之家，咸令賑恤。

又 卷三八《劉昉傳》（劉）昉自以佐命元功，中被疏遠，甚不自安。後遇京師饑，上令禁酒，昉使妾賃屋，當壚沽酒。治書侍御史梁毗劾奏昉曰：『臣聞處貴則戒之以奢，持滿則守之以約。昉既位列羣公，秩高庶尹，縻爵稍久，厚禄已淹，正當戒滿歸盈，鑑斯止足，何乃規麴蘗之潤，競錐刀之末，身昵酒徒，家爲逋藪？若不糾繩，何以肅厲！』有詔不治。

昉鬱鬱不得志。時柱國梁士彥、宇文忻俱失職忿望，昉併與之交，數相來往。士彥妻有美色，昉因與私通，士彥不之知也，情好彌協，遂相與謀反，許推士彥爲帝。後事泄，上窮治之。昉自知不免，默無所對。下詔誅之，曰：

朕君臨四海，慈愛爲心。加以起自布衣，入升皇極，公卿之内，非親則友，位雖差等，情皆舊人。護短全長，恆思覆育，每殷勤戒約，言無不盡。天之曆數，定於杳冥，豈慮苞藏之心，能爲國家之害？欲使其長守富貴，不觸刑書故也。

上柱國、郕國公梁士彥，上柱國、杞國公宇文忻，柱國、舒國公劉昉等，朕受命之初，併展勤力，酬勳報效，榮高禄重。待之既厚，愛之實隆，朝夕宴言，備知朕意。但心如溪壑，志等豺狼，不荷朝恩，忽謀逆亂。士彥爰始幼來，恆自誣罔，稱有相者，云其應録，年過六十，必據九五。初平尉迥，暫臨相州，已有反心，彰於行路。朕即遣人代之，不聲其罪。入京之後，逆意轉深。忻、昉之徒，言相扶助。士彥許率僮僕，剋期不遠，欲於蒲州起事。即斷河橋，捉黎陽之關，塞河陽之路，劫調布以爲牟甲，募盜賊而爲戰士，就食之人，亦云易集。輕忽朝廷，嗤笑官人，自謂一朝奮發，無人當者。其第二子剛，每常苦諫，第三子叔諧，固深勸獎。朕既聞知，猶恐枉濫，乃授晉部之任，欲驗蒲州之情。士彥得以欣然，云是天贊，忻及昉等，皆賀時來。忻往定鄴城，自矜不已，位極人臣，猶恨賞薄。云我欲反，何慮不成。怒色忿言，所在流布。朕深念其功，不計其禮，任以武候，授以領軍，寄之爪牙，委之心腹。忻密爲異計，樹黨宮闈，多奏親友，入參宿衛。朕推心待物，言必依許。爲而弗止，心迹漸彰，仍解禁兵，令其改悔。而志規不逞，愈結於懷，乃與士彥情意偏厚，要請神明，誓不負約。俱營賊逆，逢則交謀，委彥河東，自許關右，蒲津之事，即望從征，兩軍結東西之旅，一舉合連横之勢，然後北破晉陽，還圖宗社。昉入佐相府，便爲非法，三度事發，二度其婦自論。常云姓是『卯金刀』，名是『一萬日』，劉氏應王，爲萬日天子。朕訓之道之，示其利害，每加寬宥，望其修改。口請自新，志存如舊，亦與士彥情好深重，逆節姦心，盡探肝鬲。嘗共士彥論太白所犯，問東井之間，思秦地之亂，訪軒轅之里，願宮掖之災。唯待蒲坂事興，欲在關内應接。

殘賊之策，千端萬緒。惟忻及昉，名位併高，寧肯北面曲躬，臣於士彥，乃是各懷不遜，圖成亂階，一得擾攘之基，方逞吞并之事。人之姦詐，一至於此！雖國有常刑，罪在不赦，朕載思草創，咸著厥誠，情用愍然，未忍極法。士彥、忻、昉，身爲謀首，叔諧贊成父意，義實難容，併已處盡。士彥、忻、昉兄弟叔姪，特恕其命，有官者除名。士彥小男女、忻母妻女及小男併放。士彥、叔諧妻妾及資財田宅，忻、昉妻妾及資財田宅，悉没官。士彥、昉兒年十五以上遠配。上儀同薛摩兒，是士彥交舊，上柱國府户曹參軍事裴石達，是士彥府僚，反狀逆心，巨細皆委。薛摩兒聞語，仍相應和，俱不申陳，宜從大辟。問即承引，頗是恕心，可除名免死。朕握圖當籙，六載於斯，政事徒勤，淳化未洽，興言軫念，良深歎憤！

臨刑，至朝堂，宇文忻見高熲，向之叩頭求哀。昉勃然謂忻曰：『事形如此，何叩頭之有！』於是伏誅，籍没其家。後數日，上素服臨射殿，盡取昉、忻、士彥三家資物置於前，令百僚射取之，以爲鑑誡云。

又　卷四二《李德林傳》（尉遲迥之亂）鄖公韋孝寬爲東道元帥，師次永橋，爲沁水泛長，兵未得度。長史李詢上密啓云：『大將梁士彥、宇文忻、崔弘度併受尉遲迥餉金，軍中慅慅，人情大異。』高祖得詢啓，深以爲憂，與鄭譯議，欲代此三人。德林獨進計云：『公與諸將，併是國家貴臣，未相伏馭，今以挾令之威，使得之耳。安知後所遣者，能盡腹心，前所遣人，獨致乖異？又取金之事，虚實難明，即令換易，彼將懼罪，恐其逃逸，便須禁錮。然則鄖公以下，必有驚疑之意。且臨敵代將，自古所難，樂毅所以辭燕，趙括以之敗趙。如愚所見，但遣公一腹心，明於智略，爲諸將舊來所信服者，速至軍所，使觀其情僞。縱有異志，必不敢動。』**【略】**

德林以梁士彥及元諧之徒頻有逆意，大江之南，抗衡上國。乃著《天命論》上之，其辭曰：

粵若邃古，玄黄肇闢，帝王神器，歷數有歸。生其德者天，應其時者命，確乎不變，非人力所能爲也。龍圖鳥篆，號謚遺迹，疑而難信，缺而未詳者，靡得而明焉。其在典文，焕乎緗素，欽明至德，莫盛於唐、虞，貽謀長世，莫過於文、武。大隋神功積於文王，天命顯於唐叔。昔邑姜方娠，夢帝謂己：『餘命而子曰虞，將與之唐，而蕃育其子孫。』及生，有文在其手曰『虞』，遂以命之。成王滅唐而封太叔。又唐叔之封也，箕子曰：『其後必大。』《易》曰：『崇高富貴，莫大於帝王。』《老子》謂：『域内四大，王居一焉。』此則名虞與唐，美兼二聖，將令其後必大，終致唐、虞之美，蕃育子孫，用享無窮之祚。

逮皇家建國，初號大興，箕子必大之言，於兹乃驗。天之眷命，懸屬聖朝，重耳區區，豈足云也！有娀玄鳥，商以興焉，姜嫄巨迹，周以興焉，邑姜夢帝，隋以興焉。古今三代，靈命如一，本枝種德，弈葉丕基。佐高帝而滅楚，立宣皇以定漢，東京太尉，關西孔子，生感遺鱣之集，殁降巨鳥之奇，累仁積善，大申休命。太祖挺生，庇民匡主，立殊勳於魏室，建盛業於周朝。啓翼軫之國，肇炎精之紀，爰受厥命，陟配彼天。皇帝載誕之初，神光滿室，具興王之表，韞大聖之能。或氣或雲，蔭映於廊廟，如天如日，臨照於軒冕。内明外順，自險獲安，豈非萬福扶持，百禄攸集。有周之末，朝野騷然，降志執均，鎮衛宗社。明神饗其德，上帝付其民，誅姦逆於九重，行神化於四海。於斯時也，尉迥據有齊累世之都，乘新國易亂之俗，驅馳蛇豕，連合縱横，地乃九州陷三，民則十分擁六。王謙乘連率之威，憑全蜀之險，興兵舉衆，震蕩江山，鴆毒巴、庸，蠶食秦、楚。此二虜也，窮凶極逆，非欲割鴻溝之地，閉劍閣之門，皆將長戟强弩，睥睨宸極。從漳河而達負海，連岱嶽而距華陽，迫脅荆蠻，吐納江漢。佐鬬嫁禍，紛若蝟毛，曝骨履腸，間不容礪。爾乃奉殪戎之命，運先天之略，不出户庭，推轂分閫，一麾以定三方，數旬而清萬國。盪滌天壤之速，規摹指畫之神，造化以來，弗之聞也。光熙前緒，罔有不服，烟雲改色，鐘石變音，三靈顧望，萬物影響。木運告盡，褰裳克讓，天歷在躬，推而弗有。百辟庶尹，四方岳牧，稽圖讖之文，順億兆之請，披肝瀝膽，晝歌夜吟，方屈箕潁之高，式允幽明之願。基命宥密，如恆如升，推帝居歆，創業垂統。殊徽號，改服色，建都邑，敍彝倫，薄賦輕徭，慎刑恤獄，除繁苛之政，興清静之風，去無用之官，省相監之職。奇才間出，盛德無隱，星精雲氣，共趨走於堦墀，山神海靈，咸燮理於台閣。東漸日谷，西被月川，教暨北溟之表，聲加南海之外。悠悠沙漠，區域萬里，蠢蠢百蠻，莫之與競。五帝所不化，三王所未賓，屈膝頓顙，盡爲臣妾。殊方異類，書契不傳，梯山越海，貢琛奉贄，欣欣如也。巢居穴處，化以宫室，不火不粒，訓以庖厨。禮樂合天地之同，律吕節寒暑之候，制作詳垂衣之後，淳粹得神農之前。遨遊文雅之場，出入杳冥之極，合神謨鬼，通幽洞微，羣物歲成，含生日用，飲和氣以自得，沐玄澤而不知也。丹雀爲使，玄龜載書，甘露自天，醴泉出地。神禽異獸，珍木奇草，望風觀海，應化歸風。備休祥於圖牒，罄幽遐而戾止。猶且父天子民，兢兢翼翼，至矣大矣，七十四帝，曷可同年而語哉！

若夫天下之重，不可妄據，故唐之許由，夏之伯益，懷道立事，人授而弗可也。軒初四帝，周餘六王，借世因基，自取而不得也。孟軻稱仲尼之德過於堯、舜，著述成帝者之事，弟子備王佐之才，黑不代蒼，泣麟歎鳳，栖栖汲汲，雖聖達而莫許也。蚩尤則黄帝抗衡，共工則黑帝勍敵，項羽誅秦摧漢，宰割神州，角逐爭驅，盡威力而無就也。其餘欻起妖妄，曾何足數！賊子逆臣，所以爲亂，皆由不識天道，不悟人謀，牽逐鹿之邪説，謂飛凫而爲鼎。若使四凶爭八元之誠，三監同九臣之志，韓信、彭越深明帝子之符，孫述、隗囂妙識眞人之出，尉迥同謳歌之類，王謙比獄訟之民，福禄蟬聯，胡可窮也！而違天逆物，獲罪人神。嗚呼！此前事之大戒矣。誅夷烹醢，歷代共尤，僭逆凶邪，時煩獄吏，其可不戒慎哉！蓋積惡既成，心自絶於善道，物類相感，理必至於誅戮。天奪其魄，鬼惡其盈故也。大帝聰明，羣臣正直，耳目監於率土，賞罰參於國朝，輔助一人，覆育兆庶。豈有食人之禄，受人之榮，包藏禍心而不殲盡者也？必當執法未處其罪，司命已除其籍。自古明哲，慮遠防微，執一心，持一德，立功坐樹，上書削藁，位尊而心逾下，禄厚而志彌約，寵盛思之以懼，道高守之以恭，克念於此，則奸回不至。事乃畏天，豈惟愛禮，謙光滿覆，義在知幾，吉凶由人，妖不自作。

衆星共極，在天成象。夙沙則主雖愚蔽，民盡知歸，有苗則始爲跋扈，終而大服。漢南諸國，見一面以從殷，河西將軍，率五郡以歸漢。故能招信順之助，保太山之安。彼陳國者，盜竊江外，民少一郡，地減半州。遇受命之主，逢太平之日，自可獻土銜璧，乞同溥天。乃復養喪家之疹，遵顛覆之軌，趑趄吳、越，仍爲匪民。雖時屬大道，偃兵舞鍼，然國家當混一之運，金陵是殄滅之期，有命不恆，斷可知矣。房風之戮，元龜匪遙，孫皓之俟，守株難得。迷而未覺，諒可愍焉。斯故未辯玄天之心，不聞君子之論也。

《周書》卷三一《梁士彥傳》 梁士彥字相如，安定烏氏人也。少任俠，好讀兵書，頗涉經史。周武帝將平東夏，聞其勇決，自扶風郡守除爲九曲鎮將，進位上開府，封建威縣公。齊人甚憚之。

後以熊州刺史從武帝拔晉州，進位大將軍，除晉州刺史。及帝還，齊後主親攻圍之，樓堞皆盡，短兵相接。士彥慷慨自若，謂將士曰：『死在今日，吾爲爾先。』於是勇猛齊奮，號聲動天，無不一當百。齊兵少御，乃令妻及軍人子女晝夜修城，三日而就。武帝大軍亦至，齊師圍解。士彥見帝，捋帝鬚泣，帝亦爲之流涕。時帝欲班師，士彥叩馬諫，帝從之。執其手曰：『朕有晉州，爲平齊之基，宜善守之。』及齊平，封郕國公，位上柱國、雍州總管。宣帝即位，除徐州總管。與烏丸軌禽陳將吳明徹、裴忌於呂梁，略定淮南地。

隋文帝作相，轉亳州總管。尉遲迥反，爲行軍總管，及韋孝寬擊之。令家僮梁默等爲前鋒，士彥繼之，所當皆破。

及迥平，除相州刺史。深見忌，乃代還京師。閑居無事，恃功懷怨，與宇文忻、劉昉等謀反。將率僮僕，候上享廟之際以發機。復欲於蒲州起事，略取河北，捉黎陽關，塞河陽路，劫調布爲牟甲，募盜賊爲戰士。其甥裴通知而奏之。帝未發其事，授晉州刺史，欲觀其志。志彥欣然謂昉等曰：『天也！』又請儀同薛摩兒爲長史，帝從之。後與公卿朝謁，帝令執士彥、忻、昉等於行間。詰之狀，猶不伏，捕薛摩兒至，對之。摩兒具論始末，云第二子剛垂泣苦諫，第三子叔諧曰：『作猛獸須成班。』士彥失色，顧曰：『汝殺我！』於是伏誅。年七十二。

論說

《隋書》卷四〇《梁士彥等傳論》 昔韓信愆垓下之期，則項王不滅，英布無淮南之舉，則漢道未隆。以二子之勳庸，咸憤怨而菹戮，況乃無古人之殊績，而懷悖逆之心者乎！梁士彥、宇文忻皆一時之壯士也，遭雲雷之會，併以勇略成名，遂貪天之功以爲己力。報者倦矣，施者未厭，將生厲階，求逞其欲。及茲顛墜，自取之也。王誼、元諧、王世積、虞慶則、元胄，或契闊艱厄，或綢繆恩舊，將安將樂，漸見遺忘，內懷怏怏，矜伐不已。雖時主之刻薄，亦言語以速禍乎？然高祖佐命元功，鮮有終其天命，配享清廟，寂寞無聞。斯蓋草創帝圖，事出權道，本異同心，故久而逾薄。其牽牛蹊田，雖則有罪，奪之非道，能無怨乎？皆深文巧詆，致之刑辟，高祖沉猜之心，固已甚矣。求其餘慶，不亦難哉！

張亮謀反伏誅

綜述

《舊唐書》卷二《太宗紀上》 （武德九年）冬十月【略】癸酉，裴寂食實封一千五百户，【略】錢九隴、樊世興、公孫武達、李孟常、段志玄、龐卿惲、張亮、李藥師、杜淹、元仲文四百户。【略】

又 卷三《太宗紀下》 （貞觀）八年正月【略】壬寅，命尚書右僕射李靖、特進蕭瑀楊恭仁、禮部尚書王珪、御史大夫韋挺、鄜州大都督府長史皇甫無逸、揚州大都督府長史李襲譽、幽州大都督府長史張亮、涼州大都督李大亮、右領軍大將軍竇誕、太子左庶子杜正倫、綿州刺史劉德威、黃門侍郎趙弘智使於四方，觀省風俗。

（十七年）八月，工部尚書、鄖國公張亮爲刑部尚書，參預朝政。

【略】

（二十年）三月己巳，車駕至京師。己丑，刑部尚書、鄖國公張亮謀反，誅。

又　卷六九《張亮傳》　張亮，鄭州滎陽人也。素寒賤，以農爲業，倜儻有大節，外敦厚而內懷詭詐，人莫之知。大業末，李密略地滎、汴，亮杖策從之，未被任用。屬軍中有謀反者，亮告之，密以爲至誠，署驃騎將軍，隸於徐勣。及勣以黎陽歸國，亮頗贊成其事，乃授鄭州刺史。會王世充陷鄭州，亮不得之官，孤軍無援，遂亡命於共城山澤。

後房玄齡、李勣以亮倜儻有智謀，薦之於太宗，引爲秦府車騎將軍。漸蒙顧遇，委以心膂。會建成、元吉將起難，太宗以洛州形勝之地，一朝有變，將出保之。遣亮之洛陽，統左右王保等千餘人，陰引山東豪傑以俟變，多出金帛，恣其所用。元吉告亮欲圖不軌，坐是屬吏，亮卒無所言，事釋，遣還洛陽。及建成死，授懷州總管，封長平郡公。

貞觀五年，歷遷御史大夫，轉光禄卿，進封鄅國公，賜實封五百户。後歷豳、夏、鄜三州都督。七年，魏王泰爲相州都督而不之部，進亮金紫光禄大夫，行相州大都督長史。十一年，改封鄖國公。亮所莅之職，潛遣左右伺察善惡，發擿姦隱，動若有神，抑豪强而恤貧弱，故所在見稱。初，亮之在州也，棄其本妻，更娶李氏。李素有淫行，驕妬特甚，亮寵憚之。後至相州，有鄴縣小兒，以賣筆爲業，善歌舞，李見而悅之，遂與私通，假言亮先與其母野合所生，收爲亮子，名曰慎幾。亮前婦子慎微每以養慎幾致諫，亮不從。李尤好左道，所至巫覡盈門，又干預政事，由是亮之聲稱漸損。

十四年，入爲工部尚書。明年，遷太子詹事，出爲洛州都督。及侯君集誅，以亮先奏其將反，優詔褒美，遷刑部尚書，參預朝政。太宗將伐高麗，亮頻諫不納，因自請行。以亮爲滄海道行軍大總管，管率舟師。自東萊渡海，襲沙卑城，破之，俘男女數千口。進兵頓於建安城下，營壘未固，士卒多樵牧。賊衆奄至，軍中惶駭。亮素怯懦，無計策，但踞胡牀，直視而無所言，將士見之，翻以亮爲有膽氣。其副總管張金樹等乃鳴鼓令士衆擊賊，破之。太宗知其無將帥材而不之責。

有方術人程公潁者，亮親信之。初在相州，陰召公潁，謂曰：『相州形勝之地，人言不出數年有王者起，公以爲何如？』公潁知其有異志，因言亮臥似龍形，必當大貴。又有公孫常者，頗擅文辭，自言有黄白之術，尤與亮善。亮謂曰：『吾嘗聞圖讖「有弓長之君當別都」，雖有此言，實不願聞之。』常又言亮名應圖籙，亮大悅。二十年，有陝人常德玄告其事，併言亮有義兒五百人。太宗遣法官按之，公潁及常證其罪。亮曰：『此二人畏死見誣耳。』又自陳佐命之舊，冀有寬貸。太宗謂侍臣曰：『亮有義兒五百，畜養此輩，將何爲也？正欲反耳。』命百僚議其獄，多言亮當誅，唯將作少匠李道裕言亮反形未具，明其無罪。太宗既盛怒，竟斬於市，籍没其家。

《新唐書》卷九四《張亮傳》　初，亮棄故妻，更娶李氏。李妬悍，私通歌兒，養爲子，名慎幾。亮子顗數諫止，亮不納。李好左道，交通巫覡，橈政事。亮爲相州，假子公孫節以讖有『弓長之主當別都』，亮自以相舊都，『弓長』其姓，陰有怪謀。術家程公穎者，亮素與厚，陰謂曰：『君前言陛下眞天下主，何其神邪！』公穎內曉，即稱亮臥若龍，當大貴。亮曰：『國家殆必亂，吾臂龍鱗奮矣，慎幾且大貴。』公孫常者，節兄也，亮謂曰：『吾有妾，相者云必爲諸王姬。』常曰：『我兄子大品言，有神告公名在讖書。』亮悅。會陝人常德發其謀，併言亮養假子五百。帝使馬周案之，亮讕辭曰：『囚等畏死，見誣耳。』因自陳佐命舊臣。帝曰：『亮養子五百將何爲？正欲反耳。』詔百官議，皆言亮當誅。帝遣長孫無忌、房玄齡就獄謂曰：『法者，天下平，與公共爲之。公不自脩，乃至此，將奈何？』於是斬西市，籍其家。

又《侯君集傳》　君集自以有功於西域，而以貪冒被囚，志殊怏怏。十七年，張亮以太子詹事出爲洛州都督，君集激怒亮曰：『何爲見排？』亮曰：『是公見排，更欲誰冤！』君集曰：『我平一國來，逢屋許大嗔，何能仰排！』因攘袂曰：『鬱鬱不可活，公能反乎？當與公反耳。』亮密以聞，太宗謂亮曰：『卿與君集俱是功臣。君集獨以語卿，無人聞見，若以屬吏，君集必言無此。兩人相證，事未可知。』遂寢其事，待君集如初。尋與諸功臣同畫像於凌煙閣。

又　卷九九《李大亮傳》　李大亮，京兆涇陽人。【略】兄子道裕，貞觀末爲將作匠。有告張亮反者，詔百官議。皆言亮當誅，獨道裕謂反形未具。帝怒不暇省，斬之。歲餘，刑部侍郎缺，宰相屢進名，不可。帝曰：『朕得之矣。是嘗議張亮者，朕時雖不從，今尚悔之。』遂命道裕。終大理卿。

論說

《舊唐書》卷六九《侯君集等傳論贊》 侯君集摧凶克敵，效用居多，恃寵矜功，粗率無檢，棄前功而罹後患，貪愚之將明矣。張亮聽公潁之妖言，恃弓長之邪讖，義兒斯畜，惡迹遂彰，雖道裕云反狀未形，而詭詐之性，於斯驗矣。萬徹籌深行陣，勇冠戎夷，不能保其首領，以至誅戮。夫二三子，非慎始而保終也。

贊曰：君子立功，守以謙沖。小人得位，足爲身害。侯、張凶險，望窺聖代。雄若韓、彭，難逃葅醢。

《新唐書》卷九四《侯君集等傳贊》 侯君集位將相私謁太子，張亮養子五百人，薛萬徹與狂豎謀，皆死有餘責，又何咎哉？以太宗之明德，蔽於謡讖，濫君羡之誅，徒使孽後引以自神，顧不哀哉！

宋·晁補之《鷄肋集》卷四六《唐舊書雜論·志》 太宗謂侍臣曰：『張亮有義兒五百，將何爲也？正欲反爾。』命百僚議其獄，多言當誅，惟將作少匠李道裕言亮反形未具。太宗既盛怒，竟斬亮於市。歲餘，刑部侍郎闕，奏皆不可。太宗曰：『朕得其人也。往者道裕議張亮反形未具，此言當矣。』遂授道裕刑部侍郎。

右《張亮傳第十九》，亮延術士，問弓長之讖又養子五百人何爲乎？道裕言反形未具，非也。君親無將，亮之狂悖，足以得死。但法吏惡文深，道裕論附輕其人，平允可知，太宗用之是也。然則太宗非比言者之衆而拒道裕也，不得不拒。非拒道裕之獨而誅亮也，不得不誅。非記人前日不用之言而用其後日之身也，不得不用其慶。賞刑威於此，兩得矣。司馬遷明李陵非降，漢武疑其爲陵游説而當遷腐刑，陵或能報漢亦未可知，而漢武疑遷，已有此坐。至道裕言亮反形未具，而亮狂悖實已著矣，太宗不惟不罪道裕而又用之，其明智大度，豈漢武所能庶幾哉！

宋·劉一止《苕溪集》卷一五《故事》 李道裕於貞觀末爲將作匠。有告張亮反者，詔百官，皆言亮當誅，獨道裕謂反形未具，帝怒不暇省，斬之。歲餘，刑部侍郎闕，宰相屢進不可，帝曰：『朕得之矣，是嘗議張亮反者。朕時雖不從，今尚悔之。』遂命道裕。

臣竊謂臣受知於君，不以一時遇合爲難，而以知其心之所存爲不易。太宗之於道裕也，始棄其言卒乃用之，豈以疇昔之事爲過而悔之歟？曰：不然。太宗願治之主也，其措心積慮，未嘗不在於天下國家。雖一事之疑，必悔之，況其平時欽恤用刑，每決死罪，必三覆五奏而後定。意太宗之斷未必爲疏而追悔不忘。若是者，豈恤刑之心誠有合耶？嗚呼！人主未嘗無願治之志，然而不克有濟者誠不至而已矣。苟出於誠，則反覆念慮，浸久而不忘惟其當而後已。故於聽用之際，有合於其心者，雖棄之於前而收之於後，不以自慊也。若德宗之於陸贄則不然。當危難時，惟贄言是聽。天下既定，乃追仇盡言，怫然以讒悖逐，猶棄梗焉。以此一事，足以觀人主之用心矣，何必多耶！

劉思禮搆逆

綜述

《舊唐書》卷一八六上《酷吏傳·來俊臣》 俊臣累坐贓，爲衛吏紀覆忠所告下獄。長壽二年，除殿中丞。又坐贓，出爲同州參軍，逼奪同列參軍妻，仍辱其母。萬歲通天元年，召爲合宫尉，擢拜洛陽令、司農少卿。則天賜其奴婢十人，當受於司農。時西蕃酋長阿史那斛瑟羅家有細婢，善歌舞，俊臣因令其黨羅告斛瑟羅反，將圖其婢。諸蕃長詣闕割耳剺面訟冤者數十人，乃得不族。時綦連耀、劉思禮等有異謀，明堂尉吉頊知之，不自安，以白俊臣發之，連坐族者數十輩。俊臣將擅其功，復羅告頊，得召見，僅而免。

又《吉頊傳》 吉頊，洛州河南人也。身長七尺，陰毒敢言事。進士舉，累轉明堂尉。萬歲通天二年，有箕州刺史劉思禮，自云學於張憬藏，善相，云洛州録事參軍綦連耀應圖讖，有『兩角騏驎兒』之符命。頊告之，則天付武懿宗與頊對訊。懿宗與頊誘思禮，令廣引朝士，必全其命。思禮乃引鳳閣侍郎李元素、夏官侍郎孫元通、天官侍郎劉奇石抱忠、鳳閣舍人王處來庭、主簿柳璆、給事中周潘、涇州刺史王勔、監察御史王助、司議郎路敬淳、司門員外郎劉慎之、右司員外郎宇文全志等三十六家，微有忤意者，必構之，楚毒百端，以成其獄。皆海內賢士名家，天下冤之，親故連累竄逐者千餘人。頊由是擢拜右肅政台中丞，日見恩遇。

《新唐書》卷四《則天順聖武皇后紀》 神功元年正月壬戌，殺李元素、孫元亨、洛州録事參軍綦連耀、箕州刺史劉思禮、知天官侍郎事石抱忠、劉奇、給事中周譒、鳳閣舍人王勮、前涇州刺史王勔、太子司議郎路敬淳、司門員外郎劉順之、右司員外郎宇文全志、來庭縣主簿柳璆。

唐文扆作難

綜　述

《新五代史》卷六三《前蜀世家·王衍》 光天元年六月，（王）建卒，年七十二。建晚年多內寵，賢妃徐氏與妹淑妃，皆以色進，專房用事，交結宦者唐文扆等干與外政。建年老昏耄，文扆判六軍，事無大小，皆決文扆。及建疾，以兵入宿衛，謀盡去建故將。故將聞建疾，皆不得入見，久之，宗弼等排闥入，言文扆欲爲變，乃殺之。建因以老將大臣多許昌故人，必不爲太子用，思擇人未得而疾亟，乃以宦者宋光嗣爲樞密使判六軍而建卒。太子立，去『宗』名衍。

衍，字化源。建十一子，曰衛王宗仁，簡王元膺，趙王宗紀，豳王宗輅，韓王宗智，莒王宗特，信王宗傑，魯王宗鼎，興王宗澤，薛王宗平。而鄭王宗衍最幼，其母徐賢妃也，以母寵得立爲皇太子，開崇賢府，置官屬，後更曰天策府。衍爲人方頤大口，垂手過膝，顧目見耳，頗知學問，能爲浮艷之辭。元膺死，建以豳王宗輅貌類己，而信王宗傑於諸子最材賢，欲於兩人擇立之。而徐妃專寵，建老昏耄，妃與宦者唐文扆教相者上言衍相最貴，又諷宰相張格贊成之，衍由是得爲太子。

宋·司馬光《資治通鑑》卷二六八《後梁紀三·均王上上》 （乾化三年）蜀潘炕屢請立太子，蜀主以雅王宗輅類己，信王宗傑才敏，欲擇一人立之。鄭王宗衍最幼，其母徐賢妃有寵，欲立其子，使飛龍使唐文扆諷張格上表請立宗衍。格夜以表示功臣王宗侃等，詐云受密旨，衆皆署名。蜀主令相者視諸子，亦希旨言鄭王相最貴。蜀主以爲衆人實欲立宗衍，不得已許之，曰：『宗衍幼懦，能堪其任乎？』甲午，立宗衍爲太子。受册畢，潘炕以朝廷無事，稱疾請老，蜀主不許；涕泣固請，乃許之。國有大疑，常遣使就第問之。

又　卷二七〇《後梁紀五·均王中》 （貞明三年）蜀飛龍使唐文扆居中用事，張格附之，與司徒、判樞密院事毛文錫爭權。文錫將以女適左僕射兼中書侍郎、同平章事庾傳素之子，會親族於樞密院用樂，不先表聞，蜀主聞樂聲，怪之，文扆從而譖之。八月，庚寅，貶文錫茂州司馬，其子司封員外郎詢流維州，籍沒其家；貶文錫弟翰林學士文晏爲榮經尉。榮經，漢嚴道縣地，唐武德四年置榮經縣，屬雅州。【略】

蜀主以劉知俊爲都招討使，諸將皆舊功臣，多不用其命，且疾之，故無成功。伐岐無功也。唐文扆數毁之，蜀主亦忌其才，嘗謂所親曰：『吾老矣，知俊非爾輩所能馭也。』十二月，辛亥，收知俊，稱其謀叛，斬於炭市。

（貞明四年）內飛龍使唐文扆久典禁兵，參預機密，欲去諸大臣，遣人守宫門；王宗弼等三十餘人日至朝堂，不得入見，文扆屢以蜀主之命慰撫之，伺蜀主殂，即作難。遣其黨內皇城使潘在迎偵察外事，在迎以其謀告宗弼等；宗弼等排闥入，言文扆之罪，以天册府掌書記崔延昌權判六軍事，召太子入侍疾。丙子，貶唐文扆爲眉州刺史。翰林學士承旨王保晦坐附會文扆，削官爵，流瀘州。在迎，炕之子也。丙申，蜀主詔中外財賦、中書除授、諸司刑獄案牘專委庾凝績，都城及行營軍旅之事委宣徽南院使宋光嗣。丁酉，削唐文扆官爵，流雅州。辛丑，以宋光嗣爲內樞密使，與兼中書令王宗弼、宗瑤、宗綰、宗夔併受遺詔輔政。初，蜀主雖因唐制置樞密使，專用士人，及唐文扆得罪，蜀主以諸將多許州故人，恐其不爲幼主用，故以光嗣代之。自是宦者始用事。六月，壬寅朔，蜀主殂。癸卯，太子即皇帝位。尊徐賢妃爲太后、徐淑妃爲太妃。以宋光嗣判六軍諸衛事。乙卯，殺唐文扆、王保晦。

清·吳任臣《十國春秋》卷四六《前蜀十二·唐文扆傳》 唐文扆，高祖時以宦者爲內飛龍使，與宰相張格比。後主之得爲太子也，文扆實挾順聖太后之寵，諷格贊成其事，由是順聖太后內德之，而格亦附會爲姦。逐毛文錫，左遷庾傳素，文扆力爲多。是時高祖年老昏耄，文扆典禁兵，參預機密，事無大小，皆取決於手。及高祖疾，以兵入宿衛，謀盡去諸大臣，遣人守宫門。王宗弼輩三十餘人日至朝堂，不得入見，復令其黨皇城使潘在迎偵外事。在迎慮事敗，以其謀洩於宗弼，宗弼等排闥入，言文扆欲爲變。明日，貶文扆眉州刺史，未幾削官流雅州。後主嗣位，伏誅，弟天雄節度使文裔亦見殺。

政治改革部

永貞革新分部

綜　述

《舊唐書》卷一四《順宗紀》　順宗至德大聖大安孝皇帝諱誦，德宗長子，母昭德皇后王氏。上元二年正月生於長安之東内。大曆十四年六月，封宣王。建中元年正月丁卯，立爲皇太子。

貞元二十一年正月癸巳，德宗崩，丙申，即位於太極殿。上自二十年九月風病，不能言，暨德宗不豫，諸王親戚皆侍醫藥，獨上臥病不能侍。德宗彌留，思見太子，涕咽久之。大行發喪，人情震懼。上力疾衰服，見百僚於九仙門。既即位，知社稷有奉，中外始安。庚子，羣臣上書請聽政。

二月【略】丙午，罷翰林醫工、相工、占星、射覆、冗食者四十二人。【略】辛卯，以吏部郎中韋執誼爲尚書左丞、同中書門下平章事。辛酉，貶京兆尹李實通州長史，尋卒。【略】壬寅，以太子侍書、翰林待詔王伾爲左散騎常侍，充翰林學士。以前司功參軍、翰林待詔王叔文爲起居舍人，充翰林學士。以鴻臚卿王權爲京兆尹。甲子，御丹鳳樓，大赦天下。諸道除正敕率稅外，諸色榷稅併宜禁斷；除上供外，不得別有進奉。三月庚午，出宫女三百人於安國寺，又出掖庭教坊女樂六百人於九仙

門，召其親族歸之【略】。宰相賈耽兼檢校司空，鄭珣瑜吏部尚書，高郢刑部尚書，韋執誼中書侍郎，鎮冀王士眞、淮南王鍔、魏博田季安皆檢校司空。癸巳，詔册廣陵郡王淳爲皇太子，改名純。

五月己巳，以右金吾衛大將軍范希朝爲右神策統軍，充左右神策、京西諸城鎮行營兵馬節度使。丁丑，以邕管經略使韋丹爲河南少尹，以萬年縣令房啓爲容管經略招討使。癸未，以郴州司馬鄭餘慶爲尚書左丞。【略】辛卯，以鹽鐵轉運使副王叔文爲户部侍郎。

六月丙申，詔二十一年十月已前百姓所欠諸色課利、租賦、錢帛，共五十二萬六千八百四十一貫、石、匹、束，併宜除免。

七月【略】乙未，詔：『朕承九聖之烈，荷萬邦之重。顧以寡德，涉道未明，虔恭寅畏，懼不克荷。恐上墜祖宗之訓，下貽卿士之憂，夙夜只勤，如臨淵谷。而積疾未復，至於經時，怡神保和，常所不暇。永惟四方之大，萬務之殷，不躬不親，慮有曠廢。加以山陵有日，霖潦踰旬，是用儆於朕心，以答天戒。其軍國政事，宜令皇太子勾當。』時上久疾，不復延納宰臣共論大政。事無巨細皆決於李忠言、王伾、王叔文。物論喧雜，以爲不可。藩鎮屢上牋於皇太子，指三豎之撓政，故有是詔。以太常卿杜黄裳爲門下侍郎，左金吾衛大將軍袁滋爲中書侍郎，併同中書門下平章事；鄭珣瑜爲吏部尚書，高郢刑部尚書，併罷知政事。皇太子見百僚於朝堂。丙申，皇太子於麟德殿西亭見奏事官。八月丁酉朔。庚子，詔：『惟皇天佑命烈祖，誕受方國，九聖儲祉，萬邦咸休。肆予一人，獲續丕業，嚴恭守位，不遑暇逸。而天佑不降，疾恙無瘳，將何以奉宗廟之靈，展郊禋之禮！疇咨庶尹，對越上玄，内愧於朕心，上畏於天命。夙夜只慄，深惟永圖。一日萬機，不可以久曠；天工人代，不可以久違。皇太子純睿哲温文，寬和仁惠，孝友之德，愛敬之誠，通乎神明，格於上下。是用法皇王至公之道，遵父子傳歸之制，付之重器，以撫兆人。必能宣祖宗之重光，荷天地之休命，奉若成憲，永綏四方。宜令皇太子即皇帝位，朕稱太上皇，居興慶宮，制稱誥。』辛丑，誥：『有天下傳歸於子，前王之制也。欽若大典，斯爲至公，式揚耿光，用體文德。朕獲奉宗廟，臨御萬方，降疾不瘳，庶政多闕。乃命元子，代予守邦，爰以令辰，光膺册禮，宜以今月九日册皇帝於宣政殿。國有大命，恩俾惟新，宜因紀元之

慶，用覃在宥之澤。宜改貞元二十一年爲永貞元年。自貞元二十一年八月五日已前，天下死罪降從流，流以下遞減一等。』誥立良娣王氏爲太上皇后，良媛董氏爲太上皇德妃。壬寅，貶右散騎常侍王伾爲開州司馬，前户部侍郎、度支鹽鐵轉運使王叔文爲渝州司户。

元和元年正月丙寅朔，皇帝率百僚上太上皇尊號曰應乾聖壽。甲申，太上皇崩於興慶宫之咸寧殿，享年四十六歲。六月乙卯，皇帝率羣臣上大行太上皇謚曰至德大聖大安孝皇帝，廟號順宗。秋七月壬申，葬於豐陵。

又《憲宗紀上》 憲宗聖神章武孝皇帝諱純，順宗長子也，母曰莊憲王太后。【略】順宗即位之年四月，册爲皇太子。七月乙未，權勾當軍國政事。

八月丁酉朔，受内禪。乙巳，即皇帝位於宣政殿。【略】（九月）己卯，京西神策行營節度行軍司馬韓泰貶撫州刺史，司封郎中韓曄貶池州刺史，禮部員外郎柳宗元貶邵州刺史，屯田員外郎劉禹錫貶連州刺史，坐交王叔文也。

（冬十月）壬申，貶正議大夫、中書侍郎、平章事韋執誼爲崖州司馬，以交王叔文也。【略】己卯，再貶撫州刺史韓泰爲虔州司馬，河中少尹陳諫台州司馬，邵州刺史柳宗元爲永州司馬，連州刺史劉禹錫朗州司馬，池州刺史韓曄饒州司馬，和州刺史淩準連州司馬，岳州刺史程異郴州司馬，皆坐交王叔文。初貶刺史，物議罪之，故再加貶竄。

又 卷一三五《王伾傳》 王伾，杭州人。始爲翰林侍書待詔，累遷至正議大夫、殿中丞、皇太子侍書。順宗即位，遷左散騎常侍，依前翰林待詔。

伾闒茸，不如叔文，唯招賄賂，無大志，貌寢陋，吴語，素爲太子之所褻狎；而叔文頗任氣自許，粗知書，好言事，順宗稍敬之，不得如伾出入無間。叔文入止翰林，而伾入至柿林院，見李忠言、牛昭容等。然各有所主：伾主往來傳授；王叔文主決斷；韋執誼爲文誥；劉禹錫、陳諫、韓曄、韓泰、柳宗元、房啓、淩準等謀議唱和，采聽外事。而伾與叔文及諸朋黨之門，車馬填湊，而伾門尤盛，珍玩賂遺，歲時不絶。室中爲無門大櫃，唯開一竅，足以受物，以藏金寶，其妻或寢臥於上。與叔文同貶開州司馬。

又《王叔文傳》 王叔文者，越州山陰人也。以棋待詔，粗知書，好言理道。德宗令直東宫。太子嘗與侍讀論政道，因言宫市之弊，太子曰：『寡人見上，當極言之。』諸生稱贊其美，叔文獨無言。罷坐，太子謂叔文曰：『向論宫市，君獨無言何也』？叔文曰：『皇太子之事上也，視膳問安之外，不合輒預外事。陛下在位歲久，如小人離間，謂殿下收取人情，則安能自解？』太子謝之曰：『苟無先生，安得聞此言？』由是重之，宫中之事，倚之裁決。每對太子言，則曰：『某可爲相，某可爲將，幸異日用之。』密結當代知名之士而欲僥幸速進者，與韋執誼、陸質、吕温、李景儉、韓曄、韓泰、陳諫、柳宗元、劉禹錫等十數人，定爲死交；而淩準，程異，又因其黨以進；藩鎮侯伯，亦有陰行賂遺請交者。

德宗崩，已宣遺詔，時上寢疾久，不復關庶政，深居施簾帷，閹官李忠言、美人牛昭容侍左右，百官上議，自帷中可其奏。王伾常諭上屬意叔文，宫中諸黄門稍稍知之。其日，召自右銀台門，居於翰林，爲學士。叔文與吏部郎中韋執誼相善，請用爲宰相。叔文因王伾，伾因李忠言，忠言因牛昭容，轉相結構。事下翰林，叔文定可否，宣於中書，俾執誼承奏於外。與韓泰、柳宗元、劉禹錫、陳諫、淩準、韓曄唱和，曰管，曰葛，曰伊，曰周，凡其黨儷然自得，謂天下無人。

叔文賤時，每言錢穀爲國大本，將可以盈縮兵賦，可操柄市士。叔文初入翰林，自蘇州司功爲起居郎，俄兼充度支、鹽鐵副使，以杜佑領使，其實成於叔文。數月，轉尚書户部侍郎，領使、學士如故。内官俱文珍惡其弄權，乃削去學士之職。制出，叔文大駭，謂人曰：『叔文須時至此商量公事，若不帶此職，無由入内。』王伾爲之論請，乃許三、五日一入翰林，竟削内職。叔文始入内廷，陰構密命，機形不見，因騰口善惡進退之。人未窺其本，信爲奇才。及司兩使利柄，齒於外朝，愚智同曰：『城狐山鬼，必夜號窟居以禍福人，亦神而畏之；一旦晝出路馳，無能必矣。』

叔文在省署，不復舉其職事，引其黨與竊語，謀奪内官兵柄，乃以故將范希朝統京西北諸鎮行營兵馬使，韓泰副之。初，中人尚未悟，會邊上諸將各以狀辭中尉，且言方屬希朝，中人始悟兵柄爲叔文所奪，中尉乃止諸鎮無以兵馬入。希朝、韓泰已至奉天，諸將不至，乃還。無幾，叔文母死。前一日，叔文置酒饌於翰林院，宴諸學士及內官李忠言、俱文珍、劉光奇等。中飲，叔文白諸人曰：『叔文母疾病，比來盡心戮力爲國家事，不避好惡難易者，欲以報聖人之重知也。若一去此職，百謗斯至，誰肯助叔文一言者，望諸君開懷見察。』又曰：『羊士諤非毀叔文，欲杖殺之，而韋執誼懦而不遂。叔文生平不識劉辟，乃以韋皋意求領三川，闖排門相干，欲執叔文手，豈非凶人耶！叔文已令掃木場，將斬之，韋執誼苦執不可。每念失此兩賊，令人不快。』又自陳判度支已來，興利除害，以爲己功。俱文珍隨語折之，叔文無以對。

叔文未欲立皇太子。順宗既久疾未平，羣臣中外請立太子，既而詔下立廣陵王爲太子，天下皆悅；叔文獨有憂色，而不敢言其事，但吟杜甫題諸葛亮祠堂詩末句云：『出師未捷身先死，長使英雄淚滿襟。』因歔欷泣下，人皆竊笑之。皇太子監國，貶爲渝州司户，明年誅之。【略】

王叔文最所重者，李景儉、呂溫。叔文用事時，景儉居喪於東都；呂溫使吐蕃，留半歲，叔文敗方歸。陸質爲皇太子侍讀，尋卒。

伾、叔文既逐，詔貶其黨韓曄饒州司馬，韓泰虔州司馬，陳諫台州司馬，柳宗元永州司馬，劉禹錫朗州司馬，淩準連州司馬，程異郴州司馬，韋執誼崖州司馬。

韓曄，宰相滉之族子，有俊才，依附韋執誼，累遷尚書司封郎中。叔文敗，貶池州刺史，尋改饒州司馬，量移汀州刺史，又轉永州卒。

陳諫至叔文敗，已出爲河中少尹，自台州司馬量移封州刺史，轉通州卒。

淩準，貞元二十年自浙東觀察判官、侍御史召入，王叔文與準有舊，引用爲翰林學士，轉員外郎。坐叔文貶連州。準有史學，尚古文，撰《渾志》二卷。

韓泰，貞元中累遷至户部郎中，王叔文用爲范希朝神策行營節度行軍司馬。泰最有籌畫，能決陰事，深爲伾、叔文之所重，坐貶，自虔州司馬量移漳州刺史，遷郴州。

又《韋執誼傳》 韋執誼者，京兆人。【略】及順宗即位，久疾不任朝政，王叔文用事，乃用執誼爲宰相，乃自朝議郎、吏部郎中、騎都尉賜緋魚袋，授尚書左丞、同平章事，仍賜金紫。叔文欲專政，故令執誼爲宰相於外，己自專於內。執誼既爲叔文引用，不敢負情，然迫於公議，時時立異，密令人謝叔文曰：『不敢負約爲異，欲共成國家之事故也。』叔文詬怒，遂成讎怨；執誼既因之得位，亦欲矛盾掩其迹。

及憲宗受内禪，王伾、王叔文徒黨併逐，尚以執誼是宰相杜黄裳之壻，故數月後貶崖州司户。

又《程異傳》 程異，京兆長安人。嘗侍父疾，鄉里以孝悌稱。明經及第，釋褐揚州海陵主簿。登《開元禮》科，授華州鄭縣尉。精於吏職，剖判無滯。杜確刺同州，帥河中，皆從爲賓佐。

貞元末，擢授監察御史，遷虞部員外郎，充鹽鐵轉運、揚子院留後。時王叔文用事，由逕放利者皆附之，異亦被引用。叔文敗，坐貶岳州刺史，改郴州司馬。元和初，鹽鐵使李巽薦異曉達錢穀，請棄瑕録用，擢爲侍御史，復爲揚子留後，累檢校兵部郎中、淮南等五道兩稅使。異自悔前非，厲己竭節，江淮錢穀之弊，多所鏟革。入爲太府少卿、太卿，轉衞尉卿，兼御史中丞，充鹽鐵轉運副使。

時淮西用兵，國用不足，異使江表以調徵賦，且諷有土者以饒羨入貢，至則不剝下，不浚財，經費以贏，人頗便之。由是專領鹽鐵轉運使、兼御史大夫。十三年九月，轉工部侍郎、同中書門下平章事，領使如故。議者以異起錢穀吏，一旦位冠百僚，人情大爲不可。異自知叨據，以謙遜自牧，月餘日，不敢知印秉筆。異知西北邊軍政不理，建議置巡邊使，上問誰可使者，異請自行。議未決，無疾而卒，元和十四年四月也。贈左僕射，謚曰恭。異性廉約，殁官第，家無餘財，人士多之。

又 卷一四〇《韋皋傳》 韋皋，字城武，京兆人。【略】順宗即位，加檢校太尉。順宗久疾，不能臨朝聽政，宦者李忠言、侍棋待詔王叔文、侍書待詔王伾等三人頗干國政，高下在心。皋乃遣支度副使劉辟使於京師，辟私謁王叔文曰：『太尉使致誠於足下，若能致某都領劍南三川，必有以相酬；如不留意，亦有以奉報。』叔文大怒，將斬辟以徇；韋執誼固止之，辟乃私去。皋知王叔文人情不附，又知與韋執誼有隙，自以大臣可議社稷大計，乃上表請皇太子監國，曰：『臣聞上承宗廟，下鎮黎元，永固無疆，莫先儲兩。伏聞聖明以山陵未祔，哀毀逾制，心勞萬幾，伏計旬月之間，未甚痊復。皇太子睿質已長，淑問日彰，四海之心，實所倚賴。伏望權令皇太子監撫庶政，以俟聖躬痊平，一日萬幾，免令壅滯。』又上皇太子牋曰：

殿下體重離之德，當儲貳之重，所以克昌九廟，式固萬方，天下安危，繫於殿下。皋位居將相，志切匡扶，先朝獎知，早承恩顧。人臣之分，知無不爲，願上答眷私，罄輸肝鬲。伏以聖上嗣膺鴻業，睿哲英明，攀感先朝，志存孝理。諒闇之際，方委大臣，但付託偶失於善人，而參決多虧於公政。今羣小得志，隳紊紀綱，官以勢遷，政由情改，朋黨交構，熒惑宸聽。樹置腹心，遍於貴位；潛結左右，難在蕭牆。國賦散於權門，王稅不入天府，褻慢無忌，高下在心。貨賄流聞，遷轉失敘，先聖屏黜贓犯之類，咸擢居省寺之間。至令忠臣隕涕，正人結舌，遐邇痛心，人知不可。伏恐姦雄乘便，因此謀動干戈，危殿下之家邦，傾太宗之王業。伏惟太宗櫛沐風雨，經營廟朝，將垂二百年，欲及千萬祀；而一朝使叔文姦佞之徒，侮弄朝政，恣其胸臆，坐致傾危。臣每思之，痛心疾首！伏望殿下斥逐羣小，委任賢良，慺慺血誠，輸寫於此！

太子優令答之。而裴均、嚴綬牋表繼至，由是政歸太子，盡逐伾文之黨。是歲，暴疾卒，時年六十一，贈太師，廢朝五日。

又 卷一五一《范希朝傳》 順宗時，王叔文黨用事，將授韓泰以兵柄；利希朝老疾易制，乃命爲左神策、京西諸城鎮行營節度使，鎮奉天，而以泰爲副，欲因代之，叔文敗而罷。憲宗即位，復以檢校僕射爲右金吾，出拜檢校司空，充朔方靈鹽節度使。

又 卷一五八《武元衡傳》 武元衡，字伯蒼，河南緱氏人。【略】順宗即位，以病不親政事。王叔文等使其黨以權利誘元衡，元衡拒之。時奉德宗山陵，元衡爲儀仗使。監察御史劉禹錫，叔文之黨也，求充儀仗判官。元衡不與，其黨滋不悅。數日，罷元衡爲右庶子。憲宗即位，始冊爲皇太子，元衡贊引，因識之。及登極，復拜御史中丞。持平無私，綱條悉舉，人甚稱重。

又 卷一六〇《劉禹錫傳》 劉禹錫，字夢得，彭城人。祖雲。父漵，仕歷州縣令佐，世以儒學稱。禹錫貞元九年擢進士第，又登宏辭科。禹錫精於古文，善五言詩，今體文章復多才麗。從事淮南節度使杜佑幕，典記室，尤加禮異。從佑入朝，爲監察御史。與吏部郎中韋執誼相善。

貞元末，王叔文於東宮用事，後輩務進，多附麗之。禹錫尤爲叔文知獎，以宰相器待之。順宗即位，久疾不任政事，禁中文誥，皆出於叔文。引禹錫及柳宗元入禁中，與之圖議，言無不從。轉屯田員外郎、判度支鹽鐵案，兼崇陵使判官。頗怙威權，中傷端士。宗元素不悅武元衡，時武元衡爲御史中丞，乃左授右庶子。侍御史竇羣奏禹錫挾邪亂政，不宜在朝。羣即日罷官。韓皋憑藉貴門，不附叔文黨，出爲湖南觀察使。既任喜怒淩人，京師人士不敢指名，道路以目，時號『二王、劉、柳』。

叔文敗，坐貶連州刺史。在道，貶朗州司馬。地居西南夷，士風僻陋，舉目殊俗，無可與言者。禹錫在朗州十年，唯以文章吟詠，陶冶情性。蠻俗好巫，每淫祠鼓舞，必歌俚辭。禹錫或從事於其間，乃依騷人之作，爲新辭以教巫祝。故武陵溪洞間夷歌，率多禹錫之辭也。

初，禹錫、宗元等八人犯衆怒，憲宗亦怒，故再貶。制有『逢恩不原』之令。然執政惜其才，欲洗滌痕累，漸序用之。會程異復掌轉運，有詔以韓皋及禹錫等爲遠郡刺史。屬武元衡在中書，諫官十餘人論列，言不可復用而止。

又 《柳宗元傳》 柳宗元，字子厚，河東人。後魏侍中濟陰公之系孫。曾伯祖奭，高祖朝宰相。父鎮，太常博士，終侍御史。宗元少聰警絕衆，尤精《西漢詩騷》。下筆搆思，與古爲侔。精裁密致，璨若珠貝。當時流輩咸推之。登進士第，應舉宏辭，授校書郎、藍田尉。貞元十九年，爲監察御史。

又 卷一七一《李景儉傳》 李景儉字寬中，漢中王瑀之孫。【略】貞元末，韋執誼、王叔文東宮用事，尤重之，待以管、葛之才。叔文竊政，屬景儉居母喪，故不及從坐。韋夏卿留守東都，辟爲從事。竇羣爲御史中丞，引爲監察御史。羣以罪左遷，景儉坐貶江陵户曹。累轉忠州刺史。

《新唐書》卷七《順宗紀》 順宗至德弘道大聖大安孝皇帝諱誦，德宗長子也。【略】（貞元）二十一年正月，【略】丙申，即皇帝位於太極殿。二月癸卯，朝羣臣於紫宸門。辛亥，吏部侍郎韋執誼爲尚書左丞、同中書門下平章事。甲子，大赦。罷宮市。民百歲版授下州刺史，婦人郡君；九十以上上佐，婦人縣君。乙丑，罷鹽鐵使月進。三月庚午，放後宮三百人。癸酉，放後宮及教坊女妓六百人。

又 卷一六五《鄭珣瑜傳》 鄭珣瑜字元伯，鄭州滎澤人。【略】順宗立，即遷吏部尚書。王叔文起州吏爲翰林學士、鹽鐵副使，内交奄人，攘撓政機。韋執誼爲宰相，居外奉行。叔文一日至中書見執誼，直吏曰：『方宰相會食，百官無見者。』叔文恚，叱吏，吏走入白，執誼起，就閣與叔文語。珣瑜與杜佑、高郢輟饔以待。頃之，吏白：『二公同飯矣。』珣瑜喟曰：『吾可復居此乎！』命左右取馬歸，卧家不出七日，罷爲吏部尚書。亦會有疾，數月卒，年六十八，贈尚書左僕射。

又 卷一六八《王伾傳》 王伾者，杭州人。始以書待詔翰林，入太子宫侍書。順宗立，遷左散騎常侍、待詔。伾本闒茸，貌蓬陋，楚語，無它大志，帝褻寵之，不如叔文任氣好言事，爲帝所禮。至出處，又不及伾之無間也，叔文入止翰林，而伾至柿林院，見牛昭容等。當其黨盛，門皆若沸羹，而伾尤通天下賕謝，日月不闋。爲巨櫝，裁竅以受珍，使不可出，則寢其上。

叔文既居喪，伾日請中人及杜佑起叔文爲宰相，且總北軍，不許；又請以威遠軍使同中書門下平章事，復不可。乃一日三表，皆不報。憂悸，行且卧。至夕，大呼曰：『吾疾作。』輿歸第。貶開州司馬，死其所。支黨皆逐，惟質以前死免。

又 《王叔文傳》 宦人俱文珍忌其權，罷叔文學士。詔出，駭悵曰：『吾當數至此議事。不然，無由入禁中。』伾復力請，乃聽三五日一至翰林，然不得舊職矣。

在省不事所職，日引其黨謀取神策兵，制天下之命。乃以宿將范希朝爲西北諸鎮行營兵馬使，泰爲司馬副之。於是諸將移書中尉，告且去，宦人始悟奪其權，大怒曰：『吾屬必死其手！』乃諭諸鎮，慎毋以兵屬人。希朝、泰到奉天，諸將不至，乃還。

叔文母死，匿不發，置酒翰林，忠言、文珍等皆在，哀金以餉，因揚言曰：『天子適射兔苑中，跨鞍若飛，敢異議者斬。』又自陳：『親疾病，以身任國大事，朝夕不得侍，今當請急，宜聽。然向之悉心戮力，難易亡所避，報天子異知爾。今一去此，則百謗至，孰爲吾助者？』又言：『羊士諤毁短我，我將杖殺之，而執誼懦不果。劉辟來爲韋皋求三川，吾生平不識辟，便欲前執吾手，非凶人邪？掃木場將斬之，而執誼持不可。每念失此二賊，令人悵恨。』又陳領度支所以興利去害者爲己勢。文珍隨語詰折，叔文不得對。左右竊語曰：『母死已腐，方留此，將何爲邪？』明日，乃發喪。執誼益不用其語，乃謀起復，斬執誼與不附己者，聞者恂懼。

廣陵王爲太子，羣臣皆喜，獨叔文有憂色，誦杜甫諸葛祠詩以自况，歔欷泣下。太子已監國，貶渝州司户參軍。明年，誅死。

又 《劉禹錫傳》 時王叔文得幸太子，禹錫以名重一時，與之交，叔文每稱有宰相器。太子即位，朝廷大議秘策多出叔文，引禹錫及柳宗元與議禁中，所言必從。擢屯田員外郎，判度支、鹽鐵案，頗馮藉其勢，多中傷士。若武元衡不爲柳宗元所喜，自御史中丞下除太子右庶子；御史竇羣劾禹錫挾邪亂政，羣即日罷；韓皋素貴，不肯親叔文等，斥爲湖南觀察使。凡所進退，視愛怒重輕，人不敢指其名，號『二王、劉、柳』。

憲宗立，叔文等敗，禹錫貶連州刺史，未至，斥朗州司馬。州接夜郎諸夷，風俗陋甚，家喜巫鬼，每祠，歌《竹枝》，鼓吹裴回，其聲傖佇。禹錫謂屈原居沅、湘間作《九歌》，使楚人以迎送神，乃倚其聲，作《竹枝辭》十餘篇。於是武陵夷俚悉歌之。

始，坐叔文貶者八人，憲宗欲終斥不復，乃詔雖後更赦令不得原。然宰相哀其才且困，將澡濯用之，會程異復起領運務，乃詔禹錫等悉補遠州刺史。而元衡方執政，諫官頗言不可用，遂罷。

順宗即位，王叔文、韋執誼用事，尤奇待宗元。與監察呂温密引禁中，與之圖事。轉尚書禮部員外郎。叔文欲大用之，會居位不久，叔文敗，與同輩七人俱貶。宗元爲邵州刺史。在道，再貶永州司馬。既罹竄逐，涉履蠻瘴，崎嶇堙厄，蘊騷人之鬱悼。寫情敍事，動必以文。爲騷文十數篇，覽之者爲之淒惻。

又 《柳宗元傳》 宗元少精敏絕倫，爲文章卓偉精緻，一時輩行推仰。第進士、博學宏辭科，授校書郎，調藍田尉。貞元十九年，爲監察御史里行。善王叔文、韋執誼，二人者奇其才。及得政，引内禁近，與計事，擢禮部員外郎，欲大進用。

俄而叔文敗，貶邵州刺史，不半道，貶永州司馬。

又　卷二〇七《宦者傳・劉貞亮》　劉貞亮，本俱氏，名文珍，冒所養宦父，故改焉。性忠彊，識義理。平涼之盟，在渾瑊軍中，會虜變，被執且西，俄而得歸。出監宣武軍，自置親兵千人。貞元末，宦人領兵附順者益衆。

會順宗立，淹痼弗能朝，惟李忠言、牛美人侍。美人以帝旨付忠言，忠言授之王叔文，叔文與柳宗元等裁定，然後下中書。然未得縱慾，遂奪神策兵以自彊，即用范希朝爲京西北禁軍都將，收宦者權。而忠言素懦謹，每見叔文與論事，無敢異同，唯貞亮乃與之爭。又惡朋黨熾結，因與中人劉光琦、薛文珍、尚衍、解玉、呂如全等同勸帝立廣陵王爲太子監國，帝納其奏，貞亮召學士衞次公、鄭絪、李程、王涯至金鑾殿草定制詔。太子已立，盡逐叔文黨，委政大臣，議者美其忠。

論說

《舊唐書》卷一四《順宗等紀論》　史臣韓愈曰：順宗之爲太子也，留心藝術，善隸書。德宗工爲詩，每賜大臣方鎮詩制，必命書之。性寬仁有斷，禮重師傅，必先致拜。從幸奉天，賊泚逼迫，常身先禁旅，乘城拒戰，督勵將士，無不奮激。德宗在位歲久，稍不假權宰相。左右倖臣如裴延齡、李齊運、韋渠牟等，因間用事，刻下取功，而排陷陸贄、張滂輩，人不敢言，太子從容論爭，故卒不任延齡、渠牟爲相。嘗侍宴魚藻宮。張水嬉，綵艦雕靡，宮人引舟爲棹歌，絲竹間發，德宗歡甚，太子引詩人『好樂無荒』爲對。每於敷奏，未嘗以顏色假籍宦官。居儲位二十年，天下陰受其賜。惜乎寢疾踐祚，近習弄權；而能傳政元良，克昌運祚，賢哉！

又　卷一三五《王叔文等傳論》　姦邪害正，自古有之；而矯誕無忌，妒賢傷善，未有如延齡、皇甫之甚也。【略】執誼、叔文，乘時多僻，而欲斡運六合，斟酌萬幾；劉、柳諸生，逐臭市利，何狂妄之甚也！章武雄材睿斷，翦削厲階；洎逐羣、度而相異、鎛，蓋季年之妖惑也，夫何言哉！

又　卷一六〇《劉禹錫等傳論贊》　貞元、太和之間，以文學聳動搢紳之伍者，宗元、禹錫而已。其巧麗淵博，屬辭比事，誠一代之宏才。如俾之詠歌帝載，黼藻王言，足以平揖古賢，氣吞時輩。而蹈道不謹，昵比小人，自致流離，遂隳素業。故君子羣而不黨，戒懼慎獨，正爲此也。

贊曰：天地經綸，無出斯文。【略】犧鷄斷尾，害馬敗羣。僻塗自噬，劉、柳諸君。

《新唐書》卷一六五《鄭餘慶等傳贊》　王叔文雖內連姍尹，外倚姦回，以攘天權。然是時太子已長，朝無嫌罅，若珣瑜、郢與杜佑等毅然引東宮監國，執退叔文輩，其力不難。顧循嘿苟安，所謂焉用彼相者矣。珣瑜一忿臥第，與郢、佑固位，二者亦不足相輕重云。

又　卷一六八《王叔文等傳贊》　叔文沾沾小人，竊天下柄，與陽虎取大弓《春秋》書爲盜無以異。宗元等橈節從之，徼幸一時，貪帝病昏，抑太子之明，規權遂私。故賢者疾，不肖者媢，一僨而不復，宜哉！彼若不傅匪人，自勵材猷，不失爲明卿才大夫，惜哉！

宋・范祖禹《唐鑑》卷一六《德宗五》　臣祖禹曰：古之教太子者，必選天下之賢，使與之共處，左右前後皆正人也。前《賈誼傳》：『古之王者太子迺生，固舉之以禮，選天下端士孝弟博聞有道者以衞翼之，使與太子居處出入，故生而見正事，聞正言，行正道，左右前後皆正人也。』夫習與正人居不能毋正習，與不正人居不能毋不正，其後嗣猶或不能成德。而小人之依德宗，不能選賢以輔道東宮，而惟使技藝博奕之人入侍，豈不愚其子乎？人有十金之産者，必欲其子守之，有一命之爵者，必欲其子繼之。此常人之情也，而況天下之大祖業至重，可不求賢以傳其子而愚之乎？《詩》曰：『其誰知之？』蓋亦勿思園有桃，詩心之憂矣。其誰知之？其誰知之？蓋亦勿思。昔之人君，疑賢者道其子之爲非，而不疑於小人，因之不教其子者，亦不思而已矣。

清・王夫之《讀通鑑論》卷二五《唐順宗》　王伾、王叔文以邪名古今，二韓、劉、柳皆一時之造，韋執誼具有清望，一爲所引，不可復列於士類，惡聲一播，史氏極其貶誚，若將與趙高、宇文化及同其兇逆者，平心以考其所爲，亦何至此哉！

自其執政以後，罷進奉、宮市、五坊小兒，貶李實，召陸贄陽城，以范希朝、韓泰奪宦官之兵柄，革德宗末年之亂政，以快人心、清國紀，亦云善矣。順宗抱篤疾，以不定之國儲嗣立，諸人以意扶持而冀求安定，亦人臣之可爲者也。所未審者，不能自量其非社稷之器，而仕宦之情窮耳，初未有移易天位之姦也。於時宦官乘德宗之危病，方議易儲以危社稷，順宗瘖而不理，非有夾輔之者，則順宗危，而憲宗抑且不免。代王言，頒大政，以止一時之邪謀，而行乎不得已，亦權也。憲宗儲位之定，雖出於鄭絪，而亦俱文珍、劉光琦、薛盈珍等諸内豎修奪兵之怨，以爲誅逐諸人之地，則韋執誼之驚，王叔文之憂色，雖有自私之情，亦未嘗别有推奉，思搖國本，如謝晦、傅亮之爲也。乃史氏指斥其惡，言若不勝，實核其詞，則不過曰『采聽謀議，汲汲如狂，互相推奬，僩然自得，屏人竊語，莫測所爲』而已。觀其初終，亦何不可測之有哉？所可憎者，器小而易盈，氣浮而不守，事本可共圖，而故出之以密，謀本無他奇，而故居之以險，膠漆以固其類，亢傲以待異己，得志自矜，身危不悟，以要言之，不可大受而已矣。因是而激盈廷之怨，寡不敵衆，謗毁騰於天下，遂若有包藏禍心爲神人所共怒者，要亦何至此哉！

伾、叔文誠小人也，而執誼等不得二人不足以自結於上，伾、叔文不得於牛昭容、李忠言不足以達於篤疾之順宗嗚呼！漢、唐以後，能無内援而致人主之信從者鮮矣。司馬温公之正，而所資以行志者太后；楊大洪之剛，而所用以衞主者王安；蓋以處積亂之朝廷，欲有所爲，弗獲已而就其可與言者爲納約之牖也。叔文、伾之就誅，八司馬之遠竄，事所自發，亦以宦官俱文珍等怨范希朝、韓泰之奪其兵柄，忿懟急泄而大獄疾興。諸人既蒙不赦之罪，神策監軍，復歸内豎，唐安得有斥姦遠佞之法哉？宦官之爭權而迭相勝負耳。杜黄裳、袁滋不任爲主也。故執誼等有可黜之罪，而遽謂爲千古之敗類，則亦誣矣。

繇此以觀，士之欲有爲當世者，可不慎哉！天下之事，昭昭然揭日月而行者，與天下共之。其或幾介危疑，事須密斷者，則緘之於心，而制之以獨。若驟得可爲之機，震驚相耀，以光大之舉動爲詭秘之聲容，附耳躡足，晝呼夜集，排羣言，斂衆怨，自詡爲憂國如家，乃不知旁觀側目者且加以不可居之大慝。事既祕，言不能詳，欲置辯而末從，身受天下之惡，自戕而已矣。《易》曰：『不出户庭，無咎。』慎之於心也。不出門庭則兇矣。門内之密謀，門外之所疑爲叵測者也。流俗之所謂深人，君子之所謂淺夫也。讀柳宗元謫後之書，『匪舌是出』，其愚亦可哀也已！

藝文

元・楊維楨《鐵崖詠史》卷六《柿林院》 蒲博士書算，傭雙入東宮，如駏蛩麻鞋，天子瘖且聾，小牝一鳴天，日蒙博士前，殿書傭後院，結交死友標，題私讌劉柳，文章伊周廟，廊柳州蛇朗，州瘴叶中風郎，夫婦高眠金匱牀。

明・李東陽《西涯樂府》卷下《永貞嘆》 王郎索飯黄扉裏，鄭州相公呼不起，六街鬼魅夜攫人，公門白日成官市，紛紛逐客不足嗟，河東司馬文章家，江湖浪客河間婦，世事榮枯一翻手，詩翁莫賦永貞年，後來何代無此賢。

清・張晉《艷雪堂詩集》卷一《讀唐書列傳二十八首・劉夢得禹錫柳子厚宗元》 叔文黨羽總堪羞，最惜連州與柳州，一敗那知成大僇，高才畢竟有千秋，竹枝歌罷悲遷客，荔子丹時拜故侯，悔不當年貞介石，遂教流落棄荒陬。

清・羅惇衍《集義軒詠史詩鈔》卷三八《唐七・柳宗元》 絕代才高柳柳州，徒緣躁進自罹憂，罪均夢得傷重謫，文讓昌黎出一頭，秋鶴春猨陪隻影，黄蕉丹荔奠嘉羞，三間續寫孤臣志，神顯羅池恨未休。

又《劉禹錫》 問天何苦訪離騷，鬱鬱身遷地不毛，萬里傷親原未慎，二王附黨豈終牢，故人誼篤求更柳，道士緣慳感種桃，剩有詩豪名克負，後來還被笑題糕。

雜録

唐・韓愈《東雅堂昌黎外集注・順宗實録》卷一 （貞元二十一年）二月【略】景午，罷翰林陰陽星卜醫相覆棋諸待詔三十二人。初，王叔文以棊待詔，既用事，惡其與己儕類相亂，罷之。【略】壬戌，制殿中丞皇太子侍書翰林待詔王伾可守左常侍，依前翰林待詔，蘇州司功王叔文可起居舍人翰林學士，又以司勳員外郎翰林學士知制誥鄭絪爲中書舍人，學士如故，又以給事中馮伉爲兵部侍郎，以兵部員外郎史館修撰歸登爲給事中，修撰如故。登伉皆上在東宮時侍讀，以師傅恩拜。

又　卷二　舊事：宮中有要市外物，令官吏主之，與人爲市，隨給其直。貞元末，以宦者爲使，抑買人物，稍不如本估。末年不復行文書，置『白望』數百人於兩市并要鬧坊，閱人所賣物，但稱『宮市』，即斂手付與，眞僞不復可辨，無敢問所從來。其論價之高下者，率用百錢物買人直數千錢物，仍索進奉門户并脚價錢。將物詣市，至有空手而歸者。名爲『宮市』，而實奪之。嘗有農夫以驢負柴至城賣，遇宦者稱『宮市』取之，纔與絹數尺，又就索門户，仍邀以驢送至內。農夫涕泣，以所得絹付之，不肯受，曰：『須汝驢送柴至內。』農夫曰：『我有父母妻子，待此然後食。今以柴與汝，不取直而歸，汝尚不肯，我有死而已！』遂毆宦者。街吏擒以聞，詔黜此宦者，而賜農夫絹十匹。然『宮市』亦不爲之改易。諫官御史數奏疏諫，不聽。上初登位，禁之；至大赦，又明禁。又貞元中，要乳母皆令選寺觀婢以充之，而給與其直。例多不中選。寺觀次當出者，賣產業、割與地買之，貴有姿貌者以進，其徒苦之。至是亦禁焉。

貞元末，五坊小兒張捕鳥雀於閭里，皆爲暴横以取錢物。至有張羅網於門，不許人出入者。或有張井上者，使不得汲水，近之，輒曰：『汝驚供奉鳥雀』，痛毆之。出錢物求謝，乃去。或相聚飲食於肆，醉飽而去，賣者或不知，就索其直，多被毆罵。或時留蛇一囊爲質，曰：『此蛇所以致鳥雀而捕之者，今留付汝，幸善飼之，勿令飢渴。』賣者愧謝求哀，乃攜而去。上在春宮時，則知其弊，常欲奏禁之。至即位，遂推而行之。人情大悦。

（貞元二十一年二月）乙丑，停鹽鐵使進獻。舊鹽鐵錢物，悉入正庫，一助經費。其後主此務者，稍以時市珍翫時新物充進獻，以求恩澤。其後益甚，歲進錢物，謂之『羨餘』，而經入益少。至貞元末遂月有獻焉，謂之『月進』。至是乃罷。命右金吾將軍兼中丞田景度持節告哀於吐蕃，以庫部員外熊執易爲副兵部郎中兼中丞，元季方告哀于新羅，且册立新羅嗣王，主客員外郎兼殿中監馬于爲副。

三月庚午朔，出後宮三百人。辛未，以翰林待詔王伾爲翰林學士。壬申，以故相撫州別駕姜公輔爲吉州刺史；前户部侍郎判度支汀州別駕蘇弁爲忠州刺史。追故相忠州刺史陸贄、郴州別駕鄭餘慶、前京兆尹杭州刺史韓皋、前諫議大夫道州刺史陽城赴京師。德宗自貞元十年已後，不復有赦令。左降官雖有名德才望，以微過忤旨譴逐者，一去皆不復敍用。至是人情大悦。而陸贄、陽城皆未聞追詔，而卒於遷所，士君子惜之。癸酉，出後宮并教坊女妓六百人，聽其親戚迎於九仙門。百姓相聚讙呼，大喜。景戌，詔曰：『檢校司空平章事杜佑可檢校司徒平章事，充度支并鹽鐵使，以浙西觀察李錡爲浙西節度，檢校刑部尚書，賜徐州軍額曰武寧。』制曰：『朕新委元臣，綜厘重務，爰求貳職，固在能臣。起居舍人王叔文，精識瓌材，寡徒少欲，質直無隱，沈深有謀。其忠也，盡致君之大方；其言也，達爲政之要道：凡所詢訪，皆合大猷。宜繼前勞，佇光新命。可度支鹽鐵副使，依前翰林學士本官賜如故。』初，叔文既專內外之政，與其黨謀曰：『判度支，則國賦在手，可以厚結諸用事人，取兵士心，以固其權。』驟使重職，人心不服。藉杜佑雅有會計之名，位重而務自全，易可制，故先令佑主其名，而除之爲副以專之。以户部尚書判度支王紹爲兵部尚書，以吏部郎中李鄘爲御史中丞，武元衡爲左庶子。初，叔文黨數人，貞元末已爲御史在台。至元衡爲中丞，薄其人，待之鹵莽，皆有所憾。而叔文又以元衡在風憲，欲使附己，使其黨誘以權利。元衡不爲之動。叔文怒，故有所授。【略】丁酉，吏部尚書平章事鄭珣瑜稱疾去位。【略】

二相皆天下重望，相次歸臥，叔文、執誼等益無所顧忌，遠近大懼焉。

又　卷三　夏四月乙巳，上御宣政殿，册皇太子。【略】時上即位已久，而臣下未有親奏對者。內外盛言王伾、王叔文專行斷決，日有異説。又屬頻雨，皆以爲羣小用事之應。至將册禮之夕，雨乃止；迨行事之時，天氣清朗，有慶雲見。識者以爲天意所歸。

五月己巳，以杭州刺史韓皋爲尚書左丞。辛未，以右金吾大將軍范希朝爲檢校右僕射兼右神策京西諸城鎮行營兵馬節度使。叔文欲專兵柄，籍希朝年老舊將，故用爲將帥，使主其名，而尋以其黨韓泰爲行軍司馬，專其事。甲戌，以度支郎中韓泰守兵部郎中兼中丞，充左右神策京西都栅行營兵馬節度行軍司馬，賜紫。乙亥，追改爲檢校兵部郎中，職如故。甲申，以萬年令房啓爲容州刺史兼御史中丞。初，啓善於叔文之黨，因相推致，遂獲寵於叔文，求進用。叔文以爲容管經略使，使行，約至荆南授之。云：『脱不得荆南，即與湖南。』故啓宿留於江陵，居久之方行；至湖南，又久之。而叔文與執誼爭權，數有異同，故不果。尋聞皇太子監國，啓惶駭奔馳而往。是日，以郴州員外司馬鄭餘慶爲尚書左丞。乙酉，以尚書左丞韓皋爲鄂岳觀察武昌軍節度使。初，皋自以前輩舊人，累更重任，頗以簡倨自高，嫉叔文之黨。謂人曰：『吾不能事新貴人。』皋從弟曄幸於叔文，以告叔文，故出之。

辛卯，以王叔文爲户部侍郎，職如故，賜紫。初叔文欲依前帶翰林學士，宦者俱文珍等惡其專權，削去翰林之職。叔文見制書大驚，謂人曰：『叔文日時至此商量公事，若不得此院職事，即無因而至矣。』王伾曰：『諾。』即疏請，不從；再疏，乃許三五日一入翰林，去學士名。又與歸登同日賜紫。内出衫笏賜登，而叔文不霑。文珍等所惡，獨不得賜，由此始懼。

又 卷四 六月乙亥，貶宣州巡官羊士諤爲汀州寧化縣尉。士諤性輕躁，時以公事至京，遇叔文用事，朋黨相煽，頗不能平，公言其非。叔文聞之，怒，欲下詔斬之，執誼不可；則令杖殺之，執誼又以爲不可，遂貶焉。由是叔文始大惡執誼，往來二人門下者皆懼。先時劉辟以劍南節度副使將韋皋之意於叔文，求都領劍南三川，謂叔文曰：『太尉使某致微誠於公，若與某三川，當以死相助。若不用某，亦當有以相酬。』叔文怒，亦將斬之，而執誼固執不可。辟尚游京師未去，至聞士諤，遂逃歸。

戊午，以户部侍郎潘孟陽爲度支鹽鐵轉運副使。其日，王伾詐稱疾自免。自叔文歸第，伾日詣中人并杜佑，請起叔文爲相，且總北軍。既不得，請以威遠軍使平章事，又不得。其黨皆憂悸不自保。伾至其日坐翰林中，疏三上，不報，知事不濟。行且卧，至夜忽叫曰：『伾中風矣！』明日，遂輿歸不出。戊子，以禮部侍郎權德輿爲户部侍郎；以倉部郎中判度支陳諫爲河中少尹。伾、叔文之黨，於是始去。

上自初即位，則疾患不能言。至四月，益甚。時扶坐殿，羣臣望拜而已，未嘗有進見者。天下事皆專斷於叔文，而李忠言、王伾爲之内主，執誼行之於外，朋黨諠譁，榮辱進退，生於造次，惟其所欲，不拘程度。既知内外厭毒，慮見摧敗，即謀兵權，欲以自固，而人情益疑懼，不測其所爲，朝夕伺候。會其與執誼交惡，心腹内離，外有韋皋、裴垍、嚴綬等牋表，而中官劉光奇、俱文珍、薛盈珍、尚解玉等，皆先朝任使舊人，同心怨猜，屢以啓上。上固已厭倦萬機，惡叔文等，至是遂召翰林學士鄭絪、衛次公、王涯等入至德殿，撰制詔而發命焉。又下制，以太常卿杜黄裳爲門下侍郎、左金吾衛大將軍袁滋爲中書侍郎，并平章事。又下制，吏部尚書平章事鄭珣瑜、刑部尚書平章事高郢併守本官，罷相。皇太子見百寮於東朝，百寮拜賀。皇太子涕泣，不答拜。景申，詔宰臣告天地社稷，皇太子見四方使於麟德殿西亭。

又 卷五 八月【略】壬寅，制：王伾開州司馬，王叔文渝州司户，併員外置，馳驛發遣。叔文，越州人，以碁入東宫。頗自言讀書知理道，乘間常言人間疾苦。上將大論宫市事，叔文説中上意，遂有寵。因爲上言：『某可爲將，某可爲相，幸異日用之。』密結韋執誼，并有當時名欲僥幸而速進者：陸質、吕温、李景儉、韓曄、韓泰、陳諫、劉禹錫、柳宗元等十數人，定爲死交，而淩準、程異等又因其黨而進，交遊蹤迹詭秘，莫有知其端者。

上疾久不瘳，内外皆欲上早定太子位，叔文默不發議。已立太子，天下喜，而叔文獨有憂色。嘗吟杜甫《題諸葛亮廟》詩末句云：『出師未用身先死，長使英雄淚滿襟。』因歔欷流涕，聞者咸竊笑之。雖判兩使事，未嘗以簿書爲意，日引其黨，屏人切切細語，謀奪宦者兵，以制四海之命。既令范希朝、韓泰總統京西諸城鎮行營兵馬，中人尚未悟，會邊上諸將各以狀辭中尉，且言『方屬希朝』，中人始悟兵柄爲叔文所奪。乃大怒曰：『從其謀，吾屬必死其手。』密令其使歸告諸將曰：『無以兵屬人！』希朝至奉天，諸將無至者。韓泰白叔文，計無所出，唯曰：『奈何，奈何！』無幾而母死，執誼益不用其語，叔文怒，與其黨日夜謀起復，起復必先斬執誼，而盡誅不附己者。聞者皆恟懼。皇太子既監國，遂逐之，明年乃殺之。伾，杭州人，病死遷所。其黨皆斥逐。

後周改革分部

綜　述

《舊五代史》卷一一四《周書·世宗紀一》（顯德元年）二月【略】，詔諸道募山林亡命之徒有勇力者，送於闕下，仍目之爲强人。帝以趫捷勇猛之士，多出於羣盜中，故令所在招納，有應命者，即貸其罪，以禁衛處之，至有朝行殺奪，暮升軍籍，讎人遇之，不敢仰視。帝意亦患之，其後頗有不獲宥者。

三月【略】己亥，侍衛馬軍都指揮使、夔州節度使樊愛能，侍衛步軍都指揮使、壽州節度使何徽等并諸將校七十餘人，并伏誅。高平之役，兩軍既成列，賊騎來挑戰，愛能望風而退，何徽以徒兵陣於後，爲奔騎所突，即時潰亂，二將南走。帝遣近臣宣諭止遏，莫肯從命，皆揚言曰：『官軍大敗，餘衆已解甲矣。』至暮，以官軍克捷，方稍稍而回。帝至潞州，録其奔遁者，自軍使以上及監押使臣併斬之，由是驕將墮兵，無不知懼。帝以何徽有平陽守御之功，欲貸其罪，竟不可，與愛能俱殺之，皆給槥車歸葬。

冬十月甲辰，左羽林大將軍孟漢卿賜死，坐監納厚取耗餘也。【略】己未，供奉官郝光庭棄市，坐在葉縣巡檢日，挾私斷殺平人也。是日大閲，帝親臨之。帝自高平之役，睹諸軍未甚嚴整，遂有退卻。至是命今上一概簡閲，選武藝超絶者，署爲殿前諸班，因是有散員、散指揮使、内殿直、散都頭、鐵騎、控鶴之號。復命總戎者，自龍捷、虎捷以降，一一選之，老弱羸小者去之，諸軍士伍，無不精當。由是兵甲之盛，近代無比，且減冗食之費焉。

十一月【略】戊戌，詔宰臣李谷監築河隄。先是，鄆州界河決，數州之地，洪流爲患，故命谷治之，役丁夫六萬人，三十日而罷。

又　卷一一五《周書·世宗紀二》　顯德二年春正月【略】辛卯，詔：『在朝文班，各舉堪爲令録者一人，雖姻族近親，亦無妨嫌。授官之日，各署舉主姓名，若在官貪濁不任，懦弱不理，并量事狀重輕，連坐舉主。』乙未，詔：『應逃户莊田，并許人請射承佃，供納税租；如三週年内本户來歸者，其桑田不計荒熟，并交還一半；如五週年内歸業者，三分交還一分；五週年外歸業者，其莊田除本户墳塋外，不在交付之限。其近北地諸州，應有陷蕃人户，自蕃界來歸業者：五週年内來者，三分交還二分；十週年内來者，交還一半；十五週年來者，三分交還一分；十五週年外來者，不在交還之限。』

二月【略】壬戌，詔曰：善操理者不能有全功，善處身者不能無過失，雖堯、舜、禹、湯之上聖，文、武、成、康之至明，尚猶思逆耳之言，求苦口之藥，何況後人之不逮哉！

朕承先帝之靈，居至尊之位，涉道猶淺，經事未深，常懼昏蒙，不克負荷。自臨宸極，已過周星，至於刑政取捨之間，國家措置之事，豈能盡是，須有未周，朕猶自知，人豈不察。而在位者未有一人指朕躬之過失，食禄者曾無一言論時政之是非，豈朕之寡昧不足與言耶？豈人之循默未肯盡心耶？豈左右前後有所畏忌耶？豈高卑疏近自生間别耶？古人云：『君子大言受大禄，小言受小禄。』又云：『官箴王闕。』則是士大夫之有禄位，無不言之人。然則爲人上者，不能感其心而致其言，此朕之過也。得不求骨鯁之辭，詢正直之議，共申裨益，庶洽治平。朕於卿大夫，才不能盡知，面不能盡識，若不採其言而觀其行，審其意而察其忠，則何以見器略之深淺，知任用之當否？若言之不入，罪實在予；苟求之不言，咎將誰執！

應内外文武臣僚，今後或有所見所聞，并許上章論諫。若朕躬之有闕失，得以盡言；時政之有瑕疵，勿宜有隱。方求名實，豈尚虚華，苟或素不工文，但可直書其事，辭有謬誤者，固當捨短，言涉傷忤者，必與留中，所冀盡情，免至多慮。諸有司局公事者，各宜舉職，事有不便者，革之可也，理有可行者，舉之可也，勿務因循，漸成訛謬。臣僚有出使在外回者，苟或知黎庶之利病，聞官吏之優劣，當具敷奏，以廣聽聞。班行職位之中，遷除改轉之際，即當考陳力之輕重，較言事之否臧，奉公切直者當議甄升，臨事蓄縮者須期抑退。翰林學士、兩省官，職居侍從，乃論思諫諍之司；御史臺官，任處憲綱，是擊搏糾彈之地；論其職分，尤異羣臣，如逐任官內，所獻替啓發彈舉者，至月限滿合遷轉時，宜令中書門下先奏取進止。

三月辛未，以李晏口爲靜安軍，其軍南距冀州百里，北距深州三十里，夾胡盧河爲壘。先是，貝、冀之境，密邇戎疆，居常敵騎涉河而南，馳突往來，洞無阻礙，北鄙之地，民不安居。帝乃按圖定策，遣許州節度使王彥超、曹州節度使韓通等領兵他徙，築壘於李晏口，以兵戍守，功未畢，契丹衆尋至，彥超等擊退之。及壘成，頗扼要害，自是敵騎雖至，不敢涉河，邊民稍得耕牧焉。壬辰，尚書禮部貢院進新及第進士李覃等一十六人所試詩賦、文論、策文等。詔曰：『國家設貢舉之司，求英俊之士，務詢文行，方中科名。比聞近年以來，多有濫進，或以年勞而得第，或因媒勢以出身。今歲所放舉人，試令看驗，果見紕繆，須至去留。其李覃、何曮、楊徽之、趙鄰幾等四人，宜放及第。其嚴説、武允成、王汾、閻邱舜卿、任惟吉、周度、張慎徽、王翥、馬文、劉選、程浩然、李震等一十二人，藝學未精，併宜勾落，且令苦學，以俟再來。禮部侍郎劉温叟失於選士，頗屬因循，據其過尤，合行譴謫，尚視寬恕，特與矜容，劉温叟放罪，其將來貢舉公事，仍令所司別具條理以聞。』

夏四月【略】乙卯，詔於京城四面，別築羅城，期以來春興役。【略】是月，詔翰林學士承旨徐臺符已下二十餘人，各撰《爲君難爲臣不易論》、《平邊策》各一首，帝親覽之。

五月【略】甲戌，詔曰：

釋氏貞宗，聖人妙道，助世勸善，其利甚優。前代以來，累有條貫，近年已降，頗紊規繩。近覽諸州奏聞，繼有緇徒犯法，蓋無科禁，遂至尤違，私度僧尼，日增猥雜，創修寺院，漸至繁多，鄉村之中，其弊轉甚。漏網背軍之輩，苟剃削以逃刑；行姦爲盜之徒，託住持而隱惡。將隆教法，須辨否臧，宜舉舊章，用革前弊。

諸道州府縣鎮村坊，應有敕額寺院，一切仍舊，其無敕額者，併仰停廢，所有功德佛像及僧尼，併騰併於合留寺院內安置。天下諸縣城郭內，若無敕額寺院，祇於合停廢寺院內，選功德屋宇最多者，或寺院僧尼各留一所，若無尼住，只留僧寺院一所。諸軍鎮坊郭及二百户已上者，亦依諸縣例指揮。如邊遠州郡無敕額寺院處，於停廢寺院內僧尼各留兩所。今後併不得創造寺院蘭若。王公戚里諸道節刺已下，今後不得奏請創造寺院及請開置戒壇。男子女子如有志願出家者，併取父母、祖父母處分，已孤者取同居伯叔兄處分，候聽許方得出家。男年十五已上，念得經文一百紙，或讀得經文五百紙，女年十三已上，念得經文七十紙，或讀得經文三百紙者，經本府陳狀乞剃頭，委録事參軍本判官試驗經文。其未剃頭間，須留髮髻，如有私剃頭者，卻勒還俗，其本師主決重杖勒還俗，仍配役三年。兩京、大名府、京兆府、青州各處置戒壇，候受戒時，兩京委祠部差官引試，其大名府等三處，祇委本判官録事參軍引試。如有私受戒者，其本人、師主、臨壇三綱、知事僧尼，併同私剃頭例科罪。應合剃頭受戒人等，逐處聞奏，候敕下，委祠部給付憑由，方得剃頭受戒。應男女有父母、祖父母在，別無兒息侍養，不聽出家。曾有罪犯，遭官司刑責之人，及棄背父母、逃亡奴婢、姦人細作、惡逆徒黨、山林亡命、未獲賊徒、負罪潛竄人等，併不得出家剃頭。如有寺院輒容受者，其本人及師主、三綱、知事僧尼、鄰房同住僧，併仰收捉禁勘，申奏取裁。

僧尼俗士，自前多有捨身、燒臂、鍊指、釘截手足、帶鈴掛燈、諸般毀壞身體、戲弄道具、符禁左道、妄稱變現還魂坐化、聖水聖燈妖幻之類，皆是聚衆眩惑流俗，今後一切止絶。如有此色人，仰所在嚴斷，遞配邊遠，仍勒歸俗，其所犯罪重者，準格律處分。每年造僧賬兩本，其一本奏聞，一本申祠部，逐年四月十五日後，勒諸縣取索管界寺院僧尼數目申州，州司攢帳，至五月終以前文帳到京，僧尼籍帳內無名者，併勒還俗。其巡禮行脚，出入往來，一切取便。

是歲，諸道供到帳籍，所存寺院凡二千六百九十四所，廢寺院凡三萬三百三十六，僧尼係籍者六萬一千二百人。【略】己卯，刑部員外郎陳渥賜死，坐檢齊州臨邑縣民田失實也。渥爲人清苦，臨事有守，以微累而當極刑，時論惜之。【略】丙申，禮部侍郎竇儀奏，請廢童子、明經二科及條貫考試次第，從之。【略】

九月丙寅朔，詔禁天下銅器，始議立監鑄錢。【略】

又 卷一一六《周書・世宗紀三》 顯德三年春正月【略】戊戌，發丁夫十萬城京師羅城。庚子，【略】殿中監馬從贇免所居官，坐干没外孫女霍氏之資産，爲人所訟故也。【略】

八月【略】己卯，工部侍郎王敏停任，坐薦子壻陳南金爲河陽記室也。

冬十月【略】乙丑，舒州刺史郭令圖責授虢州教練使，坐棄郡逃歸也。丙寅，詔曰：『諸司職員，皆係奏補，當執役之際，悉籍公勤，及聽選之時，尤資干敏，苟非慎擇，漸致因循。應諸司寺監，今後收補役人，併須人材俊利，身言可採，書札堪中，自前行止，委無訛濫，勒本司關送吏部，引驗人材，考校筆採。其中選者，連所試書迹及正身引過中書，餘從前後格敕處分，仍每年祇得一度奏補。』【略】己巳，詔：『漳河以北郡縣，併許鹽貨通商，逐處有鹹鹵之地，一任人户煎鍊。』【略】癸未，右拾遺趙守微杖一百，配沙門島。守微本村民也，形貌樸野，粗學爲文。前年徒步上書，帝以急於取士，授右拾遺，聞者駭其事。至是爲妻父所訟，彰其醜行，故逐之。

又　卷一一七《周書·世宗紀四》　顯德四年【略】三月【略】庚戌，詔移壽州於下蔡，以故壽州爲壽春縣。是日，曲赦壽州管内見禁罪人，自今月二十一日已前，凡有過犯，併從釋放。應歸順職員，併與加恩。壽州管界去城五十里内，放今年秋夏租稅。自來百姓，有曾受江南文字聚集山林者，併不問罪。如有曾相傷害者，今後不得更有相仇及經官論訴。自用兵已來，被擄卻骨肉者，不計遠近，併許本家識認，官中給物收贖。曾經陣敵處所暴露骸骨，併仰收拾埋瘞。自前政令有不便於民者，委本州條例聞奏，當行釐革。【略】癸丑，追奪前許州行軍司馬韓倫在身官爵，配流沙門島。倫，侍衛馬軍都指揮使令坤之父也。令坤領陳州，倫在州干預郡政，掊斂之暴，公私患之，爲項城民武都等所訟。帝命殿中侍御史率汀就按之，倫詐報汀云『準詔赴闕』，汀卽奏之，帝愈怒，遽令追劾，盡得其實，故有是命。遣左諫議大夫尹日就於壽州開倉賑飢民。【略】

夏四月【略】丁丑，斬内供奉官孫延希於都市，御廚使董延勳、副使張皓、武德副使盧繼升併停職。時重修永福殿，命延希督役，上見役夫有就瓦中噉飯，以柿爲匕者，大怒，斬延希而罷延勳等。

五月【略】丙申，斬密州防禦副使侯希進於本郡。時太常博士張糾檢視本州夏苗，移牒希進分檢，希進以不奉朝旨，不從。糾具事以聞，帝怒，遣使斬之。【略】是月，詔中書門下，差官詳定格律。【略】

六月丁巳，前濠州刺史齊藏珍以罪棄市。【略】辛酉，西京奏，伊陽山谷中有金屑，民淘取之，詔勿禁。乙酉，詔在朝文資官再舉堪爲令、録、從事者各一人。

秋七月【略】甲辰，詔曰：『準令，諸論田宅婚姻，起十一月一日至三月三十日止者。州縣爭論，舊有釐革，每至農月，貴塞訟端。近聞官吏因循，由此成弊，凡有訴競，故作逗遛，至時而不與盡辭，入務而卽便停罷，强猾者因茲得計，孤弱者無以自伸。起今後應有人論訴陳詞狀，至二月三十日權停。若是交相侵奪、情理妨害、不可停滯者，不拘此限』。

八月乙卯朔，兵部尚書張昭上疏，望準唐朝故事，置制舉以罩英才。帝覽而善之，因命昭具制舉合行事件，條奏以聞。【略】辛未，詔在朝武班，各舉武勇膽力堪爲軍職者一人。

冬十月【略】壬戌，左藏庫使符令光棄市。時帝再議南征，先期敕令光廣造軍士袍襦，不卽辦集，帝怒，命斬之。時宰臣等至庭救解，帝起入宫，遂戮於都市。令光出勳閥之後，歷職内庭，以清慎自守，累總繁劇，甚有廉幹之譽。帝素重其爲人，每加委用，至是以小過見誅，人皆冤之。戊午，詔懸制科凡三，其一曰賢良方正能直言極諫科，其二曰經學優深可爲師法科，其三曰詳閑吏理達於教化科。不限前資、見任職官，黄衣草澤，併許應詔。時兵部尚書張昭條奏，請興制舉，故有是命。

又　卷一一八《周書·世宗紀五》　（顯德五年）秋七月（略）丙戌，中書門下新進册定《大周刑統》，奉敕班行天下。丁亥，賜諸道節度使、刺史《均田圖》各一面。唐同州刺史元稹，在郡日奏均户民租賦，帝因覽其文集而善之，乃寫其辭爲圖，以賜藩郡。時帝將均定天下賦稅，故先以此圖徧賜之。

冬十月【略】乙未，詔淮南諸州鄉軍，併放歸農。丁酉，遣左散騎常侍艾穎等均定河南六十州稅賦。

十二月【略】己卯，楚州兵馬都監武懷恩棄市，坐擅殺降軍四人也。丙戌，詔重定諸道州府幕職令録佐官料錢，其州縣官俸户宜停。己丑，楚州防禦使張順賜死，坐在任隱落榷稅錢五十萬、官絲綿二千兩也。壬辰，詔兩京及五府少尹司參軍各省一員，六曹判司内只直户法二曹，餘及諸州觀察支使、兩蕃判官併省。

又　卷一一九《周書・世宗紀六》　顯德六年【略】二月庚辰，發徐、宿、宋、單等州丁夫數萬濬汴河。甲申，發滑、亳二州丁夫濬五丈河，東流於定陶，入於濟，以通青、鄆水運之路。又疏道蔡河，以通陳、潁水運之路。乙酉，詔諸道應差攝官各支半俸。【略】甲辰，右補闕王德成責授右贊善大夫，坐舉官不當也。【略】

世宗志在四方，常恐運祚速而功業不就，以王樸精究術數，一旦從容問之曰：『朕當得幾年？』對曰『陛下用心，以蒼生爲念，天高聽卑，自當蒙福。臣固陋，輒以所學推之，三十年後非所知也。』世宗喜曰：『若如卿言，寡人當以十年開拓天下，十年養百姓，十年致太平足矣。』其後自瓦橋關回戈，未到關而晏駕，計在位止及五年餘六個月，五六乃三十之數也，蓋樸婉而言之。

論說

宋・洪适《盤洲文集》卷六四《經筵故事・周世宗斬樊愛能何徽》

五代史周世宗擊劉崇於晉陽，樊愛能、何徽引兵先遁，帝欲誅之，猶豫未決，晝臥行宮帳中，張永德侍側，帝訪之，對曰：愛能等素無大功，忝冒節鉞，望敵先逃，死未塞責，陛下方欲削平四海，茍軍法不立，雖百萬之衆，安得而用之？帝擲枕於地，大呼稱善。卽收愛能、徽及所部軍使以上七十餘人，悉斬之。帝以何徽先守晉州有功，欲免其死，既而以法不可廢，遂併誅之。自是驕將、惰卒始知所懼。

臣聞天壤之間，蟲魚微物，尚猶貪生而畏死，況赳赳之士。而欲使其冒白刃不避者，以有賞罰驅誘之爾。然熊羆之士，帶甲成林，賞不信，罰不必，皆不足爲用五代之君。惟周世宗爲英武，南征北討，無不如志者，能執勸懲之柄也。蓋無功而賞，謂之濫恩；有罪不誅，謂之佚罰；有賞而無罰，則是姑息之政，不足以激勵士卒，惟明主知其然，故以爵禄結其心，以刑戮鞭其後，使其聞將軍之令，而凜如秋霜，有進死，無退生。以守則固，以戰則勝，以征則克矣。又況爲大將者，爵位已崇，珍寶已積，奴妾音樂已盛，名園甲第已侈，愛其身不啻，千金之子，國家但易於行賞，而恕於行罰，使之無所忌憚，則其下雖勇，如賁獲馭之，非其人亦不能成功。樊、何皆一時貴將，何徽又有舊勳，而不免其死，世宗賢矣哉。

雜録

宋・司馬光《資治通鑑》卷二九二《後周紀三・世宗睿武孝文皇帝上》（顯德二年）帝以縣官久不鑄錢，而民間多銷錢爲器皿及佛像，錢益少，九月，丙寅朔，敕始立監採銅鑄錢，自非縣官法物、軍器及寺觀鐘磬鈸鐸之類聽留外，自餘民間銅器、佛像，五十日內悉令輸官，給其直；過期隱匿不輸，五斤以上其罪死，不及者論刑有差。（時敕有隱藏銅器及埋窖使用者，一兩至一斤徒二年；一斤至五斤處死。若納到熟銅，每斤官給錢一百五十，生銅每斤一百。）上謂侍臣曰：『卿輩勿以毁佛爲疑。夫佛以善道化人，茍志於善，斯奉佛矣。彼銅像豈所謂佛邪！且吾聞佛志在利人，雖頭目猶捨以布施，若朕身可以濟民，亦非所惜也。』

又　卷二九四《後周紀五・世宗睿武孝文皇帝下》（顯德五年冬十月）詔左散騎常侍須城艾潁等三十四人分行諸州，均定田租。庚子，詔諸州併鄉村，率以百户爲團，團置耆長三人。帝留心農事，刻木爲耕夫、蠶婦，置之殿庭。

李昪改革分部

綜述

《新五代史》卷六二《南唐世家・李昪》　李昪，字正倫，徐州人也。【略】昪少孤，流寓濠、泗間，楊行密攻濠州，得之，奇其狀貌，養以爲子。而楊氏諸子不能容，行密以乞徐温，乃冒姓徐氏，名知誥。【略】

知訓之用事也，嘗淩弱楊氏而驕侮諸將，遂以見殺。及昪秉政，欲收人心，乃寬刑法，推恩信，起延賓亭以待四方之士，引宋齊丘、駱知祥、王令謀等爲謀客，士有羈旅於吳者，皆齒用之。嘗陰使人察視民間有婚喪匱乏者，往往賙給之。盛暑未嘗張蓋、操扇，左右進蓋，必卻之，曰：「士衆尚多暴露，我何用此？」以故温雖遙秉大政，而吳人頗已歸昇。

武義元年，拜左僕射，參知政事。【略】

天祚三年，建齊國，置宗廟社稷，以宋齊丘、徐玠爲左、右丞相。十月，溥遣攝太尉楊璘傳位於昇，國號齊，改元升元。

升元三年四月，【略】州、縣言民孝悌五代同居者七家，皆表門閭，復其繇役；其尤盛者江州陳氏，宗族七百口，每食設廣席，長幼以次坐而共食，有畜犬百餘，共一牢食，一犬不至，諸犬爲之不食。【略】

六年，吳越國火，焚其宮室、府庫，甲兵皆盡，羣臣請乘其弊攻之，昇不許，遣使吊問，厚賙其乏。錢氏自吳時素爲敵國，昇見天下亂久，常厭用兵，及將篡國，先與錢氏約和，歸其所執將士，錢氏亦歸吳敗將，遂通好不絶。

昇客馮延巳好論兵、大言，嘗誚昇曰：「田舍翁安能成大事！」而昇志在守吳舊地而已，無復經營之略也，然吳人亦賴以休息。

七年，昇卒，年五十六，謚曰光文肅武孝高皇帝，廟號烈祖，陵曰永陵。子景立。

宋・陸游《南唐書》卷一《烈祖紀一》

烈祖光文肅武孝高皇帝名昪，字正倫。【略】乾寧二年，淮南節度使楊行密見而奇之，養以爲子。【略】天祐六年六月。自元從指揮使遷升州防遏使。兼樓船軍使。治戰艦於升。七年五月，授升州副使。知州事。九年，副柴再用平宣州，以功遷升州刺史。時江淮初定，守令皆武夫。專事軍旅，帝獨褒廉吏，課農桑，求遺書，招延四方士大夫。傾身下之，雖以節儉自勵，而輕財好施，無所愛吝。以宋齊丘，王令謀，王翊主論議，曾禹，張洽，孫魴，徐融爲賓客。馬仁裕，周宗，曹悰爲親吏，十一年，加檢校司徒。始城升州。十四年五月，城成，温來觀，喜其制度壯麗。徙治焉，而以帝爲檢校太保。潤州團練使。帝本意在宣州，不悦，時温子知訓以内外馬步都軍副使。專制楊氏。驕淫失衆，宋齊丘納説曰：知訓旦葬且敗，是行天所贊也，十五年，朱瑾殺知訓，馬仁裕自蒜山渡，馳告帝，帝卽日帥師入廣陵定亂，遂代知訓爲淮南節度行軍副使。内外马步都军副使勤儉寬簡，盡反知訓之政，上下悦服，吳王建國，以帝爲左僕射，參政事，國人謂之政事僕射。乘剝亂之後，曾未期歲。紀綱憲度，粲然併舉，温雖遙執國政，而人情頗已歸屬於帝，有徐玠者，事温，爲金陵行軍司馬，工揣摩捭闔，密説温曰：居中輔政，豈宜假之它姓，請更用嫡子知詢，帝刺知，惶恐，表乞罷政事，出鎮江西，表未上而温疾亟。遂止，温卒，知詢嗣爲金陵節度使，諸道副都統，數與帝爭權，帝乃使人誘之來朝。留爲左統軍。悉奪其兵，而帝以太尉中書令出鎮金陵，如温故事，吳命帝開大元帥府，置僚屬。進封齊王，用天子制度，改名誥。

升元元年冬十月，吳帝禪位於我，甲申，卽皇帝位，改吳天祚二年爲升元元年，國號齊，十二月二日爲仁壽節，尊吳帝爲高尚思玄弘古讓皇帝，上册稱受禪老臣誥，追尊考温爲太祖武皇帝。【略】

升元三年春正月【略】丙寅至壬申，齊王璟等三上尊號曰應乾紹聖文武孝明皇帝，不許。詔曰：迺者干戈相尋，地茀而不蓺，桑殞而弗蠶，衣食日耗，朕甚閔之。民有繈風來歸者。授之土田，仍給復三歲。

夏四月【略】辛巳，有事於南郊。以高祖神堯皇帝配。用上辛也，大赦。百官進位，將士勞賜有差。民三年蓺桑及三千本者，賜帛五十疋。每丁墾田及八十畝者，賜錢二萬，皆五年勿收租稅。

秋七月丙午，放諸州所獻珍禽奇獸於鍾山，命有司作升元格，與吳令併行。

升元四年春二月。詔罷營造力役，毋妨農時。三月丁未，頒中正曆，歷官陳承動所撰也。【略】六月癸亥。罷宣州歲貢木瓜雜果。【略】

升元五年【略】八月，有星孛於天市，長數尺。七十日没。遣使振貸黄州旱傷户口。是歲，吳越水民就食境内。遣使振恤安集之。

升元六年。【略】六月，常，宜，歙三州大雨，漲溢，漢使蕭規來告哀，廢朝三日。庚午，契丹使魯庫梅稜來聘，獻馬五駟。大蟥自淮北蔽空而至。辛未，命州縣捕蝗，瘞之。【略】九月庚寅，頒升元删定條，冬十月，詔曰：前朝失御，四方崛起者衆，武人用事，德化壅而不宣，朕甚悼焉。三事大夫。其爲朕舉用儒者。罷去苛政，與吾民更始。【略】

升元七年【略】二月庚午。帝崩於升元殿。年五十六。十一月壬寅。葬永陵。帝臨崩，謂齊王璟曰：德昌宮儲戎器金帛七百萬，汝守成業，宜善交鄰國以保社稷，吾服金石欲延年，反以速死，汝宜視以爲戒。帝生長兵間，知民厭亂。在位七年。兵不妄動，境內賴以休息，性節儉，常躡蒲履。用鐵盆盎。暑月，寢殿施青葛帷，左右宮婢裁數人，服飾樸陋。建國始。卽金陵治所爲宮。惟加鴟尾。設闌檻而已。終不改作。元宗爲太子，欲得杉木作板障，有司以聞，帝曰：杉木固有之，但欲作戰艦，以竹代障可也。江淮間連年豐樂，兵食盈溢，羣臣多請恢拓境土，帝歎息曰：吾少在軍旅，見兵之爲民害深矣。誠不忍復言。使彼民安，吾民亦安矣。吳越國大火，焚其宮室帑藏甲兵幾盡。將帥皆言乘其弊可以得志。帝一切不聽。遣使厚持金幣唁之。仁厚恭儉，務在養民，有古賢主之風焉。

論說

清·吳任臣《十國春秋》卷一五《南唐一·烈祖紀》 論曰：烈祖煢煢一身，不階尺土，托名徐氏，遂霸江南，挾莒人滅鄫之謀，化家爲國之事，凡其巧於曲成者，皆天也。然息兵以養民，得賢以辟土，蓋實有君德焉。東海鯉魚兆雖有自要，豈得謂竟非人力也邪？

雜録

宋·沈樞《通鑑總類》卷一〇下《稅賦門·吳徐知誥蠲丁錢稅穀帛》

後梁貞明四年，吳徐溫還鎮金陵，總吳朝大綱，自餘庶政，皆決於知誥。知誥以吳王之命，悉蠲天祐十三年以前逋稅，餘俟豐年乃輸之。以宋齊丘爲謀主。先是吳有丁口錢，又計畝輸錢，錢重物輕，民甚苦之。齊丘說知誥以爲錢非耕桑所得，今使民輸錢是教民棄本逐末也，請蠲丁口錢，自餘稅悉輸穀帛、紬絹，匹直千錢者，當稅三千。或曰：『如此縣官歲失錢億萬計。』齊丘曰：『安有民富而國家貧者耶？』知誥從之。由是江淮間曠土盡辟，桑柘滿野，國以富强。

思想文化政策調控部

統一儒學分部

綜述

《舊唐書》卷一八九上《儒學傳上》 古稱儒學家者流，本出於司徒之官，可以正君臣，明貴賤，美教化，移風俗，莫若於此焉。故前古哲王，咸用儒術之士，漢家宰相，無不精通一經，朝廷若有疑事，皆引經決定，由是人識禮教，理致升平。近代重文輕儒，或參以法律，儒道既喪，淳風大衰，故近理國多劣於前古。自隋氏道消，海內版蕩，彝倫攸斁，戎馬生郊，先代之舊章，往聖之遺訓，掃地盡矣。

及高祖建義太原，初定京邑，雖得之馬上，而頗好儒臣。以義寧三年五月，初令國子學置生七十二員，取三品已上子孫；太學置生一百四十員，取五品已上子孫；四門學生一百三十員，取七品已上子孫。上郡學置生六十員，中郡五十員，下郡四十員。上縣學併四十員，中縣三十員，下縣二十員。武德元年，詔皇族子孫及功臣子弟，於秘書外省別立小學。

二年，詔曰：盛德必祀，義存方策，達人命世，流慶後昆。建國君人弘風闡教，崇賢彰善，莫尚於茲。自八卦初陳，九疇攸敍，徽章互垂，節文不備。爰始姬旦，匡翊周邦，創設禮經，尤明典憲。啓生人之耳目，窮法度之本源，化起二南，業隆八百，豐功茂德，冠於終古。暨乎王道既衰，頌聲不作，諸侯力爭，禮樂陵遲。粵若宣父，天資睿哲，經綸齊、魯之內，揖讓洙、泗之間，綜理遺文，弘宣舊制。四科之教，歷代不刊；三千之文，風流無歇。惟茲二聖，道著羣生，守祀不修，明褒尚闕。朕君臨區宇，興化崇儒，永言先達，情深紹嗣。宜令有司於國子學立周公、孔子廟各一所，四時致祭。仍博求其後，具以名聞，詳考所宜，當加爵土。

是以學者慕嚮，儒教聿興。

至三年，太宗討平東夏，海内無事，乃鋭意經籍，於秦府開文學館，廣引文學之士，下詔以府屬杜如晦等十八人爲學士，給五品珍膳，分爲三番，更直宿於閣下。及卽位，又於正殿之左，置弘文學館，精選天下文儒之士虞世南、褚亮、姚思廉等，各以本官兼署學士，令更日宿直。聽朝之暇，引入内殿，講論經義，商略政事，或至夜分乃罷。又召勳賢三品已上子孫，爲弘文館學生。貞觀二年，停以周公爲先聖，始立孔子廟堂於國學，以宣父爲先聖，顔子爲先師。大徵天下儒士，以爲學官。數幸國學，令祭酒、博士講論，畢，賜以束帛。學生能通一大經已上，咸得署吏。又於國學增築學舍一千二百間，太學、四門博士亦增置生員，其書算各置博士、學生，以備藝文，凡三千二百六十員。其玄武門屯營飛騎，亦給博士，授以經業，有能通經者，聽之貢舉。是時四方儒士，多抱負典籍雲會京師。俄而高麗及百濟、新羅、高昌、吐蕃等諸國酋長，亦遣子弟請入於國學之内。鼓篋而升講筵者，八千餘人，濟濟洋洋焉，儒學之盛，古昔未之有也。

太宗又以經籍去聖久遠，文字多訛謬，詔前中書侍郎顔師古考定五經，頒於天下，命學者習焉。又以儒學多門，章句繁雜，詔國子祭酒孔穎達與諸儒撰定五經義疏，凡一百七十卷，名曰五經正義，令天下習。十四年，詔曰：梁皇侃、褚仲都，周熊安生、沈重，陳沈文阿、周弘正、張譏，隋何妥、劉炫等，併前代名儒，經術可紀。加以所在學徒，多行其疏，宜加優異，以勸後生。可訪其子孫見在者，録名奏聞，當加引擢。二十一年，又詔曰：左丘明、卜子夏、公羊高、穀梁赤、伏勝、高堂生、戴聖、毛萇、孔安國、劉向、鄭衆、杜子春、馬融、盧植、鄭玄、服虔、何休、王肅、王弼、杜元凱、范寧等二十一人，併用其書，垂於國胄。既行其道，理合褒崇。自今有事太學，可與顔子俱配享孔子廟堂。其尊重儒道如此。

高宗嗣位，政教漸衰，薄於儒術，尤重文吏。於是醇醲日去，華競日彰，猶火銷膏而莫之覺也。

又　卷七三《顔師古傳》　顔籀字師古，雍州萬年人，齊黄門侍郎之推孫也。其先本居琅邪，世仕江左；及之推歷事周、齊，齊滅，始居關中。父思魯，以學藝稱，武德初爲秦王府記室參軍。師古少傳家業，博覽羣書，尤精詁訓，善屬文。隋仁壽中，爲尚書左丞李綱所薦，授安養尉。尚書左僕射楊素見師古年弱貌羸，因謂曰：安養劇縣，何以克當？師古曰：割鷄焉用牛刀。素奇其對。到官果以干理聞。時薛道衡爲襄州總管，與高祖有舊又悦其才，有所綴文，嘗使其捃摭利病，甚親昵之。尋坐事免歸長安，十年不得調，家貧，以教授爲業。

及起義，師古至長春宫謁見，授朝散大夫。從平京城，拜燉煌公府文學，轉起居舍人，再遷中書舍人，專掌機密。於時軍國多務，凡有制誥，皆成其手。師古達於政理，册奏之工，時無及者。太宗踐祚，擢拜中書侍郎，封琅邪縣男。以母憂去職。服闋，復爲中書侍郎。歲餘，坐事免。

太宗以經籍去聖久遠，文字訛謬，令師古於秘書省考定五經，師古多所釐正，既成，奏之。太宗復遣諸儒重加詳議，於時諸儒傳習已久，皆共非之。師古輒引晉、宋已來古今本，隨言曉答，援據詳明，皆出其意表，諸儒莫不歎服。於是兼通直郎、散騎常侍，頒其所定之書於天下，令學者習焉。

貞觀七年，拜秘書少監，專典刊正，所有奇書難字，衆所共惑者，隨疑剖析，曲盡其源。是時多引後進之士爲讎校，師古抑素流，先貴勢，雖富商大賈亦引進之，物論稱其納賄，由是出爲郴州刺史。未行，太宗惜其才，謂之曰：卿之學識，良有可稱，但事親居官，未爲清論所許。今之此授，卿自取之。朕以卿曩日任使，不忍遐棄，宜深自誡勵也。於是復以爲秘書少監。師古既負其才，又早見驅策，累被任用，及頻有罪譴，意甚喪沮。自是闔門守靜，杜絶賓客，放志園亭，葛巾野服，然搜求古迹及古器，耽好不已。俄又奉詔與博士等撰定五禮，十一年，禮成，進爵爲子。時承乾在東宫，命師古注班固漢書，解釋詳明，深爲學者所重。承乾表上之，太宗令編之秘閣，賜師古物二百段、良馬一匹。

十五年，太宗下詔，將有事於泰山，所司與公卿幷諸儒博士詳定儀注。太常卿韋挺、禮部侍郎令狐德棻爲封禪使，參考其儀，時論者競起異端。師古奏曰：臣撰定封禪儀注書在十一年春，於時諸儒參詳，以爲適中。於是詔公卿定其可否，多從師古之説，然而事竟不行。

又　《孔穎達傳》　孔穎達字沖遠，冀州衡水人也。祖碩，後魏南台丞。父安，齊青州法曹參軍。穎達八歲就學，日誦千餘言。及長，尤明《左曆氏傳》、鄭氏《尚書》、《王氏易》、《毛詩》、《禮記》，兼善算曆解屬文。同郡劉焯名重海内，穎達造其門，焯初不之禮，穎達請質疑滯，多出其意表，焯改容敬之。穎達固辭歸，焯固留不可，還家，以教授爲務。隋大業初，舉明經高第，授河内郡博士。時煬帝徵諸郡儒官集於東都，令國子秘書學士與之論難，穎達爲最。時穎達少年，而先輩宿儒恥爲之屈，潛遣刺客圖之，禮部尚書楊玄感舍之於家，由是獲免。補太學助教。屬隋亂，避地於武牢。太宗平王世充，引爲秦府文學館學士。武德九年，擢授國子博士。貞觀初，封曲阜縣男，轉給事中。

時太宗初卽位，留心庶政，穎達數進忠言，益見親待。太宗嘗問曰：「論語云以能問於不能，以多問於寡，有若無，實若虛。何謂也？」穎達對曰：「聖人設教，欲人謙光。己雖有能，不自矜大，仍就不能之人求訪能事。己之才藝雖多，猶以爲少，仍就寡少之人更求所益。己之雖有，其狀若無。己之雖實，其容若虛。非唯匹庶，帝王之德，亦當如此。夫帝王内蘊神明，外須玄默，使深不可測，度不可知。易稱以蒙養正，以明夷莅衆，若其位居尊極，炫燿聰明以才凌人，飾非拒諫，則上下情隔，君臣道乖，自古滅亡，莫不由此也。」太宗深善其對。

六年，累除國子司業。歲餘，遷太子右庶子，仍兼國子司業。與諸儒議曆及明堂，皆從穎達之説。又與魏徵撰成隋史，加位散騎常侍。十一年，又與朝賢修定五禮，所有疑滯，咸諮決之。書成，進爵爲子，賜物三百段。【略】

先是，與顔師古司馬才章、王恭、王琰等諸儒受詔撰定《五經》義訓，凡一百八十卷，名曰《五經正義》。太宗下詔曰：「卿等博綜古今，義理該洽，考前儒之異説，符聖人之幽旨，實爲不朽。」付國子監施行，賜穎達物三百段。時又有太學博士馬嘉運駁穎達所撰正義，詔更令詳定，功竟未就。十七年，以年老致仕。十八年，圖形於淩煙閣。

藝文

清·羅惇衍《集義軒詠史詩鈔》卷三三《唐二一·顔師古》 班固忠臣譽日隆，後儒沾丐發羣蒙。漢書爛熟鴻篇暢，唐室爭誇鳳詔工。肩併弟昆家學里，胸羅奇祕舊文中。放情巾褐林墟適，況有先賢陋巷風。

又《孔穎達》 年少談經屈老儒，幾遭刺客在東都，隨氛熵餤傷狼狽，鄭學齊名得步趨。太子師資聞讜論，聖人謙教有嘉謨，頌成釋奠臨雍後，金絹駢蕃爵賜殊。

雜録

唐·吳兢《貞觀政要》卷七《崇儒學第二十七》 太宗初踐祚，卽於正殿之左置弘文館，精選天下文儒，令以本官兼署學士，給以五品珍膳，更日宿直。聽朝之隙，引入内殿，討論墳典，商略政事，或至夜分乃罷。又詔勳賢三品已上子孫，爲弘文館學生。

貞觀二年，詔停以周公爲先聖，始立孔子廟堂於國學，稽式舊典，以仲尼爲先聖，顔子爲先師，而邊豆干戚之容，始備于兹矣。是歲大徵天下儒士，賜帛給傳，令詣京師，擢以不次，布在廊廟者甚衆。學生通一大經已上，咸得署吏。國學增築學舍四百餘間，國子、太學、四門、廣文亦增置生員，其書、算各置博士、學生，以備衆藝。自玄武門屯營飛騎，亦給博士，授以經業。有能通經者，聽預貢舉。太宗又數幸國學，令祭酒、司業、博士講論，畢，各賜以束帛。四方儒士負書而至者，蓋以千數。俄而吐蕃及高昌、高麗、新羅等諸夷酋長，亦遣子弟請入于學。於是國學之内，鼓篋升講筵者，幾至萬人，儒學之盛，古昔未有也。

貞觀二年，太宗謂侍臣曰：「爲政之要，惟在得人，用非其才，必難致理。今所任用，必須以德行、學識爲本。」諫議大夫王珪曰：「人臣若無學業，不能識前言往行，豈堪大任。漢昭帝時，有人詐稱衛太子，聚觀者數萬人，衆皆致惑。雋不疑斷以蒯聵之事。昭帝曰：『公卿大臣，當用經術明於古義者，此則固非刀筆俗吏所可比擬。』」太宗曰：「信如卿言。」

貞觀四年，太宗以經籍去聖久遠，文字訛謬，詔前中書侍郎顔師古於祕書省考定五經。及功畢，復詔尚書左僕射房玄齡集諸儒重加詳議。時諸儒傳習師説，舛謬已久，皆共非之，異端蜂起。師古輒引晉、宋已來古本，隨方曉答，援據詳明，皆出其意表，諸儒莫不歎服。太宗稱善者久之，賜帛五百匹，加授通直散騎常侍，頒其所定書於天下，令學者習焉。太宗又以儒學多門，章句繁雜，詔師古與國子祭酒孔穎達等諸儒，撰定

《五經疏義》，凡一百八十卷。名曰《五經正義》，付國學施行。

太宗嘗謂中書令岑文本曰：『夫人雖禀定性，必須博學以成其道，亦猶蜃性含水，待月光而水垂；木性懷火，待燧動而焰發；人性含靈，待學成而爲美。是以蘇秦刺股，董生垂帷。不勤道藝，則其名不立。』文本曰：『夫人性相近，情則遷移，必須以學飭情，以成其性。《禮》云：「玉不琢不成器，人不學不知道。」所以古人勤於學問，謂之懿德。』

宋・王溥《唐會要》卷七七《論經義》 貞觀十二年，國子祭酒孔穎達撰五經義疏一百七十卷，名曰義贊，有詔改爲五經正義。太學博士馬嘉運每掎摭之，有詔更令詳定，未就而卒。

永徽二年三月十四日，詔太尉、趙國公長孫無忌及中書門下及國子三館博士、宏文學士：『故國子祭酒孔穎達所撰《五經正義》，事有遺謬，仰卽刊正。』至四年三月一日，太尉無忌、左僕射張行成、侍中高季輔及國子監官，先受詔修改五經正義，至是功畢，進之。詔頒於天下，每年明經，依此考試。

長安三年三月，四門博士王元感表上《尚書糺謬》十卷，《春秋振滯》二十卷，《禮記繩愆》三十卷并所注《孝經》、《史記》、《漢書》藁，請官給紙筆，寫上祕閣，制令宏文、崇文兩館學士及成均博士，詳其可否。宏文館學士祝欽明、崇文館學士李憲、趙元亨，成均博士郭山惲皆專守先儒章句，深譏元感掎摭舊義，元感隨方應答，竟不之屈。唯鳳閣舍人魏知古、司封郎中徐堅、左史劉知幾、右司張思敬雅好異聞，每爲元感申理其義，由是擢拜太子司議郎。

崇道限道與奉佛排佛分部

隋朝崇佛

綜述

《隋書》卷一《高祖紀上》 皇妣呂氏，以大統七年六月癸丑夜，生高祖於馮翊般若寺，紫氣充庭。有尼來自河東，謂皇妣曰：此兒所從來甚異，不可於俗間處之。尼將高祖舍於別館，躬自撫養。

又 卷二《高祖紀下》 二十年十二月【略】辛巳，詔曰：『佛法深妙，道教虛融，咸降大慈，濟度羣品，凡在含識，皆蒙覆護。所以雕鑄靈相，圖寫眞形，率土瞻仰，用申誠敬。其五嶽四鎮，節宣雲雨，江、河、淮、海，浸潤區域，并生養萬物，利益兆人，故建廟立祀，以時恭敬。敢有毀壞偷盜佛及天尊像、岳鎮海瀆神形者，以不道論。沙門壞佛像，道士壞天尊者，以惡逆論。

又 卷二五《刑法志》 帝以年齡晚暮，尤崇尚佛道，又素信鬼神。二十年，詔沙門道士壞佛像天尊，百姓壞嶽瀆神像，皆以惡逆論。

又 卷三五《經籍志》 後周承魏，崇奉道法，每帝受籙，如魏之舊，尋與佛法俱滅。開皇初又興，高祖雅信佛法，於道士蔑如也。大業中，道士以術進者甚衆。其所以講經，由以老子爲本，次講莊子及靈寶、升玄之屬。其餘衆經，或言傳之神人，篇卷非一。自云天尊姓樂名靜信，例皆淺俗，故世甚疑之。其術業優者，行諸符禁，往往神驗。而金丹玉液長生之事，歷代糜費，不可勝紀，竟無效焉。今考其經目之數，附之於此。

至周武帝時，蜀郡沙門衛元嵩上書，稱僧徒猥濫，武帝出詔，一切廢毀。

開皇元年，高祖普詔天下，任聽出家，仍令計口出錢，營造經像。而京師及并州、相州、洛州等諸大都邑之處，并官寫一切經，置於寺內，而又別寫，藏於祕閣。天下之人，從風而靡，競相景慕，民間佛經，多於六經數十百倍。大業時，又令沙門智果，於東都內道場，撰諸經目，分別條貫，以佛所說經爲三部：一曰大乘，二曰小乘，三曰雜經。其餘似後人假託爲之者，別爲一部，謂之疑經。又有菩薩及諸深解奧義、贊明佛理者，名之爲論，及戒律并有大、小及中三部之別。又所學者，錄其當時行事，名之爲記。凡十一種。今舉其大數，列於此篇。

唐・釋道宣《續高僧傳》卷二《譯經篇二・摩笈多傳三》 尋蒙帝旨，延入京城，處之名寺，供給豐渥，即開皇十年冬十月也。至止未淹，華言略悉，又奉別敕，令就翻經，移住興善，執本對譯，允正寔繁，所誦大小乘論，併是深要。至於宣解大弘微旨，此乃舊學頻遺積疑，然而慈恕立身，柔和成性，心非道外，行在言前，戒地夷而靜，智水幽而潔。經洞字源，論窮聲意。加以威容詳正，勤節高猛，誦響繼晨宵，法言通内外。又性好端居，簡絶情務，寡薄嗜慾，息杜希求，無倦誨人，有踰利己，曾不忤顔於賤品，輕心於微類。遂使未覩者傾風，暫謁者欽敬。自居譯人之首，惟存傳授，所有覆疏，務存綱領。

煬帝定鼎東都，敬重隆厚，至於佛法，彌增崇樹。乃下敕於洛水南濱，上林園内，置翻經館，搜舉翹秀，永鎮傳法。登即下徵笈多併諸學士，併預集焉。四事供承，復恆常度，致使譯人不墜其緒，成簡無替於時。及隋綱云頽，郊壘煙構，梵本新經，一時斯斷。笈多藴其深解，遂闕陳弘。始於開皇中歲，經至大業末年，二十八載。所翻經論七部，合二十二卷，即《起世緣生》、《藥師本願》、《攝大乘》、《菩提資粮》等是也，併文義澄潔，華質顯暢，見《唐貞觀内典録》。

又 卷一〇《義解篇六·釋靖嵩傳一》 隋高廓清百越，文軌大同。開皇十年敕僚庶等，有樂出家者併聽，時新度之僧乃有五十餘萬。

又 卷一七《習傳篇二·隋京師清禪寺釋曇崇傳四》 大象之初，皇隋肇命，法炬還炤，即預百二十僧，敕住興善。尋復別敕，令宰寺任，重勤辭遜，又不受之。而道冠僧羣，王公戒範，昔以佛法頽毁，私願早隆，謹造一寺，用光末法，因以奏上。帝乃立九寺以副崇願，皆國家供給，終於文世。高祖唐公素稟行門，偏所歸信，遂割宅爲寺，引衆居之。敕以虚靜所歸，禪徒有譽，賜額可爲清禪，今之清明門内寺是也。

隋氏晉王，欽敬定林，降威爲寺檀越，前後送户，七十有餘。水磑及碾，上下六具，永充基業，傳利於今。天子昔所承名，今親正業，開皇之初，敕送絹一萬四千疋，布五千端，綿一千屯，綾二百疋，錦二十張，五色上米前後千石。皇后又下令送錢五千貫，氈五十領，剃刀五十具。崇福感於今願，流於後望。建浮圖一區，用酬國俸。帝聞大悦，内送舍利六粒，以同弘業。於時釋教初開，圖像全闕，崇興此塔，深會帝心，敕爲追匠杜崇，令其繕績，料錢三千餘貫計，塼八十萬口。帝以功業別費，恐有匱竭，又送身所著衣及皇后所服者，總一千三百對，以助隨喜。開皇十一年，晉王鎮總楊越，爲造露盤，并諸莊飾。十四年内，方始成就。舉高一十一級，竦耀太虚，京邑稱最。尒後覦遺相接，衆具繁委。王又造佛堂僧院，并送五行調度、種植樹木等事，併委僧衆，監檢助成。

崇既令重當朝，往還無壅。宫閤之禁，門籍未安，須有所論，執錫便進。時處大内，爲述淨業，文帝禮接，自稱師兒，獻後延德，又稱師女。及在於本寺，則敕令載馳，問以起居，無晨不至。自所獲外利，盡施伽藍，緣身資蓄，衣鉢而已。開皇十四年十月三十日，遷化寺房，春秋八十矣。皇情哀慘，下敕葬焉，所須喪事，有司供給。皂白弟子，五千餘人，送於終南至相寺之右，爲建白塔，勒銘存今。

又 卷一九《習禪篇四·唐天台山國清寺釋灌頂傳十》 開皇十一年。晉王作鎮揚州。陪從智者戾止邗溝。居禪衆寺。爲法上將。日討幽求。俄隨智者。東旋止於台岳。晚出稱心精舍開講法華。跨朗籠基超於雲印。方集奔隨負篋屯湧。有吉藏法師。興皇入室。嘉祥結肆獨擅浙東。聞心道勝意之未許。求借義記尋閲淺深。乃知體解心醉有所從矣。因廢講散衆投足天台餐稟法華發誓弘演。至十七年智者現疾。瞻侍曉夕艱劬盡心。爰及滅度親承遺旨。乃奉留書并諸信物。哀泣跪授。晉王乃五體投地悲淚頂受。事遵賓禮情敦法親。尋遣揚州總管府司馬王弘。送頂還山爲智者設千僧齋置國清寺。即昔有晉曇光道猷之故迹也。

又 卷二六《感通上·魏文成沙門釋慧達傳三》 開皇之始，經像大弘。莊飾尊儀，更崇寺宇。大業五年，煬帝躬往，禮敬厚施。重增榮麗，因改舊額爲感通寺焉。故令模寫傳形，量不可測。約指丈八，臨度衆異，致令發信，彌增日新。

又 卷二八《感通篇下·隋京師大興善寺釋道密傳一》 釋道密，姓周氏，相州人。初投耶舍三藏，師習方藝，又從鄴下博聽大乘，神思既開，理致通衍。至於西梵文言，繼迹前列，異術勝能，間諸齊世。隋運興法，翻譯爲初。敕召入京，住大興善寺。師資道成，復弘梵語，因循法本，留意傳持。會仁壽塔興，銓衡德望。尋下敕召，送舍利於同州大興國寺，寺即文帝所生之地。其處本基般若尼寺也，帝以後魏大統七年六月十三日生於此寺中。于時赤光照室，流溢外户，紫氣滿庭，狀如樓闕，色染人衣，内外驚禁。妳母以時炎熱，就而扇之，寒甚幾絶，困不能啼。有神尼者名曰智仙，河東蒲坂劉氏女也，少出家有戒行。和尚失之，恐其墮井，見在佛屋，儼然坐定，時年七歲，遂以禪觀爲業。及帝誕日，無因而至，語太祖曰：『兒天佛所佑，勿憂也。』尼遂名帝爲那羅延，言如金剛不可壞也。又曰『此兒來處異倫，俗家穢雜，自爲養之。』太祖乃割宅爲寺，内通小門，以兒委尼，不敢名問。后皇妣來抱，忽見化而爲龍，驚遑墮地。尼曰：『何因妄觸我兒，遂令晚得天下！』及年七歲，告帝曰：『兒當大貴，從東國來，佛法當滅，由兒興之。』而尼沉靜寡言，時道成敗吉凶，莫不符驗。初在寺養帝，年至十三方始還家。積三十餘歲，略不出門。及周滅二教，尼隱皇家，内著法衣，戒行不改。帝後果自山東，入爲天子，重興佛法，皆如尼言。及登位後，每顧羣臣，追念阿闍梨，以爲口實。又云：『我興由佛法，而好食麻豆，前身以從道人里來。由小時在寺，至今樂聞鍾聲。』乃命史官王劭，爲尼作傳，其龍潛所經四十五州，皆悉同時爲大興國寺，因改般若爲其一焉。仁壽元年，帝及後宮，同感舍利，併放光明。砧鎚試之宛然無損，遂散於州郡，前後建塔，百有餘所。隨有塔下，皆圖神尼，多有靈相，故其銘云：『維年月，菩薩戒佛弟子大隋皇帝堅，敬白十方三世一切三寶弟子，蒙三寶福祐，爲蒼生君父，思與民庶共建菩提，今故分布舍利，諸州供養，欲使普修善業，同登妙果，仍爲弟子法界幽顯，三塗八難，懺悔行道，奉請十方，常住三寶，願起慈悲，受弟子等請，降赴道場，證明弟子，爲諸衆生，發露懺悔。』文多不載。

唐・西明寺釋氏《集古今佛道論衡》卷乙《隋兩帝重佛宗法俱受歸戒事》 案：隋著作王邵，述隋祖起居注云：帝以後魏大統七年六月十三日，生於同州般若尼寺。於時赤光照室流溢户外，紫氣滿庭狀如樓閣。色染人衣，内外驚異。帝母以時炎熱，就而扇之，寒甚幾絶，困不能啼。有神尼者，名曰智仙，河東劉氏女也。少出家，有戒行，和上失之，恐墮井，乃在佛屋，儼然坐定。時年七歲，遂以禪觀爲業。及帝誕日，無因而至，語太祖曰：『兒天佛所祐，勿憂也。』尼遂名帝爲那羅延，言如金剛不可壞也。又曰：『兒來處異倫，俗家穢雜，自爲養之。』太祖乃割宅爲寺，以兒委尼，不敢召問。后皇妣來抱，忽化爲龍，驚遑墮地。尼曰：『何因妄觸我兒，遂令晚得天下。』及年七歲，告帝曰：『兒當大貴，從東國來，佛法當滅，由兒興之。』尼沈靜寡言，時道吉凶，莫不符驗。初在寺養，帝年至十三，方始還家。及周滅二教，尼隱皇家。帝後果自山東入爲天子，重興佛法，皆如尼言。及登位後，每顧羣臣，追念阿闍梨，以爲口實。又云：『我興由佛法，而好食麻豆，前身似從道人中來。由小時在寺，至今樂聞鐘聲。』乃命史官爲尼作傳，帝昔龍潛所經四十五州，及登極後，皆悉同時起大興國寺，仁壽元年，帝及後宫，同感舍利，併放光明，砧槌試之，宛然無損。遂前後置塔，諸州百有餘所，皆置銘勒，隱於地府，咸發神瑞，充仞目前，具如王邵所撰《感應傳》。所以周祖竊忌黑衣當王，便摧滅佛法。莫識隋祖，元養佛家，王者不死，何由可識。事過方委，知聖詐狂，自古皆爾，備諸聞見。然帝信重佛宗，情注無已，每日登殿，坐列七僧，轉經問法，乃至大漸。至於道觀，羈縻而已。崇建功德，佛門隆盛。時既非遙，故略其敘。於時曇延法師，是稱僧傑，升於正殿而授帝菩薩戒焉。事如别顯。及大業嗣歷，彌隆前政。昔居晋府，盛集英髦，慧日法云，道場興號。玉清金洞，玄壇著名。四海搜揚，總歸晋邸。四事供給，三業依憑。禮以家僧，不屬州省。迄於終歷，徵訪莫窮。而情慕佛宗，崇奉誠約。天台智顗，定門幽祕，神用罕加。請爲國師，尊加智者。言令所及，無不允從。及其卽世，廢朝追感。就山造寺，廣度衆僧。下書憂問，慇懃委曲。遺錫糧粒，并諸法衣。欲使徒衆行道，如師在日。故每至忌晨，必預先設供。門人歲至，面敍昔緣。情款莫二，自有帝王。於師珍敬，無以加也。至於李老符録，曾無預懷。致使交論興言，絶於徵召，故無所編次云。

唐朝崇道限道與奉佛排佛

綜　述

《舊唐書》卷一《高祖紀》 （武德）七年冬十月【略】癸酉，幸終南山，謁老子廟。

武德九年夏五月辛巳，以京師寺觀不甚清淨，詔曰：釋迦闡教，清淨爲先，遠離塵垢，斷除貪慾。所以弘宣勝業，修植善根，開道愚迷，津梁品庶。是以敷演經教，檢約學徒，調懺身心，舍諸染著，衣服飲食，咸資四輩。自覺王遷謝，像法流行，末代陵遲，漸以虧濫。乃有猥賤之侶，規自尊高；浮惰之人，苟避徭役。妄爲剃度，託號出家，嗜慾無厭，營求不息。出入閭里，周旋闤闠，驅策田産，聚積貨物。耕織爲生，估販成業，事同編户，迹等齊人。進違戒律之文，退無禮典之訓。至乃親行劫掠，躬自穿窬，造作妖訛，交通豪猾。每罹憲網，自陷重刑，黷亂眞如，傾毁妙法。譬兹稂莠，有穢嘉苗；類彼淤泥，混夫清水。又伽藍之地，本曰淨居，栖心之所，理尚幽寂。近代以來，多立寺舍，不求閑曠之境，唯趨喧雜之方。繕採崎嶇，棟宇殊拓，錯舛隱匿，誘納姦邪。或有接延鄽邸，鄰近屠酤，埃塵滿室，羶腥盈道。徒長輕慢之心，有虧崇敬之義。且老氏垂化，本實沖虚，養志無爲，遺情物外。全眞守一，是謂玄門，驅馳世務，尤乖宗旨。朕膺期馭宇，興隆教法，志思利益，情在護持。欲使玉石區分，薰蕕有辨，長存妙道，永固福田，正本澄源，宜從沙汰。諸僧、尼、道士、女冠等，有精勤練行、守戒律者，並令大寺觀居住，給衣食，勿令乏短。其不能精進、戒行有闕、不堪供養者，並令罷遣，各還桑梓。所司明爲條式，務依法教，違制之事，悉宜停斷。京城留寺三所，觀二所。其餘天下諸州，各留一所。餘悉罷之。事竟不行。

又　卷五《高宗紀》　乾封元年二月己未次亳州。幸老君廟，追號曰太上玄元皇帝，創造祠堂；其廟置令、丞各一員。改谷陽縣爲眞源縣，縣内宗姓特給復一年。

又　卷六《則天皇后紀》　天授二年夏四月，令釋教在道法之上，僧尼處道士女冠之前。

又　卷八《玄宗紀上》　（開元十九年）五月壬戌，五嶽各置老君廟。【略】

開元二十一年春正月庚子朔，制令士庶家藏《老子》一本，每年貢舉人量減《尚書》、《論語》兩條策，加《老子》策。

又　卷九《玄宗紀下》　開元二十九年春正月丁丑，制兩京、諸州各置玄元皇帝廟并崇玄學，置生徒，令習《老子》、《莊子》、《列子》、《文子》，每年準明經例考試。

又　卷一五《憲宗紀下》　元和十四年春正月【略】丁亥，【略】迎鳳翔法門寺佛骨至京師，留禁中三日，乃送詣寺，王公士庶奔走捨施如不及。刑部侍郎韓愈上疏極陳其弊。癸巳，貶愈爲潮州刺史。

又　卷一八上《武宗紀》　帝在藩時，頗好道術修攝之事，是（開成五年）秋，召道士趙歸眞等八十一人入禁中，於三殿修金籙道場，帝幸三殿，於九天壇親受法籙。右拾遺王哲上疏，言王業之初，不宜崇信過當，疏奏不省。【略】

（會昌元年）六月，【略】以衡山道士劉玄靖爲銀青光禄大夫，充崇玄館學士，賜號廣成先生，令與道士趙歸眞於禁中修法籙。左補闕劉彦謨上疏切諫，貶彦謨爲河南府户曹。【略】

（會昌四年）三月，【略】以道士趙歸眞爲左右街道門教授先生。時帝志學神仙，師歸眞。歸眞乘寵，每對，排毁釋氏，言非中國之教，蠹耗生靈，盡宜除去，帝頗信之。【略】

（會昌五年）夏四月，【略】敕祠部檢括天下寺及僧尼人數，大凡寺四千六百，蘭若四萬，僧尼二十六萬五百。【略】

秋七月庚子，敕併省天下佛寺。中書門下條疏聞奏：『據令式，諸上州國忌日官吏行香於寺，其上州望各留寺一所，有列聖尊容，便令移於寺内；其下州寺並廢。其上都、東都兩街請留十寺，寺僧十人。』敕曰：『上州合留寺，工作精妙者留之；如破落，亦宜廢毁。其合行香日，官吏宜於道觀。其上都、下都每街留寺兩所，寺留僧三十人。上都左街留慈恩、薦福，右街留西明、莊嚴。』中書又奏：『天下廢寺，銅像、鐘磬委鹽鐵使鑄錢，其鐵像委本州鑄爲農器，金、銀、鍮石等像銷付度支。衣冠士庶之家所有金、銀、銅、鐵之像，敕出後限一月納官，如違，委鹽鐵使依禁銅法處分。其土、木、石等像合留寺内依舊。』又奏：『僧尼不合隸祠部，請隸鴻臚寺。其大秦穆護等祠，釋教既已釐革，邪法不可獨存。其人並勒還俗，遞歸本貫充税户。如外國人，送還本處收管。』

八月，制：

朕聞三代已前，未嘗言佛，漢、魏之後，像教浸興。是由季時，傳此異俗，因緣染習，蔓衍滋多。以至於蠹耗國風，而漸不覺；誘惑人意，而衆益迷。洎於九州山原，兩京城闕，僧徒日廣，佛寺日崇。勞人力於土木之功，奪人利於金寶之飾，遺君親於師資之際，違配偶於戒律之間。壞法害人，無逾此道。且一夫不田，有受其飢者；一婦不蠶，有受其寒者。

今天下僧尼，不可勝數，皆待農而食，待蠶而衣。寺宇招提，莫知紀極，皆云構藻飾，僭擬宮居。晉、宋、齊、梁，物力凋瘵，風俗澆詐，莫不由是而致也。況我高祖、太宗，以武定禍亂，以文理華夏，執此二柄，足以經邦，豈可以區區西方之教，與我抗衡哉！貞觀、開元，亦嘗厘革，剗除不盡，流衍轉滋。朕博覽前言，旁求輿議，弊之可革，斷在不疑。而中外誠臣，協予至意，條疏至當，宜在必行。懲千古之蠹源，成百王之典法，濟人利衆，予何讓焉。其天下所拆寺四千六百餘所，還俗僧尼二十六萬五百人，收充兩稅户，拆招提、蘭若四萬餘所，收膏腴上田數千萬頃，收奴婢爲兩稅户十五萬人。隸僧尼屬主客，顯明外國之教。勒大秦穆護、祆三千餘人還俗，不雜中華之風。於戲！前古未行，似將有待；及今盡去，豈謂無時。驅遊惰不業之徒，已踰十萬；廢丹雘無用之室，何啻億千。自此清淨訓人，慕無爲之理；簡易齊政，成一俗之功。將使六合黔黎，同歸皇化。尚以革弊之始，日用不知，下制明廷，宜體予意。

又 卷一八下《宣宗紀》 （會昌六年）五月，左右街功德使奏：『准今月五日赦書節文，上都兩街留四寺外，更添置八所。兩所依舊名興唐寺、保壽寺。六所請改舊名，寶應寺改爲資聖寺，青龍寺改爲護國寺，菩提寺改爲保唐寺，清禪寺改爲安國寺，法雲尼寺改爲唐安寺，崇敬尼寺改爲唐昌寺。右街添置八所。西明寺改爲福壽寺，莊嚴寺改爲聖壽寺，舊留寺。二所舊名，千福寺改爲興元寺，化度寺改爲崇福寺，永泰寺改爲萬壽寺，温國寺改爲崇聖寺，經行寺改爲龍興寺，奉恩寺改爲興福寺。』敕旨依奏。誅道士劉玄靖等十二人，以其説惑武宗，排毀釋氏故也。【略】

（大中元年）閏三月，敕：『會昌季年，併省寺宇。雖云異方之教，無損致理之源。中國之人，久行其道，厘革過當，事體未弘。其靈山勝境、天下州府，應會昌五年四月所廢寺宇，有宿舊名僧，復能修創，一任住持，所司不得禁止。』

又 卷七九《傅奕傳》 七年，奕上疏請除去釋教，曰：佛在西域，言妖路遠，漢譯胡書，恣其假托。故使不忠不孝，削髮而揖君親；游手遊食，易服以逃租賦。演其妖書，述其邪法，僞啓三塗，謬張六道，恐嚇愚夫，詐欺庸品。凡百黎庶，通識者稀，不察根源，信其矯詐。乃追既往之罪，虛規將來之福。布施一錢，希萬倍之報；持齋一日，冀百日之糧。遂使愚迷，妄求功德，不憚科禁，輕犯憲章。其有造作惡逆，身墜刑網，方乃獄中禮佛，口誦佛經，晝夜忘疲，規免其罪。且生死壽夭，由於自然；刑德威福，關之人主。乃謂貧富貴賤，功業所招，而愚僧矯詐，皆云由佛。竊人主之權，擅造化之力，其爲害政，良可悲矣！

案《書》云：『惟辟作福，惟辟作威，惟辟玉食。臣有作福、作威、玉食，害於而家，凶於而國，人用側頗僻。』降自犧、農，至於漢、魏，皆無佛法，君明臣忠，祚長年久。漢明帝假托夢想，始立胡神，西域桑門，自傳其法。西晉以上，國有嚴科不許中國之人，輒行髡發之事。洎於苻、石，羌胡亂華，主庸臣佞，政虐祚短，皆由佛教致災也。梁武、齊襄，足爲明鏡。昔褒姒一女，妖惑幽王，尚致亡國；況天下僧尼，數盈十萬，翦刻繒彩，裝束泥人，而爲厭魅，迷惑萬姓者乎！今之僧尼，請令匹配，即成十萬餘户，産育男女，十年長養，一紀教訓，自然益國，可以足兵。四海免蠶食之殃，百姓知威福所在，則妖惑之風自革，淳樸之化還興。

且古今忠諫，鮮不及禍。竊見齊朝章仇子他上表言：『僧尼徒衆，糜損國家，寺塔奢侈，虛費金帛。爲諸僧附會宰相，對朝讒毀；諸尼依託妃主，潛行謗讟。子他竟被囚執，刑於都市。及周武平齊，制封其墓。臣雖不敏，竊慕其蹤。

又上疏十一首，詞甚切直。高祖付羣官詳議，唯太僕卿張道源稱奕奏合理。中書令蕭瑀與之爭論曰：『佛，聖人也。奕爲此議，非聖人者無法，請置嚴刑。』奕曰『禮本於事親，終於奉上，此則忠孝之理著，臣子之行成。而佛踰城出家，逃背其父，以：夫而抗天子，以繼體而悖所親。蕭瑀非出於空桑，乃遵無父之教。臣聞非孝者無親，其瑀之謂矣！』瑀不能答，但合掌曰：『地獄所設，正爲是人。』祖將從奕言，會傳位而止。

奕武德九年五月密奏太白見秦分，秦王當有天下，高祖以狀授太宗。及太宗嗣位，召奕賜之食，謂曰：『汝前所奏，幾累於我，然今後但須盡言，無以前事爲慮也。』太宗常臨朝謂奕曰：『佛道玄妙，聖迹可師，且報應顯然，屢有徵驗，卿獨不悟其理，何也？』奕對曰：『佛是胡中桀黠，欺誑夷狄，初止西域，漸流中國。遵尚其教，皆是邪僻小人，模寫莊、老玄言，文飾妖幻之教耳。於百姓無補，於國家有害。』太宗頗然之。

貞觀十三年卒，年八十五。臨終誡其子曰：『老莊玄一之篇，周、孔六經之説，是爲名教，汝宜習之。妖胡亂華，舉時皆惑，唯獨竊歎，衆不我從，悲夫！汝等勿學也。古人裸葬，汝宜行之。』奕生平遇患，未嘗請醫服藥，雖究陰陽數術之書，而併不之信。又嘗醉卧，蹶然起曰：『吾其死矣！』因自爲墓誌曰：『傅奕，青山白雲人也。因酒醉死，嗚呼哀哉！』其縱達皆此類。注老子，并撰音義，又集魏、晉已來駁佛教者爲高識傳十卷，行於世。

又 卷一一八《元載傳》 元載，鳳翔岐山人也，家本寒微。父景升，任員外官，不理産業，常居岐州。載母攜載適景升，冒姓元氏。載自幼嗜學，好屬文，性敏惠，博覽子史，尤學道書。家貧徒步隨鄉賦，累上不升第。天寶初，玄宗崇奉道教，下詔求明莊、老、文列四子之學。者載策入高科，授邠州新平尉。

又 卷一七四《李德裕傳》 元和已來，累敕天下州府。不得私度僧尼。徐州節度使王智興聚貨無厭，以敬宗誕月，請於泗州置僧壇，度人資福，以邀厚利。江、淮之民，皆羣黨渡淮。德裕奏論曰：『王智興於所屬泗州置僧尼戒壇，自去冬於江、淮已南，所在懸牓招置。江、淮自元和二年後，不敢私度。自聞泗州有壇，户有三丁必令一丁落髮，意在規避王徭，影庇資産。自正月已來，落髮者無算。臣今於蒜山渡點其過者，一日一百餘人，勘問唯十四人是舊日沙彌餘是蘇、常百姓，亦無本州文憑，尋已勒還本貫。訪聞泗州置壇次第，凡僧徒到者，人納二緡，給牒即回，別無法事。若不特行禁止，比到誕節，計江、淮已南，失卻六十萬丁壯。此事非細，繫於朝廷法度。』狀奏，即日詔徐州罷之。

又 卷一九〇中《李適傳》 李適者，雍州萬年人。景龍中，爲中書舍人，俄轉工部侍郎。睿宗時，天臺道士司馬承禎被徵至京師。及還，適贈詩，序其高尚之致，其詞甚美，當時朝廷之士無不屬和，凡三百餘人。徐彦伯編而敍之，謂之白雲記，頗傳於代。尋卒。

又 卷一九二《司馬承禎傳》 道士司馬承禎，字子微河内温人。周晉州刺史、琅邪公裔玄孫。少好學，薄於爲吏，遂爲道士。事潘師正，傳其符籙及辟穀道引服餌之術。師正特賞異之，謂曰：『我自陶隱居傳正一之法，至汝四葉矣。』承禎嘗遍游名，山乃止於天台山。則天聞其名，召至都，降手敕以贊美之。及將還，敕麟台監李嶠餞之於洛橋之東。

景雲二年，睿宗令其兄承禕就天台山追之至京，引入宫中，問以陰陽術數之事。承禎對曰道經之旨：『爲道日損，損之又損，以至於無爲。且心目所知見，者每損之尚未能已。豈復攻乎異端，而增其智慮哉！』帝曰：『理身無爲，則清高矣。理國無爲，如何？』對曰：『國猶身也。老子曰：「遊心於淡，合氣於漠，順物自然而無私焉，而天下理。」易曰：「聖人者，與天地合其德。」是知天不言而信，不爲而成。無爲之旨，理國之道也。』睿宗歎息曰：『廣成之言，即斯是也。』承禎固辭還山，仍賜寶琴一張及霞紋帔而遣之，朝中詞人贈詩者百餘人。

開元九年玄宗又遣使迎入京，親受法籙，前後賞賜甚厚。十年，駕還西都，承禎又請還天臺山，玄宗賦詩以遣之。十五年，又召至都。玄宗令承禎於王屋山自選形勝，置壇室以居焉。承禎因上言：今五嶽神祠，皆是山林之神，非正眞之神也。五嶽皆有洞府，各有上清眞人降任其職，山川風雨，陰陽氣序，是所理焉。冠冕章服，佐從神仙，皆有名數。請別立齋祠之所玄宗從其言，因敕五嶽各置眞君祠一所，其形象制度，皆令承禎推按道經，創意爲之。承禎頗善篆書，玄宗令以三體寫老子經，因刊正文句，定著五千三百八十言爲眞本以奏上之。以承禎王屋所居爲陽臺觀，上自題額，遣使送之賜絹三百匹，以充藥餌之用。俄又令玉眞公主及光禄卿韋縚至其所居修金籙齋，復加以錫賚。

是歲，卒於王屋山，時年八十九。其弟子表稱死之日，有雙鶴繞壇，及白雲從壇中涌出，上連於天，而師容色如生。宗深歎之，乃下制曰：『混成不測，入寥自化。雖獨立有象，而至極則冥。故王屋山道士司馬子微，心依道勝理會玄遠，遍游名山，密契仙洞。存觀其妙，逍遥得意之埸；亡復其根，宴息無何之境。固以名登眞格，位在靈官。林壑未改，遐霄已曠，言念高烈，有愴於懷，宜贈徽章，用光丹籙。』可銀青光禄大夫，號眞一先生。仍爲親制碑文。

《新唐書》卷二《太宗紀》（貞觀十一年七月）丙午，給亳州老子廟，兗州孔子廟，户各二十以奉享復。

論説

唐·西明寺釋氏《集古今佛道論衡》卷丙《大唐高祖問僧形服有何利益，琳師奉對事一》 皇唐啓運，諸教併興。然於佛法，彌隆信重。捨京舊第，置興聖寺。自餘會昌，勝業慈悲，證果、集仙等寺，架築相尋。至於道觀，無間於俗。武德四年，有大史令傅奕者，先是黄巾，深忌緇服。既見國家別敬，彌用疚心。乃上廢佛法事，十有一條，云：『佛經訛誕，言妖事隱，損國破家，未聞益世，請胡佛邪教，退還天竺，凡是沙門，放歸桑梓，則家國昌大，李孔之教行焉。』

武皇容其小辯，朝輔任其放言。乃下詔問僧曰：『棄父母之鬚髮，去君臣之章服，利在何門之中，益在何情之外？損益二宜請動妙。』適有濟法寺沙門襄陽釋法琳，憤激傅詞，側聽機候，承有斯問。卽陳對曰：琳聞至道絶言，豈九流能辯？法身無像，非十翼所詮。但四趣茫茫，飄淪慾海；三界蠢蠢，顛墜邪山。諸子迷以自焚，凡夫溺而不出。大聖爲之興世，至仁所以降靈。遂開解脱之門，示以安隱之路。於是天竺王種，辭恩愛而出家；東夏貴游，厭榮華而入道。誓出二種生死，志求一妙涅槃。弘善以報四恩，立德以資三有。此其利益也。毁形以成其志，故棄鬚髮美容，變俗以會其道。故去君臣華服，雖形闕奉親而内懷其孝。禮乖事主，而心戢其恩，澤被怨親，以成大順。福沾幽顯，豈拘小違？上智之人，依佛語故爲益；下凡之類，虧聖教故爲損。懲惡則濫者自新，進善則通人感化。此其大略也。而傅氏所奏，在司既不施行。奕乃多寫表狀，公然遠近流布。京室閭里，咸傳禿丁之誚；劇談席上，昌言胡鬼之謡。佛日翳而不明，僧威阻而無力。于時達量道俗，動毫成論者非一。各疏佛理，曲陳邪正。琳閲衆辭，多引經教。琳因謂衆人曰：此引皆是奕之所廢，豈得引廢證成？雖曰破邪終歸邪破，琳情契玄機，獨覺千載。器跼天授，博悟生知。覩作者之不工，信乘權之有據。乃著《破邪論》，其詞曰：莊周云，六合之内，聖人論而不議；六合之外，聖人存而不論。老子云，域中有四大，而道居其一。案前漢《藝文志》所紀衆書，一萬三千二百六十九卷，莫不功在近益，意在敬事君父。俱未暢遠途，止在移風易俗。遂使三世因果，理涉旦而猶昏；命報五乘，義經丘而未曉。斯乃六合之寰塊，三才之俗謨。詎免四流浩瀚，爲煩惱之波；六趣諠譁，造塵勞之路者也。原夫實相窈冥，逾要道之道；法身凝寂，出玄之又玄。所以見生忍土，誕聖王宫；示金色之身，吐玉毫之相。行則金蓮捧足，坐則寳座承軀。出則天主道前，入則梵王從後。聲聞菩薩，儼若朝儀。八部萬神，森然輔衛。演涅槃則地現六動，説般若則天雨四花。百福莊嚴，狀滿月之臨滄海；千光照曜，如聚日之映寳山。師子一吼，則外道摧鋒；法鼓暫鳴，則天魔稽首。是故號佛爲法王也，豈與衰周李耳比德爭衡？末代孔丘，輒相聯類，非所言也。文有二十餘紙，自琳論出，冠絶羣篇。家藏一本，心口成誦。併流略之菁華，史書之藻鏡。茂譽於是乎沸騰，蒙俗由之而開悟。琳有功矣！琳以論卷初出，意在榮達，所知上之化下，風靡之言則易。乃上啓，儲貳、親王及公卿侯伯，併文理弘被，庶績咸嘉其博詣焉。故奕奏狀，因之遂寢。得使釋門重敞，琳又其功。東宫庶子虞世南，詳所上論爲之序，胤光價之顧，又重由來。

琳姓陳氏，潁川太丘之後。遠祖移於襄陽，故又爲縣人焉。少出家住荆州青溪山玉泉寺，博通内外，以文學見知。大業初元入關，視有阻素風，不勝其妄。親事親閲，史云：『老氏西之流沙。』莊云：『老氏死於槐里。』二説紛紜，名實乖咎。故西窮砂塞，絶李氏之蹤；中至槐城，有古墳之驗。追訪耆舊，莫識其源。然樓觀道宗，乃尹喜之宅，延老過之，非柱下居處。今觀西尹長樂者，村中魁岸，卽尹令之後，事佛不事道也。餘往問焉，唱言：我祖結草爲樓，於上觀望，故曰樓觀，本非老君之所宅也。今東觀中廟者，卽尹先君之宗廟也。自古至今，子孫承紹，不往流砂，昭穆斯在。但以時逢寛政，不事糾懲，任彼黄巾高仰，尹李致有符圖。章醮代代，繁廣道德宏旨，豈其然乎？莫不厚生存利，非老厥宗。

琳慨其謬妄，方欲窮討根源。若非共住久處，無由得成。探賾則戴冠服褐，從其靜館，爲述道德。通説莊黄，昔在荆楚，曾經陶練。義在玄微，蘊括情抱。秦川道學，麟角罕逢。自餘章句，梗概而已。致使九仙九府之録，三元三洞之儀，黄庭黄書之祕，天文天岡之術，服氣練尸，飛丹餱液，莫不説如指掌，寫送無遺。於是高會館宇，把臂朋從，藏篋併開，奇方畢吐。琳本期既暢，窮力搜求，乃見乾竺古皇，老君之師，奉僧位高顯。道士之所推，敬佛之文如雲，重法之科霧結，併具抄略，用擬不虞。後乃返迹，舊徒如常綜業及。

皇運初興，傅令陳表，仲卿進喜，踳駁佛僧，著論形於見聞，興言在於貶退。琳遂依而抗拒，引道敬我佛乘。劉李違師背教，妄作冒罔凡聖。及太宗覽論，試以顯驗之刑，琳對以正理極言，上帝一無所問。移於益部僧寺，行至百牢關，因疾而卒，時年六十有九。凡所著論，集三十餘卷。然於釋李交論，偏意敷弘，固使文據卓明，終始包富。後賢引用，不假傍求，斯卽季代護法之開士也。當時同代相侮，逝後惜之。自餘玭瑣，未足言議。其對晤重沓，如後廣之，此但敘其風素耳。

又《高祖幸國學當集三教，問僧道，是佛師事第二》 武德八年歲居協洽，駕幸國學，禮陳釋奠，堂列三座，擬敘三宗。時勝光寺慧乘法師，隋煬所珍，道俗敦敬，衆所樂推，以爲道首。於時五都才學，三教通人，榮貴宰伯，台省咸集。天子下詔曰：『老教孔教，此土元基；釋教後興，宜崇客禮。今可老先次孔，末後釋宗。』當時相顧，莫敢酬抗。乘雖登座，情慮不安。太宗時爲秦王，躬臨位席，直視乘面，目未曾回。頻降中使云：『一無所慮，師但廣述佛宗，先敷帝德。』既最末陳唱，冠徹前通，乃命宗曰：『上天下地，其貴在人。榮位緣業，必宗佛聖。今將敍大致，須具禮儀，幷合掌虔跪，表師資有。據聲告才止。』

皇儲以下，爰逮羣僚，各下席踑跪，竚聆清辯，乘前開帝德云：『陛下，巍巍堂堂，衆聖中王。如星中之月，言多不載。次述釋宗，後以二難，雙徵兩教。』

先問道云：『先生廣位道宗，高邁宇宙。向釋道德云：上卷明道，下卷明德，未知此道更有大此道者，爲更無大於道者。』答曰：『天上天下，唯道至極。最大更無大於道者。』難曰：『道是至極最大，更無大於道者，亦可道是至極之法，更無法於道者。』答曰：『道是至極之法，更無法於道者。』難曰：『老經自云，人法地，地法天，天法道，道法自然，何意自違本宗，乃云更無法於道者？若道是至極之法，遂更有法於道者，何意道法最大，不得更有大於道者？』

答曰：『道只是自然，自然卽是道，所以更無別法能法於道者。』

難曰：『道法自然，自然卽是道，亦得自然，還法道不？』

答曰：『道法自然，自然卽是道，所以不相法。』

難曰：『道法自然，自然不法道，亦可道法自然，自然不卽道。』

答曰：『道法自然，自然卽是道，亦可地法於天。天卽是地，然地法於天，天不卽地，故知道法自然。自然不卽道，若自然卽是道，天應卽是地。』

於是仲卿在座，周慞神府，抽解無地，忸赧無答。當時榮貴唱言，道士遭難不通，遂使玄梯廣布，義網高張，可謂躡響風飛，應機河瀉。於時天子回光，驚美其辯，舒顏解頤而笑，皇儲懿戚，左右重臣，併同歎重。黃巾之黨，結舌無報。博士祭酒張侯愕視，束體轅門，慧日所以更明。法云於茲還布。尋於座中下詔問乘，道士潘誕奏云：『悉達太子，不能得佛，六年求道，方得成佛。是則道能生佛，佛由道成。道是佛之師父，佛乃道之弟子故。佛經云：「求於無上正眞之道。又云。體解大道發無上意。外國語云阿耨菩提。晉音之翻云無上大道。」若以此驗，道大佛小，於事可知。』

乘答略云：『震旦之與天竺，猶環海之比麟洲，聃乃週末始生，佛是周初前出，計其相去二十許王，論年所經，三百餘載，豈有昭王世佛而退求敬王時道乎？鉤虛驗實，足可知也。仲卿嚮敍道者，謂太上大道，先天地生，鬱勃洞虛之中，煒燁玉清之上，是佛之師，不言周時之老聃也。且五帝之前，未聞有道，三王之季，始有聃名。漢景以來，方興道學，窮今計古，道者爲誰？案七籍九流，經國之典；宗師周易，五運相生。既辟兩儀，陰陽是判。故曰一陰一陽之謂道，陰陽不測謂神。天地於事可明，陰陽在生有驗，此理數然也，不云有道先天地生。道既莫從，何能生佛？故車胤云：「在己爲德，及物爲道。」王充、殷仲文云：「德者得也，道者由也。言得孝在心，由之而成者也。」王充《論衡》：「立身之謂德，成名之謂道。」道德也者，爲若此矣。卿所言道，寧異是乎？若異斯者，不足苦詞，豈有頭戴金冠，身被黃褐，鬢垂素髮，手把玉璋，別號天尊，居大羅之上，獨名大道，治玉京之中，《山海》之所未詳，經史之所不載？大羅同烏有之說，玉京本亡是之談。』

言畢下座，乘爾時獨據詞鋒，舉朝矚目，致使異宗無何而退，可謂一席飈扇，足爲萬代舟航，可尚、可師、立功、立事，是知近假叨幸之力，遠庇護念之恩。道籍人弘，惟乘有矣。

又《道士李仲卿等造論毁佛法，琳法師著辯正論以抗事第三》 武德九年，清虚觀道士李仲卿、劉進喜，猜忌佛法，恆加訕謗，與傅奕脣齒結構，誅剪釋宗。卿著《十異九迷論》，喜顯正論，仍托傅氏，上聞天聽。孟春下敕，京立三寺，僧限千人，餘併放還桑梓，有才用者八品處分。嚴敕行下，無敢抗言。五衆哀號，四俗驚歎。不久震方出帝，氛祲廓清。太宗素襲啓聞，薄究宗領。登即大赦，一切休寧。僧還本寺，佛日還朗。沙門法琳，前造破邪論，道俗具瞻。道士新論，猶未筆削。乃因劉、李二論，造《辯正論》以擬之，一帙八卷，綸綜終古，立信當今。絶後光前，布露惟遠。潁川陳子良，才術縱横，聲振寰宇，爲之注解併序由來，文多不載。

又《太宗下敕道先佛後僧等上諫事第四》 貞觀十一年，駕巡洛邑。黄巾先有與僧論者，聞之於上。乃下詔云：『老君垂範，義在清虚。釋迦貽訓，則理存因果。求其教也，汲引之迹殊途；求其宗也，弘益之風齊致。然大道之興，肇於遂古，源出無名之始，事高有形之外。邁兩儀而運行，包萬物而亭育。故能經邦致治，反樸還淳。至如佛教之興，基於西域。逮於後漢，方被中土。神變之理多方，報應之緣匪一。洎於近世，崇信滋深，人冀當年之福，家懼來生之禍。由是滯俗者聞玄宗而大笑，好異者望眞諦而爭歸。始波涌於閭里，終風靡於朝庭。遂使殊俗之典，鬱爲衆妙之先，諸華之教，翻居一乘之後，流遁忘返於兹累代。今鼎祚克昌，既憑上德之慶；天下大定，亦賴無爲之功。宜有解張闡兹玄化，自今已後，齋供行立。至於稱謂，道士、女道士可在僧尼之前，庶敦反本之俗，暢於九有，貽諸萬葉。』

時京邑僧徒，各陳極諫，有司納。沙門智實，後生俊穎，内外兼明，攜諸夙老隨駕陳表，乃至關口。其表略云：『僧某等言，某年迫桑榆，始逢太平之世；貌侵蒲柳，方值聖明之君。竊聞父有諍子，君有諍臣。某等雖預出家，仍在臣子之例，有犯無隱，敢不陳之？伏見詔書，國家本係，出自柱下。尊祖之風，形於前典。頒告天下，無德而稱，令道士等在僧之上。奉以周旋，豈敢拒詔？尋老君垂範，治國治家，所佩服章，亦無改異。不立館寺，不領門人，處柱下以全眞，隱龍德而養性。智者見之，謂之智，愚者見之，謂之愚，非魯司寇，莫之能識。今之道士，不遵其法。所著冠服，併是黄巾之餘，本非老君之裔。行三張之穢術，棄五千之妙門。反同張禹，漫行章句。從漢魏已來，常以鬼道，化於浮俗。妄托老君之後，實是左道之苗。若位在僧尼之上，誠恐眞僞同流，有損國化。如不陳奏，何以表臣子之情？謹録道經及漢魏諸史佛先道後之事，如別所陳。伏願天慈，曲垂聽覽。中書侍郎岑文本宣。』

敕語：僧等此事，久以行訖。不伏者與杖，諸大德等咸是暮年，形疲道路，飲氣而旋。智實勇身先出云，不伏此理，萬刃之下，甘心伏罪，遂杖之放還。實少出家，住京師總持寺，沙彌時殊，有高烈，有精神，善談論，有聲遠近，通攝論俱舍。自受具已後，嚴策形心。衣鉢自隨，淨瓶常執。不入市，不乘騎。每有勝集，無不論難。鏗鋐高調，聲氣堅正。屬武德初，薛舉東逼，乃選翹勇僧千人，入於戎幕。有僧法雅，躬爲募頭。京師鼎沸，僧徒無計。實於衆中太哭，云雅是魔賊，撮而毆之，以事達太上，乃令還俗。因周行講肆，不染俗風。貞觀初元，雅有事，故下敕，令實出家，住於本寺。及尊黄老，令在僧前。實攜京邑大德法常慧淨、法琳等十餘人，隨頓上表，以死上請。不許之，實曰：『深知明詔已下，不可轉也。萬載之後，知僧中之有人焉。』後染疾，清齋如初，有勸非時食者。實曰：『餘見死者多矣，臨終之時，多陷戒律，豈不以重身輕聖，何名師資乎？』乃閉口不食。有問後事，答曰：『彎弓箭下，可還地耶？在後量處，省事爲要。』言已卒時，春秋三十餘矣。

又《太子中舍辛諝〈齊物論〉併淨琳二法師抗拒事兩首第六》 太子中舍辛諝，學該文史，誕傲自矜，心在道術，輕弄佛法，染翰著論，詳略釋宗。時有對者，謂必碎之於地，謂僧中之無人也。慧淨法師不勝其侮，乃裁論以擬之曰：披覽高論，博究精微。旨贍文華，驚心眩目。辯超炙輠，理跨聯環。幽難勃以縱横，掞藻紛其駱驛。非夫哲士，誰其溢心？瞻彼上人，固難與對。輕持不敏，寧酬客難來。

論云：一音演説，各隨類解。蠕動衆生，皆有佛性。然則佛陀之與大覺，語從俗異。智慧之與般若，義本玄同，習智覺若非勝因，念佛慧豈登妙果？

答曰：大哉，斯舉也。深固幽遠，理涉嫌疑，今當爲子略陳梗概。若乃問同答異，文鬱鬱於孔書，名一義乖，理明明於釋典，若名同不許義異，則問一不行答殊。此例既升，彼併自没。如有未喻，更爲提撕。夫以住無所住，萬善所以兼修，爲無不爲。一音所以齊應。豈止絶聖棄智，抱一守雌，冷然獨善，義無兼濟，較言優劣，其可倫乎？二宗既辯，百難斯滯。

論云：必彼此名言，遂可分别，一音各解，乃玩空談。

答曰：誠如來旨，亦須分别。竊以逍遥一也，鵬鷃不可齊於九萬，榮枯同管，椿菌不可齊乎八千，而况爝火之侔日月，浸灌之方時雨，寧有分同明潤，而遂均其曜澤哉？至若山毫一其小大，彭殤均其壽殀，庭楹亂其横竪，施厲混其妍媸，斯由相待，不足相奪，可忘莊生，所以絶其有封，謂未始無物，斯則以余分别，攻子分别。子亡分别，子余亡分别矣。君子劇談，幸無虚論。一言易失，駟馬難追。斯文誠矣，深可慎哉。

論云：諸行無常，觸類緣起。復心有待，資氣涉求。然則我淨，受於熏修，慧定成於繕克。

答曰：無常者故吾去也，緣起者新吾來也。故吾去矣，吾豈常乎？新吾來矣，吾豈斷乎？新故相傳，假熏修以成淨。美惡更代，非繕克而難功。是則生滅破於斷常，因果顯乎中觀。斯寔莊釋玄同，東西理會。而吾子去彼取此，得無謬乎？

論曰：續鳧截鶴，庸詎眞如。草化蜂飛，何居弱喪？

答曰：夫自然者，報分也。熏修者，業理也。報分已定，二鳥無羡於短長；業理資緣，兩蟲有待而飛化。然則事像易疑，沈冥難曉。幽求之士，淪惑罔息。至乃道圓四果，尚昧衣珠。位隆十地，猶昏羅縠。聖賢固其若此，而况庸庸者乎？自非鑑鏡三明，雄飛七辯，安能妙契玄極，敷究幽微？貧道籍以受業家門，朋從是寄。希能擇善，敢進芻蕘。如或鏗然，願詳金牒。

於是辛氏，頂受斯文，頓裂邪網。有李遠問舍人者，曾讀斯論，意所未詳，便以示沙門法琳，請廣其義類。琳乃答曰：

蒙示辛氏與淨法師《齊物論》，大約兩問，詞旨宏贍，理致幽絶。既開義府，特曜文鋒。舉佛性平等之談，引羣生各解之説。陳彼此之兩難，辯玄同之一問。非夫契彼寰中，孰能振斯高論？美則美矣，疑頗疑焉，何者尋上皇朝徹，始流先覺之名？法王應物，爰標佛陀之號，智慧者蓋分别之小術，般若者乃無知之大宗。分别緣起，所以强稱先覺；無知性寂，於是假謂佛陀。分别既於外有數，無知則於内無心。於外有數，分别之見不亡，於内無心，誘引之功莫匱，甚秋毫之方巨岳。踰尺鷃之比大鵬，不可同年而語矣。莊生云：『吾亡是非，不亡彼此。』庸詎然乎？所以小智不及大智，小年不及大年，惟彭祖之特聞，非衆人之所逮也。况三世之理不差，二諦之門可驗？是以聖立因果，凡夫有得聖之期；道稱自然，學者無成道之聖。從微至著，憑繕克而方妍；乘因趣果，籍熏修而始見。彼既知而故問，余亦述而略答。詳夫一音普被，弱喪由是同歸；四智廣覃，眞如以之自顯。自顯也者，惟微唯彰。同歸也者，孰來孰去？蓋知隨業受報，二鳥不嫌其短長；因濕致生，兩蟲無擇於飛化。不存待與無待，明卽待之非待矣。請試論之。昔闞澤有言：『孔老法天，諸天法佛。』《洪範·九疇》，『承天制用』。上方十善，奉佛慈風。若將孔老以匹聖尊，可謂子貢賢於仲尼，跛鱉陵於駿驥。欲觀渤澥，更保涓流，何異蔽目而視毛端，卻行以求郢路？非所應也！非所應也！且王道、周顗，宰輔之冠蓋；王蒙謝尚，人倫之羽儀。次則郄超、王謐、劉璆、謝容等，併江左英彦，七十餘人，皆學綜九流，才映千古。咸言性靈眞要，可以持身濟俗者，莫過於釋氏之教。及宋文帝與何尚之、王玄保等，亦有此談，如宇内併遵斯要，吾當坐致太平矣。尚之又云：『十善暢則人天興，五戒行則鬼畜絶。』其實濟世之玄範，豈造次而可論乎？中舍學富才高，文華理切，秦懸一字，蜀掛千金。何以當兹奇麗也，不量管見，輕陳鄙俚，敢此有酬，以麻續組耳？李舍人得琳重釋，渙然神解，重疑頓消，仍以斯論，廣於視聽，故得二文雙顯，各其志乎！

又《太宗文皇帝問沙門法琳交報顯應事第七》 貞觀十四年，先有黄巾西華觀秦世英者，挾方術以自媚，因程器於儲兩，素嫉釋宗，陰上法琳所造之論云：『此辯正但欲謗訕皇宗，罪當誷上。』太宗聞之，便下敕沙汰僧尼，貌減年齒，使御史韋悰、將軍於伯億併寺，省州縣官人，日别鴻臚，檢閱情狀，見有衆僧宜依遺教，仍追訪琳身，據法推勘。琳扼腕奮發，追徵未及，卽詣公庭，輕生答對，不懼性命，乃繫之縲紲。

下詔問曰：『周之宗盟，異姓爲後。尊祖重親，寔由先古。何爲追逐其短，首鼠兩端，廣引形似之言，備陳不遜之喻？爬毁我祖禰，謗讟我先人？如此要君，罪有不恕！』

琳答曰：『文王大聖，周公大賢。追遠慎終，昊天靡答。孝悌之至，通於神明。雖有宗周，義不爭長。何者皇天無親，竟由輔德，古人黨理而不黨親，不自我先不自我後，雖親有罪必罰，雖疏有功必賞。賞罰理當，故天下和平。老子習訓，道宗德教。加於百姓，恕己謙光，仁風刑於四海。』又云：『吾師名佛，佛者覺一切人也。乾竺古皇，西升逝矣，討尋老教，始末可追。日授中經，示誨弟子言：「吾師者，善入泥洹，綿綿常存，吾今逝矣。」今劉、李所述，謗滅老氏之師，世莫能知。所以著茲《辯正論》有八卷，略對道士六十餘條，併陳史籍前言，實非謗毁家國。自後二十餘列，具狀奏聞。』

敕云：『汝所著《辯正論·信毁交報》篇曰：「有念觀音，臨刃不傷。」且赦七日，令爾念之。試及刑期，能無傷不？』

琳外纏桎梏，内迫刑期，水炭交懷，惟祈顯應。恰至限滿，忽神思彰勇，橫逸胸懷，頓亡死畏，立待追對。須臾敕至云：『今赦期已滿，即事加刑。有何所念，念有靈不？』琳答曰：『自隋季擾攘，四海沸騰。役毒流行，干戈競起。興師相伐，各擅兵威。臣佞君荒，不爲正治。遏絶王路，固執一隅。自皇王吊伐，載清海陸。斯寔觀音之力，咸資勢至之功。比德連衡，道齊上聖。救橫死於帝庭，免淫刑於都市。琳於七日已來，不念觀音，惟念陛下。』

又敕治書侍御韋悰問琳：『有詔令念觀音，何因不念，乃云惟念陛下？』

琳答：『伏承觀音聖鑿，塵形六道。上天下地，皆爲師範。然唐光宅四海，九夷奉職，八表刑清。君聖臣賢，不爲枉濫。今陛下子育恆品，如經即是觀音。既其靈鑑相符，所以惟念陛下。且琳所著《辯正論》，爰與書史符同，一句參差，任從斧鉞。陛下若順忠順正，琳則不損一毛，陛下若刑濫無辜，琳則有伏屍之痛。』

以狀奏聞，遂不加罪。下敕徙於益部僧寺。於時朝庭上下，知英構扇。御史韋悰，審英飾詐，疑陽庶俗。乃奏彈曰：『竊以大道鬱興，沖虚之迹斯闡。玄風既播，無爲之教寔隆。未有身預黄冠，志同凡素者也。道士秦英，頗學醫方，薄閑咒禁。親戚寄命，羸疾投身。姦婬其妻，禽獸不若。情違正教，心類豺狼。逞貪競之懷，恣邪穢之行。家藏妻子，門有姬童。乘肥衣輕，出入衢路。揚眉奮袂，無憚憲章。健羡未忘，覬覦在慮。斯原不殄，至教式虧。請寘嚴科，以懲婬侈。』有敕追入大理，竟以狂狷被誅。公私同知賊惡，怪其死晚。可謂賊夫人之子，於斯見矣。

又《文帝幸弘福寺立願重施，敍佛道先後事第八》 貞觀十五年五月十四日，太宗文帝躬幸弘福寺。於時僧衆並出，虞候遠辟，敕召大德五人，在寺内堂中坐訖，具敍立寺所由。意存太穆皇后，哀淚橫流，僧並垂泣。乃手制願文曰：『皇帝菩薩戒弟子稽首。和南十方諸佛菩薩聖僧天龍大衆，若夫至理凝寂，道絶名言，大慈方便，隨機攝誘。濟苦海以智舟，朗重昏以慧日。開曉度脱，不可思議。弟子夙罹愆釁，早嬰偏罰。追惟撫育之恩，每念慈顔之遠。泣血崩心，永無逮及。號天躄地，何所厝身？歲月不居，炎涼亟改。荼毒之痛，在乎茲日。敬養已絶，萬恨不追。寃酷之深，百身何贖。惟以丹誠歸依三寶，謹於弘福道場，奉施齋供。並施淨財，以充檀舍。用其功德，奉爲先靈。願心悟無生，神遷妙喜，策紺馬以入香城，躡金階而升寶殿。遊玩法樂，逍遥淨土。永蔭法云，常飡甘露。疾證菩提早登正覺，六道四生並同斯願。』

帝謂僧曰：『比以老君是朕先宗，尊祖重親，有生之本。故令在前，師等大應悵悵。』

寺主道懿奉對：『陛下，尊重祖宗，使天下成式。僧等荷國重恩，安心行道。詔旨行下，咸大歡喜。豈敢悵悵。』

帝曰：『朕以先宗在前，可即大於佛也。自有國已來，何處別造道觀？凡有功德並歸寺家，國内戰場之始，無不一心歸命於佛。今天下大定，戰場之地，並置佛寺。乃至本宅先妣，唯置佛寺。朕敬有處，所以盡命歸依。師等宜悉朕懷。彼道士者，止是師習先宗，故位在前。今李家據國，李老在前。若釋家治化，則釋門居上，可不平也。』

僧等起謝，帝曰：『坐，是弟子意耳，不述不知。天時大熱，房宇窄狹，若爲居住，今有施物，可造後房，使僧等寬展行道。』餘言多不載。事訖還宮。

唐·釋道宣《廣弘明集》卷一一《箴傅奕上廢省佛僧表》

臣奕言：『臣聞羲、農、軒、頊，治合李老之風，箴曰：《詩》云：『上以風化下，下以諷刺上。』老子在周爲守書藏吏，如今祕書官也，本非天子，有何風化？令羲、農、上帝與之合治？虞、夏、湯、姬，政符周孔之教，箴曰：周公孔子，併是國臣，上述虞、夏之教，下化澆薄之民，亦非人王，不得自爲教主，豈令虞夏四君，卻符周孔之教耶？雖可聖有先後，道德不别，君有沿革，治術尚同。竊聞八十老父，擊壤而歌，十五少童，鼓腹爲樂，耕能讓畔，路不拾遺，孝子承家，忠臣滿國，然國君有難則徇命以報讎，箴曰：既國併忠臣，何得有難？田常六卿之徒，不應起逆也。父母有痾則終身以側侍，豈非曾參閔子之友，庠序成林，墨翟耿恭之儔，相來羽翊，箴曰：二十九代止一曾參，漢高已前，獨推閔子，成林之言無實，羽翊之奏本虚，事太過矣。乃有守道含德，無欲無求，箴曰：州吁叔段，不能守道，夏桀殷紂，唯事貪求。寵辱若驚，職參朝位，箴曰：潘崇羿浞，未肯若驚，季氏陽貨，亦居朝位。荆山鼎上，攀附升龍，緱氏壇邊，相從駕鶴，瑤池王母之使，具禮來朝，碧海無夷之神，周行謁帝。所以然者，當此之時，共遵李孔之教，箴曰：黄帝升龍，蓋是三皇之世；瑤池王母，復是周穆之時。計此李老未出之前，孔丘無名之日，不應返遵老教，卻習孔書。而無胡佛故也。箴曰：汝既稱無佛，亦不得有道。自漢明夜寢，金人入夢，傅毅對詔，辯曰胡神，箴曰：周世不來，傅毅豈知有佛？量以先來早有，傅氏得知先祖言佛，汝反稱無，五逆重殃，自貽永劫也。後漢中原未之有信，箴曰：虚辭太過。魏晉夷裔信者一分。箴曰：禮樂衣冠，晉朝始備。汝既謗言夷裔，中夏是誰矣？笮融托佛齋而起逆，逃竄江東；呂光假征胡而叛君，峙立西土。箴曰：時人嫉融謗云結聚，呂光征還苻主國破，遂居河右，霸在涼州，亦不由僧叛居西土也。降斯已後，妖胡滋盛，太半雜華。箴曰：慈悲所熏出於末劫惡世。有緣得度正在於斯。搢紳門裹，翻受禿丁邪戒，儒士學中，倒説妖胡浪語。箴曰：搢紳遵忍辱之服，儒士貴金口之談。曲類蛙歌，聽之喪本，梟同鮑肆，過者失香。箴曰：發汝蛙聲，揚汝鮑肆，聽之必知喪本，過者寧不失香，仰面唾天，自受其辱，斯言信矣。兼復廣置伽藍，壯麗非一，箴曰：造生天之業，種脱苦之因。勞役工匠獨坐泥胡，箴曰：爭運身手，儀像聖尊也。撞華夏之洪鐘，集蕃僧之僞衆。箴曰：鳴百鍊之神鐘，召三千之聖衆。動淳民之耳目，索營私貨賄。箴曰：感信心之耳目，發貪癡之貨賄也。女工羅綺，剪作淫祀之旛；巧匠金銀，散雕舍利之塚。箴曰：女工羅綺，造續命之旛；巧匠金銀，起碎身之塔也。粳粱面米，横設僧尼之會；香油蠟燭，枉照胡神之堂。箴曰：粳粱米麪，爭陳福田之會；香油蠟燭，求照慈悲之堂。剝削民財，割截國貯，朝廷貴臣，曾不一悟，良可痛哉。箴曰：朝廷稽古，捨俗歸眞，崇敬釋門，不同邪見。伏惟陛下，定天門之開闔，更新寶位；通萬物之屯否，再育黔黎。布李老無爲之風而民自化，執孔丘愛敬之禮而天下孝慈。且佛之經教，妄説罪福，箴曰：原教所由，示人斷惡之門，開人行善之路。軍民逃役，剃髮隱中，不事二親，專行十惡，箴曰：捨二親之恩愛，修十善之仁風，忍其小違以成大順也已。歲月不除，姦僞逾甚。臣閲覽書契，爰自庖犧，至於漢高，二十九代，四百餘君，但聞郊祀上帝，箴曰：圓丘南郊，不免殺牲咎，豈如佛戒，不殺爲先？校量是非，斷可知矣。官治民察，未見寺堂銅像，建社寧邦。請胡佛邪教，退還天竺，箴曰：緣感則興，事濟便息，來往應物，隱顯隨時。凡是沙門，放歸桑梓。令逃課之黨，普樂輸租；避役之曹，恆忻效力。勿度小禿，長揖國家，箴曰：昔嚴子陵不拜天子，趙元叔長揖司空，典籍稱其美也。況沙門是出世福田，釋氏爲物外高士，欲令拜謁，違損處深，理不可也。自足忠臣，宿衛宗廟，則大唐廓定，作造化之主，百姓無事，爲羲皇之民。箴曰：造化之世，人不輸租，羲皇之民，鼓腹而卧。聖明在上，豈信崔皓、姜斌之詞者！臣奕誠惶誠恐，箴曰：事君盡忠，言而有信，聞奏不實，罪有所皈，誣罔國家，終須伏劍，豈誠惶誠恐能了者矣？謹上益國利民事十有一條如左，謹言。箴曰：如汝所奏，損國害民，事不可也。武德四年六月二十一日。

又《對傅奕廢佛僧表》

沙門法琳等啓：琳聞情切者其聲必哀，理正者其言必直，是以窮子念達其言，勞人願歌其事。何者竊見大業末年，天下喪亂，二儀黲黷，四海沸騰。波震塵飛丘焚原燎，五馬絶浮江之路。七重有平壘之歌，烽燧時警羽檄競馳。關塞多虞，刁鬭不息。道消德亂，運盡數窮，轉輪寔繁。頭會箕斂，積屍如莽，流血爲川。人不聊生，物亦勞止。控告無所，投骸莫從。百姓苦其倒懸，萬國困其無主。豈圖法輪絶響，正教陵夷？聖上興弔俗之心，百姓順昊天之命。爰舉義旗，平一區宇。當時道俗蒙賴，華戎胥悦。於是葉天地而通八風，測陰陽而調四序，和邦國，序人倫，功蓋補天，神侔立極。降雲雨而生育，開日月以照臨。發之以聲明，紀之以文物。恩沾行葦，施洽蟲魚。方欲重述九疇，再敷五教，興石渠之學，布庠序之風。遠紹軒羲，近同文景。功業永隆，不知手之舞之足之蹈之者矣。竊見傅弈所上之事，披覽未遍，五内分崩。尋讀始周，六情破裂。嗚呼！邪言惑正，魔辯逼眞，猶未足聞諸下愚，況欲上干天聽？但奕職居時要，物望所知，何容不近人情，無辜起惡？然其文言淺陋，事理不詳，辱先王之典謨，傷人倫之風軌。何者？夫人有言，言必有中。夫子曰：『一言同理，則天下歸之。一事乖常，則妻子背叛。』觀弈所上之事，括其大都，窮其始末，乃罔冒闕庭處多，毀辱聖人甚切。如奕此意，本欲因茲，自媒苟求進達，實未能益國利人，竟是惑弄朝野。

然陛下應天順時，握圖受籙，赴萬國之心，當一人之慶，扶危救世之力。夷凶靜難之功，固以威蓋前王，聲高往帝。爰復存心三寶，留意福田，預是出家之人，莫不感戴天澤。但由僧等，不能遵奉戒行，酬報國恩，無識之徒，非違造罪，致令傅弈陳此惡言，躄踴痛心，投骸無地。然僧尼有罪，甘受極刑。恨奕輕辱聖人，言詞切害，深恐邪見之者因此行非。案《春秋》魯莊公七年夏四月，恆星不見，夜明如日，卽佛生時之瑞應也。然佛有眞應二身，權實兩智，三明八解，五眼六通，神曰不可思議，法號心行處滅。其道也運衆聖於泥洹，其力也接下凡於苦海。自後漢明帝永平三年，夢見金人已來，像教東流，靈瑞非一，具在漢魏諸史，姚石等書。至如道安、旻立之輩，圖澄、羅什之流，並有高行深解，當世名僧，盡被君王識知，貴勝崇重。自五百餘年已來，寺塔遍於九州，僧尼溢於三輔。並由時君敬信，朝野歸心。像教興行，於今不絶者，寔荷人王之力也。世間君臣父子，猶謂恩澤難酬，昊天不報，況佛是衆生出世慈父，又爲凡聖良醫，欲抑而挫之，罪而辱之，不可得也。仰尋如來，智出有心，豈三皇能測？力包造化，非二儀可方。列子云

昔商太宰嚭問孔丘曰：『夫子聖人歟？』孔子對曰：『丘博識强記，非聖人也。』又問：『三王聖人歟？』對曰：『三王善用智勇，聖非丘所知。』又問：『五帝聖人歟？』對曰：『五帝善用仁信，聖亦非丘所知。』又問：『三皇聖人歟？』對曰：『三皇善用時政，聖亦非丘所知。』太宰大駭曰：『然則孰爲聖人乎？』夫子動容，有間曰：『西方之人有聖者焉，不治而不亂，不言而自信，不化而自行，盪蕩乎民無能名焉。』若三王五帝必是大聖，孔丘豈容隱而不説？便有匿聖之愆。』以此校量，推佛爲大聖也。老子《西升經》云：『吾師化游天竺，善入泥洹。』符子云：『老氏之師名釋迦文。』直就孔老經書，師敬佛處文證不少，豈奕一人所能謗讟？昔公孫龍著《堅白論》，罪三王非五帝，至今讀之，人猶切齒，已爲前鑑，良可悲夫。

主上至聖欽明，方欲放馬休牛，式閭封墓，興皇王之風，開釋老之化。狂簡之説，尤可焚之。若言帝王無佛，則大治年長。有佛則虐政祚短者，案堯舜獨治，不及子孫。夏殷周秦，王政數改，蕭牆内起，逆亂相尋。爾時無佛，何因運短？但琳預居堯世，日用莫知，在外見不便事，恐蕃國遠聞，謂華夏無識。夫子曰：『言滿天下無口過，行滿天下無怨惡。言之者欲使無罪，聞之者足以自誡。』傅弈出言不遜，聞者悉驚。有穢國風，特損華俗。謹録丹款冒以啓聞。

伏惟大王殿下，天挺英靈，自然岐嶷，風神穎越，器局含弘。好善爲樂，邁彼東平。温易是歡，更方西楚。加以阿衡百揆，式序六條，德既褰帷，仁兼裂網。開康莊之第，坐荀卿之賓。起修竹之園，讌文雅之客。莫不詩極緣情，而賦窮體物，信可譽形朝野，美貫前英者焉。但琳等内顧闕如，方圓寡用，念傅弈下愚之甚，媿凡僧禿丁之呵，惡之極也，罪莫大焉。自尊盧赫胥已來，天地開闢之後，未有如奕之狂悖也，不任斷骨，痛心之至。謹録奕害事，輒述鄙詞，件答如左。塵黷威嚴，伏增殞絶，謹啓。

又 卷一二《決對傅奕廢佛僧事釋明槩併表》 僧明槩言：槩聞三皇統天，五帝御寓，道含弘而遠大，德普覆而平均，敷善教以訓民，布慈心而育物。逮乎中古，其道弗虧。故漢武欽明，見善而弗及；顯宗睿哲，體道而弗居。遂能紆屈尊儀，甘泉禮金人之瑞，翹想夢寐德陽，降銅像之徵。於是秦景西游，越流沙而訪道；摩騰東入，跨葱嶺而傳眞。遂得化漸漢朝，寺興白馬之號；道流晉世，刹建青龍之名。其間盛寫尊儀，競崇寺塔，騰惠雲於落仞，涌法水於窮源，驅有識於福林，登蒼生於善地，開闡佛法，照化愚矇。故得永平季年，嘉瑞臻集，慶雲流潤，湛露凝甘。澤馬騰驤，神雀翔集。朱英吐合潁之秀，紫葩生連理之枝。可謂不世之奇徵，非常之嘉瑞者也。於是西域入寺，南越歸仁，偃革休兵，銷金罷刃。

豈不由感聖降靈，奉戒行善，精誠昭著，貫達幽明者哉？故《書》云：『天生神物，以祚聖人。無德斯隱，有道則見。』著之惇史，可得而詳。惟我大唐，膺期啓運，握機御歷，誕命建家。初起義則道葉百靈，始登圖則威加萬國。故世充化及，授首於東都；建德武周，櫬身於北朔。荆吴克定，秦隴廓清。方慶駕七寶而飛行，道千輪而輕舉，巍巍不與，盪盪誰名。功既成焉，事亦畢矣。加以留心佛法，眷言匡護，故莊嚴總持，再興九級，沙門釋子，更度千人。像化彌盛於前朝，寺塔更興於聖世。方頂戴三寶，弘護四依，合掌低頭，忘帝王之貴，斂心屈膝，盡至敬之誠。槩自慶遭逢，屬此嘉運，方願息心淨刹，畢志玄門。懔厲六時，以酬聖世之德；翹勤五體，用報罔極之恩。而奕忽肆狂言，上聞朝聽，輕辭蔑聖，利口旃賢。出語醜於梟音，發聲毒於鴆響。專欲破滅佛法，毁廢衆僧，割斷衣糧，減省寺塔，其故何也？奕曾爲道士，惡妒居懷，故毁聖劣凡，贊愚勝智，以下誇上，用短加長，違理悖情，一至於此。但讒言害德，偏聽傷賢，故宋受子罕之言，囚於墨翟；魯信季孫之説，逐於尼丘。二子之賢，弗能自免。八條之旃，或累於人然。

後主上欽明，弗容讒慝，縱其三至，寧致一疑。但浮雲在天，白日有時虧照；游翳拂曰，陽精爲之不明。而傅奕浮辭，迷於視聽，情理眩惑，言語混淆，弗可專聽，豈應偏信？請共決對，存毁分甘。槩忝在緇徒，預參法侶。忽聞誹旃，寧不深傷？縱回刃刳心，未以爲痛；抽刀斮髓，詎以爲殘？旃讟之深，傷酷甚此。《經》云：『亡身護法，没命弘道。』此其時也。方抽腸攊膽，報邪逆之仇讎；申表獻誠，雪師父之旃辱，冒昧忤聽，追用驚惶。謹言。

唐·韓愈《五百家注昌黎文集》卷三九《論佛骨表》　臣某言：伏以佛者，夷狄之一法耳，自後漢時流入中國，上古未嘗有也。昔者黄帝在位百年，年一百十歲；少昊在位八十年，年一百歲；顓頊在位七十九年，年九十八歲；帝嚳在位七十年，年一百五歲；帝堯在位九十八年，年一百十八歲；帝舜及禹，年皆百歲。此時天下太平，百姓安樂壽考，然而此時中國未有佛也。其後，殷湯亦年百歲，湯孫太戊在位七十五年，武丁在位五十九年，書史不言其年壽所極，蓋亦俱年不減百歲，周文王九十七歲，武王年九十三歲，穆王在位百年。此時佛法亦未至中國，非因事佛而致然也。漢明帝時，始有佛法，明帝在位，纔十八年耳。其後亂亡相繼，運祚不長。宋、齊、梁、陳、元魏已下，事佛漸謹，年代尤促。惟梁武帝在位四十八年，前後三度舍身施佛，宗廟之祭，不用牲牢，晝日一食，止於菜果。其後竟爲侯景所逼，餓死臺城，國亦尋滅。事佛求福，反更得禍。由此觀之，佛不足信事，亦可知矣。高祖始受隋禪，則議除之。當時羣臣材識不遠，不能深知先王之道、古今之宜，推闡明聖，以救斯弊，其事遂止。臣常恨焉。

伏惟睿聖文武皇帝陛下，神聖英武，數千百年已來，未有倫比。即位之初，不許度人爲僧尼、道士，又不許創立寺觀。臣常以爲高祖之志，必行於陛下之手，今縱未能即行，豈可恣之轉令盛也！

今聞陛下令羣僧迎佛骨於鳳翔，御樓以觀，舁入大内，又令諸寺遞迎供養。臣雖至愚，必知陛下不惑於佛，作此崇奉，以祈福祥也。直以年豐人樂，狥人之心，爲京都士庶詭異之觀，戲翫之具耳。安有聖明若此，而肯信此等事哉！然百姓愚冥，易惑難曉，苟見陛下如此，將謂眞心事佛。皆云：『天子大聖，猶一心敬信；百姓何人，豈合更惜身命！』焚頂燒指，百十爲羣，解衣散錢，自朝至暮，轉相仿傚。惟恐後時，老少奔波，棄其業次。若不即加禁遏，更歷諸寺，必有斷臂臠身，以爲供養者。傷風敗俗，傳笑四方，非細事也。夫佛者本夷狄之人，與中國言語不通，衣服殊制，口不言先王之法言，身不服先王之法服，不知君臣之義、父子之情。假如其身至今尚在，奉其國命，來朝京師；陛下容而接之，不過宣政一見，禮賓一設，賜衣一襲，衞而出境，不令惑衆也。況其身死已久，枯朽之骨，凶穢之餘，豈可直入宫禁？孔子曰：『敬鬼神而遠之。』古之諸侯行弔於其國，尚令巫祝先以桃茢祓除不祥，然後進弔。今無故取穢朽之物，親臨觀之，巫祝不先，桃茢不用。羣臣不言其非，御史不舉其失，臣實恥之。乞以此骨付之有司，投諸水火，永絶根本，斷天下之疑，絶後代之惑。使天下之人，知大聖人之所作爲，出於尋常萬萬也。豈不盛哉！豈不快哉！佛如有靈，能作禍福，凡有殃咎，宜加臣身。上天鑑臨，臣不怨悔。無任感激懇悃之至，謹奉表以聞。臣某誠惶誠恐。

唐·李翺《李文公集》卷一一《故正議大夫行尚書吏部侍郎上柱國賜紫金魚袋贈禮部尚書韓公行狀》　元和十二年秋，以兵老久屯，賊未滅，上命裴丞相爲淮西節度使以招討之。丞相請公以行，於是以公兼御史中丞，賜三品服及魚，爲行軍司馬，從丞相居於郾城。公知蔡州精卒悉聚界上，以拒官軍，守城者率老弱，且不過千人，亟白丞相，請以兵三千人間道以入，必擒吳元濟。丞相未及行，而李愬自唐州文城壘提其卒以夜入蔡州，果得元濟。蔡州既平，布衣柏耆以計謁公，公與語奇之，遂白丞相曰：『淮西滅，王承宗膽破，可不勞用衆，宜使辨士奉相公書，明禍福以招之，彼必服。』丞相然之。公令柏耆口占爲丞相書，明禍福，使柏耆袖之，以至鎮州。承宗果大恐，上表請割德、棣二州以獻。丞相歸京師，公遷刑部侍郎。

歲餘，佛骨自鳳翔至，傳京師諸寺。時百姓有燒指與頂以祈福者，公奏疏言：『自伏羲至周文武時，皆未有佛，而年多至百歲，有過之者。自佛法入中國，帝王事之，壽不能長。梁武帝事之最謹，而國大亂。請燒棄佛骨。』疏入，貶潮州刺史。移袁州刺史，百姓以男女爲人隸者，公皆計傭以償其直而出歸之。入遷國子祭酒。有直講，能説《禮》而陋容，學官多豪族子，擯之不得共食。公命吏曰：『召直講來，與祭酒共食。』學官由此不敢賤直講。奏儒生爲學官，日使會講。生徒奔走聽聞，皆喜曰：『韓公來爲祭酒，國子監不寂寞矣。』

藝文

宋・徐鈞《史詠詩集》卷下《唐・人臣・韓愈》　排斥異端尊孔孟，推原人性勝荀楊，平生膽氣尤奇偉，何止文章日月光。

宋・陳普《石堂先生遺集》卷二一《絶句七言・韓愈》　楊墨蛇龍本一區，大顛便是惡溪魚，退之也是無操守，一貶便陳封禪書。

宋・徐鈞《史詠詩集》卷下《唐・人臣・李翺》　幽懷賦好歐公賞，實録文高黄子稱，復性一書幾有道，千年眞可續韓燈。

元・楊維楨《鐵崖詠史》卷七《封刀行》　會昌天子仇浮屠，毀天下寺四萬四千六百區，穆護妖僧盡歸族，五台髠衆奔幽都。使君亦機警，封刀挂關無入境，胡爲主客郎中猶有請，君不見，山棚刺客殺武相，八十妖僧搥折脛。

清・王廷紹《澹香齋詩草》卷二《唐・傅奕》　墓誌親題卽諫章，山青雲白去范范，僧高但許愚西土，佛死何能葬醉鄉。天子序方書素繭，佞臣身定產空桑，横流二百餘年後，獨有昌黎接瓣香。

清・鮑桂星《覺生詠史詩鈔》卷二《傅奕》　闢佛偏能了去來，墓碑書罷且徘徊，青山自許人千載，黄土誰澆酒一杯。蕭令空桑猶引蔓，唐宮諫草漫成堆，傳家幸有兒郎在，莫把遺經付劫灰。

清・羅惇衍《集義軒詠史詩鈔》卷三二《唐一・傅奕》　佛老源流豈異方，山青雲白兩茫茫，墓惟自誌光幽壤，病不呼醫臥醉鄉。絶學天文該術數，遺經家範授兒郎，太宗聖教親題序，書法津津集二王。

清・黄鵬揚《讀史吟評》卷一《韓愈》　敢燒佛骨懸忠胆，惹得潮陽路八千，行到須山雲靄處，君王未肯悔前愆。

清・謝啓昆《樹經堂詠史詩》卷六《唐・韓愈》　奮筆能回八代衰，更懷偉略濟當時，蔡師贊畫惟稱斷，鎮帥宣威已解危。雲禱山靈關正直，火燒佛骨定羣疑，文宗萬古低頭拜，長抱江湖浩蕩思。

清・王廷紹《淡香齋詩草》卷二《唐・韓愈》　三歲孤兒五七翁，中閒無日不奇窮，暫爲御史身先竄，未返潮陽髮已童。佛骨縱看投火去，人言早與鑠金同，能教百代欽山斗，庸福何曾到我公。

清・曹振鏞《話雲軒詠史詩》卷下《唐・韓愈》　八代久衰功特起，百川既倒力能回，推崇儒術尼山學，跌宕文章吏部才。但使臣身災禍見，莫教佛骨朽枯來，鱷魚祭後知西徙，夜聽狂風送疾雷。

雜録

唐・釋道宣《廣弘明集》卷二五《唐高祖〈出沙汰佛道詔〉》　門下：釋迦闡教，澄淨爲先，遠離塵垢，斷除貪慾。所以弘宣勝業，修殖善根，開導愚迷，津梁品庶。是以敷演經教，檢約學徒，調伏身心，舍諸染著，衣服飲食，咸資四輩。自正覺遷謝，像法流行，末代陵遲，漸以虧濫。乃有猥賤之侶，規自尊高；浮墮之人，苟避徭役。妄爲剃落，託號出家，嗜慾無厭，營求不息。出入閭里，周旋闤闠，驅策畜產，聚積貨物，耕織爲生，估販成業，事同編户，迹等齊人。進違戒律之文，退無禮典之訓。至乃親行劫掠，躬自穿窬，造作妖訛，交通豪猾，每罹憲網，自陷重刑，黷亂眞如，傾毀妙法。譬茲稂莠，有穢嘉苗，類彼淤泥，混夫清水。又伽藍之地，本曰淨居，栖心之所，理尚幽寂。近代已來，多立寺舍，不求閑曠之境，唯趣喧雜之方。繕築崎嶇，甍宇舛錯，招來隱匿，誘納姦邪。或有接近鄽邸，鄰爾屠酤，塵埃滿室，遵腥盈道。徒長輕慢之心，有虧崇敬之義。且夫老氏垂化，本實沖虛，養志無爲，遺情物外。全眞守一，是謂玄門，驅馳世務，尤乖宗旨。

朕膺期馭宇，興隆教法，深思利益，情在護持。欲使玉石區分，薰蕕有辨，長存妙道，永固福田，正本澄源，宜從沙汰。諸僧、尼、道士、女冠等，有精勤練行遵守戒律者，併令就大寺觀居住，官給衣食，勿令乏短。其不能精進戒行有闕者，不堪供養，併令罷退，各還桑梓。所司明爲條說，務依法教，違制之事，悉宜停斷。

唐・杜佑《通典》卷五三《禮志十三》 大唐乾封元年，追號老君爲太上玄元皇帝。文明元年九月，册玄元皇帝妻爲先天太后，立尊像於老君廟所。

開元二年三月，親祠玄元皇帝廟，追尊玄元皇帝父周上御史大夫敬，追尊爲先天太皇，仍於譙郡置廟，歲餘一祀以上，準先天太后廟例。二十九年，兩京及諸州各置廟一所，併置崇玄館。天寶元年，親祠玄元廟，又於古今人表升玄元皇帝爲上聖。其時同制莊子號南華眞人文子號通元眞人列子號沖虛眞人庚桑子號洞靈眞人又以其所著之書併爲經。其年九月，改兩京玄元廟爲太上玄元皇帝宮。其告饗所奏樂降神用混成之樂送神用太一之樂。二載，西京改爲太清宮，東京改爲太微宮，天下諸郡爲紫極宮。三月，敕既古之制禮，祭用質明，義兼取於尚幽，情實緣於既没。我聖祖湛然常在，爲道之宗，既殊有盡之期，須展事生之禮。自今以後，每聖祖宮有昭告，宜改用卯時以『前行禮。』

四載四月，敕：『比太清宮行事官，皆冕服，爰及奏樂，未易舊名，併告獻之時，仍陳册祝，既非事生之禮，皆從降神之儀。且眞俗殊倫，幽明異數，理有非便，亦在從宜。自今以後，每太清宮行禮官，宜改用朝服，兼停祝版，改爲清詞於紙上。其告獻辭，及所奏之樂章，朕當別自修撰。仍令所司具儀注聞奏。』

十三載正月，令有司，每至孟月，則修薦獻上香之禮。仍爲常式。七載五月詔：後漢張天師册贈太師梁貞白陶先生册贈太保。

興元元年十二月，詔：太清宮改太常卿亞上香，光禄卿終上香，改三禮拜爲再拜。貞元元年正月敕：薦饗太清宮，亞獻太常卿充，終獻光禄卿充。仍永爲常式。

宋・王溥《唐會要》卷四七《議釋教上》 武德七年七月十四日，太史令傅奕上疏請去釋教，高祖付羣官詳議。太僕卿張道源稱奕奏合理，尚書右僕射蕭瑀與之爭論曰：『佛，聖人也。奕爲此議，非聖人無法，請置嚴刑。』奕曰：『禮本事親，而終于奉上。而佛踰城出家，逃背其父，以匹夫而抗天子，以繼體而悖所親。蕭瑀非出空桑，乃遵無父之教。』瑀不能答，合掌云：『地獄所設，正爲是人。』太宗嘗臨朝，謂奕曰：『佛道玄妙，聖迹可師，卿獨不悟，何也？』奕對曰：『佛是胡中桀黠，欺誑夷俗。遵尚其道，皆是邪僻小人，模寫莊老玄言，文飾妖幻之教耳。於百姓無補，於國家有害。』上然之。至九年二月二十二日，以沙門、道士虧違教迹，留京師寺三所，觀二所，選耆老高行以實之，餘皆罷廢。至六月四日赦文：『其僧、尼、道士、女冠，宜依舊定。』

貞觀八年，上謂長孫無忌曰：『在外百姓，大似信佛，上封事欲令我每日將十箇大德，共達官同入，令我禮拜，觀此乃是道人教上其事。』侍中徵徵對曰：『佛道法本貴清淨，以遏浮競。昔釋道安如此名德，苻永固與之同輿，權翼以爲不可。釋惠琳非無才俊，宋文帝引之升殿，顔延之云：「三台之位，豈可使刑餘之人居之。」今陛下縱欲崇信佛教，亦不須道人日到參議。』

顯慶二年詔曰：『釋典沖虛，有無兼謝；正覺凝寂，彼我俱忘。豈自遵崇，然後爲法。聖人之心，主於慈孝，父子君臣之際，長幼仁義之序，與夫周孔之教，異轍同歸。棄禮悖德，朕所不取。僧尼之徒，自云離俗，先自尊高。父母之親，人倫以極，整容端坐，受其禮拜，自餘尊屬，莫不皆然。有傷教名，實斁彝典。自今已後，僧尼不得受父母及尊者禮拜，所司明爲法制，即宜禁斷。』開元二年閏二月十三日敕：『自今已後，道士、女冠、僧、尼等併令拜父母，至於喪紀輕重及尊屬禮數，一準常儀，庶能正此頽弊，用明典則。』

開元二年正月，中書令姚崇奏言：『自神龍已來，公主及外戚皆奏請度人，亦出私財造寺者。每一出敕，則因爲姦濫。富户强丁皆經營避役，遠近充滿，損汙精藍。且佛不在外，近求於心，但發心慈悲，行事利益，使蒼生安樂，卽是佛身。何用妄度姦人，令壞正法。』上乃令有司精加銓擇，天下僧尼僞濫還俗者三萬餘人。

大曆十三年四月，劍南東川觀察使李叔明奏請澄汰佛、道二教，下尚書省集議。都官員外郎彭偃獻議曰：『王者之政，變人心爲上，因人心次之，不變不因，循常守故者爲下。故非有獨見之明，不能行非常之事。今陛下以維新之政，爲萬代法，若不革舊風，令歸正道者，非也。當今道士，有名無實，時俗鮮重，亂政猶輕。惟有僧尼，頗爲穢雜。自西方之教被於中國，去聖日遠，空門不行五濁，比丘但行麄法。爰自後漢，至于陳隋，僧之教滅，其亦數四，或至坑殺，殆無遺餘。前代帝王，豈惡僧道之善如此之深耶？蓋其亂人亦已甚矣。且佛之立教，清浄無爲，若以色見，卽是邪法。開示悟人，惟有一門，所以三乘之人，比之外道。況今出家者皆是無識下劣之流，縱其戒行高潔，在於王者，已無用矣。今叔明之心甚善，然臣恐其奸吏詆欺，而去者未必非，留者不必是，無益於國，不能息奸。既不變人心，亦不因人心，强制力持，難致遠耳。臣聞天生蒸民，必將有職，遊行浮食，王制所禁。故有才者受爵禄，不肖者出租税，此古之常道也。今天下僧道，不耕而食，不織而衣，廣作危言險語，以惑愚者。一僧衣食，歲計三萬有餘，五丁所出，不能致此。舉一僧以計天下，其費可知。陛下日旰憂勤，將去人害，此而不救，奚其爲政？臣伏請僧道未滿五十者，每年輸絹四疋；尼及女道士未滿五十者，輸絹二疋。其雜色役與百姓同。有才智者令入仕，請還俗爲平人者聽。但令就役輸課，爲僧何傷。臣竊料其所出，不下今之租賦三分之一，然則陛下之國富矣，蒼生之害除矣。其年過五十者，請皆免之。夫子曰：「五十而知天命。」列子曰：「不斑白，不知道。」人年五十歲，嗜慾已衰，縱不出家，心已近道，況戒律檢其性情哉！臣以爲此令既行，僧尼規避還俗者，固已大半。其年老精修者，必盡爲人師，則道、釋二教益重明矣。』上深嘉之。

元和十三年，功德使奏，鳳翔府法門寺有護國眞身塔，塔内有釋迦牟尼佛指骨一節，其本傳以爲當三十年一開，開則歲豐人安。至來年合發，詔許之，命中使領禁兵與僧徒迎護至京。上開光順門以納之，留禁中三日，乃送京城佛寺。王公士庶，瞻禮施捨，如恐不及。百姓有廢業竭産、燒頂灼臂而云供養者。又有開肆惡子，不苦焚烙之痛，譎言供養而爇其肌膚。繇是佛骨所在，往往盜發，既擒獲，皆嚮之自灼者。農人多廢東作，奔走京城。於是刑部侍郎韓愈上疏極諫曰：『臣伏以佛者，夷狄之一法耳。自後漢時始流入中國，上古未嘗有也。昔者，黄帝在位百年，年百一十歲；少昊在位八十年，年百歲；顓頊在位七十九年，年九十八歲；帝嚳在位七十年，年百五歲；帝堯在位九十八年，年百一十八歲；帝舜及禹年皆百歲。此時天下太平，百姓安樂壽考，然而中國未有佛也。其後殷湯亦年百歲，湯孫太戊在位七十五年，武丁在位五十九年，書史不言其年壽所極，推其年數，蓋亦不減百歲。周文王年九十七歲，武王年九十三歲，穆王在位百年。此時佛法亦未入中國，非因事佛而致然也。漢明帝時始有佛法，明帝在位纔十八年耳。其後亂亡相繼，運祚不永。宋、齊、梁、陳、元魏以下，事佛漸謹，年代尤促。唯梁武帝在位四十八年，前後三度捨身施佛，宗廟之祭，不用牲牢，晝日一餐，止於菜果；其後竟爲侯景所逼，餓死台城，國亦尋滅。事佛求福，乃更得禍。由此觀之，佛不足事，亦可知矣。高祖始受隋禪，則議除之。當時羣臣材識不遠，不能深知先王之道、古今之宜，推闡聖明，以救斯弊，其事遂止。臣常恨焉！伏惟睿聖文武皇帝陛下，聖神英武，數千百年以來未有倫比。卽位之初，卽不許度人爲僧尼、道士，又不許創立寺觀。臣常以爲高祖之志，必行於陛下之手。今縱未能卽行，豈可恣之轉令盛也！今聞陛下令京都僧於鳳翔迎取佛骨，御樓以觀，舁入大内，又令諸寺遞迎供養。臣雖至愚，必知陛下不惑於佛，作其崇奉以祈福祥也。直以年豐人樂，徇之人心，爲京師士庶設詭異之觀，戲翫之具耳。安有聖明若此，而肯信此等事哉？然百姓愚冥，易惑難曉，苟見陛下如此，將謂眞心信佛。皆云天子大聖，猶一心敬信，百姓賤微，於佛豈合更惜身命。焚頂燒指，百千爲羣，解衣散錢，自朝至暮，轉相倣效，惟恐後時，老少奔波，棄其業次。若不卽加禁遏，更歷諸寺，必有斷臂臠身以爲供養者。傷風敗俗，傳笑四方，非細事也。夫佛本夷狄之人，與中國言語不通，衣服殊製。口不言先王之法言，身不服先王之法服，不知君臣之義，父子之情。假如其身至今尚在，奉其國命，來朝京師，陛下容而接之，不過宣政一見，禮賓一設，賜衣一襲，衛而出之於境，不令惑於衆也。況其身死已久，枯朽之骨，凶穢之餘，豈宜令入宫禁！孔子曰：「敬鬼神而遠之。」古諸侯行吊於其國，尚令巫祝先以桃茢，除去不祥，然後進吊。今無故取朽穢之物，親臨觀之，巫祝不先，桃茢不用，羣臣不言其非，御史不舉其失，臣實恥之。乞以此骨付有司，投諸水火，永絶根本，斷天下之疑，絶萬代之惑。使天下之人，知大聖人之所作爲，出於尋常萬萬也，豈不盛哉！佛如有靈，能成禍福，凡有殃咎，請加臣身。上天鑑臨，臣不怨悔。』疏奏，上怒甚。間一日，出以示宰臣，將加重法，裴度、崔羣對曰：『韓愈上忤尊聽，誠宜得罪，然非内懷忠懇，不避黜責，豈能至此？伏乞稍賜寬容，以來諫者。』上曰：『愈言我奉佛太過，我猶爲容之。至謂東漢奉佛之後，帝王咸致夭促，何乖誕也！愈爲人臣，而敢爾狂忽，不可赦。』於是人情驚惋，至於國戚亦以罪愈爲人臣戒，而給事中崔植洎諸諫官皆上疏論救，不納，遂貶潮州刺史。

會昌五年八月制：『朕聞三代已前，未嘗言佛；漢、魏之後，像法寖興。是逢季時，傳此異俗，因緣染習，蔓衍滋多。以至於耗蠹國風，而漸不覺；以至於誘惑人心，而衆益迷。洎乎九有山原，兩京城闕，僧徒日廣，佛寺日崇。勞人力於土木之功，奪人利爲金寶之飾，遺君親於師資之際，違配偶於戒律之間。壞法害人，莫過於此。且一夫不田，有受其餒者；一婦不織，有受其寒者。今天下僧尼，不可勝數，皆待農而食，待蠶而衣。寺宇招提，莫知紀極，皆云構藻飾，僭擬宫殿。晉、宋、齊、梁，物力凋瘵，風俗澆詐，莫不由是而致也。況高祖、太宗，以武定禍亂，以文理華夏，執此二柄，足以經邦，而豈可以區區西方之教，與我抗衡哉！貞觀、開元，亦嘗釐革，剗除不盡，流衍轉滋。朕博覽前言，旁求輿議，弊之可革，斷在不疑。而中外諸臣，叶予至意，條疏至當，宜從所請。誠懲千古之蠹源，成百王之典法，濟物利衆，予不讓焉。其天下所拆寺四千六百餘所，還俗僧尼二十六萬餘人，收充兩稅户，拆招提、蘭若四萬餘所，收膏腴上田數千萬頃，收奴婢爲兩稅户十五萬人。隸僧尼屬主客，顯明外國之教。勒大秦、穆護祆三千餘人還俗，不雜中華之風。於戲！前古未行，似將有待，及今盡去，豈謂無時。驅遊惰不業之徒，已踰千萬；廢丹雘無用之居，何啻億千。自此清浄訓人，慕無爲之理；簡易爲政。成一俗之功。將使六合黔黎，同歸皇化。尚以革弊之始，日用不知，下制明廷，宜體予志，宣布中外，咸使知聞。』

又　卷四八《議釋教下》　大中六年十二月，祠部奏：『當司伏準累年赦文及别敕，建置佛堂，併剃度僧尼等。伏以陛下護持釋教，以濟羣生，自出聖慈，孰不知感？非欲華飾寺宇，廣度僧尼，興作勞人，匱竭物力。近日天下未喻聖心，建置漸多，剃度彌廣，奢靡相尚，浸以日繁，恐黎甿因兹受弊。臣職司其局，不敢曠官，當陛下求理納諫之時，是小臣罄竭肝膽之日。伏乞允臣所奏，明立新規，舊弊永除，天下知禁。如此見佛法可久，民不告勞。』時宰臣因是上言：『伏以西方之教，清浄爲宗，拯濟爲業，國家弘闡已久，實助皇風。然度僧不精，則戒法隳壞；造寺無節，則損費過多。有司舉陳，實當職分，但須酌量中道，使可久行。自後應諸州準元敕置寺外，如有勝地名山，靈蹤古迹，實可留情，爲衆所知者，即任量事修建，卻仍舊名。其諸縣有户口繁盛，商旅輻輳，願依香火，以濟津梁，亦任量事各置院一所，於州下抽三五人住持。其有山谷險難，道途危苦，羸車重負，須暫憩留，亦任因依舊基卻置蘭若，併須是有力人自發心營造，不得令姦黨因此遂抑斂鄉閭。此外更不得輒有起建，如引别敕處分，不在此限。其僧尼踰濫之源，皆緣私度。本教遮止，條律極嚴，不得輒有起建。如可容姦，必在禁絶，犯者準元敕科斷訖，仍具鄉貫、姓號，申祠部上文牒。其官度僧尼，數内有闕，即仰本州集律僧衆同議，揀擇聰明有道性，已經修鍊，可以傳習參學者度之。貴在教法得人，不以年齒爲限，若惟求長老，即難奉律儀。剃度訖，仍具鄉貫、姓號申祠部請告牒。其僧中有志行堅精，願尋師訪道，但有本州公驗，即任遠近遊行。所在關防，切宜覺察，不致眞僞相雜，藏庇姦人。』制可。

咸通二年，上以志奉釋氏，怠於朝政，左散騎常侍蕭倣上疏論之曰：『臣聞玄祖之道，用慈儉爲先；素王之風，以仁義爲本。如佛者，方外之教，非帝王所能慕也。昔貞觀中，高宗在東宫，以長孫皇后疾厲，上言度僧，以資福事。后曰：「佛者，異方之教，存而勿論。豈以一女子而紊王道乎？」故謚曰文德。且母后之論，尚能若此，哲王之心，安可反是哉？』疏奏，上甚嘉之。

六年，尚書右丞李尉復上疏諫曰：『臣聞孔子聖者也，言必稱周任之言；苻融賢者也，議必稱王猛之諫。誠以事求師古，詞貴達情。陛下自纂帝圖，克崇佛事。臣採本朝名臣奏啓之言，以證奉佛始終之要。天后時，曾營大像，狄仁傑諫曰：「功不使鬼，必在役人，物不天來，皆從地出。」中宗時，公主貴戚奏度僧尼，姚崇諫曰：「佛不在外，求之於心。」睿宗爲金仙、玉眞二公主造二道宫，辛替否諫曰：「自夏以來，淫雨不解，穀荒於壠，麥爛於場。陛下聖人也，遠無不知；陛下明君也，細無不見。而造不急之觀，賈六合之怨。」又諫造寺曰：「釋教以清净爲基，慈悲爲主。今三時之月，穿池沼，損命也；殫府庫，損人也；廣殿宇，營身也。損命則不慈悲，損人則不濟物，營身則不清净。」臣觀仁傑，天后時上公也；崇，開元時賢相也；替否，睿宗之直臣也。每覽斯言，未嘗不廢卷嘆惜其言之不行也。伏望詳前事之安危，覽昔賢之啓奏，營繕之間，稍宜停減。』疏奏，優詔嘉之。

又《寺》　景雲二年七月，左拾遺辛替否疏諫曰：『夫釋教以清净爲本，慈悲爲主，故恒體道以濟物，不爲利欲以損人，故恒忘已以全眞，不爲營身以害教。三時之月，掘山穿地，損命也；殫府虚帑，損人也；廣殿長廊，營身也。損命則不慈悲，損人則不濟物，營身則不清净，豈大聖大神之心乎！臣以爲非崇教也。自像王西下，佛教東傳，青螺不入于周前，白馬方行于漢後。風流雨散，千帝百王，飾彌盛而國彌空，役彌重而禍彌大。覆車繼軌，曾不改途，晉臣以奉佛取譏，梁王以捨身搆隙。若以造寺必期爲治體，養人不足爲經邦，則殷周已往皆暗亂，漢魏已降皆聖明；殷周已往爲不長，漢魏已降爲不短。臣聞夏爲天子二十餘代而殷受之，殷爲天子二十餘代而周受之，周爲天子三十餘代而秦受之，自漢以後，歷代可知也。何者？有道之長，無道之短，豈因其窮金玉、修塔廟，方見享祚乎！臣以爲減琢雕之費以賑貧人，是有如來之德；息穿掘之苦以全昆蟲，是有如來之仁；罷營構之直以給邊陲，是有湯武之功；減不急之禄以購廉清，是有唐虞之治。陛下緩其所急，急其所緩，親未來而疏見在，失眞實而冀虚無，重俗人之所爲，輕天子之功業，臣切痛之矣。當今出財依勢者盡度爲沙彌，避役姦訛者盡度爲沙彌；其所未度，惟貧人與善人耳。將何以作範乎？將何以租賦乎？將何以力役乎？臣以爲出家者，捨塵俗，離朋黨，無私愛。今殖貨營生，仗親樹黨，畜妻養子，是致人以毁道，非廣道以求人。伏見今之宫觀臺榭，惟京師之與洛陽，不增修飾，猶恐奢麗。陛下嘗欲填池塹，捐苑囿，以贍貧人無産業者。今天下佛寺蓋無其數，一寺堂殿倍陛下一宫，壯麗甚矣！用度過矣！是十分天下之財而佛有其七八，陛下何有之矣！百姓何食之矣！臣竊痛之。』

景龍二年九月，并州清源縣尉吕元太上疏曰：『陛下六合爲家，萬邦作主，布慈悲于沙界，樹功業于玄劫。蜺旌寶蓋，接影都畿，鳳刹龍宫，相望都邑。然釋氏眞教，平等爲宗，本之以慈悲，加之以布施。伏願陛下廣平施之德，成養育之恩。回營構之資，充疆場之費，則如來布施之法也；賜之穀帛，惠及饑寒，則如來慈悲之化也；絲綸既行，中化胥悦，則如來平等之教也。臣謹按《金剛般若經》云：「若以色見我，以音聲求我，是人行邪道，不能見如來。」是知大乘之宗，聲色不見，豈釋迦之意，在雕琢之功？今之作者，臣所未喻。』三年正月二十七日，宴侍臣近親于梨園，因問以時政得失。絳州刺史成珏對曰：『夫釋教之設，以慈悲爲主，蓋欲饒益萬姓，濟牧羣生。若乃邃宇珍臺，層軒寶塔，耗竭府庫，勞役生人，懼非菩薩善利之心，或異如來大悲之旨。臣備職方岳，叨膺洪運，敢陳蒭蕘，狂妄死罪。』中書令蕭至忠奏曰：『方今百姓貧乏，邊境未寧，府藏内空，倉廩不實，誠宜節財用之費，省土木之功，務存農事，愛惜人力。寺、觀之役，實可且停。成珏之言，伏希採納。』兵部尚書、同中書門下三品韋嗣立上疏曰：『臣竊見比者營造寺、觀，其數極多，皆務宏博，競崇瓌麗。大則費一二十萬，小則尚用三五萬餘，略計都用資財，動至千萬已上。運轉木石，人牛不停，廢人功，害農務，事既非急，時多怨咨。故曰：「不作無益害有益，功乃成；不貴異物賤用物，人乃足。」誠哉此言。且玄象秘妙，歸于寂滅，苟非脩心定慧，諸法皆涉有爲。至如土木雕刻等，惟是殫竭人力，但學互相誇麗，豈關降伏身心。凡所興功，皆須掘鑿，蟄蟲在土，種類最多，每日殺傷，動盈萬計，連年如此，損害可知。于至道既有乖，在生人極爲損，陛下豈不深思之！』

會昌五年七月，中書門下奏：『天下諸州府寺，據令式，上州以上併合國忌日集官吏行香。臣等商量，上州已上合行香州，各留寺一所，充國忌日行香。列聖眞容，便移入合留寺中。其下州寺併合廢毁。』敕旨：『所合留寺，如舍宇精華者，卽留；如是廢壞不堪者，亦宜毁除。但國忌日當州宫觀内行香，不必定取寺名。餘依。』其月又奏：『請兩街合留寺十所，每寺留僧十人。』敕旨：『宜每街各留寺兩所，每寺各留三十人。』

六年正月，左右街功德使奏：『準今月五日赦書節文，上都兩街先各留寺兩所，依前委功德使收管，其所添寺，於廢寺中揀擇堪修建者。臣今左街謹具揀擇置寺八所及數内回改名額，分析如後。兩所依前名額：興唐寺、保壽寺。六所改名舊額，僧寺四所：寳應寺改爲資聖寺，青龍寺改爲護國寺，菩提寺改爲保唐寺，清禪寺改爲安國寺；緣間架數少，取華陽寺連接充數。尼寺二所：法雲寺改爲唐安寺，崇敬寺改爲唐昌寺。右街置八所，二所先準敕留，西明寺請改爲福壽寺，莊嚴寺改爲聖壽寺。八所添置二所，請依舊名額：僧寺一所，千福寺；尼寺一所，興元寺。六所請改名：僧寺五所，化度寺改爲崇福寺，永奏寺改爲萬壽寺，温國寺改爲崇聖寺，經行寺改爲龍興寺，奉恩寺改爲興福寺；尼寺一所，萬善寺改爲延唐寺。謹定揀擇添置及改名額分析如前。』敕旨：『宜依。』

大中元年閏三月敕：『會昌季年，并省寺宇。雖云異方之教，無損爲政之源。中國之人，久行其道，釐革過當，事體未弘。其靈山勝景，天下州府，會昌五年四月所廢寺宇，有宿舊名僧，復能修創，一任住持，所司不得禁止。』二年正月三日敕節文：『上都除元置寺外，每街更各添置寺五所；東都共添置五所，僧寺三所，尼寺二所。仍每寺度五十人。益、荆、揚、潤、汴、并、蒲、襄等八道，除元置寺五所外，更添置僧寺一所，尼寺一所。諸道節度刺史州，除元置寺外，更添置寺一所。其所置僧寺合度三十人。諸道管内州未置寺處，宜置僧、尼寺各一所，每寺度三十人。五台山宜置僧寺四所，尼寺一所，如有見存者，便令修飾，每寺度五十人。其僧尼年幾限約併諸條流，併準會昌六年五月五日條例處分。』

五年正月詔：『京畿及郡縣士庶，要建寺宇村邑，勿禁，兼許度僧尼住持營造。』其年七月，宰臣奏：『陛下崇奉釋教，臣子皆願奔走。慮士庶等物力不逮，擾人生事，望令兩畿及州府長吏，與審度事宜撙節聞奏，不必廣爲建造，驅役黎甿。其所請度僧尼，亦須選有道行爲州縣所稱信者，不得容隱凶惡之流，卻非敬道，望委長吏，精加揀擇。其村邑佛堂，望且待兵罷建置爲便。』十月十七日，宰臣等上言：『近有敕許罷兵役後建置佛堂、蘭若，若今邊事寧息，必恐奏請繼來，若不先議條流，臨事恐難止約。伏以釋門之教，本貴正眞，奉之精嚴，則人用加敬。今諸州府寺宇新添，功悉未畢，百姓等若志願崇奉，則宜并力同修。自今已後，有請置佛堂、蘭若者，望所在長吏分明曉示。待一切畢後，或有云州府遠處大縣，卽許量事建置一所，其餘村坊不在更置佛堂、蘭若限。』制可。

又 卷四九《僧道立位》 貞觀十一年正月十五日，詔道士、女冠宜在僧、尼之前。至上元元年八月二十四日辛丑，詔公私齋會及參集之處，道士、女冠在東，僧、尼在西，不須更爲先後。至天授二年四月二日，敕釋教宜在道教之上，僧、尼處道士之前。至景雲二年四月八日，詔：『自今已後，僧、尼、道士、女冠併宜齊行併集。』

又 卷五〇《尊崇道教》 武德三年五月，晋州人吉善行于羊角山，見一老叟，乘白馬朱鬣，儀容甚偉，曰：『爲吾語唐天子，吾汝祖也。今年平賊後，子孫享國千歲。』高祖異之，乃立廟于其地。乾封元年三月二十日，追尊老君爲太上玄元皇帝。至永昌元年，卻稱老君。至神龍元年二月四日，依舊號太上玄元皇帝。至天寶二年正月十五日，加太上玄元皇帝號爲大聖祖玄元皇帝。八載六月十五日，加號爲大聖祖大道玄元皇帝。十三載二月七日，加號大聖高上大道金闕玄元皇帝。

開元二十九年正月，河南採訪使、汴州刺史齊澣奏：『伏以至道沖虛，生人宗仰，未免鞭撻，孰瞻儀型。其道士、僧尼、女冠等有犯，望準道格處分，所由州縣官不得擅行決罰。如有違越，請依法科罪，仍書中下考。』敕旨宜依。五月，上夢玄元告以休期，因令圖寫眞容，分布天下。

天寶元年正月七日，陳王府參軍田同秀上言：『玄元皇帝降於丹鳳門之通衢，告賜靈符，在尹喜之故宅。』上遣使就函谷故關令尹喜臺西得之。於是置玄元皇帝廟於大寧坊西南角，東都置於積善坊臨淄舊邸。廟初成，命工人於太白山砥石爲玄元皇帝聖容。又採白石爲玄宗聖容，侍立於玄元皇帝之右，衣以王者衮冕之服。又于像東設立白石，爲李林甫、陳希烈像。林甫犯事，又改刻石爲楊國忠代焉。至德中，克復上都，盡毁瘞之。其年二月二十日，敕曰：

『古今人表，玄元皇帝升入上聖。自今已後，每有薦新，先獻玄元廟。其緣告享所奏樂，宜令所司詳定奏聞，并差宗正寺官一員及差户灑掃。兩京崇玄學，各置博士助教一員，學生一百人，資蔭正同國子學例。每祠享所齊郎，便以學生充當。』

其年五月，宰臣奏：『兩京及諸郡崇玄學生，準開元二十九年正月二十五日制，前件舉人合習《道德》、《南華》、《通玄》、《沖虛》四經。又準天寶元年二月二十九日制，改《庚桑子》爲《洞靈眞經》，準請條補，崇玄學生亦合習讀。其《洞靈眞經》人間少本，臣近令諸觀寺尋訪，道士全無習者。本既未廣，業實難成。并《通玄》、《沖虛》二經，亦恐文字不定。玄教方闡，學者宜精，其《洞靈》等三經，望付所司，各寫千卷，較定訖，付諸道採訪使頒行。其貢舉司及兩京崇玄學生，亦望各付一本。今冬，崇玄學生望且準開元二十九年正月詔條考試。其《洞靈眞經》等，請待業成後準試。』從之。其年六月敕：『大道先於兩儀，天地生於萬物，是以聖哲之後，咸竭其誠。今後應緣國家制命，表疏、簿書及所試制策文章，一事已上，語指道教之事及天地乾坤之字者，併一切平闕，宜宣示中外。』

其年九月二十五日敕：『兩京玄元廟改爲太上玄元皇帝宮，天下準此。』至二年三月十二日制：『聖祖所理，本在諸天，將欲降靈，固宜取象，況惟帝號，豈可名宮。其在京玄元宮宜改爲太清宮，東都改爲太微宮，天下諸郡改爲紫極宮。』

二年二月敕：『兩京玄元宮及道院等，宜委崇玄館大學士都檢校，務在精修，勿令喧雜，仍不更隸宗正。其道士等名籍，任依常式。』

其年三月十一日敕：『古之制禮，祭用質明，義既取於尚幽，情實緣於既没。我聖祖澹然常在，爲道之宗，既殊有盡之期，須展事生之體。自今已後，每聖祖宮有詔告，宜改用卯時已前行禮。』

四載四月十七日敕：『比太清宮行事官皆具冕服，及奏樂未易舊名，并告獻之時仍陳策祝。既非事生之禮，皆從降神之儀，且眞俗殊倫，幽明異數，理有非便，亦在從宜。自今已後，每太清宮行禮官，宜改用朝服，兼停祝版，改爲青詞于紙上。其告獻辭及新奏樂章，朕當别自修撰，仍令所司具議儀注奏聞。』

十三載正月十二日，令有司每至春日，則修薦獻上香之禮，仍永爲常式。

上元二年正月，置漆園監官生員。

興元元年十二月十九日，詔以太常卿亞上香，光禄卿終上香，改三禮拜爲再拜。

貞元元年正月二日敕：『薦享太清宮，亞獻太常卿充，終獻光禄卿充，仍永爲常式。』

元和九年二月，内出《道教神仙圖像經法》九輩，以賜興唐觀。

長慶二年五月敕：『諸色人中有情願入道者，但能暗記《老子經》及《度人經》，灼然精熟者，即任入道。其《度人經》情願以《黄庭經》代之者，亦聽。宜令所司，具令立文狀條目，限降誕月内投名請試，今年十月内試畢。』

寶曆元年，上有事于南郊，將謁太清宮。長安縣主簿鄭翦時主役于御院，忽于縣之西隅見一白衣老人。云：『此下有井，正道眞皇帝過路，汝速識之，不然罪在不測。』翦惶懼，領役人修之。其處已陷數尺，命發之，則古井存焉。驚顧之際，已失老人所在。始悟神告，默不敢告，展轉傳布，功德使護軍中尉劉弘規以事上聞。上既至宮，朝獻畢，赴南郊，于宮門駐馬，宰臣及供奉官于馬前蹈舞稱賀。遂命翰林學士、兵部侍郎韋處厚撰記，令起居郎柳公權書石，寘于井之上，以表神異。其名曰《聖瑞感應記》，乃賜翦緋魚袋。

會昌元年二月十五日敕：『玄元皇帝降誕日。近覽天寶二年敕：「我聖祖澹然常在，爲道之宗，既殊有盡之期，須展事生之禮。」今太清宮薦告皆用朝謁之儀，即降誕昌辰，理難停廢。宜改爲降神聖節，休假百官，庶表貽謀之慶，以申嚴敬之誠。』

其年六月，道士趙歸眞等八十一人入内，于三殿造九天道場，便令上食供食，駕幸三殿九天壇道場受籙。

其月，右拾遺王哲進狀，請度進士、明經爲道士，不從。

其月，左補闕劉彦謨諫求仙事，貶河南府户曹參軍。

二年十一月，以道士趙歸眞爲歸道門兩街都教授博士。時武宗志學神仙，歸眞乘間排毁釋氏，言非中國之教，宜盡去之。帝然之，乃澄汰天下僧尼。五年九月，敕取東都弘聖寺改修太微宫。

其年十月，敕傳度道門法籙，以衡嶽道士劉玄靖可加銀青光禄大夫，充崇玄館學士，仍賜號廣成先生。

其年十一月，東都留守奏：『太微宫畢，玄元館眞容卽欲移就，玄宗眞像便合從遷。伏以聖祖尊崇，嚴奉須備，移動之日，宜擇良辰。伏乞天恩，降敕有司擇日。』奉敕：『宜令所司擇日聞奏。』

六年十月，中書門下奏：『東都新置太微宫初成，玄元皇帝玉聖容，玄宗、肅宗玉眞容，今已就位，望差右散騎常侍裴泰章充使薦獻。』從之。

其年九月，衡嶽道士賜紫劉玄靖奏：『皇帝十月十五日授《三洞法籙》，請禁斷屠釣，百司不決死刑，伏請宣下。』敕旨從之。十月十一日至十八日，禁斷。

大中元年二月，道門威儀郄玄表賜謚通玄先生。

《舊唐書》卷二四《禮儀志四》 儀鳳三年五月，詔：『自今已後，《道德經》併爲上經，貢舉人皆須兼通。其餘經及《論語》，任依常式。』

【略】

開元二十年正月己丑，詔兩京及諸州各置玄元皇帝廟一所，併置崇玄學。其生徒令習道德經及莊子、列子、文子等，每年準明經例舉送。至閏四月，玄宗夢京師城南山趾有天尊之像，求得之於盩厔樓觀之側。至天寶元年正月癸丑，陳王府參軍田同秀稱於京永昌街空中見玄元皇帝，以『天下太平，聖壽無疆』之言傳於玄宗，仍云桃林縣故關令尹喜宅傍有靈寶符。發使求之，十七日，獻於含元殿。於是置玄元廟於太寧坊，東都於積善坊舊邸。二月丁亥，御含元殿，加尊號爲開元天寶聖文神武皇帝。辛卯，親祔玄元廟。丙申，詔：古今人表玄元皇帝升入上聖。莊子號南華眞人，文子號通玄眞人，列子號沖虛眞人，庚桑子號洞虛眞人。改莊子爲南華眞經，文子爲通玄眞經，列子爲沖虛眞經，庚桑子爲洞虛眞經。亳州眞源縣先天太后及玄元廟各置令一人。兩京崇玄學各置博士、助教，又置學生一百員。桃林縣改爲靈寶縣。田同秀與五品官。四月，詔崇文習道德經。七月，隴西李氏燉煌、姑臧、絳郡武陽四房隸宗正寺。九月兩京玄元廟改爲太上玄元廟，天下準此。十月，改新豐驪山爲會昌山，仍於秦坑儒之所立祠宇。新作長生殿改爲集靈臺。

二年正月丙辰加玄元皇帝尊號『大聖祖』三字，崇玄學改爲崇玄館，博士爲學士，助教爲直學士，更置大學士一員。三月壬子，親謁玄元宫，聖祖母益壽氏號先天太后，仍於譙郡置廟。尊臯繇爲德明皇帝，涼武昭王爲興聖皇帝。西京玄元廟爲太清宫，東京爲太微宫，天下諸州爲紫極宫。九月，譙郡紫極宫宜準西京爲太清宫，先天太皇及太后廟亦併改爲宫。

三載三月，兩京及天下諸郡於開元觀、開元寺，以金銅鑄玄元等身天尊及佛各一軀。七載二月，於大同殿修功德處，玉芝兩莖生於柱礎上。五月。玄宗御興慶殿，授册尊號曰開元天寶聖文神武應道皇帝。十二月，以玄元皇帝見於朝元閣，改爲降聖閣。改會昌縣爲昭應縣，改會昌山爲昭應山。封昭應山神爲玄德公，立祠宇。

初，太清宫成，命工人於太白山採白石，爲玄元聖容，又採白石爲玄宗聖容，侍立於玄元之右。皆依王者衮冕之服，繒彩珠玉爲之。又於像設東刻白石爲李林甫、陳希烈之形。及林甫犯事，又刻石爲楊國忠之形而瘗林甫之石。及希烈、國忠貶，盡毁瘗之。

八載六月，玉芝産於大同殿。先是，太白山人李渾稱於金星洞仙人見，語老人云，有玉版石記符『聖上長生久視』。令御史中丞王鉷入山洞，求而得之。閏六月四日，玄宗朝太清宫，加聖祖玄元皇帝尊號曰聖祖大道玄元皇帝，高祖、太宗、高宗、中宗、睿宗尊號併加『大聖』字，皇后併加『順聖』字。五日，玄宗御含元殿，加尊號曰開元天寶聖文神武應道皇帝。大赦。自今已後，每至禘祫，併於太清宫聖祖前設位序昭穆。太白山封神應公，金星洞改嘉祥洞，所管華陽縣改爲眞符縣。兩京及十道一大郡，置眞符玉芝觀。

九載十月，先是，御史大夫王鉷奏稱太白山人王玄翼見玄元皇帝於寶仙洞中。乃遣王鉷、張均、王倕、韋濟、王翼、王岳靈於洞中得玉石函上清護國經、寶券、紀籙等，獻之。

十一月，制：『承前宗廟，皆稱告享。自今已後，每親告獻太清、太微宫，改爲朝獻，有司行事爲薦獻。親告享宗廟改爲朝享，有司行事爲薦享。親巡陵改爲朝陵，有司行事爲拜陵。應諸事告宗廟者，併改爲表。其郊天、后土及享祠祝文云「敢昭告」者，併改爲「敢昭薦。」』

十載正月有事於南郊，於壇所大赦。

宋・宋敏求《唐大詔令集》卷七八《典禮・追尊祖先・追尊玄元皇帝制》 東臺：大道混成，先二儀而立稱；至仁虛已，妙萬物以爲言。粵若老君，朕之本係。爰自伏羲之始，洎乎姬周之末。靈應無像，變化多方。游元氣以上升，感星精以下降。或從容宇宙，吐納風雲；或師友帝王，丹青妙化。譬陰陽之不測，與日月而俱懸。屬交在辰，晦迹柱下，大弘雅訓，垂訓將來。雖心齊於太虛，而理歸於眞宰。若夫絶聖棄智，安排寡欲，寂寞窅冥之際，希夷視聽之表，澹爾無爲，翛然自得。酌之不竭，用之不盈，執大象以還淳，滌玄覽而遺累，邈乾坤而長久。跨陶鈞而亭育。至矣哉！故無得而稱也。況乎大道所宜，克昌寶祚；上德所履，允屬休期。

朕嗣膺靈命，撫臨億兆，總三光之明，而宿宵寅畏；居四大之重，而寢興只惕。盡孝敬於宗祧，罄懷柔於幽顯，行清靜之化，成太平之業，登介丘而展採，坐明堂而受記。非煙結慶，重輪降祥，鶴應九歌，山駐萬歲。越振古而會休徵，冠帝先而爲稱首。大禮雲畢，回輿上京，駕駐瀨鄉，躬奠椒糈。仰瑞柏而延佇，挹神泉而永歎，如在之思既深，敬始之情彌切。宜昭元本之號，以章玄聖之功。可追上尊號曰太上玄元皇帝，祠堂廟宇，併令修創。置令丞以供薦饗。仍改谷陽縣爲眞源縣。宗姓特給復一年，冀崇追遠之懷，用申尊祖之義。主者施行。乾封元年二月二十日。

又 卷一一三《政事・道釋・道士女冠在僧尼之上詔》 老君垂範，義在於清虛；釋迦遺文，理存於因果。詳其教也，汲引之迹，殊途永其宗也，弘益之風齊致。然則大道之行，肇於遂古，源出無名之始，事高有外之形。邁兩儀而運行，包萬物而亭育。故能興邦致泰，反樸還淳。至如佛法之興，基於西域，爰自東漢，方被中華。神變之理，多方報應之緣匪一。洎乎近世，崇信滋深，人冀當年之福，家懼來生之禍。由是滯俗者聞玄宗而大笑，好異者望眞諦而多歸。始波湧於閭里，終風靡於朝廷。遂使殊方之典，欝爲衆妙之先；諸華之教翻居一乘之後，流遁忘反於茲累代。朕夙夜寅畏，緬惟至道，思革前弊，納諸軌物。況朕之本係，起自柱下，鼎祚克昌，既凴上德之慶；天下大定，亦賴無爲之功，宜有改張闡茲玄化。自今已後，齋供行玄法，至於稱謂，道士女冠，可在僧尼之前。庶敦本之俗，暢於九有；尊祖之風，貽諸萬葉。貞觀十一年二月

又《僧尼不得受父母拜詔》 釋典沖虛，有無兼謝。正覺凝寂，彼我俱亡。豈自尊崇，然後爲法聖人？心主於慈孝，父子君臣之際，長幼仁義之序，與夫周孔之教異軫同歸。棄禮悖德，朕所不取。僧尼之徒，自雲離欲。先自貴高，父母之親，人倫已極。整容端坐，受其禮拜。自餘尊屬，莫不皆然。有傷名教，實斁彝典。自今已後，僧尼不得受父母及尊者禮拜，所司明爲法制，即宜禁斷。顯慶二年二月。

又《釋教在道法之上制》 朕先蒙金口之記，又承寶偈之文，歷教表於當今，本願摽於曩劫。《大雲》闡奧，明王國之楨；符方等發，揚顯自在之丕業。馭一境而敦化，宏五戒以訓人。爰開革命之階，方啓惟新之運。宜葉隨時之義，以申自我之規。雖實際如如，理忘於先後；翹心懇懇，畏展於勤誠。自今已後，釋教宜在道法之上，緇服處黄冠之前。庶得道有識以歸依，極羣生於回向，布告遐邇，知朕意焉。天授二年三月

又《條流佛道二教制》 佛道二教，同歸於善。無爲究竟，皆是一宗。比有淺識之徒，競於物我，或因懟怨，各出醜言。僧既排斥老君，道士乃誹謗佛法。更相訾毁，務在加諸人而無知。一至於此，且出家之人，須崇業行。非聖犯義，豈是法門？自今僧及道士，敢毁謗佛道者，先決杖，即令還俗。聖曆元年正月。

又《僧道齊行併進制》 朕聞釋及玄宗，理均迹異，拯人救俗，教别功齊。豈有於其中間，妄生彼我，不遵善下之旨，相高無上之法？有殊聖教，頗失道源。自今每緣法事，集會僧尼、道士、女冠等，宜齊行併進。景雲二年。

又《令僧尼道士女冠拜父母敕》 敕：夫孝者，天之經，地之義，人之行。故自天子，下至庶人，資於敬愛，以事父母，所謂冠五帝之表，稱百行之先。如或不由，其何以訓？如聞道士、女冠、僧尼等，有不拜父母之禮，朕用思之茫然罔識。且道釋之教，蓋懲惡而勸善；父子之儀，豈緣情而易制？安有同人代而離怙恃哉！哀哀父母，生我勞瘁。故六親有不和之戒，十號有報恩之旨。此又窮源本而啓宗極也。今若爲子而忘其生，傲親而徇於末日，背禮而强名教，傷於教則不可行，行教而不廢禮，合於禮則無不遂。二親之與二教，復何異焉？自今已後，道士、

女冠、僧尼等，併令拜父母。喪紀變除，亦依月數。庶能正此頽弊，用明典則，罔虧愛敬之風，自葉眞仙之意。開元二年閏二月三日。

又《蘇頲〈禁斷妖訛等敕〉》 敕：釋氏汲引，本歸正法。仁王護持，先去邪道。失其宗旨，爲般若之罪人，成其詭怪，豈涅槃之信士？不存懲革，遂廢津梁。眷彼愚蒙，將陷坑穽。比有白衣，長髮假託。彌勒下生，因爲妖訛。廣集徒侶，稱解禪觀，妄説災祥。或別作小經，詐云佛説，或輒畜弟子，號爲和尚。多不婚娶，眩惑閭閻。觸類實繁，蠹政爲甚。刺史縣令，職在親人。拙於撫馭，是生姦宄。自今已後，宜嚴加捉搦，仍令按察使采訪。如州縣不能覺察所由，長官併量狀貶降。開元三年十一月十七日。

又《誡勵僧尼敕》 釋迦設教，出自外方。漢主中年，漸於東土。説茲因果，廣樹筌蹄。事涉虛玄眇，同河漢故。三皇作乂。五帝乘時、未蒙方便之門，自有雍熙之化。朕念彼流俗，深迷至眞，盡軀命以求緣，竭資財而作福。未來之勝因莫效，見在之家業以空。事等繫風，曾無所悔。愚人寡識，屢陷刑科。近日僧尼，此風尤甚。因依講説，惑煽閭閻。谿壑無厭，唯財是斂。津梁自壞，其教安施？無益於人，有蠹於俗。或出入州縣，假託威權；或巡歷村鄉，恣行教化。因其聚會，便有宿宵。左道不常，異端斯起。自今已後，僧尼除講律之外，一切禁斷。六時禮懺，須依律儀。午夜不行，宜守俗制。如有犯者，先斷還俗，仍依法科罪。所在州縣，不能捉搦，併官吏輒與往還，各量事科貶。開元十九年四月。

又《不許私度僧尼及住蘭若敕》 夫釋氏之教，義歸眞寂。爰置僧徒，以奉其法。而趨末忘本，去實據華，假託方便之門，以爲利養之府。徒蠲賦役，積有姦訛。至使浮俗奔馳，左道穿鑿。言念淨域，浸成道姦。非所以葉和至理，弘振王猷。宜有澄清，以正風俗。朕先知此弊，故預塞其源。不度人來，向二十載。訪聞在外，有三十已下小僧尼，宜令所司及府縣括責處分。又惟彼釋道同歸，凝寂各有寺觀，自合住持或寓迹幽閒，或潛行閭里，陷於非僻，有足傷嗟。如聞遠就山林，別爲蘭若，兼亦聚衆，公然往來，或妄托生緣，輒有俗家居止，即宜一切禁斷。開元十九年七月。

又《僧尼拜父母敕》 道教釋教，其歸一體。都忘彼我，不自貴高。近者道士、女冠，稱君子之禮，僧尼企踵，勤誠請之，義以爲佛。初滅度付囑國王，猥當負荷，願在宣布，蓋欲崇其教而先於朕也。自今以後，僧尼一依道士、女冠，兼拜其父母，宜增修戒行，無違僧律，興行至道，俾在於茲。開元二十一年十月。

又《禁三元日屠宰敕》 道家三元，誠有科誡。朕嘗精意，禱亦久矣。而物未蒙福，念不在茲。今月十四日、十五，是下元齋日，都城内應省屠宰，宜令河南尹李適之勾當，總與贖取。其百司諸廚，日有内科，亦責數奏來。併百姓間，是日併停宰殺、漁獵等，兼斷肉食。自今以後，兩都及天下諸州，每年正月七月十月三元日起，十三日至十五日，兼宜禁斷。開元二十二年十月。

又《玄元皇帝臨降制》 大道混成，乃先於天地。聖人至教，用明其宗極，故能發揮妙本，弘濟生靈，使秉志者信徵，迷方者知復。以此救物，故無棄人，其孰當之？莫若我烈祖玄元皇帝矣。朕纘承寶業，重闡玄猷。自臨御以來，罔不夙夜，每滌慮凝想，齋心服形，禮謁於尊容，未明而畢事，將三十載矣。蓋爲天下蒼生，以祈多福，不謂微誠上達，睿祖垂鑑，頃因假寐，忽夢眞容，既覺之後，昭焉以觀，瞻奉逾時，殊相自然，與夢相協，謂降仙府，永鎮人寰。告我以無疆之休，德音在聽；表我以非常之慶，靈貺有期。乃昊穹幽贊，宗社儲休，豈朕虛薄，能致茲事。若使寢興，乃申祇敬，宜令所司，即寫眞容，分使送諸道採訪使。令當道州轉送開元觀安置。所在道士女冠等，皆具威儀法事迎候，像到，七日夜設齋行道。仍各賜錢，用充齋慶之費。自今已後，常令講習《道經》，以暢微旨。所置道學，須倍加敦勸，使有成益。是知眞理深遠，弘之在人，不有激揚，何由勵俗？諸色人等，有能明《道德經》及《莊》、《列子》、《文子》者，委所由長官訪擇，具以名聞，朕當親試，別加甄獎。至如道有三寶，茲居一焉，欽若至言，爰茲宥過。天下見禁囚徒，其十惡罪者，及造僞頭首，併謀殺故殺奸訛宿宵人等，特宜免死配嶺南。官人犯贓，據情狀輕重事貶降，餘一切免。且夫愛人之義，長育之，務宜存清淨，合於簡易。至如州縣造籍之年，四圍定户，皆據資産，以爲升降。其有小葺園廬，粗致儲蓄，多相糾訐，便被加等。朕情爲敦本，義在勸農，欲使野絶遊人，田無曠土，安可得也。自今已後，且三五年間，未須定户。其中或有家資破散，檢覆非虚，不可循舊差科，須量事與降。今者眞容應見，古所未聞。福雖始於邦家，慶宜均於士庶。其親王公主郡縣主及内外文武官等，併量賜錢。至休假之辰，宜以酒食，用申慶樂。諸道莭度及將士等，亦宜準此。其兩京及諸州父老，亦量賜錢，同此歡宴。其錢以當處官物況。伊爾公卿，逮乎黎獻，宜勉崇元化，共復淳源。宣布遐邇，明知朕意。開元二十九年五月

又《修亳州太清宮詔》 聖人立極，教本奉先。王者配天，義惟尊祖。我大聖祖玄元皇帝，肇開寶運，垂祚有唐。致六合於大同，躋羣生於壽域。保兹鴻業，實賴貽謀。如聞亳州太清宮，頻經水潦，頗已摧毁。永惟誕聖之地，敢忘崇本之誠？宜令宣武軍莭度使李程兼充亳州太清宮使，仍委漸加修葺，以時致敬，稱朕意焉。太和

又《條流僧尼敕》 朕齋居法宮，詳念致理，思欲建皇極，端化源，大蘇生靈，漸復古道。矧伊耗蠹，必在澄清，而釋氏宗來自西國，殷周已前，何嘗有此，唐虞之際，寧匪盛時。逮至漢明因夢以言徵，傅毅猝詞而臆對，遠承像教，從此流行，盪然相傳，垂七百祀。黎庶信苦空之説，衣冠敬方便之門，異同之論雖多，俗尚之訛未革，遂使風駈成俗，雲構滿途，丁壯苟避於徵徭，孤窮實困於誘奪。永言斯弊，宜峻科條，自今已後，京兆府委功德使，外州府委所在長吏，嚴加捉搦。不得度人爲僧尼，累有明敕，切在提舉。惟我元元，務在長育，擅有髡削，亦宜禁斷。比來京城及諸州府三長齋月置講集衆兼戒懺及七月十五日解夏后巡門家提剝割生人妄稱度脱者，併宜禁斷。且僧尼本律，科戒甚嚴，苟有違犯，便勒還俗。若有自願還俗者，官司不須制立。如聞兩街功德使近有條約，不許僧尼午後行游。雖曰緇徒，無非赤子，有妨自遂，亦軫予懷。從今已後，午後任行。其僧尼在城委功德使，其諸州府委本任長吏試經，僧尼併須讀得五百紙，文字通流，免有舛誤，兼數内念得三百紙，則爲及格。京城敕下後，諸州府敕到後，許三個月温習，然後試練，如不及格，便勒還俗。其有年過五十以上，筋力既衰，及年齒未至，夙嬰痼疾，併瘖聾跛躄不能自存者，併不在試經限。若有戒律清高，修持堅苦，風塵不雜，徒衆共知者，亦不在試經限。天下更不得創造寺院。普通蘭若等，如因破壞，卽任修葺。

於戲！理國之本，在正風俗。故王化首婚姻之道，所以序人倫；霸圖著胎養之令，所以務生聚。況一夫不耕，人受其飢，一女不織，人受其寒，安有廢中夏之人，習外夷無生之法？略期疏滌，用潔源流，俾爾齊甿，去末歸本，庶富之漸，其在斯乎。凡厥司存，勉率吾教，各勤檢馭，稱朕意焉。太和年

設館修史分部

史館史官

綜述

唐·李林甫等《唐六典》卷九《集賢殿學士》 集賢院學士掌刊緝古今之經籍以辯明邦國之大典，而備顧問應對。凡天下圖書之遺逸，賢才之隱滯，則承旨而徵求焉。其有籌策之可施於時，著述之可行於代者，較其才藝，考其學術，而申表之。凡承旨撰集文章，校理經籍，月終則進課於内，歲終則考最於外。開元八年十月敕：『學士等入經三年已上爲年深，若校理精勤、紕繆多正，及不能詳核、無所發明，委修書使録奏，別加褒貶。』

又《史館史官》 史館史官。周有太史、小史、内史、外史，而諸侯之國亦置史官。又春秋、國語引周志及鄭書之説。推尋事迹，似當時記事各有職司。其後陵夷，史官放絶。秦滅先王之典，其制莫存。至漢武始置太史，命司馬談爲之。時，天下計書先上太史，副上丞相。談乃據左氏、國語、代本、戰國策、楚漢春秋，接其後事，成一家之言。談卒，其子遷又爲太史，嗣成其事，名曰史記。遷卒後，好事者若馮商、劉歆、揚雄等亦頗著述。漢末，扶風班彪綴後傳數十篇。彪卒，其子固續成其志，名曰漢書。後漢明帝又召固入東觀，與陳宗、尹敏、孟冀共成光武本紀。其後，劉珍、劉毅、劉陶、伏無忌、黄景等相次著述東觀，所撰書謂之東觀漢記。然皆他官兼領史職。至魏明帝太和中，始置著作郎及佐郎，隷中書省，專掌國史。至晉惠帝元康二年，改隷秘書省。歷宋、齊、梁、陳、後魏併置著作，秘書省，北齊因之，代亦謂之史閣。亦謂之史館。史閣、史館之名，自此有也。故北齊邢子才作詩酬魏收「冬夜直史館」是也。後周有著作上士中士、掌國史，隷春官府。隋氏曰著作曹，掌國史，

隷秘書省。皇朝曰著作局。貞觀初，別置史館於禁中，專掌國史，以他官兼領，或卑品有才，亦以直館焉。史官掌修國史，不虛美，不隱惡，直書其事。凡天地日月之祥，山川封域之分，昭穆繼代之序，禮樂師旅之事，誅賞廢興之政，皆本於起居注以爲實録，然後立編年之體，爲褒貶焉。既終則藏之於府。

唐·杜佑《通典》卷二一《職官三·宰相併官屬·中書省》 集賢殿書院。大唐開元中置。漢魏以來，秘書省有其職。梁武帝於文德殿內列藏衆書，北齊有文林館學士，後周有麟趾殿學士，皆掌著述。隋平陳之後，寫書正副二本，藏於宮中。煬帝於東都觀文殿東西廂貯書。自漢延熹至隋唐，皆秘書掌圖籍，而禁中之書，時或有焉。初，開元五年十一月，於乾元殿東廊下寫四部書，仍令秘書監馬懷素、右散騎常侍褚無量總其事，七年，於麗正殿安置，爲修書使。至十三年，學士張説等宴於集仙殿，於是改殿名集賢，改修書使爲集賢殿書院學士。五品已上爲學士，每以宰相爲學士者知院事。初，燕國公張説爲中書令，知院制，以右常侍徐堅副之。自爾常以近密官爲副，兼判院。直學士，六品以下爲之。侍講學士，開元初，褚無量、馬懷素侍講禁中，爲侍讀，其後康子元等爲侍講學士。修撰官、校理官同直學士。

史官。肇自黄帝有之，自後顯著。夏太史終古，商太史高勢。周則曰太史、小史、內史、外史。而諸侯之國，亦置其官。又春秋、國語引周志及鄭書，似當時記事，各有其職。秦有太史令胡毋敬。至漢武，始置太史公，以司馬談爲之。卒，其子遷嗣。卒，後宣帝以其官爲令，行太史公文書。其修撰之職，以他官領之，於是太史之官，唯知占候而已。自漢以前，職在太史。具太史局。當王莽時，改置柱下五史，記疏言行，蓋效古『動則左史書之，言則右史書之』。自後漢以後，至於有隋，中間唯魏明太和中，史職隷中書，其餘悉多隷秘書。大唐武德初，因隋舊制，史官屬秘書省著作局。至貞觀三年閏十二月，移史館於門下省北，宰相監修，自是著作局始罷史職。及大明宮初成，置史館於門下省之南，其修撰史事，以他官兼領，或卑品而有才者亦直焉。開元二十五年，宰臣李林甫監史，以中書地切樞密，記事者宜其附近，史館諫議大夫尹愔遂奏移於中書省北，其地本尚藥局內藥院。

主書。晉中書有主書之員，本用武官，宋改用文吏。齊於中書置主書令史。陳置主書而去令史之名。後魏又爲主書令史，置八人。北齊置主書十八人。北齊初曰主書令史。文宣帝嘗立遣主書令史題署，嫌其遲，語曰：『但著主書，何煩著令史字！』自此除『令史』字。隋復加令史。大唐又除之。

雜録

宋·王溥《唐會要》卷六三《史館上·史館移置》 武德初，因隋舊制，隷祕書省著作局。貞觀三年閏十二月，移史館於門下省北，宰相監修。自是著作局始罷此職。及大明宮初成，置史館於門下省之南。開元十五年三月一日，宰臣李林甫監史館，以中書地切樞密，記事者宜其附近。史官、諫議大夫尹愔，遂奏移於中書省北，其地本尚藥局內藥院。

又《諸司應送史館事例》 祥瑞：禮部每季具録送。天文祥異，太史每季併所占候祥驗同報。蕃國朝貢，每使至，鴻臚勘問土地、風俗、衣服、貢獻、道里遠近，併其主名字報。蕃夷入寇及來降，表狀，中書録狀報。露布，兵部録報。軍還日，軍將具録陷破城堡，傷殺吏人，掠擄畜産，併報。變改音律，及新造曲調，太常寺具所由及樂詞報。州縣廢置，及孝義旌表，户部有卽報。法令變改，斷獄新議，刑部有卽報。有年及饑，併水、旱、蟲、霜、風、雹及地震、流水泛溢，户部及州縣，每有卽勘其年月日，及賑貸存恤同報。諸色封建，司府勘報，襲封者不在報限。京諸司長官：『及刺史、都督都護、行軍大總管、副總管除授，併録制詞，文官吏部送，武官兵部送。刺史、縣令善政異迹，有灼然者，本州録附考使送。碩學異能、高人逸士、義夫節婦，州縣有此色，不限官品，勘知的實，每年録附考使送。京諸司長官薨卒，本司責由歷狀迹送。刺史、都督、都護及行軍副大總管已下薨，本州本軍責由歷狀，附便使送。公主百官定謚，考績録行狀、謚議同送。諸王來朝。宗正寺勘報。已上事，併依本條，所由有卽勘報史館，修入國史。如史官訪知事由，堪入史者，雖不與前件色同，亦任直牒索。承牒之處，卽依狀勘，併限一月內報。』

建中元年十一月二十八日，史館奏：『前件事條，雖標格式，因循不舉，日月已深。伏請申明舊制，各下本司。』從之。

大曆十四年正月已後，至今年十月已前，所有事迹，各限敕到一月日報。從此已後，外州縣及諸軍諸使，每年一度，附考使送納。在京即每季申，便爲恒例。敕旨依奏。

又《在外修史》 開元八年十二月二十日詔：『右羽林將軍、檢校并州大都督府長史、燕國公張説，多識前志，學於舊史，文成微婉，詞潤金石，可以昭振風雅，光揚軌訓。可兼修國史，仍齎史本就并州隨軍修撰。』

十四年七月十六日，太子左庶子吳兢上奏曰：『臣往者長安、景龍之歲，以左拾遺、起居郎兼修國史，時有武三思、張易之、張昌宗、紀處訥、宗楚客、韋温等，相次監領其職。三思等立性邪佞，不循憲章，苟飾虚詞，殊非直筆。臣愚以爲國史之作，在乎善惡必書。遂潛心積思，別撰唐書九十八卷，唐春秋三十卷，用藏於私室，雖綿歷二十餘年，尚刊削未就。但微臣私門凶釁，頃歲以丁憂去官，自此便停知史事。竊惟帝載王言，所書至重，倘有廢絶，實深憂懼。於是彌綸舊紀，重加删緝，雖文則不工，而事皆從實。斷自隋大業十三年，迄於開元十四年春三月，即皇家一代之典，盡在於斯矣。既將撰成此書於私家，不敢不奏。又卷軸稍廣，繕寫甚難，特望給臣楷書手三數人，併紙墨等。至絶筆之日，當送上史館。』於是敕兢就集賢院修成其書。俄又令就史館。及兢還荆州司馬，其書未能就。兢所修草本，兢亦自將。上令中使往荆州取得五十餘卷，其紀事疏略，不堪行用。

二十五年六月二十六日，詔左丞相張説在家修史。中書侍郎李元紘奏曰：『國史者，記人君善惡，國政損益，一字褒貶，千載稱之。今張説在家修史，吳兢又在集賢院撰録，令國之大典，散在數所。且太宗別置史館，在於禁中，所以重其職，而祕其事。望勒説等就史館參詳撰録，則典册舊草不墜矣。』從之。

長慶三年六月，中書侍郎、平章事、監修國史杜元穎奏：『臣去年奉詔，命各據見在史官，分修憲宗實録。今緣沈傳師改官，若更求人，選擇非易。沈傳師當分雖搜羅未周，條目紀綱，已粗有緒。竊以班固居鄉里，而繼成漢書；陳壽處私家，而專精國志；玄宗國史，張説在本鎮兼修；代宗編年，令狐峘自外郡奏上。遠考前代，近參本朝，皆可明徵，實有成例。其沈傳師一分，伏望勒就湖南修畢，先送史館，與諸史官參詳，然後聞奏。庶使官業責成，有始終之效；傳聞摭實，無同異之差。』制可。

又《修史官》 咸亨元年十一月二十一日詔：『修撰國史，義存典實。自今已後，宜令所司於史官内簡擇堪修人，録名進内。自餘居史職，不得輒聞見所修史籍及行用國史等事。』

長安二年，鳳閣舍人、修國史劉允濟嘗云：『史官善惡必書，言成軌範，使驕主賊臣，有所知懼。此亦權重，理合貧而樂道也。昔班生受金，陳壽求米，僕視之如浮雲耳。但百僚善惡必書，足爲千載不朽之美談，豈不盛哉！』

三年七月，朱敬則請擇史官，上表曰：『國之要者，在乎記事之官。是以五帝玄風，資其筆削；三王盛業，藉以垂名。此才之難，其難甚矣。何以知其然？昔平王東遷，歷年六百，齊桓之九合天下，晉文之一戰諸侯，秦穆公遠霸西戎，楚莊王利盡南海，禮樂文物，闃爾無聞。今之所存，獨載魯史。向若魯無君子，記傳則遺，雄霸遠圖，必墜於地，可不惜哉！即如齊、周小國之主，尚能留意於史册。』齊神武嘗謂著作郎魏收曰：『卿勿見陳元康、楊遵彦等，在吾目前趨走，謂吾以爲勤勞。我後代聲名，在於卿手，最是要事，勿謂我不知。』及文宣即位，又嘗敕收曰：『好直筆，勿畏懼，我終不作魏太武誅史官。』又周文帝之爲相也，納柳虬之説，特命書法不隱。其志在懲勸如此。伏以陛下聖德鴻業，誠可垂範將來，倘不遇良史之才，則大典無由而就也。且董狐、南史，豈止生於往代，而獨無於此時，在乎求與不求，好與不好耳。今若訪得其善者，伏願勖之以公忠，期之以遠大，更超加美職，使得行其道，則天下幸甚！』鄭惟忠嘗問劉子元曰：『自古文士多而史才少，何也？』對曰：『史才須有三長，謂才也，學也，識也。夫有學而無才，猶有良田百頃，黄金滿籯，而使愚者營生，終不能致貨殖矣。如有才而無學，猶思兼匠石，巧若公輸，而家無楩柟斧斤，終不能成其宮室矣。猶須好是正直，善惡必書，使驕主賊臣，所以知懼。此則爲虎傅翼。善無可加，所向無敵矣。』時人以爲知言。

開元二十五年正月八日，以道士尹愔爲諫議大夫、集賢院學士，兼知史館事，特賜朝散階。愔上表懇讓，優詔許衣道士服視事，愔乃受職。

貞元九年十二月，以前河南府王屋縣尉蔣武爲右拾遺、史館修撰。上重難其職，制未可下前，召見於延英殿，至是方命官。十二年正月，以工部郎中、史館修撰如故。其年二月，又薦自左諫議大夫遷祕書少監，修撰如故。時裴延齡貴，欲異同宰相，乃言於上曰：『諫議大夫，論朝廷得失之官；史臣修撰，紀朝廷得失之事。其領史職者，不宜爲諫官。』故有斯命。

元和六年六月，宰臣集賢院大學士裴垍奏：『史館請登朝官入館者，併爲修撰，非登朝併爲直館，修撰中以一人官高者判館事。其餘名目，併請不置，仍永爲常式。』從之。

太和六年二月，以諫議大夫王彦威、户部郎中楊漢公、祠部員外郎蘇滌，右補闕裴休併充史館修撰。故事，修撰不過三員，或止兩員，今四人併命，論者非之。

天祐二年五月二十九日敕：『翰林學士、職方郎中兼史館修撰張榮，今修撰職名稍卑，不稱內廷密重，宜充兼修國史。』

又《史館雜録上》 貞觀九年十月，諫議大夫朱子奢上表曰：『今月十六日，陛下出聖旨，發德音，以起居記録書帝王臧否，前代但藏之史官，人主不見。今欲親自觀覽，用知得失。臣以爲聖躬舉無過事，史官所述，義歸盡善。陛下獨覽起居，於事無失。若以此法傳示子孫，竊有未喻。大唐雖七百之祚，天命無改，至於曾玄之後，或非上智。但中主庸君，飾非護短，見時史直辭，極陳善惡，必不省躬罪己，唯當致怨史官。但君上尊崇，臣下卑賤，有一於此，何地逃刑？既不能效朱雲廷折，董狐無隱，排霜觸電，無顧死亡，唯應希風順旨，全身遠害，悠悠千載，何所聞乎？所以前代不觀，蓋爲此也。』

十六年四月二十八日，太宗謂諫議大夫褚遂良曰：『卿知起居，記録何事，大抵人君得觀之否？』對曰：『今之起居，古之左右史，以記人君言行，善惡必書，庶幾人主不爲非法，不聞帝王躬自觀史。』太宗曰：『朕有不善，卿必記之耶？』遂良曰：『守道不如守官，臣職當載筆，君舉必書。』黄門侍郎劉洎曰：『設令遂？良不記，天下之人皆記之矣。』太宗謂房玄齡曰：『國史何因不令帝王觀見？』對曰：『國史善惡必書，恐有忤旨，故不得見也。』太宗曰：『朕意不同，今欲看國史，若善事固不須論，若有惡事，亦欲以爲鑑誡。卿可撰録進來。』房玄齡遂刪略國史。表上。太宗見六月四日事，語多微文，乃謂玄齡曰：『昔周公誅管、蔡，而周室安；季友鴆叔牙，而魯國寧。朕之所以安社稷，利萬人耳。史官執筆，何煩過隱，宜卽改削，直書其事。』至七月八日，又謂遂良曰：『爾知起居，記何事善惡？朕今勤行三事，望爾史官不書吾惡。一則遠鑑前代敗事，以爲元龜。二則進用善人，共成政道。三則斥棄羣小，不聽讒言。吾能守之，終不轉也。鷹犬平生所好，今亦罷之，雖有順時冬狩，不踰旬而返。亦不曾絶域訪奇異，遠方求珍羞，比日已來，饌無兼味。自非膏雨有年，師行克捷，未嘗與公等舉杯酒，奏管絃。朕雖每日兢懼，終籍公等匡翊，各宜勉之。』

二十二年二月七日，太宗以鐵勒諸蕃歸國，謂羣臣曰：『吾知勞逸不同者有二，鐵勒解辮歸國，去危就安，邊夷無事，豈不逸樂。而窮發之地，盡爲齊民，古昔已來，書史不載，今日起居，記朕功業，亦爲劬勞。』

顯慶二年二月已後，禮部尚書許敬宗常修國史，自掌知國史，記事阿曲。初，虞世南兄與許敬宗父同爲宇文化及所害。封德彝時爲內史舍人，備見其事，因謂人曰：『虞世基被戮，世南則匍匐而請代；許善心被殺，敬宗則舞蹈以求生。』敬宗聞而銜之，及爲德彝立傳，盛加其罪惡。敬宗嫁女與左監門大將軍錢九隴男，九隴本皇家隸人，敬宗貪財與婚，乃與九隴曲敍門閥，妄加功績，併升與劉文靜、長孫順德同卷。敬宗子娶尉遲寶琳孫女，多得賂遺，及作寶琳父敬德傳，乃云太宗作威鳳賦以賜之，其威鳳賦本是與長孫無忌。又白州人龐孝恭，蠻酋凡品，率鄉兵從征高麗，賊知其懦，襲破之；敬宗又納其寶貨，稱漢將驍健者，唯蘇定方、龐孝恭耳，曹繼叔、劉伯英皆出其下。其虛謬也如此。高祖、太宗實録，敬播所修，頗多詳直。敬宗又輒以己愛憎，曲事刪改，論者尤之。

長壽二年，修時政紀。先是，永徽以後，左右史唯得對仗承旨，仗下後謀議皆不聞。文昌左丞姚璹以爲帝王謨訓，不可遂無紀述。若不宣自宰相，卽史官疏遠，無從得書。是日，遂表請仗下所言軍國政要，卽宰相一人撰録，號爲『時政紀』。每月封送史館，宰相之撰時政紀，自璹始也。

又　卷六四《史館下・史館雜録下》　長安三年，張易之、昌宗欲作亂，將圖皇太子，遂譖御史大夫、知政事魏元忠。昌宗奏言，可用鳳閣舍人張説爲證。説初不許，遂賂以高官。説被逼迫，乃僞許之。昌宗乃奏元忠與太平公主所寵司禮丞高戩交通密謀，搆造飛語曰：『主上老矣，吾屬當挾皇太子，可謂耐久。』時則天春秋高，惡聞其語。鳳閣侍郎宋璟恐説阿意，乃謂曰：『大丈夫當守死善道。』殿中侍御史張廷珪又謂曰：『朝聞道，夕死可矣。』起居郎劉知幾又謂曰：『無汙青史，爲子孫累。』明日，上引皇太子、相王及宰相等於殿庭，遣昌宗與元忠、高戩對於上前。上謂曰：『具述其事。』説對曰：『臣今日對百寮，請以實録。』因厲聲言：『魏元忠實不反，總是昌宗令臣誣枉耳。』是日，百寮震懼。上聞説此對，謂宰相曰：『張説傾巧，翻覆小人，且總收禁，待更勘問。』異日，又召，依前對問，昌宗乃屢誘掖逼促之。説視昌宗言曰：『乞陛下看取，天子前尚逼臣如此，況元忠實無反語，奈何欲令臣空虛加誣其罪。今大事去矣，伏願記之，易之、昌宗。必亂社稷。』天后默然，令所司且收禁。掌諫議大夫、知政事朱敬則密表奏曰：『魏元忠素稱忠正，張説又所坐無名，俱令抵罪，恐失天下之望。願加詳察。』乃貶元忠爲高要尉，説流欽州。時人議曰：昌宗等包藏禍心，遂與説計議，欲擬謀害大臣。宋璟等知説巧詐，恐損良善，遂與之言，令其内省。向使説元來不許昌宗虛證元忠，必無今日之事，乃是自招其咎。賴識通變，轉禍爲福，不然，皇嗣殆將危矣。後數年，説拜黃門侍郎、同中書門下平章事，因至史館，讀則天實録，見論證對元忠事，乃謂著作佐郎、兼修國史吳兢曰：『劉五修實録，劉五即子元也。論魏齊公事，殊不相饒假，與説毒手。』當時説驗知是吳兢書之，所以假託劉子玄。兢從容對曰：『是兢書之，非劉公修述。草本猶在，其人已亡，不可誣枉於幽魂，令相公有怪耳。』同修史官蘇、宋等，見兢此對，深驚異之，乃歎曰：『昔董狐古之良史，即今是焉。』説自後頻祈請刪削數字，兢曰：『若取人情，何名爲直筆。』

景龍二年四月二十日，侍中韋巨源、紀處訥、中書令楊再思、兵部侍郎宗楚客、中書侍郎蕭至忠併監修國史。其後史官太子中允劉知幾以監修者多，甚爲國史之弊，於是求罷史職，奏記於蕭至忠曰：『知幾自策名士伍，待罪朝列，三爲史臣，再入東觀。竟不能勒成國典，貽彼後來者，何哉？靜言思之，其不可有五故也。何者？古之國史，皆出自一家，如魯漢之丘明、子長，晉齊之董狐、南史，咸能立言不朽，藏諸名山。未聞藉以衆功，方云絶筆。唯後漢東觀，大集羣儒，著述無序，條章靡立。由是伯度譏其不實，公理以爲可焚，張蔡二子糾之於當代，傅范兩家嗤之於後葉。今者，史司取士，有倍東京，人自以爲荀袁，家自稱爲政駿，每欲記一事，載一言，皆閣筆相視，含毫不斷。故首白可期，而汗青無日，其不可一也。前漢郡國計書，先上太史，副上丞相。後漢公卿所撰，始集公府，乃上蘭臺。由是史官所修，載事爲博。爰自近古，此道不行，史臣編録，唯自詢採。而左右二史，闕注起居，衣冠百家，罕通行狀。求風俗於州縣，視聽不該；討沿革於蘭臺，簿籍難見。其不可二也。昔董狐之書法也，以示於朝；南史之書殺也，執簡以往。近代史局，皆通籍禁門，幽居九重，欲人不見。尋其義者，蓋由杜彼顔面，防諸請謁故也。然今館中作者，多士如林，皆願長喙，無聞齰舌。儻有五始初成，一字加貶，言未絶口，而朝野具知；筆不栖毫，而縉紳咸誦。夫孫盛實録，取嫉權門；干寶直書，見讎貴族。人之情也，能無畏乎！其不可三也。今史官注記，多取稟監修，楊令公則云必須直詞，宗尚書則曰宜多隱惡。十羊九牧，其命難行；一國三公，適從焉在？其不可四也。竊以史官監修，雖無古式。尋其名號，可得而言。夫監者蓋總領之義耳，如創紀編年，則年有斷限；草傳敍事，則事有豐約；或可略而不略，或應書而不書，此刊削之務也。屬詞比事，勞逸宜均；揮鉛奮墨，勤惰須等；某帙某篇，付之此職；某紀某傳，歸之彼官；此銓配之理也。斯併宜明立科條，審定區域。儻人思自勉，則書可立成。監之者既不指授，修之者又無遵奉，坐變炎涼，徒延歲月，其不可五也。而時談物議，焉得笑僕編次無聞者哉！』至忠惜其才，不許解史職。宗楚客嫉其正直。謂諸史官曰：此人作書如是。欲置我於何地也。知幾又著史通二十卷。

開元五年十月十八日，詔曰：『王者欽若天道，率由時令，考六官之化，循五紀之法，故得災害不生，休徵洊委。夫正月東郊，祈春賞士；孟冬北陸，迎寒恤孤。參四序之運行，稽五材之動用，不協所尚，或罹於咎。自今已後，每入孟月，史官條奏應所行事，當斟酌典禮，用孚於休。宣布朝廷，使知朕意。』

至德二載六月二十三日，上謂史官于休烈曰：『君舉必書，朕有過、卿宜書之。』休烈對曰：『臣聞禹、湯罪己，其興也勃焉。有德之君，不忘書過，臣不勝慶。』

永貞元年九月，書河陽三城節度使元韶卒，不載其事迹。史臣路隨立議曰：『凡功名不足以垂後，而善惡不足以爲誡者，雖富貴人，第書其卒而已。陶青、劉舍、許昌、薛澤、莊青翟、趙周皆爲漢相，爵則通侯，而良史以爲齷齪廉謹，備員而已，無能發明功名者，皆不立傳。伯夷、莊周、墨翟、魯連、王符、徐穉、郭泰皆終身匹夫，或讓國立節，或養德著書，或出奇排難，或守道避禍，而傳與周、召、管、晏同列。故富貴者有所屈，貧賤者有所伸。孔子曰：「齊景公有馬千駟，死之日，民無得而稱焉；伯夷、叔齊餓於首陽之下，民到於今稱之。」然則志士之欲以光輝於後者，何待於爵位哉！富貴之人，排肩而立，卒不能自垂於後者，德不修而輕義重利故也。自古及今，可勝數乎。』元和四年正月，減集賢寫御書一十人，付史館收管。史館奏：『當館舊制，例只有楷書，無御書名額，請改正楷書。』從之。

六年四月，史官左拾遺樊紳，右拾遺韋處厚，太常博士林寶，併停修撰，守本官。以考功員外郎獨孤郁。充史館修撰，兼判館事，又以兵部尚書裴垍。爲太子賓客。以疾罷相，拜兵部尚書，久未任朝謝。宰相李吉甫自淮南至，復監修國史，與垍有隙，又以垍抱病方退，不宜以貞元實録上進，故史官皆罷，垍亦更移散秩。

七年六月，上讀肅宗實録，見大臣傳多浮詞虛美，因宣與史官，記事每要指實，不得虛飾。

八年十月，宰臣以下候對於延英殿，上以時政記問於宰臣，監修國史李吉甫對曰：『是宰相記天子事，以授史官之實録也。古者，左史記言，今起居郎是也；右史記動，今起居舍人是也。永徽中，宰臣姚璹監修國史，慮其造膝之言，或不可聞，因請隨奏對而記於仗下，以授史官，今時政記是也。』上曰：『其間或修或不修者，何也？』吉甫對曰：『凡面奉德音，未及施行，總謂機密，固不可書以送史官。其閑謀議有發自臣下者，又不可自書以付史官，及事已行者，制旨昭然，天下皆得聞知，即史官之記，不待事以授也。且臣觀時政記者，姚璹修於長壽，及璹罷而事廢；賈耽、齊抗修於貞元，及耽、抗罷而事廢。然則關於政化者，不虛美，不隱惡，謂之良史也。』

十二年九月詔：『記事記言，史官是職；昭其法誡，著在舊章；舉而必書，朕所深望。自今已後，每坐日，宰臣及諸司對後，如事可備勸誡，合記述者，委承旨宰相宣示左右起居，令其綴録。仍準舊例，每季送史館。』時起居舍人庾敬休上疏，請行故事，因有是詔。既而宰相以事關機密，不以告之，事竟不行。自左右史失職，於今幾一百五十年，中間往往有時政記出焉。既録因宰相，事同稱贊，推美讓善之道行，而信史直書之義闕。然於時尚十得其四五，今則全廢，君子惜之。

十四年四月，史官李翺奏：『臣等謬得秉筆史館，以記録爲職。夫勸善懲惡，正言直筆，記聖朝功德，述忠賢事業。載姦佞醜行，以傳無窮者，史官之任也。凡人之事迹，非大善大惡，則衆人無由知之。舊例皆訪問於人，又取行狀、謚議，以爲依據。今之作行狀者，非門生即其故吏，莫不虛加仁義禮智，妄言忠肅惠和。如此不唯處心不實，苟欲虛美於所受恩而已也。蓋亦爲文者既非游夏遷雄之列，務於華而忘其實，溺於詞而棄其理。故爲文則失六經之古風，紀事則非史遷之實録，不然則詞句鄙陋，不能自成其文矣。由是事失其本，文害於理，而行狀不足以取信。若使指事書實，不飾虛言，則必有人，知其眞僞。不然者，縱使門生故吏爲之，亦不可謬作德善之事而加之矣。臣今請作行狀者，但指事說實，直載其詞，善惡功迹，皆據事足以自見矣。假令傳魏徵，但記其諫諍之詞，自足以爲正直矣。如傳段秀實，但記其倒用司農寺印，以追逆兵，又以象笏擊朱泚，自足以爲忠烈矣。若考功定謚，見行狀之不依此者，不得受謚。依此者乃下太常，及牒史館。太常定謚後，亦以謚議牒送史館。則行狀之言，縱未可一一皆信，與其虛加妄言，都無事實者，猶山澤高下之不同也。史氏記録，須得本末，苟憑往例，皆是虛言，則使史官，何所爲據。伏乞下臣所奏，使考功守行，臣等要知事實，輒敢陳論。』制可。

其年六月，史館奏：『當館楷書手，準元敕。同集賢例，五考足放選。今選務集賢年數仍舊，當館更加三年，同弘文館例，八年放選。緣當館一例長上，弘文館分番上下，事理實屈，請依元敕處分。』敕旨依奏。

長慶元年正月，史館奏：『寫國史楷書元額三十員，內十員、館司前後停減。五員、吏部奏減，今只十五員見在。伏請卻復吏部先減五員。』敕旨：『宜量與三員。』

其年二月，史館奏：『楷書典書等授官次敍，伏請敕吏部，同集賢例比擬。』敕旨：『宜準集賢例處分。』

其年四月，修聖政紀，中書門下奏：『伏以堯舜之政，二典存焉，君臣之間，都俞之旨，罔不備載。厥後雖代有史官，多出於追書，所以其事或紀，其言蓋略。太宗文皇帝躬勤庶政，朝多良臣，論思獻替，動可紀録。故能遠繼堯舜，煥乎其文章。國朝舊制，每正衙奏事，史官載筆於玉階之下，所有議論政事，悉得聞之。及永徽已後，仗下便退，宰臣謀議，外莫得聞。長壽二年，宰相姚璹，以爲帝王謨訓，不可闕於紀述，史官疏遠，無因得書。請自今已後，所論軍國政要，委宰相一人撰録，號爲時政紀。此事久廢，史官不得復聞，唯寫誥詞，記除授而已。臣等常竊憤悱，大懼皇猷未有以光揚於天下。伏望天恩，許臣等每坐日，所有謀議事關政事者，便日撰録，號爲聖政紀。書紀緘封，至歲末，則付史官，永爲常式。庶得睿謀所載，如日月高懸，聖政惟新，與天地廣運。臣等不勝大願。』從之。

大和五年，中書侍郎、監修國史路隨奏曰：『臣昨面奉聖旨，以順宗實録，頗非詳實，委臣等重加刊正，畢日聞奏。伏以史册之作，勸誡所存；事有當書，理宜歸實。匹夫美惡，尚不可誣；人君得失，無容虛載。況貞觀已來累朝實録，有經重撰，不敢固辭。緣此書成於韓愈，今史官李漢、蔣係，皆愈之子婿，若遣參校，或致私嫌。臣既職編修，盍命詳正，及經奏請，事遂施行。今庶寮競言，表章交奏，既迫羣議，輒冒上聞。且韓愈所書，亦非出己。元和之後，已是相循。縱其密親，豈害公理。使歸本職，實謂正名。其實録伏望取舊記最錯誤者，宣付史館，委之修定。』詔曰：『其實録中所書德宗、順宗朝禁中事，起於謬傳，殊非信史。宜令史官詳正，其他不要更修。』初，韓愈撰順宗實録，説禁中事頗切直，內官惡之，於上前屢言不實，故令刊正也。

開成三年二月，中書門下奏：『延英對，宰臣須紀録。伏以陛下躬勤庶政，超邁百王，每對宰臣，日旰忘倦。正衙決事，一史在前；便殿坐日，全無紀録。長壽初，宰臣姚璹奏置時政紀，寢而不行。貞元中，宰臣趙憬請復故事，無何又廢。恭惟聖政，必在發明。今請每至延英坐日，對宰臣往復之詞，關教化政刑之事，委中書門下直日紀録，月終送史館。所冀政猷不墜，國史有倫。昨日延英面奏，已蒙允許。』敕旨依奏。

會昌三年十月，中書門下奏：『時政紀、起居注記、修國史體例等。伏以時政紀，長壽二年，宰臣姚璹以爲帝王謨訓，不可闕於紀述，史官疏遠，無因得書，請自今已後，所論軍國政要，宰臣一人撰録，號爲時政紀。厥後因循，多闕紀述。臣等商量，爾後坐日，每聞聖言，如有慮及生靈，事關興替，可昭示百代，貽謀後昆者，及宰臣獻替謀猷，有益風教，併請依國朝故事，其日知印宰相撰録，連名封印，至季末送史館。起居注記，比者不逐季撰録，至有去官三五年後，猶未送納者。伏以每度延英奏事後，嚮外傳説，三事猶兩事虛謬。豈有起居注記皆三數年後，采拾傳聞，耳目已隔，固非實事。向後起居注記事，望每季初卽送納向前一季文書，與史館納訖，具狀申中書門下。史館受訖，亦申報中書門下。其起居改轉，望以注記遲速爲殿最。如有軍國大政，傳聞疑誤，仍許政事堂都見宰相等，臨時酌量。如事已施行，非關機密，併一一向説。所冀書存信實，免有疑誤。修史體例，臣等伏見近日實録，多云禁中言者。伏以君上與宰臣及公卿言，皆須衆所聞見，方合書於史策。禁中之語，向外何由得知。或得於傳聞，多出邪佞，便載史筆，實累鴻猷。向後日録中如有此類，併請刊削，更不得以此記述。又宰臣及公卿論事，行與不行，須有明據。或奏議允愜，必見褒稱；或所論乖僻，固有懲責。在藩鎮獻表者，有答詔；居要官啓事者，亦合著明，併當昭然在衆人耳目。或取捨在於堂案，或與奪形於詔敕，前代史書，載明奏議，無不由此。近見實録，多載密疏，言不彰其明聽，事不顯於當時，得自其家，實難取信。向後所載羣臣章奏，其可否得失，須朝廷共知者，方可紀述，密疏併請不載。如此則書必可法，人皆守公，愛憎之志不行，褒貶之言必信。伏見近日實録，事多紕繆，若詳求摭實，須舉舊章。』敕旨：『宜依奏。』

大中四年四月，史館奏：『當館寫國史楷書典書等，與集賢院寫書人等，承前一例併校成五考，便勒赴選。自太和八年已後，被吏部條奏疏，五考滿後，待受散三年。今集賢院以其勞役年深，補人不得，去年三月十三日，具事由申奏。已蒙敕下，併免三年受散訖。今當館未蒙處分，伏請依例併勒校成五考，便許參選。』敕旨依奏。

八年七月，監修國史鄭朗奏：『當館修撰直館共四員，準故事，以通籍者爲直館。伏以修史重事，合選廷臣，秩序或卑，筆削不稱。其直館伏請停廢，更添修撰二員。其舊直館萬年尉張範、涇陽尉李節勒守本官，以户部郎中孟穆、駕部員外郎李渙併充修撰，通舊爲四員，分修四季之事。』從之。

天祐元年十月十三日。前絳州曲沃縣令高處魯進史館亡書三百六十卷，授兼監察御史，賜緋。

唐修八史

綜　述

《舊唐書》卷六六《房玄齡傳》　其年（貞觀十八年），玄齡丁繼母憂去職，特敕賜以昭陵葬地。未幾，起復本官。太宗親征遼東，命玄齡京城留守，手詔曰：『公當蕭何之任，朕無西顧之憂矣。』軍戎器械，戰士糧廪，併委令處分發遣。玄齡屢上言敵不可輕，尤宜誡慎。尋與中書侍郎褚遂良受詔重撰《晉書》，於是奏取太子左庶子許敬宗、中書舍人來濟、著作郎陸元仕、劉子翼、前雍州刺史令狐德棻、太子舍李義府、薛元超、起居郎上官儀等八人，分功撰録，以臧榮緒《晉書》爲主，參考諸家，甚爲詳洽。然史官多是文詠之士，好採詭謬碎事，以廣異聞；又所評論，競爲綺艷，不求篤實，由是頗爲學者所譏。唯李淳風深明星歷，善於著述，所修《天文》、《律曆》、《五行》三志，最可觀採。太宗自著宣、武二帝及陸機、王羲之四論，於是總題云御撰。至二十年，書成，凡一百三十卷，詔藏於秘府，頒賜加級各有差。

又　卷七一《魏徵傳》　徵性非習法，但存大體，以情處斷，無不悦服。初，有詔遣令狐德棻、岑文本撰《周史》，孔穎達、許敬宗撰《隋史》，姚思廉撰《梁》、《陳史》，李百藥撰《齊史》。徵受詔總加撰定，多所損益，務在簡正。《隋史》序論，皆徵所作，《梁》、《陳》、《齊》各爲總論，時稱良史。史成，加左光禄大夫，進封鄭國公，賜物二千段。

又　卷七二《李百藥傳》　李百藥，字重規，定州安平人，（貞觀）十年，以撰《齊史》成，加散騎常侍，行太子左庶子，賜物四百段。

又　卷七三《令狐德棻傳》　令狐德棻，宜州華原人，隋鴻臚少卿熙之子也。十八年，起爲雅州刺史，以公事免。尋有詔改撰《晉書》，房玄齡奏德棻令預修撰，當時同修一十八人，併推德棻爲首，其體制多取決焉。書成，除秘書少監。

時承喪亂之餘，經籍亡逸，德棻奏請購募遺書，重加錢帛，增置楷書，令繕寫。數年間，羣書略備。德棻嘗從容言於高祖曰：『竊見近代已來，多無正史，梁、陳、及齊，猶有文籍。至周、隋遭大業離亂，多有遺闕。當今耳目猶接，尚有可憑，如更十數年後，恐事迹湮没。陛下既受禪於隋，復承周氏歷數，國家二祖功業，併在周時。如文史不存，何以貽鑑今古？如臣愚見，併請修之。』高祖然其奏，下詔曰：『司典序言，史官記事，考論得失，究盡變通，所以裁成義類，懲惡勸善，多識前古，貽鑑將來。伏犧以降，周、秦斯及，兩漢傳緒，三國受命，迄於晉、宋，載籍備焉。自有魏南徙，乘機撫運，周、隋禪代，歷世相仍，梁氏稱邦，跨據淮海，齊遷龜鼎，陳建皇宗，莫不自命正朔，綿歷歲祀，各殊徽號，删定禮儀。至於發迹開基，受終告代，嘉謀善政，名臣奇士，立言著績，無乏於時。然而簡牘未編，紀傳咸闕，炎涼已積，謡俗遷訛，餘烈遺風，倏焉將墜。朕握圖馭宇，長世字人，方立典謨，永垂憲則。顧彼湮落，用深軫悼，有懷撰次，實資良直。中書令蕭瑀、給事中王敬業、著作郎殷聞禮可修魏史，侍中陳叔達、秘書丞令狐德棻、太史令庾儉可修周史，兼中書令封德彝、中書舍人顔師古可修隋史，大理卿崔善爲、中書舍人孔紹安、太子洗馬蕭德言可修梁史，太子詹事裴矩、兼吏部郎中祖孝孫、前秘書丞魏徵可修齊史，秘書監竇璡、給事中歐陽詢、秦王文學姚思廉可修陳史。務加詳核，博採舊聞，義在不刊，書法無隱。』瑀等受詔，歷數年，竟不能就而罷。

又　《李延壽傳》　李延壽者，本隴西著姓，世居相州。貞觀中，累補太子典膳丞、崇賢館學士，嘗受詔與著作佐郎敬播同修《五代史志》，又預撰《晉書》，尋轉御史臺主簿，兼直國史。延壽嘗撰《太宗政典》三十卷表上之。歷遷符璽郎，兼修國史，尋卒。調露中，高宗嘗觀其所撰《政典》，歎美久之，令藏於秘閣，賜其家帛五十段。延壽又嘗删補宋、齊、梁、陳及魏、齊、周、隋等八代史，謂之《南北史》，凡一百八十卷，頗行於代。

又《姚思廉傳》 三年，又受詔與秘書監魏徵同撰梁、陳二史，思廉又採謝炅等諸家梁史續成父書，併推究陳事，删益博綜、顧野王所修舊史，撰成梁書五十卷、陳書三十卷。魏徵雖裁其總論，其編次筆削，皆思廉之功也，賜彩絹五百段，加通直散騎常侍。思廉以藩邸之舊，深被禮遇，政有得失，常遣密奏之，思廉亦直言無隱。太宗將幸九成宮，思廉諫曰：『離宮游幸，秦皇、漢武之事，固非堯、舜、禹、湯之所爲也』。言甚切至。太宗諭曰：『朕有氣疾，熱便頓劇，固非情好游賞也』。因賜帛五十匹。九年，拜散騎常侍，賜爵豐城縣男。十一年卒，太宗深悼惜之，廢朝一日，贈太常卿，謚曰康，賜葬地於昭陵。子處平，官至通事舍人。處平子璹、珽，别有傳。

《新唐書》卷一〇二《姚思廉傳》 姚思廉，本名簡，以字行，陳吏部尚書察之子。【略】初，察在陳，嘗脩梁、陳二史，未就，死，以屬思廉，故思廉表父遺言，有詔聽續。【略】詔與魏徵共撰《梁》、《陳書》，思廉採謝炅、顧野王等諸家言，推究綜括，爲梁、陳二家史，以卒父業。賜雜綵五百段，加通直散騎常侍。

論説

唐·劉知幾《史通》卷四《内篇·論贊第九》 唐修《晉書》，作者皆當代詞人，遠棄史班，近宗徐庾。夫以飾彼輕薄之句，而編爲史籍之文，無異加粉黛於壯夫，服綺紈於高士者矣。史之有論也，蓋欲事無重出，省文可知，如太史公曰：觀張良貌如美婦人耳，項羽重瞳，豈舜苗裔？此則别加他語，以補書中，所謂事無重出者也。又如班固贊曰：萬石君之爲父浣衣，君子非之。楊王孫祖葬，賢於秦始皇遠矣。此則片言如約，而諸義甚備，所謂省文，可知也。及後來贊語之作，多録紀傳之言，其有所異，唯加文飾而已。至於甚者，則天子操行，具諸紀末，繼以論曰，接武前修，紀論不殊，徒爲再列。馬遷序傳後，歷寫諸篇，各敍其意。既而班固變爲詩體，號之曰述範。曄改彼述名，呼之以贊，尋述贊爲例，篇有一章，事多者則約之，以使少，理小者則張之，以令大，名實多爽，詳略不同。且欲觀人之善惡，史之褒貶，蓋無假於此也。然固之總述，合在一篇，使其條貫有序，歷然可閲。蔚宗《後書》，實同班氏，乃各附本事，書於卷末，篇目相離，斷絶失次。而後生作者不悟其非，如蕭、李《南北史》、大唐新修《晉史》，皆依范書誤本，篇終有贊。夫每卷立論，其煩已多，而嗣論以贊，爲黷彌甚。亦有文士制碑，序終而續以銘曰：釋氏演法，義盡而宣以偈言。苟撰史若斯，難與議夫簡要者矣。至若與奪乖宜，是非失中，如班固之深排賈誼，范曄之虚美隗囂，陳壽謂諸葛不逮管、蕭，魏收稱爾朱可方伊霍，或言傷其實，或擬非其倫，必備加擊難，則五車難盡，故略陳梗槩，一言以蔽之。

又 卷一二《外篇·古今正史第二·後周書》 宇文周史，大統年有秘書丞柳虬兼領著作，直辭正色，事有可稱。至隋開皇中，秘書監牛弘追撰《周紀》十有八篇，略敍紀綱，仍皆牴牾。皇家貞觀初，敕秘書丞令狐德棻、秘書郎岑文本共加修緝，定爲《周書》五十卷。

右説《後周書》。

又 《古今正史第二·隋書》 隋史，當開皇仁壽時，王邵爲書八十卷，以類相從，定其篇目。至於編年、紀傳，併闕其體煬帝世，唯有王胄等所修《大業起居注》。及江都之禍，仍多散逸。皇家貞觀初，敕中書侍郎顔師古、給事中孔穎達共撰成《隋書》五十五卷，與新撰《周史》併行於時。初，太宗以梁、陳及齊、周、隋氏併未有書，乃命學士分修。事具於上。仍使秘書監魏徵總知其務，凡有贊論，徵多預焉。始以貞觀三年創造，至十八年方就，唯姚思廉貞觀二年起功，多於諸史一歲。合五代紀傳併目録凡二百五十二卷。書成，下於史閣。唯有十志，斷爲三十卷，尋擬續奏，未有其文。又詔左僕射于志寧、太史令李淳風、著作郎韋安仁、符璽郎李延壽同撰。其先撰史人，唯令狐德棻重預其事。太宗崩後，刊勒始成。其篇第雖編入《隋書》其實别行，俗呼爲《五代史志》。

右説《隋書》。

又 《古今正史第二·北齊書》 高齊史，天統初，太常少卿祖敬徵述獻武起居，名曰《黄初傳天録》。時中書侍郎陸元規常從文宣徵討，著《皇帝實録》，惟記行師，不載他事。自武平後，史官：楊休之、杜臺卿、祖崇儒、崔子發等相繼注記。逮於齊滅，隋秘書監王劭、內令史李德林併少仕鄴中，多識故事。王乃憑述起居注，廣以異聞，造編年書，號曰《齊志》，十有六卷。其序云二十卷，今世間傳者唯十六卷焉。李在齊預修國史，創紀傳書二十七卷。至開皇初，奉詔續撰，增多齊史三十八篇，已上送官，藏之秘府。皇家貞觀初，敕其子中書舍人百藥仍其舊録，雜採他書，演爲五十卷。今之言齊史者，唯王、李二家云。

右說《北齊書》。

清・章學誠《文史通義》卷四《内篇四・釋通》 通史之修，其便有六：一曰免重復，二曰均類例，三曰便銓配，四曰平是非，五曰去牴牾，六曰詳鄰事。其長有二：一曰具翦裁，二曰立家法。其弊有三：一曰無短長，二曰仍原題，三曰忘標目。何謂免重復？夫鼎革之際，人物事實，同出併見。勝國無徵，新王興瑞，卽一事也。前朝草竊，新主前驅，卽一人也。董卓、呂布，范、陳各爲立傳，禪位册詔，梁、陳併載全文，所謂復也。《通誌》總合爲書，事可互見，文無重出，不亦善乎？何謂均類例？夫馬立《天官》，班創《地理》，《齊志・天文》，不載推步；《唐書・藝文》不敘淵源；依古以來，參差如是。鄭樵著《略》，雖變史志章程，自成家法；但六書七音，原非沿革，昆蟲草木，何嘗必欲易代相仍乎？惟通前後而勒成一家，則例由義起，自就隱括。《隋書・五代史志》，梁、陳、北齊、周、隋。終勝沈、蕭、魏氏之書矣。沈約《宋志》、蕭子顯《南齊志》、魏收《魏志》，皆參差不齊也。何謂便銓配？包羅諸史，制度相仍。惟人物挺生，各隨時世。自后妃宗室，標題著其朝代；至於臣下，則約略先後，以次相比。《南、北史》以宗室分冠諸臣之上，以爲識別，歐陽《五代史》，始標別朝代。然子孫附於祖父，世家會聚宗支。《南、北史》王謝諸傳，不盡以朝代爲斷。一門血脈相承，時世盛衰，亦可因而見矣。卽楚之屈原，將漢之賈生同傳，周之太史，偕韓之公子同科，古人正有深意，相附而彰，義有獨斷，末學膚受，豈得從而妄議耶？何謂平是非？夫曲直之中，定於易代。然晉史終須帝魏，而周臣不立韓通，雖作者挺生，而國嫌宜慎，則亦無可如何者也。惟事隔數代，而衡鑑至公，庶幾筆削平允，而折衷定矣。何謂去牴牾？斷代爲書，各有裁制，詳略去取，亦不相妨。惟首尾交錯，互有出入，則牴牾之端，從此見矣。居攝之事，班殊於范；二劉始末，劉表、劉焉。范異於陳。統合爲編，庶幾免此。何謂詳鄰事？僭國載紀，四裔外國，勢不能與一代同其終始；而正朔紀傳，斷代爲編，則是中朝典故居全，而藩國載紀乃參半也。惟南北統史，則後梁、東魏悉其端，而五代彙編，斯吳越、荆、潭終其紀也。凡此六者，所謂便也。何謂具翦裁？通合諸史，豈第括其凡例，亦當補其缺略，截其浮辭，平突填砌，乃就一家繩尺。若李氏《南、北》二史，文省前人，事詳往牒，故稱良史。蓋生乎後代，耳目聞見，自當有補前人，所謂憑藉之資，易爲力也。何謂立家法？陳編具在，何貴重事編摩？專門之業，自具體要。若鄭氏《通志》，卓識名理，獨見別裁，古人不能任其先聲，後代不能出其規範；雖事實無殊舊録，而辨名正物，諸子之意，寓於史裁，終爲不朽之業矣。凡此二者，所謂長也。何謂無短長？纂輯之書，略以次比，本無增損，但易標題，則劉知幾所謂『學者寧習本書，怠窺新録』者矣。何謂仍原題？諸史異同，各爲品目，作者不爲更定，自就新裁。《南史》有《孝義》而無《列女》，（詳《列女》篇。）《通誌》稱《史記》以作時代，《通誌》漢、魏諸人，皆標漢、魏，稱時代，非稱史書也。而《史記》所載之人，亦標《史記》，而不標時代，則誤仍原文也。一隅三反，則去取失當者多矣。何謂忘題目？帝王、后妃、宗室、世家，標題朝代，其別易見。臣下列傳，自有與時事相值者，見於文詞，雖無標別，但玩敘次，自見朝代。至於《獨行》、《方伎》、《文苑》、《列女》諸篇，其人不盡涉於世事，一例編次，若《南史》吳逵、韓靈敏諸人，幾何不至於讀其書不知其世耶？凡此三者，所謂弊也。

清・王鳴盛《十七史商榷》卷四三《晉書一・〈晉書〉唐人改修諸家盡廢》 《晉書》作者最多，王隱則有《晉史》，建興中過江，祖納薦爲史官，元帝以草創務殷，未遑史官。太興初，乃召爲著作郎，令撰《晉史》。預平王敦功，賜爵平陵鄉侯，以謗免，黜歸家，後依征西將軍庾亮于武昌，亮供其紙筆，書成，年七十餘卒。虞預則有《晉書》，凡四十餘卷。預亦在東晉初，至蘇峻平後卒。孫盛則有《晉陽秋》，嘗從桓温平蜀，又從入關平洛，出爲長沙太守，以贓爲温檻車徵之，捨而不罪，遷秘書監、給事中，卒。《晉陽秋》成，温見之怒，謂盛子曰：『枋頭誠爲失利，何至如尊君所說。若此史遂行，關君門户事。』時盛年老還家，諸子號泣請改，盛怒不許。盛寫兩定本寄慕容儁。太元中，孝武帝博求異聞，始于遼東得之，以相砇校，多有不同，書遂兩存。干寶則有《晉紀》，自宣帝訖愍帝，五十三年，凡二十卷。鄧粲則有《元明紀》，凡十篇。謝沈則有《晉書》，凡三十餘卷。康帝時爲太學博士，嘗爲何充、庾亮、蔡謨所薦，庾冰亦稱之。習鑿齒則有《漢晉春秋》，起漢光武，終晉愍帝，凡五十四卷。其意以晉繼漢，不繼魏，故爲此書。徐廣則有《晉紀》，義熙初，爲員外散騎常侍，領著作。尚書奏：『聖代有造《中興記》者，道風帝典，焕乎史策，而太和以降，世歷三朝，玄風聖迹，倏爲疇古。宜敕著作郎徐廣撰成國史。』于是敕廣撰集。義熙十二年，勒成《晉紀》四十六卷，表上之。年過八十，宋元嘉二年卒。三朝者，簡文帝、孝武帝、安帝也。郗紹則有《晉中興書》。高平人。數以書示何法盛，法盛有意圖之，謂紹曰：『卿名位貴達，不復俟此延譽。我寒士，無聞于時，如袁宏、干寶之徒，賴有著述，流聲于後，宜以爲惠。』紹不與，至書成，在齋内厨中。法盛詣紹，紹不在，直入竊書。紹還，失之，無復兼本，于是遂行何書。自徐廣以上八家併見今《晉書》八十二卷，而廣又與郗紹俱見《南史》三十三卷。其後齊臧榮緒括東西晉爲一書，紀録志傳，凡百一十卷，見《南齊書·高逸傳》，又見《南史·隱逸傳》。榮緒，東莞莒人。純篤好學，隱居京口教授。司徒褚淵少時嘗命駕尋之。建元中，啓太祖曰：『榮緒，朱方隱者，蓬廬守志，漏濕是安，灌蔬終老。撰《晉史》十袠，贊論雖無逸才，亦足彌綸一代。臣歲時往京口，早與之遇。近報其取書，始方送出，庶得備録渠閣，采異甄善。』上答曰：『公所道臧榮緒者，吾甚志之。其有史翰，欲令入天禄，甚佳。』永明六年卒，年七十四。梁沈約亦作《晉書》百一十卷，見《梁書》約本傳。夫王隱等以晉人記晉事，載録未全，固必須改作。即沈約在臧榮緒之後，卷數又同，諒不過潤色臧書，亡佚猶未足深惜。若榮緒既勒成司馬氏一代事迹，各體具備，卷帙繁富，諒有可觀，即以垂世，有何不可？觀榮緒卷數，比徐廣以上八家，或倍之，或參倍之，則知其爲東西晉之全史。乃唐貞觀中房玄齡奏令狐德棻重修《晉書》。德棻爲先進其類例，既多所諏定，而河東人敬播又同定之，其餘則預柬者凡十有八人共撰此書，見《新唐書》一百二卷及一百九十八卷，于是遂號其書爲太宗御撰，而榮緒之書竟廢，吾爲榮緒憤之。

王隱、虞預、謝沈似只有西晉無東晉，干寶、習鑿齒更不待言。其孫盛雖記東晉事，然就其本傳考之，則盛之卒，似桓温尚在，温死於孝武帝寧康元年，則孫盛之書大約不過至海西公或簡文而止矣，其後所缺者尚多。鄧粲只有元帝、明帝兩朝，徐廣只有簡文帝、孝武帝、安帝三朝，尤不得爲晉史全書。然則欲求晉史全書，自當以榮緒爲正，惜其爲唐人所壓，遂致失傳也。

《舊唐書·令狐德棻傳》：『貞觀十八年，詔改撰《晉書》，房玄齡奏德棻令預修撰，當時同修一十八人，併推德棻爲首。』考《玄齡傳》云：『奏取八人。』則『一十』二字衍，《新唐書》蓋仍誤本《舊唐書》而未及正也。

《舊唐·李淳風傳》：『貞觀十五年，除太常博士，尋轉太史丞，預撰《晉書》及《五代史》，其《天文》、《律曆》、《五行志》，皆淳風所作也。』

清·趙翼《廿二史劄記》卷七《晉書》 唐初修晉書，以臧榮緒本爲主，而兼考諸家成之。今據晉、宋等書列傳所載諸家之爲晉書者，無慮數十種。其作於晉時者，武帝時議立《晉書》限斷，荀勖謂宜以魏正始起年。王瓚欲引嘉平以下朝臣盡入於晉。賈謐請以泰始爲斷。事下尚書議，張華等謂正『泰了』從之。賈謐傳武帝詔，自泰始以來大事皆撰録，秘書寫副，後有事即依類綴緝。（武帝紀）此《晉書》之權輿也。自後，華嶠草魏、晉紀傳，與張載同在史官。永嘉之亂，《晉書》存者五十餘卷。嶠傳干寶著《晉紀》，自宣帝迄愍帝，凡二十卷，稱良史。寶傳謝沈著《晉書》三十餘卷。沈傳傅暢作《晉諸公敍讚》二十二卷，又爲公卿故事九卷。暢傳荀綽作《晉後》書十五篇。綽傳束晳作晉書帝紀十志。孫盛作《晉陽秋》，詞直理正。桓温見之，謂其子曰『枋頭誠爲失利，何至如尊公所説。若此史遂行，自是關君門户事。』其子懼禍，乃私改之。而盛所著已有二本，以其一寄慕容儁。後孝武博求異聞，又得之，與中國本多不同。盛傳

王銓私録晉事，其子隱遂諳悉西晉舊事。後與郭璞同爲著作郎，撰晉史。時虞預亦私撰《晉書》，而生長東南，不知中朝故事，籍隱書竊寫之。庾亮資隱紙筆，乃成書。隱文鄙拙，其文之可觀者，乃其父所撰；不可解者，隱之詞也。王隱傳

習鑿齒作《漢晉春秋》，起漢光武，終晉愍帝。於三國之時則以蜀爲正統，魏武雖承漢禪，而其時孫、劉鼎立，未能一統天下也，尚爲篡逆，

至司馬昭平蜀，乃爲漢亡而晉始興焉。鑿齒傳

其晉以後所作者，宋徐廣撰《晉紀》十六卷。廣傳

沈約以晉一代無全書，宋泰始中，蔡興宗奏約撰述，凡二十年，成一百十卷。約傳

謝靈運亦奉敕撰《晉書》，粗立條流，書竟不就。靈運傳

王韶之私《撰晉安帝春秋》，即成，人謂宜居史職，即除著作郎，使續成後事，訖義熙九年。其序王珣貨殖，王廞作亂事。後珣子弘貴，韶之嘗懼爲所害。韶之傳

荀伯子亦助撰《晉史》。伯子傳

張緬著《晉鈔》三十卷。緬傳

臧榮緒括東、西晉爲一書，紀、録、志、傳，共一百十卷。榮緒傳

劉彤集衆家《晉書》，注干寶《晉紀》，爲四十卷。劉昭傳

蕭子雲著《晉書》一百十卷。子雲傳

此皆見於各傳者。

又《唐書·藝文志》所載晉朝史事，尚有陸機《晉帝紀》、劉協注《晉紀》、劉謙《晉紀》、曹嘉《晉紀》、鄧粲《晉紀》，及《晉陽秋》、檀道鸞《晉春秋》、蕭景暢《晉史草》、郭季産《晉續紀》、《晉録》之類，當唐初修史時尚俱在，必皆兼綜互訂，不專據榮緒一書也。

又《晉書二》 論《晉書》者，謂當時修史諸人，皆文詠之士，好採詭謬碎事，以廣異聞，又史論競爲艷體，此其所短也。然當時史官，如令狐德棻等，皆老於文學，其紀傳敘事，皆爽潔老勁，迥非魏、宋二書可比。而諸僭僞載記，尤簡而不漏，詳而不蕪。視《十六國春秋》不可同日語也。其列傳編訂，亦有斟酌。如陶潛已在《宋書隱逸》之首，而潛本晉完節之臣，應入晉史，故仍列其傳於晉隱逸之内。湣懷太子妃王衍之女，抱冤以死，而太子妃不便附入《后妃傳》内，則入之於《列女傳》，此皆位置得當者。各傳所載表、疏、賦、頌之類，亦皆有關係。如《劉寔傳》載《崇讓論》，見當時營競之風也。《裴頠傳》載《崇有論》，見當時談虚之習也。《劉毅傳》載論九品之制有八損，李重傳亦載論九品之害，見當時選舉之弊也。《陸機傳》載《辨亡論》，見孫皓之所以失國也。《豪士傳》，見齊王冏之專恣也。《五等論》，見當時封建之未善也。《傅玄傳》載興學校、務農功等疏，固切於時政也。《段灼傳》載申理鄧艾一疏，《閻纘傳》載申理愍懷太子一疏，以二人皆冤死也。《江統傳》載《徙戎論》，固預知劉、石之亂，尤有先見也。《皇甫謐傳》載《釋勸論》，見其安於恬退也。《篤終論》，見厚葬之禍也。《摯虞傳》載《思游賦》，見其安命也。《今尺長於古尺論》，見古今尺度之不同也。《束皙傳》載《玄居釋》，見其淡於榮進也。《潘尼傳》載《安身論》，見其靜退也。《釋奠頌》，有關儲宮之毓德。《乘輿箴》，有關帝王之保治也。《潘岳傳》載《閒居賦》，見其迹恬靜而心躁競也。《郭璞傳》不載《江賦》、《南郊賦》，而獨載刑獄一疏，見當時刑罰之濫也。《左貴嬪傳》載《愁思文》、《楊皇后誄》、《納繼室楊後頌》，以左芬本以才著也。《張載傳》載《七命》一篇，亦以其文人而著其才也。《衛恒傳》載《書勢》一篇，以恒本工書，且備書法之源流也。惟《劉頌傳》載其所上封事至七八千字，殊覺太冗。《張華傳》載《鷦鷯賦》，殊覺無謂。華有相業，不必以此見長也。《元帝紀》後，敘其父恭王之妃夏侯氏通小吏牛金生帝，而《夏侯太妃傳》内不載，諱其醜於傳，而轉著其惡於紀，亦屬兩失。《苻堅載記》後附王猛、苻融二人，以其爲堅功臣也。苻朗不過一達士，亦附一傳。《苻登載記》後又附一索泮。據《泮傳》，又未嘗仕於堅與登也。此二傳殊贅。《姚興載記》忽敘西胡梁國兒作壽冢，每將妻妾入冢讌飲，升靈牀而歌。此於興有何關係？而拉雜及之。毛德祖爲宋功臣，《宋書》已立傳。唐修《晉書》，自不必以宋臣附晉臣之内。乃毛寶之傳後，又敘德祖事甚詳，蓋本毛氏家傳鈔入之，而未及刪節也。《隱逸》中《夏統》一傳，非正史記事體，蓋當時人另作《夏統别傳》，如《五柳先生傳》之類，《晉書》遂全録之，不復增損，閲史者静觀自别之也。

清·王鳴盛《十七史商榷》卷五三《姚思廉〈梁〉〈陳〉二書》 姚察在陳爲吏部尚書，當陳宣帝太建末即奉敕撰梁史。入隋，歷太子内舍人、秘書丞、北絳公，始自吴興遷居關中，爲雍州萬年人。察學兼儒史，見重於二代。當隋文帝時，嘗訪察以梁、陳故事，察每以所論載奏之，于是開皇九年敕幷成梁、陳二史，遣内史舍人虞世基索本上進，藏于内殿，而書猶未成。臨亡，屬子思廉繼其業。思廉少仕陳爲揚州主簿，入隋爲漢王府參軍、河間郡司法書佐，上表陳父遺言，有詔許其續成梁、陳史。後

爲代王侑侍讀。唐高祖受禪，授秦王文學，太宗引爲文學館學士。太宗入春宮，遷太子洗馬。貞觀初，遷著作郎、弘文館學士，三年，又受詔與秘書監魏徵同撰梁、陳二史。思廉採謝炅等諸家《梁史》續成父書，併推究陳事，刪益顧野王所修舊史，撰成《梁書》五十卷、《陳書》三十卷。魏徵雖裁其總論，其編次筆削皆思廉之功也。以上見《陳書》第二十七卷察本傳及《舊唐書》第七十三卷、《新唐書》第一百二卷思廉各本傳。

《舊唐書》七十三卷《令狐德棻傳》：『德棻嘗從容言於高祖曰：「竊見近代已來，多無正史，梁、陳及齊猶有文籍，至周、隋遭大業離亂，多有遺闕。當今耳目猶接，尚有可憑，如更數十年後，恐事迹湮沒。陛下既受禪于隋，復承周氏曆數，國家二祖功業，併在周時。如文史不存，何以貽鑑今古？如臣愚見，併請修之。」高祖然其奏，下詔曰：「司典序言，史官記事，考論得失，究盡變通，所以裁成義類，懲惡勸善，多識前古，貽鑑將來。伏犧以降，周秦始及，兩漢傳緒，三國受命，迄于晉宋，載籍備焉。自有魏南徙，乘機撫運，周隋禪代，歷世相仍，梁氏稱邦，跨據淮海，齊遷龜鼎，陳建皇宗，莫不自命正朔，綿歷歲祀，各殊徽號，刪定禮儀。至于發迹開基，受終告代，嘉謀善政，名臣奇士，立言著績，無乏于時。然而簡牘未編，紀傳咸闕，炎涼已積，謠俗遷訛，餘烈遺風，倏焉將墮。朕握圖御宇，長世字人，方立典謨，永垂憲則。顧彼湮落，用深軫悼，有懷撰次，實資良直。中書令蕭瑀、給事中王敬業、著作郎殷聞禮可修魏史，侍中陳叔達、秘書丞令狐德棻、太史令庾儉可修周史，兼中書令封德彝、中書舍人顏師古可修隋史，大理卿崔善爲、中書舍人孔紹安、太子洗馬蕭德言可修梁史，太子詹事裴矩、兼吏部郎中祖孝孫、前秘書丞魏徵可修齊史，秘書監竇璡、給事中歐陽詢、秦王文學姚思廉可修陳史。務加詳覈，博採舊聞，義在不刊，書法無隱。」瑀等受詔，歷數年，竟不能就而罷。貞觀三年，太宗復敕修撰，乃令德棻與秘書郎岑文本修周史，中書舍人李百藥修齊史，著作郎姚思廉修梁、陳史，秘書監魏徵修隋史，與尚書左僕射房玄齡總監諸代史。衆議以魏史既有魏收、魏彥二家，已爲詳備，遂不復修。德棻又奏引殿中侍御史崔仁師佐修周史，德棻仍總知類會梁、陳、齊、隋諸史。武德已來創修撰之源，自德棻始也。』案：修撰之源雖自德棻始，梁、陳二書實思廉專典其事。

清・趙翼《廿二史劄記》卷九《宋齊梁陳書・梁書悉據國史立傳》

《梁書》本姚察所撰，而其子思廉續成之。說見前今細閱全書，知察又本之梁之國史也。各列傳必先敍其歷官，而後載其事實，末又載飾終之詔，此國史體例也。有美必書，有惡必爲之諱。如昭明太子以其母丁貴嬪薨，武帝葬貴嬪地不利於長子，昭明聽墓工言，埋蠟鵝等物以厭之，後事發，昭明以憂懼而死，事見南史及通鑑而本傳不載。臨川王宏統軍北伐，畏魏兵不敢進，軍政不和，遂大潰，棄甲投戈，填滿山谷，喪失十之八九。此爲梁朝第一敗衄之事，見《南史》及《通鑑》。而本傳但云徵役久，有詔班師，遂退還，絶無一字及潰敗之迹。他如郗皇后之妒，徐妃之失德，永興公主之淫逆，一切不載。可見國史本諱而不書，察遂仍其舊也。其尤顯然可據者，簡文諸子，大器、大心、大臨、大連、大春、大雅、大莊、大鈞、大威、大球、大昕、大摯外，尚有大款、大成、大封、大訓、大圜，而俱無傳；元帝諸子，方矩、方等、方諸外，尚有方略，亦無傳。梁書謂，其餘諸子，本書不載，故缺之。所謂本書者，卽梁朝國史也。昭明有五子：豫章王歡，河東王譽，岳陽王察、武昌王警，義陽王鑑。武帝以昭明薨，不立其子繼統，故各封大郡，以慰其心。今梁書歡等皆無傳，惟譽有傳，而與武陵王紀同卷。此必元帝時國史，紀與譽皆稱兵抗元帝者，故同入於叛逆內也。豫章王歡有子棟，爲侯景所立，建號改元，未幾禪位於景。景敗，元帝使人殺之。此亦當時一大事，而梁書無傳。貞陽侯明陷於齊，齊人立之，入主梁祀，爲陳霸先所廢。齊人征還，死於途，追謚曰閔皇帝。又方等元帝子有子莊，敬帝時爲質於齊，陳霸先將篡，王琳請於齊，以莊爲帝，卽位於郢州，後兵敗仍入齊，封梁王。此亦皆梁末餘裔之當傳者，而梁書亦無傳。王琳當梁、陳革命之後，猶盡心蕭氏，崎嶇百戰，卒以死殉，此尤梁室第一忠臣，所必當傳者，而梁書亦無之。蓋當敬帝時，王室多故，不暇立史館，入陳以後，又莫有記之者，故無國史可據，而梁書亦遂不爲立傳。尤可見梁書悉本國史，國史所有則傳之，所無則缺之也。南史增十數傳，其有功於梁書多矣！又蘭欽有子京，在東魏刺殺高澄，應附其事於欽傳後，梁書欽傳絶無一字，南史欽傳亦不附見，何也？

又《梁書編傳失檢處》 古未有創業之君其母編入《皇后傳》者，自沈約《宋書》始，《梁書》亦因之。武帝卽位，追尊其父順之爲文皇帝，母張氏爲獻皇后。於是皇后傳內，首列張後。然順之官職事迹已敘入武帝紀，未嘗另作紀傳，則張後生武帝有菖蒲花之祥，亦卽敍於武帝紀可矣，乃特立一傳於諸後之首。是妻有傳而夫無傳，殊非史法。

又**《武帝兄弟九人，應立爲宗室傳》** 如宋書之長沙王道憐、臨川王道規是也。梁書乃變其例，編爲太祖五王，及嗣王四人。案太祖本武帝追崇其父之稱，非及身爲帝者，而以其子係之，已屬位置失宜。既係之於太祖矣，則長沙王懿，太祖長子也，自應敍在太祖諸子之首，其餘衡陽王暢、永陽王敷、桂陽王融，亦應以次敍入，總爲太祖九王。乃以其没於齊朝，遂不爲立傳，而轉附見於其子嗣王傳內。其意以臨川王宏、安成王秀、南平王偉、鄱陽王恢、始興王憺，皆武帝登極後身受王封，故列爲太祖五王；懿、暢、敷、融則身後追封者，故但傳其嗣子，以别於生封之五王耳。然此九王皆太祖子也，皆武帝所封也，五人則係之於父，四人則係之於子，强爲區别，究屬無謂。既不立宗室傳矣，而吳平侯景，武帝從弟也，不便附於太祖諸子內，又别無可位置，只得另立一蕭景傳，一似同姓不宗者。此蓋皆國史舊編之次第，國史本武帝時所修，以諸王皆武帝親兄弟，若列作宗室傳，轉似推而遠之，故修史者創爲此例，而不知轉多窒礙也。姚察修梁書，則已時代革易，自應改正，乃亦仍原書體例，何也？南史盡入之宗室傳較得矣。《梁書》以蕭穎胄附於其弟穎達傳內，此卻位置得宜。蓋穎胄與梁武同起兵，未及平建鄴先卒，既非梁臣，不便入功臣傳內，而遠族又不便入宗室傳，齊書蕭赤斧傳後雖附見之，然梁書終不可缺也，附穎達傳極當。南史則亦附於赤斧傳內，作齊宗室。

又**《梁書多載飾終之詔》** 《梁書》諸王及功臣列傳，必載其没後加恩飾終之詔，蓋本國史體例如是，至修入正史，自應删除，以省繁複。乃王茂傳，詔曰：『旌德紀功，哲王令軌。念終追遠，前典明誥。』吕僧珍傳，詔曰：『思舊篤終，前王令典。追榮加等，列代通規。』南平王偉傳，詔曰：『旌德紀功，前王令典。慎終追遠，列代通規。』孔休源傳，詔曰：『慎終追遠，列代通規。褒德酬庸，先王令典。』篇篇如此，殊可嘔噦。其後作史者亦自知其蕪冗，至蔡道恭、范雲、馮道根、昌義之、周舍等傳，則去此冒語，但存詔中述其生平功績之處，斯較爲得之矣。

又**《梁書有知足傳無方伎傳》** 《梁書》有不必立傳而立者，又有應立傳而不立者。處士之外，另立知足一門，其序謂魚豢魏略有知足傳，謝靈運晉書有知足傳，宋書亦有知足傳，今沈約書無此門，蓋徐爰舊本也故梁書亦存此門。然所謂知足者，不過宦成身退，稍異乎鐘鳴漏盡，夜行不休者耳。傳中如顧憲之政績，自可入良吏傳，其餘陶季直、蕭眎素輩，傳之不勝傳也。至如方伎一門，累代所不廢。梁時沙門釋寶志，精於佛學，能知未來，其讖記往往流傳後世。卽其散見於各傳者，如南史梁武紀天監中，寶志有詩曰：『昔年三十八，今年八十三，四中復有四，城北火酣酣。』帝命周舍紀之。帝年三十八克建鄴，八十三同泰寺災，四月十四日，火起之日也，其言皆驗。王僧辯傳，天監中，寶誌有讖云：『太歲龍，將無理，蕭經霜，草應死，餘人散，十八子。』時人謂蕭氏當滅，李氏當興，遂有李洪雅起兵湘州，後爲僧辯所敗。徐陵傳，陵數歲，家人攜以見寶志，寶志摩其頂曰：『此天上石麒麟也。』此見南史者也。卽以梁書而論，何敬容傳，寶志謂敬容曰：『君後必貴，終是何敗何耳。』及敬容爲相，恐何姓者當爲其禍，遂抑没宗族，無仕進者，後爲河東王譽發其請囑私書，遂及於敗，此『何敗何』之驗也。劉歊傳，寶志遇歊於興皇寺，驚曰：『隱居學道，清淨登佛。』如此三説。此又見於梁書者也。則其生平必尚多可紀述。且王筠傳，筠奉敕制開善寺寶志大師碑文，詞甚麗逸。是不惟爲時人所敬信，併人主亦崇奉之，此豈得無傳？乃梁書無方伎一門，遂少此傳。南史附傳於陶宏景之後，可補梁書之缺矣。

又**《陳書多避諱》** 陳書於武帝之進公爵，封十郡，加九錫、進王爵，封二十郡，建天子旌旗，以及梁帝禪位遜於别宮，陳武奉梁主爲江陰王，行梁正朔，次年江陰王薨，喪葬如禮，一一特書，絶不見有逼奪之迹。此固仿照前史格式，當時國史本是如此，姚察父子固不能特變其體也。

又**《第本紀所諱者，恃有列傳散見其事》** 乃衡陽王昌，本武帝子，陷於周未回，武帝崩，從子文帝卽位，而昌始歸，文帝使侯安都往迎，而溺之于江。見《南史》本紀既但書衡陽王昌薨，而昌傳亦但書濟江中流，船壞，以溺薨。卽侯安都傳亦但云昌濟漢而薨，南史昌傳則謂，濟江於中流隕之，使以溺告。初不見有被害之迹也。始興王伯茂乃廢帝伯宗之弟，與伯宗同居宮中，伯宗爲宣帝所廢，伯茂出就第，宣帝遺盜殞之於途。陳書伯茂傳但謂路遇盜，殞於車中，亦隱約其詞，不見被害之迹也。不特此也，劉師知爲陳武害梁敬帝，入宫誘帝出，帝覺之，繞牀而走，曰：『師知賣我。』師知執帝衣，行事者加刃焉。見南史此則師知弒逆之罪上通於天，何得曲爲之諱。乃陳書師知傳絶無一字及之，但敍其議大行靈前俠御不宜吉服一疏，併載沈文阿、徐陵、謝岐、蔡景歷、劉德藻等各議，共三千餘字，敷演成篇，以見師知議禮之獨精，此豈非曲爲回護邪？又如虞寄本梁臣，侯景之亂，遁回鄉里，流寓晉安，陳寶應厚待之，梁元帝除寄中書侍郎，寶應留不遣。後陳武代梁，寶應有異志，寄懼禍及，不受其官，嘗居東山，著居士服。此不過知幾能遠害耳，其於陳武未嘗有君臣之分也。若以報韓爲心，正應佐寶應拒陳武，乃反爲書勸寶應臣於陳武，書中併稱陳武曰主上、曰今上，以自託於班彪《王命論》。試思彪本漢臣，故宜歸心於漢，寄非陳臣，何必預附於陳？當其不仕寶應，尚不失爲潔身遠害，及其推戴陳武，適形其望風迎合而已。而陳書專以此爲寄立傳，且詳載其書千餘字，欲以見其卓識高品。亦思寄之於陳武有何分誼，而汲汲推奉耶？蓋姚察父子本與劉師知及寄兄荔同官於陳，入隋又與荔之子世基、世南同仕，遂多所瞻徇，而爲之立佳傳也。南史於師知傳明書其事，洵爲直筆；而寄傳亦全載其勸寶應之書，又無識甚矣。

又 《蕭子顯姚思廉皆爲父作傳入正史》 司馬遷、班固、沈約作史，皆以其父入自序中，未嘗另立父傳，列於正史也。惟蕭子顯作齊書，爲其父豫章王嶷立傳，姚思廉修陳書，爲其父吏部尚書察立傳，凡生平行事及朝廷之優禮，名流之褒獎，無一不纖屑敍入，故嶷傳至七千餘字，察傳亦至三千餘字，爲人子者得籍國史以表彰其父，此亦人之至幸也。或疑嶷傳只載其子子廉、子恪、子操、子行、子光，而子顯不載，當是子顯親爲父作傳，故隱己之名。至察傳併載思廉在陳爲法曹參軍，入隋爲司法，似非思廉所自作者。然傳末云，察所撰梁、陳二史未畢功，虞世基奏思廉踵成之，自爾以來，稍有撰續。云云，而不言思廉卒於何時，可見察傳實思廉自作。况察之父僧坦，以醫術著於梁代，官太醫丞，所得賞賜，皆給察遊學，事見南史。而陳書察傳但云，察父上開府增坦，知名梁代，二宫禮遇優厚，每得賞賜，皆給察兄弟爲遊學之資，而不言以醫術得幸，併不言官太醫丞。蓋思廉恥以方伎輕其家世，故諱之也。則察傳係思廉自作無疑也。

又 《八朝史至宋始行》 南北八朝史，宋書成於齊，齊書成於梁，魏書成於北齊，其餘各史皆唐初修成。然雖成於唐初，而天下實未嘗行也。觀蘇洵等進陳書，云陳書與宋（書）、魏、齊、梁等書，傳之者少，秘書所藏，亦多脱誤。嘉祐六年，始詔校讎。因臣等言，恐館閣所藏不足以定，請詔京師及天下藏書家，使悉上之。至七年冬，始稍稍集，因得藉以參校。又劉攽等校北齊書云，文襄紀其首與北史同，而末多取魏孝静帝紀，其與侯景書則載《梁書·侯景傳》内，此外序列尤無倫次。蓋原書已散佚，後人雜取北史及高氏小（識）等書以補之者。是宋時併已失其原本，雖購之天下，亦終無由訂正也。可見各正史，在有唐一代併未行世。蓋卷帙繁多，唐時尚未有鏤板之法，必須鈔録，自非有大力者不能備之。惟南、北史卷帙稍簡，鈔寫易成，故天下多有其書，世人所見八朝事迹惟恃此耳。若無鏤板之法，各正史蓋已一部不存矣。

又 卷一〇《宋齊梁陳書併南史·南史仿陳壽三國志體例》 宋書武帝本紀所載晉帝進爵禪位詔策，無慮十餘篇，南史只存九錫一策、登極告天一策，其餘皆删，此蓋仿陳壽魏志舊式也。漢獻帝建安十八年，賜曹操魏公爵，封十郡，加九錫，既有策文，二十年進操爵爲王，裴注中有獻帝詔二道，及禪位曹丕時，袁宏漢紀有詔一道，裴注中又有手詔三道，而壽志一概不載，僅存九錫策一道，禪位策一道。南史删節宋書，亦只存九錫、禪位二策，固知仿壽志例也。

又 《南北史子孫附傳之例》 傳一人而其子孫皆附傳内，此史記世家例也。至列傳則各因其人之可傳而傳之，自不必及其後裔，間有父子祖孫各可傳者，則牽連書之。如前漢書之於楚元王，裔孫向、歆。周勃，子亞夫。李廣，孫陵。張湯，子安世，孫延壽。金日磾，子安上。疏廣，兄子受。蕭望之，子育、咸、由。翟方進，子宣、義。韋賢。子玄成。後漢書之於來歙，曾孫歷。鄧禹，子訓，孫騭。寇恂，曾孫榮。耿弇。弟國，子秉、夔竇。融，弟固，曾孫憲，玄孫章。馬援。子廖、防。伏湛，子隆。梁統，子竦，曾孫商，玄孫冀。桓榮，子鬱，孫焉，曾孫鸞，玄孫典、彬。班彪，子固。班超，子勇楊震，子秉，孫賜，曾孫彪，玄孫修。荀淑，子爽，孫悦。陳實子紀。三國志之於袁子譚、尚。公孫度，子康，孫淵。曹眞，子爽。荀彧，子惲，孫顗。鍾繇，子毓。

王朗，子肅。杜畿，子恕、預。胡質，子威。諸葛亮，子喬、瞻。張昭，子承、休。步騭，子闡。呂範，子據。朱桓，子異。陸遜，子抗。陸凱弟胤。代不過十餘人。然後漢書，班彪與固爲一傳，班超與勇又爲一傳，一家父子尚各爲傳。三國志，諸葛瑾與諸葛恪，父子也，而亦各爲傳。其以子孫附祖父傳之例，沈約宋書已開其端，然如蕭思話、蕭惠開，徐羨之、徐湛之，謝弘微、謝莊，王弘、王僧達、范泰、范曄，王曇首、王僧綽，顏延之、顏峻，皆父子也，檀道濟、檀韶、檀只；謝晦、謝瞻，皆兄弟也，猶皆各自爲傳，則以其事當各見，故不牽混，使閲者一覽瞭如也。若一人立傳，而其子孫、兄弟、宗族，不論有官無官，有事無事，一概附入，竟似代人作家譜，則自魏收始。收謂中原喪亂，譜牒遺逸，是以具書支派，然當時楊愔、陸操等已謂其過於繁碎，乃南、北史仿之，而更有甚者。魏書一傳數十人，尚只是元魏一朝之人，南北史則併其子孫之仕於列朝者，俱附此一人之後。遂使一傳之中，南朝則有仕於宋者，又有仕於齊、梁及陳者，北朝則有仕於魏者，又有仕於齊、周、隋者。每閲一傳，卽當檢閲數朝之事，轉覺眉目不清。且史雖分南北，而南北又分各朝，今卽以子孫附祖父，則魏史内又有齊、周、隋之人，成何魏史乎？宋史内又有齊、梁、陳之人，成何宋史乎？又如褚淵、王儉爲蕭齊開國文臣之首，而淵附於宋代褚裕之傳内，儉附於宋代王曇首傳内，遂覺蕭齊少此二人，劉宋又多此二人。此究是作史者之弄巧成拙，其後宋子京修唐書，反奉以爲成例而踵行之，其意以爲簡括，而不知究非史法也。按南、北史仿魏書子孫附傳之例，亦稍有不同。魏書凡是某人之子孫盡附於其傳後，如朱瑞子孟胤，及弟珍，珍弟騰，騰弟慶賓，慶賓子清，皆但有官位，毫無事迹。北史則刪之，較爲簡淨。新唐書仿之，又更有别擇，必其子孫有事可傳者附之，否則削而不書，尚不至如魏書、北史之代人作家譜也。

又《南史刪宋書最多》 南北史大概就各朝正史量爲刪減，魏書、宋書所刪較多。然魏書尚不過刪十之二三，宋書則刪十之五六。蓋宋書本過於繁冗，凡詔誥、符檄、章表，悉載全文，一字不遺，故不覺卷帙之多也。今就紀傳所載，略摘於左。

本紀，劉裕誅桓玄後，晉帝還都，進裕都督，一詔、一策，裕論起義諸人一疏，討司馬休之一表。桓玄餘黨盡平，晉帝褒策一道。裕討劉毅，符下荆州一檄，又請以僑人歸土斷一疏。討司馬休之，休之自訴一表，裕招韓延之一書，延之答裕一書。平洛陽後，進裕位相國，封十郡，加九錫，一詔、一策。裕西伐，過張良墓，祭文一道；克長安後，晉帝進裕爵爲王，加封十郡一詔。裕受宋公九錫之命，下令國中赦文一道。晉帝禪位，一詔、一策、一璽書。羣臣勸裕，不許，太史令駱達陳符瑞一表。卽位告天一策，御太極殿一詔，特存王道、謝安等祀一詔，追論戰亡將士一詔，遣使巡方一詔，增百官俸一詔，改舊制從寬一詔，優復彭、沛三郡一詔，赦罪人一詔，置晉帝守陵户一詔，禁淫祠一詔，興學校一詔。悉載全文，不減一字。《南史》惟載韓延之答裕一書，以見休之被伐之枉，及九錫文一，禪位策一，登極後告天策一，以見革易之典故，而其他概從刪削。太史令所奏祥瑞，宋書但括之云數十條，南史以宋書不載，反備載之，此亦好異之過）。

至宋書列傳，如王弘傳，載其辭爵一表，因旱求遜位一表，成粲與弘論彭城王不宜在外一書，弘自請彭城王入輔一疏，答詔一道，弘又請以相府事力全歸彭城王一疏，答詔一道。其同伍犯法不罪士人，應罪奴僕一事，載弘創議一疏，江奥一議，孔默之一議，王淮之一議，謝元一議，何尚之一議，又弘折衷一議。案弘爲宋名相，其請彭城王入輔一事，足見其遜讓。至議同伍坐罪之事，豈足爲相業，而連篇累牘若此耶。徐羨之傳載其歸政三表，文帝誅羨之等一詔。傅亮傳載其演慎一篇。謝晦傳載其起兵訴冤一疏，尚書符其罪狀一道，晦檄京邑一道，再訴冤一表，被擒在道作悲人道一篇。王徽傳載其與江教辭官一書二千餘字，與王僧綽一書二千餘字，答何偃一書二千餘字，弔弟僧謙文一篇二千餘字。鄭鮮之傳載其議滕恬父喪不返仕宦如故一書三千餘字，彈劉毅一疏一千餘字，諫北伐一表一千餘字。何承天傳載其諫北伐一表五千餘字。何尚之之傳載其鑄錢一議，及沈演之一議，又袁淑止其致仕後再出一書。謝靈運傳載其撰征賦一篇一萬餘字，山居賦一篇數萬字，勸伐河北一疏二千字。顏延之傳載其庭誥一篇四千餘字。袁豹傳載其討蜀一檄。沈攸之傳載蕭道成罪狀攸之一檄。王僧達傳載其求守徐州一疏一千餘字，請解職一疏二千餘字。孔靈符傳徙民一事，載江夏王一議，湘東王一議，沈懷文一議，王元謨一議，王升之一議。顏竣傳鑄錢一事，先載徐爰一議，沈慶之一議，江夏王一議，方載竣二議，又庾徽之劾竣一表。顧覬之傳載其定命論三千餘字。周朗傳載其答羊希書二千餘字，上言時政書三千餘字。吳喜傳載明帝數喜罪一書三千餘字。建平王宏傳載劉璡爲宏訴冤一書二千餘字。且不特此也，鄧琬傳雖無書疏，而專敍濃湖赭圻之戰至一二萬字，竟似演義小説，又如記功册籍，宜乎卷帙之多也。南史於此等處，一概删削，有關係者則檃括數語存之，可謂簡淨，得史裁之正矣。宜乎宋子京謂其『刊落釀詞，過於舊書遠甚也。』

又《南史過求簡淨之失》　南史有過求簡淨而失之者。王鎮惡傳，武帝謀討劉毅，鎮惡以百舸前驅，揚聲劉兗州上，毅以爲信然；不知見襲云云。所謂劉兗州者，何人耶？是時毅有疾，求遣其從弟兗州刺史劉藩爲副，故武帝僞許之，而鎮惡假其號以襲之也。宋書所載甚明，南史不先敍明，遂覺兗州句突無來歷。此猶不過文字之小疵也。謝晦傳，宋書載其被討時自訴表云：『若臣等頗欲執權，不專爲國，初廢營陽，陛下在遠，武皇之子，尚有童稚，擁以號令，誰敢非之？而泝流三千，虛館三月，奉迎鑾駕，血心若斯，易爲可鑑。只以王弘、王曇首等在陛下左右，不除臣等，罔得專權，所以交結讒慝，成此亂階。』此最爲當日實情，南史雖摘敍數語，而未能明其本志之無他，此則但求簡淨而未免太略而没其眞也。當徐羨之、傅亮、謝晦受武帝顧命，立少帝義符，而義符失德，羨之等謀欲廢立，而廬陵王義眞以次當立，又輕動多過，不任四海，乃先奏廢義眞，然後廢帝，而迎文帝入嗣，其於謀國，非不忠也。文帝即位之次年，羨之等即上表歸政，則亦非眞欲久於其權，而别有異圖者。其曰徐、傅執權於内，檀、謝分積於外，可以日久不敗，此亦王華、王曇首等之誣詞，而未必晦等之始念也。只以華、曇首等係文帝從龍之臣，急於柄用，而徐、傅、謝等受遺先帝，久任事權，不除去之，無由代其處，是以百方媒櫱，勸帝以次翦除，然後已可得志。觀於王華傳謂華見羨之等秉權，日夜構之於帝，此可知三人之死，不死於文帝，而死於華及曇首等明矣。宋書於亮傳載其演慎一篇，見其小心畏禍；（謝）晦傳載其自訴二表，見其本志爲國，此正作史者用意所在，而南史盡删之，未免徒求文字之淨，而没其情事之實矣。惟羨之等廢少帝而又弒之，併殺義眞，此則威權太恣，殺人兩兄而北面事之，豈有不敗者，毋怪華、曇首等之得逞其搆陷也。霍光不學無術，僅廢昌邑王使之歸國，羨之等不學無術，乃更甚於霍光。當時范泰已預燭其必敗，曰：『吾觀古今多矣，未有受遺顧託，而嗣君見殺，賢王嬰戮者也。』則雖無華等之傾陷，亦豈有自全之理乎？

又《南史誤處》　《南史·宋後廢帝紀》，謂孝武二十八子，明帝殺其十六，餘皆帝殺之。今案宋書前廢帝、明帝、後廢帝三本紀及孝武諸子傳，孝武子新安王子鸞、南海王子師，則前廢帝子業所殺也；明帝所殺者，前廢帝子業、豫章王子尚、晉安王子勛、安陸王子綏、臨海王子頊、邵陵王子元、永嘉王子仁、始安王子眞、淮安王子孟、南平王子產、廬陵王子輿、松滋侯子房、東平王子嗣，又子趨、子期、子悅，皆未封而爲明帝所殺；其餘晉陵王子雲、淮陽王子霄及未封之子深、子鳳、子玄、子衡、子況、子文、子雍，皆早殀。是孝武諸子，爲前廢帝殺者二，明帝所殺者十六，殤者九。南史孝武子傳内又有齊敬王子羽，亦二歲而亡。是孝武諸子，除前廢帝及明帝所殺共十八人外，餘十人皆夭死，併無爲後廢帝所殺者。後廢帝紀内但有桂陽王休範、建平王景素舉兵被殺之事，而非孝武子也。然則南史所云明帝殺十六，餘皆後廢帝所殺者，實繆悠之詞。即以南史各紀傳核對，亦無後廢帝殺孝武子之事，此李延壽之誤也。又檀韶傳謂韶卒，子臻嗣位員外郎。案宋書韶傳，韶卒，子緒嗣。臻則檀只之子也，在只傳内。今以臻爲韶子，亦誤。

又《南史增齊書處》　《南史》於《宋書》大概删十之三四，以宋書所載章表符檄，本多蕪詞也。於齊不惟不删，且大增補。今以兩書相校，惟豫章王嶷及竟陵王子良二傳多所删削，其他則各有所增，姑摘録於左。

《王儉傳》，增齊高帝爲相，儉請間於帝曰：『功高不賞。以公今日地位，欲北面居人臣可乎？』帝正色裁之，而神采内和。儉又言公若小復推遷，恐人情易變，七尺不能保。帝笑曰：『卿言不無理。』儉即曰：『當今褚公知之。』帝曰：『我當自往。』乃造淵，款言移晷，曰：『我夢應得官。』淵曰：『今授始爾，恐一二年間，未容便移。』帝還告儉。儉曰：『褚是未達事理。』乃即令虞整作詔。及高帝爲太尉，以至受禪，詔策皆出於儉。此正見儉傾心於齊高，爲佐命功臣之處。更定衣服之制，引漢書及魏都賦，爲藩國侍臣服貂之證。又引晉典勸進表，定百僚致敬齊公之禮。引春秋曹世子來朝，定齊國世子之禮。及受禪改元應特舉郊祭之禮，立春在上辛後仍應南郊之禮，皆援據有典。此正見儉深於禮學，爲開國文臣之首。

《褚淵傳》，增幼時父湛之有所愛牛墮井，湛之躬率左右救之，淵勿顧也。湛之歿，有兩府寶物在淵生母郭氏處，嫡母吴氏求之，郭不與，淵再三請，乃從之。山陰公主見淵貌美，請於廢帝，召以自侍，備見逼迫，淵終不移志。時淮北已屬魏，江南無鰒魚，一枚直數千錢，或有餉三十枚者，門生請賣之，可得十萬錢，淵悉以與親游噉之，少日而盡。後廢帝時，袁粲知淵私於齊高，謂淵曰：『國家所倚，惟公與劉丹陽及粲耳。願各自勉，無爲竹帛所笑。』淵曰：『願以鄙心寄公腹内。』然竟不能貞固。齊高功業日重，王儉議加九錫，齊高恐淵不同，任遐曰『淵保妻子，愛性命，非有奇才，遐力能制之。』果無違異。

《張敬兒傳》，增敬兒貧時，嘗爲襄陽城東吴泰家擔水，通其婢，事發，逃空棺中，以蓋加上，乃免。及建鵲尾軍功，收籍吴氏家財數千萬，併取所通婢爲妾。

《王敬則傳》，增生時母爲女巫，謂應得鳴鼓角，人笑之曰：『汝子得爲人鳴鼓角幸矣。』及長，與既陽縣吏鬭，謂曰：『我若得既陽縣，當鞭汝背。』吏唾其面曰：『汝得既陽縣，我應作司徒公矣。』又嘗至高麗，與其國女子私通，後將被收，乃逃歸。後果得既陽令，昔日吏逃亡，勒令出，遇之甚厚，曰：『我已得既陽，汝何時作司徒公耶？』禪位時，宋順帝逃入宫内，敬則將輿入宫，啓譬令出。順帝謂敬則曰：『欲見殺乎？』答曰：『出居别宫耳。官昔取司馬家亦如此。』順帝泣曰：『惟願生生世世不復與帝王作因緣。』宫内盡哭。敬則與王儉同拜開府儀同三司，徐孝嗣戲儉曰：『今日可謂合璧。』儉曰：『不意老子與韓非同傳。』或以告敬則，敬則欣然曰：『我南沙縣小吏，遂與王衛軍同日拜三公，復何恨。』

《柳世隆傳》，增世隆初起兵應明帝，爲孔道存所敗，逃匿，其母妻併繫在獄。時購世隆甚急，或斬一貌似者送道存，道存示其母妻，母哭不甚哀，而妻號慟方甚，竊謂姑曰：『今不悲，恐爲人所覺。』故大慟以滅其迹也。世隆性清廉，張緒曰：『君當以清名遺子孫耶？』答曰：『一身之外，亦復何復。子孫不才，將爲爭府；如其才也，不如一經。』韋祖徵鄉里舊德，世隆雖貴，每爲之拜。或勸祖徵止之，答曰：『司馬公爲後生楷法，吾何必止之。』

《張瑰傳》，增安陸王緄行部雍州，見丐者，問何不事産而行乞，答曰：『昔張瑰使君在州，百姓家得相保。後人苛虐，故至行乞。』後拜太常卿，自以閒職，輒歸家。武帝曰：『卿輩未富貴，謂人不與。既富貴，那復欲委去。』

《周奉叔傳》，增奉叔就王敬則求米二百斛，敬則以百斛與之，不受。敬則大懼，乃更餉二百斛。敬則有一妓，帝令奉叔求之，奉叔徑率左右，刀皆半拔，直入其家。敬則懼，跣足入内，既而自計不免，乃出呼奉叔曰：『弟那忽見顧。』奉叔宣旨求妓，意乃釋。

《王廣之傳》，增廣之求劉所乘馬，皇甫肅曰：『廣之敢奪節下馬，當斬。』後廣之破敵還，甚敬肅。亡後，肅轉依廣之，廣之啓爲東海太守。其不念舊惡如此。豫章王嶷傳，南史所刪最多，以此傳本太冗，至八九千字也，然又有增者。是時武帝奢侈，後宫萬餘人，宫内不容，暴室皆滿。嶷後房亦千餘人，荀丕獻書諫嶷，嶷咨嗟良久，爲之稍減。又增嶷死後，忽見形於沈文季曰：『我未便應死，皇太子加膏中十一藥，使我癰不差；湯中又加一藥，使我利（痢）不斷。吾已訴先帝矣。』俄而太子薨。又嘗見形於後園，呼直兵，直兵無手板，左右以玉板與之，出園後，直兵倒地，仍失玉板。齊書皆無之，蓋不欲見其父之中毒，且爲文惠太子諱也。嶷乃蕭子顯之父。

《武陵王奕傳》，增幼時生母死，曄思慕不異成人，高帝令與武帝同居。帝時甚貧，諸子學書無紙筆，曄嘗以指畫空中，及畫掌學字，遂工篆法。無棊局，乃破荻爲片，縱横爲之，指點行勢，遂至名品。後侍武帝宴，醉伏地，貂抄肉柈（盤），帝曰：『汙貂。』對曰：『陛下愛其羽毛，而疏其骨肉。』又嘗在帝前與竟陵王子良圍棋，子良大北，豫章王嶷私勸其讓。曄曰：『生平未嘗一口妄語，執心疏婞，偏不知悔。』

《江夏王鋒傳》，增其母張氏爲宋蒼梧王逼取，又欲害鋒，高帝乃匿鋒於張氏村舍。五歲學鳳尾諾署文曰『諾』，書如鳳尾，一學即工。武帝禁藩邸諸王不得讀異書，五經之外，惟許看孝子圖，鋒乃密使人買書。鋒善琴，帝欲試以臨人，鋒曰『昔鄒忌鼓琴，齊威王委以國政。』遂出爲南徐州刺史。善與人交。幕僚王和赴益州任，來告，流涕曰：『下官少來未嘗作詩，今日違戀，不覺文生於情。』鋒工書，南郡王昭業謂武帝曰：『臣書勝江夏。』帝曰：『闍梨第，一法身第二。』法身昭業小名，闍梨鋒小名也。明帝輔政時，鋒危懼，深自晦迹。江祏曰：『江夏王有才行，而善能匿迹。』鋒聞歎曰：『江祏遂爲混沌畫眉，益反敝耳。寡人聲酒自耽，狗馬是好，豈復一毫於平生哉。』嘗著修柏賦以寓意。見明帝言次及遙光才力可任，鋒曰：『遙光之於殿下，猶殿下之於高皇，衛宗廟，安社稷，實有攸寄。』明帝失色。後被殺，江斆聞之流涕曰：『芳蘭當門，不得不鋤，其修柏之賦乎。』

《宜都王鏗傳》，增三歲喪母，及有識，聞知母死，悲禱。一夕，果夢一女人云是其母。因向左右説夢中所見，形貌衣服皆如平生，聞者以爲孝感。善射，常插甘蔗於百步外，射之，十發十中。明帝誅高武諸子，鏗詠陸機吊魏武云：『昔以四海爲己任，死則以愛子託人。』左右皆泣下。後果遣呂文顯齎藥至，正逢八關齋，鏗從容謂曰：『高帝昔寵任君，何事有今日之行？』答曰：『出不得已。』乃仰藥死。又死後見夢於其師陶弘景云，當托生某家，弘景参訪果符，乃著夢記。

《河東王鉉傳》，增幼時高帝嘗晝臥纏髮，鉉上高帝腹弄繩，帝因以繩賜之。及崩後，鉉以錦函盛繩，歲時開示，輒流涕嗚咽。被殺時，欣然曰：『死生命也，終不效建安王乞爲奴。』乃仰藥死。《竟陵王子良傳》所刪亦最多，如諫遣臺使督租一疏，請墾荒田一疏，諫租布折錢一疏，諫射雉二疏，共三四千字，然亦有增者。幼時高［武］帝爲贛縣令，其母裴後嘗爲高帝所怒，遣還家，已登路，子良不悅，帝曰：『何不讀書？』子良曰：『娘今何在，何用讀書！』帝乃召還裴後。子良亡後，袁彖謂陸慧曉曰：『齊氏微弱，已數年矣。爪牙柱石之臣都盡，所餘惟風流名士耳，若不立長君，無以鎮四海。王融欲立子良，實安社稷，恨其不能斷事，以至被殺。今蒼生方塗炭，正當瀝耳聽之。』

《魚復侯子響傳》，增子響以董蠻爲僚屬，武帝聞之曰：『人以蠻名，何得蘊藉。』乃改名爲仲舒。謂：『今日仲舒何如昔日仲舒？』對曰：『昔董仲舒出自私庭，今仲舒降自天帝，故當勝之。』

《晉安王子懋傳》，增幼時母阮淑媛嘗病危，請僧祈禱，有獻蓮花供佛者，子懋禮佛曰：『若使阿姨病愈，願佛令此花不萎。』七日齋畢，花更鮮好，當世稱其孝感。子懋被害，参軍周英，防閤陸超之、董僧慧皆抗節不屈。王玄邈執僧慧，僧慧曰：『晉安舉事，僕實與謀，今得爲主人死，不恨矣。願至主人大斂畢，退就死。』玄邈許之，還具白明帝，以配東冶。子懋子昭基，年九歲，以方寸絹爲書，探問消息，僧慧得書，曰：『此郎君書也。』悲慟而卒。陸超之見子懋死，或勸其逃亡，答曰：『人皆有死，何足懼。吾若逃，非惟孤晉安之眷，亦恐田横客笑人。』有門生姓周者，謂殺超之可得賞，乃伺超之坐，自後斬之。及殯斂，周又助舉棺，墮壓其頭折而死，聞者以爲天道焉。

《建安王子眞傳》，增明帝使裴叔業就典籤柯令孫殺之，子眞走入牀下，叩頭乞爲奴，不許，遂見害。

《南海王子罕傳》，增母樂容華寢疾，子罕晝夜祈禱，以竹爲燈纘照夜，此纘一夕枝葉茂大，母疾亦愈。

《巴陵王子倫傳》，增明帝遣茹法亮殺子倫，子倫鎮琅琊，有守兵，恐其見拒，以問典籤華伯茂，伯茂曰：『若遣兵取之，恐不可卽辦。若委伯茂，一小吏力耳。』法亮乃令伯茂以酖逼之，子倫謂法亮曰：『君是身家舊人，今銜此命，當由事不獲已，此酒非勸酬之爵。』因仰之而死。其下因歷敍典籤之權重，謂『明帝殺諸王，悉典籤所殺，無一人抗者。』孔珪聞之曰：『若不立籤帥故，當不至此。』事見典籤條内。

又《南史與齊書互異處》

《齊書·張敬兒傳》，謂敬兒既得方伯，意知滿足，初得鼓吹，羞便奏之。是敬兒本無大志。《南史》則敍其征荆州時，每見諸將，輒自言未貴時，夢村中社樹，忽高數十丈。在雍州又夢此樹高至天以此誘部曲。又爲謠言，使討兒歌之曰：『天子在何處，宅在赤谷口，天子是阿誰，非猪卽是狗。』敬兒本名苟兒，家在赤谷。敬兒少習武事，既從容都下，益不得志云。是明言敬兒有反志，與《齊書》本傳不同。蓋李延壽好取新奇語入史，既採社樹及童謠，則傳不能又謂其意存知足也。

《齊書·周奉叔傳》，謂鬱林欲誅宰輔時明帝鸞方輔政，乃出奉叔爲都督青、冀二州軍事，以爲外援，《南史》則謂明帝輔政，令蕭諶説帝，出奉叔爲外援。又説奉叔以方岳之重，奉叔乃許。是奉叔之出，乃明帝意，非鬱林意也。案奉叔勇力絶人，鬱林欲誅宰輔，方倚以爲助，豈肯出之於外？當是明帝謀廢立，懼其在帝左右爲難，故説帝出之。此則《南史》爲得其寔也。

《齊書·竟陵王子良傳》，子良在宋時爲邵陵王友。王名友，尋廢此官，遷子良爲安南長史。《南史》則云，宋道衰謝，諸王微弱，故不廢此官。兩傳迥異。

《齊書·蕭昭胄傳》，東昏無道，昭胄與蕭宣、胡松等謀，因東昏出行，閉城拒之。會東昏新起芳樂苑，月餘不出，故事泄而敗。《南史》則謂，朱光尚託鬼道，爲東昏所信。光尚知昭、胄等謀，託言蔣王云，巴陵王在外欲反，故東昏不敢出，四十餘日，事敗乃伏誅。

《齊書·魚復侯子響傳》，子響殺台使尹略等，武帝遣蕭順之帥兵至，子響部下逃散，子響乃自服降，賜死。《南史》則云，順之將發舟時，文惠太子素忌子響，屬順之早爲之所，勿令生還，順之乃縊殺之。是子響之死出文惠之意，自是寔事。

《齊書》蓋爲文惠諱，且順之卽梁武之父，兼爲順之諱也。

又《南史增删梁書處》 《南史》增《梁書》事迹最多。李延壽專以博採見長，正史所有文詞必删汰之，事迹必櫽括之，以歸簡淨。而於正史所無者，凡瑣言碎事，新奇可喜之迹，無不補綴入卷。而《梁書》本據國史舊文，有關係則書，無關係則不書。卽有關係而其中不無忌諱，亦卽隱而不書，故行墨最簡，遂覺《南史》所增益多也。今略舉其增删處，兩相比較，可以見二書之大概也。

又《南史删梁書處》 《梁武本紀》，齊東昏無道，帝在雍州，使張弘策陳計於長兄行郢事懿，謀共起兵靖亂。《梁書》載其語甚詳。《南史》但云，使弘策陳計於懿，語在懿傳。蓋《梁書》不立懿傳，故以此敍於本紀。《南史》另立懿傳，則以此詳於懿傳中，而本紀從略也。帝平京邑，有肆赦一令，革除昏政一令、恤戰亡將士一令、節省浮費一令。齊帝進帝爵梁公，九錫文一篇、百僚勸進文二篇。齊帝進帝爵爲梁王一詔。齊帝禪位一詔，璽書一道，《南史》皆删之，但存九錫文一篇，勸進文一篇而已。此仿陳壽之例，説已見《梁書》内。《簡文紀》，《梁書》有卽位一詔，大赦一詔，大寶元年改元一詔，《南史》皆删之。大寶二年，《梁書》書湘東王繹遣王僧辨討侯景，擒其將任約、宋子仙等，《南史》亦删之，以此事敍入《元帝紀》，故《簡文紀》不敍也。《梁書·簡文紀、元帝紀》並敍，未免繁複。《元帝紀》，《梁書》大寶二年，簡文崩後，有王僧辯等勸進一表，答書一道，又勸進一表。大寶三年，帝討侯景一檄。僧辨平侯景，又勸進一表。徐陵在魏，遣使勸進一表。帝卽位一詔。《南史》皆删，只存僧辯等勸進一表而已。又《僧辨傳》，齊文宣送梁貞陽侯蕭淵明入爲梁主，《梁書》載文宣與僧辯一書、僧辨一啓，貞陽答僧辨一書，又一啓，貞陽又答一書，《南史》亦盡删之。《梁書》元帝使鮑泉圍河東王譽，久不克，乃使王僧辨代之。僧辨至，泉愕然曰：『得王竟陵來助我，賊不足平矣。』僧辨既入，背泉而坐，曰：『鮑郎有罪，（令）〔令〕旨使我鎖卿，卿勿以故意相期。』此事既載於泉傳，又載於《僧辨傳》，殊屬繁複。《南史》則詳其事於泉傳，而《僧辨傳》則略之。又《沈約傳》，《梁書》載其郊居賦一篇三千餘字，將以見其恬適耶？則約本躁競也！將以見其工於文耶，則約之工文，又不止此賦也，《南史》亦删之。此皆《南史》删節之得當者也。亦有不當删而删者。本紀，武帝起兵時有檄文一道，正見伐罪除暴之不容已，《南史》不載，但云移檄建業。及帝出沔，命王茂等圍郢城，久不拔，西台遣席闡文來議，欲與魏連和，帝答以非策。此段文字最長，見帝之英斷。《南史》亦不載。《蕭昱傳》，《梁書》載其乞試用邊州一表，武帝斥責一詔，《南史》盡删之。《許懋傳》，《梁書》載諫封禪國山一表，正見其徵引之博，議論之正。《南史》亦盡删之，但云帝見其議稱善而已，此外亦無事迹可紀，則何必立此傳耶？《梁書·賀琛傳》載其論大功之末不可冠子嫁女一議甚詳，《南史》亦全載其文，以其有關於禮制也。懋封禪一表，所係更大，乃獨删之，何耶？《梁書·王僧辨傳》，附其弟僧智逃入齊，幷附徐嗣徽小傳。此皆因僧辨之難，間關被害者，自應附見。而《南史》一概删之，此又不當删而删者也。至如《江淹傳》載其上建平王景素一書。蓋仿《漢書》鄒陽獄中上書例也。《陳伯之傳》，伯之奔魏，臨川王宏北伐，使邱遲作書與伯之，伯之遂擁衆八千以歸，《南史》亦載其全文，以其文之工也。《任昉傳》，昉没後諸子流離，劉孝標憫之，乃廣朱公叔《絶交論》，《南史》亦載其全文，亦以一死一生，乃見交情，爲千古所同慨也。此又見延壽之意存斟酌，不盡以刪節爲能者。

又 **《南史增梁書有關係處》** 《武帝紀》，增皇考之薨不得志。武帝父順之，在齊武帝時討魚復侯子響，縊殺之。齊武心惡之，順之憂懼而卒。見《齊書·子響傳》。至是鬱林失德，齊明帝輔政。帝欲助明帝以傾武帝之嗣，乃與明帝謀廢立等事。又增齊明性猜忌，帝避時嫌，常乘折角小牛車以自晦。晚年爲侯景所制，臨崩口苦，索蜜不得，再曰荷荷而崩。

《元帝紀》，增帝性情矯飾，多猜忌，於名無所假借，人有勝己，必加毁害。王銓兄弟有盛名，帝妒之，乃改寵姬王氏之父名琳，以同其父之名。忌劉之遴才，使人鴆之。雖骨肉亦罹其禍。始居母憂，依丁蘭刻木爲像。及武帝崩，秘喪，逾年乃發凶問，方刻檀爲像，朝夕事之。其虚僞如此。武陵之平，議者欲因其舟楫遷都建業，宗懔、黄羅漢皆楚人，不願移，帝亦不欲動乃止。西魏來攻，城將破，乃聚書十萬卷燒之。在幽辱中猶作四絶句。

《徐妃傳》，增妃不見禮於元帝，二三年始一入房，妃以帝眇一目，知帝將至，先爲半面粧待之，帝大怒。妃性妒，見無寵之妾，便交杯接坐，纔覺有娠，即手加刀刃。先與瑶光寺智遠道人私通，又與帝左右暨季江者淫通，季江每歎曰：『柏直狗雖老猶能獵，蕭溧陽馬雖老猶駿，徐娘雖老猶尚多情。』又有賀徽者色美，妃要之於普賢尼寺，書白角（扇）［枕］爲詩贈之。後爲帝逼死，帝嘗著《金樓子》述其穢行。

《昭明太子傳》，增丁貴嬪薨，太子求得善墓地，有賣地者，欲以己地出售，乃賂奄人俞三副言於帝，謂太子所得地不如己地，於帝最吉，帝便命市之。既葬，有道士善圖墓，謂此地不利長子，教以用蠟鵝諸物厭之。有宫監密聞於帝，帝遣檢果然，將窮其事，徐勉固諫而止。由是太子終以此慚懼，以及於薨，其後嗣亦不得立。

《南康王會理傳》，增會理在建業，伺侯景出征，欲與柳（仲）［敬］禮等起事拒景。建安侯賁以謀告王偉，遂被誅。

《武陵王紀傳》，增紀在蜀十七年，積貲無數，廄馬至八千匹，統兵東下，黄金一斤爲餅，百餅爲篋，至有百篋，銀五倍之，每戰則懸以示賞，而終不給。

《臨賀王正德傳》，增正德奔魏，又逃歸，復西豐侯本封，益肆横。與弟樂山侯正則，及潮溝董當門之子暹，南岸夏侯夔之子爲四凶，嘗殺人於道。其車服牛馬，號西豐駱馬，樂山烏牛，董暹金帖，織成戰襖。武帝詔責之，謂其專爲逋逃主。劫掠行路，致京邑士女早閉晏開。徐敖失妻，横屍道路。王伯敖列卿之女，乃奪爲妾。又正德妹長樂公主，適謝禧，正德與姦，乃燒主第，縛一婢，加金釧於其手，聲云主燒死，而藏於家，呼爲柳夫人，生（一）［二］子。其事稍露，後因奪張準雉媒，準於衆中駡曰：『雉媒非長樂主，何可掠奪。』皇太子恐帝聞之，亟爲和解，乃送還雉媒。

《蕭懿傳》，增懿在齊功高枉死。武帝即位之日，即追封長沙郡王，第三日追封兄敷及弟暢、融，逾月始追尊皇考妣。先卑後尊，爲識者所譏。

《蕭藻傳》，增藻出刺益州。先是鄧元起在蜀，自以有剋劉季連功，恃宿將，輕藻年少，藻怒乃殺之。元起在蜀時，聚積如山，金玉爲一室曰内藏，綺縠爲一室曰外府。藻以外府賜將士，内藏送京，己無私焉。

《臨川王宏傳》，增宏統軍北伐時，軍容甚盛。既克梁城，諸將欲乘勝深入，宏聞魏援兵至，遂不敢進，呂僧珍亦贊之。裴邃曰：『是行也，固敵是求，何難之避。』馬仙琕曰：『但有前死一尺，何得退生一寸。』昌義之曰：『呂僧珍可斬也！豈有百萬之師輕言可退。』朱僧勇、胡辛生拔劍起曰：『欲退自退，下官當向前取死。』議罷，宏終不敢出。魏人遺以巾幗，歌曰：『不畏蕭娘與呂姥，但畏合肥有韋武。』韋叡也宏仍不進。於是軍政不和，遂大潰而歸，棄甲投戈，填滿山谷，士卒喪失十之八九。又增宏敗後，常懷愧憤。有人伏於朱雀航，伺帝竊發，被獲，稱爲宏所使，宏自辨無此事，帝乃宥之。宏恣意聚斂，有庫百間。帝疑其藏軍仗，具饌至其家宴，半醉，曰：『我欲履行汝後房。』見其積錢百萬標一黄榜，千萬懸一紫標，凡三十餘間。帝疑始釋，大悦曰：『阿六，汝生活大可。』豫章王綜嘗爲錢愚論以譏之，帝特以激宏，敕綜曰：『天下文章何限，那忽作此。』而宏不知愧也。宏又與帝女永興公主私通，遂謀弒逆。會齋期，公主使二僮伺帝，丁貴嬪疑之，令宮帥擒獲，稱宏所使。帝殺二僮，祕其事，以漆車載主出。主恚死。

《南平王偉傳》，增其世子恪刺郢州，侯景之亂，邵陵王綸至，恪以州讓之，綸不受。

《鄱陽王恢傳》，增其子修鎮漢中，拒魏帥，力屈乃降。宇文泰禮之，令還金陵。元帝方疑忌，修請輸仗馬而後入，及江陵，患發背卒。其子諮，當簡文爲侯景所制，外人莫得見，惟諮以文弱得出入卧內。景惡之，遣人刺殺之。

《沈約傳》，增約之先世田子、林子，爲宋初開國功臣。案此二人功績最著，本應入宋功臣傳，約欲自誇其先世，故不入列傳，而載於自序內。此私見也。梁書約傳删此二人，自屬得體。延壽惟恐遺二人功績，乃亦仍自序之舊而載之。延壽既作南史，則宋史亦其所作，何不補此二人於宋史內，而仍序於約傳耶？

《范雲傳》，增雲在齊朝時，豫章王嶷常在私第，不居東府；竟陵王子良亦好遊，不常居石頭，雲言其非，乃各鎮一城。又增梁武將加九錫，雲適中病，醫者徐文伯謂須一月愈，若欲速愈，恐二年不可復救。雲急於痊愈，以備佐命。文伯乃下火而牀焉，重衾覆之，汗果出，遂愈。二年卒。《任昉傳》，《梁書》謂昉卒後，諸子皆幼，人罕贍恤之。故劉孝標爲作《廣絶交論》。《南史》增諸子併無術業，墜其家聲，兄弟流離，不能自振，生平舊交莫有收恤之者。

《徐勉傳》增勉掌選時，奏立九品爲十八班，自是貪冒者以財貨取通，守道者以貧寒見没矣！

《朱異傳》，增異貪冒財賄，欺罔視聽，四方饋餉，曾無推拒。起宅美麗，退直則酣飲其中，慮日晚臺門閉，先令鹵簿自家列至城門，城門不敢閉。聲勢所驅，薰灼內外。以上皆增《梁書》，而多有關於人之善惡，事之成敗者。又如《蕭藻傳》增其弟猷，猷弟朗，朗弟明，及猷之子韶，韶弟駿也。《臨川王宏傳》，增其子正仁、正文、正德、正則、正立、正表、正信、及正德子見理，正立子賁也。《南平王偉傳》增其子恪也。《鄱陽王恢傳》增其子範，範弟諮，諮弟修，修弟泰也。《始興王憺傳》增其子亮、暎、曄也。《任昉傳》增其子東里、西華、南容、北叟也。此皆有補於《梁書》者也。

又　卷一一《宋齊梁陳書併南史·南史增梁書瑣言碎事》

《武帝紀》增帝兵圍郢州，城將破，有毛人數百，泣投黄鵠磯，蓋城之精也。帝東下，所乘船常有兩龍道引，左右皆見之。軍至建業，圍六門，東昏將桓和紿東昏出戰，因來降。時民間謂密相欺者爲『和欺』，梅蟲兒等曰『今日敗於桓和，可謂「和欺」矣。』又增帝少時符瑞，及在位，信奉佛教，重雲殿遊仙化生皆動，又海中浮鵠山女子獻紅席等事。

簡文紀增昭明太子夢以己班劍授簡文，已而昭明薨，簡文果爲皇太子。

元帝紀增生時符瑞。武帝夢眇目僧執香爐，託生宮中。適采女阮姓侍側，始褰帷，有風回裾，武帝竟感幸之，遂生帝。帝工書善畫，自圖宣尼像，爲之贊，人稱三絶。自承聖三年，主衣庫有黑蛇丈許，數十小蛇隨之。帝惡之，左右曰『錢龍也。』乃取數千萬錢鎮其地以厭之。又有蛇落帝帽上，所御肩輿中有小蛇蜿蜒其中。又有龍騰空去，六七小龍隨之。羣魚騰躍，墜死於地。未幾江陵陷，爲西魏所滅。

郗皇后傳增后酷妒，及終，化爲龍，入宮，通夢於帝，或見形。帝體將不安，龍輒激水騰湧於露井上。常置銀轆轤金瓶，灌百味以祀之。故帝終身不復娶后。

丁貴嬪傳增郗后遇之無道，常使日舂米五斛，每中程，若有神助者。

昭明太子傳增武帝在襄陽起兵時，尚未有子，在途聞太子生，又徐元瑜降，而蕭穎胄死，人以爲同時三慶。又太子十二歲時，見獄官持案牘，問左右我得判否？即取來，皆署杖五十，有司不敢行，具以聞帝，帝笑而從之。

南康王會理傳增會理在湘州，行事劉納嘗禁其所爲，會理乃誣以贓賄，收送建業。納曰：『我一見至尊，當使汝等知。』會理遂使人殺之於路，百口俱盡。

盧陵王續傳增元帝母阮得幸由丁貴嬪之力，故元帝與簡文帝相得，與續亦少相狎，長而相謗。元帝自荆州還京，攜所寵李桃兒俱歸。時宮禁門户甚嚴，續奏之，元帝懼，遂先送桃兒還荆，所謂西歸內人也。後續死，元帝在江州聞之，喜躍，屧爲之破。又續好聚斂，臨終，啓上金銀器千餘件，帝乃知其多財。謝宣融曰『王之過如日月之蝕，欲令陛下知之，故終不隱。』帝意乃解。

武陵王紀傳增紀初授揚州時，帝於詔書內增數語曰：『貞白儉素，是其清也。臨財能讓，是其廉也。知法不犯，是其慎也。庶事無留，是其勤也。』後使都督益州，紀辭以遠。帝曰：『天下若亂，惟益州可免，故以處汝。汝念我老，我猶當再見汝還益州也。』

臨賀王正德傳增正德奔魏時，爲詩納火籠中，卽咏火籠曰：『楨幹屈曲盡，蘭麝氛氳消，欲知懷炭日，正是履冰朝。』至魏，稱被廢太子，蕭寶夤在魏，請殺之，不果。

蕭昂傳增有一女子，年二十許，散髮黄衣，在武窟山石室中，不甚食，或飲少酒、鵝卵一二，故人呼爲聖姑，求子多驗，造之者滿山谷。昂呼問，無所對。以爲妖，鞭之二十，創卽差，失所在。

蕭業傳增其父懿被害時，業與二弟藻、象俱逃匿王嚴秀家，東昏收嚴秀付獄，攷掠備至，以鉗拔手爪，至死不言，乃免禍。業以私米購甓，助修城工，武帝嘉之，出刺湘州。有二虎無故斃於道，有人謂刺史德政所致。言訖不見。

蕭藻傳增其從孫韶爲童時，庾信愛之，有斷袖之歡，衣食皆資於信。後入梁，韶鎮郢州，信過之，韶接信甚薄，坐青油幕，引信入宴，坐信别榻，有自矜色。信不能堪，乃徑上韶牀，踐踏肴饌，直視曰『官今日形容大異。』韶甚慚。

永陽王敷傳增敷仕齊爲隨郡内史，有美政。齊明帝謂徐孝嗣曰『學士不解治官，聞蕭隨州置酒清談，而路不拾遺。』

南平王偉傳增其世子恪爲雍州刺史，任用其客江仲舉、蔡薳、王臺卿、庾仲雍，百姓每有訴，必數處輸錢，民間歌曰：『江十萬，蔡五百，王新車，庾大宅。』武帝聞之，爲接其句曰：『主人憒憒不如客。』

范雲傳增雲在齊時，爲明帝述太宰文宣王梦巾之事，明帝哀感，待其子昭、胄等稍弛。江祏嘗求雲女結婚，以翦刀爲聘，及祏貴，雲曰：『荆布之室，理隔華盛。』乃還其翦，祏别結姻焉。梁武少與雲相得，雲乃築室相依，帝每至其家，雲妻輒聞蹕聲。又嘗與雲宿顧暠之舍，暠之妻方産，有鬼在外曰：『此中有王有相。』雲謂帝曰『王當仰屬，相以見歸。』後果驗。

江淹傳增晚年才思微退，夢張景陽向其索錦，淹探懷中數尺與之。景陽曰：『那便割裂都盡。』顧見邱遲曰：『餘此數尺，聊以遺君。』又夢郭璞向其索筆，淹卽以五色筆與之爾後爲詩，終無新句。

任昉傳增昉在齊東昏時，紓意於梅蟲兒，得中旨，用爲中書令。往謝尚書令王亮，亮曰：『卿宜謝梅，那忽謝我。』時人稱任筆沈詩，昉以爲病。晚節更好作詩，欲以傾沈，而用事過多，屬詞不得流便。都下士子慕之，轉爲穿鑿，於是有才盡之歎矣。

王僧孺傳增僧孺論素問中用砭石事，謂『古人以石爲針。』許慎説文所謂『以石刺病也。』又載晉、宋以來譜學散亂一事。又附同時文人虞羲、邱國賓、蕭文琰、邱令楷、江洪、劉孝孫、徐夤等，因敍文琰等擊鉢立韻，響滅而詩成等事。

胡僧佑傳增僧佑嘗以所加鼓吹置齋中自娱，或言此是公羽儀，公名位已重，不宜若此。答曰：我性愛之，恆須見耳。出游亦以自隨。

陰子春傳增青州有神廟，刺史王神念毁之，棟上一大蛇，長丈餘，遂入海。子春夜夢一人乞地安置，乃辦牲醴，請召安置一處。夜夢前人來謝曰『當以一州相報。』後果因破魏兵，授南青州刺史。

杜岸傳增岸爲蕭詧所擒，詧母數岸罪，岸斥之爲老婢，詧命拔其舌，臠其肉而烹之，盡滅諸杜，發其冢墓。及建業平，杜崱兄弟亦發安寧陵以報。以上所增皆瑣言碎事，無甚關係者。李延壽修史，專以博採異聞，資人談助爲能事。故凡稍涉新奇者，必羅列不遺，卽記載相同者，亦必稍異其詞，以駭觀聽。如《羊侃傳》謂武帝新造兩刀，稍長丈四尺，令侃試之，南史則謂長二丈四尺。《梁書》謂侃輓弓至十餘石，《南史》則云二十石。皆欲以奇動人也。然有時采掇過多，轉覺行文蕪雜者。如《豫章王綜傳》，正敍綜奔魏後，梁兵大潰而歸，爲魏兵抄掠，而因及任煥乘騅馬走，爲抄傷足，歇橋下，抄者又至，煥足傷不能上馬，馬跪其前蹄，煥遂得騎而逸。又如《王僧辯傳》，正敍其攻郢州入羅城，忽又敍有大星如車輪墜賊營，去地十餘丈。又有龍五色光耀，入鸚鵡洲水中等事。平郢州後，正敍其進兵潯陽，忽又敍軍中多夢周、何二廟神云，吾已助天子討賊，乘朱航而返，日已殺景矣，同夢者數十百人等事。及師至鵲頭，風浪大作，僧辯仰天告誓，風遂止息，忽又敍羣魚躍水飛空，官軍上有五色雲，雙龍夾檻等事。既復京師，又奉命徵陸納。方敍納據長沙拒守，忽又敍天日清明，俄而大雨，時人謂爲泣軍，咸知納必敗也。又有兩龍自城西江中騰躍升天，遙映江水。父老咸悲曰：『地龍已去，國其亡乎。』諸如此類，必一一裝入，毋怪行文轉多澁滯，不如梁書之爽勁也。

又《梁南二史歧互處》　《長沙嗣王業傳》，《梁書》敍其父懿，當東昏無道，崔慧景奉江夏王寶元圍台城，東昏徵懿赴援。懿在歷陽，卽投箸而起，進兵擊敗慧景，乃加懿侍中尚書令。而倖臣茹法珍等忌懿功高位重，尋構東昏賜死。南史懿傳則謂懿率兵入援時，武帝遣虞安福勸懿，誅賊後卽勒兵入宮，行伊、霍故事，若放兵受其厚爵，必生後悔。懿不從，遂及於難云。案懿在歷陽，聞詔卽赴，一二日已達京師敗慧景，時武帝方在襄陽，距京二千里，豈能逆知其事，而遣使在未平彗景之，先，此必誤也。梁書本傳，無武帝勸懿廢立之事，南史慧景未反前，武帝遣趙祖悅勸懿興晉陽之甲，當卽此一事而係之於兩處耳。

《邵陵王傳》，《梁書》載其少年爲丹陽尹時，侵漁細民，爲少府丞何智通所奏，綸使戴子高刺殺智通。智通子訴於闕下，帝令圍綸第捕子高，綸匿之，竟不出，坐是罷官，後復爵。其載綸之不善如此而已。南史則增綸因帝敕責，乃取一老公類帝者，加以衮冕，朝以爲君，自陳無罪，旋卽剝褫，而撻之於庭。又因昭明太子薨，帝立簡文爲太子，綸以爲非，乃伏兵於莽，常伺車駕，有張僧胤知之，謀頗泄。又獻曲阿酒百器，帝以賜寺人，飲之而薨。帝由此始不自安，每加衛士，以警宮禁云。案綸當侯景之變，率兵赴援，鐘山之戰最力，後兵敗而逃，聞湘東王繹以兵圍河東王譽，作書勸湘東息家門之憤，赴君父之難。湘東不聽，反以兵逼綸，綸遂遁入齊昌，尚思匡復，爲西魏兵所攻，被殺。是綸非肆逆者。且帝既先防其爲亂，加衛士防之矣，侯景反時，豈肯又加以征討大都督之權，令其統諸軍討賊乎？此亦必《南史》好採異聞，而不究事之眞僞也。至《武陵王紀傳》，《梁書》謂侯景之亂，紀不赴援。《南史》則謂紀先遣世子圓照領兵三萬，受湘東王繹節度，繹令且駐白帝，未許東下。及武帝凶問至，紀總戎將發，繹又使胡智監至蜀止之。是紀未嘗不發兵也。而梁書所謂不發兵者，蓋本元帝時國史。元帝既殺紀，欲著其逆迹而有是言，所謂欲加之罪，其無辭乎？此事當以南史爲正。

《王僧孺傳》，《梁書》載其爲南康王長史時，被典籤中傷去職，奉辭王府一箋，凡千餘字。按箋內有云『去矣何生，高樹芳烈』之語，既辭王府，何以獨稱何生，殊不可解。《南史》雖删此文，而謂僧孺將去，有友人何炯猶在王府，僧儒與炯書以見意，然後何生句始明。蓋别何炯書，非辭王府箋也。此又可見南史詳細處。至《任昉傳》，《梁書》、《南史》俱謂昉出爲新安太守，卒於官。而劉孝標《廣絶交論》有云：『瞑目東粤，藐爾諸孤，流離大海之南，寄命瘴癘之地。』是則昉歿於粤，非歿於新安也。二書俱誤。

又《南史於陳書無甚增删》　《南史》於他書多所增删，獨至《陳書》則甚少。今以兩書比對，如杜僧明、周文育、侯安都、侯瑱、歐陽頠、吳明徹、黄法𣰰、淳於量、章昭達、程靈洗等傳，大概相同，但稍節其字句耳。其陳書所有而南史删之者，周鐵虎傳删馬明戰死之事，任忠傳删後主倖臣沈客卿、施文慶弄權誤國之事，華皎傳删戴僧朔、曹慶、錢明、魯閑、席慧略等附見之事，傅縡傳删其明道論一篇，沈炯傳删其請終養一疏，答詔一道，江總傳删其修心賦一篇而已。其陳書所無而增之及陳書所略而詳之者，如蕭摩訶傳，隋將賀若弼兵至建業，魯廣達力戰，賀若弼與七總管兵八千人，各勒陣以待之。弼躬當廣達，麾下死者二百七十餘人，弼縱煙以自隱，窘而復振。陳人得人頭，輒走獻後主取賞。弼更趨孔範軍，範敗走，陳軍遂潰。隋將擒蕭摩訶送弼，弼以刀臨頸，辭色不撓，乃釋而禮之。又陳慧紀傳，慧紀聞隋師攻建業，先遣呂肅據巫峽，以鐵鎖橫江，四十餘戰，隋軍死者五千餘人，陳軍盡取其鼻以邀賞。既而隋軍獲陳卒，則縱遣之。别帥廖世寵詐降於隋，欲燒隋艦，風浪大起，火反燒陳船，陳軍大敗，慧紀尚率兵東下，隋晉王廣遣使以慧紀子來諭降，又使降將樊毅等諭上流城戍悉解，慧紀不得已乃降。此陳書所略而詳之者也。任忠傳，忠降隋數年而死，隋文帝謂羣臣曰：『平陳之初，我悔不殺任蠻奴。受人榮禄，兼當重寄，不能横屍，而云無所用力，與弘演納肝，何其異也？』傅縡傳，縡以直諫死，死後有蛇屈尾來上靈座，去而復來，百餘日時時有彈指聲。吳明徹傳，明徹爲周所擒，封懷德郡公。義陽王叔達傳，陳書止載其入隋爲絳郡通守，南史併載其入唐爲禮部尚書。此皆陳書所無，而南史增之者也。其餘但删減行墨，而絶無添列事迹。蓋李延壽修南、北二史閱十七年，至修陳書則已精力澌竭，故不能多爲搜輯耳。

又《南史與陳書歧互處》　《南史》於《陳書》雖無甚增删，然如衡陽王傳，直書其爲文帝所害，始興王伯茂傳，直書其爲宣帝所害，劉師知傳，直書其害梁敬帝之事，使姦惡不能藏匿，此最有功於陳書。事俱見陳書避諱條內其他有與陳書岐互者，長沙王叔堅傳，陳書謂後主待堅漸薄，堅不自安，乃爲左道祈福，刻木作偶人，衣以道士服，晝夜醮之。有人上書告其事，後主令宣敕責之，堅曰：『非有他故，但欲求親媚耳。』是左道厭魅，叔堅實有其事也。南史則云，後主陰令人造其厭魅之具，又令人告之，案驗令實。是叔堅本無此事，而後主誣陷之耳。又江總自序，太建之末，權移羣小，屢被摧黜。生平惟奉佛教，深悟苦空。陳書本傳謂此序時人謂之實録，南史則謂此敍識者譏其言迹之乖。惟此兩傳，二書岐互。觀於江總諂事後主，與自序不同，則亦當以南史爲定也。

又 卷一三《魏齊周隋書併北史·北史魏書多以魏收書爲本》 李延壽修《北史》時，魏收、魏淡二書并存。史稱淡書義例極嚴，則延壽魏史自應以淡書爲本。今乃與魏收書一一核對，惟道武、太武、獻文之殂及以西魏爲正統，昭成帝爲其子實君所弒，魏書但云，二十九年十二月，帝至雲中，旬有二日，帝崩。北史則云，皇子實君作亂，帝暴崩。道武爲清河王紹所弒，魏書但云，冬十月戊辰，帝崩于天安殿，年三十九。北史則云清河王紹作亂，帝崩。太武爲中常侍宗愛所弒，魏書但云正平二年三月甲寅，帝崩于永安宮，年四十五。北史則云，中常侍宗愛構逆，帝崩。獻文爲文明太后所害，魏書但云承明元年，年二十三，帝崩于永安殿。《北史》則書文明太后有憾于帝，帝崩。《魏書》出帝之後即接以東魏孝靜帝，而出帝後諸帝不書。《北史》則孝武帝後即出帝，有文帝、廢帝、恭帝三本紀，恭帝遜位，西魏亡，始列東魏孝靜帝本紀。此蓋用魏淡之例，其他紀傳，則多本魏收書，但刪繁就簡耳。淡書以西魏爲正統，東魏爲僞。又以道武諸帝併遭非命，前史立紀，不異善終，殺主害君，莫知名姓，則亂臣賊子將何所懼？今分明直書，不敢回避云，其他紀傳則多本魏收書，但刪繁就簡耳。推原其故，蓋魏收修史在北齊時，凡魏朝記載，如鄧淵、崔浩、高允所作編年書，李彪、崔光所作紀傳表志，邢巒、崔鴻、王遵業所作高祖起居注，温子升所作莊帝紀，元暉業所作辨宗室録，卷帙具在，足資採輯，故其書較爲詳備。及書成，則盡焚崔、李等舊書，於是收書獨存。而魏淡續修，亦僅能改其義例之不當者，而年月件繫事實則固不能舍收書而別有所取也。是知淡書已悉本收書，延壽又在淡後，自不得不以收書爲本，故敍事大略相同也。

按孝明帝之崩，本胡太后倖臣鄭儼、徐紇所爲。魏收書及北史本紀皆不見其迹，但云武泰元年二月癸巳，帝崩於顯陽殿而已，是《北史》例亦不畫一。又《晉書·苻堅載記》，堅遣俱難、鄧羌等討涉翼犍，即《魏書》什翼犍，涉翼犍戰敗，遁于陰山，其子翼珪縛父以降。堅以涉翼犍荒俗未知禮義，令入太學習禮，以翼珪執父不孝，遷於蜀。此事魏收書本紀既不載，《北史》亦不書。

又 《北史改編各傳》 《北史》編次各傳，多有與正史異者。魏、齊、隋俱有《外戚傳》，北史以魏之劉羅辰、李峻、於勁、李延實，齊之婁叡、爾朱文暢、鄭仲禮、李祖升、元蠻，隋之獨孤羅、蕭巋，各附其家傳。惟魏之賀訥、姚黄眉、杜超、賀迷、閭毗、馮熙、李惠、高肇、胡國珍，齊之趙猛、胡長仁入《外戚傳》。《周書》無《外戚傳》《魏書·文苑傳》有袁躍、裴敬憲、盧觀、封肅、邢臧、裴伯茂、邢昕、温子升，北史惟取子升，其餘各附其家傳。齊書文苑傳有祖鴻勳、李廣、樊遜、劉逖、荀士遜、顏之推，北史惟取祖、李、樊、荀，其餘亦各附其家傳。之推本在《北齊·文苑》內，後又仕周，故《北史》編入周代。《周書》無《文苑傳》，《北史》取王襃、庾信，顏之推及弟之儀。《隋書·文學傳》有劉臻、崔儦、王頍、諸葛穎、王貞、孫萬壽、虞綽、王胄、庾自直、潘徽，北史則取劉臻、諸葛穎、王貞、虞綽、王胄、庾自直、潘徽，又增虞世基、許善心、柳晉、明克讓爲文苑傳。而崔儦、王頍、孫萬壽各從其家傳。《魏書》有《孝感傳》，趙談、長孫慮、乞伏保、孫益德、董洛生、楊引、閻允明、吳悉達、王續生、李顯達、倉跋、張升、王崇、郭文恭也。《周書》有《孝義傳》，李棠、柳檜、杜叔毘、荆可、秦族、皇甫遐、張元也。《隋書》有《孝義傳》，陸彦師、田德懋、薛濬、王頒、田翼、楊慶、郭世俊、紐因、劉仕儁、郎方貴、翟普林、李德饒、華秋、徐孝肅也。《北史》則以趙談、李棠、柳檜、杜叔毘、陸彦師、李德饒入別傳及家傳，其餘作《孝行傳》。《魏書·藝術傳》，晁崇、張勝、殷紹、王早、耿元、劉靈助、江式、周淡、李修、徐謇、王顯、崔彧、蔣少游也。齊書方技傳，由吾道榮、王春、信都芳、宋景業、許遵、吳遵世、趙輔和、皇甫玉、解法選、魏寧、綦母懷文、張子信、馬嗣明也。《周書·藝術傳》，冀儁、蔣升、姚僧坦、黎景熙、趙文深、褚該、强練也。《隋書·藝術傳》，庾季才、盧太翼、耿詢、韋鼎、來和、蕭吉、張胄玄、許智藏、萬實常也。北史則以江式、崔彧、冀儁、黎景熙、趙文深各編列傳，又增沙門靈遠、李順興、檀特師、顔惡頭，並以陸法和、徐之才、何稠共爲藝術傳，其餘入別傳及家傳。《魏書·酷吏傳》，於洛侯、胡泥、李洪之、高遵、張赦提、羊祉、崔暹、酈道元、谷楷也。《齊書·酷吏傳》，邸珍、宋游道、盧斐、畢義雲也。《周書·酷吏傳》，王文同也。《北史》則以高遵、羊祉、酈道元、谷楷、宋游道、盧斐、畢義雲各從其家傳，其餘入《酷吏傳》。

又《〈北史〉全用〈隋書〉》 《北史》於魏、齊、周正史，間有改訂之處，惟於隋則全用隋書，略爲刪節，並無改正，且多有回護之處。如隋文帝之篡，《隋書》本紀既循照歷代國史舊式敍九錫文、禪位詔，並帝三讓乃受，絶不見攘奪之述矣。《北史》亦一一照本鈔謄，略無一語差異。祇刪去九錫文以省繁冗而已。文帝殺宇文諸王：《周書》謂諸王皆以謀執政被害，而《北史》則第書誅陳王純，誅代王達，誅滕王逌，一似有罪而伏法者。帝卽位後，封靜帝爲介國公，年方九歲，開皇元年殂。《周書》謂隋志也，而《北史》但書介國公薨，上舉哀於朝堂，謚曰周靜帝，一似善終而加以恩禮者。其於文帝之崩，書帝疾甚，與百僚辭訣，握手歔欷，崩於大寶殿，又載遺詔一篇，有『惡子孫已爲百姓除去，今嗣位者乃好子孫』等語，一似憑几末命，壽考令終，並非遭害者。煬帝紀亦但書高祖崩，上卽位於仁壽宮，而煬帝使張衡侍疾致斃，及矯詔卽位之事，絶不見形迹。卽《張衡傳》亦不著其弑逆，但載其賜死時，自言我爲人作何事，而望久活，監刑者塞耳促殺之而已。惟於《宣華夫人傳》，文帝以太子廣無禮於夫人，速召故太子勇，楊素急以白太子廣，廣遂令張衡入寢殿，令夫人及後宮侍疾者皆出，俄而帝崩。此則略露端倪於隱約之間。然亦未嘗直書也。《隋書》書法承歷代相沿舊例，尚不足怪。李延壽自作私史，正當據事直書，垂於後世，何必有所瞻徇，乃忌諱如此，豈於隋獨有所黨附耶？抑《隋書》本延壽奉詔所修，其書法已如此，故不便歧互耶？然正史隱諱者，賴有私史，若依樣胡盧，略無別白，則亦何貴於自成一家言也。

又《南北史兩國交兵不詳載》 南北史以簡淨爲主，大概就各朝正史刪十之三四。如每代革易之際，以禪讓爲篡奪者，必有九錫文，三讓表，禪位詔册，陳陳相因，遂成一定格式。南、北史則刪之，而僅存一二詔策。其他列傳內文詞無關輕重者，亦多裁汰。如許善心神雀賦，《隋書》全載原文，《北史》但記其事，而不載其賦。如此類者，不一而足，宋子京所謂『刊落醲詞，過舊書遠甚者』也。其於南北交兵事，尤多刪削。今卽以《北史》與《魏史》校對。如《魏書》明元帝泰常七年，魏攻滑臺，宋將王景度棄城走。八年，克虎牢，獲宋將毛德祖等。此事在宋少帝景平元年，《宋書》書魏軍克虎牢，執司州刺史毛德祖以去。《南史》卻不書。太武帝神䴥元年，宋將王仲德寇濟陽，王玄謨、竺靈秀寇滎陽，魏兵擊破之。四年，安頡平滑臺，擒宋將朱修之、李元德等，追檀道濟至歷城而還。此事在宋元嘉八年，《宋書》書滑臺復爲索虜所陷，檀道濟引兵還。太平眞君四年，皮豹子等破宋兵於濁水。七年，永昌王仁擒宋將王章於高平。十一年，仁斬宋將劉坦之於汝東。宋將蕭斌之寇濟州，王買德棄城走，斌之入城，遣王玄謨寇滑臺。帝南伐，遣長孫眞率騎五千赴之，玄謨、斌之皆遁。乃命諸將並進，宋將臧盾拒守，燕王譚破其援兵胡崇之，永昌王又攻拔懸瓠。車駕至淮，斬宋將唐德祖，遂至瓜步。宋人大懼，獻百牢，請進女皇孫以求和。帝以師婚非禮，許和而不許婚。《北史》俱不書，但云帝南征，命諸將分道並進，所至城邑皆下，起行宮於瓜步[山]。宋文帝遣使進百牢，併請進女，帝許和而不許婚。又如孝文帝太和四年，齊將崔文仲（陷壽）[若眉戍]春，崔慧景寇武興，魏詔元嘉等南討，破齊將盧紹之於朐山，又詔馮熙等出正陽，賀羅出鍾離，諸將擊破齊將桓康於淮陽，俘三萬餘人。《北史》亦不詳載，但云元嘉破齊軍，俘三萬口。十二年，齊將陳顯達陷醴陽，左僕射穆亮討之。十（五）[三]年，齊兵寇淮陽，太守王僧儁擊走之。二十一年，帝留諸將攻赭陽，自至宛城克其郛，至新野，築長圍困之，大破齊將於沔北。

二十二年，齊將蔡道福、成公期、胡松等各棄地遁走。又攻宛城拔之，其將房伯玉出降。齊將裴叔業寇渦陽，詔鄭思明救之。二十三年，齊將陳顯達寇[穎][荆]州，詔元英討之，顯達陷馬圈，車駕南伐，顯達遁走。《北史》皆不書。宣武帝正始元年，梁將姜慶眞陷壽春外郭，州兵擊走之。統軍劉思祖大破梁兵於邵陽，擒其將趙景悦等。元英又破梁將王僧炳於樊城，又破梁將馬仙鞞於義陽，拔之。《北史》皆不書，但書破馬仙鞞一事而已。二年，邢巒擒梁將范始男等，王足斬梁將王明達等，薛眞度又破梁將王超宗等。《北史》俱不書，但云頻大破之。是年，又詔中山王英南討襄沔。三年，梁將王茂先寇荆州，詔楊大眼討之，斬其將王花等，茂先遁，追至漢水，拔其（王）〔五〕城。梁將張惠紹陷宿豫，韋叡陷合肥，詔尚書元遥南討，奚康生破張惠紹，斬其將宋黑。中山王英破其將王伯敖。邢巒破其將桓和於孤山，諸將别克固城、蒙山，兖州平。邢巒敗梁兵於宿豫，張惠紹棄宿豫，蕭昞棄淮陽南走，徐州平。中山王英大破梁軍於淮南，梁臨川王宏等棄〔梁城，沿〕淮東走，遂攻鍾離。四年，鍾離大水，英敗績而回。《北史》皆不書，但書命中山王英南討，破梁將王伯敖，及圍鍾離，因大水敗回而已。淮陽之役，臨川王宏大兵逃回，實兩國大事，乃亦不書。蓋延壽敍事專以簡括爲主，固不能一一詳書，且南北交兵，各自誇勝諱敗，國史固各記其所記，延壽則合南北皆出其一手，惟恐照本鈔謄，一經核對，則事迹多不相符故也。即如《齊神武紀》神武圍王思政於玉壁，欲以致敵，西師不敢出，乃班師。而周文紀謂周文聞齊神武至玉壁，乃出軍蒲坂，神武即退，是西師未嘗不敢出也。芒山之戰，《齊紀》謂神武大敗周文，俘斬六萬，會有軍士奔西軍，告以神武所在，西軍盡鋭來攻，神武幾爲賀拔勝所獲，僅而免。是東軍先勝而後敗也。《周紀》則云齊神武陣芒山，數日不進，周文率軍夜登山，未明而擊之，神武爲賀拔勝所逐，僅免。而趙貴等五軍居右，戰不利，齊神武合軍再戰，周文又不利，是西魏軍亦先勝後敗。兩紀相校，則《周紀》少敍先爲東軍所敗一節，《齊紀》又少敍再戰而敗西軍一節，致不相合。且齊神武奔脱後，合兵再戰，周文不利之處，應敍於《齊紀》以誇勝，乃反敍於《周紀》，而《齊紀》不書。此戰之後，《齊紀》謂神武遣劉豐衎地，至宏農而還。《周紀》謂齊神武自至陝，達奚武御之乃退，亦不相符。可見作史之難，兩國交涉處，一經校對，輒多罅隙，宜乎延壽之不敢詳書也。按《北史》太略，亦有不明處。如魏宣武帝景明元年，齊將陳伯之寇淮南，是伯之方爲齊攻魏也，忽於正始三年書陳伯之自梁城南奔。一伯之也，何以忽南忽北。魏書則景明三年書伯之來降，正始元年伯之破梁將趙神悅及昌義之，三月伯之自梁城南奔，則其先降北而又奔南，較爲明析。北史不書其降魏一節，殊無來歷。若以伯之降魏事小故不書，然正始元年梁將夏侯道遷據漢中來降，何以又書也？

又《〈北史〉與魏齊周隋書歧互處》《北史》與魏、齊、周、隋各史比對，大略相同，間有小異處，今爲摘出。《魏書》神元帝遣子文帝沙漠汗如魏，是歲魏景元二年也。《北史》則謂遣文帝如晉，是歲晉景元二年也。按景元尚是魏陳留王年號，《魏書》以屬魏，從其名也，是時權已在晉，《北史》以屬晉，從其實也。《魏書》凡宗室皆係以元姓，如元觚、元儀、元題之類是也。按拓跋之改姓元，乃孝文帝時事，道武以來固未嘗有此，乃以後來所改之姓追敍於未改之前，殊屬倒裝。《北史》則書秦王觚、東平公儀、襄城公題，較爲得實。爾朱榮河陰之殺朝士，《魏書》謂責百官以明帝被害之故，《北史》謂榮妄言高陽王雍欲反，故殺之。《周書・楊忠傳》，忠從獨孤信破穰城，居半年，以東魏之逼，與信俱奔梁，後從梁歸關中，周文召居帳下，是奔梁後方歸西魏也。《北史》云，東魏之逼，忠與信俱歸關中，周文召居帳下，則删卻奔梁一節，未免過求簡淨之失。其他與正史稍有歧互者：魏孝文南伐，《魏書》步騎百餘萬，《北史》作三十餘萬。齊文宣逼魏孝靜帝禪位，《魏書》有襄城王旭入奏，請靜帝法堯禪舜，《北史》作襄城王昶。西魏克南鄭，《周書》謂梁蕭循降，《北史》作蕭修。《周書・文帝紀》有沃野賊衛可孤，《北史》作衛可瓌。弘農之戰，《周書》謂斬東魏將李徽伯，《北史》謂擒李徽伯。此皆稍有差異之處。延壽自序謂正史外又勘究雜史千餘卷，故有此改訂也。

又《〈北史〉書法與周隋書不同處》《周書・文帝紀》內，魏大統十二年，齊神武圍玉壁不克，以疾班師。十三年春遂殂。十五年，侯景弑梁武帝。十六年，齊文宣廢魏孝靜而自立。《北史》、《周紀》皆不書，以是時周文帝尚爲魏臣，諸事皆書於魏史故也。《隋書・文帝紀》專敍文帝事，而其父忠立功於周室之處不敍，以周書已立忠傳也。北史則於周代不立忠傳，而以忠事敍於隋文紀內。《周書》文帝、孝閔帝、明帝三本紀各爲一論，北史則三帝合爲一論，而論詞仍檃括周書三論用之。《周書》武帝、宣帝、靜帝紀，各爲一論。北史亦檃括其語爲一論。至如隋文帝、煬帝、恭帝紀論則全用《隋書》，一字不易，惟文帝論開首『龍德在田，奇表見異』八字，換以『樹基立本，積德累仁』耳，然隋文以詭詐攘位，有何積德累仁耶！

又 《〈北史〉紀傳互異處》 《隋書·文帝本紀》周五王謀隋文帝，帝以酒肴造趙王招，觀其指趣，王伏甲於卧內，賴元胄以免。是文帝知招欲謀害，故以酒肴赴之以觀其意也。《元胄傳》則云，招欲害帝，帝不之知，乃將酒肴詣其宅，則已與紀異矣。《周書·趙王招傳》云，招邀隋文帝至第，飲於寢室，則又非隋文之以酒肴赴之也。周、隋書各記所記，故不同如此。《北史》則延壽一手所成，乃此等處全鈔舊文，初不檢點，遂亦歧互。

又 卷一五《魏齊周隋書併北史·隋書·志》 隋書本無志，今之志乃合記梁、陳、齊、周、隋之事，舊名五代史志，別自單行，其後附入《隋書》，然究不可謂隋志也。自開皇、仁壽時，王劭爲《隋書》八十卷，以類相從，至編年紀傳尚闕。唐武德五年，令狐德棻奏修五代史梁、陳、齊、周、隋。詔封德彝、顔師古修《隋書》。歷年不就而罷。貞觀三年，又詔魏徵修之，房玄齡爲監修，徵又奏顔師古、孔穎達、許敬宗同撰，序論皆徵所作，凡帝紀五、列傳五十，十年正月上之，此《隋書》也。十五年，又詔于志寧、李淳風、韋安仁、李延壽同修五代史志，凡成十志三十卷。顯慶元年長孫無忌等上之，此五代史志也。説見劉攽校刊時所記。

清·王鳴盛《十七史商榷》卷五四《〈南史〉合〈宋〉〈齊〉〈梁〉〈陳〉書二·〈宋書〉諱齊高帝名〈南史〉不諱》 《宋書·順帝紀》『升明元年七月，鎮軍將軍齊王出鎮東城』云云，自下屢稱齊王，又『十二月，録公齊王入守朝堂』云云，自下屢稱録公齊王，『二年三月，給太尉齊王羽葆、鼓吹』，三年正月又書『太傅齊王』云云，凡此皆蕭道成也。《南史》皆直書名，《宋書》而出於齊臣則當諱，出梁臣則不必諱，然沈約修《宋書》固在齊武代也。文惠太子宫伎尚識沈家令，約豈能不敬齊高哉？

又 《〈南史·宋齊紀〉書法不同》 《宋書·順帝紀》：『升明元年十二月，車騎大將軍、荆州刺史沈攸之舉兵反，内外纂嚴。』又：『司徒袁粲據石頭反，尚書令劉秉、黄門侍郎劉述、冠軍王蘊率衆赴之。黄回及輔國將軍孫曇瓘、屯騎校尉王宜興、輔國將軍任候伯、左軍將軍彭文之密相響應。中領軍劉韞、直閤將軍卜伯興在殿内同謀。録公齊王誅韞等於省内。軍主蘇烈、王天生、薛道淵、戴僧靜等陷石頭，斬粲於城内。秉、述、藴踰城走，追擒之，併伏誅。二年正月，沈攸之奔散，華容縣民斬之。同逆皆伏誅』。凡此皆宋室忠臣也，而書反、書逆、書伏誅，《南史》則書不從執政，或云貳於執政，此《南史》之改舊而最得者，但於《齊高帝紀》仍書諸人爲反，自相違則非，宜亦書舉兵不書反，書殺不書伏誅爲允。

又 卷五六《〈南史〉合〈宋〉〈齊〉〈梁〉〈陳〉書四·南北史志》 偶見近儒攷史者，内有一條曰：『《金史·蔡珪傳》珪合沈約、蕭子顯、魏收宋、齊、魏三書作《南北史志》，惜已亡失。然梁、陳與北齊、後周各志皆已收入魏徵《隋書》，不知當時曾彙而成志否？』愚謂蔡珪之書料無足觀，其亡亦不足惜。

又 卷六一《〈南史〉合〈宋〉〈齊〉〈梁〉〈陳〉書九·〈南史〉附傳皆非》 《南史》無《藝術傳》，故以徐文伯嗣伯兄弟世精醫術，而强附入《張融傳》，實則欠妥。又如釋寶誌以附《隱逸·陶弘景傳》，亦爲不當。《南齊書》亦無《藝術傳》，故於褚淵之弟澄傳附徐嗣，卽嗣伯也，亦欠妥，而又但有嗣無文伯，載嗣醫術靈驗只兩事，較《南史》甚略，其一事直閤將軍房伯玉冷病云云，彼文只作有一傖父。《南史》於此等瑣碎處往往小有添補，亦不無微益，惟縛芻爲鬼下鍼，李延壽慣喜説鬼，亦不足責，所可怪者，以文伯兄弟爲東海人，《南齊書》則作東陽人，文伯之曾祖熙、祖秋夫、父道慶皆精醫而熙已居秦望山，又宋文帝言天下五絕皆出錢唐，謂杜道鞠彈棊、范悦詩、褚欣遠模書、褚允圍棊、徐道度療疾也。然則自是東陽，非東海。

又 卷六二《〈南史〉合〈宋〉〈齊〉〈梁〉〈陳〉書十·〈南史〉論宋齊多襲取梁陳多自造》 《南史》論於宋齊兩書皆襲取之，至梁、陳書則襲者雖有而自造者亦多，然宋齊極多名論，卻遭割棄，説已見前，《梁書》論少佳者，惟江淹、任昉，姚察論云：『二漢求賢率皆經術，近世取人多由文史。二子之作，辭藻壯麗，允值其時。』此段極精，《南史》采之。

又 卷五三《〈新唐書〉過譽〈南北史〉》 《新唐書·李延壽傳》云：『世居相州。貞觀中，爲御史臺主簿，兼直國史。初，延壽父大師，多識前世舊事，常以宋、齊、梁、陳、魏、齊、周、隋天下參隔，稱謂之間互相輕侮。其史于本國詳，他國略，往往訾美失傳，思所以改正，擬《春秋》編年，刊究南北事，未成而没。延壽既數與論撰，所見益廣，乃追終先志。本魏登國元年，盡隋義寧二年，作本紀十二、列傳八十八，謂之《北史》；本宋永初元年，盡陳禎明三年，作本紀十、列傳七十，謂之《南史》。凡八代，合二書百八十篇，上之。其書頗有條理，刪落釀辭，過本書遠甚。時人見年少位下，不甚稱其書。遷符璽郎，兼修國史，卒』。愚謂此傳於延壽敘述頗詳，且多褒譽。若《舊書》則以延壽附《令狐德棻傳》下，首云『李延壽者』，添一『者』字，意甚輕之。敘述粗略，無所稱美。今平心觀之，延壽只是落想佳，因南北八代合有鳩聚鈔撮之功，而延壽適承其乏，人情樂簡，故得傳世。其書疵病百出，不可勝言。《新唐》云『頗有條理』，愚則謂其甚少條理。又云『刪落釀辭』，愚則謂其刪落處不當而欠妥者十之七八。若云『過本書遠甚』，則大謬不然。耳食之徒踵此瞽說，幾疑本書可廢，遂令魏、齊兩史殘闕甚多，致後人反用《北史》補之，豈非為《新唐書》所誤乎？予所指摘，詳見後。

《新書》七十二上《宰相世系表》延壽出李氏姑臧大房，其父大師，字君烈，渤海郡主簿。

《舊唐書·高宗紀》：『調露二年二月，詔曰：「故符璽郎李延壽撰《正典》一部，辭殫雅正，雖已淪亡，功猶可録，宜賜其家絹五十疋。」』案時延壽已卒，是以稱『故』，《正典》見《舊·經籍志》。『淪亡』者，人亡非書亡，若書已亡，何由知『辭殫雅正』乎？當係延壽没未久，家人獻之，以求恩澤耳。然則延壽當卒於儀鳳之末。《新書》雖言其年少，但修書當貞觀時，計其年必已三四十歲，又閱三十年至儀鳳之末，必已六七十歲之外，學淺識陋，才短位又甚卑，著述傳世，千餘年以來遂成不刊之作，一何多幸耶？

各帝《南北史》皆稱謚法，各書則稱廟號，然各書間亦有稱謚法者，名稱不定，例未畫一，此則《南北史》無此病。

《南北史》增改無多，而其所以自表異者則有兩法：一曰刪削，二曰遷移。夫合八史以成二史，不患其不備，惟患其太繁，故延壽一意刪削，每立一傳，不論其事之有無關係，應存應去，總之極力刊除，使所存無幾以見其功，然使刪削雖多，仍其位置，則面目猶未換也。於是大加遷移，分合顛倒，割截搭配，使之盡易其故處，觀者耳目一新，以此顯其更革之驗。試一核實而攷之，刪削、遷移皆不當，功安在乎？其書聊可附八書以行，幸得無廢足矣，不料耳食者反以為勝本書也。

或曰：『子於李延壽指摘其失甚悉，乃所考證，仍用延壽書作綱，各書皆從之挨次羼入，何也？』曰：世人醉心於延壽而欲廢各書久矣，今驟而易之，使讀各書難矣。就彼熟徑，掇其瑕礫，搴其蕭稂，使羣陰解駮，然後求之各書則易。凡各書皆標明某書某紀某傳，其有直稱某紀某傳者皆是《南史》，而亦多有標出《南史》某紀某傳者，隨便下筆，例不能一也。《北史》仿此。

又《各書目南北史目皆宋人添》 各書目皆在每卷首，大約古書多序在全書之末，目在每卷之首。今目是宋人添，觀曾鞏於《南齊書》序云『臣等因校正其訛謬，而敘其篇目』云云。末云『臣某等謹序目録昧死上』，於《陳書》序云：『《陳書》舊無目，今別為目録一篇，使覽者得詳焉。』然則《南北史》目亦宋人添也。每卷目仍留不去，雖復出可厭，能存舊卻佳。

又卷六五《〈北史〉合魏齊周隋書一·李百藥〈北齊書〉》 唐太宗貞觀元年，李百藥受詔撰《北齊書》，十年成，見《舊唐書》百藥本傳。

又《令狐德棻等周隋二書》 唐高祖武德五年，祕書丞令狐德棻始創議修六代史，同時分撰者凡一十七人。其限以六代者，蓋因《宋書》已有沈約，《南齊書》已有蕭子顯，惟魏收《魏書》爲衆論所不許，故重修之，而合北齊及周、隋、梁、陳爲六代也。其後論撰歷年不能就，罷之。至太宗貞觀三年，始復從祕書之奏，以魏有魏收、魏澹二書已詳，惟北齊、周、隋、梁、陳五家史當立，于是罷修《魏書》，止撰五代史，同時分撰者凡九人，房玄齡則總監五史，以上併見《舊唐書》德棻本傳，已引見前第五十三卷，亦見《新書》一百二卷各本傳。惟魏澹，《舊·德棻傳》作『魏彥』，修《魏書》者只有魏收、魏澹，并無魏彥，原本與近本同作『彥』，皆誤也，當從新。又貞觀五史分撰之九人，合新舊書只見六人，其同撰《隋書》有顏師古、孔穎達、許恭宗三人，又得之於《隋書》後跋，合計之，惟李百藥獨主北齊，姚思廉獨主梁、陳，餘無獨撰者。

《新唐書》一百九十八卷又云：『敬播，河東人。貞觀初，顏師古、孔穎達撰次《隋史》，詔播詣祕書内省參纂。』

又《隋書・志》 貞觀十年，五史併告成，然皆無志。十五年，又詔左僕射于志寧、太史令李淳風、著作郎韋安仁、符璽郎李延壽同修《五代史志》，凡十志三十卷。顯慶元年，太尉長孫無忌等上進，詔藏祕閣，後又編第入《隋書》，其實別行，亦呼為《五代史志》，見《隋書》後跋。

《隋書》紀傳每卷首題特進魏徵上，志則題太尉長孫無忌等奉敕撰，其實貞觀十五年命諸臣修志，無無忌名，直至永徽三年無忌始受詔監修，見本傳。蓋書已垂成，無忌適逢其會，因而表進遂題名卷端也。内《天文》、《律曆》、《五行》三志獨出李淳風筆，《五行志》序相傳是褚遂良作。案本傳，未嘗受詔撰述，蓋但為一序而已。

又《目録宜補杜銓》 《北史》目録當亦是後人校者增，李延壽本無。第二十六卷末當補一條云：『杜銓』，下用小字注云：『族孫景，景孫正玄、正藏。』

又 卷六八《〈北史〉合魏齊周隋書四・併合各代每一家聚爲一傳》 前言《南史》併合宋、齊、梁、陳，似成一代為非，又言以家為限斷，不以國為限斷，一家之人必聚於一篇，以一人提頭，而昆弟子姓後裔咸穿連之，使國史變作家譜，最為謬妄。今《北史》亦用此例，后妃分上下二卷，上卷皆魏后妃，下卷則齊、周、隋三朝后妃共為一卷，非其類而强相毗附，眞成笑端。李延壽聊欲以此略顯所長，自謂於舊錦機中織出新花樣，無此直鈔胥而已，故不得不爾。至如《魏書》有《長孫嵩傳》，《周書》有嵩之五世孫儉傳，而《北史》則遂以儉入嵩傳；《魏書》有《于栗磾傳》，《周書》有栗磾之六世孫謹傳，而《北史》則遂以謹入栗磾傳；《魏書》有《封懿傳》，《北齊書》有懿之族玄孫隆之傳，而《北史》則遂以隆之入懿傳，如此之類甚多，略舉幾條以明之。延壽之為此，不但欲使與《南史》體例畫一，亦籍以略顯所長耳，而於史法則謬矣。方敍魏人，忽入隋事，欲觀周傳，偏涉齊朝，使讀者左顧右盼，顛倒迷惑，且似將齊、周、隋人皆提入魏，魏太飽，齊、周、隋太飢，殊非著述之體，其病正與《南史》同。若酈道元，文士也，為叛臣蕭寶夤所殺，亦可憫，《魏書》乃入《酷吏》，明係曲筆。宋世軌執獄寬平，至使高洋亦重其骨鯁，《北齊書》僅與其兄世良同入《循吏》，義太淺狹。《北史》則以道元升入其父範傳，以世軌升入其伯父隱傳，卻是，然此乃撞著法耳，豈眞胸有定見而然乎？

又《〈北史〉例異於〈南史〉不可解》 南北史雖裁成一手，儻《南史》所有，《北史》不當有者，原不必一律，若《南史》以侯景等別標一目，曰《賊臣傳》，甚確，乃宇文化及親弒其君而《北史》入之其父《述傳》，并同黨司馬德戡、裴虔通亦附入，縱隋煬罪浮桀紂，化及非奉天討之人，至王世充僭即偽位，弒皇泰主，亦為列傳，則何以服侯景等乎？《隋書》以化及、世充列末卷，在《異域》之後，極是。中常侍宗愛弒世祖太武帝燾，立吴王余，又弒之，連害二主，惡逆重大，乃不目曰賊臣，而但入之《恩幸》，此其體例之不一，而甚不可解者也。《北魏書》以宗愛入《閹宦傳》，尚差可，而《北史》改入《恩幸》則大非。《南史》於諸列傳之下首次之以《循吏》，次《文學》，次《孝義》。《北史》則以《循吏》居各傳後，此又何義乎？

藝文

清・羅惇衍《集義軒詠史詩鈔》卷三三《唐二・令狐德棻》 羽檄交馳典籍燔，購從天闕備蕓籤，周隋撰史開編急，魏晉陳綱定論嚴。官謝藥城明去就，對莊柏寢得鍼砭，燉煌文學成書早，絹帛三番雨露沾。

雜録

宋・王溥《唐會要》卷六三《史館上・修前代史》 武德四年十一月，起居舍人令狐德棻嘗從容言於高祖曰：『近代已來，多無正史，梁、陳及齊，猶有文籍，至於周、隋，多有遺闕。當今耳目猶接，尚有可憑。如更十數年後，恐事迹湮没，無可紀録。』至五年十一月二十六日，詔：『司典序言，史官紀事。考論得失，究盡變通。所以裁成義類，懲惡勸善。自有魏至乎陳隋，莫不自命正朔，綿歷歲祀，各殊徽號，刪定禮儀。然而簡牘未編，紀傳咸闕，炎涼已積，謡俗遷訛，餘烈遺風，泯焉將墜。顧彼湮落，用深軫悼，有懷撰次，實資良直。中書令蕭瑀、給事中王敬業、著作郎殷聞禮，可修魏史。侍中陳叔達、祕書丞令狐德棻、太史令庾儉，可修周史。中書令封德彝、中書舍人顔師古，可修隋史。大理卿崔善爲。中書舍人孔紹安、太子洗馬蕭德言，可修梁史。太子詹事裴矩、吏部郎中祖孝孫、前祕書丞魏徵，可修齊史。祕書監竇璡、給事中歐陽詢、秦王府文學姚思廉，可修陳史。』綿曆數載，竟不就而罷。修撰之源。自德棻始。至貞觀三年，於中書置祕書内省，以修五代史。

宋·宋敏求《唐大詔令集》卷八一《政事·經史·修晉書詔》 朕拯溺師旋，省方禮畢，四海無事，百揆多閑。遂因暇日，詳觀典府，考龜文於羲載，辨鳥册於軒年。不出巖廊，神交千祀之外；穆然旒纊，臨睨九皇之表。是知右史序言，由斯不昧；左官詮事，歷茲未遠。發揮文字之本，道達書契之源，大矣哉蓋史籍之爲用也。自沮誦攝官之後，伯陽載筆之前，列代史臣，皆有刪著。仲尼修而採檮杌倚相誦而闡邱墳。降自西京，班馬騰其茂實；逮於東漢，范、謝振其芳聲。蕞爾當塗，陳壽覈其國志；眇哉劉宋，沈約裁其帝籍。至若梁陳高氏。朕命勒成，惟周及隋，亦同甄録。莫不彰善癉惡，激一代之清芬；褒吉懲凶備百王之令典。惟晉氏膺運，制有中原，上帝啓玄石之圖，下武代黄星之德。及中朝鼎沸，江左嗣興，併宅寰區，各重徽號，足以飛英麗筆，將美叢書。但十有八家，雖存記注，而才非良史，事虧實録。緒煩而寡要，思勞而少功。叔寧課虚，滋味同於畫餅；子雲學海，涓滴堙於涸流。處叔不預於中興，法盛莫通於創業。洎乎于、陸曹鄧，略紀帝王；鸞盛廣松，纔編載記。其文既野，其事罕傳。遂使典午清高，韜遺芳於簡册；金行曩誌，闕繼美於驪騵。遐想寂寥，深爲歎息。宜令修國史所更撰《晉書》，銓次舊闻，裁成義類，俾夫湮落之誥，咸使發明。其所須，可依修五代史故事。若少學士，亦量事追取。貞觀二十年閏三月

後晉修唐書

綜　述

《新五代史》卷五五《劉昫傳》 劉昫，涿州歸義人也。昫爲人美風儀，與其兄暄、弟皥，皆以好學知名燕、薊之間。後爲定州王處直觀察推官。處直爲其子都所囚，昫兄暄亦爲怨家所殺，昫乃避之滄州。唐莊宗卽位，拜昫太常博士，以爲翰林學士，明宗時，累遷兵部侍郎居職。明宗素重昫而愛其風韻，遷端明殿學士。長興三年，拜中書侍郎兼刑部尚書、同中書門下平章事，昫詣中興殿門謝，是日大祠不坐，昫入謝端明殿。昫自端明殿學士拜相，當時以此爲榮。廢帝入立，遷吏部尚書、門下侍郎，監修國史。

宋·王溥《五代會要》卷一八《前代史》 晉天福六年二月敕：『有唐遠自高祖，下暨明宗，紀傳未分，書誌咸闕。今耳目相接，尚可詢求，若歲月寖深，何由尋訪？宜令户部侍郎張昭、起居郎賈緯、祕書少監趙熙、吏部郎中鄭受益、左司員外郎李為先等修撰唐史，仍令宰臣趙瑩監修。』其年四月，監修國史趙瑩奏：『奉敕同撰唐史起居郎賈緯丁憂，請以刑部侍郎吕琦、侍御史尹拙同修。』從之。尋改吕琦為户部侍郎、尹拙為户部員外郎，令與張昭等修唐史。其年四月，監修國史趙瑩奏：

自李朝喪亂，迨五十年，四海沸騰，兩都淪覆，今之書府，百無二三。臣等虔奉綸言，俾令撰述，褒貶或從於新意，纂修須按於舊章。既闕簡編，先虞漏略。今據史館所闕唐書實録，請下敕命購求。

況咸通中宰臣韋保衡與蔣伸、皇甫燠撰武宗、宣宗两朝實録，又光化初，宰臣裴贄撰僖宗、懿宗兩朝實録，皆遇國朝多事，或值鑾輿播越，雖聞撰述，未見流傳。其韋保衡、裴贄合有子孫，見居職任，或門生故吏，曾託纂修，聞此撰論，諒多欣愜。請下三京諸道及中外臣寮，凡有將此數朝實録詣闕進納，請量其文武才能，不拘資地，除授一官。如卷帙不足，據數進納，亦請不次獎酬，以勸來者。

自會昌至天祐，垂六十年，其初李德裕平上黨，著武宗伐叛之書；

其後康承訓定徐方，有武寧本末之傳，如此事類，記述頗多。請下中外臣寮及名儒宿學，有於此六十年内撰述得傳記，及中書、銀臺、史館日曆、制敕册書等，不限年月多少，併許詣闕進納。如年月稍多，記録詳備，請特行簡拔，不限資序。

彰文雅之盛。請下祕書省，自唐以來，古今典籍，經史子集，元撰人名氏，四部大數報館，以憑撰述經籍志。

右所陳條例如前，請下所司。從之。

其月，起居郎賈緯奏曰：『伏以唐高祖至代宗已有紀傳，德宗至文宗亦存實録。武宗至濟陰廢帝凡六代，唯有《武宗實録》一卷，餘皆闕略。臣今搜訪遺文及耆舊傳説，編成六十五卷，目爲《唐朝補遺録》，以備將來史官條述。』至開運二年六月，史館上新修前朝李氏書，紀、志、列傳共二百二十卷，併目録一卷，都計二十帙。賜監修宰臣劉昫、修史官張昭遠、直館王伸等繒綵銀器各有差。

論說

清·王鳴盛《十七史商榷》卷六九《新舊唐書一·趙瑩修舊唐書》

吳縝《進〈新唐書〉糾謬表》云：『唐室二百年，傳世二十帝，興衰之迹，未有完史。暨五季天福之際，有大臣趙瑩之徒，綴緝舊聞，次序實録，草創卷帙，粗興規摹，僅能終篇，聊可備數。我仁宗皇帝臨文咨嗟，申命名儒討論潤色，積十有七年，成二百餘卷。』案《舊唐書》向來皆云出劉昫，宋刻每卷首列昫名，此乃以爲趙瑩。《新五代史·襍傳·劉昫傳》當後唐有『監修國史』之言，『國史』即《唐書》，至《趙瑩傳》則無此語。薛居正《舊五代史·瑩傳》瑩於後唐位尚卑，晉高祖時方爲門下侍郎、同平章事、監修國史。後唐以唐爲本朝，故稱『國史』。至石晉革命，似不得復名國史，但此書始自唐明宗之長興，成於晉出帝之開運，歷年宰輔皆領其事，俱以監修列銜，晉人遂仍其故稱，而吳縝因有趙瑩修《舊唐書》之語。

又《〈舊唐書〉各種本不同宜擇善而從》 劉昫等既修《唐書》，後宋命宋祁等改修爲《新唐書》，而昫書稱《舊唐書》，久之遂廢。明嘉靖十七年，聞人詮等重刻成，序稱『弭節姑蘇，窮搜力索，吳令朱子得列傳於光禄張氏，長洲賀子得紀、志於守溪公，遺籍俱出宋時模板』云云，觀此則聞人氏據宋板。文氏徵明序云：『是書嘗刻於越州，卷後有教授朱倬名，倬忤秦檜，出爲越州教授，當是紹興初年』云云，而其下又有『聞人公得舊刻數册，偏訪斷簡，校閱就緒』云云，繹其文，則聞人所據乃別一宋板，非朱倬本也。錢敏求名逸，常熟人。藏有至樂樓抄本，不言出於何人，葉石君名萬，一名樹蓮，吳縣洞庭山人，徙居常熟。諸生。本朝康熙初卒，年八十。借得，以校聞人本，多有不同。張石民名源又借得石君校本，以校近沈詹事等考定刊本，石民跋稱葉氏所據抄本係影宋抄，每卷末有校勘人名，有右文林郎、充兩浙東路提舉鹽茶司幹辦公事霍文昭、蘇之勤等名。末卷有朱倬名，然則至樂樓抄本即是紹興本，此本既與聞人本不同，則知聞人本乃別據一宋刻，而非朱倬本益明。但抄本亦不全，僅得其半，抄本闕者，葉校亦闕，石民既用朱筆臨寫葉校，又於聞人本與近本不同者，用黃筆注逐條之旁。竊謂校書之道，貴擇善而從，狥今而媍陋，泥古而迂癖，皆病也。聞人本與抄本各據宋板，未見抄本必是，聞人必非，近本改易聞人本處亦有可從，觀葉、張兩家，大都榮古虐今，意見稍偏，予從阮姜郇名學濬，山陽人。雍正癸丑進士，官編修借石民本，從李禹定名大夏，吳縣人借聞人本，讐勘近本，以己意裁取，不盡從葉、張，彼校善者從之，但稱校本，不標孰爲葉、孰爲張，聞人本則稱原本。

又《〈通鑑〉取〈舊書〉》 文序云：『司馬氏修《通鑑》，悉據《舊史》，於《新書》無取焉。』愚謂《通鑑》於五代亦多從薛史，且其文反緐於歐史，可見司馬公不甚取歐、宋。

又《二書不分優劣》 曾公亮《進新書表》云：『唐三百年治亂興衰，宜其粲然著在簡册，而紀次無法，詳略失中，文采不明，事實零落。惟唐不幸，接乎五代，衰世之士，氣力卑弱，言淺意陋，不足以起其文，使明君賢臣、儁功偉烈，與夫昏虐賊亂、禍根罪首，皆不得暴其善惡，動人耳目，誠不可以垂勸戒、示久遠。』宋人之詆《舊書》如此，欲事改修，自不能不痛加指斥。今平心觀之，二書不分優劣，瑕瑜不掩，互有短長。至其所云『其事則增於前，其文則省於舊』，辨説詳後各條中。

楊氏循吉曰：「劉昫等撰述詳贍，妙極模寫，足以上追史、漢，下包魏、陳，信乎史之良者，無以加矣。奈何宋之慶曆又出新編，大有增損，《舊書》湮蔑，君子不能無病諸。雲翳白日，日行空自如也。史可以新掩舊哉？吳兢、韋述、令狐垣皆金閨上彦，操筆石渠，劉昫等因三人舊文，為書郎舍，相踵既出，螭坳親見，又遇劉司徒之博洽，乃克成書，忽有改圖，殆不其然。」楊氏此論矯枉過正，不得其平。

《新書》最佳者志、表，列傳次之，本紀最下，《舊書》則紀、志、傳美惡適相等。

又《〈舊書〉目録脱誤》 《舊書》目録脱誤者，如《楊恭仁傳》恭仁之曾孫睿交。「睿」，校本作「昚」，傳同，此因相似而誤。高祖子虢王鳳，校本作「元鳳」，傳同，然《新書》亦無「元」字，則未見校本必是。《良吏·權懷恩傳》下小字注「叔祖萬紀」四字，近本從宋本添。

又 卷八五《新舊唐書十七·〈新書〉創立體例遠勝〈舊書〉》

《循吏》、《儒林》、《酷吏》、《遊俠》、《佞幸》、《滑稽》，子長所立品目也。各列傳中固已忠佞併著，愚智兼載矣，而偏美偏惡抽出別題之，後之作者或因或革，隨事為名，亦無不可。《新唐書》又特變前例，而別為一體，凡方鎮之守臣節者，既入之列傳矣，其餘桀驁自擅而猶羈縻為臣者則自名《藩鎮傳》，而聚於《酷吏》以下，蓋此輩皆未至於叛而近於叛者也，故其位置如此。至於惡之甚者為《姦臣》，敢為悖亂者為《叛臣》，稱兵犯上僭竊位號者為《逆臣》，此皆創前史之所未有。《舊》惟《逆臣》中人總附於末，不與衆傳相混，猶少一李希烈，其餘直與希烈一槩列各傳中。愚謂《新唐書》固遠勝《舊書》，何則？《新書》於《希烈傳》中以希烈與梁崇義、李納、朱滔、田悦謂之「五賊」，《舊書》於史憲誠等傳論中説河北凶横之狀，謂之「魏、鎮、燕三鎮」，謂魏博、鎮冀、幽州也。即李寶臣、李懷仙輩皆跋扈無君，《舊書》乃與諸傳平列，毫無分別，可乎？故知《新書》所改是也。《舊書》之尤可怪者，《安禄山傳》後有高尚、孫孝哲是矣，乃朱泚既與禄山等同列，則姚令言、源休輩助逆醜徒，正當附《泚傳》，此《侯景傳》後附以王偉例也，乃又提令言與休入之前列傳中，此更錯亂之至。《新書·泚傳》中既附令言等事，極是，目録於禄山下小字注高、孫，亦極是，乃《泚傳》下不注姚令言、源休等名，亦係漏去。

又《新改舊有是有非》 《新》於《舊書》，不但增損改易其正文已也，即其標目名號位置先後分合編類，亦移動十之七八。平心而論，有是有非，今未暇覼縷，略舉幾事以明之。陳子昂，《舊》入《文苑》，是也，《新》改列傳，非也。劉蕡，《舊》入《文苑》，非也，《新》改列傳，是也。李巨川，《舊》入《文苑》，非也，《新》改《叛臣》，是也。劉子玄之孫滋，《舊》別為傳，非也，《新》改附《子玄傳》，是也。嚴挺之之子武，《舊》附挺之，是也，《新》改為父子各自別傳，非也。陽城大有關繫，當入列傳，《舊》在《隱逸》，固係大謬，《新》改《卓行》，尚嫌偏隘，皆非也。張嘉貞與其子延賞相繼為宰相，而俱不得為賢，《舊書》因其事迹頗多而各傳固宜，《新書》因其皆無大功大罪而合傳，亦通，皆是也。

子孫無大善而別傳，《舊書》此病已見呂夏卿《直筆新例》者，此不重出。

邵氏經邦曰：「《新書》韓愈、柳宗元不居《文學》，段秀實、顏眞卿不列《忠義》，李淳風、呂才不歸《方伎》，皆非是。」案史例，其人其事大者著者為列傳，微而不著者別為《文學》、《忠義》等傳，韓、柳等入列傳，正史例也。

清·趙翼《廿二史劄記》卷一六《新舊唐書·〈舊唐書〉源委》

晉出帝開運二年六月，監修國史劉昫、史官張昭遠後以避劉智遠諱，但名昭，《宋史》有傳以新修唐書紀、志、列傳併目録，凡二百三卷上之，賜器幣有差。晉紀此舊唐書所以首列劉昫名也。然薛、歐二史劉昫傳俱不載其有功於唐書之處，但書其官銜監修國史而已。蓋昫爲相時，唐書適訖功，遂由昫表上，其實非昫所修也。唐末播遷，載籍散失，自高祖至代宗尚有紀傳，德宗亦存實録，武宗以後六代，惟武宗有實録一卷，餘皆無之。《五代會要》梁龍德元年梁末帝，史館奏請令天下有記得會昌以後公私事迹者，鈔録送官，皆須直書，不用詞藻，凡內外臣僚奏行公事，關涉制置沿革，有可採者併送官。梁紀唐長興中，史館又奏宣宗以下四朝未有實録，請下兩浙、荆湖等處，購募野史及除目朝報、逐朝日曆、銀臺事宜、內外制詞、百司簿籍，上進，若民間收得，或隱士撰成野史，亦命各列姓名請賞。從之。《後唐紀》及《五代會要》聞成都有本朝實録，卽命郎中庾傳美往訪，及歸，僅得九朝實録而已。

可見唐書因載籍散佚，歷梁、唐數十年，未潰於成，直至晉始成書，則纂修諸臣搜剔補綴之功，不可泯也。今據薛、歐二史及《五代會要》諸書考之。晉天福五年高祖石敬瑭，詔張昭遠、賈緯、趙熙、鄭受益、李爲光同修唐史，宰臣趙瑩監修。晉紀瑩以唐代故事殘缺，署能者居職，纂補實録及正史。瑩傳賈緯丁憂歸，瑩又奏以刑部員外郎呂琦、侍御史尹拙同修。晉紀瑩又奏請據史館所缺唐書、實録，下敕購求。況唐咸通中懿宗宰臣韋保衡與薛伸、皇甫煥撰武宗、宣宗實録，皆因多事，併未流傳。今保衡、裴贄現有子孫居職，或其門生故吏亦有紀述者，請下三京諸道，凡有此數朝實録，令其進納，量除官賞之。會昌至天佑武宗至昭宗，垂六十年，李德裕平上黨，有武宗伐叛之書；康承訓定徐方，有武寧本末之傳。凡此之類，令中外臣僚有撰述者，不論年月多少，併許進納。從之。《五代會要》是此事趙瑩爲監修，綜理獨周密，故瑩本傳謂，唐書二百卷，瑩首有力焉。昭宗一朝，全無紀注，天福中，張昭遠重修唐史，始有昭宗本紀。五代史補是張昭遠於此事搜輯亦最勤，故劉昫上唐書時，與昭遠同署名，昭遠尋加爵邑，酬修史之勞也。晉紀賈緯長於史學，以武宗之後無實録，採次傳聞，爲唐年補録六十五卷，入史館與修唐書。緯傳今舊唐書會昌以後紀傳，蓋緯所纂補。

又趙熙，修唐書成，授諫議大夫，賞其筆削之功。熙傳是則《舊唐書》之成，監修則趙瑩之功居多，纂修則張昭遠、賈緯、趙熙之功居多，而劉昫傳併不載經畫修書之事，今人但知舊唐書爲昫所撰，而不知成之者乃趙瑩、張昭遠、賈緯、趙熙等也，故特標出之。

又《〈舊唐書〉前半全用實録、國史舊本》 五代修唐書，雖史籍已散失，然代宗以前尚有紀傳，而庾傳美得自蜀中者，亦尚有九朝實録。今細閱舊書文義，知此數朝紀傳多鈔實録、國史原文也。凡史修於易代之後，考覆既確，未有不據事直書，若實録、國史修於本朝，必多回護。觀舊書回護之多，可見其全用實録、國史而不暇訂正也。以本紀而論，高宗上元二年，皇太子弘之死，由武后酖之也。而書皇太子弘薨於合璧宮之綺雲殿。《新書》書天后殺太子弘。章懷太子之死於巴邱，亦武后令邱神勣迫令自殺也。而書庶人賢死於巴邱。《新書》書天后殺庶人賢。

薛懷義承辟陽之寵，至命爲行軍大總管，以宰相李昭德、蘇味道爲其幕僚，後以恣横殺之。而后紀絶無一字及懷義。《新書》書永昌元年，白馬寺僧薛懷義爲行軍大總管，擊突厥。證聖元年，書殺薛懷義。張易之兄弟被誅，本張柬之等建謀舉事，而書張易之與弟昌宗反，皇太子率左羽林軍桓彦範等誅之。《新書》書張柬之、崔元暐等以羽林兵討亂，張易之等伏誅，帝復於位其後張柬之等五王爲武三思誣構至死，亦全不書。楊貴妃本壽王瑁妃，度爲女道士，號太眞，召入宮，此開元二十八年事也。本紀亦不書。直至天寶四載，始書册太眞楊氏爲貴妃。而絶不見其來自壽邸之迹。《新書》則先書以壽王妃楊氏爲道士，號太眞，後書册太眞爲貴妃。至如穆宗以下諸帝皆宦官所立，而本紀絶不書，凡故君紀內必先書遺詔：以某嗣位。而於新君紀內卽書：某月日柩前卽位。一似授受得其正，皆先帝彌留時所定，而宦官無與者。此本紀之回護也。

其列傳，如皇后傳內，憲宗郭后，歷穆、敬、文、武四朝，皆居重闈之尊，諸帝孝養備至。迨宣宗卽位，其母鄭本后侍兒，有宿怨，宣宗奉養遂薄。后鬱鬱登樓，將自殞，帝聞不喜，是夕后暴崩。其後議葬景陵外園，太常王皥請合葬景陵，帝令宰相白敏中責之，皥曰『后乃憲宗元妃，事順宗爲子婦，歷五朝母天下，豈容有異議！』皥遂貶。是郭后在宣宗時不得其死，自是實事。見《新書》及通鑑而舊書后本傳乃云：諸帝既極孝養，宣宗繼統，后之諸子也，恩禮愈異於前朝。大中年崩於興慶宮。一似全福令終，併無嫌隙之處。又宣宗母鄭，本丹陽人，有相者云，當生天子。李錡聞之納爲妾。後錡反，没入宮，憲宗幸之，遂生宣宗。見《新書及通鑑》是後之由李錡没入掖廷，自有原委。而《舊書》但云，憲宗時在內職御女之列。舊史殘缺，未見族姓所出、入宮之由，亦是諱其所出也。

曹王明之母，本齊王元吉妃，太宗納之而生明，後卽以明爲元吉後。見《新書·曹明王傳》而《舊書》不載。

楊弘武爲吏部，高宗責其授官多非才，弘武對曰『臣妻悍，此其所囑，故不敢違。』蓋以諷帝也。見《新書·弘武傳》舊書弘武傳不載。

蘇良嗣爲相，遇薛懷義於朝，頗偃蹇，良嗣叱左右批其頰，曳去。武后謂懷義曰『師第出入北門，彼南衙宰相行來，勿犯之。』見《新書·良嗣傳》而《舊書·良嗣傳》不載。

甚至褚遂良傳不載其傾陷劉洎之事。

《李世積傳》不載其瞻徇立武后之事。《辛雲京傳》不載其激變僕固懷恩之事。懷恩引回紇可汗兵討賊，過太原，辛雲京以可汗係其婿，恐被襲，遂閉門不出犒軍。及回紇討賊還，過城下，亦不出。於是懷恩怒，遂叛。《通鑑》載之甚詳，亦見《舊書·懷恩傳》，而《雲京傳》不載。

《田神功傳》不載其先爲賊將之事。神功先爲安禄山兵馬使，歸朝後，守陳，與賊戰不勝，又降史思明，思明令其南略江淮，遂再歸順。舊書竟不敍，但云『上元中爲平盧兵馬使，破賊於鄭州。』似未嘗失身於賊者，豈以其晚節忠樸而代爲諱耶？

《李勉傳》不載其逃棄汴城之事。李希烈攻襄州，詔勉出兵救之，勉以賊兵攻襄，則許下必虚，攻許則襄圍自解。乃遣將攻許，未至爲賊兵所敗，希烈自來攻汴，勉固守不支，乃潰圍出。舊書不載敗狀，但云『若與賊戰，多殺無辜，遂南奔。』而傳論併謂『與其坐受喪敗，不如避寇全師。』是更爲洗雪矣。

《郝玭傳》不載馬璘不城臨涇之事。玭爲臨涇將，請於其帥馬璘，城臨涇以控戎騎。或謂璘曰『如此，則邊塞久安，公復何足重？』乃不聽。《舊書》但云『玭請於主帥，不聽。』而不著馬璘姓氏，似爲璘諱者。

《李輔國傳》不載代宗遣人夜刺殺之事，但云『夜盗入其家，殺之。』《魚朝恩傳》不載帝使人擒縊之事，但云『自縊死。』蓋當時朝旨本以爲盗殺及自縊，故國史從而書之，此又列傳之回護也。

實録、國史書法既有回護，易代後修史時，考其非實，自應改正而直筆書之。乃《舊書》書法仍復如此。如其全用舊史之文，不復刊正也。今按唐紹傳：『先天二年，今上講武驪山，紹以儀注不合坐斬。』『今上』指玄宗也，此玄宗實録原文也。《劉仁軌傳》後引韋述論云：『仁軌好以甘言悦人，以收物望，戴至德正色拒下，推善於君，故身後毁譽各異。』此引用韋述國史舊文也。而劉仁軌、裴行儉、郝處俊傳論併稱仁軌曰劉樂城，行儉曰裴聞喜，處俊曰甑山，不稱名而稱爵邑，史家無此法，更可見韋述當日尊呼前輩之稱，而非易代後史官之詞也。崔元翰傳，謂李汧公鎮滑臺，辟元翰爲從事。汧公，李勉也。薛伾傳，謂尚父汾陽王召置麾下。汾陽王，郭子儀也。此併是元翰、伾家狀送入史館者，國史即用之不及改，五代修史時，亦即用之，不復改也。惟全録舊文，而舊時史官本皆名手，故各傳有極工者，如高仙芝、封常清二傳，似分似合，常清傳内，載其臨死謝表，鬱勃悲涼，而繼之以仙芝之死，歎息數語，覺千載下猶有生氣。又如郭子儀傳，乃裴垍修，首尾整潔，無一隴詞。因此可知唐史官之老於文學也。至會昌以後，無復底本，雜取朝報吏牘補綴成之，故本紀書吴湘獄案至千餘字。

咸通八年，併將延資庫計賬貫匹之數瑣屑開入，絶似民間記簿。其除官必先具舊銜，再入新銜，如以某官某人爲某官，下至刺史亦書於本紀。是以動輒累幅，雖邸抄除目，無此繁蕪也。然亦有未可輕訾者，凡本紀祇略具事由，而其事則詳於列傳。此書如龐勳之亂、黄巢之亂、李茂貞、王行瑜等之劫遷、朱温之篡弑，即於本紀詳之，不待翻閲各傳，已一覽瞭如，遷固本有此體，非必紀内只摘事目也。其餘列傳雖事迹稍略，而文筆極爲簡淨，以新書比較，轉遜其老成。則五代修史諸人，如張昭遠、賈緯等，亦皆精於史學，當缺漏支詘中，仍能補綴完善，具見撰次之艱，文字之老。今人動謂新書過舊書遠甚。此耳食之論也。新書謂舊史之文，淺則入俚，簡則及漏，或有所諱而不得逞耶？或因淺仍俗而不足於文也。此亦偶摘舊書之俚俗缺略者疵之耳，其佳處終不可没也。

遞修歷朝實録

綜述

《舊唐書》卷一四《憲宗紀上》（元和二年秋七月）癸巳，太僕寺丞令狐丕進亡父峘所撰代宗實録四十卷，詔贈峘工部尚書。【略】（元和五年冬十月）庚辰，宰相裴垍進所撰德宗實録五十卷，賜垍錦四三百疋銀器等，史官蔣武、韋處厚等頒賜有差。

又 卷一六《穆宗紀》（長慶二年閏十月）己亥，敕翰林侍講學士諫議大夫路隨、中書舍人韋處厚，兼充史館修撰憲宗實録，仍更日入史館。實録未成，且許不入内署，仍放朝參。

又 卷一七下《文宗紀下》（太和四年三月）丁酉，監修國史、中書侍郎、平章事路隨進所撰憲宗實録四十卷，優詔答之，賜史官等五人錦繡銀器有差。

又　卷一八上《武宗紀》　會昌元年正月【略】四月辛丑，敕憲宗實録舊本未備，宜令史官重修進内。其舊本不得注破，候新撰成同進。時李德裕先請不遷憲宗廟，爲議者沮之，復恐或書其父不善之事，故復請改撰實録朝野非之。【略】

十二月，中書門下奏修實録體例：舊録有載禁中之言。伏以君上與宰臣、公卿言事，皆須衆所聞見，方可書於史册。且禁中之語，在外何知，或得之傳聞，多涉於浮妄，便形史筆，實累鴻猷。今後實録中如有此色，併請刊削。又宰臣與公卿論事，行與不行，須有明據。或奏請允愜，必見褒稱；或所論乖僻，因有懲責。在藩鎮上表，必有批答，居要官啓事者，自有著明，併須昭然在人耳目。或取捨存於堂案，或與奪形於詔敕，前代史書所載奏議，罔不由此。近見實録多載密疏，言不彰於朝聽事不顯於當時，得自其家，未足爲信。今後實録所載章奏，併須朝廷共知者，方得紀述，密疏並請不載。如此則理必可法，人皆嚮公，愛憎之志不行，襃貶之言必信。從之。李德裕奏改修《憲宗實録》所載吉甫不善之迹，鄭亞希旨削之，德裕更此條奏，以掩其迹搢紳謗議，武宗頗知之。【略】

（會昌）十月，宰相監修國史李紳、兵部郎中史館修撰判館事鄭亞進重修《憲宗實録》四十卷，頒賜有差。

又　卷一八下《宣宗紀下》　（大中二年十一月）敕：路隨等所修《憲宗實録》舊本，卻仰施行。其會昌新修者，仰並進納。如有鈔録得，敕到併納史館，不得輒留。【略】

（大中）八年春正月，陝州黄河清。二月，南蠻進犀牛，詔還之。三月，敕以旱詔使疏決繫囚。宰相監修國史魏謩修成《文宗實録》四十卷上之，修史官給事中盧耽、太常少卿蔣偕、司勳員外郎王渢、右補闕盧吉，頒賜銀器、錦彩有差。

又　卷五九《許紹傳》　顯慶二年，累遷黄門侍郎、同中書門下三品，兼修國史。三年，以修實録功封平恩縣公，賜物三百段。

又　卷六六《房玄齡傳》　高宗居春宮，加玄齡太子太傅，仍知門下省事，監修國史如故。尋以撰高祖、太宗實録成，降璽書褒美，賜物一千五百段。

又　卷七〇《岑羲傳》　睿宗即位，出爲陝州刺史。復歷刑部、户部二尚書，門下三品，監修國史，删定格令，仍修氏族録。初，中宗時，侍御史冉祖雍誣奏睿宗及太平公主與節愍太子連謀，請加推究，羲與中書侍郎蕭至忠密申保護。及羲監修《中宗實録》，自書其事，睿宗覽而大加賞歎，賜物三百段、細馬一匹，仍下制書褒美之。

又　卷七三《令狐德棻傳》　（永徽）四年，遷國子祭酒，以修貞觀十三年以後實録功，賜物四百段，兼授崇賢館學士。尋又撰《高宗實録》三十卷，進爵爲公。【略】

顧胤者，蘇州吴人也。祖越，陳給事黄門侍郎。父覽，隋秘書學士。胤，永徽中歷遷起居郎，兼修國史。撰《太宗實録》二十卷成，以功加朝散大夫，授弘文館學士。以撰武德、貞觀兩朝國史八十卷成，加朝請大夫，封餘杭縣男，賜帛五百段。

又　卷八一《孫處約傳》　高宗時宰相，又有孫處約、樂彦瑋、趙仁本，並有名迹。孫處約者，汝州郟城人也。貞觀中，爲齊王祐記室。祐既失德處約數上書諫之。祐既誅，太宗親檢其家文疏，得處約諫書，甚嗟賞之。累轉中書舍人。其年，中書令杜正倫奏請更授一舍人，與處約同知制誥，高宗曰：『處約一人足辦我事，何須多也。』處約以預修《太宗實録》成，賜物七百段。

又　卷八二《許敬宗傳》　（貞觀）十七年，以修武德、貞觀實録成，封高陽縣男，賜物八百段，權檢校黄門侍郎。【略】

初，高祖、太宗兩朝實録，其敬播所修者，頗多詳直，敬宗又輒以己愛憎曲事删改，論者尤之。然自貞觀已來，朝廷所修《五代史》及《晉書》、《東殿新書》、《西域圖志》、《文思博要》、《文館詞林》、《累璧》、《瑤山玉彩》、《姓氏録》、《新禮》，皆總知其事，前後賞賚，不可勝紀。

又　卷八八《韋承慶傳》　歲餘，起授辰州刺史，未之任，入爲秘書員外少監，兼修國史。尋以修《則天實録》之功，賜爵扶陽縣子。賚物五百段。又制撰《則天皇后紀聖文》，中宗稱善，特加銀青光禄大夫。

又　卷九二《魏元忠傳》　神龍二年，元忠與武三思、祝欽明、徐彦伯、柳沖、韋承慶、崔融、岑羲、徐堅等撰《則天皇后實録》二十卷，編次文集一百二十卷奏之。中宗稱善，賜元忠物千段，仍封其子衛王府諮議參軍升爲任城縣男。

又　卷九四《崔融傳》　神龍二年，以預修《則天實録》成，封清河縣子，賜物五百段，璽書褒美。

又　《徐彥伯傳》　神龍元年，遷太常少卿，兼修國史，以預修《則天實録》成，封高平縣子，賜物五百段。

又　卷一〇二《劉知幾傳》　後以修《則天實録》功，果封居巢縣子。

又　《吴兢傳》　吴兢，汴州浚儀人也。勵志勤學，博通經史。宋州人魏元忠、亳州人朱敬則深器重之，及居相輔，薦兢有史才，堪居近侍，因令直史館，修國史。累月，拜右拾遺内供奉。神龍中，遷右補闕，與韋承慶、崔融、劉子玄撰《則天實録》成，轉起居郎，俄遷水部郎中。

又　卷一四九《于休烈傳》　時中原蕩覆，典章殆盡，無史籍檢尋。休烈奏曰：『《國史》一百六卷，《開元實録》四十七卷，起居注并餘書三千六百八十二卷，併在興慶宫史館。京城陷賊後，皆被焚燒。且《國史》、《實録》，聖朝大典，修撰多時，今併無本。伏望下御史臺推勘史館所由，令府縣招訪。有人别收得《國史》、《實録》，如送官司，重加購賞。若是史官收得，仍赦其罪。得一部超授官資，得一卷賞絹十匹。』數月之内，唯得一兩卷。前修史官工部侍郎韋述陷賊，入東京，至是以其家藏《國史》一百一十三卷送于官。

又　《令狐峘傳》　峘博學，貫通羣書，有口辯，綰甚稱之。及綰爲禮部侍郎，修國史，乃引峘入史館。自華原尉拜右拾遺，累遷起居舍人，皆兼史職，修《玄宗實録》一百卷、《代宗實録》四十卷。著述雖勤，屬大亂之後，起居注亡失，峘纂開元、天寶事，雖得諸家文集，編其詔策，名臣傳記十無三四，後人以漏落處多，不稱良史。【略】

元和三年，峘子太僕寺丞丕，始獻峘所撰《代宗實録》四十卷。初峘坐李泌貶，監修國史奏峘所撰實録一分，請於貶所畢功。至是方奏，以功贈工部尚書。

又　《蔣乂蔣係蔣偕傳》　元和二年，遷兵部郎中。與許孟容、韋貫之等受詔刪定制敕成三十卷，奏行用。改秘書少監，復兼史館修撰。尋奉詔與獨孤郁、韋處厚同修《德宗實録》。五年，書成奏御，以功拜右諫議大夫。【略】

係，大和初授昭應尉，直史館。二年，拜右拾遺、史館修撰，典實有父風，與同職沈傳師、鄭澣、陳夷行、李漢等受詔撰《憲宗實録》。四年，書成奏御，轉尚書工部員外，遷本司郎中，仍兼史職。【略】

仙、偕皆至刺史。

偕有史才，以父任歷官左拾遺、史館修撰，轉補闕。咸通中，與同職盧耽、牛叢等受詔修《文宗實録》。

蔣氏世以儒史稱，不以文藻爲事，唯仲及係子兆有文才、登進士第，然不爲文士所譽。與柳氏、沈氏父子相繼修國史實録，時推良史，京師云《蔣氏日曆》，士族靡不家藏焉。

又　《沈傳師傳》　大和元年卒，年五十九，贈吏部尚書。初傳師父既濟撰《建中實録》十卷，爲時所稱，傳師在史館，預修《憲宗實録》未成，廉察湖南，特詔齎一分史稿，成於理所。

又　卷一五九《韋處厚傳》　元和初，登進士第，應賢良方正，擢居異等，授秘書省校書郎。裴垍以宰相監修國史，奏以本官充直館，改咸陽縣尉，遷右拾遺，并兼史職。修《德宗實録》五十卷上之，時稱信史。轉左補闕、禮部考功二員外。

又　《路隨傳》　以《憲宗實録》未成，詔處厚與路隨兼充史館修撰。實録未成，許二人分日入内，仍放常參。處厚俄又權兵部侍郎。敬宗嗣位，李逢吉用事，素惡李紳，乃構【略】奉詔修元和實録，未絶筆，其統例取捨，皆處厚創起焉。【略】

將修《憲宗實録》，復命兼充史職。敬宗登極，拜中書舍人、翰林學士，仍賜紫。有以金帛謝除制者，必叱而卻之曰：『吾以公事接私財？』耶終無所納。文宗即位，韋處厚入相，隨代爲承旨，轉兵部侍郎、知制誥。大和二年，處厚薨，隨代爲相，拜中書侍郎，加監修國史。初，韓愈撰《順宗實録》，説禁中事頗切直，内官惡之，往往於上前言其不實，累朝有詔改修。及隨進憲宗實録後，文宗復令改正永貞時事，隨奏曰：

臣昨面奉聖旨，以《順宗實録》頗非詳實，委臣等重加刊正於畢日聞奏。臣自奉宣命，取史本欲加筆削。近見衛尉卿周居巢、諫議大夫王彦威、給事中李固言、史官蘇景胤等各上章疏，具陳刊改非甚便宜。又聞班行如此議論頗衆。臣伏以史册之作，勸誡所存，事有當書，理宜歸實。匹夫美惡尚不可誣，人君得失無容虚載。聖旨以前件實録記貞元末數事，稍非摭實，蓋出傳聞，審知差舛，便令刊正。頃因坐日，屢形聖言，通計前後，至于數四。臣及宗閔、僧孺亦以永貞已來，歲月至近禁中行事，在外固難詳知。陛下所言，皆是接於耳目。既聞乖謬，因述古今，引前史直不疑盜嫂之言，及第五倫撾公之説，皆多此比類，難盡信書。所冀睿鑑詳於聽言，深宫慎於行事。持此比類，上開聰明，特蒙降察，稍恕前謬。由是近垂宣命，令有改修。

臣等伏以貞觀已來，累朝實録有經重撰，不敢固辭，但欲粗删深誤，亦固盡存諸説。宗閔、僧孺相與商量，緣此書成於韓愈，今史官李漢、蔣係皆愈之子壻，若遣參撰，或致私嫌。以臣既職監修，盍令詳正，及經奏請，事遂施行。今者庶僚競言，不知本起，表章交奏，似有他疑。臣雖至昧，容非自請。既迫羣議，輒冒上聞。縱臣果獲修成，必懼終爲時累。且韓愈所書，亦非己出，元和之後，已是相循。縱其密親，豈害公理？使歸本職，實謂正名。其實録伏望條示舊記最錯誤者，宣付史官，委之修定。則冀聖祖垂休，永無慚於傳信；下臣非據，獲減戾於侵官。彰清朝立政之方，表公器不私之義。流言自弭，時論攸宜。

詔曰：『其實録中所書德宗、順宗朝禁中事，尋訪根柢蓋起謬傳，諒非信史。宜令史官詳正刊去，其他不要更修。餘依所奏。』四年，轉門下侍郎，加崇文館大學士。七年，兼太子太師，備禮册拜。表上史官所修憲宗、穆宗實録。八年，辭疾，不得謝。

又　卷一六〇《韓愈傳》　時謂愈有史筆，及撰《順宗實録》，繁簡不當，敍事拙於取捨，頗爲當代所非。穆宗、文宗嘗詔史臣添改，時愈壻李漢、蔣係在顯位，諸公難之。而韋處厚竟别撰《順宗實録》三卷。

又　《宇文籍傳》　宇文籍字夏龜。父滔，官卑。少好學，尤通春秋。竇羣自處士徵爲右拾遺，表籍自代，由是知名。登進士第，宰相武元衡出鎮西蜀，奏爲從事。以咸陽尉直史館，與韓愈同修《順宗實録》，遷監察御史。【略】

後考滿，連辟藩府，入爲侍御史，轉著作郎，遷駕部員外郎、史館修

撰。與韋處厚、韋表微、路隨、沈傳師同修《憲宗實録》。俄以本官知制誥，轉庫部郎中。

又　卷一六八《獨孤郁傳》　（元和）五年，兼史館修撰。尋召充翰林學士，遷起居郎。權德輿作相，郁以婦公辭内職，憲宗曰：『德輿乃有此佳壻。』因詔宰相於士族之家選尚公主者。遷郁考功員外郎，充史館修撰判館事，預修《德宗實録》。

又　卷一七一《李漢傳》　預修《憲宗實録》，尤爲李德裕所憎。

又　卷一七三《陳夷行傳》　陳夷行字周道，潁川人。祖忠，父邑。夷行，元和七年登進士第，累辟使府。寶曆末，由侍御史改虞部員外郎，皆分務東都。大和三年，入爲起居郎、史館修撰，預修《憲宗實録》。四年獻上，轉司封員外郎。

又　卷一七六《魏謩傳》　進階銀青光禄大夫，兼禮部尚書、監修國史。修成《文宗實録》四十卷，上之。其修史官給事中盧耽、太常少卿蔣偕、司勳員外郎王渢、右補闕盧告、膳部員外郎牛叢，皆頒賜錦彩、銀器，序遷職秩。謩轉門下侍郎，兼戶部尚書。

又　卷一八九上《敬播傳》　敬播，蒲州河東人也。貞觀初，舉進士。俄有詔詣秘書内省佐顔師古、孔穎達修《隋史》，尋授太子校書。史成，遷著作郎，兼修國史。與給事中許敬宗撰《高祖、太宗實録》，自創業至於貞觀十四年，凡四十卷，奏之，賜物五百段。太宗之破高麗，名所戰六山爲駐蹕，播謂人曰：『聖人者，與天地合德，山名駐蹕，此蓋以鑾輿不復更東矣。』卒如所言。時梁國公房玄齡深稱播有良史之才，曰：『陳壽之流也。』玄齡以顔師古所注漢書，文繁難省，令播撮其機要，撰成四十卷，傳於代。尋以撰實録功，遷太子司議郎。時初置此官，極爲清望。中書令馬周歎曰：『所恨資品妄高，不獲歷居此職。』【略】

後歷諫議大夫、給事中，並依舊兼修國史。又撰《太宗實録》，從貞觀十五年至二十三年，為二十卷，奏之，賜帛三百段。後坐事出爲越州都督府長史。龍朔三年，卒官，播又著《隋略》二十卷。

《新唐書》卷一三二《沈既濟傳》　（沈既濟）撰《建中實録》，時稱其能。

論　説

唐·劉知幾《史通》卷一二《説唐書》　惟大唐之受命也，義寧、武德間，工部尚書温大雅首撰《創業起居注》三篇。自是司空房玄齡、給事中許敬宗、著作佐郎敬播相次立編年體，號爲『實録』。迄乎三帝，世有其書。

貞觀初，姚思兼廉撰紀傳，粗成三十卷。至顯慶元年，太尉長孫無忌與于志寧、令狐德棻、著作郎劉胤之、楊仁卿、起居郎顧胤等，因其舊作，綴以後事，復爲五十卷。雖云繁雜，時有可觀。龍朔中，敬宗又以太子少師總統史任。更增前作，混成百卷。如《高宗本紀》及永徽名臣、四夷等傳，多是其所造。又起草十志，未半而終。敬宗所作紀傳，或曲希時旨，或猥飾私憾，凡有毁譽，多非實録。必方諸魏伯起，亦猶張衡之蔡邕焉。其後左史李仁實續撰《于志寧》、《許敬宗》、《李義府》等傳，載言記事，見推直笑。惜其短歲，功業未終。至長壽中，春官侍郎牛鳳及又斷自武德，終於弘道，撰爲《唐書》百有十卷。鳳及以喑聾不才，而輒議一代大典，凡所纂録，皆素責私家行狀，而世人敍事不能自達。或言皆比興，全類咏歌，或語多鄙樸，實同文案，而總入編次，了無釐革。其有出自胸臆，申其機杼，發言則嗤鄙怪誕，敍事則參差倒錯。故閲其篇第，豈謂可觀；披其章句，不識所以。既而悉收姚、許諸本，欲使其書獨行。由是皇家舊事，殘缺殆盡。

長安中，余與正諫大夫朱敬則、司封郎中徐堅、左拾遺吴兢奉詔更撰《唐書》，勒成八十卷，神龍元年又與堅、兢等重修《則天實録》，編爲三十卷，夫舊史之壞，其亂如繩，錯綜艱難，期月方畢。雖言無可擇，事多遺恨，庶將來削稿，猶有憑焉。

大抵自古史臣撰録，其梗槩如此。蓋屬詞比事，以月繫年，爲史氏之根本，作生人之耳目者，略盡於斯矣。自餘偏記小説，則不暇具而論之。

右説《唐書》。

《新唐書》卷一三二《劉知幾等傳贊》　唐興，史官秉筆衆矣。然垂三百年，業鉅事叢，簡策孶繁，其間巨盜再興，圖典焚逸，大中以後，史録不存。雖論著之人，隨世裒掇，而疏舛殘餘，本末顛倒。故聖主賢臣，叛人佞子，善惡汨汨，有所未盡，可爲永愾者矣。又舊史之文，猥釀不綱，淺則入俚，簡則及漏，寧當時儒者有所諱而不得騁耶？或因淺仍俗不足於文也？亦有待于後取當而行遠耶？何知幾以來，工訶古人而拙於用已歟！自韓愈爲《順宗實録》，議者哄然不息，卒竄定無完篇，乃知爲史者亦難言之游、夏不能措辭於春秋，果可信已！

雜　録

唐·李林甫等《唐六典》卷八《門下省·起居郎》　起居郎二人，從六品上；起居郎因起居注以爲名。起居注者，紀録人君動止之事。春秋傳曰：『君舉必書。』《禮》云：『動則左史書之，言則右史書之。』又曰：『左史記事，右史記言，言爲尚書，事爲春秋。』皆其事也。宋世本云：『沮誦、倔倉頡爲黄帝左、右史。』周書：『穆王時有左史戎夫，書前代存亡之誡。』諸侯之國亦立之。晉武帝時得汲冢書，有穆天子傳，體制與當時起居注正同，蓋周左、右史之所録也。漢武有禁中起居注，後漢明德皇后撰明帝起居注，然則漢時起居注似在宫中，為女史之職。魏、晉已來，皆中書著作兼修國史。元康二年，著作隸入秘書，别名著作省，歷宋、齊、梁、陳皆掌國史。後魏及北齊集書省領起居注，令史之職從第七品上。後周春官府置外史，掌書王言及動作，以爲國誌即其任也；又有著作二人，掌綴國録，蓋起居、著作自此分也。隋省内史舍人四員，而始置起居舍人二員。皇朝因之。貞觀二年省起居舍人，移其職於門下，置起居郎二員。明慶中，又置起居舍人，始與起居郎分在左、右。龍朔二年改爲左史，咸亨元年復故。天授元年又改爲左史，神龍元年復故。令史三人。先置楷書手，今改爲令史。起居郎掌録天子之動作法度，以修記事之史。凡記事之制，以事繫日，以日繫月，以月繫時，以時繫年。必時書其朔日甲乙以紀曆數，典禮文物以考制度，遷拜旌賞以勸善，誅伐黜免以懲惡。季終則授之於國史焉。漢獻帝及西晉已後諸帝皆有起居注，皆史官所録。自隋置爲職員，列爲侍臣，專掌其事，每季爲卷，送付史官。

又　卷九《中書省·起居舍人》　起居舍人二人，從六品上。起居舍人因起居注而名官焉。古者，人君言則右史書之，即其任也。其設官沿革，起居郎注詳焉。隋煬帝三年，減内史舍人四員；置起居舍人二人，從第六品上，次内史舍人下，始以虞世南、蔡允恭爲之。皇朝因之。貞觀二年省，顯慶二年又置。龍朔二年改爲右史，咸亨元年復故。天授元年又改爲右史，神龍元年復故。

起居舍人掌修紀言之史，録天子之制誥德音，如記事之制，以紀時政之損益。自永徽已後，起居唯得對仗承旨，仗下之後，謀議皆不得預聞。長壽元年，文昌左丞姚璹知政事，以爲帝王謨訓，不可遂無紀述，若不宣自宰相，史官無從得書，遂表請仗下所言軍國政要，即宰相一人專知撰録，號爲『時政記』，每月送史館。自後因循，録付兩省起居，使編録焉。季終，則授之於國史。

唐·杜佑《通典》卷二一《門下省·起居》 今起居，周官有左、右史記其言、事，蓋今起居之本。『動則左史書之，言則右史書之。』『左史記言，右史記事』。漢武帝有禁中起居注，後漢馬皇后撰明帝起居注，則漢起居注似在宫中，為女史之任。又王莽時，置柱下五史，秩如御史，聽事侍傍，記其言行，此又起居之職。自魏至晉，起居注則著作掌之。其後起居，皆近侍之臣録記也，録其言行與其勳伐，歷代有其職而無其官。後魏始置其起居令史，每行幸宴會則在御左右，記録帝言及宴賓客訓答。後又别置修起居注二人，以他官領之。北齊有起居省。後周有外史，掌書王言及動作之事，以為國志，即起居之職。又有著作二人，掌綴國録，則起居注、著作之任，自此而分也。至隋初，以吏部散官及校書、正字有敍述之才者，掌起居之職，以納言統之。至煬帝，以爲古有内史、外史，今著作如外史矣，宜置起居官，以掌其内，乃於内史省置起居舍人二員，次内史舍人下。庾自直、崔瀥、祖虞南、蔡允恭等皆爲此職。大唐貞觀二年，省起居舍人，移其職於門下，置起居郎二人。顯慶中，復於中書省置起居舍人，遂與起居郎分掌左右。龍朔二年，改爲左右史，郎爲左史，舍人爲右史。史咸亨元年復舊。天授元年，又爲左右史，神龍初復舊。每皇帝御殿，則對立於殿，左郎，右舍人矣。有命則臨陛俯聽，退而書之，以爲起居注。凡册命、啓奏、封拜、薨免悉載之，史館得之，以撰述焉。令狐德棻吕才、蕭鈞、褚遂良、上官儀、李安期、顔胤、高智周、張大素、淩季友等併爲起居。皆有名賢者。

《舊唐書》卷四六《經籍志上·列代起居注》 大唐創業起居注三卷温大雅撰。

高祖實録二十卷房玄齡撰。

太宗實録二十卷房玄齡撰。

太宗實録四十卷長孫無忌撰。

高宗實録三十卷許敬宗撰。

述聖記一卷大聖天后撰。

高宗實録一百卷大聖天后撰。

聖母神皇實録十八卷宗秦客撰。

中宗皇帝實録二十卷吴兢撰。

宋·王溥《唐會要》卷六三《修國史》 貞觀十七年七月十六日，司空房玄齡、給事中許敬宗、著作郎敬播等，上所撰高祖、太宗實録各二十卷。太宗遺諫議大夫褚遂良讀之前，始讀太宗初生祥瑞，遂感動流涕，曰：『朕於今日，富有四海，追思膝下，不可復得。』因悲不自止，命收卷，仍遣編之秘閣。并賜皇太子及諸王各一部，京官三品以上，欲寫者亦聽。

永徽元年閏五月二十三日，史官太尉無忌等修貞觀實録畢，上之。起貞觀十五年，至二十三年，勒成二十卷。

顯慶元年七月三日，史官太尉無忌，左僕射于志寧、中書令崔敦禮，國子祭酒令狐德棻，中書侍郎李義府，著作郎劉胤之、著作郎楊仁卿、起居郎李延壽、秘書郎張文恭等，修國史成，起義寧，盡貞觀末，凡八十一卷藏其書於内府。至四年二月五日，中書令許敬宗、中書侍郎許圉師、太師令李淳風、著作郎楊仁卿、著作郎顧胤，受詔撰貞觀二十三年已後至顯慶三年實録，成二十卷，添成一百卷。是日，封敬宗子選爲新城縣男，德棻子進封彰陽縣公，圉師封平恩縣公，淳風封昌樂縣男，仁卿封余杭縣男，胤子併加疏歸大夫，賞修實録之功。上以敬宗所紀，多非實録，謂劉仁軌等曰：『先朝躬擐甲胄，親履兵鋒，戎衣沾馬汗，兜鍪生蟣蝨，削平區宇，康濟生靈。數年之間，四海寧晏，方始歸功上帝，臨馭下人。昨觀國史所書，多不周悉。卿等必須窮微索隱，原始要終，盛業鴻勳，咸使詳備。至如先朝作威鳳賦，意屬阿舅，及士廉、敬宗乃移向尉遲敬德傳内。又嘗幸温湯教習，長圍四合，萬隊俱前，忽然雲霧晝昏，部伍錯亂。先聖既覩斯事，恐其枉法者多，遂潛隱不出，待其整理，然後臨觀，顧謂朕曰：「振旅訓兵，國之大典，此之錯失，於法不輕。我若見之，必須行法。一虧軍政，得罪人多。我今不出，良爲於此。」今乃移向魏徵傳内，稱是徵之諫語。此皆乖於實録，何以垂之後昆。朕嘗從幸未央宫，辟仗已過，忽於軍中見一人，身帶横刀。其人云：「辟仗至，怕不敢出，仗家搜索不覺，遂伏不敢動。」先聖斂轡卽還，顧謂朕曰：「此事若發，數人合死。汝可於後堂伺看，早放出之。」史家唯此一事差似，不失其眞。』郝處俊奏曰：『先聖仁恩，觸類皆是。臣弟處傑往年宿衛之日，被差腰轝供奉，見有三衛誤拂御衣，此人怕懼，五情無主。』先聖謂之曰：『此間無御衣，我不謂汝作罪過，不須怕懼。』上謂處俊曰：『此亦須入史。』至三月詔太子左庶子、同中書門下三品劉仁軌，吏部侍郎、同三品李敬玄，中書侍郎郝處俊，黄門侍郎高智周等併修史。仁軌等於是引左史李仁實專掌其事，將加刊改會仁實卒官，又止。長安三年正月一日敕：『宜令特進梁王三思與納言李嶠、正諫大夫朱敬則、司農少卿徐彦伯、鳳閣舍人魏知古、崔融、司封郎中徐堅、左史劉知幾、直史館吴兢等修唐史，採四方之志，成一家之言，長懸楷則，以貽勸誡。』神龍二年五月九日，左散騎常侍武三思、中書令魏元忠、禮部尚書祝欽明及史官太常少卿徐彦伯、秘書少監柳沖、國子司業崔融、中書舍人岑羲、徐堅等，修則天實録二十卷，文集一百二十卷，上之。賜物各有差。

開元四年十一月十四日，修史官劉子玄吴兢撰睿宗實録二十卷、則天實録三十卷、中宗實録二十卷成，以聞又引古義，白於執政。宰相姚崇奏曰：『伏見貞觀十七年，監修國史房玄齡與史官給事中許敬宗、著作佐郎敬播，修高祖實録二十卷、太宗實録二十卷成，制封玄齡一子爲縣男，賜物一千段，封敬宗一子爲南陽男，賜物七百段，敬播改授司議郎，賜物五百段，併降璽書褒美。又神龍二年五月，監修國史、中書令魏元忠與史官太常少卿徐彦伯、國子司業崔融等，修則天實録三十卷成，封元忠一子爲縣男，準物一千段，彦伯等各賜爵二等，物五百段，自餘卑官加兩階，物段準處分，仍併降璽書褒美。今史官劉子玄、吴兢等撰睿宗實録，又重修則天、中宗實録，併成，進訖。準撰太宗實録例，監修官已下，加爵及賜。今子玄援引古今，欲臣聞奏。臣謹尋故實，例有恩賞，事屬當時，不可爲準子玄等始末修撰，誠亦勤勞。敍事紀言，所録雖重，承恩賜命，固不在多。子玄等請各賜物五百段。』許之。

至德二載十一月二十七日，修史官太常少卿于休烈奏曰：『國史一百六卷，開元實録四十七卷，起居注併餘書三千六百八十二卷，在興慶宫史館，併被逆賊焚燒。且國史、實録、聖朝大典，修撰多時，今併無本。望委御史台推勘史館所由，併令府縣搜訪，有人收得國史、實録，能送官司，重加購賞。者是宫書，弁捨其罪。得一部超授官，一卷賞十疋。』數月惟得一兩卷。前修史官工部侍郎韋述，賊陷入東京，其家先藏國史一百一十三卷送官。大曆三年，起居舍人兼修史令狐峘，修玄宗實録一百卷，峘著述雖精，屬喪亂之後，起居注亡失，纂開元、天寶間事，唯得諸家文集，編其詔、册，名臣傳記，十無三四，後人以漏略譏之。

建中元年七月，左拾遺、史館修撰沈既濟以吴兢所撰國史則天事爲本紀，奏議駁之曰：『史氏之作，本乎懲勸，以正君臣，以維邦，家前端千古，後法萬代。使其生不敢差，死不忘懼，緯人倫而經世道，爲百王準的。不止屬辭比事，以日係月而已。故善惡之道，在乎勸誡，勸誡之柄，在乎褒貶。是以春秋之義，尊卑、輕重、升降，幾微髣髴，一字二字，必有微旨存焉。況鴻名大統，其可以貸乎？伏以則天皇后，初以聰明睿哲，内輔時政，厥功茂矣。及弘道之際，孝和以長君嗣位，而太后以專制臨朝。俄又廢帝，或幽或徙，既而握圖稱籙，移運革名，牝司蠹啄之蹤，難乎備述。其後五王建策，皇運復興，議名之際，得無降損。必將義以親隱，禮從國諱。苟不及損，當如其常，安可横絶彝典，超居帝籍。昔仲尼有言，必也正名。夏殷二代，爲帝三十世矣，而周人通名之曰王。吴楚越之君，爲王者百有餘年，而春秋書之爲子。蓋高下自乎彼，而是非稽乎我。過者抑之，不及者援之。不以弱減，不爲僭奪，握中持平，不振不傾，使其求不可得，而蓋不可掩，斯古君子所以慎其名也。夫則天體自坤順，位居乾極，以柔乘剛，天紀倒張，進以强有，退非德讓。今史臣追書，當稱之爲太后，不宜曰上。孝和雖迫母后之命，降居藩邸，而體元繼代，本吾君也。史臣追書宜稱曰皇帝，不宜曰廬陵王。睿宗在景龍已前，天命未集，徒稟后制，假臨大寶。于倫非次，于義無名，史臣追書，宜曰相王，未宜曰帝。若以得失既往，遂而不舉。則是非褒貶，安所辨正？載筆執簡，謂之何哉？則天廢國家曆數，用周正朔，廢國家太廟，立周七廟，鼎命革矣，徽號易矣，旂裳服色已殊矣。今安得以周氏年曆，而列爲唐書帝紀。徵諸禮經，是謂亂名。且孝和繼天踐阼，在太后之前，而敍年製紀，居太后之下。方之躋僖，是謂不智。詳今考古，併未爲可。或曰：「班、馬良史也，編述漢事，立高后以續帝載，豈有非之者乎？」

答曰：「昔高后稱制，因其曠嗣。獨有分王諸呂，負於漢約，無遷鼎革命之甚。況其時孝惠已没，孝文在下，後宫之子，非劉氏種，不紀呂后，將紀誰焉？雖云其然，議者猶爲不可，況遷鼎革命者乎？」或曰：「若天后不紀，帝緒缺矣，則二十二年行事，何所繫乎？」答曰：「孝和以始年登大位，以暮年復舊業，雖尊名中奪，而天命未改。足以首事，足以表年，何所拘忌，裂爲二紀。」昔魯昭之出也，春秋歲書其居曰：「公在乾侯。」且君在，雖失位，不敢廢也。今請併天后紀，合孝和紀，每於歲首，必書孝和所在以統之，書曰：「某年正月日，皇帝在房陵，太后行某事，改某制云云，則紀稱孝和，而事述太后，俾名不失正，而禮不違常，名禮兩得，人無間矣。」其姓氏名諱，入宫之由，歷位之資，才藝智略，年辰崩葬，别纂録入皇后列傳，於廢后王庶人之下，題其篇曰「則天順聖武皇后」云：「事雖不行，而史氏稱之。」」

貞元元年九月，監修國史、宰臣韋執誼奏：『伏以皇王大典，實存簡册，施於千載，傳述不輕。竊見自頃已來，史臣所有修撰，皆于私家紀録，其本不在館中。褒貶之間，恐傷獨見，編紀之際，或慮遺文。從前已來，有此乖闕。自今已後，伏望令修撰官，各撰日曆，凡至月終，卽於館中都會，詳定是非，使置姓名，同共封鏁。除已成實録撰進宣下者，其餘見修日曆，併不得私家置本，仍請永爲常式。』從之。

元和二年七月，太僕寺丞令狐丕進亡父故史官峘所撰代宗實録四十卷，詔付史館。

五年十月，宰臣裴垍與史官蔣乂等，撰德宗實録五十卷，獻之。

長慶二年十月，敕翰林侍讀學士、諫議大夫路隨，中書舍人韋處厚兼充史館修撰，修憲宗實録。仍分日入史館修實録，未畢之間，且許不入内署，仍放朝參。

會昌元年四月敕：『憲宗實録，宜令史館再修撰進入，其先撰成本，不得注破，併與新撰本同進來者。』至三年十月，宰臣、兼監修國史李紳與修史官鄭亞等修畢進上，賜銀器錦彩有差。至大中二年十一月，又降敕曰：『憲宗實録，宜施行舊本，其新本委天下諸州府察訪，知有寫得者併送館，不得隱藏。』

大中五年七月，宰臣崔龜從等撰續唐曆三十卷。

八年三月，宰臣監修國史魏謩修成文宗實録四十卷，上之。史館給事中盧耽、太常少卿蔣偕、司勳員外郎王渢、右補闕盧告，頒賜銀器錦彩有差。

大順二年二月，敕吏部侍郎柳玭等修宣宗、懿宗、僖宗實録。始，丞相、監修國史杜讓能，三朝實録未修，乃奏吏部侍郎柳玭、右補闕裴庭裕、左拾遺孫泰、駕部員郎李允、太常博士鄭光庭等五人修之。踰年，竟不能編録一字。惟庭裕採宣宗朝耳目聞覩，撰成三卷，目曰東觀奏紀，納於史館。又龍紀中，有處士沙仲穆，纂野史十卷，起自大和，終於龍紀，目曰大和野史。

清·趙翼《廿二史劄記》卷一六《新舊唐書·唐實録國史凡兩次散失》

唐時修實録國史者，皆當代名手。今可考而知者，高祖實録二十卷，《太宗實録》二十卷皆敬播撰，房元齡監修。又《貞觀實録》四十卷，令狐德棻撰，貞觀十三年以後事，長孫無忌監修，其時同修者又有敬播、顧胤、鄧世隆、慕容善行、孫處約、劉顗、庾安禮，俱爲修史學士，見德棻及胤、處約等傳。其後許敬宗又奏改正，高宗以其事多失實，又命宰臣刊正。見郝處俊傳。初高祖、太宗兩朝實録，敬播等所修頗詳直，敬宗輒以己意改之。敬宗貪財，嫁女於錢九隴，本皇家隸人也，乃列之於劉文静等功臣傳，又其子娶尉遲敬德女，則爲敬德作佳傳，乙太宗賜長孫無忌之威鳳賦，移爲賜敬德者。事見敬宗傳。而播傳又謂播與敬宗同撰，蓋當玄齡、無忌監修時，播已在事，至是又徇敬宗意而與之同改修耳。

《高宗實録》三十卷許敬宗、令狐德棻等撰，後修實録三十卷德棻等所撰止乾封，劉知幾、吳兢續成之，又有武后所定《高宗實録》一百卷見藝文志。韋述所撰《高宗實録》三十卷見述傳，《則天皇后實録》二十卷魏元忠、武三思、祝欽明、徐彦伯、柳沖、韋承慶、崔融、岑羲、徐堅撰。劉知幾、吳兢删正。見藝文志及元忠傳。按劉子元修武后實録，有所改正，武三思不聽，而吳兢書張易之誣元忠有不順之言，引張説爲證，説已許之，賴宋璟力阻，始對武后謂『元忠無此語。』後説見實録所書如此，囑兢改之，兢曰『如此何名實録？』是劉、吳二人修實録，尚多直筆。《中宗實録》二十卷見藝文志，謂吳兢撰，而岑羲傳又謂羲撰，其書節湣太子之難，謂冉祖雍誣睿宗及太平公主連謀，羲密疏保護之，是岑羲亦在修史之列。睿宗實録五卷亦吳兢撰，劉知幾又有《太上皇實録》十卷，記睿宗爲太上皇時事也，玄宗實録二十卷張説與唐穎等撰，開元初年事，又有《開元實録》四十七卷見《藝文志》，不著撰人姓氏。代宗時又修成一百卷令狐峘撰，時起居注散亡，峘裒掇詔策成之，而開元天寶間名臣事多漏略，拙於去取，不稱良史。見峘傳。肅宗實録三十卷元載監修，代宗實録四十卷亦令狐峘撰，峘受詔纂修未成，坐事貶外，詔許在外成書，元和中，其子丕上之，建宗實録十卷沈既濟撰，時稱其能。見濟傳，德宗實録五十卷蔣乂、韋處厚、獨孤鬱、樊紳、林寶等撰，凡五年書成，裴監修，順宗實録五卷韓愈、沈傳師、宇文籍撰，李吉甫監修。按愈傳：修順宗實録，拙於取捨，爲世所非。穆宗、文宗嘗詔史臣改修，而愈婿李漢、蔣係皆在顯位，諸公難之。又鄭覃傳：文宗嘗謂『事不詳實，史臣韓愈，豈屈人耶？』是當時論者皆多此異議。然路隋傳：謂愈所書禁中事皆切直，宦官不喜，咸議其非，故文宗詔隋刊正，隋奏『周居巢、王彦威、李固言，皆謂不宜改。而宰臣李宗閔、牛僧孺謂「史官李漢、蔣係皆愈之婿，不可參撰。」臣獨以爲不然，愈所書，本非己出，自元和至今無異詞，但請示其甚謬者，付下刊定可耳。』乃詔『摘出貞元、永貞間數事改正，餘不復改。』據此，則愈所撰本非失實，特宦寺等妄論之耳。《憲宗實録》四十卷。蔣係、沈傳師、鄭澣、陳夷行、李漢、宇文籍、蘇景胤撰，杜元穎、韋處厚、路隋監修，敕隋與處厚更日入直，書未成，且免常參。傳師尋授湖南觀察使，元穎引張說、令狐峘之例，奏令傳師以史稿卽官下成之。俱見各本傳。按《憲宗實録》凡兩次重修，武宗時，李德裕當國，欲掩其父吉甫不善之迹，奏請重修，詔允之，併令舊本不得注破，候新撰成時同進。史官鄭亞等希德裕意，多所刪削，德裕又奏舊本多載禁中之言，夫公卿論奏必有章疏；藩鎮上表，亦有批答，若徒得自其家，未足爲據。今後實録所載，必須有據者方得紀述，從之。議者謂德裕以此掩其改修之迹也。又《李漢傳》，漢修《憲宗實録》，書宰相李吉甫事不相假借，德裕惡之，乃坐以李宗閔黨貶逐。此會昌中重修也。及宣宗卽位，又詔《元和實録》乃不刊之書，李德裕擅敢改張，奪他人之懿節，爲私門之令猷。周墀亦奏德裕竄寄他事，以廣父功。乃詔崔龜從等刊落。此大中再定本也。俱見本紀及各本傳內。《穆宗實録》二十卷。蘇景胤、王彦威、楊漢公、蘇滌、裴休撰。路隋監修。《敬宗實録》十卷。陳商、鄭亞撰，李讓夷監修。《文宗實録》四十卷。盧耽、蔣偕、盧告、牛叢撰，魏監修。《武宗實録》三十卷。韋保衡監修。宣宗以後無實録大順中，詔修宣、懿、僖實録，而日曆記注亡缺，史官裴廷裕因摭宣宗政事奏記於監修杜讓能，名曰《東觀奏記》，凡三卷，以後諸帝皆無實録。此諸帝實録見於各本紀、列傳及《藝文志》者也。其總輯各實録事迹，勒成一家言，則又別有國史。先是吳兢在長安，景龍間任史事，武三思、張易之等監修，事多不實，兢不得志，乃私撰《唐書》、《唐春秋》，未就，後出爲荊州司馬，以史草自隨。會蕭嵩領國史，奏遣使就兢取其書，凡六十餘篇。《兢傳》。此第一次國史也。然尚未完備。開、寶間，韋述總撰一百一十二卷併史例一卷，蕭穎士以爲譙周、陳壽之流。《述傳》。此第二次國史也。肅宗又命柳芳與韋述綴輯吳兢所次國史，述死，芳緒成之。起高祖訖乾元，凡一百三十篇。而敍天寶後事，去取不倫，史官病之。《芳傳》。此第三次國史也。後芳謫巫州，會高力士亦貶在巫，因從力士質問，而國史已送官，不可改，乃仿編年法，爲《唐曆》四十篇，以力士所傳，載於年曆之下，頗有異同。亦《芳傳》。然芳所作，止於大曆，宣宗乃詔崔龜從、韋澳、李荀、張彦遠及蔣偕分年撰次至元和，爲《續唐曆》三十卷。蔣偕、崔龜從等傳。此第四次國史也。是唐之實録、國史本極詳備，然中葉遭安禄山之亂，末造又遭黄巢、李茂貞、王行瑜、朱温等之亂，乃盡行散失。據《于休烈傳》云：國史一百六卷、《開元實録》四十七卷、起居注幷餘書三千六百八十二卷，俱在興慶宮，京城陷賊後皆被焚。休烈奏請降敕招訪有人收得者，送官重賞。數月內僅收得一兩卷，惟史官韋述藏國史一百一十三卷送於官。是天寶後所存僅韋述之本也。廣明亂後，書籍散亡，五代修唐書時，因會昌以後事迹無存，屢詔購訪。據《舊唐書·宣宗紀論》云『宣宗賢主，雖漢文、景不過也，惜乎簡籍遺落，十無二三。』又《五代會要》所云，有紀傳者惟代宗以前，德宗亦祇存實録，武宗幷祇實録一卷，則雖有詔購訪而所得無幾。此五代時修唐書之難也。《新唐書·韋述等傳》贊云：『唐三百年，業鉅事叢，其間巨盜再興，國典焚逸。大中以後，史録不存。故聖主賢臣、叛人佞子，善惡汨汨，有所未盡。』然則不惟《舊唐書》多所闕漏，卽《新唐書》搜採極博，亦尚歉然於文獻之無徵也。

撰修《唐律疏議》

綜　述

《舊唐書》卷五〇《刑法志》（永徽）三年，詔曰：『律學未有定疏，每年所舉明法，遂無憑準。宜廣召解律人條義疏奏聞，仍使中書門下監定。』於是太尉趙國公無忌、司空英國公勣、尚書左僕射兼太子少師監修國史燕國公志寧、銀青光禄大夫刑部尚書唐臨、太中大夫守大理卿段寶玄、朝議大夫守尚書右丞劉燕客、朝議大夫守御史中丞賈敏行等，參撰律疏，成三十卷，四年十月奏之，頒於天下。自是斷獄者皆引疏分析之。

論說

唐·長孫無忌等《唐律疏議·［元］柳贇〈序〉》 故唐律十二篇，非唐始有是律也。自魏文侯以李悝爲師，造《法經》六篇，至漢蕭何定加三篇，總謂九章律，而律之根荄已見。曹魏作《新律》十八篇，晉賈充增損漢魏爲二十篇，北齊後周或併苞其類，或因革其名，所謂十二篇云者，裁正於唐。而長孫無忌等十九人承詔制疏，勒成一代之典，防範甚詳，節目甚簡，雖總歸之唐可也。蓋姬周而下，文物儀章，莫備於唐。始太宗因魏徵一言，遂以寬仁制爲出治之本，中書奏讞，常三覆五覆而後報可，其不欲以法禁勝德化之意，皦然與哀矜愼恤者同符。史言『有司定律五百條，分十二卷。』卽篇爲卷是已。今定次三十卷者，長孫制義疏時，固已增多。義疏出永徽初，去貞觀應未遠。其後定令、刪格、編式，各隨世損益，科條無藝，大抵皆原於律矣。

然則律雖定於唐，而所以通極乎人情法理之變者，其可畫唐而遽止哉？國家立經陳紀，迪德踐猷，較諸近世之中，稽合唐制爲多，故凡垂之爲甲令，著之爲事比，無非忠厚惻怛之所形，累聖重光，何其甚似乎太宗也。予嘗備數禮官，陪在廷末議，見吏抱成法寘前，曰律當如是，不當如彼。雖辯口佞舌，莫不帖帖順聽，無敢出一語為異。及按而視之，則本之唐以志其常，參之祖宗睿斷以傳其變。非常無古，非變無今。然而必擇乎唐者，以唐之揆道得其中，乘之則過，除之卽不及，過與不及，其失均矣。嗚呼！法家之律，猶儒者之經。五經載道以行萬世，十二律垂法以正人心。道不可廢，法豈能以獨廢哉！彼謂除參夷連坐之罪，作見知部主之條，爲蕭、張控制天下之一術，其論抑淺末矣。予何足以知之？因其理之在人心者而竊窺之耳。

江西在聲教漸濡之内，諸學經史，板本略具，而律文獨闕。予閑請於廉訪使師公曰：『禮刑其初一物，出禮入刑之論，固將以制民爲義，而非以罔民爲厲也。吾欲求故唐律疏義，稍爲正訛緝漏，刋之龍興學官，以庶幾追還時會讀法之遺，公儻有意乎？』公亟謀諸寮寀，咸應曰：『諾。』而行省檢校官王君長卿，復以家藏善本及釋文、纂例二書來相其役，公欣然命出公帑所儲没入學租錢以供其費，踰月緒成。因執筆冠篇，而且以識公恤刑之本心無往而不在也。若曰鑄要鼎，作爰書，以取譏於世，則予豈敢！泰定四年秋七月既望，文林郎江西等處儒學提舉柳贇謹序。

撰修《唐六典》

綜述

唐·劉肅《大唐新語》卷九《著述》 開元十年，玄宗詔書院撰《六典》以進。時張說爲麗正學士，以其事委徐堅。沉吟歲餘，謂人曰：『堅承乏，已曾七度修書，有憑準皆似不難，唯六典歷年措思，未知所從。』說又令學士毋煚等，檢前史職官，以令式分入六司，以今朝六典，象周官之制。然用功艱難，綿歷數載。其後張九齡委陸善經，李林甫委苑咸，至二十六年，始奏上。百寮陳賀，迄今行之。

宋·王溥《唐會要》卷三六《修撰》 （開元）二十七年二月，中書令張九齡等，撰《六典》三十卷成，上之，百官稱賀。

《新唐書》卷五八《藝文志·職官類》 《六典》三十卷。開元十年，起居舍人陸堅被詔集賢院修《六典》，玄宗手寫六條，曰理典、教典、禮典、政典、刑典、事典。張說知院，委徐堅，經歲無規制，乃命毋煚、余欽、咸廙業、孫季良、韋述參撰。始以令式象周禮六官為制。蕭嵩知院，加劉鄭蘭、蕭晟、盧若虛。張九齡知院，加陸善經。李林甫代九齡，加苑咸。二十六年書成。

宋·晁公武《直齋書録解題》卷六《職官類·唐六典三十卷》 題御撰，李林甫等奉敕注。按：韋述集賢記注，開元十年起居舍人陸堅被旨修《六典》，上手寫白麻紙凡六條，曰：『理、教、禮、政、刑、事典，令以類相從，撰録以進。』張說以其事委徐堅，思之歷年，未知所適；又委毋煚、余欽、韋述，始以令式入六司，象《周禮》六官之制，其沿革併入注，然用功艱難；其後張九齡又以委苑咸，二十六年奏草上，至今在書院，亦不行。案《唐書·藝文志》，張説以其事委徐堅，經歲無規制，乃命毋煚、余欽、咸廙、業孫、季良、韋述等參撰。及蕭嵩知院，加劉鄭蘭、蕭晟、盧若虚；張九齡知院，加陸善經；李林甫代九齡，加苑咸。委苑咸者，乃李林甫也。至云二十六年冬草上，考新舊唐書，九齡以二十四年罷政事，尋謫荆州，程大昌謂書成於九齡爲相之日，當在二十四年，林甫注成奏進，當在二十七年，故是書卷首止列林甫，而不及九齡也。今案《新書·百官志》皆取此書，即太宗貞觀六年所定官令也。《周官》六職視《周禮》六典已有邦土邦事之殊，不可考證，唐志内外官與周制迥然不同，而强名六典，可乎？善乎范太史祖禹之言曰：『既有太尉、司徒、司空，而又有尚書省，是政出於二也。既有尚書省，而又有九寺，是政出於三也。』本朝裕陵好觀六典，元豐官制盡用之，中書造命，門下審覆，尚書奉行，機事往往留滯，上意頗以爲悔云。

論説

清·王鳴盛《十七史商榷》卷八一《新舊官志皆據開元六典》 《舊書職官志》總論云：『自高宗之後，官名品秩屢有改易，今録永泰二年官品。其改易品秩者注於官品之下，若改官名及職員有加減者則各附之於本職云。』按唐初官制更易雖亦時有，不過小小更之，龍朔二年爲高宗即位之十三年，始大改官制，普加竄易，舊制幾十不一存，其時高宗寵暱武后，爲所鉗縛，而武氏奸謀已動，本可徒舊，而有意革改，以一新天下耳目，迨咸亨元年復舊，而光宅元年武氏僭立後仍復大改，舊制盡廢。神龍元年中宗復位，又復舊可已矣，乃開寶盛之極，即衰之始，玄宗侈心蓋微見於即位之初，開元元年，又大改官名，至德二載十二月敕近日所改百司額及郡名官名，一切依故事，永泰二年上距至德二載十年，蓋自此以後無大改矣。故《舊志》以此爲據，雖則以此爲據，然斯時唐運甫及中世，其後固不能無小更者，故又言『其改易品秩者注於官品之下』云云，今《舊志》中小字注多有大曆、元和、會昌、建中、貞元年中所定者，是也。杜佑《通典》第十九卷《職官》門《官制總序》歷説上古至唐制，而終之云：『至開元二十五年，刊定職次，著爲格令。』注云：『此格皆武德、貞觀之舊制，永徽初已詳定之，至開元二十五年再刪定焉。』據此，則《通典》全以開元二十五年爲定矣。而《舊志》於兵部郎中一條云『凡天下節度使有八』，此開元制也，至至德則天下節度凡三十有五，豈八乎？而永泰不待言矣。然則《舊志》雖言據永泰，其實仍據開元，蓋開元所改，至德至永泰十年之間盡復其舊，所復者官名耳，而祿秩體制職掌仍依開元，何則？《唐會要》稱開元二十七年二月，中書令張九齡等撰《六典》三十卷成，上之。竹垞朱氏謂開元十年始有事，修是書，歷陸堅、張説、徐堅、蕭嵩、韋述、張九齡、陸善經、李林甫、苑咸之手而成，今《六典》卷首列李林甫等注上，而九齡已以二十四年罷知政事，則進書之日似九齡久去官矣。但程大昌《雍録》謂書成于九齡爲相之日，進御當在二十四年，林甫注成或在二十七年，其説良是。竹垞之言如此。觀《舊·官志》及《通典》所據者開元二十五年，愈見程説之確，玄宗改易雖見侈心，而官制之明備，莫遇於九齡之《六典》，《通典》本之，《舊書》亦本之，則知其均據開元也。《新志》雖不言其所據何時，要《新·官志》皆本《六典》、《通典》，則必亦以開元為據。

撰修《通典》

綜述

唐·杜佑《通典》卷一 佑少嘗讀書，而性且蒙固，不達術數之藝，不好章句之學。所纂通典，實采羣言，徵諸人事，將施有政。夫理道之先在乎行教化，教化之本在乎足衣食。易稱聚人曰財，洪範八政，一曰食，二曰貨。管子曰：『倉廩實知禮節，衣食足知榮辱。』夫子曰：『既富而教。』斯之謂矣。夫行教化在乎設職官，設職官在乎審官才，審官才在乎精選舉，制禮以端其俗，立樂以和其心，此先哲王致治之大方也。故職官設然後興禮樂焉，教化隳然後用刑罰焉，列州郡俾分領焉，置邊防遏戎敵焉。是以食貨爲之首，十二卷。選舉次之，六卷。職官又次之，二十二卷。禮又次之，百卷。樂又次之，七卷。刑又次之，大刑用甲兵，十五卷。其次五刑，八卷。州郡又次之，十四卷。邊防末之。十六卷。或覽之者庶知篇第之旨也。本初纂録，止於天寶之末，其有要須議論者，亦便及以後之事。

《舊唐書》卷一三《德宗紀》 （貞元）十七年春，淮南節度使杜祐進《通典》，凡九門，共二百卷。

又 卷一四七《杜佑傳》 初開元末，劉秩採經史百家之言，取《周禮》六官所職，撰分門書三十五卷。號曰《政典》，大爲時賢稱賞，房琯以爲才過劉更生。佑得其書，尋味厥旨，以爲條目未盡，因而廣之，加以《開元禮》、《樂》，書成二百卷，號曰《通典》。貞元十七年，自淮南使人詣闕獻之，曰：

臣聞太上立德，不可庶幾；其次立功，遂行當代；其次立言，見志後學。由是往哲遞相祖述，將施有政，用乂邦家。臣本以門資，幼登官序，仕非遊藝，才不逮人，徒懷自强，頗玩墳籍。雖履歷叨幸，或職劇務殷，竊惜光陰，未嘗輕廢。夫《孝經》、《尚書》、《毛詩》、《周易》、《三傳》，皆父子君臣之要道，十倫五教之宏綱，如日月之下臨，天地之大德，百王是式，終古攸遵。然多記言，罕存法制，愚管窺測，莫達高深，輒肆荒虛，誠爲億度。每念懵學，莫探政經，略觀歷代衆賢著論，多陳紊失之弊，或闕匡拯之方。臣既庸淺，寧詳損益，未原其始，莫暢其終，尚賴周氏典禮，秦皇蕩滅不盡，縱有繁雜，且用準繩。至於往昔是非，可爲來今龜鏡，布在方册，亦粗研尋。自頃纘修，年踰三紀，識寡思拙，心昧辭蕪。圖籍實多，事目非少，將事功畢，罔愧乖疏，固不足發揮大猷，但竭愚盡慮而已。書凡九門，計貳百卷，不敢不具上獻，庶明鄙志所之，塵瀆聖聰，兢惶無措。

優詔嘉之，命藏書府。其書大傳於時，禮樂刑政之源，千載如指諸掌，大爲士君子所稱。

論 說

唐·杜佑《通典·李翰〈序〉》 儒家者流，博而寡要，勞而少功，何哉？其患在於習之不精，知之不明，入而不得其門，行而不由其道。何以徵之？夫五經羣史之書，大不過本天地，設君臣，明十倫五教之義，陳政刑賞罰之柄，述禮樂制度之統，究治亂興亡之由。立邦之道，盡於此矣。非此典者，謂之無益世教，則聖人不書，學者不覽，懼人冗煩而無所從也。先師宣尼，祖述堯舜，憲章文武，七十子之徒，宣明大義，三代之道，百世可師。而諸子云云，猥復制作，由其門則其教已備，反其道則其人可誅。而學者以多閱爲廣見，以異端爲博聞，是非紛然，塞胸滿腹，澒洞茫昧，而無條貫。或舉其中而不知其本，原其始而不要其終。高談有餘，待問則泥。雖驅馳百家，日誦萬字，學彌廣而志彌惑，聞愈多而識愈疑，此所以勤苦而難成，殆非君子進德修業之意也。今《通典》之作，昭昭乎其警學者之羣迷歟！以爲君子致用，在乎經邦，經邦在乎立事，立事在乎師古，師古在乎隨時。必參古今之宜，窮終始之要，始可以度其古，終可以行於今，問而辨之，端如貫珠，舉而行之，審如中鵠。夫然，故施於文學，可爲通儒，施於政事，可建皇極。故採五經羣史，上自黃帝，至於我唐天寶之末，每事以類相從，舉其始終，歷代沿革廢置及當時羣士論議得失，靡不條載，附之於事。如人支脈，散綴於體。凡有八門，勒成二百卷，號曰《通典》。非聖人之書，乖聖人微旨，不取焉，惡煩雜也。事非經國禮法程制，亦所不録，棄無益也。若使學者得而觀之，不出戶知天下，未從政達人情，罕更事知時變，爲功易而速，爲學精而要。其道直而不徑，其文甚詳而不煩，推而通，放而準，語備而理盡，例明而事中，舉而措之，如指諸掌，不假從師聚學，而區以别矣。非聰明獨見之士，孰能修之。淮南元戎之佐曰尚書主客郎京兆杜公君卿，雅有遠度，志於邦典，篤學好古，生而知之。以大曆之始，實纂斯典，累紀而成。杜公亦自爲序引，各冠篇首。或前史有闕，申高見發明，以示勸戒，用存景行。近代學士，多有撰集，其最著者《御覽》、《藝文》、《玉燭》之類，網羅古今，博則博矣，然率多文章之事，記問之學，至於刊列百度，緝熙王猷，至精至純，其道不雜，比於《通典》，非其倫也。於戲！今之人賤近而貴遠，昧微而睹著，得之者甚鮮，知之者甚稀，可爲長太息也。翰嘗有斯志，約乎舊史，圖之不早，竟爲善述者所先，故頗詳旨趣，而爲之序。庶將來君子，知吾道之不誣。

清·王鳴盛《十七史商榷》卷九〇《杜佑作通典》 左補闕李翰撰杜佑《通典》序云：『淮南元戎之佐曰尚書主客郎京兆杜公君卿，以大曆之始，實纂斯典，累年而成。』案《舊書·佑傳》：『佑以蔭入仕，補濟南府參軍、剡縣丞。潤州刺史韋元甫奏爲司法參軍。元甫爲浙西觀察、淮南節度，皆辟爲從事，深所委信。累官至檢校主客員外郎。』此檢校主客郎元甫所奏署者，其時尚在元甫幕下，故翰稱爲『淮南元戎之佐』，《舊書》於此下乃云『入爲工部郎中，充江西青苗使，轉撫州刺史。改御史中丞，充容管經略使。楊炎入相，徵入朝，歷工部、金部二郎中，併充水陸轉運使，改度支郎中，兼和糴等使。時方軍興，饋運悉委於佑，遷户部侍郎、判度支。爲盧杞所惡，出爲蘇州刺史。佑母在，蘇州憂闕，换饒州刺史。未幾，兼御史大夫，充嶺南節度使。貞元三年，徵爲尚書左丞，又出爲陝州觀察使，遷檢校禮部尚書、揚州大都督府長史，充淮南節度使。丁母憂，特詔起復，累轉刑部尚書、檢校右僕射。十六年，徐州節度使張建封卒，其子愔爲三軍所立，詔佑以淮南節制檢校左僕射、同平章事，兼徐泗節度使，委以討伐。及詔以徐州授愔，而加佑兼濠泗等州觀察使，在揚州開設營壘』云云，『十九年入朝，拜檢校司空、同平章事，充太清宫使。德宗崩，佑攝冢宰，進檢校司徒，充度支鹽鐵等使，依前平章事，旋又加弘文館大學士。順宗崩，復攝冢宰。元和元年，册拜司徒、同平章事，封岐國公。元和七年，光禄大夫、守太保，致仕。十一月，薨，年七十八』，此下總論佑生平爲人，因及作《通典》事，則云『貞元十七年，自淮南使人詣闕獻之』，并載其《進表》云『自頃纘修，年踰三紀』云云。考佑以大曆之始纂斯典，大曆元年，佑年三十二，貞元十七年進書，佑年六十七，相距恰三十六年，故云『三紀』。翰作序之時，佑爲淮南幕僚，及進，則自爲淮南主帥矣，實更三紀，而但云『累年而成』者，其實官使府時但粗就初稿而已，尚未成也。佑入仕雖蚤，亦當弱冠，歷佐倅兩處，方入元甫幕，佐幕之初，大約已近三十，時方草創此書，在幕閲數任方爲主客，而初稿乃成，故云『累年而成』。翰天寶中已以進士知名，代宗初年爲侍御史，見《舊書・文苑傳》，於佑爲先達，佑欲藉皇甫士安重其《三都》，故以初稿急求爲序，厥後改潤，大約屢易稿方定。

《舊・韋元甫傳》：『大曆初，由浙西觀察入爲尚書右丞，會淮南節度使缺，授揚州長史、兼御史、淮南節度觀察等使。在揚州三年，大曆六年八月，卒於位。』然則元甫之出鎮淮南以大曆四年，而佑之歷主客亦在六年以前也。入爲工部郎中，是佑居京職之始，後又出歷三官，楊炎入相方徵入朝，《新書・宰相表》炎相係大曆十四年，佑時年四十五。軍興治饋運，係朱滔、李希烈、朱泚等亂，約俱在德宗建中三四年間事，而盧杞於四年貶，則佑之出爲刺史在建中四年以前也，貞元三年又入，時佑年五十三，其節度淮南大約在貞元七八年，或十餘年，自此以後，在淮南甚久，合兼濠泗觀察共有十餘年，進書在此年中，直至貞元十九年方復入爲宰相，自是不復出矣。約計佑歷事六朝玄、肅、代、德、順、憲，仕宦五十年，出入將相，屢遇戎寇紛紜，爲權臣所引而不爲所累，爲奸臣所忌而不爲所害，以功名始終，貴極富溢，而壽躋大耋，未嘗以纖毫挫辱。幼則生長閥閲之門，老則目睹昆弟諸子併登顯位，且著述擅名，傳至今千餘年，部帙如新，裒然爲册府之弁冕，孫牧又以才稱，能世其家學，如佑誠可云全福，自古文人罕見其比。

李翰稱《通典》凡有八門，《舊傳》云：『開元末，劉秩採經史百家之言，取《周禮》六官所職，撰分門書三十五卷，號曰《政典》。佑得其書，以爲條目未盡，因而廣之，加以開元禮樂書，號曰《通典》。』《獻書表》曰『書凡九門，計貳伯卷』，似分門有異，或疑翰作序時門類未定，後復廣之，故先後不同者，非也。觀佑自序，以兵刑爲一，皆稱爲刑，與班史同，所謂大刑有甲兵，其次五刑，故翰序言八門，今其細目兵刑仍分爲二者，合之中又自分也。一食貨，二選舉，三職官，四禮，五樂，六兵，七刑，八州郡，九邊防。

九門中禮居其一，然禮共一百卷，自四十一卷起至一百五卷止，既已歷敍吉、嘉、賓、軍、凶五禮矣，而於一百六卷以下至一百四十卷共三十五卷，俱撮取《大唐開元禮》之文鈔謄入之，仍以吉、嘉、賓、軍、凶爲次，何其繁複乎？既以劉秩書爲藍本，乃自序中隻字不及，復襲取官書攘爲己有，以佑之事力，撰集非難，而又取之他人者若是之多，則此書之成亦可云易也。

《獻書表》云：『《孝經》、《尚書》、《毛詩》、《周易》、三《傳》，如日月之下臨，天地之大德，百王是式，終古攸遵。然多記言，罕存法制。愚管窺測，莫達高深，輒肆荒虚，誠爲億度。』佑意以經學但可明道，非法制所垂，惟典禮爲關法制，欲撇去經學，以伸己之《通典》，且深譏世之説經者多疵病也。然此書中偶涉經處，每駁去古義，别創新説，所云『輒肆荒虛，誠爲億度』者，佑每自蹈之，蓋唐中葉經學已亂，故佑多狗俗，今不暇毛舉，姑就予《尚書後案》所辨數條，如大陸、九河、流沙、昆侖、河源、嶓冢、漢源等考之則可見。

撰修《括地志》

綜述

《舊唐書》卷七六《濮王李泰傳》　濮王泰，字惠褒，太宗第四子也。少善屬文。武德三年，封宜都王。四年，進封衛王，以繼衛懷王霸後。貞觀二年，改封越王，授揚州大都督。五年，兼領左武候、大都督，併不之官。八年，除雍州牧、左武候大將軍。七年，轉鄜州大都督。十年，徙封魏王，遥領相州都督，餘官如故。太宗以泰好士愛文學，特令就府別置文學館，任自引召學士。又以泰腰腹洪大，趨拜稍難，復令乘小輿至於朝所。其寵異如此。十二年，司馬蘇勗以自古名王多引賓客，以著述爲美，勸泰奏請撰《括地志》。泰遂奏引著作郎蕭德言、秘書郎顧胤、記室參軍蔣亞卿、功曹參軍謝偃等就府修撰。十四年，太宗幸泰延康坊宅，因曲赦雍州及長安大辟罪已下，免延康坊百姓無出今年租賦，又賜泰府官僚帛有差。十五年，泰撰《括地志》功畢，表上之，詔令付秘閣，賜泰物萬段，蕭德言等咸加給賜物。

宋・王溥《唐會要》卷三六《修撰》　（貞觀）十五年正月三日，魏王泰上《括地志》五十卷，上嘉之。賜物一萬段，其書宣付祕閣。初，泰好學，愛文章，司馬蘇勖勸泰表請修撰，詔許之。于是大開館宇，廣召時俊，遂奏引著作郎蕭德言、祕書郎顧胤、記室參軍蔣亞卿、功曹參軍謝偃等，人物輻輳，門庭若市。泰稍悟過盛，欲其速成，于是分道諸州，披檢疏録，凡四年而成。

撰修《元和郡縣圖志》

綜述

《舊唐書》卷一四八《李吉甫傳》　李吉甫字弘憲，趙郡人。父栖筠，代宗朝爲御史大夫，名重於時，國史有傳。吉甫少好學，能屬文。年二十七，爲太常博士，該洽多聞，尤精國朝故實，沿革折衷，時多稱之。吉甫嘗討論《易象》異義，附於一行集注之下；及綴録東漢、魏、晉、周、隋故事，訖其成敗損益大端，目爲《六代略》，凡三十卷。分天下諸鎮，紀其山川險易故事，各寫其圖於篇首，爲五十四卷，號爲《元和郡國圖》。又與史官等録當時戶賦兵籍，號爲《國計簿》，凡十卷。纂《六典》諸職爲《百司舉要》一卷。皆奏上之，行於代。

宋・王溥《唐會要》卷三六《修撰》　（元和）八年二月，宰臣李吉甫又常撰《元和州縣郡國圖》三十卷、《百司舉要》一卷成，上之。吉甫又常綴録東漢、魏、晉、元、魏、周、隋故事，記其成敗損益，因爲《六代略》，凡三十卷。分天下諸鎮絶域山川險易故事，各寫其圖於篇首，為五十四卷，號爲《元和郡國圖》。

論説

唐・李吉甫《元和郡縣志・序》　臣聞王者建州域，物土疆，觀次於星躔，察法於地理。考中國山河之象，求二儀險阻之情，天漢萌而兩界分，南官正而五均敍。自黃帝之方制萬國，夏禹之分別九州，辨方經野，因人緯俗，其揆一矣。及秦皇幷六國，則罷侯而置守。漢武討百蠻，則窮兵而黷武。雖裂爲郡縣者遠過於殷、周，而教令之所行，威懷之所服，亦不越於三代。失天地作限之意，非皇王尚德之仁，誇志役心，久而後悔。由此觀之，則聖人疆理之制，固不在荒遠矣。吾國家肇自貞觀，至於開元，兼夏、商之職貢，掩秦、漢之文軌，梯航累乎九譯，廐置通乎萬里，然後分疆以辨之，置吏以康之，任所有而差貢賦，因所宜而制名物，守其要害，險其走集，經理之道，冠乎百王，巍巍乎，無得而稱矣！易曰天險不可升，地險山川丘陵。王公設險以守其國，險之時用大矣哉。然則聖人雖設險，而未嘗恃險。施於有備之内，措於立德之中，其用常存，其機不顯，弛張開闔，因變制權，所以財成二儀，統理萬物。故漢祖入關，諸將爭走金帛之府，惟蕭何收秦圖書，高祖所以知山川阨塞，戶口虛實。厥後受命汜水，定都洛陽，留侯演委輅之謀，田肎賀入關之策，事關興替，理切安危，舉斯而言，斷可識矣。伏惟睿聖文武皇帝陛下，握樞秉聖，承祧立極，祖堯、舜之道，憲文、武之程，皇王之遐蹤行之必至，祖宗之耿光寢而復耀。天寶之季，王塗暫艱，由是墜綱解而不紐，强侯傲而未肅。逮至興運，盡爲驅除，故蜀有阻隘之夫，吴有憑江之卒，雖完保聚，繕甲兵，莫不手足裂而異處，封疆一乎四海，故鄘、衛風偃，朔塞砥平，東西南北，無思不服。臣吉甫當元聖撫運之初，從内庭視草之列，尋備衮職，久塵臺階，每自循省，赧然收汗。謨明弼諧，誠淺智之不及，簿書期會，亦散材之不工，久而伏思，方得所效，以為成當今之務，樹將來之勢，則莫若版圖地理之爲切也。所以前上元和國計簿，審户口之豐耗，續撰元和郡縣圖志，辨州域之疆理。時獲省閲，或裨聰明，豈欲希酇侯之規模，庶乎盡朱贛之條奏。況古今言地理者凡數十家，尚古遠者或搜古而略今，采謠俗者多傳疑而失實，飾州邦而敘人物，因丘墓而徵鬼神，流于異端，莫切根要。至於丘壤山川，攻守利害，本於地理者，皆略而不書，將何以佐明王扼天下之吭，制羣生之命，收地保勢勝之利，示形束壤制之端，此微臣之所以精研，聖后之所宜周覽也。謹上《元和郡縣圖志》，起京兆府，盡隴右道，凡四十七鎮，成四十卷。每鎮皆圖在篇首，冠於敘事之前，幷目録兩卷，總四十二卷。臣學非博聞，識愧經遠，馳騖雖久，漏略猶多，輕瀆宸嚴，退增戰越。謹上。

清·王鳴盛《十七史商榷》卷九〇《李吉甫作元和郡國圖》　《舊·李吉甫傳》：『吉甫嘗分天下諸鎮，紀其山川險易故事，各寫其圖於篇首，爲五十四卷，號爲《元和郡國圖》，又與史官等録當時户賦兵籍，號爲《國計簿》，凡十卷，皆奏上之。』今此書鈔本流傳尚多，而名爲《元和郡縣圖志》，竊以唐與漢不同，當稱郡縣，不當稱郡國，且今書圖已亡，獨志尚在，不得省『志』字單稱『圖』，《舊傳》所載殆其初成書時未定之名也。自序卽係《進書表》，中云『伏惟睿聖文武皇帝陛下』云云，此尊號據《舊·憲宗紀》，元和三年正月癸未朔所上也，又云：『天寶之季，王途暫艱。墜綱解而不紐，强侯傲而未肅，逮至興運，盡爲驅除，蜀有阻隘之夫，吴有憑江之卒，莫不手足裂而異處，封疆一乎四海。』蜀謂劉闢，吴謂李錡，平蜀在元和元年，平吴在二年，表中但舉此兩事，餘平叛皆不及，進書時淮蔡未平故也。又云『臣吉甫當元聖撫運之初，從内廷視艸之列，尋備衮職，久塵台階』云云，《舊傳》：『憲宗卽位，召入翰林爲學士，轉中書舍人。二年春，擢中書侍郎、平章事。』本紀則在元和二年正月己卯，是也。又云：『每自循省，赧然收汗。久而伏思，方得所效，以爲成當今之務，樹將來之勢，莫若版圖地理爲切。所以前上《元和國計簿》，審户口之豐耗；續撰《元和郡縣圖志》，辨州域之疆理。起京兆府，盡隴右道，凡四十七鎮，成四十卷。每鎮皆圖在篇首，冠於敘事之前，幷目録兩卷，總四十二卷。』案《舊傳》不言進書何年，然先言《郡國圖》，後言《國計簿》，《憲宗紀》則云：『元和二年十二月己卯，史官李吉甫撰《元和國計簿》。八年二月辛卯，宰相李吉甫進所撰《元和郡國圖》三十卷。又爲《十道州郡圖》五十四卷。』據此則《圖計簿》在前，《郡縣圖志》在後，與《進書表》合，但彼文之上文二年春正月吉甫已入相，卽十二月之甲寅，亦書宰相李吉甫封贊皇公矣，不應於進書忽改稱史官，此非是。又《州郡圖》當卽《郡國圖》，非有二，重言之亦非。若其卷數，或云三十，或云五十四，皆與《進書表》不合，未詳。是年進書，明年冬，吉甫卒矣，亦見《舊傳》。

杜佑《通典·州郡》門序目云：『凡言地理者多矣，在辯區域，徵因革，知要害，察風土。纖介畢書，樹石無漏，動盈百軸，豈所謂撮機要者乎？如誕而不經，偏紀雜説，何暇偏舉。或覽之者，不責其略焉。』自注云：『謂辛氏《三秦紀》、常璩《華陽國志》、羅含《湘中記》、盛弘之《荊州記》之類，皆述鄉國靈怪、人賢物盛，參以實證，則多紕謬。既非通論，不暇取之矣。』吉甫《進書》表亦云：『古今言地理者凡數十家，尚古遠者或搜古而略今，採謠俗者多傳疑而失實，飾州邦而敘人物，因丘墓而徵鬼神，流于異端，莫切根要。至于丘壤山川，攻守利害，本于地理者，皆略而不書，將何以佐明王扼天下之吭，制羣生之命，收地保勢勝之利，示形束壤制之端，此微臣之所以精研，聖后之所宜周覽也。』此二段議論實獲我心，二公皆唐中葉良臣，學行名位併高，固宜辭尚體要，若合符節，抑豈獨談地理者當如是，凡天下一切學問，皆應以根據切實，詳簡合宜，內關倫紀，外繫治亂，方足傳後。掇拾嵬瑣，騰架空虛，欲以譁世取名，有識者咸薄之。

杜、李兩家書佳處只在體段規模，其學之狥俗則限于時代，又開趙宋氣習，地理沿革冗亂，本易差訛，再加以後人好改前人舊說，則治絲而棼之矣。前論杜佑之謬，而吉甫亦所不免，觀予《禹貢後案》所駁諸條自明。

《元和志》世無刻本，傳鈔者缺第十八卷第十一葉以下及第十九、第二十、第二十三、第二十四、第三十五、第三十六六卷，『河南府河南縣中橋，咸通三年造』，咸通是懿宗號，三年上距吉甫之卒已四十九年，則此書後人附益者多，別見予所著《娥術編》、《說録門》。

自唐以前，除偏方紀載外，其通天下地理書，如京相璠《土地名》、闞駰《十三州志》、魏王泰《括地志》之類，皆無存者，有之，自《元和志》爲始，宋樂史《太平寰宇記》、王存《元豐九域志》、歐陽忞《輿地廣記》、祝穆《方輿勝覧》、元無名氏《混一方輿勝覧》皆可參取，要不及《元和志》。

焚毀讖緯圖書分部

綜述

《隋書》卷二《高祖紀下》（開皇）十三年二月丁酉，制私家不得隱藏緯候圖讖。

《舊唐書》卷一一《代宗紀》（大曆二年春正月）癸酉，詔：

天文著象，職在於疇人；讖緯不經，蠹深於疑衆。蓋有國之禁，非私家所藏。雖裨竈明徵，子産尚推之人事；王彤必驗，景略猶置於典刑。況動皆詭謬，率是矯誣者乎！故聖人以經籍之義，資理化之本，側言曲學，實紊大猷，去左道之亂政，俾彝倫而攸敘。自四方多故，一紀於茲，或有妄庸，輒陳休咎，假造符命，私習星曆。共肆窮鄉之辯，相傳委巷之譚，作僞多端，順非僥澤。熒惑州縣，詿誤閭閻，壞紀挾邪，莫逾於此。其玄象器局、天文圖書、《七曜曆》、《太一雷公式》等，私家不合輒有。今後天下諸州府，切宜禁斷，本處分明牓示，嚴加捉搦。先藏蓄此等書者，敕到十日内送官，本處長吏集衆焚燬。限外隱藏爲人所告者，先決一百，留禁奏聞。所告人有官卽與超資注擬，無官者給賞錢五百貫。兩京委御史臺處分。各州方面勳臣，洎百僚庶尹，罔不誠亮王室，簡于朕心，無近憸人，慎乃有位，端本静末，其誡之哉！

宋・王溥《唐會要》卷七二《軍雜録》 天寶末，天子以中原太平，修文教，廢武備，銷鋒鏑，以弱天下豪傑。於是挾軍器者有辟，蓄圖讖者有誅，習弓矢者有罪。

宋・李昉等《文苑英華》卷四六五《常衮〈敕天文圖讖制〉》 敕：

天文著象，職在於疇人，讖緯不經，蠹深於疑衆。蓋有國之禁，非私家所藏。雖裨竈明徵，子産尚推之人事；王彤必驗，景略猶置於刑典。況動涉詭謬，率皆矯誣者乎！故聖人以經籍之義，資理化之本，仄言曲學，實紊大猷，去左道之亂政，俾彝倫而攸敘。自四方多故，一紀于茲，或有妄庸，輒陳休咎。假造符命，私習星曆，共肆窮鄉之辯，相傳委巷之談。飾詐多端，順非而澤，熒惑州縣，詿誤閭閻，懷挾邪妄，莫逾於此。其玄象器物、天文圖書、讖書、《七曜曆》、《太一雷公式》等，準法官人百姓等私家併不合輒有。自今以後，宜令天下諸州府切加禁斷，各委本道觀察節度等使與刺史縣令嚴加捉搦，仍令分明牓示鄉村要路，併勒鄰伍遞相爲保。如先有藏蓄者，限敕到十日内，齎送官司，委本州刺史等對衆焚毀。如限外隱藏，有人糾告者，其藏隱人先決杖一百，仍禁身聞奏。其糾告人先有官及無官者，每告得一人，超資授正員官，其不願任官者，給賞錢五百貫文，仍取當處官錢，三日内分付訖。具狀聞奏，告得兩人已上，累酬官賞。其州府長史縣令本判官，等不得捉搦，委本道使具名彈奏，當重科貶。兩京委御史臺切加訪察聞奏，準前處分。咨爾方面勳臣，洎十連庶尹，罔不誠亮王室，簡于朕心，無近憸人，慎乃有位，端本靜末，其誡之哉。

禁止民間傳習天文諸學分部

綜　述

唐·長孫無忌等《唐律疏議》卷五《犯罪未發自首》　若越度關及姦併私習天文者，併不在自首之例。

疏議曰：天文玄遠，不得私習。從『於人損傷』以下，『私習天文』以上，俱不在首之例。

又　卷九《私有玄象器物》　諸玄象器物，天文，圖書，讖書，兵書，《七曜曆》，《太一》，《雷公式》，私家不得有，違者徒二年。私習天文者亦同。其緯、候及論語讖，不在禁限。

疏議曰：玄象者，玄，天也，謂象天爲器具，以經星之文及日月所之道，轉之以觀時變。《易》曰：『玄象著明，莫大於日月。故天垂象，聖人則之。』《尚書》云：『在璇璣玉衡，以齊七政。』天文者，《史記·天官書》云天文，日月、五星、二十八宿等，故《易》曰：『仰則觀於天文。』圖書者，『河出圖，洛出書』是也。讖書者，先代聖賢所記未來徵祥之書。兵書，謂《太公六韜》、《黃石公三略》之類。七曜曆，謂日、月、五星之曆。《太一》、《雷公式》者，併是式名，以占吉凶者。私家皆不得有，違者，徒二年。若將傳用，言涉不順者，自從『造祆言』之法。『私習天文者』，謂非自有書，轉相習學者，亦得二年徒坐。緯、候及讖者，《五經緯》、《尚書中候》、《論語讖》，併不在禁限。

又　卷一八《賊盜·造祆書祆言》　諸造祆書及祆言者，絞。造，謂自造休咎及鬼神之言，妄説吉凶，涉於不順者。

疏議曰：『造祆書及祆言者』，謂構成怪力之書，詐爲鬼神之語。『休』，謂妄説他人及己身有休徵『咎』，謂妄言國家有咎惡。觀天畫地，詭説災祥，妄陳吉凶，併涉於不順者，絞。

傳用以惑衆者，亦如之；傳，謂傳言。用，謂用書。其不滿衆者，流三千里言理無害者，杖一百。卽私有祆書，雖不行用，徒二年；言理無害者，杖六十。

疏議曰：『傳用以惑衆者』，謂非自造，傳用祆言、祆書，以惑三人以上，亦得絞罪。注云：『傳，謂傳言。用，謂用書。』『其不滿衆者』，謂被傳惑者不滿三人。若是同居，不入衆人之限；此外一人以上，雖不滿衆，合流三千里。其『言理無害者』，謂祆書、祆言，雖説變異，無損於時，謂若豫言水旱之類，合杖一百。『卽私有祆書』，謂前人舊作，衷私相傳，非己所製，雖不行用，仍徒二年。其祆書言理無害於時者，杖六十。

宋·李昉等《文苑英華》卷五〇三《崔璀〈對私習天文判〉》　定州申望都縣馮文私習天文，殆至妙絶，被鄰人告言，追文至。云移習有實，欲得供奉，州司將科其罪。文兄遂投匭請追弟試，敕付太史。試訖甚爲精妙，未審若爲處分。

對　崔璀

精心寧寂，綿思洞幽。既訊水之如符，亦言天而若印。昔聞其事，今睹斯人。馮文儒術圓冠，識均方士。恥蒼蠅之迷夜，重鳴鷄之唱晨。由是微神穿石，流觀刺井，探九元之微妙，察五緯之綱維。眷彼傾河，言不乖於暝雨；循茲險澗，罪已掛於秋霜。鄰人嫉深，始求資於魏闕；友於情切，方辨過於堯年。由是皇旨鑑微，刑不阿附；既令付法，須裁典憲。按共所犯，合處深刑。但以學擅專精，志希供奉。事頗越於常道，律當遵於習議。卽宜執奏，伏聽上裁。

防遏民間秘密宗教分部

綜　述

《隋書》卷三《煬帝紀上》　（大業）六年春正月癸亥朔，旦，有盜數十人，皆素冠練衣，焚香持華，自稱彌勒佛，入自建國門。監門者皆稽首。既而奪衞士仗，將爲亂。齊王暕遇而斬之。於是都下大索，與相連坐者千餘家。

又　卷二三《五行志下・裸蟲之孽》　大業九年，帝在高陽。唐縣人宋子賢，善爲幻術。每夜，樓上有光明，能變作佛形，自稱彌勒出世。又懸大鏡於堂上，紙素上畫爲蛇爲獸及人形。有人來禮謁者，轉側其鏡，遺觀來生形像。或映見紙上蛇形，子賢輒告云：「此罪業也，當更禮念。」又令禮謁，乃轉人形示之。遠近惑信，日數百千人。遂潛謀作亂，將爲無遮佛會，因舉兵，欲襲擊乘輿。事泄，鷹揚郎將以兵捕之。夜至其所，繞其所居，但見火坑，兵不敢進。郎將曰：「此地素無坑，止妖妄耳。」及進，無復火矣。遂擒斬之。并坐其黨與千餘家。其後復有桑門向海明，於扶風自稱彌勒佛出世，潛謀逆亂。人有歸心者，輒獲吉夢。由是人皆惑之，三輔之士，翕然稱爲大聖。因舉兵反，衆至數萬。官軍擊破之，京房《易飛候》曰：「妖言動衆者，茲謂不信。路無人行，不出三年，起兵。」自是天下大亂，路無人行。

《舊五代史》卷一〇《梁書・末帝紀下》（梁貞明六年）冬十月，陳州妖賊毋乙、董乙伏誅。陳州里俗之人，喜習左道，依浮圖氏之教，自立一宗，號曰「上乘」。不食葷茹，誘化庸民，揉雜淫穢，宵聚晝散。州縣因循，遂致滋蔓。時刺史惠王友能恃戚藩之寵，動多不法，故奸慝之徒，望風影附。毋乙數輩，漸及千人，攻掠鄉社，長吏不能詰。是歲秋，其衆益盛，南通淮夷，朝廷累發州兵討捕，反為賊所敗，陳、潁、蔡，三州大被其毒。羣賊乃立毋乙爲天子，其餘豪首，各有樹置。至是發禁軍及數郡兵合勢追擊，賊潰，生擒毋乙等首領八十餘人，械送闕下，併斬於都市。

宋・王欽若等《册府元龜》卷九二二《總録部・妖妄第二》　王懷古玄宗開元初，謂人曰：「釋迦牟尼佛末，更有新佛出；李家欲末，劉家欲興。今各當有黑雪下具州，合出銀城。」敕下諸道按察使捕而戮之。

又　卷一五九《帝王部・革弊》（開元三年）十一月乙未詔：「釋氏及引，本歸正法。仁王護持，先去邪道。失其宗旨，乃般若之罪人。成其詭怪，豈涅槃之信士？不存懲革，遂廢津梁。養彼愚蒙，將入坑穽。比者白衣青髮，假託彌勒下生，因爲妖訛，廣集徒侶，稱解禪觀，妄説災祥，別作小經，詐云佛説，或輒云弟子，號爲和尚，多不婚娶。眩惑閭閻，觸類寔繁，蠹政爲甚。刺史縣令，職在親人，拙於撫馭，是容姦宄。自今已後，宜嚴加捉搦，仍令按察司采訪。如州縣不能舉察，所繇長官，併從貶降。」

控制外來宗教傳布分部

祆教

綜述

唐・杜佑《通典》卷四〇《職官二十二》　視流内　視正五品：薩寶。視從七品：薩寶符祆正。祆，呼煙反。祆者，西域國天神，佛經所謂摩醯首羅也。武德四年，置祆祠及官，常有羣胡奉事，取火呪詛。貞觀二年，置波斯寺。至天寶四年七月，敕：「波斯經教出自大秦，傳習而來，久行中國。爰初建寺，因以為名，將欲示人，必脩其本。其兩京波斯寺宜改爲大秦寺。天下諸州郡有者，亦宜準此。」開元二十年七月敕：「未摩尼法，本是邪見妄稱佛，教誑惑黎元，宜嚴加禁斷。以其西胡等既是鄉法，當身自行，不須科罪者。」【略】

視流外　勳品：薩寶府祓祝。四品：薩寶府率。五品：薩寶府史。

又　卷一九三《邊防九・西戎五・康居》　康國都於薩寶水上阿禄迪城，王索髮，冠七寶金花，衣綾、羅、錦、繡、白疊。其妻有髻，幪以帛巾。丈夫翦髮，錦袍。名爲强國，西域諸國多歸之，人皆深目高鼻，多鬚髯。善於商賈，諸夷多湊其國。有大小鼓、琵琶、五弦箜篌、笛。婚姻喪制與突厥同。俗奉佛，爲胡書，氣候温，宜五穀，勤修園蔬，樹木滋茂。出馬、駝、騾、驢犎牛、黄金、硇砂、甘松香、阿薩那香、琵琶、麖皮、氍毹、錦、疊。多蒲萄酒，富家或置千石者，連年不敗。

《舊唐書》卷一九八《西戎傳・波斯國》　波斯國【略】俗事天地日月水火諸神，西域諸胡事火祆者，皆詣波斯受法焉。其事神，以麝香和蘇塗須點額，及於耳鼻，用以爲敬，拜必交股。文字同於諸胡。男女皆徒跣。丈夫剪髮，戴白皮帽，衣不開襟，并有巾帔，多用蘇方青白色爲之，兩邊緣以織成錦。婦人亦巾帔裙衫，辮髮垂後，飾以金銀。

又　卷四二《職官志一》　流内九品三十階之内，又有視流内起居，五品至從九品。初以薩寶府、親王國官及三師、三公、開府、嗣郡王、上柱國已下護軍已上勳官帶職事者府官等品。開元初，一切罷之。今唯有薩寶、祆正二官而已。又有流外自勳品以至九品，以为諸司令史、贊者、典謁、亭長、掌固等品。視流外亦自勳品至九品，開元初唯留薩寶、祆祝及府史，餘亦罷之。

宋·王溥《唐會要》卷四九《雜録·大秦寺》　貞觀十二年七月，詔曰：『道無常名，聖無常體，隨方設教，密濟羣生。波斯僧阿羅本遠將經教來獻上京，詳其教旨，玄妙無爲，生成立要，濟物利人，宜行天下。所司卽於義寧坊建寺一所，度僧廿一人。』

天寶四載九月，詔曰：『波斯經教，出自大秦，傳習而來，久行中國；爰初建寺，因以爲名。將欲示人，必修其本，其兩京波斯寺，宜改爲大秦寺，天下諸府郡置者，亦準此。』

雜録

唐·林寶《元和姓纂》卷四《上平聲殷韻至山韻》　安姑臧涼州，出自安國，漢代遣子朝國，居涼土。後魏安難陁至孫盤娑羅，代居涼州，爲薩寶。生興貴，執李軌送京師，以功拜右武衛大將軍歸國。

宋·姚寬《西溪叢語》卷上《讎書》　至唐貞觀五年，有傳法穆護何禄將祆教指闕。聞奏。敕令長安崇化坊立祆寺，號大秦寺，又名波斯寺。至天寶四年七月，敕：『波斯經教，出自大秦。傳習而來，久行中國。爰初建寺，因以爲名。將以示人，必循其本。其兩京波斯寺，宜改爲大秦寺。天下諸州郡有者，準此。』

武宗毁浮圖，籍僧爲民。會昌五年，敕大秦穆護、火祆等六十餘人，併放還俗，然而根株未盡。宋公言祆立廟，出於胡俗而未必，究其卽波斯教法也。又嘗見官品令有祆正。祆法初來，以鴻臚寺爲禮遠令邸，後世因用以僧尼隸焉，設官來歷如此。祆之有正，想在唐室，始段成式《酉陽雜俎》：孝億國界，三千餘里，舉俗事祆，不識佛法。有祆祠三千餘所。又銅馬俱在德建國烏滸河中，灘流中有火祆祠。相傳祆神本自波斯國，乘神通來，因立祆祠。祠内無像，於大屋下置小廬舍向西，人向東禮神。有一銅馬國人言，自天而下屈前足在室中，後足入土，自古數有穿視，竟不及其蹄。西夷以五月爲歲，每歲自烏滸河中有馬出，其色如金與，此銅馬嘶鳴相應，俄復入水。近有大食不信，入祆祠將壞之，忽有火燒其兵，遂不敢毁。則祆教流行外域，延入中國，蔓衍如此。康國蓋在西朝，貢圖之言，與此合也。《教坊記》曲名有『牧護』字，已播在唐樂府。崇文書有牧護詞，乃李燕撰六言文字，記五行災福之説，則後人因有作語爲牧護者，不止巴人曲也。

祆之教法蓋遠，而穆護所傳則自唐也。蘇溪作歌之意，正謂旁門小道，似是而非者，因以爲戲，非效參同契之比山谷，蓋未深攷耳。且祆有祠廟，因作此歌以賽神，固未知劉作歌詩止，效巴人之語，亦自知其源委也。

清·紀昀等《歷代職官表》卷一七《理藩院表》　《唐書·回鶻列傳》詔回鶻營功德使在二京者，悉冠帶之。

謹案唐之祆僧出自西域，爲釋氏外教，蓋如今之紅教喇嘛。其祆正當以僧徒充之，如今陝、甘、洮、岷諸寺番僧設都綱、僧綱、僧正之例，故不見於《百官志》。

摩尼教

綜　述

《隋書》卷一五《音樂志下》　六年，高昌獻聖明樂曲，帝令知音者，於館所聽之，歸而肄習。及客方獻，先於前奏之，胡夷皆驚焉。其歌曲有善善摩尼，解曲有婆伽兒，舞曲有小天，又有疏勒鹽。其樂器有豎箜篌、琵琶、五弦、笙、笛、簫、篳篥、毛員鼓、都曇鼓、答臘鼓、腰鼓、羯鼓、雞婁鼓、銅拔、貝等十五種，爲一部。工二十人。

《舊唐書》卷一四《憲宗紀上》　二年春正月庚子，回紇請於河南府、太原府置摩尼寺，許之。

又　卷一八上《武宗紀》　回紇，併勒冠帶，各配諸道收管。其回紇及摩尼寺莊宅、錢物等，併委功德使以御史臺及京兆府各差官點檢收抽，不得容諸色人影占。如犯者併處極法，錢物納官。摩尼寺僧委中書門下條疏聞奏。

又 卷一九五《回紇傳》 元和八年十二月二日，宴歸國回鶻摩尼八人，令至中書見宰臣。先是，回鶻請和親，憲宗使有司計之，禮費約五百萬貫，方内有誅討，未任其親，以摩尼爲回鶻信奉，故使宰臣言其不可。乃詔宗正少卿李孝誠使于回鶻，太常博士殷侑副之，諭其來請之意。

長慶元年，毗伽保義可汗薨，輟朝三日，仍令諸司三品已上官就鴻臚寺弔其使者。四月，正衙册回鶻君長爲登羅羽録没密施句主録毗伽可汗，以少府監裴通爲檢校左散騎常侍、兼御史大夫，持節册立、兼弔祭使。五月回鶻宰相、都督、公主、摩尼等五百七十三人入朝迎公主，於鴻臚寺安置。【略】

（會昌）三年，回鶻尚書僕固繹到幽州，約乙太和公主歸幽州，烏介去幽州界八十里下營，其親信骨肉及摩尼志淨等四人已先入振武軍。是夜，河東劉沔率兵奄至烏介營，烏介驚走東北約四百里。

《新五代史》卷一一《周紀・太祖紀》 廣順元年二月辛丑，西州回鶻使都督來。丁未，契丹兀欲遣使裹骨支來。癸丑，寒食，望祭於蒲池。丁巳，尚書左丞田敏使于契丹回鶻使摩尼來。

雜録

唐・李肇《唐國史補》卷下 回鶻常與摩尼議政，故京師爲之立寺。其法：日晚乃食，敬水而茹葷，不飲乳酪；其大摩尼數年一易，往來中國，小者年轉江嶺，西市商胡。橐其源，生於回鶻有功也。

唐・白居易《白氏長慶集》卷五七《與回鶻可汗書》 其東都、太原置寺，此令人勾當，事緣功德，理合精嚴。又有彼國師僧，不必更勞人檢校。其見撚拓勿施鄔達于等，今併放歸。所令帝德將軍安慶雲供養師僧，請住外宅，又令骨都禄將軍充檢校功德使，其安立請隨班次放歸本國者，併依來奏，想宜知悉。今賜少物，具如別録。内外宰相及判官、摩尼師等，併各有賜物，至宜準數分付。內外宰相、官吏、師僧等并存問之，遣書指不多及。

唐・李德裕《會昌一品集》卷三《討回鶻制》 回鶻既已破滅，義在剪除，宜令諸道兵馬使併同進討。河東立功將士以下，優賞，續次條疏處分。應在京外宅及東都修功德回鶻，併勒冠帶，各配諸道收管；其回鶻及摩尼等莊宅錢物等，併委功德使與御史臺、京兆府各差精强幹事官點檢收録，不得容諸色職掌人及坊市富人輒有影占，如有犯者，併當極法，錢物納官；摩尼等僧委中書門下即時條疏聞奏。

宋・王溥《唐會要》卷四九《摩尼寺》 貞元十五年四月，以久旱，令摩尼師祈雨。

元和二年正月庚子，回紇請於河南府、太原府置摩尼寺，許之。

會昌三年敕：『摩尼寺莊宅錢物，併委功德使及御史臺、京兆府差官檢點。在京外宅修功德回紇，併勒冠帶，摩尼寺委中書門下條疏奏聞。』

清・顧炎武《日知録》卷二九 《新唐書・常袞傳》言，始回紇有戰功者，得留京師，戎性易驕，後乃創邸第、佛祠，或伏甲其間，數出中渭橋，與軍人格鬬，奪含光門魚契，走城外。然則自肅代以來，回紇固已有居京師者矣。

景教

綜述

清・董誥等《全唐文》卷九一六《景淨〈景教流行中國碑〉》 粤若常然眞寂，先先而無元；窅然靈虛，後後而妙有。摠元樞而造化，妙衆聖以元尊者，其唯我三一妙身元元眞主阿羅訶歟？判十字以定四方，鼓元風而生二氣，暗空易而天地開，日月運而晝夜作。匠成萬物，然立初人，別賜良和，令鎮化海。渾元之性，虛而不盈，素蕩之心，本無希嗜。洎乎娑殫施妄，鈿飾純精，間乎大於此是之中，隟冥同於彼非之內。是以三百六十五種，肩隨結轍，競織法羅，或指物以託宗，或空有以淪二，或禱祀以邀福，或伐善以矯人。

智慮營營，思情役役，茫然無得，煎迫轉燒，積昧亡途，久迷休復。於是我三一分身景尊彌施訶，戢隱眞威，同人出代。神天宣慶，室女誕聖於大秦；景宿告祥，波斯睹耀以來貢。圓廿四聖有説之舊法，理家國於大猷，設三一淨風無言之新教，陶良用於正信。制八境之度，鍊塵成眞；啓三常之門，開生滅死。懸景日以破暗府，魔妄於是乎悉摧；棹慈航以登明宮，含靈於是乎既濟。能事斯畢，亭午升眞，經留廿七部，張元化以發靈關，法浴水風，滌浮華而潔虚白，印持□，融四照以合無拘。擊木震仁惠之音，東禮趣生榮之路。存須所以有外行，削頂所以無內情。不畜臧獲，均貴賤於人；不聚貨財，亦罄遺於我。齋以伏識而成，戒以靜慎爲固，七時禮讚，大庇存亡，七日一薦，洗心反素。眞常之道，妙而難名，功用昭彰，强稱景教。惟道非聖不宏，聖非道不大。道聖符契，天下文明。

太宗文皇帝光華啓運，明聖臨人。大秦國有上德曰『阿羅本』，占青雲而載眞經，望風律以馳艱險，貞觀九祀，至於長安。帝使宰臣房公元齡，摠仗西郊，賓迎入內，翻經書殿，問道禁闈，深知正眞，特令傳授。貞觀十有二年秋七月，詔曰：『道無常名，聖無常體，隨方設教，密濟羣生。大秦國大德阿羅本，遠將經像，來獻上京。詳其教旨，玄妙無爲；觀其元宗，生成立委。詞無繁説，理有忘筌，濟物利人，宜行天下。』所司卽於京義寧坊造大秦寺一所，度僧廿一人。宗周德喪，青駕西升；巨唐道光，景風東扇。旋令有司，將帝寫眞，轉模寺壁，天姿汎彩，英朗景門，聖迹騰祥，永輝法界。案《西域圖記》及漢魏史策，大秦國南統珊瑚之海，北極衆寶之山，西望仙境花林，東接長風弱水。其土出火浣布、返魂香、明月珠、夜光璧，俗無寇盜，人有樂康。法非景不行，主非德不立，土宇廣闊，文物昌明。高宗皇帝克恭纘祖，潤色眞宗，而於諸州，各置景寺，仍崇阿羅本爲鎮國大法主。法流十道，國富玄休；寺滿百城，家殷景福。聖曆年釋子用壯，騰口於東周，先天末下士大笑，訕謗於西鎬。有若僧首羅含，大德及烈，併金方貴緒，物外高僧，共振元綱，俱維絶紐。

玄宗至道皇帝令寧國等五王，親臨福宇，建立壇場，法棟暫橈而更崇，道石時傾而復正。天寶初，令大將軍高力士送五聖寫眞寺內安置，賜絹百疋，奉慶睿圖。龍髯雖遠，弓劍可攀，日角舒光，天顔咫尺。三載，大秦國有僧佶和，瞻星嚮化，望日朝尊，詔僧羅含、僧普論等一七人，與大德佶和於興慶宮修功德。於是天題寺牓，額載龍書，寶裝璀翠，灼爍丹霞。睿札宏空，騰淩皦日，寵賚比南山峻極，沛澤與東海齊深。道無不可，所可可名；聖無不作，所作可述。肅宗文明皇帝於靈武等五郡，重立景寺，元善資而福祚開，大慶臨而皇業建。代宗文武皇帝恢張聖運，從事無爲，每於降誕之辰，錫天香以告成功，頒御饌以光景衆。且干以美利，故能廣生；聖以體元，故能亭毒。我建中聖神文武皇帝披八政以黜陟幽明，闡九疇以維新景命，化通元理，祝無愧心。至於方大而虚，專靜而恕，廣慈救衆苦，善貸被羣生者，我修行之大猷，汲引之階漸也。若使風雨順，天下靜，人能理，物能清，存能昌，殁能樂，念生響應，情發目誠者，我景力能事之功用也。

大施主金紫光禄大夫同朔方節度副使試殿中監賜紫袈裟僧伊斯，和而好惠，聞道勤行，遠自王舍之城，聿來中夏。術高三代，藝博十全，始效節於丹庭，乃策名於王帳。中書令汾陽郡王郭公子儀，初總戎於朔方也，肅宗俾之從邁，雖見親於臥內，不自異於行間，爲公爪牙，作軍耳目，能散禄賜，不積於家。獻臨恩之頗黎，布辭憩之金罽，或仍其舊寺，或重廣法堂，崇飾廊宇，如翬斯飛。更效景門，依仁施利，每歲集四寺僧徒，虔事精供。備諸五旬，餧者來而飯之，寒者來而衣之，病者療而起之，死者葬而安之。清節達娑，未聞斯美；白衣景士，今見其人。願列洪碑，以揚休烈。詞曰：

眞主元元，湛寂常然，權輿匠化，起地立天。分身出代，救度無邊，日升暗滅，咸証眞元。赫赫文皇，道冠前王，乘時撥亂，乾廓坤張。明明景教，言歸我唐，翻經建寺，存殁舟航。百福偕作，萬邦之康。高宗纂祖，更築精宇，和宮敞朗，遍滿中土。眞道宣明，式封法主，人有樂康，物無災苦。玄宗啓聖，克修眞正，御牓揚輝，天書蔚映。皇圖璀璨，率土高敬，庶績咸熙，人賴其慶。肅宗來復，天威引駕，聖日舒晶，祥風埽夜。祚歸皇室，祓氛永謝，止沸定塵，造我區夏。代宗孝義，德合天地，開貸生成，物資美利。香以報功，仁以作施，暘谷來威，月窟畢萃。建中統極，聿修明德，武肅四溟，文清皇域。燭臨人隱，鏡觀物色，六合昭蘇，百蠻取則。道惟廣兮運惟密，强名言兮演三一。主能作兮臣能述，建豐碑兮頌元吉。

唐・李德裕《會昌一品集》卷二〇《賀廢毀諸寺德音表》 臣某等伏奉今日制，拆寺、蘭若共四萬六千六百餘所，還俗僧尼幷奴婢爲兩稅戶共約四十一萬餘人，得良田約數千頃，其僧尼令隸主客戶，大秦穆護祆二十餘人併令還俗者。臣聞仲尼祖述堯舜，憲章文武，大弘聖道，以黜異端，末季以來，斯道久廢，不遇大聖，孰能拯之，臣某等中謝。伏以三王之前，皆垂拱而理，不可得而言也。厥後周美成康，漢稱文景，至化深厚，大道和平，人自稟於孝慈，俗必臻於仁壽，豈嘗有外夷之教，點中夏之風。東漢楚王英，始盛桑門之饌，淪於左道。桓帝更增犀蓋之飾，歸於亂政。魏之三祖，西晉太康，雖君非大聖，臣非上哲，然猶祖尚老莊，斯教未行。至東晉因吳人之佻薄，襲孫權之弊政，始建塔廟，乃譯梵書。宋齊梁陳，其教浸盛，好大不經之説，陋乃《詩》、《書》，因報拔濟之談，隆於仁孝，運祚浮促，篡奪相尋，二百年間，五變朝市，君無殷宗之福，臣靡衛武之年，感驗寂寥，斯可明矣。高祖神堯皇帝方欲剗除斯弊，掃刷中區，時屬宰臣蕭瑀，本梁氏之子孫，尋覆車之軌轍，廢格明詔，以迄于今。遂使土木興妖，山林增構，一巖之秀，必極雕鎸，一川之腴，已布高刹，鬼功不可，人力寧堪，耗蠹生靈，侵減徵稅，國家大蠹，千有餘年。伏惟仁聖文武章天成功神德明道大孝皇帝陛下明紹於天，粹合於道，黜霸圖而功盛，入聖學而德優，常欲天下之動，咸貞於一，以一言之蔽，思必無邪，先定宸心，獨發英斷，破逃亡之藪，皆列齊人，收高壤之田，盡歸王稅，正羣生之大惑，返六合之澆風，出前聖之謨，爲後王之法，巍巍功德，煥炳圖書。臣竊位樞衡，莫能裨益，愧無將明之效，徒懷鼓舞之心。千古未逢，百生何幸，不任忭賀踴躍之至。

政治危機部

王朝盛衰轉折點分部

安史之亂

綜述

《舊唐書》卷九《玄宗紀下》 （開元）二十九年【略】秋七月【略】北州刺史王斛斯爲幽州節度使；幽州節度副使安禄山爲營州刺史，充平盧軍節度副使，押兩蕃、渤海、黑水四府經略使。【略】

天寶元年【略】二月【略】庚子，平盧節度使安禄山進階驃騎大將軍。【略】

七載【略】六月，范陽節度使安禄山賜實封及鐵券。【略】

九載【略】五月【略】乙卯，安禄山進封東平郡王。節度使封王，自此始也。【略】

十載【略】二月丁巳，安禄山兼云中太守、河東節度使。【略】

十一載【略】三月，朔方節度副使、奉信王阿布思與安禄山同討契丹，布思與禄山不協，乃率其部下叛歸漠北。【略】

十三載春正月【略】乙巳，加安禄山尚書左僕射，賜實封千戶，奴婢十房，莊、宅各一區；又加閑廄、五坊、宮苑、隴右羣牧都使，以武部侍郎吉溫爲副。【略】

十四載【略】十一月【略】丙寅，范陽節度使安禄山率蕃、漢之兵十餘萬，自幽州南向詣闕，以誅楊國忠爲名，先殺太原尹楊光翽於博陵郡。壬申，聞於行在所。癸酉，以郭子儀爲靈武太守、朔方節度使。【略】甲戌，以（封）常清爲范陽、平盧節度使、兼御史大夫，令募兵三萬以禦逆胡。戊寅，【略】以羽林大將軍王承業爲太原尹，以衛尉卿張介然爲陳留太守、河南節度採訪使，以金吾將軍程千里爲潞州長史，併令討賊。甲申，以京兆牧、榮王琬爲元帥，命高仙芝副之，於京城召募，號曰天武軍，其衆十萬。丙戌，高仙芝等進軍，上御勤政樓送之。

十二月丙戌朔，禄山於靈昌郡渡河。辛卯，陷陳留郡，殺張介然。甲午，陷滎陽郡，殺太守崔無詖。丙申，封常清與賊戰于成皋罌子谷，官軍敗績，常清奔於陝郡。丁酉，禄山陷東京，殺留守李憕、中丞盧奕、判官蔣清。時高仙芝鎮陝郡，棄城西保潼關。常山太守顔杲卿與長史袁履謙、賈深等殺賊將李欽湊，執賊將何千年、高邈送京師。辛丑，詔皇太子統兵東討。以永王璘爲山南節度使，以江陵長史源洧副之；潁王璬爲劍南節度使，以蜀郡長史崔圓副之。二王不出閤。丙午，斬封常清、高仙芝于潼關，以哥舒翰爲太子先鋒兵馬元帥，領河、隴兵募守潼關以拒之。【略】

十五載春正月乙卯，御宣政殿受朝。其日，禄山僭號於東京。庚申，以李光弼爲雲中太守、河東節度使。壬戌，賊將蔡希德陷常山郡，執太守顔杲卿、長史袁履謙，殺民吏萬餘，城中流血。甲子，哥舒翰進位尚書左僕射、同中書門下平章事。乙丑，賊將安慶緒犯潼關，哥舒翰擊退之。乙巳，加平原太守顔眞卿戶部侍郎，奬守城也。

二月丙戌，李光弼、郭子儀將兵東出井陘，與賊將史思明戰，大破之，進取郡縣十餘。【略】

三月【略】乙酉，以平原太守顔眞卿爲河北採訪使。【略】

五月戊午，南陽太守魯炅與賊將武令珣戰于滍水上，官軍大敗，爲賊所虜，進寇我南陽。【略】

六月癸未朔，顔眞卿破賊將袁知泰於堂邑，北海太守賀蘭進明收信都。庚寅，哥舒翰將兵八萬與賊將崔乾祐戰于靈寶西原，官軍大敗，死者十六七。其日，李光弼與賊將史思明戰于常山東嘉山，大破之，斬獲數萬計。辛卯，哥舒翰至潼關，爲其帳下火拔歸仁以左右數十騎執之降賊，關門不守，京師大駭，河東、華陰、上洛等郡皆委城而走。

甲午，將謀幸蜀，乃下詔親征，仗下從，士庶恐駭，奔走于路。乙未，凌晨，自延秋門出，微雨霑濕，扈從惟宰相楊國忠、韋見素、內侍高力士及太子、親王，妃主、皇孫已下多從之不及。【略】丙辰，次馬嵬驛，諸衛頓軍不進。【略】兵士圍驛四合，及誅楊國忠、魏方進一族，兵猶未解。上令高力士詰之，回奏曰：『諸將既誅國忠，以貴妃在宮，人情恐懼。』上卽命力士賜貴妃自盡。【略】

丁酉，將發馬嵬驛，【略】百姓遮路乞留皇太子，願勠力破賊，收復京城，因留太子。【略】

秋七月【略】丁卯，詔以皇太子諱充天下兵馬元帥，都統朔方、河東、河北、平盧等節度兵馬，收復兩京；永王璘江陵府都督，統山南東路、黔中、江南西路等節度大使；盛王琦廣陵郡大都督，統江南東路、淮南、河南等路節度大使；豐王珙武威郡都督，領河西、隴右、安西、北庭等路節度大使。初，京師陷賊，車駕倉皇出幸，人未知所嚮，衆心震駭，及聞是詔，遠近相慶，咸思效忠於興復。【略】庚辰，車駕至蜀郡，扈從官吏軍士到者一千三百人，宮女二十四人而已。

八月【略】癸巳，靈武使至，始知皇太子卽位。丁酉，上用靈武册稱上皇，詔稱誥。己亥，上皇臨軒册肅宗，命宰臣韋見素、房琯使靈武，册命曰：『朕稱太上皇，軍國大事先取皇帝處分，後奏朕知。候克復兩京，朕當怡神姑射，偃息大庭。』

又 卷一〇《肅宗紀》 天寶十三載正月，安禄山來朝，上嘗密奏，云禄山有反相，玄宗不聽。十四載十一月，禄山果叛，稱兵詣闕。十二月丁未，陷東京。辛丑，制太子監國，仍遣上親總諸軍進討。時禄山以誅楊國忠爲名，由是軍民切齒於楊氏。國忠懼，乃與貴妃謀間其事，上遂不行。乃召河西節度使哥舒翰爲皇太子前鋒兵馬元帥，令率衆二十萬守潼關。

明年（天寶十五載）六月，哥舒翰爲賊所敗，關門不守，國忠諷玄宗幸蜀。丁酉，至馬嵬頓，六軍不進，請誅楊氏。於是誅國忠，賜貴妃自盡。車駕將發，留上在後宣諭百姓，衆泣而言曰：『逆胡背恩，主上播越，臣等生於聖代，世爲唐民，願勠力一心，爲國討賊，請從太子收復長安。』玄宗聞之曰：『此天啓也。』乃令高力士與壽王瑁送太子內人及服御等物，留後軍廐馬從上。令力士口宣曰：『汝好去！百姓屬望，愼勿違之。莫以吾爲意。且西戎北狄，吾嘗厚之，今國步艱難，必得其用，汝其勉之！』

上回至渭北，便橋已斷，水暴漲，無舟楫；上號令水濱百姓，歸者三千餘人。渭水可涉，又遇潼關散卒，誤以爲賊，與之戰，士衆多傷。乃收其餘衆北上，軍既濟，其後皆溺，上喜，以爲天之佑。時從上惟廣平、建寧二王及四軍將士，纔二千人。自奉天而北，夕次永壽，百姓遮道獻牛酒。有白雲起西北，長數丈，如樓閣之狀，議者以爲天子之氣。戊戌，至新平郡。時晝夜奔馳三百餘里，士衆器械亡失過半，所存之衆，不過一旅。己亥，至安定郡，斬新平太守薛羽、保定太守徐瑴，以其棄郡也。庚子，至烏氏驛，彭原太守李遵謁見，率兵士奉迎，仍進衣服糧糗。上至彭原，又募得甲士四百，率私馬以助軍。辛丑，至平涼郡，蒐閲監牧公私馬，得數萬疋，官軍益振。時賊據長安，知上治兵河西，三輔百姓皆曰：『吾太子大軍卽至！』賊望西北塵起，有時奔走。戊申，扶風人康景龍殺賊宣慰使薛總等二百餘人，陳倉令薛景仙率衆收扶風郡守之。由是關輔豪右皆謀殺賊，賊故不敢侵軼。

上在平涼，數日之間未知所適，會朔方留後杜鴻漸、魏少遊、崔漪等遣判官李涵奉牋迎上，備陳兵馬招集之勢，倉儲庫甲之數，上大悅。鴻漸又發朔方步騎數千人於白草頓奉迎。時河西行軍司馬裴冕新授御史中丞赴闕，遇上於平涼，亦勸上治兵於靈武以圖進取，上然之。【略】

七月辛酉，上至靈武，時魏少遊預備供帳，無不畢備。【略】是月甲子，上卽皇帝位於靈武。【略】

八月壬午，朔方節度使郭子儀、范陽節度使李光弼破賊於常山郡之嘉山。上以治兵收京城，詔子儀等旋師，子儀、光弼率所統步騎五萬至自河北。詔以子儀爲兵部尚書，依前靈州大都督府長史；光弼爲戶部尚書，兼太原尹、北京留守，同中書門下平章事。回紇、吐蕃遣使繼至，請和親，願助國討賊，皆宴賜遣之。是日，上皇至成都，大赦。癸巳，上所奉表始達成都。丁酉，上皇遜位稱誥，遣左相韋見素、文部尚書房琯、門下侍郎崔渙等奉册書赴靈武。

九月戊辰，上南幸彭原郡。封故邠王守禮男承寀爲燉煌王，令使回紇和親，册回紇可汗女爲毗伽公主，仍令僕固懷恩送承寀至回紇部。內官邊令誠背上皇投賊，至是復來見，上命斬之。丙子，至順化郡，韋見素、房琯、崔渙等自蜀郡齎上册書及傳國寶等至。己卯，斬潼關敗將李承光於纛下。

十月辛巳朔，日有蝕之，既。癸未，彭原郡以軍興用度不足，權賣官爵及度僧尼。上素知房琯名，至是琯請爲兵馬元帥收復兩京，許之，仍令兵部尚書王思禮爲副。分兵爲三軍，楊希文、劉貴哲、李光進等各將一軍，其衆五萬。辛丑，琯與賊將安守忠戰于陳濤斜，官軍敗績，楊希文、劉貴哲等降於賊，琯亦奔還。平原太守顔眞卿以食盡援絶，棄城渡河，於是河北郡縣盡陷於賊。

十一月【略】戊子，回紇引軍來赴難，與郭子儀同破賊黨同羅部三千餘衆於河上。詔宰相崔渙巡撫江南，補授官吏。

十二月戊子，以王思禮爲關內節度。彭原郡百姓給復二載，郡同六雄，縣升緊、望。以秦州都督郭英乂爲鳳翔太守，諫議大夫高適爲廣陵長史、淮南節度兼採訪使。賊將阿史那承慶攻陷潁川郡，執太守薛愿、長史龐堅。甲辰，江陵大都督府永王璘擅領舟師下廣陵。

（至德）二載春正月庚戌朔，上在彭原受朝賀。【略】乙卯，逆胡安祿山爲其子慶緒所殺。辛酉，於江寧縣置金陵郡，仍置軍，分人以鎮之。甲子，幸保定郡。丙寅，武威郡九姓商胡安門物等叛，殺節度使周佖，判官崔稱率衆討平之。【略】

二月戊子，幸鳳翔郡。文城太守武威郡九姓齊莊破賊五千餘衆。上議大舉收復兩京，盡括公私馬以助軍。給事中李廙署云『無馬』，大夫崔光遠劾之，貶廙江華太守。節度使李光弼大破賊將蔡希德之衆於城下，斬虜七萬，軍資器仗稱是。朔方節度使郭子儀大破賊將崔乾祐於潼關，收河東郡。永王璘兵敗，奔於嶺外，至大庾嶺，爲洪州刺史皇甫侁所殺。【略】

夏四月戊寅朔，以郭子儀爲司空，兼副元帥，統諸節度；李光弼爲司徒。乙酉，太史奏歲星、太白、熒惑集于東井。

五月癸丑，郭子儀與賊將安守忠戰于清渠，官軍敗績，子儀退保武功。丁巳，房琯爲太子少師，罷知政事。以諫議大夫張鎬爲中書侍郎、同中書門下平章事。以武部侍郎杜鴻漸爲河西節度。【略】甲子，郭子儀以失律讓司空，許之。

七月【略】丁巳，賊將安武臣陷陝郡，民無遺類。

八月【略】己丑，以平章事張鎬兼河南節度、採訪處置等使。靈昌太守許叔冀爲賊所攻，援兵不至，拔衆投睢陽郡。癸巳，大閱諸軍，上御城樓以觀之。丁酉，改雍縣爲鳳翔縣，陳倉爲寶鷄縣。

閏八月辛未，賊將遽寇鳳翔，崔光遠行軍司馬王伯倫、判官李椿率衆捍賊。賊退，乘勝至中渭橋，殺賊守橋衆千人，追擊入苑中。時賊大軍屯武功，聞之燒營而去。伯倫與賊血戰而死，李椿力窮被執，然自是賊不敢西侵。

九月丁丑，上黨節度使程千里與賊挑戰，爲賊將蔡希德所擒。【略】丁亥，元帥廣平王統朔方、安西、回紇、南蠻、大食之衆二十萬，東向討賊。壬寅，與賊將安守忠、李歸仁等戰于香積寺西北，賊軍大敗，斬首六萬級，賊帥張通儒棄京城東走。癸卯，廣平王收西京。甲辰，捷書至行在，百僚稱賀，即日告捷于蜀。上皇遣裴冕入京，啓告郊廟社稷。

冬十月乙巳朔，以崔光遠爲京兆尹。【略】吐蕃寇陷西平郡。癸丑，賊將尹子奇陷睢陽，害張巡、姚訚、許遠。賊自香積之敗，悉衆保陝郡，廣平王統郭子儀等進攻，與賊戰于陝西之新店，賊衆大敗，斬首十萬級，横屍三十里。庚申，安慶緒與其黨奔河北。壬戌，廣平王入東京，陳兵天津橋南，士庶歡呼路側。陷賊官僞署侍中陳希烈、中書令張垍等三百餘人素服待罪。癸亥，上自鳳翔還京，仍遣太子太師韋見素入蜀迎上皇，鳳翔郡給復五載。【略】

十二月丙午，上皇至自蜀，上至望賢宫奉迎。【略】受賊僞官陳希烈、達奚珣等二百餘人，併禁楊國忠宅鞫問。【略】甲子，上皇御宣政殿，授上傳國璽，上於殿下涕泣而受之。己丑，賊將僞范陽節度使史思明以其兵衆八萬之籍，與僞河東節度使高秀巖併表送降。庚午，制：『人臣之節，有死無二；爲國之體，叛而必誅。況乎委質賊廷，宴安逆命，躭受寵禄，淹延歲時，不顧恩義，助其效用，此其可宥，法將何施？達奚珣等或受任臺輔，位極人臣；或累葉寵榮，姻聯戚里；或歷踐台閣，或職通中外。夫以犬馬微賤之畜，猶知戀主；龜蛇蠢動之類，皆能報恩。豈曰人臣，曾無感激？自逆胡作亂，傾覆邦家，凡在黎元，皆含怨憤，殺身殉國者，不可勝數。此等黔首，猶不背國恩。受任於梟獍之間，咨謀於豺虺之輩，靜言此情，何可放宥。達奚珣等一十八人，併宜處斬；陳希烈等七人，併賜自盡；前大理卿張均特宜免死，配流合浦郡。』是日斬達奚珣等於子城西南隅獨柳樹，仍集百僚往觀之。

（至德）三載【略】二月癸卯朔，賊將僞淄青節度能元皓以其地請降，用爲河北招討使，并其子昱併授官爵。乙巳，上御興慶宫，奉册上皇徽號曰太上至道聖皇大帝。丁未，御明鳳門，大赦天下，改至德三載爲乾元元年。成都、靈武扈從功臣三品已上與一子官，五品已下與一子出身，六品已下量與改轉。死王事、陷賊不受僞命而死者，併與追贈。陷賊官先推鞫者，例減罪一等。【略】

（乾元元年）三月【略】乙亥，山南東道、河南、淮南、江南皆置節度使。【略】

五月壬申朔，回紇、黑衣大食各遣使朝貢，至閤門爭長，詔其使各從左右門入。壬午，詔：『近緣狂寇亂常，諸道分置節度，蓋總管内徵發、文牒往來，仍加採訪，轉滋煩擾。其諸道先置採訪，黜陟二使宜停。』【略】

九月庚午朔，右羽林大將軍趙泚爲蒲州刺史、蒲同虢三州節度使，貝州刺史能元皓爲齊州刺史、齊兖鄆等州防禦使。庚寅，大舉討安慶緒於相州。命朔方節度郭子儀、河東節度李光弼、關内潞州節度使王思禮、淮西襄陽節度魯炅、興平節度李奐、滑濮節度許叔冀、平盧兵馬使董秦、北庭行營節度使李嗣業、鄭蔡節度使季廣琛等九節度之師，步騎二十萬，以開府魚朝恩爲觀軍容使。【略】許叔冀奏：『衛州婦人侯四娘、滑州婦人唐四娘、某州婦人王二娘相與歃血，請赴行營討賊。』皆補果毅。壬申，王思禮破賊二萬於相州。

十一月丁丑，郭子儀收魏州，得僞署刺史蕭華於州獄，詔復以華爲刺史。【略】

十二月癸卯，以河南節度崔光遠爲魏州刺史，遣蕭華赴相州行營。甲辰，以升州刺史韋黄裳爲蘇州刺史、浙西節度使。庚戌，以戶部尚書李峘充淮南、浙西觀察使、處置節度使。丙寅，立春，上御宣政殿，讀時令，常參官五品已上升殿序坐而聽之。時王師圍相州，慶緒食盡，求於史思明率衆來援。丁卯，思明復陷魏州，刺史崔光遠出奔。

（乾元）二年春正月己巳朔，上御含元殿，受尊號曰乾元大聖光天文武孝感皇帝。是日，史思明自稱燕王於魏州，僭立年號。【略】

三月【略】壬申，相州行營郭子儀等與賊史思明戰，王師不利，九節度兵潰，子儀斷河陽橋，以餘衆保東京。辛卯，以衛尉卿荔非元禮爲懷州刺史，權鎮西、北庭行營節度使；以滑州刺史許叔冀充亳、潁等州節度使。甲午，以兵部侍郎吕諲同中書門下平章事，以太子賓客薛景仙爲鳳翔尹、本府防禦使。【略】丙申，以郭子儀爲東畿、山南東、河南等道節度、防禦兵馬元帥，權東京留守，判尚書省事。以河西節度副使來瑱爲陝州刺史，充虢華節度、潼關防禦團練等使。

四月丁酉朔，王思禮奏於潞城縣東直千嶺破賊萬人。【略】

五月【略】以汝州刺史劉展爲滑州刺史，以平盧軍節度都知兵馬使董秦爲濮州刺史。【略】

秋七月乙丑朔，以禮部尚書韋陟充東京留守。太子少傅、兖國公李麟卒。辛巳，制以趙王係爲天下兵馬元帥，司空兼侍中李光弼爲副。丁亥，以兵部尚書、潞州大都督府長史、潞沁節度、霍國公王思禮兼太原尹，充北京留守、河東節度副大使；刑部尚書王璵爲蒲州刺史，充蒲、同、絳三州節度使。

八月【略】副元帥李光弼兼幽州大都督府長史、河北節度等使。

九月【略】庚寅，逆胡史思明陷洛陽，副元帥李光弼守河陽，汝、鄭、滑等州陷賊。

冬十月丁酉，制親征史思明，竟不行。乙巳，李光弼奏破賊於城下。【略】

十二月癸巳朔，神策將軍衛伯玉破賊於陝東彊子坂。【略】

（乾元）三年春正月癸亥朔。辛巳，李光弼進位太尉、兼中書令，餘如故。【略】戊子，以朔方節度使郭子儀兼邠寧、鄜坊兩道節度使。【略】

（上元元年）十一月乙巳，李光弼奏收懷州。【略】

二年春正月丁亥朔。辛卯，温州刺史季廣琛爲宣州刺史，充浙江西道節度使。甲午，上不康，皇后張氏刺血寫佛經。甲寅，詔府縣、御史台、大理疏理繫囚，死罪降從流，流已下併釋放。乙卯，平盧軍兵馬使田神功生擒劉展，揚、潤平。

二月己未，党項寇寶鷄，入散關，陷鳳州，殺刺史蕭愧，鳳翔李鼎邀擊之。【略】戊寅，李光弼率河陽之軍五萬，與史思明之衆戰於北邙，官軍敗績。光弼、僕固懷恩走保聞喜，魚朝恩、衛伯玉走保陝州，河陽、懷州共陷賊，京師戒嚴。【略】

三月甲子，史朝義率衆夜襲我陝州，衛伯玉逆擊敗之。戊戌，史思明爲其子朝義所殺。李光弼以失律讓太尉、中書令，許之，授侍中、河中尹、晉絳等州節度觀察使。

夏四月【略】青州刺史尚衡、兖州刺史能元皓併奏破賊。壬午，梓州刺史段子璋叛，襲破遂州，殺刺史嗣虢王巨。東川節度使李奂戰敗，奔成都。

五月甲午，思明僞將滑州刺史令狐彰以滑州歸朝，授彰御史中丞，依前滑州刺史、滑魏德貝相六州節度使。乙未，【略】李光弼來朝，進位太尉、兼侍中，充河南副元帥，都統河南、淮南、山南東道五道行營節度，鎮臨淮。北京留守、守司空、太原尹、河東節度副大使、霍國公王思禮卒。辛丑，以鴻臚卿、趙國公管崇嗣爲太原尹、兼御史大夫，充北京留守、河東節度副大使。

又 卷一一《代宗紀》 禄山之亂，京城陷賊，從肅宗蒐兵靈武，以上爲天下兵馬元帥。時朝廷草創，兵募寡弱，上推心示信，招懷流散，比至彭原，兵衆數萬。及肅宗回幸鳳翔，時房琯、郭子儀繼戰不利，賊鋒方鋭，屢來寇襲。上選求勇幹，頻挫其鋒，聖慮遑寧，士心大振。及師進討，百官辭送，步出闕門，方始乘馬。回紇葉護王子率兵入助，勇冠諸蕃，上接以優恩，結爲兄弟，故香積之戰，賊徒大敗，遂委西京而遁。雖子儀、嗣業之奮命，由上恩信結於士心，故人思自效。既收京城，令行禁止，民庶按堵，秋毫不犯，耆老歡迎，對之歔欷。聞賊殘衆猶保陝郊，即日長驅，東趨虢洛。新店之役，一戰大捷，慶緒之黨，十殲七八。數旬之間，河南底定，兩都恢復，二聖回鑾，統率之功，推而不受。肅宗還京，大赦，改封楚王。【略】

寶應元年【略】五月【略】丙戌，嗣魯王宇改封鄒王，奉節郡王适進封魯王，李光弼進封臨淮王。【略】丁酉【略】子儀、光弼、李光進諸道節度使併加實封，四月十七日立功人併號『寶應功臣』。內外文武官三品已上進爵，四品已下加階。諸州防禦使併停。內外官三考一轉。【略】

秋七月【略】來瑱自襄州來朝，郭子儀自河中來朝。【略】

冬十月辛酉，詔天下兵馬元帥雍王統河東、朔方及諸道行營、回紇等兵十餘萬討史朝義，會軍於陝州。【略】戊辰，元帥雍王率諸軍進發，留郭英乂、魚朝恩鎮陝州。壬申，王師次洛陽北郊。甲戌，戰于橫水，賊大敗，俘斬六萬計。史朝義奔冀州。乙亥，雍王奏收東京、河陽、汴、鄭、滑、相、魏等州。【略】丁酉，僞恒州節度使張忠志以趙、定、深、恒、易五州歸順，以忠志檢校禮部尚書、恒州刺史，充成德軍節度使，賜姓名曰李寶臣。於是河北州郡悉平。賊范陽尹李懷仙斬史朝義首來獻，請降。

十二月庚戌，太子太師、郃國公韋見素薨。辛未，僕固懷恩爲尚書左僕射、兼中書令，靈州大都督府長史、河北副元帥。邛州新置鎮南軍。

是歲，江東大疫，死者過半。吐蕃陷我臨、洮、秦、成、渭等州。

（乾元）二年【略】閏月戊申，以史朝義下降將李寶臣爲檢校禮部尚書、兼御史大夫、恒州刺史、清河郡王，充成德軍節度使；薛嵩爲檢校刑部尚書、相州刺史、相衛等州節度使；李懷仙檢校兵部尚書、兼侍中、武威郡王、幽州節度使；田承嗣檢校戶部尚書、魏州刺史、鴈門郡王、魏博等州都防禦使。

又　卷五一《后妃傳上・玄宗楊貴妃》　玄宗楊貴妃，高祖令本，金州刺史。父玄琰，蜀州司戶。妃早孤，養於叔父河南府士曹玄璬。開元初，武惠妃特承寵遇，故王皇后廢黜。二十四年惠妃薨，帝悼惜久之，後庭數千，無可意者。或奏玄琰女姿色冠代，宜蒙召見。時妃衣道士服，號曰太眞。既進見，玄宗大悅。不期歲，禮遇如惠妃。太眞姿質丰艷，善歌舞，通音律，智算過人。每倩盼承迎，動移上意。宮中呼爲『娘子』，禮數實同皇后。有姊三人，皆有才貌，玄宗併封國夫人之號：長曰大姨，封韓國；三姨，封虢國；八姨，封秦國。併承恩澤，出入宮掖，勢傾天下。妃父玄琰，累贈太尉、齊國公；母封涼國夫人；叔玄珪，光祿卿。再從兄銛，鴻臚卿。錡，侍御史，尚武惠妃女太華公主，以母愛，禮遇過于諸公主，賜甲第，連于宮禁。韓、虢、秦三夫人與銛、錡等五家，每有請託，府縣承迎，峻如詔敕，四方賂遺，其門如市。

五載七月，貴妃以微譴送歸楊銛宅，比至亭午，上思之不食。高力士探知上旨，請送貴妃院供帳、器玩、廩餼等辦具百餘車，上又分御饌以送之。帝動不稱旨，暴怒笞撻左右。力士伏奏請迎貴妃歸院。是夜，開安興里門入內，妃伏地謝罪，上歡然慰撫。翌日，韓、虢進食，上作樂終日，左右暴有賜與。自是寵遇愈隆。韓、虢、秦三夫人歲給錢千貫，爲脂粉之資。銛授三品、上柱國，私第立戟。姊妹昆仲五家，甲第洞開，僭擬宮掖，車馬僕御，照耀京邑，遞相誇尚。每搆一堂，費踰千萬計，見制度宏壯於己者，卽撤而復造，土木之工，不捨晝夜。玄宗頒賜及四方獻遺，五家如一，中使不絕。開元已來，豪貴雄盛，無如楊氏之比也。玄宗凡有遊幸，貴妃無不隨侍，乘馬則高力士執轡授鞭。宮中供貴妃院織錦刺繡之工，凡七百人，其雕刻鎔造，又數百人。揚、益、嶺表刺史，必求良工造作奇器異服，以奉貴妃獻賀，因致擢居顯位。玄宗每年十月幸華清宮，國忠姊妹五家扈從，每家爲一隊，著一色衣，五家合隊，照映如百花之煥發，而遺鈿墜舄，瑟瑟珠翠，璨瓓芳馥於路。而國忠私於虢國而不避雄狐之刺，每入朝或聯鑣方駕，不施帷幔。每三朝慶賀，五鼓待漏，艷妝盈巷，蠟炬如晝。而十宅諸王百孫院婚嫁，皆因韓、虢爲紹介，仍先納賂千貫，而奏請罔不稱旨。

天寶九載，貴妃復忤旨，送歸外第。時吉溫與中貴人善，溫入奏曰：『婦人智識不遠，有忤聖情，然貴妃久承恩顧，何惜宮中一席之地，使其就戮，安忍取辱於外哉！』上卽令中使張韜光賜御饌，妃附韜光泣奏曰：『妾忤聖顏，罪當萬死。衣服之外，皆聖恩所賜，無可遺留，然髮膚是父母所有。』乃引刀翦髮一繚附獻。玄宗見之驚惋，卽使力士召還。國忠既居宰執，兼領劍南節度，勢漸恣橫。十載正月望夜，楊家五宅夜遊，與廣平公主騎從爭西市門。楊氏奴揮鞭及公主衣，公主墮馬，駙馬程昌裔扶公主，因及數撾。公主泣奏之，上令殺楊氏奴，昌裔亦停官。國忠二男昢、暄，妃弟鑑皆尚公主，楊氏一門尚二公主、二郡主。貴妃父祖立私廟，玄宗御製家廟碑文并書。玄珪累遷至兵部尚書。

天寶中，范陽節度使安祿山大立邊功，上深寵之。祿山來朝，帝令貴妃姊妹與祿山結爲兄弟。祿山母事貴妃，每宴賜錫賚稠沓。及祿山叛，露檄數國忠之罪。河北盜起，玄宗以皇太子爲天下兵馬元帥，監撫軍國事。國忠大懼，諸楊聚哭，貴妃銜土陳請，帝遂不行內禪。及潼關失守，從幸至馬嵬，禁軍大將陳玄禮密啓太子，誅國忠父子。既而四軍不散，玄宗遣力士宣問，對曰『賊本尚在』，蓋指貴妃也。力士復奏，帝不獲已，與妃訣，遂縊死於佛室。時年三十八，瘞於驛西道側。

上皇自蜀還，令中使祭奠，詔令改葬。禮部侍郎李揆曰：『龍武將士誅國忠，以其負國兆亂。今改葬故妃，恐將士疑懼，葬禮未可行。』乃止。上皇密令中使改葬於他所。初瘞時以紫褥裹之，肌膚已壞，而香囊仍在。內官以獻，上皇視之悽惋，乃令圖其形於別殿，朝夕視之。

馬嵬之誅國忠也，虢國夫人聞難作，奔馬至陳倉。縣令薛景仙率人吏追之，走入竹林。先殺其男裴徽及一女。國忠妻裴柔曰：『娘子爲我盡命。』即刺殺之。已而自刎，不死，縣吏載之，閉於獄中。猶謂吏曰：『國家乎？賊乎？』吏曰：『互有之。』血凝至喉而卒，遂瘞于郭外。韓國夫人婿祕書少監崔峋，女爲代宗妃。虢國男裴徽尚肅宗女延安公主，女嫁讓帝男。秦國夫人婿柳澄先死，男鈞尚長清縣主，澄弟潭尚肅宗女和政公主。

又　卷九九《張九齡傳》　時范陽節度使張守珪以裨將安禄山討奚、契丹敗衄，執送京師，請行朝典。九齡奏劾曰：『穰苴出軍，必誅莊賈；孫武教戰，亦斬宮嬪。守珪軍令必行，禄山不宜免死。』上特捨之。九齡奏曰：『禄山狼子野心，面有逆相，臣請因罪戮之，冀絶後患。』上曰：『卿勿以王夷甫知石勒故事，誤害忠良。』遂放歸藩。

又　卷一〇四《哥舒翰傳》　翰素與禄山、思順不協，上每和解之爲兄弟。其冬，禄山、思順、翰併來朝，上使內侍高力士及中貴人於京城東駙馬崔惠童池亭宴會。翰母尉遲氏，于闐之族也。禄山以思順惡翰，嘗銜之，至是忽謂翰曰：『我父是胡，母是突厥；公父是突厥，母是胡。與公族類同，何不相親乎？』翰應之曰：『古人云，野狐向窟嗥，不祥，以其忘本也。敢不盡心焉！』禄山以爲譏其胡也，大怒，罵翰曰：『突厥敢如此耶！』翰欲應之，高力士目翰，翰遂止。

十二載，進封涼國公，食實封三百户，加河西節度使，尋封西平郡王。時楊國忠有隙於禄山，頻奏其反狀，故厚賞翰以親結之。十三載，拜太子太保，更加實封三百户，又兼御史大夫。

翰好飲酒，頗恣聲色。至土門軍，入浴室，遘風疾，絶倒良久乃蘇。因入京，廢疾于家。

及安禄山反，上以封常清、高仙芝喪敗，召翰入，拜爲皇太子先鋒兵馬元帥，以田良丘爲御史中丞，充行軍司馬，以王思禮、鉗耳大福、李承光、蘇法鼎、管崇嗣及蕃將火拔歸仁、李武定、渾蕚、契苾寧等爲裨將，河隴、朔方兵及蕃兵與高仙芝舊卒共二十萬，拒賊於潼關。上御勤政樓勞遣之，百僚出餞于郊。十五載，加翰尚書左僕射、同中書門下平章事。

翰至潼關，或勸翰曰：『禄山阻兵，以誅楊國忠爲名，公若留兵三萬守關，悉以精鋭回誅國忠，此漢挫七國之計也，公以爲何如？』翰心許之，未發。有客泄其謀於國忠，國忠大懼，乃奏曰：『兵法「安不忘危」，今潼關兵衆雖盛，而無後殿，萬一不利，京師得無恐乎！請選監牧小兒三千人訓練於苑中。』詔從之，遂遣劍南軍將李福、劉光庭分統焉。又奏召募一萬人，屯於灞上，令其腹心杜乾運將之。翰慮爲所圖，乃上表請乾運兵隸於潼關，遂召乾運赴潼關計事，因斬之。自是，翰心不自安。又素有風疾，至是頗甚，軍中之務，不復躬親，委政於行軍司馬田良丘。良丘復不敢專斷，教令不一，頗無部伍。其將王思禮、李承光又爭長不叶，人無鬬志。

先是，翰數奏禄山雖竊河朔，而不得人心，請持重以弊之，彼自離心，因而翦滅之，可不傷兵擒茲寇矣。賊將崔乾祐於陝郡潛鋒蓄鋭，而覘者奏云『賊殊無備』，上然之，命悉衆速討之。翰奏曰：『賊既始爲凶逆，禄山久習用兵，必不肯無備，是陰計也。且賊兵遠來，利在速戰。今王師自戰其地，利在堅守，不利輕出；若輕出關，是入其算。乞更觀事勢。』楊國忠恐其謀己，屢奏使出兵。上久處太平，不練軍事，既爲國忠眩惑，中使相繼督責，翰不得已，引師出關。

六月四日，次于靈寶縣之西原。八日，與賊交戰，官軍南迫險峭，北臨黄河；崔乾祐以數千人先據險要。翰及良丘等浮船中流以觀進退，謂乾祐兵少，輕之，遂促將士令進，爭路擁塞，無復隊伍。午後，東風急，乾祐以草車數十乘縱火焚之，煙焰亙天，將士掩面，開目不得，因爲凶徒所乘，王師自相排擠，墜于河。其後者見前軍陷敗，悉潰，填委于河，死者數萬人，號叫之聲振天地，縛器械，以槍爲楫，投北岸，十不存一二。軍既敗，翰與數百騎馳而西歸，爲火拔歸仁執降於賊。禄山謂之曰：『汝常輕我，今日如何？』翰懼，俯伏稱：『肉眼不識陛下，遂至於此。陛下爲撥亂主，今天下未平，李光弼在土門，來瑱在河南，魯炅在南陽，但留臣，臣以尺書招之，不日平矣。』禄山大喜，遂僞署翰司空。作書招光弼等，諸將報書皆讓翰不死節。禄山知事不諧，遂閉翰於苑中，潛殺之。

翰之守潼關也，主天下兵權，肆志報怨，誣奏戶部尚書安思順與禄山潛通，僞令人爲禄山遺思順書，於關門擒之以獻。其年三月，思順及弟太僕卿元貞併坐誅，徙其家屬于嶺外，天下冤之。

又《封常清傳》（天寶）十四載（封常清）入朝，十一月，謁玄宗於華清宮。時禄山已叛，玄宗言凶胡負恩之狀，何方誅討？常清奏曰：『禄山領凶徒十萬，徑犯中原，太平斯久，人不知戰。然事有逆順，勢有奇變，臣請走馬赴東京，開府庫，募驍勇，挑馬箠渡河，計日取逆胡之首懸於闕下。』玄宗方憂，壯其言。翌日，以常清爲范陽節度，俾募兵東討。其日，常清乘驛赴東京召募，旬日得兵六萬，皆傭保市井之流。乃斫斷河陽橋，於東京爲固守之備。十二月，禄山渡河，陷陳留，入罌子谷，凶威轉熾，先鋒至葵園。常清使驍騎與柘羯逆戰，殺賊數十百人。賊大軍繼至，常清退入上東門，又戰不利，賊鼓譟於四城門入，殺掠人吏。常清又戰於都亭驛，不勝。退守宣仁門，又敗。乃從提象門入，倒樹以礙之。至穀水，西奔至陝郡，遇高仙芝，具以賊勢告之。

又《高仙芝傳》（天寶）十四載，進封密雲郡公。十一月，安禄山據范陽叛。是日，以京兆牧、榮王琬爲討賊元帥，仙芝爲副。命仙芝領飛騎、彍騎及朔方、河西、隴右應赴京兵馬，并召募關輔五萬人，繼封常清出潼關進討，仍以仙芝兼御史大夫。十二月，師發，玄宗御望春亭慰勞遣之，仍令監門將軍邊令誠監其軍，屯於陝州。是月十一日，封常清兵敗於汜水。十三日，禄山陷東京，常清以餘衆奔陝州，謂仙芝曰：『累日血戰，賊鋒不可當。且潼關無兵，若狂寇奔突，則京師危矣。宜棄此守，急保潼關。』常清、仙芝乃率見兵取太原倉錢絹，分給將士，餘皆焚之。俄而賊騎繼至，諸軍惶駭，棄甲而走，無復隊伍。仙芝至關，繕修守具，又令索承光守善和戍。賊騎至關，已有備矣，不能攻而去。仙芝之力也。

又 卷一〇六《陳玄禮傳》 其後，中官益盛，而陳玄禮以淳樸自檢，宿衛宮禁，志節不衰。天寶中，玄宗在華清宮，乘馬出宮門，欲幸虢國夫人宅，玄禮曰：『未宣敕報臣，天子不可輕去就。』玄宗爲之回轡。他年在華清宮，逼正月半，欲夜遊，玄禮奏曰：『宮外即是曠野，須有備預，若欲夜遊，願歸城闕。』玄宗又不能違。及安禄山反，玄禮欲於城中誅楊國忠，事不果，竟於馬嵬斬之。從玄宗入巴蜀，回，封蔡國公，實封三百戶。上元元年八月致仕。

又《李林甫傳》 貞觀已來，蕃將如阿史那社爾、契苾何力，忠孝有才略，亦不專委大將之任，多以重臣領使以制之。開元中，張嘉貞、王晙、張説、蕭嵩、杜暹皆以節度使入知政事，林甫固位，志欲杜出將入相之源，嘗奏曰：『文士爲將，怯當矢石，不如用寒族、蕃人，蕃人善戰有勇，寒族卽無黨援。』帝以爲然，乃用思順代林甫領使。自是高仙芝、哥舒翰皆專任大將，林甫利其不識文字，無入相由，然而禄山竟爲亂階，由專得大將之任故也。

又《楊國忠傳》 時安禄山恩寵特深，總握兵柄，國忠知其跋扈，終不出其下，將圖之，屢於上前言其悖逆之狀，上不之信。是時，禄山已專制河北，聚幽、并勁騎，陰圖逆節，動未有名，伺上千秋萬歲之後，方圖叛換。及見國忠用事，慮不利於己，禄山遥領內外閑廄使，遂以兵部侍郎吉温知留後，兼御史中丞、京畿採訪使，內伺朝廷動靜。國忠使門客蹇昂、何盈求禄山陰事，圍捕其宅，得李超、安岱等，使侍御史鄭昂縊殺於御史臺。又奏貶吉温於合浦，以激怒禄山，幸其摇動，內以取信於上，上竟不之悟。由是禄山惶懼，遂舉兵以誅國忠爲名。玄宗聞河朔變起，欲以皇太子監國，自欲親征，謀於國忠。國忠大懼，歸謂姊妹曰：『我等死在旦夕。今東宮監國，當與娘子等併命矣。』姊妹哭訴於貴妃，貴妃銜土請命，其事乃止。及哥舒翰守潼關，諸將以函關距京師三百里，利在守險，不利出攻，國忠以翰持兵未決，慮反圖己，欲其速戰，自中督促之。翰不獲已出關。及接戰桃林，王師奔敗，哥舒受擒，敗國喪師，皆國忠之誤惑也。

自禄山兵起，國忠以身領劍南節制，乃布置腹心於梁、益間，以圖自全之計。六月九日，潼關不守。十二日凌晨，上率龍武將軍陳玄禮、左相韋見素、京兆尹魏方進，國忠與貴妃及親屬，擁上出延秋門，諸王妃主從之不及，慮賊奄至，令內侍曹大仙擊鼓于春明門外，又焚芻藁之積，煙火燭天。既渡渭，卽令斷便橋。辰時，至咸陽望賢驛，官吏駭竄，無復貴賤，坐宮門大樹下。亭午，上猶未食，有老父獻麨，帝令具飯，始得食。翌日，至馬嵬，軍士飢而憤怒，龍武將軍陳玄禮懼亂，先謂軍士曰：『今天下崩離，萬乘震蕩，豈不由楊國忠割剝甿庶，朝野怨咨，以至此耶？若不誅之以謝天下，何以塞四海之怨憤！』衆曰：『念之久矣。事行，身死固所願也。』會吐蕃和好使在驛門遮國忠訴事，軍士呼曰：『楊國忠與蕃人謀叛。』諸軍乃圍驛擒國忠，斬首以徇。

是日，貴妃既縊，韓國、虢國二夫人亦爲亂兵所殺，御史大夫魏方進死，左相韋見素傷。良久兵解，陳玄禮等見上謝罪曰：『國忠撓敗國經，構興禍亂，使黎元塗炭，乘輿播越，此而不誅，患難未已。臣等爲社稷大計，請矯制之罪。』帝曰：『朕識之不明，任寄失所。近亦覺悟，審其詐佞，意欲到蜀，肆諸市朝。今神明啓卿，諧朕夙志，將疇爵賞，何至言焉。』

是時，禄山雖據河洛，其兵鋒東止於梁、宋，南不過許、鄧，李光弼、郭子儀統河朔勁卒，連收恆、定，若崤、函固守，兵不妄動，則凶逆之勢，不討自弊。及哥舒翰出師，凡不數日，乘輿遷幸，朝廷陷没，百僚繫頸，妃主被戮，兵滿天下，毒流四海，皆國忠之召禍也。

又　卷一〇八《韋見素傳》（天寶）十五年六月，哥舒翰兵敗桃林，潼關不守。是月，玄宗蒼黄出幸，莫知所詣。楊國忠以身領劍南旄鉞，請幸成都。見素與國忠、御史大夫魏方進遇上於延秋門，便扈從之咸陽。翌日，次馬嵬驛，軍士不得食，流言不遜。龍武將軍陳玄禮懼其亂，乃與飛龍馬家李護國謀於皇太子，請誅國忠，以慰士心。是日，玄禮等禁軍圍行宮，盡誅楊氏。見素遁走，爲亂兵所傷，衆呼曰：『勿傷韋相！』識者救之，獲免。上聞之，令壽王瑁宣慰，賜藥傅瘡。魏方進爲亂兵所殺。是日，朝士獨見素一人。是夜宿馬嵬，上命見素子京兆府司録參軍諤爲御史中丞，充置頓使。凌晨將發，六軍將士曰：『國忠反叛，不可更往蜀川，請之河、隴。』或言靈武、太原，或云還京，議者不一。上意在劍南，慮違士心，無所言。諤曰：『還京須有捍賊之備。今兵馬數少，恐非萬全，不如且至扶風，徐圖去就。』上詢于衆，衆以爲然，乃令皇太子後殿。

上至扶風郡，從駕諸軍各圖去就，頗出醜言。陳玄禮不能制，上聞之憂懼。會益州貢春綵十萬疋，乃以其綱使濛陽尉劉景温爲監察御史，其綵悉陳於廷，召六軍將士等入，上謂之曰：『卿等皆國之功臣，勳勞素著，朕之優賞，常亦不輕。逆胡負恩，事須回避，甚知卿等不得別父母妻子，朕亦不及辭九廟。』言發涕流。又曰：『朕今須幸蜀，蜀路險狹，人若多往，恐難祗供。今有此綵，卿等即宜分取，各自圖去就。朕自有子弟、中官等相隨，便與卿等訣別。』衆咸俯伏號泣，曰：『死生從陛下。』上良久曰：『去住聽卿自便。』自是醜言方息。七月，至巴西郡，以見素兼左相、武部尚書。數日，至蜀郡，加金紫光禄大夫，進封豳國公，與一子五品官。

又　卷一〇九《李嗣業傳》及禄山反，兩京陷，上在靈武，詔嗣業赴行在。嗣業自安西統衆萬里，威令肅然，所過郡縣，秋毫不犯。至鳳翔謁見，上曰：『今日得卿，勝數萬衆，事之濟否，實在卿也。』遂與郭子儀、僕固懷恩等常犄角爲先鋒將。嗣業每持大棒衝擊，賊衆披靡，所向無敵。

禄山之亂，兩京未復，肅宗在鳳翔。至德二年九月，嗣業從廣平王收復京城，與賊大戰于香積寺北，西拒澧水，東臨大川，十里間軍容不斷。嗣業時爲鎮西、北庭支度行營節度使，爲前軍，朔方右行營節度使郭子儀爲中軍，關內行營節度王思禮爲後軍。戈鋋鼓鞞，震曜山野，距賊軍數里，列長陣而待之。賊將李歸仁初以鋭師數來挑戰，我師攢矢而逐之，賊軍大至，逼我追騎，突入我營，我師嚻亂。嗣業謂郭子儀曰：『今日之事，若不以身啖寇，決戰於陣，萬死而冀其一生。不然，則我軍無孑遺矣。』嗣業乃脱衣徒搏，執長刀立於陣前大呼，當嗣業刀者，人馬俱碎，殺十數人，陣容方駐。前軍之士盡執長刀而出，如牆而進。嗣業先登奮命，所向摧靡。是時，賊先伏兵於營東，偵者知之，元帥廣平王分回紇鋭卒，令擊其伏兵，賊將大敗。嗣業出賊營之背，與回紇合勢，表裏夾攻，自午及酉，斬首六萬級，填溝壑而死者十二三。賊帥張通儒、安守忠、李歸仁等收合殘卒，東走保陝郡。慶緒又命嚴莊率衆數萬，赴陝助通儒輩以拒官軍。廣平王、郭子儀、王思禮等大軍營於陝西。嗣業與子儀遇賊於新店，與之力戰，數合，我師初勝而後敗，嗣業逐急應接。回紇從南山望見官軍敗，曳白旗而下，徑抵賊背，穿賊陣，賊陣西北角先陷。嗣業又率精騎前擊，表裏齊進，賊衆大敗，走河北。子儀遂收東都。嗣業以功加開府儀同三司、衛尉卿，封虢國公，食實封二百戶。

乾元二年，諸將同圍相州。是時築堤引漳水灌城，經月餘，城不拔。是時，軍無統帥，諸將自圖全，人無鬭志。賊每出戰，嗣業被堅衝突，履鋒冒刃，爲流矢所中。數日，瘡欲愈，臥於帳中，忽聞金鼓之聲，因而大叫，瘡中血出數升注地而卒。

又 卷一一〇《王思禮傳》 王思禮，營州城傍高麗人也。【略】十四載六月，加金城太守。禄山反，哥舒翰爲元帥，奏思禮加開府儀同三司，兼太常卿同正員充元帥府馬軍都將，每事獨與思禮決之。十五載二月，思禮白翰謀殺安思順父元貞，於紙隔上密語翰，請抗表誅楊國忠，翰不應。復請以三十騎劫之，橫馱來潼關殺之，翰曰：『此乃翰反，何預禄山事。』六月，潼關失守，思禮西赴行在，至安化郡。思禮與呂崇賁、李承光併引於纛下，責以不能堅守，併從軍令。或救之可收後效，遂斬承光而釋思禮、崇賁，與房琯爲副使。便橋之戰又不利，除爲關內節度使，尋遣守武功。

賊將安守忠及李歸仁、安泰清來戰，思禮以其衆退守扶風。賊兵分至大和關，去鳳翔五十里。王師大駭，鳳翔戒嚴。中官及朝官皆出其孥，上使左右巡御史虞候書其名，乃止。遂命司徒郭子儀以朔方之衆擊之而退。

至德二年九月，思禮從元帥廣平王收西京，既破賊，思禮領兵先入景清宮。又從子儀戰陝城、曲沃、新店，賊軍繼敗，收東京。思禮又於絳郡破賊六千餘衆，器械山積，牛馬萬計，遷戶部尚書、霍國公，食實封三百戶。乾元二年，與子儀等九節度圍安慶緒於相州，思禮領關內及潞府行營步卒三萬，馬軍八千。大軍潰，唯思禮與李光弼兩軍獨全。及光弼鎮河陽，制以思禮爲太原尹、北京留守、河東節度使兼御史大夫，貯軍糧百萬，器械精鋭。尋加守司空。自武德已來，三公不居宰輔，唯思禮而已。

上元二年四月，以疾薨。輟朝一日，贈太尉，謚曰武烈，命鴻臚卿監護喪事。思禮長於支計，短於用兵，然立法嚴整，士卒不敢犯，時議稱之。

又 《李光弼傳》 李光弼，營州柳城人。其先，契丹之酋長。父楷洛，開元初，左羽林將軍同正、朔方節度副使，封薊國公，以驍果聞。光弼幼持節行，善騎射，能讀班氏《漢書》。少從戎，嚴毅有大略，起家左衛郎。丁父憂，終喪不入妻室。

天寶初，累遷左清道率兼安北都護府、朔方都虞候。五載，河西節度王忠嗣補爲兵馬使，充赤水軍使。忠嗣遇之甚厚，常云：『光弼必居我位。』邊上稱爲名將。八載，充節度副使，封薊郡公。十一載，拜單于副使都護。十三載，朔方節度安思順奏爲副使、知留後事。思順愛其材，欲妻之，光弼稱疾辭官。隴右節度哥舒翰聞而奏之，得還京師。禄山之亂，封常清、高仙芝戰敗，斬於潼關，又以哥舒翰率師拒賊，尋命郭子儀爲朔方節度，收兵河西。玄宗眷求良將，委以河北、河東之事，以問子儀，子儀薦光弼堪爲闔寄。

十五載正月，以光弼爲雲中太守、攝御史大夫、充河東節度副使、知節度事。二月，轉魏郡太守、河北道採訪使。以朔方兵五千會郭子儀軍，東下井陘，收常山郡。賊將史思明以卒數萬來援常山，追擊破之，進收藁城等十餘縣，南攻趙郡。三月八日，光弼兼范陽長史、河北節度使，拔趙郡。自禄山反，常山爲戰場，死人蔽野，光弼酹其屍而哭之，爲賊幽閉者出之，誓平寇難，以慰其心。六月，與賊將蔡希德、史思明、尹子奇戰于常山郡之嘉山，大破賊黨，斬首萬計，生擒四千。思明露髮跣足，奔于博陵，河北歸順者十餘郡。

光弼以范陽禄山之巢穴，將先斷之，使絶根本。會哥舒翰潼關失守，玄宗幸蜀，人心驚駭。肅宗理兵於靈武，遣中使劉智達追光弼、子儀赴行在，授光弼戶部尚書，兼太原尹、北京留守同中書門下平章事，以景城、河間之卒五千赴太原。時節度王承業軍政不修，詔御史崔衆交兵於河東。衆侮易承業，或裹甲持槍突入承業廳事玩謔之。光弼聞之素不平。至是，交衆兵於光弼。衆以麾下來，光弼出迎，旌旗相接而不避。光弼怒其無禮，又不即交兵，令收繫之。頃中使至，除衆御史中丞，懷其敕問衆所在。光弼曰：『衆有罪，繫之矣！』中使以敕示光弼，光弼曰：『今只斬侍御史；若宣制命，即斬中丞；若拜宰相，亦斬宰相。』中使懼，遂寢之而還。翌日，以兵仗圍衆，至碑堂下斬之，威震三軍。命其親屬弔之。

（至德）二年，賊將史思明、蔡希德、高秀巖、牛廷玠等四僞帥率衆十餘萬來攻太原。光弼經河北苦戰，精兵盡赴朔方，麾下皆烏合之衆，不滿萬人。思明謂諸將曰：『光弼之兵寡弱，可屈指而取太原，鼓行而西，圖河隴、朔方，無後顧矣！』光弼所部將士聞之皆懼，議欲修城以待之，光弼曰：『城周四十里，賊垂至，今興功役，是未見敵而自疲矣。』乃躬率士卒百姓外城掘壕以自固。作塹數十萬，衆莫知所用。及賊攻城於外，光弼卽令增壘於內，壞輒補之。賊城外詬詈戲侮者，光弼令穿地道，一夕而擒之，自此賊將行皆視地，不敢逼城。强弩發石以擊之，賊驍將勁卒死者十二三。城中長幼咸伏其勤智，懦兵增氣而皆欲出戰。史思明揣知之，先歸，留蔡希德等攻之。月餘，我怒而寇怠，光弼率敢死之士出擊，大破之，斬首七萬餘級，軍資器械一皆委棄。賊始至及遁，五十餘日，光弼設小幕，宿於城東南隅，有急卽應，行過府門，未嘗回顧。賊退三日，決軍事畢，始歸府第。轉檢校司徒，收清夷、横野等軍，擒賊將李弘義以歸。詔曰：『銀青光禄大夫、檢校司徒、兼戸部尚書、同中書門下平章事、兼御史大夫、鴻臚卿、太原尹、北京留守、河東節度副大使、薊國公光弼，全德挺生，英才間出，干城禦侮，坐甲安邊。可守司空、兼兵部尚書、中書門下平章事，進封魏國公，食實封八百戸。』【略】

（乾元二年）八月，兼幽州大都督府長史、河北節度支度營田經略等使，餘如故。與九節度兵圍安慶緒於相州，拔有日矣。史思明自范陽來救，屢絶糧道，光弼身先士卒，苦戰勝之。屬大風晦冥，諸將引衆而退，所在剽掠，唯光弼所部不散。東京留守崔圓、河南尹蘇震南奔襄陽，郭子儀率衆屯于穀水。史思明因殺安慶緒，卽僞位，縱兵河南。加光弼太尉、兼中書令，代郭子儀爲朔方節度、兵馬副元帥，以東師委之。左廂兵馬使張用濟承子儀之寬，懼光弼之令，與諸將頗有異議，欲逗留其衆。光弼以數千騎出次汜水縣，用濟單騎迎謁，卽斬於轅門。諸將懾伏，都兵馬使僕固懷恩先期而至。

初，光弼次汴州，聞思明悉衆且至，謂許叔冀曰：『大夫能守此城浹旬，我必將兵來救。』叔冀曰：『諾。』光弼還東京。思明至汴，叔冀與戰不利，遂與董秦、梁浦、劉從諫率衆降思明。賊勢甚熾，遣梁浦、劉從諫、田神功等將兵徇江淮，謂之曰：『收得其地，每人貢兩船玉帛。』思明乘勝而西。光弼整衆徐行，至洛，謂留守韋陟曰：『賊乘鄴下之勝，再犯王畿，宜按甲以挫其鋒，不利速戰。洛城非禦備之所，公計若何？』陟曰：『加兵陝州，退守潼關，據險以待之，足挫其鋭矣！』光弼曰：『此蓋兵家常勢，非用奇之策也。夫兩軍相寇，貴進尺寸之間耳。今委五百里而不顧，是張賊勢也。若移軍河陽，北阻澤潞，三城以抗，勝則擒之，敗則自守，表裏相應，使賊不敢西侵，此則猿臂之勢也。夫辨朝廷之禮，光弼不如公；論軍旅之事，公不如光弼。』陟無以應。判官韋損曰：『東京帝宅，侍中何不守之？』光弼曰：『若守洛城，汜水、崿嶺皆須人守，子爲兵馬判官，能守之乎？』遂移牒留守及河南尹幷留司官、坊市居人，出城避寇，空其城，率軍士運油鐵諸物，以爲戰守之備。

時史思明已至偃師，光弼悉軍赴河陽。賊已至洛城，光弼軍方至石橋。日暮，令秉炬徐行，與賊相隨，而不敢來犯。乙夜，入河陽三城。排閱守備，號令嚴明，與士卒同甘苦，咸誓力戰。賊憚光弼威略，頓兵白馬寺，南不出百里，西不敢犯宫闕，於河陽南築月城，掘壕以拒光弼。十月，賊攻城。於中潬城西大破逆黨五千餘衆，斬首千餘級，生擒五百餘人，溺死者大半。

初，光弼謂李抱玉曰：『將軍能爲我守南城二日乎？』抱玉曰：『過期若何？』光弼曰：『過期而救不至，任棄也。』抱玉稟命，勒兵守南城。將陷，抱玉紿賊曰：『吾糧盡，明日當降。』賊衆大喜，斂軍以俟之。抱玉復得繕完設備，明日，堅壁請戰。賊怒見欺，急攻之。抱玉出奇兵，表裏夾擊，殺傷甚衆，賊帥周摯領軍而退。光弼自將於中潬城，城外置柵，柵外大掘塹，濶二丈，深亦如之。周摯捨南城，併力攻中潬。光弼命荔非元禮出勁卒於羊馬城以拒賊。光弼於城東北角樹小紅旗，下望賊軍。賊恃衆直逼其城，以車二乘載木鵝、蒙衝、鬭樓、橦車隨其後，督兵填城下塹，三面各八道過其兵，又當塹開柵，各置一門。光弼遥望賊逼城，使人語荔非元禮曰：『中丞看賊填塹開柵過兵，居然不顧，何也？』元禮報曰：『太尉擬守乎，擬戰乎？』光弼曰：『戰。』元禮曰：『若戰，賊爲我填塹，復何嫌也！』光弼曰：『吾智不及公，公其勉之。』元禮俟柵開，率其勇敢出戰，一逼賊軍，退走數百步。元禮料敵陣堅，雖出入馳突，不足破賊，收軍稍退，以怠其寇而攻之。光弼望見收軍，大怒，使人喚元禮，欲按軍令。元禮曰：『戰正忙，喚作何物？』良久，令軍中鼓譟出柵門，徒搏齊進，賊大潰。

周摯復整軍押北城而下，將攻之。光弼遽率衆入北城，登城望曰：『彼雖衆，亂而囂，不足懼也。當爲公等日午而破之。』命出將戰。及期，不決，謂諸將曰：『向來戰，何處最堅而難犯？』或曰：『西北角。』遽命郝玉曰：『爾往擊之。』玉曰：『玉，步卒也，請騎軍五百翼之。』光弼與之三百。又問：『何處最堅？』曰：『東南隅。』即命論惟貞以所部往擊之。對曰：『貞，蕃將也，不知步戰，請鐵騎三百。』與之百。光弼又出賜馬四十匹分給，且令之曰：『爾等望吾旗而戰，若麾旗緩，任爾觀望便宜；吾旗連麾三至地，則萬衆齊入，生死以之，少退者斬無捨。』玉策馬赴賊，有一人將援槍刺賊，洞馬腹，連刺數人；一人逢賊，不戰而退。光弼召不戰者斬，賞援槍者絹五百疋。須臾，郝玉奔歸。光弼望之，驚曰：『郝玉退，吾事危矣。』命左右取玉頭來。玉見使者曰：『馬中箭，非敢敗也。』使者馳報，光弼令換馬遣之。玉換馬復入，決死而前。光弼連麾，三軍望旗俱進，聲動天地，一鼓而賊大潰，斬萬餘級，生擒八千餘人，軍資器械糧儲數萬計，臨陣擒其大將徐璜玉、李秦授、周摯。其大將安太清走保懷州。思明不知贊等敗，尚攻南城。光弼悉驅俘囚臨河以示之，殺數十人以威之，餘衆懼，投河赴南岸，光弼皆斬之。初，光弼將戰，謂左右曰：『戰，危事，勝負繫之。光弼位爲三公，不可死於賊手，苟事之不捷，繼之以死。』及是擊賊，常納短刀於靴中，有決死之志。城上面西拜舞，三軍感動。

賊既敗走，光弼收懷州，思明來救，迎擊於沁水之上，又敗之。城將安太清極力拒守，月餘不下。光弼令僕固懷恩、郝玉由地道而入，得其軍號，乃登陴大呼，我師同登，城遂拔。生擒安太清、周摯、楊希文等，送於闕下，卽日懷州平。以功進爵臨淮郡王，累加實封至一千五百戶。

觀軍容使魚朝恩屢言賊可滅之狀，朝旨令光弼速收東都。光弼屢表『賊鋒尚鋭，請候時而動，不可輕進。』僕固懷恩又害光弼之功，潛附朝恩，言賊可滅。由是中使督戰，光弼不獲已，進軍列陣於北邙山下。賊悉精鋭來戰，光弼敗績，軍資器械併爲賊所有。時李抱玉亦棄河陽，光弼渡河保聞喜。朝旨以懷恩異同致敗，優詔徵之。光弼自河中入朝，抗表請罪，詔釋之。光弼懇讓太尉，遂加開府儀同三司、侍中、河南尹、行營節度使；俄復拜太尉，充河南、淮南、山南東道、荆南等副元帥，侍中如故，出鎮臨淮。史朝義乘邙山之勝，寇申、光等十三州，自領精騎圍李岑於宋州，將士皆懼，請南保揚州。光弼徑赴徐州以鎮之，遣田神功擊敗之。

又 卷一一一《房琯傳》 房琯，河南人。【略】肅宗以琯素有重名，傾意待之。琯亦自負其才，以天下爲己任。時行在機務，多決之於琯，凡有大事，諸將無敢預言。尋抗疏自請將兵以誅寇孽，收復京都，肅宗望其成功，許之。詔加持節、招討西京兼防禦蒲潼兩關兵馬節度等使，乃與子儀、光弼等計會進兵。琯請自選參佐，乃以御史中丞鄧景山爲副，戶部侍郎李揖爲行軍司馬，中丞宋若思、起居郎知制誥賈至、右司郎中魏少遊爲判官，給事中劉秩爲參謀。既行，又令兵部尚書王思禮副之。琯分爲三軍：遣楊希文將南軍，自宜壽入；劉悊將中軍，自武功入；李光進將北軍，自奉天入。琯自將中軍，爲前鋒。十月庚子，師次便橋。辛丑，二軍先遇賊於咸陽縣之陳濤斜，接戰，官軍敗績。時琯用春秋車戰之法，以車二千乘，馬步夾之。既戰，賊順風揚塵鼓譟，牛皆震駭，因縛芻縱火焚之，人畜撓敗，爲所傷殺者四萬餘人，存者數千而已。癸卯，琯又率南軍卽戰，復敗，希文、劉悊併降於賊。琯等奔赴行在，肉袒請罪，上併宥之。

又 卷一一四《魯炅傳》 魯炅，范陽人也。身長七尺餘，涉獵書史。天寶六年，隴右節度使哥舒翰引爲別奏。顏眞卿爲監察御史，使至隴右，翰嘗設宴，眞卿謂翰曰：『中丞自郎將授將軍，便登節制，後生可畏，得無人乎？』炅時立在階下，翰指炅曰：『此人後當爲節度使矣。』後以隴右破吐蕃跳盪功，累授右領軍大將軍同正員，賜紫金魚袋。祿山之亂，選任將帥。

（天寶）十五載正月，拜炅上洛太守，未行，遷南陽太守、本郡守捉仍充防禦使，尋兼御史大夫，充南陽節度使，以嶺南、黔中、山南東道子弟五萬人屯葉縣北，滍水之南，築柵，四面掘壕以自固。至五月，賊將武令珣、畢思琛等來擊之，衆欲出戰，炅不許。賊於營西順風燒煙，營內坐立不得，橫門扇及木爭出，賊矢集如雨，炅與中使薛道等挺身遁走，餘衆盡沒。嶺南節度使何履光、黔中節度使趙國珍、襄陽太守徐浩未至，禆將嶺南、黔中、荆襄子弟半在軍，多懷金銀爲資糧，軍資器械盡棄於路如山積。至是賊徒不勝其富。炅收合殘卒保南陽郡，爲賊所圍。尋而潼關失守，賊使哥舒翰招之，不從。又使僞將豫州刺史武令珣等攻之，累月不能克。武令珣死，又令田承嗣攻之。潁川太守來瑱、襄陽太守魏仲犀合勢救之。

犀使弟孟駉爲將，領兵至明府橋，望賊而走，衆遂大敗。炅城中食盡，煮牛皮筋角而食之，米斗至四五十千，有價無米，鼠一頭至四百文，餓死者相枕藉。肅宗使中官將軍曹日升來宣慰，路絶不得入。日升請單騎入致命，仲犀曰：『不可，賊若擒吾敕使，我亦何安！』顔眞卿適自河北次于襄陽，謂仲犀曰：『曹使既果決，不顧萬死之地，何得沮之！縱爲賊所獲，是亡一使者；苟得入城，則萬人之心固矣。公何愛焉！』中官馮廷瓌曰：『將軍必能入，我請以兩騎助之。』日升又自有傔騎數人，仲犀又以數騎共十人同行。賊徒望見，知其驍鋭，不敢逼。日升既入城，炅衆初以爲望絶，忽有使來宣命，皆踴躍一心。日升以其十人至襄陽取糧，賊雖追之，不敢擊，遂以一千人取音聲路運糧而入，賊亦不能遏，又得相持數月。

炅在圍中一年，救兵不至，晝夜苦戰，人相食。至德二年五月十五日，率衆持滿傅矢突圍而出南陽，投襄陽。田承嗣來追，苦戰二日，殺賊甚衆。賊又知其決死，遂不敢逼。朝廷因除御史大夫、襄陽節度使。時賊志欲南侵江、漢，賴炅奮命扼其衝要，南夏所以保全。十月，王師收兩京，承嗣、令珣等奔於河北。南陽遭大亂之後，距鄧州二百里，人煙斷絶，遺骸委積於牆壍間。【略】

太尉李光弼等九節度同圍安慶緒於相州。炅領淮西、襄陽節度行營步卒萬人、馬軍三百，以李抱玉爲兵馬使，炅分界知東面之北。二年六月六日，賊將史思明自范陽來救，戰於安陽河北，王師不利，炅中流矢奔退。時諸節度以回紇戰敗，因而退散，盡棄軍糧器械，所過虜掠，炅兵士剽奪尤甚，人因驚怨。五日，至新鄭縣，聞郭子儀已整衆屯穀水，李光弼還太原，炅憂懼，仰藥而卒。

又　卷一二〇《郭子儀傳》（天寶）十四載，安禄山反。十一月，以子儀爲衛尉卿，兼靈武郡太守，充朔方節度使，詔子儀以本軍東討。遂舉兵出單于府，收静邊軍，斬賊將周萬頃，傳首闕下。禄山遣大同軍使高秀巖寇河曲，子儀擊敗之，進收云中馬邑，開東陘，以功加御史大夫。

十五載正月，賊將蔡希德陷常山郡，執顔杲卿，河北郡縣皆爲賊守。二月，子儀與河東節度使李光弼率師下井陘，拔常山郡，破賊於九門，南攻趙郡，生擒賊四千，皆捨之，斬僞太守郭獻璆，獲兵仗數萬。師還常山，賊將史思明以數萬人踵其後，我行亦行，我止亦止。子儀選驍騎五百更挑之，三日至行唐，賊疲乃退，我軍乘之，又敗於沙河，禄山聞思明敗，乃以精兵益之。我軍至恆陽，賊亦隨至。子儀堅壁自固，賊來則守，賊去則追，晝揚其兵，夕襲其幕，賊人不及息。數日，光弼議曰：『賊怠矣，可以戰。』六月，子儀、光弼率僕固懷恩、渾釋之、陳回光等陣於嘉山，賊將史思明、蔡希德、尹子奇等亦結陣而至，一戰敗之，斬馘四萬級，生擒五千人，獲馬五千匹，思明露髮跣足奔于博陵。於是河北十餘郡皆斬賊守者以迎王師。子儀將北圖范陽，軍聲大振。

是月，哥舒翰爲賊所敗，潼關不守，玄宗幸蜀，肅宗幸靈武，子儀副使杜鴻漸爲朔方留後，奏迎車駕。七月，肅宗即位，以賊據兩京，方謀收復，詔子儀班師。八月，子儀與李光弼率步騎五萬至自河北。時朝廷初立，兵衆寡弱，雖得牧馬，軍容缺然。及子儀、光弼全師赴行在，軍聲遂振，興復之勢，民有望焉。詔以子儀爲兵部尚書、同中書門下平章事，依前靈州大都督府長史、朔方軍節度使。肅宗大閲六軍，南趨關輔，至彭原郡。宰相房琯請兵萬人，自爲統帥以討賊，帝素重琯，許之。兵及陳濤，爲賊所敗，喪師殆盡。方事討除，而軍半殪，唯倚朔方軍爲根本。十一月，賊將阿史那從禮以同羅、僕骨五千騎出塞，誘河曲九府、六胡州部落數萬，欲迫行在。子儀與回紇首領葛邏支往擊敗之，斬獲數萬，河曲平定。

賊將崔乾祐守潼關。（至德）二年二月，子儀大破賊於潼關，崔乾祐退保蒲津。時永樂尉趙復、河東司戶韓旻、司士徐炅、宗子李藏鋒等，陷賊在蒲州，四人密謀俟王師至則爲內應。及子儀攻蒲州，趙復等斬賊守陴者，開門納子儀。乾祐與麾下數千人北走安邑，安邑百姓僞降，乾祐兵入將半，下懸門擊之，乾祐未入，遂行脫身東走。子儀遂收陜郡永豐倉。自是潼、陜之間無復寇鈔。

是月，安禄山死，朝廷欲圖大舉，詔子儀還鳳翔，四月，進位司空，充關內、河東副元帥。五月，詔子儀帥師趨京城。師於潏水之西，與賊將安太清、安守忠戰，王師不利，其衆大潰，盡委兵仗於清渠之上。子儀收合餘衆，保武功，詣闕請罪，乞降官資，乃降爲左僕射，餘如故。九月，從元帥廣平王率蕃漢之師十五萬進收長安。回紇遣葉護太子領四千騎助國討賊，子儀與葉護宴狎修好，相與誓平國難，相得甚好。子儀奉元帥爲中軍，與賊將安守忠、李歸仁戰於京西香積寺之北，王師結陣橫亙三十里，賊衆十萬陣於北，歸仁先薄我軍，我軍亂，李嗣業奮命馳突，擒賊十餘騎乃定。回紇以奇兵出賊陣之後夾攻之，賊軍大潰，自午至酉，斬首六萬級。賊將張通儒守長安，聞歸仁等敗，是夜奔陜郡。翌日，廣平王入京師，老幼百萬，夾道歡叫，涕泣而言曰：『不圖今日復見官軍。』廣平王休士三日，率師東趨。肅宗在鳳翔聞捷，羣臣稱賀，帝以宗廟被焚，悲咽不自勝，臣僚無不感泣。

十月，安慶緒遣嚴莊悉其衆十萬來赴陜州，與張通儒同抗官軍。賊聞官軍至，悉其衆屯於陜西，負山爲陣。子儀以大軍擊其前，回紇登山乘其背，遇賊潛師於山中，與鬬過期，大軍稍卻。賊分兵三千人，絶我歸路，衆心大摇，子儀麾回紇令進，盡殺之。師馳至其後，於黄埃中發十餘箭，賊驚顧曰：『回紇來！』即時大敗，僵屍遍山澤。嚴莊、張通儒走歸洛陽，遂與安慶緒渡河保相州。子儀奉廣平王入東都，陳兵於天津橋南，士庶歡呼於路。僞侍中陳希烈、僞中書令張垍等三百餘人素服請罪，王慰撫遣之。是時，河東、河西、河南賊所盜郡邑皆平，以功加司徒，封代國公，食邑千戶。尋入朝，天子遣兵仗戎容迎於灞上，肅宗勞之曰：『雖吾之家國，實由卿再造。』子儀頓首感謝。十二月，還東都，命子儀經營北討。

乾元元年七月，破賊河上，擒僞將安守忠以獻，遂朝京師，敕百僚班迎於長樂驛，帝御望春樓待之，進位中書令。九月，奉詔大舉，子儀與河東節度使李光弼、關內節度使王思禮、北庭行營節度李嗣業、襄鄧節度使魯炅、荆南節度季廣琛、河南節度使崔光遠、滑濮節度許叔冀、平盧兵馬使董秦等九節度之師討安慶緒，帝以子儀、光弼俱是元勳，難相統屬，故不立元帥，唯以中官魚朝恩爲觀軍容宣慰使。十月，子儀自杏園渡河，圍衛州。安慶緒與其驍將安雄俊、崔乾祐、薛嵩、田承嗣悉其衆來援，分爲三軍，子儀陣以待之，預選射者三千人伏於壁內，誡之曰：『俟吾小卻，賊必爭進，則登城鼓譟，弓弩齊發以迫之。』既戰，子儀僞遁，賊果乘之，及壘門，遽聞鼓譟，俄而弓弩齊發，矢注如雨，賊徒震駭，子儀整衆追之，賊衆大敗。是役也，獲僞鄭王安慶和以獻，遂收衛州，進軍趨鄴，與賊再戰於愁思岡，賊軍又敗，乃連營圍之。慶緒遣薛嵩以所乘馬十匹求救於史思明，且言禪代。十二月，思明遣將李歸仁率衆赴之，營于滏陽。

二年正月，史思明自率范陽精卒復陷魏州，乃僞稱燕王。王師雖衆，軍無統帥，進退無所承稟，自冬徂春，竟未破賊，但引漳水以灌其城，城中食盡，易子而食。二月，思明率衆自魏州來。李光弼、王思禮、許叔冀、魯炅前軍遇賊于鄴南，與之接戰，夷傷相半，魯炅中流矢。子儀爲後陣，未及合戰，大風遽起，吹沙拔木，天地晦暝，跬步不辨物色。我師潰而南，賊軍潰而北，委棄兵仗輜重，累積於路，諸軍各還本鎮。子儀以朔方軍保河陽，斷浮橋，有詔令留守東都。三月，以子儀爲東都畿、山南東道、河南諸道行營元帥。

中官魚朝恩素害子儀之功，因其不振，媒孽之，尋召還京師。天子以趙王係爲天下兵馬元帥，李光弼副之，委以陜東軍事，代子儀之任。子儀雖失兵柄，乃心王室，以禍難未平，不遑寢息，俄而史思明再陷河洛，朝廷旰食，復慮蕃寇逼近京畿。三年正月，授子儀邠寧、鄜坊兩鎮節度使，仍留京師。言事者以子儀有社稷大功，今殘孽未除，不宜置之散地，肅宗深然之。上元元年九月，以子儀爲諸道兵馬都統，管崇嗣副之，令率英武、威遠等禁軍及河西、河東諸鎮之師，取邠寧、朔方、大同、横野，徑抵范陽。詔下旬日，復爲朝恩所間，事竟不行。

上元二年二月，李光弼兵敗於邙山，河陽失守，魚朝恩退保陜州。

三年二月，河中軍亂，殺其帥李國貞。時太原節度鄧景山亦爲部下所殺，恐其合從連賊，朝廷憂之。後輩帥臣未能彈壓，勢不獲已，遂用子儀爲朔方、河中、北庭、潞、儀、澤、沁等州節度行營兼興平、定國副元帥，充本管觀察處置使，進封汾陽郡王，出鎮絳州。三月，子儀辭赴鎮，肅宗不豫，羣臣莫有見者。子儀請曰：『老臣受命，將死於外，不見陛下，目不瞑矣。』帝乃引至臥內，謂子儀曰：『河東之事，一以委卿。』

子儀嗚咽流涕。賜御馬、銀器、雜綵，別賜絹四萬疋、布五萬端以賞軍。子儀至絳，擒其殺國貞賊首王元振數十人誅之。太原辛雲京聞子儀誅元振，亦誅害景山者，由是河東諸鎮率皆奉法。

四月，代宗卽位，內官程元振用事，自矜定策之功，忌嫉宿將，以子儀功高難制，巧行離間，請罷副元帥，加實封七百戶，充肅宗山陵使。子儀既謝恩，上表進肅宗所賜前後詔敕，因自陳訴曰【略】。

代宗以子儀頃同患難，收復兩京，禮之逾厚。時史朝義尚據洛陽，元帥雍王率師進討，代宗欲以子儀副之，而魚朝恩、程元振亂政，殺裴茂、來瑱，子儀既爲所間，其事遂寢，乃留京師。【略】

自西蕃入寇，車駕東幸，天下皆咎程元振，諫官屢論之。元振懼，又以子儀復立功，不欲天子還京，勸帝且都洛陽以避蕃寇。代宗然之，下詔有日。子儀聞之，因兵部侍郎張重光宣慰回，附章論奏曰：『【略】間者羯胡構亂，九服分崩，河北、河南，盡從逆命。然而先帝仗朔方之衆，慶緒奔亡；陛下藉西土之師，朝義就戮。豈唯天道助順，抑亦地形使然，此陛下所知，非臣飾說。【略】夫以東周之地，久陷賊中，宮室焚燒，十不存一。百曹荒廢，曾無尺椽，中間畿內，不滿千戶。井邑榛棘，豺狼所嘷，既乏軍儲，又鮮人力。東至鄭、汴，達于徐方，北自覃懷，經于相土，人烟斷絶，千里蕭條。將何以奉萬乘之牲餼，供百官之次舍？』

又 卷一二一《僕固懷恩傳》 及安祿山反，（僕固懷恩）從郭子儀討高秀巖于雲中，破之，又敗薛忠義于背度山下，抗賊七千騎，生擒忠義男，襲下馬邑郡。十五載，進軍與李光弼合勢，及史思明戰于常山、趙郡、沙河、嘉山，皆大破之，懷恩功居多。肅宗卽位於靈武，懷恩從郭子儀赴行在所。時同羅部落自西京叛賊，北寇朔方，子儀與懷恩擊之。懷恩子玢領徒擊賊，兵敗而降，尋又自拔而歸，懷恩叱而斬之。將士懾駭，無不一當百，遂破同羅千餘騎於河上，盡收其器械、駝馬。肅宗雖仗朔方之衆，將假蕃兵以張形勢，乃遣懷恩與燉煌王承寀使于回紇，請兵結好，回紇可汗遂以女妻承寀，兼請公主，遣首領隨懷恩入朝。

（至德）二年正月，又從子儀下馮翊、河東二郡，走僞將崔乾祐，又襲破潼關。賊將安守忠、李歸仁自京率衆來援，苦戰二日，官軍敗績。懷恩退至渭水，無舟楫，抱馬以渡，存者僅半，乃奔歸子儀於河東，整其餘衆。四月，子儀赴鳳翔，李歸仁以勁卒五千邀之於三原北。子儀窘急，使懷恩及王升、陳回光、渾釋之、李國貞等五將伏兵於白渠留運橋以待之，賊至伏發，歸仁大敗而走。又從子儀戰于清渠，不利，歸于鳳翔。及回紇使葉護帝得數千騎來赴國難，南蠻、大食之卒相繼而至。肅宗乃遣廣平王爲元帥，以子儀爲副，而懷恩領回紇兵從之灃水。賊伏兵於營東，懷恩引回紇馳殺之，匹馬不歸，賊乃大潰。日暮，懷恩謂王曰：『賊必棄城走矣。請以二百騎馬追之，縛取李歸仁、田乾眞、安守忠、張通儒。』王曰：『將軍戰亦疲矣，且休息，迨明而後圖之。』懷恩曰：『歸仁、守忠，天下驍賊也，驟勝而敗，此天與我也，奈何縱之不取？若使得衆，復爲我患，雖悔無及。夫戰尚速，何明日爲？』王固止之，令還營。懷恩又固請，往而復反，一夕四五起。遲明諜至，守忠等果逃。又從王大破賊於陝西之新店，收兩京，皆立殊功。以前後功加開府儀同三司、鴻臚卿同正員、同節度副使。十二月，封豐國公，食實封二百戶。

乾元元年九月，遣九節度擊安慶緒於相州。從郭子儀領朔方行營，破安太清，下懷、衞二州，圍相州，戰愁思崗。凡經五月，常爲先鋒，堅敵大陣，必經其戰，勇冠三軍。尋充都知兵馬使。及李光弼代子儀，懷恩又副之。乾元二年，進封大寧郡王，遷御史大夫、朔方行營節度。又從李光弼守河陽，破周乂，擒徐璜玉、安太清，拔懷州，皆摧鋒陷敵，功冠諸將。其男瑒又以開府儀同三司從將兵於其軍，每深入虜陣，以勇敢聞，軍中號爲『鬬將』。

懷恩爲人雄毅寡言，應對舒緩，而剛決犯上。始居偏裨之中，意有不合，雖主將必詬怒之。郭子儀爲帥，以寬厚容衆，素重懷恩。其麾下皆朔方蕃漢勁卒，恃功怙將，多爲不法，子儀每事優容之，行師用兵，倚以輯事。而光弼持法嚴肅，法不貸下，懷恩心憚而頗不叶。上元二年，從李光弼與史思明戰于邙山，不利。肅宗以懷恩功高，恩顧特異諸將，至冬，加工部尚書，敕李輔國及常參官送上，太官造食以寵之。

代宗卽位，拜隴右節度，未行，改朔方行營節度，以副郭子儀。其秋，上使中官劉清潭請兵於回紇登里可汗，登里已爲史朝義誘之傾國入塞，衆號十萬，關中騷擾，上使殿中監藥子昂馳於塞上勞之，遇於忻州。先是，肅宗以寧國公主下嫁於毗伽闕可汗，毗伽闕可汗又以少子請婚，肅宗以懷恩女妻之。毘伽可汗死，少子代立，即登里可汗。登里立，以懷恩女爲可敦。至是，可汗請與懷恩及懷恩之母相見，詔從之。懷恩嫌疑不敢，上因賜鐵券，手詔以遣之，即令其母便發。懷恩與回紇可汗相見於太原，可汗大悦，遂許助討朝義，於是進兵，歷太原、汾、晉，營于陝州以俟期。十月，詔天下兵馬元帥雍王爲中軍先鋒，以懷恩爲副，加同中書門下平章事，領河東、朔方節度行營及鎮西、回紇兵馬赴陝州，併令諸道節度一時齊進。懷恩與回紇左殺爲先鋒，觀軍容使魚朝恩、陝州節度郭英乂爲後殿，自澠池入；陳鄭節度李抱玉自河陽入；河南副元帥、雍王留陝州。懷恩等師至黄水，賊徒數萬，堅柵自固。懷恩陣于西原上，廣張旗幟以當之，命驍騎及回紇之衆傍南山出於東北，兩軍舉旗內應，表裏擊之，一鼓而拔，賊死者數萬。朝義領鐵騎十萬來救，陣於昭覺寺。賊皆殊死決戰，短兵既接，相殺甚衆。官軍驟擊之，賊陣而不動。魚朝恩令射生五百人下馬，弓弩亂發，多中賊而死，陣亦如初。鎮西節度使馬璘曰：『事急矣！』遂援旗而進，單騎奔擊，奪賊兩牌，突入萬衆之中，左右披靡，大軍乘之而入，朝義大敗，斬首一萬六千級，生擒四千六百人，降者三萬二千人。轉戰於石榴園、老君廟，賊黨又敗，人馬蹂踐，填於尚書谷，朝義輕騎而走。懷恩乃進收東京及河陽城，封其府庫，僞中書令許叔冀、王佃等，承制釋之，悉皆安堵。

懷恩留回紇可汗營於河陽，乃使其子右廂兵馬使瑒、北庭朔方兵馬使高輔成以步軍萬餘衆乘勝逐北。懷恩常壓賊而行，至于鄭州，再戰皆捷；進至汴州，僞節度張獻誠開門出降；又拔滑州，追破朝義于衛州。僞睢陽節度田承嗣、李進超、李達盧等兵馬四萬餘衆，又與朝義合，據河來拒。瑒連盤濟師，登岸薄之，賊黨悉奔，長驅至昌樂縣東。朝義率魏州兵馬來戰，又敗走，達盧來降，賊徒震駭。於是相州僞節度薛嵩以相、衛州、洺、邢、趙降于李抱玉，高輔成、尚文悊；僞恆陽節度李寶臣以深、恆、定、易四州降于河東節度辛雲京。朝義至貝州，又與僞大將薛忠義兩節度合。瑒至臨清縣，懼賊氣盛，駐軍以俟變。朝義領衆三萬幷攻具來攻，瑒令高彥崇、渾日進、李光逸等設三伏以待之，賊半渡，伏發，合擊而走之。其時回紇又至，官軍益振，瑒卷甲馳之，大戰于下博縣東南。賊背水而陣，大軍衝擊而崩之，積屍擁流而下。朝義又走莫州。于是河南副元帥都知兵馬使薛兼訓、兵馬使郝廷玉、兗鄆節度使辛雲京會師於下博，進軍莫州城下。朝義與田承嗣頻出挑戰，大敗而旋，臨陣殺其僞尚書敬榮。朝義懼，自分萬餘衆投歸義縣，留承嗣守城。於是淄青節度侯希逸繼諸將同爲攻守，凡月餘日。瑒與高彥崇、侯希逸、薛兼訓等以衆三萬追及朝義於歸義縣，交鋒而賊潰。屬幽州節度使李懷仙送降款，瑒頓兵於其境，遣懷仙分兵追躡。（廣德）二年三月，朝義至平州石城縣温泉柵，窮蹙，走入長林自縊，懷仙使妻弟徐有濟傳其首以獻。又降田承嗣之軍，河北悉平，懷恩乃與諸將班師。

先是，去冬郭子儀以懷恩有平定河朔之功，讓位於懷恩，遂授河北副元帥、尚書左僕射、兼中書令、靈州大都督府長史、單于鎮北大都護、朔方節度使，仍加實封四百户，通前一千户。春，又加太子少師，充朔方都知兵馬使、同節度副大使，食實封五百户，莊宅各一所，仍與一子五品官。高輔成太子少傅、兼御史中丞，充河北副元帥都知兵馬使，加實封三百户，仍與一子五品官。高彥崇太子賓客，依舊朔方右廂兵馬使，實封二百户，莊宅各賜一所，與一子五品官。

遂詔懷恩統可汗還蕃，遂自相州西郭口趣潞州，與回紇可汗會，出太原之北。懷恩初至太原，辛雲京以可汗是其子壻，疑其召戎，閉關不報，且懼可汗相襲，不敢犒軍；及還，亦如之。懷恩父子宣力王室，攻城野戰，無役不從，一舉滅史朝義，復燕、趙、韓、魏之地，自以爲功無以讓。至是，又爲雲京所拒，懷恩怒，上表列其狀，頓軍汾州。

又 卷一二二《張獻誠傳》 張獻誠，陝西平陸人，幽州節度使、幽州大都督府長史守珪之子也。天寶末，陷逆賊安禄山，受僞官，連陷史思明，爲思明守汴州，統逆兵數萬。寶應元年冬，東都平，史朝義逃歸汴州，獻誠不納，舉州及所統兵歸國，詔拜汴州刺史，充汴州節度使。踰年來朝，代宗寵賜甚厚，三遷檢校工部尚書，兼梁州刺史，充山南西道觀察使。

又 卷一二四《薛嵩傳》 薛嵩，絳州萬泉人。祖仁貴，高宗朝名將，封平陽郡公。父楚玉，為范陽、平盧節度使。嵩少以門蔭，落拓不事家産，有膂力，善騎射，不知書。自天下兵起，束身戎伍，委質逆徒。廣德元年，東都平，時皇太子爲天下兵馬元帥，遣僕固懷恩東收河朔。嵩爲賊守相州，聞賊朝義兵潰，王師至，嵩惶惑迎拜于懷恩馬前，懷恩釋之，令守舊職。時懷恩二心已萌。懷恩平河朔旋，乃奏嵩及田承嗣、張忠志、李懷仙分理河北道；詔遂以嵩爲相州刺史，充相、衛、洺、邢等州節度觀察使，承嗣鎮魏州，忠志鎮恒州，懷仙鎮幽州，各據數州之地。時多事之後，姑欲安人，遂以重寄委嵩。嵩感恩奉職，數年間，管内粗理。

又《令狐彰傳》 令狐彰，京兆富平人也。遠祖自燉煌徙家焉，代有冠冕。父濞，天寶中任鄧州録事參軍，以清白聞，本道採訪使宋鼎引爲判官。初任范陽縣尉，通幽州人女，生彰，及秩滿，留彰于母氏。彰遂少長范陽。倜儻有膽氣，涉獵書傳，粗知文義，善弓矢，乃策名從軍，事安禄山。天寶中，以軍功累遷至左衛員外郎將。

安禄山叛逆，以本官隨賊黨張通儒赴京師，通儒僞署爲城内左街使。王師收復二京，隨通儒等遁走河朔。又陷逆賊史思明，僞署爲博州刺史及滑州刺史，令統數千兵戍滑臺。彰感激忠義，思立名節，乃潛謀歸順。會中官楊萬定監滑州軍，彰遂募勇士善於水者，俾乘夜涉河，達表奏于萬定，請以所管賊一將兵馬及州縣歸順，萬定以聞。自禄山構逆，爲賊守者，未有舉州嚮化，肅宗得彰表，大悦，賜書慰勞。時彰移鎮杏園渡，遂爲思明所疑。思明乃遣所親薛岌統精卒圍杏園攻之。彰乃明示三軍，曉以逆順，衆心感附，咸悉力爲用。與賊兵戰，大破之，潰圍而出，遂以麾下將士數百人隨萬定入朝。肅宗深奬之，禮甚優厚，賜甲第一區、名馬數匹，并帷帳什器頗盛，拜御史中丞，兼滑州刺史，滑、亳、魏、博等六州節度，仍加銀青光禄大夫，鎮滑州，委平殘寇。及史朝義滅，遷御史大夫，封霍國公，尋加檢校工部尚書。未幾，檢校右僕射，餘併如故。

彰在職，風化大行。滑州瘡痍未復，城邑爲墟，彰以身勵下，一志農戰，内檢軍戎，外牧黎庶，法令嚴酷，人不敢犯。數年間，田疇大闢，庫藏充積，歲奉王稅及修貢獻，未嘗暫闕。

又《田神功傳》 田神功，冀州人也。家本微賤。天寶末，爲縣里胥，會河朔兵興，從事幽、薊。上元元年，爲平盧節度都知兵馬使，兼鴻臚卿，於鄭州破賊四千餘衆，生擒逆賊大將四人，牛馬器械，不可勝數。尋爲鄧景山所引，至揚州，大掠百姓商人資産，郡内比屋發掘略徧，商胡波斯被殺者數千人。

又《侯希逸傳》 侯希逸，平盧人也。少習武藝。天寶末，安禄山反，署其腹心徐歸道爲平盧節度。希逸時爲平盧裨將，率兵與安東都護王玄志襲殺歸道，使以聞，詔以玄志爲平盧節度使。乾元元年冬，玄志病卒，軍人共推立希逸爲平盧軍使，朝廷因授節度使。既數爲賊所迫，希逸率勵將士，累破賊徒向潤客、李懷仙等。既淹歲月，且無救援，又爲奚虜所侵，希逸拔其軍二萬餘人，且行且戰，遂達于青州。會田神功、能元皓於兗州，青州遂陷於希逸，詔就加希逸爲平盧、淄青節度使。自是迄今，淄青節度皆帶平盧之名也。希逸初領淄青，甚著聲稱，理兵務農，遠近美之。寶應元年，與諸節度同討襲史朝義，平之，加檢校工部尚書，賜實封，圖形凌煙閣。以私艱去職。

又 卷一二八《顔眞卿傳》 顔眞卿字清臣，琅邪臨沂人也。五代祖之推，北齊黄門侍郎。眞卿少勤學業，有詞藻，尤工書。開元中，舉進士，登甲科。事親以孝聞。四命爲監察御史，充河西隴右軍試覆屯交兵使。五原有冤獄，久不決，眞卿至，立辯之。天方旱，獄決乃雨，郡人呼之爲『御史雨』。又充河東朔方試覆屯交兵使。有鄭延祚者，母卒二十九年，殯僧舍垣地，眞卿劾奏之，兄弟三十年不齒，天下聳動。遷殿中侍御史、東都畿採訪判官，轉侍御史、武部員外郎。楊國忠怒其不附己，出爲平原太守。

安禄山逆節頗著，眞卿以霖雨為託，修城浚池，陰料丁壯，儲廩實；乃陽會文士，泛舟外池，飲酒賦詩。或讒於禄山，禄山亦密偵之，以爲書生不足虞也。無幾，禄山果反，河朔盡陷；獨平原城守具備，乃使司兵參軍李平馳奏之。玄宗初聞禄山之變，歎曰：『河北二十四郡，豈無一忠臣乎！』得平來，大喜，顧左右曰：『朕不識顔眞卿形狀何如，所爲得如此！』禄山初尚移牒眞卿，令以平原、博平軍屯七千人防河津，以博平太守張獻直爲副。眞卿乃募勇士，旬日得萬人，遣録事參軍李擇交統之簡閲，以刁萬歲、和琳、徐浩、馬相如、高抗朗等爲將。禄山既陷洛陽，殺留守李憕、御史中丞盧奕、判官蔣清，以三首遣段子光來徇河北。眞卿恐摇人心，乃詐謂諸將曰：『我識此三人，首皆非也。』遂腰斬子光，密藏三首。異日，乃取三首冠飾，草續支體，棺斂祭殯，為位慟哭，人心益附。禄山遣其將李欽湊、高邈、何千年等守土門。眞卿從父兄常山太守杲卿與長史袁履謙謀殺湊、遂，擒千年送京師。土門既開，十七郡同日歸順，共推眞卿爲帥，得兵二十餘萬，橫絶燕、趙。詔加眞卿户部侍郎，依前平原太守。

清河客李萼，年二十餘，與郡人來乞師，謂眞卿曰：『聞公義烈，首唱大順，河朔諸郡恃公爲長城。今清河，實公之西鄰也，僕幸寓家，得其虛實，知可爲長者用。今計其蓄積，足以三平原之富，士卒可以二平原之强。公因而撫之，腹心輔車之郡，其他小城，運之如臂使指耳。唯公所意，誰敢不從。』眞卿借兵千人。萼將去，眞卿謂之曰：『兵出也，吾子何以教我？』萼曰：『今聞朝廷使程千里統衆十萬自太行東下，將出崞口，爲賊所扼，兵不得前。今若先伐魏郡，斬袁知泰，太守司馬垂使爲西南主；分兵開崞口之路，出千里之兵使討鄴、幽陵，平原、清河合同志十萬之衆徇洛陽，分兵而制其衝。計王師亦不下十萬，公當堅壁，無與挑戰，不數十日，賊必潰而相圖矣。』眞卿然之，乃移牒清河等郡，遣其大將李擇交、副將平原縣令范東馥、裨將和琳、徐浩等進兵，與清河四千人合勢，而博平以千人來，三郡之師屯於博平，去堂邑縣西南十里。袁知泰遣其將白嗣深、乙舒蒙等以二萬人來拒戰，賊大敗，斬首萬餘級。肅宗幸靈武，授工部尚書，兼御史大夫、河北採訪招討使。禄山虛遣史思明、尹子奇急攻河北諸郡，饒陽、河間、景城、樂安相次陷沒，獨平原、博平、清河三郡城守，然人心危蹙，不可復振。

至德元年十月，棄郡渡河，歷江淮、荆襄。二年四月，朝於鳳翔，授憲部尚書，尋加御史大夫。

又　卷一三〇《李泌傳》　李泌字長源，其先遼東襄平人，西魏太保、八柱國司徒徒何弼之六代孫。【略】天寶中，自嵩山上書論當世務，玄宗召見，令待詔翰林，仍東宮供奉。楊國忠忌其才辯，奏泌嘗爲《感遇詩》，諷刺時政，詔於蘄春郡安置，乃潛遁名山，以習隱自適。

天寶末，禄山構難，肅宗北巡，至靈武卽位，遣使訪召。會泌自嵩、潁間冒難奔赴行在，至彭原郡謁見，陳古今成敗之機，甚稱旨，延致臥內，動皆顧問。泌稱山人，固辭官秩，特以散官寵之，解褐拜銀青光禄大夫，俾掌樞務。至於四方文狀、將相遷除，皆與泌參議，權逾宰相，仍判元帥廣平王軍司馬事。肅宗每謂曰：『卿當上皇天寶中，爲朕師友，下判廣平王行軍，朕父子三人，資卿道義。』其見重如此。尋爲中書令崔圓、倖臣李輔國害其能，將有不利於泌。泌懼，乞遊衡山，優詔許之，給以三品禄俸，遂隱衡岳，絶粒栖神。

又　卷一四一《田承嗣傳》　田承嗣，平州人，世事盧龍軍爲裨校。祖璟、父守義，以豪俠聞於遼、碣。承嗣，開元末爲軍使安禄山前鋒兵馬使，累俘斬奚、契丹功，補左清道府率，遷武衛將軍。禄山構逆，承嗣與張忠志等爲前鋒，陷河洛。禄山敗，史朝義再陷洛陽，承嗣爲前導，僞授魏州刺史。代宗遣朔方節度使僕固懷恩引回紇軍討平河朔。帝以二凶繼亂，郡邑傷殘，務在禁暴戢兵，屢行赦宥，凡爲安、史詿誤者，一切不問。時懷恩陰圖不軌，慮賊平寵衰，欲留賊將爲援，乃奏承嗣及李懷仙、張忠志、薛嵩等四人分帥河北諸郡，乃以承嗣檢校户部尚書、鄭州刺史。俄遷魏州刺史、貝博滄瀛等州防禦使。居無何，授魏博節度使。

又　卷一四二《李寶臣傳》　李寶臣，范陽城旁奚族也。故范陽將張鎖高之假子，故姓張，名忠志。幼善騎射，節度使安禄山選爲射生官。天寶中，隨禄山入朝，玄宗留爲射生子弟，出入禁中。及禄山叛，忠志遁歸范陽，禄山喜，録爲假子，姓安，常給事帳中。禄山兵將指闕，使忠志領驍騎八千人入太原，劫太原尹楊光翽。忠志挾光翽出太原，萬兵追之不敢近。禄山使董精甲，扼井陘路，軍於土門。安慶緒僞署爲恒州刺史。九節度之師圍慶緒於相州，忠志懼，獻章歸國，肅宗因授恒州刺史。及史思明復渡河，僞授忠志工部尚書、恒州刺史、恒趙節度使，統衆三萬守常山。及思明敗，不受朝義之命，乃開土門路以内王師。河朔平定，忠志與李懷仙、薛嵩、田承嗣各舉其地歸國，皆賜鐵券，誓以不死。因授忠志開府儀同三司、檢校禮部尚書、恒州刺史，實封二百户，仍舊爲節度使。乃以恒州爲成德軍，賜姓名曰李寶臣。【略】初，天寶中，天下州郡皆鑄銅爲玄宗眞容，擬佛之制。及安、史之亂，賊之所部，悉鎔毀之，而恒州獨存，由是實封百户。

又　卷一四三《李懷仙傳》　李懷仙，柳城胡人也，世事契丹，降將，守營州。禄山之叛，懷仙以裨將從陷河洛。安慶緒敗，又事史思明。善騎射，有智數。朝義時，僞授爲燕京留守、范陽尹。寶應元年，元帥雍王統回紇諸兵收復東都，朝義渡河北走，乃令副元帥僕固懷恩率兵追之。

時羣凶瓦解，國威方振，賊黨聞懷恩至，望風納款。朝義以餘孽數千奔范陽，懷仙誘而擒之，斬首來獻。屬懷恩私欲樹黨以固兵權，乃保薦懷仙可用；代宗復授幽州大都督府長史、檢校侍中、幽州盧龍等軍節度使，與賊將薛嵩、田承嗣、張忠志等分河朔而帥之。

又 卷一五五《穆寧傳》 寧清愼剛正，重交遊，以氣節自任。少以明經調授鹽山尉。是時，安祿山始叛，僞署劉道玄爲景城守。寧唱義起兵，斬道玄首，傳檄郡邑，多有應者。賊將史思明來寇郡，寧以攝東光令將兵禦之。思明遣使説誘，寧立斬之。郡懼賊怨深後大兵至，奪寧兵及攝縣。初，寧佐採訪使巡按，常過平原，與太守顔眞卿密揣祿山必叛。至是，眞卿亦唱義，舉郡兵以拒祿山。會間使持書遺眞卿曰：『夫子爲衞君乎？』更無他詞。眞卿得書大喜，因奏署大理評事、河北採訪支使。寧以長子屬母弟曰：『惟爾所適，苟不乏嗣，吾無累矣。』因往平原謂眞卿曰：『先人有嗣矣！古所謂死有輕於鴻毛者，寧是也，願佐公以定危難。』眞卿深然之。其後，寧計或不行，眞卿迫蹙棄郡，夜渡河而南，見肅宗於鳳翔。帝問拒賊之狀，眞卿曰：『臣不用穆寧之言，功業不成。』

又 卷一八四《宦官傳・高力士》 每四方進奏文表，必先呈（高）力士，然後進御，小事便決之。玄宗常曰：『力士當上，我寢則穩。』故常止於宮中，稀出外宅。若附會者，想望風彩，以冀吹噓，竭肝膽者多矣。宇文融、李林甫、李適之、蓋嘉運、韋堅、楊愼矜、王鉷、楊國忠、安祿山、安思順、高仙芝因之而取將相高位，其餘職不可勝紀。肅宗在春宮，呼爲二兄，諸王公主皆呼『阿翁』，駙馬輩呼爲『爺』。力士於寢殿側簾帷中休息，殿側亦有一院，中有修功德處，雕瑩璀璨，窮極精妙。力士謹愼無大過，然自宇文融已下，用權相噬，以紊朝綱，皆力士之由。又與時消息，觀其勢候，雖至親愛，臨覆敗皆不之救。【略】（天寶）十四載，置內侍省、內侍監兩員，秩正三品，以力士、思藝對任之。玄宗幸蜀，思藝走投祿山，力士從幸成都，進封齊國公。

又 《李輔國傳》 李輔國，本名靜忠，閑廄馬家小兒。少爲閹，貌陋，粗知書計。爲僕，事高力士，年且四十餘，令掌廄中簿籍。天寶中，閑廄使王鉷嘉其畜牧之能，薦入東宮。祿山之亂，玄宗幸蜀；輔國侍太子扈從，至馬嵬，誅楊國忠，輔國獻計太子，請分玄宗麾下兵，北趨

朔方，以圖興復。輔國從至靈武，勸太子卽帝位，以繫人心。肅宗卽位，擢爲太子家令，判元帥府行軍司馬事，以心腹委之。仍賜名護國，四方奏事，御前符印軍號，一以委之。輔國不茹葷血，常爲僧行，視事之隙，手持念珠，人皆信以爲善。從幸鳳翔，授太子詹事，改名輔國。

又 卷一八七下《忠義傳下・顔杲卿》 顔杲卿【略】開元中，爲魏州録事參軍，振舉綱目，政稱第一。天寶十四載，攝常山太守。時安祿山爲河北、河東採訪使，常山在其部內。其年十一月，祿山舉范陽之兵詣闕。十二月十二日，陷東都。杲卿忠誠感發，懼賊遂寇潼關，卽危宗社。時從弟眞卿爲平原太守，初聞祿山逆謀，陰養死士，招懷豪右，爲拒賊之計，至是遣使告杲卿，相與起義兵，犄角斷賊歸路，以紓西寇之勢。杲卿乃與長史袁履謙、前眞定令賈深、前內丘丞張通幽等，謀開土門以背之。時祿山遣蔣欽湊、高邈率衆五千守土門，杲卿欲誅欽湊，開土門之路。時欽湊軍隸常山郡，屬欽湊遣高邈往幽州未還，杲卿遣吏召欽湊至郡計事。是月二十二日夜，欽湊至，舍之於傳舍。會飲既醉，令袁履謙與參軍馮虔、縣尉李栖默、手力翟萬德等殺欽湊。中夜，履謙以欽湊首見杲卿，相與垂泣，喜事交濟也。是夜，稾城尉崔安石報高邈還至蒲城，卽令馮虔、翟萬德與安石往圖之。詰朝，高邈之騎從數人至稾城驛，安石皆殺之。俄而邈至，安石紿之曰：『太守備酒樂於傳舍。』邈方據廳下馬，馮虔等擒而縶之。是日，賊將何千年自東都來趙郡，馮虔、萬德伏兵於醴泉驛，千年至，又擒之。卽日縛二賊將還郡。杲卿遣子安平尉泉明及賈深、張通幽、翟萬德，函欽湊之首，械二賊，送於京師。至太原，節度使王承業留泉明、賈深等，寢杲卿之表，承業自上表獻之，以爲己功。玄宗不之知，擢拜承業大將軍，牙官獲賞者百數。玄宗尋知杲卿之功，乃加衞尉卿、兼御史大夫，以袁履謙爲常山太守，賈深爲司馬。

杲卿既斬賊將，收兵練卒，乃檄告河北郡縣，言朝廷以榮王爲河北兵馬大元帥，哥舒翰爲副，統衆三十萬，卽出土門。郡縣聞之，皆殺賊守將，遠近響應，時十五郡皆爲國家所守。時安祿山遣使傳李憕、盧奕之首徇河北，至平原，眞卿殺賊使，收藏憕等首。清池尉賈載亦斬僞署景城守劉玄道，傳首於平原。饒陽郡守盧全誠亦據郡舉兵，會于眞卿。時常山、平原二郡兵威大振。祿山方自率衆而西，已至陝虢，聞河北有變而還，乃

命史思明、蔡希德率衆渡河。十五年正月，思明攻常山郡，城中兵少，衆寡不敵，禦備皆竭。其月八日，城陷，杲卿、履謙爲賊所執，送於東都。思明既陷常山，遂攻諸郡，鄴、廣平、鉅鹿、趙郡、上谷、博陵、文安、魏郡、信都，復爲賊守。禄山見杲卿，面責之曰：『汝昨自范陽戶曹，我奏爲判官，遂得光禄、太常二丞，便用汝攝常山太守，負汝何事而背我耶？』杲卿瞋目而報曰：『我世爲唐臣，常守忠義，縱受汝奏署，復合從汝反乎！且汝本營州一牧羊羯奴耳，叨竊恩寵，致身及此，天子負汝何事而汝反耶？』禄山怒甚，令縛於中橋南頭從西第二柱，節解之，比至氣絶，大罵不息。是日杲卿幼子誕、姪詡及袁履謙，皆被先截手足，何千年弟在傍，含血噴其面，因加割臠，路人見之流涕。其年二月，李光弼、郭子儀之師自土門東下，復收常山郡，杲卿、履謙等妻女數百人，繫之獄中，光弼破械出之，令行喪服，給遺周厚。

又《張巡傳》 張巡，蒲州河東人。兄曉，開元中監察御史。兄弟皆以文行知名。巡聰悟有才幹，舉進士，三以書判拔萃入等。天寶中，調授清河令。有能名，重義尚氣節，人以危窘告者，必傾財以恤之。

禄山之亂，巡爲眞源令，説譙郡太守，令完城，募市人，爲拒賊之勢。時吳王祗爲靈昌太守，奉詔糾率河南諸郡，練兵以拒逆黨，濟南太守李隨副之。巡與單父尉賈賁各召募豪傑，同爲義舉。

時雍丘令令狐潮欲以其城降賊，民吏百餘人不從命，潮皆反接，仆之于地，將斬之。會賊來攻城，潮遽出鬬，而反接者自解其縛，閉城門拒潮召賁。賁與巡引衆入雍丘，殺潮妻子，嬰城守備。吳王祗承制授賁監察御史。數日，賊來攻城，賁出鬬而死，巡乃合賁之衆城守。令狐潮引賊將李廷望攻圍累月，賊傷夷大半。禄山乃於雍丘北置杞州，築城壘以絶餉路，自是內外隔絶。又相持累月，賊鋒轉熾，城中益困。

時許遠爲睢陽守，與城父令姚誾同守睢陽城，賊攻之不下。初禄山陷河洛，許叔冀守靈昌，薛愿守潁川，許遠守睢陽。皆城孤無援。愿守一年而城陷，叔冀一年而自拔，獨睢陽堅守。賊將尹子奇攻圍經年，巡以雍丘小邑，儲備不足，大寇臨之，必難保守，乃列卒結陣詐降，至德二年正月也。玄宗聞而壯之，授巡主客郎中、兼御史中丞。尹子奇攻圍既久，城中糧盡，易子而食，析骸而爨，人心危恐，慮將有變。巡乃出其妾，對三軍殺之，以饗軍士，曰：『諸公爲國家戮力守城，一心無二，經年乏食，忠義不衰。巡不能自割肌膚，以啖將士，豈可惜此婦人，坐視危迫。』將士皆泣下，不忍食，巡强令食之，乃括城中婦人，既盡，以男夫老小繼之，所食人口二三萬，人心終不離變。

時賀蘭進明以重兵守臨淮，巡遣帳下之士南霽雲夜縋出城，求援於進明。進明日與諸將張樂高會，無出師意。霽雲泣告之曰：『本州强寇凌逼，重圍半年，食盡兵窮，計無從出。初圍城之日，城中數萬口，今婦人老幼，相食殆盡，張中丞殺愛妾以啖軍人，今見存之數，不過數千，城中之人，分當餌賊。但睢陽既拔，卽及臨淮，皮毛相依，理須援助，霽雲所以冒賊鋒刃，匍匐乞師，謂大夫深念危亡，言發響應，何得宴安自處，殊無救恤之心？夫忠臣義士之所為，豈宜如此！霽雲既不能達主將之意，請嚙一指，留於大夫，示之以信，歸報本州。』霽雲自臨淮還睢陽，繩城而入。城中將吏知救不至，慟哭累日。

十月，城陷，巡與姚誾、南霽雲、許遠，皆爲賊所執。巡神氣慷慨，每與賊戰，大呼誓師，眥裂血流，齒牙皆碎。城將陷，西向再拜，曰：『臣智勇俱竭，不能式遏强寇，保守孤城。臣雖爲鬼，誓與賊爲厲，以答明恩。』及城陷，尹子奇謂巡曰：『聞君每戰眥裂，嚼齒皆碎，何至此耶？』巡曰：『吾欲氣吞逆賊，但力不遂耳！』子奇以大刀剔巡口，視其齒，存者不過三數。巡大罵曰：『我爲君父義死。爾附逆賊，犬彘也，安能久哉！』子奇義其言，將禮之，左右曰：『此人守義，必不爲我用。素得士心，不可久留。』是日，與姚誾、霽雲同被害，唯許遠執送洛陽。

又《許遠傳》 許遠者，杭州鹽官人也。世仕江右。曾祖高陽公敬宗，龍朔中宰相，自有傳。遠清幹，初從軍河西，爲磧西支度判官。章仇兼瓊鎮劍南，又辟爲從事，慕其門，欲以子妻之，遠辭，兼瓊怒，積他事中傷，貶爲高要尉。後遇赦得還。

禄山之亂，不次拔將帥，或薦遠素練戎事，玄宗召見，拜睢陽太守，累加侍御史、本州防禦使。及賊將尹子奇攻圍，遠與張巡、姚誾嬰城拒守經年，外救不至，兵糧俱盡而城陷。尹子奇執送洛陽，與哥舒翰、程千里，俱囚之客省。及安慶緒敗，渡河北走，使嚴莊皆害之。

初，賀蘭進明與房琯素不相叶。及琯爲宰相，進明時爲御史大夫，琯奏用進明爲彭城太守、河南節度使、兼御史大夫，代嗣虢王巨；復用靈昌太守許叔冀爲進明都知兵馬、兼御史大夫，重其官以挫進明。虢王臣受代之時，盡將部曲而行，所留者揀退羸兵數千人、劣馬數百匹，不堪扞賊。叔冀恃部下精鋭，又名位等於進明，自謂匹敵，不受進明節制，故南霽雲之乞師，進明不敢分兵，懼叔冀見襲，而相觀望，坐視危亡，致河南郡邑爲墟，由執政之乖經制也。

又《李憕傳》 其（天寶十四）載十一月，安禄山反於范陽，人心震懼。玄宗遣安西節度封常清兼御史大夫爲將，召募於東京以禦之。憕與留臺御史中丞盧奕、河南尹達奚珣，綏輯將士，完繕城郭，遏其侵逼。遷憕禮部尚書，依前留守。自逆徒發范陽，至渡河，令嚴，覘候計絶。及渡河，陷陳留、滎陽二郡，殺張介然、崔無詖，數日間已至都城下。禄山所統，皆蕃漢精兵，訓練已久，常清之衆，多市井之人，初不知戰。及兵交之後，被鐵騎唐突，飛矢如雨，皆魂慴色沮，望賊奔散。憕謂弈曰：『吾曹荷國重寄，誓無避死，雖力不敵，其若官守何！』奕亦便許願守本司。於是憕居留守宅，奕獨居臺中。及常清西奔，禄山領其衆，椎鼓大呼，以入都城，殺掠數千人，箭及宫闕。然後住居於閑廄中，令擒憕及奕、判官蔣清等三人害之，以威於衆。禄山傳憕、奕、清三人之首，以徇河北。信宿，至平原，太守顔眞卿斬其使，浴其首，殮以木函，祭而瘞之，以聞。

又《甄濟傳》 甄濟，字孟成，中山無極人，家於衛州。少孤，天寶中隱居衛州青巖山，人伏其操行，約不畋漁。採訪使安禄山表薦之，授試大理評事，充范陽郡節度掌書記。天寶末，安禄山有異志，謀以智免。衛縣令齊玘誠信可托，乃求使至衛，具以誠告。弟憕密求羊血以爲備，至夜，僞嘔血疾不能支，遂舁歸。及禄山反，使僞節度使蔡希德領行戮者李掞等二人，封刀來召，察濟詐不起，即就戮之。濟以左手書云：『去不得！』李掞持刀而前，濟引首以待，希德歔欷嗟歎之，曰：『李掞退。』以實病報禄山。後安慶緒亦使人至縣，强舁至東都安國觀。經月餘，代宗收東京，濟起，詣軍門上謁，乃送上都，肅宗館之於三司，使令受僞命官瞻望，以愧其心。

又 卷一九五《回紇傳》 及至德元載七月，肅宗於靈武即位。遣故邠王男承寀封爲燉煌王，將軍石定番，使于回紇，以修好徵兵。及至其牙，可汗以女嫁於承寀，遣首領來朝，請和親，封回紇公主爲毗伽公主。肅宗在彭原，遇之甚厚。二載二月，回紇又使首領大將軍多攬等十五人入朝。九月戊寅，加承寀開府儀同三司，拜宗正卿，納回紇公主爲妃。回紇遣其太子葉護領其將帝德等兵馬四千餘衆，助國討逆，肅宗宴賜甚厚。又命元帥廣平王見葉護，約爲兄弟，接之頗有恩義。葉護大喜，謂王爲兄。

戊子，回紇大首領達幹等一十三人 先至扶風，與朔方將士見僕射郭子儀，留之，宴設三日。葉護太子曰：『國家有難，遠來相助，何暇食爲。』子儀固留之，宴畢便發。其軍每日給羊二百口、牛二十頭、米四十石。及元帥廣平王率郭子儀等至香積寺東二十里，西臨灃水。賊埋精騎於大營東，將襲我軍之背。朔方左廂兵馬使僕固懷恩指回紇馳救之，匹馬不歸，因收西京。十月，廣平王、副元帥郭子儀領回紇兵馬，與賊戰於陝西。初次于曲沃，葉護使其將軍車鼻施吐撥裴羅等旁南山而東，遇賊伏兵于谷中，盡殪之。子儀至新店，遇賊戰，軍卻數里。回紇望見，踰山西嶺上曳白旗而趨擊之，直出其後，賊衆大敗，軍而北坑，逐北二十餘里，人馬相枕藉，蹂踐而死者不可勝數，斬首十餘萬，伏屍三十里。賊黨嚴莊馳告安慶緒，率其黨背東京北走渡河，而葉護從廣平王、僕射郭子儀入東京。

初收西京，回紇欲入城劫掠，廣平王固止之。及收東京，回紇遂入府庫收財帛，於市井村坊剽掠三日而止，財物不可勝計，廣平王又賚之以錦罽寶貝，葉護大喜。及肅宗還西京，十一月癸酉，葉護自東京至。敕百官於長樂驛迎，上御宣政殿宴勞之。葉護升殿，其餘酋長列於階下，賜錦繡繒綵金銀器皿。及辭歸蕃，上謂曰：『能爲國家就大事成義勇者，卿等力也。』葉護奏曰：『回紇戰兵，留在沙苑，今且須歸靈夏取馬，更收范陽，討除殘賊。』己丑，詔曰：『功濟艱難，義存邦國，萬里絶域，一德同心，求之古今，所未聞也。回紇葉護，特禀英姿，挺生奇略，言必忠信，行表温良，才爲萬人之敵，位列諸蕃之長。屬凶醜亂常，中原未靖，以可汗有兄弟之約，與國家興父子之軍，奮其智謀，討彼凶逆，一鼓作氣，萬里摧鋒，二旬之間，兩京克定。力拔山岳，精貫風雲，蒙犯不以辭其勞，急難無以踰其分。固可懸之日月，傳之子孫，豈惟裂土之封，誓河之賞而已矣。夫位之崇者，司空第一；名之大者，封王最高。可司空、仍封忠義王，每載送絹二萬匹至朔方軍，宜差使受領。』

乾元二年，回紇骨啜特勤等率衆從郭子儀與九節度於相州城下戰，不利。三月壬子，回紇王子骨啜特勒及宰相帝德等十五人自相州奔于西京，肅宗宴之于紫宸殿，賞物有差。其月庚寅，回紇特勤辭還行營，上宴之于紫宸殿，賜物有差。乙未，以回紇王子新除左羽林軍大將軍員外置骨啜特勤爲銀青光禄大夫、鴻臚卿員外置。

寶應元年，代宗初卽位，以史朝義尚在河洛，遣中使劉清潭徵兵於回紇，又修舊好。其秋，清潭入回紇庭，回紇已爲史朝義所誘，云唐家天子頻有大喪，國亂無主，請發兵來收府庫。可汗乃領衆而南，已八月矣。清潭賫敕書國信至，可汗曰：『我聞唐家已無主，何爲更有敕書？』中使對曰：『我唐家天子雖棄萬國，嗣天子廣平王天生英武，往年與回紇葉護兵馬同收兩京，破安慶緒，與可汗有故。又每年與可汗繒絹數萬匹，可汗豈忘之耶？』然回紇業已發至三城北，見荒城無戍卒，州縣盡爲空壘，有輕唐色，乃遣使北收單于兵馬倉糧，又大辱清潭。清潭發使來奏云：『回紇登里可汗傾國自來，有衆十萬，羊馬不知其數。』京師大駭。上使殿中監藥子昂馳勞之，及於太原北忻州南，子昂密數其丁壯，得四千人，老小婦人相兼萬餘人，戰馬四萬匹，牛羊不紀。

先是，毗伽闕可汗請以子婚，肅宗以僕固懷恩女嫁之。及是爲可敦，與可汗同來，請懷恩及懷恩母相見。上敕懷恩自汾州見之於太原，懷恩又諫國家恩信不可違背。初欲自蒲關入，取沙苑路，由潼關東向破賊，子昂説之云：『國家頻遭寇逆，州縣虛乏，難爲供擬，恐可汗失望。不如取土門路入，直取邢、洺、衛、懷。賊中兵馬盡在東京，可汗收其財帛，東裝南向，最爲上策。』可汗不從。又説『取懷州太行路，南據河陰之險，直扼賊之喉，亦上策也。』可汗又不從。又説『取陝州太陽津路，食太原倉粟而東，與澤潞、河南、懷鄭節度同入，亦上策也。』可汗從之。子昂因入奏，上以雍王适爲兵馬元帥，加懷恩同中書門下平章事。又以子昂兼御史中丞，與前潞府兼御史中丞魏琚爲左右廂兵馬使，以中書舍人韋少華充元帥判官兼掌書記，給事中李進兼御史中丞，充元帥行軍司馬，東會回紇登里可汗營於陝州黄河北。元帥雍王領子昂等從而見之，可汗責雍王不於帳前舞蹈，禮倨。子昂辭以元帥是嫡孫，兩宫在殯，不合有舞蹈。回紇宰相及車鼻將軍庭詰曰：『唐天子與登里可汗約爲兄弟，今可汗卽雍王叔，叔姪有禮數，何得不舞蹈？』子昂苦辭以身有喪禮，不合。又報云：『元帥卽唐太子也，太子卽儲君也，豈有中國儲君向外國可汗前舞蹈。』相拒久之，車鼻遂引子昂、李進、少華、魏琚各搒捶一百，少華、琚因搒捶，一宿而死。以王少年未諳事，放歸本營。而懷恩與回紇右殺爲先鋒，及諸節度同攻賊，破之，史朝義率殘寇而走。元帥雍王退歸靈寶。回紇可汗繼進於河陽，列營而止數月。去營百餘里，人被剽劫逼辱，不勝其弊。懷恩常爲軍殿。及諸節度收河北州縣，僕固瑒與回紇之衆追躡二千餘里，至平州石城縣，梟朝義首而歸，河北悉平。懷恩自相州西出崞口路而西，可汗自河陽北出澤、潞與懷恩會，歷太原，遣使拔賀那上表賀收東京，并進逆賊史朝義旌旗等物。辭還蕃，代宗引見於内殿，賜綵二百段。

初，回紇至東京，以賊平，恣行殘忍，士女懼之，皆登聖善寺及白馬寺二閣以避之。回紇縱火焚二閣，傷死者萬計，累旬火焰不止。及是朝賀，又縱横大辱官吏。以陝州節度使郭英乂權知東都留守。時東都再經賊亂，朔方軍及郭英乂、魚朝恩等軍不能禁暴，與回紇縱掠坊市及汝、鄭等州，比屋蕩盡，人悉以紙爲衣，或有衣經者。

又 卷二〇〇上《安禄山傳》 安禄山，營州柳城雜種胡人也。【略】少孤，隨母在突厥中，將軍安波至兄延偃妻其母。開元初，與將軍安道買男俱逃出突厥中。道買次男貞節爲嵐州别駕，收獲之。年十餘歲，以與其兄及延偃相攜而出，感愧之，約與思順等并爲兄弟，冒姓爲安。及長，解六蕃語，爲互市牙郎。（開元）二十年，張守珪爲幽州節度，【略】養禄山爲子。

二十八年，爲平盧兵馬使。性巧黠，人多譽之。授營州都督、平盧軍使。厚賂往來者，乞爲好言，玄宗益信嚮之。

天寶元年，以平盧爲節度，以禄山攝中丞爲使。入朝奏事，玄宗益寵之。

三載，代裴寬爲范陽節度，河北採訪、平盧軍等使如故。採訪使張利貞常受其賂；數載之後，黜陟使席建侯又言其公直無私；裴寬受代，及李林甫順旨，併言其美。數公皆信臣，玄宗意益堅不摇矣。後請爲貴妃養兒，入對皆先拜太眞，玄宗怪而問之，對曰：『臣是蕃人，蕃人先母而後父。』玄宗大悦，遂命楊銛已下併約爲兄弟姊妹。【略】

十載入朝，又求爲河東節度，因拜之。男十一人：長子慶宗，太僕卿；少子慶緒，鴻臚卿。慶宗又尚郡主。

禄山陰有逆謀，於范陽北築雄武城，外示禦寇，內貯兵器，積穀爲保守之計，戰馬萬五千匹，牛羊稱是。兼三道節度，進奏無不允。引張通儒、李庭堅、平洌、李史魚、獨孤問俗在幕下，高尚掌書記，劉駱谷留居西京爲耳目，安守忠、李歸仁、蔡希德、牛庭玠、向潤客、崔乾祐、尹子奇、何千年、武令珣、能元皓、田承嗣、田乾眞，皆拔於行間。每月進奉生口駝馬鷹犬不絶，人無聊矣。【略】

（天寶）十一載八月，禄山併率河東等軍五六萬，號十五萬，以討契丹。【略】

楊國忠屢奏禄山必反。（天寶）十二載，玄宗使中官輔璆琳覘之，得其賄賂，盛言其忠。國忠又云『召必不至』，洎召之而至。

十三載正月，謁於華清宮，因涕泣言：『臣蕃人，不識字，陛下擢臣不次，被楊國忠欲得殺臣。』玄宗益親厚之，遂以爲左僕射，卻回。其月，又請爲閑廐、隴右羣牧等都使，奏吉温爲武部侍郎、兼中丞，爲其副，又請知總監事。既爲閑廄、羣牧等使，上筋脚馬，皆陰選擇之，奪得樓煩監牧及奪張文儼馬牧。三月一日，歸范陽，疾行出關，日行三四百里，至范陽。人言反者，玄宗必大怒，縛送與之。

十四載，玄宗又召之，託疾不至。賜其子婚，令就觀禮，又辭。十一月，反于范陽，矯稱奉恩命以兵討逆賊楊國忠。以諸蕃馬步十五萬，夜半行，平明食，日六十里。以高尚、嚴莊爲謀主，孫孝哲、高邈、何千年爲腹心。天下承平日久，人不知戰，聞其兵起，朝廷震驚。禁衛皆市井商販之人，乃開左藏庫出錦帛召募。因以高仙芝、封常清等相次爲大將以擊之。禄山令嚴肅，得士死力，無不一當百，遇之必敗。【略】禄山入東京，殺李憕、盧奕、蔣清，召河南尹達奚珣，使之莅事。【略】

十五年正月，賊竊號燕國，立年聖武，達奚珣已下署爲丞相。【略】六月，李光弼、郭子儀出土門路，大破賊衆於常山郡東嘉山，河北諸郡歸降者十餘，禄山窘急，圖欲卻投范陽。會哥舒翰自潼關領馬步八萬，與賊將崔乾祐戰于靈寶西，爲賊覆敗，翰西奔潼關，爲其帳下執送于賊。關門不守，玄宗幸蜀，太子收兵靈武。【略】

禄山以體肥，長帶瘡。及造逆後而眼漸昏，至是不見物。又著疽疾。俄及至德二年正月朔受朝，瘡甚而中罷。以疾加躁急，動用斧鉞，嚴莊亦被捶撻，莊乃日夜謀之。立慶緒於戶外，莊持刀領豎李豬兒同入禄山帳內，豬兒以大刀斫其腹。禄山眼無所見，牀頭常有一刀，及覺難作，捫牀頭不得，但撼幄帳大呼曰：『是我家賊！』腹腸已數斗流在牀上，言訖氣絶。因掘牀下深數尺爲坑，以氈罽包其屍埋之。又無哭泣之儀。莊卽宣言於外，言禄山傳位於晉王慶緒，尊禄山爲太上皇。慶緒縱樂飲酒無度，呼莊爲兄，事之大小必咨之。

又《安慶緒傳》（安）慶緒，禄山第二子也。母康氏，禄山糟糠之妻。【略】（天寶十五載）二月，【略】郭子儀拔河東郡，崔乾祐南遁。八月，回紇三千騎至。九月，廣平王領蕃漢之衆收西京。【略】十月，賊將尹子奇攻陷睢陽郡，殺張巡、姚誾等。王師乘勝至陝郡，賊懼，令嚴莊傾其驍勇而來拒。廣平王遣副元帥郭子儀等與賊戰于陝西曲沃，大破之【略】慶緒率其餘衆奔河北，保鄴郡。【略】

（乾元元年）九月，肅宗遣郭子儀等九節度率步騎二十萬攻之，以魚朝恩爲軍容使。【略】思明南攻魏州，節度使崔光遠南走，思明據其城數日，卽乾元二年正月一日也。思明僞稱燕王，立年號。【略】三月六日，子儀等戰敗，遂解圍而南，斷河陽橋以守穀水。思明領其衆營於鄴縣南。慶緒使收子儀等營中糧，尚六七萬石，復與孫孝哲、乾祐謀閉門自守，議更拒思明。諸將曰：『今日安可更背史王乎！』張通儒、高尚、平洌謂慶緒曰：『史王遠來，臣等皆合迎謝。』對曰：『任公暫往見思明。』思明與之涕泗，厚其禮，復命歸城。經三日，慶緒不至。思明密召安太清令誘之。慶緒不獲已，以三百騎詣思明。思明引入，令三軍擐甲執兵待之。及諸弟領至于庭，再拜稽首曰：『臣不克負荷，棄失兩都，久陷重圍，不意大王以太上皇故，將兵遠救。』思明曰：『棄失兩都，用兵不利，亦何事也。爾爲人子，殺汝父以求位，庸非大逆乎？吾爲太上皇討賊。』卽牽出，并其四弟及高尚、孫孝哲、崔乾祐，皆縊殺之。

祿山父子僭逆三年而滅。

又《史思明傳》 史思明，本名窣幹，營州寧夷州突厥雜種胡人也。【略】張守珪爲幽州節度，奏爲折衝。天寶初，頻立戰功，至將軍，知平盧軍事。嘗入奏，玄宗賜坐，與語，甚奇之。問其年，曰『四十矣』。玄宗撫其背曰：『卿貴在後，勉之。』遷大將軍、北平太守。（天寶）十一載，祿山奏授平盧節度、都知兵馬使。

（天寶）十四載，安祿山反，命思明討饒陽等諸郡，陷之。十五載正月六日，思明與蔡希德圍顔杲卿於常山。九日拔之。又圍饒陽，二十九日不能拔。李光弼出土門，拔常山郡，思明解圍而拒光弼。光弼列兵於城南，相持累月。光弼草盡，使精卒以車數乘於旁縣取草，輒被擊之，其後率十匹唯共得兩束草，至剉薦以飼之。【略】四月，朔方節度郭子儀以朔方蕃、漢二萬人自土門而至常山，軍威遂振，南拔趙郡，思明退保博陵。五月十日，子儀、光弼擊之，敗思明於沙河上。又攻之，思明以騎卒奔嘉山，光弼擊之，思明大敗，走入博陵郡。光弼圍之，城幾拔。屬潼關失守，肅宗理兵于朔方，使中官邢廷恩追朔方、河東兵馬。光弼入土門，思明隨後徼擊之，已而回軍併行擊劉正臣，正臣易之，初不設備，遂棄軍保北平，正臣妻子及軍資二千乘盡没。

思明將卒頗精鋭，皆平盧戰士，南拔常山、趙郡。又攻河間，爲尹子奇所圍，已四十餘日。顔眞卿使和琳以一萬二千人、馬百匹以救之，至河間二十餘里，北風勁烈，鼓聲不相聞，賊縱擊之，擒和琳以至城下。思明既至，合勢，賊軍益盛，李奐爲賊所擒，送東京。又攻景城，擒李暐，暐投河而死。遂使康没野波攻平原，眞卿覺之，兵馬既盡，渡河而南。攻清河，糧盡城陷，擒太守王懷忠以獻祿山。將軍莊嗣賢圍烏承恩於信都，承恩母、妻先爲安祿山所獲，思明獲其男從則，使諭承恩，承恩遂降，思明與之把臂飲酒。饒陽陷，李系投火死。河北悉陷。尹子奇以五萬衆渡河至青州，欲便向江、淮。會回紇二千騎奄至范陽，范陽閉門二日，然後向太原，子奇行千里以救之。

（至德）二年正月，思明以蔡希德合范陽、上黨兵馬十萬，圍李光弼於太原。【略】思明留十月，會安祿山死，慶緒令歸范陽，希德留百餘日，皆不能拔而歸。自祿山陷兩京，常以駱駝運兩京御府珍寶於范陽，不知紀極。由是恣其逆謀，思明轉驕，不用慶緒之命。

史思明，拘承慶，斬守忠、李立節之首。李光弼使衙官敬俛招之，遂令衙官竇子昂奉表，以所管兵衆八萬人及以僞河東節度高秀巖來降。肅宗大悦，封歸義王、范陽長史、御史大夫、河北節度使，朝義已下并爲列卿，秀巖雲中太守，以其男如岳等七人爲大官。使内侍李思敬、將軍烏承恩宣慰使，令討殘賊。

（乾元元年）四月，肅宗使烏承恩爲副使，候伺其過而殺之。【略】十月，郭子儀領九節度圍相州，安慶緒偷道求救於思明，思明懼軍威之盛，不敢進。十二月，蕭華以魏州歸順，詔遣崔光遠替之。思明擊而拔其城，光遠脱身南渡。思明於魏州殺三萬人，平地流血數日，即乾元二年正月一日也。思明於魏州北設壇，僭稱爲大聖燕王，以周贄爲行軍司馬。三月，引衆救相州，官軍敗而引退。思明召慶緒等殺之，併有其衆。四月，僭稱大號，以周贄爲相，以范陽爲燕京。九月，寇汴州，節度使許叔冀合於思明，思明益振。又陷洛陽，與太尉光弼相拒。思明恣行凶暴，下無聊矣。

上元二年，【略】賊伏兵在北邙山下，因大下，士卒咸棄甲奔散。【略】河陽、懷州盡陷於賊。思明至陝州，爲官軍所拒於姜子坂，戰不利，退歸永寧。築三角城，約一月内畢，以貯軍糧。朝義築城畢，未泥，思明至，詬之。對曰：『緣兵士疲乏，暫歇耳。』又怒曰：『汝惜部下兵，違我處分。』令隨身數十人立馬看泥，斯須而畢。又曰：『待收陝州，斬卻此賊。』朝義大懼。【略】朝義將駱悦【略】悦遂令心腹擒思明赴柳泉驛，【略】縊殺之。朝義便僭僞位。

又《史朝義傳》（史）朝義，思明孽子也。寬厚，人附之。使人往范陽，殺僞太子朝英等。僞留守張通儒覺之，戰於城中，數日，死者數千人，始斬之。時洛陽四面數百里，人相食，州縣爲墟。諸節度使皆祿山舊將，與思明等夷，朝義徵召不至。寶應元年十月，遣元帥雍王領河東朔方諸節度、回紇兵馬赴陝。僕固懷恩與回紇左殺爲先鋒，魚朝恩、郭英乂爲後殿，自澠池入；李抱玉自河陽入；副元帥李光弼自陳留入；雍王留陝州。二十九日，與朝義戰于邙山之下，逆賊敗績，走渡河，斬首萬六千，生擒四千六百，降三萬二千人，器械不可勝數。朝義走投汴州，汴州僞將張獻誠拒之，乃渡河北投幽州。二年正月，賊偽范陽節度李懷仙於莫州生擒之，送款來降，梟首至闕下。又以僞官以城降者恆州刺史、成德軍節度張忠志爲禮部尚書，餘如故；趙州刺史盧淑、定州程元勝、徐州劉如伶、相州節度薛嵩、幽州李懷仙、鄭州田承嗣併加封爵，領舊職。

思明乾元二年僭號，至朝義寶應元年滅，凡四年。

《新唐書》卷五《玄宗紀》（天寶）十四載【略】十一月，安祿山反，陷河北諸郡。范陽將何千年殺河東節度使楊光翽。【略】

十二月【略】河南尹達奚珣叛降于安祿山。己亥，恆山郡太守顔杲卿敗何千年，執之，克趙、鉅鹿、廣平、清河、河間、景城、樂安、博平、博陵、上谷、文安、信都、魏、鄴十四郡。癸卯，封常清、高仙芝伏誅。哥舒翰持節統領處置太子先鋒兵馬副元帥，守潼關。甲辰，郭子儀及安祿山將高秀巖戰于河曲，敗之。【略】壬子，濟南郡太守李隨、單父尉賈賁、濮陽人尚衡以兵討安祿山。是月，平原郡太守顔眞卿、饒陽郡太守盧全誠、司馬李正以兵討安祿山。

（天寶）十五載正月乙卯，東平郡太守嗣吳王祗以兵討安祿山。丙辰，李隨爲河南節度使，以討祿山。壬戌，祿山陷恆山郡，執顔杲卿、袁履謙，陷鄴、廣平、鉅鹿、趙、上谷、博陵、文安、魏、信都九郡。癸亥，朔方軍節度副使李光弼爲河東節度副大使，以討祿山。甲子，南陽郡太守魯炅爲南陽節度使，率嶺南、黔中、山南東道兵屯于葉縣。乙丑，安慶緒寇潼關，哥舒翰敗之。丁丑，眞源令張巡以兵討安祿山。

二月己亥，嗣吳王祗及祿山將謝元同戰于陳留，敗之。李光弼克常山郡，郭子儀出井陘會光弼，及安祿山將史思明戰，敗之。庚子，賈賁戰于雍丘，死之。

三月，顔眞卿克魏郡。史思明寇饒陽、平原。乙卯，張巡及安祿山將令狐潮戰于雍丘，敗之。丙辰，殺戶部尚書安思順、太僕卿安元貞。乙丑，李光弼克趙郡。

四月乙酉，北海郡太守賀蘭進明以兵救平原。丙午，太子左贊善大夫來瑱爲潁川郡太守、兼招討使。

五月丁巳，魯炅及安祿山戰于滍水，敗績，奔于南陽。戊辰，嗣虢王巨爲河南節度使。

六月癸未，顔眞卿及安祿山將袁知泰戰于堂邑，敗之。賀蘭進明克信都。丙戌，哥舒翰及安祿山戰于靈寶西原，敗績。是日，郭子儀、李光弼及史思明戰于嘉山，敗之。辛卯，蕃將火拔歸仁執哥舒翰叛降于安祿山，遂陷潼關、上洛郡。

甲午，詔親征。京兆尹崔光遠爲西京留守、招討處置使。丙申，行在望賢宮。丁酉，次馬嵬，左龍武大將軍陳玄禮殺楊國忠及御史大夫魏方進、太常卿楊暄。賜貴妃楊氏死。是日，張巡及安祿山將翟伯玉戰于白沙堝，敗之。己亥，祿山陷京師。辛丑，次陳倉。閑廄使任沙門叛降于祿山。丙午，次河池郡。劍南節度使崔圓爲中書侍郎、同中書門下平章事。

七月甲子，次普安郡。憲部侍郎房琯爲文部尚書、同中書門下平章事。丁卯，皇太子爲天下兵馬元帥，都統朔方、河東、河北、平盧節度使，御史中丞裴冕、隴西郡司馬劉秩副之。江陵大都督永王璘爲山南東路黔中江南西路節度使，盛王琦爲廣陵郡都督、江南東路淮南道節度使，豐王珙爲武威郡都督、河西隴右安西北庭節度使。庚午，次巴西郡。以太守崔渙爲門下侍郎、同中書門下平章事，韋見素爲左相。庚辰，次蜀郡。

八月壬午，大赦，賜文武官階、爵，爲安祿山脅從能自歸者原之。癸巳，皇太子卽皇帝位于靈武，以聞。庚子，上皇天帝誥遣韋見素、房琯、崔渙奉皇帝册于靈武。

又 卷六《肅宗紀》（天寶）十五載【略】七月辛酉，至于靈武。壬戌，裴冕等請皇太子卽皇帝位。甲子，卽皇帝位于靈武，尊皇帝曰上皇天帝，大赦，改元至德。賜文武官階、勳、爵，版授侍老太守、縣令。裴冕爲中書侍郎、同中書門下平章事。甲戌，安祿山寇扶風，太守薛景仙敗之。

八月辛卯，張巡及安祿山將李廷望戰于雍丘，敗之。

十月【略】癸未，次彭原郡。詔御史諫官論事勿先白大夫及宰相。始鬻爵、度僧尼。房琯爲招討西京、防禦蒲潼兩關兵馬元帥，兵部尚書王思禮副之。南軍入于宜壽，中軍入于武功，北軍入于奉天。辛卯，河南節度副使張巡及令狐潮戰于雍丘，敗之。辛丑，房琯以中軍、北軍及安祿山之衆戰于陳濤斜，敗績。癸卯，琯又以南軍戰，敗績。是月，遣永王璘朝上皇天帝于蜀郡。璘反，丹徒郡太守閻敬之及璘戰于伊婁埭，死之。

十一月辛亥，河西地震。戊午，崔渙爲江南宣慰使。郭子儀率回紇及安禄山戰于河上，敗之。史思明寇太原。

十二月，安禄山陷魯、東平、濟陰三郡。戊子，給復彭原郡二載。安禄山陷潁川，執太守薛愿及長史龐堅。

是歲，吐蕃陷巂州，嶺南溪獠梁崇牽陷容州。

（至德）二載正月，永王璘陷鄱陽郡。乙卯，安慶緒弑其父禄山。丙寅，河西兵馬使孟庭倫殺其節度使周佖，以武威郡反。乙亥，安慶緒將尹子奇寇睢陽郡，張巡敗之。

二月戊子，次于鳳翔。李光弼及安慶緒之衆戰于太原，敗之。丁酉，關西節度兵馬使郭英乂及安慶緒戰于武功，敗績。慶緒陷馮翊郡，太守蕭賁死之。慶緒將蔡希德寇太原。戊戌，庶人璘伏誅。庚子，郭子儀及安慶緒戰于潼關，敗之。壬寅，河西判官崔偁克武威郡，孟庭倫伏誅。甲辰，郭子儀及安慶緒戰于永豐倉，敗之，大將李韶光、王祚死之。【略】

四月戊寅，郭子儀爲關内、河東副元帥。壬午，瘞陣亡者。庚寅，郭子儀及安慶緒將李歸仁戰于劉運橋，敗之。

五月癸丑，子儀及慶緒將安守忠戰于清渠，敗績。【略】

六月癸未，尹子奇寇睢陽。丁酉，南充郡民何滔執其太守楊齊曾以反，劍南節度使盧元裕敗之。

七月【略】丁巳，安慶緒將安武臣陷陝郡。

八月丁丑，焚長春宮。甲申，崔渙罷。張鎬兼河南節度使，都統淮南諸軍事。靈昌郡太守許叔冀奔于彭城。癸巳，大閱。

閏月甲寅，安慶緒寇好畤，渭北節度使李光進敗之。丁卯，廣平郡王俶爲天下兵馬元帥，郭子儀副之，以朔方、安西、回紇、南蠻、大食兵討安慶緒。辛未，京畿採訪宣慰使崔光遠及慶緒戰于駱谷，敗之；行軍司馬王伯倫戰于苑北，死之。

九月丁丑，慶緒陷上黨郡，執節度使程千里。壬寅，廣平郡王俶及慶緒戰于澧水，敗之。癸卯，復京師。慶緒奔于陝郡。【略】

十月戊申，廣平郡王俶及安慶緒戰于新店，敗之，克陝郡。壬子，復東京，慶緒奔于河北。興平軍兵馬使李奂及慶緒之衆戰于武關，敗之，克上洛郡。吐蕃陷西平郡。癸丑，安慶緒陷睢陽，太守許遠及張巡、鄆州刺史姚誾、左金吾衛將軍南霽雲皆死之。癸亥，給復鳳翔五載，版授父老官。遣太子太師韋見素迎上皇天帝于蜀郡。【略】己巳，關内節度使王思禮及安慶緒戰于絳郡，敗之。

十一月丙子，張鎬率四鎮伊西北庭行營兵馬使李嗣業、陝西節度使來瑱、河南都知兵馬使嗣吳王祗克河南郡縣。【略】

十二月丙午，上皇天帝至自蜀郡。【略】乙丑，史思明降。壬申，達奚珣等伏誅。

乾元元年正月戊寅，上皇天帝御宣政殿，授皇帝傳國、受命寶符，册號曰光天文武大聖孝感皇帝。【略】

（上元）二年【略】二月己未，奴剌、党項羌寇寶鷄，焚大散關，寇鳳州，刺史蕭愧死之，鳳翔尹李鼎敗之。戊寅，李光弼及史思明戰于北邙，敗績。思明陷河陽。【略】乙酉，來瑱及史思明戰于魯山，敗之。

三月甲午，史朝義寇陝州，神策軍節度使衛伯玉敗之。戊戌，史朝義弑其父思明。李光弼罷副元帥。

四月【略】乙亥，青密節度使尚衡及史朝義戰，敗之。丁丑，兖鄆節度使能元皓又敗之。【略】

五月甲午，史朝義將令狐彰以滑州降。戊戌，平盧軍節度使侯希逸及史朝義戰于幽州，敗之。庚子，李光弼爲河南道副元帥。劍南節度使崔光遠克東川，段子璋伏誅。

七月癸未朔，日有食之。

八月辛巳，殿中監李國貞都統朔方、鎮西、北庭、興平、陳鄭、河中節度使。

九月壬寅，大赦，去『乾元大聖光天文武孝感』號，去『上元』號，稱元年，以十一月爲歲首，月以斗所建辰爲名。【略】

元年建子月癸巳，曹州刺史常休明及史朝義將薛崿戰，敗之。己亥，朝聖皇天帝于西内。丙午，衛伯玉及史朝義戰于永寧，敗之。己酉，朝獻于太清宮。【略】

建丑月【略】己未，來瑱及史朝義戰于汝州，敗之。乙亥，侯希逸及朝義將李懷仙戰于范陽，敗之。

寶應元年建寅月【略】甲辰，李光弼克許州。吐蕃請和。戊申，史朝義陷營州。

建卯月【略】戊辰，淮西節度使王仲升及史朝義將謝欽讓戰于申州，敗績。庚午，郭子儀知朔方、河中、北庭、潞儀澤沁節度行營，興平、定國軍兵馬副元帥。壬申，鄜州刺史成公意及党項戰，敗之。

建辰月壬午，大赦，官吏聽納贓免罪，左降官及流人罰鎮效力者還之。甲午，奴剌寇梁州。戊申，蕭華罷。【略】

建巳月庚戌，史朝義寇澤州，刺史李抱玉敗之。壬子，楚州獻定國寶玉十有三。甲寅，聖皇天帝崩。乙丑，皇太子監國。大赦，改元年爲寶應元年，復以正月爲歲首，建巳月爲四月。丙寅，閑廄使李輔國、飛龍廄副使程元振遷皇后于別殿，殺越王係、兖王僩。是夜，皇帝崩于長生殿，年五十二。

又《代宗紀》（寶應元年四月）己巳，即皇帝位于柩前。癸酉，始聽政。甲戌，奉節郡王适爲天下兵馬元帥，郭子儀罷副元帥。乙亥，進封适爲魯王。

五月壬午，李輔國爲司空。庚寅，追尊母爲皇太后。丙申，李光弼及史朝義戰于宋州，敗之。【略】

七月乙酉，殺山南東道節度使裴茙。癸巳，劍南西川兵馬使徐知道反。

八月己未，知道伏誅。辛未，台州人袁鼂反。乙亥，徙封适爲雍王。

九月戊子，鳳州刺史呂日將及党項羌戰于三嵯谷，敗之。丙申，回紇請助戰。壬寅，大閱。癸卯，袁鼂陷信州。

十月乙卯，陷温、明二州。詔浙江水旱，百姓重困，州縣勿輒科率，民疫死不能葬者爲瘞之。辛酉，雍王适討史朝義。壬戌，盜殺李輔國。癸酉，雍王适克懷州。甲戌，敗史朝義于横水，克河陽、東都，史朝義將張獻誠以汴州降。

十一月丁亥，朝義將薛嵩以相、衛、洺、邢四州降。丁酉，朝義將張忠志以趙、定、深、恒、易五州降。己亥，朔方行營節度使僕固懷恩爲朔方、河北副元帥。【略】

廣德元年【略】甲申，史朝義自殺，其將李懷仙以幽州降，田承嗣以魏州降。

又 卷七六《后妃傳上・玄宗楊貴妃》 初，安禄山有邊功，帝寵之，詔與諸姨約爲兄弟，而禄山母事妃，來朝，必宴餞結歡。禄山反，以誅國忠爲名，且指言妃及諸姨罪。帝欲以皇太子撫軍，因禪位，諸楊大懼，哭于廷。國忠入白妃，妃銜塊請死，帝意沮，乃止。及西幸至馬嵬，陳玄禮等以天下計誅國忠，已死，軍不解。帝遣力士問故，曰：『禍本尚在！』帝不得已，與妃訣，引而去，縊路祠下，裹屍以紫茵，瘞道側，年三十八。

帝至自蜀，道過其所，使祭之，且詔改葬。禮部侍郎李揆曰：『龍武將士以國忠負上速亂，爲天下殺之。今葬妃，恐反仄自疑。』帝乃止。

又 卷一二六《張九齡傳》 安禄山初以范陽偏校入奏，氣驕蹇，九齡謂裴光庭曰：『亂幽州者，此胡雛也。』及討奚、契丹敗，張守珪執如京師，九齡署其狀曰：『穰苴出師而誅莊賈，孫武習戰猶戮宫嬪，守珪法行于軍，禄山不容免死。』帝不許，赦之。九齡曰：『禄山狼子野心，有逆相，宜即事誅之，以絶後患。』帝曰：『卿無以王衍知石勒而害忠良。』卒不用。帝後在蜀，思其忠，爲泣下，且遣使祭於韶州，厚幣恤其家。

又 卷一三一《李峴傳》 李峴，吴王恪孫也。折節下士，長吏治。天寶時，累遷京兆尹。玄宗歲幸温湯，甸内巧供億以媚上，峴獨無所獻，帝異之。楊國忠使客騫昂、何盈擿安禄山陰事，諷京兆捕其第，得安岱、李方來等與禄山反狀，縊殺之。禄山怒，上書自言，帝懼變，出峴爲零陵太守。峴爲政得人心，時京師米翔貴，百姓乃相與謡曰：『欲粟賤，追李峴。』【略】初，東京平，陳希烈等數百人待罪，議者將悉抵死，帝意亦欲懲天下，故崔器等附致深文。峴時爲三司，獨曰：『法有首有從，情有重有輕，若一切論死，非陛下與天下惟新意。且羯胡亂常，誰不凌汙，衣冠奔亡，各顧其生，可盡責邪？陛下之親戚勳舊子若孫，一日皆血鈇砧，尚爲仁恕哉？《書》稱「殲厥渠魁，脅從罔治」。況河北殘孽劫服官吏，其人尚多，今不開自新之路而盡誅之，是堅叛者心，使爲賊致死。困獸猶鬬，況數萬人乎？』於是，器與呂諲皆齪齪文吏，操常議，不及大體，尚騰頰固爭，數日乃見聽。衣冠蒙更生，賊亦不能使人歸怨天子，峴力也。

又　卷一三五《高仙芝傳》　禄山反，榮王爲元帥，仙芝副之，領飛騎、彍騎及朔方等兵，出禁財募關輔士五萬，繼封常清東討。帝御勤政樓，引榮王受命，宴仙芝以下。帝又幸望春亭勞遣，詔監門將軍邊令誠監軍。次陝郡，而常清敗還。仙芝急，乃開太原倉，悉以所有賜士卒，焚其餘，引兵趨潼關。會賊至，甲仗資糧委於道，彌數百里。既至關，勒兵繕守具，士氣稍稍復振。賊攻關不得入，乃引還。

初，令誠數私於仙芝，仙芝不應，因言其逗橈狀以激帝，且云：『常清以賊摇衆，而仙芝棄陝地數百里，朘盗稟賜。』帝大怒，使令誠即軍中斬之。令誠已斬常清，陳尸於蘧蒢。仙芝自外至，令誠以陌刀百人自從，曰：『大夫亦有命。』仙芝遽下，曰：『我退，罪也，死不敢辭。然以我爲盗頡資糧，誣也。』謂令誠曰：『上天下地，三軍皆在，君豈不知？』又顧麾下曰：『我募若輩，本欲破賊取重賞，而賊勢方鋭，故遷延至此，亦以固關也。我有罪，若輩可言；不爾，當呼枉。』軍中咸呼曰：『枉！』其聲殷地。仙芝視常清尸曰：『公，我所引拔，又代吾爲節度，今與公同死，豈命歟！』遂就死。

又　卷一三九《李泌傳》　李泌字長源，魏八柱國弼六世孫，徙居京兆。【略】天寶中，詣闕獻《復明堂九鼎議》，帝憶其早惠，召講《老子》，有法，得待詔翰林，仍供奉東宫，皇太子遇之厚。嘗賦詩譏誚楊國忠、安禄山等，國忠疾之，詔斥置蘄春郡。

肅宗即位靈武，物色求訪，會泌亦自至。已謁見，陳天下所以成敗事，帝悦，欲授以官，固辭，願以客從。入議國事，出陪輿輦，衆指曰：『著黄者聖人，著白者山人。』帝聞，因賜金紫，拜元帥廣平王行軍司馬。帝嘗曰『卿侍上皇，中爲朕師，今下判廣平行軍，朕父子資卿道義』云。始，軍中謀帥，皆屬建寧王，泌密白帝曰：『建寧王誠賢，然廣平冢嗣，有君人量，豈使爲吳太伯乎？』帝曰：『廣平爲太子，何假元帥？』泌曰：『使元帥有功，陛下不以爲儲副，得耶？太子從曰撫軍，守曰監國，今元帥乃撫軍也。』帝從之。

初，帝在東宫，李林甫數構譖，勢危甚，及即位，怨之，欲掘冢焚骨。泌以天子而念宿嫌，示天下不廣，使脅從之徒得釋言於賊。帝不悦，曰：『往事卿忘之乎？』對曰：『臣念不在此。上皇有天下五十年，一旦失意，南方氣候惡，且春秋高，聞陛下録故怨，將內慚不懌，萬有一感疾，是陛下以天下之廣不能安親也。』帝感悟，抱泌頸以泣曰：『朕不及此。』因從容問破賊期，對曰：『賊掠金帛子女，悉送范陽，有苟得心，渠能定中國邪？華人爲之用者，獨周摯、高尚等數人，餘皆脅制偷合，至天下大計，非所知也。不出二年，無寇矣。陛下無欲速。夫王者之師，當務萬全，圖久安，使無後害。今詔李光弼守太原，出井陘，郭子儀取馮翊，入河東，則史思明、張忠志不敢離范陽、常山，安守忠、田乾眞不敢離長安，是以三地禁其四將也。隨禄山者，獨阿史那承慶耳。使子儀毋取華，令賊得通關中，則北守范陽，西救長安，奔命數千里，其精卒勁騎，不逾年而弊。我常以逸待勞，來避其鋒，去翦其疲，以所徵之兵會扶風，與太原、朔方軍互擊之。徐命建寧王爲范陽節度大使，北并塞與光弼相掎角，以取范陽。賊失巢窟，當死河南諸將手。』帝然之。會西方兵大集，帝欲速得長安，曰：『今戰必勝，攻必取，何暇千里先事范陽乎？』泌曰：『必得兩京，則賊再强，我再困。且我所恃者，磧西突騎、西北諸戎耳。若先取京師，期必在春，關東早熱，馬且病，士皆思歸，不可以戰。賊得休士養徒，必復來南。此危道也。』帝不聽。

二京平，帝奉迎上皇，自請歸東宫以遂子道。泌曰：『上皇不來矣。人臣尚七十而傳，況欲勞上皇以天下事乎？』帝曰：『奈何？』泌乃為羣臣通奏，具言天子思戀晨昏，請促還以就孝養。上皇得初奏，答曰：『當與我劍南一道自奉，不復東矣。』帝甚憂。及再奏至，喜曰：『吾方得爲天子父！』遂下誥戒行。

又　卷一九二《忠義傳中·南霽雲》　南霽雲者，魏州頓丘人。少微賤，爲人操舟。禄山反，鉅野尉張沼起兵討賊，拔以爲將。尚衡擊汴州賊李廷望，以爲先鋒。遣至睢陽，與張巡計事，退謂人曰：『張公開心待人，眞吾所事也。』遂留巡所。巡固勸歸，不去。衡齎金帛迎，霽雲謝不受，乃事巡，巡厚加禮。始被圍，築臺募萬死一生者，數日無敢應。俄有喑嗚而來者，乃霽雲也。巡對泣下。霽雲善騎射，見賊百步內乃發，無不應弦斃。

又　《雷萬春傳》　雷萬春者，不詳所來，事巡爲偏將。令狐潮圍雍丘，萬春立城上與潮語，伏弩發六矢著面，萬春不動。潮疑刻木人，諜得其實，乃大驚。遙謂巡曰：『向見雷將軍，知君之令嚴矣。』潮壁雍丘北，謀襲襄邑、寧陵。巡使萬春引騎四百壓潮，先爲賊所包。巡突其圍，大破賊，潮遁去。

萬春將兵，方略不及霽雲，而彊毅用命。每戰，巡任之與霽雲鈞。

又　卷二〇七《宦者傳上·高力士》　有袁思藝者，帝亦愛幸，然驕倨甚，士大夫疏畏之，而力士陰巧得人譽。帝初置內侍省監二員，秩三品，以力士、思藝爲之。帝幸蜀，思藝遂臣賊，而力士從帝，進齊國公。帝聞肅宗即位，喜曰：『吾兒應天順人，改元至德，不忘孝乎，尚何憂？』力士曰：『兩京失守，生人流亡，河南漢北爲戰區，天下痛心，而陛下以爲何憂，臣不敢聞。』從上皇還，進開府儀同三司，實封戶五百。【略】

初，太子瑛廢，武惠妃方嬖，李林甫等皆屬壽王，帝以肅宗長，意未決，居忽忽不食。力士曰：『大家不食，亦膳羞不具耶？』帝曰：『爾，我家老，揣我何爲而然？』力士曰：『嗣君未定耶？推長而立，孰敢爭？』帝曰：『爾言是也。』儲位遂定。天寶中，邊將爭立功，帝嘗曰：『朕春秋高，朝廷細務付宰相，蕃夷不龔付諸將，寧不暇邪？』對曰：『臣間至閤門，見奏事者言雲南數喪師，又北兵悍且彊，陛下何以制之？臣恐禍成不可禁。』其指蓋謂祿山。帝曰：『卿勿言，朕將圖之。』十三年秋大雨，帝顧左右無人，即曰：『天方災，卿宜言之。』力士曰：『自陛下以權假宰相，法令不行，陰陽失度，天下事庸可復安？臣之鉗口，其時也。』帝不答。明年祿山反。力士善揣時事勢候相上下，雖親昵，至當覆敗，不肯爲救力，故生平無顯顯大過。議者頗恨宇文融以來權利相賊，階天下之禍，雖有補益，弗相除云。

又　卷二〇八《宦者傳下·李輔國》　李輔國本名靜忠，以閹奴爲閑廄小兒。貌儜陋，略通書計。事高力士，年四十餘，使主廄中簿最。王鉷爲使，以典禾豆，能檢擿耗欺，馬以故肥，薦之皇太子，得侍東宮。

陳玄禮等誅楊國忠，輔國豫謀，又勸太子分中軍趨朔方，收河、隴兵，圖興復。太子至靈武，愈親近，勸遂即位係天下心，擢家令，判元帥府行軍司馬。肅宗稍稍任以肱膂事，更名護國，又改今名。凡四方章奏、軍符、禁寶一委之。

又　卷二一七下《回鶻傳下》　同羅在薛延陀北，多覽葛之東，距京師七千里而贏，勝兵三萬。貞觀二年，遣使者入朝。久之，請內屬，置龜林都督府，拜酋俟利發時健啜爲左領軍大將軍，即授都督。安祿山反，劫其兵用之，號『曳落河』者也。曳落河，猶言健兒云。

又　卷二二五上《逆臣傳上·安祿山》　安祿山，營州柳城胡也，本姓康。母阿史德，爲覡，居突厥中，禱子於軋犖山，虜所謂鬬戰神者，既而妊。及生，有光照穹廬，野獸盡鳴，望氣者言其祥，范陽節度使張仁愿遣搜廬帳，欲盡殺之，匿而免。母以神所命，遂字軋犖山。少孤，隨母嫁虜將安延偃。開元初，偃攜以歸國，與將軍安道買亡子偕來，得依其家，故道買子安節厚德偃，約兩家子爲兄弟，乃冒姓安，更名祿山。及長，忮忍多智，善億測人情，通六蕃語，爲互市郎。

於是御史中丞張利貞採訪河北，祿山百計諛媚，多出金諧結左右爲私恩。利貞入朝，盛言祿山能，乃授營州都督、平盧軍使、順化州刺史。使者往來，陰以賂中其嗜，一口更譽，玄宗始才之。天寶元年，以平盧爲節度，祿山爲之使，兼柳城太守，押兩蕃、渤海、黑水四府經略使。明年，入朝，奏對稱旨，進驃騎大將軍。又明年，代裴寬爲范陽節度、河北採訪使，仍領平盧軍。祿山北還，詔中書門下尚書三省正員長官、御史中丞餞鴻臚亭。

（天寶）四載，奚、契丹殺公主以叛，祿山幸邀功，肆其侵，於是兩蕃貳。祿山起軍擊契丹，還奏：『夢李靖、李勣求食於臣，乃祠北郡，芝生于梁。』其詭誕敢言不疑如此。席豫爲河北黜陟使，言祿山賢。時宰相李林甫嫌儒臣以戰功進，尊寵間己，乃請顓用蕃將，故帝寵祿山益牢，羣議不能軋，卒亂天下，林甫啓之也。

祿山陽爲愚不敏蓋其姦，承間奏曰：『臣生蕃戎，寵榮過甚，無異材可用，願以身爲陛下死。』天子以爲誠，憐之。令見皇太子，不拜，左右擿語之，祿山曰：『臣不識朝廷儀，皇太子何官也？』帝曰：『吾百歲後付以位。』謝曰：『臣愚，知陛下不知太子，罪萬死。』乃再拜。時楊貴妃有寵，祿山請爲妃養兒，帝許之。其拜，必先妃後帝，帝怪之，荅曰：『蕃人先母後父。』帝大悅，命與楊銛及三夫人約爲兄弟。繇是祿山有亂天下意，令麾下劉駱谷居京師，伺朝廷隙。

九載，兼河北道採訪處置使，賜永寧園爲邸。入朝，楊國忠兄弟姊弟迋之新豐，給玉食；至湯，將校皆賜浴。帝幸望春宮以待，獻俘八千，詔賜永穆公主池觀爲游燕地。徙新第，請墨敕召宰相宴。是日，帝將擊毬，乃置會，命宰相皆赴。帝獵苑中，獲鮮禽，必馳賜。詔上谷郡置五鑪，許鑄錢。又求兼河東，遂拜雲中太守、河東節度使。既兼制三道，意益侈。男子凡十一，帝以慶宗爲太僕卿，慶緒鴻臚卿，慶長祕書監。

十一載，率河東兵討契丹，告奚曰：『彼背盟，我將討之，爾助我乎？』奚爲出徒兵二千鄉導。至土護眞河，祿山計曰：『道雖遠，我疾趨賊，乘其不備，破之固矣。』乃敕人持一繩，欲盡縛契丹，晝夜行三百里，次天門嶺，會雨甚，弓弛矢脫不可用，祿山督戰急，大將何思德曰：『士方疲，宜少息，使使者盛陳利以脅賊，賊必降。』祿山怒，欲斬以令軍，乃請戰。思德貌類祿山，及戰，虜叢矛注矢邀取之，傳言祿山獲矣。奚聞亦叛，夾攻祿山營，士略盡。祿山中流矢，引奚兒數十，棄衆走山而墜，慶緒、孫孝哲掖出之，夜走平盧，部將史定方以兵鏖戰，虜解圍去。祿山不得志，乃悉兵號二十萬討契丹以報。帝聞，詔朔方節度使阿布思以師會。布思者，九姓首領也，偉貌多權略，開元初，爲默啜所困，内屬，帝寵之。祿山雅忌其才，不相下，欲襲取之，故表請自助。布思懼而叛，轉入漠北，祿山不進，輒班師。會布思爲回紇所掠，奔葛邏祿，祿山厚募其部落降之。葛邏祿懼，執布思送北庭，獻之京師。祿山已得布思衆，則兵雄天下，愈偃肆。皇太子及宰相屢言祿山反，帝不信。是時國忠疑隙已深，建言追還朝，以驗厥狀。祿山揣得其謀，乃馳入謁，帝意遂安，凡國忠所陳，無入者。

十三載，來謁華清宮，對帝泣曰：『臣蕃人，不識文字，陛下擢以不次，國忠必欲殺臣以甘心。』帝慰解之。拜尚書左僕射，賜實封千戶，奴婢第產稱是，詔還鎮。又請爲閑廐、隴右羣牧等使，表吉温自副。其軍中有功位將軍者五百人，中郎將二千人。祿山之還，帝御望春亭以餞，斥御服賜之。祿山大驚，不自安，疾驅去，至淇門，輕艫循流下，萬夫挽繂而助，日三百里。既總閑牧，因擇良馬内范陽，又奪張文儼馬牧，反狀明白。人告言者，帝必縛與之。

明年（天寶十四載），國忠謀授祿山同中書門下平章事，召還朝。制未下，帝使中官輔璆琳賜大柑，因察非常。祿山厚賂之，還言無它，帝遂不召。未幾事洩，帝託它罪殺之，自是始疑。然祿山亦懼朝廷圖己，每使者至，稱疾不出，嚴衞然後見。黜陟使裴士淹行部至范陽，再旬不見，既而使武士挾引，無復臣禮。士淹宣詔還，不敢言。帝賜慶宗娶宗室女，手詔祿山觀禮，辭疾甚。獻馬三千匹，騶靮自倍，車三百乘，乘三士，因欲襲京師。河南尹達奚珣極言毋内騶兵，詔可。帝賜書曰：『爲卿別治一湯，可會十月，朕待卿華清宮。』使至，祿山踞牀曰：『天子安穩否？』乃送使者別館。使還，言曰：『臣幾死！』

冬十一月，反范陽，詭言奉密詔討楊國忠，騰榜郡縣，以高尚、嚴莊爲謀主，孫孝哲、高邈、張通儒、通晤爲腹心，兵凡十五萬，號二十萬，師行日六十里。先三日，合大將置酒，觀繪圖，起燕至洛，山川險易攻守悉具，人人賜金帛，并授圖，約曰：『違者斬！』至是，如所素。祿山從牙門部曲百餘騎次城北，祭先冢而行。使賈循主留務，呂知誨守平盧，高秀巖守大同。燕老人叩馬諫，祿山使嚴莊好謂曰：『吾憂國之危，非私也。』禮遣之。因下令：『有沮軍者夷三族！』凡七日，反書聞，帝方在華清宮，中外失色。車駕還京師，斬慶宗，賜其妻康死，榮義郡主亦死。下詔切責祿山，許自歸。祿山荅書慢甚，叵可忍。賊遣高邈、臧均以射生騎二十馳入太原，劫取尹楊光翽殺之，以張獻誠守定州。

祿山謀逆十餘年，凡降蕃夷皆接以恩，有不服者，假兵脅制之，所得士，釋縛給湯沐、衣服，或重譯以達，故蕃夷情僞悉得之。祿山通夷語，躬自尉撫，皆釋俘囚爲戰士，故其下樂輸死，所戰無前。邈最有謀，勸祿山取李光弼爲左司馬，不納。既而悔之，憂見顔色，久而曰：『史思明可當之。』賊之未反，邈爲謀，聲進生口，直取洛陽，無殺光翽，天下當未有知者，賊不從。何千年亦勸賊令高秀巖以兵三萬出振武，下朔方，誘諸蕃，取鹽、夏、鄜、坊，使李歸仁、張通儒以兵二萬道雲中，取太原，團弩士萬五千入蒲關，以動關中；勸祿山自將兵五萬梁河陽，取洛陽，使蔡希德、賈循以兵二萬絶海收淄、青，以摇江淮：則天下無復事矣。祿山弗用。

時兵暴起，州縣發官鎧仗，皆穿朽鈍折不可用，持梃鬭，弗能亢，吏皆棄城匿，或自殺，不則就禽，日不絶。禁衞皆市井徒，既授甲，不能脫弓羈、劍綮，乃發左藏庫繒帛大募兵。以封常清爲范陽、平盧節度使，郭子儀爲朔方節度、關內支度副大使，右羽林大將軍王承業爲太原尹，衛尉卿張介然爲汴州刺史，金吾將軍程千里爲潞州長史，以榮王爲元帥，高仙芝副之，馳驛討賊。

禄山至鉅鹿，欲止，驚曰：『鹿，吾名。』去之沙河，或言如漢高祖不宿柏人以佞賊。賊投草穎樹於河，以長繩維舟集槎以結，冰一昔合，遂濟河，陷靈昌郡。又三日，下陳留、滎陽。次罌子谷，將軍荔非守瑜邀之，殺數百人，流矢及禄山輿，乃不敢前，更出谷南。守瑜矢盡，死於河。敗封常清，取東都，常清奔陝。殺留守李憕、御史中丞盧弈。河南尹達奚珣臣于賊。時高仙芝屯陝，聞常清敗，棄甲保潼關，太守竇廷芝奔河東。常山太守顔杲卿殺賊將李欽湊，禽高邈、何千年，於是趙郡、鉅鹿、廣平、清河、河間、景城六郡皆爲國守，禄山所有纔盧龍、密雲、漁陽、汲、鄴、陳留、滎陽、陝郡、臨汝而已。

賊之據東京，見宮闕尊雄，鋭情僭號，故兵久不西，而諸道兵得稍集。尹子奇屯陳留，欲東略，會濟南太守李隨、單父尉賈賁、濮陽人尚衡、東平太守嗣吳王祇、眞源令張巡相繼起兵，旬日衆數萬。子奇至襄邑而還。

明年（天寶十五載）正月，僭稱雄武皇帝，國號燕，建元聖武，子慶緒王晉，慶和王鄭，達奚珣爲左相，張通儒爲右相，嚴莊爲御史大夫，署拜百官。復取常山，殺顔杲卿。安思義屯眞定，會李光弼出土門救常山，思義降，博陵亦拔，唯稾城、九門二縣爲賊守。史思明、李立節、蔡希德圍饒陽，不克，引軍攻石邑，張奉璋固守。朔方節度使郭子儀自雲中引兵與光弼合，敗思明於九門，李立節死，希德奔鉅鹿；思明奔趙郡，自鼓城襲博陵，復據之。光弼拔趙郡，還圍博陵，軍恆陽。希德請濟師於賊，賊以二萬騎涉滹沱入博陵，牛廷玠發嬀、檀等兵萬人來助，思明益彊，與光弼戰，敗于嘉山，光弼收郡十三，河南諸郡皆嚴兵守，潼關不開。

禄山懼，欲還范陽，召嚴莊、高尚責曰：『我起，而曹謂萬全。今四方兵日盛，自關以西，不跬步進，爾謀何在，尚見我爲？』遣尚等出。凡數日，田乾眞自潼關來，勸禄山曰：『自古興王，戰皆有勝負，乃成大業，無一舉而得者。今四方兵雖多，非我敵也。有如事不成，吾擁數萬衆，尚可横行天下，爲十年計。且高尚、嚴莊，佐命元勳也，陛下何遽絶之，使自爲患邪？』禄山喜，道其小字曰：『阿浩，非汝孰悟我！然則奈何？』乾眞曰：『召而尉安之。』乃內尚等，與飲宴，禄山自歌，君臣如初。卽遣孫孝哲、安神威西攻長安。會高仙芝等死，哥舒翰守潼關，爲乾祐所敗，囚之。賊不謂天子能遽去，駐兵潼關，十日乃西。時行在已至扶風，於是汧、隴以東，皆没於賊。禄山以張通儒守東京，乾眞爲京兆尹，使安守忠屯苑中。

禄山未至長安，士人皆逃入山谷，東西駱驛二百里。宮嬪散匿行哭，將相第家委寶貨不貲，羣不逞爭取之，累日不能盡。又剽左藏大盈庫，百司帑藏竭，乃火其餘。禄山至，怒，乃大索三日，民間財貲盡掠之，府縣因株根牽連，句剝苛急，百姓愈騷。禄山怨慶宗死，乃取帝近屬自霍國長公主、諸王妃妾、子孫姻婿等百餘人害之，以祭慶宗。羣臣從天子者，誅滅其宗。虜性得所欲則肆爲殘虐，人益不附。諸大將欲有咨決，皆因嚴莊以見。御下少恩，雖腹心雅故，皆爲仇敵。郡縣相與殺守將，迎王師，前後反覆十數，城邑墟矣。

肅宗治兵靈武，天下日跂首待，長安相傳太子西來矣，人聞輒東走，闤里至空，都畿豪桀殺賊吏自歸者無虚日，賊斬刈懲之不能止。又賊將類慓勇無遠謀，日縱酒，嗜聲色財利，車駕危得入蜀，終無進躡之患。

帳下李猪兒者，本降豎，幼事禄山謹甚，使爲閹人，愈親信。禄山腹大垂膝，每易衣，左右共舉之，猪兒爲結帶。雖華清賜浴，亦許自隨。及老，愈肥，曲隱常瘡。既叛，不能無恚懼，至是目復盲，俄又得疽疾，尤卞躁，左右給侍，無罪輒死，或箠掠何辱，猪兒尤數，雖嚴莊親倚，時時遭笞靳，故二人深怨禄山。初，慶緒善騎射，未冠爲鴻臚卿。賊僭號，嬖段夫人，愛其子慶恩，欲立之。慶緒懼不立，莊亦疑難作不利己，私語慶緒曰：『君聞大義滅親乎？自古固有不得已而爲者。』慶緒陰曉曰：『唯唯。』又語猪兒曰：『汝事上罪可數乎？不行大事，死無日！』遂與定謀。至德二載正月朔，禄山朝羣臣，創甚，罷。是夜，莊、慶緒持兵扈門，猪兒入帳下，以大刀斫其腹。禄山盲，捫佩刀不得，振幄柱呼曰：『是家賊！』俄而腸潰于牀，卽死，年五十餘，包以氈罽，埋牀下。因傳疾甚，僞詔立慶緒爲皇太子，又矯稱禄山傳位慶緒，乃僞尊太上皇。

又《安慶緒傳》（安慶緒）既襲僞位，改載初元年，卽縱樂飲酒，委政於莊而兄事之，以張通儒、安守忠等屯長安，史思明領范陽，鎮恆陽軍，牛廷玠屯安陽，張志忠戍井陘，各募兵。

於是廣平王率師東討，李嗣業將前軍，郭子儀將中軍，王思禮將後軍，回紇葉護以兵從。通儒等哀兵十萬陣長安中，賊皆奚，素畏回紇，既合，驚且囂。王分精兵與嗣業合擊之，守忠等大敗，引而東，通儒棄妻子奔陝郡。王師入長安，思禮清宮。僕固懷恩以回紇、南蠻、大食兵前驅，王悉師追賊，莊自將兵十萬與通儒合，鉦鼓震百餘里。尹子奇已殺張巡，悉衆十萬來，幷力營陝西，次曲沃。先是回紇傍南山設伏，按軍北崦以待。莊大戰新店，以騎挑戰，六遇輒北，王師逐之，入賊壘，賊張兩翼攻之，追兵没，王師亂，幾不能軍。嗣業馳，殊死鬬，回紇自南山繚擊其背，賊驚，遂亂，王師復振，合攻之，殺掠不勝算，賊大敗，追奔五十餘里，屍髀藉藉滿坑壑，鎧仗狼扈，自陝屬于洛。莊跳還，與慶緒、守忠、通儒等劫殘軍走鄴郡。

王入洛陽，大陳兵天津橋，僞侍中陳希烈等三百人素服叩頭待罪，王勞曰：『公等脅汙，非反也，天子有詔赦罪，皆復而官。』衆大喜。於是陳留殺賊將尹子奇以降。莊妻薛舍獲嘉，紿言永王女，詣營，及見王，辭曰：『莊欲降，願得一信。』王與子儀謀，莊若至者，餘黨可諭而下，乃約莊賜鐵券。莊乃降，乘馹至京師，肅宗引見，釋其死，授司農卿。阿史那承慶其以衆三萬奔恆、趙，或趨范陽，其從慶緒者，痍卒纔千餘。

會蔡希德自上黨，田承嗣自潁川，武令珣自南陽，各以衆來，邢、衛、洺、魏募兵稍稍集，衆六萬，賊復振。以相州爲成安府，太守爲尹，改元天和，以高尚、平洌爲宰相，崔乾祐、孫孝哲、牛廷玠爲將，以阿史那承慶爲獻城郡王，安守忠左威衛大將軍，阿史那從禮左羽林大將軍。然部黨益攜解，由是能元皓以僞淄青節度使、高秀巖以河東節度使幷納順。德州刺史王暕、貝州刺史宇文寬皆背賊自歸，河北諸軍各嬰城守，賊使蔡希德、安雄俊、安太清等以兵攻陷之，戮于市、膾其肉。

慶緒懼人之貳己，設壇加載書、枠血與羣臣盟。然承慶等十餘人送密款，有詔以承慶爲太保、定襄郡王，守忠左羽林軍大將軍、歸德郡王，從禮太傅、順義郡王，蔡希德德州刺史，李廷讓邢州刺史，苻敬超洺州刺史，楊宗太子左諭德，任瑗明州刺史，獨孤允陳州刺史，楊日休洋州刺史，薛榮光岐陽令；自裨校等，數數爲國間賊。而慶緒治宮室、觀榭、塘沼，汎樓舡爲水嬉，長夜飲。通儒等爭權不能一，凡有建白，衆共沮之。希德最有謀，剛狷，謀殺慶緒爲內應，通儒以它事斬之，麾下數千皆亡去。希德素得士，舉軍恨歎。慶緒以乾祐爲天下兵馬使，權震中外，愎悍少恩，士不附。

乾元元年秋九月，帝詔郭子儀率九節度兵凡二十萬討慶緒，攻衛州，遂度河，師背水壁而待。慶緒遣安太清拒戰，聞衛州已圍，則鼓而南，作三軍：乾祐將上軍，雄俊、王福德佐之；田承嗣將下軍，榮敬佐之；慶緒自將中軍，孫孝哲、薛嵩佐之。既戰，王師僞卻，慶緒逐之，遇伏而潰，慶緒走，獲其弟慶和，斬于京師。子儀引軍躡賊，戰愁思崗，賊復敗，自是鋭兵盡矣。因嬰鄴自固，使薛嵩以厚幣求救於史思明。思明遣李歸仁將兵萬三千壁滏陽，未進，而王師圍已固，築浚城隍三周，決安陽水灌城。城中棧而處，糧盡，易口以食，米斗錢七萬餘，一鼠錢數千，屑松飼馬，隤牆取麥秸，濯糞取芻，城中欲降不得。賊更以太清代乾祐將。

於是思明有衆十三萬，三分其軍趨鄴。明年（乾元二年）三月，營安陽。慶緒急，乃遣太清奉皇璽綬讓思明，思明以書示軍中，咸呼萬歲，乃約慶緒爲兄弟，還其書，慶緒大悅。王師不利，九節度奔還，子儀斷河陽橋，戍穀水。思明進屯鄴南。慶緒收官軍餘餉，尚十餘萬石。召孝哲等謀拒思明，諸將皆曰：『今日安得復背史王乎？』通儒、尚、洌皆請自往謝思明，慶緒許諾。思明見，爲流涕，厚禮遣還。三日，慶緒未出，思明請慶緒歃血盟，不得已，以五百騎詣思明軍。先此，思明令軍中擐甲待，慶緒至，再拜伏地謝曰：『臣不克負荷，棄兩都，陷重圍，不意大王以太上皇故，暴師遠來，臣之罪，唯王圖之。』思明恚曰：『兵利不利亦何事，而爲人子，殺父求位，非大逆邪？吾乃爲太上皇討賊。』顧左右牽出斬之。慶緒數目周萬志，萬志進曰：『慶緒爲君矣，宜賜死。』乃幷四弟縊。又誅尚、孝哲、乾祐，殊而膊之。思明改葬禄山以王禮，僞謚燕剌王。禄山父子僭位凡三年而滅。

又《史思明傳》史思明，寧夷州突厥種，初名窣于，玄宗賜其名。姿癯露，鳶肩傴背，廞目側鼻，寡須髮，躁健譎狡。與安祿山共鄉里，生先祿山一日，故長相善。少事特進烏知義，以輕騎覘賊，多所禽馘。通六蕃譯，亦爲互市郎。頃之，負官錢，無以償，將走奚，未至，爲邏騎所困，欲殺之，紿曰：『我使人也，若聞殺天子使者，其國不祥，不如以我見王，王活我，功自汝得。』邏以爲然，送至王所，不拜，曰：『天子使見小國君不拜，禮也。』王怒，然疑眞使者，卒授館，待以禮。將還，令百人從入朝。奚有部將瑣高者，名聞國中，思明欲禽以贖罪，訹王曰：『從我者雖多，無足與見天子者，惟高材，可與至中國。』王悅，命高將帳下三百俱。既至平盧，遣謂戍主曰：『奚兵數百，外稱入朝，內實盜，請備之。』主潛師迎犒，殺其衆，囚高以獻。幽州節度使張守珪奇其功，表折衝，與祿山俱爲捉生。

天寶初，累功至將軍、知平盧軍事。入奏，帝賜坐與語，奇之，問年，曰：『四十矣。』撫其背曰：『爾貴在晚，勉之！』遷大將軍、北平太守。從祿山討契丹，祿山敗，單騎走師州，殺其下左賢哥解、魚承仙自解。思明逃山中，再閱旬，裒散卒得七百，追見祿山平盧，祿山喜，握手曰：『計而死矣，今故在，吾何憂！』思明語親密曰：『吾聞進退在時，向蚤出，隨哥解地下矣。』契丹取師州，守捉使劉客奴亡去，祿山使思明擊走之，表平盧兵馬使。【略】

祿山反，使思明略定河北，會賈循死，留思明守范陽，而常山顏杲卿等傳檄拒賊，祿山使向潤客等代，遣思明攻常山，九日執杲卿。進薄饒陽，盧全誠拒守，河間、景城、平原、樂安、清河、博平六郡稍募兵自固。河間李奐以兵七千救饒陽，景城李暐持兵八千助河間，平原顏眞卿以兵六千助清河，悉爲思明所敗，暐子杞死之，饒陽愈堅。會李光弼收常山，思明遽解圍迎戰，晝夜行二百里，相持久不決。郭子儀取趙郡，合兵攻賊。凡再戰，皆大敗，走入博陵。光弼追傅城，幾拔。屬潼關潰，肅宗召朔方、河東兵，光弼引還，使王俌守常山。賊尾追光弼於井陘，敗歸。攻平盧，劉正臣輕之，不設備，敗保北平，兵貲二千乘皆没。思明得其鋭卒，張甚，謀攻常山。俌欲降，諸將殺之，遣使至信都迎刺史烏承恩鎮守，不聽。思明攻土門，城中伏甲詭降，賊登城，伏起，賊殲，思明中戟，扶以免。復攻陷之，焚廬舍，種誅其人。取稾城，守將白嘉祐走趙郡，思明圍之五日，入之，嘉祐奔太原，思明再陷常山。賊別帥尹子奇圍河間，顏眞卿遣和琳將兵萬餘往救之。於是北風號勁，鼓之，士不進。賊縱擊，大敗，執琳，引衆攻城，禽李奐。又拔景城，李暐赴河死。招樂安，降之。遂攻平原，未至，眞卿棄郡去。進破清河，執太守王懷忠，入博平，遂圍信都。初，賊先獲承恩母、妻及子，故承恩降，而兵尚五萬，騎三千。擊饒陽，李系自燔死。

思明兵所嚮，縱其下椎剽，淫奪人妻女，以是士最奮。是時，舉河北悉入賊，生人貲産掃地，壯齎負，老嬰則殺之，殺人以爲戲。祿山僞署范陽節度使。始，麾下騎纔二千，同羅步曳落河止三千，既數勝，兵最彊，猖然有噬江、漢心。以精卒五萬畀尹子奇，度河劫北海以震淮、徐。會回紇襲范陽，范陽閉不出，子奇乃還救，遂不克。至德二載，與蔡希德、高秀巖合兵十萬攻太原。是時，李光弼使部將張奉璋以兵守故關，思明攻陷之，奉璋走樂平。思明取攻具山東，奉璋匿士廣陽，改服紿爲賊使者，責其後期，斬數人，引衆得還太原。時光弼固守且十月，不能拔。而安慶緒襲位，賜姓安，名榮國，爵嬀川郡王。

賊之陷兩京，常以槖它載禁府珍寶貯范陽，如丘阜然。思明見富彊，憪然驕，欲自取之。已而慶緒敗走相州，殘士三萬北歸，無所屬，思明擊殺數千人，降之。慶緒知其貳，使阿史那承慶、安守忠、李立節詣思明議事，且共圖之。判官耿仁智欲以大誼動賊，請間曰：『公貴且賢，無待下爲之謀，然請一言而死。』思明曰：『爲我言之。』對曰：『方祿山彊，誰敢不服，大夫事之，固無罪。今天子聰明勇智，有少康、宣王風，公誠發使輸誠，無不納，此轉禍入福之秋也。』思明曰：『善。』承慶等未知，以五千騎來，思明介而勞，前謂曰：『公等至，士不勝喜，然邊兵素憚使者威，不自安，請弛弓以入。』從之。思明從承慶等飲，卽拘之，收其兵，給貲以遣，斬守忠、立節以徇。

李光弼聞其絕慶緒，使人招之。前此烏承恩已歸國，帝遣鐫諭之，思明使牙門金如意奉十三郡兵八萬籍歸于朝，於是高秀巖以河東自歸。有詔思明爲歸義郡王、范陽長史、河北節度使，諸子幷列卿，以秀巖爲雲中太守，亦官其諸子。遣承恩與中人李思敬尉撫，趣討殘賊。思明乃遣張忠志守幽州，假薛蕚以恆州刺史，招趙州刺史陸濟使降，授朝義兵五千守冀州，假令狐彰博州刺史，戍滑州。

然思明外順命，内實通賊，益募兵。帝知之，以其常事承恩父知義，冀其無嫌，即擢承恩爲河北節度副大使，使圖思明。【略】九節度圍相州急，慶緒間道求救，思明懼王師，未敢進。俄而蕭華舉魏州歸天子，崔光遠代守，思明乃引兵擊魏，拔之，殺數萬人。

乾元二年正月朔，築壇，僭稱大聖周王，建元應天，以周贄爲司馬；救相州，卻王師，殺慶緒，并其衆，欲遂西略，虞根本未固，即留朝義守相州，自引還。夏四月，更國號大燕，建元順天，自稱應天皇帝。妻辛爲皇后，以朝義爲懷王，周贄爲相，李歸仁爲將；號范陽爲燕京，洛陽周京，長安秦京。更以州爲郡，鑄『順天得一』錢。欲郊及藉田，聘儒生講制度。或上書言：『北有兩蕃，西有二都，勝負未可知，而爲太平事，難矣。』思明不悦，遂祠上帝。是日大風，不能郊。

（史思明）留子朝清守幽州，使阿史那玉、向貢、張通儒、高如震、高久仁、王東武等輔之。兵四出寇河南，身出濮陽，使令狐彰絶黎陽，朝義出白高，周萬志自胡良度河圍汴州。於是節度使許叔冀，濮州刺史董秦，梁浦、田神功皆附賊，即命叔冀與李祥守汴州，徙秦等家屬平盧，使浦、神功下江、淮，約曰：『得地，人取貲二艫。』思明乘勝鼓行，西陷洛陽，破汝、鄭、滑三州，圍李光弼河陽，不能拔。使安太清取懷州以守，光弼攻之，太清降。思明又遣田承嗣擊申、光等州，王同芝擊陳，許敬釭擊兗、鄆，薛蕚擊曹。上元二年二月，思明以計敗光弼兵於北邙，王師棄河陽、懷州，京師震恐，益兵屯陜州。思明遂西，使朝義爲先鋒，身自宜陽繼進。

朝義攻陜，敗于姜子坂，退壁永寧。思明大怒，召朝義併駱悦、蔡文景、許季常，將誅而釋之，詫曰：『朝義怯，不能成我事！』欲追朝清自副。又敕朝義築三角城居糧，終日畢，未塓而思明至，怒不如約，辭曰：『士疲少息耳。』思明曰：『汝惜士而違我令邪？』據鞍畢塓乃去，顧曰：『朝下陜，夕斬是賊。』朝義懼。思明居傳舍，令所愛曹將軍擊刁斗呵衛。駱悦等被讓，即共説朝義曰：『向兵敗，悦與王死無日，不如召曹將軍同計大事。』朝義面不應，悦曰：『王誠不忍，吾等且歸唐，不得事王矣。』朝義許之，令季常以言動曹將軍。曹將軍畏諸將，不敢拒。思明愛優諢，寢食常在側，優者以其忍，恨之。是夜思明驚，據牀叱咤，優問故，答曰：『我夢羣鹿度水，鹿死而水乾，云何？』俄如匽，優相謂曰：『胡命盡乎！』少選，悦以兵入，問思明所在，未對，輒殺數人，共指匽。思明知有亂，踰垣出，至厩下，將乘馬走，悦麾下周子俊射其臂，墜，問難所起，曰：『懷王也。』思明曰：『旦日失言，宜有此。然殺我太早，使我不得至長安。』大呼懷王三，曰：『囚我可也，無取殺父名！』復罵曹將軍曰：『胡誤我！』左右反接縛之，送柳泉傳舍。悦還報，朝義曰：『驚聖人否？損聖人否？』悦曰：『無有。』時周贄、許叔冀以後軍屯福昌，季常，叔冀子也，朝義令告之。贄聞，驚仆地。賊領兵還，贄等出迎，（駱）悦惡其貳，乃殺贄。次柳泉，悦畏衆不厭，縊殺思明，以氊裹屍，槖它負還東京。朝義乃即位，建元顯聖。

初，思明諸子無嫡庶分，以少者爲尊。朝義，孽長子，寬厚，下多附者。及難起，陰令向貢、阿史那玉圖朝清。朝清喜田獵，戕虐似思明，淫酗過之，養帳下三千人，皆剽賊輕死。貢紿計曰：『聞上欲以王爲太子，且車駕在遠，王宜入侍。』朝清謂然，趣帳下出治裝，貢使高久仁、高如震率壯士入牙城。朝清問其故，或曰：『軍叛矣。』乃擐甲登樓，責貢等，士陣樓下，朝清自射殺數人，阿史那玉軍僞北，朝清下，被執，與母辛俱死。張通儒不知，引兵戰城中，數日不克，亦死。貢攝軍事，未幾，玉襲殺之，自爲長史，治殺朝清罪，乃梟久仁，徇于軍。如震懼，擁兵拒守。五日，玉敗走武清，朝義使人招之，至東都，凡胡面者，無長少悉誅。以李懷仙爲幽州節度使，斬如震，幽州乃定。

朝義虚懷禮下，事皆決大臣，然無經略才。當此時，洛陽諸郡人相食，城邑榛墟，又諸將皆禄山舊臣，與思明故輩行，恥爲朝義屈，召兵輒不至，欲還幽州。

會雍王以河東、朔方、回紇兵十餘萬討賊，僕固懷恩與回紇左殺爲先鋒，魚朝恩、郭英乂殿，入自黽池，李抱玉薄河陽，李光弼徑陳留，合兵。始，代宗召南北軍諸將問所以討賊計，開府儀同三司管崇嗣曰：『我得回紇，無不勝。』帝曰：『未也。』右金吾大將軍薛景仙曰：『我若不勝，請以勇士二萬椎鋒死賊。』帝曰：『壯矣！』右金吾大將軍長孫全緒曰：『賊若背城戰，破之必矣；若閉城留死，未可取也。且回紇短於攻城，持久勢且沮。我若休士張勢以綴賊，使光弼取陳留，抱玉擣河北，先斷其手足，然後縱間賊中，彼脅從者相疑，則滅可待。」帝曰：「善。」命潼關、陝戒嚴。師次洛陽，馳兵下懷州，王師部伍靜嚴，賊有懼色。

朝義以師十萬距横水，戰大敗，俘馘凡六萬，委牛馬器甲不可計。朝義燒明堂，東奔汴州，僞節度使張獻誠不納，自濮北趣幽州。東都再更亂，英乂、朝恩等不能戢軍，與回紇縱掠，延及鄭、汝，閭井至無煙。方洌寒，人皆連紙褫書爲裳褕。賊走至下博，僕固瑒追及之，朝義復敗。河東戍將李竭誠、成德李令崇皆背賊掎角戰。至漳水，無舟，諸將勸降，朝義不悅。田承嗣請環車爲營，內女子車中，以輜重次之，伏兵以待。既戰而卻，王師逐之，爭貲寶，賊引奇兵繞出，又伏發，王師卻數十里止。朝義遂走莫州，瑒追圍之。閱四旬，賊八戰八奔。明年正月，閱精兵，欲決死。承嗣謂朝義：「不如身將驍鋭還幽州，因懷仙悉兵五萬還戰，聲勢外張，勝可萬全。臣請堅守，雖瑒之彊，不遽下。」朝義然納，以騎五千夜出，比行，握承嗣手，以存亡爲託。承嗣頓首流涕。將行，復曰：「闔門百口，母老子稚，今付公矣。」承嗣聽命。少選，集諸將曰：「吾與公等事燕，下河北百五十餘城，發人塚墓，焚人室廬，掠人玉帛，壯者死鋒刃，弱者填溝壑，公門華胄，爲我廝隷，齊姜、宋子，爲我掃除。今天降鑑，吾等安所歸命？自古禍福亦不常，能改往脩今，是轉危卽安矣。旦日且出降，公等謂何？」衆咸曰：「善。」遲明，使人號城上曰：「朝義夜半走矣，胡不追賊？」瑒未信，承嗣將朝義母及妻孺詣瑒壘，於是諸軍率輕兵追之。

朝義至范陽，懷仙部將李抱忠閉壁不受，曰：「頃既受命天子，一年之中，且降且叛，二三孰甚焉！」朝義告饑，抱忠饋于野。朝義飯，軍亦飯，飯已，軍子弟稍稍辭去。朝義流涕罵承嗣：「老奴誤我！」去至梁鄉，拜思明墓，東走廣陽，不受。謀奔兩蕃，懷仙招之，自漁陽回止幽州，縊死醫巫閭祠下。懷仙斬其首傳長安，召故將收其屍。懷仙改服出次哭之，士皆號慟。及葬，莫知其所。僞恆州刺史張忠志、趙州刺史盧俶、定州刺史程元勝、徐州刺史劉如伶、相州節度使薛嵩及懷仙、承嗣等皆舉其地以歸。思明父子僭號凡四年滅。朝義死，部送將士妻口百餘于官，有司請隷司農，帝曰：「是皆良家子，脅掠至此。」命稟食還其親，無所歸者，官爲資遣。

唐・顔眞卿《顔魯公文集・殷亮〈顔魯公行狀〉》 （天寶）八載【略】八月，遷殿中侍御史。時中丞宋渾，以私怨爲御史吉温、崔珪所誣告，謫賀州。公謂珪、温曰：「奈何以一時之忿，而欲危宋璟裔乎？」由是與二人不平。宰相楊國忠初黨於温，亦怒公之不附己，令吉温諷中丞蔣洌，奏公爲東京畿採訪判官。九載十二月，轉侍御史。百餘日，轉武部員外郎，判南曹。提綱目，鋤苛細，武調者多感而懷之。十二載，國忠以前事銜之，謬稱精擇，乃遂出公爲平原太守，其實去之也。公至郡，訪孝義名節之士，皆旌其門閭，或蠲其戶役。安陵處士張鎬，多才博識，隱居。公詣其居，與之抗禮。因廉使巡察，乃薦焉。其後鎬官至中書侍郎同平章事。安禄山鎮幽州十餘載，末年反迹頗著，人不敢言，公亦陰備之。因歲終式修城，乃浚濠增堵，壞環垣，立植木，內爲禦敵之計，外託勝遊之資。及兵興，果賴其固而城得全。

十四載，禄山禍謀將發，公遣子至范陽啓禄山，以今年冬合當入計。禄山猜之，不許。公既不得離郡，乃遣親客前漢中長史蹇昂奏其狀，狀留禁中不報。十一月，禄山反於范陽，衆號十五萬，長驅自趙定而南趨洛陽。散牓諸郡，莫敢枝梧。禄山乃牓公，令以平原、博平兵七千人防河，以博平太守張獻直爲副。公登時使平原司兵參軍李平乘驛奏之。平至東京，見封常清，云：「吾得上旨，凡四方奏事者，許開函而再封之。」平聽焉。常清遂倚帳操筆，寄書於公，論國家之事，詞意甚切。併附募捕逆賊牒數十封至平原，令堅相待。公從之。使親表及門客密送於諸郡，因此多有，而常清乃尋自敗績焉，有敕賜死於陝州，竟不接聲。平之未至京師也，玄宗歎曰：「河北二十四郡，無一人嚮國乎？」及聞平至，遣中使五六輩迎之，兼敕平奔馬直至寢殿門，然後令下。奏事畢，玄宗大喜，顧謂左右曰：「顔眞卿何如人？朕兼未曾識，而所爲乃爾！」

禄山之發范陽也，時平原郡有靜塞屯平盧鎮兵三千五百人，併已發赴鎮，在路未達。公悉追回，更追諸縣武舉及獵射人，兼召募精勇，旬日至萬餘人。遣宗子平原郡靈事李擇交統之。驍勇之士刁萬歲、和琳、徐浩、馬相如、高抗等分押營伍，皆千夫之長，樂以義舉，腹心無阻，而爲其將帥焉。聚兵後數十日，公大饗將士於子城四門之外，辦吏四人主酒食所約五十萬。廝役之流，無不飽飫。公躬自撫巡，舉酒下淚，言國家之恩，戮力死節，無以上報。衆皆激憤勇，思致命焉。時饒陽太守盧全誠與司馬李正舉兵據其城，河間司法參軍李奐殺祿山所置長史王忠於濟南。月餘日，清河義兵復歸本郡，濟南太守李隨下遊奕將訾嗣賢渡河，得博平僞太守馬冀，據其郡。各有衆數千，或至萬人，相次於平原，共推公爲盟主，公三辭後聽焉。諸郡諮稟指揮，告敗克日數十至。信都郡武邑縣尉李銑來投，效者。果遂羣意，兼斬龐宣遠首而攜回。十二月，祿山陷東京，害留守尚本縣令龐宣遠拘留銑母，公以私錢十萬募人劫迎之。故士衆歎感，無不願書李憕、御史中丞盧奕、判官鞏縣尉蔣清等，因使以三人之首來徇河北，且以脅降諸郡。逆使者段子光至，初拽入門，子光大呼曰：『僕射十三日入東京，遠近盡降。聞河北諸郡不從，故令我告之。公若損我，悔有日在。』遂歷指三首，各言其人。公識其是，恐搖人心，乃謬謂諸將曰：『我審此三人，皆非也。』遂命腰斬子光，潛令收藏三首，誌其處。數日，稍定，取憕、奕等首澡潔，仍縛蒲爲身棺殮，發哀致祭，城外殯之。哭三日，舉聲下淚，受文武弔慰，左右無不出泣涕者。自此，義合歸者益多矣。

斬段子光之日，滄州清河縣步五千攻常山。太原節度使王承業擁兵最近，不時出救，常山遂陷，諸郡頗有貳者。玄宗乃以公爲戶部侍郎，依前平原太守充本郡防禦使，仍與節度使李光弼計會招討。公以景城長史李暐爲副，李銑、賈載、前侍御史沈震爲判官。是月，又詔公爲河北採訪處置使。公又以前咸陽尉王延昌爲判官，張澹爲支使。

時清河郡寄客李華後因獻封事，睿宗有敕改名嶧，爲郡人來乞師于公曰：『竊聞公高義首唱，河朔歸順之人皆依倚。以爲聲氣洪贍，人心可用。若不倦於聽，則僕請言之。』公曰：『何如？』華曰：『國家舊制，江淮郡租布貯於清河，以備北軍費用，爲日久矣，相傳爲天下北庫。今所貯者有江東布三百餘萬疋，河北租調絹七十餘萬，當郡綵綾十餘萬。累年稅錢三十餘萬，倉糧三十萬。時討默啜，甲仗藏於庫內五十餘萬，編戶七十萬，見丁十餘萬。計其實，足以三平原之富；料其卒，足以二平原之彊。若因撫而有之，以兩郡爲腹心脣齒，其餘乃四支耳，安敢有不從者哉！彼要僕爲行人，以造公之壘。僕明見其可同心也。取命於屏戟之外，惟公圖之。』公曰：『所合之衆，未曾知戰。自死且急，安有恤鄰之暇哉！雖然，諸足下之請，則可爲乎？』華對曰：『清河遣僕致命于公者，蓋欲稟義。大賢以濟謀，非力不足，而籍公之師，以當强寇也。瞻仰高意，未有決詞定色，與濟清河也。安敢言爲哉！』時華纔年二十餘，皆沮云：『必動衆無成。』惟公奇之，迫於衆情，未□許耳。華乃就館操書，以達其意，意者略言：『清河去逆就順，以全實之資，上公之軍，而承公之命。時不納而疑之，即僕回轅之後，清河必有所託，係與他人，與公爲西面之難，無什日之期耳。公及噬臍乎？』公覽而驚之，遂排羣議，獨仗其決，借兵六千人。兵既出平原，次於竟上。華將把公手而歸，公曰：『兵既行矣，可以言吾子之意否？』華曰：『近聞朝廷遣程千里統精兵十萬，自太行東下，擬詣崞口，助河北諸軍討滅叛逆。而崞口爲賊所守，千里兵不得東出。須先伐魏郡袁知泰泰祿山所署僞太守納舊太守司馬垂，使爲西南主。分開崞口，出千里之軍，因令討鄴郡以北，直至幽府已來未順城邑。平原、清河率同盟諸將，以十萬人直指河陽，分效兵巡河，而悉制其奔衝之路。計王師東討洛邑，必不減二十萬；河南諸郡義師，西向臨之，亦不減十萬。公當表請堅壁勿戰，不旬月，而賊有潰敗相圖之勢矣。』公然之。遂移牒清河等諸郡，併遣大將宗子李擇交、副將平原縣令范馥、偏裨和琳、徐浩等十餘人，促兵清河合勢，以便宜從事。

華復命於清河，因兵合之際，修永濟渠，引水繞州，城上大修守戰之具，旬日而畢。又以清河四千兵，與平原連蹤而西。時博平亦義兵千人來合，于是三郡之師，屯于博平郡堂邑縣西南十里。袁知泰遣其麾下將白嗣深、乙舒蒙等，率二萬人來拒戰。三郡之兵，盡日苦鬭。遂大敗之，斬首萬餘級，生擒一千餘人，馬一千匹，軍資器械，不可勝數。其日，魏郡城東南面女牆一百五十步，無故而崩，去郡邑百里，戰日而崩，所以爲異。知泰走投汲郡。于是自魏郡以東，至堂邑百餘里，莫不攜壺漿于道側，以候官軍。公聲益震，境內稍安。

初，平原之師，既西合清河，時賊將史思明圍饒陽，恐平原救之，仍遣遊弈兵來拒。前鋒去舊縣十里，公懼不敵，乃遣驍將刁萬歲以三千兵逆之，堅壁不戰。又以書過河，招北海太守賀蘭進明，統馬步兵五千來助。公陳兵而迎之，相揖哭于馬上，悽慟三軍。宴犒甚厚，進明遂屯平原城南，息養士馬，公每事咨謀之。自是兵威之重，稍移於進明矣，而公不以爲嫌。進明未有所之，李擇交兵入清河，尋又破於堂邑，而因公以有功。禮遜於進明，加河北招討使。擇交、馥各徵進官級，其清河、博平有功，不録一人，時論進明必有後敗，未期果失律於信都城下，有詔抵罪。公縱之使赴行在。進明以全，乃公護之也。君子曰：『竊人之財，猶爲之賊，況竊人之功乎？』進明之不死幸也，然公亦過於寬厚矣。

三月，河北節度使李光弼，以朔方馬軍三千、步軍五千，初出土門，將討定河朔。公乃抽兵歸，併放博平、清河等軍各歸本郡，斂以戢待光弼之命。俄而光弼拔平山郡，敕改常山爲平山。續有詔遣郭子儀以萬軍助之，兩進兵又拔趙郡。史思明方守博陵以自固，仍將兵來拒，於是兩軍與思明三萬人對陣於嘉山，大戰。思明敗績，徒跣走入博陵城。兩軍斬首萬餘，虜獲不可勝計。時平山、趙郡已拔，劉正臣本名客奴歸順於平原，平盧等十七郡，公先據之。於是橫截賊路人，往來幽府，皆以精騎偷路，又多被官軍殺之。其賊將士父母、妻子，及曳落河種族，併質在范陽，絕懷震恐。時方盛暑，公知光弼、子儀禁斷侵掠，將士少衣服，乃送十五萬帛，爲三萬人裝以遣。人至饒陽，屬潼關不守，兩軍卻入土門，遂留不行。然河北諸郡，公始復指麾征討之事。肅宗之在靈武也，公前後遣判官李銑及馬步軍張雲子，以蠟爲彈丸，以帛書表，實於彈丸之內，潛至靈武奏事。有詔以公爲工部尚書兼御史大夫，依前河北招討採訪處置使。又於丸內奉敕書。及即位改年赦書至平原，散下諸郡宣奉焉。又令前監察御史鄭昱奉赦書，宣布河南江淮，所在郡邑，風從不疑，而王命遂通，則公之力也。而河北諸郡，稟公之命，粗爲安肅。公以兵興半年，軍用已竭，思所以贍濟之，未得其略。

先是，清河行人李華，自堂邑戰勝後，又覩公辭權而不有之，遂藏於人間不及見。公再三盟約，號令諸郡，及以文牒求之曰：『清河郡屬崔審交應賊之後，吏不安，行人李華乃崇墉浚隍，鍛甲矯翦，乞師破敵，和衆以安人。靜言其功，須有甄賞。仍牒之於路以求焉。』華於是復詣平原，與公相見。公因問以足用之計。華遂與公數日參議定，以錢收景城郡鹽，沿河置場，令諸郡略定一價，節級相輸，而軍用遂贍。時北海郡録事參軍第五琦，隨刺史賀蘭進明招討於河北，睹其事，遂竊其法，乃奏肅宗於鳳翔，至今用之不絕，然猶未得公本策之妙旨焉。

是年秋，禄山遣其將史思明、尹子奇等，并力攻河北諸郡，前後百餘日。饒陽、河間、景城、樂安，相次而陷，所存平原、博平、清河三郡而已。然人心潰叛，不可復制。公乃將麾下騎數百，棄平原渡河，由淮南、山南取路，朝肅宗於鳳翔行在。初，公之將過河也，乃謂判官穆寧、張澹曰：『賊勢，死爾。若委命待擒，必爲其快心，辱國之命也。今將徑赴行在，公以爲何如？若朝廷必誅敗軍之罪，以勵天下，則王綱可振，死亦何恨！如復從事，以責後效，則業不朽矣。』寧、澹與諸將皆贊之。策馬發至，朝廷除公爲憲部尚書。初，劉客奴以漁陽歸順，時史思明與光弼、子儀相持於趙定之間。客奴遣使越海，與公計會，公使判官賈載將男頗爲質信，泛海以軍糧及戰士衣服遺之。時頗始年十歲餘，公更無子息，三軍懇請留之，不從。及載等回，公乃與漁陽聲勢相連，尋又使人迎其軍。比至，公已棄平原，歸於行在，竟不及事。然自肅宗已來，河南及諸道立功大將，如王元忠、田神功、董泰、侯希逸、李正己、許杲卿等，初皆是公自北海迎致之者，終無私謁焉。

唐·韓愈《昌黎文集》卷一三《張中丞傳後敍》 元和二年四月十三日夜，愈與吳郡張籍閱家中舊書，得李翰所爲《張巡傳》。翰以文章自名，爲此傳頗詳密，然尚恨有闕者：不爲許遠立傳，又不載雷萬春事首尾。

遠雖材若不及巡者，開門納巡，位本在巡上，授之柄而處其下，無所疑忌，竟與巡俱守死，成功名；城陷而虜，與巡死先後異耳。兩家子弟材智下，不能通知二父志，以爲巡死而遠就虜，疑畏死而辭服于賊。遠誠畏死，何苦守尺寸之地，食其所愛之肉，以與賊抗而不降乎！當其圍守時，外無蚍蜉蟻子之援，所欲忠者，國與主耳；而賊語以國亡主滅悟之，遠見救援不至，而賊來益衆，必以其言爲信。外無待而猶死守，人相食且盡，雖愚人亦能數日而知死處矣，遠之不畏死亦明矣。烏有城壞而其徒俱死，獨蒙愧恥求活，雖至愚者不忍爲。嗚呼！而謂遠之賢而爲之邪？

説者又謂遠與巡分城而守，城之陷自遠所分始。以此詬遠，此又與兒童之見無異。人之將死，其臟腑必有先受其病者；引繩而絶之，其絶必有處；觀者見其然，從而尤之，其亦不達于理矣。小人之好議論，不樂成人之美，如是哉！如巡、遠之所成就，如此卓卓，猶不得免，其他則又何說。

當二公之初守也，寧能知人之卒不救，棄城而逆遁？苟此不能守，獨避之他處何益；及其無救而且窮也，將其創殘餓羸之餘，雖欲去，必不達。二公之賢，其講之精矣。守一城，捍天下，以千百就盡之卒，戰百萬日滋之師，蔽遮江淮，沮遏其勢，天下之不亡，其誰之功也！當是時，棄城而圖存者，不可一二數，擅彊兵坐而觀者相環也，不追議此，而責二公以死守，亦見其自比于逆亂，設淫辭而助之攻也。

愈嘗從事于汴、徐二府，屢道于兩州間，親祭于其所謂雙廟者。其老人往往說巡、遠時事，云：『南霽雲之乞救于賀蘭也，賀蘭嫉巡、遠之聲威功績出己上，不肯出師救。愛霽雲之勇且壯，不聽其語，彊留之，具食與樂，延霽雲坐。霽雲慷慨語曰：「雲來時，睢陽之人不食月餘日矣。雲雖欲獨食，義不忍，雖食，且不下咽。」因拔所佩刀斷一指，血淋漓，以示賀蘭。一座大驚，皆感激爲雲泣下。雲知賀蘭終無爲雲出師意，即馳去，將出城，抽矢射佛寺浮圖，矢著其上甎半箭，曰：「吾歸破賊，必滅賀蘭，此矢所以志也！」』愈貞元中過泗州，船上人猶指以相語：『城陷，賊以刃脅降巡，巡不屈。即牽去，將斬之，又降雲，雲未應，巡呼雲曰：「南八，男兒死耳，不可爲不義屈！」雲笑曰：「欲將以有爲也，公有言，雲敢不死！」即不屈。』

張籍曰：『有于嵩者，少依于巡；及其起事，嵩常在圍中。籍大曆中于和州烏江縣見嵩，時年六十餘矣。以巡初得臨渙縣尉，好學，無所不讀。籍時尚小，粗問巡、遠事，不能細也。云：巡長七尺餘，鬚髯若神。嘗見嵩讀《漢書》，謂嵩曰：「何爲久讀此？」嵩曰：「未熟也。」巡曰：「吾于書讀不過三徧，終身不忘也。」因誦嵩所讀書，盡卷不錯一字。嵩驚，以爲巡偶熟此卷，因亂抽他帙以試，無不盡然。嵩又取架上諸書，試以問巡，巡應口誦無疑。嵩從巡久，亦不見巡常讀書也。爲文章操紙筆立書，未嘗起草。初守睢陽時，士卒僅萬人，城中居人亦且數萬，巡因一見問姓名，其後無不識者。巡怒，鬚髯輒張。及城陷，賊縛巡等數十人坐，且將戮，巡起旋，其衆見巡起，或起或泣。巡曰：「汝勿怖。死，命也。」衆泣，不能仰視。巡就戮時，顏色不亂，陽陽如平常。遠寬厚長者，貌如其心，與巡同年生，月日後于巡，呼之爲兄，死時年四十九。嵩貞元初死于亳、宋間。或傳嵩有田在亳、宋間，武人奪而有之，嵩將詣州訟理，爲其所殺。嵩無子。』張籍云。

宋·姚鉉《唐文粹》卷二五《李翰〈進張巡中丞傳表〉》 臣聞聖主襃死難之士，育死事之孤，或親推輤車，或追建封邑，厚死有以慰生，撫存有以答亡，然後君臣之義貫以生死，激勸之道著於存亡，君所以不遺于臣，臣所以不背其君，君恩臣節於是乎立。

伏見故御史中丞贈揚州大都督張巡，生於昌時，少習儒訓。屬禄山搆亂，凶虐滔天，挺身下位，忠勇奮發，率烏合之衆，當漁陽之鋒。賊時竊據洛陽，控引幽朔，驅其猛鋭，吞噬河南。巡前守雍丘，潰其心腹。及魯炅十萬之師，棄甲於宛葉，哥舒以天下之衆，敗績於潼關，兩宫出居，萬國波蕩，賊遂僭盜神器，鴟峙兩京，南臨漢江，西逼岐雍，羣師遷延而不進，列郡望風而出奔，而巡獨守孤城不爲之卻。賊乃撓出巡後，議圖江淮。巡退軍睢陽，扼其咽領，前後拒守，自春徂冬，大戰數十，小戰數百，以少擊衆，以弱制强，出奇無窮，制勝如神，殺其凶醜，凡九十餘萬。賊所以不敢越睢陽而取江淮，江淮所以保全者，巡之力也。城孤糧盡，外救不至，猶奮羸起病，摧鋒陷堅，俾三軍之士噉膚而食，知死不叛。及城陷見執，終無撓詞，顧叱凶徒，精貫白日。雖古之忠烈，何以加焉？

伏以光天文武大聖孝皇帝陛下，聰明文思，睿哲神武，提一旅之衆，復配天之業，賞功襃節，大賚羣臣，遂贈揚州官及其子。此誠陛下發德音之美也，而議者或罪巡以食人，愚巡以守死，臣切痛之。今臣敢取十倫，以議巡過，以塞衆口，惟聖聰鑑焉。臣聞人稟教以立身，刑原情而定罪。故事有虧教，則人道不列，刑有非罪，則王法不加。忠者臣之教，恕者法之情。今巡握節而死，非虧教也，析骸而爨，非本情也。《春秋》之義，以功覆過；咎繇之典，容過宥刑。故大易之戒，遏惡揚善；爲國之體，録用棄瑕。今衆議巡罪，是廢君臣之教，絀忠義之節，不以功掩過，不以刑恕情，善遏惡揚，録瑕棄用，非所以奬人倫，明勸戒也。且逆胡背德，人鬼所讎。朝廷衣冠，沐恩累代，大臣將相，從逆比肩。而巡朝廷不登，坐宴不與，不階一伍之衆，不假一節之權，感肅義旅，奮身死節，此巡之忠大矣。賊勢憑凌，連兵百萬巡以數千之衆，横而制之。若無巡則無睢陽，無睢陽則無江淮，賊若因江淮之資，兵彌廣，財彌積，根結盤據，西向以拒王師，雖終於殲夷，而曠日持久。國家以六師震其西，巡以堅壘扼其東，故陝鄢一戰，而犬羊北走，王師因之而勢勝，聲勢纔接而城陷，此天意使巡保江淮，以待陛下之師，師至而巡死也，此巡之功大矣。古者列國諸侯，或相侵伐，猶有分災救患之義，況諸將同受國恩，奉辭伐罪乎？巡所以固守者，非惟懷獨克之志，亦以恃諸軍之救。救不至而食盡，食既盡而及人，乖其本圖，非其素志，則巡之情可求矣。設使巡守城之初，已有食人之計，損數百之衆，以全天下，臣猶曰功過相掩，況非其素志乎！

在《周典》之三宥，其一曰宥過失。故語巡之忠，則可以敦世教；議巡之功，則可以繫中興；原巡之情，則可以宥過失。昔夫子制《春秋》，明褒貶。齊桓公將封禪，略而不書；晉文公召王河陽，書而諱之；蓋以匡戴之功大，可以掩僭禪之過也。今巡蒼黄之罪，輕於僭禪；興復之功，重於匡戴。罪疑惟輕，功疑惟重，聖人之訓，昭然可徵，臣故謂巡者足可以爲訓矣。臣又聞罰不及嗣，賞延于世，此三代所以直道而行。今巡子亞夫，雖受一官，不免饑寒之患。江淮既巡所保，户口充完，臣謂宜封以百户，俾食其子。臣又聞强死爲厲，遊魂爲變，有所歸往，則不爲災。巡既身受支離，將士等骸骼不掩，臣謂宜於睢陽城北，擇一高原，招魂葬送巡併將士，大作一墓而葬，使九泉之魂，猶思效命，三軍之衆，有以輕生。既感幽明，且無冤厲，亦國家志過旌善，垂誡百世之義也。臣少與巡遊，巡之生平，臣所知悉。今巡死大難，不覩休明，惟期令名，是其榮禄。若不時紀録，日月寖悠，或掩而不傳，或傳而不實，而巡生死不遇，誠可悲焉！臣敢採所聞，得其親覩，撰傳一卷，昧死獻上。伏惟陛下大明在上，廣運臨下，仁遐之德，洽于艱難，有善必紀，無微不録。儻以臣所撰，編列史官，雖退死丘壑，骨而不朽。臣翰誠惶誠恐，頓首頓首，死罪死罪。

論　説

唐・杜佑《通典》卷一四八《兵典序》　國朝李靖平突厥，李勣滅高麗，侯君集覆高昌，蘇定方夷百濟，李敬玄、王孝傑、婁師德、劉審禮皆是卿相，率兵禦戎，戎平師還，併無久鎮。其在邊境，唯明烽燧，審斥候，立障塞，備不虞而已，實安邊之良算，為國家之永圖。玄宗御極，承平歲久，天下乂安，財殷力盛。開元二十年以後，邀功之將，務恢封略，以甘上心，將欲蕩滅奚、契丹，翦除蠻、吐蕃。喪師者失萬而言一，勝敵者獲一而言萬，寵錫云極，驕矜遂增。哥舒翰統西方二師，安禄山統東北三師，踐更之卒，俱授官名；郡縣之積，罄爲禄秩。開元初，每歲邊費約用錢二百萬貫，開元末已至一千萬貫，天寶末更加四五百萬矣。按《兵部格》，破敵戰功各有差等，其授官千纔一二。天寶以後，邊帥怙寵，便請署官，易州遂城府、坊州安臺府别將、果毅之類，每一制則同授千餘人，其餘可知。雖在行閒，僅無白身者。關輔及朔方、河、隴四十餘郡，河北三十餘郡，每郡官倉粟多者百萬石，少不減五十萬萬石，給充行官禄。暨天寶末，無不罄矣。糜耗天下，若撕之甚。於是驍將鋭士、善馬精金，空於京師，萃於二統。邊陲勢强既如此，朝廷勢弱又如彼。姦人乘便，樂禍覬欲，脅之以害，誘之以利，禄山稱兵内侮，未必素蓄凶謀，是故地逼則勢疑，力侔則亂起，事理不得不然也。

《舊唐書》卷九《玄宗紀論》　於戲！國無賢臣，聖亦難理；山有猛虎，獸不敢窺。得人者昌，信不虚語。昔齊桓公行同禽獸，不失霸主之名；梁武帝静比桑門，竟被臺城之酷。蓋得管仲則淫不害霸，任朱異則善不救亡。開元之初，賢臣當國，四門俱穆，百度唯貞，而釋、老之流，頗以無爲請見。上乃務清淨，事薰修，留連軒后之文，舞詠伯陽之説，雖稍移於勤倦，亦未至於怠荒。俄而朝野怨咨，政刑紕繆，何哉？用人之失也。自天寶已還，小人道長。如山有朽壞，雖大必虧；木有蠹虫，其榮易落。以百口百心之讒諂，蔽兩目兩耳之聰明，苟非鐵腸石心，安得不惑！而獻可替否，靡聞姚、宋之言；妒賢害功，但有甫、忠之奏。豪猾因兹而睥睨，明哲於是乎卷懷，故禄山之徒，得行其僞。厲階之作，匪降自天，謀之不臧，前功併棄。惜哉！

又　卷一〇《肅宗紀論贊》　臣每讀《詩》至許穆夫人聞宗國之顛覆，周大夫傷宫室之黍離，其辭情於邑，賦諭勤懇，未嘗不廢書興歎。及觀天寶失馭，流離奔播，又甚於詩人之於邑也。當其戎羯負恩，奄爲豨突，豺豕遽興於轂下，胡越寧慮於舟中，籍人之戈，持之反刺，變生於不意也。所幸太王去國，豳人不忘於周君；新莽據圖，黔首仍思於漢德。是以宣皇帝蒙六聖之遺業，因百姓之樂推。號令朔方，旬日而車徒雲合；旋師右輔，期月而關、隴砥平。故兩都再復於鑾輿，九廟復歆於黍稷。觀其迎上皇於蜀道，陳拜慶於望賢，父子於是感傷，行路爲之隕涕。昔太公迎子，或從家令之言；而西伯事親，靡怠寢門之問。曾參、孝己，足以擬倫。然而道屈知幾，志微遠略。殘妖未殄，宜先恢復之謀；餘燼纔收，何暇升平之禮。方聽王璵伏奏，輔國贊成，紺轅躬籍於春郊，翠幰先蠶於繭館、或御殿曉宣時令，或登壇宿禮貴神。禮卽宜然，時何暇給。鍾懸未移於簨簴，思明已陷於洛陽，是知祝史疇人，安能及遠。猶賴大臣宣力，諸將效忠，旄頭終隕於三川，杲日重明於六合。比平王之遷洛，我則英雄；論元帝之渡江，彼誠么麽。寧親復國，肅迺休哉！

贊曰：犬羊犯順，輦輅播遷。凶徒竟斃，景祚重延。星馳蜀道，雨泣望賢。孝宣之謚，誰曰不然？

又　卷一一《代宗紀論》　嗚呼，治道之失也，若河決金隄，火炎崑崗，雖神禹之乘四載，玄冥之灑八瀛，亦不能堙洪濤而撲烈焰者，何也？良以勢既壞而不能遽救也。觀夫開元之治也，則橫制六合，駿奔百蠻；及天寶之亂也，天子不能守兩都，諸侯不能安九牧。是知有天下者，治道其可忽乎！明皇之失馭也，則禄山暴起於幽陵；至德之失馭也，則思明再陷於河洛；大曆之失馭也，則懷恩鄉道於犬戎。自三盜合從，九州羹沸，軍士膏於原野，民力殫於轉輸，室家相弔，人不聊生，而子儀號泣於用兵，元載殷憂於避狄。然而代宗皇帝少屬亂離，老於軍旅，識人間之情僞，知稼穡之艱難，內有李、郭之效忠，外有昆戎之幸利。遂得凶渠傳首，叛黨革心，關輔載寧，獯戎漸弭。至如稔輔國之惡，議元振之罪，去朝恩之權，不以酷刑，俾之自咎，亦立法念功之旨也。罪己以傷僕固，徹樂而悼神功，懲縉、載之姦回，重袞、綰之儒雅，脩己以禳星變，側身以謝咎徵，古之賢君，未能及此。而猶有李靈耀作梗，田承嗣負恩，命將出軍，勞師弊賦者，蓋陽九之未泰，豈君道之過歟！

又　卷一〇四《高仙芝等傳論贊》　大盜作梗，禄山亂常，詞雖欲誅國忠，志則謀危社稷。于時承平日久，金革道消，封常清、高仙芝相次率不教之兵，募市人之衆，以抗凶寇，失律喪師。哥舒翰廢疾于家，起專兵柄，二十萬衆拒賊關門，軍中之務不親，委任又非其所。及遇羯賊，旋致敗亡，天子以之播遷，自身以之拘執，此皆命帥而不得其人也。《禮》曰：『大夫死衆。』又曰：『謀人之軍師敗則死之。』翰受署賊庭，苟延視息，忠義之道，卽可知也，豈不愧於顏杲卿乎！抑又聞之，古之命將者，推轂而謂之曰：『閫外之事，將軍裁之。』觀楊國忠之奏事，邊令誠之護戎，又掣肘於軍政者也，未可偏責三帥，不尤伊人。後之君子，得不深鑑！

贊曰：羯賊犯順，戎車啓行。委任失所，封、高敗亡。虔劉圻甸，僭竊衣裳。醜哉舒翰，不能死王。

又　卷一〇六《李林甫等傳論贊》　李林甫以諂佞進身，位極台輔，不懼盈滿，蔽主聰明，生既唯務陷人，死亦爲人所陷，得非彼蒼假手，以示禍淫者乎！楊國忠稟性奸回，才薄行穢，領四十餘使，恣弄威權，天子莫見其非，羣臣由之杜口，致禄山叛逆，鑾輅播遷，梟首覆宗，莫救艱步。以玄宗之睿哲，而惑於二人者，蓋巧言令色，先意承旨，財利誘之，迷而不悟也。開元任姚崇、宋璟而治，幸林甫、國忠而亂，與夫齊桓任管仲、隰朋，幸豎刁、易牙，亦何異哉！《書》曰：『臣有作福作威，害于而家，凶于而國。』孔子曰：『佞人殆。』誠哉是言也。張暐、王琚、王毛仲，皆鄧通、閎孺之流也。琚有締構之功，過多僭侈，死於非罪，亦何惜之！

贊曰：天啓亂階，甫、忠當國。蔽主聰明，秉心讒慝。暐同二王，亦承恩德。吁哉僭踰，不知紀極。

又　卷一一〇《李光弼等傳論贊》　凡言將者，以孫、吳、韓、白爲首。如光弼至性居喪，人子之情顯矣；雄才出將，軍旅之政肅然。以奇用兵，以少敗衆，將今比古，詢事考言，彼四子者，或有慚德。邙山之敗，閫外之權不專；徐州之留，君側之人伺隙。失律之尤雖免，匪躬之義或虧，令名不全，良可惜也。然閫外之事，君側之人，得不慎諸？思禮法令嚴整，儲廩豐盈，節制之才，固不易得。景山始以文吏，或有虛名。仗鉞揚州，召匪人而劫掠士庶；分茅井部，持小法而全昧機權。貴馬賤人，衆怒身死，宜哉！雲京賞善懲惡，靜亂安邊，功著軍中，寵加身後，不亦美歟！

贊曰：光弼雄名，思禮刑清。始致亂者鄧景山，何以救之辛雲京。

又 卷一二〇《郭子儀傳論贊》 天寶之季，盜起幽陵，萬乘播遷，兩都覆没。天祚土德，實生汾陽。自河朔班師，關西殄寇，身扞豺虎，手披荆榛。七八年間，其勤至矣，再造王室，勳高一代。及國威復振，羣小肆讒，位重懇辭，失寵無怨。不幸危而邀君父，不挾憾以報仇讎，晏然效忠，有死無二，誠大雅君子，社稷純臣。自秦、漢已還，勳力之盛，無與倫比。而晞、曖於綟粗之中，拔身虎口，赴難奉天，可謂忠孝之門有嗣矣。

贊曰：猗歟汾陽，功扶昊蒼。秉仁蹈義，鐵心石腸。四朝靜亂，五福其昌。爲臣之節，敢告忠良。

《新唐書》卷五《玄宗紀贊》 睿宗因其子之功，而在位不久，固無可稱者。嗚呼，女子之禍於人者甚矣！自高祖至于中宗，數十年間，再罹女禍，唐祚既絶而復續，中宗不免其身，韋氏遂以滅族。玄宗親平其亂，可以鑑矣，而又敗以女子。方其勵精政事，開元之際，幾致太平，何其盛也！及侈心一動，窮天下之欲不足爲其樂，而溺其所甚愛，忘其所可戒，至於竄身失國而不悔。考其始終之異，其性習之相遠也至於如此。可不慎哉！可不慎哉！

又 卷六《肅宗紀贊》 天寶之亂，大盜遽起，天子出奔。方是時，肅宗以皇太子治兵討賊，眞得其職矣！然以僖宗之時，唐之威德在人，紀綱未壞，孰與天寶之際？而僖宗在蜀，諸鎮之兵糾合戮力，遂破黄巢而復京師。由是言之，肅宗雖不卽尊位，亦可以破賊矣。蓋自高祖以來，三遜於位以授其子，而獨睿宗上畏天戒，發於誠心，若高祖、玄宗，豈其志哉！代宗之時，餘孽猶在，平亂守成，蓋亦中材之主也！

又 卷一三五《哥舒翰等傳贊》 禄山哀百鬭驍虜，乘天下忘戰，主德耄勤，故提戈内譟，人情崩潰。常清乃驅市人數萬以嬰賊鋒，一戰不勝，卽奪爵土。欲入關見天子論成敗事，使者三輩上書，皆不報，回斬于軍。仙芝棄陝守關，遏賊西勢，以喪地被誅。玄宗雖爲左右矇瞽，然荒奪其明亦甚矣。卒使叛將得藉口，執翰以降賊。嗚呼，非天孰其惡，使亂四海，舉黔首而殘之邪！彼二將奚誅焉？

又 卷一三六《李光弼傳贊》 李光弼生戎虜之緒，沈鷙有守。遭禄山變，拔任兵柄，其策敵制勝不世出，賞信罰明，士卒爭奮，毅然有古良將風。本夫終父喪不入妻室，位王公事繼母至孝，好讀班固《漢書》，異夫庸人武夫者。及困於口舌，不能以忠自明，奄侍内構，遂陷嫌隙，謀就全安，而身益危，所謂工於料人而拙於謀己邪？方攘袂徇國，天下風靡，一爲遷延，而田神功等皆不受約束，卒以憂死。功臣去就，可不慎邪？嗚呼，光弼雖有不釋位之誅，然讒人爲害，亦可畏矣，將時之不幸歟！

又 卷一三七《郭子儀傳贊》 天寶末，盜發幽陵，外阻内訌。子儀自朔方提孤軍，轉戰逐北，誼不還顧。當是時，天子西走，唐阼若贅旒，而能輔太子，再造王室。及大難略平，遭讒甚，詭奪兵柄。然朝聞命，夕引道，無纖介自嫌。及被圍涇陽，單騎見虜，壓以至誠，猜忍沮謀。雖唐命方永，亦由忠貫日月，神明扶持者哉！及光弼等畏偪不終，而子儀完名高節，爛然獨著，福禄永終，雖齊桓、晉文，比之爲褊。唐史臣裴垍稱：『權傾天下而朝不忌，功蓋一世而上不疑，侈窮人欲而議者不之貶。』嗚呼！垍誠知言。其子孫多以功名顯，蓋盛德後云。

又 卷一九二《忠義傳中·張巡等贊》 張巡、許遠，可謂烈丈夫矣。以疲卒數萬，嬰孤墉，抗方張不制之虜，鯁其喉牙，使不得搏食東南，牽掣首尾，豗潰梁、宋間。大小數百戰，雖力盡乃死，而唐全得江、淮財用，以濟中興，引利償害，以百易萬可矣。巡先死不爲遽，遠後死不爲屈。巡死三日而救至，十日而賊亡，天以完節付二人，畀名無窮，不待留生而後顯也。惟宋三葉，章聖皇帝東巡，過其廟，留駕裴回，咨巡等雄挺，盡節異代，著金石刻，贊明厥忠。與夷、齊餓踣西山，孔子稱仁，何以異云。

又 卷二二五上《逆臣傳上·安禄山等贊》 禄山、思明興夷奴餓俘，假天子恩幸，遂亂天下。彼能以臣反君，而其子亦能賊殺其父，事之好還，天道固然。然生民厄會，必假手于人者，故二賊暴興而亟滅。張謂譏劉裕『近希曹、馬，遠棄桓、文，禍徒及於兩朝，福未盈於三載，八葉傳其世嗣，六君不以壽終，天之報施，其明驗乎！』杜牧謂：『相工稱隨文帝當爲帝者，後篡竊果得之。周末，楊氏爲八柱國，公侯相襲久矣，一旦以男子偷竊位號，不三二十年，壯老嬰兒皆不得其死。彼知相法者，當曰此必爲楊氏之禍，乃可爲善相人。』張、杜確論，至今多稱誦之。如禄山、思明，希劉裕、楊堅而不至者，是以著其論。

宋·范祖禹《唐鑑》卷九《玄宗中》 臣祖禹曰：衛宣公納伋之妻，國人惡之。新臺，詩刺衛宣公也，納伋之妻，作新臺於河上而要之。《毛氏傳》云：伋，宣公世子。宣公為伋娶於齊女而美，公奪之，生壽及朔。明皇殺三子，又納子婦於宫中，用李林甫爲相，使族滅無罪，父子、夫婦、君臣，人之所以立也，三綱絶矣，語註君為臣綱，父為子綱，夫為妻綱。其何以爲天下乎？

臣祖禹曰：李林甫巧言似忠，明皇故信而不疑。然以胡人不知書則不必聰明，聖智之主而後能知其謀也。明皇蔽於吞滅四夷，欲求一切之功，是以李林甫得其計以中其欲，人君苟不能以義制欲，迷而不復，何所不至哉！

又 卷一〇《玄宗下》 臣祖禹曰：昔辛有適伊川，見被髮而祭者，知其將爲戎。《左·僖二十二年》：初，平王之東遷也，辛有適伊川，見被髮而祭於野者，曰：不及百年，此其戎乎？其禮先亡矣。杜預云：辛有，周太史。伊川，周地。被髮而祭，有象夷狄。明皇不信其子，而寵禄山以爲戲，至使出入宫禁而不疑，褻慢神器亦極矣。豈天奪其明，以肇播遷幸蜀之禍基歟？何其惑之甚也！【略】

臣祖禹曰：明皇之末，朝廷無忠賢，左右無正人。一旦賊兵起幽薊，唐開元十八年，以漁陽縣為薊州。中原瓦解，中原，中國也。《前徐樂傳》書土崩瓦解。而顔杲卿首謀常山，眞卿唱義於中原，《唐·顔杲卿傳》：安禄山表杲卿為常山太守，禄山反，杲卿及長史袁履謙濳定策，時眞卿在平原，素闻逆谋，陰養死士為拒守計，遣盧逖至常山，約起兵斷賊北道。張介然、崔無詖死其城郭，《唐·張介然傳》：禄山反，守陳留介然至屯不三日，賊已渡河，車騎蹂騰，烟塵漫數十里，士聞鉦鼓聲皆褫氣不能授甲，凡旬六日，城陷，斬介然於軍門。李憕、盧奕、蔣清死其官守，《唐·李憕傳》：憕改東京留守，安禄山反，玄宗遣封常清募兵東京，憕與盧奕、達奚珣繕城塹，綏士卒，將遏賊西鋒。禄山度河，不數日薄城下，憕坐留守府，奕守臺，城陷，禄山鼓而入，殺數千人，矢着闕門，執憕、奕及官屬蔣清害之。賈賁以一尉討賊，時為平父尉，與張巡事併見上。張巡以縣令起兵，郭子儀鷹揚於朔方，《唐·本傳》：禄山反，詔子儀充朔方節度使。鷹揚，言其如鷹鳥之飛揚也。周武王時，太公亦稱鷹揚，故大明詩維師尚父，時惟鷹揚。李光弼電擊於河北，《唐·本傳》：光弼代子儀為朔方節度使。朔方卽河北也。電擊言如雷電之擊，莫知所至。孰謂天下無人乎！蓋有之而不用也。其後興復唐室，卒賴之於忠賢。夫國有人則存，無人則亡。古者萬乘之國，有一臣則不可得而亡，況忠賢如此其多乎！唐之不亡，斷可知矣。《詩》云：『無競惟人，四方其訓之，烈文詩無競惟人，四方其訓之。毛氏云：競强也，訓道也。鄭氏云：無彊乎，惟人賢人也，得賢人則國家彊矣，故天下諸侯順其所為也。苟得其人，則何危亂之有！』

臣祖禹曰：天寶之亂，田夫野人皆能知之，而其君不得聞，豈不哀哉！夫壅蔽之禍，至白刃流矢交於前，六親不能相保而始覺也，不亦晚乎！

又 卷一一《肅宗》 臣祖禹曰：王者所以威服海内，惟其有信與義也。匹夫一爲不信，猶不可自立於鄉黨，況人主而爲不信，天下其誰從之！肅宗既納史思明之降，加以爵命，於時未有逆亂之節也。李光弼爲國元帥，職在禦侮，知其有不臣之志，終爲背叛，言於君而備之可也，待其發而誅之可也。乃使傳詔之臣，陰與其黨，爲盜賊之計，不亦辱王命乎！若事之捷，則反側之人誰不懷懼！事之不捷，適足以長亂，非所以弭亂也。既失信於已降之虜，又歸罪於死事之臣，欲以服天下姦雄之心，豈不難哉！

宋·晁補之《鷄肋集》卷四八《唐舊書雜論》 李懷光為朔方都虞候，性清勤嚴猛而敢誅殺，雖親戚犯法，皆不撓避。郭子儀性寬厚，不親軍事，紀綱任懷光，軍中尤畏之，亦稱為理。

右《李懷光傳第七十一》常怪郭汾陽，稱仁厚長者，至或以為威略不及李臨淮。然汾陽用兵，恩德結於人心，雖吐蕃、回紇，皆願親而死之，眞吳起所謂父子之兵者。正使其素拊循士卒，與勳名之重，足以鎮之而致然。若專以寬，一切不親，事則何以振肅，而每用成功乎？及觀其以紀綱任懷光，而懷光以嚴治其軍，乃喟然而歎曰：『蓋有此耳！』夫寬者，為長為上之道也。居寬而使寬者濟之，何以集事，且久而不亂哉？然則言威略不及臨淮者，自其異者觀之耳。人才各有所長，未知孰勝，而昝人嘗謂寬難而猛易，則難者固勝爾。

宋·張耒《柯山集》卷三五《唐論中》 天寶承平，兵不知戰，大盜突起，四海震動，禦之無策，君播國殘，哥舒之敗，固無足道者。明皇欲下詔親征，而姦臣嬖妾，沮撓其事。意當是時，天子臨戎，其有濟乎？愚嘗論之，天寶盜起，雖上有昏德，聰明杜塞，抑當時朝廷無人矣，故爲是猖狂不審之謀。夫天子臨戎，其利有二，天下莫能當，而明皇皆不得行之。幸而不行，使果行之，其狼狽有甚于此者，何謂之利？一者壓之以尊名，重勢敵人，雖强，不忍冒犯。順之，危而起，侮上之，怒。二者天子所統，必天下之重兵，選卒天下，不能抗也。明皇之時，天下之勢，其重在西北，而京師輕也久矣。大獄屢興，縉紳切齒，用兵無度，百姓怨苦，內扇淫泆，荒亂失度，尊名之不競也，甚矣。禄山教戰久矣，其將卒皆蕃戎勁卒，非復唐人也。彼惟恐犯順之不深，侮上之不快，則明皇之于尊名重勢所不得行之一也。天下勁兵，皆在西北藩臣握之。府兵既壞，天子侍衛，長征彍騎而已。有急而募，不過得長安市人子，而以之抗燕代之勁騎，此驅羊戰狼，則明皇于重兵選卒所不得行之二也。

親征不可，則無策乎？曰：知兵者，必知敵人。所恃與所惡，使之行所惡，而違所恃。如是者，百戰不殆。禄山之利速戰也，所恃范陽也。十年教其民，千里而用之，其鋒不可當。雖太公、穰苴，必姑避之。故賊必乘其鋒而用之，彼惟恐戰之不速，敵人之不我拒也。然禄山勢雖强，渡河而南，則羈客也，故心不固而易搖。其恃范陽，如豹之在山林，急則必投下以自藏。方禄山之南也，厚集潼關之師，深溝高壘，勿與之戰，委河南而與之。是時李光弼、郭子儀皆在河北，遣一將擣范陽之虛，往必得志。彼進則不得入關，退則已失范陽，獨守空虛之東都，不過半年，其勢潰矣。此至計也。其後禄山既死，慶緒北走，而史思明已有范陽，慶緒卒困死河朔。以此知禄山失范陽，則必弊于河朔諸師也。其後史思明陷東都，李光弼牽之于河陽，而思明不能西。以此知厚集潼關之師，不戰以老之，而禄山無能爲也。禄山傾國遠鬬，委其所恃而不顧，固已犯天下之至危，而唐之君臣不知出此，唐爲無人也夫。

宋·司馬光《資治通鑑》卷二一八《唐紀三十四·肅宗文明武德大聖大宣孝皇帝上之下》（至德元載）臣光曰：聖人以道德爲麗，仁義爲樂；故雖茅茨土階，惡衣菲食，不恥其陋，惟恐奉養之過以勞民費財。明皇恃其承平，不思後患，殫耳目之玩，窮聲技之巧，自謂帝王富貴皆不我如，欲使前莫能及，後無以踰，非徒娛己，亦以誇人。豈知大盜在旁，已有窺窬之心，卒致鑾輿播越，生民塗炭。乃知人君崇華靡以示人，適足爲大盜之招也。

又 卷二二〇《唐紀三十六·肅宗文明武德大聖大宣孝皇帝中之下》（至德二載）臣光曰：爲人臣者，策名委質，有死無貳。希烈等或貴爲卿相，或親連肺腑，於承平之日，無一言以規人主之失，救社稷之危，迎合苟容，以竊富貴；及四海橫潰，乘輿播越，偷生苟免，顧戀妻子，媚賊稱臣，爲之陳力，此乃屠酤之所羞，犬馬之不如。儻各全其首領，復其官爵，是諂諛之臣無往而不得計也。彼顔杲卿、張巡之徒，世治則擯斥外方，沈抑下僚；世亂則委棄孤城，齏粉寇手。何爲善者之不幸，而爲惡者之幸，朝廷待忠義之薄，而保姦邪之厚邪！至於微賤之臣，巡徼之隸，謀議不預，號令不及，朝聞親征之詔，夕失警蹕之所，乃復責其不能扈從，不亦難哉！六等議刑，斯亦可矣，又何悔焉！

宋·司馬光《稽古録》卷一五《梁太祖開平元年》 臣光曰：【略】明皇能斷有謀，再清內難；開元之初，憂勤庶政，好賢樂善，愛民利物，海內富庶，四夷賓服，浸淫於貞觀之風矣。及天寶以降，自以爲功成治定，無復後艱，志欲既滿，侈心乃生，忠直寢疏，讒諛併進，以娛游為良謀，以聲色爲急務，以李林甫、楊國忠爲周、召，以安禄山、哥舒翰爲方、虎，癰疽結於心腹而不悟，豺狼游於藩籬而不知。一旦變生所忽，兵起邊隅，廟堂執檄而心醉，猛將望塵而束手，腥膻汙於伊、洛，流血染於河、潼，乘輿播蕩，生民塗地，禍亂併興，不可救藥，使數百年之間，干戈爛漫而不息。嗟乎！『靡不有初，鮮克有終。』安之不可恃，治之不可保如此。

宋·蘇轍《欒城後集》卷一一《歷代論五·唐玄宗憲宗》 唐玄宗、憲宗，皆中興之主也。玄宗繼中睿之亂，政紊於內而外無藩鎮分裂之患，約己任賢而貞觀之治可復也。憲宗承代德之弊，政債於朝而畿甸之外皆爲畔國，將以求治則其勢尤難，雖然二君皆善其始而不善其終，所以失之者一道也。齊桓公用管仲、隰朋，九合諸侯，一匡天下，爲五伯首。及管仲死，用豎刁、易牙，身死不得葬，五公子爭立，伯業隨毀。蓋中人可以上下，此三君者，皆中主耳。方其起於憂患厄困之中，知賢人之可任以排難，則勉强而從之，然非其所安也，及其禍難既平，國家無事，則其心之所安者佚樂，所悦者諛佞也，故禍發皆不旋踵，若合符節。

昔太宗既平天下，始用房玄齡、杜如晦、魏徵，終用長孫無忌、岑文本、褚遂良，帝亦恭儉節用，去冗官、節浮費，内無宫掖侈靡之奉，旁無近幸賜予之失，貞觀之治，斯已過半矣。持書御史權萬紀嘗言：『宣饒部中鑿山冶銀，歲可取數百萬緡以佐國用。』帝怒罵曰：『吾所乏忠言嘉謨有益於民者耳。汝爲御史，不能進賢退不肖，而訹吾以利，豈謂我漢桓靈耶？』斥去不用。於是士莫敢以利言者，故房杜諸人得效其忠力，以致貞觀之盛。

及玄宗初，用姚崇、宋璟、盧懷慎、蘇頲，後用張説、源乾曜、張九齡，憲宗初用杜黄裳、李吉甫、裴洎、裴度、李絳，後用韋貫之、崔羣，雖未足以方駕房杜，然皆一時名臣也。故開元、元和之初，其治庶幾於貞觀然。玄宗方用宋璟，而宇文融以括田幸，遽至宰相。後雖以公議罷去，而思之不已，謂宰相曰：『公等暴融惡，朕已罪之矣。然國用不足，將奈何？』裴光庭等不能答。融既死，而言利者爭進。韋堅、楊慎矜、王鉷日以益甚，至楊國忠而聚斂極矣。故天寶之亂，海内分裂，不可復合。憲宗方平淮、蔡，裴度未及還朝，而程異、皇甫鎛皆以利進。度三上書，極論不可。帝以天下略平，欲崇臺池宫觀以自娱樂。異、鎛揣知其意，數貢羨財以順所欲，故度卒逐去而異、鎛皆相，不三年而禍發於宦官。蓋玄宗在位歲久，聚斂之害遍於天下，故天下遂分。憲宗之世，其害未究，故禍止於其身，然方鎮之强、宦官之横遂與唐相終始，可不哀哉！嗚呼，太宗之恭儉所忍無幾耳，而福至於不可勝盡，玄憲之淫佚所獲無幾耳，而禍至於不可勝言，而世主終莫之悟，覆車相尋，不絶於世，蓋未之思歟。

宋·呂祖謙《宋文鑑》卷一〇一《崔鶠〈明皇論〉》 穆王戒太僕曰：『僕臣正，厥後克正；僕臣諛，厥後自聖。』仲虺告成湯曰：『自得師者王，謂人莫己若者亡。夫實凡也，而自以爲聖，則偃然以天下爲莫己若。以天下爲莫己若，則有罪不聞，有過不改，禍亂之形成，而卒以不悟，是亡之道也。』以唐考之，克有天下者十有八王，而不以諛臣之故，別加稱號者高祖、太宗、睿宗、文宗四君而已，其餘皆立虚名，而開元、天寶之間，羣臣至六上尊號。嗟乎！諛亦甚矣，而明皇受而不辭，蓋將自以爲聖者歟？其播越流離，至於亡國，非不幸也。夫加以天地道德聖神文武之號，兼覆載之大美，極今古之徽稱，彼其臣遂以爲誠爾耶？直以爲吾君好諛喜佞，故逢之也，以爲誠爾。則天不以號，然後推其高；地不以名，然後推其厚；三皇無有也，五帝無有也。自古賢君懿主，皆無有，而吾祖宗亦無有也。彼其後世中君幽主獨有之，是直以好諛喜佞待吾君，而以諛佞逢之，人君之賊也。聖矣夫，光武之爲君也，詔天下上書，不得言聖明矣哉！顯宗之爲君也，曰先帝詔書，禁人言聖。自今有過稱虚譽，尚書宜抑而不省，示不爲諂子嗤也。嗚乎！姦人之情得矣。其成建武、永平之盛，有以矣夫。

宋·張耒《柯山集》卷三五《又讀唐書》 人主當務好要而不當務無爲。夫無爲之言爲妙矣，此羲農堯舜得道者之事也，而庸君昏主，聞其説而樂之，深居奥處，蔽塞耳目，是非過前而不察，姦臣愚弄而不悟，視人之利害、國之存亡若越人問秦人之疾痛者，曰：『我無爲也。』耽樂飲酒，便嬖女色，晏朝早罷，遊蕩無度，亦曰：『無爲也。』是故莫若好要。吾不治事，付人以事而觀其成；吾不吝權，分人以權而觀其趨；事成而利則可，成而害則必治其故，而賞罰行焉。分吾之權而志于公，則任之；盜吾之權而行其私，則棄之。而用捨分焉。此之謂要。知好要則進乎無爲矣。唐明皇用李林甫十餘年，盡失賢者之助，太宗之法度廢革略盡，貞觀之風俗變壞無遺，林甫朝夕所從事者，非聚斂奢侈以蕩移人主之心意，則羅織刑獄以破滅人之家族也。閨門之内，干戈碪鉞未嘗絶。而間爲神仙鬼神之説以動其心，而明皇恬不爲慮，漫不知察，利器去手而不覺，一敗塗地，没世不復，凡此者其皆好無爲之説者也，後之人主可不戒哉？

宋·佚名《歷代名賢確論》卷九六《太宗玄宗駕馭人臣》 （宋）張唐英論曰：嘗觀太宗文皇帝之時，其從征伐取天下之臣，如李靖、李勣、裴寂、劉文靜、唐儉、商嶠、尉遲敬德、秦叔寶、程知節、張公謹、侯君集、李大亮、薛萬徹之徒，皆出入戰陣，經營四方，其休功元勳，固已多矣。而文皇帝駕馭而任使之，有功者必賞，有罪者必誅，其或引之便殿，伸以燕私，則固有之。至於君臣上下之分，豈有瀆亂者哉！天寶中，安禄山來朝，上特寵異之。乃於殿之西，偏設鷄帳使坐其下。肅宗時爲太子，諫曰：自古正殿無有人臣者。今寵之已過，必有驕心上。曰：此胡有異相，故以此厭之。嗟乎！明皇失駕馭之道矣。昔衛青爲大將軍，至尊重矣，而漢武帝踞厠而見之。張飛、關侯，稠人廣衆，立侍終日，蓋有堂陛之限爾。且禄山本蕃中種類，素不由仁義、忠孝、詩書、禮樂之訓，一旦因緣際會，遂忝大位。彼來朝也，當示以君臣上下之分，使知尊卑之禮，而反以家人之禮宴之於内，又不以人臣之禮待之，於外宜其自大而不軌矣。且察此胡有異相，因其來朝，命一武士拉而煞之，足以滅天下之禍，奈何坐於殿上以厭勝之！此非人君之道也！與文皇駕馭英雄之禮，一何異哉！

又《**武后安禄山**》（宋）張唐英權柄論曰：風雷震曜，天之權也；刑賞號令，君之權也。天之權不在於天，則天之道幾乎息矣；君之權不在於君，則君之道亦幾乎息矣。故君人者，惜其權柄而不以假人，以之制天下之命，以之服臣子之心。動静重輕，皆在於上，明之如神。苟失其所操，持輕其所付與，則天下之禍繇是起矣。高宗大帝以天下之權，委於武氏，卒使陰逞其志，大肆所欲。其後遂奪廬陵之璽，造爲周氏，斲喪宗室，毒螫海宇。此雖由廬陵之不慧，亦大帝先以權柄授之也。明皇晚年以天下爲戲玩，刑賞號令一委狂夫，凡殺一大臣，非上之意也，權臣之意也。凡任一大臣，非上之意也，權臣之意也。至於設施更張，率不由於上。故禄山觀朝廷之權不在於上而在於下矣，於是以范陽之小而求兼河東節度，以范陽少馬而求兼飛龍廐羣牧使。而朝廷不復思慮，惟遂其所求，乃選羣牧觔脚駿馬送於范陽，兵彊馬壯，沛然自大，遂圖不軌。此由權柄失於上，而下得窺其隙矣。且明皇二十年孜孜以致開元之治，一旦不顧而一擲與姦佞之臣，致萌范陽之變，崎嶇顛沛，老幸井絡，以逃中原之難，兹可爲萬世龜鑑也。

又　卷七五《**立貴妃**》（宋）石守道曰：明皇帝承則天、中宗、睿宗三朝危亂之後，思洗刷垢穢，剗絶荒蕪，澄滌化源，潔清政道，乃用姚崇、宋璟、韓休、張九齡、李元紘、杜暹等相次爲宰相，宵分不寐，日昃不食，潛心堯舜之道，側耳忠良之言，憂勤萬機，念慮四海，不敢暫時逸豫，不敢一日畋游，苑囿稀行，聲色不御，汲汲論思，遂致開元三十年太平。一日妃子入宫專寵，惑成内荒，頗隳庶政。蛾眉巧笑，迷君之心，妖姿艷舞，眩君之目，日月斯久，情愛寖深。竭天下之財，以奉一婦人，殫海内之力，以事一女子，常恐不足。兄弟姊妹，皆啓厚封，骨肉姻親，咸登要職，名園甲第以賜之，膏腴水石以寵之，牝鷄晨鳴，威過人主，后戚專國，勢傾朝廷。諸侯輦貨於妃子之宫，四方爭賂於楊氏之宅，恩由財結，官以賄成，紀綱盡隳，爵賞無序，讒邪得進，忠良見廢。故天寶之政不在於天子，而在於楊氏。是以中外胥怨，人神共憤，迨禄山舉兵，一唱而東都陷没，靈駕播遷，倉皇出關，崎嶇幸蜀，國祚危如綴旒，皇都鞠爲茂草，誰其爲之？楊氏一婦人也。

宋・李綱《**梁谿集**》**卷一五一**《**迂論七・論女禍**》有天下而多女禍，未有若李唐之甚者也。武后以牝奪晨，革姓建號，幾移唐祚。中宗親爲所廢，處房陵者二十餘年，一旦復位，即縱韋氏，幾至亂邦。韋氏乘夫，淫烝於朝，斜封四出。既鴆帝，欲臨朝稱制，明皇親平内難。而開元之末，沉酣燕私，嬖楊貴妃，幾至喪國。盖人君齊家以正天下，故《詩》以后妃風化爲首，而昔之帝王未有無家法以貽訓後昆者。獨唐不然。高祖之起兵于太原，盖裴寂以晉陽宫人私侍之故，劫持之，遂定秘計。太宗既殺元吉，納其妃生子，而使爲之後。武后固常侍太宗矣，身接帷幕，賜號武媚，而高宗立之不恥也。中宗幽廢，與韋后約，一朝見天日，不相制。至復位，后與武三思升御牀博戲，帝從旁點籌，不以爲怍。而貴妃楊氏，初爲壽王妃，明皇召内禁中，異之，即爲出自妃意者，丐籍女官，號太眞。更爲壽王聘妃，而太眞得幸。其家法如此，欲無女禍得乎！

宋・孫甫《**唐史論斷**》**卷中**《**中官輔璆琳稱禄山不反**》論曰：人主信任中官，無甚於明皇也。禄山領三道兵權，勢力至重，又請蕃將以代舊將，反計可知。楊國忠以貴妃之親，極公相之位，明皇寵信，言無不從。及奏禄山逆狀，流涕言之，是必欲感悟主心也。然而明皇竟未之信，潛使璆琳往察其狀，是信國忠之意未及於中官也。其意曰：國忠我之寵丞相也，但禄山有功，不無忌嫉，則其言未必忠於我也。璆琳日在左右，我所親信，委之以事，必盡忠於我也。以此待璆琳之意，過於國忠，及爲璆琳所誤，遂成大亂，雖誅之何益！後之人君信待中官者，可不慎哉！

又《**用李林甫平章事**》論曰：帝王之命輔相，或自知其人，或大臣所薦，必名德有素，才能已試者，始可協天下之望。林甫先圖郎官，源乾曜薄其才行，不許。郎官不可爲，則其人不賢，衆所知矣。及宇文融引之爲黨，歷中丞、侍郎，無一善績可稱。雖爲韓休所薦，休之言亦未必能信於主，但武妃、力士内爲之助，遂至大用爾。假如明皇以林甫是韓休所薦，休有一時之名，其言雖可信，豈不思武妃、力士吾之嬖寵者也。林甫爲近臣，能使嬖寵者爲之言，其人姦佞可知矣。假如惑嬖寵之言，不辯其佞，既相之後，能議何事？況不知學術有何所長而任之也！是林甫凡百奏請，但能希意旨以取恩寵耳。人臣奏請之事，若有合於主意，當考其經世濟民理道明白，始可無疑。若事事合於主意，是明有所希而然也。況本因嬖寵，而用又奏請之事，皆合己意，凡帝王稍明理道者，豈不復慮哉！

明皇天資不爲不明，一日昏惑，都無念慮，遂使姦臣擅權，終亂天下，則嬖寵之爲患也如此。夫帝王荷宗社之重，主生靈之命，不得賢輔，何以興起治道！求賢輔無他術，必取名德，有素才，能累試者可矣。若名德未著，才能未彰，但取嬖寵之言而命之，以迎意希旨而任之，是上忘宗社之重，下輕生靈之命，欲天下不亂，不可得也。林甫任用浸久，内則起大獄，引楊國忠，使倚貴妃勢以害忠良，致其權力外，則保任蕃將，使專節制，利其夷狄賤類，無入相之路，養成禄山凶威，則天寶之亂，林甫致之也。噫！天子一聽嬖寵之言，任姦人相國，以其迎意希旨而寵之，遂起大亂，已罹播遷之禍，民陷死亡之難，後世人主得不戒之哉！

宋·朱熹《晦庵集》卷八四《跋程沙隨帖》　唐肅宗中興之業，上比漢東京固有愧，而下方晉元帝則有餘矣。故許右丞之言如此，蓋亦有激而云者。然元次山之詞，歌功而不頌德，則豈可謂無意也哉！

宋·佚名《歷代名賢確論》卷八一《房琯論》　張唐英論曰：議者謂賀蘭進明不出兵以救睢陽，致賊將尹子奇攻陷其城，執殺張巡、姚誾、南霽雲、許遠，皆進明所致也。今觀其本末，則非進明之罪，乃房琯之罪也。何以明之？且琯與進明有隙，除為嶺南節度。及辭之日，具言為琯所排。肅宗改授河南節度兼御史大夫，守臨淮。琯惡進明之戾於己也，乃除許叔冀為進明都知兵馬使兼御史大夫，使權位與進明相敵，而不可度制。及南霽雲來乞兵，進明懼叔冀相襲，不敢分兵以援之，遂致睢陽之陷。嗚呼！身為國相，當天下橫流奔潰之際，不能進賢授能，推至公以拯天下之難，蜂蠆其心求釋己憾，以亞相之爵，假於凶豎，俾伺正人而毒之，卒致睢陽不救，忠義被害，一郡之民，肝血塗地，非琯致之而孰致之耶？夫燕雀巢於一室，子母相哺，姁姁然自以為安也。竈突火焚不知，托迹無地，其琯之謂也。當是時，上皇在蜀，天子在靈武，雖幽閨婦女，草野童豎，雖無知識，必亦忿然思刷國恥。而琯為執政大臣，曾不是思務，為小人陰險之行，是姁姁自安也。彼誠何心哉！而杜甫區區，尚謂其大臣之子，能自樹立，蓋徒慕其風流虛名如王衍、何晏，而不考其實爾。噫！此輩眞地餅爾，豈有益於天下哉！

宋·秦觀《淮海集》卷二二《李泌論》　臣聞有善聽無良謀，有善謀無利勢。天下之勢，善謀之則無不利，天下之謀，善聽之則無不良。臣嘗以為唐室方鎮之患，至於百有餘年，而不能解者，其弊蓋始於天寶之際，肅宗不用李泌之謀，先取范陽而已。何則？夫范陽者，禄山之巢穴也，鳥焚其巢，雖有勁翮無所歸。獸失其穴，雖有絶足，無所恃其勢然也。禄山帥范陽，專三道勁兵，不徙者十有四年矣，其人視之猶子之於父也。一旦舉兵犯順，天下之人，以為反虜，切齒攘袂，惟恐其不滅，而范陽之人獨以為主，引領企踵，惟恐其不興此。所謂家臣不知有國，自古小人之常情。故郭子儀、李光弼自朔方起兵，皆欲先圖范陽，而泌為肅宗言之最悉此。蓋天下之利勢，遠之不可失者也。使肅宗能聽其謀，先詔李、郭諸將，掎角而取范陽，賊失巢穴，則其衆自潰，兩京可以傳檄而定，兵亦遂息矣。惟其不用泌謀，是以慶緒思明相繼復起，至凶徒逆黨久稽天誅，則偷為一切之計，瓜分渭北地以付之，此方鎮之患所從起也。昔之取天下者，皆以首事之地為根本，故雖困敗而能復振，高祖之保關中，光武之據河内，魏武之完兖州是也。夫范陽者，亦禄山之關中、河内、兖州也。方其陷兩京，所得禁府珍寶，輒以橐駞載歸，其俗至謂禄山、思明為二聖。後十七年，張洪靖欲懲其事，發墓毀棺而衆猶不悦，以至於亂。由是言之，天寶之際，若非唐之威德在人，忠臣義士乃心王室，則天下之事，可勝言哉！柳玭稱，兩京之復，泌謀居多，其功大於魯連、范蠡。若以范陽言之，泌之謀不見聽者多矣。其言王者之師，當務萬全，圖久安，使無後害，又得兩京。則賊再亂，已而果然。嗚呼！使泌之謀盡見聽也，豈有方鎮之患哉！

宋·孫甫《唐史論斷》卷中《賊陷睢陽害張巡》 論曰：宰相舉事，繫天下利害，常盡大公之心，尚慮智謀不周，或至敗事，況挾不平之意乎！房琯之為相也，與賀蘭進明有私怨。進明帥河南，既兼御史大夫，是假風憲之威，以重其任。琯又用許叔冀為都將，亦兼大夫，均其官，使不為下。此宰相秉不平之氣舉事爾，遂使睢陽危迫，而進明不救，忠賢數人為賊所害，軍民之衆，罹其荼毒。或曰：賀蘭進明，好進之人，巡、遠功名既高，固有嫉之之意。雖無許叔冀爭權，未必出兵救援，則睢陽陷賊，實進明之罪，不繫房琯之過也。答曰：進明先授攝御史大夫，不滿其意，遂極言排琯，交憾愈深，此固好進之人。及帥河南，權任甚重，琯或慮其難制，必用大將以分其權，則當擇賢才任之，使共力國事，奈何叔冀一狡險人為都將，復重其官與節帥等，是正使各尚氣勢不相下爾，豈宰相大公之意也。不然，進明雖好進，於巡、遠功名不無嫉意。當南霽雲求救，忠義憤發，言詞哀切，足以感激於人，稍異木石者，必動心。進明亦非全然凶狠，不知情義者，安得絶無救意！豈非有憚而然耶！或曰：韓愈作《張巡傳後敍》，止言進明嫉巡、遠聲威功績出己之上，不肯出師，不言叔冀事。答曰：愈敍張巡事，以李翰所作傳尚有遺落，據汴徐間老人所言者書爾。老人傳當時事，又豈能窺進明之情況。愈所書止曰遺事：故不盡其本末。《唐史·高適傳》載移書許叔冀，使釋憾同援梁、宋，此事尤足證明。則房琯挾怨用人，致睢陽陷没，頗為得實。嗟夫！琯以時名作相，不能立大功、輔大業，已負肅宗倚任之意，又挾怨用人，致敗國事，則琯之流落以没，非不幸也。後為相者戒之。

宋·蘇軾《東坡全集》卷五〇《顔眞卿守平原以抗禄山》 軾以謂古者任人無内外輕重之異，故雖漢宣之急賢，蕭望之之得君，猶更出治民，然後大用。非獨以歷試人材，亦所以維持四方，均内外之勢也。唐開元天寶間，重内輕外，當時公卿名臣，非以罪責不出守郡，雖藩鎮帥守，自以為不如寺監之僚佐，故郡縣多不得人。禄山之亂，河北二十四郡，一朝降賊，獨有一顔眞卿，而明皇初不識也。此重内輕外之弊，可以為鑑。

又 卷一〇四《人物》 東坡論陳濤斜之敗，曰：房次律敗於陳濤斜，殺四萬人，悲哉！世之言兵者或取《通典》，《通典》雖杜佑所集，然其源出於劉秩。陳濤之敗，秩有力焉。次律云：『曳洛河雖多，安能當我劉秩！』區區之辯，以待曳洛河，疏矣。

宋·李新《跨鼇集》卷一五《汾陽優於保皋論》 嘗謂天下有至公之議，智者不可以明而屈，勇者不可以力而屈，辯者不可以言而屈，富貴者不可以位而屈。一有私其智，矜其勇，穿鑿其辯，虚憍而恃富貴，屈天下之公議，以就乎我，則當時詘之，以為非後世，指之以為罪，於是君子知至公之不可屈也。故凡事機所欲為而有不可者，必不欲決達其志以取夫擬議者之衆。此郭汾陽之不釋憾於李臨淮，誠畏夫至公之議有所在也。至於張保皋之不殺鄭年，又非公議之所可拘矣。杜牧論其事，以謂汾陽優于保皋，愚三復其言，知牧之有黨也。夫牧為唐臣，而子儀亦為唐臣，惟其時不同故，牧之言不敢以蠻夷加中國，而以保皋為劣，得非以此故耶？大抵因牧之言而辯之，則牧之説破矣。

夫保皋、鄭年居徐州，汾陽、臨淮隸籍思順，皋以齒年、以才不相上下，臨淮、汾陽以所敵而不相能，其猜怨則相若也。保皋鎮青海，汾陽為節度，其富貴則相若也。及臨淮持節，分朔方半兵出趙魏，臨淮入請曰：『一死固甘，乞免妻子。』汾陽趨下堂，持其手，勉之以忠義。此汾陽之賢也。年投保皋，馮元規謂曰：『爾以所投，去生取死。』而年至保皋，保皋卒不殺，為人之常情。寧牧不思夫富貴之難感動，而私忿不復者，人之所難能也。且保皋之不得年不為憂，而殺之不為損，居蠻夷中無法度，禮義所，在而蠻夷之性，汎鶩不渝，彼豈知夫！天下有公義，不可以私怨殺人者，一至是耶！保皋之志宜快也，而反以為懽，復分之兵，使平難，其所存可知矣。觀夫光弼説王忠嗣之立賞以收石堡，坐降二將，與夫指顧軍中，軍中不敢仰視，其才必有過人者。使子儀當受命之時，因事中傷之，則天下必曰子儀之殺光弼也。以前日之嫌。然則子儀豈人也哉！而又光弼之材，誠有可用。其不殺也，宜矣。故曰：子儀誠畏天下公議而不殺之，非不能也，勢有不可而不敢也。

若是，則保皋為優矣。且牧之譏居易為文，作纖艷不逞，而稱寧陵之圍，昌殺其甥為當。史既評其非是，然則牧之論兵，愚不敢不與。至於去取乎人，牧之未免乎有黨也。

宋·李彌遜《筠谿集》卷一〇《郭汾陽不懷私忿》 安思順為朔方節度時，郭汾陽、李臨淮俱為牙門，都、將二人不相能，雖同盤飲食，常睇不相視，不交一言。及汾陽代思順，臨淮欲亡去，計未決。旬日，詔臨淮分汾陽半兵，東出趙魏。臨淮入請曰：『一死固甘，乞免妻子。』汾陽趨下，執手上堂曰：『今國亂主遷，非公不能東伐，豈懷私忿時耶！』及別，執手泣涕，相勉以忠義。訖平劇盜，實二公之力。

議曰：李、郭之將牙門，位不足以相制，才不足以相高，其不相能，固人之常情也。及當國家之大計，則不以私忿害其能，且勉以忠義，泣涕從之，訖其成功，以平社稷之難。非忠於君，信於友，能若是歟？退之謂：平居詡詡強笑語，以相取下。一旦臨小利害，僅如毛髮，比反眼若不相識者。聞子厚之風，亦可少愧汾陽之賢。豈特無愧於子厚乎？

宋・李綱《梁谿集》卷一五一《迂論七・論張子房郭子儀之誠智》

高祖取天下以三傑，而黥、彭之徒不足道也。卒之蕭何囚縶，韓信菹醢，而黥，彭亦皆不得其死。獨子房以三寸舌為帝者師，高祖字之而未嘗名，呂后德之而不敢慢，超然遠舉，獨能以功名終焉。肅宗中興以郭、李，而僕固懷恩、來瑱之徒不足道也。卒之光弼，為讒間所乘，遂陷嫌隙。其懷恩、來瑱，亦皆不得其終。獨子儀全名高節，爛然獨著，權傾天下而朝不忌，功蓋一世而主不疑，侈窮人欲而議者不之貶，福禄之盛，人臣莫及焉。蓋子房以其智，而子儀以其誠。智之至者，既明且哲，以保其身，子房以之。誠之至者，忠貫日月，神明扶持，子儀以之。故夫因固陵之問而議韓、彭之地，因複道之見，而圖雍齒之封，樊噲之諫，還軍灞上，則曰：『噲之言可聽也。』劉敬之策，建都關中，則曰：『敬之說是也。』天下已定，道引辟穀，閉門不出，而願從赤松子遊。若是者，豈非子房之智歟？雖智也，未嘗不本之于誠。提孤軍以戡大憝，仗大義以造王室，單騎免冑以見回鶻，減省騶從以過朝恩。大難略平，遭讒甚，奪兵柄，而朝聞命，夕引道，無纖芥自嫌。若是者，豈非子儀之誠歟？雖誠也，未嘗不照之以智。蓋徒智而已，不本于誠，則陰謀秘計，人得以疑之。此陳平之智有餘，所以為高祖之所疑也，何足以語子房哉！徒誠而已，不照之以智，則直情徑行，物得以欺之。此馬燧之智不足，所以為吐蕃之所欺也，何足以語子儀哉！自古立功名者多矣，漢、唐以來未有若子房、子儀之懿者也。有志之士，可不景慕而師仰之哉！

宋・張耒《柯山集》卷三八《李郭論》 雄傑好亂之士，可服以天下之大義，不可掩以匹夫之小數。何也？彼其心甘為理屈，不肯負人以其智。幸而掩之得志，其後必大亂，凶悖放恣，而後其志乃已。此不可不慎也。漢高祖苟一時之便，偽遊雲夢而執韓信，雖能執信，而信之反心自此生矣。當此時，高才智士，亦有輕其君之心。故英布、貫高之亂繼踵而起者，此非服英雄之道也。

李光弼提孤軍，與安史健賊百鬬百勝，其治軍行兵，風采出郭子儀之右，而當時諸將，皆望風服子儀，如敬君父。而光弼之在彭城，諸將已不為使。子儀能使吐蕃謂父，而史思明乃上書請誅光弼，大抵光弼之實不及子儀之名，子儀安坐而有餘，光弼馳騁而不足。予嘗思其故。讀《史思明傳》，見光弼使烏承恩潛殺史思明事，而後知李、郭之優劣。蓋子儀之爲人至誠不欺，主於忠信，其胸中洞然，大人也。故靜則人安其德，動則人服其義。光弼用烏承恩，使襲殺史思明。此雖狡夫詭道之常態，意其人必雄悍驃勇，而中有所不可保信者。市井之智，盜賊之謀，有時而用也，不然何以召史思明之侮，而田承嗣之膝獨為尚父屈歟？此于服人之道，小矣。

嗚呼！成事以材，不若以德，服人以智，不若以理。惟德與理，始鈍終利，以之治大，以之行遠，未之有悔也。

宋・孫甫《唐史論斷》卷中《九節度使討安慶緒》 論曰：用師不立統帥，固鮮成功，又況內臣監其事也！慶緒反於東都，凶勢已去，雖有衆數萬，尚據相州，人心賊氣，不同前日。一子儀一光弼討之，沛然有餘力，何必二帥併命！既，以二帥俱元勳，難於相統，故不立元帥，雖失用帥之法，別無維制，猶可成功，何至假魚朝恩觀軍容宣慰之名！朝恩內臣，天子所親信者也。天子親信之臣而觀軍容，且復宣慰，是主一時之事也。既主其事，必有預謀畫、作恩威取功名之意。然子儀光弼以元勳自任，必不曲從也。諸鎮之將，觀其勢，肯不附托乎！肯無畏避乎！他將各自為謀，子儀光弼盡力於事，命令不能制於衆矣。措置如是，欲不敗，不可得也。故數月間不能平定殘寇，九鎮之師卒潰而歸，河南之民大罹其毒，由茲措置之失也。

又 《李光弼斬御史崔衆》 論曰：將帥專閫外之事，不行法，不尚威，固難以立功。然行法、尚威，止以制服部下將士，使一聽吾令，盡力於事也。若天子遣使於軍中，有所違犯，亦自戮之，則置朝廷於何地！況靈武初基，大亂未定，為將帥者，固當盡忠義之心，尊奉王室，以起盛大之勢，尚慮威靈未張，安得為强横之態，以輕朝廷！即崔衆奉詔交兵，驕慢將帥，此固有罪，奈奉朝命何！不論奏其狀，乞行國法，於時天子方倚注，將帥無不從之理。天子從之而行法，則將帥尊朝廷威，二事俱濟矣，何至忿其無禮，遽行軍法！朝廷已任其人，堅拒王命，至言宣敕則斬，中丞拜宰相則斬，宰相此强横之甚矣。且穰苴之斬監軍，以苴起卑下未為將士信服，故請君之寵臣監軍，因其有犯而行法，立威以濟國事，非已有所忿也。光弼受將帥之任，功效已著，威名已高，不待戮衆而三軍信服矣。況衆為御史奉朝命交兵，又非監軍之比，以驕慢戮之，是因忿而行法，至有斬宰相之語，豈非强横之態也！將帥之臣，遇朝廷微弱，强横自恣，此固跋扈者常事。且光弼忠賢，不當如是。蓋暗於大體，忿而不思也。光弼將帥之才，傑出於時，平賊之功高，於諸將，晚為讒人所間，大節微虧，蓋不能去强横之態也。惜哉！

又《烏承恩為史思明所害》 論曰：李光弼謀史思明事，何不度事機，不顧國體之甚。思明為禄山逆黨，罪不容誅，但能從耿仁智忠義之言，以范陽一道歸於朝廷，雖險詐之心，未可全信。已能斬安慶緒之黨，表歸順之節，天子命之節帥，封之王爵，恩寵方厚，未見復叛之迹，何遽遣人圖之也！若以叛逆之罪，險詐之情，必不可留，亦須國威，兵力足以制服，其心赫然，命將誅之，示天下去惡之法。何至方降國命之際，乃遣人為之副介使，潛結部曲圖之，此豈國體也。況河北殘寇尚未平定，叛逆之黨方觀國之恩信厚薄為嚮背之計，思明既以歸順被寵，隨而圖之，使叛者決其計，此又豈事機也！使思明復叛，大亂兩河，毒生民，敗王師，凶勢之盛，數年始平，由兹失策矣。噫！光弼賢將，謀乃如是之失，後之謀國事者得不深慮之。

元·陳世隆《北軒筆記》 唐興以來，邊帥皆用忠厚名臣，不久任，不遥領，不兼統，功名著者往往入爲宰相，其四夷之將，雖才略如何史邵杜爾、契苾何力，猶不專大將之任，皆以大臣爲使以制之。及開元中，天子有吞四夷之志，爲邊將者十餘年不易，始久任矣。皇子則慶、忠諸王，宰相則蕭嵩、牛仙客，始遥領矣。蓋嘉運、王忠嗣專制數道，始兼統矣。李林甫欲杜邊帥入相之路，以邊人不知書，乃奏言文臣爲將，怯當矢石，不若用寒族邊人。邊人則勇決習戰，寒族則孤立無黨。誠以恩結之，彼必爲朝廷盡死。玄宗悦用其言，始用安禄山。至是諸邊節度使盡邊人，精兵咸戍北邊，天下之勢偏重，卒致禄山傾覆京室。嗚呼！姦相固寵，一言可以亡國。將相中外之關，可不慎歟！

明·方孝孺《遜志齋集》卷五《郭子儀》 寓高世之意於衆人之迹，受天下之疑，被身後之謗而不辭者，君子之用心也。名譽不脩，固衆人之所恥，而名譽大盛者，尤君子之所畏。挾莫尚之功，負蓋世之名，居危疑之地，自古鮮有不敗者。而郭子儀能以功名終，此其人之賢。宜若有特立絶俗之行，而史氏謂其窮奢極欲而人不非之，論者尤史氏之妄，以爲子儀必不至此，而不知子儀所以爲智也。有忠正之心，而不見信於主，有安當世之才，而不能使當世安乎？已以盡其用，皆有以致之而然耳。子儀之賢，其思之熟矣。提大將之節，奪海内於羣盜之手，而歸之唐威，聲震乎異域，功德加乎羣臣。此中主之所不能無疑者，況肅代之陋狹，德宗之猜忌乎？

於斯時也，子儀之子猶意其薄天子而不爲，則庸夫小人之過，揣謬度子儀之心者多矣。雖置萬喙，自解於天下，猶不能自明也。子儀以爲使已見疑於君，陷吾君有殺功臣之名，不若少狥衆人之迹以自汙，使君臣俱全而已，獨受奢欲之名之爲愈也。故其事雖類乎衆人之爲，而其心實在乎安國家、利社稷，使巧佞之徒知己之不足疑，而其君釋然不復知其爲可忌，其深慮遠計邈乎不可及，非真有意於奢欲也，明矣，而論者至今疑之。望子儀太高者，以爲必不肯爲。待子儀太淺者，遂以子儀果不忘情於利欲，奢而至於窮，欲而至於極，稍知禮義者之所羞爲，子儀曷爲而爲之乎？求其迹而不察其心，宜乎，知子儀者鮮也！

沛公入關，而財物無所取，婦女無所幸，范增疑其有大志，而勸項籍急擊勿失。使子儀不以此自汙，寧知朝恩、元載不以疑沛公者譖子儀乎？裴度功名不及子儀遠甚，李逢吉之黨謗其名應圖讖，非敬宗察之，度幾不免矣。子儀雖受謗於羣小，而未有以不臣爲言者，尤可見子儀之智，非度可望也。雖然，名者人之所惜也，子儀受汙穢之名而不辭，豈其所願哉？故人處危疑之際，而行不失義，若伊尹、周公，後世之法也，不得已而以利祿自累，此子儀之智也，亦子儀之不幸也夫。

明・楊慎《升菴集》卷四七《李泌家傳》 柳玭稱李泌佐肅宗，兩京之復，謀居多，其功大於魯連、范蠡，而取范陽之謀，其首也。史多逸其事，惟《鄴侯家傳》為詳。司馬公《通鑑》多載之，至《朱子綱目》乃以《家傳》出其子孫門生，疑非實録，善乎？眉山史照之言曰：家傳誠不可盡信，亦豈得盡不信哉？

又 卷四八《李光弼中潭之戰》 胡致堂云：『中潭之戰，李光弼不遺餘力，僅而勝之，使郭子儀相與掎角，賊可平矣。』余謂非也，豈有二將共事，能成大功者乎？諺曰：『梢工多，舟必破；四公子棋奕，必不勝。』相州九節度之敗，子儀、光弼俱在焉，以勢相埒而不相下也。儒者紙上之語，使之當國，豈不誤蒼生乎？或問予曰：『郭李之將齊名，使子儀當中潭之戰，何如？』未可知也。子儀之持重，光弼之勁捷，各有所長。以詩喻之，郭如子美，李如太白。以文喻之，郭如韓，李如柳。論詩文雅正，則少陵昌黎。若倚馬千言，放辭追古，則杜韓恐不及太白子厚也。

明・王世貞《讀書後》卷三書《李光弼傳後》 史思明亦悍胡也，其材力遠出祿山上。李臨淮之角之，凡兩大勝，一大敗，其勝者皆用寡，而敗者乃用衆。用寡之勝，皆乘險謀，豫以忍而屈之，野戰則敗。郭汾陽之始，能用衆而不能用寡，即用衆亦未必決勝也。晚節之捍吐蕃、回紇，始乘險謀，豫以忍而屈之，故不敗而卒爲宗社之元臣。惜哉！臨淮之有功名而不善居之也。凡臨淮之才略，心事與陶士行略相當，其治軍臨淮爲最，治民士行爲最。臨淮不幸而與河北之藩鎮近，士行幸而與温太真合而見推挽，不至作愧憤死。噫嘻，亦數哉！

明・李東陽《懷麓堂集》卷三七《讀唐史》 昔人謂壞唐者三：女寵也，姦臣也，宦官也，惟玄宗兼有之。中宗有女寵而無宦官，敬宗有宦官而無女寵，然皆身死賊手，恨貽來世。若玄宗者，內有楊貴妃、高力士，外有李林甫、楊國忠。彼林甫、國忠之於貴妃、力士也，株連蔕結，狐媚狗合，左巢右窟，牢不可破，職是三者，可以亡矣。而又有安祿山者，闖乎其間，林甫能制而不制，乃養之以自翼。國忠不能制而欲制之，乃激之以自快。玄宗者，岌岌乎！當敗局而據危巢，豈翅寄生孤注之類哉！然則不死於數人之手，幸也。有國家者，觀乎此，可以慄慄乎，其畏也已。【略】

玄宗當播遷之際，昏耄既極，無尺寸之策，決於一走，使肅宗不從父老之留，天下非復唐有矣。然唐之存亡，繫於太子之留不留，而不繫於即位與否。肅宗以儲君討賊，天下誰不應之！夫玄宗嘗有高枕之言，既沮於宮中之請，及傳後軍之命，又已於馬上之辭。是時楊氏既誅，長安未保，誠無樂乎爲君！雖靈武之報不行，而實册之使必至。使肅宗直以遺大投艱之義，流涕西向，再拜受命于馬嵬之下，較之遜避於咫尺之間，而掩襲於遲疑之後，猶之可也。嗚呼！李泌未至而李輔國在傍，彼肅宗者何以及此哉！故其即位也，未嘗不以爲當然，而其矯情固遜，至于三四而不已者，亦其心有不安矣。泌之言曰：『家事宜俟上皇，不然後世何以辨！』靈武即位之意，則其臣有所不安矣。廣平王俶之言曰：『陛下未奉晨昏，臣何敢當儲副！』則其子有所不安矣。欲免於後世之公議，得乎？爲人臣子而不通《春秋》之議者，必陷簒弑之罪。彼肅宗固不待西內之隙，吾無以末減云爾。【略】

肅宗治從逆之黨，以六等議刑，不忍之過也。春秋之法，人臣無將，將必誅。《禮曰》：『臣弑君，凡在官者，殺無赦。子弑父，凡在官者，殺無赦。』豈有受他人之爵而爲之臣子者，而吾復從而君之哉！李峴之議，是畏人之附賊而屈法以誘之，乃益狎其附賊之心也。

清・朱軾《史傳三編》卷二三《名臣傳十五・顔杲卿 眞卿》 論曰：杲卿、眞卿各以一郡起兵討賊，事雖無成，大義凜千載矣！義聲一動，河北響應，以二公之才烏合二十萬，而常山未及旬日，平原亦終不支。胡氏《史論》謂明皇保姦棄賢，天固不使得忠義之報，信夫！杲卿罵賊，百世下如聞其聲，眞卿立朝忠貞勁直，侃侃乎社稷之佐，臨難則抗節賊庭，至死不屈，二人為唐室增光豈小哉？

清・朱鶴齡《愚菴小集》卷一一《唐肅宗論》 《春秋》之法，國君即位不以正則不書。後世統緒不明，儒者自當引經而斷。然事勢處于不獲已，又當有變通之論，權衡其間。唐肅宗即位靈武，范氏祖禹以叛父罪之。吾嘗詳考其實，肅宗非叛父也，事勢蓋有不得不然者。何以明之？西京傾陷，天子西奔，中原故地，率非唐有。斯時，討賊之任，專責太子，中興之望，咸歸太子。父老之遮留既切，羣臣之勸進又堅，肅宗即避尊位，人情其能已乎？史稱玄宗次馬嵬，宣旨欲傳位太子，太子號泣不受。然則靈武即位，本遵馬嵬之成命耳。當宣旨時，設有深識遠見者，從旁力贊，則父子之間，傳襲甚正，惜扈從諸人，倉卒不及此，而非肅宗之罪也。靈武距成都不下萬里，山谷崎嶇，奏請道絶，軍機進止，立斷斯須，撫軍監國之號，非所施于此日。又況所控御者西北諸胡，所制置者李、郭、僕固諸大帥，所驅策者關內思歸之將士，不居尊位以臨之，則威命不行，威命不行，則衆心離沮，雖欲建興復之業，將誰與共功乎？迨夫即位之後，親總元戎，制命諸將，二京克復，九廟不移，迎上皇居興慶，累表請避位東宮，不許而後受之。肅宗于人子之道，未爲失也。

元結《中興頌》所云：『太子即位，亦據事直書，豈有譏乎？夫天子之孝以安國家、定禍難爲大耳，苟能安國家，定禍難，雖冒不韙之名，君子猶將恕之，況馬嵬又命之于先乎？』吾故曰：『肅宗之即位，事勢蓋有不得不然者，不當以是爲深罪也。然則肅宗烏乎罪？』曰：『肅宗之罪，莫甚乎宣政受册以後，使讒間得行考史。上皇還京，御殿册命者，再親著黄袍，手授國寶，其慈亦至矣。肅宗于此時，使克修寢門之問，不改家人之禮，兩宮無阻，情愛交通，奚至上元初有移仗之事哉？劫遷西內，高、陳貶斥，上皇寖以成疾，悒悒崩殂，豈非肅宗子道不終，晨昏闕節，遂使輔國、良娣得投其隙而媒糵之耶？所以然者，肅宗本非撥亂之才，天資愔懦，略近高、中二宗。牽私昵而忽遠圖，樂因循而少夬決，始以輔國之讒言殺其愛子，既以輔國之箝制疏其慈父。此誠可爲後世人主溺晨牝恣宫奴之戒。』然説者因是而遂以輔國之惡歸之肅宗，謂靈武擅立，猜忌其父，併猜忌其父相房琯，至比之商臣、楊廣，則又不然。琯喪師陳陶，律以漢法，罷免爲幸，如謂鈎父，諸臣以爲黨。崔圓亦玄宗相也，何獨久任耶？太子諸王，分鎮討賊，此最爲謬計。

劉晏貽琯書，謂諸王出深宫，一旦望桓、文，功不可得，永王璘之反，其明鑑也。以罷琯而實肅宗之罪，因以實肅宗即位之罪，爲此説者，亦太深文矣哉。吾故斷之曰：『肅宗得罪其父，在宣政受册以後，而不在靈武即位之日，庶幾得其平云。』

清·王夫之《讀通鑑論》卷二二《唐玄宗》 天寶元年，置十節度使，其九皆西北邊徼也。唯河東一鎮治太原，較居內地。別有嶺南經略，長樂、東萊、東牟三守捉，亦皆邊也，而權抑輕。若畿輔內地，河、雒、江、淮、汴、蔡、荆、楚、兖、泗、魏、邢，咸弛武備，幸苟安，而倚沿邊之節鎮，以冀旦夕之無虞，外强中枵，亂亡之勢成矣。蓋自一行立兩戒説，分用文用武之國，於是居輕御重、强枝弱幹之術行，而自詫其鞏固。方玄宗之世，吐蕃、突騎施、奚、契丹雖倔强不賓，而亦屢挫衄以退，本無可用防禦者。無故而若大患之在邊，委專徵之權於邊將，其失計固不待言矣。即令外寇果强，侵陵相迫，抑必內屯重旅，以時應敵，而不容棲重師於塞上，使玩寇失防，一敗而無以爲繼。況周、漢之亡，癰先內潰，覆車不遠，豈盡由四裔乎？

寇之起於內也，非能亟聚數萬人以横行天下；其或爾者，又皆烏合而弗難撲滅者也。唯中原空其無人，則旋滅旋起，而無所彈壓。撤邊兵以入討，必重虐吾民，而人心離叛；偶一折喪，乘勢以收潰卒，席捲以行，而邊兵皆爲賊用，然後鼓行而入無人之境，更無有挾一矢以抗之者，社稷邱墟在旦晚之間耳。

夫使禄山之亂，兩河、汝、雒、淮、楚之間，有大臣屯重旅，拊其入關之背，而迫之以前卻兩難之勢，賊其敢輕窺函谷哉？封常清一身兩臂，募市人於倉卒，以授賊禽，其爲必敗無疑矣。二顔之起河北，張、許之守睢陽，皆率市人以戰，賊之所望而目笑者也。李、郭雖出，九門克捷，而不救潼關之敗。觀於此，則虚其腹心，以樹强援於四末，一朝瓦解，大廈旋傾，勢在必亡，無可拯救，必然之券矣。

且重兵之在邊也，兵之强弱，朝廷不得而知也；將之忠姦，中樞不得而詰也。兵唯知其將之恩威，而不知有天子；將一失其所守，而自放爲遊兵，潰而散，靡而降，反戈而內訌，豈徒禄山犯闕、天子奔蜀爲然乎？楊劉一潰，而朱友貞匹馬無投；恒州一衄，而石重貴束身待縛；種師道入援不振，而宋徽父子憑孤城以就獲。千古敗亡之一軌，自犬戎遽起，烽火無援，其來久矣。東漢黎陽之屯，差爲有恃；乃其亡也，亦以邊强腹弱，而山東義旅，不敵董卓之胡騎。後之謀保天下者，可弗鑑諸？

【略】

秀者必士，樸者必農，僄而悍者必兵，天與之才，習成其性，不可移

也，此之謂天秩，此之謂人官。帝王之所以分理人物，而各安其所者，此而已矣。【略】

唐之府兵，世著於伍，垂及百年，而違其材質，强使即戎，於是而中國無兵。安禄山以蕃騎渡河，入無人之境，直叩潼關，豈中原之民一皆脆弱，無可奮臂以興邪？顔魯公一振於平原，旬日之間，而得勇士萬餘人，於是盧全誠於饒陽，李奐於河間，李隨於博平，而顔常山所收河北義旅凡二十餘萬，張睢陽所糾合於雍邱者一日而得數千人，皆蹀血以與賊爭死命。斯固三數公忠勇之所激，而豈此數十萬比屋之民，皆養憤填胸、思拯國難者乎？慓輕鷙悍之材，誠思得當以自效，不樂於負耒披蓑，寧忘身以一逞，其材質不任農而任兵，性以成、情以定也。然則拘府兵之故紙，疑彍騎爲虚文，困天下材勇於隴首，蕩泆遊閒，抑不收農民之利者多矣。違其性，棄其長，强其短，徒弱其兵，復窳其農，唐安得有兵與民哉？

唯其不能收天下之材勇以爲國用，故散在天下，而天下皆得以收之，忠者以之效其忠，邪者以之黨其邪，各知有所募之主帥，而順之與逆，唯其馬首是瞻，於是乎藩鎮之勢成，而唐雖共主，亦與碁立以相敵。延及五代，天下分崩，互相吞滅，固幽、燕叛逆之所倡，抑河北、山東義兵之所啓也。若夫高僊芝、封常清迫而募於兩都者，則市井之罷民，初不足爲重輕者也。民懲府兵之害，聞召募出於朝廷，則畏一登籍而貽子孫之禍，固不如河北、山東、雍、睢牧守之號召，人樂於就而能得其死力也。【略】

嗚呼！非徒天子然也。郡縣之天下，守令爲天子牧民，民其所司也，土非其世守也。禄山之亂，守州郡者如郭納、達奚珣、令狐潮之流，望風納款，乃至忠貞如顔杲卿、袁履謙、張巡者，亦初受脅迫而始改圖，困守孤城而不知變計，幾陷於逆，莫能湔滌。力不能如顔魯公之即可有爲也，則何如潔身以避之，徐圖自效可也。身居危困之外，自有餘地以致身盡瘁；而濡忍不決，勢迫神昏，自非與日月爭光之義烈，『艮其限，厲熏心』，亦危矣哉！不保其終無玷也。故守令無三軍之寄，而以失城坐大辟，非法也。去亦死，守亦死，中人之情，畏死其恆也，迫之以必死，則唯降而已矣，是敺郡邑以從逆也，故曰非法也。

又　卷二三《唐肅宗》　於稽其時，玄宗聞東京之陷，既欲使太子監國矣；其發馬嵬，且宣傳位之旨矣。乃未幾而以太子充元帥，諸王分總天下節制，以分太子之權。忽予忽奪，疑天下而召紛爭，所謂一言而可以喪邦者在此矣。盛王琦、豐王珙，皆隨駕在蜀；吴王祇、虢王巨，皆受專徵之命；永王璘之出江南，業已抱異志而往；是蕭梁骨肉分爭之勢也。河北、雍、睢之義旅，罔測所歸；河西李嗣業，且欲保境以觀釁；安西李栖筠，愈遠處而無適從；李、郭雖心王室，且斂兵入井陘，求主未得而疑；同羅叛歸，結諸胡以内窺，僕固玢敗而降之爲内導，以掣河東、朔方之肘；此漢末荆、益，西晉河西之勢也。使一路奮起討賊，而諸方不受其統率，則爭競以生；又李克用、朱全忠不相下之形也。諸王各依一鎮以立，諸鎮各挾之以爲名；抑西晉八王之禍也。居今驗古，不憂安、史之不亡，而亡安、史者即以亡唐。託玄宗二三不定之命，割裂以雄長於其方，太子雖有元帥之虚名，亦惡能統一而使無參差乎？玄宗之猶豫不決，吝以天下授太子，不盡皆楊氏銜士之罪也，其父子之間，離忌而足以召亂久矣。夷考其時，西京被陷，而禄山留雒，不敢入關，孫孝哲、安守忠、李歸仁、張通儒、田乾真之流，日夜縱酒宣淫而無戰志，搜索民財，人皆怨憤，顒首以望王師，薛景僊破賊於扶風，京西之威已振，畿内豪傑殺賊應官兵者四起，肅宗既擁朔方之衆，兼收河西、安西之旅，以臨欲潰之賊，復何所藉於回紇而後敢東向哉？此其故有二，皆情勢之窮，慮不能及於遠大也。

其一，自天寶以來，邊兵外强，所可與幽、燕、河北併峙者，唯王忠嗣之在朔方耳。玄宗自削其輔，奪忠嗣而廢之，奉忠嗣之餘威收拾西陲者，哥舒翰也。翰爲禄山屈而稱病閒居，朔方之勢已不振，既且盡撤之以守潼關，而陷没於賊。郭、李雖分節鉞，兵備已枵，固羅叛歸，又扼項背以掣東下之肘，故郭、李志雖堅，名雖盛，而軍孤且弱，不足壓賊勢於未灰。陳濤之敗，繼以清渠，不得專咎房琯而謂汾陽之所向無前也。推其致弱之繇，玄宗失計於前，肅宗不能遽振於後，積弱乍興，不得不資回紇以壯士氣而奪賊膽，其勢然也。

其一，肅宗已至鳳翔，諸軍大集，李泌欲分安西、西域之兵併塞以取幽、燕，使其計行，則終唐之世，河北跋扈之禍永消；而肅宗不從，急用回紇疾收長安者，以居功固位不能稍待也。其言曰：『切於晨昏之戀，不能久待。』徒飾説耳。南内幽居，父幾死於宦豎之手，猶曰功在社稷，晨昏之語，將誰欺乎？蓋其時上皇在蜀，人心猶戴故君，諸王分節制之命，玄宗且無固志，永王璘已有琅邪東渡之雄心矣。肅宗若無疾復西京之大勳，孤處西隅，與天下縣隔，海岱、江淮、荆楚、三巴分峙而起，高材捷足，先收平賊之功，區區適長之名，未足以彈壓天下也。故唯恐功不速收，而日暮倒行，屈媚回紇，縱其蹂踐，但使奏效崇朝，奚遑他恤哉？決遣燉煌王以爲質而受辱於虜帳，其情然也。

史思明降而復叛，肅宗使烏承恩陰圖之，而給阿史那承慶鐵券以離其黨，事覺而速其反，謀之不臧，祇以速亂。雖然，亂自速耳，卽弗然，而思明豈悔過自新、終於臣服者哉？張鎬之策，李光弼之請，非過計也。安慶緒欲圖思明，耿仁智、烏承玼乘其危疑而誘之以降，於時慶緒孤保鄴城，不亡如綫，思明既甚其圖己，抑料其必亡，姑爲自全之計，持兩端以觀釁，其不可恃也，亦較著矣。慶緒之心既非不可解之仇，無難數易；而唐室君臣復東京而志已滿，回紇歸，子儀弱，威力不足以及河朔，明矣。思明何所憚、復何所歆，而已張之爪距弭耳受柙乎？曠歲無北伐之師，思明目已無唐矣，不反何待焉？

安、史之滅，自滅也，互相殺而四賊夷，唐不能俘馘之也。前之復兩京，後之收東都，皆乘其敝而資回紇之力，李、郭亦因時以取大勳，非有血戰之殊勞焉。以戰功論，李光弼奮其智勇，克敵制勝之功視郭爲多；郭則一敗於清渠，再潰於相州，功尤詘焉。

清·愛新覺羅·弘曆《御製樂善堂全集定本》卷五《唐肅宗論》 天寶之亂，明皇幸蜀，肅宗留靈武，其秋卽位，尊帝爲太上皇。君子曰：肅宗之立非禮也，雖云依衆人之情，順明皇之命而速取大位，開後世幸亂之端，豈非悖於子道哉？及其削除大難，定天下，迎上皇還西京，奉養晨昏，親修子職，可謂善矣。然聽嬖幸之言，遷上皇西內，以兵守之，又非人類之所爲矣！世稱其克復之功，目之爲中興，然而慚德實多。當是時，子儀效力於外，李泌謀之於內，故平逆亂易如反掌。迨反正之後，肅宗之志荒矣，始則興復方隆而建寧身死，後則身沒未幾而良娣被弒。身爲人子而不保其父，爲人父而不保其子，爲人夫而不保其妻，三綱淪矣，夫何足論之有？

又　卷三九《閱史緒論》　李光弼與史思明戰於邙山，敗績。兵機遲速，關係最重，利害所爭，間不容髮。有宜速而遲者，固失事機，有宜遲而速者，亦患於輕躁，皆足取敗。至於輕信僉壬浮說，及令中使督師，往往僨事，以至全軍覆没，如魚朝恩之促李光弼者，何可勝數？明季亦坐此弊。

又《唐明皇次於馬嵬　軍士殺楊國忠》　唐明皇躭於逸樂，任用楊國忠，以致倉卒出奔，軍士憤怨。是其素所逸樂者，卽取禍之道也。歷觀史册，比比皆是矣。

清·王楨《史弋》卷下《李林甫》　安禄山反，楊國忠激之而，所以壅蔽明皇，以成禄山反者，李林甫也。諸道節度使盡用禄山黨類，以傾覆天下，皆李林甫專寵之謀爾。嘗遣人至禄山，語安大夫須好檢點。則禄山之謀，林甫知之素矣，而不思預防，以致社稷幾危，其奸孰甚焉。嗟夫！林甫爲相擅權，怨仇滿天下，行則步騎翼身，居則重關復壁，然則人亦何樂而爲此哉！

又《甄濟》　甄濟守節不汙，得以自全，忠矣。當其引首待办之時，豈預知不死，以俟唐之克復哉？及賊平，帝令受賊官爵者拜濟，原以愧其心而已。魏於禁之降而歸也，魏主書龐德憤怒，禁降伏狀，縣於陵屋，禁見慙恚而死。吁！唐之拜濟諸臣，其亦有慙恚而死者與？

又《許遠》　嗚呼！許遠之死於慶緒，與死于睢陽豈有異哉？議者謂遠畏死，而辭服于賊，不亦刻乎？遠之死也，雖未慨慷就義，捐軀於呼吸之間，而從容取死，久而不變，亦可謂善於處死者矣。嗟嗟！人亦知文山。苟黄冠歸故鄉，其難更過於柴市耶！

又《哥舒翰》　哥舒翰，唐之大將也，爲楊國忠所促，出兵潼關，戰敗而降，不忠孰甚焉！猶且伏地求活，不過偷生爲目前計耳。然翰偷生目前，而能保異日之終不死耶？嗚呼！使翰移其死於慶緒者，而死於戰敗之時，豈不與顔杲卿同爲唐之忠臣乎？

清·朱軾《史傳三編》卷二三《名臣傳十五·張巡　許遠》　論曰：張巡忠義貫星，日薄雲霄，且其才亦不世出。使假以尺寸之柄馳驅中原，收復兩京，豈出子儀下？遠才稍不逮巡，然推賢讓能，同心共濟，至死不少回屈，可謂志士仁人，相得益彰矣。嗟！彼孤城餓卒，經數百戰而未嘗一敗。卒障江淮以保東南半壁，韓愈謂：『天下不亡，二公之力。』豈過論哉？

又　卷二四《名臣傳十六·郭子儀》　論曰：子儀一生惟忠與誠而已，功蓋唐室而主不疑，權傾天下而衆不嫉，忠誠之所感也，在易中孚可化豚魚。孔子曰：『言忠、信行、篤敬，雖蠻貊行矣。』於回紇、魚朝恩等見之。

又《李光弼》　論曰：光弼，賢將也。其用兵峻厲嚴肅，料敵如神，唐室中興，厥功爲鉅，獨異其起戎行而能持節，行讀書執禮，以孝友著聞斯，豈尋常將帥所可同年語歟？使時無朝恩元振不以憂讒懼禍來，晚節全鏡之埃，則汾陽何以過焉？

清·愛新覺羅·弘曆《御製樂善堂全集定本》卷五《郭子儀論》　自古大臣出將入相，爲國安危者，必有忠誠之德，經世之才，有以扶危定傾，安邦守國，然後立非常之功，萬世之業。漢之孔明，唐之子儀，信其人也。二公皆以忠正老成爲當世人望，加以非常之才，功盖天下。是故亮没而漢亡，子儀存而唐復，古今所稱，不可誣也。當天寶之亂，明皇幸蜀，肅宗嗣位，河南、河北、兩京皆爲賊有，蜂屯蟻雜，不可爬梳。而子儀以朔方之兵平定中原，收復兩京，唐祚中復，其有功於唐大矣。及天下略平，大難略定，讒臣伺間，奪其兵權。然朝命夕至，無纖介於心，單騎見敵，感以誠信，非篤於君臣之義，動天地而泣鬼神者，能之乎？事上忠，御下恕，待人和，馭將誠，故朝恩以小人而知化，承嗣以傲狠而拜使，回紇以蠻貊而慕誠，靈耀以據汴而衞幣，勳名顯爍，千古不朽，惟其忠義篤誠根於心故也。

又　卷一〇《十臣贊·郭汾陽》　河之曲賊厲，其屬矯矯。汾陽疾馳，搴其纛、蘽之城，淪於思明。皤皤汾陽，偏師挫其萌。乃搴乃挫，禄山喪謀。卒帥虎臣，克復神州。滅安殲史，旋定河中。吐蕃夜潰，代宗復國，緊惟公之功。招之卽來，麾之卽去。往説葛羅，仗此忠恕。靈耀衞幣，承嗣拜使。朝恩歎爲長者，懷恩麾下，亦愧從於不義。惟誠感物，惟明保身。孰克當此，維公之云。

藝文

唐·徐寅《徐正字詩賦》卷二《開元卽事》　曲江眞宰國中訛，尋奏漁陽忽荷戈。堂上有兵天不用，幄中無策印空多。塵驚騎透潼關鎖，雲護龍游渭水波。未必蛾眉能破國，千秋休恨馬嵬坡。

又《馬嵬》　二百年來事遠聞，從龍誰解盡如雲。張均兄弟皆何在，卻是楊妃死報君。

又《華清宮》　十二瓊樓鏁翠微，暮霞遺卻六銖衣。桐枯丹穴鳳何去，天在鼎湖龍不歸。簾影罷添新翡翠，露華猶濕舊珠璣。君王魂斷驪山路，且向蓬瀛伴貴妃。

又《再幸華清宮》　腸斷將軍改葬歸，錦囊香在憶當時。年來卻恨相思樹，春至不生連理枝。雪女塚頭瑶草合，貴妃池裏玉蓮衰。霓裳舊曲飛霜殿，夢破魂驚絶後期。

又《依温飛卿華清宮二十二韻》　地靈蒸水暖，天氣待宸遊。嶽拱蓮花秀，峰高玉蕋秋。朝元雕翠閣，乞巧繡瓊樓。碧海供驪嶺，黄金絡馬頭。五王更入帳，七貴迭封侯。夕雨鳴鴛瓦，朝陽晔柘裘。伊臯爭負鼎，舜禹讓垂旒。墜珥閒應拾，遺釵醉不收。飛烟籠劍戟，殘月照旌斿。履朔求衣早，臨陽解佩羞。宫詞裁錦段，御筆落銀鈎。帝里新豐縣，長安舊雍州。雪衣傳貝葉，蟬鬢插山榴。對景瞻瑶兔，升天駕綵虬。此言遊月宫。羽書陳北騎，玄甲擐犀牛。聖誥多屯否，生靈少怨尤。穹旻當有輔，帷幄豈無籌。鳳態傷紅艶，鸞輿緩紫騮。樹名端正在，人欲夢魂休。讖語山傍鬼，塵銷隴畔丘。重來芳草恨，往事落花愁。五十年鴻業，東漂渭水流。

又　卷三《駕幸華清宮》　明皇帝號天上來，華清宮兮雲際開，離紫禁而千官捧日，出清門兮萬騎屯雷。巫山之翠珮珠璫，皆移雲雨；洞府之霓旌絳節，盡去蓬萊。當其鯨海澄波，驪山叠翠，架瓊宮玉殿之宏絶，鎖萬戶千門之祕邃。上以我無爲而國無事，記一千年之歷數，富有寰瀛；起五十里之烟霞，長懸夢寐。於是躍馬驂龍，烟馭風從，從我者七貴中貴，翊我者姚公宋公。蒙茸之組繡烟花，香隨輦路；錯落之星辰日月，影射虛空。及其鰲負瑶臺，縈主玉蘂，翔鴛振鷺以環列，九棘三槐而森峙。玉帛駢積，梯航萃止，隋侯明珠兮餝車馬，霧縠雲羅兮縈步履。飄蘭散麝，常薰昭應之香；落翠遺珠，遍爨新豐之市。鸑鷟麒麟，禎祥日臻，朱閣拜玄元皇帝，金車迎虢國夫人。其有夜光枕貴，玉蘂冠新，眷五王之燕語，倚六相於陶鈞。其或露冷仙掌，波出渭津，河漢佳期，七夕會牽牛之什；雲天勝賞，中秋迎顧兔之倫。莫不龜鼎祈年，夔龍奉職，眞人羽客兮薦方術，朱草靈芝兮表生殖，詩成而玉甕題新，雲滿而温泉暖極。煙霄可止，期驂彩鳳之翔；光景難留，誰束金烏之翼？諫切雖納，思深半惑，禄山已變，猶期其十月來王；林甫既奸，合省其多方蠹國。竹語絲喧，中元上元，菓靖之靈丹舊得，花奴之羯鼓新翻。人間有大貝明珠，皆歸戚里；世上無清歌妙舞，不屬梨園。是何樂極悲來，時移代促，燕中之鐵馬俄起，環上之羅衣莫贖。華清宮觀兮闃無人，山青兮水緑。

又《再幸華清宮》　明皇以既剪漁陽，塵清帝鄉，自蜀郡而初還輦輅，幸華清而幾隔星霜。

巍峩而紫府洪都，重開聖日；牢落而金門玉戶，幾閉春光。是何樂極難期，繁華易久，時易而鳳髻成夢，歲晚而龍顔皓首。嬪嬙零落，寧逢舊日之人；耆艾扶携，尚獻新豐之酒。但見禁柳愁烟，宮槐暮蟬，苔昏而鏡落金殿，岸改而湯催玉蓮。螓首蛾眉，遺迹而空存處處；落花流水，無言而但送年年。足令左右含悲，君王墮睫，塵泥漸委於花逕，歲月潛更於蓂莢。金沙洞闊，淒涼而午夜流泉；玉蘂峰高，騷屑而一宮紅葉。榮謝相催，心腸似摧，天在而俄懸二日，星移而幾別三台。金戟淩霜，劍閣而曾悲幸去；銀蟾皎夜，月宮而長憶遊來。蟬寄花鈿，星流笑臉，陽臺之吉夢初斷，岱嶽之香魂已斂。解語之珍禽不見，琪樹空高；長生之白鹿空還，朱扉半掩。象薦塵緇，犀屏影移。雪衣籠在，霜殿松痿。雲母波輕，逺岸之清漣自改；相思樹老，滿山之紅實空垂。已而玉笛休吹，霓裳罷制，秦原杳杳以西接，渭水悠悠而東逝，空吟其刻木牽絲，比人間世。

唐·鄭谷《雲臺編》卷上《荔枝》　平昔誰相愛，驪山遇貴妃。枉教生處遠，愁見摘來稀。晚奪紅霞色，晴欺瘴日威。南荒何所戀，爲爾卽忘歸。

唐·張祜《張祜處士集》卷五《春鶯囀》　興慶池南柳未開，太眞先把一枝梅。内人已唱春鶯囀，花下傞傞軟舞來。

又《寧歌一作哥來》　日映宮城霧半開，太眞簾下畏人猜。黄幡綽指向西樹，不信寧哥回馬來。

又《華清宮四首》　風樹離離月稍明，九天龍氣在一作有華清。宮門深鎖無人覺，半夜雲中羯鼓聲。

天闕沈沈夜未央，碧雲仙曲舞霓裳。一聲玉笛向空盡，月滿驪山宮漏長。

紅樹蕭蕭閣半開，玉一作上皇曾幸此宮來。至今風俗驪山下，村笛猶吹阿濫堆。

山一作水繞宮牆處處聲，殘紅長緑露華清。武皇一夕夢不覺，十二玉樓空月明。

又《集靈一作虛臺二首》　日光斜照集靈一作虛臺，紅樹花迎曉露開。昨夜上皇新授籙，太眞含笑入簾來。

虢國夫人承主恩，平明騎馬入金門。卻嫌脂粉汙顔色，淡掃蛾眉朝至尊。

又《馬嵬坡》　旌旗不整奈君何，南去人稀北去多。塵土已殘香粉艶，荔枝猶到馬嵬坡。

又《馬嵬歸》　雲愁鳥恨驛坡前，孑孑龍旗指望賢。無復一生重語事，柘黄衫袖掩潸然。

唐·許渾《丁卯詩集》卷上《驪山》　聞説先皇醉碧桃，日華浮動鬱金袍。風隨玉輦笙歌迥，雲捲珠簾劍佩高。鳳駕北歸山寂寂，龍輿西幸水滔滔。蛾眉没後巡遊少，瓦落宮牆見野蒿。

唐·儲光羲《儲光羲詩集》卷一《述華清宮五首》　上在蓬萊宮，莫若居華清。朝朝禮玄閣，日日聞體輕。大聖不私已，精禋爲羣氓。

上出蓬萊時，六龍儼齊首。長道舒羽儀，彤雲映前後。天聲殷宇宙，眞氣到林藪。

昔在軒轅朝，五城十二樓。今我神泉宮，獨在驪山陬。羣方趨順動，百辟隨天游。

正月開陽和，通門緝元化。穆穆睟容歸，豈爲明燈夜。高山大風起，肅肅隨龍駕。

上林神君宫，此地即明庭。山開鴻濛色，天轉招摇星。三雪報大有，孰謂非我靈？

唐·王建《王司馬集》卷五《華清宫感舊》 塵到朝元邊一作天使急，千官夜發六龍回。輦前月照羅衫一作衣淚，馬上一作宫裏風吹蠟燭滅。公主粧樓金鎖澁，貴妃湯殿玉池一作蓮開。有時雲外聞天樂，知一作即是先皇沐浴來。

唐·皇甫冉《唐皇甫冉詩集》卷四《敘事詩·華清宫》 驪岫接新豐，巖堯駕翠空。鑿山開秘殿，隱霧閉仙宫。绛闕猶栖鳳，彫梁尚帶虹。温泉魯浴日，華館舊迎風。肅穆瞻雲輦，沉深閉綺櫳。東郊倚望處，瑞氣靄蒙矇。

唐·李商隱《李義山詩集》卷上《華清宫》 華清恩幸古無倫，猶恐蛾眉不勝人。未免被他褒女笑，只教天子暫蒙塵。

又《華清宫》 朝元閣逈羽衣新，首按昭陽第一人。當日不來高處舞，可能天下有胡塵。

唐·李賀《昌谷集》卷一《過華清宫》 春月夜啼鴉，宫簾隔御花。雲生朱絡暗，石斷紫錢斜。玉椀盛殘露，銀燈點舊紗。蜀王無近信，泉上有芹芽。

唐·劉禹錫《劉賓客文集》卷二六《華清詞》 日出驪山東，裴回照温泉。樓臺影玲瓏，稍稍開白烟。言昔太上皇，常居此祈年。風中聞清樂，往往來列仙。翠華入五雲，紫氣歸上玄。哀哀生人淚，泣盡弓劍前。聖道本自我，凡情徒顒然。小臣感玄化，一望青冥天。

清·彭定求等《全唐詩》卷五二一《杜牧〈華清宫三十韻〉》 繡嶺明珠殿，層巒下繚牆。仰窺丹一作雕檻影，猶想赭袍光。昔帝登封後，中原自古强。一千年際會，三萬里農桑。几席延堯舜，軒墀接一作立禹湯。雷霆馳號令，星斗煥文章。釣筑乘時用，芝蘭在處芳。北扉閒木索，南面富循良。至道思玄圃，平居厭未央。鈎陳裹巖谷，文陛壓青蒼。歌吹千秋節，樓臺八月涼。神仙高縹緲，環佩碎丁當。泉暖涵窗鏡，雲嬌惹粉囊。嫩嵐滋翠葆，清渭照紅粧。帖泰生靈壽，懽娛歲序長。月聞仙曲調，霓作舞衣裳。雨露偏金穴，乾坤入醉鄉。玩兵師漢武，回手倒一作首到幹將。鯨鬣掀東海，胡牙揭上陽。喧呼馬嵬血，零落羽林槍。傾國留無路，還魂怨有香。蜀峰横慘澹，秦樹遠微茫。鼎重山難轉，天扶業更昌。望賢餘故老，花萼舊池塘。往事人誰問，幽襟淚獨傷。碧簷斜送日，殷葉半凋霜。迸水傾瑶砌，疏風罅玉房。塵埃羯鼓索，片段荔枝筐。鳥啄摧寒木，蝸涎蠹畫梁。孤煙知客恨，遥起泰陵旁。

又《過華清宫絶句三首》 長安回望繡成堆，山頂千門次第開。一騎紅塵妃子笑，無人知是一作道荔枝來。

新豐緑樹起黄埃，數騎漁陽探使回。帝使中使輔璆琳探禄山反否，璆琳受禄山金，言禄山不反。霓裳一曲千峰上，舞破中原始下來。

萬國笙歌醉太平，倚天樓殿月分明。雲中亂拍禄山舞，風過重巒下笑聲。

唐·羅隱《羅昭諫集》卷四《華清宫》 樓殿層層佳氣多，開元時節好笙歌。也知道德勝堯舜，爭奈楊妃解笑何。

又《帝幸蜀》 馬嵬山色翠依依，又見鑾輿幸蜀歸。泉下阿蠻應有語，這回休更怨楊妃。

又《馬嵬坡》 佛屋前頭野草春，貴妃輕骨此爲塵。從來絶色知難得，不破中原未是人。

唐·吴融《唐英歌詩》卷上《華清宫二首》 四郊飛雪暗雲端，唯此宫中落旋乾。緑樹碧簷相掩映，無人知道外邊寒。

長生秘殿倚青蒼，擬敵金庭不死鄉。無奈逝川東去急，秦陵松柏滿殘陽。

又 卷中《華清宫四首》 中原無鹿海無波，鳳輦鸞旗出幸多。今日故宫歸寂寞，太平功業在山河。

漁陽烽火照函關，玉輦匆匆下此山。一曲羽衣聽不盡，至今遺恨水潺潺。

上皇鑾輅重巡遊，雨淚無言獨倚樓。惆悵眼前多少事，落花明月滿宫秋。

别殿和雲鎖翠微，太眞遺像夢依依。玉皇掩淚頻惆悵，應嘆僧繇白鶴一作彩筆飛。

唐·韋應物《韋蘇州集》卷九《温泉行》 出身天寶今年幾，頑鈍如鎚一作欽命如紙。作官不了卻來歸，還是杜陵一男子。北風慘慘投温泉，忽憶先皇遊幸年。身騎廐馬引天仗，直入華清列御前。玉牀瑶雪滿寒山，上升玄閣遊絳煙。平明羽衛朝萬國，車馬合沓溢四鄽。蒙恩每浴華池水，扈獵不蹂渭北田。朝廷無事共歡燕，美人絲管從九天。一朝鑄鼎降龍馭，小臣髯絶不得去。今來蕭瑟一作索萬井空，唯見蒼山起煙霧。可憐蹭蹬失風波，仰天大叫無奈何。弊裘羸馬凍欲死，賴遇主人杯酒多。

唐·元稹《元氏長慶集》卷二四《連昌宮詞》

連昌宮中滿宮竹，歲久無人森似束。又有牆頭千葉桃，風動落花紅蔌蔌。宮邊老人爲予泣，小年進食曾因入。上皇正在望仙樓，太眞同凭欄幹立。樓上樓前盡珠翠，炫轉熒煌照天地。歸來如夢復如癡，何暇備言宮裏事。初過寒食一百六，店舍無烟宮樹緑。夜半月高絃索鳴，賀老琵琶定場屋。唐開元中賀懷智善琵琶。力士傳呼覓念奴，念奴潛伴諸郎宿。須臾覓得又連催，特敕街中許然燭。春嬌滿眼睡紅綃，掠削雲鬟旋裝束。飛上九天歌一聲，二十五郎吹管逐。逡巡大遍涼州徹，色色龜茲轟録續。李謩謨同擪益涉切，指按也。笛傍宮牆，偷得新翻數般曲。念奴，天寶中名倡，善歌。每歲樓下酺宴，累日之後，萬衆喧隘，嚴安之、韋黄裳輩闢易不能禁，衆樂為之罷，奏玄宗遣高力士大呼於樓上曰：欲遣念始唱歌，邠二十五郎吹小管，逐看人能聽否。未嘗不悄然，奉詔其為當時所重也如此。然而玄宗不欲奪俠遊之盛，未嘗置在宮禁或歲幸湯泉時，巡東洛有司潛遣從行而已。又，玄宗嘗於上陽宮夜後按新飜一曲，屬明夕正月十五日潛遊燈下，忽聞酒樓上有笛奏前夕新曲，大駭之，明日，密遣捕捉笛者詰驗之。自云：其夕竊於天津橋翫月，聞宮中度曲，遂於橋柱上插譜記之，臣卽长安少年善笛者李謩也。玄宗異而遣之。平明大駕發行宮，萬人歌舞途路中。百官隊仗避岐薛，岐王範、薛王業，玄宗之弟。楊氏諸姨貴妃三姊帝呼為姨，封韓、虢、秦國三夫人。車鬬風。明年十月東都破，天寶十三年禄山破洛陽。御路猶存禄山過。驅令供頓不敢藏，萬姓無聲淚潛墮。兩京定後六七年，卻尋家舍行宮前。莊園燒盡有枯井，行宮門閉樹宛然。爾後相傳六皇帝，肅代德順憲穆。不到離宮門久閉。往來年少説長安，玄武樓成花蕚廢。去年敕使因斫竹，偶值門開暫相逐。荆榛櫛比塞池塘，狐兔驕癡緣樹木。舞榭欹傾基尚在，文窻窈窕紗猶緑。塵埋粉壁舊花鈿，烏啄風箏碎珠玉。上皇偏愛臨砌花，依然御榻臨階斜。蛇出燕巢盤鬬栱，菌生香案正當衙。寢殿相連端正樓，太眞梳洗樓上頭。晨光未出簾影黑，至今反挂珊瑚鈎。指示傍人因慟哭，卻出宮門淚相續。自從此後還閉門，夜夜狐狸上門屋。我聞此語心骨悲，太平誰致亂者誰。翁言野父何分別，耳聞眼見爲君説。姚崇宋璟作相公，勸諫上皇言語切。燮理陰陽禾黍豐，調和中外無兵戎。長官清平太守好，揀選皆言由至公。開元之末姚宋死，朝廷漸漸由妃子。禄山宮裏養作兒，虢國門前鬧如市。弄權宰相不記名，依稀憶得楊與李。廟謨顛倒四海搖，五十年來作瘡痏。今皇神聖丞相明，詔書纔下吳蜀平。官軍又取淮西賊，此賊亦除天下寧。年年耕種宮前道，今年不遣子孫耕。老翁此意深望幸，努力廟謀休用兵。

唐·白居易《白氏長慶集》卷一二《長恨歌》

漢王重色思傾國，御宇多年求不得。楊家有女初長成，養在深閨人未識。天生麗質難自棄，一朝選在君王側。回頭一笑百媚生，六宮粉黛無顔色。春寒賜浴華清池，温泉水滑洗凝脂。侍兒扶起嬌無力，始是新承恩澤時。雲髻花顔金步搖，芙蓉帳暖度春宵。春宵苦短日高起，從此君王不早朝。承歡侍宴無閒暇，春從春游夜專夜。後宮佳麗三千人，三千寵愛在一身。金屋粧成嬌侍夜，玉樓宴罷醉和春。姊妹弟兄皆列土，可憐光彩生門户。遂令天下父母心，不重生男重生女。驪宮高處入青雲，仙樂風飄處處聞。緩歌謾舞凝絲竹，盡日君王看不足。漁陽鞞鼓動地來，驚破霓裳羽衣曲。九重城闕煙塵生，千乘萬騎西南行。翠華搖搖行復止，西出都門百餘里。六軍不發無奈何，宛轉蛾眉馬前死。花鈿委地無人收，翠翹金雀玉搔頭。君王掩面救不得，回看血淚相和流。黄埃散漫風蕭索，雲棧縈紆登劍閣。峨嵋山下少人行，旌旗無光日色薄。蜀江水碧蜀山青，聖主朝朝暮暮情。行宮見月傷心色，夜雨聞鈴腸斷聲。天旋地轉回龍馭，到此躊躇不能去。馬嵬坡下泥土中，不見玉顔空死處。君臣相顧盡沾衣，東望都門信馬歸。歸來池苑皆依舊，太液芙蓉未央柳。芙蓉如面柳如眉，對此如何不淚垂。春風桃李花開夜，秋雨梧桐葉落時。西宮南苑多秋草，宮葉滿堦紅不掃。梨園弟子白髮新，椒房阿監青娥老。夕殿螢飛思悄然，孤燈挑盡未成眠。遲遲鐘鼓初長夜，耿耿星河欲曙天。鴛鴦瓦冷霜華重，翡翠衾寒誰與共。悠悠生死別經年，魂魄不曾來入夢。臨卭道士鴻都客，能以精誠致魂魄。爲感君王輾轉思，遂教方士殷勤覓。排空馭氣奔如電，升天入地求之遍。上窮碧落下黄泉，兩處茫茫皆不見。忽聞海上有仙山，山在虛無縹緲間。樓閣玲瓏五雲起，其中綽約多仙子。中有一人字太眞，雪膚花貌參差是。金闕西廂叩玉扃，轉教小玉報雙成。聞道漢家天子使，九華帳裡夢魂驚。攬衣推枕起徘徊，珠箔銀屏邐迤開。雲髻半偏新睡覺，花冠不整下堂來。風吹仙袂飄飄舉，猶似霓裳羽衣舞。玉容寂寞淚闌幹，梨花一枝春帶雨。含情凝涕謝君王，一別音容兩渺茫。昭陽殿裏恩愛絶，蓬萊宫中日月長。回頭下望人寰處，不見長安見塵霧。唯將舊物表深情，鈿合金釵寄將去。釵留一股合一扇，釵擘黄金合分鈿。但令心似金鈿堅，天上人間會相見。臨别殷勤重寄詞，詞中有誓兩心知。七月七日長生殿，夜半無人私語時。在天願作比翼鳥，在地願爲連理枝。天長地久有時盡，此恨綿綿無絶期。

唐·李商隱《李義山詩集》卷上《馬嵬二首》 冀馬燕犀動地來，自埋紅粉自成灰。君王若道能傾國，玉輦何由過馬嵬。

海外徒聞更九州鄒衍，云九州之外復有九州。他生未卜此生休。空聞虎旅鳴宵柝，無復鷄人報曉籌。此日六軍同駐馬，當時七夕笑牽牛。如何四紀爲天子，不及盧家有莫愁。

唐·温庭筠《温飛卿詩集箋注》卷四《馬嵬驛》 穆滿曾爲物外遊，六龍經此暫淹留。返魂無驗青煙滅，埋血空生碧草愁。香輦卻歸長樂殿，曉鐘還下景陽樓。甘泉不得重相見，誰道文成是故侯。

又 卷六《過華清宫二十二韻》 憶昔開元日，承平事勝游。貴妃專寵幸，天子富春秋。月白霓裳殿，風乾羯鼓樓。鬬鷄花蔽膝，騎馬玉搔頭。繡轂千門伎，金鞍萬戶侯。薄雲欺雀扇，輕雪犯貂裘。過客聞韶濩，居人識冕旒。氣和春不覺，煙暖霽難收。澀浪和瓊甃，晴陽上彩斿。卷衣輕鬢懶，窺鏡淡蛾羞。屏掩芙蓉帳，簾褰玳瑁鉤。重瞳分渭曲，纖手指神州。御案迷萱草，天袍妒石榴。深巖藏浴鳳，鮮陘媚潛虬。不料邯鄲蝨，俄成卽墨牛。劍鋒揮太皞，旗焰拂蚩尤。內嬖陪行在，孤臣預坐籌。瑤簪遺翡翠，霜仗駐驊騮。艷笑雙飛斷，香魂一哭休。早梅悲蜀道，高樹隔昭丘。朱閣重霄近，蒼厓萬古愁。至今湯殿水，嗚咽縣前流。

又 卷九《華清宫和杜舍人》 五十年天子，離宫舊粉牆。登封時正泰，御宇日初長。上位先名實，中興事憲章。舉戎輕甲胄，餘地取河湟。道帝玄元祖，儒封孔子王。因緣百司署，聚會一人湯。渭水波摇緑，秦山草半黄。馬頭開夜照，鷹眼利星芒。下箭朱弓滿，嗚鞭皓腕攘。畋思獲呂望，諫祗避周昌。兔迹貪前逐，梟心不早防。幾添鸚鵡勸，頻賜荔支嘗。月鎖千門靜，天高一笛涼。細音摇翠佩，輕步宛霓裳。禍亂根潛結，升平意遽忘。衣冠逃劍閣，鼙鼓動漁陽。外戚心殊迫，中塗事可量。雪埋妃子貌，刃斷禄兒腸。近侍烟塵隔，前蹤輦路荒。益知迷寵佞，惟恨喪忠良。北闕尊明主，南宫遜上皇。禁清餘鳳吹，池冷映龍光。祝壽山猶在，流年水共傷。杜鵑魂厭蜀，蝴蝶夢悲莊。雀卵遺雕栱，蟲絲罥畫梁。紫苔侵壁潤，紅樹閉門芳。守吏齊鴛瓦，耕民得翠璫。歡康昔時樂，講武舊兵場。莫草深巖靄，幽花墜逕香。不堪垂白叟，行折御溝楊。

又《馬嵬佛寺》 荒鷄夜唱戰塵深，五鼓雕輿過上林。才信傾城是眞語，直教塗地始甘心。兩重秦苑成千里，一炷胡香抵萬金。曼倩死來無絶藝，後人誰肯惜青禽。

唐·貫休《禪月集》卷八《讀〈玄宗幸蜀記〉》 宋璟姚崇死，中庸遂變移。如何遊萬里，秪爲禄山兒。泣溻乾坤色，飄零日月旗。火從龍闕起，淚向馬嵬垂。始憶張丞相，全師郭子儀。百官皆剽劫，九廟盡崩隳。塵撲銀輪暗，雷奔棧閣危。倖臣方賜死，野老不勝悲。時有羣叟遮道，泣見于上。及霤飄淪日，行宫寂寞時。人心雖未厭，天意亦難知。聖兩歸丹禁，勳名大華齊。因知納諫諍，始是太平基。

唐·顏眞卿《顏魯公集》卷四《東都留守上柱國贈太保臨淮武穆王李公神道碑銘》 昔宗周之中興也，時則有若方叔召虎、總師于肇敏之業，南威蠻荆，東截淮浦，以左右宣王，詩人歌之，列在《風》、《雅》。我皇唐之反正也，時則有若臨淮、汾陽，秉文武忠義之資，廓清河朔，保乂王室，翼戴三聖，天下之人，謂之李、郭。異代同德，今古一時。公諱光弼，京兆萬年人也。曾祖皇左威衛大將軍幽州經略軍副使府君諱令節，祖鴻臚卿兼檀州刺史府君諱重英，父雲麾將軍左領左羽林二軍大將軍朔方節度副使薊郡開國公贈幽州都督司空諱楷洛，皆以英果沈勇，累葉將邊，憺威稜於幽碣。公卽薊公之第四子也，體渾元之正性，秉弘毅之高躅。天予純嘏，生知禮度，謨謀炳邃，默識沖深。傑出經武之才，鬱爲興王之佐。故能東征北伐，厭難康屯，挺草昧不世之功，允蒼生具瞻之望。社稷威寶，公之謂歟！

初天后萬歲中，大將軍燕國公武楷固爲國宿將，威震北陲，有女曰今韓國太夫人，才淑冠族。嘗鑑之曰：『爾後必生公侯之子。』因擇薊公配焉，後果生公。公年六歲，嘗撫鹿而游，薊公視而誨之曰：『兒勿更爾。』公振手而起，遂絶不爲童戲。未冠，以將門子工於騎射，能讀《左氏春秋》，兼該太史公、班固之學。開元中起家左衛左郎將，歷豐、夏二都督府長史，尋遷別駕，加朝散大夫。丁父憂以毀聞，終喪不入妻室。太夫人高明整肅，有慈有威，公下色怡聲，承順而每竭其力。雖已官達，小不如意，猶加誨讓，是以卒能濟其勳業。天寶二年拜寧朔郡太守，四載遷靈武道率兼安北都護，仍充朔方行軍都虞候。五年為王忠嗣河西節度兵馬使，加游騎將軍，守右領軍，賜紫金魚袋，仍充赤水軍使；八月襲封薊郡開國公。八載遷右金吾衛將軍，充節度副使，以破吐蕃及招討吐谷渾加雲麾將軍左武衛大將軍。十一載拜單于副都護，十三載爲安思順朔方節度兵馬使。思順慕公信義，請爲婚姻，公辭不獲免，遂託疾罷官。西平王哥舒翰聞而韙之，奏歸京師，遂守道屏居，杜絶人事。十四年冬十一月，安禄山反范陽。天下驛騷，朝廷旰食，聿求虓闞之將，爰統鷹揚之師。明年春正月，起公爲銀青光禄大夫鴻臚卿兼雲中郡太守，攝御史中丞持節充河東節度支度營田副大使知節度事，仍充大同軍使。二月拜攝御史大夫魏郡太守，充河北道採訪使，俄除范陽郡大都督府長史，充范陽節度使。初公以朔方馬步八千人出土門，其月既望，收常山郡。前是太守顔杲卿洎長史袁履謙殺禄山土門使李欽湊，擒其心腹高邈、何千年，屬太原尹王承業不出救兵，杲卿、履謙爲史思明所陷，戰士死者蹈藉於滹池之上。公親以衣袂拂去其口上沙塵，因慟哭以祭之，分遣恤其家屬，城中莫不感激一心。史思明正圍饒陽，馳來拒戰，公屢摧陷之。詔拜公兼御史大夫，俾令尚書令汾陽王郭公子儀悉朔方之衆，與公合勢，南收趙郡，又敗之於沙河。夏六月，戰于嘉山，大敗之，斬獲萬計。思明露髮跣足，奔于博陵，窮蹙無計，歸節於禄山。禄山大恐，逆徒幾潰。屬潼關不守，肅宗理兵于靈武，盡追朔方之師，加公太原尹。公以麾下及景城、河間之卒數千人至，秋八月拜戶部尚書同中書門下平章事。史思明既有河北之地，與蔡希德悉衆來攻，累月不克而退。公自賊逼城，於東南角張帳次居止，竟不省視妻子，每過府門，未嘗回顧。是後決遣事務，信宿方歸。

至德二年拜司徒。冬十二月十五日，肅宗既還京師，策勳換司空兼兵部尚書，封鄭國公，食實封八百戶。公弟光進，亦以懋功同制封拜。乾元元年八月拜侍中。其年冬十月，與九節度圍安慶緒於相州。明年春三月，史思明至滏陽，屢絶我粮道。衆咸請公簡精鋭以擊之，交鋒竟日，思明奔北于百里之外。公反旆而歸，煙塵亘天，諸將皆以爲賊軍大至，遂南渡黄河。公至則無見矣，迺歸于太原。是年夏五月除范陽節度使，尋代汾陽王爲朔方節度使。秋八月充天下兵馬副元帥，以數千騎東巡，追兵馬使張用濟會于汜水。用濟獨來上謁，公數其罪而斬之。因追都知兵馬使御史大夫僕固懷恩，懷恩中夜馳赴，魚貫而前，再宿遄至，秋毫不敢犯。公趣河而東，及滑州，聞史思明已過河，遂迎强旅以至東京。移牒留守及官吏等，悉皆回避，公獨與麾下趣河陽橋城。賊先鋒已下倒愁坂，公至石橋，命秉燭徐行，一夜方達，賊望之不敢近。思明來至城下，請見公。公於城上謂之曰：『我三代無葬地，一身必以死國家之患。爾爲逆虜，我爲王臣，義不兩全。我若不死於汝手，汝必死於我手。』將士聞之，無不激勵。相持凡八月，思明暴露，不敢入東京。乾元二年冬十月甲申，賊將周贄悉河北之衆，萃于河陽城北，思明以河南之衆，頓于河陽南城之南。南北夾攻，表裏受敵。公設奇分鋭，襲其虛而大破贄軍，臨陣擒其大將徐璜玉，殺獲略盡，贄僅以身免，收軍資器械，不可勝數，思明心悸氣索，烟火不舉者三日，官軍大振。初公以爲戰者危事，勝負難必，每臨陣，嘗貯伏突於靴中，義不受辱。至是登城，西向拜舞，因歔欷不自勝，三軍見之，無不淚下。三年春正月，遷太尉兼中書令；其年改元上元。冬十一月，攻拔懷州，擒其僞節度安太清。二年春二月，統僕固懷恩自河陽趨河清，與史思明合戰于邙山，屬風雨晦冥，王師不利。公收合餘卒，屯于垣縣，遂引過請罪，懇讓太尉。肅宗不能違之，二月拜開府儀同三司中書令兼河中尹節度使。夏五月十有一日復拜太尉兼侍中，充河南副元帥都知河南淮南淮西山南東荆南五道節度行營事，出鎮臨淮。時史朝義乘邙山之捷，圍逼申、安等一十三州，自領精騎，圍李岑於宋州。公之將吏皆凶懼，議南保揚州。公謂之曰：『臨淮城池卑陋，不堪鎮遏，不如徑赴彭城，俟其東寇，躡而追之，賊可擒也。』遂趨徐州。因召田神功宴慰，與同寢宿，以宋州之難告。祖道郊外，俾先飲以寵之。分麾下隸於其將喬岫，仍令兵馬使郝庭玉與岫犄角而擊之，賊遂一戰而走。使來告捷，公已屈指俟報，俄而吉語至焉。今上登極，寳應元年夏五月進封臨淮郡王。廣德元年秋七月加實封三百户，通前後凡二千户。賜鐵券，名藏太廟，仍圖畫於凌煙閣。冬十一月，上在陝州，以公兼東都留守。制書未下，久待命於徐州，將赴東都。屬疾痢增劇，公知不起，使使賫表奉辭。廣德二年秋七月五日己亥，薨于徐州之官舍。初將吏等問以後事，公曰：『吾久在京中，不得就養，今爲不孝子矣。夫復何言哉？』因取已封布絹各三千疋、錢三千貫，鬻麥以分遺將士，衆皆感痛不自勝。及公云亡，遂以其布爲公製服。庚申，哀問至上都，上痛悼之。輟朝三日。太夫人一慟而絶，終夕方蘇。上使開府魚朝恩就宅敦喻，京兆尹第五琦監護喪事。九月己未，追贈太保。十二月太常議行，謚曰武穆。

夫人薛國夫人太原王氏，洎長子太僕卿義忠，併先公而逝。次曰太府少卿太僕卿象、殿中丞彙等，皆保家克荷，備聞詩禮，無忝燕翼過庭之訓。冬十一月二十七日庚申，泣而咨于王母，虔窆公于富平縣先塋之東，禮也。於戲！公以吉甫文武之姿，兼樊仲將明之德。王國多難，羣胡搆紛，藉朔方偏師之旅，入井陘不測之地。思明挫鋭於恒定，禄山息望於江淮。守太原而地道設奇，保河陽而雲梯罔冀。破周贄於温沇，擒太清於覃懷。走史朝義叛渙之衆於梁宋，救僕固瑒已危之軍於瀛莫。皆意出事外，虜墜計中，天下無贅旒之患，此皆公之力也。公兄遵宜遵行、仕至將軍，洎弟光琰，併不幸早世。次曰光顔，特進鴻臚卿，皆有才略，見稱時輩。季曰光進，開府儀三，太子太保兼御史大夫渭北節度使涼國公，清識表微，沉謀絶衆，剛亦不吐，柔而能立。與公併時仗鉞，分閫□□，凌霄翼聖，既有戴天之功；華原統帥，獨聞禁暴之德。方當會同正至，榮耀君親。入侍黼帷，峨二貂乎泰階之上；歸聯綵服，頓雙節於高堂之下。斯歡未究，遺恨何居？昔斛律丞相與弟幷州，同務烈於北齊；賀拔行臺與兄荆州，亦宣力於西魏。咸稱義烈，各懋勳庸。而風樹寂寥，偏隅隘陋，比之我族，事則不侔。眞卿昔守平原，困於凶羯，緊公莅止，獲保餘生。東帶興居，空想北平之禮；操觚論撰，敢墜中郎之辭。銘曰：

羯胡倡狂，俶擾皇綱。降生臨淮，佐我興王。維此臨淮，萬夫之望。爰初發迹，罔或弗臧。出入忠孝，人倫激昂。其心鐵石，其行圭璋。天寶末造，河朔懷匡，天子命公。經營冀方。沙河嘉山，我伐用張。思明歸節，禄山震惶。潼關匆帥，醜虜其亡。肅宗有命，大鹵于襄。應變如神，凶徒靡亢。介珪入覲，臺座用光。俾公東征，北國是皇。長圍鄴下，望入河陽。擒斬渠魁，霆擊龍驤。淮濆鎮定，徐土翺翔，田薊蠖屈，料瑒鷹揚。不有神算，疇戡暴强。弟兄同時，秉鉞煌煌。方期凱旋，雙映旗常。晨趨法座，夕慶高堂。如何不辰，愆此百祥？素輀反葬，白驥跼箱。簫鼓悲鳴，羽儀分行。萬乘致祭，千官送喪。生榮死哀，身歿名揚。渭水川上，壇山路旁。唯餘豐碑，突兀連岡。往來必拜，萬古沾裳。

唐·杜甫《杜工部詩集》卷三《收京三首》 仙仗離丹極，妖星帶玉除。須爲下殿走，不可好樓居。暫屈汾陽駕，聊飛燕將書。依然七廟略，更與萬方初。

生意甘衰白，天涯正寂寥。忽聞哀痛詔，又下聖明朝。羽翼懷商老，文思憶帝堯。叨逢罪己日，霑灑望青霄。

汗馬收宮闕，春城鏟賊壕。賞應歌杕杜，歸及薦櫻桃。雜虜横戈數，功臣甲第高。萬方頻送喜，無乃聖躬勞。

又 卷九《聞官軍收河南河北》 劍外忽傳收薊北，初聞涕淚滿衣裳。卻看妻子愁何在，漫卷詩書喜欲狂。白日放歌須縱酒，青春作伴好還鄉。卽從巴峽穿巫峽，便下襄陽向洛陽。

又 卷一〇《漁陽》 漁陽突騎猶精鋭，赫赫雍王都節制。猛將飄然恐後時，本朝不入非高計。禄山北築雄武城，舊防敗走歸其營。繫書請問燕耆舊，今日何須十萬兵。

又 卷一三《故司徒李公光弼》 司徒天寶末，北收晉陽甲。胡騎攻吾城，愁寂意不愜。人安若泰山，薊北斷右脅。朔方氣乃蘇，黎首見帝業。二宮泣西郊，九廟起頹厭。未散河陽卒，思明僞臣妾。復自碣石來，火焚乾坤獵。高視笑禄山，公又大獻捷。異王册崇勳，小敵信所怯。擁兵鎮河汴，千里初妥帖。青蠅紛營營，風雨秋一葉。內省未入朝，死淚終映睫。大屋去高棟，長城掃遺堞。平生白羽扇，零落蛟龍匣。雅望與英姿，惻愴槐里接。三軍晦光彩，烈士痛稠疊。直筆在史臣，將來洗箱篋。吾思哭孤冢，南紀阻歸楫。扶顛永蕭條，未濟失利涉。疲苶竟何人，灑涕巴東峽。

唐·元結《次山集》卷六《大唐中興頌有序》 天寶十四載，安禄山陷洛陽。明年，陷長安，天子幸蜀，太子卽位於靈武。明年，皇帝移軍鳳翔，其年復兩京，上皇還京師。於戲！前代帝王有盛德大業者，必見于歌頌。若今歌頌大業，刻之金石，非老於文學，其誰宜？爲頌曰：

嘻嘻！前朝孽臣，姦驕爲昏爲妖，邊將騁兵，毒亂國經，羣生失寧，大駕南巡，百寮竄身，奉賊稱臣。天將昌唐，緊曉我皇，匹馬北方，獨立一呼，千麾萬旗。我卒前驅，我師其東，儲皇撫戎，蕩攘羣凶，復服指期，曾不踰時。有國無之，事有至難，宗廟再安，二聖重歡。地辟天開，蠲除袄灾，瑞慶大來，凶徒逆儔，涵濡天休，死生堪羞，功勞位尊，忠烈名存，澤流子孫。盛德之興山高日升，萬福是膺，能令大君，聲容沄沄，不在斯文，湘江東西中，直浯溪石崖，天齊可磨，可鐫刋此頌焉。何千萬年！

唐·韋應物《韋蘇州集》卷六《睢陽感懷》 豺虎犯天綱，升平無内備。長驅陰山卒，略踐三河地。張侯本忠烈，濟世有深智。堅壁梁宋間，遠籌吳楚利。窮年方絶輪，鄰援皆携貳。使者哭其庭，救兵終不至。重圍雖可越，藩翰諒難棄。飢喉待危巢，懸命中路墜。甘從鋒刃斃，莫奪堅貞志。宿將降賊庭，儒生獨全義。空城唯白骨，同往無賤貴。哀哉豈獨今，千載當歔欷。

唐·劉禹錫《劉賓客文集》卷二六《樂府上·馬嵬行》 緑野扶風道黄塵，馬嵬驛路邊楊貴人。墳高三四尺，乃問里中兒，皆言幸蜀時。軍家誅佞倖，天子捨妖姬。羣吏伏門屏，貴人牽帝衣。低回轉美目，風日爲無暉。貴人飲金屑，倏忽舜英莫。平生服杏丹，顔色真如故。屬車塵已遠，里巷來窺覰。共愛宿妝妍，君王畫眉處。履綦無復有，履組光未滅。不見巖畔人，空見淩波襪。郵童愛蹤迹，私手解鞶結。傳看千萬眼，縷絶香不歇。指環照骨明，首飾敵連城。將入咸陽市，猶得賈胡驚。

唐·黄滔《黄御史集》卷一《明皇回駕經馬嵬賦》 長鯨入鼎兮中原，六龍回轡兮蜀門。杳鼇闕而難尋艷質，經馬嵬而空念香魂。日慘風悲，到玉顔之死處。花愁露泣，認朱臉之啼痕。莫不積恨綿綿，傷心悄悄。逝川東咽以無駐，夜戶下扃而莫曉。褒雲萬疊，斷腸新出於啼猿。秦樹千層，比翼不如於飛鳥。初其漢殿如子，燕城若雠。驅鐵馬以飛至，觸金輿而出遊。謀於劍外，駐此原頭。羽衛參差，擁翠華而不發。天顔愴恨，覺紅袖以難留。鴛鷺相驚，熊羆漸急。千行之珠淚流下，四面之霜蹄踐入。神仙表態，忽零落以無歸。雨露成波，已沾濡而不及。棧閣重處，珠旒去程。玉壘之雲山暫幸，金城之烟景旋清。六馬歸秦，卻經過於此地。九泉隔越，幾凄惻於平生。釵飄彩鳳之蹤，鬟蜕元蟬之迹。茫茫而今日黄壤，歷歷而當時綺陌。雨鈴製曲，徒有感於宫商。龍腦呈香，不可返其魂魄。空極宵夢，寧逢曉粧。輦路見梧桐半死，烟空失鸞鳳雙翔。鏡殿三春，莫問菱花之照耀。驪山七夕，休瞻榆葉之芬芳。大凡有國之尊，罕或傾城之遇。孰言天寶之南面，奚指坤維而西顧。然則起兵雖自於青娥，斯亦聖唐之數。

又 卷四《馬嵬三首》 鐵馬嘶風一渡河，淚珠零便作驚波。鳴泉亦感上皇意，流下隴頭嗚咽多。

龍腦移香鳳輦留，可能千古永悠悠。夜臺若使香魂在，應作烟花出隴頭。

錦江晴碧劍鋒奇，合有千年降聖時。天意從來知幸蜀，不關胎禍自蛾眉。

唐·柳宗元《柳河東集》卷五《唐故特進贈開府儀同三司揚州大都督南府君睢陽廟碑》 急病讓夷義之先，圖國忘死貞之大。利合而動，乃市賈之相求；恩加而感，則報施之常道。睢陽所以不階王命，横絶凶威，超千祀而挺生，奮百代而特立者也。時惟南公，天與拳勇，神資機智，藝窮百中，豪出千人。不遇興詞，鬱尨眉之都尉；數奇見惜，挫猨臂之將軍。

天寶末，寇劇憑陵，隳突河華。天旋虧斗極之位，地圮積狐狸之穴。親賢在庭，子駿陳謩以佐命；元老用武，夷甫委師而勸進。惟公與南陽張公巡、高陽許公遠，義氣懸合，訏謨大同。誓鳩武旅，以遏横潰。裂裳而千里來應，左袒而一呼皆至。柱厲不知而死難，狼瞫見黜而奔師。忠謀朗然，萬夫齊志一作力。公以推讓，且專奮擊，爲馬軍兵馬使。出戰則羣校同强，入守而百雉齊固。初據雍丘，謂非要害。將保江淮之臣庶，通南北之奏復，拔我義類，扼於睢陽。前後捕斬要遮，凶氣連沮。漢兵已絶，守疏勒而彌堅；虜騎雖强，頓盱眙而不進。

賊徒乃棄疾於我，悉衆合圍。技雖窮於九攻，志益專於三板。偪陽懸布之勁，洴城鑿穴之奇。息意牽羊，羞鄭師之大臨；甘心易子，鄙宋臣之病告。諸侯環顧而莫救，國命阻絶而無歸。以有盡之疲人，敵無已之强寇。公乃躍馬潰圍，馳出萬衆，抵賀蘭進明乞師。進明乃張樂侑食，以好聘待之。公曰：『弊邑父子相食，而君辱以宴禮，獨何心歟？』乃自噬其指曰：『啖此足矣！』遂慟哭而返，卽死孤城。首碎秦庭，終懵《無衣》之賦；身離楚野，徒傷帶劍之辭。至德二年十月，城陷遇害。無傅燮之歎息，有周苛之慷慨。聞義能徙，果其初心。烈士抗詞，痛臧洪之同日；直臣致憤，惜蔡恭於累旬。

朝廷加贈特進揚州大都督，定功爲第一等，與張氏、許氏倂立廟睢陽，歲時致祭。男在繈褓，皆受顯秩，賜之土田。葬刻鮑信之形，陵圖龐德之狀。納官其子，見勾踐之心；羽林字孤，知孝武之志。舉門闢於周典，徵印綬於漢儀。王猷以光，寵錫斯備。

於戲！睢陽之事，不唯以能死爲勇，善守爲功；所以出奇以耻敵，立一作僅以怒寇，俾其專力於東南，而去備於西北，力專則堅城必陷，備去則天討可行。是故卽城陷之辰，為剋敵之日。世徒知力保於江淮，而不知力靖乎醜虜。論者或未之思歟！

公諱霽雲，字某，范陽人。有子曰承嗣，七歲爲婺州別駕，賜緋魚袋，歷刺施、涪二州，服忠思孝，無替負荷。懼祠宇久遠，德音不形，願斲堅石，假辭紀美。惟公信以許其友，剛以固其志，仁以殘其肌，勇以振其氣，忠以摧其敵，烈以死其事，出乎内者合於貞，行乎外者貫於義，是其所以奮百代而超千祀者矣。其志不亦宜乎？廟貌斯存，碑表攸託。洛陽城下，思鄉之夢儻來；麒麟閣中，卽圖之詞可繼。銘曰：

貞以圖國，義惟急病。臨難忘身，見危致命。漢寵死事，周崇死政。烈烈南公，忠出其性。控扼地利，奮揚兵柄。東護吳楚，西臨周鄭。婪婪羣凶，害氣彌盛。長蛇封豕，踴躍不定。屹彼睢陽，制其要領。横潰不流，疾風斯勁。梯衝外舞，缶穴中偵。鈐馬非艱，析骸猶競。浩浩烈士，不聞濟師。兵食殲焉，守逾三時。公奮其勇，單車載馳。投軀無告，噬指而歸。力窮就執，猶抗其詞。圭璧可碎，堅貞不虧。寇力東盡，凶威西恧。孤城既拔，渠魁受戮。雷霆之誅，由我而速。巢穴之固，由我而覆。江漢淮湖，羣生咸育。倬焉勳烈，孰與齊躅。天子震悼，陟是元功。旌褒有加，命秩斯崇。位尊九牧，禮視三公。建茲祠宇，式是形容。牲牢伊碩，黍稷伊豐。虔虔孝祠，望慕無窮。刊碑河滸，萬古英風。

後蜀·韋縠《才調集》卷一《錢珝〈蜀國偶題〉》 忽憶明皇西幸時，暗傷潛恨竟誰知。佩蘭應語宮臣道，莫向金盤進荔枝。

又 卷七《薛逢〈開元後樂〉》 莫奏開元舊樂章，樂中歌曲斷人腸。邠王玉笛三更咽，虢國金車十里香。一自犬戎生薊北，便從征戰老汾陽。中原駿馬搜求盡，沙苑年來草又芳。

又 卷九《賈島〈馬嵬〉》 長川幾處樹青青，孤驛危樓對翠屏。一自上皇惆悵後，至今來往馬蹄腥。

宋·李昉等《文苑英華》卷三一一《〔唐〕盧綸〈秋望華清宮樹因以成詠〉》 可憐雲木叢，滿禁碧濛濛。色潤虚泉集作靈泉近，陰清輦路通。玉壇標八桂，金井識雙桐。交映凝寒露，相和起夜風。數枝盤石上，幾葉落雲中。燕拂宜秋霽，蟬鳴覺晝空。翠屏更隱見，朱綴共玲瓏。雷雨生成早，樵蘇禁令雄。野藤高助緑，仙果迥呈紅。惆悵繚垣暮，茲山聞暗蛩。

又 卷三〇九《〔唐〕李益〈過馬嵬三首〉》 路至牆垣問樵者，顧予曰集作云是太眞宮。血染馬蹄盡朱閣，影當天際插青空。集作太眞血染馬蹄盡，朱閣影當天際空。丹壑不聞歌笑一作吹夜，玉階唯有薜蘿風。世人莫重霓裳曲，曾致干戈是此中。

金甲雲集作銀旗盡已回，蒼茫羅袖隔紅埃。濃香猶自隨鸞輅，恨魄無因離馬嵬。南内眞人悲帳殿，東溟方士問蓬萊。惟留坡畔彎環月，時送殘蟬集作娥入帝臺。

漢將如雲不直言，寇來翻罪綺羅恩。托君莫集作不洗蓮花血，留寄千年妾淚痕。

宋·呂祖謙《宋文鑑》卷一四《錢易〈温泉詩〉》 悲哉天寶時，帝耄政不修。寵幸尊婦人，陰極陽已柔。外戚盛本枝，櫛比封列侯。丞相大將軍，備位甚悠悠。天下安既久，積漸力不周。車服金玉煥，黎庶饑寒愁。驪山温泉宮，晝幸與夜游。一游百司備，萬費一日體。誰能心自快，化作社稷憂。國忠咨吞噬，材甫懷姦偷。胡雛據太原，鐘鼓無許收。黄塵滿長安，慘黷九廟羞。唐天未使絶，返正知疾瘳。自茲游賞地，荆棘生荒秋。舊物悉已廢，蜘蛛挂重樓。覽者咸寒心，一過三迴頭。因知帝王業，堅固宣鴻猷。豈可信嗜欲，侮弄生瘡疣。雕牆峻宇誡，簡牘況有由。翻思黍離章，續之應可仇。

又　卷三〇《鮮于侁〈雙廟〉》　旌頭光芒兮戎馬馳，海水沸蕩兮鯨鯢飛。烟塵蔽日兮殺氣昏，金鼓轟天兮山嶽奔。小國不守兮大國顛傾，王侯戮辱兮虵豕肆行。二公仗義兮捍賊睢陽，析骸易子兮并力小城。勢窮力殫兮外無救兵，亡身徇國兮寧屈虎狼。仰天視日兮氣以揚揚，衣纓不絶兮貌如平生。旅遊馳驅兮歷此舊都，致詞雙廟兮涕泗不收，惟忠與孝兮死義爲尤。遭世擾擾兮適履其憂，訏謀顛置兮邊將怙功。尾大權移兮三鎮握兵，忠賢在野兮讒邪肆意。女謁內用兮戚臣外圯，紀綱日紊兮典刑日弛。胎禍階亂兮誰執其咎，義士没身兮沈冤莫置。猗歟二公兮行人歔欷。

又《田晝〈華清宮詞五首〉》　帝將汰兮般樂，睠名山兮華薄。羌誰爲兮雲中，眇殿兮戌削。飛檐兮轇轕，綉桷兮錯棁。飈壁門兮釦砌，承桂柱兮璇跋。梅有壇兮椒有苑，燠芳蓮兮水澮澮。晞組岫兮晃朗，建明珠兮直上。彤樓兮緑閣，瑤壇兮羽幄。犬羊兮西清，鹿得名兮山客。殷復殷兮夷城駕，繚復繚兮女牆下。儼龍旌兮鳳蓋，怳而明兮忽而曖。與女獵兮河曲，金爲羈兮玉爲勒。與女席兮天涯，霓爲裳兮羽爲衣。望夫君兮余思，樂不極兮告我以不歸。悵千秋兮若此，時不可兮屢得。

有美一人兮心所歆，被姣服兮纖躡英朝。與出遊兮夜忘歸，山之樊兮羅百司。鉤膺兮陸續，五貴般兮相屬。沫灑駒兮鶩寶軸，諸娣從之兮兩大國。犀屏兮象筵，墮珥兮委鈿。捐珠琲兮霧散，裛蘭氣兮宛延。霞冠兮翠珮，壑巾構兮雲之際。合衆艷兮儵爚，轉清爐兮流涕。歙音兮眇眇，芳塵兮縹縹。騁秘樂兮天中，播鐘虡兮夾陳。鼉盤兮羯鼓，壎篪高張兮紛緜緜而來下。奄四海兮黷侈，君之心兮未已。邑里移兮朝會遷，光蕆蕤兮列貂蟬。顧文葆兮屓贔，悄不愕兮不言。陣玉座兮金鷄，錫之帶兮十圍。夫人自秉兮美質，蹇何爲兮爾疑。

浴芳華兮瑤池，待夫人兮未來。忽中變兮偃蹇，拓九關兮洞開。鬱勃兮駓駓，策駿駿兮奔螭。摐鉦鼓兮蔽野，戈鋋動兮拂霓。操吾矛兮反吾逐，兵接腋兮車接轂。帝順動兮將焉薄，屠雲駒兮徹豐屋。龍轙兮華輈，和鸞兮啾啾。擁周衛兮失次，旂旗紛兮九斿。臣鄰兮嬪御，侹攘兮載路。鈿扇兮揄翟，魚須笏兮赤繶舄。騰駕君兮逶遲，憑余怒兮不夷。踠美人兮道曲，悵羽袖兮襳襹。朝弛鞅兮山阿，夕流憩兮江滸。折瓊枝兮蕙茝，將以遺兮無所歌。汾寫兮悲秋風，邑邑余愁。欻與爾兮目結，心騷屑兮顧懷。天兵合兮讋羣凶，銷氛沴兮奏膚公。皇穆穆兮來歸，盍將疑兮層官。秋風兮颸颸，紅實兮離離。泯無人兮迹絶敝，紫殿兮金扉。霜霑庭兮月侵墀，蹇罘罳兮失玻瓈。愴石溜兮激，濯芳葩兮儼如。昔錦鳧兮繡鶩，思柔匹兮姸嫮。溟海阻兮太息，魂之來兮秋之夕。涕焭焭兮增悲欷，所思兮爲余翳之。解幃袂兮玉體，謂芬馨兮可佩。促而衽兮原中，遺而履兮行路。覽故處兮猶疑，徒丹楹兮延佇。

秣余馬兮脂余車，歲二月兮西南徂。登朝元兮騁望，興廢忽兮愁予。龍垌兮亹亹，清川兮瀰瀰。浮緑樹兮中天，非雲非煙兮眇如薺。蔚豐壤兮氣沖，融疇隴靜兮芳卉。明灼袨服兮雅艷，發組繪兮鮮榮。祥光兮繞繚紅霓，迴氛兮海收潦軼。咳語兮曾穹，薄飛欒兮下眺。撫華清之巨麗兮，孰轉踵而失之？望秦陵之陂陁兮，羌鬱鬱而蔽之。驪之山兮畢之原，丘累累兮草芊芊。諒前世兮俱盡，余又悲兮有唐。

宋·李綱《梁谿集》卷三〇《初食荔枝》　南海何年貢荔枝，知音千古有楊妃。華清賜浴嬌無力，一騎紅塵初到時。

又　卷一四一《顏魯公畫像贊》　會稽李光守永嘉郡，得魯郡顏公遺像，繪于郡宇之忠義堂。昭武李某為之贊曰：

英英魯公，人中之龍。為唐宗臣，見危納忠。巨盜起燕，朔部風從。獨嬰孤城，以抗其鋒。功雖不終，志實可則。間關造朝，號為耆德。糾繆繩愆，毅然正色。姦邪媢之，擯使去國。蹇蹇匪躬，險夷一節。迨其耄年，奉使希烈。氣沮凶逆，誠貫金鐵。身雖可隕，名不可滅。巖巖高堂，榜曰忠義。非公遺像，其孰當置？登斯堂者，宜仰而畏。師友其人，無公是媿。

宋·楊億《西崑酬唱集》卷上《楊億〈明皇〉》　玉牒開觀檢未封，鬭鷄三百遠相從。紫雲度曲傳浮世，白石標年鑿半峰。河朔叛臣驚舞馬，渭橋遺老識眞龍。蓬山鈿合愁通信，回首風濤一萬重。

又《劉筠〈明皇〉》　歲歲南山見壽星，百蠻回首奉威靈。梨園法部兼胡部，玉輦長亭復短亭。河鼓暗期隨日轉，馬嵬恨血染塵腥。西歸重按淩波舞，故老相看但涕零。

又《錢惟演〈明皇〉》　山上湯泉架玉梁，雲中複道拂瑤光。絲囊暗結三危露，翠幰時遺百和香。枉是金鷄親便坐，更拋珠被掩方牀。匆匆一曲涼州罷，萬里橋邊見夕陽。

宋·鄭獬《鄖溪集》卷二六《明皇》　四海不揺草，九重藏禍根。十年傲堯舜，一笑破乾坤。羌貊皆冠冕，豺狼盡子孫。潼關兵已破，會憶老臣言。

宋·王十朋《梅溪前集》卷一〇《明皇》　天寶君臣玩太平，梨園弟子奏新聲。貴妃一笑天顔喜，不覺紅塵暗兩京。

宋·趙汝鐩《野谷詩稿》卷六《明皇》　初年不是不聰明，勤政開元致太平。一曲羽衣妃子進，三朝錦褓禄兒生。眼乾蜀道山川淚，膽碎漁陽鼙鼓聲。禍福興亡皆自取，信知女色解傾城。

宋·方回《桐江續集》卷三《唐明皇》　突虎衝蛇獻荔枝，冰皴霧瘴覆全師。艷妃有弟堪爲相，叛將無君懵不知。嗣後已成靈武篡，舊臣空復曲江思。太平可似花開易，羯鼓三聲喚得來。

宋·陳起《江湖小集》卷一三《鄧林〈效晉樂志拂舞歌·淮南王〉二篇》　唐明皇，自言榮，金輿翠輦游華清。廣寒宮殿凝水晶，霓裳羽衣沈香亭。沈香亭，泛流霞，流霞瀲灔隊正家。誰知野鹿銜宮花。我欲渡關關有兵。願作雙丹鳳，蜚瑤京。蜚瑤京，隱烟霧，錦綳酥酪，香囊塵土。劍閣縈紆家何許，梧桐葉葉鳴秋雨。

又　卷一五《陳鑑之〈和友人題唐明皇楊太眞對弈圖〉》　風流陣退卻圍棋，心醉妖妍落子遲。還記兵行南詔否，輸贏應不到雙眉。

又　卷一七《陳允平〈明皇按樂圖〉》　日日霓裳宴綵樓，三千歌粉侍宸旒。月明宮殿雙龍伏，雲擁簫韶九鳳游。翠袖半籠金約臂，寶釵斜墜玉搔頭。不知舞到弓彎處，一拍春風一拍愁。

又　卷九五《林同〈顔眞卿〉》　以孝稱，禄山反，獨眞卿城守。帝曰：朕不識眞卿何如人，所為乃若此。祇是見忠節，何曾省孝誠。唐宗休歎息，猶未識眞卿。

宋·洪邁《萬首唐人絶句》卷一八《司空圖〈華清宮〉》　帝業山河固，離宮宴幸頻。豈知驅戰馬，只是太平人。

又　卷二六《杜牧〈華清宮〉》　零葉翻紅萬樹霜，玉蓮開蕊暖泉香。行雲不下朝元閣，一曲淋鈴淚數行。

又　卷三四《竇鞏〈過驪山〉》　翠輦紅旌去不回，蒼蒼宮樹鎖青苔。有人説得當時事，曾見長生玉殿開。

又　卷三五《林寛〈華清宮〉》　殿角鐘殘立宿鴉，朝元歸駕望無涯。香泉空浸宮前草，未到春時爭發花。

又　卷三七《趙嘏〈冷日過驪山〉》　冷日微煙渭水愁，翠華宮樹不勝秋。霓裳一曲千門鎖，白盡梨園弟子頭。

又　卷四七《崔道融〈羯鼓〉》　華清宮裏打撩聲，供奉絲簧束手聽。寂莫鑾輿斜谷裏，是誰翻得雨淋鈴。

又　卷四八《薛能〈過驪山〉》　丹臒蒼蒼簇背山，路塵應滿舊簾間。玄宗不是偏行樂，只爲當時四海閒。

又　卷五一《羅鄴〈温泉〉》　一條春水漱莓苔，幾繞玄宗浴殿回。此水貴妃曾照影，不堪流入舊宮來。

又　卷五九《唐彦謙〈驪山道中〉》　月殿眞妃下綵烟，漁陽追騎及湯泉。君王指點新豐樹，幾不親留七寶鞭。

又　卷六八《鄭嵎道人〈太眞〉》　春夢悠揚生下界，一堪成笑一堪悲。馬嵬不是無情地，自邁蓬萊睡覺時。

又　卷七四《張蠙〈青冢〉》　傾國可能勝效國，無勞冥寞更思回。太眞雖是承恩死，祇作飛塵向馬嵬。

又　卷七五《盧綸〈華清宮二首〉》　漢家天子好經過，白日青山宮殿多。見説只今生草處，禁泉荒石已相和。天氣朦朧暖畫梁，一回開殿滿山香。宮娃幾許經歌舞，白首翻令憶建章。

宋·高似孫《緯略》卷一〇《程敦厚〈題陳宏畫明皇太眞聯鑣圖〉》　併轡春風籞粃遊，外間底事上心頭。騎驢後日嘉陵道，料得君王始欲愁。阿環百巧專恩寵，自是三郎騃不知。上馬未應渾乏力，要回一顧特遲遲。

又　《題陳宏畫太眞上馬圖》　阿環百巧專恩寵，自是三郎騃不知。上馬未應渾乏力，要回一顧特遲遲。

宋·黄庚《月屋漫稿·明皇楊妃圖》　君王擁袖倚嬌容，指法相同曲亦同。料想馬嵬千古恨，當年已寓笛聲中。

又　《明皇按樂圖》　五鳳樓前沸管絃，春宵花暖月娟娟；纖腰舞到霓裳曲，驚起猪龍地上眠。

宋·陳傅良《止齋集》卷三《題明皇醉歸圖》　騎者兩人扶不正，夾道誰知爲萬乘。一人前驅一顧後，懷欲併驅無號令。狩人亦忘記鷹犬，仰視只愁天欲暝。有司刺候上起居，杳莫得詳宫鑰静。嗚呼開元自英主，前鑑竟遺盈幅紙。君不見漢宫圖妲己，未必當年甚如是。

宋·艾性夫《剩語》卷上《題明皇醉歸圖》　金車山重牛難挽，五花嘶出長春苑。太官供頓宴驪山，三郎沉醉歸來晚。酩酊馬上扶者誰，秀眉照眼兩國姨。紅香把臂手亦軟，三馬相倚不敢馳。黄門擁道盡端美，錦衫繡帽春風起。解醒尚恐需餘尊，捧把玉巵行復止。最後一馬壽王妃，鸞扇夾侍雙瓊姬。酣酣嘿嘿意自遠，恨不酹我漁陽兒。圖陳無逸今安有，卻作醉徒供畫手。昭陵百戰大山河，涼州幾甕葡萄酒。

又《山谷跋楊妃齒痛圖》　謂多食側生，致動摇其左車。是殆不然，因爲翻案。《天寶遺事》云：時羅公遠進藥，明皇自和飲妃，故併及之。

蜀帝化子規，啼血思還家。玉環苦微疢，寄汝呼痛牙。物類相殊或相託，悲鳴一夜梨花落。三郎玉柙已成塵，半匕金罌誰和藥。紫駝翠釜不生兵，何與涪南新側生。人間極寵皆禍兆，莫把妖魂幻飛鳥。平生誤識安禄山，馬嵬欲死先齒寒。

宋·郭祥正《青山集》卷一四《明皇十眉圖》　明皇逸事傳十眉，正是唐家零落時。霓裳曲調雖依舊，阿蠻終不似楊妃。畫工貌得非無意，欲使流傳警來世。翠翹紅粉尚爭春，隱約香風起仙袂。六龍眞馭竟何之，泰陵荒草長孤狸。空將妙筆勸樽酒，醉覺人間萬事非。

宋·陳長方《唯室集》卷四《明皇覽鑑妃子剪髮圖》　引鑑能知天下肥，此時未納壽王妃。龍眠解向丹青裏，寫出開元治亂機。

宋·洪咨夔《平齋文集》卷五《題周昉明皇對弈圖》　寶欄十二午陰移，思入雲霄落子遲。當局早知提醒着，危機應不墮蛾眉。

宋·黄庭堅《山谷集·外集》卷六《和陳君儀讀楊太眞外傳五首》　朝廷無事君臣樂，花柳多情殿閣春。不覺胡雛心暗動，一作付與山河買忠義。綺羅翻一作更作墜樓人。

扶風喬木夏陰合，斜谷鈴聲秋夜深。人到愁來無處會，不關情處總傷心。

梁州一曲當時事，一作開之元夢。記得曾拈玉笛吹。端正樓空春晝永，小桃猶學淡燕支。

高麗條脱雕紅玉，一作一雙條脱玻瓈玉。邏逤琵琶撚緑絲。一作三尺琵琶緑蘭絲。蛛網屋煤昏故物，此生唯有夢來時。

上皇曾御昭儀傳，鏡裏觀形只眼前。養得禄兒傾四海，千秋更有一伶玄。

宋·徐鹿卿《清正存稿》卷六《讀楊妃傳》　六宫粉黛溢三千，一箇中間寵愛專。自此世情生妄想，推排妃子作神仙。世俗見明皇溺愛貴妃，遂指爲神仙中人，妃固非不美，而未必眞冠代也。徒以六宫之衆無一當意，獨妃得以專寵，故想像其不可及，世間事如此者，何限詎止一妃也哉？

宋·韓淲《澗泉集》卷一五《楊妃》　剪髮能留寵，君王不自持。當年無入奏，寧到馬嵬時。

宋·眞桂芳《眞山民集·楊妃》　三郎掩面馬嵬坡，生死恩深可奈何。瘞土驛傍何足恨，潼關戰處骨埋多。

宋·趙孟堅《彝齋文編》卷一《送馬上嬌圖與秋壑監丞》　繡韉金狨玉蹀躞，天寶繁奢逾大業。華清浴已宴沈香，弓箭才人擁旌節。前頭樂部紫雲回，催駕顛迎奏三疊。阿瞞駐轡立多時，欲上花驄尚嬌色。俯頭縋鐙力士徒，曾以脱靴爲屑屑。步步相隨郙肯離，嘗聞願作連理枝。燕安儻及思艱危，郙有馬嵬攀訣時。漢家山河安四維，披香千秋惟弋綈。龍眠畫兹非銜奇，端與曹高嚮孟陳。

宋·姚勉《雪坡集》卷二一《題楊妃出浴圖》　温泉暖滑留餘香，芙蓉出水紅生光。寶釵義髻彈龍鳳，力困未必忺霓裳。斂衣側步無窮意，猶勝朝來海棠睡。誰知迎洗錦綳兒，已在華清賜浴時。

宋·高觀國《竹屋癡語·水龍吟·題太眞出浴圖》　寫出梨花雨後情。凝脂洗盡見天眞。春從翠髻堆邊見，嬌自紅綃脱處生。天寶夢，馬嵬塵。斷魂無復到華清。恰如佇立東風裏，猶聽霓裳羯鼓聲。

宋·蘇軾《東坡全集》卷二八《驪山》　君門如天深幾重，君王如帝坐法宫。人生難處是安穩，何爲來此驪山中。複道凌雲接金闕，樓觀隱煙橫翠空。林深霧暗迷八駿，朝東暮西勞六龍。六龍西幸峨眉棧，悲風便入華清院。霓裳蕭散羽衣空，麋鹿來游猿鶴怨。我上朝元春半老，滿地落花無人掃。羯鼓樓高掛夕陽，長生殿古生青草。可憐吳楚兩醯鷄，築臺未就已堪悲。長楊五柞漢幸免，江都樓成隋自迷。由來留連多喪國，晏安酖毒因奢惑。三風十愆古所戒，不必驪山可亡國。

宋·曾慥《類説》卷四六《［宋］張俞〈留題驪山二絶〉》　金碧樓臺插碧空，笙簫遞響入天風。當時國色并春色，盡在君王顧盼中。

玉帝樓臺鎖碧霞，終年培養牡丹芽。不防野鹿踰垣入，銜出宮中第一花。

又《戲爲詩》　昨夜遇温泉，夢與楊妃浴。敢將豫讓炭，輒對卞和玉。同歡一宵間，平生萬生足。想得唐明皇，暢哉暢哉福。

宋·黄升《唐宋諸賢絶妙詞選》卷六《李世英〈六州歌頭·驪山〉》　淒涼綉嶺，宮殿倚山阿。明皇帝，曾游地，鎖烟蘿，鬱嵯峨。憶昔眞妃子，艷傾國，方姝麗，朝復暮，嬪嬙妬，寵偏頗。三尺玉泉新浴，蓮羞吐紅浸秋波。聽花奴，敲羯鼓，酣奏鳴鼉。體不勝羅，舞婆娑。

正霓裳曳，驚烽燧，千萬騎，擁琱戈。情宛轉，魂空亂，蹙雙蛾，奈兵何。痛惜三春暮，委妖麗，馬嵬坡。平寇亂，回宸輦，忍重過。香瘗紫囊猶有，鴻都客鈿合應訛。使行人到此，千古只傷歌，事往愁多。

宋·田錫《咸平集》卷一八《華清宮詞》　綉嶺葱蘢浮瑞氣，雲樓靄闕明珠翠。禁城緣嶺連九天，一片笙歌如鼎沸。我恐紫麟丹鳳洲，移於近甸資宸游。東將太華爲城雉，北以渭川爲御溝。又疑西王開月圃，白雲仙都紫雲府。碧瑶新宮初搆成，籍與明皇自爲主。開元之末天寶初，天下太平方晏如。萬幾多暇頻游晏，青門道士馳鑾輿。長樂岐頭霸陵岍，新豐市井驪山畔。百里烟波錦繡明，寶馬香車若珠貫。宮中湯泉琴瑟文，潺湲長以蘭麝薰。白玉蓮花蹙飛浪，珠堂繡殿温如春。貴妃承恩貌傾國，三千宮女朝霞飾。謝家有女名阿蠻，歌舞纖柔柳無力。頻喚入宮恩寵厚，金粟臂鐶頒賜得。秋來嶺上霜月明，光照組練金吾兵。槐烟柳露咽宮漏，玉笛一轟巖壑驚。春來嶺下春波緑，夜聽琵琶將理曲。幽咽輕攏慢撚聲，鸞皇引雛啄珠玉。嘗記乘輿避暑時，御衣輕似紅蕉絲。翠輦將游石甕寺，探得姚崇乘小駟。往來緑樹影中行，清涼適稱逍遥意。荔枝顔色燕脂紅，生於南海烟瘴中。南海地遥一萬里，使臣日貢華清宮。六宮每從鑾輿到，遺珠落翠長安道。百司既奉玉乘歸，湯宮横鏁黄金扉。門戈陛戟皆繡衣，朝鐘暮鼓含清輝。參差天上朝元閣，往往紫烟飛皓鶴。至今碧落星宿繁，猶似當時掛珠箔。

宋·邵雍《擊壤集》卷二《宿華清宮》　天寶初六載，作宮於温泉。明皇與妃子，自此歲幸焉。紫閣清風裏，崇巒皓月前。奈何雙石甕，香溜尚涓涓。

宋·司馬光《傳家集》卷六《華清宮》　新豐鷄犬稀，薊北馬秋肥。金殿翠華去，玉階紅葉飛。荒林上路廢，温谷舊流微。嗟此非人事，何須問是非。

宋·胡仔《漁隱叢話前集》卷二四《杜常〈題華清宮〉》　行盡江南數十程，曉乘殘月入華清。朝元閣上西風急，都入長楊作雨聲。

宋·何溪汶《竹莊詩話》卷一一《［宋］陳文惠〈華清宮絶句〉》　百首新詩百意精，不尤妃子卽尤兵。爭如一句傷時事，只爲明皇恃太平。

宋·汪元量《湖山類稿》卷三《華清池》　一夜春寒事可知，海棠無地避風吹。温泉自向東流去，不管飛紅出禁池。

宋·石介《徂徠集》卷二《南霽雲》　禄山熾亂，火焚崐崗。炎炎二京，鞠爲戰場。百官奔走，萬乘愴惶。孰城能守，孰地不亡。藉彼睢水，其流湯湯。有城有民，在睢之陽。遠位巡上，巡智我彊。以巡守城，巡亦克當。賊徒西來，殺氣堂堂。旌旗如林，對城而行。巡登城守，辭毅色康。城中之人，踴躍倍常。賊知城堅，坐甲裹糧。城中食盡，殺愛以嘗。士無二志，持痛扶瘡。寧守城死，城不可降。霽雲勇烈，跳城軼出。走泗投賀，求兵救乏。賀飲霽雲，牢醴羅列。霽雲避席，謂衆人曰。睢陽之人，饑已一月。羨不獨飽，食下輒咽。以刀斷指，左右流血。何人妨賢，忌忠嫉節。心不敢兮，賊功害伐。不勞一兵，坐觀斧鉞。霽雲心折，寸寸如鐵。霽雲據鞍，怒髮衝冠。一矢以志，復來不完。路人傍觀，涕流如瀾。遠近聞者，爲之辛酸。力盡且窮，城孤無援。至死不屈，萬戈來攢。精誠内發，顔色自安。身輕鴻毛，名重泰山。吾執唐刑，罔容於姦。未誅禄山，先誅賀蘭。

又卷三《過潼關》　昔帝御中原，守國用三策。上策以仁義，天下無能敵。其次樹屏翰，相維如磐石。最下恃險固，棄德任智力。驅馬過潼關，覽古淚潸滴。開元帝道明，百蠻奉周歷。田野富農桑，邊隅無寇賊。紫宸日視朝，潼關夜常闢。天寶君政荒，宮闈養虺蜴。恩愛成怨疾，腹心生毒螫。朝聞發漁陽，暮已卷河北。鳴鼓渡潼關，矢及乘輿側。重門徒爾設。關吏安所職。始知資形勢，不如修道德。

宋·强至《祠部集》卷二《過潼關》 巨方信天開，嵂嵲土山口。豈惟控内外，勢不漏飛走。一夫或當關，可敵萬夫守。山河此襟帶，怙險聖所否。明皇晚倦勤，意恃太平久。絶艷荒眞妃，轉盼六宮醜。禄山假天性，恩豢不知厚。鐵騎長驅來，哥舒苦徒手。吾君暢道德，四海一父母。人心自固結，玆關復何有。

又 卷一二《温泉》 壯觀悲涼舊迹存，蓮花泉暖至今温。行人莫罪無情水，一笑華清是禍源。

宋·劉克莊《後村集》卷七《明皇按樂圖》 鶯啼花開春晝遲，掖庭無事方遨嬉。廣平策免曲江去，十郎談笑居台司。屏間無逸不復覩，教鷄能鬬馬能舞。嗚呼寧哥吹玉笛，催唤花奴打羯鼓。南衙羣臣玉陛，老伶巨璫前後趨。阿瞞半醉倚玉座，袖有曲譜無諫書。金盆皇孫眞龍種，浴罷六宮競圍擁。惜哉傍有錦繃兒，蹴破咸秦跳河隴。古來治亂本無常，東封未了西幸忙。輦邊貴人亦何罪，禍胎似在偃月堂。今人不識前朝事，但見斷縑妝束異。豈知當日亂離人，説著開元總垂泪。

又 卷一五《雜詠一百首·李林甫》 二相去留際，中原治亂分。異時馬上淚，遥洒曲江墳。

宋·李覯《盱江集》卷三六《馬嵬驛》 六軍剛要罪楊妃，空使君王血淚垂。何事國忠誅死後，不將林甫更鞭屍。

宋·汪元量《湖山類稿》卷三《馬嵬坡》 霓裳驚破出宮門，馬上香羅拭淚痕。到此竟爲山下鬼，不堪鞞鼓似招魂。

宋·陸游《劍南詩稿》卷七《題明皇幸蜀圖》 天寶政事何披猖，使典相國胡奴王。弄權楊李不足怪，阿瞞手自裂紀綱。八姨富貴尚有理，何至詔書褒五郎。天寶末下詔雪張易之兄弟。盧龍賊騎已洶洶，丹鳳神語猶琅琅。人知大勢危纍卵，天稔奇禍如崩牆。台省諸公獨耐事，歌詠功德卑虞唐。一朝殺氣横天末，疋馬西奔幾不脱。向來諂子知幾人，賊前稱臣草間活。劍南萬里望秦天，行殿春寒聞杜鵑。老臣九齡不可作，魚蠹蛛絲金鑑篇。

宋·釋覺範《石門文字禪》卷一《謁蔡州顔魯公祠堂》 開元天寶政多暇，孽臣姦驕濁清化。尺八横吹入醉鄉，國柄倒持與人把。漁陽番將易漢官，在廷之臣無諫者。□□□錦光照眼，更覺霓裳韻和雅。叛書夜到華清宮，狩呂骨驚天子訝。二十四城陷同日，長嗟乃爾忠臣寡。閙傳平原城壁堅，穴鼻可以牿牛馬。譬如灩澦屹中流，江勢遠來波倒射。吾知守職事主耳，行藏初不較用捨。公時風姿入睿想，貫日精誠震天下。我行上蔡黄犬門，驚風急雪吹平野。嬌鴉暮集村不囂，古祠窈窕連桑柘。聖朝亦旌異代忠，軒然眉鬚入圖畫。和如戲泚盧杞題，儼若夢令希烈怕。至今握拳透爪地，想見怒詞猶慢罵。聲光自與日月爭，事之成敗其天也。此詩我欲掃東壁，入字端宜擘窠寫。便覺雲收六合陰，春隨喜色生晴野。

宋·李廌《濟南集》卷四《顔魯公祠堂詩》 朅來游汝海，初識魯公眞。盛德宜蒙祀，英姿儼若神。典刑雖異代，勳績在蒸民。憶昔艱難際，生逢曆數屯。羯胡來薊漠，戎馬度咸秦。河朔皆朝虜，平原獨挺身。蠟書通帝所，羽檄論邦鄰。許國心無二，孤軍氣復振。弟兄同義烈，生死劇酸辛。已怪酬庸薄，那聞左降頻。江湖銷歲月，省闥梧經綸。相國心多忌，軍容憤復伸。同朝緣妬娼，啗賊俾遭迍。輒墮姦邪計，剛期跋扈馴。咥凶令履尾，納諫為嬰鱗。假手雖云智，擠賢太不仁。茹氊蘇武餒，決眥藺生嗔。誤問長安使，寧為叛將賓。一時全大節，千古仰清塵。緬想神如在，推遷迹已陳。謀謨存汗簡，字畫徧蒼珉。論世吾求友，之人德可親。詎云黄壤隔，猶勝白頭新。端欲希忠義，常期齒搢紳。今雖逢聖旦，止願作良臣。惟冀尊王室，寧思秉國鈞。儻令冠獬廌，猶可畫麒麟。古寺今如昔，泉扃夜不晨。何人同李翰，紀事比張巡。感慨瞻遺像，潸然淚滿巾。

宋·劉宰《漫塘集》卷二五《顔魯公贊》 學為孔子，學為孟軻。書非聖而不讀，道適正而靡他。見危而怵，懦夫孔多。公有遺文，簡編錯落。氣雖勁正，而學則駁。降衷秉彝，固非外鑠。見義而前，萬牛莫曳。論功於唐，於公為細。以迄於今，天地奠位。世方恬愉，堯言舜趨。利害毫髮，局縮轅駒。人禍可逃，天刑爾誅。勿怖於死，擇善不審。公則死矣，生氣凜凜。死生俄頃，勿謂不聞。公則死矣，萬世清芬。我贊公像，匪公之為。毋貳爾心，以警有位。

宋・陳普《石堂先生遺集》卷一八《絶句七言・讀史八首》　不是二顔張許輩，故將軀命委沙塵。天生熊掌眞滋味，自羡自甘難告人。

又　卷二一《絶句七言・盧奕》　清門死節照當時，面血猶能赤義旗。常山睢陽信奇偉，英風生自洛留司。

又　《顔杲卿》　驪宮歌笑入青雲，曾識常山有戰塵。忠骨已澌餘髮在，因人得見夢中身。

又　《元紫芝》　天寶膏肓在羽衣，寂寥于蔿詎能醫；當時宇宙皆聲色，不夢陽臺一紫芝。元紫芝在開元天寶間，終身不近女色，若矯世之為者為。魯山，令特正諸陽炎炎之日也。

宋・徐鈞《史詠詩集》卷下《顔杲卿》　一曲霓裳失太平，漁陽鼙鼓暗風塵。君王只識楊丞相，不識平原老守臣。

又　《郭子儀》　身佩安危三十年，讒鋒雖中節彌堅。古今多少功名在，誰得如公五福全。

又　《張九齡》　禄山必兆邊陲禍，林甫終貽廟社憂。二事眼前君不悟，何須金鑑録千秋。

又　《安禄山》　隨人畜養寧知父，負主恩私憤豈有君。逆氣終然招逆報，可憐四海亂如雲。

又　《李林甫》　柄國年深巧蔽欺，如何方面用胡兒。只知怙寵爲身計，不道漁陽亂已基。

又　《李光弼》　間關百戰佐中興，料敵行師妙若神。可惜罹讒終恨死，傷心不見白頭親。

又　《許遠》　自度才卑樂尚賢，輸忠直欲保城全。如公豈是偷生者，一死何庸較後先。

又　《張巡》　析骸易子守孤城，六萬惟餘四百人。生道殺民民不怨，千年廟食尚如新。

又　《李泌》　衣白山人再造唐，謀家議國慮思深長。功成拂袖還歸去，高節依稀漢子房。

又　《雷萬春》　六矢飛穿訑木人，屹然不動勇無倫。極知力盡城將陷，吾亦忘吾有此身。

又　《倪若水》　人重朝班惡外遷，一時榮擢似登仙。誰知鼙鼓漁陽禍，不在朝廷卻在邊。

又　《張鎬》　仗節皇馳趣援兵，睢陽惜已陷忠臣。閭邱振命雖誅死，猶有浮圖着矢人。

宋・王柏《魯齋集》卷六《古賢像讚・郭汾陽子儀》　巍巍令公，再造唐室。膽量包海，赤忠貫日。大姦莫間，大兵莫危。名將接武，皆帳下兒。

宋・韋驤《錢塘集》卷二《詠唐史・郭子儀》　凌烟閣上中興後，勳德光全屬令公。魚輩也知深用力，其如謙巽悟宸衷。

又　《房琯》　蜀途赴難忠雖固，車戰亡師咎已深。天子未歸京未復，不知何暇有琴心。

又　《李光弼》　閫外分憂屢積勳，間言幾欲變深恩。十年三覲勞方面，榮耀雙旌併在門。

又　《李林甫》　國忠禍釁根芽日，此賊傾唐勢已先。搆陷名臣冤且衆，天乎何意與終全？

又　《張中令九齡》　金鏡文高壓萬珍，開元寵遇號知人。范陽奏日言如用，安得西蒙蜀道塵。

又　《楊國忠》　權由寵盛危宗社，天子傾心日自如。十萬北來猶未悟，潼關尚聽促哥舒。

宋・周紫芝《太倉稊米集》卷五《過雙廟》　巡遠功名絶古今，後先俱死只侵尋。兩家子弟猶相訾，百世何由識此心。

又　卷八《明皇羯鼓圖》　禁籞鶯聲外，天袍擁御黄。曲名翻荔子，春苑繞沉香。白雨花奴手，風鬃舞馬牀。向來歌吹地，何處是漁陽。

又　卷四二《弔雙廟詞》　緊唐祚之中微兮，肆虺梟之旁午。產奇禍於中壼兮，滋亂離於下土。痛漁陽之肇亂兮，愴播遷之失所。倏電擊而雷奔兮，卷百城而莫禦。紛披靡而俱下兮，等列侯以羣豎。獨睢陽之二老兮，守危堞而不去。抗劇賊以百戰兮，確精忠而自許。擁貔貅之百萬兮，視創羸其猶鼠。顧強弱之不當兮，雖孩稚其何慮。究一死之不苟兮，孰知公之攸處。念人生而有愛兮，烹所愛之爲苦。冀皇天之助順兮，庶復守其遺緒。慮厓隤於梁宋兮，回賊鋒而東泝。阿犖之喉牙兮，紓東南之狼顧。雖力盡而乃終兮，偉壯節之無古。信後死之非屈兮，謂前死之非遽。陋齎雲之暗嗚兮，鄙萬春之非侶。伊二子之同心兮，吞軟弱而不數。垂奇勳於異代兮，識忠義於眞主。會仙馭之裴回兮，儼翼翼之祠宇。迄百年其如夢兮，悼英魂而蹲舞。予西征而過宋兮，撼扊扅而叩户。悵烟火之依微兮，復巫覡之弗馭。號悲風於木末兮，紛霰雪其欲雨。酹斗酒以一酹兮，慰孤懷之遲暮。倘神靈之猶在兮，尚復聆於斯語。

又　卷四三《郭汾陽畫像贊》　天寶之盜，發乎幽陵。赫赫嗣王，矯矯龍興。大閱六軍，以殄鯢鯨。陳陶之役，首靡天旌，喪師四萬，天子震驚。帝所深倚，朔方之兵。始公提師，北下井陘，狐鶩豕躍，遂岬思明，踵不及旋，關陝以平。轉戰逐北，坐收兩京。掃除妖氛，日月精瑩。斯民舞歌，溢於懽聲。孰謂今日，見漢儀型？帝曰尚父，臣而不名，王室之造，實始自卿。僕固醜虜，縱掠汾并。涇陽之圍，百蠻憑淩。持滿待公，靭發弩擎。短衣匹馬，公來煢煢，倒戈解甲，示以至誠。問天可汗，謂與俱生。回紇顧謂，懷恩不情，曰果吾父，羅拜而迎。承嗣傲很，握兵不庭。屈此兩膝，伊誰之令。朝恩僉人，毀短縱横。竟謂長者，讒言不興。緊此偉績，匪學而能。精忠厚德，感於神靈。一時之賢，萬世之英。誰謂匪公，而有此形？視柏直輩，乳口呷嚶。顧茲奇厖，孰任弗勝！蒼蒼羣黎，天未欲寧。篤生我公，以奠疲氓。拜公遺像，潸焉涕零。

宋·孔文仲《清江三孔集》卷三《孔武仲〈雙廟賦〉》　出睢陽兮，荒蹊殘草之間。覽雙廟之遺蹤兮，啓高堂以縱觀。彼巡遠雖異人兮，忠壯同發乎心肝。英靈超其以邈兮，顧形魄猶凛然。昔天寶之不道兮，履阽危以爲安。置庸相于廟堂兮，養逆臣于邊關。犖山朝發于范陽兮，烽火夕照於長安。滄溟横泄而莫禦兮，漂九州以爲瀾。惟梁王之舊都兮，俯淮泗之驚湍。當兵革之幾消兮，矧壁壘之不完。徒死節而相誓兮，胥肆力乎艱難。以九拒卻九攻兮，顧慮畫之已殫。及兵盡而食窮兮，雖智勇其何言。腰領横分于刀几兮，支節播棄於丘原。生城守而死廟食兮，越至今幾年？而望之者怵惕兮，過之者盤桓。使懦夫有立志兮，此伯夷之所以爲。賢如二公之風烈兮，宜聞之者勉旃。夫威刑者人之所憚就兮，禄利者人之所喜干。矧鯨吞而虎攫兮，如思明與禄山。獨慷慨以不懼兮，持初志而愈堅。眎白刃之來臨兮，猶蝱雀之過前。洞觀歷世兮，鮮或能然。以孔光之素貴兮，猶折節于莽賢。偷榮耀於一日兮，甘醜辱于三年。生爲諛臣以終身兮，死爲怯鬼于黄泉。聊舉隅以善諭兮，非更僕之能宣。我思古人兮，徒涕泗之漣漣。

宋·文天祥《文山集》卷一九《許遠》　起師哭元元，義氣震天地。百戰奮雄姿，鬻妾士揮淚。睢陽水東流，雙廟垂百世。當時令狐潮，乃爲賊遊説。

又　《平原十八日》　平原太守顏眞卿，長安天子不知名。一朝漁陽動鼙鼓，大江以北無堅城。公家兄弟奮戈起，一十七郡連夏盟。賊聞失色分兵還，不敢長驅入咸京。明皇父子將西狩，由是靈武起義兵。唐家再造李郭力，若論牽制公威靈。哀哉常山慘鈎舌，心歸朝廷氣不懾。崎嶇坎坷不得志，出入四朝老忠節。當年幸脱安禄山，白首竟陷李希烈。希烈安能遽殺公，宰相盧杞欺日月。亂臣賊子歸何處，茫茫烟草中原土。公死於今六百年，忠精赫赫雷當天。

又　《顏杲卿》　常山義旗奮，范陽哽喉咽。胡雛一狼狽，六飛入西川。哥舒降且拜，公舌膏戈鋋。人世誰不死，公死千萬年。

宋·林表民《赤城集》卷一〇《舒奎〈唐臨淮王李武穆廟碑〉》　天寶末，安禄山反范陽，陷兩京，明皇流離於蜀，宇内幾非唐有矣。非有而卒復有，蓋王與郭汾陽之功也。王之功，紀金券，藏太廟，圖凌烟閣，載諸史册，霞電炯照，而金翠補寫也。迨於今，蕘童笠豎，皆知有王云。嗚呼！然孰知寧海閩風，寂寞之野，有王之祠存焉？按之史册，求之圖志，寶應初，袁晁反台州，盡有浙東地，王遣其將張伯儀、李皐討平之。此土之民被王德，立祠祀王，迨於今，火盜雨暘，螟蝨疾厲，有禳有祝焉。嗚呼！王之食於此土非忝也，民之報王盍忠信矣乎？且王嘗拔常山，拔趙，拔懷而與夫景城、河間、信都、清河、平原、博平皆附焉，捍饒陽，捍太原，捍河陽，以至於申光、徐泗、宋許、兖鄆、襄陽皆平焉。然則王之功滿於河淮、京洛之間，平浙其細也，戮晁則易也，何獨此土之民被其德哉？感之於平浙也，懷之以戮晁也，毋以小王乎。嗚呼！德之深淺，不以其功之小大，功之小大，不以其惠之淺深也。使晁蔓不已，寧能勿爲禄山耶？則此土之民被其德，固無異於淮河、京洛之間也。然廟始創歲月，無文字可繹，其幾廢幾興邪！矩製像設，服飾若野老，踞居一室，座下伏文獸，其何根何證邪？屋有低塌，風掀雨漉，破壁四面見山，星斗零落綻瓦中，行遂貫穿祠後，神露其背，過者憫然惻怛也。餘聞王之御軍行師，號令明一，麾幟壁壘，氣色皆光焰，不應憔悴若是。想夫功成身危，程魚交毁，徬徨慘澹，其意態亦如是乎！歲比不登，衆歡曰：『王病民乎？民病王也。』於是富者以田産之高下出財，貧者以口數之衆寡助力，典其役者，以財厚薄、力小大取材。始於淳祐六年正月，而成於明年十月九日，過者肅然驚異矣。夫圖牒之所載，忠豪之遺迹，此以教長民者。所當興奮也，而鄉人之爲是也，孰糾而孰率之？王之德於此土也深，又能神而明之故，合而成焉者，出於忠信也。嗚呼！王之功，紀金券，藏太廟，圖凌烟閣，今其物爲飛花，爲聚沫，烟空月寒，故迹何在？曾不如豚蹄斗酒之肅嵆也。其被於河淮、京洛之間者，今且數經兵燹，鞠爲丘墟，蓬蒿皆長大成林藪，未必有數椽焉。簡潔可依也，然則廟之存於此土，豈不幸歟？嗚呼！王之功，崇烈偉夫，豈係於廟之有無哉？然廟之有無，民之忠信厚薄觀焉，鄉人所以盡其情也。然則廟之新於今，豈不韙歟？王之名氏不待書也，當時與郭令公齊名者誰歟？

宋·宋祁《景文集》卷九《讀張巡故事》 叛將闞華日，英臣死節年。城當勁兵處，人甚綴旒然。直木摧貪隧，長堤制盜泉。羯塵雖覆馬，不汙沛南天。

宋·王令《廣陵集》卷五《張巡》 祿兒射火燒九天，鬼手不撲神聽旃。羣庸仰口不肯唾，反出長喙噓之燃。睢陽城窮縮死鱉，危繫一髮懸九淵。巡瞋睆遠兩眥拆一本作折雨，怒嚼齒碎須張肩。恨身不毛劍無翼，不能飛去殘賊噍。翁軀腥刀子磔俎，日嚼血肉猶經年。霽雲東攘兩臂去，西來才有九指還。胸中憤氣吐不散，去隨箭入浮屠塼。忠窮智索其自效，更鬻愛妾嘗飢涎。我疑没日賊不食，恐其肉酖死不痊。又疑身骨不化土，定作金鐵埋重泉。何時山移陵谷變，發出鼓鑄戈或鋋。吾如得之顧有用，不誅已然誅未然。

宋·梅堯臣《宛陵集》卷一一《謁雙廟》 八月過宋都，泊舟雙廟側。永懷此忠良，遺烈傳碑刻。五位儼朝裾，千年同血食。當時多苟生，貴爵曾誰識。縱今有邱墳，都已荒荆棘。古人非輕死，於義實罕得。英骨化埃塵，令名同鳥翼。飛翔出後世，景慕無終極。豈若目前榮，未没聲已息。西登孝王城，王氣由邦國。

宋·王安石《唐百家詩選》卷一一《李約〈過華清宮〉》 君王遊樂萬機輕，一曲霓裳四海兵。玉輦升天人已盡，故宮猶有樹長生。

宋·王安石《臨川文集》卷一六《雙廟張巡許遠》 兩公天下駿，無地與騰驤。就死得處所，至今猶耿光。中原擅兵革，昔日幾侯王。此獨身如在，誰令國不亡？北風吹樹急，西日照窗涼。志士千年淚，泠然落奠觴。

宋·張方平《樂全集》卷四《睢陽雙忠廟詩并序》 睢陽雙廟者，有唐忠義之臣張巡、許遠之祠也。祿山之覆兩京，賊將尹子奇東略地，睢陽當其衝，二公保之且二年，孤城無援以没。宋人以公之義廟食之，因以其同時立功者賈賁、姚誾、南霽雲配享，俗亦謂五公廟。予讀《唐書·忠義傳》，唯張、許得載，而敍功狀甚略。韓吏部《書張巡傳後》爲詳。按許遠爲睢陽太守，張公以雍丘之衆依遠并力，而遠推誠納巡而處其下，壯士之節，於遠殊爲難。巡雖功高，非遠不立。睢陽，吾里也，嘗暇日步廟廷，覩唐來諸公文廟者數篇，咸以巡爲主，愚爲遠不快，因作是詩以補唐風。

烈士趨死易，黜己下人難。況乃持柄位，而當功名間。天寶唐中圮，大盜起幽薊。伐鼓傾中州，意有摧枯易。桓桓許公遠，持節睢陽郡。孤壘扼賊衝，攻急勢危窘。張公何壯哉，雍丘以衆來。誓將同忠義，分持虜羹杯。慷慨二丈夫，感諾明悲吁。對舉兩手起，力與扶中區。空郊乘埆垣，賊鋒四周攢。萬夫齊一心，就死無悔顔。夫豈威令使，化公心如丹。兵盡糧餉絶，重圍氣逾烈。龍枯無一勺，虎騰墜窮穴。帳下萬金士，霽雲特雄傑。乞師賀蘭府，嚙指如枯蘖。七日哭秦庭，何謝楚臣節。鄰藩救不來，呱呱守埤哀。天胡不我弔，竟使孤城摧。沈痛數忠良，委骨鯨與豺。王師遂破賊，天王歸京國。持久全江淮，實由二公力。遺烈在宋人，食公河之津。我聞唐天子，命遠守宋民。張公何爲者，單車投遠舍。開門授之柄，引已出其下。張公仁且英，節義無與程。但初無睢陽，此功將安成？顧豈沮大節，而下張公名。意欲覺後來，知人爲賢明。

宋·劉摯《忠肅集》卷一八《次韻次中題雙廟》 凜凜英風數百齡，捨生知與義相形。莓苔老澀穹碑暗，雲木疏寒古殿扃。自許孤城摧虎兕，至今遺事炳丹青。二公死所眞難處，獨恨臨淮有遁刑。

宋・蘇頌《蘇魏公文集》卷九《和次中雙廟感事》 天寶黎民困賊庭，杞城睢社勢相形。四公百戰期殲虜，數載重圍不啓扃。當日捐軀全土境，至今遺貌載丹青。行人安得侵松檟，樵採從來禁有刑。

宋・朱松《韋齋集》卷一《睢陽謁雙廟》 幽陵鐵騎殘中原，列城束手天子奔。天留巨孽毒梁宋，賊壘環堞如雲屯。凶波滔天不可遏，塞以束薪何足論。力憑孤墉阻其怒，不爾薦食無黎元。堂堂許張勇且仁，指揮羸卒氣愈振。上書行在論賊勢，想見憤色呑妖氛。人間貧賤容力避，只有一死由來均。二公就此得處所，至今日月名爭新。遺祠突兀岸清洛，英氣凜冽横穹旻。尚聞餘蔭福茲土，天假威柄酬忠勤。布衣尚懸千古淚，肉食宜鑒當年因。焚香再拜三歎息，九原可作從斯人。

宋・劉子翬《屏山集》卷一五《雙廟》 無復連雲戰鼓悲，英風凜凜在雙祠。氣呑驕虜方張日，恨滿孤城欲破時。幽鳥自啼簷際樹，夕陽空照路傍碑。平生不作脂韋意，倚棹哀吟兩鬢絲。

宋・胡仲弓《葦航漫遊稿》卷三《張巡廟》 説著睢陽膽已傾，單師曾此控孤城。一身肯作偷生計，千古長留不死名。廟饗毋忘艱食日，庭松猶學戰時聲。祠前碑記無尋處，賴有唐書爲發明。

宋・范成大《石湖詩集》卷三《題開元天寶遺事四首》 御前羯鼓透春空，笑覺花奴手未工。一曲打開紅杏蘂，須知天子是天公。

謝鑾舞袖貴妃絃，秦國如花虢國妍。不賞纏頭三百萬，阿姨何處費金錢？

朝天車馬詔頻催，斸得新湯未敢開。忽報豬龍掀宇宙，阿瞞虛讀相書來。

剥啄延秋屋上烏，明朝箭道入東都。宮中亦有風流陣，不及漁陽突騎粗。

又 卷一二《雙廟》 平地孤城寇若林，兩公猶解障妖祲。大梁襟帶洪河險，誰遣神州陸地沉。

又 《雷萬春墓》 九隕元身不隕名，言言千載氣如生。欲知忠信行蠻貊，過墓行人下馬行。

宋・許綸《涉齋集》卷四《次韻轉庵讀中興碑》 千秋金鏡唐元龜，苞桑鏡見龜灼知。女主爲禍已云慘，天寶之亂尤危疑。九齡早悟綢繆詩，其奈哥奴基棼絲。外人何得與家事，旋聞潛納河洲睢。席誇禄兒李裴和，助桀爲虐幾乘危。趣之使亂果爲誰，張巡廟哭祇涕垂。高將軍固非遠慮，掉頭肯和金刀篦。四鎮休罪高仙芝，張垍早措平章辭。望賢宮中例忍飢，金刀胡餅方效奇。事有至難已言之，賊心包藏久竊窺。春秋知我盍罪我，監國引嫌孰維持。顔筆勁節霜筠似，元文秋月華星如。

宋・黃庭堅《山谷集》卷八《書磨崖碑後》 春風吹船著浯溪，扶藜上讀中興碑。平生半世看墨本，摩挲石刻鬢如絲。明皇不作苞桑計，顛倒四海由禄兒。九廟不守乘輿西，萬官已作烏擇栖。撫軍監國太子事，何乃趣取大物爲。事有至難天幸爾，上皇跼蹐還京師。內間張后色可否，外問李父頤指揮。南內淒涼幾苟活，高將軍去事尤危。臣結春陵二三策，臣甫杜鵑再拜詩。安知忠臣痛至骨，世上但賞瓊琚詞。同來野僧六七輩，亦有文士相追隨。斷崖蒼蘚對久立，凍雨爲洗前朝悲。

宋・張耒《柯山集》卷一一《讀中興頌碑》 玉環妖血無人掃，漁陽馬厭長安草。潼關戰骨高於山，萬里君王蜀中老。金戈鐵馬從西來，郭公凜凜英雄才。舉旗爲風偃爲雨，洒掃九廟無塵埃。元功高名誰與紀，風雅不繼騷人死。水部胸中星斗文，太師筆下蛟龍字。天遣二子傳將來，高山十丈磨蒼崕。誰持此碑入我室，使我一見昏眸開。百年廢興增歎慨，當時數子今安在。君不見，荒涼浯水棄不收，時有遊人打碑賣。

又 卷二三《雙廟》 成敗功名付偶然，男兒要是死生間。故應城破知肝膽，飛矢何勞記賀蘭。

宋・李洪《芸庵類稿》卷一《和柯山先生讀中興碑》 曲江罷相迹如掃，滿朝婞婜無諫草。動地漁陽鼙鼓驚，舊將半死哥舒老。蜀道乘騾萬里來，不識平原濟世才。倉皇靈武送玉册，豈顧九廟蒙塵埃。天開地闢扶皇紀，李郭功成安史死。一日三朝有深意，臣結胸中老文字。麻鞵詩老脱賊來，北征自足配磨崖。我思瀟湘不易到，誰持墨本心眼開。鑑古評詩增感慨，無逸圖亡山水在。君不見阿忠少日曆艱貧，湯餅曾持半臂賣。

【略】

隆興改元初，余為永嘉監倉。時登忠義堂，睹顔魯公像，知其裔家是邦，今閲一紀。沿檄莆中，遇軍事判官邵卽其人也。因請觀常山、平原二像，幷大曆顯會昌嗣二誥為賦長句。

明皇不識顏平原，我觀舊史心慨然。天寶末年事大錯，邊將驕兵相盜權。忽聞漁陽鼓鼙震，二十四郡城無堅。霓裳驚破西行蜀，妃子倉皇死馬前。常山平原乃昆弟，屹立砥柱摧腥羶。土門既失陷河朔，天津罵賊鬚髮拳。嗣皇靈武實草創，獨坐鶚立中興年。尚書累月家食粥，諸將列屋羅妖妍。嗚呼千載慕廉藺，曹蜍李志如九泉。莆陽幕府東嘉客，飽聞裔孫家好賢。錦囊重睹忠義像，再拜恨不為執鞭。輕綃盈幅凜生面，髣髴冠劍躋凌煙。況藏二誥墨色古，吾宗贊皇相業傳。憐君為米走塵土，七十青衫雪滿顛。乃祖精爽跨箕尾，寄書入洛逢飛僊。

宋・王銍《雪溪集》卷一《蔡天啓作中興碑詩且邀同賦》 一日屠戮三庶人，天理已盡殺氣昏。青宮惴惴二十載，免禍自求黃屋尊。忠臣開除兩京路，未知日月雙懸處。歸來祈哀語可怜，今日貴作天子父。瀟湘江邊鑱穹碑，煙雲相連愁九疑。湖南萬古長嗟地，剩與屈賈添餘悲。雄文漫郎來作吏，正色顏公謁西內。兩賢憤托金石堅，莫求此碑求此意。休闖九閽訴帝傍，莫化杜鵑啼故鄉。磨崖難摧幽恨長，水流不盡山蒼蒼。

宋・陳長方《唯室集》卷四《讀張文潛、黃魯直中興頌有作》 文皇光明大式圍，招來羣策常低眉。恩流動植到肌骨，民心與作邦家基。歲月日逝閲天寶，椿撞家居恣纖兒。婦后一日投三子，內間更納壽王妃。三綱俱紊今若此，漁陽叛將來猶遲。騎騾入蜀事慘惻，靈武即位尤堪悲。五郎父子較名義，直與安史分毫釐。若非貞觀基局牢，分披已作周東西。臨淮電擊亦漫爾，汾陽韜略將何爲。後來更出顏元輩，深詞大刻中興碑。艱難不少念厥祖，坐蒙前福仍詩毗。鑑觀陳迹動歎息，願上文王聖德詩。

宋・王洋《東牟集》卷二《讀中興頌碑》 峩峩蜀道艱難路，萬里行人走征戍。招摇夜發川谷驚，回首長安滿煙霧。朔方日已催天明，朱輝散射朝霞升。旌旗指顧豺虎靜，風雨汎掃煙雲清。臣能姦君子詐父，身有妖雛不知顧。江中鹿死始悲嗟，帳下豬驚猶躁怒。萬年枝上春風回，明明九廟無風埃。扶鞋綴組命書重，崇邑大縣華封開。如何李父干天路，禍未單誅已交惡。子儀不保墳土乾，淮陽豈爲幽燕懼。太宗功業三代前，煌煌建立今古傳。兩宮哀笳十五曲，至今談者猶潸然。

宋・周煇《清波雜誌》卷八《李清照〈浯溪中興頌詩，和張文潛二首〉》 五十年功如電掃，華清花柳咸陽草。五坊供奉鬬鷄兒，酒肉堆中不知老。胡兵忽自天上來，逆胡亦是姦雄才。勤政樓前走胡馬，珠翠踏盡香塵埃。何爲出戰輒披靡？傳置荔枝多馬死。堯功舜德本如天，安用區區紀文字！著碑銘德眞陋哉！迺令神鬼磨山崖。子儀、光弼不自猜，天心悔禍人心開。夏商有鑑當深戒，簡策汗青今具在。君不見當時張説最多機，雖生已被姚崇賣。

君不見驚人廢興傳天寶，《中興碑》上今生草！不知負國有姦雄，但説成功尊國老。誰令妃子天上來，虢、秦、韓國皆天才。花桑羯鼓玉方響，春風不敢生塵埃。姓名誰復知安、史，健兒猛將安眠死。去天尺五抱甕峰，峰頭鑿出開元字。時移勢去眞可哀，姦人心醜深如崖。西蜀萬里尚能反，南內一閉何時開？可憐孝德如天大，反使將軍稱好在。嗚呼，奴輩乃不能道輔國用事張后尊，乃能念春薺長安作斤賣！

宋・王炎《雙溪類稾》卷四《過浯溪讀中興碑》 日光玉潔元子辭，銀鈎鐵畫顏公書。百金不憚買墨本，摩挲石刻今見之。猗那清廟久不作，其末變爲王黍離。春秋一經事多貶，魯頌四篇文無譏。漁陽鼙鼓入潼華，公卿徒步從六飛。朔方天子扶九廟，京師父老迎千麾。紫袍再拜謁道左，上皇萬里旋鑾輿。牝鷄鳴晨有悍婦，孽狐嗥夜有老奴。扶桑杲杲未翳蝕，但歌大業吾何疵。首章義正語未婉，前輩不辨來者疑。正須細讀史克頌，未用苦説涪翁詩。許張勁節震金石，李郭壯開如虎貔。斷崖蒼石有時泐，諸公萬古聲烈垂。天懷倦客有所恨，雨濕江寒催解維。神州北望三嘆息，翰墨是非何議爲。

《全宋詞》第二册《李綱〈減字木蘭花荔枝二首〉》 華清賜浴，寶甃温泉澆膩玉。笑靨開時，一騎紅塵獻荔枝。明珠乍剖，自擘輕紅香滿手。錦襪羅囊。猶瘞當年驛路旁。

仙姝麗絶。被服紅綃膚玉雪。火齊堆盘。常得楊妃帶笑看。勞生重馬。遠貢長爲千古話。林下甘芳。卻準按『準』原作『谁』，改从梁溪词幽人饜飫嘗。

又 第五册《陳深〈虞美人・題玉環玩書圖〉》 玉搔斜壓烏雲墮，拄頰看書臥。開元天子惜娉婷，一笑嫣然何事，便傾城。馬嵬風雨歸時路，艷骨銷黄土。多情誰寫畫圖中，江水江花千古，恨無窮。

又　《陳德武〈水調歌頭・題楊妃夜宴醉歸圖，上寫秦虢二夫人貴妃抱嬰於馬上〉》　日色隱花萼，清夜宴華清。梁州新曲初就，錦瑟按銀箏。中坐太真妃子，列坐親封秦虢，歡笑盡傾城。百斛金尊倒，一醉玉山傾。

扶上馬，東小玉，右雙成。絳紗籠燭高照，宮漏已三更。抱得禄兒歸去，酒醒三郎何處，忽聽鼓鼙驚。可惜馬嵬恨，不得寄丹青。

又　《李綱〈雨霖鈴・明皇幸西蜀〉》　蛾眉修緑。正君王恩寵，曼舞絲竹。華清賜浴瑤甃，五家會處，花盈山谷。百里遺簪墮珥，盡寶鈿珠玉。聽突騎、鼙鼓聲喧，寂寞霓裳羽衣曲。

金輿遠幸匆匆速。奈六軍不發人爭目。明眸皓齒難戀，腸斷處、繡囊猶馥。劍閣崢嶸，何況鈴聲，帶雨相續。謾留與、千古傷神，盡入生綃幅。

又　《程武〈念奴嬌・題馬嵬圖〉》　蜀江城遠，想連雲危棧，接天窮處。惆悵烟塵回首地，雙闕觚稜猶故。龍匿星聯，羽林風肅，未放鑾䮲去。不堪掩面，淚沾宸袖如雨。

底事當日昭陽，吹羌嗚羯，涴卻霓裳舞。三十六宮春滿眼，曾把色嗔香妒。芳草埋情，飛花隕怨，翻被蛾眉誤。畫圖驚見，黯然魂斷今古。

《全宋詩》卷四七《張齊賢〈華清宮〉》　當時不是不窮奢，民樂升平少嘆嗟。姚宋未亡妃子在，塵埃那得到中華。

又　卷九七《楊正倫〈華清宮〉》　休罪明皇與貴妃，大都衰盛兩相隨。惟憐一派温泉水，不逐人心冷暖移。

又　卷八三八《張舜民〈温泉〉》　岧嶢華清宮，下有温泉水。繡嶺絡千門，玉蓮噴九蕊。第一名御湯，第二沐妃子。從上傍諸王，最下列衛士。淙淙三十六，枝分或櫛比。每年十月初，仙杖常依此。樓頭羯鼓停，殿上霓裳委。塵垢三百年，行人與閭里。忽驚郴嶺下，和暖雅相似。衹是遠長安，不當人眼底。皇天宅萬物，得地即爲美。幸免與興亡，往來常止止。

又　卷二二〇八《曾覿〈玉環山〉》　天寶胡塵暗兩京，禍從妃子笑中生。玉環兩字眞堪恨，好與青山別改名。

又　卷二四三二《劉錫〈涪溪〉》　興廢由來只靠天，三郎往事亦堪憐。湘江直下涪溪上，翕霍于今五百年。

又　卷二五五二《舒邦佐〈讀開元遺事〉》　錦綳兒啼妃子笑，雞頭肉念禄山來。三郎若肯憐湯餅，豈被香囊作禍胎。

又　卷二七三五《金朋説〈楊貴妃〉》　傾國嬌容啓色荒，能移帝王墮三綱。荔枝嚬笑雖甘美，馬踐嵬坡促命亡。

又　卷二九一三《鍾興嗣〈涪溪〉》　羯奴禍唐室，宗社已傾危。翠華幸西蜀，大物孰主持。儲君起靈武，事亦從權宜。人望既有屬，姦孽就誅夷。次山憂國切，聞此喜可知。歸美頌君父，隱惡義當爲。涪翁仗正論，凜然寓刺規。指適心中過，併及宮闈微。茲用春秋法，肅宗其何詞。曾無一半語，追咎元子非。後來好事輩，往往互詆譏。或立黨同意，或費解嘲詩。識者具眼力，理解夫奚疑。盍觀我宋朝，崖上中興碑。光堯再造績，炳若日星垂。功成體天道，退處志莫移。坤器親付授，嗣皇猶懇辭。數四不獲命，黽勉祇受之。飭躬備敬養，朝夕益孳孳。君不見帝典書之盛，端由揖遜基。聖盡慈孝，堯舜併驅馳。俯視於李唐，德業有醇疵。惟餘剋復願，天每靳其機。孫支繼述責，未有易今時。出兵弔遺黎，孰不迎王師。免使讀頌者，懷憤徒傷悲。

又　卷三〇二五《林訪〈涪溪〉》　靈武儲皇識事端，解將權術濟艱難。當時若徇區區節，宗社何由獲再安。

又　卷三六〇九《王鎡〈馬嵬〉》　梨花魂醉草傷秋，玉笛霓裳事已休。誰信一勾羅襪内，能藏天寶許多愁。

又　卷三三三八《張知復〈讀涪碑，漫成一絶〉》　開元天子樂升平，肯向華清戒履冰。縱有涪溪溪上石，元郎何意頌中興。

又　卷三六一五《李祐孫〈題涪溪〉》　明皇何以致顛危，林甫國忠成禍基。妃子良心猶不悟，此機惟有九齡知。

涪溪崖石與天齊，兩刻中興大業碑。北向幾多垂白叟，百年不見漢官儀。

又　卷三七四四《清遠居士〈透明巖壁安禄山題記〉》　妖胡作逆罪滔天，翠輦倉皇幸蜀川。千載業緣磨不盡，卻來邀福向金仙。

又　卷三七五二《易士達〈温泉〉》　當日温泉浴太眞，豈知繡襪解塵生。更於洗滑凝脂處，尚憶胡兒在錦綳。

又　《易士達〈青陽驛〉》　錦綳繡襪兩無成，幾把唐家國祚傾。帝宿青陽鈴鐸響，起來疑是鼓鼙聲。

又　《易士達〈牛心寺〉》　玉環妖國禍胎深，鼙鼓漁陽帝莫禁。不怨錦綳當日事，如何歸咎鑿牛心。

又　《易士達〈浯溪〉》　阿瞞南幸國幾危，顛倒皆由豢禄兒。休説馬嵬當日事，浯溪且細讀元碑。

又　卷三六六九《汪元量〈明皇廟〉》　三郎幸蜀大琅璫，夜雨聞鈴欲斷腸。遺廟至今香火鬧，女巫調笑舞霓裳。

金・元好問《中州集》卷六《馮璧〈明皇擊梧桐圖〉》　三郎耳譜趂花奴，風調才情信有餘。天寶錯來非一拍，霓裳中節亦區區。

又　卷八《杜佺〈馬嵬道中〉》　垂柳陰陰水拍堤，春晴茅屋燕爭泥。海棠正好東風惡，狼藉殘紅送馬蹄。

又　《高有鄰〈馬嵬〉》　事去君王不奈何，荒墳三尺馬嵬坡。歸來枉爲香囊泣，不道生靈淚更多。

金・元好問《御訂全金詩增補中州集》卷首上《温特赫某〈華清宫〉》　泉聲夜作漏聲長，月底驚回夢到鄉。知我馬嵬曾過着，枕邊嗚咽問興亡。

又　卷五《楊妃墓》　灼灼陌上花，青青路旁草。人心任榮悴，過眼無醜好。馬嵬三尺墳，西出劍門道。如何傾國顔，傷心不同老。

又　卷二八《馮延登〈華清故宫〉》　寵貴羊羔退曲江，華清霧閣對雲窗。層巒未了霓裳舞，遷客俄驚羯鼓腔。簷際疏星疑曉鏡，天邊晴樹認高幢。遊人尚喜風流在，白石涵波皂莢雙。

又　卷三六《高有鄰〈温泉〉》　開元常侍太平年，楊李藏奸弄國權。試上驪山弔今古，興亡都不在温泉。

驪山高處舞霓裳，都爲平居厭未央。惟有温泉長似舊，任他行客感興亡。

又　卷五一《伊喇霖〈驪山有感二首〉》　蒼苔逕滑明珠殿，落葉林荒羯鼓樓。渭水都來細如綫，若爲流得許多愁。

山下驚飛烈火灰，山頭猶弄紫金杯。夢回未奏梨園曲，臥聽吟風阿濫堆。

又　卷五二《惠吉〈驪山〉》　唐祚方當七葉興，侈心一動事華清。峰巒花木千重秀，樓閣雲霄萬丈平。賜浴但聞專寵幸，信讒不復用賢明。直教兵震漁陽地，破碎霓裳羯鼓聲。

又　《劉仲游〈温泉〉》　賜浴華清寵幸殊，温泉水滑洗凝酥。至今西蜀逢冬月，尚畫楊妃出浴圖。

又　《劉仲游〈華清宫〉》　唐家一作宗帝業艱難致，終笑明皇學始皇。不戒前車成後轍，華清宫殿勝阿房。

又　《劉方叔〈華清宫〉》　廢宇傾垣不復新，開元輦道盡荆榛。惟餘一派温湯水，長與行人洗路塵。

又　《惠吉〈華清宫〉》　開元已在太平基，天寶何緣遽致衰。應是用人終始異，温泉嗚咽漫含悲。

金・王寂《拙軒集》卷三《和黄山谷讀楊妃外傳五首》　兄弟漸疏花萼夢，君王貪醉上陽春。卻將妃子比飛燕，何物謫仙能屈人。

姚宋云亡言路塞，虢秦黷寵禍機深。平時笑指禄山腹，信道是中惟赤心。

金步摇低雲髻墮，瑞龍香散野風吹。嶺南驛傳來何暮，趂得新墳薦荔枝。

環子竟逢山下鬼，老翁空歎木牽絲。年年牛女相逢夕，記得凭肩私語時。

飛鴈秋風汾水上，淋鈴夜雨蜀山前。此時一念無料理，阿瞞何由雙鬢玄。

金・李俊民《莊靖集》卷四《明皇擊梧圖》　不使梨園弟子知，太平音在鳳凰枝。一朝野鹿銜花去，長恨秋風落葉時。

金・趙秉文《滏水文集》卷四《南麓畫華清宫圖》　天寶遺事今幾年？華清樓殿非人間。五家羅綺隘山谷，驅入尺紙天工閑。豆分繡嶺綫涇渭，人物微茫才位寘。想當睥睨下筆時，兩眼猶能書細字。乃知棘端可以造沐猴，巧奪造化非人謀。胸中度世乃吾事，坐令千里當雙眸。明皇初心小姚禹，肯比金陵一孱主。一眄聊爲妖姬留，奈何坐此覆神州。太白西去有鳥道，蜀山秦樹令人老。浮雲一蔽漁陽城，禄山馬飽宫前草。恩流四海一玉環，胡兒不合窺潼關。至今脂澤下蟾口，時有飲鹿疑神姦。豈知水洗凝酥滑，一掬傷心馬嵬血。多年鬼火化爲碧，迂繞離宫送行客。龍巖幾度過華清，筆端山高水泠泠。嗚呼興廢今已矣，祇有丹青留典型。畫詩雙絶兼書工，留傳遜公到松公。今年盗入嫣川東，火燒墖寺一洗空。松公間關來帝里，一身與畫同生死。吾聞挈瓶之智不假器，支郎大勝潼關騎。

元·王逢《梧溪集》卷六《太眞虢國二圖爲郡牧張理熙伯雍題》

有唐社稷冰山重，三白楊花同一夢。就中玉環春思酣，錦褓兒將犀果弄。兒驕蹴踏飛龍鞚，直把東君遙斷送。馬嵬羅襪汙香塵，杜鵑淚血啼秦鳳。君不見，陽臺神女楚襄王，當年元有詞臣諷。

玄宗末年天降孽，楊家有女俱朝列。夫人身被六銖衣，自一作日惹香烟下瑤闕。侍兒春閑雉尾扇，紅脂半露桃花面。似言草草畫蛾眉，猶及華清夜深宴。君不見，娥英淚染湘江竹，畫昉見遺良惡俗。

元·陸文圭《牆東類稿》卷一六《跋明皇貴妃併馬圖》 聲殘玉笛梨花月，笑指驪泉浴香雪。宣來天駟玉花驄，醉倣金勒摇東風。阿環併轡微相顧，一點芳心情鶯訴。五溪老奴侍鞍側，招摇先入華清路。行幸東西春復秋，那知憂樂兩相酬。朝元警蹕獨清道，胡馬長嘶出薊幽。猿聲霜冷巴山曉，錦襪遺香清渺渺。南内淒涼稀進御，海雲空濶蓬萊小。淚濕花容春雨餘，縱有丹青畫不如。

元·吴澄《吴文正集》卷九一《題楊妃病齒圖》 齒痛自顰眉，君王亦不怡。此癡如早割，何待馬嵬時。

元·虞集《道園學古録》卷二一《題周怡臨韓幹〈明皇出遊圖〉》

開元盛事何人畫，玉冠夫容御天馬。從官騎步各有持，移仗華清意閒暇。宫花如錦照青春，詔許傳看思古人。不知身在瀛洲上，親奉圖書侍紫宸。

又《明皇出遊圖》 輦路風微曉霧開，華清宫裏看花來。五王走馬誰先醉，倒著宫袍去不回。

又 卷二八《題秦虢二夫人承召遊華清宫圖》 貴人併鞚如輕鴻，承恩馳入華清宫。道途先不止行客，策蹇奔趨烏帽風。奚囊墮地何足拾，豈有篇章浪相及。畫史當時妙墨傳，光彩流動狂情急。君不見，白頭拾遺徒步歸，明眸皓齒事皆非。朝天泥滑袖封事，高閣雨餘宫漏稀。

元·耶律楚材《湛然居士集》卷三《讀唐史有感》 林甫滔天聖不知，三郎深恨識卿遲。塵中妃子春羅襪，錢上開元指甲眉。七夕殿中祈巧夜，三秋原上摘瓜時。長天忽見飛來雁，垂淚空吟李嶠詩。

又 卷九《讀唐史有感》 唐室承平久，遺賢不遁藏。羅紈桑幄膩，餅餌麥疇香。馬牧初蕃息，民編莫校量。邊臣閑虎略，衛士斂鷹揚。禁苑晨鐘動，梨園錦障張。披香風細細，太液水浪浪。河漢明方潤，長庚淡不鋩。羽旄儀兩列，冠蓋道相望。諫士陳休慼，廷臣論否臧。金石歌大雅，琴瑟奏清商。青鳥迷鴛瓦，烏衣繞畫梁。供張官府備，殽饌大官忙。共享清時樂，殊無謗議傷。含元朝百辟，花蕚宴諸王。主上貞觀聖，官僚魏鄭良。歲餘開武講，春首闢文場。異寶浮淮水，餘糧朽鳳翔。諸羌來入衛，百濟請觀光。關塞沈烽火，鄉閭息寇攘。三春常若雨，六月不飛霜。聖德躋朝夕，仁心本就將。俯知人意順，仰視帝心當。彍騎輕關内，精兵重北疆。朝廷潛巨蠹，方鎮養貪狼。粉面三千輩，金釵十二行。持盈當忌滿，居治不知亡。相罷曲江去，權移林甫傍。華清高屼屼，驪嶠碧蒼蒼。金屋眠春曉，温泉浴暮涼。掖庭花爛漫，閣道路彷徨。官監金犀飾，妖姬珠玉裝。危絃驚醉耳，哀調斷柔腸。燈燭暉鴆鵲，絲篁沸建章。奢淫幾桀紂，純儉劣成康。擊柝宫城邃，傳籌禁漏長。謀歡長汲汲，沉醉若倀倀。未悟薪及爇，誰知病已肓。人擫碧玉笛，腰佩絳香囊。嶺表千山遠，荔枝三日嘗。仙衣吹渺渺，蓮舸泛洋洋。力士權誠重，楊釗寵不忘。承恩趍寶座，奏事近牙牀。熒惑頻侵闕，秋陽弗集房。人心咸怨怒，天象不披詳。易水聲嗚咽，燕山水鬱茫。盗賊充上郡，鼙鼓起漁陽。殺氣淩金闕，繁霜殞玉芳。環兒剛賜死，天子懼如狂。戰士皆思變，奸臣亦易常。空閒塵羯鼓，誰舞舊霓裳。忠義心徒順，英雄志自昂。翠華摇曳曳，鸞馭去遑遑。禁臠庖供豕，村民路進漿。隘兵蜀道險，糊口益州糧。靈武兵聲振，汾陽意氣剛。復收京闕克，重治寢園荒。賊勢時深蹙，官軍力益强。羽檄傳劍閣，龍駕返南方。御府仍無酒，飢民尚啖糠。邛都求道士，蓬島覓仙鄉。符使將歸漢，眞妃猶憶唐。金釵分一股，鈿合擘中央。揮涕春風殿，傷心秋月堂。梧桐籠院砌，桃李映宫牆。佳夢眞難得，幽歡頗有妨。春宵成怨憶，秋夜愈悲惶。尚記脩眉緑，猶思半額黄。强舒鸞被翠，閑殺輦車羊。陵谷俄驚海，滄浪已變隍。臨風一卮酒，聊復酹三郎。

元·侯克中《艮齋詩集》卷二《玄宗》 老盡開元柱石臣，轉頭天寶一番新。禄兒出入稱皇嗣，妃子歸來號太眞。芍藥勝開三月宴，海棠獨得六宫春。馬蹄蹴踏殘紅盡，此日君王不敢嗔。

又《感玄宗夢玄元事》 集賢宴罷氣如虹，底事玄元遂感通。天下未聞求傳説，枕中安得見周公。乘輿道路連雲險，禁苑繁華掃地空。祈福不應翻取禍，寶山符瑞果何功。

元·杜本《谷音》卷下《熊與和〈唐玄宗鐵像〉》 巍冠攢疊碧雲花，坐閲山中幾歲華。莫把金丹輕點化，正愁生死困安家。

元·劉將孫《養吾齋集》卷四《題譚梅屋所藏楊妃上馬圖》 萬花御路東風香，六龍攬轡回扶桑。芙蓉煖夢醒來晚，端正晨裝未肯忙。趣持步輦四輩急，貴人嬌癡故遲出。欲行未行望何遥，待來不來意如失。仙韶一片下層霄，寶韉重幃降鵲橋。鳳尾扇開晴日早，龍珠節動暗塵銷。先驅欲似明駞使，期解君王凝竚意。翠華晼晚又西來，分隊如花立千騎。從官侍衛總前瞻，矯首紅雲斷復連。天顔脉脉未回笑，列仗肅肅何當旋。逡巡步障開烟霧，玉座圍春按歌舞。至尊屢顧不勝情，侍兒奉上新翻譜。古今漫説絶傾城，風流未必併世生。太平天子妙晤賞，絶代佳人不負名。遂令圖畫極精藝，一一當時意中事。笑他赤鳳温柔鄉，僅得老樊談擁髻。人生正爾聊稱心，世故反覆無定形。千年百代興亡事，何必宫中有太眞。

又《題明皇按樂圖》 華清選勝春迎鑾，内家小隊雙雕鞍。虹橋風清直馳道，玉座按曲樂未闌。換頭促拍知幾許，髻偏釵嚲囀無語。繡茵賜坐列瓊枝，似是霓裳第三部。龍顔撚髭記紫雲，部頭唤起調更新。展緉奏譜意未愜，指壓沉吟思入神。嬌棠含露波脉脉，藕腸知爲誰絲結。東風一笑萬花香，端正樓頭端正月。犢車先道指玲瓏，何人曳裾御路中。輜輧深閉八貴人，紫衣毋乃冰山公。人間樂事隨風散，只有開元畫供玩。太平天子五十年，釀成人間一離亂。

又《題張萱寫號國出遊圖》 平明朝天淡掃眉，温泉午浴侵暮歸。意行盡歡丞相府，天街蹋騎宵遊嬉。不知禁漏今幾許，憑醉晚粧鞭緩步。籠妨嫌殺樺煙香，九萬青天明月炬。羅巾三角低髻雲，姨嬾嬙倦蒼廬英。堆鬟不省子兮粲，聯鞚交暎茗之榮。驚鴻飛鶩何曾畫，高足大鞍雄善跨。若教畫墜爛五花，肯但素姿從七馬。人生反覆後昔今，馬嵬倉猝投竹林。三郎忍淚玉環别，仗外那知虢與秦。韓生把筆雙絲絹，追寫百年如目見。明眸皓齒已三生，煙埃仿佛春風面。南唐北汴印斑斑，江東遺墨再送官。垂芳遺臭等寂寞，總得千年百世看。

元·劉壎《隱居通議》卷八《［宋］諶祜〈羯鼓催花曲〉》 一聲金殿玉闌幹，一曲馬嵬坡下土。夕陽空照古今愁，年年醉醒桃花雨。

元·吴萊《淵穎集》卷二《觀唐明皇羯鼓録後賦歌》 上皇天寶全盛年，花奴抱鼓踏御筵。頭如青山屹不動，手似白雨敲圓棬。大聲嘈嘈忽放肆，都曇答臘矧敢前。小聲籠籠復嘌殺，耶婆色鷄最可憐。風吹宫牆欲罷笛，月照邏逤徒揮絃。纖蘿不起見秋爽，萬杏爭發催春妍。雅琴清商卻爾叱，蕃部坐伎還相宣。招來燕薊有巨盜，打破河渭無人烟。古先聖人本淡薄，堂上堂下俱宿縣。音和氣順遽感召，鳥獸率舞殊蹁躚。後世辟王寖靡靡，朝歌北里因師延。迷魂淫思苦宛轉，鐘磬散亂終沉淵。吁嗟西京正宸極，騁望兩海際幅員。金甌一缺遂不補，寶鼎大震幾於遷心。貪音技日蝕甚坐，劇藩限空茫然。一時戎夷共衽席，滿耳鼓樂皆戈鋋。宋公守正好宰相，魯山花甆聞獻豜。百年治亂總由天，羯鼓遺聲傳不傳。

元·宋無《啽囈集·李三郎》 獨跨青騾棧閣間，華清休憶夜鳴鑾；空教萬馬盤旋舞，不濟崎嶇蜀道難。

又《顔眞卿》 搔首中原半賊塵，一朝唱義屬孤臣。姓名幸達君王聽，元是家貧食粥人。

元·宋無《翠寒集·明皇併轡圖》 三郎沉醉玉環隨，不上金輿索馬騎。老大獨歸南内裏，風流無復併鞍時。

又《明皇臥吹簫圖》 珊瑚枕上玉簫横，一曲霓裳萬里行。漫道九重宫殿遠，歲曾掩得外邊聲。

元·劉詵《桂隱詩集》卷四《七言絶·題明皇併簫》 青鳥西來太液池，霓裳舞影落瑤墀。併吹玉管同心調，惟有姮娥月裏知。

元·成廷圭《居竹軒詩集》卷四《唐明皇吹簫圖二》 花萼樓前柳色新，東風吹散馬嵬塵。錦囊玉管俱零落，誰是終南夢裏人。

元·賴良《大雅集》卷八《程煜〈題明皇併笛圖〉》 華清宴罷卷霓裳，重立東風併海棠。鳳琯莫吹新制曲，有人乘月倚宫牆。

元·吴當《學言稿》卷三《明皇教笛歌》 綠楊煙裊春晝長，沉香亭北萬花香。君王制得清平曲，教與花前吹鳳凰。玉曆生霞春夢起，閑愁不上蛾眉裏。欲使嬌聲發絳唇，爲調新譜傳纖指。絶世曾聞玉樹歌，調成新曲更情多。人間吹作無窮怨，白日深宫奈樂何。曲中更奏霓裳舞，誰信漁陽有鼙鼓。驪山宫樹起秋風，腸斷香消馬嵬土。

元·胡祇遹《紫山大全集》卷七《題唐明皇觀棊圖》 治平雖久不忘兵，日日霓裳羯鼓聲。天寶錯來非一著，尚從脂粉較輸贏。

元·薩都拉《雁門集》卷一《鸚鵡曲·題楊妃繡枕》 水晶簾垂宫晝長，六曲屏風圍繡牀。美人春睡苦不足，夢隨飛燕遊昭陽。覺來粉汗濕香臉，一線新紅枕痕淺。三十六宫在眼前，五色香雲隨指轉。牙牀端坐楊太眞，雲冠霞珮絳色裙。雙成小玉盡宫様，繡衣烏帽高將軍。雕籠七寶掛宫樹，玉案銀盤看鸚鵡。可憐鸚鵡解人語，不説漁陽動鼙鼓。乃知禽語能戲人，不知人語能殺身。亡家敗國汙天地，天生尤物天亦嗔。一朝艷質化塵土，可恨可憐千萬古。香魂不逐馬塵飛，猶記深閨繡房女。重簾紫霧垂洞房，錦屏繡褥蘭麝香。夜深酒醒換銀燭，時見楊妃在耳傍。君不聞，張麗華，墮宫井，銅雀章臺煙燼冷。繁華一夢人不知，萬事邯鄲呂公枕。

又《華清曲·題楊妃病齒》 沈香亭北春晝長，海棠睡起扶殘粧。清歌妙舞一時静，燕語鶯啼空斷腸。朱脣半啓榴房破，胭清紅注珍珠顆。一點春酸入瓠犀，雪色鮫綃濕香唾。九華帳裏熏蘭烟，玉肱曲枕珊瑚偏。玉釵半脱翠蛾斂，龍髯天子空垂涎。妾身雖侍君王側，别有閒情嚮誰説。斷腸塞上錦棚兒，萬恨千愁言不得。城都遥進新荔枝，金盤紫露甘如飴。紅塵一騎不成笑，病中風味心自知。君不闻，華清宫，一齒作楚藏禍根。又不闻，馬嵬坡，一身濺血未足多。漁陽一日鼙鼓動，始覺開元天下痛。雲臺不見漢功臣，三十六牙何足用？明眸皓齒今已矣，風流何處三郎李。

元·沈夢麟《花谿集》卷二《楊妃吹笛圖》 唐皇天寶承平久，内荒聲色宫掖醜。誰將玉笛進君王，紫鸞飛上眞妃手。詔令眞妃來帝傍，坐吹楊柳口脂香。玉音嫋嫋銷剛腸，含宫泛羽哀思長。紅桃侍兒一雙玉，近前欲按霓裳曲。湖山石畔春陰陰，柔情付與芭蕉緑。笛中楊柳吹未終，漁陽鼙鼓聲逢逢。御牀臯兀紅袖泣，六宫粉黛烟塵空。崎嶇蜀棧摩天闕，青騾力盡金鞭折。回顧眞妃一點魂，馬嵬蹀躞輪蹄血。三風十愆聖所哀，明皇胡爲蓄禍胎。畫圖豈是金鑑録，至今觀者徒傷哉。

又 卷三《楊妃秉燭圖》 夜醉沉香秉燭歸，丁寧婢子好扶持。分明一炬驪山火，爭奈三郎總不知。

元·馬祖常《石田文集》卷二《華清宫故基》 開元人物盡，茲地尚華清。古道風塵急，温泉日夜生。碑詞惟石蘚，宫樹有春鶯。過客知王建，題詩不記名。

又 卷四《楊妃墓》 漢廟衣冠照碧燐，唐陵翁仲作黄塵。馬嵬坡上棠梨樹，猶占秦原幾日春。

又《驪山三首》 繡嶺春來緑樹圓，東風吹影入温泉。華清夢斷飛塵起，玉鴈銜香墮野田。

玉女泉邊翠藻多，石池涵影媚宫娥。可憐繡嶺啼春鳥，猶似梨園弟子歌。

華陰道士長松下，留我煎茶看古碑。衣上征塵都莫洗，天風一夜爲君吹。

元·張之翰《西巖集》卷九《驪山温泉》 鞍馬西來恰入秦，滿身都是驛途塵。解衣貪浴方池水，忘卻題詩諷太眞。

地氣蒸騰火氣燃，山間是處有湯泉。一般洗滌人生垢，不似華清受汙篇。

元·陳宜甫《秋巖詩集》卷上《五言排律·過華清宫和温庭筠詩二十二韻》 前王遺構地，今我獨來游。渭水煙如昨，驪山樹己秋。苔荒老姥殿，草滿夕陽樓。下馬山腰曲，朝元雲頂頭。迴廻認故迹，想像走諸侯。春暖回龍駕，天寒進翠裘。時平安御極，曙早肅宸旒。節鎮威咸服，寰區農家稼倍收。温泉媚池沼，和氣舞旌斿。欻盛眞妃寵，驕生義子羞。寰區平似掌，逆黨曲如鉤。眷顧迷方寸，須臾撼九州。眉愁太液柳，齒嗑未央榴。龍子扶新日，猪兒殺怒虬。蜀山旋六御，桃野放羣牛。豈不天神力，能消父過尤。山人裨聖德，猛將運兵籌。既復安巢鳥，難忘汗血騮。紛紛史上記，忽忽夢中休。故國雄三輔，嵬坡怨一丘。日邊通路遠，天際斷雲愁。嘆息人何在，山泉依舊流。

元·傅習《元風雅前集》卷六《楊鵬翼〈華清宫〉》 四海笙歌屬一家，驪山宫殿倚烟霞。燭龍正照三郎宴，野鹿偷銜第一花。大抵失人隨致亂，未知亡國不由奢。自從西蜀蒙塵後，幾使殘民望翠華。

元·王沂《伊濱集》卷一一《過華清宫三首》 昔年繡嶺宫前路，曾嘆開元鶴髮人。今日我來人不見，野棠花似昔年春。

珠殿遺基滿緑苔，空餘繡嶺鬱崔嵬。開元舊曲無人解，山鳥猶啼阿濫堆。

白玉芙蓉水氣凝，依然御路直青繩。禄山舞破咸陽處，知在雲間第幾層。

又《馬嵬》 華清宮畔是驪山，合近温泉葬玉環。若使廟堂姚宋在，鈴聲不到劍門關。蛾眉玉質委塵埃，方士靈香海上來。一種妖魂招不得，馬嵬何似習仙臺。

元・胡奎《斗南老人集》卷二《唐宫行樂詞》 明日内家遊上苑，許教鬭草賭金釵。怕人先記花名字，隔夜潛偷玉篆牌。華清賜浴晚涼回，水殿芙蓉徹夜開。碧盌調冰消酒渴，金盤又進荔枝來。

元・顧瑛《玉山璞稿・天寶宫詞十二首寓感》 天寶鷄坊寵賈昌，不教蝴蝶上釵梁。錦裀書浴天驕子，絳節朝看王大娘。芍藥金欄開内苑，葡萄玉醆酌西涼。月支十萬資臙粉，獨有三娥素面粧。

五家第宅近天家，侍女都封繫臂紗。池上桃開銷恨樹，閤中香進助情花。風迴輦道鸞鈴遠，日射龍顔雉扇斜。韓虢併騎官廐馬，醉攙丞相踏堤沙。

蓮花池畔暑風涼，玉竹回文寶簟光。貪倚畫屏調翡翠，誤開金鎖放鴛鴦。輕綃披霧誇新浴，墮髻歌雲銜晚粧。笑語女牛私語處，長生殿下月中央。

五色鄉雲護帝城，春風無處不關情。小花静院偷吹笛，淡月閒房背合箏。鳳爪劈柑封鈿合，龍頭瀉酒下瑶罌。後宫學做金錢會，香水蘭盆浴化生。

龍旗翠蓋擁鸞幢，步輦追隨幸曲江。鳥道正通天上路，羊車直到竹間牕。桃花柳葉元無匹，鸞子鸎兒各有雙。中貴向人言近事，風流陣裏帝先降。

秘閣香殘日影移，燈分青玉刻盤螭。琵琶鳳結紅文木，絃索蠶繅緑水絲。金屋有花頻賭酒，玉枰無子不彈碁。傳宣趣發明駞使，南海今年進荔支。

近臣諧謔似枚皋，侍宴承恩得錦袍。扇賜方空描蛺蝶，局看雙陸賭櫻桃。翰林醉進清平調，光禄新呈玉色醪。密奏君王好將息，昨朝馬上打圍勞。

虢國來朝不動塵，障泥一色繡麒麟。朱衣小隊高呵道，粉筆新圖徧寫眞。寳雀玉蟬簪翠髻，銀鶯金鳳踏文茵。一從羯鼓催春後，不信司花别有神。

十三女子擘箜篌，選作梨園第一流。卻道荷花眞解語，豈知萱草本忘憂。紅鸞不照深宫命，翠鳳常看破鏡羞。舞得太平幷萬歲，五年誰賜錦纏頭。

五王馬上打毬歸，贏得宫花獻貴妃。樂起閤門邊奏少，禍因臺寺諫書稀。侍兒隨幸皆頒紫，骰子蒙恩亦賜緋。姊妹相從習歌舞，何人能製柘黄衣。

新製霓裳按舞腰，笑他飛燕怕風飄。玉蠶倒卧蟠條脱，金鳳斜飛上步摇。雲母屏開齊奏樂，沉香火底併吹簫。只因野鹿銜花去，從此君王罷早朝。

宫衣窄窄小黄門，躑躅初開賜繧盆。夜月不窺鸚鵡冢，春風每憶鳳凰園。愛收花露消心渴，怕解金珂見爪痕。只有椒房老宫監，白頭一一話開元。

元・張昱《可閒老人集》卷二《唐天寶宫詞十五首》 壽王妃子在青春，賜與黄冠號太眞。不是白頭高力士，翠華那得遠蒙塵。

徹夜宫中按羽衣，明朝册拜太眞妃。鳳凰閣裏承恩後，從此君王出内稀。

興慶池頭芍藥開，貴妃步輦看花來。可憐三首清平調，不博西涼酒一盃。

清源小殿合涼州，羯鼓琵琶響未休。爲是阿瞞供樂籍，八姨多費錦纏頭。

蓬萊前殿摘黄柑，一色金盤賜内官。揀得枝頭合歡實，畫圖傳與大家看。

玉笛當年是賜誰，可教妃子得偷吹。還家剪下青絲發，持謝君王意可知。

天子樓前百戲陳，大娘竿舞最驚人。貴妃獨賞劉郎詠，牙笏羅袍色色新。

舁上兒綳滿翠容，黄裙高髻一叢叢。君王入内聞歡笑，賜與金錢滿六宫。

四海承平倦萬幾，只將彩戲悦眞妃。不平最是彈雙陸，骰子公然得賜緋。

小部梨園出教坊，曲名新賜荔枝香。霓裳按舞長生殿，擊碎梧桐夜未央。

共指雙星出殿遲，併肩私語有誰知。君王未出長安日，肯信人間有别離。

香囊遺下佛堂堦，不使君王不愴懷。想著當年雪衣女，羽衣猶得苑中埋。

勤政樓中夜正長，上皇西望轉淒涼。侍兒惟有紅桃在，一曲涼州淚萬行。

龍女殷勤道姓名，淩波池上乞新聲。周公不入君王夢，誰與蒼生致太平。

天寶年中寵賈昌，黄衫年少滿鷄坊。絳冠鬬罷羅纓項，又得君王笑一場。

又《題楊妃横玉圖》 天寶年間好太平，華清小殿稱人情。如何玉笛纔拈起，便作風吹别調聲。

又《題明皇擊毬圖》 管籥聲隨萬乘游，開元毬馬最風流。九齡老去無人諫，不破中原不肯休。

又《明皇對奕圖》 漏盡宫壺日晷移，君王猶是戀殘棋。馬嵬一著無人算，只有楊妃自得知。

元·王惲《秋澗集》卷四《雙廟懷古》 鐵騎動地來，獵火燼九縣。睢陽東南衝，江淮國所援。蔽遮不使前，恢復可立見。二公明此機，死守誓不變。雖危所保大，如蝮螫解腕。最難結衆心，存没匪石轉。彼蒼畀全節，誰爲落賊便。已矣君不忘，握爪掌爲穿。竟能濟中興，淮海了清奠。至今忠烈氣，皎皎白日貫。賀蘭觀成敗，不飲浮屠箭。殺亡計多寡，此論誠可辯。我來拜遺像，凜對如生面。乞靈激懦衷，剸決剛同鍊。朔風大樹聲，尚想登陴戰。暮依暈月城，悲歌淚如霰。

又 卷七七《雙鴛鴦·樂府合歡曲》 讀《開元遺事》去取唐人詩而爲之。一名百衲錦，因觀任南麓所畫《華清宫圖》而作。

驛塵紅，荔枝風，吹斷繁華一夢空。玉輦不來宫殿閉，青山依舊御牆中。

亂横戈，奈君何，扈從人稀北去多。塵土已消紅粉艷，荔枝猶到馬嵬坡。

歲東巡，洛陽城，天樂宫中夜徹明。不意李謩偷曲去，酒樓吹笛有新聲。

雨霖鈴，卻歸秦，猶是張徽一曲新。長記上皇和淚聽，月明南内更無人。

憶開元，掌中仙，入侍深宫二十年。長記承天門上燕，百官樓下拾金錢。

錦城頭，錦江流，回望長安帝盡愁。那更血魂來夢裏，杜鵑聲在散花樓。

驛坡前，掩嬋娟，慘亂旌旗指望賢。無復一生私語事，柘黄袍袖淚潸然。

九龍池，百花時，樂按梁州愛急吹。揭手便拈金椀舞，上皇驚笑勃孥兒。

信音沉，淚沾襟，秋雨鈴聲閣道深。人到愁來無會處，不関情處也傷心。

元·王旭《蘭軒集》卷一《長生殿賦》 銀箏玉笛秋風涼，羽帳珠簾秋夜長。纜明河於綺樹兮，留璧月於雲牕。笑牛女之辛勤兮，徒終歲以相望。樂千秋而無極兮，願日月之齊光。銅龍咽兮漏遲，良宵悠兮未央。華清曉浴温泉香，馬嵬暮别愁蒼黄。九河東傾泰華裂，六龍西遊天地荒。悵翠華兮再來，颯玄鬢兮已霜。感舊誓兮徒存，念伊人兮不忘。奏梨園之法曲，舞月殿之霓裳。音樂紛兮具陳，衹切心而斷腸。撫香囊而永嘆兮，涕淫淫其如霰。傳海外之九州兮，竟茫茫而誰見？彼鈿合與金釵兮，何如甘泉之親面。嗟方士之殷勤兮，亦誕幻而非眞。悟風花之散落兮，豈四時之長春。要千齡而萬代兮，共委骨於窮塵。何君王之不達兮，抱荼毒而傷神。嗚呼！鉛華一身兮，瘡痍四海。苟褒姒之不作兮，豈驪山之遽敗？無鹽醜而齊興兮，太任賢而周大。彼玉環之驕淫兮，覆唐家而奚怪。

何君心之眷眷兮，末忘情乎餘愛。過離宮而一弔兮，增騷人之永慨。賦長生之私語兮，庶後生之足戒也。

元・楊維楨《鐵厓樂府注》卷二《内人吹簫詞》 天寶年來教春坊，紫雲製曲吹寧王。美人何處竊九漏，耳譜亦解傳伊涼。鵾絃轉斷黄金軸，獨據胡牀弄横玉。冶情忽遂野鶯飛，十指紅蠶迷起伏。御溝水暖浴鴆鵲，天地久無征戰聲。芙蓉楊柳自揺落，豈識黄雲邊塞情？西樓今夜月色午，内人思仙望河鼓。白日蕭條鳳不來，井梧風動神烏語。

又 卷五《陳濤斜》 房次律，坐談客，讀書未讀孫吴策。自言可敵曳落河，馬牛盡喪陳濤澤。君不見，范陽節度一足雄，募兵六萬嬰賊鋒。一戰不利斬軍中，而況大言不知變，執法春秋習車戰。可憐帳下兩鼠妖，大燕王前稱北面。

又 《胡眼大一作大腹兒》 胡眼大，唐家小，中書相麻無用草。三千驍鋭授告身，四十監坊并牧考。賜恩甲第花萼傍，五家錦隊東西坊。柳城胡有天子相，寶檀牀壓金鷄障。宮中洗兒報大家，花繃十幅裁宮紗。小娥愁絶大娘笑，彩輿壓碎金蝦蟇。旄頭落光龍尾道，范陽歸著龍章襖。腹刀只懼李哥奴，雄狐小兒眞小草。大腹兒，君不疑，赤心素與君相知。射生騎，西南飛，二十四州盡蜂蟻，三十六將無熊羆。潼關覆，河東蹙，小龍北行，老騾入蜀。將軍合用李豬兒，斫爾百斤之大腹。

又 《大腹兒》 大腹兒，腹倥侗，胡旋舞，疾如風，君王醉眼太朦朧，乃謂赤心貯其中。君王寵之恩日厚，宮中洗兒中篝醜。大腹小兒膽似天，不拜君王先拜母。宮中引虎楊與高，范陽虎勢日咆哮。將軍可曾斫大腹？帳下卻賴豬兒刀。

又 卷六《雷樂工》 雷樂工，先皇使侍華清宮。營州羯奴作天子，梨園子弟羣相從。雷樂工，投樂器，慟哭西風雙血淚。凝碧池，頭刀謾攢，試馬柱前詈不畏。嗚呼！雷樂工，既解此，何不筑中置一匕？

又 《附録・青巖山人》 柳城胡，被衮衣。幕下客，山中歸。汲田有歸上粟，青巖有西山薇封刀呼，而黄屋，頭可斷不可辱。大唐天子館三司，三百僞官齊俯伏。

又 《哥奴家》 李哥奴之死不勝誅，阿釗私忿斲棺取含珠。如何嗣皇帝，又以天子讐匹夫，元凶跪斬有典故。白衣相國乃使，恢宏聖德酬私願。

又 《白衣山人》 鬼谷生非隱淪人，朝市神仙入翰林。待詔講老子，靈武上書稱國賓。二聖歡倓子媺，五父挾牝啼。君王饞烏喙，飄然冥鴻在天際。樛枝松，破桐葉，出處語默何從容。兩京之功不必録，魯連子，陶朱公。吾將與汝尋赤松。白衣人，鬼谷子，學仙本不爲長生。且向牝鷄逃一死，黄瓜臺下稀，黄衣覆國青騾歸。飛龍廄使交鑰匕，天下之事無可爲。白衣不復入京國，歸食衡陽三品食。芋頭飽啖懶瓚殘，留取遺謀匡代德。

又 《厲鬼些》 張孤忠，掘鼠羅雀食不充。啖妾啖婦人，啖敢飽我躬。生不能殺賊，死誓厲鬼爲鬼雄。厲兮挐陰霧呼靈，風南之背黄埃之中。

又 《南八兒》 南八兒，嚙指示千人，呼血誠豈滅。申包胥，臨淮節度眞狗奴。我歌無衣雙淚濡！嗚呼！我歌我無衣，雙淚濡。

元・張憲《玉笥集》卷二《天寶詞》 林甫官朝日，韓休罷相時。新臺初納婦，興慶又生兒。玉柵籠鸚鵡，金盤進荔枝。内前車馬亂，無地避諸姨。

又 《大腹兒》 麀巫夜禱軋犖山，淫光下燭穹廬寒。柳城胡兒不敢睡，四野惡聲啼狗肝。豬龍怒礫老梟腹，鱗甲粗疏頭角禿。婪酣大肚三百斤，偷得眞龍半分福。平盧寶刀未發硎，范陽氊帳先潛形。金鷄口吐東北赦，青騾蹄作西南聲。鳳凰池荒金鏡破，獬豸臺傾胡眼大。東風野鹿嚼楊花，白日妖狐登御座。華清玉甃湯作泉，洗兒果撒黄金錢。并刀剪綵十六幅，錦棚壓碎宮娥肩。象牀夜冷嬰兒哭，豬龍爪破金訶玉。香齦不痛荔枝漿，雄心已飽鷄頭肉。長安天奪蜜口臣，銅頭鬼鼓漁陽塵。赤心一夜變胡腹，二十四郡都無人。潼關夜漏鷄聲早，馬嵬坡下冰山倒。劍門西寄杜鵑巢，練帶玉環埋翠草。嘉山土門勤戰功，豬兒帳下屠豬龍。旄頭星落大腹破，機上鸞刀一尺紅。

又 《射塔謡》 南八男兒忠義腸，一死不負張睢陽。救兵不出嚼指傷，天箭射塔塔欲僵。男兒姓名千古香，柳碑自與長淮長。

又 《白衣山人》 白衣者，山人，黄衣者，聖人。聖人起作中興主，山人出爲謀略臣。王師尚未誅安史，何事山人先納履？學仙本不爲長生，且向牝鷄逃一死。黄瓜臺下黄瓜稀，黄衣復國青騾歸。飛龍廄使交鎖鑰，天下之事無可爲。白衣不復入京國，歸食衡陽三品食。芋頭飽啖懶瓚殘，留取遺謀匡代德。

又　《奴材》　天子聾家公，將軍軟節度。汾陽五福人莫如，猶恨西平生阿愬。令公能以功名終，膏粱遺蔭生八雄。幸有曜兒稱孝謹，如晞如□皆妄庸。郭家子，雖奴材，都虞侯，戴頭來。尚書留後轅門開，尚書若斷老兵首。郭家之子眞奴材！

又　《雙廟詞》　睢陽戰敗血飄杵，力屈猶思爲厲鬼。玄元祠前哭一聲，朝食愛姬暮羅鼠。唐家宫殿秋草生，二十一陵如掌平。獨遺雙廟門前石，日有行人來繫牲。

又　《陳濤斜》　陳濤斜，四萬義兵焚牛車。東青坂再戰，南軍俱不返。兩書生，一琴客，敗軍蠹政誰之責？君不見，閬州丹旐歸來晚，魚湌預定龜茲板。

元・黄玠《弁山小隱吟録》卷一《讀唐史》　汾陽國大臣，堂堂負才器。獨馬不衷甲，氣壓天驕子。鬼貌且藍色，顧獨畏盧杞。

元・魏初《青崖集》卷二《馬嵬》　九齡既罷事已矣，偃月堂深禍更深。縱把霓裳都拂去，未應邊馬不駸駸。

春草坡前萬馬塵，麝香猶帶荔枝新。思量前日盤中舞，含笑君王是路人。

元・周德清《中原音韻》卷下《佚名〈醉中天〉》　疑是楊妃在，怎脫馬嵬災？曾與明皇捧硯來，美臉風流殺。叵耐揮毫李白，覷著嬌態，灑松烟點破桃腮。

《全元散曲・馬致遠〈四塊玉・馬嵬坡〉》　睡海棠，春將晚，恨不得明皇掌中看。《霓裳》便是中原患。不因這玉環，引起那禄山，怎知蜀道難！

又　《李齊賢〈人月圓・馬嵬效吴彦高〉》　五雲綉嶺明珠殿，飛燕倚新粧。小顰中有，漁陽胡馬，驚破霓裳。

海棠正好，東風無賴，狼藉春光。明眸皓齒，如今何在，空斷人腸。

又　《湯式〈小梁州・太眞〉》　開元天子好奢華，太眞妃選作渾家。東風吹動禍根芽。娘牽掛。没亂煞胖娃娃。不提防變卻承平卦，鬧漁陽一片胡笳。辭風榻，遷鸞駕。馬嵬坡下，踏碎海棠花。

又　《孔文卿〈（南吕）一枝花・禄山謀反〉》　蒼烟擁劍門，老樹屯雲棧。西風吹渭水，落葉滿長安。近帝都景物彫殘，傷感起人愁嘆。只合在邊塞間，只見那白茫茫莎草連天，甚的是嬌滴滴鶯花過眼。

不幸遣東歸薊北，更勝如西出陽關，看幾時捱徹相思限。怕的是孤燈熒暗，殘月弓彎，戍樓人靜，梅帳更闌。思量玉砌雕闌，消磨盡緑鬢朱顔。再幾時染濃香翡翠衾温，迷醉魂芙蓉帳暖，解餘酲荔枝漿寒。這近間，敢病番，舊時的衣褙頻頻攢。瘦證候何經慣？那的是從來最稀罕，單出落着廢寢忘餐。

動無端息行無汗，坐也昏沉睡不安，兩行淚道漬成斑。每日家做伴的胡友胡兒，胡舞胡歌，胡吹胡彈，知他是甚風範？偏恁一曲霓裳竄玉環，羯鼓聲乾。

拚了教匆匆行色催征雁，止不過拍拍離愁滿戰鞍，驅兵早晚到驪山。若奪了娘娘，教唐天子登時兩分散，休想再能够看一看。四件事分明緊調犯，勢到也怎摭攔？

把六宫心事分明的慢，將半紙音書黨閉的慳，教千里途程阻隔的難。我因此上一點春心醞釀的反。

元・周權《此山詩集》卷二《讀張巡傳》　我懷張睢陽，厲節剛不吐。妖氛暗寓縣，奮迅提虎旅。憑城怒裂眥，忠勇激肺腑。擐甲四百戰，奇計不可數。江淮卒保障，籍此奠唐土。可憐將孤軍，機勢已莫禦。食盡兵亦窮，愛妾入鼎釜。雷南空桓桓，餘勇不可賈。身城遂俱亡，大義著君父。人孰不能守，公守以死拒。人孰不有死，公死乃其所。繁霜表貞松，迅水知砥柱。當時偷生輩，泚汨猶妾婦。青燈撫遺編，英氣凛千古。

元・鄭玉《師山遺文》卷五《過忠顯雙廟》　巍巍此雙廟，皎皎兩忠魂。一朝誓節義，千古血食存。孤城日向危，羅雀供晨昏。老弱食殆盡，少壯相噬吞。攻守既有定，死生何足論？豈知有後世，但願唐室尊。死者如可作，尚須起九原。我來一瓣香，再拜祠下門。

元・趙汸《東山存稿》卷一《題張中丞祠》　孤城經百戰，忍死復揮戈。節義如日月，聲名等山河。雲深遺祠古，地遠乞靈多。往往成功者，焉能保不磨。

元・胡助《純白齋類稿》卷一九《古賢贊・張巡》　飲血登陴，裹瘡力戰，士卒同心，外無救援。孤城死守，雙廟生輝。彼全軀者，猶議其非。

又　《李光弼》　臨淮嚴重，武略英雄。中興唐室，郭李同功。吐蕃入寇，遷延有憾。擁兵不朝，麾下疏慢

又　《李泌》　白衣山人萬乘賓友，宏濟艱難無屈其守。陳五不可固請歸山，晚回良相薦賢好仙。

明・童冀《尚絅齋集》卷三《題梨園小畫》　君不聞，昔年天寶全盛時，梨園玉雪千萬枝。君王夜入月宫去，後庭愁損千蛾眉。銀橋閣道相連屬，十二闌幹倚寒玉。歸來不憶天上游，獨記霓裳羽衣曲。沉香燕坐清夜長，流蘇寶帶懸明璫。一百五十寒食節，三十六宫明月香。阿環睡足嬌無力，夢繞巫山楚雲碧。六花散作晴雪飛，落地瑶華曉無迹。漁陽一夜飛邊塵，六龍萬里天西巡。馬嵬腸斷埋香玉，蜀道天高空白雲。東歸坐歎年華暮，遥夜漫漫誰與度。梨園子弟生白頭，滿眼新人不如故。爾來此恨六百年，花開歲歲春風前。乾坤舊事逐流水，畫圖卻向人間傳。半幅齊紈渺蕭瑟，拭眼春風香霧濕。當年畫史知幾人，不爲君王寫無逸。

明・孫承恩《文簡集》卷二《鑑古韻語・玄宗》　内難清夷日，當年亦治平。開元醒裡過，天寶醉中行。蜀道風塵地，西宫掩抑情。有初終不竟，作戒甚分明。臣惟玄宗以臨淄王討定韋后之亂即位之初勵精圖治朝廷清明天下康乂晚歲昏德從恣奢侈，以底危亂，回視初年眞若醒醉之異者。《詩》云：靡不有初，鮮克有終。其玄宗之謂乎？

又　《肅宗代宗》　克復劻勷日，勤勞亦守成。權閹播威福，悍后障聰明。繼世惟姑息，何時見治平。釀成藩鎮亂，消沮媿王靈。

又　卷四一《郭汾陽王子儀》　尚父功高，再造唐室。力掃妖氛，忠貫白日。完名全節，福禄永終。人臣師表，流芳無窮。

臣惟肅宗以勤勞克復兩京，亦可謂賢矣，而外制於李輔國，内制於張后。至於代宗，皆以姑息爲事，不思經世遠略，朝廷威令不行。藩鎮之亂，唐室之微，實自此二君始矣。

又　《李臨淮王光弼》　氣蓋三軍，威攝羣將。法令嚴明，莫我或抗。納諫勵士，麾旗破敵。中興之功，令名有赫。

又　《顔魯公眞卿》　烏合抗胡，白首陷賊。秉執節義，甘蹈鼎鑊。坐斥降奴，視若蠛虱。勁氣孤忠，嚴霜烈日。

又　《張睢陽巡》　百鍊剛心，千鎚義骨。應變出奇，風雲倏忽。手障長淮，氣吞逆胡。天道人倫，百世不誣。

明・胡應麟《少室山房筆叢正集》卷二一《唐寅〈太眞圖〉》　古來花貌説仙娥，自是仙娥薄命多。一曲霓裳歌未闋，金鈿零落馬嵬坡。

明・貝瓊《清江詩集》卷一〇《辛亥七夕》　五夜天邊輟鳳梭，長生殿裏望星河。玉環他日無窮恨，更比牽牛織女多。

明・鄧雅《玉笥集》卷二《題楊妃出浴圖》　春光淡淡春風起，百囀黄鸝宫樹裏。宫中妃子繡羅衣，晴來出浴温泉水。温泉之水清且漣，凝脂洗盡爭春妍。初疑滄海浴明月，又如玉井開紅蓮。君王一見生歡喜，六宫粉黛誰能比。一曲霓裳樂未終，邊塵已暗三千里。天生尤物徒爾爲，馬嵬竟死誰能悲。丹青一幅半零落，千載君王當鑑之。

明・袁華《耕學齋詩集》卷六《太眞睡起圖》　博山烟銷沉水香，昭陽殿中清晝長。桃笙翠滑睡初熟，嫣然秋水芙蓉芳。緒龍爪痕殷不滅，寶鈿尚掩酥胸雪。漁陽鼙鼓驚夢還，化作馬嵬坡底血。

明・淩雲翰《柘軒集》卷一《楊妃春睡圖》　天生禍水滅炎精，能使君王萬乘輕。不獨昭陽有飛燕，玉環沉醉在華清。沉香亭北好風光，春色無端屬海棠。縱使胭脂變成雪，莫教一片到漁陽。温泉浴罷力猶疲，睡足春風總不知。香冷馬嵬坡下土，令人愁誦北征詩。三十六宫春晝長，楊花撲帳暖生香。美人畢竟成黄土，不及雙了識玉皇。

明・楊士奇《東里續集》卷六二《題玄宗游驪山圖二首》　上馬含嬌不任扶，君王攬轡待齊驅。蓬萊宫裏三千女，獨自驪山從乘輿。

五隊如花出帝城，年年扈蹕赴華清。劍門西畔聽啼鳥，竟有誰從蜀道行。

明・朱誠泳《小鳴稿》卷一〇　予浴温泉而追憶玉環之醜，禄兒之穢，雖萬古有不能滌也。奈何三郎，郎當入蜀，幸賴汾陽諸公再造唐室，及過馬嵬，猶不能忘情於一香囊，而爲之泣下。於乎！三郎眞郎當哉！慨歎之餘，因成一律云。

華清宮裡湛温泉，沃雪揉香寵愛偏。過市不慚同輦議，誨淫曾費洗兒錢。播遷自失神人主，恢復多緣將相賢。底事西歸猶不悟，香囊一覩一潸然。

明・曹學佺《石倉歷代詩選》卷八二《［唐］于濆〈過馬嵬山〉》 金甲雲旗盡日回，倉惶羅袖滿塵埃。濃香猶自飄鑾輅，恨魄無因離馬嵬。南内宫人悲帳殿，東溟方士問蓬萊。唯餘坡上彎環月，時送殘蛾入帝臺。

又 卷九八《［唐］蘇拯〈馬嵬坡〉》 一從殺貴妃，春來花無意。此地縱千年，土香猶自異。寵既出常情，辱豈同常理。一等異于衆，傾覆皆如此。

又 卷一二三《高蟾〈華清宮〉》 何事金輿不再遊，翠鬟丹臉豈勝愁。重門深鎖禁鐘後，月滿驪山宮樹秋。

又 卷二九五《［明］張羽〈温泉宮行〉》 煌煌帝業三百年，驪山宮殿空雲煙。美人艷骨爲黄土，山前不改舊温泉。温泉雖在君王去，芳草淒淒滿宮路。泉聲如泣日將暮，山鷄亂鳴上林樹。憶昔玉環賜浴時，紅樓綺閣香風吹。頭上寶釵涼欲墮，蓮步輕扶雙侍兒。有客今年曾過此，宮壞牆傾山色死。虎旅知更不復聞，池上玉龍猶噴水。當時此水在天上，一沐恩波榮莫比。六宮粉黛不敢唾，今日行人競來洗。

又 卷三七七《朱純〈天寶宮詞八首〉》 共聽蟾宮第一歌，宴酣其奈月明何。禁門深鎖無人入，卻許銜花野鹿過。宮女新裝錦繡棚，綵輿行處沸歡聲。胡兒笑向盆中浴，不弄金錢解弄兵。

寵愛無過虢與秦，翠華何事遠遊巡。城都總有花如錦，得似長生殿裏春。

長安回首戰塵中，羅綺繁華一夕空。惟有温泉舊時月，遠隨車駕到扶風。

長安胡騎正啾啾，塵暗宮花粉黛愁。鳳輦不知何處去，野鳥啼月上延秋。

賞月看燈樂未央，忽驚鼙鼓動漁陽。太眞若更思鮮荔，飛騎于今幸蜀忙。

落盡宮花輦路荒，鑾輿西狩嶺雲長。詞臣休望金鷄赦，蜀道艱難勝夜郎。

玉環忍棄馬嵬坡，南内歸來意若何。落盡梧桐秋雨夜，淒涼更比壽王多。

明・汪廣洋《鳳池吟稿》卷一〇《重遊華清宮》 霧旆霓旌去不來，陰廊風雨長蒼苔。宮前只有閒花木，還向驪山脚下開。

明・董紀《西郊笑端集》卷一《華清池》 幸蜀殃根在一身，香囊忍委馬嵬塵。池中只有殘湯水，不見當時出浴人。

明・薛瑄《敬軒文集》卷九《華清宮》 天寶承平奈樂何，華清宮殿鬱嵯峨。朝元閣峻臨秦嶺，羯鼓樓高俯渭河。玉笛長飄雲外曲，霓裳閒舞月中歌。祇今惟有温泉水，嗚咽聲中感怨多。

又 《温泉》 唐家天子愛温泉，故起離宮繡嶺前。山上朝元金作閣，花中湯井玉爲蓮。錦鳧曾泛當時水，香木頻浮舊日船。賜浴未終鼙鼓動，苔池留恨自年年。

又 《馬嵬》 號令風行遍九州，六軍何事此淹留。深情祇擬乾坤久，絶寵寧知咫尺休。劍閣西行山寂寂，渭河東去水悠悠。路邊三尺妖姬土，長帶千秋萬古羞。

明・楊慎《升庵集》卷一九《重過華清宮》 綉嶺仙人閣，華清玉女湯。山川猶氣象，臺殿久荒涼。暖水生烟霧，寒松受雪霜。碑文無歲月，螭首臥牛羊。

明・石珝《熊峰集》卷四《天寶宮詞四首・其一》 羽士承恩列上仙，寶花十樹照當筵。宮中未有新儀注，旋檢先朝納婦篇。

又 《其二》 勤政樓前鬬兩朋，寧王新樂最堪聽。太眞偏賞《涼州曲》，自奉黄金出内屏。

又 《其三》 太常迎駕樂聲齊，戲馬埸中舞象犀。隊隊宮嬪椎法鼓，繡襟文袴立樓西。

又 《其四》 龍池樂上練帬飄，珠履金鐺稱舞腰。舞罷芙蓉冠欲墮，殿頭傳旨賜含消。

明・文徵明《甫田集》卷二〇《張曲江遺像贊》 是爲唐相曲江張公之像。憲副洛南陳君紹儒，其鄉人也，歆其名德，常挾以自隨。比奉使吳門，出以相示，俾余爲之贊。

於戲！張公丰儀醖藉，意氣崢嶸，文章爾雅，志節公清。郊祀之疏，早已占其卓識；金鏡之録，益以見其忠貞。羞仙客爲比，惟其正，識禄山之逆，惟其明。此所謂有唐之賢相，此所謂南海之精英。昔嘗閲其事業於編簡，今獲瞻其風度於丹青。是誠無媿爲千古之名德，宜其爲鄉後學之所儀刑也。

明・高棅《唐詩品匯》卷二二《［唐］于濆〈馬嵬驛〉》 常經馬嵬驛，見説坡前客。一從屠貴妃，生女愁傾國。是日芙蓉花，不如秋草色。當時嫁匹夫，不妨得頭白。

明・錢子義《三華集》卷八《種菊庵集一・續詠史詩上・華清池》 華清宫温泉，明皇作玉甃蓮花湯與楊貴妃，所浴别有長湯十六所，甃以文瑶寶石，以賜嬪御所浴。

一泒温泉瀉碧山，玉環脂粉落人間。我來濯足猶嫌涴，不信山靈不厚顔。

又《漁陽》 唐天寶中，宫中牡丹盛開，爲鹿銜去，人皆知爲不祥。時安禄山爲漁陽節度使，張九齡嘗言其有反相，勸誅之，帝不聽。後起兵反，攻破潼關，玄宗幸蜀。

天寶漁陽養禍胎，咸陽宫殿起塵埃。君王若聽忠臣諫，不放銜花野鹿來。

又 卷九《種菊庵集三・馬嵬》 《天寶遺事》云：玄宗避寇，幸蜀至馬嵬，六軍不發。歸罪於楊貴妃，命高力士以白練絞死。於是六軍忿其亂宫致禍，萬馬踐之。此雖與史有異同，姑從其説以爲傾城之戒。翠華西拂隴雲長，玉碎花飛斷客腸；聞道馬嵬坡上下，風來猶帶茘枝香。

又《睢陽》 許遠守睢陽。禄山反，其將尹子奇來攻，賊勢熾甚。張巡奮忠義，代許守之，大小四百餘戰，糧盡援絶，城陷罵賊而死。許遠亦死之。

河水東來勢淼漫，斷雲斜日朔風寒。孤忠烈烈存遺廟，長使英雄灑淚看。

明・程敏政《篁墩文集》卷七二《馬嵬八景次韻，爲閻方伯賦》 不思初政戮家姬，坐遣胡雛犯洛師。野鹿已招三鎮亂，青螺剛濟一身危。冰消珠翠汗新壤，雲暗金湯失舊貲。萬古持盈堪作戒，開元全盛幾多時。

明・李東陽《西涯樂府》卷下《馬嵬曲》 唐家國破君不守，獨載蛾眉棄城走。金甌器重不自持，玉環墮地猶回首。前星夜入紫微垣，王風盡掃長安羶。上皇捲甲三川外，父老含悲長慶前。世間萬事多反覆，自古歡娱不爲福。君不見，西宫露刃迎何如，坡下屯兵宿。

又《卿勿言》 卿勿言，朕自思，南詔覆師君不知。卿勿憂，朕自保，范陽弄兵苦不早。卿邪？誰邪？高與楊，非姚非宋，還非張有言。如此尚不用，豈有藥石鍼膏肓？君不見，咸陽老人能直諫，何曾得睹君王面！

又《河陽戰》 裨將退，元帥怒，先取廷玉後僕固。牙旗颭地高掣空，將軍號令如雷風。逆賊夜散潼關東，元功獨冠中興中。營蠅斐錦難爲忠，空令憤死田神功。

又《睢陽嘆》 將軍有齒嚼欲碎，將軍有眥血成淚。生爲將星死爲厲，盡是山川不平氣。二人同心金不利，天與一城爲國蔽。强兵坐擁瞋相視，孝子忠臣竟誰是。千載功名亦天意。君不見，河南節度三日至。

又《曳落河》 曳落河雖多，如我劉秩何！幕中擊劍笑且歌。回紇意已輕唐家，朔風卷火隨塵沙。牛車載甲空倒戈，義軍四萬同日死，野老痛哭陳濤斜。陳濤斜，爲誰哭，明日上書甘放逐。

明・鄭岳《山齋文集》卷四《馬嵬》 割愛苦不早，臨危奈若何？聞鈴斜谷道，埋玉馬嵬坡。寶靨銷殘粉，霓裳失舊歌。千年亡國地，惆悵一經過。

明・徐熥《幔亭集》卷一三《温泉宫》 羯鼓聲中酒未醒，華清浴罷轉娉婷。可憐萬古温泉水，難洗漁陽戰血腥。

又《馬嵬驛》 蛾眉宛轉倍堪憐，永别君恩赴九泉。千載馬嵬山下路，傷心最是佛堂前。

《全明詞・高濂〈聲聲令・鼓子〉》 馬嵬香散，羯鼓塵生。花枝解惜舊時聲。把皮腔幻出，日邊急，雨中鳴。儼風走、漁陽甲兵。恨到無聲。方是怨，幾時平。鼓催刻漏夢魂驚。有形無調，打不出，别離情。都付與、東風戰爭。

明・陶安《陶學士集》卷八《詠史・郭令公》 戰無不克算皆全，忠義優存智勇先。策立功勳塞天地，復安唐室舊山川。

又《李光弼》 謀成後戰戰功成，持己莊嚴號令明。以少覆多稱第一，淩煙閣上合圖形。

明·童軒《清風亭稿》卷四《郭汾陽輕騎見虜圖》　有唐國步中葉危，長安宮闕胡塵飛。履謙陷賊杲卿死，二十四郡將誰支？可憐不見平安火，相國只謀行幸所。馬嵬坡下玉環啼，靈武山前乘輿播。此時名將知誰是，凜凜汾陽樹忠義。故地初聞河朔歸，捷書又自潼關至。兩京收復不移時，貝錦青蠅謗亦隨。寧知突起涇陽禍，二虜馮陵逼帝畿。節度不出淮西師，觀軍笑殺河中兒。花門嫠面似虓虎，健兒好手應難持。汾陽遽晝扶顛計，免胄投身爲虜餌。馬前傳導令公來，回紇尋盟吐蕃去。乃知天意眷忠貞，數語賢於十萬兵。千載高名垂不朽，畫圖三復想儀刑。

明·朱誠泳《小鳴稿》卷一〇　予讀《唐史》，而每嘆汾陽功滿天地，忠貫日星，實後之尚父也。予過華州，敬謁祠下。噫！偉人不作，而其堂堂大節，殆與華嶽爭高矣，因作長歌以寓景仰之私云。

李唐將相分忠佞，功蓋寰區誰最盛？汾陽器宇眞天人，二十四考中書令。萬乘何如懶作家，恣渠野鹿銜宮花。佞臣進幸忠臣遠，從此乾坤如潰瓜。漁陽一旦猪龍起，若箇捐軀報天子？長安回首没烟塵，花萼樓前鬧如市。唯公仗節勤王室，瀝血感天天亦泣。軍前免胄示諸酋，誠信眞能貫金石。唐天幾墜公重扶，唐社將屋公重圖。招之不來麾不去，心與博陸應同符。八百年來祠有祝，寒鴉故里棲喬木。路人下馬拜寢門，不似崇韜多浪哭。我來聊爾駐鸞旂，心香一瓣興遐思。人臣徇國盡如此，雖有顛隮非至危。

明·何喬新《椒邱文集》卷二一《懷郭汾陽太原》　華清春晝長，羯鼓聲方競。鐵騎來漁陽，翠華遽西幸。郭公眞雄才，仗鉞事戡定。北征掃欃槍，東討戮梟獍。回鶻請受盟，吐蕃夜奔迸。從容進退間，順人且安命。奸閹亦革面，洒涕起深敬。汾陽啓茅土，寵眷一何盛。安危繫一身，夷夏知名姓。中興多英賢，福履誰能併。茂績紀汗青，千秋尚輝映。

明·高棅《唐詩品匯》卷六五《李端〈過宋州〉》　睢陽陷虜日，外絶救兵來。世亂忠臣死，時清明主哀。芳郊春草徧，故壘野花開。欲爲將軍哭，東流水不回。

明·高啓《高太史大全集》卷三《謁雙廟》　維昔天寶末，君王寵姦虜。雄邊委强兵，遺患同養虎。叛聞遽西幸，骨肉棄榛莽。河北二十州，義士誰禦侮？兩公起誓衆，慟哭告玄祖。橫身遏其衝，江淮保安土。孤城無全堞，百戰霜月苦。力窮援不來，嚙齒罵益怒。殘兵日饑疲，秋風仆旗鼓。男兒不生降，一死冠今古。故鄉有遺廟，俗祭巫屢舞。丹青網塵中，爽氣猶可覩。嗟今屬喪亂，戎馬正旁午。臨危肯捐軀，如公未多數。獨立爲悲傷，斜陽下寒楚。

明·胡奎《斗南老人集》卷三《張許雙廟》　睢陽太守清源令，衮冕巍巍共一祠。節重長淮堅守日，功高靈武中興時。汗青不泯忠臣傳，太白長懸大將旗。聖代春秋嚴祀典，祠臣鵠立見光儀。

明·朱右《白雲稿》卷三《唐李泌傳贊》　予觀唐人材，出處從容有三代王佐器，唯李泌、陸贄而已。泌自贊復兩京，功成身去，代宗再徵，權臣間忌，浮湛外任。德宗以春宮之知，委心聽用，泌亦竭智盡忠，展布政體，謀慮計畫，洞燭物情，故治效，聿著迹。其安馬燧，取懷光，相李勉，保韓滉，單騎以來，抱暉設伏，以擒叛卒，開三門運路，屯關中荒田，國用日充，邊鎮懾服，其績章章可紀。至於辯太子寃，則曰：『天子以四海爲家，宰相當豫。』帝贈白起，則曰：『國將興，聽於人。』帝言有命，則曰：『君相造命，不可言命。』其言又足徵者。《唐傳》乃謂其隨時俯仰，無足可稱，取媚以求相位，豈信史哉！因採舊聞，參諸記録，別著《泌傳》，以表見之。使善不没，實爲後世鑑。若趣尚太清，未免惑於隱怪，亦其質之未純者與？

明·尹臺《洞麓堂集》卷七《李泌宅》　舊宅迷黄葉，荒基隱碧岑。昔賢遺迹在，流水暮煙深。石拆懸蛇逕，雲霾伏虎林。相唐垂大業，終此遂初心。

明·殷奎《强齋集》卷八《睢陽弔古》　黄塵下馬睢陽道，束帶徘徊弔數公。韓李文章今日事，江淮保障中興功。千年雙廟基何在，百戰孤城氣尚雄。寄語河南夏御史，願修前典表遺忠。

清·覺羅石麟等［雍正］《山西通志》卷二二二《謁張中丞廟》　延秋門上烏啼霜，猪龍曉登萸子牀。江頭老臣淚暗滴，萬乘西去關山長。公卿相率作降虜，草間拜泣如羣羊。當時不識顔平原，豈復知有張睢陽？孤城落日百戰後，瘦馬食尾人裹瘡。男兒竟爲忠義死，碧血滿地嗟誰藏。賀蘭不斬上方劍，英雄有恨何時忘。千年海上見祠廟，古苔叢木秋風荒。

摩挲畫壁塵網裏，勇氣奕奕虬鬚張。巫歌《大招》客酹酒，忠魂或能來故鄉。

又 卷二二四《［清］王鐕〈謁張睢陽廟〉》 併摧逆虜滁函區，郭李全師公一隅。六矢將軍寧計面，千金愛妾自捐軀。荒宮雀鼠兵威在，遺貌鬚髯史傳符。自笑經生老無意，只思架上試抽書。

清·愛新覺羅·弘曆《御製詩四集》卷四九《全韻詩·唐肅宗》 乘危叛父，范氏語定案。聽讒殺子，宦妾恣爲亂。輔國脇上皇，君失乾斷。張后效武韋，夫爲綱瀆。父子君臣，夫婦胥無幹。始終懦柔，昏悖誠堪歎。籍李郭克復，非出其算。若肅宗者，言之汙文翰。

又《唐玄宗》 起兵討韋氏，識英而志健。宋王能讓功，過建成以萬。內禪即帝位，初政頗勤綣。吾瘦天下肥，名言可爲勸。既而臨莅久，太平符所願。天寶易開元，志滿心驕頓。姚宋亦已没，李楊弄權溷。荒淫無不爲，親邪正人遠。一人前後異，敬怠殊方寸。侵尋致播遷，自取夫誰怨。

清·愛新覺羅·弘曆《御製樂善堂全集定本》卷一三《郭汾陽》 朱邸方酬蓋世功，蒼蠅猶惑曙鷄中。淮陰須讓全身策，諸葛應輸破敵雄。涇觀惟聞一老卒，宋盟祇用數家僮。中孚可信豚魚格，博得朝恩泣令公。

又 卷二五《顔魯公祠堂》 草長華清作古原，魯公祠宇至今存。松圍四面濤聲颯，户守千靈道貌尊。一片忠誠光日表，幾遭貶斥別君門。平生浩氣消奸氣，盡節從容且謾論。

又《弔睢陽雙忠》 蚍蜉援絶守孤城，遮蔽江淮九死撑。可惜絶繩無復續，翻教越俎共捐生。一時慷慨多全節，千古春秋有令名。籩豆生光祠宇在，雙忠浩氣煥丹楹。

又 卷三〇《書開元遺事後》 沉香亭接望春樓，百面牙盤博笑眸。一夕淒涼馬嵬驛，不教還保玉搔頭。漢武曾求汗血蹄，百蠻纔服又安西。當時頗有英雄輩，不及王元一彈泥。太阿倒柄奈如何，閫拜將軍澤已過。那識將來猶未足，門生天子負心多。金雕翡翠玉雕環，一笑春生百媚顔。試問洗兒錢在否，可能容易贖潼關。

清·顧炎武《顧亭林詩文集·亭林詩集》卷四《驪山行》 長安東去是驪山，上有高臺下有泉。前有幽王後秦始，覆車在昔良難紀。華清宮殿又何人，至今流恨池中水。君不見天道幽且深，敗亡未必皆荒淫，亦有英君御區宇，終日憂勤思下土，賢妃助内詠鷄鳴，節儉躬行邁往古。一朝大運合崩頽，三宮九市横豺虎。玄宗西幸路仍迷，宜臼東遷事還沮。我來驪山中哽咽，四顧徬徨無可語。傷今弔古懷坎軻，嗚呼其奈驪山何！

清·袁枚《小倉山房詩集》卷一《古今詩體五十二首·浯溪碑》 夷吾雖歸辱社稷，射姑來朝無貶詞。從曰撫軍守監國，古來冢嗣良如斯。宋儒不明《春秋》義，題《浯溪碑》多刺譏。當時明皇躍馬去，五更昏黑西川馳。若非靈武張位號，九州不見天皇旗。望賢宮前重返蹕，黄袍手著如嬰兒。一辭一畀見眞性，此際慈孝天皆知。玉眞公主具尊酒，上皇父老相娱嬉。監奴攬權艷妻惑，從此兩宮生猜疑。君子原情論大義，事有後累無前非。魯公忠孝立人極，金石腕力尤淋灕。先拜新君心抃舞，後望南内空淒其。書罷《大唐中興》一頌刻山石，再書《請朝上皇》一表鋪丹墀。

又《題張睢陽廟壁》 刀上蛾眉喚奈何，將軍鄰境尚笙歌。殘兵獨障全淮水，壯士同揮落日戈。六射鬚眉渾不動，一城人肉已無多。而今雀鼠空啼竄，暮心靈冷薜蘿。

又 卷二《驪山》 驪戎之山五里高，古柏蒼蒼繡緑毛。下瞰潼城似棋局，春樹高枝青出屋。憶昔始皇初建都，七十二萬驪山徒。百夫運石千夫唱，水銀江海黄金凫。一朝火起咸陽宮，白骨無靈怨牧童。後王不鑑前王失，複道離宮重鬱鬱。朝元閣下洗花枝，丹鳳樓中吹玉笛。可憐鼙鼓動漁陽，白髮三郎號上皇。衾枕人亡花寂寞，笙歌夢醒月淒涼。兩朝全盛不終朝，身後身前共寂寥。況復千年成故國，幾番戰血洗寒潮。惆悵人間萬事非，青山寒雨鷓鴣飛。秦宮漢殿知何處，指點虚無淚滿衣。

又《玉環》 五百袈裟回向寺，一枝玉尺有前因。緣何四海風塵日，錯怪楊家善女人。

可惜雲容出地遲，不將讕語訴人知。《唐書》新舊分明在，那有金錢洗禄兒？

又 卷八《馬嵬》 倚杖營門淚數行，君臣此際太倉皇。興元一詔三軍泣，何必傷心嚮佛堂。

莫唱當年《長恨歌》，人間亦自有銀河。石壕村裏夫妻別，淚比長生殿上多。

父老原知有此行，上方雜進靈葵羹。宮在苦賜金牌子，猶恐猪龍養不成。家家逐水唱《黄裙》，金屑桃丹信屢聞。一様邯鄲同走馬，慎夫人遇漢文君。

又《再題馬嵬驛》　萬歲傳呼蜀道東，鸞拳兵諫太匆匆。將軍手把黄金鉞，不管三軍管六宫。

到底君王負舊盟，江山情重美人輕。玉環領略夫妻味，從此人間不再生。

香囊消釋玉魚涼，萬里園陵白露荒。聽説西宫恩幸少，梅花猶得落昭陽。

不須鈴曲怨秋聲，何必仙山海上行！只要姚崇還作相，君王妃子共長生。

清·嚴如熤《樂園詩稿·顔魯公》　張宴歌詩寵守臣，兩河忠義竟何人。常山衹許偕兄弟，僕射差堪論主賓。絶恨同仇生鬼魅，判將孤憤對君親。人間留落毫毛在，千載靈光作古珍。

又《張睢陽》　洛陽函谷遍旌旗，保障江淮仗義師。雄略可能齊郭李，孤軍偏自鬬潮奇。箭鋌不動將軍令，雀鼠難療戰士飢。三十六人同畢命，大呼南八是男兒。

又《郭令公》　花門羅拜閧如雷，天上傳呼郭令來。僕固能教無面見，朝恩那得不心回。老臣閒散成勳業，家主癡聾絶忌猜。李相河陽憐苦戰，擁兵可惜出羣才。

又《李鄴侯》　師中衣白指山人，食罷殘芋識佛因。苦爲宫廷調骨肉，多從軍國著經綸。空齋急搗幽燕策，又見生猜馬李臣。天授沛公能幾個，留侯不愧是前身。

清·張晉《艷雪堂詩集·房太尉琯》　倉卒難當曳落河，高談因果奈君何。更堪琴客能招賄，豈有文人解荷戈。士盜虚聲成事少，戰遵古法誤人多。義軍血變陳濤水，千載傷心杜老歌。

又《李長源泌》　靈武初來未肯臣，軍中衣白指山人。兩京恢復煩前箸，三世師資在一身。獨慕神仙心自遠，處人骨肉語何眞。至今每誦黄臺句，猶憶深宵苦口陳。

又《中興功》　中興功，不可刊。李郭爲其易，張許爲其難。

又《張文獻九齡》　少年高第便知名，首謁燕公意已傾。曾許文章冠餘子，有誰風度似先生。知人豈獨王夷甫，守正何殊宋廣平。最是君王西幸日，追思猶自淚縱横。

又《李臨淮光弼》　河陽酣戰立奇功，軍令三麾百道攻。大將寧能汙賊手，短刀常自納靴中。穰苴此日威難犯，陶侃當年恨頗同。太息程魚果何物，幾將貝錦困英雄。

又《郭汾陽子儀》　勳名富貴福能該，手造乾坤列上臺。君側不妨羣小忌，陣前爭看令公來。子孫多具封侯相，部曲無非大將才。莫道强藩方跋扈，也曾西望拜塵埃。

清·厲鶚《宋詩紀事》卷三二《李周〈華清懷古〉》　瑀戈鐵騎正縱横，環上羅衣血染腥。蜀道歸來應悔禍，香囊特地泣娉婷。

吾家居處本關西，舊記遺蹤事不迷。屢過華清無一字，恐人笑我不留題。元祐四年春二月驪山刻石

又　卷四五《王之望〈浯溪中興頌碑〉》　蜀日既衰洛日亡，前星靈武騰光芒。元功百戰兩京復，萬里阿瞞歸故鄉。干戈紛紛偏四海，浯碑已立湘江旁。太師艱難喜初定，作此大字龍鸞翔。紙摹縑搨四百載，家家傳寶踰琳琅。唐文中世未變古，燕許偶儷爲班揚。次山之文可也簡，此頌未追周魯商。禄山滔天等窮澆，春秋之法誅無將。騁兵二字斥邊將，此語豈足懲姦强。末篇三章頗辭費，筆力不復能鏗鏘。磨崖勒銘亦何有，反復自贊乃爾詳。向來各人過許與，舉世附和無雌黄。淮西仆碑無墨客，惜哉不得逢鍾王。

又　卷四六《張表臣題睢陽雙廟》　漁陽突騎滿關東，百戰孤城挫賊鋒。唐室興亡繫公等，九原可作更誰從。

又　卷六五《陳容〈題浯溪中興頌〉》　銀旗金甲渡巴西，靈武城樓已萬幾。一札秖聞元帥命，五陵合待使臣歸。未聞請表更追表，且看黄衣換紫衣。天性非由人僞滅，何緣尚父結張妃。六等勝如誅獨柳，二張縱活亦何顔。太師死後猶書法，水部刑章托頌閒。最憶海青投樂器，絶憐甄濟隱青山。中興碑下姦臣懼，天道何嘗不好還。

又　卷四一七《石才孺〈青陽驛〉》　幸蜀奔波爲禄兒，聞鈴夜雨有

餘悲。青陽一夕難高寢，黼幄千官減盛儀。

清・黄鵬揚《讀史吟評》卷一《李泌》 處人骨肉謀人國，言所難言最苦艱。胆悸魂驚求息地，算來惟有是衡山。

又《張巡》 風塵辨色知天地，君父人倫誓死生。不待睢陽吟苦句，雍邱城上説分明。

又《張九齡》 風度何如風鑑優，果然逆羯亂幽州。早能聽諫誅林甫，何用韶江涕淚流。

又《楊太眞》 爲愛離支罪妾身，君王誤國許多臣。崎嶇蜀道淋鈴苦，不盡紅塵笑裏人。

清・謝啓昆《樹經堂詠史詩》卷六《楊貴妃》 淒涼羽帳幾何時，雨濕梨花薦荔枝。埋玉能教龍馭返，聞鈴空抱馬嵬悲。猜疑紫館偷寧邸，顛倒金錢弄禄兒。孤負長生牛女誓，海山别館漫相思。

又《唐・肅宗》 靈武中興事不常，樓前衣紫换衣黄；西行父老、奉儲貳，南内起居朝上皇；事倣飴甥傳子圉，變同土木輔郕王；長君無恙人心繫，雨洗浯碑字數行。

又《玄宗》 楚藩手劍殄諸韋，夜落天星似雪霏。乍看羽林刁鐵騎，又聞力士賜緋衣。十王早第花聯萼，五隊鈿車錦作圍。晚節不終尋召亂，蒙塵萬里蜀山歸。

又《安禄山》 柳城望氣照穹廬，驃騎將軍拜悍奴。殿上金鷄同帝坐，宫中繡緥作兒呼。范陽萬幕驅駝馬，朔漠千山走兔狐。干禍頓生降豎，結赤心何在腹空腴。

又《顔眞卿》 正色中朝勁草分，魯公終古直聲聞。車隨御史來甘雨，筆點平原簇景雲。河北忠忱堅似鐵，汝南逆賊燄如焚。常山兄弟貞風在，就義從容寫誌文。

又《郭子儀》 兵法臨淮遜令公，牙門都將未和衷。能因東伐蠲私忿，遂使西巡建大功。廿載安危關宇宙，一生宙貴保初終。馬前免胄驚回紇，屈膝潛銷跋扈雄。

又《李泌》 奇童御座賦圓方，鑠骨珊珊鍊白黄。曾誦瓜辭安太子，還分桐葉議懷光。十年宰相深山火，少日神仙上界香。東壁圖書占月蝕，智名踪迹似張良。

又《張巡》 保障睢陽百戰難，氣吞逆賊寸心丹。孤軍尚守城三載，愛妾能捐士一餐。天下不亡羣議息，淮南無恙兩京安。男兒共命呼南八，矢著浮屠怨賀蘭。

清・洪亮吉《唐宋小樂府・偃月堂》 堂偃月，閣格天，一堂一閣搆造完，金甌天下已不全。

又《兄與妹》 兄封衛妹封號，一以讒，一以色，一傾城，一傾國。

又《禄山反》 禄山反，張公知。朱泚逆，姜公知。烏乎！宰相有眞識，兩朝天子轉溺惑。

又《眼孔大》 是何胡兒眼孔大，宰相尚不足，只欲升御坐。

又《六等罪》 六等罪，案如鐵，張均張垍及希烈。畢竟凝碧池，難恕王摩詰。君不見，詩家可惜無鑑别。如何杜八哀，乃附鄭三絶。

又《驪山泉》 周驪山，烽火揚。唐驪山，泉水香。一水一火，國祚顛簸如何？驪山兩值女禍。

又《汾陽王》 爲大將，爲福將，終唐世，無與抗，規模略具西平王，已與辛相多參商。

清・洪亮吉《洪北江詩文集》卷二《華清宫》 秦皇墳上野火紅，萬人燒瓦急築宫。築基須深酈山破，百世防驚祖龍。臥雲暄日麗開元朝，祖龍此時庶解嘲。人間才按羽衣曲，地下未熸鯨魚膏。前人愚，後人巧，工作開元逮天寶。離宫别館卅里環，羅綺障眼如無山。紅闌影向空中折，高處疑通廣寒窟。仙妃天上坐無聊，玉笛一聲，飛入月華清宫臺殿。工欲訪舊事，無衰翁。泉流嗚咽，助淒思，冷暖曾無内官試。君不見，山前四月開海棠，早有野人來試湯。

清・王士禛《阮亭詩餘〈念奴嬌・弔太眞〉》 開元盛日，正霓裳按拍，淩波裁曲。繡嶺宫前官騎至，乍進合歡香橘。力士傳呼，念奴清夜，潛伴諸郎宿。翠華人遠，樓東恰就新賦。花下羯鼓初東，梨園子弟，驚散漁陽鼓。舊日曲江佳麗地，細柳新蒲空緑。棧道深秋，華清夜月，腸斷零鈴雨。千年遺恨，馬嵬泪盡紅玉。

清・王士禛《衍波詞》卷上《醉落魄・讀天寶遺事》 風流堪惜。沉香亭下雙鸂鶒。長生殿裏如膠漆。别院梨華，偷試寧王篴。漁陽戰鼓驚相偪。馬嵬古驛羅衫涇。秋槐落盡空凝碧。殘月華清，何處人行迹。

清·王士禛《精華録》卷六《驪山懷古八首》 鸜鵒何年問上皇，野棠風折繚垣長。銷魂此日朝元閣，親試華清第二湯。

滿路香塵拾墜鈿，諸姨五隊夾城邊。花開繡嶺看調馬，雪下離宮有賜錢。

舞罷驚鴻歲月徂，長門深閉長青蕪。君王自愛霓裳序，不記樓東一斛珠。

內殿傳呼菊部頭，梨園弟子按梁州。善才零落龜年老，渭水猶明羯鼓樓。

蜀王音信渺天涯，青鳥西飛日又斜。斷粉殘香誰得見，承恩只有玉蓮花。

鳳凰原下鹿槽旁，虢國夫人有賜莊。無數青山學眉黛，當年誰入合歡堂。

不復黃衫舞馬牀，更無片段荔支筐。祇餘今古青山色，留與詩人弔夕陽。

空城幾曲水潺潺，松柏淒涼滿舊山。輦道無人秋草合，年年嗚咽到人間。

又《馬嵬懷古二首》 何處長生殿裹秋，無情清渭日東流。香魂不及黃旛綽，猶占驪山土一邱。

巴山夜雨卻歸秦，金粟堆邊草不春。一種傾城好顏色，茂陵終傍李夫人。

清·顧嗣立《元詩選初集》卷五六《楊維楨〈明皇按樂圖〉》 沈香亭前花萼下，天街一陣催花雨。海棠花妖睡初著，喚醒一聲紅芍藥。金鑾供奉調清平，梨園舊曲換新聲。阿環自吹范陽笛，八姨獨操傷春情。君不見夜游重到，明月府青鸞能歌。兔能舞五雲不障，蚩尤旗回首煙中。萬鼙鼓那知著底，梧桐雨，雨聲已入淋鈴譜。

清·曹振鏞《話雲軒詠史詩》卷下《唐·張九齡》 帝泣思忠蜀道歸，每從風度想清徽。尚書詎任牛仙客，太子空謀武惠妃。預識祿山生逆相，肯因林甫蹈危機。千秋金鑑千秋節，嘆息公王諷諭稀。

又《楊貴妃》 君王不念舊時歡，竟使花容頃刻殘。權挾將軍何有變，禍歸妃子卻無端。邊烽警急秦關險，棧雨淒涼蜀道難。香骨已埋情已斷，仙山焉得返魂丹。

又《張巡》 危城也識力難支，遮蔽江淮老敵師。殺賊死當爲厲鬼，屈身生不是男兒。割肌有願情能捨，嚼齒無根恨獨和。此日睢陽遺廟在，鬚髯想見怒張時。

又《顏杲卿》 烽火驚心照戰場，孤城六日力相當。功名豈肯從狂賊，魂魄猶能見上皇。舌鼓鉤邊橋柱斷，髮銜篋內瓦棺藏。平原他日勤王事，忠字同排雁一行。

又《郭子儀》 社稷安危繫一身，卅年將相股肱臣。吐蕃遠遁驚元帥，回紇先占見大人。帝與封王隆異姓，兒還尚主寵良姻。諸孫繞膝圍公拜，貴壽功勳世少倫。

又《李泌》 曲江小友呼公際，燕國奇童賀帝前。善處君臣全父子，貴爲宰相慕神仙。摘瓜休向黃臺下，出芋曾看碧火邊。著白山人金紫賜，問誰衡岳陷雲巔。

清·王廷紹《澹香齋詩草》卷二《張九齡》 風度誰能似曲江，卽論相業亦無雙。獨排仙客心何壯，未殺胡雛氣不降。金鑑早教懸殿陛，玉環寧解誤家邦。少牢遠祭韶州墓，魂斷淋鈴蜀道腔。

又《張巡》 侈談天道壞人倫，血染睢流氣帶嗔。城上賊猶驚裂眥，俎中妾早不含顰。兵來解厄遲三日，功去收京僅一旬。厲鬼定乘回紇馬，靈旗西捲入咸秦。

又《李光弼》 風前一葉奈秋何，未去朝天恨轉多。已慟來瑱遭宦寺，非如僕固擁同羅。飄零舊羽還藏匣，繡澀名刀憶納鞾。老母人都愁不返，霜髭撚斷鬢婆娑。

又《郭子儀》 英雄纔解救英雄，公與青蓮信始終。徒到夜郎寧有恨，收來京洛不言功。天將福壽酬良輔，帝以癡聾詔阿翁。元振朝恩休側目，爾曹原未識孤忠。

又《顏杲卿》 逆子頭顱獻帝京，范陽十郡賊皆驚。笑看溥水紛流血，恨煞河東坐擁兵。舌縱斷來聲尚詈，肉當啖盡髮猶生。夜臺不阻潼關路，剩有忠魂謁聖明。

又《李泌》 同將辟穀學身輕，漢代留侯卻遜名。獨保皇儲無綺皓，不教宿將似韓彭。白衣宰相聽與誦，紫禁神仙賤定情。東壁忽然看月蝕，那能還逐赤松行？

又《南霽雲》　孤城糧竭已經時，請得援兵尚恐遲。階下樂聲方振作，筵前指血忽淋漓。矢平逆豎甎爲志，命出中丞刃敢辭。到底男兒名不朽，漆鐙蠻鼓黑神祠。

又《許遠》　張司兵戰許糧芻，賊日增時餉已無。金鼓聲中搜雀鼠，貔貅眼底割僮奴。傴師魂望睢陽遠，韓愈文消去疾誣。畫上淩烟同颯爽，由來奇節不能孤。

清·吳之振《宋詩鈔》卷三二《晁沖之〈題魯山温泉〉》　平生耳熟聞驪山，夢寐不到臨潼關。當年太液金井碧，温泉宛在關山間。憶昔君來必十月，騎玉花驄帶風雪。太真獨侍沐浴邊，鯨甲龍鱗影清絶。五十年升平一迷，卻驅萬騎出關西。自爲前朝同禍水，翻令後代異廉溪。君不見，汝海之南魯山左，亦有此泉名不播。征夫問路説湯頭，可憐是亦陳驚坐。

又　卷一〇二《許月卿〈題明皇貴妃上馬圖〉》　開元天寶號太平，快活三郎偏縱情。帝閑天驥雲雷駛，回首絶憐妃子醉。海棠酣春睡未足，扶上馬時頽山玉。二璫兩邊扶蹋鐙，羣姬爭扶不用命。萬花叢，玉山花，缺朝王，醉牡丹。共立馬前黄幡綽，獻笑顔容似嘲謔。三郎勒馬頻回頭，兩手按膝雙凝眸。夾立兩旁御弓箭，帶御器械如行殿。二璫相語儼相向，貴妃未至龍顔望。龍顔不怡吾曹憂，昵昵私語雙燕秋。御前兩驥立伏俟，御龍整暇聊緩轡。卷中何止數十人，十人眼只在一身。朕能墜馬替妃子，不忍花飛驚玉體。三郎但念妃子醉，豈知身醉誤國事。無鹽爲后能强齊，夙夜警戒鷄鳴詩。花鈿安得紛委地，馬嵬安得有墜詩。

清·董元愷《蒼梧詞》卷一《減字木蘭花·浴温泉》　九龍湯沸，范陽水設魚龍戲。洗罷奚兒，翻作奚兒洗馬池。倉皇西幸，馬嵬坡下長生竟。河水湯湯，南内無人有壽王。

夜深清影，芳草不生泉欲冷。繡嶺花開，盡逐東流去不回。梨園按曲，羯鼓聲中鼙鼓躄。紅粉成灰，村笛還吹阿濫堆。

清·朱彝尊《明詩綜》卷一三《熊鼎〈上巳日浴温泉〉》　驪山宫殿鎖温泉，天寶遺蹤故宛然。繡谷春融丹井火，金波月滿鑑池蓮。玉顔承寵專恩澤，翠輦來游惜暮年。我亦逢時修禊事，白頭空負麗人天。

又　卷七〇《薛岡〈華清宫〉》　繡嶺出烟郛，宸游迹尚存。離宫何處是，流水至今温。輦路年深廢，峰巒幸後尊。空餘一片月，猶似照朱門。

清·張豫章等《御選宋金元明四朝詩·御選明詩》卷四六《徐渭〈楊妃春睡圖〉》　守宫夜落胭脂臂，玉堦草色蜻蜓醉。花氣隨風出御牆，無人知道楊妃睡。皁紗帳底绛羅委，一團紅玉沈秋水。畫裏猶能動世人，何怪當年走天子。欲呼與語不得起，走向屏西打鸚鵡。爲問華清日影斜，夢裏曾飛何處雨。

又　卷一〇九《王叔承〈天寶宫詞二十首〉》　柳外秋千拂綺樓，舞闌初解翠雲裘。玉鞭夜踏桃花馬，萬朵銀燈照打毬。

別苑東風報牡丹，傳宣曉出望春門。惜芳卻覆黄羅帕，護取花王待至尊。

碧塵縷縷暗香溝，湘簟空牀螢火流。梧葉一窗眠未得，月明秋水聽涼州。

入宫新拜大長秋，歌舞平陽夜不休。一曲春聲低按拍，御前飛墮玉搔頭。

敕下天題法曲新，書生賦奏太平春。雕盤紅裊宫花朵，賜與傳臚第一人。

何處文星動帝廬，卻憐狗監薦相如。漢王親御蓬萊殿，夜半燒燈讀子虚。

緑雲細草濕紅巾，御酒傾霞欲醉春。試奏教坊新羯鼓，内園初賽百花神。

桃花飛雨膩青隄，萬馬驕嘶錦障泥。袚罷温泉儒蹕晚，綵雲狼籍霸陵西。

紫燕雙飛花雨香，青泥春老墮雕粱。不知天外烏衣國，可似宫中別恨長。

氤氳水殿蕩朝陽，夜漲桃花錦水香。珍鳥千行看不禁，自將金彈打鴛鴦。

複道冥冥繡戶扃，燈花落盡曙煙青。春寒肯怨鸞衾薄，暗拂朱簾望小星。

六院諸姨獻寶新，天家生日幸宜春。鳳衫嘿熨薔薇露，曉進龍牀喜稱身。

上巳春回太液池，天青水碧晚妝遲。一痕初月垂芳樹，學得纖纖新黛眉。

盈盈紅玉曉妝新，靜倚菱花自寫眞。一片青霞生襪底，滿宮傳是洛妃神。

山色移青入畫眉，綺疏春旭寄幽思。蜀藤新進松花紙，臨出曹娥江上碑。

梨園歌斷萬花天，風雨寒鈴憶舊筵。怪得人間傳秘曲，江南春老李龜年。

卿雲縹緲覆長安，仙仗淩霄頌百官。芝草忽生涵德殿，昭儀捧出侍臣看。

朝元閣上翠煙橫，太乙壇前白露明。曾侍上皇供法曲，踏歌猶帶步虛聲。

詔點伶官又采詩，譜翻奇調學來遲。新詞半是龍標尉，舞向歌前合柘枝。

入宮猶自服胡麻，一尺紅綃寫法華。落盡苑花空是色，藕絲輕履蹋春霞。

清·史夢蘭《全史宮詞》卷一三《唐》　蟋蟀金籠報早秋，驪山新脱碧芬裘。曉開玉盒看蛛網，昨夜曾登乞巧樓。

檐溜垂垂箸勻，凍雲開處日光新。宮中刺繡初添線，共薦辛盤籍早春。

秋老籠山獸正肥，赤鷹黄鵠合重圍。三驅禮畢簫笳靜，玉彈雙間導輦歸。

一騎紅塵貢荔枝，正逢卯酒乍醒時。承歡最念旋風舞，偷發明駝賜禄兒。

露華清浸玉魚涼，吸徧花枝肺腑香。日暮海棠初睡足，新詩聞教雪衣娘。

雨過華清樹影涼，風來前殿玉龜香。至尊浴罷金輿出，嬪御分專十六湯。

月照觚棱夜色清，飄飄雲外笛飛聲。隔牆偷得新翻曲，恰被宮中識姓名。

解語花來蝶幸荒，畫披空理舊衣裳。神糊正得君王寵，偷向簾前喚鴈娘。

雙鳳琵琶撥綠絲，朝來弟子獻仙師。阿蠻奏伎偏承寵，宣命紅桃賜臂支。

萬機偷暇捉迷藏，錦帕蒙頭繞曲廊。側步回身誇便捷，手揮紅汗漬香囊。

鳳毛衣袂燦朝霞，障隔金鷄笑語譁。腹內赤心何處辨，效忠首進助情花。

旗幟翻翻兩隊齊，霞披錦被混東西。宮中自結風流陣，不向漁陽御鼓鼙。

夾城五隊綺羅香，墜舄遺鈿滿路旁。虢國蛾眉偏淡埽，紫騮騎上合歡堂。

含元新曲按淩波，秦國夫人坐聽歌。三百萬錢供一局，纏頭偏讓阿姨多。

一斛珍珠賜卻回，君王不見鬬茶來。笛聲猶作驚鴻舞，落盡樓東幾樹梅。

上陽宮裏夜沈沈，臘去春回思不禁。來歲休祥私自祝，戲將蓋水瀉黄金。

國色天香擬正當，勝人豈止在霓裳。何來佛氏銜花鹿，消受君王一尺黄。

一曲淋鈴欲斷腸，月明西内夜偏長。女牛誓在蓬山渺，枉拆金釵謝上皇。

靈武歸來未罷兵，長安消息隔江城。一杯互鴉腦君王醉，内殿惟聞打子聲。

馬銜杯盞象登場，凝碧池頭樂未央。宴上刀光森似雪，梨園含泣按霓裳。

八尺虹蜺畫麗姝，馬嵬人去故宮蕪。艱難蜀道歸來日，添得蛾眉十樣圖。

又《僞燕》　馬銜杯盞象登場，凝碧池頭樂未央。宴上刀光森似雪，梨園含泣按霓裳。

清・趙執信《因園集》卷一〇《上元觀演長生殿劇十絶句》　傾國爭誇天寶時，才人例解説相思。三生影響陳鴻傳，一種風情白傅詩。

遥指仙山唤太眞，華清一浴嶄然新。怪來宇內求難得，元在深閨未識人。

脂粉無由汙淡妝，雙飛端合在昭陽。酷憐姊妹開來艷，虚憶梅花冷處香。

温泉清滑浸芙蓉，玉女飛來太華峰。石作蟲魚猶觸忤，那教取次近豬龍。

月殿酣歌夢許攀，輕將仙樂落人間。笑他穆滿無情思，身到瑤池白手還。

垂老荒迷花月塲，臨淄英略未銷亡。投珠抵璧尋常事，夙遣元臣駐朔方。

蜀山秋雨感飄零，殘夢頻回舊驛亭。妙寫鈴聲入新曲，可能渾似月中聽。

牛女經年夢亦慵，翻從人世管情蹤。玉妃應有婚姻牘，才過開元便得逢。

黄泉碧落事荒哉，差勝樓船去不回。本與求仙情味別，何嘗身欲到蓬萊。

清歌重引昔歡塲，燈月何人共此堂。六百餘年尋覆轍，菟裘怪底近滄浪。

清・葉方藹《讀書齋偶存稿》卷四《詠唐史》　軋犖山前暗禱神，唐家河朔合烽塵。上皇蜀道空流涕，今日方思先見人。

半夜軍中撼帳竿，逆膓流出血漫漫。滿朝公相持杯賀，河北都忘史窣幹。

清・彭定求等《全唐詩》卷七二四《［後蜀］唐求〈馬嵬感事〉》　冷氣生深殿，狼星渡遠關。九城鼙鼓內，千騎道途間。鳳髻隨秋草，鸞輿入暮山。恨多留不得，悲淚滿龍顔。

清・羅惇衍《集義軒詠史詩鈔》卷三六《許遠》　不死睢陽死洛陽，偃師回首恨茫茫。冤鳴去疾兒童見，論定昌黎史册光。帳擁貔貅誰主戰，城空雀鼠苦搜糧。穀支一歲偏分半，泉下終應憾虢王。

又《唐五・甄濟》　仁聲十載仰青巖，不忍畋漁草木芟。賊有反心佯血歐，俠來引頸願鬚銜。僞官羅拜環司署，實録追書繫少監。賢子勤勞兼附史，韓公亦自歎非凡。

又《盧奕》　父爲懷慎子爲杞，誰意君爲殉節臣。西面拜時猶罵賊，東都破後豈降人。烏臺颯颯忠貞氣，白刃皚皚義烈身。賴有獨孤排衆論，閣中圖畫峙嶙峋。

又《南霽雲》　喑嗚應募一人來，萬死叢中壯上臺。奉使乞援重有誓，全歸含笑兩無猜。矢留塔影威弧屈，指斷刀痕饗席哀。配祀商邱皆義烈，如君英勇更聞雷。

又《房琯》　東擁陳濤盛若何，良家十郡奮揚戈。覆師罪幸蒙三宥，分鎮謀能扼兩河。客座鴻談難踐蹈，朝堂雅望易蹉跎。賀蘭讒後廷蘭累，應聽琴聲帶淚歌。

又《李泌》　少日神仙志業殊，功成身退此良圖。蔓憐瓜摘儲君定，葉寄桐分叛將誅。八歲賦棋人慧悟，十年當軸世驩虞。曲江公去誰呼友，讜議開先併轡驅。

又《張九齡》　白羽揚風扇未捐，讜言猶愛度翩翩。道侔伊呂王推轂，身播邊陬帝拊絃。偃月一彎堂繚曲，排雲百尺棧鉤連。絳霄仙鶴何時下，空憶霜毛意態騫。

又《張巡》　重見淩煙補畫圖，髯張皆裂費追摹。城完三戰才無敵，廟祀雙忠節不孤。萬鬼枕戈思殺賊，美人餡刃快捐軀。當年殉義多奇迹，有姊還憐陸氏姑。

又《郭子儀》　身繫安危三十年，一心葵藿日高懸。王兼將相榮中外，帝有乾坤付轉旋。地復兩京酬主速，天私五福畀公全。英雄互藉英雄救，交貫初終李謫仙。

又《顏杲卿》　手殲逆豎表明廷，屍擁滹沱血尚腥。六日孤城銜矢石，二難義檄走風霆。舌鉤柱上聲彌厲，髮動囊中夢亦靈。郭李常山恢復後，忠魂含笑入蒼冥。

又《李光弼》　將星一夜隕徐州，葉落西風恨不休。關內勤王生未遂，河中奉母死多憂。旌旂色變全軍勢，部曲心離末路秋。十載三朝忠節著，黄門媒蘖幾回頭。

又 **卷三七《顔眞卿》** 褚薛歐虞各擅場，魯公書翰冠三唐。精忠耿耿風霜筆，亮節巖巖日月光。元老河西悲陷賊，義師濟北憶勤王。文山後起能無忝，墓下題詩兩斷腸。

清·鮑桂星《覺生詠史詩鈔》卷二《張九齡》 扇宜羽制笏囊收，風度他人得似不。庭茁紫芝曾曩日，録呈金鑑足千秋。牛仙據鼎空成讖，狼子稱兵早積憂。悔煞棧雲鈴雨夜，一卮垂涕酹韶州。

又《顔杲卿》 孤城六日陷重圍，罵賊聲隨戰血飛。肉出忠臣惟自噉，髮餘英氣肯忘歸。生看稚子飴堅刃，死快常山卓義旂。況有平原難弟在，列舟釃酒奮戎衣。

又《李光弼》 驍果家風出柳城，班書讀罷早知名。鼎鐘欲與汾陽埒，刁斗居然漢將營。刀短納鞾心死國，旗長拂地手麾兵。如何美謚先劉岳，被詔生前不肯行。

又《郭子儀》 艷説汾陽福禄殊，汾陽福禄出艱虞。宦官譖人輕車至，回紇兵來免胄趨。葵藿一心蛇豕服，河山百戰虎狼驅。英雄事業儒生學，留與笙歌作畫圖。

又《顔眞卿》 常山罵賊是吾兄，爾輩如何忘姓名。奮起庭中薪火赴，笑看壁下殯宫成。迴思河朔連鷄勢，想像平原戰馬聲。七十六齡終一死，太師眞不負書生。

又《張巡》 徑斬裘冠六將頭，登堂痛哭拜宕旒。憤生貔虎三軍氣，力過江淮萬里流。天地無情到妻子，男兒有死不王侯。睢陽祠廟瞻念遺像，裂眥張髯恨未休。

又《許遠》 生守睢陽死洛東，死期寧遽後張公。如何世有專心論，竟使人疑貫日忠。威柄曾甘讓僚寀，捐糜不惜到奴僮。千秋史賴昌黎敍，始信書生筆力雄。

又《南霽雲》 彭城乞援又臨淮，豈料鄰封首鼠皆。三十健兒衝敵壘，一千羸卒冒陰霾。浮圖突兀錍曾著，血指河流恨不埋。更向面痕看六矢，英風南八有同儕。

又《李泌》 圍碁作賦篠驂年，玉樹枝曾倚半千。不戀妻孥眞宰相，善全骨肉卽神仙。白衣繚繞煙霞氣，紫閣低徊組綬緑。瓜摘無多梨熟早，也應歸伴懶殘眠。

清·陳啓疇《詠史擬古樂府》卷下《封刀使》 青巖山，山巑岏，賊騎馳至刀光寒。甄生之頭斷之易，甄生之節奪之難。使者大息空手還，羊血臥病好男子。樂官逸去甘徉死，源明異地皆同心。摩詰佳句徒聒耳。吁，嗟乎！鼙鼓北來響鼙鼙。安雷區區兩伶工，我輩後死，差羞相逢。

又《鞾中刀》 鞾中刀，膽氣豪，丹心薄雲霄。戰士不敢驕，大旗高颭風怒號。

裨帥小卻命取首，麾下熊貔世稀有。賊奴狼狽棄甲走，滿地紅光血一斗。君不見，葛羅下馬聲如雷，花門歡呼令公來。臨淮遺法安在哉！

又《睢陽嘆》 賊兵鋭，巡敢當。節度至，巡已亡。蔽遮東南仗死力，臨敵眥裂鬚髯張。六射城頭不敢動，將軍號令如山重。寧陵賊破睢陽危，同心斷金撫徒衆。强兵坐惜屯臨淮，乞援忍餓包胥偕。浮圖一矢忠義激，進明叔冀皆奴才。帳下相持泣不止，二十四郡無一士。雀鼠食盡食茶紙，刀上蛾遐亦切齒。南八男兒豈惜死！

清·吳孟堅《一草亭讀史漫筆二·張巡許遠》 余讀張巡本傳，及李翰所上巡功狀表，爲之痛哭流涕者久之。其與許遠孤軍抗賊，備嘗艱苦，義激將士與賊鏖戰，盡眥裂齒碎，豈惟捐身報國已哉！如同死將士雷萬春、南霽雲、姚誾等三十六人，慷慨赴難，視死如生，一因于巡遠以殉其身。夫以忠義激烈若是，豈獨巡遠爲不朽歟。其有謂巡遠糧盡食人，孰若全人之爲説者，眞讒賊之言也。

清·陳邦彦《御定歷代題畫詩類》卷五八《［明］郭武〈舞困圖〉》

内園羯鼓催春風，回環轉佩聲丁東。銀籠高爇百枝火，滿樹梧桐明月中。芙蓉舞困霓裳薄，重疊春寒護簾幕。伊州初換錦屏空，十二峰頭楚雲落。葡萄消渴櫻桃小，一騎紅塵報春曉。荔枝風味不禁酸，分與窗前雪衣鳥。回首漁陽促戰鞍，秋風秋雨滿秦關。誰知按盡黎園譜，都是當時《蜀道難》。

清·朱鶴齡《愚庵小集》卷六《楊貴妃》 華清方賜洗兒錢，鼙鼓驚天未一年。九馬不西眞妻母，妻母用昭君事。御牀依舊擁嬋娟。

清·王貞儀《德風亭詞·滿江紅·過平原縣東門謁顔魯公祠》 殘

照城東，風急處，莫笳聲咽。正卸轂，平原祠外，前行瞻謁。作郡回思天寶日，九重樂極金甌缺。驀然閒，鼙鼓起漁陽，霓裳歇。衛彈邑，千秋節。爭坐位，千金帖。只拒降斬使，是何忠烈。猶有祠堂傳俎豆，更存心迹書碑碣。羨雙雙，姓字弟兄香，常山舌。

清·舒位《瓶水齋詩集》卷三《冷枚華清新浴圖》 落妃池上烟波綠，阿環承幸驪山足。水邊已見麗人行，殿角仍歌照影曲。照影疑從鏡殿還，温泉水膩弄潺湲。花開陳苑臨春閣，波繞吳王銷夏灣。相從宜暑鑾輿度，釦砌雕欄裛清露。內園初進助情花，別館惟栽銷恨樹。江妃辭去念奴陪，遲日熏風湯殿開。更無紅葉隨波去，早見黃裙逐水來。須臾起舞雙魚鏡，綠鬢倭墮紅綃靚。趙后仙裙自可留，洛妃塵韈應還勝。當時但詔洗凝脂，誰賜金錢更洗兒？樓中赤鳳來何日？水底黃虬化有時。從此華清水嗚咽，延秋門上烏啼徹。忍看驪嶺縣前流，化作馬嵬坡下血。碧落黃泉夢有無，蘭湯第二泠宮鳧。千年禍水幾傾漢，一曲香谿竟沼吳。金門畫史丹青選，國子先生藏一卷。浴鳳塵揚碧海空，牽牛淚落銀河淺。

又 卷四《平原顏魯公祠》 范陽飛牒事情乖，萬里風雲入壯懷。帝識李平馳問道，天留元結與磨厓。綵豪氣象書應透，青石功名迹未埋。曾讀《唐書》新舊傳，四朝遺淚爲公揩。

清·田雯《古歡堂集》卷一四《題羯鼓圖》 吃虛誰復笑三郎，日醉佳人錦瑟傍。但惜華清宮樂沸，半聞羯鼓半霓裳。

又 《題秦虢二夫人承召遊華清宮圖》 楊家姊妹貌相當，併馬朝天鬭艶粧。如此傾城好顏色，蒙塵不悔是三郎。泉煖花明落照紅，登牀舞馬御樓通。笑它赤鳳輕相妬，不與昭陽故事同。

又 《讀李泌傳二首》 衣白山人侍從回，兩京事業不羣材。魯連范蠡何堪比，更有麻姑送酒來。

大雪今年占斷春，花飛寒食正愁人。憑君重改中和節，不賽勾芒二月神。

《清詩彙》卷一一《陸世儀〈感遇詩〉》 睢陽四戰地，孤立賊壘中。屹然障江淮，不與降醜同。茶紙鼠雀盡，身死城亦空。巡、遠固足欽，斯民實奇忠。河北廿四郡，聞之寧愧衷。江南連城相抗，然能死戰死守，力盡不屈者，惟江陰一邑而已。【略】漁陽鼙鼓驚，征塵動地起。河北多郡縣，一朝盡風靡。常山有太守，慟哭整軍士。誓心匡社稷，志烈身竟死。長樂何如人，紆紆佩金紫。同爲黨人，同爲名士，或生或死，忠佞頓殊，可爲浩歎。

又 卷二五《董文驥〈驪山温泉〉》 山上千門山下池，玉環何處洗奚兒。野人分得温泉水，菜甲紅於錦荔枝。

又 卷四七《尤珍〈題浯溪摩崖碑〉》 有客示我摩崖碑，一幅之廣徑丈圍。觀者動色共歎賞，高文大字何瑰奇。憶昔天寶禄山叛，長驅鐵騎蹂京畿。至尊倉皇出奔蜀，太子靈武誓六師。禍亂方殷以權濟，苟不帝制衆志離。乃踐大位命諸將，收東西京不逾時。奉迎還宮就尊養，堯禪舜讓兩得之。漫叟夙推老文學，濡毫撰述中興碑。魯公筆力有神助，大書深刻青山陲。其後上皇在西內，張、李交煽思傾危。奠定社稷誠大孝，何乃晚節晨昏虧。碑銘當日紀盛事，惟有揚頌無微詞。題碑後者爲涪翁，其詩未免多刺譏。讀書論世志未逮，摩挲古迹空嗟咨。

又 卷四九《湯右曾〈磨崖碑〉》 青騾蜀棧眞危哉，西下逝水寧東回。移軍六合卷清霽，中興大業由天開。衡山山人謁靈武，魚水道合無睽乖。桓桓忠勇李與郭，手執枹鼓如霆雷。姦凶滿盈神鬼怒，將相和協功名偕。金妃木母火當殪，封豕家禍誰胚胎。二京收復凱歌入，父老泣下長安街。煙花紫禁列冠冕，龍車鶴駕青春回。艱難秦越共肝膽，安樂骨肉相嫌猜。飛龍小兒竊國柄，表裏宮掖亂所階。長慶樓空夾城閉，玉房朱户生青苔。淒涼西內情尚爾，摘瓜況自歌黃臺。漫郎摛辭意深痛，涪翁吊古留餘哀。春秋史法非頌體，石湖晚出空譏排。平生兩眼熟拓本，愛此片石江山隈。蓬州垂老嗟遠竄，歲久妙墨重摩揩。攝衣拾級歷千尺，孤亭下瞰雲濤堆。撫時感舊增歎息，啼猿落月同徘徊。

又 卷五三《彭始奮〈過張睢陽故里〉》 半壁河山百戰殘，興亡從古見君難。逢人肯自談天寶，遺恨何堪憶賀蘭。戎馬郊原臣力竭，關山笛裏陣雲寒。淒涼往事應如昨，故里蕭蕭不忍看。

又 卷六〇《金虞〈浯溪讀中興碑〉》 文於天地不兩大，我昔聞自浯溪歌。浯溪深處漫郎宅，後有作者何其多。中興一頌巋然在，手剔蒼蘚三摩挲。當時翰墨鮮高手，誰與八代迴狂波。鸞臺鳳閣數燕許，東封石刻徒嫓婜。斯文獨任起衰責，采薇六月相肩摩。平原顏公忠烈士，肝膽契合心手和。大書特書照巖户，如日始出星交羅。想當握筆幾透爪，一一勁挺無纖頗。因思往迹發長喟，亂由入召非由他。妖妃孽臣早不斷，迺出下策馳青騾。艱難百戰兩京復，實賴靈武揮天戈。儒官揚厲職應爾，詎忍腹誹含譙訶。餘子紛紛若鐫鑿，强作解事理則那。三吾亭子高嵯峨，下有石鏡冷不磨。飛泉濊濊生盤渦。惜哉無人洗山骨，奈此玉珮瓊琚何。

又　卷六七《陳德正〈驪山温泉〉》　金烏飛入重泉底，烈炬燒山漱山髓。陰陽失位水火爭，一泓鼎沸神蛟死。本是玄黄血所變，劫灰燼熱煽幽焰。文瑶密石漾中流，溶溶春暖回深殿。華清賜浴承恩始，遺恨千年成禍水。望春新賜洗兒錢，翻渦十丈黄虬起。

又　卷九四《吴鎮〈題哥舒翰紀功碑〉》　李唐重防秋，哥舒節隴右。浩氣扶西傾，英名壯北斗。帶刀夜夜行，牧馬潛遁走。至今西陲人，歌詠偏童叟。漁陽烽火來，關門竟不守。惜哉百戰雄，姦相坐掣肘。平生視禄山，不值一鷄狗。伏地呼聖人，兹顔一何厚。毋乃賊妄傳，籍以威其醜。不然效李陵，屈身爲圖後。英雄值老誖，天道遘陽九。終焉死偃師，曾作司空否。轟轟大道碑，湛湛邊城酒。長劍倚崆峒，永與乾坤久。

又　卷一〇一《管世銘〈題明皇幸蜀圖〉》　中書已罷張九齡，太守不識顔眞卿。黄虯跳梁蠱狐死，倉皇蜀棧青螺行。白衣父老前迎蹕，羽騎林端出復没。宫人憔悴下雕鞍，手摘園瓜供帝渴。宣和中進入内府，諱爲摘瓜圖更無羯鼓打梁州，鈴語郎當聽未休。劍門直上一千里，風塵澒洞天顔愁。後隊觀者忽如堵，錦袍年少腰玉琥。元禮力士非其儔，疑是王孫英且武。咄哉王孫儋耳龍，奉天之辱將毋同。

又　卷一〇四《朱霈〈舟泊浯溪，觀顔魯公所書中興頌碑刻歌〉》　營州健兒胡旋舞，三郎西走鈴淋雨。大唐玉璽日角歸，白衣黄衣擁靈武。承平無事李郭閒，内家張后外李父。道州刺史據國憂，瀼西賊退示官府。有時奮筆頌中興，浯溪中開石壁豎。歌功象德臣能爲，那慚粹美譽皇甫。峿臺二銘莽荆榛，瞿令玉筯文無覩。平原太守顔清臣，下筆著石如没羽。懸崖突出作覆簷，穹碑千載無泐腐。滄江陰雨愁蛟螭，古洞荒月走猰貐。眞成細肌入鷹骨，豈但猛力强牛弩。想起挺筆神肅恭，冕冠凝立紛糾組。我皇神武玉檢封，微臣奏技忝台輔。二十四郡鑑臣忠，江淮睢陽同砥柱。寧知白首歷三朝，令公老去鄴侯拒。宫人菩薩裝道場，武士金剛作神主。冀魏齊趙迭僭越，翻使忠良死僞楚。我來訪古忽涕零，摩挲石壁首重俯。精光直貫牛斗寒，碧血難蝕土花聚。當時誰見端書人，野花啼鳥空沙浦。西江涪翁鬢如絲，斷崖僵立指畫肚。大書深刻落珠璣，已併顔揚供人取。猶云老矣不能爲，可惜少游歸黄土。名士尚憂文不傳，而況我輩爭腐鼠。春蛇秋蚓工未能，祈靈老死等沙户。嗚呼人生不作顔平原，氣掃欃槍蔑貔虎。猶當出作元次山，萬口顛連待字撫。浪游狂詠等塗鴉，文士追隨寧足數。相如不貴復不文，封禪遺篇合一炬。回舟堅臥月光沈，夜半寒猿叫枯樹。

又　卷一四八《貝青喬〈貴筑謁黑神廟〉》　吹鐙夜入黑神廟，甲仗滿堂森一照。范陽南八是男兒，底事成神在蠻徼。或云有子官涪州，爲父立祀黔水幽。我聞兩家子弟材，智下伏闕對簿爭。如讐是兒差足愧，張許況公義烈驚千秋。當公睢陽四百戰，蚍蜉蟻子無人援。臨淮一騎走乞師，何物駕蘭夜開讌。一庭伎樂兩行燭，强延公坐笑相屬。此酒雖足交吾歡。叱爾何堪爲吾辱。莫謂食不下咽，恨不啖爾如僕妾之肉。莫謂矢祇著甎，恨不射爾如賊虜之目。血漉漉，刀錚錚。一指斷，一座驚。幡然設誓去何速，甘入圍城就駢戮。勸降恥作六開府，飲刃笑隨二都督。生未吞賊死爲厲，江淮雙廟同弗替。國殤夙偕雷萬春，廡祭新迎康保裔。吁嗟乎！當時一軍氣皆墨，今日神名尚稱黑。山城鼠雀鳴啁啾，祈年禳火來羌酋。丈夫廟食自終古，俎豆豈恃兒孫留。

又　卷一八一《魏履礽〈擬黄山谷書磨崖碑，後用元韻〉》　金石歌詠傳浯溪，鴻文雕鏤書之碑。雨淋日炙字不滅，懸崖石古藤盤絲。明皇無語貴妃笑，國忠作相胡作兒。大駕南巡百官走，宫廟已墟烏欲栖。太子卽位繼大統，殺賊誓衆臣能爲。獨立一呼梟獍竄，疾雷百里馳王師。天將昌唐李郭出，宇宙吳吐虹蜺揮。受俘策馬獻天子，宗社重擎安不危。上皇歸來嗣皇喜，中興載詠常武詩。臣結稽首頌聖武，豐碑斗字鐫其詞。穿鑿洪濛走風雨，日月焜耀相追隨。我今對此不能去，隔林遥聽鳴禽悲。

又　卷一八五《李筠仙〈華清宫懷古〉》　霓裳歌吹動華清，小輦曾催花底行。池上鴛鴦憐併宿，天邊牛女笑長生。空悲此日金釵擘，何事當時白練輕。一曲淋鈴傳夜雨，壽王宫内月同明。

又　《沈纕〈太眞華清宫上馬圖〉》　野鹿銜花宫禁悄，沈香侍宴歸來早。念奴報道宿醒消，果下名駒韝初好。春風扶困上雕鞍，娉婷仙骨何珊珊。杏子裙遮金埒暖，鴛紋袖籠玉鞭寒。香塵暗逐飛花外，半響鸞鈴搖月佩。邀得君王帶笑看，生憐冠絶風流隊。那知鐵騎起漁陽，鼙鼓驚殘歌舞場。無奈六軍皆不發，馬前宛轉殉紅妝。

又 卷一八八《鎖瑞芝〈荔支香新歌曲〉》 海棠初醒華清睡，錦繖長生供遊戲。《荔支香》裏按新聲，風流爭説唐皇事。唐皇舊事説難詳，別院離宮樂未央。閒卻翠釵空貯盒，拋殘紅豆欲盈箱。金盤顆顆呈佳果，雪質冰肌看磊砢。玉兒嬌韻兩無雙，剝鮮笑卷珠簾坐。梨園子弟試輕喉，一幅綾綃十斛愁。唱到生辰新製曲，六宮無語盡低頭。人生悲與歡相續，左車動搖病已伏。芳樹移來南國輕，涼風吹到西頭促。《霓裳羽衣》舞且歌，封事飛傳喚奈何。恨殺李、楊雙相國，君王妃子別愁多。漁陽鼙鼓紛紜起，珠沈玉碎梨花死。黄泉碧落兩茫茫，空傳名字留仙史。吁嗟乎！側生當日翠眉開，擾擾紅塵弔馬嵬。關内六軍陪輦去，嶺南一騎捧盤來。

雜録

唐・李肇《唐國史補》卷上 郭汾陽自河陽入，李太尉代領其兵。舊營壘也，舊士卒也，舊旗幟也，光弼一號令之，精彩皆變。

唐・姚汝能《安禄山事迹》卷上 禄山母、祖母皆賜國夫人，男慶宗、慶緒、慶恩、慶和、慶餘、慶則、慶光、慶喜、慶祐、慶長、慶□等一十一男，皆是玄宗賜名。慶宗爲衛尉少卿，慶緒爲鴻臚少卿兼廣陽郡大守，慶宗加秘書少監，又尚榮義郡主，改太僕卿。禄山恃此，日增驕恣。嘗以曩時不拜肅宗之嫌，慮玄宗年高，國中事變，遂包藏禍心，將生逆節。乃於范陽築雄武城，外示禦寇，内貯兵器，養同羅及降奚、契丹曳落河蕃人健兒爲曳落河。八千餘人爲假子，及家童教弓矢者百餘人，以推恩信，厚其所給，皆感恩竭誠，一以當百。又畜單于、護眞大馬習戰鬭者數萬疋，牛羊五萬餘頭，總三道以節制。天寶元年，除平盧節度使。三年，兼范陽節度使。十年，兼河東節度使。刑賞在己。於是張通儒、李廷望、平冽、李史魚、獨孤問俗等在幕下，高尚掌奏記，嚴莊主簿書，安守忠、李歸仁、蔡希德、牛庭玠、向潤容、崔乾祐、尹子奇、何千年、武令珣、能元皓、田乾眞等爲將帥，潛於諸道商胡興販，每歲輸異方珍貨計百萬數。每商至，則禄山胡服坐重牀，燒香列珍寶，令百胡侍左右，羣胡羅拜於下，邀福於天。禄山盛陳牲牢，諸巫擊鼓、歌舞，至暮而散。遂令羣胡於諸道潛市羅帛，及造緋紫袍、金銀魚袋、腰帶等百萬計，將爲叛逆之資，已八九年矣。又每歲獻俘虜、牛羊、駞馬，不絶於路，珍禽奇獸、珠寶異物貢無虚月，所過郡縣，疲於遞運，人不聊生。

（天寶）十一載【略】十一月十七日，禄山遣其男范陽節度副使、鴻臚卿同正兼廣陽大守慶緒［獻］奚、契丹及同羅、阿布思等。阿布思者，九姓首領也。開元初，爲默啜所破，請降附。天寶元年，朝京師，玄宗甚禮焉。布思美容貌，多才略，代爲蕃首。禄山恃寵，布思不爲之下。禄山因請爲將，共討契丹。慮其見害，乃率其部以叛。後爲回鶻所破，禄山誘其部落降之。自是禄山精兵無敵於天下，其男女一萬口送於京師。

又 卷中 禄山專制河朔已來，七年餘，蘊蓄姦謀，潛行恩惠，東至靺鞨，北及匈奴，其中契丹委任尤重，一國之柄，十得二三，行軍用兵皆在掌握。蕃人歸降者以恩煦之，不伏者以勁兵討之，生得者皆釋而待，錫以衣資，賞之妻妾。前後節度使招懷夷狄，皆重譯告（喻）［諭］夷夏之意，因［人］而［傳］，往往不（傳）［孚］。禄山悉解九夷之語，躬自撫慰，曲宣威惠，夷人朝爲俘囚，暮爲戰士，莫不樂輸死節，而況幽薊之士乎？及狼顧負恩，其所由來者漸矣。

又 卷下 （天寶）十五載正月乙卯朔，禄山遣東都耆老緇黄勸進，遂僞卽帝位，國曰大燕，自稱雄武皇帝。禄山起逆之初，童謡云：『燕燕飛上天，天上女兒鋪白氈，氈上一貫錢。』燕者，禄山國號。重言燕者，史思明亦稱天子。天上女，安字也。鋪白氈者，禄山入洛陽之日，大雪盈尺。氈上一貫錢者，言禄山只得一千日。禄山云：『纔入洛陽，瑞雪盈尺。』盧言一作顔。上禄山詩曰：『象曰雲雷屯，大君理經綸。馬上取天下，雪中朝海神。』

後周・王仁裕《開元天寶遺事》卷二《依冰山》 楊國忠權傾天下，四方之士爭詣其門。進士張彖者，陝州人也，方學有文名，志氣高大，未嘗干謁權貴。或有勸彖令修謁國忠，可圖顯榮。彖曰：『爾輩以謂右相之勢，倚靠如泰山，以吾所見乃冰山也。或皎日大明之際，則此山當誤人爾。』後果如其言，時人美張生見幾。後年張生及第，釋褐授華陰尉。時縣令、太守俱非其人，多行不法。張生有吏道，勤於政事，每申舉之日，則太守、令、尹抑而不從。張生曰：『大丈夫有淩霄直上之志，而拘於下位，若立身於矮屋中，使人擡頭不得。』遂拂衣長往，歸遯於嵩山。

又《向火乞兒》 張九齡見朝之文武僚屬趨附楊國忠，爭求富貴，惟九齡未嘗及門，楊甚銜之。九齡嘗與識者議曰：『今時之朝彥，皆是向火乞兒，一旦火盡灰冷，暖氣何在？當凍屍裂體，棄骨於溝壑中，禍不遠矣。』果然，因禄山之亂，附炎者皆罪累，族滅不可勝數。九齡之先見信夫，神智博達也。『向火』，言附炎也。

又《百寶欄》 時楊國忠因貴妃專寵，上賜以木芍藥數本，植於家。國忠以百寶粧飾欄楯，雖帝宮之美，不可及也。

又《四香閣》 國忠又用沈香爲閣，檀香爲欄，以麝香、乳香篩土和爲泥飾壁。每於春時，木芍藥盛開之際，聚賓客於此閣上賞花焉。禁中沈香之亭，遠不侔此壯麗也。

唐・李德裕《次柳氏舊聞》 天寶中，安禄山每來朝，上特異待之，爲置坐於殿西，偏張金鷄幛，其來輒賜坐。肅宗諫曰：『自古正殿無人臣坐禮，陛下寵之已甚，必將驕也。』上呼太子前曰：『此胡有奇相，吾以此厭彌之爾。』

唐・張固《幽閒鼓吹》 安禄山將反，前三兩日於宅宴集大將十餘人，錫賚絶厚，滿廳施大圖，圖山川險易、攻取剽劫之勢。每人付一圖，令曰：『有違者斬！直至洛陽，指揮皆畢。』諸將承命，不敢出聲而去。於是行至洛陽，悉如其畫也。

唐・鄭處誨《明皇雜録・補遺》 天寶末，羣賊陷兩京，大掠文武朝臣及黄門、宫嬪、樂工，騎士每獲數百人，以兵仗嚴衛，送于雒陽，至有逃于山谷者而卒能羅捕追脅，授以冠帶。禄山尤致意樂工，求訪頗切，于旬日獲梨園弟子數百人。羣賊因相與大會於凝碧池，宴僞官數十人，大陳御庫珍寶，羅列於前後。樂既作，梨園舊人不覺歔欷，相對泣下。羣逆皆露刃持滿以脅之，而悲不能已。有樂工雷海清者，投樂器于地，西向慟哭。逆黨乃縛海清于戲馬殿，支解以示衆。聞之者莫不傷痛。王維時爲賊拘于菩提寺中，聞之賦詩曰：『萬户傷心生野烟，百官何日更朝天。秋槐落葉空宫裏，凝碧池頭奏管絃。』

唐・韋絢《劉賓客嘉話録》 張巡之守睢陽，玄宗已幸蜀，賊勢方熾，城孤勢蹙，人食竭，以綈布切煮而食之。時以茶汁和之，而意氣自如。其謝加金吾表曰：『想峨眉之碧峰，豫遊西蜀；追緑耳於玄圃，保壽南山。逆賊禄山迷逆天地，戮辱黎獻，干犯闕庭。臣被圍七旬，親經百戰。主辱臣死，當臣致命之時；惡稔罪盈，是賊滅亡之日。』其忠勇如此。又激勵將士，賦詩曰：『接戰春來苦，孤城日漸危。合圍如月暈，分守若魚麗。屢厭黄塵起，時將白羽麾。裹瘡猶出陣，飲血更登陴。忠信應難敵，堅貞諒不移。無人報天地，心計欲何施？』又《夜聞笛詩》曰：『岧嶤試一臨，虜騎俯城陰。不辨風塵色，安知天地心。營開星月近，戰苦陣雲深。旦夕更樓上，遥聞横笛吟。』

唐・佚名《大唐傳載》 至德元年三月，方以侍御史文叔清爲宣諭使，許人納錢授官及明經出身。

《舊唐書》卷三九《地理志・河北道》 自燕以下十七州，皆東北蕃降胡散諸處幽州、營州界內，以州名羈縻之，無所役屬。安禄山之亂，一切驅之爲寇，遂擾中原。至德之後，入據河朔，其部落之名無存者。今記天寶承平之地理焉。

又 卷五〇《刑法志》 自明慶至先天六十年間，高宗寬仁，政歸宫闈，則天女主猜忌，果於殺戮，宗枝大臣，鍛於酷吏，至於移易宗社，幾亡李氏。神龍之後，后族干政，景雲繼立，歸妹怙權。開元之際，刑政賞罰，斷於宸極，四十餘年，可謂太平矣。及冢臣懷邪，邊將内侮，乘輿幸于巴蜀，儲副立於朔方，曾未逾年，載收京邑，書契以來，未有克復宗社若斯之速也。而兩京衣冠，多被脅從，至是相率待罪闕下。而執事者務欲峻刑以取威，盡誅其族，以令天下。議久不定，竟置三司使，以御史大夫兼京兆尹李峴、兵部侍郎吕諲、户部侍郎兼御史中丞崔器、刑部侍郎兼御史中丞韓擇木、大理卿嚴向等五人爲之。

初，西京文武官陸大筠等陷賊來歸，崔器草儀，盡令免冠徒跣，撫膺號泣，以金吾府縣人吏圍之，於朝謝罪，收付大理京兆府獄繫之。及陳希烈等大臣至者數百人，又令朝堂徒跣如初，令宰相苗晉卿、崔圓、李麟等百僚同視，以爲棄辱，宣詔以責之。朝廷又以負罪者衆，獄中不容，乃賜楊國忠宅鞫之，器、諲多希旨深刻，而擇木無所是非，獨李峴力爭之。乃定所推之罪爲六等，集百寮尚書省議之。肅宗方用刑名，公卿但唯唯署名而已。於是河南尹達奚珣等三十九人，以爲罪重，與衆共棄。珣等十一人，於子城西伏誅。陳希烈、張垍、郭納、獨孤朗等七人，於大理寺獄賜自盡。達奚摯、張岯、李有孚、劉子英、冉大華二十一人，於京兆府門決重杖死。大理卿張均引至獨柳樹下刑人處，免死配流合浦郡。而達奚珣、韋恆乃至腰斬。

先是，慶緒至相州，史思明、高秀巖等皆送款請命，肅宗各令復位，便領所管，至是懼不自安，各率其黨叛。其後三司用刑，連年不定，流貶相繼。及王璵爲相，素聞物議，請下詔自今已後，三司推勘未畢者，一切放免，大收人望。後蕭華拔魏州歸國，嘗話於朝云：『初河北官聞國家宣詔放陳希烈等脅從官一切不問，各令復位，聞者悔歸國之晚，舉措自失。及後聞希烈等死，皆相賀得計，無敢歸者。於是河北將吏，人人益堅，大兵不解。

《新唐書》卷二一〇《藩鎮傳》 安、史亂天下，至肅宗大難略平，君臣皆幸安，故瓜分河北地，付授叛將，護養孽萌，以成禍根。亂人乘之，遂擅署吏，以賦稅自私，不朝獻于廷。效戰國，肱髀相依，以土地傳子孫，脅百姓，加鋸其頸，利怵逆汙，遂使其人自視由羌狄然。一寇死，一賊生，訖唐亡百餘年，卒不爲王土。

又 卷四〇《地理志四・隴右道》 隴右道，蓋古雍、梁二州之境，漢天水、武都、隴西、金城、武威、張掖、酒泉、燉煌等郡，總爲鶉首分。爲州十九，都護府二，縣六十。其名山：秦嶺、隴坻、鳥鼠同穴、朱圉、西傾、積石、合黎、崆峒、三危。其大川：河、洮、弱、羌、休屠之澤。厥賦：布、麻。厥貢：金屑、礪石、鳥獸、革角。自禄山之亂，河右暨西平、武都、合川、懷道等郡皆没于吐蕃。

又 卷五七《藝文志一》 初，隋嘉則殿書三十七萬卷，至武德初，有書八萬卷，重復相糅。王世充平，得隋舊書八千餘卷，太府卿宋遵貴監運東都，浮舟泝河，西致京師，經砥柱舟覆，盡亡其書。貞觀中，魏徵、虞世南、顏師古繼爲秘書監，請購天下書，選五品以上子孫工書者爲書手，繕寫藏于內庫，以宮人掌之。玄宗命左散騎常侍、昭文館學士馬懷素爲脩圖書使，與右散騎常侍、崇文館學士褚無量整比。會幸東都，乃就乾元殿東序檢校。無量建議，御書以宰相宋璟、蘇頲同署，如貞觀故事。又借民間異本傳録。及還京師，遷書東宮麗正殿，置修書院於著作院。其後大明宮光順門外、東都明福門外，皆創集賢書院，學士通籍出入。既而太府月給蜀郡麻紙五千番，季給上谷，墨三百三十六丸，歲給河間、景城、清河、博平四郡兔千五百皮爲筆材，兩都各聚書四部，以甲、乙、丙、丁爲次，列經、史、子、集四庫，其本有正有副，軸帶帙籤皆異色以別之。安禄山之亂，尺簡不藏。

宋・王溥《五代會要》卷二四《竇專〈請罷租庸使歸三司奏〉》 臣伏見天下諸色錢穀，比屬户部、度支、金部、倉部，各有郎中、員外支計分擘。自後以租賦殷繁，添置司之額。自唐天寶中，安史作亂，民户流亡，徵賦不時，經費多闕。唯江淮、嶺表，郡縣完全，總三司貨財，發一使徵賦，在處勘覆，目曰租庸。纔收京城，尋廢職務。

宋・司馬光《資治通鑑考異》卷一四《唐紀六》 （天寶十載）二月，禄山養曳落河八千餘人。《禄山事迹》云養爲己子，按養子必無八千之數，今不取。

（天寶）十四載二月，安禄山請以蕃將代漢將。《實録》正月辛巳，禄山表請以蕃將三十人代漢將。上遣中使袁思藝宣付中書，令卽日進畫，使寫告身。楊國忠、韋見索相謂曰：『流言傳禄山有不臣之心，今又請代漢將，其反明矣。』乃請陳事。既見，上先曰：『卿等有疑禄山之意邪？』國忠等遽走下階，垂涕具陳禄山反狀，因以禄山表留上前而出。俄頃上又令袁思藝宣曰：『此之一奏，姑容之，朕徐爲圖之。』國忠奉詔自出。國忠每對，未嘗不懇陳其事。國忠曰：『臣有一策，司銷其難。伏望下制，以禄山帶左僕射平章事，追赴朝廷。以賈循等分帥三道。』上許之，草制，訖留之未行。上潛令輔璆琳送甘子，私候其狀，還固稱無事，其制遂寢。先是，上引宰相對見，常置白麻於座前，及璆琳還，上乃謂宰臣曰：『禄山必無貳心，其制朕已焚矣。』後璆琳受禄山賄事泄，上因祭龍堂，遣備諸供，責以不虔，乃命左右撲殺之，始有疑禄山意。《禄山事迹》云請不以蕃將代漢將、論禄山反狀及請追禄山赴闕，併是韋見素之意旨，國忠曾無預焉，仍語見素曰：『禄山出自寒微，位居衆上，時所忌嫉，成疑似耳。』見素曰：『公若實爲此見，社稷危矣，將至上前懇論。』見素約以事如未諧，公繼之。國忠都無一言，俯僂而退。見素卻到中書，嗚咽流涕。此非他也，國忠要禄山速反，以明己之先見耳。宋巨《玄宗幸蜀記》云：是歲春二月二十二日辛亥，禄山使何千年表請以蕃將三十二人代漢將掌兵。其日，宰相韋見素、楊國忠在省受旨。見素慘然，國忠問曰：『堂老何色之戚也？』見素曰：『禄山逆狀，行路共知。今以蕃酋代漢，是亂將作矣。與公位當此地，能無戚乎？』國忠於是亦惘然久之，乃曰：

『與奪之間，在於宸斷，豈我輩所能是非邪？』見素曰：『知禍之萌而不能防，亦將焉用彼相矣？明日對見，僕必懇論，冀其萬一。若不允，子必繼之。』國忠曰：『事脱不諧，恐虚犯龍顔，自貽伊戚。』見素曰：『苟正其言而獲死，猶愈於阿從而偷生。』翌日壬午，二相入對，見素言禄山潛貯異圖，迹已昭彰，因叩頭流涕久之。國忠但俯僂逡巡，更無所補。上不悦，遂以他事議之。既退還省，見素謂國忠曰：『聖意未回，計將安出？』國忠曰：『禄山未必有反意，但時所誹嫉，便成疑似耳。』見素曰：『公若爲此見，社稷危矣。』遂憫然不言。二十四日癸丑，上又使思藝宣旨，令且依此發遣，卿等所議，後别籌之。自是，見素數奏其凶狀。三月己未朔，見素請以禄山同中書門下平章事，追赴闕庭。及輔璆琳送甘子，禄山紿璆琳曰：『主上耄年，信任非次。國忠之輩，苟循榮班。今若進逆耳之言，苦口之藥，以吾之心事，將無益。今欲耀兵彊諫，以迹釁奉，此意決矣。』禄山以物贈璆琳。璆琳既受金帛，及還奏曰：『禄山盡忠奉國，必無二心，特望官家不以東北爲慮。』上然之，謂宰臣曰：『禄山朕自保之，卿勿憂也。』見素起曰：『臣忤拂聖旨，僭黷大臣，罪合萬死。然愚者千慮，或有一中，願陛下審察之。』自餘與《實録》及《事迹》所述略同。按禄山方賂璆琳，泯其反迹，安肯對之遽出悖語？又國忠平日數言禄山欲反，此際安得不與見素同心？蓋所謂天下之惡皆歸焉者也，今取其可信者。

十一月甲子安禄山反。平致美《薊門紀亂》曰：自其年八月後，慰諭兵士，磨厲戈矛，頗異於常，識者竊怪矣。至是禄山勒兵，夜發將出，命屬官等謂曰：『奏事官胡逸自京回，奉密旨，遣禄山將隨身兵馬入朝來，莫令那人知。羣公勿怪，便請隨軍。』那人意楊國忠也。

又《唐紀八》 代宗廣德元年正月甲辰，朝義首至京師。《河洛春秋》曰：『朝義東投廣陽郡，不受，北取潞縣、漁陽，擬投兩蕃，至榆關，李懷仙使使招回。卻至漁陽，過從潞縣，至幽州城東阿婆門外，於巫閭神廟中兄弟同被絞縊而死，乃授首與駱奉仙。經一日，諸軍方知，歸莫州城下。』《舊·僕固懷恩傳》曰：『寶應二年三月，朝義至平州石城縣温泉柵，窮蹙走入長林自縊，懷仙使妻弟徐有濟傳其首以獻。』《史朝義傳》：『二年正月，李懷仙於莫州生擒之。送款來降，梟首至闕下。』《實録》：『寶應元年十一月己亥，僕固懷恩上言幽州平，河北州縣盡平，史朝義爲亂兵所戮，傳首上都。』《舊紀》：『寶應二年十月，河北州郡悉平。李懷仙以幽州降，田承嗣以魏州降。』沈既濟《建中實録》：『二年正月，賊將李懷仙擒朝義以降，山東平。』《唐歷》：『三月甲辰，李懷仙擒史朝義，梟首獻至闕下，盡以所管來降。』《年代記》：『寶應元年十二月己亥，僕固懷恩上言，史朝義爲亂兵所殺，傳首上都。二年正月甲申，朝義梟首至闕。』《新紀》：『廣德元年正月甲申，朝義自殺，其將李懷仙以幽州降。』按諸軍圍朝義於莫州，已在去年十一月末，而《河洛春秋》云圍城四十日，《舊懷恩傳》亦云攻守月餘日。然則朝義之死，必在今年正月明矣。諸書皆云朝義此年正月被殺，而《實録》在元年十一月，《舊紀》因之又脱十一月字。《懷恩傳》誤以正月爲三月甲申，正月十日甲辰三十日也。《新本紀》蓋據《年代記》，但《年代記》元年冬十一月己亥朝義死，亦與《實録》同。若正月被殺，不應十日首級已至長安，疑甲申自殺，甲辰傳首至闕。《新紀》止用《年代記》甲申至闕爲自殺日，未知何所據。今從《唐歷》以甲辰傳首至京師。

宋·錢易《南部新書》卷一 開元中，岐、薛以下，輪日載筆於乘輿前，作内起居注，四季朱印聯名，牒送史館。至天寶十載季冬，已成三百卷，率以五十幅黄麻爲一軸，雕檀軸，紫鳳綾表，遂别起大閣貯之。禄山陷西京，先以火千炬焚是閣，移時灰滅，故實録百不敍及一二。

明·張萱《疑耀》卷七《郭汾陽二十四考辯》 郭汾陽二十四考，書中書。余嘗思之，不得其説。汾陽以天寶八載始爲左衛大將軍，至德宗建中二年卒于官，壽八十五，其在事僅三十有五年耳。及爲中書令，乃德宗卽位，建中元年也。是爲中書令未滿二年，安得有二十四考耶？今《汾陽傳》明言以身係安危二十年，校中書考二十有四，此何謂也？因閲《唐書·職官志》，凡入仕之後遷代，則以四考爲限。此武德初年所定考敍之制，然亦未著若干年爲一考。又閲《唐考功令》，百司之長，歲較其屬，凡有四善。四善之外，有二十七最。疑二十四考卽二十四最。而汾陽所居官，又止與兵士調習戎裝，克備爲督領之最。賞罰嚴明，攻戰必勝，爲將帥之最。二條相合耳，且未嘗爲人屬吏也，其非二十四最可知。況中宗朝盧懷慎疏，凡百官在任，未經四考不許遷除。玄宗二十五年，詔考課官人，三年一奏，永爲定式。二十七年赦文亦云三載考績。歷肅至德，守而未變。其云歲終之課，正如今外官季報、年報之考語，非大計之考也。故汾陽當時亦三年一考無疑，如二十四考則爲七十二年，是汾陽十三歲卽入仕也。史傳固未言汾陽若干歲入仕，其斷非十三歲明矣。或者又以考功員外郎李渤議，歲終考校宰相，而下升黜之名第。其時以宰相段文昌爲下考，則一年一考。汾陽在事三十五年，故亦得二十四考耳。余又按李渤爲考功員外，乃憲宗元和二年，則汾陽捐館久矣。余臆斷之：汾陽有大功，與諸臣不同，豈其或行師或出鎮，每有一功卽爲一考耶？其云校中書考者，亦每一考卽紀録于中書省云耳，非以居中書而考也。考古君子，幸是正之。

清・趙翼《廿二史劄記》卷二〇《安禄山執送京師之事》《張九齡傳》：范陽節度使張守珪以裨將安禄山討奚、契丹敗衄，執送京師，請行朝典。九齡判云：『穰苴出軍，必誅莊賈；孫武教戰，亦斬宮嬪，守珪軍令若行，禄山不宜免死。』上特捨之。九齡奏禄山面有反相，請因罪誅之。上曰：『卿勿以王夷甫知石勒故事，誤害忠良。』遂放歸。是禄山以罪送京，實有其事。然考《張守珪傳》，併無其事。新、舊書皆同。《禄山傳》亦但云，禄山敗當斬，禄山呼曰：『公不欲滅兩蕃耶？奈何殺壯士！』守珪遂宥之。後以其捉生多獲，拔爲裨將，并養之爲子。新舊書亦同。是亦無執送京師之事也。是時大將生殺在手，欲殺則殺，既不殺而宥之，何又送京請行朝典？疑此乃傳聞之訛，非實事也。然禄山反後，玄宗在蜀，思九齡之先見，下詔褒贈，詔詞有云：『先覺合于蓍策。』即指此事也。又劉禹錫貶逐在外，以逐臣不得與善地之例，係九齡爲相時所奏，故追怨之，謂：『曲江能識胡雛有反相，足爲名臣，然迄無後，豈非建言禁錮逐臣之報耶。』是禄山送京當斬被赦，又係當時共見共聞之實事矣。

又《睢陽殉節尚有姚誾》　睢陽之難，張巡、許遠，固千古共知，其次則南霽雲、雷萬春尚在人口，而不知殉難者，尚有姚誾也。

誾本姚崇之從孫，與巡、遠同守，據《舊書・本紀》云：尹子奇陷睢，害張巡、姚誾、許遠。是誾尚敍在遠之上。《新書・本紀》亦云：安慶緒陷睢陽，太守許遠、張巡，鄆州刺史姚誾、左金吾衛將軍南霽雲皆死之。是本紀皆有誾也。即新、舊書巡傳内亦稱：與誾同被執見殺。《遠傳》内又稱：與誾同守經年。巡、遠傳後又皆有誾傳：未死之前，詔拜巡御史中丞，遠侍御史，誾吏部郎中。既死之後，詔贈巡揚州大都督，遠荆州大都督，誾潞州大都督。是三人者同守城、同殉難、同加官、同贈恤，無一不同。而今但傳巡、遠二人，誾則莫有舉其姓氏者，豈所謂幸不幸耶？

案巡、遠併傳，本始于韓愈，而新書巡、遠傳末謂：睢陽人至今祠享，號雙廟云。則稱巡、遠爲雙忠，而不及誾者，自唐已然。或守城之功稍遜故耶？然既同死於守城，而身後名迴異，未免向隅，故特表而出之。

案巡遺南、雷二將敗賊寧陵時，尚有別將二十五人：石承平、李辭、陸元鎮、朱珪、宋若虛、楊振威、耿慶、馬日升、張維清、廉坦、張重、孫、景趨、趙連城、王森、喬紹俊、張恭默、祝忠、李嘉隱、翟良輔、孫廷皎、馮顔見《新書・巡傳》，餘四人失其名，後皆死巡之難。則巡死時，同被戮之三十六人中，石承平等亦皆在内。今既尚有姓名在巡傳，則巡、遠廟内應增祀誾在正位，又增祀石承平等在從祀班也。

帝位爭奪分部

玄武門之變

綜　述

《舊唐書》卷一《高祖紀》（義寧元年十一月）癸亥，率百僚，備法駕，立代王侑爲天子，遥尊煬帝爲太上皇，大赦，改元爲義寧。甲子，隋帝詔加高祖假黄鉞、使持節、大都督内外諸軍事、大丞相，進封唐王，總録萬機。以武德殿爲丞相府，改教爲令。以隴西公建成爲唐國世子；太宗爲京兆尹，改封秦公；姑臧公元吉爲齊公。【略】

（義寧）二年春正月戊辰，世子建成爲撫寧大將軍、東討元帥，太宗爲副，總兵七萬，徇地東都。【略】（四月）戊戌，世子建成及太宗自東都班師。【略】

（武德元年）六月甲戌，太宗爲尚書令，【略】庚辰，立世子建成爲皇太子。封太宗爲秦王，齊國公元吉爲齊王。【略】

（武德九年）六月庚申，秦王以皇太子建成與齊王元吉同謀害己，率兵誅之。詔立秦王爲皇太子，總統萬機，大赦天下。八月癸亥，詔傳位於皇太子。尊帝爲太上皇，徙居弘義宮，改名大安宮。

又　卷二《太宗紀上》（太宗敗河東劉武周，尉遲）敬德、相率衆八千來降，還令敬德督之，與軍營相參。屈突通懼其爲變，驟以爲請。太宗曰：『昔蕭王推赤心置人腹中，併能畢命，今委任敬德，又何疑也。』於是劉武周奔於突厥，併、汾悉復舊地。詔就軍加拜益州道行臺尚書令。

【略】

（太宗平東都）高祖以自古舊官不稱殊功，乃別表徽號，用旌勳德。十月，加號天策上將、陝東道大行臺，位在王公上。增邑二萬户，通前三萬户。賜金輅一乘，袞冕之服，玉璧一雙，黄金六千斤，前後部鼓吹及九部之樂，班劍四十人。于時海内漸平，太宗乃鋭意經籍，開文學館以待四方之士，行臺司勳郎中杜如晦等十有八人爲學士，每更置閣下，降以温顔，與之討論經義，或夜分而罷。【略】

（武德）九年，皇太子建成、齊王元吉謀害太宗。六月四日，太宗率長孫無忌、尉遲敬德、房玄齡、杜如晦、宇文士及、高士廉、侯君集、程知節、秦叔寶、段志玄、屈突通、張士貴等於玄武門誅之。甲子，立爲皇太子，庶政皆斷決。

又　卷六四《隱太子李建成傳》　隱太子建成，高祖長子也。大業末，高祖捕賊汾、晉，建成携家屬寄於河東。義旗初建，遣使密召之，建成與巢王元吉間行赴太原。建成至，高祖大喜，拜左領軍大都督，封隴西郡公，引兵略西河郡，從平長安。義寧元年冬，隋恭帝拜唐國世子，開府，置僚屬。二年，授撫軍大將軍、東討元帥，將兵十萬徇洛陽。及還，恭帝授尚書令。武德元年，立爲皇太子。二年，司竹羣盜祝山海有衆一千，自稱護鄉公，詔建成率將軍桑顯和進擊山海，平之。時涼州人安興貴殺賊帥李軌，以衆來降，令建成往原州應接之。時甚暑而馳獵無度，士卒不堪其勞，逃者過半。高祖憂其不閑政術，每令習時事，自非軍國大務，悉委決之。又遣禮部尚書李綱、民部尚書鄭善果俱爲宫官，與參謀議。四年，稽胡酋帥劉仚成擁部落數萬人爲邊害，又詔建成率師討之。軍次鄜州，與仚成軍遇，擊大破之，斬首數百級，虜獲千餘人，建成設詐放其渠帥數十人，併授官爵，令還本所招慰羣胡，仚成與胡中大帥亦請降建成以胡兵尚衆，恐有變，將盡殺之。乃揚言增置州縣，須有城邑，悉課羣胡執板築之具，會築城所，陰勒兵士皆執之。仚成聞有變，奔於梁師都。竟誅降胡六千餘人。時太宗功業日盛，高祖私許立爲太子，建成密知之，乃與齊王元吉潛謀作亂。及劉黑闥重反，王珪、魏徵謂建成曰：『殿下但以地居嫡長，爰踐元良，功績既無可稱，仁聲又未遐布。而秦王勳業克隆，威震四海，人心所嚮，殿下何以自安？今黑闥率破亡之餘，衆不盈萬，加以糧運限絶，瘡痍未瘳，若大軍一臨，可不戰而擒也。願請討之且以立功，深自封植，因結山東英俊。』建成從其計，遂請討劉黑闥，擒之而旋。時高祖晚生諸王，諸母擅寵，椒房親戚併分事宫府，競求恩惠。太宗每總戎律，惟以撫接才賢爲務，至於參請妃媛，素所不行。初平洛陽，高祖遣貴妃等馳往東都選閲宫人及府庫珍物因私有求索，兼爲親族請官。太宗以財簿先已封奏，官爵皆酬有功，併不允許，因此銜恨彌切。時太宗爲陝東道行臺，詔於管内得專處分。淮安王神通有功，太宗乃給田數十頃。後婕妤張氏之父令婕妤私奏以乞其地，高祖手詔賜焉。神通以教給在前，遂不肯與。婕妤矯奏曰：『敕賜妾父地，秦王奪之以與神通。』高祖大怒，攘袂責太宗曰：『我詔敕不行，爾之教命州縣即受。』他日，高祖呼太宗小名謂裴寂等：『此兒典兵既久，在外專制，爲讀書漢所教，非復我昔日子也。』又德妃之父尹阿鼠所爲横恣，秦王府屬杜如晦行經其門，阿鼠家僮數人牽如晦墜馬毆擊之，駡云：『汝是何人，敢經我門而不下馬！』阿鼠或慮上聞，乃令德妃奏言：『秦王左右凶暴，凌轢妾父。』高祖又怒謂太宗曰：『爾之左右欺我妃嬪之家，一至於此，況凡人百姓乎！』太宗深自辯明，卒不被納。妃嬪等因奏言：『至尊萬歲後，秦王得志，母子定無孑遺。』因悲泣哽咽。又云：『東宫慈厚，必能養育妾母子。』高祖惻愴久之。自是於太宗恩禮漸薄，廢立之心亦以此定，建成、元吉轉蒙恩寵。自武德初，高祖令太宗居西宫之承乾殿，元吉居武德殿後院，與上臺、東宫晝夜併通，更無限隔。皇太子及二王出入上臺，皆乘馬携弓刀雜用之物，相遇則如家人之禮。由是皇太子令及秦、齊二王教與詔敕併行，百姓惶惑，莫知準的。建成、元吉又外結小人，内連嬖幸，高祖所寵張婕妤、尹德妃皆與之淫亂。復與諸公主及六宫親戚驕恣縱横，并兼田宅，侵奪犬馬。同惡相濟，掩蔽聰明，苟行己志，惟以甘言諛辭承候顔色。建成乃私召四方驍勇，并募長安惡少年二千餘人，畜爲宫甲，分屯左、右長林門，號爲長林兵。及高祖幸仁智宫，留建成居守，建成先令慶州總管楊文乾募健兒送京師，欲以爲變。又遣郎將爾朱煥、校尉橋公山齎甲以賜文幹令起兵共相應接。公山、煥等行至豳鄉，懼罪馳告其事。高祖托以他事，手詔追建成詣行在所。既至，高祖大怒，建成叩頭謝罪，奮身自投於地，幾至於絶。其夜，置之幕中，令殿中監陳萬福防禦，而文幹遂舉兵反。高祖馳使召太宗以謀之，太宗曰：『文幹小豎，狂悖起兵，州府官司已應擒剿。縱其假息時刻，但須遣一將耳。』高祖曰：『文幹事連建成，恐應之者衆，汝宜自行，還，立汝爲太子。吾不能效隋文帝誅殺骨肉，廢建成封作蜀王，地既僻小易制。若不能事汝，亦易取耳。』太宗既行，元吉及四妃更爲建成內請，封倫又外爲遊説，高祖意便頓改，遂寢不行，復令建成還京居守。惟責以兄弟不能相容，歸罪於中允王珪、左衞率韋挺及天策兵曹杜淹等，併流之嶲州。後又與元吉謀行酖毒，引太宗入宮夜宴，既而太宗心中暴痛，吐血數升，淮安王神通狼狽扶還西宮。高祖幸第問疾，因敕建成：『秦王素不能飲，更勿夜聚。』乃謂太宗曰：『發迹晉陽，本是汝計；尅平宇內，是汝大功。欲升儲位，汝固讓不受，以成汝美志。建成自居東宮，多歷年所，今復不忍奪之。觀汝兄弟，是不和。同在京邑必有忿競。汝還行臺，居於洛陽，自陝已東，悉宜主之。仍令汝建天子旌旗，如梁孝王故事。』太宗泣而奏曰：『今日之授，實非所願，不能遠離膝下。』言訖嗚咽，悲不自勝。高祖曰：『昔陸賈漢臣，尚有遞過之事，況吾四方之主，天下爲家。東西兩宮，塗路咫尺，憶汝即往，無勞悲也。』及將行，建成、元吉相與謀曰：『秦王今往洛陽，既得土地甲兵，必爲後患。留在京師制之，一匹夫耳。』密令數人上封事曰：『秦王左右多是東人，聞往洛陽，非常欣躍，觀其情狀自今一去，不作來意。』高祖於是遂停。是後，日夜陰與元吉連結後宮，譖訴愈切，高祖惑之。太宗懼不知所為。李靖、李勣等數言：『大王以功高被疑，靖等請申犬馬之力。』封倫亦潛勸太宗圖之，併不許。倫反言於高祖曰：『秦王恃有大勳，不服居太子之下。若不立之，願早爲之所。』又説建成作亂曰：『夫爲四海者，不顧其親。漢高乞羹，此之謂矣。』九年，突厥犯邊，詔元吉率師拒之，元吉因兵集，將與建成克期舉事。長孫無忌、房玄齡、杜如晦、尉遲敬德、侯君集等日夜固爭曰：『事急矣！若不行權道，社稷必危。周公聖人，豈無情於骨肉？爲存社稷，大義滅親。今大王臨機不斷，坐受屠戮，於義何成？若不見聽，無忌等將竄身草澤，不得居王左右。』太宗然其計。六月三日，密奏建成、元吉淫亂後宮，因自陳曰：『臣於兄弟無絲毫所負，今欲殺臣，似爲世充、建德報讎。臣今枉死，永違君親，魂歸地下，實亦耻見諸賊。』高祖省之愕然，報曰：『明日當勘問，汝宜早參。』四日，太宗將左右九人至玄武門自衞。高祖已召裴寂、蕭瑀、陳叔達、封倫、宇文士及、竇誕、顔師古等，欲令窮覆其事。建成、元吉行至臨湖殿，覺變，即回馬，將東歸宮府。太宗隨而呼之，元吉馬上張弓，再三不彀。太宗乃射之，建成應弘而斃。元吉中流矢而走，尉遲敬德殺之。俄而東宮及齊府精兵二千人結陣馳攻玄武門，守門兵仗拒之，不得入，良久接戰，流矢及於內殿。太宗左右數百騎來赴難，建成等兵遂敗散。高祖大驚，謂裴寂等曰：『今日之事如何？』蕭瑀、陳叔達進曰：『臣聞內外無限，父子不親，當斷不斷，反受其亂。建成、元吉，義旗草創之際，併不預謀，建立已來，又無功德，常自懷憂，相濟爲惡，釁起蕭牆，遂有今日之事。秦王功蓋天下，率土歸心，若處以元良，委之國務，陛下如釋重負，蒼生自然乂安。』高祖曰：『善！此亦吾之夙志也。』乃命召太宗而撫之曰：『近日已來，幾有投杼之惑。』太宗哀號久之。建成死時年三十八。長子太原王承宗早卒。次子安陸王承道、河東王承德、武安王承訓、汝南王承明、鉅鹿王承義并坐誅。太宗即位，追封建成爲息王，謚曰隱，以禮改葬日，太宗於宜秋門哭之甚哀，仍以皇子趙王福爲建成嗣。十六年五月，又追贈皇太子謚仍依舊。

又《巢王元吉傳》 巢王元吉，高祖第四子也。義師起，授太原郡守，封姑臧郡公。尋進封齊國公，授十五郡諸軍事、鎮北大將軍，留鎮太原，許以便宜行事。

武德元年，進爵爲王，授并州總管。二年，劉武周南侵汾、晉，詔遣右衞將軍宇文歆助元吉守并州。元吉性好畋獵，載罔罟三十餘兩，嘗言『我寧三日不食，不能一日不獵。』又縱其左右攘奪百姓。歆頻諫不納，乃上表曰：『王在州之日，多出微行，常共竇誕遊獵，蹂踐穀稼，放縱親昵，公行攘奪，境內六畜，因之殆盡。當衢而射，觀人避箭，以爲笑樂。分遣左右，戲爲攻戰，至相擊刺，毁傷至死。夜開府門，宣淫他室。百姓怨毒，各懷憤歎。以此守城，安能自保！』元吉竟坐免。又諷父老詣闕請之，尋令復職。武時劉周率五千騎至黄蛇嶺，元吉遣車騎將軍張達以步卒百人先嘗之。達以步卒少，固請不行。元吉强遣之，至則盡没於賊。達憤怒，因引武周攻陷榆次，進逼并州。元吉大懼，紿其司馬劉德威曰：『卿以老弱守城，吾以强兵出戰。』因夜出兵，攜其妻妾棄軍奔還京師，幷州遂陷。高祖怒甚，謂禮部尚書李綱曰：『元吉幼小，未習時事，故遣竇誕、宇文歆輔之。强兵數萬，食支十年，起義興運之基，一朝而棄。宇文歆首畫此計，我當斬之。』綱曰：『賴歆令陛下不失愛子，臣以爲有功。』高祖問其故，綱對曰：『罪由竇誕不能規諷，致令軍人怨憤。又齊王年少，肆行驕逸放縱左右，侵漁百姓。誕曾無諫止，乃隨順掩藏，以成其釁，此誕之罪。宇文歆論情則疏，向彼又淺，王之過失，悉以聞奏。且父子之際，人所難言，而歆言之，豈非忠懇？今欲誅罪，不録其心，臣愚竊以爲過。』翌日，高祖召綱入，升御坐，謂曰：『今我有公，遂使刑罰不濫。元吉自惡，結怨於人，歆既曾以表聞，誕亦焉能禁制，皆非其罪也。』尋加授元吉侍中、襄州道行臺尚書令、稷州刺史。

四年，太宗征竇建德，留元吉與屈突通圍王世充於東都。世充出兵拒戰，元吉設伏擊破之，斬首八百級，生擒其大將樂仁昉、甲士千餘人。世充平，拜司空，餘官如故，加賜衮冕之服，前後部鼓吹樂二部、班劍二十人、黄金二千斤，與太宗各聽三鑪鑄錢以自給。六年，加授隰州總管。

及與建成連謀，各募壯士，多匿罪人。復内結宮掖，遞加稱譽，又厚賂中書令封倫以爲黨助。由是高祖頗疏太宗而加愛元吉。太宗嘗從高祖幸其第，元吉伏其發軍宇文寶於寢内，將以刺太宗。建成恐事不果而止之，元吉愠曰：『為兄計耳，於我何害！』九年，轉左衛大將軍，尋進位司徒、兼侍中，幷州大都督、隰州都督、稷州刺史併如故。

高祖將避暑太和宮，二王當從，元吉謂建成曰：『待至宮所當，興精兵襲取之。置土窟中，惟開一孔以通飲食耳。』會突厥鬱射設屯軍河南，入圍烏城。建成乃薦元吉代太宗督軍北討，仍令秦府驍將秦叔寶、尉遲敬德、程知節、段志玄等併與同行。又追秦府帳，簡閲驍勇，將奪太宗兵以益其府。又譖杜如晦、房玄齡，逐令歸第。高祖知其謀而不制。元吉因密請加害太宗，高祖曰：『是有定四海之功，罪迹未見，一旦欲殺，何以爲辭？』元吉曰：『秦王常違詔敕。初平東都之日，偃蹇顧望，不急還京，分散錢帛，以樹私惠。違戾如此，豈非反逆？但須速殺，何患無辭！』高祖不對，元吉遂退。

建成謂元吉曰：『既得秦王精兵，統數萬之衆，吾與秦王至昆明池，於彼宴别，令壯士拉之於幕下，因云暴卒，主上諒無不信。吾當使人進説，令付吾國務。正位已後，以汝爲太弟。敬德等既入汝手，一時坑之，孰敢不服？』率更丞王晊聞其謀，密告太宗。太宗召府僚以告之，皆曰：『大王若不正斷，社稷非唐所有。若使建成、元吉肆其毒心，羣小得志，元吉狠戾，終亦不事其兄。往者護軍薛寶上齊王符籙云：「元吉合成唐字。」齊王得之喜曰：「但除秦王，取東宮如反掌耳。」爲亂未成，預懷相奪。以大王之威，襲二人如拾地芥。』太宗遲疑未決，衆又曰：『大王以舜爲何如人也。』曰：『浚哲文明，温恭允塞，爲子孝，爲君聖，焉可議之乎？』府僚曰：『向使舜浚井不出，自同魚鱉之斃，焉得爲孝子乎？塗廩不下，便成煨燼之餘，焉得爲聖君乎？小杖受，大杖避，良有以也。』太宗於是定計誅建成及元吉。

元吉死時年二十四。

又 卷五七《劉師立傳》 劉師立者，宋州虞城人也。初爲王世充將軍，親遇甚密。洛陽平，當誅，太宗惜其才，特免之，爲左親衛。太宗之謀建成，元吉也，嘗引師立密籌其事，或自宵達曙。其後師立與尉遲敬德、龐卿惲、李孟嘗等九人同誅建成有功，超拜左衛率。尋遷左驍衛將軍，封襄武郡公，賜絹五千匹。

又 卷五八《長孫順德傳》 長孫順德，文德順聖皇后之族叔也。

【略】

武德九年，與秦叔寶等討建成餘黨於玄武門。

又 卷六一《陳叔達傳》 建成、元吉嫉害太宗，陰行譖毁，高祖惑其言，將有貶責，叔達固諫乃止。至是太宗勞之曰：『武德時，危難潛構，知公有讜言，今之此拜，有以相答。』叔達謝曰：『此不獨爲陛下，社稷計耳。』後坐閨庭不理，爲憲司所劾，朝廷惜其名臣，不欲彰其罪，聽以散秩歸第。

又 卷六二《李綱傳》 令綱在東宮，隱太子建成初甚禮遇。建成常往温湯，綱時以疾不從。有進生魚於建成者，將召饔人作鱠。時唐儉、趙元楷在座，各自贊能爲鱠，建成從之，既而謂曰：『飛刀鱠鯉，調和鼎食，公實有之，至於審諭弼諧，固屬於李綱矣。』於是遣使送絹二百匹以遺之。建成後漸狎無行之徒，有猜忌之謀，不可諫止。又思筮者之言，頻乞骸骨。高祖謾罵之曰：『卿爲潘仁長史，何乃羞爲朕尚書？且建成在東宮，遣卿輔導，何爲屢致辭乎？』綱頓首陳謝曰：『潘仁，賊也，誠在殺害，每諫便止，所活極多，爲其長史，故得無愧。陛下功成業泰，頗自矜伐，臣以凡劣，才乖元凱，所言如水投石，安敢久爲尚書。兼以愚臣事太子，所懷鄙見，復不採納，既無補益，所以請退。』高祖謝曰：『知公直士，勉弼我兒。』於是擢拜太子少保，尚書、詹事并如故。綱又上書諫太子曰：『綱耄矣，日過時流，墳樹已拱，幸未就土，許傅聖躬，無以酬恩，請效愚直，伏願殿下詳之。竊見飲酒過多，誠非養生之術。且凡爲人子者，務於孝友，以慰君父，之心，不宜聽受邪言，妄生猜忌。』建成覽書不懌，而所爲如故。綱以數言事忤太子旨，道既不行，鬱鬱不得志。武德二年，以老表辭職，優詔解尚書，仍爲太子少保。

又　卷六三《封倫傳》　初，（封）倫數從太宗征討，特蒙顧遇。以建成、元吉之故，數進忠款，太宗以爲至誠，前後賞賜以萬計。而倫潛持兩端，陰附建成。時高祖將行廢立，猶豫未決，謀之於倫。倫固諫而止。然所爲祕隱，時人莫知，事具建成傳。卒後數年，太宗方知其事。十七年，治書侍御史唐臨追劾倫曰：『臣聞事君之義，盡命不渝；為臣之節，歲寒無貳，苟虧其道，罪不容誅。倫位望鼎司，恩隆胙土，無心報效，乃肆姦謀，熒惑儲藩，獎成元惡，寘於常典，理合誅夷。但包藏之狀，死而後發，猥加襃贈，未正嚴科。罪惡既彰，宜加貶黜，豈可仍疇爵邑，尚列台槐，此而不懲，將何沮勸？』太宗令百官詳議，民部尚書唐儉等議：『倫罪暴身後，恩結生前，所歷衆官，不可追奪，請降贈改謚。』詔從之，於是改謚，黜其贈官，剗所食實封。

又　《裴矩傳》　及太子建成被誅，其餘黨尚保宮城，欲與秦王決戰，王遣矩曉諭之，宮兵乃散。

又　卷六五《長孫無忌傳》　武德九年，隱太子建成、齊王元吉謀將害太宗，無忌請太宗先發誅之。於是奉旨密召房玄齡、杜如晦等共爲籌略。六月四日，無忌與尉遲敬德、侯君集、張公謹、劉師立、公孫武達、獨孤彥雲、杜君綽、鄭仁泰、李孟嘗等九人，入玄武門討建成、元吉，平之。太宗升春宮，授太子左庶子。及即位，遷左武候大將軍。

又　卷六八《尉遲敬德傳》　隱太子、巢刺王元吉將謀害太宗，密致書以招敬德曰：『願迂長者之眷，敦布衣之交，幸副所望也。』仍贈以金銀器物一車。敬德辭曰：『敬德起自幽賤，逢遇隋亡，天下土崩，竄身無所，久淪逆地，罪不容誅。實荷秦王惠以生命，今又隸名藩邸，惟當以身報恩。於殿下無功，不敢謬當重賜。若私許殿下，便是二心，狥利忘忠，殿下亦何所用？』建成怒，是後遂絶。敬德尋以啓聞，太宗曰：『公之素心，鬱如山嶽，積金至斗，知公情不可移。送來但取，寧須慮也。若不然，恐公身不安。且知彼陰計，足爲良第。』元吉等深忌敬德，令壯士往刺之。敬德知其計，乃重門洞開，安卧不動，賊頻至其庭，終不敢入。元吉乃譖敬德於高祖，下詔獄訊驗，將殺之，太宗固諫得釋。

會突厥侵擾烏城，建成舉元吉爲將，密謀請太宗同送於昆明池，將加屠害。敬德聞其謀，與長孫無忌遽啓太宗曰：『大王若不速正之，則恐被其所害，社稷危矣。』太宗歎曰：『今二公離阻骨肉，滅棄君親，危亡之機，共所知委。寡人雖深被猜忌，禍在須臾，然同氣之情，終所未忍。欲待其先起，然後以義討之，公意以爲何如？』敬德曰：『人情畏死，衆人以死奉王，此天授也。若天與不取，反受其咎。雖存仁愛之小情，忘社稷之大計，禍至而不恐，將亡而自安，失人臣臨難不避之節，乏先賢大義滅親之事，非所聞也。以臣愚誠，請先誅之。王若不從敬德言，請奔逃亡命，不能交手受戮。且因敗成功，明賢之高見，轉禍爲福，智士之先機。敬德今若逃亡，無忌亦欲同去。』太宗猶豫未決，無忌曰：『王今不從敬德之言，必知敬德等非王所有。事今敗矣，其若之何？』太宗曰：『寡人所言，未可全棄，公更圖之。』敬德曰：『王今處事有疑，非智，臨難不決，非勇。王縱不從敬德言，請自決計，其如家國。何其如身命何？且在外勇士八百餘人，今悉入宮，控弦被甲，事勢已就，王何得辭！』敬德又與侯君集日夜進勸，然後計定。

時房玄齡、杜如晦皆被高祖斥出秦府，不得復入。太宗令長孫無忌密召之，玄齡等報曰：『有敕不許更事王，今若私謁，必至誅滅，不敢奉命。』太宗大怒，謂敬德曰：『玄齡、如晦豈背我耶？』取所佩刀授敬德曰：『公且往，觀其無來心，可併斬其首持來也。』敬德又與無忌喻曰：『王已決計剋日平賊，公宜即入籌之。我等四人不宜羣行在道。』於是玄齡、如晦著道士服隨無忌入，敬德別道亦至。

六月四日，建成既死，敬德領七十騎躡踵繼至，元吉走馬東奔，左右射之墜馬。太宗所乘馬又逸於林下，横被所絓，墜不能興。元吉遽來奪弓，垂欲相扼，敬德躍馬叱之，於是步走欲歸武德殿，敬德奔逐射殺之。其宫府諸將薛萬徹、謝叔方、馮立等率兵大至，屯於玄武門，殺屯營將軍。敬德持建成、元吉首以示之，宫府兵遂散。是時，高祖泛舟於海池。太宗命敬德侍衛高祖。敬德擐甲持矛，直至高祖所。高祖大驚，問曰：『今日作亂是誰？卿來此何也？』對曰：『秦王以太子、齊王作亂，舉兵誅之，恐陛下驚動，遣臣來宿衛。』高祖意乃安。南衙、北門兵馬及二宫左右猶相拒戰，敬德奏請降手敕，令諸軍兵併授秦王處分，於是内外遂定。高祖勞敬德曰：『卿於國有安社稷之功。』賜珍物甚衆。太宗升春宫，授太子左衛率。時議者以建成等左右百餘人，併合從坐籍没，唯敬德執不聽，曰：『爲罪者二凶，今已誅訖，若更及支黨，非取安之策。』由是獲免。及論功，敬德與長孫無忌爲第一，各賜絹萬匹，齊王府財幣器物，封其全邸，盡賜敬德。

又《程知節傳》 武德七年，建成忌之，構之於高祖，除康州刺史。知節白太宗曰：『大王手臂今併翦除，身必不久。知節以死不去，願速自全。』六月四日，從太宗討建成、元吉。事定，拜太子右衛率，遷右武衛大將軍，賜實封七百户。

又《段志玄傳》 隱太子建成、巢刺王元吉競以金帛誘之，志玄拒而不納，密以白太宗，竟與尉遲敬德等同誅建成、元吉。

又《張公謹傳》 時太宗爲隱太子建成、巢王元吉所忌，因召公謹，問以自安之策，對甚合旨，漸見親遇。及太宗將討建成、元吉，遣卜者灼龜占之，公謹自外來見，遽投於地而進曰：『凡卜筮者，將以決嫌疑，定猶豫，今既事在不疑，何卜之有？縱卜之不吉，勢不可已。願大王思之。』太宗深然其言。六月四日，公謹與長孫無忌等九人伏於玄武門以俟變。及斬建成、元吉，其黨來攻玄武門，兵鋒甚盛。公謹有勇力，獨閉門以拒之，以功累授左武候將軍，封定遠郡公，賜實封一千户。

又 卷六九《侯君集傳》 建成、元吉之誅也，君集之策居多。

又《張亮傳》 後房玄齡、李勣以亮倜儻有智謀，薦之於太宗，引爲秦府車騎將軍。漸蒙顧遇，委以心膂。會建成、元吉將起難，太宗以洛州形勝之地，一朝有變，將出保之。遣亮之洛陽，統左右王保等千餘人，陰引山東豪傑以俟變，多出金帛，恣其所用。元吉告亮欲圖不軌，坐是屬吏，亮卒無所言，事釋，遣還洛陽。及建成死，授懷州總管，封長平郡公。

又《薛萬徹傳》 及太宗平劉黑闥，引萬均爲右二護軍，恩顧甚至。隱太子建成又引萬徹置於左右。建成被誅，萬徹率宫兵戰於玄武門，鼓譟欲入秦府，將士大懼。及梟建成首示之，萬徹與數十騎亡於終南山。太宗累遣使諭意，萬徹釋仗而來，太宗以其忠於所事，不之罪也。

又 卷七〇《王珪傳》 高祖入關，丞相府司録李綱薦珪貞諒有器識，引爲世子府諮議參軍。及東宫建，除太子中舍人，尋轉中允，甚爲太子所禮。後以連其陰謀事，流於巂州建成誅後，太宗素知其才，召拜諫議大夫。

又 卷七一《魏徵傳》 隱太子聞其名，引直洗馬，甚禮之。徵見太宗勳業日隆，每勸建成早爲之所。及敗，太宗使召之，謂曰：『汝離間我兄弟，何也？』徵曰：『皇太子若從徵言，必無今日之禍。』太宗素器之，引爲詹事主簿。

又 卷七五《韋雲起傳》 隱太子之死也，敕遣軌息馳驛詣益州報軌，軌乃疑雲起弟慶儉、堂弟慶嗣及親族併事東宫，慮其聞狀或將爲變，先設備而後告之。雲起果不信，問曰：『詔書何在？』軌曰：『公，建成黨也，今不奉詔，同反明矣。』遂執殺之。

又 卷一八七上《敬君弘傳》 敬君弘，絳州太平人，齊右僕射顯儁曾孫也。武德中，爲驃騎將軍，封黔昌縣侯，掌屯營兵於玄武門，加授雲麾將軍。隱太子建成之誅也，其餘黨馮立、謝叔方率兵犯玄武門，君弘挺身出戰，其所親止之曰：『事未可知，當且觀變，待兵集，成列而戰，未晚也。』君弘不從，乃與中郎將吕世衡大呼而進，併遇害。太宗甚嗟賞之，贈君弘左屯衛大將軍，世衡右驍衛將軍。

又《馮立傳》 馮立，同州馮翊人也。有武藝，略涉書記，隱太子建成引爲翊衛車騎將軍，托以心膂。建成被誅，其左右多逃散，立歎曰：『豈有生受其恩而死逃其難！』於是率兵犯玄武門，苦戰久之，殺屯營將軍敬君弘，謂其徒曰：『微以報太子矣！』遂解兵遁於野。俄而來請罪，太宗數之曰：『汝在東宫，潛爲間構，阻我骨肉，汝罪一也。

昨日復出兵來戰，殺傷我將士，汝罪二也。何以逃死！」對曰：「出身事主，期之效命，當職之日，無所顧憚。」因伏地歔欷，悲不自勝，太宗慰勉之。

又《謝叔方傳》　謝叔方，雍州萬年人也。初從巢剌王元吉征討，數有戰功，元吉奏授屈咥直府左軍騎。太宗誅隱太子及元吉於玄武門，叔方率府兵與馮立合軍，拒戰於北闕下，殺敬君弘、呂世衡。太宗兵不振，秦府護軍尉遲敬德傳元吉首以示之，叔方下馬號哭而遁，明日出首，太宗曰：「義士也！」命釋之。

《新唐書》卷七九《隱太子李建成傳》　隱太子建成小字毗沙門。資簡弛，不治常檢，荒色嗜酒，畋獵無度，所從皆博徒大俠。

隋末，高祖被詔捕賊汾、晉間，留建成護家，居河東。高祖已起兵，密召與元吉赴太原，隋人購之急，從間道至，授左領軍大都督，封隴西郡公。引兵略定西河，從平京師。唐國建，爲世子，開府置官屬。又遷撫軍大將軍，爲東討元帥，將萬人徇洛陽。授尚書令。

高祖受禪，立爲皇太子。詔率將軍桑顯和擊司竹羣盜，平之。涼州人安興貴殺李軌，以衆降，詔趣原州應接。建成素驕，不恤士，雖甚暑，晝夜馳獵，衆不堪其勞，亡者過半。帝欲其習事，乃敕非軍國大務聽裁決之。又以李綱、鄭善果爲宫官，參謀議。稽胡劉仚成寇邊，詔建成進討，破之鄜州，斬虜千計，引渠長悉官之，使還招羣胡。仚成與它大帥降，建成畏其衆，紿欲城州縣者，使降胡操築，陰勒兵殺六千人，仚成奔梁師都。嘗循行北邊，遇賊四百出降，悉馘其耳縱之。

中允王珪、洗馬魏徵以帝初興，建成不知謀，而秦王數平劇寇，功冠天下，英豪歸之，陰許立爲皇太子，勢危甚。會劉黑闥亂河北，珪等進説曰：「殿下特以嫡長居東宫，非有功德爲人所稱道。今黑闥痍叛殘孽，衆不盈萬，利兵鏖之唾手可決，請往討，因結山東英俊心，自封殖。」建成遂請行。黑闥敗洛水，建成問徵曰：「山東其定乎？」對曰：「黑闥雖敗，殺傷太甚，其魁黨皆縣名處死，妻子係虜，欲降無繇，雖有赦令，獲者必戮，不大蕩宥，恐殘賊嘯結，民未可安。」既而黑闥復振廬江王瑗棄洺州，山東亂。命齊王元吉討之，有詔降者赦罪，衆不信。建成至，獲俘皆撫遣之百姓欣悦。賊懼，夜奔，兵追戰。黑闥衆猶盛，乃縱囚使相告曰：「褫而甲還鄉里，若妻子獲者，既已釋矣。」衆乃散，或縛其渠長降，遂禽黑闥。

帝晚多内寵，張婕妤、尹德妃最幸，親戚分事宫府。建成與元吉通謀，内結妃御以自固。當是時，海内未定，秦王數將兵在外，諸妃希所見。及洛陽平，帝遣諸妃馳閲後宫，見府庫服玩，皆私有求索，爲兄弟請官。秦王已封帑簿，及官爵非有功不得，妃媛曹怨之。會爲陝東道行臺，有詔屬内得專處決。王以美田給淮安王神通，而張婕妤爲父丐之，帝手詔賜田，詔至，神通已前得，不肯與。婕妤妄曰：「詔賜妾父田，而王奪與人。」帝怒，召秦王讓曰：「我詔令不如爾教邪？」他日，謂裴寂曰：「兒久典兵，爲儒生所誤，非復我昔日子。」秦府屬杜如晦騎過尹妃父門恚其傲，率家童捽毆，折一指。父懼，即使妃前訴秦王左右暴其父，帝不察，大怒，詰王曰：「兒左右乃凌我妃家，況百姓乎？」王自辨曉，訖不置，繇是見疏。帝召諸王燕，秦王感母之不及有天下也，偶獨泣，帝顧不樂，妃媛因得中傷之，爲建成遊説曰：「海内無事，陛下春秋高，當自娱，秦王輒悲泣，正爲嗔忌妾屬耳。使陛下萬歲後，王得志，妾屬無遺類。東宫慈愛，必能全養。」乃皆悲不自勝。帝惻然，遂無易太子意。

突厥入寇，帝議遷都，秦王苦諫止。建成見帝曰：「秦王欲外御寇，沮遷都議，以久典兵，而謀篡奪。」帝寖不悦。初，帝令秦王居西宫承乾殿，元吉居武德殿，與上臺、東宫晝夜往，來皆攜弓刀，相遇如家人禮。由是皇太子、令秦齊二王教與詔敕雜行，内外懼，莫知所從。建成等私募四方驍勇及長安惡少年二千人爲宫甲，屯左右長林門，號「長林兵」。又令左虞侯率可達志募幽州突厥兵三百内宫中。將攻西。宫或告於帝帝召建成責讓乃流嶲州。

華陰楊文幹素凶詖，建成昵之，使爲慶州總管，遣募兵送京師，欲爲變。時帝幸仁智宫，秦王、元吉從，建成謂元吉曰：「秦王且徧見諸妃，彼金寳多，有以賂遺之也。吾安得箕踞受禍？安危之計決今日。」元吉曰：「善。」乃命郎將尒朱煥、校尉橋公山齎甲遺文幹趣興兵。煥等懼，至豳鄉白反狀，寧州人杜鳳亦上變。帝遣司農卿宇文穎驛召文幹，元吉陰結穎，使告文幹文幹遽率兵反。帝以建成首謀，未忍治，即詔捕王珪、魏徵及左衛率韋挺、舍人徐師謩、左衛車騎馮世立，欲殺之以薄太子罪。乃手詔召建成，建成懼，不敢往。師謩勸遂舉兵，詹事主簿趙弘智諫建成損車服，輕往謝罪。乃詣行在所，未至，屏官屬，徑入謁，叩頭請死，投身於地，不能起。帝怒，夜囚幕中，使兵衛守。會文幹陷寧州，帝驚，以宮近賊，夜率衛士南趣，山行十餘里，明乃還宮。召秦王問計，對曰：『文幹豎子耳，官司當卽禽之，就使假刻漏之久，正須遣一將可辦。』帝曰：『事連建成，恐應者衆。爾自行，還，吾以爾為太子，使建成王蜀，蜀地狹，不足為變，若不能事汝，取之易也。』秦王率衆趣寧州，文幹為其下所殺，以其首降，執宇文穎送京師。秦王之行，元吉及內嬖更為建成請，封德彝亦陰説帝，由是意解，復詔建成居守，但責兄弟不相容，而謫王珪、韋挺、天策兵曹參軍杜淹於遠方。然怨猜日結。

建成等召秦王夜宴，毒酒而進之，王暴疾，嗠血數升，淮安王扶掖還宮。帝問疾，因敕建成：『秦王不能酒，毋夜聚。』又謂秦王曰：『吾起晉陽，平天下，皆爾力，將定東宮，爾亟讓，故成而美志。又太子立多歷年；吾重奪之。觀而兄弟終不相下，同在京師，忿鬩且深。爾還洛陽行臺，自陝以東悉主之，建天子旌旗，如梁孝王故事。』王泣曰：『非所願也，不可遠膝下。』帝曰：『陸賈，漢臣也，猶遞過諸子，況我天下主，東西兩宮，思汝卽往，何所悲邪？』王將行，建成等謀曰：『秦王得土地甲兵，必為患，留之京師，一匹夫耳。』因密使人説帝，言『秦王左右皆山東人，聞還洛，皆灑然喜，觀其意，不復來矣。』事果寢。

俄而突厥寇邊，太子薦元吉北討，欲因其兵作亂。長孫無忌、房玄齡、杜如晦、尉遲敬德、侯君集等勸秦王先圖之。王乃密奏建成等與後宮亂，因曰：『臣無負兄弟，今乃欲殺臣，是為世充、建德復仇。使臣死，雖地下，愧見諸賊。』帝大驚，報曰：『旦日當窮治，而必早參。』張婕好馳語建成，乃召元吉謀曰：『請勒宮甲，托疾不朝。』建成曰：『善，然不共入朝，事何繇知？』遲明，乘馬至玄武門，秦王先至，以勇士九人自衛。時帝已召裴寂、蕭瑀、陳叔達、封德彝、宇文士及、竇誕、顔師古等入。建成、元吉至臨湖殿，覺變，遽反走，秦王隨呼之，元吉引弓欲射，不能彀者三。秦王射建成卽死，元吉中矢走，敬德追殺之。俄而東宮、齊府兵三千攻玄武門，閉不得入。接戰久之，矢及殿屋。王左右數百騎至，合擊之，衆遂潰。帝謂裴寂等曰：『事今奈何？』蕭瑀、陳叔達曰：『臣聞內外無限，父子不親，失而弗斷，反蒙其亂。建成、元吉自草昧以來，未始與謀，既立，又無功德，疑貳相濟，爲蕭牆憂。秦王功蓋天下，內外歸心，立爲太子，付軍國大務，陛下釋重負矣。』帝曰：『此吾志也！』乃召秦王至，慰撫之曰：『朕幾有投杼之惑。』秦王號泣不能止。

建成死年三十八。長子承爲太原王，早卒；承道安陸王，承訓武安王，承明汝南王，承義鉅鹿王，皆坐誅。詔除建成、元吉屬籍。其黨疑懼，更相告，廬江王瑗遂反。乃下詔建成、元吉、瑗支黨不得相告訐，由是遂安。太宗立，追封建成爲息王，謚曰隱，以禮改葬，詔東宮舊臣皆會，帝於宜秋門哭之，以子福爲後。十六年，追今贈。

宇文穎者，代人。自李密所來降，爲農圃監，封化政郡公。性貪昏，與元吉厚善，故豫文幹謀。事敗，帝責曰：『騰以文幹叛，故遣卿，乃同逆邪？』穎無以對，斬之。

又《巢剌王李元吉傳》 巢剌王元吉小字三胡。高祖兵已西，留守太原，封姑臧郡公，進齊國，總十五郡諸軍事，加鎮北將軍、太原道行軍元帥。帝受禪，進王齊，爲幷州總管。

初，元吉生，太穆皇后惡其貌，不舉，侍媪陳善意私乳之。及長，猜騺好兵，居邊久，益驕侈。常令奴客、諸妾數百人被甲習戰，相擊刺，死傷甚衆。後元吉中創，善意止之，元吉恚，命壯士拉死，私謚慈訓夫人。

劉武周略汾、晉，詔遣右衛將軍宇文歆助守。元吉喜鷹狗，出常載置罔三十車，曰：『我寧三日不食，不可一日不獵。』夜濳出淫民家，府門不閉。歆驟諫，不納，乃顯表於帝曰：『王數出與竇誕縱獵，蹂民田縱左右攘奪畜産爲盡。每射於道，觀人避矢以爲樂。百姓怨毒。不可與共守。』有詔召還。元吉密諷民詣闕請，乃得歸。武周以五千騎屯黃蛇嶺，元吉使將軍張達以步卒百人嘗寇，達辭兵少，强之，至則盡没。達怒，導武周陷榆次。元吉保祁，賊急攻之，遁還幷州，賊張甚。元吉紿司馬劉德威曰：『公以老弱守，吾率鋭士拒賊。』因賫寶物、攜妻妾夜出，委軍奔京師，幷州陷。帝怒，自是嘗令從秦王征討，不復顓軍矣。

尋授侍中、襄州道行臺尚書令、稷州刺史。秦王圍東都，竇建德來援，王以精騎逆戰，留元吉、屈突通守，而世充易之，輒出兵，元吉設伏劫之，斬首八百級，禽其將。東都平，拜司空，賜衮冕服、鼓吹二部、班劍二十人、黄金二千斤，與太子、秦王得三爐鑄錢。累進司徒，兼侍中、并州大都督。

時秦王有功，而太子不爲中外所屬，元吉喜亂，欲并圖之。乃構於太子曰：『秦王功業日隆，爲上所愛，殿下雖爲太子，位不安，不早計，還踵受禍矣，請爲殿下殺之。』太子不忍，元吉數諷不已，許之。於是邀結宮掖，厚賂中書令封德彜，使爲遊説，帝遂疏秦王，愛太子。元吉乃多匿亡命壯士，厚賜之，使為用。元吉記室參軍榮九思爲詩刺之曰：『丹青飾成慶，玉帛禮專諸。』元吉見之，弗悟也。其典簽裴宣儼免官，往事秦府，元吉疑事泄，鴆殺之。自是人莫敢言。秦王嘗從帝幸元吉第，伏護軍宇文寶寢内，將以刺王，太子固止之，元吉愠曰：『為兄計，於我何害？』

突厥郁射設入圍烏城，建成薦元吉北討，乃多引秦王府驍將秦叔寶、尉遲敬德、程知節、段志玄與行，又籍秦府精兵益麾下。帝知之，不能禁。元吉承間密請害秦王，帝曰：『是有定四海功，殺之無名。』元吉曰：『王昔平東都，顧望不即西，散金帛樹私惠，豈非反邪？』帝不應。太子與元吉謀：『兵行，吾與秦王至昆明池，伏將士拉之，以暴卒聞，上無不信。然後説帝付吾國，吾以爾爲皇太弟，而盡擊殺叔寶等。』率更令王晊密以謀告秦王，王召僚屬謀，皆曰：『元吉戾狠，使得志，且不能事其兄。往者護軍薛寶以元吉字合之，其文成「唐」，元吉喜曰：「但除秦王，取東宮如反掌耳！」爲亂未克，已復傾奪，大王不蚤正之，社稷非復唐有。』秦王由是定計。

死年二十四。子承業為梁郡王，承鸞漁陽王，承奬普安王，承裕江夏王，承度義陽王併伏誅。貞觀初，改葬，追爵海陵郡王及謚。後改封巢，以曹王明嗣。

論説

《舊唐書》卷三《太宗紀論贊》 或曰：以太宗之賢，失愛於昆弟，失教於諸子，何也？曰：然舜不能仁四罪，堯不能訓丹朱，斯前志也。當神堯任讒之年，建成忌功之日，苟除畏偪，孰顧分崩，變故之興，間不容髮，方懼『毀巢』之禍，寧虞『尺布』之謡？

贊曰：昌、發啓國，一門三聖。文定高位，友於不令。管、蔡既誅，成、康道正。貞觀之風，到今歌咏。

又 卷六四《高祖諸子論》 一人元良，萬國以貞，若明異重離，道非出震，雖居嫡長，寧固鎡錤。當開創之初，未見太平之兆。建成殘忍，豈主鬯之才，元吉凶狂，有覆巢之迹。若非太宗逆取順守，積德累功，何以致三百年之延洪、二十帝之纂嗣？或堅持小節，必虧大猷，欲比秦二世、隋煬帝，亦不及矣。

宋·范祖禹《唐鑑》卷一《高祖上》 （武德）五年，太子建成與齊王元吉共傾秦王世民，引樹黨友。中允王珪、洗馬魏徵説太子曰：『秦王功蓋天下，中外歸心，殿下但以年長，位居東宮，無大功以鎮服海内。今劉黑闥散亡之餘，衆不滿萬，資糧匱乏，以大軍臨之，勢如拉朽。殿下宜自擊之，以取功名，因結納山東豪傑，庶可自安。』太子乃請行，帝許之。

臣祖禹曰：立子以長不以有功，以德不以有衆，古之道也。晉獻公使太子申生伐東山，里克入而諫君，出見太子而勉之以孝。君子曰：『善處父子之間矣。』王、魏以輔導東宮爲職，當勸建成以孝於高祖，友於秦王，則儲位安矣。秦王有定天下之功，高祖苟欲立之，能爲泰伯，不亦善乎？且建成既爲太子，則國其國也，安在於有功，乃使之擊賊以立威，結豪杰以自助？是導之以爭也，禍亂何從而息乎？夫以王、魏之賢，其爲建成謀猶如此，況庸人乎？

又 卷二《高祖下》 太子建成欲圖秦王世民，擅募驍勇爲東宮衛士，號長林兵。又密使幽州突騎三百置宮東諸坊，使慶州都督楊文幹募壯士送長安。帝幸仁智宮，建成居守，使郎將爾朱焕等以甲遺文幹，焕等去豳州上變，告太子使文幹舉兵，欲表裏相應。帝遣宇文穎召文幹，穎以情告之，文幹遂舉兵反。

臣祖禹曰：建成爲太子而擅募兵甲於東宮，又使楊文幹反於外以危君父，此天下之惡也，罪孰大焉？高祖不以公義廢之，乃外惑於姦臣之計，内牽於妃嬪之請，至使兄弟不相容於天下，此高祖不明之過也。

【略】

（武德）九年六月，秦王世民殺皇太子建成、齊王元吉，立世民爲皇太子，詔軍國庶事無大小，悉委太子處決。八月，高祖傳位於太子。

臣祖禹曰：建成雖無功，太子也，太宗雖有功，藩王也。太子，君之貳，父之統也而殺之，是無君父也。立子以長不以功，所以重先君之世也。故周公不有天下，弟雖齊聖不先於兄久矣。論者或以太宗殺建成、元吉，比周公誅管蔡，臣竊以爲不然。昔者象日以殺舜爲事，舜爲天子也，則封之。管蔡啓商以叛周，周公爲相也，則誅之，其迹不同而其道一也。舜知象之將殺己也，故象憂亦憂，象喜亦喜，盡其誠以親愛之而已矣。象得罪於舜，故封之，管蔡流言於國，將危周公，以間王室，得罪於天下，故誅之。非周公誅之，天下之所當誅也。周公豈得而私之？哉後世如有王者，不幸而有害兄之弟如象，則當如舜封之是也。不幸而有亂天下之兄如管蔡，則當如周公誅之是也。舜處其常，周公處其變，此聖人所以同歸於道也。若夫建成、元吉亦得罪於天下者乎？苟非得罪於天下，則殺之者己之私也，豈周公之心乎？或者又以爲使建成爲天子，又輔之以元吉，則唐必亡。臣曰：古之賢人，守死而不爲不義者，義重於死故也。必若爲子不孝，爲弟不弟，悖天理，滅人倫而有天下，不若亡之愈也。故爲唐史者書曰：秦王世民殺皇太子建成、齊王元吉，立世民爲皇太子，然則太宗之罪著矣。

初，洗馬魏徵常勸太子建成早除秦王，及建成敗，世民召徵，謂曰：汝何爲離間我兄弟？衆爲之懼。徵舉止自若，對曰：先太子若早從徵言，必無今日之禍。世民素重其才，改容禮之，引爲詹事主簿，亦召王珪、韋挺於巂州，皆以爲諫議大夫。臣祖禹曰：齊桓公殺公子糾，召忽死之，管仲不死，又相桓公以霸，何哉？桓公、子糾，皆以公子出奔，子糾未嘗爲世子也，桓公先入而得齊，非取諸子糾也。桓公既入而殺子糾，惡則惡矣，然納桓公者，齊也，《春秋》書公伐齊，納糾，稱糾而不稱子，不當立者也。齊小白入於齊，以小白繫之齊，當立者也。又曰：齊人取子糾，殺之。稱子糾所以惡齊也。是以管仲不得終讎桓公，而得以之爲君。今建成爲太子且兄也，秦王爲藩王，又弟也。王、魏受命爲東宮之臣，則建成其君也，豈有人殺其君而可北面爲之臣乎？且以弟殺兄，以藩王殺太子而奪其位，王、魏不事太宗可也。夫食君之祿而不死其難，朝以爲讎，暮以爲君，於其不可事而事之，皆有罪焉。臣之事君，如婦之從夫也。其義不可以不明。苟不明於君。臣之義，而委質於人，雖曰不利，臣不信也。

宋·孫甫《唐史論斷》卷上《立建成爲太子》 論曰：立太子必嫡長者，使天下之心有繫，以止爭奪之患也。行之乎世，固爲常法。若夫大公之世，子不賢尚求聖人以傳大位，況長子不賢，次子聖乎？安得局於常法也！唐有天下，本秦王之謀，秦王功德之大，海内屬望，其勢可終爲人臣乎？建成自舉義以來，無一事可稱道，但以年長，使居聖子，上至愚者，知其不可也。雖秦王以常禮讓，胡不虚其位待天命之歸？況受禪之初，天下未定，何汲汲於立太子也！善哉！憲王憲讓太子之言曰：『時平則先嫡長，世難則歸有功。』此萬世不易之論也。

宋·司馬光《資治通鑑》卷一九一《唐紀七·高祖神堯大聖光孝皇帝下之上》 臣光曰：立嫡以長，禮之正也。然高祖所以有天下，皆太宗之功；隱太子以庸劣居其右，地嫌勢逼，必不相容。嚮使高祖有文王之明，隱太子有泰伯之賢，太宗有子臧之節，則亂何自而生矣！既不能然，太宗始欲俟其先發，然後應之，如此，則事非獲已，猶爲愈也。既而爲羣下所迫，遂至蹀血禁門，推刃同氣，貽譏千古，惜哉！夫創業垂統之君，子孫之所儀刑也，彼中、明、肅、代之傳繼，得非有所指擬以爲口實乎！

宋·蘇軾《欒城集後集》卷一〇《唐高祖》 唐高祖起太原，其謀發於太宗，諸子不與也。及克長安，誅鋤羣盜，天下爲一，其功亦出於太宗。蓋天心之所副予，人心之所歸嚮，其在太宗者審矣。至立太子，高祖以長立建成，建成當之不辭。於是兄弟疑間，卒至大亂。夫建成不足言也，其咎在高祖。其後武氏之亂，廢中宗，立睿宗，以睿宗長子憲爲太子矣。及中宗之復，睿宗父子皆以王就第。韋氏之亂，臨淄以兵入討，睿宗踐祚，而唐室復安。又將以長立憲，憲辭曰：『時平，先長嫡；國亂，先有功。不如此必且有難，敢以死請。』睿宗從之，而後臨淄之位定。以太宗之賢，而不免於爭奪。玄宗之賢，不逮太宗，而晏然受命，則憲之讓賢於人遠矣。吾嘗論之，高祖、睿宗，皆中主也，其欲立長，非專其私也，以爲立嫡以長，古今之正義也。謂之正義，而不敢違，胡不考之前世乎？太王捨太伯、仲雍而立季歷，文王捨伯邑考而立武王，而周以之興。誠天命之所在，而吾無心焉，亂何自生。雖然，太伯奔吴以避王季，亦畏亂故爾。廢長而立少，雖聖賢猶難之，憲與玄宗兄弟相安，終身無間言焉，蓋古今一人而已乎！

宋・蘇軾《東坡全集》卷九二《唐太宗籍隋吏以殺兄弟》　唐高祖起兵汾晉間，時子建成、元吉、楚哀王智雲皆留河東護家，高祖起兵，乃密召之。隋購之急，建成、元吉能間道赴太原，智雲幼不能逃，爲吏所誅。高祖以父子之故，不能少緩義師數日，以須建成等至乎？以此知爲秦王所逼，高祖逼於裴寂亂宫之事，不暇復爲三子性命計矣。太宗本謀，於是時籍隋吏以殺兄弟，其意甚明。新舊史皆曲爲太宗潤飾殺兄弟事，然難以欺後世矣。建成、元吉之惡，亦孔子所謂下愚之歸也歟？

宋・王令《廣陵集》卷二三《殺太子建成論》　或問：『文皇帝殺太子建成，得爲義乎？使聖人者如何爲處也？』令應之曰：『是焉得爲義也，吾聞置天下而兄弟讓者有矣，尚未得爲聖人也，又況以天下而殺其兄者乎。』『聖人處之則讓也，讓而不獲死，奈何？』曰：『是亦命之云爾也。』『然則周公有罪耶？』曰：『周公何罪哉！天下固成王天下也，周公事成王者也。周公東征，可不行乎？及其誅之也，人固謂周公，我實謂有司也。周公不兄念哉？』或猶未之喻，譬之曰：『今人有轉移爲人執事者，間而主家有盜焉，主怒而盜之禦也，乃執事是呼，不幸而盜乃執事者兄也，則行之否乎？』曰：『行矣。』『執事念其兄者而不殺之，而同行者殺之，則執事者猶有罪耶？』曰：『無矣。』『然則周公獨何罪哉？文皇之於周公又異也。』曰：『湯放桀，武王伐紂，然乎？』曰：『然也。』『然則爲民耶？』曰：『爲民也。』『謂其爲民而殺君，可乎？』曰：『桀紂不君矣。爲民而殺之，惡乎不可！』曰：『建成亦有罪，奈何？』曰：『君之有天下之尊者，以其能君也。今而不君矣，可不去之耶？故曰爲民而去之，義也。兄之有弟之尊者，親也。親可絶耶？況又建成之罪，不逮古之取放伐者也。抑使桀且紂，爲其弟者，尚不忍於殺而身代之也。』曰：『文皇爲民則奈何？』曰：『是猶一人負販而有千金之家，其家又百數十口也，而其兄惟奢淫是思，日散金數千。其家相爲謀，而饑寒是懼，因惡其兄而喜其弟焉，曰：「安得弟而家是爲也。」其弟率然曰：「是不難。」刃其兄而斃之，迺弟泣曰：「兄非不念也，吾爲一家爾也。」然則何異哉？』或者猶不勝，又曰：『自三代而下，數百年間而有文皇，奈何又訾之？』曰：『以貞觀言之，吾故有取焉。如附建成而言之，是猶惜千金之子。』曰：『幸而彼有家，奈何復責殺兄也？』吾見其戾矣。今之言太子建成者，曰：『將脅高祖而爲不利。』吾固疑其加之也。設或不爲然，然則魏徵、王珪，文皇尚忍用耶？

宋・晁補之《雞肋集》卷四六《唐舊書雜論・志》　封倫以建成元吉之故，數陳忠款，太宗以爲至誠，賞賜以萬計。而倫潛持兩端，陰附建成。卒後數年，太宗方知其事。

右《封倫傳第十三》：倫仕隋附楊素，又爲宇文化及數煬帝罪，其險詖無行，天下所知也。以高祖、太宗之明，謂屈突通之忠於隋而信任之，又貴倫至台鼎何哉？《書》曰：『難壬人，壬人之不可不察。』自堯舜以爲戒矣。倫更兩朝，皆首鼠不忠，而人主不能察。不唯不及禍，又親昵之。《語》曰：『色取於仁而行違之，在邦必聞。』倫之謂也。

宋・楊簡《慈湖遺書》卷一六《家計十》　世論有唐盛時，房玄齡、杜如晦、魏徵賢名特著，及考本末，玄齡乃首發亂謀，如晦贊決。建成、元吉謀害太宗，元吉秘計，又將併除建成。社稷傾危，民將塗炭，此固可誅也。然惟天吏則可以誅之，秦王安得而誅之？玄齡首謀，籍周公以文其姦，其辭則周公也，其情則非周公也。以晉陽宫人私侍高祖，周公固如是乎？行不義，殺不幸，其諄諄號於天下，則曰：『義師也。』天下之人心則未服其爲義也。自古君臣大抵同德，德不同則不合，不合則不能久。此三臣者，惟其與太宗合，故深相得。杜則早卒，房、魏則久於其位，其所以合者，非他也，本以利雜以義，正猶孝宣之言曰：『漢家自有制度，本以霸王道雜之。』此豈惟漢之規模如此，而兩漢三國晉南北朝隋唐五代之規模皆如此也。幸而不遭變故，其迹不露，不幸而遭亟變，履危禍則胥而入於姦利，爲悖爲亂，爲大惡勢之所必至也。人心自靈，人心自明，其隱然不安於中者，卽天下人心之所不服也。其餘衆善，誠有可觀，論者樂成其美。是以多稱其良，不知夫義利之不明，善惡之相掩，啓姦雄自便之門，開後世惡逆之路，君子懼焉。魏輔建成，猶房、杜之輔太宗也。巢妃之穢，三臣者熟視莫敢言，魏雖言之，僅使勿後，使言而不聽，則何不去？至此而猶不去也。夫是以太宗不親享太廟而不言也，幸九成避暑不念太安之在暑而不諫也，與騶子倡人比肩於朝行，而不知耻也。三臣者，殆欲爲鄉原而又不及焉者也。而俗儒之論，每槩稱其賢。吾恐姦亂之禍，接迹於來世未已也。

金・王若虛《滹南集》卷六《論語辨惑》　程子又言王魏當死建成而不當事文皇，此尤不然。是時，高祖固在位也，建成未成君，而文皇之立，實高祖之命。則二子因難而死固好，不死而事文皇，亦可也。

元・鄭玉《師山集》卷二《論・唐太宗論》　父有天下，傳之於子，子有天下，尊歸於父。此古今之通義、帝王之常經也。堯以天下與舜，未聞舜以瞽瞍爲辭。太王以國傳季歷，未聞季歷以太伯爲解。蓋當天下離亂之際，苟德在己，則起而應天順人，救民於水火之中矣，又奚暇讓其父兄哉？昔者隋煬暴虐無道，盈於桀紂，生民受禍，甚於塗炭，天下怨之，過於寇讎。於是盜賊蠭起，干戈林立，誅隋之師，不期而會。然皆陳勝吳廣之徒，未有商湯周武之比。獨太宗以聰明勇決，識量過人，見隋室方亂，陰有安天下之志，當時豪杰皆歸心焉。人之議之則曰：『命世之才。』太宗之心，亦必以高光自許，是蓋湯武之亞矣。衆人之論。固未嘗及於高祖，而高祖之志，亦不足以及於是也。使太宗因天心之厭亂，順人心之思治，以天下之憂，爲一己之任，義旗一舉，豪傑雲蒸，以之興弔民問罪之師，行放桀伐紂之事，乘虛入關，號令天下，數煬之惡而誅其身，代煬之位而反其政，然後用漢太公故事，尊其父爲太上皇，半年之間定天下而成帝業，身没之後，位傳於子，前免挾父之名，後免弑兄之惡，湯武之事復見於後世，唐室之治，可追於三代矣。顧乃拘拘於父子名分之間，孜孜於詳度論議之細，不量其父之才，必欲强以天下之重，言之而不從則劫其過失，訹以禍福。及其義兵既舉，大事已集，猶且自加殊禮，至于九錫，既不以征伐之事上同於湯武，乃竊取禪授之名，下同於莽操，亦不聞太宗之有一言，何也？蓋太宗才過於德，識不逮志，卒成骨肉之禍，遂陷篡弑之名者，皆始謀之誤也。或曰：『高祖身爲唐公，職掌兵權非太公之比。使太宗而自舉事，則高祖必起而誅之矣。』今以史考之，太宗之初説高祖也，高祖蓋欲執而告之矣。明日復説之，則以其言爲大有理，且曰：『今日破家亡軀亦由汝，化家爲國亦由汝矣。』及裴寂問之，則曰：『事已如此，當復奈何？正須從之耳。』觀於此言，太宗舉事，高祖又豈能殺之哉？況太宗之在當時，天與之，人歸之，使其父有瞽瞍之暴，頑母之助塗廩浚井且不能害之也，況高祖乎？不肯逆天違人而害其子也，必矣。太宗之事，千古之遺恨也。或者之言，又豈足爲太宗解哉？

元・戴良《九靈山房集》卷四《論唐太宗六月四日事》　余讀唐史，至太宗六月四日事，爲之喟然太息。嗟乎！以太宗之英武，好名而卒定計於秦府羣小，惜哉！太宗首倡非常之謀，以戡定海宇，則高祖之有天下，誠太宗之功也。雖然立子以長不以功，高祖之欲傳位於太宗，固義有不可，而太宗之屢辭不受者，豈亦有見於此乎？由是而觀，則太宗之心，固已灼知大義之所在矣。其後卒至喋血禁門，貽譏萬世而不顧者，亦由房杜二人陷之而然耳。豈獨房杜哉？當是時，太宗既誅巢隱，一二近臣，惟勸其釋甲以就刑可也。若高祖念其事非得已而原之，然後輔之，以圖後功，亦可也，竟乃釋此不爲，而尉遲敬德者，方乃擐甲持矛，直至上前，借曰恐其驚動上意，亦何事於矛甲哉？敬德此舉，直恐高祖之怒心一發，且將不利於太宗，故特假此以迫脅之使。高祖於此不幸，偶如其所料，則敬德之矛，寧無所施乎？尚賴高祖隱忍而曲全之，故得深潛而不發耳。雖然，苟非蕭瑀、陳叔達輩爲之陰移其所，向則高祖寧不逆探其本心耶？設有以逆探其本心，執付大理以論罪，太宗將何説之辭？秦府羣小之不忠於所事，乃至此也。噫！此輩未足深恨，太宗爲一代賢君，亦從之而不疑，何其悲哉？

明・方孝孺《遜志齋集》卷五《唐高祖》　人之恆情，多耽於所樂，而不忍捨。自十金之家以上推而至於天子，盡地之所産以爲富，極人之所尊以爲貴，其爲可樂亦大矣。自非明智聰達，用心於事物之表者，雖十金之微猶不肯釋以畀人，而況其至大者？劉、項以此戰爭，曹、馬以此而凌人之孤寡，世之亂臣賊子以此陷滔天之誅而不辭，皆知其爲可樂而然。苟知其爲不足貴，則持以與人可也，而況父子之親乎？古之人主，眷眷於有位，或除其所可愛，或吝於所當與，既老而諱言死，將終而不立嫡者，衆矣。識卑而量狹，不知盈虛消息之道爲宜然，是以卒至於禍敗而莫之救也。唐高祖固中智君也，而能於天下始定之時，授太宗以位，而無顧戀之態，豈其明達有以與聞乎道耶？是蓋不獲已耳。太宗以藩王一旦殺太子於宫内，使其心膂武力之臣，操兵至於君父之側，而高祖不知其事，亦危甚矣。高祖之心，蓋深爲之懼，潛爲之怒而知其柄已下移，莫可如何也。於是亟以太上皇自號而避其迫人之勢，而太宗亦安然處之，以爲當爾而不怪。吁此，其時爲何時，其事爲何事耶？傳位之後，又閱十年而崩，高祖不能忘情於天下也審矣。太宗貞觀之治爲甚美，太宗之早得位天下之幸也。其所以早爲政於天下者，太宗之不幸也。後之君子書其事於其前曰：秦王世民殺太子建成，立世民爲太子。於其後曰：太子卽位而高祖不與焉。然則其傳禪之實，不亦著明乎？

明・黄淳耀《陶庵全集》卷九《秦王府》 責房杜也。秦王世民殺建成、元吉，房、杜輩成之，李靖、李勣皆不與。

又《秦王世民殺太子建成、齊王元吉》 秦王既有創業之功，亦饒守成之略，唐高祖審度神器所歸，自當早定大計。顧乃優遊不決，坐致慘禍，誠不得辭其責。若秦王英明特達，爲有唐之令主，其於建成、元吉，豈無委蛇善全之道，必致骨肉相殘，取譏後世！固其謀之未臧，匪獨遭逢不幸也。

清・魏裔介《兼濟堂文集》卷一四《唐太宗論癸丑年春月作》 天下之綱常何在乎？曰：『君臣也父子也，兄弟也。若唐太宗六月四日之事，君臣父子，兄弟之義，尚可問乎？後世徒以太宗爲君，貞觀之政尚有可述而欲寬之。雖然，亦烏得而寬之也。』或曰：『建成與秦王在高祖當日，處之甚難。欲奪嫡，則建成長子也，欲傳位建成，則秦王之功甚大。建成與秦王又無太伯、子臧之節，其勢必至於相讐相爭而後已。爲高祖者，將奈何？』余以爲立建成，而封秦王于外，此正義也。雖然，封秦王於關東，建成卽位，秦王能爲之下乎？如是而國之亂在後日，但君臣之分一定，秦王何能爲？今既不出秦王于外，兄弟併在禁衛，是以有六月四日之事，殺兄之後，幾有弑父之萌，乃臣子大惡，天下大變也，尚何國家之爲哉？故爲高祖者，立建成爲太子，卽應封秦王、元吉於吳、楚之間，卽位之後，必不敢萌窺伺之志，可以保全其王位，而福蔭及于後裔。卽使爲漢吳楚之事，若有周亞夫其人者，可以坐而定之。不知出此，使秦王手刃同氣，爲萬世指摘，雖尊爲天子，富有四海，清夜以思，其何以自安也？秦王既殺建成、元吉，而又戮其子，其可謂忍心害理，而大不仁者矣。或曰：『秦王之功既大，而建成、元吉必不相容。故秦王不得不出於此。』余曰：『天下事，斷之以義，不當論功。凡功蓋天地，皆臣子職分之所當爲。昔者周公有大勳勞於王室，未聞有覬覦爲王之心。而凡爲周公之偏裨卒伍者，亦未有如尉遲、房、杜之謀也。秦王功雖大不當立，建成雖才具庸常，太子之分已定，君父之命已成焉。有不稟命而殺太子，殺其胞兄者哉？考之《通鑑》，元吉勸建成卽殺秦王，而建成不從，是建成猶知有父，未忍殺秦王也。秦王獨何心哉？故爲秦王者，寧作咸陽一布衣，而兄必不可殺，父必不可迫脅而禪，此天理人情之至，天下萬世不易之公論也。厥後武氏之簒，殺唐子孫殆盡，而太宗之子孫爲帝者，多不克令終，則六月四日之事之報也。爲天下者，於君臣父子兄弟之際，其勿輕生不仁之心哉。』

明・李東陽《懷麓堂集》卷三七《文稿十七・雜著・讀唐史三十一首》 蘇子謂唐高祖起兵，不待建成、元吉之至，爲太宗之謀，籍隋吏以殺兄弟也。吁！焉有是哉？當是時，建成之惡未著，又無一日之隙，太宗縱有利天下心，亦未必若是烈也。及其後舉，乃迫于勢而始不能以理處之。然太宗固可與爲善，使房、杜諸人能以聖賢之心諫之，其事亦未可知也。蓋興大事於羣疑之間，其勢固有不容緩者，舉兵于內，召子于外，亦如是而已矣。君子觀人，固當平其心，不可設機穽以幸物之中。然自處者，必求其全，毋有所虧玷以，自賈其横議也。使太宗無臨湖之釁，則建成雖死於隋吏，亦孰得而疑之哉！

明・邱濬《重編瓊臺稿》卷二一《書潘克寬十八學士圖》 右《唐十八學士登瀛洲圖》，予友潘君克寬所藏者也。君以工部正郎出理河道，偶於士大夫家見此圖，因命工臨之裝演爲册，暇日以示予，俾識其後。按史，唐高祖以秦王世民，功大前代，官皆不足以稱之，特置天策上將，位在王公上，以秦王爲之，開府置屬。王以海內寖平，乃開館以延文學之士，其府僚杜如晦、房玄齡等十八人，併以本官爲文學館學士，分爲三番，更日直宿。秦王暇日輒至館中討論文籍，或至夜分，使庫直閻立本圖像，褚亮爲贊，號十八學士，士大夫得預其選者，時人謂之登瀛洲云所謂文學館學士者，謂其爲文學之士云爾，非官稱也。以學士爲官，稱始於玄宗開元十三年前，此則未有也。是時，高祖在御，建成為太子，固無恙也。然高祖乃爲秦王特置天策上將，開府置屬，而王又自開館以延文學之士，彼自延其府僚而各以其本官所謂記室、參軍、典簽之屬相與講學論治，非不可也。君父在上，乃捨其職名，別立稱謂，至形於丹青，著爲讚頌，互相標榜，其意欲何為哉？昔漢武帝爲戾太子立博望苑使通賓客，從其所好。司馬公猶謂正直難親，諂諛易合，此固中人之常情，宜太子之不終也。夫太子爲國之儲貳，國乃其國，君父爲之立苑通賓客，謹微之君子猶以為非，況太宗乃藩王，功高望重，在危疑之地而可使之日夜聚徒乎？在太宗非遵養之道，在高祖非教子之法，而亦非所以安儲位，定國家也。今觀此圖，見所謂十八學士者，其遺像雖人人殊然，其瓌瑋豪邁之氣，溢於衣冠面貌之表。宋人謂眞宗爲王時，其門下厮養，皆將相器。而此十八人者，在秦王門下，其氣象如此，豈終在人下者乎？此太宗所以卒有天下也。雖然，唐家之社稷安危，其兆皆具於此。始也以房、杜之能輔太宗，而唐遂以安。終也以許敬宗之姦阿高宗，而唐幾於亡。一圖雖小，所係實大，予爲之慨然，書以歸之。成化十九年。

明・胡應麟《少室山房集》卷九九《唐天策十八學士考》 世傳天策府十八學士，以唐一代人才盡此。然當時隱太子及齊王元吉各延攬相傾，秦邸不能兼得也。按史，武德初，太子建成與秦齊二主，勢位相軋，爭致名流以自助，太子則詹事李綱、竇軌，庶子裴矩、鄭善果，友賀德仁、洗馬魏徵，中舍人王珪，舍人徐師模，率更令歐陽詢，典膳監伍瓌、直典書坊唐臨、隴西公府祭酒常挺，記室參軍事庾抱，左領大都督府長史唐憲。秦王有友于志寧，記室參軍事房玄齡、虞世南、顏思魯，諮議參軍事竇綸、蕭景，兵曹杜如晦，鎧曹褚遂良，士曹戴胄、閻立德，參軍事薛元敬、蔡允恭，主簿薛收、李道玄，典簽蘇幹，文學姚思廉、褚亮，燉煌公府文學顏師古，右元帥府司馬蕭瑀，行軍元帥府長史屈突通，司馬竇誕，天策府長史唐儉，司馬封倫，軍諮祭酒蘇世長，兵曹參軍事杜淹，倉曹李守素，參軍事顏相時。齊王有記室參軍事榮九思，户曹武士逸，典簽裴宣儼，文學袁朗及從弟承宗。然則秦邸幾有雲臺之數，亦不止十八也。内顏思魯、師古、相時父子兄弟，褚亮遂良父子，薛收、元超、淹、如晦叔姪，一時同與，盛矣。

明・邵寶《容春堂集・前集》卷九《王魏論》 或問：『王珪魏徵不死建成之難而從太宗，君子以爲害於義然歟？』曰：『不然。王魏之於建成，非君臣也，何死難之有？』子游問曰：「喪慈母，如母禮，與孔子曰：「非禮也。古者男子外有傅，内有慈母，君命所使教子也，何服之有？」王、魏承高祖之命，而爲建成之輔，建成固不得而臣也。王、魏何從而爲之死哉？』曰：『其事太宗可乎？』曰：『不可。王、魏義當死者也，何也？以建成之難，雖不當死，以高祖之命，則不可不死也。《曲禮》曰：「國君死社稷，大夫死衆，士死制。」受君命而輔太子，其爲制也，尤重安危榮辱，死生以之。今有人焉，殺其所輔而奪之位，乃恝然莫之省，則何以復君命矣？且太宗以弟殺兄，以藩王殺太子，是有無君無親之心，比於篡弒，特一間耳，在《春秋》之法，所謂人人得而誅之者，況爲其輔者乎？王、魏於此，盡力致討，死而後已焉，可也。故王、魏雖不當死建成之難，而不可不死於高祖之命也。如之何其事太宗也？』曰：『死建成則死，死高祖則死，死有異乎？』曰：『死非異處，死爲異，均一死也，此是彼非，義則然耳，故王魏之不能死，固天理人心之所不與也。然以建成而責其君臣之義，則彼猶得以辭其責。以高祖之命責之，九原可作。吾知其百喙不能爲辭矣。』曰：『然則尹起莘之論，亦無不可。』曰：『由尹氏之論，此亂臣賊子所以接迹於世也，烏乎可？』

明・王世貞《弇州四部稿》卷一一〇《史論二十首・魏徵》 自程叔子之以爲玄成之事唐太宗與管仲異，而紫陽因之曰管仲有功而無罪，王、魏先有罪而後有功。叔子又曰管仲知非而反正，聖人取其反正也。愚以爲此皆不熟於史之過也。按《左史》襄公立無常，鮑叔牙奉公子小白出奔莒。杜預注：『小白僖公庶子。至亂作，管夷吾、召忽奉公子糾來奔。』預注曰：『子糾小白，庶兄也。大史公《世家》襄公次弟糾奔魯其母魯女也，次弟小白奔莒小白母衛女也。』然則糾與小白俱僖公之庶子，而糾爲兄，何以不當有齊？管仲何以稱知非而反正也？且身傅子糾，與小白戰以競齊，不勝而死之，何辭也？夫子以攘夷尊周之功大而不責其死曰：『仲傅也，猶可以無死。』至玄成之爲隱太子宮臣則不然，高帝命之也。當是時，可以遷而為他官，或下移而爲秦齊之國屬，且朝而事太子，夕而去之，非委質從一者比也。始玄成之與隱太子謀也，不過以秦王勳重，有奪嫡勢，勸其立功以身安而已。玄武門之蹀血，玄成固未嘗身與其事，若仲之射鉤也。秦王正東宮而以高帝之命召玄成，玄成可以無死矣。然則管仲之於玄成，俱不得言無功也。仲爲大，玄成次之，亦不得言無罪也。玄成為小，仲甚之。雖然，玄成嘗從李密歸唐而爲秘書丞，已使黎陽陷竇建德，遂爲建德之中書舍人矣，而獨責其死建成，何也，故吾所以輕玄成於管仲者，以事論不以人論。

清·愛新覺羅·弘曆《御製詩集五集》卷三二《長陵》　唐太宗、明成祖皆英雄也，其處家門，事大同而小異者，盖因唐高祖無能爲，建成、元吉之禍又逼，故太宗不得不倒行而逆施。若明太祖乃有能爲者，故成祖畏而弗敢卽動，以待後日。然使太祖弗聽劉三吾之言，立成祖爲太子，亦可無靖難之禍矣。此盖二帝之所遇不同，有幸有不幸耳。

清·王楨《史弋》卷下《唐·高祖》　高祖之得天下，皆太宗之功也。高祖當諭建成以創業之由，俾其推讓，使建成有讓國之美，太宗無推刃之失，不亦善乎？乃使建成擊賊以立威，結豪杰以自助，是導之爭也，卒之骨肉相殘而貽譏於後世，可不惜哉？善乎寧王憲之讓太子曰：『時平則先嫡長，世亂則先有功。』此萬世不易之論也。

清·王縠《讀史管見》卷八《秦王世民殺太子建成齊王元吉立世民爲太子》　秦王之殺建成、元吉，高祖之失策也。建成之欲殺秦王，元吉之狡謀也。秦王有開國之功，既已許其爲太子矣，爲高祖者卽位之後，諮三子于廷，集文武諸大臣而公議之，明示以立功之意，然後裂土封建成、元吉，使之出就外藩，則元武之禍，何自而起哉！若曰：立嫡以長，似不宜擅更古制，則建成私命慶州都督楊文幹募兵謀反，欲爲內應時；卽當隸以大義廢之而立秦王，其誰曰不宜？乃外蔽邪臣，內惑妃嬪，不獲窮究其罪，此高祖不明之過，而建成、元吉之死，實基于此也。至于元吉者，于次不當立，卽建成能殺秦王，亦不過王尚耳，何故力勸太子殺秦王哉？不知彼覬覦此位久矣，所忌者惟秦王，今併力攻之，幸而得當。建成庸材，圖之易易耳。故使之彼此相傾而欲收漁人之利也，孰知計未成而身先殞乎？若夫秦王者，蹀血禁門，推刃同氣，亦屬萬不得已之事，乃併其子而盡戮之，則殘刻不仁亦甚矣。不閲月而高祖卽傳位焉，亦見鞭宮闈操兵，目無君父，誅殘骨肉，略無仁心，恐其一旦有揚廣之禍也。方正學曰：『高祖蓋不得已而授位者也。』有以哉。

清·乾隆敕撰《古今儲貳金鑑》卷四《唐·隱太子建成齊王元吉附》

臣等謹按：唐有天下三百年，制度規模，媲美兩漢，太宗之開基定業，尤爲三代以下賢君。乃其始以兄弟之禍，致多慚德，斯固不能爲太宗諱。而高祖懵於先事，實有以召之也。夫秦邸功勳寖盛，衆望翕歸，啓甚天人，允宜嗣服。若建成以聲色游畋爲事，承祧繼體，詎足當諸？高祖不熟思諦審，爲奠安社稷之圖，於大寶初登，卽令建成正位主器，斯已晳矣。而前起晉陽之師，後討慶州之甲，則又再許秦王爲儲貳，反復周章，幾於置棊不定。伏讀《御批通鑑輯覽》，謂高祖泥古而立建成，卽當有以處世民。及文幹通謀事發，已許廢建成而立世民矣。顧乃外惑佞臣，內牽嬖妾，濡忍釀禍，誰執其咎？誠探本之臣至論也。向令高祖以付託綦重，內斷於心，勿狃於嫡長之言，勿亟爲册立之事，不特建成之驕侈陰折，其萌彼鷙如元吉者，亦何所施毒乎？至玄武門之變，聖祖御批，斷以高祖不能早定大計，優柔致禍，太宗不能委蛇善全，骨肉相殘，固由其謀之不臧，匪獨所遭之不幸。《御批輯覽》引而申之，曰：『一人元良，萬邦以貞。高祖既不早見及此，行一不義，聖人不爲。太宗能無深疚？』斯言可以折衷古來聚訟之紛紜矣。

清·魏裔介《兼濟堂文集》卷一四《唐初諸大臣論》　嗚呼！人臣委身事主，雖曰建功立業，然苟非以德爲本，卽彪炳一時，未有能久食其報者也。昔者五羖大夫相秦，勞不坐乘，暑不張蓋，仁德廣被。及其歿也，童子不歌謠，舂者不相杵。商君天資刻薄臨，渭論囚，渭水盡赤，卒以車裂。由是觀之，人君仁暴，關其國之興廢，大臣仁暴，關其家之盛衰也，豈不信哉！唐初知名之臣不可勝數，然言賢相則必曰房、杜，言將略則必曰英、衛，言犯顏敢諫則必曰王、魏。余獨怪房、杜子孫，後皆蕩廢，而世勣之孫敬業，雖以義兵爲名，竟俱誅死。獨鄭公子孫多有賢者，至其五世孫謩，復相宣宗，衛公之後亦尚有人，未嘗不詫其慶殃之不同也。及細觀唐書，乃知六月四日之事，房、杜之謀爲多，既殺建成、元吉，乃併誅其數子爾。時房、杜不盡忠言以止之，厥罪何辭哉？李世勣將略雖優，武氏之立，一言喪邦，初不過從保全身家起見，而其孫敬業反以此夷滅。天道好還，良不誣也。衛公不預玄武門之事，其識最高。鄭公勸太宗以仁義安天下，宜其福澤綿遠也。房杜相業雖賢，以人品心術較之，難與鄭、衛二公同日而論矣。然後知人臣當國家艱難之時，必以德佐主乃爲長久之計，若取快抒憤於一時，其出爾反爾，斷斷乎其不爽也。存心設慮盖可忽乎哉！

又《王珪魏徵論》 王珪、魏徵之事，世多議之，而程正叔之論尤嚴。正叔語司馬君實曰：『魏徵事皇太子，太子死，遂忘戴天之讎而反事之，此王法所當誅，後世特以其立朝風節而掩其罪。有善有惡，安得相掩。』君實曰：『管仲不死子糾之難而事桓公，孔子稱其能不死，與徵何異？』正叔曰：『管仲之事與徵異。齊侯死，公子皆出。小白長而當立，子糾少亦欲立。管仲奉子糾奔魯，小白入齊既立，仲納子糾以抗小白，以少犯長，又所不當立，義已不順，既而小白殺子糾，管仲以所事言之則可死，以義言之則未可死。故《春秋》書：「齊小白入於齊。」以國繫齊，明當立也。又書：「公伐齊，納糾。」去子，明不當立也。至齊，人取子糾殺之，此復係子者，罪齊大夫既盟而殺之也，與徵之事全異。』蓋程子之言如此。余嘗詳考子糾之事，《論語》子路、子貢皆言公子糾，非但稱糾也。再考司馬遷《史記》則曰：『襄公醉，殺魯桓公，數欺大臣，羣弟恐禍及，故次弟糾奔魯，其母魯女也。次弟小白奔莒，小白母衛女也。』及戰於乾時，魯兵敗走，齊遺魯書曰：『子糾兄弟，弗忍誅。』詳《史記》之文，則子糾乃桓公之兄矣。再查《左傳》杜預注管夷吾，召忽奉公子糾來奔，亦曰：『子糾，小白庶兄。』蓋預本司馬遷《史記》而注之也。程子乃謂小白長而子糾少，豈未考《史記》與杜預之注耶？至胡傳所注，大略本之程子曰：『左氏書子糾。』二傳曰伐齊納糾。君子以《公》、《穀》爲正，一子字固不必深辯。至引史稱周，公誅管蔡以安周齊桓殺其弟以反國，此殊不足爲據，漢晉去春秋未遠，其考證必詳，豈有捨司馬遷、杜預而反以泛引之文爲據耶？余謂王珪、魏徵之事，與管仲、召忽正同。管仲之不死，未必是夫子第以其功而大之，其曰『匹夫匹婦之諒』非指召忽也。建成爲兄爲太子，見殺於弟，王珪、魏徵從而事之於義安？在以此責之，自當有愧於心。但紫陽《綱目》書法亦不深責之者，正以徵之功德可比管仲，糾未正其爲世子。建成雖爲太子，上有唐高祖，則亦未正乎其爲君也，此與反面事讎者，微有不同，故應在末減之列耳。功過既不相掩，而功又大於過，此《春秋》善善長而惡惡短之意也。善乎尹起莘之言曰：『臣之事君，固當終始一致。若君臣之分未定，遽欲死於其難，則亦君子之所不予。』又曰：『東宮官屬，與諸王官屬，與人臣事君不同。故夫太子臣子也，藩王亦臣子也，其僚屬亦臣子也。任是職者，當以一人爲主，不得以所事爲主。』此豈私於珪、徵之言哉？蓋其晰義至精，爲天下後世慮深遠耳。故管仲之事桓公，魏徵之事唐宗，皆未合乎義也。然責以必死如君臣之分，則其理固有不同者矣。余故曰：『王珪、魏徵之事，與管仲、召忽正同，而不在子糾、小白兄弟之稱也。假令仲無匡合之功，徵無仁義之效，謂二子品在召、忽之上，其誰信之？若子糾、建成既已爲君，而管仲、魏徵背之，雖有匡合之功，仁義之效，則馮道、范質之流，當爲君子之所羞稱也。余故詳辨之，以俟有道者論定焉。』

清・吴孟堅《一草亭讀史漫筆二・魏徵王珪》 楊雄美而仕王莽，孔穎德草禪而仕王世充，諸如此輩未嘗無文才也。顧後世不懲其罪而焚棄其文詞，此世道人心之所以不正矣！王珪、魏徵之于建成不可曰無君臣之義也。即其於建成之變，不可曰無死之義也，乃王魏之不死建成，不書之曰不忠而稱賢臣，毋怪乎亂臣賊子之接踵，而華歆、馮道輩之稱能臣矣悲夫！

藝文

宋・范成大《石湖詩集》卷四《讀唐太宗紀平内難》 宫府相圖勢不收，國家何有各身謀。縱無管蔡當時例，業已彎弓肯罷休？

弟兄相賊戮天倫，自古無如舜苦辛。掩井捐階危萬死，不聞親殺鼻亭神。

佐命諸公趣夜裝，爭言社稷要靈長。就令昆季屍神器，未必唐家便破亡。

建成回馬欲馳歸，元吉行趨武德闈。若使兩人俱得去，卻於何處極兵威。

嫡長承祧有大倫，老公愛子本平均。只知世上尋常理，爭信英雄解滅親。

《全宋詩》卷二七三五《金朋説〈唐太宗〉》 唐世閨門少謹嚴，三綱濁亂有由然。晉陽挾父私宮妾，巢剌王妃不可言。

元·張憲《玉笥集》卷二《咏史·代魏徵田舍翁詞併序》 鐵厓楊先生以殺田舍翁爲文皇根心語。蓋徵好直諫，忤意者數矣，是必有弗堪其直者，故怒曰：『會須殺此田舍翁！』不覺其言之出口也，此則是也。然謂徵東宮臣節之虧，故爲太宗所薄，而呼爲田舍翁者，此則非也。始徵入關，無所知名，乃自請安集山東，招徠李勣，高祖授以洗馬，與王珪同僚。東宮者，官也，非臣事建成也。徵勸建成早除。秦王者，是徵盡其職，非所以取憾於文皇也，文皇亦不以是憾徵也。建成死，高祖命東宮、齊府官屬，盡聽秦王處分，則徵安得獨背敕旨，而死建成之難乎？徵天子之臣，非東宮私臣，其事太宗，不得謂之虧臣節也。故太宗謂長孫無忌曰：『徵珪盡心所事，故我用之。』長孫后亦曰：『妾亟聞陛下稱重魏徵，不知其故。』觀此則知太宗決不薄徵。決不薄徵而有田舍翁之語，何也？蓋徵貌不逾中人，而舉止疏慢，則徵得名田舍其以此歟？雖然，此語徵不知也。徵知，必有詞。使太宗果殺田舍翁，翁必乞一言而死，決不緘口就戮也。其以長孫后諫而意悦，亦以后言婉而有理，故曲從之。然其殺徵之意，未嘗不根於心也。他日疑其黨侯、杜，怒其録諫草，而徵已死，無所泄憤，故停叔玉婚，僕所撰碑也。嗚呼！徵幸而不在，若在，則恐不免爲忠臣矣。夫盧祖尚死於朝堂，張藴古死於刑獄，李君羡死於圖讖，劉洎、張亮死於誣謗，孰謂太宗不忍於殺徵也？徵能入夢於太宗，而不能自明其事，故代田舍翁詞，補徵《諫録》云。

臣本山東農，臣誠田舍翁。臣以隋末，亂出仕蒲山公。蒲山愎諫自用，故臣言不用，臣計不從。百萬糧一日盡，百萬衆一夕空。力屈事去歸山東，臣義不忍，棄故土，事仇充，相隨西來朝眞龍。先帝不臣識，大臣不臣通，故臣上書，自請安山東。山東歸皇圖，授臣洗馬之職在東宮。東宮多不德，兄弟不相容。臣教太子剪黑闥，親元戎。又教太子除陛下，太子不臣庸。太子既死，先帝命臣聽陛下處分，臣安敢效匹夫？小諒自與逆黨同。陛下以臣盡心所事，赦臣死罪，除臣秘書，登臣政府爵位崇。臣於是感激，時時進諫開皇衷。陛下幸而時聽臣言，以致四海太平年穀豐。使陛下功德及堯舜則臣心喜，小有過失則臣心忡，是以不四年中而有三代風。陛下初年誠心聽諫，故天耳聰。今聽諫不逮昔，故天耳聾。往以未治爲憂，故人心悦。今以既治爲安，故威德隆。往日用臣言，賜臣以黄金瓮，天廄驄，輟殿材，構臣屋與墉，今日以人言，僕臣墓碑，停臣子婚，爲惠胡不終？喜臣則謂臣嫵媚，惡臣則詈臣田舍翁。陛下不宜以喜怒，毁譽損厥躬。臣薦侯與杜，謂其才略雄。臣豈阿黨，預知其終凶臣録諫疏草？前後三百封。欲使後世知陛下能聽諫，致時雍，豈欲賣直歸過爲己功？避嫌焚草徒足恭？臣幸而身先朝露，使臣不幸，恐不免隨比干、侣龍逢。獨不記臣言良與忠，胡爲乎會須殺此田舍翁？田舍翁，豈畏死？但惜陛下既殺張亮，又誅劉洎，剪刈大臣如刈蓬？臣不願陛下祠少牢，立僕石，但願陛下養氣質，除内訌，毋以喜怒存諸胸。大臣無灾帝德穹，社稷無虞王業鴻。千秋萬歲爲唐宗，老臣不諱田舍翁。嗚呼！老臣不諱田舍翁。

又《太子建成胡馬駒行》 昭陵六馬平羣雄，胡駒西來歸春宫。春宫飽養叱肥腯，豈識天策上將人中龍？胡駒狰獰善踶囓，不逐秦鹿空三蹶。不學拳毛騧，美良川下追金剛。不學什伐赤，虎牢關前擒夏王。隨風逐電日千里，百戰馳驟無與當。青騅拔箭吻帶血，黄驃突圍毛裹鎗。玉驄露紫競神俊，畫圖想象猶龍驤。西府眞龍正宸極，東宫華廄生荆棘。昭陵風雨夜聞嘶，六馬功成化爲石，胡駒老去空伏櫪。

元·楊維楨《鐵崖咏史》卷五《毒龍馬》 秦王與建成、元吉射獵角毒龍馬，詭稱且能跳，絶澗三丈强。眞龍西府天策將，不是東邸長林郎。天策上將人中豪，身騎天馬金拳毛，露紫騅青什伐赤，翦剟羣盗皆稱勞。毒龍性，空善蹶，帳前嗷嗷不爲動，三蹶三驅汗流血。於乎！毒龍馬，荆州牛，豈是六龍之匹儔？

又《附録》 毒龍馬，善踶蹶，長林健兒不敢騎，鐵鞭將軍面流血。踏毒龍，降毒魔，天策上將金盤陀。夜騎六龍過天河，追風撒露拳毛騧。鐵山覆，虎牢蹴，北斬屠耆頭，南係祖獽族。西驅頡利渡便橋，東埽元菟浮鴨緑。三乳兒，誰短長，秦王秦王開大唐。毒龍，毒龍，肯伏東邸長林郎？

又《阿鼠兒》 阿鼠兒，黄頭竪。春宫郎，丞鼠女。怙威作勢鼠變虎。杜陵才俊唐砥柱，戎機新贊秦王府，鼠投器，肆無忌，戕我砥柱讒妾婢。嗚呼！春宮郎，豈眞主，虬髯不賦鄂不章，二聖禍胎寧在武？

又《鄂國公》 太白經芒占井鬼，齊王字讖奸天紀。春宮酒吐血一升，玄武門前伏兵起。長林射落雙飛鴻，將軍一箭回天功。扼吭太弟滅巢嗣，吮乳小兒啼乃翁。凌烟閣，鄂國公，至今毛髮生雄風。嗚呼！榆窠奪搠未足道，回天之功唐大造。

又《附録》 玄武門前人喋血，虬髯天子誅凶孽。誰開貞觀太平年，奪槊將軍三寸鐵，鄂國公，將軍眞有回天功。嗚呼！海池一語開天聽，手敕新頒宮府定。人知房杜掌經綸，誰識將軍善詞命，萬古之功誰與併？

明・李東陽《西涯樂府》卷下《太白行》 太白經天照城闕，甲光侵肌冷如鐵。秦王袍沾息王血，龍攀鳳附不自由。何乃棄君來事讎，危言逆耳誰為謀？古來天子不觀史，飾詞佞筆徒爲耳。胡不自偹爲謗弭？

清・陳啓疇《咏史擬古樂府》卷下《瀛州選》 唐武德四年，高祖以秦王功大，特置天策上將，開府置屬，秦王延四方文學之士，討論文籍，使閻立本圖像，褚亮爲贊，號十八學士，預選者比之登瀛洲。

秦王功高善養士，羣雄掃逐如斬豕。開府置屬天顔喜，太白經天殺機起。建成死，元吉死，秦王急起作天子。天子心慚要觀史，吁嗟，控弦披甲將何求，玄武門前血交流，海池一夕風聲秋。耳食没浸詔登瀛洲，瀛洲地忽干戈謀。

清・愛新覺羅・玄燁《聖祖仁皇帝御製文集・第二集》卷三八《秦王府中力士舞》 君有父兄臣有主，金高南山視如土。拳毛駿馬來揚揚，昔年射賊餘大黄。一矢痛入慈父腸，地下宮中恨無極。房公杜公皆有力，千古獨誅亡賴賊。

清・謝啓昆《樹經堂咏史詩》卷六《唐・高祖》 唐高祖姓李氏，諱淵，字叔德，隴西成紀人也。在位九年，號武德。太原留守定關中，混一仍承六代風。大業功原屬天策，長林兵自擁青宮。膝前竟破周公斧，禁内爭彎越客弓。曲宴琵琶觴秘閣，十年垂拱幸全終。《新唐書・本紀》高祖留守太原領晉陽宮監。

清・張晉《艷雪堂詩集》卷一《讀唐書列傳二十八首・封倫》 太息封郎本佞臣，揣摩迎合費精神。兩端竟可欺明主。此輩眞慚號士人。死遇唐臨難自料，生排蕭瑀亦何因？削官改謚褫奸魄，國法聊從地下申。

清・羅惇衍《集義軒咏史詩鈔》卷三三《唐二・尉遲敬德》 避稍何如奪稍難，齊王三奪膽應寒。一車器賜羞臣貳，單騎身馳使主安。良士巍然比山岳，丈夫相許瀝心肝。褒公對峙凌煙閣，颯爽英姿拭目觀。

又《秦瓊》 是子武能完志節，豈長貧賤處與臺？同辭巫嫗歸眞主，俾事秦王有將才。躍馬雄心營月落從龍壯氣陣雲開功多美羨金瓶賜，天語親聆内殿來。

雜録

唐・孫樵《孫可之集》卷五《孫氏西齋録》 孫樵謂陸長源《唐春秋》乃編年雜録，因掇其體切峭獨可以示懲勸者，擲其叢冗秃屑不足以警訓者，自爲十八通書，號《孫氏西齋録》。起高祖之初，洎武皇之終，首廟號以表元首，日月以表事尚功，力正刑名，登崇善良，蕩戮凶回，有所鯁避則微文示譏，無所顧慄則直書志慝，所謂高祖殺太子建成者；何黜功循愛？譏失教也。

太宗有大功，宜嗣有天下，高祖不當立建成爲太子，至有六月二十四日事，故書高祖殺建成。

清・趙翼《廿二史劄記》卷一九《建成元吉之子被誅》 謀反者族誅，秦、漢、六朝以來皆用此法。見《崔仁師傳》。太宗爲秦王時殺建成、元吉，不過兄弟間互相屠害，其時太宗尚未爲帝，不可以反論也。乃建成子安陸王承道、河東王承德、武安王承訓、汝南王承明、鉅鹿王承義，元吉子梁郡王承業、漁陽王承鸞、晉安王承獎、江夏王承裕、義陽王承度，俱坐誅，除其屬籍。是時高祖尚在帝位，而坐視其孫之以反律伏誅而不能一救，高祖亦危極矣！

郢王篡弑

綜述

宋・司馬光《資治通鑑》卷二六八《後梁紀三・太祖神武元聖孝皇帝下》（乾化二年）閏月，壬戌，帝疾增甚，謂近臣曰：『我經營天下三十年，帝以唐僖宗中和三年鎮宣武，創業之始也，至是年三十一年。不意太原餘孽更昌熾如此！謂晉也。孽，魚列翻。吾觀其志不小，天復奪我年，復，扶又翻；下同。我死，諸兒非彼敵也，吾無葬地矣！』因哽咽，哽，古杏翻。絕而復蘇。無絕而復息爲蘇。

初，元貞張皇后嚴整多智，帝敬憚之。后殂，張后殂於唐昭宗天祐元年。帝縱意聲色，諸子雖在外，常徵其婦入侍，帝往亂之。友文婦王氏色美，帝尤寵之，雖未以友文爲太子，帝意常屬之。屬，之欲翻。珪心不平。友珪嘗有過，帝撻之，友珪益不自安。帝疾甚，命王氏召友文於東都，欲與之訣，且付以後事。友珪婦張氏亦朝夕侍帝側，知之，密告友珪曰：『大家以傳國寶付王氏懷往東都，吾屬死無日矣。』夫婦相泣。左右或說之曰：『事急計生，何不改圖，時不可失！』古人有言曰：『淫而不父，必有於禍。』說，式芮翻。

六月，丁丑朔，帝命敬翔出友珪爲萊州刺史，即令之官。已宣旨，未行敕。敬翔時爲宣政使，故使之行敕。翔佐帝有年矣，軍國大謀無不預，隨事彌縫，轉帝凶暴之氣以成，功亦不爲小。寢疾彌留而出友珪於外，使翔能爲之謀，則必有以處友珪，而帝免剸刃之禍。顛而不扶，焉用彼相哉！時左遷者多追賜死，友珪益恐。

戊寅，友珪易服微行入左龍虎軍，見統軍韓勍，以情告之。勍亦見功臣宿將多以小過被誅，懼不自保，遂相與合謀。臣子俱逆，亦上之人有以致之也。被，皮義翻。勍以牙兵五百人從友珪雜控鶴士入，伏於禁中，梁以侍衛親軍爲控鶴軍。中夜斬關入，至寢殿，侍疾者皆散走。帝驚起，問：『反者爲誰？』友珪曰：『非他人也。』帝曰：『我固疑此賊，恨不早殺之。汝悖逆如此，天地豈容汝乎！』悖，蒲內翻。友珪曰：『老賊萬段！』友珪僕夫馮廷諤刺帝腹，刃出於背。刺，七亦翻。友珪自以敗氈裹之，瘞於寢殿，年六十一。瘞，於計翻。祕不發喪。遣供奉官丁昭溥馳詣東都，命均王友貞殺友文。

己卯，矯詔稱：『博王友文謀逆，遣兵突入殿中，賴郢王友珪忠孝，將兵誅之，保全朕躬。然疾因震驚，彌致危殆，宜令友珪權主軍國之務。』韓勍爲友珪謀，爲，于僞翻。多出府庫金帛賜諸軍及百官以取悅。

辛巳，丁昭溥還，還，從宣翻。聞友文已死，乃發喪，宣遺制，友珪即皇帝位。

《舊五代史》卷八《梁書・末帝紀上》 乾化二年六月三日，庶人友珪弒逆，矯太祖詔，遣供奉官丁昭溥馳至東京，密令帝害博王友文。友珪即位，以帝爲東京留守，行開封府尹，檢校司徒。友珪以篡逆居位，羣情不附。會趙巖至東京，從帝私讌，因言及社稷事。帝以誠款謀之，巖曰：『此事易如反掌，成敗在招討楊令公之手，但得一言諭禁軍，其事立辦。』巖時典禁軍，還洛，以謀告侍衛親軍袁象先。帝令腹心馬慎交之魏州見師厚，且言成事之日，賜勞軍錢五十萬緡，仍許兼鎮。慎交，燕人也，素有膽辨，乃說師厚曰：『郢王殺君害父，篡居大位，宮中荒淫，靡所不至。洛下人情已去，東京物望所歸，公若因而成之，則有輔立之功，討賊之效。』師厚猶豫未決，謂從事曰：『吾於郢王，君臣之分已定，無故改圖，人謂我何！』慎交曰：『郢王以子弒父，是曰元凶。均王爲君爲親，正名仗義。彼若一朝事成，令公何情自處！』師厚驚曰：『幾誤計耳！』乃令小校王舜賢至洛，密與趙巖、袁象先圖議。時有左右龍驤都在東京，帝僞作友珪詔，遣還洛下。先是，劉重遇部下龍驤一指揮於懷州叛，經年搜捕其黨，帝因遣人激怒其衆曰：『郢王以龍驤軍嘗叛，追汝等洛下，將盡坑之。』翌日，乃以僞昭示之。諸軍憂恐，將校垂泣告帝，乞指生路。帝諭之曰：『先帝三十餘年，經營社稷，千征萬戰，爾等皆曾從行。今日先帝尚落人姦計，爾等安所逃避。』因出梁祖御像以示諸將，帝歔欷而泣曰：『郢王賊害君父，違天逆地，復欲屠滅親軍，爾等苟能自趨洛陽，擒取逆豎，告謝先帝，即轉禍爲福矣！』衆踴躍曰：『王言是也。』皆呼萬歲，請帝爲主，時友珪改元之二月十五日也。

帝乃遣人告趙巖、袁象先、傅暉、朱圭等。十七日，象先引禁軍千人突入宫城，遂誅友珪。

又　卷一二《梁書·庶人朱友珪傳》　（朱）友珪，小字遥喜，母失其姓，本亳州營妓也。唐光啓中，帝徇地亳州，召而侍寢。月餘，將捨之而去，以娠告。是時，元貞皇后賢而有寵，帝素憚之，由是不果攜歸大梁，因留亳州，以别宅貯之。及期，妓以生男來告，帝喜，故字之曰遥喜。後迎歸汴。受禪後封郢王。開平四年十月，爲檢校司徒，充左右控鶴都指揮使，兼管四蕃將軍。乾化元年，充諸軍都虞候。二年，弑太祖篡位，均王以兵討之，自殺，追廢爲庶人。《五代會要》云：郢王友珪，開平元年五月九日封，至乾化二年六月三日篡位，僞改鳳曆元年。三月十七日，京城軍亂，侍衛袁象先率兵入宫，友珪自殺。少帝即位，追削爲庶人。又載：周廣順中，張昭修實録，奏云：梁末帝之上，有郢王友珪，篡弑居位，未有紀録，請依《宋書》劉劭例，書爲『元凶友珪』。案《梁實録》，今無考。

又　《博王朱友文傳》　博王友文，本姓康，名勤，太祖養以爲子，受禪後封爲王。爲東京留守，嗜酒，頗怠於爲政。友珪弑逆，併殺友文。末帝即位，盡復官爵。

又　卷五九《唐書·袁象先傳》　象先即梁祖之甥也。性寬厚，不忤於物，幼遇亂，慨然有憂時之意。【略】乾化三年，與魏博節度使楊師厚合謀，誅朱友珪於洛陽。梁末帝即位，以功授檢校太保、同平章事，遥領洪州節度使、行開封尹、判在京馬步諸軍，進封開國公。

又　卷六四《唐書·霍彦威傳》　乾化三年，與袁象先同誅朱友珪。

《新五代史》卷三《梁紀·末帝紀》　末帝，太祖第三子友貞也。爲人美容貌，沈厚寡言，雅好儒士。太祖即位，封均王，爲左天興軍使、東京馬步軍都指揮使。乾化二年六月，太祖遇弑，友珪自立，殺博王友文，以弑帝之罪歸之。以王爲東京留守、開封尹，敬翔爲中書侍郎、同中書門下平章事，户部尚書李振爲崇政院使。

明年，友珪改元曰鳳曆。二月，駙馬都尉趙巖至東都，王私與之謀，遣馬慎交之魏州，見楊師厚計事。師厚遣小校王舜賢至洛陽，告左龍虎統軍袁象先使討賊。是時懷州龍驤屯兵叛，方捕索之，王乃僞爲友珪詔書，發左右龍驤在東都者皆還洛陽，因激怒之曰：『天子以懷州屯兵叛，追汝等欲盡坑之。』諸將皆泣，莫知所爲。王曰：『先皇帝經營王業三十餘年，今日尚爲友珪所殺，汝等安所逃死乎！』因出太祖畫像示諸將而泣曰：『汝能趨洛陽擒逆賊，則轉禍爲福矣。』軍士皆呼萬歲，請王爲主，王乃遣人趣象先等。庚寅，象先等以禁兵討賊，友珪死，杜曉見殺。象先遣趙巖持傳國寶至東都，請王入洛陽，王報曰：『夷門，太祖所以興王業也，北拒并汾，東至淮海，國家藩鎮，多在東方，命將出師，利於便近。』是月，皇帝即位於東都，復稱乾化三年，復博王友文官爵。

又　卷一三《梁庶人朱友珪傳》　庶人友珪者，太祖初鎮宣武，略地宋、亳間，與逆旅婦人野合而生也。長而辯黠多智。博王友文多材藝，太祖愛之，而年又長，太祖即位，嫡嗣未立，心嘗獨屬友文。太祖自張皇后崩，無繼室，諸子在鎮，皆邀其婦入侍。友文妻王氏有色，尤寵之。太祖病久，王氏與友珪妻張氏，常專房侍疾。太祖病少間，謂王氏曰：『吾知終不起，汝之東都，召友文來，吾與之決。』蓋心欲以後事屬之。乃謂敬翔曰：『友珪可與一郡，趣使之任。』乃以友珪爲萊州刺史。

太祖素剛暴，既病，而喜怒難測，是時左降者，必有後命，友珪大懼。其妻張氏曰：『大家以傳國寶與王氏，使如東都召友文，君今受禍矣！』夫婦相對而泣。左右勸友珪曰：『事急計生，何不早自爲圖？』友珪乃易衣服，微行入左龍虎軍，見統軍韓勍計事，勍夜以牙兵五百隨友珪，雜控鶴衛士而入。夜三鼓，斬關入萬春門，至寢中，侍疾者皆走。太祖惶駭起呼曰：『我疑此賊久矣，恨不早殺之，逆賊忍殺父乎！』友珪親吏馮廷諤以劍犯太祖，太祖旋柱而走，劍擊柱者三，太祖憊，仆于牀，廷諤以劍中之，洞其腹，腸胃皆流。友珪以裀褥裹之寢中，祕喪四日。乃出府庫，大齎羣臣及諸軍。遣受旨丁昭浦矯詔馳至東都，殺友文。又下詔曰：『朕艱難創業，逾三十年。託於人上，忽焉六載，中外協力，期於小康。豈意友文陰畜異圖，將行大逆。昨二日夜，甲士突入大内，賴友珪忠孝，領兵剿戮，保全朕躬。然而疾恙震驚，彌所危殆。友珪剋平凶逆，厥功靡倫，宜委權主軍國。』然後發喪。乾化二年六月既望，友珪於柩前即皇帝位，拜韓勍忠武軍節度使，以末帝爲汴州留後，河中朱友謙爲中書令。友謙不受命。而懷州龍驤軍三千，劫其將劉重霸，據懷州，自言討賊。三年正月，友珪祀天於洛陽南郊，改元曰鳳歷。

太祖外孫袁象先與駙馬都尉趙巖等，謀與末帝討賊。二月，象先以禁兵入宮，友珪與妻張氏趨北垣樓下，將踰城以走，不果，使馮廷諤進刃其妻及己，廷諤亦自殺。末帝卽位，復友文官爵，廢友珪爲庶人。

又 卷二三《梁臣傳・楊師厚》 （乾化二年）太祖遇弑，友珪自立，師厚乘間殺魏牙將潘晏、臧延範等，逐出節度使羅周翰，友珪因以師厚爲天雄軍節度使。

（乾化二年）自太祖與晉戰河北，師厚常爲招討使，悉領梁之勁兵。太祖崩，師厚遂逐其帥，而稍矜倨難制。時魏恃牙兵，其帥得以倔彊。羅紹威時，牙兵盡死，魏勢孤，始爲梁所制。師厚已得志，乃復置銀槍效節軍。友珪陰欲圖之，召師厚入計事。其吏田温等勸師厚勿行，師厚曰：『吾二十年不負朱家，今若不行，則見疑而生事，然吾知上爲人，雖往，無如我何也。』乃以勁兵二萬朝京師，留其兵城外，以十餘人自從，入見友珪，友珪益恐懼，賜與鉅萬而還。

已而末帝謀討友珪，問於趙巖，巖曰：『此事成敗，在招討楊公爾。得其一言諭禁軍，吾事立辦。』末帝乃遣馬慎交陰見師厚，布腹心。師厚猶豫未決，謂其下曰：『方郢王弑逆時，吾不能卽討。今君臣之分已定，無故改圖，人謂我何？』其下或曰：『友珪弑父與君，乃天下之惡，均王仗大義以誅賊，其事易成。彼若一朝破賊，公將何以自處？』師厚大悟，乃遣其將王舜賢至洛陽，見袁象先計事，使朱漢賓以兵屯滑州爲應。末帝卒與象先殺友珪。

又 卷四五《雜傳・袁象先》 太祖遇弑，友珪立。末帝留守東都，以大事謀於趙巖，巖曰：『此事如反掌耳，但得招討楊令公一言諭禁軍，則事可成。』末帝卽遣人之魏州，以謀告楊師厚，師厚遣裨將王舜賢至洛陽與象先謀，象先許諾。是時，龍驤軍將劉重遇戍於懷州，以其軍作亂，友珪遣霍彥威擊敗於鄢陵，其餘兵奔散，捕之甚急。末帝卽召龍驤軍在東京者告之曰：『上以重遇故，欲盡召龍驤軍至洛而誅之。』乃僞爲友珪詔書示之，龍驤軍恐懼，不知所爲，因告之曰：『友珪弑父與君，天下之賊也！爾能趨洛陽擒之，以其首祭先帝，則所謂轉禍而爲福也。』軍士踴躍曰：『王言是也。』末帝卽馳奏，言：『龍驤軍反。』象先聞之，卽引禁軍千人入宮攻友珪，友珪死。末帝卽位，拜象先鎮南軍節度使、同中書門下平章事、開封尹、判在京馬步軍諸軍事。貞明四年，爲平盧軍節度使，徙鎮宣武。

論說

《新五代史》卷一三《梁家人傳》 嗚呼，《春秋》之法，是非與奪之際，難矣哉！或問：『梁太祖以臣弑君，友珪以子弑父，一也。與弑卽位，踰年改元，《春秋》之法，皆以君書，而友珪不得列於本紀，何也？且父子之惡均，而奪其子，是與其父也，豈《春秋》之旨哉？』予應之曰：『梁事著矣！其父之惡，不待與奪其子而後彰，然末帝之志，不可以不伸也。《春秋》之法，君弑而賊不討者，國之臣子任其責。予於友珪之事，所以伸討賊者之志也。』

鄴都之變

綜述

《舊五代史》卷三四《唐書・莊宗紀八》 （同光四年二月）丙申，武德使史彥瓊自鄴馳報稱：『今月六日，貝州屯駐兵士突入都城，剽劫坊市。』初，帝令魏博指揮使楊仁晸率兵戍瓦橋，至是代歸，有詔令駐於貝州。上歲天下大水，十月鄴地大震，自是居人或有亡去他郡者，每日族談巷語云：『城將亂矣！』人人恐悚，皆不自安。

十二月，以户部尚書王正言爲興唐尹、知留守事。正言年耄風病，事多忽忘，比無經治之才。武德使史彥瓊者，以伶官得幸，帝待以腹心之任，都府之中，威福自我，正言以下，皆脅肩低首，曲事不暇。由是政無統攝，姦人得以窺圖。洎郭崇韜伏誅，人未測其禍始，皆云：『崇韜已殺繼岌，自王西川，故盡誅郭氏。』先是，有密詔令史彥瓊殺朱友謙之子澶州刺史建徽。史彥瓊夜半出城，不言所往。詰旦，閽報正言曰：『史武德夜半馳馬而去，不知何往。』是日人情震駭，訛言云：『劉皇后以繼岌死於蜀，已行弑逆，帝已晏駕，故急徵彥瓊。』其言播於鄴市，貝州軍士有私寧親於都下者，掠此言傳於貝州。軍士皇甫暉等因夜聚蒱博不勝，遂作亂，劫都將楊仁晸曰：『我輩十有餘年爲國家效命，甲不離體，已至呑併天下，主上未垂恩澤，翻有猜嫌。防戍邊遠，經年離阻鄉國，及得代歸，去家咫尺，不令與家屬相見。今聞皇后弒逆，京邑已亂，將士各欲歸府寧親，請公同行。』仁晸曰：『汝等何謀之過耶！今英主在上，天下一家，從駕精兵不下百萬，西平巴、蜀，威振華夷，公等各有家族，何事如此！』軍人乃抽戈露刃環仁晸曰：『三軍怨怒，咸欲謀反，苟不聽從，須至無禮。』仁晸曰：『吾非不知此，但丈夫舉事，當計萬全。』軍人卽斬仁晸。裨將趙在禮聞軍亂，衣不及帶，將逾垣而遁，亂兵追及，白刃環之曰：『公能爲帥否？否則頭隨刃落！』在禮懼，卽曰：『吾能爲之。』衆遂呼噪，中夜燔劫貝郡。詰旦，擁在禮趨臨清，剽永濟、館陶。五日晚，有自貝州來者，言亂兵將犯都城，都巡檢使孫鐸等急趨史彥瓊之第，告曰：『賊將至矣，請給鎧仗，登陴拒守。』彥瓊曰：『今日賊至臨清，計程六日方至，爲備未晚。』孫鐸曰：『賊來寇我，必倍道兼行，一朝失機，悔將何及！請僕射率衆登陴，鐸以勁兵千人伏於王莽河逆擊之；賊既挫勢，須至離潰，然後可以翦除。如俟其凶徒薄於城下，必慮姦人內應，則事未可測也。』彥瓊曰：『但訓士守城，何須卽戰。』時彥瓊疑孫鐸等有他志，故拒之。是夜三更，賊果攻北門，彥瓊時以部衆在北門樓，聞賊呼噪，卽時驚潰。彥瓊單騎奔京師。遲明，亂軍入城，孫鐸與之巷戰，不勝，攜其母自水門而出，獲免。晡晚，趙在禮引諸軍據宮城，署皇甫暉、趙進等爲都虞候、斬斫使，諸軍大掠。興唐尹王正言謁在禮，望塵再拜。是日，衆推在禮爲兵馬留後，草奏以聞。帝怒，命宋州節度使元行欽率騎三千赴鄴都招撫，詔徵諸道之師進討。

丁酉，淮南楊溥遣使賀平蜀。己亥，魏王繼岌奏，康延孝擁衆反，回寇西川。遣副招討使任圜率兵追討之。庚子，福建節度副使王延翰奏，節度使王審知委權知軍府事。邢州左右步直軍四百人據城叛，推軍校趙太爲留後，詔東北面副招討使李紹眞率兵討之。辛丑，元行欽至鄴都，進攻南門，以詔書招諭城中，趙在禮獻羊酒勞軍，登城遙拜行欽曰：『將士經年離隔父母，不取敕旨歸寧，上貽聖憂，追悔何及！儻公善爲敷奏，俾從渙汗，某等亦不敢不改過自新。』行欽曰：『上以汝輩有社稷功，必行赦宥。』因以詔書諭之。皇甫暉聚衆大詬，卽壞詔。行欽以聞，帝怒曰：『收城之日，勿遺噍類！』壬寅，行欽自鄴退軍，保澶州。甲午，從馬直宿衛軍士王溫等五人夜半謀亂，殺本軍使，為衛兵所擒，磔於本軍之門。丙午，以右散騎常侍韓彥惲爲戶部侍郎。丁未，鄴都行營招撫使元行欽率諸道之師再攻鄴都。戊申，以洋州留後李紹文爲夔州節度使。詔河中節度使、永王存霸歸藩。己酉，以樞密使宋唐玉爲特進、左威衛上將軍，充宣徽南院使。

庚戌，諸軍大集於鄴都，進攻其城，不克。行欽又大治攻具。城中知其無赦，晝夜爲備。朝廷聞之益恐，連發中使促繼岌西征之師。繼岌以康延孝據漢州，中軍之士從任圜進討，繼岌端居利州，不獲東歸。是日，飛龍使顏思威部署西川宮人至。辛亥，淮南楊溥遣使貢方物。西京上言，客省使李嚴押蜀主王衍至本府。壬子，以守太尉、中書令、河南尹兼河陽節度使、齊王張全義爲檢校太師、兼尚書令，充許州節度使。東川董璋奏，準詔誅遂州節度使李令德於本州，夷其族。癸丑，湖南馬殷奏，福建節度使王審知疾甚，副使王延翰已權知軍府事，請降旄節。司天監上言：自二月上旬後，晝夜陰雲，不見天象，自二十六日方晴，至月終，星辰無變。以右衛上將軍朱漢賓知河南府事。

甲辰，命蕃漢總管李嗣源統親軍赴鄴都，以討趙在禮。帝素倚愛元行欽，鄴城軍亂，卽命爲行營招討使，久而無功。時趙太據邢州，王景戡據滄州，自爲留後，河朔郡邑多殺長吏。帝欲親征，樞密使與宰臣奏言：『京師者，天下根本，雖四方有變，陛下宜居中以制之，但命將出征，無煩躬御士伍。』帝曰：『紹榮討亂未有成功，繼岌之軍尚留巴、漢，餘無可將者，斷在自行。』樞密使李紹宏等奏曰：『陛下以謀臣猛將取天下，今一州之亂而云無可將者，何也？總管李嗣源是陛下宗臣，創業已來，艱難百戰，何城不下，何賊不平，威略之名，振於夷夏，以臣等籌之，若委以專徵，鄴城之寇，不足平也！』帝素寬大容納，無疑於物，自誅郭崇韜、朱友謙之後，閹宦伶官交相讒諂，邦國大事皆聽其謀，繇是漸多猜惑，不欲大臣典兵，既聞奏議，乃曰：『予恃嗣源侍衛，卿當擇其次者。』又奏曰：『以臣等料之，非嗣源不可。』河南尹張全義亦奏云：『河朔多事，久則患生，宜令總管進兵。如倚李紹榮輩，未見其功。』帝乃命嗣源行營。是日，延州知州白彥琛奏，綏、銀兵士剽州城謀叛。魏王繼岌傳送郭崇韜父子首函至闕下，詔張全義收瘞之。乙巳，以右武衛上將軍李肅爲安邑、解縣兩池榷鹽使，以吏部尚書李琪爲國計使。

三月丁未朔，李紹眞奏，收復邢州，擒賊首趙太等二十一人，狥於鄴都城下，皆磔於軍門。庚戌，李紹眞自邢州赴鄴都城下。辛亥，以威武軍節度副使、福建管內都指揮使、檢校太傅、守江州刺史王延翰爲福建節度使，依前檢校太傅。壬子，李嗣源領軍至鄴都，營於西南隅。甲寅，進營於觀音門外，下令諸軍，詰旦攻城。是夜，城下軍亂，迫嗣源爲帝。遲明，亂軍擁嗣源及霍彦威入於鄴城，復爲皇甫暉、趙進等所脅，嗣源以詭詞得出，夜分至魏縣。時嗣源遙領鎮州，詰旦，議欲歸籓，上章請罪，安重誨以爲不可，語在《明宗紀》中。翌日，遂次於相州。元行欽部下兵退保衛州，以飛語上奏，嗣源一日之中遣使上章申理者數四。帝遣嗣源子從審與中使白從訓齎詔以諭嗣源，行至衛州，從審爲元行欽所械，不得達。是日，西面行營副招討使任圜奏，收復漢州，擒逆賊康延孝。

丙辰，荆南高季興上言，請割峽內夔、忠、萬等三州卻歸當道，依舊管係，又請雲安監。初，將議伐蜀，詔高季興令率本軍上峽，自收元管屬郡。軍未進，夔、忠、萬三州已降，季興數請之，因賂劉皇后及宰臣樞密使，內外葉附，乃俞其請。戊午，詔河南府預借今年秋夏租稅。時年飢民困，百姓不勝其酷，京畿之民，多號泣於路，議者以爲劉盆子復生矣。庚申，詔潞州節度使孔勍赴闕，以右龍虎統軍安崇阮權知潞州。是日，忠武軍節度使、齊王張全義薨。壬戌，宰臣豆盧革率百官上表，以魏博軍變，請出內府金帛優給將士。不報。時知星者上言：『客星犯天庫，宜散府藏。』又云：『流星犯天棓，主御前有急兵。』帝召宰臣於便殿，皇后出宮中妝奩銀盆各二，幷皇子滿哥三人，謂宰臣曰：『外人謂內府金寶無數，向者諸侯貢獻旋供賜與，今宮中有者，妝奩、嬰孺而已，可鬻之給軍。』革等惶恐而退。癸亥，以僞置昭武軍節度使林思諤爲閬州刺史。是日，出錢帛給賜諸軍，兩樞密使及宋唐玉、景進等各貢助軍錢幣。是時，軍士之家乏食，婦女掇蔬於野，及優給軍人，皆負物而詬曰：『吾妻子已殍矣，用此奚爲！』甲子，元行欽自衛州率部下兵士歸，帝幸耀店以勞之。西川輦運金銀四十萬至闕，分給將士有差。元行欽請車駕幸汴州，帝將發京師，遣中官向延嗣馳詔所在誅蜀主王衍，仍夷其族。乙丑，車駕發京師。戊辰，遣元行欽將騎軍沿河東向。壬申，帝至滎澤，以龍驤馬軍八百騎爲前軍，遣姚彦温董之。彦温行至中牟，率所部奔於汴州。時潘瓌守王村寨，有積粟數萬，亦奔汴州。是時，李嗣源已入於汴。帝聞諸軍離散，精神沮喪，至萬勝鎮卽命旋師。登路旁荒塚，置酒視諸將流涕。俄有野人進雉，因問塚名，對曰：『里人相傳爲愁臺。』帝彌不悅，罷酒而去。是夜，次汜水。初，帝東出關，從駕兵二萬五千，及復至汜水，已失萬餘騎。乃留秦州都指揮使張塘以步騎三千守關。帝過罌子谷，道路險狹，每遇衛士執兵仗者，皆善言撫之曰：『適報魏王繼岌又進納西川金銀五十萬，到京當盡給爾等。』軍士對曰：『陛下賜與太晚，人亦不感聖恩。』帝流涕而已。又索袍帶賜從官，內庫使張容哥對曰：『頒給已盡。』衛士叱容哥曰：『致吾君社稷不保，是此閹豎！』抽刀逐之，或救而獲免。容哥謂同黨曰：『皇后惜物不散，軍人歸罪於吾輩，事若不測，吾輩萬段，願不見此禍。』因投河而死。

甲戌，次石橋，帝置酒野次，悲啼不樂，謂元行欽等諸將曰：『鄴下亂離，寇盜蜂起，總管迫於亂軍，存亡未測，今訛言紛擾，朕實無聊。卿等事予已來，富貴急難，無不共之，今茲危蹙，賴爾籌謀，而竟默默無言，坐觀成敗。予在滎澤之日，欲單騎渡河，訪求總管，面爲方略，招撫亂軍，卿等各吐胸襟，共陳利害，今日俾予至此，卿等如何！』元行欽等百餘人垂泣而奏曰：『臣本小人，蒙陛下撫養，位極將相，危難之時，不能立功報主，雖死無以塞責，乞申後效，以報國恩。』於是，百餘人皆援刀截髮，置髻於地，以斷首自誓，上下無不悲號，識者以爲不祥。是日，西京留守張筠部署西徵兵士到京，見於上東門外，晡晚，帝還宮。初，帝在汜水，衛兵散走，京師恐駭不寧，及帝至，人情稍安。乙亥，百官進名起居。安義節度使孔勍奏，點校兵士防城，準詔運糧萬石，進發次。時勍已殺監軍使據城，詭奏也。丙子，樞密使李紹宏與宰相豆盧革、韋說會於中興殿之廊下，商議軍機，因奏：『魏王西徵兵士將至，車駕且宜控汜水，以俟魏王。』從之。午時，帝出上東門親閱騎軍，誡以詰旦東幸，申時還宮。

四月丁丑朔，以永王存霸爲北都留守，申王存渥爲河中節度使。是日，車駕將發京師，從駕馬軍陳於寬仁門外，步兵陳於五鳳門外。帝內殿食次，從馬直指揮使郭從謙自本營率所部抽戈露刃，至興教門大呼，與黄甲兩軍引弓射興教門。帝聞其變，自宫中率諸王近衛御之，逐亂兵出門。既而焚興教門，緣城而入，登宫牆讙噪，帝御親軍格鬭，殺亂兵數百。俄而帝爲流矢所中，亭午，崩於絳霄殿之廡下，時年四十三。是時，帝之左右例皆奔散，唯五坊人善友斂廓下樂器簇於帝屍之上，發火焚之。及明宗入洛，止得其燼骨而已。

天成元年七月丁卯，有司上謚曰光聖神閔孝皇帝，廟號莊宗。是月丙子，葬於雍陵。

又　卷三五《唐書·明宗紀一》　明宗聖德和武欽孝皇帝，諱亶，初名嗣源，及即位，改今諱，代北人也。【略】是時，莊宗失政，四方饑饉，軍士匱乏，有賣兒貼婦者，道路怨咨。帝在京師，頗爲謡言所屬，洎朱友謙、郭崇韜無名被戮，中外大臣皆懷憂懾。諸軍馬步都虞候，朱守殷奉密旨伺帝起居，守殷陰謂帝曰：『德業振主者身危，功蓋天下者不賞，公可謂震主矣，宜自圖之，無與禍會。』帝曰：『吾心不負天地；禍福之來，吾無所避，付之於天，卿勿多談也。』

（同光）四年二月六日，趙在禮據魏州反，莊宗遣元行欽將兵攻之，行欽不利，退保衛州。初，帝善遇樞密使李紹宏，及帝在洛陽，羣小多以飛語謗毁，紹宏每爲庇護會。行欽兵退，河南尹張全義密奏，請委帝北伐，紹宏贊成之，遂遣帝將兵渡河。

三月六日，帝至鄴都，趙在禮等登城謝罪，出牲餼以勞師，帝亦慰納之，營於鄴城之西南，下令以九日攻城。八日夜，軍亂。從馬直軍士有張破敗者，號令諸軍，各殺都將，縱火焚營，讙譟雷動。至五鼓，亂兵逼帝營，親軍搏戰，傷痍者殆半，亂兵益盛。帝叱之，責其狂逆之狀，亂兵對曰：『昨貝州戍兵，主上不垂厚宥，又聞鄴城平定之後，欲盡坑全軍。某等初無叛志，直畏死耳。已共諸軍商量，與城中合勢，擊退諸道之師，欲主上帝河南，請令公帝河北。』帝泣而拒之，亂兵呼曰：『令公欲何之？不帝河北，則爲他人所有。苟不見幾，事當不測！』抽戈露刃，環帝左右。安重誨、霍彦威躡帝足，請詭隨之，因爲亂兵迫入鄴城。懸橋已發，共扶帝越濠而入，趙在禮等歡泣奉迎。是日，饗將士於行宫，在禮等不納外兵，軍衆流散，無所歸嚮。帝登南樓，謂在禮曰：『欲建大計，非兵不能集事，吾自於城外招撫諸軍。』帝乃得出。夜至魏縣，部下不滿百人，時霍彦威所將鎮州兵五千人獨不亂，聞帝既出，相率歸帝。詰朝，帝登城掩泣曰：『國家患難，一至於此！來日歸藩上章，徐圖再舉。』安重誨、霍彦威等曰：『此言非便也。國家付以閫外之事，不幸師徒逗橈，爲賊驚奔。元行欽狂妄小人，彼在城南，未聞戰聲，無故棄甲，如朝天之日，信其奏陳，何所不至。若歸藩聽命，便是强據要君，正墮讒慝之口也。正當星行歸闕，面叩玉階，讒間阻謀，庶全功業，無便於此者也。』帝從之。十一日，發魏縣，至相州，獲官馬二千匹，始得成軍。元行欽退保衛州，果以飛語上奏，帝上章申理，莊宗遣帝子從審及內官白從訓齎詔諭帝。從審至衛州，爲行欽所械，帝奏章亦不達。帝乃趨白皐渡，駐軍於河上，會山東上供綱載絹數船適至，乃取以賞軍，軍士以之增氣。及將濟，以渡船甚少，帝方憂之。忽有木栰數隻，沿流而至，即用以濟師，故無留滯焉。二十六日至汴州，莊宗領兵至滎澤，遣龍驤都校姚彦温爲前鋒。是日，彦温率部下八百騎歸於帝，具言：『主上爲行欽所惑，事勢已離，難與共事。』帝曰：『卿自不忠，言何悖也！』乃奪其兵，仍下令曰：『主上未諒吾心，遂致軍情至此，宜速赴京師。』既而房知温、杜晏球自北面相繼而至。

四月丁亥朔，至甖子谷，聞蕭牆釁作，莊宗晏駕，帝慟哭不自勝。詰旦，朱守殷遣人馳報：『京城大亂，燔剽不息，請速至京師。』已丑，帝至洛陽，止於舊宅，分命諸將止其焚掠。百官弊衣旅見，帝謝之，斂袵泣涕。

又　卷六四《唐書·霍彦威傳》　彦威善言論，頗能接奉，明宗尤重之。趙太叛於刑州，奉詔討平之。時趙在禮據魏州，與明宗會兵於鄴下，大軍夕亂，明宗爲其所逼，彦威從入魏州，皇甫暉等尤忌彦威，欲殺之，彦威機辯開説，竟免。及出，彦威部下兵士獨全，衛護明宗至魏縣。時明宗欲北趨常山，彦威與安重誨懇請赴闕，從至洛陽，彦威首率卿相勸進於至德宫，旬日之間，內外機事，皆決於彦威。

又　卷七〇《唐書·元行欽傳》　（同光）三年，行欽喪婦。莊宗有所愛宫人生皇子者，劉皇后心忌之，會行欽入侍，莊宗勞之曰：『紹榮喪婦復娶耶？吾給爾婚財。』皇后指所忌宫人謂莊宗曰：『皇帝憐紹榮，可使爲婦。』莊宗難違所請，微許之。皇后卽命紹榮謝之，未退，肩輿已出。莊宗心不懌，佯不豫者累日，業已遣去，無如之何。

及貝州軍亂，趙在禮入魏州，莊宗方擇將，皇后曰：『小事不勞大將，促紹勞指揮可也。』乃以行欽爲鄴都行營招撫使，領騎二千進討。洎至鄴城，攻之不能下，退保於澶州。未幾，諸道之師稍集，復進軍於鄴城之南。及明宗爲帥，領軍至鄴，行欽來謁於軍中，拜起之際，誤呼萬歲者再，明宗驚駭，遏之方止。既而明宗營於城西，行欽營於城南。三月八日夜，明宗爲亂軍所迫，惟行欽之軍不動，按甲以自固。明宗密令虔張劫釗至行欽營，戒之曰：『且堅壁勿動，計會同殺亂軍，莫錯疑誤。』行欽不聽，將步騎萬人棄甲而退。自知失策，且保衛州，因誣奏明宗曰：『鎮帥已入賊軍，終不爲國使。』明宗既劫出鄴城，令人走馬上章，申理其事，言：『臣且於近郡聽進止。』莊宗覽奏釋然曰：『吾知紹榮妄矣。』因令白從訓與明宗子繼璟至軍前，欲令見明宗，行欽縶繼璟於路。明宗凡奏軍機，拘留不達，故旬日之間，音驛斷絶。及莊宗出成皋，知明宗在黎陽，復令繼璟渡河召明宗，行欽卽殺之，仍勸班師。四月一日，莊宗既崩，行欽引皇后、存渥，得七百騎出師子門，將之河中就存霸，沿路部下解散，從者數騎而已。四日，至平陸縣界，爲百姓所擒，縣令裴進折其足，檻車以獻。明宗卽位，詔削奪行欽在身官爵，斬於洛陽。

又　卷九〇《晉書・趙在禮傳》　趙在禮，字幹臣，涿州人也。曾祖景裕，祖士廉，皆不仕。父元德，盧臺軍使。在禮始事燕帥劉仁恭爲小校，唐光化末，仁恭遣其子守文逐浮陽節度使盧彥威，據其城，升在禮爲軍使，以佐守文。及守文死，事其子。延祚爲守光所害，守光子繼威復爲部將張萬進所殺，在禮遂事萬進。萬進奔梁，在禮乃與滄州留後毛璋歸太原。同光末，爲效節指揮使，屯於貝州。會軍士皇甫暉等作亂，推指揮使楊晸爲帥。晸不從，為衆所害，擕晸首以脅在禮。在禮知其不可拒，遂從之，以四年二月六日引衆入鄴，在禮自稱留後。唐莊宗遣明宗率師討之，會城下軍亂，在禮迎明宗入城，事具《唐書》。

天成元年五月，授滑州節度使、檢校太保。制下，在禮密奏軍情未欲除移，且乞更伺少頃，尋就改天雄軍兵馬留後、鄴都留守、興唐尹。既而在禮將皇甫暉、趙進等相次除郡赴任，在禮乃上表乞移旌節。十二月，授滄州節度使。

論說

《舊五代史》卷三四《唐書・莊宗紀論》　莊宗以雄圖而起河、汾，以力戰而平汴、洛，家讎既雪，國祚中興，雖少康之嗣夏配天，光武之膺圖受命，亦無以加也。然得之孔勞，失之何？速豈不以驕於驟勝，逸於居安，忘櫛沐之艱難，狥色禽之荒樂。外則伶人亂政，內則牝鷄司晨。靳吝貨財，激六師之憤怨，徵搜輿賦，竭萬姓之脂膏。大臣無罪以獲誅，衆口吞聲而避禍。夫有一於此，未或不亡，矧咸有之不，亡何待，靜而思之，足以爲萬世之炯誡也。

清・趙翼《廿二史劄記》卷二一《五代史・薛史書法回護處・唐明宗紀》　帝奉莊宗命討趙在禮，至鄴城，夜有軍士張破敗等鼓噪逼營曰『城中兵何罪？直畏死耳！今已與城中約，欲主上帝河南，令公帝河北。』帝力拒之，亂兵益擐甲露刃，環帝左右，安重誨、霍彥威躡帝足，請詭許之，因爲亂兵擁入城，夕乃得出。帝欲歸藩上章，圖再舉，重誨等謂『元行欽已棄甲而去，（行欽亦以兵攻鄴，聞兵變，别拔營去。）不知其所奏如何，正當赴闕自陳以杜讒口。』帝從之。至相州，獲官馬二千匹。元行欽已以蜚語入奏。及至汴，有姚彥温來投，謂『主上已惑行欽之言，事勢已離，不可再合。』帝曰：『卿自不忠，言何悖也！』莊宗尋爲郭從謙所弑，帝急入洛，時魏王繼岌征蜀未還，帝謂朱守殷曰：『公善巡撫以待魏王，吾奉大行梓宮，禮畢卽歸藩矣！』而羣臣上箋勸進至再三，請監國，帝始從之。據此，則明宗遇軍變後，率兵向京師，併無反心，祇欲自訴，迨莊宗被弑，猶欲俟其子繼岌至而奉之，可謂純臣也。然攷當日情事，有不盡然者。明宗性本淳實，兵變之初，固不肯因以爲利，卽兵變後，欲歸藩待罪，欲上章申理，亦屬實情。然是時惟有隻身歸朝，庶明心迹，而明宗武夫，豈能知此？方外怵於元行欽之奏其反，內惑於石敬瑭、安重誨等之勸其反，勢當騎虎難下之時，不得不爲挺鹿走險之計。（《左傳》『鹿死不擇音，挺而走險，急何能擇？』）則當其率兵而南，固已變計決反，非眞欲面訴於莊宗之前也。天下豈有欲自訴不反，而轉舉兵向闕者？本紀所云赴闕自陳，可不辨而知其飾説也？且是時甫一舉足，反形已露。康義誠曰『今從衆則有歸，守節則將死。』明宗納其言。《義誠傳》非決計反，則何以納其言也？鄭琮在營中，安重誨欲徵四方兵，琮歷數諸道屯兵之數，附口傳檄，相次而至。《琮傳》王晏球率兵戍瓦橋關，明宗招之，即以兵來會。《晏球傳》非決計反，則何以徵諸道兵也？至相州，即掠官馬以益軍矣；至河上，則劫上供船絹帛以犒軍矣。既先以三百騎付敬瑭，使速入汴。《石晉傳》又養子從珂自横水率兵與王建立倍道馳至，由是軍聲大振。《廢帝傳》其抗逆之迹已不待言。而本紀猶謂其入汴、入洛，猶懷退讓。蓋當時實録，例有隱諱，修史者但照本鈔録，不復改訂耳。歐史則書軍變後，嗣源入於魏，與在禮合，以其兵南，遣石敬瑭將三百騎爲先鋒，嗣源至鉅鹿，掠馬三千以益軍。是明著其反逆之迹，可謂直筆。而其先本無欲反之意，則於石晉紀及霍彦威傳内見之。是又不没其初念，以見其倉卒被逼，不同於郭威之自澶州入也。

潞王簒弑

綜　述

《舊五代史》卷四五《唐書·閔帝紀》（應順元年春正月）戊子，樞密使、檢校太尉、同平章事朱弘昭，樞密使、檢校太尉、同中書門下二品馮贇併加兼中書令。北京留守、河東節度使兼大同彰國振武威塞等軍蕃漢馬步總管石敬瑭加兼中書令；幽州節度使、檢校太尉、兼中書令趙德鈞加檢校太師、兼中書令。樞密使馮贇表堅讓中書令，制改兼侍中，封邠國公。庚寅，鳳翔節度使、潞王從珂加兼侍中。

（應順元年春二月己卯）宣授鳳翔節度使、潞王從珂爲權北京留守；以北京留守石敬瑭權知鎮州軍州事；以鎮州范延光權知鄴都留守事；以前河中節度使、洋王從璋權知鳳翔軍府事。庚寅，幸山陵工作所。是日，西京留守王思同奏，鳳翔節度使、潞王從珂拒命。丁酉，王思同加同平章事，充西面行營都部署；以前邠州節度使藥彦稠爲副部署。以河中節度使安彦威爲西面兵馬都監，以前定州節度使李德琓爲權北京留守。

【略】乙未，樞密使馮贇起復視事，時贇丁母憂也。【略】庚子，殿直楚匡祚上言，監取亳州團練使李重吉至宋州，繫於軍院。重吉，潞王之長子，及幽於宋州，帝猶以金帛賜之，及聞西師咸叛，方遣使殺之。

（三月甲辰）興元節度使張虔釗奏，會合討鳳翔。丙午，以右領衛上將軍武延翰爲郢州刺史。丁未，洋州孫漢韶奏，至興元與張虔釗同議進軍。己酉，以鎮州節度使范延光依前檢校太師、兼侍中，行興唐尹，充天雄軍節度使、北面水陸轉運制置使；以北京留守、河東節度使石敬瑭依前檢校太尉、兼中書令，其眞定尹、充鎮州節度使、大同彰國振武威塞等軍蕃漢馬步總管如故。辛亥，以前定州節度使李德琓爲北京留守，充河東節度使。許王從益加檢校太保，前河中節度使、洋王從璋加檢校太傅。詔：『藩侯帶平章事以上薨，許立神道碑，差官撰文。未帶平章事及刺史，準令式合立碑者，其文任自製撰，不在奏聞。』乙卯，興元張虔釗奏，自鎮將兵赴鳳翔，收大散關。

（三月）庚申，西面步軍都監王景從等自軍前至，奏：『今月十五日，大軍進攻鳳翔。十六日，嚴衛右廂都指揮使尹暉引軍東面入城，右羽林都指揮使楊思權引軍西面入城，山南軍潰。』帝聞之，謂康義誠等曰：『朕幼年嗣位，委政大臣，兄弟之間，必無榛梗。諸公大計見告，朕獨難違，事至於此，何方轉禍？朕當與左右自往鳳翔，迎兄主社稷；朕自歸藩，於理爲便。』朱弘昭、馮贇不對，義誠曰：『西師驚潰，蓋由主將失策。今駕下兵甲尚多，臣請自往關西，振其兵威，扼其衝要。』義誠又累奏請行，帝召侍衛都將以下宣曰：『先皇帝棄萬國，朕於兄弟之中，無心爭立，一旦被召主喪，便委社稷，岐陽兄長，果致猜嫌。卿等頃從先朝千征萬戰，今日之事，寧不痛心！今據府庫，悉以頒賜，卿等勉之！』乃出銀絹錢厚賜於諸軍。是時方事山陵，復有此賜，府藏爲之一空，軍士猶負賞物揚言於路曰：『到鳳翔更請一分。』其驕誕無畏如是。辛酉，幸左藏庫，視給將士金帛。是日，誅馬軍都指揮使朱洪實，坐與康義誠忿爭故也。

癸亥，以康義誠爲鳳翔行營都招討使，餘如故。以王思同爲副招討使；以安從進爲順化軍節度使，充侍衛馬軍都指揮使。詔左右羽林軍四十指揮改爲嚴衛，左右龍武、神武軍改爲捧聖。甲子，陝州奏，潞王至潼關，害西面都部署王思同。乙亥，宣諭西面行營將士，俟平鳳翔日，人賞二百千，府庫不足，以宮闈服翫增給。詔侍衛馬軍都指揮使安從進京城巡檢。是日，從進已得潞王書檄，潛布腹心矣。丁卯，潞王至陝州。戊辰，帝急召孟漢瓊，不至；召朱弘昭，弘昭懼，投於井。安從進尋殺馮贇於其第。是夜，帝以百騎出元武門，謂控鶴指揮使慕容遷曰：『爾誠有馬，控鶴從予。』及駕出，卽闔門不行。遷乃帝素親信者也，臨危如是，人皆惡之。

是月二十九日夜，帝至衛州東七八里，遇騎從自東來不避，左右叱之，乃曰：『鎮州節度使石敬瑭也。』帝喜，敬瑭拜舞於路，帝下馬慟哭，諭以『潞王危社稷，康義誠以下叛我，無以自庇，長公主見教，逆爾於路，謀社稷大計。』敬瑭曰：『衛州王弘贄宿舊諳事，且就弘贄圖之。』敬瑭卽馳騎而前，見弘贄曰：『主上播遷，至此危迫，吾戚屬也，何以圖全？』弘贄曰：『天子避狄，古亦有之，然於奔迫之中，亦有將相、國寶、法物，所以軍長瞻奉，不覺其亡也。今宰職近臣從乎？寶玉、法物從乎？』詢之無有。弘贄曰：『大樹將顛，非一繩所維。今以五十騎奔竄，無將相一人擁從，安能興復大計！所謂蛟龍失雲雨者也。今六軍將士總在潞邸矣，公縱以戚藩念舊，無奈之何！』遂與弘贄同謁於驛亭，宣坐謀之。敬瑭以弘贄所陳以聞，弓箭庫使沙守榮、賁洪進前謂敬瑭曰：『主上卽明宗愛子，公卽明宗愛婿，富貴既同受，休慼合共之。今謀於戚藩，欲期安復，翻索從臣、國寶，欲以此爲辭，爲賊算天子耶！』乃抽佩刀刺敬瑭，敬瑭親將陳暉捍之，守榮與暉單戰而死，洪進亦自刎。是日，敬瑭盡誅帝之從騎五十餘輩，獨留帝於驛，乃馳騎趨洛。

四月三日，潞王入洛。五日，卽位。七日，廢帝爲鄂王。遣弘贄子殿直王巒之衛州，時弘贄已奉帝幸州廨。九日，巒至，帝遇鴆而崩，時年二十一。

又 卷四六《唐書・末帝紀上》 末帝，諱從珂，本姓王氏，鎮州人也。母宣憲皇后魏氏，以光啓元年歲在乙巳正月二十三日，生帝於平山。景福中，明宗爲武皇騎將，略地至平山，遇魏氏，擄之，帝時年十餘歲，明宗養爲己子。小字二十三。帝幼謹重寡言，及壯，長七尺餘，方頤大體，材貌雄偉，以驍果稱，明宗甚愛之。在太原，嘗與石敬瑭因擊球同入於趙襄子之廟，見其塑像，屹然起立，帝秘之，私心自負。及從明宗征討，以力戰知名，莊宗嘗曰：『阿三不惟與我同齒，敢戰亦相類。』莊宗與梁軍戰於胡柳陂，兩軍俱撓，帝衛莊宗奪土山，摧驍陣，其軍復振。時明宗先渡河，莊宗不悅，謂明宗曰：『公當爲吾死，渡河安往？』明宗待罪，莊宗以帝從戰有功，由是解愠。

天祐十八年，莊宗營於河上，議討鎮州。留守符存審在德勝寨未行，梁人謂莊宗已北，乃悉衆攻德勝，莊宗命明宗、存審爲兩翼以抗之，自以中軍前進。梁軍退卻，帝以十數騎雜梁軍而退，至壘門大呼，斬首數級，斧其望櫓而還。莊宗大噱曰：『壯哉，阿三！』賜酒一器。

同光元年四月，從明宗襲破鄆州。九月，莊宗敗梁將王彥章於中都，急趨汴州。明宗將前軍，帝率勁騎以從，晝夜兼行，率先下汴城。莊宗勞明宗曰：『復唐社稷，卿父子之功也。』

二年，以帝爲衛州刺史。時有王安節者，昭宗朝相杜讓能之宅吏也。安節少善賈，得相術於奇士，因事見帝於私邸，退謂人曰：『眞北方天王相也，位當爲天子，終則我莫知也。』三年，明宗奉詔北御契丹，以家在太原，表帝爲北京內衙指揮使；莊宗不悅，以帝爲突騎都指揮使，遣戍石門。

四年，魏州軍亂，明宗赴洛，時帝在橫水，率部下軍士由曲陽、孟縣趨常山，與王建立會，倍道兼行，渡河而南，由是明宗軍聲大振。

天成初，以帝爲河中節度使。明年二月，加檢校太保、同平章事。十一月，加檢校太傅。

長興元年，加檢校太尉。先是，帝與樞密使安重誨在常山，因杯盤失意，帝以拳擊重誨腦，中其櫛，走而獲免。帝雖悔謝，然重誨終銜之。及帝鎮河中，重誨知其出入不時，因矯宣中旨，令牙將楊彥溫遇出郭則閉門勿納。是歲四月五日，帝閱馬於黃龍莊，彥溫閉城拒帝，帝聞難遽還，遣問其故，彥溫曰：『但請相公入朝，此城不可入也。』帝止虞鄉以聞，明宗詔帝歸闕。遣藥彥稠將兵討彥溫，令生致之，面要鞫問。十一月收城，彥溫已死，明宗以彥稠不能生致彥溫，甚怒之。後數日，安重誨以帝失守，諷宰相論奏行法，明宗不悅。重誨又自論奏，明宗曰：『朕爲小將校時，家徒衣食不足，賴此兒荷石灰、收馬糞存養，以至今貴爲天子，而不能庇一兒！卿欲行朝典，朕未曉其意，卿等可速退，從他私第閒坐。」遂詔歸清化里第，不預朝請。帝尚懼重誨多方危陷，但日諷佛書陰禱而已。

二年，安重誨得罪，帝即授左衛大將軍。未幾，復檢校太傅、同平章事、行京兆尹，充西京留守。三年，進位太尉，移鳳翔節度使。四年五月，封潞王。

閔帝即位，加兼侍中。既而帝子重吉出刺亳州，女尼入宮，帝方憂不測。應順元年二月，移帝鎮太原，是時不降制書，唯以宣授而已。帝聞之，召賓佐將吏以謀之，皆曰：『主上年幼，未親庶事，軍國大政悉委朱宏昭等，王必無保全之理。』判官馬裔孫曰：『君命召，不俟駕行焉。諸君凶言，非令圖也。』是夜，帝令李專美草檄求援諸道，欲誅君側之罪。朝廷命王思同率師來討。三月十五日，外兵大集。十六日，大將督衆攻城，帝登城垂泣，諭於外曰：『我年未二十從先帝征伐，出生入死，金瘡滿身，樹立得社稷，軍士從我登陣者多矣。今朝廷信任賊臣，殘害骨肉，且我有何罪！』因慟哭，聞者哀之。時羽林都指揮使楊思權謂衆曰：『大相公，吾主也。』遂引軍自西門入，嚴衛都指揮使尹暉亦引軍自東門而入，外軍悉潰。十七日，率居民家財以賞軍士。是日，帝整衆而東。二十日，次長安，副留守劉遂雍以城降，率京兆居民家財犒軍。二十三日，次靈口，誅王思同。二十四日，次華州，收藥彥稠繫獄。二十五日，次閿鄉，王仲皋父子迎謁，命誅之。二十六日，次靈寶，河中節度使安彥威來降，待罪，宥之，遣歸鎮。陝州節度使康思立奉迎。二十七日，次陝州，下令告諭京城。二十八日，康義誠軍前兵士相繼來降，義誠詣軍門請罪，帝宥之。駕下諸軍畢至，誅宣徽南院使孟漢瓊於路左。是夜，閔帝與帳下親騎百餘出玄武門而去。

夏四月壬申，帝至蔣橋，文武百官立班奉迎，教旨以未拜梓宮，未可相見，俟會於至德宮，時六軍勳臣及節將內職已累表勸進。是日，帝入謁太后、太妃，至西宮，伏梓宮慟哭，宰相與百僚班見致拜，帝答拜。馮道等上箋勸進，帝立謂羣臣曰：『予之此行，事非獲已，當俟主上歸闕，園陵禮終，退守藩服。諸公言遽及此，信無謂也。』衛州刺史王弘贄奏，閔帝以前月二十九日至州。癸酉，皇太后下令降閔帝爲鄂王。又，太后令曰：『先皇帝誕膺天睠，光紹帝圖，明誠動於三靈，德澤被於四海，方期偃革，遽歎遺弓。自少主之承祧，爲奸臣之擅命，離間骨肉，猜忌磐維，既輒易於籓垣，復驟興於兵甲。遂致輕離社稷，大撓軍民，萬世鴻基，將墜於地。皇長子潞王從珂，位居塚嗣，德茂沖年，乃武乃文，惟忠惟孝。前朝廓清多難，有戰伐之大功；纘紹丕圖，有夾輔之盛業。今以宗祧乏祀，園寢有期，須委親賢，俾居監撫，免萬機之壅滯，慰兆庶之推崇。可起今月四日知軍國事，權以書詔印施行。』是日，監國在至德宮，宰臣馮道等率百官班於宮門待罪。帝出於庭，曰：『相公諸人何罪，請復位。』乃退。甲戌，太后令曰：『先皇帝櫛風沐雨，平定華夷，嗣洪業於艱難，致蒼生於富庶。鄂王嗣位，奸臣弄權，作福作威，不誠不信，離間骨肉，猜忌磐維。鄂王輕捨宗祧，不克負荷，洪基大寶，危若綴旒，須立長君，以紹丕構。皇長子潞王從珂，日躋孝敬，天縱聰明，有神武之英姿，有寬仁之偉略。先朝經綸草昧，廓靜寰區，辛勤有百戰之勞，忠貞贊一統之運，臣誠子道，冠古超今。而又克己化民，推心撫士，率土之謳歌有屬，上蒼之眷命攸臨。一日萬機，不可以暫曠；九州四海，不可以無歸。況因山有期，同軌斯至，永言嗣守，屬任元良，宜即皇帝位。』

乙亥，監國赴西宮，柩前告奠即位。攝中書令李愚宣册書曰：

維應順元年歲次甲午，四月庚午朔，六日乙亥，文武百僚，特進、守司空兼門下侍郎、同中書門下平章事、充太微宮使、弘文館大學士、上柱國、始平郡公、食邑二千五百户臣馮道等九千五百九十三人上言：帝王興運，天地同符，河出圖而洛出書，雲從龍而風從虎。莫不恢張八表，覆育兆民，立大定之基，保無疆之祚。人謠再洽，天命顯歸，須登宸極之尊，以奉祖宗之祀。伏惟皇帝陛下，天資仁智，神助機權，奉莊宗於多難之時，從先帝於四征之際，凡當決勝，無不成功。洎正皇綱，每嚴師律，爲國家之志大，守臣子之道全。自泣遺弓，常悲易月，欲期同軌，親赴因山。而自鄂王承祧，奸臣擅命，致神祇之乏饗，激朝野以歸心。使屈者伸，令否者泰，人情大順，天象至明。聚東井以呈祥，拱北辰而應運。由是文武百辟，岳牧羣賢，至於比屋之倫，盡祝當陽之位。今則承太后慈旨，守先朝遠圖，撫四海九州，享千齡萬祀。臣等不勝大願，謹上寶册，稟太后令，奉皇帝踐祚。臣等誠慶誠忭，謹言。

帝就殿之東楹受羣臣稱賀。

先是，帝在鳳翔日，有瞽者張蒙自言知術數，事太白山神，其神祠卽元魏時崔浩廟也。時之否泰，人之休咎，蒙告於神，卽傳吉凶之言，帝親校房暠酷信之。一日，蒙至府，聞帝語聲，駭然曰：『非人臣也。』暠詢其事，卽傳神語曰：『三珠併一珠，驢馬没人驅，歲月甲庚午，中興戊己土。』暠請解釋，曰：『神言予不知也。』長興四年五月，府廨諸門無故自動，人頗駭異。遣暠問蒙，蒙曰：『衙署小異勿怪，不出三日，當有恩命。』是夜報至，封潞王。及帝移鎮河東，甚懼，問蒙，蒙曰：『王保無患。』王思同兵至，又詰之，蒙曰：『王有天下，不能獨力，朝廷兵來迎王也。王若疑臣，臣唯一子，請王致之麾下，以質臣心。』帝乃以蒙攝館驛巡官。至是，帝受册，册曰：『維應順元年歲次甲午，四月庚午朔。』帝回視房暠曰：『張蒙神言甲庚午，不亦異乎！』帝令暠共術士解三珠一珠事，言：『三珠，三帝也；驢馬没人驅，失位也。』帝卽位之後，以蒙爲將作少監同正，仍賜金紫以酬之。帝初封潞王，言事者云：『潞字一足已入洛矣。』又，帝在鳳翔日，有何叟者，年逾七十，暴卒，見陰官憑几告叟曰：『爲我言於潞王，來年三月當爲天子，二十三年。』叟既蘇，懼不敢言。逾月復卒，陰官見而叱之曰：『安得違吾旨，不達其事，再放汝還。』退見廊廡下簿書，以問主者，曰：『朝代將易，此卽升降人爵之籍也。』及蘇，詣帝親校劉延朗告之。帝召而問之，叟曰：『請質之，此言無徵，戮之可也。』後人云：『二十三，蓋帝之小字也。』又，石壕人胡杲通善天文，帝召問之，曰：『王貴不可言，若舉動，宜以乙未年。』及舉兵，又問之，杲通曰：『今歲蔀首，王者不宜建功立事，若俟來歲入朝，則福祚永遠矣。』其後皆驗。夫如是，則大寶之位，必有冥數，可輕道哉！

丙子，詔河南府率京城居民之財以助賞軍。丁丑，又詔預借居民五箇月房課，不問士庶，一概施行。帝素輕財好施，自岐下爲諸軍推戴，告軍士曰：『候入洛，人賞百千。』至是，以府藏空匱，於是有配率之令，京城庶士自絶者相繼。己卯，衛州奏，此月九日鄂王薨。庚辰，以宰臣劉煦判三司。辛巳，邢州奏，磁州刺史宋令詢自經而卒。令詢，鄂王在藩時都押牙也，故至於是。甲申，帝以鄂王薨，行服於內園，羣臣奉慰。癸未，太后、太妃出宮中衣服器用，以助賞軍。

乙酉，帝服衮冕御明堂殿，文武百僚朝服就位，宣制改應順元年爲清泰元年，大赦天下，常赦不原者咸赦除之。

又　卷六五《唐書·王思同傳》（長興三年八月）復爲京兆尹兼西京留守。時潞王鎮鳳翔，與之鄰境，及潞王不稟朝旨，致書於秦、涇、雍、梁、邠諸帥，言：『賊臣亂政，屬先帝疾篤，謀害秦王，迎立嗣君，自擅權柄，以致殘害骨肉，摇動藩垣。懼先人基業，忽焉墜地，故誓心入朝，以除君側，事濟之後，謝病歸藩。然藩邸素貧，兵力俱困，欲希國士，共濟急難。』乃令小伶女十人以五弦技見思同，因歡諷動，又令軍校宋審温者，請使於雍，若不從命，卽獨圖之。又令推官郝昭、府吏朱延乂以書檄起兵。會副部署藥彦稠至，方宴，而妓、使適至，乃擊之於獄。彦稠請誅審温，拘送昭赴闕。時思同已遣其子入朝言事，朝廷嘉之，乃以思同爲鳳翔行營都部署，起軍營於扶風。

三月十四日，與張虔釗會於岐下，梯衝大集。十五日，進收東西關城，城中戰備不完，然死力禦扞，外兵傷夷者十二三。十六日，復進攻其城，潞王登陴泣諭於外，聞者悲之。張虔釗性褊，詰旦，西南用軍，與都監皆血刃以督軍士，軍士齊詬，反攻虔釗，虔釗躍馬避之。時羽林指揮使楊思權引軍自西門先入，思同未之知，猶督士登城。俄而嚴衛指揮使尹暉呼曰：『西城軍已入城受賞矣，軍士可解甲！』棄仗之聲，振動天地。日午，亂軍畢集，涇州張從賓、邠州康福、河中安彦威皆遁去。十七日，思同與藥彦稠、萇從簡俱至長安，劉遂雍閉關不內，乃奔潼關。

二十二日，潞王至昭應，前鋒執思同來獻。王謂左右曰：『思同計乖於事，然盡心於所奉，亦可嘉也。』顧謂趙守鈞曰：『思同爾之故人，可行迓之於路，達予撫慰之意。』思同至，潞王讓之曰：『賊臣傾我國家，殘害骨肉，非予弟之過。我起兵岐山，蓋誅一二賊臣耳，爾何首鼠兩端，多方誤我，今日之罪，其可逃乎！』思同曰：『臣起自行間，受先朝爵命，秉旄仗鉞，累歷重藩，終無顯效以答殊遇。臣非不知攀龍附鳳則福多，扶衰救弱則禍速，但恐瞑目之後，無面見先帝。釁鼓膏原，縲囚之常分也。』潞王爲之改容，徐謂之曰：『且憩歇。』潞王欲用之，而楊思權之徒恥見其面，屢啓劉延朗，言『思同不可留，慮失士心。』又，潞王入長安時，尹暉盡得思同家財及諸妓女，故尤惡思同，與劉延朗亟言之。屬王醉，不待報，殺思同并其子德勝。潞王醒，召思同，左右報已誅之矣。潞王怒延朗，累日嗟惜之。及漢高祖卽位，詔贈侍中。

又 卷六六《唐書·朱弘昭傳》 長興三年十二月，代康義誠爲襄州節度使。四年，秦王從榮爲元帥，屢宣惡言，執政大臣皆懼，謀出避之。樞密使范延光、趙延壽日夕更見，涕泣求去，明宗怒而不許。延壽使其妻興平公主入言於中，延光亦因孟漢瓊、王淑妃進説，故皆得免。未幾，趙延壽出鎮汴州，召弘昭於襄陽，代爲樞密使，加同平章事。十月，范延光出鎮常山，以三司使馮贇與宏昭對掌樞務，與康義誠、孟漢瓊同謀以殺秦王。

閔帝卽位，弘昭以爲由己得立，故於庶事高下在心，及赦後覃恩，弘昭首自平章事超加中書令。素猜忌潞王，致其釁隙，以致禍敗。潞王至陝，閔帝懼，欲奔，馳手詔弘昭圖之。時將軍穆延輝在弘昭第，曰：『急召，罪我也，其如之何？吾兒婦，君之女也，可速迎歸，無令受禍。』中使繼至，弘昭援劍大哭，至後庭欲自裁，家人力止之。使促之急，弘昭曰：『窮至此耶！』乃自投於井。安從進既殺馮贇，斷弘昭首，俱傳於陝州。及漢高祖卽位，贈尚書令。

又 《康義誠傳》 及秦王既誅，明宗宴駕，閔帝卽位，加檢校太尉、兼侍中，判六軍諸衞事。未幾，鳳翔變起，西軍不利，義誠懼，乃請行，蓋欲盡率駕下諸軍送降於潞王求免也。會與朱洪實議事不叶，洪實因厲聲言義誠苞藏之志，閔帝曖昧，不能明辨，而誅洪實。及義誠率軍至新安，諸軍爭先趨陝，解甲迎降，義誠以部下數十人見潞王請罪，潞王雖罪其奸回，未欲行法。清泰元年四月，斬於興教門外，夷其族。

又 《宋令詢傳》 宋令詢，不知何許人也。閔帝在籓時，補爲客將，知書樂善，動皆由禮。長興中，閔帝連典大籓，遷爲都押衙，參輔閫政，甚有時譽，閔帝深委之。及閔帝嗣位，朱、馮用事，不欲閔帝之舊臣在於左右，乃出爲磁州刺史。閔帝蒙塵於衞，令詢日令人奔問。及聞帝遇害，大慟半日，自經而卒。

《新五代史》卷二七《唐臣傳·馮贇》 馮贇者，亦太原人也。其父璋，事明宗爲閽者。贇爲兒時，以通黠爲明宗所愛。明宗爲節度使，以贇爲進奏官。明宗卽位，卽爲客省使、宣徽北院使。歷河東忠武節度使、三司使。明宗病甚，大臣稀復進見，而孟漢瓊、王淑妃用事，弘昭及贇併掌機務於中，大事皆決此四人。及殺秦王而立湣帝，益自以爲功。又其所用多非其人，給事中陳乂，爲人險譎，好陰謀，嘗事梁張漢傑，又事郭崇韜，兩人皆輒敗死，弘昭乃引以爲樞密直學士，而用其謀。是時，弘昭、贇遣漢瓊至魏，召愍帝入立，而留漢瓊權知後事。明年正月，漢瓊請入朝，弘昭、贇乃議徙成德范延光代漢瓊，北京留守石敬瑭代延光，鳳翔潞王從珂代敬瑭。三人者皆唐大臣，以漢瓊故，輕易其地，又不降制書，第遣使者監其上道，從珂由此遂反。從珂兵已東，湣帝大懼，遣人召弘昭計事。弘昭謂其客穆延暉曰：『上召我急，將罪我也。吾兒婦，君之女也，其以歸，無使及禍。』乃拔劍大哭，欲自裁，而家人止之。使者促弘昭入見甚急，弘昭呼曰：『窮至此邪！』乃自投於井以死。安從進聞之，亦殺贇於家，贇母新死，子母棄尸于道，妻子皆見殺。贇有子三歲，其故吏張守素匿之以免。漢高祖卽位，贈弘昭尚書令，贇中書令。

又 《劉延朗傳》 劉延朗，宋州虞城人也。初，廢帝起於鳳翔，與共事者五人：節度判官韓昭胤，掌書記李專美，牙將宋審虔，客將房暠，而延朗爲孔目官。初，愍帝卽位，徙廢帝爲北京留守，不降制書，遣供奉官趙處愿促帝上道。帝疑惑，召昭胤等計議，昭胤等皆勸帝反，由是事無大小，皆此五人謀之。而暠又喜鬼神巫祝之説，有瞽者張蒙，自言事太白山神，神，魏崔浩也，其言吉凶無不中，暠素信之。嘗引蒙見帝，聞其語聲，驚曰：『此非人臣也！』暠使蒙問於神，神傳語曰：『三珠併一珠，驢馬没人驅。歲月甲庚午，中興戊己土。』暠不曉其義，使問蒙，蒙曰：『神言如此，我能傳之，不能解也。』帝卽以蒙爲館驛巡官。

帝將反，而兵少，又乏食，由此甚懼，使暠問蒙，蒙傳神語曰：『王當有天下，可無憂！』於是決反，使專美作檄書，言：『朱弘昭、馮贇幸明宗病，殺秦王而立愍帝。帝年少，小人用事，離間骨肉，將問罪於朝！』遣使者馳告諸鎮，皆不應，獨隴州防禦使相里金遣其判官薛文遇計事。帝得文遇，大喜。而延朗調率城中民財以給軍。王思同率諸鎮兵圍鳳翔，廢帝懼，又遣暠問神，神曰：『王兵少，東兵來，所以迎王也。』已而東兵果叛降於帝。帝入京師，卽位之日，受册明宗柩前。册曰：

『維應順元年，歲次甲午，四月庚午朔。』帝回顧賓曰：『張蒙神言，豈不驗哉！』由是昺益見親信，而專以巫祝用事。

論說

《舊五代史》卷四五《唐書·閔帝紀論》　閔帝爰自沖年，素有令問，及徽從代邸，入踐堯階，屬軒皇之弓劍初遺，吴王之几杖未賜，遽生猜間，遂至奔亡。蓋輔臣無安國之謀，非少主有不君之咎。以至越在草莽，失守宗祧，斯蓋天命之難忱，土德之將謝故也。

又　卷四八《唐書·末帝紀論》　末帝負神武之才，有人君之量。由尋戈而踐阼，慚德應深；及當宁以居尊，政經未失。屬天命不祐，人謀匪臧，坐俟焚如，良可悲矣！稽夫衽金甲於河壖之際，斧眺樓於梁壘之時，出没如神，何其勇也！及乎駐革輅於覃懷之日，絶羽書於汾晉之辰，涕淚沾襟，何其怯也！是知時之來也，雕虎可以生風；運之去也，應龍不免爲醢。則項籍悲歌於帳下，信不虛矣！

《新五代史》卷七《唐紀·廢帝紀論》　嗚呼，君臣之際，可謂難哉！蓋明者慮於未萌而前知，暗者告以將及而不懼，故先事而言，則雖忠而不信，事至而悔，其可及乎？重誨區區獨見潞王之禍，而謀之不臧，至於殞身赤族，其隙自茲。及湣帝之亡也，穴於徽陵，其土一壟，路人見者，皆爲之悲。使明宗爲有知，其有媿於重誨矣，哀哉！

又　卷二七《唐臣傳·劉延朗等傳論》　嗚呼，禍福成敗之理，可不戒哉！張蒙神言驗矣，然焉知其不爲禍也！予之所記，大抵如此，覽者可以深思焉。廢帝之起，所與圖議者，此五六人而已。考其逆順之理，雖有智者爲之謀，未必能不敗，況如此五六人者哉！故并述以附延朗，見其始終之際云。

清·劉統勳等《評鑑闡要》卷七《五季·潞王從珂反朱洪實欲固守洛陽徐圖進取唐義誠誣其反，唐主不能辨，遂斬洪實目》　從厚柔懦無能，羣小滿朝，無足與圖國。是當從珂舉兵犯闕，義誠輩早蓄異心，逝將他適，所可稍恃以支持者，惟朱洪實耳。雖其固守徐圖之計，未必果能濟事，而其心皭然不滓，從厚所宜知也。乃不辨黑白，枉殺忠良，譬之木將槁而復披其枝葉，能無立見傾覆乎！

閩主并立相攻

綜述

《舊五代史》卷一三四《僭僞傳一·王審知延鈞昶延羲》　王審知，字信通，光州固始人。【略】審知起自隴畝，以至富貴。每以節儉自處，選任良吏，省刑惜費，輕徭薄斂，與民休息。三十年間，一境晏然。同光元年，審知卒，子延翰嗣，爲弟延鈞所殺。

延鈞，審知次子。後唐長興三年，上言吴越國王錢鏐薨，乞封爲吴越王，不報。未幾，自稱帝，國號大閩，改元龍啓，然猶稱藩於朝廷。清泰二年，遇弑。子昶嗣。

昶，嗣僞位，朝廷因授昶福建節度使。晉天福三年，遣使貢奉至闕，止稱閩王。其子繼恭稱節度使，晉祖乃下制封昶爲閩王。改元通大，後遇弑，審知少子延羲嗣。

延羲，嗣僞位，改元永隆，在位六年遇弑。兄延政，自稱帝於福州，晉開運三年，爲李景所滅。

《新五代史》卷六八《閩世家·王延羲》　延羲，審知少子也。既立，更名曦，遣使者朝貢於晉，改元永隆，鑄大鐵錢，以一當十。

曦自昶世倔彊難制，昶相王倓每抑折之，曦亦憚倓，不敢有所發。新羅遣使聘閩以寶劍，昶舉以示倓曰：『此將何爲？』倓曰：『不忠不孝者，斬之。』曦居旁色變。曦既立，而新羅復獻劍，曦思倓前言，而倓已死，命發冢戮其尸，倓面如生，血流被體。

泉州刺史余廷英嘗矯曦命掠取良家子，曦怒，召下御史劾之。廷英進買宴錢千萬，曦曰：『皇后土貢何在？』廷英又獻皇后錢千萬，乃得不劾。曦嘗嫁女，朝士有不賀者笞之。御史中丞劉贊坐不糾舉，將加笞，諫議大夫鄭元弼切諫，曦謂元弼曰：『卿何如魏鄭公，乃敢强諫！』元弼曰：『陛下似唐太宗，臣爲魏鄭公可矣。』曦喜，乃釋贊不笞。曦弟延政爲建州節度使，封富沙王，自曦立，不叶，數舉兵相攻，曦由此惡其宗室，多以事誅之。諫議大夫黃峻舁櫬詣朝堂極諫，曦怒，貶峻漳州司戶參軍。校書郎陳光逸上書疏曦過惡五十餘事，曦命衛士鞭之百而不死，以繩係頸，掛於木，久而乃絶。國計使陳匡範增算商之法以獻，曦曰：『匡範人中寶也。』已而歲入不登其數，乃借於民以足之，匡範以憂死。其後知其借於民也，剖棺斷尸，棄之水中。

曦性既淫虐，而妻李氏悍而酗酒，賢妃尚氏有色而寵。李仁遇，曦甥也，以色嬖之，用以爲相。曦常爲牛飲，羣臣侍酒，醉而不勝，有訴及私棄酒者輒殺之。諸子繼柔棄酒，并殺其贊者一人。連重遇殺昶，懼爲國人所討，與朱文進連姻以自固。曦心疑之，常以語誚重遇等，重遇等流涕自辨。李氏妬尚妃之寵，欲圖曦而立其子亞澄，乃使人謂重遇等曰：『上心不平於二公，奈何？』重遇等懼。六年三月，曦出遊，醉歸，重遇等遣壯士拉於馬上而殺之，謚曰景宗。

又《王延政》 延政，審知子也。曦立，爲淫虐，延政數貽書諫之。曦怒，遣杜建崇監其軍，延政逐之，曦乃舉兵攻延政，爲延政所敗。延政乃以建州建國稱殷，改元天德。

明年，連重遇已殺曦，集閩羣臣告曰：『昔太祖武皇帝親冒矢石，遂啓有閩，及其子孫，淫虐不道。今天厭王氏，百姓與能，當求有德，以安此土。』羣臣皆莫敢議，乃推朱文進升殿，率百官北面而臣之。文進以重遇判六軍諸衛事，王氏子弟在福州者無少長皆殺之。以黃紹頗守泉州，程贇守漳州，許文縝守汀州，稱晉年號，時開運元年也。泉州軍將留從效詐其州人曰：『富沙王兵收福州矣，吾屬世爲王氏臣，安能交臂而事賊乎？』州人共殺紹頗，迎王繼勳爲刺史，漳州聞之，亦殺贇，迎王繼成爲刺史，皆王氏之諸子也。文縝懼，以汀州降於延政。延政已得三州，重遇亦殺文進，傳首建州以自歸。福州裨將林仁翰又殺重遇，謀迎延政都福州。

是時，南唐李景聞閩亂，發兵攻之，延政遣其從子繼昌守福州，而南唐兵方急攻延政，福州將李仁達謂其徒曰：『唐兵攻建州，富沙王不能自保，其能有此土也？』乃擒繼昌殺之。欲自立，懼衆不附，以雪峰寺僧卓儼明示衆曰：『此非常人也。』被以衮冕，率諸將吏北面而臣之。已而又殺儼明，乃自立，送款於李景，景以仁達爲威武軍節度使，更其名曰弘義。而景兵攻破建州，遷延政族於金陵，封鄱陽王。是歲，景保大四年也。

留從效聞延政降唐，執王繼勳送於金陵，李景以泉州爲清源軍，以從效爲節度使。景已破延政，遣人召李仁達入朝，仁達不從，遂降於吳越。而留從效亦逐景守兵，據泉、漳二州，景猶封從效晉江王。周世宗時，從效遣牙將蔡仲興爲商人，間道至京師，求置邸內屬。是時，世宗與李景畫江爲界，遂不納，從效仍臣於南唐。其後事具國史。

后妃干政分部

武周代唐

綜　述

《舊唐書》卷四《高宗紀上》 （永徽六年）三月，【略】壬戌，昭儀武氏著《内訓》一篇。【略】

九月庚午，尚書右僕射、河南郡公褚遂良以諫立武昭儀，貶授潭州都督。【略】

冬十月己酉，廢皇后王氏爲庶人，立昭儀武氏爲皇后，大赦天下。

十一月丁卯朔，臨軒，命司空勣、左僕射志寧册皇后，文武羣官及番夷之長，奉朝皇后於肅義門。【略】

（顯慶元年）八月【略】九月癸酉，初詔戶滿三萬已上爲上州，二萬已上爲中州；先爲上州、中州者各依舊。皇后製《外戚誡》。【略】

（二年）八月丁卯，侍中、潁川縣公韓瑗左授振州刺史，中書令兼太子詹事、南陽侯來濟左授台州刺史，皆坐諫立武昭儀爲皇后，救褚遂良之貶也。禮部尚書、高陽郡公許敬宗爲侍中，以立武后之功也。【略】

（五年）三月丙午，皇后宴親族鄰里故舊於朝堂，命婦人入會於内殿，及皇室諸親賜帛各有差，及從行文武五品以上。制以皇后故鄉并州長史、司馬各加勳級。又皇后親預會，每賜物一千段，期親五百段，大功已

下及無服親、鄰里故舊有差。城内及諸婦女年八十已上，各版授郡君，仍賜物等。【略】

龍朔元年三月丙申朔，改元。【略】夏五月丙申，【略】皇后請禁天下婦人爲俳優之戲，詔從之。甲子晦，日有蝕之。【略】

（麟德二年）冬十月戊午，皇后請封禪，司禮太常伯劉祥道上疏請封禪。

又　卷五《高宗紀下》（咸亨五年）秋八月壬辰，追尊宣簡公爲宣皇帝，懿王爲光皇帝，太祖武皇帝爲高祖神堯皇帝，太宗文皇帝爲文武聖皇帝，太穆皇后爲太穆神皇后，文德皇后爲文德聖皇后。皇帝稱天皇，皇后稱天后。

又　卷六《則天皇后紀》則天皇后武氏，諱曌，并州文水人也。父士彠，隋大業末爲鷹揚府隊正。高祖行軍於汾、晉，每休止其家。義旗初起，從平京城。貞觀中，累遷工部尚書、荆州都督，封應國公。

初，則天年十四時，太宗聞其美容止，召入宫，立爲才人。及太宗崩，遂爲尼，居感業寺。大帝於寺見之，復召入宫，拜昭儀。時皇后王氏、良娣蕭氏頻與武昭儀爭寵，互讒毁之，帝皆不納。進號宸妃。永徽六年，廢王皇后而立武宸妃爲皇后。高宗稱天皇，武后亦稱天后。后素多智計，兼涉文史。帝自顯慶已後，多苦風疾，百司表奏，皆委天后詳決。自此内輔國政數十年，威勢與帝無異，當時稱爲『二聖』。

弘道元年十二月丁巳，大帝崩，皇太子顯即位，尊天后爲皇太后。既將篡奪，是日自臨朝稱制。庚午，加授澤州刺史、韓王元嘉爲太尉，豫州刺史、滕王元嬰爲開府儀同三司，絳州刺史、魯王靈夔爲太子太師，相州刺史、越王貞爲太子太傅，安州都督、紀王慎爲太子太保。元嘉等地尊望重，恐其生變，故進加虚位，以安其心。甲戌，劉仁軌爲尚書左僕射，岑長倩爲兵部尚書，魏玄同爲黄門侍郎，併依舊知政事。劉齊賢爲侍中，裴炎爲中書令。嗣聖元年春正月甲申朔，改元。

二月戊午，廢皇帝爲廬陵王，幽於别所，仍改賜名哲。己未，立豫王輪爲皇帝，令居於别殿。大赦天下，改元文明。皇太后仍臨朝稱制。庚午，廢皇太孫重照爲庶人。太常卿兼豫王府長史王德眞爲侍中，中書侍郎、豫王府司馬劉禕之同中書門下三品。

三月，庶人賢死於巴州。夏四月，滕王元嬰薨。改封畢王上金爲澤王，葛王素節爲許王。丁丑，遷廬陵王哲於均州。閏五月，禮部尚書武承嗣同中書門下三品。秋七月，突厥骨咄禄、元珍寇朔州，命左威衛大將軍程務挺拒之。彗星見西北方，長二丈餘，經三十三日乃滅。九月，大赦天下，改元爲光宅。旗幟改從金色，飾以紫，畫以雜文。改東都爲神都，又改尚書省及諸司官名。初置右肅政御史臺官員。故司空李勣孫柳州司馬徐敬業僞稱揚州司馬，殺長史陳敬之，據揚州起兵，自稱上將，以匡復爲辭。冬十月，楚州司馬李崇福率所部三縣以應敬業。命左玉鈐衛大將軍李孝逸爲大總管，率兵三十萬以討之。殺内史裴炎。丁酉，追削敬業父祖官爵，復其本姓徐氏。十一月，前中書令薛元超卒。殺左威衛大將軍程務挺。

垂拱元年春正月，以敬業平，大赦天下，改元。劉仁軌薨。三月，遷廬陵王哲於房州。頒下親撰《垂拱格》於天下。夏四月，内史騫味道左授青州刺史。五月，秋官尚書裴居道爲内史，納言王德眞配流象州，冬官尚書蘇良嗣爲納言。詔内外文武九品已上及百姓，咸令自舉。是夏大旱。二年春正月，皇太后下詔，復政於皇帝。以皇太后既非實意，乃固讓。皇太后仍依舊臨朝稱制，大赦天下。初令都督、刺史併準京官帶魚。

三月，初置匭於朝堂，有進書言事者聽投之，由是人間善惡事多所知悉。夏四月，岑長倩爲内史。六月，蘇良嗣爲文昌左相，天官尚書韋待價爲文昌右相，併同鳳閣鸞臺三品。右肅政御史大夫韋思謙爲納言。三年春正月，封皇子成義爲恒王，隆基爲楚王，隆範爲衛王，隆業爲趙王。二月，韋思謙請致仕，許之。夏四月，裴居道爲納言，夏官侍郎張光輔爲鳳閣侍郎、同鳳閣鸞台平章事。庚午，劉禕之賜死於家。秋八月，地官尚書魏玄同檢校納言。

四年春二月，毁乾元殿，就其地造明堂。山東、河南甚飢乏，詔司屬卿王及善、司府卿歐陽通、冬官侍郎狄仁傑巡撫賑給。夏四月，魏王武承嗣僞造瑞石，文云：『聖母臨人，永昌帝業。』令雍州人唐同泰表稱獲之洛水。皇太后大悦，號其石爲『寶圖』，擢授同泰游擊將軍。

五月，皇太后加尊號曰聖母神皇。秋七月，大赦天下。改『寶圖』曰『天授聖圖』，封洛水神爲顯聖，加位特進，併立廟。就水側置永昌縣。天下大酺五日。八月壬寅，博州刺史、琅邪王沖據博州起兵，命左金吾大將軍丘神勣爲行軍總管討之。庚戌，沖父豫州刺史、越王貞又舉兵於豫州，與沖相應。九月，命内史岑長倩、鳳閣侍郎張光輔、左監門大將軍鞠崇裕率兵討之。丙寅，斬貞及沖等，傳首神都，改姓爲虺氏。曲赦博州。韓王元嘉、魯王靈夔、元嘉子黄國公譔、靈夔子左散騎常侍范陽王藹、霍王元軌及子江都王緒、故虢王元鳳子東莞公融坐與貞通謀，元嘉、靈夔自殺，元軌配流黔州，譔等伏誅，改姓虺氏。自是宗室諸王相繼誅死者，殆將盡矣。其子孫年幼者咸配流嶺外，誅其親黨數百餘家。十二月己酉，神皇拜洛水，受『天授聖圖』，是日還宫。明堂成。

永昌元年春正月，神皇親享明堂，大赦天下，改元，大酺七日。三月，張光輔爲内史，武承嗣爲納言。夏四月，誅蔣王惲、道王元慶、徐王元禮、曹王明等諸子孫，徙其家屬於巂州。五月，命文昌右相韋待價爲安息道大總管以討吐蕃。六月，令文武官五品已上各舉所知。秋七月，紀王慎被誣告謀反，載以檻車，流於巴州，改姓虺氏。韋待價坐遲留不進，士卒多饑饉而死，配流綉州。八月，左肅政御史大夫王本立同鳳閣鸞臺三品。辛巳，誅内史張光輔。九月，納言魏玄同賜死於家。冬十月，春官尚書范履冰、鳳閣侍郎邢文偉并同鳳閣鸞臺平章事。改羽林軍百騎爲千騎。

載初元年春正月，神皇親享明堂，大赦天下。依周制建子月爲正月，改永昌元年十一月爲載初元年正月，十二月爲臘月，改舊正月爲一月，大酺三日。神皇自以『曌』字爲名，遂改詔書爲制書。春一月，蘇良嗣爲特進，武承嗣爲文昌左相，岑長倩爲文昌右相，裴居道爲太子少傅，并依舊同鳳閣鸞臺三品。鳳閣侍郎武攸寧爲納言，邢文偉爲内史。秋七月，殺豫章王亶，遷其父舒王元名於和州。有沙門十人僞撰《大雲經》，表上之，盛言神皇受命之事。制頒於天下，令諸州各置大雲寺，總度僧千人。丁亥，殺隨州刺史澤王上金、舒州刺史許王素節并其子數十人。

九月九日壬午，革唐命，改國號爲周。改元爲天授，大赦天下，賜酺七日。乙酉，加尊號曰聖神皇帝，降皇帝爲皇嗣。丙戌，初立武氏七廟於神都。追尊神皇父贈太尉、太原王士彠爲孝明皇帝。兄子文昌左相承嗣爲魏王，天官尚書三思爲梁王，堂姪懿宗等十二人爲郡王。司賓卿史務滋爲納言，鳳閣侍郎宗秦客爲内史。給事中傅遊藝爲鸞臺侍郎，仍依舊知鳳閣鸞臺平章事。令史務滋等十人分道存撫天下。改内外官所佩魚并作龜。冬十月，改并州文水縣爲武興縣，依漢豐、沛例，百姓子孫相承給復。二年正月，親祀明堂。春三月，改唐太廟爲享德廟。夏四月，令釋教在道法之上，僧尼處道士女冠之前。

又 卷七《中宗睿宗紀》 中宗大和聖昭孝皇帝諱顯，高宗第七子，母曰則天順聖皇后。顯慶元年十一月乙丑，生於長安。明年封周王，授洛州牧。儀鳳二年，徙封英王，改名哲，授雍州牧。永隆元年，章懷太子廢，其年立爲皇太子。弘道元年十二月，高宗崩，遺詔皇太子柩前卽帝位。皇太后臨朝稱制，改元嗣聖。元年二月，皇太后廢帝爲廬陵王，幽於别所。其年五月，遷於均州，尋徙居房陵。【略】

睿宗玄真大聖大興孝皇帝，諱旦，高宗第八子，中宗母弟。龍朔二年六月己未，生於長安。其年封殷王，遥領冀州大都督、單于大都護、右金吾衛大將軍。及長，謙恭孝友，好學，工草隸，尤愛文字訓詁之書。乾封元年，徙封豫王。總章二年，徙封冀王。上初名旭輪，至是去『旭』字。上元二年，徙封相王，拜右衛大將軍。儀鳳三年，遷洛牧；改名旦，徙封豫王。嗣聖元年，則天臨朝，廢中宗爲廬陵王，立豫王爲皇帝，仍臨朝稱制。及革命，改國號爲周，降帝爲皇嗣，令依舊名輪，徙居東宫，其具儀一比皇太子。

又 卷五一《后妃傳上·高宗廢后王氏附良娣蕭氏》 高宗廢后王氏，并州祁人也。父仁祐，貞觀中羅山令。同安長公主卽后之從祖母也。公主以后有美色，言於太宗，遂納爲晉王妃。高宗登儲，册爲皇太子妃，以父仁祐爲陳州刺史。永徽初，立爲皇后，以仁祐爲特進、魏國公，母柳氏爲魏國夫人。仁祐尋卒，贈司空。

初，武皇后貞觀末隨太宗嬪御居於感業寺，后及左右數爲之言，高宗由是復召入宫，立爲昭儀。俄而漸承恩寵，遂與后及良娣蕭氏遞相譖毁。帝終不納后言，而昭儀寵遇日厚。后懼不自安，密與母柳氏求巫祝厭勝。事發，帝大怒，斷柳氏不許入宫中，后舅中書令柳奭罷知政事，并將廢后，長孫無忌、褚遂良等固諫，乃止。俄又納李義府之策，永徽六年十月，廢后及蕭良娣皆爲庶人，囚之别院。武昭儀令人皆縊殺之。后母柳氏、兄尚衣奉御全信及蕭氏兄弟，并配流嶺外。遂立昭儀爲皇后。尋又追改后姓爲蟒氏，蕭良娣爲梟氏。

庶人良娣初囚，大罵曰：『願阿武爲老鼠，吾作貓兒，生生扼其喉！』武后怒，自是宫中不畜貓。初囚，高宗念之，閒行至其所，見其室封閉極密，惟開一竅通食器出入。高宗惻然，呼曰：『皇后、淑妃安在？』庶人泣而對曰：『妾等得罪，廢棄爲宫婢，何得更有尊稱，名爲皇后？』言訖悲咽，又曰：『今至尊思及疇昔，使妾等再見日月，出入院中，望改此院名爲「回心院」，妾等再生之幸。』高宗曰：『朕卽有處置。』武后知之，令人杖庶人及蕭氏各一百，截去手足，投於酒甕中，曰：『令此二嫗骨醉！』數日而卒。後則天頻見王、蕭二庶人披髮瀝血，如死時狀。武后惡之，禱以巫祝，又移居蓬萊宫，復見，故多在東都。中宗卽位，復后姓爲王氏，梟氏還爲蕭氏。

又　卷六五《長孫無忌傳》　高宗卽位，進拜太尉，兼揚州都督，知尚書及門下二省事併如故。無忌固辭知尚書省事，許之，仍令以太尉同中書門下三品。永徽二年，監修國史。【略】時無忌位當元舅，數進謀議，高宗無不優納之。明年，以旱上疏辭職，高宗頻降手詔敦喻，不許。五年，親幸無忌第，見其三子，併擢授朝散大夫。又命圖無忌形像，親爲畫贊以賜之。六年，帝將立昭儀武氏爲皇后，無忌屢言不可，帝乃密遣使賜無忌金銀寶器各一車、綾錦十車，以悦其意。昭儀母楊氏復自詣無忌宅，屢加祈請。時禮部尚書許敬宗又屢申勸請，無忌嘗厲色折之。帝後又召無忌、左僕射于志寧、右僕射褚遂良，謂曰：『武昭儀有令德，朕欲立爲皇后，卿等以爲如何？』無忌曰：『自貞觀二十三年後，先朝付託遂良，望陛下問其可否。』帝竟不從無忌等言而立昭儀爲皇后。皇后以無忌先受重賞而不助己，心甚銜之。

又　卷七六《越王貞琅邪王沖傳》　越王貞，太宗第八子也。貞觀五年，封漢王。七年，授徐州都督。十年，改封原王，尋徙封越王，拜揚州都督，賜實封八百户。十七年，轉相州刺史。二十三年，加實封滿千户。永徽四年，授安州都督。咸亨中，復轉相州刺史。貞少善騎射，頗涉文史，兼有吏幹。所在或偏受讒言，官僚有正直者多被貶退，又縱諸僮豎侵暴部人，由是人伏其才而鄙其行。則天臨朝，加太子太傅，除蔡州刺史。自則天稱制，貞與韓王元嘉、魯王靈夔、霍王元軌及元嘉子黄國公譔、靈夔子范陽王藹、元軌子江都王緒幷貞長子博州刺史琅邪王沖等，密有匡復之志。垂拱三年七月，譔作謬書與貞云：『内人病漸重，恐須早療；若至今冬，恐成痼疾，宜早下手，仍速相報。』是歲，則天以明堂成，將行大享之禮，追皇宗赴集。元嘉因遞相語云：『大享之際，神皇必遣人告諸王密，因大行誅戮，皇家子弟無遺種矣。』譔遂詐爲皇帝璽書與沖云：『朕被幽縶，王等宜各救拔我也。』沖在博州，又僞爲皇帝璽書云：『神皇欲傾李家之社稷，移國祚於武氏。』遂命長史蕭德琮等召募士卒，分報韓、魯、霍、越、紀等五王，各令起兵應接，以赴神都。初，沖與諸王連謀，及沖先發而莫有應者，惟貞以父子之故，獨舉兵以應之。尋遣兵破上蔡縣，聞沖敗，恐懼，索鎖欲自拘馳驛詣闕謝罪。會其所署新蔡令傅延慶得勇士二千餘人，貞遂有拒敵之意。乃宣言於其衆曰：『琅邪王已破魏、相數州，聚兵至二十萬，朝夕卽到，爾宜勉之。』徵屬縣兵至七千人，分爲五營。貞自爲中營，署其所親汝陽縣丞裴守德爲大將軍、内營總管；趙成美爲左中郎將，押左營；閻弘道爲右中郎將，押右營；安摩訶爲郎將、後軍總管；王孝志爲右將軍、前軍總管。又以蔡州長史韋慶禮爲銀青光禄大夫，行其府司馬。凡署九品已上官五百餘人。令道士及僧轉讀諸經，以祈事集，家僮、戰士咸帶符以辟兵。其所署官皆迫脅見從，本無鬬志，惟裴守德實與之同。守德驍勇，善騎射，貞將起事，便以女良鄉縣主妻之，而委以爪牙心腹之任。

則天命左豹韜衛大將軍麴崇裕爲中軍大總管，夏官尚書岑長倩爲後軍大總管，率兵十萬討之，仍令鳳閣侍郎張光輔爲諸軍節度。於是制削貞及沖屬籍，改姓虺氏。崇裕等軍至蔡州城東四十里，貞命少子規及裴守德拒戰。規等兵潰而歸，貞大懼，閉門自守。裴守德排閤入，問王安在，意欲殺貞以自購也。官軍進逼州城，貞家僮悉力衛，貞曰：『事卽如此，豈得受戮辱，當須自爲計。』貞乃飲藥而死。家僮方始一時散，捨仗就擒。規亦縊其母自殺，守德攜良鄉縣主亦同縊于別所。麴崇裕斬貞父子及裴守德等，傳首東都，梟於闕下。貞起兵凡二十日而敗。貞之在蔡州，數奏免所部租賦以結人心，家僮千人，馬數千匹，外託以畋獵，内實習武備。嘗遊于城西水門橋，臨水自鑑，不見其首，心甚惡之，未幾而及禍。神龍初，追復爵土，與子沖俱復舊姓。初，貞將起兵，作書與壽州刺史、駙馬都尉趙瑰曰：『仵總義兵，來入貴境。』瑰甚喜，復許率兵相應。瓌妻常樂長公主，高祖第七女，和思皇后之母也，謂其使曰：『爲我報越王，與其進不與其退。爾諸王若是男兒，不應至許時尚未舉動。我常見耆老云，隋文帝將篡奪周室，尉遲迥是周家外甥，猶能起兵相州，連結突厥，天下聞風，莫不響應。況爾諸王，併國家懿親，宗社是託，豈不學尉遲迥感恩效節，捨生取義耶？夫爲臣子，若救國家則爲忠，不救則爲逆。諸王必須以匡救爲急，不可虛生浪死，取笑於後代。』及貞等敗，瓌與公主亦伏誅。

沖，貞長子也。好文學，善騎射，歷密、濟、博三州刺史，皆有能名。初，沖自博州募得五千餘人，欲渡河攻濟州，先取武水縣。縣令郭務悌赴魏州請援，魏州莘縣令馬玄素領兵千七百人邀之於路，恐力不敵，先入武水城，閉門拒守。沖乃令積草車上，放火燒南門，擬乘火突入。火之未起，南風甚急，及火已燃，遽迴爲北風，未至城門，燒草已甚，沖軍由是沮氣。有堂邑丞董玄寂爲沖統帥兵仗，及衝擊武水，玄寂曰：『琅邪王與國家交戰，此乃反也。』沖聞之，斬玄寂以徇。兵衆懼而散入草澤，不可禁止，惟有家僮左右不過數十而已。乃卻走入博州城，爲守門者所殺。則天命左金吾將軍丘神勣爲清平道行軍大總管以討沖，兵未至，沖已死，傳首東都，梟於闕下。沖起兵凡七日而敗。沖三弟：蒨，封常山公，歷常州別駕，坐與父兄連謀伏誅。温，以告其朋黨得實，減死流嶺南，尋卒。

又　卷七九《李淳風傳》　李淳風，岐州雍人也。其先自太原徙焉。**【略】**（貞觀）二十二年，遷太史令。初，太宗之世有《祕記》云：『唐三世之後，則女主武王代有天下。』太宗嘗密召淳風以訪其事，淳風曰：『臣據象推算，其兆已成。然其人已生，在陛下宮內，從今不踰三十年，當有天下，誅殺唐氏子孫殲盡。』帝曰：『疑似者盡殺之，如何？』淳風曰：『天之所命，必無禳避之理。王者不死，多恐枉及無辜。且據上象，今已成，復在宮內，已是陛下眷屬。更三十年，又當衰老，老則仁慈，雖受終易姓，其於陛下子孫，或不甚損。今若殺之，卽當復生，少壯嚴毒，殺之立讎。若如此，卽殺戮陛下子孫，必無遺類。』太宗然竟善其言而止。淳風每占候吉凶，合若符契，當時術者疑其別有役使，不因學習所致，然竟不能測也。

又　卷八〇《褚遂良傳》　褚遂良，散騎常侍亮之子也。**【略】**（貞觀）二十三年，太宗寢疾，召遂良及長孫無忌入臥內，謂之曰：『卿等忠烈，簡在朕心。昔漢武寄霍光，劉備託葛亮，朕之後事，一以委卿。太子仁孝，卿之所悉，必須盡誠輔佐，永保宗社。』又顧謂太子曰：『無忌、遂良在，國家之事，汝無憂矣。』仍命遂良草詔。高宗卽位，賜爵河南縣公。永徽元年，進封郡公。尋坐事出爲同州刺史。三年，徵拜吏部尚書、同中書門下三品，監修國史，加光禄大夫。其月，又兼太子賓客。四年，代張行成爲尚書右僕射，依舊知政事。

六年，高宗將廢皇后王氏，立昭儀武氏爲皇后，召太尉長孫無忌、司空李勣、尚書左僕射于志寧及遂良以籌其事。將入，遂良謂無忌等曰：『上意欲廢中宮，必議其事，遂良今欲陳諫，衆意如何？』無忌曰：『明公必須極言，無忌請繼焉。』及入，高宗難於發言，再三顧謂無忌曰：『莫大之罪，絕嗣爲甚。皇后無胤息，昭儀有子，今欲立爲皇后，公等以爲何如？』遂良曰：『皇后出自名家，先朝所娶，伏事先帝，無愆婦德。先帝不豫，執陛下手以語臣曰：「我好兒好婦，今將付卿。」陛下親承德音，言猶在耳。皇后自此未聞有愆，恐不可廢。臣今不敢曲從，上違先帝之命，特願再三思審。愚臣上忤聖顏，罪合萬死，但願不負先朝厚恩，何顧性命？』遂良致笏於殿陛，曰：『還陛下此笏。』仍解巾叩頭流血。帝大怒，令引出。長孫無忌曰：『遂良受先朝顧命，有罪不加刑。』翌日，帝謂李勣曰：『册立武昭儀之事，遂良固執不從。遂良既是受顧命大臣，事若不可，當且止也。』勣對曰：『此乃陛下家事，不合問外人。』帝乃立昭儀爲皇后，左遷遂良潭州都督。顯慶二年，轉桂州都督。未幾，又貶爲愛州刺史。明年，卒官，年六十三。

又　《韓瑗傳》　韓瑗，雍州三原人也。**【略】**瑗少有節操，博學有吏才。貞觀中，累至兵部侍郎，襲父潁川公。永徽三年，拜黃門侍郎。四年，與中書侍郎來濟皆同中書門下三品，監修國史。五年，加銀青光禄大夫。六年，遷侍中，其年兼太子賓客。時高宗欲廢王皇后，瑗涕泣諫曰：『皇后是陛下在藩府時先帝所娶，今無愆過，欲行廢黜，四海之士，誰不惕然？且國家屢有廢立，非長久之術。願陛下爲社稷大計，無以臣愚，不垂採察。』帝不納。明日，瑗又諫，悲泣不能自勝。帝大怒，促令引出。尋而尚書左僕射褚遂良以忤旨左授潭州都督，瑗復上疏理之曰：

古之聖王，立諫鼓，設謗木，冀欲聞逆耳之言，甘苦口之議，發揚大化，裨益洪猷，垂令譽於將來，播休聲於不朽者也。伏見詔書以褚遂良爲潭州都督，臣夙夜思之，用增感激。臣識慚知遠，業謝通經，載撫愚情，誠爲未可。遂良運偶升平，道昭前烈，束髮從宦，方淹累稔。趨侍陛下，俄歷歲年，不聞涓滴之愆，常睹勤勞之效。竭忠誠於早歲，罄直道於茲年。體國忘家，捐身徇物，風霜其操，鐵石其心。誠可重於皇明，詎專方於曩昔？且先帝納之於帷幄，寄之以心膂，德逾水石，義冠舟車，公家之利，言無不可。及纏悲四海，遏密八音，竭忠國家，親承顧託，一德無二，千古懍然。此不待臣言，陛下備知之矣。臣嘗有此心，未敢聞奏。且萬姓失業，旰食忘勞；一物不安，納隍軫慮，在於微細，寧得過差。況社稷之舊臣，陛下之賢佐，無聞罪狀，斥去朝廷，內外甿黎，咸嗟舉措。觀其近日言事，披誠懇切，詎肯後陛下之德，異於堯、舜，懼陛下之過，塵於史册。而乃深遭厚謗，重負醜言，可以痛志士之心，損陛下之明也。臣聞晉武弘裕，不貽劉毅之誅；漢祖深仁，無恚周昌之直。而遂良被遷，已經寒暑，違忤陛下，其罰塞焉。伏願緬鑑無辜，稍寬非罪，俯矜微款，以順人情。

疏奏，帝謂瑗曰：『遂良之情，朕亦知之矣。然其悖戾犯上，以此責之，朕豈有過，卿言何若是之深也！』瑗對曰：『遂良可謂社稷忠臣，臣恐以諛佞之輩，蒼蠅點白，損陷忠貞。昔微子去之而殷國以亡，張華不死而綱紀不亂，國之欲謝，善人其衰。今陛下富有四海，八紘清泰，忽驅逐舊臣，而不垂省察乎！伏願違彼覆車，以收往過，垂勸誡於事君，則羣生幸甚。』帝竟不納。

又 《來濟傳》 來濟，揚州江都人，隋左翊衛大將軍榮國公護子也。【略】永徽二年，拜中書侍郎，兼弘文館學士，監修國史。四年，同中書門下三品。五年，加銀青光祿大夫，以修國史功封南陽縣男，賜物七百段。六年，遷中書令、檢校吏部尚書。時高宗欲立昭儀武氏爲宸妃，濟密表諫曰：『宸妃古無此號，事將不可。』武皇后既立，濟等懼不自安；后乃抗表稱濟忠公，請加賞慰，而心實惡之。

又 卷八二《許敬宗傳》 許敬宗，杭州新城人，隋禮部侍郎善心子也。【略】高宗嗣位，代于志寧爲禮部尚書。敬宗嫁女與蠻酋馮盎之子，多納金寶，爲有司所劾，左授鄭州刺史。永徽三年，入爲衛尉卿，加弘文館學士，兼修國史。六年，復拜禮部尚書，高宗將廢皇后王氏而立武昭儀，敬宗特贊成其計。長孫無忌、褚遂良、韓瑗等並直言忤旨，敬宗與李義府潛加誣構，並流死於嶺外。

又 《李義府傳》 李義府，瀛州饒陽人也。【略】高宗嗣位，遷中書舍人。永徽二年，兼修國史，加弘文館學士。高宗將立武昭儀爲皇后，義府嘗密申協贊，尋擢拜中書侍郎、同中書門下三品，監修國史，賜爵廣平縣男。

又 卷八七《裴炎傳》 永淳元年，高宗幸東都，留太子哲守京師，命炎與劉仁軌、薛元超爲輔。明年，高宗不豫，炎從太子赴東都侍疾。十一月，高宗疾篤，命太子監國，炎奉詔與黃門侍郎劉齊賢、中書侍郎郭正一併於東宮平章事。十二月丁巳，高宗崩，太子即位。未聽政，宰臣奏議，天后降令於門下施行。中宗既立，欲以后父韋玄貞爲侍中，又欲與乳母子五品，炎固爭以爲不可。中宗不悅，謂左右曰：『我讓國與玄貞豈不得，何爲惜侍中耶？』炎懼，乃與則天定策廢立。炎與中書侍郎劉禕之、羽林將軍程務挺、張虔勗等勒兵入內，宣太后令，扶帝下殿。帝曰：『我有何罪？』太后報曰：『汝若將天下與韋玄貞，何得無罪！』乃廢中宗爲盧陵王，立豫王旦爲帝。炎以定策功，封河東縣侯。

又 卷一八三《外戚傳・武承嗣》 （武）承嗣嘗諷則天革命，盡誅皇室諸王及公卿中不附己者，承嗣從父弟三思又盛贊其計，天下於今冤之。

又 《薛懷義傳》 懷義與法明等造《大雲經》，陳符命，言則天是彌勒下生，作閻浮提主，唐氏合微。故則天革命稱周，懷義與法明等九人併封縣公，賜物有差，皆賜紫袈裟、銀龜袋。其僞《大雲經》頒於天下寺，各藏一本，令升高座講說。

又 卷一八六上《酷吏傳上・傅遊藝》 傅遊藝，衛州汲人也。載初元年，爲合宮主簿、左肅政臺御史，除左補闕。上書稱武氏符瑞，合革姓受命。則天甚悅，擢爲給事中。數月，加同鳳閣鸞臺平章事。同月，又加朝散大夫，守鸞臺侍郎，依舊同平章事。其年九月革命，改天授元年，賜姓武氏。二年五月，加銀青光禄大夫。

又　卷一九一《方伎傳·袁天綱》　袁天綱，益州成都人也。尤工相術。【略】則天初在襁褓，天綱來至第中，謂其母曰：『唯夫人骨法，必生貴子。』乃召諸子，令天綱相之。見元慶、元爽曰：『此二子皆保家之主，官可至三品。』見韓國夫人曰：『此女亦大貴，然不利其夫。』乳母時抱則天，衣男子之服，天綱曰：『此郎君子神色爽徹，不可易知，試令行看。』於是步於牀前，仍令舉目，天綱大驚曰：『此郎君子龍睛鳳頸，貴人之極也。』更轉側視之，又驚曰：『必若是女，實不可窺測，後當爲天下之主矣！』

《新唐書》卷七六《后妃傳上·高宗則天武皇后》　高宗則天順聖皇后武氏，并州文水人。父士彠，見《外戚傳》。文德皇后崩，久之，太宗聞士彠女美，召爲才人，方十四。母楊，慟泣與訣，后獨自如，曰：『見天子庸知非福，何兒女悲乎？』母韙其意，止泣。既見帝，賜號武媚。及帝崩，與嬪御皆爲比丘尼。高宗爲太子時，入侍，悦之。王后久無子，蕭淑妃方幸，后陰不悦。它日，帝過佛廬，才人見且泣，帝感動。后廉知狀，引内後宫，以撓妃寵。

才人有權數，詭變不窮。始，下辭降體事后，后喜，數譽於帝，故進爲昭儀。一旦顧幸在蕭右，寢與后不協。后性簡重，不曲事上下，而母柳見内人尚宫無浮禮，故昭儀伺后所薄，必款結之，得賜予，盡以分遺。由是后及妃所爲必得，得輒以聞，然未有以中也。昭儀生女，后就顧弄，去，昭儀潛斃兒衾下，伺帝至，陽爲歡言，發衾視兒，死矣。又驚問左右，皆曰：『后適來。』昭儀即悲涕，帝不能察，怒曰：『后殺吾女，往與妃相讒媢，今又爾邪！』由是昭儀得入其訾，后無以自解，而帝愈信愛，始有廢后意。久之，欲進號『宸妃』，侍中韓瑗、中書令來濟言：『妃嬪有數，今别立號，不可。』昭儀乃誣后與母厭勝，帝挾前憾，實其言，將遂廢之。長孫無忌、褚遂良、韓瑗及濟瀕死固爭，帝猶豫；而中書舍人李義府、衛尉卿許敬宗素險側，狙勢即表請昭儀爲后，帝意決，下詔廢后。詔李勣、于志寧奉璽綬進昭儀爲皇后，命羣臣及四夷酋長朝后肅義門，内外命婦入謁。朝皇后自此始。

后見宗廟，再贈士彠至司徒，爵周國公，謚忠孝，配食高祖廟。母楊，再封代國夫人，家食魏千户。后乃製《外戚誡》獻諸朝，解釋譏譟。於是逐無忌、遂良，踵死徙，寵煽赫然。后城宇深，痛柔屈不耻，以就大事，帝謂能奉己，故扳公議立之。已得志，即盗威福，施施無憚避，帝亦儒昏，舉能鉗勒，使不得專，久稍不平。麟德初，后召方士郭行眞入禁中爲蠱祝，宦人王伏勝發之，帝怒，因是召西臺侍郎上官儀，儀指言后專恣，失海内望，不可承宗廟，與帝意合，乃趣使草詔廢之。左右馳告，后遽從帝自訴，帝羞縮，待之如初，猶意其恚，且曰：『是皆上官儀教我！』后諷許敬宗構儀，殺之。

初，元舅大臣怫旨，不閱歲屠覆，道路目語，及儀見誅，則政婦房帷，天子拱手矣。羣臣朝、四方奏章，皆曰『二聖』。每視朝，殿中垂簾，帝與后偶坐，生殺賞罰惟所命。當其忍斷，雖甚愛，不少隱也。帝晚益病風不支，天下事一付后。后乃更爲太平文治事，大集諸儒内禁殿，撰定《列女傳》、《臣軌》、《百僚新誡》、《樂書》等，大氐千餘篇。因令學士密裁可奏議，分宰相權。

始，士彠娶相里氏，生子元慶、元爽。又娶楊氏，生三女：伯嫁賀蘭越石，蚤寡，封韓國夫人；仲即后；季嫁郭孝慎，前死。楊以后故，寵日盛，徙封榮國。始，兄子惟良、懷運與元慶等遇楊及后禮薄，后銜不置。及是，元慶爲宗正少卿，元爽少府少監，惟良司衛少卿，懷運淄州刺史。它日，夫人置酒，酣，謂惟良曰：『若等記疇日事乎？今謂何？』對曰：『幸以功臣子位朝廷，晚緣戚屬進，憂而不榮也。』夫人怒，諷后僞爲退讓，請惟良等外遷，無示天下私。繇是，惟良爲始州刺史；元慶，龍州；元爽，濠州，俄坐事死振州。元慶至州，憂死。韓國出入禁中，一女國姝，帝皆寵之。韓國卒，女封魏國夫人，欲以備嬪職，難於后，未決。后内忌甚，會封泰山，惟良、懷運以嶽牧來集，從還京師，后毒殺魏國，歸罪惟良等，盡殺之，氏曰『蝮』，以韓國子敏之奉士彠祀。初，魏國卒，敏之入弔，帝爲慟，敏之哭不對。后曰：『兒疑我！』惡之。俄貶死。楊氏徙酇、衛二國，咸亨元年卒，追封魯國，謚忠烈，詔文武九品以上及五等親與外命婦赴弔，以王禮葬咸陽，給班劍、葆杖、鼓吹。時天下旱，后僞表求避位，不許。俄又贈士彠太尉兼太子太師、太原郡王，魯國忠烈夫人爲妃。

上元元年，進號天后，建言十二事：一、勸農桑，薄賦徭；二、給復三輔地；三、息兵，以道德化天下；四、南北中尚禁浮巧；五、省功費力役；六、廣言路；七、杜讒口；八、王公以降皆習《老子》；九、父在爲母服齊衰三年；十、上元前勳官已給告身者無追覈；十一、京官八品以上益禀入；十二、百官任事久，材高位下者得進階申滯。帝皆下詔略施行之。

蕭妃女義陽、宣城公主幽掖廷，幾四十不嫁，太子弘言於帝，后怒，酖殺弘。帝將下詔遜位於后，宰相郝處俊固諫，乃止。后欲外示寬裕，劫人心使歸己，卽奏言：「今羣臣納半俸、百姓計口錢以贍邊兵，恐四方妄商虛實，請一罷之。」詔可。

儀鳳三年，羣臣、蕃夷長朝后於光順門。卽并州建太原郡王廟。帝頭眩不能視，侍醫張文仲、秦鳴鶴曰：「風上逆，砭頭血可愈。」后內幸帝殆，得自專，怒曰：「是可斬，帝體寧刺血處邪？」醫頓首請命。帝曰：「醫議疾，烏可罪？且吾眩不可堪，聽爲之！」醫一再刺，帝曰：「吾目明矣！」言未畢，后簾中再拜謝，曰：「天賜我師！」身負繒寶以賜。

帝崩，中宗卽位，天后稱皇太后，遺詔軍國大務聽參決。嗣聖元年，太后廢帝爲廬陵王，自臨朝，以睿宗卽帝位。后坐武成殿，帝率羣臣上號册。越三日，太后臨軒，命禮部尚書攝太尉武承嗣、太常卿攝司空王德眞册嗣皇帝。自是太后常御紫宸殿，施慘紫帳臨朝。追贈五世祖後魏散騎常侍克己爲魯國公，妣裴卽其國爲夫人；高祖齊殷州司馬居常爲太尉、北平郡王，妣劉爲王妃；曾祖永昌王諮議參軍、贈齊州刺史儉爲太尉、金城郡王，妣宋爲王妃；祖隋東郡丞、贈并州刺史、大都督華爲太尉、太原郡王，妣趙爲王妃。皆置園邑，户五十。考爲太師、魏王，加實户滿五千，妣爲王妃，王園邑守户百。時睿宗雖立，實囚之，而諸武擅命。又謚魯國公曰靖，裴爲靖夫人；北平郡王曰恭肅，金城郡王曰義康，太原郡王曰安成，妃從夫謚。太后遣册武成殿使者告五世廟室。

於是柳州司馬李敬業、括蒼令唐之奇、臨海丞駱賓王疾太后脅逐天子，不勝憤，乃募兵殺揚州大都督府長史陳敬之，據州欲迎廬陵王，衆至十萬。楚州司馬李崇福連和。盱眙人劉行舉嬰城不肯從，敬業攻之，不克。太后拜行舉游擊將軍，擢其弟行實楚州刺史。敬業南度江取潤州，殺刺史李思文，曲阿令尹元貞拒戰死。太后詔左玉鈐衛大將軍李孝逸爲揚州道行軍大總管，率兵三十萬討之，戰於高郵，前鋒左豹韜果毅成三朗爲唐之奇所殺。又以左鷹揚衛大將軍黑齒常之爲江南道行軍大總管，并力。敬業興三月敗，傳首東都，三州平。

始，武承嗣請太后立七廟，中書令裴炎沮止，及敬業之興，下炎獄，殺之，并殺左威衛大將軍程務挺。太后方怫恚，一日，召羣臣廷讓曰：「朕於天下無負，若等知之乎？」羣臣唯唯。太后曰：「朕輔先帝踰三十年，憂勞天下。爵位富貴，朕所與也；天下安佚，朕所養也。先帝棄羣臣，以社稷爲託，朕不敢愛身，而知愛人。今爲戎首者皆將相，何見負之遽？且受遺老臣伉扈難制有若裴炎乎？世將種能合亡命若徐敬業乎？宿將善戰若程務挺乎？彼皆人豪，不利於朕，朕能戮之。公等才有過彼，蚤爲之。不然，謹以事朕，無詒天下笑。」羣臣頓首，不敢仰視，曰：「惟陛下命。」

久之，下詔陽若復辟者。睿宗揣非情，固請臨朝，制可。乃冶銅匭爲一室，署東曰「延恩」，受干賞自言；南曰「招諫」，受時政失得；西曰「申冤」，受抑枉所欲言；北曰「通玄」，受讖步秘策。詔中書門下一官典領。

太后不惜爵位，以籠四方豪桀自爲助，雖妄男子，言有所合，輒不次官之，至不稱職，尋亦廢誅不少縱，務取實材眞賢。又畏天下有謀反逆者，詔許上變，在所給輕傳，供五品食，送京師，卽日召見，厚餌爵賞歆動之。凡言變，吏不得何詰，雖耘夫蕘子必親延見，稟之客館。敢稽若不送者，以所告罪之。故上變者遍天下，人人屏息，無敢議。

新豐有山因震突出，太后以爲美祥，赦其縣，更名慶山。荆人俞文俊上言：「人不和，疣贅生；地不和，堆阜出。今陛下以女主處陽位，山變爲災，非慶也。」太后怒，投嶺外。

詔毀乾元殿爲明堂，以浮屠薛懷義爲使督作。懷義，鄠人，本馮氏，名小寶，偉岸淫毒，佯狂洛陽市，千金公主嬖之。主上言：「小寶可入侍。」后召與私，悅之。欲掩迹，得通籍出入，使祝髮爲浮屠，拜白馬寺主。詔與太平公主婿薛紹通昭穆，紹父事之。給廄馬，中官爲騶侍，雖承嗣、三思皆尊事惟謹。至是護作，士數萬，巨木率一章千人乃能引。又度明堂後爲天堂，鴻麗巖奥次之。堂成，拜左威衛大將軍、梁國公。

始作崇先廟于西京，享武氏。承嗣僞款洛水石，道使爲帝，遣雍人唐同泰獻之，后號爲『寶圖』，擢同泰游擊將軍。於是氾人又上瑞石，太后乃郊上帝謝況，自號聖母神皇，作神皇璽，改寶圖曰『天授聖圖』，號洛水曰永昌水，圖所曰聖圖泉，勒石洛壇左曰『天授聖圖之表』，改氾水曰廣武。時柄去王室，大臣重將皆撓不得逞，宗室孤外無寄足地。於是，韓王元嘉等謀舉兵唱天下，迎還中宗。琅邪王沖、越王貞先發，諸王倉卒無應者，遂敗。元嘉與魯王靈夔等皆自殺，餘悉坐誅，諸王牽連死滅殆盡，子孫雖嬰褓亦投嶺南。太后身拜洛受圖，天子率太子、羣臣、蠻夷以次列，大陳珍禽、奇獸、貢物、鹵簿壇下，禮成去。永昌元年，享萬象神宮，改服衮冕，搢大圭，執鎮圭，睿宗亞獻，太子終獻。合祭天地，五方帝、百神從，以高祖、太宗、高宗配，引魏王士護從配。班九條，訓百官。遂大饗羣臣。號士護周忠孝太皇，楊忠孝太后。以文水墓爲章德陵，咸陽墓爲明義陵。太原安成王爲周安成王，金城郡王爲魏義康王，北平郡王爲趙肅恭王，魯國公爲太原靖王。

載初中，又享萬象神宮，乙太穆、文德二皇后配皇地祇，引周忠孝太后從配。作曌、𠀑、埊、乙、囝、〇、𠁈、𢘑、𡔈、𡕀、𠡦、𠙺十有二文。太后自名曌。改詔書爲制書。以周、漢爲二王後，虞、夏、殷後爲三恪，除唐屬籍。拜薛懷義輔國大將軍，封鄂國公，令與羣浮屠作《大雲經》，言神皇受命事。春官尚書李思文詭言：『《周書·武成》爲篇，辭有「垂拱天下治」，爲受命之符。』后喜，皆班示天下，稍圖革命。然畏人心不肯附，乃陰忍鷙害，肆斬殺怖天下。內縱酷吏周興、來俊臣等數十人爲爪吻，有不慊若素疑憚者，必危法中之。宗姓侯王及它骨骾臣將相駢頸就鈇，血丹狴户，家不能自保。太后操奩具坐重幃，而國命移矣。

御史傅游藝率關內父老請革命，改帝氏爲武。又脅羣臣固請，妄言鳳集上陽宮，赤雀見朝堂。天子不自安，亦請氏武，示一尊。太后知威柄在己，因大赦天下，改國號周，自稱聖神皇帝，旗幟尚赤，以皇帝爲皇嗣。立武氏七廟於神都。尊周文王爲文皇帝，號始祖，妣姒曰文定皇后；武王爲康皇帝，號睿祖，妣姜曰康惠皇后；太原靖王爲成皇帝，號嚴祖，妣曰成莊皇后；趙肅恭王爲章敬皇帝，號肅祖，妣曰章敬皇后；魏義康王爲昭安皇帝，號烈祖，妣曰昭安皇后；祖周安成王爲文穆皇帝，號顯祖，妣曰文穆皇后；考忠孝太皇爲孝明高皇帝，號太祖，妣曰孝明高皇后。罷唐廟爲享德廟，四時祠高祖以下三室，餘廢不享。至日，祀上帝萬象神宮，以始祖及考妣配，以百神從祀。盡王諸武。詔并州文水縣爲武興，比漢豐、沛，百姓世給復。以始祖塚爲德陵，睿祖爲喬陵，嚴祖爲節陵，肅祖爲簡陵，烈祖爲靖陵，顯祖爲永陵，章德陵爲昊陵，明義陵爲順陵。

又 卷一〇五《長孫無忌傳》 初，無忌與遂良悉心奉國，以天下安危自任，故永徽之政有貞觀風。帝亦賓禮老臣，拱己以聽。綱紀設張，此兩人維持之也。既二后廢立計不合，姦臣陰圖，帝暗於聽受，卒以屠覆，自是政歸武氏，幾至亡國。

又 卷二二三上《奸臣傳上·許敬宗》 帝將立武昭儀，大臣切諫，而敬宗陰揣帝私，即妄言曰：『田舍子剩獲十斛麥，尚欲更故婦。天子富有四海，立一后，謂之不可，何哉？』帝意遂定。王后廢，敬宗請削后家官爵，廢太子忠而立代王，遂兼太子賓客。帝得所欲，故詔敬宗待詔武德殿西闥。頃拜侍中，監修國史，爵郡公。

又 《李義府傳》 高宗立，遷中書舍人，兼修國史，進弘文館學士。爲長孫無忌所惡，奏斥壁州司馬。詔未下，義府問計於舍人王德儉。德儉者，許敬宗甥，瘿而智，善揣事，因曰：『武昭儀方有寵，上欲立爲后，畏宰相議，未有以發之。君能建白，轉禍於福也。』義府即代德儉直夜，叩閤上表，請廢后立昭儀。帝悅，召見與語，賜珠一斗，停司馬詔書，留復侍。武后已立，義府與敬宗、德儉及御史大夫崔義玄、中丞袁公瑜、大理正侯善業相推轂，濟其姦，誅棄骨骾大臣，故后得肆志攘取威柄，天子斂衽矣。

又 《傅遊藝傳》 傅遊藝，衛州汲人。載初初，由合宮主簿再遷左補闕。武后奪政，即上書詭説符瑞，勸后當革姓以明受命。后悅，擢給事中。閱三月，進同鳳閣鸞臺平章事，即拜鸞臺侍郎。后乃黜唐稱周，廢唐宗廟，自稱皇帝，賜遊藝姓武氏，以兄神童爲冬官尚書。遊藝嘗夢登湛露殿，既瘖，以語所親。有告其謀反者，下獄自殺，以五品禮葬之。初，遊藝探后旨，誣殺宗室，復請發六道使，后卒用其言。萬國俊等既出，天下被其酷。遊藝起一歲，賜袍自青及紫，人號『四時仕宦』。然歲中卽敗，前古少其比云。

論説

《舊唐書》卷五《高宗紀論贊》 大帝往在藩儲，見稱長者；暨升旒扆，頓異明哉。虛襟似納於觸鱗，下詔無殊於扇暍。既蕩情於帷薄，遂忽怠於基扃。惑麥斛之佞言，中宮被毒；聽趙師之誣説，元舅銜冤。忠良自是脅肩，姦佞於焉得志。卒致盤維盡戮，宗社爲墟。古所謂一國爲一人興，前賢爲後愚廢，信矣哉！

贊曰：籍文鴻業，僅保餘位。封岱禮天，其德不類。伏戎於寢，構堂終墜。自蘊禍胎，邦家殄瘁。

又 卷六《則天皇后紀論贊》 治亂，時也，存亡，勢也。使桀、紂在上，雖十堯不能治；使堯、舜在上，雖十桀不能亂；使懦夫女子乘時得勢，亦足坐制羣生之命，肆行不義之威。觀夫武氏稱制之年，英才接軫，靡不痛心於家索，扼腕於朝危，竟不能報先帝之恩，衞吾君之子。俄至無辜被陷，引頸就誅，天地爲籠，去將安所？悲夫！昔掩鼻之讒，古稱其毒；人彘之酷，世以爲冤。武后奪嫡之謀也，振喉絶繈褓之兒，菹醢碎椒塗之骨，其不道也甚矣，亦姦人妒婦之恆態也。然猶泛延讜議，時禮正人。初雖牝鷄司晨，終能復子明辟，飛語辯元忠之罪，善言慰仁傑之心，尊時憲而抑倖臣，聽忠言而誅酷吏。有旨哉，有旨哉！

贊曰：龍漦易貌，丙殿昌儲。胡爲穹昊，生此夔魖？奪攘神器，穢褻皇居。窮妖白首，降鑒何如。

又 卷六五《長孫無忌傳論贊》 無忌戚里右族，英冠人傑，定立儲闈，力安社稷，勳庸茂著，終始不渝。及黜廢中宮，竟不阿旨，報先帝之顧託，爲敬宗之誣構。嗟乎！忠信獲罪，今古不免；無名受戮，族滅何辜！主暗臣姦，足貽後代。

贊曰：嚴嚴申公，功名始終。文皇題品，信謂酌中。趙公右戚，兩朝宣力。功成不去，竟逢鬼域。

又 卷八〇《褚遂良等傳論贊》 褚河南上書言事，亹亹有經世遠略。魏徵、王珪之後，骨鯁風彩，落落負王佐器者，殆難其人。名臣事業，河南有焉。昔齊人饋樂而仲尼去，戎王溺妓而由余奔，婦人之言，聖哲懼罹其禍，況二佞據衡軸之地，爲正人之魑魅乎！古之志士仁人，一言相期，死不之悔，況於君臣之間，受托孤之寄，而以利害禍福，忘平生之言哉！而韓、來諸公，可謂守死善道，求福不回者焉。

贊曰：褚公之言，和樂愔愔，鐘石在簴，動成雅音。二猘雙吠，三賢一心。人皆觀望，我不浮沉。

又 卷八二《許敬宗等傳論贊》 許高陽武德之際，已爲文皇入館之賓，垂三十年，位不過列曹尹；而馬周、劉洎起羈旅徒步，六七年間，皆登宰執。考其行實，則高陽之文學宏奧，周、洎無以過之，然而太宗任遇相殊者，良以高陽才優而行薄故也。及屬嗣君沖暗，嬖妾姦邪，阿附豺狼，窺圖權軸，人之凶險，一至於斯。仲尼所謂『雖有周公之才，不足觀也。』義府才思精密，所謂『猩猩能言』，鄙哉！

贊曰：貞觀文士，高陽、河間。圖形學館，染翰書山。進身以筆，得位由姦。爲虎傅翼，卽又胡顏。

又 卷八六《高宗中宗諸子傳論》 前代以嬖婦孽子破國亡家者多矣，然未如大帝、孝和之甚也。高宗八子，二王早世，爲武后所斃者四人，章懷以母子之愛，穎悟之賢，猶不免於虎口。況燕、澤、素節異腹之胤乎！覆載胡心，産茲鴆毒，悲夫！孝和母嚚，婦傲女暴，如置身羣魅之中，安有保其終吉哉！天將滌盪昏氛，非重茂所能支也。

《新唐書》卷三《高宗紀贊》 《小雅》曰：『赫赫宗周，褒姒滅之。』此周幽王之詩也。是時，幽王雖亡，而太子宜臼立，是爲平王。而詩人乃言滅之者，以爲文、武之業於是蕩盡，東周雖在，不能復興矣。其曰滅者，甚疾之之辭也。武氏之亂，唐之宗室戕殺殆盡，其賢士大夫不免者十八九。以太宗之治，其遺德餘烈在人者未遠，而幾於遂絶，其爲惡豈一褒姒之比邪？以太宗之明，昧於知子，廢立之際，不能自決，卒用昏童。高宗溺愛衽席，不戒履霜之漸，而毒流天下，貽禍邦家。嗚呼，父子夫婦之間，可謂難哉！可不慎哉？

父子天性，變能害正。宜臼、申生，翻爲不令。唐年鈞德，章懷最仁。凶母畏明，取樂於身。

又　卷四《則天皇后紀贊》　昔都孔子作《春秋》而亂臣賊子懼，其於殺君篡國之主，皆不黜絶之，豈以其盜而有之者，莫大之罪也，不没其實，所以著其大惡而不隱歟？自司馬遷、班固皆作《高后紀》，呂氏雖非篡漢，而盜執其國政，遂不敢没其實，豈其得聖人之意歟？抑亦偶合於《春秋》之法也。唐之舊史因之，列武后於本紀，蓋其所從來遠矣。夫吉凶之於人，猶影響也，而爲善者得吉常多，其不幸而罹於凶者有矣；爲惡者未始不及於凶，其幸而免者亦時有焉。而小人之慮，遂以爲天道難知，爲善未必福，而爲惡未必禍也。武后之惡，不及於大戮，所謂幸免者也。至中宗韋氏，則禍不旋踵矣。然其親遭母后之難，而躬自蹈之，所謂下愚之不移者歟！

又　卷七六《后妃傳上·高宗則天武皇后中宗韋皇后傳贊》　或稱武、韋亂唐同一轍，武持久，韋亟滅，何哉？議者謂否。武后自高宗時挾天子威福，脅制四海，雖逐嗣帝，改國號，然賞罰己出，不假藉羣臣，僭於上而治於下，故能終天年，阽亂而不亡。韋氏乘夫，淫蒸于朝，斜封四出，政放不一，既鴆殺帝，引睿宗輔政，權去手不自知，戚地已疏，人心相挻，玄宗籍其事以撼豪英，故取若掇遺，不旋踵宗族夷丹，勢奪而事淺也。然二后遺後王戒，顧不厚哉！

又　卷八一《三宗諸子傳贊》　中宗失道，身爲母所廢，妻所弑，而四子皆不得其死，嗣亦不傳，殆天穢其德而絶之，何耶？彼固自絶於天云爾。睿宗有聖子，一受命，一追帝，三贈太子，天與之報，福流無窮，盛歟！

宋·張耒《柯山集》卷三九《諱言説》　高宗自誅長孫無忌，放褚遂良等後，天下以言爲諱者二十餘年。其後一御史嘗抗論一不急事，時謂鳳鳴朝陽，方其以言爲諱也。武氏不出房闥而取其國，天子自殿陛之下，門闕之外，顛倒錯亂，無由知之，而其左右忠臣良士，豈無良策善計？亦不敢告。故以牡奪雄坐房奧，移廟社，犯天下之至順，爲天下之難成而有功，此譬如盜入主人之家，執其主塗其耳目，而惟其所爲，何求而不得哉！張子曰：『天將亂人之國，則必使諱人之言。』人之愛其身，其寢食起居，有少異焉。而人告之，則必信之，又從而治之。夫如是，則可以終身而無疾。今其寢食起居，類非平人之狀，而其親戚朋友，旁視而不敢告。一日疾作而死矣。太宗以蘭陵公主園賞言者，其直百萬非好名也，事當然也。

宋·范祖禹《唐鑑》卷四《中宗》　神龍元年春正月癸卯，張柬之、崔玄暐敬暉、桓彦範、袁恕己、李湛、薛思行、趙承恩、楊元琰、李多祚、崔泰之、朱敬則、冀仲甫、翟世言、王同皎率左右羽林兵迎帝於東宮，誅張易之、張昌宗、張同休、張昌儀、張景雄。甲辰，大赦改元。丙午，帝復於位，徙太后於上陽宮。二月甲寅，復國號曰唐。

臣祖禹曰：昔季氏出其君，魯無君者八年。《春秋》每歲必書公之所在。及其居干侯也，正月，必書曰：『公在干侯。』不與季氏之專國也。自司馬遷作《呂后本紀》，後世爲史者因之，故唐史亦列武后於本紀。其於記事之體則實矣，《春秋》之法則未用也。或曰：『武后，母也。中宗，子也。母雖不慈，子不可以不孝。中宗欲以天下與韋元正，不得爲無罪。武后實有天下，不得不列於本紀，不没其實，所以著其惡也。』臣以爲不然。中宗之有天下，受之於高宗也。武后以無罪而廢其子，是絶先君之世也，況其革命乎！中宗曰：『我以天下與韋元正何不可？』此乃一時拒諫之忿辭，非實欲行之也。若以爲罪，則漢哀帝之欲禪位董賢，其臣亦可廢立也。《春秋》吳楚之君不稱王，所以存周室也。天下者，唐之天下也，武氏豈得而間之？故臣復係嗣聖之年，黜武氏之號，以爲母后禍亂之戒。竊取《春秋》之義，雖獲罪於君子而不辭也。

宋·孫甫《唐史論斷》卷上《不稱武后年名》　論曰：武后僭竊位號，唐史臣修實録、撰國史者皆爲立紀，繫后事於帝王之年，列僞國於有唐之史，名體大亂，史法大失矣。後史臣沈既濟奏議曰：『中宗以始年登大位，季年復大業，雖尊名中奪，而天命未改，足以首事，足以表年。昔魯昭公之出也，《春秋》歲書其居曰「公在乾侯」，君雖失位，不敢廢也。今請併《太后紀》合《中宗紀》，每於歲首，必書中宗所居曰「某年春正月，皇帝在房陵，太后行某事，改某制」，則紀稱中宗而事述太后，俾名不失正，禮不違常。』此得《春秋》之法，足正唐史之失也，故從其議。書武后改年，皆是妄作。今起嗣聖，繼以景龍，武后所改但存其名，備證它事而不以表年焉，所以正帝統而黜僭號也。

又《褚遂良諫廢立皇后》 論曰：高宗卽位數年，奉先帝成法，以臨天下，頗得守文之體。一日昏惑自恣，不奉天戒，雖前代荒亂之主，少過之者。天子之貴，嬪御之衆，何至私先帝才人，使逞陰譎之計，構陷中宮，爲國大醜？且高宗自晉邸升皇儲，卽位之年，地震於晉，久而不止，是必天意以陰盛爲戒也。夫太宗臨終，顧無忌、遂良稱『好兒、好婦』，是以國家事付託於大臣也、武氏詭計初行，方議廢立，遂良以死爭之，是不負先帝付託也。

嗚呼！先帝付託於臨終，天地示戒於連年，大臣力爭於所議，稍近中常之主，當知事理甚明，不可不念。況高宗幼爲聖父教訓，正人輔導，豈全不辨事理乎？但內惑嬖者之計，外納姦人之言，上不奉天戒，次不遵父命，下不顧忠議，徇一時之欲，以至於此。心知王皇后無辜而憫之，及爲嬖者戕賊，亦卒不問，此又孱懦之太甚矣。使文武之臣，蕃夷之長，共朝嬖者，此又亂禮之甚，前代未之有也。卒使嬖者擅人主之權，害宗室、殺大臣幾，移宗社，實高宗之過也。然高宗之過，雖姦黨所贊，亦由李勣微言、于志寧顧望所致耳。李勣荷先帝付託，于志寧任宰弼之重，若稍助遂良及無忌、韓瑗、來濟之言，姦黨豈能動乎？是極諫高宗之過者，遂良也，成就高宗之過者，李勣、志寧也。故書曰：『右僕射河南郡公褚遂良，諫廢立皇后，降潭州都督。』書其官爵，明大臣之任也。諫廢立，明廢者不當廢，立者不當立也，因諫而降明無罪也。遣勣、志寧立皇后，不書其官，但名之，明勣、志寧無大臣節，賤之也。書『臨軒立后』而不曰『帝』，見高宗無人君之體也。

宋·佚名《歷代名賢確論》卷七三《則天一·廢立中宗預朝政》 楊夔紀梁公對曰：『天后幽中宗之後，有不下闔闈，移六合之志，故徐敬業、唐之奇等於揚州起兵以興復唐室，然皆不旋踵而敗，遂引用酷吏，開羅織之門，以懾伏內外。一日狄梁公獨對，天后曰：「吾自用俊臣、思止來，朝臣知所懼否？」梁公曰：「朝廷小人不達天命，或有異議。然陛下以木有一實之蠹，將剪樹而棄之乎？錦有一點之汙，將全疋而燔之乎？養隼者誠欲其鷙也，然則鷙於烏鳶乎？鷙於鸞凰乎？鷙而無別，不如不鷙矣。』天后默然。

張唐英曰：武后之起，其始袁天綱言其貴不可言，李淳風亦云當有女主王天下，已在宫中。讀史至此，未嘗不疑也。且二帝三王之盛，其陰陽日者籤緯之説未之有也。迨漢以來，取天下不以仁義之道，故將假符瑞以惑天下之人，使信而歸之。故董仲舒言三代受命之符，而儒者嘗鄙之。且武氏一女子，焉能感動上帝而前兆如此哉！上帝之心，又豈故孕育不仁之女子，使之雕瑑唐室如此哉！此必武氏僭竊之後，其附麗姦諂之徒，欲自掩其惡，乃神其事，因言天之所啓，非由人事也，忽於李淳風等傳增加其言以惑後人爾。若曰：『不然，則二帝三王之間，賢后妃多矣。上帝胡不前定其至貴之兆，而獨區區私一武氏哉？』以愚觀之，有堯、舜、禹、湯之德，足以王天下。自古符瑞之言，皆不足信也，何止一武氏哉！

明·王世貞《弇州四部稿》卷一一〇《史論二十首·武曌》 自天地闢有君臣，而中國之臣妾，身為篡而身失之者，有三羿、浞已耳，新莽已耳，周武曌已耳。其以女主而男號者一，亦曌已耳。羿浞不盡僇姒氏，莽不盡僇劉氏，故天下卒歸於姒、劉氏之嗣若族，而曌不然也。其殺唐諸帝之子孫殆盡而後革命，殺唐之良士大夫及其子孫之五而後革命，革命而又殺唐士大夫其子孫之十九。諸凡為曌之公卿大夫，非其屠剥之餘，若羊豕之垂鼎俎而後解縛者，則亦其屠剥之餘之裔也。非身為唐臣食唐禄者，則亦其臣與食其禄之裔也。朝而入朝，其冕黼而居其上者，一媍人也，又其故主之讐也。其弁衫比肩而相揖遜者，非女主之淫僧與淫少年也，不然，亦其女主之屠人殲宗室賢士大夫者也。然是時，公卿大夫相率而為之臣而不之恥，何也？其它魏元忠、婁師德之徒無論已，賢如狄仁傑，才如姚崇，節如宋璟，而皆為之卿相。宋儒之筆，嚴於霜鉞斷斷焉。齕散吏之揚雄，與故僚之王魏，而於是諸賢者略不之及，又何也？野史稱仁傑有寡姊，老而貧，仁傑嘗過之，為設濁酒麥飯，其子自外獵歸，以一兔肩供。仁傑曰：『姊老矣，而仁傑幸居相位，奈何不及某在而使之仕？』姊曰：『吾有一子，不欲其事女主。』乃慙而退。嗚呼！孰謂宋儒之識而不及狄氏姊哉！

明·王世貞《讀書後》卷三《書李勣傳後》 高宗之欲廢王后而立武也，褚遂良諫，長孫無忌不諫，然猶能持之。李勣不諫，又從而臾之，武立而後，易社移鼎，誅鋤李氏之裔殆盡，而天下之惡悉歸之勣，吾謂未可以是深罪勣也。夫勣也，智有餘者也，以爲人主以愛欲易椒房，吾必不能制。制之而不得，則禍隨之。吾勳臣也，禍不至死不已，彼見夫太尉之懿親，且有翼戴功，以卑辭竄荒裔而卒賜之死，方自以爲得策而詎謂武氏之遂滔天也。假令武氏前高宗死，即後死而不臨朝、不廢立、不易社移鼎，勣不過一具臣而已，家事語亦不必傳也。且夫勣故盜賊雄也，爲父而事竇建德則失之君，爲身而復事唐則失之父，特以其能善爲兵事曉便宜而已。奈何以大臣之節望之。夫呂后之王諸呂，其安危大幾甚於易后，王陵曰不可，平勃曰可。幸而爲平勃，不幸而爲李勣。不然何以異哉？然是時呂后高宗之意定矣。諫必不行，不行則禍隨之，爲大臣者取幾焉可也。

清·魏裔介《兼濟堂文集》卷一四《李淳風答太宗論》　武氏之亂唐也，見於秘記所傳，有唐三世之後，女主武王代有天下。太宗於是秘問太史令李淳風，淳風對曰：『其人已在陛下宮中，爲親屬，自今不過三十年，當王天下，殺唐子孫殆盡。』太宗曰：『疑似者盡殺之，何如？』對曰：『天之所命，人不能違也。今使得而殺之，天或生壯者，肆其怨毒，陛下子孫無遺類。』上乃止。後其言果驗，世莫不神淳風之數，以爲天運已定。余獨以爲淳風之數則精矣，淳風之所以對太宗者未善也。夫武氏之亂唐也，誠天數爲之，然天果何惡於唐而生此妖孽以亂之哉？太宗以文武兼資之主，開創而有天下，其殺建成、元吉也，戕手足以爭大寶，已爲忍心害理，至於取巢剌王之妃而漁其色，其家法已大壞矣。彼武氏者，生稟狐媚之姿，而負梟雄之性，身爲才人，親見太宗之行，已有鶉鵲之思。其後勉强爲尼，適高宗入寺，故有意炫美於前，高宗習於太宗所爲而傚尤之，遂不惜以社稷殉一奸嫗。是則武氏之禍，實由太宗釀成之也。使太宗問淳風之時，淳風正辭以對曰：『天數固有，然人事足以轉之。』誠能法關睢之德，正刑于之化，使後宮勿以冶容見寵，而昔所爲亂倫之事，不憚更絃易轍以圖之，則高宗他日嗣位，必將兢兢於有家之閑，不至瀆亂於先帝之下陳。武氏性雖陰狠，亦無由燕啄皇孫而龍漦帝后矣。縱使得志，其禍亦未必若彼之烈也，奈何對不及，此徒曰天之所命，人不能違，使太宗聽其恣肆，以爲此數之無可奈何，獨不見太戊修先王之政而祥桑枯死，武丁祭成湯有飛雉升鼎耳？而雊內反諸己以思王道，而重譯來朝乎？夫所貴乎至誠之道，可以前知者謂善必先知其福，不善必先知其禍，善不善之間轉移甚微，而非如推測之家，拘拘於一定而不可易也。唐德宗語李泌曰：『建中之亂，術士豫請城奉天，此蓋天命，非盧杞所能致。』泌曰：『天命他人可以言之，惟君相不可言。』蓋君相所以造命也，若言命則禮樂刑政，皆無所用矣。紂曰：『我生不有命在天？』此紂之所以亡也。觀鄴侯此論，可謂深於天人之際。然則武氏亂唐，雖曰運數，獨不可修德修禮以挽之乎？如謂修德修禮，亦不可挽。是褒姒、妲己應作於盛德之時，而飛燕、玉環可惑夫清明之主也，豈其然哉？吾故曰淳風之數則精矣，淳風之所以對太宗者，未善也。

清·王楨《史弋》卷下《唐·褚遂良》　高宗欲立武氏爲后，遂良直言極諫，忠矣。然昧于姤壯勿取之義，當武氏長髮之時，深諫高宗，重唱割制邪念，勿干先帝之私，其事或可止耳。雖然，高宗欲立武后，蓋踵太宗之失而行之也。太宗殺弟而納其妃，高宗遂忘其父而以其才人爲后，故諸臣極諫而不從者，亦以巢剌妃一事先存于意中爾，遂良雖叩首流血，又奚益耶？

又《李勣》　甚矣，李勣之佞也。高宗廢立皇后，決之于勣。勣以家事無問人，不惟不諫，反勸成之，則武氏之禍，戮及襁褓，皆勣之一言之也。嗚呼！一言喪邦，李勣之謂矣。太宗以勣爲忠，托以幼孤矣哉！

清·吴孟堅《一草亭讀史漫筆二·李勣》　高宗之立昭儀，惟許敬宗贊之，李義甫請之，眞亂臣也。而勣亦陰示其言，后遂易。顧以太宗臨崩，謂勣可大受，使高宗信任之。此太宗之不知人，非高宗之過也。然則昭儀之立，勣有以成之，勣固亂賊也哉！

藝　文

宋·石介《徂徠集》卷四《褚遂良僕射》　先皇執手未多時，受託誠深誓不違。終向君前還此笏，一身視死喜如歸。

宋·劉克莊《後村集》卷一五《詩·雜詠一百首·李淳風》　逆知生女主，預説覆唐宗。誤殺五娘子。安知在後宮？

元・楊維楨《鐵崖詠史》卷五《唐姦狐》 許老魅，唐奸狐，生不滅頂誅，死謚繆不誣。尚書郎，黨奸暴，負法重負詔。歐太史，筆《春秋》，第一奸，録鯀兜。

又《馮小寶》 馮小寶，美姿容，招來白馬寺，髡爲佛家童。身騎御賜馬，貂璫先後從。往來千金邸，出入合璧宫。御史先避道，駙馬下通宗。南衙宰相側目久，馮家弄兒捽入手。祖宗法有黑羅閹，小髡不煽比丘婦。

又《兄入甕》 火山烘，鐵甕紅，請兄入甕中。嗚呼！鼷鼠捕狸鼠權竭，蛛絲羅螢蛛先滅。甕中人，嶺南別，後來之人，脯肝飲血。

又《宏霸死》 洛橋成，宏霸死。旱卽雨，不用烹宏羊，祭魃鬼，嗚呼狼毒葛，驢駒櫪，羅鉗吉網方自孽。

又《武氏翦甲詞》 武彠女，文皇妃，弱兼厥嗣雄其夫。立周七廟，滅唐諸孤，服衮冕，執鎮圭，郊祀上帝，圜丘之墟。於乎！黜牝晨之僭，洗麀聚之汙，復子厥辟，退老椒廬，何用拜洛受圖禪少室，頌天樞。雖不翦甲，神其吐諸。

又《鸚鵡折翼詞》 有鳥曰鵡飛入我後宫，惟家之索牝化雄。食我鳳兮滅我族，養我鴟鴞踐我鸚。皇天悔禍，實生我五雄，翦元雛，梟元凶。嗟此二雛，折爾兩翼，梦以告之，將死無所。云胡折翅，又入條桑，我弓不張，惟我雄之傷。

又《長髮尼》 長髮尼，唐禍水，殿上秉笏臣獠死，大野子孫幾絶祀。吁嗟乎！人中貓，甕中蛆，何足誅，請誅白髮山東夫，再誅齊公老鳳奴。文皇殿上去獻俘，於乎文皇罪曰余。

元・葉顒《樵雲獨唱》卷四《唐武則天傳》 天人共憤世皆嫌，垂拱焉能二十年？誰信裙釵珠翠侶，反勝冠冕任英賢。

明・顧清《東江家藏集》卷一〇《讀魏武則天事用石樓太史韻》
阿師留髮拜昭儀，絳縷初封不記誰。海内漸看歸聖母，榻前空自屬佳兒。天儆鳥夢垂雙翼，鬼作人妖有四眉。早與文皇作男子，乾坤更是一番奇。

清・田雯《古歡堂集》卷七《題武則天夜宴詩卷後》 金輪皇帝雌之雄，武成殿上非龍鍾。塗澤髦狀兩玉手，搖筆脫腕如飛鴻。結撰陸離十二字，直使上古蒼頡窮。狄薛臣輩驚奇絶，載拜稽首三呼嵩。是爲萬歲通天帖，天樞頒出通天宫。錦背眞迹王方慶，入朝㦨進光戎戎。硬黄拓本藏内府，以鐵作柱盤銅龍。此卷夜宴柏梁製，曌也書法何其工？折釵渴蛻世莫覩，流傳散落隨東風。皖江中丞攫異物，好古什襲巾箱中。示予觀之天正熱，摩挲病眼頭冬烘。上連八頁麥光紙，下蟠虯印燕支紅。嗚呼！李氏祚移操奩具，復弄十指相磨礱。胡弗併付明堂火，豕立人啼神鬼攻。宋代蘇黄少跋語，卷尾樹禿山髡童。庚辰六月題長句，烏絲行墨嫌匆匆。

清・謝啓昆《樹經堂詠史詩》卷六《唐・則天皇后》 寶鼎明堂受籙屬，金輪皇帝執天樞。臺司制改官多濫，羅織經成獄盡誣。鸚鵡夢憐垂兩翅，牝鷄勢欲翦孤雛。瑤光樹下行誅殛，賴有宜都進唾壺。

又《高宗》 雨罷游畋鞠罷陳，永徽初政尚清淳。俄驚鏡殿數天子，竟奉椒房二聖人。貓鼠宫闈孳難弭，蟒梟姓氏譜更新。神鍼不救頭風愈，詔出垂簾已卅春。

又《褚遂良》 儀投青雀報宫臣，寶雉飛來定策新。守道守官併我職，佳兒佳婦付何人。但知筆札瑤林重，豈識封章玉陛陳？帷後竟呼誅此獠，潭州還表隔楓宸。

清・張晉《艷雪堂詩集》卷一《讀唐書列傳二十八首・褚河南遂良》
松柏凌寒挺勁姿，清風大節有誰知。艷妻一自煽方外，此獠何難撲殺之。致笏直須還陛下，託孤寧忍負心期。好兒好婦言猶在，萬死投荒志不移。

清・王廷紹《淡香齋詩草》卷二《唐・褚遂良》 深安多怨愛多愆，語進君王意轉堅。兵卻牛毛原易易，宫飛雉影正翩翩。血濺舊笏金階上，淚寫遺章桂嶺邊。定與長孫元舅去，九天排闥哭承乾。

清・鮑桂星《覺生詠史詩鈔》卷二《唐・褚遂良》 兵戈起自晉陽姬，一代宫闈禍始基。强諫誰如褚登善，牝晨直斥武昭儀。青蒲灑血龍顔動，白首投荒馬魚悲。文不芘身忠獲死，夜燈開卷涕雙垂。

清・羅惇衍《集義軒詠史詩鈔》卷三三《唐二・褚遂良》 宫中飛雉主何祥？纔廢承乾立晉王。已兆牝晨同呂后，誤將陳寶附秦皇。白頭悽謫孤舟遠，碧血空流一笏香。羅織未遭身早歿，天心猶自愛忠良。

雜録

唐·劉肅《大唐新語》卷八《文章第十八》 則天初革命，大搜遺逸，四方之士應製者向萬人。則天御雒陽城南門，親自臨試。張説對策，爲天下第一。則天以近古以來未有甲科，乃屈爲第二等。其警句曰：『昔三監翫常，有司既糾之以猛；今四罪咸服，陛下宜濟之以寬。』拜太子校書，仍令寫策本於尚書省，頒示朝集及蕃客等，以光大國得賢之美。

又 卷一一《懲戒第二十五》 李義府定策立則天，自中書舍人拜相，與許敬宗居中用事，連起大獄，誅鋤將相，道路以目駭。入則諂諛，出則奸宄，責官鬻獄，海内囂然。百寮畏憚，如畏天后。高宗知其罪狀，謂之曰：『卿兒子女壻，皆不謹慎，多作罪過。今且爲卿掩覆，勿復如此！』義府恃則天，不慮高宗加怒，勃然變色，腮頸俱起，徐對曰：『誰向陛下道此？』高宗曰：『但知我言，何須問我所從得耶！』義府怫然，竟不引過，緩步而出。會右金吾倉曹楊仁穎奏其贓汙，詔劉祥道併三司鞫之。獄成，長流嶲州，朝野莫不稱慶。或作『河間道元帥劉祥道破銅山賊李義府露布』，牓之通衢。義府先取人奴婢，及敗，一夕奔散，各歸其家。露布云：『混奴婢而亂放，各識家而競入。』乾封初，大赦，唯長流人不許還。義府憤恚而死，海内快之。【略】

高宗大漸，顧命裴炎輔少主。既而則天以太后臨朝，中宗欲以后父韋玄貞爲侍中，併乳母之子五品官，炎爭以爲不可。中宗不悦，謂左右曰：『我讓國與玄貞豈不得，何爲惜侍中？』炎懼，遂與則天定策，廢中宗爲廬陵王，幽於別所。則天命炎及中書侍郎劉禕之率羽林兵入，左右承則天旨，扶中宗下殿。中宗曰：『我有何罪？』則天曰：『汝欲將天下與韋玄貞，何得無罪？』炎居中執權，親授顧託，未盡匡救之節，遽行伊、霍之謀，神器假人，爲獸傅翼，其不免也宜哉！

又 卷一二《酷忍第二十七》 則天以長孫無忌不附己，且惡其權，深銜之。許敬宗希旨樂禍，又伺其隙。會櫟陽人李奉節告太子洗馬韋季方、監察御史李巢，交通朝貴，有朋黨之事，詔敬宗推問。敬宗甚急，季方自殺，又搜奉節，得私書與趙師者。遂奏言：『趙師卽無忌，少髮，呼作趙師，陰爲隱語，欲謀反耳。』高宗泣曰：『我家不幸，親戚中頻有惡事。往年高陽公主與朕同氣，與夫謀反。今阿舅復作惡心。近親如此，使我慚見百姓，其若之何？』翌日，又令審問，敬宗奏曰：『請準法收捕。』高宗又泣曰：『阿舅果耳，我決不忍殺之。』竟不引問，配流黔州。則天尋使人逼殺之。涼州長史趙持滿，與韓瑗、無忌姻親，許敬宗懼爲己患，誣其同反。追至京，考訊，歎曰：『身可殺，詞不可辱！』吏更代占而結奏之，遂死獄中。尸於城西，親戚莫敢視。友人王方翼歎曰：『欒布之哭彭越，大義也。周文之掩枯骸，至仁也。絶友之義，蔽主之仁，何以事君！』遂具禮葬之。高宗義之，不問。

又 卷一三《諧謔第二十八》 則天初革命，恐羣心未附，乃令人自舉。供奉官正員之外，置里行、拾遺、補闕、御史等，至有車載斗量之詠。有御史臺令史將入臺，值里行數人聚立門内，令史下驢驅入其間。里行大怒將加杖罰，令史曰：『今日過實在驢，乞數之，然後受罰。』里行許之，乃數驢曰：『汝伎藝可知，精神極鈍，何物驢畜，敢於御史里行？』諸里行羞赧而止。

宋·王讜《唐語林》卷五《補遺》 高宗立武后。褚河南謀於趙公無忌、英公勣，將以死爭。趙公請先入，褚曰：『太尉，國之元舅。脱事不如意，使上有惡舅之名，不可。』英公勣請先入，褚曰：『司空，國之元勳。有不如意，使上有逐良臣之名，不可。遂良出自草茅，無汗馬之功，殊遇以有今日。自當不諱之時，躬奉還詔，若不效其愚衷，何以下見先帝？』揖二公而入。帝深納其言，事遂中寢。【略】

高宗腦癰殆甚，待詔秦鳴鶴奏曰：『須針百會方止。』則天大呼曰：『天子頭上，可是出血處？』上曰：『朕意欲針。』卽時眼明，云：『諸苦悉去，殊無妨也。』則天走于簾下，自負銀錦等賞賜，如向未嘗怒也。

高宗將下詔遜位於則天，攝知國政，臺宰臣議之。郝處俟對曰：『《禮經》云：「天子理陽道，后理陰德。」然則帝之與后，猶日之與月，陰之與陽，各月所主，不相容奪也。若失其序，上則謫見於天，下則禍成於人。昔魏文帝著令，崩後尚不許皇后臨朝，奈何遂欲自禪位天后？況天下者，高祖、太宗之天下，非陛下之天下。正合謹守宗廟，傳之子孫，不可持國與人，有私于后。惟陛下審詳。』中書侍郎李義琰進曰：『處俊所引經典，其言至忠，惟聖慮無疑，則蒼生幸甚。』高宗乃止。及天后受命，處俊已歿，孫象竟被族誅。始，則天以權變多智，高宗交排羣議而立之；及得志，威福並作，高宗舉動必爲掣肘。高宗不勝其忿。時有道士郭行眞，出入宮掖，爲則天行厭勝之術，内侍王伏勝奏之。高宗大怒，密詔上官儀廢之。儀因奏：『天后專恣，海内失望，請廢黜以順天心。』高宗卽令儀草詔。左右馳告則天遽訴，詔草猶在。高宗恐有怨懟，待之如初，且告之曰：『此並上官儀教我。』則天遂誅儀及伏勝等，併賜太子忠死。自此政歸武后，天子拱手而已。

太平公主韋后亂政

綜述

《舊唐書》卷五《高宗紀下》（永隆二年）七月，太平公主出降薛紹，赦京城繫囚。

又 卷七《中宗紀》（神龍元年正月乙巳）以并州牧相王旦及太平公主有誅易之兄弟功，相王加號安國相王，進拜太尉、同鳳閣鸞臺三品；公主加號鎮國太平公主，仍賜實封，通前滿五千户。【略】

（神龍二年三月己丑）詔曰：『君臣朝序，貴賤之禮斯殊；兄弟大倫，先後之儀亦異。聖人之制，率由斯道。朕臨兹寶極，位在崇高。負扆當陽，雖受宗枝之敬；退朝私謁，仍用家人之禮。近代以來，罕遵軌度，王及公主，曲致私情，姑叔之尊，拜於子姪，違法背禮，情用惻然。自今已後，宜從革弊。安國相王某及鎮國太平公主更不得輒拜衛王重俊兄弟及長寧公主姊妹等。宜告宗屬，知朕意焉。』先是，諸王及公主皆以親爲貴，天子之子，諸姑叔見之必先致拜，若致書則稱爲啓事。上志欲敦睦親族，故下制革之。【略】

（景龍三年八月）庚寅，諸州各置司田參軍一員。吐蕃贊普遣使勃禄星奉進國信，贊普祖娑進物，及上中宮、安國相王、太平公主有差。

又 《睿宗紀》 景龍四年夏六月，中宗崩，韋庶人臨朝，引用其黨，分握政柄，忌帝望實素高，潛謀危害。庚子夜，臨淄王諱與太平公主子薛崇簡、前朝邑尉劉幽求、長上果毅麻嗣宗、苑總監鍾紹京等率兵入北軍，誅韋温、紀處訥、宗楚客、武延秀、馬秦客、葉静能、趙履温、楊均等，諸韋、武黨與皆誅之。

己酉，鎮國太平公主加實封五百户，通前一萬户。【略】

（景雲二年）五月庚戌，復武氏昊陵、順陵，仍量置官屬，太平公主爲武攸暨請也。【略】

（延和元年）八月庚子，帝傳位於皇太子，自稱太上皇帝，五日一度受朝於太極殿，自稱曰朕，三品已上除授及大刑獄，并自決之，其處分事稱誥、令。皇帝每日受朝於武德殿，自稱曰予，三品已下除授及徒罪併令決之，其處分事稱制、敕。甲辰，大赦天下，改元爲先天。【略】

（先天二年）三月【略】秋七月甲子，太平公主與僕射竇懷貞、侍中岑羲、中書令蕭至忠、左羽林大將軍常元楷等謀逆，事覺，皇帝率兵誅之。窮其黨與，太子少保薛稷、左散騎常侍賈膺福、右羽林將軍李慈李欽、中書舍人李猷、中書令崔湜、尚書左丞盧藏用、太史令傅孝忠、僧惠範等皆誅之。兵部尚書郭元振從上御承天門樓，大赦天下，自大辟罪已下，無輕重咸赦除之。翌日，太上皇誥曰：『朕將高居無爲，自今後軍國刑政一事以上，並取皇帝處分。』

又 卷八《玄宗紀上》（景龍四年）六月，中宗暴崩，韋后臨朝稱制。韋温、宗楚客、紀處訥等謀傾宗社，以睿宗介弟之重，先謀不利。道士馮道力、處士劉承祖皆善於占兆，詣上布誠款。上所居里名隆慶，時人語訛以『隆』爲『龍』；韋庶人稱制，改元又爲唐隆，皆符御名。上益自負，乃與太平公主謀之，公主喜，以子崇簡從。上乃與崇簡、朝邑尉劉幽求、長上折衝麻嗣宗、押萬騎果毅葛福順李仙鳧、寶昌寺僧普潤等定策誅之。【略】

先天二年七月三日，尚書左僕射竇懷貞、侍中岑羲、中書令蕭至忠崔湜、雍州長史李晉、左羽林大將軍常元楷、右羽林將軍李慈等與太平公主同謀，期以其月四日以羽林軍作亂。上密知之，因以中旨告岐王範、薛王業、兵部尚書郭元振、將軍王毛仲，取閑廐馬及家人三百餘人，率太僕少卿李令問、王守一、内侍高力士、果毅李守德等親信十數人，出武德殿，入虔化門。梟常元楷、李慈於北闕。擒賈膺福、李猷於内客省以出。執蕭至忠、岑羲於朝，皆斬之。

又　卷一八三《外戚傳·太平公主》　太平公主者，高宗少女也。以則天所生，特承恩寵。初，永隆年降駙馬薛紹。紹，垂拱中被誣告與諸王連謀伏誅，則天私殺攸暨之妻以配主焉。公主丰碩，方額廣頤，多權略，則天以爲類己，每預謀議，宫禁嚴峻，事不令洩。公主亦畏懼自檢，但崇飾邸第。二十餘年，天下獨有太平一公主，父為帝，母為后，夫爲親王，子爲郡王，貴盛無比。永淳已前朝制，親王食實封八百户，有至一千户；公主出降三百户，公主加五十户。太平食湯沐之邑一千二百户，聖曆初加至三千户。

神龍元年，預誅張易之謀有功，進號鎮國太平公主，相王加號安國相王，併食實封通前五千户，賞賜不可勝紀。公主薛氏二男二女，武氏二男一女，併食實封。又相王、衛王重俊、成王千里宅，遣衛士宿衛，環其所居，十步置一仗舍，持兵巡徼，同於宫禁。太平、長寧、安樂三公主，置鋪一如親王。二年正月，置公主府。景龍二年，公主男崇簡、崇敏、崇行，同授三品，與漁陽王兄弟四人同制。時中宗仁善，韋后、上官昭容用事禁中，皆以爲智謀不及公主，甚憚之。公主日益豪橫，進達朝士，多至大官，詞人後進造其門者，或有貧窘，則遺之金帛，士亦翕然稱之。

及唐隆元年六月，韋后作逆稱制，僞尊温王。玄宗居臨淄邸，憤之，將清内難。公主又預其謀，令男崇簡從之。及立温王，數日，天下之心歸於相府，難爲其議。公主入啓幼主，以王室多故，資於長君，乃提下幼主，因與玄宗、大臣尊立睿宗。公主頻著大勳，益尊重，乃加實封五千户，通前滿一萬户。公主子崇行、崇敏、崇簡三人，封異姓王；崇行國子祭酒，四人九卿三品。每入奏事，坐語移時，所言皆聽。薦人或驟歷清職，或至南北衙將相，權移人主。軍國大政，事必參決，如不朝謁，則宰臣就第議其可否。

公主由是滋驕，田園遍於近甸膏腴，而市易造作器物，吳、蜀、嶺南供送，相屬於路。綺疏寶帳，音樂輿乘，同於宫掖。侍兒披羅綺，常數百人，蒼頭監嫗，必盈千數。外州供狗馬玩好滋味，不可紀極。有胡僧惠範，家富於財寶，善事權貴，公主與之私，奏爲聖善寺主，加三品，封公，殖貨流於江劍。公主懼玄宗英武，乃連結將相，專謀異計。其時宰相七人，五出公主門，常元楷、李慈掌禁兵，常私謁公主。

先天二年七月，玄宗在武德殿，事漸危逼，乃勒兵誅其黨竇懷貞、蕭至忠、岑羲等，公主遽入山寺，數日方出，賜死於家。公主諸子及黨與死者數十人。籍其家，財貨山積，珍奇寶物，侔於御府，馬牧羊牧田園質庫，數年徵斂不盡。惠範家産亦數十萬貫。

又　卷五一《后妃傳上·中宗韋庶人》　中宗韋庶人，京兆萬年人也。祖弘表，貞觀中爲曹王府典軍。中宗爲太子時，納后爲妃，仍擢后父普州參軍玄貞爲豫州刺史。嗣聖元年，立爲皇后。其年，中宗見廢，后隨從房州。時中宗懼不自安，每聞制使至，惶恐欲自殺。后勸王曰：『禍福倚伏，何常之有，豈失一死，何遽如是也！』累年同艱危，情義甚篤。所生懿德太子、永泰、永壽、長寧、安樂四公主，安樂最幼，生於房州，帝自脱衣裹之，遂名曰裹兒，特寵異焉。及中宗復立爲太子，又立后爲妃。時昭容上官氏常勸后行則天故事，乃上表請天下士庶爲出母服喪三年；又請百姓以年二十三爲丁，五十九免役，改易制度，以收時望。制皆許之。

帝在房州時，常謂后曰：『一朝見天日，誓不相禁忌。』及得志，受上官昭容邪説，引武三思入宫中，升御牀，與后雙陸，帝爲點籌，以爲歡笑，醜聲日聞於外。乃大出宫女，雖左右内職，亦許時出禁中。上官氏及宫人貴倖者，皆立外宅，出入不節，朝官邪佞者候之，恣爲狎遊，祈其賞秩，以至要官。時侍中敬暉謀去諸武，武三思患之，乃結上官氏以爲援，因得幸於后，潛入宫中謀議，乃諷百官上帝尊號爲應天皇帝，后爲順天皇后。帝與后親謁太廟，告謝受尊號之意。於是三思驕横用事，敬暉、王同皎相次夷滅，天下咸歸咎於后。

后方優寵親屬，内外封拜，遍列清要。又欲寵樹安樂公主，乃制公主開府，置官屬。太平公主儀比親王。長寧、安樂二府不置長史而已。宜城公主等以非后所生，各減太平之半。安樂恃寵驕恣，賣官鬻獄，勢傾朝廷，常自草制敕，掩其文而請帝書焉，帝笑而從之，竟不省視。又請自立爲皇太女，帝雖不從，亦不加譴。所署府僚，皆猥濫非才。又廣營第宅，侈靡過甚。長寧及諸公主迭相傚效，天下咸嗟怨之。

神龍三年，節愍太子死後，宗楚客率百僚上表，加后號爲順天翊聖皇后。景龍二年春，宮中希旨，妄稱后衣箱中有五色雲出，帝使畫工圖之，出示於朝，乃大赦天下，百僚母妻各加邑號。右驍衛將軍、知太史事迦葉志忠上表曰：『昔高祖未受命時，天下歌《桃李子》；太宗未受命時，天下歌《秦王破陣樂》；高宗未受命時，天下歌《側堂堂》；天后未受命時，天下歌《武媚娘》。伏惟應天皇帝未受命時，天下歌《英王石州》；順天皇后未受命時，天下歌《桑條韋也》。女時韋也。六合之內，齊首蹀足，應四時八節之會，歌舞同歡。豈與夫《簫韶》九成、百獸率舞同年而語哉！伏惟皇后降帝女之精，合爲國母，主蠶桑以安天下，后妃之德，於斯爲盛。謹進《桑條歌》十二篇，伏請宣布中外，進入樂府，皇后先蠶之時，以享宗廟。』帝悦而許之，特賜志忠莊一區、雜綵七百段。太常少卿鄭愔又引而申之，播於舞詠，亦受厚賞。兵部尚書宗楚客又諷補闕趙延禧表陳符命，解《桑條》以爲十八代之符，請頒示天下，編諸史冊。帝大悦，擢延禧爲諫議大夫。時上官昭容與其母鄭氏及尚宮柴氏、賀婁氏，樹用親黨，廣納貨賂，別降墨敕，斜封授官，或出臧獲屠販之類，累居榮秩。又引女巫趙氏出入禁中，封爲隴西夫人，勢與上官氏爲比。

三年冬，帝將親祠南郊，國子祭酒祝欽明、司業郭山惲建議云：『皇后亦合助祭。』太常博士唐紹、蔣欽緒上疏爭之。尚書右僕射韋巨源詳定儀注，遂希旨協同欽明之議。帝納其言，以后爲亞獻，仍以宰相女爲齊娘，以執籩豆。欽明又欲請安樂公主爲終獻，迫於時議而止。

四年正月望夜，帝與后微行市里，以觀燒燈。又放宮女數千，夜遊縱觀，因與外人陰通，逃逸不還。時國子祭酒葉静能善符禁小術，散騎常侍馬秦客頗閑醫藥，光祿少卿楊均以調膳侍奉，皆出入宮掖。均與秦客皆得幸於后，相次丁母憂，旬日悉起復舊職。時安樂公主與駙馬武延秀、侍中紀處訥、中書令宗楚客、司農卿趙履温互相猜貳，迭爲朋黨。

六月，帝遇毒暴崩。時馬秦客侍疾，議者歸罪於秦客及安樂公主。后懼，秘不發喪，引所親入禁中，謀自安之策。以刑部尚書裴談、工部尚書張錫知政事，留守東都；又命左金吾大將軍趙承恩及宦者左監門衛大將軍薛崇簡帥兵五百人往均州，以備譙王重福。后與兄太子少保温定策，立温王重茂爲皇太子，召諸府兵五萬人屯京城，分爲左右營，然後發喪。少帝即位，尊后爲皇太后，臨朝攝政。韋温總知内外兵馬，守援宮掖；駙馬韋捷、韋濯分掌左右屯營；武延秀及温從子播、族弟璿、外甥高崇，共典左右羽林軍及飛騎、萬騎。播、璿欲先樹威嚴，拜官日先鞭萬騎數人，衆皆怨，不爲之用。

時京城恐懼，相傳將有革命之事，往往偶語，人情不安。臨淄王率薛崇簡、鍾紹京、劉幽求領萬騎及總監，丁未，入自玄武門，至左羽林軍，斬將軍韋璿、韋播及中郎將高崇於寢帳。遂斬關而入，至太極殿。后惶駭遁入殿前飛騎營，及武延秀、安樂公主皆爲亂兵所殺。分遣萬騎誅其黨與韋温、温從子捷，及族弟嬰；宗楚客、弟晉卿，紀處訥，馬秦客，葉静能，楊均，趙履温，衛尉卿王哲，太常卿李瑰，將作少匠李守質及韋氏武氏宗族，無少長皆斬之。梟后及安樂公主首於東市。翌日，敕收后屍，葬以一品之禮，追貶爲庶人；安樂公主葬以三品之禮，追貶爲悖逆庶人。

又 卷七四《崔湜傳》 湜，景龍二年遷兵部侍郎，挹爲禮部，父子同爲南省副貳，有唐已來未有也。時昭容上官氏屢出外宅，湜託附之。由是中宗遇湜甚厚，俄拜吏部侍郎，尋轉中書侍郎、同中書門下平章事。與鄭愔同知選事，銓綜失序，爲御史李尚隱所劾，愔坐配流嶺表，湜左轉爲江州司馬。上官昭容密與安樂公主曲爲申理，中宗乃以愔爲江州司馬，授湜襄州刺史。未幾，入爲尚書左丞。韋庶人臨朝，復爲中書侍郎、同中書門下三品。睿宗即位，出爲華州刺史，俄又拜太子詹事。

初，湜景龍中獻策開南山新路，以通商州水陸之運，役徒數萬，死者十三四。仍嚴錮舊道，禁行旅，所開新路以通，竟爲夏潦衝突，崩壓不通。至是追論湜開山路功，加銀青光祿大夫。俄爲太平公主所引，復還中書門下三品。先天元年，拜中書令，與劉幽求爭權不協，陷幽求徙於嶺表。仍促廣州都督周利貞以逗留殺之，不果而止。時挹以年老，累除户部尚書致仕。挹性貪冒，受人請託，數以公事干湜，湜多違拒不從，大爲時論所嗤。

玄宗在東宮，數幸其第，恩意甚密。湜既私附太平公主，時人咸爲之懼，門客陳振鷺獻《海鷗賦》以諷之，湜雖稱善而心實不悦。及帝將誅蕭至忠等，召將託爲腹心，湜弟滌謂湜曰：『主上若有所問，不得有所隱也。』湜不從，及見帝，對問失旨。至忠等既誅，湜坐徙嶺外。時新興王晉亦連坐伏誅，臨刑嘆曰：『本謀此事，出自崔湜，今我就死而湜得生，何冤濫也！』俄而所司奏宮人元氏款稱與湜曾密謀進酖，乃追湜賜死。初，湜與張説有隙，説時爲中書令，議者以爲説搆陷之。時湜與尚書右丞盧藏用同配流俱行，湜謂藏用曰：『家弟承恩，或冀寬宥。』因遲留不速進。行至荆州，夢於講堂照鏡，曰：『鏡者明象，吾當爲人主所明也。』以告占夢人張由，對曰：『講堂者，受法之所；鏡者，於文爲「立見金」，此非吉徵。』其日追使至，縊於驛中，時年四十三。

湜美姿儀，早有才名。弟液、滌及從兄涖，併有文翰。居清要，每宴私之際，自比東晉王導、謝安之家。謂人曰：『吾之一門及出身歷官，未嘗不爲第一。丈夫當先據要路以制人，豈能默默受制於人也！』是故進趣不已，而不以令終。

又 卷八六《殤皇帝重茂傳》 殤皇帝重茂，中宗第四子也。聖曆三年，封北海王。神龍初，進封温王，授右衛大將軍，兼遥領并州大都督，未出閤。景龍四年，中宗崩，韋庶人立重茂爲帝，而自臨朝稱制。及韋氏敗，重茂遂遜位，讓叔父相王，退居别所。景雲二年，改封襄王，遷於集州，令中郎將率兵五百人守衛。開元二年，轉房州刺史。尋薨，時年十七，謚曰殤皇帝，葬於武功西原。

又 卷九二《魏元忠傳》 安樂公主嘗私請廢節愍太子，立己爲皇太女。中宗以問元忠，元忠固稱不可，乃止。尋遷左僕射，餘併如故。元忠又嫉武三思專權用事，心常憤嘆，思欲誅之。三年秋，節愍太子起兵誅三思，元忠及左羽林大將軍李多祚等皆潛預其事。太子既斬三思，又率兵詣闕，將請廢韋后爲庶人，遇元忠子太僕少卿升於永安門，脅令從己。太子兵至玄武樓下，多祚等猶豫不戰，元忠又持兩端，由是不克，升爲亂兵所殺。中宗以元忠有平寇之功，又素爲高宗、天后所禮遇，竟不以升爲累，委任如初。

又 《韋安石傳》 韋安石，京兆萬年人，周大司空、鄖國公孝寬曾孫也。

睿宗踐祚，拜太子少保，改封郇國公。俄又歷侍中、中書令。景雲二年，加開府儀同三司。時太平公主與竇懷貞等潛有異圖，將引安石預其事，公主屢使子壻唐晙邀安石至宅，安石竟拒而不往。睿宗嘗密召安石，謂曰：『聞朝廷傾心東宮，卿何不察也？』安石對曰：『陛下何得亡國之言，此必太平之計。太子有大功於社稷，仁明孝友，天下所稱，願陛下無信讒言以致惑也。』睿宗矍然曰：『朕知之矣，卿勿言也。』太平於簾中竊聽之，乃構飛語，欲令鞫之，賴郭元振保護獲免。俄而遷尚書左僕射，兼太子賓客，依舊同中書門下三品，雖假以崇寵，實去其權。其冬，罷知政事，拜特進，充東都留守。

又 《蕭至忠傳》 蕭至忠，秘書少監德言曾孫也。少仕爲畿尉，以清謹稱。嘗與友人期於路隅，會風雪凍冽，諸人皆奔避就宇下。至忠曰：『寧有與人期而求安失信乎？』獨不去，衆咸歎服。神龍初，武三思擅權，至忠附之，自吏部員外擢拜御史中丞。遷吏部侍郎，仍兼御史中丞。恃武三思勢，掌選無所忌憚，請謁杜絶，威風大行。尋遷中書侍郎，兼中書令。

節愍太子誅武三思後，有三思黨與宗楚客、紀處訥令侍御史冉祖雍奏言：『安國相王及鎮國太平公主亦與太子連謀舉兵，請收付制獄。』中宗召至忠令按其事，至忠泣而奏曰：『陛下富有四海，貴爲天子，豈不能保一弟一妹，受人羅織？宗社存亡，實在於此。臣雖愚昧，竊爲陛下不取。《漢書》云：「一尺布，尚可縫，一斗粟，尚可舂，兄弟二人不相容。」願陛下詳察此言。且往者則天皇后欲令相王爲太子，王累日不食，請迎陛下。固讓之誠，天下傳説，足明冉祖雍等所奏，咸是構虚。』帝深納其言而止。尋轉黄門侍郎、同中書門下平章事。

明年，代韋巨源爲侍中，仍依舊修史。尋遷中書令。時宗楚客、紀處訥潛懷姦計，自樹朋黨，韋巨源、楊再思、李嶠皆唯諾自全，無所匡正。至忠處於其間，頗存正道，時議翕然重之。中宗亦曰：『諸宰相中，至忠最憐我。』韋庶人又爲亡弟贈汝南王洵與至忠亡女爲冥婚合葬。及韋氏敗，至忠發墓，持其女柩歸，人以此譏之。至忠又以女適庶人舅崔從禮之子。成禮日，中宗爲蕭氏婚主，韋庶人爲崔氏婚主，時人謂之『天子嫁女，皇后娶婦』。

睿宗即位，景雲初，出爲晉州刺史，甚有能名。時太平公主用事，至忠潛遣間使申意，求入爲京職。誅韋氏之際，至忠一子任千牛，爲亂兵所殺，公主冀至忠以此怨望，可與謀事，即納其請。召拜刑部尚書、右御史大夫，再遷吏部尚書。先天二年，復爲中書令。是歲，至忠與竇懷貞、魏知古、崔湜、陸象先、柳沖、徐堅、劉子玄等撰成《姓族係録》二百卷，有制加爵賜物各有差。未幾，左僕射竇懷貞、侍中岑羲及至忠併户部尚書李晉、太子少保薛稷、左散騎常侍賈膺福、左羽林大將軍常元楷、右羽林將軍李慈等與太平公主謀逆事洩，至忠遽遁入山寺，數日，捕而伏誅，籍没其家。至忠雖清儉刻己，然簡約自高，未嘗接待賓客，所得俸禄，亦無所賑施。及籍没，財帛甚豐，由是頓絶聲望矣。

又《宗楚客傳》 宗楚客者，蒲州河東人，則天從父姊之子也。兄秦客，垂拱中潛勸則天革命稱帝，由是累遷内史。後與楚客及弟晉卿併以姦贓事發，配流嶺外。秦客死，楚客等尋復追還。楚客累遷夏官侍郎、同鳳閣鸞臺平章事。神龍初，爲太僕卿。武三思用事，引楚客爲兵部尚書，同中書門下三品，晉卿累遷將作大匠。節愍太子既殺武三思，兵敗，逃於鄠縣，楚客遣使追斬之，仍令以其首祭三思及崇訓喪柩。韋庶人及安樂公主尤加親信，未幾，遷中書令。楚客雖迹附韋氏，而嘗别有異圖，與侍中紀處訥共爲朋黨，故時人呼爲宗、紀。

又 卷九七《劉幽求傳》 劉幽求，冀州武强人也。聖曆年，應制舉，拜閬中尉，刺史不禮焉，乃棄官而歸。久之，授朝邑尉。初，桓彦範、敬暉等雖誅張易之兄弟，竟不殺武三思。幽求謂桓、敬曰：『三思尚存，公輩終無葬地。若不早圖，恐噬臍無及。』桓、敬等不從其言，後果爲三思誣構，死於嶺外。

及韋庶人將行簒逆，幽求與玄宗潛謀誅之，乃與苑總監鍾紹京、長上果毅麻嗣宗及太平公主之子薛崇暕等夜從入禁中討平之。是夜所下制敕百餘道，皆出於幽求。以功擢拜中書舍人，令參知機務，賜爵中山縣男，食實封二百户。翌日，又授其二子五品官，祖、父俱追贈刺史。

睿宗即位，加銀青光禄大夫，行尚書右丞，仍舊知政事，進封徐國公，加實封通前五百户，賜物千段、奴婢二十人、宅一區、地十頃、馬四匹，加以金銀雜器。景雲二年，遷户部尚書，罷知政事。月餘，轉吏部尚書，擢拜侍中，降璽書曰：『頃者，王室不造，中宗厭代，外戚專政，姦臣擅國，將傾社稷，幾遷龜鼎，朕躬與王公，皆將及於禍難。卿見危思奮，在變能通，翊贊儲君，協和義士，殄殲元惡，放殛凶徒。我國家之復存，繄茲是賴，厥庸甚茂，朕用嘉焉。故委卿以衡軸，胙卿以茅土，然徵賦未廣，寵錫猶輕。昔西漢行封，更擇多户；東京定賞，復增大邑。故加賜卿實封二百户，兼舊七百户。使夫高岸爲谷，長河如帶，子子孫孫，傳國無絶。又以卿忘軀徇難，宜有恩榮，故特免卿十死罪，併書諸金鐵，俾傳於後。卿其保茲功業，永作國楨，可不美歟！』

先天元年，拜尚書右僕射、同中書門下三品，監修國史。幽求初自謂功在朝臣之右，而志求左僕射，兼領中書令。俄而竇懷貞爲左僕射，崔湜爲中書令，幽求心甚不平，形於言色。湜又託附太平公主，將謀逆亂。幽求乃與右羽林將軍張暐請以羽林兵誅之，乃令暐密奏玄宗曰：『宰相中有崔湜、岑羲，俱是太平公主進用，見作方計，其事不輕。殿下若不早謀，必成大患。一朝事出意外，太上皇何以得安？古人云：「當斷不斷，反受其亂。」唯請急殺此賊。劉幽求已共臣作定謀計訖，願以身正此事，赴死如歸。臣既職典禁兵，若奉殿下命，當即除翦。』上深以爲然。暐又洩其謀於侍御史鄧光賓，玄宗大懼，遽列上其狀，睿宗下幽求等詔獄，令法官推鞫之。法官奏幽求等以疏間親，罪當死。玄宗屢救獲免，乃流幽求於封州，暐於峰州。

歲餘，太平公主等伏誅，其日下詔曰：『劉幽求風雲玄感，川嶽粹靈，學綜九流，文窮三變。義以臨事，精能貫日；忠以成謀，用若投水。茂勳立艱難之際，嘉話盈啓沃之初，存讜直以不顧，爲姦邪之所忌。釁萌頗露，譖端潛發，元宰見逐，讒人孔多。既殄羣凶，方宜大化，期問政於經始，載登賢於蘿卜。可依舊金紫光禄大夫，守尚書左僕射，知軍國事，監修國史，上柱國、徐國公，仍依舊還封七百户，併賜錦衣一襲。』

又《鍾紹京傳》 鍾紹京，虔州贑人也。初爲司農録事，以工書直鳳閣，則天時明堂門額、九鼎之銘，及諸宮殿門榜，皆紹京所題。景龍中，爲苑總監。玄宗之誅韋氏，紹京夜中帥户奴及丁夫以從。及事成，其夜拜紹京銀青光禄大夫、中書侍郎，參知機務。翌日，進拜中書令，加光禄大夫，封越國公，賜實封五百户，賜物二千段、馬十匹。紹京既當朝用事，恣情賞罰，甚爲時人所惡。俄又抗疏讓官，睿宗納薛稷之言，乃轉爲户部尚書，出爲蜀州刺史。

又《郭元振傳》 先天元年，爲朔方軍大總管，始築定遠城，以爲行軍計集之所，至今賴之。明年，復同中書門下三品。

及蕭至忠、竇懷貞等附太平公主潛謀不順，玄宗發羽林兵誅之，睿宗登承天門，元振躬率兵侍衛之。事定論功，進封代國公，食實封四百户，賜物一千段。

又《張説傳》 張説，字道濟，其先范陽人，代居河東，近又徙家河南之洛陽。【略】

玄宗在東宮，（張）説與國子司業褚無量俱爲侍讀，深見親敬。明年，同中書門下平章事，監修國史。是歲二月，睿宗謂侍臣曰：『有術者上言，五日内有急兵入宫，卿等爲朕備之。』左右相顧莫能對，説進曰：『此是讒人設計，擬摇動東宮耳。陛下若使太子監國，則君臣分定，自然窺覦路絶，灾難不生。』睿宗大悦，即日下制皇太子監國。明年，又制皇太子即帝位。俄而太平公主引蕭至忠、崔湜等爲宰相，以説爲不附己，轉爲尚書左丞，罷知政事，仍令往東都留司。説既知太平等陰懷異計，乃因使獻佩刀於玄宗，請先事討之，玄宗深嘉納焉。及至忠等伏誅，徵拜中書令，封燕國公，賜實封二百户。其冬，改易官名，拜紫微令。

又 卷一〇六《張暐傳》 先天元年，太子即位，帝居武德殿。太平公主有異謀，廣樹朋黨，暐與僕射劉幽求請先爲備。太平聞之，白於睿宗，乃流暐於嶺南峰州，幽求謫於嶺外。及太平之敗，幽求追拜尚書左僕射、兼侍中；暐爲大理卿，封鄧國公，實封三百户，逾月又加權兼雍州長史。其年十二月，改元開元，以雍州爲京兆府，長史爲尹。暐首遷京兆尹，入侍宴私，出主都政，以爲榮寵之極。

又《王琚傳》 王琚，懷州河内人也。叔父隱客，則天朝爲鳳閣侍郎。琚少孤而聰敏，有才略，好玄象合鍊之學。神龍初，年二十餘，嘗謁駙馬王同皎，同皎甚器之，益歡洽。言及刺武三思事，琚義而許之，與周璟、張仲之爲忘年之友。及同皎敗，琚恐爲吏所捕，變姓名詣於江都，傭書於富商家，主人後悟其非傭者，以女嫁之，資給其財。經四五年，睿宗登極，琚具白主人，厚資其行裝，乃至長安。遇玄宗爲太子監國，爲太平公主所忌，思立孱弱，以竊威權，太子憂危。沙門普潤先與玄宗筮，克清内難，加三品，食實封，常入太子宫。琚見之，説以天時人事，歷然可觀。普潤白玄宗，玄宗異之。及琚於吏部選補諸暨主簿，於東宮過謝，及殿，而行徐視高，中官曰：『殿下在簾下。』琚曰：『在外只聞有太平公主，不聞有太子。太子有大功於社稷，大孝於君親，何得有此聲？』玄宗遽召見之，琚曰：『頃韋庶人智識淺短，親行弑逆，人心盡摇，思立李氏，殿下誅之爲易。今社稷已安，太平則天之女，凶狡無比，專思立功，朝之大臣，多爲其用。主上以元妹之愛，能忍其過。賤臣淺識，爲殿下深憂。』玄宗命之同榻而坐。玄宗泣曰：『四哥仁孝，同氣唯有太平，言之恐有違犯，不言憂患轉深，爲臣爲子，計無所出。』琚曰：『天子之孝，貴於安宗廟。定萬人。徵之於昔，蓋主，漢帝之長姊，帝幼，蓋主共養帝於宫中，後與上官桀、燕王謀害大司馬霍光，不議及君上，漢主恐危劉氏，以大義去之。況殿下功格天地，位尊儲貳。太平雖姑，臣妾也，何敢議之！今劉幽求、張説、郭元振一二大臣，心輔殿下。太平之黨，必有移奪安危之計，不可立談。』玄宗又曰：『公有何小藝，可隱迹與寡人遊處？』琚曰：『飛丹鍊藥，談諧嘲詠，堪與優人比肩。』玄宗益喜，與之爲友，恨相知晚，呼爲王十一。翌日，奏授詹事府司直、内供奉兼崇文學士，日與諸王及姜皎等侍奉焉，獨琚常預秘計。逾月，又拜太子舍人，尋又兼諫議大夫、内供奉，又贈其父故下邽丞仲友楚州刺史。

先天元年七月，玄宗居尊位，在武德殿。八月，擢拜中書侍郎。時劉幽求、張暐併流於嶺外，琚見事迫，請早爲之計。二年七月三日，琚與岐王範、薛王業、姜皎、李令問、王毛仲、王守一併預誅逆，以鐵騎至承天門。時睿宗聞鼓噪聲，召郭元振升承天樓，宣詔下關，侍御史任知古召募數百人於朝堂，不得入。頃間，琚等從玄宗至樓上，誅蕭至忠、岑義、竇懷貞、常元楷、李慈、李猷等。睿宗遜居百福殿。

又《王毛仲傳》 初，太宗貞觀中，擇官户蕃口中少年驍勇者百人，每出遊獵，令持弓矢於御馬前射生，令騎豹文韉，著畫獸文衫，謂之『百騎』。至則天時，漸加其人，謂之『千騎』，分隸左右羽林營。孝和謂之『萬騎』，亦置使以領之。玄宗在藩邸時，常接其豪俊者，或賜飲食財帛，以此盡歸心焉。毛仲亦悟玄宗旨，待之甚謹，玄宗益憐其敏惠。

及四年六月，中宗遇弑，韋后稱制，令韋播、高嵩爲羽林將軍，令押千騎營，榜棰以取威。其營長葛福順、陳玄禮等相與見玄宗訴冤，會玄宗已與劉幽求、麻嗣宗、薛崇簡等謀舉大計，相顧益歡，令幽求諷之，皆願決死從命。及二十日夜，玄宗入宛中，宜德從焉，毛仲避之不入。乙夜，福順等至，玄宗曰：『與公等除大逆，安社稷，各取富貴，在於俄頃，何以取信？』福順等請號而行，斯須斬韋播、韋璿、高嵩等頭來，玄宗舉火視之。又召鍾紹京領總監丁匠刀鋸百人至，因斬關而入，后及安樂公主等皆爲亂兵所殺。其夜，少帝以玄宗著大勳，進封平王。以紹京、幽求知政事，署詔敕。崇簡、嗣宗及福順、宜德，功大者爲將軍，次者爲中郎將。其時，梓宮在殯，舉城縞素。及明，玄宗引新立功者皆衣紫衣緋，持滿鐵騎而出，傾城聚觀歡慰。其犯逆者，盡曝屍於城外。毛仲數日而歸，玄宗不責，又超授將軍。

又 卷一八三《外戚傳・竇懷貞》 懷貞少有名譽，時兄弟宗族，併以輿馬爲事，懷貞獨折節自修，衣服儉素。聖曆中爲清河令，治有能名。俄歷越州都督、揚州大都督府長史，所在皆以清幹著稱。

神龍二年，累遷御史大夫，兼檢校雍州長史。時韋庶人及安樂公主等干預朝政。懷貞每諂順委曲取容，改名從一，以避后父之諱，自是名稱日損。庶人微時乳母王氏，本蠻婢也，特封莒國夫人，嫁爲懷貞妻。俗謂乳母之壻爲阿奢，懷貞每因謁見之次及進表疏，列在官位，必曰『皇后阿奢』，時人或以『國奢』呼之，初無慚色。宦官用權，懷貞尤所畏敬，每視事聽訟，見無須者，誤以接之。監察御史魏傳弓嘗以内常侍輔信義尤縱暴，將奏劾之。懷貞曰：『輔常侍深爲安樂公主所信任，權勢甚高，言成禍福，何得輒有彈糾？』傳弓曰：『今王綱漸壞，君子道消，正由此輩擅權耳！若得今日殺之，明日受誅，無所恨。』懷貞無以答，但固止之。

韋庶人敗，左遷濠州司馬。尋擢授益州大都督府長史。以附會太平公主，累拜侍中、兼御史大夫，代韋安石爲尚書左僕射，監修國史，賜爵魏國公。

睿宗爲金仙、玉眞二公主創立兩觀，料功甚多，時議皆以爲不可。唯懷貞贊成其事，躬自監役。懷貞族弟詹事司直維鎏謂懷貞曰：『兄位極台衮，當思獻可替否，以輔明主。奈何校量瓦木，厠迹工匠之間，欲令海内何所瞻仰也？』懷貞不能對，而監作如故。時人爲之語曰：『竇僕射前爲韋氏國奢，後作公主邑丞。』言懷貞伏事公主，同於邑官也。

先天二年，太平公主逆謀事洩，懷貞懼罪，投水而死。追戮其屍，改姓毒氏。

又《武延秀傳》 延秀，承嗣第二子也。則天時，突厥默啜上言有女請和親，制延秀與閻知微俱往突厥，將親迎默啜女爲妻。既而默啜執知微，入寇趙、定等州，故延秀久不得還。神龍初，默啜更請通和，先令延秀送款，始得歸，封桓國公，又授左衛中郎將。時武崇訓爲安樂公主壻，即延秀從父兄，數引至主第。延秀久在蕃中，解突厥語，常於主第，延秀唱突厥歌，作胡旋舞，有姿媚，主甚喜之。及崇訓死，延秀得幸，遂尚公主。

主，韋后所生男女中最小。初，中宗遷於房州，欲達州境，生於路次。性惠敏，容質秀絕。中宗、韋后愛寵日深，恣其所欲，奏請無不允許。恃寵橫縱，權傾天下，自王侯宰相已下，除拜多出其門。所營第宅併造安樂佛寺，擬於宫掖，巧妙過之。令楊務廉於城西造定昆池於其莊，延袤數里。出降之時，以皇后仗發於宫中，中宗與韋后御安福門觀之，燈燭供擬，徹明如晝。延秀拜席日，授太常卿，兼右衛將軍、駙馬都尉，改封恆國公，實封五百户。廢休祥宅，於金城坊造宅，窮極壯麗，帑藏爲之空竭。崇訓子數歲，因加金紫光禄大夫、太常卿同正員、左衛將軍，封鎬國公，賜實封五百户，以嗣其父。公主産男滿月，中宗、韋后幸其第，就第放赦，遣宰臣李嶠、文士宋之問、沈佺期、張説、閻朝隱等數百人賦詩美之。

延秀既恃恩，放縱無所忌憚。又公主府倉曹符鳳知延秀有不臣之心，遂説曰：『今天下蒼生，猶以武氏爲念，大周必可再興。按讖書云「黑衣神孫披天裳」，駙馬即神皇之孫也。』每勸令著皁襖子以應之。及韋庶人敗，延秀與公主在内宅，格戰良久。皆斬之。後追貶爲悖逆庶人。

又《武三思傳》 神龍初，進拜司空、同中書門下三品，加實封五百户，固辭不受。未幾，隨例降封爲德静郡王，量減實封二百户。尋拜左散騎常侍，則天遺制令復其所減實封。

初，敬暉等立功後，掌知國政，三思慮其更爲己患，而令其子崇訓因安樂公主構誣敬暉等，併流于嶺表而死。自是三思威權日盛，軍國政事，多所參綜。敬暉等所斥黜者，皆能引復舊職，令百官復修則天之法。時人皆言其陰懷篡逆，以比曹孟德、司馬仲達。

雍州人韋月將、高軫等併上疏言三思父子必爲逆亂。三思知而求索其罪。有司希旨，奏：『月將坐當棄市，軫配流嶺外』。黄門侍郎宋璟執奏云：『月將所犯，不合至死。』三思怒，竟斥宋璟爲外職。三思既猜嫉正士，嘗言『不知何等名作好人，唯有嚮我好者，是好人耳。』又與其所親兵部尚書宗楚客、將作大匠宗晉卿、太府卿紀處訥、鴻臚卿甘元柬遞相引致，干黷時政。侍御史周利用、冉祖雍，太僕丞李悛，光禄丞宋之遜，監察御史姚紹之等五人，常爲其耳目，時人呼爲『三思五狗』。中宗尋又制：武氏崇恩廟，一依天授時舊禮享祭，其昊陵、順陵，併置官員，皆三思意也。

三思既與韋庶人及上官昭容私通，嘗忌節愍太子，又因安樂公主密謀廢黜之。三年七月，太子率羽林大將軍李多祚等，發左右羽林兵，殺三思及其子崇訓於其第，併殺其親黨十餘人。俄而事變，太子既死，中宗爲三思舉哀，廢朝五日，贈太尉，追封梁王，謚曰宣。安樂公主又以節愍太子首致祭於三思及崇訓靈柩前。睿宗踐祚，以三思父子俱有逆節，制令斲棺暴屍，平其墳墓。

《新唐書》卷八三《太平公主傳》　太平公主，則天皇后所生，后愛之傾諸女。榮國夫人死，后丐主爲道士，以幸冥福。儀鳳中，吐蕃請主下嫁，后不欲棄之夷，乃眞築宫，如方士薰戒，以拒和親事。久之，主衣紫袍玉帶，折上巾，具紛礪，歌舞帝前。帝及后大笑曰：『兒不爲武官，何遽爾？』主曰：『以賜駙馬可乎？』帝識其意，擇薛紹尚之。假萬年縣爲婚館，門隘不能容翟車，有司毁垣以入，自興安門設燎相屬，道樾爲枯。紹死，更嫁武承嗣，會承嗣小疾，罷昏。后殺武攸暨妻，以配主。主方額廣頤，多陰謀，后常謂『類我』。而主内與謀，外檢畏，終后世無它訾。

永淳之前，親王食實户八百，增至千輒止；公主不過三百，而主獨加户五十。及聖曆時，進及三千户。預誅二張功，增號鎮國，與相王均封五千，而薛、武二家女皆食實封。主與相王衛王成王、長寧安樂二公主給衛士，環第十步一區，持兵呵衛，僭肖宫省。神龍時，與長寧、安樂、宜城、新都、定安、金城凡七公主，皆開府置官屬，視親王。安樂户至三千，長寧二千五百，府不置長史。宜城、定安非韋后所生，户止二千。主三子：崇簡、崇敏、崇行，皆拜三品。

韋后、上官昭容用事，自以謀出主下遠甚，憚之。主亦自以軋而可勝，故益横。於是推進天下士，謂儒者多窶狹，厚持金帛謝之，以動大議，遠近翕然嚮之。

玄宗將誅韋氏，主與秘計，遣子崇簡從。事定，將立相王，未有以發其端者。主顧温王乃兒子，可劫以爲功，乃入見王曰：『天下事歸相王，此非兒所坐。』乃掖王下，取乘輿服進睿宗。睿宗即位，主權由此震天下，加實封至萬户，三子封王，餘皆祭酒、九卿。主每奏事，漏數徙乃得退，所言皆從。有所論薦，或自寒冗躐進至侍從，旋踵將相。朝廷大政事非關決不下，閒不朝，則宰相就第咨判，天子殆畫可而已。主侍武后久，善策人主微指，先事逢合，無不中。田園遍近甸，皆上腴。吴、蜀、嶺嶠市作器用，州縣護送，道相望也。天下珍滋譎怪充於家，供帳聲伎與天子等。侍兒曳紈縠者數百，奴伯嫗監千人，隴右牧馬至萬匹。

長安浮屠慧範畜貲千萬，諂結權近，本善張易之。及易之誅，或言其豫謀者，於是封上庸郡公，月給奉稍。主乳媪與通，奏擢三品御史大夫。御史魏傳弓劾其姦贓四十萬，請論死。中宗欲赦之，進曰：『刑賞，國大事，陛下賞已妄加矣，又欲廢刑，天下其謂何？』帝不得已，削銀青階。大夫薛謙光劾慧範不法，不可貸，主爲申理，故謙光等反得罪。

玄宗以太子監國，使宋王、岐王總禁兵。主恚權分，乘輦至光範門，召宰相白廢太子。於是宋璟、姚元之不悦，請出主東都，帝不許，詔主居蒲州。主大望，太子懼，奏斥璟、元之以銷戢怨嫌。監察御史慕容珣復劾慧範事，帝疑珣離間骨肉，貶密州司馬。主居外四月，太子表追還京師。

時宰相七人，五出主門下。又左羽林大將軍常元楷、知羽林軍李慈皆私謁主。主内忌太子明，又宰相皆其黨，乃有逆謀。先天二年，與尚書左僕射竇懷貞、侍中岑羲、中書令蕭至忠崔湜、太子少保薛稷、雍州長史李晉、右散騎常侍昭文館學士賈膺福、鴻臚卿唐晙及元楷、慈、慧範等謀廢太子，使元楷、慈舉羽林兵入武德殿殺太子，懷貞、羲、至忠舉兵南衙爲應。既有日矣，太子得其姦，召岐王、薛王、兵部尚書郭元振、將軍王毛仲、殿中少監姜皎、中書侍郎王琚、吏部侍郎崔日用定策。前一日，因毛仲取內閑馬三百，率太僕少卿李令問王守一、內侍高力士、果毅李守德叩虔化門，梟元楷、慈於北闕下，縛膺福內客省，執羲、至忠至朝堂，斬之，因大赦天下。主聞變，亡入南山，三日不出，賜死於第。諸子及黨與死者數十人。簿其田貲，瑰寶若山，督子貸，凡三年不能盡。

崇簡素知主謀，苦諫，主怒，榜掠尤楚，至是復官爵，賜氏李。

始，主作觀池樂游原，以爲盛集，既敗，賜寧、申、岐、薛四王，都人歲祓禊其地。

又《安樂公主傳》 安樂公主，（中宗）最幼女。帝遷房陵而主生，解衣以褓之，名曰裹兒。姝秀辯敏，后尤愛之。下嫁武崇訓。帝復位，光艷動天下，侯王柄臣多出其門。嘗作詔，箝其前，請帝署可，帝笑從之。又請爲皇太女，左僕射魏元忠諫不可，主曰：『元忠，山東木強，烏足論國事？阿武子尚爲天子，天子女有不可乎？』與太平等七公主皆開府，而主府官屬尤濫，皆出屠販，納訾售官，降墨敕斜封授之，故號『斜封官』。

主營第及安樂佛廬，皆憲寫宮省，而工緻過之。嘗請昆明池爲私沼，帝曰：『先帝未有以與人者。』主不悦，自鑿定昆池，延袤數里。定，言可抗訂之也。司農卿趙履溫爲繕治，累石肖華山，隥彴橫邪，回淵九折，以石瀵水。又爲寶爐，鏤怪獸神禽，間以璖貝珊瑚，不可涯計。

崇訓死，主素與武延秀亂，即嫁之。是日，假后車輅，自宮送至第，帝與后爲御安福門臨觀，詔雍州長史竇懷貞爲禮會使，弘文學士爲儐，相王障車，捐賜金帛不貲。翌日，大會羣臣太極殿，主被翠服出，向天子再拜，南面拜公卿，公卿皆伏地稽首。武攸暨與太平公主偶舞爲帝壽。賜羣臣帛數十萬。帝御承天門，大赦，因賜民酺三日，內外官賜勳，緣禮官屬兼階、爵。奪臨川長公主宅以爲第，旁徹民廬，怨聲囂然。第成，禁藏空殫，假萬騎仗、內音樂送主還第，天子親幸，宴近臣。崇訓子方數歲，拜太常卿，封鎬國公，實封户五百。公主滿孺月，帝、后復幸第，大赦天下。

時主與長寧、定安三家厮臺掠民子女爲奴婢，左臺侍御史袁從一縛送獄，主入訴，帝爲手詔喻免。從一曰：『陛下納主訴，縱奴驪掠平民，何以治天下？臣知放奴則免禍，劾奴則得罪於主，然不忍屈陛下法，自媮生也。』不納。

臨淄王誅庶人，主方覽鏡作眉，聞亂，走至右延明門，兵及，斬其首。追貶爲『悖逆庶人』。睿宗即位，詔以二品禮葬之。趙履溫諂事主，嘗褫朝服，以項挽車。庶人死，蹈舞承天門呼萬歲，臨淄王斬之，父子同刑。百姓疾其興役，割取肉去。

又 卷九八《薛稷傳》 帝以翊贊功，每召入宮中與決事，恩絶羣臣。竇懷貞誅，稷以知本謀，賜死萬年獄，年六十五。

又 卷一〇九《竇懷貞傳》 竇懷貞，字從一，左相德玄子。少詭激，衣服贏儉，不爲輿馬豪侈事。仕累清河令，有治狀。後遷越州都督、揚州長史。

神龍中，進左御史大夫兼檢校雍州長史。會歲除，中宗夜宴近臣，謂曰：『聞卿喪妻，今欲繼室可乎？』懷貞唯唯。俄而禁中寶扇鄣衛，有衣翟衣出者，已乃韋后乳媪王，所謂莒國夫人者，故蠻婢也。懷貞納之不辭。又避后先諱，而以字稱。世謂媪婿爲阿奢，懷貞每謁見奏請，輒自署『皇后阿奢』，而人或謂爲『國奢』，軒然不訴，以自媚於后。時政令多門，赤尉由墨制授御史者衆，或戲曰：『尉入臺多，而縣辦否？』對曰：『辦於異日。』問其故，答曰：『佳吏在，僥倖去，故辦。』聞者皆笑。又附宗楚客、安樂公主等以取貴位，爲素議所斥，名稱盡矣。韋后敗，斬妻獻其首，貶濠州司馬，再徙益州長史，乃復故名。

景雲初，以殿中監召，閲月還左御史大夫、同中書門下平章事，封中山縣公。再遷侍中。方太平公主干政，懷貞傾己附離，日視事退，輒詣主第，刺取所欲。睿宗爲金仙、玉眞二公主營觀，費鉅萬，諫者交疏不止，唯懷貞勸成之，躬護役作。族弟維鍙諫曰：『公位上衮，當思獻可替否輔天子，而計校瓦木，雜厠工匠間，使海內何所瞻仰乎？』不答，督繕益急。時語曰：『前作后國奢，後爲主邑丞。』言事公主如邑官屬也。在位半歲，無所事，帝引見承天門，切責之。俄與李日知、郭元振、張説皆罷。爲左御史大夫。於時，歲犯左執法，術家又言懷貞且有禍，大懼，表請爲安國寺奴，不許。踰年，復同中書門下三品，兼太子詹事，監修國史。又以尚書右僕射兼御史大夫，軍國重事宜共平章。玄宗受內禪，進左僕射，封魏國公。與太平公主謀逆，既敗，投水死，追戮其屍，改姓毒氏。然生平所得俸禄，悉散親族無留蓄，敗時，家惟粗米數石而已。

又《祝欽明傳》 景龍三年，天子將郊，欽明與國子司業郭山惲陰迎韋后意，謬立議曰：

《周官》天神曰祀，地只曰祭，宗廟曰享。《大宗伯》曰：祀大神，祭大祇，享大鬼，王有故不預，則攝而薦。追師掌后首服，以待祭祀。內司服掌后六服，祭祀則供。又九嬪，凡大祭祀，后裸獻則贊瑶爵。然則后當助天子祀天神、祭地祇。鄭玄稱：闕狄，后助王祭羣小祀服。小祀尚助，況天地哉？闕狄之上，褘、褕、狄，三服皆以助祭，知褘衣助大祀也。王之祭服二：曰先王衮冕，先公鷩冕。故后助祭，亦以褘衣祭先王，褕狄祭先公。不言助祭天地，舉此以明彼，反三隅也。《春秋外傳》：『禘郊，天子親射其牛，王后親舂其粢。』世婦詔后之禮事，不專主宗廟。《祭統》曰：『祭也者，必夫婦親之，所以備內外之官。』哀公問孔子曰：『冕而親迎，不已重乎？』答曰：『合二姓之好，以繼先聖之後，以爲天地宗廟社稷主，君何謂已重焉？』則知后宜助祭。臣請因經誼，制儀典。

帝雖不睿，猶疑之，召禮官質問。於是太常博士唐紹、蔣欽緒對：『欽明所引，皆宗廟禮，非祭天地者。周、隋而上，無皇后助祭事。』帝令宰相參訂，紹、欽緒又引博士彭景直共議曰：

《周官》所云祀、祭、享，皆互言。《典瑞》：『兩圭以祀地。』《司几筵》：『設祀先王昨席。』《內宗》：『掌宗廟祭祀。』傳曰：『聖人爲能饗帝。』『春秋祭祀，以時思之。』此祀天稱享，享廟稱祭也。禮家凡稱大祭祀，不獨主天。《爵人》：『大祭祀，與量人受舉斝之卒爵。』祭天不裸，則九嬪贊瑶爵，容廟稱大祭祀也。欽明據《大宗伯》之職，以謂後有祭天地之禮。按經：『凡祀大神、祭大祇、享大鬼，帥執事而卜宿，視滌濯，涖玉鬯，省牲鑊，奉玉齍，制大號。若王不與祭祀，則攝位。』自凡而推，兼言王祭天地宗廟也。下言：『凡大祭祀，王后不與，則攝而薦。』直王后祭廟一凡耳。若當助祭天地，應不列重凡。且內宗、外宗所掌，皆佐王后廟薦，無佐祭天地語。有如助祭天地，誰當贊佐者？是則攝薦爲宗廟明甚。內司服掌后祭服，無祭天服。禮家説曰：『后不助祭天地五嶽，故無具服。』又言：『后有五輅，以重翟從祭先王先公，以厭翟從饗諸侯，以安車朝夕見王，以翟車采桑，以輦車游宴。』按此，后無祭天車明甚。然后助王祭天地，古無聞焉。

時左僕射韋巨源助后掎掣帝，奪政事，卽傳欽明議，帝果用其言，以皇后爲亞獻。取大臣李嶠等女爲齋娘，奉豆籩。禮成，詔齋娘有夫者悉進官。

初，后屬婚，上食禁中，帝與羣臣宴，欽明自言能《八風舞》，帝許之。欽明體肥醜，據地摇頭睆目，左右顧眄，帝大笑。吏部侍郎盧藏用歎曰：『是舉《五經》掃地矣！』景雲初，侍御史倪若水劾奏：『欽明、山惲等腐儒無行，以諂佞亂常改作，百王所傳，一朝惰放。今聖德中興，不宜使小人在朝，請斥遠之，以肅具臣。』乃貶欽明饒州刺史，山惲括州刺史。欽明於《五經》爲該淹，自見坐不孝免，無以澡祓，乃阿附韋氏，圖再用，又坐是見逐，諸儒共羞之。後徙洪州都督，入爲崇文館學士，卒。

論説

《舊唐書》卷七《中宗睿宗紀論贊》 廉士可以律貪夫，賢臣不能輔孱主。誠以志昏近習，心無遠圖，不知創業之難，唯取當年之樂。孝和皇帝越自負扆，遷於房陵，崎嶇瘴癘之鄉，契闊幽囚之地。所以張漢陽徘徊於克復，狄梁公哽咽以奏論，遂得生還，庸非己力。洎滌除金虎，再握璇衡，不能罪己以謝萬方，而更漫遊以隳八政。縱艷妻之煽黨，則聚、楀爭衡；信妖女以撓權，則彝倫失序。桓、敬由之覆族，節愍所以興戈，竟以元首之尊，不免齊眉之禍。比漢、晉之惠、盈輩爲優，苟非繼以命世之才，則土德去也。【略】

法不一則姦僞起，政不一則朋黨生，上既啓其泉源，下胡息於奔競。觀夫天后之時，雲委於二張之第；孝和之世，波注於三王之門。獻奇則除設盈庭，納賄則斜封滿路，咸以進趨相軌，姦利是圖，如火投泉，安得無敗？洎景龍繼統，汙俗廓清，然猶投杼於乘輿之間，抵掌於太平之日。以至書頻告變，上不自安，宮臣致禦魅之科，天子慊巡邊之詔。彼既彎弓而射我，我則號泣以行刑。此雖鎮國之尤，亦是臨軒之失。夫君人孝愛，錫之以典刑，納之於軌物，俾無僭逼，下絶覬覦，自然治道惟新，亂階不作。孝和既已失之，玄眞亦未爲得。

贊曰：孝和、玄眞，皆肖先人。率情背禮，取樂於身。夷塗不履，覆轍攸遵。扶持聖嗣，賴有賢臣。

《新唐書》卷五《睿宗玄宗紀贊》 睿宗因其子之功，而在位不久，固無可稱者。嗚呼，女子之禍於人者甚矣！自高祖至於中宗，數十年間，再罹女禍，唐祚既絶而復續，中宗不免其身，韋氏遂以滅族。玄宗親平其亂，可以鑑矣，而又敗以女子。方其勵精政事，開元之際，幾致太平，何其盛也！及侈心一動，窮天下之欲不足爲其樂，而溺其所甚愛，忘其所可戒，至於竄身失國而不悔。考其始終之異，其性習之相遠也至於如此。可不慎哉！可不慎哉！

《舊唐書》卷九二《魏元忠等傳論贊》 大帝、孝和之朝，政不由己，則天在位，已絶綴旒，韋后司晨，前蹤覆轍。當是時，姦邪有黨，宰執求容，順之則惡其名彰，逆之則憂其禍及，欲存身致理者，非中智常才之所能也。況元忠、安石、巨源、至忠、彦昭等行非純一，識昧存亡，徇利貪榮，有始無卒，不得其死，宜哉！楚客、晉卿、處訥等讒諂併進，威虐貫盈，不使逃刑，可謂政正。

贊曰：爲唐重臣，食唐重禄。顛危不持，富貴何足。二宗、一紀，讒邪酷毒。與前數公，死不知辱。

又 卷九七《劉幽求等傳論》 劉徐公負不羈之材，逢抵巇之運，遂能奮命決策，扶力中興，朝爲徒步之人，夕據公侯之位，苟非輕死重利，不耻不義之富，安及此哉！

宋·李綱《梁谿集》卷一五一《迂論七·論女禍》 有天下而多女禍，未有若李唐之甚者也。武后以牝奪晨，革姓建號，幾移唐祚。中宗親爲所廢，處房陵者二十餘年，一旦復位，即縱韋氏，幾至亂邦。韋氏乘夫，淫烝於朝，斜封四出。既鴆帝，欲臨朝稱制。明皇親平内難，而開元之末，沉酣燕私，嬖楊貴妃，幾至喪國。蓋人君齊家以正天下，故《詩》以后妃風化爲首，而昔之帝王，未有無家法以貽訓後昆者，獨唐不然。高祖之起兵於太原，蓋裴寂以晉陽宮人私侍之故刼持之，遂定秘計。太宗既殺元吉，納其妃生子，而使爲之後。武后固常侍太宗矣，身接帷幕，賜號武媚，而高宗立之不恥也。中宗幽廢，與韋后約，一朝見天日，不相制。至復位後，與武三思升御牀博戲，帝從旁點籌，不以爲怍。而貴妃楊氏，初爲壽王妃，明皇召内禁中，異之卽爲出自妃意者，丐籍女官號太眞，更爲壽王聘妃，而太眞得幸。其家法如此，欲無女禍得乎？

宋·佚名《歷代名賢確論》卷七四《太平公主》 石守道曰：中宗在位，韋庶人、安樂公主用事，忠良屏失，讒邪併用，刑賞僭濫，賄賂公行，庶政盡隳，彝倫攸斁，宮闈恣醜穢之行，朝廷扇朋比之風，宗社崎危，海内咨怨，睿宗時爲相王，目擊其事，常扼腕嗟嘆，不勝竊憤，及乎身履帝位，親握萬機，則宜刷疵滌瑕，洗穢濯垢，沐浴中外，咸使潔清，緝熙謨猷，皆有條理，而乃不戒覆車，復蹈危轍，專縱太平公主恣横，以亂朝政，遂使海内失望，君子息心，苟非繼之以聖主，唐祚或去矣。臣嘗謂中宗、睿宗爲庸主，良以此也。

元·王禮《麟原文集·前集》卷一〇《跋越國公鍾紹京像後》 嗚呼！自古女禍之敗人家國，可勝道哉！於斯時也，有能轉危爲安，眞英特之士也。嗣聖間，韋庶人與武三思升御牀博戲，中宗從傍典籌，唐之國事將日非矣。迨臨淄王入誅韋氏，劉幽求預參大策，翊贊聖儲，震殄元惡，以存唐室，厥功茂矣。於時苑總監任左金吾内屯田使鍾紹京以户奴丁夫之衆，亦與有勞，皆可謂社稷之臣也，何可及哉！孰知功大難容，姦邪搆怨，幽求初流封州，再貶睦州，死於道路，而紹京亦左遷果州。禮從越國公之遠孫煥獲拜遺像，因嘆當時如劉如鍾者幾何人哉？而朝廷未知大用，爲可惜也。因題其像之後，以致余之不滿云。

藝文

明·李東陽《西涯樂府》卷下《機上肉》 李唐天下猶有主，兒欲與韋母欲武。武家廟食唐爲周，唐宗骨肉皆仇讎。周庭酷吏開告密，白頭司空反是實。司空不死唐不亡，天意豈在廬陵王？中興功業回天地，盡是司空門下吏。二凶雖除五王族，痛恨當年存機肉。

清·謝啓昆《樹經堂詠史詩》卷六《唐·中宗》 風雨房陵二十秋，登庸一日竟忘仇。五雲裙上爭圖像，雙陸宮中自點籌。墨敕斜封拜官爵，黄麞渾脱效俳優。三無坐處誠堪笑，戲潑寒胡更擊毬。

清・洪亮吉《唐宋小樂府・阿母子》 阿母子，作皇帝，更兒亦欲緣此例。君不見，太平安樂遞擅朝，此時皇后躬南郊。

元・楊維楨《鐵崖詠史》卷五《點籌郎》 桑條韋，新下帷，折翎鸚鵡繞桑飛。黥面雛兒雙比翼，陸博象牀縱歡劇。點籌郎，偶在側，血指老人髯成戟。郎君郎君胡不天，忍使牝鷄啼爾前。苞桑不計，死將誰憐？嗚呼！錦棚子，宮娥肩，洗兒又散黄金錢。

又《桑條韋》 桑條韋，著翬衣，開繭館，繅蠶絲，順陰配陽正坤儀。胡爲乎，牝乘雄，黥面牝鷄飛金籠，小鸚折翅栖桑中。天子不敢令，墨敕行斜封。執法不敢言，宮苑奪農功。隆慶池，相王府，雲氣成龍亦成虎。手提三尺正天綱，一夜天星落紅雨。桑條韋，枝已折，葉已稀，上陽不可宅，飛騎不可歸，天戈取血不釁鼓，酒祭定陵陵上土。通化門前衰布奴，太白竿頭畫眉女。

又《安樂公主畫眉歌》 銅壺二鼓星如雪，帳底春雲夢初熱。羽林千騎聞殺聲，畫眉畫眉天未明。結龍幡，飛鸞舞，鏡中人，皇太女，畫眉不鑑長髮尼，畫眉畫眉將何爲？墨書未罷斜封旨，血浸三郎三尺水。

雜録

唐・杜佑《通典》卷七《食貨七・歷代盛衰户口》 武太后、孝和朝，太平公主、武三思、悖逆庶人，恣情奢縱，造罔極寺、太平觀、香山寺、昭成寺，遂使農功虚費，府庫空竭矣。

唐・張鷟《朝野僉載》卷三 宗楚客造一宅新成，皆是文柏爲梁，沈香和紅粉以泥壁，開門則香氣蓬勃，磨文石爲階砌及地，着告莫鞾者，行則仰仆。楚客被建昌王推得贓萬餘貫，兄弟配流。太平公主就其宅看，嘆曰：『看他行坐處，我等虚生浪死。』一年追入，爲鳳閣侍郎。景龍中，爲中書令。韋氏之敗，斬之。

唐・劉肅《大唐新語》卷二《極諫第三》 柳澤，睿宗朝太平公主用事，奏斜封官復舊職，上疏諫曰：『藥不毒不可以蠲疾，詞不切不可以禆過。是以習甘旨者，非攝養之方，邇諛佞者，積危殆之本。陛下即位之初，納姚、宋之計，咸黜斜封。近日又命斜封，是斜封之人不忍棄也，先帝之意不可違也。若斜封之人不忍棄，是韋月將、燕欽融之流不可褒贈，李多祚、鄭克義之徒不可清雪。陛下何不能忍於此，而獨忍於彼？使善惡不定，反覆相攻，致令君子道消，小人道長，爲正者銜冤，附僞者得志，將何以止奸邪？將何以懲風俗耶？』睿宗遂從之，因而擢澤拜監察御史。

又 卷六《友悌第十二》 姜皎薦源乾曜，玄宗見之，驟拜爲相，謂左右曰：『此人儀形莊肅，似蕭至忠，朕故用之。』左右對曰：『至忠以犯逆死，陛下何故比之？』玄宗曰：『我爲社稷計，所以誅之。然其人信美才也。』至忠嘗與友人期街中，俄而雪下，人或止之，至忠曰：『焉有與人期，畏雪不去？』遂命駕徑往，立於雪中，深尺餘，期者方至。及登廊廟，居亂后邪臣之間，不失其正。出爲晉州刺史，甚有異績，晚年失職，爲太平公主所引，與之圖事，以及於禍害。

宋・馬永卿《嬾眞子》卷四 開元太平宰相七人，五人出太平公主門下，謂岑羲、竇懷貞、蕭至忠、崔湜、陸象先也。二人明皇自用，謂張説、郭元振也。且象先賢者也，何爲預五人之列？按《象先傳》，太平公主欲相崔湜，湜力薦象先於主，故遂相之。噫！象先何爲交結崔湜也？開元元年七月，太平公主既敗，而宰相出門下者如岑羲等四人皆被誅，獨象先免。使其不幸與四人者皆死，豈不痛哉。然則士大夫之所處，宜以此爲戒。

明・丘濬《大學衍義補》卷一二 睿宗用姚元之、宋璟言，罷斜封官凡數千人。崔湜言於上曰：『斜封官皆先帝所除，元之等建議奪之，彰先帝之過，爲陛下招怨衆口沸騰，恐生非常之變。』太平公主亦以爲言，上然之，乃復敍用。柳澤上疏曰：『斜封官皆因僕妾汲引，豈出先帝之意？陛下黜之，天下稱明，一旦收敍，何政令之不一也？議者皆稱太平公主誑誤陛下，積小成大，爲禍不細。』

後梁張皇后預政

綜　述

《新五代史》卷一三《梁太祖元貞皇后張氏傳》　太祖元貞皇后張氏，單州碭山縣渠亭里富家子也。太祖少以婦聘之，生末帝。太祖貴，封魏國夫人。

后賢明精悍，動有禮法，雖太祖剛暴，亦嘗畏之。太祖每以外事訪之，后言多中。太祖時時暴怒殺戮，后嘗救護，人賴以獲全。太祖嘗出兵行至中途，后意以爲不然，馳一介召之，如期而至。

郴王友裕攻徐州，破朱瑾於石佛山，瑾走，友裕不追，太祖大怒奪其兵。友裕惶恐，與數騎亡山中。久之，自匿於廣王。后陰使人教友裕脫身自歸，友裕晨馳入見太祖，拜伏庭中，泣涕請死。太祖怒甚，使左右捽出，將斬之，后聞之不及履，走庭中，持友裕泣曰：『汝束身歸罪，豈不欲明非反乎？』太祖意解，乃免。

太祖已破朱瑾，納其妻以歸，后迎太祖於封丘，太祖告之。后遽見瑾妻，瑾妻再拜，后亦拜，淒然泣下曰：『兖鄆與司空同姓之國，昆仲之間，以小故興干戈而使吾姒至此，若不幸汴州失守，妾亦如此矣。』言已又泣。太祖爲之感動，乃送瑾妻爲尼，后嘗給其衣食。司空，太祖時檢校官也。

天祐元年，后以疾卒。太祖卽位，追册爲賢妃。初葬開封縣潤色鄉。末帝立，追謚曰『元貞皇太后』，祔於宣陵，后已死，太祖始爲荒淫，卒以及禍云。

又《梁郴王朱友裕傳》　郴王友裕，字端夫，幼善騎射，從太祖征伐，能以寬厚得士卒心。

友裕取濮州，遂圍時溥於徐州。朱瑾以兵二萬救溥，友裕敗瑾於石佛山，瑾走。都虞候朱友恭譏之太祖，以爲瑾可追而友裕不追。太祖大怒，奪其兵屬龐師古，以友裕屬吏，使者誤致書於友裕，友裕惶恐，不知所爲，賴張皇后教之，得免。

藝　文

清·史夢蘭《全史宫詞》卷一四《五代·梁·張皇后》　紙書傳，羽騎收，蛾眉帷幄擅奇謀。佛山破後憐同姓，泣把兖州比汴州。

後唐劉皇后用事

綜　述

《新五代史》卷一四《唐莊宗敬皇后劉氏傳》　莊宗神閔敬皇后劉氏，魏州成安人也。莊宗正室曰衛國夫人韓氏，其次燕國夫人伊氏，其次后也，初封魏國夫人。后父劉叟，黄鬚，善醫卜，自號劉山人。后生五六歲，晉王攻魏，掠成安，裨將袁建豐得后，納之晉宫，貞簡太后教以吹笙歌舞。既笄，甚有色，莊宗見而悦之。莊宗已爲晉王，太后幸其宫，置酒爲壽，自起歌舞，太后歡甚，命劉氏吹笙佐酒，酒罷去，留劉氏以賜莊宗。先時，莊宗攻梁軍於夾城，得符道昭妻侯氏，寵專諸宫，宫中謂之『夾寨夫人』。莊宗出兵四方，常以侯氏從軍。其後，劉氏生子繼岌，莊宗以爲類己，愛之，由是劉氏寵益專，自下魏博、戰河上十餘年，獨以劉氏從。劉氏多智，善迎意承旨，其佗嬪御莫得進見。

其父聞劉氏已貴，詣魏宫上謁。莊宗召袁建豐問之，建豐曰：『臣始得劉氏於成安北塢，時有黄鬚丈人護之。』及出劉叟示建豐，建豐曰：『是也。』然劉氏方與諸夫人爭寵，以門望相高，因大怒曰：『妾去鄉時，略可記憶，妾父不幸死於亂兵，妾時環屍慟哭而去。此田舍翁安得至此！』因命笞劉叟於宫門。

莊宗已卽皇帝位，欲立劉氏爲皇后，而韓夫人正室也，伊夫人位次在劉氏上，以故難其事而未發。宰相豆盧革、樞密使郭崇韜希旨，上章言劉氏當立，莊宗大悦。同光二年癸未，皇帝御文明殿，遣使册劉氏爲皇后。皇后受册，乘重翟車，鹵簿、鼓吹，見於太廟。韓夫人等皆不平之，乃封韓氏爲淑妃，伊氏爲德妃。

莊宗自滅梁，志意驕怠，宦官、伶人亂政，后特用事於中。自以出於賤微，逾次得立，以爲佛力。又好聚斂，分遣人爲商賈，至於市肆之間，薪芻果茹，皆稱中宮所賣。四方貢獻，必分爲二，一以上天子，一以入中宮，宮中貨賄山積。惟寫佛書，饋賂僧尼，而莊宗由此亦佞佛。有胡僧自于闐來，莊宗率皇后及諸子迎拜之。僧游五臺山，遣中使供頓，所至傾動城邑。又有僧誠惠，自言能降龍。嘗過鎮州，王鎔不爲之禮，誠惠怒曰：『吾有毒龍五百，當遣一龍揭片石，常山之人，皆魚鱉也。』會明年滹沱河大水，壞鎮州關城，人皆以爲神。莊宗及后率諸子、諸妃拜之，誠惠端坐不起，由是士無貴賤皆拜之，獨郭崇韜不拜也。

是時，皇太后及皇后交通藩鎮，太后稱『誥令』，皇后稱『教命』，兩宮使者旁午於道。許州節度使温韜以后佞佛，因請以私第爲佛寺，為后薦福。莊宗數幸郭崇韜、元行欽等私第，常與后俱。其後幸張全義第，酒酣，命后拜全義爲養父。全義日遣姬妾出入中宮，問遺不絕。

莊宗有愛姬，甚有色而生子，后心患之。莊宗燕居宮中，元行欽侍側，莊宗問曰：『爾新喪婦，其復娶乎？吾助爾聘。』后指愛姬請曰：『帝憐行欽，何不賜之？』莊宗不得已，陽諾之。后趣行欽拜謝，行欽再拜，起顧愛姬，肩輿已出宮矣。莊宗不樂，稱疾不食者累日。

同光三年秋大水，兩河之民，流徙道路，京師賦調不充，六軍之士，往往殍踣，乃預借明年夏、秋租稅，百姓愁苦，號泣於路，莊宗方與后荒於畋游。十二月己卯臘，畋於白沙，后率皇子、後宮畢從，歷伊闕，宿龕澗，癸未乃還。是時大雪，軍士寒凍，金槍衛兵萬騎，所至責民供給，壞什器，徹廬舍而焚之，縣吏畏懼，亡竄山谷。

明年三月，客星犯天庫，有星流於天棓。占星者言：『御前當有急兵，宜散積聚以禳之。』宰相請出庫物以給軍，莊宗許之，后不肯，曰：『吾夫婦得天下，雖因武功，蓋亦有天命。命既在天，人如我何！』宰相論於延英，后於屏間耳屬之，因取粧奩及皇幼子滿喜置帝前曰：『諸侯所貢，給賜已盡，宮中所有惟此耳，請鬻以給軍！』宰相惶恐而退。及趙在禮作亂，出兵討魏，始出物以賚軍，軍士負而詬曰：『吾妻子已餓死，得此何爲！』

莊宗東幸汴州，從駕兵二萬五千，及至萬勝，不得進而還，軍士離散，所亡太半。至罌子谷，道路隘狹，莊宗見從官執兵仗者，皆以好言勞之曰：『適報魏王平蜀，得蜀金銀五十萬，當悉給爾等。』對曰：『陛下與之太晚，得者亦不感恩。』莊宗泣下，因顧內庫使張容哥索袍帶以賜之，容哥對曰：『盡矣。』軍士叱容哥曰：『致吾君至此，皆由爾輩！』因抽刀逐之，左右救之而免。容哥曰：『皇后惜物，不以給軍，而歸罪於我。事若不測，吾身萬段矣！』乃投水而死。

郭從謙反，莊宗中流矢，傷甚，臥絳霄殿廊下，渴欲得飲，后令宦官進飱酪，不自省視。莊宗崩，后與李存渥等焚嘉慶殿，擁百騎出師子門。后於馬上以囊盛金器寶帶，欲於太原造寺爲尼。在道與存渥姦，及至太原，乃削髮爲尼。明宗入立，遣人賜后死。晉天福五年，追謚曰神閔敬皇后。

論說

《舊五代史》卷四九《唐書・莊宗劉皇后傳論》 昔三代之興亡，雖由於帝王，亦繫於妃后。故夏之興也以塗山，及其亡也以妹嬉；商之興也以簡狄，及其亡也以妲己；周之興也以文母，及其亡也以褒姒。觀夫貞簡之爲人也，雖未偕於前代，亦無虧於懿範。而劉后以牝鷄之晨，皇業斯墜，則與夫三代之興亡同矣。餘無進賢輔佐之德，又何足以道哉！

清・王楨《史弋》卷下《後五代・劉后》 莊宗妃劉氏幼爲晉兵掠入宮。父業醫卜，來謁妃，恥其寒微，言父死亂兵，命笞之，何其忍也！逮為后，同莊宗幸張全義第，請父事全義。嗚呼！劉氏，莊宗后也，安有天下毋拜人臣爲父者？而況劉后拒眞父而父全義，不尤異哉！

藝文

清・張晉《艷雪堂詩集》卷一《讀五代史雜詠・後唐劉皇后》 舊事何勞問建豐，山人省女太匆匆。宮國正自誇門望，豈有黃鬚是阿翁？

清・史夢蘭《全史宮詞》卷一四《五代・唐・莊宗皇后劉氏》 學得吹笙掌六宮，位踰來寒眷彌隆。黃鬚未足高門望，其拜張家老禿翁。

雜　録

宋·孫光憲《北夢瑣言》卷一八《劉皇后笞父》　莊宗劉皇后，魏州成安人。家世寒微，太祖攻魏州，取成安得后。時年五六歲，歸晉陽宮爲太后侍者。教吹笙及笄，姿色絶衆，聲伎亦所長。太后賜莊宗，爲韓國夫人侍者。后誕皇子繼岌，寵待日隆。他日，成安人劉叟詣鄴宮見上，稱夫人之父。有内臣劉建豐認之，即昔日黄鬚丈人，后之父也。劉氏方與嫡夫人爭寵，皆以門族誇尚，劉氏恥爲寒家，白莊宗曰：『妾去鄉之時，妾父死於亂兵，是時環屍而哭。妾固無父，是何田舍翁詐僞及此？』乃於宮門笞之，其實后即叟之長女也。莊宗好俳優，宮中暇日，自負蓍囊藥篋，令繼岌破帽相隨，似后父劉叟以醫卜爲業也。后方晝眠，及造其臥内，自稱劉衙推訪女。后大恚，笞繼岌。然爲太后不禮，復以韓夫人居正，無以發明。大臣希旨，請册劉氏爲皇后。議者以后出於寒賤，好興利聚財。初在鄴都，令人設法裨販所鬻樵蘇果茹，亦以皇后爲名。正位之後，凡貢奉先入後宮，唯寫佛經施尼師，他無所賜。闕下諸軍困乏，以至妻子餓殍。宰相請出内庫俵給，后將出妝具，銀盆兩口，皇子滿喜等三人令鬻以贍軍。一旦作亂，亡國滅族，與夫褒姒妲己無異也。先是莊宗自爲俳優，名曰『李天下』。雜於塗粉獶雜之間，時爲諸優樸扶摑搭，竟爲嚚婦恩伶之傾玷，有國者得不以爲前鑑。劉后以囊盛金合犀帶，四欲於太原造寺爲尼。路復通皇弟存渥，同簀而寢。明宗聞其事，即令自殺。

宋·吴縝《五代史纂誤》卷上《唐本紀·莊宗劉皇后四事》　自下魏博戰河上十餘年，獨以劉氏從。今按《本紀》，梁末帝貞明元年魏博諸州入於晉。至龍德三年，梁亡，首尾共九年，不得爲十餘年也。

同光二年四月己卯，皇帝御文明殿，遣使册劉氏爲皇后。今按《莊宗紀》乃是『同光二年二月癸未，立皇后劉氏』。與此不同，未知孰是。

明年三月，客星犯天庫，有星流於天棓。占星者言御前當有急兵，宜散積聚以禳之。宰相請出庫物以給軍，莊宗許之，后不肯。宰相論於延英，惶恐而退。及趙在禮作亂，出兵討魏，始出物以賚軍。今按《莊宗紀》，趙在禮以同光四年二月癸巳反於貝州。甲午，陷鄴都。甲辰，李嗣源討在禮。三月，嗣源反。然則趙在禮反，及嗣源討之皆在二月，而星變在三月。今此，先敍三月星變之事，而後乃及趙在禮作亂，則顛倒失序矣。

莊宗東幸汴州，從駕兵二萬五千。及至萬勝，不得進而還。軍士離散，所亡大半。今按《郭從謙傳》云李嗣源兵反向京師，莊宗東幸汴州，而嗣源先入。莊宗至萬勝，不進而還。軍士離散，尚有二萬餘人，且古人每謂三分之二爲大半。今東幸從兵二萬五千，去其大半，則有八九千人耳。假令尚及萬人，而《從謙傳》乃云尚及二萬餘人，則二説自不相合也。

前蜀徐妃干政

綜　述

《新五代史》卷六三《前蜀世家·王衍》　建晚年多内寵，賢妃徐氏與妹淑妃，皆以色進，專房用事，交結宦者唐文扆等干與外政。【略】建卒，衍立，謚建曰神武聖文孝德明惠皇帝，廟號高祖，陵曰永陵。建正室周氏號昭聖皇后，後建數日而卒，衍因尊其母徐氏爲皇太后，后妹淑妃爲皇太妃。太后、太妃以教令賣官，自刺史以下，每一官闕，必數人併爭，而入錢多者得之；通都大邑起邸店，以奪民利。

清·吴任臣《十國春秋》卷三八《前蜀·後主順聖皇太后徐氏傳》　順聖皇太后徐氏，唐眉州刺史徐耕女也。【略】耕有二女，皆國色。相工語耕曰：『公不久當大富貴。』因出二女相之，相工曰：『青城山王氣徹天，不十年有眞人承運，此女當作后妃，君貴由二女致也。』長女即太后。

太后事高祖爲賢妃，與妹淑妃皆以色進，專房用事，交結宦官唐文扆等，干與外政。太子元膺之死，高祖以雅王宗輅類已，信王宗傑才敏，擬擇一人立之。而賢妃欲立其子鄭王，即後主是也。使文扆諷宰相張格贊成之，後主遂得立。及嗣皇帝位，尊賢妃爲『順聖皇太后』，淑妃爲『翊聖皇太妃』。耕亦累官驃騎大將軍。太后、太妃各出教令賣官。自刺史以下每一官闕，必數人併爭，而入錢多者得之。又日挾後主游宴貴臣之家，或周覽近郡名勝，如丈人觀、金華宮、三學山諸地，飲酒賦詩，所費不貲。常游青城山，宮人衣服皆畫雲霞飄然，望之若仙。後主自作《甘州曲》以述其狀。卒用是敗。唐師入漢州，後主馳驛召唐臣李嚴，引太后見之，且以爲託。已而歸唐，唐莊宗遣向延嗣族誅王氏於秦川驛。太后臨刑呼曰：『吾兒以一國迎降，反以爲戮，信義俱棄。吾知爾禍不旋踵矣！』

藝文

清·謝啓昆《樹經堂詠史詩》卷七《前蜀·小徐氏》 青城嶺畔爛雲霞，聽唱甘州笑隔花。似柳腰肢工結束，臨風羅帶自欹斜。出行卻被江山看，近輦還教錦繡遮。路人天回歌舞歌，秦川月落怨啼鴉。

清·舒位《瓶水齋詩集》卷三《五代十國讀史絕句三十首·前蜀二首》 玉女初開半面妝，難營三窟到金牀。可憐一段琉璃下，祇有繒同昌荚香。

宣華池上月華新，定子當筵一抹春。但記宫妝成小醉，酒杯不到絶癡人。前蜀。

清·鄭方坤《五代詩話》卷八《宫閨 女仙鬼 緇流·前蜀太后徐氏太妃徐氏》 《左傳·昭公二十八年》：『叔向之母，曰子靈之妻。殺三夫、一君、一子而亡一國、兩卿矣，可無懲乎？吾聞之甚美者必有甚惡，此春秋爲之深戒矣。』前蜀徐公有二女，美而奇艶。初王太祖搜求國色，亦不知徐公有美女。徐以獻太祖，遂納之。各有子焉，長曰翊聖太后，生彭王。次曰順聖太后，生後主。性多狂率，不守宗祧，頻歲省方政歸國。母多行淫佚，殺戮重臣。乾德中，姊妹以巡禮至境爲名，恣風月烟花之樂，惟駕輜軿於緑野，擁金翠於青山，倍役生靈，頗消經費。凡經過之所，宴寢之宫，皆有篇章，刋於玉石。自秦漢以來，妃后省方，未有富貴如斯之甚也。順聖太后《題青城山丈人觀詩》曰：『早與元妃慕至玄，同躋靈岳訪眞仙。當時信有壺中景，今日親來洞裏天。儀仗影交寥廓外，金絲聲揭翠微巔。惟慚未致華胥裏，徒卜升平萬萬年。』翊聖太后繼曰：『獲陪翠輦喜殊常，同涉仙壇豈厭長。不羡乘鸞入烟霧，此中便是五雲鄉。』順聖太后又題《謁丈人觀先帝聖容》云：『舜帝歸梧野，躬來謁聖顔。旋登三徑路，似步九疑山。日照堆嵐迫，雲横積翠間。期修封禪禮，方俟再躋攀。』翊聖太后又曰：『共謁御容儀，還同在禁闈。笙歌喧寶殿，彩仗耀金徽。清淚沾羅袂，紅霞拂繡衣。九疑山水遠，無路繼湘妃。』順聖又題《謁丈人觀先帝聖容》云：『千尋緑嶂夾流溪，登眺因知海岳低。瀑布遥舂青石碎，茵輪横剪翠峰齊。步粘苔蘚龍橋滑，身閉煙蘿鳥徑迷。莫道穹天無路到，此山逾是碧雲梯。』翊聖太后繼曰：『登尋丹壑到玄都，接日紅霞照座隅。即向周迴巖岫首，似看曾近畫圖無。』順聖又題《金華宫》曰：『再到金華頂，玄都訪道回。雲披分景象，黛鎖併樓臺。雨滌前山浄，風吹去路開。翠屏夾流水，何必羡蓬萊。』翊聖太后繼曰：『碧雲紅霧撲人衣，宿露蒼苔石徑危。風巧解吹松上笛，蝶嬌頻採臉邊脂。同尋僻境思攜手，暗指遥山學畫眉。好把身心清浄處，角冠霞帔事希夷。』順聖又題《丹景山至德寺》云：『周迴雲水游丹景，因與眞妃眺上方。晴日曉升金照耀，寒泉夜落玉玎當。松梢月轉禽棲影，柏徑風牽麝食香。虔探六銖宜禱祝，惟期聖祚保遐昌。』翊聖繼曰：『丹景山頭宿梵宫，玉住金輅軒遥空。軍持無水注寒碧，蘭若有花開晚紅。武士盡排青嶂下，内人皆在講筵中。我家帝子傳王業，積善終期四海同。』順聖又題《彭州歸平詩》云：『尋眞游聖境，巡撫到歸平。水遠波瀾碧，山高氣象清。殿嚴孫氏貌，碑暗祖師名。夜月登壇醮，松風森磬聲。』翊聖繼曰：『雲浮翠輦到陽平，眞似驂鸞至上清。風起半崖聞虎嘯，雨來當面見龍行。曉尋水澗聽松韵，夜上星壇看月明。常恐前身居此境，玉皇教向錦城生。』順聖又題《彭州三學山至夜看聖燈》云：『虔禱游魂境，元妃夙志同。玉香焚靜夜，銀燭炫遼空。泉漱雲根月，鐘敲樹杪風。印金標聖迹，飛石顯神功。偶望天涯極，臨看日脚紅。猨來齋室上，僧集講筵中。頓覺超三界，渾疑證六通。願成修偃事，社稷保延洪。』翊聖繼曰：『聖燈千萬炬，旋向碧雲生。細雨濕不暗，好風吹更明。磬敲金地響，僧唱梵天聲。若説無心法，此光如太清。』順聖又題《大迴驛》云：『因尋靈境散幽情，千里江山暫得行。即恨煙光看未足，卻驅金輦入龜城。』翊聖繼曰：『翠驛紅亭近玉京，夢魂尤自在青城。比來出看江山景，盡被江山看出行。』議者以爲翰林之能非婦人女子之事，所以謝女無長城之志，空振才名。班姬有紈扇之辭，亦彰淫志。今徐氏逞乎妖志，餌自倖臣，假以風騷，庇其游幸，取女史一時之美，爲游人曠代之嗤。及唐朝興弔伐之師，遇蜀有荒淫之主，三軍不戰束手而降，良由子母盤游，君臣淩替之所致也。於是亡一君、破一國、殺九子、誅十臣、殄滅萬家、流移百郡。其次六宮嬪御挫紅緑於征途，十宅公主碎金珠於逆旅，子虛之室無以比方。故興聖太子隋君仁裕有《詠後主出降》詩曰：『蜀朝昏主出降時，銜璧牽羊倒寨旗。二十萬軍高拱手，更無一個是男兒。』又僧遠公有《傷廢國》詩云：『樂極悲來數有涯，歌聲才歇便興嗟。牽羊廢主尋傾國，指鹿奸臣盡破家。中禁夜涼空鎖月，後庭春暖慢開花。兩朝帝業空成夢，陵樹蒼蒼噪暮鴉。』

太子廢立風波分部

隋文帝易太子

綜述

《隋書》卷一《高祖紀上》（開皇元年二月丙寅）立王后獨孤氏爲皇后，王太子勇爲皇太子。

又 卷二《高祖紀下》（開皇二十年）冬十月己未，太白晝見。乙丑，皇太子勇及諸子并廢爲庶人。

十一月戊子，【略】以晉王廣爲皇太子。

又 卷三《煬帝紀上》 煬皇帝諱廣，一名英，小字阿麼，高祖第二子也。母曰文獻獨孤皇后。上美姿儀，少敏慧，高祖及后於諸子中特所鍾愛。在周，以高祖勳，封雁門郡公。

開皇元年，立爲晉王，拜柱國、并州總管，時年十三。尋授武衛大將軍，進位上柱國、河北道行臺尚書令，大將軍如故。高祖令項城公歆、安道公李徹輔道之。上好學，善屬文，沉深嚴重，朝野屬望。高祖密令善相者來和徧視諸子，和曰：『晉王眉上雙骨隆起，貴不可言。』既而高祖幸上所居第，見樂器絃多斷絶，又有塵埃，若不用者，以爲不好聲妓，善之。上尤自矯飾，當時稱爲仁孝。嘗觀獵遇雨，左右進油衣，上曰：『士卒皆霑濕，我獨衣此乎！』乃令持去。

六年，轉淮南道行臺尚書令。其年，徵拜雍州牧、内史令。八年冬，大舉伐陳，以上爲行軍元帥。及陳平，執陳湘州刺史施文慶、散騎常侍沈客卿、市令陽慧朗、刑法監徐析、尚書都令史暨慧，以其邪佞，有害於民，斬之右闕下，以謝三吳。於是封府庫，資財無所取，天下稱賢。進位太尉，賜輅車、乘馬，衮冕之服，玄珪、白璧各一。復拜并州總管。俄而江南高智慧等相聚作亂，徙上爲揚州總管，鎮江都，每歲一朝。高祖之祠太山也，領武候大將軍。明年，歸藩。後數載，突厥寇邊，復爲行軍元帥，出靈武，無虜而還。

及太子勇廢，立上爲皇太子。是月，當受册。高祖曰：『吾以大興公成帝業。』令上出舍大興縣。其夜，烈風大雪，地震山崩，民舍多壞，壓死者百餘口。

仁壽初，奉詔巡撫東南。是後高祖每避暑仁壽宮，恒令上監國。

四年七月，高祖崩，上即皇帝位於仁壽宮。

又 卷四五《房陵王楊勇傳》 房陵王勇字睍地伐，高祖長子也。周世，以太祖軍功，封博平侯。及高祖輔政，立爲世子，拜大將軍、左司衛，封長寧郡公。出爲洛州總管、東京小冢宰，總統舊齊之地。後徵還京師，進位上柱國、大司馬，領内史御正，諸禁衛皆屬焉。高祖受禪，立爲皇太子，軍國政事及尚書奏死罪已下，皆令勇參決之。上以山東民多流冗，遣使按檢，又欲徙民北實邊塞。勇上書諫曰：『竊以道俗當漸，非可頓革，戀土懷舊，民之本情，波迸流離，蓋不獲已。有齊之末，主闇時昏，周平東夏，繼以威虐，民不堪命，致有逃亡，非厭家鄉，願爲羈旅。加以去年三方逆亂，賴陛下仁聖，區宇肅清，鋒刃雖屏，瘡痍未復。若假以數歲，沐浴皇風，逃竄之徒，自然歸本。雖北夷猖厥，嘗犯邊烽，今城鎮峻峙，所在嚴固，何待遷配，以致勞擾。臣以庸虛，謬當儲貳，寸誠管見，輒以塵聞。』上覽而嘉之，遂寢其事。是後時政不便，多所損益，上每納之。上嘗從容謂羣臣曰：『前世皇王，溺於嬖幸，廢立之所由生。朕傍無姬侍，五子同母，可謂眞兄弟也。豈若前代多諸内寵，孽子忿諍，爲亡國之道邪！』

勇頗好學，解屬詞賦，性寬仁和厚，率意任情，無矯飾之行。引明克讓、姚察、陸開明等爲之賓友。勇嘗文飾蜀鎧，上見而不悅，恐致奢侈之漸，因而誡之曰：『我聞天道無親，唯德是與，歷觀前代帝王，未有奢華而得長久者。汝當儲后，若不上稱天心，下合人意，何以承宗廟之重，居兆民之上？吾昔日衣服，各留一物，時復看之，以自警戒。今以刀子賜汝，宜識我心。』

其後經冬至，百官朝勇，勇張樂受賀。高祖知之，問朝臣曰：『近聞至節，內外百官，相率朝東宮，是何禮也？』太常少卿辛亶對曰：『於東宮是賀，不得言朝。』高祖曰：『改節稱賀，正可三數十人，逐情各去。何因有司徵召，一時普集，太子法服設樂以待之？東宮如此，殊乖禮制。』於是下詔曰：『禮有等差，君臣不雜，爰自近代，聖教漸虧，俯仰逐情，因循成俗。皇太子雖居上嗣，義兼臣子，而諸方嶽牧，正冬朝賀，任土作貢，別上東宮。事非典則，宜悉停斷。』自此恩寵始衰，漸生疑阻。

時高祖令選宗衛侍官，以入上臺宿衛。高熲奏稱，若盡取强者，恐東宮宿衛太劣。高祖作色曰：『我有時行動，宿衛須得雄毅。太子毓德東宮，左右何須强武？此極敝法，甚非我意。如我商量，恆於交番之日，分向東宮上下，團伍不別，豈非好事？我熟見前代，公不須仍踵舊風。』蓋疑高熲男尚勇女，形於此言，以防之也。

勇多內寵，昭訓雲氏，尤稱嬖幸，禮匹於嫡。勇妃元氏無寵，嘗遇心疾，二日而薨。獻皇后意有他故，甚責望勇。自是雲昭訓專擅內政，后彌不平，頗遣人伺察，求勇罪過。晉王知之，彌自矯飾，姬妾但備員數，唯共蕭妃居處。皇后由是薄勇，愈稱晉王德行。其後晉王來朝，車馬侍從，皆爲儉素，敬接朝臣，禮極卑屈，聲名籍甚，冠於諸王。臨還揚州，入內辭皇后，因進言曰：『臣鎮守有限，方違顏色，臣子之戀，實結於心。一辭階闥，無由侍奉，拜見之期，杳然未日。』因哽咽流涕，伏不能興。皇后亦曰：『汝在方鎮，我又年老，今者之别，有切常離。』又泫然泣下，相對歔欷。王曰：『臣性識愚下，常守平生昆弟之意，不知何罪，失愛東宮，恆蓄盛怒，欲加屠陷。每恐讒譖生於投杼，鴆毒遇於杯勺，是用勤憂積念，懼履危亡。』皇后忿然曰：『睍地伐漸不可耐，我爲伊索得元家女，望隆基業，竟不聞作夫妻，專寵阿雲，使有如許豚犬。前新婦本無病痛，忽爾暴亡，遣人投藥，致此夭逝。事已如是，我亦不能窮治，何因復於汝處發如此意？我在尚爾，我死後，當魚肉汝乎？每思東宮竟無正嫡，至尊千秋萬歲之後，遣汝等兄弟向阿雲兒前再拜問訊，此是幾許大苦痛邪！』晉王又拜，嗚咽不能止，皇后亦悲不自勝。

此別之後，知皇后意移，始構奪宗之計。因引張衡定策，遣褒公宇文述深交楊約，令喻旨於越國公素，具言皇后此語。素瞿然曰：『但不知皇后如何？必如所言，吾又何爲者！』後數日，素入侍宴，微稱晉王孝悌恭儉，有類至尊，用此揣皇后意。皇后泣曰：『公言是也。我兒大孝順，每聞至尊及我遣內使到，必迎於境首。言及違離，未嘗不泣。又其新婦亦大可憐，我使婢去，常與之同寢共食。豈若睍地伐共阿雲相對而坐，終日酣宴，昵近小人，疑阻骨肉。我所以益憐阿麼者，常恐暗地殺之。』素既知意，因盛言太子不才。皇后遂遺素金，始有廢立之意。

勇頗知其謀，憂懼，計無所出。聞新豐人王輔賢能占候，召而問之。輔賢曰：『白虹貫東宮門，太白襲月，皇太子廢退之象也。』以銅鐵五兵造諸厭勝。又於後園之內作庶人村，屋宇卑陋，太子時於中寢息，布衣草褥，冀以當之。高祖知其不安，在仁壽宮，使楊素觀勇。素至東宮，偃息未入，勇束帶待之，故久不進，以激怒勇。勇銜之，形於言色。素還，言勇怨望，恐有他變，願深防察。高祖聞素譖毁，甚疑之。皇后又遣人伺覘東宮，纖介事皆聞奏，因加媒孽，搆成其罪。高祖惑於邪議，遂疏忌勇。乃於玄武門達至德門量置候人，以伺動靜，皆隨事奏聞。又東宮宿衛之人，侍官已上，名籍悉令屬諸衛府，有健兒者，咸屏去之。晉王又令段達私於東宮倖臣姬威，遺以財貨，令取太子消息，密告楊素。於是內外宣謗，過失日聞。段達脅姬威曰：『東宮罪過，主上皆知之矣，已奉密詔，定當廢立。君能告之，則大富貴。』威遂許諾。

九月壬子，車駕至自仁壽宮，翌日，御大興殿，謂侍臣曰：『我新還京師，應開懷歡樂，不知何意，翻邑然愁苦？』吏部尚書牛弘對曰：『由臣等不稱職，故至尊憂勞。』高祖既數聞讒譖，疑朝臣皆具委，故有斯問，冀聞太子之愆。弘爲此對，大乖本旨。高祖因作色謂東宮官屬曰：『仁壽宮去此不遠，而令我每還京師，嚴備仗衛，如入敵國。我爲患利，不脫衣臥。昨夜欲得近厠，故在後房，恐有警急，還移就前殿。豈非爾輩欲壞我國家邪？』於是執唐令則等數人，付所司訊鞫。令楊素陳東宮事狀，以告近臣。素顯言之曰：『臣奉敕向京，令皇太子檢校劉居士餘黨。太子奉詔，乃作色奮厲，骨肉飛騰，語臣云：「居士黨盡伏法，遣我何處窮討？爾作右僕射，委寄不輕，自檢校之，何關我事？」又云：「若大事不遂，我先被誅。今作天子，竟乃令我不如諸弟。一事以上，不得自由。」因長歎迴視云：「我大覺身妨。」』高祖曰：『此兒不堪承嗣久矣。皇后恆勸我廢之，我以布素時生，復是長子，望其漸改，隱忍至今。勇昔從南兗州來，語衞王云：「阿娘不與我一好婦女，亦是可恨。」因指皇后侍兒曰：「是皆我物。」此言幾許異事。其婦初亡，即以斗帳安餘老嫗。新婦初亡，我深疑使馬嗣明藥殺。我曾責之，便懟曰：「會殺元孝矩。」此欲害我而遷怒耳。初，長寧誕育，朕與皇后共抱養之，自懷彼此，連遣來索。且雲定興女，在外私合而生，想此由來，何必是其體胤！昔晉太子取屠家女，其兒即好屠割。今儻非類，便亂宗社。又劉金驎，諂佞人也，呼定興作親家翁，定興愚人，受其此語。我前解金驎者，爲其此事。勇嘗引曹妙達共定興女同宴，妙達在外説云：「我今得勸妃酒。」直以其諸子偏庶，畏人不服，故逆縱之，欲收天下之望耳。我雖德慚堯、舜，終不以萬姓付不肖子也。我恆畏其加害，如防大敵，今欲廢之，以安天下。』左衞大將軍、五原西元旻諫曰：『廢立大事，天子無二言，詔旨若行，後悔無及。讒言罔極，惟陛下察之。』旻辭直爭强，聲色俱厲，上不答。

是時姬威又抗表告太子非法。高祖謂威曰：『太子事迹，宜皆盡言。』威對曰：『皇太子由來共臣語，唯意在驕奢，欲得從樊川以至於散關，總規爲苑。兼云：「昔漢武帝將起上林苑，東方朔諫之，賜朔黃金百斤，幾許可笑。我實無金輒賜此等。若有諫者，正當斬之，不過殺百許人，自然永息。」前蘇孝慈解左衞率，皇太子奮髯揚肘曰：「大丈夫會當有一日，終不忘之，決當快意。」又宮內所須，尚書多執法不與，便怒曰：「僕射以下，吾會戮一二人，使知慢我之禍。」又於苑內築一小城，春夏秋冬，作役不輟，營起亭殿，朝造夕改。每云：「至尊嗔我多側庶，高緯、陳叔寶豈是孽子乎？」嘗令師姥卜吉凶，語臣曰：「至尊忌在十八年，此期促矣。」』

高祖泫然曰：『誰非父母生，乃至於此！我有舊使婦女，令看東宮，奏我云：「勿令廣平王至皇太子處。東宮憎婦，亦廣平教之。」元贊亦知其陰惡，勸我於左藏之東，加置兩隊。初平陳後，宮人好者悉配春坊，如聞不知厭足，於外更有求訪。朕近覽《齊書》，見高歡縱其兒子，不勝忿憤，安可傚尤邪！』於是勇及諸子皆被禁錮，部分收其黨與。楊素舞文巧詆，鍛煉以成其獄。勇由是遂敗。

居數日，有司承素意，奏言左衞元旻身備宿衞，常曲事於勇，情存附託。在仁壽宮，裴弘將勇書於朝堂與旻，題封云勿令人見。高祖曰：『朕在仁壽宮，有纖小事，東宮必知，疾於驛馬。怪之甚久，豈非此徒耶？』遣武士執旻及弘付法治其罪。

先是，勇嘗從仁壽宮參起居還，途中見一枯槐，根幹蟠錯，大且五六圍，顧左右曰：『此堪作何器用？』或對曰：『古槐尤堪取火。』於時衞士皆佩火燧，勇因令匠者造數千枚，欲以分賜左右。至是，獲於庫。又藥藏局貯艾數斛，亦搜得之。大將爲怪，以問姬威。威曰：『太子此意別有所在。比令長寧王已下，詣仁壽宮還，每嘗急行，一宿便至。恆飼馬千匹，云徑往捉城門，自然餓死。』素以威言詰勇，勇不服曰：『竊聞公家馬數萬匹，勇忝備位太子，有馬千匹，乃是反乎？』素又發洩東宮服玩，似加琱飾者，悉陳之於庭，以示文武羣官，爲太子之罪。高祖遣將諸物示勇，以誚詰之。皇后又責之罪。高祖使使責問勇，勇不服。太史令袁充進曰：『臣觀天文，皇太子當廢。』

於是使人召勇。勇見使者，驚曰：『得無殺我耶？』高祖戎服陳兵，御武德殿，集百官，立於東面，諸親立於西面，引勇及諸子列於殿庭。命薛道衡宣廢勇之詔曰：『太子之位，實爲國本，苟非其人，不可虛立。自古儲副，或有不才，長惡不悛，仍令守器，皆由情溺寵愛，失於至理，致使宗社傾亡，蒼生塗地。由此言之，天下安危，繫乎上嗣，大業傳世，豈不重哉！皇太子勇，地則居長，情所鍾愛，初登大位，即建春宮，冀德業日新，隆茲負荷。而性識庸暗，仁孝無聞，昵近小人，委任姦佞，前後愆釁，難以具紀。但百姓者，天之百姓，朕恭天命，屬當安育，雖欲愛子，實畏上靈，豈敢以不肖之子，而亂天下。勇及其男女爲王、公主者，

併可廢爲庶人。顧惟兆庶，事不獲已。興言及此，良深愧歎！』【略】

又下詔曰：

自古以來，朝危國亂，皆邪臣佞媚，凶黨扇惑，致使禍及宗社，毒流兆庶。若不標明典憲，何以肅清天下！左衛大將軍、五原郡公元旻，任掌兵衛，委以心膂，陪侍左右，恩寵隆渥；乃包藏姦伏，離間君親，崇長厲階，最爲魁首。太子左庶子唐令則，策名儲貳，位長宮僚，諂曲取容，音技自進，躬執樂器，親教内人，贊成驕侈，道引非法。太子家令鄒文騰，專行左道，偏被親昵，心腹委付，巨細關知，占問國家，希覬災禍。左衛率司馬夏侯福，内事諂諛，外作威勢，淩侮上下，褻濁宮闈。典膳監元淹，謬陳愛憎，開示怨隙，妄起訕謗，潛行離阻，進引妖巫，營事厭禱。前吏部侍郎蕭子寶，往居省閣，舊非宮臣，稟性浮躁，用懷輕險，進畫姦謀，要射榮利，經營間構，開造禍端。前主璽下士何竦，假託玄象，妄説妖怪，志圖禍亂，心在速發，兼制奇器異服，皆竦規摹，增長驕奢，糜費百姓。凡此七人，爲害乃甚，併處斬，妻妾子孫皆悉没官。

車騎將軍閻毗、東郡公崔君綽、遊騎尉沈福寶、瀛州民章仇太翼等四人，所爲之事，皆是悖惡，論其狀迹，罪合極刑。但朕情存好生，未能盡戮，可併特免死，各決杖一百，身及妻子資財田宅，悉可没官。副將作大匠高龍義，豫追番丁，輒配東宮使役，營造亭舍，進入春坊。率更令晉文建，通直散騎侍郎、判司農少卿事元衡，料度之外，私自出給，虚破丁功，擅割園地。併處盡。

於是集羣官於廣陽門外，宣詔以戮之。廣平王雄答詔曰：『至尊爲百姓割骨肉之恩，廢黜無德，實爲大慶，天下幸甚！』乃移勇於内史省，立晉王廣爲皇太子，仍以勇付之，復囚於東宮。賜楊素物三千段，元胄、楊約併千段，楊難敵五百段，皆鞫勇之功賞也。

時文林郎楊孝政上書諫曰：『皇太子爲小人所誤，宜加訓誨，不宜廢黜。』上怒，撻其胸。尋而貝州長史裴肅表稱：『庶人罪黜已久，當克己自新，請封一小國。』高祖知勇之黜也，不允天下之情，乃徵肅入朝，具陳廢立之意。

時勇自以廢非其罪，頻請見上，面申冤屈。而皇太子遏之，不得聞奏。勇於是升樹大叫，聲聞於上，冀得引見。素因奏言：『勇情志昏亂，爲顛鬼所著，不可復收。』上以爲然，卒不得見。素誣陷經營，構成其罪，類皆如此。

高祖寢疾於仁壽宮，徵皇太子入侍醫藥，而姦亂宮闈，事聞於高祖。高祖抵牀曰：『枉廢我兒！』因遣追勇。未及發使，高祖暴崩，秘不發喪。遽收柳述、元巖，繫於大理獄，僞爲高祖敕書，賜庶人死。追封房陵王，不爲立嗣。

又 卷三六《后妃傳·高祖獨孤皇后》 性尤妒忌，後宮莫敢進御。尉遲迥女孫有美色，先在宮中。上於仁壽宮見而悦之，因此得幸。后伺上聽朝，陰殺之。上由是大怒，單騎從苑中而出，不由徑路，入山谷間二十餘里。高熲、楊素等追及上，扣馬苦諫。上太息曰：『吾貴爲天子，而不得自由！』高熲曰：『陛下豈以一婦人而輕天下！』上意少解，駐馬良久，中夜方始還宮。后俟上於閤内。及上至，后流涕拜謝，熲、素等和解之。上置酒極歡，后自此意頗衰折。初，后以高熲是父之家客，甚見親禮。至是，聞熲謂己爲一婦人，因此銜恨。又以熲夫人死，其妾生男，益不善之，漸加譖毁，上亦每事唯后言是用。后見諸王及朝士有妾孕者，必勸上斥之。時皇太子多内寵，妃元氏暴薨，后意太子愛妾雲氏害之。由是諷上，黜高熲，竟廢太子，立晉王諱，皆后之謀也。

又 《高祖宣華夫人陳氏傳》 宣華夫人陳氏，陳宣帝之女也。性聰慧，姿貌無雙。及陳滅，配掖庭，後選入宮爲嬪。時獨孤皇后性妒，後宮罕得進御，唯陳氏有寵。晉王廣之在藩也，陰有奪宗之計，規爲内助，每致禮焉。進金蛇、金駝等物，以取媚於陳氏。皇太子廢立之際，頗有力焉。及文獻皇后崩，進位爲貴人，專房擅寵，主斷内事，六宮莫與爲比。及上大漸，遺詔拜爲宣華夫人。

又 卷四八《楊素傳》 （開皇）二十年，晉王廣爲靈朔道行軍元帥，素爲長史。王卑躬以交素。及爲太子，素之謀也。【略】及上不豫，素與兵部尚書柳述、黄門侍郎元巖等入閤侍疾。時皇太子入居大寶殿，慮上有不諱，須豫防擬，乃手自爲書，封出問素。素録出事狀以報太子。宮人誤送上所，上覽而大恚。所寵陳貴人，又言太子無禮。上遂發怒，欲召庶人勇。太子謀之於素，素矯詔追東宮兵士帖上臺宿衛，門禁出入，併取宇文述、郭衍節度，又令張衡侍疾。上以此日崩，由是頗有異論。

論説

宋・司馬光《資治通鑑》卷一八〇《隋紀四・高祖文皇帝下》 初，高祖與獨孤后甚相愛重，誓無異生之子，嘗謂羣臣曰：『前世天子，溺於嬖幸，嫡庶分爭，遂有廢立，或至亡國；朕旁無姬侍，五子同母，可謂眞兄弟也，豈有此憂邪！』帝又懲周室諸王微弱，故使諸子分據大鎮，專制方面，權侔帝室。及其晚節，父子兄弟迭相猜忌，五子皆不以壽終。

臣光曰：昔辛伯諗周桓公曰：『內寵併后，外寵貳政，嬖子配嫡，大都偶國，亂之本也。』人主誠能慎此四者，亂何自生哉！隋高祖徒知嫡庶之多，爭孤弱之易搖，曾不知勢鈞位逼，雖同産至親，不能無相傾奪。考諸辛伯之言，得其一而失其三乎！

清・乾隆敕撰《古今儲貳金鑑》卷三《隋・廢太子勇蜀王秀附》 臣等謹案：開皇手移周鼎，混一區宇，二十餘年，方內晏如，可謂勤於創業者矣。乃再傳失國，亡也忽焉。其釁肇於兄弟之間，而其毒發於君父之際，自縱尋斧，剪伐木根，而柯葉繼隕，廢立亂亡之禍，殆甚於秦之二世，何其酷歟！蓋隋文五男同母，旁無側庶，方以爲前星既定，宗子維城之固，遠軼曩代也，詎知東宮之恩寵漸衰，晉邸之狡謀已啓，內有獨孤，外有楊素，搆成貝錦，譖過日聞，以致投杼聽讒，竟遭幽廢，瀕死無以自明。是廣之包藏禍心，睥睨神器，奪嫡之舉，早伏於建儲。隋文惑晉牝晨，不自覺悟，迄於扺牀呼召，悔已莫及。而凶逆隨之，稔惡蕭牆，宗社淪覆，伊誰之咎乎？伏讀謂廣，竊窺主鬯，矯飾希寵，隋文墮其術中，而獨孤后妒嫉險刻，遂使儲位中移，國祚不享，隋之天下，亡於廣而實亡於獨孤。然隋文受制婦人，綱常不振，亦自亡而已。耳恭繹睿，論洵如軒鏡，畢照物無遁形，而正國閑家之道，所以弭患未然者，誠不可不辨之於早也。

藝文

宋・王十朋《梅溪集・前集》卷一〇《隋文帝》 孽后邪臣造釁端，房陵幽閉抱深冤。一朝變起宮闈內，方信當時用婦言。

清・謝啓昆《樹經堂詠史詩》卷五《隋・隋文帝》 萬紙詔書騰隴右，一衣帶水渡江南。圖形敵國黄奴畏，衒璧天街鐵騎勘。詎料宣華辭御榻，旋聞綵結賜金函。獨孤一誤何能挽，憂患方深識者諳。

又 卷五《隋・獨孤后》 繁華一篋謝珠璣，七寶妝臺進御稀。豈意懷讒到家客，只因含妬殺宮妃。獨孤誤我嗟何及，天子呼兒事已非。身後宣華新得幸，封來金合拜恩歸。

又 卷五《隋・楊素》 富貴豈眞來逼人，清河赫奕儼江神。公侯列第兼諸子，羅綺千番賜重臣。廢嫡安知宗祐重，阿君終致市朝淪。柳摧莫幸孤楊聳，梟氏顛連禍有因。

清・皮錫瑞《伏師堂詠史詩・獨孤后》 千古奇妒有獨孤，妒臣妒子尤妒夫。以一婦人輕天下，苑中臣控皇帝馬。高熲生子云欺君，房陵失寵緣阿雲。隋文立廣任楊素，憒憒皆由獨孤妒。獨孤誤我謀不成，大事仍然歸畜生。

清・史夢蘭《全史宮詞》卷一二《北朝・隋・諸王・房陵王楊勇》 白虹如練貫宮門，天上前星象已昏。堪歎阿雲成禍水，後園空築庶人村。

雜録

《隋書》卷二三《五行志下・羊禍》 開皇十二年六月，繁昌楊悅，見雲中二物，如羝羊，黄色，大如新生犬，鬭而墜。悅獲其一，數旬失所在。近羊禍也。《洪範五行傳》曰：『君不明，逆火政之所致也。』狀如新生犬者，羔類也。雲體掩蔽，邪佞之象，羊，國姓。羔，羊子也。皇太子勇，既升儲貳，晉王陰毁而被廢黜。二羔鬭，一羔墜之應也。

唐太宗易太子

綜述

《舊唐書》卷二《太宗紀上》 （武德九年冬十月癸亥，）立中山王承乾爲皇太子。

又 卷三《太宗紀下》 （貞觀十七年）夏四月庚辰朔，皇太子有罪，廢爲庶人。漢王元昌、吏部尚書侯君集并坐與連謀，伏誅。丙戌，立晉王治爲皇太子，大赦，賜酺三日。【略】癸巳，魏王泰以罪降爵爲東萊郡王。【略】

九月癸未，徙庶人承乾於黔州。【略】

（貞觀十八年）十二月辛丑，庶人承乾死。

又 卷四《高宗紀上》 高宗天皇大聖大弘孝皇帝，諱治，太宗第九子也。母曰文德順聖長孫皇后，以貞觀二年六月，生於東宮之麗正殿。五年，封晉王。七年，遥授并州都督。幼而岐嶷端審，寬仁孝友。初授孝經於著作郎蕭德言，太宗問曰：『此書中何言爲要？』對曰：『夫孝，始於事親，中於事君，終於立身。君子之事上，進思盡忠，退思補過，將順其美，匡救其惡。』太宗大悦曰：『行此，足以事父兄，爲臣子矣。』及文德皇后崩，晉王時年九歲，哀慕感動左右，太宗屢加慰撫，由是特深寵異。尋拜右武候大將軍。十七年，皇太子承乾廢，魏王泰亦以罪黜，太宗與長孫無忌，房玄齡、李勣等計議，立晉王爲皇太子。太宗每視朝常令在側，觀決庶政或令參議，太宗數稱其善。

又 卷七六《恒山王李承乾傳》 恒山王承乾，太宗長子也，生於承乾殿，因以名焉。武德三年，封恒山王。七年，徙封中山。太宗即位，爲皇太子，時年八歲，性聰敏，太宗甚愛之。太宗居諒闇，庶政皆令聽斷，頗識大體。自此太宗每行幸，常令居守監國。及長，好聲色，慢游無度，然懼太宗知之，不敢見其迹。每臨朝視事，必言忠孝之道，退朝後，便與羣小褻狎。宫臣或欲進諫者，承乾必先揣其情，便危坐斂容，引咎自責。樞機辨給，智足飾非，羣臣拜答不暇，故在位者初皆以爲明而莫之察也。承乾先患足，行甚艱難，而魏王泰有當時美譽，太宗漸愛重之。承乾恐有廢立，甚忌之，泰亦負其材能，潛懷奪嫡之計。於是各樹朋黨，遂成釁隙。有太常樂人年十餘歲，美姿容，善歌舞，承乾特加寵幸，號曰稱心。太宗知而大怒，收稱心殺之。坐稱心死者又數人，承乾意泰告訐其事，怨心逾甚。痛悼稱心不已，於宫中構室，立其形像，列偶人車馬於前。令宫人朝暮奠祭，承乾數至其處，徘徊流涕。仍於宫中起冢而葬之，并贈官樹碑，以申哀悼。承乾自此托疾不朝參者輒逾數月。常命户奴數十百人專習伎樂，學胡人椎髻，翦彩爲舞衣，尋橦跳劍，晝夜不絶，鼓角之聲，日聞於外。時左庶子于志寧、右庶子孔穎達受詔輔導，志寧撰《諫苑》二十卷諷之，穎達又多所規奏。太宗并嘉之，二人各賜帛百匹、黄金十斤，以勵承乾之意，仍遷志寧爲詹事。未幾，志寧以母憂去職，承乾侈縱日甚。太宗復起志寧爲詹事，志寧與左庶子張玄素數上書切諫，承乾并不納。又嘗召壯士左衛副率封師進及刺客張師政、紇干承基，深禮賜之，令殺魏王泰，不克而止。尋與漢王元昌、兵部尚書侯君集、左屯衛中郎將李安儼、洋州刺史趙節、駙馬都尉杜荷等謀反，將縱兵入西宫。

貞觀十七年，齊王祐反於齊州。承乾謂紇干承基曰：『我西畔宫牆，去大内正可二十步來耳，此間大親近，豈可并齊王乎？』會承基亦外連齊王，繫獄當死，遂告其事。太宗召承乾幽之别室，命司徒長孫無忌、司空房玄齡、特進蕭瑀、兵部尚書李勣、大理卿孫伏伽、中書侍郎岑文本、御史大夫馬周、諫議大夫褚遂良等參鞫之，事皆明驗。廢承乾爲庶人，徙黔州，元昌賜令自盡，侯君集等咸伏誅。其宫僚左庶子張玄素、右庶子趙弘智、令狐德棻、中書舍人蕭鈞，并以材選用，承乾既敗，太宗引大義以讓之，咸坐免。十九年，承乾卒於徙所，太宗爲之廢朝，葬以國公之禮。

又 《吴王李恪傳》 吴王恪，太宗第三子也。武德三年，封蜀王，授益州大都督，以年幼不之官。十年，又徙封吴王。十二年，累授安州都督。及將赴職，太宗書誡之曰：『吾以君臨兆庶，表正萬邦。汝地居茂親，寄惟藩屏，勉思橋梓之道，善侔間、平之德。以義制事，以禮制心，三風十愆，不可不慎。如此則克固盤石，永保維城。外爲君臣之忠，内有父子之孝，宜自勵志，以勗日新。汝方違膝下，悽戀何已，欲遺汝珍玩，恐益驕奢。故誡此一言，以爲庭訓。』高宗即位，拜司空、梁州都督。恪母，隋煬帝女也，恪又有文武才，太宗常稱其類己。既名望素高，甚爲物情所嚮。長孫無忌既輔立高宗，深所忌嫉，永徽中，會房遺愛謀反，遂因事誅恪，以絶衆望，海内冤之。

又 《濮王李泰傳》 濮王泰，字惠褎，太宗第四子也。少善屬文。武德三年，封宜都王。四年，進封衛王，以繼衛懷王霸後。貞觀二年，改封越王，授揚州大都督。五年兼領左武候、大都督，并不之官。八年，除雍州牧、左武候大將軍。七年轉鄜州大都督。十年，徙封魏王，遥領相州都督，餘官如故。太宗以泰好士愛文學，特令就府別置文學館，任自引召學士。又以泰腰腹洪大，趨拜稍難，復令乘小輿至於朝所。其寵異如此。十二年，司馬蘇勗以自古名王多引賓客，以著述爲美，勸泰奏請撰《括地志》。泰遂奏引著作郎蕭德言、秘書郎顧胤、記室參軍蔣亞卿、功曹參軍謝偃等就府修撰。十四年，太宗幸泰延康坊宅，因曲赦雍州及長安大辟罪已下，免延康坊百姓無出今年租賦，又賜泰府官僚帛有差。十五年，泰撰《括地志》功畢，表上之，詔令付祕閣，賜泰物萬段，蕭德言等咸加給賜物。俄又每月給泰料物，有踰於皇太子，諫議大夫褚遂良上疏諫曰：『昔聖人制禮，尊嫡卑庶，謂之儲君，道亞睿極，其爲崇重，用物不計，泉貨財帛，與王者共之。庶子體卑，不得爲例。所以塞嫌疑之漸，除禍亂之源，而先王必本人情，然後制法，知有國家，必有嫡庶。然庶子雖愛，不得超越，嫡子正體，特須尊崇。如當親者疏，當尊者卑，則佞巧之姦，乘機而動，私恩害公，惑志亂國。伏惟陛下功超邃古道冠百王，發號施令，爲世作法。一日萬機或，未盡美，臣職在諫諍，無容静默。伏見儲君料物，翻少魏王，朝野見聞，不以爲是。傳曰：『臣聞愛子教之以義方。』忠孝恭儉，義方之謂。昔漢竇太后及景帝遂驕恣梁孝王，封四十餘城，苑方三百里，大營宮室，複道彌望，積財鉅萬計，出入警蹕，小不得意，發病而死。宣帝亦驕恣淮陽憲王，幾至於敗，輔以退讓之臣，僅乃獲免。且魏王既新出閤，伏願常存禮則，言提其耳，且示儉節，自可在後月加歲增。妙擇師傅，示其成敗，既敦之以謙儉，又勸之以文學。惟忠惟孝，因而奬之，道德齊禮，乃爲良器。此所謂聖人之教，不肅而成者也。』太宗又令泰入居武德殿，侍中魏徵上奏曰：『伏見敕旨，令魏王泰移居武德殿。此殿在內，處所寬閒，參奉往來，極爲便近。但魏王既是愛子，陛下常欲其安全，每事抑其驕奢，不處嫌疑之地。今移此殿，便在東宮之西，海陵昔居，時人以爲不可。雖時與事異，猶恐人之多言。又王之本心，亦不安息，既能以寵爲懼，伏願成人之美。明早是朔日，或恐未得面陳，愚慮有疑，不敢寧寢，輕干聽覽，追深戰慄。』太宗併納其言。時皇太子承乾有足疾，泰潛有奪嫡之意，招駙馬都尉柴令武、房遺愛等二十餘人，厚加贈遺，寄以腹心。黄門侍郎韋挺、工部尚書杜楚客相繼攝泰府事，二人俱爲泰要結朝臣，津通賂遺。文武羣官，各有附託，自爲朋黨。承乾懼其淩奪，陰遣人詐稱泰府典籤，詣玄武門爲泰進封事。太宗省之，其書皆言泰之罪狀，太宗知其詐，而捕之不獲。十七年，承乾敗，太宗面加譴讓。承乾曰：『臣貴爲太子，更何所求？但爲泰所圖，特與朝臣謀自安之道。不逞之人，遂教臣爲不軌之事。今若以泰爲太子，所謂落其度內。』太宗因謂侍臣曰：『承乾言亦是。我若立泰，便是儲君之位可經求而得耳。泰立，承乾、晉王皆不存；晉王立，泰共承乾可無恙也。』乃幽泰於將作監，下詔曰：朕聞生育品物，莫大乎天地；愛敬罔極，莫重乎君親。是故爲臣貴於盡忠，虧之者有罰；爲子在於行孝，違之者必誅。大則肆諸市朝，小則終貽黜辱。雍州牧、相州都督、左武候大將軍魏王泰，朕之愛子，實所鍾心。幼而聰令，頗好文學，恩遇極於崇重，爵位逾於寵章。不思聖哲之誡，自構驕僭之咎，惑讒諛之言，信離間之説。以承乾雖居長嫡，久纏痾恙，潛有代宗之望，靡思孝義之則。承乾懼其淩奪，泰亦日增猜阻，爭結朝士，競引凶人。遂使文武之官，各有託附，戚之內，分爲朋黨。朕志存公道，義在無偏，彰厥巨釁，兩從廢黜。非惟作則四海，亦乃貽範百代。可解泰雍州牧、相州都督、左武候大將軍，降封東萊郡王。太宗因謂侍臣曰：『自今太子不道，藩王窺嗣者，兩棄之。傳之子孫，以爲永制。』尋改封泰爲順陽王，徙居均州之鄖鄉縣。太宗後嘗持泰所上表謂近臣曰：『泰文辭美麗，豈非才士。我中心念泰，卿等所知。但社稷之計，斷割恩寵，責其居外者，亦是兩全也。』二十一年，進封濮王。高宗即位，爲泰開府置僚屬，車服羞膳，特加優異。永徽三年，薨於鄖鄉，年三十有五，贈太尉、雍州牧，謚曰恭。文集二十卷。二子欣徽、欣封，嗣濮王。徽封新安郡王，欣，則天初陷酷吏獄，貶昭州別駕，卒。

又 卷六四《漢王李元昌傳》 漢王元昌，高祖第七子也。少好學，善隸書。武德三年，封爲魯王。貞觀五年，授華州刺史，轉梁州都督。十年，改封漢王。元昌在州，頗違憲法，太宗手敕責之。初不自咎，更懷怨望。知太子承乾嫉魏王泰之寵，乃相附託，圖爲不軌。十六年，元昌來朝京師，承乾頻召入東宮夜宿，因謂承乾曰：『願殿下早爲天子。近見御側有一宮人，善彈琵琶，事平之後，當望垂賜。』承乾許諾。又刻臂出血，以帛拭之，燒作灰，和酒同飲，共爲信誓，潛伺間隙。十七年，事發，太宗弗忍加誅，特敕免死。大臣高士廉、李世勣等奏言：「王者以四海爲家，以萬姓爲子，公行天下，情無獨親。元昌苞藏凶惡，圖謀逆亂，觀其指趣，察其心府，罪深燕旦，釁甚楚英。天地之所不容，人臣之所切齒，五刑不足申其罰，九死無以當其愆。而陛下情屈至公，恩加梟獍，欲開疏網，漏此鯨鯢。臣等有司，期不奉制，伏願敦師憲典，誅此凶慝。順羣臣之願，奪鷹鸇之心，則吳、楚七君不幽歎於往漢，管、蔡二叔不沉恨於有周。」太宗事不獲已，乃賜元昌自盡于家，妻子籍没，國除。

又　卷六五《長孫無忌傳》（貞觀十七年）太子承乾得罪，太宗欲立晉王，而限以非次迴惑不決。御兩儀殿，羣官盡出，獨留無忌及司空房玄齡、兵部尚書李勣，謂曰：「我三子一弟，所爲如此，我心無憀。」因自投於牀，抽佩刀欲自刺。無忌等驚懼，爭前扶抱，取佩刀以授晉王。無忌等請太宗所欲，報曰：「我欲立晉王。」無忌曰：「謹奉詔。有異議者，臣請斬之。」太宗謂晉王曰：「汝舅許汝，宜拜謝。」晉王因下拜。太宗謂無忌等曰：「公等既符我意，未知物論何如？」無忌曰：「晉王仁孝，天下屬心久矣。伏乞召問百僚，必無異辭。若不蹈舞同音，臣負陛下萬死。」於是建立遂定，因加授無忌太子太師。尋而太宗又欲立吳王恪，無忌密爭之，其事遂輟。

又　卷六六《杜楚客傳》　後歷魏王府長史拜工部尚書，攝魏王泰府事。楚客知太宗不悅承乾，魏王泰又潛令楚客友朝臣用事者，至有懷金以賂之，因說泰聰明，可爲嫡嗣。人或以聞，太宗隱而不言。及釁發，太宗始揚其事，以其兄有佐命功，免死，廢于家。

又　卷六九《侯君集傳》　時庶人承乾在東宮，恐有廢立，又知君集怨望，遂與通謀。君集子壻賀蘭楚石時爲東宮千牛，承乾令數引君集入內，問以自安之術。君集以承乾劣弱，意欲乘釁以圖之，遂贊永乾陰圖不軌，嘗舉手謂承乾曰：「此好手，當爲用之。」君集或慮謀洩，心不自安，每中夜蹶然而起，歎咤久之，其妻怪而謂之曰：「公，國之大臣，何爲乃爾？必當有故。若有不善之事，孤負國家，宜自歸罪，首領可全。」君集不能用。及承乾事發，君集被收，楚石又詣闕告其事。太宗親臨問曰：「我不欲令刀筆吏辱公，故自鞫驗耳。」君集辭窮。太宗謂百僚曰：「往者家國未安，君集實展其力，不忍寘之於法。我將乞其性命，公卿其許我乎？」羣臣爭進曰：「君集之罪，天地所不容，請誅之以明大法。」太宗謂君集曰：「與公長訣矣，而今而後，但見公遺像耳！」因歔欷下泣。遂斬於四達之衢，籍没其家。君集臨刑，容色不改，謂監刑將軍曰：「君集豈反者乎，蹉跌至此！然嘗爲將，破滅二國，頗有微功。爲言於陛下，乞令一子以守祭祀。」由是特原妻及一子，徙於嶺南。

又　卷七〇《杜正倫傳》　正倫出入兩宮，參典機密，甚以干理稱。時太子承乾有足疾，不能朝謁，好昵近羣小。太宗謂正倫曰：「我兒疾病，乃可事也。但全無令譽，不聞愛賢好善，私所引接，多是小人，卿可察之。若教示不得，須來告我。」正倫數諫不納，乃以太宗語告之，承乾抗表聞奏。太宗謂正倫曰：「何故漏洩我語？」對曰：「開道不入，故以陛下語嚇之，冀其有懼，或當反善。」帝怒，出爲穀州刺史，又左授交州都督。後承乾搆逆，事與侯君集相連，稱遺君集將金帶遺正倫，由是配流驩州。

又　卷七一《魏徵傳》　及皇太子承乾不修德業，魏王泰寵愛日隆，內外庶僚，併有疑議。太宗聞而惡之，謂侍臣曰：「當今朝臣忠謇，無踰魏徵，我遣傅皇太子，用絶天下之望。」十六年，拜太子太師，知門下省事如故。徵自陳有疾，詔答曰：「漢之太子，四皓爲助，我之賴公，即其義也。知公疾病，可臥護之。」

論説

宋・孫甫《唐史論斷》卷上《太宗・立晉王爲太子》　論曰：王者立太子，以嫡以年以德，固有常理。若嫡與年者或昏庸或過惡，固不可不擇於諸子也。擇之之法，取衆望決己意，則天下歸心矣。太宗英主也，斷大事未嘗有疑，晚年牽愛，不能定一子。泰長而有過，立晉王無疑，何至投牀自苦，取決於無忌之言？太子君之副，社稷之本，豈使一臣立之，仍命拜謝？賴太子良善，人情可屬，無忌終不擅其恩。不如是，必起亂階矣。

清・乾隆敕撰《古今儲貳金鑑》卷四《太子承乾魏王泰附》　臣等謹案：承乾立爲太子，年甫八歲，史稱其敏惠，識大體。當日東宮僚屬，品望文學，均極天下之選，輔道規箴，不遺餘力，宜其德行懋修，克膺神器之重也。乃年既寖長，過惡日聞，嫉正若讎，陰圖戕害，甚且踵齊州之覆轍，結漢王之陰謀，卒至廢徙而不悟，何歟？

蓋太宗卽位之初，未及改元遽册太子，其時方在弱齡，質性未漓，尚無失德。厥後狎昵羣小，聲色慢游，辨給之才，足以飾非，忠正之諍，不聞納牖。如孔穎達、于志寧諸臣，太宗厚賜金帛，冀以愧厲其心，而怙過彌甚，至泰以文辭被寵，滋其驕溢，幾有匹嫡之嫌，遂至各樹朋黨，互相傾軋。謂承乾之廢，雖不盡由泰之構讒，然其覬覦已非一日，至於殺愛子以要寵，則肺肝如揭。太宗以兩棄處之，可謂得當。然承乾輩之鬩牆，與建成、元吉如同一轍，幸未至玄武門之甚耳。明訓昭然，使萬世益凜天道好還之誡，而太宗建儲早計，以致太子不終，藩臣窺伺，豈非自貽伊戚乎？迨晉王既正儲位，復以柔懦爲疑，胸無卓見，太宗既不審定於前，乃欲屢易於後，且此何事，而與其臣謀之？卒至高宗立而有武氏之禍，唐室幾亡。或以無忌爲能安嫡，不知其實爲罪魁。至論抉微，信非管蠡所能窺測者矣。

藝　文

宋·范成大《石湖詩集》卷四《重讀唐太宗紀立晉王》　父子情深苦亦深，蓋天神武一沾襟。想當拔刃投牀際，也憶海池舟裏心。

承乾謀父保天年，青雀圖兄亦兩全。隱刺諸兒卻拏戮，一私知隔幾山淵。

更張聊欲亢吾宗，仁孝承家合至公。天發殺機那可料，正投阿武禍胎中。

雜　録

清·王鳴盛《十七史商榷》卷八七《新舊唐書十九·廢濮王泰殺吳王恪》　《舊·太宗諸子傳》史臣論曰：『太宗諸子，吳王恪、濮王泰最賢，皆以才高辯悟，爲長孫無忌忌嫉，離間父子，遽爲豺狼，而無忌破家，非陰禍之報歟？』愚謂太宗所以不肯立濮王泰而立高宗治者，以承乾失德，泰樹黨傾之，謂若立泰，則儲位可以圖謀而得，不可爲訓，且以治柔仁，立之則諸子獲全，立泰則恐其害諸子也，孰知治立，反兆武氏大禍，諸子幾無遺種。在彼時固不能逆料，長孫無忌從而贊成其事，似尚差可，迨後太宗又嫌治懦暗，欲廢之而立吳王恪，謂恪英果類我，無忌力尼之而止，太宗曰：『公殆以恪非己甥乎？』此言洞見無忌肺肝，無忌固狥私見，非爲國本地也。更可恨者，永徽中房遺愛之反，無忌因嫌，遂牽恪而殺之，恪竟以無罪死，無忌於此罪不勝誅矣，後爲武氏所殺，不亦宜乎？《舊書》之論最爲痛快，前已見《宗室諸王傳》論，而《新書·無忌傳》贊末數語亦見此意。

唐高宗易太子

綜　述

《舊唐書》卷四《高宗紀上》　（永徽三年）秋七月丁巳，立陳王忠爲皇太子，大赦天下，五品已上子爲父後者賜勳一轉，大酺三日。【略】（永徽）七年春正月辛未，廢皇太子忠爲梁王，立代王弘爲皇太子。

又　卷八六《燕王李忠傳》　燕王忠，字正本，高宗長子也。高宗初入東宮而生忠，宴宮僚於弘教殿。太宗幸宮，顧謂宮臣曰：『頃來王業稍可，非無酒食，而唐突卿等宴會者，朕初有此孫，故相就爲樂耳。』太宗酒酣起舞，以屬羣臣，在位於是遍舞，盡日而罷，賜物有差。貞觀二十年，封爲陳王。

永徽元年，拜雍州牧。時王皇后無子，其舅中書令柳奭説后謀立忠爲皇太子，以忠母賤，冀其親己，后然之。奭與尚書右僕射褚遂良、侍中韓瑗諷、太尉長孫無忌、右僕射于志寧等，固請立忠爲儲后，高宗許之。三年，立忠爲皇太子，大赦天下，五品已上子爲父後者賜勳一級。六年，加元服，制大辟罪已下併降一等，大酺三日。

其年，王皇后被廢，武昭儀所生皇子弘年三歲。禮部尚書許敬宗希旨上疏曰：『伏惟陛下憲章千古，含育萬邦，爰立聖慈，母儀天下。既而皇后生子，合處少陽。出自塗山，是謂吾君之胤；夙聞胎教，宜展問豎之心。乃復爲孽奪宗，降居藩邸，是使前星匿彩，瑤岳韜峰。臣以愚誠，竊所未喻。且今之守器，素非皇嫡，永徽爰始，國本未生，權引彗星，越升明兩。近者元妃載誕，正胤降神，重光日融，爝暉宜息。安可以茲傍統，叨據溫文？國有諍臣，孰逃其責！竊惟息姑克讓，可以思齊；劉强守藩，宜遵往軌。追迹太伯，不亦休哉？踵武延陵，故常安矣。寧可反植枝幹，久易位於天庭；倒襲衣裳，使違方於震位？蠢爾黎庶，云誰係心？垂裕後昆，將何播美？』高宗從之。顯慶元年，廢忠爲梁王，授梁州都督，賜實封二千户，物二萬段，甲第一區。其年，轉房州刺史。

忠年漸長大，常恐不自安，或私衣婦人之服，以備刺客。又數有妖夢，常自占卜。事發，五年，廢爲庶人，徙居黔州，因於承乾之故宅。麟德元年，又誣忠與西臺侍郎上官儀、宦者王伏勝謀反，賜死於流所，年二十二，無子。儀等伏誅。明年，皇太子弘表請收葬，許之。神龍初，追封燕王，贈太尉、揚州大都督。

又《孝敬皇帝李弘傳》 孝敬皇帝弘，高宗第五子也。永徽四年，封代王。顯慶元年，立爲皇太子，大赦改元。弘嘗受《春秋左氏傳》於率更令郭瑜，至楚子商臣之事，廢卷而歎曰：『此事臣子所不忍聞，經籍聖人垂訓，何故書此？』瑜對曰：『孔子修《春秋》，義存褒貶，故善惡必書。褒善以示代，貶惡以誡後，故使商臣之惡，顯於千載。』太子曰：『非唯口不可道，故亦耳不忍聞，請改讀餘書。』瑜再拜賀曰：『里名勝母，曾子不入；邑號朝歌，墨子回車。殿下誠孝冥資，睿情天發，凶悖之迹，黜於視聽。循奉德音，實深慶躍。臣聞安上理人，莫善於禮，非禮無以事天地之神，非禮無以辨君臣之位，故先王重焉。孔子曰：「不學《禮》，無以立。」請停《春秋》而讀《禮記》。』太子從之。

龍朔元年，命中書令、太子賓客許敬宗，侍中兼太子右庶子許圉師，中書侍郎上官儀，太子中舍人楊思儉等於文思殿博採古今文集，摘其英詞麗句，以類相從，勒成五百卷，名曰《瑤山玉彩》，表上之。制賜物三萬段，敬宗已下加級、賜帛有差。總章元年二月，親釋菜司成館，因請贈顔回太子少師，曾參太子少保，高宗併從之。

時有敕，征邊遼軍人逃亡限內不首及更有逃亡者，身併處斬，家口没官。太子上表諫曰：『竊聞所司以背軍之人，身久不出，家口皆擬没官。亦有限外出首，未經斷罪，諸州囚禁，人數至多。或臨時遇病，不及軍伍，緣茲怖懼，遂即逃亡；或因樵採，被賊抄掠；或渡海來去，漂没滄波；或深入賊庭，有被傷殺。軍法嚴重，皆須相傔。若不及傔，及不因戰亡，即同隊之人，兼合有罪。遂有無故死失，多注爲逃。軍旅之中，不暇勘當，直據隊司通狀，將作眞逃，家口令總没官，論情實可哀愍。《書》曰：「與其殺不辜，寧失不經。」伏願逃亡之家，免其配没。』制從之。

咸亨二年，駕幸東都，留太子於京師監國。時屬大旱，關中饑乏，令取廊下兵士糧視之，見有食榆皮蓬實者，乃令家令等各給米使足。是時戴至德、張文瓘兼左庶子，與右庶子蕭德昭同爲輔弼，太子多疾病，庶政皆決於至德等。時義陽、宣城二公主以母得罪，幽于掖庭，太子見之驚惻，遽奏請令出降。又請以同州沙苑地分借貧人。詔併許之。又召詣東都，納右衛將軍裴居道女爲妃。所司奏以白雁爲贄，適會苑中獲白雁，高宗喜曰：『漢獲朱雁，遂爲樂府；今獲白雁，得爲婚贄。彼禮但成謠頌，此禮便首人倫，異代相望，我無慚德也。』裴氏甚有婦禮，高宗嘗謂侍臣曰：『東宮內政，吾無憂矣。』

上元二年，太子從幸合璧宮，尋薨，年二十四。制曰：『皇太子弘，生知誕質，惟幾毓性。直城趨賀，肅敬著於三朝；中寢問安，仁孝聞於四海。自琰圭在手，沉瘵嬰身，顧惟耀掌之珍，特切鍾心之念，庶其痊復，以禪鴻名。及腠理微和，將遜於位，而弘天資仁厚，孝心純確，既承朕命，掩欻不言，因茲感結，舊疾增甚。億兆攸繫，方崇下武之基；五福無徵，俄遷上賓之駕。昔周文至愛，遂延慶於九齡；朕之不慈，遽永訣於千古。天性之重，追懷哽咽，宜申往命，加以尊名。夫謚者，行之迹也；號者，事之表也。慈惠愛親曰「孝」，死不忘君曰「敬」，謚爲孝敬皇帝。』其年，葬於緱氏縣景山之恭陵。制度一準天子之禮，百官從權制三十六日降服。高宗親爲製《叡德紀》，并自書之於石，樹於陵側。初，將營築恭陵，功費鉅億，萬姓厭役，呼嗟滿道，遂亂投磚瓦而散。

又《章懷太子李賢傳》 章懷太子賢，字明允，高宗第六子也。永徽六年，封潞王。顯慶元年，遷授岐州刺史。其年，加雍州牧、幽州都督。時始出閤，容止端雅，深爲高宗所嗟賞。高宗嘗謂司空李勣曰：『此兒已讀得《尚書》、《禮記》、《論語》，誦古詩賦復十餘篇，暫經領覽，遂即不忘。我曾遣讀《論語》，至「賢賢易色」，遂再三覆誦。我問何爲如此，乃言性愛此言。方知夙成聰敏，出自天性。』龍朔元年，徙封沛王，加揚州都督、兼左武衛大將軍，雍州牧如故。二年，加揚州大都督。麟德二年，加右衛大將軍。咸亨三年，改名德，徙封雍王，授涼州大都督，雍州牧、右衛大將軍如故，食實封一千户。上元元年，又依舊名賢。

上元二年，孝敬皇帝薨。其年六月，立爲皇太子，大赦天下。尋令監國。賢處事明審，爲時論所稱。儀鳳元年，手敕褒之曰：『皇太子賢自頃監國，留心政要。撫字之道，既盡於哀矜；刑綱所施，務存於審察。加以聽覽餘暇，專精墳典。往聖遺編，咸窺壼奥；先王策府，備討菁華。好善載彰，作貞斯在，家國之寄，深副所懷。可賜物五百段。』賢又招集當時學者太子左庶子張大安、洗馬劉訥言、洛州司户格希元、學士許叔牙成玄一史藏諸周寶寧等，注范曄《後漢書》，表上之，賜物三萬段，仍以其書付祕閣。

時正議大夫明崇儼以符劾之術爲則天所任使，密稱『英王狀類太宗』。又宫人潛議云『賢是后姊韓國夫人所生』，賢亦自疑懼。則天又嘗爲賢撰《少陽政範》及《孝子傳》以賜之，仍數作書以責讓賢，賢逾不自安。調露二年，崇儼爲盗所殺，則天疑賢所爲。俄使人發其陰謀事，詔令中書侍郎薛元超、黄門侍郎裴炎、御史大夫高智周與法官推鞫之，於東宫馬坊搜得皁甲數百領，乃廢賢爲庶人，幽於别所。永淳二年，遷於巴州。文明元年，則天臨朝，令左金吾將軍丘神勣往巴州檢校賢宅，以備外虞。神勣遂閉於别室，逼令自殺，年三十二。則天舉哀於顯福門，貶神勣爲叠州刺史，追封賢爲雍王。神龍初，追贈司徒，仍遣使迎其喪柩，陪葬於乾陵。睿宗踐祚，又追贈皇太子，謚曰章懷。

《新唐書》卷八一《燕王李忠傳》 燕王忠，字正本。**【略】**（王皇后）后廢，武后子弘甫三歲，許敬宗希后旨，建言：『國有正嫡，太子宜同漢劉彊故事。』帝召見敬宗曰：『立嫡若何？』對曰：『正本則萬事治，太子，國本也。且東宫所出微，今知有正嫡，不自安；竊位而不自安，非社稷計。』帝曰：『忠固自讓。』敬宗曰：『能爲太伯，不亦善乎？』於是降封梁王、梁州都督，賜甲第，實封户二千，物二萬段。俄徙房州刺史。忠寢懼不聊生，至衣婦人衣，備刺客。數有妖夢，嘗自占。事露，廢爲庶人，囚黔州承乾故宅。麟德初，宦者王伏勝得罪於武后，敬宗乃誣忠及上官儀與伏勝謀反，賜死，年二十二。

又《孝敬皇帝李弘傳》 帝（高宗）幸東都，詔監國。時關中饑，弘視廡下兵食有榆皮、蓬實者，悄然命家令寺給米。

義陽、宣城二公主以母故幽掖廷，四十不嫁，弘聞惻，建請下降。武后怒，即以當上衛士配之，由是失愛。又請以同州沙苑分假貧民。會納妃裴，而有司奏贄用白雁，適苑中獲之，帝喜曰：『漢獲朱鴈，爲樂府歌。今得白鴈爲婚贄，婚乃人倫首，我則無慚。』禮畢，曲赦岐州。

帝嘗語侍臣：『弘仁孝，賓禮大臣，未嘗有過。』而後將騁志，弘奏請數怫旨。上元二年，從幸合璧宫，遇酖薨，年二十四，天下莫不痛之。詔曰：『太子嬰沈瘵，朕須其痊復，將遜於位。弘性仁厚，既承命，因感結，疾日以加。宜申往命，謚爲孝敬皇帝。』葬緱氏，墓號恭陵，制度盡用天子禮，百官從權制三十六日釋服。帝自製《睿德紀》，刻石陵側。營陵費鉅億，人厭苦之，投石傷所部官司，至相率亡去。妃薨，謚哀皇后。無子。

又《章懷太子李賢傳》 上元年，復名賢。是時，皇太子薨，其六月，立賢爲皇太子。俄詔監國，賢於處決尤明審，朝廷稱焉，帝手敕褒賜。賢又招集諸儒：左庶子張大安、洗馬劉訥言、洛州司户參軍格希玄、學士許叔牙成玄一史藏諸周寶寧等，共注范曄《後漢書》。書奏，帝優賜段物數萬。

時正諫大夫明崇儼以左道爲武后所信，崇儼言英王類太宗，而相王貴，賢聞，惡之。宫人或傳賢乃后姊韓國夫人所生，賢益疑，而后撰《少陽政範》、《孝子傳》賜賢，數以書讓勒，愈不安。調露中，天子在東都，崇儼爲盗所殺，后疑出賢謀，遣人發太子陰事，詔薛元超、裴炎、高智周雜治之，獲甲數百首於東宫。帝素愛賢，薄其罪，后曰：『賢懷逆，大義滅親，不可赦。』乃廢爲庶人，焚甲天津橋，貶大安普州刺史，流訥言於振州，坐徙者十餘人。開耀元年，徙賢巴州。

武后得政，詔左金吾將軍丘神勣檢衛賢第，迫令自殺，年三十四。

論　説

《舊唐書》卷八六《高宗中宗諸子傳論贊》　前代以嬖婦孽子破國亡家者多矣，然未如大帝、孝和之甚也。高宗八子，二王早世，爲武后所斃者四人，章懷以母子之愛，穎悟之賢，猶不免於虎口。況燕、澤、素節異腹之胤乎！覆載胡心，産茲鴆毒，悲夫！孝和母嚚，婦傲女暴，如置身羣魅之中，安有保其終吉哉！天將滌盪昏氛，非重茂所能支也。

贊曰：父子天性，嬖能害正。宜臼、申生，翻爲不令。唐年鈞德，章懷最仁。凶母畏明，取樂於身。

唐玄宗易太子

綜　述

《舊唐書》卷九《玄宗紀下》（開元二十五年夏四月）乙丑，皇太子瑛、鄂王瑤、光王琚併廢爲庶人。太子妃兄駙馬都尉薛鏽長流瀼州，至藍田驛賜死。【略】

（開元二十六年）六月庚子，立忠王璵爲皇太子。秋七月己巳，冊皇太子，大赦天下，常赦所不免者咸赦除之。【略】

又　卷一〇七《李瑛傳》　玄宗第二子也，本名嗣謙。景雲元年九月，封真定郡王。先天元年八月，進封郢王。開元三年正月，立爲皇太子。十年正月，加元服。其年，玄宗又令太子詣國子學行齒胄之禮，仍敕右散騎常侍褚無量升筵講論，學官及文武百官節級加賜。十三年，改名鴻，納妃薛氏，禮畢，曲赦京城之内，侍講潘肅等併加級改職，中書令蕭嵩親迎，特封徐國公。二十五年七月，改名瑛。

瑛母趙麗妃，本伎人，有才貌，善歌舞，玄宗在潞州得幸。及景雲升儲之後，其父元禮、兄常奴擢爲京職，開元初皆至大官。及武惠妃寵倖，麗妃恩乃漸弛。時鄂王瑤母皇甫德儀、光王琚母劉才人，皆玄宗在臨淄邸以容色見顧，出子朗秀而母加愛焉。及惠妃承恩，鄂、光之母亦漸疏薄，惠妃之子壽王瑁，鍾愛非諸子所比。瑛於内第與鄂、光王等自謂母氏失職，嘗有怨望。惠妃女咸宜公主出降於楊洄，洄希惠妃之旨，規利於己，日求其短，譖於惠妃。妃泣訴於玄宗，以太子結黨，將害於妾母子，亦指斥於至尊。玄宗惑其言，震怒，謀於宰相，意將廢黜。中書令張九齡奏曰：『陛下纂嗣鴻業，將三十年，太子已下，常不離深宫，日受聖訓。今天下之人，皆慶陛下享國日久，子孫蕃育，不聞有過，陛下奈何以一日之間廢棄三子？伏惟陛下思之。且太子國本，難於動摇。昔晉獻公惑寵嬖之言，太子申生憂死，國乃大亂。漢武威加六合，受江充巫蠱之事，將禍及太子，遂至城中流血。晉惠帝有賢子爲太子，容賈后之譖，以至喪亡。隋文帝取寵婦之言，廢太子勇而立晉王廣，遂失天下。由此而論之，不可不慎。今太子既長無過，二王又賢，臣待罪左右，敢不詳悉。』玄宗默然，事且寢。

論　説

清・愛新覺羅・玄燁《聖祖仁皇帝御製文集第二集》卷三九《唐明皇殺三子》　人主信任讒佞，不能自保其子，如漢武帝巫蠱之篇，每不忍觀，況一日殺三子乎？姦邪之害人家國，亦憯毒之至哉！

清・乾隆敕撰《古今儲貳金鑑》卷四《太子瑛》　臣等謹案：明皇卽政初年，勵精圖治，開元之際，幾致太平。及天寶中，以溺於嬖愛，窮極泰侈，遂至竄身失國，論者謂貴妃楊氏實爲女戎，不知武惠妃擅寵後宫，恣行蠱媚，已在楊氏之先。明皇始以瑛母得幸，立爲太子。繼而太子與鄂、光二王之母漸見疏薄，惠妃母子寵絶等倫，而掩袖之讒，半夜之泣，浸潤乎其間。重以姦相險詖，曲加傾陷，雖以張九齡之持正不阿，侃侃陳諍，幾於力可回天。迨身既罷斥，而事卒不可爲矣。夫以儲位之故，構煽交乘，致明皇一日而殺三子，是惠妃幃闥之禍，更烈於太真，而明皇愛憎屢移，不思所以保全其子，三庶人之獄，天下銜冤，固不待安史亂逆，而國勢已岌岌乎殆矣。可不慎哉！可不戒哉！

清・王轂《讀史管見》卷八《立忠王爲太子》　立子以嫡，無嫡以長，正也。明皇先有長子嗣眞，以母劉華妃無寵，不立。嗣謙母曰趙麗妃，以倡進，行寵，立爲太子，改名瑛，已失立長之義矣。及武惠妃擅寵，欲立其子壽王瑁，遂與楊洄李林甫等日夜譖太子。諸王不置，明皇不察，俱賜死城東驛。又惑于張說忠王似太宗之言，不能決。至是，以高力士推長而立之語，始立忠王爲太子，是繼立大事，不能内斷諸己而惟女寵嬖人之言是聽。向使惠妃不死，必欲謀立壽王，吾恐忠王亦不難于譖廣也，然則肅宗之嗣位亦倖矣夫。

皇權旁落分部

藩鎮割據

綜　述

《舊唐書》卷一四一《田承嗣傳》　田承嗣，平州人，世事盧龍軍為裨校。祖璟、父守義，以豪俠聞於遼、碣。承嗣，開元末為軍使安祿山前鋒兵馬使，累俘斬奚、契丹功，補左清府道率，遷武衛將軍。祿山構逆，承嗣與張忠志等為前鋒，陷河洛。祿山敗，史朝義再陷洛陽，承嗣為前導，偽授魏州刺史。代宗遣朔方節度使僕固懷恩引回紇軍討平河朔。帝以二凶繼亂，郡邑傷殘，務在禁暴戢兵，屢行赦宥，凡為安、史詿誤者，一切不問。時懷恩陰圖不軌，慮賊平寵衰，欲留賊將為援，乃奏承嗣及李懷仙、張忠志、薛嵩等四人分帥河北諸郡，乃以承嗣檢校户部尚書、鄭州刺史。俄遷魏州刺史、貝博滄瀛等州防禦使。居無何，授魏博節度使。

承嗣不習教義，沉猜好勇，雖外受朝旨，而陰圖自固。重加稅率，修繕兵甲；計户口之衆寡，而老弱事耕稼，丁壯從徵役，故數年之間，其衆十萬。仍選其魁偉强力者萬人以自衛，謂之衙兵。郡邑官吏，皆自署置。户版不籍於天府，稅賦不入於朝廷，雖曰藩臣，實無臣節。代宗以黎元久罹寇虐，姑務優容，累加檢校尚書僕射、太尉、同中書門下平章事，封雁門郡王，賜實封千户。及升魏州為大都督府，以承嗣為長史，仍以其子華尚永樂公主，冀以結固其心，庶其悛革。而生於朔野，志性凶逆，每王人慰安，言詞不遜。

大曆八年，相衛節度使薛嵩卒，其弟崿欲邀旌節；及用李承昭代嵩，衙將裴志清謀亂逐崿，崿率衆歸於承嗣。十年，薛崿歸朝，承嗣使親黨扇惑相州將吏謀亂，遂將兵襲擊，謬稱救應。代宗遣中使孫知在使魏州宣慰，令各守封疆。承嗣不奉詔，遣大將盧子期攻洺州，楊光朝攻衛州。殺刺史薛雄，仍逼知在令巡磁、相二州，諷其大將割耳剺面，請承嗣為帥，知在不能詰。四月，詔曰：

田承嗣出自行間，策名邊戍，早參戎秩，效用無聞，嘗輔凶渠，驅馳有素。洎再平河朔，歸命轅門。朝廷俯念遺黎，久罹兵革。自祿山召禍，瀛、博流離；思明繼釁，趙、魏堙厄；以至農桑井邑，靡獲安居，骨肉室家，不能相保。念其凋瘵，思用撫寧，以其先布款誠，寄之為理。所以委授旄鉞之任，假以方面之榮，期爾知恩，庶能自效。崇資茂賞，首冠朝倫，列異姓之苴茅，登上公之禮命。子弟童稚，皆聯台閣之華；妻妾僕媵，併受國邑之號。人臣之寵，舉集其門；將相之權，兼領其職。

夫宰相者，所以盡忠，而乃據國家之封壤，仗國家之兵戈，安國家之黎人，調國家之徵賦。掩有資實，憑竊寵靈，内包凶邪，外示歸順。且相、衛之略，所管素殊，而逼脅軍人，使之翻潰。因其驚擾，便進軍師，事迹暴彰，奸邪可見。不然，豈志清之亂，曾未崇朝；子期、光朝，會於明日。足知先有成約，指期而來，是為蔑棄典刑，擅興戈甲。既云相州騷擾，鄰境救災，旋又更取磁州，重行威虐。此實自矛盾，不究始終。三州既空，遠邇驚陷，更移兵馬，又赴洺州，實為暴惡不仁，窮極殘忍。

薛雄乃衛州刺史，固非本藩，忿其不附，横加淩虐，一門盡屠，非復噍類，酷烈無狀，人神所冤。又四州之地，皆列屯營，長史屬官，任情補署。精甲利刃，良馬勁兵，全實之資裝，農藏之積實，盡收魏府，罔有孑遺。其為蓄在無赦，欲行討問，正厥刑書。猶示含容，冀其遷善，抑於典憲，務在慰安。乃遣知在遠奉詔書，諭以深旨，乃命承昭副茲麾下，撫彼舊封。而承昭又遣親將劉渾先傳詔命。承嗣逡巡磁、相，仍劫知在偕行，先令侄悅權扇軍吏，至使引刀自割，抑令騰口相稽，當衆喧嘩，請歸承嗣。論其奸狀，足以為憑，此而可容，何者爲罪？

承嗣宜貶永州刺史，仍許一幼男女從行，便路赴任。委河東節度使薛兼訓、成德軍節度使李寶臣、幽州節度留後朱滔、昭義節度李承昭、淄青節度李正己、淮西節度李忠臣、永平軍節度使李勉、汴宋節度田神玉等，掎角進軍。如承嗣不時就職，所在加討，按軍法處分。

詔下，承嗣懼；而麾下大將，復多攜貳，倉黄失圖。乃遣牙將郝光朝奉表請罪，乞束身歸朝。代宗重勞師旅，特恩詔允，併侄悅等悉復舊官，仍詔不須入覲。

十一年，汴將李靈曜據城叛，詔近鎮加兵。靈曜求援於魏。承嗣令田悅率衆五千赴之，為馬燧、李忠臣逆擊敗之；悅僅而獲免，兵士死者十七八，復詔誅之。十二年，承嗣復上章請罪，又赦之，復其官爵。承嗣有貝、博、魏、衛、相、磁、洺等七州，復為七州節度使，於是承嗣弟廷琳及從子悅、承嗣子綰、緒等皆復本官，仍令給事中杜亞宣諭，賜鐵券。十三年九月，卒，時年七十五。有子十一人：維、朝、華、繹、綸、綰、緒、繪、純、紳、縉等。維為魏州刺史；朝，神武將軍；華，太常少卿、駙馬都尉，尚永樂公主，再尚新都公主；餘子皆幼。而悅勇冠軍中，承嗣愛其才，及將卒，命悅知軍事，而諸子佐之。

又《田悅傳》 悅初為魏博中軍兵馬使、檢校右散騎常侍、魏府左司馬。大曆十三年，承嗣卒，朝廷用悅為節度留後。驍勇有膂力，性殘忍好亂，而能外飾行義，傾財散施，人多附之，故得兵柄。尋拜檢校工部尚書、御史大夫，充魏博七州節度使。大曆末，悅尚恭順。建中初，黜陟使洪經綸至河北，方聞悅軍七萬。經綸素昧時機，先以符停其兵四萬，令歸農畝。悅偽亦順命，即依符罷之。既而大集所罷將士，激怒之曰：『爾等久在軍戎，各有父母妻子，既為黜陟使所罷，如何得衣食自資？』衆遂大哭。悅乃盡出其家財帛衣服以給之，各令還其部伍。自此魏博感悅而怨朝廷。居無何，或謬稱車駕將東封，而李勉增廣汴州城。李正己聞而猜懼，以兵萬人屯曹州，遣使說悅，同為拒命。悅乃與正己、梁崇義等謀各阻兵，以判官王侑、扈崿、許士則為腹心，邢曹俊、孟希祐、李長春、符璘、康愔為爪牙。建中二年，鎮州李寶臣卒，子惟岳求襲節鉞。俄而淄青李正己卒，子納亦求節鉞。朝廷皆不允，遂與惟岳、李納同謀叛逆。時朝廷遣張孝忠等討恆州，悅將孟希祐率兵五千援之。又遣將康愔率兵八千圍邢州，楊朝光五千人營於邯鄲西北盧家砦，絕昭義糧餉之路，悅自將兵甲數萬繼進。邢州刺史李洪、臨洺將張伾，為賊所攻，禦備將竭，詔河東節度使馬燧、河陽李艽，與昭義軍討悅。七月三日，師自壺關東下，收賊盧家砦，大破賊於雙岡；邢州解圍，悅衆遁走，保洹水。馬燧等三師距悅軍三十里為壘，李納遣兵八千人助悅。

魏將邢曹俊者，承嗣之舊將，老而多智，頗知兵法，悅昵於扈崿，以曹俊為貝州刺史。及悅拒官軍於臨洺，大為王師所破，悅乃召曹俊而問計焉。曹俊曰：『兵法十倍則攻，尚書以逆犯順，勢且不侔。宜於榔口置兵萬人以遏西師，則河北二十四州悉為尚書有矣。今於臨洺、武安設攻城之計，糧竭卒盡，危凶立至，未見其可也。』祐等以其異己，咸譖毀，悅復令守貝州。

悅與淄青兵三萬餘人陣於洹水，馬燧等三帥與神策將李晟等來攻，悅之衆復敗，死傷二萬計。悅收合殘卒奔魏州，至南郭外，大將李長春拒關不內，以俟官軍。三帥雖進，頓兵於魏州南平邑浮圖，咸遲留不進，長春乃開門內之。悅持佩刀立於軍門，謂軍士百姓曰：『悅藉伯父餘業，久與卿等同事，今既敗喪相繼，不敢圖全。然悅所以堅拒天誅者，特以淄青、恆冀二大人在日，為悅保薦於先朝，方獲承襲。今二帥云亡，子弟求襲，悅既不能報效，以至興師。今軍旅敗亡，士民塗炭，此皆悅之罪也。以母親之故，不能自剄，公等當斬悅首以取功勳，無為俱死也！』乃自馬投地，衆皆憐之。或前撫持悅曰：『久蒙公恩，不忍聞此！今士民之衆，猶可一戰，生死以之。』悅收涕言曰：『諸公不以悅喪敗，猶願同心，悅縱身死，寧忘厚意於地下乎！』悅乃自割一髻，以為要誓，於是將士自斷其髻，結為兄弟，誓同生死。其將符璘、李再春、李瑤，悅從兄昂，相次以郡邑歸國。璘等家在魏州者，無少長悉為悅所害。悅觀城內兵仗罄乏，士衆衰減，甚為惶駭，乃復召邢曹俊與之謀。既至，完整徒旅，繕修營壁，人心復堅。經旬餘日，馬燧等進至城下。向使燧等乘勝長驅，襲其未備，則魏城屠之久矣！識者痛惜之。

會王武俊殺李惟岳，朱滔攻深州，下之，朝廷以武俊為恆州刺史，又以寶臣故將康日知為深趙二州觀察使。是以武俊怨賞功在日知下，朱滔怨不得深州，二將有憾於朝廷。悅知其可問，遣判官王侑、許士則使於北軍，說朱滔曰：『昨者司徒奉詔征伐，徑趨賊境。旬朔之內，拔束鹿，下深州，惟岳勢蹙，故王大夫獲殄凶渠，皆因司徒勝勢。又聞司徒離幽州日，有詔得惟岳郡縣，使隸本鎮；今割深州與日知，是國家無信於天下也。且今上英武獨斷，有秦皇、漢武之才，誅夷豪傑，欲掃除河朔，不令子孫嗣襲。又朝臣立功立事如劉晏輩，皆被屠滅。昨破梁崇義，殺三百餘口，投之漢江，此司徒之所明知也。如馬燧、抱眞等破魏博後，朝廷必以儒德大臣以鎮之，則燕、趙之危可翹足而待也。若魏博全，則燕、趙無患，田尚書必以死報恩義。合從連衡，救災恤患，《春秋》之義也。春秋時諸侯有危者，桓公不能救則恥之。今司徒聲振宇宙，雄略命世，救鄰之急，非徒立義，且有利也。尚書以貝州奉司徒，命某送孔目，惟司徒熟計之。』滔既有貳於國，欣然從之。乃命判官王郢與許士則同往恆州說王武俊，仍許還武俊深州。武俊大喜，卽令判官王巨源報滔，仍知深州事。武俊又說張孝忠同援悅，孝忠不從，恐為後患，乃遣小校鄭撝築壘於北境，以拒孝忠；仍令其子士眞為恆、冀、深三州留後，以兵圍趙州。

三年五月，悅以救軍將至，率其衆出戰於御河之上，大敗而還。四月，朱滔、武俊捜軍於寧晉縣，共步騎四萬。五月十四日，起軍南下，次宗城，滔判官鄭雲逵及弟方逵背滔歸馬燧。六月二十八日，滔、武俊之師至魏州，會神策將李懷光軍亦至。懷光銳氣不可遏，堅欲與賊戰，遂徑薄朱滔陣，殺千餘人。王武俊與騎將趙琳、趙萬敵等二千騎橫擊懷光陣，滔軍繼踵而進，禁軍大敗，人相蹈藉，投屍於河三十里，河水為之不流。馬燧等收軍保壘。是夜，王武俊決河水入王莽故河，欲隔官軍，水已深三尺，糧餉路絕。王師計無從出，乃遣人告朱滔曰：『鄙夫輒不自量，與諸人合戰。王大夫善戰，天下無敵；司徒五郎與王君圖之，放老夫歸鎮，必得聞奏，以河北之事委五郎。』時武俊戰勝，滔心忌之，卽曰：『大夫二兄敗官軍，馬司徒卑屈若此，不宜迫人於險也。』武俊曰：『燧等連兵十萬，皆是國之名臣，一戰而北，貽國之恥，不知此等何面見天子耶！然吾不惜放還，但不行五十里，必反相拒。』燧等至魏縣，軍於河西；武俊等三將，壁於河東。兩軍相持，自七月至十月，勝負未決。

悅感朱滔救助，欲推為盟主。滔判官李子牟、武俊判官鄭儒等議曰：『古有戰國連衡誓約以抗秦，請依周末七雄故事，併建國號為諸侯，用國家正朔。今年號不可改也。』於是朱滔稱冀王，悅稱魏王，武俊稱趙王，又請李納稱齊王。十一月一日，築壇於魏縣中，告天受之。滔為盟主，稱孤；武俊、悅、納稱寡人。滔以幽州為范陽府，恆州為眞定府，魏州為大名府，鄆州為東平府，皆以長子為元帥。偽册之日，其軍上有雲物稍異，馬燧等望而笑曰：『此雲無知，乃為賊瑞。』又其營地前三年土長高三尺餘，魏州户曹韋稔為《土長頌》曰：『益土之兆也。』

四年十月，涇師犯闕，諸師各還本鎮。悅、滔、武俊互相疑惑，各去王號，遣使歸國。悅亦致書於抱眞，遣使聞奏。興元元年正月，加悅檢校尚書右僕射，封濟陽王，使併如故。仍令給事中、兼御史大夫孔巢父往魏州宣慰。時悅阻兵四年，身雖驍猛，而性愎無謀。以故頻致破敗，士衆死者十七八。魏人苦於兵革，願息肩焉；聞巢父至，莫不舞忭。悅方宴巢父，為其從弟緒所殺。

又《田緒傳》　緒，承嗣第六子。大曆末，授京兆府參軍。承嗣卒時，緒年幼稚。承嗣慮諸子不任軍政，以從子悅便弓馬，性狡黠，故任遇之，俾代為帥守。及緒年長，悅以承嗣委遇之厚，待緒等無間，令主衙軍。緒凶險多過，悅不忍，嘗笞而拘之。緒頗怨望，常俟釁隙。會興元元年，朝廷宥悅，仍令孔巢父往宣慰。悅既順命，門階徹警。悅宴巢父夜歸，緒率左右數十人先殺悅腹心蔡濟、扈崿、許士則等，挺劍而入。其兩弟止之；緒斬止者，遂徑升堂。悅方沉醉，緒手刃悅併悅妻高氏，又入別院殺悅母馬氏。自河北諸盜殘害骨肉，無酷於緒者。緒懼衆不附，奔出北門。邢曹俊、孟希祐等領徒數百追及之。遙呼之曰：『節度使須郎君為之，他人固不可也。』乃以緒歸衙，推為留後。明日，歸罪於扈崿，以其首徇；然後稟於孔巢父，遣使以聞。時緒兄綸居長，為亂兵所殺，遂以緒為留後。朝廷授緒銀青光禄大夫、魏州大都督府長史、兼御史大夫、魏博節度使。時朱滔率兵兼引回紇之衆南侵，緒遣兵助王武俊、李抱眞，大破朱滔於涇城，以功授檢校工部尚書。貞元元年，以嘉誠公主出降緒，加駙馬都尉。尋遷檢校左僕射，封常山郡王，食邑三千户。改封雁門郡王，食實封五百户。尋加同平章事。

初，田悅性儉嗇，衣服飲食，皆有節度；而緒等兄弟，心常不足。緒既得志，頗縱豪侈，酒色無度。貞元十二年四月，暴卒，時年三十三，贈司空，賻賚加等。

子三人：季和、季直、季安。季和為澶州刺史；季直為衙將；季安最幼，為嫡嗣。

又《田季安傳》 季安，字夔。母微賤，嘉誠公主蓄為己子，故寵異諸兄。年數歲，授左衛冑曹參軍，改著作佐郎、兼侍御史，充魏博節度副大使。累加至試光祿少卿、兼御史大夫。緒卒時，季安年才十五，軍人推為留後，朝廷因授起復左金吾衛將軍，兼魏州大都督府長史、魏博節度營田觀察處置等使。服闋，拜銀青光祿大夫、檢校尚書右僕射，進位檢校司空，襲封鴈門郡王。未幾，加金紫光祿大夫，以本官同中書門下平章事。

季安幼守父業，懼嘉誠之嚴，雖無他才能，亦粗修禮法。及公主薨，遂頗自恣，擊鞠、從禽色之娛。其軍中政務，大抵任徇情意，賓僚將校，言皆不從。免公主喪，加檢校司徒。元和中，王承宗擅襲戎帥，憲宗命吐突承璀為招撫使，會諸軍進討。季安亦遣大將率兵赴會，仍自供糧餉。師還，加太子太保。

季安性忍酷，無所畏懼。有進士丘絳者，嘗為田緒從事，及季安為帥，絳與同職侯臧不協，相持爭權。季安怒，斥絳為下縣尉；使人召還，先掘坎於路左，既至坎所，活排而瘞之，其凶暴如此！元和七年卒，時年三十二，贈太尉。子懷諫、懷禮、懷詢、懷讓。

懷諫母，元誼女。及季安卒，元氏召諸將欲立懷諫，衆皆唯唯。懷諫幼，未能禦事，軍政無巨細皆取決於私白身蔣士則，數以愛憎移易將校。衙軍怒，取前臨清鎮將田興為留後，遣懷諫歸第，殺蔣士則等十餘人。田興葬季安畢，送懷諫於京師，乃起復授右監門衛將軍，賜第一區，芻米甚厚。田氏自承嗣據魏州至懷諫，四世相傳襲四十九年，而田興代焉。

又《田弘正傳》 田弘正，本名興。祖延惲，魏博節度使承嗣之季父也，位終安東都護府司馬。延惲生廷玠，幼敦儒雅，不樂軍職，起家為平舒丞。遷樂壽、清池、東城、河間四縣令，所至以良吏稱。大曆中，累官至太府卿、滄州別駕，遷滄州刺史、兼御史中丞，充橫海軍使。承嗣與淄青李正己、恆州李寶臣不協，承嗣既令廷玠守滄州，而寶臣、朱滔兵攻擊，欲兼其土宇。廷玠嬰城固守，連年受敵，兵盡食竭，人易子而食，卒無叛者，卒能保全城守。朝廷嘉之，遷洺州刺史，又改相州。屬薛嵩之亂，承嗣蠶食薛嵩所部。廷玠守正字民，不以宗門回避而改節。建中初，族侄悅代承嗣領軍政，志圖凶逆，慮廷玠不從，召為節度副使。悅奸謀頗露，廷玠謂悅曰：『爾藉伯父遺業，可稟守朝廷法度，坐享富貴，何苦與恆、鄆同為叛臣？自兵亂已來，謀叛國家者，可以歷數，鮮有保完宗族者。爾若狂志不悛，可先殺我，無令我見田氏之赤族也。』乃謝病不出。悅過其第而謝之；廷玠杜門不納，將吏請納。建中三年，鬱憤而卒。

弘正，廷玠之第二子。少習儒書，頗通兵法，善騎射，勇而有禮，伯父承嗣愛重之。當季安之世，為衙內兵馬使。季安惟務侈靡，不恤軍務，屢行殺罰；弘正每從容規諷，軍中甚賴之。季安以人情歸附，乃出為臨清鎮將，欲捃摭其過害之。弘正假以風痹請告，灸灼滿身，季安謂其無能為。及季安病篤，其子懷諫幼騃，乃召弘正署其舊職。

季安卒，懷諫委家僮蔣士則改易軍政，人情不悅，咸曰：『都知兵馬使田興，可為吾帥也！』衙兵數千詣興私第陳請，興拒關不出，衆呼噪不已。興出，衆環而拜，請入府署。興頓仆於地，久之。度終不免，乃令於軍中曰：『三軍不以興不肖，令主軍務，欲與諸軍前約，當聽命否？』咸曰：『惟命是從！』興曰：『吾欲守天子法，以六州版籍請吏，勿犯副大使，可乎？』皆曰：『諾！』是日，入府視事，殺蔣士則十數人而已。晚自府歸第，其兄融責興曰：『爾卒不能自晦，取禍之道也！』翌日，具事上聞。憲宗嘉之，加興銀青光祿大夫、檢校工部尚書、魏州大都督府長史、兼御史大夫、上柱國、沂國公，充魏、博等州節度觀察、處置、支度、營田等使，仍賜名弘正。仍令中書舍人裴度使魏州宣慰，賜魏博三軍賞錢一百五十萬貫。

弘正既受節鉞，上表曰： 臣聞君臣父子，是謂大倫，爰立紀綱，以正上下。其或子不為子，臣不為臣，覆載莫可得容，幽明所宜共殛。臣家本邊塞，累代唐人，從乃祖乃父以來，沐文子文孫之化。臣幸因宗族，早列偏裨，驅馳戎馬之鄉，不睹朝廷之禮。惟忠與孝，天與臣心。常思奮不顧生，以身殉國，無由上達，私自感傷。豈意命偶昌時，事緣難故，白刃之下，謬見推崇。天慈遽臨，免書罪累，朝章薦及，仍委旌旄。錫封壤於全藩，列班榮於八座，君父之恩已極，絲毫之效未伸，但以靦冒知羞，低回自愧。是知功榮所著，必俟危亂之時；儌幸之來，卻在清平之日。循涯揣分，以寵為憂。伏自天寶已還，幽陵肇亂，山東奧壤，悉化戎墟。外撫車馬，內懷梟獍，官封代襲，刑賞自專，國家含垢匿瑕，垂六十載。臣每思此事，當食忘餐。若稍假天年，得奉宸算，兼弱攻昧，批亢擣虛；竭鷹犬之資，展獲禽之用，導揚和氣，洗滌偽風，然後退歸田園，以避賢路。臣懷此志，陛下察之。』優詔褒美。

弘正樂聞前代忠孝立功之事，於府舍起書樓，聚書萬餘卷，視事之隙，與賓佐講論古今言行可否。今河朔有《沂公史例》十卷，弘正客為弘正所著也。魏州自承嗣已來，館宇服玩有逾常制者，悉命徹毀之，以正大侈不居，乃視事於採訪使。賓僚參佐，請之於朝。頗好儒書，尤能史氏，《左傳》、《國史》，知其大略。

自弘正歸國，幽、恆、鄆、蔡有齒寒之懼，屢遣客間說，多方誘阻，而弘正終始不移其操。裴度明理體，詞說雄辯；弘正聽其言，終夕不倦。遂深相結納，由是奉上之意逾謹。元和十年，朝廷用兵討吳元濟，弘正遣子布率兵三千進討，屢戰有功。李師道以弘正效忠，又襲其後，不敢顯助元濟，故絕其掎角之援，王師得致討焉。俄而王承宗叛，詔弘正以全師壓境。承宗懼，遣使求救於弘正，遂表其事，承宗遂納二子，獻德、棣二州以自解。

十三年，王師加兵於鄆，詔弘正與宣武、義成、武寧、橫海等五鎮之師會軍齊進。十一月，弘正自帥全師自楊劉渡河築壘，距鄆四十里。師道遣大將劉悟率重兵以抗弘正，結壘相望。前後合戰，魏軍大捷。而李醞、李光顏三面進攻，賊皆挫敗，其勢將危。十四年三月，劉悟以河上之衆倒戈入鄆，斬師道首，詣弘正請降。淄青十二州平，論功加檢校司徒、同中書門下平章事。是年八月，弘正入覲，憲宗待之隆異，對於麟德殿，參佐將校二百餘人皆有頒錫，進加檢校司徒、兼侍中，實封三百户。仍以其兄檢校刑部尚書、相州刺史融為太子賓客，東都留司。弘正三上章，願留闕下，憲宗勞之曰：『昨韓弘至朝，稱疾懇辭戎務，朕不得不從。今卿復請留，意誠可尚，然魏土樂卿之政，鄰境服卿之威，為我長城，不可辭也。可亟歸藩。』弘正每懼有一旦之憂，嗣襲之風不革，兄弟子侄，悉仕於朝，憲宗皆擢居班列，朱紫盈庭，當時榮之。

十五年十月，鎮州王承宗卒，穆宗以弘正檢校司徒、兼中書令、鎮州大都督府長史，充成德軍節度、鎮冀深趙觀察等使。弘正以新與鎮人戰伐，有父兄之怨，乃以魏兵二千為衛從。十一月二十六日，至鎮州，時賜鎮州三軍賞錢一百萬貫，不時至，軍衆喧騰以為言。弘正親自撫喻，人情稍安。仍表請留魏兵為紀綱之僕，以持衆心，其糧賜請給於有司。時度支使崔倰不知大體，固阻其請，凡四上表不報。明年七月，歸卒於魏州，是月二十八日夜軍亂，弘正併家屬、參佐、將吏等三百餘口併遇害。穆宗聞之震悼，册贈太尉，賵賻加等。弘正孝友慈惠，骨肉之恩甚厚。兄弟子侄在兩都者數十人，競為崇飾，日費約二十萬，魏、鎮州之財，皆輦屬於道。河北將卒心不平之，故不能盡變其俗，竟以此致亂。弘正子布、羣、牟。

又《田布傳》 布，弘正第三子。始，弘正為田季安裨將，鎮臨清，布年尚幼，知季安身世必危，密白其父帥其所鎮之衆歸朝，弘正甚奇之。及弘正節制魏博，布掌親兵，國家討淮、蔡，布率偏師隸嚴綬，軍於唐州，授檢校秘書監、兼殿中侍御史。前後十八戰，破淩雲柵，下郾城，布皆有功，擢授御史中丞。時裴度為宣撫使，嘗觀兵於沱口，賊將董重質領驍騎遽至，布以二百騎突出溝中擊之；俄而諸軍大集，賊乃退去。淮西平，拜左金吾衛將軍、兼御史大夫。十三年，丁母憂，起復舊官。十五年冬，弘正移鎮成德軍，仍以布為河陽三城懷節度使，父子俱擁節旄，同日拜命。時韓弘亦與子公武俱為節度使，然人以忠勤多田氏。

長慶元年春，移鎮涇原。其秋，鎮州軍亂，害弘正，都知兵馬使王廷湊為留後。時魏博節度使李醞病不能軍，無以捍廷湊之亂；且以魏軍田氏舊旅，乃急詔布至，起復為魏博節度使，仍遷檢校工部尚書，令布乘傳之鎮。布喪服居堊室，去旌節導從之飾；及入魏州，居喪禦事，動皆得禮。其祿俸月入百萬，一無所取，又籍魏中舊產，無巨細計錢十餘萬貫，皆出之以頒軍士。牙將史憲誠出己麾下，謂必能輸誠報效，用為先鋒兵馬使，精銳悉委之。時屢有急詔促令進軍。十月，布以魏軍三萬七千討之，結壘於南宮縣之南。十二月，進軍，下賊二柵。時朱克融囚張弘靖，據幽州，與廷湊掎角拒命。河朔三鎮，素相連衡，憲誠陰有異志。而魏軍驕侈，怯於格戰，又屬雪寒，糧餉不給，以此愈無鬬志，憲誠從而間之。俄有詔分布軍與李光顏合勢，東救深州，其衆自潰，多為憲誠所有，布得其衆八千。是月十日，還魏州。十一日，會諸將復議興師，而將卒益倨，咸曰：『尚書能行河朔舊事，則死生以之；若使復戰，皆不能也。』布以憲誠離間，度衆終不為用，歎曰：『功無成矣！』即日，密表陳軍情，且稱遺表，略曰：『臣觀衆意，終負國恩，臣既無功，不敢忘死。伏願陛下速救光顏、元翼，不然，則義士忠臣，皆為河朔屠害。』奉表號哭，拜授其從事李石。乃入啓父靈，抽刀自刺，曰：『上以謝君父，下以示三軍。』言訖而絕。時議以布才雖不足，能以死謝家國，心志決烈，得燕、趙之古風焉。穆宗聞之駭歎，廢朝三日，詔曰：

故魏博節度使、起復寧遠將軍、檢校工部尚書、兼魏州大都督府長史、御史大夫、賜紫金魚袋田布，朕以寡昧，臨御萬邦，威刑不能禁干紀之徒，道化不能馴多僻之俗，致使上公罹禍，田氏銜冤。爰整旅以徂征，每終食而浩歎，自茲弔伐，驟歷寒暄。雖良將銳師，率皆協力；而俟時觀釁，未即齊驅。嗟我誠臣，結其哀憤，引遷延之咎以自刻責，奮決烈之志以謝君親。白刃置於肝心，鴻毛論其生死，忠臣孝子，一舉兩全。晉稱卞氏之門，漢表屍鄉之節，比方於布，今古為鄰。況其臨命須臾，處之不撓；載形章表，益深衷惻。間使發緘，悼心疾首。從先臣於厚載，爾則無愧；睹遺像於麟閣，予何所堪！端拱崇名，職垂彝典，據斯以報，聊攄永懷。可贈尚書右僕射。

布子在宥，大中年為安南都護，頗立邊功。

羣，太和八年為少府少監，充入吐蕃使，歷棣州刺史、安南都護。

牟，會昌初為豐州刺史、天德軍使，曆武寧軍節度使。大中朝為兖海節度使，移鎮天平軍。諸子皆以邊上立功，累更藩鎮，以忠義為談者所稱。

又 卷一四二《李寶臣傳》 李寶臣，范陽城旁奚族也。故范陽將張鎖高之假子，故姓張，名忠志。幼善騎射，節度使安禄山選為射生官。天寶中，隨禄山入朝，玄宗留為射生子弟，出入禁中。及禄山叛，忠志遁歸范陽；禄山喜，録為假子，姓安，常給事帳中。禄山兵將指闕，使忠志領驍騎八千人入太原，劫太原尹楊光翽。忠志挾光翽出太原，萬兵追之不敢近。禄山使董精甲，扼井陘路，軍於土門。安慶緒偽署為恆州刺史。九節度之師圍慶緒於相州，忠志懼，獻章歸國，肅宗因授恆州刺史。及史思明復渡河，偽授忠志工部尚書、恆州刺史、恆趙節度使，統衆三萬守常山。及思明敗，不受朝義之命，乃開土門路以內王師。河朔平定，忠志與李懷仙、薛嵩、田承嗣各舉其地歸國，皆賜鐵券，誓以不死。因授忠志開府儀同三司、檢校禮部尚書、恆州刺史，實封二百户，仍舊為節度使。乃以恆州為成德軍，賜姓名曰李寶臣。

時寶臣有恆、定、易、趙、深、冀六州之地，後又得滄州，步卒五萬、馬五千匹，當時勇冠河朔諸帥。寶臣以七州自給，軍用殷積，招集亡命之徒，繕閲兵仗，與薛嵩、田承嗣、李正己、梁崇義等連結姻婭，互為表裏，意在以土地傳付子孫，不稟朝旨，自補官吏，不輸王賦。初，天寶中，天下州郡皆鑄銅為玄宗真容，擬佛之制。及安、史之亂，賊之所部，悉熔毀之，而恆州獨存，由是實封百户。

初，寶臣、正己皆為承嗣所易。寶臣弟寶正娶承嗣女，在魏州與承嗣子維擊鞠，寶正馬馳駭，觸殺維。承嗣怒，繫寶正以告。寶臣謝為教不謹，緘杖令承嗣以示責，承嗣遂鞭殺之，由是交惡。

大曆十年，寶臣、正己更言承嗣之罪，請討之。代宗欲因其相圖，乃從其請。時幽州節度留後朱滔方恭順朝廷，詔滔與寶臣及太原之師攻其北，正己與滑亳、河陽、江淮之師攻其南。寶臣、正己會軍於棗強，椎牛釃酒，犒勞將士，仍頒優賞。寶臣軍賞厚，正己軍賞薄。既罷會，正己軍中咄咄有辭，正己聞，懼有變，即時引退。由是寶臣、朱滔共攻承嗣之滄州，連年未下。時承嗣使腹心將盧子期攻邢州，城將陷，寶臣發精卒赴救，擊敗之，擒子期來獻。河南諸將又大破田悅於陳留，正己收承嗣之德州，以重兵臨其境，指期進討。承嗣大懾，遂求解於寶臣，寶臣不許。

初，正己將發兵，使人至魏，承嗣囚之。及是，乃厚禮遣歸，發使與俱，具列境内户口兵糧之數，悉以奉正己。且告曰：『承嗣老矣，今年八十有六，形體支離，無日月焉。己子不令，悅亦孱弱，不足保其後業。今之所有，為公守耳，曷足辱公師旅焉！』立使者於廷，南向，拜而授書。又圖正己形，焚香事之如神，謂人曰：『真聖人也！』正己聞之，且得其歡，乃止諸軍，莫敢進者。

承嗣止正己，無南軍之虞。又知范陽寶臣故里，生長其間，心常欲得之；乃勒石為讖，密瘞寶臣境內，使望氣者云：『此中有玉氣。』寶臣掘地得之，有文曰：『二帝同功勢萬全，將田作伴入幽、燕。』二帝，指寶臣、正己也。承嗣又使客諷之曰：『公與朱滔共舉，取吾滄州，設得之，當歸國，非公所有。誠能捨承嗣之罪，請以滄州奉獻，可不勞師而致，願取范陽以自效。公將騎為前驅，承嗣率步卒從，此萬全之勢。』寶臣喜，以為事合符命，遂與承嗣通謀，割州與之。寶臣乃密圖范陽，承嗣亦陳兵境上。寶臣謂朱滔使曰：『吾聞朱公貌如神，安得而識之？願因繪事而觀，可乎？』滔乃圖其形以示之。寶臣懸於射堂，命諸將熟視之，曰：『朱公信神人也！』他日，滔出軍，寶臣密選精卒劫之，戒其將曰：『取彼貌如射堂所懸者。』是時，二軍不相虞有變，滔與戰於瓦橋。滔適衣他服，以不識免。承嗣聞與滔交鋒，其釁已成，乃旋軍，使告寶臣曰：『河內有警急，不暇從公。石上讖文，吾戲為之耳！』寶臣慚怒而退。

遷左僕射，封隴西郡王、檢校司空、同中書門下平章事。德宗即位，拜司空，兼太子太傅。寶臣名位既高，自擅一方，專貯異志。妖人偽為讖語，言寶臣終有天位。寶臣乃為符瑞及靈芝朱草，作硃書符。又於深室齋戒築壇，上置金匜、玉斝，云『甘露神酒自出』。又偽刻玉為印，金填文字，告境內云：『天降靈瑞，非予所求，不祈而至。』將吏無敢言者。妖輩慮其詐發，乃曰：『相公須飲甘露湯，即天神降。』寶臣然之。妖人置堇湯中，飲之，三日而卒。

寶臣暮年，益多猜忌，以惟岳暗懦，諸將不服，即殺大將辛忠義、盧俶、定州刺史張南容、趙州刺史張彭老、許崇俊等二十餘人，家口没入，自是諸將離心。建中二年春卒，時年六十四，廢朝三日，册贈太保。子惟岳、惟誠、惟簡。

寶臣卒時，惟岳為行軍司馬，三軍推為留後，仍遣使上表求襲父任，朝旨不允。魏博節度使田悦上章保薦，請賜旄節，不許。惟岳乃與田悦、李正己同謀拒命，判官邵眞泣諫，以為不可。惟岳暗懦，初雖聽從，終為左右所惑而止。而所與圖議，皆奸吏胡震、家人王他奴等，唯勸拒逆為事。

又《李惟岳傳》 惟岳舅谷從政者，有智略。為寶臣所忌，稱病不出，至是知惟岳之謀，慮其覆宗，乃出諫惟岳曰：『今天下無事，遠方朝貢，主上神武，必致太平。如至不允，必至加兵。雖大夫恩及三軍，萬一不捷，孰為大夫用命者？又先朝相公與幽帥不協，今國家致討，必命朱滔為帥。彼嘗切齒，今遂復讎，可不懼乎！又頃者相公誅滅軍中將校，其子弟存者，口雖不言，心寧無憤？兵猶火也，不戢自焚。往者田承嗣佐安禄山、史思明謀亂天下，千征百戰。及頃年侵擾洺、相等州，為官軍所敗，及貶永州，仰天垂泣。賴先相公佐佑保援，方獲赦宥，若雷霆不收，承嗣豈有生理！今田悦凶狂，何如承嗣名望？苟欲坐邀富貴，不料破家覆族。而況今之將校，罕有義心，因利乘便，必相傾陷。為大夫畫久長之計，莫若令惟誠知留後，大夫自速入朝。國家念先相公之功，見大夫順命，何求而不得？今與羣逆為自危之計，非保家之道也。』惟岳亦素忌從政，皆不聽，竟與魏、齊謀叛。

既而惟岳大將張孝忠以郡歸國，朝廷以孝忠為成德軍節度使，仍詔朱滔與孝忠合勢討之。惟岳以精甲屯束鹿以抗之，田悦遣大將孟佑率兵五千助惟岳。建中三年正月，朱滔、孝忠大破恆州軍於束鹿，惟岳燒營而遁。惟岳大將趙州刺史康日知以郡歸國，惟岳乃令衙將衛常寧率士卒五千，兵馬使王武俊率騎軍八百同討日知。武俊既出恆州，謂常寧曰：『武俊盡心於本使，大夫信讒，頗相猜忌，所謂朝不謀夕，豈圖生路！且趙州用兵，捷與不捷，武俊不復入恆州矣！妻子任從屠滅，且以殘生往定州事張尚書去也，孰能持頸就戮！』常寧曰：『中丞以大夫不可事，且有詔書云，斬大夫首者，以其官爵授。自大夫拒命已來，張尚書以易州歸國得節度使。今聞日知已得官爵。觀大夫事勢，終為朱滔所滅。此際轉禍為福，莫若倒戈入使府，誅大夫以取富貴也。況大夫暗昧，左右誑惑，其實易圖。事苟不捷，歸張尚書非晚。』武俊然之。三年閏正月，武俊與常寧自趙州回戈，達明至恆，武俊子士眞應於內。武俊兵突入府署，遣虞任越劫擒惟岳，縊死於戟門外。又誅惟岳妻父鄭華及長慶、王他奴等二十餘人，傳首京師。

惟誠，惟岳異母兄，以父廕為殿中丞，累遷至檢校户部員外郎。好儒書理道，寶臣愛之，委以軍事；性謙厚，以惟岳嫡嗣，讓而不受。同母妹嫁李正己子納。寶臣以其宗姓，請惟誠歸本姓，又令入仕於鄆州，為李納誓田副使。歷兗、淄、濟、淮四州刺史，竟客死東平。

又《李惟簡傳》 惟簡，寶臣第三子。初，王武俊既誅惟岳，又械惟簡送京師。德宗拘於客省，防伺甚峻。朱泚之亂，惟簡斬關而出，赴奉天。德宗嘉之，用為禁軍將。從渾瑊率師討賊，頻戰屢捷，加御史中丞。從幸山南，得『元從功臣』之號，封武安郡王。後授左神威大將軍，轉天威統軍。元和初，檢校户部尚書、左金吾衛大將軍，充街使；俄拜鳳翔隴右節度使。元和十三年正月卒，贈尚書右僕射。

子元本，生於貴族，輕薄無行。初，張茂昭子克禮尚襄陽公主。長慶中，主縱恣不法，常遊行市里。有士族子薛樞、薛渾者，俱得幸於主。尤愛渾，每詣渾家，謁渾母行事姑之禮。有吏誰何者，即以厚賂啖之。渾與元本皆少年，遂相誘掖；元本亦得幸於主，出入主第。張克禮不勝其忿，上表陳聞，乃召主幽於禁中。以元本功臣之後，得減死，杖六十，流象州。樞、渾以元本之故，亦從輕杖八十，長流崖州。

又《王武俊傳》 王武俊，契丹怒皆部落也。祖可訥幹，父路俱。開元中，饒樂府都督李詩率其部落五千帳，與路俱南河襲冠帶，有詔褒美，從居薊。武俊初號沒諾幹，年十五，能騎射。上元中，為史思明恆州刺史李寶臣裨將。寶應元年，王師入井陘。將平河朔，武俊謂寶臣曰：『以寡敵衆，以曲遇直，戰則離，守則潰，鋭師遠鬬，庸可禦乎？』寶臣遂徹警備，以恆、定、深、趙、易，充本軍先鋒兵馬使。

大曆十年，田承嗣因薛嵩死，兼有相、衛、磁、邢、洺五州。承嗣遣將盧子期寇磁州，詔令寶臣與李正己、李勉、李承昭、田神玉、朱滔、李抱眞各出兵討之。諸軍與子期戰於清水，大破之。寶臣將有節生擒子期以獻。代宗嘉其功，使中貴人馬承倩齎詔宣勞。承倩將歸，止傳舍，寶臣親遺百縑。承倩詬詈，擲出道中；寶臣顧左右有愧色。還休府中，諸將散歸，寶臣潛伺屏間，獨武俊佩刀立於門下。召入，解刀與語曰：『見向者頑豎乎？』武俊曰：『今閣下有功尚爾，寇平後，天子以幅紙之詔召置京下，一匹夫耳，可乎？』寶臣曰：『為之若何？』武俊曰：『不如玩養承嗣，以為己資。』寶臣曰：『今與承嗣有釁矣，可推腹心哉？』武俊曰：『勢同患均，轉寇仇為父子，欬唾間。若傳虛言，無益也。今中貴人劉清譚在驛，斬首送承嗣，立質妻孥矣！』寶臣曰：『恐不能如此。』武俊曰：『朱滔為國屯兵滄州，請擒送承嗣以取信。』許之。立選士二千，皆乘駿馬，通夜馳三百里，晨至滔營，掩其不備。滔軍出戰，大敗，擒類滔者，滔故得脱。自此寶臣與田承嗣、李正己更相為援，皆武俊萌之。

寶臣死，其子惟岳謀襲父位。寶臣舊將易州刺史張孝忠以州順命，遂以孝忠代寶臣。俾惟岳護喪歸京，惟岳不受命。建中三年正月，詔朱滔、張孝忠合軍討之。惟岳與武俊復統萬餘衆戰於束鹿。武俊率三千騎先進，為滔所敗，惟岳遁走。趙州刺史康日知遂以州順命，惟岳令武俊統兵擊之。日知遣人謂武俊曰：『惟岳孱微而無謀，何足同反！我城堅衆一，未可以歲月下。且惟岳恃田悦為援，前歲悦之丁男甲卒塗地於邢州城下，猶不能陷，況此城乎！』復給偽手詔招武俊，信之；遂倒兵入恆州，率數百騎入衙門。使謂惟岳曰：『大夫舉兵與魏、齊同惡，今田尚書已喪敗，李尚書為趙州所間，軍士自束鹿之役，傷痛軫心。朱僕射强兵宿境內，張尚書已授定州，三軍俱懼殞首喪家。聞有詔徵大夫，宜亟赴命，不爾，禍在漏刻。』惟岳怖，遽睢盱。武俊子士眞斬惟岳，持首而出。武俊殺不同己者十數人，遂定。傳首上聞，授武俊檢校秘書少監、兼御史大夫、恆州刺史、恆冀都團練觀察使，實封五百户，以康日知為深趙團練觀察使。

時惟岳偽定州刺史楊政義以州順命，深州刺史楊榮國降朱滔，分兵鎮之。朝廷既以定州屬張孝忠，深州屬康日知。武俊怒失趙、定二州，且名位不滿其志。朱滔怒失深州，因誘武俊謀反，斥言朝廷，遂連率勁兵救田悦。時馬燧、李抱眞、李芃、李晟方討田悦，敗悦於洹水。後連歲暴兵，然悦勢已蹙。至是武俊、朱滔復振起之。悦勢益張。

十一月，武俊使大將張鐘葵寇趙州，康日知擊敗之，斬首上獻。是日，武俊僭建國，稱趙王，又恆州為眞定府，偽命官秩。朱滔、田悦、李納一同僭號，分據所部，各遣使勸誘蔡州李希烈同僭位號。四年三月，希烈既為周曾謀潰其腹心，或傳希烈已死，馬燧等四節度軍中聞之，歡聲震外。

六月，李抱眞使辯客賈林詐降武俊。林至武俊壁曰：『是來傳詔，非降也。』武俊色動，徵其說。林曰：『天子知大夫宿誠，及登壇建國之日，撫膺顧左右曰：「我本忠義，天子不省。」是後諸軍曾同表論列大夫。天子覽表動容，語使者曰：「朕前事誤，追無及已。朋友間失意尚可謝，朕四海主，毫芒安可復念哉！」」武俊曰：『僕虜將，尚知存撫百姓，天子固不專務殺人以安天下。今山東大兵者五，比戰勝，骨盡暴野，雖勝與誰守？今不憚歸國，以與諸侯盟約，虜性直，不欲曲在己。朝廷能降恩滌蕩之，僕首倡歸國，不從者，於以奉辭，則上不負天子，下不負朋友。此謀既行，河朔不五旬可定。』

十月，涇原兵犯闕，上幸奉天。京師問至，諸將退軍。李抱眞將還潞澤，田悅說武俊與朱滔襲擊之。賈林復說武俊曰：『今退軍前輜重，後銳師，人心固一，不可圖也。且勝而得地，則利歸魏博；喪師，即成德大傷。大夫本部易、定、滄、趙四州，何不先復故地？』武俊遂北馬首，背田悅約。賈林復說武俊曰：『大夫冀邦豪族，不合謀據中華。且滔心幽險，王室强卽藉大夫援之，卑卽思有併吞。且河朔無冀國，唯趙、魏、燕耳！今朱滔稱冀，則窺大夫冀州，其兆已形矣。若滔力制山東，大夫須整臣禮；不從，卽為所攻奪，此時臣滔乎？』武俊投袂作色曰：『二百年宗社，我尚不能臣，誰能臣田舍漢！』由此計定，遂南修好抱眞，西連盟馬燧。會興元元年德宗罪己，大赦反側。二月，武俊集三軍，削偽國號。詔國子祭酒兼御史大夫董晉、中使王進傑，自行在至恆州宣命，授武俊檢校兵部尚書、成德軍節度使。三月，加司空、同中書門下平章事，兼幽州、盧龍兩道節度使，琅邪郡王。

時朱泚偽册滔為皇太弟，滔率幽、檀勁卒，誘回紇二千騎，已圍貝州數十日，將絕白馬津，南盜洛都，與泚合勢。時李懷光反，據河中；李希烈已陷大梁，南逼江、漢；李納尚反於齊，田緒未為用；李晟孤軍壁渭上。天子羽書所制者，天下纔十二三，海內蕩析，人心失歸。賈林又說武俊與抱眞合軍，同救魏博，為武俊陳利害曰：『朱滔此行，欲先平魏博，更逢田悅被害，人心不安。旬日不救，魏、貝必下，滔益數萬。張孝忠見魏、貝已拔，必臣朱滔。三道連衡，兼統回紇，長驅至此，家族可得免乎？常山不守，則昭義退保山西，河朔地盡入滔。今乘魏、貝未下，孝忠未附，公與昭義合軍破之，如掇遺耳！此計就，則聲振關中，京邑可坐復，鑾輿反正自公，則勳業無二也。』武俊歡然許之。兩軍議定，卜日同征。五月，武俊、抱眞會軍於鉅鹿東。兩軍既交，滔震恐。抱眞為方陣，武俊用奇兵，朱滔傾壘出戰。武俊不擐甲而馳之。滔望風奔潰，自相蹂踐，死者十四五。收其輜重、器甲、馬牛不可勝計，滔夜奔還幽州。武俊班師，表讓幽州盧龍節度使，許之。乃升恆州為大都督府，以武俊為長史，加檢校司徒，實封七百户，餘如故。

車駕還京，寵之逾厚。子尚貴主，子弟在孩稚者，皆賜官名。尋丁母憂，起復加左金吾上將軍同正；免喪，加開府儀同三司。十二年，上念舊勳，加檢校太尉，兼中書令。

十七年六月卒，時年六十七，廢朝五日，羣臣詣延英門奉慰，如渾瑊故事。詔左庶子上公持節册贈太師，賻絹三千匹、布千端、米粟三千碩。太常謚曰威烈，德宗曰：『武俊竭忠奉國，宜賜謚忠烈。』子士眞、士清、士平、士則。士眞嗣。

又《王士眞傳》 士眞，武俊長子。少驍悍，冠於軍中，沉謀有斷。事李寶臣為帳中親將，仍以女妻之。寶臣末年，慮身後諸子暗弱，為諸將所奪，屢行誅戮，諸將離心。武俊官位雖卑，而勇略邁世；寶臣惜其才，不忍誅之。而士眞密結寶臣左右，保護其父，以是獲免。

惟岳之世，尤加委任，武俊亦盡心匡佐。既兵敗束鹿，張孝忠、康日知以地歸國，受官賞；惟岳稍貯防疑，武俊謀自貶損，出入不過三兩人。左右謂惟岳曰：『先相公委任武俊，以遺大夫，兼有治命。今披肝膽為大夫者，武俊耳。又士眞卽大夫妹婿，保無異志。今勢危急，若不坦懷待之，若更如康日知，卽大事去矣！』惟岳曰：『我待武俊自厚，不獨先公遺旨。』由是無疑，卽令將兵攻趙州。士眞更宿於府衙，與同職謀事。及武俊倒戈，士眞等數人擒惟岳出衙，縊死之。武俊領節鉞，以士眞為副大使。

建中年，武俊僭稱趙王於魏縣，以士眞為司空、眞定府留守，充元帥。及武俊破朱滔順命，以武俊兼幽州盧龍軍節度使，仍以士眞為副使、檢校工部尚書。德宗還京，進位檢校兵部尚書，充德州刺史、德棣觀察使，封清河郡王。十七年，武俊卒，起復授左金吾衛大將軍同正、恆州大都督府長史，充成德軍節度、恆冀深趙德棣等州觀察使。尋檢校尚書左僕射。順宗卽位，進位檢校司空。

士眞佐父立功，備歷艱苦；得位之後，恬然守善，雖自補屬吏，賦不上供，然歲貢貨財，名為進奉者，亦數十萬，比幽、魏二鎮，最為承順。元和元年，就加同中書門下平章事。四年三月卒。子承宗、承元、承通、承迪、承榮。

士清，以父勳累加官至殿中少監同正。元和初，為冀州刺史、御史大夫，封北海郡王，早卒。

士平，以父勳補原王府諮議。貞元二年，選尚義陽公主，加秘書少監同正、附馬都尉。元和中，累遷至安州刺史。時公主縱恣不法，士平與之爭忿；憲宗怒，幽公主於禁中，士平幽於私第，不令出入。後釋之，出為安州刺史。坐與中貴交結，貶賀州司户。時輕薄文士蔡南、獨孤申叔為義陽主歌詞，曰《團雪》、《散雪》等曲，言其遊處離異之狀，往往歌於酒席。憲宗聞而惡之，欲廢進士科，令所司網捉搦，得南、申叔貶之，由是稍止。及盜殺宰相武元衡，旬日捕賊未獲。士平與兄士則庭奏盜主於承宗，既獲張晏等誅之，乃以士平為左金吾衛大將軍。及奪承宗官爵，仍以士平襲父實封。

士則，士平異母兄。承宗既立為節度使，不容諸父，乃奔於京師，用為神策大將軍。及承宗叛逆，盜殺宰相，士則請移貫京兆府。諸鎮兵討承宗，裴度言士則武俊子，其軍中必有懷之者，乃用士則為邢州刺史，兼本州團練使，從昭義節度使郗士美討賊，冀攜離承宗之黨，且許以節制。士則恃此，頗不受士美節制，行止以兵自衛；雖謁士美，而衛兵如故。吏呵止之，士則不能平，見於辭氣。士美惡之，密以狀聞，乃以張遵代還。

又 《王承宗傳》 承宗，士眞長子。河朔三鎮自置副大使，以嫡長為之。承宗累奏至鎮州大都督府右司馬、知州事、御史大夫，充都知兵馬使、副大使。

元和四年三月，士眞卒；三軍推為留後，朝廷伺其變，累月不問。承宗懼，累上表陳謝。至八月，上令京兆少尹裴武往宣諭，承宗奉詔甚恭，且曰：『三軍見迫，不候朝旨，今請割德、棣二州上獻，以表丹懇。』由是起復雲麾將軍、左金吾衛大將軍同正、檢校工部尚書、鎮州大都督府長史、御史大夫、成德軍節度、鎮冀深趙等州觀察等使。又以德州刺史薛昌朝檢校右散騎常侍、德州刺史、御史大夫，充保信軍節度、德棣觀察等使。

昌朝，故昭義節度使嵩之子，婚姻於王氏，入仕於成德軍，故為刺史。

承宗既獻二州，朝廷不欲別命將帥，且授其親將。保信旌節未至德州，承宗遣數百騎馳往德州，虜昌朝歸眞定囚之。朝廷又加棣州刺史田渙充本州團練守捉使，冀漸離之。令中使景忠信往諭旨，令遣昌朝還鎮，承宗不奉詔。憲宗怒，下詔曰：『王承宗頃在苦廬，潛窺戎鎮；而內外以事君之禮，逆而必誅，分土之儀，專則有辟。朕念其先祖嘗有茂勳，貸以私恩，抑於公議。使臣旁午以告諭，孽童俯伏以陳誠，願獻兩州，期無二事。朕欲收其後效，用以曲全，授節制於舊疆，齒勳賢於列位。況德、棣本非成德所管，昌朝又是承宗懿親，俾撫近鄰，斯誠厚渥，外雖兩鎮，中實一家。而承宗象恭懷奸，肖貌稔禍。欺裴武於得位之後，縶昌朝於受命之中。豺狼之心，飽之而愈發；梟獍之性，養之而益凶。加以表疏之中，悖慢斯甚。式遏亂略，期於無刑；恭行天誅，示於有制。可削承宗在身官爵。』詔左神策護軍中尉吐突承璀為左右神策、河中、河陽、浙西、宣歙等道赴鎮州行營兵馬招討處置等使，會諸道軍進討。神策兵馬使趙萬敵者，王武俊之驍將也，驍悍聞於燕、趙，具言進討必捷。承璀因得兵柄，與萬敵偕行。承璀至行營，威令不振，禁軍屢挫衄。都將酈定進前擒劉辟有功，號為驍將，又陷於賊。唯范陽節度使劉濟、易定節度使張茂昭至效忠赤，戰賊屢捷。而昭義節度使盧從史反復難制，陰附於賊；憲宗密詔承璀擒之，送於京師。

五年七月，承宗遣巡官崔遂上表三封，乞自陳首，且歸過於盧從史。其略曰：『臣頃在苦廬，綿歷時序，恭守朝旨，罔敢闕違。復奉詔書，令獻州郡，迫以三軍之勢，不從孤臣之心。今天兵四臨，王命久絕，白刃之下，難避國刑；殷憂之中，轉積釁隙。中由盧從史首為亂階，興天下之兵，生海內之亂，既不忠於國，又不孝於家。當其聞父之喪，已變為臣之節，迫脅天使，瀆紊朝經。而乃幸臣居喪，敗臣求利，上敢欺於聖主，下不顧其死親；矯情徒見於封章，邪妄素萌於胸臆。今構禍者已就擒獲，抱冤者實冀辯明。況臣之一軍，素守忠義，橫被從史離間君臣，哀號轅門，痛隔恩外。伏冀陛下以天地之德，容納為心；弘好生之仁，許自新之路。順陽和而布澤，因雷雨以覃恩。追念祖父之前勞，俯觀臣子之來效，特開湯網，使樂堯年。』時朝廷以承璀宿師無功，國威日沮，頗憂。會承宗使至，宰臣商量，請行赦宥，乃全以六郡付之。承宗送薛昌朝入朝，授以右武衛將軍。

承宗以國家加兵不勝，誣從史奸計得行，雖上章表謙恭，而心無忌憚。十年，王師討吳元濟，承宗與李師道繼獻章表，請宥元濟。其牙將尹少卿奏事，因為元濟遊說。少卿至中書，見宰相論列，語意不遜；武元衡怒，叱出之，承宗益不順。自是與李師道奸計百端，以沮用兵。四月，遣盜燒河陰倉。六月，遣盜伏於靖安里，殺宰相武元衡，京師震恐，大索旬日，天子為之旰食。是時，承宗、師道之盜，所在竊發，焚襄州佛寺，斬建陵門戟，燒獻陵寢宮，欲伏甲屠洛陽。憲宗赫怒，命田弘正出師臨其境，併鄰道六節度之衆討之。時方淮西用兵，國用虛竭，河北諸軍多觀望不進。獨昭義節度使郗士美率精兵壓賊壘，欲乘釁而取之，軍威甚盛。承宗懼，不敢犯。俄詔權罷河北用兵，併力淮西。

十二年十月，誅吳元濟，承宗始懼，求救於田弘正。十三年三月，弘正遣人送承宗男知感、知信及其牙將石汎等詣闕請命，令於客舍安置；又獻德、棣二州圖印，兼請入管內租稅，除補官吏。上以弘正表疏相繼，重違其意，乃下詔曰：

帝者承天子人，下臨萬國。觀乾坤覆載之施，常務其曲全；用德刑撫御之方，每先其弘貸。叛則必伐，服而捨之，訪於典謨，亦尚斯道。朕祇符前訓，纘嗣丕圖，底寧方隅，蕩滌氛祲。上以攄祖宗之宿憤，下以致黎庶之阜康，思厚者生，務去者殺。至於包荒藏慝，屈法伸恩，苟衷誠之可矜，則宥過而無大。

王承宗頃居喪紀，見賣於鄰封；後領藩城，受疑於朝野。國恩雖厚，時憲不容。戚實自貽，寵非我絕。百辟卿士，昌言在廷；四方諸侯，飛奏盈篋，競請致討，爭先出軍。尚復廣示招懷，務存容納，至於動衆，事豈願然！開境潛罹其殺傷，退舍為伏其士伍，取陷救溺，能無慘嗟！以其先祖武俊，有勞王室，書於甲令，銘在景鐘；雖再黷王師，再從人欲，而十代之宥，常切朕懷。

近以三朝稱慶，八表流澤，廣此鴻霈，開其自新。而承宗果能翻然改圖，披露忠懇，遠遣二子，進陳表章，緘圖印以上聞，獻德、棣之名部，發困奉粟，并竈貢鹽，地願帥於職方，物請歸於司會。且天子所臨，莫非王土；析茲舊服，將表爾誠，諒由效順之心，悉見納忠之志，抑而不撫，何以示懷。朕念此方，亦猶赤子，一物失所，寢興靡寧；忍驅樂土之人，竟就陳原之戮！既克翦暴，常思止戈，予之此心，天地臨鑑。況常山師旅，舊有功勞，將改往以修來，誓酬恩而遷善，鑑精誠之俱切，俾渙汗而再敷。曠滌乃愆，斷於朕志；復此殊渥，當懷永圖。承宗可依前銀青光禄大夫、檢校吏部尚書、鎮州大都督府長史、御史大夫，充成德軍節度、鎮冀深趙觀察等使。

仍令右丞崔從往鎮州宣慰。承宗素服俟命，乃以華州刺史鄭權為德州刺史，充橫海軍節度、德棣滄景觀察等使。明年，加金紫光禄大夫、檢校尚書左僕射。是歲，李師道平，承宗奉法逾謹，請當管四州，每州置録事參軍一員、判司三員，每縣令一員、主簿一員，吏補授皆聽朝旨。十五年十一月卒，贈侍中。子知感、知信在朝。

又《王承元傳》 承元，士眞第二子。兄承宗既領節鉞，奏承元為觀察支使、朝議郎、左金吾衛冑曹參軍，兼監察御史，年始十六。勸承宗以二千騎佐王師平李師道，承宗不能用其言。

元和十五年冬，承宗卒，秘不發喪，大將謀取帥於旁郡。時參謀崔燧密與握兵者謀，乃以祖母涼國夫人之命，告親兵及諸將，使拜承元。承元拜泣不受，諸將請之不已。承元曰：『天子使中貴人監軍，有事盍先與議。』及監軍至，因以諸將意贊之。承元謂諸將曰：『諸公未忘先德，不以承元齒幼，欲使領事。承元欲效忠於國，以奉先志，諸公能從之乎？』諸將許諾。遂於衙門都將所理視事，約左右不得呼留後，事無巨細，決之參佐。密疏請帥，天子嘉之，授銀青光禄大夫、檢校工部尚書，兼滑州刺史、義成軍節度、鄭滑觀察等使。鄰鎮以兩河近事諷之，承元不聽，諸將亦悔。及起居舍人柏耆齎詔宣諭滑州之命，兵士或拜或泣。承元與柏耆於館驛召諸將諭之，諸將號哭喧嘩。承元詰之曰：『諸公以先世之故，不欲承元失此，意甚隆厚；然奉詔遲留，其罪大矣！前者李師道未敗時，議赦其罪，時師道欲行，諸將止之，他日殺師道，亦諸將也！今公輩幸勿為師道之事，敢以拜請。』遂拜諸將，泣涕不自勝。承元乃盡出家財，籍其人以散之，酌其勤者擢之。牙將李寂等十數人固留承元，斬寂等，軍中始定。承元出鎮州，時年十八，所從將吏，有具器用貨幣而行者，承元悉命留之。承元昆弟及從父昆弟，授郡守者四人，登朝者四人，從事將校有勞者，亦皆擢用。祖母涼國夫人入朝，穆宗命內宮筵待，錫賚甚厚。

俄而王廷湊殺田弘正，據鎮州叛。移鎮鄜坊丹延節度使，便道請覲，穆宗器之，數召顧問。未幾，改鳳翔節度使。鳳翔西北界接涇原，無山谷之險，吐蕃由是徑往入寇。承元於要衝築壘，分兵千人守之，賜名曰臨汧城。詔襲岐國公，累加檢校左僕射。鳳翔城東，商旅所集，居人多以烽火相警，承元奏益城以環之。居鎮十年，加檢校司空、御史大夫，移授平盧軍節度、淄青登萊觀察等使。時均輸鹽法未嘗行於兩河，承元首請鹽法，歸之有司，自是兗、鄆諸鎮，皆稟均輸之法。承元寬惠有制，所理稱治。太和七年十二月，卒於平盧，時年三十三，冊贈司徒。

又 《王廷湊傳》 王廷湊，本回鶻阿布思之種族，世隸安東都護府。曾祖曰五哥之，事李寶臣父子。王武俊養為假子，驍果善鬬，武俊愛之。以軍功累授左武衛將軍同正，贈越州都督。祖末怛活，贈左散騎常侍。父升朝，贈禮部尚書。皆以廷湊貴加贈典。祖父世為王氏騎將，累遷右職。

廷湊沉勇寡言，雄猜有斷，為王承元衙內兵馬使。初，承元上稟朝旨，田弘正帥成德軍，國家賞錢一百萬貫，度支輦運不時至，軍情不悅。廷湊每抉其細故，激怒衆心。會弘正以魏兵二千為衙隊，左右有備不能間。長慶元年六月，魏軍還鎮。七月二十八日夜，廷湊乃結衙兵噪於府署；遲明，盡誅弘正與將吏家族三百餘人。廷湊自稱留後、知兵馬使，將吏逼監軍宋惟澄上章請授廷湊節鉞。穆宗怒，下詔徵鄰道兵，仍以河東節度裴度充幽、鎮兩道招撫使，仍以弘正子涇原節度使布代李醞為魏博節度使，令率魏軍進討。又以承宗故將深州刺史牛元翼為成德軍節度使，下詔購誅廷湊。是月，鎮州大將王位等謀殺廷湊事泄，坐死者二千餘人。

時朱克融囚張弘靖，廷湊殺弘正，合從構逆謀，拒王命。兩鎮併力，討除慮難應接，詔朝臣議其可否。東川節度使王涯獻狀曰：『幽、鎮兩州，悖亂天紀，迷亭育之厚德，肆狼虎之非心。囚縶鼎臣，戕賊戎帥，毒流州郡，釁及賓僚。凡在有情，孰不痛憤？伏以國家文德誕敷，武功繼立，遠無不伏，邇無不安，矧茲二方，敢逆天理。臣竊料詔書朝下，諸鎮夕驅，以貔貅問罪之師，當倡狂失節之寇，傾山壓卵，決海灌熒，勢之相懸，不是過也。但常山、薊郡，虞、虢相依，一時興師，恐費財力。罪有輕重，事有後先，譬之攻堅，宜從易者。如聞范陽肇亂，出自一時，事非宿謀，迹亦可驗。鎮州構禍，殊匪偶然，扇諸屬城，以兵拒境。如此，則幽薊之衆，可示寬刑；鎮冀之戎，可資先討。況廷湊闒茸，不席父祖之資；成德分離，又多迫脅之勢。今以魏博思復仇之衆，昭義願盡敵之師，參之晉陽，輔以滄德，掎角而進，實若建瓴。盡屠其城，然後北首燕路，在朝廷不為失信，於軍勢實得機宜。臣之愚誠，切在於此。臣又聞用兵若鬬，先扼其喉。今瀛鄚、易定，兩賊之咽喉也。誠宜假之威柄，戍以重兵，俾其死生不相知，間諜無所入；而以大軍先進冀、趙，次臨井陘，此一舉萬全之勢也。』

於是命易定節度使開境以抗克融，諸軍三面進討。初，以滄德烏重胤獨當一面，重胤宿將，知不可進，頗遲留，乃以杜叔良代重胤。叔良有中官之援，朝辭日，大言云：『賊不足破。』時廷湊合幽薊之兵圍深州，梯沖雲合，牛元翼嬰城拒守。十一月，杜叔良為賊所敗，衆皆陷沒，僅以身免，乃以德州王日簡代之。裴度率衆屯承天軍，諸將挫敗，深州危急。乃以鳳翔節度使李光顏為忠武節度使，兼深冀節度，救深州，仍以中官楊永和監光顏軍。

國家自憲宗誅除羣盜，帑藏虛竭；穆宗即位，賞賜過當；及幽、鎮共起，徵發百端，財力殫竭。時諸鎮兵十五萬餘，纔出其境，便仰給度支，置南北供軍院。既深入賊境，輦運艱阻，芻薪不繼，諸軍多分番樵采。俄而度支轉運車六百乘，盡為廷湊邀而虜之，兵食益困。賊圍深州數重，雖光顏之善將，亦無以施其方略。其供軍院布帛衣賜，往往不得至院，在途為諸軍强奪，而懸軍深鬬者，率無支給。復又每軍遣內官一人監軍，悉選驍健者自衛，羸懦者卽戰，以是屢多奔北。而廷湊、克融之衆，不過萬餘，而抗官軍十五萬者，良以統制不一，玩寇邀利故也。宰相崔祐甫不曉兵家，膠柱於常態，以至復失河朔。既無如之何，遂議休兵而赦廷湊。

二年正月，魏府牙將史憲誠誘其軍謀叛，田布不能止，其衆自潰於南宮。二月，詔赦廷湊，仍授檢校右散騎常侍、鎮州大都督府長史、成德軍節度、鎮冀深趙等州觀察等使；以牛元翼為山南東道節度使。遣兵部侍郎韓愈至鎮州宣慰，又遣中使銜命入深州，監元翼赴鎮。廷湊雖受命，而深州之圍不解。招撫使裴度與幽、鎮書，以大義責之；朱克融解圍而去，廷湊亦退舍。朝廷欲其稟命，併加克融檢校工部尚書。三月，元翼率十餘騎突圍出深州赴闕，深州將校臧平以城降。廷湊責其固守，殺將吏一百八十餘人。五月，遣中使楊再昌至鎮州，取牛元翼家族及田弘正骸骨。廷湊曰：『弘正骸骨，不知所在；元翼家族，請至秋發遣。』俄而元翼卒，廷湊乃盡屠其家，其酷毒如此。自獲赦宥，遂與朱克融、史憲誠連衡相應，謀拒朝廷。

太和初，滄州李全略死，其子同捷欲效河朔事，求代父任。文宗授以兗海節度使；同捷不奉詔，據郡構逆，以珍玩器幣妓女子弟投款於廷湊及幽州李載義。時載義初代克融，輸誠效順，盡送同捷所遣赴闕，詔徵幽、魏、徐、兗之師進討。廷湊出兵撓魏北境，以援同捷。二年，下詔絕廷湊進奉。既魏博將丌志沿以行營兵叛，倒戈攻魏州，諸軍擊志沿，廷湊出兵應之。史憲誠危急，詔義武軍節度使李聽擊敗之，志沿奔於廷湊。三年六月，誅李同捷。尋又何進滔殺史憲誠，據魏州。朝廷厭兵，誅之不果，遂授進滔魏博節度。八月，廷湊遣使詣闕請罪，朝廷因而赦之；依前檢校司徒、成德軍節度使。

鎮冀自李寶臣已來，雖惟岳、承宗繼叛，而猶親鄰畏法，期自新之路。而凶毒好亂，無君不仁，未如廷湊之甚也！又就加太子太傅、太原郡開國公，食邑二千户。八年十一月卒，册贈太尉，累贈至太師。

又《王元逵傳》　子元逵，為鎮州右司馬，兼都知兵馬使。廷湊卒，三軍推主軍事，請命於朝。乃起復檢校工部尚書、鎮州大都督府長史、成德軍節度使，累遷檢校左僕射。元逵素懷忠順，頓革父風。及領藩垣，頗輸誠款，歲時貢奉，結轍於途，文宗嘉之。開成二年，詔以壽安公主出降，加駙馬都尉。元逵遣段氏姑詣闕納聘禮。段氏進食二千盤，併御衣戰馬、公主妝奩及私白身女口等，其從如雲，朝野榮之。會昌中，昭義節度使劉從諫卒，其子稹擅領軍政；武宗怒，誅之。命鄰藩分地而進討，以元逵為北面招討使。詔至之日，出師次趙州，與魏博何弘敬同收山東三州。元逵進攻邢州，俄而賊將裴問、高元武降元逵，王釗、安玉降何弘敬，併拔三郡。累遷檢校司徒、同中書門下平章事。以破劉稹功，加太傅、太原郡開國公，食邑二千户，食實封二百户。太中十一年二月卒，册贈太師，謚曰忠。子紹鼎、紹懿。

又《王紹鼎等傳》　紹鼎，時為鎮州大都督府左司馬、知府事、節度副使、都知兵馬使。起復授檢校工部尚書、鎮府長史、成德軍節度、鎮深冀趙觀察等使，累加光禄大夫、尚書左僕射。其年七月卒，贈司空，賻布帛三百段、米粟二百碩，累贈司徒、太尉，又贈太傅。

子景胤、景崇、景敨；景崇為嫡，時年幼。

紹鼎卒，宣宗以昭王汭為鎮州大都督、成德軍節度副使，都知兵馬使、檢校右散騎常侍、鎮府左司馬、知府事，兼御史中丞，王紹懿本官充成德軍節度、觀察留後，仍賜紫金魚袋。尋正授節度使、檢校工部尚書。累加檢校右僕射、兼御史大夫、太原縣開國伯，食邑七百户，又加檢校司空。卒，贈司徒。

景胤，初為成德軍中軍兵馬使、銀青光禄大夫、檢校太子賓客、監察御史。紹鼎卒，出為深州刺史、兼殿中侍御史，充本州團練守捉使。

景崇於季父紹懿時為鎮州大都督府左司馬、知府事、都知兵馬使。紹鼎卒，三軍立紹懿。數月，疾篤。召景崇謂之曰：『亡兄以軍政托予，以俟汝成立。今危惙如此，殆將不救。汝雖少年，勉自負荷，下禮藩鄰，上奉朝旨，俾吾兄家業不墜，惟汝之才也！』言訖而卒。時監軍在席，奏其治命，上嘉之，詔起復忠武將軍、守左金吾衛將軍同正、檢校右散騎常侍，充成德軍節度觀察留後，仍賜上柱國，賜紫金魚袋。尋正授節度使、檢校工部尚書。

咸通中，景崇以公主嫡孫，特承恩渥。季年，盜起徐方，王師進討，景崇令大將從諸軍。徐寇平，以功授檢校右僕射，封太原縣男，食邑三百户。祖母章惠長公主薨，景崇居喪得禮，朝野稱之。起復左金吾衛上將軍同正，進位檢校司空。明年，同中書門下平章事，累加檢校太尉、趙國公，食邑三千户，食實封二百户，尋進封常山王。丁母秦國夫人憂，起復本官。乾符末，盜起河南，黄巢犯闕，駕幸劍南；景崇與定州節度使王處存馳檄藩鄰，以兵附處存入關討賊，奔問行在，貢輸相繼。關輔平定，以功眞拜太尉。中和二年十二月卒。

又《王鎔傳》 子鎔，時年十歲，三軍推為留後，朝廷因授旄鉞，檢校工部尚書。時天子蒙塵，九州鼎沸，河東節度李克用虎視山東，方謀吞據；鎔以重賂結納，以修和好。晉軍討孟方立於邢州，鎔常奉以芻糧。及方立平，晉將李存孝侵鎔南部，鎔求援於幽州。幽帥李匡威率衆三萬赴之，存孝退去。景福元年，鎔乘存孝有間於其帥，乃出兵攻堯山。晉帥遣大將李存質來援，大敗鎮人於堯山，死者萬計。晉人乘勝至趙州，鎔復求援於燕。二年，匡威率衆數萬來援。會邢州節度使李存孝背其帥據城自固，存孝單騎入鎮州，與鎔面相盟約。俄而李克用自率全師攻存孝，時匡威離鎮後，其弟匡籌奪據其位，匡威退無歸路。鎔感其援助之恩，乃迎入府城，築第以居之，事之如父；匡威亦盡心裨益，軍中之事，皆為訓練。是年五月，鎔過匡威第，陰遣部下伏甲刼鎔；鎔抱持之，鎔曰：『公誠止人勿倉卒！吾為晉人所困，賴公獲濟，猶吾父也，軍政請公帥之。』卽併轡歸府署，鎮軍拒之，竟殺匡威。晉人知匡威死，克用自率師至城下；鎔出練二十萬犒勞，修好而退。

及汴宋節度使朱全忠領鄆、青三鎮，兵强天下，遣將葛從周、張存敬寇陷邢、洺二州，乘勝北掠燕、趙。俄而全忠率親兵薄於城下。鎔倉卒無備，謂賓佐曰：『勢危矣，計將安出？』判官周式者，率先而對曰：『敵人迫我，兵不能抗，此可以理說耳，請見梁帥圖之！』式卽時出見全忠，全忠逆謂式曰：『爾不必言。王令朋附并汾，違盟爽信，敝賦業已及此，期於無捨！』式曰：『公言過矣！且公為唐室之桓、文，當以禮義而成霸業。乃欲窮兵黷武，困人於險難，天下其謂公何！』全忠喜，引式袂而慰之曰：『前言戲之耳！且君為王令計如何？』式曰：『但修好耳！』卽復見鎔，請出牛酒貨幣以犒軍；仍以鎔子昭祚及牙將梁公儒、李弘規子各一人，從昭祚入官於大梁，全忠以女妻昭祚。

及全忠僭號，天下無主；鎔不獲已，行其正朔。鎔累遷至開府儀同三司，守太師、中書令，仍賜『敦睦保定大功臣』、上柱國、趙王，食邑一萬五千户，食實封一千户，襲食實封二百五十户。偽梁加尚書令，及唐室中興，去偽尚書令之號。天祐七年，母魏國太夫人何氏卒，起復本官。十八年，為其大將王德明所殺，至於赤族。其後事在中興云。

《新唐書》卷二一〇《藩鎮傳·田承嗣》 田承嗣字承嗣，平州盧龍人。世事盧龍軍，以豪俠聞。隸安禄山麾下，破奚、契丹，累功至武衛將軍。禄山反，與張忠志為賊前驅，陷河、洛。嘗大雪，禄山按行諸屯，至其營，若無人，已而擐甲列卒，閱所籍，不缺一人，禄山異其能，使守潁川。

郭子儀平東都，承嗣以郡降，俄而復叛。安慶緒奔鄴，承嗣自潁川來，與蔡希德、武令珣合兵六萬，慶緒復振，抗王師。歲餘，史思明亂，承嗣又為賊導，及朝義敗，與共保莫州。僕固瑒追北，承嗣急，乃詐朝義使自求救幽州。承嗣守莫，因執賊妻息降於瑒，厚以金帛反間瑒將士。瑒慮下生變，卽約降。承嗣詐疾不出，瑒欲馳入取之，承嗣列千刀為備，瑒不得志，承嗣重賂之以免。乃與張忠志、李懷仙、薛嵩皆詣僕固懷恩謝，願備行間。朝廷以二賊繼亂，州縣殘析，數大赦，凡為賊詿誤，一切不問。當是時，懷恩功高，亦恐賊平則任不重，因建白承嗣等分帥河北，賜鐵券，誓不死。拜承嗣莫州刺史，三遷至貝博滄瀛等州節度使，檢校太尉。

承嗣沈猜陰賊，不習禮義。既得志，卽計户口，重賦斂，萬兵繕甲，使老弱耕，壯者在軍，不數年，有衆十萬。又擇趫秀彊力者萬人，號牙兵，自署置官吏，圖版稅入，皆私有之。又求兼宰相，代宗以寇亂甫平，多所含宥，因就加同中書門下平章事，封雁門郡王，寵其軍曰天雄，以魏州為大都督府，卽授長史，詔子華尚永樂公主，冀結其心。而性著凶詭，愈不遜。

大曆八年，相衛薛嵩死，弟萼求假節，牙將裴志清逐萼，萼以衆歸承嗣。而帝自用李承昭為相州刺史，未至，承嗣使人訹吏士反，陽言救，實襲取之。帝遣使者諭罷兵，承嗣不奉詔，遣將盧子期取洺州，楊光朝取衛州，脅刺史薛雄亂，不從，屠其家，悉四州兵財以歸，擅置守宰。逼使者行磁、相，遣劉渾從之，陰使從子悅諷諸將詣使者勞面請承嗣為帥，使人不敢詰，於是厚賞請己者。帝乃下詔貶承嗣永州刺史，許一子從，悅及諸子皆逐惡地。詔河東節度使薛兼訓、成德李寶臣、幽州朱滔、昭義李承昭、淄青李正己、淮西李忠臣、永平李勉、汴宋田神玉等兵六萬犄角進，若承嗣不承命，聽在所討執，以軍法從事。其下霍榮國以磁降。李正己攻拔德州，李忠臣攻衛，築偃月壁河上。承嗣列將往往攜阻，殺數十人乃定。帝又遣御史大夫李涵督諸節度并力。承嗣遣裴志清等攻冀州，志清以兵附成德，承嗣悉衆圍之，為寶臣所逐，火輜重，歸於貝，計益窮，不知所出，遣其下郝光朝奉表請委身北闕下。又使悅與盧子期將萬人攻磁州，屯東山。宣慰使韓朝彩等固守，兼訓以萬騎屯西山，成德、幽州各遣兵救磁。時承昭以神策射生繼進，入河東壘。諸軍進討，數有功，頗顧賞，天子使中人多出御服、良馬、黄白金萬計勞賚，使人供帳高會。諸軍少懈，而正己、寶臣二軍會棗彊，更相見。會正己軍輒引去，忠臣乃棄月壘，濟河屯陽武。承昭使成德、幽州兵循東山襲子期軍，自閉壁以驕賊。子期分步騎萬人環承昭壁，以兵四千乘高望麾而進。河東將劉文英、辛忠臣等決戰，而成德、幽州兵繞出子期後，於是圍解。更陣高原，諸將與承昭夾攻，大戰臨水，賊敗，屍旁午數里，斬九千級，馬千匹，執子期及將士二千三百，旗纛器甲鼓角二十萬。諸軍乘勝進，距磁十里，暮而舍。承昭舉燧，朝彩出鋭兵鼓噪薄魏營，斬首五百，悅驚，率餘兵夜走，盡棄旗幕鎧仗五千乘。成德將王武俊以子期歸寶臣，寶臣方攻洺州，因以示城下，降之，復徇瀛州，瀛州亦降。得兵萬人，粟二十萬石，獻子期京師，斬之。

天子遣中人勞寶臣，不為禮，寶臣乃貳，反攻朱滔，與承嗣和，承嗣與之滄州。正己又請天子許承嗣入朝。十一年，帝遣諫議大夫杜亞持節至魏受其降，許闔門還京師，赦魏博所管與更始。承嗣逗留不至。其秋，復略滑州，敗李勉兵。會李靈耀以汴州叛，詔忠臣、勉、河陽馬燧合討。靈耀求救於魏，承嗣使悅將兵三萬赴之，敗勉將杜如江、正己將尹伯良，死者殆半，乘勝屯汴北郛，與靈耀合。燧、忠臣逆擊，破之，悅脱身遁，斬獲數萬。靈耀東走，欲歸承嗣，為如江所禽，并魏將常准獻京師。明年，承嗣上書請罪，有詔復官爵，子弟皆仍故官，復賜鐵券。

承嗣盜有貝、搏、魏、衛、相、磁、洺七州，而未嘗北面天子。凡再興師，會國威中奪，窮而復縱，故承嗣得肆姦無怖忌。十四年死，年七十五，贈太保。

又《田悅傳》 悅，蚤孤，母更嫁平盧戍卒，悅隨母轉側淄、青間。承嗣得魏，訪獲之，年十二，拜伏有禮，承嗣異之，委以號令，裁處皆與承嗣意合。及長，剽悍善鬭冠軍中，賊忍狙詐，外飭行義，輕財重施，以鉤美譽，人皆附之。承嗣愛其才，將死，顧諸子弱，乃命悅知節度事，令諸子佐之。帝因詔悅自中軍兵馬使、府左司馬擢留後，俄檢校工部尚書，為節度使。

悅始招致賢才，開館宇，禮天下士，外示恭順，陰濟其姦。帝晚年尤寬弛，悅所奏請無不從。德宗立，不假籍方鎮，諸將稍惕息。會黜陟使洪經綸至河北，聞悅養士七萬，輒下符罷其四萬歸田畝。悅即奉命，因大集將士，以好言激之曰：『而等籍軍中久，仰縑廪養父母妻子，今罷去，何恃而生？』衆大哭。悅乃悉出家貲給之，各令還部，自此，魏人德悅。

及劉晏死，藩帥益懼，又傳言帝且東封泰山，李勉遂城汴州；而李正己懼，率兵萬人屯曹州，乃遣人説悅同叛。悅因與梁崇義等阻兵連和，以王侑、扈粤、許士則為腹心；邢曹俊、孟希祐、李長春、符璘、康愔為爪牙。建中二年，鎮州李惟岳、淄青李納求襲節度，不許，悅為請，不答，遂合謀同叛。會于邵、令狐峘等表汱浮圖，悅乃詐其軍曰：『有詔閲軍之老疾疲弱者。』繇是舉軍咨怨。悅與納會濮陽，納分兵佐悅。

會幽州朱滔等奉詔討惟岳，悅乃遣孟希祐以兵五千助惟岳；別遣康愔以兵八千攻邢州；楊朝光以兵五千壁盧疃，絶昭義餉道。悅自將兵數萬繼進，又使朝光攻臨洺將張伾。伾固守，食且盡，賞賜不足，乃飾愛女示衆曰：『庫廩竭矣，願以此女代賞。』士感泣，請死戰，大破悅軍。有詔河東馬燧、河陽李芃與昭義軍救伾。三節度次狗、明二山間，未進。伾急，以紙為風鳶，高百餘丈，過悅營上，悅使善射者射之，不能及。燧營噪迎之，得書言『三日不解，臨洺士且為悅食』。燧乃自壺關鼓而東，破盧疃，戰雙岡，禽賊大將盧子昌而殺朝光，悅遁保洹水。

於是曹俊為貝州刺史，乃承嗣時舊將，果而謀。悅未得志，召問計安出，對曰：『兵法，十則攻，今公以逆干順，勢不敵也。宜留兵萬人屯崞口，以遏西師，則舉河北二十四州，惟公所命。今攻臨洺，糧竭卒老，不見其可。』悅所昵扈趯、孟希祐等皆訾短之，故悅不聽其言。燧等距悅軍三十里，築壘相望。悅與納合兵三萬，陣洹水。燧引神策將李晟夾攻悅，悅大敗，死傷二萬計，引壯騎數十夜奔魏，其將李長春拒關不内，以須官軍。而三師頓不進。明日，悅得入，殺長春，持佩刀立軍門，流涕曰：『悅藉伯父餘業，與君等同休戚。今敗亡及此，不敢圖全。然悅久稽天誅者，特以淄青、恆冀子弟不得承襲，既弗能報，乃至用兵，使士民塗炭。悅正緣母老不能自剄，願公等斬悅首以取富貴，無庸俱死。』乃自投於地。衆憐，皆抱持之曰：『今士馬之衆，尚可一戰，事脱不濟，死生以之。』悅收淚曰：『諸公不以悅喪敗，誓同存亡，縱身先地下，敢忘厚意乎？』乃斷髮為誓，將士亦斷髮，約為兄弟；乃率富民大家財及府庫所有，大行賜與。而李再春及其子瑤以博州降，悅從兄昂以洺州降，燧等受之，悅皆族昂等家。悅自視兵械乏，衆單耗，懼，不知所出，復召曹俊與之謀。曹俊為整軍完壘以振士氣，羣心復堅，後十餘日，燧等始進薄城下。

未幾，王武俊殺惟岳，而深州降朱滔，滔分兵守之。天子授武俊恆州刺史，以康日知為深、趙二州觀察使。武俊恨賞薄，滔怨不得深州，悅知二將可間，乃僞路使王侑、許士則說滔曰：『司徒奉詔討賊，不十日，拔束鹿，下深州，惟岳勢蹙，故王大夫能得逆首。聞出幽州日，有詔破惟岳得其地卽隸麾下，今乃以深州與康日知，是朝廷不信於公也。且上英武獨斷，有秦皇、漢武風，將誅豪桀，掃除河朔，不使父子相襲。又功臣劉晏等皆旋踵破滅，殺梁崇義，誅其口三百餘，血丹漢江。今日破魏，則取燕、趙如牽轅下馬耳。夫魏博全則燕、趙安，鄙州尚書必以死報德。且合從連衡，救災恤患，不朽之業也，尚書願上貝州以廣湯沐，使侑等奉簿最孔目，司徒朝至魏則夕入貝，惟執計之。』滔心素欲得貝，卽大喜，使侑先還告師期。

先是，詔武俊出恆冀粟三十萬賜滔，使還幽州，以突騎五百助燧軍。武俊懼悅破，將起師北伐，不肯歸粟、馬。滔因使王郅說武俊曰：『天子以君善戰，天下無前，故分散粟、馬以弱君軍。今若舉魏博，則王師北向，漳、滏勢危。誠能連營南旆，解田悅於倒縣，大夫之利也，豈特粟不出窖，馬不離廄，又有排危之義，聲滿天下。大夫親斷逆首，血蔑衣袖，日知不出趙城，何功於國，而坐兼二州。河北士以不得深州為大夫恥。』武俊既得深，亦喜，卽日使使報滔。

於是滔率兵二萬屯寧晉，武俊以兵萬五千會之。悅恃救至，使康愔督兵與王師戰禦河上，大敗，棄甲走城。悅怒，閉門不內，蹈藉死塹中者甚衆。其夏，滔、武俊軍至，悅具牛酒迎犒。燧等營魏河西，武俊、滔、悅壁河東，起樓櫓營中，兩軍相持，自秋迄冬。燧遣晟以兵三千，自邢、趙與張孝忠合攻涿、莫二州，以絕幽、薊路。

悅重德滔，欲推為盟主而臣之。滔不敢當，乃更議如七國故事。悅國號魏，僭稱魏王，以府為大名府，署子為府留後；以扈躍為留守，許士則為司武，曾穆司文，裴抗司禮，封演司刑，併為侍郎；劉士素為內史舍人，張瑜、孫光佐為給事中，邢曹俊、孟希祐為左右僕射，田晁、高緬為征西節度使，蔡濟、薛有倫為虎牙將軍，高崇節知軍前兵馬，夏侯為兵馬使。晁以兵數千助李納守鄆。明年夏，滔屯河間，留大將馬寔以兵萬人戍魏。會朱泚亂，帝出奉天，燧還太原，武俊等皆罷，悅餞之，厚遺武俊、寔，官屬皆有贈。

興元元年，滔自將兵欲南度河助泚，使王郅見悅計事曰：『頃大王在重圍，孤與趙刻日赴王難以全魏、貝。今秦帝已據關中，孤以步騎十萬與回紇趨東都相應接，王能從孤濟河，合勢以取大梁，孤得西收鞏、陝，與秦兵會，天下可定也。則王與趙王永無南慮，為脣齒之國，幸速計之。』是時，悅聞天子已赦罪，復官爵，心不欲行，重遽絕滔，陽遣薛有倫報滔如約。滔大喜，復使舍人李琯申固所言，悅猶豫，許士則諫曰：『冀王勇決權略，一世之雄也，殺懷仙，屠希彩，訹兄使如京師而奪之權，有恩者誅，同謀者覆，彼心腹渠可量哉？今大王之親不加泚，勇不加懷仙、希彩也，而念恩不已，拘攣匹夫義，出且見禽。彼得魏博，北聯幽薊，南入梁、鄭，而與泚合，其理然也。大王不如僞許出迎，遣州縣具牛酒，至則以事自解，不可顧恩取禍也。』悅然之。先是，武俊陰約悅背滔，使相望。及聞滔要悅西，使田秀馳說悅曰：『聞大王欲從滔度河，為泚掎角，非也。方泚未盜京師時，滔為列國，且自高，如得東都，與泚連禍，兵多勢張，返制於豎子乎？今日天子復官赦罪，乃王臣，豈舍天子而北面滔、泚耶！願大王閉壘不出，武俊須昭義軍出，為王討之。』悅因秀還，具道其謀，而遣曾穆報滔。滔喜，自河間悉師而南，逾貝州，次清河，使人報悅，悅不至。進屯永濟，使王郅等督之曰：『王約出館陶與大王會，乃濟河。』悅良久曰：『始約從王，今舉軍持悅曰：「魏比困侵掠，供擬屈竭。」以悅日拊循，猶恐人且攜間，一日去城邑，朝出夕變，且何歸？不然，悅不敢背約。今遣孟希祐悉兵五千助王。』因使其屬裴抗、盧南史報命。滔怒罵曰：『逆虜前日求救，許我貝州，我不取；尊我為天子，我與同為王；教我遠來而不出。是賊不擊，尚何誅？』乃囚抗等，使馬寔取數縣，已而釋抗還之，悅兵不敢出，遂圍貝州。滔取武城，通德、棣，供軍饋，盡囚諸縣官吏，唯清陽不下，滔圍之。寔拔清平，殺五百人，俘男女貲財去。

於是李抱眞、武俊約出兵救魏。會有詔拜悅檢校尚書右僕射，封濟陽郡王，而給事中孔巢父持節宣勞。始悅阻兵凡四年，狂愎少謀，亟戰數北，死者什八，士苦之，且厭兵。既巢父至，莫不欣然。悅與巢父張飲，門階皆徹衛。至夜分，從弟緒與族人私語曰：『僕射妄起兵，幾赤吾族。以金帛厚天下，而不至兄弟。』或諫止之，緒怒，殺諫者，乃與左右逾垣入。悅方醉，寢酣。緒挺刃升堂，二弟諫止，緒斬之，因手刺悅，并殺其母妻。悅死，年三十四。比明，以悅命召許士則、蔡濟計事，至則殺之。劉忠信者，悅常使防督緒直寢門，緒呼曰：『忠信刺僕射，與扈趯反。』衆執之，語曰：『無之。』支已殊絕。

又《田緒傳》　緒字緒，承嗣第六子。悅待諸弟無所間，使緒主牙軍，而凶險多過，嘗笞勖之。悅於飲食衣服，儉嗇有節，緒常苦不足，頗怨望，故作難。悅既死，懼衆不附，以其徒數百將出奔，邢曹俊率衆追還。緒乃下令軍中曰：『我先王子，能立我者賞。』衆乃共推緒為留後，歸罪扈粵，斬其首以徇。復殺悅親信薛有倫等數十人，因巢父遣使者聽命天子。滔聞悅死，以兵五千合寔軍，進攻魏州。寔瀕王莽河壁，南距河，東抵博州，殺略甚衆。使人入魏招緒降。緒新篡，而寔圍且急，乃遣使以好言見滔，滔許與盟。曾穆勸緒絕滔，而緒部分亦定，乃乘城戰，武俊、抱眞各脩好如悅時。詔卽拜緒節度使。寔圍魏凡三月，滔敗走。

貞元元年，以嘉誠公主降緒，拜駙馬都尉。李希烈平，以功賜一子八品官。緒猜忌，殺兄弟姑妹凡數人。兄朝，仕李納為齊州刺史。或言納將入之魏以代緒，緒厚賂納，且召朝，朝以死請不行，乃送之京師，過滑，緒將篡取之，賈耽以兵援接，乃免。

累遷檢校尚書左僕射、常山郡王，又徙王鴈門，實封五百户，加同中書門下平章事。暴疾死，年三十三，贈司空。少子季安嗣。

又《田季安傳》　季安字夔。母微賤，公主命為己子，寵冠諸兄。數歲，為左衛冑曹參軍、節度副使。緒死時，年十五，匿喪覯變，軍中推為留後，因授節度使。除喪，加檢校尚書右僕射，進位檢校司空，俄同中書門下平章事。季安畏主之嚴，頗循禮法。及主薨，始自恣，擊鞠從禽，酣嗜欲，軍中事率意輕重，官屬進諫皆不納。

會詔中尉吐突承璀以神策兵討王承宗，季安謀曰：『王師不跨河二十五年，今越魏伐趙，趙誠虜，魏亦虜矣，奈何？』或請以五千騎決除君憂。季安曰：『善，沮軍者斬！』時幽州劉濟將譚忠適使魏，聞之，入見季安曰：『往年王師取蜀取吳，算不失一，是宰相謀也。今伐趙，不使耆臣宿將而付中臣，不起天下甲而出秦甲，君知誰為之謀？此上自為謀，以誇服臣下。若師未叩趙，而先碎於魏，是上之謀不及下，且能不恥！既恥且怒，必任智畫，仗猛將，再舉涉河。鑑前之敗，必不越魏誅趙；校罪輕重，必不先趙後魏。是上不上，下不下，當魏而來也。』季安曰：『計安出？』忠曰：『王師入魏，君厚犒之。悉甲伐趙，而陰遺趙書曰：「魏若伐趙，為賣友；魏若與趙，為反君。賣友反君，魏不忍受。執事能弛障鄣，遺一城，魏得持之獻捷天子以為符，此使魏北得以奉趙，西得以為臣，不世之利也。」趙不拒君，則魏安矣。』季安然之，遣大將率兵會王師伐承宗，糧餉自辦，取堂陽以報，加太子太保。

有丘絳者，父時賓佐，與同府侯臧爭權，季安怒，斥為下縣尉，俄召還，先坎道左，既至，生瘞之。忍酷無忌憚，大抵如此，死年三十二，贈太尉。妻元誼女，召諸將立其子懷諫，最幼，不能事，政決於私奴蔣士則，數易置諸將，軍中怒，取田興為留後，所謂田弘正者，以懷諫歸第，殺士則等十餘人。季安既葬，送懷諫京師，授右監門衛將軍，寵錫蕃渥。緒弟綰、華顯于朝。

又《田綰傳》　綰字雲長，貞元十年入朝，授左驍衛將軍，封扶風郡公。元和中，拜夏綏銀節度使。始開元時，置宥州，扼寇路，久而廢，綰復城之。王師伐蔡，綰上槖它牛馬助軍。吐蕃寇豐州，綰設伏邀其歸，俘斬過當。入為左衛大將軍，李聽代之。聽劾綰盜没軍糧四萬斛，强取羌人羊馬，故吐蕃得乘隙。貶衡王傅。俄而吐蕃又攻鹽州，貶房州司馬。長慶初，終左領軍衛將軍。華，太常少卿，尚永樂、新都二公主。田氏自承嗣至懷諫，四世，凡四十九年。

又《史憲誠傳》 史憲誠，其先奚也，內徙靈武，爲建康人。三世署魏博將，祖及父爵皆爲王。憲誠始以趫敢從父軍，田弘正討李師道，將先鋒兵四千濟河，拔城柵，師踵進，乘勝逐北，傳鄆堞。師道傳首，以功兼御史中丞。

長慶二年，田布之自殺也，軍亂且嚻。時憲誠爲中軍兵馬使，頗言河朔舊事以摇其衆，衆乃逼還府，擅總軍務。穆宗以朱克融、王廷湊方盜幽、鎮，未有以制，即以節度使授之。憲誠外詫王命，而陰結幽、鎮，依以自固。

時李㝏方亂，私與交通，數助請旄節，城馬頭，具舟黎陽，示將濟師者。會天子遣司門郎中韋文恪宣慰，憲誠見使者禮倨，言辭悖慢。俄聞斬㝏，更恭謹謂文恪曰：『我本奚，如狗也，唯知識主，雖日加箠不忍離。』其譎獪類此。進檢校司空。

與李全略爲婚家，大和中，其子同捷反，潛以糧餉資之。文宗申約，使者相望，因進同中書門下平章事。憲誠使大將至京師偵事，作謾言自大，宰相韋處厚折其詐，遣去。憲誠懼，出兵從王師討之，復遣大將亓志沼率師二萬攻德州。時王廷湊援同捷，陰誘志沼以利。志沼反，屯永濟，兵鋭甚，諸鎮共禦之。憲誠告急，天子詔義武李聽進討。於是志沼與廷湊合兵劫貝州，爲聽所敗，奔廷湊。滄景平，憲誠不自安，請納地，進檢校司徒兼侍中，徙河中，封千乘郡公，以李聽代。

初，憲誠將以族行，懼魏軍之留，問策於弟憲忠，憲忠教分相、衛，請置帥，因以弱魏。復請詔聽引軍聲圖志沼而假道清河，帝從之。憲誠因欲倚聽公去魏，及聽次清河，魏人驚，憲忠曰：『彼假道取賊，吾軍無負朝廷，何懼爲？』乃稍安。然魏素聚兵清河，聽至，悉出其甲，將入魏，魏軍聞之懼，明日盡甲而出。聽按軍館陶不進。衆謂憲誠賣己，曰：『給我以沽恩耶？』夜攻殺之，併監軍史良佐，推何進滔爲帥以請，詔贈憲誠太尉，實大和三年。憲誠起，凡七年，死。

又《何進滔傳》 何進滔，靈武人，世爲本軍校。少客魏，委質軍中，事田弘正。弘正攻王承宗，夜以兵壓鎮州。承宗使健將以鐵冒面，引精騎千餘馳魏壁。進滔率猛士逐之，幾獲，鎮人大懼。從討李師道，以功兼侍御史。憲誠死，軍中傳譟曰：『得何公事之，軍安矣！』進滔下令曰：『公等既迫我，當聽吾令。』衆唯唯。『孰殺前使及監軍者，疏出之。』凡斬九十餘人，釋脅從者。素服臨哭，將吏皆入弔。詔拜留後，俄進授節度使。居魏十餘年，民安之。進累檢校司徒、同中書門下平章事。開成五年死，贈太傅，謚曰定。

又《何弘敬傳》 子重順襲。武宗詔河陽李執方、滄州劉約諭朝京師，或割地自效，不聽命。時帝新即位，重起兵，乃授福王綰節度大使，以重順自副，賜名弘敬。帝討劉稹，加東面詔討使。弘敬倚稹相脣齒，無深入意，詔因稱其事母孝，在軍久，宜亟戰。弘敬亦自如。及王宰踰乾河攻澤州，天子慮稹起山東兵，命弘敬犄角塞其道，不奉詔。王元逵克邢州，攻上黨，弘敬不得已，乃出師。未幾，宰統陳許兵假道收磁州，弘敬懼，乃進戰，拔平恩，詔檢校尚書左僕射。澤潞平，加同中書門下平章事。懿宗初，兼中書令，封楚國公。咸通七年死，贈太師。

又《何全皞傳》 子全皞襲，明年，拜節度使。平龐勳，以功遷檢校司空、同中書門下平章事。母喪，納所賜節，願行喪，詔不許。全皞年少好殺戮，下有小罪，鮮縱貰，人人危懼。後軍中相傳朘減糧帛，衆遂叛，全皞單騎遁，衆推韓君雄以總軍事，而殺全皞，實咸通十一年。詔贈太保。

自進滔至全皞，凡三世，四十二年。

又《韓允中傳》 懿宗更以普王爲大使，擢君雄留後。君雄，魏州人。不五月，進副大使，三遷檢校司空。僖宗即位，進同中書門下平章事，賜名允中。死年六十一，贈太尉。

又《韓簡傳》 子簡，襲留後。俄授節度使，進累檢校太尉、同中書門下平章事，封魏郡王。帝在蜀，天下亂，簡恃彊完，欲拓地，覬望非常。時諸葛爽爲黄巢守河陽，簡攻之，爽走，即戍以兵，以略邢、洺而歸。東攻鄆，鄆將曹存實出戰，敗死，其將朱宣率衆以守，久不下，爽乘其隙，復取河陽。簡還攻之，爽迎擊新鄉，簡大敗，樂彦禎以一軍先還，簡奔歸，疽發背死。彦禎代之。再世，凡十二年。

又《樂彦禎傳》 彦禎者，亦魏人。簡時，歷博州刺史，下河陽有功，遷澶州。魏人立之，詔檢校工部尚書，領留後，進節度使，累加檢校尚書左僕射、同中書門下平章事。

彥禎喜儒術，引公乘億、李山甫皆在幕府。嗣襄王熅之亂，彥禎使山甫往見鎮州王鎔，欲合幽、邢、滄諸鎮同盟拒賊，鎔厚謝，卒不克。彥禎見王室微，頗驕滿不軌，大興其衆，城魏周八十里，一月畢，人怨其殘。子從訓，資凶悖，劫王鐸，取其家，魏人不直。又聚亡命五百人，號『子將』，出入臥內，軍中藉藉惡之。從訓懼，易服奔近縣，彥禎即以為六州指揮使、相州刺史，輦兵械泉布，迹接於道，軍中益貳。彥禎常夢解佩帶覆而行，既寤，曰：『此神告我，下將有背乎？』已而軍亂，果囚彥禎，迫為桑門，尋殺之，推大將趙文玣總留後。

從訓求救於朱全忠，全忠為起師，次內黃。從訓自相州以軍三萬傅城，文玣不敢出，衆懼，殺之，更推羅弘信帥軍。弘信出戰，從訓敗，裒餘衆壁洹水，弘信遣將程公佐擊斬之，梟首軍門，實文德元年。彥禎起，凡七年。

又《羅弘信傳》 羅弘信，字德孚，魏州貴鄉人。善騎射，狀貌雄偉。為裨將，主馬牧。魏有巫告弘信曰：『白頭老人使謝君，君當有是地。』弘信曰：『神欲危我耶？』文玣死，衆曰：『孰願主吾軍者？』弘信輒曰：『神命我矣！』衆環視，以為宜，遂立之。詔擢知留後，再遷節度使，加檢校司空、同中書門下平章事、豫章郡公。

朱全忠討黃巢，餉粟三萬斛、馬二百匹。秦宗權亂，復詔弘信以粟二萬斛助軍，未輸，檢校工部尚書雷鄴來責粟，弘信素脅於牙軍，擅殺鄴。全忠以檄譙讓，弘信不敢報。大順初，全忠討太原李克用，遣將趙昌嗣見弘信假糧馬；又議屯邢、洺，假道相、衛，弘信不納。全忠使丁會、龐師古、葛從周、霍存等引萬騎度河，弘信壁內黃，凡五戰皆敗，禽大將馬武等，乃厚幣求和。方全忠圖河北，欲結納弘信，乃還兵。

全忠攻兗鄆，朱宣求援於克用，遣李存信率兵救之，請道屯莘，其下侵魏芻牧，弘信不平。克用欲合鎮、定兵營河曲，搤魏、滑路，弘信馳告全忠，請禁遊舸，絕往來。久之，魏人不至，全忠疑其紿，自將至滑州。弘信來告曰：『魏人未動者，正欲緩圖之。』全忠遂屯曹。太原將李瑭救宣，復壁莘，弘信厭其暴，而瑭溝壘自固。全忠遣使謂曰：『晉人志幷河朔，師還，為公憂之。』弘信乃攻瑭，告全忠師期，全忠將趨滑為援，次封丘，而弘信已破瑭。克用怒，以兵掠魏博。全忠將侯言屯洹水，克用兵數求戰，言不敢出，全忠以葛從周代將。從周為暗實，每克用兵至，輒出精卒薄戰，必捷。克用逾洹西北挑戰，從周大破之，禽其子落落，乃引去。然侵魏不已，大戰白龍潭，弘信敗，克用追薄魏門而還。弘信乃乞師全忠，全忠遣將壁洹水救魏。克用遊兵剽相、魏，民死十九，弘信不堪其偪。光化元年，如全忠告亟。全忠復遣葛從周將兵追躡，拔洺州，執其刺史邢行恭；復攻邢，馬師素自拔走；遂圍磁州，袁奉韜自殺。不五日，取三州，斬首二萬級，禽其將百餘人，自是克用兵不出。

始全忠亟討兗鄆，懼弘信貳，故歲時賂遺良厚。弘信每有饋答，全忠引其使北面拜受，兄事之，弘信以為厚己，故推心焉。

進累檢校太師，守侍中，徙臨清郡王。光化元年死，年六十三，贈太師，追封北平王，謚曰莊肅。子紹威襲。

又《羅紹威傳》 紹威字端己。少有英氣，性精悍，吏事明辦。既領留後，昭宗即詔嗣父節度，加累檢校太尉，號『忠勤宣力致聖功臣』。幽州劉仁恭引兵攻鎮、冀，遂掠魏，紹威告急於全忠，全忠自將與仁恭戰內黃，日中，大破之，斬首三萬級。葛從周方守邢，亦敗其衆於魏縣。仁恭以衆十萬陷貝州，全忠使李思安屯內黃，從周悉軍入魏。仁恭攻魏，從周以五百騎出闘，謂門者曰：『前有強敵，不可易。』命闔扉。士死戰，執仁恭將二人。仁恭使別將攻內黃，為思安所敗。從周乘勝破八壁，追北至臨清。仁恭乃還滄州，與李克用圖魏。紹威與全忠連兵伐滄州，從周攻拔德州，進薄浮陽。仁恭以兵至，監軍蔣玄暉請須其入壁，食盡可取。從周曰：『兵在機，機在上將，豈監軍所知！』逆戰老鴉堤，破之，斬首五萬，獲其將百餘人。又戰唐昌範橋，六遇輒勝。仁恭約和，乃還。紹威德全忠，故奉事愈固。全忠遷帝洛陽，命諸鎮治宮闕，而紹威營太廟，加侍中，封鄴王。

魏牙軍，起田承嗣募軍中子弟為之，父子世襲，姻黨盤互，悍驕不顧法令，憲誠等皆所立，有不慊，輒害之無噍類。厚給稟，姑息不能制。時語曰：『長安天子，魏府牙軍。』謂其勢強也。紹威懲曩禍，雖外示優假，而內不堪。俄而小校李公佺作亂，不克，奔滄州。紹威乃決策屠翦，遣楊利言與全忠謀。全忠乃遣苻道昭將兵合魏軍二萬攻滄州，求公佺，又遣李思安助戰，魏軍不之疑。紹威子，全忠婿也，會女卒，使馬嗣勳來助葬，選長直千人納盟器，實甲以入。全忠自滑濟河，聲言督滄景行營。紹威欲出迎，假鋭兵以入，軍中勸毋出而止。紹威遣人潛入庫，斷絃解甲，注夜，將奴客數百與嗣勳攻之，軍趨庫得兵，不可戰，因夷滅凡八千族，闤市為空。平明，全忠亦至，聞事定，馳入軍。魏兵在行者聞變，於是史仁遇保高唐，李重霸屯宗縣，分據貝、澶、衛等六州。仁遇自稱魏博留後，全忠解滄州兵以攻高唐，仁遇引衆走，為遊騎所獲，支解之，進拔博、澶二州。李重霸走，俄斬其首，相、衛皆降。

紹威雖除其偪，然勢弱，為全忠牽制，比州刺史矣，內悒悒悔恨。全忠兵在滄州，紹威主饋挽，自鄴至長蘆五百里，不絕於道。全忠還，紹威建元帥行府，極土木壯麗，全忠大悦。紹威間說曰：『邠、岐、太原皆狂譎，以復唐室為言。王宜自取神器，專天下之望。』全忠歸，乃受禪。

紹威多聚書，至萬卷。江東羅隱工為詩，紹威厚幣結之，通譜系昭穆，因目己所為詩為『偷江東集』云。

又 卷二一一《藩鎮傳·李寶臣》 李寶臣字為輔，本范陽內屬奚也。善騎射。范陽將張鎖高畜為假子，故冒其姓，名忠志。為盧龍府果毅，常覘虜陰山，追騎及，射六人盡殪，乃還。為安禄山射生，從入朝，留為射生子弟，出入禁中。禄山反，遁歸，更為禄山假子，使將驍騎十八人，劫太原尹楊光翽，挾以出，追兵萬餘不敢逼。又督精甲軍土門，以扼井陘。事安慶緒為恒州刺史。九節度師圍相州也，忠志懼，歸命於朝，肅宗即授故官，封密雲郡公。史思明度河，忠志復叛，勒兵三萬固守，賊將辛萬寶屯恒州相犄角。思明死，忠志不肯事朝義，使裨將王武俊殺萬寶，挈恒、趙、深、定、易五州以獻。雍王東討，開土門納王師，助攻莫州。朝義平，擢禮部尚書，封趙國公，名其軍曰成德，即拜節度使，賜鐵券許不死，它齎與不貲，賜姓及名。於是遂有恒、定、易、趙、深、冀六州地，馬五千，步卒五萬，財用豐衍，益招來亡命，雄冠山東。與薛嵩、田承嗣、李正己、梁崇義相姻嫁，急熱為表裏。先是天寶中，玄宗冶金自為象，州率置祠，更賊亂，悉毀以為貲，而恒獨存，故見寵異，加賜實封。

始，寶臣與正己素為承嗣所易。其弟寶正，承嗣婿也，往依魏，與承嗣子維擊球，馬駭，觸維死，承嗣怒，囚之，以告寶臣，寶臣謝教不謹，進杖，欲使示責，而承嗣遂鞭殺之，由是交惡。乃與正己共劾承嗣可討狀。代宗欲其自相圖，則勢離易制，即詔寶臣與朱滔及太原兵攻其北，正己與滑亳、河陽、江淮兵攻其南。師會棗强，椎牛饗軍，寶臣厚賜士，而正己頗觳，軍怨望，正己懼有變，即引去。惟滔、寶臣攻滄州，歷年未下，擊宗城，殘之，斬二千級。承嗣弟廷琳方守貝州，遣高嵩巖將兵三千戍宗城，寶臣使張孝忠攻破之，斬嵩巖，逸所執將四十餘人。會王武俊執賊大將盧子期，遂降洺、瀛。當是時，河南諸將敗田悦於陳留，正己取德州，欲頗窮討。承嗣懼，乃甘言紿正己，正己止屯，諸軍亦莫敢進。

於是天子遣中人馬希倩勞寶臣，寶臣歸使者百縑，使者恚，抵諸道，寶臣顧左右愧甚。諸將已休，獨武俊佩刀立所下，語之故。武俊計曰：『趙兵有功尚爾，使賊平，天子幅紙召置京師，一匹夫耳。』曰：『奈何？』對曰：『養魏以為資，上策也。』寶臣曰：『趙、魏有釁，何從而可？』對曰：『勢同患均，轉寇讎為父子，咳唾間耳。朱滔屯滄州，請禽送魏，可以取信。』寶臣然之。

先是，承嗣知寶臣少長范陽，心常欲得之。乃勒石若讖者瘞之境，教望氣者云有王氣。寶臣掘得之，文曰：『二帝同功勢萬全，將田作伴入幽燕。』『帝』謂寶臣與正己為二。而陰使客說曰：『公與滔共攻滄，即有功，利歸天子，公於何賴？誠能赦承嗣罪，請奉滄州入諸趙，願取范陽以報。公以騎前驅，承嗣以步卒從，此萬全勢也。』寶臣喜得滄州，又見語與讖會，遂陰交承嗣而圖幽州，承嗣陳兵出次以自驗。

寶臣謬謂滔使曰：『吾聞朱公貌若神，願繪而觀可乎？』滔即圖以示之。寶臣置圖射堂，大會諸將，熟視曰：『信神人也！』密選精卒二千，夜馳三百里欲劫滔，戒曰：『取彼貌如射堂者。』時二軍不相虞，忽聞變，滔大駭，戰瓦橋，敗，衣佗服得脱，禽類滔者以歸承嗣。承嗣知釁成，還軍入堡，使人謝寶臣曰：『河內方有警，未暇從公。石讖，吾戲為耳！』寶臣慚而還。俄進封隴西郡王，又拜同中書門下平章事。德宗立，拜司空。

寶臣晚節尤猜忌，自顧子惟岳且暗弱，恐下不服，即殺骨鯁將辛忠義、盧俶、許崇俊、張南容、張彭老等二十餘人，籍入其貲，衆乃攜貳。寶臣既貯異志，引妖人作讖兆，為丹書、靈芝、朱草，齋別室，築壇置銀盤、金匜、玉斝，猥曰：『內產甘露液神酒。』刻玉印，告其下曰：『天瑞自至。』衆莫敢辨者。妖人復言：『當有玉印自天下，海内不戰而定。』寶臣大悦，厚齎金帛。既而畏事露且誅，詐曰：『公飲甘露液，可與天神接。』密置堇於液，寶臣已飲即瘖，三日死，年六十四。惟岳悉誅殺妖人，時建中二年也。遺表請以惟岳領軍，詒書執政諉家事，歸節於朝，詔贈太傅。

又《李惟岳傳》 惟岳，少為行軍司馬、恆州刺史，寶臣死，軍中推為留後，求襲父位，帝不許。趣護喪還京師，以張孝忠代之。田悦為請，不聽。遂與悦、李正己謀拒命。府小史胡震、私人王他奴等專畫反計。府屬邵眞泣曰：『先公位將相，恩甚厚，而大夫違命縗絰中，愚固惑焉。魏近且與國，不可遽絶，絶之速禍，請厚禮遣其使，徐更圖之；齊遠而交疏，不如械使者送京師，且請致討。上嘉大夫忠，所請宜許。』惟岳寤，使眞作奏。震與將吏議不可，惟岳又從之。其舅谷從政，豪俊士也，切諫不納。

於是張孝忠以易州歸天子，天子詔朱滔與孝忠合兵討惟岳，盡赦吏士，購惟岳首有賞。惟岳與滔戰束鹿，大奔。遂圍深州。明年正月，率兵萬餘，使王武俊爭束鹿，田悦亦遣孟祐來助。武俊以精兵先陷陣，師卻。滔績帛為狻猊，使壯士百人蒙以譟，趨惟岳軍，馬駭軍亂，因大敗，火其營去。於是深州日急，悦亦嬰城矣。惟岳懼，召眞議遣使詣河東馬燧，令其弟惟簡見帝，斬大將謝罪，以兵屬鄭詵，身朝京師。孟祐知其謀，走告悦，悦使扈岌來讓曰：『敝邑暴兵，本為君索命節，豈為叛逆耶？雖見破於馬燧，而感激士大夫乘城拒守，以為後圖。今君信邵眞讒間，欲歸悦之罪，以自湔蕩，何負而然！不則遣祐還軍，無遺王師禽。若能誅眞以徇，請事公如初。』惟岳懦不能決，畢華見曰：『大夫與魏盟未久，魏雖被圍，彼多蓄積，未可下。齊兵勁地廣，裾帶山河，所謂東秦險固之國，與相持維，足以抗天下。夫背義不祥，輕慮生禍。且孟祐驍將，王武俊善戰，前日逐滔，滔僅免，今合兩將，破滔必矣。惟審圖之！』惟岳見深圍未解，畏祐還，乃斬眞以謝悦。明日復戰，又大敗。而康日知舉趙州聽命，惟岳益困，乃付牙將衛常寧兵五千，而俾王武俊騎八百攻日知。

武俊才雄，素為惟岳忌，及師行，謂常寧曰：『大夫信讒，吾朝不圖晏，是行勝與否，吾不復入恆矣！將以身托定州張公，安能持頸就刀乎？』常寧與副李獻誠曰：『君不聞詔書乎？斬大夫首以其官畀之。觀大夫勢終為滔滅，若倒戈還府，事實易圖，有如不捷，張公可歸也。』武俊然之。惟岳使要藉官謝遵至武俊壁議事，武俊與謀，使内應。至期，啓城門，武俊入，殺人廷中，無亢者。乃傳令曰：『大夫叛命，今且取之，敢拒者族！』士不敢動。武俊使裨校任越牽惟岳出，縊之戟門下，併殺鄭詵、他奴等數十人，使子士眞傳首京師。帝盡赦其府將士，給部中租役三年。

眞始事寶臣，掌文記，武俊表其忠，贈户部尚書。其息呂擢冀州長史。

常寧在武俊時用事，為内史監，其後謀亂，誅。

惟岳異母兄惟誠，尚儒術，謙裕，寶臣愛之，使決軍事，以惟岳正嫡，固讓不肯當。其妹妻李納，故寶臣請惟誠復故姓，而仕諸鄆，為納營田副使，四為州刺史。

又《李惟簡傳》 初，惟岳叛，弟惟簡以家僮票士百餘奉母鄭奔京師，帝拘於客省。及出奉天，惟簡將赴難，謀於鄭，鄭曰：『爾父立功河朔，位宰相，身未嘗至京師，兄死於人手。爾入朝，未識天子，不能效忠，吾不子汝矣！』督其行曰：『而能死王事，吾不朽矣！』乃斬關出，道更七戰，得及行在。帝見厚撫之，拜太子諭德，討賊有功。帝徙山南，惟簡以三十騎從，夜失道，馳至盩厔西，聞中人語，問天子所在，密語曰：『上在此。』帝見之流涕，執其手曰：『爾有母，乃能從朕耶？』對曰：『臣誓以死！』比明，北方有塵起，帝憂。惟簡登高曰：『渾瑊以騎來。』瑊至，遂決趨興元，惟簡前導。及帝還，封武安郡王，號元從功臣，圖形淩煙閣，賜鐵券。憲宗時，為左金吾衛大將軍，長史萬國俊奪興平民田，吏畏不敢治，至是訴於惟簡，即日廢國俊，以地與民。出為鳳翔節度使，市耕牛佃具給農，歲增墾數十萬畝。卒，年五十五，贈尚書右僕射。子元本，輕薄無行。長慶末，與薛渾私侍襄陽公主，事敗，主幽禁中，元本以功臣子，貸死，流嶺南。弟銖，好學多識，有儒者風。

又《王武俊傳》 王武俊字元英，本出契丹怒皆部。父路俱，開元中，與饒樂府都督李詩等五千帳求襲冠帶，入居薊。武俊甫十五，善騎射，與張孝忠齊名，隸李寶臣帳下為裨將。寶應初，王師入井陘，武俊謂寶臣曰：『以寡敵衆，曲遇直，戰則離，守則潰，銳師遠鬬，庸可禦乎！』寶臣遂以恆、定等五州自歸，共平餘賊，武俊謀也。奏兼御史中丞，封維川郡王。其子士眞，亦沈悍有斷，寶臣倚愛，出入帳中，以女妻之。寶臣以疑殺許崇俊等，士眞密結左右，故武俊免於難。

惟岳拒命，或言武俊有他志，武俊知之，出入導從纔一二，未嘗接賓客。惟岳雖內疑，然見其屈損，又惜善鬬，未忍殺。康日知以趙州降，惟岳謀伐之，皆曰：『武俊故心膂，先君命之使佐大夫，而士眞又大夫女弟婿，今事急，宜去猜嫌以任之，不然，尚誰使？』乃遣與衛常寧將兵往。因謀執惟岳，而日知亦遣人邀說以禍福，武俊乃還兵，使人謂惟岳曰：『大夫與齊、魏同惡，今魏兵已敗，齊為趙州所限，幽州兵近在定，三軍且救死。聞有詔召大夫，宜亟歸。』惟岳惶遽出，遂縊。卽遣其屬孟華奏天子。華辯對稱旨，德宗擢為兵部郎中，授武俊檢校秘書監兼御史大夫、恆冀觀察使。

是時，惟岳將楊政義以定降，楊榮國以深降，朱滔受而戍之。帝以定賜張孝忠，而日知為深趙觀察使。武俊怨不得節度而失趙、定，滔亦怨失深州，二人相結。武俊卽縛使者送滔，與之叛。帝聞，詔華諭解，不聽。

時馬燧、李抱眞、李艽、李晟討田悅，悅方困，武俊、滔救之，屯連篋山。帝詔李懷光督神策兵助討賊，軍就舍，氣銳甚，謂燧曰：『奉詔毋養寇，及壁壘未成擊之，可滅也。』乃縱兵入滔壁，殺千餘人。悅軍既屢北，不能陣。懷光緩轡觀之，武俊乘其怠，使趙萬敵等以二千騎横突，而滔軍踵馳，王師亂，相蹈藉死，屍梗河為不流。懷光還走壁。武俊夜決河注王莽渠，斷燧餉路。燧計窮，而與滔素姻家，乃遣使謾謝滔曰：『老夫不自量，與諸君遇。王大夫善戰，天下無前，吾固宜敗，幸公圖之，使老夫得還河東，諸將亦罷兵，吾為言天子，以河北地付公。』滔亦陰忌武俊勝且不制，卽謂武俊曰：『王師既敗，馬公卑約如此，不宜迫人以險。』答曰：『燧等皆國名臣，連兵十萬，一戰而北，貽羞國家，不知何面目見天子耶？彼行不五十里，必反拒我。』滔固許之。燧至魏縣，堅壁自固，師復振。滔慚謝，嫌隙始構矣。武俊使張鍾葵攻趙州，日知斬其首以聞。

於是武俊與田悅等擅相王。武俊國號趙，以恆為眞定府，命士眞留守兼元帥；以畢華、鄭儒為左右內史，王士良司刑，王佑司文，士清司武，併為尚書；士則司文侍郎，宋端給事中，王洽內史舍人，張士清執憲大夫，衛常寧內史監，皇甫祝尚書右僕射，餘以次封拜。

建中四年，抱眞使客賈林詐降武俊，既見，曰：『吾來傳詔，非降也。』武俊色動，林曰：『天子知大夫登壇建國撫膺顧左右曰：「我本忠義，天子不省，故至是。」今諸軍數表大夫至誠，上見表動色曰：「朕前誤無及矣。朋友失意尚可謝，朕四海主，毫芒過失，返不得自新耶！」今大夫親斷逆首，而宰相闇於事宜，國家與大夫烏有細故哉？朱滔以利相動，公何取焉？誠能與昭義同心，曠然改圖，上不失君臣之義，下以為子孫計。』武俊曰：『僕虜人也，尚知撫百姓，天子固不務殺人以安天下。今山東連兵比戰，骨盡暴野，雖勝尚誰與居？今不憚歸國，業與諸軍盟，虜性樸强，不欲曲在我，天子若能以恩蕩刷之，我首倡歸命，有不從者，奉辭伐之，河北不五十日可定。』會帝出奉天，抱眞將還澤潞，悅說武俊、滔踵襲之。林曰：『夫退軍，前輜重，後銳師，人心固壹，不可圖也。使戰勝得地，利歸於魏，不幸喪師，趙受其災。今滄、趙乃故地，胡不取之？』武俊遂引而北，林復激之曰：『公異邦豪英，不應謀中夏。燕、魏幽險，彼王室彊則須公之援，削則己欲幷吞。且河北惟有趙、魏、燕耳，滔乃稱冀，心圖公冀州矣。使滔能制山東，大夫當臣事之，否則見攻。能臣滔乎？』武俊投袂曰：『二百年天子猶不能事，安能臣豎子耶！』乃定計通好抱眞，而約馬燧盟。

興元元年赦天下，武俊大集其軍，黜偽號。詔國子祭酒董晉與中人宣慰，拜檢校工部尚書、恆冀深趙節度使，又加檢校司空、同中書門下平章事，兼幽州盧龍節度使、琅邪郡王。

是時，滔悉幽、薊兵與回紇圍貝州，將絕白馬津，南趨洛，李懷光據河中，李希烈陷汴，南略江淮，李納方叛，唯李晟軍渭上。羽書調發天下十之三，人心惴恐。及田緒殺悅，林復說武俊曰：『滔素欲得魏博，會悅死，魏人氣闔，公不救，魏且下。滔益甲數萬，張孝忠將北面事滔，三道連衡，濟以回紇，長驅而南，昭義軍必保山西，則河朔舉入滔矣。今魏尚完，孝忠未附，公與昭義合兵破之，聲振關中，京邑可坐復，天子反正，不朽之業，誰與公參！』武俊大喜，與抱眞相聞，自將屯南宮，抱眞屯經城，兩軍相距十里而舍。武俊潛會抱眞於軍，陳說忼慨，抱眞亦傾意結納，約為兄弟，遂俱東壁貝州，距城三十里止。滔欲迎戰，武俊戒士飽食曰：『軍未合，毋妄動！』遣趙琳、趙萬敵兵五百蔽林以待。滔使票將馬寔、盧南史陣而西，李少成引回紇翼之。日中兵接，武俊與子士清引精騎望少成軍，抱眞次之，滔馳騎二百出武俊東南，乘高鼓譟。武俊使步兵決戰，而自以騎當回紇，勒兵避其鋭。回紇馬怒突而過，未及返，武俊急擊，琳等兵亦出，回紇驚，中斷，遂先奔。初，滔兵蹙武俊軍，不能傷，回紇既卻，即欲引還，因囂不能止，軍大奔，滔走還壁。武俊中流矢，謂抱眞曰：『士少衰，盍以騎濟師，巢穴可覆也。』抱眞使來希皓率勁騎薄滔營，盧玄眞乘其後，滔懼，引衆去，希皓迫之，武俊邀於隘，滔大敗，免者八千人。會夜，各按屯，武俊營滔東北，抱眞營西北。滔知不支，夜半焚車糧，遁歸幽州，火如晝，師大譟，其聲殷地。抱眞以山東蝗，食少，歸於潞，武俊亦還。

會有詔復滔官爵，武俊上還幽州盧龍節度。又詔以恆州為大都督府，即授武俊長史，賜德、棣二州，以士眞為觀察使、清河郡王。天子至自梁，遇武俊益厚，子弟雖繈褓，悉官之。俄進檢校太尉兼中書令，得建廟京師，有司供擬。

武俊善射，嘗與賓客獵，一日射雞兔九十五，觀者駭伏。貞元十七年死，年六十七。羣臣奉慰天子，如渾瑊故事，贈太師。有司謚威烈，帝更為忠烈。士眞襲位。

又《王士眞傳》 士眞，其長子也。少佐父立功，更患難。既得節度，息兵善守，雖擅置吏，私賦入，而歲貢數十萬緡，比燕、魏為恭。元和初，即拜同中書門下平章事。四年死，贈司徒，謚曰景襄。軍中推其子承宗為留後。

又《王承宗傳》 始，河北三鎮自置副大使，常處嫡長，故承宗以御史大夫為之。及總留事，憲宗久不報，伺其變。承宗數上疏自言。帝聞劉濟、田季安俱大病，議更建節度。翰林學士李絳曰：『鎮州世相繼，人所狃習，惟拒命則討之。且諸道之賞饋百萬士，又燕、魏、淄青，勢同必合。方江、淮水潦，財力刓困，宜即詔承宗嗣領。季安等雖病，徐圖所宜。定四方有天時，不可速也。』帝然之，欲析鎮分建節度，使承宗歲輸賦如李師道。絳曰：『假令承宗奉詔，諸道以割地同怨，是官爵虛出而無當也。不如令使者諭之，無出上意。』帝乃詔京兆尹裴武慰撫，承宗奉詔恭甚，請上德、棣二州，遂以檢校工部尚書嗣領節度，而以德州刺史薛昌朝為保信軍節度使，統德、棣。

昌朝，嵩子也，與承宗故姻家，帝因欲離其親將，故命之。詔未至，承宗馳騎劫而歸，囚之。詔更用棣州刺史田渙為二州團練守捉使，遣中人傳詔令歸昌朝，承宗拒命，帝怒，詔削官爵，遣中人吐突承璀將左右神策，率河中、河陽、浙西、宣歙兵討之。趙萬敵者，故武俊將，以健鬭聞，士眞時入朝，上言討之必捷，令與承璀偕。有詔：『武俊忠節茂著，其以實封賜子士則，毋毀墳墓。』

承璀至軍，無威略，師不振。神策大將酈定進號驍將，以禽劉闢功，王陽山郡，至是戰北，馳而僨，趙人曰：『酈王也』，害之，師氣益折。及吳少誠死，李絳奏：『蔡無四鄰援，攻討勢易，不如赦承宗，專事淮西。』帝不聽。昭義節度使盧從史市承宗，外自固，內實與之。太常卿權德輿諫曰：『神策兵市井屠販，不更戰陣，恐因勞憚遠，潰為盜賊。恆冀騎壯兵多，攻之必引時月，西戎乘間，則禁衛不可頓虛。山東，疥癬也；京師，心腹也。不可不深念。且師出半年，費緡錢五百萬。方夏甚暑水潦，疾疫且降，誠慮有潰橈之變。』又言：『山東諸侯，皆以息自副，人心不遠，誰肯為陛下盡力者。又盧從史倚寇為援，訹承璀邀寵利，宜召行營善將，令倍驛馳，度至半道，授以澤潞，而徙從史它鎮，破其奸圖，然後赦承宗，衆情必服。』帝未許。

五年，河東軍拔其一屯，張茂昭破之木刀溝，帝患從史詐，卒以計縛送京師；劉濟又拔安平。承宗懼，遣其屬崔遂上書謝罪，且言：『往年納地，迫三軍不得專，而為盧從史賣以求利，願請吏入賦得自新。』是時宿師久無功，餉不屬，帝憂之。而淄青、盧龍數表請赦，乃詔浣雪，盡以故地畀之，罷諸道兵。昌朝歸京師，授右武衛將軍。承宗見兵薄境，已而罷，歸罪從史，得不詰，自謂計得，謷然無顧憚。

七年，軍庫火，器鎧殆盡，殺守吏百餘人，不自安。及吳元濟反，承宗與李師道上書請宥，教其將尹少卿為蔡遊說，見宰相語不遜，武元衡怒，叱遣之。承宗怨甚，與師道謀，遣惡少年數十曹伏河陰，乘昏射吏，吏奔潰，因火漕院，人趣火所，鬭死者十餘輩，縣大發民捕盜，亡去不獲，凡敗錢三十萬緡、粟數萬斛。未幾，張晏等賊宰相元衡，京師大索，天子為旰食。承宗嘗疏元衡過咎，留中。至是帝出表示羣臣大議，咸請聲其罪伐之。詔乃絕承宗朝貢，竄其弟承系、承迪、承榮於遠方，以博野、樂壽故范陽地，命歸劉總。而所遣盜處處竊發，斷建陵門戟，燔獻陵寢宮，伏甲欲反洛陽，不克。承宗數出兵掠鄰鄙，田弘正上言承宗宜誅，帝使率師壓境。承宗揣詔旨兵不卽進，卽肆剽滄、景、易、定間，人苦之。

十一年，詔削爵，以實封賜士平，使奉武俊後。令河東、義武、盧龍、横海、魏博、昭義六節度兵進討，大抵數十萬，環地數千里，以分其勢。然營屯離置，主約不得一，故士觀望，獨昭義郗士美薄賊境，賊不敢犯。始，承宗不能葉諸父，皆奔京師。士則為神策大將軍，聞其叛，請占數京兆，裴度請用為邢州刺史，使隸昭義，以傾趙人。有王怡者，武俊從子，為承宗守南宮，士則招之，約歸命，謀泄遇害；子元伯奔還，擢監察御史，詔贈怡尚書左僕射。

明年元濟平，承宗大恐，使牙將石汎奉二子至魏博，因田弘正求入侍，且請歸德、棣二州，入租賦，待天子署吏。弘正遣知感、知信詣闕下請命。前此，帝使尚書右丞崔從賜詔書許自新，承宗素服待罪。及是乃詔復官爵，以華州刺史鄭權為横海節度使，統德、棣、滄、景等州，復承宗實封户三百，以所部饑，賜帛萬匹。李師道平，奉法益謹，表所領州録事、參軍、判司、縣主簿、令，皆丐王官。

十五年死，贈侍中。軍中推其弟承元為留後。承元不敢世於鎮，詔用為義成軍節度使，事見本傳。

又《王廷湊傳》 王廷湊，本回紇阿布思之族，隸安東都護府。曾祖五哥之，為李寶臣帳下，驍果善鬭，王武俊養為子，故冒姓王，世為裨將。

廷湊生駢脅，沈鷙少言，喜讀《鬼谷》、兵家諸書。王承宗時，為兵馬使。田弘正至鎮州，詔以度支緡錢百萬勞軍，不時致，廷湊暴其稽以觀衆心，衆果怨，由是害弘正，自稱留後，脅監軍表請節。又取冀州，殺刺史王進岌。穆宗怒，以弘正子布為魏博節度使，率軍進討，仍敕横海、昭義、河東、義武軍幷力。於是大將王位等謀執廷湊，不克，死者三千餘人。會朱克融囚張弘靖，以幽州亂，乃合從拒王師。

有詔議攻討先後，劍南東川節度使王涯以為『范陽亂非宿謀，可先事鎮州，又有魏博之怨，濟以晉陽、滄德，掎角而進。夫用兵若鬭然，先扼喉領。今瀛莫、易定實賊咽喉，宜屯重兵，俾死生不得相聞，間諜不入，此莫勝之策。』帝乃詔義武節度使陳楚閉境，督諸軍三道攻。而滄德烏重胤最宿將，當一面。裴度以河東節度使兼幽、鎮招撫使，屯承天軍。重胤知時不可，案兵未肯前，帝浮於聽受，鋭克伐，更以深冀行營節度使杜叔良代之。叔良素結中人，入見帝，大言曰：『賊不足破！』會度逐廷湊兵於會星，又入元氏，焚壁二十二。叔良率諸道兵救深州，戰博野，大奔，失所持節，以身免，貶歸州刺史。叔良者，將家子，本以附會至靈武節度使，坐不職罷，復階貴近，帥滄景。廷湊知其怯，故先犯之，師由是敗。

當是時，帝賜賚無藝，府帑空，既集諸道兵，調發火馳，民不堪其勞。仰度支者大抵兵十五萬，有司懼不給，置南北供軍院。既薄賊鄙，餉道梗棘，樵蘇不繼，兵番休取芻蕘。廷湊乘間奪轉運車六百乘，食愈困，至所須衣帛，未半道，諸軍强取之，有司弗能制。其縣師深入者，不得衣食。又監軍宦人，悉取精票士自隨，疲瑣者備行陣，戰輒潰。二賊衆不過萬餘，王師統制不一，訖無功。宰相不知兵，為異議摇訹，裁報乖戾，深州圍益急。

明年，魏牙將史憲誠叛，田布衆潰於南宮。帝不得已，乃赦廷湊，檢校右散騎常侍、成德軍節度使。會牛元翼出奔，廷湊遂取深州，詔兵部侍郎韓愈慰其軍。廷湊既原，則稍挺，與克融、憲誠深相結，為輔車援。滄州李全略死，子同捷求襲，文宗不許，更授兖海節度使。同捷逆命，乃以珍幣子女厚結廷湊，帝虞其變，故授檢校司徒。及幽、魏、徐、兖兵討同捷，廷湊橈魏北鄙以牽制之，而饋滄景鹺糧，囚鄰道使者不遣。帝怒，詔絕其輸貢。於是易定、柳公濟戰新樂，斬首三千級。昭義劉從諫戰臨城，敗之，引漳注深、冀。有詔：『同捷亂，廷湊同惡，宜削官爵，諸道以兵進討，有能斬廷湊者，賜錢二萬緡，優畀之官；以州鎮降者，等差為比。』公濟再戰行唐，皆克，焚柵十五。廷湊射蠟書求救於幽州，行營李載義獲之；又納魏叛將亓志沼。會同捷平，廷湊稍畏，表上景州，而弓高、樂陵、長河三縣固守，復上書謝。帝方厭兵，赦之，悉復官爵，還所上州。久之，進兼太子太傅、太原郡公。

鎮冀自惟岳以來，拒天子命，然重鄰好，畏法，稍屈則祈自新。至廷湊資凶悖，肆毒甘亂，不臣不仁，雖夷狄不若也。大和八年死，贈太尉。軍中以元逵請命，帝聽襲節度。

又《王元逵傳》 元逵，其次子也。識禮法，歲時貢獻如職。帝悅，詔尚絳王悟女壽安公主。元逵遣人納聘闕下，進千盤食、良馬、主妝澤奩具、奴婢，議者嘉其恭。其後劉稹叛，武宗詔元逵為北面招討使。詔下，即日師引道，拔宣務壁，破援軍堯山，攻邢州降之，累遷檢校司徒、同中書門下平章事。稹平，加兼太子太師，封太原郡公，食實封户二百，進至兼太傅。大中八年死，年四十三，贈太師，謚曰忠。

又《王紹鼎傳》 子紹鼎襲，字嗣先，累擢檢校尚書左僕射。其為人淫湎自放，性暴，厚裒斂，升樓彈射路人以為樂。衆忿其虐，欲逐之。會病死，贈司空。

又《王紹懿傳》 子幼未能事，宣宗以元逵次子紹懿為留後以嗣，俄為節度使，累封太原縣伯，加檢校司空。政簡易，咸通七年死，贈司徒。以紹鼎子景崇嗣。初，紹懿病篤，召景崇曰：『先君以政屬我，須爾長，將授之。今疾甚，爾雖少，勉總軍務，禮藩鄰，奉朝廷，則家業不墜矣。』監軍上狀，懿宗悅，擢景崇為留後，尋進節度使。

又《王景崇傳》 景崇，字孟安，以公主嫡孫，尤被寵。龐勛反，景崇遣兵會王師平賊，進檢校尚書右僕射。主薨，謚曰章惠，景崇居喪如禮。母張卒，號慕羸惙，當時稱之。以政委賓佐，檢戒親屬不得與。嘗欲引母昆弟為牙將，其佐張位曰：『軍中用人，有勞有能，若私其人，厚畀田宅祿食可也，何必以官。』景崇謝。進同中書門下平章事、檢校太尉兼中書令，封趙國公。乾符五年，進王常山。

黃巢反，帝西狩，偽使齎詔至，景崇斬以徇，因發兵馳檄諸道，合定州處存連師西入關，問行在，貢輸相踵。每語及宗廟園陵，輒流涕。

蔚州刺史蘇祐為沙陀所攻，乞師於幽州，屯美女谷，兵不利。祐將出奔，會詔徙濮州刺史，擁兵之官，道於鎮，景崇館於靈壽，肆其下剽奪，景崇殺之。

嗣節度凡十四年，十三遷至檢校太傅。中和三年死，年三十七，贈太傅，謚曰忠穆。子鎔。

又《王鎔傳》 鎔年十歲，軍中推為留後，授檢校工部尚書。李克用、楊復光攻黃巢，鎔凡再饋粟以濟師。僖宗還自蜀，獻馬牛戎械萬計。

於是克用方擊孟方立於邢州，鎔歸芻糧。邢州平，克用遂謀山東，屯常山西，引輕騎涉滹沱諜軍，會大澍，平地水出，鎔兵奄至，克用匿林中以免。是時，幽州李匡威亦謀取易、定分其地。王處存方厚事克用，克用寵將李存孝已拔邢，則略鎔南鄙，別將李存信等出井陘會之。鎔侵堯山，存孝擊敗之，遂至深、越。鎔求救於匡威。存孝方攻臨城等數縣，聞匡威屯鄗，引師去。存信素忌存孝，妄曰：『無擊賊意。』克用信之。存孝，飛狐人，所謂安敬思者，善騎射，攻葛從周，敗張浚、韓建，數有奇功。至是懼讒，挈邢州歸朱全忠，併結鎔為助。天子詔出鎮、幽、魏兵援之。景福元年，克用假道於鎔，以討存孝，鎔不答，乃與處存連兵侵鎔，拔堅固鎮，攻新市。鎔禽克用將薛萬金。匡威以兵三萬救鎔。克用自攻常山，度滹沱。鎔引騎十萬夜濟磁水，襲敗之，斬二萬級，奪鎧器三百乘，克用退壁欒城。天子有詔和解三鎮，克用還，然未得志，故復伐鎔。匡威以五千騎敗克用於元氏，鎔具牛酒會匡威槁城，餉金二十萬以謝。

俄而匡威為弟匡籌所逐，鎔德其助己，迎而館之。匡威親忌日，鎔往弔，伏起，殺其府屬楊治及親吏淡從，有甲者牽鎔袖。匡威曰：『與我四州，可不死！』鎔許之。將鎔入牙城，鎮軍噪而闔左門，坎垣出戰。會大雨風，木拔瓦飛。兵相接，有屠者墨君和袒而薄賊，衆披靡，乃挾鎔逾城入。既免，賞千金，與第一區，約宥十死。匡威走東園，兵圍之，與從事李抱貞俱死。明日，鎔以禮斂匡威，素服哭諸廷，遣使告匡籌。匡籌怒，移書詰兄所以死狀，表天子請討鎔，詔止之。又詔朱全忠平幽、鎮怨。

克用聞匡威死，自率兵傅城下。鎔大驚，納縑二十萬，乃退。匡籌攻樂壽、武強，克用出縛馬關，敗鎮兵於平山，因進攻鎔外壘。鎔內失幽州助，因乞盟，進幣五十萬，歸糧二十萬，請出兵助討存孝，乃得解。

克用屯欒城，存信屯琉璃陂，為邢人夜襲其營，存信軍亂，不克追。

克用進薄邢，環城為溝壘，欲示久圍者，城中兵數出，溝壘不可成。裨將袁奉韜紿存孝曰：『君所畏唯王耳，王欲溝壘成則西歸，公何不聽之？』存孝兵不出，壘成，攻益急，城中食盡。存孝登城哭曰：『我誤計，使我生見王，死不恨！』克用遣家嫗招之，存孝出，泥首言為存信誣構，克用曰：『爾與鎔書，罵我多矣！』轘而屍於市。

光化中，全忠討幽州劉仁恭，鎔遣兵屯蓚城，俄而仁恭敗，擊其歸，得十八。全忠既取邢、洺、磁，又得潞，因圖河東。使羅紹威諷鎔絕太原，共尊全忠。鎔猗違，全忠不悅。會克用將李嗣昭攻洺州，全忠自將擊走之，得鎔與嗣昭書，全忠怒，引軍攻鎔，次元氏。鎔謂其屬曰：『國危矣，奈何？』周式請見全忠，可以口舌罷也，許之。全忠迎折曰：『爾公朋附太原，今無赦矣！』即出書示式曰：『嗣昭在者，宜速遣。』式曰：『王公所與和者，息人鋒鏑間耳。況繼奉天子詔和解，能無一番紙墜北路乎？太原與趙本無恩，嗣昭庸肯入耶？公為唐桓、文，方以仁義成霸業，寧困人於險耶？』全忠喜，把式袂曰：『吾特戲耳！』延入帳中，議脩好。鎔以幣二十萬賂師，遣子昭祚質仕全忠府，全忠因妻之。鎔判官張澤謀曰：『失火之家，不可恃遠救。今定密邇，與太原親，宜使全忠圖之。』鎔遣式使全忠，全忠乃取定州，王郜遂奔太原。

鎔母何，有婦德，訓鎔嚴。至母亡，鎔始黷貨財，姬侍千人，儀服僭上。又以房山有西王母祠，數遊覽，妄求長年事，逾月不還。

始廷湊賤微時，鄰有道士為卜，得《乾之坤》，曰：『君將有土。』及得鎮，迎事甚謹。復問壽幾何？子孫幾何？答曰：『公三十年後，當有二王。』已而廷湊立十三年死，蓋廋文也，景崇、鎔皆王。廷湊嘗使至河陽，醉寢於路，有過其所者視之曰：『非常人也！』從者以告廷湊，馳及之，問其故，曰：『吾見君鼻之息，左若龍，右若虎，子孫當王百年。家有大樹，覆及堂，公興矣。』及害弘正，而樹適庇寢。自廷湊訖鎔，凡百年。

《舊五代史》卷一四《梁書·羅紹威傳》　羅紹威，魏州貴鄉人。父宏信，本名宗弁，初為馬牧監，事節度使樂彥貞。光啓末，彥貞子從訓驕盈太橫，招聚兵甲，欲誅牙軍。牙軍怒，聚噪攻之，從訓出據相州。牙軍廢彥貞，囚於龍興寺，逼令為僧，尋殺之，推小校趙文建為留後。先是，宏信自言，於所居遇一白須翁，謂之曰：『爾當為土地主。』如是者再，心竊異之。既而文建不洽軍情，牙軍聚呼曰：『孰願為節度使者？』宏信即應曰：『白須翁早以命我，可以君長爾曹。』唐文德元年四月，牙軍推宏信為留後。朝廷聞之，即正授節旄。

乾寧中，太祖急攻兗、鄆，朱瑄求援於太原。時李克用遣大將李存信率師赴之，假道於魏，屯於莘縣。存信御軍無法，稍侵魏之芻牧，宏信不平之。太祖因遣使謂宏信曰：『太原志吞河朔，回戈之日，貴道堪憂。』宏信懼，乃歸款於太祖，仍出師三萬攻李存信，敗之。未幾，李克用領兵攻魏，營於觀音門外，屬邑多拔。太祖遣葛從周援之，戰於洹水，擒克用男落落以獻。太祖令送於宏信，斬之，晉軍乃退。是時，太祖方圖兗、鄆，慮宏信離貳，每歲時賂遺，必卑辭厚禮。宏信每有答貺，太祖必對魏使北面拜而受之，曰：『六兄比予有倍年之長，兄弟之國，安得以常鄰遇之。』故宏信以為厚己。其後，宏信累官至檢校太尉，封臨清王。光化元年八月，薨於位。

紹威襲父位為留後，朝廷因而命之，尋正授旄鉞，累加檢校太尉、兼侍中，封長沙郡王。昭宗東遷，命諸道修洛邑，紹威獨營太廟，制加守侍中，進封鄴王。

初，至德中，田承嗣盜據相、魏、澶、博、衛、貝等六州，召募軍中子弟，置之部下，號曰『牙軍』，皆豐給厚賜，不勝驕寵。年代浸遠，父子相襲，親黨膠固，其凶戾者，強買豪奪，逾法犯令，長吏不能禁。變易主帥，有同兒戲，自田氏已後，垂二百年。主帥廢置，出於其手，如史憲誠、何全皥、韓君雄、樂彥貞，皆為其所立。優獎小不如意，則舉族被誅。紹威懲其往弊，雖以貨賂姑息，而心銜之。

紹威嗣世之明年正月，幽州劉仁恭擁兵十萬，謀亂河朔，進陷貝州，長驅攻魏。紹威求援於太祖，太祖遣李思安援之，屯於洹水。葛從周自邢、洺引軍入魏州。燕將劉守文、單可及與王師戰於內黃，大敗之，乘勝追躡。會從周亦出軍掩擊，又敗燕軍，斬首三萬餘級。三年，紹威遣使會軍，同攻滄州以報之。自是紹威感太祖援助之恩，深加景附。紹威見唐祚衰淩，羣雄交亂，太祖兵強天下，必知有禪代之志，故傾心附結，贊成其事，每慮牙軍變易，心不自安。天祐初，州城地無故自陷，俄而小校李公牷謀變，紹威愈懼，乃定計圖牙軍，遣使告太祖，求為外援。太祖許之，遣李思安會魏博軍再攻滄州。先是，安陽公主薨於魏，太祖因之遣長直軍校馬嗣勳選兵千人，伏兵仗於巨橐中，肩舁以入魏州，言助女葬事。天祐三年正月五日，太祖親率大軍濟河，聲言視行營於滄、景，牙軍頗疑其事。是月十六日，紹威率奴客數百與嗣勳同攻之，時宿於牙城者千餘人，遲明盡誅之，凡八千家，皆赤其族，州城為之一空。翌日，太祖自內黃馳至鄴。時魏軍二萬，方與王師同圍滄州，聞城中有變，乃擁大將史仁遇保於高唐，六州之內，皆為勍敵，太祖遣諸將分討之，半歲方平。自是紹威雖除其逼，然尋有自弱之悔。

不數月，復有浮陽之役，紹威飛挽饋運，自鄴至長蘆五百里，疊迹重軌，不絕於路。又於魏州建元帥府署，沿道置亭候，供牲牢、酒備、軍幕、什器，上下數十萬人，一無闕者。及太祖回自長蘆，復過魏州，紹威乘間謂太祖曰：『邠、岐、太原終有狂譎之志，各以興復唐室為詞，王宜自取神器，以絕人望。天與不取，古人所非。』太祖深感之。及登極，加守太傅、兼中書令，賜號扶天啓運竭節功臣。車駕將入洛，奉詔重修五鳳樓、朝元殿，巨木良匠非當時所有，倏架於地，泝流西立於舊址之上，張設綈繡，皆有副焉。太祖甚喜，以寶帶、名馬賜之。先是，河朔三鎮司管鑰、備灑掃皆有閹人，紹威曰：『此類皆宮禁指使，豈人臣家所宜畜也。』因搜獲三十餘輩，盡以來獻，太祖嘉之。開平中，加守太師、兼中書令，邑萬户。

紹威嘗以臨淄、海岱罷兵歲久，儲庾山積，惟京師軍民多而食益寡，願於太行伐木，下安陽、淇門，斫船三百艘，置水運自大河入洛口，歲漕百萬石，以給宿衛，太祖深然之。會紹威遘疾革，遣使上章乞骸骨，太祖撫案動容，顧使者曰：『亟行語而主，為我强飯，如有不可諱，當世世貴爾子孫以相報也。』仍命其子周翰監總軍府。及訃至，輟朝三日，册贈尚書令。紹威在鎮凡十七年，年三十四薨。

紹威形貌魁偉，有英傑氣，工筆劄，曉音律。性復精悍明敏，服膺儒術，明達吏理。好招延文士，聚書萬卷，開學館，置書樓，每歌酒宴會，與賓佐賦詩，頗有情致。江東人羅隱者，佐錢鏐軍幕，有詩名於天下。紹威遣使賂遺，敘南巷之敬，隱乃聚其所為詩投寄之。紹威酷嗜其作，因目己之所為曰《偷江東集》，至今鄴中人士諷詠之。紹威嘗有公讌詩云：『簾前淡泊雲頭日，座上蕭騷雨脚風。』雖深於詩者，亦所歎伏。

紹威子三人，長曰廷規，位至司農卿，尚太祖女安陽公主，又尚金華公主，早卒。次曰周翰，繼為魏博節度使，亦早卒。季曰周敬，歷滑州節度使，別有傳。開平四年夏，詔金華公主出家為尼，居於宋州元靜寺，蓋太祖推恩於羅氏，令終其婦節也。

《新五代史》卷三九《雜傳・羅紹威》 羅紹威，字端己，其先長沙人。祖讓，北遷為魏州貴鄉人。父弘信，為牧監卒。

文德元年，魏博牙軍亂，遂殺其帥樂彦貞，立其將趙文建為留後，已而又殺之。牙將未知所立，乃聚呼曰：『孰能為我帥者？』弘信從衆中出應曰：『我可為君等帥也。』弘信狀貌奇怪，面色青黑，軍中異之，共立為留後。唐昭宗即位，拜弘信節度使。

梁太祖將攻晉，乞糴於弘信，弘信不與，由是有隙。梁兵攻魏，取黎陽、淇門、衞縣。戰於內黃，魏兵五戰五敗，弘信懼，請盟，乃止。是時，梁方東攻兖、鄆，北敵晉，晉遣李存信救朱宣，假道於魏。太祖聞，遣使語弘信曰：『晉人志在河朔，兵還滅魏矣。』弘信以為然，乃發兵擊存信於莘縣，太祖遣葛從周助之。梁兵擒晉王子落落，送於魏，弘信殺之，乃與晉絕。太祖猶疑弘信有二心，乃以兄事弘信，常為卑辭厚幣以聘魏。魏使者至梁，太祖北面拜而受幣，謂使者曰：『六兄於我有倍年之長，吾何敢慢之。』弘信大喜，以為厚己。以故太祖往來燕、趙之間，卒有河北者，魏不為之患也。弘信死，紹威立。

紹威好學工書，頗知屬文，聚書數萬卷，開館以延四方之士。弘信在唐，以其先長沙人，故封長沙郡王，紹威襲父爵長沙。紹威新立，幽州劉仁恭以兵十萬攻魏，屠貝州，紹威求救於梁，大敗燕軍於內黃。明年，梁太祖遣葛從周會魏兵攻滄州，取其德州，遂敗燕軍於老鴉堤，紹威以故德梁助己。

魏博自田承嗣始有牙軍，牙軍歲久益驕，至紹威時已二百年，父子世相婚姻以自結。前帥史憲誠、何全皞、韓君雄、樂彦貞等，皆由牙軍所立，怒輒遂殺之。紹威為人精悍明敏，通習吏事，為政有威嚴，然其家世由牙軍所立。天祐二年，魏州城中地陷，紹威懼有變。已而牙校李公牷作亂，紹威誅之，乃間遣使告梁乞兵，欲盡誅牙軍。梁太祖許之，為遣李思安等攻滄州，召兵於魏，紹威因悉發魏兵以從，獨牙軍在。

紹威子廷規娶梁女，會梁女卒，太祖陰遣客將馬嗣勳選良兵實輿中，以長直軍千人雜輿夫入魏，詐為助葬，太祖以兵繼其後。紹威夜以奴兵數百，會嗣勳兵擊牙軍，併其家屬盡殺之。太祖自內黃馳至魏，魏兵從攻滄州者行至歷亭，聞之皆反，入澶、博諸州，魏境大亂，數月，太祖為悉平之。牙軍死，魏兵悉叛，紹威勢益孤，太祖乃欲奪其地，紹威始大悔。是歲，太祖復攻滄州，宿兵長蘆，紹威饋給梁兵，自滄至魏五百里，起亭堠，供帳什物自具，梁兵數十萬皆取足，紹威以此重困。昭宗東遷洛陽，詔諸鎮繕理京師，紹威營太廟成，加拜守侍中，進封鄴王。

太祖圍滄州未下，劉守光會晉軍破梁潞州。太祖自長蘆歸，過魏，疾作，臥府中，諸將莫得見，紹威懼太祖終襲己，乃乘間入見曰：『今四方稱兵，為梁患者，以唐在故也；唐家天命已去，不如早自取之。』太祖大喜，乃急歸。太祖即位，將都洛陽，紹威取魏良材為五鳳樓、朝元前殿，浮河而上，立之京師。太祖歎曰：『吾聞蕭何守關中，為漢起未央宮，豈若紹威越千里而為此，若神化然，功過蕭何遠矣！』賜以寶帶名馬。

燕王劉守光囚其父仁恭，與其兄守文有隙，紹威馳書勸守光等降梁。太祖聞之笑曰：『吾常攻燕不能下，今紹威折簡，乃勝用兵十萬。』太祖每有大事，多遣使者問之，紹威時亦馳簡入白，使者相遇道中，其事往往相合。

紹威自以魏久不用兵，願伐木安陽淇門為船，自河入洛，歲漕穀百萬石，以供京師。太祖益以紹威盡忠，遣將程厚、盧凝督其役。舟未成而紹威病，乃表言：『魏故大鎮，多外兵，願得梁一有功重臣臨之，請以骸骨就第。』太祖亟命其子周翰監府事，語使者曰：『亟行，語而主，為我强飯，如有不諱，當世世貴爾子孫。今使周翰監府事，尚冀卿復愈耳。』紹威仕梁，累拜太師兼中書令，卒年三十四，贈尚書令，謚曰貞壯。

子三人，廷規，官至司農卿卒。周翰襲父位，乾化二年八月為楊師厚所逐，徙為宣義軍節度使，卒於官，年十四。周敬代為宣義軍節度使，年十歲，徙鎮忠武。

《舊五代史》卷五四《唐書・王鎔傳》 王鎔，其先回鶻部人也。遠祖沒諾幹，唐至德中，事鎮州節度使王武俊為騎將。武俊嘉其勇幹，畜為假子，號王五哥，其後子孫以王為氏。四代祖廷湊，事鎮帥王承宗為牙將。長慶初，承宗卒，穆宗命田弘正為成德軍節度使。既而鎮人殺弘正，推廷湊為留後，朝廷不能制，因以旄鉞授之。廷湊卒，子元逵尚文宗女壽安公主。元逵卒，子紹鼎立。紹鼎卒，子景崇立。皆世襲鎮州節度使，併前史有傳。景崇位至太尉、中書令，封常山王，中和二年卒。

鎔即景崇之子也，年十歲，三軍推襲父位。大順中，武皇將李存孝既平邢、洺，因獻謀於武皇，欲兼幷鎮、定，乃連年出師以擾鎮之屬邑。鎔苦之，遣使求救於幽州。自是燕帥李匡威頻歲出軍，以為鎔援。時匡威兵勢方盛，以鎔沖弱，將有窺圖之志。

景福二年春，匡威率精騎數萬，再來赴援，會匡威弟匡儔奪據兄位，匡威退無歸路，鎔乃延入府第，館於寶壽佛寺。鎔以匡威因己而失國，又感其援助之力，事之如父。五月，鎔謁匡威於其館，匡威陰遣部下伏甲劫鎔，抱持之。鎔曰：『公戒部人勿造次。吾國為晉人所侵，垂將覆滅，賴公濟援之力，幸而獲存。今日之事，本所甘心。』即併轡歸府舍。鎔軍拒之，竟殺匡威。鎔本疏瘦，時年始十七，當與匡威併轡之時，電雨驟作，屋瓦皆飛。有一人於缺垣中望見鎔，鎔就之，遽挾於馬上，肩之而去。翌日，鎔但覺項痛頭偏，蓋因為有力者所挾，不勝其苦故也。既而訪之，則曰墨君和，乃鼓刀之士也，遂厚賞之。

鎔既失燕軍之援，會武皇出師以逼眞定，鎔遣使謝罪，出絹二十萬匹，及具牛酒犒軍，自是與鎔俱修好如初。洎梁祖兼有山東，虎視天下，鎔卑辭厚禮，以通和好。光化三年秋，梁祖將吞河朔，乃親征鎮、定，縱其軍燔鎮之關城。鎔謂賓佐曰：『事急矣，謀其所向。』判官周式者，有口辯，出見梁祖。梁祖盛怒，逆謂式曰：『王令公朋附幷汾，違盟爽信，敝賦業已及此，期於無捨！』式曰：『公為唐室之桓、文，當以禮義而成霸業，反欲窮兵黷武，天下其謂公何！』梁祖喜，引式袂而慰之曰：『前言戲之耳！』即送牛酒貨幣以犒軍。式請鎔子昭祚及大將梁公儒、李弘規子各一人往質於汴。梁祖以女妻昭祚。及梁祖稱帝，鎔不得已，行其正朔。

其後梁祖常慮河朔悠久難制，會羅紹威卒，因欲除移鎮、定。先遣親軍三千，分據鎔深、冀二郡，以鎮守為名。又遣大將王景仁、李思安率師七萬，營於柏鄉。鎔遣使告急莊宗，莊宗命周德威率兵應之；鎔復奉唐朝正朔，稱天祐七年。及破梁軍於高邑，我軍大振，自是遣大將王德明率三十七都從莊宗征伐，收燕降魏，皆預其功，然鎔未嘗親軍遠出。八年七月，鎔至承天軍，與莊宗合宴同盟，奉觴獻壽，以申感慨。莊宗以鎔父友，曲加敬異，為之聲歌，鎔亦報之，謂莊宗為四十六舅。中飲，莊宗抽佩刀斷衿為盟，許女妻鎔子昭誨。因茲堅附於莊宗矣。

鎔自幼聰悟，然仁而不武，征伐出於下，特以作藩數世。專制四州，高屏塵務，不親軍政，多以閹人秉權，出納決斷，悉聽所為。皆雕靡第舍，崇飾園池，植奇花異木，遞相誇尚。人士皆裒衣博帶，高車大蓋，以事嬉遊，藩府之中，當時為盛。鎔宴安既久，惑於左道，專求長生之要，常聚緇黄，合煉仙丹，或講說佛經，親受符籙。西山多佛寺，又有王母觀，鎔增置館宇，雕飾土木。道士王若訥者，誘鎔登山臨水，訪求仙迹，每一出，數月方歸，百姓勞弊。王母觀石路既峻，不通輿馬，每登行，命僕妾數下人維錦繡牽持而上。有閹人石希蒙者，奸寵用事，為鎔所嬖，恆與之臥起。

天祐八年冬十二月，鎔自西山回，宿於鶻營莊，將歸府第，希蒙勸之他所。宦者李弘規謂鎔曰：『方今晉王親當矢石，櫛沐風雨，王殫供軍之租賦，為不急之遊盤，世道未夷，人心多梗，久虚府第，遠出遊從，如樂禍之徒，翻然起變，拒門不納，則王欲何歸！』鎔懼，促歸。希蒙譖弘規專作威福，多蓄猜防，鎔由是復無歸志。弘規聞之怒，使親事偏將蘇漢衡率兵擐甲遽至鎔前，露刃謂鎔曰：『軍人在外已久，願從王歸。』弘規進曰：『石希蒙說王遊從，勞弊士庶，又結構陰邪，將為大逆。臣已偵視情狀不虚，請王殺之，以除禍本。』鎔不聽。弘規因命軍士聚噪，斬希蒙首抵於前。鎔大恐，遂歸。是日，令其子昭祚與張文禮以兵圍李弘規及行軍司馬李藹宅，併族誅之，詿誤者凡數十家。又殺蘇漢衡，收部下偏將下獄，窮其反狀，親軍皆恐，復不時給賜，衆益懼。文禮因其反側，密諭之曰；『王將坑爾曹，宜自圖之。』衆皆掩泣相謂曰：『王待我如是，我等焉能效忠？』是夜，親事軍十餘人，自子城西門逾垣而入，鎔方焚香受籙，軍士二人突入，斷其首，袖之而出，遂焚其府第，煙焰亙天，兵士大亂。鎔姬妾數百，皆赴水投火而死。軍校有張友順者，率軍人至張文禮之第，請為留後。遂盡殺王氏之族。鎔於昭宗朝賜號敦睦保定久大功臣，位至成德軍節度使、守太師、中書令、趙王，梁祖加尚書令。初，鎔之遇害，不獲其屍，及莊宗攻下鎮州，鎔之舊人於所焚府第灰間方得鎔之殘骸。莊宗命幕客致祭，葬於王氏故塋。

鎔長子昭祚，亂之翌日，張文禮索之，斬於軍門。

次子昭誨。當鎔被禍之夕，昭誨為軍人擕出府第，置之地穴十餘日，乃髡其髮，被以僧衣。屬湖南綱官李震南還，軍士以昭誨托於震，震置之茶褚中。既至湖湘，乃令依南嶽寺僧習業，歲給其費。昭誨年長思歸，震卽齎送而還。時鎔故將符習為汴州節度使，會昭誨來投，卽表其事曰：『故趙王王鎔小男昭誨，年十餘歲遇禍，為人所匿免，今尚為僧，名崇隱，謹令赴闕。』明宗賜衣一襲，令脫僧服。頃之，昭誨稱前成德軍中軍使、檢校太傅，詣中書陳狀，特授朝議大夫、檢校考功郎中、司農少卿，賜金紫。符習因以女妻之。其後，累歷少列，周顯德中，遷少府監。

《新五代史》卷三九《雜傳·王鎔》 王鎔，其先回鶻阿布思之遺種，曰没諸干，為鎮州王武俊騎將，武俊録以為子，遂冒姓王氏。没諸干子曰末垣活，末垣活子曰升，升子曰廷湊，廷湊子曰元逵，元逵子曰紹鼎、紹懿，紹鼎子曰景崇。自升以上三世，常為鎮州騎將，自景崇以上四世五人，皆為成德軍節度使。景崇官至守太尉，封常山郡王，唐中和二年卒。子鎔立，年十歲。

是時，晉新有太原，李匡威據幽州，王處存據中山，赫連鐸據大同，孟方立據邢臺，四面豪傑併起而交爭。鎔介於其間，而承祖父百年之業，士馬强而畜積富，為唐累世藩臣。故鎔年雖少，藉其世家以取重，四方諸鎮廢立承繼，有請於唐者，皆因鎔以聞。

自晉兵出山東，已破孟遷，取邢、洺、磁三州，景福元年，乃大舉擊趙，下臨城。鎔求救於李匡威，匡威來救，晉軍解去。明年，晉會王處存攻鎔堅固、新市。晉王與處存皆自將，而鎔未嘗臨軍，遣追風都團練使段亮、翦寇都團練使馬珂等，以兵屬匡威而已。匡威戰磁河，晉軍大敗。明年春，晉攻天長軍，鎔出兵救之，敗於叱日嶺，晉軍遂出井陘。鎔又求救於匡威，晉軍解去。

初，匡威悅其弟匡儔之婦美而淫之，匡儔怒，及其救鎔也，誘其軍亂而自立。

匡威內慚不敢還，乃以符印歸其弟，而將奔於京師。行至深州，鎔德匡威救己，使人邀之，館於梅子園，以父事之。

匡威客李正抱者，少遊燕、趙間，每徘徊常山，愛之不能去。正抱、匡威皆失國無聊，相與登城西高閣，顧覽山川，泫然而泣，乃與匡威謀劫而代之。因詐為忌日，鎔去衞從，晨詣館慰，坐定，甲士自幕後出，持鎔兩袖，鎔曰：『吾國賴公而存，誠無以報厚德，今日之事，是所甘心。』因叩頭以位與匡威。匡威素少鎔，以謂無能為也，因與鎔方轡詣府，將代其位。行過親事營，軍士閉門大噪，天雨震電，暴風拔木，屋瓦皆飛。屠者墨君和望見鎔，識之，從缺垣中躍出，挾鎔於馬，負之而走，亂軍擊殺匡威、正抱，燕人皆死。匡儔雖憾其兄，而陽以大義責鎔甚急。鎔既失燕援，而晉軍急攻平山，劫鎔以盟，鎔遂與晉和。

其後梁太祖下晉邢、洺、磁三州，乃為書詔鎔，使絕晉而歸梁，鎔依違不決。

晉將李嗣昭復取洺州，梁太祖擊敗嗣昭，嗣昭棄洺州走。梁獲其輜重，得鎔與嗣昭書，多道梁事，太祖怒，因移兵常山，顧謂葛從周曰：『得鎮州以與爾，爾為我先鋒。』從周至臨城，中流矢，臥輿中，梁軍大沮。梁太祖自將傅城下，焚其南關，鎔懼，顧其屬曰：『事急矣！奈何？』判官周式，辨士也，對曰：『此難與力爭，而可以理奪也。』式與梁太祖有舊，因請入梁軍。太祖望見式，罵曰：『吾常以書招鎔不來，今吾至此，而爾為說客，晚矣！且晉吾仇也，而鎔附之，吾知李嗣昭在城中，可使先出。』乃以所得鎔與嗣昭書示式，式進曰：『梁欲取一鎮州而止乎，而欲成霸業於天下也？且霸者責人以義而不私，今天子在上，諸侯守封睦鄰，所以息爭，且休民也。昔曹公破袁紹，得魏將吏與紹書，悉焚之，此英雄之事乎！今梁知兵舉無名，而假嗣昭以為辭。且王氏五世六公撫有此土，豈無死士，而待嗣昭乎？』太祖大喜，起牽式衣而撫之曰：『吾言戲耳。』因延式於上坐，議與鎔和。鎔以子昭祚為質，梁太祖以女妻之。太祖即位，封鎔趙王。

鎔祖母喪，諸鎮皆弔，梁使者見晉使在館，還言趙王有二志。是時，魏博羅紹威卒，梁因欲盡取河北，開平四年冬，遣供奉官杜廷隱監魏博將夏諲，以兵三千襲深、冀二州，以王景仁為北面行營招討使。鎔懼，乞兵於晉。晉人擊敗景仁於柏鄉，梁遂失鎮、定，而莊宗由此益强，北破幽、燕，南併魏博，鎔常以兵從。鎔德晉甚。

明年，會莊宗於承天軍，奉觴為壽，莊宗以鎔父友，尊禮之，酒酣為鎔歌，拔佩刀斷衣而盟，許以女妻鎔子昭誨。

鎔為人仁而不武，未嘗敢為兵先，佗兵攻趙，常藉鄰兵為救。當是時，諸鎮相弊於戰爭，而趙獨安，樂王氏之無事，都人士女褒衣博帶，務誇侈為嬉遊。鎔尤驕於富貴，又好左道，煉丹藥，求長生，與道士王若訥留遊西山，登王母祠，使婦人維錦繡牽持而上。每出，逾月忘歸，任其政於宦者。宦者石希蒙與鎔同臥起。天祐十八年冬，鎔自西山宿鶻營莊，將還府，希蒙止之。宦者李弘規諫曰：『今晉王身自暴露以親矢石，而大王竭軍國之用為遊畋之資，開城空宮，逾月不返，使一失閉門不納從者，大王欲何歸乎？』鎔懼，促駕，希蒙固止之。弘規怒，遣親事軍將蘇漢衡率兵擐甲露刃於帳前曰：『軍士勞矣！願從王歸。』弘規繼而進曰：『惑王者希蒙也，請殺之以謝軍士！』鎔不荅，弘規呼鎔甲士斬希蒙首，擲於鎔前，鎔懼，遽歸。使其子昭祚與大將張文禮族弘規、漢衡，收其偏將下獄，窮究反狀，親軍皆懼。文禮誘以為亂，夜半，親軍千餘人逾垣而入，鎔方與道士焚香受籙，軍士斬鎔首，袖之而出，因縱火焚其宮室，遂滅王氏之族。

鎔小子昭誨，年十歲，其軍士有德鎔者，藏之穴中，亂定，髡其髮，被以僧衣，遇湖南人李震，匿昭誨於茶籠中，載之湖南，依南嶽為浮圖，易名崇隱。明宗時，昭誨已長，思歸，而鎔故將符習為宣武軍節度使，震以歸習，習表於朝。昭誨自稱前成德軍中軍使以見，拜考功郎中、司農少卿。周顯德中，猶為少府監云。

張文禮者，狡獪人也，鎔惑愛之，以為子，號王德明。鎔已死，文禮自為留後。

莊宗初納之，後知其通於梁也，遣趙故將符習與閻寶擊之。文禮家鬼夜哭，野河水變為血，遊魚皆死，文禮懼，病疽卒。子處瑾秘喪拒守，擊敗習等。以李嗣昭代之，嗣昭中流矢卒，以李存進代之，存進輒復戰歿，乃以符存審為招討使，遂破之。執文禮妻及子處瑾、處球、處琪等，折足歸於晉。趙人請而醢之，磔文禮屍于市。

《舊唐書》卷一四三《李懷仙傳》 李懷仙，柳城胡人也。世事契丹，降將，守營州。禄山之叛，懷仙以裨將從陷河洛。安慶緒敗，又事史思明。善騎射，有智數。朝義時，偽授為燕京留守、范陽尹。寶應元年，元帥雍王統回紇諸兵收復東都，朝義渡河北走，乃令副元帥僕固懷恩率兵追之。時羣凶瓦解，國威方振，賊黨聞懷恩至，望風納款。朝義以餘孽數千奔范陽，懷仙誘而擒之，斬首來獻。屬懷恩私欲樹黨以固兵權，乃保薦懷仙可用。代宗復授幽州大都督府長史、檢校侍中、幽州盧龍等軍節度使，與賊將薛嵩、田承嗣、張忠志等分河朔而帥之。既而懷恩叛逆，西蕃入寇，朝廷多故，懷仙等四將各招合遺孽，治兵繕邑；部下各數萬勁兵，文武將吏，擅自署置；貢賦不入於朝廷，雖稱藩臣，實非王臣也。朝廷初集，姑務懷安，以是不能制。懷仙大曆三年為其麾下兵馬使朱希彩所殺。

又 《朱希彩傳》 希彩自稱留後。恆州節度使張忠志以懷仙世舊，無辜覆族，遣將率衆討之；為希彩所敗。朝廷不獲已，宥之。以河南副元帥、黄門侍郎、同平章事王縉為幽州節度使，授希彩御史中丞，充幽州節度副使，權知軍州事，詔縉赴鎮。希彩聞縉之來，搜選卒伍，大陳戎備以逆之。縉晏然建旌節，而希彩迎謁甚恭。縉知終不可制，勞軍旬日而還。尋加希彩御史大夫，充幽州節度留後。十二月，加希彩幽州大都督府長史、幽州盧龍軍節度使。五年，封高密郡王。既得位，暴横自恣，無禮於朝廷。七年，孔目官李瑗因人之怒，伺隙斬之，軍人立其兵馬使朱泚為留後。泚自有傳。

又 卷二〇〇下《朱泚傳》 朱泚，幽州昌平人。曾祖利，贊善大夫，贈禮部尚書。祖思明，太子洗馬，贈太子太師。父懷珪，天寶初，事范陽節度使裴寬爲衙前對，授折衝將軍。及安禄山、史思明叛，累爲管兵將。寶應中，李懷仙歸順，奏爲薊州刺史、平盧軍留後、柳城軍使。大曆元年卒，累贈左僕射，祖、父之贈，皆以泚故也。

泚以父資從軍，幼壯偉，腰帶十圍，騎射武藝，亦不出人。外若寬和，中頗殘忍，然輕財好施，每征戰所得賞物，輒分與麾下將士，以是爲衆所推，故得濟其凶謀。初隸李懷仙爲部將，改經略副使。朱希彩既殺李懷仙，自爲節度，以泚宗姓，甚委信之。希彩爲政苛酷，人不堪命。大曆七年秋，希彩爲其下所殺，倉卒之際，未有所從。泚營在城北，弟滔，主衙内兵，亦得衆心。滔變詐多端，潛使百餘人於衆中，大言曰：『節度使非城北朱副使莫可。』衆既無從，因共推泚，泚遂權知留後，遣使奉表京師。十月，拜檢校左散騎常侍、兼御史中丞、幽州盧龍節度等使、幽州長史、兼御史大夫。其年，泚上表，令弟滔率兵二千五百人，赴京西防秋，代宗嘉之，手詔褒美。

九年，就加檢校户部尚書，賜實封百户。幽州及河北諸鎮，自天寶末便爲逆亂之地。李懷仙、朱希彩與連境三節度，名雖嚮順，未嘗朝謁，至是，泚率先上表。請自領步騎三千人入覲，詔修甲第以待之。九月，泚至京師，代宗御内殿引見，賜御馬兩匹、戰馬十匹、金銀錦彩甚厚，又以器物十牀、馬四十匹、絹二萬疋、衣一千七百襲，賜其將士，宴犒之盛，近時未有。泚又上表，請留京師，從之。因授其弟滔，兼御史大夫、幽州節度留後。仍以河陽永平軍防秋兵，郭子儀統之；決勝軍楊猷兵，李抱玉統之；淮西鳳翔兵，馬璘統之；汴宋淄青兵，俾泚統焉。十一年八月，加拜同平章，尋令出鎮奉天行營，復賜金銀繒彩，併内庫弓箭，以寵之。十二月，加檢校司空，代李抱玉爲隴右節度使，權知河西，澤潞行營兵馬事。

德宗嗣位，加太子太師、鳳翔尹，實封至三百户。建中元年，涇州將劉文喜阻兵爲亂，加泚四鎮北庭行軍、涇原節度使，與諸軍討之。涇州平，加泚中書令，還鎮鳳翔，而以舒王謨遙領涇原節度。二年，加泚太尉。朱滔將反叛，陰使人與泚計議，以帛書内蠟丸中，置髮髻間，河東節度馬燧搜獲之，以聞，併送帛書及所遣使。泚惶懼，頓首乞歸罪有司，上勉之曰：『千里不同謀，非卿之過。』三年四月，以張鎰代泚爲鳳翔隴右節度留後，留泚京師，加實封至一千户，與一子正員官，其幽州盧龍節度、太尉、中書令併如故。

四年十月，涇原兵叛，鑾駕幸奉天，叛卒等以泚嘗統涇州，知其失權廢居，怏怏思亂，羣盜無帥，幸泚政寬，乃相與謀曰：『朱太尉久囚空宅，若迎而爲主，事必濟矣！』姚令言乃率百餘騎迎泚於晉昌里第，泚乘馬擁從北向，燭炬星羅，觀者萬計，入居含元殿。明日，移處白華殿，但稱太尉。朝官有謁泚者，悉勸奉迎鑾駕，既不合泚意，皆逡巡而退。源休至，遂屏人移時，言動悖逆，又盛陳成敗，稱述符命，勸其僭僞，泚甚悦之。又李忠臣、張光晟繼至，咸以官閑積憤，樂於禍亂。鳳翔、涇原大將張廷芝、段誠諫以潰卒三千餘，自襄城而至，賊泚自謂衆望所集，僭竊之心，自此而定，乃以源休爲京兆尹、判度支，李忠臣爲皇城使，段秀實久失兵柄，故推心委之遂發鋭師三千。言奉迎乘輿，實陰有逆謀。秀實與劉海賓謀誅泚，且虞，叛卒之震驚法駕，乃潛爲賊符，追所發兵。至六日，兵及駱驛而廻，因與海賓同入見，泚爲陳逆順之理，而海賓於靴中取匕首爲其所覺，遂不得前。秀實知不可以義動，遽奪源休象笏，挺而擊泚，仍大呼曰：『反虜萬段！』泚舉臂衛首，秀實格拉之，恟恟然，李忠臣馳助泚，泚素多力，纔破其面，逆徒譟集，秀實、海賓遂併見害。

明日，聲言以親王權主社稷，士庶競往觀之。八日，源休、姚令言、李忠臣、張光晟等八人，導泚自白華入宣政殿，僭卽僞位，自稱大秦皇帝，號應天元年，愚智莫不憤心。侍衛皆卒伍，行列不過十餘人。下僞詔曰：『幽囚之中，神器自至，豈朕薄德所能經營。』彭偃之詞也。僞署姚令言爲侍中，李忠臣爲司空、兼侍中，源休爲中書侍郎平章事、判度支，蔣鎮爲吏部侍郎，樊系爲禮部侍郎、禮儀使，許季常爲京兆尹，洪經綸爲太常少卿，彭偃爲中書舍人，裴揆、崔幼貞爲給事中，崔莫爲御史中丞，張光晟、仇敬忠、敬釭、張寶、何望之、段誠諫、張庭芝、杜如江爲節度使，仍以其兄子遂爲太子，遙封弟滔爲冀王、太尉、尚書令，尋又號皇太弟。

十日，泚自領兵，侵逼奉天，竊威儀輦輅，闐溢道途，蟻聚之衆，軍勢頗盛，以姚令言爲元帥，張光晟爲副。以李忠臣爲京兆尹，皇城留守，居中書省，尋以蔣鎮爲門下侍郎，李子平爲諫議大夫、兼平章事。泚軍合於城下，渾瑊、韓遊瓌禦之，泚衆大敗，死者萬計，泚收軍於奉天東三里，下營大修攻具。明日，泚又分兵營於幹陵下瞰，城內大震。十一月三日，杜希全與泚衆戰於漠谷，官軍不利，自是泚益驕大。王師乘城而戰，人百其勇，賊多敗衄。或出野戰，官軍又獲利焉。泚乃大驅百姓填塹，夜攻城，城中設奇以應之，賊乃退縮。西明寺僧法堅有巧思，爲泚造雲梯。十五日辰時，梯臨城東北隅，城內震駭。渾瑊使侯仲莊設大坑，爲地道陷之，又縱火焚其梯，東風起，吹我軍，衆頗危。俄而風廻，吹賊軍，瑊益薪潑油，萬鼓齊震，風吹俱熾，須臾，雲梯與凶黨同爲灰燼。城中三門悉出兵，王師又捷。其夜兵復出攻，泚衆敗績。李懷光以五萬人來援，自河北至，泚衆惶駭，因而大潰，長圍遂解焉。衆庶以懷光三日不至，城則危矣。

三十日夜，泚走至京城，時姚令言於城中造戰格抛樓，每坊團結，人心大異。泚自奉天廻，乃悉令去之，曰：『攻戰，吾自有計。』前此每三五日，卽使人僞自城外來周走，號令曰：『奉天已破。』百姓聞之，莫不飲泣，道路闃寂。時有入臺省吏人，不過十數輩，郎官六七人，而亦令依常年舉選，初有數十人陳狀，旬日亦皆屏退。泚自號其宅曰『潛龍宮』。悉移內庫珍貨瓌寶以實之，識者曰：『《易》稱「潛龍勿用」，此敗徵也。』無幾，百姓剽奪其珍寶，泚不能禁止。

明年正月一日，泚改僞國號曰漢，稱天皇元年。二月，李懷光既圖叛逆，遣使與泚通和，鑾駕幸梁、洋。自此衣冠之潛匿者，出受僞官十七八焉！懷光初與泚往復通好甚密，以錢穀金帛互相饋遺，泚與書，事之如兄，約云：『削平關中，當割據山河，永爲鄰國。』及懷光決計背叛，逼乘輿遷幸，泚乃下僞詔書，待懷光以臣禮，仍徵兵馬，懷光既爲所賣，慚怒憤恥，遂領衆遁歸河中。

三月，李晟、駱元光、尚可孤之衆，悉於城東累敗泚衆。四月，泚使韓旻、宋歸朝、張庭芝等寇武功，渾瑊以衆及吐蕃論莽羅大敗歸朝，殺逆黨萬餘人於武亭川。五月，泚又使仇敬忠寇藍田，尚可孤擊之，大破泚衆，擒敬忠斬之。李晟、駱元光、尚可孤遂悉師齊進，晟屯光泰門，逆徒拒官軍，王師累捷。二十八日，官軍入苑，收復京師，逆黨大潰。泚與姚令言、張庭芝、源休、李子平、朱遂以數千人西走，其餘黨或奔竄，或來降。泚衆緣路潰散，乃奔涇州，纔百餘騎，田希鑒閉門登埤。泚令謂鑒曰：『我與爾節度，何故背恩？』希鑑乃使人自城上擲泚所送旌節於外，續又投火焚之。泚遂過數里，息於逆旅。泚將梁庭芬入涇州說田希鑑曰：『公比日殺馮河清背叛，今雖歸順，國家必不能久容。公他日不免受禍。

何如開門納朱公，與共成大事。』希鑑以爲然，庭芬乃追及泚言之，泚大悅，使庭芬卻往涇州。庭芬請授已尚書、平章事，泚不從。

時賊中以臘月大雨，僞星官謂泚曰：『當以宗中年長者禳其災變。』泚乃毒殺重曜，而以王禮葬焉。及京師平，亦出其屍而斬之。姚令言自有傳。

又　卷一四三《朱滔傳》　朱滔，賊泚之弟也。平州刺史朱希彩為幽州節度，以滔同姓，甚愛之，常令將腹心親兵。及泚為節度使，遂使滔將勁兵三千赴京師，請率先諸軍備塞。自祿山反後，山東范陽，外雖示順，實皆倔强不庭。泚首效臣節，代宗喜甚，命滔勒兵東入長安通化門，西出開遠門，出師勞還，未有兵還王城者，今而許之，蓋示優異。召滔對於三殿，代宗臨軒勞問。既而曰：『卿材孰與泚多？』滔曰：『各有長短。統御士衆，方略明辨，臣不及泚；臣年二十八，獲謁龍顏，泚長臣五歲，未朝鳳闕，此不及臣。』代宗愈喜。

大曆九年，泚朝覲，因乞留西征吐蕃。以滔試殿中監，權知幽州盧龍節度留後，兼御史大夫。及田承嗣反，與李寶臣、李正己等解磁州圍。建中二年，寶臣死，其子惟岳謀襲父位。滔與成德軍節度張孝忠徵之，大破惟岳於束鹿。滔命偏師守束鹿，進圍深州。惟岳乃統萬餘衆及田悅援兵圍束鹿。惟岳將王武俊以騎三千方陳橫進。滔繪帛為狻猊象，使猛士百人蒙之，鼓噪奮馳，賊為驚亂，隨擊，大破之，惟岳焚營而遁。以功加檢校司徒，為幽州盧龍軍節度使，以德、棣二州隸焉。朝廷以康日知為深趙二州團練使，王武俊為恆冀二州團練使。滔怒失深州，武俊怒失寶臣故地，滔構武俊同己反。馬燧圍田悅於魏州，悅告急，滔與武俊遂連兵救悅，敗李懷光於愜山。三年十一月，滔僭稱大冀王，偽署百官，與李納、田悅、王武俊併稱王，南結李希烈。興元初，田悅、王武俊以朱泚據京師，滔兵强盛，首尾相應，田悅常謂武俊曰：『朱滔心險，不可隄防。』遂相率歸順。

泚既僭號，立滔為皇太弟，仍令以重賂招誘回紇，南攻魏、貝，卽西入關。興元元年正月，滔驅率燕、薊之衆及回紇雜虜，號五萬，次南河，攻圍貝州。三月，田緒殺田悅，魏州亂。滔令大將馬實分兵逼魏州，營於王莽河。德宗在山南，慮二凶兵合，遣使授王武俊平章事，令與李抱眞葉力擊滔。四月，恆、潞兩軍次涇城北，行營相距十里；抱眞自率二百騎徑入武俊軍，面申盟約，結為兄弟。五月四日，進軍距貝州三十里而軍。翌日，滔令大將馬實、盧南史引回紇、契丹來挑戰，武俊遣騎將趙珍提精騎三百當之，抱眞將王虔休猗角待之。武俊與其子士清自當回紇、契丹部落。兩軍既合，鼓噪震地，回紇恃捷，穿武俊陣而過。武俊乘騎勒馬不動，俟回紇引退，因而薄之，回紇勢不能止。武俊父子縱馬急擊，獲回紇三百騎。滔陣亂，東走，兩邊追斬，俘馘數萬計。遇夜，夾滔壘而軍。是夜，滔以殘衆千人奔德州，委棄戈甲山積。滔至瀛州，殺騎將蔡雄、揚布。以其前鋒先敗，又殺陰陽人尹少伯，以其言舉兵必勝故也。

六月，李晟收京城，朱泚、姚令言死。滔還幽州，為武俊所攻，僅不能軍，上章待罪。九月，詔曰：『朱滔累獻款疏，深效懇誠，省之惻然，良用憫歎！宜委武俊、抱眞開示大信，深加曉諭。若誠心益固，善迹克彰，朕當掩釁録勳，與之昭雪。』貞元元年，尋卒於位，時年四十，贈司徒。

又　《劉怦傳》　劉怦，幽州昌平人也。父貢，嘗為廣邊大斗軍使。怦卽朱滔姑之子，積軍功為雄武軍使，廣屯田，節用，以辦理稱。稍遷涿州刺史。居數年，朱滔將兵討田承嗣，奏署怦領留府事，以寬緩得衆心。時李寶臣為田承嗣間說，與之通謀。承嗣又以滄州與寶臣，乃以兵劫朱滔於瓦橋關，滔脫身走，乘勝欲襲取幽州。怦設方略鎮撫，寶臣不敢進，以功加御史中丞。

寶臣死，子惟岳拒朝命，德宗令滔與張孝忠同力討之。及惟岳平，滔怨朝廷違約不與深州，含怒不已。會王武俊亦怨割地深、趙，相謀叛，欲救田悅。怦時知幽州留後事，遣人齎書謂滔曰：『司徒位崇太尉，尊居宰相，恩寵冠藩臣之右，榮遇極矣！今昌平故里，朝廷改為太尉鄉、司徒里，此亦大夫不朽之名也。但以忠順自持，則事無不濟。竊思近日，務大樂戰，不顧成敗，而家滅身屠者，安、史是也。暴亂易亡，今復何有？怦忝密親，世荷恩遇，默而無告，是負重知。惟司徒圖之，無貽後悔也！』滔雖不用其言，亦嘉其盡言，卒無疑貳。凡出征伐，必以怦總留後事。及僭稱大冀王，偽署怦為右僕射、范陽留守。及泚據京邑，召滔南河，至貝州，挫敗而還，兵甲盡喪。怦聞滔將至，悉搜范陽兵甲，夾道排列二十餘里，以迎滔歸於府第，人皆嘉怦忠義。

貞元元年，滔卒，三軍推怦權撫軍府事。怦為衆所服，卒有其地。朝廷因授怦幽州大都督府長史、兼御史大夫、幽州盧龍節度副大使、知節度事、管內營田觀察、押奚契丹、經略盧龍軍使。居位三月，以貞元元年九月卒，年五十九，廢朝三日，贈兵部尚書，賜布帛有差。子濟繼為幽州節度使。

又《劉濟傳》 濟，怦之長子。初，母難產；既產，侍者初見濟是一大蛇，黑氣勃勃，莫不驚走。及長，頗異常童。所居室焚，人皆驚救，濟從容而出，衆異之。累歷本管州縣牧宰。及怦為節度使，以濟兼御史中丞，充行軍司馬。怦卒，軍人習河朔舊事，請濟代父為帥，朝廷姑務便安，因而從之。累加至檢校兵部尚書。

貞元五年，遷左僕射，充幽州節度使。時烏桓、鮮卑數寇邊，濟率軍擊走之；深入千餘里，虜獲不可勝紀，東北晏然。貞元中，朝廷優容藩鎮方甚，兩河擅自繼襲者，尤驕蹇不奉法。惟濟最務恭順，朝獻相繼，德宗亦以恩禮接之。尋加同中書門下平章事。順宗即位，再遷檢校司徒。元和初，加兼侍中。及詔討王承宗，諸軍未進，濟獨率先前軍擊破之，生擒三百餘人，斬首千餘級，獻逆將於闕，優詔褒之。又為詩四韻上獻，以表忠憤之志。明年春，將大軍次瀛州，累攻樂壽、博陸、安平等縣，前後大獻俘獲。賞功頗厚，仍與子孫六品官者凡四人。未幾，有疾，會赦承宗，録功拜兼中書令。濟在鎮二十餘年，雖輸忠款，竟不入覲。又謀殺其弟澭，澭歸國為信臣。及濟疾，次子總與濟親吏唐弘實通謀鴆殺濟，數日，乃發喪。時年五十四，詔贈太師，廢朝三日，賻禮有加，謚曰莊武。

弟源，貞元十六年八月，為檢校工部尚書，兼左武衛將軍。初，為涿州刺史，不受兄教令，濟奏之，貶漠州參軍，復不受詔。濟帥師至涿州，源出兵拒之，未合而自潰。濟擒源至幽州，上言請令入覲，故授官以徵之。

又《劉澭傳》 澭，濟之異母弟也。喜讀書，工武藝，輕財愛士，得人死力。事朱滔，常陳逆順之理。後怦為盧龍軍節度使，病將卒，澭在父側，卽以父命召兄濟自漠州至，竟得授節度使。濟常感澭奉己，澭為瀛州刺史，亦許以澭代己任；其後濟乃以其子為副大使。澭既怒濟，遂請以所部西捍隴塞，拔其所部兵一千五百人、男女萬餘口直趨京師，在道無一人犯令者。德宗寵遇，特授秦州刺史，以普潤縣為理所。

及順宗傳位，稱太上皇，有山人羅令則詣澭言異端數百言，皆廢立之事，澭立命縶之。令則又云某之黨多矣，約以德宗山陵時伺便而動。澭械令則送京師，杖死之。後録功，賜其額曰保義。其軍蕃戎畏之，不敢為寇，常有復河湟之志，議者壯之。元和二年十二月，卒。

又《劉總傳》 總，濟之第二子也，性陰賊險譎。元和五年，濟奉詔討王承宗，使長子緄假為副使，領留務。時總為瀛州刺史，濟署為行營都兵馬使，屯軍饒陽，師久無功。總潛伺其隙，與判官張、孔目官成國寳及帳內小將為謀，使詐自京至，曰：『朝廷以相公逗留不進，除副大使為節度使矣。』明日，又使人曰：『副大使旌節已到太原。』又使人走而呼曰：『旌節過代州。』舉軍驚恐。濟驚惶憤怒，不知所為，因殺主兵大將數十人及與緄素厚者。乃追緄，以張兄皋代知留務。濟自朝至日晏不食，渴索飲，總因置毒而進之。濟死，緄行至涿州，總矯以父命杖殺之，總遂領軍務。朝廷不知其事，因授以斧鉞，累遷至檢校司空。

及王承宗再拒命，總遣兵取賊武強縣，遂駐軍持兩端，以利朝廷供饋賞賜。是時吳元濟尚存，王承宗方跋扈，易定孤危，憲宗暫務姑息，加總同中書門下平章事。及元濟就擒，李師道梟首，王承宗憂死，田弘正入鎮州，總既無黨援，懷懼，每謀自安之計。初，總弒逆後，每見父兄為祟，甚慘懼，乃於官署後置數百僧，厚給衣食，令晝夜乞恩謝罪。每公退，則憩於道場，若入他室，則恟惕不敢寐。晚年恐悸尤甚，故請落髮為僧，冀以脫禍，乃以判官張皋為留後。總以落髮，上表歸朝，穆宗授天平軍節度使；既聞落髮，乃賜紫，號大覺師。總行至易州界，暴卒。輟朝五日，贈太尉，擇日備禮册命，賻絹布一千五百段、米粟五百石。

先是元和初，王承宗阻兵，總父濟備陳征伐之術，請身先之。及出軍，累拔城邑，旋屬被病，不克成功。總既繼父，願述先志，且欲盡更河朔舊風。長慶初，累疏求入覲，兼請分割所理之地，然後歸朝。其意欲以幽、涿、營州為一道，請弘靖理之；瀛州、漠州為一道，請盧士玫理之；平、薊、媯、檀為一道，請薛平理之。仍籍軍中宿將盡薦於闕下，因望朝廷升奬，使幽薊之人皆有希羨爵禄之意。及疏上，穆宗且欲速得范陽，宰臣崔植、杜元穎又不為久大經略，但欲重弘靖所授，而未能省其使局，惟瀛、漠兩州許置觀察使，其他郡縣悉命弘靖統之。時總所薦將校，又俱在京師旅舍中，久而不問。如朱克融輩，僅至假衣丐食，日詣中書求官，不勝其困。及除弘靖，又命悉還本軍。克融輩雖得復歸，皆深懷觖望，其後果為叛亂。

總既以土地歸國，授其弟約及男等一十一人，領郡符，加命服者五人，升朝班，佐宿衛者六人。

又 卷一四一《張孝忠傳》 張孝忠，本奚之種類。曾祖靖，祖遜，代乙失活部落酋帥。父謐，開元中以衆歸國，授鴻臚卿同正，以孝忠貴，贈户部尚書。孝忠以勇聞於燕、趙。時號張阿勞、王没諾干，二人齊名。阿勞，孝忠本字；没諾干，王武俊本字。孝忠形體魁偉，長六尺餘，性寬裕，事親恭孝。天寶末，以善射授内供奉。安禄山奏為偏將，破九姓突厥，先登陷陣，以功授果毅折衝。禄山、史思明繼陷河洛，孝忠皆為其前鋒。史朝義敗，入李寶臣帳下。上元中，奏授左領軍郎將，累加左金吾衛將軍同正，試殿中監，仍賜名孝忠，歷飛狐、高陽二軍使。李寶臣以孝忠謹重驍勇，甚委信之，以妻妹昧谷氏妻焉，仍悉以易州諸鎮兵馬令其統制。前後居城鎮十餘年，甚著威惠。

田承嗣之寇冀州也，寶臣俾孝忠以精騎數千禦之。承嗣見其整肅，歎曰：「張阿勞在焉，冀州未易圖也！」乃焚營宵遁。及寶臣與朱滔戰於瓦橋，常慮滔來攻，故以孝忠為易州刺史，選精騎七千配焉，使扞幽州。奏授太子賓客、兼御史中丞，封范陽郡王。既而寶臣疑忌大將，殺李獻誠等四五人，使召孝忠，孝忠懼不往。寶臣使孝忠弟孝節召焉。孝忠命孝節復命曰：「諸將無狀，連頸受戮，孝忠懼死不敢往，亦不敢叛，猶公之不覲於朝，慮禍而已，無他志也。」孝節泣曰：「兄不行，吾歸死矣！」孝忠曰：「偕往則并命，吾留無患也。」乃歸，果無患。

無幾，寶臣死，其子惟岳阻兵不受命，朝廷詔幽州節度使討之。滔以孝忠宿將善戰，有精兵八千在易州，慮軍興則撓其後，乃使判官蔡雄説孝忠曰：「惟岳小子驕貴，不達人事，輒拒朝命。滔奉命伐罪，使君何用助逆，不自求多福耶！今昭義、河東攻破田悅，淮西李僕射收下襄陽，梁崇義投井而卒，臨漢江而誅者五千人，即河南軍計日北首，趙、魏滅亡可見也。使君誠能去逆效順，必受重任，有先歸國之功矣！」孝忠然之，乃遣衙官隨雄報滔，又遣易州録事參軍董稹入朝。德宗嘉之，授孝忠檢校工部尚書、恒州刺史、兼御史大夫，充成德軍節度使，便令與滔合兵攻惟岳，仍賜實封二百户。其弟孝義及孝忠三女已適人在恒州者，悉為惟岳所害。孝忠甚德滔之保薦，以其子茂和聘滔之女，契約甚密，遂合兵破惟岳之師於束鹿，惟岳遁歸恒州。滔請乘勝襲之，孝忠仍引軍西北，還營義豐，滔大駭。孝忠將佐曰：「尚書布赤心於朱司徒，相信至矣。今逆寇已潰，不終其功，竊所未喻。」孝忠曰：「本求破賊，賊已破矣。然恒州宿將尚多，迫之則困獸猶鬭，緩之必翻然改圖。又朱滔言大識淺，可以慮始，難與守成。吾壁義豐，坐待惟岳之殄滅耳！」既而朱滔屯束鹿，不敢進軍。月餘，王武俊果斬惟岳首以獻，如孝忠所料。後定州刺史楊政義以州降，孝忠遂有易、定之地。時既誅惟岳，分四州各置觀察使，武俊得恒州，康日知得深、趙二州，孝忠得易州。以成德軍額在恒州，孝忠既降政義，朝廷乃於定州置義武軍，以孝忠檢校兵部尚書，為義武軍節度、易定滄等州觀察等使。

及朱滔、王武俊謀叛，將救田悅於魏州，慮孝忠踵後，滔軍將發，復遣蔡雄往説之。孝忠曰：「李惟岳背國作逆，孝忠歸國，今為忠臣。孝忠性直，業已效忠，不復助逆矣！往與武俊同行，且孝忠與武俊俱出蕃部，少長相狎，深知其心僻，能翻覆語，司徒當記鄙言，忽有蹉跌，始相憶也！」滔又啖以金帛，終拒而不從。易定居二凶之間，四面受敵，孝忠修峻溝壘，感勵將士，竟不受二凶之熒惑，議者多之。又加檢校左僕射，實封至三百户。後孝忠為朱滔侵逼，詔神策兵馬使李晟、中官竇文瑒率師援之。孝忠以女妻晟子憑，與晟戮力同心，整訓士衆，竟全易定，賊不敢深入。及上幸奉天，令大將楊榮國提鋭卒六百從晟入關赴難，收京城，榮國有功。

興元元年正月，詔以本官同平章事。滄州本隸成德軍，既移隸義武，其刺史李固烈者，惟岳妻兄也，請還恒州。是歲，孝忠遣牙將程華往滄州交檢府藏。固烈輜車數十乘上路，滄州軍士呼曰：「士皆菜色，刺史不垂賑恤，乃稛載而歸，官物不可得也！」殺固烈而剽之。程華聞亂，由竇而遁，將士追之，謂曰：「固烈貪暴，已誅之矣，押牙且知州務。」孝忠卽令攝刺史事。及朱滔、王武俊稱僞國，華與孝忠阻絕，不能相援。華嬰城拒賊，一州獲全，朝廷嘉之，乃拜華滄州刺史、御史中丞，充橫海軍使，仍改名日華，令每歲以滄州稅錢十二萬貫供義武軍。

貞元二年，河北蝗旱，米斗一千五百文。復大兵之後，民無蓄積，餓殍相枕。孝忠所食，豆而已，其下皆甘粗糲，人皆服其勤儉，孝忠為一時之賢將也。三年，加檢校司空，仍以其子茂宗尚義章公主。孝忠遣其妻鄧國夫人昧谷氏入朝，執親迎之禮。上嘉之，賞賚隆厚。五年七月，為將佐所惑，以兵入蔚州。尋詔歸鎮，仍以擅興削檢校司空。七年三月卒，時年六十二，廢朝三日，追封上谷郡王，贈太傅，再贈魏州大都督，册贈太師，謚曰貞武。子茂昭、茂宗、茂和。

又《張茂昭傳》 茂昭，本名昇雲。幼有志氣，好儒書，以父廕累官至檢校工部尚書。貞元七年，孝忠卒，德宗以邕王謜為義武軍節度大使，易定觀察使；以升雲為定州刺史，起復左金吾衛大將軍，充節度觀察留後，仍賜名茂昭。九年正月，授節度使，累遷檢校僕射、司空。二十年十月，入朝，累陳奏河北及西北邊事，詞情忠切，德宗聳聽，歎曰：『恨見卿之晚！』錫宴於麟德殿，賜良馬、甲第、器用、珍幣甚厚，仍以其第三男克禮尚晉康郡主。德宗方欲委之以邊任，明年晏駕，茂昭入臨於太極殿，每朝晡預列，聲哀氣咽，人皆獎其忠懇。順宗聽政，加中書門下平章事，且令還鎮，賜女樂二人，三表辭讓。及中使押犢車至第，茂昭立謂中使曰：『女樂出自禁中，非臣下所宜目睹。昔汾陽、咸寧、西平、北平嘗受此賜，不讓為宜。茂昭無四賢之功，述職入覲，人臣常禮，奈何當此寵賜！後有立功之臣，陛下何以加賞？』順宗聞之，深加禮異，允其所讓。又錫安仁里第，亦固讓不受。元和二年，又請入覲，五上章懇切，憲宗許之。冬十月，至京師，留數月，詔令歸鎮。茂昭願奉朝請於闕下，不許；加太子太保，復令還鎮。

四年，王承宗叛，詔河東、河中、振武三鎮之師，合義武軍，為恆州北道招討。茂昭創廩廄，開道路，以待西軍。屬正月望夜，軍吏請曰：『舊例，上元前後三夜，不止行人，不閉里門。今外道軍戎方集，請如軍令。』茂昭曰：『三鎮兵馬，官軍也，安得言外道！放燈一如常歲。』使長男克讓與諸軍分道併進。克讓渡木刀溝，與賊接戰屢勝。茂昭親擐甲冑，為諸軍前鋒，累獻戎捷，幾覆承宗。會朝廷洗雪承宗，乃詔班師，加檢校太尉，兼太子太傅。

自安、史之亂，兩河藩帥多阻命自固，父死子代，唯茂昭表請舉族還朝。鄰藩累遣遊客間說，茂昭志意堅決，拜表求代者數四。上乃命左庶子任迪簡為其行軍司馬，乘驛赴之。以兩郡之簿書、管鑰、符印付迪簡，遣其妻季氏、男克讓、克恭等先就路。將行，誡之曰：『吾使爾曹侍親出易者，庶後之子孫不為風俗所染，則吾無恨矣！』時五年冬也。行及晉州，拜檢校太尉、兼中書令，充河中晉絳慈隰等州節度觀察等使。十二月十二日，至京師。故事雙日不坐，是日特開延英殿對茂昭，五刻乃罷。又上表請遷祖考之骨墓於京兆。在朝兩月，未之鎮。六年二月，疽發於首，卒，時年五十。廢朝五日，册贈太師，賻絹三千匹、布一千端、米粟三千石，喪事所須官給，詔京兆尹監護，謚曰獻武。

憲宗念其忠藎，諸昆仲子侄皆居職秩，仍詔每年給絹二千匹，春秋分給。克讓、克恭官至諸衛大將軍。小男克勤，長慶中左武衛大將軍。時有赦文許一子五品官，克勤以子幼，請准近例回授外甥。狀至中書，下吏部員外郎判廢置，裴夷直斷曰：『一子官，恩在念功，貴於延賞；若無己子，許及宗男。今張克勤自有息男，妄以外甥奏請，移於他族，知是何人！儻涉賣官，實為亂法。雖援近日敕例，難破著定格文，國章既在必行，宅相恐難虛授。具狀上中書門下，克勤所請，望宜不允。』遂為定例。

又《張茂宗傳》 茂宗以父廕累官至光禄少卿同正。貞元三年，許尚公主，拜銀青光禄大夫、本官駙馬都尉，以公主幼，待年十三。屬茂宗母亡，遺表請終嘉禮。德宗念茂昭之勳，卽日授雲麾將軍，起復授左衛將軍同正、駙馬都尉。諫官蔣乂等論曰：『自古以來，未聞有駙馬起復而尚公主者。』上曰：『卿所言，古禮也；如今人家往往有籍吉為婚嫁者，卿何苦固執？』又奏曰：『臣聞近日人家有不甚知禮教者，或女居父母服，家既貧乏，且無强近至親，卽有籍吉以就親者。至於男子籍吉婚娶，從古未聞，今忽令駙馬起復成禮，實恐驚駭物聽。況公主年幼，更俟一年出降，時既未失，且合禮經。』太常博士韋彤、裴堪曰：『伏見駙馬都尉張茂宗猶在母喪，聖恩念其亡母遺表所請，許公主出降，仍令茂宗卽吉就婚者。伏以夫婦之義，人倫大端，所以《關雎》冠於《詩》首者，王化所先也。天屬之親，孝行為本，所以齊斬五服之重者，人道之厚也。聖人知此二端為訓人之本，不可變也，故制婚禮，上以承宗廟，下以繼後嗣，至若墨衰奪情，事緣金革。若使茂宗釋衰服而衣冕裳，去堊室而為親迎，雖云輟哀籍吉，是亦以凶瀆嘉。伏願抑茂宗亡母之請，顧典章不易之義，待其終制，然後賜婚。』德宗不納，竟以義章公主降茂宗。自是以戚里之親，頗承恩顧。

元和中，為閑廄使。國家自貞觀中至於麟德，國馬四十萬匹在河、隴間。開元中尚有二十七萬，雜以牛羊雜畜，不啻百萬，置八使四十八監，占隴右、金城、平涼、天水四郡，幅員千里，自長安至隴右，置七馬坊，為會計都領。岐、隴間善水草及腴田，皆屬七馬坊。至麟德以後，西戎陷隴右，國馬盡散，監牧使與七馬坊名額盡廢，其地利因歸於閑廄使。寶應中，鳳翔節度使請以監牧賦給貧民為業，土著相承，十數年矣。又有別敕賜諸寺觀凡千餘頃。及茂宗掌閑廄，與中尉吐突承璀善，遂恃恩舉舊事，併以監牧地租歸閑廄司。茂宗又奏麟遊縣有岐陽馬坊，按舊圖地方三百四十頃，制下閑廄司檢計。百姓紛紜論訴，節度使李惟簡具事上聞，詔監察御史孫革往按問之。革還奏曰：『天興縣東五里有隋故岐陽馬坊，地在其側，蓋因監為名，與今岐陽所指百姓侵佔處不相接，皆有明驗。』茂宗怒，恃有中助，誣革所奏不實。又令侍御史范傳式覆按，乃附茂宗，盡翻前奏，遂奪居人田業，皆屬閑廄，乃罷革官。長慶初，岐人論訴不已，詔御史按驗明白，乃復以其地還百姓，貶傳式官。

茂宗俄授左金吾衛大將軍。長慶二年，檢校工部尚書，兼兗州刺史、御史大夫，充兗海沂節度等使，加檢校兵部尚書。太和五年，入為左津吾衛大將軍，充左衛使，轉左龍武統軍卒。

又《張茂和傳》 茂和，元和中為左武衛將軍。裴度為淮西行營處置，用兵討吳元濟，建牙赴行營，奏用茂和為都押衙。茂和嘗以膽氣才略自贊於相府，故度奏用之。茂和慮度無功，淮、蔡不可平，乃辭之以疾。度怒甚，奏請斬茂和以勵行者。憲宗曰：『予以其家門忠順，為卿遠貶。』後復用為諸衛將軍，卒。

又《陳楚傳》 陳楚者，定州人，茂昭之甥。少有武幹，爲義勇牙將，事茂昭，每出征伐，必令典精卒。隨茂昭入朝，授諸衛大將軍。元和十二年，義武軍節度使渾鎬喪師，定州兵亂，乃除楚易定節度，令馳傳赴任。亂猶未彌，楚夜馳入州城。楚家世久在定州，軍中部校皆楚之舊卒，人情大悅，軍卒帖然。轉河陽三城懷節度使。前後亟立戰功，入為龍武統軍。長慶三年卒。

又 卷一四三《程日華傳》 程日華，定州安喜人，本單名華。父元皓，事安祿山為帳下將，從陷兩京，頗稱勇力，史思明時為定州刺史。華少事本軍，為張孝忠牙將。

初，李寶臣授恆州節度，吞削藩鄰，有恆、冀、深、趙、易、定、滄、德等八州。寶臣既卒，惟岳拒朝命，以圖繼襲。寶臣部將張孝忠以定州歸國，授成德軍節度使，令與朱滔討惟岳。及惟岳誅，朝廷以恆、冀授王武俊，深、趙授康日知，易、定、滄授張孝忠，分為三帥。時惟岳將李固烈守滄州，孝忠令華詣固烈交郡。固烈將歸真定，悉取滄州府藏，累乘而還。軍人怒，殺固烈，皆奪其財，相與詣華曰：『李使君貪鄙而死，軍州請押牙權領。』不獲已，從之。孝忠因授華知滄州事。

未幾，朱滔合武俊謀叛，滄、定往來艱阻，二盜遂欲取滄州，多遣人遊說，又加兵攻圍，華俱不聽從，乘城自固。久之，録事參軍李宇為華謀曰：『使君受圍累年，張尚書不能致援，論功獻捷，須至中山，所謂勞而無功者也。請為足下至京師，自以一州為使。』華即遣之。宇入闕，備陳華當二盜之間，疲於矢石。德宗深嘉之，拜華御史中丞、滄州刺史。復置橫海軍，以華為使。尋加工部尚書、御史大夫，賜名日華，仍歲給義武軍糧餉數萬。自是別為一使，孝忠唯有易、定二州而已。

武俊遣人說華歸己，華曰：『相公欲敝邑仍舊隸恆州，且借騎二百以抗賊，俟道路通即從命。』武俊喜，即以二百騎助之。華乃留其馬，遣人皆還。武俊怒其背約，又以朱滔方攻圍，慮為所有而止。及武俊歸國，河朔無事，日華即遣所留馬還武俊，別陳珍幣謝過，武俊歡然而釋。貞元四年卒，贈兵部尚書。子懷直。

又《程懷直傳》 懷直習河朔事，父卒，自知留後事。朝廷嘉父之忠，起復授檢校工部尚書、兼御史大夫，升橫海軍為節度，以懷直為留後。又於弓高縣置景州，管東光、景城二縣，以為屬郡。累加至檢校尚書右僕射。五年，起復正授節度觀察使。

懷直荒於畋獵，數日方還，不恤軍政，軍士不勝寒餒。其帳下將從父兄懷信因衆怒閉門不內，懷直因來朝覲，貞元九年也。德宗優容之，依前檢校右僕射，兼龍武統軍，賜安業里甲第，妓女一人。既而懷信死，懷直子執恭知留後事，乃遣懷直歸滄州。十六年卒，年四十九，廢朝一日，贈揚州大都督。

又《程執恭傳》　執恭代襲父位，朝廷因而授之。元和六年入朝，憲宗禮遇遣之，加尚書左僕射。嘗夢滄州衙門樓額悉帖『權』字，遂奏請改名權。十三年，淮西賊平，藩方愓息，權以父子世襲如三鎮事例，心不自安，乃請入朝。十三年，至京師，表辭戎帥，因命華州刺史鄭權代之，以靖安里私第側狹，賜地二十畝，令廣其居。尋遷檢校司空、邠州刺史、邠寧節度使。十四年十一月卒，贈司徒。權兄弟子侄在朝列宿衛者三十餘人。

又《李全略傳》　李全略者，本姓王，名日簡。為鎮州小將，事王武俊。元和中，節度使王承宗没，軍情不安，自拔歸朝，授代州刺史。及長慶初，鎮州軍亂，殺田弘正；穆宗為之旰食，以日簡嘗為鎮將，召問其計。日簡遂於御前極言利害，兼願有以自效，因授德州刺史，經略其事。明年，擢拜横海軍節度使，賜姓李氏，名全略，以崇樹之。未幾，令子同捷入侍，兼進錢千萬。逾歲，同捷歸覲，乃奏請授滄州長史、知州事，兼主中軍兵馬；朝廷初不之許，後慮其有奇策，將副經略之旨，遂從之。及得請，全略乃陰結軍士，潛為久計，外示忠順，内畜奸謀。棣州刺史王稷善撫衆，且得其心，全略忌而殺之，仍孥戮其屬。凡所為事，大率類此。寶曆二年四月卒。

又《李同捷傳》　子同捷，初爲副大使，居喪，擅領留後事，仍重賂藩鄰以求纘襲，朝廷知其所為，經年不問。屬昭湣晏駕，文宗卽位，同捷冀易世之後，稍行恩貸，卽令母弟同志、同巽入朝，令掌書記崔長奉表，備達懇誠，請從朝旨。詔授同捷檢校左散騎常侍、兖州刺史、兖海節度使；以天平節度使烏重胤為滄州節度以代之。詔下，同捷托以三軍乞留，拒命。乃命烏重胤率鄆、齊兵加討。又詔徐帥王智興、滑帥李聽、平盧康志睦、魏博史憲誠、易定張璠、幽州李載義等四面進攻。

同捷世行姦詐，自以嘗在成德軍為將校，燕、趙之師，可結為城社，乃以玉帛子女賂河北三鎮，以求旄鉞。李載義初受朝命，堅於效順，乃囚同捷侄及所賂玉帛妓女四十七人表獻。又表朝廷載入義左僕射、王廷湊司徒，以悦其心事。廷湊本蓄狼心，欲吞横海，乃出兵於境以赴同捷。

王智興師次棣州，詔曰：『李同捷幸襲舊勳，不思纘緒，斬麻未幾，私行墨縗。毒殺忠良，擾惑部校，稽之國憲，難逭常刑。朕以頃在先朝，已稽中旨，實遵成命，未議改圖。乃由留務之權，授以戎帥；拔負海之陋，置之中華，推恩含垢，斯亦至矣！而同捷益懷迷執，閉境練兵，大詬鄰封，拒捍中使。遐邇憤怨，中外驚嗟，叛命既彰，大義當絕，事非獲已，良用憮然。其同捷在身官爵，併宜削奪，令諸軍進討。』俄而烏重胤卒，授神策節度使李寰代重胤出師，無功召還，乃加王智興平章事，充行營招撫使。史憲誠遣大將丌志沼與子唐帥兵二萬五千攻德州。太和二年九月，智興收棣州，因割隸淄青。時諸軍在野，朝廷特置供軍糧料使，日費浸多。兩河諸帥每有小捷，虚張俘級，以邀賞賚，實欲困朝廷而緩賊也；繒帛徵馬，賜之無算。

同捷既窘，王廷湊援之不及，乃令人誘丌志沼，俾倒戈攻憲誠，許以代為魏博節度。志沼信其言而叛。憲誠告難，詔李聽以諸道兵攻之。志沼敗，奔於鎮州。李寰赴闕，又以李祐代為横海節度。三年三月，詔諫議大夫柏耆軍前慰撫。四月，李祐收德州。同捷乞降於祐，祐疑其詐；柏耆請以騎兵三百入滄州，祐從之。耆徑入滄州，取同捷與其家屬赴京師。其月二十六日，至德州界，諜言廷湊兵來劫篡，耆乃斬同捷首，傳而獻捷，百僚稱賀。同捷母孫、妻崔、兒元逵等既獻，詔悉宥之，配於湖南安置。

又　卷一二四《李正己傳》　李正己，高麗人也。本名懷玉，生於平盧。乾元元年，平盧節度使王玄志卒，會有敕遣使來存問，懷玉恐玄志子爲節度，遂殺之，與軍人共推立侯希逸為軍帥。希逸母卽懷玉姑也。後與希逸同至青州，累至折衝將軍，驍健有勇力。寶應中，衆軍討史朝義，至鄭州，回紇方强暴恣横，諸節度皆下之。正己時爲軍候，獨欲以氣吞之，因與其角逐，衆軍聚觀，約曰：『後者批之。』既逐而先，正己擒其領而批其背，回紇尿液俱下，衆軍呼笑，虜慚，繇是不敢爲暴。

節度使侯希逸卽其外兄，用為兵馬使。正己沉毅得衆心，希逸因事解其職，軍中皆言其非罪，不當廢。會軍人逐希逸。希逸奔走，遂立正己為帥，朝廷因授平盧、淄青節度觀察使、海運押新羅渤海兩蕃使、檢校工部尚書，兼御史大夫、青州刺史，賜今名，尋加檢校尚書右僕射，封饒陽郡王。大曆十一年十月，檢校司空、同中書門下平章事。十三年，請入屬籍，從之。為政嚴酷，所在不敢偶語，初有淄、青、齊、海、登、萊、沂、密、德、棣等州之地，與田承嗣、令狐彰、薛嵩、李寶臣、梁崇義更相影響。大曆中，薛嵩死，及李靈曜之亂，諸道共攻其地，得者為己邑，正己復得曹、濮、徐、兖、鄆共十有五州。內視同列，貨市渤海名馬，歲歲不絕，法令齊一，賦稅均輕，最稱强大，嘗攻田承嗣，威震鄰敵。歷檢校司空、左僕射、兼御史大夫，加平章事，太子太保，司徒。

後自青州徙居鄆州，使子納及腹心之將分理其地，建中後，畏懼朝廷，多不自安，聞將築汴州，乃移兵屯濟陰，晝夜教習為備，河南騷然，天下為憂，羽檄馳走，徵兵以益備，又於徐州增兵，以扼江淮。於是運輸為之改道，未幾，發疽卒，時年四十九。子納擅總兵政，祕之數月，乃發喪。納阻兵。興元元年四月，歸順，方贈正己太尉。

又《李納傳》　納少時，正己遣將兵備秋，代宗召見嘉之。自奉禮郎超拜殿中丞、兼侍御史，賜紫金魚袋。歷檢校倉部郎中、兼總父兵、奏署淄州刺史。正己將兵擊田承嗣，奏署節度觀察留後。尋還青州刺史，又奏署行軍司馬、兼曹州刺史、曹濮徐兖沂海留後，又加御史大夫。

建中初，正己、田悅、梁崇義、張惟岳皆反。二年，正己卒，納祕喪，統父衆，仍復為亂。比會悅於濮陽，遣大將衛俊將兵一千救悅，為河東節度使馬燧敗於洹水，殺傷殆盡，詔諸軍誅之。納從叔父洧以徐州，李士眞以德州，及棣州李長卿，皆以州歸順，納以彭城險阨，又怒洧背宗，乃悉兵圍之。詔宣武軍節度劉洽，與諸軍救之，大敗納兵於城下。後將兵於濮陽，洽攻破其城外，納自城上見洽，涕泣悔罪，遣判官房說以其弟經、男成務朝京師，請因洽從順會中使宋鳳朝見之，謂納計蹙，欲誅破之，以為己功，奏請無捨，上乃械說等謦禁中。納遂歸鄆州，復與李希烈、朱滔、王武俊、田悅合兵謀皆反，偽稱齊王，建置百官。及興元初，降罪已詔，納乃效順，詔加檢校工部尚書、平盧軍節度、淄、青等州觀察使。無幾，檢校右僕射、同中書門下平章事。時希烈圍陳州，納遣兵與諸軍奮擊，大破之，因解圍。加檢校司空，封五百户。貞元初，升鄆州為大都督府，改授長史。年三十四，薨於位，廢朝三日，贈賻有差。

又《李師古傳》（李納）子師古，累奏至青州刺史。貞元八年，納死，軍中以師古代其位而上請，朝廷因而授之。起復右金吾大將軍同正、平盧及青淄齊節度營田觀察、海運陸運押新羅渤海兩蕃使。成德軍節度王武俊率師次于德、棣二州，取蛤蜾及三汊城，棣州之鹽池與蛤蜾歲出鹽數十萬斛，棣州之隸淄青也。其刺史李長卿以城入朱滔，而蛤蜾為納所據。因城而戍之，以專鹽利。其後武俊以敗朱滔功，以德、棣二州隸之，蛤蜾猶爲納戍，納初於德州南跨河而城以守之，謂之三汊，交田緒以通魏博路，而侵掠德州，爲武俊患。及納卒，師古繼之，武俊以其年弱，初立，舊將多死，心頗易之，乃率衆兵，以取蛤蜾三汊為名，其實欲窺納之境。師古令棣州降將趙鎬拒之，武俊令其子士清將兵先濟於滴河，會士清營中火起，軍驚，惡之，未進。德宗遣使諭旨，武俊卽罷還。師古毀三汊口城，從詔旨。師古雖外奉朝命，而嘗畜侵軼之謀，招集亡命，必厚養之，其得罪於朝而逃詣師古者，因卽用之。其有任使於外者，皆留其妻子，或謀歸款於朝，事泄，族其家衆，畏死而不敢異圖。

貞元十年五月，師古服闋，加檢校禮部尚書。十二年正月，檢校尚書右僕射。十一月，師古丁母憂，起復左金吾上將軍同正。十五年正月，師古、杜佑、李欒妾媵併為國夫人。十六年六月，與淮南節度使杜佑同制，加中書門下平章事。及德宗遺詔下，告哀使未至，義成軍節度使李元素以與師古鄰道，録遺詔報師古，以示無外。師古遂集將士，引元素使者謂曰：『師古近得邸吏狀，具承聖躬萬福。李元素豈欲反，乃忽偽録遺詔以寄。師古三代受國恩，位兼將相，見賊不可以不討。』遂杖元素使者，遽出兵以討元素為名，冀因國喪以侵州縣，俄聞順宗卽位，師古乃罷兵，後累官至檢校司徒、兼侍中。卒，贈太傅。

《新唐書》卷二一二《藩鎮傳·李懷仙》　李懷仙，柳城胡也。世事契丹，守營州。善騎射，智數敏給。禄山之反，以為裨將。史思明盜河南，留次子朝清守幽州，以阿史那玉、高如震輔之。朝義殺立，移檄誅朝清。二將亂，朝義以懷仙為幽州節度使，督兵馳入。如震欲拒，不及計，乃出迎。懷仙外示寬以安士，居三日，大會，斬如震，州部悉平。朝義敗，將趨范陽。中人駱奉先間遣鐫說，懷仙遂降，使其將李抱忠以兵三千戍范陽。朝義至，抱忠閉關不內，乃縊死，斬其首，因奉先以獻。僕固懷恩即表懷仙為幽州盧龍節度使，遷檢校兵部尚書，王武威郡。屬懷恩反，邊羌挐戰不解，朝廷方勤西師，故懷仙與田承嗣、薛嵩、張忠志等得招還散亡，治城邑甲兵，自署文武將吏，私貢賦，天子不能制。

大曆三年，麾下朱希彩、朱泚、泚弟滔謀殺懷仙，斬閽者以入，希彩不至。黎明，泚懼欲亡，滔曰：『謀不成，有死，逃將焉往？』俄希彩至，共斬懷仙，族其家。希彩自稱留後。張忠志以兵討其亂，不克。代宗因赦罪，詔宰相王縉為節度使，以希彩副之。希彩聞縉至，搜卒伍，大陳戎備以逆。縉建旌棨徐驅，希彩迎謁恭甚。縉度不可制，勞軍，閱旬乃還。希彩即領節度。五年，封高密郡王。驁恣不軌，人不堪。七年，其下李瑗間衆之怨，殺之，共推朱泚為留後。泚自有傳。

又《朱滔傳》 朱滔，性變詐多端倪。希彩以同宗倚愛之，使主帳下親兵。泚領節度，遣滔將兵三千為天子西乘塞，為諸軍倡。始，安、史後，山東雖外臣順，實傲肆不廷。至泚首效款，帝嘉之，召見滔殿中。帝問曰：『卿材孰與泚多？』滔曰：『統御士衆，方略明辨，臣不及泚；臣年二十八，獲謁天子，泚長臣五年，未識朝廷，此不及臣。』帝愈嘉，特詔勒兵貫王城而出，屯涇州，置酒開遠門餞之。戍還，乃謀奪泚兵，詭說曰：『天下諸侯未有朝者，先至，可以得天子意，子孫安矣。』泚信之，因入朝。稍不相平，泚遂乞留，西討吐蕃。以滔權知留後，兼御史大夫。滔殺有功者李瑗等二十餘人，威振軍中。

李惟岳拒命，滔與成德張孝忠再破之束鹿，取深州，進檢校司徒，遂領節度，賜德、棣二州。德宗以康日知為深、趙二州團練使，詔滔還鎮。滔失深州，不平，又請恆、定七州所賦供軍，復不許，愈怨。時馬燧圍田悅，悅窮，間滔與王武俊同叛。滔姑子劉怦為涿州刺史，以書諫曰：『司徒身節制，太尉位宰相，恩遇極矣。今昌平有太尉鄉、司徒里，不朽業也。能以忠順自將，則無不濟。比忘上樂戰，不顧成敗如安、史者，今復何有？司徒圖之，無貽悔。』滔不從，連兵救悅。又懼張孝忠之襲，使怦壁險而軍。滔激其衆曰：『士蹀血鬬，既下堅城，朝廷乃見奪，奏賞不報。君等疾趨，破馬燧軍以取貲糧，可乎？』軍中不應，三號之，乃曰：『幽人死於南者，骸撑不斂，痛藏心髓，奈何復欲暴骨中野乎？司徒兄弟受國寵，士各蒙官賞，願安之，不恤其他。』滔罷，潛殺不可共亂者數十人。日知發其謀於燧，天子聞，以悅未下，重起兩寇，即封滔通義郡王，實户三百。

滔愈悖，分兵與武俊屯趙州脅日知，矯詔發其糧貯，即引兵救悅，次束鹿。軍大譟曰：『天子令司徒北還，而南救魏，寧有詔邪？』滔懼，走匿傳舍。裨將蔡雄好諭士曰：『始天子約取成德，所得州縣賜有功者。拔深州者，燕也。本鎮常苦無絲纊，冀得深州以佐調率，今顧不得。又天子以帛賜有功士，為馬燧掠去，今引而南，非自為也。』軍中悔謝，復曰：『雖然，司徒南行違詔書，莫如還。』滔回次深州，誅首變者二百人。衆懼，乃率兵南壁寧晉，與武俊合。帝命馬燧、李懷光擊之，滔屬鄭雲逵、田景仙皆奔燧。已而滔破懷光軍，則與王師屯魏橋，久不戰。

悅德滔援，欲尊而臣之，滔讓武俊，曰：『篋山之勝，王大夫力也。』於是，滔、武俊官屬共議：『古有列國連衡共抗秦。今公等在此，李大夫在鄆，請如七國，併建號，用天子正朔。且師在外，其動無名，豈長為叛臣，士何所歸？宜擇日定約，順人心，不如盟者共伐之。』滔等從之。滔以禄山、思明皆起燕，俄覆滅，惡其名，以冀堯所都，因號冀，武俊號趙，悅號魏，納號齊。建中三年冬十月庚申，為壇魏西，祀天，各僭為王，與武俊等三讓乃就位。滔為盟主，稱孤；武俊、悅及納稱寡人。是日，三叛軍上有雲氣頗異，燧望笑曰：『是雲無知，乃為賊瑞邪！』先是，其地土息高三丈，魏人韋稔佞悅，以為益土之兆。後二年，滔等册壙遺，正值其所。

滔改幽州為范陽府，以子為府留後，稱元帥，用親信為留守。滔等居室皆曰殿，妻曰妃，子為國公，下皆稱臣，謂殿下。上書曰箋，所下曰令。置左右內史，視丞相；內史令、監，視侍中、中書令；東西侍郎，視門下、中書；東曹給事、西曹舍人，視給事中、中書舍人；司議大夫，視諫議大夫；六官省，視尚書；東、西曹僕射，視左右僕射；御史台曰執憲，置大夫至監察御史，驅使要籍官曰承令；左右將軍曰虎牙、豹略；軍使曰鷹揚、龍驤。以劉怦為范陽府留守，柳良器、李子千為左右內史，滔兄瓊瑰、陸慶為東、西曹僕射，楊霽、馬寔、寇瞻、楊榮國為司文、司武、司禮、司刑侍郎，李士眞、樊播為執憲大夫、中丞。其餘以次補署。聘處士張遂、王道為司諫。

燧遣李晟將兵至易、定，率張茂昭攻涿、莫，以絕滔援。明年，圍清苑，滔將鄭景濟固守。滔使馬寔將兵萬人，與武俊拒燧，自以兵萬餘救清苑，絕晟糧道。兵至定州，晟不知，夜引兵還。滔疑有伏，不敢逼，遽保瀛州。而孝忠、晟合兵千人城萊水，滔驍將烏薩戒以兵七百襲殺城卒數百，晟不出。景濟望滔軍立幟為應。滔進軍薄晟營，晟戰不利，城中兵亦出，晟大敗，奔易州。茂昭走滿城。滔已破晟，則回屯河間不進。武俊使宋端趣讓，滔怒曰：『孤亟戰且病，就醫藥，而王已復云云。孤南救魏，棄兄背君如脫屣。王必相疑，亦聽所為！』端還，武俊謂寔曰：『寡人望王速來指縱，決勝負，復何惡？王異日幷天下，寡人得六七城，為節度足矣。』寔遣具道所以然，武俊亦遣使謝滔，滔悅，亦報謝。然武俊內銜之，滋不懌，與田悅潛謀絕滔。

及泚反，燧等皆班師，武俊、寔亦還。悅、武俊遣使至河間，賀泚即位。武俊詭請寔共攻康日知於趙州，謀覆其軍，不克。寔歸，武俊餞之，厚贈遺。泚遣人密召滔，使趨洛陽。滔發書，西向再拜，移檄諸道曰：『今發突騎四十萬走洛陽，與皇帝會上陽宮。』使王郅說悅連和俱西。滔素强調斂，武俊等不能堪。又令各以兵五千從攻洛，欲僭稱帝，乘輿、法從及赦令皆具。

初，回紇以女妻奚王，大曆末，奚亂，殺王，女逃歸，道平盧，滔以錦繡張道，待其至，請為婚，女悅，許焉。既而遣使修婿禮於回紇，回紇喜，報以名馬重寶。及僭相王，與武俊、悅、納納四金鑰於回紇，曰：『四國願聽命於可汗，謹上金鑰，啓閉出納，唯所命。』至是，乞師焉。回紇以二千騎從，而武俊亦先乞師，以斷懷光餉路，未至，而王師還。回紇過幽州，滔使說其酋達干曰：『若能同度河而南，玉帛子女不貲，計可得也。』達干許諾，滔啖以金帛，約曰：『五十里舍，以須悅軍。』滔兵五萬，車千乘，騎二萬，士私屬萬餘，虜兵三千，馬、橐它倍之，過武俊境，武俊勞之，牛酒芻米皆具。然悅已用武俊謀，不肯出，儲峙於野以待。滔至貝州，悅刺史邢曹俊上謁滔，即歸閉城守，滔疑之，次永濟。武俊陰遣客反間滔曰：『悅有憾，須公南，以兵斷公歸路，宜少備。』滔聞怒，入永濟，執悅吏掠訊，不得其情，殺之。使回紇大掠，南及澶、衛，鬻執老幼無遺者。悅大恐，闔城自保。滔遣將楊布略定館陶，屯平恩，置官吏。

滔整軍北還，使馬寔屯冠氏，聞悅死，遂攻魏州，圍貝州。於是，武俊、李抱眞合軍擊滔。滔急召寔至貝州，步馬乏頓。明日，輒約戰，寔請休士三日，蔡雄、達干等畏武俊堅壁難圖，請戰。楊布曰：『大王將取東都，逢小敵即怯，何以長驅天下邪？』術士尹少伯亦言必勝。既戰，為二軍所乘，大敗，大將朱良祐、李進皆被執，委杖如丘，滔奔入德州。恨少伯、雄、布之謬，殺之。俄而京師平，滔已敗，不能軍，走還幽州，上書待罪。有詔武俊、抱眞開示大信，若誠心審固者，當洗釁録勳，與更始。

初，滔以劉怦忠力，使留守，及敗，疑圖己，仿徨不敢入。怦聞其至，搜兵繕鎧，夾道陳二十里迎謁，望滔哭，滔遂入府。氣沮索，日邑邑，被病，政事一委怦。貞元元年死，年四十二，贈司徒。

又《劉怦傳》 劉怦，幽州昌平人。少為范陽裨將，以親老疾宜侍，輒去職。李懷仙為節度使，檄召不應。朱滔時，積功至雄武軍使，廣墾田，節用度，以辦治稱。稍遷涿州刺史。滔之討田承嗣，表知府事，和裕得衆心。李寶臣以兵劫滔於瓦橋，滔走，寶臣乘勝欲襲幽州，怦設方略，勒兵完守，寶臣不敢謀，擢御史中丞。滔敗歸，終不貳，益治兵，人嘉怦忠於所奉。

及滔死，軍中盡推怦，乃總軍事。俄詔為節度副大使、彭城郡公。居鎮纔三月死，年五十九，贈兵部尚書，謚曰恭。子濟。

又《劉濟傳》 濟，字濟。遊學京師，第進士，歷莫州刺史。怦病，詔濟假州事。及怦卒，嗣節度，累遷檢校尚書右僕射、同中書門下平章事。奚數侵邊，濟擊走之，窮追千餘里，至青都山，斬首二萬級。其後又掠檀、薊北鄙，濟率軍會室韋，破之。

王承宗叛，濟合諸將曰：『天子知我怨趙，必命我伐之，趙且大備我，奈何？』裨將譚忠欲激濟伐承宗，疾言曰：『天子不使我伐趙，趙亦不備燕。』濟怒，繫之。使視趙，果不設備。數日，詔書許濟無出師。濟釋忠，謝而問之，忠曰：『昭義盧從史外親燕，內實忌之；外絕趙，內實與之。此為趙畫曰：「燕倚趙自固，雖甚怨，必不殘趙，故不足虞也。」趙既不備燕，從史則告天子曰：「燕、趙，宿怨也，今趙見伐而不備燕，是燕反與趙。」此所以知天子不使君伐趙，趙亦不備燕。」濟曰：『計安出？』曰：『今天子誅承宗，而燕無一卒濟易水者，正使潞人賣恩於趙，販忠於上，是君貯忠誼心，而染私趙之名，卒不見德於趙，惡聲徒嘈嘈於天下。』濟然之，以兵七萬先諸軍，斬首數千級，又拔饒陽，屯瀛州。進攻安平，久不拔，濟命次子總以兵八千先登，日中拔其城。會赦承宗，進中書令。

濟之出，以長子緄攝留務，總為行營都知兵馬使。濟病甚，總與左右張玘、成國寶及帳內親近謀殺濟，乃使人詐從京師來，曰：『朝廷以公前屯瀛州逗留，詔副大使代節度。』明日，復使人曰：『詔節至太原矣。』又使人走呼曰：『過代矣。』舉軍驚。濟憤且怒，不知所為，誅主兵大將數十人及素與緄厚善者，亟追緄，以玘兄臯代留事。濟自朝至中昃不食，渴索酏漿，總使吏唐弘實寘毒，濟飲而死，年五十四。緄至涿州，總矯濟命殺之。乃發喪，贈太師，謚曰莊武。

又《劉總傳》　總性陰賊，尤險譎，已毒父，即領軍政，朝廷不知其奸，故詔嗣節度，封楚國公，進累檢校司空。承宗再拒命，總遣兵取武强，按軍兩端，以私饋齎。憲宗知之，外示崇寵，進同中書門下平章事。及吳元濟、李師道平，承宗憂死，田弘正入鎮州，總失支助，大恐，謀自安。又數見父兄為祟，乃衣食浮屠數百人，晝夜祈禳，而總憩祠場則暫安，或居臥內，輒驚不能寐。晚年益慘悸，請剔髮，衣浮屠服，欲祓除之。

譚忠復說總曰：『天地之數，合必離，離必合。河北與天下離六十年，數窮必合。往朱泚、希烈自立，趙、冀、齊、魏稱王，郡國弄兵，低目相視，可謂危矣，然卒於無事。元和以來，劉闢、李錡、田季安、盧從史、齊、蔡之强，或首於都市，或身為逐客，皆君自見。今兵駸駸北來，趙人已獻德、棣十二城，助魏破齊，唯燕無一日勞，後世得無事乎？為君憂之。』總泣且謝，因上疏願奉朝請，且欲割所治為三：以幽、涿、營為一府，請張弘靖治之；瀛、莫為一府，盧士玫治之；平、薊、嬀、檀為一府，薛平治之。盡籍宿將薦諸朝。

會穆宗沖逸，宰相崔植、杜元穎無遠謀，欲寵弘靖，重其權，故全付總地，唯分瀛、莫置觀察使。拜總檢校司徒兼侍中、天平節度使。又賜浮屠服，號大覺，榜其第為佛祠，遣使者以節、印偕來。時總已自髡祝，讓節、印，遂衣浮屠服。行及定州，卒。

始，總請代，獻馬萬五千匹，羣臣或疑其詐，帝獨納之，使給事中薛存慶宣慰，給所部復一歲，緡錢百萬勞軍，高年惸獨不能自存者，官吏就問，賜粟帛。總遂與忠俱行，軍中世懷其惠，擁留不得進。總殺首謀者十人，以節付張臯，夜間道去，遲明，軍中乃知。

詔贈太尉。子礎及弟約至長安者十一人，皆擢州刺史。忠護總喪至，亦卒。忠，絳人，喜兵，善謀事，蓋健男子云。

又《朱克融傳》　朱克融，滔孫也。以偏校事劉總。總將入朝，慮後有變，籍其軍材勇與黠暴不制者，悉薦之朝，冀厚與爵位，使北方歆艷，無甘亂心，克融在遣。方是時，執政非其人，既見總納地，謂天下曠然無復事。克融等留京師，久之不得調，數詣宰相求自試，皆不聽，羸色敗服，饑寒無所貣丐，內怨忿。會張弘靖赴鎮，因悉遣還。

俄幽州亂，囚弘靖。時克融父洄，號有智謀，以疾廢臥家，衆往請為帥。洄辭老且病，因推克融領軍務。詔以劉悟為節度使馳往，俄而瀛、冀皆附克融，悟不得入。克融縱兵掠易州，敗兩縣；寇蔚州，易州刺史柳公濟戰白石嶺，斬三千級；轉寇定州，節度使陳楚破其兵二萬。會鎮州反，殺田弘正，議者謂二賊均逆，而克融全弘靖不敢害，可悉兵先誅趙，赦燕。朝廷度幽薊未可復取，乃拜克融檢校左散騎常侍，為幽州盧龍節度使，長慶元年也。

明年，陷弓高，攻下博，與王廷湊共圍深州。裴度以檄譙諭，克融乃還，因進檢校工部尚書，表獻馬萬匹、羊十萬，請直賞軍。敬宗初，遷檢校司空，賜邊屯時服，克融以帛疏惡，囚詔使楊文端以聞。又上言：『聞陛下東幸雒，願率匠丁五千助營宮室，迎乘輿，且請帛三十萬，備一歲費。』帝怒，用裴度謀，忍不問，以好言答之，屈其謀，進爵吳興郡王。

是年，軍亂，殺克融及其子延齡，詔贈司徒。次子延嗣立，領留後，為大將李載義殺而代之，并族其家。

又《李載義傳》　李載義，自稱恆山湣王之後。性矜蕩，好與豪傑遊，力挽强搏鬬。劉濟在幽州，高其能，引補帳下，從征伐，積多為牙中兵馬使。朱克融死，子延嗣叛命，殘用其人。載義因衆不忍，殺之，暴其罪於朝。敬宗卽授檢校户部尚書、盧龍軍節度使，封武威郡王。

初，張弘靖之囚，幕府多見害，妻子留不遣。及是，載義悉護送京師，雖僮廝畢行。俄而李同捷據滄、景，邀襲封，載義請討賊自效，文宗嘉之，進檢校尚書右僕射。斬級數有功，賊平，詔同中書門下平章事，賜白玉帶，示殊禮。

大和四年，為兵馬使楊志誠所逐，奔易州，卽上言：『自破滄州賊，屢請朝不許，今願將妻子身入見。』帝令使者抵太原尉迎，賜袍笏裝器；又以其嘗有功，且意恭順，乃册拜太保，仍平章事。俄為山南西道節度使。徙河東。

始，回鶻使者歲入朝，所過暴慢，吏不敢何禁，但嚴兵自守。虜忸習，益瞀悍，至鞭候人，剽突市區。時大酋李暢者，曉華人語，尤凶黠。既就館，橫須索，抶痍郵人。載義召暢語曰：『可汗以舅甥故，使將軍朝貢，誼不容將軍暴也。天子厚饔餼以禮客，有不謹，吏皆論死。若將軍所部不戢，而奪攘自如，我必殺所犯者，將軍其少戒。』因悉罷所防兵，以兩卒護闔。暢嚴憚之，訖無犯者。進兼侍中。會吏下請立碑紀功，詔李程為之辭，未有字。帝詔曰：『《周書》「凡厥正人，既富方穀。」卿宜當之，以方穀為字。』其寵待如此。開成二年卒，年五十，贈太尉。

初，載義母葬范陽，為楊志誠掘發。後志誠被逐，道太原，載義奏請刳其心，償母怨，不許。又欲殺之，官屬苦救乃免，然盡戕其妻息士卒，其天資驕暴云，帝屈法弗劾也。

又《楊志誠傳》 志誠者，事載義為牙將。載義宴天子使者鞠場，志誠與其黨譟而起，載義走，因自為都知兵馬使。文宗更以嘉王領節度，用志誠為留後。俄檢校工部尚書，擢節度副大使。逾年，進檢校吏部。詔下，邸吏白宰相曰：『軍中不識朝廷儀，惟知尚書改僕射為進秩。今一府盛服以待天子命，如復為尚書，則舉軍慚，使者勢不得出。』既志誠果怨望，軍有謾言，囚中人魏寶義及它使焦奉鸞、尹士恭，而遣部將王文穎入謝，讓還所命。帝復賜之，文穎不肯受，輒去。帝忍不責，乃遣使進檢校尚書右僕射。

八年，為下所逐，推部將史元忠總留後。志誠在鎮，密製天子袞冕，其被服皆擬乘輿。元忠表而暴於朝，詔御史按治，斥嶺南，至商州，誅之，而以通王領節度，授元忠留後。明年，檢校工部尚書，為副大使。會昌初，為偏將陳行泰所殺。行泰邀節制，未報。次將張絳殺行泰，起求帥軍，武宗自用張仲武代之。

又《張仲武傳》 張仲武，范陽人。通《左氏春秋》。會昌初，為雄武軍使。行泰殺元忠，宰相李德裕計：河朔請帥，皆報下太速，故軍得以安，若少須下，且有變。帝許之，未報，果為絳所殺，復誘其軍以請，亦置未報。是時，回鶻為黠戛斯所破，烏介可汗托天德塞上，而仲武遣其屬吳仲舒入朝，請以本軍擊回鶻。德裕因問北方事，仲舒曰：『行泰、絳皆遊客，人心不附。仲武，舊將張光朝子，年五十餘，通書，習戎事，性忠義，願歸款朝廷舊矣。』德裕曰：『卽以為帥，軍得無復亂乎？』答曰：『仲武得士心，受命必有逐絳者。』德裕入白帝曰：『行泰等邀節不可許，仲武求自效，用之有名，軍且無辭。』乃擢兵馬留後，而詔撫王領節度。詔下，絳果為軍中所逐，卽拜仲武副大使、檢校工部尚書，蘭陵郡公。會回鶻特勒那頡啜擁赤心部七千帳逼漁陽，仲武使其弟仲至與別將遊奉寰等率鋭兵三萬破之，獲馬、牛、槖它、旗纛不勝計，遣吏獻狀，進檢校兵部尚書。

始，回鶻常有酋長監奚、契丹以督歲貢，因詗刺中國。仲武使裨將石公緒等厚結二部，執諜者八百餘人殺之。回鶻欲入五原，掠保塞雜虜，乃先以宣門將軍四十七人詭好結歡，仲武賂其下，盡得所謀，因逗留不遣，使失師期，回鶻人馬多病死者，由是不敢犯五原塞。烏介失勢，往依康居，盡徙餘種，寄黑車子部。回鶻遂衰，名王貴種相繼降，捕幾千人。仲武表請立石以紀聖功，帝詔德裕為銘，揭碑盧龍，以告後世。大中初，又破奚北部及山奚，俘獲雜畜不貲。擢累檢校司徒、同中書門下平章事。卒，謚曰莊。

又《張直方傳》 子直方，以右金吾將軍襲節度留後，俄進副大使。舉動多不法，畏下變起，乃托出畋奔京師。軍中以張允伸總後務。直方至，宣宗遣使者郊勞，授金吾大將軍，以其族大，給檢校工部尚書俸。久之，進檢校尚書右僕射。

性暴率，坐以小罪笞殺金吾使，改右羽林統軍。好馳獵，往往設罝罘於道。當宿衛不時入，下遷驍衛將軍。奴婢細過輒殺，積其罪，貶思州司户參軍。母驚曰：『尚有尊於我子邪？』久乃復授羽林統軍。縱部下為盜，復貶康州司馬。後居東都，弋獵愈甚，洛陽飛鳥皆識之，見必羣噪。乾符中，累進左驍衛大將軍。時鄭畋輔政，頗言：『仲武會昌時功第一，今直方百口不自存，每內燕，以衣敝惡，辭不赴。陛下録功念舊，宜少優假。』詔還檢校右僕射，進左金吾衛大將軍。

黄巢犯京師，直方迎灞上，既而納亡命，謀劫巢報天子，公卿多依之。賊覺，屠其族。

又《張允伸傳》 張允伸字逢昌，范陽人。世為軍校。直方出奔，以都知兵馬使為衆立為留後，天子報可。未幾，檢校散騎常侍，為節度使，累進檢校司徒、兼太傅、同中書門下平章事，封燕國公。

龐勳以徐州反，上書欲遣弟允皋領兵討賊，不許。上米五十萬斛、鹽二萬斛佐用度，詔嘉美，賜玉帶、寶器、紈錦，進兼侍中。咸通十二年，以疾甚，上節、印，便醫藥，詔聽許，以子簡會為副大使。卒，年八十八，贈太尉，謚曰忠烈。

允伸性勤儉，下所安賴，未嘗有邊鄙虞。子十四人。簡會入朝，昆弟多至大將軍、刺史、郡佐者，而軍中推張公素為留後。

又《張公素傳》 公素，范陽人。以列將事允伸，擢累平州刺史。允伸卒，以兵來會喪，軍士素附其威望，簡會知不可制，即出奔。詔公素為節度使，進同中書門下平章事。性暴戾，眸子多白，燕人號『白眼相公』。為李茂勳所襲，奔京師，貶復州司户參軍。

又《李茂勳傳》 李茂勳，本回鶻阿布思之裔。張仲武時，與其侯王皆降。資沈勇，善馳射，仲武器之，任以將兵，常乘邊積功，賜姓及名。陳貢言者，燕健將，為納降軍使，軍中素信服，茂勳襲殺之，因舉兵，紿稱貢言反。公素迎擊不利，走，茂勳入府，衆始悟，因推主州務，以聞，詔即拜節度使。俄以病自上，詔進尚書右僕射致仕。表子可舉代，遂領留後，進為節度使，擢累檢校太尉。

中和末，太原李克用始强大，與定州王處存厚相結，可舉惡其窺山東為己患，乃遣使約吐渾都督赫連鐸、鎮州王鎔聯和，揚言易、定本燕、趙屬，得其地，且參有之。即遣軍司馬韓玄紹擊沙陀藥兒嶺，斬首七千級，殺其將朱耶盡忠等，收牛、馬、器鎧數萬。又戰雄武軍，殺獲萬人。鐸又破沙陀於蔚州，詔以鐸為雲州刺史，進可舉檢校侍中。乃遣票將李全忠率衆六萬圍易州。鎔以兵攻無極，處存求援太原，克用自將赴之，鎮人懼，退保新城，克用急攻之，鎔引去，追破之九門。易久未下，盧龍將劉仁恭穴地以入，得其城，士卒有驕色；處存以輕兵三千蒙羊皮，夜布之野，以精騎伏它道，全忠軍望為羣羊，爭趨之，處存伏騎發，大敗之，復取易州。全忠遁還，盡失芻糧仗鎧，懼得罪，乃裒餘衆反攻幽州，可舉度不支，引其族登樓自燔死。

又《李全忠傳》 李全忠，范陽人。仕為棣州司馬。有蘆生其室，一尺三節，怪之，以問別駕張建，建曰：『蘆，茅類，生於澤，公茅土兆也。傳節者其三世乎？』罷歸，事可舉為牙將。可舉死，衆推為留後。光啓元年，拜節度使，未幾卒。

又《李匡威傳》 （李全忠）子匡威嗣，領留後，進為使。性豪爽，恃燕、薊勁兵處，軒然有雄天下意。與赫連鐸共攻太原，爭雲、代。李克用使安金俊攻鐸，匡威救鐸，戰蔚州，射金俊殺之，乃共表請討沙陀，而朱全忠亦上言願協力，故張浚因請用兵矣。浚敗，克用攻雲州，以騎將薛阿檀為前鋒，設伏河上。鐸以精騎追阿檀，抵河而伏起，乃大敗，禽其將賈塞兒，遂圍雲州，塹而守，分兵出井陘，屯常山，大掠深、趙。匡威以步騎萬餘援王鎔，克用還，因急攻鐸。會食盡，鐸棄州奔匡威。克用取云州，表石善友為刺史。鐸本吐谷渾部酋也，開成中，其父率種人三千帳自歸，守雲州十五年。至是，失其地。

景福初，鎔誘太原將李存孝降之，克用怒，伐鎔。鎔來求救，匡威遣將赴之，克用去。明年，兵復出井陘，匡威自將援鎔，將行，置酒大會。其弟兵馬留後、檢校司徒匡籌妻張，國艷，匡威酣，報之，弟怒，匡威軍次博野，乃據城自為留後。天子即授檢校太保，為節度使。

匡威麾下多去，屏營無所歸，留深州，遣其屬李抱貞上書願入朝。時京師數寇難，人人危懼，傳言金頭王且來，皆亡竄山谷。抱貞還，而鎔已迎館於鎮。匡威引抱貞登城西大悲浮屠，顧望流涕，美其山川，乃共圖鎔。陽為鎔繕甲，治城塹，施授方略，陰施予，以傾士心。鎮軍忠於王氏，皆惡之。匡威親忌日，鎔過慰。匡威士吏甲劫鎔入牙城，戰不勝，鎮人斬匡威以徇。匡籌表訴諸朝，檄暴鎔罪，攻欒壽、武强以報。始，匡籌之奪也，燕人不以為義。劉仁恭出奔太原，克用倚其謀，下武、嬀二州，敗匡籌於居庸關。李存審與戰，匡籌又敗，挈其族奔京師，次景城，滄州節度使盧彦威殺之，掠入車馬僮妓。妻方乳，不能進，仁恭獲之，納於克用為嬖夫人。始，匡威見逐，歎曰：『兄失弟得，皆吾之宗，無所悔，然其材恐不足以守。』果亡，而幽州地歸克用，以仁恭為帥。

又《劉仁恭傳》 劉仁恭，深州人。父晟，客范陽，為李可舉新興鎮將，故仁恭事軍中。從李全忠攻易州，號『窟頭』，稍遷裨校。為人豪縱，多智數，有大志，嘗自言：『夢大幡出指端，年四十九，當秉旄節。』李匡威惡之，補景城令。

會瀛州亂，殺守吏，仁恭募士千人定其亂。匡威復使將兵，戍蔚州，逾期未代，士皆怨。會匡籌奪地，故戍卒擁仁恭趨幽州，匡籌逆戰，敗之，遂以族奔太原。李克用待之甚厚，賜田宅，拜壽陽鎮將。數以策干克用，請步騎一萬東取幽州，且為導。克用攻匡籌，匡籌遁去。仁恭與存審入城，封府庫以待。克用悦，留仁恭守之，以親信分典其兵。

乾寧二年，克用擊王行瑜，表仁恭為檢校司空、盧龍軍節度使。明年，克用攻魏州，召盧龍兵，仁恭以契丹解。又明年，克用復興其兵救朱瑄，仁恭不答，使者數十往，卒不出。克用以書讓之，仁恭乃慢罵，執其使，盡囚太原士之在燕者。復以厚利誘克用麾下士，多亡歸之。克用怒，自將往擊，不勝，師喪過半。仁恭獻馘於朱全忠，全忠表同中書門下平章事。

既與克用絕，則益募兵。光化初，使其子守文襲滄州，節度使盧彦威棄城走，遂有滄、景、德三州地，用守文為節度留後，請命於朝。昭宗怒，不與。會中人至，仁恭謾謂曰：『旄節吾自可為，要假長安本色耳，何見拒邪？』由是兵益張，顯圖河北。悉幽、滄步騎十萬，聲言三十萬，南徇魏、鎮。次貝州，屠之，清水為不流。

羅紹威求救於朱全忠，全忠使李思安、葛從周赴之，屯內黃。仁恭負强，下令曰：『思安懦，當先破之，乃取魏。』守文與單可及精甲五萬，循清水上。思安設伏，自引兵逆戰，偽不勝。守文躡北至內黃，思安整兵還擊守文，伏發，斬可及，獨守文挺逸，衆無還者。從周興邢、洺兵與魏將賀德倫等出館陶門，夜擊仁恭，破八屯。仁恭走，自魏抵長河數百里，屍蔽道。鎮人邀敗之東境。仁恭遂衰。

三年，葛從周攻滄州，仁恭壁乾寧。從周潛軍戰老鴉堤，仁恭敗，退壁瓦橋，卑辭歸窮於克用求救，克用為侵邢、洺。俄而全忠取瀛、莫，克用使周德威出飛狐。天祐三年，全忠自將攻滄州，壁長蘆。仁恭悉發男子十五以上為兵，涅其面曰『定霸都』，士人則涅於臂曰『一心事主』，盧龍閭里為空，得衆二十萬，屯瓦橋。全忠環滄築而溝之，內外援絕，人相食。仁恭求戰，不許，復從克用乞師，使百輩往，乃許。仁恭以兵三萬合攻潞州，降全忠將丁會，滄州圍乃解。

是時，中原方多故，仁恭得倚燕强且遠，無所憚，意自滿。從方士王若訥學長年，築館大安山，掠子女充之。又招浮屠，與講法。以堇土為錢，斂眞錢，穴山藏之，殺匠滅口。禁南方茶，自擷山為茶，號山曰大恩，以邀利。

子守光烝嬖妾，事覺，仁恭謫之。李思安來攻，屯石子河。仁恭居大安山，城中無備。守光引兵出戰，思安去，因回攻大安，虜仁恭，囚別室，殺左右婢媵，遂有盧龍。

又卷二一三《藩鎮傳・程日華》 程日華，定州安喜人，始名華，德宗以其有功，益曰日華。父元皓為安禄山帳下，偽署定州刺史，故日華籍本軍，為張孝忠牙將。滄，故成德部州也，孝忠絕李惟岳，德宗以滄畀義武。前刺史李固烈與惟岳姻屬，即牢守。孝忠令日華往喻之，固烈請還恆州。既治裝，悉帑以行，軍中怒曰：『馬瘠，士飢死，刺史不棄豪發卹吾急，今刮地以去，吾等何望？』遂共殺固烈，屠其家。日華驚匿牀下，將士迎出之曰：『暴吾軍者已死，何畏而亡？』共逼領州。孝忠亦以日華寬厚，遂假以刺史。

朱滔叛，兵屯河間，以故滄、定道阻不相聞。滔及王武俊皆招日華，不納，即攻之。日華乘城自固。參軍事李宇謀曰：『城久圍，府兵不為援。今州十縣瀕海，有魚鹽利自給，此軍本號横海，將軍能絕易定歸天子，自為一州，蜺甲訓兵，利則出，無利則守，可亢盜喉襟。君能用僕計，請至京師為天子言之。』日華謂然，乃遣宇西，帝果大喜，拜御史中丞、滄州刺史，復置横海軍，即以為使，時建中三年也。拜檢校工部尚書。詔滄歲餽義武錢十二萬緡，糧數萬斛，以宇為判官。

武俊欲得滄，遣人說日華歸己，日華紿曰：『敝邑為賊攻，力屈則下之。願假騎二百以抗賊，賊退，請以地授公。』武俊喜，歸之馬，日華留馬謝其使。武俊大怒，與滔方睦，懼有怨，乃止。久之，武俊歸命，日華乃還馬，以珍幣厚謝，復結好，武俊亦釋然。貞元二年卒，贈兵部尚書。

又《程懷直傳》（程日華）子懷直擅知留事，帝以日華故，即拜權知滄州刺史。宇入朝，願析東光、景城二縣置景州，且請刺史。河朔刺史不廷授幾三十年，帝嘉其忠，以徐申為景州刺史。升橫海軍為節度，擢懷直為留後。明年，為節度使。九年來朝，寵遇加等，進檢校尚書右僕射，賜大第、宮女。

懷直荒田獵，出輒數日不返，帳下程懷信乘衆怒，閉門不納。懷信，其從昆也。於是懷直入朝，帝不之罪，更以虔王為節度使，擢懷信留後，以懷直兼右龍武軍統軍。明年，懷信為節度矣。十六年，懷直卒，贈揚州大都督。

後五年，懷信死，子權襲領軍務，詔授留後。元和元年，拜節度使，累進檢校兵部尚書，封邢國公。六年入朝，憲宗寵禮遣還鎮，加檢校尚書右僕射。權始名執恭，嘗夢滄諸門悉署『權』字，乃改名以應之。及淮西平，惕不安，丐入朝。至京師，固辭軍政，乃詔華州刺史鄭權代之。後以檢校司空為邠寧節度使。卒，贈司徒，宗族奉朝請宿衛者三十餘人。

又《李全略傳》 李全略，本王氏，名日簡，事王武俊為偏裨。承宗時，虐用其軍，故入朝，授代州刺史。田弘正遇害，穆宗以全略故鎮州將，召問所欲言，全略多陳利害，冀合帝意，且請盡死力以報，遂授德州刺史。是時，杜叔良兵敗博野，故以全略為橫海軍節度、滄德棣州觀察使，賜今姓名。未幾，貢錢千萬，使子同捷入朝。既還，即奏同捷為滄州長史，押中軍兵馬。帝不得已，可其請。全略陰規傳久計，選材武，以所私結士心。棣州刺史王稷善撫衆，而家富於財，全略內忌，以計殺之，族其家。

又《李同捷傳》 未幾死，同捷領留後事，重賂鄰藩，求領父節，敬宗持久詔不下。俄而文宗立，同捷以帝新嗣位，必大開貸示四方，乃遣弟同志、同巽入朝，而使其屬崔長奉表請命，有詔拜兗海節度使，以烏重胤代之。同捷計窮，矯言軍中留己。於是，王智興請以全軍出討，魏博史憲誠令大將傳手詔入於軍，同捷不受，德、棣民多奔入鄆。乃下詔削官爵，命重胤率鄆、齊兵進討。憲誠、智興及汴滑李聽、平盧康志睦、易定張璠，幽州李載義以兵傅境。同捷自以與成德有舊，乃傾玉帛子女市河北三鎮驩。載義不許，絕其交，執使者併所遣奴婢四十七獻諸朝。王廷湊本窺橫海，欲乘其隙取之，引軍來援。智興攻棣州，火譙門，引水灌城，凡七月，其將張叔連降。始，刺史欒蒙以同捷叛，密上變，事泄，為所害，贈工部尚書。智興進圍滄州。

是時，帝絕王廷湊朝貢，且討之，兵須夥繁，調發不時，始置供軍糧料使，以濟兩河，諸將又多張俘首以冒賞。自重胤卒後，李寰、傅良弼不終事，更以左金吾衛大將軍李祐代，而智興將李君謀以輕兵絕河，夜殘無棣，降饒安壁五千兵。明年，祐拔無棣、平原。有詔行營堅壁務農，非被襲，勿決戰。而祐兵已薄德州，帝遣諫議大夫柏耆宣慰。祐攻拔德州，餘卒奔廷湊。同捷益急，乞降，祐疑其詐。耆引兵直入城，取同捷及家屬馳西。祐入滄州，耆至將陵，斬同捷，使其下傳首京師。詔貸四州一年租賦，赦同捷母併妻息，徙湖南。流崔長商州。同巽等以異母貸死，得隨母流所云。

又 卷二一三《藩鎮傳・李正己》 李正己，高麗人。為營州副將，從侯希逸入青州，希逸母即其姑，故薦為折衝都尉。寶應中，以軍候從討史朝義。時回紇恃功橫，諸軍莫敢抗。正己欲以氣折之，與大酋角逐，衆士皆牆立觀，約曰：『後者批之。』既逐而先，正己批其頰，回紇矢液流離，衆軍哄然笑。酋大慚，自是沮憚不敢暴。

希逸以爲兵馬使，沈毅得衆心，然陰忌之，因事解其職。軍中皆言不當廢，尋逐希逸出之，有詔代為節度使。本名懷玉，至是賜今名，遂有淄、青、齊、海、登、萊、沂、密、德、棣十州，與田承嗣、薛嵩、李寶臣、梁崇義輔牙相倚。嵩死，李靈耀反，諸道攻之，共披其地。正己復取曹、濮、徐、兗、鄆，凡十有五州。市渤海名馬，歲不絕，賦繇均約，號最强大。政令嚴酷，在所不敢偶語，威震鄰境。歷檢校司空，加同中書門下平章事，以司徒兼太子太保，封饒陽郡王。請附屬籍，許之。因徙治鄆，以子納及腹心將守諸州。

建中初，聞城汴州，乃約田悅、梁崇義、李惟岳偕叛。自屯濟陰，陳兵按習，益師徐州以扼江、淮。天子於是改運道，檄天下兵為守備，河南騷然。會發疽死，年四十九。興元初，納順命，詔贈太尉。

又《李納傳》 納，少時為奉禮郎，將兵防秋。代宗召見，擢殿中丞，賜金紫。入朝，擢兼侍御史。正己署為淄、青二州刺史，又為行軍司馬，濮、徐、兖、沂、海留後，進御史大夫。

正己死，秘喪不發，以兵會田悅於濮陽。馬燧方擊悅，納使大將衛俊救之，為燧所破略盡，收洹水。德宗詔諸軍合討，其從父洧以徐州歸，大將李士真以德州、李長卿以棣州送款，納恚洧背己，且徐險集，悉兵攻洧。帝命宣武、劉玄佐督諸軍進援，大破其兵。納還濮陽，玄佐進圍之，殘其郛。納登陴見玄佐，泣且悔，遣判官房說與子弟質京師，因玄佐謝罪。時中人宋鳳朝以納窮，欲立功，建不可赦，帝乃械說等禁中。納於是還鄆，與悅、李希烈、朱滔、王武俊連和，自稱齊王，置百官。

興元初，帝下詔罪己，納復歸命，授檢校工部尚書，復平盧帥節，賜鐵券，又同中書門下平章事，封隴西郡王。希烈圍陳州，納會諸軍破之城下，加檢校司空，實封五百户，進檢校司徒。死年三十四，贈太傅。子師古、師道。

《舊五代史》卷一三五《僭僞傳・劉守光》 劉守光，深州樂壽人也。其父仁恭，初隨父晟客於范陽，晟以軍吏補新興鎮將，事節度使李可舉。仁恭幼多智機，數陳力於軍中。李全忠之攻易、定也，別將于晏圍易州，累月不能拔，仁恭穴地道以陷之，軍中號曰『劉窟頭』，稍遷裨校。仁恭志大氣豪，自言嘗夢大佛幡出於指端，或云年四十九當領旄節。此言頗泄，燕帥李匡威惡之，不欲令典軍，改為府掾，出為景城令。屬瀛州軍亂，殺郡守，仁恭募白丁千人討平之，匡威壯其才，復使為帳中爪牙，令將兵戍蔚州。兵士以過期不代，思歸流怨，會李匡儔奪兄位，戍軍擁仁恭為帥，欲攻幽州，比至居庸關，為府兵所敗，仁恭挈族奔於太原。武皇遇之甚厚，賜田宅以處之，出為壽陽鎮將，從征吐渾。仁恭數進畫於蓋寓，言幽州可圖之狀，願得步騎萬人，卽指期可取，武皇從之。洎仁恭舉兵，屢不克捷。

唐乾寧元年十一月，武皇親征匡儔。十二月，破燕軍於威塞，進拔嬀州，收居庸。二十六日，匡儔棄城而遁，武皇令李存審與仁恭入城撫勞，封府庫，卽以仁恭為幽州節度使，留腹心燕留德等十餘人分典軍政，武皇乃還。二年七月，武皇討王行瑜，師於渭北，上章請授仁恭節鉞。九月，天子以仁恭為檢校司空、幽州盧龍軍節度使。三年，羅宏信背盟，武皇遣李存信攻魏州，徵兵於燕，仁恭托以契丹入寇，俟敵退聽命。四年七月，武皇聞兖、鄆俱陷，復徵兵於仁恭，數月之間，使車結轍，仁恭辭旨不遜。武皇以書讓之，仁恭覽書嫚駡，拘其使人，晉之戍兵在燕者皆拘之，復以厚利誘晉之驍將，由是亡命者衆矣。八月，武皇討仁恭。九月五日，次安塞軍。九日，渡木瓜澗，大為燕軍所敗，死傷大半。既而仁恭告捷於梁祖，梁祖聞之喜，因表仁恭加平章事。仁恭又遣使於武皇，自陳邊將擅興之罪，武皇以書報之。仁恭既絕於晉，恆懼討罰，募兵練衆，常無虛月。

光化元年三月，令其長子襲滄州，盧彦威委城而遁，遂兼有滄、景、德三郡，以守文為留後，請節鉞於朝。昭宗怒其擅興，不時與之。會中使至范陽，仁恭私之曰：『旄節吾自有，但要長安本色耳，何以累章見阻，為吾言之。』其悖戾如此。仁恭兵鋒益盛，每戰多捷，以為天贊，遂有吞噬河朔之志。

二年正月，仁恭率幽、滄步騎十萬，號三十萬，將兼併魏博、鎮定。師次貝州，一鼓而拔，無少長皆屠之，清水為之不流。羅紹威求援於汴，汴將李思安、葛從周赴之，思安屯內黄。仁恭兵圍魏州，聞汴軍在內黄，戒其子守文曰：『李思安怯懦，汝之智勇，比之十倍，當先殄此鼠輩，次擒紹威。』守文與單可及率漁陽精甲五萬，夾清水而上。思安設伏於內黄清水之左，袁象先設伏於清水之右。思安逆戰於繁陽城，偽不勝，徐退，燕人追躡，至於內黄，思安步兵成列，回擊之。燕人將引退，左右伏兵發，燕軍大敗，臨陣斬單可及，守文單騎僅免，五萬之衆無生還者。時葛從周率邢、洺之衆入魏州，與賀德倫、李暉出擊賊營。是夜，仁恭燒營遁走，汴人長驅追擊，自魏至長河數百里，僵屍蔽地，敗旗折戟，累累於路。鎮人又邀擊於東境，燕軍復敗。仁恭自是垂翅不振者累年。汴人乘勝攻滄州，仁恭率師援之，營於乾寧軍。汴將氏叔琮逆戰，燕軍逗撓，退保瓦橋，乃卑辭厚禮乞師於晉，武皇遣兵逼邢、洺以應之。十月，汴人陷瀛、鄚二州，晉將周德威將兵出飛狐，仁恭復脩好於晉。

天祐三年七月，梁祖自將兵攻滄州，營於長蘆。仁恭師徒屢喪，乃酷法盡發部內男子十五已上、七十已下，各自備兵糧以從軍，閭里為之一空。部內男子無貴賤，併黥其面，文曰『定霸都』，士人黥其臂，文曰『一心事主』。由是燕、薊人民例多黥涅，或伏竄而免。仁恭閱衆，得二十萬，進至瓦橋，汴人深溝高壘以攻滄州，內外阻絕，仁恭不能合戰，城中大饑，人相簒啖，析骸而爨，丸土而食，轉死骨立者十之六七。自七月至十月，仁恭遣使求援於晉，前後百餘輩，武皇乃徵兵於燕，仁恭遣都將李溥夏侯景、監軍張居翰、書記馬鬱等，以兵三萬來會。十二月，合晉師以攻潞州，降丁會，乃解滄州之圍。

是時，天子播遷，中原多故，仁恭嘯傲薊門，志意盈滿，師道士王若訥，祈長生羽化之道。幽州西有名山曰大安山，仁恭乃於其上盛飾館宇，僭擬宮掖，聚室女艷婦，窮極侈麗。又招聚緇黃，合仙丹，講求法要。又以墐泥作錢，令部內行使，盡斂銅錢於大安山巔，鑿穴以藏之，藏畢即殺匠石以滅其口。又禁江表茶商，自擷山中草葉為茶，以邀厚利。改山名為大恩山。仁恭有嬖妾曰羅氏，美姿色，其子守光烝之，事泄，仁恭怒，笞守光，謫而不齒。

四年四月，汴將李思安以急兵攻幽州，營於石子河，仁恭在大安山，城中無備，守光自外帥兵來援，登城拒守。汴軍既退，守光乃自為幽州節度，令其部將李小喜、元行欽將兵攻大安山。仁恭遣兵拒戰，為小喜所敗，乃擒仁恭歸幽州，因於別室。仁恭左右，迨至婢媵，與守光不協者畢誅之。其兄守文在滄州，聞父被囚，聚兵大哭，諭之曰：『哀哀父母，生我劬勞。自古豈有讎父者，吾家生此梟獍，吾生不如死！』即率滄、德之師討之。守光逆戰於鷄蘇，為守文所敗。既而守文詐悲，單馬立於陣場，泣諭於衆曰：『勿殺吾弟！』時守光驍將元行欽識之，被擒，滄兵失帥自潰。守光乃縶兄於別室，援以叢棘，乘勝進攻滄州。滄州賓佐孫鶴、呂兗已推守文子延祚為帥，守光攜守文於城下，攻圍累月。城中乏食，米斗直三萬，人首一級亦直十千，軍士食人，百姓食墐土，驢馬相遇，食其鬃尾，士人出入，多為强者屠殺。久之，延祚力窮，以城降於守光，守文尋亦遇害。

守光性本庸昧，以父兄失勢，謂天所助，淫虐滋甚。每刑人必以鐵籠盛之，薪火四逼，又為鐵刷剗剔人面。嘗衣赭黃袍，顧謂將吏曰：『當今海內四分五裂，吾欲南面以朝天下，諸君以為何如？』賓佐有孫鶴者，骨鯁方略之士也，率先對曰：『王西有并、汾之患，北有契丹之虞，乘時覬覦，專待薄人，彼若結黨連衡，侵我疆埸，地形雖險，勢不可支，甲兵雖多，守恐不暇，縱能卻敵，未免生憂。王但撫士愛民，補兵完賦，義聲馳於天下，諸侯自然推戴。今若恃兵與險，未見良圖。』守光不悅，及梁軍據深、冀，王鎔乞師於守光，孫鶴勸守光出援軍以圖霸業，守光不從。及莊宗有柏鄉之捷，守光謀攻易、定，諷動鎮人，欲為河朔元帥。莊宗乃與鎮州節度使王鎔、易定節度使王處直、昭義節度使李嗣昭、振武節度使周德威、天德軍節度使宋瑤，同遣使奉册，推守光為尚父，以稔其惡。守光不悟，謂藩鎮畏己，仍以諸鎮狀送梁祖，言：『臣被晉王等推臣為尚父，堅辭不獲，又難推違。臣竊料所宜，不如陛下與臣河北道都統，則并、鎮之叛，不足平殄矣。』梁祖知其詐，優答之。仍命閤門使王瞳、供奉官史彥璋等使於燕，册守光為河北道採訪使。

六月，梁使至，守光令所司定尚父採訪使儀注，所司取唐朝册太尉禮以示之。守光曰：『此儀注中何無郊天改元之事？』梁使曰：『尚父雖尊，猶是人臣。』守光怒，投於地，謂將吏曰：『方今天下鼎沸，英雄角逐。朱公創號於夷門，楊渭假名於淮海，王建自尊於巴蜀，茂貞矯制於岐陽，皆因茅土之封，自假帝王之制，然兵虛力寡，疆埸多虞。我大燕地方二千里，帶甲三十萬，東有魚鹽之饒，北有塞馬之利，我南面稱帝，誰如我何！今為尚父，孰當帝者！公等促具帝者之儀，予且為河朔天子。』燕之將吏竊議，以為不可。守光置斧鑕於庭，令將佐曰：『今三方協贊，予難重違，擇日而帝矣。從我者賞，横議者誅。』孫鶴對曰：『滄州破敗，僕乃罪人，大王寬容，乃至今日，不敢阿旨，以誤家國，苟聽臣言，死且無悔。』守光大怒，推之伏鑕，令軍士割其肉生啖之。鶴大呼曰：『百日之外，必有急兵矣！』守光命窒其口，寸斬之，有識為之嗟惋。乃悉召部內官吏，教習朝儀，邊人既非素習，舉措失容，相顧誚笑。

八月十三日，守光僭號大燕皇帝，改年曰應天。以梁使王瞳、判官齊涉為宰相，史彥璋為御史大夫。偽册之日，契丹陷平州。莊宗聞之大笑，監軍張承業曰：『惡不積不足以滅身，老氏所謂將欲取之，必先與之。今守光狂蹶，請遣使省問，以觀其釁。』十月，莊宗令太原少尹李承勳往使。承勳至，守光怒不稱臣，械之於獄。

十二月，莊宗遣周德威出飛狐，會鎮、定之師以討之，德威攻圍歷年，屬郡皆下。守光堅保幽州，求援於梁，北誘契丹，救終不至。十年十月，守光遣使持幣馬見德威乞降，又乘城呼曰：『予俟晉王至即出城。』十一月，莊宗親征。二十三日，至幽州，單騎臨城，召守光曰：『丈夫成敗，須決所嚮，公將何如？』守光曰：『某俎上肉耳！』莊宗潸之，折弓為盟，許其保全。守光辭以他日，莊宗乃令諸軍攻之。二十四日，四面畢攻，莊宗登燕太子墓觀之。俄而數騎執仁恭併其孥來獻，檀州遊奕將李彥暉於燕樂縣獲守光，併妻李氏、祝氏，男繼珣、繼方、繼祚等來獻。初，守光城破後，攜其妻子將走關內依劉守奇，沿路寒瘡足踵，經日不食。至燕樂縣，匿於坑谷，令妻祝氏乞食於田父張師造家，怪婦人異狀，詰之，遂俱擒焉。莊宗方宴府第，引仁恭、守光至席，父子號泣謝罪，莊宗慰撫之曰：『往事不復言。人誰無過，改之為貴。』乃歸之傳舍。是月己卯，晉人執守光及仁恭，露布表其罪，驅以班師。

十一年正月，至晉陽，仁恭父子荷校於露布之下，父母唾面罵守光曰：『逆賊，破家如是！』守光俯首不顧。自范陽至晉陽，涉千餘里，所在聚觀，呼守光為『劉黑子』，略無愧色。莊宗以仁恭、守光徇於都城，即告南宮七廟，禮畢，守光與李小喜、鄭藏斐、劉延卿及其二妻皆伏誅。李小喜者，本晉之小校，先奔於燕，守光以為愛將。守光雖凶淫出於天性，然而稔惡侈毒，抑亦小喜贊成。守光將敗，前一日來降。守光將死，大呼曰：『臣之誤計，小喜熒惑故也，若罪人不死，臣必訴於地下。』莊宗急召小喜至，令證辯。小喜瞋目叱守光曰：『囚父殺兄，烝淫骨肉，亦我教耶！』莊宗怒小喜失禮，先斬之。守光慟哭曰：『王將定天下，臣精於騎，何不且留指使。』二妻讓之曰：『皇帝，事勢及此，生不如死！』即延頸就戮。守光猶哀訴不已。既誅，命判官司馬揆備轜櫝祭醊，瘞於城西三里龍山下。令副使盧汝弼、李存霸拘送仁恭至代州，於武皇靈前刺心血以祭，誅於雁門山下。自仁恭乾寧二年春入幽州，至天祐十年，父子相承，十九年而滅。

又　卷五四《唐書・王處直傳》　王處直。《王處直傳》，原本止存王都廢立之事，而處直事闕佚。今考《舊唐書》列傳云：處直，字允明，處存母弟也。初為定州後院軍都知兵馬使，汴人入寇，處直拒戰，不利而退，三軍大噪，推處直為帥，乃權知留後事。汴將張存敬攻城，梯沖雲合，處直登城呼曰：『敝邑於朝廷未嘗不忠，於藩鄰未嘗失禮，不虞君之涉吾地，何也？』朱溫使人報之曰：『何以附太原而弱鄰道？』處直報曰：『吾兄與太原同時立勳王室，地又親鄰，修好往來，常道也。請從此改圖。』溫許之，仍歸罪於孔目吏梁問，出絹十萬匹，牛酒以犒汴軍，存敬修盟而退；溫因表授旄鉞、檢校左僕射。天祐元年，加太保，封太原王。後仕偽梁，授北平王、檢校太尉，不數歲，復歸於莊宗。後十餘年，為其子都廢歸私第，尋卒，年六十一。

又　《王都傳》　王都，本姓劉，小字雲郎，中山陘邑人也。初，有妖人李應之得於村落間，養為己子。及處直有疾，應之以左道醫之，不久病間，處直神之，待為羽人。始假幕職，出入無間，漸署為行軍司馬，軍府之事，咸取決焉。處直時未有子，應之以都遺於處直曰：『此子生而有異。』因是都得為處直之子。其後應之閱白丁於管內，別置新軍，起第於博陵坊，面開一門，動皆鬼道。處直信重日隆，將校相慮，變在朝夕，謀先事為禍。會燕師假道，伏甲於外城，以備為不虞，昧旦入郭，諸校因引軍以圍其第，應之死於亂兵，咸云不見其屍，衆不解甲。乃逼牙帳請殺都，處直堅靳之，久乃得免。翌日賞勞，籍其兵於臥內，自隊長已上記於別簿，漸以他事孥戮。迨二十年，別簿之記，略無孑遺。都既成長，總其兵柄，奸詐巧佞，生而知之。處直愛養，漸有付託之意，時處直諸子尚幼，乃以都為節度副大使。

王郁者，亦處直之孽子也。

天祐十八年十二月，莊宗親征鎮州，敗契丹於沙河。明年正月，乘勝追敵，過定州，都馬前奉迎，莊宗幸其府第曲宴。都有愛女，十餘歲，莊宗與之論婚，許為皇子繼岌妻之。自是恩寵特異，奏請無不從。同光三年，莊宗幸鄴都，都來朝覲，留宴旬日，錫賚鉅萬，還太尉、侍中。時周元豹見之曰：『形若鯉魚，難免刀匕。』及明宗嗣位，加中書令，然以其奪據父位，深心惡之。

初，同光中，祁、易二州刺史，都奏部下將校為之，不進户口，租賦自贍本軍，天成初仍舊。既而安重誨用事，稍以朝政釐之。時契丹犯塞，諸軍多屯幽、易間，大將往來，都陰為之備，屢廢迎送，漸成猜間。和昭訓為都籌畫曰：『主上新有四海，其勢易離，可圖自安之計。』會朱守殷據汴州反，鎮州節度使王建立與安重誨不協，心懷怨嫉。都陰知之，乃遣人說建立謀叛，建立偽許之，密以狀聞。都又與青、徐、岐、潞、梓五帥蠟書以離間之。

三年四月，制削都在身官爵，遣宋州節度使王晏球率師討之。都急與王郁謀，引契丹為援。洎王師攻城，契丹將托諾率騎萬人來援，都與契丹合兵大戰於嘉山，為王師所敗，惟托諾以二千騎奔入定州。都仗之守城，呼為諸王，屈身瀝懇，冀其盡力。孤壘周年，亦甚有備，諸校或思歸嚮，以其訪察嚴密，殺人相繼，人無宿謀，故數構不就。

都好聚圖書，自常山始破，梁國初平，令人廣將金帛收市，以得為務，不責貴賤，書至三萬卷，名畫樂器各數百，皆四方之精妙者，萃於其府。四年三月，晏球拔定州，時都校馬讓能降於曲陽門，都巷戰而敗，奔馬歸於府第，縱火焚之，府庫妻孥，一夕俱燼，惟擒托諾併其男四人、弟一人獻於行在。

《新五代史》卷三九《雜傳·劉守光》 劉守光，深州樂壽人也。其父仁恭，事幽州李可舉，能穴地為道以攻城，軍中號『劉窟頭』。稍以功遷軍校。仁恭為人有勇，好大言。可舉死，子匡威惡其為人，不欲使居軍中，徙為瀛州景城縣令。瀛州軍亂，殺刺史，仁恭募縣中得千人，討平之，匡威喜，復以為將，使戍蔚州。戍兵過期不得代，皆思歸，出怨言。匡威為弟匡儔所逐，仁恭聞亂，乃擁戍兵攻幽州，行至居庸關，戰敗，奔晉，晉以為壽陽鎮將。

仁恭多智詐，善事人，事晉王愛將蓋寓尤謹，每對寓涕泣，自言：『居燕無罪，以讒見逐。』因道燕虛實，陳可取之謀，晉王益信而愛之。乾寧元年，晉擊破匡儔，乃以仁恭為幽州留後，留其親信燕留得等十餘人監其軍，為之請命於唐，拜檢校司空、盧龍軍節度使。

其後晉攻羅弘信，求兵於仁恭，仁恭不與，晉王以書微責誚之，仁恭大怒，執晉使者，殺燕留得等以叛。晉王自將討之，戰於安塞，晉王大敗。光化元年，遣其子守文襲滄州，逐節度使盧彥威，遂取滄、景、德三州。為其子請命於唐，昭宗遲之，未即從，仁恭怒，語唐使者曰：『為我語天子，旌節吾自有，但要長安本色爾，何屢求而不得邪！』昭宗卒以守文為橫海軍節度使。

仁恭父子率兩鎮兵十萬，號稱三十萬以擊魏，屠貝州。羅紹威求救於梁，梁遣李思安救魏，大敗守文於內黃，斬首五萬。仁恭走，梁軍追擊之，自魏至長河，橫屍數百里。梁軍自是連歲攻之，破其瀛、漠二州，仁恭懼，復附晉。

天祐三年，梁攻滄州，仁恭調其境內凡男子年十五已上、七十已下，皆黥其面，文曰『定霸都』，得二十萬人，兵糧自具，屯於瓦橋。梁軍壁長蘆，深溝高壘，仁恭不能近。滄州被圍百餘日，城中食盡，人自相食，析骸而爨，或丸墐土而食，死者十六七。仁恭求救於晉，晉王為之攻潞州以牽梁圍，晉破潞州，梁軍乃解去。

然仁恭幸世多故，而驕於富貴，築宮大安山，窮極奢侈，選燕美女充其中。又與道士煉丹藥，冀可不死。令燕人用墐土為錢，悉斂銅錢，鑿山而藏之，已而殺其工以滅口，後人皆莫知其處。

仁恭有愛妾羅氏，其子守光烝之，仁恭怒，笞守光，逐之。梁開平元年，遣李思安攻仁恭，仁恭在大安，守光自外將兵以入，擊走思安，乃自稱盧龍節度使，遣李小喜、元行欽以兵攻大安山，執仁恭而幽之。其兄守文聞父且囚，即率兵討守光，至於盧臺，為守光所敗，進戰玉田，又敗，乃乞兵於契丹。明年，守文將契丹、吐渾兵四萬人戰於鷄蘇，守光兵敗，守文陽為不忍，出於陣而呼其衆曰：『毋殺吾弟！』

守光將元行欽識守文，躍馬而擒之，又囚之於別室，既而殺之。

守文將吏孫鶴、呂兗等，立守文子延祚以距守光，守光圍之百餘日，城中食盡，米斛直錢三萬，人相殺而食，或食墐土，馬相食其鬃尾，兗等率城中饑民食以麴，號『宰務』，日殺以餉軍。久之，延祚力窮，遂降。

守光素庸愚，由此益驕，為鐵籠、鐵刷，人有過者，坐之籠中，外燎以火，或刷剔其皮膚以死，燕之士逃禍於佗境。守光身衣赭黃，謂其將吏曰：『我衣此而南面，可以帝天下乎？』孫鶴切諫以為不可。梁攻趙，趙王王鎔求救於守光，孫鶴曰：『今趙無罪，而梁伐之，諸侯救趙之兵，先至者霸，臣恐燕軍未出，而晉已先破梁矣，此不可失之時也。』守光曰：『趙王嘗與我盟而背之，今急乃來歸我；且兩虎方鬭，可待之，吾當為卞莊子也。』遂不出兵。晉王果救趙，大敗梁兵於柏鄉，進掠邢、洺，至於黎陽。守光聞晉空國深入梁，乃治兵戒嚴，遣人以語動鎮、定曰：『燕有精兵三十萬，率二鎮以從晉，然誰當主此盟者？』晉人患之，謀曰：『昔夫差爭黃池之會，而越人吳；項羽貪伐齊之利，而漢敗楚。今吾越千里以伐人，而强燕在其後，此腹心之患也。』乃為之班師。

守光以為諸鎮畏其彊，乃諷諸鎮共推尊己，於是晉王率天德宋瑤、振武周德威、昭義李嗣昭、義武王處直、成德王鎔等，以墨制册尊守光為尚書令、尚父。守光又遣告於梁，請授己河北兵馬都統，以討鎮、定、河東。梁遣閤門使王瞳拜守光河北採訪使。有司白守光，尚父受册，用唐册太尉禮儀，守光問曰：『此儀注何不郊天改元？』有司曰：『此天子之禮也，尚父雖尊，乃人臣耳。』守光怒曰：『我為尚父，誰當帝者乎？且今天下四分五裂，大者稱帝，小者稱王，我以二千里之燕，獨不能帝一方乎？』乃械梁、晉使者下獄，置斧鑕於其庭，令曰：『敢諫者死！』

孫鶴進曰：『滄州之敗，臣蒙王不殺之恩，今日之事，不敢不諫。』守光怒，推之伏鑕，令軍士割而啖之。鶴呼曰：『不出百日，大兵當至！』命窒其口而醢之。

守光遂以梁乾化元年八月自號大燕皇帝，改元曰應天，以王瞳、齊涉為左右相。晉遣太原少尹李承勳賀册尚父，至燕，而守光已僭號。有司迫承勳稱臣，承勳不屈，以列國交聘禮入見，守光怒，殺之。

明年，晉遣周德威將三萬人，會鎮、定之兵以攻燕，自祈溝關入，其澶、涿、武、順諸州皆迎降。守光被圍經年，累戰常敗，乃遣客將王遵化致書於德威曰：『予得罪於晉，迷而不復，今其病矣，公善為我辭焉。』德威謂遵化曰：『大燕皇帝尚未郊天，何至此邪？予受命以討僭亂，不知其佗也。』守光益窘，乃獻絹千匹、銀千兩、錦百段，遣其將周遵業謂德威曰：『吾王以情告公，富貴成敗，人之常理；録功宥過，霸者之事也。守光去歲妄自尊崇，本不能為朱温下耳，豈意大國暴師經年，幸少寬之。』德威不許。守光登城呼德威曰：『公三晉賢士，獨不急人之危乎？』遣人以所乘馬易德威馬而去，因告曰：『俟晉王至則降。』晉王乃自臨軍，守光登城見晉王，晉王問將如何？守光曰：『今日俎上肉耳，惟王所為也！』守光有嬖者李小喜，勸其毋降，守光因請俟佗日。是夕，小喜叛降於晉軍。明旦，晉軍攻破其城，執仁恭及其家族三百口。

守光與其妻李氏、祝氏，子繼珣、繼方、繼祚等，南走滄州，迷失道，至燕樂界中，數日不得食，遣其妻祝氏乞食於田家，田家怪而詰之，祝氏以實告，乃被擒送幽州。晉王方大饗軍，客將引守光見，晉王戲之曰：『主人何避客之遽也？』守光叩頭請死，命械守光并其父仁恭以從軍。軍還過趙，趙王王鎔會晉王，置酒，酒酣請曰：『願見仁恭父子。』晉王命破械出之，引置下坐。飲食自若，皆無慚色。

晉王至太原，仁恭父子曳以組練，獻於太廟。守光將死，泣曰：『臣死無恨，然教臣不降者，李小喜也，罪人不死，臣將訴於地下。』晉王使召小喜，小喜瞋目曰：『囚父弒兄，烝其骨肉，亦小喜教爾邪？』晉王怒，命先斬小喜。守光知不免，呼曰：『王將復唐室以成霸業，何不赦臣使自效？』其二婦從旁罵曰：『事已至此，生復何為？願先死！』乃俱死。晉王命李存霸執仁恭至雁門，刺其心血以祭先王墓，然後斬之。

又《王處直傳》 王處直，字允明，京兆萬年人也。父宗，善殖財貨，富擬王侯，為唐神策軍吏，官至金吾大將軍，領興元節度使，子處存、處直。處存以父任為驍衛將軍、定州已來制置內閑廄宮苑等使。乾符六年，即拜義武軍節度使。黄巢陷長安，處存感憤流涕，率鎮兵入關討賊。巢敗第功，而收城擊賊，李克用為第一；勤王倡義，處存為第一。乾寧二年，處存卒於鎮，三軍以河朔故事，推處存子郜為留後，即拜節度使，加檢校司空、同中書門下平章事。處直為後院中軍都知兵馬使。

光化三年，梁兵攻定州，郜遣處直率兵拒之，戰於沙河，為梁兵所敗。兵返入城逐郜，郜出奔晉，亂兵推處直為留後。梁兵圍之，處直遣人告梁，請絕晉而事梁，出絹十萬匹犒軍，乃與梁盟。梁太祖表處直義武軍節度使，累封太原王。太祖即位，封處直北平王。其後梁兵攻王鎔，鎔求救於晉，處直亦遣人至晉，願絕梁以自效。

晉兵救鎔，處直以兵五千從，破梁軍於柏鄉。其後晉北破燕，南取魏博，與梁戰河上，十餘年，處直未嘗不以兵從。

處直好巫，而客有李應之者，妖妄人也。處直有疾，應之以左道治之而愈，處直益以為神，使衣道士服，以為行營司馬，軍政無大小，咸取決焉。初，應之於陘邑閫得小兒劉雲郎，養以為子，而處直未有子，乃以雲郎與處直，而紿曰：『此子生而有異。』處直養以為子，更名曰都，甚愛之。應之由此益橫，乃籍管內丁壯，別立新軍，自將之，治第博陵坊，四面開門，皆用左道。處直將吏知其必為患，而莫能諫也。是時，幽州李匡儔假道中山以如京師，處直伏甲城外，以備不虞。匡儔已去，甲士入城圍應之第，執而殺之，因詣處直請殺都，處直不與。明日，第功行賞，因陰疏甲士姓名，自隊長已上藏於別籍，其後因事誅之，凡二十年，無一人免者，而處直終為都所殺。

都為人狡佞多謀，處直以為節度副使。張文禮弑王鎔，莊宗發兵討文禮，處直與左右謀曰：『鎮，定之蔽也，文禮雖有罪，然鎮亡定不獨存。』乃遣人請莊宗毋發兵，莊宗取所獲文禮與梁蠟書示處直曰：『文禮負我，師不可止。』處直有孽子鬱，當郜之亡於晉也，鬱亦奔焉，晉王以女妻之，為新州防禦使。處直見莊宗必討文禮，益自疑，乃陰與鬱交通，使鬱北招契丹入塞以牽晉兵，且許召鬱為嗣，都聞之不說。而定人皆言契丹不可召，恐自貽患，處直不聽。鬱自奔晉，常恐處直不容，因此大喜，以為乘其隙可取之，乃以厚賂誘契丹阿保機。阿保機舉國入寇，定人皆不欲契丹之舉，小吏和昭訓勸都舉事，都因執處直，囚之西宅，自為留後，凡王氏子孫及處直將校殺戮殆盡。明年正月朔旦，都拜處直於西宅，處直奮起揕其胸而呼曰：『逆賊！吾何負爾？』然左右無兵，遂欲齧其鼻，都掣袖而走，處直遂見殺。

初，有黃蛇見於碑樓，處直以為龍，藏而祠之，又有野鵲數百，巢麥田中，處直以為己德所致，而定人皆知其不祥，曰：『蛇穴山澤，而處人室，鵲巢鳥，降而田居，小人竊位，而在上者失其所居之象也。』已而處直果被廢死。

又《王都傳》 莊宗已敗契丹於沙河，追奔過定州，與都相得歡甚，以其子繼岌娶都女，以都為義武軍節度使。同光二年，莊宗幸鄴，都來朝，賜與巨萬。莊宗以繼岌故，待都甚厚，所請無不從。及明宗立，頗惡都為人，而安重誨每以法繩之，都始有異志。

是時，唐兵擊契丹，數往來定州，都供饋多闕，益不自安。和昭訓為都謀曰：『天子新立，四方未附，其勢易離，可為自安之計。』已而朱守殷反於汴州，都遂亦反，遣人以蠟書招青、徐、岐、潞、梓五鎮，約皆舉兵，而五鎮不應。明宗遣王晏球討之。都復與王鬱招契丹為援，契丹遣禿餒將萬騎救都。都遣指揮使鄭季璘、龍泉鎮將杜弘壽以二千人迎契丹，為晏球所敗。季璘、弘壽被執，晏球責曰：『吾嘗使人招汝，何故不降？』弘壽對曰：『受恩中山兩世矣，不敢有二心。』遂見殺，弘壽臨刑，神色自若。晏球屯軍望都，與都及契丹戰，大敗之曲陽，都及禿餒得數騎遁去，閉城不復出。

初，莊宗軍中閫得一男子，愛之，使冒姓李，名繼陶，養於宮中以為子。明宗卽位，安重誨出以乞段徊，徊亦惡而逐之。都使人求得之。至是，給其衆曰：『此莊宗太子也。』被以天子之服，使巡城上，以示晏球軍，軍士識者曰：『繼陶也。』共詬之。都居城中，兵少，惟以契丹二千人守城，呼禿餒為餒王，屈身事之。諸將有欲出降者，都伺察嚴密，殺戮無虛日，以故堅守經年。天成四年二月，城破，都與家屬皆自焚死，王氏遂絕於中山。而處存有子鄴，鄴子廷胤，與莊宗連外姻，為人驍勇，自為軍校，能與士卒同辛苦，明宗時，歷貝、忻、密、澶、隰州刺史。范延光反於鄴，晉高祖以廷胤為楊光遠行營中軍使。破延光有功，拜彰德軍節度使。

初，處直爲都所囚，幼子威北走契丹。契丹謂晉高祖曰：『吾欲使威襲其先人爵士，如何？』高祖對曰：『中國之法，自將校為刺史，升團練防禦而至節度使，請送威歸中國，漸進之。』契丹怒曰：『爾自諸侯為天子，豈有漸乎？』高祖聞之，遽徙廷胤鎮義武，曰：『此亦王氏之後也。』後徙鎮海而卒。

論說

唐·李絳《李相國論事集》卷二《論裴武事》 右，裴武甚諳練時事，往陷在河中李懷光賊中，事迹可稱，今所啣命，不合絶有乖錯。大抵賊多變詐，難得實情。以臣愚慮思度，王承宗恐國家必有征討，請割德、棣兩州，且得安全，尚有四州之地，亦足保其富貴，求安之計，必是此心。然鄰道魏博、東平、范陽，與王承宗勢同事等，恐他時亦爲朝廷所割。必是爲鄰道所構，兼以利害鼓動，不得守其初心，此必然之理也。伏望且尋訪之。裴武所上表，只得上承宗初時意，便且奏來，後必恐鄰境脅制誘動，遂有後變，計裴武不敢不盡其心。今陛下擇裴武使兇逆悖亂之邦，一不如意，便有貶責，臣恐今後奉使賊中，無復得誠實。其後奉使者皆以武爲誡，依阿可否之間，必曰其言及表章，則如此之深，心則臣不可保，不可顯言是非，陳列事狀。若朝廷不得實狀，別處置或有乖錯，非國家所利也。若受賊中財賂，言語不實，則須重責，以懲姦欺。又言先於裴宅宿。且裴武久爲朝官，甚諳制度，裴身爲宰相，特授恩私，必無未見而便宿宰相家，固無此理，昧劣如此，兩人猶不敢至是，況皆是詳練時事之人。計必無此事，必有構傷裴、裴武，陛下不可不深察也。

又　卷五《論魏博》　元和七年秋，魏博節度使田季安卒，其子懷諫，年十二，軍中扶翌處其位。宰臣李吉甫上言，須事討伐，以懲宿弊。宰臣李絳上言：『罪誠宜誅翦，時既不可，勢亦不同。臣愚度之，不必動衆。』吉甫遽進用兵之策，具圖畫人兵道路，攻討利病，併載河北土田平易沃壤，桑柘物産繁富之狀，若不討伐，必無變動。後延英日，上又問：『魏博之事如何？卿兩人所見各異，何者爲長？』吉甫言：『須興師攻取，以示國威。』

上曰：『此勢恐須如此。不討伐，無復有得理。』李絳奏曰：『以臣愚慮，酌量事勢，必不勞興師，魏博當須歸國。』

上曰：『何以明之？』絳曰：『凡河南、河北叛涣之地，事體大同，懼部下諸將有權，恐得便圖己，各令均管兵馬，不令偏在一人，使力敵權均，爲變不得。若廣與諸將計會，必謀泄不同，若一將爲變，自然兵少不濟。以此相制，先動不得。此是賊中之制置，於事爲便。加以酷誅重購，故無敢先發者。今懷諫乳臭童子，領事不得，須假人權柄，而託人性命。即所托者，其權必重，所任者，其言必行。如此厚薄不同，怨怒必起。向者權均力敵，適足生患，構其禍也。何者？以兵力齊等，不相服從，自然之勢也。若軍中不相服從，主帥不能斷，即必歸一寬厚簡易、軍中素所愛者。兵權既有所歸，懷諫自須受禍，若不被處置，即須送入朝廷。部將忽領一方之權，即與兩河事勢大異。賊中所惡，唯此是已。懼其部中效之，以受國家之利。魏博將若有此變，既懼諸鄰攻伐，必須歸懇朝廷。若不倚朝廷，即存立不得，此必然之理也。伏望陛下按甲蓄威，以俟其變，不兩三月，必有上聞。所要在應接速疾，赴其機會。而今但要且嚴敕諸將，簡練排兵，蓋爲此也。』

上曰：『卿所陳賊中事宜，深盡機要。詳此事勢，亦不用兵。』他日延英，吉甫又盛陳用兵之計，言糧草匹帛，皆有次第。上又顧李絳何如，絳所奏如前，曰：『此事分明，不合疑惑，且兵不可輕易而動者。且討罰鎮州之時，四面興師近十二萬衆，并發兩神策遠赴河北，道路騷擾，靡費七百餘萬貫，訖無成功，取笑天下。失策之耻，傳之至今。瘡痍未平，休息未定，立功者未録，戰死者未收。傷殘之人，慎於戰鬬，若敕命徵發，驅之使戰，臣恐不樂之患，不止無功，散亂之兵，別有所慮。況魏博事勢，不要用兵。伏惟陛下斷於聖心，不惑浮論。』上奮身按手曰：『朕不用兵，定矣。』李絳因激上意曰：『雖聖斷不用兵，臣恐退朝後，更有人上惑聖聽者。』上色莊，厲聲曰：『朕言不用兵定，何人惑得？卿不用慮。』李絳遂起拜賀曰：『聖恩爲萬姓屈己抑威，誠社稷之大計也。』

本所言三兩月，魏博必有所聞，後十餘日，果魏博使至，軍中已歸部將田興，奏取朝廷處分。使至非時，召宰相對，上具言此事，曰：『卿所揣魏博事勢，若合符契。』吉甫請且使宣慰，以觀其事。

李絳言：『不可。敕使到彼，萬一妄邀朝廷，事有一蹉跌，即難處置。疑誤之間，機宜已失，即追不及矣。今田興爲衆所歸，坐俟朝命，不於此際便有寵命，他日把三軍表來，請與田興，節制在彼，在此即不得已，須與恩澤。不出聖心，是依軍中所請，感荷與特拜。豈若且示推誠不疑，足以應機合變，撫納其勢，總攬其心。平蕩兩河，在此一舉，不可失也。』吉甫素與知樞密樑守謙交結，潛爲援助，曰：『舊例令中使宣勞，不可此鎮獨無，卻恐其不信也。』上遂令中使張忠順往宣慰，待回處置。李絳又奏：『今因田興投誠歸國，三軍顒俟聖旨，不當時處置，赴其機宜，待使敕將三軍表來，請授田興，則權柄不由於朝廷，恩澤不出於聖意。此機可惜，今復失之，後雖追悔，亦何及也？今計張忠順行程，才回過陝州。伏望明日便降白麻，授田興節度使，即恩澤出於君上，而威柄歸於朝廷。利害得失，明若日月，伏乞聖慈不疑。』敕使復宣曰：『且與留後何如？待其別後效，卽與正授。』李絳曰：『若與留後，亦恐不得。且度朝廷氣力，坐制魏博得否？不因機會，奬其誠節，恩出不次，感亦殊常。若與留後，忽不受命，卽卻成兇悖，又須姑息，與舊日何殊也？伏望決於聖斷，特賜處分。』明日遂出白麻，除田興爲檢校工部尚書、魏博節度使。張忠順制已到，田興感涕，三軍受宣鼓舞。李絳又奏：『魏博自十餘年不知朝化，賞罰法令，都不及之。一朝以六州之地，歸於朝廷，刳河朔之腹心，傾悖亂之巢穴。不大賞賜，出其所望，軍心不感，事勢難知。請特賜一百五十萬錢帛，制書上以內庫爲名，充三軍賞給。』中人有沮其所請者，上言曰：『所賜太多，那得及此？後若更有，卽又如何？』李絳奏曰：『昔竇融，當光武削平天下，河西是未討之國，懷後伐之誅，爲免禍之計，尚此崇奬，福流子孫。田興習舊無卽日之憂，不順得鄰道之助，而天生忠義，志懷雪霜，舉六州之地、兩河之贍。惜一百五十萬貫錢物，不收此一道人心。錢帛用了更來，機會一失難復。假如舉十五萬衆攻取六州，一年而克，豈不稱賀？而計費三百萬貫，事畢當賞賚，又在此外。今度所賜未及一半，而顧茲小費，失於大計，深可惜也。』上懸覽事情，欣然曰：『朕所以深服浣濯之衣，每事節約不用者，只爲大段要切時用。不然，內藏收貯何爲？』遂允所奏。及詔書到魏博，錢帛隨路而至，軍中踴躍，向闕拜泣。時田興初受節旄，諸道專使數十人在魏州，成德、兗、鄆使各十餘輩，見制書、錢帛到，皆垂手失色，驚嘆曰：『自艱難已來，未曾聞此處置。恩澤如此之厚，反叛有何益？』河朔人心大變，至今稱之。

其時天假魏博，使成忠義。吉甫旋患咽喉之疾，三十日不能起，遂得首尾其事，舉無差舛。不爾，異同之見，其可必乎？憲宗皇帝英明之姿，能斷大事，論奏往復，苟徇理臻要，未嘗不洞覽事情，故臨機決滯，有如影響，心有所定，惑之不疑，信爲英斷之主也。其後田興賜名弘正，平申、蔡宿寇，魏博之帥爲軍先鋒，弘正躬領全軍，盪平齊魯，勳庸烜赫，忠義昭著。可謂感恩盡節之臣與。

宋・司馬光《資治通鑑》卷二二〇《唐紀三十六・肅宗文明武德大聖大宣孝皇帝中之下》 平盧節度使王玄志薨，上遣中使往撫將士，且就察軍中所欲立者，授以旌節。高麗人李懷玉爲裨將，殺玄志之子，推侯希逸爲平盧軍使。希逸之母，懷玉姑也，故懷玉立之。朝廷因以希逸為節度副使。節度使由軍士廢立自此始。

臣光曰：夫民生有欲，無主則亂。是故聖人制禮以治之。自天子、諸侯至於卿、大夫、士、庶人，尊卑有分，大小有倫，若綱條之相維，臂指之相使，是以民服事其上，而下無覬覦。其在《周易》，『上天、下澤，履。』象曰：『君子以辨上下，定民志。』此之謂也。凡人君所以能有其臣民者，以八柄存乎己也。

肅宗遭唐中衰，幸而復國，是宜正上下之禮以綱紀四方；而偷取一時之安，不思永久之患。彼命將帥，統藩維，國之大事也，乃委一介之使，徇行伍之情，無問賢不肖，惟其所欲與者則授之。自是之後，積習為常，君臣循守，以為得策，謂之姑息。乃至偏裨士卒，殺逐主帥，亦不治其罪，因以其位任授之。然則爵禄、廢置、殺生、予奪，皆不出於上而出於下，亂之生也，庸有極乎！

且夫有國家者，賞善而誅惡，故為善者勸，為惡者懲。彼為人下而殺逐其上，惡孰大焉！乃使之擁旄秉鉞，師長一方，是賞之也。賞以勸惡，惡其何所不至乎！《書》云：『遠乃猷。』《詩》云：『猷之未遠，是謂大諫。』孔子曰：『人無遠慮，必有近憂。』爲天下之政而專事姑息，其憂患可勝校乎！由是為下者常眄眄焉伺其上，苟得閑則攻而族之；為上者常惴惴焉畏其下，苟得閑則掩而屠之；爭務先發以逞其志，非有相保養爲俱利久存之計也。如是而求天下之安，其可得乎！迹其厲階，肇於此矣。

蓋古者治軍必本於禮，故晉文公城濮之戰，見其師少長有禮，知其可用。今唐治軍而不顧禮，使士卒得以陵偏裨，偏裨得以陵將帥，則將帥之陵天子，自然之勢也。

由是禍亂繼起，兵革不息，民墜塗炭，無所控訴，凡二百餘年，然後大宋受命。太祖始制軍法，使以階級相承，小有違犯，咸伏斧質。是以上下有敍，令行禁止，四徵不庭，無思不服，宇內乂安，兆民允殖，以迄於今，皆由治軍以禮故。也豈非詒謀之遠哉！

又 卷二四四《唐紀六十・文宗元聖昭獻孝皇帝上之下》（大和五年春正月）庚申，盧龍監軍奏李載義與敕使宴於球場後院，副兵馬使楊志誠與其徒呼噪作亂，載義與子正元奔易州；志誠又殺莫州刺史張慶初。上召宰相謀之，牛僧孺曰：『范陽自安、史以來，非國所有，劉總蹔獻其地，朝廷費錢八十萬緡而無絲毫所獲。今日志誠得之，猶前日載義得之也；因而撫之，使捍北狄，不必計其逆順。』上從之。載義自易州赴京師，上以載義有平滄景之功，且事朝廷恭順；二月，壬辰，以載義為太保，同平章事如故。以楊志誠為盧龍留後。

臣光曰：昔者聖人順天理，察人情，知齊民之莫能相治也，故置師長以正之；知羣臣之莫能相使也，故建諸侯以制之；知列國之莫能相服也，故立天子以統之。天子之於萬國，能褒善而黜惡，抑彊而扶弱，撫服而懲違，禁暴而誅亂，然後發號施令而四海之內莫不率從也。《詩》曰：『勉勉我王，綱紀四方。』載義藩屏大臣，有功於國，無罪而志誠逐之，此天所宜治也。若一無所問，因以其土田爵位授之，則是將帥之廢置殺生皆出於士卒之手，天子雖在上，何爲哉！國家之有方鎮，豈專利其財賦而已乎！如僧孺之言，姑息偷安之術耳，豈宰相佐天子御天下之道哉！

《舊唐書》卷一四一《田承嗣等傳論贊》 朝廷治亂，在法制當否，形勢得失而已。秦人叛上，法制失也；漢道勃興，形勢得也。臣觀開元之政舉，坐制百蠻；天寶之法衰，遂淪四海。玄宗一失其勢，橫流莫救，地分於羣盜，身播於九夷。河朔二十餘州，竟為盜穴，諸田凶險，不近物情。而弘正、孝忠，頗達人臣之節，沂國力善無報，殆天意之好亂惡治歟！茂昭忠梗有禮，明禍福大端，近代之賢侯也！

贊曰：田宗不令，禍淫無應。謂天輔仁，胡覆弘正。茂昭知止，終以善勝。孰生厲階，上失威柄。

又 卷一四二《李寶臣等傳論贊》 土運中微，羣盜孔熾。寶臣附麗安、史，流毒中原，終竊土疆，為國蟊賊。加以武俊之狠狡，為其腹心，或叛或臣，見利忘義，蛇吞蝮吐，垂二百年。哀哉，王政不綱，以至於此。若使明皇不懈於開元之政，姚崇久握於阿衡，詎有柳城一胡，敢窺佐伯，況其下者哉！觀此無君，可為太息。

贊曰：鵂鶹為怪，必取其昏。人君失政，為盜啓門。牙旂金鉞，虎子狼孫。茫茫黔首，於何叫閽。

又 卷一四三《程日華等傳論贊》 國家崇樹藩屏，保界山河，得其人則區宇以寧，失其授則干戈勃起。若懷仙之輩，習亂河朔，志深狡蠹，忠義之談，罔經耳目；以暴亂為事業，以專殺為雄豪，或父子弟兄，或將帥卒伍，迭相屠滅，以成風俗。斯乃王道浸微，教化不及。惜哉蒸民，陷彼虎吻！其間劉總，粗貯臣誠，然而殺父兄以圖榮，落鬢髮而避禍；未旋踵而暴卒他境，斯謂報應之驗與！

贊曰：國法不綱，賊臣鴟張。雖曰父子，凶如虎狼。惡稔族滅，身屠地亡。蠢茲伏莽，汙我彝章。

《新唐書》卷五〇《兵志》 蓋唐有天下二百餘年，而兵之大勢三變。其始盛時有府兵，府兵後廢而為彍騎，彍騎又廢，而方鎮之兵盛矣。及其末也，强臣悍將兵布天下，而天子亦置兵於京師，曰禁軍。其後天子弱，方鎮强，而唐遂以亡滅者，措置之勢使然也。若乃將卒、營陣、車旗、器械、徵防、守衛，凡兵之事不可以悉記，記其廢置、得失、終始、治亂、興滅之迹，以為後世戒云。

初，府兵之置，居無事時耕於野，其番上者，宿衛京師而已。若四方有事，則命將以出，事解輒罷，兵散於府，將歸於朝。故士不失業，而將帥無握兵之重，所以防微漸、絕禍亂之萌也。及府兵法壞而方鎮盛，武夫悍將雖無事時，據要險，專方面，既有其土地，又有其人民，又有其甲兵，又有其財賦，以布列天下。然則方鎮不得不强，京師不得不弱，故曰措置之勢使然者，以此也。

及范陽節度使安禄山反，犯京師，天子之兵弱不能抗，遂陷兩京。肅宗起靈武，而諸鎮之兵共起誅賊。其後禄山子慶緒及史思明父子繼起，中國大亂，肅宗命李光弼等討之，號『九節度之師』。久之，大盜既滅，而武夫戰卒以功起行陣，列為侯王者，皆除節度使。由是方鎮相望於內地，大者連州十餘，小者猶兼三四。故兵驕則逐帥，帥强則叛上。或父死子握其兵而不肯代；或取捨由於士卒，往往自擇將吏，號為『留後』，以邀命於朝。天子顧力不能制，則忍恥含垢，因而撫之，謂之姑息之政。蓋姑息起於兵驕，兵驕由於方鎮，姑息愈甚，而兵將愈俱驕。由是號令自出，以相侵擊，虜其將帥，并其土地，天子熟視不知所為，反為和解之，莫肯聽命。

始時為朝廷患者，號『河朔三鎮』。及其末，朱全忠以梁兵、李克用以晉兵更犯京師。而李茂貞、韓建近據岐、華，妄一喜怒，兵已至於國門，天子為殺大臣、罪己悔過，然後去。及昭宗用崔胤召梁兵以誅宦官，劫天子奔岐，梁兵圍之逾年。當此之時，天下之兵無復勤王者。向之所謂三鎮者，徒能始禍而已。其他大鎮，南則吳、浙、荆、湖、閩、廣，西則岐、蜀，北則燕、晉，而梁盜據其中，自國門以外，皆分裂於方鎮矣。

故兵之始重於外也，土地、民賦非天子有；既其盛也，號令、征伐非其有；又其甚也，至無尺土，而不能庇其妻子宗族，遂以亡滅。語曰：『兵猶火也，弗戢將自焚。』夫惡危亂而欲安全者，庸君常主之能知，至於措置之失，則所謂困天下以養亂也。唐之置兵，既外柄以授人，而末大本小，方區區自為捍衛之計，可不哀哉！

宋・葛勝仲《丹陽集》卷七《論盧龍》 豐爵秩以塞其僥覬之心，峻繩檢以抑其豪鋭之氣，知是說者知禦將。無事而搜練，則警急有備，平居而撫養，則倉猝可使，知是說者知制兵。今夫載筆之士，追咎長慶之失，皆曰崔植、杜元穎不知御將，蕭俛、段文昌不知制兵，由是燕薊之地，已得而更失。劉總挈八州效順，懼部將潰亂，先籍朱克融輩送京師，欲朝廷劃疆土，處之使北方，歆艷其寵，不復甘亂。當時柄廟算者，慮不經遠，徒知五兩半通之命，為可愛而不知慰其羈躓之心。既又弛檻繏而縱豺虎，由是克融披攊不可制，實崔杜二子之為也。穆宗初，兩河無虞，遽議偃革，建請天下鎮兵，歲俾十之一為逃死不補，謂之銷兵。既而籍卒逋散，嘯聚為盜，克融一日收用之，朝廷募烏合充戰，疲瑣不能支敵，遂失河朔，實蕭、段二子之為也。愚以為不然。蓋始不用裴度而用張宏靖，盧龍所以亡，終不用裴度，而視賊不討，盧龍所以不能復。就使當時無禦將處兵之失，碣石之野亦未必不亂。何者？張宏靖傲虐自肆，燕人苦之，於是囚之薊門，而挾衆為亂。彼所欲逐者宏靖耳，克融雖不北還，彼謂軍中不可一日無帥，將不取豪健得衆者擅立乎？又況宏靖之囚也衆，請朱洄為帥，謝老疾而後以其子克融領軍務，使朝廷狥總之請而以鉅封劇鎮付之克融，則洄且自為之矣。父子影會，舉兵連衡，禍未必不更大也。故愚以為崔植、杜元穎之失，未必能致亂。元和十五年正月，俛文昌始當國。明年七月，克融已叛，銷兵之議，甫一歲耳，十分天下之鎮兵而不補其一。又始二歲，失職者未甚夥也。王廷湊同時反，趙亦收用之。則克融所得，又其半耳。克融有畔涣之志，雖無失職之兵，豈不嘯引凶黨用之乎？李懷仙、朱滔犯順，亦豈因朝廷所銷之兵耶？又況克融拱手安坐，坐享旄節，朝廷未嘗致討，而克融初不用兵也。故愚以為蕭俛、段文昌之失，未必能致亂，然則一日而亡地數千里，由不用裴度爾。劉總入朝，請析八州為三道以弱燕薊之勢，其策固善。至請以宏靖、盧士玫、薛平分治之，則用人固已疏矣。奈何棄度不用，又全以總地寵之？弘靖之帥幽州也，不能用俗制變，遂致軍亂。彼魏始降而度往宣慰也，徧至屬部，揚天子之恩澤，魏人歡服，使之代總，必不肯如弘靖朘削軍費，取緡錢二十萬供私費矣。蔡始平而度往視也，以蔡牙卒侍帳，下使之代總必不肯如弘靖肩輿障蓋，與士卒殊勞逸矣。度嘗建請私第見士，延俊英，訪籌策，必不肯委成參佐，旬一決事，罕見將吏矣。度之入蔡，悉除元濟偶語饋遺之禁，必不肯專以刑法根治吏士。矣總之降也，誠能起度於河東而付之以宏靖之重寄，彼將恤乏弔災，豐犒而勤恤之，則盧龍何自叛哉？此策之失一也，夫既不能用度而産患若此矣。克融拒劉悟，使不得入，旋以易定為寇。於是時，誠能梟合鋭師，北首燕路，而以授鉞之寄屬度，則已失之燕，談笑可復觀。夫克融之援廷湊也，度移書開說，遂請罷兵。其執楊文端也，度畫二策，即日聽命。韋處厚曰：『使度位廊廟，則幽鎮自臣。』使二鎮還者，皆曰裴度。居東人情失望，奈何帝沖逸而弗知用也？且在先帝時，戮師道而平齊，誅元濟而平蔡，承宗獻地，程權入朝，皆自度謀畫之致，豈獨幽州而無功乎？此策之失二也。穆宗席前世之烈，不馳一戈，不亡一鏃，而坐享全燕之地，未及轉眄而復陷於賊，議者謂幽州幽陰慘毒，其民剛彊，厥田沃壤，遠慕田光、荆卿之義，近染思明、禄山之風，忘忠嗜亂，殆非人力所能為。愚獨以為皆不用裴度之過。

宋・陳傅良《歷代兵制》卷七《五代》 案：梁起于盜賊，值時之亂擾竊神器，幸以有成。當是之時，環境之外，皆其至仇勍敵。李克用居河東，與之鏖戰，蓋三十餘年；李茂貞居鳳翔，被圍經歲，而不得食；朱瑾以勁騎奔淮南，楊行密據强兵王吳，王燕王趙，羅紹威王魏，劉仁恭王燕，王師範節度青州。使合謀并力，連山東之卒以擊其東，率關隴之衆以攻其西，吳以江、淮、荆、襄之兵挫其南，趙以燕上之騎奪其北，四面併合，為梁者蓋束手就虜耳！雖僅免于身，而失之于子矣。唐李克用以沙陀唐德宗時，有朱邪盡忠者，居于北庭之金滿州，其子執宜歸唐，號沙陀軍，執宜子國昌，國昌子克用。因黃巢之亂，有功于王室。巢陷京師。中和二年，克用以步兵萬七千來赴，敗巢，橫尸三十里。京師平，克用功第一。至張濬之戰，殺戮酷矣。大順元年，朱全忠及宰相張濬等請討克用，戰于陰地。濬軍三戰三敗，克用掠至河中，赤地千里。天復初，為梁所困，鋒鋭亦衰，僅保一隅。比莊宗嗣位，當時之兵，楊行密號黑雲都，楊行密據廬州，收兵數千，以皂衣蒙身，號黑雲都。劉仁恭號定霸都。梁攻滄州，劉仁恭調其境內凡年十五以上、七十以下，皆文其面，曰定霸都。

宋·李綱《梁谿集》卷一四七《論方鎮》 唐制，方鎮節度使之兵，其始起於邊將之屯防者，大曰軍，小曰守捉，曰城，曰鎮，而總之者曰道，軍、城、鎮、守捉皆有使，而道有大將一人曰大總管，已而更曰大都督。至太宗時，行軍征討曰大總管，在其本道曰大都督。自高宗永徽後，始謂之節度使，接乎開元，而朔方、隴右、河東、河西、平盧、范陽、劍南、嶺南諸鎮皆置之。天寶末，禄山、思明繼反，中國大亂，而郭子儀、李光弼諸節度之兵討平之。大盜既滅，武夫以功起行陣者，皆除節度，由是方鎮相望於內地。代宗時，吐蕃犯京師，德宗時朱泚亂變闕下，其後李希烈以汴叛，李懷光以河中叛，吳元濟以淮西叛，劉辟以蜀叛，李錡以浙西叛，劉稹以太原叛，而僖、昭之間，黃巢、秦宗權以盜賊擾天下，皆賴方鎮相與犄角以定其亂，則方鎮之兵不得謂無功於唐。然肅宗既平安史，君臣幸安，瓜分魏博、鎮冀、盧龍之地授三叛將，而朝廷遂失河北。其後德宗經朱泚之變厭用兵，益務姑息，不復誰何。故方鎮兵驕則逐帥，帥彊則叛上，或父死子握其兵而不肯代，或取捨由於士卒以邀命於朝，而天子一切屈已以從之。至憲宗任裴度、武宗任德裕，制以權謀，討以威武，而叛者誅鋤，服者恵來，唐之號令，幾於復振。下迨僖、昭之間，唐室微矣，巨寇颷起，而當時處方鎮者，又皆盜賊之靡，則唐之所以陵夷而卒至於亡者，授任失宜而姑息之政，積習之勢使之然也。國家鑑唐之弊，削方鎮之權，郡縣一委以文吏，非沿邊諸帥不以兵柄假之，餘路雖督府，亦宿兵不多，而祖宗德澤浹於四方，無大盜賊，恩信結於四夷，無大征戰，故能承平累洽，天下無事者百有七十餘載，戴白之老不識金革，可謂盛矣。然而一旦金敵長驅中原，邊帥不能抗，而腹心郡縣，兵力弗支，類皆望風遁逃奔潰。既破京師，遷二聖，卷六宮而北之矣。陷兩河，擾關中，蹂踐京東、西，其勢駸駸南來未已，所在盜賊乘間竊發者，往往皆是。而郡縣但承平無事之制，偷取苟安，恬不加恤，不知何以禦之。夫唐之方鎮，其弊也有尾大不掉之患，今之郡縣，其弊也手中不足以捍頭，目事近矣。其亦取方鎮之制變通損益以行之，使有方鎮之利而無其害，庶幾協智合力以捍大患，救今日之弊乎？若夫尾大不掉，則非今之所慮也，事定然後徐圖之可也。

明·唐順之《稗編》卷九六《林駉〈方鎮〉》 藩鎮之為唐患也尚矣，其根萌於武德十道之置使，其勢成於至德九節度之分封，其禍見於乾元平盧主帥之自立，此廢置叛服之由也。方太宗平定之後，既分天下為十道，而於軍鎮城戍之兵為十二道而置使，處之總之以都督者，此其為方鎮已成之兆，特待時而張耳。且河北、隴右，此皆極邊之地，天下之府六百餘所，而在河北者不過三十，在隴右者不過二十九，而又皆隸於衛將軍矣，此何足以係廢興？大致觀其總軍而置使，河北一道則析而為二，曰平盧，曰范陽，隴右一道則析而為四，曰隴右，曰安西，曰北庭，曰河西。而其曰軍曰守捉曰城曰鎮焉者，大者二十餘，小者亦不下十餘。以天下之極邊，為天下之重鎮，而撫之以都督，其品略與十六衛將軍同，乃在尚書之上，而與左右僕射為一流，所謂五大不在邊者，果若是乎？漁陽鞞鼓掃境而來，亦其勢之必至者，此府衛之法壞而方鎮之根形矣。

嗚呼！易封建而為郡縣論者，知其無叛國，改刺史而置州牧識者，料其羣牧之爭政。太宗何不鑑其覆轍耶？故曰其根萌於武德十道之置使者是也。方肅宗即位之初，安史父子相挺為禍，尚賴諸鎮、勤王之師，共起誅戮，而九節度之號立焉。大難既平，蓬孛軒豁。是時也，正當伸朝廷之紀綱，明節鎮之形分，君臣幸安，苟且歲月。河北瓜分，方鎮碁布，大者連州十餘，小者毋慮三四，成肱髀難削之形，效輔車相依之勢，使人視之若羌戎然，此節度之名立而方鎮之勢成矣。

嗚呼！割梁以封越，所以啓叛者之九，起舉吳以予濞，而變狀不待異日，見之肅宗，乃不思及此耶？故曰其勢成於至德，九節度之分封者是也。乾元初侯希逸帥平盧軍士，實為之此一機也，尤强弱安危之分。也夫天子所恃以鼓舞天下者，以爵禄廢置在上不在下焉耳。命將帥統，藩維事之最大者，而委一介之使，狥行伍之情，此而可為，夫孰有不可為哉？士卒得以陵偏裨，偏裨得以陵將帥，則將帥之慢朝廷，自然之勢也。此自立之弊生而唱亂之禍起矣。嗚呼！賞罰不出於天子，而春秋諸侯得以抗衡，守相不置於漢廷，而七國侯王得以僭上，又何不是之思耶？故曰：其禍見於乾元平盧之自立者是也。自是以來，苟安之念生，姑息之政成，且承嗣一黠虜耳，重歛虐民，亦何能為？而代宗惟恐少拂其意，自置官吏，弗之問也。私入稅賦，弗之詰也。兼宰相則就加平章，增以鴈門之封，重以天雄之號，州為督府，子尚公主，其寵之不已過乎？頔亦一黠虜耳，黷貨淫刑，果何能為？而德宗惟恐少拂其意，愛惡予奪，惟意是狥。既奏元洪流端州矣，而復請輕之，改為長史。既奏薛正倫貶峽州矣，而復自悔之留為判官。其縱之不已過乎？諸鎮相視，往往以匹夫而要朝廷，以卒伍而抗天子，由代、德姑息之過也。大抵芽蘖之未萌，則片言折之而有餘，間隙之已開，則干戈取之而不足，可不深慮而早計乎？至憲宗之削平諸藩，方有太阿出匣之狀，然而軍士有犯上之罪，以天子之命殛之，何所不可？而乃給之以賞，實之以刑，繼自今以往，誰敢以信必待朝廷者？大抵韓信之叛心，不生於假王之時，而生於雲夢之偽遊。竇融之內附，不畏漢兵之强，而畏河西之璽書。惟義可以起人之敬畏，惟信可以使人之悅服。失義與信，何以立國？此藩鎮與唐三百年相雄鼠伏。惟正月乙巳，以詔諭諸鎮，越翼日戊午，又別以詔賜諸鎮。王言如綸，其出如綍，誰敢有異心者？鎮安之韓令坤，自北邊聽命，鎮寧之慕容延釗，自貞定聽命。彥卿之在天雄，則表請而名稱王，景之在雄武，則治裝而入朝，建雄之廷璋，駰詔朝馳，單車夕至矣。成德之郭崇朝發信使，夕無違命矣。袁彥之凶，率以潘美諭之，而至自保義。承信之涉嫌，以魏丕直，之而安於獲國，一旦以息兵為問，趙公普以方鎮太重對，片言之發，適當帝心，聚天下之精兵，收天下之財穀，皆入京師，隱然有虎豹在山之勢。而又支郡長吏，得自奏事，而長吏得以舉其權，鎮將職屬悉委之縣，而縣官得以行其職。轉運既以扼其私，別乘又以制其專，强藩巨鎮，皆顛倒於股掌之上。吾觀開寶之二年，守劇鎮者各罷而歸，環衞杯酒，易置如制嬰兒。自非規模宏遠，何以致是？嗚呼！藝祖一舉而去數百年之患，仁矣哉。

《宋史》卷四四二《尹源傳》（尹源）嘗作《唐說》及《敘兵》十篇上之。其《唐說》曰：世言唐所以亡，由諸侯之强，此未極於理。夫弱唐者，諸侯也。唐既弱矣，而久不亡者，諸侯維之也。燕、趙、魏首亂唐制，專地而治，若古之建國，此諸侯之雄者，然皆恃唐為輕重。何則？假王命以相制則易而順，唐雖病之，亦不得而外焉。故河北順而聽命，則天下為亂者不能遂其亂；河北不順而變，則奸雄或附而起。德宗世，朱泚、李希烈始遂其僭而終敗亡，田悅叛於前，武俊順於後也。憲宗討蜀、平夏、誅蔡、夷鄆，兵連四方而亂不生，卒成中興之功者，田氏稟命、王承宗歸國也。武宗將討劉稹之叛，先正三鎮，絕其連衡之計，而王誅以成。如是二百年，奸臣逆子專國命者有之，夷將相者有之，而不敢窺神器，非力不足，畏諸侯之勢也。

及廣明之後，關東無復唐有，方鎮相侵伐者，猶以王室為名。及梁祖舉河南，劉仁恭輕戰而敗，羅氏內附，王鎔請盟，於時河北之事去矣。梁人一舉而代唐有國，諸侯莫能與之爭，其勢然也。向使以僖、昭之弱，乘巢、蔡之亂，而田承嗣守魏，王武俊、朱滔據燕、趙，强相均，地相屬，其勢宜莫敢先動，況非義舉乎？如此雖梁祖之暴，不過取霸於一方耳，安能强禪天下？故唐之弱者，以河北之强也；唐之亡者，以河北之弱也。

或曰：『諸侯强則分天子之勢，子何議之過乎？』曰：『秦、隋之勢無分於諸侯，而亡速於唐，何如哉？』或曰：『唐之亡其由君失道乎？』曰：『君非失道，而才不至焉爾，其亡也，臣實主之。請極其說：唐太宗起艱難有天下，其用臣也，聽其言而盡其才，故君臣相親而至治安。以及後世，視太宗由茲而興，雖其聖不及，而任臣納諫之心一也。君有太宗之心，臣非太宗之臣，上聽其下，或不能辨其奸，下惑其上，無所不至，所以敗也。何哉？夫君一而臣衆，大聖之君不相繼而出，大奸之臣則世有之。大聖在上，則奸無所容，其臣莫不賢。苟君之才不能勝臣之奸，則雖有賢者不能進矣。如是，然未至於失道，猶失道也。明皇非不欲天下如貞觀之治，而馭臣之才不能勝林甫之奸，於是有祿山之禍。德宗非不欲平暴亂、安四方，而君人之術不能勝盧杞之邪，於是有朱泚之變。以至於僖、昭，其心皆欲去亂而卽治也，而才不逮於明皇、德宗，輔臣之奸邪或過於林甫、盧杞，求國不亡，安可得已！然迹其事，君豈有失道乎？於時天下非無賢，由君不能主聽也。故至賢之主與夫失道之主，其興其亡，皆自取之，此係乎君者也。中才之主，其臣正勝邪則治而安，邪勝正則亂而亡，此係乎臣者也。然則唐之亡非君之為，臣之為也。』

明・何偉然《廣快書》卷二六《鄧予垣〈病中抽史・唐之藩鎮〉》

唐之藩鎮，是安史之餘孽，而僕固懷恩之基禍也。然征是，藩鎮必不免。從天寶元年置十節度使以備邊，此亂之所由生也。祿山其始作俑，而反以戒後人者乎？由肅代而降，終唐之世唐不能有以大創藩鎮然亦終唐之世，而藩鎮不能有以大禍唐。使懷恩、朱泚、懷光之時，藩鎮中有如三國者數人，虎吼其間，天下非唐有也。頭偕然實叛而名臣也。憲、武二宗。稍稍以法繩之，僅能擒元濟，伏兩河，戮劉稹，威三鎮也。卒之唐祚盡而起而蹙之者，乃不階盡土之仙芝、巢、温，而藩鎮無與也。此無他據非有，常惴惴焉，有不自安之意。而又上仰於監軍，下假諸偏俾，以爲陳乞之地，主帥固亦無權，所志在於留後，輕一舉動，恐併其故穴而失之。此其所以閱百餘年而不能爲大患也，吾於是而信封建之猶可行也。藩鎮之起，失策於上元命郭汾陽定河北而不果行。藩鎮之成，濫觴於大曆視諸藩將擁强兵而不敢問，自建中以後無能爲矣。

清・愛新覺羅・弘曆《御製樂善堂全集定本》卷五《李晟論》　唐室之亂，始於藩鎮彊梁，虎視天下，相連為朋，河北諸鎮為尤甚。蓋自肅宗之時，僕固懷恩懷不逞之心，欲結彊鎮，以賊將為節度，遂世襲以為已有而不奉命朝廷。其後涇原之亂，德宗幸奉天，諸鎮雖有戮力王家以拒朱泚如李懷光者，而稍有不合，則復叛而歸泚。於是藩鎮之勢益橫，而天子之權益弱。

清・王夫之《讀通鑑論》卷二一《唐高宗》　魏、晉以下，三公牧守不能操生殺兵農之權，教化不專司於己，而士自以其學業邀天子之知；乃復使之待辟於省寺府州之衆吏，取捨生乎恩怨，奔競盛於私門，於此不讎，自媒於彼，廉恥喪，朋黨立，國不能一日靖矣。唐之亂也，藩鎮各樹私人以為爪牙，或使登朝以為內應，於是敬翔、李振起而亡唐。他如羅隱、杜荀鶴、韋莊、孫光憲之流，皆效命四方，而不為唐用，分崩瓦解，社稷以傾，亦後事之明驗矣。

又　卷二二《唐玄宗》　天寶元年，置十節度使，其九皆西北邊徼也。唯河東一鎮治太原，較居內地。別有嶺南經略，長樂、東萊、東牟三守捉，亦皆邊也，而權抑輕。若畿輔內地，河、雒、江、淮、汴、蔡、荆、楚、兖、泗、魏、邢，咸弛武備，羊苟安，而倚沿邊之節鎮，以冀旦夕之無虞，外彊中枵，亂亡之勢成矣。蓋自一行立兩戒說，分用文用武之國，於是居輕禦重、彊枝弱幹之術行，而自詑其鞏固。方玄宗之世，吐蕃、突騎施、奚、契丹雖倔强不賓，而亦屢挫衄以退，本無可用防禦者。無故而若大患之在邊，委專徵之權於邊將，其失計固不待言矣。即令外寇果彊，侵陵相迫，抑必內屯重旅，以時應敵，而不容棲重師於塞上，使玩寇失防，一敗而無以為繼。況周、漢之亡，癰先內潰，覆車不遠，豈盡繇四裔乎？

寇之起於內也，非能亟聚數萬人以横行天下；其或爾者，又皆烏合而弗難撲滅者也。唯中原空其無人，則旋滅旋起，而無所彈壓。撤邊兵以入討，必重虐吾民，而人心離叛；偶一折喪，乘勢以收潰卒，席捲以行，而邊兵皆為賊用，然後鼓行而入無人之境，更無有挾一矢以抗之者，社稷邱墟在日晚之閑耳。

夫使祿山之亂，兩河、汝、雒、淮、楚之閑，有大臣屯重旅，拊其入關之背，而迫之以前卻兩難之勢，賊其敢輕窺函谷哉？封常清一身兩臂，募市人於倉卒，以授賊禽，其為必敗無疑矣。二顏之起河北，張、許之守唯陽，皆率市人以戰，賊之所望而目笑者也。李、郭雖出，九門克捷，而不救潼關之敗。觀於此，則虛其腹心，以樹彊援於四末，一朝瓦解，大廈旋傾，勢在必亡，無可拯救，必然之券矣。

且重兵之在邊也，兵之疆弱，朝廷不得而知也；將之忠奸，中樞不得而詰也。兵唯知其將之恩威，而不知有天子；將一失其所守，而自放為遊兵，潰而散，靡而降，反戈而內訌，豈徒祿山犯闕、天子奔蜀為然乎？楊劉一潰，而朱友貞匹馬無投；恆州一衄，而石重貴束身待縛；种師道入援不振，而宋徽父子憑孤城以就獲。千古敗亡之一軌，自大戎遽起，烽火無援，其來久矣。東漢黎陽之屯，差為有恃；乃其亡也，亦以邊疆腹弱，而山東義旅，不敵董卓之胡騎。後之謀保天下者，可弗鑒諸？

【略】

秀者必士，樸者必農，慓而悍者必兵，天與之才，習成其性，不可移也，此之謂天秩，此之謂人官。帝王之所以分理人物而各安其所者，此而已矣。

唐之府兵，世著於伍，垂及百年，而違其材質，强使即戎，於是而中國無兵。安禄山以蕃騎渡河，入無人之境，直叩潼關，豈中原之民一皆肥弱，無可奮臂以興邪？顔魯公一振於平原，旬日之間，而得勇士萬餘人，於是盧全誠於饒陽，李奂於河閑，李隨於博平，而顔常山所收河北義旅凡二十餘萬，張唯陽所糾合於雍邱者一日而得數千人，皆蹀血以與賊爭死命。斯固三數公忠勇之所激，而豈此數十萬比屋之民，皆養憤填胸、思拯國難者乎？慓輕鷙悍之材，誠思得當以自效，不樂於負耒披蓑，寧忘身以一逞，其材質不任農而任兵，性以成、情以定也。然則拘府兵之故紙，疑曠騎為虚文，困天下材勇於隴首，蕩泆遊閑，抑不收農民之利者多矣。違其性，棄其長，强其短，徒弱其兵，復竊其農，唐安得有兵與民哉？

唯其不能收天下之材勇以為國用，故散在天下，而天下皆得以收之，忠者以之效其忠，邪者以之黨其邪，各知有所募之主帥，而順之與逆，唯其馬首是瞻，於是乎藩鎮之勢成，而唐雖共主，亦與碁立以相敵。延及五代，天下分崩，互相吞滅，固幽、燕叛逆之所倡，抑河北、山東義兵之所啓也。若夫高仙芝、封常清迫而募於兩都者，則市井之罷民，初不足為重輕者也。民懲府兵之害，聞召募出於朝廷，則畏一登籍而貽子孫之禍，固不如河北、山東、雍、睢牧守之號召，人樂於就而能得其死力也。

又《唐代宗》 將與兵必相得也，兵不宜其將，非弱則訌。唐節度使死，因察軍中所欲立者授之，亦未為過也。其事自肅宗以平盧授侯希逸始。於是唐權下移，終其世於亂，而國以亡。蓋人君之心，有可洞然昭示使天下共見者，雖雄猜如曹孟德，而亦無所隱。有藏之密、慮之熟，決於一旦而天下莫測者，雖孔子之墮郈、費，亦未嘗示人以欲墮之志。非疑於人，信之在己者深也。

唐之中葉，節度使各有其兵，而非天子所能左右，其勢成矣。察三軍之志，立其所願戴者，使軍效於將，將效於國，亦不容已之勢也。非可以漢旦馳入營奪韓信、張耳之軍行焉者也。惟然，而此意可使將與兵知之乎？軍有帥，有偏裨，帥死而偏裨之可任與否，非不可以豫知者也。其為忠、為逆、為智、為愚、為寛、為嚴，天子與大臣辨之審而慮之早，則帥一死而赫然以軍中所欲奉之主授以節鉞，而不待其陳請。則帥既感其特恩，兵亦服其夙斷。既憚其明見萬里之威，復懷其實獲我心之德。雖有桀鶩，敢生攜貳乎？天下止此數鎮，鎮之偏裨止此數人，天子大臣曾不察其可否，而待迫以詢之羣小邪？劉後主之闇也，猶能使李福問帥於諸葛方病之日；若祭遵、來歙死於倉卒，而兵柄有歸，尤先事以防不測，其計定矣。惡有縣三軍之任，摇摇不知所付，帥死而後就軍中以謀用捨哉？又況所遣者奄人，賄賂行，威權替，李懷玉得逞其奸，而唐無天子，養亂以垂亡，寄生之君，屍禄之相，不足與有為久矣。將有材而不能知，軍有情而不能得，浸使不問，軍中自為予奪，其召亂尤速也。操大權者，非一旦之能也。

又 卷二四《唐德宗》 德宗不許李惟岳之嗣位而亂起，延及數年，身幾危，國幾亡，天下鼎沸，是豈可謂德宗之宜聽其嗣，使假我之爵位，據我之土地甲兵以抗我哉？而不許之，則又兵連禍結而不解。論者至此而議已窮，謂不先其本，而急圖其末，是已。顧處此迫不及待之勢，許不許兩言而判，徒追咎於既往，而無以應倉卒，是亦塵羹土之言耳。

粤自田承嗣等勢窮而降，罪可誅，功無可録，授以土地甲兵者，僕固懷恩奸矯上命而擅予之也。起家無賴之健兒，為賊已蹙，偷竊土壤，乃欲效古諸侯之世及，延其福祚，其愚而狂以自取滅亡也，本可折箠以收之者也。寶臣先死，惟嶽首為難端，闇弱無能，而張孝忠、王武俊又與離心而伏戈相擬，則首抑之以懲李正已、田悅、梁崇義於未發也，誠不可不決之一旦者矣。不許，而四凶表裏以佐亂，癰之必潰，養之奚可哉？曾未逾年，而田悅大衄，李納勢蹙，惟岳之首縣於北闕，天下亦且定矣。悅與納株守一軍，無難坐待其斃。然則惟岳之叛，不足以為唐社稷病，而德宗之不許，事雖勞而固有功矣。天下復亂，固非不許惟岳之所致也。

謂殺劉晏而羣叛懷疑以競起者，非也；晏自不當殺耳，不殺晏，而河北能戢志以聽命乎，誰其信之？不殺來瑱而僕固懷恩固反，不殺劉晏而河北固叛，賊指為名以激衆怨耳，實則了不相及之勢也。抑欲天子不敢殺一人，以媚天下而取容乎？惟嶽既誅，成德已平，而處置朱滔、王武俊者乖方以致亂，則誠過已。雖然，滔、武俊之志，猶之乎承嗣、寶臣也，平一賊而進一賊，又豈易言哉？嗚呼！蓋至是而所以處此者誠難，論者設身處此，又將何以處之與？

且德宗之初政，猶勵精以求治，盧杞初升，其奸未逞，固本治內，卽不逮漢光武、唐太宗之威德，亦可無咎於天下。以此言之，癰久必潰，河壅必決，代宗以來，養成大患，授之德宗，誠有無可如何者。固非天數之必然，亦人事漸漬之下遊成乎難挽，豈一事之失宜所猝致哉？

乃若德宗之不能定亂而反益亂者，則有在焉。當時所冒昧狂逞以思亂者數人耳，又皆紈袴子弟與夫偏裨小將無能為者也。若環海內外，戴九葉天子以不忘，且英明之譽，早播於遠近，賊之宗黨，如田庭玠、邵眞、谷從政、李洧、田昂、劉怦，下至幽、燕數萬之衆，無欲叛者。德宗誠知天下之不足深憂，則羣逆之黨，固可靜待其消。而德宗不能也，周視天下，自朝廷以至於四方，無一非可疑者。樹欲靜而撼之，波欲澄而扣之，疥癬在四末，而針石施於膏肓，可談笑以收功，必震驚以召侮，愈疑愈起，愈起愈疑，乃至空腹心之衛，以爭勝於東方，憂已深，慮已亟，禍愈速而敗愈烈，梁州之奔，斯致之有繇，而非無妄之災矣。

蓋河北之勢不能不亂者，代宗積壞之下遊也，而於德宗則為偶起之波濤。事窮而變，變則有通之幾焉。田承嗣、李寶臣、李正己、朱希彩之毒，大潰而且竭矣，其潰也，正其所以痊也。嗚呼！能知苟安之必為後患，禍發之可待消亡，守順逆之經，居高乘權，因窮變通久之時，無震動悚之惑，而後天下靜於一人之心。一發不效，惴惴焉迫為改圖，載鬼一車，而孤張不說，庸人之識量，所為自貽伊慼者，唯此而已矣。【略】

劉盆子請降，光武曰：『待以不死耳。』大哉言乎！理正而法明，量弘而志定，無苟且求安之情，則威信伸而亂賊之膽已戢，天下之寧也必矣。《詩》云：『我徂惟求定。』定者，非一旦之定也。志惟求定，未定而不以為憂，將定而不以為喜，所以求之者，持之心者定也。

史朝義窮蹙東走，官軍追敗之於衛州，而薛嵩、李寶臣降；再敗於莫州，窮蹙無歸，而田承嗣降；獨與數百騎北奔塞外，而李懷仙殺之以降；馬燧、李抱眞、李晟大敗田悅於臨洺，梁崇義俘斬於襄陽，李惟岳援孤將潰，而張孝忠降；馬燧等大破田悅於洹水，朱滔、張孝忠攻拔束鹿，惟岳燒營以遁，而王武俊殺惟嶽以降。凡此皆梟雄狡獪，為賊爪牙、以成其亂者，火熸水凖，則賣主以圖僥倖，使卽不降，而欲熸之灰，欲澄之浪，終不足以復興。且其反而無親，旦君夕虜，憯焉絕其不忍之心者，允為亂人，非一挫可消其狂猘。以視赤眉、盆子，其惡尤甚；而既俯首待命，則制之也尤便。待以不死，而薄給以散秩微祿，置之四裔，則禍於此而訖矣。官軍將士，血戰以摧疆寇，功未及錄，而窮乃投懷之鷙獸，寵以節鉞，授以土疆，義士心灰，狂徒得志，無惑乎效忠者鮮而犯順者日滋也。

語有之曰：『受降難於受敵。』而非此之謂也。兩國相距，勢埒力均，乍然投分，誠偽難知，則信難矣。以天下之全力，奉天子之威，討逆臣而蹙之死地，得生為幸，雖偽何為？操生死榮辱之權於吾腕掌，夫何難哉？夫光武初定雒陽，寇盜林立，統孤軍以遏歸寇之沖，則誠難耳；而一言折盆子之覬覦，易且如彼。況朝義、惟嶽焚林之浮焰已滅，天下更無餘熸乎？

惡已滔天而戮其身，固非不仁也。且使以不死待之，而劉盆子終老於漢，固可貸其生命，則其為恩也亦厚矣。非若白起、項羽坑殺之慘也。乃唐之君臣，迫於亂之苟定，一聞瓦解，驚喜失措，納蠭蠆於懷中，其愚也足以亡國，不亡者幸爾。朱溫叛黃巢以歸，而終篡唐；郭藥師叛契丹以來，而終滅宋。代、德之世，唐猶疆盛，是以得免於亡；然其浸以亂而終亡於降賊，於此始之矣。寵薛嵩等以分土者，僕固懷恩之奸也；君與大臣聽之者，其偷也。孝忠、武俊，則德宗自假之威，而又猜忌以裁抑之，馬燧等不能與賊爭功，尚何能奪其寵命哉？【略】

亂與治相承，恆百餘年而始定，而樞機之發，繫於一言，曰利而已。盜賊之與夷狄，亦何以異於人哉？志於利，而以動人者唯利也。

唐自安、史以後，稱亂者相繼而起，至於德宗之世，而人亦厭之矣。故田悅、李惟岳、朱滔、李懷光之叛，將吏士卒皆有不願從逆之情，抗凶豎而思受王命；然而卒為所驅使者，以利昭之而衆暫食其餌也。田緒殺田悅，慮將士之不容，乃登城大呼，許緡錢千萬，而三軍屏息以聽；李懷光欲奔據河東，衆皆不順，而許以東方諸縣聽其俘掠，於是席捲渡河。嗣是以後，凡據軍府、結衆心以擅命者，皆用此術而蠱衆以逞志。嗚呼！此以利貿片時之歡者，豈足以窺非望而成乎割據哉？以此為藏身之固，利盡人離，旋以自滅，蓋亦盜賊之算而已矣。

老子曰：『樂與餌，過客止。』夫君子豈不知人情之且然哉？乃得天下而不為，身可死，國可亡，而必不以此訢合於愚賤之心者，則所以定天下之志而安其位也。以利動天下而天下動，動而不可復止，有涯之金粟，不足以填無涯之谿壑，故唐之亂也無已期。利在此而此為主矣，利在彼而彼為主矣，鬻權賣爵之柄，天子操之，且足以亂，庶人操之，則立乎其上者之岌岌何如也？天子聽命於藩鎮，藩鎮聽命於將士，迄於五代，天子且以賄得，延及宋而未息，郊祀無名之賞，幾空帑藏，舉天下以出沒生死於錢刀。嗚呼！利之亡國敗家也，盜賊一倡其術，而無不效之尤也，則亂何繇已也，而其愚已甚矣！

盜賊散利以餌人，夷狄聚利以制人，皆利乘權以制生人之命也。誰生厲階，意者其天乎！抑亦宇文融、王鉷、楊慎矜、楊炎之徒導其源邪？是故先王賤利以納民於名義，節其情，正其性，非計近功者所能測。而孟子三斥梁王，杜篡弒奪攘之萌，其功信不在禹下也。

又　卷二五《唐憲宗》　憲宗志平僭亂，李絳請釋王承宗於恆、冀，而困吳少誠於申、蔡，韙已。有攻堅而瑕自破者，有攻瑕而堅漸夷者，存乎其時而已矣。當是時，國家積弱，而藩鎮怙彊，河北其輪囷盤錯以折斧斤者也。攻其瑕而國威伸，瑕者破而逆氣折，故西川、江、淮叛而速平，唯其瑕也。然而堅者自若，則以申、蔡逼近東都，中天下而持南北之吭，河北以窺朝廷之能否，故用兵之所宜先者，莫急於淮、蔡。吳少誠處四戰之地，旁無應援，李師道殫力以為之謀，為盜而已，弗能出一卒以助其逆，彼瑕易脃，而國威可伸。申、蔡平而河北震驚，不於此而攻瑕，將安攻乎？

若當時之最宜緩而不可急攻者，莫恆、冀若矣。王武俊首聽李抱眞之約，發憤討逆，功固可念也。而南有魏博以為之障，北有幽、燕以為之援，東有淄青以為率然之首尾，吐突承璀不揣而加兵，徒以資盧從史之逆，自取之也。自申、蔡而外，所可申討者，唯淄青耳。淄青者，南接淮、海，而西與燕、魏相縣千里，勢不足以相救。故劉裕之滅慕容超也，一入大峴，而直搗其巢，窮海必亡之勢也。李納無尺寸之功，有邱山之惡，而師道繼之，以鼠竊之小醜，力不足以大逞，但恃穿窬之徒，以脅宰相，駭中外，焚帑藏，犯陵廟，宵起晝伏，倖免於天誅，堂堂正正以九伐之法臨之，如山壓卵，莫之能禦矣。捨此不圖，而遽求多於難拔之恆、冀，不亦愚乎？

《詩》不云乎？『池之竭矣，不云自頻。』池者，無源之水也，故頻竭而中隨之。藩鎮之逆，池水之溢耳。元和之世，溢者將涸，竭其頻而池自無餘。憲宗持疑不決，廟議亂於中涓，故歷年久而後平，賊雖平而國亦憊矣。【略】

揣摩情勢，遊移捭闔之士，其術得讎，而天下之亂不可止。戰國之分爭，垂數百年而不定，暴骨連野，人之死者十九，皆此等心機所動，持天下而徇已說者成之也。至於唐之季世，而遊士之口復騰。河北兵連，宇內騷擾，一言偶中，狂夫捐久長之利害，而一意徇之，險矣哉！若譚忠之為田季安、劉濟謀者是已。

於斯時也，為季安謀萬全者，豈有他哉？陳王承宗之逆而必敗，淮蔡、淄青之自速其亡，使二鎮合兵。蹙承宗使就縛歸命，改鎮修職，則季安、濟長保其富貴；而承宗既禽，淮蔡不敢窮兵以抗命，淄青不敢仗盜以黨奸，天下亦蒙其安平之福矣。其後田弘正一逼鄆州，而李師道旋授首於劉悟，其明效矣。而譚忠持兩端之策，揣朝廷之舉動，姑順天子之命，實保承宗之奸，以上免朝廷之怒，下結叛逆之心，自謂謀之已工，而昧於久長之計者，驚其揣度之中，無定之衷，固不勝其如簧之舌，於是取堂邑以市交，收饒陽、束鹿以謝咎，二鎮固可處堂而嬉也。而天下之禍，乃以此而深。使微忠也，則二鎮順而歸命，一言而決耳；逆而助賊，亦一言而決耳；癰已潰，收之而固無難也。故曰忠之為謀險矣哉！

故上之傾危而禍及天下者，莫甚於善揣中外之情形而持之不失，李巨川之亡唐，張元、吳昊之亂宋，皆此也。杜荀鶴、韋莊之流，始於容身，終於幸利，然技止於雕蟲，猶不屍為戎首。而兀术欲走，一書生揣岳、秦之釁，言如持券，以終陷東京而不復。當國者之禦此曹也難矣，獎之則羣起而撓國是，抑之則反面而事寇讎。惟當禍亂繁興之日，庠序仍修，貢舉不輟，使有坦道之可遵，而旁蹊庶其可塞乎！將帥不得薦幕士，督府不得用參謀，亦拔本塞源之一道也。【略】

李吉甫之專恣，憲宗覺之，而拜李絳同平章事以相參酌，自謂得馭之之道矣。乃使交相持以啓朋黨之爭，則上失綱而下生亂，其必然也。絳貞而吉甫邪，弗待辨也。雖然，謂絳為得大臣之道，又豈能勝其任哉？《秦誓》曰：『唯截截善諞言。』言者，小人之所長也，非君子之所可競也。小人者，不畏咎於人，不懷慚於己，君以為是，滔滔日進而益騁，君以為非，詆訶面承而更端以進，無媿咎之容。若君子，則言既不聽，恥於申說，奚瑣瑣尚口之窮乎？君子而以言與小人角長短，未有貞勝者也。《易》曰：『咸其輔頰舌。』應非不以正也，然相激而愈支，於以感上下之心，難矣。

夫大臣者，衷之以心，裁之以道，持之以權，邦之榮懷與其杌隉係焉者也。不得已而有言，言出而小人無所施其唇舌，乃可定衆論之歸，而扶危定傾於未兆。若其一再言之，君已見庸而衆囂莫止者，必君志之未定，而終且受詘，則所謂『不可則止』者矣。夫吉甫豈安於受挫不思變計者乎？言出而絳必折之，憲宗且伸絳而抑之矣。然而屢進不已，蹻蹻爭鳴者，何也？彼誠有所恃也。恃憲宗之好諛在心，乍咈而終俞；絳之相尚以口，言多而必躓也。如是而可以辯論之長與爭消長哉？『彼亦一是非，此亦一是非。』各得其朋以相牴牾，而黨禍成矣。此大臣之道，所不欲以身任天下之紛紜者也。

絳而知此，則當命相之日，審吉甫之植根深固、不可卒拔，辭平章不受，使人主知貞邪之不可併立，而反求其故，吉甫可逐也。即受之而姑捨他務，專力昌言，斥吉甫之奸，必不與同謀國事，聽則留，否則去，不但無自辱之憾，且正邪區分，可俟小人之僨輈折軸，而徐伸其正論，於國亦非小補也。不此之務，屈身以與同居論道之席，一盈一虛，待下風者隨之而草偃，朋黨交持，禍延宗社，絳能辭遇雨之濡哉？

嗚呼！言固未有方也，論固未有定也，失其大正，則正邪之遷流未有據也。吉甫、絳君子小人之辨分矣，他日德裕欲揜父之惡以修怨，而牛僧孺、李宗閔、李逢吉、元稹之徒，愈趨以與德裕爭勝，則君子之名實又歸於李氏。一波而萬波隨，不知所屆，要皆口舌文字之爭勝負於天下，而國之安危，俗之貞淫，淌滉而無據，言之得失，可為善惡之衡乎？盡臣道者不可不知，正君道者尤不可不知也。【略】

魏博田季安死，其子擅立，李吉甫請討之，而李絳請俟其變。籌之堂上而遙制千里，度之未事而驗之果然，不兩月而田興果請命奉貢，效其忠貞，一如絳言，不差毫髮。古今謀臣策士，徵驗疾速，未有如此之不爽者也。

河朔自薛嵩、田承嗣以來，世怙其逆，非但其帥之稔惡相仍也，下而偏裨，又下而士卒，皆利於負固阻兵，甘心以攜貳於天子。故帥死兵亂，殺奪其子，擁戴偏裨者不一，而終無有恃朝廷為奧援者。絳卽知田懷諫之必見奪於人，亦惡知其不若朱希彩、吳少陽之相踵以抗王命哉？而堅持坐待之說，不畏事機之變，咎將歸己，無所顧畏者，豈果有前知不爽之神智，抑徼天幸而適如其謀邪？言而允中，固有繇來，絳秘不言，而無從致詰耳。

田興之得軍心，為季安所忌久矣。與季安不兩立，而特詘於季安，待其死以蹶起，奄有魏博，謀之夙矣。欲定交於聆鎮，以成其竊據，乃四顧而無有可托之疆援，念唯歸命朝廷為足以自固。乃欲自達於天子，而盈廷道謀，將機泄而禍且至。知唯李絳之可因效悃也，信使密通以俟時相應，舉國不知，而絳之要言已定，非一日矣。絳言諸將怨怒，必有所歸，而不斥言興者，為興秘之耳。逐懷諫而有魏博，絳與有謀焉；請命修貢，皆絳之成謀也。絳自策之，自言之，何憂乎事之不然哉？能致之者，絳之忠也；能持之者，絳之斷也；能密之者，絳之深也；要非以智揣度、幸獲如神之驗也。

故大臣之以身任國事也，必熟識天下之情形，接納邊臣之心腹，與四方有肺腑之交，密計潛輸，盡獲其肝膽，乃可以招攜服遠，或撫或勦而罔不如意。夫以一人之憂為憂，以天下之安危為安危者，豈孤立廷端，讀已往之書，聽築室之謀，恃其忠智而無僨事之虞哉？

大臣之謀國也，既如此矣；則天子命相，倚之以決大疑、定大事，亦必有道矣。殿閣之文臣，既清孤遠物，而與天下素不相接；部寺之能臣，錢穀刑名雜亢，而於機事有所未遑；危疑無定之衷，竭智以謀，愈詳而愈左。故人主之命相，必使入參坐議，出接四方，如陸贄、李絳之任學士也，早有以延攬方鎮而得其要領；天下亦知主眷之歸，物望之集，可與為因依，而聽其頤指；無患乎事機之多變，而周章以失據矣。不能知人而厚防之，嚴宰執招權之罰，禁邊臣近侍之交，以漠不相知之介士，馭萬里之情形，日削日離，待盡而已矣。

又 卷二六《唐穆宗》 元和十四年，李師道授首，平盧平；其明年，王承宗死，承元歸命，請別除帥，成德平；又明年，劉總盡納其土地上馬，送遣部將於京師，為僧以去，盧龍平；田弘正徙鎮成德，張弘靖出帥盧龍，自肅、代以來，河北割據跋扈之風，消盡無餘，唐於斯時，可謂曠世澄清之會矣。乃未三載，而朱克融囚張弘靖以起，王庭湊殺田弘正以據成德，亂更酷於前代，終唐之世，訖不能平。穆宗荒宴以忘天下，而君非君；崔植、杜元穎闒淺不知遠略，而相非相；張弘靖驕貴不接政事，而帥非帥；求以敉寧天下也，誠不可得。雖然，亦何至如此之亟哉？

田弘正之輸忱於王室，非忠貞之果摯也，畏衆之不服，而倚朝廷以自固也。劉悟之殺李師道，師道欲殺悟而悟先發制之也。王承元之斬李寂等而移鎮義成，懲師道之死而懼也。劉總之棄官以去，見淄青、魏博之瓦解，黨援既孤，而抱弑父與兄之巨慝不自保也。是憲宗之世，河北之漸向於平者，皆其帥之私心違衆，以逃內叛外孤之害，而非其偏裨士卒之所願欲，則暫見為定，而實則陻滔天之水以數尺之堤耳。王遂一入沂州，而王弁卽反；王承元欲去趙，而諸將號哭。撫斯勢也，雖英君哲相，不可以旦暮戢其凶頑，豈徒駕馭之非人，以激成倉卒之禍乎？嗚呼！天地有遷流之運，風俗有難反之機，非大有為者化行海寓，若舜之分北三苗，而洞庭、彭蠡之狂波永息，則必待天地之有悔心，而正人之氣倍勝於邪慝，以力爭其勝，豈易言哉？

河北者，自黃帝誅蚩尤以來，堯、舜、禹敷文教以薰陶之，遂為諸夏之冠冕，垂之數千年而遺風泯矣。永嘉之亂，司馬氏不能撫有，委之羯胡者百餘年，至唐而稍戢。乃未久而玄宗失御，進軋犖山之凶狡，使為牧帥，淫威以脅之，私恩以昭之，披堅執鋭，競韁爭勝以習之，怒馬重裘、割生飲湩以改易其嗜欲，而熒眩其耳目，於是乎人之不獸也無幾。故田承嗣、薛嵩、李寶臣之流，非有雄武機巧之足以抗天下，而唐之君臣，目睨之而不能動搖其毫髮。非諸叛臣之能也，河北之驕兵悍民、氣焰已成，而不可撲也。師道死，惡足以懲之？弘正、承元之順命，惡足以化之？其復起而樂為盜賊，必然之勢也。垂及於石敬瑭，而引契丹以人，欣奉之為君親。金、元相襲，凶悍相師，日月不耀，凡數百年。而數千里之區，上民無清醒之氣，凡背君父、戴夷盜、結宮闈、事奄宦、爭權利、誇武虓者，皆其相尚以雄、恬不知恥之習也。天氣昌，則可以移人；人氣盛，亦可以熏天。胎之乳之，食其食，衣其衣，少與之嬉，長與之伍，雖有和粹文雅之姿，亦久而與化。未甫釋而卽尋戈，經方橫而遽躍馬，欲滌除以更新，使知有君親以效順也，難矣。

又 《唐文宗》 杜牧憤河朔三鎮之跋扈，傷府兵之廢敗，而建議欲追復之，徒為卮言，貽後世以聽熒耳。牧知藩鎮之强在府兵既廢之後，而不知惟府兵之積弱，是以蕃兵重，邊將驕，欺唐之無兵，以馴致於桀驁而不可復詰也。且當太和之世，豈獨河北之抗命哉？澤潞、山南無非擁彊兵以傲岸者。而欲取區區聽命之州郡，勞其農而兵之，散其兵而農之，則國愈無兵、民愈困、亂將愈起。甚矣！空言無實，徒以熒慕古者之聽，而流禍於來今，未有已也。

府兵之害，反激而為藩鎮，勢所必然，禍所必趨，已論之詳矣。乃若杜牧所言有可取，而唐之初制尚可支百年者，則十六衛是已。十六衛以畜養戎臣儲將帥之用者也，天下之兵各分屬焉，而環王都之左右，各有守駐以待命，蓋分合之勢，兩得之矣。分之為十六，則其權不專，不致如晉、宋以後方州撫領擁兵而篡逆莫制也。統之以十六，則其綱不弛，不致如宋之廂軍解散弱靡以成乎積衰也。

夫邊不能無兵，邊兵不可以更戍而無固心，必矣。兵之為用，有戰兵焉，有守兵焉。守兵者，欲其久住，而衛家卽以衛國者也；而守之數不欲其多，千人乘城，十萬之師不能卒拔，而少則無糧薪不給之憂。戰兵者，欲其壯往而用其新氣者也；一戰之勇，功賞速效，虜退歸休，抑可無長征怨望之情。然則十六衛之與邊兵，互設以相濟，寇小人，則邊兵守而有餘，寇大人，則邊兵可固守以待，而十六衛之帥，唯天子使，以帥其屬而戰焉。若夫寇盜有竊發之心，逆臣萌不軌之志，則十六衛中天下以林立，而誰敢恣意以逞狂圖乎？

唯是十六衛之兵，必召募挑選，歸營訓練，而不可散之田畝，則三代以下必然之理勢，不可以寓兵於農之陳言，坐受其弊者也。就其地食其食，無千里飛挽之勞；就其近屬其衛，無居中遙制之病；衛率巡之，所司練之，有司供億之，皆甚便也。此則唐初之善制，不必府兵而可行之後世者也。以杜牧之時，尤可決行於一朝，非若府兵之久敝而不可再興者，何也？河朔之叛臣不可遽奪，而內地猶可為也。且自憲宗以來，淄青、淮蔡、西川、淮南、賊平之日，兵不可散，固可移矣；成德、盧龍、魏博歸命之日，兵不能罷，亦可調矣。以恩恤之，以威臨之，仍使為兵，而稍移易之，固皆不安南畝習於戎行者，又何難於措置之有哉？朝無人焉，慮不及此，而後天下終不可得而平。牧固不足以及此，而漫無憂國之心者，又勿論已。

又《唐武宗》 河北三鎮之不戢也，豈其富疆足以抗天下不可制哉？唐無以制之耳。盧龍之亂，陳行泰、張絳相繼擁兵以脅節鉞，張仲武起而討之，問其所有士卒幾何，合軍士土團千餘人而已；問其兵食所出，則仰給於嬀州以北而已。卒如仲武之料，幽州下，叛人得。然則唐果制勝得理，以天下之力，舉三鎮如拾芥耳。而終困於不能者，廟謨不定，諸帥離心，且逆黨私人奔走京國，賄賂行於廷臣，皆為張惶賊勢以勸姑息，囂張不輯，亂其成謀也。君暗臣偷，視蕞爾之叛臣，莫之能勝，而曰河朔習亂已久，人心難化。惡！是何言也！

劉稹阻兵擅立，李德裕決策討之，是已；而復曰：『但得鎮魏不與之同，則稹無能為。』何其視鎮魏之太重也！張仲武既以盧龍歸命，拊鎮魏之背矣；何弘敬、王元逵非有田承嗣、王武俊之梟桀，即令納稹賂以陰相脣齒，而朝廷宣昭義問以臨之，又豈敢北不畏盧龍之乘其後，南不畏宣武之逼其前，西不畏河中之制其腋，顯相抗拒，以黨逆而蹶興哉？戰卽不力，亦持兩端以視勢所趨耳。然則劉稹既滅，移弘敬、元逵於他鎮，不敢違也；召弘敬、元逵以赴闕，不敢拒也。彼雖驕蹇而惛瞀，抑且念昔之負固以長子孫者，不死於天誅，則死於帳下；何如束身歸闕，席富貴而保後昆。部曲雖或囂張，帥心弛而氣亦頹矣。威可服也，恩可懷也，張仲武之令圖可羨，劉稹之狂謀可鑑也。區區數州之土，兩豎子屍居其上，而曰終難化也，德裕之於此憒矣。乃遣重臣輸悃於二鎮曰：『河朔自艱難以來，列聖許其傳襲，已成故事。』則既明輸左券，授以不拔之勢，儼若敵國，此言出，後其可追哉？

澤潞，王土也；其人，王人也；鎮魏亦非北胡南蠻自為君長之國也。鎮魏可，澤潞奚其不可？又何以折劉稹而服澤潞之人心乎？夫鎮魏西扼壺關，東連曹、鄆，南一涉河而卽汴宋，中原之堂奧也。橫骨頤中，而欲食之下咽也，必不可得。唐之所以一亂而不可再興，皆此等成之也。德裕苟且以成一時之功，曾不恤禍結兵連之無日，習之難化，豈在河朔哉？在朝廷耳。武宗聽之，詔二鎮曰：『澤潞一鎮，與卿事體不同。』言不順，事不成，嗚呼！唐終不可為矣。【略】

楊弁稱亂河東，逐李石，結劉稹，而其所恃者，納賄於中使馬元實。實歸，大言於廷曰：『弁有十五里光明甲。』以恐喝朝廷，徼求節鉞，李德裕折之而後沮。以此推之，凡唐之藩鎮，類以數州之土，一旅之衆抗天下之威，而朝廷僶俛以從其欲，非兵力之果疆也，皆賄也。非李德裕折元實之奸，則弁之納賄亦揜而不著，史氏亦無從記之矣。

賄行於中涓，而天子懾；賄行於宰相，而百官不能爭；賄行於省寺臺諫，而天子宰相亦不能勝。前此之討淮蔡、討平盧，廷議紛然，唯恐兵之不罷者，此也；德宗窺見其情，厚疑羣臣，孤憤興兵，而中外坐視其敗者，亦此也。唐之亂，賄賂充塞於天下為之耳。凡三百餘年，自盧懷慎、張九齡、裴休而外，唐之能飾簠簋以自立於金帛之外者無有。雖賢者固不能保其潔清，特以未敗露而不章，實固不可問也。藩鎮之叛，峙若敵國，相惎若仇讎，且唯以金錢貿中外之心，而天子不能自固，況州郡羣有司之廢置哉？

蓋唐自立國以來，競為奢侈，以衣裘僕馬亭榭歌舞相尚，而形之歌詩論記者，誇大言之，而不以為怍。韓愈氏自詡以知堯、舜、孔、孟之傳者，而戚戚送窮，淫詞不忌，則人心士氣概可知矣。迨及白馬之禍，凡錦衣珂馬、傳觴挾妓之習，熸焉銷盡。繼以五代之凋殘，延及有宋，羶風已息。故雖有病國之臣，不但王介甫之清介自矜，務遠金銀之氣；卽如王欽若、丁謂、呂夷甫、章惇、邢恕之奸，亦終不若李林甫、元載、王涯之狼藉，且不若姚崇、張說、韋皋、李德裕之豪華；其或毒民而病國者，又但以名位爭衡，而非寵賂官邪之害。此風氣之一變也。

乃唐之率天下以奔欲崇貨而遲久不亡者，何也？朝士以賄而容奸，逆臣亦以賄而自固，志氣俱偷，其欲易厭，故稱兵犯順者，皆護其金穴以自封，而無問鼎登天之志。其尤幸者，回紇、吐蕃唯以侵掠為志，浸淫久而自敝，亦無劉淵、石勒之雄心。斯以倖存而已矣。使如宋也，三虜迭乘以壓境，豈能待一遷再遷三遷而後亡哉？賄賂之敗人國家，如鴆之必死，未有能生之者也。

亂人者不殄絕之，則亂終不已者也。懷以仁，而卽乘吾仁以相犯；結以信，而卽怙吾信以相欺者也。而唐藩鎮之亂，率因此而滋。自祿山為逆以來，擁戴之者，豈果僥倖其主之成大業，而己為鄧禹之效尺寸哉？人挾好亂之心，而嗾其主帥以為逆魁，以弋利於己。故李寶臣、薛嵩、田承嗣首自反噬，而果獲分土擁尊之厚利。蓋當勸亂之日，已挾自私之計。上脅朝廷。下睨其主，流血千里，主族亦赤，無非可罔利之左券。而朝廷果以姑息而厚酬之，位兼將相，澤及子孫，人亦何憚而不日導人以叛逆哉？賣主之腰領以求榮，主族夷而已詫元功。計當日之為藩鎮者，側目而寒心，自非狂騃如劉稹者，未有不以殺王協、郭誼為大快者。頻年身膏原野之鬼，與痛哭郊原之寡妻孤子，固且不怨稹而怨協、誼。故二賊伏誅，而後武、宣之世，藩鎮無叛者。既有以大服其心，而裨將幕僚，知無他日倖免僥功之轉計，則意亦戢，而不敢導其主以狂狺。殺一二人而全天下，仁也；殺無恆之人以行法，信也。高帝斬丁公，而今古稱其義，況躬為逆首者乎？

且劉稹既從誼、協之謀以欲降矣，誼可容，稹獨不可降乎？殺降者，誼也；殺誼者，所以殺殺降者也，而何尤焉？唯項羽施之於敵國之赤子，李廣施之於解辮之夷狄，則誠惡矣。未可以為反覆傾危之亂人引以求宥也。施大仁，惇大信，各有其時，各有其情，各有其理。以一言蔽千古不齊之事變，適以自蔽而已，君子所弗尚也。

又《唐宣宗》 安、史作逆以後，河北亂、淄青亂、朔方亂、汴宋亂、山南亂、涇原亂、淮西亂、河東亂、澤潞亂，而唐終不傾者，東南為之根本也。唐立國於西北，而植根本於東南，第五琦、劉晏、韓滉，皆藉是以紓天子之憂，以撫西北之士馬而定其傾。東南之民，自六代以來，習尚柔和，而人能勸於耕織，勤儉足以自給而給公，故不輕萌倡狂之志。永王璘、劉展一妄動而卽平，無與助之者也。劉展既誅，席安已久，竭力以供西北而不敢告勞。至於宣宗之季年而後亂作。大中九年，浙東軍亂，逐李訥，越三年而嶺南亂矣，湖南逐韓悰矣，江西逐鄭憲矣，宣州逐鄭薰矣，不謀而合，併起於一時。其稱亂者，皆遊惰之兵，非兩河健戰之雄；所逐者皆觀察使，奉朝命以牧軍民，非割據擅命之雄，倚牙兵以自立，倡偏裨以犯上，非所據而人思奪之者也。蓋於是而唐之所以致此者可知矣。在昔之日，軍興旁午，供億繁難而不叛；大中之世，四海粗安，賦役有經而速反；豈宣宗之刑民而無醉飽者使然哉？觀察使慢上殘下，迫民於死地，民乃視之如仇讎，不問而知李訥輩之自取之也。

雖然，又豈非宣宗之縱蠹賊以害良稼哉？觀乎張潛之言曰：『藩府財賦，所出有常，苟非賦斂過差及減削衣糧，則羨餘奏於代移之際者，何從而致？』蓋進奉者，兵民之所繇困，而卽其所繇叛也。及懿宗之初，始禁州縣稅外科率。而薛調上言：『所在羣盜，半是逃户。』故軍亂方興，民亦相尋而為盜。裘甫之聚衆，旬日而得三萬，皆當年晝耕夜織、供縣官之箕斂者也。貨積於上而怨流於下，民之瓦解，非一日矣。王仙芝、黄巢一呼，而天下鼎沸，有司之敗人國家，不已酷乎！

夫宣宗之於吏治，亦勤用其心矣，徒厚疑其臣，而教貪自己。令狐綯父子黷貨於上，省寺相師而流及郡縣，塗飾耳目者愈密，破法以殃民也愈無所忌。唐之亡，宣宗亡之，豈待狡童繼起，始沈溺而莫挽哉？於是藩鎮之禍，且將息矣，河北諸帥皆庸豎爾，是弗難羈靮馭者，彼昏不知，惴惴然防之，而視東南為噬膚不知痛、瀝血不知號之圈豚池鶩也。『人莫躓於山，而躓於垤』，豈不信夫？民者，兵之命也；安者，危之府也；察者，昏之積也；弱者，彊之徒也。可不慎哉！可不慎哉！

又 卷二七《唐昭宗》 曹操、袁紹，皆漢賊也；朱温、李克用，皆唐賊也；其爭欲篡奪之心，兩不相下之勢，一轍也。乃曹操挾天子為名以攻袁紹而勝，張奉天子倚朱温攻克用而敗。蓋獻帝之在許也，四方無一旅之可指使，一唯操之是聽，故操無所制而得行其意。昭宗猶有河朔三鎮及昭義之軍與韓建之衆，持兩端，忌温而撓之，且恐昭義為温所得，爭先輕進，是以温志不決而獨受敵以潰。繇此言之，則漢處必不能存之勢，而唐猶可存，謀國非人，以致傾覆，所謂『匪降自天』也。

藉令得賢主良相，懷輯未叛之藩鎮，收拾禁旅，居關中以靜持之，斥汴、晉之奸交，絕其奏訐，聽其自相搏噬，乘其敝而折之，二寇之氣，僨張而必竭，不難制也。而昭宗君臣非其人也，是以速亡。

乃豯温、克用而言之，温豈能為曹操乎？操假名義以行，而務植根於深固；温則賊耳，凶狡以逞，利人之鬬，乘之以竊利，力不足以勝天下，而挑天下以敝，乃以自雄。

其與張合謀而攻克用也，朝廷方倚河朔以搗晉陽之東北，而温攻魏博以幸其疲而收利。蓋其許昭宗以討克用，有兩利之術焉，不必其亡克用也。克用而敗邪？是張為我滅一巨敵也；克用既亡，己乃服羅弘信於魏博，收張全義於東都，扼唐而困之關中，北無晉陽之難，專力以起亡唐，此一利也。克用而勝邪？克用且負抗拒王師之辜於天下，而己可因之以餌唐而折入於己；且克用勝，唐已殘而不復能振，是克用為我效驅除之力也。

曹操務定天下之亂，而居功於己以收之；温則務搆天下之亂，而已乘其紛以制之。利天下之亂者，未有能成者也；是以温能滅唐，僅有中原之一線，而速亡於李存勗之手。藉令温乘張之謀，舉全力以攻克用，克用平，而河北三鎮固不能與爭，持定難之大功，以挾天子、令諸侯，同、華、西川孰能與競，徐起而收曹操、劉裕之成局，温之於天下，可八九得也。夫温於時不臣之惡未著，所負不義之名於天下者，獨悖援己之惠於克用耳。克用於温有恩，而於唐則固賊也。凶狡不知名義，抑無尺寸定亂之功，霸業終以不成，徒逞梟獍之心以食君父，故曰温賊也，非曹操所屑與後先者也。

國雖將亡，猶有圖存之道；臣雖甚逆，猶有居勝之術；兩俱不能，而後使沙陀四姓交亂中國者數十年，而契丹乘之，意者其天乎！

又《唐昭宣帝》 唐之亂，藩鎮之疆為之也。藩鎮之疆，始於河北，而魏博為尤，魏博者，天下疆悍之區也。自光武用河北之兵以平寇亂，逐屯兵黎陽，定為永制，而東漢以疆。故其民習於疆而以弱為恥，天下資之以備患。垂及於唐，上未加以訓練，而驍桀之習，未嘗替也。然亦何嘗為天下患哉？安、史之平，代宗不能撫有，田承嗣起而收之以自雄，為藩鎮之戎首。幽、燕、滄、冀、兖、鄆、淄、青之不逞，皆恃魏博之彊，扼大河以互塞河南而障蔽之，田興一受命，而河北瓦解，其為天下重久矣。廣明以後，黃巢横行天下，而不敢側目河朔，恃此也；汴、晉交呑以窺唐室，而王鎔、劉仁恭既不敢南向以爭天下，抑不至屈於汴、晉而為其僕隸，恃此也。羅紹威以狂騃豎子聽朱温之蠱，一夕而坑殺牙兵八千家，於是而魏博為天下弱，天下蔑不弱也。

嗚呼！豈徒紹威之自貽幽辱危亡也哉？天下之一治一亂也，其亂則上激下之怒而下以驕，驕氣僨張，無問彊弱也，彊者力足以逞而怨憤淺，弱者怨毒深，藻聚萍散，不慮死亡，以姑嘗試其譸張，而蜂起以不可遏。《詩》云：『無拳無勇，職為亂階。』唯無拳勇者之亂，亂不可弭也。有疆者以制其左右，則猶有憚焉。天下胥弱，而驕固不可戢也。無藉以興，旋滅而旋起，既無所憚，何人不可踔躍以為難哉？

故自魏博牙兵之殲也，而朱温之計得。於是一時割據之雄，相奬以為得計，日取天下智計勇猛之將吏軍卒而殺之，唯恐疆者之不盡也。故迨乎温、存勗交爭之世，而天下皆弱。蹶然而起者，猝然而仆，不能一朝自固也。胥天下而皆弱矣，勿待疆者之驕，而弱者無不驕也。於是而割天下而裂之，苟有十姓百家可持白梃，張空拳者，皆棄耒耜以誼呼。高季興、孟知祥、王延政、董昌、劉龑、鍾傳、馬希蕚、雷滿、張文表、危全諷之瑣瑣者，翦婦人之衣繻以為韎韐，伐空山之曲木以為戈矛，或以自帝，或以自王，或以自霸。而石敬瑭羸病之懦夫，劉知遠單寒之孤雛，且然宅土中以稱元後。嗚呼！勿論其不足以君也，抑勿論其不足以霸也，即與羣盜齒，曾不足與張角、齊萬年、方臘爭雄長，皆無憚而自詫為劉、項、孫、曹也。風淫草靡，乃進契丹而為君父，弱天下者之召亂於無已，固如是夫！

『赳赳武夫，公侯幹城。』文王之仁也，且求武夫於中林中逵之下，曾是撫有果毅疆禦之衆，而可屠割俾盡，以啓不量力者之驕悖乎？紹威之愚，朱温之慘，不足誅也。天有大亂之數，疆者先殲焉，匪寇匪讎，殺之若將不及，亦衰氣之使然與！

又 卷二八《五代上》 汴、晉雌雄之勢，決於河北，故李克用坐視朱温之呑唐而莫之能問，以河北未收，畏其乘己也。朱温下兖、鄆以西臨趙、魏，勢亦便矣。乃河北者，自天寶以後，倔彊自立，不可以勇力機謀猝起而收之者也。魏博為河北彊悍之最，羅紹威愚騃而内猜，欲自戕其心膂。温於斯時，撫魏博而綏之，發紹威之狂謀，順衆志而逐之，擇軍中所悦服者授以節鉞，則帥與兵交感以樂為用。以此北臨鎮定，乘劉仁恭父子之亂，蕩平幽、燕，則克用坐困於河東，卽得不亡，為盧芳而已矣。而溫固賊也，殘殺之心，聞屠戮而心喜，烏合之衆，忌勝己而唯恐其不亡，八千家數萬人之命，黃口不免，於是而鎮定、幽、燕，人憂駢死，而怨溫徹骨矣。石公立曰：『三尺童子，知其為人。』王鎔雖愚，通國之人，無有不爭死命者，羅紹威且悔而離心，王處直不待謀而自合，西迎克用，下井陘以撫趙、魏，而偽梁之亡必矣。

弱魏博以失輔者，溫自取之也；激鎮定以離心者，溫自取之也；魏博弱而鎮定無所憚者，溫自取之也；隔劉守光於冀北，使驕悖而折入於晉者，溫自取之也。禍莫大於樂殺人，危莫甚於殺彊以自弱，而盜以此為術，惡足以容身於天地之閑哉？溫之亡，不待羣雛之還相翦滅也。惜乎無命世之英起而收之也。【略】

李存勗據河東與朱溫爭天下，亦已久矣。所任者皆搏擊之雄，無有人焉贊其大計為立國之規者也。其略用士人參帷幕者，自馮道始，沙陀之不永，四易姓而天下終裂，於此可知已。

劉守光之凶虐，觸之必死，其攻易、定，犯疆晉，道諫之而繫獄，然免於刀鋸，逸出而西奔者，何也？孫鶴之流，力爭得失，是以滅身；道之諫之也，其辭必遜，且脂韋之性，素為守光所狎，而左右宵人固與無猜，是以全也。守光囚父殺兄而道不言，其有言也，皆捨大以規小，留餘地以自全，而聊以避緘默之咎者也。【略】

篡弒以叨天位，操、懿以下，亦多有之，若夫惡極於無可加，而勢亦易於勦絕，無有如朱溫者，時無人焉，亟起而伸天討，誠可歎也。

其弒兩君也，公然為之而無所揜飾；其篡大位也，咆哮急得而倂廢虛文；其禽獸行徧諸子婦也，而以此為予奪；其嗜殺也，一言一笑而流血成渠；爾朱榮、高洋、安祿山之所不為者，溫皆為之而無忌。乃以勢言之，而抑不足以雄也。西挫於李茂貞，東折於楊行密，王建在蜀，視之蔑如也；羅紹威、馬殷、錢鏐、高季昌，雖暫爾屈從，而一兵尺土粒米寸絲不為之用。其地，則西不至邠、岐，東不逾許、蔡，南不過宛、鄧，北不越宋、衛，自長安達兗、鄆，橫亙一線，界破天中，而四旁夾之者，皆擁堅城、率勁卒以相臨。其將帥，則楊師厚、劉、王彥章之流，皆血勇小慧，而不知用兵之略。其輔佐，則李振、敬翔，出賊殺，入諂諛，而不知建國之方；乃至以口腹而任段凝為心膂，授之兵柄，使抗大敵而不恤敗亡。取具君臣而統論之，貪食、漁色、樂殺、蔑倫，一盜而已矣。而既篡以後，日老以昏，亦祿山在東都、黃巢踞長安之勢也。於是時也，矯起而撲滅之，不再舉而功已就矣。所難者，猶未有內釁之可乘耳。未幾，而朱友珪梟獍之刃，已剸元惡之腹，兄弟尋兵，國內大亂，則乘而薄之，尤易於反掌。然而終無其人焉，故曰誠可歎也。

李存勗方有事於幽、燕，而不遑速進，天討之稽，有自來矣。蓋存勗一將帥之才耳，平一海寓之略，討逆誅暴之義，非其所可勝任也。使能滅朱溫父子，定汴、雒，劉守光瑣瑣狂夫，坐窮於絕塞，將焉往哉？困吾力以與守光爭勝負，朱友貞乃復以寬緩收離散之衆，相持於河上，梁雖滅而存勗之精華已竭矣。

嗚呼！楊行密不死於朱溫淫昏之前，可與有為者，其在淮南乎？乘彼自亡之機，掩孤雛於宛、雒，存勗弗能抗也。行密死，楊渥弒，隆演寄立人上，徐溫挾內奪之心，不能出睢、亳以行天討，尚誰望哉？行密者，尚知安民固本、任將錄賢，非存勗之僅以斬將搴旗為能者也。故天祐以後，天下無君，必欲與之，淮南而已。然而終弗能焉，故曰誠可歎也。

又 卷二九《五代中一》 兵聚而散之，平天下者之難也。漢光武撫千餘萬之降賊，使各安於井牧，遐哉！自武王戢干橐矢之後，未有能然者矣。無仁慈之吏以撫之，無寬緩之政以綏之，無文教之興以移之；則夫習於慓悍、狃於坐食者，使之耕耘，不耐耰鉏之勞，使之工賈，不屑錙銖之獲；朵頤肥甘，流連飲博之性，夢寐寄於行閑，小有騷動，觸其雄心，卽如螽蝗之蔽日，無有能禦之者矣。

河北自天寶以來，民怙亂而不安於田廬久矣。魏博之牙兵已殲，不能懲也。石晉置天威軍而不可用，遂罷之。乃雖不可用，而躍冶之情，仍其土習，則一動而復興。罷之，亦問其何所消歸邪？而抑不為之處置。無賴子弟，業已袴褶自雄於鄉里，無有餘地可置此身，能合而不能離，為盜而已矣。梁暉起於相，王瓊起於澶，其起也，契丹掠殺之虐激之；卽無契丹之掠殺，亦安保其為井牧之馴民乎？敬瑭父子之為君，虛中國以媚虜，縱驕帥以稱兵，而草澤之奸，能朝耕而暮織乎？民不富，不足以容遊惰之民；國無教，不足以化獷戾之俗。自非光武，則姑聽其著伍以待其氣之漸馴，而後使自厭戎行以思返，乃可得而徐為之所。劉知遠安集民之保山谷者，定其志氣以漸思本計，自是以後，盜乃漸息；集之也，故賢於散之也。

清・趙翼《廿二史劄記》卷二〇《新舊唐書・唐節度使之禍》 唐之官制莫不善於節度使。其始察刺史善惡者有都督，後以其權重，改置十道按察使。開元中或加採訪、觀察、處置、黜陟等號，此文官之統州郡者也。

其武臣掌兵，有事出征，則設大總管；無事時鎮守邊要者，曰大都督。自高宗永徽以後，都督帶使持節者，謂之節度使，然猶未以名官。景雲二年，以賀拔延嗣為涼州都督、河西節度使。節度使之官由此始，然猶第統兵，而州郡自有按察等使司其殿最。

至開元中，朔方、隴右、河東、河西諸鎮皆置節度使，每以數州為一鎮，節度使卽統此數州，州刺史盡為其所屬。故節度使多有兼按察使、安撫使、支度使者，既有其土地，又有其人民，又有其甲兵，又有其財賦，於是方鎮之勢日强。

安禄山以節度使起兵，幾覆天下，及安史既平，武夫戰將以功起行陣為侯王者，皆除節度使，大者連州十數，小者猶兼三、四，所屬文武官，悉自置署，未嘗請命於朝，力大勢盛，遂成尾大不掉之勢。或父死子握其兵而不肯代，或取捨由於士卒，往往自擇將吏，號為留後，以邀命於朝，天子力不能制，則含羞忍恥，因而撫之，姑息愈甚，方鎮愈驕。

其始為朝廷患者，只河朔三鎮，其後淄、青、淮、蔡無不據地倔强，甚至同華逼近京邑，同華節度使轄同州、華州，地處京兆之右。而周智光以之反。澤潞亦連畿甸，而盧從史、劉稹等以之叛。

迨至末年，天下盡分裂於方鎮，而朱全忠遂以梁兵移唐祚矣。推原禍始，皆由於節度使掌兵民之權故也。

自宋以文臣知州事，歷代因之，遂無復弱幹强枝之患。宋太祖及趙普之計慮深矣。而議者徒謂宋之弱由此，是但知禦侮力薄不足以自强，而不知消患於未萌，苟非外有强敵，內有流寇，則民得安耕牧，不至常罹兵革之苦，其隱然之功，何可輕議也！

又《方鎮兵出境卽仰度支供饋》 諸方鎮各擅土地，賦稅足以養軍，乃朝廷用之討叛，則一出本境，卽須朝廷給以衣糧，此國力所以困於用兵也。

討王廷湊時，諸鎮兵十五萬才出境，卽仰度支，乃置南北供軍院，由度支轉運，往往多為賊所截，不得至院。

討李同捷時，諸軍在野，朝廷特置供軍糧料使，日費寖多，諸帥每有小捷，輒張其數以邀賞，實欲困朝廷而緩賊也。繒帛征馬，賜之無算。

劉總出軍討王承宗，取其武强縣，遂持兩端，以利朝廷賞賜。

其實心為國者，惟李鄘以淮南兵二千討李師道，糧餉未嘗仰給於有司。王智興之討李同捷，亦自備五月糧。朝廷皆特褒之。

伐叛討逆，國家固不可惜費，而如唐之驕藩鎮，則國力為之敝，而賊勢亦益以張。

故討李師道時，魏博田弦正請自黎陽渡河，裴度以為不可，曰：『黎陽渡河，既離本界，便至滑州，徒仰度支供饋，不如且在河北養威，俟霜降後，於揚劉渡河，卽可直抵鄆州賊境也。』

討劉稹時，李德裕亦奏言：『向來朝廷伐叛，兵才出界，便費度支供餉，故逗撓以困國力，或密與賊通，取一縣一柵，以為勝捷，所以師出無功。今當令王元逵、何弦敬只取州，勿取縣。』未幾，果平賊。此亦伐謀之術也。

又《方鎮驕兵》 秦漢六朝以來，有叛將無叛兵。至唐中葉以後，則方鎮兵變比比而是。蓋藩帥既不守臣節，毋怪乎其下從而效之，逐帥、殺帥視為常事。為之帥者，既慮其變而為肘腋之患，又欲結其心以為爪牙之助，遂不敢制以威令，而徒恃厚其恩施，此驕兵之所以益横也。今就新舊書各傳觀之：

《劉元佐傳》：汴軍自李忠臣以來，士卒驕甚，至元佐益厚賞賜，故百姓重困。其後殺大帥，肆抄劫，皆狃於利而然也。

《李質傳》：汴軍牙兵二千人，皆日給酒食，物力為之屈。

《郗士美傳》：澤潞自盧從史以來，日具三百人膳，以食牙兵。

《王式傳》：徐州自王智興召募凶豪之卒二千，號銀刀、鵰旗、門槍、挾馬等軍，後漸驕，節度使姑息不暇。田牟鎮徐州，與之雜坐，酒酣撫背時，把板為之唱歌。其徒日費萬計，每有賓宴，必先飫以酒食。祁寒暑雨，巵酒盈前，然猶諠噪，動謀逐帥。温璋來為節度，士卒素聞其嚴，皆憂疑，璋開誠撫諭，終不釋，給以酒食，未嘗瀝口，不期月，遂逐璋。適王式以義成忠武軍破浙東賊仇甫而歸，上卽以式來鎮徐。徐卒頗懼，居三日，式勞兩鎮兵使還，既擐甲執兵，卽令圍驕卒，盡殺之，凡三千餘人。由是凶徒盡殄。

又《温造傳》：興元軍殺節度使李絳，詔造為節度使，途遇征蜀兵回，造諭以自從，至則大宴，問興元軍殺絳狀，卽令征蜀兵盡殺之，凡八百餘人，以百級祭絳，三十級祭死事官，餘投之漢江。

蓄驕之極，至於肆無忌憚，則亦不得不草薙而禽獮之矣。

然主帥有能以正自持，亦有不恃殺戮而能靖之者。李質為汴軍兵馬使，以日給二千人食為多費，會新帥韓充將至，質曰：『若俟韓公至，頓去二千人食，人情必怨。』乃停日膳而迎充。郗士美以澤潞日給牙兵三百人食為非法，曰：『兵衛牙職也，安得廣費！』遂罷之，而二軍亦未有敢鼓噪者，此又在乎主將之足以服人也。

藝文

宋・李昉等《文苑英華》卷九一四《薛長孺〈魏博節度使田布碑〉》

喪興遂北，至魏，則徒跣行號，以見將士。將士耆艾者父兄事之，齒類者骨肉親之，毀家以結人心，辭禄而贍公用。明求報之道，竭勵士之方，冀其協心，以副私志。異哉！魏之風俗，久悖聲教；魏之將士，素染很戾。懷安自固，忽感激之勇節；積驕成惰，無戰鬭之剛腸。初猶哀公之誠，悦公之賞，雖未心化，蹔忘舊風。無何，奉詔出師，抵冀之南宮縣，邇賊而振威也。時討幽鎮諸軍，庶事草創，計司荒略，供饋大虧。公乃以本部六州之租入，權以自濟，冰雪方盛，飛挽阻艱。衆相言曰：『頃常出軍，賴朝廷供給優贍，軍府因以完濟，今者瘠已肥國，尚書無乃太公忠乎？』旋以滄景喪敗，王師不振，諸軍顧望，莫有鬭心，賊使間諜，騰肆飛語，以不固之志，加懷怨之心，望風聽聲，將欲謀亂。咸有見者，宜圖其休。全身保軍，以俟後舉。公仰而號曰：『天子徵兵，以討叛亂。吾特授旄鉞，復其家冤。將軍雖死，國典斯在。豈蓄縮完守，為不忠孝之臣乎？』衆知公不可迫，因師行而遂潰，中軍不同其謀，奉公達于魏城。衆又言曰：『魏土不知朝化久矣，刑賞禮樂，皆自己出。近以保富貴，遠以貽子孫。苟能從衆之謀，則捧戴如舊。』公知其不可以道化，又難以力服。時太尉之靈座，在魏之官署，公陽以入臨，人不以虞，慟哭伏劍，衆驚至而絕矣，春秋三十八。

噫！相國李愬先公帥魏，衆以貪亂，李不能制，閉域以自固，重幣以貸死。及公初至，悖氣尚存，邀賞撓法，一唱萬和；況鎮之軍于魏，舊有救敗德，兩軍相覿，如親戚焉。寧有一人之忠義，化六萬之肝膽；三月之將帥，移六十年之舊風？强其陸梁，計其相覿，同駭愚蔽，知其不可。李石有言曰：『重耳教訓，三歲而後敗楚；勾踐生聚，二十年而後滅吳。以中古之慤信，晉越之馴伏，尚且遲之，況今魏乎？』聞者信之。

唐・杜牧《樊川文集》卷二《戰論并序》 兵非危也，穀非殫也，而戰必挫北，是曰不循其道也。故作《戰論》焉。論曰：河北視天下，猶珠璣也，天下視河北，猶四支也。珠璣苟無，豈不活身，四支苟去，吾不知其為人。何以言之？夫河北者，俗儉風渾，淫巧不生，樸毅堅强，果於戰耕。名城堅壘，巀嶭相貫，高山大河，盤互交鎖。加以土息健馬，便於馳敵，是以出則勝，處則饒，不窺天下之産，自可封殖，亦猶大農之家，不待珠璣然後以為富也。天下無河北則不可，河北既虜，則精甲鋭卒利刀良弓健馬無有也。卒然夷狄驚四邊，摩封疆，出表裏，吾何以禦之？是天下一支兵去矣。河東、盟津、滑臺、大梁、彭城、東平，盡宿厚兵，以塞虜衝，是六郡之師，嚴飭護疆，不可他使，是天下二支兵去矣。六郡之師，厥數三億，低首仰給，橫拱不為，則沿淮已北，循河之南，東盡海，西叩洛，經數千里，赤地盡取，才能應費，是天下三支財去矣。咸陽西北，戎夷大屯，嚇呼膻臊，徹於帝居，周秦單師，不能排辟，於是盡鏟吳、越、荊楚之饒，以啖戍兵，是天下四支財去矣。乃使吾用度不周，徵徭不常，無以膏齊民，無以接四夷。禮樂刑政，不暇修治，品式條章，不能備具。是天下四支盡解，頭腹兀然而已。焉有人解四支，其自以能久為安乎？

今者誠能治其五敗，則一戰可定，四支可生。夫天下無事之時，殿閣大臣，偷處榮逸，為家治具，戰士離落，兵甲鈍弊，車馬刓弱，而未嘗為之簡帖整飭，天下雜然盜發，則疾毆疾戰。此宿敗之師也，何為而不北乎！是不蒐練之過者，其敗一也。夫百人荷戈，仰食縣官，則挾千夫之名，大將小裨，操其餘羸，以虜壯為幸，以師老為娛，是執兵者常少，糜食者常多，築壘未幹，公囊已虛。此不責實科食之過，其敗二也。夫戰輒小勝，則張惶其功，奔走獻狀，以邀上賞，或一日再賜，一月累封，或凱旋未歌，書品已崇。爵命極矣，田宅廣矣，金繒溢矣，子孫官矣，焉肯搜奇外死勤於戎乎。此賞厚之過，其敗三也。夫多喪兵士，顛翻大都，則跳身而來，刺邦而去，回視刀鋸菜色甚安，一歲未更，旋已立於壇墀之上矣。此輕罰之過，其敗四也。夫大將將兵柄不得專，恩臣詰責，第來揮之，至如堂然將陣，殷然將鼓，一則曰必為偃月，一則曰必為魚麗，三軍萬夫，環旋翔佯，愰駭之間，虜騎乘之，遂取吾之鼓旗。此不專任責成之過，其敗五也。元和時，天子急太平，嚴約以律下，常團兵數十萬以誅蔡，天下乾耗，四歲然後能取，此蓋五敗不去也。長慶初，盜據子孫，悉來走命，是內地無事，天子寬禁厚恩，與人休息，未幾而燕、趙甚亂，引師起將，五敗益甚。登壇注意之臣，死竄且不暇，復焉能加威於反虜哉。今者誠欲調持干戈，灑掃垢汙，以為萬世安，而乃踵前非，是不可為也。古之政有不善，士傳言，庶人謗。發是論者，亦且將書於謗木，傳於士大夫，非偶言而已。

又《守論并序》　往年兩河盜起，屠囚大臣，劫戮二千石，國家不議誅洗，束兵自守，反修大曆、貞元故事，而行始息之政，是使逆輩益橫，終倡患禍。故作《守論》焉。

論曰：厥今天下何如哉？干戈朽，鈇鉞鈍，含宏混貸，煦育逆孽，殆為故常。而執事大人，曾不歷算周思，以為宿謀，方且嵬岸抑揚，自以為廣大繁昌莫已若也。嗚呼！其不知乎？其俟蹇頓顛傾而後為之支計乎？且天下幾里，列郡幾所，而自河以北，蟠城數百，金堅蔓織，角奔為寇，伺吾人之憔悴，天時之不利，則將與其朋伍，羅絡郡國，將駭亂吾民於掌股之上耳。今者及吾之壯，不圖擒取，而乃偷處恬逸，第第相付，以為後世子孫背脅疽根，此復何也？

今之議者咸曰：『夫倔强之徒，吾以良將勁兵以為銜策，高位美爵充飽其腸，安而不撓，外而不拘，亦猶豢擾虎狼而不拂其心，則忿氣不萌。此大曆、貞元所以守邦也，亦何必疾戰焚煎吾民，然後以為快也。』愚曰：大曆、貞元之間，適以此為禍也。當是之時，有城數十，千百卒夫，則朝廷待之，貸以法故，於是乎闊視大言，自樹一家，破制削法，角為尊奢。天子養威而不問，有司守恬而不呵。王侯通爵，越録受之，覲聘不來，几杖扶之。逆息虜允，皇子嬪之，裝緣采飾，無不備之。是以地益廣，兵益强，僭擬益甚，侈心益昌。於是土田名器，分劃殆盡，而賊夫貪心，未及畔岸。遂有淫名越號，或帝或王，盟詛自立，恬淡不畏，走兵四略，以飽其志者也。是以趙、魏、燕、齊，卓起大倡，梁、蔡、吳、蜀，躡而和之。其餘混澒軒囂，欲相效者，往往而是。運遭孝武，宵旰不忘，前英後傑，夕思朝議，故能大者誅鋤，小者惠來，不然，周秦之郊，幾為犯獵哉。

大抵生人油然多欲，欲而不得則怒，怒則爭亂隨之。是以教笞於家，刑罰於國，征伐於天下，此所以裁其欲而塞其爭也。大曆、貞元之間，盡反此道，提區區之有，而塞無涯之爭，是以首尾指支，幾不能相運掉也。今者不知非此，而反用以為經，愚見為盜者非止於河北而已。嗚呼！大曆、貞元守邦之術，永戒之哉。

又《罪言》　國家大事，牧不當言，言之實有罪，故作《罪言》。

生人常病兵，兵祖於山東，允於天下，不得山東，兵不可死。山東之地，禹畫九土，一曰冀州。舜以其分野太大，離為幽州，為并州，程其水土，與河南等，常重十一二。故其人沉鷙多材力，重許可，能辛苦。自魏、晉已下，衍浮羨淫，工機纖雜，意態百出，俗益卑蔽，人益脆弱。唯山東敦五種，本兵矢，他不能蕩而自若也。復產健馬，下者日馳二百里，所以兵常當天下。冀州，以其恃强不循理，冀其必破弱，雖已破弱，冀其復强大也。并州，力足以併吞也。幽州，幽陰慘殺也。故聖人因其風俗以為之名。黃帝時，蚩尤為兵階，自後帝王多居其地，豈尚其俗都之邪？自周劣，齊霸不一世，晉文常傭役諸侯。至秦萃銳三晉，經六世乃能得韓，遂折天下脊，復得趙，因拾取諸國。秦末韓信聯齊有之，故蒯通知漢、楚輕重在信。光武始於上谷，成於鄗。魏武舉官渡，三分天下有其二。晉亂胡作，至宋武號為英雄，得蜀得關中，盡得河南地，十分天下有其八，然不能使一人渡河以窺胡。至於高齊荒蕩，宇文取得，隋文因以滅陳，五百年間，天下乃一家。隋文非宋武敵也。是宋不得山東，隋得山東，故隋為王，宋為霸。由此言之，山東，王者不得，不可為王；霸者不得，不可為霸；猾賊得之，是以致天下不安。

國家天寶末，燕盜徐起，出入成皋、函、潼間，若涉無人地，郭、李輩常以兵五十萬不能過鄴。自爾一百餘城，天下力盡，不得尺寸，人望之若回鶻、吐蕃，義無有敢窺者。國家因之畦河修障戍，塞其街蹊，齊、魯、梁、蔡，被其風流，因亦為寇。以裏拓表，以表撐裏，混澒回轉，顛倒橫斜，未嘗五年間不戰，生人日頓委，四夷日猖熾，天子因之幸陜、幸漢中，焦焦然七十餘年矣，嗚呼！運遭孝武，浣衣一肉，不畋不樂，自卑冗中拔取將相，凡十三年，乃能盡得河南、山西地，洗削更革，罔不順適，唯山東不服，亦再攻之，皆不利以返。豈天使生人未至於帖泰耶？豈其人謀未至耶？何其艱哉，何其艱哉！

今日天子聖明，超出古昔，志於理平。若欲悉使生人無事，其要在先去兵，不得山東，兵不可去，是丘殺人無有已也。今者上策莫如自治。何者？當貞元時，山東有燕、趙、魏叛，河南有齊、蔡叛，梁、徐、陳、汝、白馬津、盟津、襄、鄧、安黃、壽春，皆戍厚兵，凡此十餘所，才足自護治所，實不輟一人以他使，遂使我力解勢弛，熟視不軌者，無可奈何。階此蜀亦叛，吳亦叛，其他未叛者，皆迎時上下，不可保信。自元和初至今二十九年間，得蜀得吳，得蔡得齊，凡收郡縣二百餘城，所未能得，唯山東百城耳。土地人户，財物甲兵，校之往年，豈不綽綽乎？亦足自以為治也。法令制度，品式條章，果自治乎？賢才奸惡，搜選置捨，果自治乎？障戍鎮守，干戈車馬，果自治乎？井閭阡陌，倉廩財賦，果自治乎？如不果自治，是助虜為虐，環土三千里，植根七十年，復有天下陰為之助，則安可以取。故曰：上策莫如自治。中策莫如取魏。魏於山東最重，於河南亦最重。何者？魏在山東，以其能遮趙也，既不可越魏以取趙，固不可越趙以取燕，是燕、趙常重於魏，魏常操燕、趙之性命也。故魏在山東最重。黎陽距白馬津三十里，新鄉距盟津一百五十里，陴壘相望，朝駕暮戰，是二津虜能潰一，則馳入城皋不數日間，故魏於河南間亦最重。今者願以近事明之。元和中，纂天下兵，誅蔡誅齊，頓之五年，無山東憂者，以能得魏也。昨日誅滄，頓之三年，無山東憂者，亦以其能得魏也。長慶初誅趙，一日五諸侯兵四出潰解，以失魏也。昨日誅趙，一日罷如長慶時，亦以失魏也。故河南、山東之輕重，常懸在魏，明白可知也。非魏强大能致如此，地形使然也。故曰：取魏為中策。最下策為浪戰，不計地勢，不審攻守是也。兵多粟多，毆人使戰者，便於守；兵少粟少，人不毆自戰者，便於戰。故我嘗失於戰，虜常困於守。山東之人，叛且三五世矣，今之後生所見，言語舉止，無非叛也，以為事理正當如此，沉酣入骨髓，無以為非者。指示順嚮，詆侵族鸞，語曰叛去，酋酋起矣。至於有圍急食盡，餤屍以戰，以此為俗，又豈可與決一勝一負哉。自十餘年來，凡三收趙，食盡且下。堯山敗，趙復振；下博敗，趙復振；館陶敗，趙復振。故曰：不計地勢，不審攻守，為浪戰，最下策也。

又《原十六衛》 國家始踵隋制，開十六衛，將軍總三十員，屬官總一百二十八員，署守分部，夾峙禁省，厥初歷今，未始替削。然自今觀之，設官言無謂者，其十六衛乎。本原事迹，其實天下之大命也。始自貞觀中，既武遂文，內以十六衛畜養戎臣之開折衝果毅府五百七十四以儲兵伍。或有不幸，方二三千里為寇土，數十百萬人為寇兵，蠻夷戎狄，踐踏四作，此時戎臣當提兵居外。至如天下平一，暴勃消削，單車一符，將命四走，莫不信順，此時戎臣當提兵居內。當其居內也，官為將軍，綬朱紫，章有金銀，千百騎趨奉朝謁，第觀車馬，歌兒舞女，念功賞勞，出於曲賜。所部之兵，散舍諸府，上府不越一千二百人，三時耕稼，襏襫耞耒，一時治武，騎劍兵矢。裨衛以課，父兄相言，不得業他。籍藏將府，伍散田畝，力解勢破，人人自愛，雖有蚩尤為師帥，雅亦不可使為亂耳。及其當居外也，緣部之兵，被檄乃來，受命於朝，不見妻子，斧鉞在前，爵賞在後，以首爭首，以力搏力，飄暴交捽，豈暇異略。雖有蚩尤為師帥，雅亦無能為叛也。自貞觀至於開元末百三十年間，戎臣兵伍，未始逆篡，此聖人所能柄統輕重，制障表裏，聖算神術也。

至於開元末，愚儒奏章曰：『天下文勝矣，請罷府兵。』詔曰：『可。』武夫奏章曰：『天下力强矣，請搏四夷。』詔曰：『可。』於是府兵內鏟，邊兵外作，戎臣兵伍，湍奔矢往，內無一人矣。起遼走蜀，繚絡萬里，事五强寇，十餘年中，亡百萬人，尾大中幹，成燕偏重。而天下掀然，根萌燼燃，七聖旰食，求欲除之且不能也。由此觀之，戎臣兵伍豈可一日使出落鈐鍵哉。然為國者，不能無也。居外則叛，居內則篡，使外不叛，內不篡，兵不離伍，無自焚之患，將保頸領，無烹狗之諭，古今已還，法術最長，其置府立衞乎。

近代已來，於其將也。弊復為甚也。人囂曰，廷詔命將矣，名出視之，率市兒輩，蓋多賂金玉，負倚幽陰，折券交貲所能也，絕不識父兄禮義之教，復無慷慨感概之氣。百城千里，一朝得之，其强傑愎勃者，則撓削法制，不使縛己，斬族忠良，不使違己，力壹勢便，罔不為寇。其陰泥巧狡者，亦能家算口斂，委於邪幸，由卿市公，去郡得都，四履所治，指為別館。或一夫不幸而壽，則戛割生人，略匝天下，是以天下每每，兵亂湧溢，齊人乾耗，鄉黨風俗，淫窳衰薄，教化恩澤，壅抑不下，召來災殄，被及牛馬。嗟乎，自愚而知之，人其盡知之乎？且武者任誅，如天時有秋；文者任治，如天時有春。是天不能倒春秋，是豪傑不能總文武。是此輩受鉞誅暴乎？曰於是乎在。某人行教乎？曰於是乎在。欲禍蠹不作者，未之有也。伏惟文皇帝十六衞之旨，誰復而原，其實天下之大命也，故作《原十六衞》。

清・彭定求等《全唐詩》卷二八三《李益〈獻劉濟〉》 草綠古燕州，鶯聲引獨遊。雁歸天北畔，春盡海西頭。向日花偏落，馳年水自流。感恩知有地，不上望京樓。

雜錄

唐・李林甫等《唐六典》卷五《尚書兵部》 凡天下之節度使有八：其一曰關內朔方節度使，其統有單于、安北、東受降城、中受降城、西受降城，豐安軍、定遠城皆屬焉。其二曰河東節度使，其統有大同、橫野、岢嵐三軍，云州守捉使屬焉。其三曰河北幽州節度使，其統有經略、平盧、靜塞、威武、清夷、橫海、高陽、唐興、恆陽、北平十軍，安東鎮守、渝關守捉、北平守捉三使屬焉。其四曰河西節度使，其統有赤水、大鬭、建康、玉門、墨離，豆盧六軍，新泉守捉、甘州守捉、肅州鎮守三使屬焉。其五曰隴右節度使；其統有臨洮、河源、白水、安人、積石、莫門、振武七軍，平夷、五門、富耳、藍州、平戎、綏和五守捉使皆屬焉。其六曰劍南節度使，其統有昆明軍、松州・當州防禦、邛郲守捉，姚、巂州經略四使屬焉。其七曰磧西節度使，其統有安西、疏勒、于闐、焉耆，為四鎮經略使，又有伊吾、瀚海二軍，西州鎮守使屬焉。其八曰嶺南節度使，其統有廣、桂、邕、容、安南等五府經略使。若諸州在節度內者，皆受節度焉。其福州經略使、登州平海軍則不在節度之內。凡親王總戎則曰元帥，文、武官總統者則曰總管。以奉使言之；則曰節度使，有大使焉，有副大使焉，有副使焉，有判官焉。若大使加旌節以統軍，置木契以行動。凡將帥出征，兵滿一萬人已上，置長史、司馬、倉曹，胄曹・兵曹參軍各一人；五千人已上，減司馬。諸軍各置使一人，五千人已上置副使一人，萬人已上置營田副使一人；每軍皆有倉曹、兵曹、胄曹參軍務一人。赤水、臨洮、河源等軍加胄曹參軍一人，朔方五城各加胄曹參軍一人。其橫海、高陽、唐興、恆陽、北平等五軍皆本州刺史為使。其兵各一萬人，十月已後募，分為三番教習。五千人置總管一人，以折衝充；一千人置子將一人，以果毅充；五百人置押官一人，以別將及鎮戍官充。凡鎮皆有使一人，副使一人，萬人已上置司馬、倉曹・兵曹參軍各一人；五千人已上，減司馬。凡諸軍、鎮每五百人置押官一人，一千人置子總管一人，五千人置總管一人。凡諸軍、鎮使、副使已上皆四年一替，總管已上六年一替，押官隨兵交替。副使、總管取折衝動已上官充，子將已上取果毅已上充。凡諸軍、鎮大使、副使已下皆有傔人、別奏以為之使：大使三品已上，傔二十五人，別奏十人；四品、五品傔遞減五人，別奏遞減二人。副使三品已上，傔二十人，別奏八人；四品、五品傔遞減四人，別奏遞減二人。總管三品已上，傔十八人，別奏六人。四品、五品傔遞減三人，別奏遞減二人。子總管四品已上，傔十一人，別奏三人。五品、六品傔遞減二人，別奏遞減一人。若討擊、防禦、遊奕使、副使，傔准品各減三人，別奏各減二人；總管及子總管，傔准品各減二人，別奏各減一人。若鎮守已下無副使，或隸屬大軍、鎮者，使已下傔、奏併四分減一。所補傔、奏皆令自召以充。若府、鎮、戍正員官及飛騎、三衞衞士、邊州白丁，皆不在取限。

唐・杜佑《通典》卷三二《職官十四・州郡上・州牧刺史》 大唐

諸州復有總管，亦加號使持節。刺史加號持節。武德元年，諸州總管亦加號使持節。五年，以洺、荆、并、幽、交五州為大總管府。七年，改大總管府為大都督府，總管府為都督府。舊洺州已置都督府，武德四年廢府，置大行臺。復有行軍大總管者，蓋有征伐則置於所征之道，以督軍事。自武德以來，亦有元帥之號。太宗為秦王，加西討元帥。中宗為周王，為洮河道元帥。睿宗為相王，為并州道行軍元帥。安禄山反後，天寶十五載，哥舒翰為諸道兵馬元帥。其後李光弼、郭子儀復為副元帥。李峘、李若幽、李勉又為兵馬都統。蓋從其宜也。太極初，以并、益、荆、揚為四大都督府。開元十七年，加潞州為五焉。其餘都督定為上中下等。上都督府五，中都督府十三，下都督府十六。前後制置，改易不恆，難可備敍。凡大都督府，置大都督一人，掌所管都督諸州城隍、兵馬、甲仗、食糧、鎮戍等。親王為之，多遥領。其任亦多為贈官。長史居府以總其事。各有長史、司馬、録事、功曹以下官屬，但員數多少與諸州府有差，其職事不異，具郡佐篇。分天下州縣制為諸道，每道置使，治於所部。即採訪、防禦等使也。其邊方有寇戎之地，則加以旌節，謂之節度使。自景雲二年四月，始以賀拔延嗣為涼州都督，充河西節度使。其後諸道因同此號，得以軍事專殺。行則建節，府樹六纛，外任之重莫比焉。本皆兼支度、營田使，開元九年十一月敕，其河東、河北不須別置，併令節度使兼充。有副使一人，副貳使。行軍司馬一人，申習法令，自漢魏至隋，總戎出征，則刺史、都督、將軍等官置長史、司馬、諸曹參軍，為之寮佐，按官置司。大唐本制，大總管乃前代專徵之任，其寮佐亦多同之。自後改為節度大使，置副使、判官以為寮佐，如前代長史以下之任。然長史、司馬及諸曹是曰官名，副大使、副使、判官乃為使職。有所改易，合隨府主。置大使則有副使以下，今若改名，使府不合設官充其寮吏。蓋因授任者莫詳其源，既有副使，又置司馬，參雜重設，遂為其例。況不標於甲令，固須區別著定恆規也。判官二人，分判倉、兵、騎、胄四曹事，副使及行軍司馬通署。掌書記一人，掌表《奏書》檄。齊書曰：『宋江夏王義恭取丘巨源為掌書記。』參謀無員，或一人，或二人，參議謀畫。隨軍四人。分使出入。開元中，凡八節度使，磧西、河西、隴右、朔方、河東、幽州、劍南、嶺南，此八節度也。後更增加，兼改名號。蓋古之持節都督江左四中郎將，近代行軍總管之任。凡將帥出行，兵滿萬人以上，則置長史，司馬，倉、兵等曹參軍。若萬人以下，員數遞減。自至德以來，天下多難，諸道皆聚兵，增節度使為二十餘道。其非節度使者，謂之防禦使，以採訪使併領之。採訪理州縣，防禦理軍事。初節度與採訪各置一人，天寶中始一人兼領之。代宗為廣平王時，充天下兵馬元帥，親總師旅，克定禍亂。以大臣宿將郭子儀、李光弼等隨其方面以為副，謂之副元帥，以督諸道事。及皇帝踐祚，以雍王為之。王升儲宮而元帥闕。乾元中，又置都統使，監總管諸道，或領三道，或領五道，皆古方嶽牧伯之任也。上元末，省都統，後又改防禦使為都團練守捉使，皆主兵事，而無旌節，寮屬亦減。有副使一人掌貳使事，判官二人分判軍事。自永泰以來，都團練使稍有加置參謀者。若朝覲則置留後，擇其人而任之。宋武帝起義討桓玄，既平京口，向建業，以孟昶為長史，總攝後事。及討司馬休之，伐荆州，以中軍將軍劉道鄰監留府事，皆留後之任也。自後無代無之，不復遍舉。

《舊唐書》卷三八《地理志一》　開元二十一年，分天下為十五道，每道置採訪使，檢察非法，如漢刺史之職：京畿採訪使、理京師城內都畿、河東理蒲州理東都城內關內、以京官遥領河南、理汴州河北、理魏州隴右、理鄯州山南東道、理襄州山南西道、理梁州劍南、理益州淮南、理揚州江南東道、理蘇州江南西道、理洪州黔中、理黔州嶺南理廣州。又於邊境置節度、經略使，式遏四夷。凡節度使十，經略守捉使三。大凡鎮兵四十九萬人，戎馬八萬餘疋。每歲經費：衣賜則千二十萬疋段，軍食則百九十萬石，大凡千二百一十萬。開元已前，每年邊用不過二百萬，天寶中至於是數。

安西節度使，撫寧西域，統龜茲、焉耆、于闐、疏勒四國。安西都護府治所，在龜茲國城內，管戍兵二萬四千人，馬二千七百疋，衣賜六十二萬疋段。焉耆治所，在安西府東八百里。于闐，在安西府南二千里。疏勒，在安西府西二千餘里。

北庭節度使，防制突騎施、堅昆、斬啜，管瀚海、天山、伊吾三軍。北庭節度使所治，在北庭都護府，管兵二萬人，馬五千疋，衣賜四十八萬疋段。突騎施牙帳，在北庭府西北三千餘里。堅昆，在北庭府北七千里。東北去斬啜千七百里。瀚海軍，在北庭府城內，管兵萬二千人，馬四千二百疋。天山軍，在西州城內，管兵五千人，馬五百疋。伊吾軍，在伊州西北三百里甘露川，管兵三千人，馬三百疋。

河西節度使，斷隔羌胡。統赤水、大鬭、建康、寧寇、玉門、墨離、豆盧、新泉等八軍，張掖、交城、白亭三守捉。河西節度使治，在涼州，管兵七萬三千人，馬萬九千四百疋，衣賜歲百八十萬疋段。赤水軍，在涼州城內，管兵三萬三千人，馬萬三千疋。大鬭軍，在涼州西二百餘里，管兵七千五百人，馬二千四百疋。建康軍，在甘州西二百里，管兵五千三百人，馬五百疋。寧寇軍，在涼州東北千餘里。玉門軍，在肅州西二百里，管兵五千二百人，馬六百疋。墨離軍，在瓜州西北千里，管兵五千人，馬四百疋。豆盧軍，在沙州城內，管兵四千三百人，馬四百疋。

新泉軍，在會州西北二百餘里，管兵千人。張掖守捉，在涼州南二里，管兵五百人。交城守捉，在涼州西二百里，管兵千人。白亭守捉，在涼州西北五百里，管兵千七百人。

朔方節度使，捍禦北狄，統經略、豐安、定遠、西受降城、東受降城、安北都護、振武等七軍府。朔方節度使，治靈州，管兵六萬四千七百人，馬四千三百疋，衣賜二百萬疋段。經略軍，理靈州城內，管兵二萬七百人，馬三千疋。豐安軍，在靈州西黄河外百八十里，管兵八千人，馬千三百疋。安遠城，在靈州東北二百里黄河外，管兵七千人，馬三千疋。西受降城，在豐州北黄河外八十里，管兵七千人，馬千七百疋。安北都護府治，在中受降城黄河北岸，管兵六千人，馬二千疋。東受降城，在勝州東北二百里，管兵七千人，馬千七百疋。振武軍，在單于東都護府城內，管兵九千人，馬千六百疋。

河東節度使，掎角朔方，以禦北狄，統天兵、大同、横野、岢嵐等四軍，忻、代、嵐三州，雲中守捉。河東節度使，治太原府，管兵五萬五千人，馬萬四千疋，衣賜歲百二十六萬疋段，軍糧五十萬石。天兵軍，理太原府城內，管兵三萬人，馬五千五百疋。雲中守捉，在單于府西北二百七十里，管兵七千七百人，馬二千疋。大同軍，在代州北三百里，管兵九千五百人，馬五千五百疋。横野軍，在蔚州東北一百四十里，管兵三千人，馬千八百疋。忻州，在太原府北百八十里，管兵七千八百人。代州，至太原府五百里，管兵四千人。嵐州，在太原府西北二百五十里，管兵三千人。岢嵐軍，在嵐州北百里，管兵一千人。

范陽節度使，臨制奚、契丹，統經略、威武、清夷、靜塞、恆陽、北平、高陽、唐興、横海等九軍。范陽節度使，理幽州，管兵九萬一千四百人，馬六千五百疋，衣賜八十萬疋段，軍糧五十萬石。經略軍，在幽州城內，管軍三萬人，馬五千四百疋。威武軍，在檀州城內，管兵萬人，馬三百疋。清夷軍，在嬀州城內，管兵萬人，馬三百疋。靜塞軍，在薊州城內，管兵萬六千人，馬五百疋。恆陽軍，在恆州城東，管兵三千五百人。北平軍，在定州城西，管兵六千人。高陽軍，在易州城內，管兵六千人。唐興軍，在莫州城內，管兵六千人。横海軍，在滄州城內，管兵六千人。

平盧軍節度使，鎮撫室韋、靺鞨，統平盧、盧龍二軍，榆關守捉，安東都護府。平盧軍節度使治，在營州，管兵萬七千五百人，馬五千五百疋。平盧軍，在營州城內，管兵萬六千人，馬四千二百疋。盧龍軍，在平州城內，管兵萬人，馬三百疋。榆關守捉，在營州城西四百八十里，管兵三百人，馬百疋。安東都護府，在營州東二百七十里，管兵八千五百人，馬七百疋。

隴右節度使，以備羌戎，統臨洮、河源、白水、安人、振威、威戎、莫門、寧塞、積石、鎮西等十軍，綏和、合川、平夷三守捉。隴右節度使，在鄯州，管兵七萬人，馬六百疋，衣賜二百五十萬疋段。臨洮軍，在鄯州城內，管兵萬五千人，馬八千疋。河源軍，在鄯州西百二十里，管兵四千人，馬六百五十疋。白水軍，在鄯州西北二百三十里，管兵四千人，馬五百疋。安人軍，在鄯州界星宿川西，兵萬人，馬三百五十疋。振威軍，在鄯州西三百里，管兵千人，馬五百疋。威戎軍，在鄯州西北三百五十里，管兵千人，馬五十疋。綏和守捉，在鄯州西南二百五十里，管兵千人。合川守捉，在鄯州南百八十里，管兵千人。莫門軍，在洮州城內，管兵五千五百人，馬二百疋。寧塞軍，在廓州城內，管兵五百人，馬五十疋。積石軍，在廓州西百八十里，管兵七千人，馬三百疋。鎮西軍，在河州城內，管兵萬一千人，馬三百疋。平夷守捉，在河州西南四十里，管兵三千人。

劍南節度使，西抗吐蕃，南撫蠻獠，統團結營及松、維、蓬、恭、雅、黎、姚、悉等八州兵馬，天寶、平戎、昆明、寧遠、澄川、南江等六軍鎮。劍南節度使治，在成都府，管兵三萬九百人，馬二千疋，衣賜八十萬疋段，軍糧七十萬石。團結營，在成都府城內，管兵萬四千人，馬千八百疋。翼州，管兵五百人。茂州，管兵三百人。維州，管兵五百人。天寶軍，在恭州東南九十里，管兵千人。柘州，管兵五百人。松州，管兵二千八百人。平戎城，在恭州南八十里，管兵千人。雅州，管兵四百人。當州，管兵五百人。黎州，管兵千人。昆明軍，在巂州南，管兵五千一百人，馬二百疋。寧遠城，在管兵二千人。悉州，管兵五千人。南江郡，管兵三百人。

嶺南五府經略使，綏靜夷獠，統經略、清海二軍，桂管、容管、安南、邕管四經略使。五府經略使治，在廣州，管兵萬五千四百人，輕稅本鎮以自給。經略軍，在廣州城內，管兵五千四百人。清海軍，在恩州城內，管兵二千人。桂管經略使，治桂州，管兵千人。容管經略使，治容州，管兵千一百人。安南經略使，治安南都護府，卽交州，管兵四千二百人。邕管經略使，管兵七百人。

長樂經略使，福州刺史領之，管兵千五百人。

東萊守捉、萊州刺史領之，管兵千人。東牟守捉。登州刺史領之，管兵千人。

至德之後，中原用兵，刺史皆治軍戎，遂有防禦、團練、制置之名。要衝大郡，皆有節度之額；寇盜稍息，則易以觀察之號。

東都畿汝防禦觀察使。領汝州，東都留守兼之。

河陽三城節度使。治孟州，領孟、懷二州。

宣武軍節度使。治汴州，管汴、宋、亳、潁四州。

義成軍節度使。治滑州，管滑、鄭、濮三州。
忠武軍節度使。治許州，管許、陳、蔡三州。
天平軍節度使。治鄆州，管鄆、齊、曹、棣四州。
兗海節度使。治兗州，管兗、海、沂、密四州。
武寧軍節度使。治徐州，管徐、泗、濠、宿四州。
平盧軍節度使。治青州，管淄、青、登、萊四州。
陝州節度使。治陝州，管陝、虢二州。
潼關防禦鎮國軍使。華州刺史領之。
同州防禦長春宮使。同州刺史領之。
鳳翔隴節度使。治鳳翔府，管鳳翔府、隴州。
邠寧節度使。治邠州，管邠、寧、慶、鄜、坊、丹、延、衍等州。
涇原節度使。治涇州，管涇、原、渭、武四州。
朔方節度使。治靈州，管鹽、夏、綏、銀、宥、豐、會、麟、勝、單于府等州。
河中節度使。治河中府，管蒲、晉、絳、慈、隰等州。
昭義軍節度使。治潞州，領潞、澤、邢、洺、磁五州。
河東節度使。治太原府，管汾、遼、沁、嵐、石、忻、憲等州。
大同軍防禦使。雲州刺史領之，管雲、蔚、朔三州。
魏博節度使。治魏州，管魏、貝、博、相、澶、衛六州。
義昌軍節度使。治滄州，管滄、景、德三州。
成德軍節度使。治恆州，領恆、趙、冀、深四州。
義武軍節度使。治定州，領易、祁二州。
幽州節度使。治幽州，管幽、涿、瀛、莫、檀、薊、平、營、媯、順等十州。
山南西道節度使。治興元府，管開、通、渠、興、集、鳳、洋、蓬、利、璧、巴、閬、果、金、商等州。
山南東道節度使。治襄州，管襄、復、均、房、鄧、唐、隨、郢等州。元和中，淮、蔡用兵，析鄧、唐二州別立一節度。
荆南節度使。治江陵府，管歸、夔、峽、忠、萬、澧、朗等州，使親王領之。
劍南西川節度使。治成都府，管彭、蜀、漢、眉、嘉、資、簡、維、茂、黎、雅、松、扶、文、龍、戎、翼、邛、巂、姚、柘、恭、當、悉、奉、疊、靜等州，使親王領之。

劍南東川節度使。治梓州，管梓、綿、劍、普、榮、遂、合、渝、瀘等州。
武昌軍節度使。治鄂州，管鄂、嶽、蘄、黄、安、申、光等州。
淮南節度使。治揚州，管揚、楚、滁、和、舒、壽、廬等州，使親王領之。
浙江西道節度使。治潤州，管潤、蘇、常、杭、湖等州。或為觀察使。
浙江東道節度使。治越州，管越、衢、婺、温、台、明等州。或為觀察使。
福建觀察使。治福州，管福、建、泉、汀、漳等州。
宣州觀察使。治宣州，管宣、歙、池等州。
江南西道觀察使。治洪州，管洪、饒、吉、江、袁、信、虔、撫等州。喪亂後，時升為節度使。
湖南觀察使。治潭州，管潭、衡、郴、連、道、永、邵等州。
黔中觀察使。治黔州，管涪、溪、思、費、辰、錦、播、施、珍、夷、業、溱、南、巫等州。
嶺南東道節度使。治廣州，管廣、韶、循、崗、恩、春、賀、潮、端、藤、康、封、瀧、高、義、新、勤、竇等州。
嶺南西道桂管經略觀察使。治桂州，管桂、昭、蒙、富、梧、潯、龔、鬱林、平琴、賓、澄、繡、象、柳、融等州。
邕管經略使。治邕州，管邕、貴、党、横、田、嚴、山、巒、羅、潘等州。
容管經略使。治容州，管容、辯、白、牢、欽、巖、禺、湯、瀼、古等州。
安南都護節度使。治安南府，管交、武峨、粵、芝、愛、福禄、長、峰、陸、廉、雷、籠、環、崖、儋、振、瓊、萬安等州。

上元年後，河西、隴右州郡，悉陷吐蕃。大中、咸通之間，隴右遺黎，始以地圖歸國，又析置節度。
秦州節度使。治秦州，管秦、成、階等州。
涼州節度使。治涼州，管西、洮、鄯、臨、河等州。
瓜沙節度使。治沙州，管沙、瓜、甘、肅、蘭、伊、岷、廓等州。乾符之後，天下亂離。禮樂征伐，不自朝廷。禹迹九州，瓜分臠剖，或併或析，不可備書。

《新唐書》卷一三一《李石傳》 俄進中書侍郎。帝嘗曰：『朕觀晉君臣以夷曠致傾覆，當時卿大夫過邪？』石曰：『然。古詩有之：「人生不滿百，常懷千歲憂」，畏不逢也；「書短苦夜長」，暗時多也；「何不秉燭遊」，勸之照也。臣願捐軀命濟國家，惟陛下鑑照不惑，則安人强國其庶乎』。又言：『致治之道在得人。德宗多猜貳，仕進之途塞，奏請輒報罷，東省閉闔累月，南臺惟一御史。故兩河諸侯競引豪英，士之喜利者多趨之，用為謀主，故藩鎮日横，天子為旰食。元和間進用日廣，陛下嗣位，惟賢是咨，士皆在朝廷。彼疆宇甲兵如故，而低摧順屈者，士不之助也。』帝曰：『天下之勢猶持衡然，此首重則彼尾輕矣。其為我博選士，朕且用之。』石奏：『咸陽令韓遼治興成渠，渠當咸陽右十八里，左直永豐倉，秦、漢故漕。渠成，起咸陽，抵潼關，三百里無車挽勞，則轅下牛盡可耕，永利秦中矣。』李固言曰：『然恐役非其時，奈何？』帝曰：『以陰陽拘畏乎？苟利於人，朕奚慮哉？』石用韓益判度支案，以贓敗。石曰：『臣本以益知財利，不保其貪。』帝曰：『宰相任人，知則用，過則棄，謂之至公。它宰相所用，强蔽其過，此其私也。』

又　卷一四三《崔植傳》（長慶初），朝廷悉收河朔三鎮，而劉總又以幽、薊七州獻諸朝，且懼部將構亂，乃先籍豪鋭不檢者送京師，而朱克融在籍中。植與杜元穎不知兵，謂藩鎮且平，不復料天下安危事，而克融等羈旅寒躓，願得官自效，日訴於前，皆抑不與。及遣張弘靖赴鎮，縱克融等北還，不數月，克融亂，復失河朔矣。天下尤之，植内慚。罷為刑部尚書，旋授嶽鄂觀察使。未幾，遷嶺南節度使，還拜户部尚書。終華州刺史，贈尚書左僕射。

又　卷一四六《李吉甫傳》　元和二年，杜黄裳罷宰相，乃擢吉甫中書侍郎、同中書門下平章事。吉甫連蹇外遷十餘年，究知閭里疾苦，常病方鎮彊恣，至是為帝從容言：『使屬郡刺史得自為政，則風化可成。』帝然之，出郎吏十餘人為刺史。自王叔文時選任猥冒，吉甫始簿其員，人得敍進，官無留才。又度李錡必反，勸帝召之，使者三往，以病解，而多持金啖權貴，至為錡遊説者。吉甫曰：『錡，庸材，而所蓄乃亡命羣盜，非有鬭志，討之必克。』帝意決。復言：『昔徐州亂，嘗敗吳兵，江南畏之。若起其衆為先鋒，可以絶徐後患。韓弘在汴州，多憚其威，誠詔弘子弟率兵為掎角，則賊不戰而潰。』從之。詔下，錡衆聞徐、梁兵興，果斬錡降。以功封贊皇縣侯，徙趙國公。德宗以來，姑息藩鎮，有終身不易地者。吉甫為相歲餘，凡易三十六鎮，殿最分明。

又　卷一六六《杜佑傳》　建中初，河朔兵挐戰，民困，賦無所出。佑以為救敝莫若省用，省用則省官，乃上議曰：漢光武建武中廢縣四百，吏率十署一；魏太和時分遣使者省吏員，正始時併郡縣；晉太元省官七百；隋開皇廢郡五百；貞觀初省内官六百員。設官之本，以治衆庶，故古者計人置吏，不肯虚設。自漢至唐，因征戰艱難以省吏員，誠救弊之切也。昔咎繇作士，今刑部尚書、大理卿，則二咎繇也。垂作共工，今工部尚書、將作監，則二垂也。契作司徒，今司徒、户部尚書，則二契也。伯夷為秩宗，今禮部尚書、禮儀使，則二伯夷也。伯益為虞，今虞部郎中、都水使者，則二伯益也。伯冏為太僕，今太僕卿、駕部郎中、尚輦奉御、閑廄使，則四伯冏也。古天子有六軍，漢前後左右將軍四人，今十二衛、神策八軍，凡將軍六十員。舊名不廢，新資日加。且漢置别駕，隨刺史巡察，猶今觀察使之有副也。參軍者，參其府軍事，猶今節度判官也。官名職務，直遷易不同爾，詎有事實哉？誠宜斟酌繁省。欲治者先正名。神龍中，官紀蕩然，有司大集選者，既無闕員，則置員外官二千人，自是以為常。當開元、天寶中，四方無虞，編户九百餘萬，帑藏豐溢，雖有浮費，不足為憂。今黎苗凋瘵，天下户百三十萬，陛下詔使者按比，才得三百萬，比天寶三分之一，就中浮寄又五之二，出賦者已耗，而食之者如舊，安可不革？議者以天下尚有跋扈不廷，一省官吏，被罷者皆往托焉。此常者之説，類非至論。且才者薦用，不才者何患其亡，又況顧姻戚有家産哉！建武時公孫述、隗囂未滅，太和、正始、太元時吳、蜀鼎立，開皇時陳尚割據，皆羅取俊乂，猶不慮失人以資敵。今田悦輩繁刑暴賦，惟軍是恤，遇士人如奴，固無范睢業秦、賈季强狄之患。若以習久不可以遽改，且應權省别駕、參軍、司馬，州縣額内官，約户置尉。當罷者，有行義，在所以聞；不如狀，舉者當坐；不為人舉者，任參常調。亦何患哉？如魏置柱國，當時宿德盛業者居之，貴寵第一，周、隋間授受已多，國以為勳級，才得地三十頃耳。又開府儀同三司、光禄大夫，亦官名，以其太多，回作階級。隨時立制，遇弊則變，何必因循憚改作耶？

議入，不省。

又　卷一六九《杜黄裳傳》　始，德宗創艾多難，務姑息藩鎮，每帥臣死，遣中人伺其軍，觀衆所欲立者，故大將私金幣結左右，以求節制，晏年尤甚，方鎮選不出朝廷。黄裳每從容具言：『陛下宜鑑貞元之弊，整法度，朘損諸侯，則天下治。』

《舊五代史》卷六〇《唐書・盧汝弼傳》 是時藩侯倔强者，多僞行墨制。

又 卷一四九《職官志》 梁開平四年四月，敕：『諸州鎮使，官秩無高卑，併在縣令之下。』其年九月，詔曰：『魏博管内刺史，比來州務，併委督郵，遂使曹官擅其威權州牧同於閑冗，俾循通制，宜塞異端，併宜依河南諸州例，刺史得以專達。』時議者曰：『唐朝憲宗時，烏重胤爲滄州節度使，嘗以河朔十六年能抗拒朝命者，以奪刺史權與縣令職而自作威福耳。若二千石各得其柄，又有鎮兵，雖安、史挾奸，豈能據一墉而叛哉！遂奏以所管德、棣、景三州，各還刺史職分，州兵併隸收管。是後雖幽、鎮、魏三道，以河北舊風，自相傳襲，唯滄州一道，獨稟命受代，自重胤制置使然也。則梁氏之更張，正合其事矣。』

宋・王溥《唐會要》卷七八《諸使中・節度使每使管内軍附》 武德元年，因隋舊制，呼為大總管。其年六月七日，諸州總管加號使持節，至七年二月十八日，改大總管為大都督。

貞觀三年八月，李靖除定襄道行軍大總管。貞觀三年已後，行軍即稱總管，本道即稱都督。永徽已後，除都督帶使持節，即是節度使，不帶節者不是節度使。景雲二年四月，賀拔延嗣除涼州都督，充河西節度使，此始有節度之號，遂至於今不改焉。

朔方節度使 開元元年十月六日敕。朔方行軍大總管宜準諸道例，改為朔方節度使，其經略、定遠、豐安軍、西中受降城、單于、豐、勝、靈、夏、鹽、銀、匡、長安、樂等州併受節度。至十四年七月，除王晙帶關内支度屯田等使。十五年五月，除蕭嵩，又加鹽池使。二十年四月，除牛仙客，又加押諸蕃部落使。二十九年，除王忠嗣，又加水運使。天寶五載十二月，除張齊邱，又加管内諸軍採訪使。已後遂為定額。

豐安軍 在靈州黄河西，去郡一百八十里。

定遠軍 在靈州東北二百里。先天二年正月，郭元振置。

貞觀十四年三月十五日，置寧朔大使以護突厥。即舊朔方節度之號。

河東節度使，開元十一年以前，稱天兵軍節度。其年三月四日，改為太原已北諸軍節度。至十八年十二月，宋之悌除河東節度。已後遂為定額。

大同軍 置在朔州，本大武軍。調露二年。裴行儉改為神武軍。天授二年改為平狄軍。大足元年五月十八日，改為大武軍。開元十二年三月四日，改為大同軍。

横野軍 初置在飛狐，復移於新州。開元六年六月二十三日，張嘉貞移於古代郡大安城南，以為九姓之援。天寶十三載十二月一日，改為大德軍。

岢嵐軍 武德中為鎮，永淳二年，改為柵，隸平狄軍。長安三年，李迥秀改為景龍中軍。張仁亶移軍朔方，留一千人充守捉，屬大武軍。開元十二年，崔隱甫又置軍。十五年，李暠又廢為鎮。其後又改為軍。

天兵軍，聖曆二年四月置。大足元年五月十八日廢。長安元年八月，又置。景雲元年，又廢。開元五年六月二十四日，張嘉貞又置。十一年三月四日，改為太原已北諸軍節度使。

清塞軍，貞元十五年四月，以清塞城為軍。

開元九年十一月四日，河東、河北不須別置支度，併令節度使自領支度。

隴右節度使，開元元年十二月，鄯州都督陽矩。除隴右節度，自此始有節度之號。至十五年十二月，除張志亮，又兼經略、支度、營田等使，已後為定額。

臨洮軍，置在狄道縣，開元七年移洮州縣，就此軍焉。

河源軍，置在鄯州西南，又云本趙充國亭侯也。

白水軍，開元五年，郭知運、張懷亮置。

安人軍，置在星宿川，鄯州西北界，開元七年三月置。

積石軍，置在廓州達化縣西界，本吐谷渾之地。貞觀三年，吐谷渾叛，置靜邊鎮。儀鳳二年，置軍額焉。

莫門軍，置在洮州，儀鳳二年置軍。開元十七年，洮州移隸臨洮軍，百姓隸岷州，置臨州。二十七年四月，又改為洮州，今為臨洮軍是也。

振武軍，置在鄯州鄯城縣西界吐蕃鐵仞城，亦名石堡城。開元十七年三月二十四日，信安王禕拔之，置。四月，改為振武軍。二十九年十二月六日，蓋嘉運不能守，遂陷吐蕃。天寶八載六月，哥舒翰又拔之。閏六月三日，改為神武軍。

威戎軍，置在鄯州界，開元二十六年五月，杜希望收吐蕃新城，置此軍。

鎮西軍，置在河州，開元二十六年八月置。

神策軍，天寶十三載七月十七日，隴右節度哥舒翰以前年收黃河九曲，請分其地置洮陽郡，內置軍焉，以成如璆為太守，充神策軍使，去臨洮軍二百餘里。

宛秀軍，同前年，分九曲置澆河郡，內置軍焉，以臧奉忠為太守，充軍使。

保義軍，元和元年二月，改隴右經略使為軍。

河西節度使，景雲二年四月，賀拔廷嗣為涼州都督，充河西節度使，自此始有節度之號。至開元二年四月，除陽執一，又兼赤水、九姓、本道支度、營田等使。十一年四月，除張敬忠，又加經略使。十二年十月，除王君㚟。又加長行轉運使，自後遂為定額也。

赤水軍，置在涼州西城，本赤烏鎮，有泉水赤，因以為名。武德二年七月，安修仁以其地來降，遂置軍焉。軍之大者，莫過於此。

新泉軍，大足元年，郭元振奏置。開元五年，改為守捉。

大鬭軍，本是守捉使，開元十六年，改為大鬭軍焉。

建康軍，置在甘、肅二州界，證聖元年，王孝傑開四鎮回，以兩州界回遠，置此軍焉。

寧寇軍，舊同城守捉，天寶二年五月五日遂置焉。

玉門軍，本廢玉門縣，開元六年置軍焉。

墨離軍，本是月支舊國，武德初置軍焉。

豆盧軍，置在沙州，神龍元年九月置軍。

白亭軍，天寶十四載正月三日置。

開元十四年三月二日敕：『河西長行轉運、九姓，即隸入支度使，宜加支度判官一人。』

安西四鎮節度使，開元六年三月，楊嘉惠除四鎮節度、經略使，自此始有節度之號。十二年以後，或稱磧西節度，或稱四鎮節度。至二十一年十二月，王斛斯除安西四鎮節度，遂為定額。又先天元年十一月，史獻除伊西節度兼瀚海軍使，自後不改。至開元十五年三月，又分伊西、北庭為兩節度。至二十九年十月二十九日，移隸伊西、北庭都督、四鎮節度使。至天寶十二載三月，始以安西四鎮節度封常清兼伊西、北庭節度、瀚海軍使。

伊吾軍，本昆吾國也，置在伊州，景龍四年五月置。

天山軍，置在西州，漢車師前王故國，地形高敞，改名高昌，貞觀十四年置。

瀚海軍，置在北庭都護府，本烏孫王境也。貞觀十四年，置庭州。文明元年，廢州置焉。長安二年十二月，改為燭龍軍。三年，郭元振奏置瀚海軍。

天山軍，併在碎葉城。

范陽節度使，先天二年二月，甄道一除幽州節度、經略、鎮守使。至開元十五年十二月，除李尚隱，又帶河北支度、營田使。二十七年十二月，除李適之，又加河北海運使。天寶元年十月，除裴寬為范陽節度使，經略、河北支度、營田、河北海運使，已後遂為定額。

經略軍，置在范陽城內，延載元年置。

漁陽軍，在幽州北盧龍古塞，開元十九年九月十七日，改為靜塞軍。

清夷軍，垂拱二年，媯州刺史鄭崇古奏置。

威武軍，大足元年，置在檀州。開元十九年九月二十七日，改為威武軍。

北平軍，在定州西三里。

恆陽軍，恆州郭下。

高陽軍，本瀛州，開元二十年，移在易州。

唐興軍，在莫州。

橫海軍，在滄州，併開元十四年四月十二日置，各以刺史為使。

懷柔軍，在蔚州界，先天元年八月八日置。

鎮安軍，貞元二年四月二十二日，於燕郡守捉置。

懷遠軍，在故遼城，天寶二年二月，安祿山奏置焉。

平盧軍節度使，開元七年閏七月，張敬忠除平盧軍節度使，自此始有節度之號。八年四月，除許欽琰，又帶管內諸軍、諸蕃及支度、營田等使。二十八年二月，除王斛斯，又加押兩蕃及渤海、黑水等四府經略、處置使，遂為定額。

平盧軍，在柳城，本古遼西之地。

盧龍軍，置在北平郡古孤竹國，天寶二年置。

開元十三年三月二十日敕：『平盧軍、幽州、太原、朔方、河西、隴右、劍南等七道節度使，宜各置木契行勘。』

劍南節度使，開元五年二月，齊景胄除劍南節度使、支度、營田、兼姚、嶲等州處置兵馬使，因此始有節度之號。至八年，除李濬，始下兼兵馬使。二十七年，章仇兼瓊又兼山南西道採訪使。其後或兼或不兼，無定制。至上元二年二月，分為兩川。廣德二年正月八日，合為一道。大曆二年正月二十日，又分為兩川，至今不改。貞元十一年九月，韋皋為節度，就加統攝近界諸蠻，兼西山八國、雲南安撫等使。

天保軍，置在恭州東南九十里，開元二十九年置。

洪源軍，置在黎州，漢黎郡也，開元三年置軍。

昆明軍，置在嶲州，開元十七年十一月置。

嶺南節度使，至德二載正月，賀蘭進明除嶺南五府經略，兼節度使，自此始有節度之號，已前但稱五府經略，自此遂為定額。又云：杜佑授嶺南節度使，德宗興元，朝廷故事，執政往往遺忘。舊日嶺南節度，常兼五管經略使，佑獨不兼，蓋一時之誤，其後遂不帶五管經略名目。至咸通三年五月，分為兩節度，以廣州為嶺南東道，邕州為嶺南西道。

清海軍，天寶元年置，在恩州。

柔遠軍，貞元七年三月二十三日置。

淮南、河南、江東道，乾元元年三月六日，置節度使。

鎮州節度使，大曆十四年四月，名其軍曰成德。至天祐二年九月，改為武順。

汴宋潁亳節度使，建中三年二月二日，名其軍曰宣武。

浙江節度使，建中二年六月，浙江東、西節度使，尋改為鎮海軍，以團練為節度，從理潤州。元和五年十一月，團練使奏：『丹陽軍比因置節度，改為鎮海，今請依前置鎮海軍。』從之。

滑州節度使，貞元元年五月，罷滑州永平軍。其年四月，名其軍曰義成。

淮西節度使，貞元二年二月，改淮西節度為淮寧軍。

申光蔡等道節度使，貞元十四年正月，名其軍曰彰義。

易定節度使，貞元十五年三月，滿城縣置永清軍。建中三年五月，名其軍曰義武。

安黃節度使，貞元十九年二月，名其軍曰奉義。

陳許節度使，貞元二十年四月，名其軍曰忠武。

徐州節度使，貞元二十一年三月，名其軍曰武寧。至咸通四年四月，降為支郡，隸兗州。至十一年十一月，改為感化軍。

劍南節度使，元和二年二月，改天威軍名曰天征軍。

荆南節度使，元和六年八月敕制：『荆南是賦稅之地，與關右諸鎮及河南、河北有重兵處，體例不同。節度使之外，不合更置軍額。因循已久，煩弊實深。嚴綬所請停永安軍額，宜依。其合收錢米，委嚴綬於當府諸縣蠲除，不支濟人户，均減訖聞奏。』

天平軍節度使，元和十四年三月，平李師道，以所管十二州，分三節度。馬總為天平軍節度，王遂為兗海沂密節度，薛戎為平盧軍節度，仍加押新羅、渤海兩蕃使，仍舊為平盧軍，賜兩蕃使印一面。

河陽節度使，會昌四年十月，平劉禎，以河陽三城鎮遏使為孟州，號河陽軍，額、懌二州隸焉。

歸義軍節度，大中五年八月，沙州刺史張義潮以瓜、沙、伊、肅等十一州户口來獻。自河隴陷蕃百餘年，至是悉獲故地，乃以沙州為歸義軍，授義潮節度使。

戎昭軍節度使，天祐二年九月，以金州置軍額。三年四月，復以為州。

義昌軍節度使，太和五年正月，以滄、景、德州號義昌軍。

山南東道節度使，乾元元年置節度。元和十年十月，分為兩節度。以户部侍郎李遜為襄復郢等州節度使，右羽林大將軍高霞寓為唐鄧等州節度使。景雲二年正月二十九日敕：『諸節度除緣兵馬外，不得別理百姓訴訟事。』元和六年十月，詔曰：『朕於百執事羣有司。方澄源流。以責實效。其諸道都團練使。足修武備。以靜一方。而別置軍額。因加吏禄。亦既虚設。頗為浮費。思去煩以循本。期省事以便人。潤州鎮海軍。宣州採石軍。越州義勝軍。洪州南昌軍。福州靜海軍等使額。併宜停。所收使已下俸料。一事以上。各委本道充代百姓闕額兩稅。仍具數聞奏。庶我愛人之心。不至於惜費。立制之意。必在其正名。』

十三年二月，襄陽節度使李愬奏請判官、大將已下官凡一百五十員。上不悦，謂裴度曰：『李愬誠立奇功，然奏請過當。』遂留中不下。其年七月，詔曰：『事關軍旅，併屬節制；務係州縣，悉歸察廉。二使所領，管轄諸道，度支、營田，承前各別置使。自艱虞以後，各置因循，方鎮除授之時，或有兼帶此職，遂令綱目，所在各殊。今者務修舊章，思一法度，去煩就理，衆已為宜。唯別置營田處，其使且令仍舊。其忠武、鳳翔、武寧、魏博、山南東西、横海、邠寧、義成、河陽等道支度、營田使，及淮南支度，近已定省。其餘諸道，併準此處分。』初，景雲、開元間，節度、支度、營田等使，諸道併置，又一人兼領者甚少。艱難以來，優寵節將，天下擁旄者，常不下三十人，例銜節度、支度、營田、觀察使，其邊界藩鎮，增置名額者，又不一。前後六十餘年，雖嘗增減官員及使額，而支度、營田，以兩河諸將兼領，故朝廷不議停廢。至是，羣盜漸息，宰臣等奏罷之。

乾符三年，以宰臣鄭從讜為北京留守、河東節度使，詔許自擇賓佐。

宋·王讜《唐語林》卷八《補遺》 唐制十八道節度，其後號九節度。其後河朔三鎮，及四凶、二豎之亂，可考大略。明皇天寶元年，置十節度經略使以備邊：曰安西、曰北庭、曰河西，以備西邊；曰朔方、曰河東、曰范陽，以備北邊；曰平盧，以備東邊；曰隴右、曰劍南，以備西邊；曰嶺南五府經略，以備南邊。節度之立，其初固止於沿邊十道耳。

自安禄山之亂，則内地始置九節度以討之，曰：朔方郭子儀，淮西魯炅，興平李奐，滑濮許叔冀，鎮西李嗣業，鄭蔡李廣琛，河東李光弼，澤潞王思禮，河南崔光遠。内地之置節度，其初猶止於九道耳。自朱氏之倡亂中原也，則自國門之外，皆方鎮矣。蓋其先也，欲以方鎮禦四夷，而其後也，則以方鎮禦方鎮。十道既已兆亂，則内地必置九道，以除其亂；九道又兆亂，則關外近郡又不得不置矣。至代宗廣德元年，以田承嗣為魏博節度，李懷仙為盧龍節度，李寶臣為成德節度，是謂河北三鎮，各有其地。其風俗獷戾，過於蠻貊，吾知其河北之地，非復朝廷有矣。至於大曆九年，相推戴而謂之四王：朱滔稱冀王，田悦稱魏王，王武俊稱趙王，李納稱齊王。李希烈又以淮西稱帝，朱泚又以關中稱帝。裂土假王者『四凶』，滔天僭帝者『二豎』；紛紛籍籍，不知其幾也。蓋唐之亂，非藩鎮無以平之，而亦藩鎮有以亂之。其初跋扈陸梁者，必得藩鎮而後可以戡定其禍亂，而其後戡定禍亂者，亦足以稱禍而致亂。故其所以去唐之亂者，藩鎮也；而所以致唐之亂者，亦藩鎮也。試以其一二論之。安氏之亂，懷恩平之也；而留三鎮以遺患者，亦一懷恩也。將兵至京師，冒雨寒而來，姚令言之功也，而所以迎朱泚而趨京師者，亦一令言也。擒子期破田悦者，李寶臣之功，而釋承嗣以為己資者，亦寶臣也。卒至於終唐之世，莫敢誰何者，由三鎮始也。【略】

人道尚右，以右為尊。禮先賓客，故西讓客，主人在東，蓋自卑也。後人或以東讓客，非禮也。蓋緣見所在地，所主在東，俗有東行南頭之戲，此乃貴為一方一境之主也。《記》曰：『天子無客禮，莫敢為主焉。故君適其臣，升自阼階，不敢有其室也。』注：『明饗君，非也。』唐之方鎮及刺史，入本部，於令長已下，禮絕賓主，猶近君臣。至於藩鎮經管内支郡，則俱是古南面諸侯，但以使職監臨，如臺省之官至外地耳。即通宴饗，則異君臣，而用古天子升階之儀，非禮也。

清·趙翼《廿二史劄記》卷二一《五代史·五代諸帝多由軍士擁立》 宋太祖由陳橋兵變，遂登帝位。查初白詩云：『千秋疑案陳橋驛，一著黄袍便罷兵。』蓋以為世所稀有之異事也。不知五代諸帝多由軍士擁立，相沿為故事，至宋祖已第四帝矣。宋祖之前，有周太祖郭威；郭威之前，有唐廢帝潞王從珂；從珂之前，有唐明宗李嗣源，如一轍也。趙在禮為軍士皇甫暉等所逼，據鄴城叛。莊宗遣嗣源討之，方下令攻城，軍吏張破敗忽縱火噪呼，嗣源叱之，對曰：『城中之人何罪？但思歸不得耳。今宜與城中合勢，請天子帝河南，令公帝河北。』嗣源涕泣諭之，亂兵呼曰：『令公不欲，則他人有之。我輩狼虎，豈識尊卑？』安重誨、霍彦威等勸嗣源許之，乃擁嗣源入城，與在禮合，率兵而南，遂得為帝。見《霍彦威等傳》。此唐明宗之由軍士擁立也。

潞王從珂為鳳翔節度使，因朝命移鎮，心懷疑懼，遂據城拒命。湣帝命王思同等討之，張虔釗會諸鎮兵皆集，楊思權攻城西，尹暉攻城東。從珂登城呼外兵曰：『吾從先帝二十年，大小數百戰，士卒固嘗從我矣！今先帝新棄天下，我實何罪而見伐乎？』因慟哭，外兵聞者皆哀之，思權呼其衆曰：『潞王眞吾主也。』卽擁軍士入城。暉聞之，亦解甲降，從珂由是率衆而東，遂得為帝。見《王思同、楊思權等傳》。此廢帝之由軍士擁立也。

郭威以漢隱帝欲誅己，遂起兵犯闕，隱帝遇弑，威請太后臨朝，又迎立湘陰公。會契丹兵入滑州，威率兵北伐，至澶州，軍校何福進等與軍士大呼，越屋而入，請威為天子，或有裂黃旗以加其身者，山呼震地，擁威南還，遂得為帝。見漢、周各本紀此周祖之由軍士擁立也。【略】

尚有擁立而未成者：石敬瑭為河東節度使時，因出獵，軍中忽有擁之呼萬歲者，敬瑭惶惑，不知所為。段希堯勸其斬倡亂者李暉等三十餘人，乃止。《希堯傳》

敬瑭為帝後，命楊光遠討范延光，至滑州，軍士推光遠為主，光遠曰：『天子豈汝等販弄之物？』乃止。《光遠傳》

苻彥饒率兵戍瓦橋關，裨將張諫等迎彥饒為帥，彥饒僞許之，約明日以軍禮見於南衙，遂伏甲盡殺亂者。《彥饒傳》

郭威自澶州入京，有步軍校因醉揚言：『昨澶州馬軍扶策，今我步軍亦欲扶策。』威聞，急擒其人斬之，令步軍皆納甲仗，始不為亂。《周本紀》

此皆擁立未成，故其事未甚著，然亦可見是時軍士策立天子，竟習以為常。

推原其始，蓋由於唐中葉以後，河朔諸鎮各自分據，每一節度使卒，朝廷必遣中使往察軍情，所欲立者，卽授以旄節。見《新舊唐書藩鎮傳》。至五代其風益甚，由是軍士擅廢立之權，往往害一帥、立一帥，有同兒戲。今就唐末及五代計之：

黃巢之亂，武寧節度使支詳遣時溥率兵赴難，兵大呼，反逐支詳，推溥為留後。《溥傳》

青州王敬武卒，三軍推其子師範為留後。《師範傳》

義武王處存卒，軍中推其子郜為留後。

李克用之起也，康君立等推為大同軍防禦使。

朱瑄本鄆州指揮使，軍中推為本州留後。

天雄軍亂，囚其節度使樂彥貞，併殺其子從訓，聚而呼曰：『孰願為節度使者？』羅弘信出應之，牙軍遂推為留後。《弘信傳》

夏州李思諫卒，軍中立其子彝昌為留後。

趙在禮之被逼而反也，軍士皇甫暉因戍兵思歸，劫軍將楊仁晸為帥，仁晸不從，暉殺之，又推一小校，小校不從，亦殺之，乃攜二首詣在禮曰：『不從者視此。』在禮不得已從之，遂為其帥。

如此類者，不一而足。計諸鎮由朝命除拜者十之五六，由軍中推戴者十之三四。藩鎮既由兵士擁立，其勢遂及於帝王，亦風會所必至也。

乃其所以好為擁立者，亦自有故。擁立藩鎮，則主帥德之、畏之，旬犒月宴，若奉驕子，雖有犯法，亦不敢問。如魏博牙兵是也。說見後。擁立天子，則將校皆得超遷，軍士又得賞賜剽掠。如：

明宗之立，趙在禮卽授滄州節度使，皇甫暉亦擢陳州刺史。楊思權叛降廢帝於鳳翔時，先謂廢帝曰：『望殿下定京師後，與臣一鎮，勿置在防禦團練之列。』乃懷中出一紙，廢帝卽書『可邠寧節度使』。後果與尹暉皆授節鎮。同時立功之相裏金、王建立亦擢節度使。

周祖卽位，亦以佐命之王峻為樞密使，郭崇為節度使。

此將校之所以利於擁立也。至軍士之得重賞恣劫奪，更無紀極。明宗之入洛也，京師大亂，焚剽不息，明宗亟命止焚掠，百官皆敝衣來見。《本紀》

廢帝之反，湣帝遣兵討之，幸左藏庫賞軍人各絹二十匹、錢五千，軍士負物，揚言於路曰：『到鳳翔，更請一分。』《康義誠傳》。王師既降，廢帝許以事成重賞，軍士皆過望，及入立，有司獻庫籍甚少，廢帝大怒，自諸鎮至刺史皆進錢帛助賞，猶不足，乃率民財佐用，因繫滿獄，又借民屋課五月。《盧質、李專美等傳》。諸軍猶不滿欲，相與謠曰：『去卻生菩薩，扶起一條鐵。』《本紀》先是帝在鳳翔，許入洛後，人各賞百緡，至是以禁軍在鳳翔降者，楊思權等，各賞馬二、駝一、錢七十緡，軍士二十緡，在京者十緡。《通鑑》

周太祖初至滑州時，王峻諭軍士曰：『我得公處分，俟入京，許爾等旬日剽掠。』衆皆踴躍。《本紀》及至汴，自迎春門入，諸軍大掠，煙火四發。明日，王峻、郭崇曰：『若不禁止，比夜化為空城矣！』由是命諸將斬其尤甚者，晡時乃定。《本紀》而前滑州節度使白再榮已為亂軍所害，侍郎張允墜屋死，《隱帝紀》安叔千家貲已掠盡，軍士猶意其有所藏，箠掠不已，傷重歸於洛陽。《叔千傳》時有趙童子者，善射，憤軍士剽掠，乃大呼曰：『太尉志除君側之惡，鼠輩敢爾！乃賊也！』持弓矢據巷口，來犯者輒殺，由是保全者數十家。後周祖聞民間有趙氏當有天下之謠，疑此童子，遂使人誣告殺之。《五代史補》又趙鳳見居民無不剽之室，亦獨守里門，軍不敢犯。《鳳傳》是周祖犯闕時，居民得免劫奪者，惟此二趙之里，其他自公卿以下，無不被害也。

此軍士之利於擁立也。

王政不綱，權反在下，下淩上替，禍亂相尋。藩鎮既蔑視朝廷，軍士亦脅制主帥，古來僭亂之極，未有如五代者。開闢以來，一大劫運也。

又　卷二二《五代史·五代姑息藩鎮》　唐自失河北後，河朔三鎮，朝命不行，已同化外。羈縻至末季，天子益弱，諸侯益强，朝廷尤以姑息為事，卒至尾大不掉，區宇分裂，鼎祚遽移。

梁祖以梟桀之資，驅策羣下，動以誅戮為事，如氏叔琮、朱友恭、王重師、朱珍、鄧季筠、胡規、黃文靜、李讜、李重允、范居實等，皆披堅執銳，為開國功臣，一有疑忌，輒斬艾隨之，固未嘗稍事含忍也。

及末帝即位，漸不能制其下。

楊師厚在魏博，朝廷常有隱憂而不敢過問。師厚死，乃私賀於宮中。華温琪為定昌節度使，奪人妻，為其夫所告，帝下詔曰：『若便行峻典，謂予不念功勳；若全廢舊章，謂予不念黎庶。為人君者，不亦難乎？』乃召温琪入為金吾大將軍。

此可以見其曲事調停，略無威斷矣。

莊宗登極，歷年未久。

明宗嘗因諸侯邸吏驕恣，杖遣示懲。可謂能整飭紀綱者。

然姑息之弊實起於是時。

高季興擅竊夔州，帝遣西方鄴討之，以霖潦班師。

李彝超據夏州不受代，帝遣安從進討之，以芻糧不繼班師。

安重誨慮孟知祥據蜀，遣李嚴往監軍，知祥即斬嚴以叛。《嚴傳》

董璋與知祥分據兩川，攻陷遂、閬二州，帝遣石敬瑭討之，又以饋餉不給引還。帝遣人往諭璋改過，璋不聽。《璋傳》

知祥抗命既久，范延光奏曰：『陛下若不屈意招撫，彼亦無由自新。』帝曰『知祥，吾故人也。撫之，何屈意之有？』乃以詔賜知祥，知祥始上表謝。《明宗紀》及《知祥傳》

是明宗之於强藩已多所包容，不能制馭矣。

至石晉尤甚，幾有冠履倒置之勢。

楊光遠奉命討范延光，兵柄在手，以為晉祖畏己，輒干預朝政，或抗有所奏，晉祖亦曲意從之。《光遠傳》

張彥澤為節度使，所為不法，從事張式諫不聽，出奔，彥澤使人面奏，謂『彥澤不得張式，恐致不測。』晉祖亦不得已與之。《彥澤傳》

朝廷之尊，反為臣下所脅制。然此猶事之小者也。

安重榮在鎮州，以晉祖厚事契丹，數加非笑，謂『詘中國以事外蕃。』上表欲興兵攻契丹，併執契丹使者，馳書各鎮，謂『契丹貪傲無饜，將與之決戰。』帝諭止之，不從。重榮謂帝無如之何，遂與襄州安從進謀反。《重榮傳》

從進在襄州，南方貢輸道襄者，輒留之。帝欲徙之青州，使人告以虛青州以待，從進曰：『移青州在漢江南，即赴任。』帝亦優容之。《從進傳》

威令不行，武夫悍將桀傲至此，固由於兵力不足以相制。然周世宗登極後，諸鎮咸惕息受驅策，則又不係乎兵力之强弱，而制馭天下自有道矣！

又　《五代藩郡皆用武人》　五代諸鎮節度使，未有不用勳臣武將者，遍檢薛、歐二史，文臣為節度使者，惟馮道暫鎮同州、桑維翰暫鎮相州及泰寧而已。兜鍪積功，恃勳驕恣，酷刑暴斂，荼毒生民，固已比比皆是。

乃至不隸藩鎮之州郡，自朝廷除刺史者，亦多以武人為之。歐史《郭延魯傳》，謂『刺史皆以軍功拜，論者謂天下多事，民力困敝之時，不宜以刺史任武夫，恃功縱下，為害不細。』薛史《安重榮傳》亦云『自梁、唐以來，郡牧多以勳授，不明治道，例為左右羣小所惑，賣官鬻獄，割剝烝民。』誠有慨乎其言之也。

故雖以唐明宗之留心吏治，懲貪獎廉，吏有犯贓，輒置之死。曰『貪吏者，民之蠹也。』鄧州陶、亳州李鄴皆以贓汙論死。又嘗下詔褒廉吏石敬瑭、安從阮、張萬進、孫嶽等，以風厲天下。然出身軍伍，本不知撫循，風氣已成，淪胥莫挽。《相里金傳》云『是時諸州刺史皆用武人，多以部曲主場務，漁蠹公私，以利自入。金為沂州刺史，獨禁部曲不與民事，厚加給養，使主家務而已。』此亦非有循績可紀，而當時已以金為治行之最。則民之罹於塗炭可知也。

自宋太祖易以文臣牧民，而後天下漸得蘇息，歷代因之，皆享國久長，民不思亂。豈非設官立法之善，有以出水火而登之衽席哉！

又《五代藩帥劫財之習》 五代之亂，朝廷威令不行，藩帥劫財之風，甚於盜賊，強奪枉殺，無復人理。

李匡儔為晉軍所敗，遁滄州，隨行輜重、妓妾、奴僕甚衆，滄帥盧彥威殺之於景州，盡取其貲。《晉紀》

張筠代康懷英為永平節度使，懷英死，筠即掠其家貲。有侯莫陳威者，嘗與溫韜發唐諸陵，多得珍寶，筠又殺威而取之。

筠弟籛守京兆，值魏王繼岌滅蜀歸，而明宗兵起，籛即斷咸陽橋，繼岌不得還，自縊死，遂悉取其行橐。

先是王衍自蜀入京，莊宗遣宦者向延嗣殺之於途，延嗣盡得衍貲。至是明宗即位誅宦者，延嗣亡命，籛又盡得其貲。由是筠、籛兄弟皆擁貲鉅萬。《筠傳》馬全節敗南唐將史承裕，擒以獻闕下，承裕曰：『吾掠城中所得百萬，將軍取之矣！吾見天子，必訴而後就刑。』全節懼，遂殺之。《全節傳》

高允權為延州令，其妻劉景巖孫女也。景巖家於延，良田甲第甚富，允權心利之，乃誣景巖反而殺之。《允權傳》

李金全討安州，至則亂首王暉已伏誅，金全聞其黨武彥和等為亂時劫貲無算，乃又殺而奪之。《金全傳》

張彥澤降契丹，奉德光命先入京，乃縱軍大掠，又縊死桑維翰，悉取其貲。《彥澤傳》

成德節度使董溫，其為契丹所擄，其牙將秘瓊殺其家而取其貲。瓊為齊州防禦使，道出於魏，范延光伏兵殺之，以戍卒誤殺聞。後延光叛而又降，挈其帑歸河陽，楊光遠使子承勳推之墮水死，盡取其貲。《延光傳》

楊光遠後亦叛而復降，其故吏悉取其寶貨、名姬、善馬獻李守貞。《光遠傳》

歐史謂瓊殺溫，其取其貲，延光殺瓊而取之。延光又以貲為光遠所殺，而光遠亦不能有也。可見天道報施，雖亂世亦不爽。

且多財為害，亂世尤易召禍。

白再榮在鎮州，劫奪從契丹之官吏，鎮人謂之『白麻答』。及歸京師，遇周祖兵入，軍士至其家，悉取其財，已而前啓曰：『我輩嘗事公，一旦無禮至此，何面目見公乎？』乃斬之而去。

麻答，德光之從弟。契丹犯京師，留麻答守鎮州而去。麻答尤酷虐，多略中國人，剝面、抉目、拔髮、斷腕而殺之，出入常以鉗鑿挑割之具自隨，寢處前後掛人肝、脛、手、足，言笑自若，鎮、定之人不勝其毒。居未幾，李筠、何福進、再榮等共逐麻答，共推再榮為留後，而悉拘嘗事麻答者取其財，鎮人謂之『白麻答』。

則以人事言之，非分取財，更殺身之道也。

又《魏博牙兵凡兩次誅戮》 魏博六州號天雄軍，自田承嗣盜據後，召募牙兵，皆豐給厚賜，年代既久，父子相襲，姻黨膠固，變易主帥如兒戲。自田氏後百五十年，主帥廢置，出於其手，如史憲誠、何全皞、韓君雄、樂彥禎，皆其所立。小不如意，則舉族被誅。

唐天德元年，樂彥禎為牙兵所囚，彥禎子從訓乞兵於梁以攻之，彥禎遂被殺，從訓亦戰死，牙兵因立羅弘信。弘信雖為主帥，而兵愈驕橫。迨其子紹威嗣襲，心益懼，欲盡誅之，而畏其強不敢發，乃遣親吏臧延範密告梁祖。會梁女之適羅氏者死，梁祖乃遣馬嗣勳以千人入魏，聲言助葬，實兵仗於橐中，肩橐而入，夜半，與紹威親軍攻牙兵，盡殺之，死者七千餘人，嬰孺亦不留。此魏兵第一次誅戮也。

其後梁祖令楊師厚屯魏州。梁祖崩，師厚逐節度使羅周翰紹威子襲位者。而據其地。梁主友珪即命為天雄軍節度使。師厚復置銀槍效節軍，皆選驍鋭，恣豢養，復故時牙兵之態，又將為梁患。

會師厚死，趙巖與邵贊為末帝畫策，分相、魏為兩鎮，以相、澶、衛為昭德軍，張筠為節度使；魏、博、貝仍為天雄軍，賀德倫為節度使，分魏兵之半入昭德。德倫促之就道，親戚相訣別。效節軍將張彦曰：『朝廷以我軍府强盛，設法殘破之。』乃與衆執德倫，置之樓上，末帝遣使宣諭，彦不聽，使者再往，彦裂詔書於地曰：『梁主聽人穿鼻。』遂逼德倫降於唐。莊宗時方為晉王，梁由是失河北。德倫既降，陰遣人訴彦於莊宗，莊宗斬彦而後入，即以魏軍自衛，號帳前銀槍軍。

自是與梁戰河上，數有功。胡柳之役，逐梁兵下土山，皆其力也。許滅梁而重賞，及梁亡，雖數賜予，猶懷怨望。莊宗令楊仁晸率之戍瓦橋關。同光四年，代歸。又有詔令駐貝州，軍士以貝、魏相去一舍而不得歸，咸怨。皇甫暉因倡亂殺楊仁晸等，而逼趙在禮為帥，入魏州。莊宗遣李嗣源討之。會軍變，與魏軍合，嗣源犯闕，莊宗遂至弑亡。皆此軍肇禍也。

明宗即嗣源既即位，在禮懼禍求解去。明宗乃令房知温率魏效節九指揮使戍盧臺，不給兵甲，惟長竿鑿幟，以束隊伍。明年，遣烏震往代知温戍軍，夾水東西為兩寨，震至，與知温會東寨，效節軍為變，知温亟乘馬出，亂軍擊殺震，執轡留知温。知温紿以『馬兵皆在西，今獨步軍，何能為也！』即登舟渡入西寨，以騎兵盡殺亂者。明宗詔悉誅其家屬於魏州，凡三千餘家，驅至漳河上殺之，漳水為之變色。魏之驕兵至是而盡。此第二次誅戮也。見梁、唐各本紀，及羅紹威、苻道昭、馬嗣勳、楊師厚、賀德倫、趙在禮、皇甫暉、烏震、房知温等傳。

清·董誥等《全唐文》卷一〇九《唐明宗〈藩鎮幕寮不准兼職敕〉》

近聞藩鎮幕職内，或有帶録事參軍，兼鄰都管内諸州録事參軍，從前併兼防禦判官。設官分職，激濁揚清，若網在綱，各司其局，督郵從事，兼處尤難，没階則賓主之道虧，下榻則軍州之禮失。須從改革，式振紀綱。宜令今後諸州府録事參軍不得兼職，如或才堪佐幕，節度使須具聞奏，不得兼録事參軍，鄰都管内刺史州不合有防禦判官之職，今後改為軍事判官，如刺史帶防禦團練使額，即得奏署防禦團練判官，仍不得兼録事參軍。如此，則珠履玳簪，全歸客禮，提綱振領，不紊公途。仍付所司。

宦官專政

綜　述

《舊唐書》卷一八四《宦官傳》　唐制有内侍省，其官員：内侍四人，内常侍六人，内謁者監六人，内給事八人，謁者十二人，典引十八人，寺伯二人，寺人六人。别有五局：掖廷局掌宫人簿籍；宫闈局掌宫内門禁，其屬有掌扇、給使等員；奚官局掌宫人疾病死喪；内僕局掌宫中供帳燈燭；内府局主中藏給納。五局有令丞，皆内官爲之。

貞觀中，太宗定制，内侍省不置三品官，内侍是長官，階四品。至永淳末，向七十年，權未假于内官，但在閤門守禦，黄衣廪食而已。則天稱制，二十年間，差增員位。中宗性慈，務崇恩貸，神龍中，宦官三千餘人，超授七品以上員外官者千餘人，然衣朱紫者尚寡。

玄宗在位既久，崇重宫禁，中官稍稱旨者，即授三品、左右監門將軍，得門施棨戟。開元、天寶中，長安大内、大明、興慶三宫，皇子十宅院，皇孫百孫院。東都大内、上陽兩宫，大率宫女四萬人，品官黄衣已上三千人，衣朱紫者千餘人。後李輔國從幸靈武，程元振翼衛代宗，怙寵邀君，乃至守三公，封王爵，干預國政，亦未全握兵權。代宗時，子儀北伐，親王東討，遂特立觀軍容宣慰使，命魚朝恩為之，然自有統帥，亦監領而已。

德宗避涇師之難，幸山南，内官竇文場、霍仙鳴擁從。賊平之後，不欲武臣典重兵，其左右神策、天威等軍，欲委宦者主之。乃置護軍中尉兩員、中護軍兩員，分掌禁兵，以文場、仙鳴為兩中尉，自是神策親軍之權，全歸於宦者矣。自貞元之後，威權日熾，蘭錡將臣，率皆子蓄；藩方戎帥，必以賄成，萬機之與奪任情，九重之廢立由己。元和之季，毒被乘輿。長慶纘隆，徒鬱枕干之憤；臨軒暇逸，旋忘塗地之冤。而易月未除，滔天盡怒。甲第名園之賜，莫匪伶官；朱袍紫綬之榮，無非巷伯。是時高品白身之數，四千六百一十八人，内則參秉戎權，外則臨監藩嶽。文宗包祖宗之恥，痛肘腋之讎，思翦厲階，去其太甚。宋申錫言未出口，尋以破家；李仲言謀之不臧，幾乎敗國。何、竇之徒轉蹙，讓、珪之勢尤狂，五十餘年，禍胎踰煽，昭宗之季，所不忍聞。

臣遍覽前書，考茲覆轍，試言大較，庶竭其源。何者？自書契已來，不無閹寺，況垂之天象，備見職官。卽如秦皇、漢武，宮闈之內，宦官以侍宴遊。但英睿之君，措置斯得；及荒僻之主，奢蕩是求。委番、聚、蹶、楀之徒，飾姬姜狗馬之玩，外言不入，惟欲是從。雖倂列五侯，猶為賞薄；遍封萬户，尚嫌恩疏。苟思捧日之勤，遂據回天之勢。及三綱錯亂，四海崩離。袁本初之入北宮，無須殆盡；石冉閔之攻鄴下，內豎咸誅。旋至殄瘁邦家，不獨感傷和氣，淫刑斯逞，可為傷心。向使不假威權，但趨帷扆，何止四星終吉，抑亦萬乘延洪。昔賢為社鼠之喻，不其然乎？

又《高力士傳》 高力士，潘州人，本姓馮。少閹，與同類金剛二人，聖曆元年嶺南討擊使李千里進入宮。則天嘉其黠惠，總角修整，令給事左右。後因小過，撻而逐之。內官高延福收爲假子。延福出自武三思家，力士遂往來三思第。歲餘，則天復召入禁中，隸司宮台，廩食之。長六尺五寸，性謹密，能傳詔敕，授宮闈丞。景龍中，玄宗在藩，力士傾心奉之，接以恩顧。及唐隆平內難，升儲位，奏力士屬內坊，日侍左右，擢授朝散大夫、內給事。先天中，預誅蕭、岑等功，超拜銀青光禄大夫，行內侍同正員。開元初，加右監門衛將軍，知內侍省事。

玄宗尊重宮闈，中官稍稱旨，卽授三品將軍，門施棨戟，故楊思勖、黎敬仁、林招隱、尹鳳祥等，貴寵與力士等。楊則持節討伐，黎、林則奉使宣傳，尹則主書院。其餘孫六、韓莊、楊八、牛仙童、劉奉廷、王承恩、張道斌、李大宜、朱光輝、郭全、邊令誠等，殿頭供奉、監軍、入蕃、教坊、功德主當，皆爲委任之務。監軍則權過節度，出使則列郡辟易。其郡縣豐贍，中官一至軍，則所冀千萬計，修功德，市鳥獸，詣一處，則不啻千貫，皆在力士可否。故帝城中甲第，畿甸上田，菓園池沼，中官參半於其間矣。

每四方進奏文表，必先呈力士，然後進御，小事便決之。玄宗常曰：『力士當上，我寢則穩。』故常止於宮中，稀出外宅。若附會者，想望風彩，以冀吹噓，竭肝膽者多矣。宇文融、李林甫、李適之、蓋嘉運、韋堅、楊愼矜、王鉷、楊國忠、安禄山、安思順、高仙芝因之而取將相高位，其餘職不可勝紀。肅宗在春宮，呼爲二兄，諸王公主皆呼『阿翁』，駙馬輩呼爲『爺』。力士於寢殿側簾帷中休息，殿側亦有一院，中有修功德處，雕瑩璀璨，窮極精妙。力士謹愼無大過，然自宇文融已下，用權相噬，以紊朝綱，皆力士之由。又與時消息，觀其勢候，雖至親愛，臨覆敗皆不之救。

力士義父高延福夫妻，正授供奉。嶺南節度使於潘州求其本母麥氏送長安，令兩媪在堂，備於甘脆。金吾大將軍程伯獻與力士結爲兄弟，麥氏亡，伯獻於靈筵散髮，具縗絰，受賓弔答。十七年，贈力士父廣州大都督，麥氏越國夫人。開元初，瀛州呂玄晤作吏京師，女有姿色，力士娶之爲婦，擢玄晤爲少卿、刺史，子弟皆為王傅。呂夫人卒，葬城東，葬禮甚盛。中外爭致祭贈，充溢衢路，自第至墓，車馬不絕。

天寶初，加力士冠軍大將軍、右監門衛大將軍，進封渤海郡公。七載，加驃騎大將軍。力士資產殷厚，非王侯能擬。於來庭坊造寶壽佛寺、興寧坊造華封道士觀，寶殿珍臺，侔於國力。於京城西北截澧水作碾，倂轉五輪，日破麥三百斛。初，寶壽寺鐘成，力士齋慶之，舉朝畢至。凡擊鐘者，一擊百千；有規其意者，擊至二十杵，少尚十杵。

其後又有華州袁思藝，特承恩顧。然力士巧密，人悅之；思藝驕倨，人士疏懼之。十四載，置內侍省，內侍監兩員，秩正三品，以力士、思藝對任之。玄宗幸蜀，思藝走投禄山，力士從幸成都，進封齊國公。從上皇還京，加開府儀同三司，賜實封五百户。

上元元年八月，上皇移居西內甘露殿，力士與內官王承恩、魏悅等，因侍上皇登長慶樓，為李輔國所構，配流黔中道。力士至巫州，地多薺而不食，因感傷而詠之曰：『兩京作斤賣，五谿無人採。夷夏雖不同，氣味終不改。』寶應元年三月，會赦歸，至朗州，遇流人言京國事，始知上皇厭代。力士北望號慟，嘔血而卒。代宗以其耆宿，保護先朝，贈揚州大都督，陪葬泰陵。

又《李輔國傳》 李輔國，本名靜忠，閑廄馬家小兒。少爲閹，貌陋，粗知書計。爲僕，事高力士，年且四十餘，令掌廄中簿籍。天寶中，閑廄使王鉷嘉其畜牧之能，薦入東宮。禄山之亂，玄宗幸蜀；輔國侍太子扈從，至馬嵬，誅楊國忠。輔國獻計太子，請分玄宗麾下兵，北趨朔方，以圖興復。輔國從至靈武，勸太子即帝位，以係人心。肅宗即位，擢爲太子家令，判元帥府行軍司馬事，以心腹委之。仍賜名護國，四方奏事，御前符印軍號，一以委之。輔國不茹葷血，常爲僧行，視事之隙，手持念珠，人皆信以爲善。從幸鳳翔，授太子詹事，改名輔國。

肅宗還京，拜殿中監，閑廄、五坊、宮苑、營田、栽接、總監等使。又兼隴右羣牧、京畿鑄錢、長春宮等使，勾當少府、殿中二監都使。至德二年十二月，加開府儀同三司，進封郕國公，食實封五百户。宰臣百司，不時奏事，皆因輔國上決。常在銀臺門受事，置察事廳子數十人，官吏有小過，無不伺知，即加推訊。府縣按鞫，三司制獄，必詣輔國取決，隨意區分，皆稱制敕，無敢異議者。每出則甲士數百人衛從。中貴人不敢呼其官，但呼五郎。宰相李揆，山東甲族，位居台輔，見輔國執子弟之禮，謂之五父。肅宗又爲輔國娶故吏部侍郎元希聲侄擢女爲妻。擢弟挹，時併引入臺省，擢爲梁州長史。輔國判元帥行軍司馬，專掌禁兵，賜內宅居止。

上皇自蜀還京，居興慶宮，肅宗自夾城中起居。上皇時召伶官奏樂，持盈公主往來宮中，輔國常陰候其隙而間之。上元元年，上皇嘗登長慶樓，與公主語。劍南奏事官過朝謁，上皇令公主及如仙媛作主人。輔國起微賤，貴達日近，不爲上皇左右所禮，慮恩顧或衰，乃潛畫奇謀以自固。因持盈待客，乃奏云：『南内有異謀。』矯詔移上皇居西内，送持盈于玉眞觀，高力士等皆坐流竄。

二年八月，拜兵部尚書，餘官如故。詔羣臣于尚書省送上，賜御府酒饌、太常樂，武士戎服夾道，朝列畢會。輔國驕恣日甚，求為宰臣，肅宗曰：『以公勳力，何官不可，但未允朝望，如何？』輔國諷僕射裴冕聯章薦己。肅宗密謂宰臣蕭華曰：『輔國欲帶平章事，卿等欲有章薦，信乎？』華不對。問裴冕，曰：『初無此事，吾臂可截，宰相不可得也。』華復入奏，上喜曰：『冕固堪大用。』輔國銜之。寶應元年四月，肅宗寢疾，宰臣等不可謁見，輔國誣奏華專權，請黜之。上不許，輔國固請不已。乃罷華知政事，守禮部尚書。及帝崩，華竟被斥逐。

代宗即位，輔國與程元振有定策功，愈恣橫。私奏曰：『大家但內裏坐，外事聽老奴處置。』代宗怒其不遜，以方握禁軍，不欲遽責。乃尊為尚父，政無巨細，皆委參決。五月，加司空、中書令，食實封八百户。程元振欲奪其權，請上漸加禁制，乘其有間，乃罷輔國判元帥行軍事，其閑廄已下使名，併分授諸貴，仍移居外。輔國始懼，茫然失據。詔進封博陸王，罷中書令，許朝朔望。輔國欲入中書修謝表，閽吏止之曰：『尚父罷相，不合復入此門。』乃氣憤而言曰：『老奴死罪，事郎君不了，請於地下事先帝。』上猶優詔答之。十月十八日夜，盜入輔國第，殺輔國，攜首臂而去。詔刻木首葬之，仍贈太傅。

又《程元振傳》 程元振，以宦者直內侍省，累遷至內射生使。寶應末，肅宗晏駕，張皇后與太子有怨，恐不附己，引越王係入宮，欲令監國。元振知其謀，密告李輔國，乃挾太子，誅越王併其黨與。代宗即位，以功拜飛龍副使、右監門將軍、上柱國，知內侍省事。尋代輔國判元帥行軍司馬，專制禁兵，加鎮軍大將軍、右監門衛大將軍，封保定縣侯，充寶應軍使。九月，加驃騎大將軍，封邠國公，贈其父元貞司空。母郤氏，趙國夫人。是時元振之權，甚于輔國，軍中呼為『十郎』。元振常請托于襄陽節度使來瑱，瑱不從。及元振握權，徵瑱入朝。瑱遷延不至。廣德元年，破裴茙，遂入朝，拜兵部尚書。元振欲報私憾，誣瑱之罪，竟坐誅。宰臣裴冕為肅宗山陵使，有事與元振相違，乃發小吏贓私，貶冕施州刺史。來瑱名將，裴冕元勳，二人既被誣陷，天下方鎮皆解體。元振猶以驕豪自處，不顧物議。

九月，吐蕃、党項入犯京畿，下詔徵兵，諸道卒無至者。十月，蕃軍至便橋，代宗蒼黄出幸陝州；賊陷京師，府庫蕩盡。及至行在，太常博士柳伉上疏切諫誅元振以謝天下，代宗顧人情歸咎，乃罷元振官，放歸田里，家在三原。

十二月，車駕還京。元振服縗麻于車中，入京城，以規任用。與御史大夫王升飲酒，為御史所彈。詔曰：

族談錯立，法尚不容；同惡陰謀，議當從重。有一于此，情實難原。程元振性惟凶愎，質本庸愚，蕞爾之身，合當萬死。頃已寬其嚴典，念其微勞，屈法伸恩，放歸田里。仍乖克己，尚未知非；既忘含煦之仁，別貯覬覦之望。敢為嘯聚，仍欲動摇，不令之臣，共為睥睨；妄談休咎，仍懷怨望。東兵裹甲，變服潛行，無顧君親，將圖不軌。按驗皆是，無所逃刑，首足異門，未云塞責。朕猶不忘薄效，再捨罪人；特寬斧鉞之誅，俾正投荒之典。宜長流溱州百姓，委京兆府差綱遞送；路次州縣，差人防援，至彼捉拘，勿許東西。縱有非常之赦，不在會恩之限。凡百僚庶，宜體朕懷。

又《魚朝恩傳》 魚朝恩，天寶末以宦者入內侍省，初為品官，給事黄門。性黠惠，善宣答，通書計。至德中，常令監軍事。九節度討安慶緒于相州，不立統帥，以朝恩為觀軍容宣慰處置使。觀軍容使名，自朝恩始也。以功累加左監門衛大將軍。時郭子儀頻立大功，當代無出其右；朝恩妒其功高，屢行間諜；子儀悉心奉上，殊不介意。肅宗英悟，特察其心，故朝恩之間不行。自相州之敗，史思明再陷河洛，朝恩常統禁軍鎮陝，以殿東夏。廣德元年，西蕃入犯京畿，代宗幸陝。時禁軍不集，徵召離散，比至華陰，朝恩大軍遽至迎奉，六師方振。由是深加寵異，改為天下觀軍容宣慰處置使。時四方未寧，萬務事殷，上方注意勳臣，朝恩專典神策軍，出入禁中，賞賜無算。

朝恩性本凡劣，恃勳自伐，靡所忌憚。時引腐儒及輕薄文士于門下，講授經籍，作爲文章，粗能把筆釋義，乃大言于朝士之中，自謂有文武才幹，以邀恩寵。上優遇之，加判國子監事，光祿、鴻臚、禮賓、內飛龍、閑廄等使。赴國子監視事，特詔宰臣、百僚、六軍將軍送上，京兆府造食，教坊賜樂。大臣羣官二百餘人，皆以本官備章服充附學生，列于監之廊下，待詔給錢萬貫充食本，以供學生廚料。朝恩恣横，求取無厭，凡有奏請，以先允為度，幸臣未有其比。

大曆二年，朝恩獻通化門外賜莊為寺，以資章敬太后冥福；仍請以章敬為名，復加興造，窮極壯麗。以城中材木不足充費，乃奏壞曲江亭館、華清宮觀樓及百司行廨、將相没官宅給其用，土木之役，僅逾萬億。三年，讓判國子監事，加韓國公。章敬太后忌日，百僚于興唐寺行香，朝恩置齋饌于寺外之車坊，延宰臣百僚就食。朝恩恣口談時政，公卿惕息。户部郎中相里造、殿中侍御史李衎以正言折之。朝恩不悦，乃罷會。

後嘗釋奠于國子監。宰臣百僚皆會，朝恩講《易》，徵《鼎卦》『覆餗』之義，以譏元載。載心銜之，陰圖除去之。上以朝恩太横，亦惡之。載欲伺其便，巧中傷之；乃用腹心崔昭為京兆尹，伺朝恩出處。昭不吝

財賂，潛與朝恩黨陝州觀察使皇甫温相結，温與昭協。自是朝恩動靜，載皆知之，巨細悉以聞。上益怒，朝恩未之察，日以驕横。載奏加朝恩實封，又加皇甫温權位，以肆其欲。

五年，朝恩所昵武將劉希暹微有過忤，上諷之。詔罷朝恩觀軍容使，加實封通前一千户。朝恩始疑，然每朝謁，恩顧如常，亦不以載為意。會寒食宴近臣，朝恩入謁。先是，每宴罷，必出還營，是日有詔留之。朝恩始懼，言頗悖慢，上亦以舊恩不之責。是日朝恩還第，自經而卒。劉希暹亦下獄賜死。

又《劉希暹傳》 希暹，出自戎伍，有膂力，形貌光偉，以騎射聞。朝恩用之為神策都虞候，封交河郡王。善候朝恩意旨，深被委信。累遷至太僕卿，與兵馬使王駕鶴同掌禁兵，所為不法。諷朝恩于北軍置獄，召坊市凶惡少年，羅織城內富人，誣以違法，捕置獄中，忍酷考訊，録其家產，併没于軍。或有舉選之士，財貨稍殷，客于旅舍，遇横死者非一。坊市苦之，謂之『入地牢』。捕賊吏有賈明觀者，尤凶蠹，以屢置大獄，家產巨萬。希暹黨之，地在禁密，人無敢言者。朝恩死，上寬宥之。以素志非順，慮不見容，常自疑懼。與王駕鶴聯職，希暹辭多不遜。駕鶴純謹，上信任之，至是以希暹語上聞，乃誅之。

賈明觀者，本萬年縣捕賊吏。事希暹，恣為凶惡，毒甚豺狼。朝恩、希暹既死，元載復受明觀奸謀，潛容之，特奏令江西效力。明觀將出城，百姓數萬人懷磚石候之，載令市吏止約。明觀在洪州二年，觀察使魏少游容之。及路嗣恭代少遊，至郡之日，召明觀笞殺之。識者减魏之名，多路之正。

朝恩素待禮部尚書裴士淹，户部侍郎、判度支第五琦，二人亦坐貶官。

又《竇文場霍仙鳴傳》 竇文場、霍仙鳴者，始在東宮事德宗。初魚朝恩誅後，內官不復典兵，德宗以親軍委白志貞。志貞多納豪民賂，補為軍士，取其傭直，身無在軍者，但以名籍請給而已。涇師之亂，帝召禁軍禦賊，志貞召集無素，是時併無至者，唯文場、仙鳴率諸宦者及親王左右從行。志貞貶官，左右禁旅，悉委文場主之。從幸山南，兩軍漸集。

德宗還京，頗忌宿將，凡握兵多者，悉罷之。禁旅文場、仙鳴分統

焉。貞元十二年六月，特立護軍中尉兩員、中護軍兩員，以帥禁軍。乃以文場為左神策護軍中尉，仙鳴為右神策護軍中尉，右神威軍使張尚進為右神策中護軍，內謁者監焦希望為左神策中護軍，自文場等始也。竇、霍之權，振于天下，藩鎮節將，多出禁軍，臺省清要，時出其門。文場累加驃騎大將軍。是歲仙鳴病，帝賜馬十匹，令于諸寺為僧齋以祈福。久病不愈，十四年，倉卒而卒。上疑左右小使正將食中加毒，配流者數十人。仙鳴死後，以開府內常侍第五守亮為右軍中尉。文場連表請致仕，許之。

十五年已後，楊志廉、孫榮義為左右軍中尉，亦踵竇、霍之事，怙寵驕恣。貪利冒寵之徒，利其納賄，多附麗之。至于貞元末，宦官復盛。順宗卽位，王叔文用事，與韋執誼謀奪神策軍權，乃用宿將范希朝為京西北禁軍都將。事未行，為內官俱文珍等所排，叔文貶而止。

又《俱文珍傳》 俱文珍，貞元末宦官，後從義父姓，曰劉貞亮。性忠正，剛而蹈義。順宗卽位，風疾不能視朝政，而宦官李忠言與牛美人侍病。美人受旨于帝，復宣之于忠言，忠言授之王叔文。叔文與朝士柳宗元、劉禹錫、韓日華圖議，然後下中書，俾韋執誼施行，故王之權振天下。叔文欲奪宦者兵權，每忠言宣命，內臣無敢言者，唯貞亮建議與之爭。知其朋徒熾，慮隳朝政，乃與中官劉光琦、薛文珍、尚衍、解玉等謀，奏請立廣陵王為皇太子，勾當軍國大事。順宗可之。貞亮遂召學士衞次公、鄭絪、李程、王涯入金鑾殿，草立儲君詔。及太子受內禪，盡逐叔文之黨，政事悉委舊臣，時議嘉貞亮之忠藎。累遷至右衞大將軍，知內侍省事。元和八年卒，憲宗思其翊戴之功，贈開府儀同三司。

又《吐突承璀傳》 吐突承璀，幼以小黃門直東宮，性敏慧，有才幹。憲宗卽位，授內常侍，知內省事，左監門將軍。俄授左軍中尉、功德使。四年，王承宗叛，詔以承璀為河中、河南、浙西、宣歙等道赴鎮州行營兵馬招討等使，內侍省常侍宋惟澄為河南、陝州、河陽已來館驛使，內官曹淮玉、劉國珍、馬江朝等分為河北行營糧料館驛等使。諫官、御史上疏相屬，皆言自古無中貴人為兵馬統帥者，補闕獨孤郁、段平仲尤激切。憲宗不獲已，改為充鎮州已來招撫處置等使。及承璀率禁軍上路，帝御通化門樓，慰諭遣之。出師經年無功，乃遣密人告王承宗，令上疏待罪，許以罷兵為解。仍奏昭義節度使盧從史素與賊通，許為承宗求節鉞。乃誘潞州牙將烏重胤謀執從史送京師。及承宗表至，朝廷議罷兵，承璀班師，仍為禁軍中尉。段平仲抗疏極論承璀輕謀弊賦，請斬之以謝天下，憲宗不獲已，降為軍器使。俄復為左衞上將軍，知內侍省事。

時弓箭庫使劉希先取羽林大將軍孫璹錢二十萬，以求方鎮，事發賜死，辭相告訐，事連承璀，乃出為淮南節度監軍使。太子通事舍人李涉，性狂險，投匭上書，論希先、承璀無罪，不宜貶戮。諫議大夫、知匭事孔戣，見涉疏之副本，不受其章。涉持疏于光順門欲進之，戣上疏論其纖邪，貶涉硤州司倉。上待承璀之意未已，而宰相李絳在翰林，時數論承璀之過，故出之。八年，欲召承璀還，乃罷絳相位。承璀還，復為神策中尉。惠昭太子薨，承璀建議請立澧王寬為太子，憲宗不納，立遂王宥。穆宗卽位，銜承璀不佑己，誅之。敬宗時，中尉馬存亮論承璀之冤，詔雪之，仍令假子士曄以禮收葬。

又《王守澄傳》 王守澄，元和末宦者。憲宗疾大漸，內官陳弘慶等弑逆。憲宗英武，威德在人，內官秘之，不敢除討，但云藥發暴崩。時守澄與中尉馬進潭、梁守謙、劉承偕、韋元素等定冊立穆宗皇帝。長慶中，守澄知樞密事。

初，元和中，守澄為徐州監軍，遇翼城醫人鄭注，出入節度使李醞家。注敏悟過人，博通典藝，棋奕醫卜，尤臻于妙，人見之者，無不歡然。注嘗為李醞煮黃金，服一刀圭，可愈痿弱重膇之疾，復能反老成童。醞與守澄服之，頗效。守澄知樞密，薦引入禁中，穆宗待之亦厚。注多奇詭，每與守澄言必通夕。

文宗卽位，守澄為驃騎大將軍，充右軍中尉。注復得幸于文宗，後依倚守澄，大為奸弊。文宗以元和逆黨尚在，其黨大盛，心常憤惋，端居不怡。翰林學士宋申錫嘗獨對探知，上略言其意，申錫請漸除其逼。帝亦以申錫沉厚有方略，為其事可成，乃用為宰相。申錫謀未果，為注所察，守澄乃令軍吏豆盧著誣告申錫與漳王謀逆，申錫坐貶。

宰相李逢吉從子訓，與注交通，訓亦機詭萬端，二人情義相得，俱為守澄所重。復引訓入禁中，為上講《周易》。既得幸，又探知帝旨，復以除宦官謀中帝意。帝以訓才辯縱橫，以為其事必捷，待以殊寵，自流人中用為學官，充侍進學士。時仇士良有翊上之功，為守澄所抑，位未通顯。

訓奏用士良分守澄之權，乃以士良為左軍中尉；守澄不悅，兩相矛盾。訓因其惡。太和九年，帝令內養李好古齎鴆賜守澄，秘而不發，守澄死，仍贈揚州大都督。其弟守涓為徐州監軍，召還，至中牟，誅之。守澄豢養訓、注，反罹其禍，人皆快其受佞，而惡訓、注之陰狡。

李訓既殺守澄，復惡鄭注，乃奏用注為鳳翔節度使。訓欲盡誅宦官，乃與金吾將軍韓約、新除太原節度使王璠、新除邠寧節度使郭行餘、權御史中丞李孝本、權京兆尹羅立言謀。其年十一月二十一日，上御宣政殿，百僚班定，韓約不奏平安，乃奏曰：『臣當仗廨內石榴樹，夜來降甘露，請陛下幸仗舍觀之。』帝乘輦趨金吾仗。中尉仇士良與諸官先往石榴樹觀之，伺知其詐；又聞幕下兵仗聲，蒼黃而還，奏曰：『南衙有變。』遂扶帝輦入閣門。李訓從輦大呼曰：『邠寧、太原之兵，何不赴難？衛乘輿者，人賞百千！』于是誰何之卒，及御史臺從人，持兵入宣政殿院，宦官死者甚衆。輦既入閣門，內官呼萬歲。俄而士良等率禁兵五百餘人，露刃出東上閤逢人卽殺，王涯、賈餗、舒元輿、李訓等四人宰相及王璠、郭行餘等十一人，屍橫闕下。自是權歸士良與魚弘志。至宣宗卽位，復誅其太甚者，而閹寺之勢，仍握軍權之重焉。

又《田令孜傳》 田令孜，本姓陳。咸通中，從義父入內侍省為宦者。頗知書，有謀略，自諸司小使監諸鎮用兵，累遷神策中尉、左監門衛大將軍。乾符中，盜起關東。諸軍誅盜，以令孜為觀軍容、制置左右神策、護駕十軍等使。京師不守，從僖宗幸蜀。鑾輿返正，令孜頗有匡佐之功，時令孜威權振天下。

時關中寇亂初平，國用虛竭，諸軍不給。令孜請以安邑、解縣兩池榷鹽課利，全隸神策軍。詔下，河中王重榮抗章論列，言使名久例隸當道，省賦自有常規。令孜怒，用王處存為河中節度使，重榮不奉詔。令孜率禁兵討之。重榮引太原軍為援，戰于沙苑，禁軍大敗。京師復亂，僖宗出幸寶雞，又移幸山南，方鎮皆憾令孜生事。令孜懼，引前樞密楊複恭代己，從幸梁州，求為西川監軍。西川節度使陳敬瑄，卽令孜之弟也。

昭宗卽位，三川大亂。詔宰相韋昭度鎮西川，陳敬瑄不受代。令孜引閬州刺史王建為援，建素以父事令孜。時建方亂東川，聞其召也，以西蜀可圖，欣然赴之。建以所領千餘兵至漢州，陳敬瑄以建雄豪難制，辭而遣之。建曰：『十軍阿父召予，及門而拒，鄰藩聞之，孰肯相容？為予報令公，建至此，無所歸也。』遂遣使上表，請討陳敬瑄以自效。朝廷嘉之，卽命昭度為招討，入蜀加兵，經年無功，昭度還京。建遂絕棧道，不通詔使。歲中急擊成都，陳敬瑄計窘，遣令孜出城，與建通和。建竟自為蜀帥，令孜以義父之故，依倚仍舊監軍事。既而陳敬瑄遇鴆，令孜亦為建所殺。

又《楊復光傳》 楊復光，內常侍楊玄價之養子也。幼以宦者入內侍省，慷慨負節義，有籌略，為小黃門，監鎮兵征討。乾符中，賊渠黃巢之犯江西，復光為排陣使，遣判官吳彥弘入城喻朝旨，巢卽令其將尚君長奉表歸國。招討使宋威害其功，併兵擊賊，巢怒，復作剽。朝廷誅尚君長，怨怒愈深。宋威戰敗，復光總其兵權，進攻洪州，擒賊將徐唐莒。詔以荊南節度使王鐸為招討，代宋威。復光監忠武軍，屯于鄧州，以遏賊沖。

京師陷賊，節度使周岌受偽命，賊使往來旁午。岌嘗夜宴，急召復光。左右曰：『周公歸賊，必謀害內侍，不如勿往。』復光曰：『事勢如此，義不圖全。』卽赴之。酒酣，岌言本朝事，復光因泣下。良久曰：『丈夫所感者恩義，而規利害，非丈夫也。公自匹夫享公侯之貴，豈捨十八葉天子而北面臣賊，何恩義利害之可言乎！』聲淚俱發，岌亦為之流涕。岌曰：『吾不能獨力拒賊，貌奉而心圖之，故召公。』瀝酒為盟。是夜，復光遣其養子守亮殺賊使于傳舍。

時秦宗權叛岌，據蔡州。復光得忠武之師三千入蔡州，說宗權，俾同義舉。宗權遣將王淑率衆萬人從復光收荊襄。次鄧州，王淑逗留不進，復光斬之，併其軍，分為八都。鹿晏弘、晉暉、李師泰、王建、韓建等，皆八都之大將也。進攻南陽，賊將朱溫、何勤來逆戰。復光敗之，進收鄧州，獻捷行在，中和元年五月也。復光乘勝追賊，至藍橋，丁母憂還。尋起復，受詔充天下兵馬都監，押諸軍入定關輔。王重榮為東面招討使，復光以兵會之。

二年七月，至河中。賊將朱溫守同州，復光遣使諭之。九月，溫以所部來降。時賊將李翔守華州，巢寇益盛，王重榮憂之。謂復光曰：『臣賊則負國，拒戰則兵微，今日成敗，未可知也，公其圖之。』復光曰：

『雁門李僕射以雄武振北陲，其家尊與吾先世同患難。李雁門奮不顧身，自播遷已來，徵兵未至者，蓋太原阻路也。如以朝旨諭鄭公，詔到，其軍必至。』重榮曰：『善！』王鐸遣使奉墨詔之太原，太原以兵從之。及收京城，三敗巢賊，復光與其子守亮、守宗等身先犯難，功烈居多。其年六月，卒于河中，時年四十二。復光雖黄門近幸，然慷慨有大志，善撫士卒；及死之日，軍中慟哭累日。身後平賊立功者，多是復光部下門人故將也。

諸假子：守亮，興元節度使；守宗，忠武節度使；守信，商州防禦使；守忠，洋州節度使；其餘以守為名者數十人，皆為牧守將帥。

又《楊復恭傳》 楊復恭，貞元末中尉楊志廉之後。志廉子欽義，大中朝為神策中尉。欽義子三人：玄翼、玄價、玄寔。玄翼，咸通中掌樞密；玄寔乾符中為右軍中尉；玄價，河陽監軍。復恭，即玄翼子也。以父，幼為宦者，入內侍省。知書，有學術，每監諸鎮兵。龐勳之亂，監陣有功，自河陽監軍入為宣徽使。咸通十年，玄翼卒，起復為樞密使。時黄巢犯闕，左軍中尉田令孜為天下觀軍容制置使，專制中外。復恭每事力爭得失，令孜怒，左授復恭飛龍使，乃稱疾退于藍田。僖宗自蜀還京，田令孜出師失律，車駕再幸山南，復用復恭為樞密使，尋代令孜為右軍中尉。時行在制置，內外經略，皆出于復恭。車駕還京，授觀軍容使，封魏國公。

僖宗晏駕，迎壽王踐祚。文德元年，加開府、金吾上將軍，專典禁兵，既軍權在手，頗擅朝政。昭宗惡之，政事多訪于宰臣。故韋昭度、張浚、杜讓能每有陳奏，即舉大中故事，稍抑宦者之權。上性明察，由是偏聽之釁生焉。國舅王瓌，頗居中任事，復恭惡之，奏授黔南節度。至吉柏江，覆舟而没，物議歸咎于復恭。上每切齒道復恭。復恭假子天威軍使守立，權勇冠于六軍，人皆避之。上欲罪復恭，懼守立為亂，乃謂復恭曰：『吾要卿家守立在左右，可進來。』乃賜姓李，名順節，恩寵特異，勢侔樞要。乃與復恭爭權，每中傷其陰事，授順節鎮海軍節度使、同平章事。

大順二年九月，詔復恭致仕，賜杖履。復恭既失勢，欲退止商山別居，第在昭化里，近玉山營。假子守信為玉山軍使，守信時候復恭于其第，或誣告云玉山軍使與復恭謀亂，詔李順節率禁軍攻之。昭宗御延喜樓。守信以兵拒之，順節屢敗。際晚，守信、復恭挈其族出通化門，趨興元。守信令部將張綰殿其後，綰戰敗，被擒。復恭至興元，節度使楊守亮乃糾合諸守義兄弟舉兵，以討順節為名。天子詔李茂貞、王行瑜討之。明年，守亮兵敗，復恭與守亮挈其族，將奔太原，入商山。至乾元縣，為華州兵所獲，執送京師，皆梟首于市。李茂貞收興元，進復恭前後與守亮私書六十紙，內訴致仕之由云：『承天是隋家舊業，大侄但積粟訓兵，不要進奉。吾于荊榛中援立壽王，有如此負心門生天子，既得尊位，乃廢定策國老。』其不遜如是。後復恭假子彥博奔太原，收復恭骸骨，葬于介休縣之抱腹山。

復恭之後，宦者西門重遂為右軍中尉。李茂貞初併山南，兵衆强盛，干預朝政，宰相杜讓能與重遂等謀誅之。師興，為茂貞所敗，重遂被誅，乃以內官駱全瓘、劉景宣為左右軍中尉。乾寧二年春，李茂貞、王行瑜以兵入朝，殺宰相韋昭度、李溪。河東節度使李克用率師渡河，討邠、岐二帥，軍于渭北。駱全瓘與茂貞宿衞將閻圭，脅天子幸岐州，昭宗蒼黄幸莎城。茂貞以太原問罪，乃誅全瓘、閻圭以自解。昭宗幸華州，宦官稍微。

及光化還宮，內官景務修、宋道弼復專國政，宰相崔胤深惡之，中外不睦。宰相徐彥若、王摶有度量，見其陰險相傾，懼危時事，嘗奏曰：『人君當務大體，平心御物，無有偏私。偏任偏聽，古人所患。今中官怙寵，道路目之，皆知此弊，然未能卒改。俟多難漸平，以道消息之。陛下勿泄聖謨，啓其奸詐。』崔胤知摶所奏，頗銜之，他日見上，曰：『王摶奸邪，已為敕使外應，不可在相位。』二年六月，貶摶官，賜死于藍田。道弼、務修亦賜死。以樞密使劉季述、王奉先為兩軍中尉，出徐彥若鎮南海。

崔胤秉政而排擯宦官，季述等外結藩侯，以為黨援。十一月六日，季述矯詔以皇太子監國，遂廢昭宗。居東內，奪傳國寶授太子。昭宗以何皇后宮嬪數人隨行，幽于東宮。季述手持銀檛，于上前以檛畫地數上罪狀，云：『某時某事，你不從我言，其罪一也。』其悖逆如此。乃令李師虔以兵圍之。鎔錫錮其扃鐍。時方凝冽，嬪御無被，哭聲聞于外。穴牆通食者兩月。十二月晦，崔胤等謀反正，誅季述、奉先，復迎昭宗即位，改元天復元年。

其歲十一月，朱全忠寇河中華州，陷之；京師震恐。中尉韓全誨請上且幸鳳翔。全忠追逼乘輿，兵圍鳳翔者累年。三年正月，茂貞殺兩軍中尉韓全誨、張弘彥、樞密使袁易簡、周敬容等二十二人，皆斬首，以布囊貯之，令學士薛貽矩送于全忠求和。是月，全忠迎駕還長安，詔以崔胤為宰相，兼判六軍諸衛。

胤奏曰：『高祖、太宗承平時，無內官典軍旅。自天寶以後，宦官浸盛。貞元、元和，分羽林衛為左、右神策軍，使衛從，令宦官主之，唯以二千人為定制。自是參掌樞密。由是內務百司，皆歸宦者，上下彌縫，共為不法：大則傾覆朝政，小則構扇藩方。車駕頻致播遷，朝廷漸加微弱，原其禍作，始自中人。自先帝臨御已來，陛下纂承之後，朋儕日熾，交亂朝綱，此不翦其本根，終為國之蠡賊。內諸司使務宦官主者，望一切罷之，諸道監軍使，併追赴闕廷，即國家萬世之便也。』

詔曰：宦官之興，肇于秦、漢。趙高、閻樂，竟滅嬴宗；張讓、段珪，遂傾劉祚。肆其志則國必受禍，悟其事則運可延長。朕所以斷在不疑，祈天永命者也。

先皇帝嗣位之始，年在幼沖，羣豎相推，奄專大政。于是毒流宇內，兵起山東，遷幸三川，幾淪神器。回鑾之始，率土思安，而田令孜妒能忌功，遷搖近鎮，陳倉播越，患難相仍。洎朕纂承，益相侮慢，復恭、重遂逞其禍，道弼、季述繼其凶；幽辱朕躬，淩脅孺子。天復返正，罪已求安，兩軍內樞，一切假借。韓全誨等每懷憤惋，曾務報仇；視將相若血仇，輕君上如木偶。未周星歲，竟致播遷；及在岐陽，過于羈絏。上憂宗社傾墜，下痛民庶流離，茫然孤居，無所控告。

全忠位兼二柄，深識朕心，駐兵近及于三年，獨斷方誅于元惡。今謝罪郊廟，即宅宮闈，正刑當在于事初，除惡宜絕其根本。先朝及朕，五致播遷，王畿之氓，減耗大半；父不能庇子，夫不能室妻。言念于茲，痛深骨髓，其誰之罪？爾輩之由！

帝王之為治也，內有宰輔卿士，外有藩翰大臣，豈可令刑餘之人，參預大政？況此輩皆朕之家臣也，比于人臣之家，則奴隸之流。恣橫如此，罪惡貫盈，天命誅之，罪豈能捨？橫屍伏法，固不足矜，含容久之，亦所多愧。其第五可範已下，併宜賜死。其在畿甸同華、河中，併盡底處置訖。諸道監軍使已下，及管內經過併居停內使，敕到併仰隨處誅夷訖聞奏。已令準國朝故事，量留三十人，各賜黃絹衫一領，以備宮內指使，仍不得輒有養男。其左右神策軍，併令停廢。

是日，諸司宦官百餘人，及隨駕鳳翔羣小又二百餘人，一時斬首于內侍省，血流塗地。及宮人宋柔等十一人，兩街僧道與內官相善者二十餘人，併笞死于京兆府。內諸司一切罷之，皆歸省寺。自是京城併無宦官，天子每宣傳詔命，即令宮人出入。崔胤雖復仇快志，國祚旋亦覆亡，悲夫！

《新唐書》卷二〇七《宦者傳上・仇士良》 仇士良，字匡美，循州興寧人。順宗時得侍東宮。憲宗嗣位，再遷內給事，出監平盧、鳳翔等軍。嘗次敷水驛，與御史元稹爭舍上廳，擊傷稹。中丞王播奏御史、中使以先後至得正寢，請如舊章。帝不直稹，斥其官。元和、大和間，數任內外五坊使，秋按鷹內畿，所至邀吏供餉，暴甚寇盜。

文宗與李訓欲殺王守澄，以士良素與守澄隙，故擢左神策軍中尉兼左街功德使，使相糜肉。已而訓謀悉逐中官，士良悟其謀，與右神策軍中尉魚弘志、大盈庫使宋守義挾帝還宮。王涯、舒元輿已就縛，士良肆脅辱，令自承反，示牒于朝。于時莫能辨其情，皆謂誠反，士良因縱兵捕，無輕重悉斃兩軍，公卿半空。事平，加特進、右驍衛大將軍，弘志右衛上將軍兼中尉，守義右領軍衛上將軍。

李石輔政，棱棱有風岸，士良與論議數屈，深忌之，使賊刺石于親仁里，馬逸而免。石懼，辭位，士良益無憚。

澤潞劉從諫本與訓約誅鄭注。及訓死，憤士良得志，乃上書言：『王涯等八人皆宿儒大臣，願保富貴，何苦而反。今大戮所加已不可追，而名之逆賊，含憤九泉。不然，天下義夫節士，畏禍伏身，誰肯與陛下共治耶？』即以訓所移書遺部將陳季卿以聞。季卿至，會石遇盜，京師擾，疑不敢進。從諫大怒，殺季卿，騰書于朝。又言：『臣與訓誅注，以注本宦豎所提挈，不使聞知。今四方共傳宰相欲除內官，而兩軍中尉聞，自救死，妄相殺戮，謂為反逆。有如大臣挾無將之謀，自宜執付有司，安有縱俘劫，橫屍闕下哉？陛下視不及，聽未聞也。且宦人根黨蔓延在內，臣欲面陳，恐橫遭戮害，謹修封疆，繕甲兵，為陛下腹心。如奸臣難制，誓以死清君側。』書聞，人人傳觀。士良沮恐，卽進從諫檢校司徒，欲弭其言。從諫知可動，復言：『臣所陳係國大體，可聽，則宜洗宥涯等罪；不可聽，則賞不宜妄出。安有死冤不申，而生者荷禄？』固辭。累上書，暴指士良等罪。帝雖不能去，然倚其言差自强。自是鬱鬱不樂，兩軍球獵宴會絶矣。

開成四年，苦風痹，少間，召宰相見延英，退坐思政殿，顧左右曰：『所直學士謂誰？』曰：『周墀也。』召至，帝曰：『自爾所況，朕何如主？』墀再拜曰：『臣不足以知，然天下言陛下堯、舜主也。』帝曰：『所以問，謂與周赧、漢獻孰愈？』墀惶駭曰：『陛下之德，成、康、文、景未足比，何自方二主哉？』帝曰：『赧、獻受制强臣，今朕受制家奴，自以不及遠矣！』因泣下，墀伏地流涕。後不復朝，至大漸云。

始，樞密使劉弘逸薛季棱、宰相李珏楊嗣復謀奉太子監國，士良與弘志議更立，珏不從，乃矯詔立潁王為皇太弟，士良以兵奉迎，而太子還為陳王。初，莊恪太子薨，楊賢妃謀引安王，不克。武宗已立，士良發其事，勸帝除之以絶人望，故王、妃皆死。士良遷驃騎大將軍，封楚國公，弘志韓國公，實封户三百。俄而珏、嗣復罷去，弘逸、季棱誅矣。

帝明斷，雖士良有援立功，內實嫌之，陽示尊寵。李德裕得君，士良愈恐。會昌二年，上尊號，士良宣言『宰相作赦書，減禁軍縑糧芻菽』以摇怨，語兩軍曰：『審有是，樓前可爭。』德裕以白帝，命使者諭神策軍曰：『赦令自朕意，宰相何豫？爾渠敢是？』士乃怗然。士良惶惑不自安。明年，進觀軍容使，兼統左右軍，以疾辭，罷為內侍監，知省事。固請老，詔可。尋卒，贈揚州大都督。

士良之老，中人舉送還第，謝曰：『諸君善事天子，能聽老夫語乎？』衆唯唯。士良曰：『天子不可令閒暇，暇必觀書，見儒臣，則又納諫，智深慮遠，減玩好，省遊幸，吾屬恩且薄而權輕矣。為諸君計，莫若殖財貨，盛鷹馬，日以球獵聲色蠱其心，極侈靡，使悅不知息，則必斥經術，闇外事，萬機在我，恩澤權力欲焉往哉？』衆再拜。士良殺二王、一妃、四宰相，貪酷二十餘年，亦有術自將，恩禮不衰云。死之明年，有發其家藏兵數千物，詔削官爵，籍其家。

始，士良、弘志憤文宗與李訓謀，屢欲廢帝。崔慎由為翰林學士，直夜未半，有中使召入，至秘殿，見士良等坐堂上，帷帳周密，謂慎由曰：『上不豫已久，自卽位，政令多荒闕，皇太后有制更立嗣君，學士當作詔。』慎由驚曰：『上高明之德在天下，安可輕議？慎由親族中表千人，兄弟羣從且三百，何可與覆族事？雖死不承命。』士良等默然，久乃啓後户，引至小殿，帝在焉。士良等歷階數帝過失，帝俯首。既而士良指帝曰：『不為學士，不得更坐此。』乃送慎由出，戒曰：『毋泄，禍及爾宗。』慎由記其事，藏箱枕間，時人莫知。將没，以授其子胤，故胤惡中官，終討除之，蓋禍原于士良、弘志云。

又　卷二〇八《宦者傳下·劉克明》　劉克明，亦亡所來，得幸敬宗。敬宗善擊球，于是陶元皓、靳遂良、趙士則、李公定、石定寬以球工得見便殿，內籍宣徽院或教坊，然皆出神策隸卒或里閭惡少年，帝與狎息殿中為戲樂。四方聞之，爭以趫勇進于帝。嘗閱角抵三殿，有碎首斷臂，流血廷中，帝歡甚，厚賜之，夜分罷。所親近既皆凶不逞，又小過必責辱，自是怨望。帝夜艾自捕狐狸為樂，謂之『打夜狐』，中人許遂振、李少端、魚志弘侍從不及，皆削秩。帝獵夜還，與克明、田務澄、許文端、石定寬、蘇佐明、王嘉憲、閻惟直等二十有八人羣飲，既酣，帝更衣，燭忽滅，克明與佐明、定寬弑帝更衣室，矯詔召翰林學士路隋作詔書，命絳王領軍國事。明日，下遺詔，絳王卽位。克明等恃功，將易置左右，自引支黨顓兵柄。于時，樞密使王守澄楊承和、中尉梁守謙魏從簡與宰相裴度共迎江王，發左、右神策及六軍飛龍兵討之，克明投井死，出其屍戮之。務澄等皆斬首以徇，籍入家貲，又殺其黨數十人。

始，克明謀逆，母禁不許。文宗立，嘉母忠，賜錢千緡、絹五百匹，給婢二人。

又　《劉季述傳》　劉季述者，本微單，稍顯于僖、昭間，擢累樞密使。楊復恭之斥，帝以西門重遂為右神策軍中尉、觀軍容使。時李茂貞得興元，愈跋扈不軌，宰相杜讓能與內樞密使李周諲及重遂謀誅之，乃興師，以嗣覃王戒丕為京西招討使，神策大將軍李鐬副之。茂貞引兵迎壁盩厔，薄興平，王師潰。遂逼臨皋以陣，暴言讓能等罪，京師震恐，帝坐安福門，斬重遂、周諲以謝茂貞，更以駱全瓘、劉景宣代為兩中尉。乾寧二年，茂貞與王行瑜、韓建以兵入朝，李克用率師討茂貞，次渭北。同州節度使王行實奔京師，謂景宣等曰：『沙陀十萬至矣，請奉天子出幸避其鋒。』景宣方與茂貞睦，故全瓘與鳳翔衛將閻圭共脅帝狩岐，王行實及景宣子繼晟縱火剽東市，帝登承天門，矢著樓闔。帝懼，暮出莎城，士民從者數十萬。至谷口，人暍死十三，夜為盜掠，哭聲殷山。徙駐石門。茂貞恐，乃殺全瓘、景宣及圭自解。天子還京師，以景務脩、宋道弼代之，俄專國。宰相崔胤惡之，徐彥若、王摶懼禍不解，稍抑胤以和北軍。胤怒，劾摶黨宦豎，不忠，罷去，俄賜死；流道弼驩州，務脩愛州，併死灞橋；逐彥若于南海。乃以季述、王仲先為左右中尉，疾胤尤甚。

時帝嗜酒，怒責左右不常，季述等愈自危。先是，王子病，季述引內醫工車讓、謝筠，久不出，季述等共白帝，宮中不可妄處人。帝不納，詔著籍不禁。由是疑帝與有謀，乃外約朱全忠為兄弟，遣從子希正與汴邸官程巖謀廢帝。會全忠遣天平節度副使李振上計京師，巖因曰：『主上嚴急，內外惴恐，左軍中尉欲廢昏立明，若何？』振曰：『百歲奴事三歲郎主，常也。亂國不義，廢君不祥，非吾敢聞。』希正大沮。

帝夜獵苑中，醉殺侍女三人，明日午漏上，門不啓。季述見胤曰：『宮中殆不測。』與仲先率王彥范、薛齊偓、李師虔、徐彥回總衛士千人毀關入，謀所立，未決。是夜，宮監竊取太子以入，季述等因矯皇后令曰：『車讓、謝筠勸上殺人，禳塞災咎，皆大不道。兩軍軍容知之，今立皇太子，以主社稷。』黎明，陳兵廷中，謂宰相曰：『上所為如此，非社稷主，今當以太子見羣臣。』卽召百官署奏，胤不得對。季述衛皇太子至紫廷院，左右軍及十道邸官俞潭、程巖等詣思玄門請對，士皆呼萬歲。入思政殿，遇者輒殺。帝方坐乞巧樓，見兵入，驚墮于牀，將走，季述、仲先持帝坐，以所持鉦杖畫地責帝曰：『某日某事爾不從我，罪一也。』至數十未止。皇后出，遍拜曰：『護宅家，勿使怖，若有罪，惟軍容議。』季述出百官奏，曰：『陛下脊，倦于勤，願奉太子監國，陛下自頤東宮。』帝曰：『昨與而等飲甚樂，何至是？』后曰：『陛下如軍容語。』宮監掖帝出思政殿，后倡言曰：『軍容一心輔持，請上養疾。』帝亦曰：『朕久疾，令太子監國。』巖等皆呼萬歲。后以傳國寶授季述，就帝輦，左右十餘人，入囚少陽院。季述液金以完鐍，師虔以兵守。太子卽位于武德殿，帝號太上皇，皇后為太上皇后，大赦天下，東宮官屬三品賜爵一級，四品以下一階，天下為父後者爵一級，羣臣加爵秩厚賜，欲媚附上下。改東宮為問安宮。季述等皆先誅戮以立威，夜鞭笞，晝出屍十輦，凡有寵于帝，悉榜殺之。殺帝弟睦王。師虔尤苛察，左右出入搜索，天子動靜輒白季述。帝衣晝服夜浣，食自竇進，下至筆紙銅鐵，疑作詔書兵器，皆不與。方寒，公主嬪御無衾纊，哀聞外廷。

胤告難于朱全忠，使以兵除君側，全忠封胤書與季述曰：『彼翻覆，宜圖之。』季述以責胤，胤曰：『奸人偽書，從古有之，必以為罪，請誅不及族。』季述易之，乃與盟。胤謝全忠曰：『左軍與胤盟，不相害，然僕歸心于公，併送二侍兒。』全忠得書，恚曰：『季述使我為兩面人。』自是始離。季述子希度至汴，言廢立本計，又遣李奉本齎示太上皇誥，全忠狐疑不決。李振入見曰：『豎刁、伊戾之亂，以資霸者。今閹奴幽劫天子，公不討，無以令諸侯。』乃囚希度、奉本，遣振至京師與胤謀。

是時季述欲盡誅百官，乃弒帝，挾太子令天下。都將孫德昭、董從實盜没錢五千緡，仲先衆辱之，督其償，株連甚衆。胤間其不逞，曰：『能殺兩中尉，迎太上皇，而立大功，何小罪足羞！』又遣客密告德昭，割帶內蜜丸通意。德昭邀別將周承誨，期十二月晦，伏士安福門待旦。仲先乘肩輿造朝，德昭等劫之，斬東宮門外，叩少陽院呼曰：『逆賊斬矣。』帝疑未信，皇后曰：『可獻賊首。』德昭擲仲先頭以進，宮人毀扉，出御長樂門，羣臣稱賀。承誨馳入左軍，執季述、彥範至樓前，胤先戒京兆尹鄭元規集萬人持大梃，帝詰季述未已，萬梃皆進，二人同死梃下，遂屍之。兩軍支黨死者數十人。中官奉太子遁入左軍，收傳國璽。齊偓死井中，出其屍斬之。全忠檻送巖京師，斬于市。季述等夷三族。以德昭檢校太保、靜海軍節度使，從實檢校司徒、容管節度使，併同中書門下平章事，賜氏李，曰繼昭，曰彥弼。承誨亦檢校司徒、邕管節度使，視宰相秩。皆號『扶傾濟難忠烈功臣』，圖形淩煙閣，留宿衛凡十日乃休，竭內庫珍寶賜之。當時號『三使相』，人臣無比。

初，延英宰相奏事，帝平可否，樞密使立侍，得與聞，及出，或矯上旨謂未然，數改易橈權。至是，詔如大中故事，對延英，兩中尉先降，樞密使候旨殿西，宰相奏事已畢，案前受事。師虔請于屏風後録宰相所奏，帝以侵官，不許，下詔與徐彥回同誅。

又《韓全誨張彥弘傳》　韓全誨、張彥弘者，皆不知所來，併監鳳翔軍。全誨入為內樞密使。劉季述之誅，崔胤、陸扆見武德殿右廡，胤曰：『自中人典兵，王室愈亂，臣請主神策左軍，以扆主右，則四方藩臣不敢謀。』昭宗意不決。李茂貞語人曰：『崔胤奪軍權未及手，志滅藩鎮矣。』帝聞，召李繼昭等問以胤所請奈何，對曰：『臣世世在軍，不聞書生主衛兵。且罪人已得，持軍還北司便。』帝謂胤曰：『議者不同，勿庸主軍。』乃以全誨為左神策中尉，彥弘為右，皆拜驃騎大將軍，袁易簡、周敬容為樞密使。胤怒，約京兆鄭元規遣人狙殺之，不克。全誨等知胤必除己乃已，因諷茂貞留選士四千宿衛，以李繼筠、繼徽總之。胤亦諷朱全忠內兵三千居南司，以婁敬思領之。韓偓聞岐、汴交戍，數諫止胤，胤曰：『兵不肯去耳。』偓曰：『初何為召邪？』胤不對。議者知京師不復安矣。

全誨、彥弘及彥弼合勢恣暴，中官倚以自驕，帝不平，有斥逐者，皆不肯行，胤固請盡誅之。全誨、彥弘見帝祈哀，帝知左右漏言，始詔囊封奏事。宦人更求麗姝知書者數十人，侍帝為內詗，由是胤計多露。

始，張浚判度支，楊復恭以軍貲乏，奏假鹽曲一歲入以濟用度，遂不復還。至胤，乃白度支財盡，無以稟百官，請如舊制。全誨擿李繼筠訴軍中匱甚，請割三司隸神策。帝不能卻，詔罷胤領鹽鐵，胤銜之。

全誨等懼帝誅己，與繼誨、彥弼、繼筠交通謀亂。帝問令狐渙，渙請召胤及全誨等宴內殿和解之。韓偓謂：『不如顯斥一二柄臣，許餘人自新，妄謀必息。不然皆自疑，禍且速，雖和解之，凶焰益肆。』帝乃止。

是時，全忠并河中，胤爲急詔，令入朝，又詒書曰：『上反正，公之力，而鳳翔入朝，引功自歸。今若後至，必先見討。』全忠得詔，還汴，悉師討全誨。帝以為忠，又欲其與茂貞同功，卽詔并力。令胤詒二鎮書，示帝意。全忠取同州，汴兵凡七萬，威震關中。全誨等泣奏曰：『全忠且至，欲脅陛下幸關東，將謀傳禪。臣不忍見高祖天下移他姓，願至鳳翔，合義兵討元惡。』帝未許，方在乞巧樓，全誨急，卽火其下，帝降樓，乃決西幸。彥弼等以帝未卽駕，愈誖，宮中禁索苛亟，帝與后相視泣，宮人私逃出都，民崩沸，或奔開化坊依胤第自固，閈無留家。鳳翔軍與左神策兵陣大衢，長樂門外若丘墟然。于是日南至，百官不朝，帝坐思政殿。時彥弼先入鳳翔，全誨逼帝出，惟皇后、諸王數百騎為衛，帝繡袍、塗金帽，以右神策軍從，實天復元年十一月壬子。全誨等遂火宮城，繼誨、彥弼欲劫百官從天子，李德昭等按兵衛之，乃得免。茂貞以帝居盩厔。

全忠取華州，下令自釋曰：『吾被詔及得宰相書令入朝，既至，皆偽也。逆臣全誨震驚天子，脅乘輿出遷，暴露草莽，吾當入對言狀。』時公卿皆在長安，數日不聞朝廷敕畫。胤使王溥見全忠曰：『上猶在盩厔，公宜亟進。』羣臣盧知猷等奏記全忠，請西迎天子，答曰：『進則似脅君，退則負國，然敢不勉？』胤率百官迎全忠灞橋，入舍長安一昔而西。

茂貞聞全忠至，以帝入鳳翔，從臣才三四人。全忠遣楊達、裴鑄入鳳翔，奉表天子。汴部將康懷英襲破李繼昭于武功，禽馘六千級。全誨懼，請救于李克用。茂貞登城喻語曰：『天子厭災于此，讒人誤公來，公當入覲。』全忠曰：『宦官脅驚乘輿，吾以兵問罪，迎上東還。王非同謀者，尚何所言？』明日，圍鳳翔，茂貞不出。帝遣中人詔全忠班師，不奉詔。使者再往，全忠聽命，引兵攻邠州，李繼徽嬰城三日乃降。質其妻，復使繼徽守，回壁三原。胤與鄭元規至三原，邀說全忠。全忠亦自聞茂貞將戰，徙營渭北，據高原，戰不勝。全忠夜入盩厔，拔藍田，復屯三原。

時李克用攻慈、隰，救鳳翔，全忠還河中。克用部將李嗣昭戰數不利，全忠取晉、汾二州，嗣昭遁還河東。全忠曰：『此茂貞所倚，今敗矣，何能久乎？』胤復說全忠曰：『宦豎謀擁帝入蜀。』且泣。全忠執其手，乃定計迎天子。會朱友寧敗岐兵于莫父，居人皆入保。全忠以精甲五萬與茂貞決戰，岐兵敗，仆屍萬餘，茂貞帳下八百人就縛，乃嬰城，自夏訖冬，兵連不能解，勝敗略相償。援軍十餘壁，數為全忠擾襲，不得進，城中日困。全忠由是取鳳、鄜、坊、成、隴等州，間刼鈔以佐軍餉，故能不乏。

茂貞疑帝與全忠有密約，增甲士守宮殿。初，帝至鳳翔，有鴉數萬棲殿樹，謂之神鴉。俄而鴉不來，人以為恐。全誨等小人既勢窘，更相怨疾，不復遠慮。時財用窶短，帝輟所御膳賜全誨等，三讓，帝曰：『難得時欲同味耳。』茂貞食鮓美，帝曰：『此後池魚。』茂貞曰：『臣養魚以候天子。』聞者皆駭。

於是全忠軍攻東城，焚橋鏖戰，部將李繼寵出降，茂貞懼，密圖誅中官以紓難。先遣書曰：『禍亂之生，全誨首之。變興倉卒，故迎天子至此。且公未至，懼它盜馮陵。公既志輔社稷，請奉乘輿還宮，僕願以敝賦從。』全忠然許，然軍稍薄城，大譟者三，岐軍皆投塹，無鬬意。帝召茂貞、全誨、彥弼及宰相蘇檢、李繼岌、繼忠議，和已決，中官復沮罷。

它日，帝召茂貞等曰：『十六宅諸王日奏餧死者十三，王、公主、夫人皆閒日食，今又將竭，奈何？』皆不敢對。有衛士十餘人叩左銀臺門，遮全誨罵曰：『破一州，餓死者十萬，徒以軍容數人耳！』全誨詣茂貞叩頭訴，茂貞謝曰：『士伍亦何知？』復訴于帝，帝不許。李繼昭見全誨曰：『昔楊軍容破楊守亮一族，今驃騎復破吾族乎？』罵之，乃出降。宦豎數傳援軍至，皆相賀，百姓笑曰：『紿我乎！』

是時，全忠合四鎮兵十餘萬，營壘相屬，晝夜攻。外兵詬守者曰『劫天子賊』，守者亦詬外曰『奪天子賊』。諸鎮見崔胤檄，皆狐疑不出師，唯青州節度使王師範取兗州，襲華州，李克用攻晉州以為援。全忠懼，圍益急。全誨等素譎險，常為全忠、胤所憚，乃請先殺之，以迎天子。帝既惡宦人脅遷，而茂貞又其黨，全忠雖外示順，終悖逆，皆不可倚。欲狩襄、漢，依趙匡凝，然不得去，乃定計歸全忠，以紓近禍。

三年正月，茂貞請遣使諭全忠軍，詔崔構挾中人郭遵誨往，既行，又命宮人寵顏馳見全忠，諭密旨，乃以蔣玄暉入衛。二日，茂貞獨見，至日旰，全誨、彥弘恨甚，逮食，不能捉匕，自見勢去，計無所用，垂頭喪氣。帝召韓偓見東橫門，執手涕泗。帝曰：『今先去四大惡，餘以次誅矣。』于是內養八輩候廷中授命，每二輩以衛士十人取一首，俄而全誨、彥弘、易簡、敬容皆死。即詔第五可範為左軍都尉，王知古、揚虔朗為樞密使，知古領上院，虔朗領下院。繼筠、繼誨、彥弼皆伏誅，茂貞取其輜重。是夜，誅內諸司使韋處廷等二十二人，悉以首內布囊，詔蔣玄暉、學士薛貽矩送全忠，曰：『是皆不肯使乘輿東者，既斬之矣。』全忠大喜，遍告軍中，以姚洎為岐、汴通和使。全忠詒茂貞書曰：『宦者乘陴詈不已，曰「稟王旨」，是乎？』茂貞懼，復誅小使李繼彝等十人，于是開壘門。全忠猶攻北壘，帝遣寵顏賜御巾箱寶器，使罷兵，又捕殺中官七十人，全忠亦使京兆誅黨與百餘人。

天子入全忠軍，全忠泥首素服，待罪客省，傳呼徹三仗，有詔釋全忠罪，使朝服見。全忠伏地泣曰：『老臣位將相，勤王無狀，使陛下及此，臣之罪也。』帝亦嗚咽，命韓偓起之，解玉帶以賜，召之食。帝顧衛兵，或有憤發者，因履鞶解，目全忠：『為吾繫之。』全忠跪結履，汗浹于背，而左右莫敢動。是夜，帝三召，皆辭，朱友倫以兵衛帝。李克用引軍去，帝還京師。胤、全忠議，盡誅第五可範等八百餘人于內侍省，哀號之聲聞于路，留單弱數十人，備宮中灑掃。胤以鎮人性謹厚，即詔王鎔擇五十人為敕使，內諸司宦官主領者皆罷。于是追諸道監軍，所在賜死，其財產籍入之。詔以中官脅遷狀及全忠迎乘輿本末告方鎮，罷監軍院，咸視國初故事，以三十人為員，衣黃衣，不得養子。內諸司皆歸省若寺，兩軍內外八鎮兵悉屬六軍。全忠還汴州，帝以第五可範等無辜，頗悼之，為文以祭。自是宣傳詔命，皆以宮人。

始，劉季述專廢立，中人皆與聞。帝反正，誅季述及薛齊偓數族而已，餘貸不問；又悔之，後稍稍誅夷，羣宦浸不安。時帝懲幽辱，能勵心庶政，數召見羣臣問治道，有志中興，而全誨、胤爭權，外召強臣，劫本朝以相吞齧，卒用關東軍窮討暴誅，君側雖清，而全忠勢遂張，帝卒弒死，唐室以亡，其禍本于全誨、彥弘云。

《新五代史》卷三八《宦者傳·張承業》 張承業字繼元，唐僖宗時宦者也。本姓康，幼閹，爲內常侍張泰養子。晉王兵擊王行瑜，承業數往來兵間，晉王喜其爲人。及昭宗爲李茂貞所迫，將出奔太原，乃先遣承業使晉以道意，因以爲河東監軍。其後崔胤誅宦官，宦官在外者，悉詔所在殺之。晉王憐承業，不忍殺，匿之斛律寺。昭宗崩，乃出承業，復爲監軍。

晉王病且革，以莊宗屬承業曰：『以亞子累公等！』莊宗常兄事承業；歲時升堂拜母，甚親重之。莊宗在魏，與梁戰河上十餘年，軍國之事，皆委承業，承業亦盡心不懈。凡所以畜積金粟，收市兵馬，勸課農桑，而成莊宗之業者，承業之功爲多。自貞簡太后、韓德妃、伊淑妃及諸公子在晉陽者，承業一切以法繩之，權貴皆斂手畏承業。

莊宗歲時自魏歸省親，須錢蒲博、賞賜伶人，而承業主藏，錢不可得。莊宗乃置酒庫中，酒酣，使子繼岌爲承業起舞，舞罷，承業出寶帶、幣、馬爲贈，莊宗指錢積呼繼岌小字以語承業曰：『和哥乏錢，可與錢一積，何用帶、馬爲也？』承業謝曰：『國家錢，非臣所得私也。』莊宗以語侵之，承業怒曰：『臣，老敕使，非爲子孫計，惜此庫錢，佐王成霸業爾！若欲用之，何必問臣？財盡兵散，豈獨臣受禍也？』莊宗殿元行欽曰：『取劍來！』承業起，持莊宗衣而泣，曰：『臣受先王顧託之命，誓雪家國之讎。今日爲王惜庫物而死，死不愧於先王矣！』閻寶從勞解承業手令去，承業奮拳毆寶踣，罵曰：『閻寶，朱温之賊，蒙晉厚恩，不能有一言之忠，而反諂諛自容邪！』太后聞之，使召莊宗。莊宗性至孝，聞太后召，甚懼，乃酌雨巵謝承業曰：『吾杯酒之失，且得罪太后。願公飲此，爲吾分過！』承業不肯飲。莊宗入內，太后使人謝承業曰：『小兒忤公，已笞之矣。』明日，太后與莊宗俱過承業第，慰勞之。

盧質嗜酒傲忽，自莊宗及諸公子多見侮慢，莊宗深嫉之。承業乘間請曰：『盧質嗜酒無禮，臣請爲王殺之。』莊宗曰：『吾方招納賢才以就功業，公何言之過也！』承業起賀曰：『王能如此，天下不足平也！』質因此獲免。

天祐十八年，莊宗已諾諸將即皇帝位。承業方臥病，聞之，自太原肩輿至魏，諫曰：『大王父子與梁血戰三十年，本欲雪家國之讎，而復唐之社稷。今元凶未滅，而遽以尊名自居，非王父子之初心，且失天下望不可！』莊宗謝曰：『此諸將之所欲也。』承業曰：『不然，梁，唐、晉之仇賊，而天下所共惡也。今王誠能爲天下去大惡，復列聖之深讎，然後求唐後而立之。使唐之子孫在，孰敢當之？使唐無子孫，天下之士，誰可與王爭者？臣，唐家一老奴耳！誠願見大王之成功，然後退身田里，使百官送出洛東門，而令路人指而歎曰「此本朝敕使，先王時監軍也」，豈不臣主俱榮哉？』莊宗不聽。承業知不可諫，乃仰天大哭曰：『吾王自取之！悮老奴矣。』肩輿歸太原，不食而卒，年七十七。同光元年，贈左武衞上將軍，謚曰正憲。

又《張居翰傳》 張居翰字德卿，故唐掖廷令張從玫之養子。昭宗時，爲范陽軍監軍，與節度使劉仁恭相善。天復中，大誅宦者，仁恭匿居翰大安山之北谿以免。其後，梁後攻仁恭，仁恭遣居翰從晉王攻梁潞州以牽其兵，晉遂取潞州，以居翰爲昭義監軍。

莊宗即位，與郭崇韜併爲樞密使。莊宗滅梁而驕，宦官因以用事，郭崇韜又專任政，居翰默默，苟免而已。

魏王破蜀，王衍朝京師，行至秦川，而明宗軍變於魏。莊宗東征，慮衍有變，遣人馳詔魏王殺之。詔書已印畫，而居翰發視之，詔書言『誅衍一行』，居翰以謂殺降不祥，乃以詔傅柱，揩去『行』字，改爲一『家』。時蜀降人與衍俱東者千餘人，皆獲免。

莊宗遇弒，居翰見明宗於至德宮，求歸田里。天成三年，卒於長安，年七十一。

論說

宋・司馬光《資治通鑑》卷二六三《唐紀七十九・昭宗聖穆景文孝皇帝中之下》 臣光曰：宦官用權，為國家患，其來久矣。蓋以出入宮禁，人主自幼及長，與之親狎，非如三公六卿，進見有時，可嚴憚也。其間復有性識儇利，語言辯給，伺候顏色，承迎志趣，受命則無違迕之患，使令則有稱之效。自非上智之主，燭知物情，慮患深遠，侍奉之外，不任以事，則近者日親，遠者日疏，甘言卑辭之請有時而從，浸潤膚受之愬有時而聽。《論語》：孔子曰：『浸潤之譖，膚受之愬，不行焉，可謂明也已矣。』朱熹注云：浸潤，如水之浸灌，滋潤漸漬而不驟也。膚受，謂肌膚所受利害切身者也。於是黜陟刑賞之政，潛移于近習而不自知，如飲醇酒，嗜其味而忘其醉也。黜陟刑賞之柄移而國家不危亂者，未之有也。

東漢之衰，宦官最名驕橫，然皆假人主之權，依憑城社，以濁亂天下，未有能劫脅天子如制嬰兒，廢置在手，東西出其意，使天子畏之若乘虎狼而挾蛇虺如唐世者也。所以然者非他，漢不握兵，唐握兵故也。

太宗鑑前世之弊，深抑宦官無得過四品。明皇始隳舊章，是崇是長，宋祁曰：太宗詔內侍省不立三品官，以內侍爲之長，階第四，不任以事，惟門閤守禦、廷內掃除、稟食而已。武后時，稍增其人。至中宗，黃衣乃二千員，七品以上員外置千員，然衣朱紫者尚少。玄宗承平日久，財用富足，志大事奢，不愛惜賞賜爵位，開元、天寶中，宦官黄衣以上三千員，衣朱紫者千餘人，其稱旨者輒拜三品將軍，列戟於門，其在殿頭供奉，委任華重。晚節令高力士省決章奏，乃至進退將相，時與之議，自太子王公皆畏事之，宦官自此熾矣。及中原板蕩，肅宗收兵靈武，李輔國以東宫舊隸參豫軍謀，寵過而驕，不能復制，遂至愛子慈父皆不能庇，以憂悖終。代宗踐阼，仍遵覆轍，程元振、魚朝恩相繼用事，竊弄刑賞，壅蔽聰明，視天子如委裘，賈誼曰：卧赤子天下之上而安，植遺腹，朝委裘，而天下不亂。孟康注云：委裘若容衣，天子未坐朝，事天子裘衣也。陵宰相如奴虜。是以來瑱入朝，遇讒賜死；吐蕃深侵郊甸，匿不以聞，致狼狽幸陝；李光弼危疑憤鬱，以隕其生；郭子儀擯廢家居，不保丘壟；僕固懷恩冤抑無訴，遂棄勳庸，更爲叛亂。德宗初立，頗振綱紀，宦官稍絀。而返自興元，猜忌諸將，以李晟、渾瑊爲不可信，悉奪其兵，而以竇文場、霍仙鳴爲中尉，使典宿衛，自是太阿之柄，落其掌握矣。憲宗末年，吐突承璀欲廢嫡立庶，以成陳洪志之變。寶曆狎暱羣小，劉克明與蘇佐明爲逆，其後绛王及文、武、宣、懿、僖、昭六帝，皆爲宦官所立，勢益驕横。王守澄、仇士良、田令孜、楊復恭、劉季述、韓全誨爲之魁傑，至自稱『定策國老』，目天子爲門生，根深蔕固，疾成膏肓，不可救藥矣！文宗深憤其然，志欲除之，以宋申錫之賢，猶不能有所爲，反受其殃；況李訓、鄭注反覆小人，欲以一朝譎詐之謀，譎，古穴翻。翦累世膠固之黨，遂至涉血禁塗，積屍省户，公卿大臣，連頸就誅，闔門屠滅，天子陽瘖縱酒，飲泣吞氣，自比赧、獻，不亦悲乎！以宣宗之嚴毅明察，猶閉目搖首，自謂畏之。況懿、僖之驕侈，苟聲色毬獵足充其欲，則政事一以付之，呼之以父，固無怪矣。賊汚宫闕，兩辛梁、益，皆令孜所爲也。昭宗不勝其恥，力欲清滌，而所任不得其人，所行不由其道。始則張濬覆軍於平陽，增李克用跋扈之勢；復恭亡命於山南，啓宋文通不臣之心；李茂貞本宋文通，以軍功賜姓名。終則兵交闕庭，矢及御衣，漂泊莎城，流寓華陰，幽辱東内，劫遷岐陽。崔昌遐無如之何，崔胤字昌遐；通鑑稱其字，避宋朝太祖廟諱也。更召朱全忠以討之。連兵圍城，再罹寒暑，御膳不足於糗糒，王侯斃踣於饑寒，然後全誨就誅，乘輿東出，翦滅其黨，靡有孑遺，而唐之廟社因以丘墟矣！此論歷敍唐宦官之禍，其事皆具見前紀。然則宦官之禍，始於明皇，盛於肅代，成於德宗，極於昭宗。易曰：「履霜堅冰至。」爲國家者，防微杜漸，可不慎其始哉！易坤之初六曰：履霜堅冰至。象曰：履霜堅冰，陰始凝也；馴致其道，至堅冰也。文言曰：臣弑其君，子弑其父，非一朝一夕之故，其所由來者漸矣。此其爲患，章章尤著者也。自餘傷賢害能，召亂致禍，賣官鬻獄，沮敗師徒，蠹害烝民，不可偏舉。

去寺人之官，自三王之世，具載於《詩》、《禮》，所以謹閨闥之禁，通内外之言，安可無也。如巷伯之疾惡，寺人鄭衆之辭賞，吕彊之直諫，曹日升之救患，馬存亮之弭亂，楊復光之討賊，嚴遵美之避權，張承業之竭忠，其中豈無賢才乎！顧人主不當與之謀議政事，進退士大夫，使有威福足以動人耳。果或有罪，小則刑之，大則誅之，無所寬赦；如此，雖使之專横，孰敢焉！豈可不察臧否，不擇是非，欲草薙而禽獮之，能無亂乎！是以袁紹行之於前而董卓弱漢，崔昌遐襲之於後而朱氏篡唐，雖快一時之忿而國隨以亡。是猶惡衣之垢而焚之，患木之蠹而伐之，其爲害豈不益多哉！孔子曰：『人而不仁，疾之已甚，亂也。』斯之謂矣！

《新唐書》卷二〇八《宦者傳贊》 袁紹誅常侍以逞，而曹操移漢；崔丞相血軍容甘心焉，而朱温篡唐。大抵假威柄于外，以内攘奸人，則大臣專，王室卑矣。漢、唐相去五百歲，產亂取亡猶蹈一轍，非天所廢，而人謀迴剌乃然邪！

《新五代史》卷三八《宦者傳》 五代文章陋矣，而史官之職廢于衷亂，傳記小説多失其傳，故其事迹，終始不完，而雜以詭繆。至于英豪奮起，戰爭勝敗，國家興廢之際，豈無謀臣之略，辯士之談？而文字不足以發之，遂使泯然無傳于後世。然獨張承業事卓卓在人耳目，至今故老猶能道之。其論議可謂傑然與！殆非宦者之言也。

自古宦者亂人之國，其源深于女禍。女，色而已；宦者之害，非一端也。蓋其用事也近而習，其為心也專而忍。能以小善中人之意，小信固人之心，使人主必信而親之。待其已信，然後懼以禍福而把持之。雖有忠臣碩士列于朝廷，而人主以為去己疏遠，不若起居飲食、前後左右之親為可恃也。故前後左右者日益親，則忠臣碩士日益疏，而人主之勢日益孤。勢孤，則懼禍之心日益切，而把持者日益牢，安危出其喜怒，禍患伏于帷闥，則嚮之所謂可恃者，乃所以為患也。患已深而覺之，欲與疏遠之臣圖左右之親近，緩之則養禍而益深，急之則挾人主以為質，雖有聖智不能與謀，謀之而不可為，為之而不可成，至其甚，則俱傷而兩敗。故其大者亡國，其次亡身，而使姦豪得籍以為資而起，至抉其種類，盡殺以快天下之心而後已。此前史所載宦者之禍常如此者，非一世也。夫為人主者，非欲養禍于內而疏忠臣碩士于外，蓋其漸積而勢使之然也。夫女色之惑，不幸而不悟，則禍斯及矣；使其一悟，捽而去之可也。宦者之為禍，雖欲悔悟，而勢有不得而去也，唐昭宗之事是已。故曰『深于女禍』者，謂此也。可不戒哉！昭宗信狎宦者，由是有東宮之幽。既出而與崔胤圖之，胤爲宰相，顧力不足爲，乃召兵于梁，梁兵且至，而宦者挾天子走之岐，梁兵圍之三年，昭宗既出，而唐亡矣。

初昭宗之出也，梁王悉誅唐宦者第五可範等七百餘人，其在外者，悉詔天下捕殺之而宦者多為諸鎮所藏匿而不殺。是時，方鎮僭擬，悉以宦官給事，而吳越最多。及莊宗立，詔天下訪求故唐時宦者悉送京師，得數百人，宦者遂復用事，以至于亡。此何異求已覆之車，躬駕而履其轍也？可為悲夫！

莊宗未滅梁時，承業已死。其後居翰雖為樞密使，而不用事。有宣徽使馬紹宏者，嘗賜姓李，頗見信用。然誣殺大臣，黷貨賂，專威福，以取怨于天下者，左右狎暱，黃門內養之徒也。是時，明宗自鎮州入覲，奉朝請于京師。莊宗頗疑其有異志，陰遣紹宏伺其動靜，紹宏反以情告明宗。明宗自魏而反，天下皆知禍起于魏，孰知其啓明宗之二心者，自紹宏始也！郭崇韜已破蜀，莊宗信宦者言而疑之。然崇韜之死，莊宗不知，皆宦者為之也。當此之時，舉唐之精兵皆在蜀，使崇韜不死，明宗入洛，豈無西顧之患？其能晏然取唐而代之邪？及明宗入立，又詔天下悉捕宦者而殺之。宦者亡竄山谷，多削髮為浮圖。其亡至太原者七十餘人，悉捕而殺之都亭驛，流血盈庭。

明宗晚而多病，王淑妃專內以干政，宦者孟漢瓊因以用事。秦王入視明宗疾已革，既出而聞哭聲，以謂帝崩矣，乃謀以兵入宮者，懼不得立也。大臣朱弘昭等方圖其事，議未決，漢瓊遽入見明宗，言秦王反，即以兵誅之，陷秦王大惡，而明宗以此飲恨而終。後愍帝奔于衛州，漢瓊西迎廢帝于潞，廢帝惡而殺之。

嗚呼！人情處安樂，自非聖哲，不能久而無驕怠。宦、女之禍非一日，必伺人之驕怠而浸入之。明宗非佚君，而猶若此者，蓋其在位差久也。其餘多武人崛起，及其嗣續，世數短而年不永，故宦者莫暇施爲。其爲大害者，略可見矣。獨承業之論，偉然可愛，而居翰更一字以活千人。君子之于人也，苟有善焉，無所不取。吾于斯二人者有所取焉。取其善而戒其惡，所謂『愛而知其惡，憎而知其善』也。故併述其禍敗之所以然者著于篇。

宋・蔡戡《定齋集》卷一二《論・宣帝論・又論》　天下之禍，其發有端，其漸非一朝一夕之故。古之明君，憂深思遠于念慮，言動之微，必謹其始，不敢輕作妄舉。蓋恐毫釐之差，基後世無窮之禍也。夫漢之亡也以外戚，外戚之禍不起于哀平，而萌芽于武帝，田、竇、衛、霍繼踵將相，武帝實啓之。唐之亡也以宦官，宦官之禍不生于僖、昭，而胚胎于明皇楊思勉、高力士持節監軍，明皇實啓之。故創業垂統之君，所以貽厥孫謀者，預為之防曲，為之制遏，絕禍亂之原，莫不備具。傳之嗣君，猶以喜怒愛慾，變更法度，至于敗亡，況吾開其隙而誘之哉！

宋・王質《雪山集》卷二《奏議・論馭臣疏》　臣觀漢唐之季，皆由宦官斲喪其國，內脅人主，戕公卿，外招姦雄，連盜賊，至于舉天下鬨然而起，縱橫奔突，天下卒至亂而不可制，蓋其慘如此。臣嘗細究其源，則似甚微。蓋自竇憲兄弟竊威弄權，而鄭衆于是有功，故臣以為漢之宦官，其隙開于鄭衆，其形成于孫程、曹騰，而極于曹節、王甫。自安南林邑之擾，而楊思勉于是有功，故臣以為唐之宦官，其隙開于楊思勉，其形成于李輔國、仇士良。國家宣和之末，紹興之初，因宦官而召亂者再而至于今，亦少損矣乎。居廣殖貨財，縱享娛樂，窮極滋味，此近習之常態，固無足怪者。臣獨慮其爭引朝士，以為門人，此其漸則不可以不制。且民間之論，以為某人之進某，人主之臣，非舉以為信也，而孰察其迹，則不為無證。何者？天子之密旨，或洩而外傳，而人臣之私情，或不旋踵而疾應。非此曹而誰為也？嗟夫！天下之事，有聚必有散，有所甚昵則必有所甚疏。唐自開元之間，高力士引宇文融、楊國忠、韋堅、王鉷，而南北司合而為一。自永泰以後，元載殺魚朝恩，而南北司判而為二。其合也，則南司藉北司以成姦；其判也，則南司因北司以成釁。此其勢之相激，有不得不然者。今日勿使合而為一，則異時不至于判而為二。此陛下不可不留意也。

宋・孫甫《唐史論斷》卷下《制内臣》 論曰：内臣贈官，非古典也。然於此見旌善之事焉。内臣自武后稱制始預事，尚未有招權著名者。明皇朝高力士以權寵擅名，李林甫、楊國忠、安禄山輩皆因之取將相。林甫等既致時亂，力士貶死遐裔矣。肅宗朝李輔國以扈從微勞過受恩寵，至專掌禁兵，故輔國脅遷明皇，升黜將相，凶横既極，盜殺之於家矣。肅宗寵魚朝恩，始命為觀軍容使。代宗寵之，又加天下觀軍容使。朝恩驕横既甚，勢不可容，遂使之自縊矣。代宗又寵程元振，使典禁兵。元振奸險擅權，大為將相之害。代宗避狄，陜州詔諸鎮兵赴援。將帥懼元振誣譖，多不敢至。及柳伉極言其狀，元振貶死荒徼矣。德宗寵竇文場、霍仙鳴，命為神策中尉。纖人裴均輩附之。往往外取方鎮，内取要官。文場、仙鳴輩權任既盛，内臣亦嫉之。仙鳴被害以死，文場甚懼，堅乞致仕僅免於禍。憲宗寵吐突承璀，至委鎮州征討之任，卒無功效。尋以其黨納賄事所連，出為淮南監軍。後復寵任。以妄議太子為穆宗誅死。文宗寵王守澄，奸惡既甚，竟至賜死。自明皇以後，内臣以罪誅死與貶者不可勝紀。但力士等八人以權力著名于時，此内臣之尤盛者。然三誅死，二貶死，一為盜殺，一毒死，文場禍至而避，亦奸名不朽。以此觀之，内臣取恩既盛，鮮有不罹禍者。蓋受恩不知紀，極恣其所為，以至過惡之甚也。惟順宗朝俱文珍以剛直著稱，又有翊戴憲宗之功，位至右衛大將軍，知内侍省事，不聞驕暴之名。及其卒也，贈開府儀同三司。文宗朝馬存亮，雖在中尉，不與王守澄同惡。力止其屠害宋申錫家屬，又有保衛昭滑之功。權寵既盛，能奉身以退。是年卒，贈揚州大都督。茲二人者，生獲令名，死有光寵，為善之效也。天子任内臣，能常以力士、存亮等善惡之效示之，無使權寵之過，不惟不害國事，亦足以保全之也。

又《不能制内臣》 論曰：文宗在位十五年，好節儉，尚仁惠，納爭諫，重儒術。時與大臣論國事，勤勤懇懇以致太平為思。茲可謂仁愛之主。然資性優柔，乏明斷之才。求治雖切，卒成孱弱之態。足見人君之體，明斷為大也。若乏明斷，雖勤政無過，亦不免於孱弱矣。文宗自即位，惡内臣暴横，有除去之意。又以其黨方盛，不能公然處之。遂密諭學士宋申錫與外廷謀之。乃命申錫作相，是重其權任，使之立事也。申錫方有謀，王守澄窺之，使本軍校誣申錫罪。文宗不思倚任申錫本意，至與大臣等久議不辨，諫官懇論其事，震怒斥之，竟不出告者付外廷勘鞫。雖賴衆議稍辨其狀，申錫竟不免貶逐。當時若出告者付外廷推究，守澄雖巨惡，詭迹顯露，其黨曷敢附之。況馬存亮輩本不與之同心，去之何難。既去守澄，其黨見天子明斷如此，安敢復驕横也。此機既失，仇士良權力日盛。士良嫉宰相李石剛正，遣盜圖之，幾於致害。中外皆知士良所為。文宗若法憲宗用裴度意，益厚石，且推變起之端，正士良典刑，其黨見天子明斷如此，安敢出死力救之，自取刑戮。二事俱失，内臣氣勢愈盛，天子垂涕而不能制矣。後之人君切鑑之。

宋・范祖禹《唐鑑》卷九《玄宗中》 （開元）十九年正月，王毛仲賜死，自是宦官勢益盛，高力士尤為帝所寵信，嘗曰：『力士上直，吾寢則安。』故力士多留禁中，稀至外第，四方表奏，皆先呈力士，然後奏御，事小力士即決之，勢傾内外。

臣祖禹曰：明皇不監石顯之事而寵任力士，至使省決章奏，以萬機之重委之閹寺，失君道甚矣。其後李林甫、楊國忠皆因力士以進，迹其禍亂所從來者漸矣。《傳》曰：『存亡在所任。』人君可不慎其細哉！

宋・范祖禹《范太史集》卷二六《論宦官劄子》 臣聞《書》曰：與治同道，罔不興；與亂同事，罔不亡。漢有天下四百年，唐有天下三百年，及其亡也，皆由宦官，相去五百餘年，如循一軌。蓋與亂同事，未有不亡者也。漢自元帝任用石顯，委以政事，殺蕭望之、周堪而廢劉向等，漢之基業壞於元帝。東漢鄧后臨朝，中官用事，手握王爵，口含天憲，順帝以後。五侯專朝。桓帝靈帝之時，十常侍擅天下，子弟親黨，割剝百姓，毒流四海，附之者寵及三族，違之者滅及五宗。大考黨獄，夷戮天下名士。於是黄巾賊起，朝野崩離。及袁紹誅宦官，獻帝奔播困餓，而曹操因之以纂漢。唐自明皇使高力士省決章奏，宦官始盛，李林甫楊國忠等皆因力士以進，唐亡之禍，基於開元。肅宗任李輔國，末年寢疾，輔國以兵劫遷明皇於西内，殺張皇后及二王，明皇以幽崩，肅宗以駭没。貴為天子，上不保其父，中不保其身，下不保其妻子，由用輔國一人而已。代宗用程元振，功臣畏讒，吐蕃寇陷京師，播遷於陜。德宗用宦官分領神策禁兵，其後天子，由其所立，唐室終以此亡。憲宗服金丹躁忿，為陳洪志所弑，敬宗為劉克明所弑。文宗欲討憲宗之賊謀泄，仇士良殺四宰相及朝臣，滅其族，流血成渠，朝廷半空。文宗憂憤，以至於没。武宗以後，皆由宦官所立，僖宗呼田令孜為父，天下大亂，黄巢賊起，播遷於蜀。又幸興元，楊復恭自稱定策國老，呼昭宗為負心門生天子。劉季述等廢昭宗於東內，韓全誨等劫昭宗幸鳳翔。於是崔胤誅中官而朱全忠劫遷昭宗，遂弑之，因以篡唐。觀漢唐亡國之禍，其酷如此。後之人主，豈可不以為刻肌刻骨之戒哉？

宋·劉克莊《後村詩話》卷六　漢唐皆有宦官之禍，而唐之禍尤烈，幽明皇，殺張后，脅憲宗，劫僖、昭，譖汾陽、西平，族甘露宰相六族，禍死十六宅諸王，終于亡唐而後已。前輩謂漢宦者與政而唐使之典兵之故，八司馬附麗伾、文，固無足議，但謀奪宦者兵柄，使范希朝、韓泰總統諸城鎮行營兵馬，邊上諸將，各以狀辭中尉。中人大怒曰：『從其謀，吾族必死其手。』嗟乎！此豈伾、文之智所及哉？八司馬多雋才，必有為畫策者，事雖不成，與晁錯、竇武、陳蕃何異！而退之《永貞行》云：『北軍百萬虎與貔，天子自將非它師。一朝奪印封私黨，凜凜朝士何能為？』嗚呼！天子安能自將，不過付之中尉及觀軍容使爾。以成敗論人世，俗不足責，退之豪傑，亦以天子自將北軍為是，而奪印為非耶？

宋·佚名《歷代名賢確論》卷七五《高力士》　范祖禹論以力士知內侍省，併增宦者除三品將軍曰：自古國家之敗，未有不由子孫更變祖宗之舊也。創業之君，其得之也難，故其防患也深，其慮之也遠。故其立法也密，後世雖有聰明才智之君，高出羣臣之表，然未若祖宗更事之多也。夫中人不可假以威權，蓋近而易以為姦也。明皇不戒履霜之漸，而輕變太宗之制，崇寵宦者，增多其員，自是以後，寖幹國政，其原一啓，末流不可復塞。唐室之禍，基于開元。《書》曰：『監于先王成憲，其永無愆。』為人後嗣，可不念之哉！

又論明皇寵任力士，使省決章奏曰：明皇不監石顯之事而寵任力士，至使省決章奏以萬幾之重，委之閹寺，失君道甚矣。其後李林甫、楊國忠，皆因力士以進，迹其禍亂所從來者漸矣。《傳》曰：『存亡在所任。』人君可不慎其細哉！

石守道論曰：明皇在開元初，鋭意政治，登用姚崇、宋璟、韓休、張九齡等為宰相，百度修敕，彝倫攸敍，而開元三十年躋于太平。迨高力士用事，引宇文融、李林甫、楊國忠等在內，安禄山、安思順、高仙芝等居外，朝政蠹損，治道剝喪，綱紀大壞，賄賂公行，姦臣得以行其謀，天子得以肆其欲，忠謇戢舌，佞邪成羣，賢人道消，萬民胥怨。安禄山之禍，由妃子鼓之于內，力士導之于外也。噫！左右輔弼，中外賢才，森然滿朝，謀劃泉湧，不與議論萬幾之政，進退四海之士，策慮安危，謀惟教化，乃引此輩，立帷幄之內，與論議國政，參決機務，評品善惡，黜陟士類，不亦失乎？觀夫天寶之亂，則可為戒也已。

范祖禹論帝語力士，朝事付宰相，邊事付諸將，力士因言將相任事曰：明皇之言未為失也，其失者，任非其人也。誠使朝事付之相如姚、宋，邊事付之將如王忠嗣，夫復何憂哉！而以姦宄為賢能，巨猾為忠良，是以禍亂成而不自知也。自林甫時言路塞絶，以妄言為實，以實言為妖，楊國忠知其君之可欺也而欺之，公卿大夫百執事之人，宴安寵禄，諛佞成風，大亂將作，凡民且能知之而無一人敢言者，蓋其君子皆去，其立于朝者皆小人也。高力士帷幄之臣，非有深謀遠慮，心知其事，而不忍噤默。此非其忠義過人，蓋朝廷無賢，百官失職而至于宦者言天下之事，明皇亦可以悟矣，而曾不之省，以及于亂不，亦宜哉！

明·李東陽《懷麓堂集》卷三七《文稿十七·雜著·讀唐史三十一首》　胡氏之論高力士曰：力士苟能為明皇忠計者，密主張九齡而去李林甫，左右王忠嗣而去安禄山，論功較績，夫孰與讓此？于力士固無責焉。以當時得譽于士大夫，而無疾惡之者，故不可不辨也。予曰：不然。力士所以能恭謹者，安知非矯情干譽，而實用以自張大乎哉？且當是時，張九齡輩既去，則當時朝廷豈有卓然稱士大夫者，而何疾惡之有？縱使其能進賢退不肖以終其身，而劉季述、韓全誨之徒，不免出于末流之下，啓弊之罪，不可逃也，而又何功績之有？況九齡、忠嗣，果賢將相也，則亦安肯出于其門哉？若使陰受其薦而不自知，是罔賢才而用之無一可也。誠使其善為計，有間則辭曰：臣有間廷之役，不敢與國事。臣雖不負陛下，臣死之後，必有負陛下者。毋使後世謂宦官與國事始陛下，然後為忠也。然則孰與視其失而不救乎？曰：寧失賢才于一時，不可亂紀綱于百世。【略】

昔人謂壞唐者三：女寵也，姦臣也，宦官也。惟玄宗兼有之，中宗有女寵而無宦官，敬宗有宦官而無女寵，然皆身死賊手，恨貽來世。若玄宗者，內有楊貴妃、高力士，外有李林甫、楊國忠。彼林甫、國忠之于貴妃、力士也，株連蔕結，狐媚狗合，左巢右窟，牢不可破，職是三者，可以亡矣。而又有安禄山者，闖乎其間，林甫能制而不制，乃養之以自翼；國忠不能制而欲制之，乃激之以自快。玄宗者，岌岌乎？當敗局而據危巢，豈翅寄生，孤注之類哉？然則不死于數人之手，幸也。有國家者，覩乎此，可以慄慄乎，其畏也已。

清·王夫之《讀通鑑論》卷二五《唐憲宗》 樞密之名，自憲宗以任宦官劉光琦始。繹其名，思其義，責以其職，任以其功，軍之生死，國之安危，毫釐千里之差，九地九天之略皆係焉。三代而後，天子與夷狄盜賊爭存亡，非復古者大司馬掌九伐之法，鳴鐘擊鼓馳文告以先之，整步伐以涖之，所能已天下之亂也。則此職之設，有其舉之，不可廢已。所宜致慎而杜旁落之害者，但在得其人耳。惟若憲宗委之宦官，則吐突承璀、王守澄資以擅廢立而血流宮禁，乃因此而謂分宰相之權，奪兵部之職，所宜廢也，豈非因噎廢食而不憂其餒乎？五代分中書、樞密為二府，雖狃于戰爭而欹重戎事，然准漢大將軍丞相之分職，固三代以後保國之善術也。

國之大事，在祀與戎。夫祀既宗伯之所司矣，而禮部之外必設太常，蓋以禮部統邦禮，職既繁委，分心力以事神，則恪恭不摯，專責之太常，而郊廟之事乃虔。以此例戎，其可使宰相方總百揆而兼任之乎？抑可使兵部統銓敍功罪，稽核門廕，制卒伍之踐更，清四海之郵傳，覈屯田之租入，督戎器之造作，百端交集，宵旦不遑，乃欲舉三軍生死之命，使乘暇而謀之，其不以國與寇也，不亦難乎？兵部所掌者，兵籍之常也；樞密所領者，戰守之變也。進止奇正，陰陽互用，存亡之大，決于呼吸，經畫之密，審于始終，文字不得而傳，語言不得而泄，上承人主帷帟之謀，遙領主帥死生之命，大矣哉！專其事而恐不勝，乃以委諸守章程而綜衆務者乎？

樞密一官，必舉而不可廢，審矣。時或宇內方寧，兵戈不試，則縣其職以令宰相兼之可耳。而官屬必備，儲才必夙，一旦有疆埸之事，則因可任之人，授以固存之位，與天子定謀于尊俎。至其為謀之得失，有宰相以參酌于前，有諫官以持議于後，亦不患其擅國柄而誤封疆矣。漢舉朝政盡委之大將軍，而丞相聽命，五代使樞密察宰相，固欹重而貽權奸之禍。唐、宋之失，在任劉光琦、童貫，蓋所任非人，而非其設官之咎。若周官大司馬總戎政，攝祀事，兼任征伐，則唯封建之天下，無夷狄盜賊之防則可耳，後世固不得而效也。

唐置神策軍于京西、京北，雖以備禦吐蕃，然曾倚此軍削平叛寇，則資以建國威、捍非常，實天子之爪牙也。德、憲以來，權歸中涓與西北節鎮，虜至莫能奔命，李絳所為欲據所在之地，割隸本鎮，使聽號召以擊虜之猝至，不致待請中尉，遲延莫救也。憲宗聞絳之言，欣然欲從，而終于不果，識者固知其必不果也。

唐于是時，吐蕃之禍緩矣，所甚患者，內地諸節度分擁疆兵，畫地自怙，而天子無一爪牙之士；于此而欲奪之中涓之手，授之節鎮，中涓激天子以孤危，辭直而天子信之，又將何以折之邪？是軍也，昔嘗以授之白志貞矣，朱泚之亂，瓦解而散，外臣之無功而不足倚，有明驗也，故付之于宦官，亦無可委任，而姑使其聽命宮廷耳。如復分割隸于節鎮，則徒為藩鎮益兵，而天子仍無一卒之可使。有若朱泚者，猝起于肘腋，勿論其能相抗制也，卽欲出奔，而踉蹌道路，將一車匹馬而行乎？絳不慮此，欲削中涓之兵柄，而强人主以孤立，操必不可行之策，徒令增疑，何其疏也！

絳誠慮之深，策之審，則當抗言中涓攬兵之非宜，取神策一軍隸之兵部，簡選而練習之，猝有邊警，馳遣文武大臣將之以策應，外有寇則疾應外，內有亂則疾應內，與節鎮相為呼應，而功罪均之。如此，則天子有軍，應援有責，而中涓之權亦奪矣。奈之何捨內廷之憂而顧外鎮之患乎？如曰待邊將之奏報而後遣救，無以防虜寇之馳突。則偵探不密，奏報不夙，邊鎮之罪也，非神策之需遲而不及事也。唐室之患，不在吐蕃而在藩鎮，已昭然矣，如之何其弗思？

又 卷二六《唐文宗》 文宗恥為弑君之宦豎所立，惡其專橫而畏其害己也，旦夕思討之，四顧而求托其腹心，乃擢宋申錫為相，謀之不克，申錫以死，禍及懿親，而更倚李訓、鄭注、王涯、舒元輿以致甘露之變。申錫之淺躁，物望不歸；訓、注則無賴小人，繇宦豎以進，傾危顯著，可畏而不可狎；涯、元輿又貪濁之鄙夫也。文宗卽不足與于知人之哲，亦何顛越乃爾哉？于其時，非無勳望赫奕之元臣如裴中立、英果能斷之偉人如李文饒；而清謹自持如韋處厚、鄭覃者，猶不致危身以僨國。文宗俱未進與密謀以籌善敗，獨決意以托匪人，夫亦有故存焉。

唐之諸臣，皆知有門户而不知有天子者也。寵以崇階，付以大政，方且自詫曰：此吾黨之爭勝有力而移上意以從己。其心固漠然不與天子相親，恃其朋類爭衡之戰勝耳。故以裴中立之譽望崇隆，為四朝之元老，而陳弘志之弑，杜口色羞；若李文饒，則假宦豎王踐言以內召；而李宗閔、元稹、牛僧孺之恃陰腐為奥援者，又勿論也。

外有不相下之仇敵，則內不可更有相忤之中人；爭衡于一進一退之閑，則不能復問大貞大邪之辨；文宗蓋流覽躊躇，知其無可與謀也。而宋申錫以輕狷不審去就之庶尹，為兩黨所不推，舒元輿、王涯、賈，則首鼠兩端，持禄免咎者也；訓、注之邪，上知之矣，乃其不擇而擊之力，一試之德裕，再試之宗閔，兩黨皆其所搏噬，庶謂其無所固執而可籍為爪牙者耳。悲夫！

自長慶以來，所敢以一言觸宦豎者，獨一劉從諫而已，而固防其且為董卓也。則文宗不以委之申錫、訓、注而誰倚乎？藉令謀之中立，而中立未必應也；謀之文饒，而文饒固不從也；謀之處厚、覃，而處厚、覃且戰慄以退也；謀之宗閔、僧孺，而比于宦官以反噬也。故文宗交不敢信，而托之匪人。無他，環唐之廷，大小臣工賢不肖者，皆知有門户，而忘其上之有天子者也。弑兩君，殺三相，裴中立且自逍遥于綠野，而況他人乎？【略】

甘露之變，殺生除拜皆決于中尉，文宗不得與知，而李石、鄭覃于其時受宰相之命，二子病矣！君子之進退，必以其正；其以身任國家之大政也，必以其可為之時。血濺于獨柳之下，而麻宣于殿陛之閑，二子者，譽望素隆，而何為其然邪？曰：此未可以為二子病也。夫二子于此，雖欲辭相而義之所不許也。

梅福之棄官，申屠蟠之辭召，位未高，君未知有我，且時已敝極而無可為也。留正出國門而宋幾危，陳宜中奔占城而宋遂亡，偷免于危殆，以倡人心之離散，無生人之氣矣。夫二子者，唐之大臣，而為文宗所矜重者也。天子不勝于宦豎，兵刃交加于扆，掠奪縱横于內省，三相囚虜以磔徇，天子之僅保其首領者一閑耳。二李之黨，分析以去；裴中立以四朝元老，俯首含羞；二子不出而薄收其潰敗之局，以全天子、安社稷，將付之誰氏而可哉？幸而二李之黨與宦豎之未相結納，而訓、注始事宦官而中叛之，故仇士良輩無心腹之大臣引與同惡，特循資望而授政柄于二子，是以匪人不進，誅殺止于數人而不濫及。使二子者畏避而引去，宵人乘隙投中尉之門，以驟起而執政，其禍更當何如邪？夫二子之受相位而不辭，非乘閑以希榮，蓋誅夷在指顧之閑而有所不避也。六巡邊使疾驅人京，聲言盡殺朝士以恐喝搢紳，李石安坐省署以弭其暴横。于斯時也，石固以腰領妻孥為社稷爭存亡，為衣冠爭生死，可不謂忠誠篤悱、居易俟命之君子乎？江西、湖南欲為宰相召募衛卒，而石不許，刺客横行，刃及馬尾，固石所豫知而聽之者也。薛元賞之能行法于神策軍將，恃有石也；宋申錫之枉得以復伸，覃為之也。止滔天之水者，因其潰濫而徐理之，卒之仇士良之威不敢逞，文宗得以令終，而武宗能弭其亂，自二子始基之矣。皎皎硜硜之節，惡足為二子責邪？唐無靜正誠篤之大臣，李石其庶幾乎！覃其次矣。

又《唐武宗》 嗚呼！士生無道之世，而欲自拔于流俗，蓋亦難矣。文宗憑幾之際，李玨等扳敬宗子成美而立之，仇士良廢成美，立武宗。武宗立，玨與楊嗣復以是竄逐，于是而李宗閔之黨不容于朝，政柄之歸必于李德裕，此屈伸之勢所必然者也。德裕卽無內援，而捨我其誰？固非一樞密楊欽義之能引己也。然德裕終以淮南賂遺騰交通之名于天下後世，而黨人且據以為口實，雖欲辭托身宦豎之丑而不可得。前此者，崔潭峻、王踐言皆能白德裕之直，然則德裕之于中人，不能自立坊表以不受磷緇，亦已久矣。

夷考德裕之相也，首請政事皆出中書，仇士良挾定策之功，而不能不引身謝病以去。唐自肅宗以來，內豎之不得專政者，僅見于會昌。德裕之翼贊密勿、曲施銜勒者，不為無力，夫豈樂以其身受中人之援引者乎？然而唐之積敝，已成乎極重難反之勢。在內則中書與樞密相表裏也；在外則節使與監軍相呼吸也，拒之而常在其左側，小不忍而旋受其大屈。踐言與于維州之謀，潭峻藉宣鄭覃之命，德裕固曰吾不為宦者用而我用宦者也。楊欽義之內召，無所屈節，而以寶玩厭其欲，德裕固曰此以待小人而使忘機，非辱也。吾行吾志，何恤于磽磽皎皎之嫌疑乎？然而以視君子立身之大防，則終玷矣。

生斯世也，士君子之防，君且毀之，不可急挽也，則抱有為之志欲抒于國者誠難矣。然則如之何而可哉？潔己無可羨之貲，謀國無偏私之黨，以君命而接之以禮，秉素志而持之以正，進不觸其深忌，退不取其歡心，俟時以得君，而無求成求可之躁願，庶其免乎！乃德裕功名之士也，固不足以及此也。以德裕之材，當德裕之世，勿容深責焉可矣。老氏曰：『天下之至柔，馳騁天下之至剛。』此女子小人滔天之惡，所挾以為藏身之固者也。

唐之宦官，其勢十倍于漢、宋。李輔國驅四十年御世之天子如逸豚而菈之。其後憲宗死焉，敬宗死焉，太子永死焉，絳王悟、安王溶、陳王成美死焉，三宰相、一節度合九族而死焉。庖人之于雞騖，唯其操彎刀而割之也。文宗垂涕而歎，自比于周赧、漢獻而以為不如，鬱鬱飲醇酒以成疢而崩，其凶悍之鋒，不可向邇也如此。以為神策六軍在其指掌，故莫之能制，是已，而未盡然也。當其時，節鎮林立，大臣分閫，合天下之全力，以視六軍豢養之罷民，豈不相敵，而奚惴惴焉？及觀仇士良之教其黨曰：『天子不可令閑，日以奢靡娛其耳目，無暇更及他事。』然後知其所以毆中材之主入于其阱而不得出者，唯以至柔之道縻蟄之，因而馳騁之，蔑不勝矣。

夫耳目之欲，筋骸之逸，狎而安之，順而受之，亦曰此人主之所應得，近侍之所宜供者耳。于國無損，于事非專，卽不以為彼功，而抑非可為彼罪也。乃當其驕橫著見，人主亦含忿不堪而思翦滌。俄而退息于深宮，則娛樂迭進，而氣不覺其漸平矣；稍定焉，而姁姁嫗嫗、百出以相靡，竟不知夙忿之何以遽蠲也。氣一往而衰，安望其復振哉？

凡孌童稚女、清歌妙舞，捐煩解憤者，皆其戈矛鴆毒之機也。正人端士沮喪而不得以時進獻其忱，則皆廢然返曰：出而與吾謀屏除者，入而且與之歡笑，吾惡能勝彼哉？徒自誅夷貶竄而弗能搖動之也。未有不緘口息機，聽其孤危而莫恤者也。則臣非其臣，兵非其兵，狎媚旦進，而白刃夕張，莫能測焉。至柔之馳騁至剛，綽乎其有餘矣。

然則羣奄之勢重邱山而弒逆相尋也，豈恃神策之孤軍哉？恃此而已矣。漢、宋之闇主受制于家奴者皆此；而唐之立國，家法不修，淫聲曼色，自太宗以來，漫焉進御而無防閑之教，故其禍為尤酷焉。口鼻非藉之不安臭味；肢體非藉之不宜清蝡；煩勞菀結非藉之不能穆耳而愉心。林池魚鳥、書畫琴弈、張弧怒馬，各有所嗜，而皆能為奪情息怒之媒。機械之張，烈于疆秦，密于曹操，彼以剛爭，此以柔制，雖欲如周赧、漢獻而不能，果不如矣。人主而能知此，則勿曰宦官之惡不可撲也。以一念之無欲，塞滔天之橫流，有餘裕矣。然而知之者鮮，能之者尤百不得一也，是以難也。【略】

宦者監軍政于外而封疆危，宦者統禁兵于內而天子危。監軍之危封疆，李德裕言之至悉矣。乃天子之危，非宦者之統禁兵遽能脅之而死生廢立之也。天子之兵，散布于天下，將皆其臣，卒皆其民也。其在內而為禁兵，如唐神策軍者，但百之一耳，又非百戰立功能為天下雄者也。宦者雖握固之以為己有，而勢不能與天下爭衡。脅君自恣，乃至弒刃橫加，豈能無畏于四方之問罪乎？其無所憚而血濺宮庭、居功定策者，實恃有在外監軍之使，深結將帥而制其榮辱生死之命，指麾吏士而市以呴嘔宴犒之恩也。故王守澄、陳弘志、楊承和躬行大逆，不畏天下有問罪之師；乃至四朝元老分符持節之裴中立，亦視君父之死、噤口而不敢誰何；獨一劉從諫執言相加，而懷來又不可問。無他，諸帥之兵，皆宦者之爪牙，舉天下而在其掣肘，雖仗義欲鳴，而力窮于寡助也。于是而知德裕之為社稷謀，至深遠矣。其以出征屢敗為言者，指其著見之害以折之，使不敢爭耳。顯糾其沮撓軍事之失，而不揭其攬權得衆之禍，使無所激以相牴牾，則潛伏之大慝，暗消于忘言矣。此德裕之所以善于安主而防奸也。

然抑豈徒其立言之善哉？仇士良忌之而不能傷，乃乞身以去；敕監軍不得預軍務、選牙隊，而楊欽義、劉行深欣然唯命而不敢爭。極重之弊，反之一朝，如此其易者，蓋實有以制之也。唐之相臣能大有為者，狄仁傑而外，德裕而已。武宗不夭，德裕不竄，唐其可以復興乎！

清·汪楨《史弋》卷下《李輔國》 李輔國一宦豎耳，專恣兩朝，劫上皇，賊國母，其罪大矣。代宗新立，務宜按法行誅，以爲小人稔惡戒。而乃遺盜殺之，何哉？夫以天子而行盜賊之謀，將何以號今天下乎？

清·吴孟堅《一草亭讀史漫筆二·程元振李輔國魚朝恩》 三宦相繼侮權，禍幾不測，其害正人，誤國事，患莫大焉。諸忠臣宿將，莫不受其譖者，使汾陽淮陽，非素爲朝廷所倚重，恐亦有所不免矣。古來閹禍旋相接踵，皆由人主之姑息成姦也。乃程李等死不甚慘，殊爲恨事。

清·儲大文《存研樓文集》卷九《宦官》 宦官之禍，東漢、唐、明尤烈者，何也？昔周公訓立政，詳及綴衣虎賁，而尤重常伯。漢置侍中，與宦官同止禁中，蓋古常伯之任也。光禄勳止禁中，掌三署郎衛、門户，黄門郎給事黄闥中，常侍時得入禁中，而金氏至以七傳内侍顯東漢。光禄勳權益輕，侍中出禁外，得内奏而不得止宿。中常侍不用士人，專為宦官職。獨尚書令、僕射、六尚書職總内外，少能參制之而亦不得止禁中。凡百官封事典中書者，易以私伺而盜發，竇武、陳蕃、劉瑜、尹勳之所由敗也。魏置散騎，合中常侍，號散騎常侍。晉江左，侍中任尤重，殿内、門下事胥掌之，蓋與領護軍埒。中書又有舍人、通事，如戴法興、沈、客卿輩，名位瑣，未執國枋，至權震天下，而宦官獨尠聞于世。唐以侍中為宰相，黄門郎、常侍、舍人選益清，不關預禁中，舉京朝官，胥無古常伯之任。獨置内侍省，日夕天子左右，制外廷，誅賞而阻閡東西省、臺、寺、監、衞、間，俾無得内達。是故王叔文、王伾侍直，最號寵暱。叔文裁至禁中，翰林院。伾裁進至柿林院甘露之役，決罘罳閤殿門，而李訓、韓約暨吏卒千餘輩，束手胥就夷僇也。自梁誅宦官，盡罷中尉、樞密使，置宣政使，以大臣為之。後唐復名樞密使，權益重。至宋，遂號兩府，而實與宣徽使胥内職，大朝會常先見内殿。凡内諸司所掌，隸于唐禁中之樞密使者，使副使知院事同知僉書院事，胥得判之，蓋實兼晉江左侍中領護軍之任。是故，宦官惕息而狙鷙者不久輒斥去，亦卒亡牢不可破之患。元功臣子孫，胥入宿衞號怯薛，勳籍，尤顯者多長四怯薛，服膳器物胥掌之。蓋周綴衣虎賁，漢三署郎執戟，周衞之任也。及品幹焯著，輒拜左右丞相、平章，亦不停宿衞。是故宦官雖盛，而訖亡能為患。至明而盡廢。宋元之制，内外判不相合，視唐尤盛。天子深居禁中，亡可它語，左右璫監，不典兵干政不止。唯武宗季年，邊帥入侍，江彬、錢寧輩，時奪其黨類，把持而不肯解釋之權，而其餘枋政權者，直宦官為虎殿，省閤華望官為狐而裁時，時假之以張厥威也。夫聯班而側坐，入門而易刺，固其小焉者也。《語》有之：『一日不朝，其間容刀。』高拱晨至朝房而猶語人曰：今日所宣，當是雙馬楊漣二十四罪。疏成將對御彈奏，而恐少遲而語輒泄也，乃循例封進，蒙切責不少貸，宮府不通，表裏暌隔，其禍之烈至此。而審政要者，可無鑑戒而疏厥壅蔽與？夫樞密使既難卒復，侍中亦久廢，而宿衞任猶古也。盍綜倣元怯薛諸職秩以正成周常伯名，而逆折宦官之蘖牙也哉？

藝文

唐·張説《張燕公集》卷二五〇《为將軍高力士祭父文》 維開元十七年月日，孝子力士，敢告於考潘州府君、妣南海太君之靈：小子不天，夙齡閔凶，身嬰寇剽，家值虜裂。幸供灑掃之餘，遂蒙侍從之顧，扶戴明聖，逼畏艱難。大固不敢不密，小亦不敢不誠，事必記心，言無漏口。日慎一日，將二十年，玉弁加首，金章在佩。先靈納祐，明神降鑑，阿母遠至於京華，妹兄處拔於泥滓，咸以官漸榮禄，姻通士林，慈顔復慶於目前，同氣展歡於膝下。又緣幼育高氏，變族移家，敬愛盡二堂，温清周於一紀。不圖無狀招禍，永見孤棄，聖主恩華，曲逮存没，邑封舊郡，宮贈本邦。親感恩澤，子承父意，致命報天，誓有同於皦日；竭忠資孝，志無忝於幽泉。敬惟靈懷，慰聞昭遂，先遠有日，卜兆新塋，遥啓尊魂，合祔良壤，哀迫祖載，攀戀須臾。謹以清酌少牢，恭陳遺奠，盈樽不舉，虚饌莫嘗。號天叩地，殞絶何仰？

宋·劉克莊《後村集》卷一五《詩·雜詠一百首·高力士》 五十年間事，渾如曉夢餘，三郎南内裏，何況老家奴？

又《仇士良》 國老辭機密，閹兒叩緒餘。殷勤傳一訣，莫遣上觀書。

元·張昱《可閒老人集》卷二《唐天寶宮詞十五首·其一》 壽王妃子在青春，賜與黄冠號太眞。不是白頭高力士，翠華那得遠蒙塵？

元·宋無《啽囈集·高力士》 將軍謫去上皇危，玉髑髏傳日角奇。若使老奴居内侍，控頤那得有金椎？

又《仇士良》 老變知難固寵榮，晚辭機密保餘生。叮嚀莫遺觀書語，傳與閹雛謹奉行。

敕使為唐患，忠唐獨有君。晚知王自取，悞殺老監軍。

元・張憲《玉笥集》卷二《李五父李輔國》 靈武儲君奮潛邸，飛龍小兒乘勢起。大權世襲脱靴翁，從此門生視天子。閹佞職本黄門郎，抵用收權生禍殃。中宮狡計殺張后，西内禁兵遷上皇。李五父，唐之悖，天刑不正，市曹誅，半夜盗鬼偷首骨，門生不忍丑屍分，賜葬恩酬定策勳。

元・楊維楨《鐵崖詠史》卷六《李五父》 李五父，高家奴，一日专尚父，乃勝高家奢。飞龙牝鷄儿，西内兵谋相表裏。坐阿亨，非孝子，牝已戮，妖尚容。誓菲太庙诛元凶，胡为盗儿割颅投溷中。

清・謝啓昆《樹經堂詠史詩》卷六《唐・高力士》 曾其金剛給殿頭，未嘗休沐眷承優。呼兄太子安儲位，扈蹕明皇返御樓。千里鈴聲思蜀道，兩京薺味憶巫州。將軍一去無親侍，南内淒涼事可尤。

《清詩彙》卷一一三《張廷濟〈唐高福墓誌〉》 開元片石鎮于玉，高將軍父曰延福。延福名福史不傳，或以字行故不録。高氏五望渤海一，力士馮出非其族。李千里上金剛同，給事左右坐累逐。君養為子姓冒高，父以子貴君何恧。先天中誅岑蕭竇，功拜監門朱紫服。員外置還中大夫，終始哀榮禮以篤。力士階封渤海公，來廷坊里興祠屋。一扣鐘禮十萬錢，五礎日餓三百斛。事付林甫天心回，戀失輔國逆膽縮。貪癡可罪忠可褒，贈官不枉揚州督。君卒開元全盛時，丹旐風飛原白鹿。倉皇不從蜀道難，悲酸免共巫州哭。學士撰碑書者誰，院體精妍共結束。懷仁集書潁久頽，今見山陰眞面目。一自石截三吳船，秦關碑肆鐫還覆。筆劃疲茶神已非，非特界文遺罫局。佳刻若此世所稀，書家日使千毫秃。曩是笑説咸陽農，杜礎幾何遭斫斸。

雜録

宋・王讜《唐語林》卷三《方正》 相里造為禮部郎中，時宦官魚朝恩用事，稱詔集百僚有所評議，淩轢在位。宰相元載以下，唯唯而已；造抗言酬對，無降屈之色，朝廷壯之。

崔慎由以元和元年登第，至開成，已入翰林。因寓直，忽中夜有内使宣召，引入數重門，至一處，堂宇華復，簾幕重蔽，見二中尉對燭而坐，謂慎由曰：『上不豫已來已數日，兼自登極後聖政多虧，今奉太后中旨，有命學士草廢立令。』慎由大驚曰：『某有中外親族數千口，兄弟甥侄僅三百人，一旦聞此覆族之言，實不敢承命！況聖上高明之德，覆于八荒，豈可輕議？』二中尉默然，無以為對。良久，啓後户，引慎由至一小殿，見文宗坐于殿上，二人趨階而數文宗過惡，上惟俛首。又曰：『不為此拗木枕錯失，不合更在坐矣。』仍戒慎由曰：『事泄，即汝也。』于是二中尉自執炬送慎由出殿門，復令中使送至院。拗木枕者，俗談强項也。慎由尋以疾出翰林，遂金滕其事，付其子垂休，遂切于剿絕宦官者由此。

中尉仇士良有威權，其輩已有訴之者，宦官連聲傳士良命曰：『中尉奉屈大尹。』元賞不答，即命杖殺之。士良大怒，元賞乃白衣請見士良，士良出曰：『敢必杖殺軍中大將，可乎？』元賞即具言無禮狀，且曰：『宰相，大臣也；中尉，大臣也。彼既可無禮于此，此獨不可以無禮于彼乎！國家之法，中尉所宜保守，一旦壞之可惜。某已白衫，惟中尉命。』士良以其理直，命左右取酒飲之而罷。

又 卷四《企羡》 宣宗愛羡進士，每對朝臣，問『登第否』？有以科名對者，必有喜，便問所賦詩賦題，併主司姓名。或有人物優而不中第者，必歎息久之。嘗于禁中題『鄉貢進士李道龍』。宦官知書，自文、宣二宗始。

開成、會昌中，又曰『魯、紹、瑰、蒙，識即命通。』又曰『鄭、楊、段、薛，炙手可熱。』又有『薄徒』『厚徒』，多輕侮人，故裴泌侍御作《美人賦》譏之。後有瑰值、韋羅甲，又曰：『瑰、值、都、雍，識即命通。』又有大小二甲。又有注已甲。又有四字甲，言『深輝軒庭』。又四凶甲。又『芳林十哲』，言其與宦官交遊，若劉曄、任江泊、李巖士、蔡鋋、秦韜玉之徒。鋋與巖士各將兩軍書題，求華州解元，時謂對軍解頭。太和中，又有杜顓、竇訓、蕭嶰，極有時稱，為後來領袖。

清・王鳴盛《十七史商榷》卷九二《新舊唐書二十四・宦官傳原本脱文》 舊宦官傳首總敘云：『五局，掖廷局掌宮人簿籍，宮闈局掌宮内門禁，其屬有掌扇、給使等員，奚官局掌宮人疾病死喪，内僕局掌宮中供帳燈燭，内府局主中藏給納。』原本無『内府局』句八字，則五局少其一，非也。但不知近本何據補入。

又《高力士為高延福假子》 舊高力士傳，其出甚微，但云『潘州人，本姓馮。少閹，爲嶺南討擊使李千里進入宫，則天因小過逐之，内官司高延福收爲假子，延福出武三思家，力士往來三思第，得幸人』，如是而已。初不言其本爲何人之後，而新書以爲馮盎曾孫，予得力士碑拓本，大曆十二年五月建，雖亡其下半截，存字尚多。首云『初有適塑者，靖覲南方之樂，主人爲之歌馮，賓曰：遠矣。衰而復起，一飛衝天，自北而南，以至於盎。五嶺之表推爲』，下缺，又云『子智戣，高州刺史；智戴，恩州刺史；智彧，潘州刺史』，下缺，又云『襲位象賢，主祀守封』，則敍盎之孫語而其下雖漫，有云『天子廣錫類之恩，覽先賢之狀。初贈潘州刺史，又贈廣州大都督』，據盎傳，盎三十子，智戴春州刺史，非恩世，後入朝，終左武衛將軍，而碑不言，智彧東合州刺史，亦非潘州，盎乃北燕馮弘之裔，自晉宋至隋唐，世爲王侯君長，盎爲高州都督，封越國公，貴盛燕比。據碑，智戣，盎長子，襲位云云，是指智戣之子襲盎都督國公官爵，卽力士父，而『錫顛贈官』云云，則指力士貴，贈其父也。據新舊書言嶺南節度使送力士本母麥氏至京，贈力士父廣州大都督，麥氏越國夫人，正與碑合，然力士父特一嶺南人姓馮耳，必非盎之孫也。試思上公之嫡孫原主祀守封，何以其子少卽閹割爲長吏市之以停乎？碑乃文人代力士附曾爲此説，其間當更有增飾入宫緣由，石缺文滅，故不見耳。銘云『公本南海，家傳擁旄。有馮之後，遂育於高要』，爲不可信，新書據碑添入甚謬，徙舊爲是。予又得内侍高福字延福墓誌，開元十二年正月孫翌撰，有『君之寵嗣曰力士』云云，與新舊合，而爲馮盎曾孫則非。雨碑從未著録，録者力士碑自顧絳金石文字記始，延福志自錢大昕潛研堂金石跋尾始，新舊皆言力士陪葬泰陵，而顧云力士碑在今蒲城縣，宋敏求長安志云：『玄宗泰陵在蒲城縣東北三十里金粟山，陪葬者惟一高力士。』然則碑卽立於陵側。

又《鱼朝恩傳新舊互異》 宦者魚朝恩恣横之狀，新書描摹曲盡，大半皆舊書所無，至如朝廷裁決，或不預，輒怒曰：『天下事有不由我乎？』養息令徽尚幼服緑，與同列爭，朝恩見帝，請得金紫，帝未答，有司已奉紫服於前，令徽稱謝。此皆出蘇鶚《杜陽雜編》卷上見《商濬稗海》。新書好採小説，如此種採之卻甚有益，舊書不採，使朝恩惡不著，固可恨。若其死也，新言『帝與元載密謀，結其黨周皓，寒食内宴，朝恩乘小車入宫，皓與左右擒而縊殺之』，情事如繪，必得其實。舊書寥寥數語，但云『寒食宴罷，詔留之，朝恩言頗悖慢，上不之責，朝恩還第，自經卒』。彼時朝恩聲勢尚張，既不之責，縱使還第，安肯遽自經？此全非情理，舊不如新。

又《韓日華》 舊宦官俱文珍傳有韓日華，一字分二，其例不知始何時，王叔文、王伾等傳中仍未改，宜畫一。

又《王守澄傳新舊互異》 舊書宦官傳云：『王守澄，元和末宦者。憲宗疾大漸，内官陳弘慶等弑逆，守澄與中尉馮進潭、樑守謙、劉承偕、韋元素定册立穆宗皇帝。』新書宦者傳則云：『憲宗不豫，元和十五年罷元會。是夜，守澄與内常侍陳弘志弑帝於中和殿，以暴崩告天下，乃與樑守謙、韋元素等定册立穆宗。俄知樞密事。文宗嗣位，守澄有助力，造拜驃騎大將軍。帝疾元和逆罪久不時，故以宋申錫爲宰相，謀因事除之，不克，更因其黨鄭注、李訓乘其罅，於是流楊承和於歡州、韋元素象州，遣中人劉忠諒追殺元素於武昌，承和次公安賜死。訓乃脅守澄以軍容使就第，使内養齋酖賜死。』愚謂『陳弘志』，舊作『弘慶』，定册四人，二人亦不同，雖未知孰是，但如舊書，則守澄於弑逆無涉，且有定策立穆宗大功，而文宗之立又出其力，後來文宗何爲討而殊之乎？自不如新書爲得實，舊書記事既虚謬，則弘慶之爲娱筆亦可知。舊守澄傳敍其死云：『太和元年，帝令内養李好古賫酖賜守澄死。』新删其年及李好古名，此新之謬，而舊『元年』，原本作『九年』，是當從之。至梁守謙者，二書皆無傳，予所藏邠國公功德碑，立於長慶二年，卽楊承和撰文，邠國公卽守謙，文中推重甚至，想必倩人代作，而其情甚爲可惡。此輩大約俱係逆黨，朋比爲姦，與聞弑事者，文宗討誅不及守謙，當因其前死耳。

又《魚弘志等》 甘露之變，殺李訓等者，仇士良、魚弘志也，見《新·李訓及士良傳》。而其前弑憲宗者已有陳弘志，見《王守澄傳》。相距未遠而同名，據吴縝，當作『魚志弘』，已見前第七十五卷。但其前順宗朝立憲宗者有俱文珍，而同時又有薛文珍，見《文珍傳》。則意者若輩同名不足異，至於弑敬宗者又有魚志弘，見《劉克明傳》。相去亦甚近，不知與殺李訓之魚弘志是一是二，未詳。

清·趙翼《陔餘叢考》卷一〇 又唐自穆宗以後八世，而為宦官所立者七君。如武宗之立，由仇士良乘文宗不豫矯詔立之也。乃《舊書·文宗紀》云：正月，上不康，詔立親弟潁王瀍為皇太弟，權勾當軍國事，皇太子成美復為陳王。竟似出于文宗之意矣。宣宗之立，亦由馬元贄乘武宗不豫立為皇太叔也。《舊書》亦但云遺詔以皇太叔光王柩前即位，竟似武宗憑几之詔矣。懿宗之立，亦由王宗實、丌元實矯詔所立也。《舊書》但云宣遺詔立為太子。昭宗之立，亦由楊復恭當僖宗既崩，率兵迎立之。《舊書》但云上暴疾，宣詔立弟壽王傑為皇太弟，是夕帝崩，皇太弟即位，則更似授受得其正矣。此等大事，皆不據實直書，何以示懲戒耶！《新書》一一著之，此皆《新書》書法之過于舊書者也。然《新書》書法亦有可議者。

清·趙翼《廿二史劄記》卷二〇《新舊唐書·唐代宦官之禍》 東漢及前明宦官之禍烈矣，然猶竊主權，以肆虐天下。至唐則宦官之權反在人主之上，立君、弑君、廢君，有同兒戲，實古來未有之變也。推原禍始，總由于使之掌禁兵、管樞密，所謂倒持太阿而授之以柄，及其勢已成，雖有英君察相，亦無如之何矣！

身在禁闈，社鼠城狐，本易竊弄威福，此即不典兵、不承旨，而燕間深密之地，單詞片語，偶能移動主意，軒輊事端，天下已靡然趨之。

如高力士貴幸時，僥幸者願一見如天人，肅宗在東宮亦以兄事之，諸王公主呼為翁，戚里諸家尊曰爺，將相大臣皆由之以進。嘗建佛寺、道觀各一所，鐘成，宴公卿，一扣者，納禮錢十萬，有至二十扣者。李輔國貴幸時，人不敢斥其官，直呼為五郎。李揆當國，以子姓事之，嘗矯詔遷上皇于西內，至憂鬱以崩。他如魚朝恩忌郭子儀功高，譖罷其兵柄。程元振譖來瑱，賜死，李光弼遂不敢入朝。又譖裴冕罷相，貶施州，以致方鎮解體，吐蕃入寇，代宗倉皇出奔，徵諸道兵，無一至者。此猶是未掌兵權，未筦樞要以前事也。案代宗欲除輔國而憚其握兵，是代宗時宦官已典兵。然代宗由廣平王為元帥，即位後，猶有帥府之名，令輔國為元帥行軍司馬，程元振繼之，朝恩亦為觀軍容使，俱係暫時管攝，未得常主兵柄。

自德宗懲涇師之變，禁軍倉卒不及徵集，還京後，不欲以武臣典禁兵，乃以神策、天威等軍，置護軍中尉、中護軍等官，以內官竇文場、霍仙鳴等主之，于是禁軍全歸宦寺。其後又有樞密之職，凡承受詔旨、出納王命多委之，于是機務之重，又為所參預。案《李吉甫傳》：憲宗初，有中書小吏滑渙與樞密使劉光琦昵，頗竊權。又《裴洎傳》：李條承旨翰林，有中人梁守謙掌密命。是樞密之職，蓋始于德宗之末。憲宗之初，《嚴遵美傳》：樞密使無廳事，惟三楹舍藏書而已。其後遂有堂狀貼黃，決事與宰相等。是二者皆極要重之地，有一已足攬權樹威，挾制中外，況二者盡為其所操乎！

其始猶假寵竊靈，挾主勢以制下，其後積重難返，居肘腋之地，為腹心之患，即人主廢置，亦在掌握中。僖宗紀贊謂『自穆宗以來八世，而為宦官所立者七君。』今案本紀：憲宗時，太子寧薨，中尉吐突承璀欲立豐王惲，而惲母賤不當立，乃立遂王宥為皇太子。憲宗崩，宦官陳弘志殺承璀及惲，以皇太子即位，是為穆宗。《舊書·王守澄傳》：憲宗崩，守澄與馬進潭、梁守謙等冊立穆宗，蓋皆與陳弘志同謀者。是穆宗之立，由陳弘志等之力也。然穆宗猶是憲宗時已立為皇太子，而弘志等翊戴之，尚非擅立。敬宗夜獵還宮，與中官劉克明、田務成、許文端、軍將蘇佐明、王嘉憲、石定寬等二十八人飲，帝醉，入室更衣，殿上燭忽滅，劉克明等同害帝，蘇佐明等矯制立絳王，樞密使王守澄、中尉梁守謙率禁軍討賊，誅絳王，迎江王即位，是為文宗，是文宗之立，由王守澄等之力也。然此猶敬宗未有太子，故討賊立君，亦尚出于正。至文宗在時，已立敬宗子成美為皇太子矣，及大漸，宰相李、樞密使劉弘逸等又奉密旨，以成美監國，乃中尉仇士良、魚弘志矯詔廢成美，立潁王瀍為皇太弟即位，是為武宗。是武宗之立，由仇士良等之力也。此則廢先帝所立之太子，而擅易之，其惡更非陳弘志、王守澄等比矣。武宗崩，中尉馬元贄立光王怡為皇太叔即位，是為宣宗。時武宗未有太子。是宣宗之立，由馬元贄之力也。宣宗疾大漸，以夔王滋屬樞密使王歸長、馬公儒等，而中尉王宗實及丌元實矯詔立鄆王為皇太子即位，是為懿宗。是懿宗之立，由王宗實等之力也。懿宗大漸，中尉劉行深、韓文約立普王為皇太子即位，是為僖宗。是僖宗之立，由劉行深等之力也。僖宗大漸，羣臣以吉王保最賢且長，欲立之，觀軍容使楊復恭率兵迎壽王為皇太弟即位，是為昭宗。是昭宗之立，由楊複恭之力也。統計此六、七代中，援立之權盡歸宦寺，宰相亦不得與知。

且不特此也，憲、敬二帝，至為陳弘志、劉克明等所弒，昭宗又為劉季述所幽，近侍之凶悖，至斯而極。其間非無賢哲之主，有志整飭，如憲宗無所寵假，吕全如擅取樟材治第，送獄自殺，郭旻醉觸夜禁，即杖殺之，凶焰稍戢，然其後竟遭弒害。文宗欲倚李訓、鄭注誅宦官，甘露之變，反為仇士良等肆逆橫殺，朝士橫屍闕下，帝亦惴惴不保，僅而獲免。宣宗始稍黜其權。初，延英奏事，帝與宰相可否，樞密使在旁得與聞。及出，或矯上旨有所改易，帝始令延英召對，兩中尉先降，樞密使候于殿西，俟宰相奏事畢，案前受事，稍防矯詐之弊。至懿、僖又如故矣。文宗嘗以周赧、漢獻受制强臣，而己受制家奴，謂不如赧、獻，對周墀泣下。學士崔慎由夜直，忽仇士良召至秘殿，令草詔，更立嗣君，慎由以死拒之，士良引至小殿見帝，士良等歷數帝過，帝俯首而已。劉季述錮昭帝于少陽院，亦以杖畫地，責帝曰：『某日某事，爾不從我，罪一也。』至數十不止。楊復恭之反也，既令其養子守信為神策軍使，又令守貞、守忠及侄守亮為節度使，以樹內外之援，與守亮書曰：『承天門乃隋家舊業，兒但積粟訓兵，不必進奉。吾于荆榛中立壽王，既得位，乃廢定策國老，有如此負心門生天子。』此可見下陵上替之極也。

卒之朝廷綱紀為所敗裂，國勢日弱，方鎮日强，宦寺雖握兵，轉不得不結外藩為助。于是韓全誨等劫天子遷鳳翔，倚李茂貞，致朱全忠攻圍逾年，力窮勢迫，帝與茂貞乃殺全誨等四人、韋處廷等二十二人以求和，又殺小使李繼彝等十人，城門既開，又殺中官七十餘人，全忠又令京兆誅黨與百餘。既還京師，遂盡殺第五可範以下八百餘人，哀號之聲聞于路，諸道監軍亦即所在賜死，蓋不減東漢末之誅宦官，至有無須而誤死者。唐室宦官之局，至此始結，而國亦亡矣。

宋景文謂『灼木攻蠹，蠹盡而木亦焚也。』而抑知其始，實由于假之以權，掌禁兵、筦樞要，遂致積重難返，以至此極也哉！

又《中官出使及監軍之弊》 中官出使及監軍，累朝皆有之，然其害亦莫有如唐之甚者。小則索賄賂，大則釀禍端。今就新舊唐書案之。高力士傳：是時中人出使，或修功德、市鳥獸，使還所獲，動巨萬計。京師甲第名園、良田美產，占者什六七。此猶不過藉禁近之勢以黷財也。安禄山將反，楊國忠等力言于帝前，帝使宦官輔璆琳覘之，得厚賂歸，言禄山不反。于是禄山益得徵繕稱兵矣。封常清在東都戰敗奔陝，勸高仙芝退守潼關，中人邊令誠奏其敗退狀，而二大將同日受戮矣。僕固懷恩負氣訴冤，代宗使中人駱奉先諭之，奉先不受宴，竊馬馳歸，而懷恩以疑懼而決反矣。李寶臣方奉命討田承嗣有功，代宗使中人馬承倩勞之，寶臣贈絹少，承倩詬而擲于途，寶臣顧左右有慚色，于是轉與承嗣連衡拒命矣。德宗晚年姑息藩鎮，每帥守物故，必先遣中使往覘軍情，其副貳有物望者，輒厚賂使之保奏，德宗因而授之，由是節度使之除拜，亦出其口矣。武宗討澤潞時，太原將楊弁激衆叛，武宗使中人馬元貫往諭，得其賄歸，言『太原有十五里明光甲，不可討。』賴李德裕折之，始語塞。是轉為叛者脅授旄節矣。此中官出使徒縱其納賄而無益于國事，且反以釀禍者也。又有中使監軍之弊。自開元、天寶間討吐蕃諸國，已有宦者監大將之軍。至魚朝恩為觀軍容使，邙山之戰，李光弼欲據險而陣，朝恩令陣于平地，遂致大敗。光弼傳據裴度、韋、李德裕等所奏，大概監軍者先取鋭兵自衛，懦者出戰，戰勝則先報捷，偶衄則淩挫百端，侵撓軍政，將帥不得專主。每督戰，輒建旗自表，小不勝則卷旗去，大軍往往隨之奔北。故劉辟之叛，杜黄裳請不用監軍，專委高崇文討之。然白居易疏謂『韓全義討淮西，賈國良監之，高崇文討蜀，劉貞亮監之。』是黄裳雖奏，而監軍仍未撤也。居易傳裴度討吴元濟，始奏去監軍，主將得專兵柄，法令既一，戰皆有功，遂平淮、蔡。度傳其後會昌中討劉稹，李德裕亦奏『監軍不得幹軍事，每兵百人，聽以一人為衛。』由是號令精整，遂平澤潞。德裕傳觀此，則中使監軍有害無利，昭然可見。此猶是臨戰時用以監察，尚有説也。其尋常無事時，各藩鎮亦必有中使監軍。如陸長源死，監軍俱文珍密召宋州刺史劉全諒入汴以靖其亂。長源傳王承宗死，諸將請王承元主留務，承元曰：『天子使中貴人監軍，當與議。』監軍以衆意贊之，承元乃受。承元傳是亦未嘗無靖難解紛之益。然其中賢者百不一，而恃勢生事之徒，踵相接也。在河朔諸鎮者，既不能制其叛亂，徒為之請封、請襲；而在中州各鎮者，則肆暴作威，或侵撓事權，或誣構罪戾。姚南仲帥鄭、滑，為監軍薛盈珍誣奏。有裨將曹文洽不平，殺其奏事者，而自刎以明南仲之枉。南仲入朝，德宗曰：『盈珍擾軍政邪？』南仲曰：『如盈珍者，在在有之，雖羊、杜復生，不能治軍理人也。』南仲傳洪州監軍誣奏刺史李位謀逆，追赴京，付仗内訊，賴薛存誠力請付外，始得白。存誠傳楊于陵帥嶺南，為監軍許遂振誣奏，憲宗即令貶于陵官，賴裴垍諫，始改吏部侍郎。垍傳此牽掣藩臣之弊也。監軍王定遠有德于節度使李說，軍政皆專決，將吏悉自補授，以田宏代彭令茵，令茵不伏，定遠即斬之，埋屍馬糞中，家人請屍不得，說奏之，定遠抽刀刺說，說走而免。說傳劉承偕監澤潞軍，侮節度使劉悟，三軍憤譟，欲殺承偕，悟救而免。穆宗問裴度『何以處之？』度奏『惟有斬承偕耳。』度傳此激變軍士之弊也。嚴綬在太原，軍政一出監軍李輔光，綬但拱手而已。後入朝，適賜食廊下，有中使馬江朝來賜櫻桃，綬在鎮時，曾識江朝，至是不覺屈膝。綬傳可見監軍之積威肆横，非一朝一夕之故，其所由來者漸矣。因記宦官掌兵承旨之禍，而併及出使、監軍二事，亦前代得失之林也。

又《唐宦官多閩廣人》　唐時諸道進閹兒，號私白，閩嶺最多。如高力士，本高州馮盎之後，嶺南討擊使李千里進之。後吐突承璀及楊複光皆閩人，時號閩為中官區藪。咸通中，杜宣猷為閩中觀察使，每歲時，遣吏致祭其先，時號為敕使墓户。宣猷傳

朝權之爭分部

李林甫專權

綜　述

《舊唐書》卷八《玄宗紀上》　（開元二十二年）五月戊子，黄門侍郎裴耀卿為侍中，中書侍郎張九齡為中書令，黄門侍郎李林甫為禮部尚書、同中書門下平章事。

二十四年秋七月辛丑，李林甫為兵部尚書，依舊知政事。【略】十一月壬寅，侍中裴耀卿為尚書左丞相，中書令張九齡為尚書右丞相，併罷知政事。兵部尚書李林甫兼中書令，殿中監牛仙客兵部尚書、同中書門下三品。

又　卷九《玄宗紀下》　（開元二十五年）秋七月己卯，大理少卿徐岵奏：『天下今歲斷死刑五十八，幾致刑措，烏巢寺之獄。』上特推功元輔，庚辰，封李林甫為晉國公，牛仙客為豳國公。【略】

（二十六年）二月辛卯，以李林甫遥領隴右節度使。【略】五月乙酉，以李林甫遥領河西節度使，兼判梁州事。【略】

（二十七年四月）丁酉，侍中牛仙客為兵部尚書兼侍中；兵部尚書兼中書令李林甫為吏部尚書，依舊兼中書令。【略】

（天寶元年八月）壬辰，吏部尚書兼右相李林甫加尚書左僕射，左相李適之兼兵部尚書，左僕射裴耀卿為尚書右僕射。【略】

（天寶五載）秋七月丙子，韋堅為李林甫所構，配流臨封郡，賜死。堅妹皇太子妃聽離，堅外甥嗣薛王瑱貶夷陵郡別駕，女婿巴陵太守盧幼臨長流合浦郡。太子少保李適之貶宜春太守，到任，飲藥死。【略】九月壬子，於太清宫刻石為李林甫、陳希烈像，侍于聖容之側。【略】十二月辛未，贊善大夫杜有鄰、著作郎王曾、左驍衛兵曹柳勣等為李林甫所構，併下獄死。【略】

（天寶六載）十一月乙亥，户部侍郎楊慎矜及兄少府少監慎余與弟洛陽令慎名，併為李林甫及御史中丞王鉷所構，下獄死。【略】

（天寶八載）夏四月，咸寧太守趙奉璋決杖而死，著作郎韋子春貶端溪尉，李林甫陷之也。【略】

（天寶十載春正月）丁未，李林甫領安北副大都護、朔方節度使。【略】

（天寶十一載）十一月乙卯，尚書左僕射兼右相、晉國公李林甫薨於行在所。庚申，御史大夫兼蜀郡長史楊國忠為右相兼文部尚書。【略】

（天寶）十二載【略】二月【略】癸未，追削故右相李林甫在身官爵，男將作監岫、宗黨李復道等五十人皆流貶，國忠誣奏林甫陰結叛胡阿布思故也。

又　卷一〇《肅宗紀》　（開元）二十三年，改名璵。二十五年，皇

太子瑛得罪。二十六年六月庚子，立上爲皇太子，改名紹。後有言事者云：紹與宋太子名同，改今名。初，太子瑛得罪，上召李林甫議立儲貳，時壽王瑁母武惠妃方承恩寵，林甫希旨，以瑁對。及立上爲太子，林甫懼不利己，乃起韋堅、柳勣之獄，上幾危者數四。後又楊國忠依倚妃家，恣爲褻穢，懼上英武，潛謀不利，爲患久之。

又 卷一〇六《李林甫傳》 李林甫，高祖從父弟長平王叔良之曾孫。叔良生孝斌，官至原州長史。孝斌生思誨，官至揚府參軍，思誨即林甫之父也。林甫善音律，初為千牛直長，其舅楚國公姜皎深愛之。開元初，遷太子中允。時源乾曜為侍中，乾曜侄孫光乘，姜皎妹婿，乾曜與之親。乾曜之男潔白其父曰：『李林甫求為司門郎中。』乾曜曰：『郎官須有素行才望高者，哥奴豈是郎官耶？』數日，除諭德。哥奴，林甫小字。累遷國子司業。

十四年，宇文融為御史中丞，引之同列，因拜御史中丞，歷刑、吏二侍郎。時武惠妃愛傾後宮，二子壽王、盛王以母愛特見寵異，太子瑛益疏薄。林甫多與中貴人善，乃因中官白惠妃云：『願保護壽王。』惠妃德之。初，侍中裴光庭妻武三思女，詭譎有材略，與林甫私。中官高力士本出三思家，及光庭卒，武氏銜哀祈於力士，請林甫代其夫位，力士未敢言，玄宗使中書令蕭嵩擇相，嵩久之以右丞韓休對，玄宗然之，乃令草詔。力士遽漏于武氏，乃令林甫白休。休既入相，甚德林甫，與嵩不和，乃薦林甫堪為宰相，惠妃陰助之，因拜黄門侍郎，玄宗眷遇益深。

二十三年，以黄門侍郎平章事裴耀卿為侍中，中書侍郎平章事張九齡為中書令，林甫為禮部尚書、同中書門下三品，併加銀青光禄大夫。林甫面柔而有狡計，能伺侯人主意，故驟歷清列，為時委任。而中官妃家，皆厚結托，伺上動靜，皆預知之，故出言進奏，動必稱旨。而猜忌陰中人，不見於詞色，朝廷受主恩顧，不由其門，則構成其罪；與之善者，雖廝養下士，盡至榮寵。尋歷户、兵二尚書，知政事如故。

尋又以太子瑛、鄂王瑤、光王琚皆以母失愛而有怨言，駙馬都尉楊洄白惠妃。玄宗怒，謀於宰臣，將罪之。九齡曰：『陛下三個成人兒不可得。太子國本，長在宮中，受陛下義方，人未見過，陛下奈何以喜怒間忍欲廢之？臣不敢奉詔。』玄宗不悅。林甫惘然而退，初無言，既而謂中貴人曰：『家事何須謀及於人。』時朔方節度使牛仙客在鎮，有政能，玄宗加實封，九齡又奏曰：『邊將馴兵秣馬，儲蓄軍實，常務耳，陛下賞之可也；欲賜實賦，恐未得宜。惟聖慮思之。』帝默然。林甫以其言告仙客，仙客翌日見上，泣讓官爵。玄宗欲行實封之命，兼為尚書，九齡執奏如初。帝變色曰：『事總由卿？』九齡頓首曰：『陛下使臣待罪宰相，事有未允，臣合盡言。違忤聖情，合當萬死。』玄宗曰：『卿以仙客無門籍耶？卿有何門閥？』九齡對曰：『臣荒徼微賤，仙客中華之士。然陛下擢臣踐臺閣，掌綸誥；仙客本河湟一使典，目不識文字，若大任之，臣恐非宜。』林甫退而言曰：『但有材識，何必辭學；天子用人，何有不可？』玄宗滋不悅。

九齡與中書侍郎嚴挺之善。挺之初娶妻出之，妻乃嫁蔚州刺史王元琰。時元琰坐贓，詔三司使推之，挺之救免其罪。玄宗察之，謂九齡曰：『王元琰不無贓罪，嚴挺之囑託所由輩有顔面。』九齡曰：『此挺之前妻，今已婚崔氏，不合有情。』玄宗曰：『卿不知，雖離之，亦卻有私。』玄宗籍前事，以九齡有黨，與裴耀卿俱罷知政事，拜左、右丞相，出挺之為洺州刺史，元琰流於嶺外。即日林甫代九齡為中書，集賢殿大學士、修國史；拜牛仙客工部尚書、同中書門下平章事，知門下省事。監察御史周子諒言仙客非宰相器，玄宗怒而殺之。林甫言子諒本九齡引用，乃貶九齡為荆州長史。

玄宗終用林甫之言，廢太子瑛、鄂王瑤、光王琚為庶人，太子妃兄駙馬都尉薛鏽長流瀼州，死於故驛，人謂之『三庶』，聞者冤之。其月，佞媚者言有烏鵲巢於大理獄户，天下幾致刑措。玄宗推功元輔，封林甫晉國公，仙客豳國公。其冬，惠妃病，三庶人為祟而薨。儲宮虛位，玄宗未定所立。林甫曰：『壽王年已成長，儲位攸宜。』玄宗曰：『忠王仁孝，年又居長，當守器東宮。』乃立為皇太子。自是林甫懼，巧求陰事以傾太子。

林甫既秉樞衡，兼領隴右、河西節度，又加吏部尚書。天寶改易官名，為右相，停知節度事，加光禄大夫，遷尚書左僕射。六載，加開府儀同三司，賜實封三百户，而恩渥彌深。凡御府膳羞，遠方珍味，中人宣賜，道路相望。與宰相李適之雖同宗屬，而適之輕率，嘗與林甫同論時政，多失大體，由是主恩益疏，以至罷免。黃門侍郎陳希烈性便佞，嘗曲事林甫，適之既罷，乃引希烈同知政事。林甫久典樞衡，天下威權，併歸於己，臺司機務，希烈不敢參議，但唯諾而已。每有奏請，必先賂遺左右，伺察上旨，以固恩寵。上在位多載，倦于萬機，恆以大臣接對拘檢，難徇私欲，自得林甫，一以委成。故杜絕逆耳之言，恣行宴樂，衽席無別，不以為恥，由林甫之贊成也。

林甫京城邸第，田園水磑，利盡上腴。城東有薛王別墅，林亭幽邃，甲於都邑，特以賜之，及女樂二部，天下珍玩，前後賜與，不可勝紀。宰相用事之盛，開元已來，未有其比。然每事過慎，條理衆務，增修綱紀，中外遷除，皆有恆度。而耽寵固權，己自封植，朝望稍著，必陰計中傷之。初，韋堅登朝，以堅皇太子妃兄，引居要職，示結恩信，實圖傾之，乃潛令御史中丞楊慎矜陰伺堅隙。會正月望夜，皇太子出遊，與堅相見，慎矜知之，奏上。上大怒，以為不軌，黜堅，免太子妃韋氏。林甫因是奏李適之與堅昵狎，及裴寬、韓朝宗併曲附適之，上以為然，賜堅自盡，裴、韓皆坐之斥逐。後楊慎矜權位漸盛，林甫又忌之，乃引王鉷為御史中丞，托以心腹。鉷希林甫意，遂誣罔密奏慎矜左道不法，遂族其家。楊國忠以椒房之親，出入中禁，奏請多允，乃擢在台省，令按刑獄。會皇太子良娣杜氏父有鄰與子婿柳勣不葉，勣飛書告有鄰不法，引李邕為證，詔王鉷與國忠按問。鉷與國忠附會林甫奏之，於是賜有鄰自盡，出良娣為庶人，李邕、裴敦復枝黨數人併坐極法。林甫之苞藏安忍，皆此類也。

林甫自以始謀不佐皇太子，慮為後患，故屢起大獄以危之，賴太子重慎無過，流言不入。林甫嘗令濟陽別駕魏林告隴右、河西節度使王忠嗣，林往任朔州刺史，忠嗣時為山東節度，自云與忠王同養宮中，情意相得，欲擁兵以佐太子。玄宗聞之曰：『我兒在內，何路與外人交通？此妄也。』然忠嗣亦左授漢陽太守。八載，咸寧太府趙奉章告林甫罪狀二十餘條。告未上，林甫知之，諷御史臺逮捕，以為妖言，重杖決殺。

十載，林甫兼領安西大都護、朔方節度，俄兼單于副大都護。十一載，以朔方副使李獻忠叛，讓節度，舉安思順自代。國家武德、貞觀已來，蕃將如阿史那杜爾、契苾何力，忠孝有才略，亦不專委大將之任，多以重臣領使以制之。開元中，張嘉貞、王晙、張說、蕭嵩、杜暹皆以節度使入知政事，林甫固位，志欲杜出將入相之源，嘗奏曰：『文士為將，怯當矢石，不如用寒族、蕃人，蕃人善戰有勇，寒族卽無黨援。』帝以為然，乃用思順代林甫領使。自是高仙芝、哥舒翰皆專任大將，林甫利其不識文字，無入相由，然而祿山竟為亂階，由專得大將之任故也。

林甫恃其早達，輿馬被服，頗極鮮華。自無學術，僅能秉筆，有才名于時者尤忌之。而郭慎微、苑咸文士之闒茸者，代為題尺。林甫典選部時，選人嚴迥判語有用『杕杜』二字者，林甫不識『杕』字，謂吏部侍郎韋陟曰：『此云「杖杜」，何也？』陟俯首不敢言。太常少卿姜度，林甫舅子，度妻誕子，林甫手書慶之曰：『聞有弄麞之慶。』客視之掩口。

初，楊國忠登朝，林甫以微才不之忌；及位至中司，權傾朝列，林甫始惡之。時國忠兼領劍南節度，會南蠻寇邊，林甫請國忠赴鎮。帝雖依奏，然待國忠方渥，有詩送行，句末言入相之意。又曰：『卿止到蜀郡處置軍事，屈指待卿。』林甫心尤不悅。林甫時已寢疾。其年十月，扶疾從幸華清宮，數日增劇，巫言一見聖從差減，帝欲視之，左右諫止。乃敕林甫出於庭中，上登降聖閣遙視，舉紅巾招慰之，林甫不能興，使人代拜于席。翌日，國忠自蜀還，謁林甫，拜於牀下，林甫垂涕托以後事。尋卒，贈太尉、揚州大都督，給班劍、西園秘器。諸子以吉儀護柩還京師，發喪于平康坊之第。

林甫晚年溺於聲妓，姬侍盈房。自以結怨于人，常憂刺客竊發，重扃復壁，絡板甃石，一夕屢徙，雖家人不之知。有子二十五人、女二十五人：岫為將作監，崿為司儲郎中，嶼為太常少卿；子婿張博濟為鴻臚少卿，鄭平為户部員外郎，杜位為右補闕，齊宣為諫議大夫，元總為京兆府户曹。

初，林甫嘗夢一白晰多鬚長丈夫逼己，接之不能去。既寤，言曰：『此形狀類裴寬，寬謀代我故也。』時寬為户部尚書、兼御史大夫，故因李適之黨斥逐之。是時楊國忠始為金吾胄曹參軍，至是不十年，林甫卒，國忠竟代其任，其形狀亦類寬焉。國忠素憾林甫，既得志，誣奏林甫與蕃將阿布思同構逆謀，誘林甫親族間素不悅者為之證。詔奪林甫官爵，廢為庶人，岫、崿諸子併謫於嶺表。林甫性沉密，城府深阻，未嘗以愛憎見於容色。自處臺衡，動循格令，衣冠士子，非常調無仕進之門。所以秉鈞二十年，朝野側目，憚其威權。及國忠誣構，天下以為冤。

又 卷五二《后妃傳下·肅宗韋妃》 肅宗韋妃，父元珪，兗州都督。肅宗爲忠王時，納爲孺人，及升儲位，爲太子妃，生兗王僩、絳王佺、永和公主、永穆公主。天寶中，宰相李林甫不利於太子，妃兄堅爲刑部尚書，林甫羅織，起柳績之獄，堅連坐得罪，兄弟併賜死。太子懼，上表自理，言與妃情義不睦，請離婚，玄宗慰撫之，聽離。妃遂削髮被尼服，居禁中佛舍。西京失守，妃亦陷賊。至德二年薨於京城。

又 卷五九《姜皎傳》 天寶六載，授皎男慶初等官。七載，贈皎吏部尚書，仍贈實封二百户以充享祀。慶初襲封楚國公。慶初生未晬，玄宗許尚公主，後淪落二十餘年。李林甫爲相，當軸用事，林甫即皎之甥，從容奏之，故驟加恩命。天寶十載，詔慶初尚新平公主，授駙馬都尉。永泰元年，拜太常卿。

又 卷六四《徐王李延年傳》 子延年嗣。開元二十六年，封嗣徐王，除員外洗馬。天寶初，拔汗那王入朝，延年將嫁女與之，爲右相李林甫所奏，貶文安郡別駕、彭城長史，坐贓貶永嘉司士。

又 卷九二《韋陟傳》 陟門地豪華，早踐清列，侍兒閹閽，列侍左右者十數，衣書藥食，咸有典掌，而輿馬僮奴，勢侔於王家主第。自以才地人物，坐取三公，頗以簡貴自處，善誘納後進，其同列朝要，視之蔑如也。如道義相知，靡隔貴賤，而布衣韋帶之士，恆虛席倒屣以迎之，時人以此稱重。

李林甫忌之，出爲襄陽太守，兼本道采訪使，又改陳留采訪使，復加銀青光禄大夫。天寶中襲封郇國公，以親累貶鍾離太守，重貶義陽太守。尋移河東太守，充本道采訪使。

又 卷九五《薛王李琄傳》 瑗樂安郡王，玚宗正卿、滎陽郡王，琄封嗣薛王，珍嗣岐王。琄爲金紫光禄大夫、鴻臚卿同正員。天寶五載，坐舅刑部尚書韋堅爲右相李林甫所構，貶夷陵郡別駕長任。母隨琄，竟以憂死。七載，琄於夜郎安置，後移南浦郡。十四載，安禄山反，赴於西京。

又 卷九六《宋升傳》 子升，天福初太僕少卿。次尚，漢東太守。次渾，與右相李林甫善，引爲諫議大夫、平原太守、御史中丞、東京采訪使。

又 卷一〇〇《裴寬傳》 （天寶）三載，以安禄山爲范陽節度，寬爲户部尚書、兼御史大夫。玄宗素重寬，日加恩顧。刑部尚書裴敦復討海賊回，頗張賊勢，又廣敘功以開請託之路，寬嘗幾微奏之。居數日，有河北將士入奏，盛言寬在範陽能政，塞上思之，玄宗嗟賞久之。李林甫懼其入相，又惡寬與李適之善，乃呼裴敦復，且以寬之語告之。敦復使氣性疏，與寬素不相下，以爲林甫推誠於己，因顧結之，且訴其冤。先是，寬以親故名囑敦復，求請軍功。至是敦復氣憤發其事，林甫曰：『公宜速奏，無後於人。』尋而敦復扈從幸温泉宮，寬在京城未發。遇有敦復下軍將程藏曜、郎將曹鑑。鑑，郴州富人；藏曜，嶺南首領之子。皆有他事，與人詣臺告訴，寬受其狀，捕鑑等鞫之。

又 卷一〇三《王忠嗣傳》 玄宗方事石堡城，詔問以攻取之略，忠嗣奏云：『石堡險固，吐蕃舉國而之。若頓兵堅城之下，必死者數萬，然後事可圖也。臣恐所得不如所失，請休兵秣馬，觀釁而取之，計之上者。』玄宗因不快。李林甫尤忌忠嗣，日求其過。六載，會董延光獻策請下石堡城，詔忠嗣分兵慶接衞，忠嗣僶俯而從，延光不悦。河西兵馬使李光弼危之，遽而入告，將及於庭，忠嗣曰：『李將軍有何事乎？』光弼進而言曰：『請議軍。』忠嗣曰：『何也？』對曰：『向者大夫以士卒爲心，有拒董延光之色，雖曰受詔，實奪其謀。何者？大夫以數萬衆付之，而不懸重賞，則何以賈三軍之勇乎？大夫財帛盈庫，何惜數萬段之賞以杜其讒口乎！彼如不捷，歸罪於大夫矣。』忠曰：『李將軍，忠嗣計已決矣。平生始望，豈及貴乎？今爭一城，得之未制於敵，不得之未害於國，忠嗣豈以數萬人之命易一官哉？假如明主見責，豈失一金吾羽林將軍，歸朝宿衞乎！其次，豈失一黔中上佐乎？此所甘心也。雖然，公實愛我。』光弼謝曰：『向者恐累大夫，敢以衷告。大夫能行古人之事，非光弼所及也。』遂趨而出。及延光過期不克，訴忠嗣緩師，故師出無功。李林甫又令濟陽別駕魏林告忠嗣，稱往任朔州刺史，忠嗣爲河東節度，云『早與忠王同養宮中，我欲尊奉太子。』玄宗大怒，因徵入朝，令三司推訊之，幾陷極刑。會哥舒翰代忠嗣爲隴右節度，特承恩顧，因奏忠嗣之枉，詞甚懇切，請以己官爵贖罪。玄宗怒稍解。十一月，貶漢陽太守。七載，量移漢東郡太守。明年，暴卒，年四十五。

又 卷一〇五《韋堅傳》 李林甫以堅姜氏胥，甚狎之。至是懼其詭計求進，承恩日深，堅又與李適之善，益怒之，恐入爲相，乃與腹心搆成其罪。四月，進銀青光禄大夫、左散騎常侍、陝郡太守、水陸轉運使，勾當緣河及江淮南租庸轉運處置使併如故；又以判官元揮、豆盧友除監察御史。三年正月，堅又加兼御史中丞，封韋城男。九月，拜守刑部尚書，奪諸使，以楊慎矜代之。

又 《楊慎矜傳》 天寶二年，遷權判御史中丞，充京畿采訪使，知太府出納使併如故。時右相李林甫握權，慎矜以遷拜不由其門，懼不敢居其任，固讓之，因除諫議大夫，兼侍御史，仍依舊知太府出訥。以鴻臚少卿蕭諒爲史中丞，諒至臺，無所揮讓，頗不相能，竟出陝郡太守。林甫以慎矜屈於己，復擢爲御史中丞，仍充諸道鑄錢使，餘如故。

又 卷一〇七《廢太子李瑛傳》 其年（開元二十四年），駕幸西京，以李林甫代張九齡爲中書令，希惠妃之旨，托意於中貴人，揚壽王瑁之美，惠妃深德之。二十五年四月，楊洄又構於惠妃，言瑛兄弟三人與太子妃兄駙馬薛銹常構異謀。玄宗遽召宰相籌之，林甫曰：『此蓋陛下家事，臣不合參知。』玄宗意乃決矣。使中官宣詔於宮中，併廢爲庶人，銹配流，俄賜死於城東驛。天下之人不見其過，咸惜之。其年，武惠妃數見三庶人爲祟，怖而成疾，巫者祈請彌月，不痊而殞。

又 卷一一一《高適傳》 高適者，渤海蓨人也。父從文，位終韶州長史。適少濩落，不事生業，家貧，客於梁、宋，以求丐取給。天寶中，海内事干進者注意文詞。適年過五十，始留意詩什，數年之間，體格漸變，以氣質自高，每吟一篇，已爲好事者稱誦。宋州刺史張九皋深奇之，薦舉有道科。時右相李林甫擅權，薄於文雅，唯以舉子待之。解褐汴州封丘尉，非其好也，乃去位，客游河右。河西節度哥舒翰見而異之，表爲左驍衛兵曹，充翰府掌書記，從翰入朝，盛稱之於上前。

又 卷一一六《兖王李僴傳》 兖王僴，肅宗第六子。母韋妃，刑部尚書堅之妹。肅宗在東宮，選爲太子妃，生僴及永和公主。堅後爲李林甫誣構被誅，太子懼，奏請與妃離異，於別宮安置。僴，天寶中封潁川郡王，授太子詹事同正員。至德二年十二月，進封兖王。乾元三年，領北庭節度大使。寶應元年薨。

又 卷一五九《崔羣傳》 度支使皇甫鎛陰結權幸，以求宰相，羣累疏其姦邪。嘗因對面論，語及天寶、開元中事，羣曰：『安危在出令，存亡係所任。玄宗用姚崇、宋璟、張九齡、韓休、李元宏、杜暹則理，用林甫、楊國忠則亂。人皆以天寶十五年禄山自范陽起兵，是理亂分時，臣以爲開元二十年罷賢相張九齡，專任奸臣李林甫，理亂自此已分矣。用人得失，所係非小。』詞意激切，左右爲之感動，鎛深恨之，而憲宗終用鎛爲宰相。

又 卷一六四《李絳傳》 他日延英，上曰：『朕讀《玄宗實録》，見開元致理，寶實兆亂。事出一朝，治亂相反，何也？』絳對曰：

臣聞理生於危心，亂生於肆志。玄宗自天后朝出居藩邸，嘗莅官守，接時賢於外，知人事之艱難。臨御之初，任姚崇、宋璟，二人皆忠鯁上才，動以致主爲心。明皇乘思理之初，亦勵精聽納，故當時名賢在位，左右前後，皆尚忠正。是以君臣交泰，内外寧謐。開元二十年以後，李林甫、楊國忠相繼用事，專引柔佞之人，分居要劇，苟媚於上，不聞直言。嗜慾轉熾，國用不足，奸臣説以興利，武夫説以開邊。天下騷動，姦盜乘隙，遂至兩都覆敗，四海沸騰，乘輿播遷，幾至難復。蓋小人啓導，縱逸生驕之致也。至今兵宿兩河，西疆削盡，甿户凋耗，府藏空虛，皆因天實喪亂，以至於此。安危理亂，實係時主所行。陛下思廣天聰，親覽國史，垂意精賾，鑑於化源，實天下幸甚。

又 卷一八六下《酷吏傳下·吉温》 會林甫與左相李適之、駙馬張垍不葉，適之兼兵部尚書，垍兄均爲兵部侍郎，林甫遣人訐出兵部銓曹主簿事令史六十餘人僞濫事，圖覆其官長，詔出付京兆府與憲司對問。數日，竟不究其由。炅使温劾之。温於院中分囚於兩處，温於後廳佯取兩重囚訊之，或杖或奪，痛苦之聲，所不忍聞，卽云：『若存性命，乞紙盡答。』令史輩素諳温，各自誣伏罪，及温引問，無敢違者。晷刻問事輯，驗囚無榜訊決罰處。常云：『若遇知己，南山白額獸不足縛也。』會李林甫將起刑獄，除不附己者，乃引之於門，與羅希奭同鍛煉詔獄。

五載，因中官納其外甥武敬一女爲盛王琦妃，擢京兆府士曹。時林甫專謀不利於東儲，以左驍衛兵曹柳績杜良娣妹婿，令温推之。温追著作郎王曾、前右司御率府倉曹王修己、左武衛司戈盧寧、左威衛騎曹徐徵同就台鞫，數日而獄成。績等杖死，積屍於大理寺。

六載，林甫又以户部侍郎、兼御史中丞楊慎矜違忤其旨，御史中丞王鉷與慎矜親而嫉之，同構其事，云「蓄圖讖，以己是隋煬帝子孫，窺於興復」，林甫又奏付温鞫焉，慎矜下獄繫之。

又　卷一九〇中《文苑傳中·齊澣》　澣因高力士中助，連爲兩道采訪使，遂興開漕之利，以中人主意，復勾剥貨財，賂遺中貴，物議薄之。又納劉戒之女爲妾，淩其正室，專制家政。李林甫惡之。遣人掎摭其失。會澣判官犯贓，澣連坐，遂廢歸田里。

又　卷一九〇下《文苑傳下·蕭穎士》　蕭穎士者，字茂挺。與華同年登進士第。當開元中，天下承平，人物駢集，如賈曾、席豫、張垍、韋述輩，皆有盛名，而穎士皆與之游，由是縉紳多譽之。李林甫採其名，欲拔用之，乃召見。

又　卷一九二《隱逸傳·吴筠》　天寶中，李林甫、楊國忠用事，綱紀日紊。筠知天下將亂，堅求還嵩山，累表不許，乃詔於岳觀別立道院。

又　卷二〇〇上《安禄山傳》　六載，加大夫。常令劉駱谷奏事。與王鉷俱爲大夫。李林甫爲相，朝臣莫敢抗禮，禄山承恩深，入謁不甚磬折。林甫命王鉷，鉷趨拜謹甚，禄山悚息，腰漸曲。每與語，皆揣知其情而先言之，禄山以爲神明，每見林甫，雖盛冬亦汗洽。林甫接以温言，中書廳引坐，以己披袍覆之，禄山欣荷，無所隱，呼爲十郎。駱谷奏事，先問「十郎何言？」有好言則喜躍，若但言「大夫須好檢校」，則反手據牀曰：「阿與，我死也！」李龜年嘗學其説，玄宗以爲笑樂。

《新唐書》卷七六《后妃傳上·玄宗武皇后》　妃生子必秀嶷，凡二王、一主，皆不育。及生壽王，帝命寧王養外邸。又生盛王、咸宜太華二公主。後李林甫以壽王母愛，希妃意陷太子、鄂光二王，皆廢死。會妃薨，年四十餘。贈皇后及謚，葬敬陵。

又　卷七七《后妃傳下·肅宗廢后張氏》　肅宗爲忠王時，納韋元珪女爲孺人。既建太子，以孺人爲妃，後爲良娣。妃兄堅爲李林甫構死，太子懼，請與妃絶，毁服幽禁中。安禄山反，陷於賊，至德中薨。

又　《肅宗皇后吴氏》　肅宗在東宫，宰相李林甫陰構不測，太子内憂，鬢髮班秃。

又　卷八二《廢太子李瑛傳》　初，瑛母以倡進，善歌舞，帝在潞得幸。及即位，擢妃父元禮、兄常奴皆至大官。鄂、光二王母亦帝爲臨淄王時以色選。及武惠妃寵倖傾後宫，生壽王，愛與諸子絶等，而太子、二王以母失職，頗怏怏。惠妃女咸宜公主婿楊洄揣妃旨，伺太子短，嘩爲醜語，惠妃訴於帝，且泣。帝大怒，召宰相議廢之。中書令張九齡諫曰：「太子、諸王日受聖訓，天下共慶。陛下享國久，子孫蕃衍，奈何一日棄三子？昔晉獻公惑嬖姬之讒，申生憂死，國乃大亂；漢武帝信江充巫蠱，禍及太子，京師喋血；晉惠帝有賢子，賈后譖之，乃至喪亡；隋文帝聽后言，廢太子勇，遂失天下。今太子無過，二王賢，父子之道，天性也，雖有失，尚當掩之。惟陛下裁赦。」帝默然，太子得不廢，俄而九齡罷，李林甫專國，數稱壽王美以擾妃意，妃果德之。

又　卷一二九《嚴挺之傳》　宰相張九齡雅知之，用爲尚書左丞，知吏部選。李林甫與九齡同輔政，以九齡方得君，謟事之，内實不善也。户部侍郎蕭炅，林甫所引，不知書，嘗與挺之言，稱「蒸嘗伏臘」乃爲「伏獵」。挺之白九齡：「省中而有伏獵侍郎乎！」乃出炅岐州刺史，林甫恨之。九齡欲引以輔政，使往謁林甫，挺之負正，陋其爲人，凡三年，非公事不造也，林甫益怨。會挺之有所諉於蔚州刺史王元琰，林甫使人暴其語禁中，下除洺州刺史，徙絳州。

天寶初，帝顧林甫曰：「嚴挺之安在？此其材可用。」林甫退召其弟損之與道舊，諄諄款曲，且許美官，因曰：「天子視絳州厚，要當以事自解歸，得見上，且大用。」因給挺之使稱疾，願就醫京師。林甫已得奏，卽言挺之春秋高，有疾，幸閒官得自養。帝恨咤久之，乃以爲員外詹事，詔歸東都。挺之鬱鬱成疾，乃自爲文志墓，遺令薄葬，斂以時服。

又　卷一三一《宗室宰相傳·李適之》　天寶元年，代牛仙客爲左相，累封清和縣公。嘗與李林甫爭權不協，林甫陰賊，卽好謂適之曰：「華山生金，採之可以富國，顧上未之知。」適之性疏，信其言，他日從容爲帝道之，帝喜以問林甫，對曰：「臣知之舊矣。顧華山陛下本命，王氣之舍，不可以穿治，故不敢聞。」帝以林甫爲愛己，而薄適之不親。

於是，皇甫惟明、韋堅、裴寬、韓朝宗皆適之厚善，悉爲林甫所構得罪。適之懼不自安，乃上宰政求散職，以太子少保罷，欣然自以爲免禍。俄坐韋堅累，貶宜春太守。會御史羅希奭陰被詔殺堅等貶所，州縣震恐，及過宜春，適之懼，仰藥自殺。

又 卷一三九《李泌傳》 初，帝在東宮，李林甫數構譖，勢危甚，及即位，怨之，欲掘塚焚骨。泌以天子而念宿嫌，示天下不廣，使脅從之徒得釋言於賊。帝不悦，曰：『往事卿忘之乎？』對曰：『臣念不在此。上皇有天下五十年，一旦失意，南方氣候惡，且春秋高，聞陛下録故怨，將内慚不懌，萬有一感疾，是陛下以天下之廣不能安親也。』

又 卷一六〇《徐浩傳》 肅宗立，繇襄州刺史召授中書舍人。四方詔令，多出浩手，遣辭贍速，而書法至精，帝喜之。又參太上皇誥册，寵絶一時。授兼尚書右丞。浩建言：『故事，有司斷獄，必刑部審覆。自李林甫、楊國忠當國，專作威福，許有司就宰相府斷事，尚書以下，未省即署，乖慎恤意。請如故便。』詔可。故詳斷復自此始。進國子祭酒，爲李輔國譖，貶廬州長史。

又 卷一八〇《李德裕傳》 武宗立，召爲門下侍郎、同中書門下平章事。既入謝，即進戒帝：『辨邪正，專委任，而後朝廷治。臣嘗爲先帝言之，不見用。夫正人既呼小人爲邪，小人亦謂正人爲邪，何以辨之？請借物爲諭，松柏之爲木，孤生勁特，無所因倚。蘿蔦則不然，弱不能立，必附它木。故正人一心事君，無待於助。邪人必更爲黨，以相蔽欺。君人者以是辨之，則無惑矣。』【略】又言：『開元初，相率三考輒去，雖姚崇、宋璟不能逾。至李林甫秉權乃十九年，遂及禍敗。是知亟進罷宰相，使政在中書，誠治本也。』

又 卷二〇二《文藝傳中・李邕》 天寶中，左驍衛兵曹參軍柳績有罪下獄，邕嘗遺績馬，故吉温使引邕嘗以休咎相語，陰賂遺。宰相李林甫素忌邕，因傅以罪。詔刑部員外郎祁順之、監察御史羅希奭就郡杖殺之，時年七十。代宗時，贈秘書監。

論說

《舊唐書》卷一〇六《李林甫等傳論贊》 李林甫以諂佞進身，位極台輔，不懼盈滿，蔽主聰明，生既唯務陷人，死亦為人所陷，得非彼蒼假手，以示禍淫者乎！楊國忠稟性姦回，才薄行穢，領四十餘使，恣弄威權，天子莫見其非，羣臣由之杜口，致禄山叛逆，鑾輅播遷，梟首覆宗，莫救艱步。以玄宗之睿哲，而惑於二人者，蓋巧言令色，先意承旨，財利誘之，迷而不悟也。開元任姚崇、宋璟而治，幸林甫、國忠而亂，與夫齊桓任管仲、隰朋，幸豎刁、易牙，亦何異哉！《書》曰：『臣有作福作威，害于而家，凶于而國。』孔子曰：『佞人殆』。誠哉是言也。張暐、王琚、王毛仲，皆鄧通、閎孺之流也。琚有締構之功，過多僭侈，死於非罪，亦可惜之！

贊曰：天啓启亂階，甫、忠當國。蔽主聰明，秉心讒慝。暐同二王，亦承恩德。吁哉僭踰，不知紀極。

宋・孫甫《唐史論斷》卷中《用李林甫平章事》 論曰：帝王之命輔相，或自知其人，或大臣所薦，必名德有素，才能已試者，始可協天下之望。林甫先圖郎官，源乾曜薄其才行，不許郎官，不可為。則其人不賢，衆所知矣。及宇文融引之為黨，歷中丞侍郎，無一善績可稱。雖内為之助，遂至大用爾。假如明皇以林甫是韓休所薦，休有一時之名，其言雖可信，豈不思武妃、力士，吾之嬖寵者也，林甫為近臣，能使嬖寵者，為之言其人姦佞可知矣。假如惑嬖寵之言，不辯其佞，既相之，後能議何事？況不知學術有何所長而任之也？是林甫凡百奏請，但能希意旨以取恩寵耳。人臣奏請之事，若有合於主意，當攷其經世濟民理道明白，始可無疑。若事事合於主意，是明有所希而然也。況本因嬖寵而用，又奏請之事，皆合已意，凡帝王稍明理道者，豈不復慮哉！明皇天資不為不明，一日昏惑，都無念慮，遂使姦臣擅權，終亂天下，則嬖寵之為患也如此。夫帝王苟宗社之重，主生靈之命，不得賢輔，何以興起治道？求賢輔無他術，必取名德有素才能，累試者可矣。若名德未著，才能未彰，但取嬖寵之言而命之以迎意希旨而任之，是上忘宗社之重，下輕生靈之命，欲天下不亂，不可得也。林甫任用浸久，內則起大獄，引楊國忠，使倚貴妃勢以害忠良，致其權力外則保任蕃將，使專節制，利其夷狄賤類，無入相之路，養成祿山凶威，則天寶之亂，林甫致之也。噫！天子一聽嬖寵之言，任姦人相國，以其迎意希旨而寵之，遂起大亂，已罹播遷之禍，民陷死亡之難，後世人主，得不戒之哉！

又《刑罰幾措推功李林甫牛仙客》 論曰：或問：『開元二十五年，明皇用奸人，逐賢相，戮直臣，殺三子，此國事大失，人道喪也，有何德化，尚致天下訟獄希少？』曰：國政善惡，皆有後效。明皇即位之初，勵精政事，得姚崇、宋璟、張九齡之徒繼為輔相，盡心贊助，故德化被於人間，風俗既厚，獄訟息。及在位漸久，怠於政治，雖奸邪乘間而進，尚有忠賢任事，未至大害於政。及罷免賢相，專任奸人，直臣言事，遂遭殺戮，三子無辜，俱以讒死，其它流貶者不可勝道，此固君之大過。但惡在於內而未及於，民前日為善之效，流風未改，故獄訟尚希也。林甫自以專任，經歲奸迹漸露，取天下一善事掠之為功，將以掩罪，徐嶠輩小人，得希其意，妄托微物，用為靈異，上以固主心，下以愚民聽。明皇惑其事，從而賞之。自此擅威權，起大獄，奸惡日甚，無所不為。天寶之亂，乃為惡之效也。為君為相者，勿以目前善迹便為己功，當顧己之行事如何耳。善惡之事，未有不效者也。

宋·范祖禹《唐鑑》卷八《玄宗上》 姚、宋相繼為相，二人每進見，帝輒為之起，去則臨軒送之。及李林甫為相，雖寵任過於姚、宋，然禮遇殊卑薄矣。

臣祖禹曰：三公坐而論道，天子所與共天位，治天職者也。故其禮不可不尊，其任不可不重。自堯舜至於三代，尊禮輔相，詩書著矣。漢承秦敝，崇君卑臣，然猶宰相進見天子，御坐為起，在輿為下，所以體貌大臣，而風厲其節也。開元之初，明皇勵精政治，優禮故老，姚、宋是師。天寶以後，宴安驕侈，倦求賢俊，委政羣下。彼小人者，惟利是就，不顧國體，巧言令色，以求親昵，人主甘之，薄於禮而厚於情，是以林甫得容其奸。故人君不體貌大臣，則賢者日退而小人日進矣。

臣祖禹曰：李林甫巧言似忠，明皇故信而不疑。然以胡人不知書則不必聰明，聖智之主而後能知其謀也。明皇蔽於吞滅四夷，欲求一切之功，是以李林甫得其計，以中其欲。人君苟不能以義制欲，迷而不復，何所不至哉？

明·唐順之《稗編》卷九四《奸·眞德秀〈論奸臣專國〉》 按奸臣之專國，必先布置私人，使居權要之地，任擊搏之權而去其異己者，然後得以肆行而無忌。當林甫時所用以為御史者，必皆其黨與也。故趙奉璋欲言其罪，則林甫亟諷御史劾而殺之。奸臣之權，至於能僇言者，則無所不可者矣。故明君在上，既擇天下英賢，委以股肱之任，而又選公清直亮之士，使為耳目之官。二者交舉其職，而無阿黨朋比之私，則綱紀張，治道立矣。

又《論奸臣一言貽禍》 按一言喪邦者，昔聞之矣。一言而遺禍數百載者，有之乎？曰：有之，如林甫之請任蕃將是也。蓋自祿山反，唐幾亡。肅宗雖崎嶇中興，而兩河之地，半為降虜，所有更相傳襲，終唐之世不能取。藩鎮跋扈，動輒舉兵內嚮，唐卒以是失天下。五代之亂，生人肝腦盡矣，至於本朝，然後收方鎮之權，天下合於一。自天寶末迄建隆初，凡二百有七年。推原禍本，由林甫以蕃將代漢將故也。彼其用心，不過欲杜節度使入相之階以久己權，而中國板蕩，生民塗炭，遂自茲始。自昔奸臣之禍，天下未有若是，其酷者也。

清·王夫之《讀通鑑論》卷二二《唐玄宗》 李林甫之譖殺太子瑛及二王，為壽王地也。武惠妃薨，壽王寵漸衰，而林甫欲樹私恩，怙權勢，志終不移，謀之愈很，持之愈堅，凡可以熒惑主聽、曲成邪計者，尤劇于惠妃未死之前，以其為己死生禍福之樞機也，可以得當者，無所不用。然而玄宗終以忠王年長好學，聞高力士乘閑片言，儲位遂定，林甫莫能置一喙焉。繇此觀之，奸邪自詡得君，劫廷臣以懼己，其誇誕無實之伎倆，概可知矣。

藝文

宋·刘克莊《後村集》卷一五《李林甫》 二相去留际，中原治乱分。異時马上泪，遥灑曲江坟。

宋·韋驤《錢塘集》卷二《李林甫》 國忠禍釁根芽日，此賊傾唐勢己先。構陷名臣冤且衆，天乎何意與終全？

《全宋詩》卷三〇八一《劉克莊〈雜詠六言八首・其六〉》 龍章鳳姿中散，獐頭鼠目十郎。一遺恨悲風操，一老死偃月堂。

又 《書事十首・其九》 戰鼙非起自漁陽，到冠皆由偃月堂。相國裘雖來賀捷，蚩尤旗尚收亡芒。廚車古有刑都市，寶劍今誰請尚方。莫倚聖朝家法恕，前盧後蔡亦投荒。

又 卷三五八四《徐鈞〈李林甫〉》 柄國年深巧蔽欺，如何方面用胡兒。只知怙寵為身計，不道漁陽亂已基。

金・元好問《中州集》卷九《三門集津圖》 津門未為天下險，勿作駭相觀茲圖。偃月堂中李林甫，有人能寫此心無？

元・張憲《玉笥集》卷二《偃月堂》 丞相總朝綱，謀深偃月堂。腹中有長劍，不用夜還牀。

元・尹廷高《玉井樵唱》卷中《三寶奴丞相故宅，今為法藏寺》 太山頃刻化冰山，偃月堂空一夢殘。富貴轉頭成鬼樸，奸諛到死帶奴顔。梁間燕子新依佛，柳外蛙聲併屬官。門户凄涼千騎散，獨留野鶴守禪關。

元・耶律楚材《湛然居士集》卷三《和景賢十一首・其八・讀唐史有感》 林甫滔天聖不知，三郎深恨識卿遲。塵中妃子春羅襪，錢上開元指甲眉。七夕殿中祈巧夜，三秋原上摘瓜時。長天忽見飛來雁，垂淚空吟李嶠詩。

元・耶律鑄《雙溪醉隱集》卷六《題明皇思曲江圖》 偃月堂成已亂基，徒令千古罪環兒。中原戰血生荊棘，可惜三郎見事遲。

元・胡祇遹《紫山大全集》卷七《題王侯所藏長生殿圖》 政治開元三十秋，主明臣直兩相投。一從偃月堂中計，直蹈君王到聚麀。奸邪苟可悦君心，不計邦家禍淺深。只見荒淫解亡國，亂機千古竟難尋。

明・李東陽《西涯樂府》卷下《腹中劍》 腹中劍自操，一日不試中怒號。構仇結怨身焉逃，一西涯樂府。夜十徙甘爲勞。生無遺尤死餘恨，恨不作七十二家藏山坳。

明・何喬新《椒邱文集》卷二五《過故相第作二首》 門掩西風晝不開，蛜蝛滿壁粉牆頹。庭前乳犬休驚吠，無復懷金暮夜來。偃月堂空復道深，薔薇零落棘成林。槎槎喜鵲歸何處，不到人家送好音。

明・楊慎《升庵集》卷一三《海估行二首・其二》 偃月堂空罷舞塵，靖安坊冷怨佳人。芙蓉蓮子隨他去，不及當年石季倫。

清・張晉《艷雪堂詩集》卷一《讀唐書列傳二十八首・李林甫》 便佞陰柔結主歡，月堂曾致幾家殘。朝廷共慶遺賢少，宰相誰知識字難。烏鵲可眞巢大理，哥奴何止作郎官。滿前枳棘君知否，身死寧能免斲棺。

雜録

唐・杜佑《通典》卷二三《職官五》 度支郎中一人。漢初，張蒼善算，以列侯主計，居相府，領郡國上計者，謂之計相，殆今度支之任。魏尚書有度支，歷代度支具尚書中。隋初爲度支侍郎，煬帝除『侍』字，武德加『中』字。龍朔二年，改度支爲司度，咸亨元年復舊。掌支使國用。開元二十四年三月，户部尚書同中書門下三品李林甫奏：『租庸、丁防、和糴、雜支、春彩、税草諸色旨符，承前每年一造，據州府及諸司計，紙當五十萬張，仍差百司鈔寫，事甚勞煩。條目既多，詳檢難過，緣無定額，支税不常，亦因此涉情，兼長姦僞。臣今與采訪使及朝集使商量，有不穩便於人、非當土所出者，隨意沿革，務從允便，即人知定準，政有常文，編成五卷，以爲長行旨符。省事司每年但收應支物數頒行，每州不過一兩紙，仍附驛送。』敕：依。

唐・劉肅《大唐新語》卷七《識量第十四》 李適之性簡率，不務苛細，人吏便之。雅好賓客，飲酒一斗不亂，延接賓朋，晝決公務，庭無留事。及為左相，每事不讓李林甫。林甫憾之，密奏其『好酒，頗妨政事』。玄宗惑焉，除太子少保。適之遽命親故歡會，賦詩曰：『避賢初罷相，樂聖且銜杯，為問門前客，今朝幾個來。』舉朝伏其度量。適之在門下也，性疏而不忌。林甫嘗賣之曰：『華山之下，有金礦焉，采之可以富國。上未之知耳。』適之心善其言，他日款曲奏之，玄宗大悦。顧問林甫，對曰：『臣知之久矣。華山，陛下本命，王氣所在，不可發掘。故臣不敢言。』適之由是漸見疏退。林甫陰構陷之，貶于袁州，遣御史羅奭就州處置。適之聞命排馬牒到，仰藥而死。子霅，亦見害。

又　卷八《聰敏第十七》　玄宗幸成都，給事中裴士淹從。士淹聰悟柔順，頗精歷代史。玄宗甚愛之，馬上偕行，得備顧問。時肅宗在鳳翔，每有大除拜，輒啓聞。房琯為將，玄宗曰：『此不足以破賊也。』歷評諸將，倂云『非滅賊材。』又曰：『若姚崇在，賊不足滅也。』因言崇之宏才遠略。語及宋璟，玄宗不悅曰：『彼賣直以沽名耳。』歷數十餘人，皆當其目。至張九齡，亦甚重之。及言李林甫，曰：『妒賢嫉能，亦無敵也。』士淹因啓曰：『既知，陛下何用之久耶！』玄宗默然不應。

又　卷一一《褒錫第二十四》　惠妃（武氏）有專房之寵，將奪嫡，王皇后性妒，稍不能平。玄宗乃廢后為庶人，膚受日聞，次及太子。太子之將廢也，玄宗訪於張九齡，九齡對曰：『太子，天下本也，動之則搖人心。自居東宮，未聞大惡。臣聞父子之道，天性也。子有過，父恕而掩之，無宜廢絕。且其惡狀未著，恐外人窺之，傷陛下慈父之道。』玄宗不悅，隱忍者久之。李林甫秉政，陰中計于武妃，將立其子以自固，武妃亦結之。乃先黜九齡而廢太子。太子同生鄂王瑤、光王琚同日并命，海內痛之，號為『三庶』。太子等既受冤死，武妃及左右屢見為祟，宮中終夜相恐，或聞鬼哭聲。召巫覡視之，皆曰：『三庶為厲。』先是，收鄂王、光王，行刑者射而瘞之，乃命改葬而酬之。武妃死，其厲乃息。玄宗乃立肅宗為太子，林甫之計不行，惕然懼矣。三庶以二十五年四月二十三日死，武妃至十二月而斃，識者知有神道焉。【略】

天寶中，李林甫為相，專權用事。先是，郭元振、薛訥、李適之等，咸以立功邊陲，入參鈞軸。林甫懲前事，遂反其制，始請以蕃人為邊將，冀固其權。言于玄宗曰：『以陛下之雄才，國家富强，而諸蕃未滅者，由文吏為將怯懦不勝武事也。陛下必欲滅四夷，威海內，莫若武臣；武臣莫若蕃將。夫蕃將生而氣雄，少養馬上，長於陣敵，此天性然也。若陛下感而將之，使其必死，則狄不足圖也。』玄宗深納之，始用安禄山，卒為戎首。雖理亂安危係之天命，而林甫奸宄，實生亂階，痛矣哉！

唐・鄭綮《開天傳信記》　平康坊南街廢鑾院，即李林甫舊宅也。林甫於正堂後別創一堂，制度彎曲，有卻月之形，名曰月堂。木土秀麗精巧，當時莫儔也。林甫每欲破滅人家，即入月堂精思極慮，喜悅而出，必不存焉。及將敗，林甫於堂上見一物如人動，遍體被毛，毛如豬立，鋸牙鉤爪三尺餘，以擊林甫，目如電光而怒視之。林甫連叱不動，遂命弧矢。毛人笑而跳入前堂，堂中青衣遇而暴卒，經於廄中，善馬皆死。不累日而林甫卒。

唐・鄭處誨《明皇雜録》卷上　李適之既貴且豪，常列鼎於前，以具膳羞。一旦庭中鼎躍出相鬬，家僮告適之，乃往其所，酹酒自誓，而鬬亦不解，鼎耳及足皆落。明日，適之罷知政事，拜太子少保，時人知其禍未止也。俄為李林甫所陷，貶宜春太守。適之男霅為衛尉少卿，亦貶巴陵郡別駕。適之至州，不旬月而終，時人以林甫迫殺之。霅乃迎喪至都，李林甫怒猶未已，令人誣告于河南府，杖殺之。適之好飲，退朝後即速賓朋親戚，談話賦詩，曾不備于林甫。初，適之在相位日，曾賦詩曰：『朱門長不閉，親友恣相過，今日過五十，不飲復如何？』及罷相，作詩曰：『避賢初罷相，樂聖且銜杯，籍問門前客，今朝幾個來？』及死非其罪，時人冤歎之。【略】

李林甫宅亦屢有怪妖，其南北隅溝中，有火光大起，或有小兒持火出入，林甫惡之，奏於其地立嘉猷觀。林甫將疾，晨起將朝，命取書囊，即常時所要事目也。忽覺書囊頗重于常，侍者開視之，即有二鼠出焉。投於地，即變為狗，蒼色壯大，雄目張牙，仰視林甫。命弓射之，殷然有聲，狗形即滅。林甫惡之，稱疾不朝。其日遂病，不逾月而卒。

又　卷下　張九齡在相位，有謇諤匪躬之誠。玄宗既在位年深，稍怠庶政，每見帝，無不極言得失。李林甫時方同列，聞帝意，陰欲中之。時欲加朔方節度使牛仙客實封，九齡因稱其不可，甚不葉帝旨。他日，林甫請見，屢陳九齡頗懷誹謗。于時方秋，帝命高力士持白羽扇以賜，將寄意焉。九齡惶恐，因作賦以獻，又為《歸燕詩》以貽林甫。其詩曰：『海燕何微眇，乘春亦蹇來。豈知泥滓賤，只見玉堂開。繡户時雙入，華軒日幾回。無心與物競，鷹隼莫相猜。』林甫覽之，知其必退，恚怒稍解。九齡洎裴耀卿罷免之日，自中書至月華門，將就班列，二人鞠躬卑遜，林甫處其中，抑揚自得，觀者竊謂『一雕挾兩兔』。俄而詔張、裴為左右僕射，罷知政事。林甫視其詔，大怒曰：『猶為左右丞相邪？』二人趨就本班，林甫目送之。公卿以下視之，不覺股栗。

《舊唐書》卷二四《禮儀志四》　初，太清宮成，命工人於太白山採白石，爲玄元聖容，又採白石爲玄宗聖容，侍立於玄元之右。皆依王者衮冕之服，繒彩珠玉爲之。又於像設東刻白石爲李林甫、陳希烈之形。及林甫犯事，又刻石爲楊國忠之形，而瘞林甫之石。及希烈、國忠貶，盡毁瘞之。

又 卷五〇《刑法志》 初，西京文武官陸大鈞等陷賊來歸，崔器草儀，盡令免冠徒跣，撫膺號泣，以金吾府縣人吏圍之，於朝謝罪，收付大理京兆府獄係之。及陳希烈等大臣至者數百人，又令朝堂徒跣如初，令宰相苗晉卿、崔圓、李麟等百僚同視，以爲棄辱，宣詔以責之。朝廷又以負罪者衆，獄中不容，乃賜楊國忠宅鞫之。器、諲多希旨深刻，而擇木無所是非，獨李峴力爭之，乃定所推之罪爲六等，集百僚尚書省議之。肅宗方用刑名，公卿但唯唯署名而已。於是河南尹達奚珣等三十九人，以爲罪重，與衆共棄。珣等十一人，於子城西伏誅。陳希烈、張垍、郭納、獨孤朗等七人，於大理寺獄賜自盡。達奚摯、張岯、李有孚、劉子英、冉大華二十一人，於京兆府門決重杖死。大理卿張均引至獨柳樹下刑人處，免死配流合浦郡。而達奚珣、韋恆乃至腰斬。

《新唐書》卷五六《刑法志》 玄宗開元三年，黄門監盧懷慎等又著《開元格》。至二十五年，中書令李林甫又著《新格》，凡所損益數千條；明年，吏部尚書宋璟又著《後格》，皆以「開元」名書。天寶四載，又詔刑部尚書蕭炅稍復增損之。

又 卷五八《藝文志二》 《六典》三十卷 開元十年，起居舍人陸堅被詔集賢院修《六典》，玄宗手寫六條，曰理典、教典、禮典、政典、刑典、事典。張説知院，委徐堅，經歲無規制，乃命毋煚、餘欽、咸廙業、孫季良、韋述參撰，始以令式象《周禮》六官爲制。蕭嵩知院，加劉鄭蘭、蕭晟、盧若虚。張九齡知院，加陸善經。李林甫代九齡，加苑咸。二十六年書成。

宋·王溥《唐會要》卷二四《受朝賀》 舊制元日，大陳設，皇太子獻壽，次上公獻壽，次中書令奏諸州表，黄門侍郎奏祥瑞，户部尚書奏諸州貢獻，禮部尚書奏諸蕃貢獻，太史奏雲物，侍中奏禮畢，然後中書令又與供奉官獻壽，時殿上皆呼萬歲。按舊儀闕供奉官獻壽禮，但依位次立，禮畢，竟無拜賀。開元二十五年，李林甫革其舊儀，奏而行之，冬至亦然。

又 卷四〇《定贓估》 開元十六年五月三日，御史中丞李林甫奏：天下定贓估，互有高下，如山南絹賤，河南絹貴，賤處計贓，不至三百，即入死刑，貴處至七百已上，方至死刑，即輕重不侔，刑典安寄，請天下定贓估，絹每匹計五百五十價爲限。敕依。其應徵贓入公私，依常式。至上元二年正月二十八日敕：先準格例，每例五百五十價，估當絹一匹，自今已後，應定贓數，宜約當時絹估，併準實錢，庶協從寬，俾在不易。刑部尚書盧正己奏。

宋·錢易《南部新書·甲》 李林甫寡薄，中表有誕子者，以書賀之云：『知有弄獐之慶。』

又 《乙》 李林甫開元初為中允，時源乾曜為侍中，是中表之戚，托其子求司門郎中。乾曜曰：『郎官須有素行才望高者，哥奴豈是郎官耶。』數日除諭德。

又 《辛》 海内温湯甚衆，有新豐驪山湯，藍田石門湯，岐州鳳泉湯，同州北山湯，河南陸渾湯，汝州廣城湯，兗州乾封湯，荆州沙河湯，此等諸湯，皆知名之湯也，併能愈疾。驪山湯甫邇京邑，帝王時所遊幸。玄皇於驪山置華清宫，每年十月，輿駕自京而出，至春乃還。百官羽衛，併諸方朝集，商賈繁會，里閭闐咽焉。山上起朝元閣，上常登眺，命羣臣賦詩，正字劉飛詩最清拔，蒙賞之。右相李林甫怒飛不先呈已，出為一尉，竟不入而卒，士子冤之。喪亂以來，湯所館殿，鞠為茂草。

楊國忠專權

綜 述

《舊唐書》卷九《玄宗紀下》 （天寶十載）十一月乙未，幸楊國忠宅。丙午，兵部侍郎、兼御史中丞楊國忠兼領劍南節度使。【略】

（天寶十一載）夏四月，御史大夫兼京兆尹王鉷賜死，坐弟焊與凶人邢縡謀逆故也。楊國忠兼京兆尹。【略】

十一月乙卯，尚書左僕射兼右相、晉國公李林甫薨於行在所。庚申，御史大夫兼蜀郡長史楊國忠爲右相兼文部尚書。

十二月甲戌，楊國忠奏請兩京選人銓日便定留放，無長名。己亥，還京。

（天寶）十二載春正月壬子，楊國忠於尚書省注官，注訖，於都堂對左相與諸司長官唱名。

二月庚辰，選人鄧對等二十餘人，以國忠銓注無滯，設齋於勤政殿下，立碑於尚書省門。癸未，追削故右相李林甫在身官爵，男將作監岫、宗黨李複道等五十人皆流貶，國忠誣奏林甫陰結叛胡阿布思故也。【略】

（天寶十三載二月）戊寅，右相兼文部尚書楊國忠守司空，餘如故。甲申，司空楊國忠受册，天雨黄土，沾於朝服。禄山奏前後討契丹立功將士跳盪等，請超三資，告身仍望好寫；於是超授將軍者五百餘人，中郎將者二千餘人。【略】

（十四載）十一月戊午朔，始寧太守羅希奭以停止張博濟決杖而死，吉温自縊於獄。丙寅，范陽節度使安禄山率蕃、漢之兵十餘萬，自幽州南向詣闕，以誅楊國忠爲名，先殺太原尹楊光翽於博陵郡。壬申，聞於行在所。癸酉，以郭子儀爲靈武太守、朔方節度使。封常清自安西入奏，至行在。甲戌，以常清爲范陽、平盧節度使、兼御史大夫，令募兵三萬以御逆胡。戊寅，還京。以羽林大將軍王承業爲太原尹，以衛尉卿張介然爲陳留太守、河南節度采訪使，以金吾將軍程千里爲潞州長史，併令討賊。甲申，以京兆牧、榮王琬爲元帥，命高仙芝副之，於京城召募，號曰天武軍，其衆十萬。丙戌，高仙芝等進軍，上御勤政樓送之。【略】

（十五載六月）甲午，將謀幸蜀，乃下詔親征，仗下從，士庶恐駭，奔走於路。乙未，凌晨，自延秋門出，微雨沾濕，扈從惟宰相楊國忠韋見素、內侍高力士及太子、親王，妃主、皇孫已下多從之不及。平明渡便橋，國忠欲斷橋。上曰：『後來者何以能濟？』命緩之。辰時，至咸陽望賢驛置頓，官吏駭散，無復儲供。上憩於宮門之樹下，亭午未進食，俄有父老獻麨，上謂之曰：『如何得飯？』於是百姓獻食相繼。俄又尚食持膳至，上頒給從官而後食。是夕次金城縣，官吏已遁，令魏方進男允招誘，俄得智藏寺僧進蒭粟，行從方給。

丙辰，次馬嵬驛，諸衛頓軍不進。龍武大將軍陳玄禮奏曰：『逆胡指闕，以誅國忠爲名，然中外羣情，不無嫌怨。今國步艱阻，乘輿震盪，陛下宜徇羣情，爲社稷大計，國忠之徒，可置之於法。』會吐蕃使二十一人，遮國忠告訴於驛門，衆呼曰：『楊國忠連蕃人謀逆！』兵士圍驛四合，乃誅楊國忠、魏方進一族，兵猶未解。上令高力士詰之，回奏曰：『諸將既誅國忠，以貴妃在宮，人情恐懼。』上卽命力士賜貴妃自盡。玄禮等見上請罪，命釋之。

又 卷一〇《肅宗紀》 天寶十三載正月，安禄山來朝，上嘗密奏，云禄山有反相，玄宗不聽。十四載十一月，禄山果叛，稱兵詣闕。十二月丁未，陷東京。辛丑，制太子監國，仍遣上親總諸軍進討。時禄山以誅楊國忠爲名，由是軍民切齒於楊氏。國忠懼，乃與貴妃謀間其事，上遂不行。乃召河西節度使哥舒翰爲皇太子前鋒兵馬元帥，令率衆二十萬守潼關。

明年六月，哥舒翰爲賊所敗，關門不守，國忠諷玄宗幸蜀。丁酉，至馬嵬頓，六軍不進，請誅楊氏。於是誅國忠，賜貴妃自盡。車駕將發，留上在後宣諭百姓，衆泣而言曰：『逆胡背恩，主上播越，臣等生於聖代，世爲唐民，願戮力一心，爲國討賊，請從太子收復長安。』玄宗聞之曰：『此天啓也。』乃令高力士與壽王瑁送太子內人及服御等物，留後軍厩馬從上。令力士口宣曰：『汝好去！百姓屬望，愼勿違之。莫以吾爲意。且西戎北狄，吾嘗厚之，今國步艱難，必得其用，汝其勉之！』

又 卷一〇六《楊國忠傳》 楊國忠，本名釗，蒲州永樂人也。父珣，以國忠貴，贈兵部尚書。則天朝倖臣張易之，卽國忠之舅也。國忠無學術拘檢，能飲酒，蒱博無行，爲宗黨所鄙。乃發憤從軍，事蜀帥，以屯優當遷，益州長史張寬惡其爲人，因事笞之，竟以屯優授新都尉。稍遷金吾衛兵曹參軍。太眞妃，卽國忠從祖妹也。天寶初，太眞有寵，劍南節度使章仇兼瓊引國忠爲賓佐，既而擢授監察御史。去就輕率，驟履清貴，朝士指目嗤之。

時李林甫將不利於皇太子，掎摭陰事以傾之。侍御史楊愼矜承望風旨，誣太子妃兄韋堅與皇甫惟明私謁太子，以國忠怙寵敢言，援之為黨，以按其事。京兆府法曹吉温舞文巧詆，為國忠爪牙之用，因深竟堅獄，堅及太子良娣杜氏、親屬柳績、杜昆吾等，痛繩其罪，以樹威權。於京城別置推院，自是連歲大獄，追捕擠陷，誅夷者數百家，皆國忠發之。林甫方深阻保位，國忠凡所奏劾，涉疑似于太子者，林甫雖不明言以指導之，皆林甫所使，國忠乘而為邪，得以肆意。上春秋高，意有所愛惡，國忠探知其情，動契所欲。驟遷檢校度支員外郎，兼侍御史，監水陸運及司農、出納錢物、內中市買、召募劍南健兒等使。以稱職遷度支郎中，不期年，兼領十五餘使，轉給事中、兼御史中丞，專判度支事。是歲，貴妃姊虢國、韓國、秦國三夫人同日拜命，兄銛拜鴻臚卿。八載，玄宗召公卿百僚觀左藏庫，喜其貨幣山積，面賜國忠金紫，兼權太府卿事。國忠既專錢穀之任，出入禁中，日加親幸。

初，楊慎矜希林甫旨，引王鉷為御史中丞，同構大獄，以傾東宮。既帝意不回，慎矜稍避事防患，因與鉷有隙。鉷乃附國忠，奏誣慎矜，誅其昆仲，由是權傾內外，公卿惕息。吉温為國忠陳移奪執政之策，國忠用其謀，尋兼兵部侍郎。京兆尹蕭炅、御史中丞宋渾皆林甫所親善，國忠皆誣奏譴逐，林甫不能救。王鉷為御史大夫，兼京兆尹，恩寵侔于國忠，而位望居其右。國忠忌其與己分權，會邢縡事泄，乃陷鉷兄弟誅之，因代鉷為御史大夫，權京兆尹，賜名國忠。乃窮竟邢縡獄，令引林甫交私鉷、焊與阿布思事狀，而陳希烈、哥舒翰附會國忠，證成其狀，上由是疏薄林甫。

南蠻質子合羅鳳亡歸不獲，帝怒甚，欲討之。國忠薦閬州人鮮于仲通為益州長史，令率精兵八萬討南蠻，與羅鳳戰于瀘南，全軍陷沒。國忠掩其敗狀，仍敍其戰功，仍令仲通上表請國忠兼領益部。十載，國忠權知蜀郡都督府長史，充劍南節度副大使，知節度事，仍薦仲通代己為京兆尹。國忠又使司馬李宓率師七萬再討南蠻。宓渡瀘水，為蠻所誘，至和城，不戰而敗，李宓死於陣。國忠又隱其敗，以捷書上聞。自仲通、李宓再舉討蠻之軍，其徵發皆中國利兵，然於土風不便，沮洳之所陷，瘴疫之所傷，饋餉之所乏，物故者十八九。凡舉二十萬衆，棄之死地，隻輪不還，人銜冤毒，無敢言者。國忠尋兼山南西道採訪使。十一載，南蠻侵蜀，蜀人請國忠赴鎮，林甫亦奏遣之。將辭，雨泣懇陳必為林甫所排，帝憐之，不數月召還。會林甫卒，遂代為右相，兼吏部尚書、集賢殿大學士、太清太微宮使、判度支、劍南節度、山南西道採訪、兩京出納租庸鑄錢等使併如故。

國忠本性疏躁，強力有口辯，既以便佞得宰相，剖決機務，居之不疑。立朝之際，或攘袂扼腕，自公卿已下，皆頤指氣使，無不讋憚。故事，宰相居臺輔之地，以元功盛德居之，不務威權，出入騎從簡易。自林甫承恩顧年深，每出車騎滿街，節將、侍郎有所關白，皆趨走辟易，有同案吏。舊例，宰相午後六刻始出歸第，林甫奏太平無事，以巳時還第，機務填委，皆決於私家。主書吳珣持籍就左相陳希烈之第，希烈引籍署名，都無可否。國忠代之，亦如前政。國忠自侍御史以至宰相，凡領四十餘使，又專判度支、吏部三銓，事務鞅掌，但署一字，猶不能盡，皆責成胥吏，賄賂公行。

國忠既以宰臣典選，奏請銓日便定留放，不用長名。先天已前，諸司官知政事，午後歸本司決事，兵部尚書、侍郎亦分銓注擬。開元已後，宰臣數少，始崇其任，不歸本司。故事，吏部三銓，三注三唱，自春及夏，才終其事。國忠使胥吏於私第暗定官員，集百僚於尚書省對注唱，一日令畢，以誇神速，資格差謬，無復倫序。明年注擬，又於私第大集選人，令諸女弟垂簾觀之，笑語之聲，朗聞於外。故事，注官訖，過門下侍中、給事中。國忠注官時，呼左相陳希烈於座隅，給事中在列，曰：『既對注擬，過門下了矣。』吏部侍郎韋見素、張倚皆衣紫，是日與本曹郎官同諮事，趨走於屏樹之間。既退，國忠謂諸妹曰：『兩員紫袍主事何如人？』相對大噱。其所昵京兆尹鮮于仲通、中書舍人竇華、侍御史鄭昂諷選人於省門立碑，以頌國忠銓綜之能。

貴妃姊虢國夫人，國忠與之私，于宣義里構連甲第，土木被綈繡，棟宇之盛，兩都莫比，晝會夜集，無復禮度。有時與虢國併轡入朝，揮鞭走馬，以為諧謔，衢路觀之，無不駭歎。玄宗每年冬十月幸華清宮，常經冬還宮。國忠山第在宮東門之南，與虢國相對，韓國、秦國甍棟相接，天子幸其第，必過五家，賞賜宴樂。每扈從驪山，五家合隊，國忠以劍南幢節引於前，出有餞路，還有軟脚，遠近餉遺，珍玩狗馬，閹侍歌兒，相望於道。進封衛國公，食實封三百户，俄拜司空。

時安禄山恩寵特深，總握兵柄，國忠知其跋扈，終不出其下，將圖之，屢於上前言其悖逆之狀，上不之信。是時，禄山已專制河北，聚幽、幷勁騎，陰圖逆節，動未有名，伺上千秋萬歲之後，方圖叛換。及見國忠用事，慮不利於己，祿山遙領內外閑廄使，遂以兵部侍郎吉溫知留後，兼御史中丞、京畿採訪使，內伺朝廷動靜。國忠使門客蹇昂、何盈求祿山陰事，圍捕其宅，得李超、安岱等，使侍御史鄭昂縊殺于御史臺。又奏貶吉溫於合浦，以激怒祿山，幸其搖動，內以取信於上，上竟不之悟。由是祿山惶懼，遂舉兵以誅國忠為名。玄宗聞河朔變起，欲以皇太子監國，自欲親征，謀于國忠。國忠大懼，歸謂姊妹曰：『我等死在旦夕。今東宮監國，當與娘子等併命矣。』姊妹哭訴于貴妃，貴妃銜土請命，其事乃止。及哥舒翰守潼關，諸將以函關距京師三百里，利在守險，不利出攻。國忠以翰持兵未決，慮反圖己，欲其速戰，自中督促之。翰不獲已出關，及接戰桃林，王師奔敗，哥舒受擒，敗國喪師，皆國忠之誤惑也。

自祿山兵起，國忠以身領劍南節制，乃布置腹心于梁、益間，以圖自全之計。六月九日，潼關不守。十二日淩晨，上率龍武將軍陳玄禮、左相韋見素、京兆尹魏方進，國忠與貴妃及親屬，擁上出延秋門，諸王妃主從之不及，慮賊奄至，令內侍曹大仙擊鼓於春明門外，又焚芻槁之積，煙火燭天。既渡渭，卽令斷便橋。辰時，至咸陽望賢驛，官吏駭竄，無復貴賤，坐宮門大樹下。亭午，上猶未食，有老父獻麨，帝令具飯，始得食。翌日，至馬嵬，軍士飢而憤怒，龍武將軍陳玄禮懼亂，先謂軍士曰：『今天下崩離，萬乘震盪，豈不由楊國忠割剝氓庶，朝野怨讟，以至此耶？若不誅之以謝天下，何以塞四海之怨憤！』衆曰：『念之久矣。事行，身死固所願也。』會吐蕃和好使在驛門遮國忠訴事，軍士呼曰：『楊國忠與蕃人謀叛。』諸軍乃圍驛擒國忠，斬首以徇。是日，貴妃既縊，韓國、虢國二夫人亦為亂兵所殺。御史大夫魏方進死，左相韋見素傷。良久兵解，陳玄禮等見上謝罪曰：『國忠撓敗國經，構興禍亂，使黎元塗炭，乘輿播越，此而不誅，患難未已。臣等為社稷大計，請矯制之罪。』帝曰：『朕識之不明，任寄失所。近亦覺悟，審其詐佞，意欲到蜀，肆諸市朝。今神明啓卿，諧朕夙志，將疇爵賞，何至言焉。』

是時，祿山雖據河洛，其兵鋒東止于梁、宋，南不過許、鄧。李光弼、郭子儀統河朔勁卒，連收恆、定，若崤、函固守，兵不妄動，則凶逆之勢，不討自弊。及哥舒翰出師，凡不數日，乘輿遷幸，朝廷陷沒，百僚鼇頸，妃主被戮，兵滿天下，毒流四海，皆國忠之召禍也。

國忠子：暄、昢、曉、晞。暄為太常卿兼户部侍郎，尚延和郡主；昢為鴻臚卿，尚萬春公主。兄弟各立第於親仁里，窮極奢侈。國忠娶蜀倡裴氏女曰裴柔，國忠既死，柔與虢國夫人皆自刎死。暄死于馬嵬；昢陷賊被殺；曉走漢中郡，漢中王瑀榜殺之；晞走至陳倉，為追兵所殺。

國忠之黨翰林學士張漸竇華、中書舍人宋昱、吏部郎中鄭昂等，憑國忠之勢，招來賂遺，車馬盈門，財貨山積；及國忠敗，皆坐誅滅，其斫喪王室，俱一時之沴氣焉。

又 卷九七《張均張垍傳》 均、垍俱能文，說在中書，兄弟已掌綸翰之任。居父憂服闋，均除户部侍郎，轉兵部。二十六年，坐累貶饒州刺史，以太子左庶子徵，復爲户部侍郎。九載，遷刑部尚書。自以才名當爲宰輔，常爲李林甫所抑。及林甫卒，依附權臣陳希烈，期於必取。既而楊國忠用事心頗惡之，罷希烈知政事，引文部侍郎韋見素代之，仍以均爲大理卿。均大失望，意常鬱鬱。祿山之亂，受僞命爲中書令，掌賊樞衡。李峴、呂湮條流陷賊官，均當大辟；肅宗於說有舊恩，特免死，長流合浦郡。

垍，以主婿，玄宗特深恩寵，許於禁中置內宅，侍爲文章，嘗賜珍玩，不可勝數。時兄均亦供奉翰林院，常以所賜示均，均戲謂垍曰：『此婦翁與女婿，非天子賜學士也。』天寶中，玄宗嘗幸垍內宅，謂垍曰：『希烈累辭機務，朕擇其代者，孰可？』垍錯愕未對，帝卽曰：『無喻吾愛婿矣。』垍降階陳謝。楊國忠聞而惡之，及希烈罷相，舉韋見素代，垍深觖望。天寶十三年正月，范陽節度使安祿山入朝，時祿山立破奚、契丹功，尤加寵異。祿山求帶平章事，下中書擬議，國忠進言曰：『祿山誠立軍功，然眼不識字，制命若行，臣恐四夷輕國。』玄宗乃止，加左僕射而已。及祿山還鎮，命中官高力士餞於滻坡，既還，帝曰：『祿山慰意否？』力士曰：『觀其深心鬱鬱，必伺知宰相之命不行故也。』帝告國忠，國忠曰：『此議他人不知，必張垍所告。』帝怒，盡逐張垍兄弟，出均爲建安太守，垍爲盧溪郡司馬，埱爲宜春郡司馬。歲中召還，再遷爲太常卿。祿山之亂，玄宗幸蜀，宰相韋見素、楊國忠、御史大夫魏方進等從，朝臣多之不至。次咸陽，帝謂高力士曰：『昨日蒼黃離京，朝官不知所詣，今日誰當至者？』力士曰：『張垍兄弟世受國恩，又連戚屬，必當先至。房管素有宰相望，深爲禄山所器，必不此來。』帝曰：『事未可料。』是日，管至，帝大悦，因問均、垍，管曰：『臣離京時，亦過其舍，比約同行，均報云「已於城南取馬」，觀其趣向，來意不切。』既而均弟史果受禄山僞命，垍與陳希烈爲賊宰相，垍死於賊中。

又**《陳希烈傳》** 陳希烈者，宋州人也。精玄學，書無不覽。開元中，玄宗留意經義，自褚無量、元行沖卒後，得希烈與鳳翔人馮朝隱，常在禁中講《老》、《易》。累遷至秘書少監，代張九令專判集賢院事。玄宗凡有撰述，必經希烈之手。李林甫知上眷待深異，又以和裕易制，乃引爲宰相，同知政事，相得甚歡。而林甫居位日久，雖陰謀姦畫足以自固，亦希烈佐佑唱和之力也。累遷兼兵部尚書、左相，封潁川郡開國公，寵遇侔於林甫。及林甫死，楊國忠用事，素忌嫉之，乃引韋見素同列，罷希烈知政事，守太子太師。希烈失恩，心頗怏怏。禄山之亂與張垍、達奚珣同掌賊之機衡。六等定罪，希烈當斬，肅宗以上皇素遇，賜死於家。

又 卷一一三**《苗晉卿傳》** 天寶三載閏二月，轉魏郡太守，充河北采訪處置使，居職三年，政化洽聞。會入計，因上表請歸鄉里。既至壺關，望縣門而步。小吏進曰：『太守位高德重，不宜自輕。』晉卿曰：『《禮》：「下公門，軾路馬。」況父母之邦，所宜尊敬。汝何言哉！』大會鄉黨，歡飲累日而去。又出俸錢三萬爲鄉學本，以教授子弟。尋改河東太守、河東采訪使，入爲尚書、東京留守，徵爲憲部尚書。屬禄山逆，楊國忠以晉卿有時望，將抑之，乃奏云：『宜以大臣鎮遏東道。』遂出爲陝州刺史、陝虢兩州防禦使。及入對，固辭老病，由是忤旨，改憲部尚書致仕。

又**《裴遵慶傳》** 天寶末，楊國忠當國，出不附己者例爲外官，遵慶亦出爲郡守。

又 卷一一五**《趙國珍傳》** 趙國珍，牂牁之苗裔也。天寶中，以軍功累遷黔府都督，兼本管經略等使。時南蠻閣羅鳳叛，宰臣楊國忠兼劍南節度，遥制其務，屢喪師徒。中書舍人張漸薦國珍有武略，習知南方地形，國忠遂奏用之。在五溪凡十餘年，中原興師，唯黔中封境無虞。代宗踐祚，特嘉之，召拜工部尚書。大曆三年九月，以疾終，贈太子太傅。

又**《敬括傳》** 敬括，河東人也。少以文詞稱。鄉舉進士，又應製登科，再遷右拾遺、内供奉、殿中侍御史。天寶末，宰臣楊國忠出不附己者，括以例爲果州刺史。

又 卷一二八**《顔真卿傳》** 顔真卿字清臣，琅邪臨沂人也。五代祖之推，北齊黄門侍郎。真卿少勤學業，有詞藻，尤工書。開元中，舉進士，登甲科。事親以孝聞。四命爲監察御史，充河西隴右軍試覆屯交兵使。五原有冤獄，久不決，真卿至，立辯之。天方旱，獄決乃雨，郡人呼之爲『御史雨』。又充河東朔方試覆屯交兵使。有鄭延祚者，母卒二十九年，殯僧舍垣地，真卿劾奏之，兄弟三十年不齒，天下聳動。遷殿中御史、東都畿采訪判官，轉侍御史、武部員外郎。楊國忠怒其不附己，出爲平原太守。

又 卷一二九**《張延賞傳》** 數年，改檢校兵部尚書、成都尹、劍南西川節度觀察使，依前兼御史大夫，尋就加吏部尚書。建中四年十一月，部將西山兵馬使張朏以兵入成都爲亂，延賞奔漢州鹿頭，戍將叱干遂等討之。其月，斬朏及同惡者，復歸成都。先是兵革屢擾，自天寶末楊國忠用事南蠻，三蜀疲弊，屬車駕還幸；其後郭英乂淫崔寧之室，遂縱崔寧、楊琳交亂；及崔寧得志，復極侈靡，故蜀土殘弊，蕩然無制度。延賞薄賦約事，動遵法度，僅至庶富焉。建中末，駕在山南，延賞貢奉供億，頗竭忠力焉。駕在梁州，倚劍南蜀川爲根本。

又 卷一三〇**《李泌傳》** 李泌字長源，其先遼東襄平人，西魏太保、八柱國司徒徒何弼之六代孫。今居京兆，吴房令承休之子。少聰敏，博涉經史，精究《易象》，善屬文，尤工於詩，以王佐自負。張九齡、韋虚心、張廷圭皆器重之。泌操尚不羈，耻隨常格仕進。天寶中，自嵩山上書論當世務，玄宗召見，令待詔翰林，仍東宫供奉。楊國忠忌其才辯，奏泌嘗爲《感遇詩》，諷刺時政，詔於蘄春郡安置，乃潛遁名山，以習隱自適。

又 卷一三八**《韋倫傳》** 韋倫，開元、天寶中朔方節度使光乘之子。少以蔭累授藍田縣尉。以吏事勤恪，楊國忠署爲鑄錢内作使判官。國忠恃權寵，又邀名稱，多徵諸州縣農人令鑄錢，農夫既非本色工匠，被所由抑令就役，多遭箠罰，人不聊生。倫白國忠曰：『鑄錢須得本色人，今抑百姓農人爲之，尤費力無功，人且興謗。請厚懸市價，募工曉者爲之。』由是役使減少，而益鑄錢之數。天寶末，宮内土木功無虚日，内作人吏因緣爲姦，倫乃躬親閲視，省費減倍。改大理評事。

又　卷一四九《于休烈傳》　于休烈，河南人也。高祖志寧，貞觀中任左僕射，爲十八學士。父默成，沛縣令，早卒。休烈至性貞懿，機鑑敏悟。自幼好學，善屬文，與會稽賀朝萬齊融、延陵包融爲文詞之友，齊名一時。舉進士，又應制策登科，授秘書省正字。累遷右補闕、起居郎、集賢殿學士，轉比部員外郎，郎中。楊國忠輔政，排不附己者，出爲中部郡太守。

又　卷一八六下《酷吏傳下・吉温》　楊國忠入相，素與温交通，追入爲御史中丞，仍充京畿、關内采訪處置使。温於范陽辭，禄山令累路館驛作白紬帳以候之，又令男慶緒出界送，拢馬出驛數十步。及至西京，朝廷動静，輒報禄山，信宿而達。十三載正月，禄山入朝，拜左僕射，充閑厩使，因奏加温武部侍郎、兼御史中丞，充閑厩、苑内、營田、五坊等副使。時楊國忠與禄山嫌隙已成，温轉厚於禄山，國忠又忌之。其冬，河東太守韋陟入奏於華清宮，陟自謂失職，托於温結歡於禄山，廣載河東土物饋於温，又及權貴。國忠諷評事吴豸之使鄉人告之，召付中書門下，對法官鞫之，陟伏其狀，貶桂嶺尉，温濃陽長史，温判官員錫新興尉。明年，温又坐贓七千匹及奪人口馬姦穢事發，貶端州高要尉。温至嶺外，遷延不進，依於張博濟，止於始安郡。八月，遣大理司直蔣沇鞫之，温死於獄中，博濟乃始安太守羅希奭死於州門。

又　卷一八七下《忠義傳下・崔無詖》　崔無詖者，京兆長安人也。本博陵舊族。父從禮，中宗韋庶人之舅，景龍中衛尉卿。時中書令、酇國公蕭至忠才位素高，甚承恩顧，敕亡先女冥婚韋庶人亡弟。無詖婚至忠女，后爲女家，中宗爲兒家，供擬甚厚，時人爲之語曰：『皇后嫁女，天子娶婦。』及韋庶人敗，至忠女亦死，無詖坐累久貶在外。開元中，爲益州司馬。會楊國忠爲新都尉，與之歡甚，國忠因事引用之，累轉陝郡太守、少府監、滎陽郡太守。安禄山率衆南向，無詖召募拒之。及賊陷陳留郡後，凶威轉盛，戈矛鼓角，驚駭城邑，兩宿及滎陽，乘城自墜如雨，故無詖及官吏，盡爲賊所虜。賊以其將武令珣鎮之。

又　卷一九二《隱逸傳・吴筠》　天寶中，李林甫、楊國忠用事，綱紀日紊。筠知天下將亂，堅求還嵩山，累表不許，乃詔於岳觀別立道院。禄山將亂，求還茅山，許之。

又　卷一九七《南詔蠻傳》　（天寶）七年，歸義卒，詔立子閣羅鳳襲雲南王。無何，鮮于仲通爲劍南節度使張虔陀爲雲南太守。仲通褊急寡謀，虔陀矯詐，待之不以禮。舊事，南詔常與其妻子謁見都督，虔陀皆私之。有所徵求，閣羅鳳多不應，虔陀遣人罵辱之，仍密奏其罪惡。閣羅鳳忿怨，因發兵反，攻圍虔陀，殺之，時天寶九年也。明年，仲通率兵出戎、嶲州。閣羅鳳遣使謝罪，仍與雲南録事參軍姜如芝俱來，請還其所虜掠，且言：『吐蕃大兵壓境，若不許，當歸命吐蕃，雲南之地，非唐所有也。』仲通不許。囚其使，進兵逼大和城，爲南詔所敗。自閣羅鳳北臣吐蕃，吐蕃令閣羅鳳爲贊普鍾，號曰東帝，給以金印。蠻謂弟爲『鍾』。時天寶十一年也。（天寶）十二年，劍南節度使楊國忠執國政，仍奏徵天下兵，俾留後、侍御史李宓將十餘萬，輦餉者在外，涉海瘴死者相屬於路，天下始騷然苦之。宓復敗於大和城北，死者十八、九。會安禄山反，閣羅鳳乘釁攻陷嶲州及會同軍，西復尋傳蠻。

又　卷二〇〇上《安禄山傳》　楊國忠屢奏禄山必反。十二載，玄宗使中官輔璆琳覘之，得其賄賂，盛言其忠。國忠又云『召必不至』，洎召之而至。十三載正月，謁於華清宮，因涕泣言：『臣蕃人，不識字，陛下擢臣不次，被楊國忠欲得殺臣。』玄宗益親厚之，遂以爲左僕射，卻回。其月，又請爲閑厩、隴右羣牧等都使，奏吉温爲武部侍郎、兼中丞，爲其副，又請知總監事。既爲閑厩、羣牧等使，上筋脚馬，皆陰選擇之，奪得樓煩監牧及奪張文儼馬牧。三月一日，歸范陽，疾行出關，日行三四百里，至范陽。人言反者，玄宗必大怒，縛送與之。十四載，玄宗又召之，托疾不至。賜其子婚，令就觀禮，又辭。十一月，反於范陽，矯稱奉恩命以兵討逆賊楊國忠。以諸蕃馬步十五萬，夜半行，平明食，日六十里。以高尚、嚴莊爲謀主，孫孝哲、高邈、何千年爲腹心。天下承平日久，人不知戰，聞其兵起，朝廷震驚。

《新唐書》卷五《玄宗紀》　（天寶十載）四月壬午，劍南節度使鮮于仲通及雲南蠻戰於西洱河，大敗績，大將王天運死之，陷雲南都護府。（天寶十一載）六月壬午，御史大夫兼劍南節度使楊國忠敗吐蕃於雲南，克故洪城。

又　卷七九《李巨傳》　安禄山陷東京，玄宗方擇將帥，張垍言巨有謀，可屬大事。召至京師，楊國忠忌之，謂人曰：『小兒詎可使對天子？』逾月不得見。帝知之，召入禁中，對合旨，帝大悦，敕宰相與語，久不得罷，國忠怠，謂巨曰：『比來人多口打賊，君不爾乎？』巨曰：『誰爲相公手打賊者乎？』乃授陳留、譙郡太守，攝御史大夫、河南節度使。明日謝，帝驚曰：『何攝爲？』即詔兼御史大夫。巨奏：『方艱難時，賊多詐，有如陛下召臣，何以取信？』乃析契授之。

又　卷八〇《李峘傳》　峘性質厚，歷宦有美名，以王孫封趙國公。楊國忠亂政，悉斥不附己者。峘由考功郎中拜睢陽太守，以清簡爲二千石最。方入計，而玄宗入蜀，即走行在。除武部侍郎，兼御史大夫。俄拜蜀郡太守、劍南節度采訪使。郭千仞反，與陳玄禮共討平之。上皇還京，遷户部尚書，改越國。

又　卷一一八《韋見素傳》　（天寶）十三載，玄宗苦雨潦閱六旬，謂宰相非其人，罷左相陳希烈，詔楊國忠審擇大臣。時吉温得幸，帝欲用之。温爲安禄山所厚，國忠懼其進，沮止之。謀於中書舍人竇華、宋昱，皆以見素安雅易制，國忠入白帝，帝亦以相王府屬，有舊恩，遂拜武部尚書、同中書門下平章事、集賢院學士，知門下省事。

明年，禄山表請蕃將三十二人代漢將，帝許之，見素不悦，謂國忠曰：『禄山反狀暴天下，今又以蕃代漢，難將作矣。』國忠不應，見素曰：『知禍之牙不能防，見禍之形不能制，焉用彼相？明日當懇論之。』既入，帝迎諭曰：『卿等有疑禄山意耶？』國忠、見素趨下，流涕具陳禄山反明甚，詔復位，因以禄山表置帝前乃出。帝令中官袁思藝傳詔曰：『此姑忍，朕徐圖之。』由是奉詔。然每進見，未嘗不爲帝言之，帝不入其語。未幾，禄山反，從帝入蜀。陳玄禮之殺國忠也，兵傷其首，衆傳聲曰：『毋害韋公父子！』獲免。帝令壽王賜藥傅創。次巴西，詔兼左相，封豳國公。

又　卷一二一《陳玄禮傳》　陳玄禮宿衛宫禁，以淳篤自檢。帝嘗欲幸虢國夫人第，諫曰：『未宣敕，不可輕去就。』帝爲止。後在華清宫，正月望夜，帝將出遊，復諫曰：『宫外曠野無備豫，陛下必出遊，願歸城闕。』帝不能奪。安禄山反，謀誅楊國忠闕下，不克，至馬嵬，卒誅之。從入蜀。還，封蔡國公。及李輔國遷帝西内，玄禮以老卒。

又　卷一三一《宗室宰相傳·李峴》　李峴，吴王恪孫也。折節下士，長吏治。天寶時，累遷京兆尹。玄宗歲幸温湯，甸内巧供億以媚上，峴獨無所獻，帝異之。楊國忠使客騫昂、何盈擿安禄山陰事，諷京兆捕其第，得安岱、李方來等與禄山反狀，縊殺之。禄山怒，上書自言，帝懼變，出峴爲零陵太守。峴爲政得人心，時京師米翔貴，百姓乃相與謡曰：『欲粟賤，追李峴。』尋徙長沙。永王爲江陵大都督，假峴爲長史。至德初，肅宗召之，拜扶風太守，兼御史大夫。明年，擢京兆尹，封梁國公。

又　卷一三二《劉秩傳》　秩字祚卿。開元末，歷左監門衛録事參軍事，稍遷憲部員外郎。坐小累，下除隴西司馬。安禄山反，哥舒翰守潼關，楊國忠欲奪其兵，秩上言：『翰兵天下成敗所係，不可忽。』房管見其書，以比劉更生。至德初，遷給事中。久之，出爲閬州刺史。貶撫州長史，卒。所著《政典》、《止戈記》、《至德新議》等凡數十篇。

又　卷一三四《宇文審傳》　子審，字審。融之貶也，審與兄弟侍母京師。及聞融再貶，不告其家，徒步號泣省父，使者憐之，以車共載達於巖州。後擢進士第，累遷大理評事。以夏楚大小無制，始創杖架，以高庫度杖長短，又鑄銅爲規，齊其巨細。楊國忠顓政，殺嶺南流人，以中使傳口敕行刑，畏議者嫉其酷，乃以審爲嶺南監決處置使，活者甚衆。後終永、和二州刺史

又　卷一三四《王鉷傳》　天寶八載，方士李渾上言見太白老人告玉版秘記事，帝詔鉷按其地求得之，因是羣臣奉上帝號。明年，鉷爲御史大夫，兼京兆尹，加知總監、栽接使。於是領二十餘使，中外畏其權。鉷於第左建大院，文書叢委，吏爭入求署一字，累數日不得者。天子使者賜遺相望，聲焰熏灼。帝寵任鉷亞林甫，而楊國忠不如也。然鉷畏林甫，謹事之。安禄山怙寵，見林甫白事，稍自怠，林甫欲示之威，托以事召王大夫，俄而鉷至，趨進俯伏，禄山不覺自失，鉷語久，禄山益恭。故林甫雖忌其盛，亦以附己親之。【略】

鉷封太原縣公，兼殿中監。爲中丞也，與楊國忠同列，用林甫薦爲大夫，故國忠不悦。焊與邢縡善，縡，鴻臚少卿璹子也，以功名相期，鉷因

銲亦交綷。十一載四月，綷與焊謀引右龍武軍萬騎燒都門、誅執政作難。先二日事覺，帝召銲付告牒。銲意焊與綷連，故緩其事，但督兩縣尉捕賊。賈季鄰逢焊於路，焊謂曰：『我與綷有舊，今反，恐妄相引，君勿受。』既至，綷與其黨持弓刃突出格鬬，銲與國忠繼至，綷黨相語曰：『勿鬬大夫。』或白國忠曰：『賊語陰相謂不可戰。』會高力士以飛龍小兒甲騎四百至，斬綷，盡禽其黨。國忠奏銲與謀，帝不信，林甫亦爲銲言，故帝原焊不問。然欲銲請焊罪，使國忠諷之，銲良久曰：『弟爲先人所愛，義不欲捨而謀存。』帝聞頗怒，而陳希烈固爭當以大逆。銲未知，方上表自解，有詔希烈訊銲矣，有司不肯通奏。銲見林甫，林甫曰：『事後矣。』俄而焊至，國忠問曰：『大夫與否？』未及應，侍御史裴冕叱焊曰：『上以大夫故官君五品，君爲臣不忠，爲弟不誼。大夫豈與反事乎？』國忠愕然曰：『與，固不可隱；不與，不可妄。』焊乃曰：『兄不與。』獄具，詔焊杖死，銲賜死三衛廚。冕請國忠，以其屍歸斂葬之。諸子悉誅，家屬徙遠方。有司籍率第舍，數日不能遍，至以寶鈿爲井幹，引泉激溜，號『自雨亭』，其奢侈類如此。銲兄錫，見諸弟貴盛，不肯仕，銲强之，爲太子僕。至是，貶東區尉，死於道，時人傷焉。

又 卷一三五《哥舒翰傳》 宰相楊國忠惡禄山，白發其反狀，故厚結翰。俄進太子少保。翰耆酒，極聲色，因風痹，體不仁。既疾廢，遂還京師，闔門不朝請。【略】

又始，安思順度禄山必反，嘗爲帝言，得不坐。翰既惡禄山，又怨思順。及是，知重兵在己，有所論請，天子重違，因僞爲賊書遺思順者，使關邏禽以獻。翰因疏七罪，請誅之。有詔思順及弟元貞皆賜死，徙放其家。國忠始懼，或説喻曰：『禄山本以誅國忠故稱兵，今若留卒三萬守關，悉精鋭度水誅君側，此漢挫七國計也。』思禮亦勸翰。翰猶豫未發，謀頗露。國忠大駭，入見帝曰：『兵法，安不忘危。大兵在潼關而無後殿，萬有一不利，京師危矣。』即募牧兒三千人，日夜訓練，以劍南列將分統之。又募萬人屯灞上，使腹心杜乾運爲帥。翰疑圖己，表請乾運兵隸節下，因詭召乾運計事者，至軍，即斬首梟牙門，并其軍。國忠愈恐，謂其子曰：『吾無死所矣！』

然翰亦不自安，又謀久不決。數奏言：『禄山雖竊據河朔，不得人心，請持重以敝之，待其離隙，可不血刃而離。』賊將崔乾佑守陝郡，仆旗鼓，羸師以誘戰。占者曰：『賊無備，可圖也。』帝信之，詔翰進討。翰報曰：『禄山慣用兵，今始爲逆，不能無備，是陰計誘我。賊遠來，利在速戰。王師堅守，毋輕出關，計之上也。且四方兵未集，宜觀事勢，不必速。』

當是時，禄山雖盜河、洛，所過殘殺，人人怨之，淹時月不能進尺寸地。又郭子儀、李光弼兵益進，取常山十數郡。禄山始悔反矣，將還幽州以自固。而國忠計迫，謬説帝趣翰出潼關復陝、洛。時子儀、光弼遥計曰：『翰病且耄，賊素知之，諸軍烏合不足戰。今賊悉鋭兵南破宛、洛，而以餘衆守幽州，吾直擣之，覆其巢窟，質叛族以招逆徒，禄山之首可致。若師出潼關，變生京師，天下怠矣。』乃極言請翰固關，無出軍。而帝入國忠之言，使使者趣戰，項背相望也。翰窘不知所出。六月，引而東，慟哭出關，次靈寶西原，與乾佑戰。由關門七十里，道險隘，其南薄山，北陰河，賊以數千人先伏險。翰浮舟中流以觀軍，謂乾佑兵寡，易之，促士卒進，道岨無行列。賊乘高頹石下擊，殺士甚衆。翰與良丘登北阜，以軍三萬夾河鳴鼓，思禮等以精卒居前，餘軍十萬次之。乾佑爲陣，十十五五，或卻或進，而陌刀五千列陣後。王師視其陣無法，指觀嗤笑，曰：『禽賊乃會食。』

及戰，乾佑旗少偃，如欲遁者，王師懈，不爲備。伏忽起薄戰，皆奮死鬬。翰以氈蒙馬車，畫龍虎，飾金銀爪目，將駭賊，犄戈矢逐北。賊負薪塞路，順風火其車，熛炎熾突，騰煙如夜，士不復相辨，自相鬬殺，屍血狼籍。久乃悟，又棄甲奔山谷及陷河，死者十一二。有糧艘百餘，軍爭濟，艘輒沈，至縛矛盾乘以度，喧叫振天地。賊乘之，奔潰略盡。始，關門有三塹，廣二丈，深一丈，士馬奔蹙相壓迮，少選塹平，後至者踐之以入。

又 卷一三九《房管傳》 俄與韋見素、崔涣奉册靈武，見肅宗，具言上皇所以傳付意，因道當時利病，箝索虜情，辭吐華暢，帝爲改容。管既有重名，帝傾意待之，機務一二與管參決，諸將相莫敢望。於是，第五琦言財利幸，爲江淮租庸使。管諫曰：『往楊國忠聚斂，産怨天下。陛下即位，人未見德，今又寵琦，是一國忠死，一國忠生，無以示遠方。」帝曰：『六軍之命方急，無財則散。卿惡琦可也，何所取財？』管不得對。

又 《張鎬傳》 張鎬，字從周，博州人。儀狀瓌偉，有大志，視經史猶漁獵，然好王霸大略。少事吴兢，兢器之。游京師，未知名，率嗜酒鼓琴自娱。人或邀之，杖策往，醉卽返，不及世務。

天寶末，楊國忠執政，求天下士爲己重，聞鎬才，薦之。釋褐衣拜左拾遺，歷侍御史。玄宗西狩，鎬徒步扈從。俄遣詣肅宗所，數論事，擢諫議大夫，尋拜中書侍郎、同中書門下平章事。

又 卷一四一《崔光遠傳》 （崔）汪生光遠，勇決任氣，長六尺，瞳子白黑分明。開元末，爲唐安令，與楊國忠善，累遷京兆少尹，爲吐蕃弔祭使，還，會玄宗西狩，詔留光遠爲京兆尹、西京留守、采訪使。乘輿已出，都人亂，火左藏大盈庫，爭輦財珍，至乘驢入宫殿者。光遠乃募官攝府、縣，誰何宫闕，斬十數人，乃定。因僞使其子東見禄山，而禄山先署張休爲京兆尹，由是追休，授光遠故官。

又 卷一四二《李麟傳》 麟好學，善文辭。以父蔭補京兆府户曹參軍，舉宗室異能，轉殿中侍御史。累擢兵部侍郎，與楊國忠同列。國忠怙權，疾之，改權禮部貢舉。國忠還，麟復本官。改國子祭酒。出爲河東太守，有清政。安禄山反，朝廷以麟儒者，非禦侮才，還爲祭酒，封渭源縣男。

又 卷一四三《高適傳》 禄山亂，召翰討賊，卽拜適左拾遺，轉監察御史，佐翰守潼關。翰敗，帝問羣臣策安出，適請竭禁藏募死士抗賊，未爲晚，不省。天子西幸，適走間道及帝於河池，因言：『翰忠義有素，而病奪其明，乃至荒踣。監軍諸將不恤軍務，以倡優蒲簺相娱樂，渾、隴武士飯糲米日不厭，而責死戰，其敗固宜。又魯炅、何履光、趙國珍屯南陽，而一二中人監軍更用事，是能取勝哉？臣數爲楊國忠言之，不肯聽。故陛下有今日行，未足深耻。』帝頷之。

又 《韋倫傳》 韋倫，係本京兆。父光乘，在開元、天寶間爲朔方節度使。倫以蔭調藍田尉，幹力勤濟，楊國忠署爲鑄錢内作使判官。國忠多發州縣齊人令鼓鑄，督非所習，雖棰挟苛嚴，愈無功。倫請準直募匠，代無聊之人，繇是役用減，鼓鑄多矣。玄宗晚節盛營宫室，吏介以爲欺，倫閱實工員，省費倍。

又 卷一六〇《徐浩傳》 肅宗立，繇襄州刺史召授中書舍人。四方詔令，多出浩手，遣辭贍速，而書法至精，帝喜之。又參太上皇誥册，寵絶一時。授兼尚書右丞。浩建言：『故事，有司斷獄，必刑部審覆。自李林甫、楊國忠當國，專作威福，許有司就宰相府斷事，尚書以下，未省卽署，乖慎恤意。請如故便。』詔可。故詳斷復自此始。進國子祭酒，爲李輔國譖，貶廬州長史。

又 卷一六四《薛蘋傳》 薛蘋，河中寶鼎人。七世祖道實，爲隋禮部尚書。父順爲奉天尉，與楊國忠有舊，及用事，將引之，輒謝絶。

又 卷一七七《敬晦傳》 敬晦，字日彰，河中河東人。祖括，字叔弓，進士及第，遷殿中侍御史。楊國忠惡不諧己，外除果州刺史，進累兵部侍郎。志簡淡，在職不求名。周智光已誅，議者健括才，選爲同州刺史，拜御史大夫。隱然持重，弗以私害公。大曆中卒。

又 卷一九一《忠義傳上·李憕》 李憕，并州文水人。或言其先出興聖皇帝，譜系疏晦，不復傳。父希倩，神龍初右台監察御史。憕少秀敏，舉明經高第，授成安尉。張説罷宰相，爲相州刺史，坐有善相者，説遍問官屬後孰當貴，工指憕及臨河尉鄭巖。説以女妻巖，而歸其甥陰於憕。會母喪免。自武功尉以政尤異遷主簿。説在并州，引憕置幕府。及執政，爲長安尉。宇文融括天下田，高選官屬，多致賢以重其柄。表假憕監察御史，分道檢核。以課眞拜御史。坐小累，下除晉陽令。三遷給事中。力於治，有任事稱，明簿最，下無敢紿。失李林甫意，出爲河南少尹。尹蕭炅内倚權，骫法殖私，憕裁抑其謬，吏下賴之。道士孫甑生以左道幸，托祠事往來嵩、少間，乾請亂吏治，憕不爲應，故挾炅譖諸朝。天寶初，除清河太守。舉美政，遷廣陵長史，民爲立祠賽祝，歲時不絶。以捕賊負，徙彭城太守。封酒泉縣侯。連徙襄陽、河東，并兼采訪處置使。入爲京兆尹。楊國忠惡之。改光禄卿、東京留守。

又 卷一九二《忠義傳中·顔杲卿》 張通幽以兄相賊，譖杲卿於楊國忠，故不加贈。肅宗在鳳翔，眞卿表其枉，會通幽爲普安太守，上皇杖殺之。李光弼、郭子儀收常山，出杲卿、履謙二家親屬數百人於獄，厚給遺，令行喪。

又《張巡傳》 張巡，字巡，鄧州南陽人。博通羣書，曉戰陣法。氣志高邁，略細節，所交必大人長者，不與庸俗合，時人叵知也。開元末，擢進士第。時兄曉已位監察御史，皆以名稱重一時。巡繇太子通事舍人出爲清河令，治績最，而負節義，或以困阨歸者，傾貲振護無吝。秩滿還都。於是楊國忠方專國，權勢可炙。或勸一見，且顯用，答曰：『是方爲國怪祥，朝宦不可爲也。』更調眞源令。土多豪猾，大吏華南金樹威恣肆，邑中語曰：『南金口，明府手。』巡下車，以法誅之，赦餘黨，莫不改行遷善。政簡，民甚宜之。

論説

《舊唐書》卷一〇八《韋見素等傳論》 禄山狂悖已顯，玄宗寵任無疑，見素知國危，陳廟算，直言極諫，而君不從，獨正犯難，而人不咎，出生入死，善始令終者鮮矣。時論以見素取容於國忠，無言匡大政。且國忠恃内戚，弄重權，沮林甫姦豪，取其大位，若見素之孤直，豈許取容。蓋禍胎已成，政柄久紊；見素入相年餘，言不從而難作，雖有周、孔之才，其能匡救者乎！

宋·司馬光《資治通鑑》卷二一六《唐紀三十二·玄宗至道大聖大明孝皇帝下之上》（天寶七年）度支郎中兼侍御史楊釗善窺上意所愛惡而迎之，以聚斂驟遷，歲中領十五餘使。甲辰，遷給事中，兼御史中丞，專判度支事，恩幸日隆。

蘇冕論曰：設官分職，各有司存。政有恆而易守，事歸本而難失，經遠之理，捨此奚據！洎奸臣廣言利以邀恩，多立使以示寵，刻下民以厚斂，張虚數以獻狀；上心蕩而益奢，人望怨而成禍；使天子有司守其位而無其事，愛厚禄而虚其用。宇文融首唱其端，楊慎矜、王鉷繼遵其軌，楊國忠終成其亂。仲尼云：『寧有盜臣，而無聚斂之臣。』誠哉是言！前車既覆，後轍未改，求達化本，不亦難乎！

宋·范祖禹《唐鑑》卷一〇《玄宗下》 臣祖禹曰：昔榮夷公好專利，厲王悦之，召穆公知王室之將卑，以為王人者，將導利而布之上下者也，而或專之，其害多矣。夫利物之所生，而天下之所以養人也，專之必壅壅，則所害者多。故凡有利必有害，利於己必害於人。君子不盡利以遺民，所以均天地之施也。聖王寧損己以益人，不損人而益己。《記》曰：『與其有聚斂之臣，寧有盜臣？』是以興利之臣，鮮不禍敗。自桑弘羊以來，未有令終者也。唐世言利始於宇文融，融既流死，堅、楊慎矜、王鉷起，又益甚之，極於楊國忠，皆身首異處，宗族塗地，其故何哉？壅利而所害者衆也，天下之怨歸之，故其惡必復，其禍必酷，而唐室幾亡。其後以劉晏之能猶不免況其非道者乎？必若公劉之厚民，管仲之富國，李悝之平糴，不為掊克，上下皆濟，則身享其榮，後嗣蒙其慶矣。吉凶禍福之效如此，可不戒哉？【略】

臣祖禹曰：《管子》有言曰：『堂上遠於百里，堂下遠於千里，君門遠於萬里。』言壅蔽之為害深也。明皇信一楊國忠，喪師二十萬而不得知，以敗為勝，其不亡豈不幸哉？國忠欺蔽如此，而舉朝亦無一人敢以實告君者，蓋在位者皆小人，無一賢也。當是時，明皇享國四十餘年，自以為太平，有萬世之安，而不知禍亂將發於朝暮，由置相非其人也。可不戒哉！【略】

臣祖禹曰：明皇之言，未為失也。其失者，任非其人也。誠使朝事付之相如姚、宋，邊事付之將如王忠嗣，夫復何憂哉？而以奸宄為賢能，巨猾為忠良，是以禍亂成而不自知也。自李林甫之時，言路塞絶，以妄言為實，以實言為妖，楊國忠知其君之可欺也而欺之，公卿大夫百執事之人宴安寵禄，諛佞成風，大亂將作凡民且能知之，而無一人敢言者。蓋其君子皆去，其立於朝者皆小人也。高力士帷幄之臣，非有深謀遠慮，心知其事而不忍噤默，此非其忠義過人，蓋朝廷《唐·李林甫傳》：居相位十九年，固寵市權，欺蔽天子耳目，諫官皆持禄養資，無敢言者。《補闕》：杜璡再上書言政事，斥為下邽令，因以語動其餘曰：明主在上，羣臣將順不暇，亦何所論！君獨不見立仗馬乎？終日無聲而飫三品芻豆，一鳴則黜之矣，後雖欲不鳴，得乎？由是諫諍路絶噤，說文曰：口閉也。無賢，百官失職，而至於宦者言天下之事，明皇亦可以悟矣而曾不之省，以及於亂，不亦宜乎？【略】

臣祖禹曰：楊國忠既激安禄山使之速反以信其言，又促哥舒翰出兵潼關，恐其為己不利，動為身計，不顧社稷之患。然所以求全者，適足以自族也。夫就利避害，小人之常也。利發於己而不利於人則為之，害于國而不害於家則為之，自以為得計矣，而不知害于國則亦害於家，不利於人則亦不利於己。是以自古小人之敗，必至於家國俱亡。此先王所以戒小人之不可用也。明皇以天下安危，寄之一相，而其人如此，安得不傾覆乎？

宋・周紫芝《太倉稊米集》卷六四《韋見素助楊國忠》　唐明皇使楊國忠物色朝臣，以為宰相，韋見素以雅飭見知于國忠，遂白於上，由是得用。安禄山素懷反側，至是請以漢將三十二人，願易蕃將，反狀益明。見素屢以為言，議者猶以為非先知，可謂失言矣。夫禄山未反，而見素知其必反，朝臣不言而見素倡言之，得不謂之先知乎？見素知禄山之將叛，不得不言言而不聽，惟有一去耳，而不去，此其所以可罪也。作史者乃從而貶之曰：『見素言禄山之反而不言其所以反，是助國忠以敗王室也。』意！若責見素以不言禄山之所以反者以國忠也，而不以此告明皇使斥而去之，易蕃將見素言之國忠，國忠不應，已而又言之明皇，明皇不納，察其心，蓋非助國忠者。禄山之所以反，以明皇之昏惑，國忠之奸邪而已。然其寵任之固，有如山嶽，決非一言可得而回，欲怒螳螂之臂而搖之，往即碎耳，何補于唐哉！為見素計，獨有一去為策最高，而不為是，可惜也。況見素用不由於正而得宰相，言不行於朝而享厚禄，在賢者為可羞，為見素計則當去。作史者不責見素以此，而責其非先知，可謂失言者矣。

清・趙翼《廿二史劄記》卷一八《新舊唐書・新舊書互異處》　舊書載其為楊國忠所引，在相位無所是非，但署字而已，遂至凶胡犯順。不措一詞。新書則謂安禄山請以蕃將代漢將，見素謂『難將作矣！』明日，與國忠入見，極陳反狀。是見素未嘗無言者。蓋其奏禄山必反，亦附合國忠意耳。然舊書傳論又謂『見素直言極諫，而君不從，獨正犯難而人不咎，時論謂其取容討好他人以求容身於國忠，不知其時勢之不能匡救也。』則又與本傳異。豈本傳乃國史原本，而傳論則修史者之平心持論耶？

藝　文

宋・韋驤《錢塘集》卷二《詠唐史・楊國忠》　權由寵盛危宗社，天子傾心日自如。十萬北來猶未悟，潼關尚聽促哥舒。

清・張晉《艷雪堂詩集》卷一《讀唐書列傳二十八首・楊國忠》
聞說君王寵玉環，偶然憑藉列高班。怙恩尚敢排林甫，蔽王眞能反禄山。三妹姿容競天上，五家樓閣杳雲間。可憐西狩蒼黄日，一出延秋竟不還。

《清詩彙》卷九五《劉大紳〈南詔碑歌〉》　開元宰相魏公逝，金鑑千秋瓦礫視。天寶宰相楊國忠，不恤唐家帝業墜。御史太守皆重官，何況堂堂節度使。辨明賄入權門中，未夕龍光已立致。南邊雲下為荒陬，此輩安能萬裡寄。誅求法令交相加，如以飢狐餓虎喂。狼子在野心難馴，不德何鹿不走避。知古既絕姚雋朝，王煜亦貪蒙舍利。國小衆分聽指揮，以一併五制不易。可憐宗女歸南蠻，龜茲樂部遠頒賜。敬義未還虔陀張，上位貪淫太縱恣。飲鴆難酬君王恩，辱國空貽將帥愧。當年若省楊羅顛，何至中官逞魑魅。鮮于仲通何人哉，甫薄白崖敵已備。軍將儉魏虓虎如，天運空作點蒼次。西洱河邊金鼓衰，八萬唐兵剩有二。胡顏遁去生見人，請看吐蕃正得意。南國大詔兄弟邦，金印煌煌號東帝。冠帶珂貝駝馬牛，倚祥樂進捧册至。鳳子大將有告身，贊普鍾且改元志。遂令李宓何履光，再將十道重兵棄。軍忌深入猶不知，一遁一沈併可詈。竟築京觀龍尾關，二十餘萬國殤胔。是時君王方色荒，沈香亭畔艷妻醉。宰相掩敗仍敍功，在朝文武半諂媚。南蠻拍手笑不休，德化豐碑蹲贔屭。其心自望唐使來，其言深荷吐蕃庇。官寮寵倖都尋常，盡載碑陰發長喟。降人鄭回甘撰文，流寓御史乃作字。是為天寶十有三，明載天子幸蜀地。我聞稗史言戰時，閣邏鳳妃術怪異。閣陂和尚鳳其昆，一朝千里忘險陂。煌煌天朝十萬兵，維彼妖人殲其類。固知此語荒唐多，幹羽兩階有往事。白衣山人亦吾師，招撫吐蕃斷右臂。蜀中鎮撫兼得人，鐸槊鬱刃納天吏。頭盤跳脫金銀光，樂部歌姬老猶侍。足明嚮背當日心，憂國有人定殞淚。惜哉一叛四十年，封嶽祀瀆已僭儗。太和門外望殘碑，欲攬天威徑前轡。天子須聖宰相賢，其次以謀或以智。前有李泌後韋皋，高駢繼之快人意。不見貞觀細奴邏，刺史錦袍早在笥。

又《韋見素》　入相年餘值狂寇，獨隨車駕豈非忠？奸凶萌禍根荄遠，史筆如何罪及公。

雜録

唐·杜佑《通典》卷一五《選舉三·歷代制下》 至天寶八載六月，敕『旨授官宜立攢符，下諸郡府』。十一載，楊國忠爲吏部尚書，以肺腑爲相，懼招物議，取悦人心，乃以選人非超絶當留及藍縷當放之外，其餘常選，從年深者率留，故惷愚廢滯者咸荷焉。其明年，三銓注官，皆自專之，於尚書都堂與左相偶唱注，二旬而畢，不復經門下省審，侍郎不得參其議。

唐·劉肅《唐語林校證》卷八《補遺》 天寶初，達奚珣、李巖相次知貢舉。進士聲名高而帖落者，時或試詩放過，謂之『贖帖』。十一年，楊國忠初知選事，進士孫季卿會謁國忠，言禮部帖經之弊：『舉人有實材者，帖經既落，不得試文；若先試雜文，然後帖經，則無遺才矣。』國忠然之。無何，有敕進士先試帖，然仍前後開一行，是歲收人有倍常歲。

唐·鄭處誨《明皇雜録》卷上 楊國忠之子暄，舉明經。禮部侍郎達奚珣考之，不及格，將黜落，懼國忠而未敢定。時駕在華清宫，珣子撫為會昌尉，珣遽召使，以書報撫，令候國忠具言其狀。撫既至國忠私第，五鼓初起，列火滿門，將欲趨朝，軒蓋如市。國忠方乘馬，撫因趨入，謁於燭下，國忠謂其子必在選中，撫蓋微笑，意色甚歡。撫乃白曰：『奉大人命，相君之子試不中，然不敢黜退。』國忠卻立，大呼曰：『我兒何慮不富貴，豈藉一名，為鼠輩所賣耶？』不顧，乘馬而去。撫惶駭，遽奔告於珣曰：『國忠恃勢倨貴，使人之慘舒，出於咄嗟，奈何與校其曲直！』因致暄於上第。既而為户部侍郎，珣才自禮部侍郎轉吏部侍郎，與同列。暄話于所親，尚歎己之淹徊，而謂珣遷改疾速。

《舊唐書》卷四五《選舉志下》 初，諸司官兼知政事者，至日午後乃還本司視事。兵部、吏部尚書、侍郎知政事者，亦還本司分闕注唱。開元以來，宰相位望漸崇，雖尚書知政事，亦於中書決本司事以自便。而左、右相兼兵部、吏部尚書者，不自銓總。又故事，必三銓、三注、三唱而後擬官，季春始畢，乃過門下省。楊國忠以右相兼文部尚書，建議選人視官資、書判、狀迹、功優，宜對衆定留放。乃先遣吏密定員闕，一日會左相及諸司長官於都堂注唱，以誇神速。由是門下過官、三銓注官之制皆廢，侍郎主試判而已。

《新唐書》卷五一《食貨志一》 王鉷爲户口色役使，歲進錢百億萬緡，非租庸正額者，積百寶大盈庫，以供天子燕私。及安禄山反，司空楊國忠以爲正庫物不可以給士，遣侍御史崔衆至太原納錢度僧尼道士，旬日得百萬緡而已。自兩京陷没，民物耗弊，天下蕭然。

又 卷五四《食貨志四》 （開元）二十六年，宣、潤等州初置錢監，兩京用錢稍善，米粟價益下。其後錢又漸惡。詔出銅所在置監，鑄開元通寶錢，京師庫藏皆滿。天下盗鑄益起，廣陵、丹楊、宣城尤甚，京師權豪，歲歲取之，舟車相屬。江淮偏爐錢數十種，雜以鐵錫，輕漫無復錢形。公鑄者號官爐錢，一以當偏爐錢七八，富商往往藏之，以易江淮私鑄者。兩京錢有鵝眼、古文、綫環之别，每貫重不過三四斤，至剪鐵而緡之。

宰相李林甫請出絹布三百萬匹，平估收錢，物價踴貴，訴者日萬人。兵部侍郎楊國忠欲招權以市恩，揚鞭市門曰：『行當復之。』明日，詔復行舊錢。天寶十一載，又出錢三十萬緡易兩市惡錢，出左藏庫排斗錢，許民易之。國忠又言錢非鐵錫、銅沙、穿穴、古文，皆得用之。

又 卷五五《食貨志五》 自開元後，置使甚衆，每使各給雜錢。宰相楊國忠身兼數官，堂封外月給錢百萬。

幽州平盧節度使安禄山、隴右節度使哥舒翰兼使所給，亦不下百萬。十二載，國忠以兩京百官職田送租勞民，請五十里外輸於縣倉，斗納直二錢，百里外納直三錢，使百官就請於縣。然縣吏欺盗蓋多，而閑司有不能自直者。

又 卷二一六上《吐蕃傳上》 （天寶）十載，安西節度使高仙芝俘大酋以獻。是時，吐蕃與蠻閣羅鳳聯兵攻瀘南，劍南節度使楊國忠方以姦罔上，自言：『破蠻衆六萬於雲南，拔故洪州等三城，獻俘口。』

又 卷二二二下《南蠻傳下》 開元中，牂柯酋長元齊死，孫嘉藝襲官，封其後，乃以趙氏爲酋長。二十五年，趙君道來朝。其裔有趙國珍，天寶中戰有功。閣羅鳳叛，宰相楊國忠兼劍南節度使，以國珍有方略，授黔中都督，屢敗南詔，護五溪十餘年，天下方亂，其部獨寧。終工部尚書。

宋·錢易《南部新書·庚》 天寶中，哥舒翰為安西節度使，控地數千里，甚著威令。故西鄙人歌曰：『北斗七星高，哥舒夜帶刀。吐蕃總殺盡，更築兩重壕。』時差都知兵馬使張擢上都奏事，值楊國忠專權好貨，擢逗留不返，因納賄交結。翰續入朝奏，擢知翰至，擢求國忠拔用。國忠乃除擢兼御史大夫，充劍南西川節度使。敕下，就第辭翰，翰命部下就執于庭，數其罪而殺之。俄奏聞，帝卻賜擢屍，更令翰決一百。

清·王鳴盛《十七史商榷》卷八六《新舊唐書十八·楊貴妃楊國忠世系》 《舊·玄宗楊貴妃傳》：『高祖令本，金州刺史。父玄琰，蜀州司户。妃少孤，養於叔父河南府士曹玄璬。既承禮遇，贈玄琰太尉、齊國公，叔玄珪光禄卿，再從兄銛鴻臚卿，錡侍御史。』後又言妃弟鑑尚公主。又《楊國忠傳》：『本名釗，父珣，以國忠貴贈兵部尚書，則天朝幸臣張易之即國忠之舅也。』其後又云：『貴妃兄銛，拜鴻臚卿。』《新·貴妃傳》云：『隋梁郡通守汪四世孫，而以銛、錡爲妃宗兄。』《國忠傳》則云：『太眞妃之從祖兄而以玄琰爲國忠從父。』考世系表，汪之子令本，庫部郎中，令本之長子友諒，昊陵令，友諒之子珣，宣州司士參軍，珣之子即國忠，令本之次子志謙，志謙三子，長玄琰，次玄珪，次國子司業玄璬，銛則玄琰子，錡則玄珪子，鑑則玄璬子也。據此，令本爲妃曾祖，舊云高祖，誤。令本、玄璬官皆與表異，銛是妃嫡兄，錡是妃從兄，而舊皆以爲再從兄，亦誤。新皆以爲妃宗兄，則似無服之族兄，更誤矣。予得《楊珣墓碑》搨本，玄宗御製，併八分書，太子亨奉敕題額。案其文，珣字仲珣，右相國忠之父，卒於開元五載，二十七載葬於岐陽，天寶十二載，重贈武部尚書，追封鄭國公，碑立於是年。《舊書》天寶十一載正月，改吏部爲文部、兵部爲武部、刑部爲憲部，《通鑑》正月作三月，《唐六典》不載此事，《新唐書》則漏去武部之文，又以憲部爲司憲，亦誤也。以予所見，唐碑之稱文部、武部者，《内侍孫府君墓志銘》『行文部常選』，中堂構撰《多寶塔銘》，武部判官徐浩題額是已。考胡三省引鄭審天寶故事，謂國忠本張易之之子，史及《通鑑》皆云國忠爲易之之甥，今此碑云珣夫人中山張氏，與史合，其云：『叔虞翦圭，自周封晉。伯喬食菜，受邑君揚。』案《漢·揚雄傳》：『其先出自有周伯僑者，以支庶初食采於晉之揚，因氏焉。』則伯橋乃雄之祖，其字從手不從木，自雄而外，別無揚氏，今敍珣先世而述揚氏之先，妄矣。昊陵者，武后爲其父墓所立名也。據《世表》，友諒既是珣之父而國忠之祖志謙玄琰之父而妃之祖，則是妃爲國忠之再從妹，正與傳云國忠爲妃從祖兄合，今此碑乃以志謙爲珣父，蓋國忠當日倚特戚畹，以作威福，引而近之，冒稱興妃同祖，玄宗蔽惑，爲其父製碑，遂據其所稱者書之耳。又《新書》傳及《世表》於汪皆書隋梁郡通守，而碑云國子祭酒、吏部尚書，表於志謙不書官而碑云青城令，恐碑辭皆不足信也。趙明誠信碑疑史，殊屬不確。

元載專權

綜　述

《舊唐書》卷一〇《肅宗紀》 （上元二年建辰月）戊申，中書侍郎、平章事、徐國公蕭華為禮部尚書，罷知政事。以尚書户部侍郎元載同中書門下平章事，以禮部尚書韓擇木為太子太保。

又　卷一一《代宗紀》 （寶應元年五月）丙申，以户部侍郎元載同中書門下平章事，充度支轉運使。【略】

（永泰元年三月）詔宰臣元載、杜鴻漸與蕃使同盟於興唐寺。【略】

（永泰二年二月）乙未，貶刑部尚書顏眞卿爲峽州員外別駕，以不附元載，載陷之於罪也。

又　卷一二《德宗紀上》 （大曆十四年七月）壬申，毀元載、馬璘、劉忠翼之第，以其雄侈逾制也。

又　卷一一八《元載傳》 元載，鳳翔岐山人也，家本寒微。父景升，任員外官，不理產業，常居岐州。載母攜載適景升，冒姓元氏。載自幼嗜學，好屬文，性敏惠，博覽子史，尤學道書。家貧，徒步隨鄉賦，累上不升第。天寶初，玄宗崇奉道教，下詔求明莊、老、文、列四子之學者。載策入高科，授邠州新平尉。監察御史韋鎰充使監選黔中，引載為判官，載名稍著，遷大理評事。東都留守苗晉卿又引為判官，遷大理司直。

肅宗卽位，急於軍務，諸道廉使隨才擢用。時載避地江左，蘇州刺史、江東採訪使李希言表載為副，拜祠部員外郎，遷洪州刺史。兩京平，入為度支郎中。載智性敏悟，善奏對，肅宗嘉之，委以國計，俾充使江、淮，都領漕挽之任，尋加御史中丞。數月徵入，遷户部侍郎、度支使并諸道轉運使。既至朝廷，會肅宗寢疾。載與幸臣李輔國善。輔國妻元氏，載之諸宗，因是相昵狎。時輔國權傾海内，舉無違者，會選京尹，輔國乃以載兼京兆尹。載意屬國柄，詣輔國懇辭京尹，輔國識其意，然之。翌日拜載同中書門下平章事，度支轉運使如故。

旬日，肅宗晏駕，代宗卽位，輔國勢愈重，稱載於上前。載能伺上意，頗承恩遇，遷中書侍郎、同中書門下平章事，加集賢殿大學士，修國史。又加銀青光禄大夫，封許昌縣子。載以度支轉運使職務繁碎，負荷且重，慮傷名，阻大位，素與劉晏相友善，乃悉以錢穀之務委之，薦晏自代，載自加營田使。李輔國罷職，又加判天下元帥行軍司馬。廣德元年，與宰臣劉晏、裴遵慶同扈從至陝。及輿駕還宫，遵慶皆罷所任，載恩寵彌盛。輔國死，載復結内侍董秀，多與之金帛，委主書卓英倩潛通密旨。以是上有所屬，載必先知之，承意探微，言必玄合，上益信任之。妻王氏狠戾自專，載出朝謁，縱子伯和等游於外，上封人顧繇奏之，上方任載以政，反罪繇而已。

内侍魚朝恩負恃權寵，不與載協，載常憚之。大曆四年冬，乘間密奏朝恩專權不軌，請除之。朝恩驕横，天下咸怒，上亦知之，及聞載奏，適會於心。載遂結北軍大將同謀，以防萬慮。五年三月，朝恩伏法，度支使第五琦以朝恩黨坐累，載兼判度支，志氣自若，謂己有除惡之功，是非前賢，以為文武才略，莫己之若。外委胥吏，内聽婦言。城中開南北二甲第，室宇宏麗，冠絶當時。又於近郊起亭榭，所至之處，帷帳什器，皆於宿設，儲不改供。城南膏腴別墅，連疆接畛，凡數十所，婢僕曳羅綺一百餘人，恣為不法，侈僭無度。江、淮方面，京輦要司，皆排去忠良，引用貪猥。士有求進者，不結子弟，則謁主書，貨賄公行，近年以來，未有其比。

與王縉同列，縉方務聚財，遂睦於載，二人相得甚歡，日益縱横。代宗盡察其迹，以載任寄多年，欲全君臣之分，載嘗獨見，上誡之，不悛。

初，扈駕自陝還，與縉上表，請以河中府為中都，秋杪行幸，春首還京，以避蕃戎侵軼之患。帝初納之，遣條奏以聞。自魚朝恩就誅，志頗盈滿，遂抗表請建中都，文多不載。大略以關輔、河東等十州户税入奉京師，創置精兵五萬，管在中都，以威四方，辭多開合。自以為表入事行，潛遣所由吏於河中經營。

節度寄理於涇州。大曆八年，蕃戎入邠寧之後，朝議以為三輔已西，無襟帶之固，而涇州散地，不足為守。載嘗為西州刺史，知河西、隴右之要害，指畫於上前曰：『今國家西境極于潘源，吐蕃防戍在摧沙堡，而原州界其間。原州當西塞之口，接隴山之固，草肥水甘，舊壘存焉。吐蕃比毁其垣墉，棄之不居。其西則監牧故地，皆有長濠巨塹，重復深固。原州雖早霜，黍稷不藝，而有平涼附其東，獨耕一縣，可以足食。請移京西軍戍原州，乘間築之，貯粟一年。戎人夏牧多在青海，羽書覆至，已逾月矣。今運築并作，不二旬可畢。移子儀大軍居涇，以為根本。分兵守石門、木峽，隴山之關，北抵於河，皆連山峻嶺，寇不可越。稍置鳴沙縣、豐安軍為之羽翼，北帶靈武五城為之形勢。然後舉隴右之地以至安西，是謂斷西戎之脛，朝廷可高枕矣。』兼圖其地形以獻。載密使人逾隴山，入原州，量井泉，計徒庸，車乘畚鍤之器皆具。檢校左僕射田神功沮之曰：『夫興師料敵，老將所難。陛下信一書生言，舉國從之，聽誤矣。』上遲疑不決，會載得罪乃止。

初，六年，載條奏應緣別敕授文武六品以下，敕出後望令吏部、兵部便附甲團奏，不得檢勘，從之。時功狀奏擬，結銜多謬，載欲權歸於己，慮有司駁正。會有上封人李少良密以載醜迹聞，載知之，奏於上前，少良等數人悉斃於公府。由是道路以目，不敢議載之短。門庭之内，非其黨與不接，平素交友，涉于道義者悉疏棄之。

代宗寬仁明恕，審其所由，凡累年，載長惡不悛，衆怒上聞。大曆十二年三月庚辰，仗下後，上御延英殿，命左金吾大將軍吳湊收載、縉於政事堂，各留係本所，并中書主事卓英倩、李待榮及載男仲武、季能并收禁，命吏部尚書劉晏訊鞫。晏以載受任樹黨，布於天下，不敢專斷，請他官共事。敕御史大夫李涵、右散騎常侍蕭昕、兵部侍郎袁傪、禮部侍郎常衮、諫議大夫杜亞同推究其狀。辯罪問端，皆出自禁中，仍遣中使詰以陰事，載、縉皆伏罪。是日，宦官左衛將軍、知內侍省事董秀與載同惡，先載於禁中杖殺之。敕曰：『任直去邪，懸於帝典；奬善懲惡，急於時政。和鼎之寄，匪易其人。中書侍郎、同中書門下平章事元載，性頗奸回，迹非正直。寵待逾分，早踐鈞衡。亮弼之功，未能經邦成務；挾邪之志，常以罔上面欺。陰托妖巫，夜行解禱，用圖非望，庶逭典章。納受贓私，貿鬻官秩。凶妻忍害，暴子侵牟，曾不提防，恣其淩虐。行僻辭矯，心狠貌恭，使沉抑之流，無因自達，賞罰差謬，罔不由兹。頃以君臣之間，重于去就，冀其遷善，掩而不言。曾無悔非，彌益凶戾，年序滋遠，釁惡貫盈。將肅政于朝班，俾申明於憲綱，宜賜自盡。朕涉道猶淺，知人不明，理績未彰，遺闕斯衆，致兹刑辟，憫愧良深。僶俛行之，務申沮勸，凡在中外，悉朕懷焉。』又制曰：『門下侍郎、同中書門下平章事王縉，附會奸邪，阿諛讒佞。據兹犯狀，罪至難容，矜以耋及，未忍加刑。俾申屈法之恩，貸以嶽牧之秩。可使持節括州諸軍事，守括州刺史，宜卽赴任。於戲！朕恭己南面，推誠股肱，敷求哲人，將弼予理。昧于任使，過在朕躬，無曠厥官，各慎厥職。』初，晏等承旨，縉亦處極法，晏謂涵曰：『重刑再覆，國之常典，況誅大臣，豈得不覆奏！又法有首從，二人同刑，亦宜重取進止。』涵等咸聽命。及晏等覆奏，上乃減縉罪從輕。

載長子伯和，先是貶在揚州兵曹參軍，載得罪，命中使馳傳於揚州賜死。次子仲武，祠部員外郎，次子季能，秘書省校書郎，併載妻王氏併賜死。女資敬寺尼眞一，收入掖庭。王氏，開元中河西節度使忠嗣之女也，素以凶戾聞，恣其子伯和等為虐。伯和恃父威勢，唯以聚斂財貨，徵求音樂為事。

載在相位多年，權傾四海，外方珍異，皆集其門，資貨不可勝計，故伯和、仲武等得肆其志。輕浮之士，奔其門者，如恐不及。名姝、異樂，禁中無者有之。兄弟各貯妓妾於室，倡優偎褻之戲，天倫同觀，略無愧恥。及得罪，行路無嗟惜者。中使董秀、主書卓英倩、李待榮及陰陽人李季連，以載之故，皆處極法。遣中官於萬年縣界黃臺鄉毀載祖及父母墳墓，斫棺棄柩，及私廟木主；併載大寧里、安仁里二宅，充修百司廨宇。以載籍没鍾乳五百兩分賜中書門下御史臺五品已上、尚書省四品已上。

又　卷九九《蕭嵩傳》　時中官李輔國專典禁兵，怙寵用事，求爲宰相，諷宰臣裴冕等薦己，（蕭）華頗拒之，輔國怒。肅宗方寢疾，輔國矯命罷華相位，守禮部尚書，仍引元載代華。肅宗崩，代宗在諒暗，元載希輔國旨，貶華爲硤州員外司馬，卒於貶所。

又　卷一〇八《崔縱傳》　縱孝悌，修飾自立。以父爲元載排抑，居退十餘年，左宦外府，訖載得罪，不求聞達。

又　卷一一二《李峴傳》　代宗卽位，徵峴爲荆南節度、江陵尹，知江淮選補使。入爲禮部尚書，兼宗正卿。屬鑾輿幸陝，峴由商山路赴行在。既還京師，拜峴爲黃門侍郎、同中書門下平章事。故事，宰臣不於政事堂邀客，時海內多務，宰相元載等見中官傳詔命至中書者，引之升政事堂，仍置榻待之；峴爲宰相，令去其榻。奏請常參官各舉堪任諫官、憲官者，不限人數。

又　卷一一三《苗晉卿傳》　廣德初，吐蕃寇長安。晉卿時病卧於私第，蕃聞之，輿入逼脅，晉卿閉口不言，賊不敢害。及上自陝至，册爲太保，罷知政事，又詔乙太保致仕。永泰元年四月薨，輟朝三日，令京兆少尹一員護喪事，緣葬諸物併官給，賻絹布五百段、米粟五百石。太常議謚曰『懿獻』。初，晉卿東都留守，引用大理評事元載爲推官。至是載爲中書侍郎、平章事，懷舊恩，諷有司改謚曰文貞。大曆七年，令配享肅宗廟庭。

又　《裴冕傳》　代宗求舊，拜冕兼御史大夫，充護山陵使。冕以倖臣李輔國權盛，將附之，乃表輔國親昵術士中書舍人劉烜充山陵使判官。烜坐法，冕坐貶施州刺史。數月，移澧州刺史，復徵爲左僕射。元載秉政。載爲新平縣尉，王鉷辟在巡内，冕常引之，載頗德冕。會宰臣杜鴻漸卒，載遂舉冕代之。冕時已衰瘵，載以其順己，引爲同列。受命之際，蹈舞絶倒，載趨而扶起，代爲謝詞。冕兼掌兵權留守之任，俸錢每月二千餘貫。性本侈靡，好尚車服及營珍饌，名馬在櫪，直數百金者常十數。每會賓友，滋味品數，坐客有昧於名者。自創巾子，其狀新奇，市肆因而效之，呼爲『僕射樣』。初代鴻漸，小吏以俸錢文簿白之，冕顧子弟，喜見於色，其嗜利若此。

又　卷一一五《魏少游傳》　大曆二年四月，出爲洪州刺史、兼御史大夫，充江南西道都團練觀察等使。四年六月，封趙國公。賈明觀者，本萬年縣捕賊卜胥，劉希暹，恃魚朝恩之勢，恣行凶忍，毒甚豺虺。朝恩、希暹既誅，元載當權，納明觀姦謀，容之，特令江西效力。明觀未觀出城，百姓萬衆聚於城外，皆懷磚石候之，期投擊以快意。載聞之，特令所由吏擁百姓入城内，由是獲免。在洪州二年，少游爲觀察使，承元載意苟容之。及路嗣恭代少游，到州，即日杖殺，識者以是减魏之名，多路之政。大曆六年三月己未卒於官，贈太師。

又　卷一一七《嚴武傳》　上皇誥以劍兩川合爲一道，拜武成都尹、兼御史大夫，充劍南節度使；入爲太子賓客，遷京兆尹、兼御史大夫。二聖山陵，以武爲橋道使。無何，罷兼御史大夫，改吏部侍郎，尋遷黄門侍郎。與宰臣元載深相結托，冀其引在同列。事未行，求爲方面，復拜成都尹，充劍南節度等使。廣德二年，破吐蕃七萬餘衆，拔當狗城。十月，取鹽川城，加檢校吏部尚書，封鄭國公。【略】

朝廷方討史思明，選任將帥，乃起英乂爲陝州刺史，充陝西節度、潼關防禦等使，尋加御史大夫，兼神策軍節度。代宗即位，加檢校户部尚書、兼御史大夫。元帥雍王自陝統諸軍討賊洛陽，留英乂在陝爲後殿。東都平，以英乂權爲東都留守。既至東都，不能禁暴，縱麾下兵與朔方、回紇之衆大掠都城，延及鄭、汝等州，比屋蕩盡。廣德元年，策勳加實封二百户，徵拜尚書右僕射，封定襄郡王。恃富而驕，於京城創起甲第，窮極奢靡。與宰臣元載交結，以久其權。

又　《崔寧傳》　先時，張獻誠數與旰戰，獻誠屢敗，旌節皆爲旰所奪。朝廷因鴻漸之請，加成都尹，兼西山防禦使、西川節度行軍司馬，仍賜名曰寧。大曆二年，鴻漸歸朝，遂授寧西川節度使。恃地險人富，乃厚斂財貨，結權貴，令弟寬留京師。元載及諸子有所欲，寬恣與之，故寬驟歷御史知雜事、御史中丞。寬兄審亦任郎中、諫議大夫、給事中。寧在蜀十餘年，地險兵强，肆侈窮欲，將吏妻妾，多爲所淫汙，朝廷患之而不能詰。累加尚書左僕射。

大曆十四年入朝，遷司空、平章事，兼山陵使，尋代喬琳爲御史大夫、平章事。寧以爲選擇御史當出大夫，不謀及宰相，乃奏請以李衡、于結等數人爲御史。楊炎大怒，其狀遂寢。炎又數讒毀劉晏，寧又救解之。寧既厚結元載已久，楊炎又出自載門，寧初附炎，炎因此大怒。

又　卷一一八《楊炎傳》　炎樂賢下士，以汲引爲己任，人士歸之。元載自作相，常選擢朝士有文學才望者一人厚遇之，將以代己。初，引禮部郎中劉單；單卒，引吏部侍郎薛邕；邕貶，又引炎。載親重炎，無與爲比。載敗，坐貶道州司馬。德宗即位，議用宰相，崔祐甫薦炎有文學器用，上亦自聞其名，拜銀青光禄大夫、門下侍郎、同平章事。炎有風儀，博以文學，早負時稱，天下翕然，望爲賢相。【略】

炎救時之弊，頗有嘉聲。莅事數月，屬崔祐甫疾病，多不視事，喬琳罷免，炎遂獨當國政。佑甫之所製作，炎隳之。初減薄護作元陵功優，人心始不悅。又專意報恩復讎。道州録事參軍王沼有微恩於炎，舉沼爲監察御史。感元載恩，專務行載舊事以報之。初，載得罪，左僕射劉晏訊劾之，元載誅，炎亦坐貶，故深怨晏。晏領東都、河南、江淮、山南東道轉運、租庸、青苗、鹽鐵使，炎作相數月，欲貶晏，先罷其使，天下錢穀皆歸金部、倉部。又獻議開豐州陵陽渠，發京畿人夫於西城就役，閭里騷擾，事竟無成。

初，大曆末，元載議請城原州，以遏西悉入寇之衝要，事未行而載誅。及炎得政，建中二年二月，奏請城原州，先牒涇原節度使段秀實，令爲之具。徵秀實報曰：『凡安邊卻敵之長策，宜緩以計圖之，無宜草草興功也。又春事方作，請待農隙而緝其事。』炎怒，徵秀實爲司農卿。【略】

炎早有文章，亦勵志節，及爲中書舍人，附會元載，時議已薄之。後坐載貶官，憤恚益甚，歸而得政，睚眦必仇，險害之性附於心，唯其愛憎，不顧公道，以至於敗。惠伯亦坐炎貶費州多田尉，尋亦殺之。

又　卷一一九《楊綰傳》　時元載秉政，公卿多附之，綰孤立中道，清貞自守，未嘗私謁。載以綰雅望素高，外示尊重，心實疏忌。會魚朝恩死，載以朝恩嘗判國子監事，塵汙太學，宜得名儒，以清其秩，乃奏爲國子祭酒，實欲以散地處之。載貪冒日甚，天下清議，亦歸於綰，上深知之，以載久在樞衡，未即罷遺。仍遷綰爲太常卿，充禮儀使，以郊廟禮久廢，籍綰振起之也，亦以觀其效用。是年三月，載仗誅，上乃拜綰中書侍郎、同中書門下平章事、集賢殿崇文館大學士，兼修國史。綰久積公輔之望，及詔出，朝野相賀。綰累表懇讓，上屬意稍重，綰不敢辭。

又　卷一二二《路嗣恭傳》　路嗣恭，京兆三原人。始名劍客，歷仕郡縣，有能名，累至神烏令，考績上上，爲天下最，以其能，賜名嗣恭。歷工部尚書、兼御史大夫、靈州大都督府長史，充關内副元帥郭子儀副使，知朔方節度營田押諸蕃部等使，嗣恭披荆棘以守之。大將御史中丞孫守亮握重兵，倔强不受制，嗣恭稱疾召至，因殺之，威信大行。永泰三年，檢校刑部尚書，知省事。大曆六年七月，爲江南西道團練觀察使，在官恭恪，善理財賦。賈明觀者，事北軍都虞候劉希暹，魚朝恩誅，希暹從坐，明觀積惡犯衆怒。時宰相元載受賂，遣江南效力，魏少游承載意苟容之。及嗣恭代少游，即日杖殺，識者稱之。

又　《李叔明傳》　浙西觀察使李棲筠有重望，虚心下士，幕府盛選才彦。觀察判官許鴻謙有學識，棲筠常異席，事多諮之；崔造輩皆所薦引，一見冑，深重之，薦於棲筠，奏授大理評事、觀察支度使。代宗以元載隳紊朝綱，徵棲筠入朝，内制授御史大夫，方將大用，載怙權，棲筠居顧問刺舉之職，與不平。及棲筠卒，冑護棲筠喪歸洛陽，衆論危之，冑坦然行心，無所顧望。淮南節度陳少游奏檢校主客員外、兼侍御史、觀察判官。尋爲行軍司馬，遷宣州刺史。

楊炎初作相，鋭意爲元載報仇，凡其枝黨無漏。適會冑部人積冑官時服雜俸錢爲贓者，炎命酷吏員寓深按其事，貶汀州司馬。尋徵爲少府少監，除京兆少尹，以父名不拜，换國子司業。遷湖南觀察都團練使，移江南西道。前江西觀察使李兼罷省南昌軍千餘人，收其資糧，分爲月進，冑至，奏其本末，罷之。會荆南節度樊澤移鎮襄陽，宰相方議其人，上首命冑代澤，仍兼御史大夫。

又　卷一二三《劉晏傳》　（大曆）十二年三月，誅宰臣元載，晏奉詔訊鞫。晏以載居任樹黨，布於天下，不敢專斷，請他官共事。敕御史大夫李涵、右散騎常侍蕭昕、兵部侍郎袁修、禮部侍郎常衮、諫議大夫杜亞同推，載皆款伏。初，晏承旨，門下侍郎、同平章事王縉亦處極法，晏謂涵等曰：『重刑再覆，國之常典，况誅大臣，得不覆奏？又法有首從，二人同刑，亦宜重取進止。』涵等從命。及晏等覆奏，代宗乃減縉罪從輕。縉之生，晏平反之力也。【略】

德宗嗣位，言事者稱轉運可罷多矣。初，楊炎爲吏部侍郎，晏爲尚書，各恃權使氣，兩不相得。炎坐元載貶，晏快之，昌言於朝。及炎入相，追怒有事，且以晏與元載隙憾，時人言載之得罪，晏有力焉，炎將爲載復仇，又時人風言代宗寵獨孤妃而又愛其子韓王迥，晏密啓請立獨孤爲皇后。

又　卷一二六《李揆傳》　初，揆秉政，侍中苗晋卿累薦元載爲重官。揆自恃門望，以載地寒，意甚輕易，不納，而謂晋卿曰：『龍章鳳姿之士不見用，獐頭鼠目之子乃求官。』載銜恨頗深。及載登相位，因揆當徙職，遂奏爲試秘書監，江淮養疾。既無禄俸，家復貧乏，孀孤百口，丐食取給。萍寄諸州，凡十五六年，其牧守稍薄，則又移居，故其遷徙者，蓋十餘州焉。元載以罪誅，除揆睦州刺史，入拜國子祭酒、禮部尚書，爲盧杞所惡。德宗在山南，令充入蕃會盟使，加左僕射。行至鳳州，以疾卒，興元元年四月也，年七十四。贈司空，喪事官給。

又　《李涵傳》　永泰二年，抱玉又奏爲隴右行軍司馬，拜檢校左庶子，依前兼中丞。其年，除桂州刺史、桂管觀察使。（魏）少游以嶺徼遐遠，欲規求近郡。時中官董秀掌樞密用事，少游乃宿於其里，候其下直，際晚謁之，從容曰：『七郎家中人數幾何？每月所費復幾何？』秀曰：『久忝近職，家累甚重，又屬時物騰貴，一月過千餘貫。』少游曰：『據此之費，俸錢不足支數日，其餘常須數求外人，方可取濟。倘有輸誠供億者，但留心庇覆之，固易爲力耳。少游雖不才，請以一身獨供七郎之費，每歲請獻錢五萬貫。今見有大半，請即受納，餘到官續送。免貴人勞慮，不亦可乎？』秀既逾於始望，欣愜頗甚，因與之厚相結。少游言訖，泣曰：『南方炎瘴，深愴違辭，但恐不生還再睹顔色矣。』秀遽曰：『中丞美才，不當遠官，請從容旬日，冀竭蹇分。』時少游又已納賄於元載子仲武矣。秀、載内外引薦，數日，拜宣州刺史、宣歙池都團練觀察使。

大曆五年，改越州刺史、兼御史大夫、浙東觀察使。八年，遷揚州大都督府長史、淮南節度觀察使，仍加銀青光禄大夫，封穎川縣開國子。所在悉心綏輯，而多以任數爲政，好行小惠，胥吏得職，人亦獲安。及朝廷多事，奏請本道兩税錢千增二百。因詔諸道悉如淮南，監每一斗更加一百文。少游十餘年間，三總大藩，皆天下殷厚處也。以故徵求貿易，且無虚日，斂積財寶，累巨億萬，多賂遺權貴，視文雅清流之士，蔑如也。初結元載，每年饋金帛約十萬貫，又多納賂於用事中官駱奉先、劉清潭、吴承倩等，由是美聲達於中禁。後見元載在相位年深，以過犯漸見疑忌，少游亦稍疏之。無何，載子伯和貶官揚州，少游外與之交結，而陰使人伺其過失，密以上聞。代宗以爲忠，待之益厚。

又《裴諝傳》 代宗居陝，諝步懷考功及南曹二印赴行在，上見而謂之曰：『疾風知勁草，果信矣。』將以爲御史中丞，爲元載所排，爲河東道租庸鹽鐵等使。時關輔大旱，諝入計，代宗召見便殿，問諝：『榷酤之利，一歲出入幾何？』諝久之不對。上復問之，對曰：『臣有所思。』上曰：『何思？』對曰：『臣自河東來，其間所歷三百里，見農人愁嘆，穀菽未種。誠謂陛下軫念，先問人之疾苦，而乃責臣以利。孟子曰：理國者，仁義而已，何以利爲？由是未敢即對也。』上前坐曰：『微公言，吾不聞此。』拜左司郎中。上時訪以事，執政者，忌之出爲虔州刺史，歷饒、廬、亳三州刺史。入爲右金吾將軍。

又《顔眞卿傳》 代宗嗣位，拜利州刺史，遷户部侍郎，除荆南節度使，未行而罷，除尚書左丞。車駕自陝將還，眞卿請皇帝先謁五陵、九廟而後還宫。宰相元載謂眞卿曰：『公所見雖美，其如不合事宜何？』眞卿怒，前曰：『用捨在相公耳，言者何罪？然朝廷之事，豈堪相公再破除耶！』載深銜之。旋改檢校刑部尚書知省事，累進封魯郡公。

時元載引用私黨，懼朝臣論奏其短，乃請：百官凡欲論事，皆先白長官，長官白宰相，然後上聞。【略】

後攝祭太廟，以祭器不修言於朝，載坐以誹謗，貶硤州別駕、撫州湖州刺史。元載伏誅，拜刑部尚書。

論說

《舊唐書》卷一一八《元載等傳論贊》 仲尼云，富與貴是人之欲，不以道得之不處。反乎是道者小人。載諂輔國以進身，弄時權而固位，衆怒難犯，長惡不悛，家亡而誅及妻兒，身死而殃及祖禰。縉附會奸邪以至顛覆。炎蹊崔佑甫之規，怒段秀實之直，酬恩報怨，以私害公三子者咸著文章，殊乖德行。『不常其德，或承之羞』，《大易》之義也。富貴不以其道，小人之事哉！觀庾準之憸，遭王縉之復；徇楊炎之意，曲致劉晏之冤。積惡而獲令終者，其在餘殃乎！

贊曰：載、縉、炎、準，交相附會。《左傳》有言，貪人敗類。

《新唐書》卷一四五《元載等傳贊》 元載、楊炎各以才資奮，適主暗庸，故致位輔相。若其翦閹尹，城原州以謀西夏，還左藏有司，一租賦以檢制有亡，誠有取焉。然載本與輔國以利合，險刻著諸心，溪壑之欲發乎無猒。炎牽連載勢，興醜裔，秉國維綱，返為載復讎，釋言於君，卒與妻子併誅，暴先骨，殛命于道，蓋自取之也。夫奸人多才，未始不為患，故鄧舒以俊死，而鄧析以辯亡。若兩人者，所謂多才者邪！縉言福業報應，參得君自私，無可論者。《易》稱『鼎折足，其刑剭』，諒哉！

宋・范祖禹《唐鑑》卷一二《德宗上》 大曆五年十一月，元載以李泌有寵於帝，忌之，與其黨攻之不已。會江西觀察使魏少游求參佐，帝謂泌曰：『元載不容卿，朕今匿卿于魏少遊所，俟朕決意除載，當有信報卿，可束裝來也。』乃以泌為江西判官，且屬少遊，使善待之。

臣祖禹曰：代宗以萬乘之主，不能庇一臣而匿之於遠藩，既相元載，知其不可則退之而已矣，乃欲稔其惡而誅之，且載方見任，而與泌密除載，然則人臣誰敢自保？皆非人君之道，此天下所以多亂也。【略】

（大曆）六年八月，帝厭元載所為，思得士大夫之不阿附者為腹心，漸收載權，內出制書，以浙西觀察使李棲筠為御史大夫，宰相不知，載由是稍絀。

臣祖禹曰：代宗知元載之惡，欲罷其相位，一言而已可也，誰敢不從？且載所以方命專政者，挾君以為重也，君去之，則失其所恃，何惡之能為？乃立黨自助以傾，其相視之如敵國，主勢不已卑乎？

明・楊慎《升庵集》卷七二《元載韓侂胄》 杜牧之《河湟詩》曰：『元載相公曾下筯，憲宗皇帝亦留神。旋見衣冠就東市，忽遺弓劍不西巡。』觀此則載曾謀復河湟，史亦不言其事。愚謂元載欲復河湟，韓侂胄欲伐金敵，近日夏言欲取河套，其事則是，其時則非，其人尤非也。力小任重，鮮不仆，信哉！況三人者，取死之罪多矣，一節烏足掩之？

明・孫承恩《文簡集》卷七《講章》　元載在肅宗朝，因李輔國薦擢平章事，後肅宗潛誅輔國，載預其謀。代宗卽位，載權益甚，甚又以貨結內侍董秀，使主書。卓英倩潛與往來，上意所屬，載必先知之。承意探微，意無不合，上以是愈愛之。

眞德秀曰：元載之承意探微卽李林甫之善測帝意也。先結輔國，後結董秀，卽李林甫之賂上左右也。奸慝相師，不謀而合蓋如此。臣謹按：元載以度支郎中擢轉運使，既因李輔國之薦引而致位宰相，復以董秀之密授上意而得以迎合取寵，二人皆內侍近幸，載雖奸佞智巧，使非得二人之助，亦未必能爾，則人君其可令臣下得與左右近侍私相結納哉？然載之術乃李林甫之故智，蓋奸佞之人，其設心既同，則欲行其私，須用此術，故後之元載，卽前之林甫，唐之林甫卽漢之恭顯與夏之寒浞，曠代異時，同符合節，若面相授受者，蓋由其設心之同也。夫天下事變不常，小人之乘間抵隙者，何限人主？不有以防之，則聽納之，下豈能一一辯察？或因其少有合意而誤悅之，則卽已中其奸，輾轉迷惑而為害日深矣。蓋小人罔上之計固巧而深，而明君所以御之之術則約而要。眞德秀所謂虛懷無我，虛靜少欲，嚴內外，杜私謁，以一正禦衆邪，此人君所以防小人者，誠不可不加之意也。

藝文

清・彭定求等《全唐詩》卷一二一《楊炎〈贈元載歌妓〉》　雪面淡眉天上女，鳳簫鸞翅欲飛去。玉山翹翠步無塵，楚腰如柳不勝春。

又　卷八七〇《高亭一作雲〈譏元載詩〉》　上元間既平劉展，租庸使元載以吳越雖兵荒後，民産猶給，乃召豪吏，分宰列邑重歛之，時人謂之白著，言其役歛無名，所著者皆公然明白，無所嫌避，一云世人謂酒酣為白著，既為刻薄之役，不堪其弊，則必顛沛，酩酊如醉者之著也。渤海高亭有詩云云：

上元官吏務剝削，江淮之人皆白著。

宋・洪邁《萬首唐人絶句》卷六五《元載妻王氏〈喻元載阻客〉》

楚水燕歌動畫梁，春蘭重換舞衣裳。公孫開合招嘉客，知道浮榮不久長。

宋・劉克莊《後村集》卷一五《元載》　三千兩鍾乳，八百斛胡椒。不悟口中韈，猶貪掌上腰。

元・黃玠《弁山小隱吟録》卷一《讀唐史》　元載既伏誅，胡椒八百斛。錢圜以函方，善走固無足。不聞古宥巵，既盈終必覆。

雜録

清・趙翼《廿二史劄記》卷一八《新舊唐書・新舊書互異處》　《舊書》載父景升任員外官，居岐州，載母攜載適景升，冒姓元氏，語不可解，然則載本何姓耶？《新書》云父升本姓景，為曹王妃元氏主田租，請於妃，冒為元氏。

盧杞專權

綜述

《舊唐書》卷一二《德宗紀上》　（建中二年）二月己未，以御史中丞盧杞爲御史大夫、京畿觀察使，以桂管觀察使李昌巙爲江陵尹、兼御史大夫、荆南節度等使，以前荆南節度使庾凖爲左丞。甲辰，以容州刺史盧岳爲桂州防禦觀察使。乙巳，以門下侍郎楊炎爲中書侍郎、同中書門下平章事，以御史大夫盧杞爲門下侍郎、同中書門下平章事。【略】

（建中四年）十二月壬戌，貶門下侍郎、平章事盧杞爲新州司馬，貶行在都知兵馬使白志貞爲恩州司馬，户部侍郎、判度支趙贊爲播州司馬。【略】

貞元元年正月【略】壬戌，以吉州長史盧杞爲澧州別駕，尋卒。

又　卷一三五《盧杞傳》　盧杞，字子良，故相懷慎之孫。父奕，天寶末為東臺御史中丞，洛城為安禄山所陷，奕守司而遇害。杞以門廕，解褐清道率府兵曹。朔方節度使僕固懷恩辟為掌書記、試大理評事、監察御史，以病免。入補鴻臚丞，遷殿中侍御史、膳部員外郎，出為忠州刺史。至荆南，謁節度使衛伯玉，伯玉不悅。杞移病歸京師，歷刑部員外郎、金部吏部二郎中。

杞貌陋而色如藍，人皆鬼視之。不恥惡衣糲食，人以為能嗣懷慎之清節，亦未識其心。頗有口辯。出為虢州刺史。建中初，徵為御史中丞。時尚父子儀病，百官造問，皆不屏姬侍。及聞杞至，子儀悉令屏去，獨隱几以待之。杞去，家人問其故，子儀曰：『杞形陋而心險，左右見之必笑。若此人得權，即吾族無類矣。』及居糾彈顧問之地，論奏稱旨，遷御史大夫。旬日，為門下侍郎、同中書門下平章事。既居相位，忌能妒賢，迎吠陰害，小不附者，必致之於死，將起勢立威，以久其權。楊炎以杞陋貌無識，同處台司，心甚不悅，為杞所譖，逐於崖州。德宗幸奉天，崔寧流涕論時事，杞聞惡之，譖于德宗，言寧與朱泚盟誓，故至遲回，寧遂見殺。惡顏眞卿之直言，令奉使李希烈，竟歿於賊。初，京兆尹嚴郢與楊炎有隙，杞乃擢郢為御史大夫以傾炎；炎既貶死，心又惡郢，圖欲去之。宰相張鎰忠正有才，上所委信，杞頗惡之。會朱滔、朱泚弟兄不睦，有泚判官蔡廷玉者離間滔，滔論奏，請殺之。廷玉既貶，殿中侍御史鄭詹遣吏監送，廷玉投水而卒。杞因奏曰：『恐朱泚疑為詔旨，請三司按鞫詹；又御史所為，稟大夫命，併令按郢。』詹與張鎰善，每伺杞晝眠，輒詣鎰，杞知之。他日，杞假寢佯熟，伺詹果來，方與鎰語，杞遽至鎰閤中，詹趨避杞，杞遽言密事，鎰曰：『殿中鄭侍御在此。』杞佯愕曰：『向者所言，非他人所宜聞。』時三司使方按詹、郢，獄未具而奏殺詹，貶郢為驩州刺史。鎰尋罷相，出鎮鳳翔。其陰禍賊物如此。李揆舊德，慮德宗復用，乃遣使西蕃，天下無不扼腕痛憤，然無敢言者。户部侍郎、判度支杜佑，甚承恩顧，為杞媒孽，貶饒州刺史。

初，上即位，擢崔祐甫為相，頗用道德寬大，以弘上意，故建中初政聲藹然，海內想望貞觀之理；及杞為相，諷上以刑名整齊天下。初，李希烈請討梁崇義，崇義誅而希烈叛，盡據淮右、襄、鄧之郡邑。恒州李寶臣死，其子惟岳邀節鉞，遂與田悅締結以抗王師，由是河北、河南連兵不息。度支使杜佑計諸道用軍月費一百餘萬貫，京師帑廩不支數月；且得五百萬貫，可支半歲，則用兵濟矣。杞乃以户部侍郎趙贊判度支，贊亦無計可施，乃與其黨太常博士韋都賓等謀行括率，以為泉貨所聚，在於富商，錢出萬貫者，留萬貫為業，有餘，官藉以給軍，冀得五百萬貫。上許之，約以罷兵後以公錢還。敕即下，京兆少尹韋禎督責頗峻，長安尉薛萃荷校乘車，搜人財貨，意其不實，即行搒箠，人不勝冤痛，或有自縊而死者，京師囂然如被賊盜。都計富户田宅奴婢等估，才及八十八萬貫。又以僦櫃納質積錢貨貯粟麥等，一切借四分之一，封其櫃窖，長安為之罷市，百姓相率千萬衆邀宰相于道訴之。杞初雖慰諭，後無以遏，即疾驅而歸。計僦質與借商，才二百萬貫。德宗知下民流怨，詔皆罷之，然宿師在野，日須供饋。

明年六月，趙贊又請稅間架、算除陌。凡屋兩架為一間，分為三等：上等每間二千，中等一千，下等五百。所由吏秉筆執籌，入人第舍而計之。凡沒一間，杖六十，告者賞錢五十貫文。除陌法，天下公私給與貿易，率一貫舊算二十，益加算為五十，給與物或兩換者，約錢為率算之。市主人牙子各給印紙，人有買賣，隨自署記，翌日合算之。有自貿易不用市牙子者，驗其私簿，投狀自其有私簿投狀。其有隱錢百，沒入；二千，杖六十；告者賞錢十千，出於其家。法既行，主人市牙得專其柄，率多隱盜，公家所入，百不得半，怨讟之聲，囂然滿於天下。及十月，涇師犯闕，亂兵呼於市曰：『不奪汝商户僦質矣！不稅汝間架除陌矣！』是時人心悉怨，涇師乘間謀亂，奉天之奔播，職杞之由。故天下無賢不肖，視杞如仇。

德宗在奉天，為朱泚攻圍，李懷光自魏縣赴難。或謂王翃、趙贊曰：『懷光累歎憤，以為宰相謀議乖方，度支賦斂煩重，京尹刻薄軍糧，乘輿播遷，三臣之罪也。今懷光勳業崇重，聖上必開襟布誠，詢問得失，使其言入，豈不殆哉！』翃、贊白於杞，杞大駭懼，從容奏曰：『懷光勳業，宗社是賴。臣聞賊徒破膽，皆無守心。若因其兵威，可以一舉破賊；今若許其朝覲，則必賜宴，賜宴則留連，使賊得京城，則從容完備，恐難圖之。不如使懷光乘勝進收京城，破竹之勢，不可失也。』帝然之，乃詔懷光率衆屯便橋，克期齊進。懷光大怒，遂謀異志，德宗方悟為杞所構。物議喧騰，歸咎於杞，乃貶為新州司馬，白志貞恩州司馬，趙贊為播州司馬。

遇赦，移吉州長史。在貶所謂人曰：『吾必再入用。』是日，上果用杞為饒州刺史。給事中袁高宿直，當草杞制，遂執以謁宰相盧翰、劉從一曰：『杞作相三年，矯誣陰賊，排斥忠良，朋附者欻唾立至青雲，睚眥者顧盼已擠溝壑。傲很背德，反亂天常，播越鑾輿，瘡痍天下，皆杞之為也。倖免誅戮，唯示貶黜，尋已稍遷近地，更授大郡，恐失天下望，惟相公執奏之，事尚可救。』翰、從一不悦，遂改命舍人草制。明日詔下，袁高執奏曰：『盧杞為政，極恣凶惡，三軍將校，願食其肉，百辟卿士，嫉之若仇。』諫官趙需、裴佶、宇文炫、盧景亮、張薦等上疏曰：『伏以吉州長史盧杞，外矯儉簡，內藏奸邪，三年擅權，百揆失序，惡直醜正，亂國殄人，天地神祇所知，蠻夷華夏同棄。伏惟故事，皆得上聞，自杞為相，要官大臣，動逾月不敢奏聞，百僚惴惴，常懼顛危。及京邑傾淪，皇輿播越，陛下炳然覺悟，出棄遐荒，制曰：「忠讜壅於上聞，朝野為之側目。」由是忠良激勸，內外歡欣；今復用為饒州刺史，衆情失望，皆謂非宜。臣聞君之所以臨萬姓者，政也；萬姓之所以載君者，心也。倘加巨奸之寵，必失萬姓之心，乞回聖慈，遽輟新命。』疏奏不答。諫官又論曰：『盧杞蒙蔽天聽，隳紊朝典，致亂危國，職杞之由，可謂公私巨蠹，中外棄物。自聞再加擢用，忠良痛骨，士庶寒心。臣昨者瀝肝上聞，冒死不恐，冀回宸睠，用快羣情；至今拳拳，未奉聖旨，物議騰沸，行路驚嗟。人之無良，一至於此。伏乞俯從衆望，永棄奸臣。倖免誅夷，足明恩貸；特加榮寵，恐造禍階。臣等忝列諫司，今陳狂瞽。』給事中袁高堅執不下，乃改授澧州別駕。翌日延英，上謂臣曰：『朕欲授杞一小州刺史，可乎？』李勉對曰：『陛下授杞大郡亦可，其如兆庶失望何？』上曰：『衆人論杞奸邪，朕何不知？』勉曰：『盧杞奸邪，天下人皆知；唯陛下不知，此所以為奸邪也！』德宗默然良久。散騎常侍李泌復對，上曰：『盧杞之事，朕已可袁高所奏，如何？』泌拜而言曰：『累日外人竊議，以陛下同漢之桓、靈；臣今親承聖旨，乃知堯、舜之不迨也！』德宗大悦，慰勉之。杞尋卒於澧州。

又　卷一一七《崔寧傳》　朱泚之亂，上卒迫行幸，百僚諸王鮮有知者。寧後數日自賊中來，上初喜甚。寧私謂所親曰：『聖上聰明英邁，從善如轉規，但爲盧杞所惑至此爾。』杞聞之，潛與王翃圖議陷之。初，涇原兵作亂之夕，寧與翃及御史大夫於頎俱出延平門而西，數下馬便液，每下輒良久。翃等促之，不敢前。又懼賊兵追及，翃乃大聲而言曰：『已至此，不必顧望。』至奉天，翃具以事聞。會朱泚行反間，僞除柳渾宰相，署寧中書令。寧朔方掌書記康湛時爲盩厔尉，翃逼湛作寧遺朱泚書，使寧無以自辯，翃遂獻之。杞因誣奏曰：『崔寧初無葵藿嚮日之心，聞於城中與朱泚堅爲盟約，所以後於百辟。今事果驗。使凶渠外逼，奸臣內謀，則大事去矣。』因俯伏歔欷曰：『臣備位宰相，危不能持，顛不能扶，宜當萬死，伏待斧鉞。』上命左右扶起之。既還，俄有中人引寧於幕後，二力士自後縊殺之，時年六十一。

又　卷一一八《楊炎傳》　炎既構劉晏之罪貶官，司農卿庾準與晏有隙，乃用準爲荆南節度使，諷令誣晏以忠州叛，殺之，妻子徒嶺表，朝野爲之側目。李正己上表請殺晏之罪，指斥朝廷。炎懼，乃遣腹心分往諸道：裴冀，東都、河陽、魏博；孫成，澤潞、磁邢、幽州；盧東美，河南、淄青；李舟，山南、湖南；王定，淮西。聲言宣慰，而意實説謗。且言『晏之得罪，以昔年附會姦邪，謀立獨孤妃爲皇后，上自惡之，非他過也』。或有密奏『炎遣五使往諸鎮者，恐天下以殺劉晏之罪歸己，推過於上耳』。乃使中人復炎辭於正己，還報信然。自此德宗有意誅炎矣，待事而發。乃擢用盧杞爲門下侍郎、平章事，炎轉中書侍郎，仍平章事。二人同事秉政，杞無文學，儀貌寢陋，炎惡而忽之，每托疾息於他閣，多不會食，杞亦銜恨之。舊制，中書舍人分押尚書六曹，以平奏報，開元初廢其職，杞請復之，炎固以爲不可。杞益怒，又密啓中書主書過，逐之。炎怒曰：『主書，吾局吏也，有過吾自治之，奈何而相侵？』

【略】

會德宗嘗訪宰相羣臣中可以大任者，盧杞薦張鎰、嚴郢，而炎舉崔昭、趙惠伯。上以炎論議疏闊，遂罷炎相，爲左僕射。後數日中謝，對於延英，及出，馳歸，不至中書，盧杞自是益怒焉。杞尋引嚴郢爲御史大夫。初，郢爲京兆尹，不附炎，炎怒之，諷御史張着彈郢，郢罷兼御史中丞。炎又夙聞源休與郢有隙，乃拔休自流人爲京兆尹，令伺郢過。休莅官後，與郢友善，炎大怒。張光晟方謀議殺回紇酋帥，炎乃以休爲入回紇使，休幾爲虜所殺。郢尋坐以度田不實，改爲大理卿，時人惜之。至是，杞因羣情所欲，又知郢與炎有隙，故引薦之。

又　卷一二〇《郭曜傳》　子儀薨後，楊炎、盧杞相次秉政，姦諂用事，尤忌勳族。子儀之婿太僕卿趙縱、少府少監李洞清、光祿卿王宰，皆以家人告訐細過，相次貶黜，曜家大恐，賴宰相張鎰力爲庇護，姦人幸其危懼，多論奪田宅奴婢，曜不敢訴。

又　卷一二一《李懷光傳》　懷光性粗厲疏愎，緣道數言盧杞、趙贊、白志貞等姦佞，且曰：『天下之亂，皆此輩也。吾見上，當請誅之。』杞等微知之，懼甚，因說上令懷光乘勝逐泚，收復京師，不可許至奉天，德宗從之，懷光屯軍咸陽，數上表暴揚杞等罪惡，上不得已爲貶杞、趙贊、白志貞慰安之。

又　卷一二四《李洧傳》　洧，正己從父兄也。正己用爲徐州刺史。正己死，子納犯宋州，洧以其州歸順，加御史大夫，封潮陽郡王，食實封二百户，充招諭使。初，洧遣攝巡官崔程奉表至京師，令口奏并白宰相：『徐州恐不能獨當賊，若得徐、海、沂三州節度都團練使，即必立功。況海、沂兩州，亦併爲賊納所據，非國家州縣。其刺史王涉、馬萬通等，洧併素與之約，若有詔命，冀必成功。』程乍自外到闕，以爲宰相一也，乃先以其言白張鎰，鎰言於盧杞。杞怒程不先白己，故洧所請不行，杞妨公害私，皆此類也。

又　卷一二八《顔眞卿傳》　盧杞專權，忌之，改太子太師，罷禮儀使，諭於眞卿曰：『方面之任，何處爲便？』眞卿候杞於中書曰：『眞卿以褊性爲小人所憎，竄逐非一。今已羸老，幸相公庇之。相公先中丞傳首至平原，面上血眞卿不敢衣拭，以舌舐之，相公忍不相容乎？』杞矍然下拜，而含怒心。會李希烈陷汝州，杞乃奏曰：『顔眞卿四方所信，使諭之，可不勞師旅。』上從之，朝廷失色。李勉聞之，以爲失一元老，貽朝廷羞，乃密表請留。又遣逆於路，不及。

又　卷一三〇《關播傳》　建中三年十月，拜銀青光禄大夫、中書侍郎、同中書門下平章事、集賢殿崇文館大學士、修國史。時政事決在盧杞，播但斂衽取容而已。

又　卷一三九《陸贄傳》　德宗還京，轉中書舍人，學士如故。初，贄受張鎰知，得居内職；及鎰爲盧杞所排，贄常憂惴；及杞貶黜，始敢上書言事，德宗好文，益深顧遇。奉天解圍後，德宗言及違離宗廟，嗚咽流涕曰：『致寇之由，實朕之過。』贄亦流涕而對曰：『臣思致今日之患者，羣臣之罪也。』贄意蓋爲盧杞、趙贊等也。上欲掩杞之失，則曰：『雖朕德薄，致兹禍亂，亦運數前定，事不由人。』贄又極言杞等罪狀，上雖貌從，心頗不悦。吴通微兄弟俱在翰林，亦承德宗寵遇，文章才器不迨贄，而能交結權幸，共短贄於上前。故劉從一、姜公輔自卑品倉惶之中，皆登輔相；而贄爲朋黨所擠，同職害其能，加以言事激切，動失上之歡心，故久之不爲輔相。其於議論應對，明練理體，敷陳剖判，下筆如神，當時名流，無不推挹。貞元初，李抱眞入朝，從容奏曰：『陛下幸奉天、山南時，赦書至山東，宣諭之時，士卒無不感泣，臣實時見人情如此，知賊不足平也。』【略】

八年四月，竇參得罪，以贄爲中書侍郎、門下同平章事。贄久爲邪黨所擠，困而得位，意在不負恩獎，悉心報國，以天下事爲己任。上即位之初，用楊炎、盧杞秉政，樹立朋黨，排擠良善，卒致天下沸騰，鑾輿奔播。懲是之失，貞元已後，雖立輔臣，至於小官除擬，上必再三詳問，久之方下。及贄知政事，請許臺省長官自薦屬官，仍保任之，事有曠敗，兼坐舉主。上許之，俄又宣旨曰：『外議與「諸司所舉多引用親黨，兼通賂遺，不得實才。」此法行之非便，今後卿等宜自選擇，勿用諸司延薦。』

又　卷一四六《于頎傳》　及爲大官，好任機數，專候權要，朝列中無勢利者，視之蔑如也。曲事元載，親昵之。而爲政苛細無大體，丁所生母憂罷。及載得罪後，出爲鄭州刺史，遷河南尹，以無政績代還。時征汾州刺史劉暹，暹剛腸嫉惡，歷典數州，皆爲廉使畏懼。宰相盧杞恐暹爲御史大夫，虧沮己之所見，遽稱薦頎爲御史大夫，以其柔佞易制也。

《新唐書》卷一〇一《蕭復傳》　復嘗言：『艱難以來，始用宦者監軍，權望太重，是曹正可委宮掖事，兵要政機，叵使參領。』帝不聽。又言：『陛下厥初清明，自楊炎、盧杞，放命穢盛德，播越及兹。今阽於危，當懲乂前敗。』因述君臣大端，即自言：『若使臣依阿偷免，不敢當宰相。』杞對上或諂諛阿匼，復厲言：『杞詞不正！』帝色眙，謂左右曰：『復慢我。』因詔復充山南、江淮、湖南、嶺南等道宣撫、安慰使。

又　卷一二〇《袁高傳》　高字公頤。少慷慨有節尚。擢進士第。代宗時，累遷給事中。建中中，拜京畿觀察使。坐累貶韶州長史，復拜給事中。德宗將起盧杞爲饒州刺史，高當草詔，見宰相盧翰、劉從一曰：

『杞當國，矯誣陰賊，斥忠誼，傲明德，反易天常，使宗祏失守，天下疣痏，朝廷不置以法，才示貶黜，今還授大州，天下其謂何？』翰等不悅，命舍人作詔。詔出，高執不下，奏曰：『陛下用杞爲相，出入三年，附下罔上，使陛下越在草莽，羣臣願食其肉且不猒。漢法，三光不明，雨旱不時，皆宰相請罪，小者免，大者戮。杞罪萬誅，陛下赦不誅，止貶新州，俄又内移，今復拜刺史，誠失天下望。』帝曰：『杞不逮，是朕之過。朕已再赦。』答曰：『杞天資詭險，非不逮，彼固所餘。赦者，止赦其罪，不宜授刺史。願問外廷，併敕中人聽於民。若億兆異臣之言，臣請前死。』諫官亦力爭帝前。帝曰：『與上佐可乎？』羣臣奉詔。翌日，遣使慰高曰：『朕惟卿言切至，已如奏。』太子少保韋倫曰：『高言勁挺，自是陛下一良臣，宜因優禮。』

又　卷一三一《宗室宰相傳·李勉》　興元元年，勉固讓都統，以檢校司徒平章事召。既見帝，素服待罪，詔不許，勉内愧，取充位而已。不敢有所與。貞元初，帝起盧杞爲刺史，袁高還詔不得下。帝問勉曰：『衆謂盧杞姦邪，朕顧不知，謂何？』勉曰：『天下皆知，而陛下獨不知，此所以爲姦邪也。』時韙其對，然自是益見疏。居相二歲，辭位，以太子太師罷。卒年七十二，贈太傅，謚曰貞簡。

又　卷一三九《李泌傳》　帝嘗從容言：『盧杞清介敢言，然少學，不能廣朕以古道，人皆指其姦而朕不覺也。』對曰：『陛下能覺杞之惡，安致建中禍邪？李揆和蕃，顔眞卿使希烈，其害舊德多矣。又楊炎罪不至死，杞擠陷之而相關播。懷光立功，逼使其叛。此欺天也。』帝曰：『卿言誠有之。然楊炎視朕如三尺童子，有所論奏，可則退，不許則辭官，非特杞惡之也。且建中亂，卿亦知桑道茂語乎？乃命當然。』對曰：『夫命者，已然之言。主相造命，不當言命。言命則不復賞善罰惡矣。桀曰：「我生不有命自天？」武王數紂曰：「謂己有天命。」君而言命，則桀、紂矣。』帝曰：『朕請不復言命。』俄加集賢殿、崇文館大學士，修國史。泌建言：學士加大，始中宗時，及張説爲之，固辭，乃以學，乃以學士知院事。至崔圓復爲大學士，亦引泌，爲讓而止。

又　卷一四九《劉晏傳》　晏兄暹，爲汾州刺史。天資疾惡，所至以方直爲觀察使所畏。建中末，召爲御史大夫。宰相盧杞憚其嚴，更薦前河南尹於頎代之。暹終潮州刺史。

論　説

《舊唐書》卷一三五《盧杞等傳論贊》　姦邪害正，自古有之；而矯誣無忌，妒賢傷善，未有如延齡、皇甫之甚也。臣每讀陸丞相論延齡疏，未嘗不泣下沾衿，其守正效忠，爲宗社大計，非端士益友，安能感激犯難如此？異哉德宗之爲人主也，忠良不用，讒慝是崇，乃至身播國屯，幾將覆滅，尚獨保延齡之是，不悟盧杞之非，悲夫！執誼、叔文，乘時多僻，而欲斡運六合，斟酌萬幾；劉、柳諸生，逐臭市利，何狂妄之甚也！章武雄材睿斷，翦削厲階；洎逐羣、度而相異、鎛，蓋季年之妖惑也，夫何言哉！

贊曰：貞元之風，好佞惡忠。齡、鎛害善，爲國蠹蟲。裴、陸獻替，嫉惡如風。天聽匪諶，吾道斯窮。

《新唐書》卷二二三下《奸臣傳下·盧杞等傳贊》　木將壞，蟲實生之；國將亡，妖實産之。故三宰嘯凶牝奪辰，林甫將蕃黄屋奔，鬼質敗謀興元蹙，崔、柳倒持李宗覆。嗚呼，有國家者，可不戒哉！

宋·范祖禹《唐鑑》卷一二《德宗一》　（建中）二年二月，以御史大夫盧杞爲門下侍郎同平章事。杞陰狡，欲起勢立威，小不附己者，必寘之死地，引太常博士裴延齡爲集賢直學士，親任之。

臣祖禹曰：君子與小人，莫不引其類而聚於朝。人君得一賢者而相之，爲相者舉其類而進之，後之進者亦舉其類繼之者，莫非賢也，其國未嘗無人焉，則是得一賢而百姓被其德澤者數十年而未已也。其任小人也，豈特一時之患哉，亦舉其類而進之，後之進者亦舉其類繼之者，莫非小人也。是以任一不肖而天下被其灾害者亦數十年而未已焉。德宗既相盧杞而杞復引延齡以爲助，則其國政可知矣。盧杞相於建中之初，而延齡用於朝。正元之後，是始終之以小人也。故德宗之時，賢人君子常厄窮而道不得行，由小人彙進而不已也。人君置相，可不慎哉！

宋·佚名《歷代名賢確論》卷八四《盧杞》　范祖禹論帝迫衆議不得已貶杞新州司馬曰：德宗之性與小人合，與君子殊，故其去小人也難，遠君子也易。忠正之士，一言忤意，則終身擯斥。盧杞、裴延齡之徒，至死而念之不衰，迫於危亡不得已然後去之，君子則於其不可去而逐之矣。夫賢之與佞正之與邪，聽其所言，觀其所行，亦足以知之矣。德宗反而易之，豈惡治而欲亂哉？蓋其性與小人合也。【略】

石守道論曰：嘗讀唐史，見德宗信任盧杞，知大姦有似乎忠，大佞有似乎賢，深心厚貌，外不可知，巧邪善諂，君不能察，使覽袁高之奏諫官之疏，雖幽、厲之蒙蔽，桓、靈之昏闇，猶將有以發寤，而德宗曾不少釋其惑，待遇益厚，蓋有以左道蒙其君也。結君之心已深也，固君之寵已堅也。至杞死而天下爲之快，德宗思之不已者，信其大姦大佞有似乎忠賢而能蔽君聰明，至於宗社崎危而莫之悟也，海内怨嗟而莫之覺也，任人之際可不察與？觀其行，括率稅間架，算除陌，斂天下之怨，賈禍於國家，拒懷光之朝，苟一身之安，遺憂於宗社，千載之下，人猶憤惋。請觀盧杞之邪，德宗之蔽塞，可爲後世之鑑矣。

宋·孫甫《唐史論斷》卷中《盧杞姦邪》　論曰：李勉以盧杞姦邪，天下皆知，獨德宗不知，所以爲姦邪。此勉知其一，未知其二。杞姦邪惑主，固有其術，其始未能辯也，及以大罪貶竄，德宗復念之，此由性所合爾。蓋德宗性忌，盧杞性險，人臣希主所忌之意，而行其險計，此固易合也。當李懷光赴難奉天，杞懼言巳之罪，故沮其朝見，致懷光怨望以叛，德宗悟其事，已逐杞矣。悟其事是辯其姦邪矣，既辯而復念之，蓋當危難則不敢徇己之情，懼臣下不盡力於平賊也。賊既平，復歸京師，又欲肆己所爲，顧朝廷之臣未有如杞能希其意者，故念之，念之必將用之，豈非性有所合也！賴忠賢力諫其事，杞復早死，不然杞必再用，用則天下再亂矣。人主性忌者宜戒之。

宋·文同《丹淵集》卷二一《盧杞傳題後》　盧杞少時已險譎無正行，籍父奕清名，人不識其醜。爲虢州刺史，虢有官豬三千，杞因奏言豬患民甚，德宗爲徙沙苑。杞復言彼亦陛下百姓，莫如食之。便德宗喜曰：『杞守此而憂他，宰相材也。』乃賜豬貧民，立召杞爲御史中丞，遷大夫，遂以門下侍郎平章事。

異乎哉，杞也！士大夫立朝，能自以其才結上，知而都貴位者，於古幾耶？蓋常有所因於人，然後可以脱塵泥而薄雲霄矣。彼因之者，或未有以能厭於中，雖非巳所願求，而他自欲以已爲其重行之至，此尚宜逡巡顧慮，擇去就以避天下之大論，一失之，已爲當時所謂君子賢人者姍笑不存録，所服塗地矣。自昔帝王命相，以夢以卜以自識其器業以得之於左右，正人端士以深知其久負於海内之望者，既審矣，乃置之巖廊之上，朝夕與之講議，所以贍養元元之治，動神幾，宣靈謀，崇固萬世大業，而共饗無疆之休烈，乃當然爾。今杞皆不然，獨以豬爲謀，而遂至於宰制天下士民之命，毁國章，貽主禍，頽替壞爛，顛覆狼籍如此，豈上天以時將溷亂擾攘，不可支援而生杞與國，俾造此紛紛者耶？無乃先以其兆示人，謂杞體雖人，而行禽獸，故使由畜産以進者耶？何其本末輕賤，陋惡若此之甚也！天意若曰杞狠躁穢蔑類豬，故以豬發其身！噫，杞可賤矣。然天之所以命人而作監於其後者，亦已怪矣。

宋·張方平《樂全集》卷三九《文安先生墓表》　郭汾陽見盧杞曰：『此人得志，吾子孫無遺類矣。』自今而言之，其理固有可見者。以吾觀之，王衍之爲人也，容貌言語，固有以欺世而盜名者。然不忮不求，與物浮沉，使晉無惠帝僅得中主，雖衍百千，何從而亂天下乎？盧杞之姦固足以敗國，然而不學無文，容貌不足以動人，言語不足以眩世，非德宗之鄙暗，亦何從而用之？由是言之，二公之料二子，亦容有未必然也。今有人口誦孔老之言，身履夷齊之行，召收好名之士，不得志之人相與造作言語，私立名字，以爲顔淵、孟軻復出，而陰賊險狠，與人異趣，是王衍、盧杞合而爲一人也，其禍豈可勝言哉！

明·李東陽《懷麓堂集》卷三七《文稿十七·雜著·讀唐史三十一首》　盧杞因李希烈之逗遛，説德宗暫罷楊炎而復用之，其姦不足破矣。縱使其非姦也，而德宗從之，豈人君之度哉？德宗已有除炎之志，故既罷而復聽殺之也。及懷光拒命，以杞爲辭，德宗從而罷杞，則杞所教罷炎之故智，實以姑塞其意而徐復之也。非陸贄輩力爭之，則杞誰可止乎？胡氏謂杞因懷光而去，則權不自天子出，是已。然苟使其前迷後悟，以心誠去之，則亦何可避此嫌而隱忍以稔其患哉？

明·楊慎《升庵集》卷四九《補陸贄對德宗》　唐德宗曰：『人言盧杞是姦邪，朕獨不覺其然。』陸贄之對婉矣，而未盡也，奚不曰：古之所謂姦邪者，莽、操、懿、温是也。其人皆有功於國，有善及人，時君倚之以成其惡，是眞姦邪也。盧杞則異是。杞之爲人，無寸功於國，無片善於身，事事蠹政害民，時時妨賢病國，始則保朱泚之不反，終則致朱泚之篡立，車駕播遷，宗社幾滅，幸而反正，天所贊也。原杞之情，與抽戈犯蹕者同，定杞之罪，與誤國無上者等，寸斬不足以謝天下，族誅不足以謝朝廷，聖代之梟獍，皇家之鯨鯢也。姦邪二字，不足以盡之。臣以爲陛下改過，當如太甲覺患，當如成王，而曰朕獨不覺其然，是以梟獍爲鸞鳳，鯨鯢爲龜龍也。王言如綸，其出如綍，天下聞之，誰不解體？前事之不忘後事之師，陛下勿以宗社再試哉。世傳宣公對上，語多訥曰：『容臣退而思之。』故張南軒云宣公只是詞臣，非宰相才。蓋指其爲相不能行，而徒屢疏其言也。

清·王夫之《讀通鑑論》卷二三《唐德宗》 人而不仁，所最惡聞者忠孝之言，而孝爲甚。君子率其性之誠然而與言，則必逢其怒；加之以欷歔垂涕行道酸心之語，而怒愈不可攖矣。陳天彝之言於至不仁者之前，勿論其怒與否也，不可與言而與言，先失言矣。

顔魯公謂盧杞曰：『先中丞傳首至平原，眞卿以舌舐其面血，公忍不相容乎？』近世高邑趙冢宰以魏廣微叔事逆奄，而歎曰：『昆溟無子。』魯公陷死於賊中，冢宰没身於遠戍，取禍之繇，皆君子之過也。

雖爲小人，而猶知有父，猶知其父之忠清，而恥貽之辱。則與父所同志者，雖異趣殊情，而必不忍相忮害，此不待人言而自動於心。蓋牿亡之餘，夜氣猶存，不能泯没者也。既不自知矣，知之而且以其父爲戒矣，則忠臣孝子，固其不必有怨，而挾蠆以唯恐不傷者也。蔡小人耳，使而爲君子，蔡攸豈但執手診視，迫其病免已乎？故夫子之責宰予，待其出而斥其不仁，弗與盡言也。使以三年之懷，面折其逆心，震喪其貝，而彼且躋於高陵，與於不仁之甚矣。君子於此，知其人理之已盡，置之而勿與言也。漠然若蠹蠆之過前，不問其誰氏之子也。權在則誅殛之，權不在，則遠引以避之，如二胡之於秦檜，斯得矣。盧奕、魏允成之生豺虺，腹悲焉可也。

藝文

宋·王十朋《梅溪集前集》卷一〇《德宗》 敵箭侵陵御幄時，君臣相顧不勝悲。難平猶自惟天命，盧杞姦邪竟不知。

宋·劉克莊《後村集》卷一五《雜詠一百首·盧杞》 僭僞蟠宮闕，忠賢血賊庭。相君無喜愠，面色只藍青。

宋·石介《徂徠集》卷四《袁高給事》 擲毫不肯草絲綸，宰相逡巡命別人。明日執回盧杞制，始知唐室有忠臣。

元·楊維楨《鐵崖詠史》卷六《藍面鬼》 藍面鬼，陰且袾，郭家姬，羣走避，天子見之殊嫵媚。藍面鬼，泚操兵，鬼遣使，鬼凌兢，尚持天柄殺崔寧。救駕將軍謁天子，姦一排，數千里，藍面鬼，澧州死。

元·黃玠《弁山小隱吟録》卷一《讀唐史》 汾陽國大臣，堂堂負才器。獨馬不衷甲，氣壓天驕子。鬼貌且藍色，顧獨畏盧杞。

清·張晉《艷雪堂詩集》卷一《讀唐書列傳二十八首·盧杞裴延齡》 潛害忠良復幾家，貪人敗類势紛拏。侍姬肯使窺藍面，諫議曾聞壞白麻。頗識延齡多誕妄，寧知盧杞果姦邪？度支宰相原如此，播越流離莫怨嗟。

甘露之變

綜述

《舊唐書》卷一七上《敬宗紀》 寶曆元年【略】秋九月【略】丁丑，衛尉卿劉遵古役人安再榮告前袁王府長史武昭謀害宰相李逢吉，詔三司鞫之。【略】十月【略】甲子，三司鞫武昭獄得實，武昭及弟匯、役人張少騰宜付京兆府決，河陽節度掌書記李仲言配流象州，匯流崖州，太學博士李涉流康州，皆坐武昭事也。

又 卷一七下《文宗紀下》 （大和）五年【略】二月【略】戊戌，神策中尉王守澄奏得軍虞候豆盧著狀，告宰相宋申錫與漳王謀反。即令追捕。庚子，詔貶宋申錫爲太子右庶子。【略】初，京師恟恟，以宰相實聯親王謀逆，三四日後，方知誣構。人士側目於守澄、鄭注，故諫官號泣論之。申錫方免其禍。

七年【略】九月甲寅朔。丙寅，侍御史李款閤内奏彈前邠州行軍司馬鄭注，曰：『注内通敕使，外連朝官，兩地往來，卜射財貨，晝伏夜動，干竊化權。人不敢言，道路以目，請付法司推劾情款。』旬日之中，諫章數十上，由是授注通王府司馬、兼侍御史，充神策軍判官，中外駭歎。

八年【略】九月【略】庚申，右軍中尉王守澄宣召鄭注，對於浴堂門，仍賜錦彩銀器。【略】甲子，鄭注進《藥方》一卷。【略】壬辰，召國子四門助教李仲言對於思政殿，賜緋。【略】甲午，以銀青光禄大夫、守中書侍郎、平章事李德裕檢校兵部尚書、同平章事、興元尹，充山南西道節度使。以助教李仲言爲國子《周易》博士，充翰林侍講學士。皇太子見太師路隨於明門。丙申，諫官上疏論李仲言不合獎任，上令中使宣諭諫官曰：『朕留仲言禁中，顧問經義，敕命已行，不可遽改。』【略】庚子，詔鄭注對於太和殿。以御史大夫鄭覃爲户部尚書。壬寅，翰林院宴李仲言，賜《法曲》弟子二十人奏樂以寵之。

十一月【略】丙子，李仲言奏請改名訓，從之。十二月丁丑朔。己卯，以昭義節度副使、檢校庫部員外郎、賜紫金魚袋鄭注爲太僕卿。

九月癸卯朔，奸臣李訓、鄭注用事，不附己者，即時貶黜，朝廷悚震，人不自安。【略】丁卯【略】以翰林侍講學士、工部尚書鄭注檢校右僕射，充鳳翔隴右節度使。戊辰，以右軍中尉王守澄爲左右神策觀軍容使，兼十二衛統軍。己巳，詔以朝議郎、守御史中丞、兼刑部侍郎、賜紫金魚袋舒元輿本官同中書門下平章事。朝議郎、守兵部郎中、知制誥、充翰林侍講學士、賜緋魚袋李訓可守尚書禮部侍郎、同中門下平章事，仍賜金紫。

冬十月【略】乙亥【略】内出曲江新造紫雲樓彩霞亭額，左軍中尉仇士良以百戲於銀臺門迎之。時鄭注言秦中有災，宜興土功厭之，乃浚昆明、曲江二池。【略】辛巳，遣中使李好古齎鴆賜王守澄。是日，守澄卒。【略】丁亥，禮部郎中錢可復、兵部員外郎李敬彝、駕部員外郎盧簡能、主客員外郎蕭傑、左拾遺盧茂弘等皆授鳳翔使府判官，從鄭注奏請也。

十一月【略】壬戌，中尉仇士良率兵誅宰相王涯、賈餗、舒元輿、李訓，新除太原節度王璠、郭行餘、鄭注、羅立言、李孝本、韓約等十餘家，皆族誅。時李訓、鄭注謀誅内官，詐言金吾仗舍石榴樹有甘露，請上觀之。内官先至金吾仗，見幕下伏甲，遽扶帝輦入内，故訓等敗，流血塗地。京師大駭，旬日稍安。

十二月【略】己卯，鳳翔監軍奏鄭注判官錢可復等四人併處斬訖。庚辰，上御紫宸，謂宰相曰：『坊市之間，人漸安未？』李石奏曰：『人情雖安，然刑殺過多，致此陰沴。又聞鄭注在鳳翔招致兵募不少，今皆被刑戮，臣恐乘此生事，切宜原赦以安之。』上曰：『然。』鄭覃又陳理道。上曰：『我每思貞觀、開元之時，觀今日之事，往往憤氣填膺耳。』

又 卷五二《后妃傳下·女學士尚宮宋氏》 女學士、尚宮宋氏者，名若昭，貝州清陽人。父庭芬，世爲儒學，至庭芬有詞藻。生五女，皆聰惠，庭芬始教以經藝，既而課爲詩賦，年未及笄，皆能屬文。長曰若華，次曰若昭、若倫、若憲、若荀。【略】文宗好文，以若憲善屬文，能論議奏對，尤重之。大和中，神策中尉王守澄用事，委信翼城醫人鄭注、賊臣李訓，干竊時權。訓、注惡宰相李宗閔、李德裕，構宗閔險邪，爲吏部侍郎時，令駙馬都尉沈通賂於若憲，求爲宰相。文宗怒，貶宗閔爲潮州司户，柳州司馬，幽若憲於外第，賜死。若憲弟侄女婿等連坐者十三人，皆流嶺表。李訓敗，文宗悟其誣構，深惜其才。

又 卷一六九《李訓傳》 李訓，肅宗時宰相揆之族孫也。始名仲言。進士擢第。形貌魁梧，神情灑落；辭敏智捷，善揣人意。寶曆中，從父逢吉爲宰相，以訓陰險善計事，愈親厚之。初與茅匯等欲中傷李程，及武昭事發，訓坐長流嶺表，會赦得還。丁母憂，居洛中。

時逢吉爲留守，思復爲宰相，且深怨裴度，居常憤鬱不樂。訓揣知其意，即以奇計動之。自言與鄭注善，逢吉以爲然，遺訓金帛珍寶數百萬，令持入長安，以賂注。注得賂甚悅，乘間薦於中尉王守澄，乃以注之藥術，訓之《易》道，合薦於文宗。守澄以訓縗粗，難入禁中。帝令訓戎服，號王山人，與注入内。帝見其指趣，甚奇之。及訓釋服，在京師。大和八年，自流人補四門助教，召入内殿，面賜緋魚。其年十月，遷國子《周易》博士，充翰林侍講學士。入院日，賜宴，宣法曲弟子二十人就院奏法曲以寵之。兩省諫官伏閤切諫，言訓姦邪，海内聞知，不宜令侍宸扆，終不聽。

文宗性守正嫉惡，以宦者權寵太過，繼爲禍胎，元和末弑逆之徒尚在左右，雖外示優假，心不堪之。思欲芟落本根，以雪讎恥，九重深處，難與將相明言。前與侍講宋申錫謀。謀之不臧，幾成反噬，自是巷伯尤横。因鄭注得幸守澄，俾之援訓，冀黄門之不疑也。訓既在翰林，解《易》之際，或語及巷伯事，則再三憤激，以動上心。以其言論縱横，謂其必能成事，遂以眞誠謀於訓、注。自是二人寵倖，言無不從；而深秘之謀，往往流聞於外。上慮中人猜慮，乃疏《易》義六條，示於百辟，有能出訓之意者賞之，蓋欲知上以師友寵之。九年七月，改兵部郎中、知制誥，充翰林學士。九月，遷禮部侍郎、同平章事，仍賜金紫之服。詔以平章之暇，三五日一入翰林。訓既秉權衡，即謀誅内豎。中官陳弘慶者，自元和末負弑逆之名，忠義之士無不扼腕。時爲襄陽監軍，乃召自漢南，至青泥驛，遣人封杖決殺。王守澄自長慶已來知樞密，典禁軍，作威作福。訓既作相，以守澄爲六軍十二衛觀軍容使，罷其禁旅之權，尋賜鴆殺之。訓愈承恩顧，每別殿奏對，他宰相莫不順成其言，黄門禁軍迎拜戢斂。訓本以纖達，門庭趨附之士，率皆狂怪險異之流。時亦能取正人偉望，以鎮人心。天下之人，有冀訓以致太平者，不獨人主惑其言。

訓雖爲鄭注引用，及禄位俱大，勢不兩立；托以中外應赴之謀，出注爲鳳翔節度使。俟誅内豎，即兼圖注。約以其年十一月誅中官，須假兵力，乃以大理卿郭行餘爲邠寧節度使，户部尚書王璠爲太原節度使，京兆少尹羅立言權知大尹事，太府卿韓約爲金吾街使，刑部郎中知雜李孝本權知中丞事，皆訓之親厚者。冀王璠、郭行餘未赴鎮間，廣令召募豪俠及金吾台府之從者，俾集其事。

是月二十一日，帝御紫宸。班定，韓約不報平安，奏曰：『金吾左仗院石榴樹，夜來有甘露，臣已進狀訖。』乃蹈舞再拜。宰相百官相次稱賀。李訓奏曰：『甘露降祥，俯在宫禁。陛下宜親幸左仗觀之。』班退，上乘軟舁出紫宸門，由含元殿東階升殿，宰相侍臣分立於副階，文武兩班，列於殿前。上令宰相兩省官先往視之。既還，曰：『臣等恐非眞甘露，不敢輕言。言出，四方必稱賀也。』上曰：『韓約妄耶？』乃令左右軍中尉、樞密内臣往視之。

既去，訓召王璠、郭行餘曰：『來受敕旨！』璠恐悚不能前，行餘獨拜殿下。時兩鎮官健，皆執兵在丹鳳門外，訓已令召之，唯璠從兵入，邠寧兵竟不至。中尉、樞密至左仗，聞幕下有兵聲，驚恐走出。閽者欲扃鎖之，爲中人所叱，執關而不能下。内官回奏，韓約氣懾汗流，不能舉首。中官謂之曰：『將軍何及此耶？』又奏曰：『事急矣，請陛下入内。』即舉軟輿迎帝。訓殿上呼曰：『金吾衛士上殿來，護乘輿者，人賞百千。』内官決殿後罘罳，舉輿疾趨。訓攀呼曰：『陛下不得入内。』金吾衛士數十人，隨訓而入。羅立言率府中從人自東來，李孝本率臺中從人自西來，共四百餘人，上殿縱擊内官，死傷者數十人。訓時愈急，邐迤入宣政門。帝瞋目叱訓，内官郤志榮奮拳擊其胸，訓即殭仆於地。帝入東上閤門，門即闔，内官呼萬歲者數四。須臾，内官率禁兵五百人，露刃出閤門，遇人即殺。宰相王涯、賈餗、舒元輿、方中書會食，聞難出走，諸司從吏死者六七百人。是日，訓中拳而仆，知事不濟，乃單騎走入終南山，投寺僧宗密。訓與宗密素善，欲剃其髮匿之。從者止之，乃趨鳳翔，欲依鄭注。出山，爲盩厔鎮將宗楚所得，械送京師。至昆明池，訓恐入軍別受搒掠，乃謂兵士曰：『所在有兵，得我者即富貴，不如持我首行，免被奪取。』乃斬訓，持首而行。

訓弟仲景、再從弟户部員外郎元皋，皆伏法。

仇士良以宗密容李訓，遣人縛入左軍，責以不告之罪。將殺之，宗密怡然曰：『貧僧識訓年深，亦知反叛。然本師教法，遇苦即救，不愛身命，死固甘心。』中尉魚弘志嘉之，奏釋其罪。

又《鄭注傳》 鄭注，絳州翼城人，始以藥術游長安權豪之門。本姓魚，冒姓鄭氏，故時號魚鄭。注用事時，人目之爲『水族』。

元和十三年，李愬爲襄陽節度使，注往依之。愬得其藥力，因厚遇之，署爲節度衙推。從愬移鎮徐州，又爲職事，軍政可否，醖與之參決。注詭辯陰狡，善探人意旨，與愬籌謀，未嘗不中其意。然挾邪任數，專作威福，軍府患之。時王守澄監徐軍，深怒注。一日，以軍情患注白於愬。愬曰：『彼雖如此，實奇才也。將軍試與之語；苟不如旨，去未爲晚。』愬即令謁監軍。守澄初有難色，及延坐與語，機辯縱衡，盡中其意，遂延於内室，促膝投分，恨相見之晚。翌日，守澄謂愬曰：『誠如公言，實奇士也。』自是出入守澄之門，都無限隔。愬署爲巡官，齒於賓席。

及守澄入知樞密，當長慶、寶曆之際，國政多專於守澄。注晝伏夜動，交通賂遺。初則讒邪姦巧之徒附之以圖進取；數年之後，達僚權臣，爭湊其門。累從山東、京西諸軍，歷衛佐、評事、御史，又檢校庫部郎中，爲昭義節度副使。既以陰事誣陷宋申錫，守道正人，始側目焉。

大和七年，罷邠寧行軍司馬，入京師。御史李款閤内彈之曰：『鄭注内通敕使，外結朝官，兩地往來，卜射財貨，晝伏夜動，干竊化權。人不敢言，道路以目。請付法司。』旬日内，諫章十數，文宗不納。尋授注通王府司馬，充右神策判官，中外駭歎。八年九月，注進藥方一卷，令守澄召注對浴堂門，賜錦彩。召對之夕，彗出東方，長三尺，光耀甚緊。其年十二月，拜太僕卿、兼御史大夫。

注起第善和里，通於永巷，長廊複壁。日聚京師輕薄子弟、方鎮將吏，以招權利。間日入禁軍，與守澄款密，語必移時，或通夕不寐。李訓既附注以進，承間入謁；而輕浮躁進者，盈於注門。九年八月，遷工部尚書，充翰林侍講學士。召自九仙門，帝面賜告身。時李訓已在禁庭，二人相洽，日侍君側，講貫太平之術，以爲朝夕可致升平。兩姦合從，天子益惑其説。是時，訓、注之權，赫於天下。既得行其志，生平恩仇，絲毫必報。因楊虞卿之獄，挾忌李宗閔、李德裕，心所惡者，目爲二人之黨。朝士相繼斥逐，班列爲之一空，人人惴慄，若崩厥角。帝微知之，下詔慰諭，人情稍安。

訓、注天資狂妄，媮合苟容，至於經略謀猷，無可稱者。初浴堂召對，上訪以富人之術，乃以榷茶爲對。其法，欲以江湖百姓茶園，官自造作，量給直分，命使者主之。帝惑其言，乃命王涯兼榷茶使。又言秦中有災，宜興工役以禳之。文宗能詩，嘗吟杜甫《江頭篇》云：『江頭宮殿鎖千門，細柳新蒲爲誰緑？』始知天寶已前，環曲江四岸，有樓臺行宮廨署，心切慕之。既得注言，即命左右神策軍差人淘曲江、昆明二池，仍許公卿士大夫之家於江頭立亭館，以時追賞。時兩軍造紫雲樓、彩霞亭，内出樓額以賜之。注言無不從，皆此類也。

九月，檢校尚書左僕射、鳳翔尹、鳳翔節度使。蓋與李訓謀事有期，欲中外協勢。十一月，注聞訓事發，自鳳翔率親兵五百餘人赴闕。至扶風，聞訓敗，乃還。監軍使張仲清已得密詔，迎而勞之，召至監軍府議事。注倚兵衛卽赴之，仲清已伏兵幕下。注方坐，伏兵發，斬注，傳首京師，部下潰散。注家屬屠滅，靡有孑遺。初未獲注，京師憂恐。至是，人人相慶。

注兩目不能遠視，自言有金丹之術，可去痿弱重膇之疾。始李愬自云得效，乃移之守澄，亦神其事。由是中官視注皆憐之，卒以是售其狂謀。而守澄自貽其患，復致衣冠塗地，豈一時之沴氣歟？既籍没其家財，得絹一百萬匹，他貨稱是。

又《王涯傳》（大和）七年七月，以本官同平章事，進封代國公，食邑二千户。八年正月，加檢校司空、門下侍郎、弘文館大學士、太清宫使。九年五月，正拜司空，仍令所司册命，加開府儀同三司，仍兼領江南榷茶使。十一月二十一日，李訓事敗，文宗入内。涯與同列歸中書會食，未下箸，吏報有兵自閤門出，逢人卽殺。涯等蒼惶步出，至永昌里茶肆，爲禁兵所擒，併其家屬奴婢，皆係於獄。仇士良鞫涯反狀，涯實不知其故。械縛既急，搒笞不勝其酷，乃令手書反狀，自誣與訓同謀。獄具，左軍兵馬三百人領涯與王璠、羅立言，右軍兵馬三百人領賈餗、舒元輿、李孝本，先赴郊廟，徇兩市，乃腰斬於子城西南隅獨柳樹下。涯以榷茶事，百姓怨恨詬駡之，投瓦礫以擊之。中書房吏焦寓、焦璿、臺吏李楚等十餘人，吏卒爭取殺之，籍没其家。涯子工部郎中、集賢殿學士孟賢，太堂博士仲翔，其餘稚小妻女，連襟係頸，送入兩軍，無少長盡誅之。自涯已下十一家，資貨悉爲軍卒所分。涯積家財鉅萬計，兩軍士卒及市人亂取之，竟日不盡。

又《王璠傳》（大和）八年，李訓得幸，累薦於上。召還，復拜右丞。璠以逢吉故吏，自是傾心於訓，權幸傾朝。九年五月，遷户部尚書，判度支。謝日，召對浴堂，錫之錦彩。其年十一月，李訓將誅内官，令璠召募豪俠，乃授太原節度使，托以募爪牙爲名。訓敗之日，璠歸長興里第。是夜爲禁軍所捕，舉家下獄；斬璠於獨柳樹，家無少長皆死。

又《賈餗傳》其年十一月，李訓事發，兵交殿廷，禁軍肆掠。餗易服步行出内，潛身人間。翌日，自投神策軍，與王涯等皆族誅。餗雖中立自持，然不能以身犯難，排斥姦纖，脂韋其間，遂至覆族。逢時多僻，死非其罪，世多冤之。

又《舒元輿傳》 元輿自負奇才，鋭於進取，乃進所業文章，乞試效用，宰執謂其躁競。五年八月，改授著作郎，分司東都。時李訓丁母憂在洛，與元輿性俱詭激，乘險蹈利，相得甚歡。及訓爲文宗寵遇，復召爲尚書郎。九年，以右司郎中知臺雜。七月，權知中丞事。九年，拜御史中丞，兼判刑部侍郎。是月，以本官同平章事，與訓同知政事。而深謀詭算，熒惑主聽，皆生於二凶也。訓竊發之日，兵自内出。元輿易服單馬出安化門，爲追騎所擒，送左軍族誅之。

又《郭行餘傳》 郭行餘者，亦登進士第。大和初，累官至楚州刺史。五年，移刺汝州，兼御史中丞。九月，入爲大理卿。李訓在東都時，與行餘親善，行餘數相餉遺，至是用爲九列，十一月，訓欲竊發，令其募兵，乃授邠寧節度使。訓敗，族誅。

又《羅立言傳》 羅立言者，父名歡。貞元末，登進士第。寶曆初，檢校主客員外郎，爲鹽鐵河陰院官。二年，坐糴米不實，計贓一萬九千貫，鹽鐵使惜其吏能，定罪止削所兼侍御史。大和中，爲司農少卿，主太倉出納物，以貨厚賂鄭注，李訓亦重之。訓將竊發，須兵集事，以京兆府多吏卒，用立言爲京兆少尹，知府事。訓敗日，族誅。

又《李孝本傳》 李孝本者，宗室之子也。累官至刑部郎中，而依於訓、注以求進。舒元輿作相，訓用孝本知臺雜，權知中丞事，最預訓謀。竊發之日，孝本從人殺内官十餘人於殿廷。知事不濟，單騎走投鄭注。至咸陽西原，爲追騎所捕，族誅之。坐訓、注而族者，凡十一家，人以爲冤。

又 卷一八四《王守澄傳》 文宗卽位，守澄爲驃騎大將軍，充右軍中尉。注復得幸於文宗，後依倚守澄，大爲姦弊。文宗以元和逆黨尚在，其黨大盛，心常憤惋，端居不怡。翰林學士宋申錫嘗獨對探知，上略言其意，申錫請漸除其逼。帝亦以申錫沉厚有方略，爲其事可成，乃用爲宰相。申錫謀未果，爲注所察，守澄乃令軍吏豆盧著誣告申錫與漳王謀逆，申錫坐貶。

宰相李逢吉從子訓，與注交通，訓亦機詭萬端，二人情義相得，俱爲守澄所重。復引訓入禁中，爲上講《周易》。既得幸，又探知帝旨，復以除宦官謀中帝意。帝以訓才辯縱横，以爲其事必捷，待以殊寵，自流人中用爲學官，充侍進學士。時仇士良有翊上之功，爲守澄所抑，位未通顯。訓奏用士良分守澄之權，乃以士良爲左軍中尉；守澄不悦，兩相矛盾。訓因其惡。

大和九年，帝令内養李好古齎鴆賜守澄，秘而不發，守澄死，仍贈揚州大都督。其弟守涓爲徐州監軍，召還，至中牟，誅之。守澄豢養訓、注，反罹其禍，人皆快其受佞，而惡訓、注之陰狡。

李訓既殺守澄，復惡鄭注，乃奏用注爲鳳翔節度使。訓欲盡誅宦官，乃與金吾將軍韓約、新除太原節度使王璠、新除邠寧節度使郭行餘、權御史中丞李孝本、權京兆尹羅立言謀。其年十一月二十一日，上御宣政殿，百僚班定，韓約不奏平安，乃奏曰：『臣當仗廨内石榴樹，夜來降甘露，請陛下幸仗舍觀之。』帝乘輦趨金吾仗。中尉仇士良與諸官先往石榴樹觀之，伺知其詐；又聞幕下兵仗聲，蒼黄而還，奏曰：『南衙有變。』遂扶帝輦入閣門。李訓從輦大呼曰：『邠寧、太原之兵，何不赴難？衛乘輿者，人賞百千！』於是誰何之卒及御史臺從人，持兵入宣政殿院，宦官死者甚衆。輦既入閣門，内官呼萬歲。俄而士良等率禁兵五百餘人，露刃出東上閤逢人卽殺，王涯、賈餗、舒元輿、李訓等四人宰相及王璠、郭行餘等十一人，屍横闕下。自是權歸士良與魚弘志。至宣宗卽位，復誅其太甚者，而閹寺之勢，仍握軍權之重焉。

又 卷一五二《王茂元傳》 茂元幼有勇略，從父征伐知名。元和中爲右神策將軍。大和中檢校工部尚書、廣州刺史、嶺南節度使。【略】李訓之敗，中官利其財，掎摭其事，言茂元因王涯、鄭注見用。茂元懼，罄家財以賂兩軍，以是授忠武軍節度、陳許觀察使。

又 卷一六一《劉悟傳》 文宗卽位，進檢校司空。（大和）六年十二月入覲，七年春歸藩，加同中書門下平章事。九年，李訓事敗，宰相王涯等四人被禍。時涯兼掌邦計，雖不與李訓同謀，然不自異於其間，既死非其罪，悟素德涯之私恩，心頗不平，四上章請涯等罪名，仇士良輩深憚之。是時中官頗横，天子不能制，朝臣日尤陷族，賴從諫論列而鄭覃、李石方能粗秉朝政。

又 卷一六三《盧簡能傳》 簡能字子拙，登第後再辟藩府，入爲監察御史。大和九年，由駕部員外檢校司封郎中，充凰翔節度判官。時鄭注得幸，李訓與之謀誅宦官，俾注鎮鳳翔，仍妙選當時才俊以爲賓佐。簡能與蕭勉弟傑、錢起子可復，皆爲訓所選，從注。及訓敗，注誅，簡能、蕭傑等四人皆爲監軍使所害。

又 卷一七〇《裴度傳》 裴度字中立，河東聞喜人。【略】度與李逢吉不協，度自太原入朝，而惡度者以逢吉善於陰計，足能構度，乃自襄陽召逢吉入朝，爲兵部尚書。度既復知政事，而魏弘簡、劉承偕之黨在禁中。逢吉用族子仲言之謀，因醫人鄭注與中尉王守澄交結，內官皆爲之助。【略】大和【略】九年十月，進位中書令。十一月，誅李訓、王涯、賈餗、舒元輿等四宰相，其親屬門人從坐者數十百人，下獄訊劾，欲加流竄，度上疏理之，全活者數十家。自是，中官用事，衣冠道喪。度以年及懸輿，王綱版蕩，不復以出處爲意。

又 卷一七四《李德裕傳》 （大和）七年二月，德裕以本官平章事，進封贊皇伯，食邑七百户。六月，宗閔亦罷，德裕代爲中書侍郎、集賢大學士。其年十二月，文宗暴風恙，不能言者月餘。八年正月十六日，始力疾御紫宸見百僚。宰臣退問安否，上歎醫無名工者久之，由是王守澄進鄭注。初，注構宋申錫事，帝深惡之，欲令京兆尹杖殺之。至是以藥稍效，始善遇之。守澄復進李訓，善《易》。其年秋，上欲授訓諫官，德裕奏曰：『李訓小人，不可在陛下左右。頃年惡積，天下皆知，無故用之，必駭視聽。』上曰：『人誰無過，俟其悛改。朕以逢吉所托，不忍負言。』德裕曰：『聖人有改過之義。訓天性姦邪，無悛改之理。』上顧王涯曰：『商量別與一官。』遂授四門助教。【略】俄而鄭注亦自絳州至，訓、注惡德裕排己，九月十日，復召宗閔於興元，授中書侍郎、平章事，代德裕，出德裕爲興元節度使。【略】（大和九年）十一月，王璠與李訓造亂伏誅，而文宗深悟前事，知德裕爲朋黨所誣。明年三月，授德裕銀青光禄大夫，量移滁州刺史。七月，遷太子賓客。

又 《李宗閔傳》 宗閔爲吏部侍郎時，因駙馬都尉沈結托女學士宋若憲及知樞密楊承和，二人數稱之於上前，故獲徵用。及德裕秉政，羣邪不悅，而鄭注、李訓深惡之，文宗乃復召宗閔於興元，爲中書侍郎、平章事，命德裕代宗閔爲興元尹。既再得權位，輔之以訓、注，尤恣所欲，進封襄武侯，食邑千户。九年六月，京兆尹楊虞卿得罪，宗閔極言救解，文宗怒叱之曰：『爾嘗謂鄭覃是妖氣，今作妖，覃耶、爾耶？』翌日，貶明州刺史，尋再貶處州長史。七月，鄭注發沈、宋若憲事，內官楊承和、韋元素、沈及若憲姻黨坐貶者十餘人，又貶宗閔潮州司户。

又 卷一六七《宋申錫傳》 文宗即位，拜户部郎中、知制誥。大和二年，正拜中書舍人，復爲翰林學士。初，文宗常患中人權柄太盛，自元和、寶曆，比致宮禁之禍。及王守澄之領禁兵，恃其宿舊，跋扈尤甚。有鄭注者，依恃守澄爲奸利，出入禁軍，賣官販權，中外咸扼腕視之。文宗雅知之，不能堪。申錫時居內廷，文宗察其忠厚，可任以事。嘗因召對，與申錫從容言及守澄，無可奈何，令與外廷朝臣謀去之，且約命爲宰相。申錫頓首謝之。未幾，拜左丞。逾月，加平章事。申錫素能謹直，寵遇超輩，時情大爲屬望。及到中書，剖斷循常，望實頗不相副。

大和五年，忽降中人召宰相入赴延英。路隨、李宗閔、牛僧孺等既至中書東門，中人云：『所召無宋申錫。』申錫始知被罪，望延英以笏叩頭而退。隨等至，文宗以神策軍中尉王守澄所奏，得本軍虞候豆盧著狀，告宋申錫與漳王謀反，隨等相顧愕然。初，守澄於浴堂以鄭注所構告於文宗，守澄即時於市肆追捕，又將以二百騎就靖恭里屠申錫之家。會內官馬存亮同入，諍於文宗曰：『謀反者適宋申錫耳，何不召南司會議。今卒然如此，京師企足自爲亂矣。』

《新唐書》卷二〇七《宦者傳上・仇士良》 文宗與李訓欲殺王守澄，以士良素與守澄隙，故擢左神策軍中尉兼左街功德使，使相糜肉。已而訓謀悉逐中官，士良悟其謀，與右神策軍中尉魚弘志、大盈庫使宋守義挾帝還宮。王涯、舒元輿已就縛，士良肆脅辱，令自承反，示牒於朝。於時莫能辨其情，皆謂誠反，士良因縱兵捕，無輕重悉斃兩軍，公卿半空。事平，加特進、右驍衛大將軍，弘志右衛上將軍兼中尉，守義右領軍衛上將軍。

澤潞劉從諫本與訓約誅鄭注。及訓死，憤士良得志，乃上書言：『王涯等八人皆宿儒大臣，願保富貴，何苦而反。今大戮所加已不可追，而名之逆賊，含憤九泉。不然，天下義夫節士，畏禍伏身，誰肯與陛下共治耶？』即以訓所移書遺部將陳季卿以聞。季卿至，會石遇盜，京師擾，疑不敢進。從諫大怒，殺季卿，騰書於朝。又言：『臣與訓誅注，以注本宦豎所提挈，不使聞知。今四方共傳宰相欲除内官，而兩軍中尉聞，自救死，妄相殺戮，謂爲反逆。有如大臣挾無將之謀，自宜執付有司，安有縱俘劫，橫屍闕下哉？陛下視不及，聽未聞也。且宦人根黨蔓延在内，臣欲面陳，恐橫遭戮害，謹修封疆，繕甲兵，爲陛下腹心。如奸臣難制，誓以死清君側。』書聞，人人傳觀。士良沮恐，即進從諫檢校司徒，欲弭其言。從諫知可動，復言：『臣所陳係國大體，可聽，則宜洗宥涯等罪；不可聽，則賞不宜妄出。安有死冤不申，而生者荷禄？』固辭。累上書，暴指士良等罪。帝雖不能去，然倚其言差自强。自是鬱鬱不樂，兩軍球獵宴會絶矣。【略】

始，士良、弘志憤文宗與李訓謀，屢欲廢帝。崔慎由爲翰林學士，直夜未半，有中使召入，至秘殿，見士良等坐堂上，帷帳周密，謂慎由曰：『上不豫已久，自即位，政令多荒闕，皇太后有制更立嗣君，學士當作詔。』慎由驚曰：『上高明之德在天下，安可輕議？慎由親族中表千人，兄弟羣從且三百，何可與覆族事？雖死不承命。』士良等默然，久乃啓後户，引至小殿，帝在焉。士良等歷階數帝過失，帝俯首。既而士良指帝曰：『不爲學士，不得更坐此。』乃送慎由出，戒曰：『毋泄，禍及爾宗。』慎由記其事，藏箱枕間，時人莫知。將没，以授其子胤，故胤惡中官，終討除之，蓋禍原於士良、弘志云。

論說

《舊唐書》卷一七下《文宗紀論贊》　昭獻皇帝恭儉儒雅，出於自然，承父兄奢弊之餘，當閽寺撓權之際，而能以治易亂，代危爲安。大和之初，可謂明矣。初，帝在藩時，喜讀《貞觀政要》，每見太宗孜孜政道，有意於茲。洎即位之後，每延英對宰臣，率漏下十一刻。故事，天子雙日視事，帝謂宰輔曰：『朕欲與卿等每日相見，其輟朝、放朝、用雙日可也。』時憲宗郭后居興慶宮，曰太皇太后，敬宗寶曆太后及上母蕭太后，時呼『三宮太后』。帝性仁孝，三宮問安，其情如一。嘗内園進櫻桃，所司啓曰：『别賜三宮太后。』帝曰：『太后宫送物，焉得爲賜。』遽取筆改賜爲奉。宗正寺以祭器朽敗，請易之，及有司呈進，命陳於别殿，具冠帶面閲之，容色凄然。尤勤於政理凡選内外羣官，府進名，帝必面訊其行能，然後補除。中書用鴻臚卿張賈爲衢州刺史，賈好博，朝辭日，帝謂之曰：『聞卿善長行。』對曰：『政事之餘，聊與賓客爲戲，非有所妨。』帝曰：『豈有好之而無妨也！』内外聞之悚息。而帝以累世變起禁闈，尤側目於中官，欲盡除之。然訓、注狂狡之流，制御無術，矢謀既誤，幾致顛危。所謂『有帝王之道，而無帝王之才』，雖旰食焦憂，不能弭患，異哉！

贊曰：昭獻統天，洪惟令德。心憤仇恥，志除凶慝。未殄虁魖，又生鬼蜮。天未好治，亂何由息。

《新唐書》卷八《文宗紀贊》　文宗恭儉儒雅，出於天惟，嘗讀太宗《政要》，慨然恭之。及即位，鋭意於治，每延英對宰臣，率漏下十一刻。唐制，天子以隻日視朝，乃命輟朝、放朝皆用雙日。凡除吏必召見訪問，親察其能否。故大和之初，政事脩飭，號爲清明。然其仁而少斷，承父兄之弊，宦官撓權，制之不得其術，故其終困以此。甘露之事，禍及忠良，不勝冤憤，飲恨而已。由是言之，其能殺弘志，亦足伸其志也。

《舊唐書》卷一六九《李訓等傳論》　王者之政以德，霸者之政以權。古先後王，率由茲道，而遂能息人靖亂，垂統作則者。如梓人共柯而殊工，良奕同枰而獨勝，蓋在得其術，則事無後艱。昭獻皇帝端冕深帷，憤其廝養，欲鏟宮居之弊，載澄刑政之源。當宜禮一代正人，訪先朝耆德，修文教而厚風俗，設武備以服要荒。俾西被東漸，皆陶於景化；柔祇蒼昊，必降於闕祥，自然懷德以寧，無思不服。況區區宦者，獨能悖化哉？故豎刁、易牙，不廢齊桓之霸；韓嫣、籍孺，何妨漢帝之明。蓋有管仲、亞夫之賢，屬之以大政故也。此二君者，制御閽寺，得其道也。而昭獻忽君人之大體，惑纖狡之庸儒。雖終日橫經，連篇屬思，但得好文之譽，庸非致治之先。且李訓者，狙詐百端，陰險萬狀，背守澄而勸鴆，出鄭注以擅權。祇如盡隕四星，兼權八校，小人方寸，即又難知。但慮爲蚤虱而採溪蓀，翻獲螾蜓之患也。嗚呼明主！夫何不思，遽致血濺黄門，兵交青瑣。苟無藩後之勢，黄屋危哉！涯、餗綽有士風，晚爲利喪，致身鬼蜮之伍，何逃瞰室之災。非天不仁，子失道也！贊曰：奭、旦興周，斯、高亡秦。禍福非天，治亂由人。訓、注姦僞，血頽象魏。非時乏賢，君迷倒置。

《新唐書》卷一七九《李訓等傳贊》 李訓浮躁寡謀，鄭注斬斬小人，王涯暗還，舒元輿險而輕，邀幸天功，寧不殆哉！李德裕嘗言天下有常勢，北軍是也。訓因王守澄以進，此時出入北軍，若以上意説諸將，易如靡風，而反以臺、府抱關游徼抗中人以搏精兵，其死宜哉！文宗與宰相李石、李固言、鄭覃稱：『訓稟五常性，服人倫之教，不如公等，然天下奇才，公等弗及也。』德裕曰：『訓曾不得齒徒隸，尚才之云！』世以德裕言爲然。《傳》曰：『國將亡，天與之亂人。』若訓等持腐株支大廈之顛，天下爲寒心豎毛，文宗偃然倚之成功，卒爲閹謁所乘，天果厭唐德哉！

宋・司馬光《資治通鑑》卷二四五《唐紀六十一・文宗元聖昭獻孝皇帝中》 臣光曰：『論者皆謂涯、餗有文學名聲，初不知訓、注之謀，横罹覆族之禍。臣獨以爲不然。夫顛危不扶，焉用彼相！涯、餗安高位，飽重禄；訓、注小人，窮姦究險，力取將相。涯、餗與之比肩，不以爲恥；國家危殆，不以爲憂。偷合苟容，日復一日，自謂得保身之良策，莫我如也。若使人人如此而無禍，則奸臣孰不願之哉！一旦禍生不虞，足折刑剭，蓋天誅之也，士良安能族之哉！』

藝 文

元・楊維楨《鐵崖詠史》卷七《甘露行》 石榴林，甘露降，白棓夜匿丹鳳門，皂襠曉集金吾仗。王氏婢，仇氏奴，天子一怒何足誅？王山人，鹿裘子，天子養成雙鑿齒。逐三相，進百官，鑿齒不滅麟鳳無時還。鳳翔茶，長安柳，天殺二凶天假手，王家五帝何足咎。

清・謝啓昆《樹經堂詠史詩》卷六《唐・文宗》 八年臨御初行事，二廣操榴不可禁。簾幕風吹兵乍動，石榴露下漏初深。罘罳殿決金吾吾亂，黄閣人傷渭水沉。受制家奴慙赧献，空教掩抑泪霑襟。

又《李訓》 託名經義假文儒，戎服山入其禁樞。將作紫雲環玉殿，旋聞甘露降金吾。黨人恩怨傾朝列，宦寺縱横及御盧。鼂錯張華同不免，録衣枉自匿浮屠。

清・張晉《艷雪堂詩集》卷一《讀唐書列傳二十八首・李訓鄭注》 夜來甘露降金吾，曉御含元列仗俱。幕下執兵看隱約，樹邊流汗費枝梧。才宣詔旨隨班入，已決罘罳下殿趨。投鼠可憐忘忌器，爾曹安得有長圖？

朋黨之禍

綜 述

《舊唐書》卷一四《憲宗紀上》 （元和三年）夏四月，【略】乙丑，貶翰林學士王涯虢州司馬。時涯甥皇甫湜與牛僧孺、李宗閔並登賢良方正科第三等，策語太切，權幸惡之，故涯坐親累貶之。【略】

十月己酉朔。癸亥，以太常卿高郢爲御史大夫。甲子，以御史中丞竇羣爲湖南觀察使，既行。改爲黔中觀察使。羣初爲李吉甫擢用，及持憲，反傾吉甫，吉甫劾其陰事，故貶之。

又 卷一六《穆宗紀》 （元和十五年正月）甲寅【略】以監察御史李德裕、右拾遺李紳、禮部員外郎庾敬休並守本官，充翰林學士。【略】

九月庚子朔，【略】乙巳，以駕部郎中、知制誥李宗閔爲中書舍人。【略】

（長慶元年正月）翰林學士、司勳員外郎李德裕上疏曰：『臣見國朝故事，駙馬國之親密，不合與朝廷要官往來，開元中禁止尤切。近日駙馬多至宰相及要官宅，此輩無他才可以延接，唯是漏洩禁密、交通中外。伏望宣示駙馬等，今後有事任至中書見宰臣，此外不得至宰臣及臺省官私第。』【略】

六月乙丑朔。【略】甲申，賜御史中丞牛僧孺金紫。【略】

（長慶二年二月）丁卯，以考功郎中、知制誥李德裕爲中書舍人，依前翰林學士。【略】

（辛巳）以翰林學士、中書舍人李德裕爲御史中丞。【略】

（三月壬辰朔）【略】以前山南東道節度使李逢吉爲兵部尚書。【略】

（九月戊子朔）御史中丞李德裕爲潤州刺史、兼御史大夫、浙江西道都團練觀察處置等使，以代竇易直。【略】

（長慶三年）十月，以京兆尹韓愈爲兵部侍郎，以御史中丞李紳爲江西觀察使。宰相李逢吉與李紳不協，紳有時望，恐用爲相。【略】

十二月，浙西觀察使李德裕奏去管内淫祠一千一十五所。

又 卷一七上《敬宗紀》 （長慶四年）二月，【略】李紳之貶，李逢吉受賀，羣官至中書，而思獨不往，逢吉怒而斥爲遠使。【略】

（夏四月）丙午，宰臣李逢吉封涼國公，牛僧孺封奇章縣子。【略】

秋七月戊申朔。【略】丙子，浙西觀察使李德裕奏：『詔令當道造盝子二十具，計用銀一萬三千兩，金一百三十兩。昨已進兩具，用銀一千三百兩，當道在庫貯備銀無二三百兩，皆百計收市，方成此兩具。臣當道唯有留使錢五萬貫，每事節儉支費，猶欠十三萬貫不足。臣若因循不奏，則負陛下任使之恩；若分外誅求，又累陛下慈儉之德。伏乞宣令宰臣商議，何以遺臣得上不違宣索，下不闕軍須，不困疲人，不斂物怨。』時有詔罷進奉，故德裕有是奏。【略】

九月丙午朔。丁未，波斯大商李蘇沙進沉香亭子材，拾遺李漢諫云：『沉香爲亭子，不異瑤臺、瓊室。』上怒，優容之。【略】戊午，【略】詔浙西織造可幅盤條繚綾一千匹。觀察使李德裕上表論諫，不奉詔，乃罷之。己巳，以兵部侍郎王起爲河南尹。甲子，吐蕃遣使求《五臺山圖》。己巳，浙西、淮南各進宣索銀粧奩三具。【略】

（冬十月壬寅）【略】以權知禮部侍郎李宗閔權知兵部侍郎。【略】

（十二月乙未）徐泗王智興請置僧尼戒壇，浙西觀察使李德裕奏狀論其姦幸。【略】丁酉，宰相牛僧孺進封奇章郡公。【略】

寶曆元年春正月乙巳朔。辛亥，親祀昊天上帝於南郊。禮畢，御丹鳳樓，大赦，改元寶曆元年。先是，鄠縣令崔發坐誤辱中官下獄，是日，與諸囚陳於金鷄竿下俟釋放。忽有内官五十餘人，環發而毆之，發破面折齒，臺吏以席蔽之，方免。有詔復繫於臺中，宰相救之，方釋。宰相牛僧孺累表乞解機務，帝許以郊禮後。乙卯，以僧孺檢校禮部尚書、同平章事、鄂州刺史，充武昌軍節度、鄂岳觀察使。淮南節度使王播兼諸道鹽鐵轉運使。於鄂州特置武昌軍額，寵僧孺也。壬申，以給事中李渤爲桂州刺史、兼御史中丞、桂管防禦觀察使。李德裕獻丹扆箴六首，上深嘉之，命學士韋處厚優其答詔。辛卯，以前禮部郎中李翺爲廬州刺史，以求知制誥，面數宰相李逢吉過故也。辛丑，江西觀察使薛放卒。癸卯，以職方郎中、知制誥王璠爲御史中丞。【略】

（寶曆元年）夏四月甲戌朔，宰相涼國公李逢吉進封鄭國公。【略】時李紳貶官，李逢吉惡紳，不欲紳量移，乃於赦書節文内，但言左降官已經量移，宜與量移近處，不言未量移者宜與量移。翰林學士韋處厚上疏論列云：『不可爲李紳一人與逢吉相惡，遂令近年流貶官皆不得量移，則乖曠盪之道也。』帝遽命追赦書添改之。【略】

秋九月辛未朔。丁丑，衛尉卿劉遵古役人安再榮告前袁王府長史武昭謀害宰相李逢吉，詔三司鞫之。【略】

（寶曆二年八月丙申朔）浙西觀察使李德裕上疏言息元誕妄，無異於人。【略】

（寶曆二年十一月）甲申，以右僕射、同平章事李逢吉檢校司空、同平章事，兼襄州刺史，充山南東道節度使、臨漢監牧使。

又 《文宗紀上》 （大和元年）四月壬辰朔。【略】己巳，貶山南東道節度副使李續爲涪州刺史，山南東道行軍司馬張又新爲汀州刺史，李逢吉黨也。【略】

（大和元年九月）丁丑，浙西觀察使李德裕、浙東觀察使元稹就加檢校禮部尚書。【略】

（大和二年）冬十月癸丑朔。【略】癸酉，以尚書右僕射、同平章事竇易直檢校左僕射、同平章事，充山南東道節度使、臨漢監牧等使，代李逢吉；以逢吉爲宣武軍節度使，代令狐楚；以楚爲户部尚書。【略】

（大和三年七月乙巳）以前浙西觀察使、檢校禮部尚書李德裕爲兵部侍郎。【略】甲戌，以吏部侍郎李宗閔同中書門下平章事。【略】

（九月）壬辰，以兵部侍郎李德裕檢校户部尚書，兼滑州刺史、義成軍節度使。

又 卷一七下《文宗紀下》 大和四年春正月丙子朔。辛卯，武昌軍節度使牛僧孺來朝。【略】辛卯，以武昌節度使、鄂岳蕲黄安申等觀察處置等使、金紫光禄大夫、檢校吏部尚書、同中書門下平章事、上柱國、奇章郡開國公牛僧孺爲兵部尚書、同中書門下平章事。【略】

（大和四年）冬十月壬寅朔。戊申，以東都留守崔元略檢校吏部尚

書，兼滑州刺史、義成軍節度使，代李德裕；以德裕檢校兵部尚書，兼成都尹，充劍南西川節度使。【略】

（大和五年）八月丙寅朔。【略】壬申，以河陽三城懷州節度使楊元卿爲宣武軍節度使，代李逢吉；以逢吉檢校司徒、兼太子太師，充東都留守，代溫造。【略】

（大和六年）十二月己未朔。乙丑，以中書侍郎、同平章事牛僧孺檢校右僕射、同平章事、揚州大都督府長史，充淮南節度使。【略】丁未，以前西川節度使李德裕爲兵部尚書。【略】

（大和七年二月）丙戌，詔以銀青光禄大夫、守兵部尚書、上柱國、贊皇縣開國伯、食邑七百户李德裕以本官同中書門下平章事。【略】

（六月）乙亥，以中書侍郎、平章事李宗閔檢校禮部尚書，同平章事，兼興元尹、山南西道節度使。【略】

（大和八年）三月壬子朔。【略】以東都留守李逢吉檢校司徒，兼右僕射。【略】

（大和八年九月）己未，宰臣李德裕進《御臣要略》及《柳氏舊聞》三卷。【略】庚寅，以山南洗到節度使、檢校禮部尚書、同平章事、上柱國、襄武縣開國侯、食邑一千户李宗閔可中書侍郎、同中書門下平章事。辛卯，以中使田全操充皇太子見太師禮儀使。【略】甲午，以銀青光禄大夫、守中書侍郎、平章事李德裕檢校兵部尚書、同平章事、興元尹，充山南西道節度使。【略】

（十一月）乙亥，以兵部尚書李德裕檢校右僕射，充鎮海軍節度、浙江西道觀察等使。【略】

（十二月）己亥，以尚書左僕射李逢吉守司徒致仕。【略】

（大和）九年春正月【略】壬申，司徒致仕李逢吉卒。【略】

夏四月丙子朔。【略】以鎮海軍節度使、浙西觀察等使李德裕爲太子賓客，分司東都。【略】庚子，詔銀青光禄大夫、守太子賓客分司東都、上柱國、贊皇縣開國伯、食邑七百户 李德裕貶袁州長史。【略】

（開成元年）三月庚子朔。壬寅，以袁州長史李德裕爲滁州刺史。【略】

（七月）壬午，以滁州刺史李德裕爲太子賓客。【略】

十一月丙寅朔。庚辰【略】以太子賓客分司東都李德裕檢校户部尚書，充浙西觀察使。【略】

（開成二年）五月癸亥朔。【略】以浙西觀察使李德裕檢校户部尚書，兼揚州大都督府長史，充淮南節度使。辛未，詔以前淮南節度使牛僧孺爲檢校司空、東都留守，以蘇州刺史盧商爲浙西觀察使。【略】

（開成三年九月）戊寅，以東都留守牛僧孺爲左僕射。【略】

（開成四年八月）癸亥，以左僕射牛僧孺檢校司空、同平章事，兼襄州刺史，充山南東道節度使。

又　卷一八上《武宗紀》（開成五年）九月，以淮南節度使、檢校尚書左僕射李德裕爲吏部尚書、同中書門下平章事，尋兼門下侍郎。【略】

（會昌元年）三月，貶湖南觀察使楊嗣復潮州司馬，桂管觀察使李玨端州司馬，杭州刺史裴夷直歡州司户。宰臣李德裕進位司空。三月壬申，宰相李德裕、陳夷行、崔珙、李紳等奏：『憲宗皇帝有恢復中興之功，請爲百代不遷之廟。』帝曰：『所論至當。』續議之，事竟不行。贈故中書令、晉國公裴度太師。山南東道蝗害稼。造靈符應聖院於龍首池。

四月辛丑，敕：『《憲宗實録》舊本未備，宜令史官重修進內。其舊本不得注破，候新撰成同進。』時李德裕先請不遷憲宗廟，爲議者沮之，復恐或書其父不善之事，故復請改撰實録，朝野非之。【略】

（十二月）【略】李德裕奏改修《憲宗實録》所載吉甫不之迹，鄭亞希旨削之，德裕更此條奏，以掩其迹。【略】

（會昌二年）四月乙丑朔，光禄大夫、守司空、兼門下侍郎、平章事李德裕，銀青光禄大夫、守右僕射、門下侍郎、平章事崔珙，銀青光禄大夫、中書侍郎、同平章事李紳，金紫光禄大夫、檢校司徒、兼太子太保牛僧孺等上章，請加尊號曰仁聖文武至神大孝皇帝。【略】

（會昌二年五月）【略】宰相李德裕兼守司徒。【略】

八月，回紇烏介可汗過天德，至杷頭烽北，俘掠雲、朔北川，詔劉沔出師守鴈門諸關。回紇首領屈武降幽州，授左武衛將軍同正。詔以回紇犯邊，漸侵內地，或攻或守，於理何安？令少師牛僧孺、陳夷行與公卿集議可否以聞。僧孺曰：『今百僚議狀，以固守關防，伺其可擊則用兵。』

宰相李德裕議：『以回紇所恃者嗢没、赤心耳，今已離叛，其强弱之勢可見。戎人獷悍，不顧成敗，以失二將，乘忿入侵，出師急擊，破之必矣。守險示弱，虜無由退。擊之爲便。』【略】

（會昌四年八月戊戌）宰相李德裕守太尉，進封衛國公，加食邑一千户。【略】

十二月，敕：『郊禮日近，獄囚數多，案款已成，多有翻覆。其兩京天下州府見繫囚，已結正及兩度翻案伏款者，並令先事結斷訖申。』時左僕射王起頻年知貢舉，每貢院考試訖，上榜後，更呈宰相取可否。後人數不多，宰相延英論言：『主司試藝，不合取宰相與奪。比來貢舉艱難，放人絶少，恐非弘訪之道。』帝曰：『貢院不會我意。不放子弟，即太過，無論子弟、寒門，但取實藝耳。』李德裕對曰：『鄭肅、封敖有好子弟，不敢應舉。』帝曰：『我比聞楊虞卿兄弟朋比貴勢，妨平人道路。昨楊知至、鄭樸之徒，並令落下，抑其太甚耳。』德裕曰：『臣無名第，不合言進士之非。然臣祖天寶末以仕進無他伎，勉强隨計，一舉登第。自後不於私家置《文選》，蓋惡其祖尚浮華，不根藝實。然朝廷顯官，須是公卿子弟。何者？自小便習舉業，自熟朝廷間事，臺閣儀範，班行準則，不教而自成。寒士縱有出人之才，登第之後，始得一班一級，固不能熟習也。則子弟成名，不可輕矣。』【略】

（會昌五年）十二月，車駕幸咸陽。給事中韋弘質上疏，論中書權重，三司錢穀不合相府兼領。宰相奏論之曰：

臣等昨於延英對，恭聞對旨常欲朝廷尊，臣下肅，此是陛下深究理本也。臣按《管子》云：『凡國之重器，莫重於令。令重則君尊，君尊則國安。故國安在於尊君，尊君在於行令。君人之理，本莫要於出令。故曰：虧令者死，益令者死，不得令者死，不從令者死。又曰：令行於上，而下論不可，是上失其威，下係於人也。』自大和已來，其風大弊，令出於上，非之於下。此弊不除，無以理國也。

昨韋弘質所論宰相不合兼領錢穀。臣等輒以事體陳聞。昔匡衡所以云：『大臣者，國家之股肱，萬姓所瞻仰，明王所慎擇。』《傳》曰：『下輕其上，賤人圖柄，則國家摇動，而人不静。』弘質受人教道，輒獻封章，是則賤人圖柄矣。蕭望之漢朝名儒重德，爲御史大夫，奏云：『今首歲日月少光，罪在臣等。』上以望之意輕丞相，乃下侍中御史詰問。貞觀中，監察御史陳師合上書云：『人之思慮有限，一人不可兼總數職。』太宗曰：『此人妄有譭謗，欲離間我君臣。』流師合於嶺外。賈誼云：『人主如堂，羣臣如陛，陛高則堂高。』亦由將相重則君尊，其勢然也。如宰相姦謀隱匿，則人人皆得上論。至於制置職業，固是人主之柄，非小人所得干議。古者朝廷之上，各守其官。思不出位。弘質賤人，豈得以非所宜言上瀆明主，此是輕宰相撓時政也。昔東漢處士横議，遂有黨錮事起，此事深要懲絶。伏望陛下詳其姦詐，去其朋徒，則朝廷安静，制令肅然。臣等不勝感憤之至。

弘質坐貶官。又奏曰：『天寶已前，中書除機密遷授之外，其他政事皆與中書舍人同商量。自艱難已來，務從權便，政頗去於臺閣，事多係於軍期，決遣萬機，不暇博議。臣等商量，今後除機密公事外，諸侯表疏、百僚奏事，錢穀刑獄等事，望令中書舍人六人，依故事先參詳可否，臣等議而奏聞。』從之。李德裕在相位日久，朝臣爲其所抑者皆怨之。自崔鉉、杜悰罷相後，中貴人上前言德裕太專，上意不悦，而白敏中之徒，教弘質論之，故有此奏。而德裕結怨之深，由此言也。【略】

（會昌六年二月）滌李宗閔黨，前自給事中爲德裕所斥，累年郡守，至是李紳言其無政故也。

又　卷一八下《宣宗紀》（會昌六年四月辛未）以特進、守太尉、同門下侍郎、同平章事、上柱國、衛國公、食邑二千户李德裕檢校太尉、同平章事、江陵尹、荆南節度使。【略】

十月，【略】以荆南節度使李德裕爲東都留守。【略】

（大中元年）二月丁卯，【略】以檢校太尉、東都留守李德裕爲太子少保，分司東都。【略】

六月，【略】以金紫光禄大夫、守太子少保分司東都、上柱國、奇章郡開國公、食邑二千户牛僧孺守太子太師，銀青光禄大夫、行太子賓客、上柱國、隴西郡開國公、食邑二千户李彦佐爲太子太保，併依前分司。【略】

秋七月，【略】以太子少保分司東都、衛國公李德裕爲人所訟，貶潮州司馬員外置同正員。【略】

九月，前永寧縣尉吳汝納詣闕稱冤，言：『弟湘會昌四年任揚州江都縣尉，被節度使李紳誣奏湘贓罪，宰相李德裕曲情附紳，斷臣弟湘致死。』詔下御史臺鞫按。【略】

（大中二年）二月，制劍南西川節度、光禄大夫、檢校吏部尚書、同平章事、成都尹、上柱國、隴西郡開國公、食邑二千户李回責授湖南觀察使，桂州刺史、御史中丞、桂管防禦觀察使鄭亞貶循州刺史，前淮南觀察判官魏鉶貶吉州司户，陸渾縣令元壽貶韶州司户，殿中侍御史蔡京貶澧州司馬。御史臺奏：

據三司推勘吳湘獄，謹具逐人罪狀如後：揚州都虞候盧行立、劉羣，於會昌二年五月十四日，於阿顔家吃酒，與阿顔母阿焦同坐，羣自擬收阿顔爲妻，妄稱監軍使處分，要阿顔進奉，不得嫁人，兼擅令人監守。其阿焦遂與江都縣尉吳湘密約，嫁阿顔與湘。劉羣與押軍牙官李克勳卽時遮欄不得，乃令江都百姓論湘取受，節度使李紳追湘下獄，計贓處死。具獄奏聞。朝廷疑其冤，差御史崔元藻往揚州按問，據湘雖有取受，罪不至死。李德裕黨附李紳，乃貶元藻嶺南，取淮南元申文案，斷湘處死。今據三司使追崔元藻及淮南元推判官魏鉶併關連人款狀，淮南都虞候劉羣、元推判官魏鉶、典孫貞高利錢倚黄嵩、江都縣典沈頒陳宰、節度押牙白沙鎮遏使傅義、左都虞候盧行立、天長縣令張弘思、典張洙清陳迴、右廂子巡李行璠、典臣金弘舉、送吳湘妻女至澧州取受錢物人潘宰、前揚府録事參軍李公佐、元推官元壽吳珙翁恭、太子少保分司李德裕、西川節度使李回、桂管觀察使鄭亞等，伏候敕旨。

其月，敕：

李回、鄭亞、元壽、魏鉶已從别敕處分。李紳起此冤訴，本由不真，今既身歿，無以加刑。粗塞衆情，量行削奪，宜追奪三任官告，送刑部注毁。其子孫稽於經義，罰不及嗣，併釋放。李德裕先朝委以重權，不務絶其黨庇，致使冤苦，直到於今，職爾之由，能無恨歎！昨以李威所訴，已經遠貶，俯全事體，特爲從寬，宜準去年敕令處分。張弘思、李公佐卑吏守官，制不由己，不能守正，曲附權臣，各削兩任官。崔元藻曾受無辜之貶，合從洗雪之條，策中書門下商量處分。李恪詳驗款狀，蠹害最深，以其多時，須議減等，委京兆府決脊杖十五，配流天德。李克勳欲收阿顔，決脊杖二十，配流硤州。劉羣據其款狀，合議痛刑，曾效職官，不欲決脊，決臀杖五十，配流岳州。其盧行立及諸典吏，委三司使量罪科放訖聞奏。【略】

（大中三年八月）嗚呼！七關要害，三郡膏腴，候館之殘趾可尋，唐人之遺風尚在。追懷往事，良用興嗟。夫取不在廣，貴保其金湯；得必有時，詎計於遲速。今則便務修築，不進干戈，必使足食足兵，有備無患，載洽亭育之道，永致生靈之安。中外臣僚，宜體朕意。九月辛亥，西川節度使杜悰奏收復維州。制曰：

朕祗荷丕業，思平泰階，將分邪正之源，冀使華夷胥悦。其有常登元輔，久奉武宗，深苞禍心，盗弄國柄。雖已行譴斥之典，而未塞億兆之言，是議再舉朝章，式遵彝憲。守潮州司馬員外置同正員李德裕，早籍門地，叨踐清華，累居將相之榮，唯以姦傾爲業。當會昌之際，極公台之榮，騁諛佞而得君，遂恣横而持政，專權生事，妬賢害忠。動多詭異之謀，潛懷僭越之志。秉直者必棄，嚮善者盡排。誣貞良造朋黨之名，肆讒構生加諸之釁。計有踰於指鹿，罪實見其欺天。屬者方處鈞衡，曾無嫌避，委國史於愛壻之手，寵秘文於弱子之身，洎參信書，亦引親昵。恭惟《元和實録》乃不刊之書，擅敢改張，罔有畏忌。奪他人之懿績，爲私門之令猷。又附李紳之曲情，斷成吳湘之冤獄。凡彼簪纓之士，遏其取拾之途。驕居自誇，狡蠹無對，擢爾之髪，數罪未窮。載闕罔上之田，益驗無君之意。使天下之人，重足一迹，皆讋懼奉面，而慢易在心。爲臣若斯，於法何道。於戲！朕務全大體，久爲含容，雖黜降其官榮，尚蓋藏其醜狀。而睥睨未已，兢惕無聞，積惡既彰，公議難抑。是宜移投荒服，以謝萬邦。中外臣僚，當知予意。可崖州司户參軍，所在馳驛發遣，縱逢恩赦，不在量移之限。【略】

（十二月）崖州司户參軍李德裕卒於貶所。

又　卷一六七《李逢吉傳》　李逢吉字虚舟，隴西人。貞觀中學士李玄道曾孫。祖顔，父歸期。逢吉登進士第，釋褐授振武節度掌書記。入朝爲左拾遺、左補闕，改侍御史，充入吐蕃册命副使、工部員外郎，又充入南詔副使。元和四年，使還，拜祠部郎中，轉右司。六年，遷給事中。七年，與司勳員外郎李巨併爲太子諸王侍讀。九年，改中書舍人。十一年二月，權知禮部貢舉、騎都尉，賜緋。四月，加朝議大夫、門下侍郎、同平章事，賜金紫；其貢院事，仍委禮部尚書王播署牓。

逢吉天與奸回，妬賢傷善。時用兵討淮、蔡，憲宗以兵機委裴度，逢吉慮其成功，密沮之，由是相惡。及度親征，學士令狐楚爲度制辭，言不合旨，楚與逢吉相善，帝皆黜之，罷楚學士，罷逢吉政事，出爲劍南東川節度使、檢校兵部尚書。穆宗即位，移襄州刺史、山南東道節度使。逢吉於帝有侍讀之恩，遣人密結倖臣，求還京師。長慶二年三月，召爲兵部尚書。時裴度亦自太原入朝。以度招懷河朔功，復留度，與工部侍郎元稹相次拜平章事。度在太原時，嘗上表論稹姦邪。及同居相位，逢吉以爲勢必相傾，乃遣人告和王傅于方結客，欲爲元稹刺裴度。及捕于方，鞫之無狀，稹、度俱罷相位，逢吉代度爲門下侍郎平章事。自是寖以恩澤結朝臣之不逞者，造作謗言，百端中傷裴度。賴學士李紳、韋處厚等顯於上前，言度爲逢吉排斥，而度於國有功，不宜擯棄，故得以僕射在朝。時已失河朔，而王智興擅據徐州，李據汴州，國威不振，天下延頸俟度再秉國鈞，以攘暴亂。及爲逢吉嫁禍，奪其權，四海爲之側目，朝士上疏論列者十餘人。屬時君荒淫，政出羣小，而度竟逐外藩。

學士李紳有寵，逢吉惡之，乃除爲中丞，又欲出於外，乃以吏部侍郎韓愈爲京兆尹，兼御史大夫，放臺參。以紳褊直，必與愈爭。及制出，紳果移牒往來，愈性木强，遂至語辭不遜，喧論於朝。逢吉乃罷愈爲兵部侍郎，紳爲江西觀察使。紳中謝日，帝留而不遣。

冀城人鄭注以醫藥得幸於中尉王守澄，逢吉令其從子仲言賂注，求結於守澄。仲言辯譎多端，守澄見之甚悅。自是，逢吉有助，事無違者。敬宗初即位，年方童丱，守澄從容奏曰：『陛下得爲太子，逢吉之力也，是時，杜元穎、李紳堅請立深王爲太子。』乃貶紳端州司馬。朝士代逢吉鳴吠者，張又新、李續之、張權輿、劉棲楚、李虞、程昔範、姜洽、李仲言，時號『八關十六子』。又新等八人居要劇，而胥附者又八人，有求於逢吉者，必先經此八人納賂，無不如意者。逢吉尋封涼國公，邑千户，兼右僕射。

昭湣即位，左右屢言裴度之賢，曾立大勳，帝甚嘉之。因中使往興元，即令問訊。寶曆初，度連上章請入覲。逢吉之黨坐不安席，如矢攢身，乃相與爲謀，欲沮其來。張權輿撰『非衣小兒』之謡，傳於閭巷。言度相有天分，應謡讖，而韋處厚於上前解析，言權輿所撰之言。既不能沮，又令衛尉卿劉遵古從人安再榮告武昭謀害逢吉。武昭者，有才力，裴度破淮、蔡時獎用之，累奏爲刺史。及度被斥，昭以門吏久不見用，客於京師，途窮頗有怨言。逢吉冀法司鞫昭行止，則顯裴度任用，以沮入朝之行。逢吉又與同列李程不協。太學博士李涉、金吾兵曹茅彙者，於京師貴游間以氣俠相許，二人出入程及逢吉之門。水部郎中李仍叔，程之族，知武昭鬱鬱恨不得官，仍叔謂昭曰：『程欲與公官，但逢吉阻之。』昭愈憤怒，因酒與京師人劉審、張少騰説刺逢吉之言。審以昭言告張權輿，乃聞於逢吉，即令茅彙召昭相見，逢吉厚相結托，自是疑怨之言稍息。逢吉待茅彙尤厚，嘗與彙書云：『足下當字僕爲「自求」，僕當字足下爲「利見」。』文字往來，其間甚密。及裴度求覲，無計沮之，即令許武昭事，以暴揚其迹。再榮既告，李仲言誡彙曰：『言武昭與李程同謀則活，否則爾死。』彙曰：『冤死甘心。誣人以自免，予不爲也。』及昭下獄，逢吉之醜迹皆彰。昭死，仲言流象州，茅彙流嶲州，李涉流康州，李虞自拾遺爲河南士曹。敬宗待裴度益厚，乃自漢中召還，復知政事。

逢吉檢校司空、平章事、襄州刺史、山南東道節度使，仍請張又新、李續之爲參佐。大和二年，改汴州刺史、宣武軍節度使。五年八月，入爲太子太師、東都留守、東畿汝防禦使，加開府儀同三司。八年，李訓用事。三月，徵拜左僕射，兼守司徒。時逢吉已老，病足，不任朝謁，即以司徒致仕。九年正月卒，時年七十八。贈太尉，謚曰成。

又 卷一七二《牛僧孺傳》 牛僧孺，字思黯，隋僕射奇章公弘之後。祖紹。父幼簡，官卑。僧孺進士擢第，登賢良方正制科，釋褐伊闕尉，遷監察御史，轉殿中，歷禮部員外郎。元和中，改都官，知臺雜，尋換考功員外郎，充集賢直學士。【略】

寶曆中，朝廷政事出於邪幸，大臣朋比。僧孺不奈羣小，拜章求罷者數四。帝曰：『俟予郊禮畢放卿。』及穆宗祔廟郊報後，又拜章陳退，乃於鄂州置武昌軍額，以僧孺檢校禮部尚書、同中書門下平章事、鄂州刺史、武昌軍節度、鄂岳蘄黄觀察等使。江夏城風土散惡，難立垣墉，每年加板築，賦青茆以覆之。吏緣爲姦，蠹弊綿歲。僧孺至，計茆苦板築之費，歲十餘萬，卽賦之以塼，以當苦築之價。凡五年，墉皆甃葺，蠹弊永除。屬郡沔州與鄂隔江相對，虛張吏員，乃奏廢之，以其所管漢陽、汶川兩縣隸鄂州。文宗卽位，就加檢校吏部尚書，凡鎮江夏五年。

大和三年，李宗閔輔政，屢薦僧孺有才，不宜居外。四年正月，召還，守兵部尚書、同平章事。

五年正月，幽州軍亂，逐其帥李載義。文宗以載義輸忠於國，遽聞失帥，駭然，急召宰臣謂之曰：『范陽之變奈何？』僧孺對曰：『此不足煩聖慮。且范陽得失，不係國家休慼，自安、史已來，翻覆如此。前時劉總以土地歸國，朝廷耗費百萬，終不得范陽尺帛斗粟入於天府，尋復爲梗。至今志誠亦由前載義也，但因而撫之，俾扞奚、契丹不令入寇，朝廷所賴也。假以節旄，必自陳力，不足以逆順治之。』帝曰：『吾初不詳思，卿言是也。』卽日命中使宣慰。尋加門下侍郎、弘文館大學士。

六年，吐蕃遣使論董勃義入朝修好。俄而西川節度李德裕奏，吐蕃維州守將悉怛謀以城降。德裕又上利害云：『若以生羌三千，出戎不意，燒十三橋，擣戎之腹心，可以得志矣。』上惑其事，下尚書省議，衆狀請如德裕之策。僧孺奏曰：『此議非也。吐蕃疆土，四面萬里，失一維州，無損其勢。況論董勃義纔還，劉元鼎未到，比來修好，約罷戍兵。中國禦戎，守信爲上，應敵次之，今一朝失信，戎醜得以爲詞。聞贊普牧馬茹川，俯於秦、隴。若東襲隴阪，徑走回中，不三日抵咸陽橋，而發兵枝梧，駭動京國。事或及此，雖得百維州，亦何補也。』上曰：『然。』遂詔西川不內維州降將。僧孺素與德裕讎怨，雖議邊公體，而怙德裕者以僧孺害其功，謗論沸然，帝亦以爲不直。其年十二月，檢校左僕射、兼平章事、揚州大都督府長史、淮南節度副大使、知節度事。

時中尉王守澄用事，多納纖人，竊議時政，禁中事密，莫知其說。一日，延英對宰相，文宗曰：『天下何由太平，卿等有意於此乎？』僧孺奏曰：『臣等待罪輔弼，無能康濟，然臣思太平亦無象。今四夷不至交侵，百姓不至流散，上無淫虐，下無怨讟，私室無强家，公議無壅滯。雖未及至理，亦謂小康。陛下若別求太平，非臣等所及。』既退至中書，謂同列曰：『吾輩爲宰相，天子責成如是，安可久處茲地耶？』旬日間，三上章請退，不許。會德裕黨盛，垂將入朝，僧孺故得請。上既受左右邪說，急於太平，姦人伺其鋭意，故訓、注見用。數年之間，幾危宗社，而僧孺進退以道，議者稱之。

開成初，搢紳道喪，閽寺弄權，僧孺嫌處重藩，求歸散地，累拜章不允，凡在淮甸六年。開成二年五月，加檢校司空，食邑二千户，判東都尚書省事、東都留守、東畿汝都防禦使。僧孺識量弘遠，心居事外，不以細故介懷。洛都築第於歸仁里。任淮南時，嘉木怪石，置之階廷，館宇清華，竹木幽邃。常與時人白居易吟詠其間，無復進取之懷。

三年九月，徵拜左僕射，仍令左軍副使王元直賚告身宣賜。舊例，留守入朝無中使賜詔例，恐僧孺退讓，促令赴闕。僧孺不獲已入朝。屬莊恪太子初薨，延英中謝日，語及太子，乃懇陳父子君臣之義，人倫大經，不可輕移國本，上爲之流滋涕。是時宰輔皆僧孺僚舊，未嘗造其門，上頻宣召，託以足疾。久之，上謂楊嗣復曰：『僧孺稱疾，不任趨朝，未可卽令自便。』四年八月，復檢校司空、兼平章事、襄州刺史、山南東道節度使，加食邑至三千户。辭日，賜觚、散、樽、杓等金銀古器，令中使喻之曰：『以卿正人，賜此古器，卿且少留。』僧孺奏曰：『漢南水旱之後，流民待理，不宜淹留。』再三請行，方允。

武宗卽位，就加檢校司徒。會昌二年，李德裕用事，罷僧孺兵權，徵爲太子少保，累加太子少師。大中初卒，贈太子太師，謚曰文貞。

僧孺少與李宗閔同門生，尤爲德裕所惡。會昌中，宗閔棄斥，不爲生還。僧孺數爲德裕掎摭，欲加之罪，但以僧孺貞方有素，人望式瞻，無以伺其隙。德裕南遷，所著《窮愁志》，引里俗犢子之讖以斥僧孺。又目爲『太牢公』，其相憎恨如此。僧孺二子：蔚、藂。

又 卷一〇八《韋顗傳》 韋見素，字會微，京兆萬年人。【略】子倜、諤、益、晳。倜、諤皆位至給事中，益終刑部員外郎，晳終秘書丞。倜子頌。

益子顗，字周仁，【略】及李逢吉駕朋黨以專政柄，而顗附麗之迹尤密，頗爲時人所譏。然處身儉約，有足多者。著《易蘊解》，推演潛亢終始之義，甚有奧旨。寶曆元年七月卒，贈禮部尚書。

又 卷一七六《李宗閔傳》 宗閔字損之，宗室鄭王元懿之後。【略】初，宗閔與牛僧孺同年登進士第，又與僧孺同年登制科。應製之歲，李吉甫爲宰相當國，宗閔、僧孺對策，指切時政之失，言甚鯁直，無所回避。考策官楊於陵、韋貫之、李益等又第其策爲中等，又爲不中第者注解牛、李策語，同爲唱誹。又言翰林學士王涯甥皇甫湜中選，考核之際，不先上言。裴垍時爲學士，居中覆視，無所異同。吉甫泣訴於上前，憲宗不獲已，罷王涯、裴垍學士，垍守户部侍郎，涯守都官員外郎；吏部尚書楊於陵出爲嶺南節度使，吏部員外郎韋貫之出爲果州刺史。王涯再貶虢州司馬，貫之再貶巴州刺史，僧孺、宗閔亦久之不調，隨牒諸侯府。七年，吉甫卒，方入朝爲監察御史，累遷禮部員外郎。

元和十二年，宰相裴度出征吳元濟，奏宗閔爲彰義軍觀察判官。賊平，遷駕部郎中，又以本官知制誥。穆宗即位，拜中書舍人。【略】時李吉甫子德裕爲翰林學士，錢徽牓出，德裕與同職李紳、元稹連衡言於上前，云徽受請託，所試不公，故致重覆。比相嫌惡，因是列爲朋黨，皆挾邪取權，兩相傾軋。自是紛紜排陷，垂四十年。

復入爲中書舍人。三年冬，權知禮部侍郎。四年，貢舉事畢，權知兵部侍郎。寶曆元年，正拜兵部侍郎，父憂免。大和二年，起爲吏部侍郎，賜金紫之服。三年八月，以本官同平章事。時裴度薦李德裕，將大用。德裕自浙西入朝，爲中人助宗閔者所沮，復出鎮。尋引牛僧孺同知政事，二人唱和，凡德裕之黨皆逐之。累轉中書侍郎、集賢大學士。七年，德裕作相。六月，罷宗閔知政事，檢校禮部尚書、同平章事、興元尹、山南西道節度使。

宗閔爲吏部侍郎時，因駙馬都尉沈結托女學士宋若憲及知樞密楊承和，二人數稱之於上前，故獲徵用。及德裕秉政，羣邪不悦，而鄭注、李訓深惡之，文宗乃復召宗閔於興元，爲中書侍郎、平章事，命德裕代宗閔爲興元尹。既再得權位，輔之以訓、注，尤恣所欲，進封襄武侯，食邑千户。九年六月，京兆尹楊虞卿得罪，宗閔極言救解，文宗怒叱之曰：『爾嘗謂鄭覃是妖氣，今作妖，覃耶、爾耶？』翌日，貶明州刺史，尋再貶處州長史。七月，鄭注發沈、宋若憲事，内官楊承和、韋元素、沈𥩟及若憲姻黨坐貶者十餘人，又貶宗閔潮州司户。

時訓、注竊弄威權，凡不附己者，目爲宗閔、德裕之黨，貶逐無虚日，中外震駭，連月陰晦，人情不安。九月詔曰：

朕承天纘曆，燭理不明，勞虚襟以求賢，勵寬德以容衆。頃者，或台輔乖弼違之道，而具僚扇朋附之風，翕然相從，實斁彝憲。致使薰蕕共器，賢不肖併馳，退迹者成後時之夫，登門者有迎吠之客。繆戾之氣，堙鬱和平，而望陰陽順時，疵癘不作，朝廷清肅，班列和安，自古及今，未嘗有也。今既再申朝典，一變澆風，掃清朋比之徒，匡飭貞廉之俗。凡百卿士，惟新令猷。如聞周行之中，尚蓄疑懼，或有妄相指目，令不自安，今斯曠然，明喻朕意。應與宗閔、德裕或親或故及門生舊吏等，除今日已前黜遠之外，一切不問。各安職業，勿復爲嫌。

文宗以二李朋黨，繩之不能去，嘗謂侍臣曰：『去河北賊非難，去此朋黨實難。』宗閔雖驟放黜，竟免李訓之禍。

開成元年，量移衢州司馬。三年，楊嗣復輔政，與宗閔厚善，欲拔用之，而畏鄭覃沮議，乃托中人密諷於上。上以嗣復故，因紫宸對，謂宰相曰：『宗閔在外四五年，宜别授一官。』鄭覃曰：『陛下憐其地遠，宜移近内地三五百里，不可再用姦邪。陛下若欲用宗閔，臣請先退。』陳夷行曰：『比者，宗閔得罪，以朋黨之故，恕死爲幸。寶曆初，李續之、張又新、蘇景胤等，朋比姦險，幾傾朝廷，時號「八關十六子」。』李珏曰：『主此事者，罪在逢吉。李續之居喪服闋，不可不與一官，臣恐中外衣冠，交興議論，非爲續之輩也。』夷行曰：『昔舜逐四凶天下治，朝廷求理，何惜此十數纖人？』嗣復曰：『事貴得中，不可但徇憎愛。』上曰：『與一郡可也。』鄭覃曰：『與郡太優，止可洪州司馬耳。』夷行曰：『宗閔養成鄭注之惡，幾覆邦家，國之巨蠹也。』嗣復曰：『比者，陛下欲加鄭注官，宗閔不肯，陛下亦當記憶。』覃曰：『嗣復黨庇宗閔。臣觀宗閔之惡，甚於李林甫。』嗣復曰：『覃語大過。昔玄宗季年，委用林甫，妬賢害能，破人家族。宗閔在位，固無此事。況大和末，宗閔、德裕同時得罪。二年之間，德裕再領重鎮，而宗閔未離貶所。陛下懲惡勸善，進退之理宜均，非臣獨敢黨庇。昨殷侑與韓益奏官及章服，臣以益前年犯贓，未可其奏，鄭覃托臣云「幸且勿論」。孰爲黨庇？』翌日，以宗閔爲杭州刺史。四年冬，遷太子賓客，分司東都。時鄭覃、陳夷行罷相，嗣復方再拔用宗閔知政事，俄而文宗崩。

會昌初，李德裕秉政，嗣復、李珏皆竄嶺表。三年，劉稹據澤潞叛。

德裕以宗閔素與劉從諫厚，上黨近東都，宗閔分司非便，出爲封州刺史。又發其舊事，貶郴州司馬，卒於貶所。

又《楊嗣復傳》 楊嗣復字繼之，僕射於陵子也。【略】嗣復七八歲時已能秉筆爲文。年二十，進士擢第。二十一，又登博學宏詞科，釋褐秘書省校書郎。遷右拾遺，直史館。以嗣復深於禮學，改太常博士。元和十年，累遷至刑部員外郎。鄭餘慶爲詳定禮儀使，奏爲判官，改禮部員外郎。時父於陵爲户部侍郎，嗣復上言與父同省非便，請換他官。詔曰：『應同司官有大功以下親者，但非連判及勾檢之官并官長，則不在回避之限。如官署同，職司異，雖父子兄弟無所避嫌。』再遷兵部郎中。長慶元年十月，以庫部郎中知部制誥，正拜中書舍人。

嗣復與牛僧孺、李宗閔皆權德輿貢舉門生，情義相得，進退取捨，多與之同。四年，僧孺作相，欲薦拔大用，又以於陵爲東都留守，未歷相位，乃令嗣復權知禮部侍郎。寶曆元年二月，選貢士六十八人，後多至達官。文宗卽位，拜户部侍郎。以父於陵太子少傅致仕，年高多疾，懇辭侍養，不之許。大和四年，丁父憂免。七年三月，起爲尚書左丞。其年宗閔罷相，德裕輔政。七月，以嗣復檢校禮部尚書、梓州刺史、劍南東川節度觀察等使。九年，宗閔復知政事。三月，以嗣復檢校户部尚書、成都尹、劍南西川節度副大使知節度事、觀察處置等使。

又 卷一七三《鄭覃傳》 鄭覃，故相珣瑜之子。以父廕補弘文校理，歷拾遺、補闕、考功員外郎刑部郎中。【略】

（寶曆）五年，李宗閔、牛僧孺輔政，宗閔以覃與李德裕相善，薄之。時德裕自浙西入朝，復爲閔、孺所排，出鎮蜀川，宗閔惡覃禁中言事，奏爲工部尚書，罷侍講學士。文宗好經義，心頗思之。六年二月，復召爲侍講學士。七年春，德裕作相。五月，以覃爲御史大夫。文宗嘗於延英謂宰相曰：『殷侑通經學，爲人頗似鄭覃。』宗閔曰：『覃、侑誠有經學，於議論不足聽覽。』李德裕對曰：『殷、鄭之言，他人不欲聞，唯陛下切欲聞之。』覃嘗嫉人朋黨，爲宗閔所薄故也。八年，遷户部尚書。其年，德裕罷相，宗閔復知政，與李訓、鄭注同排斥李德裕、李紳。二人貶黜，覃亦左授祕書監。九年六月，楊虞卿、李宗閔得罪長流，復以覃爲刑部尚書。十月，遷尚書右僕射，兼判國子祭酒。訓、注伏誅，召覃入禁中草制敕，明日以本官同平章，封滎陽郡公，食邑二千户。

覃雖精經義，不能爲文，嫉進士浮華，開成初，奏禮部貢院宜罷進士科。初，紫宸對，上語及選士，覃曰：『南北朝多用文華，所以不治。士以才堪卽用，何必文辭？』帝曰：『進士及第人已曾爲州縣官者，方鎮奏署卽可之，餘卽否。』覃曰：『此科率多輕薄，不必盡用。』帝曰：『輕薄敦厚，色色有之，未必獨在進士。此科置已二百年，亦不可遽改。』覃曰：『亦不可過有崇樹。』帝嘗謂宰臣曰：『百司弛慢，要重條舉。』因指前香爐曰：『此爐始亦華好，用之既久，乃無光彩。若不加飾，何由復初？』覃對曰：『不變風俗，當考實效。自三十年已來，多不務實，取於顔情。如嵇、阮之流，不攝職事。』李石云：『此本因治平，人人無事，安逸所致。今之人俗亦慕王夷甫，恥不能及之。』上曰：『卿等輔朕，在振舉法度而已。』

時太學勒石經，覃奏起居郎周墀、水部員外郎崔球、監察御史張次宗、禮部員外郎温業等校定九經文字，旋令上石。加門下侍郎、弘文館大學士、監修國史。上嘗於延英論古今詩句工拙，覃曰：『孔子所刪，三百篇是也。降此五言七言，辭非雅正，不足帝王賞詠。夫《詩》之雅頌，皆下刺上所爲，非上化下而作。王者采詩，以考風俗得失。仲尼刪定，以爲世規。近代陳後主、隋煬帝皆能章句，不知王者大端，終有季年之失。章句小道，願陛下不取也。』覃以宰相兼判國子祭酒，奏太學置五經博士各一人，緣無職田，請依王府官例，賜禄粟，從之。又進《石壁九經》一百六十卷。

其年，李固言復爲宰相。固言與李宗閔、楊嗣復善，覃憎之。因起居郎闕，固言奏曰：『周敬復、崔球、張次宗等三人，皆堪此任。』覃曰：『崔球游宗閔之門，且赤墀下秉筆，爲千古法，不可朋黨。如裴中孺、李讓夷，臣不敢有纖芥異論。』乃止。三年，楊嗣復自西川入拜平章事，與覃尤相矛盾，加之以固言、李玨，入對之際，是非蜂起。二月，覃進位太子太師。

又 《陳夷行傳》 陳夷行，字周道，潁川人。祖忠，父邑。夷行，元和七年登進士第，累辟使府。寶曆末，由侍御史改虞部員外郎，皆分務東都。太和三年，入爲起居郎、史館修撰，預修《憲宗實録》。四年獻上，轉司封員外郎。五年，遷吏部郎中。四月，召充翰林學士。八年，兼充皇太子侍讀，詔五日一度入長生院侍太子講經。上召對，面賜緋衣牙笏，遷諫議大夫、知制誥，餘職如故。九年八月，改太常少卿，知制誥、學士侍講如故。

開成二年四月，以本官同平章事。三年，楊嗣復、李玨繼入輔政。夷行介特，素惡其所爲，每上前議政，語侵嗣復，遂至往復。性不能堪，上表稱足疾辭位；不許，詔中使就第宣勞。七月，以王彥威爲忠武節度使，史孝章爲邠寧節度使，皆嗣復擬議。因延英對，上問夷行曰：『昨除二鎮，當否？』夷行對曰：『但出自聖心即當。』楊嗣復曰：『若出自聖心當，即人情皆愜。如事或過當，臣下安得無言？』帝曰：『誠如此，朕固無私也。』夷行曰：『自三數年來，奸臣竊權，陛下不可倒持太阿，授人鐏柄。』嗣復曰：『齊桓用管仲於讎虜，豈有太阿之慮乎？』上不悅。

仙韶院樂官尉遲璋授王府率，右拾遺竇洵直當衙論曰：『伶人自有本色官，不合授之清秩。』鄭覃曰：『此小事，何足當衙論列！王府率是六品雜官，謂之清秩，與洵直得否？此近名也。』嗣復曰：『嘗聞洵直幽，今當衙論一樂官，幽則有之，亦不足怪。』夷行曰：『諫官當衙，只合論宰相得失，不合論樂官。然業已陳論，須與處置。今後樂人每七八年與轉一官，不然，則加手力課三數人。』帝曰：『別與一官。』乃授光州長史，賜洵直絹百疋。夷行尋轉門下侍郎。

上紫宸議政，因曰：『天寶中政事，實不甚佳。當時姚、宋在否？』李玨曰：『姚亡而宋罷。』玨因言：『人君明哲，終始尤難。玄宗嘗云：「自即位已來，未嘗殺一不辜。」而任林甫陷害破人家族，不亦惑乎？』夷行曰：『陛下不可移權與人。』嗣復曰：『夷行之言容易，且太宗用房玄齡十六年、魏徵十五年，何嘗失道？臣以爲用房、魏多時不爲不理，用邪佞一日便足。』夷行之言，皆指嗣復專權。

文宗用郭薳爲坊州刺史，右拾遺宋祁論列，以爲不可。既而薳坐贓。帝謂宰相曰：『宋祁論事可嘉，祁授官來幾時？』嗣復曰：『去年。』因曰：『諫官論事，陛下但記其姓名，稍加優奬。如不當，亦須令知。』夷行曰：『諫官論事，是其本職。若論一事即加一官，則官何由得，不免有情。』帝曰：『情固不免，理平之時，亦不可免。』上竟以夷行議論太過，恩禮漸薄。尋罷知政事，守吏部尚書。

四年九月，檢校禮部尚書，出爲華州刺史。五年，武宗即位，李德裕秉政。七月自華召入，復爲中書侍郎、平章事。會昌三年十一月，檢校司空、平章事、河中尹、河中晉絳節度使。卒，贈司徒。

又 卷一七四《李德裕傳》 李德裕字文饒，趙郡人。祖栖筠，御史大夫。父吉甫，趙國忠公，元和初宰相。祖父自有傳。德裕幼有壯志，苦心力學，尤精《西漢書》、《左氏春秋》。恥與諸生同鄉賦，不喜科試。年才及冠，志業大成。【略】

初，吉甫在相位時，牛僧孺、李宗閔應制舉直言極諫科。二人對詔，深詆時政之失，吉甫泣訴於上前。由是，考策官皆貶，事在《李宗閔傳》。元和初，用兵伐叛，始於杜黄裳誅蜀。吉甫經畫，欲定兩河，方欲出師而卒，繼之元衡、裴度。而韋貫之、李逢吉沮議，深以用兵爲非，而韋、李相次罷相，故逢吉常怒吉甫、裴度。而德裕於元和時，久之不調，而逢吉、僧孺、宗閔以私怨恒排擯之。

時德裕與李紳、元稹俱在翰林，以學識才名相類，情頗款密，而逢吉之黨深惡之。其月，罷學士，出爲御史中丞。時元稹自禁中出，拜工部侍郎、平章事。三月，裴度自太原復輔政。是月，李逢吉亦自襄陽入朝，乃密賂纖人，搆成於方獄。六月，元稹、裴度俱罷相，稹出爲同州刺史，逢吉代裴度爲門下侍郎、平章事。既得權位，鋭意報怨。時德裕與牛僧孺俱有相望，逢吉欲引僧孺，懼紳與德裕禁中沮之，九月，出德裕爲浙西觀察使，尋引僧孺同平章事。由是交怨愈深。【略】

文宗即位，就加檢校禮部尚書。大和三年八月，召爲兵部侍郎，裴度薦以爲相。而吏部侍郎李宗閔有中人之助，是月拜平章事，懼德裕大用。九月，檢校禮部尚書，出爲鄭滑節度使。德裕爲逢吉所擯，在浙西八年，雖遠闕庭，每上章言事。文宗素知忠藎，採朝論徵之。到未旬時，又爲宗閔所逐，中懷於悒，無以自申。賴鄭覃侍講禁中，時稱其善，雖朋黨流言，帝乃心未已。宗閔尋引牛僧孺同知政事，二憾相結，凡德裕之善者，皆斥之於外。四年十月，以德裕檢校兵部尚書、成都尹、劍南西川節度副大使、知節度事、管內觀察處置、西山八國雲南招撫等使。裴度於宗閔有恩，度征淮西時，請宗閔爲彰義觀察判官，自後名位日進。至是恨度援德裕，罷度相位，出爲興元節度使，牛、李權赫於天下。

西川承蠻寇剽虜之後，郭釗撫理無術，人不聊生。德裕乃復葺關防，繕完兵守。又遣人入南詔，求其所俘工匠，得僧道工巧四千餘人，復歸成都。五年九月，吐蕃維州守將悉怛謀請以城降。其州南界江陽，岷山連嶺而西，不知其極；北望隴山，積雪如玉；東望成都，若在井底。一面孤峰，三面臨江，是西蜀控吐蕃之要地。至德後，河、隴陷蕃，唯此州尚存。吐蕃利其險要，將婦人嫁於此州閽者。二十年後，婦人生二子成長。及蕃兵攻城，二子內應，其州遂陷。吐蕃得之，號曰『無憂城』。貞元中，韋皋鎮蜀，經略西山八國，萬計取之不獲，至是悉怛謀遣人送款。德裕疑其詐，遣人送錦袍金帶與之，托云候取進止，悉怛謀乃盡率郡人歸成都。德裕乃發兵鎮守，因陳出攻之利害。時牛僧孺沮議，言新與吐蕃結盟，不宜敗約，語在《僧孺傳》。乃詔德裕卻送悉怛謀一部之人還維州，贊普得之，皆加虐刑。德裕六年復修邛峽關，移巂州於臺登城以扞蠻。

德裕所歷征鎮，以政績聞。其在蜀也，西拒吐蕃，南平蠻、蜑。數年之內，夜犬不驚，瘡痏之民，粗以完復。會監軍王踐言入朝知樞密，嘗於上前言悉怛謀縛送以快戎心，絶歸降之義，上頗尤僧孺。其年冬，召德裕爲兵部尚書，僧孺罷相，出爲淮南節度使。七年二月，德裕以本官平章事，進封贊皇伯，食邑七百户。六月，宗閔亦罷，德裕代爲中書侍郎、集賢大學士。

其年十二月，文宗暴風恙，不能言者月餘。八年正月十六日，始力疾御紫宸見百僚。宰臣退問安否，上歎醫無名工者久之，由是王守澄進鄭注。初，注構宋申錫事，帝深惡之，欲令京兆尹杖殺之。至是以藥稍效，始善遇之。守澄復進李訓，善《易》。其年秋，上欲授訓諫官，德裕奏曰：『李訓小人，不可在陛下左右。頃年惡積，天下皆知，無故用之，必駭視聽。』上曰：『人誰無過，俟其悛改。朕以逢吉所托，不忍負言。』德裕曰：『聖人有改過之義。訓天性姦邪，無悛改之理。』上顧王涯曰：『商量别與一官。』遂授四門助教。制出，給事中鄭肅、韓佽封之不下，王涯召肅面喻令下。俄而鄭注亦自絳州至，訓、注惡德裕排己，九月十日，復召宗閔於興元，授中書侍郎、平章事，代德裕，出德裕爲興元節度使。德裕中謝日，自陳戀闕，不願出藩，追敕守兵部尚書。宗閔奏制命已行，不宜自便，尋改檢校尚書左僕射、潤州刺史、鎮海軍節度、蘇常杭潤觀察等使，代王璠。

德裕至鎮，奉詔安排宫人杜仲陽於道觀，與之供給。仲陽者，漳王養母，王得罪，放仲陽於潤州故也。九年三月，左丞王璠、户部侍郎李漢進狀，論德裕在鎮，厚賂仲陽，結托漳王，圖爲不軌。四月，帝於蓬萊殿召王涯、李固言、路隨、王璠、李漢、鄭注等，面證其事。璠、漢加誣搆結，語甚切至。路隨奏曰：『德裕實不至此。誠如璠、漢之言，微臣亦合得罪。』羣論稍息。尋授德裕太子賓客，分司東都。其月，又貶袁州長史。路隨坐證德裕，罷相，出鎮浙西。其年七月，宗閔坐救楊虞卿，貶處州；李漢坐黨宗閔，貶汾州。十一月，王璠與李訓造亂伏誅，而文宗深悟前事，知德裕爲朋黨所誣。明年三月，授德裕銀青光禄大夫，量移滁州刺史。七月，遷太子賓客。十一月，檢校户部尚書，復浙西觀察使。德裕凡三鎮浙西，前後十餘年。

開成二年五月，授揚州大都督府長史、淮南節度副大使、知節度使事，代牛僧孺。初僧孺聞德裕代己，乃以軍府事交付副使張鷺，即時入朝。時揚州府藏錢帛八十萬貫匹，及德裕至鎮，奏領得止四十萬，半爲張鷺支用訖。僧孺上章訟其事，詔德裕重檢括，果如僧孺之數。德裕稱初到鎮疾病，爲吏隱欺，請罰，詔釋之。補闕王績魏謩崔黨韋有翼、拾遺令狐綯韋楚老樊宗仁等，連章論德裕妄奏錢帛以傾僧孺，上竟不問。四年四月，就加檢校尚書左僕射。五年正月，武宗即位。七月，召德裕於淮南。九月，授門下侍郎、同平章事。初，德裕父吉甫，年五十一出鎮淮南，五十四自淮南復相。今德裕鎮淮南，復入相，一如父之年，亦爲異事。

會昌元年，兼左僕射。開成末，回紇爲黠戛斯所攻，戰敗，部族離散，烏介可汗奉大和公主南來。會昌二年二月，牙於塞上，遣使求助兵糧，收復本國，權籍天德軍以安公主。時天德軍使田牟，請以沙陀、退渾諸部落兵擊之。上意未決，下百僚商議，識者多云如牟之奏。德裕曰：『頃者國家艱難之際，回紇繼立大功。今國破家亡，竄投無所，自居塞上，未至侵淫。以窮來歸，遽行殺伐，非漢宣待呼韓邪之道也。不如聊濟資糧，徐觀其變。』宰相陳夷行曰：『此借寇兵而資盜糧，非計也，不如擊之便。』德裕曰：『田牟、韋仲平言沙陀、退渾併願擊賊，此緩急不可恃也。夫見利則進，遇敵則散，是雜虜之常態，必不肯爲國家扞御邊境。天德一城，戍兵寡弱，而欲與勁虜結讎，陷之必矣。不如以理恤之，俟其越軼，用兵爲便。』帝以爲然，許借米三萬石。

俄而回紇宰相嗢没斯殺赤心宰相，以其衆來降。赤心部族又投幽州，烏介勢孤，而不與之米，其衆飢乏，漸近振武保大柵、杷頭峰，突入朔州州界。沙陀、退渾皆以其家保山險，雲州張獻節嬰城自固。虜大縱掠，卒無拒者。上憂之，與宰臣計事。德裕曰：『杷頭峰北便是沙磧，彼中野戰，須用騎兵。若以步卒敵之，理難必勝。今烏介所恃者公主，如令勇將出奇奪得公主，虜自敗矣。』上然之，卽令德裕草制處分代北諸軍，固關防，以出奇形勢授劉沔。沔令大將石雄急擊可汗於殺胡山，敗之，迎公主還宮，語在《石雄傳》。尋進位司空。

三年二月，趙蕃奏黠戛斯攻安西、北庭都護府，宜出師應援。德裕奏曰：

據地志，安西去京七千一百里，北庭去京五千二百里。承平時，向西路自河西、隴右出玉門關，迤邐是國家州縣，所在皆有重兵。其安西、北庭要兵，便於側近徵發。自艱難已後，河、隴盡陷吐蕃，若通安西、北庭，須取回紇路去。今回紇破滅，又不知的屬黠戛斯否。縱令救得，便須卻置都護，須以漢兵鎮守。每處不下萬人，萬人從何徵發？饋運取何道路？今天德、振武去京至近，兵力常苦不足，無事時貯糧不支得三年，朝廷力猶不及，況保七千里安西哉！臣所以謂縱令得之，實無用也。昔漢宣帝時，魏相請罷車師之田；漢元帝時，賈捐之請棄珠崖郡；國朝賢相狄仁傑亦請棄四鎮，立斛瑟羅爲可汗，又請棄安東，卻立高氏。蓋不欲貪外虛內，耗竭生靈。此三臣者，當自有之時，尚欲棄之，以肥中國，況隔越萬里，安能救之哉！臣恐蕃戎多計，知國力不及，僞且許之，邀求中國金帛，陛下不可中悔，此則將實費以換虛事，卽是滅一回紇而又生之，恐計非便。

乃止。德裕又以大和五年吐蕃維州守將以城降，爲牛僧孺所沮，終失維州，奏論之曰：

臣在先朝，出鎮西蜀。其時吐蕃維州首領悉怛謀，雖是雜虜，久樂皇風，將彼堅城，降臣本道。臣尋差兵馬，入據其城，飛章以聞，先帝驚歎。其時與臣不足者，望風嫉臣，遽獻疑言，上罔宸聽，以爲與吐蕃盟約，不可背之，必恐將此爲辭，侵犯郊境。詔臣還卻此城，兼執送悉怛謀等，令彼自戮。復降中使，迫促送還。昔白起殺降，終於杜郵致禍；陳湯見徙，是爲郅支報讎。感歎前事，愧心終日。今者幸逢英主，忝備台司，輒敢追論，伏希省察。

且維州據高山絶頂，三面臨江，在戎虜平川之衝，是漢地入兵之路。初，河、隴盡没，此州獨存。吐蕃潛將婦人嫁與此州門子，二十年後，兩男長成，竊開壘門，引兵夜入，因兹陷没，號曰『無憂』。因倂力於西邊，遂無虞於南路，憑淩近甸，宵旰累朝。貞元中，韋臯欲經略河湟，須以此城爲始，盡鋭萬旅，急攻累年。吐蕃愛惜既甚，遂遣舅論莽熱來援。雉堞高峻，臨沖難及於層霄；鳥逕屈盤，猛士多糜於礌石。莫展公輸之巧，空擒莽熱而還。

及南蠻負恩，援地驅劫。臣初到西蜀，衆心未安，外揚國威，中緝邊備。其維州執臣信令，乃送款與臣，臣告以須俟奏聞，所冀探其情僞。其悉怛謀尋率一城之兵衆，幷州印甲仗，塞途相繼，空壁歸臣。臣大出牙兵，受其降禮。南蠻在列，莫敢仰視。況西山八國，隔在此州，比帶使名，都成虛語。諸羌久苦蕃中徵役，願作大國王人。自維州降後，皆云但得臣信牒帽子，便相率內屬。其蕃界合水、棲鷄等城，既失險阨，自須抽歸，可減八處鎮兵，坐收千里舊地。臣見莫大之利，乃爲恢復之基。繼具奏聞，請以酬賞，臣自與錦袍金帶，顒俟詔書。且吐蕃維州未降已前一年，猶圍魯州。以此言之，豈守盟約？況臣未嘗用兵攻取，彼自感化來降。又沮議之人，不知事實。犬戎遲鈍，土曠人稀，每欲乘秋犯邊，皆須數歲就食。臣得維州踰月，未有一使入疆。自此之後，方應破膽，豈有虞其後怨，鼓此游詞。

臣受降之時，指天爲誓，寧忍將三百餘人性命，棄信偷安。累表上陳，乞垂矜赦。答詔嚴切，竟令執還，加以體披桎梏，舁於竹畚。及將就路，冤叫呼天。將吏對臣，無不流涕。其部送者，便遭蕃帥譏誚曰：『既已降彼，何須送來？』乃卻將此降人，戮於漢界之上，恣行殘害，用固攜離。乃至擲其嬰孩，承以槍槊。臣聞楚靈誘殺蠻子，《春秋》明譏；周文外送鄧叔，簡冊深鄙。況乎大國，負此異類，絶忠款之路，快凶虐之情，從古以來，未有此事。臣實痛悉恒謀舉城受酷，由臣陷此無辜，乞慰忠魂，特加褒贈。

帝意傷之，尋賜贈官。

其年，德裕兼守司徒。四月，澤潞節度使劉從諫卒，軍人以其姪稹擅總留後，三軍請降旄鉞。帝與宰臣議可否，德裕曰：『澤潞國家内地，不同河朔。前後命帥，皆用儒臣。頃者李抱眞成立此軍，身歿之後，德宗尚不許繼襲，令李緘護喪歸洛。洎劉悟作鎮，長慶中頗亦自專，屬敬宗因循，遂許從諫繼襲。開成初，於長子屯軍，欲興晉陽之甲，以除君側，與鄭注、李訓交結至深，外托效忠，實懷窺伺。自疾病之初，便令劉稹管兵馬。若不加討伐，何以號令四方？若因循授之，則藩鎮相效，自茲威令去矣！』帝曰：『卿算用兵必克否？』對曰：『劉稹所恃者，河朔三鎮耳。但得魏鎮不與稹同，破之必矣。請遣重臣一人，傳達聖旨，言澤潞命帥，不同三鎮。自艱難已來，列聖皆許三鎮嗣襲，已成故事。今國家欲加兵誅稹，禁軍不欲出山東。其山東三州，委鎮魏出兵攻取。』上然之，乃令御史中丞李回使三鎮諭旨，賜魏鎮詔書云：『卿勿爲子孫之謀，欲存輔車之勢。』何弘敬、王元逵承詔，聳然從命。初議出兵，朝官上疏相繼，請依從諫例，許之繼襲，而宰臣四人，亦有以出師非便者。德裕奏曰：『如師出無功，臣請自當罪戾，請不累李紳、讓夷等。』及弘敬、元逵出兵，德裕又奏曰：『貞元、大和之間，朝廷伐叛，詔諸道會兵，才出界便費度支供餉，遲留逗撓，以困國力，或密與賊商量，取一縣一柵以爲勝捷，所以師出無功。今請處分元逵、弘敬，只令收州，勿攻縣邑。』帝然之。及王宰、石雄進討，經年未拔澤潞。及弘敬、元逵收邢、洺、磁三州，稹黨遂離，以至平殄，皆如其算。

時王師方討澤潞，三年十二月，太原橫水戍兵因移戍榆社，乃倒戈入太原城，逐節度使李石，推其都將楊弁爲留後。武宗以賊稹未殄，又起太原之亂，心頗憂之，遣中使馬元貫往太原宣諭，覘其所爲。元貫受楊弁賂，欲保祐之。四年正月，使還，奏曰：『楊弁兵馬極多，自牙門列隊至柳子，十五餘里，明光甲曳地。』德裕奏曰：『李石比以城内無兵，抽橫水兵一千五百人赴榆社，安能朝夕間便致十五里兵甲耶？』元貫曰：『晉人驍敢，盡可爲兵，重賞招致耳。』德裕曰：『招召須財，昨橫水兵亂，止爲欠絹一匹。李石無處得，楊弁從何致耶？又太原有一聯甲，併在行營，安致十五里明光耶？』元貫詞屈。德裕奏曰：『楊弁微賊，決不可恕。如國力不及，寧捨劉稹。』卽時請降詔，令王逢起榆社軍，又令王元逵兵自土門入，會於太原。河東監軍呂義忠聞之，卽日召榆社本道兵，誅楊弁以聞。

自開成五年冬回紇至天德，至會昌四年八月平澤潞，首尾五年，其籌度機宜，選用將帥，軍中書詔，奏請雲合，起草指蹤，皆獨決於德裕，諸相無預焉。以功兼守太尉，進封衛國公，三千户。五年，武宗上徽號後，累表乞骸，不許。德裕病月餘，堅請解機務，乃以本官平章事兼江陵尹、荆南節度使。數月追還，復知政事。宣宗卽位，罷相，出爲東都留守、東畿汝都防禦使。

德裕特承武宗恩顧，委以樞衡。決策論兵，舉無遺悔，以身扞難，功流社稷。及昭肅棄天下，不逞之伍咸害其功。白敏中、令狐綯，在會昌中德裕不以朋黨疑之，置之臺閣，顧待甚優。及德裕失勢，抵掌戟手，同謀斥逐，而崔鉉亦以會昌末罷相怨德裕。大中初，敏中復薦鉉在中書，乃相與掎摭構致，令其黨人李咸者，訟德裕輔政時陰事。乃罷德裕留守，以太子少保分司東都，時大中元年秋。尋再貶潮州司馬。敏中等又令前永寧縣尉吳汝納進狀，訟李紳鎮揚州時謬斷刑獄。明年冬，又貶潮州司户。德裕既貶，大中二年，自洛陽水路經江、淮赴潮州。其年冬，至潮陽，又貶崖州司户。至三年正月，方達珠崖郡。十二月卒，時年六十三。

德裕以器業自負，特達不羣。好著書爲文，獎善嫉惡，雖位極台輔，而讀書不輟。有劉三復者，長於章奏，尤奇待之。自德裕始鎮浙西，迄於淮甸，皆參佐賓筵。軍政之餘，與之吟詠終日。在長安私第，別構起草院。院有精思亭，每朝廷用兵，詔令制置，而獨處亭中，凝然握管，左右侍者無能預焉。東都於伊闕南置平泉別墅，清流翠篠，樹石幽奇。初未仕時，講學其中。及從官藩服，出將入相，三十年不復重游，而題寄歌詩，皆銘之於石。今有《花木記》、《歌詩篇録》二石存焉。有文集二十卷。記述舊事，則有《次柳氏舊聞》、《御臣要略》、《伐叛志》、《獻替録》行於世。

初貶潮州，雖蒼黄顛沛之中，猶留心著述，雜序數十篇，號曰《窮愁志》。其論冥數曰：

仲尼罕言命，不語神，非謂無也。欲人嚴三綱之道，奉五常之教，修天爵而致人爵，不欲信富貴於天命，委福禄於冥數。昔衛卜協於沙丘，爲謚已久；秦塞屬於臨洮，名子不悟；朝歌未滅，而國流丹烏；白帝尚在，而漢斷素蛇。皆兆發於先，而符應於後，不可以智測也。周、孔與天地合德，與神明合契，將來之數，無所遁情。而狼跋於周，鳳衰於楚，豈親戚之義，不可去也，人倫之教，不可廢也。條侯之貴，鄧通之富，死於兵革可也，死於女室可也，唯不宜以餒終，此又不可以理得也。命偶時來，盜有名器者，謂禍福出於胸懷，榮枯生於口吻，沛然而安，溘然而笑，曾不知黄雀游於茂樹，而挾彈者在其後也。

乙丑歲，予自荆楚，保釐東周，路出方城間，有隱者困於泥塗，不知其所如，謂方城長曰：『此官人居守後二年，南行萬里。』則知憾予者必因天譴，譖予者乃自鬼謀。雖抱至冤，固不爲恨。予嘗三遇異人，非卜祝之流，皆遁世者。初掌記北門，管涔隱者謂予曰：『君明年當在人君左右，爲文翰之職，須值少主。』予聞之，愕然變色，隱者亦悔失言，避席求去。予問曰：『何爲事少主？』對曰：『君與少主已有宿緣。』其年秋登朝，至明年正月，穆宗纘緒，召入禁苑。及爲中丞，閩中隱者叩門請見，予下榻與語，曰：『時事非久，公不早去，冬必作相，禍將至矣。若亟請居外，則代公者受患。公後十年終當作相，自西而入。』是秋，出鎮吳門，時年三十六歲。經八稔，尋又仗鉞南燕。秋暮，有邑子於生引鄴郡道士至。才升階，未及命席，謂予曰：『公當爲西南節制，孟冬望舒前，符節至矣。』三者皆與之協，不差歲月。自憲闈竟十年居相位，由西蜀而入，代予持憲者，俄亦竄逐。唯再謫南荒，未嘗有前知之士爲予言之。豈禍患不可移者，神道所祕，莫得預聞。

其自序如此。斯論可以警夫躁競者，故書於事末。

又　卷一四九《于敖傳》　敖字蹈中，以家世文史盛名，少爲時彦所稱，志行修謹。登進士第，釋褐祕書省校書郎。湖南觀察使楊憑辟爲從事，府罷，鳳翔節度使李鄘、鄂岳觀察使呂元膺相繼辟召。自協律郎、大理評事試監察御史。元和六年，眞拜監察御史。轉殿中，歷倉部司勳二員外、萬年令，拜右司郎中，出爲商州刺史。長慶四年，入爲吏部郎中。其年，遷給事中。昭湣初即位，李逢吉用事，與翰林學士李紳素不葉，遂誣紳以不測之罪，逐於嶺外。

又　《張薦傳》　張薦字孝舉，深州陸澤人。【略】長慶中，宰相李逢吉用事，翰林學士李紳深爲穆宗所寵，逢吉惡之，求朝臣中凶險敢言者掎摭紳陰事，俾暴揚於搢紳間。又新與拾遺李續之、劉棲楚尤蒙逢吉睠待，指爲鷹犬。穆宗崩，昭湣初即位，又新等構紳，貶端州司馬，朝臣表賀，又至中書賀宰相。及門，門者止之曰：『請少留，緣張補闕在齋內與相公談。』俄而又新揮汗而出，旅揖羣官曰：『端溪之事，又新不敢多讓。』人皆辟易憚之。與續之等七人，時號『八關十六子』。寶曆二年，逢吉出爲山南東道節度使，請又新爲副使，李續之爲行軍司馬。逢吉爲宰相時，用門下省主事田伾，伾犯贓亡命，逢吉保之於外。及罷相，裴度發其事，逢吉坐罰俸。又詔曰：『朕在億兆人之上，不令而人化，不言而人信者，法也。法行則君主重，法廢則朝廷輕。田伾常掛亡命之章，偷請養賢之禄，迹在搜捕，公行人間，而更冒選吏曹，顯擬郡佐。及黄樞覆驗，烏府追擒，證逮皆明，姦狀盡得。三移憲牒，一無申陳。衆狀滿前，羣議溢耳，終則步健不至，琅當空來。蔑視紀綱，頗同侮謔，顧茲参畫，負我上臺。閱視連名，伊爾二子，又新可汀州刺史，李續之可涪州刺史。』及逢吉致仕，李訓用事，復召二子爲尚書郎。訓敗，復貶而卒。

又　卷一六四《李絳傳》　李絳字深之，趙郡贊皇人也。【略】寶曆初，入爲尚書左僕射。二年九月，昭義節度使劉悟卒，遺表請以子從諫嗣襲，將吏詣闕論請。絳密奏請速除近澤潞四面將帥一人，以充節度，令倍程赴鎮，使從諫未及拒命，新使已到，所謂『疾雷不及掩耳』。潞州軍心，自有所係。從諫無位，何名主張。時宰相李逢吉、王守澄已受從諫賂，俱請以從諫留後，不能用絳言。

絳以直道進退，聞望傾於一時。然剛腸嫉惡，賢不肖太分，以此爲非正之徒所忌。又嘗與御史中丞王播相遇於道，播不爲之避，絳奏論事體，敕命兩省詳議，咸以絳論奏是。李逢吉佑播惡絳，乃罷絳僕射，改授太子少師，分司東都。

又　卷一七三《吳汝納傳》　吳汝納者，澧州人，故韶州刺史武陵兄之子。武陵進士登第，有史學，與劉軻併以史才直史館。【略】

汝納亦進士擢第，以季父贓罪，久之不調。會昌中，爲河南府永寧縣尉。初，武陵坐贓時，李德裕作相，貶之，故汝納以不調挾怨，而附宗閔、嗣復之黨，同作謗言。會汝納弟湘爲江都尉，爲部人所訟贓罪，兼娶百姓顏悅女爲妻，有踰格律。李紳令觀察判官魏鉶鞫之，贓狀明白，伏法。湘妻顏，顏繼母焦，皆笞而釋之，仍令江都令張弘思以船監送湘妻顏及兒女送澧州。

及揚州上具獄，物議以德裕素憎吳氏，疑李紳織成其罪。諫官論之，乃差御史崔元藻爲制使，覆吳湘獄。據款伏妄破程糧錢，計贓準法。其恃官娶百姓顏悅女爲妻，則稱悅是前青州衙推，悅先娶王氏是衣冠女，非繼室焦所生，與揚州案小有不同。德裕以元藻無定奪，奏貶崖州司户。及汝納進狀，追元藻覆問。元藻既恨德裕，陰爲崔鉉、白敏中、令狐綯所利誘，即言湘雖坐贓，罪不至死。又云，顏悅實非百姓，此獄是鄭亞首唱，元壽協李恪鍛成，李回便奏。遂下三司詳鞫，故德裕再貶，李回、鄭亞等皆竄逐。吳汝納、崔元藻爲崔、白、令狐所獎，數年併至顯官。

又 卷一六六《白敏中傳》 武宗皇帝素聞居易之名，及即位，欲徵用之，宰相李德裕 言居易衰病不任朝謁，因言從弟敏中辭藝類居易，即日知制誥，召入翰林充學士，遷中書舍人。累至兵部侍郎、學士承旨。會昌末，同平章事，兼刑部尚書、集賢史館大學士。宣宗即位，加右僕射、金紫光禄大夫、太清宫使、太原郡開國公、食邑二千户。及李德裕再貶嶺南，敏中居四輔之首，雷同毁譽，無一言伸理，物論罪之。五年，罷相，檢校司空，出爲邠州刺史、邠寧節度、招撫党項都制置等使。七年，進位特進、成都尹、劍南西川節度副大使、知節度等事。十一年二月，檢校司徒、平章事、江陵尹、荆南節度使。懿宗即位，徵拜司徒、門下侍郎、平章事，復輔政。尋加侍中。三年罷相，爲河中尹、河中晉絳節度使。累遷中書令。太子太師致仕卒。

又 卷一七六《鄭肅傳》 （會昌）五年，以本官同平章事，加中書、門下二侍郎，監修國史，兼尚書右僕射。素與李德裕親厚，宣宗即位，德裕罷知政事，肅亦罷相，復爲河中節度使。以疾辭，拜太子太保，卒。

又 卷一七八《鄭畋傳》 鄭畋字台文，滎陽人也。曾祖鄰、祖穆、父亞，併登進士第。【略】李德裕在翰林，亞以文干謁，深知之。出鎮浙西，辟爲從事。累屬家艱，人多忌嫉，久之不調。會昌初，始入朝爲監察御史，累遷刑部郎中。中丞李回奏知雜，遷諫議大夫，給事中。五年，德裕罷相鎮渚宫，授亞正議大夫，出爲桂州刺史、御史中丞、桂管都防禦經略使。大中二年，吳汝納訴冤，德裕再貶潮州，亞亦貶循州刺史，卒。

畋年十八，登進士第，釋褐汴宋節度推官，得秘書省校書郎。二十二，吏部調選，又以書判拔萃授渭南尉、直史館事。未行，亞出桂州，畋隨侍左右。大中朝，白敏中、令狐綯相繼秉政十餘年，素與德裕相惡，凡德裕親舊多廢斥之，畋久不偕於士伍。咸通中，令狐綯出鎮，劉瞻鎮北門，辟爲從事。入朝爲虞部員外郎。右丞鄭薰，令狐之黨也，摭畋舊事覆奏，不放入省，畋復出爲從事。五年，入爲刑部員外郎，轉萬年令。九年，劉瞻作相，薦爲翰林學士，轉户部郎中。

又 卷一五三《薛廷老傳》 廷老謹正有父風，而性通鋭。寶曆中爲右拾遺。敬宗荒恣，宫中造清思院新殿，用銅鏡三千片、黄白金薄十萬番。廷老與同僚入閤奏事曰：『臣伏見近日除拜，往往不由中書進擬，或是宣出。伏恐綱紀漸壞，姦邪恣行。』敬宗厲聲曰：『更諫何事？』舒元褒對曰：『近日宫中修造太多。』上色變曰：『何處修造？』元褒不能對。廷老進曰：『臣等職是諫官，凡有所聞，即合論奏。莫知修造之所，但見運瓦木絶多，即知有用。乞陛下勿罪臣言。』帝曰：『所奏已知。』尋加史館修撰。

時李逢吉秉權，惡廷老言太切直。鄭權因鄭注得廣州節度，權至鎮，盡以公家珍寶赴京師以酬恩地。廷老上疏請按權罪，中人由是切齒。又論逢吉黨人張權輿、程昔範不宜居諫列，逢吉大怒。廷老告滿十旬，逢吉乃出廷老爲臨晉縣令。

又 卷一五四《張宿傳》 張宿者，布衣諸生也。憲宗爲廣陵王時，因軍使張茂宗薦達，出入邸第。及上在東宫，宿時入謁，辨譎敢言。洎監撫之際，驟承顧擢，授左拾遺。以舊恩，數召對禁中，機事不密，貶郴州郴縣丞。十餘年徵入，歷贊善大夫、左補闕、比部員外郎。宰相李逢吉惡之，數於上前言其狡譎，不可保信，乃用爲濠州刺史。制下，宿自理乞留，乃追制。上欲以爲諫議大夫，逢吉奏曰：『諫議職重，當以能可否朝政者爲之。宿細人，不足以汙賢者位。陛下必須用宿，請先去臣卽可。』上不悅。又逢吉與裴度是非不同，上方委度討伐，乃出逢吉爲劍南東川節度。乃用宿權知諫議大夫，俄而內使宣授。

又　卷一五六《于頔傳》　于頔字允元，河南人也，周太師燕文公謹之後也。始以蔭補千牛，調授華陰尉，【略】長慶中，以戚里勳家諸貴引用，于方復至和王傅，家富於財，方交結遊俠，務於速進。元稹作相，欲以其策平河朔羣盜，方以策畫干稹。而李逢吉之黨欲傾裴度，乃令人告稹欲結客刺度。事下法司，按鞫無狀，而方竟坐誅。

又　卷一六二《李翛傳》　李翛，不知何許人。起於寒賤，以莊憲皇后妹壻，元和已來驟階仕進。以恩澤至坊州、絳州刺史。【略】

（元和）十年，莊憲太后崩，翛爲山陵橋道置頓使。恃能惜費，每事減損。靈駕至灞橋頓，從官多不得食。及至渭城北門，門壞。先是，橋道司請改造渭城北門，計錢三萬，翛以勞費不從，令深鑿軌道以通靈駕。掘土既深，旁柱皆懸，因而頓壞，所不及轀輬車者數步而已。初欲壞城之東北墉，以出靈駕，中人皆不可，乃停駕，徹去壞門土木而後行翛懼，誣奏轀輬軸折，山陵使李逢吉令御史封其車軸，自陵還，奏請免翛官。上以用兵務集財賦，以翛前後進奉，不之責，但罰俸而已。逢吉極言其罪，乃削銀青階。翌日，復賜金紫。自此，朝廷端士，多遭譖毀，義士爲之側目。

又　卷一六六《龐嚴傳》　龐嚴者，壽春人。父景昭。嚴元和中登進士第，長慶元年應制舉賢良方正、能直言極諫科，策入三等，冠制科之首。【略】

（元和）四年，昭湣卽位，李紳爲宰相李逢吉所排，貶端州司馬。嚴坐累，出爲江州刺史。

又　卷一七七《崔慎由傳》　崔慎由字敬止，清河武城人。【略】貞元初，進士登第，釋褐山南西道推官。【略】

大和三年，入爲户部尚書。李宗閔秉政，以從與裴度、李德裕厚善，惡之，改檢校尚書右僕射、太子賓客東都分司。從請告百日，罷官，物論咎執政。宗閔懼，四年三月，召拜檢校左僕射，兼揚州大都督府長史、御史大夫，充淮南節度副大使，知節度事。

又　卷一五四《劉棲楚傳》　劉棲楚，出於寒微。爲吏鎮州，王承宗甚奇之。後有薦於李逢吉，自鄧掾擢爲拾遺。性果敢，逢吉以爲鷹犬之用，欲中傷裴度及殺李紳。

敬宗卽位，畋游稍多，坐朝常晚，棲楚出班，以額叩龍墀出血，苦諫曰：『臣歷觀前王嗣位之初，莫不躬勤庶政，坐以待旦。陛下卽位已來，放情嗜寢，樂色忘憂，安臥宮闈，日晏方起。西宮密邇，未過山陵，鼓吹之聲，日喧於外。伏以憲宗皇帝、大行皇帝皆是長君，恪勤庶政，四方猶有叛亂。陛下運當少主，卽位未幾，惡德布聞，臣慮福祚之不長也。臣忝諫官，致陛下有此，請碎首以謝！』遂以額叩龍墀，久之不已。宰臣李逢吉出位宣曰：『劉棲楚休叩頭，候詔旨。』棲楚捧首而起，因更陳論，搕頭見血，上爲之動容，以袖連揮令出。棲楚又云：『不可臣奏，臣卽碎首死。』中書侍郎牛僧孺復宣示而出，敬宗爲之動容。

又　卷一五九《韋處厚傳》　韋處厚字德載，京兆人。【略】穆宗稱善，令示平叔，平叔詞屈無以答，其事遂寢。

處厚以幼主荒怠，不親政務，既居納誨之地，宜有以啓道性靈，乃銓擇經義雅言，以類相從，爲二十卷，謂之《六經法言》，獻之。錫以繒帛銀器，仍賜金紫。以《憲宗實録》未成，詔處厚與路隨兼充史館修撰。實録未成，許二人分日入內，仍放常參。處厚俄又權兵部侍郎。

敬宗嗣位，李逢吉用事，素惡李紳，乃搆成其罪，禍將不測。處厚與紳皆以孤進，同年進士，心頗傷之，乃上疏曰：

臣竊聞朋黨議論，以李紳貶黜尚輕。臣受恩至深，職備顧問，事關聖聽，不合不言。紳先朝獎用，擢在翰林，無過可書，無罪可戮。今羣黨得志，讒嫉大興。詢於人情，皆甚歎駭。《詩》云：『萋兮斐兮，成是貝錦。彼譖人者，亦已太甚。』又曰：『讒言罔極，交亂四國。』自古帝王，未有遠君子、近小人而致太平者。古人云：『三年無改於父之道，可謂孝矣。』李紳是前朝任使，縱有罪愆，猶宜洗釁滌瑕，念舊忘過，以成無改之美。今逢吉門下故吏，遍滿朝行，侵毀加誣，何詞不有？所貶如此，猶爲太輕。蓋曾參有投杼之疑，先師有拾塵之戒。伏望陛下斷自聖慮，不惑姦邪，則天下幸甚！建中之初，山東嚮化，只緣宰相朋黨，上負朝廷。楊炎爲元載復讎，盧杞爲劉晏報怨，兵連禍結，天下不平。伏乞聖明，察臣愚懇。

帝悟其事，紳得減死，貶端州司馬。【略】

寶曆元年四月，羣臣上尊號，御殿受册肆赦。李逢吉以李紳之故，所撰赦文但云左降官已經量移者與量移，不言未量移者，蓋欲紳不受恩例。處厚上疏曰：『伏見赦文節目中，左降官有不該恩澤者。在宥之體，有所未弘。臣聞物議皆言逢吉恐李紳量移，故有此節。若如此，則應是近年流貶官，因李紳一人皆不得量移。事體至大，豈敢不言？李紳先朝奬任，曾在內廷，自經貶官，未蒙恩宥。古人云：「人君當記人之功，忘人之過。」管仲拘囚，齊桓舉爲國相；治長縲紲，仲尼選爲密親。有罪猶宜滌盪，無辜豈可終累？況鴻名大號，册禮重儀，天地百靈之所鑑臨，億兆八紘之所瞻戴，恩澤不廣，實非所宜。臣與逢吉素無讎嫌，與李紳本非親黨，所論者全大體，所陳者在至公。伏乞聖慈察臣肝膽，儻蒙允許，仍望宣付宰臣，應近年左降官，併編入赦條，令準舊例，得量移近處。』帝覽奏，深悟其事，乃追改赦文，紳方霑恩例。處厚爲翰林承旨學士，每立視草，愜會聖旨。常奉急命於宣州徵鷹鷂及楊、益、兩浙索奇文綾綿，皆抗疏不奉命，且引前時赦書爲證，帝皆可其奏。

《新唐書》卷一七九《李訓傳》 訓本挾奇進，及大權在己，銳意去惡，故與帝言天下事，無不如所欲。挾注相朋比，務報恩復讎，素忌李德裕、宗閔之寵，乃因楊虞卿獄，指爲黨人，嘗所惡者，悉陷黨中，遷貶無闋日，班列幾空，中外震畏。帝爲下詔開諭，羣情稍安。不踰月，以禮部侍郎同中書門下平章事，賜金紫服，仍詔三日一至翰林，以終易義。

論說

唐・李德裕《會昌一品集・外集》卷三《朋黨論》 治平之世，教化興行，羣臣和於朝，百姓和於野，人自砥礪，無所是非，天下焉有朋黨哉！仲長統所謂同異生是非，愛憎生朋黨，朋黨致怨仇是也。東漢桓、靈之朝，政在閹寺，綱紀以亂，風教寖衰，黨錮之士，始以議論，疵物於是，危言危行，刺譏當世，其志在於維持名教，斥遠佞邪，雖乖大道，猶不失正。今之朋黨者，皆依倚倖臣，誣陷君子，鼓天下之動以養交遊，竊儒家之術以資大盗，所謂教猱升木，嗾犬害人，穴居城，社不可薰鑿。漢之黨錮，爲理世之罪人矣。今之朋邪，又黨錮之罪人矣。仲長統曰：『才智者，亦姦凶之羽翼，勇氣者，亦盗賊之爪牙。』誠如是言，然辨之未盡。如是者皆小才小勇，秪能用詭道，入邪徑，鼠牙穿屋，虺毒螫人，如鉅海陰夜，百色妖露，焉能白日爲怪哉！大道之行，當壅粉矣。

《舊唐書》卷一七四《李德裕傳論》 臣總角時，亟聞耆德言衛公故事。是時天子神武，明於聽斷，公亦以身犯難，酬特達之遇。言行計從，功成事遂，君臣之分，千載一時。觀其禁掖彌綸，巖廊啓奏，料敵制勝，襟靈獨斷，如由基命中，罔有虚發，實奇才也。語文章，則嚴、馬扶輪；論政事，則蕭、曹避席。罪其竊位，即太深文。所可議者，不能釋憾解仇，以德報怨，泯是非於度外，齊彼我於環中。與夫市井之徒，力戰錐刀之末，淪身瘴海，可爲傷心。古所謂攫金都下，忽於市人，離婁不見於眉睫。才則才矣，語道則難。

又 卷一七六《李宗閔等傳論贊》 宗閔、嗣復，承宗室世家之地胄，有文學政事之美名，徊翔清華，出入隆顯。苟能義以爲上，羣而不黨，議太平於稷、契之列，致人主於勳、華之盛，遭時得位，誰曰不然？而掊彼鴻猷，狎兹鼠輩，養虞卿而射利，抗德裕以報仇。矛盾相攻，幾傾王室，没身蠻瘴，其利伊何？古者，廉、藺解仇，冀全國體，而邀歡釋憾，實亂大倫。世道銷刓，一至於此！崔、魏二丞相，嘉言啓奏，無忝正人。墀、讓史才，肅之禮學，商之長者，或登三事，或踐六卿，以道始終，夫何不韙。

贊曰：漢誅鈎黨，魏破疽囊。何鄧之後，二李三楊。偷權報怨，任國存亡。書茲覆轍，敢告巖廊！

《新唐書》卷一八〇《李德裕傳贊》 漢劉向論朋黨，其言明切，可爲流涕，而主不悟，卒陷亡辜。德裕復援向言，指質邪正，再被逐，終嬰大禍。嗟乎，朋黨之興也，殆哉！根夫主威奪者下陵，聽弗明者賢不肖兩進，進必務勝，而後人人引所私，以所私乘狐疑不斷之隙，是引桀、蹠、孔、顔相哄於前，而以衆寡爲勝負矣。欲國不亡，得乎？身爲名宰相，不能損所憎，顯擠以仇，使比周勢成，根株牽連，賢智播奔，而王室亦衰，寧明有未哲歟？不然，功烈光明，佐武中興，與姚、宋等矣。

宋・司馬光《資治通鑑》卷二四四《唐紀六十・文宗元聖昭獻孝皇帝上之下》（大和六年）十一月乙卯，以荆南節度使段文昌爲西川節度使。西川監軍王踐言入知樞密，數爲上言：『縛送悉怛謀以快虜心，絶後來降者，非計也。』上亦悔之，尤中書侍郎、同平章事牛僧孺失策。附李德裕者因言『僧孺與德裕有隙，害其功。』上益疏之。僧孺內不自安，會上御延英，謂宰相曰：『天下何時當太平，卿等亦有意於此乎！』僧孺對曰：『太平無象。今四夷不至交侵，百姓不至流散，雖非至理，亦謂小康。陛下若別求太平，非臣等所及。』退，謂同列曰：『主上責望如此，吾曹豈得久居此地乎！』因累表請罷。十二月，乙丑，以僧孺同平章事，充淮南節度使。

臣光曰：君明臣忠，上令下從，俊良在位，邪佞黜遠，禮修樂舉，刑清政平，姦宄消伏，兵革偃戢，諸侯順附四夷懷服，家給人足，此太平之象也。于斯之時，閹宄專權，脅君於內，弗能遠也；藩鎮阻兵，陵慢于外，弗能制也；士卒殺逐主帥，拒命自立，弗能詰也；軍旅歲興，賦斂日急，骨血縱橫於原野，杼軸空竭於里閭，而僧孺謂之太平，不亦誣乎！當文宗求治之時，僧孺任居承弼，進則偷安取容以竊位，退則欺君誣世以盜名，罪孰大焉！

又 卷二四五《唐紀六十一・文宗元聖昭獻孝皇帝中》（大和八年）十一月，成德節度使王庭湊薨，軍中奉其子都知兵馬使元逵知留後。元逵改父所爲，事朝廷禮甚謹。

史元忠獻楊志誠所造衮衣及諸僭物，丁卯，流志誠於嶺南道殺之。

李宗閔言李德裕制命已行，不宜自便。乙亥，復以德裕爲鎮海節度使，不復兼平章事。時德裕、宗閔各有朋黨，互相擠援。上患之，每歎曰：『去河北賊易，去朝廷朋黨難！』

臣光曰：夫君子小人之不相容，猶冰炭之不可同器而處也。故君子得位則斥小人，小人得勢則排君子，此自然之理也。然君子進賢退不肖，其處心也公，其指事也實；小人譽其所好，毀其所惡，其處心也私，其指事也誣。公且實者謂之正直，私且誣者謂之朋黨，在我主所以辨之耳。是以明主在上：度德而敍位，量能而授官；有功者賞，有罪者刑；姦不能惑，佞不能移。夫如是，則朋黨何自而生哉！彼昏主則不然。明不能燭，强不能斷；邪正併進，毀譽交至；取捨不在於己，威福潛移於人。於是讒慝得志而朋黨之議興矣。

夫木腐而蠹生，醯酸而蚋集，故朝廷有朋黨，則人主當自咎而不當以咎羣臣也。文宗苟患羣臣之朋黨，何不察其所毀譽者爲實，爲誣，所進退者爲賢，爲不肖，其心爲公，爲私，其人爲君子，爲小人！苟實也，賢也，公也，君子也，匪徒用其言，又當進之；誣也，不肖也，私也，小人也，匪徒棄其言，又當刑之。如是，雖驅之使爲朋黨，孰敢哉！釋是不爲乃怨羣臣之難治，是猶不種不芸而怨田之蕪也。朝中之黨且不能去，況河北賊乎！

又 卷二四七《唐紀六十三・武宗至道昭肅孝皇帝中》 臣光曰：論者多疑維州之取捨，不能決牛、李之是非。臣以爲昔荀吳圍鼓，鼓人或請以城叛，吳弗許，曰：『或以吾城叛，吾所甚惡也，人以城來，吾獨何好焉！吾不可以欲城而邇姦。』使鼓人殺叛者而繕守備。是時唐新與吐蕃修好而納其維州，以利言之，則維州小而信大；以害言之，則維州緩而關中急。然則爲唐計者，宜何先乎？悉怛謀在唐則爲鄉化，在吐蕃不免爲叛臣，其受誅也又何矜焉！且德裕所言者利也，僧孺所言者義也，匹夫徇利而忘義猶恥之，況天子乎！譬如鄰人有牛，逸而入於家，或勸其兄歸之，或勸其弟攘之。勸歸者曰：『攘之不義也，且致訟。』勸攘者曰：『彼嘗攘吾羊矣，何義之拘！牛大畜也，鬻之可以富家。』以是觀之，牛、李之是非，端可見矣。

宋・范祖禹《唐鑑》卷二一《宣宗》 大中元年二月初，李德裕秉政引白敏中爲翰林學士。及武宗崩，德裕失勢，敏中乘上下之怒，竭力排之，使其黨李咸訟德裕罪，德裕由是自東都留守，以太子少保分司。九月，前永寧尉吳汝納訟其弟湘罪不至死，李紳與李德裕相表裏欺罔武宗，枉殺臣弟。十二月，貶德裕爲潮州司馬。明年九月，再貶德裕爲崖州司户。

臣祖禹曰：裴度之相憲宗，李德裕之相武宗，皆有功烈，爲唐賢相。大中以後無能繼之者。德裕才優於度，而德器不及也。度爲小人所傾，無所不至，危亦極矣，而能以功名終。德裕一失勢斥死海上何哉？度不爲黨德裕爲黨故也。自今觀之，牛僧孺、李宗閔之黨多小人，德裕之黨多君子，然因私以害公，挾勢以報怨，則一也。夫惟天吏可以伐燕，德裕自爲朋黨，而欲破朋黨，此以燕伐燕也。孔子曰：『克伐怨欲不行焉，可以爲難矣！』又曰：『君子矜而不爭，羣而不黨。』德裕克伐怨欲必行焉，矜而爭，羣而黨，其能免乎？

宋·蘇轍《欒城後集》卷一一《歷代論·五》 唐自憲宗以來，士大夫黨附牛、李，好惡不本於義，而從人以喜慍。雖一時公卿將相，未有傑然自立者也。牛黨出於僧孺，李黨出於德裕。二黨雖黨人之首，然其實則世之偉人也。蓋僧孺以德量高，而德裕以才氣勝。德於才不同，雖古人鮮能兼之者。使二人各任其所長而不爲黨則唐末之賢相也。

宋·李之儀《姑溪居士全集前集》卷一七《書牛李事》 長慶初，錢徽典貢舉，李宗閔以所親托之，李德裕、李紳、元稹在翰林，密啓其事，宗閔坐貶，嫌隙自此遂結。至太和中，宗閔爲宰相，會德裕召爲兵部侍郎，宗閔協牛僧孺并力擠之，併罷裴度政事，而僧孺尤力朋黨，至不可破，侵尋四十餘年，縉紳之禍不能解，乃有牛李之號。武宗立，專任德裕，而爲一時名相，唐祚幾至中興，力去朋黨，卒爲白敏中、令狐綯所中傷。豈無心始可立事，而有心則訖不能濟？使德裕不以前日爲念，而一心所事，唐祚固未艾也。

宋·秦觀《淮海集》卷二二《白敏中論》 臣聞白敏中用李德裕薦入翰林爲學士，及德裕貶，敏中爲相，抵之甚力。或曰：人臣事君，公義而已，何以私恩爲乎？敏中之事，未足深咎也。臣竊以爲不然。人臣能盡私恩，然後能盡公義。敏中之罪不容誅矣！

孔子曰：『事親孝，故忠可移於君。事兄悌，故順可移於長。』推此言之，則背師賣友之人，必不能以身許國。何則？於所厚者薄，則所施無不薄也。昔呂布爲丁原主簿，爲董卓而殺原；爲卓之子，又爲王允而殺卓。及兵敗被執，魏祖欲生之，劉先主曰：『明公不見布之事丁建陽、董太師乎？』於是殺布。漢封陳平，辭曰：『非魏無知，臣安得進。』上曰：『若子可謂不背本矣。』乃復賞魏無知。其後誅呂氏而安劉氏者，平與周勃也。夫以布之不忠於丁、董也，其肯忠於曹氏乎？以陳平之不負魏無知也，豈肯負於劉氏乎？此魏所以誅布、漢所以屬平者也。然則敏中之事蓋可見矣。

雖然，敏中所以負德裕也，亦有繇焉。傳曰：『盜憎主人。』主人何負於盜而盜憎之乎。蓋自度其事必爲主人所惡故也。白氏素與楊虞卿姻家，居易又與李宗閔、牛僧孺厚。若敏中，本無英氣，雖緣德裕以進，而不能無意於僧孺、宗閔、虞卿之徒。自度其事，必爲德裕惡也。故因其勢，盡力以擠之耳。夫德裕，忠臣也，以非罪被斥，天下皆知其寃。使敏中素與仇，猶當爲社稷而救之，況因之以進也！然則敏中豈惟不忠於德裕、亦不忠於唐也！臣故曰：人臣能盡私恩。然後能盡公義，敏中之罪不容誅矣。

然則公義私恩適不兩全，則如之何？以道權之而已。義重而恩輕，則不以私害公，若河曲之役，趙宣子使人以其乘車干行，韓厥執而戮之是也。恩重而義輕，則不以公廢私，若庾公之斯追子濯孺子，抽矢叩輪，去其鏃，發乘矢而後反是也。夫公義私恩適不兩全，猶當以道權其輕重，奈何無故而廢之哉？雖然，逢蒙殺羿，孟子以爲是亦羿有罪焉。以此言之，德裕之薦敏中，亦不得爲無罪也。

宋·夏竦《文莊集》卷二〇《李德裕非進士論》 唐文宗議貢舉，曰：『子弟寒門，但取實藝。』宰相李德裕對曰：『臣無名第，不合言進士之非，其祖尚浮華，不根實藝。朝廷顯官，須公卿子弟，自小便習舉業，日熟朝廷間事，台閣儀範，不教而自成，寒士固不能習也。』

夫治平之器曰政，布政之具曰文，守文之基曰道，行道之夫曰士。士之於政，由左右手焉。故有國之典，先夫取士，雖沿革異軌，而同歸求聘之塗。古者諸侯，薦賢有三適之制，射宫選士，觀五善之節。姬周受命，文物明備，羣吏獻賢能之書，登於天府。樂正論造士之秀，升於司馬，進士之名立矣，禮賢之道廣矣。暨六國行玉帛之聘，兩漢立四科之選，魏晉或表薦而登仕，齊梁或版辟而起家，故孝廉、明經之科，秀才、茂才之舉，限口限年之制，射策待詔之選，損益無常，而察言觀德之規不妄設也。李唐御統，覲厥制度，立進士之科，正名也行，辭賦之選，從時也，而天下之士，誦詩書，秉刀筆，乘仁義之道，而進朝廷，辟場屋，詔宗伯，以方圓曲直而取名材大儒，比比而有。然詩賦之制非古也。古者，國、風、雅之謂，詩不歌而頌之謂賦，暨三季移統，七雄黷武，大道既隱，正音去矣。故少卿五字以敍别鄒、孟，四言以述祖陸、謝，勵鋒於晉、宋，任、范治槃於齊、梁，詩之體失矣，頌刺之義微焉。若孫卿暢幽惻之意，屈、宋起迂誕之説，相如閎衍以前道，揚雄淫麗而後殿，賦之體隳矣，規諷之旨衰焉。

唐興，文流愈甚前失。執雕飾爲規矩，正麗偶爲繩墨，詩則協聲而合律，賦則限韻而拘字，燦然清才而不復質矣。譬諸柏梁永明體，猶若秦漢之於唐虞也。故德裕許其浮華則可矣，至於言朝廷顯官，須公卿子弟，斯言之玷，無乃甚歟？夫諸侯襲封，功臣繼絶，纔子弟奉祭祀而爵及世也。若其靡恃門閥之貴，屈身士大夫之間，講習仁義，延揖時譽，有緇衣之美，成作述之志，雖寒士之賢，弗可加也。若其尚輕肥之飾，馳逐豪俠之伍，以奢僭自大，意氣相爍，不知衣食之出，而忘弓裘之業，雖將相之世，不可任也。哀哉！堂構之業多墜，嗣興之賢甚寡，若子弟不教而成則堯之丹朱，舜之商均，皆可君天下也，況父母之聖，非教不行也。

國之治，非目不熟也，臣之良，非師保之無功也，何教之而不成，目熟而不知，保傅而無補哉！蓋上智下愚之不移也。故楊興説於史，高毋薦乳母子弟，王吉疾其驕驁，請除任子之令，則知子弟之才，非專任之器也。《詩》曰：『其父析薪，其子不克負荷。』《書》曰：『世禄之家，鮮克由禮。』況朝廷崇爵豐禄，設官分職，治亂之道，不在它而在賢愚也。子弟、寒士，賢治愚亂，其一揆也。然則子弟以嗣蔭而受禄，士以歷試而頒爵，歷試之下，黜陟章明，故士之不肖者鮮矣。至如《傳》説胥靡而興湯，呂望屠釣而王周，管仲商販而霸齊，由餘戎狄而强秦，斯皆歷試諸難登將相之任，誠不讓於子弟也。故舜、湯不用三公九卿之世而舉皋陶、伊尹不仁者遠矣。《易》曰：『賁於丘園。』《書》曰：『野無遺賢。』則豈謂子弟邪？若以寒士窘急衣食，不能熟習德業，則仲舒下帷，倪寬帶經，乃子弟耶？若以寒士杜門閭巷，不識闕朝儀範，則仲尼正魯國之雅頌，叔孫定漢之儀制，亦子弟耶？夫志士之學也，終日不食，終夜不寢，將負周孔之戈，而春楊墨之喉，以聖君之道左之，生民之心右之，誓銷瀧薄之器於太平之爐，故遑遑然急於行道也，雖九經之奥，必獲仁義之旨，載籍之廣，必取禮樂之制。前言往行，燦燦在目，立於朝無慚色，無愧辭也。《書》曰：『學古入官。』此之謂歟？得士之道，不其偉哉！《詩》曰：『思皇多士，生此王國。』於戲！宰制天下，代天工也，當改正朔，易服色，制禮樂，發號令，革襲因，損頤指，而行何不合言之有？苟以選舉之制離失中道，則以德進，以事舉，以言揚，擇善而行，斯可也。苟謂辭賦非古，則策以時務，問以康濟，非五經不得以對，非常道不得以言，則經緯之術，宏達之材見矣。而德裕以林甫、餘烈陟位國相，知簡賢附勢之旨，無宰制補衮之德，而塌屋之下，英傑間出，縉紳之士，勳名相望，欲騁材術，專國政，不可得矣。故將隳貢舉，以杜賢路，進子弟以崇私黨，俾朝廷之人，無能傑出己右，故宣宗制曰：『委國史於愛壻之手，寵祕文於弱子之身，洎參信書，亦引親暱。』斯乃扼其咽喉而中其膏肓矣。厥有朱崖之貶以謝天下，宜哉！

宋・王禹偁《小畜集》卷一五《朋黨論》 偶讀唐史，見元和、長慶之後，至太和、開成間，贊皇、奇章、李凉公輩，互爲朋黨，文宗嘗謂近臣曰：『破河北賊甚易，破此朋黨甚難。』言之不思，一至於此。夫朋黨之來遠矣，自堯舜時有之八元、八凱，君子之黨也，四凶族，小人之黨也。惟堯以德充化，臻使不害政，故兩存之。惟舜以彰善明惡，慮其亂教，故兩辨之。由茲而下，君子常不勝於小人，是以理少而亂多也。夫君子直小人諛，諛則順旨，直則逆耳，人君惡逆而好順，故小人道長，君子道消也。《書》曰：『有言逆於汝心，必求諸道。有言遜於汝志，必求諸非道。』君天下者，能踐斯言而行之，則朋黨辨矣，又何難破哉？且奇章全德而不免竄逐，贊皇忌刻，逢吉傾巧，而終至大位，又誰咎哉？又誰咎哉？

宋・孫甫《唐史論斷》卷下《辯朋黨》 論曰：人君惡臣下朋黨者，以其植私而背公，欺聰明，竊威福，亂國政也。朋黨爲患如是，誠不可不防。然在辯之精，爾辯之不精，君子爲小人所陷矣。蓋君子小人，各有其徒，君子之徒以道合，小人之徒以利合。以道合者，思濟其功，此同心於國事，非朋黨也。以利合者，思濟其欲，此同心於私計，乃朋黨也。二者混肴并進，非明君曷易辯之。君不能辯，則君子爲小人所勝，必矣。蓋君子之徒，見義則鋭意以進，誠其言，直其道，不能曲防非意之事。小人窺之，懼君子道行，則不便於己，取疑似之迹讒之於君矣。君子被讒，又耻自辨，但守道自信而已。小人之徒不然，見利則詭計以進，巧其言，曲其意，復彌縫其隙，用心無所不至。勝於人便於己，險薄邪佞皆可爲。

所以常勝於君子也。君子小人，情狀如此，非君之明，曷能辨也。前代之君，辨者少而不辨者多，其事不能疏舉，直以唐之四事論之。君至明，則人不能誣人以朋黨。君雖明，爲情所惑，則不能察小人之黨，辨君子之不黨。君雖明而弱，雖辨君子小人，而不能制其黨。君明不足，雖察其有黨，而不能辨其情之輕重。貞觀中，蕭瑀謂房喬輩數大臣相黨，常獨奏云：『此等相與執權，有同膠漆。陛下不細詢知，但未反爾。』太宗謂瑀曰：『爲人君者，須駕馭英才，推心待士。卿言不亦甚乎。何至於此。』時房喬輩同心國事，知無不爲。瑀雖非小人，但以性剛躁，復多猜惑，妄言喬輩朋黨。太宗英明，方辨其事。不然，數賢何以免責。不惟不免其責，且無以盡其才謀助成治平之業矣。此所謂『君至明，則不能誣人以朋黨』也。元和末，裴度崔羣同相。度以勳德，羣以仁賢，爲天下瞻望。及皇甫鎛以聚斂進，復結倖臣取相位，中外大以爲非。度、羣累言鎛邪險之狀，憲宗反疑度、羣朋黨，寵鎛愈甚，至謂度等曰：『人臣事君，但力行善事，自致公望。何乃好植朋黨。』度對曰：『君子小人未有無徒者。君子之徒則同心同德，小人之徒是謂朋黨。』帝曰：『他人之言亦與卿言相似，豈易辨之夫？』以度、羣之大賢，視鎛之邪黨，如鸞皇之與蚊虻，人人可見。而憲宗惑之。蓋方務邪樂，惡忠而喜佞也。觀初用度、羣之意，非爲不明，一日昏惑至此，此所謂『君雖明，爲情所惑，則不能察小人之黨，辨君子之不黨』也。昭愍即位，其相李逢吉，大植朋黨，明報録怨。排裴度，逐李紳，欺君沖幼，略無所憚。賴韋處厚不顧凶險氣焰，言度之大賢，雪紳之非辜。昭愍深信處厚之忠，許度復相，憫紳貶逐。然不能誅逢吉之姦黨。此所謂『君雖明而弱，雖辨君子小人之徒，不能制其黨』也。至文宗辨德裕宗閔之黨，大惡之。然觀二李之過似均，而情之輕重則異矣。宗閔輩在元和中對賢良策，深詆時病。李吉甫作相，怒其言，薄其恩命，故宗閔憾焉。後宗閔得用，排李德裕及其相與者。德裕得用，亦排宗閔及其相與者。故交怨不解。其過似均矣。但德裕未相，在穆宗昭愍朝論事忠直，有補於時。所歷方鎮，大著政效。又裴度常薦之作相，爲宗閔輩所沮而罷，遂領劍南。雖因監軍王踐言入言維州事，文宗召以歸朝，遂命作相，本由功名用也。及秉政，羣邪不悅，竟爲姦人李訓、鄭注所譖，引宗閔代之。宗閔未相，絶無功效著聞。任侍郎日，結女學士宋若憲、知樞密楊承和求作相，以此得之。及其出鎮也，又由訓、注復用。此德裕之賢與宗閔不侔矣。又德裕所與者多才德之人，幾於不黨。然比宗閔之姦則情輕也。文宗但以其各有黨嫉之，不能辨其輕重之情，明已不足，但剛强之性好勝，所怨者不忘，所與者必進，以此不免朋黨之累。然比宗閔之姦則情輕也。

文宗但以其各有黨嫉之，不能辨其輕重之情，明已不足矣。又聽訓、注所譖，朝之善士，多目爲二李黨而逐之。此所謂『君明不足，雖察其朋黨，而不能辨其情之輕重』也。夫太宗之明，爲人君者當法之。憲宗之惑，爲人君者當戒之。昭愍之弱，爲人君者當勉之。文宗之明不足，爲人君者當深思之。深思之術，尤在盡心焉。且有人言於君曰：『某人朋黨也。』若其人道未信、功未明，君當詰之曰：『朋黨有何狀？』言者必曰：『相援以欺君也。』君又當詰之曰：『所欺者何事？』若陳所欺之事害於國、病於人、圖於利，其狀明白此朋黨無疑。大則罪之，小則疏之，宜矣。若言者不能陳害人圖利之狀，此乃誣人以朋黨。大則罪之，小則疏之，亦宜矣。又或言者陳似是之狀未甚明白，君當審其人與言者位不相逼乎？素無讎怨乎？何人以公議進？何人以權幸用？何人論議有補於國？何人才行有稱於時？復參驗他臣而究其本末，則言者與被言之人是非辨矣。人君能如是，臣下豈有朋黨之事。或曰：『何以能如此？』答曰：『在明與公。』或曰：『中智之主，性有所蔽，明與公安得兩盡也。』曰：『不聽左右偏言則明矣。不以說意親之。不以忤意疏之，則公矣。』

宋·司馬光《傳家集》卷六四《朋黨論》　黃介夫作《壞唐論》五篇，以爲壞唐者，非巢、温與閹豎，乃李宗閔、李德裕朋黨之弊也，是誠得其本矣。雖然，介夫知其一未知其二。彼盜賊之興，由閹豎，閹豎之橫，由輔相，則信然矣。噫！輔相樹立私黨，更相排壓而不能正，又誰咎哉？夫朋黨之患，不專在唐，自古有之。以堯之明，共工、驩兜相薦於朝。舜臣堯，既流共工，又放歡兜，除其邪黨，然後四門穆穆，百工咸熙。仲虺數夏之惡曰：『簡賢附勢，實繁有徒。』武王數商之惡曰：『朋家作仇，脅權相滅。』是則治亂之世，未嘗無朋黨。堯、舜聰明，故能別白善惡，而德業昌明。桀、紂昏亂，故不能區處是非，而邦家覆亡。由是言之，興亡不在朋黨，而在昏明矣。《洪範·皇極》曰：『無偏無詖，遵王之義。無有作好遵王之道，無有作惡遵王之路，無偏無黨，王道盪盪，無黨無偏，王道平平，無反無側，王道正直。』周公戒成王曰：『孺子其朋，孺子其朋，其往無若火始餤餤，厥攸灼敍弗其絶。是以舜誅禹父，而禹爲舜佐，伊尹放太甲而相之，周公放蔡叔而封蔡仲公之至也。』夫宗閔、德裕，雖爲朋黨，由文宗實使之。文宗嘗曰：『去河北賊易，去朝中朋黨難。』殊不知羣臣爲朋黨，誰之過也？由是觀之，壞唐者文宗之不明，宗閔、德裕不足專罪也。

宋·范浚《香溪集》卷一三《朋黨》 昔唐文宗恭儉自喜，其區區求治之心，初非不切，然卒至危弱而不復奮，原其所自，實由朋黨亂之。每大謀議，甲可乙否，紛然盈廷，迭相侵詆，如市人賈夫，相與爭言於闤闠，天子顧爲軟語解釋。其人早朝晏罷，且惟朋黨之論，至謂去河北賊易，去朝廷朋黨難。而唐史言其是非排陷，朝升暮黜，天子亦無如之何。是君子小人哄於前，莫明其孰是孰非而無可奈何也。臣嘗詳求當時朋黨之患，蓋起於李德裕、李宗閔、牛僧孺等。德裕固賢相，然宗閔、僧孺，初亦奇才，有名於時。及黨與一分，遂相傾賣，至爲小人所不爲者，而流波浸，滋爲縉紳，禍幾四十年。若楊嗣復、陳夷行、李珏、鄭覃輩，豈皆小人哉？亦爲黨勢磨軋而已。夫其始也，皆非小人。及爲黨勢磨軋，則有互相魚肉之心。是君子與小人分黨者理之常，則君子亦各自以其所親愛爲黨者，禍之大也。宗閔、僧孺同秉政，相唱和，去異己者，德裕所善，悉逐之。及德裕在相位，非其黨者，皆不容於會昌中，使賢如白居易猶懼斥不自安，固求致身散地，冀於遠害。德裕罷相，則凡德裕所薄，皆不次用之。至德裕之與，則雖草制不盡言，亦且貶黜。嗟夫！宰相之職，固將爲天子求人材而進之，士非天子所自識擢，則不以宰相進，何由登於朝而用於上？苟一相去位，門生故吏與所親愛，無論賢不肖，率以其類相次廢黜，否則自疑而引去，雖天子所自識擢之士，於罷相有一日雅，亦必見逐，曾不得少留於班列之下？夫人材由宰相進，雖未必皆賢，亦未必無奇能異士，卓然可以資世者。類以朋黨廢不用，則人主雖有籲俊之心，安得而器使之？夫以一相去位，士坐朋黨，廢者不知幾人，而又鼎軸之任，未幾輒易，則人材之沈滯閒散可勝計耶！此人材常患乎乏使之因，而牛李所以禍世者也。臣故曰：君子與小人分黨者理之常，而君子亦各自以其所親愛爲黨者，禍之大，然則人主其可不念，而爲臣者可不戒哉！

明·楊士奇等《歷代名臣奏議》卷四〇《朋黨上》 唐室之季，朋黨相軋四十餘年。搢紳之禍不解，蓋始於李宗閔、李德裕二人而已。嫌怨既結，各有植立，根本牢甚，互相傾擠，牛僧孺、李逢吉之屬，則宗閔之黨也。李紳、韋處厚之屬，則德裕之黨也。而逢吉之黨，又有『八關十六子』之名。人主不復察其邪正，惟曰：去河北賊易，去此朋黨難。而其徒亦曰：左右佩劍，彼此相笑。蓋言未知孰是也。其後李訓、鄭注用事，欲以權市天下，凡不附己者皆指以爲二人之黨而逐去之。至於人人駭栗，連月雺晦，卒不知訓、注者實逢吉之黨也。臣故曰：邪正不辨，而朋黨是嫉。則君子小人必至於兩廢，或至於兩存。君子與小人兩廢、兩存，則小人卒得志，君子終受禍矣！

又　卷一五六 監察御史余應求論朋黨宜辨之於早狀曰：臣嘗觀李德裕、李宗閔各分朋黨，互相傾軋，因小以至大，因私以害公，終成牛李之禍。文宗患之而不能去，每歎曰：『去河北賊易，去朝廷朋黨難。』臣謂君子小人其勢不兩立，猶如冰炭薰蕕之不可并也。故君子得位則斥小人，小人得路則排君子，勢之必然無足怪也。惟明君能辨其人爲賢、爲不肖，其事爲公、爲私、其言爲實、爲虛，其心爲忠、爲邪，則君子小人自判而朋黨不足患矣。文宗暗君也，不知察此而患不能去之。豈不謬哉！

明·茅坤《唐宋八大家文鈔》卷一五四《歷代論·牛李論》 僧孺外托鎮靜，而於持危濟變處非其所能，德裕內持果敢，而藏器待時處亦其所暗。要之，均不知大臣之道者。

唐自憲宗以來，士大夫黨附牛李，好惡不本於義而從人，以喜慍雖一時公卿將相，未有傑然自立者也。牛黨出於僧孺，李黨出於德裕，二人雖黨人之首，然其實則當世之偉人也。蓋僧孺以德量高，而德裕以才氣勝，德與才不同，雖古人鮮能兼之者。使二人各任其所長而不爲黨，則唐末之賢相也。僧孺相文宗，幽州楊志誠逐其將李載義，帝召問計策，僧孺曰：『是不足爲朝廷憂也。范陽自安史後，不復係國家休慼。前日劉聰納土，朝廷糜費且百萬，終不能得斗粟尺布以實天府，俄復失之。今志誠猶向載義也，第付以節，使捍奚、契丹，彼且自力不足，以逆順治也。』帝曰：『吾初不計此，公言是也。』因遣使慰撫之。及武宗世，陳行泰殺史元忠，張絳復殺行泰以求帥，德裕以爲河朔命帥，失在太速，使奸臣得計，遷延久之，擢用張仲武而絳自斃。僧孺以無事爲安，而德裕以制勝爲德，此固二人之所以異，較之德裕則優矣。德裕節度劍南、西川，吐蕃將悉怛謀以維州降。維州西南要地也，是時方與吐蕃和親，僧孺不可曰：『吐蕃綿地萬里，失一維州不害其强。方今議和好而自違之，中國御戎，守信爲上，應變次之。彼若來責失信，贊普牧馬，蔚茹川東，襲汧、隴，不三日至咸陽，雖得百維州何益？』帝從之，使德裕反降者，吐蕃族誅之，德裕深以爲恨，雖議者亦不直僧孺。然吐蕃自是不爲邊患，幾終唐世，則僧孺之言非爲私也。帝利用李訓、鄭注，欲求奇功，一日延英謂宰相：『公等亦有意於太平乎？何道致之？』僧孺曰：『臣待罪宰相，不能康濟天下，然太平亦無象。今四夷不内侵，百姓安生業，私室無强家，上不壅蔽，下不怨讟，雖未及全盛，亦足爲治矣，更求太平，非臣所及也。』退謂諸宰相：『上責成如此。吾可久處此邪？』既罷。未久，李訓爲甘露之事，幾至亡國。帝初欲以訓爲諫官，德裕固爭，言訓小人，咎惡已著，決不可用，德裕亦以此罷去。二人所趣不同，及其臨訓、注事，所守若出於一人，吾以是知其皆偉人也。然德裕代僧孺於淮南，訴其干没府錢四十萬緡，質之非實。及在朱崖，作《窮愁志》，論周秦行紀，言僧孺有僭逆意，悻然小丈夫之心，老而不衰也。始僧孺南遷於循，老而獲歸，二子蔚、藂，後皆爲名卿。德裕没於朱崖，子孫無聞，後世深悲其窮，豈德不足而才有餘，固天之所不予邪？

清·愛新覺羅·弘曆《御製樂善堂全集定本》卷五《論·李德裕論》

唐自明皇以後，爲國大害者，外則有藩鎮彊梁，抗横天子，内則有宦寺秉權，威福己出。武宗即位，用一李德裕而河北三鎮效命，昭義軍拒命即以兩鎮兵討之，仇士良屏息而致仕，後復籍其家，何其威命之行至於如此哉？蓋由賢相用事，垂紳正笏，不動聲色，而天下自畏其威也。當是時，武宗方信任德裕，期以必治，而德裕之才，亦足以制服諸鎮。故諸鎮使者至京，必面諭之曰：『語汝使，與其使大將以求官，何如自結明天子？』以是三鎮不敢有異志。爲國輕重者，幾數年，功烈顯名，肩於裴度。然而不能免於朋黨之習，因公以報私，挾勢以復怨，君子未嘗不惜之。以德裕之才，加之公正無偏，雖古名臣，何以過哉！

藝文

清·彭定求等《全唐詩》卷八七六《佚名〈又號牛李〉》 門生故吏，不牛則李。李謂宗閔也。

宋·蘇洞《泠然齋詩集》卷八《存没口號》 唐家不靖自牛李，黨籍何勞口舌爭。莫説紛紛倒元祐，古來平國用阿衡。

宋·陳長方《唯室集》卷三《李衛公贊》 虯須天人世不有，兩河股裂羣凶手。健兒誰復知大家，養子朝朝飲牛酒。廟堂坐論贊皇公，三鎮便同牛馬走。濯手爲雨噫爲風，斡旋六合臂運肘。奇章器僅等罍樽，公人中龍彼犬豚。數百年來號牛李，氣塞不堪今重論。感時念古寸心切，更覺會昌勳業尊。未應精爽君蒿盡，試哦楚些招斷魂。

清·洪亮吉《唐宋小樂府·中朝黨》 河北賊易易耳，中朝朋黨閧不止。黨人禍結唐已亡，絶不關黄巢，亦不關朱梁。

清·張晉《艷雪堂詩集·讀唐書列傳二十八首·李贊皇德裕》 運籌決策仰風裁，藩鎮憑陵勢已摧。功阻受降誰失計，禍萌驂乘有同哀。朝廷何日除朋黨，宰相如公信偉才。萬里珠厓拋旅櫬，夢中精爽尚能來。

《清詩彙》卷七三《沈冰壺〈崖州行〉》 贊皇之勳配裴度，度薦宰相才，此言殊不誤。牛李之怨亦由度，黑白昭然本易悟。玨耶嗣復耶，贊皇實救之。綯耶敏中耶，贊皇實引之。此皆牛李黨，誰言贊皇胸中城府多徇私。太原上黨次第克，造膝密謀皆其力。武宣二宗本水火，大叔得立太尉禍。崖州之變意中事，何必夢中乞哀我。

清·羅惇衍《集義軒詠史詩鈔》卷三九《唐八·楊嗣復》 平生奥援結奇章，營救終需李贊皇。何苦朝綱分意見，空教黨禍肆披猖。杜門執咎君恩赦，當桉辭官國體傷。一事人間猶監義，魯庭置酒列雙行。

清·徐世昌《晚晴簃詩匯》卷一二六《吴振棫〈聞喜弔裴晉公〉》 朋黨難消賊易除，四朝遺迹動欷歔。風裁陸贄詞尤激，功業汾陽福不如。豈有賢姦能併進，空言恩禮未全疏。蕭條緑野堂中酒，世事傷心白首餘。

雜録

唐・李冗《獨異志》卷下　武宗朝宰相李德裕奢侈極，每食一杯羹，費錢約三萬，雜寶貝珠玉雄黄朱砂煎汁爲之。至三煎，即棄其滓於溝中。

宋・孫光憲《北夢瑣言》卷一《李太尉抑白少傅》　白少傅居易，文章冠世，不躋大位。先是，劉禹錫大和中爲賓客時，李太尉德裕同分司東都。禹錫謁於德裕曰：『近曾得《白居易文集》否？』德裕曰：『累有相示，別令收貯，然未一披。今日爲吾子覽之。』及取看，盈其箱笥，没於塵坌。既啓之而復卷之，謂禹錫曰：『吾於此人不足久矣。其文章精絶，何必覽焉。但恐回吾之心，所以不欲觀覽。』其見抑也如此。衣冠之士併皆忌之，咸曰：『有學士才，非宰臣器。』識者於其荅制中見經綸之用，爲時所排，比賈誼在漢文之朝不爲卿相知。人皆惜之。葆光子曰：『李衛公之抑忌白少傅，舉類而知也。初文宗命德裕論朝中朋黨，首以楊虞卿、牛僧孺爲言。楊、牛即白公密友也。其不引翼，義在於斯，非抑文章也，慮其朋比而掣肘也。』

又　《牛僧孺奇士》　相國牛僧孺，字思黯，或言牛仙客之後，居宛葉之間。少單貧，力學，有倜儻之志。唐永貞中，擢進士第，時與同輩過政事堂。宰相謂曰：『掃廳奉候。』僧孺獨出曰：『不敢。』衆聳異之。元和初登制科，歷省郎、中書舍人、御史、中書門下平章事，揚州、建州兩鎮，東都留守、左僕射。先是，撰《周秦行記》，李德裕切言短之。大中初卒，未賜謚。後白敏中入相，乃奏定謚曰『簡』，白居易曰『文』。葆光子曰：『僧孺登庸在德裕之先，又非忌才所能掩抑。今以牛之才術比李之功勳，自然知其臧否也。且《周秦行記》非所宜言，德裕著論而罪之，正人覽記而駭之。勿謂衛公掩賢妒善，牛相不罹大禍，亦幸而免！』

宋・洪邁《容齋續筆》卷五《崔常牛李》　士大夫一時論議，各自有是非，不當一一校其平生賢否也。常衮爲宰相，唐德宗初立，議羣臣喪服，衮以爲遺詔云：『天下吏人三日釋報。』古者卿大夫從君而服，皇帝二十七日而除，在朝羣臣亦當如之。祐甫以爲遺詔無朝臣、庶人之別，凡百執事，孰非吏人皆應三日釋報。相與力爭，衮不能堪，奏貶祐甫。已而衮坐欺罔貶，祐甫代之。議者以祐甫之賢，遠出衮右，故不復評其事。然揆之以理，則衮之言爲然。李德裕爲西川節度使，吐蕃維州副使悉怛謀請降。德裕遣兵據其城，具奏其狀，欲因是擣西戎腹心。百官議皆請如德裕策。宰相牛僧孺曰：『吐蕃之境，四面各萬里，失一維州未能損其勢。比來修好，約罷戍兵，彼若來責失信，上平涼阪，萬騎綴回中。怒氣直辭，不三日至咸陽橋。此時西南數千里外得百維州，何所用之？』文宗以爲然，詔以城歸吐蕃。由是德裕怨僧孺益深。議者亦以德裕賢於僧孺，咸謂牛、李私憾不釋，僧孺嫉德裕之功，故沮其事。然以今觀之，則僧孺爲得，司馬温公斷之以義利，兩人曲直始分。

宋・王溥《唐會要》卷五四《省號上》　會昌五年十二月，給事中韋宏景上疏，論中書權重，三司錢穀不合相府兼領。宰相李德裕論奏曰：臣等昨於延英召對，恭聞聖旨，常欲朝廷尊。臣下肅，此是陛下深究理本也。臣按《管子》云：『凡國之重器，莫重於令。令重則君尊，君尊則國安。國安在於尊君，尊君在於行令。明君治民之本，莫要乎出令。故曰：虧令者死，益令者死，不行令者死，不從令者死。又曰：行令於上，而不論可否，是上失其威，下繫於人也。』自太和以來，其風大弊，令出於上，非之於下。昨韋宏景所論宰相不合兼領錢穀，臣等敢以事體陳聞。昔匡衡云：『所以爲大臣者，國家之股肱，萬姓所瞻仰，明主所慎擇。』《傳》曰：『下輕其上，賤人圖柄，則國家摇動。』宏景受人教導，輒獻封章，是賤人圖柄矣。蕭望之漢朝名儒，爲御史大夫，奏云：『今歲首日月少光，罪在臣等。』上以望之意輕丞相，乃下御史詰責。賈誼有云：『人主如堂，羣臣如陛，陛高則堂高。』亦由將相重則君上尊，其勢然也。昔東漢處士横議，遂有黨錮事起，此事深要懲絶。上然之，宏景乃坐貶官。時李德裕在相位久，朝臣爲其所抑者，皆怨之。裴垍、崔鉉、杜悰罷相後，中貴人屢言德裕太專，上不悅，故白敏中教宏景有此奏。

宋・宋敏求《唐大詔令集》卷五七《大臣・宰相・貶降上・三貶李宗閔潮州司户制》　交結凶邪，叨取榮顯，姦險陰慝，因事盡彰，頃爲吏部侍郎。令沈議於内人宋若憲處，密求宰相。及事蹤敗露，文字猶在閱視之際，良深歎駭。既專樞柄，益附私黨，附下罔上，廢義滅公。言多矯誣動挾欺詐，傷風敗政，負我何深。按之刑章，法在無赦，尚以早經任使，賜以全生，投之裔夷，實我恩貸。嗚呼！知人則哲，朕方自咎，爲臣苟進，當鑑於斯，百爾君子，宜體予意。

又　卷一一〇《政事·誡諭·告諭宗閔德裕親故更不問罪敕》　朕承天之序燭理，未明勞虚襟，以求賢、勵、寬、德以容衆頃者，或台輔乖弼亮之道，而具寮扇朋附之風，翕然相從，實斁彝憲，致使薰蕕共器，賢不肖併馭，退迹者成後時之夫，登門者爲迎吠之客，繆盭之氣，堙鬱未和，而望陰陽順時，疵癘不作，朝廷清肅，班列和安自古及今未嘗有也。今既再申朝典，一變澆風，掃清朋比之徒，匡飭貞廉之俗，凡百卿士，惟新令猷。如聞周行之中，尚蓄疑懼，或有委相指目，令不自安。今斯曠然，明喻朕意。與宗閔、德裕或親故及門生故吏等，除今日以前黜遠之外，一切不問。各安職業，勿復爲嫌。布告中外，令其知悉。太和元年九月

清·顧炎武《日知録》卷一七《進士得人》　《唐書·選舉志》：衆科之目，進士尤爲貴，其得人亦最爲盛焉。文宗好學嗜古，鄭覃以經術位宰相，深嫉進士浮薄，屢請罷之。武宗卽位，宰相李德裕尤惡進士，謂朝廷選官，須公卿子弟爲之。何者？少習其業，自熟朝廷事，台閣之儀，不教而自成。寒士縱有出人之才，固不能閑習也。德裕之論偏異蓋如此。然進士科當唐之晚節尤爲浮薄，世所共患也。

白馬驛之禍

綜　述

《舊唐書》卷二〇下《哀帝紀》　（天祐二年四月）癸巳，敕曰：『文武二柄，國家大綱，東西兩班，官職同體。咸匡聖運，共列明廷，品秩相對於高卑，禄俸皆均於厚薄。不論前代，只考本朝。太宗皇帝以中外臣僚，文武參用，或自軍衛而居臺省，亦由衣冠而秉節旄，足明於武列文班，不令分清濁優劣。近代浮薄相尚，淩蔑舊章，假偃武以修文，競棄本而逐末。雖藍衫魚簡，當一見而便許升堂；縱拖紫腰金，若非類而無令接席。以是顯揚榮辱，分別重輕，遽失人心，盡隳朝體。致其今日，實此之由，須議改更，漸期通濟。文武百官，自一品以下，逐月所給料錢併須均勻，數目多少，一般支給。兼差使諸道，亦依輪次，既就公平，必期開泰。凡百臣庶，宜體朕懷。』和王傅張廷範者，全忠將吏也，以善音律，求爲太常卿，全忠薦用之。宰相裴樞以廷範非樂卿之才，全忠怒，罷樞相位。柳璨希旨，又降此詔，斥樞輩，故有白馬之禍。

甲辰夜，彗起北河，貫文昌，其長三丈，在西北方。

五月己未朔，以星變不視朝。【略】乙酉夜，西北彗星長六七十丈，自軒轅大角及天市西垣，光輝猛怒，其長竟天。【略】壬申，【略】獨孤損可責授朝散大夫、棣州刺史，仍令御史臺發遣出京訖聞奏。

敕曰：『朕謬將眇質，叨荷丕圖，常懷馭朽之心，每軫泣辜之念。諒於黜責，豈易施行。左僕射裴樞、右僕射崔遠，雖罷機衡，尚居揆路，既處優崇之任，未傷進退之規。不能秉志安家，但恣流言謗國，頗興物論，難抑朝章。須離八座之榮，尚付六條之政，勉思咎己，無至尤人。樞可責授朝散大夫、登州刺史，遠可責授朝散大夫、萊州刺史，便發遣出京。』兵部郎中韋干美貶沂州司户。甲戌，敕中書舍人封渭貶齊州司户，右補缺鄭輂密州莒縣尉，兵部員外盧協祁州司户，併員外置。乙亥，敕吏部尚書陸扆貶濮州司户，工部尚書王溥淄州司户。司天奏：『旬朔已前，星文變見，仰觀垂象，特軫聖慈。自今月八日夜已後，連遇陰雨，測候不得。至十三日夜一更三點，天色暫晴，景緯分明，妖星不見於碧虚，災沴潛消於天漢者。』敕曰：『上天譴見，下士震驚，致夙夜之沈憂，恐生靈之多難。不居正殿，盡輟常羞，益務齋虔，以申禳禱。果致玄穹覆祐，孛彗消除，豈罪己之感通，免貽人於災沴。式覩陳奏，深慰誠懷。』丙子，敕户部郎中李仁儉貶和王府諮議，起居舍人盧仁炯安州司户，壽安尉、直弘文館盧晏滄州東光尉。【略】辛巳，敕責授登州刺史裴樞可隴州司户，責授棣州刺史獨孤損可瓊州司户，責授萊州刺史崔遠可白州司户。

六月戊子朔，敕：『責授隴州司户裴樞、瓊州司户獨孤損、白州司户崔遠、濮州司户陸扆、淄州司户王溥、曹州司户趙崇、濮州司户王贊等，皆受國恩，咸當重任。罔思罄竭，唯貯姦邪，雖已謫於遐方，尚難寬於國典。委御史臺差人所在州縣各賜自盡。』時樞等七人已至滑州，皆併命於白馬驛，全忠令投屍於河。己丑，敕：『君臣之間，進退以禮，矧

於求舊，欲保初終，苟自掇於悔尤，亦須行於黜責。特進、守司空致仕、上柱國、河東縣開國公、食邑二千户裴贄早以公望，常踐台司，靡聞竭力以匡時，每務養恬而避事。洎從請老，不謂無恩，合慎樞機，動循規矩。雖云勇退，乃有後言，自爲簿從之酋，頗失人臣之禮。謫居郡掾，用正朝綱，可責授青州司户。刑部郎中李煦可萊州司户。』【略】癸巳，敕：『衛尉少卿敬沼是裴贄之甥，常累於舅，或以明經撓文柄，或以私事竊化權。贄已左遷，爾又何宜！可貶徐州蕭縣尉。』【略】戊戌，敕：密縣令裴練貶登州牟平尉，長水令崔仁略淄州高苑尉，福昌主簿陸珣沂州新太尉，泥水令獨孤韜範縣尉，併員外置，皆裴樞、崔遠、陸扆宗黨也。

又 卷一七九《柳璨傳》 柳璨，河東人。【略】性謇直，無緣飾。宗人璧、玭，貴仕於朝，鄙璨樸鈍，不以諸宗齒之。光化中，登進士第。尤精漢史，魯國顔蕘深重之。蕘爲中書舍人，判史館，引爲直學士。【略】遷左拾遺。公卿朝野，托爲箋奏，時譽日洽。以其博奥，目爲『柳篋子』。

昭宗好文，初寵待李谿頗學。洎谿不得其死，心常惜之，求文士似谿者。或薦璨高才，召見，試以詩什，甚喜。無幾，召爲翰林學士。崔胤得罪前一日，召璨入內殿草制敕。胤死之日，既夕，璨自內出，前騶傳呼相公來。人未見制敕，莫測所以。翌日對學士，上謂之曰：『朕以柳璨奇特，似可獎任。若令預政事，宜授何官？』承旨張文蔚曰：『陛下拔用賢能，固不拘資級。恩命高下，出自聖懷。若循兩省遷轉，拾遺超等入起居郎，臨大位，非宜也。』帝曰：『超至諫議大夫可乎？』文蔚曰：『此命甚愜。』即以諫議大夫平章事，改中書侍郎。任人之速，古無兹例。

同列裴樞、獨孤損、崔遠皆宿素名德，遽與璨同列，意微輕之，璨深蓄怨。昭宗遷洛，諸司內使、宿衛將佐，皆朱全忠腹心也，璨皆將迎，接之以恩，厚相交結，故當時權任皆歸之。

二年五月，西北長星竟天，掃太微、文昌、帝座諸宿，全忠方謀篡代。而妖星謫見，占者云：『君臣俱災，宜刑殺以應天變。』蔣玄暉、張廷範謀殺衣冠宿望難制者，璨即首疏素所不快者三十餘人，相次誅殺。班行爲之一空，冤聲載路。傷害既甚，朱全忠心惡之。會全忠授九錫，蔣玄暉等別陳意見。王殷至大梁，誣玄暉等通道宮掖，欲興復李氏。全忠怒，捕廷範，令河南聚衆，五軍分裂之，兼誅璨，臨刑呼曰：『負國賊柳璨，死其宜矣！』

又 卷一一三《裴樞傳》 子樞，字紀聖，咸通十二年登進士第。【略】龍紀初，擢拜給事中，改京兆尹。宰相孔緯尤深獎遇。大順中，緯以用兵無功貶官，樞坐累爲右庶子，尋出爲歙州刺史。

乾寧初，入爲右散騎常侍，從昭宗幸華州，爲汴州宣諭使。

初，樞自歙州罷郡歸朝，路經大梁，時朱全忠兵威已振，樞以兄事之，全忠由是重之。及樞傳詔，全忠皆稟朝旨，獻奉相繼，昭宗甚悅，乃遷兵部侍郎。時崔胤專政，亦倚全忠，二人因是相結，改樞吏部侍郎。未幾，換户部侍郎、同平章事。其年冬，昭宗幸華州，崔胤貶官，樞亦爲工部尚書。天子自岐下還宮，以樞檢校右僕射、同平章事，出爲廣南節度使。制出，朱全忠保薦之，言樞有經世才，不可棄之嶺表，尋復拜門下侍郎，監修國史，累兼吏部尚書，判度支。崔胤誅，以全忠素厚，相位如故。從昭宗遷洛陽，駐驛陝州，進右僕射、弘文館大學士、太清宮使，充諸道鹽鐵轉運使。

哀帝初嗣位，柳璨用事，全忠嘗奏用牙將張廷範爲太常卿，諸相議，樞曰：『廷範勳臣，幸有方鎮節鉞之命，何籍樂卿？恐非元帥梁王之旨。』乃持之不下。俄而全忠聞樞言，謂賓佐曰：『吾常以裴十四器識眞純，不入浮薄之伍，觀此議論，本態露矣。』切齒含怒。柳璨聞全忠言，尋希旨罷樞相位。和陵祔享，拜尚書左僕射。五月，責授朝散大夫、登州刺史，尋再貶瀧州司户。六月十一日，行及滑州，全忠遣人殺之於白馬驛，投屍於河，時年六十五。

又 卷一七七《崔遠傳》 遠，龍紀元年登進士第。大順初，以員外郎知制誥，召充翰林學士，正拜中書舍人。乾寧三年，轉户部侍郎、博陵縣男，食邑三百户，轉兵部侍郎承旨。尋以本官同平章事，遷中書侍郎，兼吏部尚書。天祐初，從昭宗東遷洛陽。罷相，守右僕射。二年，爲柳璨希朱全忠旨，累貶白州長史。行至滑州，被害於白馬驛。遠文才清麗，風神峻整，人皆慕其爲人，當時目爲『釘座梨』，言席上之珍也。

又 卷一七九《陸扆傳》 陸扆字祥文，本名允迪，吳郡人。【略】扆，光啓二年登進士第，其年從僖宗幸興元。【略】明年正月，復拜中書侍郎、同平章事。光化三年四月，兼户部尚書，進封吳郡開國公，食邑一千户。

九月，轉門下侍郎、監修國史。天復元年五月，進階特進，兼兵部尚書，加食邑五百户。車駕自鳳翔還京，赦後諸道皆降詔書，獨鳳翔無詔。扆奏曰：『鳳翔近在國門，責其心迹，罪實難容。然比來職貢無虧，朝廷未與之絶。一朝獨無詔命，示人不廣也。』崔胤怒，奏貶扆沂王傅，分司東都，削階至正議大夫。居無何，崔胤誅，復授吏部尚書，階封如故。從昭宗還洛。其年秋，昭宗遇弑。明年五月，責授濮州司户，與裴樞、崔遠、獨孤損等被害於滑州白馬驛。時年五十九。子璪，後爲緱氏令。

《新唐書》卷一八二《王溥傳》 王溥，字德潤，失其何所人。第進士，擢累禮部員外郎、史館修撰。崔胤鎮武安，表署觀察府判官。胤不赴鎮，溥留充集賢殿直學士，御史中丞趙光逢奏爲刑部郎中，知雜事。

昭宗蒙難東内，溥與胤説衛軍執劉季述等殺之。帝反正，驟拜翰林學士、户部侍郎，以中書侍郎同中書門下平章事，判户部。不能有所裨益，罷爲太子賓客，分司東都。未幾，召拜太常卿、工部尚書。會朱温侵逼，貶淄州司户參軍，賜自盡，與裴樞等投屍于河。

《舊五代史》卷一八《梁書·張文蔚傳》 張文蔚，字右華，河間人也。**【略】**唐乾符初，登進士第，時丞相裴坦兼判鹽鐵，解褐署巡官。**【略】**天祐元年夏，拜中書侍郎、平章事，兼判户部。

時柳璨在相位，擅權縱暴，傾陷賢俊，宰相裴樞等五家及三省而下三十餘人，咸抱冤就死；縉紳以目，不敢竊語其是非，餘怒所注，亦不啻十許輩。文蔚殫其力解之，乃止，士人賴焉。璨敗死，文蔚兼度支鹽鐵使。天祐四年，天子以土運將革，天命有歸，四月，命文蔚與楊涉等總率百僚，奉禪位詔至大梁。太祖受命，文蔚等不易其位。開平二年春，暴卒於位，詔贈右僕射。

又 《李振傳》 李振，字興緒，唐潞州節度使抱眞之曾孫也。祖、父，皆至郡守。振仕唐，自金吾將軍改台州刺史。會盜據浙東，不克之任，因西歸過汴，以策略干太祖，太祖奇之，辟爲從事。太祖兼領鄆州，署天平軍節度副使。湖南馬殷爲朗州雷滿所逼，振奉命馳往和解，殷、滿皆稟命。**【略】**

唐自昭宗遷都之後，王室微弱，朝廷班行，備員而已。振皆頤指氣使，旁若無人，朋附者非次獎升，私惡者沈棄。振每自汴入洛，朝中必有貶竄，故唐朝人士目爲『鴟鴞』。天祐中，唐宰相柳璨希太祖旨，譖殺大臣裴樞、陸扆等七人於滑州白馬驛。時振自以咸通、乾符中嘗應進士舉，累上不第，尤憤憤，乃謂太祖曰：『此輩自謂清流，宜投於黄河，永爲濁流。』太祖笑而從之。洎太祖受禪，自宣義軍節度副使、檢校司徒授殿中監，累遷户部尚書。

論說

《舊唐書》卷一一三《裴樞傳論》 樞因盜而振，盜憎而亡，宜哉！君子守道遠刑，蓋慮此也。

宋·范祖禹《唐鑑》卷一二《昭宣帝》 臣祖禹曰：白馬之禍，至今悲之。歐陽脩有言曰：一太常卿與社稷，孰爲重？使樞等不死，尚惜一卿，其肯以國與人乎？雖樞等之力不能存唐，必不亡唐而獨存也。臣以爲不然。昭宗返自鳳翔，而全忠篡奪之勢已成，人無愚智皆知之矣。樞乃其黨，被其薦引，以爲宰相，不恤國之存亡，方且宴安於寵禄。全忠之劫遷洛陽，昭宗未及下樓，樞受賊旨，已率百官出長安東門，昭宗卒以弑殞，而唐遂亡。由此觀之，樞爲忠於李氏乎？忠於朱氏乎？且長安與一太常卿孰重？國亡君弑與流品不分孰急？樞不惜長安以與全忠，乃惜一卿不與廷範，不惜國亡君弑而惜流品之不分，其愚豈不甚哉！夫樞非有忠義之心能爲社稷者也，不勝其利欲之心，畏全忠而附之，弑其君父既從之矣。以爲除太常卿小事也，持之不與，未必拂全忠之心，而微以示人至公，從其大而違其細，欲以竊天下之虚譽，不意全忠怒之至此也。全忠以爲此小事也，猶不從己，其肯聽己之取天下乎？是以肆其誅鋤，無所不至，不知樞等實非能爲唐輕重，乃全忠疑之過也。曏使樞有存唐之心，當全忠之劫遷，端委而受刃於國門，天下忠義之士，聞之必有奮發而起者矣。樞不爲此而惜一卿，不死於昭宗之弑，而死於廷範之事，處身如此，豈能爲國慮乎？迹其附會全忠以爲相，進不由其道矣，乃欲上不失賊臣之意，下不失士大夫之譽，其可得乎？白馬之禍，蓋自取之也。然自古如此而死者多矣，貪躁之士亦可少戒哉。

《舊五代史》卷一八《梁書·張文蔚等傳論》 文蔚、貽矩，皆唐朝之舊臣，遇梁室之强禪，奉君命以來使，狎神器以授之，逢時若斯，亦爲臣者之不幸也。抑不爲其相，不亦善乎！杜曉著文雅之稱，張策有沖淡之量，咸登台席，無忝士林。敬翔、李振，始輔霸圖，終成帝業。及國之亡也，一則殞命以明節，一則視息以媮生，以此較之，翔爲優矣。振始有濁流之言，終取赤族之禍，報應之事，固以昭然。

《新五代史》卷三五《唐六臣傳》 甚哉，白馬之禍，悲夫可爲流涕者矣。然士之生死，豈其一身之事哉？初，唐天祐三年，梁王欲以嬖吏張廷範爲太常卿，唐宰相裴樞以謂太常卿唐常以清流爲之，廷範乃梁客將，不可。梁王由此大怒，曰：『吾常語裴樞純厚，不陷浮薄，今亦爲此邪！』是歲四月，彗出西北，掃文昌、軒轅、天市。宰相柳璨希梁王旨，歸其譴於大臣。於是，左僕射裴樞、獨孤損，右僕射崔遠，守太保致仕趙崇，兵部侍郎王贊，工部尚書王溥，吏部尚書陸扆皆以無罪貶，同日賜死於白馬驛。凡搢紳之士與唐而不與梁者，皆誣以朋黨，坐貶死者數百人，而朝廷爲之空。

明年三月，唐哀帝遜位於梁，遣中書侍郎、同中書門下平章事張文蔚爲册禮使，禮部尚書蘇循爲副；中書侍郎、同中書門下平章事楊涉爲押傳國寶使，翰林學士、中書舍人張策爲副；御史大夫薛貽矩爲押金寶使，尚書左丞趙光逢爲副。四月甲子，文蔚等自上源驛奉册寶，乘輅車，道以金吾仗衛、太常鹵簿，朝梁於金祥殿。王衮冕南面，臣文蔚、臣循奉册升殿，進讀已，臣涉、臣策奉傳國璽，臣貽矩、臣光逢奉金寶，以次升進。讀已，降，率文武百官北面舞蹈再拜賀。

夫一太常卿與社稷孰爲重？使樞等不死，尚惜一卿，其肯以國與人乎？雖樞等之力未必能存唐，然必不亡唐而獨存也。嗚呼！唐之亡也，賢人君子既與之共盡，其餘在者皆庸懦不肖、傾險獪猾、趨利賣國之徒也。不然，安能蒙恥忍辱於梁庭如此哉！作《唐六臣傳》。【略】

嗚呼！始爲朋黨之論者誰歟？甚乎作俑者也。眞可謂不仁之人哉！予嘗至繁城，讀《魏受禪碑》，見漢之羣臣稱魏功德，而大書深刻，自列其姓名，以夸耀於世。又讀《梁實録》，見文蔚等所爲如此，未嘗不爲之流涕也。夫以國予人而自夸耀，及遂相之，此非小人，孰能爲也？漢、唐之末，舉其朝皆小人也，而其君子者何在哉！當漢之亡也，先以朋黨禁錮天下賢人君子，而立其朝者，皆小人也，然後漢從而亡。及唐之亡也，又先以朋黨盡殺朝廷之士，而其餘存者，皆庸懦不肖傾險之人也，然後唐從而亡。

夫欲空人之國，而去其君子者，必進朋黨之説；欲孤人主之勢，而蔽其耳目者，必進朋黨之説；欲奪國而與人者，必進朋黨之説。夫爲君子者，故嘗寡過，小人欲加之罪，則有可誣者，有不可誣者，不能徧及也。至欲舉天下之善，求其類而盡去之，惟指以爲朋黨耳。故其親戚故舊，謂之朋黨可也；交遊執友，謂之朋黨可也；宦學相同，謂之朋黨可也；門生故吏，謂之朋黨可也。是數者，皆其類也，皆善人也。故曰：欲空人之國而去其君子者，惟以朋黨罪之，則無免者矣。夫善善之相樂，以其類同，此自然之理也。故聞善者必相稱譽，稱譽則謂之朋黨；得善者必相薦引，薦引則謂之朋黨。使人聞善不敢稱譽，人主之耳不聞有善於下矣。見善不敢薦，則人主之目不得見善人矣。善人日遠，而小人日進，則爲人主者，悵悵然誰與之圖治安之計哉？故曰：欲孤人主之勢而蔽其耳目者，必用朋黨之説也。一君子存，羣小人雖衆，必有所忌，而有所不敢爲。惟空國而無君子，然後小人得肆志於無所不爲，則漢魏、唐梁之際是也。故曰：可奪國而予人者，由其國無君子。空國而無君子，由以朋黨而去之也。

嗚呼，朋黨之説，人主可不察哉！

《傳》曰『一言可以喪邦』者，其是之謂歟？可不鑑哉！可不戒哉！

藝文

宋·劉克莊《後村詩話後集》卷一 漢以孝廉取士，其末也，孟德、仲謀皆曾舉孝廉來。唐人尤重進士，其末也，如李振勸朱温，一日殺司空裴贄等百餘人於白馬驛，蘇楷進昭宗謚，李山甫教樂從訓害王鐸一家三百口，皆不得志於場屋者爲之。乃至巢寇，亦進士也。科目之弊如此。當時惟羅隱有詩聲，屢擯於名場，然逢世亂離，依錢氏以庇身，未嘗失節。五言云：『四海霍光第，六龍張奉營。』此必是諸鎮皆封王賜功臣號及岐汴劫質天子之時。又云：『陪臣無以報，西望不勝情。』又《聞幸蜀》七言云：『靜憐貴族謀身易，危惜文皇創業難。』猶有惓惓本朝之意，可嘉也。

元·楊維楨《鐵崖詠史》卷七《王官谷》 白馬河，浮濁流。大柳樹，坑瓜工。容臺學士獨先職，王官谷裹歸騎牛，重來手擲魚須竹，鴛隼班中脱麋鹿，天子詔賜還山老。楊丞相，涕汍瀾，青出無處尋王官。

明·李東陽《西涯樂府》卷下《白馬河》 白馬河，河水深，可投清邪？濁邪？同一流。萬古不條衣冠羞。人生到此紛鴻毛，紛鴻毛，竟何益，唐之亡，非此日。

清·洪亮吉《唐宋小樂府·投濁流》 唐宋黨禍今始休，清流均已投濁流。

安重誨專權

綜 述

《舊五代史》卷三五《唐書·明宗紀一》（同光四年）四月【略】壬辰，文武百僚三拜箋，請行監國之儀，以安宗社，答旨從之。既而有司上監國儀注。甲午，幸大內興聖宮，始受百僚班見之儀。【略】

以中門使安重誨爲樞密使。

又 卷三六《唐書·明宗紀二》 天成元年夏四月（丁未）以樞密使安重誨爲檢校司空，守左領軍大將軍，依前充樞密使。（五月）戊寅，以樞密使安重誨兼領襄州節度使。制下，重誨之黨謂重誨曰：『襄州地控要津，不可乏帥，無宜兼領。』重誨卽自陳退，許之。

（六月）戊戌，樞密使安重誨加檢校太保，行兵部尚書事如故。

（秋七月）庚辰，賜蕭希甫衣段二十疋、銀器五十兩，賞疏革、説之罪也。宰相鄭玨、任圜再見安重誨，救解革、説，請不復追行後命，又三上表救解，俱留中不報。

又 卷三八《唐書·明宗紀四》 天成二年春正月【略】丙辰，詔：『端明殿學士班位宜在翰林學士之上，今後如有轉改，只於翰林學士內選任。』先是，端明殿學士班在翰林學士之下，又如三館例，官在職上，趙鳳轉侍郎日，諷宰相府移之。既而禁林序列有不可之言，安重誨奏行此敕，時論便之。【略】己卯，樞密使、光禄大夫、檢校太保、行兵部尚書安重誨加開府儀同三司、檢校太傅、兼侍中，樞密使、檢校太保、守秘書監孔循加檢校太傅、同平章事。

冬十月【略】十二日，供奉官王仁鎬至，稱制殺太子少保致仕任圜。【略】時重誨既構任圜之禍，恐人非之，思沛恩於衆以掩己過，乃奏曰：『三司積欠約二百萬貫，虚係帳額，請併蠲放。』帝重違其意，故有是詔。時議者以蠲隔年之賦，猶或惠民，場院課利一概除之，得不啓姦幸之門乎！

又 卷三九《唐書·明宗紀五》（天成三年夏四月）丙戌，樞密使安重誨兼河南尹。

又 卷四〇《唐書·明宗紀六》（天成四年三月）丙戌，詔皇城使李從粲貶授房州司户參軍，仍令盡命。從粲，帝之諸子也。先是，帝巡幸汴州，留從粲以警大內，從粲因游會節園，酒酣戲登御榻。安重誨奏之，故置於法焉。

冬十月【略】丙辰，夏州進白鷹，重誨奏曰：『夏州違詔進貢，臣已止約。』帝曰：『善。』朝退，帝密令左右進焉。【略】（十一月）甲戌，奉國軍節度使王延稟加兼侍中，從福建節度使王延鈞請也。車駕出近郊，試夏州所進白鷹，戒左右勿令重誨知。

又 卷四一《唐書·明宗紀七》（長興元年夏四月）壬寅，以樞密使安重誨爲留守、太尉，兼中書令，使如故。【略】帝遣西京留守索自通、侍衛步軍都指揮使藥彥稠等攻之，仍授彥温州絳刺史，冀誘而擒之也。詔從珂赴闕。丁未，以户部尚書李鏻爲兖州行軍司馬，坐引淮南覘人賂安重誨賓也。【略】癸丑，索自通、藥彥稠等奏，收復河中，斬楊彥温，傳首來獻。【略】及收城，斬首傳送，帝怒彥稠等。時議皆以爲安重誨方弄權，從榮諸王敬事不暇，獨忌從珂威名，每於帝前屢言其短，巧作窺圖，冀能傾陷。彥温既誅，從珂歸清化里第。重誨謂馮道等曰：『蒲帥失守，責帥之義，法當如何？』翌日，道等奏：『合行朝典。』帝不悅，趙鳳堅奏：『故事有責帥之義，所以激勵藩守。』帝曰：『皆非公等意也。』後數日，帝中興殿見宰臣，趙鳳承重誨意，又再論列，帝默然。翌日，重誨復自論奏，帝極言以拒之，語在《末帝紀》中。帝又曰：『卿欲如何制置？』重誨曰：『於陛下父子之間，臣不合言，一稟聖旨。』

（五月）丙寅，以少府監韋肅爲洺州刺史，以潞州節度使王建立爲太傅致仕。建立素與安重誨不協，因其入朝，乃言建立自鎮歸朝過鄴都，日有扇遙之言，以是罪之，故令致仕。

（六月）甲辰，以皇城使安崇緒爲河陽留後，重誨子也。【略】

（秋七月）戊子，以右散騎常侍陸崇卒廢朝。崇爲福建册使，卒於明州，贈兵部尚書。宿州進白兔，安重誨謂其使曰：『豐年爲上瑞，兔懷狡性，雖白何爲！』命退歸。（八月）乙未，捧聖軍使李行德、十將張儉、告密人邊彥温併族誅，以其誣告安重誨私市兵仗故也。

（十二月）甲寅，遣樞密使安重誨赴西面軍前。時帝以蜀路險阻，進兵艱難，潼關已西物價甚賤，百姓輓運至利州，率一斛不得一斗，謂侍臣曰：『關西勞擾，未有成功，誰能辦吾事者，朕須自行。』安重誨曰：『此臣之責也，臣請行。』帝許之。言訖而辭，翌日遂行。

又　卷四二《唐書・明宗紀八》（長興二年二月辛丑）以樞密院使、守太尉、兼中書令安重誨爲檢校太師、兼中書令，充河中節度使，進封沂國公。

（三月）丙寅，以皇子從珂爲左衛大將軍。從珂自河中失守，歸清化里第，至是安重誨出鎮河中，帝召見，泣而謂之曰：『如重誨意，爾安得更相見耶！』因有是命。

（夏四月辛卯）誅内官安希倫，以其受安重誨密指，令於内中伺帝起居故也。

（五月）閏月庚寅，制河中節度使、檢校太師、兼中書令安重誨可太子太師致仕。是日，重誨男崇緒等潛歸河中。【略】丁酉，安重誨奏：『男崇贊、崇緒等到州，臣已拘送赴闕。』崇緒至陝州，詔令下獄。己亥，詔安重誨宜削奪在身官爵，併妻阿張、男崇贊崇緒等併賜死，其餘親不問。

又　卷四六《唐書・末帝紀上》　天成初，以帝爲河中節度使。明年二月，加檢校太保、同平章事。十一月，加檢校太傅。

長興元年，加檢校太尉。先是，帝與樞密使安重誨在常山，因杯盤失意，帝以拳擊重誨腦，中其櫛，走而獲免。帝雖悔謝，然重誨終銜之。及帝鎮河中，重誨知其出入不時，因矯宣中旨，令牙將楊彥温遇出郭則閉門勿納。是歲四月五日，帝閱馬於黃龍莊，彥温閉城拒帝，帝聞難遽還，遣問其故，彥温曰：『但請相公入朝，此城不可入也。』帝止虞鄉以聞，明宗詔帝歸闕。遣藥彥稠將兵討彥温，令生致之，面要鞫問。十一月收城，彥温已死，明宗以彥稠不能生致彥温，甚怒之。後數日，安重誨以帝失守，諷宰相論奏行法，明宗不悅。重誨又自論奏，明宗曰：『朕爲小將校時，家徒衣食不足，賴此兒荷石灰、收馬糞存養，以至今貴爲天子，而不能庇一兒！卿欲行朝典，朕未曉其意，卿等可速退，從他私第閒坐。』遂詔歸清化里第，不預朝請。帝尚懼重誨多方危陷，但日諷佛書陰禱而已。

二年，安重誨得罪，帝即授左衛大將軍。未幾，復檢校太傅、同平章事、行京兆尹，充西京留守。

又　卷五一《唐書・李從璨傳》　從璨，明宗諸子。【略】天成中，爲右衛大將軍。時安重誨方秉事權，從璨亦不之屈，重誨常以此忌之。明宗幸汴，留從璨爲大内皇城使。一日，召賓友於會節園，酒酣之後，戲登於御榻。安重誨奏請誅之。詔曰：『皇城使從璨，朕巡幸汴州，使警大内。乃全乖委任，但恣遨遊，於予行從之園，頻恣歌歡之會，仍施峻法，顯辱平人，致彼喧嘩，達於聞聽。方當立法，固不黨親，宜貶授房州司户參軍，仍令盡命。』長興中，重誨之得罪也，命復舊官，仍贈太保。

又　卷五四《唐書・王都傳》　王都，本姓劉，小字雲郎，中山陘邑人也。【略】及明宗嗣位，加中書令，然以其奪據父位，深心惡之。初，同光中，祁、易二州刺史，都奏部下將校爲之，不進户口，租賦自贍本軍，天成初仍舊。既而安重誨用事，稍以朝政厘之。時契丹犯塞，諸軍多屯幽、易間，大將往來，都陰爲之備，屢廢迎送，漸成猜間。【略】會朱守殷據汴州反，鎮州節度使王建立與安重誨不協，心懷怨嫉，都陰知之，乃遣人説建立謀叛，建立僞許之，密以狀聞。

又　卷五八《唐書·鄭珏傳》　鄭珏，昭宗朝宰相綮之侄孫。【略】明宗卽位，任圜自蜀至，安重誨不欲圜獨拜宰輔，共議朝望一人共之。孔循言珏貞明時久在中書，性畏慎而長者，美詞翰，好人物，重誨卽奏與任圜併命爲相，有頃，珏以老病耳疾，不任中書事，四上章請，明宗惜之，久而方允，乃授開府儀同三司，行尚書左僕射致仕，仍賜鄭州莊一區。

又《崔協傳》　崔協，字思化。【略】天成初，遷禮部尚書、太常卿，因樞密使孔循保薦，拜平章事。初，豆盧革、韋説得罪，執政議命相，樞密使孔循，意不欲河朔人居相位，任圜欲相李琪，而鄭珏素與琪不協，孔循亦惡琪，謂安重誨曰：『李琪非無藝學，但不廉耳。朝論莫若崔協。』重誨然之，因奏擇相，明宗曰：『誰可？』乃以協對。任圜奏曰：『重誨被人欺賣，如崔協者，少識文字，時人謂之「没字碑」。臣比不知書，無才而進，已爲天下笑，何容中書之内，更有笑端！』【略】朝退，宰臣樞密使休於中興殿之廡下，孔循指衣而去曰：『天下事一則任圜，二則任圜，崔協暴死則已，不死會居此位。』重誨私謂圜曰：『今相位缺人，協且可乎？』圜曰：『朝廷有李琪者，學際天人，奕葉軒冕，論才校藝，可敵時輩百人。而讒夫巧沮，忌害其能，必捨琪而相協，如棄蘇合之丸，取蛣蜣之轉也。』重誨笑而止。然重誨與循同職，循日言琪之短、協之長，故重誨竟從之。而協登庸之後，廟堂代筆，假手於人。朝廷以國庠事重，命協兼判祭酒事，協上奏每歲補監生二百爲定，物議非之。

又《李琪傳》　李琪，字台秀。【略】及明宗卽位，豆盧革、韋説得罪，任圜陳奏，請命琪爲相，爲孔循、鄭珏排沮，乃相崔協。琪時爲御史大夫，安重誨於臺門前專殺殿直馬延，雖曾彈奏，而依違詞旨，不敢正言其罪，以是托疾，三上章請老，朝旨不允，除授尚書左僕射。自是之後，尤爲宰執所忌，凡有奏陳，靡不望風横沮。

又　卷六二《唐書·董璋傳》　董璋，本梁之驍將也。【略】天成【略】二年，加同平章事。是時，安重誨當國，採人邪謀，言孟知祥必不爲國家使，惟董璋性忠義，可特寵任，令圖知祥。又璋之子光業爲宫苑使，在朝結托勢援，爭言璋之善，知祥之惡。恩寵既優，故璋益恣其暴戾。初，奉使東川者，皆言璋不恭於朝廷。四年夏，時明宗將議郊天，遣客省使李仁矩齎詔諭兩川，又遣安重誨馳書於璋，以徵貢奉，約以五十萬爲數，既而璋訴以地狹民貧，許貢十萬而已。【略】洎仁矩復命，益言璋不法。未幾，重誨奏以仁矩爲閬州團練使，尋升爲節鎮。

長興元年夏，明宗以郊禋禮畢，加璋檢校太尉。時兩川刺史嘗以兵爲牙軍，小郡不下五百人，璋已疑間，及聞除仁矩鎮閬州，璋由是謀反乃決。仍先與其子光業書曰【略】光業以書呈樞密承旨李虔徽。會朝廷再發中使荀咸乂將兵赴閬州，光業謂虔徽曰：『咸乂未至，吾父必反。吾身不足惜，慮勞朝廷徵發。請停咸乂之行，吾父必保常日。』重誨不從。咸乂未至，璋已擅追綿州刺史武虔裕，因於衙署。虔裕，安重誨之心腹也，故先囚之。五月，璋傳檄於利、閬、遂等州，責以間諜朝廷。尋率其兵陷閬州，擒節度使李仁矩、軍校姚洪等害之。

又《朱漢賓傳》　朱漢賓，字績臣，亳州譙縣人也。【略】趙在禮據魏州，元行欽率軍進討，詔漢賓權知河南府事。明宗以漢賓爲右衛上將軍，樞密使安重誨方當委重，漢賓密令結托，得爲婚家。天成末，爲潞州節度使，移鎮晉州。重誨既誅，漢賓復爲上將軍。

又　卷六六《唐書·朱弘昭傳》　朱弘昭，太原人也。【略】天成【略】三年，轉宣徽南院使。【略】會朝廷命石敬瑭帥師伐蜀，久未成功，安重誨自請西行，至鳳翔，弘昭迎謁馬首，請館於府署，妻子羅拜，捧卮爲壽。弘詔密遣人謂敬瑭曰：『安公親來勞軍，觀其舉措孟浪，儻令得至，恐士心迎合，則不戰而自潰也。可速拒之，必不敢前，則師徒萬全也。』敬唐聞其言大懼，卽日燒營遁還。重誨聞之，不敢西行，因反旆東還，復過鳳翔，弘昭拒而不納。及重誨得罪，其年弘昭入朝，授左武衛上將軍，充宣徽南院使。

又　卷六七《唐書·豆盧革傳》　豆盧革，祖籍，同州刺史。【略】天成初，將葬莊宗，以革爲山陵使。及木主歸廟，不出私第，專候旄鉞，數日無耗，爲親友促令入朝。安重誨對衆辱之曰：『山陵使名銜尚在，不候新命，便履公朝，意謂邊人可欺也。』側目者聞之，思有所中。初，蕭希甫有正諫之望，革嘗阻之，遂上疏論革與【韋】説苟且自容，致君無狀。復誣其縱田客殺人，冒元亨上第。遂貶爲辰州刺史，仍令所在馳驛發遣。後鄭珏、任圜等連上三章，請不行後命，【略】尋貶陵州長流百姓，委長吏常知所在。

又《趙鳳傳》 趙鳳，幽州人也。少爲儒。【略】天成初，置端明殿學士，鳳與馮道俱任其職。時任圜爲宰相，爲安重誨所傾，以至罷相歸磁州。及朱守殷以汴州叛，馳驛賜圜自盡。既而鳳哭謂安重誨曰：『任圜義士也，肯造逆謀以仇君父乎？如此濫刑，何以安國！』重誨笑而不責。是冬，權知貢舉。

長興中，安重誨出鎮河中，人無敢言者，惟鳳極言於上前曰：『重誨是陛下家臣，其心終不背主。五年秉權，賢豪俯伏，但不周防，自貽浸潤。』明宗以爲朋黨，不悦其奏。重誨獲罪，乃出爲邢州節度使。清泰初，召還授太保。既而病足，不能朝謁。

又《任圜傳》 任圜，京兆三原人。【略】圜揀拔賢俊，杜絶幸門，百官俸入爲孔謙減折，圜以廷臣爲國家羽儀，故優假班行，禁其虚估，期月之内，府庫充贍，朝廷修葺，軍民咸足。雖憂國如家，而切於功名，故爲安重誨所忌。嘗與重誨會於私第，有妓善歌，重誨求之不得，嫌隙自茲而深矣。先是，使人食券，皆出於户部，重誨止之，俾須内出，爭於御前，往復數四，竟爲所沮，因求罷三司。天成二年，除太子少保致仕，出居磁州。及朱守殷叛，重誨乘間誣其結構，立遣人稱制就害之，乃下詔曰：『太子少保致仕任圜，早推勳舊，曾委重難，既退免於劇權，俾優閒於外地，而乃不遵禮分，潛附守殷，緘題罔避於嫌疑，情旨頗彰於怨望。自收汴壘，備見蹤由，若務含弘，是孤典憲，尚全大體，止罪一身。宜令本州於私第賜自盡。』圜受命之日，聚族酣飲，神情不撓。清泰中，制贈太傅。

又 卷七〇《唐書·李仁矩傳》 李仁矩，本明宗在藩鎮時客將也。明宗即位，録其趨走之勞，擢居内職，復爲安重誨所庇。【略】遷爲客省使、左衛大將軍。天成中，因奉使東川，董璋張筵以召之，仁矩貪於館舍，與娼妓酣飲，日既中而不至，大爲璋所詬辱，自是深銜之。長興初，璋既跋扈於東川，重誨奏以仁矩爲閬州節度使，俾伺璋之反狀，時物議以爲不可。及仁矩至鎮，偵璋所爲，曲形奏報，地里遐僻，朝廷莫知事實，激成璋之逆節，由仁矩也。

又 卷七一《唐書·蕭希甫傳》 蕭希甫，宋州人也。【略】同光初【略】莊宗欲以希甫知制誥，宰相豆盧革等附居翰，共排斥之，以爲駕部郎中，希甫失志尤怏怏。【略】

天成初，欲召爲諫議，豆盧革、韋説沮之。明宗卒以希甫爲諫議大夫，復爲匭函使。其後革、説爲安重誨所惡，希甫希旨，誣奏革縱田客殺人，而説與鄰人爭井，進有寶貨。有司推勘，井中惟破釜而已，革、説卒皆貶死。希甫拜左散騎常侍，躁進尤甚。引告變人李筠夜扣内門，通變書云：『修堤兵士，欲取郊天日舉火爲叛。』安重誨不信之，斬告變者，軍人訴屈，請希甫啖之。

又 卷七四《唐書·楊彦温傳》 楊彦温，汴州人，本梁朝之小校也。【略】長興元年四月，乘末帝閲馬於黄龍莊，據城謀叛。【略】數日，詔末帝歸朝，明宗疑其詐，不欲興兵，授彦温絳州刺史。安重誨堅請出師，即命西京留守索自通、侍衛步軍指揮使藥彦稠等帥兵攻之，五日而拔。自閉門及敗，凡十三日。【略】時議者以當時四海恬然，五兵載戢，蒲非邊郡，近在國門。而彦温安敢狂悖。皆以爲安重誨方弄國權，尤忌末帝之名，故巧作窺圖，究莫能傾陷也。

又 卷九〇《晉書·華温琪傳》 華温琪，字德潤，宋州下邑人也【略】明宗即位，因入朝，願留闕，明宗嘉而許之，除左驍衛上將軍【略】逾歲，明宗謂樞密使安重誨曰：『温琪舊人，宜選一重鎮處之。』重誨奏以天下無闕。他日又言之，重誨素强愎，對曰：『臣累奏未有闕處，可替者，唯樞密使而已。』明宗曰：『可』。重誨不能答。温琪聞其事，懼爲權臣所怒，幾致成疾，由是數月不出。俄拜華州節度使，依前光禄大夫、檢校太傅，進封平原郡開國公，累加食邑至三千户。

又 卷八一《晉書·少帝紀》 少帝，名重貴，高祖之從子也。【略】初，高祖事後唐明宗，睹樞密使安重誨秉政擅權，賞罰由己，常惡之，及登極，故斷意廢罷，一委中書。至是馮道等厭其事繁，故復請置之，庶分其權。表凡三上，不允。

又 卷九一《晉書·王建立傳》 王建立，遼州榆社人也。【略】明宗歷遷藩鎮，皆署爲牙門都校，累奏加檢校司空。及明宗爲魏軍所迫，時皇后曹氏、淑妃王氏在常山，使建立殺其監護併部下兵，故明宗家屬因而保全。及即位，以功授鎮州節度副使，加檢校司徒，旋爲留後。未幾，正授節旄，繼加檢校太尉、同平章事。【略】天成四年，出爲青州節度使。五年，移鎮上黨，辭不赴任，請退居邱園，制以太子少保致仕，建立自是鬱鬱不得志。長興中，嘗欲求見，中旨不許，皆重誨蔽之也。清泰初，末帝召赴闕，授天平軍節度使。

又《康福傳》 康福，蔚州人，世爲本州軍校。【略】康福善諸蕃語，明宗視政之暇，每召入便殿，諮訪時之利病，福卽以蕃語奏之，樞密使重誨惡焉，常面戒之曰：『康福但亂奏事，有日斬之！』福懼。會靈武兵馬留後韓澄以人情不協，慮爲所圖，上表請帥，【略】福之是拜，蓋重誨嫉而出之，福泣而辭之。明宗宣重誨別與商議，重誨奏曰：『臣累奉聖旨，令與康福一事，今福驟升節鎮，更欲何求！況已有成命，難於移改。』明宗不得已，謂福曰：『重誨不肯，非朕意也。』福辭，明宗曰：『朕遣兵援助，勿過憂也。』因令將軍牛知柔領兵送赴鎮。【略】到鎮歲餘，西戎皆款附，改賜福耀忠匡定保節功臣，累加官爵。

福鎮靈武凡三歲，每歲大稔，倉儲盈羨，有馬千駟，因爲人所譖。安重誨奏曰：『累據使臣所言，康福大有寶貨，必負朝廷。』明宗密遣人謂曰：『朕何負於卿，而有異心耶！』福奏曰：『臣受國重恩，有死無貳，豈願負於聖人，此必讒人之言也。』因表乞入覲，不允。及再上章，隨而赴闕，移授彰義軍節度使，又轉邠州，檢校太傅。清泰中，移鎮秦州，加特進、開國侯，充西面都部署。

又 卷九二《晉書·史圭傳》 史圭，常山人也。【略】明宗卽位，入爲文昌正郎，安重誨薦爲河南少尹，判府事，尋命爲樞密院直學士。時圭以受知於重誨，重誨奏令圭與同列閤至俱昇殿侍立，以備顧問，明宗可之。尋自左諫議大夫拜尚書右丞，有入相之望。圭敏於吏事，重誨本不知書，爲事剛愎，每於明宗前可否重務，圭恬然終日，不能剖正其事。長興中，重誨既誅，圭出爲貝州刺史，未幾罷免，退歸常山。

又 卷九八《晉書·安重榮傳》 安重榮，朔州人。【略】唐長興中，爲振武道巡邊指揮使，犯罪下獄。時高行周爲帥，欲殺之，其母赴闕申告。樞密使安重誨陰護之，奏於明宗，有詔釋焉。

又 卷一三三《世襲傳·錢鏐》 錢鏐，杭州臨安縣人。【略】明宗卽位之初，安重誨用事，鏐嘗與重誨書云『吳越國王謹致書於某官執事』，不敍暄涼，重誨怒其無禮，屬供奉官烏昭遇使於兩浙，每以朝廷事私於吳人，仍目鏐爲殿下，自稱臣，謁鏐行舞蹈之禮。及回使副韓玫具述其事，重誨因削鏐元帥、尚父、國王之號，以太師致仕。

又 卷一三六《僭僞傳·孟知祥》 孟知祥，字保裔，邢州龍岡人也。【略】知祥在後唐莊宗同光三年授西川節度副大使、知節度事。天成中，安重誨專權用事，以知祥莊宗舊識，方據大藩，慮久而難制，潛欲圖之。是時，客省使李嚴以嘗使於蜀，洞知其利病，因獻謀於重誨，請以己爲西川監軍，庶效方略，以制知祥。【略】長興元年冬，唐軍伐蜀，至劍門。二年，以遂、閬既陷，又糧運不接，乃班師。三年，知祥又破董璋。乃自領東、西兩川節度使。

《新五代史》卷二六《唐臣傳·李仁矩》 李仁矩，不知其世家。【略】仁矩素爲安重誨所親信，自璋有異志，重誨思有以制之，乃分東川之閬州爲保寧軍，以仁矩爲節度使，遣姚洪將兵戍之。璋以書至京師，告其子光業曰：『朝廷割我支郡，分建節髦，又以兵戍之，是將殺我也。若唐復遣一騎入斜谷，吾反必矣！與汝自此而決。』光業私以書示樞密承旨李虔徽，使白重誨，重誨不省。

仁矩至鎮，伺璋動靜必以聞，璋益疑懼，遂決反。重誨又遣荀咸乂將兵益戍閬州，光業亟言以爲不可，重誨不聽。咸乂未至，璋已反，攻閬州【略】兵未交而潰，仁矩被擒，併其家屬皆見殺。

又《藥彥稠傳》 藥彥稠，沙陀三部落人也。初爲騎將。明宗卽位，拜澄州刺史。從王晏球破王都定州，遷侍衛步軍都虞候，領壽州節度使。安重誨矯詔，遣河中指揮使楊彥溫逐其節度使，潞王從珂以彥稠爲招討使。明宗疑彥溫有所說，戒彥稠得彥溫毋殺，將訊之。彥稠希重誨旨，殺彥溫以滅口。明宗大怒，然不之罪也。

又 卷四三《雜傳·孔循》 孔循，不知其家世何人也。【略】循爲人柔佞而險猾，安重誨尤親信之。凡循所言，無不聽用。明宗嘗欲以皇子娶重誨女，重誨以問循，循曰：『公爲機密之臣，不宜與皇子婚。』重誨信之乃止。而循陰使人白明宗求女妻皇子，明宗卽以宋王從厚娶循女。重誨始惡其爲人，出循爲忠武軍節度使，徙鎮橫海，卒於鎮，年四十八，贈太尉。

又　卷五五《雜傳·盧文紀》　盧文紀，字子持，其祖簡求，爲唐太原節度使，父嗣業，官至右補闕。【略】唐明宗時，爲御史中丞。初上事，百官臺參，吏白諸道進奏官賀，文紀問：「當如何？」吏對曰：「朝廷在長安時，進奏官見大夫、中丞如胥史。自唐衰，天子微弱，諸侯强盛，貢奉不至，朝廷姑息方鎮，假籍邸吏，大夫、中丞上事，進奏官至客次通名，勞以茶酒而不相見，相傳以爲故事。」文紀曰：「吾雖德薄，敢隳舊制？」因遣吏諭之。進奏官奮臂喧然欲去，不得已入見，文紀據牀端笏，臺吏通名贊拜，既出，恚怒不自勝，訴於樞密使安重誨。重誨曰：「吾不知故事，可上訴於朝。」即相率詣閤門求見以壯訴。明宗問宰相趙鳳：「進奏吏比外何官？」鳳曰：「州縣發遞知後之流也。」明宗怒曰：「乃吏卒爾，安得慢吾法官！」皆杖而遣之。

又　卷五六《雜傳·呂琦》　呂琦，字輝山，幽州安次人也。【略】明宗時，爲駕部員外郎，兼侍御史知雜事。河陽主藏吏盜所監物，下軍巡獄，獄吏尹訓納賂反其獄，其冤家訴於朝，下御史臺按驗。得訓贓狀，奏攝訓赴臺，訓爲安重誨所庇不與，琦請不已，訓懼自殺，獄乃辨，蒙活者甚衆。

論説

《舊五代史》卷六六《唐書·安重誨等傳論》　夫代大匠斫者，猶傷其手，況代天子執賞罰之柄者乎！是以古之賢人，當大任、秉大政者，莫不卑以自牧，推之不有，廓自公之道，絶利己之欲，然後能保其身而脱其禍也。而重誨何人，安所逃死，古語云：「無爲權首，反受其咎。」重誨之謂歟！自弘昭而下力不能爲社稷，謀不能安國家，相踵而亡，又誰咎也。唯令詢感故君之舊恩，由大慟而自絶，以兹隕命，足以垂名。

又　卷六七《唐書·革韋等傳論》　革、説承舊族之胄，佐新造之邦，業雖謝於財成，罪未聞於昭著，而乃爲權臣之所忌，顧後命以無逃，靜而言之，亦可憫也。盧程器狹如是，形渥攸宜。趙鳳、李愚，咸以文學之名，俱踐巖廊之位，校其貞節，愚復優焉。任圜有縱橫濟物之才，無明哲保身之道，退猶不免，歔可悲哉！

《新五代史》卷二四《唐臣傳·安重誨》　嗚呼，官失其職久矣！予讀梁宣底，見敬翔、李振爲崇政院使，凡承上之旨，宣之宰相而奉行之。宰相有非其見時而事當上決者，與其被旨而有所復請者，則具記事而入。因崇政使聞，得旨則復宣而出之。梁之崇政使，乃唐之樞密之職，蓋出納之任也。唐常以宦者爲之。至梁戒其禍，始更用士人，其備顧問、參謀議於中則有之，未始專行事於外也。至崇韜、重誨爲之，始復唐樞密之名，然權侔於宰相矣。後世因之，遂分爲二：文事任宰相，武事任樞密。樞密之任既重，而宰相自此失其職也。

藝文

清·張晉《艷雪堂詩集》卷一《讀五代史雜詠·安重誨》　檛擊庭前未及防，由來鳥盡合弓藏。九原若與安公見，切莫重新問潞王。

雜録

宋·孫光憲《北夢瑣言》卷一八《莊宗諸弟遇害》　趙在禮作亂，諸將擁明宗入闕。【略】存紀、存確匿於南山民家，人有以報安重誨。重誨曰：「主上已下詔尋訪帝之仁德，必不加害，不如密旨殺之。」果併命於民家。後明宗聞之，切讓重誨，傷惜久之。

又　《明宗命相》　明宗入纂，安重誨用事，取謀於孔循。舊相豆盧革、韋説出官，孔循不欲以河朔人入相，極薦崔協，而任圜力爭之，云：「崔協者，少識文字，時人呼爲無字碑。有李琪者，學際天人，奕代軒冕，論才校藝可敵時輩百人，讒夫巧沮，忌害其能。必捨李琪而相崔協，如棄蘇合之丸取蛣蜣之轉也。」重誨笑而止。然以孔循故終相之，帝曰：「馮書記先帝判官，與物無競，可以相矣。」由是道與協併命而捨李琪，識者惜之。

又　《明宗睿相》　明宗遣皇子從榮出鎮鄴都。或一日，上謂安重誨曰：「從榮左右有詐宣朕令旨，不接儒生。儒生多懦，恐鈍志相染。朕方知之，頗駭其事。今此皇子方幼，出臨大藩，故選儒雅，賴其裨佐。

今聞此姦險，豈朕之所望也。』鞫其言者將戮之。重誨曰：『若遽行刑，又慮賓從聞後稍難安處，且望嚴戒。』遂止。

又《安重誨殺任圜》 任圜昆弟五人，曰圜、圓、圖、回、團，雍穆有裕，風采俱異。圜美姿容，有口辨，負籌略，平蜀後除黔南不行。天成初入相，簡拔賢俊，杜絶幸門，憂國如家，切於功名，而安重誨忌之。常會於私第，有妓善歌，重誨求之不得，嫌隙漸深。俄罷三司，除太子太保，歸磁州致仕。因朱守殷作亂，立遣人稱制害之。受命之日，神氣不撓，中外冤痛。清泰中贈右僕射。

末世敗政部

隋煬帝荒淫酷暴分部

綜述

《隋書》卷三《煬帝紀上》 煬皇帝，諱廣，一名英，小字阿摐，高祖第二子也。【略】（仁壽）四年七月，高祖崩，上卽皇帝位於仁壽宮。【略】十一月乙未，幸洛陽。丙申，發丁男數十萬掘塹，自龍門東接長平、汲郡，抵臨清關，度河，至浚儀、襄城，達於上洛，以置關防。【略】

大業元年春正月壬辰朔，大赦，改元。【略】

三月丁未，詔尚書令楊素、納言楊達、將作大匠宇文愷營建東京，徙豫州郭下居人以實之。【略】又於阜澗營顯仁宮，採海內奇禽異獸草木之類，以實園苑。徙天下富商大賈數萬家於東京。辛亥，發河南諸郡男女百餘萬，開通濟渠，自西苑引穀、洛水達於河，自板渚引河通於淮。庚申，遣黄門侍郎王弘、上儀同於士澄往江南採木，造龍舟、鳳艒、黄龍、赤艦、樓船等數萬艘。【略】

八月壬寅，上御龍舟，幸江都。以左武衛大將軍郭衍爲前軍，右武衛大將軍李景爲後軍。文武官五品已上給樓船，九品已上給黄蔑。舳艫相接，二百餘里。【略】

二年春正月辛酉，東京成，賜監督者各有差。【略】

三月庚午，車駕發江都。先是，太府少卿何稠、太府丞雲定興盛修儀仗，於是課州縣送羽毛。百姓求捕之，網羅被水陸，禽獸有堪氅毦之用者，殆無遺類。至是而成。【略】

三年春正月癸亥，敕并州逆黨已流配而逃亡者，所獲之處，卽宜斬決。【略】

戊午，發河北十餘郡丁男鑿太行山，達于并州，以通馳道。【略】

六月辛巳，獵於連谷。【略】

秋七月辛亥，啓民可汗上表請變服，襲冠帶。詔啓民贊拜不名，位在諸侯王上。甲寅，上於郡城東御大帳，其下備儀衛，建旌旗，宴啓民及其部落三千五百人，奏百戲之樂。賜啓民及其部落各有差。丙子，殺光禄大夫賀若弼、禮部尚書宇文弼、太常卿高熲。尚書左僕射蘇威坐事免。發丁男百餘萬築長城，西距榆林，東至紫河，一旬而罷，死者十五六。【略】

四年春正月乙巳，詔發河北諸郡男女百餘萬開永濟渠，引沁水，南達於河，北通涿郡。【略】

秋七月辛巳，發丁男二十餘萬築長城，自榆谷而東。【略】

九月辛未，徵天下鷹師悉集東京，至者萬餘人。【略】

（五年）五月乙亥，上大獵於拔延山，長圍周亘二千里。【略】

（六月）丙辰，上御觀風行殿，盛陳文物，奏九部樂，設魚龍蔓延，宴高昌王、吐屯設於殿上，以寵異之。其蠻夷陪列者三十餘國。【略】

（六年春正月）丁丑，角抵大戲於端門街，天下奇伎異藝畢集，終月而罷。帝數微服往觀之。

又 卷四《煬帝紀下》 （大業十一年）五月丁酉，殺右驍衛大將軍、光禄大夫、郕公李渾，將作監、光禄大夫李敏，併族滅其家。

初，上自以藩王，次不當立，每矯情飾行，以釣虛名，陰有奪宗之計。時高祖雅信文獻皇后，而性忌妾媵。皇太子勇內多嬖幸，以此失愛。

帝後庭有子，皆不育之，示無私寵，取媚於后。大臣用事者，傾心與交。中使至第，無貴賤，皆曲承顏色，申以厚禮。婢僕往來者，無不稱其仁孝。又常私入宮掖，密謀於獻后，楊素等因機構扇，遂成廢立。自高祖大漸，暨諒闇之中，烝淫無度，山陵始就，即事巡遊。以天下承平日久，士馬全盛，慨然慕秦皇、漢武之事，乃盛治宮室，窮極侈靡，召募行人，分使絕域。諸蕃至者，厚加禮賜，有不恭命，以兵擊之。盛興屯田於玉門、柳城之外。課天下富室，益市武馬，匹直十餘萬，富强坐是凍餒者十家而九。帝性多詭譎，所幸之處，不欲人知。每之一所，輒數道置頓，四海珍羞殊味，水陸必備焉，求市者無遠不至。郡縣官人，競爲獻食，豐厚者進擢，疏儉者獲罪。姦吏侵漁，內外虛竭，頭會箕斂，人不聊生。於時軍國多務，日不暇給，帝方驕怠，惡聞政事，冤屈不治，奏請罕決。又猜忌臣下，無所專任，朝臣有不合意者，必構其罪而族滅之。故高熲、賀若弼先皇心膂，參謀帷幄，張衡、李金才藩邸惟舊，績著經綸，或惡其直道，或忿其正議，求其無形之罪，加以刎頸之誅。其餘事君盡禮，謇謇匪躬，無辜無罪，橫受夷戮者，不可勝紀。政刑弛紊，賄貨公行，莫敢正言。道路以目。六軍不息，百役繁興，行者不歸，居者失業。人飢相食，邑落爲墟，上不之恤也。東西游幸，靡有定居，每以供費不給，逆收數年之賦。所至唯與後宮流連耽湎，惟日不足，招迎姥媼，朝夕共肆醜言，又引少年，令與宮人穢亂，不軌不遜，以爲娛樂。區宇之內，盜賊蜂起，劫掠從官，屠陷城邑，近臣互相掩蔽，隱賊數不以實對。或有言賊多者，輒大被詰責。各求苟免，上下相蒙，每出師徒，敗亡相繼。戰士盡力，必不加賞，百姓無辜，咸受屠戮。黎庶憤怨，天下土崩，至於就擒，而猶未之寤也。

又 卷三六《后妃傳》 煬帝時，后妃嬪御，無釐婦職，唯端容麗飾，陪從宴游而已。帝又參詳典故，自製嘉名，著之於令。貴妃、淑妃、德妃，是爲三夫人，品正第一。順儀、順容、順華、修儀、修容、修華、充儀、充容、充華，是爲九嬪，品正第二。婕妤一十二員，品正第三；美人、才人一十五員，品正第四，是爲世婦。寶林二十四員，品正第五；御女二十四員，品正第六；采女三十七員，品正第七，是爲女御。總一百二十，以敍於宴寢。又有承衣刀人，皆趨侍左右，併無員數，視六品已下。

又 卷四一《高熲傳》 煬帝即位，拜爲太常。時詔收周、齊故樂人及天下散樂。熲奏曰：「此樂久廢。今或徵之，恐無識之徒棄本逐末，遞相教習。」帝不悅。帝時侈靡，聲色滋甚，又起長城之役。熲甚病之，謂太常丞李懿曰：「周天元以好樂而亡，殷鑑不遠，安可復爾！」時帝遇啓民可汗恩禮過厚，熲謂太府卿何稠曰：「此虜頗知中國虛實、山川險易，恐爲後患。」復謂觀王雄曰：「近來朝廷殊無綱紀。」有人奏之，帝以爲謗訕朝政，於是下詔誅之，諸子徙邊。

又 卷五七《薛道衡傳》 煬帝嗣位，轉番州刺史。歲餘，上表求致仕。帝謂內史侍郎虞世基曰：「道衡將至，當以秘書監待之。」道衡既至，上《高祖文皇帝頌》，其詞曰：【略】

帝覽之不悅，顧謂蘇威曰：「道衡致美先朝，此《魚藻》之義也。」於是拜司隸大夫，將置之罪。道衡不悟。司隸刺史房彥謙素相善，知必及禍，勸之杜絕賓客，卑辭下氣，而道衡不能用。會議新令，久不能決，道衡謂朝士曰：「向使高熲不死，令決當久行。」有人奏之，帝怒曰：「汝憶高熲邪？」付執法者勘之。道衡自以非大過，促憲司早斷。暨於奏日，冀帝赦之，敕家人具饌，以備賓客來候者。及奏，帝令自盡。道衡殊不意，未能引訣。憲司重奏，縊而殺之，妻子徙且末。時年七十。天下冤之。

又 卷六八《宇文愷傳》 煬帝即位，遷都洛陽，以愷爲營東都副監，尋遷將作大匠。愷揣帝心在宏侈，於是東京制度窮極壯麗。帝大悅之，進位開府，拜工部尚書。及長城之役，詔愷規度之。時帝北巡，欲誇戎狄，令愷爲大帳，其下坐數千人。帝大悅，賜物千段。又造觀風行殿，上容侍衛者數百人，離合爲之，下施輪軸，推移倏忽，有若神功。戎狄見之，莫不驚駭。帝彌悅焉，前後賞賚，不可勝紀。

又 《何稠傳》 大業初，煬帝將幸揚州，謂稠曰：「今天下大定，朕承洪業，服章文物，闕略猶多。卿可討閱圖籍，營造輿服羽儀，送至江都也。」其日，拜太府少卿。稠於是營黃麾三萬六千人仗，及車輿輦輅、皇后鹵簿，百官儀服，依期而就，送於江都。所役工十萬餘人，用金銀錢物巨億計。帝使兵部侍郎明雅、選部郎薛邁等勾核之，數年方竟，毫釐無舛。稠參會今古，多所改創。魏、晉以來，皮弁有纓而無笄道。稠曰：『此古田獵之服也。今服以入朝，宜變其制。』故弁施象牙簪道，自稠始也。又從省之服，初無佩綬，稠曰：『此乃晦朔小朝之服。安有人臣謁帝而去印綬，兼無珮玉之節乎？』乃加獸頭小綬及佩一隻。舊制，五輅於轅上起箱，天子與參乘同在箱內。稠曰：『君臣同所，過爲相逼。』乃廣爲盤輿，别構欄楯，侍臣立於其中。於內復起須彌平坐，天子獨居其上。自餘麾幢文物，增損極多，事見《威儀志》。帝復令稠造戎車萬乘，鉤陳八百連，帝善之，以稠守太府卿。

後三歲，兼領少府監。遼東之役，攝右屯衛將軍，領御營弩手三萬人。時工部尚書宇文愷造遼水橋不成，師不得濟，右屯衛大將軍麥鐵杖因而遇害。帝遣稠造橋，二日而就。初，稠制行殿及六合城，至是，帝於遼左與賊相對，夜中施之。其城周回八里，城及女垣合高十仞，上布甲士，立仗建旗。四隅置闕，面别一觀，觀下三門，遲明而畢。高麗望見，謂若神功。

又《裴藴傳》　裴藴，河東聞喜人也。【略】

大業初，考績連最。煬帝聞其善政，徵爲太常少卿。初，高祖不好聲技，遣牛弘定樂，非正聲清商及九部四儛之色，皆罷遣從民。至是，藴揣知帝意，奏括天下周、齊、梁、陳樂家子弟，皆爲樂户。其六品已下，至於民庶，有善音樂及倡優百戲者，皆直太常。是後異技淫聲咸萃樂府，皆置博士弟子，遞相教傳，增益樂人至三萬餘。帝大悦，遷民部侍郎。

又《裴矩傳》　裴矩，字弘大，河東聞喜人也。【略】大業三年，帝有事於恆岳，咸來助祭。帝將巡河右，復令矩往敦煌。矩遣使説高昌王麴伯雅及伊吾吐屯設等，啖以厚利，導使入朝。及帝西巡，次燕支山，高昌王、伊吾設等及西蕃胡二十七國，謁於道左。皆令佩金玉，被錦罽，焚香奏樂，歌儛喧譟。復令武威、張掖士女盛飾縱觀，騎乘填咽，周亙數十里，以示中國之盛。帝見而大悦。竟破吐谷渾，拓地數千里，併遣兵戍之。每歲委輸巨億萬計，諸蕃懾懼，朝貢相續。帝謂矩有綏懷之略，進位銀青光禄大夫。其冬，帝至東都，矩以蠻夷朝貢者多，諷帝令都下大戲。徵四方奇技異藝，陳於端門街，衣錦綺、珥金翠者以十數萬。又勒百官及民士女列坐棚閣而縱觀焉。皆被服鮮麗，終月乃罷。又令三市店肆皆設帷帳，盛列酒食，遣掌蕃率蠻夷與民貿易，所至之處，悉令邀延就坐，醉飽而散。蠻夷嗟歎，謂中國爲神仙。

《舊唐書》卷五三《李密傳》　密復下回洛倉而據之，大修營塹，以逼東都，仍作書以移郡縣曰：

自元氣肇闢，厥初生人，樹之帝王，以爲司牧。是以羲、農、軒、頊之後，堯、舜、禹、湯之君，靡不祗畏上玄，愛育黔首，乾乾終日，翼翼小心，馭朽索而同危，履春冰而是懼。故一物失所，若納隍而愧之；一夫有罪，遂下車而泣之。謙德軫於責躬，憂勞切於罪己。普天之下，率土之濱，蟠木距於流沙，瀚海窮於丹穴，莫不鼓腹擊壤，鑿井耕田，治致升平，驅之仁壽。是以愛之如父母，敬之若神明，用能享國多年，祚延長世。未有暴虐臨人，克終天位者也。

隋氏往因周末，預奉綴衣，狐媚而圖聖寶，胠篋以取神器。及纘承負扆，狼虎其心，始曀明兩之暉，終干少陽之位。先皇大漸，侍疾禁中，遂爲梟獍，便行鴆毒。禍深於莒僕，釁酷於商臣，天地難容，人神嗟憤！州吁安忍，閼伯日尋，劍閣所以懷凶，晉陽所以興亂，甸人爲罄，淫刑斯逞。夫九族既睦，唐帝闡其欽明；百世本枝，文王表其光大。況復隳壞磐石，剿絶維城，脣亡齒寒，寧止虞、虢？欲其長久，其可得乎！其罪一也。

禽獸之行，在於聚麀，人倫之體，别於內外。而蘭陵公主逼幸告終，誰謂敎首之賢，翻見齊襄之恥。逮於先皇嬪御，併進銀環；諸王子女，咸貯金屋。牝鷄鳴於詰旦，雄雉恣其羣飛，袒衣戲陳侯之朝，穹廬同冒頓之寢。爵賞之出，女謁遂成，公卿宣淫，無復綱紀。其罪二也。

平章百姓，一日萬機，未曉求衣，昃晷不食。大禹不貴於尺璧，光武不隔於支體，以是憂勤，深慮幽枉。而荒湎於酒，俾晝作夜，式號且呼，甘嗜聲伎，常居窟室，每借糟丘。朝謁罕見其身，羣臣希睹其面，斷決自此不行，敷奏於是停擁。中山千日之飲，酩酊無名；襄陽三雅之杯，留連詎比？又廣召良家，充選宮掖，潛爲九市，親駕四驢，自比商人，見要逆旅。殷辛之譴爲小，漢靈之罪更輕，內外驚心，遐邇失望。其罪三也。

上棟下宇，著在《易》爻；茅茨采椽，陳諸史籍。聖人本意，惟避風雨，詎待朱玉之華，寧須綈錦之麗！故璿室崇構，商辛以之滅亡；阿房崛起，二世是以傾覆。而不遵古典，不念前章，廣立池臺，多營宫觀，金鋪玉户，青瑣丹墀，蔽虧日月，隔閡寒暑。窮生人之筋力，罄天下之資財，使鬼尚難爲之，勞人固其不可。其罪四也。

公田所徹，不過十畝；人力所供，纔止三日。是以輕徭薄賦，不奪農時，寧積於人，無藏於府。而科税繁猥，不知紀極；猛火屢燒，漏巵難滿。頭會箕斂，逆折十年之租；杼軸其空，日損千金之費。父母不保其赤子，夫妻相棄於匡牀。萬户則城郭空虚，千里則烟火斷滅。西蜀王孫之室，翻同原憲之貧；東海糜竺之家，俄成鄧通之鬼。其罪五也。

古先哲王，卜征巡狩，唐、虞五載，周則一紀。本欲親問疾苦，觀省風謡，乃復廣積薪芻，多備饔餼。年年歷覽，處處登臨，從臣疲弊，供頓辛苦。飄風凍雨，聊竊比於先驅；車轍馬迹，遂周行於天下。秦皇之心未已，周穆之意難窮。宴西母而歌雲，浮東海而觀日。家苦納秸之勤，人阻來蘇之望。且夫天下有道，守在海外，夷不亂華，在德非險。長城之役，戰國所爲，乃是狙詐之風，非關稽古之法。而追蹤秦代，板築更興，襲其基墟，延袤萬里，屍骸蔽野，血流成河，積怨滿於山川，號哭動於天地。其罪六也。

遼水之東，朝鮮之地，《禹貢》以爲荒服，周王棄而不臣，示以羈縻，達其聲教，苟欲愛人，非求拓土。又强弩末矢，理無穿於魯縞；衝風餘力，詎能動於鴻毛？石田得而無堪，雞肋啖而何用？而恃衆怙力，强兵黷武，惟在并吞，不思長策。夫兵，猶火也；不戢，將自焚，遂令億兆夷人，隻輪莫返。夫差喪國，實爲黄池之盟；苻堅滅身，良由壽春之役。欲捕鳴蟬於前，不知挾彈在後。復矢相顧，髽而成行，義夫切齒，壯士扼腕。其罪七也。

直言啓沃，王臣匪躬，惟木從繩，若金須礪。唐堯建鼓，思聞獻替之言；夏禹懸鞀，時聽箴規之美。而愎諫違卜，蠹賢嫉能，直士正人，皆由屠害。左僕射、齊國公高熲，上柱國、宋國公賀若弼，或文昌上相，或細柳功臣，暫吐良藥之言，翻加屬鏤之賜。龍逢無罪，便遭夏癸之誅；王子何辜，濫被商辛之戮。遂令君子結舌，賢人緘口。指白日而比盛，射蒼天而敢欺，不悟國之將亡，不知死之將至。其罪八也。

設官分職，貴在銓衡；察獄問刑，無聞販鬻。而錢神起論，銅臭爲公，梁冀受黄金之蛇，孟佗薦蒲萄之酒。遂使彝倫攸斁，政以賄成，君子在野，小人在位。積薪居上，同汲黯之言；囊錢不如，傷趙壹之賦。其罪九也。

宣尼有言，無信不立，用命賞祖，義豈食言。自昏主嗣位，每歲行幸，南北巡狩，東西征伐。至如浩亹陪蹕，東都守固，閿鄉野戰，雁門解圍。自外征夫，不可勝紀。既立功勳，須酬官爵。而志懷翻覆，言行浮詭，危急則勳賞懸授，克定則絲綸不行，異商鞅之頒金，同項王之刓印。凡百驍雄，誰不讎怨。至於匹夫蕞爾，宿諾不虧，既在乘輿，二三其德。其罪十也。

有一於此，未或不亡。况四維不張，三靈總瘁，無小無大，愚夫愚婦，共識殷亡，咸知夏滅。罄南山之竹，書罪未窮；决東海之波，流惡難盡。是以窮奇災於上國，猰貐暴於中原。三河縱封豕之貪，四海被長蛇之毒，百姓殲亡，殆無遺類，十分爲計，纔一而已。蒼生懍懍，咸憂杞國之崩；赤子嗷嗷，但愁歷陽之陷。且國祚將改，必有常期，六百殷亡之年，三十姬終之世。故讖籙云：『隋氏三十六年而滅。』此則厭德之象已彰，代終之兆先見。皇天無親，惟德是輔。况乃攙搶竟天，申繻謂之除舊；歲星入井，甘公以爲義興。兼朱雀門燒，正陽日蝕，狐鳴鬼哭，川竭山崩。併是宗廟爲墟之妖，荆棘旅庭之事。夏氏則災釁非多，殷人則咎徵更少。牽牛入漢，方知大亂之期；王良策馬，始驗兵車之會。【略】

祖君彦之辭也。

論説

《隋書》卷四《煬帝紀論》 煬帝爰在弱齡，早有令聞，南平吴會，北卻匈奴，昆弟之中，獨著聲績。於是矯情飾貌，肆厥奸回，故得獻后鍾心，文皇革慮，天方肇亂，遂登儲兩，踐峻極之崇基，承丕顯之休命。地廣三代，威振八紘，單于頓顙，越裳重譯。赤仄之泉，流溢於都内，紅腐之粟，委積於塞下。負其富强之資，思逞無厭之欲，狹殷周之制度，尚秦漢之規摹。恃才矜己，傲狠明德，內懷險躁，外示凝簡，盛冠服以飾其姦，除諫官以掩其過。淫荒無度，法令滋章，教絶四維，刑參五虐，鋤誅骨肉，屠剿忠良，受賞者莫見其功，爲戮者不知其罪。驕怒之兵屢動，土木之功不息。頻出朔方，三駕遼左，旌旗萬里，徵稅百端，猾吏侵漁，人不堪命。乃急令暴條以擾之，嚴刑峻法以臨之，甲兵威武以董之，自是海內騷然，無聊生矣。俄而玄感肇黎陽之亂，匈奴有雁門之圍，天子方棄中土，遠之揚越。姦宄乘釁，强弱相陵，關梁閉而不通，皇輿往而不反。加之以師旅，因之以饑饉，流離道路，轉死溝壑，十八九焉。於是相聚萑蒲，蝟毛而起，大則跨州連郡，稱帝稱王，小則千百爲羣，攻城剽邑，流血成川澤，死人如亂麻，炊者不及析骸，食者不遑易子。茫茫九土，併爲麋鹿之場，慘慘黔黎，俱充蛇豕之餌。四方萬里，簡書相續，猶謂鼠竊狗盜，不足爲虞，上下相蒙，莫肯念亂，振蜉蝣之羽，窮長夜之樂。土崩魚爛，貫盈惡稔，普天之下，莫匪仇讎，左右之人，皆爲敵國。終然不悟，同彼望夷，遂以萬乘之尊，死於一夫之手。億兆靡感恩之士，九牧無勤王之師。子弟同就誅夷，骸骨棄而莫掩，社稷顛隕，本枝殄絶，自肇有書契以迄於茲，宇宙崩離，生靈塗炭，喪身滅國，未有若斯之甚也。《書》曰：『天作孽，猶可違，自作孽，不可逭。』《傳》曰：『吉凶由人，祆不妄作。』又曰：『兵猶火也，不戢將自焚。』觀隋室之存亡，斯言信而有徵矣！

又　卷六八《宇文愷等傳論》　宇文愷學藝兼該，思理通贍，規矩之妙，參縱班、爾，當時制度，咸取則焉。其起仁壽宮，營建洛邑，要求時幸，窮侈極麗，使文皇失德，煬帝亡身，危亂之源，抑亦此之由。至於考覽書傳，定《明堂圖》，雖意過其通，有足觀者。毗、稠巧思過人，頗習舊事，稽前王之采章，成一代之文物。雖失之於華盛，亦有可傳於後焉。

宋・李昉等《文苑英華》卷七五三《興亡下・朱敬則〈隋煬帝論〉》

煬帝美姿儀，性聰慧，少好學，善屬文。故高祖獻后，特所鍾愛。矯情飾迹，有曹丕之釣名；傾承中使，若子楚之仁孝，況南平江左，北靖塞垣，楊素譽其賢，桑和説其貌。

屬青宮失愛，子掖流恩，遂映前星，乃升明兩。衣冠雖偉，入朝少四皓之賓；公宴雖多，言譚止七子之客。但姦心未露，僞迹斯窮。沐猴而冠，輕薄之材不久；祝虎爲善，爪牙之毒會施。故無道於大漸之晨，蒸淫於易簀之夕。罕高宗之諒陰，有丹朱之慢游。於時隋德在人，羣生樂業。二十年之訓聚，百萬衆之精彊。乘天下之有盈，驕海內之無事。乃自以土廣三代，威振百蠻，恃才矜己，傲狠明德，內懷險躁，外示寬平。盛衣服以掩姦，飾詞令以拒諫。更乃荒淫無度，法令滋章。人力盡於穿築，杼軸空於聚斂。十室之內，思亂者一二焉。

方始馭八駿，建五牛。穆天子之白雲，更遠瑶池之外；秦始皇之觀日，方踐石梁之前。或以衢路受刑，或以滋味被戮，死不可無罪而免，賞不可有功而要。相顧凛然，莫知攸止。十室之內，思亂者五六焉。

於是斛斯外奔，元感內逆，兵陷遼水，糧斷河黎。月暈七重，知髦頭之犯畢；日光四散，覺兆庶之分崩。且選妖麗，恣朋淫。嘉羣嫗之慢言，樂少年之醜穢。不軌不物，無威無儀。關梁不通，賦役斷絶。更乃逆取五年之課，以充長夜之娱。十室之內，思亂者八九焉。

當此時也，小人方興，羣盜孔熾。大者剽州邑，小者劫村閭。擾擾四人，俱靡息肩之處；喧喧九土，俱爲鬬戰之場。天子乃幸維揚，泛舳艫，驅虎賁之騎，唱龍舟之歌，以大江爲天塹，以長淮爲地險。周章至於戲下，猶自未知；閻樂入於廡前，何不告我？昔爲天下之重，今乃一夫所輕，豈不惜哉？

彼煬帝者，聰明多智，廣學博聞，豈不知蛟龍失雲，漁父足得爲害？鯨鯢出水，螻蟻可以爲灾？忽乃棄崤函之奥區，違河洛之重阻。言賊者獲罪，敢諫者受刑，豈不是色醉其心，天奪其鑑？竄吳夷以避其地，虚宫闕以候聖人，蓋爲大唐之驅除也。

君子曰：『小人之心猶火也。火之性必須有所燒，小人之心必須有所害。當其受寵遇也。排忠良，庇道德，辨足以移視聽，辭足以結主心。不導之以淫奢，引之以苛刻。人用而不恤，政荒而不修。如螻蟻潰堤防，不覺其敗；如春風養草木，但見其盛。事至而未知，禍構而方懼。素無材略，不能以敗求全；本自少恩，豈能得衆成事？進退唯谷，無處容身，或出奔以圖生，或殺主而自解。眇觀史策，遍採興亡。開役者多是愛臣，害上者無非近習。然庸君暗主，莫肯遠之，復何言哉。』

清·王夫之《讀通鑑論》卷一九《隋煬帝四》　秦與隋虐民已亟，怨深盜起，天下鼎沸而以亡國，同也。然而有異焉者，胡亥高居逸樂於咸陽，銷兵孤處，而陳勝、吳廣起於江、淮，關中懸遠，弗能急爲控制，迨其開關出擊，而六國之兵已集，勢不便也。隋方有事於高麗，九軍之衆一百一十三萬人連營漸進，首尾千餘里，會於涿郡，而王薄擁衆於長山，劉霸道集黨於平原，張金稱、高士達、竇建德羣起於漳南、清河之間，去涿數百里耳，平蕪相屬，曾無險隘之隔；此諸豪者，不顧百萬之師逼臨眉睫，而糾烏合之衆，奡立於其旌麾相耀、金鼓相聞之地，則爲寇於秦也易，而於隋也難。夫豈隋末諸豪之勇絶倫而智不測乎？迨觀其後，亦如斯而已，而隋卒無如之何，聽其自起自滅、旋滅旋起，以自斃於江都。且逆廣非胡亥匹也，少長兵間，小有才而戰屢克，使與羣雄角逐於中原，未必其劣於羣雄也，則隋末之起兵者尤難也。然而羣雄之得逞志以無難者，無他，上察察以自聾，下師師以自容，所急在遠而捨其近，睨盜賊爲疥癬，而自倚其彊，若是者，乘其所忽而回翔其間，進可以徼功，退固有餘地以自藏，而又何惴焉？

虎之猛也，而制於蝟；卽且之毒也，而困於蝸；其所輕也。故楊玄感、李密以公侯之裔，世領樞機，門生將吏半於朝右，金錢衣幣富將敵國，而兵起兩月，旋就誅夷，唯隋之忌之也夙而防之也深，一聞其反，全力以爭生死，而山東諸寇起自草萊，不在獨夫心目之中，夫且曰『以玄感之勢傾天下而可如韓盧之搏兔，此區區者其如予何哉！』故羣雄敗可以自存，而連兵不解，卒無如之何也。高熲、賀若弼而既誅夷矣，正逆廣驕語太平、鞭笞六寓之日也，羣雄不於此而興，尚奚待哉？於是而王薄等之起兵二年矣，僅有一張須陁者與戰而勝，逆廣君臣直視不足畏而姑聽之。然則諸起兵者，無漢高、項羽耳，籍有之，豈待唐公徐起太原，而後商辛自殪於牧野哉？

至不仁而斂天下之怨，非所據而踞天位之尊，起而撲之，勿以前起者之敗亡，疑其彊不可拔也。楊玄感死，而隋旋以亡，大有爲者，知此而已。

又《隋煬帝七》　語曰：『明吾貴五穀和賤珠玉。』五穀之所以貴者，不可不務白也，迷其所以貴，而挾之以爲貴，則違天殃人而禍必及身。所以貴者何也？待之以生也。匹夫匹婦以之生，而天子以生天下之人，故貴；若其不以生天下之人而奚貴焉？積則不可以約爲藏，藏則易以腐敗而不可久，不能如珠玉之韞千金於一匱，數百年而緘之如新也。故聚之則不如珠玉遠矣，散之則以生天下而貴莫甚焉。《傳》曰：『財聚則民散，財散則民聚。』謂五穀也。若夫錢布金銀之聚散，猶非民之甚急者也。聚錢布金銀於上者，其民貧，其國危；聚五穀於上者，其民死，其國速亡。天之生之也，不擇地而散，而斂之以聚，是違天也；人之需之也，不終日以俟，而積之以久，是殃民也；故天下之惡，至於聚穀以居利而極矣。

爲國計者曰：『九年耕，必有三年之蓄。』此謂諸侯有百里之封，當水旱而告糴於鄰國，一或不應，而民以餒死，故導民以蓋藏，使各處有餘以待匱也。四海一王，舟車銜尾以相濟，而斂民之粟，積之窖窌，鬱爲麴塵，化爲蛾螘，使三旬九食者茹草木而咽糠秕，睨高廩大庾以餒死，非至不仁，其忍爲此哉？

隋之毒民亟矣，而其殃民以取滅亡者，僅以兩都六軍宮官匠胥之仰給，爲數十年之計，置雒口、興雒、回雒、黎陽、永豐諸倉，斂天下之口食，貯之無用之地，於是粟窮於比屋，一遇凶年，則流亡殍死，而盜以之亟起，雖死而不恤，旋撲旋興，不亡隋而不止。其究也，所斂而積者，祇爲李密聚衆、唐公得民之資，不亦愚乎？隋之富，漢、唐之盛，未之逮也，逆廣北出塞以驕突厥，東渡海以征高麗，離宮遍於天下，錦綺珠玉狼戾充盈，給其窮奢，尚有贏餘以供李密、唐公之撝散，皆文帝周於攘聚之所積也。粟者財之本也，粟聚則財無不聚，召奢誨淫，皆此粟爲之也。貴五穀者，如是以爲貴，則何如無貴之爲愈哉？

天子有四海之賦，可不憂六軍之匱；庶人有百畝之田，可不憂八口之飢。靳枵腹者之饔飧，奪勤耕者之生計，居賤糴貴，徒以長子弟之驕奢，召怨家之盼望，何如珠玉者，非人之所待以生，而思奪之者之鮮也。上好之，下必甚焉，粟朽於倉，人殣於道，豪民逞，貧民斃，爭奪興，盜賊起，有國破國，有家亡家，愚惛不知，猶托之曰莫貴於五穀，悲夫！

清·施鴻《澂景堂史測》卷一四《隋·煬帝》　隋煬帝席開皇之富盛，意得欲從，以爲自古莫及也。游觀文物，則宇文愷、何稠等盡其能，兵威遠略，則裴矩、長孫晟等竭其慮。如龍舟四重，浮影水殿，以至行殿行城，皆奇麗精巧，古所未有。以此騷動天下，遂以亡。國史籍載其事以爲戒，今特論其奇麗之尤者。大業元年五月，築西苑，周二百里，其内爲海，周十餘里，爲蓬萊、方丈、瀛洲諸山，出水百餘尺，臺觀殿閣，羅絡山上，嚮背如神。北有龍鱗渠，縈紆籽注海内。緑渠作十六院，門皆臨渠，每院以四品夫人主之，堂殿樓觀，窮極華麗。宮樹秋冬凋落，則剪綵爲華艷色，渝則易以新者，常如陽春。沼内亦剪綵爲荷芰芡，去冰而布之。帝好以月夜，從宮女數千，騎庭院西苑，作清夜游曲，於馬上奏之。愚觀陳後主臨春結綺諸閣，可謂麗矣，未若蓬萊方丈山出水百餘尺之奇也。積石爲山，引水爲池，雜植奇花異卉，可謂華矣，未若緣渠十六院，門皆臨渠之清也。煬帝之才情，固非陳後主所及，風流文藻無不佳妙，特不能爲君耳。

清·吴孟堅《一草亭讀史漫筆二·虞孝仁》　國之興亡，觀其君若臣。如隋煬帝之奢侈，已足爲亡天下之端，而臣如虞孝仁者，其從征時以駱駝負水養魚爲樂，有臣若此，隋安得不亡？

藝文

唐·黄滔《黄御史集》卷一《水殿賦》　昔隋煬帝幸江都宮，制龍舟而礎日，揭水殿以凌空。詭狀奇形，雖壓洪流之上，崇軒峻宇，如張丹禁之中。當其城苑興闌，烟波思起。截通魏國之路，鑿改禹門之水。於是怪設堂殿，妙盤基址。屏開於萬象之外，嶽立於千艘之里。還於玉闕，控鰲海以峥嶸。稍類雲樓，拔蜃江而聳峙。皆以彩飾無比，雕鎸罕量。裴羽毛而摇裔，叠瓊璧而熒煌。鏡豁四隅，遠近之風光寫入。花明八表，古今之壯麗攢將。天子乃縱巡遊，極駕馭，登巨艦以龍躍，擴深扃而虎踞。旌旗劍戟以絡野，珠翠歌鐘而觸處。三十六宮之雲雨，澒洞隨來。一千餘里之烟塵，冥蒙撲去。百幅帆立，千夫脚奔。上摇烏兔，下竄蛟鼉。天河邂逅以驚殺，地軸參差而軋翻。蘭棹桂楫之駢闐，行辭洛口。鴛瓦虹梁之岌業，坐徹夷門。啓閉詎常，登臨罔畢。雷訇之竹箭衝過，輻湊之木蘭貯出。柳絲兩岸，裊爲朱檻之春。水調千聲，送下青淮之日。既而遄驚鬼瞰，遽及神謀。鑾輅而飄成覆轍，樓船而墮作沉舟。寶祚皇風，一傾亡於下國。霞窗綉柱，大零落於東流。嗟夫！駕作禍殃，樹爲罪咎。穿河彰没地之象，泛水示沉泉之醜。血化兆庶，財殫萬有。所以湯武推仁，不得不加兵於癸受。

唐·皮日休《皮子文藪》卷四《碑銘贊·汴河銘》　夫垂後以德者，當時逸而後時美；垂後以功者，當時勞而後時利。若然者，守道之主，唯恐德不美後時，逸於己民也；誇力之主，惟恐功不及當時，勞於己民也。故天下事，不逸不足守，不勞不可去。致其利害，生於賢愚之主，自古然耶？則隋之疏淇、汴，鑿太行，在隋之民，不勝其害也，在唐之民，不勝其利也。今自九河外，復有淇、汴，北通涿郡之漁商，南運江都之轉輸，其爲利也博哉！不勞一夫之荷畚，一卒之鑿險，而先功巍巍，得非天假暴隋，成我大利哉！尚恐國家有淇、汴、太行之役，因獻纖誡，是爲《汴河銘》。惟河瀰瀰，循禹之軌。厥有暴隋，鑿通淮、泗。晝泣疲民，夜哭溺鬼。似赭流川，如松貫地。龍舟未故，江都已弑。陳迹空存，逝波不止。在隋則害，在唐則利。嗚呼聖王，守此而已。

又《隋鼎銘》　隋氏有鼎，其器非古。以詐爲金，以賊爲鑄。以虐火煎四海，以毒氣蒸九土。天假唐力，杠之仁地。以澤撲虐火，以德銷毒氣。既折其足，又鬣其耳。噫戲聖王，無畜兹器！

唐·羅隱《羅昭諫集》卷四《五言絶句·煬帝陵》　入郭登橋出郭船，紅樓日日柳年年。君王忍把平陳業，只博雷塘數畝田。

又《故都》　江南江北兩風流，一作迷津一拜侯。至竟不如隋煬帝，破家猶得到揚州。

唐·鮑溶《鮑溶詩集》卷一《隋宫》　御街多行客，行客悲春風。楚老幾代人，種田煬帝宮。零落池臺勢，高低禾黍中。

又 卷四《隋宫》　柳塘煙起日西斜，竹浦風回雁弄沙。煬帝春游古城在，壞宮芳草滿人家。

唐·韋縠《才調集》卷四《杜牧〈隋苑〉》　紅霞一抹廣陵春，定子當筵睡臉新。卻笑丘墟隋煬帝，破家亡國爲誰人。

宋·王安石《唐百家詩選》卷一九《劉滄·經煬帝行宫》　此地曾經翠輦過，浮雲流水竟如何。香銷南國美人盡，怨入東風芳草多。殘柳宮前空露葉，夕陽川上浩烟波。行人遥起廣陵思，古渡月明聞棹歌。

宋・衛宗武《秋聲集》卷一《五言古詩・隋煬帝》　方其爲儲貳，用智固已譎。及夫據大器，爲謀抑何逆。龍舟及鳳艒，無歲不游適。離宫與别殿，快意事淫佚。置酒燕要荒，會者三十國。紫舌與黄支，無所不臣服。親駕兩征遼，方且肆窮黷。羣盜遂蜂起，土地日以蹙。惛猶不知悟，愎諫輒誅戮。肘腋俄變生，兵刃交於目。不肖孰甚焉，身亡而國覆。

宋・郭茂倩《樂府詩集》卷九九《新樂府辭・新樂府・白居易〈隋堤柳〉》　《通典》曰：隋煬帝大業初，發河南諸郡男女百餘萬，開通濟渠，自西苑引穀洛水達於河，又引河通於淮海。《大業拾遺記》曰：煬帝將幸江都，命雲屯將軍麻祜謀濬黄河入汴堤，使勝巨艦，所謂隋堤也。

隋堤柳，歲久年深盡衰朽。風飄飄兮雨蕭蕭，三株兩株汴河口。老枝病葉愁殺人，曾經大業年中春。大業年中煬天子，種柳成行夾流水。西自黄河東至淮，緑影一千三百里。大業末年春暮月，柳色如煙絮如雪。南幸江都恣佚游，應將此柳係龍舟。紫髯郎將護錦攬，青娥御史直迷樓。海内財力此時竭，舟中歌笑何日休。上荒下困勢不久，宗社之危如綴旒。煬天子，自言福祚長無窮，豈知皇子封酅公？龍舟未過彭城閣，義旗已入長安宫。蕭牆禍生人事變，晏駕不得歸秦中。土墳數尺何處葬，吳公臺下多悲風。二百年來汴河路，沙草和煙朝復暮。後王何以鑑前王，請看隋堤亡國樹。

宋・徐鈞《史詠詩集》卷下《人君・煬帝》　萬里連雲屢築城，遼東三駕重疲民。諱人語盜愚何甚，覆轍眞同二世秦。

宋・李昉等《文苑英華》卷三〇八《皮日休〈汴河懷古二首〉》　萬艘龍舸緑絲間，載到揚州盡不還。應是天教開汴水，一千餘里地無山。

盡道隋亡爲此河，至今千里賴通波。若無水殿龍舟事，共禹論功不較多。

又《杜牧〈汴口懷古〉》　錦纜龍舟隋煬帝，平臺復道漢梁王。遊人還起前朝念，折柳孤吟斷殺腸。

宋・洪邁《萬首唐人絶句》卷三九《七言・吳仁璧〈哀柳〉》　金風漸利露珠團，廣陌長堤黛色殘。水殿狂游隋煬帝，一千餘里可堪看。

又　卷五一《羅鄴〈汴河〉》　煬帝開河鬼亦悲，生民不獨力空疲。至今嗚咽東流水，似向清平怨昔時。

又　卷五九《唐彦謙〈見煬帝寶帳〉》　漢文窮相作前王，慳惜明珠不斗量。翡翠鮫綃何所直，千裨萬接上書囊。

宋・徐鈞《史詠詩集》卷下《人臣・虞世基》　沮人言盜縱君驕，蒙蔽終難止繹騷。到底國亡身亦死，措心何異相秦高。

又《李密》　泥封函谷策誠奇，人不能從己不疑。何事昏迷還至此，只因天欲啓唐基。

宋・孔武仲《清江三孔集》卷三《古賦・弔隋煬帝賦》　馳荒郊兮北山莽，悲風兮蕭瑟哀隋家兮荒。主嘗南游兮弭蹕時，楊氏之方盛奄八荒而爲一。忘締造之艱難肆，沉酣於燕逸，平地渺兮斅海高。堂隱其陵日，顧繁華之已空，叢棘榛而若櫛，感興亡之遄速。徒惆悵而涕零，流螢集兮漢宫，呦鹿乳兮周京。自古皆有此，奚獨恨兮蕪城？惜乎舍完固之圖，就敗亡之勢，豈羣臣之尸素？絶嘉猷於獻替，抑天奪而鬼瞰，復公言而自棄。嗚呼！楚澤丘墟，雷塘草露，梟鵜沸兮秋聲，牛羊歸兮日暮。迷樓攲傾，過者誰顧？乃爲文以弔之，聊以續乎阿房之賦。

元・侯克中《艮齋詩集》卷二《隋煬帝》　張衡入侍帝升遐，罪惡宣華過麗華。三閣不容歌玉樹，六宫還許幸瓊花。后妃共駭悲頭頸，驍果同謀奮爪牙。天網似疏元至密，禍機終自宇文家。

元・黄庚《月屋漫稿・煬帝行宫》　彩鳳樓前汴水流，君王不復錦帆游。長堤舊日青青柳，曾帶春風指御舟。

元・耶律鑄《雙溪醉隱集》卷四《煬帝故宫》　鳳蹕鳴鑾入暮雲，繚牆傾影障苔痕。三千歌舞春風起，百二山河野日昏。石馬不嘶春自老，玉樓無迹燕猶存。舊時長送龍舟水，空伴寒潮過海門。

又《七言律詩・煬帝》　疊鼓凝笳宴未闌，戰塵回首滿人間。南山翠竹長不起，東海洪波流已乾。寶駕陸沈池館盡，錦帆星散水雲閑。空餘仁壽宫前草，遥接雷塘野樹寒。

又　卷六《眼兒媚・醴泉和高齋過煬帝故宫》　隔江誰唱後庭花，煙淡月籠紗。水雲凝恨，錦帆何事，也到天涯。寄聲衰柳將煙草，且莫怨年華。東君也是，世間行客，知過誰家。

明・楊慎《詞林萬選・韋莊〈河傳〉》　何處烟雨，隋堤春暮。柳色葱蘢，畫橈金縷。翠旗高颭香風，水光融。

青娥殿脚春妝媚，輕雲里，綽約司花妓。江都宫闕，清淮月映迷樓，古今愁。

又 **《孫光憲〈河傳〉》** 太平天子，等閑遊戲，疏河千里。柳如絲，偎倚緑波春水，長淮風不起。

如花殿脚三千女，爭雲雨，何處留人住。錦帆風，煙際紅。燒空，魂迷大業中。

明·曹學佺《石倉歷代詩選》卷三五二《周述〈維揚懷古〉》 廣陵河上路，煬帝昔曾過。不見瓊花發，猶傳《玉樹》歌。

臺荒衰柳在，宫廢亂螢多。欲問前朝事，悲風起夕波。

明·程敏政《篁墩文集》卷六二《詩·詠史十四首·其一十一》 煬帝伐煬公，親自提戈戟。殷鑑尚不遠，何況目所擊。如何大業紀，半是亡陳迹。由來昏德主，先後同一失。所惜貞觀君，再發遼東役。

明·徐熥《幔亭集》卷七《七言律詩·煬帝行宫》 滿目繁華一夕空，至今行客説離宫。垂楊舊見朱旗繞，芳草曾經翠輦通。商女歌殘花落後，妖姬魂散月明中。可憐淮水龍舟戲，聽得江南曲未終。

廢殿荒涼噪暮鴉，廣陵潮滿夕陽斜。一從鳳輦歸黄土，無復龍舟駐翠華。春盡冷煙生蔓草，夜深明月照璚花。當時複道今何處，半屬蕪城百姓家。

清·謝啓昆《樹經堂詠史詩》卷五《隋·煬帝》 夾道邗溝御柳青，江都夢好喚難醒。忌才文士吐聲死，黷武邊軍戰血腥。殿脚雲颿開錦纜，樓頭水調唱瓏玲。只今廢苑吹燐火，似放離宫一斛螢。

清·史夢蘭《全史宫詞》卷一二《北朝·隋·隋煬帝》 宫中官職醫瓊姬，六局分兼廿四司。每遇釵冠頒賚日，也披雲鶴拜丹墀。【略】

萬點流螢散火毬，清歌夜夜出迷樓。君王欲識桃花面，詔取紅妝戴幞頭。【略】

瑟瑟珠鈿插髩斜，羅裙錦襪暗籠花。夜來扶醉宫袍涴，薄澣催頒玉女沙。

寶帳香沉漏刻移，玉拳款款夢來時。俊蛾棄置悲團扇，贏得君王雨鬢絲。

洞房曲曲調千甍，任意車摇鄉碎瓊。屏内舍羞君莫怪，烏銅照影太分明。

五湖春水碧迢迢，苑樹蒼茫隱畫橈。手撥菰蔣催下種，吴中新進白魚苗。

汴水南流引御楂，吹簫鳴鼓競豪華。思元龍女翻新曲，不念勞歌穆護砂。

沙鷗顔色賽芙蓉，汎汎春流細草茸。拆字恰成三品鳥，舍人碧海賜新封。

神仙留客女行觴，玉膾金虀供饌忙。海錯最憐龍鳳蟹，制來亦作鏤金裝。

手握花枝傍輦旋，緑憨卻得受君憐。幽香一斛裙襦滿，博取佳名肉水仙。

錦帆千里入江都，殿脚青蛾寵貫魚。漫道承恩徒在貌，文綾獨賜女相如。

自研蛾緑畫長眉，一顆珠光帶上垂。爲感羣王餐秀色，水晶簾下立多時。

別館離宫聚萬花，春蘭秋菊各名家。玉鉤斜畔香魂散，偏向鷄臺夢麗華。

清·黄鵬揚《讀史吟評》卷一《隋》 天下分崩纔混一，如何短祚似秦隋。獨孤誤我緣何事，拋卻扶蘇不喚回。

清·彭定求等《全唐詩》卷四七四《徐凝〈汴河覽古〉》 煬帝龍舟向此行，三千宫女採橈輕。渡河不似如今唱，爲是楊家怨思聲。

又 **卷五一〇《張祜〈隋宫懷古〉》** 廢宫深苑路，煬帝此東行。往事餘山色，流年是水聲。古牆丹雘盡，深棟黑煤生。惆悵從今客，經過未了情。

又 **卷七〇三《翁承贊〈楊柳枝〉》** 煬帝東游意緒多，宫娃眉翠兩相和。一聲水調春風暮，千里交陰鎖汴河。

又 **卷七二九《周曇〈隋門·煬帝〉》** 拒諫勞兵作禍基，窮奢極武向戎夷。兆人疲弊不堪命，天下嗷嗷新主資。

清·王士禎《二家詩選》卷上《徐禎卿〈代煬帝寄内人曲〉》 藕絲

一尺自言長，情人懷情那可量。願得牽心渡淮水，勿畏風波作小傷。

清·皮錫瑞《伏師堂詠史詩·楊花落》 大儉之後生奢男，隋家天子作錦帆。胡粉一兩不可得，日用五斛螺黛黑。殿脚女美蛾眉長，龍舟錦纜來江鄉。汴河新柳皆姓楊。我夢江都好，人言江南樂。迷樓何似臨春閣，有好頭頸誰當斫？太原公子裼裘來，李花開後楊花落。

又《同母子》 生同母，有五子，五子無一得良死。愛子當教以義方，同母異母何較量。秦蜀兩藩事倉皇，積讒廢死房陵王。太原甲興妄逞強，阿麼篡立國乃亡。父云得非阿孩耶，子云兒不負國家。父子至死疑不釋，布席禮佛尤堪嗟。獨不見冤痛之聲徹宮闕，作何等事望久活？小金合，同心結。

《清詩彙》卷三八《宗元鼎〈煬帝塚〉》 帝業興衰世幾重，風流猶自惜遺蹤。但求死看揚州月，不願生歸駕六龍。

雜録

《隋書》卷一三《音樂志上》 煬帝矜奢，頗玩淫曲。御史大夫裴蘊揣知帝情，奏括周、齊、梁、陳樂工子弟及人間善聲調者，凡三百餘人，併付太樂倡優，獿雜咸來萃，止其哀管新聲，淫弦巧奏皆出鄴城之下，高齊之舊曲云。

又 卷二四《食貨志》 煬帝卽位，是時户口益多，府庫盈溢，乃除婦人及奴婢部曲之課。男子以二十二成丁。始建東都，以尚書令楊素爲營作大監，每月役丁二百萬人。徙洛州郭内人及天下諸州富商大賈數萬家以實之。新置興洛及回洛倉。又於皁澗營顯仁宮，苑囿連接，北至新安，南及飛山，西至澠池，周圍數百里。課天下諸州，各貢草木花果、奇禽異獸於其中，開渠，引谷、洛水，自苑西入，而東注於洛。又自板渚引河，達於淮海，謂之御河。河畔築御道，樹以柳。又命黄門侍郎王弘，上儀同於士澄，往江南諸州採大木，引至東都。所經州縣，遞送往返，首尾相屬，不絶者千里。而東都役使促迫，殭仆而斃者，十四五焉。每月載死丁，東至城皐，北至河陽，車相望於道。時帝將事遼、碣，增置軍府，掃地爲兵。自是租賦之人益減矣。

又造龍舟鳳艒，黄龍赤艦，樓船篾舫。募諸水工，謂之殿脚，衣錦行袴，執青絲纜挽船，以幸江都，帝御龍舟，文武官五品已上給樓船，九品已上給黄篾舫，舳艫相接，二百餘里。所經州縣，併令供頓，獻食豐辦者加官爵，闕乏者譴至死。又盛修車輿輦輅，旌旗羽儀之飾。課天下州縣，凡骨角齒牙，皮革毛羽，可飾器用，堪爲氅毦者，皆責焉。徵發倉卒，朝命夕辦，百姓求捕，網罟遍野，水陸禽獸殆盡，猶不能給，而買於豪富蓄積之家，其價騰踴。是歲，翟雉尾一直十縑，白鷺鮮半之。【略】

明年，帝北巡狩。又興衆百萬，北築長城，西距榆林，東至紫河，綿亘千餘里，死者太半。四年，發河北諸郡百餘萬衆，引沁水，南達於河，北通涿郡。自是以丁男不供，始以婦人從役。五年，西巡河右。西域諸胡，佩金玉，被錦罽，焚香奏樂，迎候道左。帝乃令武威、張掖士女，盛飾縱觀。衣服車馬不鮮者，州縣督課，以誇示之。（七年）每急徭卒賦，有所徵求，長吏必先賤買之，然後宣下，乃貴賣與人，旦暮之間，價盈數倍，裒刻徵斂，取辦一時。强者聚而爲盜，弱者自賣爲奴婢。九年，詔又課關中富人，計其貲産出驢，往伊吾、河源、且末運糧。多者至數百頭，每頭價至萬餘。又發諸州丁，分爲四番，於遼西柳城營屯，往來艱苦，生業盡罄。盜賊四起，道路隔絶，隴右牧馬，盡爲奴賊所掠。【略】

是時百姓廢業，屯集城堡，無以自給。然所在倉庫，猶大充牣，吏皆懼法，莫肯賑救，由是益困。初皆剥樹皮以食之，漸及於葉，皮葉皆盡，乃煮土或搗稿爲末而食之。其後人乃相食。

又 卷二五《刑法志》 後帝乃外征四夷，内窮嗜慾，兵革歲動，賦斂滋繁。有司皆臨時迫脅，苟求濟事，憲章遐棄，賄賂公行，窮人無告，聚爲盜賊。帝乃更立嚴刑，敕天下竊盜已上，罪無輕重，不待聞奏，皆斬。百姓轉相羣聚，攻剽城邑，誅罰不能禁。帝以盜賊不息，乃益肆淫刑。九年，又詔爲盜者籍没其家。自是羣賊大起，郡縣官人，又各專威福，生殺任情矣。及楊玄感反，帝誅之，罪及九族。其尤重者，行轘裂梟首之刑。或磔而射之。命公卿已下，臠啖其肉。百姓怨嗟，天下大潰。

唐·杜佑《通典》卷五《食貨五·賦税中》 煬帝卽位，户口益多，府庫盈溢，乃除婦人及奴婢部曲之課。其後將事遼，碣增置軍府，掃地爲兵，租賦之人益減矣。又頻出朔方西征吐谷渾，三度高麗，飛芻輓粟，水陸覲弊。又東西巡幸，無時休息，六宮及禁衛行從常十萬人，皆仰給州縣，天下怨叛，以至於亡。

又 卷七《食貨七·歷代盛衰户口》 煬帝大業五年，户八百九十萬七千五百三十六，口四千六百一萬九千九百五十六，此隋之極盛也。承其全實，遂恣荒淫。登極之初，卽建洛邑，每月役丁二百萬人。導洛至河及淮，又引沁水達河北，通涿郡，築長城東西千餘里，皆徵百萬餘人。丁男不充，以婦人兼，役而死者大半。及親征吐谷渾，駐軍青海，遇雨雪，士卒死者十二三。又三駕東征遼澤，皆興百餘萬衆，饋運者倍之。又逆徵數年之賦，窮侈極奢，舉天下之人，十分九爲盜賊。身喪國滅，實自取之，蓋資我唐之速有天下也。

又 卷一七〇《刑典八·峻酷》 煬帝大業中，外征四夷，内窮嗜慾，兵革歲動，賦斂滋繁。窮人無告，聚爲盜賊。帝乃更立嚴刑，敕天下竊盜以上，罪無輕重，不待聞奏，皆斬。百姓轉相羣聚，攻剽城邑，誅罰不能禁。帝以盜不息，乃益肆淫刑。九年，又詔爲盜者籍没其家。自是羣賊大起，郡縣官人又各擅威福，生殺任情矣。及楊玄感反，帝誅之，罪及九族。其尤重者，行轘裂梟首之刑，或磔而射之，命公卿以下臠噉其肉。百姓怨嗟，天下大潰。

貝州刺史厙狄士文至州，發擿姦隱，長吏尺布斗粟之贓，無所寬貸。得千餘人而奏之，悉配防嶺南，親戚相送，哭泣之聲遍於州境。至嶺南，遇瘴癘死者十八九，於是父母妻子唯哭士文。士文聞之，令人捕捉，捶撾盈前，而哭者彌甚。有京兆韋焜爲貝州司馬，河東趙達爲清河令，二人併苛刻，唯長史有惠政。時人爲之語曰：『刺史羅刹暴，司馬蝮蛇嗔，長史含笑判，清河生吃人。』士文竟坐免。

田式爲襄州總管，專以立威爲務，每視事於外，必盛氣以待其下，官屬股栗，無敢仰視。有犯禁者，雖至親昵，無所容貸。其女婿京兆杜寧，自長安省之，式誡寧無出外。寧久之不得還，竊上樓瞻眺，以暢鬱思。式知之，笞寧五十。其所使奴，嘗詣式白事，有蟲上其衣衿，揮袖拂去之。式以爲慢己，立卽棒殺之。或僚吏姦贓，部内劫盜者，無問輕重，悉禁地牢中，寢處糞穢，令其苦毒，自非身死，終不得出。每赦書到州，式未暇省讀，先召獄卒，殺重囚，然後宣示百姓。其刻暴如此，由是除名爲百姓。

王文同爲恒山郡守。有一人豪猾，每持長吏長短，前後守令咸憚之。文同下車，聞其名，召而數之。令左右刳木爲大橛，埋之於庭，出尺餘，四角各埋小橛。令其人踣心於木橛上，縛四支於小橛，以棒毆其背，應時潰爛。郡中大駭，吏人相視懾氣。及煬帝征遼東，令文同巡察河北諸郡。文同見有沙門齋戒菜食者，以爲妖妄，皆收繫獄。至河間，召諸郡官人，小有遲違者，輒覆面於地，棰殺之。有沙門相聚講論，及長老共爲佛會者數百人，文同以爲結聚惑衆，斬之。又悉裸僧尼，驗有淫狀非童男女者數千人，復將殺之。百姓號哭於路，諸郡驚駭，各奏其事。帝聞而大怒，遣使者達奚善意馳鎖之，斬於河間，以謝百姓。讎人剖其棺，臠其肉而噉之，斯須咸盡。

《舊唐書》卷五〇《刑法志》 麟臺正字陳子昂上書曰：【略】臣聞自非聖人，不有外患，必有内憂，物理之然也。臣不敢以古遠言之，請指隋而説。臣聞長老云：隋之末世，天下猶平。煬帝不恭，窮毒威武，厭居皇極，自總元戎，以百萬之師，觀兵遼海，天下始騷然矣。遂使楊玄感挾不臣之勢，有大盜之心，欲因人謀，以竊皇業。乃稱兵中夏，將據洛陽，哮虓之勢，傾宇宙矣。然亂未逾月，而頭足異處。何者？天下之弊，未有土崩，烝人之心，猶望樂業。煬帝不悟，闇忽人機，自以爲元惡既誅，天下無巨猾也，皇極之任，可以刑罰理之。遂使兵部尚書樊子蓋專行屠戮，大窮黨與，海内豪士，無不罹殃。遂至殺人如麻，流血成澤，天下靡然思爲亂矣。於是蕭銑、朱粲起於荆南，李密、竇建德亂於河北。四海雲摇，遂併起而亡隋族矣。豈不哀哉！長老至今談之，委曲如是。

宋·司馬光《資治通鑑》卷一八一《隋紀五·煬皇帝上之下》 帝臨朝凝重，發言降詔，辭義可觀；而内存聲色，其在兩都及巡遊，常以僧、尼、道士、女官自隨，謂之四道場。梁公蕭鉅，琮之弟子；千牛左右宇文，慶之孫也；皆有寵於帝。帝每日於苑中林亭間盛陳酒饌，敕燕王與鉅、皛及高祖嬪御爲一席，僧、尼、道士、女官爲一席，帝與諸寵姬爲一席，略相連接，罷朝卽從之宴飲，更相勸侑，酒酣淆亂，靡所不至，以是爲常。楊氏婦女之美者，往往進御。皛出入宮掖，不限門禁，至於妃嬪、公主皆有醜聲，帝亦不之罪也。

又　卷一八三《隋紀七·煬皇帝下》（大業十二年春正月）詔毗陵通守路道德集十郡兵數萬人，於郡東南起宮苑，周圍十二里，內爲十六離宮，大抵倣東都西苑之制，而奇麗過之。又欲築宮於會稽，會亂不果成。

又　卷一八五《唐紀一·高祖神堯大聖光孝皇帝上之上》隋煬帝至江都，荒淫益甚，宮中爲百餘房，各盛供張，實以美人，日令一房爲主人。江都郡丞趙元楷掌供酒饌，帝與蕭后及幸姬歷就宴飲，酒卮不離口，從姬千餘人亦常醉。然帝見天下危亂，意亦擾擾不自安，退朝則幅巾短衣，策杖步遊，徧歷臺館，非夜不止，汲汲顧景，唯恐不足。

帝自曉占候卜相，好爲吳語；常夜置酒，仰視天文，謂蕭后曰：「外間大有人圖儂，吳人率自稱曰儂。然儂不失爲長城公，卿不失爲沈后，且共樂飲耳！」因引滿沈醉。又嘗引鏡自照，顧謂蕭后曰：「好頭頸，誰當斫之！」后驚問故，帝笑曰：「貴賤苦樂，更迭爲之，亦復何傷！」

唐帝穆敬荒淫分部

綜　述

《舊唐書》卷一六《穆宗紀》穆宗睿聖文惠孝皇帝諱恆，憲宗第三子，母曰懿安皇后郭氏。貞元十一年七月，生於大明宮之別殿。初名宥，元和元年八月，進封遂王。五年三月，領彰義軍節度大使。七年十月，册爲皇太子，改今諱。

十五年正月庚子，憲宗崩。丙午，卽皇帝位於太極殿東序。【略】

二月癸酉朔。丁丑，御丹鳳樓，大赦天下。宣制畢，陳俳優百戲於丹鳳門內，上縱觀之。丁亥，幸左神策軍觀角抵及雜戲，日昃而罷。【略】

（六月）癸巳，皇太后移居興慶宮，皇帝與六宮侍從大合宴於南內，回幸右軍，頒賜中尉等有差。自是凡三日一幸左右軍及御宸暉、九仙等門，觀角抵、雜戲。【略】

九月庚子朔，改河北稅鹽使爲榷鹽使。辛丑，大合樂於魚藻宮，觀競渡。又召李醖、李光顏入朝，欲於重陽日宴羣臣。拾遺李玨等上疏諫云：「元朔未改，園陵尚新。雖易月之期，俯從人欲；而三年之制，猶服心喪。夫遏密弛禁，蓋爲齊人；合樂內庭，事將未可。」不聽。【略】

（長慶元年二月）丙子，上觀雜伎樂於麟德殿，歡甚，顧謂給事中丁公著曰：「比聞外間公卿士庶時爲歡宴，蓋時穌民安，甚慰予心。」公著對曰：「誠有此事。然臣之愚見，風俗如此，亦不足嘉。百司庶務，漸恐勞煩聖慮。」上曰：「何至於是？」對曰：「夫賓宴之禮，務達誠敬，不繼以淫。故詩人美『樂且有儀』，譏其屢舞。前代名士良辰宴聚，或清談賦詩，投壺雅歌，以杯酌獻酬，不至於亂。國家自天寶已後，風俗奢靡，宴席以喧嘩沉湎爲樂。而居重位、秉大權者，優雜倨肆於公吏之間，曾無愧恥。公私相效，漸以成俗。則是物務多廢。獨聖心求理，安得不勞宸慮乎！陛下宜頒訓令，禁其過差，則天下幸甚。」時上荒於酒樂，公著因對諷之，頗深嘉納。

（五月）辛亥，造百尺樓於宮中。

又　卷一七上《敬宗紀》敬宗睿武昭愍孝皇帝諱湛，穆宗長子，母曰恭僖太后王氏。元和四年六月七日，生於東內之別殿。長慶元年三月，封景王。二年十二月，立爲皇太子。四年正月壬申，穆宗崩。癸酉，皇太子卽位柩前，時年十六。【略】

（二月）丁未，御中和殿擊球，賜教坊樂官綾絹三千五百匹。戊申，擊球於飛龍院。己酉，大合樂於中和殿，極歡而罷，內官頒賜有差。

（三月）庚午，賜內教坊錢一萬貫，以備游幸。【略】乙亥，幸教坊，賜伶官綾絹三千五百匹。【略】

（寶曆二年）九月丁丑朔，大合宴於宣和殿，陳百戲，自甲戌至丙子方已。戊寅，【略】出內庫錢萬貫，令內園召募力士。【略】

十一月甲子朔，以太清宮道士趙歸眞充兩街道門都教授博士。帝好深夜自捕狐狸，宮中謂之「打夜狐」。中官許遂振、李少端、魚弘志以侍從不及削職。【略】

十二月甲午朔。辛丑，帝夜獵還宮，與中官劉克明、田務成、許文端打球，軍將蘇佐明、王嘉憲、石定寬等二十八人飲酒。帝方酣，入室更衣，殿上燭忽滅，劉克明等同謀害帝，卽時殂於室內，時年十八。羣臣上諡曰睿武昭湣孝皇帝，廟號敬宗。大和元年七月十三日葬於莊陵。

論　說

《舊唐書》卷一六《穆宗紀論贊》　臣觀五運之推遷，百王之隆替，亦無常治，亦無常亂，在人而已，匪降自天。當軒黃御宇之秋，則百年無事；及商辛握圖之日，則四海橫流。昔章武皇帝國命之不行，惜朝綱之將墜，乃求賢俊，總攬英雄，果能扼大盜之喉，制奸臣之命。五十載已終之土，復入提封；百萬户受弊之氓，重蘇景化。元和之政，幾致升平。鴟梟方革於好音，龍鼎俄傷於短祚。苟或時有平、勃之佐，繼以文、景之才，則延湊、克融，自縮螳螂之臂；智興、李岕，敢萌狗鼠之謀？强盜寧窺孟賁之金，餓隸不拾嬰兒之餌。觀夫孱主，可謂痛心，不知創業之艱難，不恤黎元之疾苦。謂威權在手，可以力制萬方；謂旒冕在躬，可以坐馳九有。曾不知聚則萬乘，散則獨夫，朝作股肱，暮爲讎敵。仲長子所謂『至於運徙勢去，獨不覺悟者，豈非富貴生不仁，沉溺致愚疾。存亡以之迭代，治亂從此周復。』誠哉是言也！

贊曰：惠王不令，敗度亂政。驕僻偶全，實賴遺慶。皇皇上帝，爲民立正。此何人哉，遽主鼎命。

又　卷一七上《敬宗紀論》　古人謂堯無子，舜無父，言其賢不肖之相遠也。以文惠驕誕之性，繼之以昭湣，固其宜也。而昭獻、昭肅，英特不羣，文足以緯邦家，武足以平禍亂。三子之操行頓異，其可道哉？寶曆不羣，國統幾絶，天未降喪，幸賴裴度，復任弼諧。彼狡童兮，夫何足議！

《新唐書》卷八《穆宗敬宗紀贊》　《春秋》之法，君弑而賊不討，則深責其國，以爲無臣子也。憲宗之弑，歷三世而賊猶在。至於文宗，不能明弘志等罪惡，以正國之典刑，僅能殺之而已，是可嘆也。穆、敬昏童失德，以其在位不久，故天下未至於敗亂，而敬宗卒及其身，是豈有討賊之志哉！

清·愛新覺羅·弘曆《御製樂善堂全集定本》卷五《論·唐穆宗論》　自古亡國敗家，未有不由子孫昏弱，乖先王令典以致喪亂。唐自明皇末年，不修太宗之業，外用小人，内寵妃子，天下大亂。職此之由，延及憲宗，獨能奮前世之威烈，監於成憲，削平藩鎮，天下歸心。至於穆宗，復不能修憲宗之政，遊畋聲色，放心嗜慾，宰相蕭俛、段文昌、杜文穎輩又無遠略，於是朱克融作亂於盧龍，王庭湊倡逆於成德，魏博諸軍以次叛亂，數十年經營而得之者，皆不復有，而唐竟以此亡。豈非後嗣不肖，不能守父祖之業而以致喪亂哉！歐陽公曰：『憂勞可以興國，逸豫可以亡身。』觀憲宗之延英論事，汗浹御背，與穆宗之耽湎好色，其勤逸何相遠哉！

後漢淫刑暴斂分部

綜　述

《舊五代史》卷一〇三《漢書·隱帝紀下》　帝姿貌白晰，眉目疏朗，未即位時，目多閃掣，唾洟不止，即位之始，遽無此態，及内難將作，復如故。帝自關西平定之後，稍自驕易，然畏憚大臣，未至縱恣。嘗因乾象差忒，宮中或有怪異，召司天監趙延乂訊其休咎，延乂對以修德即無患，既退，遣中使就問延乂曰：『何者爲德？』延乂勸讀《貞觀政要》。邇後與聶文進、郭允明、後贊狎習，信其邪説，以至於敗。高祖之征鄴城也，一旦，帝語太祖曰：『我夜來夢爾爲驢，負我升天，既捨爾，俄變爲龍，捨我南去，是何祥也？』周太祖撫掌而笑。冥符肸蠁，豈偶然哉！

又　卷一〇七《漢書·史弘肇傳》　史弘肇，字化元，鄭州滎澤人也。【略】（漢）高祖大漸，與樞密使楊邠、周太祖、蘇逢吉等同受顧命。隱帝嗣位，加檢校太師、兼侍中。居無何，河中、永興、鳳翔連横謀叛，關輔大擾，朝廷日有徵發，羣情憂揣，亦有不逞之徒，妄構虚語，流布京師。弘肇都轄禁軍，警衛都邑，專行刑殺，略無顧避，無賴之輩，望風匿迹，路有遺棄，人不敢取。然而不問罪之輕重，理之所在，但云有犯，便處極刑，枉濫之家，莫敢上訴。巡司軍吏，因緣爲姦，嫁禍脅人，不可勝紀。

時太白晝見，民有仰觀者，爲坊正所拘，立斷其腰領。又有醉民抵忤一軍士，則誣以訛言棄市。其他斷舌、決口、斫筋、折足者，僅無虛日。故相李崧爲部曲誣告，族戮於市，取其幼女爲婢。自是仕宦之家畜僕隸者，皆以姑息爲意，而舊勳故將失勢之後，爲廝養輩之所脅制者，往往有之。軍司孔目吏解暉，性狡而酷，凡有推劾，隨意鍛煉。人有抵軍禁者，被其苦楚，無不自誣以求死所，都人遇之，莫敢仰視。有燕人何福殷者，以商販爲業。嘗以十四萬市得玉枕，遣家僮及商人李進賣於淮南，易茗而回。家僮無行，隱福殷貨財數十萬，福殷責其償，不伏，遂杖之。未幾，家僮詣弘肇上變，言契丹主之入汴也，趙延壽遣福殷齎玉枕陰遺淮南，以致誠意。弘肇卽日遣捕福殷等繫之。解暉希旨，榜掠備至，福殷自誣，連罪者數輩，併棄市。妻女爲弘肇帳下分取之，其家財籍沒。

弘肇不喜賓客，嘗言：『文人難耐，輕我輩，謂我輩爲卒，可恨可恨！』宏肇所領睢陽，其屬府公利，委親吏楊乙就府檢校，貪戾凶橫，負勢生事，吏民畏之，副戎已下，望風展敬。聚斂刻剝，無所不至，月率萬緡，以輸宏肇，一境之內，嫉之如仇。周太祖平河中班師，推功於衆，以弘肇有翊衛鎮重之功，言之於隱帝，卽授兼中書令。隱帝自關西賊平之後，昵近小人，太后親族，頗行干托，弘肇與楊邠甚不平之。太后有故人子求補軍職，弘肇怒而斬之。帝始聽樂，賜教坊使玉帶，諸伶官錦袍，往謝弘肇，弘肇讓之曰：『健兒爲國戍邊，忍寒冒暑，未能遍有霑賜，爾輩何功，敢當此賜！』盡取袍帶還官，其凶戾如此。

周太祖有鎮鄴之命，弘肇欲兼領機樞之任，蘇逢吉異其議，弘肇忿之。翌日，因竇貞固飲會，貴臣悉集，弘肇厲色舉爵屬周太祖曰：『昨晨廷論，一何同異！今日與弟飲此。』楊邠、蘇逢吉亦舉大爵曰：『此國家之事也，何足介意！』俱飲釂。弘肇又厲聲言曰：『安朝廷，定禍亂，直須長槍大劍，至如毛錐子，焉足用哉！』三司使王章曰：『雖有長槍大劍，若無毛錐子，贍軍財賦，自何而集？』弘肇默然，少頃而罷。

未幾，三司使王章於其第張酒樂，時弘肇與宰相、樞密使及內客省使閻晉卿等俱會。酒酣，爲手勢令，弘肇不熟其事，而閻晉卿坐次弘肇，屢教之。蘇逢吉戲弘肇曰：『近坐有姓閻人，何憂罰爵！』弘肇妻閻氏，本酒妓也，弘肇謂逢吉譏之，大怒，以醜語詬逢吉。逢吉不校，弘肇欲毆逢吉，逢吉策馬而去，弘肇遽起索劍，意欲追逢吉。楊邠曰：『蘇公是宰相，公若害之，致天子何地，公細思之！』邠泣下。弘肇索馬急馳而去，邠慮有非常，連鑣而進，送至第而還。自是將相不協如水火矣。隱帝遣王峻將酒樂於公子亭以和之，竟不能解。

其後李業、郭允明、後贊、聶文進居中用事，不悅執政。又見隱帝年漸長，厭爲大臣所制，嘗有忿言，業等乃乘間譖弘肇等，隱帝稍以爲信。業等乃言弘肇等專權震主，終必爲亂，隱帝益恐。嘗一夕，聞作坊鍛甲之聲，疑外有兵仗卒至，達旦不寐。自是與業等密謀禁中，欲誅弘肇等。議定，入白太后，太后曰：『此事豈可輕發耶！更問宰臣等。』李業在側，曰：『先皇帝言，朝廷大事，莫共措大商量。』太后又言之，隱帝怒曰：『閨門之內，焉知國家之事！』拂衣而出。內客省使閻晉卿潛知其事，乃詣弘肇私第，將欲告之，弘肇以他事拒之不見。

乾祐三年冬十一月十三日，弘肇入朝，與樞密使楊邠、三司使王章同坐於廣政殿東廡下，俄有甲士數十人自內而出，害弘肇等於閣，夷其族。

又《王章傳》 王章，大名南樂人也。【略】，高祖崩，隱帝卽位，加檢校太尉、同平章事。

居無何，蒲、雍、岐三鎮畔。是時，契丹去汴之後，國家新造，物力未充。章與周太祖、史弘肇、楊邠等盡心王室，知無不爲，罷不急之務，惜無用之費，收聚財賦，專事西征，軍旅所資，供饋無乏。及三叛平，賜與之外，國有餘積。然以專於權利，剝下過當，斂怨歸上，物論非之。舊制，秋夏苗租，民稅一斛，別輸二升，謂之『雀鼠耗』。乾祐中，輸一斛者，別令輸二斗，目之爲『省耗』。百姓苦之。又，官庫出納緡錢，皆以八十爲陌，至是民輸者如舊，官給者以七十七爲陌，遂爲常式。民有訴田者，雖無十數户，章必命全州覆視，幸其廣有苗額，以增邦賦，曾未數年，民力大困。章與楊邠不喜儒士，郡官所請月俸，皆取不堪資軍者給之，謂之『閒雜物』，命所司高估其價，估定更添，謂之『擡估』，章亦不滿其意，隨事更令更添估。章急於財賦，峻於刑法，民有犯鹽礬酒麴之令，雖絲毫滴瀝，盡處極刑。吏緣爲姦，民不堪命。

章與楊邠同郡，尤爲親愛，其奬用進拔者，莫非鄉舊。常輕視文臣，曰：『此等若與一把算子，未知顛倒，何益於事！』後因私第開宴席，召賓客，史弘肇、蘇逢吉乘醉喧詬而罷。章自是忽忽不樂，潛求外任。邠與弘肇深沮其意。而私第數有怪異，章愈懷憂恐。乾祐三年冬，與史弘肇、楊邠等遇害，夷其族。妻白氏，禍前數月而卒。無子，惟一女，適户部員外郎張貽肅，羸疾逾年，扶病就戮。

又《楊邠傳》 楊邠，魏州冠氏人也。【略】漢國建，遷檢校太保、權樞密使。汴、洛平，正拜樞密使、檢校太傅。及高祖大漸，與蘇逢吉、史弘肇等同受顧命，輔立嗣君。隱帝卽位，宰臣李濤上章，請出邠與周太祖爲藩鎮，邠等泣訴於太后，由是罷濤而相邠，加中書侍郎兼吏部尚書、同平章事，仍兼樞密使。時中書除吏太多，訛謬者衆。及邠居相位，帝一以委之，凡南衙奏事，中書除命，先委邠斟酌，如不出邠意，至於一簿一掾，亦不聽從。邠雖長於吏事，不識大體，常言：『爲國家者，但得帑藏豐盈，甲兵强盛，至於文章禮樂，併是虚事，何足介意也。』平河中，邠加右僕射。邠既專國政，觸事苛細，條理煩碎。前資官不得於外方居止，自京師至諸州府，行人往來，併須給公憑。所由司求請公憑者，朝夕填咽，旬日之間，民情大擾，行路擁塞，邠乃止其事。

時史弘肇恣行慘酷，殺戮日衆，都人士庶，相目於路，邠但稱弘肇之善。太后弟武德使李業求爲宣徽使，隱帝與太后重違之，私訪於邠，邠以朝廷內使，遷拜有序，不可超居，遂止。隱帝所愛耿夫人，欲立爲后，邠亦以爲太速。夫人卒，隱帝欲以后禮葬，邠又止之，隱帝意不悦。左右有承間進甘言者，隱帝益怒之。邠繕甲兵，實帑廩，俾國用不闕，邊鄙粗寧，亦其功也。

又《李業傳》 李洪建，太后母弟也。【略】洪建弟業。業，昆仲凡六人，業處其季，故太后尤憐之。高祖置之麾下，及卽位，累遷武德使，出入禁中。業恃太后之親，稍至驕縱。隱帝嗣位，尤深倚愛，兼掌內帑，四方進貢二宫費委之出納。業喜趨權利，無所顧避，執政大臣不敢禁詰。會宣徽使闕，業意欲之，太后亦令人微露風旨於執政。時楊邠、史弘肇等難之，業由是積怨，蕭牆之變，自此而作。楊、史既誅，業權領侍衛步軍都指揮使。北郊兵敗，業自取金寶懷之，策馬西奔。行至陝郊，其節度使洪信，卽其長兄也，不敢匿於家。業將奔太原，至絳州境，爲盜所殺，盡奪而去。

又《劉銖傳》 劉銖，陝州人也。少事梁邵王朱友誨爲牙將。晉天福中，高祖爲侍衛親軍都指揮使，與銖有舊，乃表爲內職。高祖出鎮并門，用爲左都押牙。銖性慘毒好殺，高祖以爲勇斷類己，深委遇之。國初，授永興軍節度使，從定汴、洛，移鎮青州，加同平章事。隱帝卽位，加檢校太師、兼侍中。銖立法深峻，令行禁止，吏民有過，不問輕重，未嘗貸免。每親事，小有忤旨，卽令倒曳而出，至數百步外方止，膚體無完者。每杖人，遣雙杖對下，謂之『合歡杖』；或杖人如其歲數，謂之『隨年杖』。在任擅行賦斂，每秋苗一畝率錢三千，夏苗一畝錢二千，以備公用，部内畏之，脅肩重迹。

乾祐中，淄、青大蝗，銖下令捕蝗，略無遺漏，田苗無害。先是，濱海郡邑，皆有兩浙迴易務，厚取民利，自置刑禁，追攝王民，前後長吏利其厚賂，不能禁止。銖卽告所部，不得與吴越徵負，擅行追攝，浙人惕息，莫敢干命。朝廷懼銖之剛戾難制，因前浙州刺史郭瓊自海州用兵還，過青州，遂留之，節以府彦卿代銖，節時受代。

離鎮之日，有私鹽數屋，雜以糞穢，填塞諸井，以土平之。彦卿發其事以聞，銖奉朝請久之，每潛戟手於史弘肇、楊邠第。會李業輩同誅弘肇等，銖喜，謂業輩曰：『君等可謂僂儸兒矣。』尋以銖權知開封府事，周太祖親族及王峻家，併爲銖所害。周太祖入京城，執之下獄。銖謂妻曰：『我則死矣，君應與人爲婢耳！』妻曰：『明公所爲如是，雅合爲之。』周太祖遣人讓銖曰：『昔日與公常同事漢室，寧無故人之情，家屬屠滅，公雖奉君命，加之酷毒，一何忍哉！公家亦有妻子，還顧念否？』銖但稱死罪。遂啓太后，并一子誅之，而釋其妻。周太祖踐阼，詔賜銖妻陝州莊宅各一區。

《新五代史・王章傳》 王章，魏州南樂人也。【略】高祖崩，隱帝卽位，加太尉、同中書門下平章事。是時，漢方新造，承契丹之後，京師空乏，而關西三叛作，周太祖用兵西方，章供饋軍旅，未嘗乏絶。然徵利剝下，民甚苦之。往時民租一石輸二升爲『雀鼠耗』，章乃增一石輸二斗爲『省耗』；緡錢出入，皆以八十爲陌，章減其出者陌三；州縣民訴田者，必全州縣覆之，以括其隱田。天下由此重困。然尤不喜文士，嘗語人曰：『此輩與一把算子，未知顛倒，何益於國邪！』百官俸廩，皆取供軍之餘不堪者，命有司高估其價，估定又增，謂之『擡估』，章猶意不能滿，往往復增之。民有犯鹽、礬、酒麴者，無多少皆抵死，吏緣爲姦，民莫堪命。已而與史弘肇等同日見殺。

論説

《舊五代史》卷一〇三《漢書・隱帝紀論》 隱帝以尚幼之年，嗣新造之業。受命之主，德非禹、湯；輔政之臣，復非伊、呂。將欲保延洪之運，守不拔之基，固不可得也。然西摧三叛，雖僅滅於欃槍，而內稔羣凶，俄自取於狼狽。自古覆宗絶祀之速者，未有如帝之甚也。噫！蓋人謀之弗臧，非天命之遽奪也。

又 卷一〇七《漢書・史弘肇等傳論》 臣觀漢之亡也，豈繫於天命哉！蓋委用不得其人，聽斷不符於理故也。且如弘肇之淫刑，楊邠之秕政，李業、晉卿之設計，文進、允明之狂且，雖使成王爲君，周公作相，亦不能保宗社之安，延歲月之命，況隱帝、逢吉之徒，其能免乎！《易》曰：『大君有命，開國承家，小人勿用，必亂邦也。』當乾祐之末也，何斯言之驗歟！惟劉銖之忍酷，又安能逭於一死乎！

又 卷一〇八《漢書・李崧等傳論》 李崧仕唐、晉之兩朝，聳伊、皋之重望，考其器業，無忝台衡。會多僻之朝，被參夷之戮，人之不幸，天亦難忱。逢吉秉蛇虺之心，竊夔、龍之位，殺人不忌，與國俱亡。李崧之冤血未銷，逢吉之梟首斯至，冥報之事，安可忽諸！自李鏻而下，凡數君子者，皆踐履朝行，彰施帝載，國華邦直，斯焉在哉！惟延皓之醜行，宜乎不得其死矣。

藝文

清・張晉《艷雪堂詩集》卷一《五代雜詠・史弘肇》 長槍大劍毛錐子，將相紛紛議論新。曾飲不愁爲手勢，座中願有姓閻人。

雜録

宋・黃震《古今紀要》卷一六《五代漢》 隱帝驕縱，狎愛後贊、郭允明等。郭威平三叛鎮，不敢專賞請賜在朝宰相以下。帝自即位，楊邠擅機政，郭威主征伐，史弘肇典宿衛，王章掌財賦，國以粗立。李業、聶文進等殺邠、章、弘肇反。謀殺郭威，國遂亡。

蘇逢吉精神爽秀，獨得入侍，納文等簿中伺色進之。貪詐無行，知遠生日，使理獄祈福，無曲直盡殺之，報曰：『獄靜矣。』朝廷大事皆出之，而無學。故漢尤無法度，不施德政，民莫稱焉。與蘇禹珪同被倚信，逢吉尤納貨。市權使李求吉償玉帶錢，奪李崧田宅誣而族之，詔捕盜併鄰保皆族，母死不喪，妻死使百官州鎮輸練絹爲喪服，使酒辱郭威，欲罷威又與史弘肇相惡，嗾李業殺弘肇。郭威兵至自殺。

宋・吳縝《五代史纂誤》卷中《漢臣傳・史弘肇一事》 乾祐三年，冬，十月十三日，弘肇與楊邠、王章等入朝，坐廣政殿東廡，甲士數十人自內出，擒弘肇、邠、章斬之，併族其三家。

今按《漢隱帝紀》：是年冬，十一月，丙子，殺楊邠及侍衛親軍都指揮使史弘肇、三司使王章皆滅族。《周太祖紀》云：十一月，丁丑，威遂舉兵渡河。然則《史弘肇傳》以爲十月十三日者，誤當爲十一月也。

案：《薛史・史弘肇傳》作十一月與本紀同。

又 卷下《雜傳・馮暉一事》 是時隱帝昏亂，馮玉、李彥韜等用事，暉曲意事之。今按五代之君，惟漢有隱帝，而馮玉、李彥韜用事，乃在晉出帝之世，其出帝在舊史謂之少帝，歐陽史改爲出帝，未嘗有隱帝之號，況方敘馮暉仕晉世之事，則當爲出帝其隱帝字誤也。

清・朱軾《史傳三編》卷二七《名臣傳十九・五代周・王樸》 王樸，字文伯，東平人也。舉進士爲校書郎，依漢樞密使楊邠。邠與王章、史弘肇有隙，樸知必亂，去之東歸。後隱帝誅權臣，邠、章、弘肇皆見殺，三家之客多及，而樸以去獨免。

政治家部

隋文帝分部

綜　述

《隋書》卷一《高祖紀上》　高祖文皇帝，姓楊氏，諱堅，弘農郡華陰人也。【略】年十四，京兆尹薛善辟爲功曹。十五，以太祖勳授散騎常侍、車騎大將軍、儀同三司，封成紀縣公。十六，遷驃騎大將軍，加開府。【略】

建德中，率水軍三萬，破齊師於河橋。明年，從帝平齊，進位柱國。與宇文憲破齊任城王高湝於冀州，除定州總管。【略】尋轉亳州總管。宣帝卽位，以后父徵拜上柱國、大司馬。大象初，遷大後丞、右司武，俄轉大前疑。每巡幸，恆委居守。時帝爲《刑經聖制》，其法深刻。高祖以法令滋章，非興化之道，切諫，不納。

高祖位望益隆，帝頗以爲忌。帝有四幸姬，併爲皇后，諸家爭寵，數相毀譖。帝每忿怒，謂后曰：『必族滅爾家！』因召高祖，命左右曰：『若色動，卽殺之。』高祖既至，容色自若，乃止。

大象二年五月，以高祖爲揚州總管，將發，暴有足疾，不果行。乙未，帝崩。時靜帝幼沖，未能親理政事。內史上大夫鄭譯、御正大夫劉昉以高祖皇后之父，衆望所歸，遂矯詔引高祖入總朝政，都督內外諸軍事。周氏諸王在藩者，高祖悉恐其生變，稱趙王招將嫁女於突厥爲詞以徵之。丁未，發喪。庚戌，周帝拜高祖假黃鉞、左大丞相，百官總己而聽焉。以正陽宮爲丞相府，以鄭譯爲長史，劉昉爲司馬，具置僚佐。宣帝時，刑政苛酷，羣心崩駭，莫有固志。至是，高祖大崇惠政，法令清簡，躬履節儉，天下悅之。

六月，趙王招、陳王純、越王盛、代王達、滕王逌併至於長安。相州總管尉遲迥自以重臣宿將，志不能平，遂舉兵東夏。趙、魏之士，從者若流，旬日之間，衆至十餘萬。又宇文胄以滎州，石愻以建州，席毗以沛郡，毗弟叉羅以兗州，皆應於迥。迥遣子質於陳請援。高祖命上柱國、鄖國公韋孝寬討之。雍州牧畢王賢及趙、陳等五王，以天下之望歸於高祖，因謀作亂。高祖執賢斬之，寢趙王等之罪，因詔五王劍履上殿，入朝不趨，用安其心。

七月，陳將陳紀、蕭摩訶等寇廣陵，吳州總管于顗轉擊破之。廣陵人杜喬生聚衆反，刺史元義討平之。韋孝寬破尉遲迥於相州，傳首闕下，餘黨悉平。初，迥之亂也，鄖州總管司馬消難據州回應，淮南州縣多同之。命襄州總管王誼討之，消難奔陳。荆、郢羣蠻乘釁作亂，命亳州總管賀若誼討平之。先是，上柱國王謙爲益州總管，既見幼主在位，政由高祖，遂起巴蜀之衆，以匡復爲辭。高祖方以東夏、山南爲事，未遑致討。謙進兵屯劍閣，陷始州。至是，乃命行軍元帥、上柱國梁睿討平之，傳首闕下。巴蜀阻險，人好爲亂，於是更開平道，毀劍閣之路，立銘垂誡焉。五王陰謀滋甚，高祖齎酒肴以造趙王第，欲觀所爲。趙王伏甲以宴高祖，高祖幾危，賴元胄以濟，語在《胄傳》。於是誅趙王招、越王盛。

九月，以世子勇爲洛州總管、東京小冢宰。壬子，周帝詔曰：『假黃鉞、使持節、左大丞相、都督內外諸軍事、上柱國、大冢宰、隋國公堅，感山河之靈，應星辰之氣，道高雅俗，德協幽顯。釋巾登仕，晉紳傾屬，開物成務，朝野承風。受詔先皇，弼諧寡薄，合天地而生萬物，順陰陽而撫四夷。近者內有艱虞，外聞妖寇，以鷹鸇之志，運帷帳之謀，行兩觀之誅，掃萬里之外。遐邇清肅，實所賴焉。四海之廣，百官之富，俱稟大訓，咸餐至道。治定功成，棟梁斯托，神猷盛德，莫二於時。可授大丞相，罷左、右丞相之官，餘如故。』

冬十月壬申，詔贈高祖曾祖烈爲柱國、太保、都督徐兗等十州諸軍事、徐州刺史、隋國公，謚曰康；祖禎爲柱國、太傅、都督陝蒲等十三州諸軍事、同州刺史、隋國公，謚曰獻；考忠爲上柱國、太師、大冢宰、都督冀定等十三州諸軍事、雍州牧。誅陳王純。癸酉，上柱國、鄖國公韋孝寬卒。

十一月辛未，誅代王達、滕王逌。

十二月甲子，周帝詔曰：天大地大，合其德者聖人；一陰一陽，調其氣者上宰。所以降神載挺，陶鑄羣生，代蒼蒼之工，成巍巍之業。假黄鉞、使持節、大丞相、都督内外諸軍事、上柱國、大冢宰、隋國公，應百代之期，當千齡之運，家隆台鼎之盛，門有翊贊之勤。心同伊尹，必致堯舜，情類孔丘，憲章文武。爰初入仕，風流映世，公卿仰其軌物，搢紳謂爲師表。入處禁闈，出居藩政，芳猷茂績，問望彌遠。往平東夏，人情未安，燕南趙北，實爲天府，擁節杖旄，任當連率，柔之以德，道之以禮，畏之若神，仰之若日，芳風美迹，歌頌獨存。淮海榛蕪，多歷年代，作鎮南鄙，選衆惟賢，威震殊俗，化行黔首。任掌鈎陳，職司邦政，國之大事，朝寄更深，鑾駕巡遊，留臺務廣。周公陜西之任，僅可爲倫，漢臣關内之重，未足相況。

及天崩地坼，先帝升遐，朕以眇年，奄經荼毒，親受顧命，保乂皇家。姦人乘隙，潛圖宗社，無君之意已成，竊發之期有日。英規潛運，大略川回，匡國庇人，罪人斯得。兩河遘亂，三魏稱兵，半天之下，洶洶鼎沸。祖宗之基已危，生人之命將殆。安陸作釁，南通吳越，蜂飛蠆聚，江漢騷然，巴蜀鴟張，翻將問鼎，秦途更阻，漢門重閉。晝籌帷帳，建出師車，諸將稟其謀，壯士感其義，不違時日，咸得清蕩。九功遠被，七德允諧，百僚師師，四門穆穆。光景照臨之地，風雲去來之所，允武允文，幽明同德，驟山驟水，遐邇歸心。使朕繼踵上皇，無爲以治，聲高宇宙，道格天壤。伊尹輔殷，霍光佐漢，方之蔑如也。

昔營丘、曲阜，地多諸國，重耳、小白，錫用殊禮。蕭何優贊拜之儀，番君越公侯之爵。姬、劉以降，代有令謨，宜崇典禮，憲章自昔。可授相國，總百揆，去都督内外諸軍事、大冢宰之號，進公爵爲王，以隋州之崇業，鄖州之安陸、城陽，温州之宜人，應州之平靖、上明，順州之淮南，士州之永川，昌州之廣昌、安昌，申州之義陽、淮安，息州之新蔡、建安，豫州之汝南、臨潁、廣寧、初安，蔡州之蔡陽，郢州之漢東二十郡爲隋國。劍履上殿，入朝不趨，贊拜不名，備九錫之禮，加璽紱、遠游冠、相國印、緑綟綬，位在諸侯王上。隋國置丞相已下，一依舊式。

高祖再讓，不許。乃受王爵、十郡而已。詔進皇祖、考爵併爲王，夫人爲王妃。辛巳，司馬消難以陳師寇江州，刺史成休寧擊卻之。

大定元年春二月壬子，令曰：『已前賜姓，皆復其舊。』是日，周帝詔曰：『伊、周作輔，不辭殊禮之錫，桓、文爲霸，允應異物之典，所以表格天之勳，彰不代之業。相國隋王，前加典策，式昭大禮，固守謙光，絲言未綍。宜申顯命，一如往旨。王功必先人，賞存後己，退讓爲本，誠乖朕意。宜命百辟，盡詣王宫，衆心克感，必令允納。如有表奏，勿復通聞。』癸丑，文武百官詣閤敦勸，高祖乃受。甲寅，【略】建臺置官。

丙辰，詔王冕十有二旒，建天子旌旗，出警入蹕，乘金根車，駕六馬，備五時副車，置旄頭雲罕，樂舞八佾，設鍾虡宫懸。王妃爲王后，長子爲太子。前後三讓，乃受。

俄而周帝以衆望有歸，【略】遣大宗伯、大將軍、金城公趙煚奉皇帝璽紱，百官勸進。高祖乃受焉。

開皇元年二月甲子，上自相府常服入宫，備禮卽皇帝位於臨光殿。設壇於南郊，遣使柴燎告天。是日，告廟，大赦，改元。京師慶雲見。易周氏官儀，依漢、魏之舊。【略】

八月壬午，廢東京官。【略】甲午，遣行軍元帥樂安西元諧，擊吐谷渾於青海，破而降之。

九月戊申，戰亡之家，遣使賑給。庚午，陳將周羅睺攻陷胡墅，蕭摩訶寇江北。【略】是月，行五銖錢。【略】

（冬十月）戊子，行新律。【略】

二年【略】三月戊申，開渠，引杜陽水於三畤原。

四月【略】庚寅，大將軍韓僧壽破突厥於鷄頭山；上柱國李充破突厥於河北山。

五月戊申，以上柱國、開府長孫平爲度支尚書。己酉，旱，上親省囚徒。其日大雨。己未，高寶寧寇平州，突厥入長城。【略】

六月【略】詔左僕射高熲、將作大匠劉龍、鉅鹿郡公賀婁子幹、太府少卿高龍叉等創造新都。【略】

十二月【略】丙子，名新都曰大興城。【略】

三年春正月庚子，將入新都，大赦天下。禁大刀長槊。【略】

三月【略】癸亥，城榆關。【略】

十一月【略】甲午，罷天下諸郡。【略】

四年【略】夏四月己亥，敕總管、刺史父母及子年十五已上，不得將之官。【略】丁巳，以上大將軍賀婁子幹爲榆關總管。【略】

六月【略】壬子，開渠，自渭達河，以通運漕。【略】

八月甲午，遣十使巡省天下。【略】

（九月）甲戌，駕幸洛陽，關內饑也。【略】

五年春正月戊辰，詔行新禮。【略】

（夏四月）壬寅，上柱國王誼謀反，伏誅。乙巳，詔徵山東馬榮伯等六儒。戊申，車駕至自洛陽。

五月甲申，詔置義倉。【略】

秋七月【略】壬午，突厥沙鉢略上表稱臣。

八月丙戌，沙鉢略可汗遣子庫合眞特勤來朝。甲辰，河南諸州水，遣民部尚書邳國公蘇威賑給之。【略】

六年春正月甲子，党項羌內附。【略】壬申，遣民部尚書蘇威巡省山東。

二月乙酉，山南荆、浙七州水，遣前工部尚書長孫毗賑恤之。丙戌，制刺史上佐每歲暮更入朝，上考課。丁亥，發丁男十一萬修築長城，二旬而罷。【略】

秋七月辛亥，河南諸州水。【略】

八月辛卯，關內七州旱，免其賦稅。【略】

（閏月）丁卯，皇太子鎮洛陽。辛未，晉王廣、秦王俊併來朝。丙子，上柱國、郕國公梁士彥，上柱國、杞國公宇文忻，柱國、舒國公劉昉，以謀反伏誅。上柱國、許國公宇文善坐事除名。

九月【略】辛丑，詔大象已來死事之家，咸命賑恤。【略】

七年春正月【略】乙未，制諸州歲貢三人。

二月【略】發丁男十萬餘修築長城，二旬而罷。

夏四月【略】庚戌，於揚州開山陽瀆，以通運漕。突厥沙鉢略可汗卒，其子雍虞閭嗣立，是爲都藍可汗。

又　卷二《高祖紀下》　八年【略】（三月）戊寅，詔曰：昔有苗不賓，唐堯薄伐，孫皓僭虐，晉武行誅。有陳竊據江表，逆天暴物。朕初受命，陳頊尚存，思欲教之以道，不以龔行爲令，往來修睦，望其遷善。時日無幾，釁惡已聞。厚納叛亡，侵犯城戍，勾吳、閩越，肆厥殘忍。於時王師大舉，將一車書，陳頊反地收兵，深懷震懼，責躬請約，俄而致殞。矜其喪禍，仍詔班師。

叔寶承風，因求繼好，載佇克念，共敦行李。每見珪璪入朝，輶軒出使，何嘗不殷勤曉喻，戒以惟新。而狼子之心，出而彌野。威侮五行，怠棄三正，誅翦骨肉，夷滅才良。據手掌之地，恣溪壑之險，劫奪閭閻，資產俱竭，驅蹙內外，勞役弗已。徵責女子，擅造宮室，日增月益，止足無期，帷薄嬪嬙，有逾萬數。寶衣玉食，窮奢極侈，淫聲樂飲，俾晝作夜。斬直言之客，滅無罪之家，剖人之肝，分人之血。欺天造惡，祭鬼求恩，歌儛衢路，酣醉宮閫。盛粉黛而執干戈，曳羅綺而呼警蹕，躍馬振策，從旦至昏，無所經營，馳走不息。負甲持仗，隨逐徒行，追而不及，即加罪譴。【略】君子潛逃，小人得志，家家隱殺戮，各各任聚斂。天災地孽，物怪人妖，衣冠鉗口，道路以目。傾心翹足，誓告於我，日月以冀，文奏相尋。重以背德違言，搖蕩疆埸，巴峽之下，海澨已西，江北江南，爲鬼爲蜮。死隴窮發掘之酷，生居極攘奪之苦。抄掠人畜，斷截樵蘇，市井不立，農事廢寢。歷陽廣陵，窺覦相繼，或謀圖城邑，或劫剝吏人，晝伏夜游，鼠竄狗盜。彼則羸兵敝卒，來必就擒，此則重門設險，有勞藩捍。天之所覆，無非朕臣，每關聽覽，有懷傷惻。有梁之國，我南藩也，其君入朝，潛相招誘，不顧朕恩。士女深迫脅之悲，城府致空虛之歎。非直朕居人上，懷此無忘，既而百辟屢以爲言，兆庶不堪其請，豈容對而不誅，忍而不救！

近日秋始，謀欲弔人。益部樓船，盡令東騖，便有神龍數十，騰躍江流，引伐罪之師，向金陵之路，船住則龍止，船行則龍去，四日之內，三軍皆睹，豈非蒼旻愛人，幽明展事，降神先路，協贊軍威！以上天之靈，助戡定之力，便可出師授律，應機誅殄，在斯舉也，永清吳越。其將士糧仗，水陸資須，期會進止，一準別敕。

秋八月丁未，河北諸州饑，遣吏部尚書蘇威賑恤之。

九月丁丑，宴南征諸將，頒賜各有差。【略】

（冬十月）己未，置淮南行臺省於壽春，以晉王廣爲尚書令。辛酉，陳遣兼散騎常侍王琬、兼通直散騎常侍許善心來聘，拘留不遣。甲子，將伐陳，有事於太廟。命晉王廣、秦王俊、清河公楊素併爲行軍元帥以伐陳。於是晉王廣出六合，秦王俊出襄陽，清河公楊素出信州，荆州刺史劉仁恩出江陵，宜陽公王世積出蘄春，新義公韓擒虎出廬江，襄邑公賀若弼出吳州，落叢公燕榮出東海，合總管九十，兵五十一萬八千，皆受晉王節度。東接滄海，西拒、巴蜀，旌旗舟楫，横亙數千里。【略】

九年春正月【略】辛未，賀若弼拔陳京口，韓擒虎拔陳南豫州。【略】丙子，賀若弼敗陳師於蔣山，獲其將蕭摩訶。韓擒虎進師入建鄴，獲其將任蠻奴，獲陳主叔寶。陳國平，合州三十，郡一百，縣四百。癸巳，遣使持節巡撫之。

二月乙未，廢淮南行臺省。丙申，制五百家爲鄉，正一人；百家爲里，長一人。【略】

十年【略】五月乙未，詔曰：『魏末喪亂，宇縣瓜分，役車歲動，未遑休息。兵士軍人，權置坊府，南征北伐，居處無定。家無完堵，地罕包桑，恆爲流寓之人，竟無鄉里之號。朕甚湣之。凡是軍人，可悉屬州縣，墾田籍帳，一與民同。軍府統領，宜依舊式。罷山東河南及北方緣邊之地新置軍府。』

六月辛酉，制人年五十，免役收庸。【略】

十一月【略】婺州人汪文進、會稽人高智慧、蘇州人沈玄懀皆舉兵反，自稱天子，署置百官。樂安蔡道人、蔣山李稜、饒州吳代華、永嘉沈孝澈、泉州王國慶、餘杭楊寶英、交趾李春等皆自稱大都督，攻陷州縣。詔上柱國、内史令、越國公楊素討平之。【略】

十二年【略】八月甲戌，制天下死罪，諸州不得便決，皆令大理覆治。乙亥，幸龍首池。癸巳，制宿衛者不得輒離所守。【略】

十三年【略】二月【略】丁酉，制私家不得隱藏緯候圖讖。【略】

夏四月癸未，制戰亡之家，給復一年。

五月癸亥，詔人間有撰集國史、臧否人物者，皆令禁絶。【略】

十四年【略】六月丁卯，詔省府州縣，皆給公廨田，不得治生，與人爭利。

秋七月乙未，以邳國公蘇威爲納言。

八月辛未，關中大旱，人饑。上率户口就食於洛陽。【略】

十一月壬戌，制州縣佐史，三年一代，不得重任。【略】

十五年春正月壬戌，車駕次齊州，親問疾苦。丙寅，旅王符山。庚午，上以歲旱，祠太山，以謝愆咎。大赦天下。

二月丙辰，收天下兵器，敢有私造者，坐之。關中緣邊，不在其例。【略】三月己未，至自東巡狩。望祭五嶽海瀆。丁亥，幸仁壽宫。營州總管韋藝卒。

夏四月己丑朔，大赦天下。【略】

六月戊子，詔鑿底柱。庚寅，相州刺史豆盧通貢綾文布，命焚之於朝堂。【略】

十二月戊子，敕盜邊糧一升已上皆斬，併籍没其家。己丑，詔文武官以四考交代。

十六年【略】六月甲午，制工商不得進仕。并州大蝗。辛丑，詔九品已上妻，五品已上妾，夫亡不得改嫁。

秋八月丙戌，詔決死罪者，三奏而後行刑。【略】

十七年【略】三月丙辰，詔曰：『分職設官，共理時務，班位高下，各有等差。若所在官人不相敬憚，多自寬縱，事難克舉。諸有殿失，雖備科條，或據律乃輕，論情則重，不即決罪，無以懲肅。其諸司論屬官，若有愆犯，聽於律外斟酌決杖。』辛酉，上親録囚徒。癸亥，上柱國、彭國公劉昶以罪伏誅。庚午，遣治書侍御史柳彧、皇甫誕巡省河南、河北。

夏四月戊寅，頒新曆。【略】

十八年春正月辛丑，詔曰：『吳、越之人，往承弊俗，所在之處，私造大船，因相聚結，致有侵害。其江南諸州，人間有船長三丈已上，悉括入官。』

二月甲辰，幸仁壽宫。乙巳，以漢王諒爲行軍元帥，水陸三十萬伐高麗。【略】

五月辛亥，詔畜貓鬼、蠱毒、厭魅、野道之家，投於四裔。

六月丙寅，下詔黜高麗王高元官爵。

秋七月壬申，詔以河南八州水，免其課役。丙子，詔京官五品已上，總管、刺史，以志行修謹、清平幹濟二科舉人。

九月己丑，漢王諒師遇疾疫而旋，死者十八九。庚寅，敕舍客無公驗者，坐及刺史、縣令。辛卯，至自仁壽宮。

冬十一月甲戌，上親録囚徒。【略】

十九年【略】夏四月丁酉，突厥利可汗内附。達頭可汗犯塞，遣行軍總管史萬歲擊破之。【略】

秋八月癸卯，上柱國、尚書左僕射、齊國公高熲坐事免。【略】

冬十月甲午，以突厥利可汗爲啓人可汗，築大利城處其部落。【略】

二十年【略】三月辛卯，熙州人李英林反，遣行軍總管張衡討平之。

夏四月壬戌，突厥犯塞，以晉王廣爲行軍元帥，擊破之。【略】

冬十月【略】乙丑，皇太子勇及諸子併廢爲庶人。【略】

十一月戊子，【略】以晉王廣爲皇太子。

十二月戊午，詔東宮官屬不得稱臣於皇太子。辛巳，詔曰：『佛法深妙，道教虚融，咸降大慈，濟度羣品，凡在含識，皆蒙覆護。所以雕鑄靈相，圖寫眞形，率土瞻仰，用申誠敬。其五嶽四鎮，節宣雲雨，江、河、淮、海，浸潤區域，併生養萬物，利益兆人，故建廟立祀，以時恭敬。敢有毁壞偷盜佛及天尊像、岳鎮海瀆神形者，以不道論。沙門壞佛像，道士壞天尊者，以惡逆論。』

仁壽元年春正月乙酉朔，大赦，改元。【略】丁酉，【略】突厥寇恆安，遣柱國韓洪擊之，官軍敗績。【略】

五月己丑，突厥男女九萬口來降。【略】

（六月）乙卯，遣十六使巡省風俗。乙丑，【略】國子學唯留學生七十人，太學、四門及州縣學併廢。其日，頒舍利於諸州。

秋七月戊戌，改國子爲太學。【略】

二年【略】九月【略】壬辰，河南、北諸州大水，遣工部尚書楊達賑恤之。【略】

十二月癸巳，上柱國、益州總管蜀王秀廢爲庶人。交州人李佛子舉兵反，遣行軍總管劉方討平之。

三年【略】十二月癸酉，河南諸州水，遣納言楊達賑恤之。

四年春正月【略】乙丑，詔賞罰支度，事無巨細，併付皇太子。

夏四月乙卯，上不豫。【略】

秋七月【略】甲辰，上以疾甚，臥於仁壽宮，與百僚辭訣，併握手歔欷。丁未，崩於大寶殿，時年六十四。

論説

宋・李昉等《文苑英華》卷七五三《［唐］朱敬則〈隋高祖論〉》

昔孫資陰謀，晉宣入輔；鄭譯矯制，隋文受遺。自此而有魏人。從斯以遷周鼎，蓋天厭亂德，神誘其衷。若妄指河冰，遂成王業；誤擊金鼓，仍啓霸國也。況體貌奇特，儀表絶人。周太祖之欽明，異其風骨；齊憲王之聰察，憚以非常。韋鼎一見以委誠，趙公聞名而進女。是以稱劉季之靈怪者，不謀同詞；説中興之應讖者，往往偶語。屬周多世故，禍難薦臻。始以后父之尊，遂受托孤之寄。騎虎不下，掎角是因。不利孺子，非唯管叔之言；社稷輸人，寧止休公之對？所以尉遲舉魏，從亂如雲；王謙據蜀，其徒若市。遂能驅駕豪傑，委任忠良，不下廟堂，天下大定。然後謳歌允集，文物滿庭，卿雲曉聚，長星夜掃。拱揖而朝羣后，升壇而類上帝。紹舜禹之遺躅，光漢魏之大名。於是流曠蕩之玄風，浸淳古之膏澤，削秋荼之繁令，革亡國之哀聲。加之以恪勤，廣之以質素。太陽滿昆蟲之穴，湛露垂行葦之苕。教人七年，亦可以卽戎矣。俄屬陳朝喪德，江海揚波，自絶於天，結怨於下。乃以開皇八年十月，承少昊之秋氣，動文昌之將星。下蜀漢之舟，翩翩龍躍；集幽幷之騎，蕭蕭馬鳴。一鼙而可以橫大江，三令而可以陵湯火。蔣山苦戰，子文之魂魄飛揚；建業大崩，叔寶之金湯不守。既遭岸上之虎，非復水中之龍。斬伯嚭以謝陳人，禮陸機而慰吳士。春波暫洗，汙俗咸新；秋露一零，弊化斯改？乃下制曰：今率土大同，含生遂性，内外職位，遐邇黎人，家家自修，人人克念。使不軌不物，蕩然俱盡。此乃憂勤之心，見於動靜。故使六合之中，觀如曉日；八紘之内，若遇新晴。況復盡力於人，勵精爲政。躬親以率下，因心以感物。烟火萬里，風雨四時。野有擊壤之歌，天無垂象之誡。玄方丹徼，煙燧不驚；玉檻金河，波瀾久息。天子登雲臺而訪道，實垂拱而無爲；公卿指日觀以推誠，願升中而每竭。可謂盡美矣，未盡善也。然天性既猜，素無學術，意不及遠，政惟目前。是以牝鷄司晨，讒人罔極。剖符罕山河之固，同盟多蒭黜之悲，恩不終於有功，罰每深於無罪。啓鬩牆之兆，籍實沈之兵。楊素決其波，張衡注其隙。柳遠革制，房陵尚遙；穆子授戈，豎牛仍在。禍非天降，釁是人謀。是以知隋運之不永矣。君子曰：『昔陸孟知中興之微，宣帝始重儒術；李通稱漢家之命，世祖專信讖文。時好既行，其流遂廣。故子雲符命，尹敏僞言，即其類也。高祖少愛不經之談，遂好迂誕之説。所以王劭順旨，袁充取容。賞溢邱山，恩深江海，豈不弊乎？又祥瑞者，聖人之應也。至若八百集於孟津，六王至於陔下，周人岐山之北，晉衆江漢之南，負樂就陳，攜手適宋，牛馬內向，羣盜外奔，宗社乂安，黎民不散，此瑞之上也。若乃連珠共軫，的礫清漢之涯；合璧齊輝，光芒黄道之上。四時不爽，百穀用成，家有孝慈，人懷禮義，此善之應也。至如白鹿朱鴈，瓊露卿雲，鳩雀異毛，草木殊狀，此併沐我皇澤，煦我帝春。聖人圓城之中，天子生成之物，豈足表太平之日，顯休明之辰？而隋主好之，意不能盡，遂令巧僞相半，何其薄哉！近石虎之有中原也，膻胡晃羯，牧馬驅羊。子女歿於淫昏，文物盡於鋒鏑。猶得厭六馬，駕四麟，燃連理之材，煮白雉之肉。若天道不惑，應降以災，由斯而談，斷可知矣。隋之眷眷，復何爲哉？』問曰：『晉克金陵，功多者屬吏；隋平建業，德俊者尤□。豈爭名於朝，事必須此？將廉恥道盡，莫畏簡書乎！』君子曰：『曉兵之家，因敵變化。故有功成請罪之義，君命不受之談。今者王濬乘風，賀若先戰。苟有大利，何簡細瑕？方知責兵士之汙宫闈，徵軍司之隱玉帛，豈不陋乎？始疑范變後入，孟側不前，郤克有詞，馮異不語。時無君子，斯焉取斯？豈與夫自伐無慚，奮髯直出，而相類乎？』又問曰：『王者初興，必有佐命。莫不同聲相應，同氣相求。白雲之鬱應龍，清風之集雕虎。不以夷險易志，不以遠近隔心。千載一時，其來尚矣。三代以前，緬邈無際，兩漢之後，聲名可尋。若乃庇俗匡時，體國經野，謀出心膂，政待股肱。但清濟之入濁河，波瀾莫辨；蚊虻之附驥尾，遲速罔知。既因論討之餘，願示懸衡之末。』君子曰：『神人無功，達人無迹。張子房元機孤映，清識獨流。踐若發機，應同急箭；優遊淡泊，神交太虛，非諸人所及也。至若陳平、荀攸、賈詡、荀攸、劉煜、郭嘉、田豐、沮授、崔浩、張賓等，可謂天下之菁英。帷幄之至妙，中權合變，因敗爲功，爰自秦漢，訖於周隋。蘭菊相熏，惟有此矣。如蕭何之鎮靜關中，寇恂之安輯河內，葛亮相蜀，張昭輔吳，茂宏之經理琅琊，景略之弼諧永固，劉穆之衆務必舉，楊遵彥百度惟貞，蘇綽共濟艱難，高熲同經草昧，雖功有大小，運或長短，咸推股肱之林，悉爲忠烈之士。若乃威以靜國，謀以動鄰。提鼓出師，三軍賈勇；置兵境上，千里無塵。內外兼材，惟孔明景略也。故崔浩云：「王猛是蔡堅之管仲，劉裕是德宗之曹瞞。」孫盛云：「孔明善輔小國，子產之流也。」斯言中矣。』

清・施鴻《澄景堂史測》卷一四《隋・高祖》 亡隋者煬帝廣也，而使煬帝得以亡隋者，文帝也。文帝五濟補益，必得其用，而無如文帝之不用也。當太子勇之廢也，熲爭之曰：『長幼有序，不可廢也。』獨孤后知熲不可奪，遂譖而去之。高熲去而楊素進，由是勇廢而廣立，隋遂以亡矣。蓋文帝聰察自用，猜忌多疑，乃至舉朝無可信之人，纖悉欲決之於己。而其最失則在廢立之際，棄高熲而任楊素也。不然，以文帝之勤儉，使能信任賢臣，當時富强之業，傳之於勇，雖不能如文景之賢，必不至如煬帝之亂也。史氏原其失，以爲任智數，不悦學。嗟夫！帝王固不可不學乎，學則治理明而不自恃。是故湯學於伊尹，武王學於箕子，未聞聰察自用而可以爲治者也。文帝不學，故不知爲治之道，才如李德林，賢如高熲，皆中棄之不復用，廢立不明，竟以亡國。雖曰淫侈爲之，而寔文帝之自爲之也。趙綽、薛胄同時爲大理，俱名平恕，然胄斷獄以情，而綽守法，情與法非有二也，而法不勝情，故善用法者必原情。用人不從中制之，則人得盡力而功可成，如李景者，能用人者也。漢王諒反，代州總管李景拒之，戰士不過數千，城池崩毁。是時司馬馮孝慈、司法吕玉并驍勇善戰，儀同三司侯莫陳乂多謀畫工，拒守之術，景推誠任之，己無所關，非徒然任之也。吏部侍郎高孝基鑑賞機悟，清慎絶倫，然俊爽有餘，迹似輕薄，時多以此疑之，惟牛弘深識其眞，推心委任，隋之選舉得人，於斯爲最。惟其知之，故任之也。故任人必自知人始。

宋・徐鈞《史詠詩集》卷下《人君・文帝》 倚女專朝旋篡位，因妃訴子竟戕身。興亡反掌都緣色，枉作車書混一人。

清・愛新覺羅・弘曆《御製詩四集》卷四九《隋文帝》 外戚竊柄，蟲食木内。攘取易易，不勞軍隊。謀伐江南，值陳昏憒。遂成一統，勝劉蕭輩。勇戇廣險，一立一廢。獨孤悍我，悔亦何益。二世而亡，報施豈昧。彥謙卓識，人所弗逮。

清・史夢蘭《全史宮詞》卷一二《北朝・隋・隋文帝》 舍利親頒七寶箱，梵經幾卷弁宸章。鼓鐘聲戛餐麻豆，聞道前身是法王。

宮燈高照柘袍明，侍從分班列畫楹。酒律笑林新進御，君王清問到侯生。

花朵紛披五色濃，翠翹低映面芙蓉。蜀州八月黄柑進，玉指拈來啓蠟封。

容華絶代壓羣芳，金屋修成杏作梁。緑綺窗前横竹影，每扶清夢到瀟湘。

又《補遺》 凱歌高唱自驪山，分賜宮奴更數千。亡國音多似啼訴，秦鐘越鼓一時捐。

君王單騎返山阿，二聖交歡事已和。不道妒深同芮母，廢儲亦爲寵人多。

高熲分部

綜　述

《隋書》卷一《高祖紀上》 開皇元年二月甲子，【略】以柱國、柱國司馬、渤海郡公高熲爲尚書左僕射兼納言。

九月【略】壬申，以上柱國、薛國公長孫覽，上柱國、宋安西元景山，併爲行軍元帥，以伐陳，仍命尚書左僕射高熲節度諸軍。

（開皇二年）二月己丑，詔高熲等班師。

（六月丙申）仍詔左僕射高熲、將作大匠劉龍、鉅鹿郡公賀婁子干、太府少卿高龍義等創造新都。

（開皇三年）八月【略】壬午，遣尚書左僕射高熲出寧州道，内史監虞慶則出原州道，併爲行軍元帥，以擊胡。

（五年）三月戊午，以尚書左僕射高熲爲左領軍大將軍，上柱國宇文忻爲右領軍大將軍。

又 卷二《高祖紀下》 （開皇十九年）秋八月癸卯，上柱國、尚書左僕射、齊國公高熲坐事免。

又 卷三《煬帝紀上》 （大業三年）秋七月【略】丙子，殺光禄大夫賀若弼、禮部尚書宇文弼、太常卿高熲。尚書左僕射蘇威坐事免。

又 卷四一《高熲傳》 高熲字昭玄，一名敏，自云渤海蓨人也。父賓，背齊歸周，大司馬獨孤信引爲僚佐，賜姓獨孤氏。及信被誅，妻子徙蜀。文獻皇后以賓父之故吏，每往來其家。賓後官至鄀州刺史，及熲貴，贈禮部尚書、渤海公。

熲少明敏，有器局，略涉書史，尤善詞令。初，孩孺時，家有柳樹，高百許尺，亭亭如蓋。里中父老曰：『此家當出貴人。』年十七，周齊王憲引爲記室。武帝時，襲爵武陽縣伯，除内史上士，尋遷下大夫。以平齊功，拜開府。尋從越王盛擊隰州叛胡，平之。

高祖得政，素知熲强明，又習兵事，多計略，意欲引之入府。遣邗國公楊惠諭意，熲承旨欣然曰：『願受驅馳。縱令公事不成，熲亦不辭滅族。』於是爲相府司録。時長史鄭譯、司馬劉昉併以奢縱被疏，高祖彌屬意於熲，委以心膂。尉迥之起兵也，遣子惇率步騎八萬，進屯武陟。高祖令韋孝寬擊之，軍至河陽，莫敢先進。高祖以諸將不一，令崔仲方監之，仲方辭父在山東。時熲又見劉方、鄭譯併無去意，遂自請行，深合上旨，遂遣熲。熲受命便發，遣人辭母，云忠孝不可兩兼，歔欷就路。至軍，爲橋於沁水，賊於上流縱大筏，熲預爲土狗以禦之。既渡，焚橋而戰，大破之。遂至鄴下，與迥交戰，仍共宇文忻、李詢等設策，因平尉迥。軍還，侍宴於臥内，上撤御帷以賜之。進位柱國，改封義寧縣公，遷相府司馬，任寄益隆。

高祖受禪，拜尚書左僕射，兼納言，進封渤海郡公，朝臣莫與爲比，上每呼爲獨孤而不名也。熲深避權勢，上表遜位，讓於蘇威。上欲成其美，聽解僕射。數日，上曰：『蘇威高蹈前朝，熲能推舉。吾聞進賢受上賞，寧可令去官！』於是命熲復位。俄拜左衛大將軍，本官如故。時突厥屢爲寇患，詔熲鎮遏緣邊。及還，賜馬百餘匹，牛羊千計。領新都大監，制度多出於熲。熲每坐朝堂北槐樹下以聽事，其樹不依行列，有司將伐之。上特命勿去，以示後人。其見重如此。又拜左領軍大將軍，餘官如故。母憂去職，二旬起令視事。熲流涕辭讓，優詔不許。

開皇二年，長孫覽、元景山等伐陳，令熲節度諸軍。會陳宣帝薨，熲以禮不伐喪，奏請班師。蕭巖之叛也，詔熲綏集江、漢，甚得人和。上嘗問熲取陳之策，熲曰：『江北地寒，田收差晚，江南土熱，水田早熟。量彼收穫之際，微徵士馬，聲言掩襲。彼必屯兵禦守，足得廢其農時。彼既聚兵，我便解甲，再三若此，賊以爲常。後更集兵，彼必不信，猶豫之頃，我乃濟師，登陸而戰，兵氣益倍。又江南土薄，舍多竹茅，所有儲積，皆非地窖。密遣行人，因風縱火，待彼修立，復更燒之。不出數年，自可財力俱盡。』上行其策，由是陳人益弊。九年，晉王廣大舉伐陳，以熲爲元帥長史，三軍咨稟，皆取斷於熲。及陳平，晉王欲納陳主寵姬張麗華。熲曰：『武王滅殷，戮妲己。今平陳國，不宜取麗華。』乃命斬之，王甚不悅。及軍還，以功加授上柱國，進爵齊國公，賜物九千段，定食千乘縣千五百户。上因勞之曰：『公伐陳後，人言公反，朕已斬之。君臣道合，非青蠅所間也。』熲又遜位，詔曰：『公識鑑通遠，器略優深，出參戎律，廓清淮海，入司禁旅，實委心腹。自朕受命，常典機衡，竭誠陳力，心迹俱盡。此則天降良輔，翊贊朕躬，幸無詞費也。』其優奬如此。

是後右衛將軍龐晃，及將軍盧賁等，前後短熲於上。上怒之，皆被疏黜。因謂熲曰：『獨孤公猶鏡也，每被磨瑩，皎然益明。』未幾，尚書都事姜曄、楚州行參軍李君才，併奏稱水旱不調，罪由高熲，請廢黜之。二人俱得罪而去，親禮逾密。上幸并州，留熲居守。及上還京，賜縑五千匹，復賜行宮一所，以爲莊舍。其夫人賀拔氏寢疾，中使顧問，絡繹不絕。上親幸其第，賜錢百萬，絹萬匹，復賜以千里馬。上嘗從容命熲與賀若弼言及平陳事，熲曰：『賀若弼先獻十策，後於蔣山苦戰破賊。臣文吏耳，焉敢與大將軍論功！』帝大笑，時論嘉其有讓。尋以其子表仁取太子勇女，前後賞賜不可勝計。時熒惑入太微，犯左執法。術者劉暉私言於熲曰：『天文不利宰相，可修德以禳之。』熲不自安，以暉言奏之。上厚加賞慰。突厥犯塞，以熲爲元帥，擊賊破之。又出白道，進圖入磧，遣使請兵。近臣緣此言熲欲反，上未有所答，熲亦破賊而還。

時太子勇失愛於上，潛有廢立之意。謂熲曰：『晉王妃有神憑之，言王必有天下，若之何？』熲長跪曰：『長幼有序，其可廢乎！』上默然而止。獨孤皇后知不可奪，陰欲去之。初，夫人卒，后言於上曰：『高僕射老矣，而喪夫人，陛下何能不爲之娶！』上以后言謂熲，熲流涕謝曰：『臣今已老，退朝之後，唯齋居讀佛經而已。雖陛下垂哀之深，至於納室，非臣所願。』上乃止。至是，熲愛妾產男，上聞之極歡，后甚不悅。上問其故，后曰：『陛下當復信高熲邪？始陛下欲爲熲娶，熲心存愛妾，面欺陛下。今其詐已見，陛下安得信之！』上由是疏熲。會議伐遼東，熲固諫不可。上不從，以熲爲元帥長史，從漢王征遼東，遇霖潦疾疫，不利而還。后言於上曰：『熲初不欲行，陛下强遣之，妾固知其無功矣。』又上以漢王年少，專委軍於熲。熲以任寄隆重，每懷至公，無自疑之意。諒所言多不用，甚銜之。及還，諒泣言於后曰：『兒幸免高熲所殺。』上聞之，彌不平。俄而上柱國王世積以罪誅，當推覆之際，乃有宮禁中事，云於熲處得之。上欲成熲之罪，聞此大驚。時上柱國賀若弼、吳州總管宇文弼、刑部尚書薛胄、民部尚書斛律孝卿、兵部尚書柳述等明熲無罪，上逾怒，皆以之屬吏。自是朝臣莫敢言者。熲竟坐免，以公就第。

未幾，上幸秦王俊第，召熲侍宴。熲歔欷悲不自勝，獨孤皇后亦對之泣，左右皆流涕。上謂熲曰：『朕不負公，公自負也。』因謂侍臣曰：『我於高熲勝兒子，雖或不見，常似目前。自其解落，瞑然忘之，如本無高熲。不可以身要君，自云第一也。』

頃之，熲國令上熲陰事，稱：『其子表仁謂熲曰：「司馬仲達初托疾不朝，遂有天下。公今遇此，焉知非福！」』於是上大怒，囚熲於內史省而鞫之。憲司復奏熲他事，云：『沙門眞覺嘗謂熲云：「明年國有大喪。」尼令暉復云：「十七、十八年，皇帝有大厄。十九年不可過。」』上聞而益怒，顧謂羣臣曰：『帝王豈可力求。孔子以大聖之才，作法垂世，寧不欲大位邪？天命不可耳。熲與子言，自比晉帝，此何心乎？』有司請斬熲。上曰：『去年殺虞慶則，今茲斬王世積，如更誅熲，天下其謂我何？』於是除名爲民。熲初爲僕射，其母誡之曰：『汝富貴已極，但有一斫頭耳，爾宜慎之！』熲由是常恐禍變。及此，熲歡然無恨色，以爲得免於禍。

煬帝即位，拜爲太常。時詔收周、齊故樂人及天下散樂。熲奏曰：『此樂久廢。今若徵之，恐無識之徒棄本逐末，遞相教習。』帝不悅。帝時侈靡，聲色滋甚，又起長城之役。熲甚病之，謂太常丞李懿曰：『周天元以好樂而亡，殷鑑不遙，安可復爾！』時帝遇啓民可汗恩禮過厚，熲謂太府卿何稠曰：『此虜頗知中國虛實、山川險易，恐爲後患。』復謂觀王雄曰：『近來朝廷殊無綱紀。』有人奏之，帝以爲謗訕朝政，於是下詔誅之，諸子徙邊。

熲有文武大略，明達世務。及蒙任寄之後，竭誠盡節，進引貞良，以天下爲己任。蘇威、楊素、賀若弼、韓擒等，皆熲所推薦，各盡其用，爲一代名臣。自餘立功立事者，不可勝數。當朝執政將二十年，朝野推服，物無異議。治致升平，熲之力也。論者以爲眞宰相。及其被誅，天下莫不傷惜，至今稱冤不已。所有奇策密謀及損益時政，熲皆削稿，世無知者。

又　卷三六《后妃傳·文帝獨孤皇后》　文獻獨孤皇后，河南洛陽人，周大司馬、河內公信之女也。【略】后頗仁愛，每聞大理決囚，未嘗不流涕。然性尤妒忌，後宮莫敢進御。尉遲迥女孫有美色，先在宮中。上於仁壽宮見而悅之，因此得幸。后伺上聽朝，陰殺之。上由是大怒，單騎從苑中而出，不由徑路，入山谷間二十餘里。高熲、楊素等追及上，扣馬苦諫。上太息曰：『吾貴爲天子，而不得自由！』高熲曰：『陛下豈以一婦人而輕天下！』上意少解，駐馬良久，中夜方始還宮。后俟上於閣內。及上至，后流涕拜謝，熲、素等和解之。上置酒極歡，后自此意頗衰折。初，后以高熲是父之家客，甚見親禮。至是，聞熲謂己爲一婦人，因此銜恨。又以熲夫人死，其妾生男，益不善之，漸加譖毀，上亦每事唯后言是用。后見諸王及朝士有妾孕者，必勸上斥之。時皇太子多內寵，妃元氏暴薨，后意太子愛妾雲氏害之。由是諷上，黜高熲，竟廢太子，立晉王諱，皆后之謀也。

又　卷四〇《宇文忻傳》　高祖龍潛時，與忻情好甚協，及爲丞相，恩顧彌隆。尉迥作亂，以忻爲行軍總管，從韋孝寬擊之。時兵屯河陽，諸軍莫敢先進。帝令高熲馳驛監軍，與熲密謀進取者，唯忻而已。迥遣子惇，盛兵武陟，忻先鋒擊走之。進臨相州，迥遣精甲三千伏於野馬岡，欲邀官軍。忻以五百騎襲之。斬獲略盡。進至草橋，迥又拒守，忻率奇兵擊破之，直趨鄴下。迥背城結陣，與官軍大戰，官軍不利。時鄴城士女觀戰者數萬人，忻與高熲、李詢等謀曰：『事急矣，當以權道破之。』於是擊所觀者，大囂而走，轉相騰籍，聲如雷霆。忻乃傳呼曰：『賊敗矣！』衆軍復振，齊力急擊之，迥軍大敗。及平鄴城，以功加上柱國，賜奴婢二百口，牛馬羊萬計。高祖顧謂忻曰：『尉迥傾山東之衆，運百萬之師，公舉無遺策，戰無全陣，誠天下之英傑也。』進封英國公，增邑三千户。自是以後，每參帷幄，出入臥內，禪代之際，忻有力焉。後拜右領軍大將軍，恩顧彌重。

忻妙解兵法，馭戎齊整，當時六軍有一善事，雖非忻所建，在下輒相謂曰：『此必英公法也。』其見推服如此。後改封杞國公。上嘗欲令忻率兵擊突厥，高熲言於上曰：『忻有異志，不可委以大兵。』乃止。

又　卷四一《蘇威傳》　高祖爲丞相，高熲屢言其賢，高祖亦素重其名，召之。及至，引入臥內，與語大悅。居月餘，威聞禪代之議，遁歸田里。高熲請追之，高祖曰：『此不欲預吾事，且置之。』及受禪，徵拜太子少保。追贈其父爲邳國公，邑三千户，以威襲焉。俄兼納言、民部尚書。威上表陳讓，詔曰：『舟大者任重，馬駿者遠馳。以公有兼人之才，無辭多務也。』威乃止。

初，威父在西魏，以國用不足，爲徵稅之法，頗稱爲重。既而歎曰：『今所爲者，正如張弓，非平世法也。後之君子，誰能弛乎？』威聞其言，每以爲己任。至是，奏減賦役，務從輕典，上悉從之。漸見親重，與高熲參掌朝政。【略】

時高熲與威同心協贊，政刑大小，無不籌之，故革運數年，天下稱治。俄轉民部尚書，納言如故。【略】明年（開皇十年），上幸并州，使與高熲同總留事。俄追詣行在所，使決民訟。

煬帝嗣位，加上大將軍。及長城之役，威諫止之。高熲、賀若弼等之誅也，威坐與相連，免官。

又 卷四三《觀德王楊雄傳》 高祖受禪，除左衛將軍，兼宗正卿。俄遷右衛大將軍，參預朝政。進封廣平王，食邑五千户，以邘公別封一子。雄請封弟士貴，朝廷許之。或奏高熲朋黨者，上詰雄於朝。雄對曰：『臣忝衛宫闈，朝夕左右，若有朋附，豈容不知！至尊欽明睿哲，萬機親覽，熲用心平允，奉法而行。此乃愛憎之理，惟陛下察之。』高祖深然其言。雄時貴寵，冠絶一時，與高熲、虞慶則、蘇威稱爲『四貴』。

又 卷四五《房陵王楊勇傳》 時高祖令選宗衛侍官，以入上臺宿衛。高熲奏稱，若盡取强者，恐東宫宿衛太劣。高祖作色曰：『我有時行動，宿衛須得雄毅。太子毓德東宫，左右何須强武？此極敝法，甚非我意。如我商量，恒於交番之日，分向東宫上下，團伍不別，豈非好事？我熟見前代，公不須仍踵舊風。』蓋疑高熲男尚勇女，形於此言，以防之也。

又 卷四八《楊素傳》 （楊）素性疏而辯，高下在心，朝臣之内，頗推高熲，敬牛弘，厚接薛道衡，視蘇威蔑如也。自餘朝貴，多被陵轢。其才藝風調，優於高熲，至於推誠體國，處物平當，有宰相識度，不如熲遠矣。

尋令素監營仁壽宫，素遂夷山堙谷，督役嚴急，作者多死，宫側時聞鬼哭之聲。及宫成，上令高熲前視，奏稱頗傷綺麗，大損人丁，高祖不悦。素憂懼，計無所出，即於北門啓獨孤皇后曰：『帝王法有離宫別館，今天下太平，造此一宫，何足損費！』后以此理諭上，上意乃解。於是賜錢百萬，緍絹三千段。

又 卷五六《薛胄傳》 （高祖）時左僕射高熲稍被疏忌，及王世積之誅也，熲事與相連，上因此欲成熲罪。胄明雪之，正議其獄。由是忤旨，械繫之，久而得免。檢校相州事，甚有能名。

論　説

唐·杜佑《通典》卷一二《食貨十二》 周之興也得太公，齊之霸也得管仲，魏之富也得李悝，秦之强也得商鞅，後周有蘇綽，隋氏有高熲。此六賢者，上以成王業，興霸圖，次以富國强兵，立事可法。

宋·孔文仲等《清江三孔集》卷一六《高熲論》 事君之道有三而已。方其未進於朝廷，於其君之賢否不可以無擇也。既得志矣，於其君之失不可以無諫也。諫而不從，於其職不可以無去也。此君子從容出處，而白首無悔之道也。不能盡此三道者，雖被無根之言，貽不測之禍，蓋我有以自速之，非人也；已乃以宜得之，非天也。高熲之在隋也，嘗擇其君而後事之歟？嘗諫之不從而去之歟？彼欺孤脅寡以得天下，好權喜察，疏忌功臣，其刻薄猜忌之迹，皎然如日之明白。使有明哲之君子，其肯屈身而從之哉？而熲早應其召，爲之周旋險難以濟其所欲，又受其不貲之賞，分其聽斷之權，臥於虎頸而自以爲終身無患者有年矣。及東宫有廢立之議，熲極陳其不可，文帝不悦。此蓋寵辱分，憎愛反之時也，則宜引身辭位，闔私第以自守，而熲又不能去也。既而讒邪乘隙，間言發於宫中，以妃妾之愛，兒子之言，而削爵免官，幾及大戮，天下皆知文帝不能保完功臣，而不知熲之失其身者久矣。然則士之進退，可不慎哉？抑又聞古之豪傑，其視萬物甚輕，而待己甚重，故有天子三聘之而後出者，有諸侯不得見之者，凡以爲富貴不足願也。熲之在周，爵位已顯，惟相府一言之招，遂效驅馳，爲之心腹耳目，且曰：『使公之事不成，不辭滅族。』其不自重如此，則其終被禍患，豈足惜哉！《隋史》稱：『熲明達世務，竭誠盡節，其所薦引，皆爲名臣，治致升平，熲寔有力。』則其所長，亦非常人之所能及。惟其知道不明，自信不篤，故言行駁雜，不能爲純臣，則夫事君者，果不可以不學也。

藝　文

清·謝啓昆《樹經堂詠史詩》卷五《隋·高熲》 文武兼資濟世才，

廿年執政仰中臺。亭亭車蓋祥瞻柳，翼翼朝堂坐倚梍。文吏論功能讓善，齊居讀佛不消滅。獨孤猶鏡遭磨瑩，母誠懸知禍尤來。

清·羅惇衍《集義軒詠史詩鈔》卷三二《七言律詩二十九首·隋·高熲》 韜鈐默運卒平陳，蒙面軍前斬美人。只以廢儲爭長幼，遂因愛妾間君臣。柳垂門巷童瞻蓋，槐倚朝堂相秉鈞。兩代猜疑終不謹，憐伊坐訕晚逢屯。

雜録

《隋書》卷二一《天文志下》 （開皇）九年正月己巳，白虹夾日。占曰：『白虹銜日，臣有背主。』又曰：『人主無德者亡。』是月，滅陳。十四年十一月癸未，有彗星孛於虛危及奎婁，齊、魯之分野。其後魯公虞慶則伏法，齊公高熲除名。

又 卷二三《五行志下》 開皇二十年十一月，京都大風，發屋拔樹，秦、隴壓死者千餘人。地大震，鼓皆應。淨刹寺鐘三鳴，佛殿門鎖自開，銅像自出户外。鐘鼓自鳴者，近鼓妖也。揚雄以爲人君不聰，爲衆所惑，空名得進，則鼓妖見。時獨孤皇后干預政事，左僕射楊素權傾人主。帝聽二人之譏，而黜僕射高熲，廢太子勇爲庶人，晉王釣虛名而見立。思心瞀亂，陰氣盛之象也。鎖及銅像，併金也。金動木震之，水沴金之應。《洪範五行傳》曰：『失衆心甚之所致也。』高熲、楊勇，無罪而咸廢黜，失衆心也。

又 卷二四《食貨志》 （開皇三年正月） 山東尚承齊俗，機巧姦僞，避役惰游者十六七。四方疲人，或詐老詐小，規免租賦。高祖令州縣大索貌閲，户口不實者，正長遠配，而又開相糾之科。大功已下，兼令析籍，各爲户頭，以防容隱。於是計帳進四十四萬三千丁，新附一百六十四萬一千五百口。高熲又以人間課輸，雖有定分，年常徵納，除注恆多，長吏肆情，文帳出没，復無定簿，難以推校，乃爲輸籍定樣，請遍下諸州。每年正月五日，縣令巡人，各隨便近，五黨三黨，共爲一團，依樣定户上下。帝從之。自是姦無所容矣。

又 卷二五《刑法志》 高祖既受周禪，開皇元年，乃詔尚書左僕射、勃海公高熲，上柱國、沛公鄭譯，上柱國、清河郡公楊素，大理前少卿、平源縣公常明，刑部侍郎、保城縣公韓濬，比部侍郎李諤，兼考功侍郎柳雄亮等，更定新律，奏上之。其刑名有五：一曰死刑二，有絞，有斬。二曰流刑三，有一千里、千五百里、二千里。應配者，一千里居作二年，一千五百里居作二年半，二千里居作三年。應住居作者，三流俱役三年，近流加杖一百，一等加三十。三曰徒刑五，有一年、一年半、二年、二年半、三年。四曰杖刑五，自五十至於百。五曰笞刑五，自十至於五十。而蠲除前代鞭刑及梟首轘裂之法。其法徒之罪皆減從輕。唯大逆謀反叛者，父子兄弟皆斬。家口没官。又置十惡之條，多採後齊之制，而頗有損益。一曰謀反，二曰謀大逆，三曰謀叛，四曰惡逆，五曰不道，六曰大不敬，七曰不孝，八曰不睦，九曰不義，十曰内亂。犯十惡及故殺人獄成者，雖會赦，猶除名。

高祖性猜忌，素不悦學，既任智而獲大位，因以文法自矜，明察臨下。恆令左右覘視内外，有小過失，則加以重罪。又患令史贓汙，因私使人以錢帛遺之，得犯立斬。每於殿廷打人，一日之中，或至數四。嘗怒問事揮楚不甚，即命斬之。（開皇）十年，尚書左僕射高熲、治書侍御史柳彧等諫，以爲朝堂非殺人之所，殿庭非決罰之地。帝不納。熲等乃盡詣朝堂請罪，曰：『陛下子育羣生，務在去弊，而百姓無知，犯者不息，致陛下決罰過嚴，皆臣等不能有所裨益，請自退屏，以避賢路。』帝於是顧謂領左右都督田元曰：『吾杖重乎？』元曰：『重。』帝問其狀，元舉手曰：『陛下杖大如指，捶楚人三十者，比常杖數百，故多致死。』帝不懌，乃令殿内去杖，欲有決罰，各付所由。後楚州行參軍李君才上言，帝寵高熲過甚，上大怒，命杖之，而殿内無杖，遂以馬鞭笞殺之。自是殿内復置杖。

唐·杜佑《通典》卷五《食貨五》 開皇八年五月，高熲奏，諸州無課調處及課州管户數少者，官人禄力，承前以來，恆出隨近之州。今請於所管内計户徵税。帝從之。先是京官及諸州，併給公廨錢，迴易生利，以給公用。十四年六月，工部尚書蘇孝慈等以爲，所在官司，因循往昔，皆以公廨錢物出舉興生，惟利是求，煩擾百姓，奏皆給地以營農，迴易取利皆禁止。十七年十一月，詔外内諸司公廨在市迴易及諸處興生併聽之，唯禁出舉收利。

唐·劉餗《隋唐嘉話》卷上　隋高熲僕射，每以盤盛粉置於臥側，思得一公事，輒書其上。至明，則録以入朝行之。

唐太宗分部

綜　述

《新唐書》卷二《太宗紀》　太宗文武大聖大廣孝皇帝諱世民，高祖次子也。母曰太穆皇后竇氏。生而不驚。方四歲，有書生謁高祖曰：『公在相法，貴人也，然必有貴子。』及見太宗，曰：『龍鳳之姿，天日之表，其年幾冠，必能濟世安民。』書生已辭去，高祖懼其語泄，使人追殺之，而不知其所往，因以爲神。乃採其語，名之曰世民。

大業中，突厥圍煬帝鴈門，煬帝從圍中以木繫詔書，投汾水而下，募兵赴援。太宗時年十六，往應募，隸將軍雲定興，謂定興曰：『虜敢圍吾天子者，以爲無援故也。今宜先後吾軍爲數十里，使其晝見旌旗，夜聞鉦鼓，以爲大至，則可不擊而走之。不然，知我虛實，則勝敗未可知也。』定興從之。軍至崞縣，突厥候騎見其軍來不絶，果馳告始畢可汗曰：『救兵大至矣！』遂引去。高祖擊歷山飛，陷其圍中，太宗輕騎取之而出，遂奮擊，大破之。

太宗爲人聰明英武，有大志，而能屈節下士。時天下已亂，盜賊起，知隋必亡，乃推財養士，結納豪傑。長孫順德、劉弘基等，皆因事亡命，匿之。又與晉陽令劉文靜尤善，文靜坐李密事繫獄，太宗夜就獄中見之，與圖大事。時百姓避賊多入城，城中幾萬人，文靜爲令久，知其豪傑，因共部署。計已定，乃因裴寂告高祖。高祖初不許，已而許之。

高祖已起兵，建大將軍府。太宗率兵徇西河，斬其郡丞高德儒。拜右領軍大都督，封敦煌郡公。唐兵西，將至霍邑，會天久雨，糧且盡，高祖謀欲還兵太原。太宗諫曰：『義師爲天下起也，宜直入咸陽，號令天下。今還守一城，是爲賊爾。』高祖不納。太宗哭於軍門，高祖驚，召問之，對曰：『還則衆散於前，而敵乘於後，死亡須臾，所以悲爾。』高祖寤，

曰：『起事者汝也，成敗惟汝。』時左軍已先返，即與隴西公建成分追之。夜半，太宗失道入山谷，棄其馬，步而及其兵，與俱還。高祖乃將而前，遲明至霍邑。宋老生不出，太宗從數騎傅其城，舉鞭指麾，若將圍之者。老生怒，出，背城陣。高祖率建成居其東，太宗及柴紹居其南。老生兵薄東陣，建成墜馬，老生乘之，高祖軍卻。太宗自南原馳下阪，分兵斷其軍爲二，而出其陣後，老生兵敗走，遂斬之。進次涇陽，擊胡賊劉鷂子，破之。唐兵攻長安，太宗屯金城坊，攻其西北，遂克之。義寧元年，爲光禄大夫、唐國內史，徙封秦國公，食邑萬户。薛舉攻扶風，太宗擊敗之，斬首萬餘級，遂略地至隴右。二年，爲右元帥，徙封趙國公，率兵十萬攻東都，不克而還，設三伏于三王陵，敗隋將段達兵萬人。

武德元年，爲尚書令、右翊衛大將軍，進封秦王。薛舉寇涇州，太宗爲西討元帥，進位雍州牧。七月，太宗有疾，諸將爲舉所敗。八月，太宗疾閒，復屯於高墌城，相持六十餘日。已而舉死，其子仁杲率其衆求戰，太宗按軍不動。久之，仁杲糧盡，衆稍離叛，太宗曰：『可矣！』乃遣行軍總管梁實柵淺水原。仁杲將宗羅睺擊實，太宗遣將軍龐玉救實，玉軍幾敗，太宗率兵出其後，羅睺敗走，太宗追之，至其城下，仁杲乃出降。師還，高祖遣李密馳傳勞之於豳州。密見太宗，不敢仰視，退而歎曰：『眞英主也！』獻捷太廟，拜右武候大將軍、太尉、使持節、陝東道大行臺尚書令，詔蒲、陝、河北諸總管兵皆受其節度。

二年正月，鎮長春宮，進拜左武候大將軍、涼州總管。是時，劉武周據幷州，宋金剛陷澮州，王行本據蒲州，而夏縣人呂崇茂殺縣令以應武周。高祖懼，詔諸將棄河東以守關中。太宗以爲不可棄，願得兵三萬可以破賊。高祖於是悉發關中兵益之。十一月，出龍門關，屯於柏壁。

三年四月，擊敗宋金剛於柏壁。金剛走介州，太宗追之，一日夜馳二百里，宿於雀鼠谷之西原。軍士皆飢，太宗不食者二日，行至浩州乃得食，而金剛將尉遲敬德、尋相等皆來降。劉武周懼，奔于突厥，其將楊伏念舉幷州降。高祖遣蕭瑀即軍中拜太宗益州道行臺尚書令。七月，討王世充，敗之於北邙。四年二月，竇建德率兵十萬以援世充，太宗敗建德於虎牢，執之，世充乃降。六月，凱旋，太宗被金甲，陳鐵騎一萬、介士三萬，前後鼓吹，獻俘於太廟。高祖以謂太宗功高，古官號不足以稱，乃加

號天策上將，領司徒、陜東道大行臺尚書令，位在王公上，增邑户至三萬，賜衮冕、金輅、雙璧、黄金六千斤，前後鼓吹九部之樂，班劍四十人。

五年正月，討劉黑闥於洺州，敗之。黑闥既降，已而復反。高祖怒，命太子建成取山東男子十五以上悉坑之，驅其小弱婦女以實關中。太宗切諫，以爲不可，遂已。加拜左右十二衛大將軍。

七年，突厥寇邊，太宗與遇於豳州，從百騎與其可汗語，乃盟而去。

八年，進位中書令。初，高祖起太原，非其本意，而事出太宗。及取天下，破宋金剛、王世充、竇建德等，太宗功益高，而高祖屢許以爲太子。太子建成懼廢，與齊王元吉謀害太宗，未發。

九年六月，太宗以兵入玄武門，殺太子建成及齊王元吉。高祖大驚，乃以太宗爲皇太子。八月甲子，即皇帝位於東宫顯德殿。遣裴寂告於南效。大赦，武德流人還之。賜文武官勳、爵。免關内及蒲、芮、虞、泰、陜、鼎六州二歲租，給復天下一年。民八十以上賜粟帛，百歲加版授。廢潼關以東瀕河諸關。癸酉，放宫女三千餘人。丙子，立妃長孫氏爲皇后。癸未，突厥寇便橋。乙酉，及突厥頡利盟於便橋。九月壬子，禁私家妖神淫祀、占卜非龜易五兆者。十月【略】癸亥，立中山郡王承乾爲皇太子。【略】十一月庚寅，降宗室郡王非有功者爵爲縣公。十二月癸酉，慮囚。【略】

貞觀元年正月乙酉，改元。辛丑，燕郡王李藝反於涇州，伏誅。二月丁巳，詔民男二十、女十五以上無夫家者，州縣以禮聘娶；貧不能自行者，鄉里富人及親戚資送之；鰥夫六十、寡婦五十、婦人有子若守節者勿强。

三月【略】丙午，詔：『齊僕射崔季舒、黄門侍郎郭遵、尚書右丞封孝琰以極言蒙難，季舒子剛、遵子雲、孝琰子君遵併及淫刑，宜免内侍，褒敍以官。』【略】

四月癸巳，凉州都督、長樂郡王幼良有罪，伏誅。五月癸丑，敕中書令、侍中朝堂受訟辭，有陳事者悉上封。六月【略】山東旱，免今歲租。七月壬子，吏部尚書長孫無忌爲尚書右僕射。八月河南、隴右邊州霜。【略】九月【略】辛酉，遣使諸州行損田，賑問下户。【略】辛未，幽州都督王君廓奔於突厥。十月丁酉，以歲饑減膳。十一月己未，許子弟年十九以下隨父兄之官所。十二月【略】戊申，利州都督李孝常、右武衛將軍劉德裕謀反，伏誅。

二年正月辛亥，長孫元忌罷。兵部尚書杜如晦檢校侍中，總監東宫兵馬事。癸丑，吐谷渾寇岷州，都督李道彦敗之。丁巳，徙封恪爲蜀王，泰越王，佑燕王。庚午，刑部尚書李靖檢校中書令。二月戊戌，外官上考者給禄。

三月【略】壬子，命中書門下五品以上及尚書議決死罪。壬戌，李靖爲關内道行軍大總管，以備薛延陀。己巳，遣使巡關内，出金寶贖飢民鬻子者還之。庚午，以旱蝗責躬，大赦。癸酉，雨。四月己卯，瘞隋人暴骸。壬寅，朔方人梁洛仁殺梁師都以降。六月甲申，詔出使官稟食其家。庚寅，以子治生，賜是日生子者粟。辛卯，辰州刺史裴虔通以弑隋煬帝削爵，流歡州。七月戊申，萊州刺史牛方裕、絳州刺史薛世良、廣州長史唐奉義、虎牙郎將高元禮，以宇文化及之黨，皆除名，徙於邊。八月甲戌，省冤獄於朝堂。辛丑，立二王后廟，置國官。九月壬子，以有年，賜酺三日。十月【略】戊子，殺瀛州刺史盧祖尚。【略】十二月【略】癸巳，禁五品以上過市。

三年正月丙午，以旱避正殿。癸丑，官得上下考者，給禄一年。【略】二月戊寅，房玄齡爲尚書左僕射，杜如晦爲右僕射，尚書右丞魏徵爲秘書監，參預朝政。三月己酉，慮囚。四月乙亥，太上皇徙居於大安宫。甲午，始御太極殿。戊戌，賜孝義之家粟五斛，八十以上二斛，九十以上三斛，百歲加絹二匹，婦人正月以來産子者粟一斛。【略】六月戊寅，以旱慮囚。【略】壬午，詔文武官言事。八月【略】丁亥，李靖爲定襄道行軍大總管，以伐突厥。九月丁巳，華州刺史柴紹爲勝州道行軍總管，以伐突厥。十一月庚申，并州都督李世績爲通漠道行軍總管，華州刺史柴紹爲金河道行軍總管，任城郡王道宗爲大同道行軍總管，幽州都督衛孝節爲恆安道行軍總管，營州都督薛萬淑爲暢武道行軍總管，以伐突厥。十二月【略】閏月癸丑，爲死丘者立浮屠祠。辛酉，慮囚。是歲，中國人歸自塞外及開四夷爲州縣者百二十餘萬人。

四年【略】甲辰，李靖及突厥戰於陰山，敗之。【略】甲寅，大赦，賜酺五日。御史大夫温彦博爲中書令，王珪爲侍中；民部尚書戴胄檢校吏部尚書，參豫朝政；太常卿蕭瑀爲御史大夫，與宰臣參議朝政。丁巳，以旱詔公卿言事。三月甲午，李靖俘突厥頡利可汗以獻。四月戊戌，西北君長請上號爲『天可汗』。六月乙卯，發卒治洛陽宮。七月【略】甲戌，太上皇不豫，廢朝。辛卯，疾愈，賜都督刺史文武官及民年八十以上、教子表門閭者有差。八月甲寅，李靖爲尚書右僕射。九月庚午，瘞長城南隋人暴骨。己卯，如隴州。壬午，禁芻牧於古明君、賢臣、烈士之墓者。十月壬辰，赦岐、隴二州，免今歲租賦，降咸陽、始平、武功死罪以下。十【略】乙卯，免武功今歲租賦。十一月壬戌，右衛大將軍侯君集爲兵部尚書，參議朝政。【略】戊寅，除鞭背刑。【略】是歲，天下斷死罪者二十九人。

五年【略】五月乙丑，以金帛購隋人没於突厥者，以還其家。八月甲辰，遣使高麗，祭隋人戰亡者。【略】十二月丁亥，詔：『決死刑，京師五覆奏，諸州三覆奏，其日尚食毋進酒肉。』【略】癸丑，赦關内。

六年正月【略】癸酉，靜州山獠反，右武衛將軍李子和敗之。三月，侯君集罷。【略】丁丑，降雍、岐、豳三州死罪以下，賜民八十以上粟帛。五月，魏徵檢校侍中。【略】七月己巳，詔天下行鄉飲酒。九月己酉，幸慶善宮。十月，侯君集起復。【略】十二月辛未，慮囚，縱死罪者歸其家。是歲，諸羌内屬者三十萬人。

七年正月戊子，斥宇文化及黨人之子孫勿齒。辛丑，賜京城酺三日。【略】二月戊子，王珪罷。庚寅，魏徵爲侍中。【略】八月辛未，東西洞獠寇邊，右屯衛大將軍張士貴爲龔州道行軍總管以討之。九月，縱囚來歸，皆赦之。【略】

八年正月辛丑，張士貴及獠戰，敗之。壬寅，遣使循省天下。二月乙巳，皇太子加元服。丙午，降死罪以下，賜五品以上子爲父後者爵一級，民酺三日。【略】五月辛未朔，日有食之。是夏，吐谷渾寇涼州，左驍衛大將軍段志玄爲西海道行軍總管，左驍衛將軍樊興爲赤水道行軍總管，以伐之。【略】

十一月【略】己丑，吐谷渾寇涼州，執行人鴻臚丞趙德楷。十二月辛丑，特進李靖爲西海道行軍大總管，侯君集爲積石道行軍總管，任城郡王道宗爲鄯善道行軍總管，膠東郡公道彦爲赤水道行軍總管，涼州都督李大亮爲且末道行軍總管，利州刺史高甑生爲鹽澤道行軍總管，以伐吐谷渾。丁卯，從太上皇閲武於城西。

九年正月，党項羌叛。二月，長孫無忌罷。三月庚辰，洮州羌殺刺史孔長秀，附於吐谷渾。壬午，大赦。乙酉，高甑生及羌人戰，敗之。【略】五月【略】壬子，李靖及吐谷渾戰，敗之。七月庚子，鹽澤道行軍副總管劉德敏及羌人戰，敗之。【略】

十年【略】六月壬申，温彦博爲尚書右僕射，太常卿楊師道爲侍中。魏徵罷爲特進，知門下省事，參議朝章國典。【略】

十一年正月【略】乙卯，免雍州今歲租賦。二月丁巳，營九嵕山爲陵，賜功臣、密戚陪塋地及秘器。甲子，如洛陽宮。乙丑，給民百歲以上侍五人。【略】三月【略】癸卯，降洛州囚見徒，免一歲租、調。【略】己未，以諸王爲世封刺史。戊辰，以功臣爲世封刺史。【略】七月癸未，大雨，水，穀、洛溢。乙未，詔百官言事。壬寅，廢明德宮之玄圃院，賜遭水家。丙午，給亳州老子廟、兗州孔子廟户各二十以奉享，復涼武昭王近墓户二十以守衛。九月丁亥，河溢，壞陜州河北縣，毁河陽中潬，幸白司馬阪觀之，賜瀕河遭水家粟帛。十月癸丑，賜先朝謀臣武將及親戚亡者塋陪獻陵。【略】

十二年正月【略】甲子，巫州獠反，夔州都督齊善行敗之。乙丑，如陜州。丁卯，觀鹽池。庚午，如蒲州。甲戌，如長春宮。免朝邑今歲租賦，降囚罪。【略】八月壬寅，吐蕃寇松州，侯君集爲當彌道行軍大總管，率三總管兵以伐之。九月辛亥，闊水道行軍總管牛進達及吐蕃戰於松州，敗之。十月【略】乙未，【略】鈞州山獠反，桂州都督張寶德敗之。十一月己巳，明州山獠反，交州都督李道彦敗之。十二月辛巳，壁州山獠反，右武候將軍上官懷仁討之。是歲，滁、豪二州野蠶成繭。

十三年正月乙巳，拜獻陵，赦三原及行從，免縣人今歲租賦，賜宿衛陵邑郎將、三原令爵一級。【略】二月庚子，停世封刺史。【略】四月【略】甲申，中郎將阿史那結社率反，伏誅。【略】五月甲寅，以旱避正殿，詔五品以上言事，減膳，罷役，理囚，賑乏，乃雨。【略】十二月壬申，侯君集爲交河道行軍大總管，以伐高昌。【略】

十四年正月庚子，有司讀時令。甲寅，幸魏王泰第，赦雍州長安縣，免延康里今歲租賦。二月丁丑，觀釋奠於國學，赦大理、萬年縣，賜學官高第生帛。【略】乙未，求梁皇侃褚仲都、周熊安生沉重、陳沈文阿周弘正張譏、隋何妥劉焯劉炫之後。三月，羅、竇二州獠反，廣州總管黨仁弘敗之。【略】八月【略】癸酉，侯君集克高昌。九月癸卯，赦高昌部及士卒父子犯死、期犯流、大功犯徒、小功緦麻犯杖，皆原之。【略】十二月丁酉，侯君集俘高昌王以獻，賜酺三日。【略】

十五年正月辛巳，如洛陽宫，次温湯。衛士崔卿、刁文懿謀反，伏誅。【略】四月辛卯，詔以來歲二月有事於泰山。乙未，免洛州今歲租，還户故給復者加給一年，賜民八十以上物，惸獨鰥寡疾病不能自存者米二斛。慮囚。六月【略】丙辰，停封泰山，避正殿，减膳。七月丙寅，宥周、隋名臣及忠烈子孫貞觀以後流配者。【略】十一月癸酉，薛延陀寇邊，兵部尚書李世績爲朔州道行軍總管，右衛大將軍李大亮爲靈州道行軍總管，涼州都督李襲譽爲涼州道行軍總管，以伐之。十二月【略】庚子，命三品以上嫡子事東宮。辛丑，慮囚。甲辰，李世績及薛延陀戰於諾眞水，敗之。乙巳，贈戰亡將士官三轉。

十六年正月乙丑，遣使安撫西州。戊辰，募戍西州者，前犯流死亡匿，聽自首以應募。辛未，徙天下死罪囚實西州。中書舍人岑文本爲中書侍郎，專典機密。【略】十一月丙辰，獵於武功。壬戌，獵於岐山之陽。甲子，賜所過六縣高年孤疾氈衾粟帛，遂幸慶善宫。【略】

十七年【略】代州都督劉蘭謀反，伏誅。二月己亥，慮囚。戊申，圖功臣於凌煙閣。三月壬子，禁送終違令式者。丙辰，齊王佑反，李世績討之。甲子，以旱遣使覆囚決獄。乙丑，齊王佑伏誅，縱復齊州一年。四月乙酉，廢皇太子爲庶人，漢王元昌、侯君集等伏誅。丙戌，立晉王治爲皇太子，大赦，賜文武官及五品以上子爲父後者爵一級，民八十以上粟帛，酺三日。【略】六月【略】甲午，以旱避正殿，减膳，詔京官五品以上言事。【略】閏月丁巳，詔皇太子典左右屯營兵。【略】

十八年正月【略】丁巳，給復突厥、高昌部人隸諸州者二年。四月【略】七月甲午，營州都督張儉率幽、營兵及契丹、奚以伐高麗。八月壬子，安西都護郭孝恪爲西州道行軍總管，以伐焉耆。【略】九月【略】辛卯，郭孝恪及焉耆戰，敗之。十月辛丑朔，日有食之。癸卯，宴雍州父老於上林苑，賜粟帛。【略】十一月戊寅，慮囚。庚辰，遣使巡問鄭、汝、懷、澤四州高年，宴賜之。甲午，張亮爲平壤道行軍大總管，李世績、馬周爲遼東道行軍大總管，率十六總管兵以伐高麗。十二月【略】戊午，李思摩部落叛。

十九年二月庚戌，如洛陽宫，以伐高麗。【略】乙卯，皇太子監國於定州。丁巳，賜所過高年鰥寡粟帛，贈比干太師，謚忠烈。【略】四月癸卯，誓師於幽州，大饗軍。【略】癸亥，李世績克蓋牟城。五月己巳，平壤道行軍總管程名振克沙卑城。庚午，次遼澤，瘞隋人戰亡者。乙亥，遼東道行軍總管張君乂有罪，伏誅。丁丑，軍於馬首山。甲申，克遼東城。六月丁酉，克白巖城。己未，大敗高麗於安市城東南山，左武衛將軍王君愕死之。辛酉，賜酺三日。七月壬申，葬死事官，加爵四級，以一子襲。九月癸未，班師。十月丙午，次營州，以太牢祭死事者。丙辰，皇太子迎謁於臨渝關。戊午，次漢武臺，刻石紀功。十一月癸酉，大饗軍於幽州。庚辰，次易州。癸未，平壤道行軍總管張文干有罪，伏誅。丙戌，次定州。【略】十二月戊申，次并州。己未，薛延陀寇夏州，左領軍大將軍執失思力敗之。【略】

二十年正月辛未，夏州都督喬師望及薛延陀戰，敗之。丁丑，遣使二十二人，以六條黜陟於天下。庚辰，赦并州，起義時編户給復三年，後附者一年。二月甲午，從伐高麗無功者，皆賜勳一轉。庚申，賜所過高年鰥寡粟。三月己巳，至自高麗。庚午，不豫，皇太子聽政。己丑，張亮謀反，伏誅。【略】六月乙亥，江夏郡王道宗、李世績伐薛延陀。七月辛亥，疾愈。李世績及薛延陀戰，敗之。八月【略】丁亥，許陪陵者子孫從葬。九月辛卯，遣使巡察嶺南。甲辰，鐵勒諸部請上號爲『可汗』。【略】十一月己丑，詔：『祭祀、表疏、藩客、兵馬、宿衛行魚契給驛，授五品以上官及除解，決死罪，皆以聞，餘委皇太子。』

二十一年正月【略】丁酉，詔以來歲二月有事於泰山。甲寅，以鐵勒諸部爲州縣，賜京師酺三日。慮囚，降死罪以下。二月丁丑，皇太子釋菜於太學。三月戊子，左武衛大將軍牛進達爲青丘道行軍大總管，李世績爲遼東道行軍大總管，率三總管兵以伐高麗。四月乙丑，作翠微宫。五月戊子，幸翠微宫。壬辰，命百司决事於皇太子。庚戌，李世績克南蘇、木底城。六月丁丑，遣使鐵勒諸部購中國人陷没者。七月乙未，牛進達克石城。【略】八月，泉州海溢。壬戌，停封泰山。【略】十二月戊寅，左驍衛大將軍契苾何力爲昆丘道行軍大總管，率三總管兵以伐龜茲。

二十二年【略】丙午，左武衛大將軍薛萬徹爲青丘道行軍大總管，以伐高麗。【略】乙卯，見京城父老，勞之，蠲今歲半租，畿縣三之一。丁卯，詔度遼水有功未酬勳而犯罪者與成官同。【略】四月丁巳，松州蠻叛，右武候將軍梁建方敗之。六月丙寅，張行成存問河北從軍者家，令州縣爲營農。丙子，薛萬徹及高麗戰於泊灼城，敗之。七月【略】壬辰，殺華州刺史李君羨。【略】辛未，執失思力伐薛延陀餘部於金山。九月庚辰，昆丘道行軍總管阿史那社爾及薛延陀餘部處月、處蜜戰，敗之。【略】壬寅，眉、邛、雅三州獠反，茂州都督張士貴討之。十月【略】己巳，阿史那社爾及龜茲戰，敗之。十二月辛未，降長安、萬年徒罪以下。閏月癸巳，慮囚。

二十三年正月辛亥，阿史那社爾俘龜茲王以獻。【略】五月戊午，貶李世績爲迭州都督。己巳，皇帝崩於含風殿，年五十三。庚午，奉大行御馬輿還京師。禮部尚書于志寧爲侍中，太子少詹事張行成兼侍中，高季輔兼中書令。壬申，發喪，謚曰文。上元元年，改謚文武聖皇帝；天寶八載，謚文武大聖皇帝；十三載，增謚文武大聖大廣孝皇帝。

論説

《新唐書》卷二《太宗紀贊》 甚矣，至治之君不世出也！禹有天下，傳十有六王，而少康有中興之業。湯有天下，傳二十八王，而其甚盛者，號稱三宗。武王有天下，傳三十六王，而成、康之治與宣之功，其餘無所稱焉。雖《詩》、《書》所載，時有闕略，然三代千有七百餘年，傳七十餘君，其卓然著見於後世者，此六七君而已。嗚呼，可謂難得也！唐有天下，傳世二十，其可稱者三君，玄宗、憲宗皆不克其終，盛哉，太宗之烈也！其除隋之亂，比迹湯、武；致治之美，庶幾成、康。自古功德兼隆，由漢以來未之有也。至其牽於多愛，復立浮圖，好大喜功，勤兵於遠，此中材庸主之所常爲。然《春秋》之法，常責備於賢者，是以後世君子之欲成人之美者，莫不歎息於斯焉。

宋・孫甫《唐史論斷》卷上《太宗・降李績爲迭州都督》 論曰：君待臣以道，臣以道報之；君待臣以利，臣以利報之。此歷代君臣之常理也。太宗用李績，有本有末，其謀謨智力，立功立事，爲大臣固宜。然以績能不負李密尤信其心，使輔太子正爲此節。績雖高勳重望，位尚書，預中書門下事，寵已至矣。使輔太子，敢不盡力乎？何至無故謫逐，使太子他日授以僕射，且人受恩於父兄，未有不厚其子弟者，況天子以大位授人，又寵信之，豈於太子不盡力耶？然績忠義之士，但風氣英豪，非感激不能盡節。一日無故逐之，使不無怏怏，太子雖授以僕射，績之機心，豈不曉其利誘乎？至廢立皇后之際，不肯盡忠，雖績無大臣節，亦太宗以利啓其心也。

藝文

宋・陳普《石堂先生遺集》卷二一《絶句七言・魏徵》 文皇仁義播敷天，李氏無倫三百年。末路荒唐如煬帝，蜀江更起度遼船。

宋・蘇軾《東坡全集》卷二七《詩六十六首・昭陵六馬》 昭陵六馬，唐文皇戰馬也，琢石象之，立昭陵前，客有持此石本示予，爲賦之。

天將鏟隋亂，帝遣六龍來。森然風雲姿，颯爽毛骨開。飆馳不及視，山川儼莫回。長鳴視八表，擾擾萬駑駘。秦王龍鳳姿，魯鳥不足摧。腰間大白羽，中物如風雷。區區數豎子，搏取若提孩。手持掃天帚，六合如塵埃。艱難濟大業，一一非常才。維時六驥足，績與英衛陪。功成鏘八鸞，玉輅行天街。荒涼昭陵闕，古石埋蒼苔。

《全宋詞・李綱〈水龍吟・太宗臨渭上〉》 古來夷狄難馴，射飛擇肉天驕子。唐家建國，北邊雄盛，無如頡利。萬馬崩騰，皂旗氈帳，遠臨清渭。向郊原馳突，憑陵倉卒，知戰守、難爲計。須信君王神武。覘虜營、只從七騎。長弓大箭，據鞍詰問，單于非義。戈甲鮮明，旌麾光彩，六軍隨至。悵敵情震駭，魚循鼠伏，請堅盟誓。

明・程敏政《篁墩文集》卷六二《詠史十四首・其一十二》 太宗

內巢婦，不懼辰嬴恥。後來聘充華，聞諫卽能止。昏昏復昭昭，哲后固如此。古云狂作聖，斂袂觀唐史。

清・洪亮吉《唐宋小樂府・與公決》　殺建成，殺元吉、侯君集，張亮又復與生訣。君不見，誅管蔡，族信布，上法周元公，下法漢高祖。

清・嚴如熤《樂園詩稿》卷三《唐太宗》　龍興晉水捏符來，生見乾坤景運開。天策招賢羅將相，秦王破陣捷風雷。一朝喜起推從諫，四海升平在用才。人鏡離肩傳史册，衣冠王會賦皇哉。

清・史夢蘭《全史宮詞》卷一三《唐・太宗》　續續清音撥四絃，羅家妙會冠伶官。隔帷一曲番酋懼，手握琵琶不敢彈。

徐世昌《清詩彙》卷一四六《沈丙瑩〈唐太宗哀忠墓〉》　楊花開後李花開，依樣征東萬馬來。黷武不愁新鬼哭，瘞骸空替古人哀。禪闕已改褒忠額，宮掖猶聞敢諫才。爭似富民頒漢爵，暮年温詔動輪臺。

魏徵分部

綜述

《舊唐書》卷二《太宗紀上》（貞觀元年）八月戊戌，貶侍中、義興郡公高士廉爲安州大都督。户部尚書裴矩卒。是月，關東及河南、隴右沿邊諸州霜害秋稼。九月辛酉，命中書侍郎温彦博、尚書右丞魏徵等分往諸州賑恤。

三年【略】二月戊寅，中書令、邢國公房玄齡爲尚書左僕射，兵部尚書、檢校侍中、蔡國公杜如晦爲尚書右僕射，刑部尚書、檢校中書令、永康縣公李靖爲兵部尚書，右丞魏徵爲守秘書監，參預朝政。

又　卷三《太宗紀下》（貞觀七年春正月）庚寅，秘書監、檢校侍中魏徵爲侍中。

十年春正月壬子，尚書左僕射房玄齡、侍中魏徵上梁、陳、齊、周、隋五代史，詔藏於秘閣。【略】夏六月，以侍中魏徵爲特進，仍知門下省事。

十六年【略】九月丁巳，特進、鄭國公魏徵爲太子太師，知門下省事如故。

十七年春正月戊辰，右衛將軍、代州都督劉蘭謀反，腰斬。太子太師、鄭國公魏徵薨。

又　卷七一《魏徵傳》　魏徵，字玄成，鉅鹿曲城人也。父長賢，北齊屯留令。徵少孤貧，落拓有大志，不事生業，出家爲道士。好讀書，多所通涉，見天下漸亂，尤屬意縱横之説。大業末，武陽郡丞元寶藏舉兵以應李密，召徵使典書記。密每見寶藏之疏，未嘗不稱善，既聞徵所爲，遽使召之。徵進十策以干密，雖奇之而不能用。及王世充攻密於洛口，徵説密長史鄭頲曰：『魏公雖驟勝，而驍將鋭卒死傷多矣；又軍無府庫，有功不賞，戰士心惰，此二者難以應敵。未若深溝高壘，曠日持久，不過旬月，敵人糧盡，可不戰而退，追而擊之，取勝之道。且東都食盡，世充計窮，意欲死戰，可謂窮寇難與爭鋒，請慎無與戰。』頲曰：『此老生之常談耳！』徵曰：『此乃奇謀深策，何謂常談？』因拂衣而去。及密敗，徵隨密來降，至京師，久不見知。自請安輯山東，乃授秘書丞，驅傳至黎陽。時徐世績尚爲李密擁衆，徵與世績書曰：

自隋末亂離，羣雄競逐，跨州連郡，不可勝數。魏公起自叛徒，奮臂大呼，四方回應，萬里風馳，雲合霧聚，衆數十萬。威之所被，將半天下，破世充於洛口，摧化及於黎山。方欲西蹈咸陽，北淩玄闕，揚旌瀚海，飲馬渭川，翻以百勝之威，敗於奔亡之虜。固知神器之重，自有所歸，不可以力爭。是以魏公思皇天之乃睠，入函谷而不疑。公生於擾攘之時，感知己之遇，根本已拔，確乎不動，鳩合遺散，據守一隅。世充以乘勝餘勇，息其東略；建德因侮亡之勢，不敢南謀。公之英聲，足以振於今古。然誰無善始，終之慮難，去就之機，安危大節。若策名得地，則九族蔭其餘輝；委質非人，則一身不能自保。殷鑑不遠，公所聞見。孟賁猶豫，童子先之，知幾其神，不俟終日。今公處必爭之地，乘宜速之機，更事遲疑，坐觀成敗，恐凶狡之輩，先人生心，則公之事去矣。

世績得書，遂定計遣使歸國，開倉運糧，以饋淮安王神通之軍。俄而建德悉衆南下，攻陷黎陽，獲徵，署爲起居舍人。及建德就擒，與裴矩西入關。隱太子聞其名，引直洗馬，甚禮之。徵見太宗勤業日隆，每勸建成早爲之所。及敗，太宗使召之，謂曰：『汝離間我兄弟，何也？』徵曰：『皇太子若從徵言，必無今日之禍。』太宗素器之，引爲詹事主簿。及踐祚，擢拜諫議大夫，封鉅鹿縣男，使安輯河北，許以便宜從事。徵至磁州，遇前宮千牛李志安、齊王護軍李思行錮送詣京師。徵謂副使李桐客曰：『吾等受命之日，前宮、齊府左右，皆令赦原不問。今復送思行，此外誰不自疑？徒遣使往，彼必不信，此乃差之毫釐，失之千里。且公家之利，知無不爲，寧可慮身，不可廢國家大計。今若釋遣思行，不問其罪，則信義所感，無遠不臻。古者，大夫出疆，苟利社稷，專之可也。況今日之行，許以便宜從事，主上既以國士見待，安可不以國士報之乎？』卽釋遣思行等，仍以啓聞，太宗甚悅。

太宗新卽位，勵精政道，數引徵入臥內，訪以得失。徵雅有經國之才，性又抗直，無所屈撓。太宗與之言，未嘗不欣然納受。徵亦喜逢知己之主，思竭其用，知無不言。太宗嘗勞之曰：『卿所陳諫，前後二百餘事，非卿至誠奉國，何能若是？』其年，遷尚書左丞。或有言徵阿黨親戚者，帝使御史大夫温彥博案驗無狀，彥博奏曰：『徵爲人臣，須存形迹，不能遠避嫌疑，遂招此謗。雖情在無私，亦有可責。』帝令彥博讓徵，且曰：『自今後不得不存形迹。』他日，徵入奏曰：『臣聞君臣協契，義同一體。不存公道，唯事形迹，若君臣上下，同遵此路，則邦之興喪，或未可知。』帝瞿然改容曰：『吾已悔之。』徵再拜曰：『願陛下使臣爲良臣，勿使臣爲忠臣。』帝曰：『忠、良有異乎？』徵曰：『良臣，稷、契、咎陶是也。忠臣，龍逢、比干是也。良臣使身獲美名，君受顯號，子孫傳世，福祿無疆。忠臣身受誅夷，君陷大惡，家國併喪，空有其名。以此而言，相去遠矣。』帝深納其言，賜絹五百匹。

貞觀三年，遷秘書監，參預朝政。徵以喪亂之後，典章紛雜，奏引學者校定四部書。數年之間，秘府圖籍，粲然畢備。時高昌王麴文泰將入朝，西域諸國咸欲因文泰遣使貢獻，太宗令文泰使人厭怛紇干往迎接之。徵諫曰：『中國始平，瘡痍未復，若微有勞役，則不自安。往年文泰入朝，所經州縣，猶不能供，況加於此輩。若任其商賈來往，邊人則獲其利；若爲賓客，中國卽受其弊矣。漢建武二十二年，天下已寧。西域請置都護、送侍子，光武不許，蓋不以蠻夷勞弊中國也。今若許十國入貢，其使不下千人，欲使緣邊諸州何以取濟？人心萬端，後雖悔之，恐無所及。』上善其議。時厭怛紇干已發，遽追止之。

後太宗幸九成宮，因有宮人還京，憩於湋川縣之官舍。俄又右僕射李靖、侍中王珪繼至，官屬移宮人於別所而舍靖等。太宗聞之，怒曰：『威福之柄，豈由靖等？何爲禮靖而輕我宮人！』卽令案驗湋川官屬及靖等。徵諫曰：『靖等，陛下心膂大臣；宮人，皇后掃除之隸。論其委付，事理不同。又靖等出外，官吏訪朝廷法式，歸來，陛下問人間疾苦。靖等自當與官吏相見，官吏亦不可不謁也。至於宮人，供食之外，不合參承。若以此罪責縣吏，恐不益德音，徒駭天下耳目。』帝曰：『公言是也。』乃釋官吏之罪，李靖等亦寢而不問。

尋宴於丹霄樓，酒酣。太宗謂長孫無忌曰：『魏徵、王珪，昔在東宮，盡心所事，當時誠亦可惡。我能拔擢用之，以至今日，足爲無愧古人。然徵每諫我不從，發言輒卽不應，何也？』對曰：『臣以事有不可，所以陳論，若不從輒應，便恐此事卽行。』帝曰：『但當時且應，更別陳論，豈不得耶？』徵曰：『昔舜誡羣臣：「爾無面從，退有後言。」若臣面從陛下方始諫，此卽「退有後言」，豈是稷、契事堯、舜之意耶？』帝大笑曰：『人言魏徵舉動疏慢，我但覺嫵媚，適爲此耳。』徵拜謝曰：『陛下道之使言，臣所以敢諫，若陛下不受臣諫，豈敢數犯龍鱗？』

是月，長樂公主將出降，帝以皇后所生，敕有司資送倍於永嘉長公主。徵曰：『不可。昔漢明欲封其子，云「我子豈與先帝子等？可半楚、淮陽。」前史以爲美談。天子姊妹爲長公主，子爲公主，既加「長」字，卽是有所尊崇。或可情有淺深，無容禮相逾越。』上然其言，入告長孫皇后，后遣使齎錢四十萬、絹四百匹，詣徵宅以賜之。尋進爵郡公。七年，代王珪爲侍中，尚書省滯訟有不決者，詔徵評理之。徵性非習法，但存大體，以情處斷，無不悅服。

初，有詔遣令狐德棻、岑文本撰《周史》，孔穎達、許敬宗撰《隋史》，姚思廉撰《梁》、《陳史》，李百藥撰《齊史》。徵受詔總加撰定，多所損益，蕭在簡正。《隋史》序論，皆徵所作、《梁》、《陳》、《齊》各爲總論，時稱良史。史成，加左光祿大夫，進封鄭國公，賜物二千段。

徵自以無功於國，徒以辯説，遂參帷幄，深懼滿盈，後以目疾頻表遜位。太宗曰：『朕拔卿於讎虜之中，任公以樞要之職，見朕之非，未嘗不諫。公獨不見金之在礦也，何足貴哉？良冶鍛而爲器，便爲人所寶，朕方自比於金，以卿爲良匠。卿雖有疾，未爲衰老，豈得便爾？』其年，徵又面請遜位，太宗難違之，乃拜徵特進，仍知門下事。其後又頻上四疏，以陳得失。其一曰：

臣觀自古受圖膺運，繼體守文，控御英傑，南面臨下，皆欲配厚德於天地，齊高明於日月，本枝百代，傳祚無窮。然而克終者鮮，敗亡相繼，其故何哉？所以求之失其道也。殷鑒不遠，可得而言。

昔在有隋，統一寰宇，甲兵强盛，四十餘年，風行萬里，威動殊俗；一旦舉而棄之，盡爲他人之有。彼煬帝豈惡天下之治安，不欲社稷之長久，故行桀虐，以就滅亡哉？恃其富强，不虞後患。驅天下以從欲，罄萬物以自奉，採域中之子女，求遠方之奇異。宮宇是飾，臺榭是崇，徭役無時，干戈不戢。外示威重，内多險忌。讒邪者必受其福，忠正者莫保其生。上下相蒙，君臣道隔，人不堪命，率土分崩。遂以四海之尊，殞於匹夫之手，子孫殄滅，爲天下笑，深可痛哉！

聖哲乘機，拯其危溺，八柱傾而復正，四維絶而更張。遠肅邇安，不逾於期月；勝殘去殺，無待於百年。今宮觀臺榭，盡居之矣；奇珍異物，盡收之矣；姬姜淑媛，盡侍於側矣；四海九州，盡爲臣妾矣。若能鑑彼之所以亡，念我之所以得，日慎一日，雖休勿休。焚鹿臺之寶衣，毁阿房之廣殿，懼危亡於峻宇，思安處於卑宮，則神化潛通，無爲而理，德之上也。若成功不毁，即仍其舊，除其不急，損之又損。雜茅茨於桂棟，參玉砌以土階，悦以使人，不竭其力，常念居之者逸，作之者勞，億兆悦以子來，羣生仰而遂性，德之次也。若惟聖罔念，不慎厥終，忘締構之艱難，謂天命之可恃。忽彩椽之恭儉，追雕牆之侈靡，因其基以廣之，增其舊而飾之。觸類而長，不思止足，人不見德，而勞役是聞，斯爲下矣。譬之負薪救火，揚湯止沸，以亂易亂，與亂同道，莫可則也，後嗣何觀，則人怨神怒；人怨神怒，則災害必下，而禍亂必作。禍亂既作，而能以身名令終者，鮮矣！順天革命之後，隆七百之祚，貽厥孫謀，傳之萬世，難得易失，可不念哉！

其二曰：

臣聞求木之長者，必固其根本；欲流之遠者，必浚其泉源；思國之安者，必積其德義。源不深而豈望流之遠，根不固而何求木之長？德不厚而思國之治，雖在下愚，知其不可，而況於明哲乎！人君當神器之重，居域中之大，將崇極天之峻，永保無疆之休。不念於居安思危，戒貪以儉；德不處其厚，情不勝其欲，斯亦伐根以求木茂，塞源而欲流長者也。凡百元首，承天景命，莫不殷憂而道著，功成而德衰。有善始者實繁，能克終者蓋寡，豈其取之易而守之難乎？昔取之而有餘，今守之而不足，何也？夫在殷憂必竭誠以待下，既得志則縱情以傲物。竭誠則胡越爲一體，傲物則骨肉爲行路。雖董之以嚴刑，振之以威怒，終苟免而不懷仁，貌恭而不心服。怨不在大，可畏惟人。載舟覆舟，所宜深慎。奔車朽索，其可忽乎？君人者，誠能見可欲則思知足以自戒，將有所作則思知止以安人，念高危則思謙沖而自牧，懼滿溢則思江海而下百川，樂盤游則思三驅以爲度，恐懈怠則思慎始而敬終，慮壅蔽則思虚心以納下，想讒邪則思正身以黜惡，恩所加則思無因喜以謬賞，罰所及則思無因怒而濫刑。總此十思，弘兹九德，簡能而任之，擇善而從之。則智者盡其謀，勇者竭其力，仁者播其惠，信者效其忠。文武爭馳，君臣無事，可以盡豫游之樂，可以養松喬之壽，鳴琴垂拱，不言而化。何必勞神苦思，代下司職，役聰明之耳目，虧無爲之大道哉！

其三曰：

臣聞《書》曰：『明德慎罰，惟刑恤哉！』《禮》云：『爲上易事，爲下易知，則刑不煩矣。上多疑則百姓惑，下難知則君長勞矣。』夫上易事，下易知，君長不勞，百姓不惑。故君有一德，臣無二心；上播忠厚之誠，下竭股肱之力，然後太平之基不墜，『康哉』之詠斯起。當今道被華夷，功高宇宙，無思不服，無遠不臻。然言尚於簡大，志在於明察，刑賞之本，在乎勸善而懲惡。帝王之所以與天下爲畫一，不以親疏貴賤而輕重者也。今之刑賞，未必盡然。或申屈在乎好惡，輕重由乎喜怒。遇喜則矜其刑於法中，逢怒則求其罪於事外；所好則鑽皮出其毛羽，所惡則洗垢求其瘢痕。瘢痕可求，則刑斯濫矣；毛羽可出，則賞典謬矣。刑濫則小人道長，賞謬則君子道消。小人之惡不懲，君子之善不勸，而望治安刑措，非所聞也。

且夫豫暇清談，皆敦尚於孔、老；威怒所至，則取法於申、韓。直道而行，非無三黜，危人自安，蓋亦多矣。故道德之旨未弘，刻薄之風已扇。夫上風既扇，則下生百端，人競趨時，則憲章不一，稽之王度，實虧君道。昔州黎上下其手，楚國之法遂差；張湯輕重其心，漢朝之刑以弊。人臣之頗僻，猶莫能申其欺罔，況人君之高下，將何以措其手足乎！以睿聖之聰明，無幽微而不燭，豈神有所不達，智有所不通哉？安其所安，不以恤刑爲念；樂其所樂，遂忘先笑之變。禍福相倚，吉凶同域，唯人所召，安可不思？頃者責罰稍多，威怒微厲，或以供給不贍，或以人不從欲，皆非致治之所急，實乃驕奢之攸漸。是知貴不與驕期而驕自來，富不與奢期而奢自至，非徒語也。

且我之所代，實在有隋，隋氏亂亡之源，聖明之所臨照。以隋氏之甲兵，況當今之士馬；以隋氏之府儲藏，譬今日之資儲；以隋氏之戶口，校今時之百姓。度長計大，曾何等級？然隋氏以富强而喪敗，動之也；我以貧寡而安寧，靜之也。靜之則安，動之則亂，人皆知之，非隱而難見也，微而難察也。鮮蹈平易之途，多遵覆車之轍，何哉？在於安不思危，治不念亂，存不慮亡之所致也。昔隋氏之未亂，自謂必無亂；隋氏之未亡，自謂必不亡。所以甲兵屢動，徭役不息，至於身將戮辱，竟未悟其滅亡之所由也，可不哀哉！

夫鑑形之美惡，必就於止水；鑑國之安危，必取於亡國。《詩》曰：『殷鑑不遠，在夏后之世。』又曰：『伐柯伐柯，其則不遠。』臣願當今之動靜，思隋氏以爲鑑，則存亡治亂，可得而知。若能思其所以危，則安矣；思其所以亂，則治矣；思其所以亡，則存矣。存亡之所在，節嗜慾以從人。省畋游之娛，息靡麗之作，罷不急之務，慎偏聽之怒。近忠厚，遠便佞，杜悅耳之邪說，聽苦口之忠言。去易進之人，賤難得之貨。採堯、舜之誹謗，追禹、湯之罪己，惜十家之産，順百姓之心。近取諸身，恕以待物。思勞謙以受益，不自滿以招損。有動則庶類以和，出言而千里斯應，超上德於前載，樹風聲於後昆。此聖哲之宏規，帝王之盛業，能事斯畢，在乎慎守而已。

夫守之則易，取之實難，既得其所以難，豈不能保其所以易？其或保之不固，則驕奢淫泆動之也。慎終如始，可不勉歟！《易》云：『君子安不忘危，存不忘亡，治不忘亂，是以身安而國家可保。』誠哉斯言，不可以不深察也。伏惟陛下欲善之志，不減於昔時，聞過必改，少虧於曩日。若能以當今之無事，行疇昔之恭儉，則盡善盡美，固無得而稱焉。

其四曰：

臣聞爲國之基，必資於德禮；君子所保，惟在於誠信。誠信立則下無二心，德禮形則遠人斯格。然則德禮誠信，國之大綱，在於父子君臣，不可斯須而廢也。故孔子曰：『君使臣以禮，臣事君以忠。』又曰：『自古皆有死，人無信不立。』文子曰：『同言而信，信在言前；同令而行，誠在令外。』然則言而不行，言不信也；令而不從，令無誠也。不信之言，無誠之令，爲上則敗國，爲下則危身，雖在顛沛之中，君子所不爲也。

自王道休明，十有餘載，威加海外，萬國來庭，倉廪日積，土地日廣。然而道德未益厚，仁義未益博者，何哉？由乎待下之情未盡於誠信，雖有善始之勤，未睹克終之美故也。其所由來者漸，非一朝一夕之故。昔貞觀之始，聞善若驚，暨五六年間，猶悅以從諫。自茲厥後，漸惡直言，雖或勉强，時有所容，非復曩時之豁如也。謇諤之士，稍避龍鱗；便佞之徒，肆其巧辯。謂同心者爲朋黨，謂告訐者爲至公，謂强直者爲擅權，謂忠讜者爲誹謗。謂之朋黨，雖忠信而可疑；謂之至公，雖矯僞而無咎。强直者畏擅權之議，忠讜者慮誹謗之尤。至於竊斧生疑，投杼致惑，正人不得盡其言，大臣莫能與之諍。熒惑視聽，鬱於大道，妨化損德，其在茲乎？故孔子惡利口之覆邦家，蓋爲此也。

且君子小人，貌同心異。君子掩人之惡，揚人之善，臨難無苟免，殺身以成仁。小人不恥不仁，不畏不義，唯利之所在，危人以自安。夫苟在危人，則何所不至。今將求致治，必委之於君子；事有得失，或訪之於小人。其待君子也，則敬而疏；遇小人也，必輕而狎。狎則言無不盡，疏則情或不通。是譽毁在於小人，刑罰加於君子，實興喪所在，亦安危所繫，可不慎哉！夫中智之人，豈無小慧，然才非經國，慮不及遠，雖竭力盡誠，猶未免於傾敗；況內懷奸利，承顔順旨，其爲患禍，不亦深乎？故孔子曰：『君子或有不仁者焉，未見小人而仁者。』然則君子不能無小惡，惡不積，無妨於正道；小人或時有小善，善不積，不足以立忠。今謂之善人矣，復慮其有不信，何異夫立直木而疑其影之不直乎？雖竭精神，勞思慮，其不可亦已明矣。

夫君能盡禮，臣得竭忠，必在於內外無私，上下相信。上不信則無以使下，下不信則無以事上。信之爲義，大矣哉！故自天佑之，吉無不利。昔齊桓公問於管仲曰：『吾欲酒腐於爵，肉腐於俎，得無害於霸乎？』管仲曰：『此極非其善者，然亦無害霸也。』公曰：『何如而害霸乎？』曰：『不能知人，害霸也；知而不能用，害霸也；用而不能信，害霸也；既信而又使小人參之，害霸也。』晉中行穆伯攻鼓，經年而不能下，饋間倫曰：『鼓之嗇夫，間倫知之，請無疲士大夫而鼓可得。』穆伯不應。左右曰：『不折一戟，不傷一卒，而鼓可得，君奚爲不取？』穆伯曰：『間倫之爲人也，佞而不仁。若間倫下之，吾不可以不賞。賞之，是賞佞人也。佞人得志，是使晉國之士捨仁而爲佞，雖得鼓，將何用之？』夫穆伯列國大夫，管仲霸者之佐，猶慎於信任，遠避佞人也如此，況乎爲四海之大君，應千齡之上聖，而可使巍巍之盛德，復將有所間然乎？若欲令君子小人是非不雜，必懷之以德，待之以信，厲之以義，節之以禮，然後善善而惡惡，審罰而明賞，則小人絶其佞邪，君子自强不息。無爲之化，何遠之有？善善而不能進，惡惡而不能去，罰不及於有罪，賞不加於有功，則危亡之期，或未可保。永錫祚胤，將何望哉？

太宗手詔嘉美，優納之。嘗謂長孫無忌曰：『朕卽位之初，上書者或言「人主必須威權獨運，不得委任羣下」；或欲耀兵振武，懾服四夷。唯有魏徵勸朕「偃革興文，布德施惠，中國既安，遠人自服」。朕從其語，天下大寧。絶域君長，皆來朝貢，九夷重譯，相望於道。此皆魏徵之力也。』

太宗嘗嫌上封者衆，不近事實，欲加黜責。徵奏曰：『古者立誹謗之木，欲聞己過。今之封事，謗木之流也。陛下思聞得失，只可恣其陳道。若所言衷，則有益於陛下；若不衷，無損於國家。』太宗曰：『此言是也。』併勞而遣之。

後太宗在洛陽宮，幸積翠池，宴羣臣，酒酣各賦一事。太宗賦《尚書》曰：『日昃玩百篇，臨燈披《五典》。夏康既逸豫，商辛亦流湎。恣情昏主多，克己明君鮮。滅身資累惡，成名由積善。』徵賦西漢曰：『受降臨軹道，爭長趣鴻門。驅傳渭橋上，觀兵細柳屯。夜宴經柏谷，朝游出杜原。終籍叔孫禮，方知皇帝尊。』太宗曰：『魏徵每言，必約我以禮也。』尋以修定《五禮》，當封一子爲縣男，請讓孤兄子叔慈。太宗愴然曰：『卿之此心，可以勵俗。』遂許之。

十二年，禮部尚書王珪奏言：『三品以上遇親王於途，皆降乘，違法申敬，有乖儀準。』太宗曰：『卿輩皆自崇貴，卑我兒子乎？』徵進曰：『自古迄茲，親王班次三公之下。今三品皆曰天子列卿及八座之長，爲王降乘，非王所宜當也。求諸故事，則無可憑；行之於今，又乖國憲。』太宗曰：『國家所以立太子者，擬以爲君也。然則人之修短，不在老少，設無太子，則母弟次立。以此而言，安得輕我子耶？』徵曰：『殷家尚質，有兄終弟及之義；自周以降，立嫡必長，所以絶庶孽之窺覦，塞禍亂之源本，有國者之所深慎。』於是遂可珪奏。會皇孫誕育，召公卿賜宴，太宗謂侍臣曰：『貞觀以前，從我平定天下，周旋艱險，玄齡之功，無所與讓。貞觀之後，盡心於我，獻納忠讜，安國利民，犯顏正諫，匡朕之違者，唯魏徵而已。古之名臣，何以加也！』於是親解佩刀以賜二人。

徵以戴聖《禮記》編次不倫，遂爲《類禮》二十卷，以類相從，削其重復，採先儒訓注，擇善從之，研精覃思，數年而畢。太宗覽而善之，賜物一千段，録數本以賜太子及諸王，仍藏之秘府。

先是，遣使詣西域立葉護可汗，未還，又遣使多齎金銀帛歷諸國市馬。徵諫曰：『今以立可汗爲名，可汗未定，卽詣諸國市馬，彼必以爲意在市馬，不爲專意立可汗。可汗得立，則不甚懷恩。諸蕃聞之，以爲中國薄義重利，未必得馬，而失義矣。昔漢文有獻千里馬者，曰：吾凶行日三十里，吉行五十里，鑾輿在前，屬車在後，吾獨乘千里馬將安之？乃賞其道里所費而返之。漢光武有獻千里馬及寶劍者，馬以駕鼓車，劍以賜騎士。陛下凡所施爲，皆邈逾三王之上，奈何至於此事，欲爲孝文、光武之下乎？又魏文帝欲求市西域大珠，蘇則曰：「若陛下惠及四海，則不求自至，求而得之，不足爲貴也。」陛下縱不能慕漢文之高行，可不畏蘇則之言乎？』太宗納其言而止。

時公卿大臣併請封禪，唯徵以爲不可。太宗曰：『朕欲卿極言之。

豈功不高耶？德不厚耶？諸夏未治安耶？遠夷不慕義耶？嘉瑞不至耶？年穀不登耶？何爲而不可？』對曰：『陛下功則高矣，而民未懷惠；德雖厚矣，而澤未滂流；諸夏雖安，未足以供事；遠夷慕義，無以供其求；符瑞雖臻，罻羅猶密；積歲豐稔，倉廩尚虚，此臣所以竊謂未可。臣未能遠譬，且籍喻於人。今有人十年長患，療治且愈，此人應皮骨僅存，便欲使負米一石，日行百里，必不可得。隋氏之亂，非止十年，陛下爲之良醫，疾苦雖已乂安，未甚充實，告成天地，臣竊有疑。且陛下東封，萬國咸萃，要荒之外，莫不奔走。今自伊、洛以東，暨乎海岱，灌莽巨澤，蒼茫千里，人烟斷絶，鷄犬不聞，道路蕭條，進退艱阻，豈可引彼夷狄，示以虚弱？竭財以賞，未厭遠人之望；重加給復，不償百姓之勞。或遇水旱之災，風雨之變，庸夫横議，悔不可追。豈獨臣之懇誠，亦有輿人之誦。』太宗不能奪。是後，右僕射缺，欲拜之，徵固讓乃止。

及皇太子承乾不修德業，魏王泰寵愛日隆，内外庶僚，併有疑議。太宗聞而惡之，謂侍臣曰：『當今朝臣忠謇，無逾魏徵，我遣傅皇太子，用絶天下之望。』十六年，拜太子太師，知門下省事如故。徵自陳有疾，詔答曰：『漢之太子，四皓爲助，我之賴公，即其義也。知公疾病，可卧護之。』

其年，稱綿惙，中使相望。徵宅先無正寢，太宗欲爲小殿，輟其材爲徵營構，五日而成，遣中使齎素褥布被而賜之，遂其所尚也。及病篤，輿駕再幸其第，撫之流涕，問所欲言，徵曰：『嫠不恤緯，而憂宗周之亡。』後數日，太宗夜夢徵若平生，及旦而奏徵薨，時年六十四。太宗親臨慟哭，廢朝五日，贈司空、相州都督，謚曰文貞。給羽葆鼓吹、班劍四十人，賻絹布千段、米粟千石，陪葬昭陵。及將祖載，徵妻裴氏曰：『徵平生儉素，今以一品禮葬，羽儀甚盛，非亡者之志。』悉辭不受，竟以布車載柩，無文彩之飾。太宗登苑西樓，望喪而哭，詔百官送出郊外。帝親製碑文，并爲書石。其後追思不已，賜其實封九百户。嘗臨朝謂侍臣曰：『夫以銅爲鏡，可以正衣冠；以古爲鏡，可以知興替；以人爲鏡，可以明得失。朕常保此三鏡，以防己過。今魏徵殂逝，遂亡一鏡矣！徵亡後，朕遣人至宅，就其書函得表一紙，始立表草，字皆難識，唯前有數行，稍可分辯，云：「天下之事，有善有惡，任善人則國安，用惡人則國亂。公卿之内，情有愛憎，憎者唯見其惡，愛者唯見其善。愛憎之間，所宜詳慎，若愛而知其惡，憎而知其善，去邪勿疑，任賢勿貳，可以興矣。」其遺表如此，然在朕思之，恐不免斯事。公卿侍臣，可書之於笏，知而必諫也。』

徵狀貌不逾中人，而素有膽智，每犯顔進諫，雖逢王赫斯怒，神色不移。嘗密薦中書侍郎杜正倫及吏部尚書侯君集有宰相之材。徵卒後，正倫以罪黜，君集犯逆伏誅，太宗始疑徵阿黨。徵又自録前後諫諍言辭往復以示史官起居郎褚遂良，太宗知之，愈不悦。先許以衡山公主降其長子叔玉，於是手詔停婚，顧其家漸衰矣。

又 卷六四《隱太子李建成傳》 時太宗功業日盛，高祖私許立爲太子，建成密知之，乃與齊王元吉潛謀作亂。及劉黑闥重反，王珪、魏徵謂建成曰：『殿下但以地居嫡長，爰踐元良，功績既無可稱，仁聲又未遐布。而秦王勳業克隆，威震四海，人心所嚮，殿下何以自安？今黑闥率破亡之餘，衆不盈萬，加以糧運限絶，瘡痍未瘳，若大軍一臨，可不戰而擒也。願請討之，且以立功，深自封植，因結山東英俊。』建成從其計，遂請討劉黑闥，擒之而旋。

又 卷六七《李績傳》 （李）績前後戰勝所得金帛，皆散之於將士。初得黎陽倉，就食者數十萬人。魏徵、高季輔、杜正倫、郭恪皆客游其所，一見於衆人中，即加禮敬，引之卧内，談論忘倦，及平武牢，獲僞鄭州長史戴胄，知其行能，尋釋放，竟推薦，咸至顯達，當時稱其有知人之鑒。

又 卷一九八《西戎傳·高昌》 時太宗欲以高昌爲州縣，特進魏徵諫曰：『陛下初臨天下，高昌夫婦先來朝謁。自後數月，商胡被其遏絶貢獻，加之不禮大國，遂使王誅載加。若罪止文泰，斯亦可矣。未若撫其人而立其子，所謂伐罪弔民，威德被於遐外，爲國之善者也。今若利其土壤，以爲州縣，常須千餘人鎮守，數年一易，每及交番，死者十有三四，遣辦衣資，離别親戚，十年之後，隴右空虚。陛下終不得高昌撮穀尺布以助中國，所謂散有用而事無用，臣未見其可。』太宗不從，竟以其地置西州，又置安西都護府，留兵以鎮之。初，西突厥遣其葉護屯兵於可汗浮圖城，與高昌相影響，至是懼而來降，以其地爲庭州。於是勒石紀功而旋。其智盛君臣及其豪右，皆徙中國。

論說

《舊唐書》卷七一《魏徵傳論贊》 臣嘗讀漢史《劉更生傳》，見其上書論王氏擅權，恐移運祚，漢成不悟，更生徘徊伊鬱，極言而不顧禍患，何匡益忠盡也如此！當更生時，諫者甚多。如谷永、楊興之上言，圖爲奸利，與賊臣爲鄉道，梅福、王吉之言，雖近古道，未切事情。則納諫任賢，詎宜容易！臣嘗閱《魏公故事》，與文皇討論政術，往復應對，凡數十萬言。其匡過弼違，能近取譬，博約連類，皆前代諍臣之不至者。其實根於道義，發爲律度，身正而心勁，上不負時主，下不阿權幸，中不侈親族，外不爲朋黨，不以逢時改節，不以圖位賣忠。所載章疏四篇，可爲萬代王者法。雖漢之劉向、魏之徐邈、晉之山濤、宋之謝朏，才則才矣，比文貞之雅道，不有遺行乎？前代諍臣，一人而已。

贊曰：智者不諫，諫或不智。智者盡言，國家之利。鄭公達節，才周經濟。太宗用之，子孫長世。

《新唐書》卷九七《魏徵傳贊》 君臣之際，顧不難哉！以徵之忠，而太宗之睿，身歿未幾，猜譖遽行。始，徵之諫，累數十餘萬言，至君子小人，未嘗不反復爲帝言之，以佞邪之亂忠也。久猶不免。故曰：『皓皓者易汙，嶢嶢者難全』，自古所歎云。唐柳芳稱『徵死，知不知莫不恨惜，以爲三代遺直』。諒哉！謨之論議挺挺，有祖風烈，《詩》所謂『是以似之』者歟！

宋·孫甫《唐史論斷》卷上《太宗·魏鄭公論致治不難》 論曰：帝王興治之道，在觀時而爲之。觀時在至明，至明在至公，至明則理無不通，至公則事無不正。通於理故能變天下之弊，正其事故能立天下之教。弊變教立，其治不勞而成矣。孔子曰：『如有用我者，期月而已可也，三年有成。』則聖人之意可見矣。或曰：孔子言善人爲邦，百年然後勝殘去殺。又言王者必世而後仁，何謂也？答曰：『孔子教爲邦者久之之辭也。爲邦若非聖哲，或行仁政，未能變通時事，功業不速，必中道而止。故教以久行仁政，乃有成功也。若以聖哲之道，則期月可也。但後之爲天下者，雖欲興起治道，多非聖哲之才，不能通究時弊以道變之，務速其功以行一時之事，故所爲駁雜，莫復前古之治也。觀魏公之論，誠得聖人之意。文皇能納其言而不惑姦人之論，力變時弊以行王道，嗚呼！明哉！大亂之後，興立教法，不急其功，致時太平，德流於後。嗚呼，公哉！

又《魏鄭公溫彥博論處置降虜》 論曰：安邊之術其難哉？以太宗之英明，魏公之辯論，豈不能察夷狄之情，定安危之計，何至納溫彥博曲議，處虜內地，仍擇酋長備官京師，慮之不審乃如是乎？夷狄之態，弱則伏人，強則爲患，禮義不能移其性，仁恩不能懷其心，從古而然也。頡利之敗，其部落之降者，豈慕德義而來？正爲逃死之計耳。置之塞外，分酋長以立之，足示好生之德，何過處置有差也？蓋太宗以雄才大略平突厥，意破亡之餘，不能爲患，但以大度畜之，至仁懷之，誇大盛德，以示萬世，故忽其事也。不然，彥博之議，突厥餘衆，若遣居河南，綏懷德惠，終無叛逆，此固妄言，豈能惑其聰明哉？及數年有變，始徙降戎塞外，乃悔今日之失也。

又《魏公不避形迹》 論曰：人臣之任國事，莫若知無不爲，一存形迹，非公忠之道也。且如有賢才滯於下，或己之親舊也，或權勢之親戚也，以此避嫌而不舉。又如臣下忤犯主怒，枉爲人譖，將被刑戮，將行竄逐，其人或己之親舊也，或權勢之親舊也，以此避黨而不辨。又如有姦惡之人，將爲國患，其人或己之所不足者，或權勢之所不足者，以此避疑而不言。凡此之類，皆存形迹也。人臣存形迹，爲身之謀爾，非所以爲國計也。夫有賢未用，國之失也。殺逐無辜，君之過也。姦人將起，時之患也。爲人臣者，知國之失而不陳，見君之過而不正，覩時之患而不救，但曰我存形迹，此罪不細，故謂非公忠之道也。溫彥博因魏公爲人所譖，遂言人臣須存形迹，此不忠之言也。賴魏公自陳，太宗尋悟其事，非君臣相信，幾失大公之道。

宋·范浚《香溪集》卷一九《論·魏鄭公願爲良臣論》 人臣有殺身之義，而殺身者每出於不得已。君爲不道，醜行日積不知自悔，臣必輸忠而指言之，言之不從，則必號泣而苦言之，於是而忤君心，逢震怒，赴湯冒越，乃有至於殺身。是君之惡至此而極，而臣之義亦至此而窮且凶也，豈臣心之所欲哉！唐魏鄭公謂太宗曰：『願陛下俾臣爲良臣，無俾臣爲忠臣。』蓋殺身而爲忠臣者出於不得已，非其心之所欲故也。自古無道之世，臣主之名有兩敗無兩立。君行惡矣，臣不能以忠死之，則臣亦惡矣，此有兩敗也。君行惡矣，臣以忠死之，則君惡愈大，而臣獨得忠名於世，此無兩立也。臣主之名兩敗，君子固深恥之。君名惡而臣獨善，君子亦寧樂哉！而或至於爲忠者，不得已也。故曰無俾臣爲忠臣也。或曰：鄭公之願爲良臣，將愛身而難於爲忠耶？曰：不然也。鄭公之於忠臣，非不能爲，不願爲也。其言雖曰願爲良臣，然正欲以示其將必爲忠臣之心。太宗有道，則公爲良臣，是俾公爲良臣也。太宗無道，則公爲忠臣，是俾公爲忠臣也。鄭公若曰：願陛下爲有道，毋爲無道，無道則臣將必爲忠臣。蓋欲繩其君使不得爲無道云耳。且以忠良異稱，要皆美號，鄭公亦何擇焉？其所以言此，非爲身謀，正爲太宗謀耳。公爲良臣，則太宗爲有道，公爲忠臣，則太宗爲無道。君以無道見醜於天下後世，而臣獨以忠節有聞，孰若身荷美名，君都顯號而臣主之善兩立？此公所以爲太宗謀而願爲良臣也。不然，與龍逄、比干游於地下，鄭公寧有貶哉？幸太宗能用公計以致貞觀之治，是以卒擅良臣之美也。雖然，公之言可以爲賢者道。彼有庸回之臣，苟於固位，坐視君之愚昏而無所正救，不知良臣初未嘗不爲忠焉。乃曰：魏鄭公不願爲忠臣，君雖無道，吾願爲良臣而已。脂韋塞默，卒有臣主兩敗之禍，此豈鄭公之謂哉？

又《魏徵勸太宗行仁義論》 人必有是志也，然後勉之而益進，激之而益勵。苟惟不役志於是事，而以是事勸之，則雖予、賜開説挽乎前，儀、秦捭闔劫乎後，吾知其行事不能以寸。是故戰國之君，昧夫人道，忸忲於剝斂積實攻鬭侵取之説，凡其君臣，早朝晏罷，諏謀而建白者，必功利是圖，謂拓土爲能臣，謂豐財爲至計，誅求無藝，使民剔肌出髓而未已；翫兵嗜殺，使民絕脛洞胸而不悔。彼其大欲在圖霸，積慮在富强，故雖以孟軻游談仁義於齊梁鄒魯宋薛之間，往往枘鑿不偶，蔑有一君行其言者。非軻言不足用，蓋時君無役志乎仁義者也。故夫人主必有是志，然後勸之以是事，則深聽而果行。昔太宗致貞觀之治，天下晏然，外薄嶺海，户闔不閉，蠻夷君長，咸襲衣冠，帶刀宿衛，於是帝曰：『此魏徵勸我行仁義既效矣，惜不令封德彝見之。』古今議者因遂以謂太宗行仁義，率由魏徵勸之。嗟夫！徵排德彝而勉其君以施化，信有助矣。然向非太宗有志乎仁義，則德彝言入而莫回，徵徒百説，未免爲虛語也。徵雖賢，孰與孟軻？太宗雖明而貪功勤兵，猶未遠賢於齊梁之君，使其素心不在仁義，則孟軻復生，言猶不聽，況徵其能勸之有行乎？觀太宗在貞觀初，嘗謂侍臣曰：『今欲專以仁義誠信爲治，庶革近代之澆薄。』又曰：『爲國之道，必撫以仁義，公等宜共行之。』惟夫素心在仁義，然後知仁義之可以爲國而責治於臣下者，亦必在於仁義，故又嘗謂仁義之道，當存之心，使常相繼，斯須懈怠，去之已遠，譬猶飲食，嘗令充飽，乃可全生。此其於仁義，固克念而不敢忘，則於徵之説，非偶然聽之，所以能有助也。或謂文皇芟刈手足，安忍無親，此其於仁義背而馳者也，何克念之有乎？曰：是誠太宗之慚德也。然仁義何嘗之有？背之則爲小人，蹈之則爲君子，使太宗自艾自克，處仁遷義，則一洗心易慮，猶可與也，況能力行乎？孟軻言：『五霸假之，久假而不歸，烏知其非有？』《春秋》惡惡，疾其始善，善樂其終。然太宗既久假矣，胡可疾其始，遂終疾之耶？

宋·楊萬里《誠齋集》卷九一《程試論·魏鄭公勸行仁義論》 論曰：人君之於道，資有所近，則言有所入。蓋道無難易，而君子之言有從違。言無從違，而人君之資有遠近。資之所不遠，小人不能卻而返；資之所不近，君子不能勸而進。太宗之行仁義，人以爲魏鄭公之勸也，帝亦自以爲公之勸我也，不知夫非公之勸也，言之入也。非言之入也，帝資之近也。帝之資不近乎仁義而可勸，則封倫亦能勸之矣，故太宗曰：『魏徵勸我行仁義。』君子以爲非勸也，天下之治亂，其發在機，其決在人，非發之難也，決之難也。蓋天下無一定之説也，天下而有一定之説，則誰不能決之者？是故儒與墨併興，而道與術交攻，此有此之説而彼亦有彼之説，將從其所謂道，則倦於難成；將不從其所謂術，則樂其有速效，難成也者，難毀者也；速效也者，速禍者也。世主能作其怠心以勝其樂心，見其難毀以破其速禍者希矣。治亂之機，一言發之，百世不得而移之，決之者果難矣哉？秦堂上之一議，甘龍之言不勝，商鞅之言勝君子，已知秦之短矣。漢匈奴之一議，王恢之言行，韓安國之言不行，君子已知漢之災矣。而秦昭王、漢武帝不自知其祚之短，民之災，由此而生也。不惟不知之，又從而樂之，可悼也乎！唐之治不在乎貞觀之後而在乎貞觀之初。貞觀之初，太宗求治而未有所從，鄭公嘗有言矣，封倫亦有言焉。公之言，仁義之言也，倫之言，刑名之言也。公之言似甘龍、似安國，似可倦，倫之言似商鞅、似王恢、似可樂。方是時，言之勝負，一代之治亂也。君子憂之非，憂其遽亂也，憂其發也。非憂其發也，憂其決也。使太宗有秦昭王好伯之資，有漢武帝喜功之資，則倫之言勝而公之言不勝矣。公之言所以勝者，以帝之資不近二君之資故也。帝之資不近二君，則烏乎近哉？帝資之所近近乎先王仁義之資也。資之近，故入之也堅。入之也堅，故決之也果。決之也果，故發之也成。米斗三錢，外户不閉，四夷來賓，非勸也，資也。非勸而太宗以爲勸，豈亦太宗之賢，樂其言之忠而忘其資之近故耶？大抵求治之主，莫難於有其天，有其天矣，莫難於盡其人。曷謂天資是也？曷謂人學是也？鄉人之憫孺子入井也，齊宣王之不忍於牛也，太宗之觀明堂圖而罷鞭背也，禹湯之泣辜祝網也。其天者相近也，然鄉人之不爲齊宣，齊宣之不爲太宗，太宗之不爲禹湯，何也？其人者，相遠也，充其人之學，以極其天之資，鄉人其不爲禹湯乎？而況太宗之賢也哉？君子於此是以爲太宗而歎也。謹論。

宋·樓昉《崇古文訣》卷二七《宋文·曾鞏〈書魏鄭公傳後〉》　後面三轉論難，每轉愈佳。此等議論，有益於世，足以破千載之惑。

予觀太宗嘗屈己以從羣臣之議，而魏鄭公之徒喜遭其時，感知己之遇，事之大小，無不諫諍，雖其忠誠自至，亦得君以然也。則思唐之所以治，太宗之所以稱賢主，而前世之君不及者，其淵源皆出於此也。能知其有此者，以其書存也。及觀鄭公以諫諍事付史官，而太宗怒之，薄其恩禮，失始終之義，則未嘗不反復嗟惜，恨其不思而益知鄭公之賢焉。

夫君之使臣，與臣之事君者何？大公至正之道而已矣。大公至正之道，非滅人言以揜己過，取小亮以私其君，此其不可者也。又有甚不可者。夫以諫諍爲當揜，是以諫諍爲非美也，則後世誰復當諫諍乎？況前代之君，有納諫之美而後世不見，則非惟失一時之公，又將使後世之君，謂前代無諫諍之事，是啓其怠且忌矣。太宗末年，羣下既知此意而不言，漸不知天下之得失。至於遼東之敗，而始恨鄭公之不在世，未嘗知其悔之萌芽出於此也。夫伊尹、周公何如人也？伊尹、周公之諫切其君者，其言至深，而其諫之之言也，存之於書，未嘗揜焉。至今稱太甲、成王以爲賢君，而伊尹、周公爲良相者，以其書可見也。令當時削而棄之，成區區之小讓，則後世何所據依而諫？又何以知其賢且良歟？

桀、紂、幽、厲、始皇之亡，則其臣之諫諍無見焉。非其史之遺，乃天下不敢言而然也。則諫諍之無傳，此乃數君之所以益暴其惡於後世而已矣。或曰：『《春秋》之法，爲尊、親、賢者諱，與此戾矣。』夫《春秋》之所諱者惡也，納諫諍豈惡乎？然則焚稿者非歟。曰：『焚稿者誰歟？非伊尹、周公爲之也。近世取區區之小亮者爲之耳，其事又未見也。何則以焚其稿爲揜君之過，而使後世傳之，則是使後世不見稿之是非，而必其過常在於君，美常在於己也，豈愛其君之謂歟？孔光之去其稿之所言，其在正邪？未可知也。其焚之而惑後世，庸詎知非謀己之姦計乎？』或曰：『造辟而言，詭辭而出，異乎此。』曰：『此非聖人之所曾言也。今萬一有是理，亦謂君臣之間，議論之際，不欲漏其言於一時之人耳，豈杜其告萬世也？噫！以誠信待已而，事其君而不欺乎？萬世者鄭公也，益知其賢云，豈非然哉！豈非然哉！』

明·崔銑《洹詞》卷八《休集·魏徵論》　崔子曰：《語》曰：『有一言而喪邦者，其魏玄成之謂乎？』自漢之亡也，戕於董卓，列爲三國，殲於五胡，劫於篡奪，分爲南北，竭於奢隋，中間民命邦倫，泯乎碎矣。唐秦王負神武之略，亶聰明之實，五年而天下定，兵氛清。徵輔建成，乃日以殺秦王爲事，果遂此謀，則彼建成、元吉之昏狡，必不足以荷大業，宿讎悍將併起亡唐，生民之難伊始。論者曰：『王、魏事太宗，猶管仲於桓公，先罪後功。』殆不其然。夫齊襄不道，子糾、小白皆庶公子，無君國之分，其傳輔之爲旅避，害襄公被弑，齊臣遠慮，協輿情而迎桓公。夫定亂以賢，勿以次，受立以衆，勿以黨，變之正也。建成則命太子也，固異。雖然，論徵者舍其喪邦之大而訾其事讎之細，何居秦王斯世是寄，亦豈可坐視宗社之滅哉？但玄武之舉，遂斁綱常，惜乎其無需也。嗟乎！知莫大乎擇主，忠莫大乎壽國，義莫先於居身，徵也知建成之莫可輔而早去之，復佐太宗可也。拳拳然思安庸儲之位，然殺秦王、討黑闥之外，忠言長策無聞焉。或曰：『徵負伯王之器，欲輔建成有爲，而以王猛自處也。』不識建成其苻堅乎？益彰其暗也已。

清·愛新覺羅·弘曆《御製樂善堂全集定本》卷八《書魏鄭公十思疏後》 人臣責難陳善，繩愆糾謬，必本之以忠誠，將之以公正，匡救將順，補衮職之所闕，尤以格其非心爲先務焉。蓋君人者，天下萬民之主而一心。又人君出治之主也，心一正則事事無不正矣。唐太宗三代以下，能納諫之賢主也，其朝亦多諫諍之臣，而必以魏鄭公爲首者，以其能格君之心也。鄭公之奏疏多矣，而必以十思疏爲冠者，以其就發謀出慮之始，而俾知所致謹也。夫木本水源之譬，非謂人君之一心爲理，天下萬事之本乎？固其本而浚其源，非欲正其心以爲出治之源乎？思者心之發而未見者也，心之將發，未及於事，則有此十思焉，又何入於邪徑，而不光明正大之有哉？《易》曰：『君子見幾而作。』《書》曰：『惟幾惟康。』鄭公之所謂思卽謹幾之意也。謹幾而心正矣，心正則天下之事無不正矣，故貞觀之治，多鄭公之功，豈不偉哉！

藝文

唐·高適《高常侍集》卷四《詩·魏鄭公》 鄭公經綸日，隋氏風塵昏。濟代取高位，逢時敢直言。道光先帝業，義激舊君恩。寂寞臥龍處，英靈千載魂。

唐·呂温《呂衡州集》卷九《頌贊·魏鄭公徵》 堂堂魏公，崇節大志。喬干直聳，摩天自致。遭風雲時，得霸王器。一言委質，有死無二。撫我則後，各盡其志。浮沉變通，龍戰既息。皇建其極，俾補衮職。其繩則直，謇謇嶷嶷。危言正色，保太宗德。弼違替否，日月不蝕。黜漢霸雜，行周王道。人亦有言，秉德不撓。禮興樂崇，德洽道豐。保合太和，昭明有融。起四年中，復三代風。言出化成，神哉厥功。尹躬佐商，有恥於湯。公以其心，匡扶聖唐。爲唐宗臣，致唐無疆。致唐無疆，永式萬邦。

宋·韋驤《錢塘集》卷二《錢塘集》卷二《魏鄭公》 東宮嘗吠非其主，貞觀終高獻納臣。不獨齊桓忘射帶，太宗當日最知人。

宋·陳普《石堂先生遺集》卷二一《絶句七言·魏徵》 東宮無德倚儀訓，又似當年傳建成。可笑鄭公如百舌，春前夏後兩般聲。

元·楊維楨《鐵崖詠史》卷五《田舍翁》 臣本山東農，臣誠田舍翁，臣少且孤師河汾公。洗馬在東宮，陛下功高正宸極，忘臣射鉤引臣入帷中。臣罪當死，受陛下喉舌，有言不諱，無言不從，仁磨義勵。奏陛下疏凡二百封，陛下許臣良臣，誓爲稷契，不爲比干與龍逄。陛下馬上得，褒鄂功，下馬治，臣之忠。三四青錢米斗賤，一十九人囹圄空，舞慶善，歌樂工，老臣侍酒天開容，胡爲乎殺此田舍翁？陛下比臣諸葛亮，諸葛本是南陽農。田舍翁，有桑土，翁歸耕，饁以田舍婦，下呼田舍兒，不願尚貴主，但願陛下鴻名高萬古，無忘小白心在莒，臣亦無敢忘，飯牛在齊，解縛在魯。

明·孫承恩《文簡集》卷四一《古像讚·魏鄭公徵》 蹇蹇鄭公，維古遺直。補衮納忠，危言正色。詆黜霸雜，敷陳義仁。貞觀治效，功無與倫。

清·黃鵬揚《讀史吟評》卷一《魏徵》 勝師十萬一言中，更有名言利莫窮。他日幽靈封豕動，魏徵曾議徙降戎。

清·愛新覺羅·弘曆《御製樂善堂全集定本》卷一〇《魏鄭公》 隋失厥政，豪傑併爭，孰驅而除，孰創以成？有唐文皇，龍準日角，杜斷房謀。偉哉降岳！九有同軌，仁義施治，爰有鄭公。鹽梅之器，繩糾謬愆，獻納忠讜，安國利人，浩然盛養，屢陳直諫，事君以誠，十思十漸，防患未萌，維山巖巖，維松植植，猗歟鄭公，古之遺直！

清·謝啓昆《樹經堂詠史詩》卷六《唐·魏徵》 杖策中原獻納頻，諍言未憚犯龍鱗。流連約我廣詩好，嫵媚憐君對仗親。人鏡何殊臨古鏡，良臣不願作忠臣。懷中匿鷂顔偏番，故笏甘棠重後人。

清·鮑桂星《覺生詠史詩鈔》卷二《唐·魏徵》 不論節操只論功，貞觀羣賢孰逮公？人品方之古銅鑑，諫書寫在御屏風。庭留謗木來清議，笏比甘棠想直躬。謡詠未須仇嫵媚，凌煙他日泣孤忠。

清·嚴如熤《樂園詩稿》卷三《魏鄭公》 舍人憑軾出關東，從此君臣一德同。鏡古自當懸座上，鷂佳畢竟死懷中。盛朝有主能容諫，正色何人肯納忠？空說鄭公遺笏在，如流難繼太宗風。

清·王廷紹《淡香齋詩草》卷二《唐·魏徵》 碑仆龍蟠子罷婚，征遼歸後始蒙恩。甘棠再蔭家猶貴，古鑑重磨氣不昏。一代風裁歸嫵媚，貳臣功過費評論。讒人詎敢欺英主，諫草生前不必存。

清·曹振鏞《話雲軒詠史詩》卷下《唐·魏徵》 爲臣有願辨忠良，君遇文皇尚謗傷。懷鷂正當依鳳掖，批鱗終許近龍光。米曾量斗三錢賤，人似磨銅一鑑亡。書詔幾時傳已少，剩存故笏作甘棠。

清·洪亮吉《唐宋小樂府·遠佞人》 魏徵勸我遠佞人，佞人誰士及裴矩同封倫。君不見佞人畢竟不可離，兩朝富貴封德彝。

雜録

唐·王方慶《魏鄭公諫録》卷一《諫優長樂公主禮數》 長樂公主將出降，太宗謂房玄齡等曰：『長樂公主，皇后所生，朕及皇后併所鍾愛。今將出降，禮數欲有所加。』房玄齡等咸曰：『陛下所愛，欲少加之，何爲不得請倍永嘉公主。』然永嘉公主即太宗之妹也。公曰：『不可。昔漢明帝欲封其子，云：「我子豈得與先帝子等，可半楚淮陽。」前史以爲美談。天子姊妹爲長公主，天子之女爲公主，既加長字，即是禮有尊崇，或可情有淺深，無容禮相逾越。』太宗然其言，入謂文德皇后曰：『我欲加長樂公主禮數，魏徵不肯。』文德皇后聞之，大喜，遣中使齎錢二十萬，絹四百匹，詣公宅，宣令謂公曰：『比者常聞公中正而不能得見，今論長樂公主禮事，不許增加，始驗從來所聞，信非虚妄。』

又 卷二《諫封禪》 貞觀六年，匈奴剋平，遠夷入貢，符瑞日至，年穀頻登。太宗欲封泰山，數與房玄齡等言及封禪；太宗欣然。於是羣臣咸稱述功德，以爲時不可違，今日行之，臣等猶謂其晚。公諫以爲不可。太宗曰：『朕欲公極言之，勿有所隱。朕功不高邪？』曰：『功高矣。』『德未厚邪？』曰：『德厚矣。』『華夏未乂安邪？』曰：『乂安矣。』『遠夷不慕義邪？』曰：『慕義矣。』『嘉瑞不至邪？』曰：『至矣。』『年穀不登邪？』曰：『登矣。』『然則何爲不可？』公對曰：『陛下功高矣，人未懷惠；德厚矣，澤未滂流；諸夏乂安矣，未足以供事；遠夷慕義矣，無以供其求；符瑞雖臻而罻羅猶密，積歲豐稔而倉廩尚虚，此臣所以竊爲未可。臣未能遠譬，且籍喻於人。今有人長患十年疼痛，不息醫療，且愈，皮骨僅存，便欲負米一石，日行百里，必不可得。隋氏之亂，非只十年，陛下爲良醫，除其疾，雖已乂安，未甚充實，告成天地，臣竊爲疑。且陛下東封，萬國咸萃；要荒之外，莫不奔走。今自伊洛已東，暨乎海岱，灌莽巨澤，茫茫千里，人烟斷絶，鷄犬不聞道路，蕭條進退艱阻，寧可引彼夷狄，示以虚弱乎？竭財以賞，未厭遠人之望；加年終復不償百姓之勞。或遇水旱之災，風雨之警，又庸夫横議，悔不可追。豈獨臣之懇懇，亦有輿人之誦衆無以奪。』於是乃止。

又 卷三《對大亂之後大可致化》 太宗論自古政化得失，因曰：『當今大亂之後，造次不可致化。』公對曰：『不然。凡人居安樂則驕逸，驕逸則思亂，思亂則難化。在危困則憂死亡，憂死亡則思化，思化則易教。然則，亂後易教，猶饑人易食也。』太宗曰：『善人爲邦百年，然後勝殘去殺，大亂之後，將求致化，寧可造次而望乎？』公對曰：『此指常人，不在聖哲。若聖哲施化，上下同心，人應如響，不疾而速，期月而可，信不爲過。三年成功，猶謂其晚。』太宗深納其言。右僕射封德彝等，咸共非之曰：『三代以後，人漸澆訛。故秦任法律，漢雜霸道，皆欲化而不能，豈能化而不欲。魏徵書生，不識時務，若信其虚論，必敗亂國家。』公曰：『五帝三王不易人而化，行帝道則帝行，王道則王，在於當時所化之而已。考之載籍，可得而知。昔黄帝與蚩尤七十餘戰，其亂甚矣，既勝之後，復致太平。九黎亂德，顓頊征之，既克之後，不失其化。桀爲亂虐而湯放之，在湯之日則得太平。紂爲無道，武王伐之，成王之日亦致太平。若言人漸澆訛，不返淳樸，至今應悉爲鬼魅，寧可復得而教化邪？』德彝等無以難之，然咸以爲不可。太宗力行不倦，三數年間，契丹、靺鞨内附，突厥破滅，部落列爲編户。太宗每謂侍臣曰：『貞觀之初，人皆異論云：當今必不可行帝王道，唯魏徵勸我而已。我從其言，不過數載，遂得華夏安寧，遠夷賓服。突厥萬代以來常爲勍敵，今頭首併帶刀宿衛，部落皆襲衣冠，使我不動干戈，數年之間遂至於此，皆魏徵之力也。』又復謂公曰：『玉雖有美質，在石間，不值良工琢磨，與瓦礫不別；若遇良工，即爲萬代之寶。朕雖無美質爲公所切磋，約我以仁義，弘我以道德，使朕功業至此，公亦足爲良匠，唯惜不得使封德彝見之。』公再拜，謝曰：『匈奴破滅，海内康寧，自是陛下威德所加，實非羣下之力；但喜逢明聖，不敢貪天之功。』太宗曰：『朕能任公，公稱所委，其功獨在朕乎？何故飾讓也！』

又《對爲政之要務全其本》 太宗與貴臣宴於丹霄殿，謂羣官曰：『爲政之要，務全其本。若中國不靜，遠夷雖至，亦何所益。朕與公輩共理天下，令中夏乂安，四方靜肅，並由公等咸盡忠誠，共康庶績之所致耳。朕實喜之。然安不忘危，亦兼以懼。朕見隋煬帝纂祚之初，天下强盛，棄德窮兵以取顛覆；頡利近者，足爲强大，意既盈滿，禍亂斯及，喪其大業，爲臣於朕；葉護可汗亦大强盛，自恃富貴，通使求婚，失道怙亂，奄致破滅；其子既立，便肆猜忌，衆叛親離，覆基絶嗣。朕雖不能遠慕堯舜禹湯之德，自睹此輩，何得不誡懼乎？公等輔朕，功績已成，唯當慎以守之，自致長保，併宜勉力，事有不可，則須明言，君臣同心，何得不理。』公對曰：『陛下弘至化，安天下，可謂功已成矣。然每睹非常之慶，彌切慮危之心，自古至慎，無以加此。臣聞鮑叔牙飲桓公，祝曰：「願君無忘在莒，管仲無忘在魯，寧戚無忘飯牛。」陛下居安思危，在治思亂，無忘之念過叔牙之願矣。臣聞上之所好，下必從之，明詔獎勵，足使懦夫立節。』

又《對爲君之道先存百姓》 太宗問拓設使人曰：『拓設兵馬，今有幾許？』對曰：『見有四千餘兵，舊有四萬餘人。』太宗曰：『爲君之道，必須先存百姓，若損百姓以奉其身，如割脛以自啖，腹飽而身斃。』又曰：『身安天下安。必須先正其身，未有表正而影曲，上理而下亂者。朕每思傷其身者，不緣外物，皆由嗜慾以成其禍。若耽嗜滋味，玩悦聲色，所欲既多，所須亦大，既妨政事，又擾生人。且復出一非理之言，萬姓爲之解體，怨讟既作，離叛亦興。朕每思此，不敢放逸。』公對曰：『古者聖哲之王，亦近取諸身，遠體諸物。昔楚聘詹何曰：「未聞身理而國亂者。」陛下所明，實古之大義。』

又 卷四《對守文創業》 太宗謂侍臣曰：『帝王之業，草創與守文，孰難？』左僕射房玄齡奏稱：『天地草昧，羣雄競逐，攻破乃降，戰敗乃服。由此言之，草創爲難。』公對曰：『帝王之起，必由仁德，天下樂推，同心協力，爲物除害，天授人與，翻爲不難；然既得之後，志趣驕逸，人樂安靜而行役不休，人已雕殘而裒斂不息，有國之弊，常由此起，以斯而言，守文則難。』太宗謂房玄齡曰：『卿所對，不如徵之切也。』

又《對君臣治亂》 太宗謂侍臣曰：『君亂於上，臣理於下；或臣亂於下，君理於上，二者苟逢，何者爲甚？』公對曰：『君心嚮理，則照見下非；若誅一勸百，誰敢不畏若昏暴於上，忠諫不從，雖百里奚、伍子胥之在吴虞，不救其禍。』太宗曰：『必如此也。齊文宣昏暴，楊遵彦以正道扶之，得理，如何？』公對曰：『遵彦彌縫暴主，救理人物，才得免亂，亦甚艱辛，於聖主嚴明，臣下畏法，不同日而語。』

又《對封禪》 太宗謂房玄齡等曰：『封禪是帝王盛事，比表請者不絶，公等以爲何如？』公對曰：『帝王在德不在封禪。自喪亂已來，近泰山州縣，雕殘最甚。若車駕既行，不能全無使役，此便是因封禪而勞役百姓。』太宗曰：『封禪之事，不自取功績歸之於天；譬如玄齡等功臣，雖有益於國，能自謙讓歸之於朕，豈似不言而欲自取。今向泰山，功歸於天，有似於此。然朕意常以嵩高，既是中岳，何謝泰山。公等評議。』

又 卷五《太宗以公比諸葛亮》 太宗謂侍臣曰：『魏徵何如諸葛亮？』岑文本對曰：『諸葛亮一國之政，内處寧安，又行師用兵，威動勍敵，見稱今古。魏徵雖未事事盡兼，至於憂國如家，忠言正諫，朝夕孜孜，古人亦無以加也。』太宗曰：『魏徵懷忠奉國，蹈履仁義，唯以道德爲務，無所欺負；執持朕躬，必欲致於堯舜之上。諸葛所行，無以過也；所不如者，行師用兵耳。』

唐·吴兢《貞觀政要》卷一《君道第一》 貞觀二年，太宗問魏徵曰：『何謂爲明君暗君？』徵曰：『君之所以明者，兼聽也；其所以暗者，偏信也。《詩》云：「先民有言，詢於芻蕘。」昔唐、虞之理，闢四門，明四目，達四聰。是以聖無不照，故共、鯀之徒，不能塞也；靖言庸回，不能惑也。秦二世則隱藏其身，捐隔疏賤而偏信趙高，及天下潰叛，不得聞也。梁武帝偏信朱异，而侯景舉兵向闕，竟不得知也。隋煬帝偏信虞世基，而諸賊攻城剽邑，亦不得知也。是故人君兼聽納下，則貴臣不得壅蔽，而下情必得上通也。』太宗甚善其言。

貞觀十一年，特進魏徵上疏曰：『臣觀自古受圖膺運，繼體守文，控御英雄，南面臨下，皆欲配厚德於天地，齊高明於日月，本支百世，傳祚無窮。然而克終者鮮，敗亡相繼，其故何哉？所以求之，失其道也。殷鑑不遠，可得而言。昔在有隋，統一寰宇，甲兵强鋭，三十餘年，風行萬里，威動殊俗，一旦舉而棄之，盡爲他人之有。彼煬帝豈惡天下之治安，不欲社稷之長久，故行桀虐，以就滅亡哉？恃其富强，不虞後患。驅天下以從欲，罄萬物而自奉，採域中之子女，求遠方之奇異。宫苑是飾，臺榭是崇，徭役無時，干戈不戢。外示嚴重，内多險忌，讒邪者必受其福，忠正者莫保其生。上下相蒙，君臣道隔，民不堪命，率土分崩。遂以四海之尊，殞於匹夫之手，子孫殄絶，爲天下笑，可不痛哉！聖哲乘機，拯其危溺，八柱傾而復正，四維弛而更張。遠肅邇安，不逾於期月；勝殘去殺，無待於百年。今宫觀臺榭，盡居之矣；奇珍異物，盡收之矣；姬姜淑媛，盡侍於側矣；四海九州，盡爲臣妾矣。若能鑑彼之所以失，念我之所以得，日慎一日，雖休勿休，焚鹿臺之寶衣，毁阿房之廣殿，懼危亡於峻宇，思安處於卑宫，則神化潛通，無爲而治，德之上也。若成功不毁，即仍其舊，除其不急，損之又損，雜茅茨於桂棟，參玉砌以土階，悦以使人，不竭其力，常念居之者逸，作之者勞，億兆悦以子來，羣生仰而遂性，德之次也。若惟聖罔念，不慎厥終，忘締構之艱難，謂天命之可恃，忽采椽之恭儉，追雕牆之靡麗，因其基以廣之，增其舊而飾之，觸類而長，不知止足，人不見德，而勞役是聞，斯爲下矣。譬之負薪救火，揚湯止沸，以暴易亂，與亂同道，莫可測也，後嗣何觀！夫事無可觀則人怨，人怨則神怒，神怒則災害必生，災害既生，則禍亂必作，禍亂既作，而能以身名全者鮮矣。順天革命之後，將隆七百之祚，貽厥子孫，傳之萬葉，難得易失，可不念哉！

是月，徵又上疏曰：

臣聞求木之長者，必固其根本；欲流之遠者，必浚其泉源；思國之安者，必積其德義。源不深而望流之遠，根不固而求木之長，德不厚而思國之理，臣雖下愚，知其不可，而況於明哲乎！人君當神器之重，居域中之大，將崇極天之峻，永保無疆之休。不念居安思危，戒奢以儉，德不處其厚，情不勝其欲，斯亦伐根以求木茂，塞源而欲流長者也。

凡百元首，承天景命，莫不殷憂而道著，功成而德衰。有善始者實繁，能克終者蓋寡，豈取之易而守之難乎？昔取之而有餘，今守之而不足，何也？夫在殷憂，必竭誠以待下；既得志，則縱情以傲物。竭誠則胡越爲一體，傲物則骨肉爲行路。雖董之以嚴刑，震之以威怒，終苟免而不懷仁，貌恭而不心服。怨不在大，可畏惟人，載舟覆舟，所宜深慎，奔車朽索，其可忽乎！

君人者，誠能見可欲則思知足以自戒，將有作則思知止以安人，念高危則思謙沖而自牧，懼滿溢則思江海下百川，樂盤游則思三驅以爲度，憂懈怠則思慎始而敬終，慮壅蔽則思虚心以納下，想讒邪則思正身以黜惡，恩所加則思無因喜以謬賞，罰所及則思無因怒而濫刑。總此十思，弘茲九德，簡能而任之，擇善而從之，則智者盡其謀，勇者竭其力，仁者播其惠，信者效其忠。文武爭馳，君臣無事，可以盡豫游之樂，可以養松、喬之壽，鳴琴垂拱，不言而化。何必勞神苦思，代下司職，役聰明之耳目，虧無爲之大道哉！

又《政體第二》 貞觀六年，太宗謂侍臣曰：『看古之帝王，有興有衰，猶朝之有暮，皆爲蔽其耳目，不知時政得失，忠正者不言，邪諂者日進，既不見過，所以至於滅亡。朕既在九重，不能盡見天下事，故布之卿等，以爲朕之耳目。莫以天下無事，四海安寧，便不存意。可愛非君，可畏非民。天子者，有道則人推而爲主，無道則人棄而不用，誠可畏也。』魏徵對曰：『自古失國之主，皆爲居安忘危，處治忘亂，所以不能長久。今陛下富有四海，内外清晏，能留心治道，常臨深履薄，國家曆數，自然靈長。臣又聞古語云：「君，舟也；人，水也。水能載舟，亦能覆舟。」陛下以爲可畏，誠如聖旨。』

貞觀四年，太宗與秘書監魏徵從容論自古理政得失，因曰：『當今大亂之後，造次不可致化。』徵曰：『不然，凡人在危困，則憂死亡；憂死亡，則思化；思化，則易教。然則亂後易教，猶饑人易食也。』太宗曰：『善人爲邦百年，然後勝殘去殺。大亂之後，將求致化，寧可造次而望乎？』徵曰：『此據常人，不在聖哲。若聖哲施化，上下同心，人應如響，不疾而速，期月而可，信不爲難，三年成功，猶謂其晚。』太宗以爲然。封德彝等對曰：『三代以後，人漸澆訛，故秦任法律，漢雜霸道，皆欲化而不能，豈能化而不欲？若信魏徵所説，恐敗亂國家。』徵曰：『五帝、三王，不易人而化。行帝道則帝，行王道則王，在於當時所理，化之而已。考之載籍，可得而知。昔黄帝與蚩尤七十餘戰，其亂甚矣，既勝之後，便致太平。九黎亂德，顓頊征之，既克之後，不失其化。桀爲亂虐，而湯放之，在湯之代，既致太平。紂爲無道，武王伐之，成王之代，亦致太平。若言人漸澆訛，不及純樸，至今應悉爲鬼魅，寧可復得而教化耶？』德彝等無以難之，然咸以爲不可。太宗每力行不倦，數年間，海内康寧，突厥破滅，因謂羣臣曰：『貞觀初，人皆異論，云當今必不可行帝道、王道，惟魏徵勸我。既從其言，不過數載，遂得華夏安寧，遠戎賓服。突厥自古以來常爲中國勍敵，今酋長併帶刀宿衛，部落皆襲衣冠。使我遂至於此，皆魏徵之力也。』顧謂徵曰：『玉雖有美質，在於石間，不值良工琢磨，與瓦礫不別。若遇良工，卽爲萬代之寶。朕雖無美質，爲公所切磋，勞公約朕以仁義，弘朕以道德，使朕功業至此，公亦足爲良工爾。』

貞觀十六年，太宗謂侍臣曰：『或君亂於上，臣治於下；或臣亂於下，君治於上。二者苟逢，何者爲甚？』特進魏徵對曰：『君心治，則照見下非。誅一勸百，誰敢不畏威盡力？若昏暴於上，忠諫不從，雖百里奚、伍子胥之在虞、吳，不救其禍，敗亡亦繼。』太宗曰：『必如此，齊文宣昏暴，楊遵彦以正道扶之得治，何也？』徵曰：『遵彦彌縫暴主，救治蒼生，才得免亂，亦甚危苦。與人主嚴明，臣下畏法，直言正諫，皆見信用，不可同年而語也。』

又　卷二《直諫》　貞觀三年，詔關中免二年租稅，關東給復一年。尋有敕：『已役已納，併遣輸納，明年總爲準折。』給事中魏徵上書曰：『伏見八月九日詔書，率土皆給復一年，老幼相歡，或歌且舞。又聞有敕，丁已配役，卽令役滿折造，餘物亦遣輸了，待明年總爲準折。道路之人，咸失所望。此誠平分百姓，均同七子。但下民難與圖始，日用不足，皆以國家追悔前言，二三其德。臣竊聞之，天之所輔者仁，人之所助者信。今陛下初膺大寶，億兆觀德。始發大號，便有二言，生八表之疑心，失四時之大信。縱國家有倒懸之急，猶必不可，況以泰山之安，而輒行此事！爲陛下爲此計者，於財利小益，於德義大損。臣誠智識淺短，竊爲陛下惜之。伏願少覽臣言，詳擇利益。冒昧之罪，臣所甘心。』

貞觀六年，有人告尚書右丞魏徵，言其阿黨親戚。太宗使御史大夫溫彦博案驗其事，乃言者不直。彦博奏稱，徵既爲人所道，雖在無私，亦有可責。遂令彦博謂徵曰：『爾諫正我數百條，豈以此小事，便損衆美。自今已後，不得不存形迹。』居數日，太宗問徵曰：『昨來在外，聞有何不是事？』徵曰：『前日令彦博宣敕語臣云：「因何不存形迹？」此言大不是。臣聞君臣同氣，義均一體。未聞不存公道，惟事形迹。若君臣上下，同遵此路，則邦國之興喪，或未可知！』太宗瞿然改容曰：『前發此語，尋已悔之，實大不是，公亦不得遂懷隱避。』徵乃拜而言曰：『臣以身許國，直道而行，必不敢有所欺負。但願陛下使臣爲良臣，勿使臣爲忠臣。』太宗曰：『忠良有異乎？』徵曰：『良臣使身獲美名，君受顯號，子孫傳世，福禄無疆。忠臣身受誅夷，君陷大惡，家國併喪，獨有其名。以此而言，相去遠矣。』太宗曰：『君但莫違此言，我必不忘社稷之計。』乃賜絹二百匹。

貞觀十二年，太宗謂魏徵曰：『比來所行得失政化，何如往前？』對曰：『若恩威所加，遠夷朝貢，比於貞觀之始，不可等級而言。若德義潛通，民心悅服，比於貞觀之初，相去又甚遠。』太宗曰：『遠夷來服，應由德義所加。往前功業，何因益大？』徵曰：『昔者四方未定，常以德義爲心。旋以海内無虞，漸加驕奢自溢。所以功業雖盛，終不如往初。』太宗又曰：『所行比往前何爲異？』徵曰：『貞觀之初，恐人不言，道之使諫。三年已後，見人諫，悅而從之。一二年來，不悅人諫，雖黽勉聽受，而意終不平，諒有難色。』太宗曰：『於何事如此？』對曰：『卽位之初，處元律師死罪，孫伏伽諫曰：「法不至死，無容濫加酷罰。」遂賜以蘭陵公主園，直錢百萬。人或曰：「所言乃常事，而所賞太厚。」答曰：「我卽位來，未有諫者，所以賞之。」此道之使言也。徐州司户柳雄於隋資妄加階級。人有告之者，陛下令其自首，不首與罪。遂固言是實，竟不肯首。大理推得其僞，將處雄死罪，少卿戴胄奏法止合徒。陛下曰：「我已與其斷當訖，但當與死罪。」胄曰：「陛下既不然，卽付臣法司。罪不合死，不可酷濫。」陛下作色遣殺，胄執之不已，至於四五，然後赦之。乃謂法司曰：「但能爲我如此守法，豈畏濫有誅夷。」此則悅以從諫也。往年陝縣丞皇甫德參上書，大忤聖旨，陛下以爲訕謗。臣奏稱上書不激切，不能起人主意，激切卽似訕謗。於時雖從臣言，賞物二十段，意甚不平，難於受諫也。』太宗曰：『誠如公言，非公無能道此者。人皆苦不自覺，公向未道時，都自謂所行不變。及見公論説，過失堪驚。公但存此心，朕終不違公語。」

又　卷三《擇官第七》　貞觀六年，太宗謂魏徵曰：『古人云，王者須爲官擇人，不可造次即用。朕今行一事，則爲天下所觀；出一言，則爲天下所聽。用得正人，爲善者皆勸；誤用惡人，不善者競進。賞當其勞，無功者自退；罰當其罪，爲惡者戒懼。故知賞罰不可輕行，用人彌須慎擇。』徵對曰：『知人之事，自古爲難，故考績黜陟，察其善惡。今欲求人，必須審訪其行。若知其善，然後用之，設令此人不能濟事，只是才力不及，不爲大害。誤用惡人，假令强干，爲害極多。但亂世惟求其才，不顧其行。太平之時，必須才行俱兼，始可任用。』

又　卷五《忠義第十四》　貞觀八年，太宗將發諸道黜陟使，畿内道未有其人，太宗親定，問於房玄齡等曰：『此道事最重，誰可充使？』右僕射李靖曰：『畿内事大，非魏徵莫可。』太宗作色曰：『朕今欲向九成宮，亦非小，寧可遣魏徵出使？朕每行不欲與其相離者，適爲其見朕是非得失。公等能正朕不？何因輒有所言，大非道理。』乃即令李靖充使。

貞觀十一年，太宗謂侍臣曰：『狄人殺衛懿公，盡食其肉，獨留其肝。懿公之臣弘演呼天大哭，自出其肝，而内懿公之肝於其腹中。今覓此人，恐不可得。』特進魏徵對曰：『昔豫讓爲智伯報仇，欲刺趙襄子，襄子執而獲之，謂之曰：「子昔事范、中行氏乎？智伯盡滅之，子乃委質智伯，不爲報仇；今即爲智伯報仇，何也？」讓答曰：「臣昔事范、中行，范、中行以衆人遇我，我以衆人報之。智伯以國士遇我，我以國士報之。」在君禮之而已。亦何謂無人焉？』

又　《誠信第十七》　貞觀十一年魏徵上疏曰：臣聞爲國之基，必資於德禮，君之所保，惟在於誠信。誠信立則下無二心，德禮形則遠人斯格。然則德禮、誠信，國之大綱，在於父子君臣，不可斯須而廢也。故孔子曰：『君使臣以禮，臣事君以忠。』又曰：『自古皆有死，民無信不立。』文子曰：『同言而信，信在言前，同令而行，誠在令外。』然則言而不行，言不信也，令而不從，令無誠也。不信之言，無誠之令，爲上則敗德，爲下則危身，雖在顛沛之中，君子所不爲也。

自王道休明，十有餘載，威加海外，萬國來庭，倉廩日積，土地日廣。然而道德未益厚，仁義未益博者，何哉？由乎待下之情未盡於誠信，雖有善始之勤，未睹克終之美故也。其所由來有漸，非一朝一夕。昔眼見爲實觀之始，乃聞善驚嘆，暨八九年間，猶悦以從諫。自兹厥後，漸惡直言，雖或勉强，時有所容，非復曩時之豁如。謇諤之輩，稍避龍鱗，便佞之徒，肆其巧辯。謂同心者爲朋黨，謂告訐者爲至公，謂强直者爲擅權，謂忠讜者爲誹謗。謂之爲朋黨，雖忠信而可疑，謂之爲至公，雖矯僞而無咎。强直者畏擅權之議，忠讜者慮誹謗之尤。至於窮斧生疑，投杼致惑，正人不得盡其言，大臣莫能與之爭。熒惑視聽，鬱於大道，妨政損德，其在此乎？故孔子曰『惡利口之覆邦家者』，勞動能力爲此也。

且君子小人，貌同心異。君子掩人之惡，揚人之善，臨難無苟免，殺身以成仁。小人不耻不仁，不畏不義，唯利之所在，危人自安。夫苟在危人，則何所不至？今欲將求致理，必委之於君子；事有得失，或訪之於小人。其待君子也則敬而疏，遇小人也必輕而狎。狎則言無不盡，疏則情不上通。是則毁譽在於小人，刑罰加於君子，實興喪之所在，可不慎哉！此乃孫卿所謂：『使智者謀之，與愚者論之，使修潔之士行之，與汗鄙之人疑之。欲其成功，可得乎哉？』夫中智之人，豈無小慧，然才非經國，慮不及遠，雖竭力盡誠，猶未免於傾敗，況内懷姧利，承顔順旨，其爲禍患，不亦深乎？夫立直木而疑影之不直，雖竭精神，勞思慮，其不得亦已明矣。

夫君能盡禮，臣得竭忠，必在於内外無私，上下相信。上不信則無以使下，下不信則無以事上，信之爲道大矣。故自天祐之，吉無不利。昔齊桓公問於管仲曰：『吾欲使酒腐於爵，肉腐於俎，得無寄存器於霸乎？』管仲曰：『此極非其善者，然亦無害霸也。』公曰：『何如而害霸乎？』管仲曰：『不能知人，害霸也；知而不能任，害霸也；任而不能信，害霸也；既信而又使小人參之，害霸也。』晉中行穆伯攻鼓，經年而不能下，餽間倫曰：『鼓之嗇夫，間倫知之。請無疲士大夫，而鼓可得。』穆伯不應。左右曰：『不折一戟，不傷一卒，而鼓可得，君奚爲不取？』穆伯曰：『間倫之爲人也，佞而不仁。若使間倫下之，吾可以不賞之乎？若賞之，是賞佞人也。佞人得志，是使晉國之士捨仁而爲佞。雖得鼓，將何用之？』夫穆伯，列國大夫，管仲，霸者之佐，猶能慎於信任，遠避佞人也如此，況乎爲四海之大君，應千齡之上聖，而可使巍巍之盛德，復將有所間然乎？

若欲令君子小人是非不雜，必懷之以德，待之以信，厲之以義，節之以禮，然後善善而惡惡，審罰而明賞。則小人絶其佞邪，君子自强不息，無爲之治，何遠之有？善善而不能進，惡惡而不能去，罰不及於有罪，賞不加於有罪功，則危亡之期，或未可保，永錫祚胤，將何望哉！

太宗覽疏嘆曰：『若不遇公，何由得聞此語？』

又　卷六《儉約第十八》　貞觀四年，太宗謂侍臣曰：『崇飾宫宇，游賞池臺，帝王之所欲，百姓之所不欲。帝王所欲者放逸，百姓所不欲者勞弊。孔子云：「有一言可以終身行之者，其恕乎！己所不欲，勿施於人。」勞弊之事，誠不可施於百姓。朕尊爲帝王，富有四海，每事由己，誠能自節，若百姓不欲，必能順其情也。』魏徵曰：『陛下本憐百姓，每節己以順人。臣聞「以欲從人者昌，以人樂己者亡。」隋煬帝志在無厭，惟好奢侈，所司每有供奉營造，小不稱意，則有峻罰嚴刑。上之所好，下必有甚，競爲無限，遂至滅亡。此非書籍所傳，亦陛下目所親見。爲其無道，故天命陛下代之。陛下若以爲足，今日不啻足矣；若以爲不足，更萬倍過此，亦不足。』太宗曰：『公所奏對甚善。非公，朕安得聞此言？』

又　《杜讒邪第二十三》　魏徵爲秘書監，有告徵謀反者。太宗曰：『魏徵，昔吾之仇，只以忠於所事，吾遂拔而用之，何乃妄生讒構？』竟不問徵，遽斬所告者。

又　《悔過第二十四》　貞觀中，太子承乾多不修法度，魏王泰尤以才能爲太宗所重，特詔泰移居武德殿。魏徵上疏諫曰：『魏王既是陛下愛子，須使知定分，常保安全，每事抑其驕奢，不處嫌疑之地也。今移居此殿，使在東宫之西，海陵昔居，時人以爲不可。雖時移事異，猶恐人之多言。又王之本心，亦不寧息。既能以寵爲懼，伏願成人之美。』太宗曰：『我幾不思量，甚大錯誤。』遂遣泰歸於本第。

又　卷八《刑法第三十一》　貞觀十一年，特進魏徵上疏曰：臣聞書曰『明德慎罰』，『惟刑恤哉』！禮云：『爲上易事，爲下易知，則刑不煩矣。上人疑則百姓惑，下難知則君長勞矣。』夫上易事，則下易知，君長不勞，百姓不惑。故君有一德，臣無二心，上播忠厚之誠，下竭股肱之力，然後太平之基不墜，『康哉』之詠斯起。當今道被華戎，功高宇宙，無思不服，無遠不臻。然言尚於簡文，志在於明察，刑賞之用，有所未盡。夫刑賞之本，在乎勸善而懲惡，帝王之所以與天下爲畫一，不以親疏貴賤而爲輕重者也。今之刑賞，未必盡然。或申屈在乎好惡，或輕重由乎喜怒。遇喜則矜其情於法中，逢怒則求其罪於事外，所好則鑽皮出其毛羽，所惡則洗垢求其瘢痕。瘢痕可求，則刑斯濫矣；毛羽可出，則賞典謬矣。刑濫則小人道長，賞謬則君子道消。小人之惡不懲，君子之善不勸，而望治安刑措，非所聞也。

且夫暇豫清談，皆敦尚於孔、老；威怒所至，則取法於申、韓。直道而行，非無三黜，危人自安，蓋亦多矣。故道德之旨未弘，刻薄之風已扇。夫刻薄既扇，則下生百端。人競趨時，則憲章不一，稽之王度，實虧君道。昔州犁上下其手，楚國之法遂差；張湯輕重其心，漢朝之刑以弊。以人臣之頗僻，猶莫能申其欺罔，況人君之高下，將何以措其手足乎！以睿聖之聰明，無幽微而不燭，豈神有所不達，智有所不通哉？安其所安，不以恤刑爲念；樂其所樂，遂忘先笑之變。禍福相倚，吉凶同域，惟人所召，安可不思？頃者責罰稍多，威怒微厲，或以供帳不贍，或以營作差違，或以物不稱心，或以人不從欲，皆非致治之所急，實恐驕奢之攸漸。是知『貴不與驕期而驕自至，富不與奢期而奢自至』，非徒語也。

且我之所代，實在有隋，隋氏亂亡之源，聖明之所臨照。以隋氏之府藏譬今日之資儲，以隋氏之甲兵況當今之士馬，以隋氏之户口校今時之百姓，度長比大，曾何等級？然隋氏以富强而喪敗，動之也；我以貧寡而安寧，静之也。静之則安，動之則亂，人皆知之，非隱而難見也，非微而難察也。然鮮蹈平易之途，多遵覆車之轍，何哉？在於安不思危，治不念亂，存不慮亡之所致也。昔隋氏之未亂，自謂必無亂；隋氏之未亡，自謂必不亡。所以甲兵屢動，徭役不息，至於將受戮辱，竟未悟其滅亡之所由也，可不哀哉！

夫鑑形之美惡，必就於止水；鑑國之安危，必取於亡國。故詩曰：『殷鑑不遠，在夏后之世。』又曰：『伐柯伐柯，其則不遠。』臣願當今之動靜，必思隋氏以爲殷鑑，則存亡治亂，可得而知。若能思其所以危，則安矣；思其所以亂，則治矣；思其所以亡，則存矣。知存亡之所在，節嗜慾以從人，省庭院畋之娛，息靡麗之作，罷不急之務，慎偏聽之怒。近忠厚，遠便佞，杜悦耳之邪説，甘苦口之忠言。去易進之人，賤難得之貨，採堯、舜之誹謗，追禹、湯之罪己，惜十家之産，順百姓之心。近取諸身，恕以待物，思勞謙以受益，不自滿以招損。有動則庶類以和，出言而千里斯應，超上德於前載，樹風聲於後昆。此聖哲之宏規，而帝王之盛業，能事斯畢，在乎慎守而已。

夫守之則易，取之實難。既能得其所以難，豈不能保其所以易？其或保之不固，則驕奢淫泆動之也。慎終如始，可不勉歟！《易》曰：『君子安不忘危，存不忘亡，治不忘亂，是以身安而國家可保也。』誠哉斯言，不可以不深察也。伏惟陛下欲善之志，不減於昔時；聞過必改，少虧於曩日。若能以當今之無事，行疇昔之恭儉，則盡善盡美矣，固無得而稱焉。

太宗深嘉而納用。

又　卷九《征伐第三十五》　貞觀初，嶺南諸州奏言高州酋帥馮盎、談殿阻兵反叛，詔將軍藺謩發江、嶺數十州兵討之。秘書監魏徵諫曰：『中國初定，瘡痍未復，嶺表瘴癘，山川阻深，兵運難繼，疾疫或起，若不如意，悔不可追。且馮盎若反，即須及中國未寧，交結遠人，分斷險要，破掠州縣，署置官司。何因告來數年，兵不出境？此則反形未成，無容動衆。陛下既未遣使人就彼觀察，即來朝謁，翬不見明。今若遣使，分明曉諭，必不勞師旅，自致闕庭。』太宗從之，嶺表悉定。侍臣奏言：『馮盎、談殿，往年恒相征伐。當時議者，屢請討之。陛下發一單使，令嶺外恬然。』太宗曰：『初，嶺南諸州盛言盎反，朕必欲討之，魏徵頻諫，以爲不可，但懷之以德，必不討自來。既從其計，遂得嶺表無事，不勞而定，勝於十萬之師。』乃賜徵絹五百匹。徵辭曰：『陛下德化所被，八表安寧，臣豈敢貪天之功以爲己力。』太宗曰：『臣有善須顯揚，正令如此也。』杜如晦曰：『陛下聖明，故推功歸善於下。前代王者，皆以爲難。』

又　卷一〇《災祥第三十九》　貞觀八年，有彗星見於南方，長六丈，經百餘日乃滅。太宗謂侍臣曰：『天見彗星，由朕之不德，政有虧失，是何妖也？』虞世南對曰：『昔齊景公時彗星見，公問晏子。晏子對曰：「公穿池沼畏不深，起臺榭畏不高，行刑罰畏不重，是以天見彗星，爲公戒耳！」景公懼而修德，後十六日而星没。陛下若德政不修，雖麟鳳數見，終是無益。但使朝無闕政，百姓安樂，雖有災變，何損於德？願陛下勿以功高古人而自矜大，勿以太平漸久而自驕逸，若能終始如一，彗見未足爲憂。』太宗曰：『吾之理國，良無景公之過。但朕年十八便爲經綸王業，北剪劉武周，西平薛舉，東擒竇建德、王世充，二十四而天下定，二十九而居大位，四夷降伏，海内乂安。自謂古來英雄撥亂之主無見及者，頗有自矜之意，此吾之過也。上天見變，良爲是乎？秦始皇平六國，隋煬帝富有四海，既驕且逸，一朝而敗，吾亦何得自驕也？言念於此，不覺惕焉震懼！』魏徵進曰：『臣聞自古帝王未有無災變者，但能修德，災變自銷。陛下因有天變，遂能戒懼，反復思量，深自克責，雖有此變，必不爲災也。』

又　《慎終第四十》　貞觀十二年，太宗謂侍臣曰：『朕讀書見前王善事，皆力行而不倦，其所任用公輩數人，誠以爲賢。然致理比於三、五之代，猶爲不逮，何也？』魏徵對曰：『今四夷賓服，天下無事，誠曠古所未有。然自古帝王初即位者，皆欲勵精爲政，比迹於堯、舜；及其安樂也，則驕奢放逸，莫能終其善。人臣初見任用者，皆欲匡主濟時，追縱於稷、契；及其富貴也，則思苟全官爵，莫能盡其忠節。若使君臣常無懈怠，各保其終，則天下無憂不理，自可超邁前古也。』太宗曰：『誠如卿言。』

貞觀十三年，魏徵恐太宗不能克終儉約，近歲頗好奢縱，上疏諫曰：

臣觀自古帝王受圖定鼎，皆欲傳之萬代，貽厥孫謀。故其垂拱巖廊，布政天下，其語道也，必先淳樸而抑浮華；其論人也，必貴忠良而鄙邪佞；言制度也，則絶奢靡而崇儉約；談物産也，則重穀帛而賤珍奇。然受命之初，皆遵之以成治；稍安之後，多反之而敗俗。其故何哉？豈不以居萬乘之尊，有四海之富，出言而莫己逆，所爲而人必從，公道溺於私情，禮節虧於嗜欲故也？語曰：『非知之難，行之惟難；非行之難，終之斯難。』所言信矣。

伏惟陛下，年甫弱冠，大拯横流，削平區宇，肇開帝業。貞觀之初，時方克壯，抑損嗜慾，躬行節儉，內外康寧，遂臻至治。論功則湯、武不足方，語德則堯、舜未爲遠。臣自擢居左右，十有餘年，每侍帷幄，屢奉明旨。常許仁義之道，守之而不失，儉約之志，終始而不渝。一言興邦，斯之謂也。德音在耳，敢忘之乎？而頃年已來，稍乖曩志，敦樸之理，漸不克終。謹以所聞，列之如左：陛下貞觀之初，無爲無欲，清靜之化，遠被遐荒。考之於今，其風漸墜，聽言則遠超於上聖，論事則未踰於中主。何以言之？漢文、晉武，俱非上哲，漢文辭千里之馬，晉武焚雉頭之裘。今則求駿馬於萬里，市珍奇於域外，取怪於道路，見輕於戎狄，此其漸不克終一也。

昔子貢問理人於孔子，孔子曰：『懔乎！若朽索之馭六馬。』子貢曰：『何其畏哉？』子曰：『不以道遵之，則吾讎也，若何其不畏？』故《書》曰：『民惟邦本，本固邦寧。』『爲人上者，奈何不敬？』陛下貞觀之始，視人如傷，恤其勤勞，愛民猶子，每存簡約，無所營爲。頃年已來，意在奢縱，忽忘卑儉，輕用人力，乃云：『百姓無事則驕逸，勞役則易使。』自古以來，未有由百姓逸樂而致傾敗者也，何有逆畏其驕逸而故欲勞役者哉？恐非興邦之至言，豈安人之長算？此其漸不克終二也。

陛下貞觀之初，損己以利物，至於今者，縱欲以勞人。卑儉之迹歲改，驕侈之情日異。雖憂人之言不絶於口，而樂身之事實切於心。或時欲有所營，慮人致諫，乃云：『若不爲此，不便我身。』人臣之情，何可復爭？此直意在杜諫者之口，豈曰擇善而行者乎？此其漸不克終三也。

立身成敗，在於所染。蘭芷鮑魚，與之俱化。慎乎所習，不可不思。陛下貞觀之初，砥礪名節，不私於物，唯善是與，親愛君子，疏斥小人。今則不然，輕褻小人，禮重君子。重君子也，敬而遠之；輕小人也，狎而近之。近之則不見其非，遠之則莫知其是。莫知其是，則不間而自疏；不見其非，則有時而自昵。昵近小人，非致理之道；疏遠君子，豈興邦之義？此其漸不克終四也。

《書》曰：『不作無益害有益，功乃成；不貴異物賤用物，人乃足。犬馬非其土性不畜，珍禽奇獸弗育於國。』陛下貞觀之初，動遵堯、舜，捐金抵璧，反樸還淳。頃年以來，好尚奇異，難得之貨，無遠不臻；珍玩之作，無時能止。上好奢靡而望下敦樸，未之有也。末作滋興，而求農人豐實，其不可得亦已明矣。此其漸不克終五也。

貞觀之初，求賢如渴，善人所舉，信而任之，取其所長，恆恐不及。近歲已來，由心好惡，或衆善舉而用之，或一人毀而棄之，或積年任而信之，或一朝疑而遠之。夫行有素履，事有成迹，所毀之人，未必可信於所舉；積年之行，不應頓失於一朝。君子之懷，蹈仁義而弘大德；小人之性，好讒佞以爲身謀。陛下不審察其根源，而輕爲之臧否，是使守道者日疏，干求者日進，所以人思苟免，莫能若違此言，更何顔與公相見？復欲何方以理天下？自得公疏，反復研尋，深覺詞强理直，遂列爲屏障，朝夕瞻仰。又録付史司，冀千載之下，識君臣之義。乃賜徵黄金十斤，廐馬二匹。

貞觀十四年，太宗謂侍臣曰：『平定天下，朕雖有其事，守之失圖，功業亦復難保。秦始皇初亦平六國，據有四海，及末年不能善守，實可爲誡。公等宜念公忘私，則榮名高位，可以克終其美。』魏徵對曰：『臣聞之，戰勝易，守勝難。陛下深思遠慮，安不忘危，功業既彰，德教復洽，恆以此爲政，宗社無由傾敗矣。』

貞觀十六年，太宗問魏徵曰：『觀近古帝王有傳位十代者，有一代兩代者，亦有身得身失者。朕所以常懷憂懼，或恐撫養生民不得其所，或恐心生驕逸，喜怒過度。然不自知，卿可爲朕言之，當以爲楷則。』徵對曰：『嗜欲喜怒之情，賢愚皆同。賢者能節之，不使過度，愚者縱之，多至失所。陛下聖德玄遠，居安思危，伏願陛下常能自制，以保克終之美，則萬代永賴。』

唐・劉肅《大唐新語》卷二《極諫第三》 房玄齡與高士廉偕行，遇少府少監竇德素，問之曰：『北門近來有何營造？』德素以聞太宗。太宗謂玄齡、士廉曰：『卿但知南衙事，我北門小小營造，何妨卿事？』玄齡等拜謝。魏徵進曰：『臣不解陛下責，亦不解玄齡等謝。既任大臣，卽陛下股肱耳目，有所營造，何容不知。責其訪問官司，臣所不解。陛下所爲若是，當助陛下成之；所爲若非，當奏罷之。此乃事君之道。玄齡等問既無罪，而陛下責之，玄齡等不識所守，臣實不喻。』太宗深納之。

又　卷八《文章第十八》　太宗在洛陽，宴羣臣於積翠池。酒酣，各賦一事。太宗賦《尚書》曰：『日昃玩百篇，臨燈披五典。夏康既逸怠，商辛亦沉湎。恣情昏主多，克己明君鮮。滅身資累惡，成名由積善。』魏徵賦西漢曰：『受降臨軹道，爭長趣鴻門。驅傳渭橋上，觀兵細柳屯。夜燕經柏谷，朝游出杜原。終籍叔孫禮，方知天子尊。』太宗曰：『魏徵每言，必約我以禮。』

又　卷一三《郊禪第三十》　貞觀中，百官上表請封禪，太宗許焉。唯魏徵切諫，以爲不可。太宗謂魏徵曰：『朕欲封禪，卿極言之，豈功不高耶，德不厚耶，遠夷不服耶，嘉瑞不至耶，年穀不登耶？何爲不可！』徵對曰：『陛下功則高矣，而人未懷惠；德雖厚矣，而澤未滂流。諸夏雖安，未足以供事；遠夷慕義，無以供其求。符瑞雖臻，罻羅猶密；積歲一豐，倉廩尚虚。此臣所以竊謂未可。臣未能遠譬，但喻於人。今有人，十年長患瘡，理且愈，皮骨僅存，便欲使負米一石，日行百里，必不可得。隋氏之亂，非止十年，陛下之良醫除其疾苦，雖已乂安，未甚充實。告成天地，臣竊有疑。且陛下東封，萬國咸集，要荒之外，莫不奔走，自今伊洛，洎於海岱，灌莽巨澤，茫茫千里，人烟斷絶，鷄犬不聞，道路蕭條，進退艱阻。豈可引彼夷狄，示之虚弱。殫府竭財，未厭遠人之望，加年給復，不償百姓之勞。或遇水旱之災，風雨之變，庸夫横議，悔不可追。豈獨臣言，兆人咸耳。』太宗不能奪，乃罷封禪。

唐・劉餗《隋唐嘉話》卷上　太宗謂羣臣曰：『始人皆言當今不可行帝王道，唯魏徵勸我，今遂得功業如此，恨不得使封德彝等見之。』

太宗曾罷朝，怒曰：『會殺此田舍漢！』文德后問：『誰觸忤陛下？』帝曰：『豈過魏徵，每廷爭辱我，使我常不自得。』后退而具朝服立於庭，帝驚曰：『皇后何爲若是？』對曰：『妾聞主聖臣忠。今陛下聖明，故魏徵得直言。妾幸備數後宮，安敢不賀？』

太宗得鷂，絶俊異，私自臂之，望見鄭公，乃藏於懷。公知之，遂前白事，因語古帝王逸豫，微以諷諫。語久，帝惜鷂且死，而素嚴敬徵，欲盡其言。徵語不時盡，鷂死懷中。

太宗謂梁公曰：『以銅爲鏡，可以正衣冠；以古爲鏡，可以知興替；以人爲鏡，可以明得失。朕嘗寶此三鏡，用防己過。今魏徵殂逝，遂亡一鏡矣。』

鄭公之薨，太宗自製其碑文并自書，後爲人所間，詔令僕之。及征高麗不如意，深悔爲是行，乃歎曰：『若魏徵在，不使我有此舉也。』既渡遼水，令馳驛祀以少牢，復立碑焉。

唐・李亢《獨異志》卷下　太宗以魏徵爲人鏡，謂左右曰：『以古爲鏡見成敗，以銅爲鏡知美醜，以人爲鏡知善惡。吾用此三鏡以辨興衰。今魏徵死，吾失一鏡。』

《舊唐書》卷五〇《刑法志》　及太宗即位，又命長孫無忌、房玄齡與學士法官，更加釐改。戴胄、魏徵又言舊律令重，於是議絞刑之屬五十條，免死罪，斷其右趾。應死者多蒙全活。

宋・洪邁《容齋續筆》卷一〇《漢唐輔相》　前漢宰相四十五人，自蕭、曹、魏、丙之外，如陳平、王陵、周勃、灌嬰、張蒼、申屠嘉以高帝故臣，陶青、劉舍、許昌、薛澤、莊青翟、趙周以功臣侯子孫，竇嬰、田蚡、公孫賀、劉屈氂以宗戚，衛綰、李蔡以士伍，唯王陵、申屠嘉及周亞夫、王商、王嘉有剛直之節，薛宣、翟方進有材，其餘皆容身保位，無所建明。至於御史大夫，名爲亞相，尤録録不足數。劉向所謂御史大夫未有如兒寬者，蓋以餘人可稱者少也。若唐宰相三百餘人，自房、杜、姚、宋之外，如魏徵、王珪、褚遂良、狄仁傑、魏元忠、韓休、張九齡、楊綰、崔佑甫、陸贄、杜黄裳、裴垍、李絳、李藩、裴度、崔羣、韋處厚、李德裕、鄭畋，皆爲一時名宰，考其行事，非漢諸人可比也。

宋・王溥《唐會要》卷八五《雜録》　武德九年十一月，簡點使、左僕射封德彝等，以中男十八已上，簡取入軍。敕旨已出，給事中魏徵執奏不可。上怒，乃召徵，作色謂：『中男若實小，自不點入軍，若實大，是其詐妄，依式點入，於理何嫌？卿過如此固執！』徵正色曰：『臣聞竭澤而漁，非不得魚，明年無魚矣；焚林而畋，非不獲獸，明年無獸矣。若次男以上，併點入軍，租賦雜徭，將何取給？且比國家衛士，不堪攻戰，豈其爲少，但爲禮遇失所，遂使人無鬬心。若多點取人，還充其數，雖多終是無用。若精簡壯健，遇之以禮，人百其勇，何必在多。陛下每云誠信待物，欲使官人百姓，併無矯詐之心。今之共治，所寄惟在縣令刺史，年常貌閱，併悉委之。至於簡點，卽疑詐僞，望下誠信，不亦難乎？』上曰：『初見卿固執，疑卿蔽於此事，今論國家不信，乃是人情不通，所令取中男宜停。』

又　卷七八《諸使中・黜陟使》　貞觀八年。將發十六道黜陟大使，畿内未有其人。上問房玄齡：『此道事最重，誰可充使？』尚書右僕射李靖曰：『畿内事大，非魏徵莫可。』上曰：『朕今欲向九成宮，事亦不小。朕每行不欲與其相離者，乃爲其見朕是非得失，必無所隱。』乃命李靖充使。

又　卷九五《高昌》　（貞觀）十四年八月十日，交河道行軍大總管侯君集、副總管牛進達平高昌國，下其郡三、縣五、城二十二，户八千四十六，口三萬七千七百三十八，馬四千三百疋。太宗欲以其地爲州縣，魏徵諫曰：『未若因撫其人，而立其子，所謂伐罪弔民，威德被於遐外，爲國之善者也。今若利其土壤，以爲州縣，常須千餘人鎮守。數年一易，往來交替，死者十有三四。遣辦衣資，離别親戚，十年之後，隴右空虚，陛下終不得高昌撮粟尺布以助中國，所謂散有用而資無用。』上不從，以其地爲西昌州，又改爲西州。以交河城爲交河縣，始昌城爲天山縣，田山城爲柳中縣，東鎮城爲蒲昌縣，高昌城爲高昌縣，併爲都護府，留軍以鎮之。

又　卷九九《罽賓國》　貞觀十一年，遣使至。上謂長孫無忌曰：『朕卽位之初，有上書者或言人主必須威權獨運，不得委羣下；或欲耀兵振武，懾服四夷。惟魏徵勸朕偃武興文，布德施惠，中國既安，遠人自服。朕從其語，天下大寧，絶域君長，皆來朝貢，九夷重譯，相望於道，此皆魏徵之力也。朕之任用，豈不得人？』二十二年，其國遣使獻俱物頭花，丹白相間，其香遠聞。

房玄齡杜如晦分部

綜　述

《舊唐書》卷二《太宗紀上》　（武德四年五月）世充懼，率其官屬二千餘人詣軍門請降，山東悉平。太宗入據宮城，令蕭瑀、竇軌等封守府庫，一無所取，令記室房玄齡收隋圖籍。【略】

九年，皇太子建成、齊王元吉謀害太宗。六月四日，太宗率長孫無忌、尉遲敬德、房玄齡、杜如晦、宇文士及、高士廉、侯君集、程知節、秦叔寶、段志玄、屈突通、張士貴等於玄武門誅之。【略】

七月壬辰，【略】右庶子房玄齡爲中書令。【略】

九月（壬子），【略】長孫無忌封齊國公，房玄齡邢國公，尉遲敬德吳國公，杜如晦蔡國公，侯君集潞國公。

冬十月【略】癸酉，裴寂食實封一千五百户，長孫無忌、王君廓、尉遲敬德、房玄齡、杜如晦一千三百户。【略】

（貞觀三年）二月戊寅，中書令、邢國公房玄齡爲尚書左僕射。

又　卷三《太宗紀下》　（貞觀九年）冬十月【略】辛丑，左僕射、魏國公房玄齡加開府儀同三司，餘如故。【略】

十年春正月壬子，尚書左僕射房玄齡、侍中魏徵上梁、陳、齊、周、隋五代史，詔藏於秘閣。【略】

十一年春正月【略】甲寅，房玄齡等進所修《五禮》，詔所司行用之。【略】

十三年春正月【略】戊午，加房玄齡爲太子少師。【略】

十六年【略】秋七月戊午，司空、趙國公無忌爲司徒，尚書左僕射、梁國公玄齡爲司空。【略】

十七年【略】夏四月【略】己丑，加司徒、趙國公長孫無忌太子太師，司空、梁國公房玄齡太子太傅。【略】

秋七月【略】丁酉，司空、太子太傅、梁國公房玄齡以母憂罷職。【略】

冬十月丁巳，房玄齡起復本職。【略】

（二十年）夏四月甲子，太子太師、趙國公長孫無忌，太子太傅、梁國公房玄齡，太子太保、宋國公蕭瑀各辭調護之職，詔許之。【略】

（二十二年）秋七月癸卯，司空、梁國公房玄齡薨。

又　卷六六《房玄齡傳》　房喬，字玄齡，齊州臨淄人。曾祖翼，後魏鎮遠將軍、宋安郡守，襲壯武伯。祖熊，字子繹，褐州主簿。父彥謙，好學，通涉《五經》，隋涇陽令，《隋書》有傳。

玄齡幼聰敏，博覽經史，工草隸，善屬文。嘗從其父至京師，時天下寧晏，論者咸以國祚方永，玄齡乃避左右告父曰：『隋帝本無功德，但誑惑黔黎，不爲後嗣長計，混諸嫡庶，使相傾奪，儲后藩枝，競崇淫侈，終當内相誅夷，不足保全家國。今雖清平，其亡可翹足而待。』彦謙驚而異之。年十八，本州舉進士，授羽騎尉。吏部侍郎高孝基素稱知人，見之深相嗟挹，謂裴矩曰：『僕閲人多矣，未見如此郎者。必成偉器，但恨不睹其聳壑淩霄耳。』父病綿歷十旬，玄齡盡心藥膳，未嘗解衣交睫。父終，酌飲不入口者五日。後補隰城尉。

會義旗入關，太宗徇地渭北，玄齡杖策謁於軍門，温彦博又薦焉。太宗一見，便如舊識，署渭北道行軍記室參軍。玄齡既遇知己，罄竭心力，知無不爲。賊寇每平，衆人競求珍玩，玄齡獨先收人物，致之幕府。及有謀臣猛將，皆與之潛相申結，各盡其死力。

既而隱太子見太宗勳德尤盛，轉生猜間。太宗嘗至隱太子所，食，中毒而歸，府中震駭，計無所出。玄齡因謂長孫無忌曰：『今嫌隙已成，禍機將發，天下恟恟，人懷異志。變端一作，大亂必興，非直禍及府朝，正恐傾危社稷。此之際會，安可不深思也！僕有愚計，莫若遵周公之事，外寧區夏，内安宗社，申孝養之禮。古人有云，「爲國者不顧小節」，此之謂歟！孰若家國淪亡，身名俱滅乎？』無忌曰：『久懷此謀，未敢披露，公今所説，深會宿心。』無忌乃入白之。太宗召玄齡謂曰：『阽危之兆，其迹已見，將若之何？』對曰：『國家患難，今古何殊。自非睿聖欽明，不能安輯。大王功蓋天地，事鍾壓紐，神贊所在，匪籍人謀。』因與府屬杜如晦同心戮力。仍隨府遷授秦王府記室，封臨淄侯；又以本職兼陝東道大行臺考功郎中，加文學館學士。玄齡在秦府十餘年，常典管記，每軍書表奏，駐馬立成，文約理贍，初無稿草。高祖嘗謂侍臣曰：『此人深識機宜，足堪委任。每爲我兒陳事，必會人心，千里之外，猶對面語耳。』隱太子以玄齡、如晦爲太宗所親禮，甚惡之，譖之於高祖，由是與如晦併被驅斥。

隱太子將有變也，太宗令長孫無忌召玄齡及如晦，令衣道士服，潛引入閤計事。及太宗入春宫，擢拜太子右庶子，賜絹五千匹。貞觀元年，代蕭瑀爲中書令。論功行賞，以玄齡及長孫無忌、杜如晦、尉遲敬德、侯君集五人爲第一，進爵邢國公，賜實封千三百户。太宗因謂諸功臣曰：『朕敍公等勳效，量定封邑，恐不能盡當，各許自言。』皇從父淮安王神通進曰：『義旗初起，臣率兵先至。今房玄齡、杜如晦等刀筆之吏，功居第一，臣竊不服。』上曰：『義旗初起，人皆有心。叔父雖率得兵來，未嘗身履行陣。山東未定，受委專征，建德南侵，全軍陷没。及劉黑闥翻動，叔父望風而破。今計勳行賞，玄齡等有籌謀帷幄、定社稷之功，所以漢之蕭何，雖無汗馬，指蹤推轂，故得功居第一。叔父於國至親，誠無所愛，必不可緣私，濫與功臣同賞耳。』初，將軍丘師利等咸自矜其功，或攘袂指天，以手畫地，及見神通理屈，自相謂曰：『陛下以至公行賞，不私其親，吾屬何可妄訴？』

三年，拜太子少師，固讓不受，攝太子詹事，兼禮部尚書。明年，代長孫無忌爲尚書左僕射，改封魏國公，監修國史。既任總百司，虔恭夙夜，盡心竭節，不欲一物失所。聞人有善，若己有之。明達吏事，飾以文學，審定法令，意在寬平。不以求備取人，不以己長格物，隨能收敍，無隔卑賤。論者稱爲良相焉。或時以事被譴，則累日朝堂，稽顙請罪，悚懼踧踖，若無所容。九年，護高祖山陵制度，以功加開府儀同三司。十一年，與司空長孫無忌等十四人併代襲刺史，以本官爲宋州刺史，改封梁國公，事竟不行。

十三年，加太子少師，玄齡頻表請解僕射，詔報曰：『夫選賢之義，無私爲本；奉上之道，當仁是貴。列代所以弘風，通賢所以協德。公忠肅恭懿，明允篤誠。草昧霸圖，綢繆帝道。儀刑黄閣，庶政惟和；輔翼春宫，望實斯著。而忘彼大體，徇茲小節，雖恭教諭之職，乃辭機衡之務，豈所謂弼予一人，共安四海者也？』玄齡遂以本官就職。時皇太子將行拜禮，備儀以待之，玄齡深自卑損，不敢修謁，遂歸於家。有識者莫不重其崇讓。玄齡自以居端揆十五年，女爲韓王妃，男遺愛尚高陽公主，實顯貴之極，頻表辭位，優詔不許。十六年，又與士廉等同撰《文思博要》成，錫賚甚優。進拜司空，仍綜朝政，依舊監修國史。玄齡抗表陳讓，太宗遣使謂之曰：『昔留侯讓位，竇融辭榮，自懼盈滿，知進能退，善鑑止足，前代美之。公亦欲齊蹤往哲，實可嘉尚。然國家久相任使，一朝忽無良相，如失兩手。公若筋力不衰，無煩此讓。」玄齡遂止。

十八年，與司徒長孫無忌等圖形於凌煙閣，贊曰：『才兼藻翰，思入機神。當官勵節，奉上忘身。』高宗居春宮，加玄齡太子太傅，仍知門下省事，監修國史如故。尋以撰《高祖、太宗實録》成，降璽書襃美，賜物一千五百段。其年，玄齡丁繼母憂去職，特敕賜以昭陵葬地。未幾，起復本官。太宗親征遼東，命玄齡京城留守，手詔曰：『公當蕭何之任，朕無西顧之憂矣。』軍戎器械，戰士糧廩，併委令處分發遣。玄齡屢上言敵不可輕，尤宜誡慎。尋與中書侍郎褚遂良受詔重撰《晉書》，於是奏取太子左庶子許敬宗、中書舍人來濟、著作郎陸元仕、劉子翼、前雍州刺史令狐德棻、太子舍人李義府、薛元超、起居郎上官儀等八人，分功撰録，以臧榮緒《晉書》爲主，參考諸家，甚爲詳洽。然史官多是文詠之士，好採詭謬碎事，以廣異聞；又所評論，競爲綺艷，不求篤實，由是頗爲學者所譏。唯李淳風深明星曆，善於著述，所修《天文》、《律曆》、《五行》三志，最可觀採。太宗自著宣、武二帝及陸機、王羲之四論，於是總題云御撰。至二十年，書成，凡一百三十卷，詔藏於秘府，頒賜加級各有差。

玄齡嘗因微譴歸第，黃門侍郎褚遂良上疏曰：『君爲元首，臣號股肱，龍躍雲興，不嘯而集，苟有時來，千年朝暮。陛下昔在布衣，心懷拯溺，手提輕劍，仗義而起。平諸寇亂，皆自神功，文經之助，頗由輔翼。爲臣之懃，玄齡爲最。昔呂望之扶周武，伊尹之佐成湯，蕭何關中，王道江外，方之於斯，可以爲匹。且武德初策名伏事，忠勤恭孝，衆所同歸。而前宮、海陵，憑凶恃亂，干時事主，人不自安。居累卵之危，有倒懸之急，命視一刻，身縻寸景，玄齡之心，終始無變。及九年之際，機臨事迫，身被斥逐，闕於謨謀，猶服道士之衣，與文德皇后同心影助，其於臣節，自無所負。及貞觀之始，萬物惟新，甄吏事君，物論推與，而勳庸無比，委質惟舊。自非罪狀無赦，搢紳同尤，不可以一犯一愆，輕示遐棄。陛下必矜玄齡齒髮，薄其所爲，古者有諷諭大臣遣其致仕，自可在後，式遵前事，退之以禮，不失善聲。今數十年勳舊，以一事而斥逐，在外云云，以爲非是。夫天子重大臣，則人盡其力；輕去就，則物不自安。臣以庸薄，忝預左右，敢冒天威，以申管見。』

二十一年，太宗幸翠微宮，授司農卿李緯爲民部尚書。玄齡時在京城留守，會有自京師來者，太宗問曰：『玄齡聞李緯拜尚書如何？』對曰：『玄齡但云李緯好髭鬚，更無他語。』太宗遽改授緯洛州刺史，其爲當時準的如此。

二十二年，駕幸玉華宮，時玄齡舊疾發，詔令臥總留臺。及漸篤，追赴宮所，乘擔輿入殿，將至御座乃下。太宗對之流涕，玄齡亦感咽不能自勝。敕遣名醫救療，尚食每日供御膳。若微得減損，太宗即喜見顔色；如聞增劇，便爲改容悽愴。玄齡因謂諸子曰：『吾自度危篤，而恩澤轉深，若孤負聖君，則死有餘責。當今天下清謐，咸得其宜，唯東討高麗不止，方爲國患。主上含怒意決，臣下莫敢犯顔；吾知而不言，則銜恨入地。』遂抗表諫曰：

臣聞兵惡不戢，武貴止戈。當今聖化所覃，無遠不屆，洎上古所不臣者，陛下皆能臣之，所不制者，皆能制之。詳觀今古，爲中國患害者，無如突厥。遂能坐運神策，不下殿堂，大小可汗，相次束手，分典禁衛，執戟行間。其後延陀鴟張，尋就夷滅；鐵勒慕義，請置州縣，沙漠以北，萬里無塵。至如高昌叛涣於流沙，吐渾首鼠於積石，偏師薄伐，俱從平蕩。高麗歷代逋誅，莫能討擊。陛下責其逆亂，弑主虐人，親總六軍，問罪遼、碣。未經旬月，即拔遼東，前後虜獲，數十萬計，分配諸州，無處不滿。雪往代之宿恥，掩崤陵之枯骨，比功較德，萬倍前王。此聖心之所自知，微臣安敢備説。

且陛下仁風被於率土，孝德彰於配天。睹夷狄之將亡，則指期數歲；授將帥之節度，則決機萬里。屈指而候驛，視景而望書，符應若神，算無遺策。擢將於行伍之中，取士於凡庸之末。遠夷單使，一見不忘；小臣之名，未嘗再問。箭穿七劄，弓貫六鈞。加以留情墳典，屬意篇什，筆邁鍾、張，辭窮班、馬。文鋒既振，則管磬自諧；輕翰暫飛，則花葩競發。撫萬姓以慈，遇羣臣以禮。褒秋毫之善，解吞舟之網。逆耳之諫必聽，膚受之訴斯絶。好生之德，焚障塞於江湖；惡殺之仁，息鼓刀於屠肆。鳧鶴荷稻粱之惠，犬馬蒙帷蓋之恩。降乘吮思摩之瘡，登堂臨魏徵之柩。哭戰亡之卒，則哀動六軍；負填道之薪，則精感天地。重黔黎之大命，特盡心於庶獄。臣心識昏憒，豈足論聖功之深遠，談天德之高大哉！陛下兼衆美而有之，靡不備具，微臣深爲陛下惜之重之，愛之寶之。《周易》曰：『知進而不知退，知存而不知亡，知得而不知喪。』又曰：『知進退存亡，不失其正者，惟聖人乎！』由此言之，進有退之義，存有亡之機，得有喪之理，老臣所以爲陛下惜之者，蓋此謂也。老子曰：『知足不辱，知止不殆。』謂陛下威名功德，亦可足矣；拓地開疆，亦可止矣。彼高麗者，邊夷賤類，不足待以仁義，不可責以常禮。古來以魚鱉畜之，宜從闊略。若必欲絶其種類，恐獸窮則搏。且陛下每決一死囚，必令三覆五奏，進素食、停音樂者，蓋以人命所重，感動聖慈也。況今兵士之徒，無一罪戾，無故驅之於行陣之間，委之於鋒刃之下，使肝腦塗地，魂魄無歸，令其老父孤兒、寡妻慈母，望轊車而掩泣，抱枯骨以摧心，足以變動陰陽，感傷和氣，實天下冤痛也。且兵者凶器，戰者危事，不得已而用之。向使高麗違失臣節，陛下誅之可也；侵擾百姓，而陛下滅之可也；久長能爲中國患，而陛下除之可也。有一於此，雖日殺萬夫，不足爲愧。今無此三條，坐煩中國，內爲舊王雪恥，外爲新羅報仇，豈非所存者小，所損者大？

願陛下遵皇祖老子止足之誡，以保萬代巍巍之名。發霈然之恩，降寬大之詔，順陽春以布澤，許高麗以自新。焚淩波之船，罷應募之衆，自然華夷慶賴，遠肅邇安。臣老病三公，旦夕入地，所恨竟無塵露，微增海岳。謹罄殘魂餘息，預代結草之誠。儻蒙録此哀鳴，即臣死且不朽。

太宗見表，謂玄齡子婦高陽公主曰：『此人危惙如此，尚能憂我國家。』

後疾增劇，遂鑿苑牆開門，累遣中使候問。上又親臨，握手敘別，悲不自勝。皇太子亦就之與之訣。卽日授其子遺愛右衛中郎將，遺則中散大夫，使及目前，見其通顯。尋薨，年七十。廢朝三日，册贈太尉、并州都督，謚曰文昭，給東園秘器，陪葬昭陵。玄齡嘗誡諸子以驕奢沉溺，必不可以地望淩人，故集古今聖賢家誡，書於屏風，令各取一具，謂曰：『若能留意，足以保身成名。』又云：『袁家累葉忠節，是吾所尚，汝宜師之。』高宗嗣位，詔配享太宗廟庭。

子遺直嗣，永徽初爲禮部尚書、汴州刺史。次子遺愛，尚太宗女高陽公主，拜駙馬都尉，官至太府卿、散騎常侍。初，主有寵於太宗，故遺愛特承恩遇，與諸主婿禮秩絶異。主既驕恣，謀黜遺直而奪其封爵，永徽中誣告遺直無禮於己。高宗令長孫無忌鞫其事，因得公主與遺愛謀反之狀。遺愛伏誅，公主賜自盡，諸子配流嶺表。遺直以父功特宥之，除名爲庶人。停玄齡配享。

又　卷二《太宗紀上》　於時（武德六年十月）海內漸平，太宗乃鋭意經籍，開文學館以待四方之士。行臺司勳郎中杜如晦等十有八人爲學士，每更直閣下，降以温顔，與之討論經義，或夜分而罷。【略】

（武德九年）七月壬辰，【略】右庶子杜如晦爲兵部尚書。【略】

（九月）壬子，【略】杜如晦蔡國公。【略】

（貞觀三年）二月戊寅，【略】兵部尚書、檢校侍中、蔡國公杜如晦爲尚書右僕射，【略】參預朝政。【略】

十二月【略】癸未，杜如晦以疾辭位，許之。

又　卷三《太宗紀下》　（貞觀四年）三月【略】甲申，尚書右僕射、蔡國公杜如晦薨。【略】

（貞觀六年）十二月丙辰，狩於少陵原，詔以少牢祭杜如晦、杜淹、李綱之墓。

又　卷六六《杜如晦傳》　杜如晦字克明，京兆杜陵人也。曾祖皎，周贈開府儀同大將軍、遂州刺史。祖徽，周河內太守。祖果，周温州刺史，入隋，工部尚書、義興公，《周書》有傳。父吒，隋昌州長史。

如晦少聰悟，好談文史。隋大業中以常調預選，吏部侍郎高孝基深所器重，顧謂之曰：『公有應變之才，當爲棟梁之用，願保崇令德。今欲俯就卑職，爲須少禄俸耳。』遂補滏陽尉，尋棄官而歸。

太宗平京城，引爲秦王府兵曹參軍，俄遷陝州總管府長史。時府中多英俊，被外遷者衆，太宗患之。記室房玄齡曰：『府僚去者雖多，蓋不足惜。杜如晦聰明識達，王佐才也。若大王守藩端拱，無所用之；必欲經營四方，非此人莫可。』太宗大驚曰：『爾不言，幾失此人矣！』遂奏爲府屬。後從征薛仁杲、劉武周、王世充、竇建德，嘗參謀帷幄。時軍國多事，剖斷如流，深爲時輩所服。累遷陝東道大行臺司勳郎中，封建平縣男，食邑三百戶。尋以本官兼文學館學士。天策府建，以爲從事中郎，畫象於丹青者十有八人，而如晦爲冠首，令文學褚亮爲之贊曰：『建平文雅，休有烈光。懷忠履義，身立名揚。』其見重如此。

隱太子深忌之，謂齊王元吉曰：『秦王府中所可憚者，唯杜如晦與房玄齡耳。』因譖之於高祖，乃與玄齡同被斥逐。後又潛入畫策，及事捷，與房玄齡功等，擢拜太子左庶子，俄遷兵部尚書，進封蔡國公，賜實封千三百户。貞觀二年，以本官檢校侍中，攝吏部尚書，仍總監東宮兵馬事，號爲稱職。三年，代長孫無忌爲尚書右僕射，仍知選事，與房玄齡共掌朝政。至於臺閣規模及典章文物，皆二人所定，甚獲當代之譽，談良相者，至今稱房、杜焉。如晦以高孝基有知人之鑑，爲其樹神道碑以紀其德。

其年冬，遇疾，表請解職，許之，禄賜特依舊。太宗深憂其疾，頻遣使存問，名醫上藥，相望於道。四年，疾篤，令皇太子就第臨問，上親幸其宅，撫之流涕，賜物千段；及其未終見子拜官，遂起遷其子左千牛構爲尚舍奉御。尋薨，年四十六。太宗哭之甚慟，廢朝三日，贈司空，徙封萊國公，謚曰成。太宗手詔著作郎虞世南曰：『朕與如晦，君臣義重。不幸奄從物化，追念勳舊，痛悼於懷。卿體吾此意，爲制碑文也。』太宗後因食瓜而美，愴然悼之，遂輟食之半，遣使奠於靈座。又嘗賜房玄齡黄銀帶，顧謂玄齡曰：『昔如晦與公同心輔朕，今日所賜，唯獨見公。』因泫然流涕。又曰：『朕聞黄銀多爲鬼神所畏。』命取黄金帶遣玄齡親送於靈所。其後太宗忽夢見如晦若平生，及曉，以告玄齡，言之噓欷，令送御饌以祭焉。明年如晦亡日，太宗復遣尚宮至第慰問其妻子，其國官府佐并不之罷。終始恩遇，未之有焉。

子構襲爵，官至慈州刺史，坐弟荷謀逆，徙於嶺表而卒。初，荷以功臣子尚城陽公主，賜爵襄陽郡公，授尚乘奉御。貞觀中，與太子承乾謀反，坐斬。

如晦弟楚客，少隨叔父淹没於王世充。淹素與如晦兄弟不睦，譖如晦兄於王行滿，王世充殺之，并囚楚客，幾至餓死，楚客竟無怨色。洛陽平，淹當死，楚客泣涕請如晦救之。如晦初不從，楚客曰：『叔已殺大兄，今兄又結恨棄叔，一門之內，相殺而盡，豈不痛哉！』因欲自剄。如晦感其言，請於太宗，淹遂蒙恩宥。楚客因隱於嵩山。

貞觀四年，召拜給事中，上謂曰：『聞卿山居日久，志意甚高，自非宰相之任，則不能出，何有是理耶？夫涉遠者必自邇，升高者必自下，但在官爲衆所許，無慮官之不大。爾兄雖與我體異，其心猶一，於我國家非無大功。爲憶爾兄，意欲見爾。宜識朕意，繼爾兄之忠義也。』拜楚客蒲州刺史，甚有能名。後歷魏王府長史，拜工部尚書，攝魏王泰府事。楚客知太宗不悦承乾，魏王泰又潛令楚客友朝臣用事者，至有懷金以賂之，因説泰聰明，可爲嫡嗣。人或以聞，太宗隱而不言。及釁發，太宗始揚其事，以其兄有佐命功，免死，廢於家。尋授虔化令，卒。

如晦叔父淹。淹字執禮。祖業，周豫州刺史。父徵，河內太守。淹聰辯多才藝，弱冠有美名，與同郡韋福嗣爲莫逆之交，相與謀曰：『好嘉遯，蘇威以幽人見徵，擢居美職。』遂共入太白山，揚言隱逸，實欲邀求時譽。隋文帝聞而惡之，謫戍江表。後還鄉里，雍州司馬高孝基上表薦之，授承奉郎。大業末，官至御史中丞。王世充僭號，署爲吏部，大見親用。及洛陽平，初不得調，淹將委質於隱太子。時封德彝典選，以告房玄齡，恐隱太子得之，長其姦計，於是遽啓太宗，引爲天策府兵曹參軍、文學館學士。武德八年，慶州總管楊文干作亂，辭連東宮，歸罪於淹及王珪、韋挺等，并流於越嶲。太宗知淹非罪，贈以黄金三百兩。及即位，徵拜御史大夫，封安吉郡公，賜實封四百以淹多識典故，特詔東宮儀式簿領，并取淹節度。尋判吏部尚書，參議朝政，前後表薦四十餘人，後多知名者。

淹嘗薦刑部員外郎邸懷道，太宗因問淹：『懷道才行何如？』淹對曰：『懷道在隋日作吏部主事，甚有清慎之名。又煬帝向江都之日，召百官問去住之計。時行計已決，公卿皆阿旨請去，懷道官位極卑，獨言不可。臣目見此事。』太宗曰：『卿爾日從何計？』對曰：『臣從行計。』太宗曰：『事君之義，有犯無隱。卿稱懷道爲是，何因自不正諫？』對曰：『臣爾日不居重任，又知諫必不從，徒死無益。』太宗曰：『孔子稱從父之命，未爲孝子。故父有爭子，國有爭臣。若以主之無道，何爲仍仕其世？既食其禄，豈得不匡其非？』因謂羣臣曰：『公等各言諫事如何？』王珪曰：『昔比干諫紂而死，孔子稱其仁；泄冶諫而被戮，孔子曰：「民之多僻，無自立辟。」是則禄重責深，理須極諫；官卑望下，許其從容。』太宗又召淹笑謂曰：『卿在隋日，可以位下不言；近仕世充，何不極諫？』對曰：『亦有諫，但不見從。』太宗曰：『世充若修德從善，當不滅亡；既無道拒諫，卿何免禍？」淹無以對。太宗又曰：『卿在今日，可爲備任，復欲極諫否？』對曰：『臣在今日，必盡死無隱。且百里奚在虞虞亡，在秦秦霸，臣竊比之。』太宗笑。時淹兼二職，而無清潔之譽，又素與無忌不協，爲時論所譏。及有疾，太宗親自臨問，賜帛三匹。貞觀二年卒，贈尚書右僕射，謚曰襄。

子敬同襲爵，官至鴻臚少卿。敬同子從則，中宗時爲蒲州刺史。

論說

《舊唐書》卷六六《房玄齡杜如晦傳論贊》 房、杜二公，皆以命世之才，遭逢明主，謀猷允協，以致升平。議者以比漢之蕭、曹，信矣。然萊成之見用，文昭之所舉也。世傳太宗嘗與文昭圖事，則曰『非如晦莫能籌之』。及如晦至焉，竟從玄齡之策也。蓋房知杜之能斷大事，杜知房之善建嘉謀，裨諶草創，東里潤色，相須而成，俾無悔事，賢達用心，良有以也。若以往哲方之，房則管仲、子産，杜則鮑叔、罕虎矣。

贊曰：肇啓聖君，必生賢輔。何歟二公，實開運祚。文含經緯，謀深夾輔。笙磬同音，唯房與杜。

《新唐書》卷九六《房玄齡杜如晦傳贊》 太宗以上聖之才，取孤隋，攘羣盜，天下已平，用玄齡、如晦輔政。興大亂之餘，紀綱雕弛，而能興仆植僵，使號令典刑粲然罔不完，雖數百年猶蒙其功，可謂名宰相。然求所以致之之迹，逮不可見，何哉？唐柳芳有言：『帝定禍亂，而房、杜不言功；王、魏善諫，而房、杜讓其直；英、衛善兵，而房、杜濟以文。持衆美效之君。是後，新進更用事，玄齡身處要地，不吝權，善始以終，此其成令名者。』諒其然乎！如晦雖任事日淺，觀玄齡許與及帝所親款，則謨謀果有大過人者。方君臣明良，志葉議從，相資以成，固千載之遇，蕭、曹之勳，不足進焉。雖然，宰相所以代天者也，輔贊彌縫而藏諸用，使斯人由而不知，非明哲曷臻是哉？彼揚己取名，暸然使户曉者，蓋房、杜之細邪！

宋·姚鉉《唐文粹》卷七九《柳冕〈書一·論政總八首·謝杜相公論房杜二相書〉》 冕再拜，上書相公閣下：昨得蔣起居書，伏承相公以冕《論房杜二相書》併《答江西刑政論》共四本，以付史館。冕惕然自失，懼辱相公之厚意，遂取舊本，删改數處，愧無運斤之妙，徒有傷手之責，謹隨狀獻上，退而自慚。去年又續奉相公手疏，以國家承文弊之後，房杜爲相，不能反之於質，誠如高論。又以文章承徐、庾之弊，不能反之於古。愚以爲不然。故追而論之，以獻左右。

且今之文章，與古之文章，立意異矣。何則？古之作者，因治亂而感哀樂，因哀樂而爲詠歌，因詠歌而成比興。故《大雅》作，則王道盛矣；《小雅》作，則王道缺矣；《雅》變《風》，則王道衰矣；詩不作，則王澤竭矣。至於屈宋，哀而以思，流而不反，皆亡國之音也。至於西漢，揚、馬以降，置其盛明之代，而習亡國之音，所失豈不大哉？然而武帝聞《子虛》之賦，歎曰：『嗟乎！朕不得與此人同時。』故武帝好神仙，相如爲《大人賦》以諷之，讀之飄飄然，反有淩雲之志。子雲非之曰：『諷則諷矣，吾恐不免於勸也。』子雲知之，不能行之，於是風雅之文，變爲形似；比興之體，變爲飛動；禮義之情，變爲物色，詩之六義盡矣。何則？屈宋唱之，兩漢扇之，魏晉江左，隨波而不反矣。故蕭曹雖賢，不能變淫麗之體；二荀雖盛，不能變聲色之詞；房杜雖明，不能變齊梁之弊。是則風俗好尚，係在時王，不在人臣明矣。故文章之道，不根教化，別是一枝耳。當時君子，恥爲文人。《語》曰：『德成而上，藝成而下。』文章技藝之流也，故夫子末之。是以四楊荀陳，以德行經術，名震海內，門生受業，皆一時英俊。而文章之士，不得行束修之禮。非夫兩漢近古，由有三代之風乎？惜乎係王風而不本於王化，至若荀孟賈生，明先王之道，盡天人之際，意不在文，而文自隨之，此眞君子之文也。然荀孟之學，困於儒墨；賈生之才，廢於絳灌。道可以濟天下，而莫能行之；文可以變風雅，而不能振之。是天下皆惑。不可以一人正之。今風俗移人久矣，文雅不振甚矣，苟以此罪之，即蕭曹輩皆罪人也，豈獨房杜乎？

相公如變其文，即先變其俗，文章風俗，其弊一也。變之之術，在教其心，使人日用而不自知也。伏維尊經術，卑文士，經術尊則教化美，教化美則文章盛，文章盛則王道興。此二者，在聖君行之而已。冕再拜。

宋·范浚《香溪集》卷九《房杜不言功論》 君子有心於濟世，無心於立功，功非君子之所當論也。時方輔英主，平禍亂，則所以經濟大業者，不得不用力焉。然其初心，豈以邀功爲哉？痛生人之荼毒，爲之拯救而已。唐太宗取天下，房玄齡、杜如晦力爲多，然二人終不言功，爲其有心於濟世，而無心於立功也。竊嘗言之，隋季不競，魚爛土潰，小黠巨姦，揭竿蠭起，四海之內，鞠爲盜區，元元無聊，有肝腦塗地之禍。太宗於是奮布衣，提三尺劍，剪除羣慝，爲萬人請命於上帝，不踰十年，遂定天下。稽其梟威，稚馘老生，俘杲、密，虜充、竇，東取河洛，西舉開隴，南威蠻荆，北走獯鬻，崇功偉烈，赫奕盛大，疑非手足所能圖者，蓋房、杜實佐成之也。

太宗自爲燉煌公時，即收玄齡，自爲秦王，即用如晦。二人之佐太宗，固有年矣；奇謀秘畫，陳之多矣；繩違正諫，亦已數矣。是其有功於唐，殆不可以算計。由常人觀之，則必歷自辨數，以希高爵大封，垂榮後裔，而不疑矣。然而二人，方且撝謙貶抑，痛自退遜，曾無一言及之，豈無謂哉？其意必曰：『吾君之定禍亂，天下之所歸也，實爲吾君之德也。吾君不作，我何爲哉？是雖有功，歸之吾君可也。』又必曰：『吾君之定禍亂，衆才之所資也，實爲諸將之力也，不有諸將，我何爲哉？是雖有功，歸之諸將，可也。』又必曰：『成功之下，不可居也，古所患也，自伐以取禍，功於我何有哉？是雖有功，持之若無可也。』歸之於君，則功不可言也；歸之諸將，則功不可言也，持之若無，則功不可言也。

二人有功而不言，意其有得於三者之説也。雖然，是亦無心於立功者之所爲也。使二人者，攘袂用力，區區以功名爲務，亦何能不自言耶？抑嘗聞之，薛萬均、盧祖尚、李君羨輩，太宗時俱有功受封爵。然而萬均坐清宮不謹，下獄憤死。祖尚辭交州都督，斬朝堂。君羨以謡讖見忌，下詔誅之。是皆非幸小生，不獲保全，則太宗之於功臣，初未嘗加恤也。

尉遲恭侍宴，論功爭班，乃至不懌，而深譴之，且有韓、彭夷戮，非漢祖之愆之語。當時大臣，類多畏禍，李靖闔門稱疾，長孫無忌求解僕射，懼有功而終見疑也。然玄齡、如晦之不言功，其亦覆車之戒耶？嗚呼！撥劍歡言，攘袂指畫，競占豐邑，爭據上位者，無時無之。君子欲明退遜之義，其於房、杜，盍亦少懷仰哉！

宋·孫甫《唐史論斷》卷上《任用房杜》 論曰：人主之任大臣，不可不專，亦不可專。若深知其人，可付國事，不專任之，何以責成功？蓋任專則責重，責重則人必盡其才力也。若知人未至而專任之，苟無成功則有敗事，又或竊擅威福，有難制之患，二者惟在人主審之，不可一失，失則事機難追矣。太宗可謂能審任人之術者也。知房喬、杜如晦之賢而付以國事，房、杜方盡心職事，已著功效，陳師合以平常之見，欲移主意，如晦奏其事，意似不廣然，慮小臣間言，漸害於事，故言之爾、太宗不惑師合之言，喬、如晦荷信任如是，敢不盡其才力乎？此所以成太平之治也。然有太宗之明，房、杜之賢則可以專任而不容人言，人主知人未至當審，其付任不可執此以爲法。

又《房杜相業》 論曰：或問房、杜之相謀議施爲，不見赫赫之事，而世大賢之，何也？答曰：宰相之功，何必赫赫？觀時事如何耳。房、杜自秦府遇主，講天下事固詳，太宗即位，遂命作相，付任之專，不與他相同，乃得盡心助治，致時太平。以事明之，其功可見，宰相之任，莫先乎正官職，用賢才。若官得其才，宰相總其大要庶事，舉而天下治矣。貞觀元年，房、杜定文武官六百四十員，官既少則才可擇，才可擇則官不濫，官不濫則職自舉，況公於取士，各盡其才，以房、杜得佐主興治之要道也。以至臺閣規模，典章文物，皆其所定。又防姦邪抑權幸，各有著法，大槩如此，不惟一時之治，固足以垂憲於後也。其他軍國機務，雖謀議不著，每籌事，太宗從之。以太宗之英睿，專任二相而從其所籌，其賢又可知也。即貞觀時事之治，二相之功可見矣。或曰：貞觀四年，天下大治。太宗惟稱魏公之力，不及房、杜，何也？答曰：貞觀之初，太宗求治方切，魏公專論王道，封倫橫議以沮之，太宗不惑姦言，力行王道。及天下之治也，嘉賢人之論，足以明道，故稱魏公之力，嫉小人之言，惜不能使之慚悔，故恨封倫之不見其言，自不及房杜也。然魏公議臣也，房、杜宰相也，魏公論其治體，房、杜助其施爲，爾後世賢房、杜而不見其功者，惟詳觀太宗專任之意，貞觀時事之要可也。

宋·吴儆《竹洲集》卷三《宰相論·房杜》 人惟不用於人，而後能用人，不制於人，而後能制人，何者？有能而可見，不若不可見之。爲全舉事而情得，不若無心而事之所不能加甚矣，能之不可隱，而情之不可掩也。馬之致遠，牛之引重，孔翠之羽，虎豹之皮，其能已見於人，雖欲不爲人用，不可得也。養虎者不以生物予之，養鷹者饑之，牧羊者去其敗羣，視其後者而鞭之，其情一見於外，雖欲不受制於人不可得也。是故得者失之基也，譽者咎之門也，榮者辱之本也，禍固多藏於所忽，而怨常集於榮名。故曰：皓皓者易汙，嶢嶢者難全。古之君子，去才與智，而退托於無能之地，辭功與名，而自處於不爭之域，然後能用人而制之，以其才全而天機深也。唐史臣稱帝定禍亂而房、杜不言功，王、魏善諫而房、杜遜其直，英、衛善兵而房、杜濟以文。夫兵，危道也，諫，難言也。以英、衛之智，王、魏之辯，蹈天下之至危，犯天下之甚難，終身爲人用而不自覺，彼房、杜者默不見其所爲，而坐收天下之功，則房、杜之所以用天下而制之者，有英、衛、王、魏之所不能知，此其所以身名俱榮，而獨出於諸公之右也。

宋·陸九淵《象山集·外集》卷二《程文〈房杜謀斷如何論〉》 事之要者無二機，計之得無二説，然而得於積思者，其意疑得於忽悟者，其意決此謀之與斷，所以異任而成功，殊稱而一致者也。天下之事，惟其要而難處也，於是乎有賴於謀。彼其以善謀稱而不足於斷者，豈無得於其機而嘗試爲之説也哉？顧特以其旁推曲攷，原始要，終紬繹，復熟而得之，則謹重之心勝而剛決之意微，故不能不自疑其有所未善。至於善斷者，因其謀而遂斷之，其始之爲謀，雖不出於己，而亦豈無得乎？其心而徒徇人之説，以勇於必行而已哉！蓋其權奇倜儻，不鬱於紬繹，復熟之久，而聞言輒契，覩機忽悟，如雷蟄而忽驚日，曀而忽明，其勢不能不決。然則謀之與斷，雖所任各異，所稱各殊，而要其實，豈不同功而一致也哉？

唐房、杜佐太宗取天下，而史稱玄齡善謀，如晦長於斷，愚請以是而論之。甚哉，機事之可畏，而謀斷之任，不可以非其人也。嘗觀漢高祖聽酈生之謀，刻印立六國後，高祖方食，以告張良，良籍前箸籌之，高祖至輟飯吐哺，怒罵令去，銷印。石勒去高祖五六百載，以奴虜之身，據有中原，初不知書，一旦聽讀漢史至刻印事，駭曰：『此法當失，何以得天下？』及讀至張良之籌，乃曰：『賴有此人。』嗚呼！使酈生佩印，已行數舍之遠，則高祖之天下幾已去矣。知天下之機事，率如是之可畏，而張良之籌，高祖之罵，石勒之駭，皆機緘互發，如聲響相應，非直偶然而已，則知凡所謂謀者、斷者皆不可以或非其人。而房、杜之才智，可得而論之矣。雖然，玄齡謀事帝所，必曰非如晦莫與籌之，及如晦至則卒用玄齡策。自常情觀之，玄齡不失爲謙抑謹重，而如晦則爲無謀而因人成事者耳。嗚呼！以此論房、杜，此與兒童之見何異？奕秋中秤而輟奕，少下於秋者，必不能以舉其棊矣。王良中道而弭輿，少下於良者必不能以振其策矣。天下之機事，而可以非其人而與於其間哉！或謀或斷，必其機緘識略之相符者而後可也。韓信破趙之後，發使使燕，而燕人從風而靡，其策乃不出於韓信，而出於李左車，然天下不以韓信爲不知兵。鄒陽受梁之謝，入見王長君，而梁罪竟解，其計乃不出於鄒陽，而出於王先生，然天下不以鄒陽爲非。辨士蓋因其善而用之，與夫發悟於心者，實機緘識略之相符，而非苟從之者也。知此則知房、杜之謀斷，如宮商之相應，而同於成聲；如斤斧之迭用，而同於成器，初不可以差殊觀而優劣論也。

抑嘗言之，太宗以弓矢定天下，其智略之出於己者，班班見於紀傳，大焉制勝千里之外，小焉決機兩陣之間，超逸神變，不可窮極。及天下既定，談治道論政理，則老師宿儒詘其辨，此亦難乎其爲臣矣！然而自渭北一見之初，秦府表留之後，謀必於房，斷必於杜，則夫二公之才智，豈淺淺者所可得而窺議哉！及考之傳紀，則夫謀斷之迹，有不可得而見焉。嗚呼！此二公之才智，所以爲不可及歟？史臣取柳芳之言曰：『帝定禍亂，而房杜不言功，王、魏善諫，而房、杜遜其直，英、衛善兵，而房、杜濟以文。』此眞足以知房、杜謀斷之本矣。若乃謀之不善，而强欲以辨屈人之異己，如徐湛之於沈慶之者，又有嫉其謀之善而必爲沮格撓敗之計，如牛僧儒之於李德裕者，其視房、杜之謀斷，奚啻天淵之相遼哉！雖然法律之書，詳而望之以禮樂，則缺功利之意，篤而槩之以道義則疏。此雖不足以是責之，而亦不能不使人歎息也。

宋·楊簡《慈湖遺書》卷一六《家記十·論治務》 世論有唐盛時，房玄齡、杜如晦、魏徵賢名特著，及考本末，玄齡乃首發亂謀，如晦贊決。建成、元吉謀害太宗，元吉秘計又將併除建成，社稷傾危，民將塗炭，此固可誅也。然惟天吏則可以誅之，秦王安得而誅之？玄齡首謀，籍周公以文其姦，其辭則周公也，其情則非周公也。以晉陽宮人私侍高祖，周公固如是乎？行不義，殺不辜，其諄諄號於天下，則曰義師也，天下之人心，則未服其爲義也。自古君臣，大抵同德，德不同則不合，不合則不能久。此三臣者，惟其與太宗合，故深相得。杜則早卒，房、魏則久於其位，其所以合者，非他也，本以利，雜以義，正猶孝宣之言曰：『漢家自有制度，本以霸王道雜之。』此豈惟漢之規模如此，而兩漢三國晉南北朝隋唐五代之規模皆如此也？幸而不遭變，故其迹不露，不幸而遭亟變，履危禍，則胥而入於奸利，爲悖爲亂爲大惡勢之所必至也。人心自靈，人心自明，其隱然不安於中者，即天下人心之所不服也。其餘衆善，誠有可觀，論者樂成其美，是以多稱其良，不知夫義利之不明，善惡之相掩，啓奸雄自便之門，開後世惡逆之路，君子懼焉。魏輔建成，猶房、杜之輔太宗也，巢妃之穢，三臣者熟視莫敢言。魏雖言之，僅使勿后，使言而不聽，則何不去？至此而猶不去也。夫是以太宗不親享太廟而不言也，幸九成避暑，不念太安之在暑而不諫也，與驕子倡人比肩於朝行而不知恥也。三臣者，殆欲爲鄉原而又不及焉者也，而俗儒之論，每槩稱其賢，吾恐姦亂之禍，接迹於來世未已也。

宋·徐元杰《楳埜集》卷二《進講日記·三月二十日上進故事》

唐杜如晦傳：『如晦長於斷，房玄齡善於謀，兩人深相知，故能同心濟謀，以佐佑帝。當時語良相，必曰房杜云。』臣聞自古人臣，莫難於遭時而得君，尤莫難於同時而得君。然同時得君矣，或未能眞切同心，輔君以共治，正恐天下之事，不壞於專則壞於避，其何以副天下之望哉？故人臣非相得之難，而相知之爲難。相知既深，則相信而不疑，不相知之深，則相悦而不相濟。心之同不同，率以是辨之。昔者周公作誥於召公不悦之日，周、召似不深相知者。然周公挽留之辭切，召公終爲之動，是周公之所以知召公者如此，召公其不知周公乎？觀書如《無逸》、如《周官》、如《立政》、如《君奭》諸篇，凡其格君致治，大略可睹。太宗以英明之姿，出而撥亂立極，杜如晦爲相，而房玄齡同之，天下新定，臺閣制度，憲章庸典，率二人討裁，傳稱如晦長於斷，玄齡善於謀，必嘆美之曰：『兩人深相知，故能同心濟謀，以佐佑帝。』終之以語良相者，必曰：『房、杜史氏可謂至論矣。』

夫人臣辦天下之事者才也，而所以能辦天下之事者心也。玄齡、如晦，皆有講學之力，河汾王通告玄齡以尊主庇民之道，必能遺其身而後無私，又斷之曰至公然後能以天下爲心。及稱如晦則曰：『若逢明主於萬民，其猶天乎！』至比之春生夏長秋歛冬成，極於萬類，咸宜百姓日用不知之。驗異時二人得君以共治，皆此心此學之推此。史氏子稱之曰：『宰相所以代天者也，輔贊彌縫，爲藏諸用。使斯人由之而不知，而進之古明哲之域，向非二臣充其心猶天之心，寧免屑屑於形迹之粗，拘拘於肝膈之外？雖以同患難而濟其治，不思同安逸以慮其危，計日在瑣細之利害，而宗社生靈悠長之遠慮，邈然不以是介心，則何以維係有唐三百年之天命，而至於規模宏遠如是哉？』吁！臣於是益嘆玄齡、如晦，非同心濟謀之難，而相知之深，眞可謂之難也。夫以太宗天下新定之餘，氣勢翕合，股肱協同，猶必一乃心力而後有濟。

今天下視唐爲何如耶？以臣觀之，蓋同舟遇風之時也。前乎制柁者非其人，舟弊漏而日湊淺，幸以聖主而得賢臣，間關運動，若將去淺而入洪矣，而篙工棹卒，叫呼未濟，維楫失亡，漫不之救，滲漏四溢，又弗之窒。今也兩分制柁之責，坐舟中皇皇然，望出於撑駕，率衆工而謀共濟，顧乃悠悠泛泛，莫知所之，脱有風濤之虞，其不淪胥以敗者幾希。玄齡如晦之事載在方册，視周召爲庶幾，蓋今元臣宿望所素習聞者也。相知夙深，同心協濟，臣敢以是爲今日勉。雖玄齡、如晦，史臣稱之以良相，宜矣。自古君明即臣良，《虞書》之歌曰：『元首明哉，股肱良哉，庶事康哉。』陛下明侔日月，燭臨羣工，乃若命相之初，宸奎寶畫，寵錫道揆者曰：『開誠心，布公道，集衆思，廣忠益，所以責望股肱者至矣。』臣又於此，益願陛下申飭此意，日日以是警勸之。矧今所最急者，莫切於邊防國用之實政，惟在乎蒐求實才，各副任使，課責實效，上寬國憂，此二揆所當夙夜究心，躋世於理可也。然竊念夫稍愆和豫者，許調攝之期，可宜勤勞者，戒勿嫌疑之避，惟國事之大者，俾商略共圖，若常程、除授、期會、調度之務，許令二三執政，相與隨宜而區處，必也審量中外之人物，參錯邊廷之事任，凡以收召者用之必當其所，尚多遺逸者，汲汲聘用而無疑，庶不至坐失事幾，付歲月於虛擲，少俟右揆，體力康平之餘，諭其疇昔相知之深，勉其心德協用之報，豈非宗社生靈之幸歟？不然儒者之道，反無益於人之國家，豈但爲世俗竊笑而已哉？臣興言及此，不覺涕零，天地鬼神，昭布森列，不可誣也。惟陛下以是宣諭二三大臣，使之同秉至公血誠之心，以作羣工，以核庶政，興滯補弊，責實勸功，今何如時？不可緩矣。《易》曰：『納約自牖。』臣恃聖德之明，敢因條奏故事而冒陳之，惟陛下矜赦。

宋·黃裳《演山集》卷三五《書房玄齡傳後》 予覽《房玄齡傳》，得太宗兩事，掩卷而嘆曰：眞聖王也。兩事治體之所資，天下是非安危之所係，宰相未之喻焉。太宗已知之矣。玄齡爲僕射，乃謂之曰：『僕射當廣朕耳目，訪賢才，聞日閱訟牒數百，豈暇求人哉？』乃敕細務屬左右丞，大事關僕射，正類《周官》大事則從其長之意。天子之務，在乎一相，有其人則百官萬事適所任。太宗之論，僕射不亦要乎？天下初定，遽以創業守文之難，詢之房、魏，以謂房見創業之難，魏見守文之難，創業之難既已往矣，守文之難當與公等慎之。守文之難，太宗既知之矣，爲子孫計，不亦遠乎？子孫出其後，富有天下，貴爲天子，鮮究其所自，持凶器，涉危事，出入不顧萬有一生之地，自以爲當然，捨我而孰得作？又既久持盈，已怠逸樂，不悟而驕侈之心，生奢縱不戒，而維持之法壞，廢弛不修，而危亂之事作姦僞之黨，從而乘之不可救矣。若夫持盈不逸之君子莫能肆焉，天命之所付畀，亦猶創業之主，曆數所歸，戰必勝，攻必克，一舉而有天下，無難易焉。太宗之論人事而已，不可以不戒也。況得玄齡之爲相，任其大者，貞觀之間有是高明之主，以德表正而下之，長屬欲歙其影而應之不可得也。想見其時，主相一體，政令一門，義之公不納私謁，仁之静不啓邪好，賢不肖兩途清濁殊品，朝廷清明，天地安静，考其所自，豈偶然哉！柳芳論玄齡不吝權，不言功成，英、衛之能，遜王、魏之直，而史論玄齡講法處令，務從寬平，不欲一物失所聞，人善若己有之，不以己長望人，雖卑賤皆得盡其能，取人不求備，自非物我兩忘，而出乎道從，眞列中來，其誰能與乎此哉？

宋·綦崇禮《北海集》卷二〇《論唐房玄齡創業守文對》 《唐書·房玄齡傳》：帝嘗問創業守文孰難，玄齡曰：『方時草昧，羣雄競逐，攻乃降，戰乃克，創業則難。』魏徵曰：『王者之興，必乘衰亂，覆昏暴，殆天授人與者，既得天下，則安於驕逸，人欲静，徭役毒之，世方敝衰，刻窮之國，由此衰，則守文爲難。』帝曰：『玄齡從我定天下，冒百死於一生，見創業之難，徵與我安天下，畏富貴則驕，驕則怠，怠則亡，見守文之不爲易，然創業之不易既往矣，守文之難，方與公等慎之。』

臣嘗考唐太宗撥亂致治，功德兼隆，由漢以來，誠未之有。迹其所以然之故，則在夫委用輔相，能盡其才而已。觀王珪所評一時同列大臣，各有所長，皆足以居其任，宜其職。昔者稱人臣之美，有曰乃心王室，勤勞王家者矣。有曰公家之利，知無不爲者矣，則孜孜奉國知無，不爲。玄齡爲得之，輔弼之臣，安危所係。時方有事，則宣威靖亂，以折衝萬里，時方無事，則當軸處中，以坐鎮一堂，兼資文武，出將入相，靖爲得之。進退開陳之際，奉揚布宣之間，上以沃一人之心，下以善四方之政，則敷奏詳明，出納維允，彥博爲得之。小紀大綱，萬務叢委，百司庶府，濟繁治劇，衆務畢舉，胄爲得之。盡忠勿欺，有犯無隱，正救其惡，而措君於無過，將順其美，而引君於當道，則以諫爭爲心，恥君不及堯舜，徵爲得之。進退賢否，别白功罪，片善必舉，而已無竊位之譏，纖惡不容，而朝無幸位之嘆，則激濁揚清，疾惡好善，珪爲得之。

此六人者，才雖不同，咸有廊廟之具，太宗兼得而併用之，致治之美，又何難焉？雖然，自靖而下，則偏有所長，殆不能以相移，苟獨任以求成功，亦不能無闕。至於玄齡，則才優數子，而不可以一善名焉。故珪但稱其孜孜奉國，知無不爲而已。柳芳有言帝定禍亂，而玄齡不言功，王、魏善諫，而玄齡推其直，英、衛善兵，而玄齡身處要地，不吝權，此其成令名者。彼數子之長，蓋玄齡之所并包，而效之於君者耳，不其優歟？烏虖！二帝三王遠矣，臯夔益稷伊傅周召之賢不可遽得，於後世則用人如太宗者，以之除亂而興治，亦何爲而不可哉？

明·孫承恩《文簡集》卷四三《論·房杜謀斷相資》 公天下之志而後能同天下之心，同天下之心而後能成天下之事，天下之事未嘗不成於同而敗於異，而天下之心亦未嘗不同於公而異於私。予嘗怪世之挾偏見小智而自以爲是者，弗容人操一辭於其間以分其美，而彼有創立新異者，亦不肯襲人之見以爲是，各執其説，彼此角立，爾我相形，其弊必至於僨天下事而不可救藥，私爲之害也。是以古之大臣公其心以處之，蓋公則同，同則相須，共贊吾見之有未定，必資人以決取捨，而彼於人謀，有同於我，吾卽是之，固不敢立異説以矯之也。嗚呼！天下事非一家，私議大臣之謀國，顧不當如是哉！

余嘗讀唐書至房、杜贊謀斷相資，未嘗不掩卷三歎也。然竊嘗疑之。夫事機之來也，固有一定之是，而豪傑之士，固不殊於所料，固無所謂能謀而疏於斷，亦未有能斷而短於謀者。何房之必有籍於杜，而杜之不能自用也哉？蓋人之才性，恆苦於不齊，故就其所長，亦不能以不異，是故精於謀者，極深研幾而嘗有遲疑慎重之意，故非斷則不行。善於斷者，明敏果決而每有簡略之意，故非謀則不起。是二者之相資，亦其勢之所必至也。然人之情，常喜於自用，而恥於相下，唐虞師師相讓之風，其不作也久矣，孰謂房、杜而有是耶？是故大臣者，身天下之任，其成敗禍福，在謀之臧否，不可以易也。房、杜知天下之事萃於我，吾但知成天下之事，盡心以相與，屈己以求助，天下之事，無不得其理，吾之職始稱，而庸計夫美之不出於吾哉？借曰：不然，則不惟不足以相須，其不至於擠排傾陷，非毀阻抑者？希矣。手足之在人也，不同於用，而同於爲身，操舟者，不同於所事，而同於濟難，車之有輔焉，一缺則顛躓隨之。房、杜蓋有見乎此矣，彼牛李輩何爲者哉？卒以禍身而殃國，豈不可鑑乎！盛哉房、杜之用心，其所以光輔太宗，以造成有唐三百年之業，夫豈偶然也？雖然，房、杜固賢矣，而用房、杜者，則太宗也。太宗能悉心委任，故二人者得以深自結納，而無嫌若後世朋黨之疑作，則二人者且不能安其位，而又何功業之可言哉？吾於是而又知太宗之所以盛。

藝文

唐・呂温《呂衡州集》卷九《房梁公玄齡》 梁公先覺，龍臥待君。長彗流光，掃天布新。義師雷動，公躍其鱗。杖策千里，來排帝閽。婉婉梁公，實懿實聰。實光實融，羽義翼忠。若鸞若鴻，大風動地。儒服從容，靜運胸中。弛張折衝，左右太宗。夷屯廓蒙，定高祖功。功告武成，翊開太平。我心雖勞，時靡有爭。網羅遺賢，推轂羣英。玉不韜輝，蘭無沉馨。飛鴻出冥，振鷺在庭。濟濟多士，太宗以寧。公無事矣，闕衮有補。惟仲山甫，經營四方。方叔召虎，大邦鈞軸。至則委汝，閒居台輔。撝謙自處，亦莫敢餘侮。高朗令終，嗚呼梁公。

唐・皮日休《皮子文藪》卷一〇《詩・房杜二相國玄齡如晦》 吾愛房與杜，貧賤共聯步。脫身抛亂世，策杖歸眞主。縱橫幄中算，左右天下務。骯臟無敵才，磊落不世遇。美矣名公卿，魁然眞宰輔。黃閣三十年，清風一萬古。巨業照國史，大勳鎮王府。遂使後世民，至今受陶鑄。粵吾少有志，敢躡前賢路。苟得同其時，願爲執鞭豎。

宋・林同《孝詩・房玄齡》 以孝稱。父彥謙謂曰：『人皆以祿富，我獨以官貧。所遺子孫，惟清白耳。』人皆因祿富，我獨以官貧。佩父清白訓，爲唐第一人。

宋・陳普《石堂先生遺集》卷二一《絶句七言・房玄齡》 周公制禮鳳凰鳴，稟肯抽戈指建成。李勣牛山猶雨露，玄齡夜氣失澄清。

明・陶安《陶學士集》卷八《詠史十五首・房杜》 獨收人物厭珍奇，創業艱危主亦知。更展謨猷弘輔道，商周功業可爲期。

清・洪亮吉《唐宋小樂府・房公謀》 房公謀，杜公斷，不數蕭曹在西漢。英公衛公逾絳灌，君不見，魏徵嫵媚誰可方？西京庶比張子房。

清・王廷紹《淡香齋詩草》卷二《唐・房玄齡》 身同蕭鄧輔高光，不化隋家舊侍郎。杖策參軍來上郡，裼裘公子下燉煌。能謀畢竟先如晦，被譴曾聞諫遂良。謚到文昭空一代，陵名廟號共堂皇。

清・鮑桂星《覺生詠史詩鈔》卷二《唐・房玄齡》 十載鳳支憶造邦，昂霄聳壑勢難降。軍門乍見歡傾蓋，幕府深謀老擁幢。刀筆吏仍功第一，棟梁才每謚稱雙。誰能到死還尤國？苦勸銷兵鴨綠江。

清・王廷紹《淡香齋詩草》卷二《唐・杜如晦》 房謀杜斷世爭傳，房尚耆齡杜不年。帷幄功成僚友服，棟梁材萎故人憐。秘書橐筆題碑額，天子嘗瓜奠墓田。應與鄭公同人夢，芙蓉高閣晚鐙前。

清・鮑桂星《覺生詠史詩鈔》卷二《唐・杜如晦》 滏陽一尉亦何聊，秦府投來識轉超。推轂事同何薦信，筦樞名壓宋兼姚。官高僕射年方盛，人冠瀛洲夢已遥。他日御筵瓜味美，墓門齊去草蕭蕭。

清・曹振鏞《話雲軒詠史詩》卷下《唐・房玄齡》 秦王一見兩心和，幕府能收死力多。親有門人猶鄧禹，功先諸將比蕭何。國恩自厚奚須讓，家誡無忘庶免訶。諫討高麗勳最鉅，報仇不分爲新羅。

又《杜如晦》 王佐才非浪得名，密參帷幄屢從征。臨機輒斷隨心合，處事無留應手成。味美食瓜追往昔，恩深賜帶夢平生。當時良相稱房杜，每惜公先大厦傾。

清·羅惇衍《集義軒詠史詩鈔》卷三二《唐一·房玄齡》 弁冕動臣相業開，凌煙高閣繼雲臺。略過功狗蕭何任，策決興龍鄧禹來。一著戎衣英主績，雙參軍幄故人才。芙蓉園里觀風日，親枉鑾興共載回。

又 《杜如晦》 苦從夢裏憶平生，留得昭陵不盡情。秦府參軍王佐顯，瀛洲學士後儒榮。嘗瓜泪灑當筵摯，封蔡動酬盡策精。莫歎奇才年竟夭，協心謀斷有英名。

清·謝啓昆《樹經堂詠史詩》卷六《唐·房玄齡杜如晦》 臺閣文章二相俱，卜年三百贊皇圖。蕭曹併世功難敵，管鮑同心義不殊。帝爲食瓜思往日，臣因賜帶憶前謨。子孫蕩覆忘堂構，家誡虚爲後世模。

雜録

唐·吴兢《貞觀政要》卷五《孝友第十五》 司空房玄齡事繼母，能以色養，恭謹過人。其母病，請醫人至門，必迎拜垂泣。及居喪，尤甚柴毁。太宗命散騎常侍劉洎就加寬譬，遺寢牀、粥食、鹽菜。

又 卷九《征伐第三十五》 貞觀十六年，太宗謂侍臣曰：『北狄世爲寇亂，今延陀倔强，須早爲之所。朕熟思之，惟有二策：選徒十萬，擊而虜之，滌除凶醜，百年無患，此一策也。若遂其來請，與之爲婚媾。朕爲蒼生父母，苟可利之，豈惜一女！北狄風俗，多由内政，亦既生子，則我外孫，不侵中國，斷可知矣。以此而言，邊境足得三十年來無事。舉此二策，何者爲先？』司空房玄齡對曰：『遭隋室大亂之後，户口太半未復，兵凶戰危，聖人所慎，和親之策，實天下幸甚。』

貞觀十七年，太宗謂侍臣曰：『蓋蘇文弑其主而奪其國政，誠不可忍。今日國家兵力，取之不難，朕未能即動兵衆，且令契丹、靺鞨攪擾之，何如？』房玄齡對曰：『臣觀古之列國，無不强陵弱，衆暴寡。今陛下撫養蒼生，將士勇鋭，力有餘而不取之，所謂止戈爲武者也。昔漢武帝屢伐匈奴，隋主三征遼左，人貧國敗，實此之由，惟陛下詳察。』太宗曰：『善！』

唐·柳宗元《五百家注柳先生集·龍城録》卷上《房玄齡爲相無嗣》 房玄齡來買卜成都，日者笑而掩象曰：『公知名當世，爲時賢相，奈無嗣相紹何？』公怒。時遺直已三歲在側，日者顧指曰：『此兒！此兒！絶房氏者此也。』公大悵而還。後皆信然也。

又 《房玄齡有大譽》 房玄齡幼穉日，王通説其文，謂此細眼奴非立忠志，則爲亂賊，輔帝者則爲儒師，綽有大譽矣。

唐·劉肅《大唐新語》卷一《匡贊第一》 杜如晦少聰悟，精彩絶人。太宗引爲秦府兵曹，俄改陝州長史。房玄齡聞於太宗曰：『餘人不足惜，杜如晦聰明識達，王佐之才。若大王守藩，無所用之，必欲經營四方，非此人不可。』太宗乃請爲秦府掾，封建平縣男，補文學館學士。令文學褚亮爲之贊曰：『建平文雅，休有烈光，懷忠履義，身立名揚。』貞觀初，爲右僕射，玄齡爲左僕射。太宗謂之曰：『公爲僕射，當須大開耳目，求訪賢哲，此乃宰相之弘益。比聞聽受詞訴，日不暇給，安能爲朕求賢哉！』自是，臺閣規模，皆二人所定。其法令意在寬平，不以求備取人，不以己長格物。如晦、玄齡引進之，如不及也。太宗每與玄齡圖事，則曰：『非如晦莫能籌之。』及如晦至，卒用玄齡之策。二人相須，以斷大事。迄今言良相者，稱房杜焉。及如晦薨，太宗謂虞世南曰：『吾與如晦，君臣義重。不幸物化，實痛於懷。卿體吾意，爲制碑也。』後太宗嘗新瓜美，愴然悼之，輟其半，使置之靈座。及賜玄齡黄銀帶，因謂之曰：『如晦與公，同心輔朕，今日所賜，惟獨見公。』泫然流涕。以黄銀帶辟惡，爲鬼神所畏，命取金帶，使玄齡送之於其家也。

又 卷七《知微第十六》 隋吏部侍郎高構，典選銓綜，至房玄齡、杜如晦，愕然正視良久，降價抗禮，延入内齋共食，謂之曰：『二賢當興王佐命，位極人臣。杜年稍減於房耳。願以子孫爲托。』因謂裴矩曰：『僕閲人多矣，未見此賢。』嗟仰不已。貞觀初，如晦終右僕射，玄齡至司空，咸如構言。

房玄齡與杜如晦友善，慨然有匡主濟時之志。開皇中，隨父彦謙至長安。時天下宴安，論者以爲國祚無疆。玄齡密告彦謙曰：『隋帝盜有天下，不爲後嗣長計，混淆嫡庶，使相傾奪。今雖清平，其亡可翹足而待。』彦謙驚止之，因謂友人李少適曰：『主上性多忌刻，不納諫爭。太子卑弱，諸王擅威。唯行苛酷之政，不弘遠之大略。今雖少安，吾憂其危亂矣。』少適以爲不然。大業之季，其言皆驗。及義師濟河，玄齡杖策謁於軍門，太宗以爲謀生，每歎曰：『昔光武云：「自吾得鄧禹，人益親。」寡人有玄齡，亦猶禹也。』佐平天下，及終相位，凡三十二年，號爲賢相，然無迹可尋。爲唐宗臣，宜哉！

唐・吴兢《貞觀政要》卷三《擇官第七》 貞觀二年，太宗謂房玄齡、杜如晦曰：『公爲僕射，當助朕憂勞，廣開耳目，求訪賢哲。比聞公等聽受辭訟，日有數百。此則讀符牒不暇，安能助朕求賢哉？』因敕尚書省，細碎務皆付左右丞，惟冤滯大事合聞奏者，關於僕射。

宋・王溥《唐會要》卷五三《委任》 貞觀元年，尚書右僕射杜如晦奏言：『監察御史陳師合上狀論事，兼言人之思慮有限，一人不可總知數職，以論臣等。』太宗謂戴胄曰：『朕以至公治天下，今用玄齡、如晦，非爲勳舊，以其有才故也。此人妄事譭謗，上狀欲離間我君臣。昔蜀後主昏弱，齊文宣狂悖，然國稱治者，以任諸葛亮、楊遵彦不猜之故也。朕今任如晦等，亦復如此。』於是流師合於嶺外。

武則天分部

綜　述

《舊唐書》卷六《則天皇后紀》 則天皇后武氏，諱曌，并州文水人也。父士彠，隋大業末爲鷹揚府隊正。高祖行軍於汾、晉，每休止其家。義旗初起，從平京城。貞觀中，累遷工部尚書、荆州都督，封應國公。

初，則天年十四時，太宗聞其美容止，召入宫，立爲才人。及太宗崩，遂爲尼，居感業寺。大帝於寺見之，復召入宫，拜昭儀。時皇后王氏、良娣蕭氏頻與武昭儀爭寵，互讒毁之，帝皆不納。進號宸妃。永徽六年，廢王皇后而立武宸妃爲皇后。高宗稱天皇，武后亦稱天后。后素多智計，兼涉文史。帝自顯慶已後，多苦風疾，百司表奏，皆委天后詳決。自此內輔國政數十年，威勢與帝無異，當時稱爲『二聖』。

弘道元年十二月丁巳，大帝崩，皇太子顯卽位，尊天后爲皇太后。既將篡奪，是日自臨朝稱制。庚午，加授澤州刺史、韓王元嘉爲太尉，豫州刺史、滕王元嬰爲開府儀同三司，絳州刺史、魯王靈夔爲太子太師，相州刺史、越王貞爲太子太傅，安州都督、紀王慎爲太子太保。元嘉等地尊望重，恐其生變，故進加虚位，以安其心。甲戌，劉仁軌爲尚書左僕射，岑長倩爲兵部尚書，魏玄同爲黄門侍郎，併依舊知政事。劉齊賢爲侍中，裴炎爲中書令。

嗣聖元年春正月甲申朔，改元。

二月戊午，廢皇帝爲廬陵王，幽於別所，仍改賜名哲。己未，立豫王輪爲皇帝，令居於別殿。大赦天下，改元文明。皇太后仍臨朝稱制。庚午，廢皇太孫重照爲庶人。太常卿兼豫王府長史王德眞爲侍中，中書侍郎、豫王府司馬劉禕之同中書門下三品。

三月，庶人賢死於巴州。夏四月，滕王元嬰薨。改封畢王上金爲澤王，葛王素節爲許王。丁丑，遷廬陵王哲於均州。閏五月，禮部尚書武承嗣同中書門下三品。秋七月，突厥骨咄禄、元珍寇朔州，命左威衛大將軍程務挺拒之。【略】九月，大赦天下，改元爲光宅。旗幟改從金色，飾以紫，畫以雜文。改東都爲神都，又改尚書省及諸司官名。初置右肅政御史臺官員。故司空李績孫柳州司馬徐敬業僞稱揚州司馬，殺長史陳敬之，據揚州起兵，自稱上將，以匡復爲辭。冬十月，楚州司馬李崇福率所部三縣以應敬業。命左玉鈐衛大將軍李孝逸爲大總管，率兵三十萬以討之。殺內史裴炎。丁酉，追削敬業父祖官爵，復其本姓徐氏。十二月，前中書令薛元超卒。殺左威衛大將軍程務挺。

垂拱元年春正月，以敬業平，大赦天下，改元。劉仁軌薨。三月，遷廬陵王哲於房州。頒下親撰《垂拱格》於天下。夏四月，內史騫味道左授青州刺史。五月，秋官尚書裴居道爲內史，納言王德眞配流象州，冬官尚書蘇良嗣爲納言。詔內外文武九品已上及百姓，咸令自舉。是夏大旱。

二年春正月，皇太后下詔，復政於皇帝。以皇太后既非實意，乃固讓。皇太后仍依舊臨朝稱制，大赦天下。初令都督、刺史併準京官帶魚。

三月，初置匭於朝堂，有進書言事者聽投之，由是人間善惡事多所知悉。夏四月，岑長倩爲內史。六月，蘇良嗣爲文昌左相，天官尚書韋待價爲文昌右相，併同鳳閣鸞臺三品。右肅政御史大夫韋思謙爲納言。三年春正月，封皇子成義爲恆王，隆基爲楚王，隆範爲衛王，隆業爲趙王。二月，韋思謙請致仕，許之。夏四月，裴居道爲納言，夏官侍郎張光輔爲鳳閣侍郎、同鳳閣鸞臺平章事。庚午，劉禕之賜死於家。秋八月，地官尚書魏玄同檢校納言。

四年春二月，毀乾元殿，就其地造明堂。山東、河南甚饑乏，詔司屬卿王及善、司府卿歐陽通、冬官侍郎狄仁傑巡撫賑給。夏四月，魏王武承嗣僞造瑞石，文云：『聖母臨人，永昌帝業。』令雍州人唐同泰表稱獲之洛水。皇太后大悅，號其石爲『寶圖』，擢授同泰遊擊將軍。

五月，皇太后加尊號曰聖母神皇。

秋七月，大赦天下。改『寶圖』曰『天授聖圖』，封洛水神爲顯聖，加位特進，併立廟。就水側置永昌縣。天下大酺五日。

八月壬寅，博州刺史、琅邪王沖據博州起兵，命左金吾大將軍丘神勣爲行軍總管討之。庚戌，沖父豫州刺史、越王貞又舉兵於豫州，與沖相應。

九月，命內史岑長倩、鳳閣侍郎張光輔、左監門大將軍鞠崇裕率兵討之。丙寅，斬貞及沖等，傳首神都，改姓爲虺氏。曲赦博州。韓王元嘉、魯王靈夔、元嘉子黄國公譔、靈夔子左散騎常侍范陽王藹、霍王元軌及子江都王緒、故虢王元鳳子東莞公融坐與貞通謀，元嘉、靈夔自殺，元軌配流黔州，譔等伏誅，改姓虺氏。自是宗室諸王相繼誅死者，殆將盡矣。其子孫年幼者咸配流嶺外，誅其親黨數百餘家。

十二月己酉，神皇拜洛水，受『天授聖圖』，是日還宮。明堂成。永昌元年春正月，神皇親享明堂，大赦天下，改元，大酺七日。

三月，張光輔爲內史，武承嗣爲納言。

夏四月，誅蔣王惲、道王元慶、徐王元禮、曹王明等諸子孫，徙其家屬於嶲州。

五月，命文昌右相韋待價爲安息道大總管以討吐蕃。

六月，令文武官五品已上各舉所知。

秋七月，紀王慎被誣告謀反，載以檻車，流於巴州，改姓虺氏。韋待價坐遲留不進，士卒多饑饉而死，配流繡州。

八月，左肅政御史大夫王本立同鳳閣鸞臺三品。辛巳，誅內史張光輔。

九月，納言魏玄同賜死於家。冬十月，春官尚書范履冰、鳳閣侍郎邢文偉併同鳳閣鸞臺平章事。改羽林軍百騎爲千騎。

載初元年春正月，神皇親享明堂，大赦天下。依周制建子月爲正月，改永昌元年十一月爲載初元年正月，十二月爲臘月，改舊正月爲一月，大酺三日。神皇自以『曌』字爲名，遂改詔書爲制書。春一月，蘇良嗣爲特進，武承嗣爲文昌左相，岑長倩爲文昌右相，裴居道爲太子少傅，併依舊同鳳閣鸞臺三品。鳳閣侍郎武攸寧爲納言，邢文偉爲內史。秋七月，殺豫章王亶，遷其父舒王元名於和州。有沙門十人僞撰《大雲經》，表上之，盛言神皇受命之事。制頒於天下，令諸州各置大雲寺，總度僧千人。丁亥，殺隨州刺史澤王上金、舒州刺史許王素節併其子數十人。

九月九日壬午，革唐命，改國號爲周。改元爲天授，大赦天下，賜酺七日。乙酉，加尊號曰聖神皇帝，降皇帝爲皇嗣。丙戌，初立武氏七廟於神都。追尊神皇父贈太尉、太原王士彠爲孝明皇帝。兄子文昌左相承嗣爲魏王，天官尚書三思爲梁王，堂侄懿宗等十二人爲郡王。司賓卿史務滋爲納言，鳳閣侍郎宗秦客爲內史。給事中傅遊藝爲鸞臺侍郎，仍依舊知鳳閣鸞台平章事。令史務滋等十人分道存撫天下。改內外官所佩魚併作龜。冬十月，改幷州文水縣爲武興縣，依漢豐、沛例，百姓子孫相承給復。

二年正月，親祀明堂。春三月，改唐太廟爲享德廟。夏四月，令釋教在道法之上，僧尼處道士女冠之前。六月，命岑長倩率諸軍討吐蕃。左肅政御史大夫格輔元爲地官尚書，鸞臺侍郎樂思晦併同鳳閣鸞臺平章事。秋七月，徙關內雍、同等七州户數十萬以實洛陽。分京兆置鼎、稷、鴻、宜四州。夏官尚書歐陽通知納言事。九月，傅遊藝下獄死。右羽林衛大將軍、建昌王攸寧爲納言，洛州司馬狄仁傑爲地官侍郎、同鳳閣鸞臺平章事。

冬十月，制官人者咸令自舉。殺文昌左相岑長倩、納言歐陽通、地官尚書格輔元。

三年正月，親祀明堂。春一月，冬官尚書楊執柔同鳳閣鸞臺平章事。三月，五天竺國併遣使朝貢。四月，大赦天下，改元爲如意，禁斷天下屠殺。秋七月，大雨，洛水泛溢，漂流居人五千餘家，遣使巡問賑貸。八月，魏王承嗣爲特進，建昌王攸寧爲冬官尚書，楊執柔爲地官尚書，併罷知政事。秋官侍郎崔元琮爲鸞臺侍郎，夏官侍郎李昭德爲鳳閣侍郎，檢校天官侍郎姚璹爲文昌左丞，地官侍郎李元素爲文昌右丞，併同鳳閣鸞臺平章事。九月，大赦天下，改元爲長壽。改用九月爲社，大酺七日。并州改置北都。冬十月，武威軍總管王孝傑大破吐蕃，復龜茲、于闐、疏勒、碎葉鎮。

二年春一月，親享明堂。癸亥，殺皇嗣妃劉氏、竇氏。臘月，改封皇孫成器爲壽春郡王，恒王成義爲衡陽郡王，隆基爲臨淄郡王，衛王隆範爲巴陵郡王，隆業爲彭城郡王。春二月，尚方監裴匪躬坐潛謁皇嗣，腰斬於都市。秋九月，上加金輪聖神皇帝號，大赦天下，大酺七日。辛丑，司賓卿豆盧欽望爲內史，文昌右丞韋巨源同鳳閣鸞臺平章事，秋官侍郎陸元方爲鸞臺侍郎、同鳳閣鸞臺平章事。

三年春一月，親享明堂。三月，鳳閣侍郎李昭德檢校內史，鸞台侍郎蘇味道同鳳閣鸞臺平章事。韋巨源爲夏官侍郎，依舊知政事。四月，夏官尚書王孝傑同鳳閣鸞臺三品。五月，上加尊號爲越古金輪聖神皇帝，大赦天下，改元爲延載，大酺七日。秋八月，司賓少卿姚璹爲納言。左肅政御史中丞楊再思爲鸞臺侍郎，洛州司馬杜景儉爲鳳閣侍郎，仍併同鳳閣鸞臺平章事。梁王武三思勸率諸蕃酋長奏請大徵斂東都銅鐵，造天樞於端門之外，立頌以紀上之功業。九月，內史李昭德左授欽州南賓縣尉。冬十月，文昌右丞李元素爲鳳閣鸞臺平章事。證聖元年春一月，上加尊號曰慈氏越古金輪聖神皇帝，大赦天下，改元，大酺七日。戊子，豆盧欽望、韋巨源、杜景儉、蘇味道、陸元方併左授趙、鄜、集、綏等州刺史。丙申夜，明堂災，至明而併從煨燼。庚子，以明堂災告廟，手詔責躬，令內外文武九品已上各上封事，極言正諫。春二月，上去慈氏越古尊號。秋九月，親祀南郊，加尊號天册金輪聖神皇帝，大赦天下，改元爲天册萬歲，大辟罪已下及犯十惡常赦所不原者，咸赦除之，大酺九日。

萬歲登封元年臘月甲申，上登封於嵩岳，大赦天下，改元，大酺九日。丁亥，禪於少室山。己丑，又制內外官三品已上通前賜爵二等，四品已下加兩階。洛州百姓給復二年，登封、告成縣三年。癸巳，至自嵩岳。甲午，親謁太廟。春三月，重造明堂成。夏四月，親享明堂，大赦天下，改元爲萬歲通天，大酺七日。以天下大旱，命文武官九品以上極言時政得失。五月，營州城傍契丹首領松漠都督李盡忠與其妻兄歸誠州刺史孫萬榮殺都督趙文翽，舉兵反，攻陷營州。盡忠自號可汗。乙丑，命鷹揚將軍曹仁師、右金吾大將軍張玄遇、右武威大將軍李多祚、司農少卿麻仁節等二十八將討之。秋七月，命春官尚書、梁王三思爲安撫大使，納言姚璹爲之副。制改李盡忠爲盡滅，孫萬榮爲萬斬。秋八月，張玄遇、曹仁師、麻仁節與李盡滅戰於西硤石黄麞谷，官軍敗績，玄遇、仁節併爲賊所虜。九月，命右武衛大將軍、建安王攸宜爲大總管以討契丹。并州長史王方慶爲鸞台侍郎，與殿中監李道廣併同鳳閣鸞臺平章事。吐蕃寇涼州，都督許欽明爲賊所執。庚申，王方慶爲鳳閣侍郎，仍依舊知政事。李盡滅死，其黨孫萬斬代領其衆。

冬十月，孫萬斬攻陷冀州，刺史陸寶積死之。十一月，又陷瀛州屬縣。

二年正月，親享明堂。鳳閣侍郎李元素、夏官侍郎孫元亨坐與綦連耀謀反，伏誅。原州都督府司馬洛師德爲鳳閣侍郎、同鳳閣鸞臺平章事。春二月，王孝傑、蘇宏暉等率兵十八萬與孫萬斬戰於硤石谷，王師敗績，孝傑沒於陣，宏暉棄甲而遁。夏四月，鑄九鼎成，置於明堂之庭，前益州大都督府長史王及善爲內史。五月，命右金吾大將軍、河內王懿宗爲大總管，右肅政御史大夫婁師德爲副大總管，右武威衛大將軍沙吒忠義爲前軍總管，率兵二十萬以討孫萬斬。六月，內史李昭德、司僕少卿來俊臣以罪伏誅。孫萬斬爲其家奴所殺，餘黨大潰。魏王承嗣、梁王三思併同鳳閣鸞臺三品。秋八月，納言姚璹爲益州大都督府長史。九月，以契丹李盡滅等平，大赦天下，改元爲神功，大酺七日。婁師德爲納言。冬十月，前幽州都督狄仁傑爲鸞臺侍郎，司刑卿杜景儉爲鳳閣侍郎，併同鳳閣鸞臺平章事。聖曆元年正月，親享明堂，大赦天下，改元，大酺九日。春三月，召廬陵王哲於房州。夏五月，禁天下屠殺。突厥默啜上言，有女請和親。秋七月，令淮陽王武延秀往突厥，納默啜女爲妃。遣右豹韜衛大將軍閻知微攝春官尚書，赴虜庭。八月，突厥默啜以延秀非唐室諸王，乃囚於別所，率衆與閻知微入寇嬀、檀等州。命司屬卿高平王重規、右武威衛大將軍沙吒忠義、幽州都督張仁亶、右羽林衛大將軍李多祚等率兵二十萬逆擊，乃放延秀還。己丑，默啜攻陷定州，刺史孫彥高死之，焚燒百姓廬舍，遇害者數千人。魏王承嗣卒。庚子，梁王三思爲內史，狄仁傑爲納言。九月，建昌王攸寧同鳳閣鸞臺平章事。默啜攻陷趙州，刺史高睿遇害。丙子，廬陵王哲爲皇太子，令依舊名顯，大赦天下，大酺五日。令納言狄仁傑爲河北道行軍元帥。辛巳，皇太子謁太廟。天官侍郎蘇味道鳳閣侍郎、同鳳閣鸞臺平章事。癸未，默啜盡殺所掠趙、定州男女萬餘人，從五回道而去，所至殘害，不可勝紀。

冬十月，夏官侍郎姚元崇、麟台少監李嶠併同鳳閣鸞臺平章事。是月，閻知微自突厥叛歸，族誅之。

二年春二月，封皇嗣旦爲相王。初爲寵臣張易之及其弟昌宗置控鶴府官員，尋改爲奉宸府，班在御史大夫下。左肅政御史中丞魏元忠爲鳳閣侍郎，吉頊爲天官侍郎，併同鳳閣鸞臺平章事。戊子，幸嵩山，過王子晉廟。丙申，幸緱山。丁酉，至自嵩山。

夏四月，吐蕃大論贊婆來奔。秋七月，上以春秋高，慮皇太子、相王與梁王武三思、定王武攸寧等不協，令立誓文於明堂。八月，王及善爲文昌左相，豆盧欽望爲文昌右相，仍併同鳳閣鸞臺三品。冬十月乙亥，幸福昌縣。王及善薨。

三年正月戊寅，梁王三思爲特進，天官侍郎吉頊配流嶺表。臘月辛巳，封皇太子男重潤爲邵王。狄仁傑爲內史。戊寅，幸汝州之温湯。甲戌，至自温湯，造三陽宮於嵩山。春三月，李嶠爲鸞臺侍郎，知政事如故。夏四月戊申，幸三陽宮。五月癸丑，上以所疾康復，大赦天下，改元爲久視，停金輪等尊號，大酺五日。六月，魏元忠爲左肅政御史大夫，仍舊知政事。是夏大旱。秋七月，至自三陽宮。天官侍郎張錫爲鳳閣侍郎、同鳳閣鸞臺平章事；其甥鳳閣鸞臺平章事李嶠爲成均祭酒，罷知政事。壬寅，制曰：『隋尚書令楊素，昔在本朝，早荷殊遇。稟凶邪之德，有諂佞之才，惑亂君上，離間骨肉。搖動冢嫡，寧唯握蠱之禍；誘扇後主，卒成請蹯之釁。隋室喪亡，蓋惟多僻，究其萌兆，職此之由。生爲不忠之人，死爲不義之鬼，身雖幸免，子竟族誅。斯則姦逆之謀，是爲庭訓；險薄之行，遂成門風。刑戮雖加，枝胤仍在，何得肩隨近侍，齒列朝行？朕接統百王，恭臨四海，上嘉賢佐，下惡賊臣。常欲從容於萬機之餘，褒貶於千載之外，況年代未遠，耳目所存者乎！其楊素及兄弟子孫已下，併不得令任京官及侍衛。』九月，內史狄仁傑卒。冬十月甲寅，復舊正朔，改一月爲正月，仍以爲歲首，正月依舊爲十一月，大赦天下。韋巨源爲地官尚書，文昌左丞韋安石爲鸞臺侍郎、同鳳閣鸞臺平章事。丁卯，幸新安，曲赦其縣。壬申，至自新安。十二月，開屠禁，諸祠祭令依舊用牲牢。

大足元年春正月，制改元。二月，鸞臺侍郎李懷遠同鳳閣鸞臺平章事。三月，姚元崇爲鳳閣侍郎，依舊知政事。丙申，鳳閣侍郎張錫坐贓配循州。夏五月，幸三陽宮。命左肅政御史大夫魏元忠爲總管以備突厥。天官侍郎顧琮同鳳閣鸞臺平章事。六月，夏官侍郎李迥秀同鳳閣鸞臺平章事。辛未，曲赦告成縣。秋七月甲戌，至自三陽宮。九月，邵王重潤爲易之讒構，令自死。

冬十月，幸京師，大赦天下，改元爲長安。

二年春正月，突厥寇鹽、夏等州，殺掠人吏。秋九月乙丑，日有蝕之，不盡如鉤，京師及四方見之。冬十月，日本國遣使貢方物。十一月，相王旦爲司徒。戊子，親祀南郊，大赦天下。

三年春三月壬戌，日有蝕之。夏四月庚子，相王旦表讓司徒，許之。改文昌臺爲中臺。李嶠知納言事。六月，寧州雨，山水暴漲，漂流二千餘家，溺死者千餘人。秋七月，殺右金吾大將軍唐休璟。秋九月，正諫大夫朱敬則同鳳閣鸞臺平章事。戊申，相王旦爲雍州牧。是月，御史大夫兼知政事、太子右庶子魏元忠爲張昌宗所譖，左授端州高要尉。京師大雨雹，人畜有凍死者。冬十月丙寅，駕還神都。乙酉，至自京師。

四年春正月，造興泰宮於壽安縣之萬安山。天官侍郎韋嗣立爲鳳閣侍郎、同鳳閣鸞台平章事。朱敬則請致仕，許之。三月，進封平恩郡王重福爲譙王，夏官侍郎宗楚客同鳳閣鸞臺平章事。夏四月，韋安石知納言事，李嶠知內史事。丙子，幸興泰宮六月，天官侍郎崔玄暐同鳳閣鸞臺平章事；李嶠爲國子祭酒，知政事如故。七月丙戌，楊再思爲內史。甲午，至自興泰宮。宗楚客左授原州都督。八月，姚元崇爲司僕卿，知政事；韋安石檢校揚州大都督府長史。冬十月，秋官侍郎張柬之同鳳閣鸞臺平章事。十一月，李嶠爲地官尚書，張柬之爲鳳閣鸞臺平章事。自九月至於是，日夜陰晦，大雨雪，都中人有飢凍死者，令官司開倉賑給。

神龍元年春正月，大赦，改元。上不豫，制自文明元年已後得罪人，除揚、豫、博三州及諸逆魁首，咸赦除之。癸亥，麟臺監張易之與弟司僕卿昌宗反，皇太子率左右羽林軍桓彦範、敬暉等，以羽林兵入禁中誅之。甲辰，皇太子監國，總統萬機，大赦天下。是日，上傳皇帝位於皇太子，徙居上陽宮。戊申，皇帝上尊號曰則天大聖皇帝。冬十一月壬寅，則天將大漸，遺制祔廟、歸陵，令去帝號，稱則天大聖皇后；其王、蕭二家及褚遂良、韓瑗等子孫親屬當時緣累者，咸令復業。是日，崩於上陽宮之仙居殿，年八十三，謚曰則天大聖皇后。二年五月庚申，祔葬於乾陵。睿宗即位，詔依上元年故事，號爲天后，未幾，追尊爲大聖天后，改號爲則天皇太后。太后嘗召文學之士周思茂、范履冰、衛敬業，令撰《玄覽》及《古今内範》各百卷，《青宫紀要》、《少陽政範》各三十卷，《維城典訓》、《鳳樓新誡》、《孝子列女傳》各二十卷，《内軌要略》、《樂書要録》各十卷，《百僚新誡》、《兆人本業》各五卷，《臣範》兩卷，《垂拱格》四卷，併文集一百二十卷，藏於秘閣。

論説

《舊唐書》卷六《則天皇后紀論贊》 治亂，時也，存亡，勢也。使桀、紂在上，雖十堯不能治；使堯、舜在上，雖十桀不能亂；使懦夫女子乘時得勢，亦足坐制羣生之命，肆行不義之威。觀夫武氏稱制之年，英才接軫，靡不痛心於家索，扼腕於朝危，竟不能報先帝之恩，衛吾君之子。俄至無辜被陷，引頸就誅，天地爲籠，去將安所？悲夫！昔掩鼻之讒，古稱其毒；人彘之酷，世以爲冤。武后奪嫡之謀也，振喉絶繈褓之兒，菹醢碎椒塗之骨，其不道也甚矣，亦姦人妒婦之恆態也。然猶泛延讜議，時禮正人。初雖牝鷄司晨，終能復子明辟，飛語辯元忠之罪，善言慰仁傑之心，尊時憲而抑倖臣，聽忠言而誅酷吏。有旨哉，有旨哉！

贊曰：龍漦易貌，丙殿昌儲。胡爲穹昊，生此夔魖？奪攘神器，穢褻皇居。窮妖白首，降鑑何如。

《新唐書》卷四《則天皇后紀贊》 昔都孔子作《春秋》而亂臣賊子懼，其於殺君篡國之主，皆不黜絶之，豈以其盜而有之者，莫大之罪也，不没其實，所以著其大惡而不隱歟？自司馬遷、班固皆作《高后紀》，呂氏雖非篡漢，而盜執其國政，遂不敢没其實，豈其得聖人之意歟？抑亦偶合於《春秋》之法也。唐之舊史因之，列武后於本紀，蓋其所從來遠矣。夫吉凶之於人，猶影響也，而爲善者得吉常多，其不幸而罹於凶者有矣；爲惡者未始不及於凶，其幸而免者亦時有焉。而小人之慮，遂以爲天道難知，爲善未必福，而爲惡未必禍也。武后之惡，不及於大戮，所謂幸免者也。至中宗韋氏，則禍不旋踵矣。然其親遭母后之難，而躬自蹈之，所謂下愚之不移者歟！

又 卷七六《后妃傳上・中宗韋皇后贊》 或稱武、韋亂唐同一轍，武持久，韋亟滅，何哉？議者謂否。武后自高宗時挾天子威福，脅制四海，雖逐嗣帝，改國號，然賞罰己出，不假借羣臣，僭於上而治於下，故能終天年，阽亂而不亡。韋氏乘夫，淫蒸於朝，斜封四出，政放不一，既鴆殺帝，引睿宗輔政，權去手不自知，戚地已疏，人心相挻，玄宗藉其事以撼豪英，故取若掇遺，不旋踵宗族夷丹，勢奪而事淺也。然二后遺後王戒，顧不厚哉！

宋・孫甫《唐史論斷》卷上《廢武后》 論曰：舊唐史書武后傳位於中宗，蓋史官諱其事也，然《桓彦範傳》書武三思以武后爲彦範等所廢，常深憤怨，又於《武后實録》書彦範請太后復辟，臥不語事，是廢之爲實。今迹其實事，書柬之、彦範等遂廢武后，所以明大法也。唐之天下，高祖、太宗之天下也，高宗傳受於祖宗，及其崩也，以子托后，后擅威權，乃逼奪其位，僭竊大號，恣行凶惡，毒流内外，踰二十年，不道至此。若終身無禍，何以作戒於後？況實廢之，安可諱也？若以中宗，武后之子也，彦範等奉子而廢母，於事不順，是不達其理。《春秋》莊公元年三月，夫人孫於齊，此莊公之母也，以悖亂之事去其氏貶之，則《春秋》之法可見矣。武氏奪嗣君之位，變唐國號，凶威虐法，爲害歲久，安得無所貶也？況書廢武氏者，廢其僭竊之號，强大之權，復后之位爾，復后位所以奉祖宗之法，豈不順乎？故用《春秋》之法，爲唐貶絶罪人，且作戒於後也。

宋·佚名《歷代名賢確論》卷七三《則天一·廢立中宗預朝政》

楊夔紀梁公對曰：天后幽中宗之後，有不下閫闈移六合之志，故徐敬業、唐之奇等於揚州起兵，以興復唐室，然皆不旋踵而敗。遂引用酷吏，開羅織之門，以懾伏內外，一日狄梁公獨對，天后曰：『吾自用俊臣、思止來，朝臣知所懼否？』梁公曰：『朝廷小人，不達天命，或有異議，然陛下以木有一實之蠹，將剪樹而棄之乎？錦有一點之汙，將全疋而燔之乎？養隼者誠欲其鷙也，然則鷙於烏鳶乎？鷙於鸞凰乎？鷙而無別，不如不鷙矣。』天后默然。

張唐英曰：武后之起，其始袁天綱言其貴不可言，李淳風亦云當有女主王天下，已在宮中。讀史至此，未嘗不疑也。且二帝三王之盛，其陰陽日者讖緯之説，未之有也。迨漢以來，取天下不以仁義之道，故將假符瑞以惑天下之人，使信而歸之。故董仲舒言三代受命之符，而儒者嘗鄙之。且武氏一女子焉，能感動上帝，而前兆如此哉！上帝之心，又豈故孕育不仁之女子，使之雕琢唐室如此哉！此必武氏僭竊之後，其附麗姦諂之徒，欲自掩其惡，乃神其事，因言天之所啓非由人事也。忽於《李淳風》等傳，增加其言，以惑後人爾。若曰：『不然，則二帝三王之間，賢后妃多矣，上帝胡不前定其至貴之兆，而獨區區私一武氏哉？』以愚觀之，有堯舜禹湯之德，足以王天下，自古符瑞之言，皆不足信也，何止一武氏哉？

張唐英論炎廢中宗爲廬陵王曰：中宗欲以韋后父爲侍中，宰臣裴炎以爲不可，中宗曰：『我讓國與之，豈不得，何惜一侍中？』炎懼入白太后，定策與劉禕之、程務挺、張虔勖入宮挾帝下殿，廢爲廬陵王，立豫王旦爲帝，炎以功封河東侯。嗟乎！裴炎眞庸臣也！且中宗讓國之言，本以炎不與后父侍中，乃激怒之言也，非本意欲擅位於后父也，奈何不思人主發憤之言，遂定策而廢之？設使中宗誠有此意，已爲執政大臣，持天下之柄，當諫曰：『天下者，高祖、太宗之天下，非陛下之天下。陛下若倦於萬幾，欲游神於無爲，逍遙於太上，則當傳之子孫，不可輕議以神器而付於后族，使宗廟絶食。』若終不可諫，尚有伊尹放太甲於桐宮之事，奈何不精思遠慮，遽行霍光昌邑之大事，遂使武氏得志，革姓改氏，誅戮李氏子孫幾盡，豈非炎庸夫一言之失所致乎？若萬乘之君，可容易廢立，則愚恐後世竊國而賣君者踵足而起爾，其後以崔察誣奏誅死，蓋有以召之也。中宗已反正，不斲其棺，庸夫之幸也。

藝文

《全宋詩》卷二七三五《金朋説〈武則天〉》　唐代司晨有牝鷄，滅殘宗室殆無遺。若非仁傑擎天力，李鼎將移屬武媚。

元·葉顒《樵雲獨唱》卷四《唐武則天傳》　天人共憤世皆嫌，垂拱焉能二十年。誰信裙釵珠翠侶，反勝冠冕任英賢。

元·楊維楨《鐵崖詠史》卷五《鸚鵡折翼詞》　武氏嘗夢大鸚鵡兩翼皆折，以告狄仁傑。仁傑喻以鵡者，武氏姓氏也，兩翼爲兩皇子，非也。兩翼折者，易之、昌宗二雛梟首之狀也。爲作鸚鵡折翼詞，末語用胡氏史斷語，曌賊不討，三思不誅，復修武氏之政，而五王受禍。哀哉！

有鳥曰鵡，飛入我後宮。惟家之索牝化雄，食我鳳兮滅我族。養我鴟鴞踐我鶚，皇天悔禍實生我五雄。翦元離，梟元凶。嗟此二雛折爾兩翼，夢以告之將死無所云。胡折翅，又入條桑。我弓不張，惟我雄之傷。

清·嚴如熤《樂園詩稿》卷三《武太后》　龍章鳳質相難工，女主翻成絶代雄。厚德一朝婁僕射，禾良千載狄梁公。南牙竟許辱懷義，北面何殊屈鄧通。漫怨嘉陵成禍水，淮陰已死未央宮。

清·陳啓疇《詠史擬古樂府》卷下《天后辭》　唐高宗上元元年，帝稱天皇，后稱天后，宮中有二聖之稱。

二聖竟何有？天子方拱手。羞縮不妨出諸口。風眩乃將攝天后，漢之娥姁與晉之南風乎？堂堂天后張天樞，易唐爲周廿載餘。雉奴仁懦本先識，自取佩刀帝心惻。木刃窒口悲何極，吁嗟舅氏一言誤而國，何須更責無賴賊。

清·彭定求等《全唐詩》卷五三《宋之問〈則天皇后挽歌〉》　象物行周禮，衣冠集漢都。誰憐事虞舜，下里泣蒼梧。

又　卷六八《崔融〈則天皇后挽歌二首〉》　宵陳虛禁夜，夕臨空山陰。日月昏尺景，天地慘何心。紫殿金鋪澀，黄陵玉座深。鏡奩長不啓，聖主淚沾巾。

前殿臨朝罷，長陵合葬歸。山川不可望，文物盡成非。陰月霾中道，軒星落太微。空餘天子孝，松上景雲飛。

雜録

唐・劉肅《大唐新語》卷八《文章第十八》 則天初革命，大搜遺逸，四方之士應製者向萬人。則天御洛陽城南門，親自臨試。張説對策，爲天下第一。則天以近古以來未有甲科，乃屈爲第二等。其警句曰：『昔三監玩常，有司既糾之以猛；今四罪咸服，陛下宜濟之以寬。』拜太子校書，仍令寫策本於尚書省，頒示朝集及蕃客等，以光大國得賢之美。

又 卷九《諛佞第二十一》 高宗末年，苦風眩頭重，目不能視。則天幸災逞己志，潛遏絶醫術，不欲其愈。及疾甚，召侍醫張文仲、秦鳴鶴診之。鳴鶴曰：『風毒上攻，若刺頭出少血，則愈矣。』則天簾中怒曰：『此可斬！天子頭上豈是試出血處耶！』鳴鶴叩頭請命，高宗曰：『醫之議病，理不加罪。且我頭重悶，殆不能忍，出血未必不佳。朕意決矣。』命刺之。鳴鶴刺百會及腦户出血。高宗曰：『吾眼明矣。』言未畢，則天自簾中頂禮以謝鳴鶴等曰：『此天賜我師也。』躬負繒寶以遺之。高宗甚愧焉。

則天稱尊號，以睿宗爲皇嗣，居東宫。洛陽人王慶之希旨，率浮僞千餘人詣闕，請廢皇嗣而立武承嗣爲太子。召見，兩淚交下。則天曰：『皇嗣我子，奈何廢之？』慶之曰：『神不享非類，今日誰國，而李氏爲嗣也？』則天固諭之令去，慶之終不去，面覆地，以死請。則天務遣之，乃以内印印紙，謂之曰：『持去矣。須見我，以示門者，當聞也。』慶之持紙，去來自若。此後屢見，則天亦煩而怒之，命李昭德賜杖。昭德命左右引出光政門外，昌言曰：『此賊欲廢皇嗣而立武承嗣。』命撲之，眼耳皆血出，乃榜殺之。

又 卷一一《懲戒第二十五》 李義府定策立則天，自中書舍人拜相，與許敬宗居中用事，連起大獄，誅鋤將相，道路以目駭。入則諂諛，出則姦宄，賣官鬻獄，海内囂然。百寮畏憚，如畏天后。高宗知其罪狀，謂之曰：『卿兒子女婿，皆不謹慎，多作罪過。今且爲卿掩覆，勿復如此！』義府憑恃則天，不虞高宗加怒，勃然變色，腮頸俱起，徐對曰：『誰向陛下道此？』高宗曰：『但知我言，何須問我所從得耶！』義府怫然，竟不引過，緩步而出。會右金吾倉曹楊仁穎奏其贓汙，詔劉祥道并三司鞫之。獄成，長流巂州，朝野莫不稱慶。或作『河間道元帥劉祥道破銅山賊李義府露布』，榜之通衢。義府先取人奴婢，及敗，一夕奔散，各歸其家。露布云：『混奴婢而亂放，各識家而競入。』乾封初，大赦，唯長流人不許還。義府憤恚而死，海内快之。

高宗大漸，顧命裴炎輔少主。既而則天以太后臨朝，中宗欲以后父韋玄貞爲侍中，併乳母之子五品官，炎爭以爲不可。中宗不悦，謂左右曰：『我讓國與玄貞豈不得，何爲惜侍中？』炎懼，遂與則天定策，廢中宗爲廬陵王，幽於别所。則天命炎及中書侍郎劉禕之率羽林兵入，左右承則天旨，扶中宗下殿。中宗曰：『我有何罪？』則天曰：『汝欲將天下與韋玄貞，何得無罪？』炎居中執權，親授顧託，未盡匡救之節，遽行伊、霍之謀，神器假人，爲獸傅翼，其不免也宜哉！

又 卷一二《酷忍第二十七》 則天以長孫無忌不附己，且惡其權，深銜之。許敬宗希旨樂禍，又伺其隙。會櫟陽人李奉節告太子洗馬韋季方、監察御史李巢，交通朝貴，有朋黨之事，詔敬宗推問。敬宗甚急，季方自殺，又搜奉節，得私書與趙師者。遂奏言：『趙師即無忌，少發，呼作趙師，陰爲隱語，欲謀反耳。』高宗泣曰：『我家不幸，親戚中頓有惡事。往年高陽公主與朕同氣，與夫謀反。今阿舅復作惡心。近親如此，使我慚見百姓，其若之何？』翌日，又令審問，敬宗奏曰：『請準法收捕。』高宗又泣曰：『阿舅果耳，我決不忍殺之。』竟不引問，配流黔州。則天尋使人逼殺之。涼州長史趙持滿，與韓瑗、無忌姻親，許敬宗懼爲己患，誣其同反。追至京，考訊，歎曰：『身可殺，詞不可辱！』吏更代占而結奏之，遂死獄中。屍於城西，親戚莫敢視。友人王方翼歎曰：『欒布之哭彭越，大義也。周文之掩枯骸，至仁也。絶友之義，蔽主之仁，何以事君！』遂具禮葬之。高宗義之，不問。

又 卷一三《諧謔第二十八》 則天初革命，恐羣心未附，乃令人自舉。供奉官正員之外，置里行、拾遺、補闕、御史等，至有車載斗量之詠。有御史臺令史將入臺，值里行數人聚立門内，令史下驢驅入其間。里行大怒，將加杖罰，令史曰：『今日過實在驢，乞數之，然後受罰。』里行許之，乃數驢曰：『汝伎藝可知，精神極鈍，何物驢畜，敢於御史里行！』諸里行羞赧而止。

《新唐書》卷四四《選舉志上》　又有武舉，蓋其起於武后之時。長安二年，始置武舉。其制，有長垛、馬射、步射、平射、筒射，又有馬槍，翹關、負重、身材之選。翹關，長丈七尺，徑三寸半，凡十舉後，手持關距，出處無過一尺；負重者，負米五斛，行二十步，皆爲中第，亦以鄉飲酒禮送兵部。其選用之法不足道，故不復書。

宋·司馬光《資治通鑑》卷二〇四《唐紀二十·則天順聖皇后上之下》　（天授元年）二月，辛酉，太后策貢士於洛城殿。貢士殿試自此始。

宋·曾慥《類説》卷四《則天改新字》　則天好改新字，有言國中有或，或者惑也，乞以武鎮之，乃改作國，復言武在口中，與囚何異？乃改作圀。

狄仁傑分部

綜　述

《舊唐書》卷六《則天皇后紀》　（垂拱）四年春二月，毀乾元殿，就其地造明堂。山東、河南甚饑乏，詔司屬卿王及善、司府卿歐陽通、冬官侍郎狄仁傑巡撫賑給。【略】

（天授二年）九月，【略】洛州司馬狄仁傑爲地官侍郎、同鳳閣鸞臺平章事。【略】

（萬歲登封二年）八月【略】庚子，梁王三思爲內史，狄仁傑爲納言。【略】

九月【略】丙子，【略】令納言狄仁傑爲河北道行軍元帥。【略】

三年【略】臘月辛巳【略】狄仁傑爲內史。【略】

九月，內史狄仁傑卒。

又　卷八九《狄仁傑傳》　狄仁傑字懷英，并州太原人也。祖孝緒，貞觀中尚書左丞。父知遜，夔州長史。仁傑兒童時，門人有被害者，縣吏就詰之，衆皆接對，唯仁傑堅坐讀書。吏責之，仁傑曰：『黄卷之中，聖賢備在，猶不能接對，何暇偶俗吏，而見責耶！』後以明經舉，授汴州判佐。時工部尚書閻立本爲河南道黜陟使，仁傑爲吏人誣告，立本見而謝曰：『仲尼云：「觀過知仁矣。」足下可謂海曲之明珠，東南之遺寶。』薦授并州都督府法曹。其親在河陽別業，仁傑赴并州，登太行山，南望見白雲孤飛，謂左右曰：『吾親所居，在此雲下。』瞻望佇立久之，雲移乃行。仁傑孝友絶人，在并州，有同府法曹鄭崇質，母老且病，當充使絶域。仁傑謂曰：『太夫人有危疾，而公遠使，豈可貽親萬里之憂！』乃詣長史蘭仁基，請代崇質而行。時仁基與司馬李孝廉不協，因謂曰：『吾等豈獨無愧耶？』由是相待如初。

仁傑，儀鳳中爲大理丞，周歲斷滯獄一萬七千人，無冤訴者。時武衛大將軍權善才坐誤斫昭陵柏樹，仁傑奏罪當免職。高宗令即誅之，仁傑又奏罪不當死。帝作色曰：『善才斫上樹，是使我不孝，必須殺之。』左右矚仁傑令出，仁傑曰：『臣聞逆龍鱗，忤人主，自古以爲難，臣愚以爲不然。居桀、紂時則難，堯、舜時則易。臣今幸逢堯、舜，不懼比干之誅。昔漢文時有盜高廟玉環，張釋之廷諍，罪止棄市。魏文將徙其人，辛毗引裾而諫，亦見納用。且明主可以理奪，忠臣不可以威懼。今陛下不納臣言，瞑目之後，羞見釋之、辛毗於地下。陛下作法，懸之象魏，徒流死罪，俱有等差。豈有犯非極刑，即令賜死？法既無常，則萬姓何所措其手足！陛下必欲變法，請從今日爲始。古人云：「假使盜長陵一抔土，陛下何以加之？」今陛下昭陵一株柏殺一將軍，千載之後，謂陛下爲何主？此臣所以不敢奉制殺善才，陷陛下於不道。』帝意稍解，善才因而免死。居數日，授仁傑侍御史。

時司農卿韋機兼領將作、少府二司，高宗以恭陵玄宮狹小，不容送終之具，遣機續成其功，機於埏之左右爲便房四所，又造宿羽、高山、上陽等宮，莫不壯麗。仁傑奏其太過，機竟坐免官。左司朗中王本立恃寵用事，朝廷懾懼，仁傑奏之，請付法寺，高宗特原之。仁傑奏曰：『國家雖乏英才，豈少本立之類，陛下何惜罪人而虧王法？必欲曲赦本立，請棄臣於無人之境，爲忠貞將來之誡。』本立竟得罪，繇是朝廷肅然。

尋加朝散大夫，累遷度支郎中。高宗將幸汾陽宮，以仁傑爲知頓使。并州長史李沖玄以道出妒女祠，俗云盛服過者必致風雷之災，乃發數萬人別開御道。仁傑曰：『天子之行，千乘萬騎，風伯清塵，雨師灑道，何妒女之害耶？』遽令罷之。高宗聞之，歎曰：『眞大丈夫也！』

俄轉寧州刺史，撫和戎夏，人得歡心，郡人勒碑頌德。御史郭翰巡察隴右，所至多所按劾，及入寧州境內，耆老歌刺史德美者盈路。翰既授館，召州吏謂之曰：『入其境，其政可知也。願成使君之美，無爲久留。』州人方散。翰薦名於朝，徵爲冬官侍郎，充江南巡撫使。吳、楚之俗多淫祠，仁傑奏毀一千七百所，唯留夏禹、吳太伯、季劄、伍員四祠。

轉文昌右丞，出爲豫州刺史。時越王貞稱兵汝南事敗，緣坐者六七百人，籍没者五千口，司刑使逼促行刑。仁傑哀其詿誤，緩其獄，密表奏曰：『臣欲顯奏，以爲逆人申理；知而不言，恐乖陛下存恤之旨。表成復毀，意不能定。此輩咸非本心，伏望哀其詿誤。』特敕原之，配流豐州。豫囚次於寧州，父老迎而勞之曰：『我狄使君活汝輩耶！』相攜哭於碑下，齋三日而後行。豫因至流所，復相與立碑頌狄君之德。

初，越王之亂，宰相張光輔率師討平之。將士恃功，多所求取，仁傑不之應。光輔怒曰：『州將輕元帥耶？』仁傑曰：『亂河南者，一越王貞耳。今一貞死而萬貞生。』光輔質其辭，仁傑曰：『明公董戎三十萬，平一亂臣，不戢兵鋒，縱其暴横，無罪之人，肝腦塗地，此非萬貞何耶？且凶威脅從，勢難自固，及天兵暫臨，乘城歸順者萬計，縋墜四面成蹊。公奈何縱邀功之人，殺歸降之衆？但恐冤聲騰沸，上徹於天。如得尚方斬馬劍加於君頸，雖死如歸。』光輔不能詰，心甚銜之。還都，奏仁傑不遜，左授復州刺史。入爲洛州司馬。

天授二年九月丁酉，轉地官侍郎、判尚書、同鳳閣鸞臺平章事。則天謂曰：『卿在汝南時，甚有善政，欲知譖卿者乎？』仁傑謝曰：『陛下以臣爲過，臣當改之；陛下明臣無過，臣之幸也。臣不知譖者，併爲善友，臣請不知。』則天深加歎異。

未幾，爲來俊臣誣構下獄。時一問即承者例得減死，來俊臣逼脅仁傑，令一問承反。仁傑歎曰：『大周革命，萬物唯新，唐朝舊臣，甘從誅戮。反是實！』俊臣乃少寬之。判官王德壽謂仁傑曰：『尚書必得減死。德壽意欲求少階級，憑尚書牽楊執柔，可乎？』仁傑曰：『若何牽之？』德壽曰：『尚書爲春官時，執柔任其司員外，引之可也。』仁傑曰：『皇天后土，遣仁傑行此事！』以頭觸柱，流血被面，德壽懼而謝焉。既承反，所司但待日行刑，不復嚴備。仁傑求守者得筆硯，拆被頭帛書冤，置綿衣中，謂德壽曰：『時方熱，請付家人去其綿。』德壽不之察。仁傑子光遠得書，持以告變。則天召見，覽之而問俊臣，俊臣曰：『仁傑不免冠帶，寢處甚安，何由伏罪？』則天使人視之，俊臣遽命仁傑巾帶而見使者。乃令德壽代仁傑作謝死表，附使者進之。則天召仁傑，謂曰：『承反何也？』對曰：『向若不承反，已死於鞭笞矣。』『何爲作謝死表？』曰：『臣無此表。』示之，乃知代署也。故得免死。貶彭澤令。武承嗣屢奏請誅之，則天曰：『朕好生惡殺，志在恤刑，渙汗已行，不可更返。』

萬歲通天年，契丹寇陷冀州，河北震動，徵仁傑爲魏州刺史。前刺史獨孤思莊懼賊至，盡驅百姓入城，繕修守具。仁傑既至，悉放歸農畝，謂曰：『賊猶在遠，何必如是，萬一賊來，吾自當之，必不關百姓也。』賊聞之自退，百姓咸歌誦之，相與立碑以紀恩惠。俄轉幽州都督。神功元年，入爲鸞臺侍郎、同鳳閣鸞臺平章事，加銀青光禄大夫，兼納言。仁傑以百姓西戍疏勒等四鎮，極爲凋弊，乃上疏曰：臣聞天生四夷，皆在先王封疆之外，故東拒滄海，西隔流沙，北横大漠，南阻五嶺，此天所以限夷狄而隔中外也。自典籍所紀，聲教所及，三代不能至者，國家盡兼之矣。此則今日之四境，已逾於夏、殷者也。詩人矜薄伐於太原，美化行於江、漢，則是前代之遠裔，而國家之域中。至前漢時，匈奴無歲不陷邊，殺掠吏人。後漢則西羌侵軼漢中，東寇三輔，入河東上黨，幾至洛陽。由此言之，則陛下今日之土宇，過於漢朝遠矣。若其用武荒外，邀功絶域，竭府庫之實，以爭磽确不毛之地，得其人不足以增賦，獲其土不可以耕織，苟求冠帶遠夷之稱，不務固本安人之術，此秦皇、漢武之所行，非五帝、三皇之事業也。若使越荒外以爲限，竭資財以騁欲，非但不愛人力，亦所以失天心也。昔始皇窮兵極武，以求廣地，男子不得耕於野，女子不得蠶於室，長城之下，死者如亂麻，於是天下潰叛。漢武追高、文之宿憤，借四帝之儲實，於是定朝鮮，討西域，平越南，擊匈奴，府庫空虛，盜賊蜂起，百姓嫁妻賣子，流離於道路者萬計。末年覺悟，息兵罷役，封丞相爲富人侯，故能爲天所佑也。昔人有言：『與覆車同軌者未嘗安。』此言雖小，可以喻大。

近者國家頻歲出師，所費滋廣，西戍四鎮，東戍安東，調發日加，百姓虛弊。開守西域，事等石田，費用不支，有損無益，轉輸靡絶，杼軸殆空。越磧喻海，分兵防守，行役既久，怨曠亦多。昔詩人云：『王事靡盬，不能藝稷黍。』『豈不懷歸，畏此罪罟。念彼恭人，涕零如雨。』此則前代怨思之辭也。上不是恤，則政不行而邪氣作；邪氣作，則旱螟生而水旱起，若此，雖禱祀百神，不能調陰陽矣。方今關東饑饉，蜀、漢逃亡，江、淮以南，徵求不息。人不復業，則相率爲盜，本根一搖，憂患不淺。其所以然者，皆爲遠戍方外，以竭中國，爭蠻貊不毛之地，乖子養蒼生之道也。

昔漢元納賈捐之謀而罷珠崖郡，宣帝用魏相之策而棄車師之田，豈不欲慕尚虛名，蓋憚勞人力也。近貞觀年中，剋平九姓，册李思摩爲可汗，使統諸部者，蓋以夷狄叛則伐之，降則撫之，得推亡固存之義，無遠戍勞人之役。此則兵日之令典，經邊之故事。竊見阿史那斛瑟羅，陰山貴種，代雄沙漠，若委之四鎮，使統諸蕃，封爲可汗，遣禦寇患，則國家有繼絶之美，荒外無轉輸之役。如臣所見，請捐四鎮以肥中國，罷安東以實遼西，省軍費於遠方，并甲兵於塞上，則恒代之鎮重，而邊州之備實矣。況綏撫夷狄，蓋防其越逸，無侵侮之患則可矣，何必窮其窟穴，與螻蟻計校長短哉！

且王者外寧必有內憂，蓋爲不勤修政故也。伏惟陛下棄之度外，無以絶域未平爲念。但當敕邊兵謹守備，蓄鋭以待敵，待其自至，然後擊之，此李牧所以制匈奴也。當今所要者，莫若令邊城警守，遠備斥候，聚軍實，蓄威武。以逸待勞，則戰士力倍；以主禦客，則我得其便；堅壁清野，則寇無所得。自然賊深入必有顛躓之慮，淺入必無虜獲之益。如此數年，可使二虜不擊而服矣。

仁傑又請廢安東，復高氏爲君長，停江南之轉輸，慰河北之勞弊，數年之後，可以安人富國。事雖不行，識者是之，尋檢校納言，兼右肅臺御史大夫。

聖曆初，突厥侵掠趙、定等州，命仁傑爲河北道元帥，以便宜從事。突厥盡殺所掠男女萬餘人，從五回道而去。仁傑總兵十萬追之不及。便制仁傑河北道安撫大使。時河朔人庶，多爲突厥逼脅，賊退後懼誅，又多逃匿。仁傑上疏曰：臣聞朝廷議者，以爲契丹作梗，始明人之逆順，或因迫脅，或有願從，或受僞官，或爲招尉，或兼外賊，或是土人，迹雖不同，心則無别。誠以山東雄猛，由來重氣，一顧之勢，至死不回。近緣軍機，調發傷重，家道悉破，或至逃亡，剔屋賣田，人不爲售，內顧生計，四壁皆空。重以官典侵漁，因事而起，取其髓腦，曾無心愧。修築池城，繕造兵甲，州縣役使，十倍軍機。官司不矜，期之必取，枷杖之下，痛切肌膚。事迫情危，不循禮義，愁苦之地，不樂其生。有利則歸，且圖賖死，此乃君子之愧辱，小人之常行。人猶水也，壅之則爲泉，疏之則爲川，通塞隨流，豈有常性。昔董卓之亂，神器播遷，及卓被誅，部曲無赦，事窮變起，毒害生人，京室丘墟，化爲禾黍。此由恩不普洽，失在機先。臣一讀此書，未嘗不廢卷歎息。今以負罪之伍，必不在家，露宿草行，潛竄山澤。赦之則出，不赦則狂，山東羣盜，緣茲聚結。臣以邊塵暫起，不足爲憂，中土不安，以此爲事。臣聞持大國者不可以小道，理事廣者不可以細分。人生恢弘，不拘常法，罪之則衆情恐懼，恕之則反側自安。伏願曲赦河北諸州，一無所問。自然人神道暢，率土歡心，諸軍凱旋，得無侵擾。

制從之。軍還，授內史。聖曆三年，則天幸三陽宮，王公百僚咸經侍從，唯仁傑特賜宅一區，當時恩寵無比。是歲六月，左玉鈐衛大將軍李楷固、右武威衛將軍駱務整討契丹餘衆，擒之，獻俘於含樞殿。則天大悅，特賜楷固姓武氏。楷固、務整，并契丹李盡忠之别帥也。初，盡忠之作亂，楷固等屢率兵以陷官軍，後兵敗來降，有司斷以極法。仁傑議以爲楷固等并有驍將之才，若恕其死，必能感恩效節。又奏請授其官爵，委以專征。制并從之。及楷固等凱旋，則天召仁傑預宴，因舉觴親勸，歸賞於仁傑。授楷固左玉鈐衛大將軍，賜爵燕國公。

則天又將造大像，用功數百萬，令天下僧尼每日人出一錢，以助成之。仁傑上疏諫曰：

臣聞爲政之本，必先人事。陛下矜羣生迷謬，溺喪無歸，欲令像教兼行，睹相生善。非爲塔廟必欲崇奢，豈令僧尼皆須檀施？得筏尚舍，百況其餘。今之伽藍，制過宮闕，窮奢極壯，畫繢盡工，寶珠殫於綴餘飾，瓌材竭於輪奐。工不使鬼，止在役人，物不天來，終須地出，不損百姓，將何以求？生之有時，用之無度，編户所奉游常若不充，痛切肌膚，不辭棰楚。剪僧一説，矯陳禍福，剪髮解衣，仍慚其少。亦有離間骨肉，事均路人，身自納妻，謂無彼我。皆托佛法，詿誤生人。里陌動有經坊，闤闠亦立精舍。化誘倍急，切於官徵；法事所須，嚴於制敕。膏腴美業，倍取其多；水碾莊園，數亦非少。逃丁避罪，併集法門，無名之僧，凡有幾萬，都下檢括，已得數千。且一夫不耕，猶受其弊，浮食者衆，又劫人財。臣每思惟，實所悲痛。

往在江表，像法盛興，梁武、簡文，捨施無限。及其三淮沸浪，五嶺騰煙。列刹盈衢，無救危亡之禍；緇衣蔽路，豈有勤王之師！比年已來，風塵屢擾，水旱不節，徵役稍繁。家業先空，瘡痍未復，此時興役，力所未堪。伏惟聖朝，功德無量，何必要營大像，而以勞費爲名。雖斂僧錢，百未支一。尊容既廣，不可露居，覆以百層，尚憂未徧，自餘廊廡，不得全無。又云不損國財，不傷百姓，以此事主。可謂盡忠？臣今思惟，兼採衆議，咸以爲如來設教，以慈悲爲主，下濟羣品，應是本心，豈欲勞人，以存虛飾。當今有事，邊境未寧，宜寬征鎮之徭，省不急之費。設令雇作，皆以利趨，既失田時，自然棄本。今不樹稼，來歲必饑，役在其中，難以取給。況無官助，義無得成，若費官財，又盡人力，一隅有難，將何救之！則天乃罷其役。是歲九月，病卒，則天爲之舉哀，廢朝三日，贈文昌右相，謚曰文惠。

仁傑常以舉賢爲意，其所引拔桓彥範、敬暉、竇懷貞、姚崇等，至公卿者數十人。初則天嘗問仁傑曰：『朕要一好漢任使，有乎？』仁傑曰：『陛下作何任使？』則天曰：『朕欲待以將相。』對曰：『臣料陛下若求文章資歷，則今之宰臣李嶠、蘇味道亦足爲文吏矣。豈非文士齷齪，思得奇才用之，以成天下之務者乎？』則天悦曰：『此朕心也。』仁傑曰：『荆州長史張柬之，其人雖老，眞宰相才也。且久不遇，若用之，必盡節於國家矣。』則天乃召拜洛州司馬。他日，又求賢，仁傑曰：『臣前言張柬之，猶未用也。』則天曰：『已遷之矣。』對曰：『臣薦之爲相，今爲洛州司馬，非用之也。』又遷爲秋官待郎，後竟召爲相。柬之果能興復中宗，蓋仁傑之推薦也。

仁傑嘗爲魏州刺史，人吏爲立生祠。及去職，其子暉爲魏州司功參軍，頗貪暴，爲人所惡，乃毁仁傑之祠。長子光嗣，聖曆初爲司府丞，則天令宰相各舉尚書郎一人，仁傑乃薦光嗣。拜地官員外郎，蒞事稱職，則天喜而言曰：『祁奚內舉，果得其人。』開元七年，自汴州刺史轉揚州大都督府長史，坐贓貶歙州別駕卒。初，中宗在房陵，而吉頊、李昭德皆有匡復讜言，則天無復辟意。唯仁傑每從容奏對，無不以子母恩情爲言，則天亦漸省悟，竟召還中宗，復爲儲貳。初，中宗自房陵還宮，則天匿之帳中，召仁傑以廬陵爲言。仁傑慷慨敷奏，言發涕流，遽出中宗謂仁傑曰：『還卿儲君。』仁傑階泣賀，既已，奏曰：『太子還宮，人無知者，物議安審是非？』則天以爲然，乃復置中宗於龍門，具禮迎歸，人情感悦。仁傑前後匡復奏對，凡數萬言，開元中，北海太守李邕撰爲《梁公別傳》，備載其辭。中宗返正，追贈司空；睿宗追封梁國公。

又　卷九一《桓彥範傳》　桓彥範，潤州曲阿人也。祖法嗣，雍王府諮議參軍、弘文館學士。彥範慷慨俊爽，少以門蔭調補右翊衛。聖曆初，累除司衛寺主簿。納言狄仁傑特相禮異，嘗謂曰：『足下才識如是，必能自致遠大。』尋擢授監察御史。

又　卷九三《婁師德傳》　萬歲通天二年，入爲鳳閣侍郎、同鳳閣鸞臺平章事。是歲，兼檢校右肅政御史大夫，仍知左肅政臺事，又與王懿宗、狄仁傑分道安撫河北諸州。神功元年，拜納言，累封譙縣子。尋詔師德充隴右諸軍大使，仍檢校河西營田事。聖曆二年，突厥入寇，復令檢校并州長史，仍充天兵軍大總管。是歲九月卒，贈涼州都督，謚曰貞。

初，狄仁傑未入相時，師德嘗薦之，及爲宰相，不知師德薦己，數排師德，令充外使。則天嘗出師德舊表示之，仁傑大慚，謂人曰：『吾爲婁公所含如此，方知不逮婁公遠矣。』

又　卷一〇二《元行沖傳》　元行沖，河南人，後魏常山王素連之後也。少孤，爲外祖司農卿韋機所養。博學多通，尤善音律及詁訓之書。舉進士，累轉通事舍人，納言狄仁傑甚重之。行沖性不阿順，多進規誡，嘗謂仁傑曰：『下之事上，亦猶蓄聚以自資也。譬貴家儲積，則脯臘膎胰以供滋膳，參術芝桂以防屙疾。伏想門下賓客，堪充旨味者多，願以小人備一藥物。』仁傑笑而謂人曰：『此吾藥籠中物，何可一日無也！』九遷至陝州刺史，兼隴右、關内兩道按察使，未行，拜太常少卿。

《新唐書》卷一一五《狄仁傑傳》　張易之嘗從容問自安計，仁傑曰：『惟勸迎廬陵王可以免禍。』會后欲以武三思爲太子，以問宰相，衆莫敢對。仁傑曰：『臣觀天人未厭唐德。比匈奴犯邊，陛下使梁王三思募勇士於市，逾月不及千人。廬陵王代之，不浹日，輒五萬。今欲繼統，非廬陵王莫可。』后怒，罷議。久之，召謂曰：『朕數夢雙陸不勝，何也？』於是，仁傑與王方慶俱在，二人同辭對曰：『雙陸不勝，無子也。天其意者以儆陛下乎！且太子，天下本，本一搖，天下危矣。文皇帝身蹈鋒鏑，勤勞而有天下，傳之子孫。先帝寢疾，詔陛下監國。陛下掩神器而取之，十有餘年，又欲以三思爲後。且姑侄與母子孰親？陛下立廬陵王，則千秋萬歲後常享宗廟；三思立，廟不祔姑。』后感悟，即日遣徐彦伯迎廬陵王於房州。王至，後匿王帳中，召見仁傑語廬陵事。仁傑敷請切至，涕下不能止。后乃使王出，曰：『還爾太子！』仁傑降拜頓首，曰：『太子歸，未有知者，人言紛紛，何所信？』后然之。更令太子舍龍門。具禮迎還，中外大悦。初，吉頊、李昭德數請還太子，而后意不回，唯仁傑每以母子天性爲言，后雖忮忍，不能無感，故卒復唐嗣。

論説

《舊唐書》卷八九《狄仁傑等傳論贊》　天子有諍臣七人，雖無道不失其天下。致廬陵復位，唐祚中興，諍由狄公，一人以蔽。或曰：許之太甚。答曰：當革命之時，朋邪甚衆，非推誠竭力，致身忘家者，孰能與於此乎！仁傑流死不避，骨鯁有彰，雖逢好殺無辜，能使終畏大義。竟存天下，豈不然乎！王方慶干城南海，羽冀東宫，臺閣樞機，無不功濟，所謂君子不器者也。苟非文學，斯焉取斯。璹成都布政，始卒不侔；相國上章，或否或中。且焚明堂而避正殿，固諍何多；黜唐頌而立天樞，一言非措。矧乃妄求符瑞，已失忠貞；精擇楚茅，難禆過咎。不常其德，罔畏承羞。班規諫有才，牧守多善，儲幄之任，可謂得人。

贊曰：犯顔忤旨，返政扶危。是人雜事，狄能有之。終替武氏，克復唐基。功之莫大，人無以師。方慶之才，周旋特立。璹也無常，班能操執。

《新唐書》卷一一五《狄仁傑傳贊》　武后乘唐中衰，操殺生柄，劫制天下而攘神器。仁傑蒙恥奮忠，以權大謀，引張柬之等，卒復唐室，功蓋一時，人不及知。故唐吕温頌之曰：『取日虞淵，洗光咸池。潛授五龍，夾之以飛。』世以爲名言。方高宗舉天下將以禪后，處俊固爭，不使妻乘夫，陰反陽，至姦人銜怨，仇訾以逞。蓋所謂誼形於主耶。敬則一諫，而羅織之獄衰，時而後言者歟！

宋・蘇轍《欒城集・後集》卷一〇《狄仁傑》　母后臨朝，據人君之地而私其親。有志之士，將欲正之，常患不克。漢吕后欲王諸吕，王陵以高帝舊約爭之曰：『非劉氏而王，天下共擊之！背之不可。』言雖直，不見省。陵幸而不死，亦廢不用。唐武后廢廬陵王，立豫王。豫王雖在位，未嘗省天下事。徐敬業爲之起兵於外，裴炎爭之於内，皆不旋踵爲戮，何者？位尊權重，臣下所無奈何，勢必至此也。惠帝之亡也，陳平聽張辟彊計，封王諸吕，吕后安之。故平與周勃得執將相之柄，以伺其間。後復聽陸賈，交歡周勃。將相之權不分，故周勃得入北軍，左袒一呼，而吕氏以亡。豫王既立，武后革命稱帝，追尊祖考，封王子弟，戕殺天下豪俊，志得氣滿，以爲武氏有太山之安矣。狄仁傑雖爲宰相，而未嘗一言。及后欲以三思爲太子，訪之大臣，仁傑乃曰：『臣觀天人未厭唐德。頃匈奴犯邊，陛下使三思募士，逾月不及千人。及使廬陵王，不旬浹得五萬人。今欲立嗣，非廬陵不可。』后怒罷議。久之，復召問曰：『朕數夢雙陸不勝，何也？』對曰：『雙陸不勝，無子也，意者天以此儆陛下耶？文皇帝身蹈鋒刃，百戰以有天下，傳之子孫。先帝寢疾，詔陛下監國。陛下掩神器而取之十餘年矣，又欲以三思爲後，且母子與姑侄孰親？陛下立廬陵王，則千秋萬歲，血食於太廟。三思立宫廟，無祔姑之禮。』后感悟，即日遣徐彦伯迎廬陵於房州而立之。

蓋王陵、裴炎迎禍亂之鋒，欲以一言折之，故不廢則死。陳平、狄仁傑待其已衰而徐正之，故身與國俱全。惟吕后無子，親止於侄，故没身而後變。武后有子，母子之愛，人情之所同，故老而自復。由此觀之，陳、狄之所以成功者，皆以緩得之也。然廬陵既立，而張易之、昌宗未去。仁傑猶置之不問，復授之張柬之，俟其惡稔而後取。豈以禍亂之根生於母子之間？不如是，則必至於毀傷故耶！老氏有言：『將欲歙之，必固張之；將欲弱之，必固强之；將欲廢之，必固興之；將欲奪之，必固與之。』是謂微明，柔勝剛，弱勝强。魚不可以脱於淵，國之利器不可以示人，二公得之矣。

元·鄭玉《師山集》卷二《狄梁公論》 或問曰：『狄梁公，唐之社稷臣也，或者譏其事女主，此説然乎？』予曰：『不然也。公山弗擾以費畔，召子欲往，且曰：「如有用我者，吾其爲東周乎！」佛肸以中牟畔，召子欲往，且曰：「不曰堅乎，磨而不磷？不曰白乎，涅而不緇？」此孔子所以爲聖之時也。武曌以一婦人滅唐篡位，奄有天下，南面稱制，莫敢誰何，此古今所未有之大變也。革命之際，百官宗戚，百姓四夷，合辭而勸進者六萬餘人。方是時也，人心天理，蓋盪然矣，豈復知男女、内外之定位，君臣上下之大倫哉？李昭德雖有姑侄相篡之言，不過詭計以奪武承嗣之權。吉頊雖有請還廬陵王之語，不過爲二張長保富貴之策。不有梁公，心在王室，志復我唐，智識足以破其姦謀，至誠足以折其詐僞，忠言讜論，足以沮其邪心，婉辭曲意，足以興其善念，卒還中宗，又薦張柬之等，誅除姦惡，以成反正之功，則天下爲周，唐室不復，奪攘篡弑之禍，興誅討征伐之事起矣。生靈受禍，何時而已乎？唐之宗社，又豈復有二百餘年之血食哉！予嘗謂梁公事女主，復唐室一事，合於聖人之時，豈但有不可譏議而已乎？爲斯言者，多見其不知量也。

『雖然，予於梁公猶有遺憾焉。孔子爲魯司寇，攝行相事七日而誅少正卯，孔子豈亟亟於誅戮者哉？蓋恐事機之或失，而罪人之幸免也。武曌篡位，至梁公薨，十有七年矣。梁公入相，亦三年矣。方帝在房州，猶懼相去懸隔，萬有不密，則害爲成。今帝已還東宮，朝夕在側，左袒一呼，其有不應者乎？顧乃遷延猶豫，終於相位，必待張柬之之徒以終厥志。梁公之薨，已七十一歲，所薦張柬之又年八十餘矣。使天不假之年，則不幾於失其事機乎？況梁公才識有過人者，使其自爲誅戮之際，必有施爲後日，決無五王葅醢之患矣。抑此，豈直梁公之失哉？亦由當時教化不明，綱常淪廢，不知武曌之爲賊而失誅討之義，以至於此也。《傳》曰：「兵出無名，事故不成。明其爲賊，敵乃可服。」又《春秋》之義，亂臣賊子，人人得而誅之。故陳恆弑其君，孔子請討之，惟恐後。夫武曌之所以貴於天下，與天下所以奉之者，以其爲唐室之后，天下之母也。今武曌改唐國號，滅唐社稷，廢唐宗廟，逐唐人主而篡其位，則是唐之賊矣，又豈得復爲天下之母乎？在廷之臣，皆嘗北面事之，但知其前日爲天下之母，不知其今日爲唐室之賊也。何以言之？武曌之遷上陽宮也，姚崇嗚咽流涕，張柬之曰：「此豈公嗚咽流涕時耶？」崇曰：「前日從諸公討姦惡，人臣之義也。今日別舊君，亦人臣之義也。」夫以姚崇之賢，猶以其爲舊君，在他人又安知其爲賊乎？使當時在廷大臣，有一人之識足以及此，明其爲賊，聲罪而致討焉，綱常一明，人心自振，豪傑風起，不旋踵而誅之矣，又豈使後世，復有遺憾如今日之所云乎？近世胡氏數其九罪，恨當時不卽誅之，後日不追廢之，可謂痛快的切矣。然猶未正名其爲賊也。予故發明胡氏之意，正名武曌之爲賊，使綱常之分大明於天下，後世母后有托以垂簾聽政，包藏禍心，謀爲不軌如武曌之爲者，其忠臣義士，防微杜漸，不俟終日。當其未成也，則有以沮之，若其既成也，則有以誅之，庶幾篡逆之謀息，而禍亂之原塞矣，故特於梁公責備焉。』

明·程敏政《篁墩文集》卷一一《狄仁傑論》 先儒謂狄仁傑未及復中宗，年七十以卒，所薦張柬之等嗣而成之，柬之亦年八十矣，使天不假年，則事機一失，國祚終傾，仁傑之不早計於此，有遺恨焉。是大不然。凡事之成，雖出於人，然其所以成者天也。當武后末年，中宗已還東宮，而仁傑居相位，其間豈無事機可乘而遲回，以至於死，固不可以言智然。中宗既還東宮，則天下者東宮之天下，不言可知。智者於此，正當持重以銷羣慝而要其成，固不可爲萬一嘗試之舉，此仁傑之心，而柬之幸其功，凡此皆天也。就使柬之不幸亦死，而唐命未改，天下豈無狄、張之徒哉？論者乃以其衰，莫不早計爲恨，末矣。文王三分天下有其二，壽幾百年，事紂終其身，至武王年九十有三，輔以太公，亦年八十餘，方始勝殷殺受，大告武成。由是觀之，則文、武、太公之衰，莫不早計甚矣。《傳》曰：『天之所廢，孰能興之？天之所興，孰能廢之？』論者烏足以及此！

明・林弼《林登州集》卷二三《書狄梁公進諫圖》　武氏暴忍權數，穢竊宸極，親若二子，猶不見容，唐祀不絶如帶矣。幸梁公特被信重，而公周旋其間，所以不忍引去者，爲李氏地也。他日折三思，復廬陵，卒於移周爲唐，微公反復進諫之力，將何賴哉？嗚呼，忠矣！

明・孫緒《沙溪集》卷一四《雜著・無用閒談》　狄仁傑之失身武后，與馮道之徘徊五季，其罪等耳。君子深鄙於道，而不責於仁傑者，道爲身謀，仁傑爲唐謀也。

清・吴孟堅《一草亭讀史漫筆二・狄仁傑宋璟》　貞觀諸大臣如魏徵輩，人主稱其忠，後世美其純。蓋所處盛時爲幸耳。及則天擅政，李氏幾絶，而狄公念念唐室，挽回天下。唐之所以復血食者，狄公爲之也。時宋璟居下位，剛方獨持，後且振復朝綱，幾同貞觀。斯二公者，乃眞純忠也。魏徵輩可同日語哉！

宋・李彌遜《筠溪集》卷一〇《狄仁傑感悟武后卒復唐嗣》　議曰：武后擅有天下，在位日久，變置之謀既成，而仁傑一言遂反唐祚，難矣。蓋后知爲身謀而不知爲天下計，仁傑爲天下計而籍后之利害以悟其心，故言之出不得不爲之感動也。自古無不可諫之君，無不可回之事，在進言者得其道而已。

清・陳廷敬《午亭文編》卷三二《表論・狄仁傑舉子論》　武后令宰相各舉尚書郎一人，狄仁傑舉其子光嗣，時比之祁奚失其指矣。蓋與左師觸龍諫趙太后，請長安君爲質事絶相類。當時武承嗣、武三思營求爲太子，仁傑每從容進諫，勸召還廬陵王。他日武后語仁傑夢鸚鵡兩翼折，仁傑對以武者陛下之姓，兩翼謂二子，起二子則兩翼振矣。鸚鵡之翼釋以二子權也，舉子之事亦權也，而遂正告之矣。故左師之憐舒祺，仁傑之舉光嗣，其迹雖殊，所以感其心者則一也。卒之長安君爲質於齊而趙國不被兵，中宗復辟而唐社稷卒不變。嘗觀李德裕《忠諫論》，言近世名臣，王石泉居相時，以子爲眉州司士。太后嘗問曰：『君在相位，子何遠乎？』對曰：『廬陵是陛下愛子，今猶在遠，臣之子焉敢相近？』故知人臣進諫，正告之不能得者，有時乎用權。然權者，豈人臣之得已哉！人主貴察其心而已矣。

清・愛新覺羅・玄燁《聖祖仁皇帝御製文集第二集》卷三九《狄仁傑卒太后泣云朝堂空矣》　仁傑在當時爲諸臣第一，武后亦以第一流目之。人臣特患不能竭忠爲國爾，若果盡誠無二，不以身家爲念，雖當艱危之際，亦可深蒙主眷，況朝廷清明乎？

清・張廷玉等《皇清文穎》卷四《和親王弘晝〈婁公盛德論〉》　孟子曰：『觀近臣以其所爲主，觀遠臣以其所主。』蓋君子小人，各從其類，是以泰否之，拔茅連茹不同也。如狄仁傑之見用，以扶唐室由婁師德所薦。觀仁傑之所樹立，可以定師德之爲人矣。當武氏廢唐篡立之秋，宗族誅戮殆盡，正士君子，隱而難仕之時也。而仁傑獨能毅然自任，若預知李氏之必興，武氏之必敗，而優游歲月，卒以成功。嗚呼！此殆非常人之所能爲也，仁傑可謂忠矣。而當時薦仁傑者，實師德也。師德在河隴四十餘年，恭勤不怠，而秉性沉厚寬恕，民夷安之，論者以爲師德之功於是乎在。吾以爲治隴之功小，薦賢之功大，民夷相安之功細，而薦仁傑以復興唐室之功巨也。師德拔仁傑於衆人之中，未嘗少露其意於仁傑，仁傑與之同僚而不以知人目之，至太后言之，而仁傑乃曰：『婁公盛德，我爲其所包容久矣，吾不得窺其際也。』吁，自古薦人者多矣，其薦之而望其感德，引爲羽翼者，此下焉者也。

藝文

唐・高適《高常侍集》卷四《狄梁公仁傑》　梁公乃貞固，勳烈垂竹帛。昌言太后朝，潛運儲君策。待賢開相府，共理登方伯。至今青雲人，猶是門下客。

唐・呂温《呂衡州集》卷九《狄梁公立廬陵王傳贊併序》　梁公以武氏篡盜，國命如綴，翊安宗社，非我而誰？是用蒙大恥，履大險，聳節振義，以持世心。閑高祖天下於方寸之地，盜力雖盛，莫之敢窺，唐復爲唐，繄公是賴。後代昧者，頗歸功於五臣，殊不知五臣之功，公所授也。客有以李北海所傳示予者，述廬陵廢立之際，見公如生，貽諸將來，可以不惑，敢攄憤而贊之詞曰：

於休梁公，社稷之臣，濡迹應變，與唐屈伸。妖虹橫天，鳴牝專晨。

獨立大道，指南生人。闔辟有期，命先我時。乃建國本，代天張機。取日虞泉，洗光咸池。潛授五龍，夾之以飛。臨終指麾，皇業再基。運起身後，功成不知，穆若清風。嶷然宏規。凡爲臣者，可不度思？

宋·黄庭堅《山谷集·外集》卷七《狄梁公》 鯨波横流砥柱，虎口活國宗臣。小屈弦歌百里，不誣天下歸仁。

宋·王十朋《梅溪集·前集》卷一〇《狄仁傑》 武火方炎李欲灰，忠良何力可能回？斗南人有擎天手，爲向虞淵取日來。

宋·徐鈞《史詠詩集》卷下《唐·人臣·狄仁傑》 天理何曾一日亡，始終感情爲存唐。平生獨有知人鑑，身後功名付老張。

宋·蘇轍《欒城集·後集》卷一《讀史六首·其六》 江河浪如屋，要須滄海容。可憐狄仁傑，猶復負婁公。

宋·徐積《節孝集》卷一七《書狄梁公傳》 李氏山河勢若終，手提長劍截長虹。請將唐室中興事，可比汾陽再造功。直道不爲邪黨敗，逆鱗深得諍臣風。儒生若有逢時幸，未必勳勞盡在公。

宋·趙抃《清獻集》卷二《彭澤狄梁公祠》 賢正屯蒙日，陰邪會用時。人從萬死過，誰肯一言危？毒意回天后，忠誠薦柬之。復唐三百載，留得枕江祠。

宋·周紫芝《太倉稊米集》卷三五《詩四十六首·過狄梁公墓》 高后王諸吕，漢鼎幾半傾。絳侯入北軍，有意誅鯢鯨。兵纏未央殿，血濺長安城。禄輩僅誅滅，四海殊雷驚。唐家女主禍，未可方西京。艾猳剪宗枝，賊計殊未成。三思本麼麽，白麵不足黥。舉朝無直節，但畏羅織刑。梁公挾大計，赤手無寸兵。爲言不祔姑，禍止談笑平。功比漢諸人，優劣不用評。事苟以理勝，口舌亦可爭。師曲舉必敗，勢力未易憑。老婦雖至愚，理在見自明。不然此危邦，詎可一言興？

宋·陳起《江湖小集》卷九五《狄仁傑》 狄請使絶域，柳甘易播州。爲憐劉母在，深恐鄭親憂。

宋·陳思《兩宋名賢小集》卷三七一《圖詩·狄仁傑白雲親舍圖》 駐馬回頭眺碧空，河陽在望去匆匆。吾親雖舍白雲下，豈出梁公一念中。

宋·秦觀《淮海集》卷三一《告狄梁公廟文》 惟公昔以盛德，爲唐名臣，嘗刺此州，風流具存。越王之禍，玉石俱焚，二千餘人，賴公獲免。宜千萬年血食茲土，豫之子孫，報仰何窮？舊祠迫隘，不稱明靈，爰築新室，以安貌像，敢涓時日，薦告於庭。

宋·李昉等《文苑英華》卷八七七《馮宿〈魏府狄梁公祠堂碑〉》 后不可以獨臨，必誕生岳靈，扶既傾，繫將絶，茲梁國狄公是已，興於天授之朝，藴深謀，奮奇節也。物不可以終否，必繼起邦杰，欽往績，懋來功，茲沂國田公是已，挺乎河朔之郊，創新祠，修舊典也。初梁公出牧於魏，實宜斯人，罔遂乞留，則深遺愛。闔境同力，生祠其神，畏威懷仁，如在乎上，祈恩徼福，亦若有答。洎胡起幽陵，毒痡中邦，腥膻遺餘，漸漬甿俗，六十年於茲矣。戰血滿野，忠魂歸天，階戺之容，隱嶙猶在。元和壬辰歲，我天子恢拓千古之不庭，凡在率土，罔不來服。維元侯保和一心之有衆，舉茲列城，表正多方，歸職貢而奉官司，尊漢儀而秉周禮。鳳鳴而梟音革，蘭芳而棘刺死，甘醴涌而盜泉竭，慶雲飛而濁祲消，四郊廓清，萬方丕變。然後辯正封疆，諮謀耋老，得是舊址，作爲新祠。鳩材僝功，蕆事頒役，上下有度，東西惟序，披圖以立儀像，據品以昭命數，不僭不偪，經之營之，越十月五日，厥功成。沂國公於是乎請護軍迨賓僚、將校、虎貔之羣，撰吉而致饗焉。先一日，執事設次於門西，設柔毛、翰音、腯盾肥、鮮薨之具以俟。詰朝公至，則改命服於次，率護軍等升拜，將校以下，敍拜於堂下。公親酌以奠，揚觶而言曰：『昔者皇風中微，陰沴勃興，六宫弄其神器，萬乘遜於羅川。生人之耳目盡回，元老之肺肝彌固，蹈履虎尾，攘奪鯨口，薙除蔓草，扶持忠賢。元良克正，萬國居貞，秘策潛授，五王奮起，包復夏之大業於心術，貽安劉之永圖於身後，再造唐室，時維梁公。顧不腆之是羞，獲守斯土，實羣帥與三軍之衆，逮封内之黎老，勤請於天王。天王重韙斯人而鑑厥誠，未及浹辰，而璽書金印，命服瑞節，一日駢至。於是又頒非常之清問，下莫大之洪澤，馬逐逐，車闐闐，野接迹，空駕肩。彼感心與喜氣，固已翔九天而滲九泉。今所靡遑寧居，思有上報，竊慕神之志義，景神之忠功，薦神於此堂，吉辰良日，以微懇陳告。至於修廢繼絶，興仁樹善，乃守臣之職，烏敢爲名。』再拜而退。由是六州之人士，知狄公之崇德可享，而田公斯言可復也。《詩》云：『維其有之，是以似之。』乃作銘曰：

奕奕新祠，於魏之疆。巖巖梁公，惠此一方。其惠伊何，其人則亡。

在昔通天，戎虜猖狂。衝陷連城，勢莫與亢。山東繹騷，駘籍犬羊。顧是都會，孰能保障。天后召公，飛傳靡遑。至自彭澤，屹爲金湯。以逸待勞，以柔摧剛。緩賦寬役，勉農勸桑。外示無虞，内爲之防。虜則引歸，歲獲大穰。人荷公來，踴躍歡康。人惜公遷，泣涕彷徨。援刀割膚，守闕上章。終然不克，詎可弭忘。衆心欲成，經始斯堂。立公儀形，薦此馨香。於此祝之，萬壽無疆；於以歌之，久久垂芳。追惟我公，實邦之良。岐嶷有聞，金玉其相。學以時習，闇然日彰。文武是經，謨謀允臧。測圭知正，涵鼎難量。碩大博厚，靖和端莊。逮使絶域，義聲孔揚。居憂致感，有鳥呈祥。盱於天理，決獄平當。亟觸龍鱗，驟探虎狼。西門沈巫，汲直開倉。蜀守興學，晉臣撫牀。公兼有之，謇謇在旁。宣威中權，論道上庠。慰薦幽仄，懷來暴强。天授以還，燎火無光。藹藹本枝，困於斧斨。下適人願，上回天綱。拜洛受圖，非劉而王。后實當扆，唐遷於房。時維正色，中激剛腸。婪伊侈謀，將易儲皇。公陳不可，校短推長。血瀝太階，心祈彼蒼。長戈倒日，勁草横霜。一柱嶷然，四維重張。帝拜元老，春歸少陽。潛安爪牙，密布棟梁。七日變疾，五月興唐。道優三仁，力茂一匡。始終無愧，夷夏所望。維此魏邦，實維樂康。燕寇之後，中爲戰場。何人不鰥，靡室不喪。祠宇煨燼，階除虛荒。故老懷思，遺盱慨慷。猶依封畛，時奠壺觴。否道既傾，聖曆會昌。元和御宸，天子垂裳。九夷八蠻，山梯海航。禮備樂陳，執贄奉璋。思我懷人，寘彼周行。是生沂公，忠順激昂。劍久埋獄，錐能處囊。道言愔愔，武烈洸洸。業尚管蕭，化臻龔黄。掃除氛祲，弔恤灾傷。尾斷蜂蠆，苗鋤莠稂。萬夫歸誠，有死無將。天子嘉之，霈澤瀼瀼。龍節虎旗，玉珮金鐺。班其慶賜，覃其潛翔。沂公滋恭，俯伏兢惶。愧負山嶽，誓酬毫芒。乃建新祠，媲彼某棠。航其厦屋，繚以周牆。吉躅羞容，羽衛兩廂。仰止何遠，中心是藏。地回沙麓，河抱衡漳。刻勒豐碑，揭乎中央。

宋・范仲淹《范文正集》卷一一《碑銘・唐狄梁公碑》　天地閉，孰將辟焉？日月蝕，孰將廓焉？大厦仆，孰將起焉？神器墜，孰將舉焉？巖巖乎！克當其任者，惟梁公之偉歟。

公諱仁杰，字懷英，太原人也。祖宗高烈，本傳在矣。公爲子，極於孝；爲臣，極於忠。忠孝之外揭如日月者，敢歌於廟中。公嘗赴并州掾過太行山，反瞻河陽，見白雲孤飛。曰：『吾親在其下。』久而不能去。左右爲之感動。詩有《陟岵陟屺傷》。君子於役，弗忘其親之深。於嗟乎，孝之至也，忠之所由生乎！

公嘗以同府掾當使絶域，其母老疾。公謂之曰：『奈何重太夫人萬里之憂！』詣長史府請代行。時長史司馬方睚眦不協，感公之義，歡如平生。於嗟乎：與人交而先其憂，况君臣之際乎！

公爲大理寺丞，決諸道滯獄萬七千人，天下服。其平武衛將軍權善才，坐伐昭陵柏，高宗命戮之。公抗奏不卻。上怒曰：『彼致我不孝！』左右策公令出。公前曰：『陛下以一樹而殺一將軍，張釋之所謂假有盗長陵一抔土，則將何法以加之？臣豈敢奉詔詔陛下於不道！』帝意解，善才得恕死。於嗟乎，執法之官，患在少恩，公獨愛君以仁，何所存之遠乎！

高宗幸汾陽，宫道出妒女祠，下彼俗謂盛服過者，必有風雷之灾。并州發數萬人别開御道。公爲知，頓使曰：『天子之行，風伯清塵，雨師灑道，彼何害哉？』遽命罷其役。又公爲江南巡檢使，奏毁淫祠千七百所。所存惟夏禹、太伯、季子、伍員四廟。曰：『安使無功血食，以亂明哲之祠乎！』於嗟乎，神猶正之，而况於人乎！

公爲寧州刺史，能撫戎夏。郡人紀之碑。及還豫州，會越王亂後，緣坐七百人，籍没者五千口。有使促行刑，公緩之，密表以聞曰：『臣言似理逆人，不言則辜陛下好生之意，表成復毁，意不能定。彼咸非本心，唯陛下矜焉。』敕貸之流於九原郡道。出寧州，舊治父老迎而勞之，曰：『我狄使君活汝輩耶！』相携哭於碑下，齋三日而去。於嗟乎，古謂民之父母，如公則過焉！斯人也，死而生之，豈父母之能乎！

時宰相張光輔率師平越王之亂，將士貪暴。公拒之，不應。光輔怒曰：『州將忽元帥耶！』對曰：『公以三十萬衆除一亂臣，彼脅從輩聞王師來，乘城而降者萬計。公縱暴兵殺降以爲功，使無辜之人肝腦塗地！如得尚方斬馬劍加於君頸，雖死無恨！』光輔不能屈，奏公不遜，左遷復州刺史。於嗟乎，孟軻有言，威武不能挫，是爲大丈夫，其公之謂乎！

爲地官侍郎同鳳閣鸞臺平章事，爲來俊臣誣構下獄。公曰：『大周革命，萬物惟新，唐朝舊臣，甘從誅戮。』因家臣告變得免死，貶彭澤令。獄吏嘗抑公誣引楊執柔，公曰：『天乎！吾何能爲！』以首觸柱，流血被面。彼懼而謝焉。於嗟乎，陷阱之中，不義不爲，況廟堂之上乎！

契丹陷冀州，起公爲魏州刺史以禦焉。時河朔震動，咸驅民保郛郭。公至，下令曰：『百姓復爾業，寇來吾自當之！』狄聞風而退。魏人爲之立碑。未幾入相，請罷戍疏勒等四鎮以肥中國，又請罷安東以息江南之饋輸，識者韙之。突厥再寇，趙定間出。公爲河北道元帥，狄退就命公爲安撫大使前爲突厥。所脅從者咸逃散山谷。公請曲赦河北諸州，以安反側。朝廷從之。於嗟乎，四方之事，知無不爲，豈虛尚清談而已乎！

公在相日，中宗幽房陵，則天欲立武三思爲儲嗣。一日問羣臣可否，衆皆稱賀。公退而不答。則天曰：『無乃有異議乎？』對曰：『有之一。昨陛下命三思募武士，歲時之間數百人及命。廬陵王代之，數日之間應者十倍。臣知人心未厭唐德。』則天怒令策出。又一日則天謂公曰：『我夢雙陸不勝者，何對？』曰：『雙陸不勝，宮中無子也！』復命策出。人一日，則天有疾，公入問閤中。則天曰：『我夢鸚鵡雙翅折者，何對？』曰：『武者陛下之姓，相王廬陵王則陛下之羽翼也，是可折乎！』時三思在側，怒發赤色。則天以公屢言不奪，一旦感悟，遣中使密召廬陵王矯衣而入，人無知者。乃召公坐於簾外而問曰：『我欲立三思，羣臣無不可者，俟公一言從之，則與卿長保富貴，不從則無復得與卿相見矣！』公從容對曰：『太子天下之本，本一搖而天下動。陛下以一心之欲，輕天下之動哉！太宗百戰取天下，授之子孫，三思何與焉？昔高宗寢疾，令陛下權親軍國，陛下奄有神器數十年，又將以三思爲後，如天下何？且姑與母孰親？子與侄孰近？立廬陵王，則陛下萬歲後享唐之血食；立三思則宗廟無祔姑之禮。臣不敢愛死以奉制陛下其圖焉！』則天感泣，命褰簾使廬陵王拜公。曰：『今日國老與汝天子！』公哭於地。則天命左右起之，拊公背曰：『豈朕之臣？社稷之臣耶！』已而奏曰：『還宮無儀，孰爲太子？』復置廬陵王於龍門，備禮以迎中外大悅。於嗟乎，定天下之業，斷天下之疑，其至誠如神雷霆之威，不得而變乎！

則天嘗命公擇人，公曰：『欲何爲？』曰：『可將相者。』公曰：『如求文章，則今宰相李嶠、蘇味道足矣！豈文士齷齪，思得奇才，以成天下之務乎？荊州長史張柬之眞宰相，才誠老矣。一朝用之，尚能竭其心。』乃召拜洛州司馬。他日又問人於公，對曰：『臣前言張柬之，雖遷洛州猶未用焉。』改秋官侍郎，及召爲相。果能誅張易之輩，返正中宗，復則天爲皇太后。於嗟乎，薄文華、重才實其知人之深乎！

公之勳德不可殫言，有論議數十萬言，李邕載之別傳。論者謂松柏不夭，金石不柔，受於天焉。公爲大理丞，抗天子而不屈；在豫州日，拒元帥而不下；及居相位而能復廢主以正天下之本。豈非剛正之氣，出乎誠性，見於事業，當時優遊薦紳之中。顛而不扶，危而不持者，亦何以哉！

某貶守鄱陽，移丹徒郡，道過彭澤，謁公之祠而述焉。又係之云商有三仁，弗救其滅；漢有四皓，正於未奪。嗚呼！武暴如火，李寒如灰，何心不隨，何力可回！我公哀傷，拯天之亡，逆長風而孤騫，訴大川以獨航。金可革，公不可革，孰爲乎！剛地可動，公不可動，孰爲乎！方一朝感通，羣陰披攘。天子既臣而皇，天下既周而唐，七世發靈，萬年垂光。噫！非天下之至誠其孰能當！

金·趙秉文《滏水集》卷八《昌平狄梁公廟》 力扶滄海將頹日，目送西山不盡雲。一邑豈能專惠愛，至今天下不名君。

元·陳孚《陳剛中詩集》卷三《昌平縣狄梁公廟》 七尺衣冠儼古祠，一生身佩國安危。至今遼海殘霞外，猶有虞淵取日時。

元·王惲《秋澗集》卷三〇《讀狄梁公傳》 魚鱉霑恩徧九垓，鳳池春色接鸞臺。敝袍不染梁公血，辨作幽圄一聚埃。

元·同恕《讀狄梁公傳》 陽德猶虞入諫難，更堪乳虎臥天關。區區口舌爭唐祚，不是精忠豈得還？

狼虎猶全父子仁，如何私慾滅天倫？千秋廟食無姑鬼，能悟君心有此臣。

元·王奕《玉斗山人集》卷二《題彭澤舊縣狄梁公祠》 周紀唐綱一線間，旋乾容易轉坤難。不將廟祔來雄辨，焉得宗祧可再安？國事固當元老定，德碑留與具臣看。寄言彭澤親民者，須學好人爲好官。

元·張翥《元音》卷一《楊果〈過狄仁傑墓〉》 牝鷄聲里紫宸寒，神器都歸竊弄間。一語喚回鸚鵡夢，九霄奪得鳳雛還。荒墳寂寞臨官道，清節孤高重泰山。爲問模棱蘇相國，當時相見果何顏？

元·楊維楨《鐵崖古樂府》卷八《覽古》　世疑狄文惠，不知婁師德。婁公吾不賢，此意人未識。古來嫌忌間，吾道憂比迹。

明·孫承恩《文簡集》卷四一《狄梁公仁傑》　妖后亂唐，王祚欲絶。批龍扼虎，幾蹈禍烈。撥亂反正，捧日再升。社稷之功，孰能與爭。

明·曹學佺《石倉歷代詩選》卷三九九《狄仁傑》　殘局爭看一子留，唐臣終不爲周謀。夢回鸚鵡誰能識，還倚雕籠説舊愁。

明·李昱《草閣詩集》卷二《狄仁傑諫復廬陵王圖》　金戈玉戚平四方，英雄只數唐文皇。惜哉龍飛起晉陽，婚風相繼流餘殃。牝鷄之晨及其常，天樞崇崇勢莫當。曌也居然垂衮裳，竟以褒妲談虞唐。鸞臺鳳閣遙相望，合置杞梓羅圭璋。翩然木鶴來求凰，吹笙子晉儼在傍。雲牕霧閣事渺茫，妖狐遂闞東宮牆。嗚呼仙李根摧傷，存者僅有廬陵王。狄公正笏持朝綱，直辭凜凜生秋霜。神堯大器安可攘，儲君不復我涕滂。没身事付桓與張，虞淵日落回重光。瑤圖三百漢共昌，至今青史傳芬芳。

明·薛瑄《敬軒文集》卷七《狄梁公墓》　邙山山下重夷猶，曠世思公涕淚流。荒塚一抔埋義氣，豐碑千古表忠謀。李唐神器危還正，武媚妖氛散復收。更賴紫陽華衮筆，姦邪聞見總包羞。

明·程敏政《篁墩文集》卷八一《謁狄梁公廟》　香火熒煌照翠微，古祠猶在舊城非。殘碑蝕土高三尺，老樹淩霜大十圍。隻手誰扶紅日上，寸心曾繞白雲飛。偶來未及椒漿奠，回首青山帶落暉。

明·李夢陽《空同集》卷三二《狄梁公寧州有廟》　狄相昔爲州刺史，於今伏臘土人思。向來伊水瞻遺墓，此處羌民拜古祠。鸚鵡夢中天地轉，太行山上旆旌遲。稔知忠孝平生事，更讀希文萬古碑。

明·吳寬《家藏集》卷一五《謁狄梁公廟在昌平縣西》　遠從唐室見賢豪，殿上香菸映赭袍。入夜不憂虓虎噬，向晨休報牝鷄號。庭空樹瘦憑誰剖，沙滿磎毛欲自薅。讀罷碑文出門去，史家餘論范公高。

明·徐有貞《武功集》卷五《謁狄梁公祠》　公心本自不臣周，唐祚中興實有謀。故邑遺民猶感德，獨存祠宇向千秋。

明·程敏政《篁墩文集》卷八〇《詩·望狄梁公祠》　崇祠香火傍穹林，想像生容一正衿。猛虎尚馴良吏手，牝鷄能拂老臣心？孤雲渺渺回天末，短日悠悠及歲陰。古道荒榛知不遠，瓣香他日敬來尋。

明·王鏊《震澤集》卷一《狄梁公祠次匏庵韻》　歌中嫵媚亦誠豪，覆醴何人脱御袍。煉石有方天可補，檿弧無驗鬼空號。參苓入籠還爲用，稂莠當階不受薅。南望河陽如在眼，青山無限白雲高。

清·姜宸英《湛園集》卷三《狄梁公廟記》　甚矣，賢者之流澤遠也。八月，予道東鄉歸避雨古廟廡下，仰見題額，塵埃中曰：『唐丞相狄梁公祠。』按《唐書》，梁公嘗以冬官侍郎持節江南巡撫使，而唐貞觀制分天下爲十道，明州屬江南道，爲公使事之所及，其私被德而尸祝之於其鄉里或然也。予既揖而降謂其里人曰：『若知茲祠所由建乎？神何爲者？』曰：『不知也。相傳其爲宰相時，挈女后之天下而致之唐，豈古之忠臣耶？』予曰：『然。然則其廟食於茲也，其亦有靈否乎？』曰：『是惡得無靈？往年有不敬於其父者，見有神若殛之不旋踵已。有不義而謀人之貲及其身者，神殛之亦不旋踵，其爲善者則否。吾春秋享薦，無後時者，是惡得無靈？』

予聞之憮然。按公生平，一爲寧州郡人立碑以頌德，活死罪二千人，相牽率哭碑下，三日乃去。再爲奸臣誣，貶彭澤令，邑人復置生祠奉之。遷魏州，魏人亦德之，爲立祠。其所至得民如此。當其使江南時，毁淫廟以千數，僅存者四。詎意其身，更一千餘年後，瀕海遐僻之鄉，村落之聚，復有所謂狄公者而俎豆之如數邦，且爲之賞善懲惡，降威福於其地哉？亦可異矣。里人曰：『是祠幾毁，行謀葺之，子盍爲之記？』予乃指謂其人曰：『夫公太原人也，其服官足迹，疑未必親至於此。然汝祖父以來皆祀之無異辭者，何哉？以其忠於君而澤於民也。夫忠於君而澤於民，雖非其地之生與未嘗親至其處，而民爭廟祀之不衰。其爲臣則反復不忠，其爲民上則貪且暴，則雖其生長之地與其親歷之處，民愈加疾怨，詈之唾棄之焉，是不可爲人臣者之明鑑乎？非獨此也。汝鄉有善人焉，即徙而之他所，鄉之人必曰：「某固某生也。」其他所人亦必曰：「某地某之所經歷與其葬處也。」夫孰不愛而欲引之近乎？即其違道悖德，爲不善於鄉以没者，不獨其鄉之人疾之，雖其子孫亦以爲恥。問其姓氏，則諱若不聞，指其室廬墳墓，則變色疾趨而過也，夫孰不惡而欲推之遠乎？彼與公爲難者，來俊臣、霍獻可之徒，今皆安在？居其土者，奚待其善惡之著，禍福之及？是尚不可入廟而知警也哉。』里人曰：『善。』遂記其辭於石。

清・黃鵬揚《讀史吟評》卷一《狄仁傑》 優龍履虎尋常事，還汝廬陵社稷功。此是籠中［泐］裘物，醫身醫國妙無窮。

清・謝啓昆《樹經堂詠史詩》卷六《唐・狄仁傑》 白雲遥盼太行上，赤手孤擎北斗南。雙陸局空龍種在，六郎裘禱虎威眈。錦袍制字忠能格，褚帛懷書死豈甘？沐浴虞淵光少海，九重重捧日輪含。

清・張晉《艷雪堂詩集》卷一《讀唐書列傳二十八首・狄梁公仁傑》 白雲親舍望依依，海曲明珠世所稀。妖夢獨佔雙陸讖，孤忠潛挾五龍飛。上方寵錫裁金字，制獄奇冤付楮衣。聞道寧州諸父老，幾人碑下泪齊揮。

清・王廷紹《淡香齋詩草》卷二《唐・狄仁傑》 有周革命我唐臣，一語眞堪質鬼神。幽邸龍看重觀日，聽朝難已罷司晨。泰山雲里思親泪，北斗光中濟世人。吴楚淫祠都毁盡，羨君彭澤廟方新。

清・鮑桂星《覺生詠史詩鈔》卷二《唐・狄仁傑》 誰能絶域代乘騆，北斗之南此一人。妨女道平何用改，憤王祠毁不聞嗔。虞淵取日經綸手，滄海懷珠柱石身。青史論功原不細，獨憐濡迹牝雞晨。

清・曹振鏞《話雲軒詠史詩》卷下《唐・狄仁傑》 太行山上白雲飛，瞻望親闈悵有違。方毁淫祠排虎戟，詎尊妒女避驚旍。賜袍何幸緾金字，書帛猶堪置楮衣。母子情親姑不袝，廬陵從此得迎歸。

清・羅惇衍《集義軒詠史詩鈔》卷三四《唐三・狄仁傑》 滄海珠遺薦剡公，畫師也自識英雄。望雲遊子思親泪，捧日文臣復嗣功。表赦五千人感泣，袍書十二字旌忠。淫祠毁盡生祠建，彭澤於今廟貌崇。

雜録

唐・杜佑《通典》卷一七《選舉五・雜論議中》 聖曆三年二月，武太后令宰相各舉尚書郎一人，狄仁傑獨薦男光嗣，由是拜地官尚書郎，蒞事有聲。太后謂仁傑曰：『祁奚内舉，果得人也。』長安二年，武太后下求賢令，狄仁傑曰：『荆州長史張柬之，其人雖老，眞宰相才也。』乃召爲洛州司馬。他日，又求賢，仁傑曰：『臣前言張柬之。』太后曰：『已遷之矣。』對曰：『臣薦之請爲相也，今爲洛州司馬，非用之。』又遷秋官侍郎。四年，夏官尚書、靈武大總管姚元之將赴鎮，太后令舉堪爲宰相者。元之對曰：『秋官侍郎張柬之沈厚有謀，能斷大事，且其人年老，惟陛下急用之。』遂爲相。

唐・張鷟《朝野僉載》卷三 則天后嘗夢一鸚鵡，羽毛甚偉，兩翅俱折。以問宰臣，羣公默然，内史狄仁傑曰：『鵡者，陛下姓也；兩翅折，陛下二子廬陵、相王也。陛下起此二子，兩翅全也。』武承嗣、武三思連項皆赤。後契丹圍幽州，檄朝廷曰『還我廬陵、相王來』，則天乃憶狄公之言，曰：『卿曾爲我占夢，今乃應矣。朕欲立太子，何者爲得。』仁傑曰：『陛下内有賢子，外有賢侄，取捨詳擇，斷在聖衷。』則天曰：『我自有聖子，承嗣、三思是何疥癬！』承嗣等懼，掩耳而走。卽降敕追廬陵，立爲太子，充元帥。初募兵，無有應者，聞太子行，北邙山頭皆兵滿，無容人處。賊自退散。

又 卷六 秋官侍郎狄仁傑嘲秋官侍郎盧獻曰：『足下配馬乃作驢。』獻曰：『中劈明公，乃成二犬。』傑曰：『狄字犬傍火也。』獻曰：『犬邊有火，乃是煑熟狗。』

唐・劉肅《大唐新語》卷六《舉賢》 張柬之，進士擢第，爲清源丞，年且七十餘。永昌初，勉復應制策。試畢，有傳柬之考入下課者，柬之歎曰：『余之命也。』乃委歸襄陽。時中書舍人劉允濟重考，自下第升甲科，爲天下第一，擢第，拜監察，累遷荆州長史。長安中，則天問狄仁傑曰：『朕要一好漢使，有乎？』仁傑對曰：『臣料陛下若求文章資歷，則今之宰臣李嶠、蘇味道，亦足爲之使矣。豈非文士齷齪，思大才用之，以成天下之務者乎？』則天悦曰：『此朕心也。』仁傑曰：『荆州長史張柬之，其人雖老，眞宰相材也。且久不遇，若用之，必盡於國家。』則天乃召以爲洛州司馬。他日，又求賢。仁傑曰：『臣前言張柬之，尚未用也。』

又 卷九《從善》 郭翰爲御史，巡察隴右，所經州縣，多爲按劾。次於寧州，時狄仁傑爲刺史，風化大行。翰才入境，耆老薦揚之狀，已盈於路。翰就館，以州所供紙筆置於案，召府寮曰：『入境其政可知，願成使君之美。無爲久留，徒煩擾耳。』卽命駕而去。

又 卷一二《酷忍》 周興、來俊臣等，羅告天下衣冠，遇族者不可勝紀。俊臣案詔獄，特造十個大枷：一曰定百脈，二曰喘不得，三曰突地吼，四曰著卽承，五曰失魂魄，六曰實同反，七曰反是實，八曰死豬愁，九曰求卽死，十曰求破家。遭其枷者，宛轉於地，斯須悶絶。又有枷名䶖尾榆，棒名見卽承；復有鐵圈籠頭，名號數十，大略如此。又與其徒侯思止、衛遂忠等，招集告事者數百人，造《告密羅織經》一卷，其意網羅平人，織成反狀。每訊囚，先布枷棒於地，召囚前曰：『此是作具。』見者魂魄飛越，罕不自誣。由是破家者已千數。則天不下階序，潛移六合矣。天授中，春官尚書狄仁傑、天官侍郎任令暉、文昌左丞盧獻等五人，併爲所告。俊臣既以族人爲功，苟引之承反，乃奏請一問卽承同首，例得減死。乃脅仁傑等令承反。仁傑歎曰：『大周革命，萬物維新。唐朝舊臣，甘從誅戮。反是實。』俊臣乃少寬之。其判官王德壽謂仁傑曰：『尚書事已爾，且得免死。德壽今業已受驅策，意欲求少階級，憑尚書牽楊執柔，可乎？』仁傑曰：『若之何？』德壽曰：『尚書昔在春官，執柔任其司員外，引可也。』仁傑曰：『皇天后土，遣仁傑自行此事。』以頭觸柱，血流被面。德壽懼而謝焉。仁傑既承反，所司但待日刑，不復嚴備。仁傑求守者得筆硯，拆被頭帛，書之敍冤，匿置於綿衣中，謂德壽曰：『時方熱，請付家人去其綿。』德壽不之慮。仁傑子光遠得衣中書，持以稱變，得召見。則天覽之憫然，問俊臣曰：『卿言仁傑等反，今子弟訴冤何多也？』俊臣曰：『此等何能自伏其罪，臣寢處甚安，亦不去巾帶。』則天使人視之，俊臣遽命仁傑巾帶。使者將復命，俊臣乃令德壽代仁傑等作《謝死表》，代署附使者進之。則天召仁傑等謂曰：『卿承反何也？』仁傑等曰：『向若不承反，已死於枷棒矣。』則天曰：『何爲作《謝死表》？』仁傑等曰：『無之。』出《表》示之，乃知代署。仁傑等五人獲免。

唐・李亢《獨異志》卷下 唐狄仁傑爲大理寺丞，申中上，考功駁下，問：『有何勞績？』寺復執申曰：『歲凡斷獄一萬二千。』考功特升上下考。

唐狄仁傑爲安撫使，除去淫祠一千二百所。

唐・李浚《松窗雜録》 狄仁傑之爲相也，有盧氏堂姨居於午橋南別墅。姨止有一子，而未嘗來都城親戚家。仁傑每伏臘晦朔，修禮甚謹。常經雪後休假，仁傑因候盧姨安否？適表弟挾弓矢，攜雉兔而來歸，進膳於母，顧揖仁傑，意甚輕簡。仁傑因啓於姨曰：『某今爲相，表弟有何樂從，願悉力從其旨。』姨曰：『相自貴，爾姨止有一子，不欲令其事女主。』仁傑大慚而退。

唐・薛用弱《集異記・集翠裘》 則天時，南海郡獻集翠裘，珍麗異常。張昌宗侍側，則天因以賜之。遂命披裘，供奉雙陸。宰相狄仁傑時入奏事，則天令升坐，因命仁傑與昌宗雙陸。狄拜恩就局。則天曰：『卿二人賭何物？』狄對曰：『爭三籌，賭昌宗所衣毛裘。』則天謂曰：『卿以何物爲對？』昌宗指所衣紫絁曰：『臣以此敵。』則天笑曰：『卿未知此裘價逾千金，卿之所指，爲不等矣。』狄起曰：『臣此袍乃大臣朝見奏對之衣；昌宗所衣乃嬖幸寵遇之服，對臣此袍，臣猶怏怏。』則天業已處分，遂依其說。而昌宗心赧神沮，氣勢索寞，累局連北。狄對御就脫其裘，拜恩而出。至光范門，遂付家奴衣之，促馬而去。

唐・封演《封氏聞見記》卷九《剛正》 狄仁傑爲度支員外郎，車駕將幸汾陽宮。仁傑奉使先修宮頓。并州長史李元沖以道出妒女祠，俗稱有盛衣服車馬過，必致雷風之異，欲別開路。仁傑謂曰：『天子行幸，千乘萬騎。風伯清塵，雨師灑道。何妒女之敢害，而欲避之？』元沖遂止，果無他變。上聞之，歎曰：『可謂眞丈夫也。』後爲冬官侍郎，充江南安撫使。吳楚風俗，時加淫祀。廟凡一千七百餘所。仁傑併令焚之。有項羽神號爲楚王廟，所禱至多，爲吳人所憚。仁傑先放檄書，責其喪失江東八千子弟，而妄受牲牢之薦，然後焚除。

宋・王溥《唐會要》卷二七《行幸》 調露元年九月七日，幸并州，以度支郎中狄仁傑爲知頓使。并州長史李沖元以道出妒女祠，俗云：『盛服過者，必致風雨雷雹之災。』遂發數萬人，別開御道。仁傑曰：『天子之行，千乘萬騎，風伯清塵，雨師灑道，何患妒女之害！』遽令罷之。上聞之，歎曰：『眞大丈夫！』

聖曆三年七月，幸三陽宮，有胡僧邀駕，看葬舍利，上許之。千乘萬騎，咸次於野，內使狄仁傑跪於馬前曰：『佛者夷狄之神，君者天下之主，當重闈難見，居安慮危，上路崎嶇，既爲難衛，庸僧詭惑，何足是憑？且君舉必書，不可不慎。』上中路而還曰：『庶成吾直臣之氣也。』

又　卷五一《識量上》　天授二年，太學生王修之上表，以鄉有水潦，乞假還。上臨軒曰：『情有所切，特宜許之。』地官侍郎狄仁傑跪而言曰：『臣聞君人者，當深視高居，黈纊塞耳，唯生殺之柄，不以假人。至於簿書期會之間，則有司存之而已。故左右丞已下不勾，左右丞相流已上方判，以其漸貴所，況天子乎？且學生假，蓋一丞簿事耳，若特降一敕，則效者相尋，胄子三千，凡須幾敕。爲恩不普，聚怨方深。若聖旨宏慈，不欲違願，請降明制以論之。』上曰：『微卿之言，何以聞善？』

又　卷七五《藻鑑》　聖曆初，狄仁傑爲納言，頗以藻鑑自任，因舉桓彥範、敬暉、崔元暐、張柬之、袁恕己等五人，後皆有大勳。復舉姚元崇等數十人，悉爲公相。聖曆中，則天令宰相各舉尚書郎一人，仁傑獨薦其子光嗣，由是拜地官員外，蒞事有聲。則天謂之曰：『祁奚內舉，果得人也。』

長安二年，則天令雍州長史薛季昶擇寮吏堪爲御史者。季昶以問録事參軍盧齊卿，舉長安縣尉盧懷慎、季休光、萬年縣尉李乂、崔湜、咸陽縣丞倪若水、盩厔縣尉田崇璧、新豐縣尉崔日用，後皆至大官。

《宋史》卷二六九《王質傳》　（王質）還判尚書刑部、吏部南曹，知蔡州。州人歲時祀吳元濟廟，質曰：『安有逆醜而廟食於民者。』毀之，爲更立狄仁傑、李愬像而祠之，蔡人至今號『雙廟』。

宋·李昉等《太平廣記》卷三一三《神二十三·狄仁傑祠》　魏州南郭狄仁傑廟，卽生祠堂也。天后朝，仁傑爲魏州刺史，有善政，吏民爲之立生祠。及入朝，魏之士女，每至月首，皆詣祠奠醊。仁傑方朝，是日亦有醉色。天后素知仁傑初不飲酒，詰之，具以事對。天后使驗問，乃信。莊宗觀霸河朔，嘗有人醉宿廟廊之下。夜分卽醒，見有人於堂陛下，罄折諮事，堂中有人問之，對曰：『奉符於魏州索萬人。』堂中語曰：『此州虛耗，災禍頻仍，移於他處。』此人曰：『諾，請往白之。』遂去，少頃復至，則曰：『已移命於鎮州矣。』語竟不見。是歲，莊宗分兵討鎮州，至於攻下，兩軍所殺甚衆焉。出《玉堂閒話》

宋·孔平仲《續世說》卷五　武后信重狄仁傑，羣臣莫及，常謂之『國老』而不名。仁傑好面折廷諍，太后每屈意從之。嘗從太后游幸，遇風吹，仁傑巾墜，而馬驚不能止。太后命太子追執其鞚而係之。仁傑屢以老病乞骸骨，太后不許。入見，常止其拜，曰：『每見公拜，朕亦身痛。』仁傑薨，太后泣曰：『朝堂空矣！』

姚崇宋璟分部

綜　述

《舊唐書》卷六《則天皇后紀》　（聖曆元年）冬十月，夏官侍郎姚元崇、麟臺少監李嶠併同鳳閣鸞臺平章事。【略】

大足元年春正月，制改元。【略】三月，姚元崇爲鳳閣侍郎，依舊知政事。【略】

（長安四年）八月，姚元崇爲司僕卿，知政事。

又　卷七《中宗紀》　（神龍元年）二月甲寅，【略】太僕卿、同中書門下三品姚元之出爲亳州刺史。

又　《睿宗紀》　（景龍四年夏六月）丁未，許州刺史、梁縣侯姚元之爲兵部尚書、同中書門下三品，兵部尚書韋嗣立爲中書令。【略】

（秋七月）壬戌，以蕭至忠爲晉州刺史，韋嗣立爲許州刺史，趙彥昭爲宋州刺史，兵部尚書姚元之兼太子右庶子，吏部尚書宋璟兼太子左庶子。【略】甲子，右僕射許國公蘇瓌、兵部尚書姚元之、吏部尚書宋璟、右常侍判刑部尚書岑羲併充使册定陵。丙寅，姚元之兼中書令。【略】

（景雲元年九月）丁未，姚元之爲中書令，兼檢校兵部尚書。【略】

（二年二月）甲辰，姚元之左授申州刺史，宋璟左授楚州刺史。

又　卷八《玄宗紀上》　（開元元年）冬十一月【略】甲辰，【略】同州刺史、梁國公姚元之爲兵部尚書、同中書門下三品。【略】

（開元二年）春正月，關中自去秋至於是月不雨，人多饑乏，遣使賑給。制求直諫昌言弘益政理者。名山大川，併令祈祭。丙寅，紫微令姚崇上言請檢責天下僧尼，以僞濫還俗者二萬餘人。【略】

（開元三年）六月，山東諸州大蝗，飛則蔽景，下則食苗稼，聲如風雨。紫微令姚崇奏請差御史下諸道，促官吏遣人驅撲焚瘞，以救秋稼，從

之。是歲，田收有獲，人不甚饑。【略】

（開元四年十二月）乙丑，兵部尚書兼紫微令、梁國公姚崇爲開府儀同三司，黄門侍郎、安陽男源乾曜守京兆尹，併罷知政事。【略】

（九年九月）丁未，開府儀同三司、梁國公姚崇薨。

又　卷九六《姚崇傳》　姚崇，本名元崇，陝州硤石人也。父善意，貞觀中，任嶲州都督。元崇爲孝敬挽郎，應下筆成章舉，授濮州司倉，五遷夏官郎中。時契丹寇陷河北數州，兵機填委，元崇剖析若流，皆有條貫。則天甚奇之，超遷夏官侍郎，又尋同鳳閣鸞臺平章事。

聖曆初，則天謂侍臣曰：『往者周興、來俊臣等推勘詔獄，朝臣遞相牽引，咸承反逆，國家有法，朕豈有違。中間疑有枉濫，更使近臣就獄親問，皆物手狀，承引不虚，朕不以爲疑，即可其奏。近日周興、來俊臣死後，更無聞有反逆者，然則以前就戮者，不有冤濫耶？』元崇對曰：『自垂拱已後，被告身死破家者，皆是枉酷自誣而死。告者特以爲功，天下號爲羅織，甚於漢之黨錮。陛下令近臣就獄問者，近臣亦不自保，何敢輒有動摇？被問者若翻，又懼遭其毒手，將軍張虔勖、李安静等皆是也。賴上天降靈，聖情發寤，誅鋤凶豎，朝廷乂安。今日已後，臣以微軀及一門百口保見在内外官更無反逆者。乞陛下得告狀，但收掌不須推問，若後有徵驗，反逆有實，臣主受知而不告之罪。』則天大悦曰：『以前宰相皆順成其事，陷朕爲淫刑之主。聞卿所説，甚合朕心。』其日，遣中使送銀千兩以賜元崇。

時突厥叱利元崇構逆，則天不欲元崇與之同名，乃改爲元之。俄遷鳳閣侍郎，依舊知政事。

長安四年，元之以母老，表請解職侍養，言甚哀切，則天難違其意，拜相王府長史，罷知政事，俾獲其養。其月，又令元之兼知夏官尚書事、同鳳閣鸞臺三品。元之上言：『臣事相王，知兵馬不便。臣非惜死，恐不益相王。』則天深然其言，改爲春官尚書。是時，張易之請移京城大德僧十人配定州私置寺，僧等苦訴，元之斷停，易之屢以爲言，元之終不納，由是爲易之所譖，改爲司僕卿，知政事如，使充靈武道大總管。

神龍元年，張柬之、桓彦範等謀誅易之兄弟，適會元之自軍還都，遂預謀，以功封梁縣侯，賜實封二百户。則天移居上陽宫，中宗率百官就閣起居，王公已下皆欣躍稱慶，元之獨嗚咽流涕。彦範、柬之謂元之曰：『今日豈是啼泣時！恐公禍從此始。』元之曰：『事則天歲久，乍此辭違，情發於哀，非忍所得。昨預公誅凶逆者，是臣子之常道，豈敢言功；今辭違舊主悲泣者，亦臣子之終節，緣此獲罪，實所甘心。』無幾，出爲亳州刺史，轉常州刺史。

睿宗即位，召拜兵部尚書、同中書門下三品，尋遷中書令。時玄宗在東宫，太平公主干預朝政，宋王成器爲閑廄使，岐王範、薛王業皆掌禁兵，外議以爲不便。元之同侍中宋璟密奏請令公主往就東都，出成器等諸王爲刺史，以息人心，睿宗以告公主，公主大怒。玄宗乃上疏以元之、璟等離間兄弟，請加罪，乃貶元之爲申州刺史。再轉揚州長史、淮南按察使，爲政簡肅，人吏立碑紀德。俄除同州刺史。先天二年，玄宗講武在新豐驛，召元之代郭元振爲兵部尚書、同中書門下三品，復遷紫微令。避開元尊號，又改名崇，時封梁國公。固辭實封，乃停其舊封，特賜新封一百户。

先是，中宗時，公主外戚皆奏請度人爲僧尼，亦有出私財造寺者，富户强丁，皆經營避役，遠近充滿。至是，崇奏曰：『佛不在外，求之於心。佛圖澄最賢，無益於全趙；羅什多藝，不救於亡秦，何充、苻融，皆遭敗滅；齊襄、梁武，未免災殃。但發心慈悲，行事利益使蒼生安樂，即是佛身。何用妄度姦人，令壞正法？』上納其言，令有司隱括僧徒，以僞濫還俗者萬二千餘人。

開元四年，山東蝗蟲大起，崇奏曰：『《毛詩》云：「秉彼蟊賊，以付炎火。」又漢光武詔曰：「勉順時政，勸督農桑，去彼蝗蜮，以及蟊賊。」此併除蝗之義也。蟲既解畏人，易爲驅逐。又苗稼皆有地主，救護必不辭勞。蝗既解飛，夜必赴火，夜中設火，火邊掘坑，且焚且瘗，除之可盡，承山東百姓皆燒香禮拜，設祭祈恩，眼看食苗，手不敢近。自古有討除不得者，只是人不用命，但使齊心戮力，必是可除。』乃遣御史分道殺蝗。汴州刺史倪若水執奏曰：『蝗是天災，自宜修德。劉聰時除既不得，爲害更深。』仍拒御史不肯應命，崇大怒，牒報若水曰：『劉聰僞主，德不勝妖；今日聖朝，妖不勝德。古之良守，蝗蟲避境，若其修德可免，彼豈無德致然！今坐看食苗，何忍不救，因以饑饉，將何自安？

幸勿遲回，自招悔吝。』若水乃行焚瘞之法，獲蝗一十四萬石，投汴渠流下者不可勝紀。

時朝廷喧議，皆以驅蝗爲不便，上聞之，復以問崇，崇曰：『庸儒執文，不識通變。凡事有違經而合道者，亦有反道而適權者。昔魏時山東有蝗傷稼，緣小忍不除，致使苗稼總盡，人至相食；後秦時有蝗，禾稼及草木俱盡，牛馬至相啖毛。今山東蝗蟲所在流滿，仍極繁息，實所稀聞。河北、河南，無多貯積，倘不收穫，豈免流離，事係安危，不可膠柱。縱使除之不盡，猶勝養以成災。陛下好生惡殺，此事請不煩出敕，乞容臣出牒處分。若除不得，臣在身官爵，併請削除。』上許之。

黄門監盧懷慎謂崇曰：『蝗是天災，豈可制以人事？外議咸以爲非。又殺蟲太多，有傷和氣。今猶可復，請公思之。』崇曰：『楚王吞蛭，厥疾用瘳；叔敖殺蛇，其福乃降。趙宣至賢也，恨用其犬；孔丘將聖也，不愛其羊。皆志在安人，思不失禮。今蝗蟲極盛，驅除可得，若其縱食，所在皆空。山東百姓，豈擬餓殺！此事崇已面經奏定訖，請公勿復爲言。若救人殺蟲，因緣致禍，崇請獨受，義不仰關。』懷慎既庶事曲從，竟亦不敢逆崇之意，蝗因此亦漸止息。

是時，上初即位，務修德政，軍國庶務，多訪於崇，同時宰相盧懷慎、源乾曜等，但唯諾而已。崇獨當重任，明於吏道，斷割不滯。然縱其子光禄少卿彝、宗正少卿異廣引賓客，受納饋遺，由時爲時所譏。時有中書主書趙誨爲崇所親信，受蕃人珍遺，事發，上親加鞫問，下獄處死。崇結奏其罪，復營救之，上由是不悦。其冬，曲赦京城，敕文特標誨名，令決杖一百，配流嶺南。崇自是憂懼，頻面陳避相位，薦宋璟自代。俄授開府儀同三司，罷知政事。

居月餘，玄宗將幸東都，而太廟屋壞，上召宋璟、蘇頲問其故，璟等奏言：『陛下三年之制未畢，誠不可行幸。凡災變之發，皆所以明教誡。陛下宜增崇大道，以答天意，且停幸東都。』上又召崇問曰：『朕臨發京邑，太廟無故崩壞，恐神靈誡以東行不便耶？』崇對曰：『太廟殿本是苻堅時所造，隋文帝創立新都，移宇文朝故殿造此廟，國家又因隋氏舊制，歲月滋深，朽蠹而毁。山有朽壤，尚不免崩，既久來枯木，合將摧折，偶與行期相會，不是緣行乃崩。且四海爲家，兩京相接，陛下以關中不甚豐熟，轉運又有勞費，所以爲人行幸，豈是無事煩勞？東都百司已作供擬，不可失信於天下。以臣愚見，舊廟既朽爛，不堪修理，望移神主於太極殿安置，更改造新廟，以申誠敬。車駕依前徑發。』上曰：『卿言正合朕意。』賜絹二百匹，令所司奉七廟神主於太極殿，改新廟，車駕乃幸東都。因令崇五日一參，仍入閣供奉，甚承恩遇。後又除太子少保，以疾不拜。九年薨，年七十二，贈揚州大都督，謚曰文獻。

崇先分其田園，令諸子侄各守其分，仍爲遺令以誡子孫，其略曰：

古人云：富貴者，人之怨也。貴則神忌其滿，人惡其上；富則鬼瞰其室，虜利其財。自開闢已來，書籍所載，德薄任重而能壽考無咎者，未之有也。故范蠡、疏廣之輩，知止足之分，前史多之。況吾才不逮古人，而久竊榮寵，位逾高而益懼，恩彌厚而增憂。往在中書，遘疾虚憊，雖終匪懈，而諸務多闕。薦賢自代，屢有誠祈，人欲天從，竟蒙哀允。優遊園沼，放浪形骸，人生一代，斯亦足矣。田巴云：『百年之期，未有能至。』王逸少云：『俯仰之間，已爲陳迹。』誠哉此言。

皆見諸達官身亡以後，子孫既失覆蔭，多至貧寒，斗尺之間，參商是競。豈唯自玷，仍更辱先，無論曲直，俱受嗤毁。莊田水碾，既衆有之，遞相推倚，或致荒廢。陸賈、石苞，皆古之賢達也，所以預爲定分，將以絶其後爭，吾靜思之，深所嘆服。

昔孔丘亞聖，母墓毁而不修；梁鴻至賢，父亡席卷而葬。昔楊震、趙咨、盧植、張奂，皆當代英達，通識今古，咸有遺言，屬以薄葬。或濯衣時服，或單帛幅巾，知眞魂去身，貴於速朽，子孫皆遵成命，迄今以爲美談。凡厚葬之家，例非明哲，或溺於流俗，不察幽明，咸以奢厚爲忠孝，以儉薄爲慳惜，至令亡者致戮屍暴骸之酷，存者陷不忠不孝之誚，可爲痛哉，可爲痛哉！死者無知，自同糞土，何煩厚葬，使傷素業。若也有知，神不在柩，復何用違君父之令，破衣食之資。吾身亡後，可殮以常服，四時之衣，各一副而已。吾性甚不愛冠衣，必不得將放入棺墓，紫衣玉帶，足便於身，念爾等勿復違之。且神道惡奢，冥塗尚質，若違吾處分，使吾受戮於地下，於汝心安乎？念而思之。

今之佛經，羅什所譯，姚興執本，與什對翻，姚興造浮屠於永貴里，傾竭府庫，廣事莊嚴，而興命不得延，國亦隨滅。又齊跨山東，周據關右，周則多除佛法而修繕兵威，齊則廣置僧徒而依憑佛力。及至交戰，齊氏滅亡，國既不存，寺復何有？修福之報，何其蔑如！梁武帝以萬乘爲奴，胡太后以六宮入道，豈特身戮名辱，皆以亡國破家。近日孝和皇帝發使贖生，傾國造寺，太平公主、武三思、悖逆庶人、張夫人等皆度人造寺，竟術彌街，咸不免受戮破家，爲天下所笑。經云：『求長命得長命，求富貴得富貴』，『刀尋段段壞，火坑變成池』。比來緣精進得富貴長命者爲誰？生前易知，尚覺無應，身後難究，誰見有徵。且五帝之時，父不葬子，兄不哭弟，言其致仁壽、無夭橫也。三王之代，國祚延長，人用休息，其人臣則彭祖、老聃之類，皆享遐齡。當此之時，未有佛教，豈抄經鑄像之力，設齋施物之功耶？《宋書·西域傳》，有名僧爲《白黑論》，理證明白，足解沈疑，宜觀而行之。

且佛者覺也，在乎方寸，假有萬像之廣，不出五蘊之中，但平等慈悲，行善不行惡，則佛道備矣。何必溺於小説，惑於凡僧，仍將喻品，用爲實録，抄經寫像，破業傾家，乃至施身亦無所吝，可謂大惑也。亦有比緣亡人造像，名爲追福，方便之教，雖則多端，功德須自發心，旁助寧應獲報？遞相欺誑，浸成風俗，損耗生人，無益亡者。假有通才達識，亦爲時俗所拘。如來普慈，意存利物，損衆生之不足，厚豪僧之有餘，必不然矣。且死者是常，古來不免，所造經像，何所施爲？

夫釋迦之本法，爲蒼生之大弊，汝等各宜警策，正法在心，勿效兒女子曹，終身不悟也。吾亡後必不得爲此弊法，若未能全依正道，須順俗情，從初七至終七，任設七僧齋。若隨齋須布施，宜以吾緣身衣物充，不得輒用餘財，爲無益之枉事，亦不得妄出私物，徇追福之虚談。

道士者，本以玄牝爲宗，初無趨競之教，而無識者慕僧家之有利，約佛教而爲業。敬尋老君之説，亦無過齋之文，抑同僧例，失之彌遠，汝等勿拘鄙俗，輒屈於家。汝等身没之後，亦教子孫依吾此法云。

十七年，重贈崇太子太保。

又《盧懷慎傳》 先天二年，與侍中魏知古於東都分掌選事，尋徵還同中書門下三品。開元三年，遷黄門監。懷慎與紫微令姚崇對掌樞密，懷慎自以爲吏道不及崇，每事皆推讓之，時人謂之『伴食宰相』。

又 卷一〇一《李乂傳》 （李）乂知制誥凡數載。景雲元年，遷吏部侍郎，與宋璟、盧從願同時選，銓敍平允，甚爲當時所稱。尋轉黄門侍郎。時睿宗令造金仙、玉真二觀，乂頻上疏諫，帝每優容之。開元初，特令乂與中書侍郎蘇頲纂集起居注，録其嘉謨昌言可體國經遠者，别編奏之。乂在門下，多所駁正。開元初，姚崇爲紫微令，薦乂爲紫微侍郎，外托薦賢，其實引在己下，去其糾駁之權也。俄拜刑部尚書。乂方雅有識，朝廷稱其有宰相之望，會病卒。

又 卷七《睿宗紀》 （景龍四年秋七月丁巳）以洛州長史宋璟爲檢校吏部尚書、同中書門下三品，中書侍郎岑羲爲右散騎常侍。壬戌，以蕭至忠爲晉州刺史，韋嗣立爲許州刺史，趙彦昭爲宋州刺史，兵部尚書姚元之兼太子右庶子，吏部尚書宋璟兼太子左庶子。【略】甲子，右僕射許國公蘇瓌、兵部尚書姚元之、吏部尚書宋璟、右常侍判刑部尚書岑羲併充使册定陵。【略】

（景雲二年）二月丁丑，令皇太子監國。甲辰，姚元之左授申州刺史，宋璟左授楚州刺史。

又 卷八《玄宗紀上》 （開元四年十二月乙丑）尚書、廣平郡公宋璟爲吏部尚書兼黄門監，紫微侍郎、許國公蘇頲同紫微黄門平章事。【略】

八年春正月【略】己卯，侍中宋璟爲開府儀同三司，中書侍郎蘇頲爲禮部尚書，併罷知政事。【略】

（十七年八月）乙酉，尚書右丞相、開府儀同三司兼吏部尚書宋璟爲尚書左丞相，尚書左丞相源乾曜爲太子少傅。【略】

（二十一年）冬十月庚戌，幸温泉宫。

十一月戊子，尚書右丞相宋璟以年老請致仕，許之。

又 卷九《玄宗紀下》 （開元二十五年）十一月壬申，幸温泉宫。丁丑，開府儀同三司、廣平郡公宋璟薨。

又 卷九六《宋璟傳》 宋璟，邢州南和人，其先自廣平徙焉，後魏吏部尚書弁七代孫也。父玄撫，以璟貴，贈邢州刺史。璟少耿介有大節，博學，工於文翰。弱冠舉進士，累轉鳳閣舍人。當官正色，則天甚重之。長安中，倖臣張易之誣構御史大夫魏元忠有不順之言，引鳳閣舍人張説令證之。説將入於御前對覆，惶惑迫懼，璟謂曰：『名義至重，神道難欺，必不可黨邪陷正，以求苟免。若緣犯顏流貶，芬芳多矣。或至不測，吾必叩合救子，將與子同死。努力，萬代瞻仰，在此舉也。』說感其言。及入，乃保明元忠，竟得免死。

璟尋遷左御史臺中丞。張易之與弟昌宗縱恣益橫，傾朝附之。昌宗私引相工李弘泰觀占吉凶，言涉不順，爲飛書所告。璟廷奏請窮究其狀，則天曰：『易之等已自奏聞，不可加罪。』璟曰：『易之等事露自陳，情在難恕，且謀反大逆，無容首免。請勒就御史臺勘當，以明國法。易之等久蒙驅使，分外承恩，臣必知言出禍從，然義激於心，雖死不恨。』則天不悅。內史楊再思恐忤旨，遽宣敕令璟出。璟曰：『天顏咫尺，親奉德音，不煩宰臣擅宣王命。』則天意稍解，乃收易之等就臺，將加鞫問。俄有特敕原之，仍令易之等詣璟辭謝，璟拒而不見，曰：『公事當公言之，若私見，則法無私也。』

璟嘗侍宴朝堂，時易之兄弟皆爲列卿，位三品，璟本階六品，在下。易之素畏璟，妄悅其意，虛位揖璟曰：『公第一人，何乃下座？』璟曰：『才劣品卑，張卿以爲第一人，何也？』當時朝列，皆以二張內寵，不名官，呼易之爲五郎，昌宗爲六郎。天官侍郎鄭善果謂璟曰：『中丞奈何呼五郎爲卿？』璟曰：『以官言之，正當爲卿；若以親故，當爲張五。足下非易之家奴，何郎之有？鄭善果一何懦哉！』其剛正皆此類也。自是易之等常欲因事傷之，則天察其情，竟以獲免。

神龍元年，遷吏部侍郎。中宗嘉璟正直，仍令兼諫議大夫、內供奉，仗下後言朝廷得失。尋拜黄門侍郎。時武三思恃寵執權，嘗請託於璟，璟正色謂之曰：『當今復子明辟，王宜以侯就第，何得尚干朝政？王獨不見產、祿之事乎？』俄有京兆人韋月將上書訟三思潛通宮掖，將爲禍患之漸，三思諷有司奏月將大逆不道，中宗特令誅之。璟執奏請按其罪狀，然後申明典憲，月將竟免極刑，配流嶺南而死。

中宗幸西京，令璟權檢校并州長史，未行，又帶本官檢校貝州刺史。時河北頻遭水潦，百姓饑餒，三思封邑在貝州，專使徵其租賦，璟又拒而不與，由是爲三思所擠。又歷杭、相二州刺史，在官清嚴，人吏莫有犯者。

中宗晏駕，拜洛州長史。睿宗踐祚，遷吏部尚書、同中書門下三品。玄宗在春宮，又兼右庶子，加銀青光祿大夫。先是，外戚及諸公主干預朝政，請託滋甚。崔湜、鄭愔相次典選，爲權門所制，九流失敘，預用兩年員闕注擬，不足，更置比冬選人，大爲士庶所歎。至是，璟與侍郎李乂、盧從願等大革前弊，取捨平允，銓綜有敘。

時太平公主謀不利於玄宗，嘗於光範門內乘輦伺執政以諷之，衆皆失色。璟昌言曰：『東宮有大功於天下，眞宗廟社稷之主，安得有異議！』乃與姚崇同奏請令公主就東都。玄宗懼，抗表請加罪於璟等，乃貶璟爲楚州刺史。無幾，歷魏、兗、冀三州刺史，河北按察使。遷幽州都督、兼御史大夫。尋拜國子祭酒，兼東都留守。歲餘，轉京兆尹，復拜御史大夫，坐事出爲睦州刺史，轉廣州都督，仍爲五府經略使。廣州舊俗，皆以竹茅爲屋，屢有火災。璟教人燒瓦，改造店肆，自是無復延燒之患，人皆懷惠，立頌以紀其政。

開元初，徵拜刑部尚書。四年，遷吏部尚書，兼黄門監。明年，官名改易，爲侍中，累封廣平郡公。其秋，駕幸東都，次永寧之崤谷，馳道隘狹，車騎停擁，河南尹李朝隱、知頓使王怡併失於部伍，上令黜其官爵。璟入奏曰：『陛下富有春秋，方事巡狩，一以埶隘，致罪二臣，竊恐將來人受艱弊。』於是遽令捨之。璟曰：『陛下責之，以臣言免之，是過歸於上而恩由於下。請且使待罪於朝，然後詔復其職，則進退得其度矣。』上深善之。

俄又令璟與中書侍郎蘇頲爲皇子制名及封邑，併公主等邑號。璟等奏曰：『王子將封三十餘國，周之麟趾，漢之犬牙，彼何足云，於斯爲盛。竊以郯、鄎王等傍有古邑字，臣等以類推擇，謹件三十國名。又王子先有名者，皆上有「嗣」字，又公主邑號，亦選擇三十美名，皆文不害意，言足定體。又令臣等別撰一佳名及一美邑號者。七子均養，百王至仁，今若同等別封，或緣母寵子愛，骨肉之際，人所難言，天地之中，典有常度。昔袁盎降愼夫人之席，文帝竟納之，愼夫人亦不以爲嫌，美其得久長之計。臣等故同進，更不別封，上彰覆載無偏之德。』上稱歎之。

七年，開府儀同三司王皎卒，及將築墳，皎子駙馬都尉守一請同昭成皇后父竇孝諶故事，其墳高五丈一尺。璟及蘇頲請一依禮式，上初從之。翌日，又令準孝諶舊例。璟等上言曰：

夫儉，德之恭；侈，惡之大。高墳乃昔賢所誡，厚葬實君子所非。古者墓而不墳，蓋此道也。凡人子於哀送之際，則不以禮制爲思。故周、孔設齊斬緦免之差，衣衾棺槨郭之度，賢者俯就，私懷不果。且蒼梧之野，驪山之徒，善惡分區，圖史所載。衆人皆務奢靡而獨能革之，斯所謂至孝要道也。中宫若以爲言，則此理固可敦諭。

在外或云竇太尉墳甚高，取則不遠者。縱令往日無極言，其事偶行，令出一時，故非常式。又貞觀中文德皇后嫁所生女長樂公主，奏請儀注加於長公主，魏徵諫云：『皇帝之姑姊爲長公主，皇帝之女爲公主，既有「長」字，合高於公主。若加於長公主，事甚不可。』引漢明故事云：『羣臣欲封皇子爲王，帝曰：「朕子豈敢與先帝子等。」』時太宗嘉納之。文德皇后奏降中使致謝於徵。此則乾坤輔佐之間，綽有餘裕。豈若韋庶人父追加王位，擅作邦陵，禍不旋踵，爲天下笑。則犯顔逆耳，阿意順旨，不可同日而言也。

況令之所載，預作紀綱，情既無窮，故爲之制度，不因人以搖動，不變法以愛憎。頃謂金科玉條，蓋以此也。比來蕃夷等輩及城市閒人，遞以奢靡相高，不將禮儀爲意。今以后父之寵，開府之榮，金穴玉衣之資，不憂少物；高墳大寢之役，不畏無人。百事皆出於官，一朝亦可以就。而臣等區區不已以聞，諒欲成朝廷之政，崇國母之德，化浹寰區，聲光竹素。倘中宫情不可奪，陛下不能苦違，即準一品合陪陵葬者，墳高三丈已上，四丈已下，降敕將同陪陵之例，即極是高下得宜。

上謂璟等曰：『朕每事常欲正身以成綱紀，至於妻子，情豈有私？然人所難言，亦在於此。卿等乃能再三堅執，成朕美事，足使萬代之後，光揚我史策。』乃遣使齎彩絹四百匹分賜之。

先是，朝集使每至春將還，多有改轉，率以爲常，璟奏請一切勒還，絶其僥求之路。又禁斷惡錢，發使分道檢括銷毁之，頗招士庶所怨。俄授璟開府儀同三司，罷知政事。明年，京兆人權梁山搆逆伏誅，制河南尹王怡馳傳往長安窮其枝黨。怡禁繫極衆，久之未能決斷，乃詔璟兼京兆留守，併按覆其獄。璟至，惟罪元謀數人，其餘緣梁山詐稱婚禮因假籍得罪及脅從者，盡奏原之。十二年，駕又東巡，璟復爲留守。上臨發，謂璟曰：『卿國之元老，爲朕股肱耳目。今將巡洛邑，爲別歷時，所有嘉謨嘉猷，宜相告也。』璟因極言得失，特賜彩絹等，仍手制曰：『所進之言，書之座右，出入觀省，以誡終身。』其見重如此。俄又兼吏部尚書。

十七年，遷尚書右丞相，與張説、源乾曜同日拜官。敕太官設饌，太常奏樂，於尚書都省大會百僚。玄宗賦詩褒述，自寫與之。二十年，以年老上表曰：

『臣聞力不足者，老則更衰；心無主者，疾而尤廢。臣昔聞其語，今驗諸身，況且兼之，何能爲也。臣自拔迹幽介，欽屬盛明，才不逮人，藝非經國。復以久承驅策，歷參試用，命偶時來，榮因歲積。遂使再升台座，三入冢司，進階開府，增封本郡。所更中外，已紊彝章，逮居端揆，左叨名職。何者？丞相官師之長，任重昔時；愚臣衰朽之餘，用慚他日。位則愈盛，人則浸微，盡知其然，何居而可？頃僶俯從政，蒼黄不言，實懷覆載之德，冀竭涓塵之效。今積羸成憊，沈錮莫瘳，耳目更昏，手足多廢。顧惟殞越，寧遂宿心？安可以苟徇大名，仍尸重禄，且留章綬，不上闕庭。儀刑此乖，禮法何設？伏惟陛下審能以授，爲官而擇，察臣之懇詞，矜臣之不逮，使罷歸私第，養疾衡門，上弭官謗，下知死所。則歸全之望，獲在愚臣；養老之恩，成於聖代。日暮途遠，天高聽卑，瞻望軒墀，伏深感戀。謹奉表陳乞以聞。』

手敕許之，仍令全給禄俸。璟乃退歸東都私第，屏絶人事，以就醫藥。二十二年，駕幸東都，璟於路左迎謁，上遣榮王親勞問之，自是頻遣使送藥餌。二十五年薨，年七十五，贈太尉，謚曰文貞。

又 卷八六《李弘傳》 太子無子，長壽中，制令楚王璋繼其後。中宗踐祚，制禕於太廟，號曰義宗，又追贈妃裴氏爲哀皇后。景雲元年，中書令姚元之、吏部尚書宋璟奏言：『準禮，大行皇帝山陵事終，即合禕廟。其太廟第七室，先禕皇昆義宗孝敬皇帝、哀皇后裴氏神主。伏以義宗未登大位，崩後追尊，至神龍之初，乃特令升禕。《春秋》之義，國君即位未逾年者，不合列昭穆。又古者祖宗各別立廟，孝敬皇帝恭陵既在洛州，望於東都別立義宗之廟，遷禕孝敬皇帝、哀皇后神主，命有司以時享祭，則不違先旨，又協古訓，人神允穆，進退得宜。在此神主，望入夾室安置，伏願陛下以禮斷恩。』詔從之。開元六年，有司上言：『孝敬皇帝今別廟將建，享禕有期，準禮，不合更以義宗爲廟號，請以本謚孝敬爲廟稱。』於是始停義宗之號。

又　卷八八《蘇頲傳》　開元四年，（頲）遷紫微侍郎、同紫微黄門平章事，與侍中宋璟同知政事。璟剛正，多所裁斷，頲皆順從其美；若上前承旨、敷奏及應對，則頲爲之助，相得甚悦。璟嘗謂人曰：『吾與蘇家父子，前後同時爲宰相。僕射長厚，誠爲國器；若獻可替否，罄盡臣節，斷割吏事，至公無私，即頲過其父也。』

又　卷九五《讓皇帝李憲傳》　讓皇帝憲，本名成器，睿宗長子也。【略】時太平公主陰有異圖，姚元之、宋璟等請出成器及申王成義爲刺史，以絶謀者之心，由是成器以司徒兼蒲州刺史。玄宗嘗制一大被長枕，將與成器等共申友悌之好，睿宗知而大悦，累加賞歎。

又　卷一八五下《良吏傳下·宋慶禮》　開元中，累遷貝州刺史，（宋慶禮）仍爲河北支度營田使。初，營州都督府置在柳城，控帶奚、契丹。則天時，都督趙文翽政理乖方，兩蕃反叛，攻陷州城，其後移於幽州東二百里漁陽城安置。開元五年，奚、契丹各款塞歸附，玄宗欲復營州於舊城，侍中宋璟固爭以爲不可，獨慶禮盛陳其利。乃詔慶禮及太子詹事姜師度、左驍衛將軍邵宏等充使，更於柳城築營州城，興役三旬而畢。俄拜慶禮御史中丞，兼檢校營州都督。開屯田八十餘所，追拔幽州及漁陽、淄青等户，併招輯商胡，爲立店肆，數年間，營州倉廩頗實，居人漸殷。

《新唐書》卷五《玄宗紀》　（先天元年十一月）甲午，幽州都督宋璟爲左軍大總管，并州長史薛訥爲中軍大總管，兵部尚書郭元振爲右軍大總管。

又　卷一二三《趙彦昭傳》　彦昭本以權幸進，中宗時，有巫趙挾鬼道出入禁掖，彦昭以姑事之。嘗衣婦服，乘車與妻偕謁，其得宰相，巫力也。於是殿中侍御史郭震劾暴舊惡。會姚崇執政，惡其爲人，貶江州别駕，卒。

論　説

《舊唐書》卷九六《姚崇宋璟傳論贊》　履艱危則易見良臣，處平定則難彰賢相。故房、杜預創業之功，不可儔匹。而姚、宋經武、韋二后，政亂刑淫，頗涉履於中，克全聲迹，抑無愧焉。

贊曰：姚、宋入用，刑政多端。爲政匪易，防刑益難。諫諍以猛，施張用寬。不有其道，將何以安？

《新唐書》卷一二四《姚崇宋璟傳贊》　姚崇以十事要説天子而後輔政，顧不偉哉，而舊史不傳。觀開元初皆已施行，信不誣已。宋璟剛正又過於崇，玄宗素所尊憚，常屈意聽納。故唐史臣稱崇善應變以成天下之務，璟善守文以持天下之正。二人道不同，同歸於治，此天所以佐唐使中興也。嗚呼！崇勸天子不求邊功，璟不肯賞邊臣，而天寶之亂，卒蹈其害，可謂先見矣。然唐三百年，輔弼者不爲少，獨前稱房、杜，後稱姚、宋，何哉？君臣之遇合，蓋難矣夫！

宋·蘇轍《欒城集·後集》卷一一《姚崇》　唐史官稱姚崇善應變以成天下之務，宋璟善守文以持天下之正。斯言固二人之所長也，然應變者要不失正而後可。孟子有言：『所惡於智者，爲其鑿也。如智者若禹之行水，則無惡於智矣。禹之行水也，行其所無事也。如智者亦行其所無事，則智亦大矣。』唐玄宗豪俊之君也，而崇復以豪俊事之。方其君臣遇合，天下事迎刃而解，若無足爲者。雖然，以水濟水，後將有不可食者。開元四年，天下大蝗，民祭且拜之，坐視食苗而不敢捕。崇奏遣御史爲捕蝗使，分道殺蝗。羣臣多不以爲然，帝亦疑之，而崇行之愈力，蝗亦爲息。捕蝗雖古之遺法，然遇災而懼，修德以答天變，古之正道也。崇置之不言，而專以捕爲事，已可疑矣。既而，崇所親吏趙誨以賕死，崇懼還政。時帝將幸東都，而太廟屋壞。宰相宋璟、蘇頲皆言三年喪未終，不可巡幸，壞壓之變，天戒也。請罷東巡，修德以答至譴。帝以問崇，崇曰：『此苻堅故殿也，山有朽壞而崩，水蠹而折，理無足怪，但壞與行會，非緣行而壞也。今關中無年，饋餉勞弊，出幸東都，所以爲人，非爲己也。百司已戒，供擬已具，請車駕即東，而遷神主太極殿，更作新廟，此大孝也。』帝用其言，崇由此復相。開元末，帝在東都，欲還長安，裴耀卿等皆言農人場圃未畢，須冬可還。李林甫獨曰：『二都本東西宫耳，車駕往來，何用待時？假令妨農，獨赦所過租賦可也。』帝大悦，即駕而西。崇建東幸之計，林甫獻西還之議，其意同耳，孰謂崇獨賢乎？從崇之議，使人君上不畏天戒，中不敬宗廟，下不恤人言。三者皆忠臣之所諱，而崇居之不疑，何哉？其後崇、璟既没，玄宗愈老，愈輕蔑羣臣。方任張九齡，而廢太子瑛；用牛仙客，則聽李林甫；方嬖楊國忠，而縱安禄山，則用輔璆琳，專以適己爲悦。類崇有以啓之也，故吾謂開元之治，雖出於崇，而天寶之亂，亦崇之所自致。此人臣之至戒也。

宋・李新《跨鼇集》卷一五《論下・姚崇論》　天下之議謂明皇帝用姚崇於卽位之初，以成中興之太平，故開元之盛，皆姚崇之功也。吾竊謂非崇之功，乃崇之罪也。然則何以爲見？崇之罪，愚將申其説而明之。

夫天子擇宰相之才以有爲，而宰相擇天下之才以報天下。使宰相而不用才，則凡鄙默不言，兀然無能爲者舉皆可爲之也，則將何以服役豪傑之心，而驅别分任之乎？雖然，宰相而有才則可也，自用其才，渺然視天下，有競長絶物之情，不可也。天之賦與於人，不使之兼全久矣。以難全之才，而欲獨任天下之事，决萬萬無此理也。惟其能屈己之才，以伸天下之才，於進賢退不肖之際，了無容心焉。謂若人也，可任若事，彼其過我耶？其或不及耶？吾之仇耶？平生之雅善耶？吾舉皆若不知焉。惟知若事，非若人則不以濟也，能各因其一長而委任之，然後紛紛之務，無大小，無難易，羣才奏功，而宰相集其成以獻於天子，天子垂拱仰成而四海畢治。若此，惟無心者能之，眞王佐才也。伊尹於商曰阿衡，周公於周曰太宰，惟衡也不以其能辨物而忌天下之物，惟宰也不以其能别味而忌天下之味，惟伊尹周公不以其能用才而忌天下之才，故能使成湯、太甲，擅美於商，而武王、成王獨高於周也。惜乎崇不能總之以道，其所養非伊周之量，反乃喜於自用，而忌天下之才，舉天下之豪英，率爲讎敵焉。此明皇帝之治，所以止於開元而有愧於成湯、太甲、武王、成王之爲君也。開元之初，崇入爲同三品，帝鋭意求治，與飢渴同。史臣謂他宰相畏其威，决皆謙憚而不敢進，其獨佐裁决，得專任者，惟崇一人而已。且是時與崇併執國柄者，止劉幽求、張説、魏知古、源乾曜、盧懷慎五人，而薛訥不預也，爲崇者宜乎？協謀共慮，從容爲帝言諸公之長，俾其無謙憚之失，然後共廣耳目，招來天下之英，此千載一時，孰謂崇不能出此？幽求反以其言而貶守睦州矣。幽求雖以怨望逐，然黜之太過，因崇素忌之故耳。至於説也，久憾不平，則詭足疾以中之。至於知古也，本其所引，及同列則輕之，故不免相州、東都之遷者，皆崇發之也。惟乾曜最後進用，每遇崇移告，則就咨焉，其不合上意，亦必問崇也。懷慎於事，又且推而不專，委其獨任而時有伴食之名，卒之懷慎以善終。而乾曜與崇同罷，是則知五人之間不協者三，則竄身流落之不暇屈下者二，則遂免於禍而不失夫保位之安，無心之人固如是乎！其後因趙誨事惶懼以避位，始不得已而薦宋璟於朝。然薦璟之章，因齊澣數諷之而後爲，非其素志也。又若不喜鍾紹京，惡張鷟而疾李邕，坐是皆貶出，益何其不洪也？三子雖非全節之士，然如紹京者，姑務郵之，緩急或有可用也。臨事而求，將無及矣。才如邕、鷟，就其一長，則庶位羣司，寧無可置之地乎？崇嘗薦嚴挺之、齊澣矣。終崇爲相之日。挺之不過爲考功、給事。澣止一中書舍人。彼劉、張之與魏則去之而不喜其用，源與盧也則存之而不盡其用，惟宋也則知之而不欲用，鍾、張之與李也則短之而不足用，嚴與齊也則愛之而不能用，是天下將何人而可用也？此數君子者，既崇之所不取矣。然以其子賂謝之故，乃遷崔沔爲著作郎，是復何哉？不免貽笑正人也。則雖得百盧藏用，曾何益人國乎？推此以觀，則知當開元時，天下英偉，適用之才，崇之不能進用者，復又幾何人？惟其不能盡用天下之才，故開元之治，尚有愧於三代，愚故曰非相崇之功，乃相崇之罪也。深歎崇之得君以騁其才，而隘淺如此。故論之以告後世之君，庶得崇者而用之，則期以伊尹、周公之量，而爲崇者亦充其所養？

宋・周紫芝《太倉稊米集》卷四八《策問十四首・第三》　問唐之賢相，前稱房、杜，後稱姚、宋，議者以謂崇不勸天子求邊功，而璟不賞邊臣，其爲相大略如此。夫以天子而求邊功，是秦始皇、漢武帝之事，固不當以此啓人主之欲，至於將帥有功於邊，乃抑而不賞，則將何以爲激勸之術乎？大抵二相之論，皆祖述漢儒而爲之説者也，何以知其然哉？昔陳湯矯制以伐郅支，而匡衡以爲乘危徼幸，生事於蠻夷，爲國招難，漸不可開。馮奉世矯制以伐莎車，而蕭望之以爲要功萬里之外，爲國生事，漸不可長。由是知崇、璟之言，固有自矣。彼獨不知衡雖以大儒居相位，其實依違阿意，以保爵禄。當是時，石顯用事，與湯有隙，衡非能爲此論，乃内畏石顯而陰陷之也。宣帝時，匈奴呼韓邪單于來朝，義當臣之而望之，使其位在諸侯王上，失中國、夷狄尊卑之義，虧損漢德，而又抑奉世之功，未得爲無過。崇、璟不深求其故，而專師其言，蓋已失矣。考二虜殺辱漢使以抗衡中國，二子咸能矯發諸國之兵，不仰斗粟，不須寸刃，而傳首闕廷，不可謂無功於漢，而衡與望之，力加排沮，使將士失望，忠臣解體，何足爲後世法？《春秋》之義，大夫出疆，有可以安國家、利社稷者，專之可也，而終軍之論，則又以謂不然，則其爲説，果何從乎？幸備論之。

宋·楊萬里《誠齋集》卷九一《宋璟剛正過姚崇論》 論曰：與天下以治之福，不與其君以治之功，此大臣愛君之厚也。蓋治生於不治，不治生於治，方其不治，人君以一身而憂天下，及其既治，人君以天下而樂一身。大臣成其君之治可也，與其君之治不可也。與則樂，樂則怠矣。蓋姚、宋之相明皇，同於成開元之治也，而論者以璟爲過於崇，何也？蓋璟以其治與天下，崇以其治與其君，與天下以治之福，君亦享其福，與其君以治之功，君必喪其功。彼宋璟者，其剛有可憚，其正無可喜，將致其君於終身不樂之地者也。致其君於不樂，乃所以致其君於不憂歟？史臣曰：『宋璟剛正過姚崇，親君子而疏小人，人君之心也。親小人而疏君子，非人君之心也，君子之過也。君子之事君，不使之樂，必使之憂，不欲其喜，必欲其憚，不待小人間之，君已病之矣。非君子之過乎？』是不然。君子之心，必有所不愛，而後能有所愛。其所愛者，君之治也，故使之憂，不使之樂。其所不愛者，身之疏也。故欲其憚，不欲其喜，非不使之樂也，無樂於初，有樂於終，有憂之名，無憂之實。兹其所以有樂於君歟？非不使之喜也，吾得其喜，君得其亂，吾得其憚，君得其治，兹其所以無愛於身歟？天下之治亂，君子所恤也，吾身之親疏，君子遑恤哉？嗚呼！以治與天下，而不以治與其君，此宋璟之剛正所以過姚崇歟？

姚崇何人也？中興之賢相也。宋璟何人也？亦中興之賢相也。成開元之治，致中興之功，二公可同也？一則權譎，一則剛正，二公不可同也。吾嘗觀乎姚矣，明皇之獵，因獵以進皮冠之招，無是舉也；太廟之壞，以爲偶然，夷伯之震，無是説也。捕蝗之後，不曰修德，蝝生之書，無是法也。姚之權譎，一至此哉！吾嘗觀乎宋矣，中使之召，不交一言，孟子之所以遠王驩也。倖臣之飲，正色而起，蓋寬饒之所以忤許伯也。無逸之圖，戒以淫亂，周公之所以警成王也。宋之剛正一至此哉！當是時，明皇之見姚也，吾意其一言必和焉，一政必美焉，姚之爲人，温乎其可喜也。明皇之見宋也，吾意其一言必規焉，一政必刺焉，宋之爲人凛乎，其可憚也。見姚而喜，明皇以開元之治爲極治，明皇其不樂乎？見宋而憚，明皇以開元之治爲未治，明皇其不憂乎？姚、宋則皆賢也，開元則誠治也，明皇樂於開元之功，天下不見其禍，明皇憂於開元之功，天下不見其福。不勝其憂，明皇於是乎一而逐韓休，再而逐九齡。不勝其樂，明皇於是乎一而相林甫，再而相國忠，天下之事至此。然後知宋璟之可憚，乃深可喜歟？然則不以治之功與其君，眞愛君之厚者也。大抵天下猶一家也，君臣猶父子也。昔者秦皇帝有二子焉，其長則扶蘇也，其季則胡亥也。扶蘇好諫，秦皇帝憎焉。胡亥不諫，秦皇帝昵焉。扶蘇不在外，秦皇帝無一日之樂。胡亥不在側，秦皇帝亦無一日之樂。扶蘇遠矣，胡亥近矣，秦皇帝之不樂一變而爲樂矣。秦皇帝之不樂，則變而爲樂也。秦皇帝之秦，亦變而爲漢也。秦皇帝不思扶蘇，而明皇思九齡，唐之所以未亡歟？論者欲觀唐之君臣，觀秦之父子則得之矣。謹論。

宋·洪邁《容齋隨筆》卷九《唐三傑》 漢高祖以蕭何、張良、韓信爲人傑，此三人者眞足以當之也。唐明皇同日拜宋璟、張説、源乾曜三故相官，帝賦《三傑》詩，自寫以賜。其意蓋以比蕭、張等也。説與乾曜豈璟比哉！明皇可謂不知臣矣。

宋·吴儆《竹洲集》卷三《姚宋》 古之君子，因天下之變而用其權，循天下之常而守其正，其道可以爲善，而可以爲不善，何者？權近於邪，正鄰於固，人之常情，每過於用其所長而流於所偏，於是而不善用之，固以敗矣。漢高帝謂王陵少戇，陳平可以佐之。陳平智有餘，難以獨任，不以安劉之功許之也。唐宰相牛僧孺、李德裕，皆一代之偉人，然僧孺迹涉於邪，而德裕亦以剛介取敗，蓋偏於所長而不善用之，其敝固至此也。唐史臣稱姚崇善應變以成天下之務，宋璟善守文以持天下之正。

夫崇之於應變誠所長矣，而推其所爲，近於挾數用術以欺其君，至其臨大節，斷大疑，毅然有不可撓者，此其所以爲善也。不然，則忽壞梁而建東幸之計，與李林甫違農時而獻西還之策，何以異也？璟之於守文，亦誠所長矣。而推其所爲，近於狷介忿躁，而不能一日安於朝廷之上者。至其禮法自將，而姦人不得以行其計，論列利害而聞者不以爲忤，進退之際，雍容可觀，此其所以爲善也。不然，斥宮掖之獻，而觸奸臣之鋒，與周子諒、韋月將之徒，同被誅殛而何補於天下？孟子曰：『伯夷隘，柳下惠不恭。』隘與不恭，君子不由也。宰相之體，貴於通而不貴於所長。若二子者，可謂善用其所長者矣。

清·王夫之《讀通鑑論》卷二二《唐玄宗》 唐多才臣，而清貞者不少概見，貞觀雖稱多士，未有與焉。其後如陸贄、杜黄裳、裴度，立言立功，赫奕垂於没世，而寧靜淡泊，固非其志行之所及也。唯開元之世，以清貞位宰相者三：宋璟清而勁，盧懷慎清而慎，張九齡清而和，遠聲色，絶貨利，卓然立於有唐三百餘年之中，而朝廷乃知有廉恥，天下乃藉以乂安，開元之盛，漢、宋莫及焉。不然，則議論雖韙，法制雖詳，而永徽以後，奢淫貪縱之風，不能革也。

清·吴孟堅《一草亭讀史漫筆二·姚崇》 崇始興，五王定，大事且能避禍，眞明哲也。後積受知於帝，簡賢任能，因時難挽，孰謂開元非貞觀也，惜乎天寶以後矣。

藝文

宋·徐鈞《史詠詩集》卷下《唐·人臣·姚崇》 天資權譎性圓通，相業開元治效中。至死未能忘故智，乞銘猶自算燕公。

又《宋璟》 一片剛方鐵石心，梅花冷淡獨知音。君王外貌雖加敬，賣直誰知内忌深。

又《盧懷慎》 曹參尚守蕭何法，鮑叔慚分管仲推。莫笑當時呼伴食，元之秉國恐妨賢。

又《蘇頲》 兩相同寅喜協和，此心合處直無阿。廣平補衮雖良手，公與彌達力最多。

宋·陳普《石堂先生遺集》卷二一《絶句七言·盧懷慎》 菜耳杯盤冷似水，開元天下緩如春。唐人不識調羹手，把作姚崇伴食人。

金·元好問《中州集》卷四《周昂〈宋文貞公廟〉》 開元四荒不動塵，柱石中原有老臣。襄土一丘松柏暗，長安三日荔枝新。

元·王惲《秋澗集》卷六四《祭宋文貞公墓》 至元十九年歲次壬午五月己未朔，十一日己巳，謹以清酌之奠，致祭於唐太尉文貞宋公墓下。嗚呼！惟嶽降神，生甫及申，爲周之楨，如公之生於唐，乃開元之治具也。昔玄宗能遠而不忘，一旦召而相之，何其明邪！及惑伶人一譃，公終老於家，何其昧哉！豈天寶之亂於後有不容置大器於久安故耶？於戲！往者何咎？國家方以親賢爲急，天或寵綏四方若公者，復克降靈，作甫與申，免夫望隴思賢之歎，此吕子所以再瞻隧道，動曠世相感之意也。區區之誠，惟神其鑑之尚享。

元·楊維楨《鐵崖詠史》卷五《伴食相》 伴食相，未可識。姚相國，賢無私，紫微堂中決萬機，我宜從之復何爲？御史法，無中沮，將軍功無濫予，公皆奏之特不許。身卿相，妻子饑，老蒼鬻身作喪資。亡身自代薦臣璟，但願國有今周伊。臣有戒語璟己知，伴食相，吾何譏，豈比優月老方士，一唯一諾如妾

明·歸有光《震川集》卷三〇《謁宋文貞公墓文》 維年月日，具官歸有光謹以瓣香拜謁唐宰相宋文貞公之墓。唐有天下三百年，惟貞觀、開元號爲盛治，賢相併稱姚、宋，而屹然正直之氣，可與公媲者，獨始興文獻公而已。有光自初束髮，知讀唐史，歎天寶以後何其亂也，生民之禍極矣。使公與曲江尚在匡持之，唐之國祚，歷年豈可量哉？信乎國以一人而興也。今者備員茲土，下車之初，以吏事過南和，聞公墓在北鄉，而魯公碑刻尚存，因迂道齋宿縣邸，來致景仰之私。嗟！夫公之直道有國者，一日而無此，則相率靡靡以馴，至於亂亡而不覺。三季之後，若同一軌，此予心之耿耿，徘徊於公之墓下，而不忍去也。謹告。

明·孫承恩《文簡集》卷四一《姚梁公崇》 於惟姚公，才實經濟。遇主乘時，應變成治。約束官職，修舉章程。四海以安，一人仰成。

又《宋文貞公璟》 抗顔僞武，合志開元。挺挺諤諤，切論危言。清介之守，剛正之氣。卓哉相業，吁其難繼。

清·謝啓昆《樹經堂詠史詩》卷六《唐·姚崇》 救時之相眞難得，鎮俗如卿豈易希？天子臨軒恆見重，臣言納牖獨知幾。算生解致燕公筆，論死能回武后威。八柱擎天亭毒定，皇猷黼黻仰巍巍。

又《宋璟》 相業中興數二公，守文應變各成功。非賢不處邦之重，厥德能當位克終。客遲一人朝寧望，詩賡三傑主恩隆。梅花富豔心如

鐵，斌媚何嫌賦詠工。

清・鮑桂星《覺生詠史詩鈔》卷二《唐・姚崇》 莫把姚公比宋公，姚公權譎宋難同。圈豚踵曳微言中，舐犢心危詭對工。尚憶馳驅廣成澤，無端涕泣上陽宮。須知應發功難没，十事萬徵讜直風。

又《宋璟》 能勸燕公救魏元，舍人風望已高騫。肯教女謁危邦本，曾爲邊功窒亂源。豎子早應先碎首，將軍從未一交言。梅花本自心如鐵，留作千秋柱石根。

清・王廷紹《淡香齋詩草》卷二《唐・姚崇》 相才便捷老謀深，那及同朝鐵石心。競看柳陰來試馬，幾聞渭水諫從禽。沽名算到人諛墓，決獄寬他吏受金。尚喜不教天下瘦，屏閑十疏即銘箴。

清・曹振鏞《話雲軒詠史詩》卷下《唐・姚崇》 公禍幾生涕泣時，上陽宮裏豈應悲？一州宣播新碑勒，十事敷陳要説垂。就第共咨臣職忝，臨軒相送帝恩私。呼鷹逐獸非爲樂，老去猶能作獵師。

又《宋璟》 廣州遺愛頌煌煌，鯁正何嫌性太剛？刺客未成眞有幸，邊臣不賞早爲防。終看元老稱三傑，肯作家奴喚五郎。鐵石心腸偏輭媚，梅花一賦至今香。

清・羅惇衍《集義軒詠史詩鈔》卷三五《唐四・姚崇》 八柱天擎相業崇，碑銘大筆賺張公。算生黄閣權謀秘，進諫彤闈諷諭工。泣駭五王皆特智，行要十事也殊功。守文通變難優劣，姚宋襟懷自不同。

又《宋璟》 第一流人懾六郎，直聲早見震巖廊。通侯靳賞彌邊隙，早魃仇忠演教坊。金筯長教調鼎鼐，玉環何至侍帷房？激時聊作梅花，賦不滅長松鐵石腸。

清・張晉《艷雪堂詩集》卷一《讀唐書列傳二十八首・宋文貞璟》 中朝第一語非諛，清節稜稜古丈夫。獨衛東宮拒公主，肯隨羣小作家奴。一時内侍難窺測，萬里邊功絶覬覦。不礙梅花曾作賦，知君鐵石世間無。

雜録

《舊唐書》卷三七《五行志》 開元四年五月，山東螟蝗害稼，分遣御史捕而埋之。汴州刺史倪若水拒御史，執奏曰：『蝗是天災，自宜修德。劉聰時，除既不得，爲害滋深。』宰相姚崇牒報之曰：『劉聰僞主，德不勝妖；今日聖朝，妖不勝德。古之良守，蝗蟲避境，若言修德可免，彼豈無德致然。今坐看食苗，忍而不救，因此饑饉，將何以安？』卒行埋瘞之法，獲蝗一十四萬，乃投之汴河，流者不可勝數。朝議喧然，上復以問崇，崇對曰：『凡事有違經而合道，反道而適權者，彼庸儒不足以知之。縱除之不盡，猶勝養之以成災。』帝曰：『殺蟲太多，有傷和氣，公其思之。』崇曰：『若救人殺蟲致禍，臣所甘心。』八月四日，敕河南、河北檢校捕蝗使狄光嗣、康瓘、敬昭道、高昌、賈彦璿等，宜令待蟲盡而刈禾將畢，即入京奏事。諫議大夫韓思復上言曰：『伏聞河北蝗蟲，頃日益熾，經歷之處，苗稼都盡。臣望陛下省咎責躬，發使宣慰，損不急之務，去至冗之人。上下同心，君臣一德，持此至成，以答休咎。前後捕蝗使望併停之。』上出符疏付中書姚崇，乃令思復往山東檢視蟲災之所，及還，具以聞。二十五年，貝州蝗食苗，有白鳥數萬，羣飛食蝗，一夕而盡。明年，榆林關有虸蚄食苗，羣雀來食，數日而盡。

又 卷五〇《刑法志》 《開元前格》十卷，姚崇等刪定。《開元後格》十卷，宋璟等刪定。皆以尚書省二十四司爲篇目。凡式三十有三篇，亦以尚書省列曹及秘書、太常、司農、光禄、太僕、太府、少府及監門、宿衛、計帳名其篇目，爲二十卷。

唐・杜佑《通典》卷九《食貨九・錢幣下・大唐》 開元五年，宋璟知政事，奏請一切禁斷惡錢。六年正月詔，又切禁斷天下惡錢，不堪行用者，併銷破覆鑄。由是四民擾駭，穀帛踴貴。二月又敕：『古者聚萬方之貨，設九府之法，以通天下，以便生人。若輕重得中，則利可和義；若眞僞相雜，則官失其守。頃者用錢，不論此道，深恐貧窶日困，姦豪歲滋，所以申明舊章，懸設諸樣，欲其人安俗阜，禁止令行。』

又 卷一五《選舉三・歷代制下・大唐》 及先天以後，宋璟爲尚書，李乂、盧從願爲侍郎，方革前弊，量闕留人。雖資高考深而非才實者，併罷選。當時選者十不收一，由是吏曹之職復理矣。自有唐以來，居吏部者，唯馬載、裴行儉、崔玄暐、韋嗣立最爲稱職。

又 卷一九《職官一・歷代官制總序》 逮乎景龍，官紀大紊，復有『斜封無坐處』之誦興正。景龍中，有太平、安樂、長寧、宜城等諸公主及皇后陸氏妹郕國夫人、李氏妹崇國夫人併昭容上官氏與其母沛國夫人鄭氏、尚宮柴氏、賀婁氏、女巫隴西夫人趙氏，皆樹用親識，亦多猥濫。或出自臧獲，或由於屠販，多因賂貨，累居榮秩，咸能别於側門降墨敕斜封以授焉，故時人號爲『斜封官』。時既政出多門，遷除甚衆，自宰相至於内外員外官及左右臺御史，多者則數踰十倍，皆無廳事可以處之，故時人謂之『三無坐處』，謂宰相、御史及員外官也。先天以來，始懲其弊。玄宗御極，宰相姚元崇、宋璟兼吏部尚書，大革姦濫，十去其九。時有殿中侍御史崔涖、太子中允薛昭諷帝曰：『先朝所授斜封官，恩命已布，而姚元崇、宋璟等沮先帝之明，歸怨陛下，道路謗讟，天下稱冤。奈何與萬人爲讎敵，恐有非常之變。』上以爲然，乃下詔曰：『諸緣斜封、别敕授官，先令停任，宜併量材叙用。』監察御史柳澤又上疏，極言不可：『其斜封官得免罪戾，已沐恩私。旬月之内，頻煩降旨，前敕令至冬處分，後敕又令替人卻停，將何以止姦邪？將何以懲風俗？』至開元二十五年，刊定職次，著爲格令。此格皆武德、貞觀之舊制，永徽初已詳定之，至開元二十五年再刪定焉。至二十八年，又省文武六品以下官三百餘員及諸流外、番官等。

唐·劉肅《大唐新語》卷一《匡贊第一》 景雲二年二月，睿宗謂侍臣曰：『有術士上言，五日内有急兵入宮，卿等爲朕備之。』左右失色，莫敢對。張説進曰：『此有讒人設計，擬摇動東宮耳。陛下若使太子監國，則君臣分定，自然窺覦路絶，災難不生。』姚崇、宋璟、郭元振進曰：『如説所言。』睿宗大悦，即日詔皇太子監國。時太平公主將有奪宗之計，於光範門内乘步輦，俟執政以諷之，衆皆恐懼。宋璟昌言曰：『太子有大功於天下，眞社稷主，安敢妄有異議。』遂與姚崇奏：『公主就東都，出寧王已下爲刺史，以息人心。』睿宗曰：『朕更無兄弟，唯有太平一妹，朝夕欲得相見。卿勿言，餘併依卿所奏。』公主聞之，大怒。玄宗懼，乃奏崇、璟離間骨肉，請加罪黜，悉停寧王已下外授。崇貶申州刺史，璟楚州刺史。

蘇頲，神龍中給事中，拜修弘文館學士，轉中書舍人。時父瓌爲宰相，父子同掌樞密，時人榮之。屬機事填委，制誥皆出其手。中書令李嶠歎曰：『舍人思如泉湧，嶠所不及也。』後爲中書侍郎，與宋璟同知政事。璟剛正，多所裁斷，瓌皆順從其美。甚悅之，嘗謂人曰：『吾與彼父子，前後皆同時爲宰相。僕射長厚，誠爲國器；獻可替否，罄盡臣節，瓌過其父也。』後罷政事，拜禮部尚書而薨。及葬日，玄宗游咸宜宮，將舉獵，聞瓌喪出，愴然曰：『蘇瓌今日葬，吾寧忍娛游乎！』遂中路還宮。初，姚崇引璟爲中丞，再引之入相。崇善應變，故能成天下之務；璟善守文，故能持天下之政。二人執性不同，同歸於道。葉心翼贊，以致刑措焉。

姚崇以拒太平公主，出爲申州刺史，玄宗深德之。太平既誅，徵爲同州刺史。素與張説不葉，説諷趙彦昭彈之，玄宗不納。俄校獵於渭濱，密召崇會於行所。玄宗謂曰：『卿頗知獵乎？』崇對曰：『此臣少所習也。臣年三十，居澤中，以呼鷹逐兔爲樂，猶不知書。張璟謂臣曰：「君當位極人臣，無自棄也。」爾來折節讀書，以至將相。臣少爲獵師，老而猶能。』玄宗大悦，與之偕馬臂鷹，遲速在手，動必稱旨。玄宗歡甚，樂則割鮮，閑則咨以政事，備陳古今理亂之本上之，可行者必委曲言之。玄宗心益開，聽之亹亹忘倦。軍國之務，咸訪於崇。崇罷冗職，修舊章，内外有叙。又請無赦宥，無度僧，無數遷吏，無任功臣以政。玄宗悉從之，而天下大理。

又 卷二《極諫第三》 武三思得幸於中宗。京兆人韋月將等不堪憤激，上書告其事。中宗惑之，命斬月將。黄門侍郎宋璟執奏，請按而後刑。中宗愈怒，不及整衣履，岸巾出側門，迎謂璟曰：『朕以爲已斬矣，何以緩？』命促斬。璟曰：『人言宮中私於三思，陛下竟不問而斬，臣恐有竊議。故請按而後刑。』中宗大怒，璟曰：『請先斬臣，不然，終不奉詔。』乃流月將於嶺南，尋使人殺之。

張易之、昌宗方貴寵用事，潛相者言其當王，險薄者多附會之。長安末，右衛西街有榜云：『易之兄弟、長孫汲、裴安立等謀反。』宋璟時爲御史中丞，奏請審理其狀。則天曰：『易之已有奏聞，不可加罪。』璟曰：『易之爲飛書所逼，窮而自陳。且謀反、大逆，法無容免，請勒就臺勘當，以明國法。易之等久蒙驅使，分外承恩，臣言發禍從，即入鼎鑊。然義激於心，雖死不恨。』則天不悦。内史楊再思遽宣敕命，令璟出，璟曰：『天顔咫尺，親奉德音，不煩宰臣。擅宣王命。』左拾遺李邕歷階而進曰：『宋璟所奏，事關社稷，望陛下可其所奏。』則天意若解，乃傳命令易之就臺推問。斯須，特敕原之，仍遣易之、昌宗就璟辭謝。拒而不見，令使者謂之曰：『公事當公言之，私見卽法有私也。』璟謂左右：『恨不先打豎子腦破，而令混亂國經，吾負此恨。』時朝列呼易之、昌宗爲五郎、六郎，璟獨以官呼之。天官侍郎鄭杲謂璟曰：『中丞奈何喚五郎爲卿。』璟曰：『鄭杲何庸之甚，若以官秩，正當卿號；若以親故，當爲張五郎、六郎矣。足下非張氏家僮，號五郎、六郎何也！』杲大慚而退。

宋璟，則天朝以頻論得失，內不能容，而憚其公正，乃敕璟往揚州推按。奏曰：『臣以不才，叨居憲府，按州縣乃監察御史事耳。今非意差臣，不識其所由，請不奉制。』無何，復令按幽州都督屈突仲翔。璟復奏曰：『御史中丞，非軍國大事不當出使。且仲翔所犯，贓汙耳。今高品有侍御史，卑品有監察御史，今敕臣，恐非陛下之意，當有危臣，請不奉制。』月餘，優詔令副李嶠使蜀。嶠喜，召璟曰：『叨奉渥恩，與公同謝。』璟曰：『恩制示禮數，不以禮遣璟，璟不當行，謹不謝。』乃上言曰：『臣以憲司，位居獨坐。今隴蜀無變，不測聖意令臣副嶠何也？恐乖朝庭故事，請不奉制。』易之等冀璟出使，當別以事誅之。既不果，伺璟家有婚禮，將刺殺之。有密以告者，璟乘事舍於他所，乃免。易之尋伏誅。

又　卷三《公直第五》　玄宗令宋璟制諸王及公主邑號，續遣中使宣詔，令更作一佳號。璟奏曰：『七子均養，鳴鳩之德。至錫名號，不宜有殊。今奉此旨，恐母寵子異，非正家國之大訓，王化之所宜。不[敢奉]詔。』玄宗從之。

蘇瓌，開元七年五月己丑朔，日有蝕之，玄宗素服候變，撤樂減膳，省囚徒，多所原放；水旱州皆定賑恤，不急之務，一切停罷。瓌與宋璟諫曰：『陛下頻降德音，勤恤人隱，令徒已下刑盡責保放，惟流、死等色，則情不可寬，此古人所以慎赦也。恐言事者，直以月蝕修刑，日蝕修德，或云分野應災祥，冀合上旨。臣以爲君子道長，小人道消，女謁不行，讒夫漸遠，此所謂修德。囹圄不擾，甲兵不黷，理官不以深文，軍將不以輕進，此所謂修刑也。若陛下常以此留念，縱日月盈虧，將因此而致福，又何患乎！且君子恥言浮於行，故曰：「予欲無言。」又曰：「天何言哉，四時行焉，百物生焉。」要以至誠動天，不在制書頻下。』玄宗深納之。

又　卷六《舉賢第十三》　姚崇初不悅學，年逾弱冠，常過所親，見《修文殿御覽》，閱之，喜，遂耽玩墳史，以文華著名。歷牧常、揚，吏併建碑紀德。再秉衡軸，天下欽其公直。外甥任奕、任異，少孤，養在崇家，乃與之立家産，謂之曰：『汝，吾無間然矣，惜殊宗而代疏矣。』命與其子同名，冀無別也。時人多之。【略】

魏元忠爲二張所構，左授高要尉。王晙密狀以申明之。宋璟時爲鳳閣舍人，謂晙曰：『魏公且全已爾，今子冒其威嚴而理之，坐見子狼狽也。』晙曰：『魏公忠而獲罪，晙爲義所激，必顛沛無恨。』璟歎曰：『璟不能申魏公之枉，深負朝廷矣。』【略】

及姚崇將赴靈武，則天令舉外司堪爲宰相者，姚崇曰：『張柬之沉厚有謀，能斷大事，且其人年老，陛下急用之。』登時召見，以爲同鳳閣鸞臺平章事，年已八十矣。與桓彥範、敬暉、袁恕己、崔玄暉等，誅討二張，興復社稷，忠冠千古，功格皇天云。

又　卷七《寬恕第十五》　端午日，玄宗賜宰臣鍾乳。宋璟既拜賜，而命醫人煉之。醫請將歸家煉，子弟諫曰：『此乳珍異，他者不如，今付之歸，恐招欺換。』璟誡之曰：『自隱爾心然，疑他心耶仗信示誠，猶恐不至，矧有猜責，豈可得乎？』

又　卷八《聰敏第十七》　玄宗幸成都，給事中裴士淹從。士淹聰悟柔順，頗精歷代史。玄宗甚愛之，馬上偕行，得備顧問。時肅宗在鳳翔，每有大除拜，輒啓聞。房管爲將，玄宗曰：『此不足以破賊也。』歷評諸將，併云『非滅賊材。』又曰：『若姚崇在，賊不足滅也。』因言崇之宏才遠略。語及宋璟，玄宗不悅曰：『彼賣直以沽名耳。』歷數十餘人，皆當其目。至張九齡，亦甚重之。及言李林甫，曰：『妒賢嫉能，亦無敵也。』士淹因啓曰：『既知，陛下何用之久耶！』玄宗默然不應。

又　卷九《諛佞第二十一》　成敬奇有俊才，文章可立就，爲大理正，與姚崇有姻親。崇或寢疾，敬奇造宅省焉，對崇涕泣。懷中置生雀數頭，乃一一持出，請崇執手而後放之，祝云：『願令公速愈。』崇勉而從之。敬奇既出，忿其諛媚，謂子弟曰：『此淚亦何從而來？』自茲不復接遇。

又 卷一〇《釐革第二十二》 國初因隋制，以吏部典選，主者將視其人，核之吏事。始取州、縣、府、寺疑獄，課其斷決，而觀其能否，此判之始焉。後日月淹久，選人滋多，案牘淺近，不足爲準。乃採經籍古義，以爲問目。其後官員不充，選人益衆，乃徵僻書隱義以試之，唯懼選人之能知也。遒麗者號爲『高等』，拙弱者號爲『藍羅』，至今以爲故事。開元中，裴光庭爲吏部，始循資格，以一賢愚。遵平轍者喜其循常，負材用者受其抑屈。宋璟固爭不得。

唐·李德裕《次柳氏舊聞》 玄宗初即位，體貌大臣，賓禮故老，尤注意於姚崇、宋璟，引見便殿，皆爲之興，去則臨軒以送。其他宰臣，優寵莫及。至李林甫以宗室近屬，上所援用，恩意甚厚，而禮遇漸輕。及姚崇爲相，嘗於上前請序進郎吏，上顧視殿宇不答，崇再三言之，冀上少售，而卒不對。崇益恐，趨出。高力士奏曰：『陛下初承鴻業，宰臣請事，即當面言可否。而崇言之，陛下不視，臣恐宰臣必大懼。』上曰：『朕既任崇以庶政，事之大者當白奏，朕與之共決；如郎署吏秩甚卑，崇獨不能決，而重煩吾耶？』崇至中書，方悸不自安，會力士宣事，因爲言上意，崇且解且喜。朝廷聞者，皆以上有人君之大度，得任人之道焉。

魏知古起諸吏，爲姚崇引用，及同升也，崇頗輕之。無何，請知古攝吏部尚書，知東都選士事，以吏部尚書宋璟門下過官。知古心銜之，思有以中之者。時崇二子併分曹洛邑，會知古至，恃其家君，或招顧請託。知古歸，悉以上聞。它日，主召崇，從容謂曰：『卿子才乎？皆何官也？又安在？』崇揣知上意，因奏云：『臣有三子，兩人皆分司東都矣。其爲人欲而寡慎，是必以事干知古。然臣未及問之耳。』上始以丞相子重言之，欲微動崇，而意崇私其子，或爲之隱。及聞崇所奏，大喜，且曰：『卿安從知之？』崇曰：『知古微時，是臣之所慰薦，以至榮達。臣之子愚，謂知古見德，必容其非，故必干之。』上於是明崇不私其子之過，而薄知古之負崇也。上欲斥之，崇爲之請曰：『臣有子無狀，撓陛下法，陛下特原之，臣爲幸大矣。而猶爲臣逐知古，海内臣庶必以陛下爲私臣矣，非所以俾元化也。』上久乃許之。翌日，以知古爲工部尚書，罷知政事。

唐·封演《封氏聞見記》卷九《端慤》 宋璟爲廣州都督，玄宗思之，使内侍楊思勖馳驛往追。拜恩就馬，在路竟不與思勖交一言。思勖以將軍貴殿庭，因訴。玄宗嗟歎良久，即拜刑部尚書。

唐·鄭處誨《明皇雜録》卷上 姚元崇與張説同爲宰輔，頗懷疑阻，屢以事相侵，張銜之頗切。姚既病，誡諸子曰：『張丞相與我不葉，釁隙甚深。然其人少懷奢侈，尤好服玩，吾身殁之後，以吾嘗同寮，當來弔。汝其盛陳吾平生服玩寶帶重器，羅列於帳前，若不顧，汝速計家事，舉族無類矣；目此，吾屬無所虞，便當録其玩用，致於張公，仍以神道碑爲請。既獲其文，登時便寫進，仍先礱石以待之，便令鐫刻。張丞相見事遲於我，數日之後必當悔，若卻徵碑文，以刊削爲辭，當引使視其鐫刻，仍告以聞上訖。』姚既殁，張果至，目其玩服三四，姚氏諸孤悉如教誡。不數日文成，敍述該詳，時爲極筆。其略曰：『八柱承天，高明之位，列四時成歲，亭毒之功存。』後數日，果使使取文本，以爲詞未周密，欲重爲刪改。姚氏諸子乃引使者示其碑，且告以奏御。使者復命，悔恨拊膺，曰：『死姚崇猶能算生張説，吾今日方知才之不及也遠矣。』

唐·李浚《松窗雜録》 姚崇爲相，忽一日對於便殿，舉左足不甚輕利。上曰：『卿有足疾耶？』崇曰：『臣有腹心之疾，非足疾也。』因前奏張説罪狀數百言，上怒曰：『卿歸中書，宜宣御史中丞共案其事。』而説未之知，會朱衣吏報午後三刻，説乘馬先歸，崇亟呼御史中丞李林甫，以前詔付之。林甫語崇曰：『説多智謀，是必困之，宜以劇地。』崇曰：『丞相得罪，未宜太偪。』林甫曰：『公必不忍耶？説當無害。』林甫正將詔付於御史，中路以馬墜告假。説之未遭崇構也。前旬月，有教授書生私通於侍婢最寵者，會擒得姦狀以聞於説。説怒甚，將窮獄於京兆尹。書生厲聲曰：『覩色不能禁，亦人之常情。公貴爲相，豈無緩急有用人乎？何靳於一婢女耶？』説奇其言而釋之，以侍兒與歸，書生亦遁迹去。旬月餘，無所聞知。忽一日直訪於説，憂色滿面，且言：『某感公之恩，思有謝者久之。今方聞公爲姚相國所構，外獄將具，公不知之危將至矣。某願得公平生所寶者，用計於九公主，必能立釋之。」説因自歷指狀所實之物，書生皆云未足解公之難。又凝思久之，忽曰：「近有鷄林郡夜明簾爲寄信者。」書生曰：「吾事濟矣。」因請手劄數行，懇以情言，遂急趨出，逮夜始及九公主邸第。書生具以説旨言之，兼用簾爲贄，且請公主曰：「上獨不念在東宮時，思必始終恩加張丞相乎？而今反用快不利張丞相者之心耶？」明旦公主入謁，具爲奏之，上感動，急命高力士就御史臺，宣前所案事併宜罷之，書生亦不再見張丞相矣。

宋·錢易《南部新書·己》　開化初，突厥寇邊。時天武軍將子郝靈筌出使回，引回紇部落，斬突厥黠夷獻首於闕下。自謂有不世之功。時宋璟爲相，以天子少好武，恐徼功者生心，痛抑其賞。逾年，始受中郎將，靈筌遂嘔血而死。

宋·孔平仲《續世説》卷一　玄宗幸東都，過崤谷，道隘不治，上欲免河南尹及知頓使。宋璟節曰：「陛下方事巡幸，今以此罪二臣，恐將來民受其弊。」上遽命釋之。璟曰：「陛下罪之，以臣釋之，是代陛下受德。請令行，待罪朝堂而後赦之。」從之。

又　卷二　盧奐爲南海太守，遐隅之地貪吏斂迹，人用安之。開元以來四十年，廣府節度清白者有四，謂宋璟、裴伷先、李朝隱、盧奐也。

又　卷三　張昌宗私引相工李宏泰觀占吉凶，言涉不順，爲飛書所告。宋璟爲中丞，請窮究。則天曰：「昌宗已自首。」璟曰：「昌宗事露自陳，且謀反大逆，無容首免。請勒就御史臺勘鞫。」則天不悅，楊再思遽宣敕，令璟出。璟曰：「天顔咫尺，親奉德音，不煩宰臣擅宣王命！」則天意稍解，乃收易之等就臺。俄有敕，特原之，令詣璟謝，璟拒而不見。

宋璟嘗侍晏朝堂，張易之兄弟皆爲列卿位，舉箸待璟。久之方至，先執酒向西拜謝，飲不盡卮，遽稱腹痛而歸。

宋·王溥《唐會要》卷四七《議釋教上》　開元二年正月，中書令姚崇奏言：「自神龍已來，公主及外戚皆奏請度人，亦出私財造寺者。每一出敕，則因爲姦濫。富户强丁皆經營避役，遠近充滿，損汙精藍。且佛不在外，近求於心，但發心慈悲，行事利益，使蒼生安樂，卽是佛身。何用妄度姦人，令壞正法。」上乃令有司精加銓擇，天下僧尼僞濫還俗者三萬餘人。

又　卷四九《病坊》　開元五年，宋璟奏：「悲田養病，從長安以來，置使專知。國家矜孤恤窮，敬老養病，至於安庇，各有司存。今驟聚無名之人，著收利之便，實恐逋逃爲藪，隱没成姦。昔子路於衛出私財爲粥，以飼貧者，孔子非之，乃覆其饋。人臣私惠，猶且不可，國家小慈，殊乖善政，伏望罷之。其病患人令河南府按此分付其家。」

又　卷五二《忠諫》　長慶元年八月，上謂宰臣曰：「國家貞觀中致治升平，蓋太宗文皇帝躬行至德，以啓王樂。及至開元，累有内難，玄宗臨御，興復不易，而一朝聲名最盛，歷年最久，何以致之也？」崔植曰：「前代創業之君，多起自民間，知百姓之疾苦，初承丕業，皆能勵精。太宗又特稟上聖之資，同符堯、舜，是以貞觀一朝，四海寧泰。又有房玄齡、杜如晦、魏徵、王珪之輩爲輔佐，動皆直言，事無不治。玄宗守文繼體，嘗經天后朝，久遭艱危。開元初，得宋璟、姚崇，委之爲政。此二人者，皆天生俊傑，動每推公，又每進忠言，致君於道。璟嘗自寫《尚書·無逸》一篇，爲圖以獻，玄宗置之内殿，出入觀省，常記在心，故任賢戒欲，朝夕孜孜。開元之末，因無逸圖壞，始以山水圖代之，自後既無座右箴規。又奸臣用事，希恩養欲，寶兆亂萌。建中初，德宗皇帝問先臣開元、天寶間事，先臣具以此事陳奏。臣在童卯，卽聞其説。信知古人以韋弦作戒，其益弘多。伏願陛下以無逸爲元龜，天下幸甚。」上深納其言。

又　卷五五《省號下·中書舍人》　開元二年十二月二十日，紫微令姚崇奏：「中書舍人六員，每一人商量事，諸舍人同押連署狀進説。凡事有是非，理均與奪，人心既異，所見或殊，抑使雷同，情有不盡。臣令商量，其大事執見不同者，望請便作商量狀，連本狀同進。若狀語交互，恐煩聖思，臣既是官長，望於兩狀後略言二理優劣，奏聽進止。則人各盡能，官無留事。」敕曰：「可。」

又　卷六一《御史臺中·彈劾》　大足元年，張易之縱恣益横，常私引相士李宏泰占吉凶，言涉不順。御史中丞宋璟請窮究其狀。則天曰：「易之等已自上聞。」璟曰：「謀反大逆，無容首免。易之等分外承恩，臣知言出禍從，義激於心，雖死不恨。」則天不悦。内史姚璹恐忤旨，遽宣敕令出。璟曰：『天顔咫尺，親奉德音，不煩宰相擅宣王命。』則天意解，乃收易之等就臺。俄有敕特原之，仍令易之等就璟宅謝罪。璟拒而不見，曰：『公事當公言之，若私見，法無私也。』

又 卷八九《泉貨》 至開元六年正月十八日，敕禁斷惡錢，行三銖四絫已上舊錢，更收人間惡錢，鎔破復鑄，準樣式錢。敕禁出之後，百姓喧然，物價摇動，商人不甘交易。宰相宋璟、蘇頲奏請出太府錢五萬貫，分於南、北兩市平價買百姓間所賣之物堪貯掌官須者，庶得好錢散行人間，從之。又降敕：『近斷惡錢，恐人少錢行用，其兩京文武官夏季防閤、庶僕，宜卽先給錢，待後季任取所配物貨賣，準數還官。』

陸贄分部

綜　述

《舊唐書》卷一二《德宗紀上》 （建中四年）十二月【略】乙丑，以祠部員外郎陸贄爲考功郎中，金部員外郎吳通微爲職方郎中，翰林學士併如故。【略】

（興元元年六月癸丑）考功郎中知制誥陸贄、司封郎中知制誥吉中孚，併爲諫議大夫。【略】

十二月【略】辛卯，以諫議大夫陸贄爲中書舍人，依前翰林學士。詔翰學士朝服班序，宜同諸司官知制誥例。

又 卷一三《德宗紀下》 （貞元六年二月）丙戌，以中書舍人陸贄權兵部侍郎。【略】

（七年八月丙申）翰林學士陸贄爲兵部侍郎，罷學士。【略】

（八年夏四月）乙未，貶中書侍郎、平章事竇參爲郴州別駕，竇申景州司户。尋杖殺申。諸竇皆貶。以尚書左丞趙憬、兵部侍郎陸贄爲中書侍郎、同中書門下平章事。【略】

五月【略】戊辰，初令授臺省官者各具舉主於授官詔。先是郎官缺，左右丞舉之，御史缺，大夫、中丞舉之，詔書不具所舉。及趙憬、陸贄爲相，建議官郎不宜專於左右丞，宜令尚書、丞、郎各舉其可，詔書具所舉官名，御史亦如之，異日考殿最以舉主能否。從之。【略】

（九年）秋七月【略】庚子，以信州刺史孫公器爲邕經略使。故事，宰相秉筆決事，每人十日一易。至是賈耽、趙憬、陸贄、盧邁同平章政事，百僚有所關白，更相讓而不言。始詔令旬日秉筆，後詔每日更秉筆。【略】

（十年）十二月庚子朔。壬戌，貶中書侍郎、平間事陸贄爲太子賓客。【略】

（十一年）夏四月，旱。壬戌，貶太子賓客陸贄爲忠州別駕，京兆尹李元充信州長史，衛尉卿張滂汀州長史。

又 卷一四《順宗紀》 （貞元二十一年）七月【略】丙子，鄆州李師古加檢校侍中。贈故忠州別駕陸贄兵部尚書，謚曰宣。

又 卷一三九《陸贄傳》 陸贄，字敬輿，蘇州嘉興人。父侃，溧陽令，以贄貴，贈禮部尚書。贄少孤，特立不羣，頗勤儒學。年十八登進士第，以博學宏詞登科，授華州鄭縣尉。罷秩，東歸省母，路由壽州，刺史張鎰有時名，贄往謁之。鎰初不甚知，留三日，再見與語，遂大稱賞，請結忘年之契。及辭，遺贄錢百萬，曰：『願備太夫人一日之膳。』贄不納，唯受新茶一串而已，曰：『敢不承君厚意。』又以書判拔萃，選授渭南縣主簿，遷監察御史。德宗在東宫時，素知贄名，乃召爲翰林學士，轉祠部員外郎。贄性忠盡，既居近密，感人主重知，思有以效報，故政或有缺，巨細必陳，由是顧待益厚。

建中四年，朱泚謀逆，從駕幸奉天。時天下叛亂，機務填委，徵發指蹤，千端萬緒，一日之內，詔書數百。贄揮翰起草，思如泉注，初若不經思慮，既成之後，莫不曲盡事情，中於機會；胥吏簡劄不暇，同舍皆伏其能。轉考功郎中，依前充職。嘗啓德宗曰：『今盜遍天下，輿駕播遷，陛下宜痛自引過，以感動人心。昔成湯以罪己勃興，楚昭以善言復國。陛下誠能不吝改過，以言謝天下，使書詔無忌，臣雖愚陋，可以仰副聖情，庶令反側之徒，革心嚮化。』德宗然之。故奉天所下書詔，雖武夫悍卒，無不揮涕感激，多贄所爲也。

其年冬，議欲以新歲改元。而卜祝之流，皆以國家數鍾百六，凡事宜有變革，以應時數。上謂贄曰：『往年羣臣請上尊號「聖神文武」四字，今緣寇難，諸事併宜改更，衆欲朕舊號之中更加一兩字，其事何如？』贄奏曰：『尊號之興，本非古制。行於安泰之日，已累謙沖；襲乎喪亂之時，尤傷事體。今者鑾輿播越，未復宫闈，宗社震驚，尚稽禋祀，中區多梗，大憝猶存。此乃人情嚮背之秋，天意去就之際，陛下宜深自懲勵，收攬羣心，痛自貶損，以謝靈譴，不可近從末議，重益美名。』帝曰：『卿所奏陳，雖理體甚切，然時運必須小有改迹，亦不可執滯，卿更思量。』贄曰：『古之人君稱號，或稱皇稱帝，或稱王，但一字而已。至暴秦，乃兼皇帝二字，後代因之。及昏僻之君，乃有聖劉、天元之號。是知人主輕重，不在自稱，崇其號無補於徽猷；損其名不傷其德美。然而損之有謙光稽古之善，崇之獲矜能納諂之譏，得失不侔，居然可辨。況今時遭迍否，事屬傾危，尤宜懼思，以自貶抑。必也俯稽術數，須有變更。與其增美稱而失人心，不若黜舊號以祗天戒。天時人事，理必相符，人既好謙，天亦助順。陛下誠能斷自宸鑑，煥發德音，引咎降名，深示刻責，惟謙與順，一舉而二美從之。』德宗從之，但改興元年號而已。

初，德宗倉皇出幸，府藏委棄，凝冽之際，士衆多寒，服御之外，無尺縑丈帛。及賊泚解圍，諸藩貢奉繼至，乃於奉天行在貯貢物於廊下，仍題曰『瓊林』、『大盈』二庫名。贄諫曰：

『瓊林』、『大盈』，自古悉無其制，傳諸耆舊之説，皆云創自開元。貴臣貪權，飾巧求媚，乃言：『郡邑貢賦所用，盍各區分：賦税當委於有司，以給經用；貢獻宜歸於天子，以奉私求。』玄宗悦之。新是二庫，蕩心侈欲，萌柢於兹，迨乎失邦，終以餌寇。《記》曰：『貨悖而入，必悖而出。』豈其效歟！

陛下嗣位之初，務遵理道，敦行儉約，斥遠貪饕。雖内庫舊藏，未歸太府，而諸方曲獻，不入禁闈，清風肅然，海内丕變。近以寇逆亂常，鑾輿外幸，既屬憂危之運，宜增儆勵之誠。臣昨奉使軍營，出經行殿，忽睹右廊之下，榜列二庫之名，懼然若驚，不識所以。何者？天衢尚梗，師旅方殷，痛心呻吟之聲，噢咻未息；忠勤戰守之效，賞賚未行。諸道貢珍，遽私别庫，萬目所視，孰能忍情？竊揣軍情，或生觖望，或忿形謗讟，或醜肆謳謡，頗含思亂之情，亦有悔忠之意。是知氓俗昏鄙，識昧高卑，不可以尊極臨，而可以誠義感。

頃者六師初降，百物無儲，外扞凶徒，内防危堞，晝夜不息，殆將五旬。凍餒交侵，死傷相枕，畢命同力，竟夷大艱。良以陛下不厚其身，不私其欲，絶甘以同卒伍，輟食以啖功勞。無猛制人而不攜，懷所感也；無厚賞士而不怨，悉所無也。今者攻圍已解，衣食已豐，而謗讟方興，軍情稍沮，豈不以勇夫常性，嗜貨矜功，其患難既與之同憂，而好樂不與之同利，苟異恬默，能無怨咨！此理之常，故不足怪。《記》曰：『財散則民聚。』豈其效歟！陛下天資英聖，見善必遷，是將化蓄怨爲銜恩，反過差爲至當，促殄遺寇，永垂鴻名，大聖應機，固當不俟終日。

上嘉納之，令去其題署。

興元元年，李懷光異志已萌，欲激怒諸軍，上表論諸軍衣糧薄，神策衣糧厚，厚薄不均，難以驅戰，意在撓沮進軍。李晟密奏，恐其有變，上憂之，遣贄使懷光軍宣諭。使還，贄奏事曰：

賊泚稽誅，保聚宫苑，勢窮援絶，引日婾生。懷光總仗順之軍，乘制勝之氣，鼓行芟翦，易若摧枯。而乃寇奔不追，師老不用，諸帥每欲進取，懷光輒沮其謀。據兹事情，殊不可解。陛下意在全護，委曲聽從，觀其所爲，亦未知感。若不别爲規略，漸相制持，唯以姑息求安，終恐變故難測。此誠事機危迫之秋也，故不可以尋常容易處之。

今李晟奏請移軍，適遇臣銜命宣慰，懷光偶論此事，臣遂泛問所宜，懷光乃云：『李晟既欲别行，某亦都不要借。』臣猶慮有翻覆，因美其軍强盛。懷光大自矜誇，轉有輕晟之意。臣又從容問云：『昨發離行在之日，未知有此商量；今日從此卻回，或恐聖旨顧問，事之可否，決定何如？』懷光已肆輕言，不可中變，遂云：『恩命許去，事亦無妨。』要約再三，非不詳審，雖欲追悔，固難爲詞。伏望卽以李晟表出付中書，敕下依奏，别賜懷光手詔，示以移軍事由。其手詔大意云：『昨得李晟奏，請移軍城東以分賊勢。朕緣未知利害，本欲委卿商量，適會陸贄從彼宣慰回，云見卿論敍軍情，語及於此，仍言許去，事亦無妨，遂敕本軍允其所請。卿宜授以謀略，分路夾攻，務使葉齊，剋平寇孽。』如此詞婉而直，理當而明，雖蓄異端，何由起怨？

臣初奉使諭旨，本緣糧料不均，偶屬移軍，事相諧會。又幸懷光詭對，且無阻絶之言，機宜合併。若有幽贊，一失其便，後何可追，幸垂裁察！

德宗初望懷光回意破賊，故晟屢奏移軍不許；及贄縷陳懷光反狀，乃可晟之奏，遂移軍東渭橋。而鄜坊節度李建徽、神策行營陽惠元猶在咸陽，贄慮懷光併建徽等軍，又奏曰：

懷光當管師徒，足以獨制凶寇，逗留未進，抑有他由。所患太强，不資傍助。比者又遣李晟、李建徽、陽惠元三節度之衆附麗其營，無益成功，祇憂生事。何則？四軍懸壘，羣帥異心，論勢力則懸絶高卑，據職名則不相統屬。懷光輕晟等兵微位下，而忿其制不從心。晟等疑懷光養寇蓄姦，而怨其事多陵己。端居則互防飛謗，欲戰則遞恐分功，齟齬不和，嫌釁遂構，俾之同處，必不兩全。强者惡積而後亡，弱者勢危而先覆，覆亡之禍，翹足可期。舊寇未平，新患方起，憂歎所切，實堪疚心。太上消慝於未萌，其次救失於始兆，況乎事情已露，禍難垂成，委而不謀，何以制亂？李晟見機慮變，先請移軍就東，建徽、惠元，勢轉孤弱，爲其吞噬，理在必然。他日雖有良圖，亦恐不能自拔，拯其危急，唯在此時。今因李晟願行，便遣合軍同往，託言晟兵素少，慮爲賊泚所邀，籍此兩軍，迭爲犄角。仍先諭旨，密使促裝，詔書至營，即日進路。懷光意雖不欲，然亦計無所施。是謂先人有奪人之心，疾雷不及掩耳者也。

夫制軍馭將，所貴見情，離合疾徐，各有宜適。當離者合之則召亂，當合者離之則寡功；當疾而徐則失機，當徐而疾則漏策。得其要，契其時，然後舉無敗謀，措無危勢。而今者屯兵而不肯爲用，聚將而罔能葉心，自爲鯨鯢，變在朝夕。留之不足以相制，徒長歷階；析之各競於擅能，或成勳績。事有必應，斷無可疑。

德宗曰：『卿之所料極善。然李晟移軍，懷光心已惆悵，若更遣建徽、惠元就東，則使得爲詞。且俟旬時。』晟至東渭橋，不旬日，懷光果奪兩節度兵，建徽單騎遁而獲免，惠元中路被執，害之。報至行在，人情大恐。翌日，移幸山南。贄練達兵機，率如此類。

二月，從幸梁州，轉諫議大夫，依前充學士。先是，鳳翔衙將李楚琳乘涇師之亂，殺節度使張鎰，歸款朱泚。及奉天解圍，楚琳遣使貢奉，時方艱阻，不獲已，命爲鳳翔節度使。然德宗忿其弒逆，心不能容，才至漢中，欲令渾瑊代爲節度。贄諫曰：『楚琳之罪，固不容誅，但以乘輿未復，大憝猶存，勤王之師，悉在畿內，急宣速告，晷刻是爭。商嶺則道迂且遙，駱谷復爲賊所扼，僅通王命，唯在襃斜，此路若又阻艱，南北便成隔絶。以諸鎮危疑之勢，居二逆誘脅之中，恟恟羣情，各懷嚮背。賊勝則往，我勝則來，其間事機，不容差跌。儻楚琳發憾，公肆倡狂，南塞要衝，東延巨猾，則我咽喉梗而心膂分矣，其勢豈不病哉！』上釋然開悟，乃善待楚琳使，優詔安慰其心。德宗至梁，欲以谷口已北從臣賜號曰『奉天定難功臣』，谷口已南隨扈者曰『元從功臣』，不選朝官，一例俱賜。贄奏曰：『破賊扞難，武臣之效。至如宮闈近侍，班列員僚，但馳走從行而已，忽與介冑奮命之士，俱號功臣，伏恐武臣憤惋。』乃止。

李晟既收京城，遣中使宣付翰林院具録先散失宮人名字，令草詔賜渾瑊，遣於奉天尋訪，以得爲限，仍量與資糧送赴行在。贄不時奉詔，進狀論之曰：

頃以理道乖錯，禍亂薦鍾，陛下思咎懼災，裕人罪己，屢降大號，誓將更新。天下之人，垂涕相賀，懲忿釋怨，煦仁戴明，畢力同心，共平多難。止土崩於絶岸，收版蕩於横流，殄寇清都，不失舊物。實由陛下至誠動於天地，深悔感於神人，故得百靈降康，兆庶歸德。苟不如此，自古何嘗有捐棄宮闕，失守宗祧，繼逆於赴難之師，再遷於蒙塵之日，不逾半歲，而復興大業者乎！

今渠魁始平，法駕將返，近自郊甸，遠周寰瀛，百役疲瘵之氓，重戰傷殘之卒，皆忍死扶病，傾耳聳肩，想聞德聲，翹望聖澤。陛下固當感上天悔禍之眷，荷列祖垂裕之休，念將士鋒刃之殃，湣黎元塗炭之酷。以致寇爲戒，以居上爲危，以務理爲憂，以復宮爲急。損之又損，尚懼汰侈之易滋；艱之惟艱，猶患戒慎之難久。謀始盡善，克終已稀；始而不謀，終則何有！夫以內人爲號，蓋是中壺末流。天子之尊，富有宮掖，如此等輩，固繁有徒，但恐傷多，豈憂乏使！翦除元惡，曾未浹辰，奔賀往來，道途如織。何必自虧君德，首訪婦人，又令資裝速赴行在！萬目閲視，衆口流傳，恐非所以答慶賴之心，副惟新之望也。

夫事有先後，義有重輕，重者宜先，輕者宜後。武王克殷，有未及下車而爲之者，有下車而爲之者，蓋美其不失先後之宜也。自翠華播越，萬姓靡依，清廟震驚，三時乏祀，當今所務，莫大於斯。誠宜速遣大臣，馳傳先往，迎復神主，修整郊壇，展禋享之儀，申告謝之意。然後吊恤死義，慰犒有功，綏輯黎蒸，優問耆耋。安定反側，寬宥脅從；宣暢鬱堙，褒獎忠直；官失職之士，復廢業之人。是皆宜先，不可後也。至如崇飾服器，繕緝殿臺，備耳目之娛，選巾櫛之侍，是皆宜後，不可先也。

散失内人，已經累月，既當離亂之際，必爲將士所私。其人若稍有知，不求當自陳獻；其人若甚無識，求之適使憂虞。自因寇亂喪亡，頗有大於此者，一聞搜索，懷懼必多；餘孽尚繁，羣情未一，因而善撫，猶恐危疑，若又懼之，於何不有！昔人所以掩絶纓而飲盜馬者，豈必忘其情愛，蓋知爲君之體然也。以小妨大，明者不爲。天下固多褻人，何必獨在於此。所令撰賜渾瑊詔書，未敢順旨。

帝遂不降詔，但遣使而已。

德宗還京，轉中書舍人，學士如故。初，贄受張鎰知，得居内職；及鎰爲盧杞所排，贄常憂惴；及杞貶黜，始敢上書言事。德宗好文，益深顧遇。奉天解圍後，德宗言及違離宗廟，嗚咽流涕曰：『致寇之由，實朕之過。』贄亦流涕而對曰：『臣思致今日之患者，羣臣之罪也。』贄意蓋爲盧杞、趙贊等也。上欲掩杞之失，則曰：『雖朕德薄，致茲禍亂，亦運數前定，事不由人。』贄又極言杞等罪狀，上雖貌從，心頗不説。吴通微兄弟俱在翰林，亦承德宗寵遇，文章才器不迨贄；而能交結權幸，共短贄於上前。故劉從一、姜公輔自卑品蒼黄之中，皆登輔相；而贄爲朋黨所擠，同職害其能，加以言事激切，動失上之歡心，故久之不爲輔相。其於議論應對，明練理體，敷陳剖判，下筆如神，當時名流，無不推挹。貞元初，李抱眞入朝，從容奏曰：『陛下幸奉天、山南時，赦書至山東，宣諭之時，士卒無不感泣。臣即時見人情如此，知賊不足平也。』

時贄母韋氏在江東，上遣中使迎至京師，搢紳榮之。俄丁母憂，東歸洛陽，寓居嵩山豐樂寺。藩鎮賻贈及别陳餉遺，一無所取。與韋皋布衣時相善，唯西川致遺，奏而受之。贄父初葬蘇州，至是欲合葬。上遣中使護其柩車至洛，其禮遇如此。免喪，權知兵部侍郎，依前充學士。申謝日，贄伏地而泣，德宗爲之改容敍慰。恩遇既隆，中外屬意爲輔弼，而宰相竇參素忌贄，贄亦短參之所爲，言參黷貨，由是與參不平。七年，罷學士，正拜兵部侍郎，知貢舉。時崔元翰、梁肅文藝冠時，贄輸心於肅。肅與元翰推薦藝實之士，升第之日，雖衆望不愜，然一歲選士，才十四五，數年之内，居臺省清近者十餘人。

八年四月，竇參得罪，以贄爲中書侍郎、門下同平章事。贄久爲邪黨所擠，困而得位，意在不負恩獎，悉心報國，以天下事爲己任。上即位之初，用楊炎、盧杞秉政，樹立朋黨，排擯良善，卒致天下沸騰，鑾輿奔播。懲是之失，貞元已後，雖立輔臣，至於小官除擬，上必再三詳問，久之方下。及贄知政事，請許臺省長官自薦屬官，仍保任之，事有曠敗，兼坐舉主。上許之，俄又宣旨曰：『外議云：「諸司所舉，多引用親黨，兼通賂遺，不得實才。」此法行之非便，今後卿等宜自選擇，勿用諸司延薦。』贄論奏曰：臣實頑鄙，一無所堪，猥蒙任使，待罪宰相。雖懷竊位之懼，且乏知人之明，自揣庸虚，終難上報。唯知廣求才之路，使賢者各以彙徵；啓至公之門，令職司皆得自達。既蒙允許，即宜宣行。南宫舉人，才至十數，或非臺省舊吏，則是使府佐僚，累經薦延，多歷事任。論其資望，既不愧於班行；考其行能，又未聞於闕敗。遽以騰口，上煩聖聽，道之難行，亦可知矣！

陛下勤求理道，務徇物情，因謂舉薦非宜，復委宰臣揀擇。其爲崇任輔弼，博採輿詞，可謂聖德之盛者。然於委任責成之道，聽言考實之方，閑邪存誠，猶恐有闕。陛下既納臣言而用之，旋聞横議而止之，於臣謀不責成，於横議不考實，此乃謀失者得以辭其罪，議曲者得以肆其誣。率是而行，觸類而長，固無必定之計，亦無必實之言。計不定則理道難成，言不實則小人得志。國家之病，常必由之。昔齊桓公問管仲害霸之事，對曰：『得賢不能任，害霸也；用而不能終，害霸也；與賢人謀事，而與小人議之，害霸也。』爲小人者，不必悉懷險詖，故覆邦家。蓋以其意性回邪，趣向狹促，以沮議爲出衆，以自異爲不羣，趨近利而昧遠圖，效小信而傷大道，況又言行難保，恣其非心者乎！

伏以宰輔，常制不過數人，人之所知，固有限極，不有遍諳諸士，備閱羣才。若令悉命羣官，理須輾轉詢訪，是則變公舉爲私薦，易明敭爲暗投。儻如議者之言，所舉多有情故，舉於君上，且未絶私；薦於宰臣，安肯無詐！失人之弊，必又甚焉。所以承前命官，罕有不涉私謗，雖則秉鈞不一，或自行情，亦由私訪所親，轉爲所賣。其弊非遠，聖鑑明知。今又將徇浮言，專任宰臣除吏，宰臣不遍諳識，踵前須訪於人。若訪親朋，則是悔其覆車，不易故轍；若訪於朝列，則是求其私薦，不如公舉之愈也。二者利害，惟陛下更詳擇焉。恐不如委任長官，慎揀僚屬，所揀既少，所求亦精，得賢有鑑識之名，失實當暗謬之責。人之常性，莫不愛身，況於臺省長官，皆是當朝華選，孰肯徇私妄舉，以傷名取責者耶！所謂臺省長官，卽僕射、尚書、左右丞、侍郎及御史大夫、中丞是也。陛下比擇輔相，多亦出於其中。今之宰臣，則往日臺省長官也；今之臺省長官，乃將來之宰臣也，但是職名暫異，固非行業頓殊。豈有爲長官之時不能舉一二屬吏，居宰臣之位則可擇千百具僚，物議悠悠，其惑斯甚。

夫求才貴廣，考課貴精。求廣在於各舉所知，長吏之薦擇是也；貴精在於按名責實，宰臣之序進是也。往者則天太后踐祚臨朝，欲收人心，尤務拔擢，弘委任之意，開汲引之門，進用不疑，求訪無倦，非但人得薦士，亦許自舉其才。所薦必行，所舉輒試，其於選士之道，豈不傷於容易哉！而課責既嚴，進退皆速，不肖者旋黜，才能者驟升，是以當代謂知人之明，累朝賴多士之用。此乃近於求才貴廣，考課貴精之效也。

陛下誕膺寶曆，思致理平，雖好賢之心，有逾於前哲，而得人之盛，未迨於往時。蓋由賞鑑獨任於聖聰，搜擇頗難於公舉，仍啓登延之路，罕施練核之方。遂使先進者漸益凋訛，後來者不相接續，施一令則謗沮互起，用一人則瘡盤立成。此乃失於選才太精，制法不一之患也。則天舉用之法，傷易而得人；陛下慎揀之規，太精而失士。陛下選任宰相，必異於庶官；精擇長官，必愈於末品。及至宰相獻規，長吏薦士，陛下卽但納橫議，不稽始謀。是乃任以重者輕其言，待以輕者重其事，且又不辨所毀之虚實，不校所試之短長。人之多言，何所不至，是將使人無所措其手足，豈獨選任之道失其端而已乎！

上雖嘉其所陳，長官薦士之詔，竟追寢之。

國朝舊制，吏部選人，每年調集。自乾元已後，屬宿兵於野。歲或凶荒，遂三年一置選。由是選人停擁，其數猥多，文書不接，眞僞難辨，吏緣爲姦，注授乖濫，而有十年不得調者。贄奏吏部分內外官員爲三分，計闕集人，每年置選。故選司之弊，十去七八，天下稱之。

贄與賈耽、盧邁、趙憬同知政事，百司有所申覆，皆更讓不言可否。舊例，宰臣當旬，秉筆決事，每十日一易，贄請準故事，令秉筆者以應之。又以河隴陷蕃已來，西北邊常以重兵守備，謂之防秋，皆河南、江淮諸鎮之軍也，更番往來，疲於戍役。贄以中原之兵，不習邊事，及扞虜戰賊，多有敗衄，又苦邊將名目太多，諸軍統制不一，緩急無以應敵，乃上疏論其事曰：

臣歷觀前代書史，皆謂鎮撫四夷，宰相之任，不揆暗劣，屢敢上言。誠以備邊禦戎，國家之重事；理兵足食，備禦之大經。兵不治則無可用之師，食不足則無可固之地。理兵在制置得所，足食在斂道有方。陛下幸聽愚言，先務積穀，人無加賦，官不費財，坐致邊儲，數逾百萬。諸鎮收糴，今已向終，分貯軍城，用防艱急，縱有寇戎之患，必無乏絶之憂。守此成規，以爲永制，常收冗費，益贍邊農，則更經二年，可積十萬人三歲之糧矣。足食之原粗立，理兵之術未精，敢議籌量，庶備采擇。

伏以戎狄爲患，自古有之，其於制禦之方，得失之論，備存史籍，可得而言。大抵尊卽序者，則曰非德無以化要荒，曾莫知威不立，則德不能馴也。樂武威者，則曰非兵無以服凶獷，曾莫知德不修，則兵不可恃也。務和親者，則曰要結可以睦鄰好，曾莫知我結之而彼復解也。美長城者，則曰設險可以固邦國而扞寇仇，曾莫知力不足，兵不堪，則險之不能有也。尚薄伐者，則曰驅遏可以禁侵暴而省征徭，曾莫知兵不鋭，壘不完，則遏之不能勝，驅之不能去也。議邊之要，略盡於斯，雖互相譏評，然各有偏駁。聽一家之説，則例理可徵；考歷代所行，則成敗異效。是由執常理以御其不常之勢，徇所見而昧於所遇之時。

夫中夏有盛衰，夷狄有强弱，事機有利害，措置有安危，故無必定之規，亦無長勝之法。夏后以序戎而聖化茂，古公以避狄而王業興；周城朔方而玁狁攘，秦築臨洮而宗社覆；漢武討匈奴而貽悔，太宗征突厥而致安；文、景約和親而不能弭患於當年，宣、元弘撫納而足以保寧於累葉。蓋以中夏之盛衰異勢，夷狄之强弱異時，事機之利害異情，措置之安危異便。知其事而不度其時則敗，附其時而不失其稱則成。形變不同，胡可專一！

夫以中國强盛，夷狄衰微，而能屈膝稱臣，歸心受制，拒之則阻其嚮化，威之則類於殺降，安得不存而撫之，卽而序之也？又如中國强盛，夷狄衰微，而尚棄信姦盟，蔑恩肆毒，諭之不變，責之不懲，安得不取亂推亡，息人固境也？其有遇中國喪亡之弊，當夷狄强盛之時，圖之則彼釁未萌，禦之則我力不足，安得不卑詞降禮，約好通和，啖之以親，紓其交禍？縱不必信，且無大侵，雖非禦戎之善經，蓋時事亦有不得已也。儻或夷夏之勢，强弱適同，撫之不寧，威之不靖；力足以自保，不足以出攻，得不設險以固軍，訓師以待寇，來則薄伐以遏其深入，去則攘斥而戒於遠追？雖爲安邊之令圖，蓋勢力亦有不得不然也。故夏之卽序，周之於攘，太宗之翦亂，皆乘其時而善用其勢也。古公之避狄，文、景之和親，神堯之降禮，皆順其時而不失其稱也。秦皇之長城，漢武之窮討，皆知其事而不度其時者也。向若遇孔熾之勢，行卽序之方，則見侮而不從矣！乘可取之資，懷畏避之志，則失機而養寇矣！有攘卻之力，用和親之謀，則示弱而勞費矣！當降屈之時，務翦伐之略，則召禍而危殆矣！故曰：知其事而不度其時則敗，附其時而不失其稱則成。是無必定之規，亦無長勝之法，得失著效，不其然歟！至於察安危之大情，計成敗之大數，百代之不變易者，蓋有之矣。其要在於失人肆欲則必蹶，任人從衆則必全，此乃古今所同，而物理之所壹也。

國家自禄山構亂、河隴用兵以來，肅宗中興，撤邊備以靖中邦，籍外威以寧內難。於是吐蕃乘釁，吞噬無厭；回紇矜功，憑陵亦甚。中國不遑振旅，四十餘年。使傷耗遺氓，竭力蠶織，西輸賄幣，北償馬資，尚不足塞其煩言，滿其驕志。復乃遠徵士馬，列戍疆陲，猶不能遏其奔衝，止其侵侮。小入則驅略黎庶，深入則震驚邦畿。時有議安邊策者，多務於所難而忽於所易，勉於所短而略於所長。遂使所易所長者，行之而其要不精；所難所短者，圖之而其功靡就。憂患未弭，職斯之由。

夫制敵行師，必量事勢，勢有難易，事有先後。力大而敵脆，則先其所難，是謂奪人之心，暫勞而永逸者也；力寡而敵堅，則先其所易，是謂固國之本，觀釁而後動者也。頃屬多故，人勞未瘳，而欲廣發師徒，深踐寇境，復其侵地，攻其堅城，前有勝負未必之虞，後有饋運不繼之患。儻或撓敗，適所以啓戎心而挫國威，以此爲安邊之謀，可謂不量事勢而務於所難矣！

天之授者，有分事，無全功；地之産者，有物宜，無兼利。是以五方之俗，長短各殊。長者不可逾，短者不可企；勉所短而敵其所長必殆，用所長而乘其所短必安。强者，乃以水草爲邑居，以射獵供飲茹，多馬而尤便馳突，輕生而不恥敗亡，此戎狄之所長也。戎狄之所長，乃中國之所短；而欲益兵搜乘，角力爭驅，交鋒原野之間，決命尋常之內，以此爲禦寇之術，可謂勉所短而校其所長矣！務所難，勉所短，勞費百倍，終於無成。雖果成之，不挫則廢，豈不以越天授而違地産，虧時勢以反物宜者哉！

將欲去危就安，息費從省，在慎守所易，精用所長而已。若乃擇將吏以撫寧衆庶，修紀律以訓齊師徒，耀德以佐威，能邇以柔遠；禁侵抄之暴以彰吾信，抑攻取之議以安戎心；彼求和則善待而勿與結盟，彼爲寇則嚴備而不務報復，此當今之所易也。賤力而貴智，惡殺而好生，輕利而重人，忍小以全大，安其居而後動，俟其時而後行。是以修封疆，守要害，塹蹊隧，壘軍營，謹禁防，明斥候，務農以足食，練卒以蓄威，非萬全不謀，非百克不鬬。寇小至則張聲勢以遏其入，寇大至則謀其人以邀其歸；據險以乘之，多方以誤之。使其勇無所加，衆無所用；掠則靡獲，攻則不能；進有腹背受敵之虞，退有首尾難救之患，所謂乘其弊，不戰而屈人之兵，此中國之所長也。我之所長，乃戎狄之所短；我之所易，乃戎狄之所難。以長制短，則用力寡而見功多；以易敵難，則財不匱而事速就。捨此不務，而反爲所乘，斯謂倒持戈矛，以鐏授寇者也！今則皆務之矣，猶且守封未固，寇戎未懲者，其病在於謀無定用，衆無適從。所任不必才，才者不必任；所聞不必實，實者不必聞；所信不必誠，誠者不必信；所行不必當，當者未必行。故令措置乖方，課責虧度；財匱於兵衆，力分於將多，怨生於不均，機失於遙制。臣請爲陛下粗陳六者之失，惟明主慎聽而熟察之：

臣聞工欲善其事，必先利其器；武欲勝其敵，必先練其兵。練兵之中，所用復異。用之於救急，則權以紓難；用之於暫敵，則緩以應機。故事有便宜，而不拘常制；謀有奇詭，而不徇衆情。進退死生，唯將所命，此所謂攻討之兵也！用之於屯戍，則事資可久；勢異從權，非物理所愜不寧，非人情所欲不固。夫人情者，利焉則勸，習焉則安，保親戚則樂生，顧家業則忘死，故可以理術馭，不可以法制驅，此所謂鎮守之兵也。夫欲備封疆，禦戎狄，非一朝一夕之事，固當選鎮守之兵以置焉。古之善選置者，必量其性習，辨其土宜，察其伎能，知其欲惡。用其力而不違其性，齊其俗而不易其宜；引其善而不責其所不能，禁其非而不處其所不欲。而又類其紀伍，安其室家，然後能使之樂其居，定其志，奮其氣勢，結其恩情。撫之以惠，則感而不驕；臨之以威，則肅而不怨。靡督課而人自爲用，弛禁防而衆自不攜。故出則足兵，居則足食，守則固，戰則强。其術無他，便於人情而已矣！今者散徵士卒，分戍邊陲，更代往來，以爲守備。是則不量性習，不辨土宜，邀其所不能，强其所不欲。求廣其數而不考其用，將致其力而不察其情，斯可以爲羽衛之儀，而無益於備禦之實也。何者？窮邊之地，千里蕭條，寒風裂膚，驚沙慘目；與豺狼爲鄰伍，以戰鬬爲嬉游；晝則荷戈而耕，夜則倚烽而覘；日有剽害之慮，永無休暇之娱，地惡人勤，於斯爲甚！自非生於其域，習於其風，幼而睹焉，長而安焉，不見樂土而遷焉，則罕能寧其居而狎其敵也。關東之地，百物阜殷，從軍之徒，尤被優養。慣於温飽，狎於歡康，比諸邊隅，若異天地。聞絶塞荒陬之苦，則辛酸動容；聆强蕃勁虜之名，則懾駭奪氣。而乃使之去親族，捨園廬，甘其所辛酸，抗其所懾駭，將冀爲用，不亦疏乎！矧又有休代之期，無統帥之馭，資奉若驕子，姑息如倩人，進不邀之以成功，退不處之以嚴憲。其來也咸負得色，其止也莫有固心，屈指計歸，張頤待飼。徼幸者猶患還期之賒緩，常念戎醜之充斥；王師挫傷，則將乘其亂離，布路東潰，情志且爾，得之奚爲？平居則殫耗資儲以奉浮冗之衆，臨難則拔棄城鎮以摇遠近之心，其弊豈惟無益哉！固亦將有所撓也。復有抵犯刑禁，謫徙軍城，意欲增户實邊，兼令展效自贖。既是無良之類，且加懷土之情，思亂幸災，又甚戍卒。適足煩於防衛，諒無望於功庸，雖前代時或行之，固非良算之可遵者也。復有擁旄之帥，身不臨邊，但分偏師，俾守疆場。大抵軍中壯鋭，元戎例選自隨，委其疲羸，乃配諸鎮。節將既居内地，精兵祇備紀綱，遂令守要禦衝，常在寡弱之輩。寇戎每至，乃勢不支，入壘者才足閉關，在野者悉遭劫執，恣其芟蹂，盡其搜驅。比及都府聞知，虜已克獲旋返。且安邊之本，所切在兵，理兵若斯，可謂措置乖方矣！

夫賞以存勸，罰以示懲，勸以懋有庸，懲以威不恪。故賞罰之於馭衆也，猶繩墨之於曲直，權衡之揣重輕，輗軏之所以行車，銜勒之所以服馬也。馭衆而不用賞罰，則善惡相混而能否莫殊；用之而不當功過，則姦妄寵榮而忠實擯抑。夫如是，若聰明可衒，律度無章，則用與不用，其弊一也。自頃權移於下，柄失於朝，將之號令，既鮮克行之於軍，國之典章，又不能施之於將，務相遵養，苟度歲時。欲賞一有功，翻慮無功者反側；欲罰一有罪，復慮同惡者憂虞。罪以隱忍而不彰，功以嫌疑而不賞，姑息之道，乃至於斯。故使忘身效節者獲誚於等夷，率衆先登者取怨於士卒，僨軍蹙國者不懷於愧畏，緩救失期者自以爲智能。褒貶既闕而不行，稱毁復紛然相亂，人雖欲善，誰爲言之？况又公忠者直己而不求於人，反罹困厄；敗撓者行私而苟媚於衆，例獲優崇。此義士所以痛心，勇夫所以解體也。又有遇敵而所守不固，陳謀而其效靡成；將帥則以資糧不足爲詞，有司復以供給無闕爲解。既相執證，理合辨明，朝廷每爲含糊，未嘗窮究曲直。措理者吞聲而靡訴，誣善者罔上而不懲。馭衆若斯，可謂課責虧度矣！

課責虧度，措置乖方，將不得竭其材，卒不得盡其力，屯集雖衆，戰陣莫前。虜每越境横行，若涉無人之地；遞相推倚，無敢誰何，虚張賊勢上聞，則曰兵少不敵。朝廷莫之省察，惟務徵發益師，無裨備禦之功，重增供億之弊。閭井日耗，徵求日繁，以編户傾家破産之資，兼有司榷鹽税酒之利，總其所入，半以事邊，制用若斯，可謂財匱於兵衆矣！

今四夷之最强盛爲中國甚患者，莫大於吐蕃，舉國勝兵之徒，纔當中國十數大郡而已。其於内虞外備，亦與中國不殊，所能寇邊，數則蓋寡。且又器非犀利，甲不堅完，識迷韜鈐，藝乏趫敏。動則中國畏其衆而不敢抗，靜則中國憚其强而不敢侵，厥理何哉？良以中國之節制多門，蕃醜之統帥專一故也。夫統帥專則人心不分，人心不分則號令不貳，號令不貳則進退可齊，進退可齊則疾徐如意，疾徐如意則機會靡愆，機會靡愆則氣勢自壯！斯乃以少爲衆，以弱爲强，變化翕辟，在於反掌之内。是猶臂之使指，心之制形，若所任得人，則何敵之有！夫節制多門則人心不一，人心不一則號令不行，號令不行則進退難必，進退難必則疾徐失宜，疾徐失宜則機會不及，機會不及則氣勢自衰！斯乃勇廢爲尫，衆散爲弱，逗撓離析，兆乎戰陣之前。是猶一國三公，十羊九牧，欲令齊肅，其可得乎？開元、天寶之間，控禦西北兩蕃，唯朔方、河西、隴右三節度而已，猶慮權分勢散，或使兼而領之。中興已來，未遑外討，僑隸四鎮於安定，權附隴右於扶風，所當西北兩蕃，亦朔方、涇原、隴右、河東節度而已，關東戍卒，至則屬焉。雖委任未盡得人，而措置尚存典制。自頃逆泚誘涇、隴之衆叛，懷光汙朔方之軍，割裂誅鋤，所餘無幾。而又分朔方之地，建牙擁節者，凡三使焉。其餘鎮軍，數且四十，皆承特詔委寄，各降中貴監臨，人得抗衡，莫相稟屬。每俟邊書告急，方令計會用兵，既無軍法下臨，唯以客禮相待。是乃從容拯溺，揖讓救焚，冀無阽危，固亦難矣！夫兵，以氣勢爲用者也，氣聚則盛，散則消；勢合則威，析則弱。今之邊備，勢弱氣消，建軍若斯，可謂力分於將多矣。

理戎之要，最在均齊，故軍法無貴賤之差，軍實無多少之異，是將所以同其志而盡其力也。如或誘其志意，勉其藝能，則當閱其材，程其勇，校其勞逸，度其安危，明申練覆優劣之科，以爲衣食等級之制。使能者企及，否者息心，雖有薄厚之殊，而無觖望之釁。蓋所謂日省月試，餼稟均事，如權量之無情於物，萬人莫不安其分而服其平也。今者窮邊之地，長鎮之兵，皆百戰傷夷之餘，終年勤苦之劇，角其所能則練習，度其所處則孤危，考其服役則勞，察其臨敵則勇。然衣糧所給，唯止當身，例爲妻子所分，常有凍餒之色。而關東戍卒，歲月踐更，不安危城，不習戎備，怯於應敵，懈於服勞。然衣糧所頒，厚逾數等，繼以茶藥之饋，益以蔬醬之資。丰約相形，懸絶斯甚。又有素非禁旅，本是邊軍，將校詭爲媚詞，因請遥隸神策，不離舊所，唯改虛名，其於稟賜之饒，遂有三倍之益。此儔類所以忿恨，忠良所以憂嗟，疲人所以流亡，經費所以褊匱。夫事業未異，而給養有殊，人情之所不能甘也，況乎矯佞行而稟賜厚，績藝劣而衣食優，苟未忘懷，能無慍怒！不爲戎首，則已可嘉，而欲使其協力同心，以攘寇難，雖有韓、白、孫、吳之將，臣知其必不能焉。養士若斯，可謂怨生於不均矣！

凡欲選任將帥，必先考察行能，然後指以所授之方，語以所委之事，令其自揣可否，自陳規模。須某色甲兵，籍某人參佐，要若干士馬，用若干資糧，某處置軍，某時成績，始終要領，悉俾經綸，於是觀其計謀，校其聲實。若謂材無足取，言不可行，則當退之於初，不宜貽慮於其後也。若謂志氣足任，方略可施，則當要之於終，不宜掣肘於其間也。夫如是，則疑者不使，使者不疑；勞神於選才，端拱於委任。既委其事，既足其求，然後可以核其否臧，行其賞罰。受賞者不以爲濫，當罰者無得而辭，付授之柄既專，苟且之心自息。是以古之遣將帥者，君親推轂而命之曰：『自閫以外，將軍裁之。』又賜鈇鉞，示令專斷。故軍容不入國，國容不入軍，將在軍，君命有所不受。誠謂機宜不可以遠決，號令不可以兩從，未有委任不專，而望其克敵成功者也。自頃邊軍去就，裁斷多出宸衷，選置戎臣，先求易制，多其部以分其力，輕其任以弱其心，雖有所懲，亦有所失。遂令分閫責成之義廢，死綏任咎之志衰，一則聽命，二亦聽命，爽於軍情亦聽命，乖於事宜亦聽命。若所置將帥，必取於承順無違，則如斯可矣；若有意平凶靖難，則不可。夫兩境相接，兩軍相持，事機之來，間不容息，蓄謀而俟，猶恐失之，臨時始謀，固已疏矣。況乎千里之遠，九重之深，陳述之難明，聽覽之不一，欲其事無遺策，雖聖者亦有所不能焉。設使謀慮能周，其如權變無及！戎虜馳突，迅如風飆，驛書上聞，旬月方報。守土者以兵寡不敢抗敵，分鎮者以無詔不肯出師，逗留之間，寇已奔逼，托於救援未至，各且閉壘自全。牧馬屯牛，鞠爲椎剽；穡夫樵婦，罄作俘囚。雖詔諸鎮發兵，唯以虛聲應援，互相瞻顧，莫敢遮邀，賊既縱掠退歸，此乃陳功告捷。其敗喪則減百而爲一，其捃獲則張百而成千。將帥既幸於總制在朝，不憂於罪累；陛下又以爲大權由己，不究事情。用師若斯，可謂機失於遥制矣！

理兵而措置乖方，馭將而賞罰虧度，制用而財匱，建兵而力分，養士而怨生，用師而機失，此六者，疆埸之蟊賊，軍旅之膏肓也。蟊賊不除，而但滋之以糞溉，膏肓不療，而唯啖之以滑甘，適足以養其害，速其災，欲求稼穡豐登，膚革充美，固不可得也。

臣愚謂宜罷諸道將士番替防秋之制，率因舊數而三分之：其一分委本道節度使募少壯願住邊城者以徙焉；其一分則本道但供衣糧，委關內、河東諸軍州募蕃、漢子弟願傅邊軍者以給焉；又一分亦令本道但出衣糧，加給應募之人，以資新徙之業。又令度支散於諸道和市耕牛，兼雇召工人，就諸軍城繕造器具。募人至者，每家給耕牛一頭，又給田農水火之器，皆令充備。初到之歲，與家口二人糧，併賜種子，勸之播植，待經一稔，俾自給家。若有餘糧，官爲收糴，各酬倍價，務奬營田。既息踐更徵發之煩，且無幸災苟免之弊。寇至則人自爲戰，時至則家自力農。是乃兵不得不强，食不得不足，與夫倏來忽往，豈可同等而論哉！

臣又謂宜擇文武能臣一人爲隴右元帥，應涇、隴、鳳翔、長武城、山南西道等節度管内兵馬，悉以屬焉；又擇一人爲朔方元帥，應鄜坊、邠寧、靈夏等節度管内兵馬，悉以屬焉；又擇一人爲河東元帥，河東、振武等節度管内兵馬，悉以屬焉。三帥各選臨邊要會之州以爲理所，見置節度，有非要者，隨所便近而併之。唯元帥得置統軍，餘併停罷。其三帥部内太原、鳳翔等府及諸郡户口稍多者，慎揀良吏以爲尹守，外奉師律，内課農桑，俾爲軍糧，以壯戎府。理兵之宜既得，選帥之授既明，然後減姦濫虚浮之費以豐財，定衣糧等級之制以和衆，弘委任之道以宣其用，懸賞罰之典以考其成。而又慎守中國之所長，謹行當今之所易，則八利可致，六失可除。如是而戎狄不威懷，疆埸不寧謐者，未之有也。諸侯軌道，庶類服從。如是而教令不行，天下不理者，亦未之有也。以陛下之英鑑，民心之思安，四方之小休，兩寇之方静，加以頻年豐稔，所在積糧，此皆天贊國家，可以立制垂統之時也。時不久居，事不常兼，已過而追，雖悔無及。明主者，不以言爲罪，不以人廢言，罄陳狂愚，惟所省擇。

德宗極深嘉納，優詔褒奬之。

贄在中書，政不便於時者，多所條奏。德宗雖不能皆可，而心頗重之。初，竇參既貶郴州，節度使劉士寧餉參絹數千匹。湖南觀察使李巽與參有隙，具事奏聞，德宗不悦。會右庶子姜公輔於上前聞奏，稱『竇參嘗語臣云：「陛下怒臣未已」』，德宗怒，再貶參，竟殺之。時議云公輔奏竇參語得之於贄，云參之死，贄有力焉。又素惡于公異、于邵，既輔政而逐之，談者亦以爲戹。

户部侍郎、判度支裴延齡，姦宄用事，天下嫉之如仇。以得幸於天子，無敢言者。贄獨以身當之，屢於延英面陳其不可，累上疏極言其弊。延齡日加譖毁。十年十二月，除太子賓客，罷知政事。贄性畏慎，及策免私居，朝謁之外，不通賓客，無所過從。十一年春，旱，邊軍芻粟不給，具事論訴；延齡言贄與張滂、李充等摇動軍情，語在《延齡傳》。德宗怒，將誅贄等四人，會諫議大夫陽城等極言論奏，乃貶贄爲忠州别駕。

贄初入翰林，特承德宗異顧，歌詩戲狎，朝夕陪游。及出居艱阻之中，雖有宰臣，而謀猷參決，多出於贄，故當時目爲『内相』。從幸山南，道途艱險，扈從不及，與帝相失，一夕不至，上喻軍士曰：『得贄者賞千金。』翌日贄謁見，上喜形顔色，其寵待如此。既與二吴不協，漸加浸潤，恩禮稍薄；及通玄敗，上知誣枉，遂復見用。贄以受人主殊遇，不敢愛身，事有不可，極言無隱。朋友規之，以爲太峻，贄曰：『吾上不負天子，下不負吾所學，不恤其他。』精於吏事，斟酌決斷，不失錙銖。嘗以『詞詔所出，中書舍人之職，軍興之際，促迫應務，權令學士代之；朝野乂寧，合歸職分，其命將相制詔，卻付中書行遣。』又言『學士私臣，玄宗初令待詔，止於唱和文章而已』。物議是之。德宗以贄指斥通微、通玄，故不可其奏。

贄在忠州十年，常閉關静處，人不識其面，復避謗不著書。家居瘴鄉，人多癘疫，乃抄撮方書，爲《陸氏集驗方》五十卷行於代。初，贄秉政，貶駕部員外郎李吉甫爲明州長史，量移忠州刺史。贄在忠州，與吉甫相遇，昆弟、門人咸爲贄憂，而吉甫忻然厚禮，都不銜前事，以宰相禮事之，猶恐其未信不安，日與贄相狎，若平生交契者。贄初猶慚懼，後乃深交。時論以吉甫爲長者。後有薛延者，代吉甫爲刺史，延朝辭日，德宗令宣旨慰安。而韋皋累上表請以贄代己。順宗即位，與陽城、鄭餘慶同詔徵還。詔未至而贄卒，時年五十二，贈兵部尚書，謚曰宣。

又 卷一三五《裴延齡傳》 時陸贄秉政，上素所禮重，每於延英極論其誕妄，不可令掌財賦。德宗以爲排擯，待延齡益厚。贄上書疏其失曰：

前歲秋首，班宏喪亡，特詔延齡繼司邦賦。數日之内，遽衒功能，奏稱：『勾獲隱欺，計錢二十萬貫，請貯别庫以爲羨餘，供御所須，永無匱乏。』陛下欣然信納，因謂委任得人。既頼盈餘之財，稍弘心意之欲，興作浸廣，宣索漸多。延齡務實前言，且希睿旨，不敢告闕，不敢辭難。勾獲既是虚言，無以應命；供辦皆承嚴約，苟在及期。遂乃搜求市廛，豪奪入獻；追捕夫匠，迫脅就功。以敕索爲名，而不酬其直；以和雇爲稱，而不償其備。都城之中，列肆爲之晝閉；興役之所，百工比於幽囚。

聚詛連郡，遮訴盈路，持綱者莫敢致詰，巡察者莫敢爲言。時有訐而言之，翻謂黨邪醜直。天子轂下，囂聲沸騰，四方觀瞻，何所取則。蕩心於上，斂怨於人，欺天陷君，遠近危懼，此其罪之大者也。

總制邦用，度支是司；出納貨財，太府攸職。凡是太府出納，皆稟度支文符，太府依符以奉行，度支憑案以勘覆，互相關鍵，用絶姦欺。其出納之數，則每旬申聞；見在之數，則每月計奏。皆經度支勾覆，又有御史監臨，旬旬相承，月月相繼。明若指掌，端如貫珠，財貨多少，無容隱漏。延齡務行邪譎，公肆誣欺，遂奏云『左藏庫司多有失落，近因檢閱使置簿書，乃於糞土之中收得十三萬兩，其匹段雜貨又百萬有餘，皆是文帳脱遺，併同已棄之物。今所收穫，卽是羨餘，悉合移入雜庫，以供別敕支用者』。其時特宣進旨，併依所奏施行。太府卿韋少華抗疏上陳，殊不引伏，確稱『每月申奏，皆是見在數中，請令推尋，足驗姦詐』。兩司既有論執，理須詳辨是非，陛下縱其妄欺，不加按問。以在庫之物爲收穫之功，以常賦之財爲羨餘之費，罔上無畏，示人不慚，此又罪之大者也。

國家府庫，出納有常，延齡險猾售奸，詭譎求媚，遂於左藏之內，分建六庫之名，意在別貯贏餘，以奉人主私欲。曾不知王者之體，天下爲家，國不足則取之於人，人不足則資之於國，在國爲官物，在人爲私財，何謂贏餘，須別收貯？是必巧詐以變移官物，暴法以刻削私財，捨此二途，其將安取？陛下方務崇信，不加檢裁，姑務保持，曾無詰責。延齡謂能蔽惑，不復懼思，奸威既沮於四方，險態復行於内府。由是蹂躪官屬，傾倒貨財，移東就西，便爲課績，取此適彼，遂號羨餘，愚弄朝廷，有同兒戲。

夫理天下者，以義爲本，以利爲末，以人爲本，以財爲末，本盛則其末自舉，末大則其本必傾。自古及今，德義立而利用不豐，人庶安而財貨不給，因以喪邦失位者，未之有也。故曰：『不患寡而患不均，不患貧而患不安。』『有德必有人，有人必有土，有土必有財。』『百姓足，君孰與不足？』蓋謂此也。自古及今，德義不立而利用克宣，人庶不安而財貨可保，因以興邦固位者，未之有也。故曰：『財散則人聚，財聚則人散。』『與其有聚斂之臣，寧有盜臣。』無令侵削兆人，爲天子取怨於下也。

且陛下初膺寶曆，志翦羣凶，師旅繁興，徵求浸廣，榷算侵剝，下無聊生。是以涇原叛徒，乘人怨咨，白晝犯闕，都邑氓庶，恬然不驚，反與賊衆相從，比肩而入宮殿。雖蚩蚩之性，靡所不爲，然亦由德澤未浹，而暴令驅之，以至於是也。於時内府之積，尚如丘山，竟資凶渠，以餌貪卒，此則陛下躬睹之矣。是乃失人而聚貨，夫何利之有焉！

車駕既幸奉天，逆泚旋肆圍逼，一壘之内，萬乘所屯，窘如涸流，庶物空匱。嘗欲發一健步出覘賊軍，其人懇以苦寒爲辭，跪奏乞一襦袴，陛下爲之求覓不致，竟閔默而遣之。又嘗宮壺之中，服用有闕，聖旨方以戎事爲急，不忍重煩於人，乃剝親王飾帶之金，賣以給直。是時行從將吏，赴難師徒，蒼黄賓士，咸未冬服，漸屬凝冱，且無薪蒸，饑凍内攻，矢石外追。晝則荷戈奮迅，夜則映堞呻吟，淩風飆，冒霜雪，逾四旬而衆無攜貳，卒能走强賊全危城者，陛下豈有嚴刑重賞使之然耶？唯以不厚其身，不藏其貨，與衆庶同其憂患，與士伍共其有無，乃能使人捐軀命而捍寇仇，餒之不離，凍之不憾，臨危而不易其守，見死而不去其君，所謂『聖人感人心而天下和平』，此其效也。

及乎重圍既解，諸路稍通，賦税漸臻，貢獻繼至，乃於行宮外廡之下，別置瓊林、大盈之司。未賞功勞，遽私賄玩，甚沮惟新之望，頗攜死義之心，於是輿誦興譏，而軍士始怨矣。財聚人散，不其然乎！旋屬蝨賊内興，翠華南狩，奉天所積財貨，悉復殲於亂軍。既遷岷、梁，日不暇給，獨憑大順，遂復皇都。是知天子者，以得人爲資，以蓄義爲富。人苟歸附，何患蔑資，義苟修崇，何憂不富，豈在貯之内府，方爲己有哉！故藏於天下者，天子之富也；藏於境内者，諸侯之富也；藏於囷倉篋櫝者，農夫、商賈之富也。奈何以天子之貴，海内之富，而猥行諸侯之棄德，守農商之鄙業哉！

陛下若謂厚取可以恢武功，則建中之取既無成矣；若謂多積可以爲己有，則建中之積又不在矣；若謂徇欲不足傷理化，則建中之失傷已甚矣；若謂斂怨不足致危亡，則建中之亂危亦至矣！然而遽能靖滔天之禍，成中興之功者，良以陛下有側身修勵之志，有罪己悔懼之辭，罷息誅求，敦尚節儉，渙發大號，與人更新；故靈祇感陛下之誠，臣庶感陛下之意，釋憾回慮，化危爲安。陛下亦當爲宗廟社稷建不拔之永圖，爲子孫黎元立可久之休業，懲前事徇欲之失，復日新盛德之言；豈宜更縱險邪，復行克暴，事之追悔，其可再乎！

臣又竊慮陛下納彼盜言，墜其奸計，以爲搏噬拏攫，怨集有司，積聚豐盈，利歸君上，是又大謬，所宜慎思。夫人主昏明，繫於所任，咎繇、夔、契之道長，而虞舜享浚哲之名；皇甫、聚、楀之嬖行，而周厲嬰顛覆之禍。自古何嘗有小人柄用，而災患不及邦國者乎！譬猶操兵以刃人，天下不委罪於兵而委罪於所操之主；畜蠱以殃物，天下不歸咎於蠱而歸咎於所畜之家，理有必然，不可不察。

臣伏慮陛下以延齡之進，獨出宸衷，延齡之言，多順聖旨，今若以罪置辟，則似爲衆所擠，故欲保持，用彰堅斷。若然，陛下與人終始之意則美矣，其於改過勿吝，去邪勿疑之道，或未盡善。今希旨自默，浸以成風，獎之使言，猶懼不既，若又陰抑，誰當貢誠。或恐未亮斯言，請以一事爲證。只如延齡凶妄，流布寰區，上自公卿近臣，下迨輿臺賤品，喧喧談議，億萬爲徒，能以上言，其人有幾？陛下誠令親信博採輿詞，參較比來所聞，足鑑人間情僞。

臣以卑鄙，位當台衡，既極崇高，又承渥澤。豈不知觀時附會，足保舊恩，隨衆沉浮，免貽厚責。謝病黜退，護知幾之名；黨奸苟容，無見嫉之患。何急自苦，獨當豺狼，上違歡情，下餌讒口。良以內顧庸昧，一無所堪；夙蒙眷知，唯以誠直。綢繆帷扆，一紀於兹，聖慈既以此見容，愚臣亦以此自負。從陛下歷播遷之危，睹陛下致興復之難，至今追思，猶爲心悸；所以畏覆車而駭慮，懼燬室而悲鳴，蓋情激於衷，雖欲罷而不能自默！因事陳請，雖已頻煩，天聽上高，未垂諒察，輒申悃款，以極愚誠。憂深故語煩，意懇故詞切，以微臣自固之謀則過，於陛下慮患之計則忠。糜軀奉君，所不敢避；沽名衒直，亦不忍爲。願迴睿聰，爲國熟慮，社稷是賴，豈唯微臣。

書奏，德宗不悅，待延齡益厚。時鹽鐵轉運使張滂、京兆尹李充、司農卿李銛，以事相關，皆證延齡妖妄。德宗罷陸贄知政事，爲太子賓客；滂、充、銛悉罷職左遷。

十一年春暮，上數畋於苑中，時久旱，人情憂惴，延齡遽上疏曰：『陸贄、李充等失權，心懷怨望，今專大言於衆曰：「天下炎旱，人庶流亡，度支多欠闕諸軍糧草。」以激怒羣情。』後數日，上又幸苑中，適會神策軍人訴度支欠廄馬芻草。上思延齡言，即時回駕，下詔斥逐贄、充、滂、銛等，朝廷中外惴恐。延齡方謀害在朝正直之士，會諫議大夫陽城等伏閤切諫，事遂且止。贄、充等雖已貶黜，延齡憾之未已，乃掩捕李充腹心吏張忠，捶掠楚痛，令爲之詞，云『前後隱没官錢五十餘萬貫，米麥稱是，其錢物多結托權勢，充妻常於犢車中將金寶繒帛遺陸贄妻』。忠不勝楚毒，併依延齡教抑之辭，具於款占。忠妻、母於光順門投匭訴冤，詔御史臺推問，一宿得其實狀，事皆虛，乃釋忠。

又 卷一三六《竇參傳》 貶參郴州別駕，貞元八年四月也。參至郴州，汴州節度使劉士寧遺參絹五千匹。湖南觀察使李巽與參有隙，遂具以聞；又中使逢士寧使於路，亦奏其事。德宗大怒，欲殺參。宰相陸贄曰：『竇參與臣無分。因事報怨，人之常情。然臣參宰衡，合存公體，以參罪犯，置之於死，恐用刑太過。』於是且止。尋又遣中使謂贄等曰：『卿等所奏，於大體雖好，然此人交結中外，其意難測，朕尋情狀，其事灼然。又竇參在彼，與諸戎帥交通，社稷事重，卿等速進文書處分。』

贄奏曰：『臣面承德音，幸奏密旨，皆以社稷爲言，又知根尋已審，敢不上同憂憤，內絶狐疑，豈願遲迴，更貽念慮。但以參常經重任，斯謂大臣，進退之間，猶宜有禮，誅戮之際，不可無名。劉晏久掌貨財，當時亦招怨謗，及加罪責，事不分明，叛者既得以爲辭，衆人亦爲之懷滑。用刑暖昧，損累不輕，事例未遙，所宜重慎。竇參頃司鈞軸，頗怙恩私，貪受貨財，引縱親黨，此則朝廷同議，天下共傳。至於潛懷異圖，將起大惡，迹既未露，人皆莫知。臣等親奉天顏，議加刑辟，但聞凶險之意，尚昧結構之由。況在衆流，何由備悉，忽行峻罰，必謂冤誣，羣情震驚，事亦非細。若不付外推鞫，則恐難定罪名，乞留睿聰，更少詳度。竇參於臣，素亦無分，陛下固已明知，有何顧懷，輒欲營救，良以事關國體，義絶私嫌，所冀典刑不濫於清時，君道免虧於聖德。』乃再貶爲歡州司馬。

又 《竇申傳》 竇申者，參之族子。累遷至京兆少尹，轉給事中。參特愛之，每議除授，多訪於申，申或泄之，以招權受賂。申所至，人目之爲喜鵲。德宗頗聞其事，數誡參曰：『卿他日必爲申所累，不如出之以掩物議。』參曰：『臣無强子侄，申雖疏屬，臣素親之，不忍遠出，請保無他犯。』帝曰：『卿雖自保，如衆人何？』參固如前對。申亦不悛。

兵部侍郎陸贄與參有隙。吳通微弟兄與贄同在翰林，俱承德宗顧遇，亦爭寵不協。金吾大將軍、嗣虢王則之與申及通微、通玄善，遂相與傾。贄考貢舉，言贄考貢不實。吳通玄娶宗室女爲外婦，德宗知其毁贄，且令察視，具得其奸狀，乃貶則之爲昭州司馬，吳通玄爲泉州司馬，竇申爲道州司馬。不旬日，貶參郴州别駕，即日以陸贄爲宰相。明年，竇參再貶驩州。德宗謂陸贄曰：『竇申、竇榮、李則之首末同惡。無所不至，又併細微，不比竇參，便宜商量處置，所有親密，併發遣於遠惡處。』贄奏曰：

竇參罪犯，誠合誅夷，聖德含弘，務全事體，特寬嚴憲，俯貸餘生。始終之恩，實足感於庶品；仁煦之惠，不獨幸於斯人。所議貶官，謹具别狀。其竇申、竇榮、李則之等，既皆同惡，固亦難容；然以得罪相因，法有首從，首當居重，從合從輕。參既蒙恩矜全，申等亦宜減降。又於黨與之內，亦有淑慝之殊，稍示區分，足彰沮勸。竇榮與參雖非近屬，亦甚相親，然於款密之中，都無邪僻之事。仍聞激憤，屢有直言，因此漸構猜嫌，晚年頗見疏忌。若論今者陰事，則尚未究端由，如據比來所行，應不至凶險，恐須差異，以表詳明。臣等商量，竇榮更貶遠官，竇申、則之併除名配流，庶允從輕之典，以洽好生之恩。夫趨勢附權，時俗常態，苟無高節出衆，何能特立不羣。竇參久塵鈞衡，特承寵渥，君之所任，孰敢不從。或游於門庭，或序以中表，或偏被接引，或驟與薦延，如此之徒，十常八九。若總流議，皆謂黨私，自非甚與交親，安可悉從貶累。况竇參罷黜，殆欲周星，應是私黨近親，當時併已連坐，人心久定，不可復摇。臣等商量，除與竇參陰謀邪事外，一切不問。

又《盧邁傳》（盧）邁九年以本官同中書門下平章事；歲餘，遷中書侍郎。時大政決在陸贄、趙憬，邁謹身中立，守文奉法而已。

又　卷一三八《趙憬傳》（趙）憬與陸贄同知政事，贄恃久在禁庭，特承恩顧，以國政爲己任，才周歲，轉憬爲門下侍郎，憬由是深銜之，數以目疾請告，不甚當政事，因是不相協。裴延齡姦詐恣睢，滿朝側目，憬初與贄約於上前論之；及延英奏對，贄極言延齡姦邪誑誕之狀，不可任用，德宗不悦，形於顔色，憬默然無言，由是罷贄平章事，而憬當國矣。

又《姜公輔傳》姜公輔，不知何許人。【略】洎陸贄知政事，以有翰林之舊，數告贄求官。贄密謂公輔曰：『予嘗見郴州竇相，言爲公奏擬數矣，上旨不允，有怒公之言。』公輔恐懼，上疏乞罷官爲道士，久之未報。後又廷奏，德宗問其故，公輔不敢泄贄，便以參言爲對。帝怒，貶公輔爲泉州别駕，又遣中使齎詔責竇參。順宗即位，起爲吉州刺史，尋卒。憲宗朝贈禮部尚書。

又　卷一四八《李吉甫傳》李吉甫字弘憲，趙郡人。父棲筠，代宗朝爲御史大夫，名重於時，國史有傳。吉甫少好學，能屬文。年二十七，爲太常博士，該洽多聞，尤精國朝故實，沿革折衷，時多稱之。遷屯田員外郎，博士如故，改駕部員外。宰臣李泌、竇參推重其才，接遇頗厚。及陸贄爲相，出爲明州員外長史，久之遇赦，起爲忠州刺史。時贄已謫在忠州，議者謂吉甫必逞憾於贄，重構其罪；及吉甫到部，與贄甚歡，未嘗以宿嫌介意。

又　卷一九二《陽城傳》時德宗在位，多不假宰相權，而左右得以因緣用事。於是裴延齡、李齊運、韋渠牟等以姦佞相次進用，誣譖時宰，毁詆大臣，陸贄等咸遭枉黜，無敢救者。城乃伏閤上疏，與拾遺王仲舒共論延齡姦佞，贄等無罪。德宗大怒，召宰相入議，將加城罪。時順宗在東宫，爲城獨開解之，城賴之獲免。

論説

《舊唐書》卷一三九《陸贄傳論贊》近代論陸宣公，比漢之賈誼，而高邁之行，剛正之節，經國成務之要，激切仗義之心，初蒙天子重知，末塗淪躓，皆相類也。而誼止中大夫，贄及台鉉，不爲不遇矣。昔公孫鞅挾三策説秦王，淳于髡以隱語見齊君，從古以還，正言不易。昔周昭戒急論議，正爲此也。贄居珥筆之列，調飪之地，欲以片心除衆弊，獨手遏羣邪，君上不亮其誠，羣小共攻其短，欲無放逐，其可得乎！《詩》稱『其維哲人，告之話言』，又有『誨爾』、『聽我』之恨，此皆賢人君子，歎言不見用也。故堯咨禹拜，千載一時，攜手提耳，豈容易哉！

贊曰：良臣悟主，我有嘉猷。多僻之君，爲善不周。忠言救失，啓沃曰讎。勿貽天問，蒼昊悠悠。

《新唐書》卷一五七《陸贄傳贊》 德宗之不亡，顧不幸哉！在危難時聽贄謀，及已平，追仇盡言，怫然以讒倖逐猶棄梗。至延齡輩，則寵任盤桓，不移如山，昏佞之相濟也。世言贄白罷翰林，以爲與吳通玄兄弟爭寵，竇參之死，贄漏其言，非也。夫君子小人不兩進，邪諂得君則正士危，何可訾耶？觀贄論諫數十百篇，譏陳時病，皆本仁義，可爲後世法，炳炳如丹，帝所用纔十一。唐祚不競，惜哉！

宋・蘇轍《欒城集・後集》卷一一《陸贄》 昔吾先君博觀古今議論，而以陸贄爲賢。吾幼而讀其書，其賢比漢賈誼，而詳練過之。贄始以從官事唐德宗，老而爲宰相，從之出奔而與之反國，彌縫其闕而濟其危亡。比其老也，功業定矣，而卒斃於裴延齡之手，其故何也？孔子曰：『南人有言曰：「人而無恆，不可以作巫醫。」善夫！不常其德，或承之羞。』贄以有常之德，而事德宗之無常，以巫醫之明，而治無常之疾，是以承其羞耳。帝即位之初，好名而貪功。河朔三叛，父子相襲三十年矣，帝將以天下之力勝之。田悅驚疑而起，朱滔、王武俊和之。帝使馬燧、李抱眞、李芃三將往迎其鋒，勝負之勢未決也。帝急於成功，復使李晟出禁衛之兵，李懷光舉朔方之衆，五將萃於魏郊。而淮西李希烈乘間而起，兵連禍結，常賦所不能贍。於是爲之抽貫算間，假貸商賈，空內以事外，關中已亂，而帝不知也。贄曰：『今兩河、淮西爲禍亂之首者，猶四五凶人而已。臣料其間必有旁遭詿誤、內畜危疑而計不能止者，未必皆處心積慮果於僭逆也，而況脅從之黨乎？陛下若能招懷以禮，悔禍以誠，使來者必安，安者必久，人知獲免，則誰願復爲惡者？縱有野心難馴，臣知從化者必過半矣。』帝猶意西師可以必克，忽其言不用。未幾而涇原叛卒之變起，倉皇避寇，半年而歸，帝亦老而厭兵矣。於是行一切之政，專以姑息涵養藩鎮。凡節度使死，將佐之得士心者，皆就命留後。雖以篡奪請命者亦如之。宣武劉士寧，以暴慢失衆。其將李萬榮因其出畋，閉門逐之。帝將命以其位，贄曰：『如士寧之惡，萬榮棄而違之可也，討而逐之可也，惟伺隙而篡取其位則不可。何者？方鎮之臣，事多專制，欲加之罪，誰無辭者？若使傾奪之徒輒得其處，則四方諸將無復安者矣。且萬榮搆亂之日，諸郡守將固非其同謀也，一城士衆亦未必皆其黨也。方成敗逆順之勢，交戰於中，其肯損軀與之同惡乎？今若選命賢將，降詔軍中，獎萬榮撫定之功，別加寵任，褒將士輯睦之義，例賜恩賞，使衆知保安，則誰肯復助其亂？萬榮縱慾跋扈，勢亦無所至矣。』帝方苟安無事，竟亦不許。由此觀之，帝常持無常之心，故前勇而後怯；贄常持有常之心，故勇怯各得其當。然其君臣之間異同至此，雖欲上下相保，不可得矣。會昌中，盧龍諸將，連害帥臣，最後張絳殺陳行泰。宰相李德裕以爲河朔請帥，皆報下太速，故軍得以安。若稍緩之，必且有變。既而，回鶻烏介可汗擾天德塞，軍使張仲武請以本軍擊之。德裕問知仲武可用，言之武宗，舉以爲帥。張絳既爲其下所殺，而仲武遂以功名終。德裕之謀，則贄之故智也。然帝之出也，以陳京、趙贊；而贄之逐也，以程異、裴延齡。其禍皆出於聚斂之臣。贄之賢，非不知也。帝歸自興元，贄因事言曰：『齊桓公自莒入齊，伯業既成，而管仲以不忘在莒爲戒。衛獻公自齊還衛，諸大夫逆諸境者，執其手而與之言，逆於門者，頷之而已。戒心之易忘，而驕心之易生。齊、衛之君，陛下之蓍龜也。』贄言雖切，而帝終不改。吾以爲使贄反國，而爲鴟夷子皮浮舟而去，則其君臣之間，超然無後患，然後可以言智矣哉。

宋・李綱《梁溪集》卷一四九《迂論五・唐德宗任陸贄》 唐史稱德宗在危難時，聽陸贄謀，及已平，追仇盡言，怫然以讒幸逐猶棄梗，其所以不亡者，幸也。是不然。德宗在奉天及進狩山南，事無纖細，必以訪贄，而贄納忠論諫，無所回隱，帝多從之。故興元戡難，爪牙宣力，而贄之助爲多，則德宗不可謂不善聽納。惟其在危難時能聽納，此乃所以不亡也。至危難已平，追仇盡言，雖賢君有所不免，故太宗失於魏鄭公，而況德宗中材以下之主乎？夫有始有卒者其惟聖人，思其上者不得而又思其次，則後世之主如德宗者，亦未易多得也。

宋・楊萬里《誠齋集》卷九一《陸贄不負所學論》 論曰：君子之學問也眞，故君子之名節也全，士大夫所以名毀而節喪者，世以爲所行負所學。非也。其學非眞學也。其學果眞學也，則終身之名節已定於平日之學問矣。得之眞，何所失於僞？定於初，何所負於終？陸宣公自謂不負於所學，其果不負所學耶？曰：不負云者，公之謙辭云耳。學之眞，故其名節不待守而全，守且不待也，又何負不負之足爲公道哉？曰：不負云者，公之謙辭云耳。

天下有僞學而無眞儒，以僞學而廢眞儒則惑矣。昔有學《論語》而敗於佞，此張禹氏之賤儒也。學儒而敗於貪，此張涉氏之賤儒也。學《春秋》而敗於姦，此公孫氏之賤儒也。自吾儒之有三子也，而吾道或幾乎廢矣。世主見一儒者，則必逆疑其人。世儒見世主之疑，則又曲爲之地。是二人者，皆過也。夫何故逆疑其人者？曰：『是其容之頑然，是其言之凜然，觀聽焉而已矣。用之且將爲佞爲貪爲姦，固無用於學也。』曲爲之地者曰：『彼三子者，過不在學也。過在變其學而不守也。』嗟乎！前之説行，則天下無可用之儒；後之説行，則天下有可變之學。以學爲無用，學之有用者猶在也；以學爲可變，學果無用矣。天下有無用之學，有有用之學。訓詁者，無用之學也，學之僞也；名節者，有用之學也，學之眞也。三子者，假訓詁以售姦邪，非僞而何？又焉用曲爲之地而謂其負所學哉？有眞學則無負無不負矣。

世主之與世儒，固未見孔顔之學也，亦嘗見陸宣公之學乎？下罪已之詔，以回天下之心，説者以此爲公之不負所學也。專西平之任，以復天下之業，説者以此爲公之不負所學也。不知夫此公之計也，非學也。此公之功也，非學也。救蕭復以扶君子，天子有不拔之疑，解之者，公也。擊裴延齡以沮小人，天子有不測之威，犯之者，公也。著醫書以易怨詩，天下有不堪之窮，安之者，公也。解天子之疑者，難也，未若犯天子之威者難也。犯天子之威者難也，未若安天下之窮者難也。舉天下之至難，而皆公之所至易。公，儒者也，立朝何其勇也！公勇者也，去國何其安也！學之力也。公之身，與學爲出處；學之力，與公爲終始，又何負不負之足云哉？不負之説，吾是以知公之謙也。

嗟乎！國患無眞儒耳，士患無眞學耳。洙泗之學，陋巷之學，浴沂之學，退自齊梁之學，用之，則舉天下而措諸堯舜，世俗以爲儒者之誇也。不用，則飯疏食飲水曲肱而枕之，世俗以爲儒者之倨也。至於漢之三子者，世俗則以爲賢也。世俗之所賢者，固誤人之國也。世俗之所謂誇與倨者，未易得也，孔、顔則不復生矣。得陸宣公而用之，其國之安危治亂何如哉？當陸宣公之存也，小人不以爲誇與倨者寡矣。嗟夫！誇與倨者，未易得也。謹論。

宋·袁燮《絜齋集》卷七《陸宣公論》 三代而上，天下多全才。自秦漢而下，偏矣。人才之不同，國家盛衰之所關也。三代而上，有名世之君，斯有名世之臣，其器博，故其用周，内而承弼厥辟，外而經理庶務，恢恢乎無所處，而不當是之爲全才，而孰能指其偏者？吾悲夫秦漢而下，人物之不古也。於此雖長，於彼必短。故夫忠言讜論，拾遺補闕，以正直聞世者有之矣，然經濟天下之略鮮焉。剸裁庶務，經理疆埸，以幹略過人者亦有矣，然承弼人主之德者無聞焉。人才之偏若是，視三代之全才，遼乎其不相及矣。雖然天之生賢，非有古今之殊，豈可謂三代而後，終無全才耶？人惟安於淺陋，不能充而大之，故其不逮也如是。若唐陸宣公，其庶幾於全者矣。

德宗多欲之君也，而贄道之以仁義；德宗强明之君也，而贄勸之以納諫。知其好勝又恥聞過，正言直指，雖拂其意，而無益也，則和緩其辭，而委曲其意，不憚於諄諄，而庶幾潛格其非心。其言一不誠，心莫之保；一不信，言莫之行。所以切劘君心，懇惻如此。雖三代盛時，承弼其君者，何加焉？當是時，神策六軍悉戍關外，未有爲根本慮者。贄力言之而帝不從，後涇師忽變，其説始驗。論防秋利害，務所難，忽所易，勉所短，略所長，深中當時之病，且詳陳六失可去，八利可興之策。贄儒生也，而邊境事諳練如此，則其胸中之經綸，豈易窺哉？世無全才久矣，今贄也内而正君，外而謀國，繩愆糾謬之益，開物成務之策，綽然有餘，曾未聞有扞格而不通者。贄果何自而能全耶？吾知之矣。學問涵養所以潛其心者至矣。小心精潔，未嘗有過。或規其太過，曰：『吾上不負天子，下不負所學，遑他恤乎？』惟其所學有自，故其燭理甚明，其律己甚嚴，其施於用者，無不周也。觀其勸德宗以捨己以從衆，違欲以遵道，遠憸佞，親忠直，推至誠，去逆詐，斯道甚易知易行，不費神不勞力，在約之於心爾。非心地明白，安能啓迪其君若是之簡直耶？

雖然，嘗以孔孟之道觀之，用之則行，舍之則藏，禮貌未衰，言弗行則去之，此孔孟所以垂世立教者。贄之告君，不憚其煩，而帝每不能聽，知幾而作，不俟終日可也，而贄獨安焉。陰失帝意，卒以貶死。贄誠有學者，曷不師孔孟而亟去之？嗚呼！可退而不退，宣公處之，必有深意，未可輕議也。有道則見，無道則隱，此雖天下常理，然君子憂世之深，視天下不治，如赤子之在水火，雖知道之將廢，豈忍坐視而不救？必區區致力於未極之間，苟得爲之，孔孟所屑爲也，豈與小丈夫諫君，不用則幸悻然去，則窮日之力而後宿者比也？宣公所以不忍亟去者，意其在此。吾故曰未可輕議也。

金・王若虚《滹南集》卷二九《臣事實辨》 唐史稱陸宣公貶忠州，避謗不著書，恐未必然。宣公經濟之學，本非立言者，方其得志，則發而見於用，否則嘿而已矣。不然，公處昏君邪臣間，直言鯁論，未嘗有所屈，豈其一遇斥逐而遽爾畏忌邪？史氏之期公，淺矣。

元・胡祇遹《紫山大全集》卷二〇《雜著・士辨》 陸宣公之學，有倫有要，聖經之權衡，古今之治亂得失，一一精究。故能視天下如指掌，鑑時務如家政。當時君臣如父子昆弟，故設謀立論，用法處方，如和、扁之治病，無不對證，如羿、基之善射，發必破的，學贍才優。余每讀奏議，恐篇章之盡。

明・王紳《繼志齋集》卷五《陸贄論》 智足以窮天下之變，故而不能保其言之必用，德足以動主之敬慕，而不能信其道之必行，其故何哉？蓋在我者，我可得而致其力，在於天者，雖聖賢不能違天而强取，況君子乎？當周之季，王道湮微，列國諸侯，爭雄競利，以取强弱於反掌，天下之民，嗷嗷望治者亦久且衆矣。時若以孔孟之賢，假之以輔相之位，立伊周之績，易易耳，夫何天未厭亂，竟使其棲棲焉，皇皇焉？逐迹於魯、衛、齊、梁之間。有見其儀刑而樂告之政事者，有欲以中國而授之室者，然卒無所遇，豈其智不足而德不周歟？梏於天而莫之能爲也。每歎李唐屢經女主之禍，三光已晦而復明，宗社既危而再安，至德宗之時，亦已極矣。夫豈無撥亂反正之才出於其間以應世用哉？蓋在有才而不能用，用之而不盡其才也。

嘗考陸贄以聖賢之學，經濟之具，擴忠推誠，蹇蹇諤諤，當國步俶擾之時，君臣否隔之日，於天下之事無不知，知無不言，言無不當。使德宗能盡聽之，則奉天之幸未必見，而興元之奔必不舉矣。雖然，贄之職歷近侍而大拜矣，位非疏遠也。贄之言施之於事，而參密謀矣，計非全不用也。觀其論李萬榮要君逐帥，不當授以節鉞，所以正亂世之綱常。辯李楚林棄逆從順，不可乘機詐取，所以安天下之反側。奉天罪己之詔，則唯恐其言之不切，而行之不果，慮藩鎮之跋扈，則力諫以推誠待人，誠國家之蓍龜，救時之藥石也。故德宗雖甚猜疑，至於理到之言，不容不服。孔子曰：『法語之言，能無從乎？改之爲貴。巽與之言，能無悦乎？繹之爲貴。』及考薦李巽於前，業已許而更用者，乃在辟戾之。裴延齡論臺省舉吏章已上，而蒙嘉納矣。卒格而不行，於是知夫德宗用其一二者，非誠心素志也。外則迫於䯳脆，而贄之言克中於事情，內則秉彝好德之心，人所同然，而贄之賢簡在人心者，非一日也。其後大憝既除，而怠心漸恣，私慾已熾，而良心鮮終。於是平昔施之於人者，稍稍見加矣。孔子又曰：『賢者辟世，其次辟地，其次辟色，其次辟言。』是故醴酒不設，非有大故而識者，已知爲髡鉗之漸。贄不接淅而行，猶徘徊顧盼，冀其庶幾乎改，故卒及於辱，於是陽城之諫雖切，而忠州之行已決矣。且唐之稱賢相者，若房、杜之功業，魏徵之諫爭，姚、宋、張、韓之政事，不惟無其人，求其學術之懿，識見之正，唯贄一人而已，庶幾董仲舒、賈誼之徒歟？而其見於事功者僅如此，豈非天哉！故世之論者，謂其能順天而揆事，獨不能順天而處己，豈過情也哉！

清・愛新覺羅・弘曆《御製樂善堂全集定本》卷五《陸贄論》 治有不生於治之日，亂有不生於亂之時。有國家者，宜正其本而辨之於早也。吾讀史至唐德宗之時，謂朱泚之亂，不生於姚令言，而生於用盧杞，復唐之功，不在於用李晟，而在於信陸贄。天下之治亂，社稷之安危，在於人君用一人。由是觀之，用人可不慎哉？當奉天之難，天下反者十四五，藩鎮擁强兵，虎視中原，而朱泚兵勁將强，圍城累月，其破圍解難，冒矢石，觸鋒刃以救帝復國者，固李晟、渾瑊諸將之功，而經營大計，調和天下，使諸鎮人人思慕唐德者，非陸贄之功，其誰之功與？余故曰：復唐之功不在於用李晟，而在於信陸贄也。贄爲人剛方嚴正，而有經世之才，其奏疏皆可行可法，措之於天下，則有治安之效。大抵以仁義爲本根，貨財爲末務，論深切於事情，言不離於道德。至於君子小人之分，忠厚苛刻之別，推誠任術之判，未嘗不反復爲德宗言之。故在奉天之時，悉聽其言，而藩鎮畏威，梁州再幸，道路相失，號痛如失左右手。及天下略平，大難略定，乃置於閒散者，數年雖命爲相，不能信用，又聽裴延齡之譖，而貶於遠州，蓋君子小人之分若此其難。雖贄反復言之，而身亦不免於廢黜也。順宗卽位，復欲用之，詔未至而没，惜哉。

藝文

宋・陳長方《唯室集》卷四《古體詩十四首・陸宣公》　赤符兆此水，黄圖蒙楚氛。上天眷李氏，未許鯨鯢吞。胚胎出仁人，來佐文皇孫。如鳳不鷙搏，坐使衆鳥君。奉天累卵危，柱石繫公存。奈何兒曹癡，但侈李渾勳。或云詔令下，雪泣山南軍。瑣瑣計功閥，淺識難與論。君看商辛罪，詎可臣周文？朝有一微子，國勢南山尊。道大與時背，晚棄天之垠。溟渤泄毫芒，世已高清芬。窮通一吷耳，止止毋重云。

宋・王十朋《梅溪集・後集》卷一四《詩・陸宣公贊》　敬輿避讒謗，閉門不著書。活人集名方，炳然仁誼餘。

宋・王柏《魯齋集》卷六《贊・陸宣公贊》　年少得君，正濟大難。朝奏夕疏，仁義炳焕。山東聽詔，感泣諸叛。前魏後陸，時不貞觀。

宋・徐鈞《史詠詩集》卷下《唐・人臣・陸贄》　鋤奸抗疏反招疑，一斥忠州勢亦危。只集名方無着述，不爲良相且良醫。

宋・許棐《梅屋集》卷二《題陸宣公堂》　一編奏議從頭讀，句句冰聯玉綴成。不是德宗嫌切直，自緣唐室未升平。諂魂盡逐殘星滅，義魄長隨霽月明。我亦愛君憂國者，歲時來一拜先生。

宋・程俱《北山集》卷一六《雜著・陸宣公祠堂贊》　唐相陸宣公贄，嘉興人。建炎三年夏四月，信安程俱假守秀州，始訪公之像圖，之資聖佛寺，率僚吏祠而拜之，謹爲之贊曰：

天下無事，湛於宴安。視此神器，隱如太山。是以其臣，唯得是嗜。以諛爲恭，以儉爲智。世方紛亂，上下岌岌。忍於其間，覬得患失？偉哉宣公，興元之初。夷嶮一致，爲君矢謨。如彼大廈，載支載扶。如彼赤子，以調以虞。格君之非，砭國之盲。卒以一旅，還之異方。西平之功，宣公之畫。外戡内籌，心膂惟一。檇李之郊，吳越所虔。公生其間，種蠡汗顔。顧視故國，喬木蒼然。豈無若人，奠九壥兮。

又　卷一七《陸宣公祠堂祭文》　維建炎三年歲次己酉，十一月乙巳朔二十一日乙丑，具位程俱謹以清酌菓肴之奠，恭薦於唐丞相陸宣公之祠。嗚呼！在唐中微，再僨再起。至於德宗，四海瘡痏。休之養之，手撫摩之。猶恐不濟，胡寧賊之。而割而贅，而浚而膏。腹心内離，手足外摇。蹠鼇不治，上下無交。一夫奮呼，魚服以跳。公於此時，爲國親臣。亂之未生也，固已察齊公之將病。亂之既生也，則又起號君於既昏。方其安危之機，間不容穟。倉皇莫振，憂辱孔熾。而其所陳，未嘗從權。譎而廢仁，義然直而不訐。剛而能濟，據正而不迂，陳古而不泥。至於料敵之情，揣事之隱，鉤深中會，物莫能遁。允所謂足以謀王體而斷國論者矣。而其王佐之才之學，蓋施之未之盡也。某也不佞，忝兹守符。實公故鄉，墟里既蕪。始揭公像，爲此世模，英風凛然。過者必趨仰高山，其安放豈斯世之可誣？蓋事有曠，百世而相感者，豈爲公而欷歔尚饗。

宋・黄幹《勉齋集》卷四〇《詩・謁陸宣公祠於嘉興府學門外二首》

年來風俗軟如綿，再拜公祠氣凛然。莫是平生太忠鯁，只今猶斥學宫前。

徘徊無處謁精廬，義膽忠肝一卷書。昏主亂時公尚爾，清朝平世合何如？

宋・林景熙《霽山文集》卷二《謁陸宣公祠在嘉興**》**　冰玉爲骨秋爲神，堂堂内相眞天人。諫草數百垂清芬，仁義一洗功利塵。刳肝瀝血空排雲，白日不鑑吾忠勤。奉天詔下哀痛新，將士感泣天亦聞。皇威雷動清九垠，一紙可敵百萬軍。草茅學古期致君，以頷叩閽九虎嗔。玉堂雲霧當華津，耿耿何不批龍鱗。一尊酹古淒夕曛，鴛湖之水春復春。

宋・呂祖謙《東萊集》卷六《記・秀州陸宣公祠堂記》　古者建學，先聖先師，各因其國之故國，無其人，然後合他國而釋奠焉。由漢以來，先聖先師之位，雖定於一，然邑先賢亦往往祠於學官，猶古意也。唐史載陸宣公贄，蘇州嘉興人。石晉時吳越王元瓘，奏以嘉興置秀州，東橋以宣公名者，先老相傳公所生之地，郡學故有公祠。今郡守直顯謨閣呂侯正己，復緝而新之。維秀陪翼，行都典治，爲天下劇侯，獨置將迎期會之煩，表公以風厲多士，其亦知本務矣。初，公事德宗，入翰林爲學士，方禁旅四出伐叛，公深以根本爲慮，論居重馭輕之勢至熟悉也。未幾涇卒内訌，迄如公憂。奉天艱難之際，雖號親近，而志實不大。紓職在書，詔因得具，著天子悔過罪己之意，聞者流涕，人心已離而復合。以使事抵李懷光於立談，頃拔李晟之軍，已而平賊泚，收長安，獨晟軍是賴。官守所及，觕見一二，已足以再造唐室。苟帝以國聽焉，其所成就何如哉？起建中，歷貞元，垂二十年，離合從違之變繁矣。確乎其不移，温乎其不懟，亹亹乎其不厭。所積之厚，豈世所易窺耶？晚節爲相，經世之業，出之固有次第。始建白臺省長官各舉其屬，議輒見格，然綱條本末，具載於章奏者，尚可覆也。既貶忠州，闔户人不識其面，專以方藥自娱。蓋畏天命，畏大人，負罪引慝於幽閭隱約之中，其志念深矣。雖德宗雄猜忌刻，猶勞問有加。非公之忠敬有以發之邪？彼謂避謗不著書，殆知公之細者也。秀維公里，雋彦林立。公之精蘊列於鄉論者，舊矣。故於祠宇之成，誦所聞以質其中否焉。

宋·楊萬里《誠齋集》卷九九《雜著·題跋·跋陸宣公古方》　陸宣公之貶也，杜門集古方書而已，或曰避謗者歟？或曰窮而不怨也。楊子曰：『宣公之心，利天下而已矣。其用也，則醫之以奏議，其不用也，則醫之以方書。有用有不用者，宣公之身也，宣公之心亦有用有不用乎哉？』

宋·陳造《江湖長翁集》卷三一《題跋·題陸宣公集》　孔孟棲棲旅人，萬世師之，屈於一時，信於無窮，聖賢往往一揆。陸宣公一代人傑，其模畫經濟，伐謀切機，制物務而洞人情，王佐才也。而文采論辨，雄放不窮，異世之賈誼、劉向歟？德宗不得已而用，棄若斷梗，一時共事姦憸如盧杞、裴延齡之儔，睨之執仇然，不逐之殺之不快也，可謂不遇。至本朝眉山公剡章上其奏議，推尊之甚。至我壽皇聖帝，又命邇寮，分日進讀，今日之幸視昔之不幸，不啻酬之。蓋道不同，肝膽楚越，心契而道一，越宇宙，殊古今，猶同堂共處也。壽皇後世虞舜，而眉山公孤忠奧學，輩公無忝者。使兩公同立乾道、淳熙之間，都俞拱揖，足以挽回泰和之治，不待推挽之勞，謀斷之須乃濟也。予前後訪求公書，皆不得善本。淳熙己酉，考嘉禾試竣事，郡侯以是賷行，紙薄厚得中，而細緊潔白，字端謹遒楷，遂三讀而藏。

宋·趙孟堅《彝齋文編》卷四《雜著·陸宣公祠騷辭》　祠在嘉禾東門鴛湖水中，自節齋先生建立，達政修崇，兼以陳公舜俞、趙公汝愚配祀，然未有明建祠之意，以爲迎饗送之詞者，輒不揆賦楚辭，以補祀事之闕文云。

滄波兮鱗鱗，渺涵浸兮青天。引餘睇兮何思，思有唐兮貞臣。世混濁兮其逢，豈餘宣兮弗伸？蹇溷嫉兮羣僉，紛吠噬兮狺狺。慨百奏兮仁義，跪長袂兮重陳。不負君兮與學，甘殺身以成仁。能不忘兮在莒，豈土運之中屯？遺高風兮來思，羌有屬於後人。侯是邦兮多賢，美人才兮作新。擬甍棟兮龍宮，招忠魂兮水濱。合里社之前，修配祠祀兮拳勤，公神遊兮九霄，奚是邦之獨親？維桑梓兮必恭，寧作興之無因。期滋蘭兮成芳，戒一蕕於衆薰。彼木蘭兮桂欒，蕩秋月以花春。醉壺觴兮流泳，雜雅鄭兮繽紛。誰於是兮興懷，曾華實之靡分。朗餘詞兮一奠，儼英靈兮若存。

元·戴表元《剡源文集》卷七《序·陸宣公奏議精要序》　宣公，吴人，以純誠直諫，嘉猷遠識，學行政術爲唐忠臣，未嘗以文名也。其言亦止緣當時利害而發，非有垂世傳遠之意，而眉蘇公父子亟慕而學焉。大蘇公遂取其書進之經筵，以備講讀。自是以來，學士、大夫以諫諍者尚其慤實，以詔檄者尚其明達，以書判者尚其果決，以讞議者尚其詳盡，而宣公之書行矣。夫以宣公之誠之才之識之學，發而爲文，在其當時，雖嘗暫用，而蔽於昏愎，怵於讒邪，至於蒙疑，負累偃蹇困躓，視同列材名下，已而位宰相者，滔滔皆是，獨不得久立於朝，而卒以罪死。死數百年，其書始盛行於天下，則於宣公可謂無負，而懷忠抱樸之士，行不愧神明，信不欺豚魚，一時偶不遇於其身者，亦可以無悔矣。嗚呼，韙哉！然自唐史稱宣公議論，炳如丹青者，已數十百篇。今之所存卷帙，猶爲浩汗，故窮簷白屋之下，沈潛雋永，無所不可，而簿領劇繁，刀筆倥偬者，卒然窺之，有不得其涯際。余友蘇臺陸君子順，乃采摘其精語要義，聚爲一編，以便觀者萬目之網，挈綱而皆舉，千口之室，入奧而不迷。余爲之深嘉重歎，不獨喜吳中陸氏淵源之有自，而由今以往，使人人不憚煩於宣公之書，因而熟復其用心行事，將見草野懷珍者，俱謇諤之士，臺閣結綬者，舉端貞之臣，於人文治化，似不無少補云。大德戊戌孟冬朔日。

元·吳澄《吳文正集》卷一九《序·陸宣公奏議增注序》　三代以後，人臣論事，未有能如陸宣公者。蓋其學正，其識精，其氣和，其辭達，故其所論深切著明如此，雖以德宗之强愎自任，猜忌多疑，然覽所奏，未嘗不心服也。夫以眉山蘇氏文章之敏妙，新安朱氏義理之精微，至於奏篇必效其體，豈非百世人臣告君之楷式乎？盧陵鍾士益，博綜羣書，喜讀奏議，各疏事迹始末於每篇之下，其所援據，亦皆附載，繼之以諸儒之評，廣之以一己之説，因郎氏舊注而加詳焉。凡公之言，或用於當時，或驗於他日，莫不瞭然易見，其可謂有功於前訓，有補於後賢者矣。

元·許有壬《至正集》卷三一《序·陸宣公奏議纂注序》 鄞春潘仁彦賓爲《陸宣公奏議》纂注，南臺御史上其書，且薦其才可職。校湖廣省，調寶慶儒學正，而移其書中書，下館閣校勘，館閣題之。湖南僉憲高昌赫公國寶尤愛其書，請予序，將刻之。

余惟三代後賢相，世有其人。然匡輔之業，功於一時，謀猷之文，功於萬世，有其業而無其文者多矣。有其業而有其文，可施於一時而不可施於後世者亦不少也。至於施之當時，而已效用之後世而不竭，皭然與聖經賢傳併立於天地之間而不悖者，獨《陸宣公奏議》爲然爾。東坡以爲古今之精英，治亂之龜鑑，豈不信哉！國寶始作邑，即有聲，爲御史兩臺，僉江東憲，移湖南，聞其能政，而不及扣其所得，及觀是舉，則知其有得於是書深矣。夫舉是書而施諸用，君可以爲堯舜，臣可以爲皋夔稷契，況一道乎？國寶以其用之不盡也，大其傳，使人有是書，得其位而施諸用，則疲瘵尚何患乎不蘇，風俗何患乎不淳，而天下何患乎不治，其用心亦仁矣。余聞部使者率榜笞彈黜是急，國寶獨汲汲於是，蓋有見於遠者大者。繼今樹立，其可量也哉！

元·劉岳申《申齋集》卷一《序·陸宣公奏議注序》 近古人臣進諫其君，未有如陸宣公者。以其言多與德宗不合，而推誠盡忠，反復委曲，無所不至，故爲奏對第一。蘇文忠公稱爲言論深切事情而不離道德，智如子房而文則過之，辨如賈誼而術未嘗疏，上可以格君心之非，下可以通天下之志。又云聚古今之精英，實治亂之龜鑑。嘗乞校正其書，使人主置之坐隅如見其面，反復熟讀如與之言，可謂曲盡此書之妙。公嘗稱歐陽公論事似陸贄，而公之文章善論得失利害尤不減贄。夫以宣公不遇時，而時君每事必諮訪，每對必合意，而每問必至再三，信乎其至誠懇惻爲不可及，而文采議論不可揜也。歐、蘇遭時遇主，以其文采議論，發其至誠懇惻，雖有時遇激而深切事情，感悟傾動，要多得之。竊嘗歎設科以來，策士務取直述，使士子皆以宣公爲法，豈不稱塞明詔，而對時務者大抵無策，其尤甚者膚率繆悠，遠媿吏牘，安得蘇文忠復起而與天下共讀此書也哉！宋紹興中有郎曄，嘗刊《宣公奏議》，然不無去取。今永豐鍾君士荒於注其全書併及制誥，於是開卷愈覺瞭然矣。使場屋得此，時務不患無有用之策；廷對得此，清朝不患無晁董之文；奏疏得此，人主不患無納諫之明；制誥得此，天下四方不患無感泣之人。文章不爲空言，而吾黨之士不爲腐儒，豈不偉哉！此蘇公校正之遺意也，將宣公亦不齎恨於九京矣。

明·劉基《誠意伯文集》卷九《覆瓿集九·記·嘉興路重修陸宣公書院碑銘》 士有以一身任杜稷之安危，一言回天下之趍向，蓋其智足以識事機，其誠足以動人心，故能出入危邦，扶持庸君，寵之而不阿，違之而弗懟，知有國而不知有其身，若是眞可謂大臣哉。孔子稱大臣以道事君，不可則止，其或先蒙君之知，而期盡心以報效，知禍而不避，知難而不止，若唐陸宣公者，其去就唯殊，而其揆一也。孔子曰：『篤信好學，守死善道。』宣公以之。

吾常怪唐德宗以猜防小智，行多欲之私，信讒邪如心膂，視貨賄爲性命。臨患難則姑息一施，處安佚則嫌疑百出，以致藩臣叛命，士卒離心，播遷困厄，而卒不亡。及觀《唐史》，稱其出居艱阻之時，謀猷參決，一出於公，又稱奉天所下詔書，雖武夫悍卒，無不流涕，多公所爲。然後知其得人以扶持也。昔者隨有季梁，不滅於楚。衛成公有甯武子，不死於晉。無競維人，不然殆哉。況公之言德宗不盡用也，而僅用其一二，猶足以轉危爲安，易敗爲功，使其能舉國以聽公，周宣漢光，不難繼矣。惜乎其中信用羣小而棄公也。公歿，而奏議行於天下。今天下之言時務，論政事者，莫不宗之，然則公之志雖蹔屈於一時，而終伸於萬世。公之言雖不能以寤時君，而足以淑後人，則亦可以無憾矣夫！

公浙西之嘉興人，嘉興郡學舊有公祠，其詳見於吕公祖謙之記。而郡城之東，鴛鴦湖上，又有宣公書院，其地有橋，曰宣公橋。故老相傳宣公實生於此，故於此立祠以祀公。至宋景定癸亥，始以祠堂爲書院。丙子之歲，書院延燎於兵，而公像故存。衆白郡，迎置於太初堂，因以堂爲書院。大德九年，濟南趙魯爲山長，病其簡陋，始改作之，其詳見於牟公獻之記。自是城東故址遂廢爲墟。泰定中，有僧賄學官，請佃而建庵焉。後至元二年，庵灾，地復於書院。是歲六月，其僧復賄有司創庵如故。山長雖爭之，弗能得也。至正十四年，宣徽院判海岱劉公貞受命爲嘉興路總管，至則首治學校之闕，顧書院陋且朽，欲新之，而址隘弗稱，乃用推官方君道壑言，命所司督其僧撤庵歸地，復建書院其中，爲先聖廟。兩廡、儀門、東西禮亭、靈星之門具。其西爲宣公祠，祠西爲室。東鄉以祀郡之先賢。其外爲三門，廟東爲講堂，其前軒仍舊扁曰仁義之堂，以藏宣公奏議，謂其言無非仁義也。西齋以延師教弟子，又增買蕩地若干畝，以益廩膳庖厨，倉溷各得其所。將成，而公改除海道萬户，於是以屬之方君。方君力贊成之，經始於至正十四年四月，竣事於十五年二月，董其役者嘉興縣丞、善慶路吏施淵，顧選，及前山長王毗。任奔走者直學張惟仁、學吏沈雋也。既成使請記於劉基。惟孔子明王道以教萬世，宣公學孔子者也，故其術業一本王道。昔人以宣公祠爲書院，有以也夫。劉公用方君言，撤浮屠以復書院，可謂能排異端，植正道者，有功於世教矣。於是乎序而銘之曰：

孔子大聖，不遇於時。既没之後，爲萬世師。宣公大賢，忠而見疑。降及異代，人以爲規。有德無位，用無所施。用而弗信，惟禍之隨。詭遇有獲，君子弗爲。身黜道光，雖止不隳。郡守孔良，百廢咸支。爰崇其宫，又嚴乃祠。俾民觀者，式是令儀。勿替後人，尚永無虧。

明・方孝孺《遜志齋集》卷一九《贊・陸宣公》 士不知義，以國爲外。媚悦取容，自爲身計。嗟吾先生，慨然哀之。君非堯舜，媿見色辭。諫書如雲，指訐遺闕。忠邪義利，不少撓折。事雖多違，言則長存。用諸天下，可安黎元。豈若俗儒，以文嬉戲。先生見之，當爲流涕。

明・孫承恩《文簡集》卷四一《古像讚・陸宣公贊》 顛沛從君，懇惻獻替。練達古今，本祖仁義。唐室不競，公用不終。遺言若丹，人仰休風。

明・張以寧《翠屏集》卷二《五言律詩・嘉興有感陸宣公事》 官家忘卻奉天時，歲晚忠州兩鬢絲。今日北來車馬客，夕陽祠下讀殘碑。

明・胡居仁《胡文敬集》卷三《詩・拜陸宣公祠》 播遷暫展扶傾手，庸主難終濟世才。千載家祠壯西浙，忠誠倍感後人懷。

明・顧清《東江家藏集・後集一》卷三四《歸來稿・陸宣公祠》 憶昨鑾輿播奉天，先生陪從若甘泉。文章已出留侯上，籌策仍推賈傅前。一自貞元仇正論，直從元佑講遺編。高山四海同瞻仰，況復桑榆共一川。

明・金幼孜《金文靖集》卷八《記・重建陸宣公祠堂記》 檇李舊有陸宣公祠，歷有唐宋元，廢興迭徙不一。國朝洪武初，郡守劉澤民重建於城内，寔元江南書院之故址，且以公十六世孫應奇守其祠。歲久風雨頹圮，因循弗治，民有力者，侵奪其地。乃宣德二年，大理卿胡元節，承上命巡撫吴浙諸郡，鋤奸，植良政，行化洽，慨念公之忠誠，而廟食未稱，寔爲缺典。遂購材鳩工，復厥侵地，命郡人王愷之董其後祀享，有堂燕處，有室門、廡、庖、庫，序列輪奐，周垣崇崇，環以林木。胡君於是率其郡之僚屬，祭告落成焉。遺象有嚴，登降有禮，數年之廢，一日而舉，士人耆耄，瞻望嗟咨，咸請書其事於石。而郡教授張萬選乃來京師求予記之。

予嘗讀唐史，而得公之所以立身事君之大者，其要不出於一誠而已。觀公之進言於德宗，有四人之所助，在乎信，信之所在由乎誠，一不誠則心莫之保，一不信則言莫之行。又曰：『誠信之道，不可斯須去身。夫誠者，聖賢之所以成始成終者也。人君捨之，無以成開國之務。人臣捨之，無以盡匡輔之道。』公之言若此，豈非得夫聖賢誠身之學者哉！當有唐中葉，藩鎮跋扈，鑾輿播遷，宗社幾覆。賴公密謀，贊襄再造有邦，而公之忠誠切至，不以夷險易節，一論討河北，破李希烈之策，不用再陳，制李懷光之計不行，而陳論愈力。竇參忌之於前，裴延齡沮之於後，而自守益固，非誠而能之乎？從守奉天，所下詔書，皆公視草，痛自引過，曲盡情事，雖武人悍卒，聞之無不感激思奮，非一誠之所推乎？惜乎唐祚不競，德宗以猜防信讒之君，用不克終，而公卒歿於貶所，豈非天哉！雖然，公雖不盡究其藴於當時，而其忠誠之所感，奏議之所存，垂之天下後世，雖與日月爭光可也。則今日祠事之復，於公固不足爲重輕，而所以起邦人瞻仰之誠，勵臣子忠君之義，則不爲無助也。

予既嘉胡君之能，敬崇先哲，舉廢墜之政，因論公生平立身事君之大者，以明公之心於數百載之上，且俾後人謁公之祠者讀之得有所勸焉。

明・薛瑄《敬軒文集》卷一九《記・唐陸宣公廟記》 有唐三百年，逢時建策，所以成翊戴弘濟之大功者，累有其人。至於學術純正，事君以格心爲先，論事以行義爲急，隱然有王佐之才者，余於中唐獨得一人焉，陸宣公敬輿是已。當建中艱危之際，公居近地，竭忠藎以籌畫機宜，代王言以感召人心，雖提兵討賊諸將是賴，而其運謀帷幄，再造唐室之功居多，是皆載之信史，天下後世所共知，余置不論，獨推公有王佐之才者。蓋三代之佐，皆以正君行義爲本，自漢以來爲輔相者，鮮克知此。而其所論不過人才政事，故無以清出治之源，明義利之分以致主於王道。獨公之告德宗者有曰：『一不誠則心莫之保，一不信則言莫之行。誠信之道，不可以斯須去身，必慎守而力行之。』又曰：『民者邦之本，財者民之心。心傷則本傷，本傷則枝榦凋悴，而根柢蹷拔矣。』夫知誠信不可不存，則心必正知，財利不可厚斂，則義必行。人君正心行義，使天下萬事，粹然一出，於天理之公，此王道也。惜乎公言雖大，所告不合，入相未久，即有忠州之行，而卒不得大行其志，遂使後世論唐之賢相曰房、杜、姚、宋，而公不與。夫豈知公有王佐之才，使時君能用其言，三代之治可待，豈復貞觀開元之盛而已哉？故善論相業者，當觀其學術規模之大小，不當以事功成與否而高下之也。史載公蘇州嘉興人，即今之嘉興府，城北有公遺廟，世傳以爲公之故宅，前代碑誌備載其事。景泰二年，知府事江西舒君敬上章，以公乃唐之名臣，忠節著於當時，奏議行於後世，其遺廟雖存，自昔以來，官無祭饗，宜量給官錢修舉，春秋祀事，以褒表忠賢，激勵臣節。詔從其請。又二年，爲景泰四年，舒君以書來求記其事。余惟世之爲守者，類以督辦爲能，而於世教風化所關者，漠不留意。獨舒君卓然以表忠勵俗爲急，乃論奏公之事迹於朝，舉久缺之文，以秩登祀典，廟貌益崇，血食不泯，其所以爲天下後世人臣盡忠盡節之勸，而有補於世教風化甚大，是不可不記也。遂具述其事，俾刻之石，使千萬世知崇舉公祀，以樹風教於無窮者，自我天朝始。

明·黃仲昭《未軒文集》卷四《題跋·題陸宣公奏議》　右《唐陸宣公奏議》一帙六十二篇，分爲十五卷，宋蘇文忠公爲講官時所嘗校定者也。公平生詩賦文詞，別有集行於世，而此特其立朝時所上章疏耳。予嘗觀其所論議，凡君心之未格，政事之未善，風俗之未正，民隱之未恤，人心之未歸，天道之未順，賞功懲惡之未盡其公，治邊馭將之未得其法，平生所蘊經國大宜，無不悉言之，道足以濟時，力足以任重，學足以達古今之變，智足以周天下之慮。若公者，使得賢聖君而輔之以究其所蘊，則未必不與伊傅之流相馳騁後先也。惜乎仕不遇時，使其平生經濟之效，竟不白於世，可勝歎哉！雖然，盧扁不可作，而其療病之方則俱存也，善醫者按病而施之，必將有大獲其效者，庸書卷末以俟。

明·章懋《楓山集》卷三《雜著·題陸宣公奏議》　唐世賢相善謀、善斷、尚通、尚法、尚直、尚文，功業表表，非無可稱，然皆出於才質之美，而未嘗根於學問，殆不免乎？朱子所謂村宰相者，獨魏鄭公恥其君不爲堯舜，進諫論事，每以仁義爲勸，頗爲知學，夫何建成之事，君子病焉？吾所敬服者惟陸宣公乎？論諫數百，炳若丹青，雖當擾攘之際，說其君未嘗用數。今觀奏議一書，若罪己改過之言，用人聽言之方，以及備邊、馭將、財用、稅法，纖悉畢舉，其學之純粹，蓋三百年間一人而已。德宗僅能聽其一二，尚能削平朱泚，恢復舊物，使盡行其所學，貞觀之治尚足言哉？嗚呼！有王佐之臣而知之不用，用之不終，於公固無所損益，然唐之天下則可悲矣。

明·王紳《繼志齋集》卷一《五言古體詩·過陸宣公墓》　峩峩忠州山，隱隱哲人墓。寒煙鎖銘碑，落日照封樹。緬惟貞元間，唐室失其馭。偪仄梁洋行，間關奉天駐。烝黎紛播遷，小大懷憂懼。不有撥亂才，蒼生孰依據？維公王佐資，極力殫衷愫。回天挽日月，朶頤揮衆侮。相業雖未終，功名亦朝露。左遷固未辜，茲焉豈其所？至今讀遺事，令人淚如雨。我行全蜀間，舟經塚下路。風順帆腹飽，日入川光暮。扳躋不可得，躑躅頻延佇。艤棹山月生，開篷展中慕。

清·愛新覺羅·弘曆《御製樂善堂全集定本》卷一〇《贊·十臣贊·陸宣公》　維山有玉，惟璞藏之。既斲其璞，不圭璋之。維水有珠，惟蚌孳之。既剖其蚌，卒棄置之。卓哉宣公，明珠美玉。施之不窮，守之彌篤。弱齡侍從，歌詩宴游。興元戡難，乃展厥猷。獻納論思，興利除害。舉直錯枉，靖內安外。曾史之行，管樂之才。經綸奏列，不待安排。事急則需，事緩則捨。德宗猜刻，庸主以下。君用則行，君捨則藏。宣公忠藎，邦家之光。維公一言，自知甚確。不負天子，不負所學。

清·愛新覺羅·弘曆《御製詩二集》卷二五《古今體一百一十二首·陸宣公祠》　策馬孤山脚，崇祠陸氏傳。去留關治亂，事業付雲烟。

房相希前躅，蘇公表舊編。德宗事苛察，胡獨昧知賢？

清・愛新覺羅・弘曆《御製詩三集》卷二二《題陸宣公祠》　孤山路口平湖上，曰有宣公祠宇存。依舊沙堤供內相，每忘金券覓行轅。可方賈誼聞劉晌，早慮懷光執惠元。料事酬機如指掌，先生寧獨托空言。

又　卷四八《題陸宣公祠》　孤山南面聖湖濱，尚祀唐家宰執臣。不幸德宗托知己，空懷魏相是前人。軍機策弗纖毫爽，時務言皆痛切陳。艱險相資事平棄，崇陵幸耳免亡淪。

清・愛新覺羅・弘曆《御製詩四集》卷七一《題陸宣公祠》　最勝宋家地，獨祠唐代臣。千秋具公論，五字表時巡。急用緩斯捨，親虛疏是眞。始終信盧杞，德廟果癡人。

清・鮑桂星《覺生詠史詩鈔》卷二《唐・陸贄》　內相傳呼帝不名，軍中偶失夜相驚。尋來且費千金賞，謫去何堪一葉輕？先後竇裴工貝錦，始終夷夏困戎兵。忠州異日聞環召，醫國神方輯未成。

清・嚴如熤《樂園詩稿》卷三《陸忠宣》　興元罪己詔書傳，內相當時正少年。及正功名勤戰伐，匡時奏議重忠宣。恩懷灙穀千金賞，恨抱巫山十載遷。名世遭逢同賈傅，好從青史誦遺編。

清・王廷紹《淡香齋詩草》卷二《唐・陸贄》　貞元駢體競浮詞，恨讀宣公奏議遲。內相文章忠化骨，逐臣方技謗難醫。賜環詔下亡身後，募格金懸失路時。重向九幽呼陸九，瘴雲蠻雨不勝悲。

清・曹振鏞《話雲軒詠史詩》卷下《唐・陸贄》　詔令簪毫出直處，山東士卒涕沾裾。臣陳讜論忠逾切，帝聽讒言寵日疏。試想中人迎母候，何如內相得君初，最憐瘴癘傷遷謫，避謗方深敢著書。

清・羅惇衍《集義軒詠史詩鈔》卷三七《唐六・陸贄》　東宮陸九早知名，主眷才移衆謗傾。經世文章追賈誼，回天諫諍賴陽城。艱危失道千金購，貶謫投荒一葉輕。醫國有方留藥石，髯蘇乞校亦忠誠。

清・洪亮吉《唐宋小樂府・呼陸九》　唐宰相資格可弗論，翰林學士須得人。君不見，九重待若師舉友，天子幷聞呼陸九。

清・王士禎《精華録》卷七《今體詩・屏風山謁陸宣公墓》　賈傅長沙謫，靈均澤畔吟。千秋同涕淚，萬里更登臨。劍北崎嶇日，山東父老心。陽城如可作，爲我助沾襟。

雜録

《新唐書》卷四五《選舉志下》　初，吏部歲常集人。其後三數歲一集，選人猥至，文簿紛雜，吏因得以爲奸利。士至蹉跌，或十年不得官，而闕員亦累歲不補。陸贄爲相，乃懲其弊，命吏部據內外員三分之，計闕集人，歲以爲常。是時，河西、隴右沒於虜，河南、河北不上計，吏員大率減天寶三之一，而入流者加一，故士人二年居官，十年待選，而考限遷除之法寖壞。

又　卷五二《食貨志二》　（朱）泚平，天下户口三耗其二。貞元四年，詔天下兩税審等第高下，三年一定户。自初定兩税，貨重錢輕，乃計錢而輸綾絹。既而物價愈下，所納愈多，絹匹爲錢三千二百。其後一匹爲錢一千六百，輸一者過二，雖賦不增舊，而民愈困矣。度支以税物頒諸司，皆增本價爲虛估給之，而繆以濫惡督州縣剝價，謂之折納。復有『進奉』、『宣索』之名，改科役曰『召雇』，率配曰『和市』，以巧避微文，比大曆之數再倍。又癘疫水旱，户口減耗，刺史析户，張虛數以寬責。逃死闕税，取於居者，一室空而四鄰亦盡。户版不緝，無浮游之禁，州縣行小惠以傾誘鄰境，新收者優假之。唯安居不遷之民，賦役日重。帝以問宰相陸贄，贄上疏請釐革其甚害者，大略有六，其一曰：

國家賦役之法，曰租、曰調、曰庸。其取法遠，其斂財均，其域人固。有田則有租，有家則有調，有身則有庸，天下法制均壹，雖轉徙莫容其姦，故人無摇心。天寶之季，海內波蕩，版圖隳於避地，賦法壞於奉軍。賦役舊法，行之百年，人以爲便。兵興，供億不常，誅求隳制，此時弊，非法弊也。時有弊而未理，法無弊而已更。兩税新制，竭耗編甿，日日滋甚。陛下初即位，宜損上益下，嗇用節財，而摘郡邑，驗簿書，州取大曆中一年科率多者爲兩税定法，此總無名之暴賦而立常規也。夫財之所生，必因人力。兩税以資産爲宗，不以丁身爲本，資産少者税輕，多者税重。不知有藏於襟懷囊篋，物貴而人莫窺者；有場圃、囷倉，直輕而衆以爲富者；有流通蕃息之貨，數寡而日收其贏者；有廬舍器用，價高而終歲利寡者。計估算緡，失平長僞，挾輕費轉徙者脱徭税，敦本業者困斂求。此誘之爲姦，驅之避役也。今傜賦輕重相百，而以舊爲準，重處流亡益多，輕處歸附益衆。有流亡則攤出，已重者愈重；有歸附則散出，已輕者愈輕。人嬰其弊。願詔有司與宰相量年支，有不急者罷之，廣費者節之。軍興加税，諸道權宜所增，皆可停。税物估價，宜視月平，至京與色様符者，不得虚稱折估。有濫惡，罪官吏，勿督百姓。每道以知兩税判官一人與度支參計户數，量土地沃瘠、物産多少爲二等，州等下者配錢少，高者配錢多。不變法而逋逃漸息矣。

其二曰：

播殖非力不成，故先王定賦以布、麻、繒、纊、百穀，勉人功也。又懼物失貴賤之平，交易難準，乃定貨泉以節輕重。蓋爲國之利權，守之在官，不以任下。然則穀帛，人所爲也；錢貨，官所爲也。人所爲者，租税取焉；官所爲者，賦斂捨焉。國朝著令，租出穀，庸出絹，調出繒、纊、布、麻，曷嘗禁人鑄錢而以錢爲賦？今兩税效算緡之末法，估資産爲差，以錢穀定税，折供雜物，歲目頗殊。所供非所業，所業非所供，增價以市所無，減價以貨所有，耕織之力有限，而物價貴賤無常。初定兩税，萬錢爲絹三匹，價貴而數不多。及給軍裝，計數不計價，此税少國用不充也。近者萬錢爲絹六匹，價賤而數加。計口蠶織不殊，而所輸倍，此供税多人力不及也。宜令有司覆初定兩税之歲絹、布定估，爲布帛之數，復庸、調舊制，隨土所宜，各修家技。物甚賤，所出不加；物甚貴，所入不減。且經費所資，在錢者獨月俸、資課，以錢數多少給布，廣鑄而禁用銅器，則錢不乏。有糴鹽以入直，榷酒以納資，何慮無所給哉！

其三曰：

廉使奏吏之能者有四科，一曰户口增加，二曰田野墾闢，三曰税錢長數，四曰率辦先期。夫貴户口增加，詭情以誘姦浮，苛法以析親族，所誘者將議薄徵則遽散，所析者不勝重税而亡，有州縣破傷之病；貴田野墾闢，率民殖荒田，限年免租，新畝雖闢，舊畬蕪矣，人以免租年滿，復爲汙萊，有稼穡不增之病；貴税錢長數，重困疲羸，捶骨瀝髓，苟媚聚斂之司，有不恤人之病；貴率辦先期，作威殘人，絲不容織，粟不暇舂，貧者奔迸，有不恕物之病：四病繇考核不切事情之過。驗之以實，則租賦所加，固有受其損者，此州若增客户，彼郡必減居人。增處邀賞而税數加，減處懼罪而税數不降。國家設考課之法，非欲崇聚斂也。宜命有司詳考課績，州税有定，傜役有等，覆實然後報户部。若人益阜實，税額有餘，據户均減十三爲上課，減二次之，減一又次之。若流亡多，加税見户者，殿亦如之。民納租以去歲輸數爲常，罷據額所率者。增闢勿益租，廢耕不降數。定户之際，視雜産以校之。田既有常租，則不宜復入兩税。如此，不督課而人人樂耕矣。

其四曰：

明君不厚所資而害所養，故先人事而借其暇力，家給然後斂餘財。今督收迫促，蠶事方興而輸縑，農功未艾而斂穀。有者急賣而耗半直，無者求假費倍。定兩税之初，期約未詳，屬徵役多故，率先限以收。宜定税期，隨風俗時候，務於紓人。

其五曰：

頃師旅亟興，官司所儲，唯給軍食，凶荒不遑賑救。人小乏則取息利，大乏則鬻田廬。斂獲始畢，執契行貸，饑歲室家相棄，乞爲奴僕，猶莫之售，或縊死道途。天災流行，四方代有。税茶錢積户部者，宜計諸道户口均之。穀麥熟則平糴，亦以義倉爲名，主以巡院。時稔傷農，則優價廣糴，穀貴而止；小歉則借貸。循環斂散，使聚穀幸災者無以牟大利。

其六曰：

古者百畝地號一夫，蓋一夫授田不得過百畝，欲使人不廢業，田無曠耕。今富者萬畝，貧者無容足之居，依託强家，爲其私屬，終歲服勞，常患不充。有田之家坐食租税，京畿田畝税五升，而私家收租畝一石，官取一，私取十，穡者安得足食？宜爲占田條限，裁租價，損有餘，優不足，此安富恤窮之善經，不可捨也。

贄言雖切，以讒逐，事無施行者。

又 卷五三《食貨志三》 貞觀、開元後，邊土西舉高昌、龜茲、焉耆、小勃律，北抵薛延陀故地。緣邊數十州戍重兵，營田及地租不足以供軍，於是初有和糴。牛仙客爲相，有彭果者獻策廣關輔之糴，京師糧稟益羨，自是玄宗不復幸東都。天寶中，歲以錢六十萬緡賦諸道和糴，斗增三錢，每歲短遞輸京倉者百餘萬斛。米賤則少府加估而糴，貴則賤價而糴。

貞元初，吐蕃劫盟，召諸道兵十七萬戍邊。關中爲吐蕃蹂躪者二十年矣，北至河曲，人户無幾，諸道戍兵月給粟十七萬斛，皆糴於關中。宰相陸贄以『關中穀賤，請和糴，可至百餘萬斛。計諸縣船車至太倉，穀價四十有餘，米價七十，則一年和糴之數當轉運之二年，一斗轉運之資當和糴之五斗。減轉運以實邊，存轉運以備時要。江淮米至河陰者罷八十萬斛，河陰米至太原倉者罷五十萬，太原米至東渭橋者罷二十萬。以所減米糶江淮水菑州縣，斗減時五十以救乏。京城東渭橋之糴，斗增時三十以利農。以江淮糶米及減運直市絹帛送上都。』帝乃命度支增估糴粟三十三萬斛，然不能盡用贄議。憲宗即位之初，有司以歲豐熟，請畿内和糴。當時府、縣配户督限，有稽違則迫蹙鞭撻，甚於稅賦，號爲和糴，其實害民。

宋·王溥《唐會要》卷五一《官號·名稱》 （貞元）八年四月，宰臣陸贄奏請臺省長官自薦屬官，有曠敗則連坐舉主，上許之。俄旨曰：『外議以諸司所舉，多引用親黨，兼通賂遺，不得實才，今後卿等宜自選擇。』贄曰：『今之臺省長官，皆是當朝華選，孰肯徇私妄舉，以傷名取利耶！所謂臺省長官，即僕射、尚書、左右丞、侍郎及御史大夫、中丞是也。陛下比擇輔相，多亦出於其中。今之宰臣，即往日臺省長官也，今之臺省長官，即將來之宰相也，但是職名暫異，固非行業頓殊。豈有爲長官之時，不能擇一二屬吏，居宰相之位，則可擇千百具僚，物議悠悠，其惑頗甚。』上竟不行。

後周世宗分部

綜　述

《新五代史》卷一二《周紀·世宗紀》 世宗睿武孝文皇帝，本姓柴氏，邢州龍岡人也。柴氏女適太祖，是爲聖穆皇后。后兄守禮子榮，幼從姑長太祖家，以謹厚見愛，太祖遂以爲子。太祖後稍貴，榮亦壯，而器貌英奇，善騎射，略通書史黄老，性沉重寡言。太祖爲漢樞密使，榮爲左監門衛大將軍。太祖鎮天雄，榮領貴州刺史、天雄軍牙内都指揮使。

乾祐三年冬，周兵起魏，犯京師。留榮守魏。太祖入立，拜澶州刺史、鎮寧軍節度使、檢校太傅、同中書門下平章事。榮素爲樞密使王峻所忌，廣順三年正月來朝，不得留。既而峻有罪誅。三月，拜榮開封尹，封晉王。是冬，卜以來年正月朔旦，有事於南郊。而太祖遇疾，不能視朝者，久之。

顯德元年正月丙子，郊。僅而成禮。即以王判内外兵馬事。壬辰，太祖崩，秘不發喪。丙申，發喪，皇帝即位於柩前。【略】

二月【略】丁卯，【略】漢人來討，攻自潞州。

三月【略】乙酉，如潞州，以攻漢。不曰伐，曲在周，不可以大小爲言。故用『兩相攻』爲文。壬辰，次澤州，閲兵於北郊。癸巳，及劉旻戰於高原，敗之。與其不屈於周，不與其稱帝，故書姓名。追及於高平，又敗之。丁酉，幸潞州。己亥，侍衛馬軍都指揮使樊愛能、步軍都指揮使何徽伏誅。【略】

夏四月乙卯，【略】汾州防禦使董希顔叛於漢來附。丙辰，遼州刺史張漢超叛於漢來附。辛酉，取嵐憲州。壬戌，【略】取石沁州。【略】庚午，赦潞州流罪以下囚。如太原。忻州監軍李勍殺其刺史趙臯，叛於漢來附。

五月丙子，代州守將鄭處謙叛於漢來附。契丹救漢。丁酉，回鶻使因難敵略來。符彦卿及契丹戰於忻口，敗績。先鋒都指揮使史彦超死之。

六月乙巳，班師。【略】

二年春二月，御札求直言。

夏五月辛未，宣徽南院使向訓、鳳翔節度使王景伐蜀。甲戌，大毁佛寺，禁民親無侍養，而爲僧尼及私自度者。

秋九月丙寅朔，頒銅禁。

閏月癸丑，向訓克秦州。

冬十月辛未，取成州。戊寅，高麗使王子太相融來。取階州。

十一月乙未朔，李穀爲淮南道行營都部署，以伐唐。戊申，王景克鳳州。【略】

三年春正月，增築京城。【略】壬寅，南征。辛亥，侍衛親軍都指揮使李重進及唐人戰於正陽，敗之。甲寅，重進爲淮南道行營都招討使。

二月丙寅，幸下蔡浮橋。壬申，克滁州。甲戌，李景來求成，不答。【略】丙戌，取揚州。辛卯，取泰州。

三月庚子，內外馬步軍都頭袁彦爲竹龍都部署。是月，取光、舒、常州。

夏四月，常、泰州復入於唐。

五月乙卯，至自淮南，赦京師囚。

六月壬申，德音赦淮南囚。

秋七月，【略】揚、光、舒、滁州復入於唐。

八月乙丑，課民種木及韭。

九月丙午，端明殿學士、左散騎常侍王樸爲尚書户部侍郎、樞密副使。

冬十月辛酉，葬宣懿皇后於懿陵。

十一月庚寅，廢諸祠不在祀典者。乙巳，殺李景之臣孫晟。

四年春正月己丑朔，赦非死罪囚。

二月甲戌，王樸留守東京。乙亥，南征。

三月丁未，克壽州。

夏四月己巳，至自壽州。己卯，放降卒八百歸於蜀。【略】

秋八月乙亥，李穀罷，王樸爲樞密使。癸未，蜀人來歸我濮州刺史胡立。

冬十月己巳，王樸留守東京。三司使張美爲大內都點檢。壬申，南征。

十二月乙卯，泗州守將范再遇叛於唐，以其州來降。庚申，濠州團練使郭廷謂以其州來降。丁丑，取泰州。

五年春正月丁亥，取海州。壬辰，取静海軍。丁未，克楚州，守將張彦卿、鄭昭業死之。

二月甲寅，取雄州。丁卯，如揚州。癸酉，如瓜州。

三月壬午朔，如泰州。丁亥，復如揚州。辛卯，幸迎鑾。己亥，克淮南十有四州，以江爲界。三月辛亥，李景來買宴。

四月庚申，祔【略】壬申，至自淮南。【略】

六月辛未，放降卒四千六百於唐。

秋七月乙酉，水部員外郎韓彦卿市銅於高麗。丁亥，頒《均田圖》。

九月，占城國王釋利因德縵使莆訶散來。

冬十月丁酉，括民租。

十一月庚戌，作《通禮》、《正樂》。

十二月丙戌，罷州縣課户、俸户。【略】

（六年）三月己酉，甘州回鶻來獻玉，卻之。【略】甲戌，北征。是月，吴延祚爲左驍衛上將軍、樞密使。

夏四月壬辰，取乾寧軍。辛丑，取益津關以爲霸州。癸卯，取瓦橋關以爲雄州。

五月乙巳朔，取瀛州。甲戌，至自雄州。

六月癸未，立皇后符氏。封子宗訓爲梁王、宗讓燕國公。【略】己丑，范質、王溥參知樞密院事，魏仁浦同中書門下平章事。癸巳，皇帝崩於滋德殿。

論說

《舊五代史》卷一二〇《周書・世宗紀論》　世宗頃在仄微，尤務韜晦，及天命有屬，嗣守鴻業，不日破高平之陣，逾年復秦、鳳之封，江北、燕南，取之如拾芥，神武雄略，乃一代之英主也。加以留心政事，朝夕不倦，摘伏辯姦，多得其理。臣下有過，必面折之，常言太祖養成二王之惡，以致君臣之義，不保其終，故帝駕馭豪傑，失則明言之，功則厚賞之，文武參用，莫不服其明而懷其恩也。所以仙去之日，遠近號慕。然禀性傷於太察，用刑失於太峻，及事行之後，亦多自追悔。逮至末年，漸用寬典，知用兵之頻併，憫黎民之勞苦，蓋有意於康濟矣。而降年不永，美志不就，悲夫！

《新五代史》卷一二《周紀・世宗紀》　嗚呼！五代本紀備矣。備，謂喪亂之事無所不有。君臣之際，可勝道哉！梁之友珪反，唐戕克寧而殺存乂、從璨，則父子骨肉之恩幾何其不絕矣。太妃薨而輟朝，立劉氏、馮氏爲皇后，則夫婦之義幾何其不乖而不至於禽獸矣。寒食野祭而焚紙錢，居喪改元而用樂，殺馬延及任圜，則禮樂刑政幾何其不壞矣。至於賽雷山，傳箭而撲馬，則中國幾何其不夷狄矣。可謂亂世也歟！而世宗區區五六年間，取秦隴、平淮右、復三關，威武之聲震懾夷夏。而方內延儒學文章之士，考制度、修通禮、定正樂、議刑統，其制作之法皆可施於後世。其爲人明達英果，論議偉然。即位之明年，廢天下佛寺三千三百三十六。是時，中國乏錢，乃詔悉毀天下銅佛像以鑄錢，嘗曰：『吾聞佛說以身世爲妄，而以利人爲急，使其眞身尚在，苟利於世，猶欲割截，況此銅像，豈其所惜哉？』由是，羣臣皆不敢言。嘗夜讀書，見唐元稹《均田圖》，慨然歎曰：『此致治之本也，王者之政自此始！』乃詔頒其圖法，使吏民先習知之，期以一歲大均天下之田，其規爲志意豈小哉！其伐南唐，問宰相李穀以計策。後克淮南，出穀疏，使學士陶穀爲贊，而盛以錦囊，嘗置之坐側，其英武之材可謂雄傑。及其虛心聽納，用人不疑，豈非所謂賢主哉！其北取三關，兵不血刃，而史家猶譏其輕社稷之重，而僥倖一勝於倉卒，殊不知其料彊弱、較彼我而乘述律之殆，得不可失之機，此非明於決勝者，孰能至哉？誠非史氏之所及也！

宋・司馬光《資治通鑑》卷二九四《後周紀五・世宗睿文孝武皇帝下》　臣光曰：或問臣：五代帝王，唐莊宗、周世宗皆稱英武，二主孰賢？臣應之曰：夫天子所以統治萬國，討其不服，撫其微弱，行其號令，壹其法度，敦明信義，以兼愛兆民者也。莊宗既滅梁，海內震動，湖南馬氏遣子希範入貢，莊宗曰：『比聞馬氏之業，終爲高郁所奪。今有兒如此，郁豈能得之哉？』郁，馬氏之良佐也。希範兄希聲聞莊宗言，卒矯其父命而殺之。此乃市道商賈之所爲，豈帝王之體哉！蓋莊宗善戰者也，故能以弱晉勝强梁，既得之，曾不數年，外內離叛，置身無所。誠由知用兵之術，不知爲天下之道故也。世宗以信令御羣臣，以正義責諸國，王環以不降受賞，劉仁贍以堅守蒙褒，嚴續以盡忠獲存，蜀兵以反復就誅，馮道以失節被棄，張美以私恩見疏；江南未服，則親犯矢石，期於必克，既服，則愛之如子，推誠盡言，爲之遠慮。其宏規大度，豈得與莊宗同日語哉！《書》曰：『無偏無黨，王道蕩蕩。』又曰：『大邦畏其力，小邦懷其德。』世宗近之矣。

清・王楨《史弋》卷下《後五代・周世宗》　天下豈有無父之國哉？柴世宗爲周太祖養子，而其父柴守禮猶在也。世宗終身以元舅處之，是不幾於臣其父乎？然古來以外藩入繼大統，猶必推崇其所生，不總本也。五季之世，禮義不明，養子嗣位而總其所生者比比矣。世宗於五代稱爲賢君，而亦不免焉。惜哉！

藝文

清・袁枚《小倉山房詩文集》卷八《周世宗慶陵》　海內風塵極，英雄天子生。山河歸智勇，氣數限功名。日角龍岡出，雲陽鳳輦行。有書皆御覽，無戰不親征。文物歌周雅，明堂啓漢京。三關談笑得，五季濁流清。銅像先銷佛，金河待洗兵。降旗江上豎，春酒草橋迎。華夏威全攝，燕雲意力爭。先難仁者事，柔遠聖人情。一旦軒弓墜，千年禹甸傾。中原從此歇，內地幾人耕？朝覲謳歌改，孤兒寡婦驚。錦囊書慘淡，玉鉞涕縱横。萬里經綸志，高天甲馬聲。河南好秋月，只傍慶陵明。

王朴分部

綜述

《舊五代史》卷一一五《周書・世宗紀二》（顯德二年夏四月）詔翰林學士承旨徐台符已下二十餘人，各撰《爲君難爲臣不易論》、《平邊策》各一首，帝親覽之。【略】

十二月【略】丙子，以左諫議大夫、權知開封府事王朴爲左散騎常侍，充端明殿學士，依前權知開封府事。

又　卷一一六《周書・世宗紀三》　顯德三年春正月【略】辛丑，以宣徽南院使向訓爲權東京留守，以端明殿學士王朴爲副留守。【略】

（八月）戊辰，端明殿學士王朴撰成新曆上之，命曰《顯德欽天曆》，上親爲製序，仍付司天監行用。【略】

九月丙午，以端明殿學士、左散騎常侍、權知開封府事王朴爲尚書户部侍郎，充樞密副使。

又 卷一一七《周書・世宗紀三》（顯德四年）二月【略】甲戌，以樞密副使王朴爲權東京留守兼判開封府，以三司使張美爲大內都巡檢。【略】

八月【略】乙亥，宰臣李穀罷相，守司空，加食邑實封。穀抱疾周歲，累上表求退，至是方允其請，以樞密副使、户部侍郎王朴爲樞密使、檢校太保。【略】

九月甲申朔，宰臣王溥、樞密使王朴皆丁內艱，併起復舊位。【略】

冬十月【略】己巳，以樞密使王朴爲權東京留守，以三司使張美爲大內都點檢。

又 卷一一九《周書・世宗紀五》 顯德六年春正月【略】樞密使王朴詳定雅樂十二律旋相爲宫之法，併造律準，上之。詔尚書省集百官詳議，亦以爲可。語在《樂志》。【略】

三月庚申，樞密使王朴卒。

又 卷一二八《周書・王朴傳》 王朴，字文伯，東平人也。父序，以朴貴，贈左諫議大夫。朴幼警慧，好學善屬文。漢乾祐中，擢進士第，解褐授校書郎，依樞密使楊邠，館於邠第。是時，漢室浸亂，大臣交惡，朴度其必危，因乞告東歸。未幾，李業輩作亂，害邠等三族，凡游其門下者，多被其禍，而朴獨免。國初，世宗鎮澶淵，朝廷以朴爲記室。及世宗爲開封尹，拜右拾遺，充開封府推官。世宗嗣位，授比部郎中，賜紫。二年夏，世宗命朝文學之士二十餘人，各撰策論一首，以試其才。時朴獻《平邊策》，云：

唐失道而失吴、蜀，晉失道而失幽、并。觀所以失之由，知所以平之術。當失之時，莫不君暗政亂，兵驕民困。近者姦於內，遠者叛於外，小不制，而至於大；大不制，而至於僭。天下離心，人不用命。吴、蜀乘其亂而竊其號，幽、并乘其間而據其地。平之之術，在乎反唐、晉之失而已。必先進賢退不肖，以清其時；用能去不能，以審其財；恩信號令，以結其心；賞功罰罪，以盡其力；恭儉節用，以豐其財；徭役以時，以阜其民。俟其倉廩實、器用備、人可用而舉之。彼方之民，知我政化大行，上下同心，力强財足，人和將和，有必取之勢，則知彼情狀者願爲之間諜，知彼山川者願爲之先導。彼民與此民之心同，是與天意同，與天意同，則無不成之功。

攻取之道，從易者始。當今吴國，東至海，南至江，可撓之地二千里。從少備處先撓之，備東則撓西，備西則撓東，必奔走以救其弊。奔走之間，可以知彼之虚實、衆之强弱，攻虚擊弱，則所向無前矣。勿大舉，但以輕兵撓之。彼人怯，知我師入其地，必大發以來應，數大發，則必民困而國竭，一不大發則我獲其利，彼竭我利，則江北諸州，乃國家之所有也。既得江北，則用彼之民，揚我之兵，江之南亦不難而平之也。如此，則用力少而收功多。得吴，則桂、廣皆爲內臣，岷、蜀可飛書而召之，如不至，則四面併進，席卷而蜀平矣。吴、蜀平，幽可望風而至，唯并必死之寇，不可以恩信誘，必須以强兵攻之，但亦不足以爲邊患，可爲後圖，候其便則一削以平之。

方今兵力精練，器用具備，羣下知法，諸將用命，一稔之後，可以平邊。此歲夏秋，便可於沿邊貯納。臣書生也，不足以講大事，至於不達大體，不合機變，望陛下寬之。」

世宗覽之，愈重其器識。未幾，遷左諫議大夫，知開封府事。

初，世宗以英武自任，喜言天下事，常憤廣明之後，中土日蹙，值累朝多事，尚未克復，慨然有包舉天下之志。而居常計事者，多不諭其旨，唯朴神氣勁峻，性剛決有斷，凡所謀畫，動愜世宗之意，由是急於登用。尋拜左散騎常侍，充端明殿學士知府如故。是時，初廣京城，朴奉命經度，凡通衢委巷，廣袤之間，靡不由其心匠。及世宗南征，以朴爲東京副留守。車駕還京，改户部侍郎兼樞密副使。未幾，遷樞密使、檢校太保。頃之，丁內艱，尋起復，授本官。四年冬，世宗再幸淮甸，兼東京留守京邑庶務，悉以便宜制之，比及還蹕，都下肅如也。六年三月，世宗令樹斗門於汴口，不踰時而歸朝。是日，朴方過前司空李穀之第。交談之頃，疾作而仆於座，遽以肩輿歸第，是夕而卒，時年四十五。世宗聞之駭愕，即時幸其第，及柩前，以所執玉鉞卓地而慟者數四。贈賻之類，率有加等，優詔贈侍中。

朴性敏鋭，然傷於太剛，每稠人廣座之中，正色高談，無敢觸其鋒者，故時人雖服其機變而無恭懿之譽。其筆述之外，多所該綜。至如星緯聲律，莫不畢殫其妙，所撰《大周欽天曆》及律準，併行於世。

《宋史》卷二六二《李穀傳》 周顯德中，扈載以文章馳名，樞密使王朴薦令知制誥。除書未下，朴詣中書言之。穀曰：『斯人薄命，慮不克享耳。』朴曰：『公在衡石之地，當以材進人，何得言命而遺才。』載遂知制誥，遷翰林學士，未幾卒。世謂朴能薦士，穀能知人。

論說

《新五代史》卷三一《周臣傳·王朴》 嗚呼！作器者，無良材而有良匠；治國者，無能臣而有能君。蓋材待匠而成，臣待君而用。故曰，治國譬之於弈，知其用而置得其處者勝，不知其用而置非其處者敗。敗者臨棋注目，終日而勞心，使善弈者視焉，爲之易置其處則勝矣。勝者所用，敗者之棋也；興國所用，亡國之臣也。王朴之材，誠可謂能矣。不遇世宗，何所施哉？世宗之時，外事征伐，攻取戰勝，內修制度，議刑法，定律曆，講求禮樂之遺文，所用者五代之士也。豈皆愚怯於晉、漢，而材智於周哉？惟知所用爾。

夫亂國之君，常置愚不肖於上，而强其不能，以暴其短惡；置賢智於下，而泯没其材能。使君子、小人皆失其所，而身蹈危亡。治國之君，能置賢智於近，而置愚、不肖於遠，使君子、小人各適其分，而身享安榮。治亂相去雖遠甚，而其所以致之者不多也，反其所置而已。嗚呼，自古治君少，而亂君多，況於五代，士之遇不遇者，可勝歎哉！

宋·秦觀《淮海集》卷二二《進論·王朴論》 臣聞適用而不窮者，天下之眞材也。材而不適用，用而有所窮，雖有高世之名，難能之行，實庸人耳，何有補於世耶？臣讀五代史，見王朴爲周世宗決平邊之策，然後知朴者，天下之眞材也。夫用兵之要，在於識序之先後，而識先後之要，在於知敵之難易。天下之敵，非大而堅，則小而脆也，其難易孰不知之？所以不知者，敵大而脆，則疑於難，敵小而堅，則疑於易也。昔漢兵圍宛丘，光武以别將徇昆陽，王邑欲攻之，嚴尤以謂昆陽城小而堅，宜進擊宛，宛敗，昆陽自服。邑不聽，盡鋭攻之，兵以大敗。邑之所以不聽尤者，疑於難而已。朴嘗爲世宗畫平邊之策，其言曰：『攻取之道，從易者始。當今吳易圖，得吳則桂、廣皆爲內臣，閩、蜀可飛書而召之。如不至，則四面併進，席卷而平之，必矣。惟并必死之寇，可爲後圖。』

蓋李氏雖據江南之地，二十一州爲桂、廣、閩、蜀之脊然，南帶江，東距海，可撓者二千餘里，其人易動摇，輕擾亂，不能持久，號爲大國，實脆敵也。劉氏雖據河東十州之面，與中國爲境，然左有常山之險，右有大河之固，北有契丹之援，其人剽悍强忍，精急高氣，樂鬭而輕死，號爲小國，實堅敵也。是時中國欲取之也，譬如壯士操利兵於深山之中，左觸虎而右遇熊，不可併刺，則亦先虎而後熊矣。何則？虎躁悍易乘，熊便捷難制。舉虎困，則熊必畏威而逃；困於熊，虎將乘弊而至，形勢然也。故朴以大而脆者爲易，小而堅者爲難，易者宜先，難者宜後，則所以先吳而後并也。及皇朝受命四方，僭僞次第削平，皆如其策。非所謂天下之眞材，而孰能與於此！朴雖出於五代擾攘傾側之中，然其器識學術，雖治世士大夫與之比者寡。方世宗之時，外事征伐，內修法度，而朴至於陰陽律曆之學，無所不通，所定《欽天曆》，當世莫能異，而其所作樂，至今用之而不可改。其五策之意，彼民與此民之心同，是與天意同契，天人意同，則無不成之功。以此推之，朴之所知者，蓋未可量也。使遭休明之時，遇不世出之主，則其所就者，將不止於此哉。

清·王夫之《讀通鑑論》卷三〇《五代下》 先吳後蜀，理勢之兩詘者也。此宋之用兵，賢於王朴之策也。若夫河東之與幽、燕，則朴之策善矣。

劉知遠之自立也，在契丹横行之日，中土無君而爲之主，以拒悍夷，於華夏不爲無功。劉崇父子量力自守，苟延血食，志既可矜；郭氏既奪其國，而又欲殄滅其宗祀，則天理之絶已盡；撫心自問，不可以遽加之兵，固矣。雖在宋世，猶有可憫者存也。契丹乘石敬瑭之逆，闌入塞內，據十六州以滅裂我冠裳，天下之大防，義之所不容隳者，莫此爲甚，驅之以復吾禹甸，乃可以爲天下君。以理言之，急幽、燕而緩河東，必矣。

卽以勢言，契丹之據幽、燕也未久，其主固居朔漠，以廬帳爲便安，視幽、燕爲贅土，未嘗厚食其利而歆之也。而唐之遺民猶有存者，思華風，厭膻俗，如吳巒、王權之不忍陷身汙薉者，固吞聲翹首以望王師，則取之也易。遲之又久，而契丹已戀爲膏腴，據爲世守，故老已亡，人習於夷，且不知身爲誰氏之餘民，畫地以爲契丹效死，是急攻則易而緩圖則難也。幽、燕舉，則河東失左臂之援，入飛狐、天井而夾攻之，師無俟於再舉，又勢之所必然者。王朴之謀，理勢均得，平一天下之大略，斯其允矣。

宋祖有志焉，而不能追惟王朴之偉論，遂絀曹翰之成謀，以力敝於河東，置幽、燕於膜外，則趙普之邪説蠱之也。普，薊人也，有鄉人爲之居間，以受契丹之餌，而偷爲其姻亞鄉鄰免兵戈之警，席犬豕以鼾睡，姦謀進而貽禍無窮。惜哉！其不遇周主，使不得試樊愛能之歐刀也。【略】

周主南伐江南，勞師三載，躬親三駕，履行陣，冒矢石，數十戰以極兵力，必得江北而後止。江北既獻，無難席捲以渡江，而修好休兵，饋鹽還俘，置之若忘。嗚呼！此其所以明於定紛亂之天下而得用兵之略也。蓋周主之志，不在江南而在契丹也。

當時中原之所急者，莫有大於契丹也。石敬瑭割地以使爲主於塞內，南向而俯臨中夏，有建瓴之勢焉。叛臣降將，導以竊中國之政令，而民且奉之爲主。德光死，兀欲、述律交相戕賊，至是而其勢亦衰矣，是可乘之機也。然其控弦馳馬獷悍之力，猶未易折箠以驅之出塞。且自朱温以來，所號爲中國主者，僅横亙一綫於雍、豫、兖、青之中，地狹力微，不足以逞志。而立國之形，犬牙互入，未能截然有其四封，以保其內而應乎外。則不收淮南、江北之地，中國不成其中國。守不固，兵不强，食不裕，强起而問燕雲之故壤，石重貴之覆軌，念之而寒心矣。

然而契丹不北走，十六州不南歸，天下終不可得而寧。而欲勤外略，必靖內訌。乃孟氏之在蜀，劉氏之在粤，淫虐已甚，下之也易，而要不足以厚吾力、張吾威也。唯江南之立國也固矣，楊、徐、李閲三姓，而保境息民之謀不改。李璟雖庸，人心尚固，求以勝之也較難。唯其難也，是以勝其兵而足以取威，得其衆而足以效用，有其土而足以阜財，受其降而足以息亂。且使兵習於戰，以屢勝而張其勢；將試於敵，以功罪而擇其才。割地畫江，無南顧之憂，粤人且遥爲效順。於是踰年而自將以伐契丹，其志乃大白於天下。而中國之威，因以大振。其有疾而竟不克者天也，其略則實足以天下而紹漢、唐者也。王朴先蜀、粤而後幽、燕之策非也，屢試而驕以疲矣。威方張而未竭，周主亟用之，天假之年，中原其底定乎！

古樂之亡，自暴秦始。其後大亂相尋，王莽、赤眉、五胡、安、史、黄巢之亂，遺器焚毁，不可復見者多矣。至於柴氏之世，僅有存者，又皆漢以後之各以意彷彿效爲者；於是周主榮鋭意修復，以屬之王朴。朴之説非必合於古也，而指歸之要，庶幾得之矣。至宋而胡安定、范蜀公、司馬温公之聚訟又興，蔡西山掇拾而著之篇，持之確，析之精。雖然，未見其見諸行事者可以用之也。

孔子曰：『大樂必簡。』律吕之制，所以括兩間繁有之聲而歸之於簡也。朴之言曰：『十二律旋相爲宫，以生七調，爲一均，凡十二均、八十四調而大備。』朴之所謂八十四調者，其歸十二調而已。計其鴻細、長短、高下、清濁之數，從長九寸徑三分之律，就中而損之，旋相生以相益，而已極乎繁密。九九之數，盡於八十一，過此則目不能察，手不能循，耳不能審，心不能知，虚立至密至賾之差等，亦將焉用之也？蔡氏黄鐘之數，十七萬七千一百四十七，推而施之大鐘大鎛，且有不能以度量權衡分析之者，而小者勿論矣。盡其數於九九八十一而止，升降損益，其精極矣。取其能合之調爲十二均足矣。故王朴律準從九寸而下，次第施柱，以備十二律，未爲疏也。然自唐以降，能用此者猶鮮。過此以推之於十七萬七千一百四十七之密，夫誰能用之哉？大樂必簡，繁則必亂，況乎其徒繁而無實邪？【略】

嗚呼！王朴極其思慮，裁以大綱，樂可自是而興矣。至靖康之變，法器復亡，淫聲胡樂，爚亂天下之耳，且不知古樂之爲何等也。有制作之聖，建中和之極者出焉，將奚所取正哉？如朴之説，固可採也。九寸之黄鐘，以累黍得其度數，有一定之則矣。而上下損益，盡之十二變而止。而用黄鐘以成衆樂也，不限於九寸，因而高之，因而下之，皆可叶乎黄鐘之律。則九其九而黄鐘之繁變皆在焉，則十一律、七調、十二均之繁變皆在焉。巧足以制其器，明足以察其微，聰足以清其紀，心足以窮其理，約舉之而義自弘，古樂亦豈終不可復哉？若苛細煩密之説，有名有數，而不能有實，祇以熒人之心志，而使不敢言樂，京房以下之所以爲樂之贅疣也。折中以成必簡之元聲，尚以俟之來哲。

藝文

清・謝啓昆《樹經堂詠史詩》卷七《後周・王朴》　釋褐知名自校書，東歸獻策納邊儲。馬前未許誇虞候，帳下終能質廟謨。玉鉞臨輀揮泪執，御袍對像鞠躬趨。一朝禮樂由君定，留守風規肅帝都。

雜録

《舊五代史》卷一四〇《曆志》　至周顯德二年世宗以端明殿學士、左散騎常侍王朴明於曆算，乃命朴考而正之。朴奉詔歲餘，撰成《欽天曆》十五卷，上之，表云：

臣聞聖人之作也，在乎識天人之變者也。人情之動，則可以言知之；天道之動，則當以數知之。數之爲用也，聖人以之觀天道焉。歲月日時，由斯而成；陰陽寒暑，由斯而節；四方之政，由斯而行。夫爲國家者，履端立極，必體其元；布政考績，必因其歲；禮動樂舉，必正其朔；三農百工，必授其時；五刑九伐，必順其氣；庶務有爲，必從其日月。六籍宗之爲大典，百王執之爲要道，是以聖人受命必治曆數，故得五紀有常度，庶徵有常應，正朔行之於天下也。

自唐而下，凡歷數朝，亂日失天，垂將百載，天之曆數，汩陳而已矣。今陛下順考古道，寅畏上天，諮詢庶官，振舉墜典。以臣薄游曲藝，嘗涉舊史，遂降述作之命，俾究迎推之要，雖非能者，敢不奉詔。乃包萬象以立法，齊七政以立元，測圭箭以候氣，審朓朒以定朔，明九道以步月，校遲疾以推星，考黄道之斜正，辨天勢之升降，而交蝕詳焉。

夫立天之道，曰陰與陽，陰陽各有數，合則化成矣。陽之策三十六，陰之策二十四，奇偶相命，兩陽三陰，同得七十二，同則陰陽之數合。七十二者，化成之數也，化成則謂之五行之數。五行得期之數，過者謂之氣盈，不及謂之朔虛。至於應變分用，無所不通，所謂包萬象矣。故以七十二爲經法，經者常也，常用之法也。法者數之節也，隨法進退，不失舊位，故謂之通法。以通法進經法，得七千二百，謂之統法。自元入經，先用此法，統曆之諸法也。以通法進統法，得七十二萬，氣朔之下，收分必盡，謂之全率。以通法進全率，得七千二百萬，謂之大率，而元紀生焉。元者，歲日月時皆甲子，日月五星，合在子正之宿，當盈縮先後之中，所謂七政齊矣。

古之植圭於陽城者，以其近洛故也，蓋尚慊其中，乃在洛之東偏。開元十二年，遣使天下候影，南距林邑國，北距横野軍，中得浚儀之岳臺，應南北弦，居地之中。皇家建國，定都於梁。今樹圭置箭，測岳臺晷漏，以爲中數，晷漏正，則日之所至，氣之所應得之矣。

日月皆有盈縮。日盈月縮，則後中而朔；月盈日縮，則先中而朔。自古朓朒之法，率皆平行之數，入曆既有前次，而又衰稍不倫。《皇極》舊述，則迂迴而難用，降及諸曆，則疏遠而多失。今以月離朓朒，隨曆較定，日躔朓朒，臨用加減，所得者入離定日也。一日之中，分爲九限，逐限損益，衰稍有倫。朓朒之法，所謂審矣。

赤道者，天之紘帶也，其勢圓而平，紀宿度之常數焉。黄道者，日軌也，其半在赤道内，半在赤道外，去赤道極遠二十四度。當與赤道交，則其勢斜；當去赤道遠，則其勢直。當斜則日行宜遲，當直則日行宜速。故二分前後加其度，二至前後減其度。九道者，月軌也，其半在黄道内，半在黄道外，去黄道極遠六度。出黄道謂之正交，入黄道謂之中交。若正交在秋分之宿，中交在春分之宿，則比黄道益斜。若正交在春分之宿，中交在秋分之宿，則比黄道反直。若正交、中交在二至之宿，則其勢差斜。故較去二至、二分遠近，以考斜正，乃得加減之數。自古雖有九道之説，蓋亦知而未詳，空有祖述之文，全無推步之用。今以黄道一周，分爲八節，一節之中，分用九道，盡七十二道而復，使日月二軌，無所隱其斜正之勢焉。九道之法，所謂明矣。

星之行也，近日而疾，遠日而遲，去日極遠，勢盡而留。自古諸曆，分段失實，隆降無准，今日行分尚多，次日便留，自留而退，唯用平行，仍以入段行度爲入曆之數，皆非本理，遂至乖戾。今校定逐日行分，積逐日行分以爲變段。於是自疾漸而遲，勢盡而留，自留而行，亦積微而後多。別立諸段變曆，以推變差，俾諸段變差際會相合，星之遲疾，可得而知之矣。

自古相傳，皆謂去交十五度以下，則日月有蝕，殊不知日月之相掩，與暗虛之所射，其理有異焉。今以日月徑度之大小，較去交之遠近，以黃道之斜正，天勢之升降，度仰視旁視之分數，則交虧得其實矣。

乃以一篇步日，一篇步月，一篇步星，以卦候没滅，爲之下篇，都四篇，爲曆經一卷，曆十一卷，草三卷，《顯德三年七政細行曆》一卷。

臣檢討先代圖籍，今古曆書，皆無蝕神首尾之文，蓋天竺胡僧之祆説也。近自司天卜祝小術，不能舉其大體，遂爲等接之法。蓋從假用以求徑捷，於是乎交有逆行之數，後學者不能詳知，便言曆有九曜，以爲注曆之恒式，今併削而去之。

昔在唐堯，欽若昊天。陛下親降聖謨，考曆象日月星辰。唐堯之道也，其曆謹以『顯德欽天』爲名。天道元遠，非微臣之所盡知，但竭兩端，以奉明詔。疏略乖謬，甘俟罪戾。

世宗覽之，親爲製序，仍付司天監行用，以來年正旦爲始，自前諸曆併廢。

又　卷一四四《樂志上》　古之王者，理定制禮，功成作樂，所以昭事天地，統和人神。歷代以來，舊章斯在。洎唐季之亂，咸、鎬爲墟；梁運雖興，《英》、《莖》掃地；莊宗起於朔野，經始霸國，其所存者不過邊部鄭聲而已。先王雅樂，殆將泯絶。當同光、天成之際，或有事清廟，或祈祀泰壇，雖簨簴猶施，而宫商孰辨？遂使磬襄、鞀武入河、漢而不歸；湯濩、舜韶，混陵谷而俱失。洎晉高祖奄登大寶，思迪前規，爰詔有司，重興二舞。旋屬烽火爲亂，明法罔修，漢祚幾何，無暇制作。周顯德五年冬，將立歲仗。有司以崇牙樹羽，宿設於殿庭，世宗因親臨樂懸，試其聲奏。見鐘磬之類，有設而不擊者，訊於工師，皆不能對，世宗惻然，乃命翰林學士、判太常寺事竇儼參詳其制，又命樞密使王朴考正其聲。朴乃用古累黍之法，以審其度，造成律準。其狀如琴而巨，凡設十三弦以定六律、六宫旋相爲宫之義，世宗善之。申命百官議而行之，今亦備紀於後，以志五代雅樂沿革之由焉。

又　卷一四五《樂志下》　（顯德）六年春正月，樞密使王朴奉詔詳定雅樂十二律旋相爲宫之法，併造律準，上之。其奏疏略曰：

夫樂作於人心，成聲於物，聲氣既和，反感於人心者也。所假之物，大小有數。九者，成數也。是以黃帝吹九寸之管，得黃鐘之聲，爲樂之端也。半之，清聲也。倍之，緩聲也。三分其一以損益之，相生之聲也。十二變而復黃鐘之總數也。乃命之曰十二律。旋迭爲均，均有七調，合八十四調，播之於八音，著之於歌頌。宗周而上，率由斯道。自秦而下，旋宫聲廢。洎東漢雖有太子丞鮑鄴興之，人亡而政息，無嗣續之者。漢至隋，垂十代，凡數百年，所存者黃鐘之宫一調而已。十二律中，唯用七聲，其餘五律，謂之啞鐘，蓋不用故也。唐太宗復古道，乃用祖孝孫、張文收考正雅樂，而旋宫八十四調復見於時。在懸之器，方無啞者。安史之亂，京都爲墟，器之與工，十不存一，所用歌奏漸多紕繆。逮乎黃巢之餘，工器都盡，購募不獲，文記亦亡，集官詳酌，終不知其制度。時有太常博士商盈孫，按《周官·考工記》之文，鑄鎛鐘十二，編鐘二百四十。處士蕭承訓校定石磬，今之在懸者是也。雖有樂器之狀，殊無相應之和。逮乎朱梁、後唐，歷晉與漢，皆享國不遠，未暇及於禮樂。以至於十二鎛鐘不問聲律宫商，但循環而擊，編鐘、磬徒懸而已。絲、竹、匏、土僅有七聲，作黃鐘之宫一調，亦不和備，其餘八十三調，於是乎泯絶，樂之缺壞，無甚於今。【略】

臣等竊以音之所起，出自人心，夔、曠不能長存，人亡則音息，世亂則樂崩。若不深知禮樂之情，安能明制作之本。陛下心苞萬化，學富三雍，觀兵耀武之功，已光鴻業；尊祖禮神之致，尤軫皇情。乃睠奉常，痛淪樂職，親閱四懸之器，思復九奏之音，爰命廷臣，重調鍾律。樞密使王朴，採京房之準法，練梁武之通音，考鄭譯、竇常之七均，校孝孫、文收之九變，積累黍以審其度，聽聲詩以測其情，依權衡嘉量之前文，得備數和聲之大旨，施於鐘簴，足洽《簫韶》。臣等今月十九日於太常寺集，命太樂令賈峻奏王朴新法黃鍾調七均，音律和諧不相凌越。其餘十一管諸調，望依新法教習，以備禮寺視用。其五郊天地、宗廟、社稷、三朝大禮，合用十二管諸調，併載唐史、《開元禮》，近代常行。廣順中，太常卿邊蔚奉敕定前件祠祭朝會舞名、樂曲、歌詞，寺司合有簿籍，伏恐所定與新法曲調聲韻不協，請下太常寺檢詳校試。如或乖舛，請本寺依新法聲調，別撰樂章舞曲，令歌者誦習，永爲一代之法，以光六樂之書。

世宗覽奏，善之。乃下詔曰：『禮樂之重，國家所先。近朝以來，雅音廢墜。雖時運之多故，亦官守之因循，遂使擊拊之音，空留梗概；旋相之法，莫究指歸。樞密使王朴，博識古今，懸通律呂，討尋書典，撰集新聲，定六代之正音，成一朝之盛事。其王朴所奏旋宫之法，宜依張昭等議狀行。仍令有司，依調制曲，其間或有疑滯，更委王朴裁酌施行。』自是雅樂之音，稍克諧矣。

宋・王禹偁《五代史闕文・周史四篇・王朴》 周顯德中，朴與魏仁浦俱爲樞密使。時太祖皇帝已掌禁兵。一日，有殿直乘馬，誤沖太祖道從，太祖自詣密地，訴其無禮。仁浦令宣徽院勘詰，朴謂太祖曰：『太尉名位雖高，未加使相。殿直，廷臣也，與太尉比肩事主，太尉況帶軍職，不宜如此。』太祖唯唯而出。臣謹按朴之行事，傳於人口者甚衆，而史氏闕書。臣昨重修《太祖實録》，已於《李穀傳》中見朴遺事，今復補其大者。況太祖、太宗在位，每稱朴有公輔之器，朝列具聞。

宋・孔平仲《續世説》卷五 周世宗以英武自任，有包舉天下之志，而計事者多不諭其意。惟王朴神氣勁峻，剛決有斷，凡所謀畫，動愜世宗之意。急於登用，次爲樞密使。卒時年四十五，世宗於柩前以所執玉鉞卓地，慟哭者數四。

宋・王銍《默記》卷上 王朴仕周爲樞密使。五代自朱梁以用武得天下，政事皆歸樞密院，至今謂之二府。當時宰相但行文書而已，況朴之得君哉！所以世宗才四年間，取淮南，下三關，所向成功。時緣用兵，朴多宿禁中。一日，謁見世宗，屏人嚬蹙，且倉皇歎嗟曰：『禍起不久矣！』世宗因問之，曰：『臣觀玄象大異，所以不敢不言。』世宗曰：『如何？』曰：『事在宗社，陛下不能免，而臣亦先當之。今夕請陛下觀之，可以自見。』是夜，與世宗微行，自厚載門而出，至野次，止於五丈河旁。中夜後，指謂世宗曰：『陛下見隔河如漁燈者否？』世宗隨亦見之，一燈熒熒然，迤邐甚近則漸大，至隔岸大如車輪矣。其間一小兒如三數歲，引手相指。卽近岸，朴曰：『陛下速拜之。』既拜，漸遠而沒。朴泣曰：『陛下既見，無可復言。』後數日，朴於李穀坐上得疾而死。世宗既伐幽燕，道被病，歸而崩。明年而天授我宋矣。火輪小兒，蓋聖朝火德之盛兆，豈偶然哉！陸子履爲先子言。【略】

王朴仕周世宗，制禮作樂，考定聲律，正星曆，修刑統，百廢俱起。又取三關，收淮南，皆朴爲謀。然事世宗纔四年耳，使假之壽考，安可量也？嘗自謂『朴在則周朝在』，非過論也。王禹偁記朴在密院，太祖時爲殿前點檢。一日，有殿直沖節者，訴於密院。朴曰：『殿直雖官小，然與太尉比肩事主，且太尉方典禁兵，不宜如此。』太祖聳然而出。又周世宗於禁中作功臣閣，畫當時大臣如李穀、鄭仁誨與朴之屬。太祖卽位，一日過功臣閣，風開半門，正與朴像相對。太祖望見，卻立聳然，整御袍襟領，磬折鞠躬頂禮乃過。左右曰：『陛下貴爲天子，彼前朝之臣，禮何過也？』太祖以手指御袍云：『此人若在，朕不得此袍着。』其敬畏如此。又《閒談録》云，朴植性剛烈，大臣藩鎮皆憚之。世宗收淮南，俾朴留守。時以街巷隘狹，例從展拓，怒廂校馳慢，於通衢中鞭背數十。其人忿然歎云：『宣補廂虞候，豈得便從決！』朴微聞之，命左右擒至，立斃於馬前。世宗聞之，笑謂近臣云：『此是大愚人，去王朴面前誇宣補廂虞候，宜其死矣。』

宋・洪邁《容齋續筆》卷三 王朴事周世宗，當五季草創之際，上《平邊策》，以爲：『唐失吳、蜀，晉失幽、并，當知所以平之之術。當今吳易圖，可撓之地二千里，攻虛擊弱，則所向無前，江北諸州，乃國家之有也。既得江北，江之南亦不難平。得吳則桂、廣皆爲內臣，岷、蜀可飛書而召之，不至則四面併進，席卷而蜀平矣。吳、蜀平，幽可望風而至。唯幷必死之寇，候其便則一削以平之。』世宗用其策，功未集而殂。至於國朝，掃平諸方，先後次第，皆不出朴所料。獨幽州之舉，既至城下，而諸將不能成功。若乃王安石顓國，言聽計從，以身任天下之重，而師慕商鞅爲人，苟可以取民者，無不盡，遂詒後世之害，則在所不論也。

對外關係總部

對外政策部

綜　述

維護和平

《隋書》卷八一《東夷傳·高麗》　開皇初，頻有使入朝；及平陳之後，湯大懼，治兵積穀，為守拒之策。十七年，上賜湯璽書曰：『朕受天命，愛育率土，委王海隅，宣揚朝化，欲使圓首方足，各遂其心。王每遣使人，歲常朝貢，雖稱藩附，誠節未盡。王既人臣，須同朕德，而乃驅逼靺鞨，固禁契丹。諸藩頓顙，為我臣妾，忿善人之慕義，何毒害之情深乎？太府工人，其數不少，王必須之，自可聞奏。昔年潛行財貨，利動小人，私將弩手，逃竄下國。豈非脩理兵器，意欲不臧，恐有外聞，故為盜竊。時命使者，撫慰王藩，本欲問彼人情，教彼政術，王乃坐之空館，嚴加防守，使其閉目塞耳，永無聞見。有何陰惡，弗欲人知？禁制官司，畏其訪察。又數遣馬騎，殺害邊人，屢騁姦謀，動作邪說，心在不賓。朕於蒼生，悉如赤子，賜王土宇，授王官爵，深恩殊澤，彰著遐邇。王專懷不信，恒自猜疑，常遣使人，密覘消息。純臣之義，豈若是也？蓋當由朕訓導不明，王之愆違一已寬恕。今日已後，必須改革，守藩臣之節，奉朝正之典，自化爾藩，勿忤他國，則長享富貴，實稱朕心。彼之一方，雖地狹人少，然普天之下，皆為朕臣。今若黜王，不可虛置，終須更選官屬，就彼安撫。王若洒心易行，率由憲章，即是朕之良臣，何勞別遣才彥也？昔帝王作法，仁信為先，有善必賞，有惡必罰。四海之內，具聞朕旨。王若無罪，朕忽加兵，自餘藩國，謂朕何也？王必虛心，納朕此意，慎勿疑惑，更懷異圖。往者陳叔寶代在江陰，殘害人庶，驚動我烽候，抄掠我邊境。朕前後誡敕，經歷十年。彼則恃長江之外，聚一隅之衆，惛狂驕傲，不從朕言。故命將出師，除彼凶逆，往來不盈旬月，兵騎不過數千，歷代逋寇，一朝清蕩，遐邇乂安，人神胥悅。聞王歎恨，獨致悲傷。黜陟幽明，有司是職，罪王不為陳滅，賞王不為陳存，樂禍好亂，何為爾也？王謂遼水之廣，何如長江？高麗之人，多少陳國？朕若不存含育，責王前愆，命一將軍，何待多力？慇懃曉示，許王自新耳。宜得朕懷，自求多福。』湯得書惶恐，將奉表陳謝，會病卒。子元嗣立，高祖使使拜元為上開府儀同三司，襲爵遼東郡公，賜衣一襲。元奉表謝恩，并賀祥瑞，因請封王，高祖優冊元為王。

唐·吳兢《貞觀政要》卷九《征伐》　貞觀十七年，太宗謂侍臣曰：『蓋蘇文弒其主而奪其國政，誠不可忍。今日國家兵力，取之不難。朕未能即動兵衆，且令契丹、靺鞨攪擾之，何如？』房玄齡對曰：『臣觀古之列國，無不彊陵弱，衆暴寡。今陛下撫養蒼生，將士勇鋭，力有餘而不取之，所謂止戈為武者也。昔漢武帝屢伐匈奴，隋主三征遼左，人貧國敗，實此之由。惟陛下詳察。』太宗曰：『善。』

宋·宋敏求《唐大詔令集》卷一二八《蕃夷·綏附·撫鎮夷狄詔》　晝野分疆，山川限其内外；遐荒絶域，刑政殊於函夏。是以昔王御世，懷柔遠人，義在羈縻，無取臣屬。渠搜即敘，表夏后之成功；越裳重譯，羨周邦之長等。有隋季世，陸續耀兵，萬乘疲於河源，三年伐於遼外，搆怨連禍，力屈貲殫。朕祗膺寶圖，鎮撫四極，悅近来遠，追革前弊，要方蕃服，宜與和親。【略】分命行人，就申好睦，静亂息民，於是乎在。布告天下，明知朕意。武德二年二月

《舊唐書》卷一八五上《良吏傳上·蔣儼》　蔣儼，常州義興人。貞觀中，為右屯衛兵曹參軍。太宗將征遼東，募使高麗者，衆皆畏憚。儼謂人曰：『主上雄略，華夷畏威。高麗小蕃，豈敢圖其使者？縱其凌虐，亦是吾死所也。』遂出請行。及至高麗，莫離支置於窟室中，脅以兵刃，終不屈撓。會高麗敗，得歸。太宗奇之，拜朝散大夫，再遷幽州司馬。

又　卷一八九上《儒學傳上·朱子奢》　朱子奢，蘇州吳人也。少從鄉人顧彪習《春秋左氏傳》，後博觀子史，善屬文。隋大業中，直秘書學士。及天下大亂，辭職歸鄉裏，尋附于杜伏威。武德四年，隨伏威入朝，授國子助教。貞觀初，高麗、百濟同伐新羅，連兵數年不解，新羅遣使告急。乃假子奢員外散騎侍郎充使喻旨，以釋三國之憾。雅有儀觀，東

夷大欽敬之，三國王皆上表謝罪，賜遺甚厚。初，子奢之出使也，太宗謂曰：『海夷頗重學問，卿為大國使，必勿藉其束修，為之講説。使還稱旨，當以中書舍人待卿。』子奢至其國，欲悅夷虜之情，遂為發《春秋左傳》題，又納其美女之贈。使還，太宗責其違旨，猶惜其才，不至深譴，令散官直國子學。

又　卷一九九上《東夷傳·高麗》　（武德）九年，新羅、百濟遣使訟建武，云閉其道路，不得入朝。又相與有隙，屢相侵掠。詔員外散騎侍郎朱子奢往和解之。建武奉表謝罪，請與新羅對使會盟。

又　《百濟傳》　因訟高麗閉其道路，不許來通中國，詔遣朱子奢往和之。又相與新羅世為讎敵，數相侵伐。貞觀元年，太宗賜其王璽書曰：『王世為君長，撫有東藩，海隅遐曠，風濤艱阻，忠欵之至，職貢相尋，尚想徽猷，甚以嘉慰。朕自祗承寵命，君臨區宇，思弘王道，愛育黎元，舟車所通，風雨所及，期之遂性，咸使乂安。新羅王金眞平，朕之藩臣，王之鄰國。每聞遣師，征討不息，阻兵安忍，殊乖所望。朕已對王姪信福及高麗、新羅使人，具敕通和，咸許輯睦。王必須忘彼前怨，識朕本懷，共篤鄰情，即停兵革。』璋因遣使，奉表陳謝。雖外稱順命，內實相仇如故。【略】

十六年，義慈興兵，伐新羅四十餘城，又發兵以守之。與高麗和親通好，謀欲取党項城，以絶新羅入朝之路。新羅遣使，告急請救。太宗遣司農丞相里玄奬齎書，告諭兩蕃，示以禍福。【略】

高宗嗣位，永徽二年，始又遣使朝貢。使還，降璽書與義慈曰：『至如海東三國，開基自久，並列疆界，地實犬牙。近代已來，遂搆嫌隙，戰爭交起，畧無寧歲，遂令三韓之氓，命懸刀俎，尋戈肆憤，朝夕相仍。朕代天理物，載深矜愍。去歲王及高麗、新羅等使並來入朝，朕命釋茲讎怨，更敦款穆。新羅使金法敏奏書：高麗、百濟脣齒相依，競舉兵戈，侵逼交至，大城重鎮，並為百濟所併，疆宇日蹙，威力並謝。乞詔百濟，令歸所侵之城；若不奉詔，即自興兵打取，但得故地，即請交和。朕以其言既順，不可不許。昔齊桓列土諸侯，尚存亡國，況朕萬國之主，豈可不恤危藩？王所兼新羅之城，並宜還其本國；新羅所獲百濟俘虜，亦遣還王。然後解患釋紛，韜戈偃革，百姓獲息肩之願，三蕃無戰爭之勞。比夫流血邊亭，積屍疆埸，耕織並廢，士女無聊，豈可同年而語矣。王若不從進止，朕已依法敏所請，任其與王決戰，亦令約束高麗，不許遠相救恤。高麗若不承命，即令契丹諸蕃渡遼澤入抄掠。王可深思朕言，自求多福，審圖良策，無貽後悔。』【略】

（龍朔二年）詔劉仁軌代仁願率兵鎮守。乃授扶餘隆熊津都督，遣還本國，共新羅和親，以招輯其餘衆。麟德二年八月，隆到熊津城，與新羅王法敏刑白馬而盟，先祀神祇及川谷之神，而後歃血。其盟文曰：『往者百濟先王迷於逆順，不敦鄰好，不睦親姻，結託高麗，交通倭國，共為殘暴，侵削新羅，破邑屠城，畧無寧歲。天子憫一物之失所，憐百姓之無辜，頻命行人，遣其和好。負險恃遠，侮慢天經，皇赫斯怒，恭行弔伐，旌旗所指，一戎大定。固可瀦宮污宅，作誡來裔，塞源拔本，垂訓後昆。然懷柔伐叛，前王之令典；興亡繼絶，往哲之通規。事必師古，傳諸曩冊。故立前百濟太子司稼正卿扶餘隆為熊津都督，守其祭祀，保其桑梓，依倚新羅，長為與國。各除宿憾，結好和親，恭承詔命，永為藩服。仍遣使人右威衛將軍、魯城縣公劉仁願親臨勸諭，具宣成旨，約之以婚姻，申之以盟誓，刑牲歃血，共敦終始，分災恤患，恩若弟兄，祇奉綸言，不敢失墜。既盟之後，共保歲寒，若有棄信不恒，二三其德，興兵動衆，侵犯邊陲，明神鑒之，百殃是降，子孫不昌，社稷無守，禋祀磨滅，罔有遺餘。故作金書鐵契，藏之宗廟，子孫萬代，無或敢犯。神之聽之，是饗是福。』劉仁軌之辭也。歃訖，埋幣帛於壇下之吉地，藏其盟書於新羅之廟。

又　《新羅傳》　高祖既聞海東三國，舊結怨隙，遞相攻伐，以其俱為藩附，務在和睦，乃問其使為怨所由，對曰：『先是，百濟往伐高麗，詣新羅請救，新羅發兵，大破百濟國，因此為怨，每相攻伐。新羅得百濟王殺之，怨由此始。』七年，遣使冊拜金真平為柱國，封樂浪郡王、新羅王。【略】

（貞觀）十七年，遣使上言：高麗、百濟累相攻襲，亡失數十城。兩國連兵，意在滅臣社稷。謹遣陪臣，歸命大國，乞偏師救助。太宗遣相里玄奬齎璽書，賜高麗曰：『新羅委命國家，不闕朝獻。爾與百濟，宜即戢兵。若更攻之，明年當出師擊爾國矣。』

宋·王溥《唐會要》卷九五《新羅》　麟德二年八月，法敏與熊津都督扶隆盟于百濟之熊津城，且盟百濟、儋羅、倭人四國使，浮海西還，以赴太平之約。

宋·王欽若等《册府元龜》卷九八一《外臣部·盟誓》 高宗麟德二年八月，開府儀同三司新羅王金法敏，熊津都尉扶餘隆盟于百濟之熊津城。初，百濟自扶餘璋與高麗連和，屢侵新羅之地，新羅遣使入朝求救，相望於路。及蘇定方既平百濟，軍回，餘衆又叛。鎮守使劉仁軌、仁願等經略數年，漸平之。詔扶餘隆歸撫餘衆，及令與新羅和好。至是，刑白馬而盟。先祀神祇及川谷之神，而後歃血。其盟文曰：【略】劉仁軌之辭也。歃訖，埋書牲幣於壇之壬地，藏其書於新羅之廟。於是仁軌領新羅、百濟、耽羅、倭人四國使，浮海西還，以赴太山之下。

《新唐書》卷一〇〇《蔣儼傳》 蔣儼，常州義興人。擢明經第，為左屯衛兵曹參軍。太宗將伐高麗，募為使者，人皆憚行。儼奮曰：『以天子雄武，四夷畏威，蕞爾國敢圖王人，有如不幸，固吾死所也。』遂請行。為莫離支所囚，以兵脅之，不屈，内窟室中。高麗平，乃得歸。帝奇其節，授朝散大夫，為幽州司馬。

又 卷二二〇《東夷傳·高麗》 明年，新羅、百濟上書，言建武閉道，使不得朝，且數侵入。有詔散騎侍郎朱子奢持節諭和，建武謝罪，乃請與二國平。【略】

帝聞建武為下所殺惻然，遣使者持節弔祭。或勸帝可遂討之，帝不欲因喪伐罪，乃拜藏為遼東郡王，高麗王。帝曰：『蓋蘇文殺君攘國，朕取之易耳。不願勞人，若何？』司空房玄齡曰：『陛下士勇而力有餘，戢不用，所謂止戈為武者。』司徒長孫無忌曰：『高麗無一介告難，宜賜書安慰之，隱其患，撫其存，彼當聽命。』帝曰：『善。』會新羅遣使者上書，言高麗、百濟聯和，將見討，謹歸命天子。【略】於是遣司農丞相里玄獎以璽書讓高麗，且使止勿攻。使未至，而蓋蘇文已取新羅二城。玄獎諭帝旨，答曰：『往隋見侵，新羅乘釁奪我地五百里。今非盡反地，兵不止。』玄獎曰：『往事烏足論邪？遼東故中國郡縣，天子且不取，高麗焉得違詔？』不從。玄獎還奏。

又 《百濟傳》 太宗貞觀初，詔使者平其怨。又與新羅世仇，數相侵。帝賜璽書曰：『新羅朕藩臣，王之鄰國。聞數相侵暴，朕已詔高麗、新羅申和。王宜忘前怨，識朕本懷。』璋奉表謝，然兵亦不止。【略】

（龍朔二年）帝以扶餘隆為熊津都督，俾歸國，平新羅故憾，招還遺人。麟德二年，與新羅王會熊津城，刑白馬以盟。仁軌為盟辭曰：『往百濟先王罔顧逆順，不敦鄰，不睦親，與高麗、倭共侵削新羅，破邑屠城。天子憐百姓無辜，命行人修好。先王負險恃遐，侮慢弗恭，皇赫斯怒，是伐是夷。但興亡繼絶，王者通制，故立前太子隆為熊津都督，守其祭祀，附杖新羅，長為與國，結好除怨，恭天子命，永為藩服。右威衛將軍、魯城縣公仁願親臨厥盟，有貳其德，興兵動衆，明神監之，百殃是降，子孫不育，社稷無守。世世毋敢犯，乃作金書鐵契，藏新羅廟中。』

又 卷二二二下《南蠻傳下·環王》 貞觀時，王頭黎獻馴象、鏐鎖、五色帶、朝霞布、火珠，與婆利、羅刹二國使者偕來。林邑其言不恭，羣臣請問罪。太宗曰：『昔苻堅欲吞晉，衆百萬，一戰而亡。隋取高麗，歲調發，人與為怨，乃死匹夫手。朕敢妄議發兵邪？』赦不問。

[高麗] 金富軾《三國史記》卷二七《百濟·武王紀》 二十七年，遣使入唐，獻光明鎧，因訟高句麗梗道路，不許來朝上國。高祖遣散騎常侍朱子奢來，詔諭我及高句麗平其怨。

[朝鮮] 佚名《朝鮮史略》卷二《新羅紀》 新羅遣使如唐乞師，文皇帝不許。時百濟與高麗連和，將伐新羅，命司農丞相里玄獎賜璽書于高句麗，喻以戢兵。蘇文不奉詔，帝又遣蔣儼諭旨，蘇文脅使者，囚窟室。

唐·吳兢《貞觀政要》卷九《征伐》 貞觀四年，有司上言，林邑蠻國，表疏不順，請發兵討擊之。太宗曰：『兵者凶器，不得已而用之。故漢光武云，每一發兵，不覺頭鬚為白。自古以來，窮兵極武，未有不亡者也。【略】朕今見此，豈得輒即發兵？且經歷山險，土多瘴癘，若我兵士疾疫，雖尅剪此蠻，亦何所補？言語之間，何足介意？』竟不討之。

宋·王欽若等《册府元龜》卷九九九《外臣部·請求》 太宗貞觀十七年，林邑王遣使，云為扶南所攻，乞師救援。太宗曰：『山有猛獸，藜藿為之不採。爾為我鄰國，扶南安敢侵逼？此是爾懼自來，將無事矣。』後有使至悉如太宗言。

宋·司馬光《資治通鑑》卷二一二《唐紀二十八·玄宗至道大聖大明孝皇帝上之下》 （開元）七年春二月，俱密王那羅延、元胡三省注：

俱密國，治山中，在吐火羅東北，南臨黑河，其王突厥延陁種。康王烏勒伽、安王篤薩波提，注：杜佑曰：康國在米國西南三百餘里，漢康居國。皆上表言為大食所侵掠，乞兵救援。敕太府及府縣出粟十萬石糴之。注：府謂京兆府，縣謂京縣及畿縣也。

義感德化

《隋書》卷六六《陸知命傳》 時見天下一統，知命勸高祖都洛陽，因上《太平頌》以諷焉，文多不載。數年不得調，詣朝堂上表，請使高麗，曰：『臣聞聖人當扆，物色芻蕘；匹夫奔踶，或陳狂瞽。伏願暫輟旒纊，覽臣所謁。昔軒轅馭曆，既緩夙沙之誅；虞舜握圖，猶稽有苗之伐。陛下當百代之末，膺千載之期，四海廓清，三邊底定。唯高麗小豎，狼顧燕垂，王度含弘，每懷遵養者，良由惡殺好生，欲諭之以德也。臣請以一節，宣示皇風，使彼君臣，面縛闕下。』書奏，天子異之。

唐·吴兢《貞觀政要》卷八《貢賦》 貞觀十九年，高麗王高藏及莫離支蓋蘇文遣使獻二美女，太宗謂其使曰：『朕憫此女離其父母兄弟於本國，若愛其色而傷其心，我不取也。』並却，還之本國。

《舊唐書》卷一九九上《東夷傳·高麗》 （貞觀）二十年，高麗遣使來謝罪，并獻二美女。太宗謂其使曰：『歸謂爾主：美色者，人之所重。爾之所獻，信為美麗。憫其離父母兄弟於本國，留其身而忘其親，愛其色而傷其心，我不取也。』並還之。

宋·王溥《唐會要》卷九九《罽賓國》 聞中夏有聖君，故遣使來朝。【略】貞觀十一年，遣使至。上謂長孫無忌曰：『朕即位之初，有上書者，或言人主必須威權獨運，不得委羣下；或欲耀兵振武，攝服四夷。維魏徵勸朕偃武興文，布德施惠，中國既安，遠人自服。朕從其語，天下大寧，絕域君長，皆来朝貢，九夷重譯，相望于道路。此皆魏徵之力也。朕之任用，豈不得人！』

又《甘棠國》 甘棠在大海之南，崑崙人也。貞觀十年，與朱俱波國朝貢同日至。太宗謂羣臣曰：『南荒西域，自遠而至，其故何哉？』房玄齡曰：『當中國乂安，帝德遐被也。』太宗曰：『誠如公言。向使中國不安，何緣而至？朕何以堪之？觀此蕃使，益懷畏懼。所望公等，匡朕不逮也。』

唐·張九齡《曲江集》卷九《敕新羅都護金興光書》 敕雞林州大都督、新羅王金興光：賀正謝恩，兩使繼至，再省來表，深具雅懷。卿位總一方，道踰萬里，託誠見於章奏，執禮存乎使臣。雖隔滄溟，亦如面會。卿既能副朕虛己，朕亦保卿一心。言念懇誠，每以嗟尚。況文章禮樂，粲焉可觀，德義簪裾，浸以成俗。自非才包時傑，志合本朝，豈得物土異宜，而風流一變？乃比卿於魯衛，豈復同於蕃服！朕之此懷，想所知也。賀正使金義質及祖榮，相次永逝，念其遠勞，情以傷憫。雖有寵贈，猶不能忘。想卿乍聞，當甚軫悼。【略】今有少物，答卿厚意，至宜領取。春暮已暄，卿及首領百姓並安好。遣書指不多及。

又《敕新羅王金興光書》 敕雞林州大都督、新羅王金興光：比歲使來，朝貢相繼，雖隔滄海，無異諸華，禮樂衣冠，亦在此矣。皆是卿率心忠義，能此恭勤，朕每嘉之，常優等數，想卿在遠，應體至懷。頃者彼處使來，累有物故，水土不習，食飲異宜，奄忽為灾，遂至不救。言近逝者，此其命乎！想卿乍聞，應以傷悼，所有表奏，皆依來請。夏初漸熱，卿及吏人並平安好。遣書指不多及。

又卷一二《敕日本國王書》 敕日本國王主明樂美御德：彼禮義之國，神靈所扶，滄溟往來，未常爲患。不知去歲何負幽明，丹墀真人廣成等入朝東歸，初出江口，雲霧斗暗，所向迷方，俄遭惡風，諸舡飄蕩。其後，一船在越州界，即真人廣成，尋已發歸，計當至國；一船飄入南海，即朝臣名代，艱虞備至，性命僅成。名代未發之間，又得廣州表奏，朝臣、廣成等飄至林邑國。既在異國，言語不通，並被劫掠，或殺或賣，言念災患，所不忍聞。然則林邑諸國，比常朝貢，朕已敕安南都護，令宣敕告示，見在者令其送来，待至之日，當存撫發遣。又一船，不知所在，永用疚懷，或已達彼蕃，有来人可具奏。此等災變，良不可測。卿等忠信，則爾何負神明而使彼行人罹其凶害？想卿聞此，當用驚嗟。然天壤悠悠，各有命也。中冬甚寒，卿及百姓並平安好。今朝臣、名代還，一一口具。遣書指不多及。

又《敕罽賓國王書》 敕罽賓國王：得四鎮節度使王斛斯所翻卿表，具知好意。然事在絕域，不可預圖，卿若誠心，任彼量度，事遂之日，必有重賞。朕每於遠國，未常有所食言。想亦知之，勿致疑也。秋初尚熱，卿及首領並平安好。遣書指不多及。

宋・宋敏求《唐大詔令集》卷一〇七《政事・備禦・誡勵諸軍州牧將詔》 分命督將，保寧封疆，且變無知之俗，長為不叛之臣，必也仁明，在乎備整。若脂膏不潤，毫髮無私，開懷納戎，張袖延狄，彼當愛官吏猶父母，安國家如天地，欲其亡散，庸可得乎？若其心不至公，所視惟利，放縱部曲，阿容子弟，此乃求鷹鸇以馴乳，使豺狼以掌牧，欲其輯寧，庸可得也？往年翽在榮府，綏通乖方；近日張知運在單于，徵調失所。遂令東胡擾亂，北虜披猖，爰遣征伐之勤，頗煩瘡痍之誥。言念於此，可為深戒。今諸番歸降，色類非一，在番者則漢官押領，入附者或邊陲安置，風俗未通，言語不達，至於畜養，實務綏懷。宜令所在軍州牧將等，倍加撫恤，申其寃，盡其理，同疾苦，知饑寒。公私不得相侵，巨細必令無擾。儻處馭多僻，威恩不孚，龜玉之毀，典刑斯及。御史出日，仍詔察以聞。開元五年八月。

又 卷一二八《蕃夷・綏附・放諸蕃質子各還本國敕》 敕：我國家統一寰宇，歷年滋多，九夷同文，四隩來暨。夫其襲冠帶，奉正朔，顒顒然向風而慕化，列於天朝，編於屬國者，蓋亦衆矣。我則潤之以時雨，煦之以春陽，淳德以柔之，中孚以信之。玄風既同，祥物玆遂，莫不自天壤，窮海域，蹶角以請吏，執贄而來庭。唐皇之德，於此為盛。今外蕃侍子，久在京師，雖威惠之感，自遠畢歸；而羈旅之意，重遷斯在。宜命所司，勘會諸蕃充質宿衛子弟等，量放還國。【略】朕欲鳥獸咸若，華夷共安，來則納其朝謁之心，去則遂其生育之意。含弘之施，德莫厚焉。開元十年閏五月戊寅。

又 卷一〇《帝王・痊復・大和八年疾愈德音》 南海蕃舶，本以慕化而來，固在接以恩仁，使其感悅。如聞比年長吏，多務徵求，嗟怨之聲，達於殊俗。況朕方寶勤儉，豈愛遐琛？深慮遠人未安，率稅猶重，思有矜恤，以示綏懷。其嶺南、福建及揚州蕃客，宜委節度、觀察使，除舶脚收市進奉外，任其來往，自為交易，不得重加率稅。【略】俾我華夷共歡，富壽中外，臣庶宜體予懷。

又 卷六四《大臣・鐵券・賜護密國王子鐵券文》 維天寶元年歲次壬午九月癸卯朔十六日戊午，皇帝若曰：咨爾護密國王子頡里匐，夫藩扞所寄，惟信是從，節義可稱，雖遠無隔。卿之先代，常附國朝，通使有恒，書譯相次。自卿父繼立，近阻強鄰，被制凶威，有違夙志。今遂能獻誠欵，潛託歸懷，自非心悟遠圖，何克存先？意念此誠懇，嘉尚尤深。今賜卿丹書鐵券，以旌忠效，長表信義，永傳子孫。日月同明，山河齊久，可不美與！可不慎與！

又 《賜懷化王那俱車鼻施鐵券文》 維天寶十二年歲次癸巳十月戊辰朔十四日辛巳，皇帝若曰：咨爾故石國順義王男那俱車鼻施，夫柔遠之道，必先文德；録誠之美，是加命禮。卿之先代，累賓朝化，列在藩王，卿又能効節輸忠，克復居宇，扞邊率下，循職修貢，信彰夷落，義貫幽明，言念懇誠，良多嘉尚。今授卿特進，仍封懷化王，并賜丹書鐵券，以表忠赤。宜執於恭順，保於終始，每資犄角之用，永固山河之寵。可不美與！

宋・王欽若等《册府元龜》卷一七〇《帝王部・來遠》 （開元）十二年十二月，新羅王金興光遣使獻女二。帝以遠離所親，特加封賞，悉放還國。降書謂曰：『卿所進女，皆卿之姑姊妹，容儀淑麗，德行柔婉，自非盡節向風，何能割恩忍愛？然以辭違本俗，離別所親，念彼遠貢之勞，矜其懷戀之思，雖阻來意，並不忍留。今各加其邑號，賜之衣服，以達朝恩，宜知朕意。』

（開元）二十一年八月，日本國朝賀使真人廣成與傔從五百九十人，舟行遇風，飄至蘇州。刺史錢惟正以聞，詔通事舍人韋景先往蘇州，宣慰勞焉。

又 卷九六四《外臣部・封册第二》 （開元十九年四月）康國王烏勒遣使上表，請封其子咄曷為曹王，啜默為米王，並許之。降書報烏勒曰：『卿僻在遐荒，久修誠欵，情深本國，志慕欽風，節義著於家邦，忠孝兼於臣子。言念懇到，歎美良深，所請各依，可知朕意。』

《新唐書》卷七《德宗紀》 （大曆十四年閏五月）丙子，罷諸州府及新羅、渤海貢鷹鷂。

論　說

《隋書》卷八一《東夷傳・倭國》　史臣曰：廣谷大川異制，人生其間異俗，嗜欲不同，言語不通，聖人因時設教，所以達其志而通其俗也。九夷所居，與中夏懸隔，然天性柔順，無獷暴之風，雖緜邈山海而易以道御。夏殷之代，時或來王。暨箕子避地朝鮮，始有八條之禁，疏而不漏，簡而可久，化之所感，千載不絕。今遼東諸國，或衣服參冠冕之容，或飲食有俎豆之器，好尚經術，愛樂文史，遊學於京都者往來繼路，或亡没不歸。非先哲之遺風，其孰能致於斯也？故孔子曰：『言忠信，行篤敬，雖蠻貊之邦行矣。』誠哉斯言！其俗之可採者，豈徒楛矢之貢而已乎？

宋・王欽若等《册府元龜》卷一六三《帝王部・招懷》　《傳》曰招攜以禮，懷遠以德。賈誼所謂降者親酌而手食之，以懷其心，乃五餌之一也。蓋王者創業垂統，握契御辯，征不譓，討不庭，推亡固存，式遏亂畧，必使威加于外，信著于内，桀驁革心，英俊乂用，輔成大業，光昭帝圖，如斯而已矣。故其始也，或喻之以文告，或結之以要誓，推心置腹，曠然不疑，分茅胙土，待之不次，以至賜田宅以安之，錫臧獲以寵之，其旨也。

又　卷一七〇《帝王部・來遠》　古者天子守在四夷，修其教，不易其俗，故曰『率土之濱，莫非王臣。』要在其勞來安輯，示以洪覆，日月攸燭，咸俾遂性者。粤自舜敷文德，聿來不庭，柔服之道，於兹著矣。三代而下，威惠並舉，用捨有術，然綏懷撫接，務廣仁恕，其揆一也。故有漸諸聲教，列於侯服，悅以玩好，用示羈縻。或因其欵塞，處之善地；或恤其懷土，俾還所屬。始乃敦諭犒勞，接以賓儀，終乃優秩厚幣，申之恩紀。至于拯濟災暴，救育艱辛，振厥匱乏，通其貿易，惠周於存没，德柔於荒絕。是故重譯而至，咸即其序，實聖人之鴻化也。

又　卷九七四《外臣部・褒異》　先王之御夷狄也，接之以禮，示之以信，濡之以惠澤，聳之以威德，羈縻勿絕而已。蓋以其桀驁成性，荒簡無常，不可以臣畜之也。三代而下，因其慕嚮，厚加恩紀，以申撫納。或優厥贈賄，或被以冠帶，賜印綬以異其數，班幣帛以將其意。以至殊館穀之待，加優戲之娛，紆車駕以臨會，命公卿而祖道。又復哀其淪喪，録其勳伐，恩及母妻，賞逮臣僕。用能綏懷遐阻，窒其侵叛之原；震耀威靈，成乎率服之盛。斯亦來远之奇策也。

又　卷九八〇《外臣部・通好》　夫服遠以德，先王之盛猷；和戎為利，昔賢之嘉論。蓋所以屈己含垢，繼好息民，偃戢兵威，道迎善氣，自古之所尚矣。故《易》曰古之聰明睿智神武而不殺者，蓋言聖人服萬物而不以威刑也。自春秋之後，司籍所記，或列於盛會，或通乎信使，申以金幣之錫，加之冠帶之寵。或褒以爵秩，或重其報宴，接以殊禮，式表乎綏懷；待以誠心，用期於純固。繇是邊鄙不聳，師徒不勤，荒裔清寧，表裏悅穆。蓋躋民於仁壽之域，而馴致乎太平之業者，未始不繇斯也已。

又　卷九九九《外臣部・請求》　王者内阜黔首，外撫四夷，雖蒐狩訓兵，體不殺於神武，而梯航獻欵，嘉來遠而施惠，必接以恩信，乃得其要領。其或告饑饉之灾，追和親之好，故可示羈縻之義，伸賜與之恩。至於借書籍，請音樂，或假壤土，或希援兵，蓋典制之靡存，在撫御而斯得。俾夫桀驁以息，奢僭不萌，有懷感之心，無過望之意，則可以稽魏絳和戎之利，賈誼五餌之術，徹三邊之烽警，廣函夏之亭毒矣。

藝　文

《舊唐書》卷一九九上《東夷傳・百濟》　永徽元年，真德大破百濟之衆，遣其弟法敏以聞。真德乃織錦，作五言《太平頌》以獻之。其詞曰：『大唐開洪業，巍巍皇猷昌。止戈戎衣定，修文繼百王。統天崇雨施，理物體含章。深仁偕日月，撫運邁陶唐。幡旗既赫赫，鉦鼓何鍠鍠！外夷違命者，翦覆被天殃。淳風凝幽顯，遐邇競呈祥。四時和玉燭，十曜巡萬方。維岳降宰輔，維帝任忠良。五三成一德，昭我唐家光。』帝嘉之，拜法敏為太府卿。

朝貢封賜部

通紀概説分部

綜述

《隋書》卷四《煬帝紀下》（大業十一年春正月）乙卯，大會蠻夷，設魚龍、曼延之樂，頒賜各有差。

又 卷六七《裴矩傳》（大業三年）其冬，帝至東都。矩以蠻夷朝貢者多，諷帝令都下大戲，徵四方奇技異藝，陳於端門街，衣錦綺、珥金翠者以十數萬。又勒百官及民士女，列坐棚閣而縱觀焉，皆被服鮮麗，終月乃罷。又令三市店肆皆設帷帳，盛列酒食，遣掌蕃率蠻夷與民貿易。所至之處，悉令邀延就坐，醉飽而散。蠻夷嗟歎，謂中國為神仙。

又 卷八二《南蠻傳》 大業中，南荒朝貢者十餘國。其事迹多湮滅而無聞，今所存録四國而已。

《舊唐書》卷六三《裴矩傳》 其年，帝至東都。矩以蠻夷朝貢者多，諷帝大徵四方奇技，作魚龍、曼延、角觝於洛邑，以誇諸戎狄，終月而罷。又令三市店肆皆設帷帳，盛酒食，遣掌蕃率蠻夷與人貿易。所至處悉令邀延就座，醉飽而散。

唐·杜佑《通典》卷一八八《邊防典四·南蠻下·海南序略》 海南諸國，漢時通焉。大抵在交州南及西南，居大海中洲上，相去或三五百里，五三千里，遠者二三萬里。乘舶舉帆，道里不可詳知。外國諸書雖言里數，又非定實也。其西與諸胡國接。【略】自梁武、隋煬，諸國使至，踰於前代。大唐貞觀以後，聲教遠被，自古未通者重譯而至，又多於梁、隋焉。

唐·李德裕《會昌一品集》卷二《黠戛斯朝貢圖傳序》 臣伏見太宗謂羣臣曰：『南荒西域，自遠而至，其故何哉？』宰臣房玄齡對曰：『殊域來朝者，中國乂安，帝德遐被所致也。』太宗曰：『向中國不安，亦何緣而至？朕覩此懷懼，何者？昔秦始皇并吞六國，漢武帝威加戎狄。今殊方異類，無遠不賓，竊比秦漢，想無多愧。亦欲傳之子孫，念二王之末途，朕所以不能不懼爾。』

臣伏思太宗往日之懼，致我唐百代之隆，則聖祖詒謀，可謂深矣。此太宗所以永保鴻名，為受命之祖；陛下所以丕承王業，為中興之主，豈不宜哉！天旨以賈耽有陳平鎮撫之才，得充國通知之敏，其所述作，該明古今，乃詔太子詹事韋宗卿、秘書少監呂述往莅賓館，以展私覿，稽合同異，覼縷闕遺，傳胡貊兜離之音，載山川曲折之狀，條貫周備，文理洽通。臣伏以貞觀初，中書侍郎顏師古上言：昔周武王天下太平，遠國歸款，周史乃集其事為《王會篇》。今萬國來朝，蠻夷率服，實可圖寫，請撰為《王會圖》。有詔從之。

唐·張九齡等《唐六典》卷四《尚書禮部》 禮部郎中、員外郎掌貳尚書、侍郎，舉其儀制而辨其名數。【略】二曰賓禮，其儀有六。一曰蕃國王來朝，二曰戒蕃王見，三曰蕃王奉見，四曰受蕃使表及幣，五曰燕蕃國王，六曰燕蕃國使。

唐·蕭嵩等《大唐開元禮》卷七九《賓禮·蕃主來朝遣使迎勞》 前一日，守宮殿，次於候館門之外，道右，南向。其日使者至，掌次者引就次。蕃主服其國服，所司引立于東階下，西面。凡蕃主進止，所司先引，制使皆謁者先導。使者朝服出次，立於門西，東面。從者執束帛，立於使者之南。蕃主有司出門東，西面，曰『敢請事。』使者曰：『奉制勞某主。』稱其國名。有司入告，蕃主迎於館門外之東，西面，再拜。使者與蕃主俱入，使者先升，立于西階上，執束帛者從升，立于使者之北，俱東面。蕃主升，立于東階上，西面。使者執幣，稱『有制。』蕃主將下拜，使者曰：『有後制，無下拜。』蕃主旋北面，再拜稽首。使者宣制訖，蕃主進受幣，綵五疋為一束。其蕃主答勞使，各以土物。其多少相准，不得過勞幣。勞于遠郊，其禮同。蕃主還贈于遠郊，亦如之。勞蕃使，即無束帛。退復位，以幣授左右，又再拜稽首。使者出，立于館門外之西，東面。蕃主送于館門之外，西面，答使者。蕃主揖使者，俱入，讓升。蕃主先升東階上，西面。使者升西階上，東面。蕃主以土物儐使者，使者再拜受，蕃主再拜送物。使者降出，蕃主從出門外，皆如初。蕃主再拜，送使者還。蕃主入，鴻臚迎引，詣朝堂，依方北面立。所司奏聞，舍人承敕出，稱『有敕』，蕃主再拜。宣勞訖，又再拜。所司引就館，如常儀。

又**《皇帝遣使戒蕃主見日》** 前一日，守宮設次于館門之外，道右，南向。其日，使者至，掌次者引就次。蕃主服其國服，降立于東階下，西面。蕃主諸官，立于蕃主之後，西面，北上。使者朝服出次，立于門西，東面。蕃主有司出門東，西面，曰『敢請事。』使者曰：『奉制，戒某主見日。』有司入告，蕃主迎于館門外之東，西面，再拜。使者與蕃主俱入，使者升自西階，東面，蕃主升自東階，西面。使者稱『有制』，蕃主再拜。宣制曰：『某日，某主見。』蕃主又再拜稽首。使者降出，蕃主送於館門之外，西面再拜。使者還，蕃主入。

又**《蕃主奉見奉辭禮同》** 前一日，尚書奉御整設御幄于太極殿，北壁，南向。守宮設次，太樂令展宮懸，設舉麾位于上下，鼓吹令設十二案，乘黃令陳車輅，尚輦奉御陳輿輦，尚舍奉御鋪蕃主牀坐于御座西南，東向，並如常儀。其日，典儀設蕃主位于懸南道西，北面；又設蕃國諸官之位于蕃主位後，各依其班，重行北面，以西為上設。典儀位于懸之東北，贊者二人在南，差退，俱西面。諸衛各勒所部，列黃麾仗，屯門及陳於殿庭。太樂令帥工人入就位，協律郎入就舉麾位。所司迎引蕃主，至承天門外，通事舍人引就次。本司入奏，鈒戟近仗入陳如常。典儀帥贊者先入就位，侍中版奏『請中嚴。』諸侍衛之官各服其服，符寶郎奉寶，俱詣閤奉迎。蕃主服其國服出次，通事舍人引立于閤外，西廂，東面，北上。若更有諸蕃，以國大小為敍。蕃國諸官各服其服，立于蕃主之後，俱東面，北上。侍中版奏『外辦』。皇帝服通天冠，絳紗袍，乘輿以出。曲直華蓋，警蹕侍衛如常儀。皇帝將出，仗動，太樂令撞黃鍾之鐘，右五鐘皆應；協律郎舉麾，鼓柷奏《太和》之樂以姑洗之均。皇帝出自西房，即御坐，南向坐。符寶郎奉寶，置于御座。侍衛如常，偃麾戛敔，樂止。凡樂，皆協律郎舉麾，工鼓柷而後作，偃麾戛敔而止。舍人引蕃主入門，《舒和》之樂作，至位，樂止。典儀曰『再拜』，贊者承傳，蕃主再拜稽首。侍中承制，降詣蕃主西北，東面，稱『有制』，蕃主再拜稽首。宣制訖，又蕃主再拜稽首。侍中回奏，又承制降勞敕，令升坐，蕃主再拜稽首。舍人引蕃主，樂作；蕃主至階，樂止。舍人接引，升至坐後，蕃主就坐俛伏。侍中承制勞問，蕃主俛伏避席，將下拜，侍中承制曰：『無下拜。』蕃主復位，拜對如常。侍中回奏，又承制，勞還館。舍人引蕃主，降自西階，典謁承引，樂作，復懸南位，樂止。蕃主再拜稽首訖，舍人引蕃主，樂作，蕃主出門，樂止。初，蕃主升坐，舍人引蕃國諸官以次入，就位立定。典儀曰『再拜』，贊者承傳，蕃國諸官俱再拜稽首。舍人承敕，降自西階，詣蕃國諸官西北，東面，稱『敕旨』，蕃國諸官皆再拜稽首。對訖，又再拜稽首。舍人回奏，又承敕，降勞還館。蕃國諸官俱再拜稽首。于蕃主出，舍人引蕃國諸官以次出訖，侍中前跪奏稱：『侍中臣某言禮畢。』俛伏，興，還侍位。皇帝興，太樂令撞蕤賓之鐘，左五鐘皆應。鼓柷奏《太和》之樂，皇帝降坐，乘輿入自東房。侍衛警蹕，如常儀。侍臣從，至閤，樂止。

又**《皇帝受蕃使表及幣其勞及戒見日亦如上儀》** 前一日，尚舍奉御整設御幄于所御之殿，北壁，南向。守宮設使者次，太樂令展宮懸，設舉麾位于上下，並如常儀。其日，典儀設使者位于懸南，重行北面，以西為上。庭實位于客前，典儀位于懸東北，贊者二人在南，差退，俱西向。諸衛勒所部，列黃麾半仗，屯門及入陳於殿庭。太樂令帥工人入就位，協律郎入就舉麾位。所司引客至承天門外，典謁引就次。本司入奏，鈒戟近仗入陳如常。典儀帥贊者先入就位，侍中版奏『請中嚴。』侍衛之官各服其器服，符寶郎奉寶，俱詣閤奉迎。使者服其國服，奉書出次，通事舍人引立于閤外，西廂，東面。從者執幣玉庭實，立於後，俱東面，北上。侍中版奏『外辦。』皇帝服通天冠，乘輿以出。曲直華蓋，警蹕侍衛如常儀。皇帝將出，仗動，太樂令撞黃鐘之鐘，右五鐘皆應。鼓柷奏《太和》之樂以姑洗之均。皇帝出自西房，即御座，南向坐。符寶郎奉寶，置于御座，侍衛如常儀。樂止，中書侍郎一人，令史二人，持案預俟于西階下，東向，北上。舍人引使者及庭實，入就懸南位。使者初入門，《舒和》之樂作，立定，樂止。大蕃大使為作樂，次蕃大使及大蕃中使以下，皆不設樂懸及黃麾仗。中書侍郎帥持案者進詣，使者前，東面，侍郎受書，置于案，回詣西階。侍郎取書，升奏，持案者退。初，侍郎奏書，有司各帥其屬，受幣馬于庭。典儀曰『再拜』，贊者承傳，使者以下皆再拜。舍人前，承制，降詣使者前，蕃國主使者再拜，對訖，又再拜。舍人回奏，又承敕問其臣下，使者再拜對；又勞使者以下，拜對。及舍人回奏，並如常儀。舍人承制，敕勞還館，使者再拜。舍人引使者以下出，樂作止如常。侍中前跪奏稱：『侍中臣言禮畢。』俛伏，興，還侍位。皇帝興，太樂令令撞蕤賓之鐘，左五鐘皆應。鼓柷奏《太和》之樂，皇帝降坐，乘輿入自東房。侍衛警蹕，如常儀。侍臣從，至閤，樂止。

又 卷八〇《賓禮·皇帝宴蕃國主》 前一日，尚舍奉御整設御幄于所御之殿，北壁，南向。尚食奉御太官令各具饌。守宮設次，太樂令設登歌位于殿上，展宮懸于殿庭，設舉麾位于上下。鼓吹令設十二案，乘黄令陳車輅，尚輦奉御陳輿輦，並如常儀。其日，尚舍奉御鋪蕃主牀座于御座西南，蕃國諸官應升殿者，坐于蕃主之後設，不升殿者坐于西廊下，俱東面，北上。尚食奉御設御酒樽，太官令設蕃主以下酒樽，並如常儀。典儀設蕃主版位于懸南，又設蕃國諸官之位于蕃主之後，俱重行北向，西上設。典儀位于懸之東北，如常儀。諸衛各勒所部，列黄麾仗，屯門陳于殿庭。太樂令帥工人二舞入就位，協律郎入就舉麾位。所司迎引蕃主，至承天門外，通事舍人引入次。凡蕃客出入升降，皆掌客監引。所司入奏，鈒戟近仗入陳如常。典儀帥贊者先入就位，侍中版奏『請中嚴。』侍衛之官各服其器服，符寶郎奉寶，俱詣閤奉迎。蕃主服其國服出次，通事舍人引立于閤外，西廂，東面。蕃國諸官各服其國服，立于蕃主之後，俱東面，北上。侍中版奏『外辦。』皇帝服通天冠，絳紗袍，乘輿以出。曲直華蓋，警蹕侍衛如常儀。皇帝將出，仗動，太樂令撞黄鐘之鐘，右五鐘皆應。協律郎舉麾，鼓柷奏《太和》之樂，鼓吹振作。凡樂，皆協律郎舉麾，工鼓柷而後作，偃麾戛敔而後止。皇帝出自西房，即御座，南向坐。符寶郎奉寶，置於御座。侍衛如常儀。典儀一人升，立於東階上；贊者二人，立於階下，俱西面。通事舍人引蕃主入，國諸官從入。蕃主入門，《舒和》之樂作；蕃主至位，樂止。其有獻物則從入，陳于蕃主之前，以西為上。立定，典儀曰『再拜』，贊者承傳，蕃主及蕃國諸官皆再拜。侍中承旨降敕，蕃主升坐。蕃主再拜，蕃主奉贄，其贄隨其國所有，一以輕者為之。曰『某國蕃臣某，敢獻壤奠。』侍中升奏，又侍中承旨曰：『朕其受之。』侍中降于蕃主東北，西向，稱『有制』，蕃主再拜。宣制訖，蕃主又再拜訖，以贄授侍中，侍中以贄授所司。又所司受其餘幣，俱以東。舍人承旨奉敕，蕃國諸官等坐，蕃國諸官俱再拜。通事舍人引蕃主，又通事舍人引蕃國諸官應升殿者，詣西階。蕃主初行，樂作；至階，樂止。通事舍人各引升，立于座後。初，蕃國諸官詣西階。其不升殿者，通事舍人分引，立于廊下席後。立定，殿上典儀唱『就坐。』階下贊者承傳，蕃主以下皆就位，俛伏坐。太樂令引歌者及琴瑟至階，脱履於下，升就坐位。其笙管者就階間，北面立。尚食奉御進酒至階，殿上典儀唱『酒至，興。』階下贊者承傳，蕃主以下皆俛伏，興，立坐後。殿中監到階省酒，尚食奉御奉酒進。皇帝舉酒，良醞令又行酒。殿上典儀唱『再拜。』階下贊者承傳，蕃主以下皆再拜。搢笏受觶，殿上典儀唱『就坐。』階下贊者承傳，蕃主以下皆就坐，俛伏坐飲。皇帝初舉酒，登歌作《昭和》三終。尚食奉御進受虚觶，奠于坫。登歌訖，降復位。觴行三周，尚食奉御進御食。食升于階，殿上典儀唱『食至，興。』階下贊者承傳，蕃主以下皆執笏俛伏，興，立座後。殿中監到階省案，尚食奉御品嘗食訖，以次進置御前。太官令又行蕃主以下食案設訖，殿上典儀唱『就坐。』階下贊者承傳，蕃主以下皆就坐，俯伏坐。皇帝乃飯，《休和》之樂作，蕃主以下皆飯。御食畢，樂止；蕃主以下食訖，尚食太官俱徹案，又行酒，遂設庶羞，二舞以次入作。

若賜酒，舍人前承旨，詣受賜者前，蒙賜者執笏，俛伏起，立坐後。舍人稱『賜酒』，蒙賜者再拜。酒至，蒙賜者搢笏受觶，就席俛伏飲，卒觶，俯伏起，立授虚觶，又再拜，就席俛伏坐。會畢，通事舍人贊蕃主興，蕃主以下皆俛伏興，立座後。通事舍人引降，樂作，復懸南位，樂止。其廊下者，通事舍人引，復懸南位立定。典儀曰『再拜』，贊者承傳，蕃主以下皆再拜。若有筐篚，舍人前承旨，降宣敕，蕃主以下皆再拜。太府帥其屬，以衣物以次授之訖，蕃主以下又再拜。通事舍人引出，樂作；出門，樂止。侍中前跪奏稱：『侍中臣某言禮畢。』俛伏，興，還侍位。皇帝興，太樂令令撞蕤賓之鐘，左五鐘皆應。奏《太和》之樂，鼓吹振作，皇帝降坐，乘輿入自東房。侍衛警蹕，如常儀。侍臣從，至閤，樂止。

又《皇帝宴蕃國使》 前一日，尚舍奉御設御幄于殿之北壁，南向。太官令具饌，守宮設使者次，太樂令展宮懸于殿庭，設舉麾位于上下，並如常儀。若大蕃中使，小蕃大使等以下，則不設樂及黃麾仗。其日，尚舍奉御鋪使者牀于御座西南，設不升殿者座席于西廂下，俱東面，北上。典儀設使者位于懸南，重行北向，東上設。典儀贊者位于懸之東北，如常儀。諸衛各勒所部，列黃麾半仗，屯門及陳于殿庭。太樂令帥工人二舞入就位。所司迎引使者，至承天門外，通事舍人引就次。所司入奏，鈒戟近仗入陳如常。典儀帥贊者先入就位，侍中版奏「請中嚴。」諸侍衛之官，各服其器服詣閤。蕃使以下，服其國服出次。通事舍人引立于閤外，西廂，東面。從者立于使者之後，重行東面，北上。侍中版奏「外辦。」皇帝服通天冠，絳紗袍，不設樂者，則常服。乘輿以出。曲直華蓋，侍衛警蹕如常儀。皇帝將出，仗動，太樂令撞黃鐘之鐘，右五鐘皆應。協律郎舉麾，鼓柷奏《太和》之樂。凡樂，皆協律郎舉麾，工鼓柷而後作，偃麾戛敔而後止。皇帝出自西房，即御座，西向坐。符寶郎奉寶，置于御座。侍衛如常儀。樂止，典儀一人升，立于東階上；贊者二人，立于階下，俱西面。典儀引使者以下，入就懸南位。使者初入門，作《舒和》之樂，至位，樂止。立定，典儀曰「再拜」，贊者承傳，使者以下皆再拜。舍人前承旨降敕，使者升坐。使者以下，皆再拜。通事舍人引應升殿者，詣西階，樂止如常。通事舍人引立于座後。其不升殿者，分引詣廊下席後。上下立定，殿上典儀唱「就座。」階下贊者承傳，上下諸客各就座，俛伏坐。酒至階，殿上典儀唱「酒至，興。」階下贊者承傳，上下諸客皆俛伏，興，立座後。太官令行酒，殿上典儀唱「再拜。」階下贊者承傳，上下諸客皆再拜。搢笏受觶，殿上典儀唱「就坐。」階下贊者承傳，蕃使以下諸客皆就坐，俛伏坐飲。觴行三周，食升階，殿上典儀唱「食至，興。」階下贊者承傳，上下諸客皆執笏俛伏，興，立座後。太官令行諸客案設食訖，殿上典儀唱「就坐。」階下贊者承傳，上下諸客皆就坐，俛伏坐。上下諸客皆飯，諸客食訖，太官令俱徹案。又行酒，遂設庶羞，二舞以次入作。若賜酒，舍人前承旨，詣受賜者前，蒙賜者執笏，俛伏起，立座後。舍人稱「賜酒」，蒙賜者再拜，搢笏受觶，就席俛伏飲。卒觶，俛伏興，立授虛觶，又再拜，就席俛伏坐。會畢，通事舍人贊使者興，上下諸客皆俛伏興，立座後。通事舍人引使者降，樂作，復懸南位，樂止。其廊下者，分引復位，立定，典儀曰「再拜」，贊者承傳，使者以下皆再拜。若有筐篚，舍人前承旨，降宣敕，使者以下又皆再拜；太府帥其屬，以次授之訖，使者以下又再拜。通事舍人引出，樂作；出門，樂止。侍中前跪稱「侍中臣某言禮畢。」俛伏，興，還侍位。皇帝興，太樂令令撞蕤賓之鐘，左五鐘皆應。奏《太和》之樂，皇帝降坐，乘輿入自東房。侍衛警蹕，如常儀。侍臣從，至閤，樂止。

《新唐書》卷一六《禮樂志六》 二曰賓禮，以待四夷之君長與其使者。蕃國主來朝，遣使者迎勞。前一日，守宮設次於館門之外，道右南向。其日，使者就次。蕃主服其國服，立於東階下，西面。使者朝服出次，立於門西，東面。從者執束帛，立於其南。有司出門，西面，曰：「敢請事。」使者曰：「奉制勞某主。」稱其國名。有司入告，蕃主迎於門外之東，西面，再拜俱入。使者先升，立於西階上，執束帛者從升，立於其北，俱東向。蕃主乃升，立於東階上，西面。使者執幣，曰：「有制。」蕃主將下拜，使者曰：「有後制，無下拜。」蕃主旋北面，再拜稽首。使者宣制，蕃主進受命，退復位，以幣授左右，又再拜稽首。使者降出，立於門外之西，東面。蕃主送於門之外，西面，止使者，揖以俱入，讓升。蕃主先升東階上，西面。使者升西階上，東面。蕃主以主物儐使者，使者再拜受。蕃主再拜送物，使者降出，蕃主從出門外，皆如初。蕃主再拜，送使者，還。蕃主入，鴻臚迎引，詣朝堂，依方北面立。所司奏聞，舍人承敕，出稱「有敕」，蕃主再拜。宣勞，又再拜，乃就館。

皇帝遣使戒蕃主見日，如勞禮。宣制曰：「某日，某主見。」蕃主拜稽首。使者降出，蕃主送。

蕃主奉見。前一日，尚舍奉御設御幄於太極殿，南向。蕃主坐於西南，東向。守宮設次，太樂令展宮縣，設舉麾位於上下，鼓吹令設十二案，乘黃令陳車輅，尚輦奉御陳輿輦。典儀設蕃主立位於縣南道西，北面。蕃國諸官之位於其後，重行，北面西上。典儀位于縣之東北，贊者二人在南，差退，俱西面。諸衛各勒部，屯門列黃麾仗。所司迎引蕃主至承天門外，就次。本司入奏，鈒戟近仗皆入。典儀帥贊者先入，就位。侍中版奏『請中嚴』，諸侍衞之官及符寶郎詣閤奉迎。蕃主及其屬各立於閤外西廂，東面。侍中版奏『外辦』。皇帝服通天冠，絳紗袍，乘輿以出。舍人引蕃主入門，《舒和》之樂作。典儀曰『再拜』，蕃主再拜稽首。侍中承制，降詣蕃主西北，東面，曰『有制』，蕃主再拜稽首，乃宣制，又再拜稽首。侍中還奏，承制降勞，敕升座，蕃主再拜稽首，升坐。侍中承制勞問，蕃主俛伏避席，將下拜，侍中承制，曰『無下拜』，蕃主復位，拜而對。侍中還奏，承制勞還館。蕃主降，復縣南位，再拜稽首。其官屬勞以舍人，與其主俱出。侍中奏『禮畢』，皇帝興。

若蕃國遣使奉表幣，其勞及戒見，皆如蕃國主。庭實陳於客前，中書侍郎受表，置於案，至西階，以表升，有司各率其屬，受其幣焉。

其宴蕃國主及其使，皆如見禮。皇帝已即御坐，蕃主入。其有獻物，陳於其前。侍中承制降敕，蕃主升坐。蕃主再拜，奉贄曰：『某國蕃臣某，敢獻壤奠。』侍中升奏，承旨曰：『朕其受之。』侍中降於蕃主東北，西面，稱『有制』，蕃主再拜，乃宣制，又再拜，以贄授侍中，以授有司。有司受其餘幣，俱以東。舍人承旨降敕就坐，蕃國諸官俱再拜。應升殿者自西階，其不升殿者分別立於廊下席後。典儀曰『就坐』，階下贊者承傳，皆就坐。太樂令引歌者及琴瑟至階，脱履，升坐，其笙管者就階間，北面立。尚食奉御進酒至階，典儀曰：『酒至，興。』階下贊者承傳，皆俛伏，興，立。殿中監及階省酒，尚食奉御進酒。皇帝舉酒，良醖令行酒。典儀曰：『再拜。』階下贊者承傳，皆再拜受觶。皇帝初舉酒，登歌作《昭和》三終。尚食奉御受虛觶，奠于坫。酒三行，尚食奉御進食。典儀曰：『食至，興。』階下贊者承傳，皆興，立。殿中監及階省案，尚食奉御品嘗食，以次進。太官令行蕃主以下食案，典儀曰：『就坐。』階下贊者承傳，皆就坐。皇帝乃飯，蕃主以下皆飯。徹案，又行酒，遂設庶羞。二舞以次入，作。食畢，蕃主以下復位于縣南，皆再拜。若有筐篚，舍人前承旨，降宣敕，蕃主以下又再拜，乃出。

又 卷二二一下《西域傳・波斯》 貞觀後，遠小國君遣使者來朝獻，有司未嘗參考本末者，今附之左方：曰火辭彌，與波斯接，貞觀十八年，與摩羅游使者偕朝。二十一年，有健達王獻佛土菜，莖五葉，赤華紫須。龍朔元年，多福王難婆修彊宣説遣使者來朝。總章元年，有末陀提王；開元五年，有習阿薩般王安殺，並遣使者朝貢。七年，訶毗施王捺塞因吐火羅大酋羅摩獻師子、五色鸚鵡。天寶時來朝者，曰俱爛那，曰舍摩，曰威遠，曰蘇吉利發屋蘭，曰蘇利悉單，曰建城，曰新城，曰俱位，凡八國。

宋・王溥《唐會要》卷一〇〇《雜録》 （貞觀四年三月）乃下制：【略】『諸番渠帥有死亡者，必下詔，冊立其後嗣焉。』統制四夷，自此始也。

證聖元年九月五日敕：番國使入朝，其糧料各配等第給。南天竺、北天竺、波斯、大食等國使，宜給六箇月糧。尸利佛誓、真臘、訶陵等國使，給五箇月糧。林邑國使，給三箇月糧。

又《歸降官位》 顯慶三年八月十四日，置懷德大將軍，正三品；歸化將軍，從三品，以授初投首領，仍隸屬諸衞，不置員類及俸額。

【略】

貞元十二年正月十九日，置懷化大將軍，正三品，每月料錢四十五千文，雜料三十五千文。歸德將軍，從三品，料錢四十千文。懷化中郎將，正四品，料錢三十七千文。歸德中郎將，從四品，料錢三十五千文。懷化郎將，正五品，料錢三十三千文。歸德郎將，從五品，料錢三十千文。懷化司階，正六品，料錢二十五千文。歸德司階，從六品，料錢二十三千文。懷化中侯，正七品，料錢十八千文。歸德中侯，從七品，料錢十七千文。懷化司戈，正八品，料錢十五千文。歸德司戈，從八品，料錢十四千文。懷化執戟長上，正九品，料錢正十一千文。歸德執戟長上，從九品，料錢十千文。敕準《六典》，應投募蕃官，前承未置，今蕃人向化，近日漸多，名位高卑，須有等級。其增置官品及料錢等，宜依前件。

宋・王溥《五代會要》卷三〇《雜録》 後唐天成元年六月十日，御史臺奏：伏覩今月二日入閤班退後，方引對朝貢番客。竊覩近制，頗失常儀。且月華門是宰相兩省近侍官常朝來往之所，外國番國朝見，不合出在此門，而又殿庭班序先退北者。列其百辟，示彼四裔，俾觀多士之羽儀，以顯九重之嚴重，豈可衆官退後，番客方來？合自正門，直趨丹殿，此是向來事例，今辰忽有更張。竊以方屬中興，宜循舊典，伏乞宣付中書門下，重令參詳，永為定制。奉敕：宜令太常禮院檢舊例申奏者。右太常禮院奏：臣謹按《開元禮》，以賓禮待番客有六：一、番國王來朝；二、戒番王見日；三、番王奉見；四、受番使表及幣；五、宴番國王；六、讌番國使。從開元定禮之後，本朝故事，對諸番客又並于內殿引對。其殿名曰參殿，事在禮賓使、客省使，不下外諸司。見今施行不一。【略】皇帝御正殿，列百辟，陳盛儀，酌禮沿情，事恐太重。伏請今後准諸番客例，祇于內殿引對，不臨正朝，兼免乖越，又符故事。謹具詳酌如前。奉敕：四裔來王，歷代故事，前後各因强弱，撫制互有典儀。大番須示于威容，則於正衙引對；小番但推其恩信，乃于內殿撫懷。憲司奏論，禮院詳酌，皆徵故事，咸有明文。正衙威容，未可全廢；內殿恩澤，且宜常行。若遇大番入朝，即准舊儀，于正殿排比，鋪陳立仗，百官排班，於正門引入對見。

《舊五代史》卷三六《唐書・明宗紀二》（天成元年六月）丁酉，詔曰：『四夷來王，歷代故事，前後各因强弱，撫制互有典儀。大蕃須示于威容，即於正衙引對；小蕃但推於恩澤，仍於便殿撫懷。憲府奏論，禮院詳酌，皆徵故實，咸有明文。正衙威容，未可全廢；內殿恩澤，且可常行。若遇大蕃入朝，即準舊儀，於正殿排比鋪陳立仗，百官排班，于正門引入對見。』時百僚入閤班退後，卻引對朝貢蕃客，御史大夫李琪奏論之，下禮院檢討而降是命焉。

唐・朱景玄《唐朝名畫録・神品下七人・閻立德・閻立本》 閻立德《職貢圖》異方人物詭怪之質，自梁、魏以來名手，不可過也。【略】惟《職貢》、《鹵簿》等圖，與立德皆同製之。

唐・張彥遠《歷代名畫記》卷九《唐朝上・立德弟立本上品下》 貞觀十七年，【略】時天下初定，異國來朝，詔立本畫外國圖。【略】李嗣真云：博陵大安，難兄難弟。自江左陸謝云亡，北朝子華長逝，象人之妙，號為中興。至若萬國來庭，奉塗山之玉帛；百蠻朝貢，接應門之位序。折旋矩度，端簪奉笏之儀；魁詭譎怪，鼻飲頭飛之俗。盡該毫末，備得人情。二閻同在上品。

《新唐書》卷五八《藝文志・乙部史録・雜傳記類》 顏師古《王會圖》。卷亡。李德裕《西蕃會盟記》三卷。

宋・司馬光《資治通鑑》卷一九三《唐紀九・太宗文武大聖大廣孝皇帝上之中》（貞觀三年十二月閏月丁未）【略】是時遠方諸國來朝貢者甚衆，服裝詭異。中書侍郎顏師古請圖寫以示後，作《王會圖》，從之。

清・張照等《石渠寶笈》卷三二《貯御書房五・列朝人畫卷上等》 唐閻立德《職貢圖》一卷。上等。地一。素絹本著色畫。凡二十五段，每段節録《職方志》一則。無款，姓氏見《跋》中。【略】

唐閻立本《王會圖》一卷。上等。元一。素絹本著色畫。凡二十四段，每段楷書，署國名於上。卷後一印，漫漶不可識。拖尾王肯堂書《贊》云：古先哲王，區分中外，重譯來王，厥德乃大。成周之隆，八方會同，各以其職，來獻鎬宮。丕承武王，垂拱而治，爰作《王會》，貽法厥世。日域月窟，桂海冰天，踰沙軼幕，叩關請前。火齊錯落，浮琛沉羽，道路如織，歸我天府。春王三朝，九夷賓將，庭燎晰晰，璧玉華光。削衽解辮，十百其耦，象胥舌人，擯相先後。施于後世，爰及有唐，貞觀之治，洽於要荒。朝貢紛紜，服章詭異，惟天可汗，是依是庇。乃詔曲臺，乃命鴻臚，乃命良工，繪《王會圖》。咫尺滇池，跬步瀚海，狼居龍堆，滅沒掩靄，丹崖鑠石，黑水流澌，一幅之間，氣候屢移。龜茲之樂，巴俞之舞，登於縑素。騫其欲舉，昭揭邃宇，以遠休聲。羣公縱觀，劍珮鏘鳴。維圖之設，有勸有戒。惇德久元，蠻夷冠帶，聖皇鑑此，無怠無荒。日增月益，山梯海航，《王會》未書，《職會》莫紀。時而颺之，以對嘉祉。後識云：右余館試《王會圖贊》，吳君携此卷請書，聊為書之損庵堂。前有『吳廷私印』、『吳國弼』二印，後有『吳廷書畫之印』一印。

卷高八寸七分，廣七尺四寸。引首御題『重譯共球』四大字，款署『乾隆御筆』，下有『幾暇鑑賞之璽』、『乾隆宸翰』二璽，御筆題籤，籤上有『乾隆宸翰』一璽。按此卷無款識，而內府所藏閻立本《職貢圖》與此正相類。其用筆高古渾厚，亦非後人所能到，故知為立本真蹟無疑也。

論說

《舊唐書》卷一九七《南蠻西南蠻傳論贊》 史臣曰：禹畫九州，周分六服，斷長補短，止方七千，國賦之所均，王教之所備，此謂華夏者也。以圓蓋方輿之廣，廣谷大川之多，民生其間，胡可勝道？此謂蕃國者也。西南之蠻夷，不少矣。雖言語不通，嗜欲不同，亦能候律瞻風，遠修職貢，但患己之不德，不患人之不來。何以驗之？貞觀、開元之盛，來朝者多也。

贊曰：五方異氣，所禀不同，維南極海，曰蠻與戎。惡我則叛，好我則通，不可不德，使其瞻風。

又 卷一九八《西戎傳論贊》 史臣曰：西方之國，綿亘山川。自張騫奉使已來，介子立功之後，通於中國者多矣。有唐拓境，遠極安西，弱者德以懷之，强者力以制之。開元之前，貢輸不絶；天寶之亂，邊徼多虞，邠郊之西，即爲戎狄藁街之邸，來朝亦稀。故古先哲王，務寧華夏。《語》曰：『近者悦，遠者來。』斯之謂矣。

贊曰：大蒙之人，西方之國，與時盛衰，隨世通塞。勿謂戎心，不懷我德，貞觀、開元，藁街充斥。

宋·王欽若等《册府元龜》卷一六八《帝王部·却貢獻》 禹别九州，以任土實；周設九貢，以致邦用。量遠近之宜，制輕重之法，各以所有，陳之藝極。諸侯述職，非為重幣也；四海會同，非寶遠物也。歸於宰旅，賦之以時。其或獻未有程，人匪知禁，或以奇而入貢，或以貴而樂輸。遠方之珍，不足以登俎豆；非時之物，不足以充庖厨，徒罄下情，靡資國用。歷代王者知上之所好，下有甚者，故斥之而不御，還之而不有，書於簡册，垂為軌範，茲亦有國之盛美也。

又 卷一六九《帝王部·納貢獻》 夫貢之不供，國有常典，獻或無藝，人必告勞。是故王者取彼樂輸，嘉其奉上，宰旅歸其時事，王府受其底貢，大則謂之述職，小則會其時事。是以無有遠邇，賦以重輕，既靡歎于無時，亦曷謂其勿受！故《禮》曰各以所有，《傳》曰史不絶書。故始則列于籩實，終則資于國用。其或守土者聚歛為德，希寵者悉索其賦，雖甚盛德，猶或忽諸？徵于前篇，蓋亦有矣。斯則明識者可俯而觀也。

又 卷九六三《外臣部·封册》 中國之於夷狄，羈縻而已。若乃殊鄰絶黨之國，欽風慕化而至，琛賮維旅，鞮譯以通，解辮而習賓儀，保塞而請内屬，由是推懷柔之道，開撫納之意，優其禮遇，厚其賜予，以篤其好而厭其心焉。漢氏之後，乃復加以侯王之號，申之封拜之寵，備物典册，以極其名數；持節封建，以震乎威靈。至於告終稱嗣，撫封世及，必俟文告之命，乃定君臣之位。自非人君之慎德，大邦之敦信，皇明遐燭而無間，仁風溥暢而胥洎，又曷能革彼獷悍，被之聲教，使其奉王畧而為外臣者哉！

又 卷九六六《外臣部·繼襲》 《小雅》著似續之訓，《春秋》有世及之義，蓋所以象賢濟美，克承基緒者也。雖復要荒之外，戎蠻之國，亦乃崇樹世嫡，襲其位號，傳國延祚，享年永久。【略】系而言之，亦所以紀其興滅之迹矣。

又 卷九六八《外臣部·朝貢》 周制，九州之外，謂之蕃國，世壹見，各以其所貴寶為贄。蓋古之聖王，文德光被，乃有占風望氣，浮琛没羽而至者。繇漢以來，濟以威信，命單車以通絶域；置都護以總北道，繇是魚龍雀馬之殊玩，犀甲珠翠之名寶，賨幏火毳之異品，夷歌巴舞之奇技，莫不充於内府而陳於外庭矣。魏晉之後，或朝或絶，策書所記，昭然可見。若乃殊鄰絶壤，蹈德詠仁，祇奉國琛，賓于宰旅，先王所以賜異姓之國，分伯叔之邦，時庸展親，謹其述職，唯服食器用之是供也。至於給耳目之華侈，違生物之性習，必斥之而不御，却之而不受，慮嗜好之無極，懼德志之或喪，美哉《旅獒》之篇，召公之訓詳矣。要荒之外，羈縻不絶，織皮崑崙，大禹以之即敍；越裳重譯，姬文形於德讓，亦以其忽畧無常，非上威服而來其貢物，故肅慎之不貢楛矢，亦嘗致詰焉。

又 卷九九九《外臣部·入覲》 《春秋》之義，王者無外，所以域四海而宅天下也。若夫被髮左衽之君，旃裘胡貉之長，岔鶩怙力，荒忽無常，正朔所不加，政教所不及，乃能慕恩信，被威德，叩关而請命，款塞而願朝，扶服奔走，至于闕下，稽顙樹領，拜于王庭，斯蓋中國有道太平之嘉運也。是以《王會》著篇，知周室之隆；正會為圖，覩唐祚之盛。雖或迎送煩於傳置，賜與縻於府帑，比夫勞師远攻，其費相萬，又烏足稱道哉？

宋·董逌《廣川畫跋》卷二《上王會敍録》 秘閣《王會圖》，帳録總幅二十四，亡者十有二矣。其傳制度，猶可概見，蓋王者元日受朝之圖也。薄海率土，際天窮髮，崩角稽顙，解辮回衽，方貢充廷，旅百雜實，康老奏歌，雕題抃舞。上天子萬壽，則大珙小球，白雉黄犀來王。於此圖，可以得之。洋洋乎盛德之事焉，遍覆涵容而無所殊也。其得丕天之大律，奉而行之者乎！或疑此圖衣冠服物，非周漢制度，臣得考於載籍，殆唐貞觀所受貢於四海者也。文物禮容雖不逮三代，自漢以來無復此舉之盛矣。

宋・王應麟《玉海》卷一五二《朝貢・外夷來朝内附》　先王襲冠帶以辨諸華，限要荒以殊遐裔，區分中外，其來尚矣。夷狄戎蠻，繁種落，異君長，遇有道則時遵聲教，際衰世則爭肆虔劉。但當修文德以來之，擇信臣以撫之，謹邊備以防之，庶得其道也。

藝　文

唐・歐陽詢等《藝文類聚》卷五三《治政部下・奉使・詩・［隋］虞世基〈接北使〉》　會玉二崤至，瑞節三秦歸。林蟬疏欲盡，江雁斷還飛。墻垣崇客館，旍蓋入王畿。共此敦封植，方欣薦紵衣。

唐・張籍《張司業集》卷三《送新羅使》　萬里為朝使，離家今幾年？應知舊行路，却上遠歸船。夜泊避蛟窟，朝炊求島泉。悠悠到鄉國，還望海西天。

又　卷五《送金少卿副使歸新羅》　雲島茫茫天半微，向東萬里一帆飛。久為侍子承恩重，今佐使臣銜命歸。過海便應將國信，到鄉猶自著朝衣。從前此去人無數，光彩如君定是希。

唐・孟郊《孟東野詩集》卷八《奉同朝賢送新羅使》　淼淼望遠國，一萍秋海中。恩傳日月外，夢在波濤東。浪興豁胸臆，泛程舟虛空。既茲吟仗信，亦以難私躬。實怪賞不足，異鮮悦多叢。安危所繫重，征役誰能窮？彼俗媚文史，聖朝富才雄。送行數百首，各以鏗奇工。冗隸竊抽韻，孤屬思將同。

清・彭定求等《全唐詩》卷一四六《陶翰〈送金卿歸新羅〉》　奉義朝中國，殊恩及遠臣。鄉心遥渡海，客路再經春。落日誰同望？孤舟獨可親。拂波銜木鳥，偶宿泣珠人。禮樂夷風變，衣冠漢制新。青雲已干呂，知汝重來賓。

又　卷四七四《徐凝〈送日本使還〉》　絶國將無外，扶桑更有東。來朝逢聖日，歸去及秋風。夜泛潮迴際，晨征蒼莽中。鯨波騰水府，蜃氣壯仙宫。天眷何期遠，王文久已同。相望杳不見，離恨托飛鴻。

宋・蘇軾《東坡全集》卷二〇《閻立本職貢圖》　貞觀之德來萬邦，浩如滄海吞河江。音容傖獰服奇龐，横絶嶺海逾濤瀧。珍禽瑰産爭牽扛，名王解辮却蓋幢。粉本遺墨開明窗，我喟而作心未降，魏徵封倫恨不雙。

金・趙秉文《滏水集》卷八《題閻立本職貢圖臨本二首》　周王職貢朝萬邦，右相丹青古無雙。好本不應天下獨，解如明月印千江。

金犀犛面覲天庭，《王會圖》中見典刑。已了宣威沙漠事，更煩右相寫丹青。

金・元好問《中州集》卷九《閻治中長言〈閻立本職貢圖〉》　謌謌昌周此一書，形容獒貢寫成圖。寧知右相無深意，莫指丹青便厚誣。

元・王逢《梧溪集》卷四《閻立本職貢圖為章脩齊題》　古先夏后塗山會，猶有防風氏不至。諸蕃朝唐何盛哉！臣閻躬圖毫末備。想當是時千羽收，日月耀衮星垂旒。曲拳屏足僑佹狀，披髮偏袒羔狐裘。蠕動喙息咸沾休，自天傳世知幾載。丹碧尚照昏眵眸，澄懷樓居清可掬。罷琴題詩照水木，名園良疇繞柘湖，篤志好在《豳風圖》。

清・陳元龍等《歷代賦彙》卷四七《［元］龔璛〈王會圖賦〉》　日域月窟，鯨海龍沙，車書萬里，胡越一家。撫泰運於方今，懷盛觀於往古。後蒼姬之千載，隆有唐之丕祚。炳記載於汗青，爛形容乎緗素。豈徒侈功烈之鋪張，實以聳華夷之向慕也。若稽武王，天命伐殷，垂衣裳以致治，壹遐邇而來賓。旅獒楛矢之入貢，九夷八蠻之效珍，史特書於編録，式昭示於後人。此其開有周八百年之業，而敻非後世之所擬倫。降秦而漢，歷晉及隋，唐承天命，奄奠中都。拯生民於塗炭，又宇宙之一初。由是西踰岑徼，東越海瀕，北窮幽朔，南極朱垠，咸梯山而航海，亟奉貢而稱臣。惟此文皇，曰英且明，既克戡於大難敉寧，相貞觀之效速，乃三年而有成。維彼諸蠻，越在南荒，方萬國之賓服，乃率先以來王。覲其服裝異制，形貌殊質，冠蒙茸之玄熊，重呷嗢而九譯。褫氈毳於遐邦，襲衣冠於中國。於是明堂大開，列辟雲趨，戎夷旅國門之列，蠻貊環庭闕之隅。端九重之臨御，賓萬國而受圖。日照月臨，近清光於咫尺；天覆地載，扇皇風於八區。

四方既同，天子之功。微臣師古，敢瀆淵聰。昔在有周，四夷畢朝，史臣有請，編簡名標，肆而篇以《王會》，閱千載於一朝。矧今盛時，度越當年，幸目覩於盛事，可湮鬱而弗宣？願為圖以示後，與《周書》而並傳。帝顧曰嗟，嗟我匪德，奚遠人之慕義，乃相率而来服？豈予心之克當，實股肱之盡力。微臣曰都，盛德致昌，皇威遠浹，乃抑弗當，信謙讓之允極，寧子孫之可忘！帝曰俞哉！立本汝來，維周篇之《王會》，歷秦火而未灰。越藎臣之有請，宜肖像之畢該。汝丹青而作繪，增賁飾之昭回。立本曰都，臣拜稽首，雖無造化之筆，敢竭對揚之手。願摹擬於萬分，庶永詒於厥後。

於是詔内臣，出縑楮，錫丹鉛於尚方，分筆墨於御府，俾肖像以惟真，俾周篇而作輔。迨夫心精目巧，意定神閒，能事非迫促之須，妙思較錙銖之間。肆其萬醜殊形，羣蠻異類，赤髮髼鬇而拳毛，目深睒𥈭而猳喙。匪服羽而衣皮，斯雕題而交趾。窮詭異之百端，肖妍媸於一揆。不知囿形於毫素之間，蓋已逼真於明堂之位矣。訖乃敷奏，允愜上心，動天顏之喜色，催一笑而賜金，俾登之於秘府，用垂示於来今。

愚嘗稽往事於三代，韙誼辟於太宗。甫干戈之未息，聿文館之是崇。美瀛洲之圖像，暢四海之儒風。逮貞觀之王會，亦一時之豐功。何師古儒臣，徒切比於周文？而旅獒作訓，曾不師乎召公！不知教化之效，何如仁心之既効！使俯伏之含毫吮墨，寧不愧傳呼於畫工。是朝貢有象，適以驕好大喜功之志；而魏徵之思，寧不詒後悔於遼東？故讀史至此，而每為之三嘆，而況圖昔時之《無逸》，為後来之山水者，又焉保其初終？惟我皇元，列聖相承，奄開闢以来未有之天下，軼唐虞而上極盛之文明。萬國来王，圖不能以盡其意；會其有極，民不得而為之名。愚生何幸，而觀光於上國，賦方今之朝會，以黼黻邦家之太平。

東亞諸國分部

綜述

高麗

《隋書》卷一《高祖紀上》（開皇元年十二月）壬寅，高麗王高陽遣使朝貢，授陽大將軍、遼東郡公。【略】

（二年正月）辛未，高麗、【略】遣使貢方物。【略】

十一月丙午，高麗遣使獻方物。【略】

（三年正月）癸亥，高麗遣使來朝。【略】

（四月）辛未，高麗遣使來朝。【略】

（五月）甲辰，高麗遣使來朝。

又 卷二《高祖紀下》（開皇十一年正月）辛丑，高麗遣使朝貢。【略】

五月甲子，高麗遣使貢方物。【略】

（十七年五月己未）高麗遣使貢方物。【略】

二十年春正月辛酉朔，上在仁壽宮。【略】高麗【略】並遣使貢方物。

又 卷八一《東夷傳・高麗》 高祖受禪，湯復遣使詣闕，進授大將軍，改封高麗王。歲遣使朝貢不絕。

《舊唐書》卷二《太宗紀上》（武德九年）高麗【略】遣使朝貢。

又 卷三《太宗紀下》（貞觀十三年）高麗【略】遣使朝貢。【略】

（十四年十二月）乙卯，高麗世子相權來朝。

又 卷四《高宗紀上》（麟德二年十月）癸亥，高麗王高藏遣其子福男來朝。

又 卷一五下《憲宗紀下》（元和十三年）高麗【略】朝貢。

又　卷一九九上《東夷傳・高麗》　武德二年，遣使來朝。四年。又遣使朝貢。

《新唐書》卷二二〇《東夷傳・高麗》　武德初，再遣使入朝。【略】儀鳳二年，授藏遼東都督，封朝鮮郡王，還遼東以安餘民，先編僑內州者皆原遣，徙安東都護府於新城。【略】藏以永淳初死，贈衛尉卿，葬頡利墓左，樹碑其阡。【略】垂拱中，以藏孫寶元為朝鮮郡王。聖曆初，進左鷹揚衛大將軍，更封忠誠國王，使統安東舊部，不行。明年，以藏子德武為安東都督，後稍自國。至元和末，遣使者獻樂工云。

宋・王溥《五代會要》卷三〇《高麗》　後唐同光三年十一月，遣使廣評侍郎上柱國韓申一，副使春部少卿朴巖來貢方物。至四年正月，授韓申一朝散大夫、試殿中監，朴巖朝散郎、試秘書郎。

天成四年八月，復遣廣平侍郎張玢等五十二人來朝，貢銀香獅子、銀爐、金裝版鏤雲星刀劍、馬匹、金銀鷹絛韝、白紵、白氈、頭髮、人參、香油、銀鏤剪刀、鉗鈸、松子等。

長興三年二月，復遣使大相王儒來朝。其年六月，權知國事王建為特進、檢校太保、使持節玄菟州都督，充大義軍使、兼御史大夫、上柱國、高麗國王。七月，又以其妻柳氏為河東郡夫人。

清泰二年十二月，遣使禮賓卿邢順等來朝貢。三年三月，以入朝使禮賓卿邢順試將作少監，副使崔遠試少府監主簿。其年又遣使王子大相王規等來貢方物，以大相王規為檢校尚書右僕射，副使廣評侍郎崔禹試將作監。其隨行節級等三十餘人，並授司戈、司陛等職。

晉天福三年八月，清州奏：高麗國宿衛質子王仁翟乞放歸鄉里。從之。

四年九月，復遣廣評侍郎邢順等七十二人來貢方物。【略】

八年，復遣王子大相王申等來。

開運元年正月，以入朝使王子大相、守倉部令、上柱國、賜紫金魚袋王申一為檢校尚書右僕射，正朝守、廣評侍郎、柱國、丹金魚袋柳迴訓檢校禮部尚書，守廣評郎中韓李康試少衛卿，守廣評郎中朴立信試大府少卿，守兵部主事韋安試將作監主簿，以進奉賀登極使、正朝前守、廣評侍郎、柱國、丹金魚袋金仁逢可檢校工部尚書，副使禮賓卿、柱國、丹金魚袋金裕可試大府卿。判官、兵部郎中張規可試衛尉少卿。

二年，其國主王建卒，其子武嗣位。十月，遣使廣評侍郎朝立珪，副使前禮賓卿金廉等一十八人來朝。【略】

周廣順元年正月，遣廣評侍郎徐逢等九十七人來朝貢。【略】

顯德三年十月，復遣使王子大相王融來貢方物，又遣廣評侍郎荀質來賀登極。其年十二月，授其國王王昭開府儀同三司、檢校太師、高麗國王。【略】

六年正月，又遣其臣王子佐丞王兢、佐伊皇甫魏光等貢名馬、織成衣襖、弓劍等。其年八月，遣使進《別序孝經》一卷，《越王孝經新義》八卷，《皇靈孝經》一卷，《孝經雌圖》三卷。《別序》者，記孔子所生及弟子從學之事。《越王新義》者，以越王為問目，以疏注文之是非。《皇靈》者，止說延年辟灾之事及志符文，乃道書也。《雌圖》者，止說月之環暈、星之彗孛災異之應，乃讖緯之書也。其年十一月，遣使貢銅五萬斤，紫、白水精各二千顆。

《舊五代史》卷三三《唐書・莊宗紀七》　（同光三年十一月）丁未，高麗國遣使貢方物。

又　卷四〇《唐書・明宗紀六》　（長興元年八月）己未，高麗王王建遣使貢方物。

又　卷四三《唐書・明宗紀九》　（長興三年三月）高麗國遣使朝貢。【略】

（六月）甲寅，以權知高麗國事王建為檢校太保，封高麗國王。

又　卷七八《晉書・高祖紀四》　（天福四年九月）丙戌，高麗王王建遣使貢方物。

又　卷八二《晉書・少帝紀二》　（天福八年十一月）辛丑，高麗遣使朝貢。

又　卷八四《晉書・少帝紀四》　（開運二年十月）丁丑，高麗遣使貢方物。

又　卷一一五《周書・世宗紀二》　（顯德二年十月）戊寅，高麗國遣使朝貢。

又　卷一一九《周書・世宗紀六》　（顯德六年正月）壬子，高麗國王王昭遣使貢方物。

又　卷一二〇《周書・恭帝紀》（顯德六年八月）壬寅，高麗國遣使朝貢，兼進《別序孝經》一卷，《越王孝經新義》一卷，《皇靈孝經》一卷，《孝經雌圖》三卷。【略】

（九月）乙卯，高麗王王昭加檢校太師，食邑三千戶。

又　卷一三八《外國傳・高麗》及唐之末年，中原多事，其國遂自立君長。前王姓高氏。唐同光、天成中，累遣使朝貢。周顯德六年，高麗遣使貢紫白水晶二千顆。

《新五代史》卷一二《周紀・世宗》（顯德）六年春正月，高麗王昭遣使者來。

又　《周紀・恭皇帝》（顯德六年八月）壬寅，高麗遣使者來。【略】

（冬十一月）高麗遣使者來。

又　卷七四《四夷傳附録第三・高麗》當唐之末，其王姓高氏。同光元年，遣使廣評侍郎韓申一，副使春部少卿朴巖來，而其國王姓名，史失不紀。至長興三年，權知國事王建遣使者來，明宗乃拜建玄菟州都督，充大義軍使，封高麗國王。建，高麗大族也。開運二年，建卒，子武立。乾祐四年，武卒，子昭立。王氏三世，終五代常來朝貢。其立也，必請命中國，中國常優答之。其地產銅銀，周世宗時遣尚書水部員外郎韓彥卿以帛數千匹，市銅於高麗，以鑄錢。六年，昭遣使者貢黃銅五萬斤。高麗俗知文字，喜讀書。昭進《別敘孝經》一卷，《越王新義》八卷，《皇靈孝經》一卷，《孝經雌圖》一卷。《別敘》敘孔子所生及弟子事迹；《越王新義》以越王為問目，若今《正義》；《皇靈》述延年辟穀，《雌圖》載日食星變，皆不經之説。

宋・王欽若等《冊府元龜》卷九六六《外臣部・繼襲》周武帝封湯為遼東王，隋高祖改封高麗王。湯死，子元嗣。唐高祖武德二年，元弟建武遣使朝貢。貞觀十六年，西部大人蓋蘇文殺建武，立其弟大陽子藏為王。十七年，太宗封藏為遼東郡王。儀鳳中，改朝鮮王。永淳初，藏卒。垂拱二年，封藏孫寶元為朝鮮郡王。聖曆元年，改為忠誠國王。後唐同光天成中，其王姓高。長興三年，其王曰王建。晉開運二年，建卒，子武嗣。漢乾祐末，武卒，子昭立。

又　卷九七〇《外臣部・朝貢第三》（大業五年）高麗【略】遣使來朝。

又　卷九七六《外臣部・褒異第三》（後周世宗顯德）六年正月壬子，高麗國王王昭遣其臣王子佐丞王兢、佐尹皇甫魏光等，來進名馬及織成衣襖、弓劍、器甲等，賜兢等龍衣、銀帶、器幣有差。

百　濟

《隋書》卷一《高祖紀上》（開皇二年正月辛未），百濟並遣使貢方物。【略】冬十月乙酉，百濟王扶餘昌遣使來賀，授昌上開府。儀同三司、帶方郡公。

又　卷三《煬帝紀上》（大業四年三月）壬戌，百濟、【略】遣使貢方物。【略】

（大業七年二月）庚申，百濟遣使朝貢。

又　卷七〇《李子雄傳》子雄明辯有器幹，帝甚任之。新羅嘗遣使朝貢，子雄至朝堂與語，因問其冠制所由。其使者曰：『皮弁遺象。安有大國君子而不識皮弁也。』子雄因曰：『中國無禮，求諸四夷。』使者曰：『自至已來，此言之外，未見無禮。』憲司以子雄失詞，奏劾其事，竟坐免。

又　卷八一《東夷傳・百濟》平陳之歲，有一戰船漂至海東躭牟羅國，其船得還，經於百濟，昌資送之甚厚，並遣使奉表賀平陳。高祖善之，下詔曰：『百濟王既聞平陳，遠令奉表，往復至難，若逢風浪，便致傷損。百濟王心迹淳至，朕已委知。相去雖遠，事同言面，何必數遣使來相體悉。自今以後，不須年別入貢，朕亦不遣使往，王宜知之。』使者舞蹈而去。

《舊唐書》卷二《太宗紀上》（武德九年）百濟【略】遣使朝貢。

又　卷三《太宗紀下》（貞觀十一年）十二月辛酉，百濟王遣其太子隆來朝。【略】

（十二年十月）己亥，百濟遣使貢金甲雕斧。

又　卷一九九上《東夷傳・百濟》武德四年，其王扶餘璋遣使來獻果下馬。七年，又遣大臣奉表朝貢。高祖嘉其誠款，遣使就冊為帶方郡王、百濟王。自是歲遣朝貢，高祖撫勞甚厚。

《新唐書》卷二二〇《東夷傳・百濟》 武德四年，王扶餘璋始遣使獻果下馬，自是數朝貢，高祖冊為帶方郡王、百濟王。後五年，獻明光鎧。

《舊五代史》卷四八《唐書・末帝紀下》 （清泰三年正月）乙未，百濟遣使獻方物。

《新五代史》卷七《唐紀・廢帝》 （清泰）三年春正月乙未，百濟遣使者来。

宋・王欽若等《冊府元龜》卷九六六《外臣部・繼襲》 北齊武平元年，以其王餘昌為百濟王。隋開皇中，昌死，子璋立。唐高祖武德七年，冊為带方郡公、百濟王。貞觀十五年，璋卒，子義慈遣使告哀，太宗冊義慈襲其王號。顯慶五年，左衛大將軍蘇定方大破其國，虜義慈及太子隆，送於京師。龍朔元年，百濟僧道琛、舊將福信遣使往倭國迎故王子扶餘豐，立為王。高宗命带方州刺史劉仁軌討之，詔以扶餘隆為熊津都督，遣還本國。儀鳳二年，進帶方郡王。其百濟本地，漸為新羅所據，隆不敢還，遂卒。則天以其孫敬襲封帶方郡王。

又 卷九七〇《外臣部・朝貢第三》 （隋煬帝大業）十年七月，【略】百濟國並遣使貢方物。【略】

（唐太宗貞觀三年九月）百濟【略】遣使朝貢。【略】

（六年七月）百濟【略】遣使朝貢。【略】

（九年）十一月，百濟【略】遣使來朝，貢方物。【略】

十年二月，百濟【略】遣使來朝。【略】

十六年春正月，【略】百濟【略】遣使獻方物。【略】

十七年正月朔，【略】百濟【略】遣使獻方物。【略】

十八年正月朔，【略】百濟【略】遣使獻方物。

十九年正月庚午朔，百濟太子扶餘康信【略】遣使來賀，各貢方物。

【略】

（唐高宗永徽）三年春正月朔。【略】百濟【略】遣使朝貢。

新羅

《隋書》卷四《煬帝紀下》 （大業）十一年春正月甲午朔，大宴百寮。【略】新羅【略】等國並遣使朝貢。

又 卷八一《東夷傳・新羅》 開皇十四年，遣使貢方物。高祖拜真平為上開府、樂浪郡公、新羅王。

《舊唐書》卷二《太宗紀上》 是歲（武德九年）新羅【略】遣使朝貢。

又 卷三《太宗紀下》 （貞觀十三年）新羅【略】遣使朝貢。【略】

（二十二年閏十二月）癸未，新羅王遣其相伊贊千金春秋及其子文王來朝。

又 卷八《玄宗紀上》 （開元十六年七月）丙辰，新羅王金興光遣使貢方物。【略】

（二十三年）十二月，新羅遣使朝獻。

又 卷一五下《憲宗紀下》 （元和十年）新羅【略】遣使朝貢。

又 卷一八上《武宗紀》 （會昌六年二月）丁酉，新羅使金國連入朝。

又 卷一九九上《東夷傳・新羅》 武德四年，遣使朝貢。【略】

是歲（貞觀五年）真平卒，無子，立其女善德為王，宗室大臣乙祭總知國政。詔贈真平左光禄大夫，賻物二百段。九年，遣使持節冊命善德柱國，封樂浪郡王、新羅王。【略】

（永徽）三年，真德卒，為舉哀。詔以春秋嗣，立為新羅王，加授開府儀同三司，封樂浪郡王。【略】

龍朔元年，春秋卒，詔其子太府卿法敏嗣位，為開府儀同三司、上柱國、樂浪郡王、新羅王。三年，詔以其國為雞林州都督府，授法敏為雞林州都督。法敏以開耀元年卒，其子政明嗣位。【略】

天授三年，政明卒，則天為之舉哀，遣使弔祭，冊立其子理洪為新羅王，仍令襲父輔國大將軍、行豹韜衛大將軍、雞林州都督。理洪以長安二年卒，則天為之舉哀，輟朝二日，遣立其弟興光為新羅王，仍襲兄將軍、

都督之號。【略】

二十一年，渤海靺鞨越海入寇登州。時興光族人金思蘭先因入朝留京師，拜為太僕員外卿，至是遣歸國發兵以討靺鞨，仍加授興光為開府儀同三司、寧海軍使。【略】

天寶二年，承慶卒，詔遣贊善大夫魏曜往弔祭之。冊立其弟憲英為新羅王，並襲其兄官爵。大曆二年，憲英卒，國人立其子乾運為王，仍遣其大臣金隱居奉表入朝，貢方物，請加冊命。三年，上遣倉部郎中、兼御史中丞、賜紫金魚袋歸崇敬持節齎冊書往弔冊之。以乾運為開府儀同三司、新羅王，仍冊乾運母為太妃。【略】

七年，遣使金標石來賀正，授衛尉員外少卿，放還。八年，遣使來朝，並獻金、銀、牛黄、魚牙紬、朝霞紬等。九年至十二年，比歲遣使來朝，或一歲再至。【略】

元和元年十一月，放宿衛王子金獻忠歸本國，仍加試秘書監。三年，遣使金力奇來朝。【略】

四年，遣使金陸珍等來朝貢。五年，王子金憲章來朝貢。【略】

七年，重興卒，立其相金彦升為王，遣使金昌南等來告哀。其年七月，授彦升開府儀同三司、檢校太尉、持節大都督雞林州諸軍事，兼持節充寧海軍使、上柱國、新羅國王，彦升妻貞氏冊為妃，仍賜其宰相金崇斌等三人戟。【略】

十五年十一月，遣使朝貢。【略】

長慶二年十二月，遣使金柱弼朝貢。寶曆元年，其王子金昕來朝。大和元年四月，皆遣使朝貢。五年，金彦升卒，以嗣子金景徽為開府儀同三司、檢校太尉、使持節大都督雞林州諸軍事，兼持節充寧海軍使、新羅王。景徽母樸氏為太妃，妻朴氏為妃。

開成元年，王子金義琮來謝恩，兼宿衛。二年四月，放還藩，賜物遣之。

宋·王溥《唐會要》卷九五《新羅》 龍朔元年，春秋卒，詔以其子法敏嗣位。三年四月，詔以新羅國置雞林大都督，仍授法敏雞林大都督。【略】

開耀元年，法敏卒，遣使冊立其子政明為王，仍襲父官爵。

長壽二年，政明卒，冊立其子理洪為王。三年，遣使來朝。其年理洪卒，冊立其弟崇基為王，仍令襲兄輔國大將軍、左豹韜大將軍、雞林州都督。神龍三年，授驃騎大將軍。【略】

開元十年，頻遣使獻方物。十二年，興光遣使獻果下馬二匹，牛黄、人參、頭髮、朝霞紬、魚牙紬、細鏤鷹鈴、海豹皮、金銀等，仍上表陳謝。至十二年，遣其臣金武勳来賀正。及武勳迴，降書賜之。又使其弟金嗣宗来朝，并貢方物。

至二十一年，加興光寧海軍使。其年命太僕卿員外置同正員金思蘭使于新羅。思蘭，本新羅之行人，恭而有禮，因留宿衛。及是，委以出疆之任，且便之也。前年，帝賜興光白鸚鵡，雌雄各一，及紫羅繡袍、金銀鈿器物、瑞文繡緋羅、五色羅、綵綾共三百餘段。至是，興光遣使從姪志廉奉表陳謝，仍奏國内有芝草生，畫圖而獻。

二十年，又遣其大臣金竭丹來賀正，又遣姪志廉来獻方物，授志廉鴻臚少卿員外置同正員，賜絹百疋，留宿衛。

二十三年十一月，遣從弟大阿飡金忠相来朝，死於路，贈衛尉卿。

二十五年，興光卒，其子承慶嗣位，遣使来告。帝悼惜之，又贈太子太保。命贊善大夫邢璹攝鴻臚少卿，往其國行弔祭冊立之禮。至二十八年，冊承慶妻朴氏為新羅王妃。

天寶三年，承慶卒，命弟憲英嗣位，仍襲開府儀同三司、都督、雞林州刺史、兼持節寧海軍事。是載四月，遣使謝恩，并獻方物。十月，遣使来賀正，授左清道率府員外長史，賜綠袍銀帶，放還蕃。自後頻来朝。

七年，遣使獻金銀及六十總布、魚牙紬、朝霞紬、牛黄、頭髮、人參。

寶應二年，憲英遣使朝貢，授其使校檢禮部尚書，放還。

大曆二年，憲英卒，冊立其子乾運為王。三年二月，命倉部郎中歸宗敬兼御史中丞，持節冊命，又冊乾運母為太妃。

七年，遣使金標石來賀正，授衛尉員外少卿，放還。

八年，遣使来朝，并獻金銀、牛黄、魚牙紬、朝霞紬等方物。

建中四年，乾運卒，無子，國人立其上相良相為王。

貞元元年，授良相檢校太尉、都督、雞林州刺史、寧海軍使、新羅國王，仍令戶部郎中蓋損持節冊命。其年良相卒，立上相敬信為王，令襲其官爵。信即相之從兄弟也。

十四年，敬信卒，其子先敬信亡，國人立敬信嫡孫權知國事俊邕為王。十六年，授俊邕開府儀同三司、檢校太尉。新羅王，令司封郎中兼御史中丞韋丹持節冊命。明年至鄆州，聞俊邕卒，其子重興立，詔丹還。永貞元年，詔遣兵部郎中李元先持節冊興為王。

元和元年十一月，放宿衛新羅王子金忠獻歸本國，仍加試祕書監。二年，遣使金力奇來朝。【略】四年，遣使金陸珍等来朝貢。五年，其王子金憲章来朝貢。

七年，重興卒，其相金彥昇遣使金昌南等來告哀。其年授彥昇開府儀同三司、檢校太尉、持節大都督雞林州諸軍事、兼持節寧海軍使、上柱國、新羅王。彥昇妻朴氏，冊命為妃。仍賜其宰相金崇斌等三人戟，亦令本國準給。兼命職方員外郎攝御史中丞崔廷持節弔祭冊立，其質子金士臣副之。【略】十五年，遣使朝貢。

長慶二年十二月，遣使金柱弼朝貢。

寶曆元年，其王子金明来朝，兼充宿衛。

太和四年，彥昇卒。五年四月，詔以新羅王金景徽為開府儀同三司、檢校太尉、使持節大都督雞林州諸軍事、兼充寧海軍使。景徽母朴氏，宜冊為太妃；妻朴氏，冊為妃。太子左諭德兼御史中丞源寂持節弔祭冊立焉。

開成元年，遣使金義琮来謝恩，兼宿衛。二年四月十一日，放還蕃，賜物有差。五年四月，鴻臚寺奏：新羅國告哀，質子及年滿合歸國學生等共一百五人，並放還。

《新唐書》卷二二〇《東夷傳·新羅》 武德四年，王真平遣使者入朝，高祖詔通直散騎侍郎庾文素持節答賚。後三年，拜柱國，封樂浪郡王、新羅王。【略】

貞觀五年，【略】真平死，無子，立女善德為王，大臣乙祭柄國。詔贈真平左光祿大夫，賻物段二百。九年，遣使者冊善德襲父封，國人號聖祖皇姑。【略】二十一年，善德死，贈光祿大夫，而妹真德襲王。明年，遣子文王及弟伊贊子春秋來朝，拜文王左武衛將軍，春秋特進。因請改章服，從中國制，內出珍服賜之。又詣國學觀釋奠、講論，帝賜所制《晉書》。辭歸，敕三品以上郊餞。【略】

玄宗開元中，數入朝，獻果下馬、朝霞紬、魚牙紬、海豹皮。【略】。又遣子弟入太學學經術。帝間賜興光瑞文錦、五色羅、紫繡紋袍、金銀精器，興光亦上異狗馬、黃金、美髢諸物。【略】

大曆初，憲英死，子乾運立，甫丱，遣金隱居入朝待命。詔倉部郎中歸崇敬往弔，監察御史陸珽、顧愔為副冊授之，並母金為太妃。會其宰相爭權相攻，國大亂，三歲乃定。於是歲朝獻。建中四年死，無子，國人共立宰相金良相嗣。貞元元年，遣戶部郎中蓋塤持節命之。是年死，立良相從父弟敬信襲王。十四年，死，無子，立嫡孫俊邕。明年，遣司封郎中韋丹持冊，未至，俊邕死，丹還。子重興立，永貞元年，詔兵部郎中元季方冊命。後三年，使者金力奇來謝，且言：『往歲冊故主俊邕為王，母申太妃，妻叔妃，而俊邕不幸，冊今留省中，臣請授以歸。』又為其宰相金彥昇、金仲恭、王之弟蘇金添明丐門戟，詔皆可。凡再朝貢。七年死，彥昇立，來告喪，命職方員外郎崔迋弔，且命新王，以妻貞為妃。長慶、寶曆間，再遣使者來朝，留宿衛。彥昇死，子景徽立。大和五年，以太子左諭德源寂冊弔如儀。開成初，遣子義琮謝，願留衛，見聽，明年遣之。

宋·王溥《五代會要》卷三〇《新羅》 其王金貞，唐武德四年封樂浪郡王。龍朔三年，又以其國為鷄林州，授其王鷄林州都督。世以金氏為酋長，朝貢不絕。

後唐同光元年十一月，其王金朴英遣倉部侍郎金樂、錄事參軍金幼卿來朝貢。

二年六月，又遣使朝散大夫、倉部侍郎，賜紫金岳來朝貢，授金岳朝議大夫、試衛尉卿。

天成六年二月，遣使張芬等來朝。其年五月，以新羅國權知康州事王逢規為懷化大將軍；新羅國前登州都督府長史張希巖、新羅金州知後官、本國金州司馬李彥謨，並檢校右散騎常侍。其月，又以入朝使、中散大夫、兵部侍郎、兼賜紫金魚袋張芬為檢校工部尚書，副使兵部郎中朴述宏兼御史中丞，判官倉部員外郎李忠式兼御史。其年四月，新羅國康州遣使林彥來朝貢，召對於中興殿，賜物有差。【略】

長興二年四月，權知國事金簿遣使金朏來貢方物。

清泰二年二月，以入朝使執事侍郎金朏為檢校工部尚書，副使司賓大卿李儒試將作少監。

《舊五代史》卷三〇《唐書·莊宗紀四》（同光元年十一月）新羅王金朴英遣使貢方物。

又 卷三一《唐書·莊宗紀五》（同光二年正月）新羅王金朴英遣使朝貢。

又 卷三九《唐書·明宗紀四》（天成二年正月）二月壬午朔，新羅遣使朝貢。【略】

（四月）新羅國遣使貢方物。

又 卷四三《唐書·明宗紀九》（長興三年四月）新羅王金溥遣使貢方物。

《新五代史》卷六《唐紀·明宗》（長興三年）夏四月庚申，新羅遣使者來。

又 卷七四《四夷傳附録第三·新羅》 自唐高祖時，封金真為樂浪郡王，其後世常為君長。同光元年，新羅國王金朴英遣使者來朝貢。長興四年，權知國事金溥遣使來。朴英、溥世次卒立，史皆失其紀。自晉已後，不復至。

宋·王欽若等《冊府元龜》卷九六六《外臣部·繼襲》 新羅王，本百濟人，自海逃入新羅，遂王其國。傳世三十，至金真平，隋開皇十四年封樂浪郡公、新羅王。唐貞觀五年，真平卒，無子，立其女善德為王，襲樂浪郡公、新羅王號。二十一年，善德卒，立其妹真德為王。永徽五年，真德卒，弟相國金春秋嗣。龍朔元年，春秋卒，詔其子太府卿法敏嗣。開耀元年，法敏卒，其子政明嗣。天授三年，政明卒，其子理洪嗣。長安二年，理洪卒，立其弟興光為新羅王。開元二十五年，興光卒，其子承慶襲。天寶二年，承慶卒，其子憲英襲。大曆二年，憲英卒，其子乾運襲。建中四年，乾運卒，無子，國人立其上相金良相為王。貞元元年，良相卒，立上相敬信為王，襲其官爵。敬信，良相從兄弟也。十四年，敬信卒，其子先亡，國人立敬信嫡孫俊邕為王。十六年，俊邕卒，其子重興立。元和七年，重興卒，立其相金彥昇為王。太和五年，彥昇卒，其子景徽嗣。後唐同光元年，其王金朴英，長興四年，權知國事金溥，並遣使朝貢。

耽羅

宋·王溥《唐會要》卷一〇〇《耽羅國》 龍朔元年八月，朝貢使至。

《新唐書》卷二二〇《東夷傳·儋羅》 龍朔初，有儋羅者，其王儒李都羅遣使入朝。【略】初附百濟，麟德中，酋長來朝，從帝至泰山，後附新羅。

日本

《隋書》卷三《煬帝紀上》（大業四年三月壬戌）倭【略】遣使貢方物。【略】

六年春正月【略】己丑，倭國遣使貢方物。

又 卷八二《東夷傳·倭國》 開皇二十年，倭王姓阿每，字多利思比孤，號阿輩雞彌，遣使詣闕。

唐·杜佑《通典》卷一八五《邊防典一·東夷上·倭》 武太后長安二年，遣其大臣朝臣真人貢方物。【略】朝廷異之，拜為司膳員外郎。

《舊唐書》卷六《則天皇后紀》（大足二年）冬十月，日本國遣使貢方物。

又 卷一二《德宗紀上》（建中元年二月）日本國朝貢。

又 卷一七下《文宗紀下》（開成三年十二月）日本國貢珍珠絹。

又 卷一八下《宣宗紀》（大中二年三月）日本國王子入朝，貢方物。王子善碁，帝令待詔顧師言與之對手。

又 卷一九九上《東夷傳·倭國》 貞觀五年，遣使獻方物。【略】至二十二年，又附新羅，奉表以通起居。

又 《日本傳》 長安三年，其大臣朝臣眞人來貢方物。【略】則天宴之於麟德殿，授司膳卿，放還本國。

開元初，又遣使來朝。【略】其偏使朝臣仲滿慕中國之風，因留不去，改姓名為朝衡，仕歷左補闕、儀王友。【略】天寶十二年，又遣使貢。【略】貞元二十年，遣使來朝。【略】元和元年，日本國使判官高階真人上言：『前件學生藝業稍成，願歸本國，便請與臣同歸。』從之。開成四年，又遣使朝貢。

宋・王溥《唐會要》卷九九《倭國》　貞觀十五年十一月，使至。【略】

永徽五年十二月，遣使獻琥珀、瑪瑙。琥珀大如斗，瑪瑙大如五升器。高宗降書慰撫之。【略】

咸亨元年三月，遣使賀平高麗，爾後繼來朝貢。則天時，自言其國近日所出，故號『日本國』。蓋惡其名不雅而改之。

大曆十二年，遣大使朝楫寧、副使總達朝貢。

建中元年，又遣大使真人興能、判官調揖志，自明州路奉表獻方物。【略】

永貞元年十二月，遣使真人遠誠等来朝貢。

開成四年正月，遣使薛原朝常嗣等来朝貢。

又　卷一〇〇《日本國》　長安三年，遣其大臣朝臣真人来朝，貢方物。【略】宴之麟德殿，授司膳卿而還。

《新唐書》卷二二〇《東夷傳・日本》　永徽初，【略】獻虎魄大如斗，碼碯若五升器。【略】咸亨元年，遣使賀平高麗。【略】長安元年，【略】遣朝臣真人粟田貢方物。【略】開元初，粟田復朝。【略】天寶十二載，朝衡復入朝。

上元中，【略】新羅梗海道，更繇明、越州朝貢。【略】建中元年，使者真人興能獻方物。【略】貞元末，【略】遣使者朝。其學子橘免勢、浮屠空海，願留肄業，歷二十餘年，使者高階真人来請免勢等俱還，詔可。【略】開成四年，復入貢。

宋・王欽若等《冊府元龜》卷九七〇《外臣部・朝貢第三》　（總章二年）十一月，倭國，並遣使獻方物。【略】

（神龍二年）二月，日本國遣使來朝。

又　卷九七一《外臣部・朝貢第四》　（開元五年）十月，日本國遣使朝貢，命通事舍人就鴻臚宣慰。【略】

（二十二年）四月，日本國遣使來朝，獻美濃絁二百匹，水織絁二百疋。【略】

（二十三年）三月，日本國遣使獻方物。【略】

（十二載六月）日本國遣使來朝。【略】

（十四載）六月，日本國【略】遣使貢獻。

又　卷九七二《外臣部・朝貢第五》　宣宗大中七年四月，日本國遣王子來朝，獻寶器、音樂。帝謂宰執曰：『近者黃河清，今又日本國來朝，朕媿德薄，何以堪之？』因賜百僚宴，陳百戲以禮之。

又　卷九七四《外臣部・褒異》　（開元五年）十月丁卯，日本國遣使朝貢。戊辰，敕曰：『日本國遠在海外，遣使來朝，既涉滄波，兼獻邦物。其使真人莫問等，宜以今月十六日于中書宴集。』乙酉，鴻臚寺奏：日本國使請謁孔子廟堂，禮拜寺觀。從之。仍令州縣金吾相知，檢校搦捉，示之以整，應須作市買，非違禁入蕃者，亦容之。

［日］舍人親王等《日本書紀》卷二二《推古天皇》　（十五年）秋七月，戊申朔。庚戌，大禮小野臣妹子遣於大唐。以鞍作福利為通事。【略】

十六年夏四月，小野臣妹子至自大唐。【略】爰妹子臣奏之曰：『臣參還之時，唐帝以書授臣。然經過百濟國之日，百濟人探以掠取。是以不得上。』於是羣臣議之曰：『夫使人雖死之，不失旨。是使矣，何怠之失大國之書哉？』則坐流刑。時天皇敕之曰：『妹子雖有失書之罪，輕不可罪。其大國客等聞之，亦不良。』乃赦之不坐也。【略】

（二十二年）六月，丁卯朔。己卯，遣犬上君御田鍬、矢田部造闕名於大唐。【略】

二十三年秋九月，犬上君御田鍬、矢田部造，至自大唐。【略】

是時（三十一年七月）大唐學問者僧惠齊、惠光及醫惠日、福因等，並從智洗爾等來之。於是惠日等共奏聞曰：『留于唐國學者，皆學以成業。應喚。且其大唐國者，法式備定珍國也！常須達！』

又　卷二三《舒明天皇》　（二年）秋八月，癸巳朔。丁酉，以大仁犬上君三田耜、大仁藥師惠日，遣於大唐。

又　卷二五《孝德天皇》　（白雉）四年夏五月，辛亥朔。壬戌，發遣大唐大使小山上吉士長丹，副使小乙上吉士駒，駒，更名絲。學問僧道嚴、道通、道光、惠施、覺勝、弁正、惠照、僧忍、知聰、道昭、定惠、定惠，內大臣之長子也。安達、安達，中臣渠每連之子。道觀、道觀，春日粟田臣百濟之子。學生巨勢臣藥、藥，豐足臣之子。冰連老人、老人，真玉之子。或本，以學問僧知弁、義德、學生阪合部連磐積而增焉。并一百二十一人，俱乘一船，以室原首御田為送使。又大使大山下高田首根麻呂、更名，八掬脛。副使小乙上掃守連小麻呂，學問僧道福、義向，并一百二十人，俱乘一船。以土師連八手為送使。【略】

秋七月，被遣大唐使人高田根麻呂等於薩麻之曲、竹島之間，合船沒死。唯有五人，繫胸一板，流遇竹島，不知所計。五人之中，門部金採竹為筏，泊于神島。凡此五人，經六日六夜，而全不食飯。於是褒美金，進位給祿。【略】

（五年）二月，遣大唐押使大錦上高向使玄理，或本云，夏五月，遣大唐押使大花下高向玄理。大使小錦下河邊臣麻呂，副使大山下藥師惠日，判官大乙上書直麻呂、宮首阿彌陀、或本云，判官小山下書直麻呂。小乙上岡君宜、置始連大伯、小乙下中臣間人連老、田邊使鳥等，分乘二船，留連數月，取新羅道，泊於萊周。遂到于京，奉覲天子。於是東宮監門郭丈舉，悉問日本國之地里及國初之神名，皆隨問而答。押使高向玄理卒於大唐。伊吉博得言：『學問僧惠妙於唐死，知聰於海死，智國於海死，智宗以庚寅年付新羅船歸，覺勝於唐死，義通於海死，定惠以乙丑年付劉德高等船歸。妙位、法勝，學生冰連老人、高黃金，并十二人，別倭種韓智興、趙元寶，今年共使人歸。』【略】

秋七月，甲戌朔。丁酉，西海使等奉對唐國天子，多得文書、寶物。授小山上大使吉士長丹以少花下，賜封二百戶，賜姓為吳氏。授小乙上副使吉士駒以小山上。

又　卷二六《齊明天皇》　（元年）八月，戊戌朔。河邊臣麻呂等自大唐還。【略】

（五年）秋七月，丙子朔。戊寅，遣小錦下阪合部連石布、大仙下津守連吉祥，使於唐國。仍以道奧蝦夷男女二人示唐天子。

又　卷二七《天智天皇》　是歲（二年）遣小錦守君大石等於大唐，云云。等謂小山阪合部連石積、大乙吉士岐彌、吉士針間。蓋送唐使人乎。【略】

是歲（八年）遣小錦中河內直鯨等，使於大唐。

[日]藤原繼繩等《續日本紀》卷二《文武天皇》　（大寶元年正月）丁酉，以守民部尚書直大貳粟田朝臣真人為遣唐執節使，左大辨直廣參高橋朝臣笠間為大使，右兵衛率直廣肆坂合部宿禰大分為副使，參河守務大肆許勢朝臣祖父為大位，刑部判事進大壹鴨朝臣吉備麻呂為中位，山代國相樂郡令追廣肆掃守宿禰阿賀流為小位，進大參錦部連道麻呂為大録，進大肆白豬史阿麻留、無位山於億良為少録。【略】

（四月）癸丑，遣唐大通事大津造廣人，賜垂水君姓。乙卯，遣唐使等拜朝。【略】

（五月）己卯，入唐使粟田朝臣真人授節刀。【略】

（二年六月）乙丑，遣唐使等去年從築紫而入海，風浪暴險，不得渡海，至是乃發。【略】

（慶雲元年十月）辛酉，粟田朝臣真人等，拜朝。【略】

（四年）三月，己亥朔。庚子，遣唐副使從五位下巨勢朝臣邑治等自唐國至。

又　卷七《元正天皇》　是日（靈龜二年八月癸亥），以從四位下多治比真人縣守，為遣唐押使，從五位上阿倍朝臣安麻呂為大使，正六位下藤原朝臣馬養為副使，大判官一人，少判官二人，大録事二人，少録事二人。己巳，授正六位下藤原朝臣馬養從五位下。

九月，癸酉朔。丙子，以從五位下大伴宿禰山守代為遣唐大使。【略】

（養老元年）二月，壬申朔。遣唐使祠神祇於蓋山之南。【略】

（三月）己酉，遣唐押使從四位下多治比真人縣守賜節刀。【略】

（十一月甲辰），遣唐使水手已上一房徭役咸免。

又　卷八《元正天皇》　（養老二年十月）庚辰，大宰府言：『遣唐使從四位下多治比真人縣守，來歸。』【略】

（十二月）壬申，多治比真人縣守等，自唐國至。甲戌，進節刀。此度使人，略無闕亡。前年大使從五位上坂合部宿禰大分，亦隨而來歸。【略】

（三年正月）己亥，入唐使等拜見。皆著唐國所授朝服。

又 卷一一《聖武天皇》 （天平四年八月）丁亥，以從四位上多治比真人廣成為遣唐大使，從五位下中臣朝臣名代為副使。判官四人，録事四人。【略】

（九月）甲辰，遣使于近江、丹波、播磨、備中等國，為遣唐使造舶四艘。【略】

（五年三月）戊午，遣唐大使從四位上多治比真人廣成等拜朝。【略】

（閏三月）癸巳，遣唐大使多治比真廣成辭見，授節刀。

夏四月，丁酉朔。己亥，遣唐四船，自難波津進發。

又 卷一二《聖武天皇》 （天平七年）三月，丁巳朔。丙寅，入唐大使從四位上多治比真人廣成等，自唐國至，進節刀。【略】

（五月）庚申，天皇御北松林，覽騎射。入唐廻使及唐人奏唐國、新羅樂，挊槍。五位已上，賜禄有差。壬戌，入唐使獻請益秦大麻呂《問答》六卷。

（八年）八月，戊申朔。庚午，入唐副使從五位上中臣朝臣名代等，率唐人三人，波斯人一人，拜朝。【略】

十一月，丙子朔。戊寅，天皇臨朝。詔授入唐副使從五位上中臣朝臣名代從四位下，故判官正六位上田口朝臣養年富、紀朝臣馬主並贈從五位下。准判官從七位下大伴宿禰首名、唐人皇甫東朝、波斯人李密翳等，授位有差。

又 卷一三《聖武天皇》 （天平十一年十月）丙戌，入唐使判官外從五位下平郡朝臣廣成，并渤海客等入京。

又 卷一八《孝謙天皇》 （天平勝寶二年九月）己酉，任遣唐使。以從四位下藤原朝臣清河為大使，從五位下大伴宿禰古麻呂為副使，判官、主典各四人。【略】

（三年）二月，甲寅朔。庚午，遣唐使雜色人一百一十三人，敍位有差。【略】

夏四月，癸丑朔。丙辰，遣參議左中辨從四位上石川朝臣年足等，奉幣帛於伊勢太神宮。又遣使奉幣帛於畿內七道諸社，為令遣唐使等平安也。【略】

（四年）三月，戊寅朔。庚辰，遣唐使等拜朝。【略】閏三月，戊申朔。丙辰，召遣唐使副使已上於內裏，詔給節刀。仍授大使從四位上藤原朝臣清河正四位下，副使從五位上大伴宿禰古麻呂從四位上，留學生無位藤原朝臣刷雄從五位下。

又 卷一九《孝謙天皇》 （天平勝寶六年正月）入唐副使從四位上大伴宿禰古麻呂來歸。唐僧鑑真、法進等八人隨而歸朝。癸丑，大宰府奏：『入唐副使從四位上吉備朝臣真備船，以去年十二月七日來著益久嶋。自是之後，自益久嶋進發，漂蕩著紀伊國牟漏埼。』丙寅，副使大伴宿禰古麻呂自唐國至。古麻呂奏曰：『大唐天寶十二載，歲在癸巳正月朔癸卯，百官、諸蕃朝賀，天子於蓬萊宮含元殿受朝。是日，以我次西畔第二吐蕃下，以新羅使次東畔第一大食國上。古麻呂論曰：「自古至今，新羅之朝貢大日本國久矣，而今列東畔上，我反在其下，義不合得。」時將軍吳懷實見知古麻呂不肯色，即引新羅使次西畔第二吐蕃下，以日本使次東畔第一大食國上。』【略】

三月，丁酉朔。丙午，遣使奉唐國信物於山科陵。癸丑，大宰府言：『遣使尋訪入唐第一船，其消息云：「第一船舉帆指奄美嶋發去，未知其著處。」』

夏四月，【略】壬申，入唐廻使從四位上伴宿禰古麻呂、吉備朝臣真備並授正四位下，判官正六位上大伴宿禰御笠、巨萬朝臣大山，並從五位下。自餘使下二百廿二人，亦各有差。癸未，大宰府言：『入唐第四船，判官正六位上布勢朝臣人主等來泊薩摩國石籬浦。』【略】

（七月）丙午，授入唐判官正六位上布勢朝臣人主從五位下。

又 卷二〇《孝謙天皇》 （天平寶字二年三月）丁亥，舶名播磨、速鳥並敍從五位下，其冠者各以錦造，入唐使所乘者也。

又 卷二一《淳仁天皇》 （天平寶字二年十二月）戊申，遣渤海使小野朝臣田守等奏唐國消息曰：『天寶十四載歲次乙未十一月九日，御史大夫兼范陽節度使安禄山反，舉兵作亂，自稱大燕聖武皇帝。【略】』於是敕大宰府曰：『安禄山者，是狂胡狡竪也，違天起逆，事必不利。疑是不能計西，還更掠於海東。古人曰：「蜂蠆猶毒，何況人乎？」其府帥船王及大貳吉備朝臣真備，俱是碩學，名顯當代，簡在朕心，委以重任，宜知此狀，預設奇謀，縱使不來，儲備無悔。其所謀上策及應備雜事，一一具録報來。』

又 卷二二《淳仁天皇》（天平寶字三年正月）丁酉，授正六位上高元度外從五位下，為迎入唐大使使。【略】

（十月）辛亥，迎藤原河清使判官内藏忌寸全成自渤海却迴，海中遭風，漂著對馬。渤海使輔國大將軍兼將軍玄菟州刺史兼押衙官開國公高南申相隨來朝。其中臺牒曰：『迎藤原河清使總九十九人，大唐禄山先為逆命，思明後作亂常。内外騷荒，未有平殄。即欲放還，恐被害殘。又欲勒還，慮違鄰意。仍放頭首高元度等十一人往大唐迎河清，即差此使，同為發遣。其判官全成等並放歸。亦差此使隨往，通報委曲。』

又 卷二三《淳仁天皇》（天平寶字五年八月）甲子，迎藤原河清使高元度等至自唐國。初，元度奉使之日，取渤海道，隨賀正使楊方慶等往於唐國，事畢欲歸。兵仗樣：甲冑一具、代刀一口、槍一竿、矢二隻，分付元度。又有内使宣敕曰：『特進秘書監藤原河清，今依使奏，欲遣歸朝。唯恐殘賊未平，道路多難，元度宜取南路先歸復命。』即令中謁者謝時和押領元度等向蘇州，與刺史李岵平章，造船一隻，長八丈。并差押水手官越州浦陽府折衝、賞紫金魚袋沈惟岳等九人，水手越州浦陽府別將、賜緑陸張什等卅人，送元度等歸朝，於大宰府安置。【略】

（十月）辛酉，遣從五位上上毛野公廣濱、外從五位下廣田連小床，六位已下官六人，造遣唐使船四隻於安藝國。仰東海、東山、北陸、山陰、山陽、南海等道諸國，貢牛角七千八百隻。初高元度自唐歸日，唐帝語之曰：『屬禄山亂離，兵器多亡，今欲作弓，交要牛角。聞道本國多有牛角。卿歸國為求，使次相贈。』故有此儲焉。【略】癸酉，以右虎賁衛督從四位下仲真人石伴為遣唐大使，上總守從五位上石上朝臣宅嗣為副使，以武藏介從五位下高麗朝臣山為遣高麗使。【略】

十一月，辛巳朔。癸未，授迎藤原河清使外從五位下高元度、從五位上其録事羽栗翔者留河清所而不歸。

又 卷二四《淳仁天皇》（天平寶字六年）三月，庚辰朔。遣唐副使從五位上石上朝臣宅嗣罷，以左虎賁衛督從五位上藤原朝臣田麻呂為副使。【略】

（四月）丙寅，遣唐使駕船一隻，自安藝國到于難波江口，著灘不浮，其柂亦復不得發出，為浪所搖，船尾破裂。於是撙節使人限以兩船。授判官正六位上中臣朝臣鷹主從五位下為使，賜節刀。正六位上高麗朝臣廣山為副。【略】

是月（七月）送唐人使從五位下中臣朝臣鷹主等，風波無便，不得渡海。

又 卷二五《淳仁天皇》（天平寶字）八年春正月，己亥朔。乙巳，授【略】在唐大使正四位下藤原朝臣清河從三位。

又 卷二九《稱德天皇》（神護景雲二年七月）辛丑，大學助教正六位上膳臣大丘言：『大丘天平勝寶四年隨使入唐，問先聖之遺風，覽膠庠之餘烈。國子監有兩門，題曰文宣王廟。時有國子學生程賢告大丘曰：「今主上大崇儒範，追改為王；鳳德之徵，于今至矣。然准舊典，猶稱前號，誠恐乖崇德之情，失致敬之理。」大丘庸闇，聞斯行諸，敢陳管見，以請明斷。』敕，號文宣王。

又 卷三四《光仁天皇》（寶龜七年四月）壬申，御前殿賜遣唐使節刀。【略】賜大使、副使御服。賜前入唐大使藤原河清書曰：『汝奉使絶域，久經年序，忠誠遠著，消息有聞。故今因聘使，便命迎之。仍賜絁一百匹、細布一百端、砂金大一百兩。宜能努力，共使歸朝。相見非賒，指不多及。』【略】

閏八月，乙酉朔。庚寅，先是，遣唐使船到肥前國松浦郡合蠶田浦，積月餘日，不得信風。既入秋節，彌違水候，乃引還於博多大津。奏上曰：『今既入於秋節，逆風日扇，臣等望待來年夏月，庶得渡海。』是日敕：『後年發期，一依來奏。其使及水手，並宜在彼，待期進途。』【略】

（十一月）己巳，遣唐大使佐伯宿禰今毛人自大宰還而進節刀。副使大伴宿禰益立、判官海上真人三狩等留府待期，時人善之。【略】

十二月，甲申朔。丁酉，停遣唐副使大伴宿禰益立，以左中辨兼中衛中將鑄錢長官從五位上小野朝臣石根、備中守從五位下大神朝臣末足，並為副使。【略】

（八年）二月，癸未朔。戊子，遣唐使拜天神、地祇於春日山下。去年，風波不調，不得渡海，使人亦復頻以相替。至是，副使小野朝臣石

根，重脩祭祀也。【略】

（四月）戊戌，遣唐大使佐伯宿禰今毛人等辭見。但大使今毛人到羅城門，稱病而留。【略】是日（癸卯），遣唐大使佐伯宿禰今毛人輿病進途，到攝津職，積日不損。敕：『副使石根，持節先發，行大使事。即得順風，不可相待。』遣右中辨從四位下石川朝臣豐人宣詔使下曰：『判官已下犯死罪者，聽持節使頭專恣科決。』【略】

六月，辛巳朔。敕遣唐副使從五位上小野朝臣石根、從五位下大神朝臣末足等：『大使今毛人，身病彌重，不堪進途，宜知此狀。到唐下牒之日，如借問無大使者，量事分疏。其石根者，著紫猶稱副使，其持節行事，一如前敕。』

又　卷三五《光仁天皇》（寶龜九年十月）乙未，遣唐使第三船到泊肥前國松浦郡橘浦，判官敕旨大丞正六位上兼下總權介小野朝臣滋野上奏言：『臣滋野等，去寶龜八年六月廿四日，候風入海。七月三日，與第一船同到揚州海陵縣。八月廿九日，到揚州大都督府，即依式例，安置供給。得觀察使兼長史陳少遊處分：「屬禄山亂，常館彫弊。入京使人，仰限六十人以來。」十月十五日，臣等八十五人發州入京，行百餘里，忽據中書門下牒，撙節人數，限以廿人。臣等請更加廿三人。持節副使小野朝臣石根，副使大神朝臣末足，准判官羽栗臣翼，録事上毛野公大川、韓國連源等卅三人，正月十三日到長安城，即於外宅安置供給，特有監使勾當使院，頻有優厚，中使不絕。十五日，於宣政殿禮見，天子不御。是日，進國信及別貢等物，天子非分喜觀，班示羣臣。三月廿二日，於延英殿對見，所請並允，即於內裏設宴，官賞有差。四月十九日，監使揚光耀宣口敕云：「今遣中使趙寶英等，將答信物往日本國。其駕船者，仰揚州造。卿等知之。」廿四日，事畢拜辭。奏云：「本國行路遙遠，風漂無准。今中使云往，冒涉波濤，萬一顛躓，恐乖王命。」敕答：「朕有少許答信物，今差寶英等押送。道義所在，不以為勞。」即賜銀鋺酒，以惜別也。六月廿四日到揚州，中使同欲進途，船難卒成，所由奏聞，便寄乘臣等船發遣。其第一第二船並在揚子塘頭，第四船在楚州鹽城縣。九月九日，臣船得正南風，發船入海，行已三日，忽遭逆風，船著沙上，損壞處多，竭力修造。今月十六日，船僅得浮，便即入海。廿三日，到肥前國松浦郡橘浦。但今唐客隨臣入朝，迎接祇供，令同蕃例。臣具牒大宰府，仰令准擬。其唐消息，今天子廣平王，名迪，年五十三。皇太子雍王，名适。年號大曆，十三年，當寶龜九年。』【略】庚子，敕大宰府：『得今月廿五日奏狀，知遣唐使判官滋野等乘船到泊，其寄乘唐使者，府宜且遣使勞問。判官滋野者，速令入京。』【略】

（十一月）壬子，遣唐第四船來泊薩摩國甑嶋郡。其判官海上真人三狩等漂著耽羅嶋，被嶋人略留，但録事韓國連源等陰謀解纜而去，率遺衆卌餘人而來歸。乙卯，第二船到泊薩摩國出水郡，又第一船海中中斷，舳、艫各分。主神津守宿禰國麻呂并唐判官等五十六人，乘其艫而著甑嶋郡，判官大伴宿禰繼人并前入唐大使藤原朝臣河清之女喜娘等卌一人，乘其舳而著肥後國天草郡。繼人等上奏言：『繼人等去年六月廿四日四船同入海。七月三日著泊揚州海陵縣。八月廿九日，到揚州大都督府，即節度使陳少遊且奏且放六十五人入京。十月十六日，發赴上都。至高武縣，有中書門下敕牒，為路次乏車馬，減卻人數，定廿人。正月十三日，到長安。即遣內使趙寶英將馬迎接，安置外宅。三月廿四日，乃對龍顏奏事。四月廿二日辭見，首路。敕令內使揚光耀監送至揚州發遣，便領留學生越京。又差內使掖庭令趙寶英，判官四人，賫國土寶貨，隨使來朝，以結鄰好。六月廿五日，到惟楊。九月三日，發自揚子江口，至蘇州常（耽）［熟］縣候風。其第三船在海陵縣，第四船在楚州鹽城縣，並未知發日。十一月五日，得信風，第一、第二船同發入。比及海中，八日初更，風急波高，打破左右棚根，潮水滿船，蓋板舉流，人、物隨漂，無遺勺撮米、水。副使小野朝臣石根等卅八人，唐使趙寶英等廿五人同時沒入，不得相救。但臣一人潛行著舳檻角，顧眄前後，生理絕路。十一日五更，帆檣倒於船底，斷為兩段，舳艫各去，未知所到。四十餘人累居方丈之舳，舉舳欲沒，載纜枕柁，得少浮上，脫卻衣裳，裸身懸坐，米水不入口，已經六日。以十三日亥時漂著肥後國天草郡西仲嶋。臣之再生，叡造所救，不任歡幸之至，謹奉表以聞。』【略】

（十年二月）甲申，以大宰少監正六位上下道朝臣長人為遣新羅使，為迎遣唐判官海上三狩等也。【略】

（三月）辛亥，遣唐副使從五位下大神朝臣末足等，自唐國至。【略】

（四月辛卯）授遣唐副使從五位下大神朝臣末足正五位下，判官正六位上小野朝臣滋野、從六位上大伴宿禰繼人並從五位下，録事正六位上上毛野公大川外從五位下。【略】丁酉，授外從五位下羽栗臣翼從五位下，正六位上紀朝臣繼成從五位下。【略】

（十年七月）丁丑，大宰府言：『遣新羅使下道朝臣長人等，率遣唐判官海上真人三狩等來歸。』

又　卷三六《光仁天皇》　（天應元年六月）辛亥，送唐客使從五位下布勢朝臣清直等，自唐國至。進使節刀。

［日］佚名《日本紀略・前篇一三・桓武天皇紀》　（延曆廿年八月）庚子，從四位下藤原葛野麻呂為遣唐大使，從五位下石川道益為副。判官、録事各四人。

（廿二年三月）乙丑，賜遣唐使彩帛各有差。【略】己巳，遣唐使等於朝堂院拜朝。【略】庚辰，遣唐大使葛野麻呂，副使石川道益賜餞。宴設之事，一依漢法。酒酣，上喚葛野麻呂於御床下賜酒。天皇歌云：『許能佐氣波，於保邇波安良須、多比良可爾、阿倍理伎未勢止、伊婆比多流佐氣。』葛野麻呂涕淚如雨，侍宴羣臣無不流涕。（賜）葛野麻呂御被三領，御衣一襲，金二百兩；道益御衣一襲，金一百五（十）兩。【略】

四月壬午，遣唐大使從四位上藤原朝臣葛野麻呂、副使從五位上石川道益等辭見，即授節刀。【略】癸卯，遣唐大使葛野麻呂等言：『今月十四日，于南波津頭始乘船，十六日進發，云云。昔暴雨疾風，沉石不禁；未初，風變打破舟，云云。其明經請益大學助教豐村家長、遂波没不知所著；沉溺之徒，不可勝數，云云。今遣右衛士少志日下三方，馳問消息，回委曲奏上。【略】

戊申，遣典樂頭藤原貞嗣，造宮大工物部建麻呂等理遣唐舶，並破損雜物。【略】

（五月）辛未，遣唐使奉還節刀，以船舶損壞不得渡海也。

［日］藤原冬嗣等《日本後紀》卷一二《桓武紀十二》　（延曆廿三年三月）庚辰，遣唐使拜朝。【略】是日（庚子），召遣唐大使從四位上藤原朝臣葛野麻呂、副使從五位上石川朝臣道益等兩人，賜餞殿上。近召御床下，綸旨慇懃，特賜恩酒一杯、寶琴一面。酣暢奏樂，賜物有差。癸卯，授大使葛野麻呂節刀。【略】

（九月）己丑，遣兵部少丞正六位上大伴宿禰岑萬里於新羅國。太政官牒曰：『遣使唐國，脩聘之状，去年令大宰府送消息訖。時無風信，遂變炎涼。去七月初，四船入海，而兩船遭風漂迴，二船未審到處，即量風勢，定著新羅。仍遣兵部省少丞正六位上大伴宿禰岑萬里等尋訪，若有漂著，宜隨事資給，令得還鄉。不到彼堺，冀遣使入唐，訪覓具報。』【略】

（廿四年）六月，戊戌朔。乙巳，遣唐使第一船到泊對馬嶋下縣郡。

又　卷一三《桓武紀十三》　（延曆廿四年）秋七月，戊辰朔。遣唐大使從四位上藤原朝臣葛野麻呂等上節刀。【略】辛巳，葛野麻呂等上唐國答信物。【略】癸未，大宰府言：『遣唐使第三船，今月四日發自肥前國松浦郡庇良嶋，指遠值嘉嶋，忽遭南風，漂著孤嶋，船居巖間，淦水盈溢。判官正六位上三棟朝臣今嗣等脱身就岸，官私雜物，不遑下收。射手數人，留在船上，纜絕船流，不知何去者。』敕：『使命以國信為重，船物須人力乃全，而今不顧公途，偏求苟存，泛船無人，何以能濟！奉使之道，豈其然乎？宜加科責，以峻懲沮。』【略】

（大同元年四月）丁巳，攝津國住吉郡住吉大神，奉授從一位，以遣唐使祈也。

［日］藤原良方等《續日本後紀》卷三《仁明紀三》　（承和元年正月庚午），任遣唐使，以參議四位上右大弁兼行相模守藤原朝臣常嗣為持節大使，從五位下彈正少弼兼行美作介小野朝臣篁為副使，判官四人，録事三人。

又　卷五《仁明紀五》　（承和三年四月）戊寅，遣唐使於八省院朝拜。天皇不御，例也。但大臣已下參議以上各在其位，一如天皇視告朔之儀。【略】壬辰，天皇御紫宸殿，賜餞入唐大使藤原朝臣常嗣、副使小野朝臣篁等，命五位已上賦賜餞入唐使之題。【略】。甲午，頒奉幣帛五畿內七道名神，為有遣唐使事也。【略】

丁酉，賜入唐使節刀。【略】賜大使、副使各御衣被。【略】

（五月庚戌）右近衛中將從四位下藤原朝臣助銜敕語，向攝津國難波海口，慰勞聘唐使發遣。【略】

（七月壬午），大宰府言，今月二日，遣唐使四舶共進發畢。是日，太宰府馳驛奏，遣唐使第一、第四兩船漂蕩卻迴之狀。兩船密封奏，同共到來。【略】甲申，敕符大使藤原朝臣常嗣、判官菅原朝臣善主等：『得今月六日、九日二道飛驛奏狀，具知漂苦迴著肥前國也。使等忠貞之操，不敢告勞，蒙冒險難，迴涉蒼海，而事不諧偶，中路卻迴。靖言念之，憂心何已。今案奏狀，兩舶並已無完，必須改營，宜俟修造畢，以遂渡海耳。第二、第三等舶，未知平不？欝嗟乎懷。』又敕符大宰大貳藤原朝臣廣敏等：『得今月十日飛驛奏，知遣唐使第一、第四舶迴著肥前國之狀。使等不利西飄，漂迴嘗艱，宜安置府館，迄于更發，依舊供億。又案使等奏，「兩舶摧殘，更須改營。」府宜便修造，令得渡海。其匠手者復將擇遣。又第二、第三兩舶，疑亦或迴著，宜值嘉嶋涯畔可著船處，為置斥候，以備接援。如有漂著，亟以上奏。』【略】

己丑，遣唐持節大使藤原朝臣常嗣等上表言：『伏奉今月十七日璽書，精守飛越，手足未厝。知是玄鑑無私，能照表裏，潢渥不匱，普霑巨細。臣常嗣等自營艤甫畢，遠入大瀛，日夜漂簸，了無生賴，只待蕭鍔於水波，占殯葬於魚腹。而天不殲人，裁泊舊壤，臣等固維萬禱靈祇，再延瞬息，猶傷給詔未達，心神半死。今特齎叡旨，慰喜非常。臣等顧躬庸櫟，曷答重厚，更煩天覽，伏增跕焦。』辛卯，大宰府馳驛，奏第二舶漂迴之狀。壬辰，敕符副使小野朝臣篁：『得今月八日飛驛奏狀，知歸著肥前國松浦郡別島也。近聞第一、第四兩隻舶，半路漂迴，內疚未弭。尋省茲奏，轉以驚嗟。本謂忠貞必蒙利往，不知此行何負幽明。雖無巨災，艱虞足患。今案來奏，舶舩有損，艫艇亦失，還大宰府，繕補其不完不足者，然後與持節使等共果國命。』

八月，戊戌朔。大宰府馳驛，奏遣唐使第三舶水手等十六人，駕編板漂著之狀。己亥，敕符遣唐大使藤原朝臣常嗣：『省大宰府去月廿日飛驛奏言：「第三舶水脚十六人，編板如桴，駕之漂著對馬嶋南浦。其水脚等申云：『舶實依數解散者，翻水不收，悔而何及，言念災變，永用憫傷。』」又案同府別奏言：「彫弊未復，旱疫相仍，使人等六百有餘，不堪供給。伏望准寶字、寶龜例，使人入京，水脚還鄉。又留判官、録事各一人，與府司共修造破舶者。」並依來奏，使等宜知此情。判官已下，至于水手，總自舟途入京還堵，脫有不欲更入都者，隨願駐之。但大使、副使，去留任意。其緣修造事，應留判官幷録事者，任大使之簡定。』辛丑，遣唐第三舶人九人，駕桴漂著肥前國。乙巳，敕曰：『遣唐第三舶，未遂利涉，半途漂損，纔乘桴所著使丁之徒廿有五人。漂著之後，已經旬日，而判官、録事、史生、知乘船事等總一百餘人，未知所去，存亡難量。宜仰大宰府，差海邊諳路之人，遣絕嶋無人之處，漂損人物一向尋覓，募以穀帛。』【略】（丁巳），大宰府奏言：『問遣唐第三舶漂蕩之由。真言請益僧真濟等，僅作書答云：「柁折棚落，潮溢人溺，船頭已下百四十餘人任波漂蕩。爰船頭判官丹墀文雄議云：『我等空渴死船上，不如壞船作筏，各乘覓水。』録事已下，爭放取舶板，造桴各去。」自外無復所言。』【略】壬戌，大宰府馳驛，奏遣新羅使進發，幷遣唐第三舶漂著對馬嶋上縣郡南浦，舶上唯有三人之狀。【略】

（九月）辛巳，遣唐大使、副使等自大宰府入京，奉還節刀。【略】辛卯，以右中弁正五位下伴宿禰氏上為修理遣唐舶使長官，大工外從五位下三嶋公嶋繼為次官。

又　卷六《仁明紀六》（承和四年三月）甲戌，賜餞入唐大使參議藤源朝臣常嗣、副使小野朝臣篁，命五位以上賦春晚陪餞入唐使之題。日暮，羣臣獻詩，副使同亦獻之，但大使醉而退出。【略】丙子，遣唐使朝拜。【略】戊寅，賜入唐使節刀，大臣口宣詞同。（七月）癸未，大宰府馳傳言：『遣唐三箇舶，共指松浦郡旻樂埼發行，第一、第四舶忽遇逆風，流著壹伎嶋；第二舶左右方便漂著值賀嶋。』【略】

（八月）辛亥，大宰府奏遣唐使三箇舶漂迴之狀，幷上使等奏狀。

又　卷七《仁明紀七》（承和五年七月）庚申，大宰府奏：『遣唐第一、第四舶進發。』【略】（甲申），大宰府奏：『遣唐第二舶進發。』【略】

（八月戊子），遣唐使表奏到來，其表曰：『臣常嗣等言，伏奉四月廿八日敕書慰問，臣等捧戴顛倒，涯分不次，施無遠近，資生之道潛通，恩及客旅，感化之心更切。臣等自辭闕庭，載離寒暑，國命未宣，勞勤頻年，雖有一生，分當萬死，不憶運鬩三秋，嚴霜不行肅殺之命，天為一物，偏恩曲煦埋枯之根。是知臣等年齊柏寢，酬恩何期，紙罄蘭臺，書罪空滿，謹拜表以聞。』

又　卷八《仁明紀八》　（承和六年九月）甲午，遣唐持節大使參議正四位下行左大弁兼大宰權帥藤原朝臣常嗣進節刀。乙未，天皇御紫宸殿，右大臣從二位兼行皇太子傅藤原朝臣三守奏大唐敕書。【略】（辛丑）令大宰府進上自大唐所奉請大元帥畫像。【略】

（十月）甲寅，遣唐大使已下朝拜於八省院，無有天臨，唯大臣行事，例也。

又　卷九《仁明紀九》　（承和七年四月癸丑）大宰府上奏：『遣唐知乘船事菅原梶成等所駕第二船迴著於大隅國。』庚申，敕符大宰大貳從四位上南淵朝臣永河、少貳從五位下文屋朝臣真屋等：『得今月八日飛驛奏狀，知遣唐知乘船事菅原梶成等分駕一雙小舩，迴著大隅國海畔。梶成等漂入異域，萬死更生，言念苦節，誠可矜恤。迄于入都，依舊勞來，量賜布帛，以資衣裳。又准判官良峰長松所駕之船，全否未期，欝陶于懷，宜逾戒邊面，無絕候伺。若有來著，俾得安穩。』【略】

（六月）丁未，入唐請益僧傳燈大法師位常曉言：『山城國宇治郡法琳寺地勢閑燥，足修大法。望請今般自大唐奉請太元帥靈像秘法安置此處，為修法院，保護國家，不關講讀師之攝。』許之。

（九月）戊戌，定入唐迴使判官已下、水手已上三百九十一人之等第：九階十二人，八階四十九人，七階五十九人，六階百廿九人，五階百三十四人，四階二人，三階一人，不加階五人。

［日］德川光圀《大日本史》卷二八四《職官志五》　遣唐使，初自神功平定三韓，大小臣工奉使命者，史不絕紀，而率以起士為之。推古朝，遣大禮小野臣妹子于隋，有大使，有小使。其後，使隋及百濟、高麗者，通稱西海使，有大使、副使、大中小判官。

孝德帝白雉四年，以小山上起士長丹為遣唐大使，小乙上起士駒為副使。遣唐使始於此。《日本紀》。大寶天平間，有大佑、判事、中佑、小佑、大録、少録等，其人員無定數。《續日本紀》。又有遣唐音聲長、譯語、畫師、修理遣唐舶使、船頭判官、次官。《續日本後紀》。其他使於外國者，新羅則曰遣新羅使，大使、小使各一人，大小佑、大小史並各一人。高麗則曰遣高麗使，渤海則曰遣渤海使，有録事、准録事、知乘船事、譯語等官。《續日本紀》。

宇多帝寬平七年，用菅原道真議，罷遣唐使。《菅家文草》、《菅家傳記》、《扶桑略記》。按《延喜式》載，入唐使有大使、副使、判官、録事、知兵船事、譯語、主神、醫師、陰陽師、史生、射手、船師、音聲長、卜部、水手長等。入渤海使有判官、録事、譯語、主神、醫師、陰陽師、史生、船師、射手、卜部等。入新羅使有判官、録事、大小通事、史生、知乘船事、船師、醫師等。官職頗備，然是時朝廷不復遣使者，是唯録前代之制耳。

又　卷八七《聖德太子傳》　（推古）十五年，奏請使大禮小野妹子聘于隋，其書皆太子之詞也。明年，妹子獲經而歸。

又　卷一一三《小野妹子傳》　仕推古朝，位大禮。十五年，為遣隋使。鞍作福利為通事。隋人呼妹子曰蘇因高。居歲餘而還。煬帝使裴世清俱來報聘。路為百濟奪其答書。妹子歸以實奏。帝下羣臣議其罪曰：『使人之職，雖死不可失節。何至失大國之書。罪當流刑。』帝敕曰：『勿輙罪之。朕為隋客恥焉。』置而不問。乃遣飾騎，迎世清於海石榴市勞之。及其歸國，朝廷復以妹子為大使，難波雄成為副使，福利為通事，再聘于隋。明年九月，使事竣而歸。《日本紀》。位至大德冠。《姓氏録》、《續日本紀》。

又　《坂合部石布傳》　齊明帝二年，為遣高麗副使，尋敍小錦下。五年，為遣唐大使。《日本紀》九月，至百濟南島，又浮海，遭逆風，漂著南海爾加委島，為島人所殺，東漢長、阿利麻、坂合部稻積等五人，奪賊船，逃至括州。州縣傳送至洛陽。《日本紀》註引《伊吉博得書》。按阿里麻等事，僅止于此。蓋至東京，隨附使津守連吉祥朝見，而《日本紀》不載，且其歸國亦無所考。寶字元年，大政官奏：『小錦下坂合部宿彌石布，奉使唐國，飄著賊洲，橫斃可矜，依令下功。其功田六町，令傳其子。』《續日本紀》。

又　《津守吉祥傳》　齊明帝五年，為遣唐副使。《日本紀》。海中遭風，與大使坂合部石布相失。行一日夜，至會稽須岸山，東北風急。數日，至餘姚，留資裝於此。由陸路而進，至越州府。時高宗在東京，遂乘驛入東京。《日本紀》註引《伊吉博德書》。吉祥乃率所送蝦夷而朝。《日本紀》註引《難波男人書》。高宗問曰：『日本國天皇平安不？』對曰：『天地合德，自得平安。』又問：『執事卿等好在不？』曰：『天皇慈仁，亦得好在。』又問：『國內平安不？』曰：『治講天地，萬民無事。』高宗又問蝦夷地方風俗。吉祥敷陳詳悉。高宗善其對，面慰諭曰：『使人遠來辛苦，退在館裏，後更相見。』十一月朔旦冬至，高宗受賀，蕃使悉朝，吉祥亦見，儀容最勝。既而客館失火，又有讒者，由是得罪。尋下令曰：『來年將有事于海東，汝等倭客不得東歸。』遂幽于西京，困苦經年。《伊吉博德書》。吉祥遠孫，從五位下國基為住吉社神主。世其職，至于今。《系圖》

又《伊吉博德傳》 齊明朝，遣唐副使津守吉祥等在唐。別倭種韓智興、傔人西漢大麻呂讒我客。客等獲罪，唐已決流罪，流智興於三千里外，博德在客中，申辨其誣，因得免。時唐有百濟之役，遭幽西京。困苦經年，既而事平，得歸國。海中遭風，漂到耽羅島，率其王子阿波岐等九人而來。耽羅入貢，是為始。《日本紀》註引《博德書》。別倭種三字，據《日本紀》白雉五年文。按本書不載博德名，註引《博德書》，今據之。其往來皆無所考。當天智帝稱制，博德位小山下，護送百濟司馬法聰等，踰年而歸。

又《粟田真人傳》 大寶元年，為遣唐執節使，改位號，敍正四位下，授節刀。至築紫，風浪惡，不得發，歸京師。二年，參議朝政。尋再赴唐。至于楚州，有人來問曰：『何國使？』真人曰：『日本國使。此何州界？』曰：『是大周楚州鹽城縣也。』真人又問：『嚮稱大唐，何緣改號？』曰：『永淳二年，天皇太帝崩。皇太后登祚，稱聖神皇帝，國號大周。聞海東有大倭國，謂之君子國。人民豐樂，教行禮義。今見使人儀容閑麗，豈不信乎！』言畢而去。《續日本紀》至長安，見武后。賜宴麟德殿，授司膳卿。真人冠進德冠，頂有華蘤四披，紫袍帛帶。唐廷稱其溫雅。《新唐書·日本傳》慶雲元年復命，上節刀，賜大倭田二十町，穀一千斛。

又《坂合部大分傳》 大寶初，為遣唐副使，留居於唐。養老中，隨多治比縣守而歸，授正五位下。《續日本紀》。

又《鴨吉備麻呂傳》 大寶初，為遣唐中位。慶雲中以使絕域，賜絁、綿、布、鍬、穀。

又《山上憶良傳》 大寶初，為遣唐少録。和銅末，至從五位下。

又《伊吉古麻呂傳》 大寶初，從遣唐使如唐。慶雲中，賞勞賜絁、綿、布、鍬、穀。本書大寶元年、二年、慶雲元年，書遣唐使始末，不載古麻呂。而慶雲四年載與吉備麻呂同受賞。則如唐明矣。

又《多治比縣守傳》 靈龜初，進從四位下，為造宮卿，擢遣唐押使。養老元年，授節刀，赴唐。《新唐書·日本傳》曰：『開元初粟田復朝，請從諸儒授經。詔四門助教趙玄默，即鴻臚寺為師。獻大幅布為贄，悉賞物貿書以歸。其副朝臣仲滿，慕華不肯去。』據《續日本紀》：『粟田真人大寶二年如唐，慶雲元年歸，後不再往。』《唐書》所載粟田者，蓋縣守也。養老元年，當唐開元五年，與所為開元初合。仲滿如唐，亦此時也。玄宗賜朝服，逾年而歸。三年正月，縣守率副使以下，著唐服朝見。

又《多治比廣成傳》 天平四年，為遣唐大使。五年，授節刀，赴唐。六年，將歸，值暴風，四船相失。逾月，廣成漂著多褹島。七年，歸京師，上節刀，敍正四位上。帝觀騎射於北松林，廣成率唐人奏唐樂、新羅樂，弄槍，又獻請益秦大麻呂《問答》六卷。【略】廣成好文學，善詩。《懷風藻》。初在唐，稱牡丹墀，子孫因用丹墀字。《三代實録》貞觀八年。《曲江集》玄宗敕書，亦稱丹墀真人。

又《中臣名代傳》 四年，為遣唐副使。明年，赴唐，《續日本紀》。遭風飄蕩南海，艱虞備至，僅得達唐。《曲江集》玄宗敕書。八年，齎玄宗書，率唐人皇甫東朝等三人，及波斯國人李密翳而歸。齎玄宗書，據《曲江集》。帝臨朝，授名代從四位下，為神祇伯。【略】

子鷹主，《系圖》。敍正六位上。寶字中，唐使沈惟岳等送高元度，至太宰府。朝廷將護送惟岳等，命遣唐使，敕造四船於安藝，鷹主為遣唐判官。船成至難波，一船膠泥破裂，因減使人，限兩船。賜鷹主從五位下，為大使，授節刀。至太宰府，風波簸蕩。敕放還惟等，召還鷹主等。

又《小野石根傳》 （寶龜）七年，遣唐大使佐伯今毛人等至肥前，以不得便風，歸京師。因罷副使大伴益立，以石根為副使。八年，兼播磨守。四月，今毛人病，敕石根持節先發，行大使事。敕曰：『大使今毛人，病重不堪進途，汝等至唐之日，彼若問無大使者，量事分疏。』石根著紫，猶稱副使，持節行事，一如前敕。九年正月，至長安。三月，見代宗於延英殿。及歸，代宗令內使趙寶英等俱來。十一月，風濤險惡，第一船破。石根、寶英等没于海。明年，贈石根從四位下。《續日本紀》。

又《小野滋野傳》 （寶龜）六年，為遣唐判官。八年，赴唐。

九年十月，還至肥前松浦郡橘浦，奏言：『臣滋野等，寶龜八年六月，候風入海。七月，與第一船同至揚州海陵縣。八月，至揚州大都督府。觀察使兼長史陳少游以禄山亂，館驛彫弊，限使人六十人入長安。十月，臣等八十五人發，行百餘里，得中書門下牒，樽節限二十人。臣等請加二十三人。持節副使小野石根，副使大神末足，准判官羽栗翼，録事上毛野大川、韓國源等，凡四十三人。明年正月，至長安城。監使特勾當使院，禮待優厚，中使不絶，禮見於宣政殿。乃進國信。唐帝大喜，示羣臣。三月，引見延英殿，所請皆許。賜宴宫中，賜物有差。四月，監使楊光耀宣敕云：「將遣中使趙寶英等，齎報信物，往日本。命揚州造船。卿等知之。」及拜辭，奏云：「本國海路遙遠，漂蕩不測。今中使云往，冒涉波濤。萬一顛躓，恐曠王命。敕朕有少信物，差寶英等押送。道義所在，不以為勞。」乃賜銀碗酒，以為餞。六月，至揚州，船未成。中使奏狀，寄乘臣等船。第一、第二船在揚子塘頭。第四船在楚州鹽城縣。九月，臣船得正南風，解纜行三日，忽遭逆風，船著沙上。損壞頗多，竭力修造。今月十六日，船浮入海。二十三日，至肥前松浦郡橘浦。唐客隨臣入朝，迎接祇供，一同蕃例。臣具牒太宰府，以令準擬。唐今天子廣平王，名迪，按代宗初名俶，蓋迪、俶音相近，當時傳聞，用迪字耳。年五十三。太子雍王，名适。年號大曆，正當十三年。』敕令滋野等速入京師。初，寶英等與小野石根乘第一船，没于海。唯孫興進等與滋野共來。滋野敍從五位下，為豐前守。《續日本紀》。

又**《海上三狩傳》** 寶龜六年，為遣唐判官。明年，至肥前，不得風便。大使佐伯今毛人病歸京師。三狩等留府待期，時人善之。既而如唐。此歸漂著耽羅島，為島人所略留。敕遣太宰抄監下道長人於新羅，迎三狩。新羅求得三狩，隨長人歸，為太宰少貳。

又**《羽栗翼傳》** 寶龜六年，以佐伯今毛人為遣唐大使，翼為其録事，尋改准判官，兼敕旨大丞，從副使小野石根赴唐。九年，還自唐。尋授從五位下。

又**《上毛野大川傳》** 寶龜中，為遣唐録事。歸補大外記，兼山背守。

又**《高原源傳》** 寶龜中，為遣唐録事，歸與海上三狩等，漂著耽羅島。三狩等為島人所拘，源率餘衆四十餘人而逃歸。延曆中，至外從五位下。

又**《布勢清直傳》** （寶龜）九年，為送唐客使，護唐客孫興進等赴唐。天應元年，歸。

又**《藤原葛野麻呂傳》** （延曆）二十年，拜遣唐大使，兼越前守。《公卿補任》。臨發，宴餞殿上，一依漢儀。賜酒御牀下，作和歌優勞之。葛野麻呂感泣，左右無不嘆羨。賜御被三領、御衣一襲，金二百兩。辭見，受節刀。會暴風破船，不得進而還。《日本紀略》。二十三年，累進從四位上。《公卿補任》。又赴唐，宴餞殿上，作樂，賜寶琴一張。經十月，達長安，謁德宗於宣化殿。二十四年，還自唐，進從三位。

又**《藤原常嗣傳》** 承利元年，為遣唐持節大使，兼近江權守。明年，轉左大辨，餘官如故，累進正四位下。《續日本後紀》、參取《公卿補任》。三年，赴唐，假正二位，授節刀。帝御紫宸殿，賜宴，命五位以上，賦詩送之。常嗣進上壽，帝為舉盃，賜御衣、白絹、御被、砂金，極驩而罷。洋中遇風，其兩船漂泊。大宰府上言：『敕符慰之。』常嗣上表謝罪，竟不得進。朝旨因西上彫弊，判官以下，舟行還京師，大使、副使聽去留自便，常嗣還京。四年，任太宰權帥。明年三月，又赴唐。六年八月，歸朝。帝御紫宸殿，受報書，引常嗣近御坐，慰勞之，置酒殿上。常嗣具陳使狀及路中艱難。賜御被、御衣，敕曰：『遣唐大使藤原常嗣，遠度海濤，歷涉殊苦。克竟使事，得報而還，可不嘉哉。其常嗣以下至水手，宜進冠位。判官正六位上藤原豐並，在唐身亡，朕甚愍惜，宜加褒典。』授常嗣從三位，追贈豐並從五位上。自餘判官，準位有等。

又卷一一四**《藤原宇合傳》** 靈龜中，為遣唐副使，敍從五位下。養老初，還自唐，任常陸守，為安房、上總、下總按察使。【略】

（子）田麻呂性恭謙，與物無競。【略】（寶字）六年，充遣唐副使。神護、寶龜間，累歷顯要。

又**《藤原貞敏傳》** 承和中，為美作掾。尋兼遣唐使准判官，赴唐。時唐人劉二郎者善琵琶。貞敏贈沙金二百兩，請受業。二郎即授兩三調。未幾，殆盡其妙。二郎重授譜數十卷，以女妻之。女亦善琴箏，貞敏習新聲數曲。及將歸朝，二郎為設祖筵，贈以紫檀、紫藤琵琶各一張。貞敏持歸，終為朝廷重器。所謂玄象、青山是也。玄象據《十訓抄》，青山據《源平盛衰記》，《源平盛衰記》劉二郎作廉承武。

又　卷一一五《長岑高名傳》　承和初，為遣唐使判官，《續日本後紀》。自從六位上，進外從五位下，兼大膳亮、美作權介。《文德實録》，正六位上，據《續日本後紀》。從大使藤原常嗣赴唐，在道進一階。常嗣以船中雜事，一委高名。時副使小野篁至太宰府，稱病不行。以故高名至唐，得從大使而上殿。歸，進一階，除伊勢權介，進正五位下。

又　《甘南備高直傳》　父清野，寶龜中以大學大允，為遣唐判官。《續日本後紀》。

又　卷一一六《高向玄理傳》　推古帝十六年，小野妹子使于隋，時遣玄理等書生，受學於隋。玄理留學三十三年，舒明帝十二年還自唐。【略】白雉五年，為遣唐押使，與大使小錦下河邊麻呂、副使大山下藥師慧日、判官大乙上書麻呂、本書註，一云小山下。宮綢田、小乙上岡宜、置始大伯、小乙下中臣間人老、田邊鳥等，分乘二船，漂流數月，取道新羅，泊萊州，遂入長安見高宗。東宮監門郭文舉歷問皇朝輿地、國初神名，皆隨問而答。卒于唐。《日本紀》。

又　《秦朝元傳》　僧辨正，滑稽善談論，涉玄學。大寶中，敕往唐學問。當玄宗在藩，以善棊寵。二子朝慶、朝元。辨正及朝慶皆死于唐。辨正嘗作憶鄉絕句曰：『日邊瞻日本，雲裏望雲端，遠遊勞遠國，長恨苦長安。』朝元，歸仕朝廷。《懷風藻》天平初，敕教弟子二人漢語。《續日本紀》。四年，為遣唐判官至唐。玄宗以辨正故，厚賜之。《懷風藻》。歸朝，敘從五位上，至圖書、主計頭。《續日本紀》。

又　《大伴古麻呂傳》　勝寶元年，為左少弁。二年，為遣唐副使。六年，歸自唐，奏曰：『天寶十二載元會，唐主居含元殿，受賀。是日，以臣等列西畔第二吐蕃下，新羅使列東畔第一大食國上。臣爭曰：「新羅朝貢于日本久矣，而今反列東畔上，義所不當。」於是，其將軍吳懷實見臣顏色，即引新羅使，就吐蕃下，臣等列大食國上。』是年，轉左大辨，至正四位下。【略】

初，古麻呂等如唐日，有肥前松浦郡人川部酒麻呂，為第四船柁師。及歸，船尾失火，煙焰覆艫而非，衆皆惶遽。酒麻呂迴柁轉舟，手爛不動，因撲滅之。以功授十階，補本郡員外主帳。

又　《大伴繼人傳》　寶龜六年，為遣唐判官。八年，如唐。九年，還，惡風破船，舳艫兩斷。繼人與麻前遣唐大使藤原清河女喜娘等四十一人，乘其舳，著肥後天草郡。主神津守國麻呂與遣唐判官等五十六人，乘艫著薩摩甑島郡。繼人奏言：『去年六月，四船同浮海。七月，泊唐國楊州海稜縣。八月，至揚州大都督府。十月，發途。今年正月，至長安。唐主遣內使趙寶英迎接，安置外館。三月，召對奏事。四月，辭見。其使人楊光耀監送至楊州發遣。乃領留學生，發長安。又差趙寶英，齎國信來，以結鄰好。六月至，維楊。九月，發楊子江口，至蘇州常熟縣候風。十一月五日，得便風。第一、第二船同發。八月初，更風浪破棚良，潮水滿船，蓋板舉流，副使小野石根等三十八人、唐使趙寶英等十五人，同時溺死，唯臣一人潛行，著舳檻角，生理絕路。十一日五更，檣倒船底，斷為兩段，舳艫分裂。四十餘人，累居方丈之舳。舉舳欲没，截纜抱柁，得少浮出。裸身懸坐，水穀不入口，已經六日。十三日亥時，漂著肥後天草郡西仲島。臣之再生，叡造所救，不任歡幸之至，謹以聞。』入京師，進從五位下，為能登守，改伯耆守。

又　《膳大丘傳》　勝寶四年，隨遣唐使如唐。歸，為大學助教。景雲中上言：『臣前如唐，問先聖之遺風，覽膠庠之餘烈。國子監有兩門，題曰：「文宣王廟。」山有國子學生程賢，語臣曰：「今主上大崇儒範，追尊為王。鳳德之徵，于今至矣。」皇朝准舊典，猶稱前號，誠恐乖崇德之情，失致敬之理。大丘庸闇，聞斯行諸，敢陳管見，以請明斷。』於是敕稱孔子為文宣王。

又　《平羣廣成傳》　天平五年，隨遣唐使多治比廣成如唐。六年，將歸，發蘇州，遭風飄至崑崙國。按《曲江集·玄宗敕書》，為林邑國。遇賊寇剽，及觸瘴死者一百餘人，唯廣成等四人，僅得免。崑崙王給糧，處之惡地。明年，欽州熟崑崙至，偷載廣成，以歸于唐。遇留學生阿倍仲麻呂。仲麻呂請唐主，令取路渤海而歸。玄宗許之，乃給船糧。十年，發登州，至渤海。王欽茂厚待之，期來春護送。會欽茂遣其臣胥要德等來聘，廣成苦請與歸。入海，又遭風，胥要德等溺死。廣成率餘衆，得至出羽。其在唐，朝廷憫久努異域，遙授外從五位下。及歸，敘正五位上。

又《高元度傳》 高元度，不詳世系。初遣唐大使藤原清河留唐不歸，寶字三年命元度為迎遣唐大使使，授外從五位下，與渤海使同發。元度從渤海賀正使楊方度等往唐，遥授元度能登守。肅宗許還清河，使元度先還，賜甲冑一具、戍刀一口、槍一竿、矢二隻曰：『屬禄山亂，多失兵器，今欲以牛角資造弓。聞日本多牛，卿歸求牛角，託使以進。』命其中謁者謝時和，護出蘇州，與刺史李峠，議造船一艘，長八丈，差押水手官越州浦陽府折衝賞紫金魚袋沈惟岳等九人，水手浦陽府別將賜緑陸張什等三十人，送至太宰典朝廷遣，從五位上上毛野廣濱、外從五位下廣田小妹等於安藝，造船送唐使。敕東海、東山、北陸、山陰、山陽、南海諸道：『貢牛角七千八百隻。』以遺于唐。元度入京師，進從五位上，為參河守，又為左平準令，後坐事而流。《續日本紀》。

又《藤原清河傳》 勝寶元年，拜參議。二年，為遣唐大使。四年，授節刀赴唐，敍正四位下。《續日本紀》。至難波，帝遣高麗福信，犒以酒肉，賜御製歌。《萬葉集》。至長安，見玄宗。玄宗曰：『聞彼國有賢君。今觀使者，趍揖有異。』乃號日本為禮儀君子國。命阿倍仲麻呂導清河等，視府庫及三教殿，又圖清河及副使吉備真備貌，納於蕃藏中。及歸，玄宗賜詩曰：『日下非殊俗，天中嘉會朝。念余懷義遠，矜爾畏途遥。漲海寬秋月，歸帆駛夕飈。因驚彼君子，王化遠昭昭。』特差鴻臚卿蔣挑捥，送至楊州，使魏方進供給。《高僧傳要文抄》。是時，阿倍仲麻呂請歸國，《古今集抄》乃與仲麻呂同船而發，逢風漂泊安南，《日本紀略》，延曆二十二年。至驩州，所帥多為土人所害，清河僅免。復歸長安，遂留仕唐。《續日本紀》。改名河清，《日本紀略》，延曆二十二年。為特進祕書監。寶字中，渤海使還國，以高元度為迎入唐大使使，與之同發。賜書渤海王大欽茂，護送元度等達唐。大欽茂遣其輔國大將軍高南申來聘，上牒曰：『迎藤原河清使等九十九人。方今唐朝，禄山先逆命，思明後作亂，內外騷擾，未有平殄。欲導使者，恐被殘害。欲且還之，慮違聖意，因令正使高元度等十一人往唐迎河清，判官全成等歸天朝。故差此使，奉報委取。并獻河清表。』詔報曰：『遣唐大使藤原河清，久不來歸，朕所鬱念也。而王遣南申，齎河清表入朝。王之欵誠，實有嘉焉。』矜河清久在異朝，遥授文部卿。《續日本紀》元度至唐，以亂故，不得朝見。久之，肅宗令內使宣敕曰：『特進秘書監藤原河清，今依使奏，欲遣歸國，唯恐殘賊未平，道路多難。元度宜取南路，先歸復命。』《日本紀略》所載敕文，與此異，未知何據。於是元度留録事羽栗翔等而還，河清遂不得歸。朝廷又遥授常陸守。八年，陞從三位。寶龜中，新羅使再獻河清書。七年，命遣唐使，賜河清書曰：『汝奉使絕域，久經年序，忠誠遠著，消息有聞。故今因聘使迎之。賜絁一百匹、細布一百端、砂金大一百兩。宜能努力，與使共歸。相見非賒，指不多及。』九年，遣唐使歸，河清女喜娘從之。暴風船破，喜娘與判官大伴繼人等，同漂著肥後天草郡。河清遂没于唐。訃聞，贈從二位。《續日本紀》。

延曆中，家人請捨家為寺，號齊恩院。《類聚國史》。二十二年，詔曰：『入唐大使贈從二位藤原朝臣河清，銜命先朝，修聘唐國。既而歸舳迷津漂蕩，物故他鄉。可贈正二位。』《日本紀略》。承和三年，因命遣唐使，贈河清從一品，詔曰：『故入唐大使贈正二位藤原朝臣河清，可贈從一品。昔膺帝簡，遠效皇華，不利歸帆，還苦漂梗，終在殊域，俄從閱川，睠彼云亡。良深嗟悼，特加異代之寵，以申追遠之思。』《續日本後紀》。

又《內藏全成傳》 內藏全成，寶字中，為迎遣唐大使判官，至渤海。其王大欽茂，議使高元度等十一人赴唐。今全成等歸朝奏事。遭風漂著對馬，既而入京師。

又 卷一一七《橘逸勢傳》 逸勢，為人放誕，不拘細節，最妙隸書。《文德實録》宮門榜題，多成其手。《文德實録》、《古今著聞集》。延曆末，從遣唐使人入唐，唐人呼為橘秀才。還敍從五位下。

又 卷一一八《佐伯今毛人傳》 寶龜中，兼播磨守，進正四位下。六年，為遣唐大使。明年四月，授節刀到肥前，風波不便，留數月。既而至秋風逆，不可發船，還博多大津，奏請待來年。許之。十一月入京師，上節刀。八年，又赴唐。至羅城門而病，力疾就道。至攝津病劇，乃敕副使小野石根，持節先發，行大使事。今毛人竟不往。【略】今毛人奉公謹慎，深信釋教。初董東大寺役，常日持齋，帝呼為東大居士。及危造宮使，夙夜監督，猶日誦金剛經，而後臨事。《高僧傳要文抄》。

又 卷一二一《大伴益立傳》 寶龜中，為肥後守，改太宰少貳。

六年，為遣唐副使。明年八月，浮海，風惡不能進，還至博多，大使佐伯今毛人還京師。益立留府待期，時人善之。然竟否行。《續日本後紀》。

又 卷一二三《吉備真備傳》 勝寶初，進從四位上，以事左降築前守，俄遷肥前守。四年，為遣唐副使赴唐。《續日本紀》玄宗授銀青光禄大夫。《日本高僧傳要文抄》及歸，遭風船散，真備漂著益久島。六年，至紀伊牟漏崎。入京師，進正四位下，陞太宰大貳。建議築築前怡土城。敕專當其事。寶字初，以唐亂，敕帥船王及真備為備。真備議曰：『且耕且戰，古人所稱。請五十日教習，十日役使。』朝議從之。

又 《菅原清公傳》 對策登科，除大學少允，尋為遣唐判官，兼近江權掾。至唐，與大使俱見德宗，及歸，敍從五位下，轉大學助。大同初，遷尾張介，其治不用刑罰，效漢劉寬。弘仁初，秩滿入京，補左京亮，累歷大學、主殿頭、左右少辨，遷式部少輔，兼阿波守。九年詔天下儀式，男女衣服，皆依唐制。五位已上位記，改從漢樣。諸宮殿院堂門閣，皆著新榜。又肆百官舞蹈，清公並得關說。兼文章博士，侍讀文選，兼參集撰之事。

又 《大倭長岡傳》 少好刑名之學，兼能屬文。靈龜中，入唐請益，多所發明。當時言法令者，皆就質之。《續日本紀》養老中，藤原不比等重修律令，《令義解序》長岡刪定二十四條，賜功田四町。

又 卷二一四《小野篁傳》 承和初，除美作介，《公卿補任》為遣唐副使，兼備前權守，任刑部大輔，累進正五位下。及使唐，借正四位上。三年，引見紫宸殿，賜採帛貲布，又御紫宸殿，賜踐御被一襲，赤絹被砂金。篁請授小野神從五位下。既發，遭風破船，不得進而還。四年，再赴唐。初定使船次第，大使藤原常嗣所乘居第一，號太平良，最為堅硬。第二船，篁所乘次之。第一船毀壞，常嗣欲奪篁船，奏請換次第。許之。篁忿恚曰：『朝議不定，二三其言。受命之日，分配已定。今翻以朽損，與我論之人情，是為逆施。有何面目以率下乎？篁，家貧親老，身亦尫病。當汲水採薪，致匹夫之孝耳。』遂稱病篤，不復上船。作西道謠，刺遣唐之事，多犯忌諱。嵯峨上皇見而大怒，令論其罪。帝下敕曰：『小野篁，身奉綸旨，出使外境。而稱病不行。准據律條，可處絞刑。今特宥死罪一等，處之遠流。』因免為庶人，竄于隱岐。在路作謫行吟七十韻，當時稱誦之。數年召還。帝愛其文才，歲餘詔復本位，尋為刑部大輔，除陸奧守。入為東宮學士，兼式部少輔。進從四位下，為藏人頭。藏人頭，據《公卿補任》。

又 卷二一六《菅原梶成傳》 菅原梶成，右京人。練達醫術，最善處方。朝廷以其明醫經，欲令質問疑義。《文德實録》承和初，為遣唐知乘船事，赴唐。六年歸朝。海中遭風，漂著南海，為賊所劫掠，死者數人。梶成等拒鬥甚力，僅而得免。獲五尺鉾一枚、片蓋橫佩一柄、箭一隻，皆不類中國兵仗。湊合破船材，造小船，乘還著大隅。《續日本後紀》，湊合破船，據《文德實録》太宰府以聞，下敕符于府曰：『遣唐知乘船事菅原梶成等，分駕一隻小船，著大隅國海畔。梶成等漂入異域，萬死更生。言念苦節，誠可務恤。迄于入都，依舊慰勞，量賜布帛。』梶成入京師，獻所得兵器。《續日本後紀》十年，為鍼博士，轉侍醫。仁壽三年，進敍外從五位下，卒。《文德實録》。

蝦夷

唐・杜佑《通典》卷一八五《邊防典一・東夷上・蝦夷》 大唐顯慶四年十月，隨倭國使人入朝。

宋・王溥《唐會要》卷一〇〇《蝦夷國》 顯慶四年十月，隨倭國使至入朝。

宋・王欽若等《冊府元龜》卷九九七《外臣部・狀貌》 高帝顯慶四年，蝦夷國遣使入朝。其使鬚長四尺。

流鬼

唐・杜佑《通典》卷二〇〇《邊防典十六・北狄七・流鬼》 於是其君長孟蜂遣其子可也余志，以唐貞觀十四年，三譯而來朝貢。

宋・王溥《唐會要》卷九九《流鬼國》 貞觀十四年，其王更三譯而來朝貢，授騎都尉。

《新唐書》卷二二〇《東夷傳・流鬼》 貞觀十四年，其王遣其子可也余莫貂皮，更三譯來朝，授騎都尉，遣之。

東南亞諸國分部

綜　述

林　邑

《隋書》卷二《高祖紀下》（開皇十五年六月）乙未，林邑遣使來貢方物。

又　卷八二《南蠻傳・林邑》　高祖既平陳，乃遣使獻方物，其後朝貢遂絕。【略】梵志復其故地，遣使謝罪，於是朝貢不絕。

《舊唐書》卷三《太宗紀下》（貞觀十三年）林邑【略】遣使朝貢。

又　卷四《高宗紀上》（永徽四年）夏四月戊子，林邑國王遣使來朝，貢馴犀。

又　卷三《玄宗紀下》（開元二十九年十二月）日南國王遣其子來朝獻。

又　卷一九七《南蠻傳・西南蠻・林邑》　武德六年，其王范梵志遣使來朝。八年，又遣使獻方物，高祖為設《九部樂》以宴之，及賜其王錦彩。貞觀初，遣使貢馴犀。四年，其王范頭黎遣使獻火珠，大如雞卵，圓白皎潔，光照數尺，狀如水精，正午向日，以艾承之，即火燃。五年，又獻五色鸚鵡。太宗異之，詔太子右庶子李百藥為之賦。又獻白鸚鵡，精識辯慧，善於應答。太宗憫之，並付其使，令放還于林藪。自此朝貢不絕。

宋・王溥《唐會要》卷九八《林邑國》　武德六年二月，其王梵志遣使朝貢。貞觀四年，又貢大珠，大如雞卵，圓白皎潔，狀若水晶，正午向日，以艾承之，即火燃。八年，又獻白鸚鵡，情識辨慧，善于應答。太宗憫之，並付其使，令放歸林藪。十四年，其國獻通天犀一十枚，諸寶稱是。永徽、總章中，有玉鉢迦舍波摩累獻馴象。先天、開元中，其王建多達摩又獻馴象、沈香、琥珀等。天寶八載，其王盧陀羅使獻真珠一百顆，沈香三十觔，鮮白氎、馴象二十隻。自至德後，遂改稱環王國，不以林邑為號。貞元九年，環王因遣使貢犀牛，上令見于太廟。

《新唐書》卷二二二下《南蠻傳下・環王》　武德中，再遣使獻方物，高祖為設《九部樂》饗之。貞觀時，王頭黎獻馴象、鏐鎖、五色帶、朝霞布、火珠，與婆利、羅刹二國使者偕來。【略】又獻五色鸚鵡、白鸚鵡，數訴寒，有詔還之。頭黎死，子鎮龍立，獻通天犀、雜寶。十九年，【略】立頭黎女為王。【略】女之王不能定國，大臣共迎諸葛地為王，妻以女。永徽至天寶，凡三入獻。

宋・王欽若等《冊府元龜》卷九六六《外臣部・繼襲》　永徽、總章中，其王曰鉢迦舍跋摩，先天、開元中，其王建多達摩，天寶中，其王盧陁羅，並遣使朝貢。至德後，改稱環王國，不以林邑為號。永泰元年，林邑王諸農入朝，海中遭風溺死，代宗以其子文欵為假節都督緣海軍事、安南將軍、林邑王。

又　卷九七〇《外臣部・朝貢第三》　（貞觀十六年）五月，林邑國【略】遣使獻方物。【略】

（顯慶二年）二月，林邑國遣使朝貢。【略】

（總章）二年八月，林邑王鉢伽舍跋摩【略】遣使獻方物。【略】

三年，林邑【略】遣使朝獻。【略】

則天垂拱二年三月，林邑國遣使獻馴象。【略】

天授二年十月，林邑國遣使獻馴象。【略】

證聖元年春正月，林邑國貢戰象。四月，林邑國遣使朝貢。【略】

（聖曆二年）六月，林邑國遣使獻馴象。

（長安二年）十二月，林邑國遣使朝獻。

三年正月，【略】林邑並遣使朝貢。

十月，林邑國遣使朝獻。【略】

（神龍二年七月）林邑國【略】遣使貢獻。【略】

（景龍三年）十一月，林邑國遣使獻白象及方物。

（景雲二年十二月）林邑【略】遣使獻方物。【略】

（太極元年）四月，林邑國【略】遣使獻方物。

又　卷九七一《外臣部・朝貢第四》　開元元年十二月，【略】林邑國王建多達摩遣使獻象五頭，帝降書謂之曰：『卿國在海南，遠通朝貢，所獻方物，深達欵誠，今賜卿馬兩匹，宜知朕意。』【略】

（二年）六月，林邑國遣使來朝。【略】

（天寶七載六月）林邑國遣使來朝，並獻象牙、花氎。

又　卷九七四《外臣部・褒異》　（開元三年）六月丁巳，林邑國遣使來朝，授其使右領軍衛員外將，放還蕃。【略】

（二十二年）六月丙申，林邑國遣使獻沈香，賜帛三十疋，放還蕃。

占城

宋・王溥《五代會要》卷三〇《占城國》　周顯德五年九月，其國主因德漫遣其臣甫阿散等來貢方物。中有灑衣薔薇水一十五瓶，言出自西域，凡水之霑衣者，香而不黦。又貢猛火油八十四琉璃瓶。引對于內殿，賜以冠帶衣服等。其表文以貝多葉，檢以香木函。其年十一月，入朝使甫阿散、金姿亘羅辭，各賜繒帛有差；仍命齎金銀器一千兩，繒綵一千匹，細甲、名馬、銀鞍勒等，就賜其國王。【略】

（六年）六月，占城國進奉使莆訶散以雲龍形通犀帶一條、菩薩石一片上進。

《舊五代史》卷一一八《周書・世宗紀五》　（顯德五年九月）己巳，占城國王釋利因德漫遣使貢方物。

《新五代史》卷七四《四夷傳附録第三・占城》　顯德五年，其國王因德漫遣使者莆訶散來，貢猛火油八十四瓶，薔薇水十五瓶。其表以貝多葉書之，以香木為函。猛火油以灑物，得水則出火。薔薇水云得自西域，以灑衣，雖敝而香不滅。

宋・王欽若等《冊府元龜》卷九七六《外臣部・褒異第三》　（顯德六年）十一月壬戌，占城國進奉使蒲河散、金婆羅等辭，各賜分物有差，仍令齎金銀器千兩。繒綵十段。及細甲。名馬。銀鞍勒等，就賜本國主釋利因。

真臘

《隋書》卷四《煬帝紀下》　（大業十二年）二月己未，真臘國遣使貢方物。

又　卷八二《南蠻傳・真臘》　大業十二年，遣使貢獻，帝禮之甚厚，其後亦絶。

唐・杜佑《通典》卷一八八《邊防典四・南蠻下・真臘》　大唐武德六年，遣使獻方物。

《舊唐書》卷一九七《南蠻傳・西南蠻・真臘》　武德六年，遣使貢方物。貞觀二年，又與林邑國俱來朝獻。太宗嘉其陸海疲勞，錫賚甚厚。

宋・王溥《唐會要》卷九八《真臘國》　武德六年十月，遣使来朝。貞觀二年十一月，又與林邑國倶来朝貢。太宗嘉之，賜賚甚厚。今南方人謂真臘國為善國。

自神龍已後，真臘分為二：半以南近海多陂澤處，今謂之水真臘；半以北多山阜處，今謂之陸真臘，亦謂之文單國。貞觀中，累遣使朝貢。永徽二年，遣使獻馴象。聖曆元年，開元五年，天寶九載，並遣使朝貢，幷獻犀牛。

水真臘國者，其境東西南北約皆八百里。東至奔陀浪洲，西至墮羅鉢底國，南至小海，北至陸真臘國。其王所處城號婆羅提拔城。國之東有小城，皆謂之國。其國甚多象，餘所出物産及言語，與真臘同。元和八年，遣使李摩郍等來朝。

《新唐書》卷二二二下《南蠻傳下・真臘》　武德六年，遣使貢方物。貞觀二年，又與林邑國俱來朝獻。太宗嘉其陸海疲勞，錫賚甚厚。【略】高宗、則天、玄宗朝，並遣使朝貢。

宋・王欽若等《冊府元龜》卷九七〇《外臣部・朝貢第三》　（武德八年）九月，真臘國【略】遣使朝貢。【略】

（貞觀元年十月）真臘【略】遣使朝貢。

（貞觀九年四月）真臘【略】遣使來朝，貢方物。【略】

（永淳元年五月）真臘國【略】遣使獻方物。【略】

聖曆元年春正月，真臘國【略】遣使朝貢。【略】

（神龍三年）五月，真臘國【略】遣使獻方物。【略】

（景龍四年正月）真臘【略】遣使來朝。

又 卷九七一《外臣部·朝貢第四》 （開元五年）五月，真臘【略】遣使來朝，并獻方物。

又 卷九七二《外臣部·朝貢第五》 （元和九年）九月，眞臘國遣使朝貢。

又 卷九七四《外臣部·褒異》 （開元五年）六月丙子，【略】真臘國朝貢使還蕃，並降璽書及帛五百疋賜國王。【略】真臘皆南方小國也，常奉正朔，職貢不絶，帝嘉之，故有是寵。

文單

《舊唐書》卷一一《代宗紀》 （大曆六年）十一月己亥，文單國王婆彌來朝，獻馴象一十一。

（十二月）庚午，制以文單王婆彌爲開府儀同三司、試殿中監。

《新唐書》卷二二二下《南蠻傳下·真臘》 開元、天寶時，王子率其屬二十六來朝，拜果毅都尉。大曆中，副王婆彌及妻來朝，獻馴象十一；擢婆彌試殿中監，賜名賓漢。是時，德宗初即位，珍禽奇獸悉縱之，蠻夷所獻馴象畜苑中，元會充廷者凡三十二，悉放荊山之陽。

宋·王欽若等《冊府元龜》卷九七一《外臣部·朝貢第四》 （開元五年五月）文單【略】遣使來朝，并獻方物。

又 卷九七四《外臣部·褒異》 （開元五年）六月丙子，文單國【略】朝貢使還蕃，並降璽書及帛五百疋賜國王。

又 卷九七六《外臣部·褒異第三》 （貞元）十四年正月壬辰，以文單國朝貢使李頭及為中郎將，放還蕃。

又 卷九九九《外臣部·入覲》 代宗大曆六年十一月，文單國王來朝，并獻馴象一十有一。宰臣等上言曰：『臣聞《春秋》二百四十年不紀祥瑞，而載異國之朝。其在《周書》，亦美西旅之獻。蓋重其德化及遠，天下大同也。伏惟寶應元聖文武皇帝陛下，以至敬事天地，以至孝奉宗祀，武功以定大難，文德以懷遠人。故舊史未載之邦，前王不賓之長，聲教所隔，言語莫通，悠颺南溟，幾千萬里，瞻望中國，知有聖人，踰海而來，歷年方至，綿邈重阻，奔波載馳。黄金飾冠，白瑠充耳，服柔羣象，牽致闕前，低迴馴擾，稽顙屈膝。隨萬國而來庭，與百獸而率舞，如知禮樂之節，益盛羽儀之容。有以彰仁化玄通，醇源溥暢，至和大順，以兆昌期。事軼於軒皇，迹超於漢代矣。臣等謬塵樞近，獲覩洪休，伏請宣付史官，光昭簡冊。』手詔答曰：『文單遠國，自古未賓，能瞻八律之風，來申重譯之貢。君臣入覲，嬪御偕朝。越海踰山，輸琛獻象。顧慚薄德，有邁前王。此皆宗社効靈，上玄幽贊。卿等寅亮台鼎，燮和神人，翼致感通，無遠不屆，永言輔弼，慶賀良深。所請付史官者，依。』

參半

《新唐書》卷二二二下《南蠻傳下·參半》 武德八年，使者來。

宋·王欽若等《冊府元龜》卷九七〇《外臣部十五·朝貢第三》

（貞觀元年十月）參半【略】遣使朝貢。

（開元）十六年春正月，【略】參半【略】遣使獻方物。

僧高

《新唐書》卷二二二下《南蠻傳下·僧高》 （貞觀）十二年，僧高、武令、迦乍、鳩密四國使者朝貢。

宋·王欽若等《冊府元龜》卷九七〇《外臣部十五·朝貢第三》

（貞觀）十二年正月，僧高、武令、迦乍、鳩密等四國遣使朝貢，並南荒之小國也。朝中國，自是始通。衣服言音，與林邑同俗。

扶南

唐·杜佑《通典》卷一八八《邊防典四·南蠻下·扶南》 隋代遣使貢獻。大唐武德後，亦頻來貢。貞觀中，又獻白頭國二人於洛陽。

《新唐書》卷二二二下《南蠻傳下·扶南》 武德、貞觀時，再入朝，又獻白頭人二。

墮和羅

《舊唐書》卷一九七《南蠻傳·西南蠻·墮和羅》 貞觀十二年，其王遣使貢方物。二十三年，又遣使獻象牙、火珠，請賜好馬，詔許之。

宋·王欽若等《冊府元龜》卷九七〇《外臣部·朝貢第三》（貞觀十四年五月）墮和羅【略】遣使貢方物。【略】

（十七年）閏六月，墮和羅國【略】遣使獻方物。

盤　盤

唐·杜佑《通典》卷一八八《邊防典四·南蠻下·槃槃》　隋大業中，亦遣使朝貢。

《舊唐書》卷一九七《南蠻傳·西南蠻·盤盤》　貞觀九年，遣使來朝，貢方物。

宋·王溥《唐會要》卷九九《盤盤國》　貞觀九年，朝貢使至。

《新唐書》卷二二二下《南蠻傳下·盤盤》　貞觀中，再遣使朝。

宋·王欽若等《冊府元龜》卷九七〇《外臣部·朝貢第三》（貞觀七年）九月，盤盤國【略】遣使朝貢。【略】

十五年二月，盤盤國【略】遣使貢方物。【略】

（二十二年）六月，盤盤國【略】遣使朝貢。

哥羅舍分

唐·杜佑《通典》卷一八八《邊防典四·南蠻下·哥羅舍分》　大唐顯慶五年，遣使朝貢。

宋·王溥《唐會要》卷一〇〇《哥羅舍分國》　其使以顯慶五年發本國，至龍朔二年五月到京。

修羅分

《新唐書》卷二二二下《南蠻傳下·瞻博》　顯慶中，【略】又有哥羅舍分、脩羅分、甘畢三國貢方物。

投　和

唐·杜佑《通典》卷一八八《邊防典四·南蠻下·投和》　大唐貞觀中，遣使奉表，以金函盛之。又獻金榼、金鎖、寶帶、犀象、海物等數十品。

《新唐書》卷二二二下《南蠻傳下·投和》　貞觀中，遣使以黃金函內表，並獻方物。

陀　洹

唐·杜佑《通典》卷一八八《邊防典四·南蠻下·陁洹》　大唐貞觀中，遣使獻鸚鵡，毛羽皓素，頭上有紅毛數十莖，與翅齊。

《舊唐書》卷一九七《南蠻傳·西南蠻·陀洹》　貞觀十八年，遣使來朝。二十一年，又遣使獻白鸚鵡及婆律膏，仍請馬及銅鐘，詔並給之。

宋·王溥《唐會要》卷九九《耨陀洹國》　貞觀十八年，遣使來朝。又獻婆律膏、白鸚鵡，首有十紅毛，齊於翅。

《新唐書》卷二二二下《南蠻傳下·陀洹》　貞觀時，並遣使者再入朝，又獻婆律膏、白鸚鵡，首有十紅毛，齊於翅。因丐馬、銅鐘，帝與之。

拘蔞蜜

宋·王溥《唐會要》卷一〇〇《拘蔞蜜國》　永徽六年八月，遣使獻五色鸚鵡。

《新唐書》卷二二二下《南蠻傳下·拘蔞蜜》　永徽中，獻五色鸚鵡。

墮婆登

唐·杜佑《通典》卷一八八《邊防典四·南蠻下·婆登》　大唐貞觀二十一年，遣使朝貢。

《舊唐書》卷三《太宗紀下》　（貞觀二十一年）墮婆登【略】等遠夷十九國，並遣使朝貢。

又　卷一九七《南蠻傳·西南蠻·墮婆登》　貞觀二十一年，其王遣使獻古貝、象牙、白檀。太宗璽書報之，并賜以雜物。

宋·王溥《唐會要》卷一〇〇《婆登國》　貞觀二十一年六月，朝獻使至。

瞻博

《新唐書》卷二二二下《南蠻傳下·瞻博》　顯慶中，與婆岸、千支弗、舍跋若、磨臘四國，並遣使者入朝。

驃國

《舊唐書》卷一九七《南蠻傳·驃國》　古未嘗通中國。貞元中，其王聞南詔異牟尋歸附，心慕之。十八年，乃遣其弟悉利移因南詔重譯來朝，又獻其國樂凡十曲，與樂工三十五人俱。樂曲皆演釋氏經論之詞意。尋以悉利移為試太僕卿。

宋·王溥《唐會要》卷一〇〇《驃國》　貞元十八年春正月，南詔使來朝，驃國王始遣其弟悉利移來朝。【略】又獻其國樂，凡二十二曲，與樂工三十五人來朝，樂曲皆演釋氏經論之詞意。二十一年四月，封彌臣國嗣王樂道勿禮為彌臣國王焉。咸通三年二月，遣使貢方物。

宋·王欽若等《冊府元龜》卷九七二《外臣部·朝貢第五》　（元和元年十二月）驃國各遣使朝貢。

赤土

《隋書》卷三《煬帝紀上》　（大業四年三月壬戌）赤土【略】遣使貢方物。【略】

（五年二月）辛丑，赤土國遣使貢方物。【略】

（六年）六月辛卯，【略】赤土並遣使貢方物。

單單

《新唐書》卷二二二下《南蠻傳下·單單》　乾封、總章時，獻方物。

宋·王欽若等《冊府元龜》卷九七〇《外臣部·朝貢第三》　乾封元年七月，單單國【略】遣使獻方物。【略】

（總章二年）單單等並遣使朝獻。

婆利

《隋書》卷八二《南蠻傳·婆利》　大業十二年，遣使朝貢，後遂絕。于時南荒有丹丹、盤盤二國，亦來貢方物。

唐·杜佑《通典》卷一八八《邊防典四·南蠻下·婆利》　隋大業中，又遣使貢獻。其王姓刹利耶伽。大唐貞觀中，又遣使朝貢。

《舊唐書》卷一九七《南蠻傳·西南蠻·婆利》　貞觀四年，其王遣使隨林邑使獻方物。

宋·王溥《唐會要》卷九九《婆利國》　貞觀四年四月，使至。

婆羅

《新唐書》卷二二二下《南蠻傳下·婆利附婆羅》　總章二年，其王旃達鉢遣使者與環王使者偕朝。

宋·王欽若等《冊府元龜》卷九七〇《外臣部·朝貢第三》　（貞觀十六年春正月）婆羅國【略】遣使獻方物。

三佛齊

《舊唐書》卷九《玄宗紀下》　（開元二十九年十二月）佛逝國王【略】遣其子來朝獻。

又　卷二〇《昭宗紀》　（天祐元年六月）庚子，三佛齊國入朝使蒲訶粟，可寧遠將軍。

《新唐書》卷二二二下《南蠻傳下·室利佛逝》　咸亨至開元間，數遣使者朝，表為邊吏侵掠，有詔廣州慰撫。又獻侏儒、僧祇女各二及歌舞。官使者為折衝，以其王為左威衛大將軍，賜紫袍、金細帶。後遣子入獻，詔宴於曲江，宰相會，冊封賓義王，授右金吾衛大將軍，還之。

宋·王欽若等《冊府元龜》卷九六五《外臣部·冊封第三》　唐玄宗天寶元年正月，封【略】佛逝國王劉滕未恭為賓義王，授右金吾衛大將軍【略】並員外置。各賜帛八十疋，放還部落。

又　卷九七〇《外臣部·朝貢第三》　長安元年十二月，佛誓國遣使貢方物。【略】

（開元）四年三月，佛誓國遣使朝貢。

又　卷九七五《外臣部・褒異第二》　（開元十二年七月）丁丑，尸利佛誓國王遣使俱摩羅獻侏儒二人、僧耆婦女一人，雜樂人一部，及五色鸚鵡。授摩羅折衝，賜帛一百疋，放還蕃。

八月庚子，制曰：『尸利佛誓國王尸利陁羅拔摩遠脩職貢，載勤忠欵，嘉其乃誠，宜有褒賜，可遥授左威衛大將軍，賜紫袍、金鈿带。』

訶陵

《舊唐書》卷一五下《憲宗紀》　（元和十年八月）丙寅，訶陵國遣使獻僧祇僮及五色鸚鵡、頻伽鳥並異香名寶。

又　卷一六《穆宗紀》　（憲宗元和十五年）冬十月庚午朔，闍婆國遣使朝貢。

又　卷一七下《文宗紀下》　（開成四年閏正月）戊申，闍婆國朝貢。

又　卷一九七《南蠻傳・西南蠻・訶陵》　貞觀十四年，遣使來朝。大曆三年、四年皆遣使朝貢。元和十年，遣使獻僧祇僮五人、鸚鵡、頻伽鳥並異種名寶。以其使李訶内為果毅，訶内請回授其弟，詔褒而從之。十三年，遣使進僧祇女二人、鸚鵡、玳瑁及生犀等。

宋・王溥《唐會要》卷一〇〇《訶陵國》　貞觀二十二年，朝貢使至。元和八年，遣使獻僧祇僮及五色鸚鵡、頻伽鳥幷異香。十三年十一月，獻僧祇女二人，及玳瑁瑤、生犀等。

《新唐書》卷二二二下《南蠻傳下・訶陵》　訶陵亦曰社婆，曰闍婆。【略】貞觀中，與墮和羅、墮婆登皆遣使者入貢，太宗以璽詔優答。【略】大曆中，訶陵使者三至。元和八年，獻僧只奴四、五色鸚鵡、頻伽鳥等。憲宗拜内四門府左果毅。使者讓其弟，帝嘉美，並官之。訖大和，再朝貢。咸通中，遣使獻女樂。

宋・王欽若等《册府元龜》卷九七〇《外臣部・朝貢第三》　（乾封元年七月）訶陵國各遣使獻方物。

又　卷九七二《外臣部・朝貢第五》　（大和五年二月）闍婆國朝貢使李南呼禄等十七人並入朝。

多摩長

宋・王溥《唐會要》卷一〇〇《多摩長國》　顯慶四年二月，朝貢使至。

《新唐書》卷二二二下《南蠻傳下・多摩長》　顯慶中，貢方物。

多蔑

唐・杜佑《通典》卷一八八《邊防典四・南蠻下・多蔑》　多蔑國，大唐貞觀中通焉。

《新唐書》卷二二二下《南蠻傳下・名蔑》　龍朔初，使者來貢。

南亞諸國分部

綜　述

泥婆羅

唐・杜佑《通典》卷一九〇《邊防典六・西戎二・泥婆羅》　（貞觀）二十一年，遣使獻波稜菜、渾提葱。【略】唐永徽二年，遣使朝貢。

《舊唐書》卷一九八《西戎傳・泥婆羅》　貞觀中，衛尉丞李義表往使天竺，塗經其國，那陵提婆見之大喜，與義表同出觀阿耆婆瀰池。【略】永徽二年，其王尸利那連陀羅又遣使朝貢。

宋・王溥《唐會要》卷一〇〇《泥婆羅國》　永徽二年，其王尸利那連陀羅遣使朝貢。

《新唐書》卷二二一上《西域傳上・泥婆羅》　貞觀中，遣使者李義表到天竺，道其國，提婆大喜，延使者同觀阿耆婆瀰池。池廣數十丈，水常溢沸，共傳旱潦未始耗溢，或抵以物則生煙，釜其上，少選可熟。二十一年，遣使入獻波稜、酢菜、渾提葱。永徽時，其王屍利那連陀羅又遣使入貢。

天竺

唐・杜佑《通典》卷一九三《邊防典九・西戎五・天竺》 大唐武德中，其東西南北四天竺悉為中天竺所并。貞觀十五年，其王姓乞利咥，名尸羅逸多，或云姓刹利氏，遣使奉表。

《舊唐書》卷六《則天皇后紀》 （載初三年）三月，五天竺國並遣使朝貢。

又 卷八《玄宗紀上》 （開元二年）八月戊午，西天竺國遣使獻方物。【略】

（八年五月丁卯）南天竺國遣使獻五色鸚鵡。

又 卷一九八《西戎傳・天竺》 五天竺所屬之國數十，風俗物産畧同。有伽没路國，其俗開東門以向日。王玄策至，其王發使，貢以奇珍異物及地圖，因請老子像及《道德經》。那揭陀國，有醯羅城，中有重閣，藏佛頂骨及錫杖。貞觀二十年，遣使貢方物。天授二年，東天竺王摩羅枝摩、西天竺王尸羅逸多、南天竺王遮婁其拔羅婆、北天竺王婁其那那、中天竺王地婆西那，並來朝獻。景龍四年，南天竺國復遣使來朝。景雲元年，復遣使貢方物。開元二年，西天竺復遣使貢方物。八年，南天竺國遣使獻五色能言鸚鵡。其年，南天竺國王尸利那羅僧伽請以戰象及兵馬討大食及吐蕃等，仍求有及名其軍，玄宗甚嘉之，名軍爲懷德軍。九月，南天竺王尸利那羅僧伽寶多枝摩爲國造寺，上表乞寺額，敕以『歸化』爲名賜之。十一月，遣使册利那羅伽寶多爲南天竺國，王遣使來朝。十七年六月，北天竺國三藏沙門僧密多獻質汗等藥。十九年十月，中天竺國王伊沙伏摩遣其大德僧來朝貢。二十九年三月，中天竺王子李承恩來朝，授遊擊將軍，放還。天寶中，累遣使來。

宋・王溥《唐會要》卷一〇〇《天竺國》 天授三年，東天竺王摩羅枝摩、西天竺王尸邏逸多、南天竺王遮邏其跋羅婆、北天竺王婁其那那、中天竺王地婆西那並來朝貢。及中宗、睿宗兩朝，並獻方物。

開元三年二月，遣使瞿曇惠成来朝。八年五月，南天竺遣使獻豹皮、五色能言鸚鵡，又奏請以戰象兵馬討大食、吐蕃，求所以名其軍，制書嘉焉，號為懷德軍。九月，南天竺王尸利那羅僧伽寶多枝摩為國造寺，上表乞寺額，敕以『歸化』為名賜。十一月，遣使冊利那羅僧伽寶多為南天竺王，遣使來朝。十七年六月，北天竺國王三藏沙門僧密多獻質汗等藥。十九年十月，中天竺國王伊沙伏摩遣其大德僧来獻方物。二十九年三月，中天竺國王李承恩来朝，授遊擊將軍，放還。天寶中，累遣使朝貢。

《新唐書》卷二二一上《西域傳上・天竺》 貞觀十五年，自稱摩伽陀王，遣使者上書。帝命雲騎尉梁懷璥持節尉撫，【略】復遣使者隨入朝。詔衛尉丞李義表報之，【略】尸羅逸多率羣臣東面受詔書，復獻火珠、郁金、菩提樹。【略】

乾封三年，五天竺皆來朝。開元時，中天竺遣使者三至。南天竺一，獻五色能言鳥，乞師討大食、吐蕃，丐名其軍，玄宗詔賜懷德軍，使者曰：『蕃夷惟以袍帶為寵。』帝以錦袍、金革帶、魚袋並七事賜之。北天竺一來朝。

宋・王欽若等《册府元龜》卷九七四《外臣部・褒異》 （開元五年）五月壬子，天竺國遣使來朝，詔曰：『中天竺國大首領大野迷地羅梵摩寺，殊邦慕德，重譯來朝，是加褒奬，用益誠心，可果毅都尉，賜緋袍銀帶。放還蕃。』【略】

（八年）八月丁丑，敕中書門下：『南天竺王遠遣朝貢，其使却還，並須周旋發遣令滿望，乃以銀袍金帶魚袋七事，賜其使遣之。』

又 卷九七六《外臣部・褒異第三》 （乾元元年四月庚申），中天竺國婆羅門三藏善部末摩【略】入朝。詔以【略】末摩為鴻臚少卿，並員外置。

罽賓

唐・杜佑《通典》卷一九二《邊防典八・西戎四・罽賓》 大業中，遣使貢物。大唐貞觀十一年，其國遣使，又號罽賓，獻俱物頭花，丹紫相間，其香遠聞。

《舊唐書》卷一九八《西戎傳・罽賓國》 貞觀十一年，遣使獻名馬，太宗嘉其誠款，賜以繒綵。十六年，又遣使獻褥特鼠。【略】

顯慶三年，訪其國俗，云『王始祖馨孽，至今曷擷支，父子傳位，已十二代』。其年，改其城爲修鮮都督府。龍朔初，授其王修鮮等十一州諸軍事兼修鮮都督。

開元七年，遣使來朝，進天文經一夾、祕要方幷蕃藥等物，詔遣册其王爲葛羅達支特勒。二十七年，其王烏散特勒灑以年老，上表請以子拂菻罽婆嗣位，許之，仍降使册命。天寶四年，又册其子勃匐準爲襲罽賓及烏萇國王，仍授左驍衛將軍。乾元元年，又遣使朝貢。

宋・王溥《唐會要》卷九九《罽賓國》 罕通上國。聞中夏有聖君，故遣使來朝。貞觀十一年，遣使至。**【略】**二十二年，其國遣使獻俱物頭花，丹白相間，其香遠聞。

永徽二年，獻褥特鼠，喙尖尾赤，能食蛇，螫者以尿塗瘡即愈。

顯慶三年，訪其國俗，云：『王始祖馨孽，今王曷擷支，父子傳位已十二代。』其年，列其城爲修鮮都督府。龍朔初，授其王修鮮等十一州諸軍事、兼修鮮都督。

開元七年，遣使獻天文大經及祕方奇藥。八年，詔遣册其王爲葛羅達支特勒。二十七年，其王烏散特勒灑以年老，上表請以嫡子拂菻罽婆嗣位，許之，仍降使册命。

天寶四載，又册其子勃葡準爲襲罽賓及烏萇國王，仍授右驍衛將軍。

乾元元年，又遣使朝貢。

《新唐書》卷二二一上《西域傳上・罽賓》 武德二年，遣使貢寶帶、金鎖、水精醆、頗黎狀若酸棗。貞觀中，獻名馬。**【略】**顯慶三年，以其地爲脩鮮都督府。龍朔初，拜其王脩鮮等十一州諸軍事、脩鮮都督。開元七年，遣使獻天文及祕方奇藥，天子册其王爲葛邏達支特勒。後烏散特勒灑年老，請以子拂菻罽婆嗣，聽之。天寶四載，册其子勃匐準爲襲罽賓及烏萇國王。乾元初，使者朝貢。

宋・王欽若等《册府元龜》卷九七一《外臣部・朝貢第四》 （天寶四載三月）罽賓國遣使獻波斯錦舞筵。**【略】**

（五載閏十月）**【略】**罽賓國各遣使來朝，獻繡舞筵、氍毹、紅鹽、黑鹽、白戎鹽、餘甘子、質汗、千金藤、瑠璃、金銀等物。**【略】**

（七載六月）罽賓國**【略】**遣使朝貢。**【略】**

（十二載）三月，罽賓國**【略】**遣使獻方物。

又 卷九七六《外臣部・褒異第三》 （乾元元年）四月庚申，罽賓王藏般若力**【略】**入朝。詔以力為太常少卿，**【略】**並員外置。

烏萇

宋・王溥《唐會要》卷九九《烏萇國》 貞觀十六年十一月，朝獻使至。

開元八年四月，遣使册立其王。時大食東與烏萇鄰境，煽誘爲虐，其王與骨咄王、俱位王皆守節不應，亦潛輸款誠，玄宗深美之，故並降册名。

《新唐書》卷二二一上《西域傳上・烏萇》 貞觀十六年，其王達摩因陁訶斯遣使者獻龍腦香，璽書優答。大食與烏萇東鄙接，開元中數誘之，其王與骨咄、俱位二王不肯臣。玄宗命使者册為王。

箇失蜜

《新唐書》卷二二一下《西域傳下・箇失蜜》 開元初，遣使者朝。八年，詔册其王真陀羅祕利爲王；間獻胡藥。天木死，弟木多筆立，遣使者物理多來朝，且言：『有國以來，並臣天可汗，受調發。國有象、馬、步三種兵，臣身與中天竺王阨吐蕃五大道，禁出入，戰輒勝。有如天可汗兵至勃律者，雖衆二十萬，能輸糧以助。又國有摩訶波多磨龍池，願爲天可汗營祠。』因丐王册，鴻臚譯以聞。詔內物理多宴中殿，賜賚優備，册木多筆爲王，自是職貢有常。

師子

宋・王溥《唐會要》卷一〇〇《師子國》 天寶五載正月，王尸羅迷伽遣使至，獻大珠鈿、金寶瓔珞，及貝葉鈔寫《大般若經》一部，細白田十張。

《新唐書》卷二二一下《西域傳下・師子》 總章三年，遣使者來朝。天寶初，王尸羅迷迦再遣使獻大珠、鈿金、寶瓔、象齒、白氎。

宋・王欽若等《册府元龜》卷九七〇《外臣部・朝貢第三》 （景雲二年十二月）獅子國並遣使獻方物。

又　卷九七一《外臣部・朝貢第四》　（天寶九載三月）獅子國獻象牙、真珠。

又　卷九七二《外臣部・朝貢第五》　（寶應元年六月）獅子【略】遣使朝貢。

中亞諸國分部

綜　述

康　國

《隋書》卷八三《西域傳・康國》　大業中，始遣使貢方物，後遂絕焉。

唐・杜佑《通典》卷一九三《邊防典九・西戎五・康居》　至隋時，謂之康國。大業中，遣使朝貢。【略】

大唐貞觀二十一年，其國獻黃桃，大如鵝卵，其色如金，亦呼爲金桃。

《舊唐書》卷三《太宗紀下》　（貞觀十三年）康國【略】遣使朝貢。【略】

（貞觀二十一年）康國【略】等遠夷十九國，並遣使朝貢。

又　卷一〇《肅宗紀》　（至德三載）六月辛丑朔。【略】康國遣使朝貢。

又　卷一一《代宗紀》　（大曆七年）康國【略】遣使朝貢。

又　卷一九八《西戎傳・康國》　武德十年，屈朮支遣使獻名馬。貞觀九年，又遣使貢獅子。太宗嘉其遠至，命秘書監虞世南爲之賦，自此朝貢歲至。十一年，又獻金桃、銀桃，詔令植之於苑囿。萬歲通天年，則天封其大首領篤娑鉢提為康國王，仍拜左驍衛大將軍。鉢提尋卒，又冊其子泥涅師師為康國王。師師以神龍中卒，國人又立突昏為王。開元六年，遣使貢獻鎖子甲、水精杯、馬腦瓶、駝鳥卵及越諸之類。十九年，其王烏勒上表，請封其子咄曷為曹國王，默啜為米國王，許之。二十七年，烏勒卒，遣使冊咄曷襲父位。天寶三年，又封為欽化王，其母可敦封為郡夫人。十一載、十三載，並遣使朝貢。

宋・王溥《唐會要》卷九九《康國》　武德七年，其王屈朮支遣使獻名馬。

貞觀九年七月，獻獅子，太宗嘉其遠來，使祕書監虞世南爲之賦。十一月，又獻金桃、銀桃，詔令植於苑囿。

永徽中，其國頻遣使，告爲大食所攻，兼徵賦稅。

顯慶三年，高宗遣果毅董寄生列其所居城爲康居都督府，仍以其王拂呼縵爲都督。

萬歲通天元年，則天封其大首領篤娑鉢提爲王；鉢提尋卒，又冊立其子泥涅師師；神龍中，泥涅師師卒，又冊立其子突昏。

開元初，屢遣使獻鏁子甲、水晶杯及越諸侏儒人、胡旋女子，兼狗豹之類。十九年，其王烏勒表請封其子咄曷爲曹國王，默啜爲米國王，許之。二十七年，烏勒卒，遣使冊咄曷襲其父位。

天寶三載，又封爲欽化王，其母可敦封爲郡夫人。十一載、十三載，並遣使朝貢。

《新唐書》卷二二一下《西域傳下・康國》　高宗永徽時，以其地為康居都督府，即授其王拂呼縵為都督。萬歲通天中，以大首領篤娑鉢提為王。死，子泥涅師師立。死，國人立突昏為王。開元初，貢鎖子鎧、水精杯、碼碯瓶、駝鳥卵及越諾、侏儒、胡旋女子。其王烏勒伽與大食亟戰不勝，來乞師，天子不許。久之，請封其子咄曷為曹王，默啜為米王，詔許。烏勒伽死，遣使立咄曷，封欽化王，以其母可敦為郡夫人。

宋・王欽若等《冊府元龜》卷九六六《外臣部・繼襲》　康國，本康居之苗裔。唐武德七年，其王曰屈木支。顯慶三年，其王曰拂呼髮。是年高宗列其地為康居府，以拂呼髮為都督。萬歲通天元年，則天封其大首領篤娑鉢提為王。鉢提尋卒，又冊立其子泥濕師師為王。泥濕師師卒，冊立其子突昏為王。開元十九年，其王烏勒卒，上表請封其子咄曷為曹國王。許之。二十七年，烏勒伽卒，遣使冊咄曷襲其父位。

又　卷九七五《外臣部·褒異第二》　（天寶十四載三月丁卯）康國王【略】遣使朝貢，各授折衝都尉，賜紫袍、金带、魚袋七事，放還蕃。

安國

《隋書》卷四《煬帝紀下》　（大業）十一年春正月甲午朔，大宴百寮。【略】安國【略】等國並遣使朝貢。

又　卷八三《西域傳·安國》　大業五年，遣使貢獻。後遂絶焉。

唐·杜佑《通典》卷一九二《邊防典八·西戎四·安息》　至隋大業五年，安息國遣使朝貢。王姓昭武，與康國王同族。

《舊唐書》卷三《太宗紀下》　（貞觀十三年）安國【略】遣使朝貢。

《新唐書》卷二二一下《西域傳下·安》　武德時，遣使入朝。貞觀初，獻方物，太宗厚尉其使曰：『西突厥已降，商旅可行矣。』諸胡大悅。其王訶陵迦又獻名馬，自言一姓相承二十二世云。是歲東安國亦入獻，言子姓相承十世云。

又　《東安》　開元十四年，其王篤薩波提遣弟阿悉爛達拂耽發黎来朝，納馬豹。後八年獻波斯驝二，拂菻繡氍毬一，鬱金香，石蜜等。其妻可敦獻柘辟大氍毬二，繡氍毬一，丐賜袍帶、鎧仗及可敦袿襹裝澤。

宋·王欽若等《冊府元龜》卷九七一《外臣部·朝貢第四》　（開元五年三月）安國並遣使獻方物。【略】

（七年）三月，安國並遣使獻方物。【略】

（十五年五月）安國獻馬。【略】

（二十八年十月）安國遣使獻寶牀子及駝鳥卵盃。

（天寶三年）三月，安國王屈底波遣大首領來朝并獻方物。【略】

（四載）七月，安國王屈底波遣使朝貢。

九載正月，【略】安國王屈底波遣使來朝，獻馬一百匹。【略】

（乾元二年三月）安國使安莫純瑟並來朝。

畢國

《隋書》卷四《煬帝紀下》　（大業）十一年春正月甲午朔，大宴百寮。【略】畢【略】等國並遣使朝貢。

又　卷八三《西域傳·安國》　國之西百餘里有畢國。【略】大業五年，遣使貢獻，後遂絶焉。

曹國

《隋書》卷四《煬帝紀下》　（大業十年七月）乙卯，曹國遣使貢方物。【略】

十一年春正月甲午朔，大宴百寮。【略】曹國【略】等國並遣使朝貢。

又　卷八三《西域傳·曹國》　大業中，遣使貢方物。

唐·杜佑《通典》卷一九三《邊防典九·西戎五·曹國》　大業中，遣使來貢。

宋·王溥《唐會要》卷九八《曹國》　武德七年七月，朝貢使至，云：『本國以臣爲健兒，聞秦王神武，願在麾下。』高祖大悅。

貞觀十一年至開元中，朝貢不闕。

天寶元年，其王哥邏僕羅使獻方物。三載，詔封其王爲懷德王。四載，哥邏僕羅上表，自陳『曾祖以來，奉向天可汗，忠赤，常受徵發，望乞恩慈，將奴土國同於唐國小子，所須驅遣，奴身一心爲國征討。』十一載，其王設阿忽與國副王野解及九國王並上表，請同心擊黑衣大食，玄宗宴賜慰諭遣之。

又有西曹國。【略】隋大業中始通。武德以後，常修蕃禮。

《新唐書》卷二二一下《西域傳下·東曹》　武德中，與康同遣使入朝，其使曰：『本國以臣為健兒，聞秦王神武，欲隸麾下。』高祖大悅。

又　《西曹》　武德中入朝。天寶元年，王哥邏僕羅遣使者獻方物，詔封懷德王。即上言：『祖考以來，奉天可汗，願同唐人受調發，佐天子征討。』

石國

《隋書》卷八三《西域傳·石國》　甸職以大業五年遣使朝貢，其後不復至。

唐·杜佑《通典》卷一九三《邊防典九·西戎五·石國》　石國，

隋時通焉。【略】隋大業五年、大唐貞觀八年，並遣使朝貢。

《舊唐書》卷三《太宗紀下》　（貞觀八年）石國遣使朝貢。【略】（貞觀二十一年）石【略】等遠夷十九國，並遣使朝貢。

又　卷一一《代宗紀》　（大曆七年）石國並遣使朝貢。

宋・王溥《唐會要》卷九九《石國》　貞觀八年十二月，朝貢使至。顯慶三年，以其地瞰羯城爲大宛都督府，仍以其王瞰土屯攝舍提于屈昭穆爲都督。

開元初，其蕃王莫賀咄吐屯有功，封爲石國王，加特進，尋又册爲順義王。二十九年，其王伊吐屯屈勒遣使上表。【略】天寶初，累遣朝貢。至五年，封其王子那俱車鼻施爲懷化王，并賜鐵券。【略】至寶曆二年及大曆七年，並遣使朝貢。

《新唐書》卷二二一下《西域傳下・石》　武德、貞觀間，數獻方物。顯慶三年，以瞰羯城爲大宛都督府，授其王瞰土屯攝舍提於屈昭穆都督。開元初，封其君莫賀咄吐屯，有功，爲石國王。二十八年，又册順義王。明年，王伊捺吐屯屈勒上言：『今突厥已屬天可汗，惟大食爲諸國患，請討之。』天子不許。天寶初，封王子那俱車鼻施爲懷化王，賜鐵券。【略】寶應時，遣使朝貢。

宋・王欽若等《册府元龜》卷九六六《外臣部・繼襲》　石國，唐顯慶三年列其地為大宛府，以其王瞰吐屯攝舍提於屈昭穆為都督。開元初，封其王莫賀咄吐屯為石國王。九年，其王曰伊吐屯屈勒。天寶五載，封其王子那偈車鼻施為懷化王。

又　卷九七五《外臣部・褒異第二》　天寶元年正月丁巳，石國王遣使上表，乞授長男那居車鼻施官。詔拜大將軍，賜一年俸料。

米國

《隋書》卷八三《西域傳・米國》　大業中，頻貢方物。

《新唐書》卷二二一下《西域傳下・米》　顯慶三年，以其地爲南謐州，授其君昭武開拙爲刺史，自是朝貢不絕。開元時，獻璧、舞筵、師子、胡旋女。十八年，大首領末野門來朝。天寶初，封其君爲恭順王，母可敦郡夫人。

宋・王欽若等《册府元龜》卷九七二《外臣部・朝貢第五》　（大曆七年十二月）米國九姓等各遣使朝貢。

何國

《隋書》卷四《煬帝紀下》　（大業）十一年春正月甲午朔，大宴百寮。【略】何國【略】等國並遣使朝貢。

又　卷八三《西域傳・何國》　大業中，遣使貢方物。

唐・杜佑《通典》卷一九三《邊防典九・西戎五・何國》　大業中及大唐武德、貞觀中，皆遣使來貢。

《新唐書》卷二二一下《西域傳下・何》　貞觀十五年，遣使者入朝。永徽時上言：『聞唐出師西討，願輸糧于軍。』俄以其地爲貴霜州，授其君昭武婆達地刺史。遣使者鉢底失入謝。

史國

《隋書》卷八三《西域傳・史國》　大業中，遣使貢方物。

唐・杜佑《通典》卷一九三《邊防典九・西戎五・史國》　大業中，始通中國。【略】大唐貞觀中，遣使來貢。

宋・王溥《唐會要》卷九九《史國》　貞觀十六年正月，朝貢使至。顯慶三年，遣果毅董寄生列其所治爲阹沙州，以其王昭武失阿曷爲刺史。

開元十五年，其王阿忽必多延屯遣使獻胡旋女子及豹。二十七年，其延屯卒，册立其子阿忽鉢爲王。二十九年，其王斯謹提立首領勃帝，未施朝貢。天寶中，詔使其國爲來威國。其那色波國亦謂之小史國，爲史國役屬。

《新唐書》卷二二一下《西域傳下・史》　隋大業中，其君狄遮始通中國。【略】貞觀十六年，君沙瑟畢獻方物。顯慶時，以其地爲佉沙州，授君昭武失阿喝刺史。開元十五年，君忽必多獻舞女、文豹。後君長數死、立，然首領時時入朝。

宋・王欽若等《册府元龜》卷九六六《外臣部・繼襲》　史國，唐顯慶三年列其所治為佉沙州，以其王昭武失阿曷為刺史。開元十五年，其王曰阿忽必多延屯。二十七年卒，冊立其子阿忽鉢為王。二十九年，其王斯謹提立。

火尋

《新唐書》卷二二一下《西域傳下・火尋》 天寶十載，君稍施芬遣使者朝，獻黑鹽。寶應時復入朝。

宋・王欽若等《冊府元龜》卷九七一《外臣部・朝貢第四》 （天寶十二載）五月，火尋國遣使獻紫麞皮、白生石密、黑鹽。【略】

（十四載三月）火尋國王稍芬【略】遣使朝貢。

烏那曷

《隋書》卷四《煬帝紀下》 （大業）十一年春正月甲午朔，大宴百寮。【略】烏那曷【略】等國並遣使朝貢。

又 卷八三《西域傳・烏那曷》 大業中，遣使貢方物。

穆國

《隋書》卷四《煬帝紀下》 （大業）十一年春正月甲午朔，大宴百寮。【略】穆國【略】等國並遣使朝貢。

又 卷八三《西域傳・穆國》 大業中，遣使貢方物。

鏺汗

《隋書》卷八三《西域傳・鏺汗》 大業中，遣使貢方物。

《新唐書》卷二二一下《西域傳下・寧遠》 顯慶初，遏波之遣使朝貢，高宗厚慰諭。三年，以渴塞城爲休循州都督，授阿了參刺史，自是歲朝貢。玄宗開元二十七年，王阿悉爛達干助平吐火仙，册拜奉化王。天寶三載，改其國號寧遠，帝以外家姓賜其王曰竇，又封宗室女爲和義公主降之。十三載，王忠節遣子薛裕朝，請留宿衛，習華禮，聽之，授左武衛將軍。其事唐最謹。

宋・王欽若等《冊府元龜》卷九七〇《外臣部・朝貢第三》 上元二年正月，【略】拔汗那王獻碧頗黎及虵黃。【略】調露元年十月，【略】拔汗那【略】遣使朝貢。

又 卷九七一《外臣部・朝貢第四》 （唐玄宗開元二十七年）四月，拔汗那王阿悉爛達干【略】遣使獻表起居。【略】

（開元）二十九年正月，拔汗那王遣使獻馬。【略】

（天寶八載八月）寧遠國王子屋磨來朝。【略】

（十載九月）寧遠國奉化王阿悉爛達干遣使獻馬二十匹。是月，又獻馬四十匹。【略】

（十一載十二月）寧遠國，並遣使來朝。【略】

（十二載）八月，寧遠【略】等國，並遣使朝貢。【略】

（乾元）二年三月，寧遠國使烏物【略】來朝。【略】

（二年八月）寧遠國使葛等來朝。

骨咄

《隋書》卷四《煬帝紀下》 （大業）十一年春正月甲午朔，大宴百寮。【略】訶咄【略】等國並遣使朝貢。

《新唐書》卷二二一下《西域傳下・骨咄》 開元十七年，王俟斤遣子骨都施來朝。二十一年，王頡利發獻女樂，又遣大首領多博勒達干朝貢。天寶十一載，册其王羅全節爲葉護。

宋・王欽若等《冊府元龜》卷九七一《外臣部・朝貢第四》 （天寶五載）十月，南郡骨咄王遣使獻馬十五匹。【略】

九載正月，【略】骨咄國王羅金節遣大首領鶻汗達干來朝，獻口四十三，胡馬三十匹。

吐火羅

《隋書》卷四《煬帝紀下》 （大業）十一年春正月甲午朔，大宴百寮。【略】吐火羅【略】等國並遣使朝貢。

又 卷八三《西域傳・吐火羅》 大業中，遣使朝貢。

唐・杜佑《通典》卷一九三《邊防典九・西戎五・吐火羅》 大業中，遣使來貢。

大唐初，屬西突厥。高宗永徽初，遣使獻大鳥，高七尺，其色玄，足如駝，鼓翅而行，日三百里，能噉鐵，夷俗謂爲駝鳥。

《舊唐書》卷三《太宗紀下》 （貞觀十三年）吐火羅【略】遣使朝貢。【略】

（貞觀二十一年）吐火羅【略】等遠夷十九國，並遣使朝貢。

又 卷四《高宗紀上》 （永徽元年五月）吐火羅遣使獻大鳥如駝，食銅鐵，上遣獻於昭陵。

又 卷一〇《肅宗紀》 （至德三載）六月辛丑朔，吐火羅【略】遣使朝貢。

宋・王溥《唐會要》卷九九《吐火羅國》 貞觀九年五月，朝貢使至。

永徽元年，獻大鳥，高七尺，其色玄，足如駝，鼓翅而行，日三百里，能噉鐵，夷俗謂之駝鳥。【略】

龍朔元年，授烏溼波使持節月氏等二十五州諸軍事，月氏都督。

麟德二年，遣其弟祖紇多獻瑪瑙燈樹兩具，高三尺餘。

開元七年，其葉護支汗那帝賒上表，獻解支之人暮闍，請加試驗。八年，獻名馬及異藥。至十二年，遣使獻胡藥乾陀婆羅等二百餘品。十七年，册其首領骨咄禄頓達度爲葉護。其年，葉護遣使獻須那伽帝釋麥。十八年，遣使獻紅頗梨、碧頗梨、生馬腦，金精及質汗等藥。

（天寶）十二年，又遣使朝貢。乾元元年七月，與西域九國遣兵助國討逆，肅宗令赴朔方行營。

《新唐書》卷二二一下《西域傳下・吐火羅》 武德、貞觀時再入獻。

永徽元年，獻大鳥，高七尺，色黑，足類橐駝，翅而行，日三百里，能噉鐵，俗謂駝鳥。顯慶中，以其阿緩城爲月氏都督府，析小城爲二十四州，授王阿史那都督。後二年，遣子來朝，俄又獻碼碯鐙樹，高三尺。神龍元年，王那都泥利遣弟僕羅入朝，留宿衛。開元、天寶間數獻馬、異藥、乾陀婆羅二百品、紅碧玻瓈，乃册其君骨咄禄頓達度爲吐火羅葉護、挹怛王。【略】乾元初，與西域九國發兵爲天子討賊，肅宗詔隸朔方行營。

宋・王欽若等《册府元龜》卷九六六《外臣部・繼襲》 吐火羅國，唐永徽三年列其地為月氏府，以其葉護阿史那烏濕波為都督。開元七年，其葉護曰支汗那。十七年，册其首領骨咄禄頓達度為葉護。天寶八載，其葉護失里忙伽羅，並遣使朝賀。

又 卷九七五《外臣部・褒異第二》 （開元十四年）十一月己卯，吐火羅遣使特健來朝，授中郎將，賜紫袍、金魚袋。【略】

二十六年二月癸丑，吐火羅遣大首領伊難如達干羅底睬來獻方物。授果毅，賜緋袍、銀帶、魚袋，及帛三十疋，放還蕃。

挹怛

《隋書》卷八三《西域傳・挹怛》 大業中，遣使貢方物。

《新唐書》卷二二一下《西域傳下・挹怛》 天寶中，遣使朝貢。

宋・王欽若等《册府元龜》卷九七五《外臣部・褒異第二》 （天寶）七載八月庚戌，悒怛國遣使朝貢，授將軍，賜二色綾袍、金帶、魚袋七事，放還蕃。

俱蜜

《新唐書》卷二二一下《西域傳下・俱蜜》 貞觀十六年，遣使者入朝。開元中，獻胡旋舞女。其王那維延頗言爲大食暴賦，天子但尉遣而已。天寶時，王伊悉爛俟斤又獻馬。

宋・王欽若等《册府元龜》卷九七一《外臣部・朝貢第四》 （天寶）十載二月，【略】俱密國王伊悉爛俟斤遣使獻胡馬二十六匹。

俱蘭

宋・王溥《唐會要》卷一〇〇《俱蘭國》 貞觀二十年閏三月，朝貢使至。

《新唐書》卷二二一下《西域傳下・俱蘭》 貞觀二十年，其王忽提婆遣使者來獻，書辭類浮屠語。

劫國

唐・杜佑《通典》卷一九三《邊防典九・西戎五・劫國》 劫國，

隋時聞焉。【略】大唐武德二年，遣使貢寶帶、金鏁、頗梨、水精盃各一，頗梨四百九十枚，大者如棗，小者如酸棗。

《新唐書》卷二二一下《西域傳下·劫》　武德二年，遣使者獻寶帶、玻瓈、水精杯。

西亞諸國分部

綜　述

波　斯

《隋書》卷六八《何稠傳》　開皇初，授都督，累遷御府監，歷太府丞。稠博覽古圖，多識舊物。波斯嘗獻金緜錦袍，組織殊麗。上命稠為之，稠錦既成，踰所獻者，上甚悅。

又　卷八三《西域傳·波斯》　波斯每遣使貢獻。

唐·杜佑《通典》卷一九三《邊防典九·西戎五·波斯》　隋大業中，亦遣使來貢。

大唐貞觀二十一年，其國又獻活褥蚍，形類鼠而色青，身長八九寸，能入穴取鼠。

《舊唐書》卷三《太宗紀下》　（貞觀十三年）波斯【略】遣使朝貢。

（貞觀二十一年）波斯【略】等遠夷十九國，並遣使朝貢。

又　卷五《高宗紀下》　（上元元年十二月）辛卯，波斯王卑路斯來朝。

又　卷八《玄宗紀上》　（開元十年十月）波斯國遣使獻獅子。

又　卷一九八《西戎傳·波斯》　（貞觀）二十一年，伊嗣候遣使獻一獸，名活褥蛇，形類鼠而色青，身長八九寸，能入穴取鼠。【略】其子名卑路斯，【略】龍朔元年奏言：頻被大食侵擾，請兵救援。詔遣隴州南由縣令王名遠充使西域，分置州縣，因列其地疾陵城為波斯都督府，授卑路斯為都督。是後數遣使貢獻。咸亨中，卑路斯自來入朝，高宗甚加恩賜，拜右武衛將軍。【略】景龍二年，又來入朝，拜爲左威衛將軍。【略】

自開元十年至天寶六載，凡十遣使來朝，並獻方物。四月，遣使獻瑪瑙床。九年四月，獻火毛繡舞筵、長毛繡舞筵、無孔真珠。【略】大曆六年，遣使來朝，獻真珠等。

宋·王溥《唐會要》卷一〇〇《波斯國》　貞觀二十一年，其王伊嗣俟遣使朝貢。龍朔元年，其國王畢路斯奏：頻被大食侵擾，請兵救援之。詔遣隴州南田縣令王名遠使西域，分置州縣，因列其地疾陵城為波斯都督府，授畢路斯為都督。是後，數遣使貢獻焉。咸亨中，畢路斯自來朝貢，高宗甚加恩賜。拜右武衛將軍【略】至景龍二年，來朝，拜為左威將軍。無何，病卒，其國遂滅，西部衆猶存。自開元七年至天寶六載，凡十遣使朝貢，獻方物。夏四月，遣使獻瑪瑙牀。九載，獻火毛繡舞筵、長繡舞筵、無孔真珠。至大曆六年九月，遣使獻真珠等。

《新唐書》卷二二一下《西域傳下·波斯》　貞觀十二年，遣使者沒似半朝貢，又獻活褥蛇，狀類鼠，色正青，長九寸，能捕穴鼠。【略】子卑路斯【略】龍朔初，又訴為大食所侵。是時，天子方遣使者到西域，分置州縣，以疾陵城為波斯都督府，即拜卑路斯為都督。俄為大食所滅，雖不能國，咸亨中猶入朝，授右武衛將軍，死。始，其子泥涅師為質。【略】景龍初，復來朝，授左威衛將軍。病死，西部獨存。開元、天寶間，遣使者十輩，獻碼碯牀、火毛繡舞筵。【略】大曆時，復來獻。

宋·王欽若等《冊府元龜》卷九六六《外臣部·繼襲》　波斯國，其王初嗣位，便密選諸子才堪承統者名字封而藏之。王死後，大臣與王之羣子共發封而視之，奉所書名為王。唐貞觀二十一年，其王伊嗣俟，龍朔元年，其國王卑路斯並遣使朝貢。高宗列其地疾陵城為波斯都督府，授卑路斯為都督。

又　卷九七〇《外臣部·朝貢第三》　波斯【略】等國，大業中並遣使朝貢。【略】

（貞觀）二十一年正月朔，【略】波斯【略】遣使朝貢。【略】

（乾封）二年十月，波斯國獻方物。【略】

（咸亨二年五月）波斯【略】遣使來朝，貢其方物。【略】

永淳元年五月，【略】波斯【略】遣使獻方物。【略】

（神龍二年七月）波斯國【略】遣使貢獻。

又　卷九七一《外臣部・朝貢第四》（開元七年正月）波斯國並遣使朝貢。【略】

二月，波斯國【略】遣使獻方物。【略】

（七年）七月，【略】波斯國遣使朝貢。【略】

（十八年正月）波斯國王【略】遣使來朝賀正。【略】

（二十年）九月，波斯王遣首領潘那密與大德僧及烈朝貢。【略】

二十五年正月，【略】波斯王子繼忽婆來朝。【略】

（天寶四載三月）波斯【略】遣使獻方物。【略】

（十載）九月，波斯【略】遣使朝貢。【略】

（乾元二年八月）波斯進物使李摩日夜等【略】來朝。

又　卷九七二《外臣部・朝貢第五》（寶應元年）九月，波斯【略】遣使朝貢。

又　卷九七五《外臣部・褒異第二》（開元十三年）七月戊申，波斯首領穆沙諾來朝，授折衝，留宿衛。【略】

（十八年）十一月甲子，波斯首領穆沙諾來朝，獻方物。授折衝，留宿衛。【略】

（二十年）八月庚戌，波斯王遣首領潘那蜜與大德僧及烈來朝，授首領為果毅，賜僧紫袈裟一副，及帛五十疋，放還蕃。【略】

（二十五年正月甲午），波斯王子繼忽娑來朝，授中郎將，放還蕃。

陀拔斯單

《新唐書》卷二二一下《西域傳下・波斯》　陀拔斯單者，或曰陀拔薩憚。【略】天寶五載，王忽魯汗遣使入朝，封為歸信王。後八年，遣子自會羅來朝，拜右武衛員外中郎將，賜紫袍、金魚，留宿衛。為黑衣大食所滅。

宋・王欽若等《冊府元龜》卷九六五《外臣部・冊封第三》（天寶）三年閏二月，封陁拔薩憚國王為恭化王。冊曰：『維天寶三年，歲次甲申，閏二月，乙未朔，二十二日丙辰，皇帝詔曰：於戲！王化所及，禮在於懷柔。蕃部有歸，義存于冊命。咨爾陁拔薩憚國王阿魯施多，志懷恭順，深達智謀，賓以使臣，修其職貢，信義昭著，深可褒稱。是用命爾為恭化王。爾其祗奉典冊，懋遵風教。忠勤自勵，始終無違。用率於遐邦，以宣我朝命。可不慎歟！

又　卷九七一《外臣部・朝貢第三》（天寶五載三月）陁拔斯單國王遣使來朝，獻馬四十匹。【略】

閏十月，陁拔斯單國王忽魯汗遣使獻千年棗。

又　卷九七五《外臣部・褒異第二》（天寶）十四載三月丁卯，陁拔國遣其王子自會羅來朝，授右武衛員外中郎將，賜紫袍、金帶、魚袋七事，留宿衛。

波臘

《隋書》卷四《煬帝紀下》（大業）十一年春正月甲午朔，大宴百寮。【略】波臘【略】等國並遣使朝貢。

大食

《舊唐書》卷四《高宗紀上》（永徽二年）八月乙丑，大食國始遣使朝獻。【略】

（六年）六月，大食國遣使朝貢。

又　卷一一《代宗紀》（大曆七年）大食【略】遣使朝貢。

又　卷一九八《西戎傳・大食》　永徽二年，始遣使朝貢。【略】長安中，遣使獻良馬。景雲二年，又獻方物。【略】尋又遣使朝獻。【略】

開元初，遣使來朝，進馬及寶鈿帶等方物。其使謁見，唯平立不拜，憲司欲糾之，中書令張説奏曰：『大食殊俗，慕義遠來，不可置罪。』上特許之。

宋・王溥《唐會要》卷一〇〇《大食國》　永徽二年八月，大食遣使朝貢。【略】開元初，遣使來朝，進良馬、寶鈿帶。其使謁見，平立不拜，云本國惟拜天神，雖見王，亦不拜。所司屢詰責之，其使遂依漢法致拜。【略】十三年，遣使蘇梨滿等十三人獻方物，授果毅，賜緋袍銀帶，遣還。

《新唐書》卷二二一下《西域傳下·大食》 永徽二年，大食王豃密莫末始遣使者朝貢。【略】

開元初，復遣使獻馬、鈿帶，謁見不拜，有司將劾之。中書令張説謂殊俗慕義，不可置於罪。玄宗赦之。使者又來，辭曰：『國人止拜天，見王無拜也。』有司切責，乃拜。【略】

十四年，遣使蘇黎滿獻方物，拜果毅，賜緋袍、帶。

宋·王欽若等《册府元龜》卷九七〇《外臣部·朝貢第三》 永隆二年五月，大食國【略】遣使獻馬及方物。

永淳元年五月，大食國【略】遣使獻方物。

又 卷九七一《外臣部·朝貢第四》 （開元七年）六月，大食國【略】遣使朝貢。【略】

（二十一年十二月）大食國王遣首領摩思覽達幹等來朝。【略】

（天寶三年）七月，大食國【略】遣使獻馬及寶。【略】

（四載）五月，大食【略】遣使來朝貢。

又 卷九七四《外臣部·褒異》 （開元四年）七月戊子，大食國黑密牟尼蘇於漫遣使獻金線織就寶裝、玉灑地瓶各一，授其使員外中郎將，放還蕃。

又 卷九七五《外臣部·褒異第二》 （開元十七年）九月乙未，大食國遣使來朝，且獻方物。賜帛百疋，放還蕃。【略】

（二十一年十二月）癸丑，大食王遣首領摩思覽達干等七人來朝，並授果毅，各賜絹二十疋，放還蕃。

黑衣大食

《舊唐書》卷一〇《肅宗紀》 （至德三載）五月壬申朔，迴紇、黑衣大食各遣使朝貢，至閤門爭長，詔其使各從左右門入。

又 卷一一《代宗紀》 （大曆四年正月）黑衣大食國使朝貢。

又 卷一三《德宗紀下》 （貞元七年正月）黑衣大食遣使朝貢。

又 卷一九八《西戎傳·大食》 至德初遣使朝貢，代宗時為元帥，亦用其國兵以收兩都。寶應、大曆中頻遣使來。

（貞元）十四年，詔以黑衣大食使含嵯、焉雞、沙北三人並為中郎將，各放還蕃。

宋·王欽若等《册府元龜》卷九七一《外臣部·朝貢第四》 （天寶十一載）十二月，黑衣大食【略】遣使來朝。【略】

（十二載三月）黑衣大食，並遣使獻方物。【略】

（四月）黑衣大食遣使來朝。【略】

（十二載十二月）黑衣遣使獻馬三十匹。

（十四載）七月，黑衣並遣使貢獻。【略】

十五載七月，黑衣大食遣大酋望二十五人來朝。【略】

乾元元年五月，壬申朔。【略】黑衣大食酋長鬧文等六人，並朝見。

又 卷九七二《外臣部·朝貢第五》 唐肅宗寶應元年五月戊申，【略】黑衣大食【略】遣使朝貢。【略】

（九年七月）黑衣大食【略】遣使來朝。

又 卷九七四《外臣部·褒異》 （天寶十一載）十二月己卯，黑衣大食謝多訶密遣使來朝，授左金吾衛員外大將軍，放還蕃。【略】

十二載七月辛亥，黑衣大食遣大酋望二十五人來朝，並授中郎將，賜紫袍、金帶、魚袋，放還蕃。【略】

十三載四月丙戌，【略】黑衣大食【略】遣使來朝，各賜帛有差，放還蕃。

大食附屬部族

《新唐書》卷二二一下《西域傳下·大食》 天寶六載，都盤等六國皆遣使者入朝，乃封都盤王謀思健摩訶延曰順化王，勃達王摩俱澀斯曰守義王，阿没王俱那胡設曰恭信王，沙蘭王卑路斯威曰順禮王，羅利支王伊思俱習曰義寧王，怛滿王謝没曰奉順王。

宋·王欽若等《册府元龜》卷九六五《外臣部·册封三》 （天寶）六載二月，封【略】羅利支國王伊思俱習為義寧王，岐蘭國王盧薛為義賓王，涅蒲國王謝没為奉順王，渤達國王摩俱溢思為守義王，都盤國王謀思健摩訶延為順德王，阿没國王俱般胡没為恭信王，沙蘭國王卑畧斯威為順禮王。

火辭彌

宋・王溥《唐會要》卷一〇〇《火辭彌國》　貞觀十八年三月，遣使貢方物，與摩羅遊使者偕來。

《新唐書》卷二二一下《西域傳下・波斯》　火辭彌，與波斯接。貞觀十八年，與摩羅游使者偕朝。

謝颶

《新唐書》卷二二一下《西域傳下・謝颶》　景雲初，遣使朝貢，後遂臣罽賓。開元八年，天子册葛達羅支頡利發誓屈爾爲王。至天寶中數朝獻。

宋・王欽若等《册府元龜》卷九七一《外臣部・朝貢第四》　（唐玄宗開元八年）九月，【略】謝颶國遣使來朝。【略】

（開元八年十二月）謝颶國並遣使來朝貢。【略】

（天寶三年七月）謝颶國【略】遣使獻馬及寶。【略】

四載二月，【略】謝颶【略】遣使獻方物。【略】

（十一載十二月）謝颶【略】遣使來朝。

（十二載三月）謝颶國【略】遣使獻方物。

帆延

《隋書》卷四《煬帝紀下》　（大業）十一年春正月甲午朔，大宴百寮。【略】范延【略】並遣使朝貢。

《新唐書》卷二二一下《西域傳下・帆延》　貞觀初，遣使者入朝。顯慶三年，以羅爛城爲寫鳳都督府，縛時城爲悉萬州，授王葍寫鳳州都督，管內五州諸軍事，自是朝貢不絕。

護密

《新唐書》卷二二一下《西域傳下・護蜜》　開元八年，册其王羅旅伊陀骨咄祿多毗勒莫賀達摩薩爾爲王。十六年，與米首領米忽汗同獻方物。明年，大酋烏鶻達干復朝。王死，册其從弟護真檀嗣王。二十九年，身入朝，宴內殿，拜左金吾衞將軍，賜紫袍、金帶。天寶初，王子頡吉匐請絕吐蕃，賜鐵券。八載，真檀來朝，請宿衞，詔可。授右武衞將軍，久乃遣。又遣首領朝貢。乾元元年，王紇設伊俱鼻施來朝，賜氏李。

宋・王欽若等《册府元龜》卷九七五《外臣部・褒異第二》　（開元十八年十月）甲寅，護密國王羅眞擅來朝，獻方物，賜帛兼袍、銀鈿帶、留宿衞。【略】

（二十一年）九月丙子，護密國眞檀來朝，宴于內殿，授左金吾衞將軍員外，賜紫袍、帶、魚袋等七事，及帛百疋，放還蕃。

又　卷九七六《外臣部・褒異第三》　乾元元年二月乙卯，護密國王使大首領羅友文來朝，加特進、左武衞大將軍，仍聽還蕃。七月癸未，護密國王紇設伊俱鼻施來朝，帝嘉之，賜姓李，改名崇信。

識匿

宋・王溥《唐會要》卷一〇〇《瑟匿國》　貞觀二十年三月，使至朝貢。

《新唐書》卷二二一下《西域傳下・識匿》　貞觀二十年，與似沒、役槃二國使者偕來朝。開元十二年，授王布遮波資金吾衞大將軍。天寶六載，王跌失伽延從討勃律戰死，擢其子都督、左武衞將軍，給祿居藩。

宋・王欽若等《册府元龜》卷九七一《外臣部・朝貢第四》　（開元十二年三月）識匿國王遣使獻馬及金精。【略】

（十三年三月）識匿國遣使獻馬。【略】

（十五年）十月，識匿國遣使賀正，【略】幷獻方物。

歐洲大秦分部

綜述

《舊唐書》卷一九八《西戎傳・拂菻》 貞觀十七年，拂菻王波多力遣使獻赤玻瓈、綠金精等物。太宗降璽書答慰，賜以綾綺焉。【略】乾封二年，遣使獻底也伽。大足元年，復遣使來朝。開元七年正月，其主遣吐火羅大首領獻獅子、羚羊各二。不數月，又遣大德僧來朝貢。

宋・王溥《唐會要》卷九九《拂菻國》 貞觀十七年，其王波多力遣使獻赤玻璃石、綠金精等物。太宗降璽書答慰。【略】乾封元年，遣使獻底也伽。大足元年，復遣使朝貢。開元十年正月，遣吐火羅大首領獻獅子二，羚羊二。四月，又遣大德僧来朝。

《新唐書》卷二二一下《西域傳下・拂菻》 貞觀十七年，王波多力遣使獻赤玻瓈、綠金精，下詔答賚。【略】乾封至大足，再朝獻。開元七年，因吐火羅大酋獻師子、羚羊。

宋・王欽若等《册府元龜》卷九七〇《外臣部・朝貢第三》 （景雲二年十二月）拂菻國獻方物。

非洲諸國分部

綜述

甘棠

宋・王溥《唐會要》卷九九《甘棠國》 甘棠在大海之南，崑崙人也。貞觀十年，與朱俱波國朝貢同日至。

《新唐書》卷二二二下《南蠻傳下・甘棠》 （貞觀）九年，甘棠使者入朝。

宋・王欽若等《册府元龜》卷九七〇《外臣部・朝貢第三》 （貞觀十年十二月）甘棠並遣使來朝。

殊奈

宋・王溥《唐會要》卷九八《殊柰國》 崑崙人也。【略】貞觀二年十月，使至朝貢。

《新唐書》卷二二二下《南蠻傳下・殊柰》 貞觀二年，使者上方物。

宋・王欽若等《册府元龜》卷九七〇《外臣部・朝貢第三》 （貞觀元年十月）殊柰並遣使朝貢。

遣使通好部

通紀概説分部

綜述

唐・蕭嵩等《大唐開元禮》卷一二九《嘉禮・皇帝遣使詣蕃宣勞》 前一日，執事者設使者次於大門外，道東，南向。其日，使者至，執事者引就次。使者以下俱公服，蕃主朝服，立於東階，東南，西面。使者出次，執事者引使者立於大門外之西，東面；使副立於使者西南，持節者立於使者之北。少退，令史二人對舉詔書案，立於使副西南，俱東向。執事者引蕃主，迎使者於大門外之南，北面再拜，使者不答拜。執事者引使者入，持節者前導，持案者次之。入門而左，使者詣階間，南面立；持節者立於使者之東，少南，西面；使副立於使者西南，持案者立於使副西南，俱東面。執事者引蕃主入，立於使者之南，北面；持節者脱節衣，持案者進使者前，使副取詔書，持案者退，復位；使副進授使者，退，復位。使者稱『有詔』，蕃主再拜；使者宣詔訖，蕃主又再拜。執事者引蕃主進使者前，北面受詔書，退，立於東階，東南，西面。持節者加節衣，執事者引使者，持節者前導，持案者次之，出復門外位。執事者引蕃主，拜送於大門外。使者還於次，執事者引蕃主入。

宋・李昉等《太平廣記》卷四八一《蠻夷二・新羅》 天寶初，使贊善大夫魏曜使新羅，策立幼主。【略】有客曾到新羅，因訪其行路。客曰『永徽中，新羅、日本皆通好遣使，兼報之。』出《紀聞》。

論說

宋・王欽若等《册府元龜》卷六五二《奉使部・宣國威》 夫膺皇華之選，以給傳遽之役，而能揚君之美，延譽於四方；宣國之威，折衝於萬里，斯可謂不辱命而獲考矣。由漢而下，乃有奉辭絶域，致使鄰壤，或招諭亡叛，或鎮撫危疑，震耀於皇靈，開示乎大信。宣布恩德，激昂辭氣，臨大節而無撓，抗雄辯而有章。繇是殊俗之長，稱臣以奉約；恃險之國，遣子而入侍。還俘掠於邊侯，歸職貢於宰旅，厥角聽命，改容率禮，革其驕驁之心，窒夫禍亂之隙。自非懷應變之明畧，挺匪躬之雅操，蹈難無苟免之志，遇事圖戡濟之績者，亦惡能有所立哉？

又 卷六六二《奉使部・使絶域》 王者文明之治，既成於中；震疊之威，將加乎外。思布皇澤，必選奇材。若乃經畧遠夷，懷柔絶域，一介而往，單車載馳，齎三歲之糧，通百金之貨，泛浮金没羽之水，歷沍寒多雨之國，窮山川之源，覽氣象之異，至於飲食非頁□，言語靡通，道閉不開，兵阻攸隔，而能罔憚回遠，志期宣導，莫不慎乃風操，奉其幣帛，以結於驩好，以致其琛賫，至於死亡畧盡，星紀屢周，握節而歸，不辱王命，非乎心比金石，志在功名者，豈及此哉？

出使朝鮮半島分部

綜述

《舊唐書》卷三《太宗紀下》 （貞觀二十二年）新羅女王金善德死，遣册立其妹真德為新羅王。

又 卷一四九《歸崇敬傳》 大曆初，以新羅王卒，授崇敬倉部郎中兼御史中丞賜紫金魚袋，充弔祭册立新羅使。至海中流，波濤迅急，舟船壞漏，衆咸驚駭。舟人請以小艇載崇敬避禍，崇敬曰：『舟中凡數十百人，我何獨濟？』逡巡，波濤稍息，竟免為害。故事，使新羅者至海東，多有所求，或攜資帛而往，貿易貨物，規以為利。崇敬一皆絶之，東夷稱重其德。使還，授國子司業兼集賢學士。

又 卷一九九上《東夷傳・高麗》 （武德）七年，遣前刑部尚書沈叔安往册建武為上柱國、遼東郡王、高麗王。【略】

（貞觀）五年，詔遣廣州都督府司馬長孫師往收瘞隋時戰亡骸骨，毁高麗所立京觀。【略】

太宗聞建武死，為之舉哀，使持節弔祭。十七年，封其嗣王藏為遼東郡王、高麗王。又遣司農丞相里玄奬賫璽書往，説諭高麗，令勿攻新羅。

又 《百濟傳》 （貞觀）十五年，璋卒，其子義慈遣使奉表告哀。太宗素服哭之，贈光禄大夫，賻物二百段，遣使册命義慈為柱國，封帶方郡王、百濟王。

又 《新羅傳》 其王金真平，隋文帝時授上開府、樂浪郡公、新羅王。武德四年，遣使朝貢。高祖親勞問之，遣通直散騎侍郎庾文素往使焉，賜以璽書及畫屏風、錦綵三百段，自此朝貢不絶。【略】

（貞觀）九年，遣使持節，册命善德柱國，封樂浪郡王、新羅王。【略】

天授三年，政明卒。則天為之舉哀，遣使弔祭，册立其子理洪為新羅王，仍令襲父輔國大將軍、行豹韜衛大將軍、鷄林州都督。理洪以長安二年卒，則天為之舉哀，輟朝二日，遣立其弟興光為新羅王，仍襲兄將軍、都督之號。【略】

（開元）二十五年，興光卒，詔贈太子太保，仍遣左贊善大夫邢璹攝鴻臚少卿往新羅弔祭，并冊立其子承慶襲父開府儀同三司、新羅王。璹將進發，上製詩序，太子以下及百寮咸賦詩以送之。上謂璹曰：『新羅號為君子之國，頗知書記，有類中華。以卿學術，善與講論，故選使充。此到彼，宜闡揚經典，使知大國儒教之盛。』又聞其人多善奕碁，因令善碁人率府兵曹楊季鷹為璹之副。璹等至彼，大為蕃人所敬。其國碁者，皆在季鷹之下。於是厚賂璹等金寶及藥物等。

天寶二年，承慶卒。詔遣贊善大夫魏曜往弔祭之，冊立其弟憲英為新羅王，并襲其兄官爵。【略】

（大曆）三年，上遣倉部郎中兼御史中丞賜紫金魚袋歸崇敬持節齎冊書，往弔冊之。以乾運為開府儀同三司、新羅王，仍冊乾運母為太妃。【略】

永貞元年，詔遣兵部郎中元季方持節，冊重興為王。【略】

（元和七年）命職方員外郎攝御史中丞崔廷持節弔祭冊立，以其質子金士信副之。【略】

（太和）五年，金彦昇卒，以嗣子金景徽為開府儀同三司、檢校太尉、使持節大都督鷄林州諸軍事、兼持節充寧海軍使、新羅王，景徽母朴氏為太妃，妻朴氏為妃。命太子左諭德兼御史中丞源寂持節弔祭冊立。

宋·王溥《唐會要》卷九五《新羅》 （永徽）五年，真德卒，高宗為舉哀，放永光門。使太常卿張文收持節弔祭之，贈開府儀同三司，仍賜綵二百段，詔其子春秋嗣位。【略】

大曆二年，憲英卒，冊立其子乾運為王。三年二月，命倉部郎中歸宗敬兼御史中丞，持節冊命。又冊乾運母為太妃。【略】

永貞元年，詔遣兵部郎中李元先持節，冊興為王。【略】

（元和）七年，命職方員外郎攝御史中丞崔持節弔祭冊立，其質子金士臣副之。【略】

太和四年，彦昇卒。五年四月，詔以新羅王金景徽為開府儀同三司、檢校太尉、使持節大都督雞林州諸軍事、兼充寧海軍使，景徽母朴氏宜冊為太妃，妻朴氏冊為妃。太子左諭德兼御史中丞源寂持節弔祭冊立焉。

宋·王欽若等《冊府元龜》卷九六四《外臣部·冊封第二》 （貞觀）十五年五月，詔曰：『懷遠之道，莫先於寵；命飾終之義，無隔於遐方。故柱國、帶方郡王、百濟王扶餘璋，棧山航海，遠禀正朔，獻琛奉賮，克固始終，奄致薨殞，追遠慜悼。宜加常數，式表哀榮，可贈光禄大夫。令其嫡子義慈嗣位，授柱國，封帶方郡王、百濟王。』使祠部郎中鄭文表持節備禮册命。

（貞觀）十七年閏六月，詔曰：『懷遠之規，前王令典；繼世之義，列代舊章。高麗王嗣子藏，器懷韶敏，識宇詳正，早習禮教，德義有聞，肇承藩業，誠欵先著。宜加爵命，允茲故實，可上柱國，封遼東郡王、高麗王。』遣使持節冊命。

又 卷九七四《外臣部·褒異》 龍朔元年九月，特進、新羅王金春秋薨，帝于雒城門舉哀，遣使持節往弔之。【略】

又 卷九八〇《外臣部·通好》 （元和七年）七月，以京兆府功曹李汭為殿中侍御史，充入新羅副使。【略】

（後周太祖廣順二年十月）淮南送高麗使陳參等到闕見，敕有司賜酒食、衣服。

《新唐書》卷一六四《歸崇敬傳》 大曆初，授倉部郎中充弔祭冊立新羅使。海道風濤，舟幾壞，衆驚，謀以單舸載而免。答曰：『今共舟數十百人，我何忍獨濟哉？』少選風息。先是，使外國多齎金帛，貿舉所無。崇敬囊橐惟衾衣，東夷傳其清德。還，授國子司業兼集賢學士。

又 卷一九八《朱子奢傳》 朱子奢，蘇州吳人。從鄉人顧彪授《左氏春秋》，善文辭。隋大業中，為直祕書學士。天下亂，辭疾還鄉里。後從杜伏威入朝，授國子助教。太宗貞觀初，高麗、百濟同伐新羅，連年兵不解。新羅告急，帝假子奢員外散騎侍郎，持節諭旨，平三國之憾。子奢有儀觀，夷人尊畏之，二國上書謝罪，贈遺甚厚。初，子奢行，帝戒曰：『海夷重學，卿為講大誼，然勿入其幣。還當以中書舍人處卿。』子奢唯唯。至其國，為發《春秋》題，納其美女。帝責違旨而猶愛其才，以散官直國子學。

又 卷二二〇《東夷傳·新羅》 （永徽）五年，真德死。帝為舉

哀，贈開府儀同三司，賜綵段三百。命太常丞張文收持節弔祭，以春秋襲王。【略】

（開元）二十五年，（興光）死，帝尤悼之，贈太子太保，命邢璹以鴻臚少卿弔祭，子承慶襲王。詔璹曰：『新羅號君子國，知《詩》、《書》。以卿惇儒，故持節往，宜演經誼，使知大國之盛。』又以國人善棋，詔率府兵曹參軍楊季鷹為副。國高奕皆出其下，於是厚遺使者金寶。俄冊其妻朴為妃。承慶死，詔使者臨弔，以其弟憲英嗣王。

宋・王溥《五代會要》卷三〇《高麗》 （後晉天福）六年八月，其國王王建為開府儀同三司、檢校太師、使持節玄菟州都督、充大義軍使、高麗國王。命國子博士謝攀持節就冊之。【略】

（開運二年）十二月，以權知高麗國事王武為特進、檢校太保、使持節玄菟州都督，充大義軍使、兼御史大夫、高麗國王。仍命光禄卿范光政、太子洗馬張季凝就行册命。【略】

（後周廣順元年）二月，以權知高麗國事王昭為特進、檢校太保、使持節玄菟州都督，充大義軍使、兼御史大夫、高麗國王。仍命衛尉卿劉皞、通事舍人顧彦浦持節冊之。劉皞尋卒于路，顧彦浦溺海而死。二年九月，復以太僕少卿王演借衛尉卿，充高麗國冊禮使，右衛率府呂繼贇借將作少監，充副使。【略】

（顯德）五年六月，命尚書水部員外郎韓彦卿、尚輦奉御金彦英使于高麗，因命賫帛數千疋，就彼市銅，以備鑄錢之用。

《舊五代史》卷八〇《晉書・高祖紀六》 （天福六年八月）甲寅，遣光禄卿張澄、國子博士謝攀使高麗，行冊禮。

《新五代史》卷一一《周紀・太祖紀》 （廣順二年）秋九月乙丑，太僕少卿王演使于高麗。

又 卷一二《周紀・恭帝紀》 （顯德六年）九月丙寅，左驍衛大將軍戴交使於高麗。

［朝鮮］佚名《朝鮮史畧》卷三《新羅紀・孝成王》 唐玄宗遣贊善大夫邢璹弔祭前王。初，帝謂璹曰：『新羅號為君子國，頗知書記。宜演經義，使知大國儒教之盛。』又以國人善碁，詔以參軍楊季鷹為副。璹到國，獻《道德經》。

藝文

唐・錢起《錢仲文集》卷五《送陸侍御使新羅二首》 衣冠周柱史，才學我鄉人。受命辭雲陛，傾城送使臣。去程滄海月，歸思上林春。始覺儒風遠，殊方禮樂新。

萬里三韓國，行人滿目愁。辭天使星遠，臨水澗霜秋。雲佩迎仙島，虹旌過蜃樓。定知懷魏闕，回首海西頭。

明・劉潤之《二皇甫集》卷四《［唐］皇甫冉〈送歸中丞使新羅〉》 詔使殊方遠，朝儀舊典行。浮天無盡處，望日計前程。暫喜孤山出，長愁積水平。野風飄疊鼓，海雨濕危旌。異俗知文教，通儒有令名。還將《大戴禮》，方外授諸生。

又 卷八《［唐］皇甫曾〈送歸中丞使新羅〉》 南憲銜恩去，東夷泛海行。天遥辭上國，水盡到孤城。已變炎涼氣，仍愁浩淼程。雲濤不可極，來往見雙旌。

唐・褚藏言《竇氏聯珠集》卷一《竇常〈奉送職方崔員外攝中丞新羅冊使〉》 帝命海東使，人行天一涯。辨方知木德，開國有金家。冊拜申恩重，留懽作限賒。順風鯨浪熟，初日錦帆斜。夜色潛然火，秋期獨往槎。慰安皆喻旨，忠信自無瑕。髮美童年髻，簪香子月花。便隨琛賮入，正朔在中華。

唐・權德輿《權文公集》卷四《送韋中丞奉使新羅》 淳化洽聲明，殊方均惠養。計書重譯至，惠命雙旌往。星辭北極遠，水泛東溟廣。斗柄辯霄程，天琛宜晝賞。孤光洲島迥，淨綠烟霞敞。展禮盛賓徒，交歡覿君長。經途勞視聽，愴别縈夢想。延頸旬歲期，新恩在歸鞅。

唐・劉禹錫《劉賓客文集》卷二八《送源中丞充新羅冊立使侍中之孫》 相門才子稱華簪，持節東行捧德音。身帶霜威辭鳳闕，口傳天語到雞林。煙開鼇背千尋碧，日浴鯨波萬頃金。想見扶桑受恩後，一時西拜盡傾心。

唐・顧況《華陽集》卷中《送從兄使新羅》 六氣銅渾轉，三光玉律調。河宫清奉賫，海嶽晏來朝。地絶提封入，天平錫貢饒。揚威輕破虜，柔服耻征遼。曙色黄金闕，寒聲白鷺潮。樓船非習戰，驄馬是嘉招。帝女飛銜石，鮫人賣淚綃。管寧雖不偶，徐市儻相邀。獨島緣空翠，孤霞上泬寥。蟾蜍同漢月，螮蝀異秦橋。水豹横吹浪，花鷹迥拂霄。晨裝凌莽渺，夜泊記招摇。幾路通圓嶠，何山是沃焦。颶風晴自起，陰火暝潛燒。鬢髮成新髻，人參長舊苗。扶桑啣日近，折木帶津遥。夢向愁中積，魂當别處銷。臨川思結網，見彈欲求鴞。共散羲和曆，誰差甲子朝。滄波仗忠信，譯語辨謳謡。疊鼓鯨鱗隱，陰帆鷁首飄。南溟垂大翼，西海飲文鰩。指景尋靈草，排雲聽洞簫。封侯萬里外，未肯後班超。

宋·李昉等《文苑英華》卷二九六《[唐]崔湜〈送梁卿王郎中使東蕃弔册〉》 梁侯上卿秀，王子中臺傑。贈册綏九夷，旌旃下雙闕。西堂禮樂送，南陌軒車别。征路入海雲，行舟泝江月。兹邦久欽化，歷載歸朝謁。皇心諒所嘉，寄爾宣風烈。

又 卷二九七《[唐]李益〈送歸中丞使新羅册立弔祭〉》 東望扶桑日，何年是到時？片帆通雨露，積水隔華夷。浩渺風來遠，虚明鳥去遲。長波静雲月，孤島宿旌旗。别葉傳秋意，廻潮動客思。滄溟無舊路，何處問前期。

又《[唐]吉中孚〈送歸中丞使新羅册立弔祭〉》 官稱漢獨坐，身是魯諸生。絶域通王制，窮天問水程。島中分萬象，日起轉雙旌。氣積魚龍窟，濤翻水浪新。路長經歲去，海盡向山行。復道殊方禮，人瞻漢使榮。

又《[唐]耿湋〈送歸中丞使新羅册立弔祭〉》 遠國通王化，儒林得使臣。立君成典册，行弔奉絲綸。雲水連孤棹，恩思在一身。悠悠龍節去，渺渺蜃樓新。望裏山仍暮，波中歲又春。昏明看日脚，靈怪問舟人。城邑分華夏，衣裳擬縉紳。他時命禮畢，歸路不迷津。

又《[唐]曹松〈送王中丞使日東〉》 辭天理玉簪，揆日使鷄林。獨有中華戀，方同積浪深。張帆度鯨口，啣命見臣心。渥澤遐宣後，歸期抵萬金。

清·彭定求等《全唐詩》卷五五六《馬戴〈送册東夷王使〉》 越海傳金册，華夷禮命行。片帆秋色動，萬里信潮生。日映孤舟出，沙連絶島明。翳空翻大鳥，飛雪灑長鯨。舊鬢廻應改，遐荒夢易驚。何當理風檝，天外問來程。

又 卷六〇一《李昌符〈送人入新羅使〉》 雞林君欲去，立册付星軺。越海程難計，征帆影自飄。望鄉當落日，懷闕羡迴潮。宿霧蒙青嶂，驚波蕩碧霄。春生陽氣早，天接祖州遥。愁約三年外，相迎上石橋。

雜録

唐·韓愈《順宗實録》卷二 （永貞二月乙丑）兵部郎中兼中丞元季方告哀于新羅，且册立新羅嗣王，主客員外郎兼殿中監馬于為副。

唐·李肇《唐國史補》卷下《元義使新羅》 元義方使新羅，發雞林洲，遇海島上有流泉，舟人皆汲攜之。忽有小蛇自泉中出，舟師遽曰：『龍怒。』遂發，未數里，風雨雷電皆至，三日三夜不絶。及雨霽，見遠岸城邑，問之，乃萊州也。

又《李汭不受贈》 朝廷每降使新羅，其國必以金寶，厚為之贈。唯李汭為判官，一無所受，深為同輩所嫉。

《新唐書》卷五八《藝文志·乙部史録·地理類》 顧愔《新羅國記》一卷。大曆中，歸崇敬使新羅，愔為從事。

出使日本分部

綜述

《隋書》卷八一《東夷傳·倭國》 大業三年，其王多利思比孤遣使朝貢。【略】明年，上遣文林郎裴清使於倭國。度百濟，行至竹島，南望躭羅國，經都斯麻國，迥在大海中。又東至一支國，又至竹斯國，又東至秦王國，其人同於華夏，以為夷洲，疑不能明也。又經十餘國，達於海岸。自竹斯國以東，皆附庸於倭。倭王遣小德阿輩臺，從數百人，設儀仗，鳴鼓角來迎。後十日，又遣大禮哥多毗，從二百餘騎郊勞。既至彼部，其王與清相見，大悅曰：『我聞海西有大隋禮義之國，故遣朝貢。我夷人僻在海隅，不聞禮義，是以稽留境內，不即相見。今故清道飾館，以待大使，冀聞大國惟新之化。』清答曰：『皇帝德並二儀，澤流四海，以王慕化，故遣行人，來此宣諭。』既而引清就館。其後清遣人謂其王曰：『朝命既達，請即戒塗。』於是設宴享以遣清，復令使者隨清來貢方物。此後遂絶。

唐·杜佑《通典》卷一八五《倭》　明年，帝遣文林郎裴清使於倭國。渡百濟，東至一支國，又至竹斯國，又東至秦王國，其人同於華夏，以為夷洲，疑不能明也。又經十餘國，達於海崖。自竹斯以東，皆附庸於倭。清將至，王遣小德阿輩臺，從數百人，設儀仗，鳴鼓角来迎。又遣大禮哥多毗，從二百餘騎郊勞。既至彼都，其王與清相見，設宴享以遣。復令使者，隨清来貢方物。【略】

大唐貞觀五年，遣新州刺史高仁表持節撫之，浮海數月方至。仁表無綏遠之才，與其王爭禮，不宣朝命而還。由是遂絶。

《舊唐書》卷一九九上《東夷傳·倭國》　貞觀五年，遣使獻方物。太宗矜其道遠，敕所司無令歲貢，又遣新州刺史高表仁持節往撫之。表仁無綏遠之才，與王子爭禮，不宣朝命而還。

宋·王溥《唐會要》卷九九《倭國》　貞觀十五年十一月，使至。太宗矜其路遠，遣高表仁持節撫之。表仁浮海數月，方至。自云路經地獄之門，親見其上氣色蓊鬱，又聞呼叫鎚鍛之聲，甚可畏懼也。表仁無綏遠之才，與王子爭禮，不宣朝命而還。由是復絶。

《新唐書》卷二二〇《東夷傳·日本》　太宗貞觀五年，遣使者入朝，帝矜其遠，詔有司毋拘歲貢。遣新州刺史高仁表往諭，與王爭禮不平，不肯宣天子命而還。

[日]舍人親王等《日本書紀》卷二二《推古天皇》　十六年夏四月，小野臣妹子至自大唐。唐國號妹子臣曰蘇因高。即大唐使人裴世清、下客十二人，從妹子臣至於築紫。遣難波吉士雄成，召大唐客裴世清等。為唐客更造新館於難波高麗館之上。

六月，壬寅朔。丙辰，客等泊于難波津。是日，以飾船三十艘，迎客等于江口，安置新館。於是以中臣宮地連烏磨呂、大河內直糠手、船史王平為掌客。【略】

秋八月，辛丑朔。癸卯，唐客入京。是日，遣飾騎七十五匹，而迎唐客於海石榴市衢。額田部連比羅夫以告禮辭焉。壬子，召唐客於朝廷，令奏使旨。時阿倍鳥臣、務部依網連抱，二人為客之導者也。於是大唐之國信物置於庭中。時使主裴世清親持書，兩度再拜，言上使旨而立之。其書曰：『皇帝問倭皇，使人長吏大禮蘇因高等至具懷。朕欽承寶命，臨養區宇，思弘德化，覃被含靈，愛育之情，無隔遐邇。知皇介居海表，撫寧民庶，境內安樂，風俗融合，深氣至誠，遠脩朝貢，丹款之美，朕有嘉焉。稍暄，比如常也。故遣鴻臚寺掌客裴世清等，旨宣往意，并送物如別。』時阿倍臣出進，以受其書而進行。大伴囓連迎出承書，置於大門前机上而奏之，事畢而退焉。是時，皇子、諸王、諸臣，悉以金髻華著頭，亦衣服皆用錦、紫、繡、織及五色綾羅。一云，服色皆用冠色。丙辰，饗唐客等於朝。

九月，辛未朔。乙亥，饗客等於難波大郡。辛巳，唐客裴世清罷歸。則復以小野妹子臣為大使，吉士雄成為小使，福利為通事，副于唐客而遣之。爰天皇聘唐帝，其辭曰：『東天皇敬白西皇帝。使人鴻臚寺掌客裴世清等至，久憶方解。季秋冷薄，尊何如？想清悆。此即如常。今遣大禮蘇因高、大禮乎那利等往。謹白，不具。』

又　卷二三《舒明天皇》　四年秋八月，大唐遣高表仁送三田耜，共泊于對馬。是時，學問僧靈雲、僧旻及勝鳥養、新羅送使等從之。

冬十月，辛亥朔。甲寅，唐國使人高表仁等，泊于難波津。則遣大伴連馬養，迎於江口。船三十二艘及鼓、吹、旗幟，皆具整飾。便告高表仁等曰：『聞天子所命之使，到于天皇朝。迎之。』時高表仁對曰：『風寒之日，飾整船艘以賜迎之，歡愧也。』於是令難波吉士小槻、大河內直矢伏，為導者到館前也。乃遣伊岐史乙等、難波吉士八牛，引客等入於館。即日，給神酒。

五年春正月，己卯朔。甲辰，大唐客高表仁等歸國。送使吉士雄摩呂、黑麻呂等，到對馬而還之。

又　卷二七《天智天皇》　（四年）九月，庚午朔。壬辰，唐國遣朝散大夫、沂州司馬、上柱國劉德高等。【略】十一月，己巳朔。辛巳，饗賜劉德高等。十二月，戊戌朔。辛亥，賜物於劉德高等。是月，劉德高等罷歸。

[日] **藤原繼繩等《續日本紀》卷二四《淳仁天皇》**（天平寶字六年正月）乙酉，遣參議從四位上藤原惠美朝臣真光饗唐人沈惟岳等沈惟岳，以天平寶字五年八月來航。於大宰府，賜大使以下禄有差。【略】

（五月）丁酉，大宰府言：唐客副使紀喬容已下卅八人狀云：『大使沈惟岳，贓污已露，不足率下。副使紀喬容、司兵晏子欽堪充押領，伏垂進止。』府官商量，所申有實。報曰：『大使、副使並是敕使，謝時和與蘇州刺史相量所定，不可改張。其還鄉之禄，亦依舊給。』【略】

八月，丁未朔。乙卯，敕：『唐人沈惟岳等著府，依先例安置供給。其送使者海陸二路，量便咸令入京。其水手者自彼放還本鄉。』【略】

（七年正月）高麗大使王新福言：『李家太上皇、少帝並崩，廣平王攝政。年穀不登，人民相食。史家朝義稱聖武皇帝，史思明之子。性有仁恕，人物多附，兵鋒甚强，無敢當者。鄧州、襄陽已屬史家，李家獨有蘇州。朝聘之路，固未易通。』於是敕大宰府曰：『唐國荒亂，兩家爭雄，平殄未期，使命難通。其沈惟岳等宜往往安置，優厚供給，其時服者並以府庫物給。如懷土情深，猶願歸鄉者，宜給駕船水手，量事發遣。』

又　卷三五《光仁天皇》（寶龜九年十一月）庚申，造舶二艘於安藝國，為送唐客也。辛酉，遣左少弁從五位上藤原朝臣鷹取敕旨，員外少輔從五位下健部朝臣人上，勞問唐使。【略】

（十二月）丁亥，仰左右京差發六位已下子孫，堪騎兵者八百人，為唐客入朝也。【略】

己丑，以從五位下布勢朝臣清直為送唐客使，正六位上甘南備真人清野、從六位下多治比真人濱成為判官、正六位上大網公廣道為送高麗客使，賻贈唐使趙寶英絁八十匹，綿二百屯。【略】

戊戌，仰陸奥、出羽，追蝦夷廿人，為擬唐客拜朝儀衛也。【略】

（十年四月）庚子，唐客入京。將軍等率騎兵二百、蝦夷廿人，迎接於京城門外三橋。

五月，辛丑朔。癸卯，唐使孫興進、秦怤期等朝見。上唐朝書，并貢信物。詔曰：『唐使上書，朕見之。唯客等遠來，艱辛行路，宜歸休於館，尋欲相見。』丁巳，饗唐使於朝堂。中納言從三位物部朝臣宅嗣宣敕曰：『唐朝天子及公卿，國内百姓平安以不？又海路難險，一二使人，或漂没海中，或被掠耽羅。朕聞之，悽愴於懷。又客等來朝，道次國宰祗供，如法以不？』唐使判官孫興進等言：『臣等來時，本國天子及公卿百姓並是平好。又朝恩遐覃，行路無恙，路次國宰，祗供如法。』又敕曰：『客等比在館中，旅情愁鬱，所以聊設宴饗，加授位階，兼賜禄物，卿等宜知之。』庚申，右大臣饗唐客於第。敕賜綿三千屯。【略】

乙丑，唐使孫興進等辭見。中納言從三位物部朝臣宅嗣宣敕曰：『卿等到此，未經多日，還國之期，忽然已至，渡海有時，不可停住。今對分別，悵望而已。又為送卿等，新造船二艘，并差使令賫信物，鎮卿等遣迴。又令所司置一盃別酒，兼有賜物，卿等好去。』孫興進等奏：『臣等多幸，得謁天闕，今乍拜辭，不勝悵戀。』【略】丁卯，唐使孫興進等歸國。【略】

（十月）癸丑，敕大宰府，唐客高鶴林等五人，與新羅貢朝使共令入京。

又　卷三六《光仁天皇》（寶龜十一年正月）己巳，天皇御大極殿受朝，唐使判官高鶴林、新羅使薩飡金蘭蓀等，各依儀拜賀。辛未，【略】是日，宴唐及新羅使於朝堂，賜禄有差。【略】癸酉，宴五位已上及唐、新羅使於朝堂，賜禄有差。【略】壬午，賜唐及新羅使射及踏歌。

[日] **德川光圀《大日本史》卷二四二《諸蕃・隋》**（推古帝）十六年夏，隋主使鴻臚寺掌客裴世清等來聘。築使邸於難波高麗館上，以飾船三十艘、飾騎七十五匹迎勞。裴世清等造闕再拜，獻國書、信物於庭。其書曰：『皇帝問倭皇，使人長吏大禮蘇因高等至具懷。朕欽承寶命，臨御區宇，思弘德化，覃被含靈，愛育之情，無隔遐邇。知皇介居海表，撫寧民庶，境内安樂，風俗融和，深氣至誠，遠修朝貢，丹款之美，朕有嘉焉。稍喧，此如常也。故遣鴻臚寺掌客裴世清等，稍宣往意，并送物如別。』宴世清等於朝。《日本紀》。

帝問皇太子曰：『書辭如何？』太子曰：『賜諸侯書式也，然曰皇、曰帝，其義一矣。彼之書用皇字，宜答書以報也。』帝從之。《聖德太子傳曆》。太子親艸書曰：『東天皇敬白西皇帝。使人鴻臚寺掌客裴世清等至，久憶方解。季秋薄冷，尊何如，想清悆，此即如常。今大體蘇因高、大禮乎那利等往，謹白不具。』又使小野妹子為大使，難波雄成為小使，鞍作福利為通事，學生倭漢福因、奈羅譯語惠明、高向玄理等八人，送世清等。明年秋，妹子還。鞍作福利留而不歸。蘇因高即妹子，乎那利即雄成也。

又《**唐**》　舒明帝二年秋，使大仁犬上御田鍬、大仁醫師惠日聘于唐。四年，唐主使新州刺史高表仁送御田鍬。明年，遣吉士雄麻呂等送高表仁至對馬而還。《日本紀》。新洲敕使據《舊唐書》。

（光仁帝寶龜八年七月）遣中使趙寶英，將答信物，送使者。持節使拜辭曰：『本國海路遙遠，漂蕩不測。今中使云往，冒涉波濤。萬一顛踬，恐曠王命。』唐主再使傳旨曰：『朕有少信物，差寶英等押送。道義所在，不以為勞。』既而趙寶英等以九月解纜。海中淫風，小野石根等三十八人，趙寶英等二十五人，船破溺死。副使小野滋野船到肥前松浦郡橘浦，具狀以聞。即敕太宰府，迎勞唐使促滋野入京師。

（寶龜）十年，唐使孫興進、秦怤期入京師。領唐客使奏：『唐使之行，左右建旗。亦有帶仗官，立旗前後。臣等稽之古典，未見斯例。伏請處分。』朝議：『唯聽帶仗，勿令建旗。』又奏：『往時粟田真人等發自楚州，到長樂驛，五品舍人郊迎勞問。此時未見拜謝之禮。新羅朝貢使王子泰廉入京之日，官使宣命賜迎馬，王子斂轡，馬上答謝。但渤海使皆悉下馬，再拜儛踏。今領唐客使，准據何例者？』便撰行立、進退、饗宴、應對之儀注，下于領客使。

孫興進等朝見，上國書、信物，乃宴孫興進等於朝堂。中納言物部宅嗣宣敕曰：『唐國天子及公卿、國內百姓，平安以不？海路艱險，一二使人，或漂没海中，或困于耽羅，朕聞之悽愴。卿幸而無恙而來，道次國宰，供待如法不？』孫興進等言：『臣等來時，本國天子及公卿、百姓平安。又朝恩遐覃，海路得無恙。道次國宰，供待甚至。』因授位、賜物有差。以布勢清直為送唐客使，甘南備清野、多治比濱成陳為判官，送孫興進。《續日本紀》。

是夏，唐主殂，子适立，是為德宗。《唐書》。冬，唐人高鶴林與新羅貢調使金蘭孫等俱入朝。《續日本紀》。按高鶴林與趙寶英俱來，遇風飄到新羅，至此而入朝乎。

雜録

［**高麗**］**金富軾**《**三國史記**》**卷二七**《**百濟・武王紀**》　（九年春三月）隋林郎裴清奉使倭國，經我國南路。

［**日**］**舍人親王等**《**日本書紀**》**卷二七**《**天智天皇**》　（三年）夏五月，戊申朔。甲子，（唐）百濟鎮將劉仁願遣朝散大夫郭務悰等，進表函與獻物。【略】

冬十月，乙亥朔。宣發遣郭務悰等敕。【略】

十二月，甲戌朔。乙酉，郭務悰等罷歸。【略】

（六年）十一月，丁巳朔。乙丑，（唐）百濟鎮將劉仁願，遣熊津都督府熊山縣令、上柱國司馬法聰等，送大山下境部連石積等於築紫都督府。己巳，司馬法聰等罷歸。以小山下伊吉連博德、大乙下笠臣－諸石，為送使。【略】

（八年）大唐遣郭務悰等二千餘人［来］。【略】

（十年正月）辛亥，（唐）百濟鎮將劉仁願遣李守真等上表。【略】

秋七月，丙申朔。丙午，唐人李守真等，百濟使人等，並罷歸。【略】

十一月，甲午朔。癸卯，對馬國司遣使於築紫大宰府言：『月生二日，沙門道久、築紫君薩野馬、韓島勝娑婆、布師首磐四人從唐來曰：「唐國使人郭務悰等六百人，送使沙宅孫登等一千四百人，總合二千人，乘船四十七隻，俱泊於比知島。相謂之曰：今吾輩人船數衆，忽然到彼，恐彼防人驚駭射戰。乃遣道文等，預稍披陳來朝之意。」』

又　卷二八《**天武天皇上**》　元年春三月，壬辰朔。己酉，遣内小七位阿曇連稻敷於築紫，告天皇喪於郭務悰等。於是郭務悰等咸著喪服，三遍舉哀，向東稽首。壬子，郭務悰等再拜，進書函與信物。

夏五月，辛卯朔。壬寅，以甲、冑、弓矢賜郭務悰等。是日，賜郭務悰等物，總合絁一千六百起時三匹、布二千八百五十二端、綿六百六十六斤。【略】庚申，郭務悰等罷歸。

［**日**］**德川光圀**《**大日本史**》**卷二四二**《**諸藩・唐**》　（天智帝）

甲子歲，唐百濟鎮將劉仁願遣朝散大夫郭務悰等來，內臣中臣鎌足道遣沙門智祥，賜物郭務悰等。按《善鄰國寶記》曰：『郭務悰來聘，使僧智辨問曰：「有表函獻物以不？」務悰曰：「有將軍牒書、獻物。」智辨奏聞，廷議以為彼非唐天子之使，不當入京師。即令太宰府移牒於百濟鎮將，並以其意告諭務悰等，卻獻物，自府放還。』

乙丑歲，遣朝散大夫沂州司馬上柱國劉德高，右威衛郎將上柱國郭務悰來聘，《日本紀》及一說。併送還學僧定惠。《日本紀》註引《伊吉博德書》。詔饗賜德高等於築紫。遣小錦守大石小山、坂合部石積等，送德高等。《日本紀》及一說。

丁卯歲，唐百濟鎮將劉仁願，遣熊津都督府熊山縣令司馬法聰，送坂合部石積等，至築紫都督。法聰歸，乃以小山下伊吉博德、大乙下笠諸石為送使。【略】

四年，唐百濟鎮將劉仁願遣李守真上表。冬，唐使郭務悰等六百人，及送使抄宅孫登等一千四百人，船四十七艘，泊比智島。郭務悰等以人船衆多，慮驟至致疑防，先遣沙門道文等于對馬，告來朝之意。對馬國司牒知太宰府，府即馳驛以聞。天智帝崩。帝大友元年春，遣內小七位阿曇稻敷於太宰府，告喪於郭務悰。郭務悰等咸易服，舉哀者三，東向稽首再拜，進善及信物。夏，以絁一千六百七十三匹、布二千八百五十二端、綿六百六十六斤，頒賜郭務悰等。別賜甲冑、弓矢於郭務悰，發回之。《日本紀》。

又 卷一一六《清海惟岳傳》 清海惟岳，唐人也。本姓沈，越州浦陽府折衝賞紫金魚袋。寶字中，高元度自唐歸，唐以惟岳為押水手官，護送元度，至太宰府。敕遣參議藤原真先，饗賜惟岳等。太宰府上言：『唐副使紀喬容已下三十八人，共言：「大使沈惟岳贓汙已露，不足率下。副使紀喬容，司兵晏子欽，堪充押領。伏請進止。」府官商量，所言有實。』詔報曰：『大使、副使，並唐中謁者謝時和與蘇州刺史所量定，不可改張。』將發，風波不順，敕府依例供給。高麗使王新福來告：『廣平王攝政，史朝義聲帝。鄧州襄楊已屬史家，李家唯有蘇州，道路未通。』敕太宰府：『安置惟岳等。』並賜時服。惟岳遂留而不還。授從六位上。寶龜中，至從五位下，賜今姓，編附左京。延曆中，為美作權掾。《續日本紀》。

出使東南亞諸國分部

綜述

《隋書》卷三《煬帝紀上》 （大業四年三月）丙寅，遣屯田主事常駿使赤土，致羅罽。

又 卷二四《食貨志》 是歲，【略】乃使屯田主事常駿使赤土國，致羅剎。

又 卷八二《南蠻傳·赤土》 煬帝即位，募能通絕域者。大業三年，屯田主事常駿、虞部主事王君政等請使赤土。帝大悅，賜駿等帛各百匹，時服一襲，而遣齎物五千段，以賜赤土王。其年十月，駿等自南海郡乘舟，晝夜二旬，每值便風，至焦石山而過東南，泊陵伽鉢拔多洲，西與林邑相對，上有神祠焉。又南行，至師子石，自是島嶼連接。又行二三日，西望見狼牙須國之山，於是南達雞籠島，至於赤土之界。其王遣婆羅門鳩摩羅以舶三十艘來迎，吹蠡擊鼓，以樂隋使，進金鏁以纜駿船。月餘，至其都，王遣其子那邪迦請與駿等禮見。先遣人送金盤，貯香花并鏡鑷，金合二枚，貯香油，金瓶八枚，貯香水，白疊布四條，以擬供使者盥洗。其日未時，那邪迦又將象二頭，持孔雀蓋，以迎使人，并致金花、金盤，以藉詔函。男女百人奏蠡鼓，婆羅門二人導路，至王宮。駿等奉詔書上閤，王以下皆坐。宣詔訖，引駿等坐，奏天竺樂。事畢，駿等還館。又遣婆羅門就館送食，以草葉為盤，其大方丈。因謂駿曰：「今是大國中人，非復赤土國矣。飲食疎薄，願為大國意而食之。」後數日，請駿等入宴，儀衛導從如初見之禮。王前設兩牀，牀上並設草葉盤，方一丈五尺，上有黃、白、紫、赤四色之餅，牛、羊、魚、鼈、豬、蝳蝐之肉百餘品。延駿升牀，從者坐於地席，各以金鍾置酒，女樂迭奏，禮遺甚厚。尋遣那邪迦隨駿貢方物，并獻金芙蓉冠、龍腦香。以鑄金為多羅葉，隱起成文以為表，金函封之，令婆羅門以香花奏蠡鼓而送之。既入海，見綠魚羣飛水上。浮海十餘日，至林邑東南，並山而行。其海水闊千餘步，色黃氣腥，舟行一日不絶，云是大魚糞也。循海北岸，達於交阯。駿以六年春，與那邪迦於弘農謁，帝大悦，賜駿等帛二百段，俱授秉義尉，那邪迦等官賞各有差。

唐·杜佑《通典》卷一八八《邊防典四·南蠻下·羅刹》　隋煬帝大業三年，遣使常駿等使赤土國，至羅刹。

宋·司馬光《資治通鑑》卷一八一《隋紀五·煬皇帝上之下》　（大業四年三月乙丑）帝募能通絶域者，屯田主事常駿等請使赤土，帝大悦。丙寅，命駿齎物五千段，以賜其王。赤土者，南海中遠國也。

唐·張九齡《曲江集》卷一二《敕安南首領爨仁哲書》　敕安南首領歸州刺史爨仁哲、潘州刺史潘明威、獠子首領阿廸和、蠻大鬼主孟谷悮、姚州首領左威衛將軍爨彦徵、將軍昆州刺史爨嗣紹、黎州刺史爨曾、戎州首領右監門衛大將軍南州刺史爨歸王、南寧州司馬威州刺史都大鬼主爨崇道、昇麻縣令孟耽卿等：雖在僻遠，各有部落，俱屬國家，並識王化。比者時有背叛，似是生梗，及其審察，亦有事由。或都府不平，處置有失，或朋讐相嫌，經營損害。既無控告，自不安寧，兵戈相防，亦不足深怪也。然則既漸風化，亦當頗革蠻俗，有須陳請，何不奏聞？蕃中事宜，可具言也。今故令掖庭令安道訓往彼宣問，並令口具，有不穩便，可一一奏聞。秋中已涼，卿及百姓並平安好。遣書指不多及。

宋·王欽若等《册府元龜》卷六六三《奉使部·羈留》　（唐）强文彩史不載官為安南送冬衣使，為黄洞賊所留。

《新唐書》卷五八《藝文志·乙部史録·地理類》　達奚通《海南諸蕃行記》一卷。

宋·王應麟《玉海》卷一六《地理·異域圖書·唐西域記》　達奚通《海南諸蕃行記》一卷。《書目》云：《西南海諸蕃行記》一卷，唐上元中唐州刺史達奚弘通撰。弘通以大理司直使海外，自赤土至虔那，凡經三十六國，略載其事。

藝文

唐·杜荀鶴《唐風集》卷二《贈友人罷舉赴交趾辟命》　罷却名場擬入秦，南行無罪似流人。縱經商嶺非馳驛，須過長沙弔逐臣。舶載海奴鐶硾耳，象駞蠻女綵纏身。如何待取丹霄桂，别赴嘉招作上賓？

唐·陸龜蒙《松陵集》卷五《皮日休〈五貺詩·訶陵樽〉》　一片鱟魚殼，其中生翠波。買須饒紫貝，用合對紅螺。盡瀉判狂藥，禁敲任浩歌。明朝與君後，爭那玉山何？

又《陸龜蒙〈奉和五貺詩·訶陵樽〉》　魚骼匠成樽，猶殘海浪痕。外堪欺玳瑁，中可酌崑崙酒名。水繞苔磯曲，山當草閣門。此中醒復醉？何必問乾坤！

出使南亞諸國分部

綜述

泥婆羅

唐·釋道世《法苑珠林》卷一六《敬佛篇·業因部》　王玄策《西國行傳》云：唐顯慶二年，敕使王玄策等往西國，送佛袈裟。至泥婆羅國，西南至頗羅度來村東坎下。有一水火池，若將家火照之，其水上即有火焰於水中出；欲滅以水沃之，其焰轉熾。漢使等曾於中，架一釜煮飯熟。使問彼國王，國王答使人云：『曾經以杖刺著一金匱，令人挽出，一挽一深。相傳云，此是彌勒佛當來成道天冠金，火龍防守之。此池火，乃是火龍火也。』

《舊唐書》卷一九八《西戎傳·泥婆羅》　貞觀中，衛尉丞李義表往使天竺，塗經其國，那陵提婆見之大喜，與義表同出觀阿耆婆沵池，周迴二十餘步，水恒沸，雖流潦暴集，爍石焦金，未嘗增減。以物投之，即生烟焰，懸釜而炊，須臾而熟。其後王玄策爲天竺所掠，泥婆羅發騎與吐蕃共破天竺有功。永徽二年，其王尸利那連陀羅又遣使朝貢。

《新唐書》卷二二一上《西域傳上·泥婆羅》　貞觀中，遣使者李義表到天竺，道其國，提婆大喜，延使者同觀阿耆婆泺池。池廣數十丈，水常溢沸，共傳旱潦未始耗溢，或抵以物則生煙，釜其上，少選可熟。

天　竺

唐・釋道世《法苑珠林》卷五《六道篇・戰鬬部》　《西國志》云：中印度在瞻波國。西南山石澗中，有修羅窟。【略】唐國使人王玄策，已三度至彼。

又　卷二九《感通篇・聖迹部》　又依王玄策《傳》云：此漢使奉敕往摩伽陀國摩訶菩提寺立碑，至貞觀十九年二月十一日，於菩提樹下塔西建立，使典司門令史魏才書。

昔漢魏君臨，窮兵用武，興師十萬，日費千金，猶尚北勒闐顔，東封不耐。大唐牢籠六合，道冠百王，文德所加，溥天同附。是故身毒諸國，道俗歸誠。皇帝愍其忠款，遐軫聖慮，乃命使人朝散大夫、行衛尉寺丞、上護軍李義表，副使前融州黄水縣令王玄策等二十二人，巡撫其國，遂至摩訶菩提寺所菩提樹下金剛之座。賢劫千佛，並於中成道。嚴飾相好，具若真容，靈塔淨地，巧窮天外。此乃曠代所未見，史籍所未詳。皇帝遠振鴻風，光華道樹，爰命使人，屆斯瞻仰。此絶代之盛事，不朽之神功，如何寢默詠歌、不傳金石者也？乃為銘：

大唐撫運，膺圖壽昌，化行六合，威稜八荒。
身毒稽顙，道俗來王，爰發明使，瞻使道場。
金剛之座，千佛代居，尊容相好，彌勒規摹。
靈塔壯麗，道樹扶疏，歷劫不朽，神力焉如。【略】

又依王玄策《傳》云：粤以大唐貞觀十七年三月内，爰發明詔，令使人朝散大夫、行衛尉寺丞、上護軍李義表，副使前融州黄水縣令王玄策等，送婆羅門客還國。其年十二月，至摩伽陀國。因即巡省佛鄉，覽觀遺蹤，聖迹神化，在處感徵。至十九年正月二十七日，至王舍城，遂登耆闍崛山，流目縱觀，傍眺罔極。自佛滅度千有餘年，聖迹遺基，儼然具在，一行一坐，皆有塔記。自惟器識邊鄙，忽得躬覩靈迹，一悲一喜，不能裁抑。因銘其山，用傳不朽，欲使大唐皇帝與日月而長明，佛法弘宣，共此山而同固。其辭曰：

大唐出震，膺圖龍飛，光宅率土，恩覃四夷。化高三五，德邁軒羲，高懸玉鏡，垂拱無為。其一

道法自然，儒宗隨世，安上作禮，移風樂制。發於中土，不同葉裔，釋教降此，運於無際。其二

神力自在，應化無邊，或涌於地，或降於天。百億日月，三千大千，法雲共扇，妙理俱宣。其三

爵乎此山，奇狀增多，上飛香雲，下臨澄波。靈聖之所降集，賢懿之所經過。存聖迹於危峰，竚遺趾於巖阿。其四

參差嶺障，重疊巖廊，鏗鏘寶鐸，馪馧異香。覽華山之神蹤，勒貞碑於崇崗，馳大唐之淳化，齊天地之久長。其五【略】

又此東南往古王寺，有佛頂骨一片，廣二寸餘，色黄白，髮孔分明。至大唐龍朔元年春初，使人王玄策從西國將來。今現宮内供養。

又　卷三九《伽藍篇・致敬部》　《西域志》云：王玄策至大唐顯慶五年九月二十七日，菩提寺主名戒龍，為漢使王玄策等設大會。使人已下，各贈華氈十段并食器，次伸呈使獻物龍珠等，具録大真珠八箱，象牙佛塔一，舍利寶塔一，佛印四。至於十月一日，寺主及餘衆僧餞送使人。西行五里，與使泣涙而別曰：『會難別易，物理之然。況龍年老。此寺即諸佛成道處，為奏上於此存情，預修當來大覺之所言。』

又　卷五五《破邪篇・妄傳邪教》　即如大唐太宗文皇帝及今皇帝，命朝散大夫、衛尉寺丞、上護軍李義表，副使前融州黄水縣令王玄策等二十二人，使至西域，前後三度。

《舊唐書》卷一九八《西戎傳・天竺》　貞觀十五年，尸羅逸多自稱摩伽陀王，遣使朝貢。太宗降璽書慰問，尸羅逸多大驚，問諸國人曰：『自古曾有摩訶震旦使人至吾國乎？』皆曰：『未之有也』乃膜拜而受詔書，因遣使朝貢。太宗以其地遠，禮之甚厚。復遣衛尉丞李義表報使，尸羅逸多遣大臣郊迎，傾城邑以縱觀，焚香夾道。逸多率其臣下，東面拜受敕書，復遣使獻火珠及鬱金香、菩提樹。貞觀十年，沙門玄奘至其國，將梵本經論六百餘部而歸。先是，遣右率府長史王玄策使天竺，其四天竺國王咸遣使朝貢。會中天竺王尸羅逸多死，國中大亂，其臣那伏帝阿羅那順篡立，乃盡發胡兵，以拒玄策。玄策【略】俘阿羅那順以歸。二十二年，

至京師。太宗大悦，命有司告宗廟，而謂羣臣曰：『夫人耳目玩於聲色，口鼻耽於臭味，此乃敗德之源。若婆羅門不刼掠我使人，豈為俘虜耶？昔中山以貪寶取弊，蜀侯以金牛致滅，莫不由之。』拜玄策朝散大夫。【略】太宗之葬昭陵也，刻石像阿羅那順之形，列於玄闕之下。

五天竺所屬之國數十，風俗物産畧同。有伽没路國，其俗開東門以向日。王玄策至，其王發使，貢以奇珍異物及地圖，因請老子像及《道德經》。

宋・王溥《唐會要》卷一〇〇《天竺國》 貞觀初年，中國沙門玄奘至其中國天竺，王尸羅逸多謂玄奘曰：『吾聞中國有聖王作，出《秦王破陣樂》。試為我説秦王之為人也。』玄奘具言聖德，王曰：『信如所言我當自朝也』至十五年，自稱摩伽佗王，遣使朝貢，上乃遣雲騎尉梁懷璥往通其國。尸羅多大驚，問諸國人曰：『自古亦有摩訶震旦使人至吾國乎？』皆曰：『未之有也。』乃遣使隨懷璥來朝。至二十二年四月，遣使右衛長史王玄策奉使天竺國，至，尸羅逸多死，其國大亂，發兵拒玄策，遂率吐蕃兵犬破之，虜其王以歸。

《新唐書》卷二二一上《西域傳・天竺》 貞觀十五年，自稱摩伽陀王，遣使者上書。帝命雲騎尉梁懷璥持節尉撫。尸羅逸多驚問國人：『自古亦有摩訶震旦使者至吾國乎？』皆曰：『無有。』戎言中國為摩訶震旦，乃出迎膜拜，受詔書，戴之頂。復遣使者隨入朝，詔衛尉丞李義表報之，大臣郊迎，傾都邑縱觀，道上焚香。尸羅逸多率羣臣東面受詔書，復獻火珠鬱、金菩提樹。

二十二年，遣右衛率府長史王玄策使其國，以蔣師仁為副。未至，尸羅逸多死，國人亂，其臣那伏帝阿羅那順自立，發兵拒玄策。【略】玄策執阿羅那順，獻闕下。【略】

摩揭它，一曰摩伽陀，本中天竺屬國。【略】高宗又遣王玄策至其國，摩訶菩提祠立碑焉。後德宗自製鍾銘，賜那爛陀祠。

罽賓

唐・圓照《大唐貞元新譯十地等經記・十力經序・悟空入竺記》

遇玄宗至道大聖大明孝皇帝理天下，萬國歡心，八表稱臣，四夷欽化。時罽賓國願附聖唐，使大首領薩波達幹與本國三藏舍利越魔，天寶九載庚寅之歲來詣闕庭，獻款求和，請使巡按。次於明年辛卯之祀，玄宗皇帝敕中使、內侍省內寺伯、賜緋魚袋張韜光將國信物，行官奉傔四十餘人，蒙恩授奉朝左衛涇州四門府別將，員外置同正員，令隨使臣，取安西路，次疏勒國，次度葱山，至楊興嶺，及播蜜川五赤匿國。亦云式匿。次護密國，次拘緯國，次葛藍國，次藍婆國，次孽和國，次烏仗那國，亦云烏長及烏纏國。茫誐勃國，及高頭城。次摩但國，次信度城，近信度河也。亦云信圖，或云辛頭城。至十二載癸巳二月二十一日，至乾陀羅國，梵音正曰健馱邏國。此即罽賓東都城也。王者冬居此地，夏處罽賓，隨其暄涼，以順其性。時王極垂禮接，只奉國恩。使還對辭，並得信物，獻款進奉，旋歸大唐。

宋・釋贊寧《宋高僧傳》卷三《譯經篇第一之三・唐上都章敬寺悟空傳》 釋悟空，京兆雲陽人。【略】屬玄宗德被遐方，罽賓國願附大唐，遣大首領薩婆遠幹與三藏舍利越摩，於天寶九載來朝闕庭，請使巡按。明年，敕中使張韜光將國信，行官兼吏四十餘人西邁。時空未出俗，名奉朝，授左衛涇州四門府別將，令隨使臣自安西路去。至十二載，至健陀羅國，罽賓東都城也。其王禮接唐使，使迴，空篤疾，留健陀羅。病中發願，痊當出家，遂投舍利越摩落髮，號達摩馱都，華言法界。當肅宗至德二年也。

《新唐書》卷二二一上《西域傳上・罽賓》 貞觀中，獻名馬。太宗詔大臣曰：『朕始即位，或言天子欲耀兵，振伏四夷。惟魏徵勸我脩文德，安中夏，中夏安，遠人伏矣。今天下大安，四夷君長皆來獻，此徵力也。』遣果毅何處羅拔等厚齎賜其國，并撫尉天竺。處羅拔至罽賓，王東向稽首再拜，仍遣人導護使者至天竺。

雜録

唐・釋道世《法苑珠林》卷二九《感通篇・聖迹部》 又東北度殑伽河，行百五十餘里，至吠舍釐國，屬中印度。梵云毘舍離國。【略】於大唐顯慶年中，敕使衛長史王玄策因向印度，過淨名宅，以笏量基，止有十笏，故號方丈之室也。

又 卷三八《敬塔篇・故塔部》《西域志》云：罽賓國廣崇佛教。其都城內有寺名漢寺。昔日漢使向彼，因立浮圖，以石搆成，高百尺。道俗虔恭，異於殊常。

宋・釋志磐《佛祖統紀》卷四〇《法運通塞志第十七之六・唐・太宗》（貞觀）十七年，【略】敕衛尉丞李義表、黃水令王元策使西域，遊歷百餘國。至毘離耶城東北維摩室，元策以手板量之，縱橫得十笏，因號方丈。復登耆闍崛山，刻碑紀唐威德。

又《高宗》龍朔元年，王元策進西天所得佛頂舍利。

清・徐文靖《管城碩記》卷二五《詩賦一》按《山海經》：大荒之中，日月所出，名曰折丹。郭璞曰：神人震旦，與折丹音近，以中國為震旦，神之也。《法苑珠林》：梵稱此方為脂那，或云真丹，或云震旦。唐玄奘見戒賢論師，曰：頃夢文殊大士謂吾曰：後三年，震旦有大沙門從汝授道。《唐書・天竺傳》：貞觀十五年，帝命雲騎尉梁懷璥持節慰撫。尸羅逸多驚問國人：『自古亦有摩訶震旦使者至吾國乎？』皆曰：『無有。』戎言中國為摩訶震旦，乃出迎膜拜。《南詔傳》：【略】詩言『居震旦』，自以為居中國耳。徐陵《傅大士碑》：用震旦之常儀，乖闍維之舊法。王半山和俞秀老禪思詞：怎得離真丹？皆謂此也。

出使中亞西亞諸國分部

綜述

《隋書》卷八三《西域傳序》煬帝時，遣侍御史韋節、司隸從事杜行滿使於西蕃諸國。至罽賓得碼碯杯，王舍城得佛經，史國得十儛女、師子皮、火鼠毛而還。

又《安國傳》煬帝即位之後，遣司隸從事杜行滿使於西域，至其國，得五色鹽而返。

又《波斯傳》煬帝遣雲騎尉李昱使通波斯，尋遣使隨昱貢方物。

唐・張九齡《曲江集》卷一〇《敕安西節度王斛斯書》敕王斛斯：得卿表幷大食東面將軍呼邏散訶密表，具知卿使張舒耀計會兵馬迴。此雖遠蕃，亦是强國。觀其意理，似存信義。【略】若舒耀等虛有報章，未得要領，豈徒不實，當有所懲。絕域行人，不容易也。

唐・杜佑《通典》卷一九三《邊防典九・西戎五・吐火羅》龍朔元年，吐火羅置州縣使王名遠進《西域圖記》，幷請于闐以西、波斯以東十六國，分置都督府及州八十，縣一百，軍府百二十六，仍於吐火羅國立碑以紀聖德。帝從之。

《舊唐書》卷一九八《西戎傳・波斯》卑路斯龍朔元年奏言：頻被大食侵擾，請兵救援。詔遣隴州南由縣令王名遠充使西域，分置州縣，因列其地疾陵城為波斯都督府，授卑路斯為都督。是後數遣使貢獻。

宋・王溥《唐會要》卷七三《安西都護府》龍朔元年六月十七日，吐火羅道置州縣使王名遠進《西域圖志》，並請于闐以西、波斯以東十六國，分置都督府及州八十，縣一百一十，軍府一百二十六，仍以吐火羅立碑以記聖德。詔從之。

又 卷九九《吐火羅國》（永徽）三年，其葉護那火烏涅波奉表告立，高宗遣置州縣使王名遠到其國所，以理阿緩大城為月氏都督府，仍分其小城為二十四州，以烏涅波為都督。五年，烏涅波遣子伊室達官弩來朝。

又《康國》顯慶三年，高宗遣果毅董寄生，列其所居城為康居都督府，仍以其王拂呼縵為都督。

又《史國》顯慶三年，遣果毅董寄生，列其所治為祛沙州，以其王昭武失阿曷為刺史。

又 卷一〇〇《波斯國》龍朔元年，其國王畢路斯奏：頻被大食侵擾，請兵救援之。詔遣隴州南田縣令王名遠使西域，分置州縣，因列其地陵城為波斯都督府，授畢路斯為都督。是後數遣使貢獻焉。

《新唐書》卷二二一下《西域傳下・波斯》（卑路斯）龍朔初，又訴為大食所侵。是時天子方遣使者到西域分置州縣，以疾陵城為波斯都府，即拜卑路斯為都督。

藝文

唐·權德輿《權文公集》卷四《送工部張曹長大夫奉使西蕃》 殊鄰覆露同，奉使小司空。西候車徒出，南臺節印雄。弔祠將渥命，導驛暢皇風。故地山河在，新恩玉帛通。塞雲凝廢壘，關月照驚蓬。青史書歸日，翻輕五利功。

宋·李昉等《文苑英華》卷二九七《［唐］耿緯〈奉送崔侍御和蕃〉》 萬里華戎隔，風沙道路秋。新恩明主啓，舊好使臣脩。旌節隨邊草，關山見戍樓。俗殊人左衽，地遠水西流。日暮冰先合，春深雪未休。無論善長對，博望自封侯。

任用外籍人士部

任用高麗人士分部

綜述

泉男生

《唐代墓誌彙編》調露〇二三《王德真〈大唐故特進泉君墓誌〉》 若夫虹光韞石，即任土而輝山；蠙照涵波，亦因川而媚水。洎乎排朱閤，登紫蓋，騰輝自遠，逾十乘于華軒；表價增高，裂五城於奧壤。況復珠躔角氏，垂景宿之精芒；碧海之罘，感名山之氣色。舉踵柔順之境，濫觴君子之源，抱俎豆而窺律呂，懷錦繡而登廊廟。移根蟠壑，申大廈之隆材；轉職加庭，奉元戎之切寄。與夫隋珠薦櫝，楚璧緘繩，豈同年而語矣！于卞國公，斯見之焉。

公姓泉諱男生，字元德，遼東郡平壤城人也。原夫遠系，本出於泉，既託神以隤祉，遂因生以命族。其猶鳳産丹穴，發奇文於九苞；鶴起青田，稟靈姿於千載。是以空桑誕懿，虛竹隨波，並降乹精，式摽人傑。遂使洪源控引，態掩金樞；曾堂延袤，勢臨瓊檻。曾祖子遊，祖太祚，並任莫離支；父蓋金，任太大對盧。乃祖乃父，良冶良弓，並執兵鈐，咸專國柄。桂婁盛業，赫然凌替之資；蓬山高視，確乎伊霍之任。公貽厥傳慶，弁幘乃王公之孫；宴翼聯華，沛邹為荀令之子。

在髫無弄，處丱不羣。乘衛玠之車，塗光玉粹；綴陶謙之帛，里暎珠韜。襟抱散朗，標置宏博，廣峻不疵於物議，通介無滯於時機。書劍雙傳，提蔗與截蒲俱妙；琴碁兩翫，鴈行與鶴列同傾。體仁成勇，靜迅雷於誕據；抱信由衷，亂驚波于禹鑿。天經不匱，教乃由生，王道無私，忠為令德。澄陂萬頃，游者不測其淺深；繚垣九仞，談者未窺其庭宇。

年始九歲，即授先人，父任為郎，正吐入榛之辯；天工其代，方昇結艾之榮。年十五，授中裏小兄；十八授中裏大兄；年廿三改任中裏位頭大兄；廿四兼授將軍，餘官如故；廿八任莫離支兼授三軍大將軍；卅二加太莫離支。總録軍國，阿衡元首，紹先疇之業，士識歸心；執危邦之權，人無駁議。

于時蘿圖御宇，楛矢騫期，公照花照蕚，内有難除之草；為榦為楨，外有將顛之樹。遂使桃海之濱，隳八條於禮讓；蕭牆之内，落四羽於干戈。公情思内款，事乖中執，方欲出撫邊甿，外巡荒甸，按嵎夷之舊壤，請羲仲之新官。二弟産、建，一朝兇悖，能忍無親，稱兵内拒。金環幼子，忽就鯨鯢；玉膳長筵，俄辭顧復。公以共氣星分，既飲淚而飛檄；同盟雨集，遂銜膽而提戈。將屠平壤，用擒元惡。始達烏骨之郊，且破瑟堅之壘，明其為賊，鼓行而進。仍遣大兄弗德等奉表入朝，陳其事迹，屬有離叛，德遂稽留。公乃反旆遼東，移軍海北，馳心丹鳳之闕，飭躬玄兔之城。更遣大兄冄有，重申誠効，曠林積怨，先尋闕伯之戈；洪池近遊，豈貪虞叔之劍。

皇帝照彼青丘，亮其丹懇，覽建、産之罪，發雷霆之威。丸山未銘，得來表其先覺；梁水無孽，仲謀憂其必亡。乹封元年，公又遣子獻誠入朝。帝有嘉焉，遥拜公特進太大兄如故，平壤道行軍大總管兼使持節安撫大使，領本蕃兵共大總管契苾何力等相知經略。公率國内等六城十餘萬戶，書籍轅門；又有木底等三城，希風共款。蕞尔危矣，日窮月蹙。二年奉敕追公入朝。總章元年，授使持節遼東大都督上柱國玄兔郡開國公，食邑二千戶，餘官如故。小貊未夷，方傾巢鷇之幕；大君有命，還歸盖馬之營。其年秋，奉敕共司空英國公李勣相知經略。風驅電激，直臨平壤之城；前哥後舞，遙振崇墉之堞。公以罰罪弔人，憫其塗地，潛機密搆，濟此膏原。遂與僧信誠等内外相應，趙城拔幟，豈勞韓信之師；鄴扇抽關，自結袁譚之將。其王高藏及男建等咸從俘虜，巢山潛海，共入隄封；五部三韓，並為臣妾。遂能立義斷恩，同鄭伯之得儁；反禍成福，類箕子之疇庸。

其年與英公李勣等凱入京都，策勳飲至。獻捷之日，男建將誅。公內切天倫，請重閽而蔡蔡叔；上感皇睠，就輕典而流共工。友悌之極，朝野斯尚。其年蒙授右衛大將軍，進封卞國公，食邑三千戶，特進勳官如故，兼檢校右羽林軍，仍令杖内供奉。降禮承優，登壇引拜，桓珪輯中黃之瑞，羽林光太紫之星。陪奉輦輅，便繁左右，恩寵之隆，無所與讓；腎腸之寄，莫可為儔。

儀鳳二年，奉敕存撫遼東，改置州縣，求瘼卹隱，襁負如歸；劃野疎疆，奠川知正。以儀鳳四年正月廿九日遘疾，薨于安東府之官舍，春秋卌有六。震扆傷鞶，台衡怨笛，四郡由之而罷市，九種因之以輟耕。詔曰：懋功流賞，寵命洽於生前；縟禮贈終，哀榮賁於身後。式甄忠義，豈隔存亡。特進行右衛大將軍上柱國卞國公泉男生：五部酋豪，三韓英傑，機神穎悟，識具沉遠，秘算發於鈐謀，宏材申於武藝。僻居荒服，思効欵誠。去危就安，允叶變通之道；以順圖逆，克清遼浿之濱。美勣遐著，崇章薦委，入典北軍，承宴私於紫禁；出臨東陼，光鎮撫於青丘。佇化折風，溘先危露，興言永逝，震悼良深。宜增連率之班，載穆追崇之典。可贈使持節大都督，并、汾、箕、嵐四州諸軍事，并州刺史，餘官並如故。

所司備禮冊命。贈絹布七百段，米粟七百石，凶事葬事所須，並宜官給，務從優厚。賜東園秘器，差京官四品一人攝鴻臚少卿監護，儀仗鼓吹，送至墓所往還。五品一人持節賫璽書弔祭，三日不視事。靈柩到日，仍令五品已上赴宅。寵贈之厚，存歿增華，哀送之盛，古今斯絕。考功累行，謚曰襄公。

以調露元年十二月廿六日壬申窆於洛陽邙山之原，禮也。哀子衛尉寺卿獻誠，夙奉庭訓，早紆朝黻，拜前拜後，周魯之寵既隆；知死知生，弔贈之恩弥縟。茹荼吹棘，踐霜移露，痛迭微之顯傾，哀負趨之潛度，毀魏墳之舊漆，落漢台之後素，刊翠琬而傳芳，就黃壚而永固。其詞曰：

三岳神府，十洲仙庭，谷王産傑，山祇孕靈。訏謨國緯，舄弈人經，錦衣繡服，議罪詳刑。其一

伊人間出，承家疊祉；矯矯鳳雛，昂昂驥子。韞智川積，懷仁嶽峙，州牧薦刀，橋翁授履。其二

消灌務擾，邹盧寄深，文樞執柄，武轄操鈐。荆樹鴞起，蘆川鴈沉，既傷反袂，且恨移衾。其三

肅影麟洲，輸誠鳳闕，朝命光寵，天威弔伐。殄寇瞻星，行師計月，夷舞歸獻，凱哥還謁。其四

彎弧對泣，叩閽祈帝，遽從秋荼，復開春棣。鏘玉高袟，銜珠近衛，寶劍舒蓮，香車褭桂。其五

輕軒出撫，重錦晨遊，抑揚穟穴，堤封亶洲。瞻威仰惠，望景思柔；始禬來軸，俄慌去輀。其六

斂革勤王，聞鞶悼扆，九原容衛，三河兵士。南望少室，北臨太史，海就泉通，山隨墓起。其七

霜露年積，春秋日居，墳圓月滿，野曠風疎。幽壤勒頌，貞珉瘗書，千齡暐曄，一代丘墟。其八

《新唐書》卷一一〇《諸夷蕃將傳·泉男生》 泉男生字元德，高麗蓋蘇文子也。九歲，以父任為先人。遷中裏小兄，猶唐謁者也。又為中裏大兄，知國政，凡辭令，皆男生主之。進中裏位頭大兄。久之，為莫離支，兼三軍大將軍，加大莫離支，出按諸部。而弟男建、男産知國事，或曰：『男生惡君等逼己，將除之。』建、産未之信。又有謂男生：『將不納君。』男生遣諜往，男建捕得，即矯高藏命召，男生懼，不敢入。男建殺其子獻忠。男生走保國内城，率其衆與契丹、靺鞨兵内附，遣子獻誠訴諸朝，高宗拜獻誠右武衛將軍，賜乘輿、馬、瑞錦、寶刀，使還報。詔契苾何力率兵援之，男生乃免。授平壤道行軍大總管，兼持節安撫大使，舉哥勿、南蘇、倉巖等城以降。帝又命西臺舍人李虔繹就軍慰勞，賜袍帶、金釦七事。

明年，召入朝，詔所過州縣傳舍作鼓吹，右羽林將軍李同以飛騎仗廷寵。遷遼東大都督、玄菟郡公，賜第京師。因詔還軍，與李勣攻平壤，使浮屠信誠內間，引高麗鋭兵潛入，禽高藏。詔遣子齎手制、金皿，即遼水勞賜。還，進右衛大將軍、卞國公，賜寶器、宮侍女二、馬八十。儀鳳二年，詔安撫遼東，并置州縣，招流冗，平斂賦，罷力役，民悦其寬。卒，年四十六，帝為舉哀，贈并州大都督。喪至都，詔五品以上官哭之，謚曰襄，勒碑著功。

男生純厚有禮，奏對敏辯，善射藝。其初至，伏斧鑕待罪，帝宥之，世以此稱焉。

泉獻誠

《新唐書》卷一一〇《諸夷番將傳·泉獻誠》 獻誠，天授中以右衛大將軍兼羽林衛。武后嘗出金幣，命宰相、南北牙羣臣舉善射五輩，中者以賜。內史張光輔舉獻誠，獻誠讓右玉鈐衛大將軍薛吐摩支，摩支固辭。獻誠曰：『陛下擇善射者，然皆非華人。臣恐唐官以射為恥，不如罷之。』后嘉納。來俊臣嘗求貨，獻誠不答，乃誣其謀反，縊殺之。后後知其冤，贈右羽林衛大將軍，以禮改葬。

王毛仲

《舊唐書》卷一〇六《王毛仲傳》 王毛仲，本高麗人也。父游擊將軍職事求婁，犯事没官，生毛仲，因隸于玄宗。性識明悟，玄宗為臨淄王，常伏事左右。及出兼潞州別駕，又見李宜德趫捷善騎射，為人蒼頭，以錢五萬買之。景龍三年冬，玄宗還長安，以二人挾弓矢為翼。

初，太宗貞觀中，擇官戶蕃口中少年驍勇者百人，每出遊獵，令持弓矢於御馬前射生，令騎豹文韉，著畫獸文衫，謂之『百騎』。至則天時，漸加其人，謂之『千騎』，分隸左右羽林營。孝和謂之『萬騎』，亦置使以領之。玄宗在藩邸時，常接其豪俊者，或賜飲食財帛，以此盡歸心焉。毛仲亦悟玄宗旨，待之甚謹，玄宗益憐其敏惠。

及四年六月，中宗遇弑，韋后稱制，令韋播、高嵩為羽林將軍，令押千騎營，榜棰以取威。其營長葛福順、陳玄禮等相與見玄宗訴冤，會玄宗已與劉幽求、麻嗣宗、薛崇簡等謀舉大計，相顧益歡，令幽求諷之，皆願決死從命。及二十日夜，玄宗入苑中，宜德從焉，毛仲避之不入。乙夜，福順等至，玄宗曰：『與公等除大逆，安社稷，各取富貴，在於俄頃，何以取信？』福順等請號而行，斯須斬韋播、韋璿、高嵩等頭來，玄宗舉火視之。又召鍾紹京領總監丁匠刀鋸百人至，因斬關而入，后及安樂公主等皆為亂兵所殺。其夜，少帝以玄宗著大勳，進封平王。以紹京、幽求知政事，署詔敕。崇簡、嗣宗及福順、宜德，功大者為將軍，次者為中郎將。其時，梓宮在殯，舉城縞素。及明，玄宗引新立功者皆衣紫衣緋，持滿鐵騎而出，傾城聚觀歡慰。其犯逆者，盡曝屍於城外。毛仲數日而歸，玄宗不責，又超授將軍。

及玄宗為皇太子監國，因奏改左右萬騎左右營為龍武軍，與左右羽林為北門四軍，以福順等為將軍以押之。龍武官盡功臣，受賜賚，號為『唐元功臣』。長安良家子避征徭，納資以求隸於其中，遂每軍至數千人。毛仲專知東宮駝馬鷹狗等坊，未逾年，已至大將軍，階三品矣。及先天二年七月，毛仲預誅蕭、岑等功，授輔國大將軍、左武衛大將軍、檢校內外閑廄兼知監牧使，進封霍國公，實封五百戶。毛仲奉公正直，不避權貴，兩營萬騎功臣、閑廄官吏皆懼其威，人不敢犯。苑中營田草萊常收，率皆豐溢，玄宗以為能。開元十四年，贈其父秦州刺史。

毛仲雖有賜莊宅，奴婢、駝馬、錢帛不可勝紀，常於閑廄側內宅住。每入侍讌賞，與諸王、姜皎等御幄前連榻而坐。玄宗或時不見，則悄然如有所失；見之則歡洽連宵，有至日晏。其妻已邑號國夫人，賜妻李氏又為國夫人。每入內朝謁，二夫人同承賜賚，生男，孩稚已授五品，與皇太子同遊，故中官楊思勗、高力士等常避畏之。七年，進位特進，行太僕卿，餘並如故。九年，持節充朔方道防禦討擊大使，仍以左領軍大總管王晙與天兵軍節度張説，東與幽州節度裴伷先等計會。

毛仲部統嚴整，羣牧孳息，遂數倍其初。芻粟之類，不敢盜竊，每歲迴殘，常致數萬斛。不三年，扈從東封，以諸牧馬數萬匹從，每色為一隊，望如雲錦，玄宗益喜。於岳下以宰相源乾曜、張説加左右丞相，毛仲加開府儀同三司。自玄宗先天正位後，以后父王同皎及姚崇、宋璟及毛仲十五年間四人至開府，又敕張説為監牧頌以美之。十七年，從朝五陵，又贈毛仲父益州大都督。毛仲益驕，嘗求為兵部尚書，玄宗不悅，毛仲怏怏，見於詞色。又福順子娶毛仲女，宜德、唐地文等數十人皆與毛仲善，倚之多為不法。中官等妒其全盛逾己，專發其罪，尤倨慢之。中官高品者，毛仲視之蔑如也；如卑品者，小忤意則挫辱如己之僮僕。力士輩恨入骨髓。毛仲承恩遇，妻產，嘗借苑中亭子納涼，玄宗借之。中官構之彌甚，曰：『北門奴官太盛，豪者皆一心，不除之，必起大患。』

後毛仲索甲仗於太原軍器監，時嚴挺之為少尹，奏之。玄宗恐其黨震懼為亂，乃隱其實狀，詔曰：『開府儀同三司、兼殿中監、霍國公、內外閑廄監牧都使王毛仲，是惟微細，非有功績，擢自家臣，升于朝位。恩寵莫二，委任斯崇。無涓塵之益，肆驕盈之志。往屬艱難，遽茲逃匿，念深惟舊，義在優容，仍荷殊榮，蔑聞悛悔。在公無竭盡之効，居常多怨望之詞。迹其深愆，合從誅殛；恕其庸昧，宜從遠貶。可瀼州別駕員外置長任，差使馳驛領送至任，勿許東西及判事。』左領軍大將軍耿國公葛福順，貶壁州員外別駕；左監門將軍盧龍子唐地文，貶振州員外別駕；右武衛將軍成紀侯李守德，貶嚴州員外別駕，守德本宜德也，立功後改名；右威衛將軍王景耀，貶黨州員外別駕；右威衛將軍高廣濟，貶道州員外別駕。毛仲男太子僕守貞，貶施州司戶；太子家令守廉，貶溪州司戶；率更令守慶，貶鶴州司倉；左監門長史守道，貶涪州參軍。連累者數十人。又詔殺毛仲，及永州而縊之。

其後，中官益盛，而陳玄禮以淳樸自檢，宿衛宮禁，志節不衰。天寶中，玄宗在華清宮，乘馬出宮門，欲幸虢國夫人宅，玄禮曰『未宣敕報臣，天子不可輕去就。』玄宗為之迴轡。他年在華清宮，逼正月半，欲夜遊，玄禮奏曰：『宮外即是曠野，須有備預，若欲夜遊，願歸城闕。』玄宗又不能違。及安禄山反，玄禮欲於城中誅楊國忠，事不果，竟於馬嵬斬之。從玄宗入巴蜀迴，封蔡國公，實封三百戶。上元元年八月致仕。

《新唐書》卷一二一《王毛仲傳》 王毛仲，高麗人。父坐事，没為官奴，生毛仲，故長事臨淄王。王出潞州，有李守德者，為人奴，善騎射，王市得之，並侍左右，而毛仲為明悟。景龍中，王還長安，二人常負房箙以從。王數引萬騎帥長及豪俊，賜飲食金帛，得其驩心。毛仲曉旨，亦布誠結納，王嘉之。韋后稱制，令韋播、高嵩為羽林將軍，押萬騎，以苛峭樹威。果毅葛福順、陳玄禮訴於王，王方與劉幽求、薛崇簡及利仁府折衝麻嗣宗謀舉大計，幽求諷之，皆願效死，遂入討韋氏。守德從帝止苑中，而毛仲匿不出，事定數日，乃還，不之責，例擢將軍。

王為皇太子，以毛仲知東宮馬駝鷹狗等坊。不旬歲，至大將軍，階三品。與誅蕭至忠等，以功進輔國大將軍，檢校內外閑廄，知監牧使，進封霍國公，實封戶五百。與諸王及姜皎等侍禁中，至連榻而坐。帝暫不見，惘惘若有失，見則釋然。開元九年，詔持節為朔方道防禦討擊大使，與左領軍大總管王晙、天兵軍節度使張説、幽州節度使裴伷先等數計事。

毛仲始見飾擢，頗持法，不避權貴為可喜事。兩營萬騎及閑廄官吏憚之無敢犯，雖官田草萊，樵斂不敢欺。於牧事尤力，娩息不訾。初監馬二十四萬，後乃至四十三萬，牛羊皆數倍。蒔茼麥、苜蓿千九百頃以禦冬。市死畜，售絹八萬。募嚴道僰僮千口為牧圉。檢勒芻菽無漏隱，歲贏數萬石。從帝東封，取牧馬數萬匹，每色一隊，相間如錦繡，天子才之。還，加開府儀同三司，自開元後，唯王仁皎、姚崇、宋璟及毛仲得之。

然資小人，志既滿，不能無驕，遂求為兵部尚書，帝不悅，毛仲鞅鞅。及與葛福順為姻家，而守德及左監門將軍盧龍子唐地文、左右威衛將軍王景耀高廣濟數十人與毛仲相倚杖為姦。毛仲恃舊，最不法。中使至其家稱詔，毛仲不甚恭，位卑者，或踞見，迕意即侮辭，以氣凌之，直出其上。高力士、楊思勗等銜之。毛仲有兩妻，其一上所賜，皆有國邑。嘗生子，帝命力士就賜，仍授子五品官，還，問曰：『毛仲喜乎？』力士奏：『毛仲熟視臣曰：「是子亦何辱三品官？」』帝怒曰：『前毛仲負我，未嘗為意，今以嬰兒顧云云。』力士等知帝怒，它日，從容曰：『北門奴官皆毛仲所與，不除之，必起大患。』後毛仲移書太原索甲仗，少尹嚴挺之以聞，帝恐毛仲遂亂，匿其狀。十九年，有詔貶瀼州，福順壁州，守德嚴州，盧龍子唐地文振州，王景耀黨州，高廣濟道州，並為別駕員外置。毛仲四子悉奪官，貶惡地，緣坐數十人。有詔縊毛仲於零陵。

高仙芝

《舊唐書》卷一〇四《高仙芝傳》 高仙芝，本高麗人也。父舍雞，初從河西軍，累勞至四鎮十將、諸衛將軍。仙芝美姿容，善騎射，勇決驍果。少隨父至安西，以父有功授游擊將軍。年二十餘即拜將軍，與父同班秩。事節度使田仁琬、蓋嘉運，未甚任用，後夫蒙靈詧累拔擢之。開元末，為安西副都護、四鎮都知兵馬使。

小勃律國王為吐蕃所招，妻以公主，西北二十餘國皆為吐蕃所制，貢獻不通。後節度使田仁琬、蓋嘉運并靈詧累討之，不捷，玄宗特敕仙芝以馬步萬人為行營節度使往討之。時步軍皆有私馬，自安西行十五日至撥換城，又十餘日至握瑟德，又十餘日至疏勒，又二十餘日至葱嶺守捉，又行二十餘日至播密川，又二十餘日至特勒滿川，即五識匿國也。仙芝乃分為三軍：使疏勒守捉使趙崇玭統三千騎趣吐蕃連雲堡，自北谷入；使撥換守捉使賈崇瓘自赤佛堂路入；仙芝與中使邊令誠自護密國入，約七月十三日辰時會于吐蕃連雲堡。堡中有兵千人，又城南十五里因山為柵，有兵八九千人。城下有婆勒川，水漲不可渡。仙芝以三牲祭河，命諸將選兵馬，人齎三日乾糧，早集河次。水既難渡，將士皆以為狂。既至，人不濕旗，馬不濕韉，已濟而成列矣。仙芝喜謂令誠曰：『向吾半渡賊來，吾屬敗矣，今既濟成列，是天以此賊賜我也。』遂登山挑擊，從辰至巳，大破之。至夜奔逐，殺五千人，生擒千人，餘並走散。得馬千餘匹，軍資器械不可勝數。

玄宗使術士韓履冰往視日，懼不欲行，邊令誠亦懼。仙芝留令誠等以羸病尪弱三千餘人守其城，仙芝遂進。三日，至坦駒嶺，直下峭峻四十餘里，仙芝料之曰：『阿弩越胡若速迎，即是好心。』又恐兵士不下，乃先令二十餘騎詐作阿弩越城胡服上嶺來迎。既至坦駒嶺，兵士果不肯下，云：『大使將我欲何處去？』言未畢，其先使二十人來迎，云：『阿弩越城胡並好心奉迎，娑夷河藤橋已斫訖。』仙芝陽喜以號令，兵士盡下。娑夷河，即古之弱水也，不勝草芥毛髮。下嶺三日，越胡果來迎。明日，至阿弩越城，當日令將軍席元慶、賀婁餘潤先修橋路。仙芝明日進軍，又令元慶以一千騎先謂小勃律王曰『不取汝城，亦不斫汝橋，但借汝路過，向大勃律去。』城中有首領五六人，皆赤心為吐蕃。仙芝先約元慶云：『軍到，首領百姓必走入山谷，招呼取以敕命賜綵物等，首領至，齊縛之以待我。』元慶既至，一如仙芝之所教，縛諸首領。王及公主走入石窟，取不可得。仙芝至，斬其為吐蕃者五六人。急令元慶斫藤橋，去勃律猶六十里，及暮，纔斫了，吐蕃兵馬大至，已無及矣。藤橋闊一箭道，修之一年方成。勃律先為吐蕃所詐借路，遂成此橋。至是，仙芝徐自招諭勃律及公主出降，并平其國。

天寶六載八月，仙芝虜勃律王及公主趣赤佛堂路班師。九月，復至婆勒川連雲堡，與邊令誠等相見。其月末，還播密川，令劉單草告捷書，遣中使判官王廷芳告捷。仙芝軍還至河西，夫蒙靈詧都不使人迎勞，罵仙芝曰：『噉狗腸高麗奴！噉狗屎高麗奴！于闐使誰與汝奏得？』仙芝曰：『中丞。』『焉耆鎮守使誰邊得？』曰：『中丞。』『安西副都護使誰邊得？』曰：『中丞。』『安西都知兵馬使誰邊得？』曰：『中丞。』靈詧曰：『此既皆我所奏，安得不待我處分懸奏捷書！據高麗奴此罪，合當斬，但緣新立大功，不欲處置。』又謂劉單曰：『聞爾能作捷書。』單恐懼請罪。令誠具奏其狀曰：『仙芝立奇功，今將憂死。』其年六月，制授仙芝鴻臚卿、攝御史中丞，代夫蒙靈詧為四鎮節度使，徵靈詧入朝。靈詧大懼，仙芝每日見之，趨走如故，靈詧益不自安。將軍程千里時為副都護，大將軍畢思琛為靈詧押衙，并行官王滔、康懷順、陳奉忠等，嘗構譖仙芝於靈詧。仙芝既領節度事，謂程千里曰：『公面似男兒，心如婦人，何也？』又謂思琛曰：『此胡敢來！我城東一千石種子莊被汝將去，憶之乎？』對曰：『此是中丞知思琛辛苦見乞。』仙芝曰：『吾此時懼汝作威福，豈是憐汝與之！我欲不言，恐汝懷憂，言了無事矣。』又呼王滔等至，捽下將笞，良久皆釋之，由是軍情不懼。

八載，入朝，加特進，兼左金吾衛大將軍同正員，仍與一子五品官。九載，將兵討石國，平之，獲其國王以歸。仙芝性貪，獲石國大塊瑟瑟十餘石、真金五六馲駝、名馬寶玉稱是。初，舍雞以仙芝為懦緩，恐其不能自存，至是立功。家財鉅萬，頗能散施，人有所求，言無不應。其載，入朝，拜開府儀同三司，尋除武威太守、河西節度使，代安思順。思順諷羣胡割耳剺面請留，監察御史裴周南奏之，制復留思順，以仙芝為右羽林大將軍。十四載，進封密雲郡公。

十一月，安祿山據范陽叛。是日，以京兆牧、榮王琬為討賊元帥，仙芝為副。命仙芝領飛騎、彍騎及朔方、河西、隴右應赴京兵馬，并召募關輔五萬人，繼封常清出潼關進討，仍以仙芝兼御史大夫。十二月，師發，玄宗御望春亭慰勞遣之，仍令監門將軍邊令誠監其軍，屯於陝州。是月十一日，封常清兵敗於汜水。十三日，禄山陷東京，常清以餘衆奔陝州，謂仙芝曰：『累日血戰，賊鋒不可當。且潼關無兵，若狂寇奔突，則京師危矣。宜棄此守，急保潼關。』常清、仙芝乃率見兵取太原倉錢絹，分給將士，餘皆焚之。俄而賊騎繼至，諸軍惶駭，棄甲而走，無復隊伍。仙芝至關，繕修守具，又令索承光守善和戍。賊騎至關，已有備矣，不能攻而去，仙芝之力也。

《新唐書》卷一三五《高仙芝傳》 高仙芝，高麗人。父舍雞，初以將軍隸河西軍，為四鎮校將。仙芝年二十餘，從至安西，以父功補游擊將軍。數年，父子並班。仙芝美姿質，善騎射，父猶以其儒緩憂之。初事節度使田仁琬、蓋嘉運等，不甚知名。後事夫蒙靈詧，乃善遇之。開元末，表為安西副都護、四鎮都知兵馬使。

小勃律，其王為吐蕃所誘，妻以女，故西北二十餘國皆羈屬吐蕃。自仁琬以來三討之，皆無功。天寶六載，詔仙芝以步騎一萬出討。是時步兵皆有私馬自隨，仙芝乃自安西過撥換城，入握瑟德，經疏勒，登葱嶺，涉播密川，遂頓特勒滿川，行凡百日。特勒滿川，即五識匿國也。仙芝乃分軍為三，使疏勒趙崇玭自北谷道、撥換賈崇瓘自赤佛道、仙芝與監軍邊令誠自護密俱入，約會連雲堡。堡有兵千餘。城南因山為柵，兵九千守之。城下據娑勒川。會川漲，不得度，仙芝殺牲祭川，命士人齎三日糒集水湄，士不甚信。既涉，旗不濡，韉不濕。兵已成列，仙芝喜，告令誠曰：『鄉吾方涉，賊擊我，我無類矣。今既濟而陣，天以賊賜我也。』遂登山挑戰，日未中，破之。拔其城，斬五千級，生禽千人，馬千餘匹，衣資器甲數萬計。仙芝欲遂深入，令誠懼，不肯行。仙芝留羸弱三千使守，遂引師行。三日，過坦駒嶺，嶺峻絕，下四十里。仙芝恐士憚險不敢進，乃潛遣二十騎，衣阿弩越胡服來迎，先語部校曰：『阿弩越胡來迎，我無慮矣。』既至，士不肯下，曰：『公驅我何去？』會二十人至，曰：『阿弩越胡來迎，已斷娑夷橋矣。』仙芝即陽喜，令士盡下。娑夷河，弱水也。既行三日，越胡來迎。明日，至阿弩越城。遣將軍席元慶以精騎一千先往，謂小勃律王曰：『不闕若城，吾假道趨大勃律耳。』城中大酋領皆吐蕃腹心，仙芝密令元慶曰：『若酋領逃者，弟出詔書呼之，賜以繒綵，至，皆縛以待我。』元慶如言。仙芝至，悉斬之。王及妻逃山穴，不可得，仙芝招喻，乃出降，因平其國。急遣元慶斷娑夷橋，其暮，吐蕃至，不克度。橋長度一箭所及者，功一歲乃成。八月，仙芝以小勃律王及妻自赤佛道還連雲堡，與令誠俱班師。於是拂菻、大食諸胡七十二國皆震懾降附。

仙芝遣判官王庭芬奏捷京師。軍至河西，靈詧怒，不迎勞。既見，罵曰：『高麗奴，于闐使爾何從得之？』仙芝懼，且謝曰：『中丞力也。』又曰：『焉耆鎮守使、安西副都護、都知兵馬使，皆何從得之？』答曰：『亦中丞力也。』靈詧曰：『審若此，捷書不待我而敢即奏，何邪？奴當斬，顧新立功，故貸爾。』仙芝不知所為。令誠密言狀於朝，且曰『仙芝立功而以憂死，後孰為朝廷用者？』帝乃擢仙芝鴻臚卿、假御史中丞，代靈詧為四鎮節度使，而詔靈詧還，靈詧懼。仙芝朝夕見，輒趨走，靈詧益慙。副都護程千里、衙將畢思琛、行官王滔康懷順陳奉忠等皆嘗譖仙芝於靈詧者。既視事，呼千里嫚罵曰：『公面雖男兒，而心似婦女，何邪？』謂琛曰：『爾奪吾城東千石種田，憶之乎？』對曰：『公見賜者。』仙芝曰：『爾時吾畏汝威，豈憐汝而賜邪？』又召滔，欲捽辱。良久，皆釋，曰：『吾不恨矣。』由是舉軍安之。俄加左金吾衛大將軍，與一子五品官。

九載，討石國，其王車鼻施約降，仙芝為俘獻闕下，斬之，由是西域不服。其王子走大食，乞兵攻仙芝於怛邏斯城，以直其冤。仙芝為人貪，破石，獲瑟瑟十餘斛、黄金五六槖駝、良馬寶玉甚衆，家貲累鉅萬。然亦不甚愛惜，人有求輒與，不問幾何。

尋除武威太守，代安思順為河西節度使，羣胡固留思順，更拜右羽林軍大將軍，封密雲郡公。禄山反，榮王為元帥，仙芝副之，領飛騎、彍騎及朔方等兵，出禁財募關輔士五萬，繼封常清東討。帝御勤政樓，引榮王受命，宴仙芝以下。帝又幸望春亭勞遣，詔監門將軍邊令誠監軍。次陝郡，而常清敗還。仙芝急，乃開太原倉，悉以所有賜士卒，焚其餘，引兵趨潼關。會賊至，甲仗資糧委於道，彌數百里。既至關，勒兵繕守具，士氣稍稍復振。賊攻關不得入，乃引還。

初，令誠數私於仙芝，仙芝不應，因言其逗橈狀以激帝，且云：『常清以賊搖衆，而仙芝棄陝地數百里，朘盜稟賜。』帝大怒，使令誠即軍中斬之。令誠已斬常清，陳尸於蘧蒢。仙芝自外至，令誠以陌刀百人自從，曰：『大夫亦有命。』仙芝遽下，曰：『我退，罪也，死不敢辭。然以我為盜頡資糧，誣也。』謂令誠曰：『上天下地，三軍皆在，君豈不知？』又顧麾下曰：『我募若輩，本欲破賊取重賞，而賊勢方鋭，故遷延至此，亦以固關也。我有罪，若輩可言；不爾，當呼枉。』軍中咸呼曰：『枉！』其聲殷地。仙芝視常清尸曰：『公，我所引拔，又代吾為節度，今與公同死，豈命歟！』遂就死。

王思禮

《舊唐書》卷一一〇《王思禮傳》 王思禮，營州城傍高麗人也。父虔威，為朔方軍將，以習戰聞。思禮少習戎旅，隨節度使王忠嗣至河西，與哥舒翰對為押衙。及翰為隴右節度使，思禮與中郎周泌為翰押衙，以拔石堡城功，除右金吾衛將軍，充關西兵馬使，兼河源軍使。十一載，加雲麾將軍。十二載，翰征九曲，思禮後期，欲引斬之，續使命釋之。思禮徐言曰：『斬則斬，却喚何物？』諸將皆壯之。十三年，吐蕃蘇毗王款塞，詔翰至磨環川應接之。思禮墜馬損脚，翰謂中使李大宜曰：『思禮既損脚，更欲何之？』

十四載六月，加金城太守。禄山反，哥舒翰為元帥，奏思禮加開府儀同三司，兼太常卿同正員，充元帥府馬軍都將，每事獨與思禮決之。十五載二月，思禮白翰謀殺安思順父元貞，於紙隔上密語翰，請抗表誅楊國忠，翰不應。復請以三十騎劫之，横馱來潼關殺之，翰曰：『此乃翰反，何預禄山事。』六月，潼關失守，思禮西赴行在，至安化郡。思禮與呂崇賁、李承光並引於纛下，責以不能堅守，並從軍令。或救之可收後効，遂斬承光而釋思禮、崇賁，與房琯為副使。便橋之戰又不利，除為關內節度使。尋遣守武功。

賊將安守忠及李歸仁、安泰清來戰，思禮以其衆退守扶風。賊兵分至大和關，去鳳翔五十里。王師大駭，鳳翔戒嚴，中官及朝官皆出其孥，上使左右巡御史虞候書其名，乃止。遂命司徒郭子儀以朔方之衆擊之而退。

至德二年九月，思禮從元帥廣平王收西京，既破賊，思禮領兵先入景清宮。又從子儀戰陝城、曲沃、新店，賊軍繼敗，收東京。思禮又於絳郡破賊六千餘衆，器械山積，牛馬萬計。遷戶部尚書、霍國公，食實封三百戶。乾元二年，與子儀等九節度圍安慶緒於相州。思禮領關內及潞府行營步卒三萬、馬軍八千，大軍潰，唯思禮與李光弼兩軍獨全。及光弼鎮河陽，制以思禮為太原尹、北京留守、河東節度使，兼御史大夫，貯軍糧百萬，器械精鋭。尋加守司空。自武德已來，三公不居宰輔，唯思禮而已。

上元二年四月，以疾薨，輟朝一日，贈太尉，謚曰武烈，命鴻臚卿監護喪事。思禮長於支計，短於用兵，然立法嚴整，士卒不敢犯，時議稱之。

《新唐書》卷一四七《王思禮傳》 王思禮，高麗人，入居營州。父為朔方軍將。思禮習戰鬬，從王忠嗣至河西，與哥舒翰同籍麾下。翰為隴右節度使，思禮與中郎將周佖事翰，以功授右衛將軍、關西兵馬使。從討九曲，後期當斬，臨刑，翰釋之，思禮徐曰：『死固分也，何復貸為？』諸將壯之。天寶十三載，吐谷渾蘇毗王款附，詔翰至磨環川應接，思禮墜馬，蹇甚。翰謂監軍李大宜曰：『思禮跛足，尚欲何之？』俄加金城郡太守。

安禄山反，翰為元帥，奏思禮赴軍，玄宗曰：『河、隴精鋭，悉在潼關，吐蕃有釁，唯倚思禮耳。』翰固請，乃兼太常卿，充元帥府馬軍都將，翰委以軍事。密勸翰表誅楊國忠，翰不應；復請以三十騎劫至潼關殺之，翰曰：『此乃吾反，何與禄山事？』

潼關失守，思禮與呂崇賁、李承光同走行在，肅宗責不堅守，引至纛下將斬之。宰相房琯諫，以為可收後效，遂獨斬承光，赦思禮等。尋副房琯戰便橋，不利，更為關內行營節度、河西隴右伊西行營兵馬使，守武功。賊安守忠來戰，思禮退保扶風。賊分兵略大和關，去鳳翔五十里，李光進戰未利，行在戒嚴，從官潛出其孥，帝使左右巡御史虞候識其姓名，衆稍止。命郭子儀以朔方兵擊之。會崔光遠行軍司馬王伯倫、判官李椿以兵二千屯扶風。聞賊已西，欲乘虛襲京師，徑至高陵。賊引軍還擊椿等，椿已至中渭橋，殺守者千人，進攻苑門。伯倫戰死，椿被執。先是，賊餘衆留武功，既傳官軍入京師，乃燒營遁，自是賊不敢西。

長安平，思禮先入清宮；收東京，戰數有功。遷兵部尚書，封霍國公，食實戶五百。尋兼潞、沁等州節度。乾元元年，總關中、潞州行營兵三萬、騎八千，與子儀圍賊相州，軍潰，惟李光弼、思禮完軍還。尋破史思明別將萬餘衆於直千嶺。光弼徙河陽，代爲河東節度副大使。上元元年，加司空。自武德以來，三公不居宰輔，唯思禮而已。二年，薨，贈太尉，謚曰武烈。

思禮善守計，短攻戰。然持法嚴整，士不敢犯。在太原，器甲完精，儲粟至百萬斛云。

李正己

《舊唐書》卷一二四《李正己傳》　李正己，高麗人也。本名懷玉，生於平盧。乾元元年，平盧節度使王玄志卒，會有敕遣使來存問，懷玉恐玄志子爲節度，遂殺之，與軍人共推立侯希逸爲軍帥。希逸母即懷玉姑也。後與希逸同至青州，累至折衝將軍，驍健有勇力。寶應中，衆軍討史朝義，至鄭州。迴紇方强暴恣橫，諸節度皆下之，正己時爲軍候，獨欲以氣吞之。因與其角逐，衆軍聚觀，約曰：『後者批之。』既逐而先，正己擒其領而批其背，回紇尿液俱下，衆軍呼笑，虜慚，繇是不敢爲暴。

節度使侯希逸即其外兄也，用爲兵馬使。正己沉毅得衆心，希逸因事解其職，軍中皆言其非罪，不當廢。會軍人逐希逸，希逸奔走，遂立正己爲帥，朝廷因授平盧淄青節度觀察使、海運押新羅渤海兩蕃使、檢校工部尚書、兼御史大夫、青州刺史，賜今名。尋加檢校尚書右僕射，封饒陽郡王。大曆十一年十月，檢校司空、同中書門下平章事。十三年，請入屬籍，從之。爲政嚴酷，所在不敢偶語。初有淄、青、齊、海、登、萊、沂、密、德、棣等州之地，與田承嗣、令狐彰、薛嵩、李寶臣、梁崇義更相影響。大曆中，薛嵩死，及李靈曜之亂，諸道共攻其地，得者爲己邑，正己復得曹、濮、徐、兗、鄆，共十有五州，內視同列，貨市渤海名馬，歲歲不絕。法令齊一，賦稅均輕，最稱强大。嘗攻田承嗣，威震鄰敵。歷檢校司空、左僕射、兼御史大夫，加平章事、太子太保、司徒。

後自青州徙居鄆州，使子納及腹心之將分理其地。建中後，畏懼朝廷，多不自安。聞將築汴州，乃移兵屯濟陰，晝夜教習爲備。河南騷然，天下爲憂，羽檄馳走，徵兵以益備。又於徐州增兵，以扼江淮，於是運輸爲之改道。未幾，發疽卒，時年四十九。子納擅總兵政，祕之數月，乃發喪。納阻兵，興元元年四月，歸順，方贈正己太尉。

《新唐書》卷二一三《李正己傳》　李正己，高麗人。爲營州副將，從侯希逸入青州，希逸母即其姑，故薦爲折衝都尉。寶應中，以軍候從討史朝義。時回紇恃功橫，諸軍莫敢抗。正己欲以氣折之，與大酋角逐，衆士皆牆立觀，約曰：『後者批之。』既逐而先，正己批其頰，回紇矢液流離，衆軍哄然笑。酋大慙，自是沮憚不敢暴。

希逸以爲兵馬使，沈毅得衆心，然陰忌之，因事解其職。軍中皆言不當廢，尋逐希逸出之，有詔代爲節度使。本名懷玉，至是賜今名，遂有淄、青、齊、海、登、萊、沂、密、德、棣十州，與田承嗣、薛嵩、李寶臣、梁崇義輔牙相倚。嵩死，李靈耀反，諸道攻之，共披其地。正己復取曹、濮、徐、兗、鄆，凡十有五州。市渤海名馬，歲不絕，賦繇均約，號最彊大。政令嚴酷，在所不敢偶語，威震鄰境。歷檢校司空，加同中書門下平章事，以司徒兼太子太保，封饒陽郡王。請附屬籍，許之。因徙治鄆，以子納及腹心將守諸州。

建中初，聞城汴州，乃約田悅、梁崇義、李惟岳偕叛。自屯濟陰，陳兵按習，益師徐州以扼江、淮。天子於是改運道，檄天下兵爲守備，河南騷然。會發疽死，年四十九。興元初，納順命，詔贈太尉。

任用百濟人士分部

綜　述

黑齒常之

《唐代墓誌彙編》聖曆〇二二《佚名〈大周故左武威大將軍檢校左羽林軍贈左玉鈐衛大將軍燕國公黑齒府君墓誌文並序〉》　太清上冠，合其道者坤元；至聖高居，參其用者師律。不有命世之材傑，其奚以應斯數哉！然則求玉榮者，必遊乎密山之上；蘊金聲者，不限乎魯門之下矣。府君諱常之，字恒元，百濟人也。其先出自扶餘氏，封于黑齒，子孫因以為氏焉。其家世相承為達率，達率之職，猶今兵部尚書，于本國二品官也。曾祖諱文，大祖諱德，顯考諱沙次，並官至達率。府君少而雄爽，機神敏絕，所輕者嗜欲，所重者名訓。□府深沉，清不見其涯域；情軌闊達，遠不形其里數。加之以謹慤，重之以温良。由是親族重之，師長憚之。年甫小學，即讀春秋左氏傳及班馬兩史。歎曰：『丘明恥之，丘亦恥之，誠吾師也，過此何足多哉？』未弱冠，以地籍授達率。唐顯慶中，遣邢國公蘇定方平其國，與其主扶餘隆俱入朝，隸為萬年縣人也。麟德初，以人望授折衝都尉，鎮熊津城，大為士衆所悅。咸亨三年，以功加忠武將軍，行帶方州長史，尋遷使持節沙泮州諸軍事、沙泮州刺史，授上柱國。以至公為己任，以忘私為大端。天子嘉之，轉左領軍將軍、兼熊津都督府司馬，加封浮陽郡開國公，食邑二千戶。于時德音在物，朝望日高。屬蒲海生氛，蘭河有事，以府君充洮河道經略副使，實有寄焉。府君稟質英毅，資性明達。力能翹關，不以力自處；智能禦寇，不以智自聞。每用晦而明，以蒙養正，故其時行山立，具瞻在焉。至於仁不長奸，威不害物，賞罰有必，勸沮無違。又五校之大經，三軍之元吉，故士不敢犯其令，下不得容其非。高宗每稱其善，故以士君子處之也。及居西道，大著勳庸。于時中書令李敬玄為河源道經略大使，諸軍取其節度。赤水軍大使尚書劉審禮，既為敗没，諸將莫不憂懼。府君獨立高崗之功，以濟其難，轉左武衛將軍，代敬玄為大使，從風聽也。府君傍無聲色，居絕玩好。枕藉經書，有祭遵之樽俎；懷蘊明略，同杜預之旌旗。胡塵肅清而邊馬肥，漢月昭亮而天狐滅。出師有頌，入凱成歌，遷左鷹揚衛大將軍、燕然道副大總管。垂拱之季，天命將革。骨卒禄狂賊也，既不睹其微；徐敬業逆臣也，又不量其力。南靜淮海，北掃旄頭，並有力焉，故威聲大振。制曰：『局度温雅，機神爽晤，夙踐仁義之途，聿蹈廉貞之域。言以昭行，學以潤躬，屢總戎麾，每申誠效。可封燕國公，食邑三千戶，仍改授右武威衛大將軍，神武道經略大使，餘如故。』於是董茲哮勇，剪彼兇狂，胡馬無南牧之期，漢使靜北遊之望。靈夏衝要，妖羯是瞻，君之威聲，無以為代。又轉為懷遠軍經略大使，以遏遊氛也。屬禍流羣惡，釁起孤標，疑似一彰，玉石斯混。既從下獄，爰隔上穹，義等絕頏，哀同仰藥，春秋六十。長子俊幼丁家難，志雪遺憤，誓命虜庭，投軀漢節，頻展誠效，屢振功名。聖曆元年，冤滯斯鑑，爰下制曰：『故左武威衛大將軍、檢校左羽林衛、上柱國、燕國公黑齒常之，早襲衣冠，備經驅策，亟總師律，載宣績效。往遘飛言，爰從訊獄，幽憤殞命，疑罪不分。比加檢察，曾無反狀，言念非辜，良深嗟憫。宜從雪免，庶慰塋魂，增以寵章，式光泉壤。可贈左玉鈐衛大將軍，勳封如故。其男遊擊將軍、行蘭州廣武鎮將、上柱國俊，自嬰家咎，屢效赤誠，不避危亡，捐軀徇國，宜有褒録，以申優獎。可右豹韜衛翊府左郎將，勳如故。』粵以聖曆二年壹月廿二日敕曰：『燕國公男俊所請改葬父者，贈物一百段。其葬事幔幕手力一事，以上官供，仍令京官六品一人檢校。』即用其年二月十七日奉遷于邙山南官道北，禮也。惟府君孤峰偉絕，材幹之表也；懸鏡虛融，理會之台也。言寡而意博，無枝葉之多蔽；謀動而事成，有本末之盡美。夙夜匪懈，心存於事上；歲寒不移，志在於為下。非君子之所關懷，必不入於思慮；非先王之所貽訓，必不出於企想。自推轂軍門，建節邊塞，善毀者不能加惡，工譽者不能增美。智者見之謂之智，仁者見之謂之仁。至於推財忘己，重義先物，雖刎首不顧其利，傾身不改其道。由是懦夫為之勇，貪夫為之廉。猶權衡之不言，而斤兩定其謬；騊駼之絕足，而駑駘知其遠。至於吏能貞幹，走筆而雙璧自非；鑑賞人倫，守默而千金成價，固非當世之可效，蓋拔萃之標準也。榮辱必也，死生命也，苟同於歸，何必終於婦人之手矣。餘嘗在軍，得參義府，感其道，頌其功，乃為銘曰：

談五岳者，不知天臺之翠屏也；觀四瀆者，不晤雲洲之丹榮也。恭聞日磾為漢之鞭，亦百里奚為秦之娣，苟云明哲，與衆殊絕，所在成寶，何往非晰。惟公之自東兮，如春之揚風兮，文物資之，以動色聲，明佇之以成功兮。悠悠旌旆，蕭蕭軒蓋，擊鴻鐘，鼓鳴籟。雲誰之榮，伊我德聲，四郊無戎馬之患，千里捍公侯之城。勳績既展矣，忠義既顯矣。物有忌乎貞剛，行有高而則傷；中峰落其仞，幽壤淪其光；天下為之痛，海內哀其良。天鑑斯孔，褒及存亡；餘實感慕，為之頌章。寄言不朽，風聽無疆。

《舊唐書》卷一〇九《黑齒常之傳》 黑齒常之，百濟西部人。長七尺餘，驍勇有謀略。初在本蕃，仕為達率兼郡將，猶中國之刺史也。顯慶五年，蘇定方討平百濟，常之率所部隨例送降款。時定方縶左王及太子隆等，仍縱兵劫掠，丁壯者多被戮。常之恐懼，遂與左右十餘人遁歸本部，鳩集亡逸，共保任存山，築柵以自固，旬日而歸附者三萬餘人。定方遣兵攻之，常之領敢死之士拒戰，官軍敗績，遂復本國二百餘城，定方不能討而還。龍朔三年，高宗遣使招諭之，常之盡率其衆降。累轉左領軍員外將軍。

儀鳳中，吐蕃犯邊，常之從李敬玄擊之。劉審禮之没賊，敬玄欲抽軍，却阻泥溝，而計無所出。常之夜率敢死之兵五百人進掩賊營，吐蕃首領跋地設棄軍宵遁，敬玄因此得還。高宗歎其才略，擢授左武衛將軍，兼檢校左羽林軍，賜金五百兩、絹五百匹，仍充河源軍副使。時吐蕃贊婆及素和貴等賊徒三萬餘屯於良非川。常之率精騎三千夜襲賊營，殺獲二千級，獲羊馬數萬，贊婆等單騎而遁。擢常之為大使，又賞物四百匹。常之以河源軍正當賊衝，欲加兵鎮守，恐有運轉之費，遂遠置烽戍七十餘所，度開營田五千餘頃，歲收百餘萬石。開耀中，贊婆等屯於青海，常之率精兵一萬騎襲破之，燒其糧貯而還。常之在軍七年，吐蕃深畏憚之，不敢復為邊患。嗣聖元年，遷左武衛大將軍，仍檢校左羽林軍。

垂拱二年，突厥犯邊，命常之率兵拒之。躡至兩井，忽逢賊三千餘衆，常之見賊徒爭下馬著甲，遂領二百餘騎，身當先鋒直衝，賊遂棄甲而散。俄頃，賊衆大至。及日將暮，常之令伐木，營中燃火如烽燧，時東南忽有大風起，賊疑有救兵相應，遂狼狽夜遁。以功進封燕國公。三年，突厥入寇朔州，常之又充大總管，以李多祚、王九言為副。追躡至黄花堆，大破之，追奔四十餘里，賊散走磧北。時有中郎將爨寶璧表請窮追餘賊，制常之與寶璧會，遥為聲援。寶璧以為破賊在朝夕，貪功先行，竟不與常之謀議，遂全軍而没。尋為周興等誣構，云與右鷹揚將軍趙懷節等謀反，繫獄，遂自縊而死。

常之嘗有所乘馬為兵士所損，副使牛師獎等請鞭之。常之曰：『豈可以損私馬而決官兵乎！』竟赦之。前後所得賞賜金帛等，皆分給將士；及死，時甚惜之。

《新唐書》卷一一〇《諸夷蕃將傳·黑齒常之》　黑齒常之，百濟西部人。長七尺餘，驍毅有謀略。為百濟達率兼風達郡將，猶唐刺史云。蘇定方平百濟，常之以所部降。而定方囚老王，縱兵大掠，常之懼，與左右酋長十餘人遁去，嘯合逋亡，依任存山自固，不旬日，歸者三萬。定方勒兵攻之，不克，常之遂復二百餘城。龍朔中，高宗遣使招諭，乃詣劉仁軌降。累遷左領軍員外將軍、洋州刺史。

儀鳳三年，從李敬玄、劉審禮擊吐蕃。審禮敗，敬玄欲引還，阻泥溝，兵不得出，賊屯高壓官軍。常之夜率敢死士五百人掩其營，殺掠數百人，賊酋跋地設棄軍走。帝歎其才，擢左武衛將軍，檢校左羽林軍，賜金帛殊等。進為河源軍副使。調露中，吐蕃使贊婆等入寇，屯良非川。李敬玄之敗，常之引精騎三千夜襲其軍，斬首二千級，獲羊馬數萬，贊婆等單騎去。即拜河源道經略大使。因建言河源當賊衝，宜增兵鎮守，而運饟須廣。乃斥地置烽七十所，墾田五千頃，歲收粟斛百餘萬。由是食衍士精，戍邏有備。永隆二年，贊婆營青海，常之馳掩其屯，破之，悉燒糧廥，獲羊、馬、甲首不貲。詔書勞賜。凡涖軍七年，吐蕃憺畏，不敢盜邊。封燕國公。

垂拱中，突厥復犯塞，常之率兵追擊，至兩井，忽與賊遇，賊騎三千方擐甲，常之見其囂，以二百騎突之，賊皆棄甲去。其暮，賊大至，常之潛使人伐木，列炬營中，若烽燧然。會風起，賊疑救至，遂夜遁。久之，為燕然道大總管，與李多祚、王九言等擊突厥骨咄禄、元珍於黄花堆，破之，追奔四十里，賊潰歸磧北。會左監門衛中郎將爨寶璧欲窮追要功，詔與常之共計，寶璧獨進，為虜所覆，舉軍没，寶璧下吏誅，常之坐無功。會周興等誣其與右鷹揚將軍趙懷節反，捕繫詔獄，投繯死。

常之御下有恩，所乘馬為士所箠，或請罪之。答曰：『何遽以私馬鞭官兵乎？』前後賞賜分麾下，無留貲。及死，人皆哀其枉。

〔高麗〕金富軾《三國史記》卷四四《黑齒常之傳》　黑齒常之，百濟西部人。長七尺餘，驍毅有謀略。為百濟達率兼風達郡將，猶唐刺史云。蘇定方平百濟，常之以所部降。而定方囚老王，縱兵大掠，常之懼，與左右酋長十餘人遁去，嘯合逋亡，依任存山自固，不旬日，歸者三萬。定方勒兵攻之，不克，常之遂復二百餘城。龍朔中，高宗遣使招諭，乃詣劉仁軌降。累遷左領軍員外將軍、洋州刺史。

累從征伐，積功授爵，賞殊等。久之為燕然道大總管，與李多祚等擊突厥，破之。會左監門衛中郎將爨寶璧欲窮追要功，詔與常之共計，寶璧獨進，為虜所覆，舉軍没，賨璧下吏誅，常之坐無功。會周興等誣其與右鷹揚將軍趙懷節反，捕繫詔獄，投繯死。

常之御下有恩，所乘馬為士所箠，或請罪之。答曰：『何遽以私馬鞭官兵乎？』前後賞賜分麾下，無留貲。及死，人皆哀其枉。

任用新羅人士分部

綜述

金仁問

宋・王溥《唐會要》卷九五《新羅》 （唐高宗）上元元年二月，新羅王金法敏既納高句麗叛亡之衆，又封百濟故地，遣兵守之。帝大怒，詔削法敏官爵，遣宰臣劉仁軌討之，仍以法敏弟右驍衛員外大將軍、臨海郡公金仁問為新羅王。時仁問在京師，詔令歸國以代其兄。仁問行至中路，聞新羅降，仁問乃還。

［朝鮮］佚名《高麗史略》卷二《新羅紀》 百濟將殷相攻陷新羅七城，金庾信擊破之，斬殷相。王又自製《太平頌》織錦為紋以獻，又遣波賨餐金仁問春秋第二子如唐宿衛。

仁問幼而就學，博覽羣書，兼涉莊老浮圖之説。工隸書，善射御，曉音律，識量宏遠。時年二十三。

又 卷三《新羅紀》 唐太宗以蘇定方為神丘道行軍大總管，金仁問為副總管，帥水陸軍伐百濟。

金思蘭

《舊唐書》卷一九九上《東夷傳・新羅》 （玄宗開元）二十一年，渤海靺鞨越海入寇登州。時興光族人金思蘭先因入朝留京師，拜為太僕員外卿，至是遣歸國發兵以討靺鞨。

宋・王溥《唐會要》卷九五《新羅》 （玄宗開元二十一年）命太僕卿員外置同正員金思蘭使于新羅。思蘭本新羅之行人，恭而有禮，因留宿衛，及是，委以出疆之任，且便之也。

宋・司馬光《資治通鑑》卷二一三《唐紀二十九・玄宗至道大聖大明孝皇帝中之上》 （玄宗開元二十一年春正月）庚申，命太僕員外卿金思蘭使于新羅。思蘭，新羅王之侍子，留京師，官為太僕卿員外置。

李元佐

［日］圓仁《入唐求法巡禮行記》卷四 （八月）十三日，爲求歸國，投左神策軍押衙李元佐，是左軍中尉親事押衙也。信敬佛法，極有道心。本是新羅人。宅在永昌坊，入北門西迴第一曲，傍牆南壁上，當護國寺後牆西北角。到宅相見，許計會也。

任用日本人士分部

綜述

朝衡

唐・杜佑《通典》卷一八五《邊防典一・東夷上・倭》 天寶末，衛尉少卿朝尉即其國人。

《舊唐書》卷一九九上《東夷傳・日本》 開元初，又遣使來朝。【略】其偏使朝臣仲滿，慕中國之風，因留不去，改姓名為朝衡。仕歷左補闕，儀王友。衡留京師五十年，好書籍，放歸鄉，逗留不去。天寶十二年，又遣使貢。上元中，擢衡為左散騎常侍，鎮南都護。

宋・王溥《唐會要》卷一〇〇《日本國》 開元初，又遣使来朝。【略】其偏使朝臣仲滿，慕中國之風，因留不去，改姓名為朝衡。歷仕左補闕，終右常侍、安南都護。

《新唐書》卷二二〇《東夷傳·日本》 開元初，粟田復朝。【略】其副朝臣仲滿，慕華不肯去，易姓名曰朝衡。歷左補闕，儀王友，多所該識，久乃還。【略】天寶十二載，朝衡復入朝。上元中，擢左散騎常侍、安南都護。

元·黎崱《安南志略》卷八《六朝交州刺史都督交阯九真日南太守》 朝衡，日本人。開元中奉幣來朝，慕中華之風因留焉。歷使中國。永泰二年，為安南都護，時生蠻侵德化、龍武二州境，詔朝衡往平之。

［日］藤原繼繩等《續日本紀》卷三五《光仁紀五》 （寶龜十年五月）丙寅，前學生阿倍朝臣仲麻呂，在唐而亡。家口偏乏，葬禮有闕。敕賜東絁一百疋、白綿三百屯。

［日］藤原良方等《續日本後紀》卷五《仁明紀五》 （承和三年五月丁未），其詔詞曰：『故留學問贈從二品安倍朝臣仲滿，大唐光禄大夫、右散騎常侍兼御史中丞、北海郡開國公、贈潞州大都督朝衡，可贈正二品，身涉鯨波，業成麟角，詞峰聳峻，學海揚漪，顯位斯昇，英聲已播，如何不慭，莫遂言歸，唯有掞天之章，長傳擲地之響，追賁幽壤，既隆於前命，重敍崇班，俾洽於今詔。』

［日］德川光圀《大日本史》卷一一六《阿倍仲麻呂傳》 阿倍仲麻呂，按《續日本紀》、《續日本後紀》，麻呂作滿。《唐書·日本傳》亦作仲滿。中務大輔船守子也。性聰敏，好讀書，敍從八位上。靈龜二年，選為遣唐留學生，時年十六，往唐學問，僧顯昭，《古今集抄》引《國史》。多所該識，易姓名曰晁衡。玄宗授左補闕，為儀王友。《新唐書·日本傳》，按《古今集抄》曰，唐朝賜姓晁，名衡，字仲，未知孰是。且唐人王維等贈詩，晁或作鼂。又按《文苑英華》載包佶《送日本國聘賀使晁臣卿東歸詩》、《李白集》稱日本晁卿。晁與鼂通，臣卿蓋仲麻呂字也。遷祕書校書。唐人《儲光義集》，本書載《洛中貽晁校書衡》詩曰：『萬國朝天中，東隅道最長。晁生美無度，高駕仕春坊。出入蓬山里，逍遙伊水傍。伯鸞遊大學，中夜一相望。落日懸高殿，秋風入洞房，屢言相去遠，不覺生晁光。』按此云仕春坊，今推年紀，蓋仕肅宗於東宮也。然他無所考。後至祕書監，《王維集》。兼衛尉卿。勝寶中，遣唐大使藤原清河至唐，玄宗命仲麻呂接之。《日本高僧傳要文抄》。及清河還，仲麻呂欲與歸，《古今集》。按本書曰：『仲麻呂經年而不還，故復遣使於唐。仲麻呂欲與歸，出明州海濱。』考《日本紀略》延曆二十二年，贈藤原清河位一節曰：『勝寶四年，為聘唐大使。天寶十二載，與留學生晁衡同舟歸朝。』且《王維集·送晁監》序有曰：『我開元天地大寶聖文神武應道皇帝。』今推年紀，勝寶四年，當天寶十一載。《唐書》玄宗尊號在天寶八載，據之，本書所載者，蓋清河也。玄宗因命為使，乃賦詩曰：『銜命將辭國，非才忝侍臣。天中戀明主，海外憶慈親。伏奏違金闕，騑驂去玉律。蓬萊鄉路遠，落木故園林。西望懷恩日，東歸感義辰。平生一寶劍，留贈結交人。』《文苑英華》、《唐詩品彙》。按二書載此詩為胡衡作。近世林恕之説謂：『胡、朝字相似，且張氏唐雅胡作朝，可以為證。杜氏《通典·倭部》所謂，天寶末，衛尉少卿胡衡，即其國人，亦吻合。』故今定之。尚書右丞王維為詩幷序送行，《王維集》。包佶、趙驊等，皆贈以詩。《文苑英華》。既而至明州，與唐人別。仲麻呂望月，悵然詠和歌曰：『阿麻能波羅，布利佐計美禮婆，加須我奈流，美加佐能夜麻珥，以傳志都岐加毛。』因寫以漢語示之，衆皆感嘆。《古今集》、《土佐日記》。按《土佐日記》，阿麻能波羅，作阿于宇那波罗。海上遭風，漂泊安南。《日本紀略》。唐人以為仲麻呂溺死，翰林供奉李白作詩哭之。《唐人李白集》。本書載《哭晁卿衡》曰：『日本晁卿辭帝都，征帆一片繞蓬壺，明月不歸沈碧海，白雲愁色滿蒼梧。』

仲麻呂與清河復至唐。《日本紀略》。按《新唐書》，天寶十二歲，晁衡復入朝，蓋此也。肅宗擢左散騎常侍安南都護，《新唐書》。至光禄大夫，兼御史中丞、北海郡開國公，食邑三千戶。《續日本後紀》、《古今集抄》。寶龜元年正月，卒于唐，年七十。代宗贈潞州大都督。《日本紀略》。本書以此為清河事，蓋本條脱闕，清河、仲麻呂事，混為一也。今據續《日本後紀》承和三年詔文、《古今集抄》引《國史》，及《帝王系圖》定之。《江談抄》曰：『仲麻呂在唐被拘，餓死樓上。吉備真備之唐，逢仲麻呂厲。』其事怪誕，今不取。

仲麻呂嘗作書，憑新羅宿衛王子金隱居，寄鄉親。新羅使金初王持其書至。《續日本紀》。仲麻呂在唐凡五十餘年，身雖榮貴，思鄉不已，言及鄉國，未嘗不悽惻也。《古今集抄》。寶龜十年，敕曰：『前學生阿倍朝臣仲麻呂，在唐而亡，家口單乏，葬祭有闕。其賜東絁百匹、白綿三百屯。』《續日本紀》。承和三年，因命遣唐使，贈正二位，詔曰：『故留學問贈從二品安倍朝臣仲滿，身涉鯨波，業成麟角，詞峰聳峻，學海揚漪，顯位斯昇，英聲已播。如何不慭，莫遂言歸。唯有掞天之章，長傳擲地之響。追賁幽壤，既隆於前命，重敍崇班，俾給於命詔。』《續日本後紀》。按贈從二品，諸書不經見，疑在延曆二十二年贈清河位時乎。《日本紀略》脫闕，今無所考。

藝文

唐・王維《王右丞集》卷一二《送祕書晁監還日本國并序》 舜覲羣后，有苗不服；禹會諸侯，防風後至。動干戚之舞，興斧鉞之誅，乃貢九牧之金，始頒五瑞之玉。我開元天地大寶聖文神武應道皇帝，大道之行，先天布化；乾元廣運，涵育無垠。若華為東道之標，戴勝為西門之候。豈甘心于邛杖，非徵貢于苞茅。亦由呼韓來朝，舍于蒲陶之館；卑彌遣使，報以蛟龍之錦。犧牲玉帛，以將厚意；服食器用，不寶遠物；百神受職，五老告期。況乎戴髮含齒，得不稽顙屈膝！海東國日本為大，服聖人之訓，有君子之風。正朔本乎夏時，衣裳同乎漢制。歷歲方達，繼舊好于行人；滔天無涯，貢方物于天子。司儀加等，位在王侯之先；掌次改觀，不居蠻夷之邸。我無爾詐，爾無我虞。彼以好來，廢關弛禁，上敷文教，虛至實歸。故人民雜居，往來如市。

晁司馬結髮游聖，負笈辭親，問禮于老聃，學《詩》于子夏。魯借車馬，孔子遂適于宗周；鄭獻縞衣，季札始通于上國。名成太學，官至客卿。必齊之姜，不歸娶于高國；在楚猶晉，亦何獨于由餘！遊宦三年，願以君羹遺母；不居一國，欲其晝錦還鄉。莊舄既顯而思歸，關羽報恩而終去。于是馳首北闕，裹足東轅，篋命賜之衣，懷敬問之詔。金簡玉字，傳道經于絕域之人；方鼎彝樽，致分器于異姓之國。琅邪臺上，迴望龍門；碣石館前，夐然鳥逝。鯨魚噴浪則萬里倒迴，鷁首乘雲則八風却走。扶桑若薺，鬱島如萍，沃白日而簸三山，浮蒼天而吞九域。黃雀之風動地，黑蜃之氣成雲。淼不知其所之，何相思之可寄。嘻！去帝鄉之故舊，謁本朝之君臣。詠七子之詩，佩兩國之印，恢我王度，諭彼蕃臣。三寸猶在，樂毅辭燕而未老；十年在外，信陵歸魏而逾尊。子其行乎！余贈言者：

積水不可極，安知滄海東！九州何處遠？萬里若乘空。向國惟看日，歸帆但信風。鰲身映天黑，魚眼射波紅。鄉樹扶桑外，主人孤島中。別離方異域，音信若為通。

唐・李白《李太白[redacted]集》卷二五《哭晁卿衡》 日本晁卿辭帝都，征帆一片遶蓬壺。明月不歸沉碧海，白雲愁色滿蒼梧。

唐・儲光羲《儲光羲詩集》卷四《洛中貽朝校書衡朝即日本人也》 萬國朝天中，東隅道最長。吾生美無度，高駕仕春坊。出入蓬山裏，逍遥伊水傍。伯鸞遊太學，中夜一相望。落日懸高殿，秋風入洞房。屢言相去遠，不覺生朝光。

宋・李昉等《文苑英華》卷二九六《［唐］包佶〈送日本國聘賀使晁臣卿東歸〉》 上才生下國，東海是西鄰。九譯蕃君使，千年聖主臣。野情偏得禮，木性本含仁。錦帆乘風轉，金裝照地新。孤城開蜃閣，曉日上車輪。早議來朝歲，塗山玉帛均。

宋・計有功《唐詩紀事》卷二七《趙驊〈送晁補闕歸日本國〉》 西掖承休澣，東隅返故林。來稱剡子學，歸是越人吟。馬上秋郊遠，舟中曙海陰。知君懷魏闕，萬里獨搖心。

清・[redacted]求等《[redacted]唐詩》卷七三二《［日］朝衡〈銜命還國作〉》 銜命將辭國，非才忝侍臣。天中戀明主，海外憶慈親。伏奏違金闕，騑驂去玉津。蓬萊鄉路遠，若木故園林。西望懷恩日，東歸感義辰。平生一寶劍，留贈結交人。

任用中亞人士分部

綜　述

米繼芬

《[redacted]唐文補遺》第三輯《翟運〈唐左神策軍故散副將遊擊將軍守左武衛大將軍同正兼試太常卿上柱國京兆米府君（繼芬）墓誌銘并序〉》 公諱繼芬，字繼芬，其先西域米國人也。代為君長，家族之賢。祖父諱□，任本國長史。父諱突騎施，遠慕皇化，來於王庭。迎□京師，永通國好。特承恩寵，累踐班榮。歷任輔國大將軍、行左領軍衛大將軍。公承襲質子，身處禁軍，孝以敬親，忠以奉國。四善在意，十德居心。信行為遠邇所稱，德義實閭里鹹荷。風神磊落，度量宏深。爰以尊年，因嬰疾疹，何圖積善無慶，奄從逝川矣。永貞元年九月廿一日終於醴泉裡之私第，春秋九十二。其年十月十九日，安厝於長安縣龍門鄉龍首原，禮也。【略】銘曰：

國步頃艱兮忠義建名，雄雄英勇兮膺時間生。嘗致命兮竭節輸誠，珍凶孽兮身授官榮。位崇班兮是居禁營，壽既尊兮遘其疾苦。去高堂兮永歸泉戶，列松柏於鳳城之西，封馬鬣於漕渠之滸。

何文哲

《全唐文補遺》第一輯《廬諫卿〈唐故銀青光禄大夫檢校工部尚書守右領軍衛上將軍兼御史大夫上柱國廬江郡開國公食邑二千戶贈太子少保何公（文哲）墓誌銘并序〉》 葱嶺崛秀於西陲，歸邪耀芒於北極。應圖而梯航委質，誕粹而英髦特生。其非社稷長齡，家聲兆慶，則雄才驍帥，焉契於聖期。妙算鹹謀，詎生於厄運。徵其否泰之際，求夫危急之秋，鷹揚挺匡復之勳，龍戰有克寧之捷者，其唯我公之胄歟？公諱文哲，字子洪，世為靈武人焉。洎根彼長源，窮其發地，則又輝於我門矣。公本何國王丕之五代孫，前祖以永徽初款塞來質，附於王庭。簪纓因盛於本朝，爵賞由光於中土。曾祖懷昌，皇中大夫、守殿中少監，賜紫金魚袋；權兼六局，職備大朝，肴膳無廢於供儲，勞績共多於修舉。祖彥詮，皇正議大夫、行丹州別駕、上柱國。王祥屈居別乘，諸葛攸展良材。稽功尚襲於遺芳，積善果徵於余慶。列考遊仙，皇寶應元從功臣、開府儀同三司、行靈州大都督府長史、上柱國，贈尚書右僕射。禄山僭盜，肅宗幸邊。毒志方肆於狼心，義勇共殲於梟師。功均正始，褒典自頒於夏書；光被承家，追級尋高於漢曆。公即僕射之第三子也。孩笑尚掃除之志，弱冠通戰伐之經。雄圖未展於戎場，俠氣尋高於附黨。貞元初，德宗追惟舊勳，悉求其後，乃下詔兩廣，即今搜揚。時開府護軍中尉竇公文場以公名聞，旋補左軍馬軍副將。又四年，加忠武將軍，仍試授光禄。楚王懼子文無後，韓厥惜宣孟之忠。年代寂寥，疇庸間起。功既銘於剪伐，恩遂及於興亡。十五年，皇帝獻歲會朝，執珪御殿。公魁岸長鬚，穎脫軍前。德宗目而偉之，退朝，敕左右圖形録進。既而詠歎無斁，錫賚甚繁。尋許轉主兵正將。王商鴻大，威棱實慴於北庭；田奉言容，衰異遂隆於南面。憲宗纂位，制加雲麾將軍、試鴻臚卿、兼上柱國。二年，充馬軍廂虞候知將事，累授散兵馬使。五年，制封廬江縣開國子，仍食邑五百戶。十年乙未，進階銀青，俄改賓客兼監察禦史。丙申，又轉廂使兼押衙。丁酉夏，改正兵馬使，舊職如故。庚子建戊寅，憲宗厭代，神馭不留。明月閏三日，穆宗立，公有冊勳焉。不日，觀稼升陽殿，有頃，召公與語。宸眷褒美，獨奉恩霈。即於行在賜物有差。或名傳窐水，或價重齊紈。恩自九天，榮於一代。越月，授雲麾將軍兼左神策軍將軍知軍事，充步軍都虞候。明年，長慶建號，二月，加殿中。其日詣銀台奏謝，敕令前殿對策，就列之時，顧遇尤異。帝謂公曰：卿翊衛心膂，為朕爪牙。即令宰臣別議超獎。是月特加御史中丞。易稱三接，史贊九遷。求之我公，盡得於此。壬寅三月，遷雲麾將軍守左神策大將軍兼禦史中丞。公儀范磊落，氣概孤邁。兵符參於六甲，戎政美於兩軍。若非河圖降祥，嶽靈鍾秀，則偉度奇質，神骨天姿，焉能標準寰區，儀形上國哉。公控制十萬，只奉六朝。勳績屢彰，渥澤彌篤。洎皇帝坐朝百越，祈福六宗，或登壇禮天，或端 納貢。公出入通籍，申宮外藩，交戟百重，軍衛千列。指揮而風雲變色，顧眄而夷狄喪精。及彩仗還宮，虹旌徹警。深恩厚賞，唯公加焉。漢主重於解衣，嘗頒禦府；曹皇多於綈帶，必降王人。嘉柔羅列於八珍，篋笥交輝於五色。雖光武之多於馬援，晉朝之遇於羊祜，以此而言，何足方也。公幼聞武藝，生知將謀。自效試此軍，更踐繁劇，幹用無比，馨香不凋。制變洞星圖火陣之機，攻取得垂危擊虛之便。屬軍號強悍，人稱雄豪，臨之以法懼不安，待之以寬輒難理。唯公水火兼濟，恩威並驅，步伍車徒，無不畏服。絕甘分少之德，高視於寬饒；長孤問疾之勤，齊芳於句踐矣。明年正月，穆宗升遐。神器有歸，敬宗嗣位。夏四月，賊臣張韶乘間竊發。敬宗失禦，越在左軍。公領敢死七千人，或擐甲重門，嚴其環衛；或荷戈討亂，誅剪羣凶。社稷之慶素長，反正之功旋著。凡曰昏狡，無不梟夷；獲醜執俘，八十餘數。其夜敬宗召見與語。公歃血誓志，期於掃除。且云：今日投卿，安危斯在，還官之後，必議甄酬。公顧拯橫流，受命嗚咽。翌日，車駕刻複，再恢皇綱。帝感其忠貞，嘉乃勳績，約賜金銀器及錦彩等五百餘事。尋遷御史大夫。乙巳之歲，帝始南郊。皇極惟新，改元寶曆。甲辰三月，復降新恩，特加左散騎常侍，依前神策大將軍事。其年月建丁丑，宦者劉克明構釁蕭牆，賊亂宗社，毒肆渠逆，禍及敬宗。其時寇害暴興，王業幽辱，臣妾波蕩，人鬼風號。雖有嗣立之名，未是適從之主。公領神策勇士萬餘人，與故開府中尉魏公弘簡創議協心，犄角相應，誓清逆黨，佇開天衢。又選驍勇數百人入内搜斬。自辰及酉，氛浸悉平。掃豺狼於談笑之間，前無强敵；剪鯨鯢於波瀾之上，靡有孑遺。然後與開府右軍中尉梁公守謙同謀義始，選練精兵，冊建我皇，匡合文物。公以忠骨扶四大，以義脉貫百骸，矸朱比心，礪石為節，故能立功鵲起之際，植志嫋據之時。昔二號享於周封，勳高史筆；旦奭榮於燕魯，業銘景鍾。公之績用，庶並於此。其月詔加檢校工部尚書，旌其勞也。今上統極之明年，改號大和，春三月，幸升陽殿，獨召公入語曰：卿有莫大之功，社稷今存，是卿之力。即今宰臣與卿土地。其年月建庚戌，遷鄜州刺史，充鄜坊丹延等州節度觀察處置等使。公素有吏才，又閑軍政。至止之後，務勤葺綏。一之日，決冤滯，議刑獄。二之日，問人疾苦，闢田勸農。三之日，謹關防，訓兵習馬。四之日，進善黜惡，犒有德，録有功。五之日，訪糧儲，閱戈甲。暨初臨而三軍畢喜；一月而百姓獲安；二月而刑獄平，冤滯釋。三月而田疇墾闢，疾苦不作。四月而兵士□實，器甲完備。五月而關防靜謐，烽燧不驚。公杖節三年，終始一致，而人樂其善，軍不懈嚴，其為官理戎之績，得悉數焉？明年己酉正月，策勳進封廬江郡開國公，食邑二千户。庚戌春正月，詔追還京。二月，授右領軍衛上將軍。方期領袖天庭，準繩風俗，更膺廉問之寄，歷踐旄鉞之榮。不幸寢疾，享年六十七，以其年四月一日，薨於長安縣義寧里之私第。寮吏流涕，士林改色。皇情震悼，特加褒崇，詔贈太子少保，輟正朝一日。哀榮之典既備，窀穸之魂有光。其非德及生人，恩深軫慟，曾何以加焉？惟公天質爽俊，風韻瀟灑，凝睇而暮鵉蹲虎，顧眄而秋空擊雕。天下之人謂公為堂堂男子、落落丈夫矣。惟公武藝絶倫，妙略神假。制敵而墨子縈帶，臨難而終軍請纓。義敦在三，功最第一。天下之人謂公為忠矣。惟公堂有孀姊，坐有孤甥。慈惠及於六親，仁義鍾於九族。燔炮之貴，廪給自豐。啜菽之歡，退食斯在。天下之人謂公為孝矣。惟公人典禁戎，出建旗鼓，身曳紫綬，腰横黄金。怒可以困人於沉墊，喜可以拔士於雲霄。而公益尚謙沖，卑以自授，天下之人謂公為能守位矣。惟公富而有疆土，雅總兵權；被服可以窮輕纖，飲食可以□滋味，燕趙可以溺心意，娛宴可以列歌鍾，馳騁可以縱佃獵；而公端居自檢，非禮不動。天下之人謂公為賢矣。惟公清為廉問，寄重塞垣。苟一壟不耕，必勸之；一田不稔，必復之；一兵不勵，必秩之；一矢不中，必罰之。天下之人謂公能理人統軍矣。噫！天爵有五，公能得之；中壽滿百，公宜履之。何垂天之逸翮，忽厚地而曝□？嗚呼嗚呼！已而已而。【略】銘曰：岳瀆流精，河圖誕靈。持顛而誰，惟良挺生。貴相標拔，義概崢嶸。容止不羣，帝命圖形。沉沉禁署，詻詻環列。匡衛是重，陛戟攸設。惟公統之，惟帝賴之。明宵有程，警蹕無疑。帝運中否，陰謀竊發。句陳失守，乘輿播越。環衛振旅，攙槍撲滅。惟公勳力，銘於有截。寇害猾狂，纂毒亂常。血污行殿，虜中御床。王師既列，我矢亦張。惟公芟剪，社稷用康。偽孽已平，論公策名。登壇授鉞，有土專征。六師既理，雙旌啓行。虜不南顧，人安北扃。雄圖方壯，朝露旋曦。良木既壞，蕙蘭亦萎。皇情震悼，褒崇異之。車徒慘澹以無色，賓從涕集而交頤。青烏已筮，素車在門。辭帝里而西度，望漢陵之近村。榮華熏灼兮光儀永閟，功名輝赫兮竹帛空存，松檟認將軍之樹，文字旌忠烈之魂。

任用西亞人士分部

綜述

安附國

宋·李昉等《文苑英華》卷九二〇《［唐］李至遠〈唐維州刺史安侯神道碑〉》 夫招摇東指，寰區識天下之春。溟漲北臨，川谷有朝宗之地。况乎皇明發而萬物覩，天衢亨而四隩宅。故以驟險浮深，同文協軌者也。若乃壤鄰驕子，家號名王。握葱野之瑰奇，潄蒲源之粹液。井蛙自許，既累嗤於越子，風鴻且遇，仍嗣美於秺侯，則大將軍安侯其人矣。

侯諱附國，其先出自安息，以國為姓。有隋失馭，中原無何，突厥乘時，籍雄沙漠，侯祖烏唤為頡利吐發，嗇中官品，稱為第一。王庭雖蹋，方冠射鵰之勇；帝鄉何遠，空鬱衝牛之氣。父朏汗，望日月於中衢，奮羽毛於邊服，勢同鵠起，功隨豹變。貞觀初，率所部五千餘人入朝，詔置維州，即以朏汗為刺史，拜左武衛將軍，累授左衛右監門衛二大將軍，封定襄郡公。寄等連城，榮起合壘，析圭胙土，時議稱之。侯運偶千年，才標一日，服太阿而善斷，覽介石以知機。有顧鶉籠，實懷先覺，迺心鳳扆，奚歎後予。於是拔迹泥沙，翻飛霄漢，亦以貞觀四年，與父俱詣闕下，時年一十有八。太宗見而異之，即擢為左領軍府左郎將，尋令與鴻臚丞趙德楷諭旨於吐谷渾。虜安鶉鳩之巢，敢恃螳螂之斧。旅拒成命，逼迫行人。遇困加威脅，舉步逢艱阻。侯以命有所繫，靜以體之，節不可失，貞以守之。雖弦矢屢移，而鐵石無改，既而加兵一盪，凶氛四徹，竟獲全歸。僉以為蘇武、鄭衆不獨高於前代矣。璽書歎述，還本府中郎將，賚布帛五百段，又加秩為忠武將軍行本職。十九年，太宗揚鑾蹔撫，清海俗於三韓，駐蹕聊麾，駭天聲於六漢，侯公參末將，績預深涓。詔論功授上柱國，封驪虞縣開國男，食邑三百户。永徽元年，拜右領軍將軍，餘如故。荷元天之廣運，承湛露以晞陽。蒲璧開南面之尊，蘭錡盛北軍之寵。門驅駟馬，亘紐雙龜。薄暮歸來，輝光不獨於三子，辨色而入，前後方參於五侯。疊蓋流軒，徽枝叐蘂，足以震輝都鄙，謳謡氓庶。尋丁定襄公憂，執喪無替於少連，讓爵自先於季札。及其字人按部，和風布政，使幼艾不懷，酋渠不驚。非樹其長，莫諳其俗，以此高乎，兼本官，復拜為使，持節維州諸軍事、維州刺史。朝咨良牧之能，物喜吾君之子，入虔戎政，縟共宿於星廬，出變夷歌，扇重暉於日域。龍朔中，隨府易名改為左戎衛將軍。總章年，進為右戎衛大將軍，刺史勳封並如故。日觀崇巖，雲封峻霄。三五之聲已邈，八九之迹難追。天子潔壇場，疏圭璧，報功崇德，騰茂實於石間。侯亦勵熊羆，從金鼓，前清後蹕，罄忠勤於玉帳。咸亨初，追討斯閱，仍本封，進爵為子，加邑四百户。方當降錫上罇，行昇右地。嘯洪崖而自狎，揖浮丘以曾舉。而殷相肇夢，晉寢成妖。古謝今形，仙禽致是非之難。寒凝暑退，大椿屬摇落之期。哀哉！奄以調露二年二月十八日，寢疾終於神都，春秋八十有三。永隆二年二月二十三日，葬于雍州長安縣孝悌鄉之原，禮也。

惟侯緒茂膏粱，基循鼎冑。絳河潛潤，每孕傾都之寶，丹野成章，必矯冠羣之翼。弱便英邁，長實宏遠，劒連三術，道蒙史以前驅；德包五善，揖楚臣於下席。從吾所好，方盡鋭於戈矛；在物或遺，故無資於筆硯。加以動會規楷，性非因習，泣畫象於離宫，真資孝敬；感飛泉於異域，雅蹈忠誠。利以義通，功以濟物。故能夙攀閶闔，函奉鈎鈐。効心膂於中年，享高明於暮景。左右深率從之竒，始終無纖芥之隙。行師則訓兵以律，受任則執禮無違。非才優體二，道恭感一，惟微惟熙，至公至平者，疇能與於此哉？悲夫！琴心輟奏，去高堂而不留，筮氏觀龜，創幽穸而期兆。皷秋風於古樹，誰識將軍，思白日於荒鄰，空懷中散。賔御膂兮寒野暮，池館靜兮浮雲陰。可作無時，與歸何想。長子故右玉鈐衛將軍、北平縣公思祇，藻身淑慎，流聲奕葉。繁滋遽委，危露先飄。次子魯州刺史思恭等，趨表闕以擗心，涉禮庭而收泗。薦蘭之誠徒切，集蓼之哀永萃。思所以髣髴形容，揄揚清懿。託問詞於廣陌，播雄名於大隧。迺為銘曰：

閬風透迴，河氣靈長。於昭化毓，實延英芳。稜飛玉塞，勢軼沙场。家承有土，祚歷無疆。分源何從，揚飈南入。剷衽荒庭，殺凶大邑。孝乎何取，忠焉是襲。花綬遥遥，雲冠岌岌。敷命河首，逢羈海裔。雲天變色，鄉關無際。虎噬徒交，壯心益勵。卒延哀謙，豈嗟拘滯。作固蘭陛，仍分竹符。盟申帶礪，禮盛傳呼。巖廊夕警，祕宇晨趨。還便後殿，出必前驅。本枝隱蔽，宣條求瘼。惠起人謡，清惟主諾。野乃聞勞，門非藉惡。是聽夏聲，諳知戎落。旋增厚秩，亦追崇封。逸豫斯扈，車服以庸。庭紛舞籥，室韻歌鐘。寧悲昃景，遽落高峯。梁木應悲，井田俄殞。廣川去楫，修途廢軫。倏兮已喪，蕭兮而盡。神乎不測，天乎何忍。永背青皐，既安玄夜。泉臺構壤，山門反駕。野吹方噎，榮輝不借。德雖隆於九原，神豈奄於萬化。

李元諒

《舊唐書》卷一二《德宗紀上》 （貞元三年七月）壬申，賜駱元光姓，曰李元諒。

又　卷一四四《李元諒傳》　李元諒，本駱元光，姓安氏，其先安息人也。少為宦官駱奉先所養，冒姓駱氏。元諒長大美鬚，勇敢多計。少從軍，備宿衛，積勞試太子詹事。鎮國軍節度使李懷讓署奏鎮國軍副使，俾領州事。元諒嘗在潼關領軍，積十數年，軍士皆畏服。

德宗居奉天，賊泚遣偽將何望之輕騎襲華州，刺史董晉棄州走，望之遂據城，將聚兵以絶東道。元諒自潼關將所部，仍令義兵因其未設備，徑攻望之，遂拔華州，望之走歸。元諒乃修城隍器械，召募不數日，得兵萬餘人，軍益振，以功加御史中丞。賊泚數遣兵來寇，輒擊却之。是時，尚可孤守藍田，與元諒掎角，賊東不能逾渭南，元諒功居多。無幾，遷華州刺史、兼御史大夫、潼關防禦、鎮國軍節度使，尋加檢校工部尚書。

興元元年五月，詔元諒與副元帥李晟進收京邑。兵次於滻西，賊悉衆來攻，元諒先士卒奮擊，大敗之。進軍至苑東，與晟力戰，壞苑垣而入，賊聯戰皆敗，遂復京師。元諒讓功於晟，出屯於章敬佛寺。帝還宮，加檢校尚書右僕射，實封七百戶，賜甲第、女樂，仍與一子六品正員官。

李懷光反於河中，絶河津，詔元諒與副元帥馬燧、渾瑊同討之。時賊將徐庭光以鋭兵守長春宮，元諒遣使招之。庭光素輕易元諒，且慢罵之，又以優胡為戲於城上，辱元諒先祖，元諒深以為耻。及馬燧以河東兵至，庭光降於馬燧，詔以庭光為試殿中監、兼御史大夫。河中平，燧待庭光益厚。元諒因遇庭光於軍門，命左右劫而斬之，乃詣燧匍匐請罪。燧盛怒，將殺元諒，久之，以其功高乃止。德宗以元諒專殺，慮有章疏，先令宰相諭諫官勿論。

貞元三年，詔元諒將本軍從渾瑊與吐蕃會盟于平涼。元諒謂瑊曰：『本奉詔令營於潘原堡，以應援侍中。竊思潘原去平涼六七十里，蕃情多詐，儻有急變，何由應赴？請次侍中為營。』瑊以違詔，固止之。元諒竟與瑊同進，瑊營距盟所二十里，元諒營次之，壕柵深固。及瑊赴會，乃戒嚴部伍，結陣營中。是日，虜果伏甲，乘瑊無備竊發。時士大夫皆朝服就執，軍士死者十七八。瑊單馬奔還，羣虜追躡，瑊營將李朝彩不能整衆，多已奔散，瑊至，空營而已。賴元諒之軍嚴固，瑊既入營，虜皆散去。是日無元諒軍，瑊幾不免。元諒乃整軍，先遣輜重，次與瑊俱申號令，嚴其部伍而還，時謂元諒有將帥之風。德宗嘉之，賜良馬十匹，金銀器、錦綵等甚厚。丁母憂，加右金吾衛上將軍，起復本官。帝念其勳勞，又賜姓李氏，改名元諒。

四年春，加隴右節度支度營田觀察、臨洮軍使，移鎮良原。良原古城多摧圮，隴東要地，虜入寇，常牧馬休兵於此。元諒遠烽堠，培城補堞，身率軍士，與同勞逸，芟林薙草，斬荆榛，俟乾，盡焚之，方數十里，皆為美田。勸軍士樹藝，歲收粟菽數十萬斛，生植之業，陶冶必備。仍距城築臺，上彀車弩，為城守備益固。無幾，又進築新城，以據便地。虜每寇掠，輒擊却之，涇、隴由是乂安，虜深憚之。以疾，貞元九年十一月，卒于良原，年六十二。帝甚悼惜，廢朝三日，贈司空，賻布帛米粟有差。

《新唐書》卷一五六《李元諒傳》　李元諒，安息人，本安氏，少為宦官駱奉先養息，冒姓駱，名元光。美鬚髯，鷙敢有謀。以宿衛積勞，試太子詹事。李懷讓節度鎮國，署奏以自副。居軍十年，士心憚服。

德宗出奉天，賊遣將何望之襲華州，於是刺史董晉棄城走，望之欲聚兵以絶東道，元諒自潼關引兵徑薄其城，拔之。時兵興倉卒，裹厠為鎧，剡蒿為矢，募兵數日至萬餘，軍氣乃振。賊來攻，輒卻。時尚可孤守藍田，元諒屯昭應，王權壁中渭橋，賊兵不能踰渭南。未幾，遷鎮國軍節度使，封武康郡王。先是，詔發豳、隴兵東討李希烈，師方出關，泚使劉忠孝召還，至華陰，華陰尉李夷簡説驛官捕之，追及關，元諒斬以徇，所召兵不得入，由是華州獨完。俄詔元諒與李晟收京師，次滻西。元諒先奮鏖賊，敗之，進屯苑東，晟使壞苑垣入。泚連戰皆北，遂大潰，京師平。讓功於晟，退壁近郊。加檢校尚書左僕射，實封戶五百，賜甲第、女樂、一子六品官。

李懷光反，與馬燧、渾瑊討之。其將徐廷光素易元諒，數嫚罵，為優胡戲斥侮其祖。又使約降，曰：『我降漢將耳。』及馬燧至，降於燧。元諒見韓游瓌曰：『彼詬吾祖，今日斬之，子助我乎？』許諾。既而遇諸道，即數其罪，叱左右斬之，詣燧謝。燧大怒，將殺元諒，游瓌見曰：『殺一偏裨尚爾，即殺一節度，法宜如何？』燧默然。元諒請輸錢百萬勞軍自贖，瑊亦為請，燧赦之。帝以專殺，恐有司劾治，前詔勿論。

貞元三年，吐蕃請盟，詔以軍從瑊會平涼，元諒軍潘原、游瓌軍洛口以為援。元諒曰：『潘原去平涼七十里，虜詐不情，如有急，何以赴？請與公連屯。』瑊以違詔，不聽。瑊壁盟所二十里，元諒密徙營次之。既會，元諒望雲物曰：『不祥，虜必有變！』傳令約部伍出陣。俄而虜劫盟，瑊奔還，元諒兵成列出，而涇原節度使李觀亦以精兵五千伏險，與元諒相表裏，虜騎乃解。元諒遺車重先，而與瑊振旅徐還，時以為有古良將風。是會也，微元諒、觀二人，瑊且不免。帝嘉歎，賜善馬金幣良厚，因賜姓及名。

更節度隴右，治良原。良原隍堞湮圮，旁皆平林薦草，虜入寇，常牧馬休徒於此。元諒培高浚淵，身執苦與士卒均，菑翳榛莽，闢美田數十里，勸士墾藝，歲入粟菽數十萬斛，什具畢給。又築連弩臺，遠烽偵，為守備，進據勢勝，列新壁。虜至無所掠，戰又輒北，由是涇、隴以安，西戎憚之。卒，年六十二，贈司空，謚曰莊威。

阿羅憾

《唐代墓誌彙編》景雲〇〇一《大唐故波斯大酋長右屯衛將軍上柱國金城郡開國公波斯君丘之銘》 君諱阿羅憾，族望，波斯國人也。顯慶年中，高宗天皇大帝以功績有稱，名聞西域，出使召至來此，即授將軍北門右領使，侍衛驅馳。又充拂林國諸蕃招慰大使，並于拂林西界立碑，峨峨尚在。宣傳聖教，實稱蕃心。諸國肅清，於今無事。豈不由將軍善導者，為功之大矣。又為則天大聖皇后召諸蕃王，建造天樞，及諸軍立功，非其一也。此則永題麟閣，其於識終。方畫雲台，没而須録。以景雲元年四月一日，暴憎過隙。春秋九十有五，終於東都之私第也。風悲壟首，日慘雲端，聲哀鳥集，淚落松幹。恨泉扃之寂寂，嗟去路之長歎。嗚呼哀哉！以其年□月□日，有子俱羅等，號天罔極，叩地無從。驚雷繞墳，銜淚［刊］石，四序增慕，無輟於春秋；二《禮》克修，不忘於生死。卜君宅屯，葬於建春門外，造丘安之，禮也。

李素

《全唐文補遺》第三輯《王正拱〈大唐故隴西郡李公（素）墓誌銘并序〉》 公諱素，字文貞，西國波斯人也。累纘貴裔，代襲弓裘，是謂深根固蒂，枝葉繁茂。公則本國王之甥也，榮貴相承，寵光照灼。祖益，初，天寶中，銜自君命，來通國好，承我帝澤，納充質子，止衛中國，列在戎行。拜銀青光祿大夫檢校左散騎常侍兼右武衛將軍賜紫金魚袋，特賜姓李，封隴西郡，因以得姓也。父志，皇任朝散大夫守廣州別駕上柱國。公即別駕之長子也。公天假秀氣，潤生奇質，得裨竈之天文，究巫咸之藝業。握算樞密，審量權衡，四時不愆，二儀無忒。大曆中，特奉詔旨，追赴闕庭，考試既多，人莫能測。三年在內，累授恩榮，蒙敕賜妻王氏，封太原郡夫人，兼賜莊宅、店鋪，遂放還私第，與夫人同歸于宅，仍令高品四人監臨奏對，除翰林待詔。四朝供奉，五十餘年，退食自公，恪勤無替。【略】嗚呼！公往日歷司天監，轉汾、晉二州長史，出入丹墀，棲翔鳳館，曾無疾疹，暴起禍飛，天災流行，掩鍾斯釁，國喪其寶，人之云亡。時元和十二年歲次丁酉十二月十七日終於靜恭里也，享年七十有四。【略】故刻石為紀，顯彰厥德。銘曰：卓哉李公，天降其聰。潤生秀才，人莫之同。家本西域，身榮漢宗。恪勤薦職，惟公奉忠。其一。

鑑燭非愆，辯明不忒。二儀道遠，三光莫測。人豈知之，公為自得。四朝供奉，一門授職。榮貴及時，用光家國。其二。

魂歸壙宅，魄散青天。丘墳映日，松檟生煙。設陳屍位，號訴於筵。玄堂既掩，刊石留年。其三。

石處温

宋·路振《九國志》卷七《石處温》 處温，萬州人，本波斯之種，任前蜀為利州司馬。同光中，知祥入蜀，補萬州管內諸壇點檢指揮使。【略】及草寇杜景温劫東鄉豪，殺縣令牟孟，剽略戶口，焚燒村落。處温與諸軍討平之，知祥遺書褒美，轉寧江軍節度都知兵馬使。【略】處温初據石市，招納亡命，遠近多歸之，由是廣事耕墾，常積穀數萬千石，前後累獻軍糧二十萬石，加之以實貨，上嘉之，加檢校司室，未幾授萬州刺史，移簡州，卒年八十。

吸納域外文明部

佛教中國化分部

帝室宦門禮佛

綜　述

隋・費長房《歷代三寶紀》卷一二《譯經・大隋》　開皇元年二月，京及諸州城居聚落，並皆創訖。至閏三月詔曰：門下：法無內外，萬善同歸；教有淺深，殊途共致。朕伏膺道化，念好清靜，其五嶽之下，宜各置僧寺一所。

至七月又詔曰：門下：風樹弗靜，隙影如流，空切欲報之心，徒有終身之慕。伏惟太祖武元皇帝，窮神盡性，感穹昊之靈；膺籙合圖，開炎德之紀。魏氏將謝，躬事經綸；周室勃興，同心匡贊。間開二代，造我帝基，積德累功，福流後嗣，俾朕虛薄，君臨區有。追仰神猷，事冥真寂，降生下土，權變不常。用輪王之兵，申至仁之意，百戰百勝，為行十善。故以干戈之器，已類香華；玄黃之野，久同淨國。思欲崇樹寶剎，經始伽藍，增長福因，微副幽旨。昔夏因治水，尚且銘山；周曰巡遊，有因勒石。帝王紀事，由來尚矣。其襄陽、隋郡、江陵、晉陽，並宜立寺一所，建碑頌德。庶使莊嚴寶坊，比虛空而不壞；導揚茂實，同天地而長久。所以每年至國忌日，廢務設齋，造像行道，八關懺悔，奉資神靈。

至八月又詔曰：門下：昔歲周道既衰，羣凶鼎沸，鄴城之地，寔為禍始。或驅逼良善，或同惡相濟。興言震悼，日久逾深，永念羣生蹈兵刃之苦，有懷至道興度脫之業。物我同觀，愚智俱愍，思建福田，神功祐助。庶望死事之臣，菩提增長，悖逆之侶，從暗入明，並究苦空，咸拔生死。鯨鯢之觀，化為微妙之臺；龍蛇之野，永作頗梨之鏡。無邊有性，盡入法門。可於相州戰地，建伽藍一所，立碑紀事。又民犯法處盡之人，率為營齋。

房曰：夫有國有征，肇自上古，未見戰場之所，起立僧坊，死事之臣，追為建福。決一人罪，十奏乃行。其非大士應生，金輪託降，祐含識於死傷之際，安庶類於擾攘之間，孰能若是？所以為善相繼，天下普頒，猶恐黎民懲惡未改，將漸風化。

開皇三年降敕旨云：好生惡殺，王政之本，佛道垂教，善業可憑。稟氣含靈，唯命為重，宜勸勵天下，同心救護。其京城及諸州官立寺之所，每年正月、五月、九月，恒起八日至十五日，當寺行道。其行道之日，遠近民庶，凡是有生之類，悉不得殺。

至四年又敕旨：周武之時，悉滅佛法，凡諸形像，悉遺除之。號令一行，多皆毀壞。其金銅等，或時為官物，如有見存，並可付隨近寺觀安置，不得轉有損傷。於時木石之像，皆將別用，有司亦存意，知則移安公寺私家，遣迎供養。所以興心厝意，皆崇福基，布令吐言，必懷善誘。

至十一年又詔曰：門下：如來設教，義存平等；菩薩用心，本無差別。故能津梁庶品，濟渡羣生。朕位在人王，紹隆三寶，永言至理，弘闡大乘。諸法豁然，體無彼我，況於福業，乃有公私？自今已後，凡是營建功德，普天之內混同施造，隨其意願勿生分別。庶一切法門，同歸不二；十方世界，俱至菩提。而日就月將，營新稍廣，但憶先惟往，修舊未周，復代含識，重懺悔云。

開皇十三年十二月八日，隋皇帝佛弟子姓名，敬白十方盡虛空遍法界一切諸佛、一切諸法、一切諸大賢聖僧：仰惟如來慈悲，弘道垂教，救拔塵境，濟渡含生，斷邪惡之源，開仁善之路。自朝及野，咸所依憑。屬周代亂常，侮蔑聖迹，塔宇毀廢，經像淪亡，無隔華夷，掃地悉盡。致使愚者無以導惛迷，智者無以尋靈聖。弟子往藉三寶因緣，今膺千年昌運，作民父母，思拯黎元，重顯尊容，再崇神化，頹基毀迹更事莊嚴，廢像遺經悉令雕撰。雖誠心懇到，猶恐未周，故重勤求，令得顯出，而沈頓積年，污毀非處。如此之事，事由弟子。今於三寶前，至心發露懺悔。周室除滅之時，自上及下，或因公禁，或起私情，毀像殘經，慢僧破寺。如此之人，罪實深重。今於三寶前，悉為發露懺悔。敬施一切毀廢經像，絹十二萬匹；皇后又敬施絹十二萬匹；王公已下，爰至黔黎，又人敬施錢百萬。願一切諸佛、一切諸法、一切諸大賢聖僧為作證明，受弟子懺悔。于時臺宮主將，省府官僚，諸寺僧尼，縣州佐史并京城宿老等，並相勸率。再日設齋，奉慶經像，日十萬人。寺別敕使，香湯浴像。

至十五年，以諸僧尼時有過失，內律佛制不許俗看，遂敕有司：依大小乘衆經正文諸有禁約沙門語處，悉令録出，並各事別，題本經名，為此十卷，奬導出家。斯實大行菩薩國王降意慇懃，受佛遺囑，憐愍黎庶，恐溺三塗，慈普既弘，化流無外，致今年五月，羣鹿來馴仁壽宮門。既奉明詔，躍還山藪，百官表賀。

至六月詔曰：朕比臨朝聽政，乃有羣鹿來遊，馴擾宮門，前後非一，逼近人衆，安然不驚。但往經罹亂，年世久遠，聖人之法，敗絕不行，習俗生常，專事殺害。朕自受靈命，撫臨天下，遵行聖教，務存愛育。由王公等用心助朕，宣揚聖法，所以山野之鹿，今遂來馴。官人等但以至誠化導民俗，自可編戶之人皆為君子。宜存心仁善，副此休祥。

房曰：夫宮門守衛，兵仗肅嚴，行人遠觀，猶懷畏懼，而山鹿野獸，近狎弗驚者，良有以也。何但化沾行葦，澤及昆虫而已哉！夫麞鹿生虫，見樹影動，尚豎耳驚，況視槊仗，乃入不怖。故膺聖化，將欲表明，先致野虫，心安隱耳。《大智論》云：『人無殺心，衆生依附。』《涅槃經》云：『時有獵師，追逐一鴿。是鴿惶怖，至舍利弗影，猶故戰慄；至如來影，身心安隱，恐怖即除。』此則仁壽宮門，譬同佛影。《大品經》云：『佛説般若，盲者得視，聾者能聽，瘂者能言。』此則巡歷太山，譬同般若。《勝天王經》云：『轉輪聖王出世，則七寶常見。』藍田之山，舊稱產玉，近代曠絕，書史弗聞。開皇已來，出玉非一。又太府寺，是國寶淵，碇二十餘，自變為玉。仁壽山所，國之神靈，其山碉石，復變為玉。地不愛寶，此則同於輪王相也。而晏子云：『橘生江北，化為枳。』今大興長安，率栽橘樹。況由來無華草藥木，人難名記，今並自形。諸此靈休，章表備有，具左右史，言事備刊。謹略要祥，以明福應，庶奉《法式》釋種，感君王慈育化焉。

唐·釋道宣《廣弘明集》卷一七《佛德篇·隋高祖〈立舍利塔詔〉》

門下：仰惟正覺，大慈大悲，救護羣生，津梁庶品。朕歸依三寶，重興聖教，思與四海之內，一切人民，俱發菩提，共修福業，使當今見在，爰及來世，永作善因，同登妙果。

又《答慶舍利感應表詔》 門下：仰惟正覺，覆護羣品，濟生靈於苦海，救愚迷於火宅。朕所以至心迴向，結念歸依，思與率土臣民，爰及幽顯，同崇勝業，共為善因。

明·梅鼎祚《釋文紀》卷三八《隋一·文帝〈救生敕開皇三年〉》

好生惡殺，王政之本。佛道垂教，善業可憑。禀氣含靈，惟命爲重。宜勸勵天下，同心救護。

唐·釋慧立等《大唐大慈恩寺三藏法師傳》卷六《起十九年春正月入西京終二十二年夏六月謝御製經序并答》 （貞觀十九年）二月己亥，見於儀鸞殿，帝迎慰甚厚。既而坐訖，【略】因廣問彼事：自雪嶺已西，印度之境，玉燭和氣，物產風俗，八王故迹，四佛遺蹤，並博望之所不傳，班、馬無得而載。法師既親遊其地，觀覿疆邑，耳聞目覽，記憶無遺，隨問詶對，皆有條理。帝大悅。【略】

帝又謂法師曰：『佛國遐遠，靈迹法教，前史不能委詳。師既親覩，宜修一傳，以示未聞。』【略】

（秋七月）前又洛陽奉見日，敕令法師修《西域記》，至是而成。乙未，又表進曰：『沙門玄奘言：【略】伏惟陛下握紀乘時，提衡制範，剗舟絃木，威天下而濟羣生；鼇足蘆灰，堙方輿而補圓蓋。耀武經於七德，闡文教於十倫，澤遍泉源，化霑蕭葦，房芝發秀，浪井開花。樂囿馴班，巢阿響律，浮紫膏於貝闕，霏白雲於玉撿。遂苑弱木而池濛汜，圃炎火而照積冰，梯赤坂而承朔，泛滄津而委贐。史曠前良，事絕故府，豈如漢開張掖，近接金城，秦戍桂林，纔通珠浦而已。

玄奘幸屬天地貞觀，華夷靜謐，冥心梵境，敢符好事，命均朝露，力譬秋螽。徒以憑假皇靈，飄身進影，展轉膜拜之鄉，流離重驛之外，條支巨□，方驗前聞，罽賓孤鸞，還稽曩實。時移歲積，人願天從，遂得下雪岫而泛提河，窺鶴林而觀鷲嶺，祇園之路髣像猶存，王城之基坡陀尚在。

尋求歷覽，時序推遷，言返帝京，淹逾一紀，所聞所履，百有二十八國。竊以章彥之所踐藉，空陳廣袤；夸父之所凌厲，無述土風。班超侯而未遠，張騫望而非博。今所記述，有異前聞。雖未極大千之疆，頗窮葱外之境，皆存實録，匪敢彫華。謹具編裁，稱為《大唐西域記》，凡一十二卷，繕寫如別。望班之右筆，飾以左言，掩博物於晉臣，廣九丘於皇代。但玄奘資識淺短，遺漏寔多，兼拙於筆語，恐無足觀覽。』

丙申，神筆自答書曰：『省書具悉來意。法師夙摽高行，早出塵表，泛寶舟而登彼岸，搜妙道而闢法門，弘闡大猷，蕩滌衆罪。是故慈雲欲卷，舒之蔭四空；慧日將昏，朗之照八極。舒朗之者，其唯法師乎！朕學淺心拙，在物猶迷，況佛教幽微，豈能仰測？請為經題，非己所聞。』又云：『其新撰《西域記》者，當自披覽。敕奘尚。』【略】

帝又問法師：『比翻何經論？』答：『近翻《瑜伽師地論》訖，凡一百卷。』【略】及舉綱提目，陳列大義，帝深愛焉，遣使向京取《瑜伽論》。《論》至，帝自詳覽，覩其詞義宏遠，非從來所聞，嘆謂侍臣曰：『朕觀佛經，譬猶瞻天望海，莫測高深。法師能於異域，得是深法。朕比以軍國務殷，不及委尋佛教。而今觀之，宗源杳曠，靡知涯際。其儒道九流比之，猶汀瀅之池，方溟渤耳。而世云三教齊致，此妄談也。』因敕所司，簡祕書省書手寫新翻經論為九本，與雍、洛、并、兗、相、荆、楊、涼、益等九州，展轉流通，使率土之人，同稟未聞之義。

時司徒趙公長孫無忌、中書令褚遂良等奏曰：『臣聞佛教沖玄，天人莫測，言本則甚深，語門則難入。伏惟陛下至道昭明，飛光昱日，澤霑遐界，化溢中區，擁護五乘，建立三寶。故得法師，當叔葉而秀質，間千載而挺生，陟重阻以求經，履危途而訪道，見珍殊俗，具獲真文。歸國翻宣，若菴園之始説；精文奧義，如金口之新開。皆是陛下聖德所感。臣等愚瞽，預此見聞，苦海波瀾，舟航有寄。又天慈廣遠，使布之九州，蠢蠢黔黎，俱飡妙法。臣等億劫希逢，不勝幸甚。』帝曰：『此是法師大悲願力，又公等宿福所逢，非朕獨所致也。』

帝先許作新經序，機務繁劇，未及措意。至此法師重啓，方為染翰，少頃而成，名《大唐三藏聖教序》，凡七百八十一字。神筆自寫，敕貫衆經之首。【略】其詞曰：

蓋聞二儀有像，顯覆載以含生；四時無形，潛寒暑以化物。是以窺天鑑地，庸愚皆識其端？明陰洞陽，賢哲罕窮其數。然而天地包乎陰陽而易識者，以其有像也；陰陽處乎天地而難窮者，以其無形也。故知象顯可徵，雖愚不惑，形潛莫覩，在智猶迷，況乎佛道崇虛，乘幽控寂，弘濟萬品，典御十方，舉威靈而無上，抑神力而無下，大之則彌於宇宙，細之則攝於毫釐。無滅無生，歷千劫而不古；若隱若顯，運百福而長今。妙道凝玄，遵之莫知其際；法流湛寂，挹之莫測其源。故知蠢蠢凡愚，區區庸鄙，投其旨趣，能無疑惑者哉！然則大教之興，基乎西土，騰漢庭而皎夢，照東域而流慈。昔者分形分迹之時，言未馳而成化；當常現常之世，人仰德而知遵。及乎晦影歸真，遷儀越世，金容掩色，不鏡三千之光；麗像開圖，空端四八之相。於是微言廣被，拯含類於三途；遺訓遐宣，導羣生於十地。然而真教難仰，莫能一其旨歸；曲學易遵，邪正於焉紛糺。所以空有之論，或習俗而是非；大小之乘，乍沿時而隆替。

又 卷七《起二十二年六月天皇製〈述聖記〉終永徽五年春二月法師答書》 二十二年夏六月，天皇大帝居春宮，奉覩聖文，又製《述聖記》。其詞曰：

夫顯揚正教，非智無以廣其文；崇闡微言，非賢莫能定其旨。蓋真如聖教者，諸法之玄宗，衆經之軌躅也。綜括宏遠，奧旨遐深，極空有之精微，體生滅之機要。詞茂道曠，尋之者不究其源；文顯義幽，履之者莫測其際。故知聖慈所被，業無善而不臻；妙化所敷，緣無惡而不翦。開法網之綱紀，弘六度之正教，拯羣有之塗炭，啓三藏之祕扃。是以名無翼而長飛，道無根而永固。道名流慶，歷遂古而鎮常；赴感應身，經塵劫而不朽。晨鍾夕梵，交二音於鷲峰；慧日法流，轉雙輪於鹿苑。排空寶蓋，接翔雲而共飛；莊野春林，與天花而合彩。

伏惟皇帝陛下，上玄資福，垂拱而治八荒；德被黔黎，斂衽而朝萬國。恩加朽骨，石室歸貝葉之文；澤及昆蟲，金匱流梵説之偈。遂使阿耨達水，通神甸之八川；耆闍崛山，接嵩、華之翠嶺。竊以法性凝寂，靡歸心而不通；智地玄奧，感懇誠而遂顯。豈謂重昏之夜，燭慧炬之光；火宅之朝，降法雨之澤？於是百川異流，同會於海；萬區分義，總成乎實。豈與湯、武校其優劣，堯、舜比其聖德者哉！

宋·宋敏求《唐大詔令集》卷一一三《政事·道釋·禁正月五月九月屠宰詔》 釋典微妙，净業始於慈悲；道教沖虛，至德去其殘殺。四時之禁，無伐麛卵；三驅之化，不取前禽。蓋欲敦崇仁惠，蕃衍庶物，立政經邦，咸率茲道。朕祗膺靈命，撫遂羣生，言念亭育，無忘鑑寐。殷帝去網，庶踵前修；齊王舍牛，實符本志。自今以後，每年正月、五月、九月，凡關屠宰殺戮，網捕畋獵，並宜禁止。武德二年正月。

又《為殞身戎陣者立寺剎詔》 至人虛己，忘彼我於胸懷；釋教慈心，均異同於平等。是知上聖惻隱，無隔萬方，大悲弘濟，義猶一子。有隋失道，九服沸騰，朕親總元戎，致茲明罰，誓牧登陑，曾無寧歲。其桀犬愚惑，嬰此湯羅，銜鬚義憤，終身握節，各殉所奉，咸有可嘉。日往月來，逝川斯遠。雖復項籍放命，封樹紀於《丘》、《墳》；紀信捐生，丹書著於圖象。猶恐九泉之下，尚淪鼎鑊；八難之間，永纏水火。愀然疚懷，用忘興寢，思所以樹立福田，濟其營魄。可於建義已来交兵之處，為義士凶徒、殞身戎陣者，立寺剎焉。貞觀三年閏十二月

又《常袞〈禁天下寺觀停客制〉》 敕：釋教本以助化，道家先於理國。懲惡勸善，以齊死生，薰然慈仁，美利天下。所庇者大，所益者深，故歷代崇尚而弗易也。朕以玄元烈祖，慶我昌運；西方聖人，福茲下土。常所盡敬，敢忘致誠！

《隋書》卷五八《柳䛒傳》 䛒尤俊辯，多在侍從，有所顧問，應答如響。性又嗜酒，言雜誹諧，由是彌為太子之所親狎。以其好内典，令撰《法華玄宗》，為二十卷奏之。太子覽而大悦，賞賜優洽，儕輩莫與為比。

《舊唐書》卷一七七《裴休傳》 家世奉佛，休尤深於釋典。太原鳳翔近名山，多僧寺，視事之隙，遊踐山林，與義學僧講求佛理。中年後，不食葷血，常齊戒，屏嗜慾，香爐貝典不離齋中，詠歌贊唄，以為法樂。與尚書紇干臮皆以法號相字。時人重其高潔而鄙其太過，多以詞語嘲之，休不以為忤。

又 卷一九〇下《文苑傳下·王維》 維弟兄俱奉佛，居常蔬食，不茹葷血。晚年長齋，不衣文綵。得宋之問藍田別墅在輞口，輞水周於舍下，別漲竹洲花塢，與道友裴廸浮舟往來，彈琴賦詩，嘯詠終日。嘗聚其田園所為詩，號《輞川集》。在京師，日飯十數名僧，以玄譚為樂。齋中無所有，唯茶鐺藥臼、經案繩床而已。退朝之後，焚香獨坐，以禪誦為事。

《舊五代史》卷九一《晉書·王建立傳》 高祖即位，再為青州節度使，累加檢校太尉兼中書令。建立晚年歸心釋氏，飯僧營寺，戒殺慎獄，民稍安之。

論說

《隋書》卷三五《經籍志四·佛經》 佛經者，西域天竺之迦維衛國淨飯王太子釋迦牟尼所說。釋迦當周莊王之九年四月八日，自母右脇而生，姿貌奇異，有三十二相，八十二好。捨太子位，出家學道，勤行精進，覺悟一切種智而謂之佛，亦曰佛陀，亦曰浮屠，皆胡言也。華言譯之，為淨覺。

其所說云：人身雖有生死之異，至於精神則恒不滅。此身之前，則經無量身矣。積而修習，精神清淨，則佛道天地之外，四維上下，更有天地，亦無終極。然皆有成有敗，一成一敗謂之一劫。自此天地已前，則有無量劫矣。每劫必有諸佛得道，出世教化，其數不同。今此劫中，當有千佛。自初至于釋迦，已七佛矣。其次當有彌勒出世，必經三會，演說法藏，開度衆生。由其道者，有四等之果：一曰須陁洹，二曰斯陁含，三曰阿那含，四曰阿羅漢。至羅漢者，則出入生死，去來隱顯而不爲累。阿羅漢已上至菩薩者，深見佛性，以至成道。每佛滅度，遺法相傳，有正、象、末三等淳漓之異。年歲遠近，亦各不同。末法已後，衆生愚鈍，無復佛教而業行轉惡，年壽漸短；經數百千載間，乃至朝生夕死，然後有大水、大火、大風之災，一切除去之而更立生人，又歸淳朴，謂之小劫。每一小劫，則一佛出世。

初，天竺中多諸外道，並事水火毒龍而善諸變幻。釋迦之苦行也，是諸邪道並來嬲惱，以亂其心，而不能得；及佛道成，盡皆摧伏，並爲弟子。弟子男曰桑門，譯言息心，而總曰僧，譯言行乞；女曰比丘尼。皆剃落鬚髮，釋累辭家，相與和居，治心修淨，行乞以自資，而防心攝行，僧至二百五十戒，尼五百戒。俗人信馮佛法者，男曰優婆塞，女曰優婆夷，皆去殺、盜、淫、妄言、飲酒，是謂五誡。

釋迦在世，教化四十九年，乃至天龍、人鬼並來聽法，弟子得道以百千萬億數。然後於拘尸那城娑羅雙樹間，以二月十五日入般涅槃。涅槃亦曰泥洹，譯言滅度，亦言常樂我淨。

初，釋迦説法，以人之性識、根業各差，故有大乘、小乘之説。至是謝世，弟子大迦葉與阿難等五百人追共撰述，綴以文字，集載為十二部。後數百年，有羅漢、菩薩相繼著論，贊明其義，然佛所説：我滅度後，正法五百年，像法一千年，末法三千年。其義如此。【略】

道、佛者，方外之教，聖人之遠致也。俗士為之，不通其指，多離以迂怪，假託變幻，亂於世，斯所以為弊也。故中庸之教，是所罕言，然亦不可誣也。

唐·釋慧立等《大唐大慈恩寺三藏法師傳》卷七《起二十二年六月天皇製〈述聖記〉終永徽五年春二月法師答書》 釋彦悰箋述曰：自二聖《序》文出後，王公百辟，法俗黎庶，手舞足蹈，歡詠德音，内外揄揚，未浹辰而周六合。慈雲再蔭，慧日重明，歸依之徒，波迴霧委。所謂上之化下，猶風靡草，其斯之謂乎！如來所以法付國王，良為此也。

又 卷一〇《起顯慶三年正月隨車駕自洛還西京至麟德元年二月玉華宮捨化》 釋慧立論曰：【略】皇帝握龍圖而纂曆，應赤伏以君臨，戮鯨豕以濟羣生，蕩雲霓而光日月。正四維之絶柱，息滄海之橫流，重立乾坤，再施鎔造。九功包於虞、夏，七德冠於曹、劉。海晏河清，時和歲阜，遠無不順，邇無不安，天成地平，人慶神悦。加以重明麗正，三善之義克隆；宰輔忠勤，良哉之歌斯允。既而功窮厚載，德感上玄，紫芝含秀於玉階，華果結英於朱閣。又如西州石瑞，松縣琨符，紀聖主千年之期，顯儲君嗣承之業。鳳毛才子之句，上果佛田之文，歷萬古而不開，當我皇而始出。豈非明靈輔德，玄天福眷者焉。

加復遊心真際，城塹五乘，追思鷲嶺之容，竚想提河之説，故使遺形紺髮，煥彩來儀，勝典高僧，相輝而至。慈雲布於六合，法鼓振於三千，天花將景風共飛，翠霧與香烟同馥。於是溺俗沈流之士，望涯岸而有期；清虚蹈玄之賓，顧三空而非遠。所謂司南啓路，衆惑知方，商飈襲林，而羣籟自響。法師盛德也如彼，逢時也如此。豈同雅、澄懷道，遇二石之凶殘；安、什傳經，值苻、姚之偽曆。校之深淺，即行潦之類江湖；方之明闇，乃朝陽之與螢曜矣。

唐·釋義淨《南海寄歸内法傳》卷首《自序》 至如神州之地，禮教盛行，敬事君親，尊讓耆長，廉素謙順，義而後取，孝子忠臣，謹身節用。皇上則恩育兆庶，納隍軫慮於明發；羣臣則莫不拱手，履薄呈志於通宵。或時大啓三乘，廣開百座，布制底於八澤，有識者咸悉歸心；散伽藍於九宇，迷途者並皆迴向。皇皇焉，農歌畎畝之中；濟濟焉，商詠舟車之上。遂使雞貴象尊之國，頓顙丹墀；金鄰玉嶺之鄉，投誠碧砌。為無為，事無事。斯固無以加也。

宋·王欽若等《册府元龜》卷五一《帝王部·崇釋氏》 昔漢明帝兆夢於金人，楚王英為蒲塞桑門之饌，繇是竺乾之教，被於中夏。其所述之旨，所謂三歸五戒、十善業、四無量心、四無色定，以極人天之果。四諦、十二因緣，六波羅蜜，以辯三乘之位。經、律、論，以紀三藏之名數。至于覺一切種智，證無生法忍，此所以登圓寂而成佛道也。歷代帝王，或崇奉其事，營建塔廟，增嚴像設，翻譯梵文，廣度浄衆。蓋以茂植德本，樹立衆善，為民祈福，敺之仁壽。斯亦《大易》神道設教之旨歟！

又 卷八二一《總録部·崇釋教》 昔班固紀身毒之國，楚英為桑門之饌，繇是金僊之教，被於中夏。其所述者，六趣往返，四生輪轉，以極於俗諦；三乘十地，等妙二覺，以究於聖果。敍黑、白之業，以明乎報應；研空、有之理，以顯乎真宗。蓋出世之玄談，非常情之能軌度也。兩晉之後，教典彌盛，當時名士，奉之甚衆。精意厥修，以徼福為念；或著書演析，以駕説為務。乃至禀持戒律，動静靡偷，感致靈異，考終厥命者，亦比比有焉。

宋·釋志磐《佛祖統紀》卷三九《法運通塞志第十七之六·唐·太宗》 述曰：或謂太宗手自誅殺，真忍人也。殊不知隋為不道，天將興唐，太宗方間關於軍伍之中，當梗化害政，適在目擊，不亟剪去，則有妨於機事。奉天命以除殘賊，非如桀、紂無辜殺人貫盈罪惡之比。天下既定，仁心自存，唯知佛法可為拯濟，建齋行懺，惠及幽關。蓋所以拔沈苦以遂有生，真仁恕之君也。

明·王世貞《弇州四部稿》卷一三四《文部·墨刻跋·聖教序》

此《序》為唐文皇，《記》為高宗作。今以冠藏經，蓋敍記僧玄奘求法事也。【略】噫！彼高宗者固耳，豈文皇之雄畧豪氣，而遂衰沮不振至此耶？彼其志得而無所事事，意惓而感慨係之，不之於長生，則之於因果，無足怪也。

又 卷一七三《説部·宛委餘編十八》 韓退之言漢明帝時始有佛法，在位止十八年；宋、齊、梁、陳事佛漸謹，梁武在位四十九年，餓死臺城，國亦尋滅。此不足以服憲宗心也。自憲宗前，赫連勃勃畫佛於背，迫僧禮拜，為雷震死。子昌滅佛教，身死國滅。魏太武誅僧毁寺，見弑人手。周武帝除佛法，次年晏駕，子夭國亡。自憲宗後，武宗去塔寺，亦以次崩，無子。宋徽宗改佛為金仙，約僧留髮，尋有播遷之禍。以唐文皇、宋藝祖、我太祖、太宗之明斷，隋文帝之威果，而不能不歸心釋教，此必有内契於心者矣。

明·徐應秋《玉芝堂談薈》卷一五《崇奉佛法》 陳眉公曰：隋文帝與唐文皇，皆以振世之威，獨委心帖膝於黄面老子。隋文帝嘗云：『朕興崇佛法，好食麻豆，前身是從道人中來。繇少時在寺，至今樂聞鐘鼓之聲。』史曰『帝故同州般若寺尼所抱子那羅延也』。唐文皇亦輪王十善化世者也。隋智高等齎梵經自西域還，敕付有司，宣人翻譯，帝且親為撰序。又親以七寶箱奉三十舍利，自内而出，置於金琉璃瓶，侍者三人，散官一人，薰陸香百二十斤，分道送往三十州；州境諸官步引四部大衆，共以幢蓋臺輦、種種樂供養圍繞。而玄奘法師抵罽賓天林，以至麴閣國，與番商八十人渡殑伽河，至中天竺，窮探大乘，以象馬馱還。文皇迎見於儀鸞殿，敕入弘福寺譯經，經成，賜九道總管，又賜剃刀、百金磨衲，亦自撰《聖教序》以張之。

文帝享國二十四年，寫經四十六藏，十三萬卷，修治故經四百部；造金銅檀像六千餘萬區，修治故像一百五十萬九千；宮内造刺繡織成像及畫像、五彩珠幡以億計；崇緝寺宇五十餘所，繙譯道僧二十四人，所書經論垂五百卷。而唐初四方壁壘之秋，戰聲鼎沸，精藍森列。破薛舉，立昭仁寺於幽州；破王世充，立昭覺寺於潞州；破劉武周，立弘濟寺於汾州；破宋金剛，立慈靈寺於晉州；破霍老生，立普濟寺於侶州；破竇建德，立等慈寺於鄭州；破劉黑闥，立招福寺於洛州；並給度牒，敕虞世南、李伯藥、褚遂良、顏師古、岑文本、許敬宗等分撰新寺碑誌。當時經獅律虎及一切人天龍象，聯瓢接錫於法宮、殿廷之間；而二祖之慧可，四祖之道信，天台之智者，三藏之玄奘，尤為嵬特。宗旨明，教乘普，皆其力也。噫，盛矣哉！

明·胡應麟《少室山房筆叢》卷二二《華陽博議上》 隋盧思道、虞世南，唐褚亮、蕭瑀、王維、王縉、梁肅、李蘩、白居易、柳宗元、李通玄、李師正、裴休、房融、劉軻、李儼【略】諸人，皆覃研釋教者也。

藝文

清·彭定求等《全唐詩》卷二七七《盧綸〈棲巖寺隋文帝馬腦盞歌〉》

天宮寶器隋朝物，鏁在金函比金骨。開函捧之光乃發，阿脩羅王掌中月。五雲如拳輕復濃，昔曾噀酒今藏龍。規形環影相透徹，亂雪繁花千萬重。可憐貞質無今古，可嘆隋陵一抔土。宮中豔女滿宮春，得親此寶能幾人？一留寒殿殿將壞，唯有幽光通隙塵。山中老僧眉似雪，忍死相傳保扃鐍。

唐·顏真卿《顏魯公集》卷四《天下放生池碑銘并序》 皇唐七葉，我乾元大聖光天文武孝感皇帝陛下，以至聖之姿，屬艱虞之運，無少康一旅之衆，當禄山强暴之初，乾翬勞謙，勵精為理，推誠而萬方胥悦，克己而天下歸仁，恩信侔於四時，英威達于八表，功庸格天地，孝感通神明。故得回紇、奚霫、契丹、大食、盾蠻之屬，扶服萬里，决命而争先。朔方、河東、平盧、河西、隴右、安西、黔中、嶺南、河南之師，虓闞五年，椎鋒而効死。摧元惡如拉朽，舉兩京若拾遺。慶緒遁逃，已蒙赤族之戮；思明跧伏，行就沸鼎之誅。拯已墜之皇綱，據再安之宗社，迎上皇於西蜀，申子道於中京。一日三朝，大明天子之孝；問安視膳，不改家人之禮。蒸蒸然，翼翼然，眞帝、皇之上儀，《誥》、《誓》所不及已。歷選内禪，生人以來，振古及隋，未有如我皇帝者也。而猶嫗煦萬類，勤唉四生，乃以乾元二年太歲已亥春三月己丑，端命左驍衛右郎將史元琮、中使張庭玉，奉明詔，布德音，始于洋州之興道泉，山南、劍南、黔中、荊南、嶺南、江西、浙西諸道，汔于昇州之江寧秦淮太平橋，臨江帶郭，上下五里，各置放生池，凡八十一所，蓋所以宣皇明而廣慈愛也。《易》不云乎！『信及豚魚。』《書》不云乎！『鳥獸魚鱉咸若。』古之聰明叡智神武而不殺者，非陛下而誰？昔殷湯克仁，猶存一面之網；漢武垂惠，纔致銜珠之荅。雖流水救涸，寶勝稱名，蓋事止於當時，尚介祉於終古。豈若我今日動者植者，水居陸居，舉天下以為池，罄域中而蒙福，乘陁羅尼加持之力，竭煩惱海生死之津！揆之前古，曾何髣髴？微臣職忝方面，生丁盛美，受恩寖深，無以上報，謹緣皐陶、奚斯歌虞頌魯之義，述《天下放生池碑銘》一章。雖不足雍容明聖萬分之一，亦臣之精懇也。敢刻金石，著其詞曰：

明明皇帝，臨下有赫。至德光天，乾元啓賾。緯武戡亂，經文御曆。孝感神明，義形金石。仁覆華夏，恩加蠻貊。道冠巍巍，威深虩虩。遘茲多難，克廣丕績。慶緒既誅，思明辟易。人道助順，天心惡逆。撲滅之期，匪朝伊夕。乘此寶祚，永康宗祏。業盛君親，功崇列辟。交禪之際，粲然明白。逈映來今，孤高往策。去殺留惠，好生立辟。率土之濱，臨江是宅。遂其生性，庇尒鱗翮。環海為池，周天布澤。致茲忠厚，罔弗怡懌。動植依仁，飛沉受獲。流水長者，徒稱往昔。寶勝如來，疇庸允格。德力無競，慈悲孔碩。相時傳聞，尚賴弘益。矧在遭遇，其忘敷錫！眞卿勒銘，敢告凡百。

臣眞卿以乾元三年春三月戊辰撰，至大曆七年秋九月己亥自撫州刺史蒙除湖州，八年秋七月戊戌於州駱駝橋東追建，吳文休鐫。

雜録

《陳書》卷二六《徐孝克傳》 開皇十年，長安疾疫。隋文帝聞其名行，召令於尚書都堂講《金剛般若經》，尋授國子博士。

唐・釋道宣《大唐内典録》卷四《隋朝傳譯佛經録第十七》 隋祖敬重教法，無時可忘，所以自始登極，終及大行，每日臨朝，於御床前置列高座二所，一置經師，令轉大乘；二置大德三人通三藏者。帝目覽萬機，耳聆聲教。纔有喜怒，經師潛默，帝曰：『師何默耶？』僧曰：『見陛下責人，不敢轉讀。』帝曰：『但讀。此臨御億兆，喜怒尋常，不足致怪。乃是俗事，何關佛法？樂聞佛言，不敢違背，意願常聞耳。』於經有疑，隨藏問決，致有約文法式，統明三學，條列有序，聞于時俗。

唐・釋道世《法苑珠林》卷一二〇《傳記篇第一百之餘・興福部》

隋高祖文皇帝。開皇三年，周朝廢寺咸為立之，名山之下，各為立寺。一百餘州立舍利塔，度僧尼二十三萬人，立寺三千七百九十二所，寫經四十六藏，一十三萬二千八十六卷，治故經三千八百五十三部，造像十萬六千五百八十軀。自餘別造，不可具記。

隋煬帝。為文皇、獻后於長安造二禪定，并二木塔，并立別寺十所，官供四事。治故經六百一十二藏，二萬九千一百七十二部。治故像一十萬一千軀，造新像三千八百六十軀。度六千二百人。

右隋代二君，三十七年，寺有三千九百八十五所，僧尼二十三萬六千二百，譯經八十二部。

唐・王方慶《魏鄭公諫録》卷三《對百姓大似信佛》 太宗謂長孫無忌等曰：『在外百姓大似信佛，上封人，欲我每日將十箇大德共達官同人，令我禮拜。觀此，乃是道人教其上書。』公對曰：『佛法本貴清淨，以退浮競，且道、俗事既不同。昔釋道安，一時名德，符永固與之同輿，權翼以為不可。釋惠琳非無才俊，宋文引之昇殿，顔延之云：「此三台之位，豈可使刑餘之人居之？」今陛下若欲崇信佛教，豈須日別見道人？』

宋・王溥《唐會要》卷四八《寺西京》 開業寺。在豐樂坊，本隋仙都宮。武德元年，高祖為尼明照廢宮置證果寺。貞觀九年廢寺，立為高祖別廟，號靜安宮。儀鳳元年十一月十五日，敕廢宮立開業寺，其宮中人内移就獻陵。

會昌寺。在金城坊，本隋海陵公賀若誼宅。義寧元年，義師入關，太宗領兵於此。武德元年，因置為寺。

崇義寺。在長壽坊，本隋延公于銓宅。武德三年，桂陽宮主為駙馬趙慈景所立。

楚國寺。在晉昌坊，本隋廢興道寺。高祖起義太原，第五子智雲在京為留守陰世師所害，後追封楚王，因此立寺。

興聖寺。在通義坊，本高祖潛龍舊宅。武德元年，以為通義宮。貞觀元年，立為尼寺。

龍興寺。在頒政坊。貞觀五年，太子承乾立為並光寺，神龍元年二月改名。

興福寺。在修德坊，本王君廓宅。貞觀八年，太宗為太穆皇后追福，立為弘福寺。神龍元年改名。

西明寺。在延康坊，本隋越國公楊素宅。武德初，萬春公主居住。貞觀中，賜濮王泰。泰死，乃立為寺。

慈恩寺。在晉昌坊，隋無漏廢寺。貞觀二十二年十二月二十四日，高宗在春宮，為文德正后立為寺，故以慈恩為名。寺內浮圖，永徽三年沙門玄奘所立。

青龍寺。在新昌坊，本隋廢靈感寺。龍朔二年，宜城公主奏立為觀音寺。景雲二年改名。

崇敬寺。在靜寧坊，本隋廢寺。高祖為長安公主立，為尼。高祖崩後，改為宮以為別廟，後又為寺。

資聖寺。在崇仁坊，本太尉長孫無忌宅。龍朔三年，為文德皇后追福立，為尼。咸亨四年，復為僧寺。

招福寺。在崇儀坊，本乾封二年睿宗在藩所立。其地本隋正覺慶寺，南北門額並睿宗親題之。

崇福寺。在休祥坊，本侍中楊恭仁宅。咸亨二年九月二日，以武后外氏宅立太原寺。垂拱三年十二月，改為魏國寺。載初元年五月六日，改為崇福寺。

光宅寺。在光宅坊。儀鳳二年，望氣者言此坊有異氣，敕令掘得石留，得舍利萬粒，遂於此地立為寺。

薦福寺。在開化坊半已東，隋煬帝在藩舊宅。武德中，賜尚書右僕射蕭瑀為園。後瑀子銑尚襄城公主，不欲與姑異居，遂於園後地造宅。公主卒後，官市為英王宅。文明元年三月十二日，敕為高宗造，太后立為罔極寺、獻福寺。至六年十一月賜額，改為薦福寺也。

興唐寺。在太寧坊。神龍元年三月十二日，敕太平公主為天后立為罔極寺。開元二十年六月七日，改為興唐寺。

永壽寺。在永樂坊。景龍三年，為永壽公主所立。

安國寺。在長樂坊。景雲元年九月十一日，敕捨龍潛舊宅為寺，便以本封安國為名。

章敬寺。在通化門外。大曆二年七月十九日，內侍魚朝恩請以城東莊為章敬皇后立為寺，因拆哥舒翰宅及曲江百司看屋及觀風樓造焉。

寶應寺。在道正坊。大曆四年正月二十九日，門下侍郎王縉捨宅奏為寺，以年號為名。

又《寺東京》　龍興寺。在寧仁坊。貞觀七年，立為眾香寺。至神龍元年二月，改為中興寺。右補闕張景佚上疏曰：伏見天下諸州，各置一大唐中興寺觀，固以式標昌運，光贊鴻名。竊有未安，芻言是獻。至如永昌、登封創之為縣名者，是先聖受圖勒名之所，陛下思而奉之，不令更改。今聖善、報慈題之為閣者，是陛下深仁至孝之德。古先帝代，未之前聞。況唐運自崇，周親撫政，母子成業，周替唐興，雖有三朝，而化侔一統，況承顧復，非謂中興。夫言中興者，中有阻間，不承統曆。既奉成周之業，實弘先聖之資。君親臨之，厚莫之重。中興立號，未益前規。以臣愚見，所置大唐中興寺觀及圖史并出制誥，咸請除中興之名，直以臣愚見，所置大唐中興寺，龍興為名，庶望前後君親，俱承正統，周唐實曆，共叶神聽。上納之，因降敕曰：文叔之起春陵，少康之因陶正，中興之號，理異於茲。思革前非，以歸事實。自今以後，不得言中興之號。其天下大唐中興寺觀，諸如此例，並即令改。

天宮寺。在觀善坊，高祖龍潛舊宅。貞觀六年，立為寺。

天女寺。在敦業坊。貞觀九年，置為景福寺，武太后改之。

敬愛寺。在懷仁坊。顯慶二年，孝敬在宮，為高宗、武太后立之，以敬愛寺為名，制度與西明寺同。天授二年，改為佛授記寺，其後又改為敬愛寺。

福先寺。在遊藝坊。武太后母楊氏宅，上元二年立為太原寺，垂拱三年二月改為魏國寺，天授二年改為福先寺。

長壽寺。在嘉善坊。長壽元年，武后稱齒生髮變，大赦改元，仍置長壽寺。

崇先寺。證聖元年正月十八日，以崇先府為寺。開元二十四年九月一日，改為廣福寺。

聖善寺。在章善坊。神龍元年二月立為中興寺，二年中宗為武太后追福，改為聖善寺。寺内報慈閣，中宗為韋后所立。景龍三年正月二十八日制：東都改造聖善寺，更開拓五十餘步，以廣僧房。計破百姓數十家。監察御史宋務光上疏諫曰：陛下孝思罔極，崇建明因，土木之功，莊嚴斯畢。僧房精舍，宴坐有餘。禪宇道場，經營已足。更事開拓，奪人便利，貧者有顛擠之憂，富者無安堵之所。行非急切，何至於斯！以陽和發生，播植伊始，興復丁匠，廢業農功。一夫不耕，必有饑者。三時之務，安可奪焉？臣聞失鬼神之心，可因巫祝而謝；失君長之心，可因左右而謝；失父母之心，可因親戚而謝；惟失百姓之心，不可解也。陛下以萬邦為念，何用傷一物之心？應須拓寺，諸俟農隙。疏奏，上不納。

安國寺。在宣教坊，本節愍太子宅。神龍二年，立為崇恩寺，後改為衛國寺。景雲元年十二月六日，改為安國寺。

荷澤寺。在宜人坊。太極元年二月十七日，睿宗在藩，為武太后追佛所立。初名慈澤寺，神龍二年改為荷澤寺，其時於西京亦立荷恩。

奉國寺。在修行坊。本張易之宅，未成而易之敗，後賜太平公主乳母奉國夫人，尋奏為寺。

昭成寺。在道光坊，本沙苑監之地。景龍元年，韋庶人立為安樂寺。韋氏誅，改為景雲寺。尋為昭成皇后追福，改為昭成寺。

華嚴寺。在景行坊。景雲三年，立為寺。開元二十一年，改為同德寺。【略】

會昌五年七月，中書門下奏：天下諸州府寺，據令式，上州以上並合國忌日，集官吏行香。臣等商量：上州已上合行香州，各留寺一所，充國忌日行香，列聖真容便移入，合留寺中。其下州寺並合廢毁。敕旨：所合留寺，如舍宇精華者即留，如是廢壞不堪者亦宜毁除。但國忌日，當州宫觀内行香，不必定取寺名。餘依。其月，又奏請兩街合留寺十所，每寺留僧十人。敕旨：宜每街各留寺兩所，每寺各留三十人。

宋・王溥《五代會要》卷一二《寺》 周顯德二年五月六日敕：條流僧尼，畫一如後：

一、諸道州府縣鎮村坊應有敕額者，一切仍舊；其無敕額者，並仰停廢。所有功德神像及僧尼與限一月騰併，於逐處州軍縣鎮合留寺院内安置。所有殿堂屋宇，仰封鎖收管；所有資財衣鉢、斛斗孳畜什物，並仰分付本主。

一、天下諸縣城郭内若無敕額寺院，只於停廢寺院内選功德屋宇最多者，或寺或院僧尼各留一所。若無尼處，只留僧寺院一所。其在軍鎮及偏鎮坊郭戶及二百戶已上者，亦依諸縣例指揮。如違邊遠郡無敕額寺院處，於停廢寺院内僧尼各留兩所。

一兩京諸道州府，除見留寺院外，今後不限城郭村坊、山林勝境古迹之地並不得創造寺院蘭若。如有僧尼俗士輒違敕命者，其主首及同勾當人並徒三年，仍配役，其僧尼勒還俗。本州府録事參軍、本判官、本縣令佐並除名配流。地分廂鎮職員所由，當並嚴斷，長吏奏請進止。

一、王公戚里、諸道節刺已上，今後不得奏請創造寺院及請開置戒壇。如違，仰御史臺彈奏。

周顯德四年九月，賜京城内新修四寺額，以天清、顯靜、顯寧、聖壽爲名。

又《燃燈》 梁開平三年正月敕：兵革方偃，久廢燃燈。屬在上春，務達陽氣，宜於正月上元前後三晝夜，開坊市門，一任公私燃燈祈福。

周廣順三年七月，京城民晁諸殷等爲永壽節，請各於門首齋僧，燃燈三晝夜。從之。

宋・釋贊寧《大宋僧史略》卷下《城閣天王》 凡城門置天王者，為護世也。唐天寶元年壬子歲，西蕃大石、康居五國來寇安西。其年二月十一日，奏請兵解援。玄宗詔發師，計一萬餘里，累月方到。時近臣言，且可詔問不空三藏。帝依奏，詔入内。持念，請天王為救。帝秉香罏，不空誦《仁王護國經》陀羅尼二七遍。帝忽見神人可五百員，帶甲荷戈在殿前。帝驚疑，問不空。對曰：『此毘沙門第二子獨健領兵，是必副陛下意，往救安西，故來辭耳。請設食發遣。』

其年四月，安西奏云：『去二月十一日已後，城東北三十里雲霧晦冥，中有人衆，可長丈餘，皆被金甲。至酉時，鼓角大鳴，聲振三百里，地動山傾。經二日，大石、康居等五國當時奔潰。諸帳幕間有金毛鼠，齧斷弓弩弦及器仗，悉不堪用。斯須，城樓上有光明天王現形，無不見者。謹圖天王樣，隨表進呈。』帝因敕諸道節度所在州府，於城西北隅各置天王形像，部從供養。至於佛寺，亦敕別院安置。迄今朔日，州府上香，華食饌，動歌舞，謂之樂天王也。所號毘沙門者，由此天王與于闐國最有因緣，偏多應現于闐國。是毘沙部，故號毘沙門天王，如言于闐國天王也，亦猶觀音菩薩所在現形，而偏曰寶陀落山觀音同也。

又《上元放燈》 案《漢法本内傳》云：佛教初來，與道士角試，燒經像，無損而發光。又西域十二月三十日，是此方正月十五日，謂之大神變月。漢明敕令燒燈，表佛法大明也。一云，此由漢武祭五時神祠，通夜設燎，蓋取《周禮》『司爟氏』燒燎照祭祀，後率為故事矣。然則本乎『司爟』舉火，供祭祀職，至東漢用之，表佛法大明也。加以累朝沿革，必匪常規。唐先天二年，西域僧沙陀請以正月十五日然燈。開元二十八年正月十四日敕，常以二月望日燒燈。天寶六年六月十八日詔曰：『重門夜開，以達陽氣，羣司朝宴，樂在時和。屬于上元，當修齋籙，其於賞會，必備葷羶。比來因循，稍將非便。自今以後，每至正月，宜取十七日、十九日夜開坊市，以為永式。』尋又重依十五夜放燈。德宗貞元三年敕，正月十五日然燈。是漢明帝因佛法初來與道士角法，敕令燭燈，表破昏闇云。唐僖宗幸蜀迴，中原多事，至昭、哀皆廢。梁開平二年詔曰：『近年以風俗未泰，兵革且繁，正月然燈，廢停已久。今後三夜，門坊市門，公私然燈祈福。』莊宗入洛，其事復興。後歷諸朝，或然或不。

敕設譯場翻經

綜　述

隋・費長房《歷代三寶紀》卷一二《譯經・大隋》 《大隋録》者，我皇帝受命四天，護持三寶，承符五運，宅此九州。故誕育之初，神光耀室；君臨已後，靈應競臻。所以天兆龜文，水浮五色；地開泉醴，山響萬年。雲慶露甘，珠明石變，聾聞瞽視，瘖語躄行。禽獸見非常之祥，草木呈難紀之瑞。豈唯七寶獨顯金輪，寧止四時偏和玉燭！是以《金光明經・正論品》云：因集業，故得生人中王；領國土，故稱人王。處在胎中，諸天守護，或先守護，然後入胎。三十三天，各以己德，分與是王。以天護，故稱為天子。赤若之歲，黃屋馭時，土制水行，興廢毀之。佛日火乘，木運啓年，號以開皇。可謂法炬滅而更明，否時還泰者也。

其冬即有沙門智周等，齎西域梵經二百六十部，膺期而至。敕旨付司，訪人令翻。二年仲春，即便就譯。季夏詔曰：『殷之五遷，恐民盡死，是則以吉凶之土，制長短之命。謀新去故，如農望秋。龍首之山，川原秀麗，卉物滋阜，宜建都邑。定鼎之基永固，無窮之業在兹。因即城曰大興城，殿曰大興殿，門曰大興門，縣曰大興縣，園曰大興園，寺曰大興善寺。』三寶慈化，自是大興；萬國仁風，緣斯重闡。伽藍鬱跱，兼綺錯於城隍；幡蓋騰飛，更莊嚴於國界。法堂佛殿，既等天宮；震旦神州，還同淨土。沙門濟濟，習六度以熏心；信士詵詵，修十善以為行。四海以之靜浪，九服所以息塵。故地德既其顯丕，天休自然暢朗。白鹿已見，麒麟將降不遙；蒼烏既翔，鳳凰來儀非遠。於是鼓腹黃齒，爭買祇陀之園；擊壤青衿，競聚育王之土。浮圖於焉間發，寶刹閔爾星羅。見即僧尼，將二十萬；支提寺宇，向出四千。凡諸譯經婆羅門道俗，并見緝綴。此方緇儒，十有九人。所翻新文及維舊本論傳法戒，合七十五部，四百六十二卷，結為《皇隋大興録目》。流之遐代，永作楷模，同軌光揚，長存不朽。冀將來哲，乘此踵修，庶述三寶之神功，遍娑婆而敷演；弘千佛之教法，歷賢劫而無窮。

唐・釋道宣《大唐内典録》卷一《歷代衆經傳譯所從録第一之初》 隋朝傳譯，道俗二十餘人，所出經論等九十餘部。五百一十餘卷。皇朝傳譯僧等十有一人，所出經論等二百餘部。一千五百餘卷。

又 卷四《隋朝傳譯佛經録第十七》 高祖以周靖帝大定二年，黃龍降於舊地，卿雲見於城上。二月十三日，周以帝祚，歸禪在隋。【略】其冬有前周沙門，齎西域梵文二百餘部，膺期而至。下敕所司，訪人令譯。開皇二年仲春之月，便就翻傳。【略】及仁壽啓號，寶塔是興。【略】翻譯道俗，十有九人，所出經部，垂五百卷。煬帝嗣録，卜宅東都，仍於洛濵上林園置翻經館，四事供養，無乏歲時。翻度新經，備如別録。今總一朝兩代三十七年，道俗二十餘人，所出經論傳法等，合九十部，五百一十五卷。

又《皇朝傳譯佛經録第十八》 爰初武德之祀，迄今龍朔之元，天下大同，四十餘載。【略】有沙門玄奘，觀方遊國，還返帝京。二帝欽承，徵入宫闕。為製《教序》，布所譯經，官供豐華，于今不絶。故爰初貞觀，迄於龍朔之年，三十餘祀。傳經道俗，沙門唐梵，略有一十餘人，綴文筆受，備如下列。所出經論記傳行法等，合一百餘部，一千五百餘卷。

唐・釋智昇《開元釋教録》卷七《總括羣經録上之七・隋楊氏都大興》 自文帝開皇元年辛丑，至恭帝義寧二年戊寅，相承三帝三十八年。緇素九人所出經論及傳録等，總六十四部，三百一卷。於中六十二部、二百八十七卷見在，二部、一十四卷闕本。

又 卷八《總括羣經録上之八・大唐李氏都長安》 自高祖神堯皇帝武德元年歲次戊寅，至開元神武皇帝開元十八年庚午之歲，兼天后代凡經一百一十三載。傳譯緇素已有三十七人，所出經律論及傳録等，總三百一部，二千一百七十卷。於中二百八十一部二千一百四十三卷見在一十部二十七卷訪本未獲。

唐・釋圓照《大唐貞元續開元釋教録》卷上 四朝應制所翻經論及念誦法，并修疏記碑表録集等，總三百四十三卷，并目録三百四十五卷。一百九十三卷經論及念誦法，六十四卷經論疏義，八十六卷貞元新集古今制令碑表記。并目八十九卷。

又 卷下《入藏録》 四朝應制所翻經論及念誦法，并修疏記碑表録集等，總三百四十五卷。分成三十帙。一百九十三卷經論及念誦法，六十四卷經律疏義，八十八卷貞元新集古今制詔碑表記録。【略】

右沙門圓照啓：去年四月皇帝降誕日，面奉令旨，許修撰上件《釋教録》。比為繕寫，挍勘未周，不獲啓上。伏以開元十八年歲在庚午，西崇福寺沙門智昇修《開元釋教録》二十卷。洎去年甲戌，又經六十五年，中間三藏翻經藏内無憑收管，恐年代寖遠，人疑偽經，先聖大曆七年許編入録，制文具如上卷，令宣示中外流行。又修經律疏義，已制流傳。又貞元新集者，共有八十六卷。或先皇制旨，或今上湛恩，留奬勸釋，勵已書之，録成三卷，并《問佛那羅延力經》等三經十二卷。伏冀上資聖祚，寶曆遐長；殿下諸王，福延萬業；文武百辟，盡孝盡忠；三寶永興，遠安邇肅。如或上聞，聖慈允許，伏乞宣布天下流行。輕冒威嚴，伏希詳覽。謹奉啓。貞元十一年四月二十四日翻經臨壇西明寺沙門圓照啓上。

南唐・恒安《續貞元釋教録》 臣恒安言：臣頃者遠持經典，却復神都，尋奉皇恩，流行編録，實增慶感，罔昧誠衷。臣誠歡誠懼，頓首頓首。伏惟皇帝陛下，君臨四海，仁被萬方，運土德以膺時，乘金輪而駕世。但臣有幸，獲偶昌期，既荷殊私，莫知所並。臣今不量窺管，輒以所取到《新譯貞元録》藏大小乘經律論，及續計大佛名經、《千鉢經》等，共一百三十八部，計三百七十二卷。部帙次第，及先編入藏《新花嚴論》等，集為《大唐保大乙巳歲續新譯貞元釋教録》一卷，計一十七紙。切慮年代寖遠，幸為斯記。伏乞皇帝陛下聖慈俞允，令編入所將到《貞元録》藏經等部帙内收計數，寫録施行，上資邦國。其新經目一卷，謹隨表進呈，伏賜見覽。冒犯旒扆，不任戰汗之極。謹奉表以聞，伏候敕旨。臣恒安誠惶誠懼，頓首頓首。謹言。保大四年十一月日，右街報恩禪院取經禪大德臣恒安表上。

准僧録司，准尚書都省，以所進呈《大唐保大乙巳歲續新譯貞元釋教録》一卷，奉御批下司者。尋令右街僧録司給下編入《新譯貞元録》藏經内計數，寫録施行，并具事由，已具奏聞者。保大四年丙午十二月十五日下。

隋・費長房《歷代三寶紀》卷一二《譯經・大隋》 右一部一卷。元魏世婆羅門優婆塞瞿曇般若流支長子達摩般若，隋言法智。【略】大隋受禪，梵牒即來，顯佛日之重興，彰國化之冥應。降敕召智，還使譯經，即於大興善寺翻出。智既妙善隋、梵二言，執本自翻，無勞傳譯。大興善寺沙門、成都釋智鉉筆受文辭，詮序義理，日嚴寺沙門、趙郡釋彦琮製序。【略】

右二部，二卷。北天竺烏場國三藏法師毘尼多流支，隋言滅喜。既聞我皇興復三寶，故能不遠五百由延，振錫巡方，來觀盛化。至止便召，入令翻經，即於大興善寺譯出。給事李道寶、般若流支次子曇皮二人傳譯，大興善寺沙門、長安釋法纂筆受為隋言，并整比文義。沙門彦琮並皆製序。【略】

右八部，二十八卷。北天竺烏場國三藏法師高齊昭玄統那連提耶舍，隋言尊稱譯。【略】開皇元年，新經至止，敕便追召。二年七月，傳送到京。見勞慇懃，即勒安處大興善寺，給以上供，為法重人。其年季冬，就手翻譯。沙門僧璨、明芬，給事李道寶，學士曇皮等僧俗四人，更遞度語。京城大德、昭玄統沙門曇延，昭玄都大興善寺主沙門靈藏等二十餘德，監掌始末。至五年十月，勘校訖了。舍九十餘矣，至九年而卒，有《別傳》。所譯之經，並沙門彥琮製序。【略】

右三十一部，合一百六十五卷。北天竺揵達國三藏法師闍那崛多，隋言至德譯，又云佛德。【略】大隋受禪，佛法即興，暹等齎經，先來應運。開皇元年，季冬屆止。敕旨付司，訪人令翻。崛多四年，方果入國，處之興善，將事弘宣。五年敕旨，即令崛多共婆羅門沙門若那竭多，開府高恭息，都督天奴、和仁，又婆羅門毘舍達等道俗六人，令於內史內省翻梵古書及乾文等。於時廣濟寺唯獨耶舍一人譯經，至七年，別敕崛多，使兼翻經，兩頭來往。到十二年，翻書訖了，合得二百餘卷進畢。爾時耶舍，先已歿亡，仍敕崛多，專主翻譯，移法席，就大興善寺，更召婆羅門沙門達摩笈多，并遣高天奴、高和仁兄弟等同翻。又僧置十大德沙門僧休、法粲、法經、慧藏、洪遵、慧遠、法纂、僧暉、明穆、曇遷等監掌始末，詮定旨歸。其十四部《本行集經》七十六卷，並是餘處，十一年前，崛多自翻，沙門彥琮制序皆是。其十七部《法炬經》等八十九卷，十二年來，在大興善寺禪堂內出。沙門笈多、高天奴兄弟等助，沙門明穆、沙門彥琮重對梵本，再更覆勘，整理文義。其外尚有九十餘部，見在續翻，訖隨附《録》。仰惟如來金口一唱，異類各蒙悟解，譬若日月耀天。迦葉阿難親承梵音，結集布乎皮牒，猶如炬燭朗夜。後漢迄今，國俗殊別，宣譯著在文言，狀似熒燈照室。所冀石火之繼太陽，以影傳光，津液法流，霑潤含識，庶無斷絕，考論真偽本末，豈得同年而比校哉！

唐·釋道宣《續高僧傳》卷二《譯經篇二·隋西京大興善寺北天竺沙門那連耶舍傳》 那連提黎耶舍，隋言尊稱，北天竺烏場國人。【略】有隋御寓，重隆三寶。開皇之始，梵經遙應。爰降璽書，請來弘譯。二年七月，弟子道密等侍送入京，住大興善寺。其年季冬，草創翻譯。敕昭玄統沙門曇延等三十餘人，令對翻傳。主上禮問殷繁，供奉隆渥。【略】凡前後所譯經論一十五部，八十餘卷，即《菩薩見實》、《月藏》、《日藏》、《法勝》、《毘曇》等是也。並沙門僧深明芬、給事李道寶等度語筆受，昭玄統沙門曇延、昭玄都沙門靈藏等二十餘僧監護始末。至五年冬，勘練俱了。並沙門彥琮制序，具見齊周、隋二《經録》。

又《隋西京大興善寺北賢豆沙門闍那崛多傳》 闍那崛多，隋言德志北賢豆。【略】揵陀囉國人也，隋言香行國焉。【略】大隋受禪，佛法即興。暹等齎經，先來應運。開皇元年季冬，屆止京邑。敕付所司，訪人令譯。二年仲春，便就傳述。夏中詔曰：【略】『城曰大興城，殿曰大興殿，門曰大興門，縣曰大興縣。園花池沼，其號並同，寺曰大興善也。於此寺中，傳度法本。』時崛多仍住北狄，至開皇五年，大興善寺沙門曇延等三十餘人，以躬當翻譯，音義乖越，承崛多在北，乃奏請還。帝乃別敕追延。崛多西歸已絕，流滯十年，深思明世重遇三寶，忽蒙遠訪，欣願交并，即與使乎同來入國。于時文帝巡幸洛陽，於彼奉謁，天子大悅，賜問頻仍。未還京闕，尋敕敷譯。新至梵本，衆部彌多，或經或書，且內且外，諸有翻傳，必以崛多為主，僉以崛多言識異方，字曉殊俗，故得宣辯自運，不勞傳度。理會義門，句圓詞體，文意粗定，銓本便成。筆受之徒，不費其力。試比先達，抑亦繼之。爾時《耶舍》已亡，專當元匠，於大興善更召婆羅門僧達摩笈多，并敕居士高天奴、高和仁兄弟等同傳梵語。又置十大德沙門僧休、法粲、法經、慧藏、洪遵、慧遠、法纂、僧暉、明穆、曇遷等監掌翻事，銓定宗旨。沙門明穆、彥琮重對梵本，再審覆勘，整理文義。【略】

自從西服來至，東華循歷，翻譯合三十七部，一百七十六卷，即《佛本行集》、《法炬》、《威德》、《護念》、《賢護》等經是也。並詳括陶冶，理教圓通，文明義結，具流於世。見費長房《三寶録》。初，隋高祖又敕崛多共西域沙門若那竭多、開府高恭息、都督天奴、和仁及婆羅門毘舍達等，於內史內省翻梵古書及乾文。至開皇十二年，書度翻訖，合二百餘卷，奏聞進內。見《唐貞觀內典録》。

又《隋東都雒濱上林園翻經館南賢豆沙門達摩笈多傳》 達摩笈多，隋言法密，本南賢豆羅囉國人也。刹帝利種，姓弊耶伽囉，此云虎氏。【略】乃任前行，遂達于瓜州，方知委曲取北路之道也。笈多遠慕大國，跋涉積年，初契同徒，或留或歿。獨顧單影，屆斯勝地，靜言思之，悲喜交集。尋蒙帝旨，延入京城，處之名寺，供給豐渥，即開皇十年冬十月也。至止未淹，華言略悉。又奉別敕，令就翻經。移住興善，執本對譯，允正寔繁。所誦大小乘論，並是深要，至於宣解，大弘微旨，此方舊學，頻遣積疑。【略】戒地夷而靜，智水幽而潔。經洞字源，論窮聲意。【略】自居譯人之首，惟存傳授。所有覆疎，務存綱領。

煬帝定鼎東都，敬重隆厚，至於佛法，彌增崇樹。乃下敕於洛水南濱上林園內置翻經館，搜舉翹秀，永鎮傳法。登即下徵笈多并諸學士，並預集焉。四事供承，復恒常度，致使譯人不墜其緒，成簡無替於時。【略】始於開皇中歲，終於大業末年，二十八載所翻經論七部，合三十二卷。即《起世》、《緣生》、《藥師本願》、《攝大乘》、《菩提資糧》等是也。並文義澄潔，華質顯暢。具《唐貞觀內典録》。至武德二年，終于洛汭。

又《隋東都上林園翻經館沙門釋彥琮傳》　釋彥琮，俗緣李氏，趙郡栢人也。世號衣冠，門稱甲族。【略】大象二年，隋文作相，佛法稍興，便為諸賢講釋般若。大定元年正月，沙門曇延等同舉奏度，方蒙落髮，時年二十有五。至其年二月十三日，高祖受禪，改號開皇，即位講筵，四時相續。【略】至十二年，敕召入京，復掌翻譯，住大興善，厚供頻仍。【略】仁壽二年，下敕更令撰《衆經目録》，乃分為五例，謂單譯、重翻、別生、疑偽，隨卷有位，帝世盛行。【略】

大業二年，東都新治，與諸沙門詣闕朝賀，特被召入內禁，敍故累宵，談述治體，呈示文頌。其為時主見知如此。因即下敕，於洛陽上林園立翻經館以處之。供給事隆，倍逾關輔。【略】凡前後譯經，合二十三部，一百許卷。制序述事，備于經首。

又　卷四《譯經篇四·京大慈恩寺釋玄奘傳》　（貞觀十九年）帝曰：『自法師行後，造弘福寺。其處雖小，禪院虛靜，可為翻譯。所須人物吏力，並與玄齡商量，務令優給。』既承明命，返迹京師，遂召沙門慧明、靈閏等，以為證義；沙門行友、玄賾等，以為綴緝；沙門智證、辯機等，以為録文；沙門玄模以證梵語，沙門玄應以定字偽。【略】

自前代已來所譯經教，初從梵語，倒寫本文，次乃迴之，順同此俗，然後筆人，亂理文句，中間增損，多墜全言。今所翻傳，都由奘旨，意思獨斷，出語成章，詞人隨寫，即可披翫。【略】

（二十二年）冬十月，隨駕入京。於北闕造弘法院，鎮恒在彼。初於曲池，為文德皇后造慈恩寺，追奘令住度三百人。有令：寺西北造翻經院，給新度弟子一十五人。弘福舊處，仍給十人。【略】

顯慶三年，下敕為皇太子造西明寺成。令給上房僧十人，以充侍者。有大般若者二十萬偈，此土八部，咸在其中。不久下敕，令住玉華，翻經供給，一准京寺。遂得託靜，不爽譯功。

唐·釋靖邁《古今譯經圖紀》卷四《隋楊氏都長安》　洋川郡守曇法智，梵名達摩波若，婆羅門種。門世已來，相傳翻譯。【略】隋文皇帝以開皇二年歲次壬寅，敕召智還，使譯經於大興善寺。翻《業報差別經》一卷。智既妙善隋、梵二言，無勞傳語。成都釋智鉉筆受。

沙門毘尼多流支，此言滅喜，北印度烏長國人，振錫來此。以隋文帝開皇二年歲次壬寅，敕令於大興善寺譯《象頭精舍經》，一卷。《大乘方等總持經》，一卷。二部合二卷。給事李道寶傳語，沙門高法纂筆受。

沙門達摩笈多，隋言法密，南賢豆國人。【略】暨開皇十年，來屆瓜州。文帝延入京寺，至止未久，大通隋言。敕於大興善寺譯《無所有菩薩經》，四卷。《護國菩薩經》，二卷。《佛華嚴入如來不思議境界經》，二卷。《大集譬喻王經》，二卷。《東方最勝燈王如來經》，一卷。《移識經》，二卷。《大乘三聚懺悔經》，一卷。《大方等大雲請雨經》。一卷。義理允正，稱經微旨。【略】

至煬帝定鼎東都，敬重隆篤。復於上林園內置翻經館，譯《法炬陀羅尼經》，二十卷。《起世經》，十卷。《大方等大集菩薩念佛三昧經》，十卷。《緣生經》，二卷。《菩提資糧論》，六卷。《金剛般若經論》，二卷。《緣生論》，一卷。《大方等善住意天子所問經》，四卷。《藥師如來本願功德經》，一卷。《攝大乘論》。十卷。從開皇十年至大業末歲，譯經一十八部，合八十一卷。並文義清素，華質顯正。沙門彥琮、行矩等筆受。

又《大唐李氏都長安》　沙門波羅頗迦羅，唐言作明知識，或云波頗，此云光智。中印度人，剎帝利種。【略】遠涉葱河，來屆於此。以貞觀元年，敕於大興善寺譯《寶星經》一部，七卷。《般若燈論》一部，十五卷。《大莊嚴論》一部，十三卷。凡三部，合三十五卷。沙門慧乘等證義，沙門玄謨等譯語，沙門慧明、慧賾、慧淨、法琳等筆受，左僕射房玄齡、詹事杜正倫。太府卿蕭璟等並知監護。

沙門玄奘，【略】遊覽百有餘國。以貞觀十九年，迴靶上京，見帝于洛。帝大悦，即命所將梵本六百五十七部，敕於西京弘福寺翻譯；仍敕左僕射房玄齡廣召國内碩學，沙門慧明、靈潤等五十餘人，助光法化；并敕太子左庶子許敬宗等專知監譯。到二十二年，已譯之經，奉以奏聞。于時太宗文皇帝以悟達之懷，縱玄覽而為序。天文絢發，冠日月而揚輝。皇上以文思欽明，暢叡想而興記；聖藻光績，掞雲霞而布彩。

又以其年十二月，皇上在春宫，警大孝之慮，軫聖善之懷，奉為文德皇太后敬造大慈恩寺及翻經院。殿宇宏壯，窮班爾之工；瑩飾妍華，極珍繪之妙。于時西東兩宫，大出幡像。敕九部樂及京城諸寺寶幢幡蓋，綺華妙香，并萬年、長安諸坊寶車衆伎，送奘所將經像及慈恩大德僧等住慈恩及翻經院。時皇帝親御安福門，以香華等供養。至二十四日，皇儲親臨慈恩，度僧千人，大赦京城。暨顯慶元年，敕左僕射于志寧、侍中許敬宗、中書令來濟、李義府、杜正倫，黄門侍郎薛元超等潤文，國子博士范義頵、太子洗馬郭瑜、弘文館學士高若思等助知翻譯。譯《大般若波羅蜜多經》一部，六百卷。《大菩薩藏經》一部，二十卷。《大乘大集地藏十輪經》一部，十卷。《本事經》一部，七卷。《無垢稱經》一部，六卷。《解深密經》一部，五卷。《分别緣起初勝法門經》一部，二卷。

《能斷金剛般若經》，一卷。《佛地經》，一卷。《緣起聖道經》，一卷。《如來示教勝軍王經》，一卷。《藥師如來本願功德經》，一卷。《稱讚淨土佛攝受經》，一卷。《最無比經》，一卷。《甚希有經》，一卷。《稱讚大乘功德經》，一卷。《顯無邊佛土功德經》，一卷。《六門陀羅尼經》，一卷。《諸佛心陀羅尼經》，一卷。《拔濟苦難陀羅尼經》，一卷。《勝幢臂印陀羅尼經》，一卷。《八名普密陀羅尼經》，一卷。《不空羂索神呪心經》，一卷。《十一面神呪心經》，一卷。《持世陀羅尼經》，一卷。《受持七佛名號所生功德經》，一卷。《天請問經》，一卷。《佛臨涅槃記法住經》，一卷。《寂照神變三摩地經》，一卷。《般若波羅蜜多心經》，一卷。《緣起經》，一卷。《呪五首》，一卷。《菩薩戒本》，一卷。《菩薩羯磨》；一卷。

《瑜伽師地論》一部，一百卷。《顯揚聖教論》一部，二十卷。《大乘阿毘達磨雜集論》一部，十六卷。《大乘阿毘達磨集論》一部，七卷。《攝大乘論本》一部，三卷。《攝大乘論世親釋》一部，十卷。《攝大乘論無性釋》一部，十卷。《廣百論》一部，十卷。《掌珍論》一部，二卷。《大乘成業論》，一卷。《佛地經論》一部，七卷。《成唯識論》一部，十卷。《因明正理門論》，一卷。《因明入正理論》，一卷。《大乘百法明門論》，一卷。《大乘五蘊論》，一卷。《廣百論頌》，一卷。《顯揚聖教論頌》，一卷。《王法正理論》，一卷。《觀所緣論》，一卷。《唯識三十論》，一卷。《辯中邊論》一部，三卷。《辯中邊論頌》，一卷。《唯識二十論》，一卷。《瑜伽師地論釋》，一卷。《大毘婆沙論》一部，二百卷。《發智論》一部，二十卷。《順正理論》一部，八十卷。《顯宗論》一部，四十卷。《俱舍論》一部，三十卷。《識身足論》一部，十六卷。《法藴足論》一部，十二卷。《五事論》一部，二卷。《異部宗輪論》，一卷。《入阿毘達磨論》一部，二卷。《俱舍論頌》，一卷。《品類足論》一部，十八卷。《集異門足論》一部，二十卷。《界身足論》一部，三卷。《大阿羅漢難提蜜多羅所説法住記》，一卷。《勝宗十句論義》，一卷。《大唐西域記》一部。十二卷。

右除《西域記》，總七十五部，一千三百三十五卷。

唐·釋冥詳《大唐故三藏玄奘法師行狀》　以貞觀十九年春正月，到長安。於西域請轉法輪像等七軀，經論六百五十七部，佛肉舍利一百五十粒。二十五日，送經像於弘福已，謁帝於洛陽。三月一日，奉敕還京師，即於弘福翻譯，及修《西域記》。至二十年秋七月十三日，進新翻經，并請御製經序；及進《西域記》，蒙神筆報書，極裒揚之美。【略】

至二十二年，駕幸玉華宫。六月，敕追法師。既至，接以殊禮。敕問：『師比更翻何經論？』答：『近翻《瑜伽師地論》一百卷。』上曰：『此《論》甚大，何聖所作？復明何義？』答：『論是彌勒菩薩造，明十七地義。』『何名十七地？』法師答名及標大旨，上甚悦。於是敕遣使向京取《論》，《論》至，自披更歡喜。因敕所司，寫新翻經論為九本，頒與雍、洛、相、兖、荆、揚等九州，遣遞流布。

法師更請經題，恩敕方許。至其年八月四日，製序訖，凡七百八十言，題云《大唐三藏聖教序》，通冠新經之首。於明月殿，命弘文舘學士上官儀以所製序，對羣僚宣讀。霞爛錦舒，光讚兼極。凡厥百僚，喜躍慶賀。今上在春宫，又製《述三藏聖教序》訖，凡五百七十言。【略】

冬十月，隨駕還京，於北闕别弘法院安置。有令造慈恩寺，於寺西北角造翻經院。敕法師移就翻譯，給弟子五十人；弘福舊處，仍給弟子十人看守。至永徽二年，請造梵本經臺，蒙敕施物，遂得成就。至五年六月，迎法師入內。法師於臨文等殿，翻《發智》等論。經數日，降手詔飛白書云：『師年尊，此間小窄，體中如何？』又顯慶年中恩敕云：『大慈恩寺僧玄奘所翻經論既新，翻譯文義須精，宜令太子太傅、尚書左僕射、燕國公于志寧，中書令兼撿校吏部尚書、南陽縣開國男來濟，禮部尚書、高陽縣開國男許敬宗，黃門侍郎兼撿校太子左庶子、邠陰縣開國男薛元超，守中書侍郎兼撿校太子右庶子、廣平縣開國男李義府，時為看閱。有不隱便處，即隨事潤色。若須學士，任量追三兩人。』【略】

二年，駕幸洛陽宮。法師預往，安置在積翠宮。於大內麗日殿翻《觀所緣緣論》等，又翻《大毘婆沙》等論，在所無輟。【略】

又顯慶三年中，敕為皇太子於濮王故宅造西明寺，令給法師上房一口，新度僧十人，以為弟子。

此地貴於《般若》，前代雖翻，未及周備，諸德咸請依大本更翻；然《般若》總二十萬偈，可成六百卷。法師以為在京多務，恐難卒了，於是屢請居山，方蒙恩許，往玉花宮寺翻譯，仍敕供給，一准在京。至彼，以顯慶五年正月一日翻《大般若》，至龍朔三年十月二十三日終訖，凡四處十六會說，總六百卷。中間又翻成《唯識論》、《辨中邊論》、《唯識二十論》、《品類足論》等。至十一月二十三日，命窺基齎《表》，請聖上製《大般若經序》。至十二月七日，於蓬萊宮美進，時通事舍人憑義宣口敕許。【略】從翻《大般若》訖後，即不復翻譯，唯行道禮懺。【略】

自歸國翻宣，若菴園之始說；精文奧義，如金口之新開。而敬惜寸陰，勵精無怠，神氣綽然，無所擁滯。【略】

法師還國已來，于今二十載，合翻梵本七十五部，譯為唐言，總一千三百四十一卷。尚有五百八十二部，未譯見翻者。《大般若》、《瑜伽論》、《大毘婆沙》、《順正理》等，皆是鎮國之寶，學人藪澤。然譯經之事其來，自文起漢摩騰，迄今三藏，前後道俗百餘人。先代翻譯，多是婆羅門法師，為初至東夏，方言未融，承受之者，領會艱阻，每傳一句，必詳審疑迴，是以倒多說訛。今日法師，唐梵二方，言詞明達，傳譯便巧，如擎一物，掌上示人，了然無殊。所以歲月未多，而功倍前哲。至如羅什稱善秦言，譯經十有餘年，唯得二百餘卷。以此校量，難易見矣。所悲運促，不終其志。嗚呼哀哉！

唐·釋慧立等《大唐大慈恩寺三藏法師傳》卷六《起十九年春正月入西京終二十二年夏六月謝御製經序并答》 帝先許作新經序，機務繁劇，未及措意。至此法師重啓，方為染翰，少頃而成，名《大唐三藏聖教序》，凡七百八十一字。神筆自寫，敕貫衆經之首。

帝居慶福殿，百官侍衛，命法師坐，使弘文館學士上官儀以所製《序》對羣寮宣讀，霞煥錦舒，極褒揚之致。其詞曰：【略】

有玄奘法師者，法門之領袖也。幼懷貞敏，早悟三空之心；長契神情，先包四忍之行。松風水月，未足比其清華；仙露明珠，詎能方其朗潤！故以智通無累，神測未形，超六塵而迥出，夐千古而無對。凝心內境，悲正法之陵遲；栖慮玄門，慨深文之訛謬。思欲分條析理，廣彼前聞，截偽續真，開茲後學。是以翹心淨土，往遊西域，乘危遠邁，杖策孤征。積雪晨飛，塗間失地，驚沙夕起，空外迷天。萬里山川，撥煙霞而進影；百重寒暑，躡霜露而前蹤。誠重勞輕，求深願達，周遊西宇，十有七年，窮歷道邦，詢求正教。雙林、八水，味道飡風；鹿苑、鷲峰，瞻奇仰異。承至言於先聖，受真教於上賢。探賾妙門，精窮奧業。一乘五律之道，馳驟於心田；八藏三篋之文，波濤於口海。爰自所歷之國，總將三藏要文，凡六百五十七部，譯布中夏，宣揚勝業。引慈雲於西極，注法雨於東垂，聖教缺而復全，蒼生罪而還福。濕火宅之乾焰，共拔迷途；朗愛水之昏波，同臻彼岸。是知惡因業墜，善以緣昇，昇墜之端，唯人所託。譬夫桂生高嶺，雲露方得泫其華；蓮出綠波，飛塵不能污其葉。非蓮性自潔而桂質本貞，良由所附者高則微物不能累，所憑者淨則濁類不能霑。夫以卉木無知，猶資善而成善，況乎人倫有識，不緣慶而成慶！方冀茲經流施，將日月而無窮；斯福遐敷，與乾坤而永大。

又 卷七《起二十二年六月天皇製〈述聖記〉終永徽五年春二月法師答書》 二十二年夏六月，天皇大帝居春宮，奉覩聖文，又製《述聖記》。其詞曰：【略】

玄奘法師者，夙懷聰令，立志夷簡。神清齠齓之年，體拔浮華之世，凝情定室，匿迹幽巖，栖息三禪，巡遊十地。超六塵之境，獨步迦維；會一乘之旨，隨機化物。以中華之無質，尋印度之真文。遠涉恒河，終期滿字；頻登雪嶺，更獲半珠。問道往還，十有七載，備通釋典，利物為心。以貞觀十九年二月六日，奉敕於弘福寺翻譯聖教要文，凡六百五十七部。引大海之法流，洗塵勞而不竭，傳智燈之長焰，皎幽闇而恒明。自非久植勝緣，何以顯揚斯旨？所謂法性常住，齊三光之明；我皇福臻，同二儀之固。伏見御製《衆經論序》，照古騰今，理含金石之聲，文抱風雲之潤。治輒以輕塵足岳，墜露添流，略舉大綱，以為斯《記》。【略】

（貞觀二十二年冬十月）戊申，皇太子又宣令曰：『營慈恩寺，漸向畢功，輪奐將成，僧徒尚闕。伏奉敕旨，度三百僧，別請五十大德，同奉神居，降臨行道。其新營道場，宜名大慈恩寺。別造翻經院，虹梁藻井，丹青雲氣，瓊礎銅沓，金環華鋪，並加殊麗。令法師移就翻譯，仍綱維寺任。』【略】

（永徽三年）夏五月乙卯，中印度國摩訶菩提寺大德智光、慧天等致書於法師。智光於大小乘及彼外書、四韋陀、五明論等莫不洞達，即戒賢法師門人之上首，五印度學者咸共宗焉。慧天於小乘十八部該綜明練，匠誘之德亦彼所推重，法師遊西域日常共切磋。彼雖半教有功，然未措心於《方等》，為其執守偏見，法師恒詆訶。曲女城法集之時，又深折挫，彼亦媿伏。自別之後，欽佇弗忘，乃使同寺沙門法長將書，并齎讚頌及氎兩端，揄揚之心甚厚。其書曰：『微妙吉祥世尊金剛座所摩訶菩提寺諸多聞衆所共圍繞上座慧天，致書摩訶支那國於無量經律論妙盡精微木叉阿遮利耶：敬問無量，少病少惱。我慧天苾芻今造佛大神變讚頌及諸經論比量智等，今附苾芻法長將往，此無量多聞老大德阿遮利耶智光亦同前致問，鄔波索迦日授稽首和南。今共寄白氎一雙，示不空心，路遠莫怪其少，願領。彼須經論，録名附來，當為抄送木叉阿遮利耶，願知。』其為遠賢所慕如此。

五年春二月，法長辭還，又索報書。法師答并信物，其書同文録奏，然後將付使人。其詞曰：

大唐國苾芻玄奘謹修書中印度摩揭陀國三藏智光法師座前：目一辭違，俄十餘載。境域遐遠，音徽莫聞。思戀之情，每增延結。彼苾芻法長至，蒙問，并承起居康勝，豁然目朗，若覩尊顔。踊躍之懷，筆墨難述。節候漸暖，不審信後何如？又往年使還，承正法藏大法師無常，奉問摧割，不能已已。嗚呼！可謂苦海舟沈，天人眼滅，遷奪之痛，何期速歟？惟正法藏，植慶曩晨，樹功長劫，故得挺沖和之茂質，標懿傑之宏才，嗣德聖天，繼輝龍猛，重然智炬，再立法幢。撲炎火於邪山，塞洪流於倒海，策疲徒於寶所，示迷衆於大方。蕩蕩焉，巍巍焉，實法門之棟幹也。又如三乘半滿之教，異道斷常之書，莫不韞綜胸懷，貫練心府。文槃節而克暢，理隱昧而必彰，故使内外歸依，為印度之宗袖。加以恂恂善誘，曉夜不疲，衢罇自盈，酌而不竭。玄奘昔因問道，得預參承，并荷指誨，雖曰庸愚，頗亦蓬依麻直；及辭還本邑，囑累尤深，慇懃之言，今猶在耳。方冀保安眉壽，式贊玄風，豈謂一朝奄歸，萬古追惟永往，彌不可任。伏惟法師夙承雅訓，早昇堂室，攀戀之情，當難可處，奈何奈何。有為法爾，當可奈何，願自裁抑。昔大覺潛暉，迦葉紹宣洪業；商那遷化，毱多闡其嘉猷。今法將歸真，法師次任其事，唯願清詞妙辯，共四海而恒流；福智莊嚴，與五山而永久。玄奘所將經論，已翻《瑜伽師地論》等大小三十餘部，其《俱舍》、《順正理》，見譯未周，今年必了。即日大唐天子聖躬萬福，率土安寧，以輪王之慈，敷法王之化，所出經論，並蒙神筆製序，令所司抄寫，國内流行，爰至鄰邦，亦俱遵習。雖居像運之末，而法教光華，邕邕穆穆，亦不異室羅筏、誓多林之化也。伏願照知。又前渡信渡河，失經一馱。今録名如後，有信請為附來。并有片物供養，願垂納受。路遠不得多，莫嫌鮮薄。玄奘和南。

又答慧天法師書曰：

大唐國苾芻玄奘謹致書摩訶菩提寺三藏慧天法師足下：乖別稍久，企仰唯深；音寄不通，莫慰傾渴。彼苾芻法長至，辱書敬承休豫，用增欣悦。又領白氎兩端，讚頌一夾。來意既厚，寡德愧以無當，悚息悚息。節氣漸和，不知信後體何如也？想融心百家之論，捿慮九部之經。建正法幢，引歸宗之客；擊克勝鼓，挫鍱腹之賓。頡頏王侯之前，抑揚英俊之上。故多歡適也。玄奘庸弊，氣力已衰，又加念德欽仁，唯豐勞積。昔因遊方在彼，遇矚光儀，曲女城會，又親交論。當對諸王及百千徒衆，定其深淺。此立大乘之旨，彼竪半教之宗，往復之間，詞氣不無高下。務存正理，靡護人情，以此遞生淩觸，罷席之後，尋已豁然。今來使猶傳法師寄申謝悔，何懷固之甚也。法師學富詞清，志堅操遠，阿耨達水無以比其波瀾，淨末尼珠不足方其皦潔，後進儀表，屬在高人。願勗良規，闡揚正法。至如理周言極，無越大乘，意恨法師，未為深信。所謂耽翫羊鹿，棄彼白牛；賞愛水精，捨頗胝寶。明明大德，何此惑之滯歟？又坯器之身，浮促難守，宜早發大心，莊嚴正見，勿使臨終，方致嗟悔。今使還國，謹此代誠，并附片物，蓋欲示酬來意，未是盡其深心也。願知。前還日，渡信渡河，失經一馱。今録名如別，請為附來。餘不能委述。苾芻玄奘謹呈。

又 卷九《起顯慶元年三月謝慈恩寺碑成終三年正月隨車駕還西京》（顯慶二年）秋九月二十日，法師請入少林寺翻譯。表曰：【略】『又蒙陛下以輪王之尊，布法王之化，西域所得經本，並令翻譯。玄奘猥承人乏，濫當斯任，既奉天旨，夙夜匪寧。今已翻出六百餘卷，皆三藏、四含之宗要，大小二乘之樞軸。凡聖行位之林藪，八萬法門之海澤，西域稱詠，以為鎮國鎮方之典。所須文義，無拔不得，譬猶擇木鄧林，隨求小大，收珍海浦，任取方圓。學者之宗，斯為髣髴。玄奘用此奉報國恩，誠不能盡。雖然，亦冀萬分之一也。』

又 卷一〇《起顯慶三年正月隨車駕自洛還西京至麟德元年二月玉華宮捨化》 東國重於《般若》，前代雖翻，不能周備，衆人更請委翻。然《般若》部大，京師多務，又人命無常，恐難得了，乃請就於玉華宮翻譯。帝許焉。即以四年冬十月，法師從京發向玉華宮，并翻經大德及門徒等同去，其供給諸事一如京下，至彼安置肅誠院焉。至五年春正月一日，起首翻《大般若經》。經梵本總有二十萬頌，【略】不敢更刪，一如梵本。

佛説此經，凡在四處：一，王舍城鷲峰山；二，給孤獨園；三，他化自在天王宮；四，王舍城竹林精舍。總一十六會，合為一部。然法師於西域得三本，到此翻譯之日，文有疑錯，即挍三本以定之，殷懃省覆，方乃著文，審慎之心，古來無比。或文乖旨奧，意有躊躕，必覺異境，似若有人授以明決，情即豁然，若披雲覩日。自云：『如此悟處，豈奘淺懷所通，並是諸佛菩薩所冥加耳。』【略】

法師翻此經時，汲汲然恒慮無常。謂諸僧曰：『玄奘今年六十有五，必當卒命於此伽藍。經部甚大，每懼不終，努力人加勤懇，勿辭勞苦。』至龍朔三年冬十月二十三日，功畢絕筆，合成六百卷，稱為《大般若經》焉。合掌歡喜，告徒衆曰：『此經於漢地有緣，玄奘來此玉華者，經之力也。向在京師，諸緣牽亂，豈有了時？今得終訖，並是諸佛冥加，龍天擁祐。此乃鎮國之典，人天大寶，徒衆宜各踴躍欣慶。』

唐・釋道宣《大唐内典録》卷四《皇朝傳譯佛經録第十八》 右大小乘經論六十七部，一千三百四十四卷。京師大慈恩寺沙門釋玄奘奉詔譯。奘本潁川俗緣陳氏，小年出家，師無遠近。以貞觀三年，出觀釋化，五竺八河，備經歷覽，名德勝地，訪無不逮，大獲梵本，旋途帝城。以貞觀十九年躬謁文帝，異倫禮接，仍敕名德沙門二十餘人助緝文句。初在弘福翻經，公給資什，沙門靈閏等證義，沙門行友等綴文，沙門辯機等執筆。及慈恩創置，又移於彼，參譯紛綸，未遑條列。帝乃延内禁并幸南北山宮，面敍玄理，極展誠敬。天命有終，日月奄曜，奘還京寺，如常傳譯。後以緣故徙住玉華宮，供給仍不爽前及故。始自弘福，今迄北宮，一十八載，傳度法本。雖非超挺，然不墜譯功。庶後之明識，因斯重復塵黄也。

《舊唐書》卷一九一《方伎傳・僧玄奘》 貞觀十九年，歸至京師。太宗見之，大悦，與之談論。於是詔將梵本六百五十七部於弘福寺翻譯，仍敕右僕射房玄齡、太子左庶子許敬宗廣召碩學沙門五十餘人，相助整比。高宗在宮，為文德太后追福，造慈恩寺及翻經院。【略】顯慶元年，高宗又令左僕射于志寧，侍中許敬宗，中書令來濟、李義府、杜正倫，黄門侍郎薛元超等共潤色。玄奘所定之經，國子博士范義碩、太子洗馬郭瑜、宏文館學士高若思等助加翻譯，凡成七十五部。奏上之後，以京城人衆，競來禮謁，玄奘乃奏請逐静翻譯，敕乃移於宜君山故玉華宮。

唐・釋智昇《續古今譯經圖紀》 《譯經圖紀》者，本起於大慈恩寺翻經院之堂也。此堂圖畫古今傳譯緇素，首自迦葉摩騰，終于大唐三藏。邁公因撰，題之于壁。自茲厥後，傳譯相仍。諸有藻繪，無斯紀述。昇雖不敏，敢輒讚揚。雖線麻之有殊，冀相續而無絕。幸諸覽者，無貽誚焉。

又《大唐傳譯之餘》 沙門釋智通，律行精苦，兼明經論，於總持門特所留意。通以隋大業年中出家，住京大總持寺。有遊方之志，遂於洛京翻經館，學梵書語，早通精奧。唐貞觀中，有北天竺僧齎《千臂千眼經》梵本奉進，文帝敕通共梵僧對譯，名《千眼千臂觀世音菩薩陀羅尼神呪經》，一部。二卷。後於天皇永徽四年癸丑，於總持寺又譯《千轉陀羅尼觀世音菩薩呪經》，一卷。《觀自在菩薩隨心呪經》，一卷。《清淨觀世音普賢陀羅尼經》。一卷。凡四部，合五卷。

沙門地婆訶羅，唐言日照，中印度人。洞明八藏，博曉四含，戒行清高，學業優贍，尤工呪術，兼洞五明。志在利生，來遊此國。以天皇儀鳳初至天后垂拱末，於兩京東京太原寺及西京弘福寺譯《方廣大莊嚴經》一部，二十二卷。《大乘密嚴經》一部，三卷。《大乘顯識經》一部，二卷。《證契大乘經》一部，二卷。《大方廣佛花嚴經續入法界品》，一卷。《大乘離文字普光明藏經》，一卷。《大乘遍照光明藏無字法門經》，一卷。《大方廣師子吼經》，一卷。《大乘百福相經》，一卷。《大乘百福莊嚴相經》，一卷。《大乘四法經》，一卷。《菩薩修行四法經》，一卷。《七俱胝佛大心准提陀羅尼經》，一卷。《佛頂最勝陀羅尼經》，一卷。《最勝佛頂陀羅尼淨除業障經》，一卷。《造塔功德經》，一卷。《金剛般若波羅蜜經破取著不壞假名論》一部，二卷。《大乘廣五蘊論》，一卷。凡一十八部，合三十四卷。沙門戰陀般若提婆譯，沙門慧智證梵語。敕召名德十人，助其法化。沙門道成、薄塵、嘉尚、圓測、靈辯、明恂、懷度等證義，沙門思玄、復禮等綴文筆受。天后親敷睿藻，製序標首，光飾像教，傳之不朽也。

沙門實叉難陀，唐云學喜，于闐國人。智度弘曠，利物為心，善大小乘，兼異學論。天后明揚佛日，敬重大乘，以《花嚴》舊經處會未備，遠聞于闐有斯梵本，發使迎請，幷訪譯人，實叉與經同來赴洛。以天后證聖元年乙未，於東都大內遍空寺譯《大方廣佛花嚴經》一部。八十卷。天后親臨法座，煥發序文，自運仙毫，首題名品。南印度沙門菩提流志、沙門義淨同宣梵本，後付沙門復禮、法藏等於佛授記寺譯，至聖曆二年己亥功畢。又至久視元年庚子，於三陽宮內譯《大乘入楞伽經》一部。七卷。及於西京清禪寺東都授記寺譯《文殊師利授記經》一部，三卷。《大方廣入如來智德不思議經》，一卷。《大方廣如來不思議境界經》，一卷。《大方廣普賢所説經》，一卷。《觀世音菩薩祕密藏神呪經》，一卷。《妙臂印幢陀羅尼經》，一卷。《百千印陀羅尼經》，一卷。《救面然餓鬼陀羅尼神呪經》，一卷。《右繞佛塔功德經》，一卷。《大乘四法經》，一卷。與日照三藏譯者同名，文意全別。《十善業道經》，一卷。《大乘起信論》一部，二卷。《摩訶般若隨心經》，一卷。《大方廣不生不滅經》，一卷。《大方廣如來難思議境界經》，一卷。《離垢淨光陀羅尼經》，一卷。《菩薩出生四法經》，一卷。凡一十九部，合一百七卷。沙門波崙、玄軌等筆受，沙門復禮等綴文，沙門法寶、弘景等證義，太子中舍賈膺福監譯。

沙門釋義淨，齊州人。【略】凡所歷遊，三十餘國；往來問道，出二十年。以天后證聖之元乙未仲夏，迴至河洛，將梵本經律論近四百部，合五十萬頌；金剛座真容一鋪，舍利三百粒。天后敬法重人，親迎于上東門外。洛陽緇侶備設幢幡，兼陳鼓樂，在前導引。敕於佛授記寺安置，所將梵本並令翻譯。初，共于闐三藏翻《花嚴經》。久視已後，方自翻譯，即以久視元年庚子至長安三年癸卯，於東都福先寺及西京西明寺譯《金光明最勝王經》一部，十卷。《能斷金剛般若波羅蜜多經》，一卷。《入定不定印經》，一卷。《彌勒下生成佛經》，一卷。《曼殊室利菩薩呪藏中一字呪王經》，一卷。《莊嚴王陀羅尼呪經》，一卷。《善夜經》，一卷。《大乘流轉諸有經》，一卷。《妙色王因緣經》，一卷。《無常經》，一卷。《八無暇有暇經》，一卷。《長爪梵志請問經》，一卷。《根本説一切有部毘奈耶》一部，五十卷。《根本薩婆多部律攝》一部，二十卷。《根本説一切有部尼陀那目得迦》一部，十卷。《根本説一切有部百一羯磨》一部，十卷。《掌中論》，一卷。《取因假設論》，一卷。《六門教授習定論》，一卷。《龍樹菩薩勸誡王頌》，一卷。繕寫進內。天后製《新翻聖教序》，令標經首。

暨和帝龍興，神龍元年乙巳於東都內道場譯《大孔雀呪王經》一部，三卷。又於大福先寺譯《佛為勝光天子説王法經》，一卷。《香王菩薩陀羅尼呪經》，一卷。《一切功德莊嚴王經》。一卷。和帝心崇釋典，製序裒揚，號為《大唐龍興三藏聖教序》。帝御洛城西門，宣示羣辟淨所新翻，並令標引。二年景午，隨駕歸京，敕於大薦福寺別置翻經院，處之。三年丁未，帝召入內，幷同翻經沙門九旬坐夏。帝以昔居房部幽厄無歸，祈念藥師，遂蒙降祉，賀茲往澤，重闡洪猷，因命法徒，更令翻譯，於佛光內寺譯《藥師琉璃光七佛本願功德經》一部。二卷。帝御法筵，手自筆受。又至景龍四年庚戌，於大薦福寺譯《佛為難陀説出家入胎經》一部，一卷。《浴像功德經》，一卷。《數珠功德經》，一卷。《觀自在菩薩如意心陀羅尼呪經》，一卷。《佛頂尊勝陀羅尼經》，一卷。《拔除罪障呪王經》，一卷。《五蘊皆空經》，一卷。《三轉法輪經》，一卷。《譬喻經》，一卷。《療痔病經》，一卷。《根本説一切有部苾芻尼毘奈耶》一部，二十卷。《根本説一切有部毘奈耶雜事》一部，四十卷。《根本説一切有部戒經》，一卷。《根本説一切有部苾芻尼戒經》，一卷。《根本説一切有部毘奈耶頌》一部，五卷。《根本説一切有部毘奈耶雜事攝頌》，一卷。《根本説一切有部尼陀那目得迦攝頌》，一卷。《成唯識寶生論》一部，五卷。《觀所緣論釋》，一卷。

又至睿宗景雲二年辛亥，復譯《稱讚如來功德神呪經》，一卷。《佛為海龍王説法印經》，一卷。《略教誡經》，一卷。《能斷金剛般若波羅蜜多經論釋》一部，三卷。《能斷金剛般若波羅蜜多經論頌》，一卷。《因明正理門論》，一卷。《觀總相論頌》，一卷。《止觀門論頌》，一卷。《手杖論》，一卷。《一百五十讚佛頌》，一卷。《法華論》一部，五卷。《集量論》一部。四卷。

合從天后久視元年庚子，至睿宗景雲二年辛亥，都譯五十六部，總二百三十卷。北印度沙門阿儞真那、吐火羅沙門達磨末磨等證梵義，罽賓沙門達摩難陀、居士東印度首領伊舍羅等證梵文，沙門曷利末底、烏帝提婆、居士中印度李釋迦度頗多等讀梵本，居士東印度瞿曇金剛、迦濕彌羅國王子阿順等證譯，沙門波崙、復禮、慧表、玄傘等筆受，沙門法寶、勝莊、神英、仁亮、慧沼、法藏等證義，修文館大學士、特進、趙國公李嶠，兵部尚書、逍遙公韋嗣立，趙彥昭，盧藏用，張説，李乂，蘇頲，徐堅等次文潤色，左僕射、舒國公韋巨源，右僕射、許國公蘇環等監譯，駙馬都尉楊慎交，嗣號王邕，太常卿薛崇胤等前後監護。

又別撰《大唐西域求法高僧傳》一部，二卷。《大唐南海寄歸內法傳》一部，四卷。《別説罪要行法》，一卷。《受用三水要法》，一卷。《護命放生軌儀》，一卷。凡五部，合九卷。又出説一切有部跋窣堵，即諸律中健度跋渠之類也，梵音有楚夏耳。約七八十卷，但出直本，未遑刪綴，遽入泥洹，其文遂寢。淨又於一切有部律中，抄諸緣起，別部流行，如《摩竭魚因緣經》等，《四十二經》四十九卷。既是別生抄經，不合為譯經正數。今載《開元釋教・別生録》中。淨雖遍翻三藏而偏功律部，譯綴之暇，曲授學徒。凡所行事，皆尚其急，濾漉滌穢，特異常倫，學侶傳行，遍於京洛。美哉！亦遺法之盛事也。

沙門菩提流志，本名達摩流支，唐言法希。天后改為菩提流志，唐云覺愛。南印度人，婆羅門種，姓迦葉氏。【略】天皇遠聞雅譽，遣使往邀，未及使還，白雲遽駕。暨天后御極，方赴帝京。以長壽二年癸巳創達都邑，即以其年於佛授記寺譯《寶雨經》一部，十卷。中印度王使沙門梵摩同宣梵本。又於大周東寺及佛授記寺譯《文殊師利所説不思議佛境界經》一部，二卷。《實相般若波羅蜜經》，一卷。《大乘金剛髻珠菩薩修行分》，一卷。《大乘伽耶山頂經》，一卷。《六字神呪經》，一卷。《護命法門神呪經》，一卷。《有德女所問大乘經》，一卷。《般若波羅蜜多那經》，一卷。《妙慧童女所問經》，一卷。《不空羂索呪心經》，一卷。《妙德婆羅門女問佛轉何法輪經》，一卷。《智猛長者問經》，一卷。《佛入毘耶離除一切鬼病經》，一卷。《那耶經》，一卷。《大陀羅尼經》，一卷。《文殊師利呪法藏經》，一卷。《一字呪王經》，一卷。《無迦略曳菩薩造廣大摩尼祕密善住經》，一卷。《釋般若六字三句論》，一卷。已上二十部，合三十卷。沙門行感等同譯，沙門戰陀、婆羅門李無諂譯語，沙門慧智證譯語，沙門處一等筆受，沙門思玄等綴文，沙門圓測、神英等證義，司賓寺丞孫辟監譯。後至和帝龍興，神龍二年景午隨駕歸京，敕於西崇福寺安置，譯《大寶積經》一部，一百二十卷。此經都有四十九會，於中二十六會、三十九卷，流志新譯，餘是舊經勘同編入。上代譯者摘會別翻，而不終部帙。

往者麟德元年，玄奘法師於玉華寺翻《大般若》竟，諸德慇懃，請翻《寶積》。固請不已，遂啓夾譯之，可得數行，乃嗟歎曰：『此經與此土羣生，未有緣矣。余氣力衰竭，不能辦也。』因而遂輟。和帝命志續奘餘功，遂尋繹舊翻之經，考校新來之夾，上代譯者勘同，即附昔來未出，按本具翻；兼復舊義擁迷，詳文重譯，暨乎睿宗先天二年癸丑，方始畢席。創發題日於大內佛光殿，和帝親御法筵，筆受經旨，百僚侍坐，妃后同觀。求之古人，無以加也。

逮睿宗嗣曆，復於北苑白蓮花亭及大內甘露等殿，別開會首，亦親筆受。並沙門思忠及東印度大首領伊舍羅，直中書度頗具等譯梵文，北印度沙門達摩，南印度沙門波若丘多等證梵義，沙門慧覺、宗一、普敬、履方等筆受，沙門勝莊、法藏、塵外、無著等證義。沙門承禮、神暕、雲觀、道本等次文，太子詹事、東海郡公徐堅，邠王傅、固安伯盧粲，尚書右丞、東海男盧藏用，中書舍人、野王男蘇瑨，禮部郎中彭景，直左補闕、祁縣男王瑨，太府丞顏温之，太常博士賀知章等潤色，中書侍郎。平與侯陸象先，侍中、鉅鹿公魏知古等監譯，前太常卿薛崇胤，通事舍人、弘農男楊仲嗣監護。繕寫既了，將本進內。睿宗外總萬方，內崇三寶，御筆製序，標於經首。

於間又譯《不空羂索神變真言經》一部，三十卷。《一字佛頂輪王經》一部，五卷。《廣大寶樓閣善住祕密陀羅尼經》一部，三卷。《千手千眼觀世音菩薩姥陀羅尼身經》，一卷。《如意輪陀羅尼經》，一卷。《文殊師利寶藏陀羅尼經》，一卷。《金剛光焰止風雨陀羅尼經》。一卷。已上七部，並弟子般若丘多助宣梵本，沙門雲觀等筆受。前後總譯二十八部，一百九十二卷。

唐·釋智昇《開元釋教録》卷八《總括羣經録上之八·大唐李氏都長安》

沙門釋義淨，【略】所將梵本，並令翻譯。初，共于闐三藏實叉難陀翻《華嚴經》。久視已後，方自翻譯。即以久視元年庚子至長安三年癸卯，於東都福先寺及西京西明寺譯《金光明最勝王》、《能斷金剛般若》、《入定不定印》、《彌勒成佛》、《一字呪王》、《莊嚴王陀羅尼》、《善夜》、《流轉諸有》、《妙色王因緣》、《無常》、《八無暇有暇》、《長瓜梵志》等經，《根本説一切有部毘奈耶》、《尼陀那目得迦》、《百一羯磨》及《律攝》等，《掌中》、《取因假設》、《六門教授》等論，及《龍樹勸誡頌》。已上二十部，一百一十五卷，北印度沙門阿儞真那證梵文義，沙門波崙、復禮、慧表、智積等筆受證文，沙門法寶、法藏、德感、成莊、神英、仁亮、大儀、慈訓等證義，成均太學助教許觀監護。繕寫進內，天后製《新翻聖教序》令標經首。

暨和帝龍興，神龍元年乙巳於東都內道場譯《孔雀王經》，又於大福先寺譯《勝光天子》、《香王菩薩呪》、《一切功德莊嚴王》等經。上四部，六卷，沙門盤度讀梵文，沙門玄傘筆受，沙門大儀證文，沙門勝莊、利貞等證義，兵部侍郎崔湜、給事盧粲等潤文正字，祕書大監、駙馬都尉、觀國公楊慎交監護。和帝心崇釋典，製序褒揚，號為《大唐龍興三藏聖教序》。帝御洛城西門，宣示羣辟，淨所新翻，並令標引。

二年丙午，隨駕歸京，敕於大薦福寺別置翻經院，處之。三年丁未，帝召入內，幷同翻經沙門九旬坐夏。帝以昔居房部幽厄無歸，祈念藥師，遂蒙降祉，賀茲往澤，重闡洪猷，因命法徒，更令翻譯，於大佛光殿譯成二卷，名《藥師瑠璃光七佛本願功德經》。帝御法筵，手自筆受。又至景龍四年庚戌，於大薦福寺譯《浴像功德》、《數珠功德》、《如意心》、《尊勝》、《拔除罪障》、《出家入胎》、《五蘊皆空》、《三轉法輪》、《譬喻》、《療痔病》等經；《根本説一切有部苾芻尼毘奈耶》、《毘奈耶雜事》、二衆《戒經》、《毘奈耶頌》、《雜事攝頌》、《尼陀那目得迦攝頌》、《唯識寶生》、《觀所緣釋》等。已上二十部，八十八卷，吐火羅沙門達磨末磨、中印度沙門拔弩證梵義，罽賓沙門達磨難陀證梵文，居士東印度首領伊舍羅證梵本，沙門慧積、居士中印度李釋迦度頗多等讀梵本，沙門文綱、慧沼、利貞、勝莊、愛同、思恒等證義，沙門玄傘、智積等筆受，居士東印度瞿曇金剛、迦濕彌羅國王子阿順等證譯，修文館大學士、特進、趙國公李嶠，兵部尚書、逍遙公韋嗣立，中書侍郎趙彦昭，吏部侍郎盧藏用，兵部侍郎張説，中書舍人李乂、蘇頲等二十餘人次文潤色。左僕射、舒國公韋巨源，右僕射、許國公蘇瓌等監譯，祕書大監、嗣號王邕監護。

又至睿宗景雲二年辛亥，於大薦福寺復譯《稱讚如來功德神呪》、《佛為龍王説法印》、《略教誡》等經，《能斷般若論頌》及釋《因明理門》、《觀總相頌》、《止觀門頌》、《手杖》等論，及《法華》、《集量》、《百五十讚》，合一十二部，二十一卷。沙門曷利末底、烏帝提婆等讀梵本，沙門玄傘、智積等筆受，沙門慧沼等證義，太常卿、衛國公薛崇胤監護。

合從天后久視元年庚子至睿宗景雲二年辛亥，都譯五十六部，二百三十卷。【略】以先天二年卒，春秋七十九矣。

唐·釋圓照《代宗朝贈司空大辨正廣智三藏和上表制集》卷三

《三朝所翻經請入目録流行表》 三朝所翻經，總七十七部，凡一百一卷，幷都目一卷。【略】沙門不空言：不空爰自幼年，承事先師大弘教三藏和尚二十有四載，稟受瑜伽法門。後遊五天，尋求所未受者幷諸經論，更重學習，凡得梵本瑜伽真言經論五百餘部。奉為國家，詳譯聖言，廣崇福祐。天寶五載，却至上都，奉玄宗皇帝恩命，於内建立道場，所齎梵經，盡許翻譯。及肅宗皇帝配天繼聖，特奉綸旨，於内道場建立護摩及灌頂法；又為國譯經，助宣皇化。累奉二聖恩敕，先代三藏所有梵文並使搜訪，其中有縚索脱落，便令修補；其有未經翻譯者，續譯奏聞。伏惟陛下纘承皇運，大庇含靈，廣闢福田，重明日月，恩波遠被，法雨分流，四海宅心，萬方欣戴。是知佛之付囑，允在聖君。不空叨承渥澤，榮幸實深，切自思之，如何報國。奉先皇聖制，令闡微言；又奉陛下恩命，日夕，詳譯真言及大乘經典，冀効涓微，上資皇道。其所譯金剛頂瑜伽法門，是成佛速疾之路。其修行者，必能頓超凡境，達于彼岸。餘部真言，諸佛方便，其徒不一。所譯諸大乘經典，皆是上資邦國，息滅災厄，星辰不愆，風雨慎敍，仰恃佛力，輔成國家。謹纘集前後所翻譯訖者，自開元至今大曆六年，凡一百一卷，七十七部，并目録一卷；及筆受僧俗名字，繕寫已訖。謹因降誕之辰，謹具進奉，庶得真言福祐，長護聖躬，大乘威力，永康國界。其未翻梵本經中，但有護持於國、福潤生靈者，續譯奏聞。不勝虔誠之至。謹奉表以聞。沙門不空誠惶誠恐，謹言。大曆六年十月十二日，特進試鴻臚卿三藏沙門大廣智不空上表。

寶應元聖文武皇帝批：和上夙事先朝，弘闡妙教，演兹貝葉，廣示迷津。朕嗣纘丕圖，恭承叡旨，和尚再加詳譯，令卷軸續畢，永濟生靈，深可嘉歎。其所譯經，宜宣付中外，入《一切經目録》。

宋・釋贊寧《宋高僧傳》卷一《譯經篇第一之一・唐京兆大興善寺不空傳》 釋不空，梵名阿目佉跋折羅，華言不空金剛，止行二字，畧也。本北天竺婆羅門族。【略】代宗即位，恩渥彌厚。譯《密嚴》、《仁王》二經畢，帝為序焉。頒行之日，慶雲俄現，舉朝表賀。永泰元年十一月一日，制授特進、試鴻臚卿，加號大廣智三藏。【略】

（大曆）六年十月二日帝誕節，進《所譯之經表》云：『爰自幼年，承事先師三藏十有四載，禀受瑜伽法門；復遊五印度，求所未授者并諸經論，計五百餘部。天寶五載，却至上都，上皇詔入内，立灌頂道場，所齎梵經，盡許翻度。肅宗於内，立護摩及灌頂法。累奉二聖，令鳩聚先代外國梵文，或絛索脱落者修，未譯者譯。陛下恭遵遺旨，再使翻傳，利濟羣品。起于天寶，迄今大曆六年，凡一百二十餘卷，七十七部，并目録及筆受等僧俗名字兼略出。念誦儀軌寫畢，遇誕節謹具進上。』敕付中外，並編入《一切經目録》中。

論説

唐・釋道宣《續高僧傳》卷二《譯經篇二・隋東都上林園翻經館沙門釋彦琮傳》 琮久參傳譯，妙體梵文，此土羣師，皆宗鳥迹，至於音字詁訓，罕得相符，乃著《辯正論》，以垂翻譯之式。其詞曰：

彌天釋道安每稱：譯胡為秦，有五失本、三不易也。一者胡言盡倒，而使從秦，一失本也；二者胡經尚質，秦人好文，傳可衆心，非文不合，二失本也；三者胡經委悉，至於歎詠丁寧，反覆或三或四，不嫌其繁，而今裁斥，三失本也；四者胡有義説，正似亂詞，尋檢向語，文無以異，或一千，或五百，今並刈而不存，四失本也；五者事以合成，將更旁及，反騰前詞，已乃後説，而悉除此，五失本也。然智經三達之心，覆面所演，聖必因時，時俗有易，而删雅古以適今時，一不易也；愚智天隔，聖人叵階，乃欲以千載之上微言傳，使合百王之下末俗，二不易也；阿難出經，去佛未久，尊大迦葉，令五百六通，迭察迭書。今雖千年，而以近意量截。彼阿羅漢乃兢兢若此，此生死人平平若是，豈將不以知法者猛乎？斯三不易也。涉兹五失經，三不易，譯胡為秦，詎可不慎乎！正當以不關異言，傳令知會通耳，何復嫌於得失乎？是乃未所敢知也。

余觀道安法師獨稟神慧，高振天才，領袖先賢，開通後學。修《經録》則法藏逾闡，理衆儀則僧寶彌盛，稱印手菩薩，豈虚也哉？詳梵典難易，詮譯人之得失，可謂洞入幽微，能究深隱。至於天竺字體，悉曇聲例，尋其雅論，亦似閑明。【略】

安之所述，大啓玄門。其間曲細，猶或未盡。更憑正文，助光遺迹，粗開要例，則有十條：字聲一，句韻二，問答三，名義四，經論五，歌頌六，呪功七，品題八，專業九，異本十，各疏其相，廣文如論。【略】

常思品藻，終慚水鏡，兼而取之。所備者八。誠心愛法，志願益人，不憚久時，其備一也；將踐覺場，先牢戒足，不染譏惡，其備二也；筌曉三藏，義貫兩乘，不苦闇滯，其備三也；旁涉墳史，工綴典詞，不過魯拙，其備四也；襟抱平恕，器量虛融，不好專執，其備五也。沈於道術，澹於名利，不欲高衒，其備六也。要識梵言，乃閑正譯，不墜彼學，其備七也；薄閱蒼雅，粗諳篆隸，不昧此文，其備八也。八者備矣，方是得人，三業必長，其風靡絕。

唐・釋玄奘《大唐西域記》卷一二《辯機〈記讚〉》　法師妙窮梵學，式贊深經，覽文如已，轉音猶響；敬順聖旨，不加文飾；方言不通，梵語無譯，務存陶冶，取正典謩，推而考之，恐乖實矣。有搢紳先生，動色相趣，儼然而進曰：『夫印度之為國也，靈聖之所降集，賢懿之所挺生。書稱天書，語為天語；文辭婉密，音韻循環；或一言貫多義，或一義綜多言；聲有抑揚，調裁清濁。梵文深致，譯寄明人，經旨沖玄，義資盛德。若其裁以筆削，調以宮商，實所未安，誠非讜論。傳經深旨，務從易曉，苟不違本，斯則為善。文過則艷，質甚則野。讜而不文，辯而不質，則可無大過矣，始可與言譯也。李老曰：「美言者則不信，信言者則不美。」韓子曰：「理正者直其言，言飾者昧其理。」是知垂訓範物，義本玄同，庶祛蒙滯，將存利喜，違本從文，所害滋甚。率由舊章，法王之至誠也。』緇、素僉曰：『渝乎！斯言讜矣。昔孔子在位聽訟，文辭有與人共者，弗獨有也；至於修《春秋》，筆則筆，削則削，游、夏之徒，孔門文學，嘗不能贊一辭焉。法師之譯經，亦猶是也。非如童壽逍遙之集文，任生、肇、融、叡之筆。況乎園方為圓之世，斲彫從朴之時，其可增損聖旨，綺藻經文者歟！』

唐・釋道宣《廣弘明集》卷二二《法義篇・〔唐〕柳宣〈與翻經大德等書〉》　玄奘法師頭陀法界，遠達迦維，目擊道樹金流，仍覲七處八會。毘城鷲嶺，身入彼鄉；娑羅寶階，目驗虛實。至如歷覽王舍，檀特恒河，如斯等輩，未易具言也。加之西域名僧，莫不面論波若；東域疑義，悉皆質之彼師。毘尼之藏，既奉持而不捨；毘曇明義，亦洞觀而為常。蘇妬路既得之於聲明，耨多羅亦剖斷於疑滯。法無大小，莫不韞之胸懷；理無深淺，悉能決之敏慮。故三藏之名，振旦之所推定；摩訶之號，乃羅衛之所共稱。名實之際，何可稱道！

又《法義篇・〔唐〕釋明濬〈答柳博士書〉》　惟今三藏法師，蘊靈秀出，含章而體一味，瓶瀉以贍五乘。悲去聖之逾遠，憫來教之多闕。緬思圓義，許道以身，心口自謀，形影相弔。振衣挈錫，尋波討源，出玉關而遠遊，指金河而一息。稽疑梵宇，探幽洞微。旋化神州，揚真殄謬。遺筌闕典，大備茲辰。方等圓宗，彌廣前烈。所明勝義，妙絕環中之中；真性真空，極踰方外之外。以有取也，有取喪其真；統無求之，無求蠹其實。拂二邊之迹，忘中道之相，累遣未易洎其深，重空何以臻其極？要矣妙矣，至哉大哉！契之於心，然後以之為法。在心為法，形言為教。法有自明共相，教乃遮詮表詮。粹旨沖宗，豈造次所能覼縷？

法師凝神役智，詳正始末，緝熙玄籍，大啓幽關。祕希聲，應扣擊之大小；廓義海，納朝宗之巨細。於是殊方碩德，異域高僧，伏膺問道，蓄疑請益。固已飲和滿腹，莫測其淺深；聆音駭聽，孰知其遠近！

唐・釋道宣《續高僧傳》卷四《譯經篇四・京大慈恩寺釋玄奘傳》

論曰：觀夫翻譯之功，誠遠大矣。前錄所載，無德稱焉，斯何故耶？諒以言傳理詣，惑遣道清，有由寄也。所以列代賢聖，祖述弘導之風；奉信賢明，憲章翻譯之意。宗師舊轍，頗見詞人。埏埴既圓，稍功其趣。至如梵文天語，元開大夏之鄉；鳥迹方韻，出自神州之俗。具如別傳，曲盡規猷。遂有僥倖時譽，叨臨傳述，逐轉鋪詞，返音列喻，繁略科斷，比事擬倫，語迹雖同，校理誠異。自非明逾前聖，德邁往賢，方能隱括殊方，用通弘致。道安著論，五失易窺；彥琮屬文，八例難涉。斯並古今通叙，豈妄登臨？

若夫九代所傳，見存簡錄。漢魏守本，本固去華；晉宋傳揚，時開義舉。文質恢恢，諷味餘逸。厥斯以降，輕靡一期，騰實未聞，講悟蓋寡。皆由詞遂情轉，義寫情心，共激波瀾，永成通式。充車溢藏，法寶住持，得在福流，失在訛競。故勇猛陳請，詞同世華；制本受行，不惟文綺。至聖殷鑑，深有其由，羣籍所傳，滅法故也。即事可委，況弘識乎！然而習俗生常，知過難改，雖欲徙轍，終陷前蹤。粵自漢明，終于唐運，翻傳梵本，多信譯人。事語易明，義求罕見，居情獨斷，惟任筆功。縱有覆疎，還遵舊緒。梵僧執葉，相等情乖，音語莫通，是非俱濫。至如三學盛典，唯詮行旨，八藏微言，宗開詞義，前翻後出，靡墜風猷。古哲今賢，德殊恒律，豈非方言重阻，臆斷是授，世轉澆波，奄同浮俗！昔聞淳風雅暢，既在皇唐，綺飾訛雜，寔鍾季葉。不思本實，妄接詞鋒，競掇芻蕘，鄭聲難偃。原夫大覺希言，絕世特立，八音四辯，演暢無垠。安得凡懷虛參聖慮，用為標擬，誠非立言。雖復樂説不窮，隨類各解，理開情外，詞逸寰中，固當斧藻標奇，文高金玉，方可聲通天樂，韻過恒致。近者晉宋顏、謝之文，世尚企而無比，況乖於此，安可言乎？必踵斯蹤，時俗變矣。其中蕪亂，安足涉言？往者西涼法讖，世號通人；後秦童壽，時稱僧傑。善披文意，妙顯經心，會達言方，風骨流便，弘衍於世，不虧傳述。宋有開士慧嚴、寶雲，世係賢明，勃興前作，傳度廣部，聯輝絕蹤。將非面奉華胥，親承詁訓，得使聲流千載，故其然哉！餘則事義相傳，足開神府；寧得如瓶瀉水，不妄叨流？薄乳之喻，復存今日，終虧受誦，足定澆淳。世有奘公，獨高聯類，往還振動，備盡觀方，百有餘國，君臣謁敬。言議接對，不待譯人，披析幽旨，華戎胥悦。故唐朝後譯，不屑古人，執本陳勘，頻開前失。既闕今乖，未遑釐正，輒略陳此，夫復何言！

宋·釋法雲《翻譯名義集》卷首《周敦義序》　唐奘法師論五種不翻：一祕密故，如陀羅尼；直言，咒語。二含多義故，如薄伽，梵具六義；自在、熾盛、端莊、名稱、吉祥、尊貴。三此無故，如閻淨樹，勝金樹。中夏實無此木；四順古故，如阿耨菩提，正偏知。非不可翻，而摩騰以來，常存梵音。五生善故，如般若尊重，智慧輕淺，而七迷之作，乃謂釋迦牟尼，此名能仁，能仁之義，位卑周、孔。阿耨菩提，名正遍知，此土老子之教，先有無上正真之道，無以為異。菩提薩埵名大，道心衆生，其名下劣，皆掩而不翻。

宋·釋贊寧《宋高僧傳》卷一《譯經篇第一之一·唐京兆大薦福寺義淨傳》　系曰：譯之言易也，謂以所有，易所無也。譬諸枳、橘焉，由易土而殖，橘化為枳。枳、橘之呼雖殊，而辛芳榦葉無異。又如西域尼拘律陀樹，即東夏之楊柳。名雖不同，樹體是一。自漢至今皇宋，翻譯之人多矣。晉魏之際，唯西竺人來，止稱尼拘耳。此方參譯之士因西僧指楊柳，始體言意。其後東僧往彼，識尼拘是東夏之柳，兩土方言，一時洞了焉。唯西、唯東，二類之人，未為盡善。東僧往西，學盡梵書，解盡佛意，始可稱善傳譯者。宋、齊已還，不無去彼迴者；若入境觀風，必聞其政者，奘師、淨師為得其實。此二師者，兩全通達，其猶見璽文，知是天子之書可信也。《周禮》「象胥氏」，通夷狄之言。淨之才智，可謂釋門之象胥也歟！

又　卷三《譯經篇第一之三正傳十四人附見三人》　論曰：【略】懿乎東漢，始譯《四十二章經》，復加之為翻也。翻也者，如翻錦綺，背面俱花，但其花有左右不同耳。由是翻譯二名行焉。初則梵客華僧，聽言揣意，方圓共鑿，金石難和，椀配世間，擺名三昧，咫尺千里，覿面難通。次則彼曉漢談，我知梵説，十得八九，時有差違。至若怒目看世尊，彼岸度無極矣。後則猛、顯親往，奘、空兩通，器請師子之膏，鵝得水中之乳，內豎對文王之問，揚雄得絕代之文，印印皆同，聲聲不別，斯謂之大備矣。逖觀道安也，論五失三不易；彥琮也，籍其「八備」明則也，撰《翻經儀式》；玄奘也，立五種不翻。此皆類《左氏》之諸「凡」，同史家之變例。【略】

厥後或曰譯場、經館，設官分職，不得聞乎？曰：此務所司，先宗譯主，即齎葉書之三藏，明練顯、密二教者充之。次則筆受者，必言通華、梵，學綜有、空，相問委知，然後下筆。西晉、偽秦已來立此員者，即沙門道含、玄賾、姚嵩、聶承遠父子；至於帝王，即姚興、梁武、天后、中宗，或躬執翰，又謂為綴文也。次則度語者，正云譯語也。傳度轉令生解，亦名傳語，如翻《顯識論》，沙門戰陀譯語是也。次則證梵本者，求其量果密，能證知，能詮不差，所顯無謬矣，如居士伊舍羅證譯《毗奈耶》梵本是也。至有立證梵義一員，乃明西義得失，貴令華語下不失梵義也。復立證禪義一員，沙門大通充之。次則潤文一位，員數不恒，令通內外學者充之，良以筆受在其油素，文言豈無俚俗？儻不失於佛意，何妨刊而正之！故義淨譯場則李嶠、韋嗣立、盧藏用等二十餘人，次文潤色也。次則證義，蓋證已譯之文、所詮之義也。如譯《婆沙論》，慧嵩、道朗等三百人考正文義，唐復禮累場充任焉。次則梵唄，法筵肇啓，梵唄前興，用作先容，令生物善，唐永泰中，方聞此位也。次則校勘，讐對已譯之文，隋則彥琮覆疏文義，蓋重慎之至也。次則監護大使，後周平高公侯壽為總監檢校，唐則房梁公為奘師監護，相次許觀、楊慎交、杜行顒等充之。或用僧員，則隋以明穆、曇遷等十人監掌翻譯事，詮定宗旨。其處則秦逍遙園，梁壽光殿、瞻雲館，魏汝南王宅。又隋煬帝置翻經館，其中僧有學士之名。唐於廣福等寺或宮園不定，又置正字、字學，玄應曾當是職。後或置或否。

宋・蘇軾《東坡全集》卷九三《書柳子厚大鑑禪師碑後》　釋迦以文教，其譯於中國必託於儒之能言者，然後傳遠。故大乘諸經至《楞嚴》則委曲精盡，勝妙獨出者，以房融筆授故也。

明・王世貞《弇州續稿》卷五四《文部・刻大藏緣起序》　至唐而法師玄奘西游天竺諸方，遂悉奉諸經及慈氏所撰《惟識》諸論來，釐為三藏，官置司翻譯。易世之後，得房融所譯《楞嚴》，而教典備矣。

雜　録

《隋書》卷三五《經籍志四・佛經》　開皇元年，高祖普詔天下，任聽出家，仍令計口出錢，營造經像；而京師及并州、相州、洛州等諸大都邑之處，並官寫《一切經》，置于寺内，而又别寫，藏于祕閣。天下之人，從風而靡，競相景慕，民間佛經多於六經數十百倍。大業時，又令沙門智果於東都内道場撰諸經目，分别條貫，以佛所説經為三部，一曰大乘，二曰小乘，三曰雜經；其餘似後人假託為之者，别爲一部，謂之疑經；又有菩薩及諸深解奥義、贊明佛理者，名之爲論；及戒律並有大、小及中三部之别；又所學者，録其當時行事，名之爲記，凡十一種。今舉其大數，列於此篇。

《全唐文補編》卷三《靜琬〈貞觀二年題刻〉》　釋迦如來正法像法，凡千五百餘歲。至今貞觀二年，已浸末法七十五載。佛日既没，冥夜方深。瞽目羣生，從茲失導。靜琬為護正法，率己門徒知識及好施檀越，就此山頂，刊《華嚴經》等一十二部。冀於曠劫，濟度蒼生。一切道俗，同登正覺。

明・釋正勉《古今禪藻集》卷一八《明・道衍〈石經山并敍〉》　石經山在燕之范陽郡，峰巒秀拔，若天竺山，故稱曰小西天。隋大業間，有法師靜琬者處是山，思聖教有難，不能流通，於是發願募緣，鑿石為板，刋造一大藏經，儲積于山，以備其後法師首刋。至唐貞觀初，僅成《大涅槃》一部，而法師乃卒。其後子孫繩繩，化億萬人，乞錢粟，刋造餘部，歷遼與金，然後完此一大藏。貯于巖洞者七，地穴者二。洞以石門閉之，穴以浮屠鎮之。自隋、唐、遼、金及元碑碣森列，照映巖野，然而累經干戈，無秋毫之犯。洪武二十一年歲在戊辰春正廿一日也，余奉旨往觀，念法師之願力宏大堅固，是山之泉石靈異清勝，故賦是詩，鐫于華嚴堂之壁。雖未足彰法師之幽光，庶以紀茲行之歲月而托其不朽也。詩曰：

峩峩石經山，蓮峰吐金碧。秀氣鍾芯題，勝概擬西域。竺墳五千卷，華言百師譯。琬公懼變滅，銕筆寫蒼石。片片青瑶光，字字太古色。功非一代就，用藉萬人力。流傳鄙簡編，堅固陋板刻。深由地穴藏，高從巖洞積。初疑神鬼工，廼著造化迹。延洪勝汲塚，防虞猶孔壁。不畏野火燎，詎愁蘚苔蝕？茲山既無盡，是法寧有極！如何大業間，得此至人出。幽明獲爾利，乾坤配其德。大哉弘法心，吾徒可為則。

清・孫承澤《春明夢餘録》卷六八《巖麓》　小西天，即石經山也，在房山西南四十里。《紀》云：【略】自其上平折而南有石堂，東向，方廣一丈五尺許，名曰石經堂。【略】堂之左有石洞二，其右有石洞三，復有二洞在堂之下方，石經版分貯其中。蓋隋沙門靜琬始以經刻未成而奄化，唐貞觀後其徒道公等繼續成之，至遼統和及金明昌之際有沙門留公、順公亦增刻之，前後納於洞中者通千餘卷，石凡七百餘條。有石幢，記其目甚悉。每洞皆以石為窗櫺，用鐵固之，縱廣不可知，而石本之近窗者可以窺見。觀其字畫，則遼、金所刻與隋、唐自異。其左洞有靜琬《貞觀八年碑記》嵌於門上，大意謂：未來世佛法有難，故刻此藏之，以為經本。若世有經，願毋輒開。其用心亦可謂勤矣。

唐・白居易《白氏長慶集》卷六九《蘇州重玄寺法華院石壁經碑文》　碑在石壁東次，石壁在廣德法華院西南隅，院在重玄寺西若干步，寺在蘇州城北若干里。以華言唐文譯刻釋氏經典，自經品、衆佛號以降，字加金焉。夫開士悟入，諸佛知見，以了義度無邊，以圓教垂無窮，莫尊于《妙法蓮華經》，凡六萬九千五百五言。證無生忍，造不二門，住不可思議解脱，莫極於《維摩經》，凡二萬七千九十二言。攝四生九類，入無餘涅槃，實無得度者，莫先於《金剛般若波羅密經》，凡九千二百八十七言。

壞罪集福，浄一切惡道，莫急於《佛頂尊勝陀羅尼經》，凡三千二十言。應念順願，願生極樂土，莫疾於《阿彌陀經》，凡一千八百言。用正見，觀真相，莫出於《觀音普賢菩薩法行經》，凡六千九百九十言。詮自性，認本覺，莫深於《實相法密經》，凡三千一百五言。空法塵，依佛智，莫過於《般若波羅密多心經》，凡二百五十八言。是八種經，具十二部，合一十一萬六千八百五十七言。三乘之要旨，萬佛之秘藏，盡矣。

是石壁積四重，高三尋，長十有五常，厚尺有咫。有石蓮敷覆其上，下有石神固護其前後，水火不能燒漂，風日不能摇消，所謂施無上法，盡未來際者也。唐長慶二年冬作，太和三年春成。律德沙門清晃矢厥謀，清海繼厥志，門弟子南容成之，道則終之，寺僧契元捨藝而書之，郡守居易施詞而讚之。讚曰：佛涅槃後，世界空虚，惟是經典，與衆生俱。説有人書貝葉上，藏檀龕中，非堅非久，如蠟印空；假使人刺血為墨，剝膚為紙，即壞即滅，如筆畫水。噫！畫水不若文石，印蠟不若字金，其功不朽，其義甚深。故吾謂石經功德，契如來付囑之心。

宋・釋贊寧《大宋僧史略》卷下《駕頭床子》　盛經七寶案也。其制度，以雜環珍，間填成之。款其足，高其緣。所置之經，即仁王護國也。所覆之巾，即上深紅羅也。使中宫謹愿者馬上平持，舒徐而啓行，望乘輿可百步，以為前道也。此之儀制，未知始端。如秦譯經云，作七寶案，以經置上。若王行時，常於其前，足滿百步，令千里内七難不起；若王住時，作七寶帳置經，供養如事父母，如事帝釋。唐譯本云，置經寶案。若王行時，常導其前；所在住處，作七寶帳。餘文大同。今疑行此，為後秦邪？為唐世邪？《輿服志》無文，諸朝史闕載。然則既亡明據，可以理求。蓋唐代宗永泰中，不空三藏重譯後置也。不空嘗誦此經中呪，感天王子領神兵解安西城羌胡之圍；又祈晴雨多驗。于時可以請依經置案，以象其前驅。祕其事，故史氏莫知也。《唐紀》云，永泰中，羌胡寇邊，京城戒嚴。又因星變，内出《仁王經》兩卷，與付資聖、西明二佛寺，開百座仁王道場。撿此，知永泰為始也。又或百座法筵時，帝親臨御。壇儀中合用寶案置經引駕，因而不廢也。有云：玄宗累置百座道場，莫起開元中邪？今謂明皇薄於釋氏，難行斯法也。然雖薄於釋氏，而且厚於好奇。兩説之中，與其代宗可矣。又未知經是何本。若是舊譯，則玄宗以前？如用新經，則代宗為始也。自後諸帝，或設而不作，則説案上無經；或置而勿論，則云儀注合用。此蓋弗知而不加鄭重矣。

西行求法巡禮

綜述

玄奘

唐・釋冥詳《大唐故三藏玄奘法師行狀》　終達迦濕彌羅，舊云罽賓國也。【略】中間所經葱山雪嶺、熱海鐵門危難之事，及諸王禮接逢迎之儀，不能備敍。迦濕彌羅國有大德，號僧勝，善於經論。法師就學俱舍順正理、因明聲明等及大毘婆沙。國王愍其盡學達無有經本，乃給手書十人，令為抄寫；并餘所須，並敕供給。學已方出東南，入磔迦國。【略】次到磔迦東境。有大菴羅林，林中有一七百歲婆羅門，觀其面貌，可稱三十許。明中百論及吠陀書，云是龍猛弟子。法師就停一月，學經百論。又東到那僕底國，就調伏法師，學對法、顯宗、理門等論。又東諒那伽羅寺，就月曹法師，學衆事分毘婆娑。又東到禄勒那國，就闍那毱多大德，學經部毘婆沙；又就蜜多犀那論師，學薩婆多辨真論。展轉到劫毘陀國，禮拜聖迹。佛昔在忉利天，為報母恩，一夏説法訖，乘三道寶階，下人中處。又西北至羯若鞠闍國，此云曲女城。就毘邪犀那三藏，學使佛毘婆沙、日冑毘婆沙。自此東南，至阿踰陀國。禮聖迹已，順殑伽河東下，八十餘人同船，欲向阿阿邦穆佉國。【略】

從歷數國，又東北至室羅伐悉底國，舊曰舍衛，訛也。聖迹甚多，皆得禮敬。又到吠舍離城，觀維摩詰宅，并佛許魔王涅槃處，皆往禮敬。從此又至摩揭陀國，其處聖迹極多。法師停七日，禮拜方遍。從此東南行四百餘里，到菩提樹。其處周圓三十里内，聖迹尤遍。法師停八九日，禮拜乃遍。至第十日，那爛陀寺衆差四十德來，迎至寺莊，宿大目揵連本村。明日食後，更有二百餘僧及千餘檀越，擎舉幢蓋花香來迎，引入那爛陀寺。既至，合衆都集，法師與相見。衆坐，令維那唱法師住寺，寺內所有一切共同，衆相見訖，差二十人有德行者，將法師參正法藏，即戒賢法師也。其人博聞強識，佛法及外道經書一切通達，又最耆宿。時年一百六十歲，衆所共尊，不敢片其名，故號為正法藏。法師隨入謁，方牽師資，務盡其敬。頂禮讚歎訖，正法藏命法師及諸僧坐，問『從何處來』，報『從支那國來，欲於師處，學瑜伽等經論』。聞已啼泣。喚弟子覺賢，令說三年已前病惱因緣。【略】正法藏又問：『汝在路，經今幾時？』報曰：『過三年。向欲四年。』既與昔夢狀同，深相慰喻。法師親承斯記。悲喜不能自勝，更起禮謝。言意訖，辭出，安置幼日王院。七日供養已，更與上房第四重閣，加諸供給。【略】其遊履外國見重，所至皆此類也。

法師安置已，向王舍城，觀禮聖迹，數日方周訖。已還那爛陀，請戒賢法師講瑜伽論，同聽者數千人。如是聽瑜伽三遍，順正理一遍，顯揚對法、因明聲明、集量論等各一遍，中百二論各三遍。其俱舍婆沙、六足阿毘曇等，已於迦濕彌羅等諸國聽訖，於此尋讀，決疑而已。如是五年，不捨晝夜。

聽訖，復往伴爛拏鉢伐多國，尋禮聖迹。有孤山，極為秀麗。山中有精舍，中有剋檀觀自在菩薩像，特多靈驗。有所願求，至心皆得。其守護人恐塵河，於外面各十步，作勾欄。人有散花請願，皆於欄外，不許入內。法師敬欲往祈請，買種種花，穿之為縵，將到像所。至誠禮訖，向菩薩跪發三願：一者，於此學已，得平安還歸本國者，願花住尊手。二者，所修福慧，願生覩史多天宮，事慈氏菩薩；若如意者，願花挂尊兩臂。三者，聖教稱衆生界中，有一分無佛性者。某今自疑，不知有無；若有佛性，修行可成者，願花貫尊頂。請訖，以花縵遙散，咸得如言。既滿所求，歡喜無量。於傍見者，莫不禮敬而結因緣。

從此更巡諸國，窮南海之濱，觀尋聖迹，問訪師友。復至鉢伐多國，有數大德，學業可遵，因停二年，就學正量部根本阿毘達摩及攝正什論、教實論等。復還那爛陀寺，參禮正法藏已，復往杖林山居士勝軍論師所。論師，刹帝利種，幼而好內外經書，五明數術，無不窮覽。每依杖山，養徒教授，恒講佛經。道俗宗歸者，日數百人；諸國王等數來視禮，洗足供養，封賞城邑，時人號為步異，此云食邑者。法師就學唯識決擇論、意義理成無畏論、不住涅槃論、十二因緣論、莊嚴經論，及聞瑜伽因明等。

【略】

法師在彼之日，覩那爛陀寺大德師子光等，立中百論宗，破瑜伽等義。法師語之：『聖人作論，終不相違，但學者之不通耳。』因造《會宗論》三千頌。戒賢師已下見咸稱善，彼具流行。

先有南印度王灌頂師，名般若毱多，明正量部義，造《破大乘論》七百頌。時戒日王因討賊，行次烏茶國。小乘師等保重此《論》，取以示王，并請與大乘擊論。王許。遂作書與那爛陀寺：差四大德善大小宗及外道經者，可詣行所，擬共小乘外道論義。正法藏乃差海惠、智覺、師子光及法師為四人，應王之命。未發問，復有順世外道來求論難，書四十條義，懸於寺門。法師遣取立論，喚外道共論。往復三四番，婆羅門默無所說。先有契：屈者斬首相謝。外道請依先約，法師曰：『我沙門釋子，當不害昆蟲，況殺人乎！』外道歡喜，請終身給侍，聞者無不稱慶。

時欲往烏茶，乃訪得彼論披尋，數處有疑，謂所伏婆羅門曰：『汝曾聽此義不？』答曰：『曾聽我於時善。』法師遣說一遍，備得其旨，遂尋其謬，即申大乘義破之，為一千六百頌，名《制惡見論》。將呈戒賢及德衆，咸悉稱善曰：『以此窮竅，何敵不已？』法師善得彼宗，乃放所伏婆羅門，隨意所之。外道歡喜辭去，往東印度，向拘摩羅王談法師之德。王聞甚悅，發使來請。王使再三，乃去。是時正欲歸還，已並裝束，那爛陀大德及徒衆咸皆勸住。法師念此經論少闕，本意取以流通，不能建某宿心，確然不許。於是辭別，將經像赴拘摩羅王所。其國先來，未行佛法，多信外道婆羅門教。法師至止，異黨雲屯，請王擊論，驗其勝負。法師妙辨既開，邪徒草靡，王加崇重，卑詞請問，諸佛功德，願示所由。法師為王述讚如來三身利物，因即為造《三身論》三百偈。王乃歡未曾有，頂戴受持。

時戒日王聞法師在拘摩羅王處，驚曰：『我頻請不至，何因在此？』發使語拘摩羅王，送支那法師來。王知戒日欽戀，令嚴象車二萬乘，船三萬艘。法師泝殑伽河，以赴王所。至羯朱唱祇羅國，王見法師，頂禮雙足，散無量花。讚頌訖，言曰：『弟子先遣請法師，何為不來？』法師答：『當奉命時，聽受未了，不獲參王。』王曰：『師從支那國來，彼有《秦王破陳樂》歌舞之曲。秦王者何人？有何功德，致此詠歌？』法師報：『秦王者，即支那國今之天子也。本國見國王有聖德，能除凶禁暴、覆潤羣生者，則歌而詠之。秦王是大聖之人，為蒼生撥亂反正，重安宇宙，再曜三光，六合懷恩，故有斯詠。』王曰：『如此聖人，故天遣為物主也。』於是延入行宮，陳諸供養。

王曰：『聞造《制惡見論》，何處在？』法師報：『在此。』遂遣取觀，甚悅，謂其門師等。弟子聞曰：『光既出，螢燭奪明。師等所寶之宗，他皆破訖。試救看小乘諸僧無敢言者。』王曰：『師論太好，在此諸師並皆信伏。恐餘國小乘外道尚守愚迷，望於中印度曲女城，為師作一會。命五印度沙門、婆羅門外道等發顯大乘，使其改邪從正。不亦大哉！』是日發敕，普告集曲女城，觀支那法師《論》。

自冬初而進至臈月，方到會場。四方沙門、婆羅門外道等蘊義洽聞之輩，到者數千人。王先令造殿，容千餘人，於中安尊像，陳香花音樂。設食行施訖，請法師昇座，標舉論宗，命諸衆徵擊。竟十八日，無一人敢問。王讚歎，施法師銀錢三萬，金錢一萬，上氎衣一百具。又令大臣將法師袈裟，巡衆告唱云：『支那法師論勝。十八日來無敢問，並宜知之。』諸衆歡喜，為法師各立美號。大乘衆號為『摩訶耶那提婆』，此云『大乘天』；小乘者號為『木叉提婆』，此云『解脫天』。燒香散花，禮敬而去。自是德音遐振。

會訖欲還，王留。更觀七十五日大施，觀訖辭還。王施大象一頭，金銀錢數萬。法師受象，不受錢等。戒日王、拘摩羅王等十八大國王流淚辭別。北道而歸，備經艱險，度雪山葱嶺等，歷三十餘國，到于闐，附表陳請。敕遣于闐王多給駝馬，至燉煌。以貞觀十九年春正月，到長安。於西域請轉法輪像等七軀，經論六百五十七部，佛肉舍利一百五十粒。

唐·釋慧立等《大唐大慈恩寺三藏法師傳》卷五《起尼乾占歸國終至帝城之西漕》 詰旦，使來。法師共鳩摩羅同去，至戒日宮側。王與門師二十餘人，出迎入坐，備陳珍饍，作樂散花。供養訖，王曰：『聞師作《制惡見論》，何在？』法師報：『在此。』因取觀。觀訖，王甚悅，謂其門師等曰：『弟子聞日光既出，則螢燭奪明；天雷震音，而鎚鑿絕響。師等所守之宗，他皆破訖，試可救看。』諸德無敢言者。王曰：『師等上座提婆犀那，自云解冠羣英，學該衆哲，首興異見，常毀大乘。及聞客大德來，即往吠舍釐禮觀聖迹，託以逃潛，故知師等無能也。』王有妹聰慧利根，善正量部義。坐於王後，聞法師序大乘宗塗奧曠，小教局淺，夷然歡喜，稱讚不能已。

王曰：『師《論》大好，弟子及此諸師普皆信伏；但恐餘國小乘外道，尚守愚迷。望於曲女城為師作一會，命五印度沙門、婆羅門、外道等，示大乘微妙之理，絕其毀謗之心，顯師盛德之高，摧其我慢之意。』是日，發敕告諸國及義解之徒，集曲女城，觀支那國法師之《論》焉。

法師自冬初，共王逆河而進，至臘月，方到會場。五印度中有十八國王到，諳知大小乘僧三千餘人到，婆羅門及尼乾外道二千餘人到，那爛陀寺千餘僧到。是等諸賢，並博蘊文義，富贍辯才，思聽德音，皆來會所；兼有侍從，或象或輿，或幢或幡，各自圍繞，峨峨岌岌，若雲興霧涌，充塞數十里間。雖六齊之舉袂成帷，三吳之揮汗為雨，未足方其盛也。

王先敕會所，營二草殿，擬安像及徒衆，比到並成。其殿峻廣，各堪坐千餘人。王行宮在會場西五里。日於宮中鑄金像一軀，裝一大象，上施寶帳，安佛在其中。戒日王作帝釋形，手執白拂侍右；拘摩羅王作梵王形，執寶蓋侍左，皆著天冠花鬘，垂瓔珮玉。又裝二大象，載寶花，逐佛後，隨行隨散。令法師及門師等各乘大象，次列王後。又以三百大象，使諸國王、大臣、大德等乘象，魚麗於道側，稱讚而行。

從旦裝束，自行宮引向會所，至院門各令下乘，捧佛入殿，置於寶座。王共法師等以次供養。然後命十八國王入；諸國僧名稱最高、文義贍博者，使千餘人入；婆羅門、外道有名行者，五百餘人入；諸國大臣等二百餘人入；自外道俗，各令於院門外，部伍安置。王遣內外並設食，食訖，施佛金槃一、金椀七、金澡灌一、金錫杖一枚、金錢三千、上氎衣三千。法師及諸僧等，施各有差。

施訖，別施寶床，請法師坐為論主，稱揚大乘序作《論》意，仍遣那爛陀寺沙門明賢法師讀示大衆。別令寫一本，懸於會場門外，示一切人。若其問有一字無理能難破者，請斷首相謝。如是至晚，無一人致言。戒日王歡喜，罷會還宮。諸王及僧各歸所次，法師共鳩摩羅王亦還自宮。

明旦復來，迎像送引，聚集如初。經五日，小乘外道見毀其宗，結恨欲為謀害。王知，宣令曰：『邪黨亂真，其來自久。埋隱正教，誤惑羣生。

不有上賢，何以鑑僞？支那法師者，神宇沖曠，解行淵深，為伏羣邪，來遊此國，顯揚大法，汲引愚迷。妖妄之徒，不知慚悔，謀為不軌，翻起害心。此而可容，孰不可恕？衆有一人傷觸法師者斬其首，毀罵者截其舌。其欲申辭救義，不拘此限。』自是邪徒戢翼，竟十八日，無一人發論。將散之夕，法師更稱揚大乘，讚佛功德，令無量人返邪入正，棄小歸大。戒日王益增崇重，施法師金錢一萬，銀錢三萬，上氎衣一百領。十八國王亦各施珍寶。法師一皆不受。

王命侍臣莊嚴大象，施幢請法師乘，令貴臣陪衛，巡衆告唱，表立義無屈。西國法，凡論得勝如此。法師讓而不行。王曰：『古來法爾，事不可違。』乃將法師袈裟遍唱曰：『支那國法師立大乘義，破諸異見。自十八日來，無敢論者。普宜知之。』諸衆歡喜，為法師競立美名。大乘衆號曰『摩訶耶那提婆』，此云『大乘天』；小乘衆號曰『木叉提婆』，此云『解脱天』。燒香散花，禮敬而去。自是德音彌遠矣。

唐·釋靖邁《古今譯經圖紀》卷四《大唐李氏都長安》 沙門玄奘，【略】常慨教缺傳匠，理翳譯人，遂使如意之寶不全，雪山之偈猶半。於是杖錫裹足，履險若夷，既戾梵境，籌諮無倦。五明四含之典，三藏十二之筌，七例八轉之音，三聲六釋之句，皆盡其微，畢究其妙。然彼小乘，爰洎外道，各構異論，誹毀大乘。法師遂造《制惡見論》，制十八部小乘，破九十五種外道；并造《會中論》，融會瑜伽、中論之微旨，以靜大乘之糺紛。于時中印度國戒日大王總統五印諸國，內外博綜，才藝俊越。覩于斯《論》，歎而言曰：『雖有顯大摧邪之殊益，然彰我大夏之蔑人。吾方九旬大施，可因此會，定其臧否。』遂散馳衆，傳告萬里，以來所屬諸國，敕能論者畢萃，大衆僉集。法師以所造二論六千餘頌，書于大施場門云：『其有能破一偈，當截舌而謝之。』日日桴鼓，命于論人。凡一十八日，莫敢當者。于時戒日等王，大小乘師，內外諸道，咸用駭忸。法師討論一十七周，遊覽百有餘國，以貞觀十九年迴鞞上京，見帝于洛。

唐·釋智昇《開元釋教録》卷八《總括羣經録上之八·大唐李氏都長安》 奘周遊五印，遍師明匠，至如五明四含之典，三藏十二之筌，七例八轉之音，三聲六釋之句，皆盡其微，畢究其妙。

初，那爛陀寺大德師子光等，立《中百論》宗，破瑜伽等義。奘曰：『聖人作《論》，終不相違，但學者有向背耳。』因造《會宗論》三千頌，融會瑜伽、中百之旨。先有南印度王灌頂師，名般若毱多，明正量部，造《破大乘論》七百頌。奘申大乘義破之，名《制惡見論》，千六百頌。諸師咸曰：『斯《論》窮天下之勍寇也，何敵當之？』又東印度拘摩羅王因奘通化，初開信門，請問諸佛何所功德，奘讚如來三身利物。因造《三身論》三百頌以贈之。王曰『未曾有也』，頂戴歸依。斯之《三論》，義府幽奧，五印度境，盛傳流布。是知道風昭著，德行高明，學蘊三冬，聲馳萬里。印度學人咸仰盛德，既曰『經笥』，亦稱『法將』。小乘學徒號奘為『木叉提婆』，唐言『解脱天』；大乘法衆號『摩訶耶那提婆』，唐言『大乘天』。斯乃高其德而傳徽號，敬其人而議嘉名。

又戒日大王，五印臣伏，彼聞奘名，遣人要請。奘初至止，王即問云：『聞彼支那國有《秦王破陣樂》歌舞之曲。秦王何人，致此歌詠？』奘曰：『即今正國之天子也。未登皇極之前，封為秦王。是大聖人，撥亂反正，恩霑六合，故有斯詠。』王曰：『如此之人，故天縱之為物主也。』

王於奘，所盡心師敬，欲使芳音布於遐邇，故於曲女城施大論場，集五印度沙門、婆羅門能言之士，令奘立《論》。竟十八日，無敢問者。王大嗟賞，施金錢一萬，銀錢三萬，上氎衣一百具，悉皆不受。五印度境戒日王等慇重請留，用光玄化。奘志存弘益，傳於未聞，確擬東旋，拒而不受。王重請暫住觀七十五日，大施場相。事訖辭還，王敕所部，遞送出境，并施象一頭，金銀錢各數萬。戒日、拘摩羅等十八大國王流淚執別，奘便辭而不受。諸僧勸受象施，皆曰：『斯勝相也。佛滅度來，王雖崇敬，種種布施，未聞以象，用及釋門。象為國寶，今既見惠，信之極矣。』因即衲象而返錢寶。然其象也，其形圓大，高可丈三，長二丈許，上容八人并諸什物。緣國北旋，出印度境。奘歷遊諸國，觀禮聖迹，及感靈應，具如《大唐西域記》及《續高僧傳》兼《奘法師傳》等備顯。

奘於西域，請得如來肉舍利一百五十粒；金佛像一軀，通光座高尺有六寸；擬摩揭陀國前正覺山龍窟影像；金佛像一軀，通光座高三尺三寸；擬婆羅痆斯國鹿野苑初轉法輪像；刻檀佛像一軀，通光座高尺有五寸；擬憍賞彌國出愛王思慕如來刻檀寫真像；刻檀佛像一軀，通光座高二尺九寸；擬劫比他國如來自天宮下降寶階像；銀佛像一軀，通光座高四尺；擬摩揭陀國鷲峰山説法華等經像；金佛像一軀，通光座高三尺五寸；擬那揭羅曷國伏毒龍所留影像；刻檀佛像一軀，通光座高尺有三寸；擬吠舍釐國巡城行化像。大乘經二百二十四部，大乘論一百九十二部，上座部經律論一十四部，大衆部經律論一十五部，三彌底部經律論一十五部，彌沙塞部經律論二十二部，迦葉臂耶部經律論一十七部，法密部經律論四十二部，説一切有部經律論六十七部，因論三十六部，聲論一十三部，凡五百二十夾，六百五十七部。並載之巨象，還返帝城。

唐・劉肅《唐新語》卷一三《記異》 沙門玄奘，俗姓陳，偃師人。少聰敏，有操行。貞觀三年，因疾而挺志往五天竺國，凡經十七歲，至貞觀十九年二月十五日方到長安。足所親踐者，一百一十一國。探求佛法，咸究根源，凡得經論六百五十七部，佛舍利并佛像等甚多。京城士女迎之，填城隘郭。時太宗在東都，乃留所得經像於弘福寺，有瑞氣徘徊像上，移晷乃滅。遂詣駕，并將異方奇物朝謁。太宗謂之曰：『法師行後，造弘福寺。其處雖小，禪院虛静，可為翻譯之所。』太宗御製《聖教序》，高宗時為太子，又作《述聖記》，並勒於碑。麟德中，終於坊郡玉華寺。玄奘撰《西域記》十二卷，見行於代。著作郎敬播為之序。

玄照

唐・釋義淨《大唐西域求法高僧傳》卷上《玄照傳》 沙門玄照法師者，太州仙掌人也，梵名般迦舍末底。唐言照慧。【略】以貞觀年中，乃於大興善寺玄證師處初學梵語。於是仗錫西邁，掛想祇園，背金府而出流沙，踐鐵門而登雪嶺。漱香池以結念，畢契四弘；陟葱阜而翹心，誓度三有。途經速利，過覩貨羅，遠跨胡疆，到吐蕃國，蒙文成公主送往北天，漸向闍闌陀國。【略】住闍闌陀國，經于四載，蒙國王欽重，留之供養，學經律，習梵文。既得少通，漸次南上，到莫訶菩提，復經四夏。自恨生不遇聖，幸覩遺蹤，仰慈氏所制之真容，著精誠而無替。爰以翹敬之餘，沈情《俱舍》，既解《對法》，清想律儀，兩教斯明。後之那爛陀寺，留住三年，就勝光法師學《中》、《百》等論，復就寶師子大德受《瑜伽十七地》。禪門定澂，亟覩關涯。既盡宏綱，遂往弶伽河北，受國王苫部供養，住信者等寺，復歷三年。後因唐使王玄策歸鄉表奏，言其實德，遂蒙降敕，重詣西天，追玄照入京。路次泥波羅國，蒙王發遣，送至吐蕃。重見文成公主，深致禮遇，資給歸唐。於是巡涉西蕃，而至東夏。以九月而辭苫部，正月便到洛陽，五月之間，途經萬里。于時麟德年中，駕幸東洛，奉謁闕庭。還蒙敕旨，令往羯濕彌囉國，取長年婆羅門盧迦溢多。既與洛陽諸德相見，略論佛法綱紀。敬愛寺導律師、觀法師等請譯《薩婆多部律攝》。既而敕令促去，不遂本懷，所將梵本，悉留京下。於是重涉流沙，還經磧石。崎嶇棧道之側，曳半影而斜通；搖泊繩橋之下，没全軀以傍渡。遭吐蕃賊，脱首得全；遇凶奴寇，僅存餘命。行至北印度界，見唐使人引盧迦溢多於路相遇。盧迦溢多復令玄照及使傔數人，向西印度羅荼國取長年藥。路過縛渴羅，到納婆毘訶羅，唐云新寺。覩如來澡盥及諸聖迹。漸至迦畢試國，禮如來頂骨，香華具設，取其印文，觀來生善惡。復過信度國，方達羅荼矣。蒙王禮敬，安居四載。轉歷南天，將諸雜藥，望歸東夏。到金剛座，旋之那爛陀寺，淨與相見。盡平生之志願，契總會於龍華。但以泥波羅道，吐蕃擁塞不通；迦畢試途，多氏捉而難度，遂且棲志鷲峰，沈情竹苑。雖每有傳燈之望，而未諧落葉之心。嗟乎！苦行標誠，利生不遂，思攀雲駕，墜翼中天。在中印度菴摩羅跋國，遘疾而卒。春秋六十餘矣。言多氏者，即大食國也。

道希

唐・釋義淨《大唐西域求法高僧傳》卷上《道希傳》 道希法師者，齊州歷城人也，梵名室利提婆。唐云吉祥天也。【略】涉流沙之廣蕩，觀化中天；陟雲嶺之嶔岑，輕生殉法。行至吐蕃，中途危厄，恐戒檢難護，遂便暫捨。行至西方，更復重受。周遊諸國，遂達莫訶菩提。翹仰聖蹤，經于數載。既住那爛陀，亦在俱尸國。蒙菴摩羅跋國王甚相敬待。在那爛陀寺，頻學大乘；住輸婆伴娜，在涅槃處，寺名也。專功律藏。復習聲明，頗盡綱目。有文情，善草隸。在大覺寺，造唐碑一首。所將唐國新舊經論四百餘卷，並在那爛陀矣。淨在西國，未及相見。住菴摩羅跋國，遭疾而終。春秋五十餘矣。

師鞭

唐・釋義淨《大唐西域求法高僧傳》卷上《師鞭傳》　師鞭法師者，齊州人也。善禁呪，閑梵語。與玄照師從北天向西印度，到菴摩羅割波城，為國王所敬。居王寺，與道希法師相見，申鄉國之好。同居一夏，遇疾而終。年三十五矣。

道生

唐・釋義淨《大唐西域求法高僧傳》卷上《道生傳》　道生法師者，并州人也，梵名旃達羅提婆。唐云月天。以貞觀末年，從吐蕃路往遊中國，到菩提寺，禮制底訖。在那爛陀，學為《童子》，王深所禮遇。復向此寺東行十二驛，有王寺，全是小乘。於其寺內，停住多載。學小乘三藏精順正理。多齎經像，言歸本國，行至泥波羅，遘疾而卒。可在知命之年矣。

玄會

唐・釋義淨《大唐西域求法高僧傳》卷上《玄會傳》　玄會法師者，京師人也，云是安將軍之息也。從北印度入羯濕彌羅國，為國王賞職，乘王象，奏王樂，日日向龍池山寺供養。寺是五百羅漢受供之處，即尊者阿難陀室灑末田地所化龍王之地也。室灑譯為所教。舊云弟子者，非也。復勸化羯濕彌羅王大放恩赦，國內有死囚千餘人，勸王釋放。出入王宅，既漸年載，後因失意，遂乃南遊。至大覺寺，禮菩提樹，覩木真池，登鷲峰山，陟尊足嶺。稟識聰叡，多繕工伎。雖復經過未幾，而梵韻清澈。少攜經教，思返故居。到泥波羅，不幸而卒。春秋僅過而立矣。泥波羅既有毒藥，所以到彼多亡也。

明遠

唐・釋義淨《大唐西域求法高僧傳》卷上《明遠傳》　明遠法師者，益州清城人也，梵名振多提婆。唐云思天。【略】既慨聖教陵遲，遂乃振錫南遊，届於交阯，鼓舶鯨波，到訶陵國，次至師子洲。為君王禮敬，乃潛形閣內，密取佛牙，望歸本國，以興供養。既得入手，翻被奪將，不遂所懷，頗見陵辱，向南印度。傳聞師子洲人云往大覺，中方寂無消息，應是在路而終，莫委年幾。其師子洲防守佛牙，異常牢固。置高樓上，幾閉重關，鎖鑰泥封，五官共印。若開一戶，則響徹城郭。每日供養，香華遍覆。至心祈請，則牙出華上，或現異光，衆皆共覩。傳云此洲若失佛牙，並被羅刹之所吞食。為防此患，非常守護。亦有傳云當向支那矣。斯乃聖力遐被，有感便通，豈由人事，强申非分耳。

義朗

唐・釋義淨《大唐西域求法高僧傳》卷上《義朗傳》　義朗律師者，益州成都人也。【略】與同州僧智岸并弟一人名義玄，【略】既至烏雷，同附商舶，掛百丈，陵萬波，越舸扶南，綴纜郎迦戍。蒙郎迦戍國王待以上賓之禮。智岸遇疾，於此而亡。朗公既懷死別之恨，與弟附舶向師子洲，披求異典，頂禮佛牙，漸之西國。傳聞如此，而今不知的在何所。師子洲既不見，中印度復不聞，多是魄歸異代矣。年四十餘耳。

會寧

唐・釋義淨《大唐西域求法高僧傳》卷上《會寧傳》　會寧律師，益州成都人也。【略】志存演法，結念西方，爰以麟德年中，仗錫南海。汎舶至訶陵洲，停住三載。遂共訶陵國多聞僧若那跋陀羅，於《阿笈摩經》內譯出如來涅槃焚身之事。斯與《大乘涅槃》，頗不相涉。然《大乘涅槃》西國淨親見目云：其大數有二十五千頌，翻譯可成六十餘卷。檢其全部，竟而不獲。但得初《大衆問品》一夾，有四千餘頌。會寧既譯得《阿笈摩》本，遂令小僧運期奉表齎經，還至交府，馳驛京兆，奏上闕庭，冀使未聞，流布東夏。運期從京，還達交阯，告諸道俗，蒙贈小絹數百疋，重詣訶陵，報德智賢，若那跋達羅也。與會寧相見。於是會寧方適西國。比於所在，每察風聞，尋聽五天，絕無蹤緒。准斯理也，即其人已亡。傷曰：嗟矣會寧，為法孤征。纔翻二軸，啓望天庭。終期實渚，權居化城。身雖没而道著，時縱遠而遺名。將菩薩之先志，共後念以揚聲。春秋可三十四五矣。

運期

唐・釋義淨《大唐西域求法高僧傳》卷上《運期傳》　運期師者，交州人也。與曇潤同遊，仗智賢受具。旋迴南海，十有餘年。善崑崙音，頗知梵語。後便歸俗，住室利佛逝國，于今現在。既而往復宏波，傳經帝里，布未曾教，斯人之力。年可四十矣。

木叉提婆

唐・釋義淨《大唐西域求法高僧傳》卷上《木叉提婆傳》　木叉提婆者，交州人也，唐云解脱天也。不閑本諱。汎舶南溟，經遊諸國。到大覺寺，遍禮聖蹤，於此而殞。年可二十四五耳。

窺沖

唐・釋義淨《大唐西域求法高僧傳》卷上《窺沖傳》　窺沖法師者，交州人，即明遠室灑也。梵名質呾囉提婆。與明遠同舶而汎南海，到師子洲，向西印度，見玄照師，共詣中土。其人稟性聰叡，善誦梵經，所在至處，恒編演唱之。首禮菩提樹，到王舍城。遘疾竹園，淹留而卒。年三十許。

智行

唐・釋義淨《大唐西域求法高僧傳》卷上《智行傳》　智行法師者，愛州人也，梵名般若提婆。唐云慧天。汎南海，詣西天，遍禮尊儀。至弶伽河北，居信者寺而卒。年五十餘矣。

大乘燈

唐・釋義淨《大唐西域求法高僧傳》卷上《大乘燈傳》　大乘燈禪師者，愛州人也，梵名莫訶夜那鉢地已波。唐云大乘燈也。幼隨父母汎舶，往杜和羅鉢底國，方始出家。後隨唐使郯緒相逐入京，於慈恩寺三藏法師玄奘處進受具戒。居京數載，頗覽經書，而思禮聖蹤，情契西極。【略】乃畢志王城，敦心竹苑，冀摧八難，終求四輪。遂持佛像，携經論，既越南溟，到師子國，觀禮佛牙，備盡靈異。過南印度，復届東天，往耽摩立底國。既入江口，遭賊破舶，唯身得存，淹停斯國，十有二歲。頗閑梵語，誦《緣生》等經，兼修福業。因遇商侶，與淨相隨，詣中印度。先到那爛陀，次向金剛座，旋過薛舍離，後到俱尸國。與無行禪師同遊此地。燈師每歎曰：『本意弘法，重之東夏。寧知志不成，遂奄爾衰年！今日雖不契懷，來生願畢斯志。』然常為覩史多天業，冀會慈氏，日晝龍華一兩枝，用標心至。燈公因道行之次，過道希師所住舊房。當于時也，其人已亡，漢本尚存，梵夾猶列。覩之潸然流涕而歎：『昔在長安，同遊法席。今於他國，但遇空筵。』

傷曰：嗟矣死王，其力彌强。傳燈之士，奄爾云亡。神州望斷，聖境魂揚。眷餘悵而流涕，慨布素而情傷。

禪師在俱尸城般涅槃寺而歸寂滅，于時年餘耳順矣。

曇閏

唐・釋義淨《大唐西域求法高僧傳》卷上《曇閏傳》　曇潤法師，洛陽人也。善呪術，學玄理，探律典，翫醫明，善容儀，極詳審。振錫江表，拯物為懷。漸次南行，達于交阯。住經載稔，緇素欽風。汎舶南上，期西印度。至訶陵北渤盆國，遇疾而終。年三十矣。

道琳

唐・釋義淨《大唐西域求法高僧傳》卷下《道琳傳》　道琳法師者，荆州江陵人也，梵名尸羅鉢頗。唐云戒光。【略】後復慨大教東流，時經多載，定門鮮入，律典頗虧，遂欲尋流討源，遠遊西國。乃杖錫遐逝，鼓舶南溟，越銅柱而届郎迦，歷訶陵而經裸國。所在國王，禮待極致殷厚。經乎數載，到東印度耽摩立底國。住經三年，學梵語。於是捨戒重受，學習一切有部律。非唯學兼定慧，蓋亦情耽呪藏。後乃觀化中天，頂禮金剛御座、菩提聖儀。復至那爛陀寺，搜覽大乘經論，漬情《俱舍》，經於數年。至於鷲嶺、杖林，山園、鵠樹，備盡翹仰，並展精誠。

乃遊南天竺國，搜訪玄謨。向西印度，於羅荼國，住經年稔。更立靈壇，重稟明呪。嘗試論之曰：『夫明呪者，梵云毘睇陀羅必栘家。毘睇譯為明呪，陀羅是持，必得家是藏，應云持明呪藏。』然相承云，此呪藏梵本有十萬頌，唐譯可成三百卷。現今求覓，多失少全。而大聖没後，阿離野那伽曷樹那，即龍樹菩薩，特精斯要。時彼弟子，厥號難陀，聰明博識，漬意斯典。在西印度，經十二年，專心持呪，遂便感應。每至食時，食從空下。又誦呪求如意瓶，不久便獲。乃於瓶中得經，歡喜不以呪結，其瓶遂去。於是難陀法師恐呪明散失，遂便撮集，可十二千頌，成一家之言。每於一頌之内，離合呪印之文。雖復言同字同，實乃義別用別。自非口相傳授，而實解悟無因。後陳那論師見其製作，功殊人智，思極情端，撫經歎曰：『嚮使此賢致意因明者，我復何顔之有乎？』是知智士識己之度量，愚者闇他之淺深矣。斯之呪藏，東夏未流，所以道琳意存斯妙。故呪藏云：『升天乘龍，役使百神。利生之道，唯呪是親。』淨於那爛陀，亦屢入壇場，希心此要，而為功不並就，遂泯斯懷。為廣異聽，粗題綱目云爾。

道琳遂從西境，轉向北天，觀化羯濕彌羅，便入烏長那國，詢訪定門，搜求般若。次往迦畢試國，禮烏率膩沙。佛頂骨也。自爾之後，不委何託。淨迴至南海羯荼國，有北方胡至，云有兩僧，胡國逢見，説其狀迹，應是其人。與智弘相隨，擬歸故國。聞為途賊斯擁，還乃覆向北天。年應五十餘矣。

僧哲

唐・釋義淨《大唐西域求法高僧傳》卷下《僧哲傳》 僧哲禪師者，澧州人也。【略】思慕聖蹤，泛舶西域。既至西土，適化隨緣。巡禮略周，歸東印度。到三摩呾吒國，國王名曷羅社跋乇。其王既深敬三寶，為大鄔波索迦，深誠徹信，光絶前後。每於日日造拓模泥像十萬軀，讀《大般若》十萬頌，用鮮華十萬朵親自供養。所呈薦設，積與人齊。整駕將行，觀音先發，旛旗鼓樂，漲日彌空，佛像僧徒，並居前引，王乃後從。於王城内，僧尼有四千許人，皆受王供養。每於晨朝，令使入寺，合掌房前，急行疾問：『大王奉問法師等，宿夜得安和不？』僧答曰：『願大王無病長壽，國祚安寧。』使返報已，方論國事。五天所有聰明大德、廣慧才人、博學十八部經、通解五明大論者，並集茲國矣。良以其王仁聲普洎，駿骨遐收之所致也。其僧哲住此王寺，尤蒙別禮。存情梵本，頗有日新矣。來時不與相見，承聞尚在，年可四十許。

智弘

唐・釋義淨《大唐西域求法高僧傳》卷下《智弘傳》 智弘律師者，洛陽人也，即聘西域大使王玄策之姪也。【略】出日中府，欲觀禮西天。幸遇無行禪師，與之同契。【略】隨舶南遊，到室利佛逝國。自餘經歷，具在《行禪師傳》内。到大覺寺，住經二載。瞻仰尊容，傾誠勵想，諷誦梵本，月故日新。閑《聲論》，能梵書；學律儀，習《對法》。既解《俱舍》，復善因明。於那爛陀寺，則披覽大乘；在信者道場，乃專功小教。復就名德，重洗律儀，懇懇懃懃，無忘寸影。習德光律師所製《律經》，隨聽隨譯，實有功夫。善護浮囊，無虧片檢。常坐不臥，知足清廉。奉上謙下，久而彌敬。至於王城、鷲嶺，僊苑、鹿林，祇樹、天階，菴園、山穴，備申翹想，並契幽心。每掇衣鉢之餘，常懷供益之念。於那爛陀寺，則上飡普設；在王舍城中，乃器供常住。在中印度，近有八年。後向北天羯濕彌羅，擬之鄉國矣。聞與琳公為伴，不知今在何所。然而翻譯之功，其人已就矣。

無行

唐・釋義淨《大唐西域求法高僧傳》卷下《無行傳》 無行禪師者，荆州江陵人也，梵名般若提婆。唐云慧天。【略】洋洋焉波瀾萬頃，嶷嶷也崖岸千尋。與智弘為伴，東風汎舶，一月到室利佛逝國。國王厚禮，特異常倫。布金華，散金粟，四事供養，五對呈心。見從大唐天子處來，倍加欽上。後乘王舶，經十五日，達末羅瑜洲。又十五日，到羯荼國。至冬末，轉舶西行，經三十日，到那伽鉢亶那。從此泛海，二日到師子洲，觀禮佛牙。從師子州復東北泛舶，一月到訶利鷄羅國。此國乃是東天之東界也，即贍部州之地也。停在一年，漸之東印度。恒與智弘相隨。此去那爛陀，途有百驛。既停息已，便之大覺。蒙國安置入寺，俱為主人。西國主人，稍難得也；若其得主，則衆事皆同如也。為客但食而已。禪師後向那爛陀，聽《瑜伽》，習《中觀》，研味《俱舍》，探求律典。復往羝羅荼寺，去斯兩驛，彼有法匠，善解因明。屢在芳筵，習陳那、法稱之作，莫不漸入玄關，頗開幽鍵。每唯杖錫，乞食全軀，少欲自居，情超物外。曾因閑隙，譯出《阿笈摩經》述如來涅槃之事，略為三卷，已附歸唐。是一切有部律中所出，論其進不乃與會寧所譯同矣。行禪師既言欲居西國，復道有意神州，疑取北天，歸乎故里。淨來日，從那爛陀相送，東行六驛，各懷生別之恨，俱希重會之心業也，茫茫流泗交袂矣。春秋五十六。

又禪師稟性，好尚欽禮。每以覺樹初綠，觀洗沐於龍池；竹苑新黃，奉折華於鷲嶺。此二時者，春中也，皆是大節會。無問遠近，道俗咸觀洗菩提樹也。又鷲峰山此時有華，大如手許，實同金色，人皆折以上呈。當此之時，彌覆山野，名春女華也。曾於一時，與行禪師同遊鷲嶺。瞻奉既訖，遐眺鄉關，無任殷憂。淨乃聊述所懷云爾。

大津

唐・釋義淨《大唐西域求法高僧傳》卷下《大津傳》 大津法師者，澧州人也。【略】遂以永淳二年，振錫南海。爰初結旅，頗有多人，及其角立，唯斯一進。乃賫經像，與唐使相逐，汎舶月餘，達尸利佛逝洲。停斯多載，解崑崙語，頗習梵書，潔行齊心，更受圓具。淨於此見，遂遣歸唐，望請天恩於西方造寺。既覩利益之弘廣，乃輕命而復滄溟。遂以天授二年五月十五日，附舶而向長安矣。

貞固

唐・釋義淨《大唐西域求法高僧傳》卷下《重歸南海傳・貞固》

苾芻貞固律師者，梵名娑羅笈多，譯為貞固。即鄭地滎川人也。【略】即以其年十一月一日，附商舶，去番禺。望占波而陵帆，指佛逝以長驅。作含生之梯橙，為欲海之舟艫。慶有懷於從志，庶無廢於長途。固師年四十矣。讚曰：【略】既至佛逝，宿心是契，得聽未聞之法，還覩不覩之例。隨譯隨受，詳檢通滯，新見新知，巧明開制。博識多智，每勵朝聞之心；恭儉勤懷，無憂夕死之計。恐衆多而事撓，且逐靜而兼濟；縱一焰之隨風，庶十登而罔翳。其六年二十二矣。

道宏

唐・釋義淨《大唐西域求法高僧傳》卷下《重歸南海傳・道宏》

苾芻道宏者，梵名佛陀提婆，唐云覺天。汴州雍丘人也。【略】既至佛逝，敦心律藏，隨譯隨寫，傳燈是望。重瑩戒珠，極所欽尚。求寂滅之圓成，棄迷津之重障。畢我大業，由斯小匠。慶爾拔擢於有流，庶福資於無量。

法朗

唐・釋義淨《大唐西域求法高僧傳》卷下《重歸南海傳・法朗》

苾芻法朗者，梵名達摩提婆，唐云法天。襄州襄陽人也。住靈集寺。【略】意喜相隨，同越滄海，未經一月，屆乎佛逝。亦既至此，業行是修。曉夜端心，習因明之祕冊；晨昏勵想，聽《俱舍》之幽宗。既而一簣已傾，庶罔隤於九仞；三藏虔念，擬剋成乎五篇。弗憚劬勞，性有聰識。復能志託弘益，抄寫忘疲。乞食自濟，但有三衣。袒膊塗跣，遵修上儀。雖未成於角立，終有慕於囊錐。凡百徒侶，咸希自樂，爾獨標心，利生是恪。恪勤何始？專思至理。若能弘廣願於悲生，冀大明於慈氏。年二十四矣。

義淨

唐・釋義淨《大唐西域求法高僧傳》卷下《義淨自述》 淨以咸亨元年，在西京尋聽。于時與并部處一法師、萊州弘禕論師，更有二三諸德，同契鷲峰，標心覺樹。【略】于時咸亨三年，坐夏楊府。初秋，忽遇龔州使君馮孝詮，隨至廣府，與波斯舶主，期會南行。【略】至十一月，遂乃面翼軫，背番禺，指鹿園而遐想，望雞峰而太息。于時廣莫初飆，向朱方而百丈雙挂；離箕創節，棄玄朔而五兩單飛。長截洪溟，似山之濤橫海；斜通巨壑，如雲之浪滔天。未隔兩旬，果之佛逝。經停六月，漸學聲明。王贈支持，送往末羅瑜國。今改為室利佛逝也。復停兩月，轉向羯荼。至十二月，舉帆還乘王舶，漸向東天矣。從羯荼北行十日餘，至裸人國。【略】從茲更半月許，望西北行，遂達耽摩立底國，即東印度之南界也，去莫訶菩提及那爛陀可六十餘驛。於此創與大乘燈師相見，留住一載，學梵語，習《聲論》；遂與燈師同行，取正西路，商人數百，詣中天矣。去莫訶菩提有十日在，過大山澤，路險難通，要藉多人，必無孤進。于時淨染時患，身體疲羸，求趁商徒，旋困不能及。雖可勵己求進，五里終須百息。【略】日云暮矣，營處尚遠，至夜兩更，方及徒侶。聞燈上人村外長叫，既其相見，令授一衣，池內洗身，方入村矣。

從此行數日，先到那爛陀，敬根本塔；次上耆闍崛，見疊衣處；後往大覺寺，禮真容像。山東道俗所贈紽絹，持作如來等量袈裟，親奉披服；濮州玄律師附羅蓋數萬，為持奉上；曹州安道禪師寄拜禮菩提像，亦為禮訖。于時五體布地，一想虔誠。先為東夏四恩，普及法界含識。願龍華總會，遇慈氏尊，並契真宗，獲無生智。次乃遍禮聖迹，過方丈而屆拘尸；所在欽誠，入鹿園而跨鷄嶺。住那爛陀寺，十載求經。方始旋踵言歸，還耽摩立底。未至之間，遭大劫賊，僅免剚刃之禍，得存朝夕之命。於此升舶，過羯荼國。所將梵本三藏五十萬餘頌，唐譯可成千卷，權居佛逝矣。

又《重歸南海傳·貞固》 淨於佛逝江口升舶，附書憑信廣州，見求墨紙，抄寫梵經，并雇手直。于時商人風便，舉帆高張，遂被載來，求住無路。是知業能裝飾，非人所圖，遂以永昌元年七月二十日，達于廣府，與諸法俗，重得相見。

唐·釋義淨《南海寄歸內法傳》卷首《自序》 故五天之地及南海諸洲，皆云四種尼迦耶。然其所欽，處有多少。摩揭陀則四部通習，有部最盛。羅荼信度西印度國名則少兼三部，乃正量尤多。北方皆全有部，時逢大衆；南面則咸遵上座，餘部少存。東裔諸國，雜行四部。從那爛陀東行五百驛，皆名東裔。乃至盡窮，有大黑山，計當土蕃南畔。傳云是蜀川西南，行可一月餘，便達斯嶺。次此南畔，逼近海涯，有室利察呾羅國。次東南有郎迦戍國，次東有社和鉢底國，次東極至臨邑國。並悉極遵三寶，多有持戒之人。乞食杜多，是其國法。西方見有，實異常倫。師子洲，並皆上座，而大衆斥焉。然南海諸洲有十餘國，純唯根本有部，正量時欽。近日已來，少兼餘二。從西數之，有婆魯師洲、末羅遊州，即今尸利佛逝國是。莫訶信洲，訶陵洲，呾呾洲，盆盆洲，婆里洲，掘倫洲，佛逝補羅洲，阿善洲，末迦漫洲，又有小洲。不能具録。斯乃咸遵佛法，多是小乘。唯末羅遊，少有大乘耳。諸國周圍，或可百里，或數百里，或可百驛。大海雖難計里，商舶串者准知，良為掘倫。初至交廣，遂使總喚崑崙國焉。唯此崑崙，頭捲體黑；自餘諸國，與神州不殊。赤脚敢曼，總是其式。廣如南海，《録》中具述。驩州正南步行，可餘半月；若乘船纔五六朝，即到匕景。南至占波，即是臨邑。此國多是正量，少兼有部。西南一月，至跋南國，舊云扶南，先是裸國，人多事天，後乃佛法盛流。惡王今並除滅，迥無僧衆，外道雜居。斯即贍部南隅，非海洲也。

唐·釋智昇《續古今譯經圖紀·大唐傳譯之餘》 沙門釋義淨，齊州人。【略】年十有五，志遊西域，仰法顯之雅操，慕玄奘之高風。加以勤無棄時，手不釋卷，弱冠登具，逾厲堅貞。咸亨二年，三十有七，方叶夙懷，遂之廣府。初結誓同志，數滿十人，洎乎汎舶，餘皆退罷。唯淨堅心轉熾，遂即孤行，備歷艱難，漸達印度。所至之境，皆洞言音；凡遇王臣，咸蒙禮重。鷲峰、雞足並親登陟，祇園、鹿苑咸悉周遊。憩那爛陀，禮菩提樹。遍師明匠，學大小乘。所為事周，還歸故里。凡所歷遊，三十餘國；往來問道，出二十年。以天后證聖之元乙未仲夏，迴至河洛。將梵本經律論近四百部，合五十萬頌；金剛座真容一鋪，舍利三百粒。

宋·釋贊寧《宋高僧傳》卷一《譯經篇第一之一·唐京兆大薦福寺義淨傳》 年十有五，便萌其志，欲遊西域，仰法顯之雅操，慕玄奘之高風。加以勤無棄時，手不釋卷，弱冠登具，愈堅貞志。咸亨二年，年三十有七，方遂發足。初至番禺，得同志數十人；及將登舶，餘皆退罷。淨奮勵孤行，備歷艱險，所至之境，皆洞言音，凡遇酋長，俱加禮重。鷲峯雞足，咸遂周遊；鹿苑祇林，並皆瞻矚；諸有聖迹，畢得追尋。經二十五年，歷三十餘國。以天后證聖元年乙未仲夏，還至河洛。得梵本經律論近四百部，合五十萬頌；金剛座真容一鋪，舍利三百粒。天后親迎于上東門外，諸寺緇伍具幡蓋歌樂前導，敕於佛授記寺安置焉。

悟空

唐·釋圓照《悟空入竺記》 師本京兆雲陽人也。【略】奉朝當為重患，纏綿不堪勝致，留寄健馱邏國。中使歸朝，後漸痊平，誓心歸佛，遂投舍利越魔三藏，落髮披緇。願早還鄉，對見明主，侍覲父母，忠孝兩全。時蒙三藏賜與法號，梵云達摩馱都，唐言以翻，名為法界。時年二十有七，方得出家，即當肅宗文明武德大聖大宣孝皇帝至德二載丁酉歲也。洎二十九，於迦濕彌羅國進受近圓，請文殊矢涅地，唐言翻為正智。為鄔波耶，唐言親教師，安西云和上。鄔不羼提為羯磨阿遮利耶，唐言軌範師，若至四鎮安西，云阿闍梨訛略耳。馱里魏地為教授阿遮利耶，三師七證，授以律儀。於蒙鞮寺諷聲聞戒，諷畢聽習根本律儀。然於北天竺國，皆薩婆多學也。唐言根本説一切有。然此蒙鞮寺者，北天竺王踐位後，建茲寺矣。梵云蒙鞮微賀羅，微賀羅者，唐言住處，住處即寺也。次有阿彌陀婆挽寺，次有阿難儀寺，次有繼者岑寺，次有惱也羅寺，次有惹惹寺，次有將軍寺；次有也里特勒寺，突厥王子置也；次有可敦寺，突厥皇后置也。此國伽藍三百餘所，靈塔瑞像其數頗多，或阿育王及五百阿羅漢之所建立也。

如是巡禮，兼習梵語。經遊四年。夙夜虔心。未曾暫捨。其國四周，山為外郭，總開三路，以設關防。東接吐蕃，北通勃律。西門一路，通乾陀羅。別有一途，常時禁斷。天軍行幸，方得暫開。法界至於第四年後。出迦濕密國，入乾陀羅城，於如羅灑王寺中安置。其寺，王所建立，從王為名，王即上古罽膩吒王之胄胤也。次有可忽哩寺，王子名也；繽芝寺，王女名也；復有栴檀忽哩寺，王弟名也。此皆隨人建立，從彼受名。次有特勤灑寺，突厥王子造也；可敦寺，突厥皇后造也。復有阿瑟吒寺，薩緊忽哩寺，罽膩吒王聖塔寺，罽膩吒王演提灑寺，此寺復有釋迦如來頂骨舍利。有罽膩吒王伐龍官沙彌寺。

如是巡禮，又經二年，即當代宗眷文孝武皇帝廣德二年甲辰歲也。從此南遊中天竺國，親禮八塔。往迦毘羅伐窣覩城，佛降生處塔。次摩竭提國，菩提道場成佛處塔。於菩提寺，夏坐安居。次波羅泥斯城，仙人鹿野苑中轉法輪處塔；次鷲峰山，説法華等經處塔；次廣嚴城，現不思議處塔；次泥嚩襪多城，從天降下三道寶階塔；亦云寶橋。次室羅伐城，逝多林給孤獨園説摩訶般若波羅蜜多度諸外道處塔；次拘尸那城，娑羅雙林現入涅槃處塔。如是八塔，右遶供養，瞻禮略周。次於那爛陀寺中，住經三載。又至烏仗那國尋禮聖蹤，住茫誐勃寺。復有蘇訶拔提寺，唐言日宮寺也。鉢茫拔提寺。唐言蓮華寺。

如是往來，遍尋聖迹，與《大唐西域記》説無少差殊。思戀聖朝本生父母，內外戚屬，焚灼其心，念鞠育恩深，昊天罔極，發願歸國，瞻覲君親。稽首諮詢越魔三藏，三藏初聞，至意不許。法界以理，懇請于再三。三藏已於天寶九年曾至唐國，日常讚慕摩訶支那，既見懇誠，方遂所請。乃手授梵本《十地經》及《迴向輪經》并《十力經》，共同一夾，并大聖釋迦牟尼佛一牙舍利，皆頂戴慇懃，悲淚而授，將為信物，奉獻聖皇，伏願漢地傳揚，廣利羣品。法界頂跪拜受，悲淚禮辭。當欲汎海而歸，又慮滄波險阻，乃却取北路，還歸帝鄉。

我聖神文武皇帝聖德遠被，聲震五天，道邁羲軒，威加八表，慕仰三寶，信重一乘，異域輸金，重譯來貢。法界所將舍利及梵本經，自彼中天，來至漢界。【略】貞元五年己巳之歲九月十三日，與本道奏事官節度押衙牛昕、安西道奏事官程鍔等，隨使入朝。當為沙河不通，取回鶻路，又為單于不信佛法，所齎梵夾不敢持來，留在北庭龍興寺。藏所譯漢本，隨使入都。六年二月來到上京，有敕令於躍龍門使院安置。中使段明秀遂將釋迦真身一牙舍利及所譯經，進奉入內。天恩宣付左神策軍，令寫此經本，與佛牙舍利一時進來。

慧日

宋·釋贊寧《宋高僧傳》卷二九《雜科聲德篇第十之一·唐洛陽罔極寺慧日傳》 釋慧日，俗姓辛氏。東萊人也。中宗朝得度。及登具足，後遇義淨三藏造一乘之極，躬詣竺乾，心恒羨慕。日遂誓遊西域。始者泛舶渡海，自經三載，東南海中諸國崑崙、佛誓、師子洲等，經過略遍。乃達天竺，禮謁聖迹，尋求梵本，訪善知識，一十三年。咨稟法訓，思欲利人，振錫還鄉，獨影孤征，雪嶺胡鄉，又涉四載。既經多苦，深厭閻浮。何國何方，有樂無苦？何法何行，能速見佛？遍問天竺三藏學者，所説皆讚淨土，復合金口，其於速疾，是一生路，盡此報身，必得往生極樂世界，親得奉事阿彌陀佛。聞已頂受，漸至北印度健馱羅國。王城東北有一大山，山有觀音像。有志誠祈請，多得現身。日遂七日叩頭，又斷食畢命為期。至七日夜且未央，觀音空中現紫金色相，長一丈餘，坐寶蓮華，垂右手摩日頂曰：『汝欲傳法，自利利他。西方淨土極樂世界彌陀佛國，勸令念佛誦經，迴願往生，到彼國已，見佛及我，得大利益。汝自當知淨土法門，勝過諸行。』說已忽滅。日斷食既困，聞此强壯，及登嶺東歸。計行七十餘國，總一十八年。開元七年，方達長安。進帝佛真容、梵夾等，開悟帝心，賜號曰慈愍三藏。

智宣

宋・釋贊寧《宋高僧傳》卷三〇《雜科聲德篇第十之二・梁泉州智宣傳》 釋智宣，泉州人也。壯歲慕法，學義淨之為人也，輕生誓死，欲遊西域，禮佛八塔，并求此方未流經法。以唐季結侶渡流沙，所至國土，懷古尋師，好奇徇異，聚梵夾，求舍利。開平元年五月中，達今東京，進辟支佛骨，并梵書多羅葉夾經律。宣壯歲而往，還已衰耄矣。梁太祖新革唐命，聞宣迴大悅，宣賜分物，請譯將歸夾葉。于時干戈，不遑此務也。

宋・釋志磐《佛祖統紀》卷四二《法運通塞志第十七之九・五代・梁・太祖》 開平元年，【略】泉州沙門智宣往西竺求經回，詣闕進辟支佛骨、貝葉梵經。

論說

唐・釋冥詳《大唐故三藏玄奘法師行狀》 竊聞八正之旨，實出苦海之津梁；一乘之宗，誠登涅槃之梯蹬。但以物機未熟，致蘊葱山之西法；花化時融，方扇交河之石。暨乎摩騰入漢，教闡伊纏；僧會遊吳，義覃荆楚。從此已來，遂得人修解脫之因，家樹菩薩之業。是知傳法之益，其利博哉！法師聳千尋之勁質，湛萬頃之波瀾，救溺俗為心憂，匡大法為身事。故能陟重阻以求經，履危途而訪道，見珍殊俗，具獲真文。自如來一代所說，鷲峰方等之教，鹿苑半字之文，爰至後聖馬鳴、龍猛、無著、天親諸所製依，及灰山柱等十八異執之宗，五部殊塗之致，並收羅研究達其旨，悉得其文。并佛處代之迹，如泥洹堅固之林，降魔菩提之樹，迦路崇高之塔，那竭留影之山，皆躬申禮敬，亦無遺矣。心期充滿，覺覽復周，將施本土，遂繕寫大小乘法教六百五十七部，請轉法輪像等七軀，佛肉舍利百有餘粒，以貞觀十九年春正月二十五日，還至長安。道俗奔迎，傾都罷市。又此行經塗數萬，備歷難危，如固陰凍寒之山，飛波激浪之壑，厲毒黑風之氣，狻猊貙豻之羣，並法顯失侶之鄉，智嚴遺伴之地，班、張之所不踐，章、亥之所未遊。法師了爾孤證，怛然無梗，扇唐風於八河之外，揚國仁於五印之間，使乎遐域王侯馳心，輦歸國轂，係仰天衢。雖聖威遠感，亦法師通述之力也。

唐・釋慧立等《大唐大慈恩寺三藏法師傳》卷首《彥悰序》 法師懸弧誕辰，室表空生之應；佩觿登歲，心符妙德之誠。以愛海無出要之津，覺地有栖神之宅，故削髮矯翰，翔集二空，異縣他山，載馳千里。每慨古賢之得本行本，魚魯致乖；痛先匠之聞疑傳疑，豕亥斯惑。竊惟音樂樹下，必存金石之響；五天竺內，想具百篇之義。遂發憤忘食，履嶮若夷，輕萬死以涉葱河，重一言而之柰苑。鷲山猴沼，仰勝迹以瞻奇；鹿野仙城，訪遺編於蠹簡。春秋寒暑，一十七年；耳目見聞，百三十國。揚我皇之盛烈，振彼后之權豪，偃異學之高轍，拔同師之巨幟。名王拜首，勝侶摩肩，萬古風猷，一人而已。

又　卷八《起永徽六年夏五月譯〈理門論〉終顯慶元年春三月百官謝示御製寺碑文》 （顯慶元年二月）無幾，御製碑文成，敕遣太尉公長孫無忌以碑宣示羣公。其詞曰：【略】

有玄奘法師者，寔真如之冠冕也。器宇凝邃，若清風之肅長松；縟思繁蔚，如綺霞之輝逈漢。騰今照古之智，挺自生知；蘊寂懷真之誠，發乎髫齓。孤標一代，邁生、遠以照前；逈秀千齡，架澄、什而光後。以為淳風替古，澆俗移今，悲巨夜之長昏，痛微言之永翳，遂迺投迹異域，廣浚祕教，乘杯雲漢之外，振錫煙霞之表。滔天巨海，侵驚浪而羈遊；亘地嚴霜，犯凄氣而獨逝。平郊散緒，衣單雪嶺之風；曠野低輪，肌弊流沙之日。遐征月路，影對宵而暫雙；遠邁危峰，形臨朝而永隻。迹窮智境，探賾至真；心罄玄津，研幾祕術。通昔賢之所不逮，悟先典之所未聞。遂得金牒東流，續將斷之教；寶偈西從，補已缺之文。于時迺睠靈基，栖心此地，弘宣奧旨，葉重翠於祇林；遠闢幽關，波再清於定水。

又　卷一〇《起顯慶三年正月隨車駕自洛還西京至麟德元年二月玉華宮捨化》 釋慧立論曰：觀夫夜星霄月，繼西日之明；三江九河，助東溟之大。相資之道，在物既然，傳襲之風，於人豈異？自法王潛輝之後，阿難結集已來，歲越千年，時逾十代，聖賢間出，英叡遞生，各韞雄圖，俱包上智，負荷遺法，控御天人，道制風飈，神傾海岳。或舒指而流膏液，或異室而朗奇光，或連戶以伏天魔，或一對而迴時主。或願通法於邊刹，冒風波於嶮塗；或虛己以應物，求裹糧而行死地。終令玄津溢濬，惠濟無疆，既益傳燈，寔符付囑。考之前冊，可不然哉！而清源不窮，今復遇法師，嗣承之矣。

惟法師星像降靈，山岳騰氣，才過東箭，譽美南金，雅操不羣，堅芳獨拔。以四生為己任，建正法為身事，巍巍乎似嵩、華之負穹蒼，皎皎焉若琅玕之映澄海。而聰機俊骨，發於自然，味道輕榮，率由天性。至夫多識洽聞之奧，冠恒、肇而逾高；詳玄造微之功，跨生、融而更遠。滔滔乎，蕩蕩乎，實紹隆之神器也。將使像化，重光於頹季之期，故誕茲明德者矣。

法師以今古大德，闡揚經論，雖復俱依聖教，而引據不同，諍論紛然，其來自久。至如黎耶是報非報，化人有心無心，和合怖數之徒，聞熏滅不滅等，百有餘科；並三藏四含之盤根，大小兩宗之鉗鍵，先賢之所不決，今哲之所共疑。法師亦躊躕此文，怏怏斯旨，慨然嘆曰：『此地經論，蓋法門枝葉，未是根源。諸師雖各起異端，而情疑莫遣，終須括囊大本，取定於祇洹耳。』由是壯志發懷，馳心遐外，以貞觀三年秋八月，立誓裝束，拂衣而去。到中天竺那爛陀寺，逢大法師名尸羅跋陀，此曰戒賢。其人體二居宗，神鑑奧遠，博閑三藏，善四韋陀，於《十七地論》最為精熟，以此《論》該冠衆經，亦偏常宣講，元是彌勒菩薩所造，即《攝大乘》之根系，是法師發軔之所祈者。十六大國，靡不歸宗；稟義學徒，恒有萬許。

法師既往修造，一面盡歡，以為相遇之晚。於是伏膺聽受，兼諮決所疑，一遍便覆，無所遺忘。譬濛汜之納羣流，若孟諸之吞雲夢。彼師嗟怪，嘆未曾有，云『若斯人者，聞名尚難。豈謂此時，共談玄耳。』法師從是聲振蔥西，名流八國。彼諸先達、英傑聞之，皆宿構重關，共來難詰，雁行魚累，轂駕肩隨；其並論之詞，雲屯雨至。法師從容辯釋，皆入其室，操其戈，取其牟，擊其盾，莫不人人喪轍，解頤虔伏，稱為此公天縱之才，難酬對也。戒日王等見之抃喜，皆肘步嗚足，傾珍供養。羅席之後，更學梵書，并諸經論。自如來一代所說，耆山方等之教，鹿苑半字之文，爰至後聖馬鳴、龍樹、無著、天親諸所製作，及灰山住等十八異執之宗，五部殊塗之致，並搜羅研究，達其旨，得其文。并佛處世之迹，如泥洹堅固之林，降魔菩提之樹，迦路崇高之塔，那揭留影之山，皆躬申禮敬，備覩靈奇，亦無遺矣。

法師心期既滿，學覽復周，將旋本土，遂繕寫大小乘法教六百餘部，請像七軀，舍利百有餘粒，以今唐十九年春正月二十五日還至長安。道俗奔迎，傾都罷市。是時也，烟收霧卷，景麗風清，寶帳盈衢，花幢揜日。慶雲垂彩於天表，郁郁紛紛；庶士詠讚於通莊，轟轟隱隱。邪風於焉頓戢，慧日赫以重明。雖不逢世尊從忉利之下閻浮，此亦足為千載之休美也。

法師此行，經塗數萬，備歷艱危。至如涸陰冱寒之山，飛波激浪之壑，厲毒黑風之氣，狻猊貙豻之羣，並法顯失侶之鄉，智嚴遺伴之地，班超之所不踐，章、亥之所未遊。法師孑爾孤征，坦然無梗，扇唐風於八河之外，揚國化於五竺之間，使乎遐域侯王馳心輦轂，遠方酋長係仰天衢。雖法師不世之功，抑亦聖朝運昌感通之力也。

唐·釋義淨《大唐西域求法高僧傳》卷首《自序》 觀夫自古神州之地，輕生殉法之賓，顯法師則創闢荒途，奘法師乃中開王路。其間或西越紫塞而孤征，或南渡滄溟以單逝，莫不咸思聖迹，罄五體而歸禮；俱懷旋踵，報四恩以流望。然而勝途多難，寶處彌長，苗秀盈十而蓋多，結實罕一而全少。寔由茫茫象磧長川吐赫日之光，浩浩鯨波巨壑起滔天之浪。獨步鐵門之外，亘萬嶺而投身；孤漂銅柱之前，跨千江而遺命。跋南國有千江口也。或亡飡幾日，輟飲數晨。可謂思慮銷精神，憂勞排正色，致使去者數盈半百，留者僅有幾人。設令得到西國者，以大唐無寺，飄寄棲然，為客遑遑，停託無所，遂使流離蓬轉，牢居一處。身既不安，道寧隆矣。嗚呼！實可嘉其美誠，冀傳芳於來葉。

宋·釋贊寧《大宋僧史略》卷上《此土僧游西域》 嗟乎！騫、憲雖征，只為開荒而奉命；騰、蘭既至，未聞克志以求經。亦猶決一隄塘，內水既出，外水亦入，一出一入，然後知平矣。魏洛陽朱士行誓往西天，尋求般若，僧祐以為東僧西往之始焉。然只在蔥嶺之北，于填而止。晉法顯募同志數十人，游于印度，登靈鷲山，此乃到中天之始也。厥後交肩接迹，至有漢寺，別居東夏之僧。決隄之喻，居可驗矣。若論傳譯之人，則多善一方，罕聞通解。唯奘三藏，究兩土之音訓，瞻諸學之川源，如從佛聞，曲盡意。次則義淨，躬游彼剎，妙達毘尼，改律範之妄迷，注密言之引合，遂得受持有驗，流布無疑矣。

明・胡應麟《少室山房筆叢》卷三〇《雙樹幻鈔上》　按奘師躡足大荒，所歷西域數十國，冒險犯艱，屢瀕死地，卒羅致諸經，返於中夏，可謂曠劫之奇。

判教開宗立派

綜述

宋・姚鉉《唐文粹》卷六一《梁肅〈天臺法門議〉》　論曰：修釋氏之訓者，務之而已，曰戒、定、惠。斯道也始於發心，成于妙覺，經緯於三乘，導達於萬行，而能事備矣。昔法王出世，由一道清淨，用一音演法，機感不同，所聞益異，故五時五味、半滿權實、偏圓大小之義，播於諸部，粲然殊流，要其所歸，無越一實。故經曰：雖説種種道，其實為佛乘。又曰：開方便門，示真實相。喻之以衆流入海，標之以不二法門，自他兩得，同詣祕密，此教之所由作也。

洎鶴林滅而法網散，神足隱而宗途異，各權所得，互為矛楯，更作其中，或三昧示生，四依出現，應機不等，持論亦別。故《攝論地》持成實惟識之類，分路並作；非有非空之談，莫能一貫。既而去聖滋遠，其風東扇，説法者桎梏於文字，莫知自解；習禪者虛無其性相，不可牽復，是此者非彼，未證者謂證，惠解之道，流以忘反，身口之事，蕩而無章。於是法門之前統，或幾乎息矣。

既而教不終否，至人利見，惠聞、惠思，或躍相繼，法雷之振未普，故木鐸重授於天台大師。大師像身子善現之超悟，備帝堯后舜之休相，贊龍樹之遺論，從南岳之妙解，然後用三種止觀，成一事因緣，括萬法於一心，開十乘於八教。戒、定、惠之説，空、假、中之觀，坦然明白，可舉而行。是故教無遺法，法無棄人，人無廢心，心無釋行，行有所證，證有其宗，大師教門，所以為盛。故其在世也，光照天下，為帝王師範；其去世也，往來上界，為慈氏輔佐。卷舒於普門，示現降德，為如來所使，階位境智，蓋無得而稱焉。

於戲！應迹雖往，正言不墜。習之者猶足以抗折百家，照示三藏，又況聞而能思，思而能修，修而能信，信而不已者歟？斯人也，雖曰未證，吾必謂之近矣。今之人正信者鮮，遊禪關者或以無佛無法、何罪何善之化，化中人已下。馳騁愛欲之徒，出入衣冠之類，以為斯言至矣，且不逆耳，故從其門者，若飛蛾之赴明燭，破塊之落空谷，殊不知坐致焦爛而莫能自出，雖欲益之而實損之，與夫衆魔外道，為害一揆。由是觀之，此宗之大訓，此教之旁濟，其於天下為不侔矣。自智者傳法五世，至今天台湛然大師中興其道，為予言之如此，故録之，以繫于篇。

又《止觀統例》　夫《止觀》，何為也？導萬法之理而復於實際者也。實際者何也？性之本也。物之所以不能復者，昏與動使之然也。照昏者，謂之明；駐動者，謂之靜；明與靜，止觀之體也。在因謂之止觀，在果謂之智定，因謂之行，果謂之成。行者，行此者也；成者，證此者也。原夫聖人有以見惑，足以喪志，動足以失方，於是乎止而觀之，靜而明之，使其動而能靜，靜而能明，因相待以成法，即絶待以照本。御大車以禦正，乘大事而總權。消息乎不二之場，鼓舞於説三之域。至微以盡性，至賾而體神。語其近，則一毫之善可通也；語其遠，則重玄之門可闕也。用至圓，以圓之物無偏也；用至實，以實之物無妄也。聖人舉其言，所以示也；廣其用，所以告也。優而柔之，使自求之；擬而議之，使自至之。此《止觀》所由作也。

夫三諦者，何也？一之謂也。空、假、中者，何也？一之目也。空、假者，相對之義；中道者，得一之名。此思議之説，非至一之旨也。至一即三，至三即一，非相含而然也，非相生而然也。有數義也，非强名也，自然之理也。言而傳之者，迹也。理謂之本，迹謂之末。本也者，聖人所至之地也；末也者，聖人所示之教也。由本以垂迹，則為小為大，為通為別，為頓為漸，為顯為祕，為權為實，為定為不定。循迹以返本，則為一為大，為圓為實，為無住，為中為妙為第一義，是三一之蘊也。

所謂空也者，通萬法而為言者也；假也者，立萬法而為言者也；中也者，妙萬法而為言者也。破一切惑，莫盛乎空；建一切法，莫盛乎假；究竟一切性，莫大乎中。舉中則無法非中，自假則何法非假，舉空則無法不空，成之謂之三德，修之謂之三觀。舉其要，則聖人極深研幾、窮理盡性之説乎！昧者使明，塞者始通。通則悟，悟則至，至則常，常則盡矣。明則照，照則化，化則成，成則一矣。聖人有以彌綸萬法而不差，旁薄萬劫而不遺，燾載恒沙而不有，復歸無物而不無，寓名之曰佛，經號之曰覺。究其旨，其解脱自在，莫大極妙之德乎！夫三觀成功者如此，所謂圓頓者非漸次，非不定，指論十章之義也。十章者，恢演始末通道之關也；五略者，舉其宏綱截流之津也。十境者，發動之機，立觀之諦也；十乘者，妙用所修，發行之門也。止於正觀而終於見境者，義備故也。闕其餘者，非修之要也。乘者何也？載物而運者也。十者何也？成載之事也。知其境之妙，不行而至者，德之上也。乘一而已，豈藉夫九哉？九者非他，相生之説未至者之所踐也。故發心者發其所發，安心者安無所安，偏破者偏無所破，爰至餘乘，皆不得已而説也。至於別其義例，判為章目，推而廣之不為繁，統而簡之不為少，如連環不可解也，如貫珠不可雜也，如懸鏡不可弃也，如通川不可遏也。議家多門，非諍論也；按經正義，非虛説也。辨四教淺深，事有源也；成一事因緣，理無遺也。噫，《止觀》其救世明道之書乎！非夫聖智超絶，卓爾獨立，其孰能為乎？非無聰明深達，得意忘象，其孰能知乎？今之人乃專用章句文字，從而釋之，又何疏漏邪？或稱不思議境與不思議事，皆極聖之域，等覺至人由所未盡。若凡夫生滅心，行三惑，浩然於言説之中，推上妙之理，是猶醯雞而説大鵬，夏虫之議層冰，其不可見，明矣。

今《止觀》之説，文字萬數，廣尋果地，無益初學。豈如暗然自修，功至自至，何必以早計為事乎？是大不然。凡所為上聖之域，豈隔闊遼敻，與凡境杳絶歟？是唯一性而已，得之為悟，失之為迷；一理而已，迷而為凡，悟而為聖。迷者自隔，理不隔也；失者自失，性不失也。《止觀》之作，所以離異同而究聖神，使羣生正性而順理者也。正性順理，所以行覺路而至妙境也。不知此教者，則學何所入，功何所施，智何所發？譬如無目昧于日月之光，行於重險之處，顛踣墮落，可勝既乎？噫！去聖久遠，賢人不出，庸昏之徒，含識而已，至使魔邪詭惑，諸黨並熾，空有云云，為坑為穽。有膠於文句不敢動者，有流於漭浪不能住者，有太遠而甘心不至者，有太近而我身即是者，有枯木而稱定者，有竅號而稱惠者，有奔走非道而言權者，有假於鬼神而言通者，有放心而言廣者，有罕言而為密者，有齒舌潛傳為口訣者。凡此之類，自立為祖，繼祖為家，反經非聖，昧者不覺。仲尼有言：『道之不明也，我知之矣。』由物累也，悲夫！

隋開皇十八年智者去世，至皇朝建中垂二百載，以斯文相傳，凡五家師。其始曰灌頂，其次曰縉雲威，又其次曰東陽小威，又其次曰左谿朗公，其五曰荆谿然公。頂於同門中慧解第一，能奉師訓，集成此書，蓋不以文詞為本故也。或失則煩，或失則野，當二威之際，緘受而已，其道不行。天寶中，左谿始弘解説，而知者蓋寡。荆谿廣以傳記數十萬言，網羅遺法，勤矣備矣。荆谿滅後，知其説者，適三四人。

古人云：『生而知之者上，學而知之者次，困而學之又其次。』夫生而知之者，蓋性德者也；學而知之者，天機深者也；若嗜慾深，耳目塞，雖學而不知，斯為下矣。今夫學者内病於蔽，外役於煩，没世不能通其文，數年不能得其益，是則業文為之屨校梏足也，棼句為之簸糠眯目也。以不能之師，教不領之弟子，《止觀》所以未光大於時也。予當感感，於是整其宏綱，撮其機要。其理之所存，教之所急，或易置之，或引伸之；其義之迂，其辭之鄙，或薙除之，或潤色之。大凡浮疏之患，十愈其九；廣略之宜，三存其一。於是祛鄙滯，導蒙童，貽諸他人，則吾豈敢？若同見同行，且不以《止觀》罪我，亦無隱乎爾。建中上元甲子首事筆削，三歲在析木之津，功畢云爾。

宋·釋贊寧《大宋僧史略》卷上《傳密藏》 密藏者，陀羅尼法也。是法祕密，非二乘境界，諸佛菩薩所能游履也。舊譯云持，新譯云性，本其原則，微妙法性也。形其言，則陀羅尼母也；究其音，則聲明也；窮其文，則字界緣也。《出三藏記》云：神呪者總持，微密持也。《高僧傳》中帛尸梨密多羅，本西域人。東晉之初，至于建業。王導、周伯仁、庾亮皆欽重之。善持呪術，所向多驗。時江東未有呪法，密出《孔雀王呪》，呪法之始也。北魏則嵩山菩提流支呪井樹等，頗有靈効。唐朝則智通法師甚精禁呪焉，次有不空三藏於京大興善寺，廣譯總持教，多設曼荼羅，神術莫可知也。灌頂壇法，始於不空。代宗永泰年中，敕灌頂道場處，選二七人，為國長誦佛頂呪，及免差科地稅云。梁末後唐世道賢闍梨者，一夕夢游五天竺，見佛指示此某國聚落，洎旦頓解五印言音，毫釐不爽。今傳粉壇法，並宗此師，鳳翔阿闍梨是也。後唐清泰帝尤旌其道，後隨駕入洛而卒。今塔在龍門，近東京南。日本大師常為王公大人演密藏，至今弟子繁衍，傳其業者號曰三藏，或兼講經律論者則稱傳顯密藏也。

宋・釋志磐《佛祖統紀》卷首《通例・釋志》 並陳文藻。交贊佛乘。各出義章。發揮祖業。斯固法門之盛烈。作《山家教典志》一卷。

人理教行。具足成就。由五濁以登九品者。唯念佛三昧之道為能爾。末代機宜。始自廬阜。作《淨土立教志》三卷。

達磨、賢首、慈恩、灌頂、南山諸師。皆一代之偉。特雖共明此道。而各專一門。區別羣宗。作《諸宗立教志》一卷。

又 卷二九《諸宗立教志・達磨禪宗》 初祖達磨圓覺禪師，二祖慧可大祖禪師，三祖僧璨鏡智禪師，四祖道信大醫禪師，五祖弘忍大滿禪師，六祖慧能大鑑禪師。

賢首宗教 初祖終南法順法師，二祖雲華智儼法師，三祖賢首法藏法師，四祖清涼澄觀法師，五祖圭峯宗密法師、長水子 法師、慧因淨源法師、能仁義和法師。

慈恩宗教 初祖西天戒賢法師，二祖三藏玄奘法師，三祖慈恩窺基法師。

瑜伽密教 初祖金剛智灌頂國師，二祖不空灌頂國師，三祖慧朗灌頂法師、龍門無畏法師、大慧一行法師

南山律學 始祖曇無德尊者，法正，毱多尊者弟子。四分律主，南山所宗。二祖曇摩迦羅尊者，法時，西竺沙門。始依四分十人受戒，遠承法正。三祖北臺法聰律師，元魏孝文時。本學僧祇，因考受體首傳四分，遠承法時。四祖雲中道覆律師，聰之弟子。最初撰疏，疏科六卷，以釋四分。五祖大覺慧光律師，初從佛陀禪師出家，陀曰：『此子宜先聽律。律是慧基，非智不奉。若初從經論，必輕戒綱。』由是依覆，通四分律，撰疏十卷。六祖高齊道雲律師，從光受學。撰疏鈔九卷，判釋廣文。七祖河北道洪律師，從雲受學，亦著疏文。八祖弘福智首律師，稟戒之前，於古佛塔前預祈顯驗，蒙佛摩頂，身心泰然，方知感戒。及尋律部，多會其文，從洪受學，撰疏二十卷。九祖南山道宣律師。《輕重儀》云：先所宗承首律師者。

明・宋濂《宋景濂未刻集》卷上《釋氏護教編後記》 西方聖人以一大事因緣，出現于世。自從鹿野苑中，直至於跋提河，演說苦空無量妙義，障機鈍利，分為頓、漸，無小無大，盡皆攝入薩婆苦海。既滅度後，其弟子阿難陀多聞總持有大智慧，結集為《修多羅藏》，而諸尊者或後或先，各闡化源。優波離集《四部律》，謂之毗尼金剛。薩埵於毗盧那前親受《瑜珈》五部，謂之秘密章句。無著天親頻升知足天宮，咨參慈氏，相與造《論》，發明大乘，謂之唯識宗旨。西竺龍勝以所得毗羅之法，弘其綱要，謂之《中觀論》。燉煌杜法順深入《華嚴》不思議境，大宣玄旨，謂之華嚴法界觀毗尼之法。

魏嘉平初，曇柯羅始持《僧祇戒本》至洛陽，而曇無德、曇諦等繼之，立羯磨法，唐南山澄照律師道宣作《疏》明之，《四分律》遂大行，是為行事防非止惡之宗。

薩埵以《瑜珈》授龍猛，猛授龍智，智授金剛智。唐開元中，智始來中國，大建曼荼羅法事，大智道氤、大慧一行及不空三藏咸師尊之，是為瑜珈微妙秘密之宗。

唐貞觀三年，三藏玄奘往西域諸國，會戒賢於那蘭陀寺，因受唯識宗旨以歸，授慈恩窺基，基乃網羅舊說，廣制疏論，是為三乘法相顯理之宗。

梁、陳之間，北齊惠聞因讀《中觀論》悟旨，遂遥禮龍勝為師，開空、假、中三觀心觀法門，以《法華》宗旨授慧思，思授天台國師智顗，顗授灌頂，頂授智威，智威授惠威，惠威授玄朗，朗授湛然，是為四教法性觀行之宗。

隋末，頓以法界觀授智儼，儼授賢首法藏，至清涼大統國師澄觀追宗其學，著《華嚴疏論》數百萬言；圭峯宗密繼之，而其化廣被四方，是為一念圓融其德之宗。

瑜珈久亡，南山亦僅存。其盛行于今者，唯天台、慈恩、賢首而已。

此則世之所謂教者也。

世尊大法，自迦葉二十八傳至菩提達摩。達摩悲學佛者纏蔽於竹帛間，乃弘教外別傳之旨，不立文字而見性成佛。達摩傳慧可，可傳僧璨，璨傳道信，信傳弘忍，忍傳曹溪大鑑禪師慧能，而其法特盛。能之二弟子懷讓、行思，皆深入其閫奧。讓傳道一，一之學，江南宗之，其傳為懷海，海傳希運，運傳臨濟慧照大師義玄，玄立三玄門，策厲學徒，是為臨濟之宗。

海之旁出為溈山大圓禪師靈祐，祐傳仰山智通大師慧寂，父唱子和，微妙玄機，不可湊泊，是為溈仰之宗。

思傳希遷，遷之學，湖南主之。其傳為道悟，悟傳崇信，信傳宣鑑，鑑傳義存，存傳雲門匡真大師文偃。偃之氣宇，如王三句之設，如青天震雷，聞者掩耳，是為雲門之宗。

玄妙師備，偃之同門友也。其傳為桂琛，琛傳法眼大師文益，雖依《華嚴》六相唱明宗旨，迥然獨立，不涉凡情，是為法眼之宗。

遷之旁出為藥山惟儼。儼以寶鏡三昧、五位顯訣、三種滲漏傳曇晟，晟傳洞山悟本大師良价，傳曾山元證大師本寂，而復大振，是為曹洞之宗。

法眼再傳至延壽，流入高句驪。仰山三傳之芭蕉徹，當石晉開運中，遂亡弗繼。雲門、曹洞僅不絕如綫，唯臨濟一宗大用大機，震盪無際，若聖若凡，無不宗仰。此則世之所謂禪者也。

嗚呼！教之與禪，本無二門，依教脩行，蓋不出於六度梵行，而禪定特居其一。由衆生根有不齊，故先佛示化，亦不免有異耳。奈何後世各建門庭，互相盾矛，教則譏禪滯乎空寂，禪則譏教泥乎名相，藉藉紛紛，莫克有定。是果何為者邪？此則教、禪異塗，猶可説也。

自禪一宗言之，佛大勝多與達摩同學，禪觀達摩則遠契真宗勝多，所見一差，遂分為有相無相。定慧戒行，無得寂靜，大門非達摩闢之，安能至今廓如也？慧能與神秀，同受法于弘忍，能則為頓宗，秀則別為漸宗。荆吳秦洛，各行其教。道一、神會，又同出於能者也。道一則密受心印，神會則復流於知解，一去弗返，而其末流若大珠、明教、慈受輩，尚何以議為哉？

自教一宗言之，慈恩立三教，天台則分四教，賢首則又分五教，龐妙各見，漸圓互指，終不能歸之一致，可勝嘆哉！此雖通名為教，各自立宗，猶可説也。

自夫本教之内言之，律學均以南山為宗，真悟智圓律師允堪著《會正記》等文，識者謂其超出六十家釋義之外，何不可者？至大智律師元照復別以《法華》開顯圓意作《資持記》，又與會正之師殊指矣。不特此也，四明法智尊者知禮、孤山法慧大師智圓同祖天台，同學止觀，真妄之異觀，三諦之異説，既已牴牾之甚；雪川仁岳以禮之弟子又操戈入室，畧不相容。諫書辯謗之作，逮今猶使人凛然也，其他尚可以一二數之哉？

嗚呼！毗盧華藏，圓滿廣大，徧河沙界，無餘而餘，非相而相，非緣而緣，非同而同，非別而別。茍涉思惟，即非聖諦，又何在分教與禪之異哉？又何在互相盾矛，業擅專門哉？又何在操戈相攻，遽背其師説哉？雖然，適長安者南北異塗，東西殊轍，及其所至，未嘗不同。要在善學者，慎夫所趨而已。

比丘永壽嘗以閩僧一源所著《護教編》示予，自大迦葉至于近代諸師皆有傳贊，文辭簡古，誠奇作也。壽獨惜其不著教、禪承傳同異之詳，屬予為《記》，以補其闕畧。予因以所聞，疏之如右，文繁而不殺者，欲其事之著明，蓋不得不然也。

明・王禕《王忠文集》卷二〇《叢録》 大抵佛之為道，本無二門，自去聖既邈，源遠而流益分，於是師異指殊，各建戶庭，互相矛盾。禪則譏教為滯於名相，教則譏禪為溺於空寂。若律之為用，雖禪、教所共持，而取舍各不同。至於為教、禪之學者，又各立異以取勝，一彼一此。不相出入。

自教宗言之，慈恩立三教，天台則分四教，賢首則又為五教。

自禪宗言之，慧能與神秀同受法於弘忍，能則為頓宗，秀則為漸宗。道一、神會，同出於能，道一則密契心印，神會則復於知解。其不同如此。

至若天台，教宗之一也，而四明知禮、孤山智圓性善性惡之説，如冰炭之不相投。臨濟，禪宗之一也，而或以棒或以喝，至橫川拱則復以聲偈。其示人之要，如枘鑿之不相合。支派乖錯，論説紛紜，殆不得而悉數也。

論說

宋·釋志磐《佛祖統紀》卷二九《諸宗立教志·達磨禪宗》 述曰：六祖之後為二派：一曰青原思，思傳石頭遷，其下為曹洞、雲門、法眼。一曰南岳讓，讓傳馬祖，其下為臨濟、溈仰。是為五家宗派。道一而已，而言五其宗者，由人世心病益多，故治法屢為之變。一棒一喝，一唱一和，機用縱橫，殆不可以一律齊，猶應病與藥之義。汾陽作《廣智歌》，明十五家宗風，是蓋示後人以遍參之意，可不知乎？

明·胡應麟《少室山房筆叢》卷三〇《雙樹幻鈔上》 浮屠學不出教與禪二端，宋太史敍之極詳。【略】

右歷敍禪、教二宗本末，粲然指掌，非綜練釋門者，不易至斯。第以雲門、法眼並出青原，亦仍《傳燈》諸録之誤。蓋道悟有二人，同居荆南，同示寂於元和間，一居天皇寺，一居天王寺。居天皇寺者，婺州張氏子符載為《塔碑》，謂與藥山並為石頭上足，一傳為惠真，再傳為幽閒，三傳為文賁，遂止不傳。居天王寺者，渚宫人崔氏子玉之後，初參馬祖，後謁石頭，得法傳龍潭崇信，信傳德山宣鑑，鑑傳雪峰義存，存傳雲門文偃，為雲門宗。存又傳羅漢桂琛，琛傳清涼文益，為法眼宗，其顛末見丘玄素所撰《塔碑》甚詳。景濂蓋但據《五燈會元》等書《敍録》，而不及深考也。然則禪之五宗，僅洞山出石頭下，而洞山師雲巖，雲巖師藥山，藥山馬祖亦從悟入者也。六祖謂『馬駒踏殺天下人』，信矣。

夾山臨遷化，謂洛浦曰：『石頭一枝，看看即滅矣。』洛浦曰：『他家自有青山在。』夾山曰：『如是，吾復何憂？』按夾山師德誠，德誠師藥山。考其世次，正與龍潭德山同時。又洛浦本出臨濟門，歸夾山日，巖頭雪峰浸顯，安得有一枝即滅之嘆？即此足徵道悟之有二，而龍潭德山、雲門法眼，皆南岳派矣。今混淆為一南岳，宗派既不明，而天皇之道悟及其徒三世皆湮没無可徵，致足慨也。其説詳《林間録》、《佛祖通載》甚明。王子充《叢録》所敍禪宗，悉抄節宋太史，亦未之詳考也。禪宗正脉亦然。

溈山、法眼二宗，皆迄於唐末五代間。是時曹洞、雲門亦寂寥，無卓見者。獨臨濟一傳為興化，興化再傳為南院，南院三傳為風穴，風穴四傳為首山，首山五傳為汾陽，汾陽六傳為石霜，石霜七傳而為黄龍南、楊岐會。臨濟一宗，至是大振。南下出晦堂、真浄，晦堂下出悟新，真浄下出從悦，而張無盡師之。會下出法演，法演下出圓悟，圓悟下出宗杲，而張無垢師之。自宗杲出，而學徒遍天下，縉紳儒流，茅靡麕集，無論雲門、曹洞，即黄龍一派，亦寂寥矣。

禪家五宗，獨臨濟為盛，倡自黄蘗、陸州，皆大機逸格，而臨濟自一悟後，縱横揮霍，迥出常情，歷世五傳，知識不乏，至宋初而石霜再振，黄龍、楊岐二派遂遍海宇。南渡而後，徑山復出，舉代趨風。宋太史所謂『若聖若凡，無不瞻仰』，自臨濟一宗觀之，非虚語也。然大慧後嗣者式微，而紫陽、廣漢、金溪、四明輩出，儒術復大盛於當時，諸緇流又落莫矣。考智邵談道，伊洛日正，黄龍、楊岐後而大慧前。是時釋門亦稍式微，足徵吾道與異端相為盛衰，若符契也。

清·永瑢等《四庫全書總目》卷一四五《子部五十五·釋家類·五燈會元》 蓋禪宗自慧能而後，流派滋多，有良价號洞下宗，文偃號雲門宗，文益號法眼宗，靈祐、慧寂號溈仰宗，義元號臨濟宗。學徒傳授，幾徧海内。宗門撰述，亦日以紛繁。

景教入華分部

綜述

清·董誥等《全唐文》卷九一六《景淨〈景教流行中國碑頌并序〉》 粤若常然真寂，先先而无元；窅然靈虚，後後而妙有。總玄樞而造化，妙衆聖以元尊者，其唯我三一妙身，无元真主阿羅訶歟！判十字以定四方，鼓元風而生二氣。暗空易而天地開，日月運而晝夜作。匠成萬物，然立初人，別賜良和，令鎮化海。渾元之性，虚而不盈，素蕩之心，本無希嗜。洎乎娑殫施妄，鈿飾純精，間平大於此是之中，隟冥同於彼非之內。

是以三百六十五種，肩隨結轍，競織法羅，或指物以託宗，或空有以淪二，或禱祀以邀福，或伐善以矯人。智慮營營，思情役役，茫然無得，煎迫轉燒，積昧亡途，久迷休復。於是我三一分身，景尊弥施訶，戢隱真威，同人出代。神天宣慶，室女誕聖於大秦；景宿告祥，波斯覩耀以來貢。圓廿四聖有説之舊法，理家國於大猷；設三一淨風無言之新教，陶良用於正信。制八境之度，鍊塵成真；啓三常之門，開生滅死。懸景日以破暗府，魔妄於是乎悉摧；棹慈航以登明宮，含靈於是乎既濟。能事斯畢，亭午升真，經留廿七部，張元化以發靈關。法浴水風，滌浮華而潔虛白；印持十字，融四照以合無構。擊木震仁惠之音，東禮趣生榮之路。存鬚所以有外行，削頂所以無內情。不畜臧獲，均貴賤於人；不聚貨財，亦罄遺於我。齋以伏識而成，戒以靜慎為固。七時禮贊，大庇存亡，七日一薦，洗心反素。真常之道，妙而難名，功用昭彰，强稱景教。惟道非聖不弘，聖非道不大。道聖符契，天下文明。

太宗文皇帝光華啓運，明聖臨人。大秦國有上德曰阿羅本，占青雲而載真經，望風律以馳艱險。貞觀九祀，至於長安。帝使宰臣房公玄齡總仗西郊，賓迎入內，翻經書殿，問道禁闈，深知正真，特令傳授。貞觀十有二年秋七月詔曰：『道無常名，聖無常體，隨方設教，密濟羣生。大秦國大德阿羅本遠將經像，來獻上京。詳其教旨，玄妙無為；觀其元宗，生成立委。詞無繁説，理有忘荃，濟物利人，宜行天下。』所司即於京義寧坊造大秦寺一所，度僧廿一人。宗周德喪，青駕西昇；巨唐道光，景風東扇。旋令有司，將帝寫真，轉模寺壁，天姿汎彩，英朗景門，聖迹騰祥，永輝法界。案《西域圖記》及漢魏史策，大秦國南統珊瑚之海，北極衆寶之山，西望仙境花林，東接長風弱水。其土出火綄布，返魂香，明月珠，夜光璧。俗無寇盜，人有樂康。法非景不行，主非德不立。土宇廣闊，文物昌明。

高宗皇帝克恭纉祖，潤色真宗，而於諸州，各置景寺，仍崇阿羅本為鎮國大法主。法流十道，國富元休；寺滿百城，家殷景福。

聖曆年釋子用壯，騰口於東周；先天末下士大笑，訕謗於西鎬。有若僧首羅含，大德及烈，並金方貴緒，物外高僧，共振玄網，俱維絶紐。

玄宗至道皇帝，令寧國等五王親臨福宇，建立壇場。法棟暫橈而更崇，道石時傾而復正。天寶初，令大將軍高力士送五聖寫真，寺內安置，賜絹百疋，奉慶睿圖。龍髯雖遠，弓劍可攀，日角舒光，天顏咫尺。三載，大秦國有僧佶和，瞻星向化，望日朝尊，詔僧羅含、僧普論等一七人，與大德佶和於興慶宮修功德。於是天題寺牓，額載龍書，寶裝璀翠，灼爍丹霞。睿扎宏空，騰淩激日，寵賚比南山峻極，沛澤與東海齊深。道無不可，所可可名；聖無不作，所作可述。

肅宗文明皇帝於靈武等五郡重立景寺，元善資而福祚開，大慶臨而皇業建。

代宗文武皇帝恢張聖運，從事無為。每於降誕之辰，錫天香以告成功，頒御饌以光景衆。且乾以美利，故能廣生；聖以體元，故能亭毒。

我建中聖神文武皇帝，披八政以黜陟幽明，闡九疇以維新景命，化通玄理，祝無愧心。至於方大而虛，專靜而恕，廣慈救衆苦，善貸被羣生者，我修行之大猷，汲引之階漸也。若使風雨時，天下靜，人能理，物能清，存能昌，歿能樂，念生響應，情發目誠者，我景力能事之功用也。

大施主金紫光禄大夫、同朔方節度副使、試殿中監、賜紫袈裟僧伊斯，和而好惠，聞道勤行，遠自王舍之城，聿來中夏。術高三代，藝博十全，始效節於丹庭，乃策名於玉帳。中書令、汾陽郡王郭公子儀，初總戎於朔方也，肅宗俾之從邁。雖見親於臥內，不自異於行間。為公爪牙，作軍耳目，能散禄賜，不積於家。獻臨恩之頗黎，布辭憩之金罽，或仍其舊寺，或重廣法堂，崇飾廊宇，如翬斯飛。更效景門，依仁施利。每歲集四寺僧徒，虔事精供，備諸五旬，餧者來而飯之，寒者來而衣之，病者療而起之，死者葬而安之。清節達娑，未聞斯美；白衣景士，今見其人。願刻洪碑，以揚休烈。詞曰：

真主元元，湛寂常然，權輿匠化，起地立天。分身出代，救度無邊，日昇暗滅，咸證真玄。

赫赫文皇，道冠前王，乘時撥亂，乾廓坤張。明明景教，言歸我唐，翻經建寺，存歿舟航。百福偕作，萬邦之康。

高宗纂祖，更築精宇，和宮敞朗，遍滿中土。真道宣明，式封法主，人有樂康，物無災苦。

玄宗啓聖，克修真正，御牓揚輝，天書蔚映。皇圖璀璨，率土高敬，庶績咸熙，人賴其慶。

肅宗來復，天威引駕，聖日舒晶，祥風掃夜。祚歸王室，祓氛永謝，止沸定塵，造我區夏。

代宗孝義，德合天地，開貸生成，物資美利。香以報功，仁以作施，暘谷來威，月窟畢萃。

建中統極，聿修明德，武肅四溟，文清萬域。燭臨人隱，鏡觀物色，六合昭蘇，百蠻取則。

道惟廣兮運惟密，强名言兮演三一。主能作兮臣能述，建豐碑兮頌元吉。

大唐建中二年歲在作噩太蔟月七日大耀森文日建立。時法主僧寧恕知東方之景衆也。

唐・杜佑《通典》卷四〇《職官典二十二・視流内》 貞觀二年，置波斯寺。至天寶四年七月敕：『波斯經教，出自大秦，傳習而來，久行中國，爰初建寺，因以為名。將欲示人，必脩其本，其兩京波斯寺，宜改為大秦寺。天下諸州郡有者，亦宜准此。』

宋・王溥《唐會要》卷四九《大秦寺》 貞觀十二年七月，詔曰：道無常名，聖無常體，隨方設教，密濟羣生。波斯僧阿羅本遠將經教，來獻上京。詳其教旨，玄妙無為，生成立要，濟物利人，宜行天下。所司即於義寧坊建寺一所，度僧廿一人。

唐・韋述《兩京新記》卷三《醴泉坊》 十字街南之東，波斯胡寺。儀逢二年，波斯王卑路斯奏請於此置波斯寺。

又《義寧坊》 十字街東之北，波斯胡寺。

宋・宋敏求《長安志》卷一〇《唐京城四・醴泉坊》 街南之東，舊波斯胡寺。儀鳳二年，波斯王卑路斯奏請於此置波斯寺。景龍中，幸臣宗楚客樂此寺地入其宅，遂移寺於布政坊之西南隅祆祠之西。

雜録

《景教三威蒙度讚》 無上諸天深敬歎，大地重念普安和。人元真性蒙依止，三才慈父阿羅訶。

一切善衆至誠禮，一切慧性稱讚歌。一切含真盡歸仰，蒙聖慈光救離魔。

難尋無及正真常，慈父明子淨風王。於諸帝中為師帝，於諸世尊為法皇。

常居妙明無畔界，光威盡察有界疆。自始無人嘗得見，復以色見不可相。

惟獨絕凝清淨德，惟獨神威無等力。惟獨不轉儼然存，衆善根本復無極。

我今一切念慈恩，歎彼妙樂照此國。彌施訶普尊大聖子，廣度苦界救無億。

常活命王慈喜羔，大普耽苦不辭勞。願捨羣生積重罪，善護真性得無繇。

聖子端任父右座，其座復超無□高。大師願彼乞衆請，降栰使免火江漂。

大師是我等慈父，大師是我等聖主。大師是我等法王，大師能為普救度。

大師慧力助諸羸，諸目瞻仰不暫移。復與枯燋降甘露，所有蒙潤善根滋。

大聖普尊彌施訶，我歎慈父海藏慈。大聖謙及淨風性，清凝法耳不思議。

又《尊經》 敬禮妙身皇父阿羅訶，應身皇子彌施訶，證身盧訶寧俱沙。已上三身，同歸一體。

伊斯蘭教入華分部

綜述

唐・杜環《經行記・大食國》 無問貴賤，一日五時禮天，食肉作齋，以殺生為功德。【略】又有禮堂，容數萬人。每七日，王出禮拜，登高座為衆説法曰：『人生甚難，天道不易。姦非劫竊，細行謾言，安己危人，欺貧虐賤，有一於此，罪莫大焉。凡有征戰，為敵所戮，必得生天；殺其敵人，獲福無量。』率土稟化，從之如流。

又《大食法》　其大食法者，以弟子親戚而作判典，縱有微過，不至相累。不食猪、狗、驢、馬等肉，不拜國王、父母之尊，大信鬼神，祀天而已。其俗：每七日一假，不買賣，不出納，唯飲酒謔浪終日。

《舊唐書》卷一九八《西戎傳·大食國》　永徽二年，始遣使朝貢。其姓大食氏名噉密莫末膩，自云有國已三十四年，歷三主矣。其國【略】亦有文字。【略】其俗勇於戰鬭，好事天神。【略】唯食駝、馬等肉。

《新唐書》卷二二一下《西域傳·大食》　日五拜天神。【略】舉樂有禮堂，容數百人。率七日，王高坐，為下説曰：『死敵者生天，上殺敵受福。』故俗勇于鬭。土磽礫不可耕，獵而食肉。

《全唐文補編》卷三七《王鉷〈創建清真寺碑記〉》　竊聞俟百世而不惑者，道也；曠百世而相感者，心也。惟聖人心一而道同，斯百世相感而不惑。是故四海之內，皆有聖人出。所謂聖人者，此心此道同也。西域聖人謨罕默德，生孔子之後，居天方之國，其去中國聖人之世之地，不知其幾也。譯語矛盾而道合符節者，何也？其心一，故道同也。昔人有言：千聖一心，萬古一理。信矣。但世遠人亡，經書猶存。得于傳聞者而知西城聖人生而神靈，知天地化生之理，通幽明死生之説。如沐浴以潔身，如寡欲以養心，如齋戒以忍性，如去惡遷善而為修己之要，至誠不欺為感物之本。婚姻則為之相助，死喪則為之相送，以至大而綱常倫理，小而起居食息之類，罔不有道，罔不立教，罔不畏天也。節目雖繁，約之以會其全，大率以化生萬物之天為主。事天之道，可以一言而盡，不越乎吾心之敬而已矣。殆與堯之欽若昊天，湯之聖敬日躋，文之昭事上帝，孔之獲罪於天無所禱，此其相同之大略也。所謂百世相感而不惑者，足征矣。聖道雖同，但行於西域，而中國未聞焉。及隋開皇中，其教遂入于中華，流衍散漫於天下，至於我朝天寶陛下，因西域聖人之道有同于中國聖人之道，而立教本於正，遂命工部督工官羅天爵董理匠役，創建其寺，以處其衆。而主其教者，擺都而的也。其人頗通經書，蓋將統領羣衆，奉崇聖教，隨時禮拜以敬天，而祝延聖壽之有地矣。是工起于元年三月吉日，成于本年八月二十日。的（余）等恐其世遠遺忘，無所考證，遂立碑為記，以載其事焉。時天寶元年歲次壬午仲秋吉日立。

《中國回族金石録·［元］郭嘉〈（廣州）重建懷聖塔寺之記〉》

白雲之麓，坡山之隈，有浮圖焉。其制則西域，巉然石立，中州所未睹。世傳自李唐訖今。蝸旋蟻陟，左右九轉，南北其扃。其膚則混然，若不可級而登也。其中為二道，上出惟一戶。古碑湮漫，而莫之或紀。

又《［元］吴鑑〈（泉州）重立清淨寺碑記〉》　西出玉門萬餘里，有國曰大食。【略】初，默德那國王別諳拔爾·謨罕驀德生而神靈，有大德，臣服西域諸國，咸稱聖人。別諳拔爾猶華言天使，蓋尊而號之也。其教以萬物本乎天，天一理無可象，故事天至虔，而無像設。每歲齋戒一月，更衣沐浴，居必易常處。日西向拜天，淨心頌經。經本天人所授，三十藏計一百三十四部，分六千六百六十六卷，旨義淵微，以至公無私，正心修德為本；以祝聖化民周急解厄為事。慮悔過目新。持己接人，內外慎敕，不容毫末悖理。迄今八百餘歲，國人嚴奉尊信。雖適殊域，傳子孫，累世不敢易焉。至隋開皇七年，有撒哈八撒阿的幹葛思者，自大實航海至廣東，建禮拜寺於廣州，賜號懷聖。

又《［明］李光縉宗甫謙〈（泉州）重修清淨寺碑〉》　清淨之教，流入中土，自隋開皇始。首言□主，以真□為天主，真心為人主，故其教主于齋戒沐浴以事天凡一年，必有一月之齋，如吾中國歲首月是也；凡一月，心有四日之齋，值亢牛婁鬼之日是也；拜必沐浴，非沐浴，不敢入拜；齋必素食，非具□，不敢嘗食；教主遇齋，率衆誦經，西向羅列，但有膜拜，而無供儀。此教之大凡也。

又《［明］米榮〈（福州）重建清淨寺碑記〉》　清真寺之建，蓋以崇天方國之教也。天方肇之盤古，衍于西域，去玉門萬余里。地與袤廣，民物繁熙，自古與中國遼絕。至隋開皇間，有默德那國王名謨罕驀然德者，尊號為別諳拔爾，生而神靈，有大德，專以事天為本。天乃授經三十藏，計劃一百一十四部，分六千六百六十六章。書體旁行，有篆、草、楷三法。旨義淵徹，要旨祛惡攝善，忠君親教而已。惟乃祇誠捧誦，日按五時西拜以答。開皇七年，其徒奉經入關。賽爾德·斡葛思者，傳其業，遂航海抵閩，教道始行，布護流衍洋溢中國，各處建寺以祀。然其法戒心誦經，行慈重殺（牲），每月遇牛婁鬼亢之辰，拜天祝聖。每歲一月持齋，饑不食，渴不飲，以消其三毒五濁之愆，故名其寺為清真焉。閩之禮拜寺，即清真寺，始建於唐貞觀二年，其址在城南侯邑官賢之界。東臨官衢，西抵邑庠，南至民房，北依萬壽，縱橫深廣計有三十餘丈。

明·章潢《圖書編》卷五一《西域圖·回回館》　回回在西域，地與天方國鄰。其先即默德那國王謨罕驀德，生而神靈，臣服西域諸國，諸國尊為別諳援爾，華言『天使』也。國中有佛經三十藏，凡三千六百餘卷，書兼篆、草、楷，西洋諸國皆用之。隋開皇中，國人撒哈八撒阿的幹葛思始傳其教入中國。

明·何喬遠《閩書》卷七《方域志·泉州府·晉江縣一·山》　傳教中國。一賢傳教廣州，二賢傳教揚州，三賢、四賢傳教泉州，卒葬此山。然則二人，唐時人也。二人自葬是山，夜光顯發，人異而靈之，名曰聖墓，曰西方聖人之墓也。其在郡城，有清淨寺云。

《明史》卷三三二《西域傳·默德那》　隋開皇中，其國撒哈八撒阿的幹葛思始傳其教入中國。迄元世，其人遍于四方，皆守教不替。

清·杜臻《粵閩巡視紀畧》卷二　省城懷聖寺番塔，創自唐朝，輪囷十六丈。

清·郝玉麟等［雍正］《廣東通志》卷五四《寺觀·廣州府》　懷聖寺。在府城內西二里。唐時番人所創。內建番塔，輪囷直上，一十六丈五尺。【略】塔巔有金雞，隨風南北。每歲五六月，番人率以五鼓，登絕頂呼號，以祈風信。不設佛像，惟書金字為號，以禮拜焉。

又　卷五七《嶺蠻志·雜蠻》　日南徼外古城以至西域默德那國，其教專以事天為本而無像設。其地雖接天竺，而與佛異俗。重殺非同類，殺者不食，不食豕肉，謂之回回教門。今懷聖寺有番塔，創自唐時。輪囷直上，凡十六丈五尺，每日禮拜者是也。

清·邁柱等［雍正］《湖廣通志》卷七八《古蹟志·寺觀·武昌府·江夏縣》　清淨寺。在城南，唐創。明初有《御製百字聖號碑記》。

清·藍煦甫譯《天方正學》卷七《至聖穆罕默德墓志》　赤尼隋文帝遣使至，欲穆罕默德東，不可。亦遣使塞爾德、宛嘎斯率從者百餘人東，越歲而還。【略】赤尼隋煬帝遣使至，圓會方域。聖問之曰：『汝國主方荒於政，而暇及此耶？』復命塞爾德、宛嘎斯之赤尼，仍越歲而還。後赤尼唐王遣使至，請聖教及東土，聖命宛嘎斯往教東土。此宛嘎斯三次奉聖命往東土也。

又《宛嘎斯大人墓志》　大人道號宛嘎斯，天方人也，西方至聖之母舅也。奉使護送《天經》而來，於唐貞觀六年行抵長安。唐太宗見其為人耿介，講經論道有實學也，再三留駐長安，因敕建大清真寺，迎使率隨從居之。大人著各講章經論，勸化各國。嗣後生齒日繁，太宗復敕江寧、廣州亦建清真寺分駐。厥後大人期頤之年，由粵海乘海船放洋西去。既抵青石，伏思奉聖命而往，未曾奉命而還，何可還厥梓里？是以復旋粵海。大人在船中復命歸真，真體大發真香，墓於廣州城外，爲，古圖布奧斯。

論說

清·劉智《天方典禮擇要解》卷首《徐倬序》　禮，所以成物者也。天以禮，常其清；地以禮，常其寧；物以禮，常其生息；人以禮，成其爲萬物之靈。是以禮權天地，束萬物。一日無禮，而羣有失。然萬物能守禮勿移，人則任欲其亂。故一作『教』。聖人以禮教人，不以禮教物。典謨、訓誥，其諄諄於者至矣。天之生斯民也，不私疆域，凡有生民，即有聖人。此《天方典禮》乃西海聖人用以教西海之民者也。陳、隋之時，西方有大聖人，生而神靈。感一作『惑』。化萬物。文帝慕其風，遣使往求其經教以歸，由是西域始大通於中國。千百年來，流寓者衆，雖居中國，猶執祖教。

又　卷一《原教篇》　濟陽丁藥園《天方聖教序》曰：『中國自漢唐而下，世有三教之名，其來舊矣。不知未有三教之先，大西天方國之教為最真也。粵稽盤古氏開闢西域，而昆侖為開闢之祖山。天方居昆侖之陽，先得天地中和正脉，故其國王聖聖相承，專事化生萬物之主，率一作『卒』。臣民而敬禮之，絕不類於虛無寂滅者。其古初立教之源，可謂既清且真矣。《易》曰：「帝出乎震。」《詩》云：「上天之載，豈不若合符節乎？」迨至世運遞降，聖遠言湮。南北朝時，東土西陲浸淫於二氏已極，乃篤生大聖穆罕默德，作君，作師，維持風華。神靈大德，拔萃於前聖者，不可悉數。西域諸王，臣服而信從之，共於天下。

藝文

宋·方信孺《南海百詠·番塔》 始於唐時，曰懷聖塔。輪囷直上，凡六百十五丈，絶無等級，其穎標一金鷄，隨風南北，每歲五六月夸人率以五鼓登其絶頂，叫佛號以祈風信，下有禮拜堂。

半天縹緲認飛翚，一柱輪囷幾十圍。絶頂五更鈴共語，金鷄風轉片帆歸。《歷代沿革》載懷聖將軍所建，故今稱懷聖塔。

清·佚名《回回原來》 第一段 唐王夜夢纏頭

詩曰：回回原來都西域，如何中國永奠居？只因唐王一夜夢，移來三千立根居。敕封掌印欽天監，安居中原地永寧。深感唐王優禮重，至今保國更無移。

大唐貞觀二年三月十八日夜分，太宗夢有妖物奔竄入宮。旋見一纏頭者降伏是怪，怪遂出宮而去。覺來驚疑，未審何兆。次日早朝，金鐘一點，御殿聚會羣臣，文武分班而立。適欽天監出班奏曰：『臣夜觀乾象，見有妖氣直貫紫微，主有精怪攪亂我主之天下。又觀西方祥光萬道，瑞氣千條，遙映紫垣，此方必有真人出現，能克制之者。乞陛下早賜裁奪，遣使訪求，以應天象。』唐王曰：『朕亦夢有妖怪，青面紅髮，巨口獠牙，闖入宮中，殊形兇惡。復見一纏頭者，捧手密誦，怪即逃遁。但見其人形容非凡，詩曰：

『面如烏金色，耳輪垂兩肩，腮闊貌奇偉，頷下雙鬢卷，唇鬚剪齊短，腮髮似金環，兩道掃帚眉，鼻高環睛眼。真人出西域，為何來中原？身穿皓服粉裝成，八寶玉帶繫腰中，頂戴素冠六合瓣，纏頭布巾似盤龍，凜凜身材生瑞靄，好似真人下九重，進宮向西雙膝跪，兩手執捧念真經。

『但見那妖魔遂即變化原形出現，聲聲哀告：「望乞真人饒命，再誦一言，化成膿血，而為灰塵矣。」纏頭聞言，釋放而去。卿家夜觀乾象，圓其夢，試言為何兆。』圓夢官出班奏曰：『纏頭係西域回回，居屬嘉峪關外西天方國，回王道高德厚，國富兵强，其地多出奇珍異寶。風俗淳厚，天下向化。佛亦生西域。雖則西域出真人，降大聖，感化千般，獨貴聖誕日。届時，晝夜明亮，日出五色，白雲罩頂，天降真經。白氣沖天，所以有祥光瑞氣兆也。怪物入宮，必有混亂國家之兆。我皇夜夢纏頭，必有扶翊大唐之意。陛下所述降妖者，得毋是人耶？宮中妖氣必得回回鎮壓之，庶乎可以消滅。』言罷歸班。

天子聞奏，失色曰：『闔朝文武，各部羣臣，依卿所奏，如之奈何？』唐有軍師姓徐名勣字茂公者，越衆出班奏曰：『臣聞回回至誠無欺，有始有終。結之以誠，必忠心悦服，永無他意。如今之計，開關通姓，招之使來，主夢有徵。事宜速行，啓我皇降御旨，差使臣至西域，進見回王，求請真人，以鎮我國平安無事。』天子聞言，曰：『依卿所奏！』急速降旨，聘請通使，擇吉日起程。

第二段 奉旨西域請真人

［西江月］詩曰：唐王夜得一夢，纏頭金殿受封。原夢官奉主知，回王本籍西域。夢至金殿做景，有輔大唐之意。

唐王急遣大臣石堂，奉書至西域。通史帶領引見，回王接書，早知其意。通史宣讀書曰：『欽惟回王，化行西方，清真堪嘉，悃誠可奬。不尚浮華，依然太古之淳俗；無庸詐偽，猶是三皇之遺風。無謀生前，以繫其心志；推辦後世，以進乎天堂。德輝廣被，分照鄰邦；入宮驅邪，相見於夢寐，扶世翊運，必資乎賢良。爰興籍材，異地之思；不勝賚予，良弼之望。遣使請命，永鎮其邦。』讀畢，回王大喜。厚待唐朝使臣，送在館驛。安歇旬日，送使臣歸國。

第三段 通史奉書赴中國

回王遂修書，速宣使臣蓋思、吳哀思、幹歌士三通使，偕石大臣奉使唐朝。三位爸爸上殿，一個個上知天文，下達地理。回王一見喜曰：『爾三人奉使唐朝，勿辱王命。』又言於使臣曰：『汝回中原，須把予之容貌帶與唐王一觀。』即取紙一張，掛克而白牆。回王立紙前一刻，聖貌即附紙上。又謂使臣曰：『汝將此像拿至中原，須對唐王言之，斷不可參拜。』蓋思二人領旨，謝恩出朝，當即起程。夜宿曉行，至中途，蓋思、吳哀思不服水土，病故於嘉峪關外。只存幹歌士一人，山川跋涉，受盡千辛萬苦，乃至中國。先令通使入告唐王。早朝，有皇門官帶領西域回王通使與專使石堂至金殿呈書。唐王覽其書云：

聖王穆穆，威鎮遐方。東西南北，羣仰布德之弘深；九夷八蠻，共戴皇恩之浩蕩。念我回王，聲教互通；緣驅邪之入夢，辱專使之遙臨。惟楚有材，而晉用之，往事堪稽，何能方命？特派大臣蓋思、吳哀思、斡歌士用副使。旁求之雅，並祝萬年有道。

唐王覽畢，傳旨令回王使臣館澤安歇，次日早朝見駕。又令石堂將西域聖王圖像呈上。唐王觀之，與夢中所見一般。即命掛在殿上參拜。方拜之際，仰面視之，聖像忽不見。蓋因使臣忘卻回王所囑：勿得參拜語。俟像不見，使臣方言，悔之晚矣。

第四段　唐王私行館驛會纏頭

唐王退朝，打扮青衣小帽，私行館驛。遙望回使，暖閣正坐，見其形容古怪，相貌非凡：唇鬚稍短，腮髮翻卷，人稱異面目，黑光圓眼睛。身穿皓服飄飄，頂戴素冠湛然；手持經卷橫書字，頭纏布巾三五圍。仔細睨目窺看，卻似夢中所見。走至面前，口稱：『遠客，有禮了。』纏頭聞言，一望而知：天庭飽滿，地閣方圓，君王相貌；動似龍轉，行如虎步，天子私行。使臣欠身而起，伏俯奏曰：『蒙中國之天子先禮遠方使臣，使臣何當！』唐王愕然曰：『爾焉知我為天於乎？』纏頭奏曰：『西域回回善於識寶，上知天文，下達地理，能知已往之事蹟，善察未來之性情；吉凶可以預卜，禍福莫不早知。富貴貧賤一望而知，智愚賢否莫逃其鑑。豈有天子之氣相，超乎尋常，一望而不識？』唐王聞言，知為異人，駕轉回官。

第五段　進朝問禮經異同

次日早朝，聚衆羣臣，文武分班而立。宣召使臣入朝。天子賜坐，問曰：『爾西域所行何事？』纏頭奏曰：『仁義禮智信，家喻戶曉；孝弟忠信，個個體行。于三綱五常，尤所講習。』唐王曰：『此乃孔子之道。當日周遊列國，行其教化，是以中國之人無不知曉。未聞孔子亦至西域。爾遠方人亦知此禮乎？』纏頭奏曰：『吾西方有一部經，乃從天而降也，名為《甫爾噶尼》。善明綱常倫禮，包羅日月乾坤；可以感發人之善心，懲創人之逸志，實與《詩經》相表裏；可以陶淑人之性情，涵養人之心志，實與《禮記》相維繫；而其定百王之大法，明萬世之賞罰，可以當中國之《春秋》；而其政事之悉，紀綱之雜陳者，可以作中國之《書經》。且學之而明乎吉凶消長，識進退之道者，則文王之《易經》終不如《甫爾噶尼》之詳明切近也。吾一經而備五經之旨，蓋無物不有，無事不概，何但此理！』唐王聞言甚喜，遂吟詩一首：

天降真經無價寶，五經四書包藏了；古經真言傳大道，中國誰知半分毫。

第六段　軍師舉用纏頭

天子駕下，有一軍師徐世績出班奏曰：『臣聞僧人唐三藏言，西域真經乃三十冊。照察人倫，禮義綱常，天文地理，包羅日月星辰。可以治國安邦，可以除怪鎮邪。回回善於識寶，但憑西域一部真經。五經四書未若真經之半冊，羣星朗怎比日月之光明。主公夜夢纏頭，真乃國家之祥。萬幸萬喜！昔日國家之祥，佛生西域，祥光現于周朝；聖教東流，金身見於漢帝。西域惟出仁慈大聖，行其教化，受命真經，所以夢景唐朝。我王即如周漢之相類乎！』言罷歸班。

天子駕下，有一名臣魏徵奏曰：『主公幸遇回使，非庸常使臣也。能達陰陽，善察未來。晉伊欽天監，以觀災患，令起大唐幀祥，大萬喜臨。朝禮當重用，誠不可以蠻夷視之也。』官罷歸班。

天子明乎其言，遂吟詩云：

久聞天經誰會明，今遇高人知真經；卿等又奏善識寶，能與孤家定太平。

第七段　大笑祥問拜禮

唐王私訪館釋日，望纏頭面向正西，望空朝拜，抬手密誦，鞠躬叩頭。所行于孔禮不同，亦莫知其故。就爾問曰：『爾望空朝拜何人？』纏頭答曰：『吾拜主也。』唐王笑曰：『爾自西域來此，還拜回王主也？』纏頭答曰：『不然：西域中國不同，吾西域清真正教，中庸大學，萬古不朽。遵人祖之道，可謂孝矣。孝者有三：孝順父母，報答養育之恩；遵守國法，報答水土之恩；朝拜真主，報答原造之恩。』纏頭吟詩云：

西域真經教不凡，無塵無染出世間；當行可止皆天命，不必請教無根談。拜張拜李忘根本，祈妖祈神昧本真；吾教只拜原造主，人祖降世古今傳。

唐王曰：『原造之品多大？此主能造三世天下麼？』纏頭吟詩云：

真主造化口難言，包羅兩世細尋參；為上至高無定位，潤下至深理最玄；四方寬滿無盡限，獨權一主總包含；大道在人人在道，主能造化廣無邊。

唐王曰：『爾朝拜之時，兩手摸耳，其何意也？』纏頭答曰：『抬手之時，眼不觀，耳不聽，口不言，心不思，手不舉，足不動，六門關閉。即遇造次顛沛之事，亦不移也。』纏頭吟詩云：

一抬兩手六門關，戒私除邪鎖心猿；舉意認時心安定，如主闕下訴真言。

唐王曰：『何不即拜？站立多時是何意也？』纏頭答曰：『朝誦多時，告饒祈恕罪過。』纏頭吟詩云：

如臨深淵向西朝，戰戰兢兢誦哀告；悔悟一身罪過重，望主寬恩求恕僥。

唐王曰：『爾作揖不至地，是何禮乎？』纏頭答曰：『作揖不至地，手心對護膝，彎腰乃鞠躬，即臣見聖明。』纏頭吟詩云：

鞠躬身端背皆平，下觀地獄遍七層；抬頭如見天堂美，撇卻乾坤望九重。

唐王曰：『叩首面着地，是何禮乎？』纏頭吟詩回云：

叩首交還一點心，生時面地是原根；造化為人貴萬物，人人該當報主恩。

唐王曰：『疊足穩坐，何為拜主？』纏頭答曰：『靜氣寧心，交功祈賞。』纏頭吟詩云：

疊足穩坐眼觀心，此命奉欽謹領遵；七竅功完交付主，請功受賞謝主恩。

唐王曰：『爾兩手平心執捧，是何意也？』纏頭吟詩回云：

都阿本是聖人傳，主賜恩典兩手端；求慈普世民安樂，風調雨順帝王安。

第八段　問主原來有甚能

唐王曰：『講拜主是理，朕且問你：主從何有？何來？何造？何生？何形？何象？主有何知？何能也？』纏頭答曰：『考萬古之開闢，混沌未分，天地無有，上下只一片黑暗。而乃自空中黑暗之中，真主顯其大能，從無中生有，化立天地萬物。此乃亙古之大本也。』纏頭吟詩云：

認主須要尋根源，化立天地萬物全；世界衆生從此有，萬物開闢主在先。

又詩云：

主無稽考誰敢論，無來無去更無根，無造無生無繼緒，無迹無影無現身，無似無形無比賽，無夥無伴獨為尊，有形有氣皆主造，不拜真主拜何人？

唐王笑曰：『細思此言，皆無據也。何由而知有此主乎？』纏頭吟詩云：

莫笑乾坤無主宰，生死復活何處來？先天後地誰執掌？日月星辰何人排？千座名山誰造化？萬道江河何人開？晝夜常流不停止，流至何處是滿哉？五穀田苗何人種？男精女血誰造胎？萬般若無造化主，胎卵濕化從何來？

唐王聞言，甚服，不復辯論。纏頭曰：『家無主則事奸，國無主朝中亂，乾坤無主天下變。惟有真主才能造化乾坤萬物，使之不壞也。但主無色相，尋視而不見，聽而不聞，大出乎才人思議之表也。』纏頭吟詩云：

主降西域一部經，造化玄機能解明；五經惟論今世事，原始歸宿理未清。

又曰：『此經乃奉真主明命所降，欽差聖人真傳，上有六千六百六十六段。明勝日月，包羅乾坤，無所不照。單表一段，經云：即如匠者，將金銀白玉切磋琢磨，用功造成美像之類，雖然由人妙工做成，卻無命、無氣，不能行遊。普世等類生靈，有命，有氣，能食，能飲，能觀，能行，明人。細參而再思之，非由人力也。明明顯然：造化天地人，普生萬物根，惟有獨一大能之真主。』纏頭吟詩云：

主造無極為降聖，因聖餘光造普生；雖然不見真主現，胎卵濕化何人能？

唐王聞言，深服。遂吟詩一首：

平心靜氣細想參，談論道高理最玄；胎卵濕化玄機奧，無中生有主尊權。

唐王吟詩已畢，命排筵宴，管侍纏頭。從此朝夕對，講論不輟。文武百官，莫不信服。

第九段　問像原來是何人

一日，唐王與纏頭同遊至大寺中。唐王見神像下拜，纏頭大笑。唐王拜畢而嗔曰：『汝見像不拜，反笑為何？』纏頭答曰：『真像不拜拜假像。』唐王曰：『敬神者，賜之一福；慢神者，降之一禍。禍福皆神妖之靈，為何不拜？』纏頭吟詩回云：

造化乾坤主大能，降賜萬物養衆生；造化人體人造像，泥塑木雕裝成形；入廟拜像望增福，無知無識似啞人；形像但憑人造作，何能降福與衆生？人受主造不拜主，像受人造拜假形。

唐王曰：『中國之人，入廟拜像祚福。如何謂之假形？』纏頭吟詩云：

更笑庸來更笑庸，泥木五色裝成形，破廟神頭若漏雲，雨沖泥散朽凋零。五色裝修逐水去，僧逃道走無蹤影，原造真主不曾拜，卻棄真形拜假形。

唐王曰：『人亡魂未死，屍臭靈還在。神像假形雖朽無，真魂靈感常存有。敬神如神在焉，敢不拜？』纏頭問曰：『何者為神？』唐王曰：『神出周朝。文王駕下有一軍師，姓姜名尚字子牙，學名呂望，道號飛熊，稱為太公。此人八十遇文王，善於拆天補地，斬妖除邪，呼風喚雨，奧妙無窮，輔立周朝，除暴安民。功成之後，斬旗封神。自此以後，神之其多，不可盡述也。』纏頭又問曰：『何者為佛？』唐王答曰：『亦出周朝。昭王甲寅二十四年四月初八日寅時降誕，父是梵王皇帝，母是耶摩夫人，妻是耶輸公主，子是羅候太子。此人年長十九歲，出家修行，受盡千辛萬苦，七十二轉，成其釋迦佛。自此以後，佛道行於中國，可以拜也。』纏頭吟詩云：

梵王太子稱釋尊，太公斬將封衆神，二人皆出周朝內，周朝以前拜何人？

唐王深服，作詩一首：

佛乃人生人封神，神佛卻是人為尊；護國佑民是神否？周朝君民何人恩？台城餓死梁武帝，念佛佛不救餓君；神佛原來人之後，望空拜主是原根。

第十段　讚孔比聖論五行

唐王吟詩已畢，又曰：『中國出一聖人，稱夫子，他有讚語，朕念於使者聽知：聰明睿智，亙古一人；德配天地，歷代師尊；刪注六經，道貫古今；陶成諸子，過化存神；道高德厚，中國聖人。』

纏頭曰：『吾西域亦出一位聖人，乃穆罕默德。聖人讚語，使臣念於主公聽知：大聖大慈，百帝真君；降伏邪教，歸正清真；元氣秉粹，聖智生成；道傳萬代，教授真經。』

纏頭讚畢，唐王曰：『中國聖人姓孔名丘字仲尼，家居魯國，魯君駕下稱臣。在魯國池西立一學堂，教化三千徒衆、七十二賢人。使者知否？』纏頭吟詩回云：

孔子魯君駕下臣，教化七十二賢人；未聞孔子入道否？朝聞夕死是何因？

唐王又曰：『中國聖人生於周末。爾西域聖人生於何時？』纏頭答曰：『吾西域聖人，名在先，生在後，為前聖之統緒，後人之規模。此聖之後，永無聖人矣！』纏頭吟詩云：

西域聖人降于唐，十二萬餘聖人綱；大凡教下俱稱讚，後人引會進天堂。

唐王曰：『西域聖人得道乎？甚麼品級？』纏頭吟詩云：

聖人受命乃至真，降于天堂奉主欽，不因貴聖傳正道，不造乾坤不造人。

唐王曰：『仁義禮智信，此五常乃孔子之道，當日周遊列國行其教化，中國之人無不知曉。西域聖人道傳何事？』纏頭答曰：『誠禮濟齋遊，此五功乃吾教穆罕默德聖人之道，西域男女莫不遵行。』唐王問曰：『何以為誠？』纏頭答曰：『誠是實心認主。』纏頭吟詩云：

先認造化真主，提防光陰有限；念作真主言語，此言常記心間；在身無價之寶，回光返照當先；若為此事千般，後世之日全見。

唐王曰：『何以為禮？』纏頭答曰：『禮是禮拜，拜是拜主。』纏頭吟詩云：

定心致意信有，須當感謝朝參；一日五時交還，如臨深淵立站；聽念專心用意，鞠躬膽戰心寒；分毫不差皆全，許邀天堂做伴。

唐王曰：『何以為濟？』纏頭答曰：『濟是周濟貧乏。』纏頭吟詩云：

財餘該行此課，理當舍給貧家；十四兩五錢發，系是天堂工價；昧心奸吝不舍，未知周轉誰家；錢財枉費罪重，後世之日難罷。

唐王曰：『何以為齋？』纏頭答曰：『齋是戒口免罪。西域男女莫不遵行。』纏頭吟詩云：

把齋暗行功課，不論貧富易難；一年內有卅日，男女皆行功完；燥煉一身罪過，看守七竅差錯；若縱性不歸依，外教之人一例。

唐王曰：『何以為遊？』纏頭答曰：『遊是遊天房也。』纏頭吟詩云：

天下國土無數，因何朝拜天房？真主造在中央，系是人心戀望；路途遙遙阻斷，乃有脚力行糧；七日大朝應當，五時俱朝前向。

纏頭講論大道，包羅兩世全美。唐王心中甚喜，遂吟詩云：

中國大道孔子傳，西域大聖降臨凡；傳流仁義禮智信，誠禮濟齋出世間；五常只論今世事，五功包羅兩世全；只說孔子道德大，誰知天外還有天。

第十一段　何為回回二字

唐王吟詩已畢，問曰：『回回二字何謂也？』纏頭吟詩回云：

回回二字少人知，回光達上透玄機；聖人傳命口內口，日出東方又轉西；教道遵行心口同，明命字義亦相同；字形內外俱如一，惟有一回採取中。

唐王曰：『三教九流，諸子百家，七十二旁門，各有祖傳。你教之道，何祖所立？』纏頭答曰：『天地開闢之後，自降人祖以來，乃奉真主明命立教。清真遺流五行，所以賜命道傳於萬代。一切就裏，不論浮情，歷代聖人無一個不奉行。但品級不同，皆俟主命所行，各辦清真功課，五時朝拜真主。此五行系受欽命，聖人傳於後代，當行可止，俱遵天命，清真萬古不朽。後有七十二旁門，一切浮華，非聖之書，皆為異端，攻乎斯害也已！』

唐王曰：『聖各有教，教各有道。自生民以來，未有盛于孔子也。孔教亦不真乎？』纏頭答曰：『子貢曰：孔子之文章，可得而聞之也；孔子之性道，不可得而聞之也。使臣不敢以子教為是，亦何敢以子教為非乎？豈不知《論語》有云：朝聞道夕死可矣。』

唐王曰：『你教何以為清？』纏頭答曰：『一塵不染，萬渣俱淨，歸主一本，潔如澄水，明如滿月。萬物輕清在上者為貴，重濁在下者為賤。此吾教取清之意也。』纏頭吟詩云：

清玄上沖門牛宮，下玄明月照九重；清邊降下三點水，風調雨順百草生；清天月水誰造化，月水清玄主大能；有人參透主月水，開門見日宇宙清。

唐王曰：『你教何以為真？』纏頭答曰：『言無虛假，行無偽詐，視人一世，一切浮雲。主以真言教人，教以真心認主。循是以行，臣事君為真孝。視人一世，一切往來，酬酢皆真。此吾教取真之意也。』纏頭吟詩一首：

真主真命立清真，真聖真傳真道遵；真恩真聖真造化，真山真水真乾坤；真君真臣安天下，真經真聖訓黎民；真聖真言傳真教，真心真學入真門。

唐王聞言甚喜，讚曰：『認定清真，可謂正教矣。』遂吟詩一首：

至正回回教，清真非旁門；存心有獨向，屬意吾同遵；計日齋兼拜，按時感主恩；古今永不二，賴有經常存。

纏頭亦吟詩一首：

人祖奉命傳清真，後有七十二旁門；自古清真行大道，五時面主正教門。

唐王誠服。清真兩世大道。纏頭默視，誠念：吾教之心未見，其功卻是真否？遂吟詩云：

天覆地載是客房，普世山河畫一張；明燈高照席全備，行人下店問李張。

又解詩云：

行人大道此處明，燈房席畫何人能？為人若不明此理，枉在人間走一程。

第十二段　敕封掌印欽天監

纏頭吟詩，有意提醒唐王：只有今世弘福，無有後世清福，無以嗎乃之份。惜唐王不察。

唐王見纏頭經書精明，道德兼全，談論不輟，對答如流，故而喜曰：『爾能達陰陽，善察未來之事。朕當留爾在吾中國，封為欽天監，掌印鎮國，以觀災異，與國同休。你意下如何？』纏頭躬身不語。

唐王又曰：『朕封汝高官爵禄，百歲榮華。爾意如何？』纏頭吟詩奏云：

百歲高官如夢蹈，不受爵禄最為高；千年富貴如沙岸，萬載榮華似海潮；其金晉世湯潑雪，白玉乾坤火燎毛；不貪今生榮華貴，最怕後世黑火燒。

唐王曰：『朕當許你中國傳真經，立正教，傳清真之道，行功拜主，惟辦後世，久圖進乎天堂。你意下如何？』纏頭奏曰：『臣隻身異國，獨居無偶，道傳何人？』唐王曰：『朕選三千唐兵至西域，更換三千回兵來吾國，與爾做伴，助爾傳教。爾意如何？』纏頭再拜奏曰：『三千唐兵各有家室，比乃行道之人，不忍使其父母兄弟妻子離散。臣請修表奏明回王，挑選回兵之中無牽掛者，不拘多少來此。但求陛下賞給糧饗，擇地安居，如是則可以兩全矣。』

唐王大喜，命纏頭即修表章馳奏西域。回王覽表畢，即命蘇哈爸等挑選無牽掛者三千人，前赴中國，幫同斡歌士傳教，聽其訓誨經文及禮儀一切。

衆兵領命起行，直抵中國。及至長安，唐王詔命尉遲敬德在學習巷內監修大禮拜寺，搭蓋住房，與回兵居住。至今學習巷內，碑迹猶存，遺蹤宛在。此即回教初入中國之由來也。

至明皇、肅宗之世，安禄山叛賊猖撅。唐王詔命回兵齊集，□□修表，令回臣自修表章往兩域。請□□□。回臣領命修表，遣使馳送西域。回王覽表，知是前赴中國斡歌士後裔奏請撥兵，即傳命選派三萬雄師速赴長安。適唐兵正在危急，回兵初至，一往無前，殺賊無算。安禄山退守河南。回兵乘勝追趕，賊人聞風膽喪，相顧而謂曰：『回兵至矣！』皆不戰而潰。遂克復此方，蕩平僭亂，建立殊勳。

唐王大喜，即降聖旨：所有為國報效者，令統兵大臣查明請獎。並諭回部官兵，毋庸回國，仍駐中國受職，世襲以為輔朕親兵。回臣遵命，率衆謝恩。

唐王復命廷臣于長安添建大寺，旁蓋住房，安置回兵。又命廷臣於□□省擇品性與回教等潔淨相合者，□□□室，俾其安家立業，詒留子孫以□□□。廷臣奉旨，於江西省内采選□□□女三千，護送長安擇配。自此綿綿□□□，長垂福慶於千秋。執殳者前驅可效，戰必凱□□；枕戈者後勁無虞，膽無畏怯。入則□□□□，出即維翰維屏矣。厥後因兵端靖□□□，各方民因未舒，分調各處，以□□□邊後剿之用是矣。回教軍民各省□□□□入籍者，茲特彙集前聞布傳宗本，□□□□人亦知飲水思源之意云爾。

尾聲

大清康熙歲次壬寅，皇上自口外駕還，到馬總兵衙門歇宿。一夜，君臣相談，講論道理。問曰：『你回回之道亦知明命之意麼？』對曰：『臣不知。不敢妄奏。』又問：『為何名清真？』對曰：『臣亦不知。』又問曰：『為何自西域來至中國？始於何代？因何緣故？』對曰：『臣更不知。』

皇上曰：『朕有一本書，取來你看，自曉得。』急取書賜馬進良總兵。總兵曰：『臣不識字。願受此書，令人通字意，講解而盡知。』皇上甚喜。嗣後來，馬總兵將此書差人抄寫一本，送與懷慶府閻定國總兵。素係恪守教規者，一見此書，遂即奉傳，乃知回回原來之根也。

摩尼教入華分部

綜　述

唐・杜佑《通典》卷四〇《職官典二十二・視流内》　開元二十年七月敕：『未摩尼法，本是邪見，妄稱佛教，誑惑黎元，宜嚴加禁斷。以其西胡等既是鄉法，當身自行，不須科罪者。』

唐・李肇《唐國史補》卷下　回鶻常與摩尼議政，故京師為之立寺。其法，日晚乃食，敬水而茹葷，不飲乳酪。其大摩尼數年一易，往來中國，小者年轉。江嶺西市商胡橐，其源生於回鶻有功也。

《全唐文補編》卷六三《莫賀達干〈九姓回鶻愛登里羅汨没蜜施合毗伽可汗聖文神武碑并序〉》　皇帝與回紇約，長爲兄弟之邦，永爲舅甥之國。可汗乃頓軍東都，因覩風俗，敗民弗師，將睿息等四僧入國，闡揚二祀，洞徹三際。況法師妙達明門，精通七部，才高海嶽，辯若懸河，故能開正教於迴鶻，以茹葷屏湩酪爲法，立大功績，乃曰：『汝傒悉德。』於時都督刺史、内外宰相司馬僉曰：『今悔前非，願事正教。』奉旨宣示，此法微妙，難可受持，再三懇惻，往者無識，謂鬼為佛，今已悟真，不可復事。特望□□□□曰：即有志誠，任即持賫。應有刻畫魔形悉令焚爇，祈神拜鬼并擯斥而受明教。薰血異俗，化為蔬飯之鄉；宰殺邦家，變為勸善之國。故聖人之在人，上行下效。法王聞受正教，深贊虔誠。□□□□願領諸僧尼入國闡揚，自後令慕闍徒衆東西循環，往來教化。

唐・白居易《白氏長慶集》卷五七《翰林制誥四・與迴鶻可汗書》　皇帝敬問迴鶻可汗夏熱。【略】其東都、太原置寺，此令人勾當，事緣功德，理合精嚴。又有彼國師僧，不必更勞人檢校。其見撚拓勿施鄔達于等，今並放歸。所令帝德將軍安慶雲供養師僧，請住外宅。又令骨都禄將軍充檢校功德使。其安立請隨般次，放歸本國者，並依来奏，想宜知悉。今賜少物，具如別録。内外宰相及判官摩尼師等，並各有賜物。至宜准數分付内外宰相官吏師僧等，並存問之。遣書指不多及。

唐・李德裕《會昌一品集》卷五《詔敕上・賜回鶻可汗書意》　摩尼教，天寶以前，中國禁斷。自累朝緣回鶻敬信，始許興行，江淮數鎮，皆令闡教。近各得本道申奏，緣自聞回鶻破亡，奉法者因茲懈怠。蕃僧在彼，稍似無依。吳楚水鄉，人性囂薄。信心既去，翕習至難。且佛是大師，尚隨緣行教，與蒼生緣盡，終不力為。朕深念異國遠僧，欲其安堵，且令於兩都及太原信嚮處行教。其江淮諸寺權停，待回鶻本土安寧，即却令如舊。

《舊唐書》卷一四《憲宗紀上》　（元和二年春正月）庚子，迴紇請于河南府、太原府置摩尼寺，許之。

又　卷一九五《迴紇傳》　（元和八年）十二月二日，宴歸國迴鶻摩尼八人，令至中書，見宰臣。先是，迴鶻請和親，憲宗使有司計之，禮費約五百萬貫。方内有誅討，未任其親。以摩尼為迴鶻信奉，故使宰臣言其不可。

《新唐書》卷二一七上《迴鶻傳上》　元和初，再朝獻，始以摩尼至。其法日晏食，飲水茹葷，屏湩酪，可汗常與共國者也。摩尼至京師，歲往來西市，商賈頗與囊橐為姦。

宋・王溥《唐會要》卷四九《摩尼寺》　貞元十五年四月，以久旱，令摩尼師祈雨。

宋・王欽若等《册府元龜》卷九九七《外臣部・技術》　吐火羅國支汗那王帝賒開元七年上表，獻解天文人大慕闍。其人智專幽深，問無不知。伏乞天恩，唤取慕闍親問臣等事意及諸教法，知其人有如此之藝能。望請令其供奉，并置一法堂，依本教供養其長男吉獵顛。

又　卷九七六《外臣部・褒異第三》　（後唐明宗天成四年八月）癸亥，北京奏葬摩尼和尚。摩尼，回鶻之佛師也。先自本國來大原。少尹李彦圖者，武宗時懷化郡王李思忠之孫也。思忠本回鶻王子嗢没斯也，歸國錫姓名。關中大亂之後，彦圖挈其族歸太祖，賜宅一區，宅邊置摩尼院以居之，至是卒。

宋・司馬光《資治通鑑》卷二三七《唐紀五十三・憲宗昭文章武大聖至神孝皇帝上之上》　是歲（元和元年）回鶻入貢，始以摩尼偕來，於中國置寺處之。其法，日晏乃食，食葷而不食湩酪。回鶻信奉之，可汗或與議國事。

又　卷二四〇《唐紀五十六・憲宗昭文章武大聖至神孝皇帝中之下》　元和十二年春正月，【略】回鶻屢請尚公主，有司計其費，近五百萬緡。時中原方用兵，故上未之許。二月辛卯朔，遣回鶻摩尼僧等歸國，命宗正少卿李誠使回鶻諭意，以緩其期。

宋・釋志磐《佛祖統紀》卷三九《法運通塞志第十七之六・唐・則天武后》　延載元年，【略】波斯國人拂多誕，西海大秦國人。持《二宗經》偽教來朝。

又　卷四一《法運通塞志第十七之八·唐·代宗》（大曆三年七月）敕回紇奉末尼者，建大雲光明寺。

（大曆六年）回紇請於荆、揚、洪、越等州置大雲光明寺。其徒白衣白冠。

又　卷四二《法運通塞志第十七之九·五代·梁·末帝》（貞明六年，陳州末尼聚衆反，立母乙為天子。朝廷發兵，擒母乙，斬之。其徒以不茹葷飲酒，夜聚婬穢。畫魔王踞坐，佛為洗足，云佛是大乘，我法乃上上乘。其上慢不法，有若此。

《舊五代史》卷一〇《梁書·末帝紀下》（貞明六年）冬十月，陳州妖賊毋乙、董乙伏誅。陳州里俗之人，喜習左道，依浮屠氏之教，自立一宗，號曰上乘。不食葷茹，誘化庸民，揉雜淫穢，宵聚晝散。州縣因循，遂致滋蔓。時刺史惠王友能恃戚藩之寵，動多不法，故姧慝之徒，望風影附。毋乙數輩，漸及千人，攻掠鄉社，長吏不能詰。是歲秋，其衆益盛，南通淮夷。朝廷累發州兵討捕，反為賊所敗。陳、潁、蔡三州，大被其毒。羣賊乃立毋乙為天子，其餘豪首各有樹置。至是，發禁軍及數郡兵合勢追擊，賊潰，生擒毋乙等首領八十餘人，械送闕下，並斬於都市。

又　卷一三八《外國傳二·回鶻》　周廣順元年二月，遣使并摩尼貢玉團七十有七，白氎、貂皮、氂牛尾、藥物等。

《新五代史》卷一一《周紀·太祖紀》（太祖廣順元年二月丁巳）回鶻使摩尼來。

明·何喬遠《閩書》卷七《方域志·泉州府·晉江縣一·山》　華表山與靈源相連，兩峰角立如華表。山背之麓，有草庵，元時物也，祀摩尼佛。摩尼佛，名末摩尼光佛，蘇鄰國人。又一佛也，號具智大明使。

【略】

其教曰明，衣尚白，朝拜日，夕拜月，了見法性，究竟廣明，云：『即汝之性，是我之身。即我之身，是汝之性。』蓋合釋老而一之，行於大食、拂林、火羅、波斯諸國。晉武帝太始丙戌，滅度于波斯，以其法屬上首慕闍。慕闍，當唐高宗朝，行教中國。至武則天時，慕闍高弟密烏没斯拂多誕復入見。羣僧妬譖，互相擊難，則天悅其說，留使課經。開元中，作大雲光明寺奉之。自言其國既有二聖，號行意、夷數，若中國之言船古者，末之為大言也。其經有七部，有《化胡經》，言老子西入流沙，托生蘇鄰事。會昌中，汰僧，明教在汰中。有呼祿法師者，來入福唐，授侶三山，游方泉郡，卒葬郡北山下。

論　説

宋·釋贊寧《大宋僧史略》卷下《大秦末尼胡神也〈官品令〉有祆正》　火祆教法，本起大波斯國，號蘇魯支。有弟子名玄真，習師之法，居波斯國。大總長如火山，後行化於中國。貞觀五年，有傳法穆護何祿，將祆教詣闕聞奏。敕令長安崇化坊立祆寺，號大秦寺，又名波斯寺。開元二十年八月十五日敕：『末尼本是邪見，妄稱佛教，誑惑黎元，以西胡等。既是師法，當身自行，不須科罰。』至天寶四年七月敕：『波斯經教，出自大秦，傳習而來，久行中國。爰初建寺，因以為名，將欲示人，必循其本。其兩京波斯寺，宜改為大秦寺。天下諸州郡有者，準此。』

大曆三年六月，敕迴紇置寺，宜賜額大雲光明之寺。六年正月，又敕荆、越、洪等州各置大雲光明寺一所。武宗會昌三年，敕天下摩尼寺並廢。入宮京城女摩尼七十二人死，及在此國迴紇諸摩尼等配流諸道，死者大半。五年再敕，大秦穆護火祆等二千餘人並勒還俗。然而未盡根荄，時分蔓衍。梁貞明六年，陳州末尼黨類，立母乙為天子，發兵討之，生擒母乙，餘黨械送闕下，斬於都市。初，陳州里俗喜習左道，依浮圖之教，自立一宗，號上上乘。不食葷茹，誘化庸民，糅雜淫穢，宵集晝散。因刺史、惠王友能動多不法，由是妖賊嘯聚，累討未平。及貞明中，誅斬方盡。後唐石晉時，復潛興，推一人為主，百事稟從。或畫一魔王踞座，佛為其洗足，云佛止大乘，此乃上上乘也。蓋影傍佛教，所謂相似道也。或有比丘，為飢凍故，往往隨之。效利有識者，尚遠離之。此法誘人直到地獄，慎之哉！

宋·釋志磐《佛祖統紀》卷三九《法運通塞志第十七之六·唐·則天武后》　述曰：太宗時，波斯穆護進火祆教，敕建大秦寺。武后時，波斯拂多誕進《二宗經》。厥後大曆間，荆、揚、洪、越等州各建摩尼寺。此魔教邪法，愚民易於漸染。由屢朝君臣，當世名德不能簡邪正，以別同異，故其法行於世而弗禁虛。是蓋西土九十五外道之類歟！

又　卷四〇《法運通塞志第十七之七・唐・玄宗》　述曰：佛言九十六種外道，佛道為正。是知餘皆邪法，無足議者。末尼既是邪見，朝廷便須禁止。今乃縱其自行，不加科罰。曾不思此，立有染其習者。邪以傳邪，適足為佛法之混濫。嘻！不知當時君臣，何其不能區別耶？

又　卷四八《法運通塞志第十七之十五・宋・寧宗》　述曰：嘗考《夷堅志》云：喫菜事魔，三山尤熾。為首者紫帽寬衫，婦人黑冠白服，稱為明教會。所事佛衣白，引經中所謂白佛言世尊，取《金剛經》一佛、二佛、三、四、五佛，以為第五佛。又名末摩尼，采《化胡經》乘自然光明道氣，飛入西那玉界蘇鄰國中，降誕玉宮為太子，出家稱末摩尼，以自表證。其經名《二宗三際》。二宗者，明與暗也；三際者，過去、未來、現在也。大中祥符興道藏，富人林世長賂主者，使編入藏，安於亳州明道宮。復假稱白樂天詩云：『靜覽蘇鄰傳。摩尼道可驚。二宗陳寂默，五佛繼光明。日月為資敬，乾坤認所生。若論齋絜志，釋子好齊名。』以此八句，表於經首。其修持者，正午一食，裸屍以葬，以七時作禮，蓋黃巾之遺習也。嘗檢樂天《長慶集》，即無『蘇鄰』之詩。樂天知佛，豈應為此不典之詞？

宋・司馬光《資治通鑑》卷二三七《唐紀五十三・憲宗昭文章武大聖至神孝皇帝上之上》胡三省注　回鶻之摩尼，猶中國之僧也。其教與天竺又異。按《唐書會要》十九卷：回鶻可汗王令明教僧進法入唐。大曆三年六月二十九日，敕賜回鶻摩尼為之置寺，賜額為『大雲光明』。六年正月，敕賜荆、洪、越等州各置大雲光明寺一所。《唐史補》卷：蕃人常與摩尼僧議政，京城為之立寺。其法：日晚乃食，飲水茹葷，而不食乳酪。其大摩尼，數年一度，來往本國；小者年轉。《唐史・回鶻列傳》，元和初，再朝獻，始以摩尼至。日晏乃食，可汗常與共國也。

清・顧炎武《日知録》卷二九《西域天文》　《舊唐書・憲宗紀》：元和二年正月庚子，回紇請於河南府、太原府置摩尼寺，許之。此即今禮拜寺之所從立也。

清・英廉等《日下舊聞考》卷七一《官署十・辦理回人佐領事務處・乾隆帝〈御製禮拜寺碑文〉》　為天下共主，俾阻遐逖聽，壹稟我約束，而後戎索所届，風氣莫敢以自私，尚已。顧在昔寄象鞮譯之掌，必與之達志通欲，修其教，不易其宜。厥旨豈相戾哉？蓋惟極天下之不齊，以致其大齊，而觀化者益臻於無外。考前史回紇自隋開皇時，始入於中國。至唐元和初，偕摩尼進貢，請置寺太原，額曰大雲光明，寔為禮拜寺所由昉。然其致之也，或以假師以通市，於納土服屬、我甿我隸之義，故無當焉

清・紀昀等《歷代職官表》卷一七《理藩院表・唐》　摩尼之教，本出回鶻，即今回教所自始。當時回鶻以摩尼入朝，留居京師，故兩京各置回鶻營功德，使以統之，疑亦隸於鴻臚寺也。

雜録

《摩尼光佛教法儀略・託化國土名號宗教第一》　佛夷瑟德烏盧詵者，本國梵音也。譯云光明使者，又號具智法王，亦謂摩尼光佛，即我光明大慧無上醫王應化法身之異號也。當欲出世，二耀降靈，分光三體。大慈愍故應敵魔軍，親受明尊清淨教命，然後化誕，故云光明使者。精真洞慧，堅疑克辯，故曰具智法王。虛應靈聖，覺觀究竟，故號摩尼光佛。光明所以徹內外，大慧所以極人天，無上所以位高尊，醫王所以布法藥。【略】教流諸國，接化蒼生。從晉太始至今開十九歲，計四百六十年。證記合同，聖迹照著，教闡明宗，用除暗惑，法開兩性，分別為門。

又　《經圖儀第三》　凡七部并圖一。第一大應輪部，譯云《徹盡萬法根源智經》；第二尋提賀部，譯云《淨命寶藏經》；第三泥萬部，譯云《律藏經亦稱藥藏經》；第四阿羅瓚部，譯云《祕密法藏經》；第五鉢迦摩帝夜部，譯云《證明過去教經》；第六俱緩部，譯云《大力士經》；第七阿拂胤部，譯云《讚願經》；大門荷翼圖一，譯云《大二宗圖》。

右七部大經及圖，摩尼光佛當欲降代衆聖贊助，出應有緣。置法之日，傳受五級。其餘六十年間，宣說正法，諸弟子等隨事記録。此不載列。

又　《寺宇儀第五》　經圖堂一，齋講堂一，禮懺堂一，教授堂一，

病僧堂。右置五堂，法衆共居。精修善業，不得別立私室厨庫。每日齋食，儼然待施；若無施者，乞丐以充。唯使聽人，勿畜奴婢及六畜等非法之具。

又《出家儀第六》 初辯二宗：求出家者，須知明暗各宗，性情懸隔；若不辯識，何以修為？

次明三際：一初際，二中際，三後際。初際者，未有天地，但殊明暗，明性智慧，暗性愚癡，諸所動靜，無不相背。

中際者，暗既侵明，恣情馳逐，明來入暗。委質推移。大患厭離於形體火宅，願求於出離，勞身救性，聖教固然。即妄為真，孰敢聞命？事須辯折，求解脱緣。

後際者，教化事畢，真妄歸根。明既歸於大明，暗亦歸於積暗。二宗各復，兩者交歸。

次觀四寂法身。

祆教入華分部

綜述

《隋書》卷八三《西域傳・康國》 康國者，康居之後也。【略】有胡律，置於祆祠，決罰則取而斷之。重罪者族，次重者死，賊盜截其足。

唐・釋玄奘《大唐西域記》卷一一《二十三國・波剌斯國》 波剌斯國，周數萬里。【略】天祠甚多，提那跋外道之徒為所宗也。

唐・釋慧超《往五天竺國傳・安曹等六國》 又從大寔國已東，並是胡國，即是安國、曹國、史國、石騾國、米國、康國等。雖各有王，並屬大寔所管。【略】又此六國，惣事火祆，不識佛法。

唐・杜環《經行記・康國》 有神祠名祆。諸國事者，本出於此。

唐・段成式《酉陽雜俎》卷四《境異》 孝億國界周三千餘里，【略】舉俗事祆，不識佛法。有祆祠三百一曰千餘所。

又 卷一〇《物異》 銅馬，俱德建國烏滸河中，灘派中有火祆祠。相傳祆神本自波斯國乘神通來，此常見靈異，因立祆祠。內無象，於大屋下置大小爐，舍簷向西，人向東禮。有一銅馬，大如次馬，國人言自天下，屈前脚在空中而對神立，後脚入土。自古數有穿視者，深數十丈，竟不及其蹄。西域以五月爲歲，每歲日，烏滸河中有馬出，其色金，與此銅馬嘶相應，俄復入水。近有大食王不信，入祆祠，將壞之，忽有火燒其兵，遂不敢毀。

《舊唐書》卷一九八《西戎傳・波斯》 俗事天地、日月、水火諸神。西域諸胡事火祆者，皆詣波斯受法焉。其事神以麝香和蘇塗鬚點額，及於耳鼻，用以爲敬。【略】其叛逆之罪，就火祆燒鐵，灼其舌，瘡白者爲理直，瘡黑者爲有罪。

《新唐書》卷二二一下《西域傳下・波斯》 俗尊右下左，祠天地、日月、水火。祠夕，以麝揉蘇，澤耏顔鼻耳。西域諸胡受其法，以祠祆。

唐・張鷟《朝野僉載》卷三 河南府立德坊及南市西坊，皆有胡祆神廟。每歲商胡祈福，烹猪羊，琵琶鼓笛，酣歌醉舞。酹神之後，募一胡為祆主，看者施錢並與之。其祆主取一横刀，利同霜雪，吹毛不過，以刀刺腹，刃出於背，仍亂擾腸肚流血。食頃，噴水呪之，平復如故。此蓋西域之幻法也。

涼州祆神祠，至祈禱日，祆主以鐵釘從額上釘之，直洞腋下，即出門，身輕若飛，須臾數百里。至西祆神前舞一曲即却，至舊祆所，乃拔釘，無所損。卧十餘日，平復如故。莫知其所以然也。

唐・韋述《兩京新記》卷三《布政坊》 西南隅，胡祆祠。武德四年所立，西域胡天神，佛經所謂摩醯首羅也。

又《醴泉坊》 西北隅，祆祠。

又《普寧坊》 西北隅，祆祠。

宋・宋敏求《長安志》卷九《唐京城三・靖恭坊》 街南之西祆祠。

又 卷一〇《唐京城四・布政坊》 西南隅，胡祆祠。武德四年立，西域胡祆神也。祠內有薩寶府官，主祠祆神，亦以胡祝充其職。

又《醴泉坊》 西門之南，祆祠。

又《普寧坊》 西北隅，祆祠。

唐・杜佑《通典》卷四〇《職官典二十二・視流内》 視正五品，薩寶。視從七品，薩寶符祆正。祆者，西域國天神，佛經所謂摩醯首羅也。武德四年，置祆祠及官。常有羣胡奉事，取火呪詛。

《舊唐書》卷一九八《西戎傳・疏勒》 俗事祆神，有胡書文字。

又 《于闐傳》 俗多機巧，好事祆神，崇佛教。

《新唐書》卷四六《百官志一・禮部・祠部》 兩京及磧西諸州火祆，歲再祀，而禁民祈祭。

宋・吴曾《能改齋漫録》卷七《杜石笋行》 杜《石笋行》『雨多往往得瑟瑟』。按《華陽記》：開明氏造七寶樓，以真珠結成簾。漢武帝時蜀郡遭火，燒數千家，樓亦以燼，今人往往於砂土上獲眞珠。又趙清獻《蜀都故事》：石笋在衙西門外，二株雙蹲，云眞珠樓基也。昔有胡人於此立寺，為大秦寺。其門樓十間，皆以眞珠翠碧，貫之為簾。後摧毁墜地，至今基脚在。每有大雨，其前後人多拾得真珠、瑟瑟、金翠異物。今謂石笋非為樓設，而樓之建，適當石笋附近耳。蓋大秦國多璆琳、琅玕、明珠、夜光璧，水道通益州永昌郡，多出異物，則此寺，大秦國人所建也。

論説

宋・姚鉉《唐文粹》卷六五《舒元輿〈唐鄂州永興縣重巖寺碑銘并序〉》 國朝沿近古而有加焉，亦容雜夷而來者，有摩尼焉，大秦焉，祆神焉。合天下三夷寺，不足當吾釋寺一小邑之數也。

宋・董逌《廣川畫跋》卷四《書常彦輔祆神像》 祆祠，世所以奉梵相也。其相希異，即經所謂摩醯首羅。有大神威，普救一切苦，能攝伏四方，以衞佛法。當隋之初，其法始至中夏，立祠頒政坊，常有番人奉事。聚火祝詛，奇幻變怪，至有出腹決腸，吞火蹈刃，故下俚庸人就以詛誓，取為信重。唐祠令有薩寶府官主司，又有梵祝以贊於禮事，其制甚重，在當時為顯祠。

宋・張邦基《墨莊漫録》卷四 東京城北有祆廟。祆神，本出西域，蓋胡神也，與大秦穆護同入中國，俗以火神祠之。京師人畏其威靈，甚重之。其廟祝，姓史名世爽，自云家世為祝累代矣，藏先世補受之牒凡三：有曰懷恩者，其牒唐咸通三年宣武節度使令狐給，令狐者，丞相綯也。有曰温者，周顯德三年端明殿學士、權知開封府王所給，王乃朴也。有曰貴者，其牒亦周顯德五年樞密使、權知開封府王所給，亦朴也。自唐以來，祆神已祀於汴矣；而其祝乃能世繼其職，踰二百年，斯亦異矣。

宋・姚寛《西溪叢語》卷上 予長兄伯聲嘗攷『火祆』字，其畫從天，胡神也，音醯堅切。教法佛經所謂摩醯首羅也。本起大波斯國，號蘇魯支，有弟子名玄真，習師之法，居波斯國大總長如火山，後行化於中國。宋次道《東京記》寧遠坊有祆神廟。注云：《四夷朝貢圖》云：康國有神名祆，畢國有火祆祠，疑因是建廟。或傳晉戎亂華時立此。又據杜預《左傳注》云：睢受汴，東經陳留、梁、譙、彭城入泗，此水次有祆神，皆社祠之。蓋殺人而用祭也。此即火祆之神，其來蓋久。至唐貞觀五年，有傳法穆護何禄將祆教指闕聞奏，敕令長安崇化坊立祆寺，號大秦寺，又名波斯寺。至天寶四年七月敕：波斯經教，出自大秦，傳習而來，久行中國，爰初建寺，因以為名。將以示人，必循其本。其兩京波斯寺，宜改為大秦寺。天下諸州郡有者，準此。武宗毁浮圖籍，僧為民。會昌五年敕：大秦穆護火祆等六十餘人，並放還俗。然而根株未盡。宋公言祆立廟，出於胡俗，而未必究其即波斯教法也。又嘗見《官品令》有祆正。祆之有正，想在唐室始。段成式《酉陽雜俎》：孝億國，界三千餘里，舉俗事祆，不識佛法，有祆祠三千餘所。又銅馬俱在德建國烏滸河中，灘流中有火祆祠。相傳祆神本自波斯國乘神通來，因立祆祠。祠内無像，於大屋下置小廬舍向西，人向東禮神。有一銅馬，國人言自天而下，屈前足在室中，後足入土。自古數有穿視，竟不及其蹄。西夷以五月為歲，每歲自烏滸河中有馬出，其色如金，與此銅馬，嘶鳴相應，俄復入水。近有大食不信，入祆祠，將壞之。忽有火燒其兵，遂不敢毁。則祆教流行外域，延入中國，蔓衍如此。康國蓋在西，《朝貢圖》之言，與此合也。【略】祆之教法蓋遠，而穆護所傳，則自唐也。

宋・司馬光《資治通鑑》卷二四八《唐紀六十四・武宗至道昭肅孝皇帝下》胡三省注 大秦穆護，又釋氏之外教，如回鶻摩尼之類。是時敕曰大秦穆護等祠，釋教既已釐革，邪法不可獨存，其人並勒還俗，遞歸本貫充稅戶；如外國人，送遠處收管。祆，乎煙翻，胡神也。唐制，祠部歲再祀磧西諸州火祆，而禁民祈祭。《官品令》有祆正，蓋主祆僧也。

明・方以智《通雅》卷一一《天文釋天》 祆神即遂稱天神也。《墨莊漫録》曰：東京城北有祆廟，音呼烟切。孟元老亦載右掖門祆廟。祆神本出西域。貞觀五年，大秦穆護同入中國，俗以火神祠之，名波斯寺，更名大秦寺。字從夭，誤作祆。從夭，故張有、戴侗輩皆以『□』、『祆』、『妖』、『訞』合為一字。黄公紹《韻會》作馨烟切，于《蕭韻》『祆』字引元結《頌》『蠲除祆災』。又虚烟切，故方子謙合為一處。智嘗按此字起于唐。唐官品有『祆正』。既通西域，因其言而造『祆』字，以為其神。故在《新附例》。《長箋》曰：旁門大半事天為宝。釋典有九十五種外道。又言九十六小乘，禪在其中。漢時佛法初來，『祆』字未立。唐玄奘有《西域記》，始詳其法。故徐鉉補之。又按杜預注《左傳》：『有睢入泗，水次有祆神，皆社祠之。』則火祆自晉已入中國矣。姚寬曰：段成式載孝億國事祆相傳，漸入中國。自穆護之入唐，立祆正，則自唐始正其名耳。

清・紀昀等《歷代職官表》卷一七《理藩院表・唐》 謹案唐之祆僧，出自西域，為釋氏外教，蓋如今之紅教喇嘛。其祆正，當以僧徒充之，如今陝甘洮岷諸寺番僧設都綱僧、綱僧正之例，故不見於《百官志》。

雜録

宋・釋志磐《佛祖統紀》卷四〇《法運通塞志第十七之六・唐・太宗》 （貞觀五年）初，波斯國蘇魯支立末尼火祆教。祆，火煙反。胡神，即外道梵志也。敕於京師建大秦寺。波斯國在西海，此云大秦。

清・永瑢等《四庫全書總目》卷一二五《子部三十五・雜家類存目二》 《西學凡》一卷附録《唐大秦寺碑》一篇。**【略】**末附唐碑一篇，明其教之久入中國。碑稱貞觀十二年，大秦國阿羅本遠將經像來獻上京，卽於義寧坊敕造大秦寺一所，度僧二十一人云云。考《西溪叢語》載唐貞觀五年，有傳法穆護何禄將祆教詣闕聞奏，敕令長安崇化坊立祆寺，號大秦寺，又名波斯寺。至天寶四年七月敕：波斯經教，出自大秦。傳習而來，久行中國。爰初建寺，因以爲名。將以示人，必循其本。其兩京波斯寺，並宜改爲大秦寺。天下諸州郡有者，準此。《冊府元龜》載開元七年，吐火羅國王上表，獻解天文人大慕闍。智慧幽深，問無不知。伏乞天恩喚取，問諸教法，知其人有如此之藝能，請置一法堂，依本教供養。段成式《酉陽雜俎》載孝億國界三千餘里，舉俗事祆，不識佛法，有祆祠三千餘所。又載德建國烏滸河中有火祆祠，相傳其神本自波斯國乘神通來，因立祆祠。祠内無像，於大屋下置小廬舍向西，人向東禮神。有一銅馬，國人言自天而下。據此數説，則西洋人卽所謂波斯，天主卽所謂祆神。中國具有紀載，不但有此碑可證。又杜預注《左傳》『次睢之社』曰：睢受汴，東經陳留、梁、譙、彭城入泗。此水次有祆神，皆社祠之。顧野王《玉篇》亦有『祆』字，音阿憐切，註爲祆神。徐鉉據以增入《説文》。宋敏求《東京記》載寧遠坊有祆神廟，注曰：《四夷朝貢圖》云：康國有神名祆，畢國有火祆祠。或傳石勒時立。此是祆教其來已久，亦不始於唐。岳珂《桯史》記番禺海獠，其最豪者蒲姓，號白番人，本占城之貴人，留中國，以通往來之貨，屋室侈靡踰制。性尚鬼而好潔，平居終日，相與膜拜祈福，有堂焉以祀，如中國之佛而實無像設，稱謂聱牙，亦莫能曉，竟不知爲何神。有碑高袤數丈，上皆刻異書，如篆籀，是爲像主，拜者皆嚮之。是祆教至宋之末年，尚由賈舶達廣州。而利瑪竇之初來，乃詫爲亘古未睹。艾儒畧作此書，既援唐碑以自證，則其爲祆教，更無疑義。乃無一人援古事以抉其源流，遂使蔓延於海内。蓋萬曆以後，士大夫大抵講心學，刻語録，卽盡一生之能事，故不能徵實考古，以遏邪説之流行也。

汲取東方藝術分部

綜述

樂舞

《隋書》卷一五《音樂志下》 始開皇初定令，置《七部樂》：一曰《國伎》，二曰《清商伎》，三曰《高麗伎》，四曰《天竺伎》，五曰《安國伎》，六曰《龜茲伎》，七曰《文康伎》。又雜有疏勒、扶南、康國、百濟、突厥、新羅、倭國等伎。【略】及大業中，煬帝乃定《清樂》、《西涼》、《龜茲》、《天竺》、《康國》、《疏勒》、《安國》、《高麗》、《禮畢》，以爲《九部》。樂器工依創造既成，大備於兹矣。【略】

《天竺》者，起自張重華據有涼州，重四譯來貢男伎，《天竺》即其樂焉。歌曲有《沙石疆》，舞曲有《天曲》。樂器有鳳首箜篌、琵琶、五弦、笛、銅鼓、毛員鼓、都曇鼓、銅拔、貝等九種，為一部。工十二人。

《康國》，起自周武帝娉北狄為后，得其所獲西戎伎，因其聲。歌曲有《戢殿農和正》，舞曲有《賀蘭鉢鼻始》、《末奚波地》、《農惠鉢鼻始》、《前拔地惠地》等四曲。樂器有笛、正鼓、加鼓、銅拔等四種，為一部。工七人。【略】

《安國》，歌曲有《附薩單時》，舞曲有《末奚》，解曲有《居和祇》。樂器有箜篌、琵琶、五弦、笛、簫、篳篥、雙篳篥、正鼓、和鼓、銅拔等十種，為一部。工十二人。

《高麗》，歌曲有《芝棲》，舞曲有《歌芝棲》。樂器有彈箏、臥箜篌、竪箜篌、琵琶、五弦、笛、笙、簫、小篳篥、桃皮篳篥、腰鼓、齊鼓、擔鼓、貝等十四種，為一部。工十八人。

唐·杜佑《通典》卷一四六《樂六·四方樂》 婆羅門樂，用篳篥二、齊鼓一。散樂用橫笛一、拍板一、腰鼓三。其餘雜戲，變態多端，皆不足稱也。

《舊唐書》卷一三《德宗紀下》 （貞元十八年正月）乙丑，驃國王遣使悉利移來朝貢，并獻其國樂十二曲與樂工三十五人。

又 卷二九《音樂志二》 高祖登極之後，享宴因隋舊制，用九部之樂，其後分爲立、坐二部。【略】德宗朝，又有驃國，亦遣使獻樂。

《高麗樂》，工人紫羅帽，飾以鳥羽，黄大袖，紫羅帶，大口袴，赤皮靴，五色縚繩。舞者四人，椎髻於後，以絳抹額，飾以金璫。二人黄裙襦，赤黄袴，極長其袖，烏皮靴，雙雙並立而舞。樂用彈箏一，搊箏一，臥箜篌一，竪箜篌一，琵琶一，義觜笛一，笙一，簫一，小篳篥一，大篳篥一，桃皮篳篥一，腰鼓一，齊鼓一，簷鼓一，貝一。武太后時尚二十五曲，今惟習一曲，衣服亦寖衰敗，失其本風。

《百濟樂》，中宗之代，工人死散。岐王范為太常卿，復奏置之，是以音伎多闕。舞二人，紫大袖裙襦，章甫冠，皮履。樂之存者，箏、笛、桃皮篳篥、箜篌、歌。

此二國，東夷之樂也。

《扶南樂》，舞二人，朝霞行纏，赤皮靴。隋世全用《天竺樂》，今其存者，有羯鼓、都曇鼓、毛員鼓、簫、笛、篳篥、銅拔、貝。

《天竺樂》，工人皂絲布頭巾，白練襦，紫綾袴，緋帔。舞二人，辮髮，朝霞袈裟，行纏，碧麻鞋。袈裟，今僧衣是也。樂用銅鼓、羯鼓、毛員鼓、都曇鼓、篳篥、橫笛、鳳首箜篌、琵琶、銅拔、貝。毛員鼓、都曇鼓今亡。

《驃國樂》，貞元中，其王來獻本國樂，凡一十二曲，以樂工三十五人來朝。樂曲皆演釋氏經論之辭。

此三國，南蠻之樂也。【略】

《康國樂》，工人皂絲布頭巾，緋絲布袍，錦領。舞二人，緋襖，錦領袖，緑綾襠袴，赤皮靴，白袴帑。舞急轉如風，俗謂之胡旋。樂用笛二、正鼓一、和鼓一、銅拔一。

《安國樂》，工人皂絲布頭巾，錦褾領，紫袖袴。舞二人，紫襖，白袴帑，赤皮靴。樂用琵琶、五絃琵琶、竪箜篌、簫、橫笛、篳篥、正鼓、和鼓、銅拔、箜篌。五絃琵琶今亡。

此五國，西戎之樂也。【略】

婆羅門樂，與四夷同列。婆羅門樂用漆篳篥二、齊鼓一。散樂用橫笛一、拍板一、腰鼓三。

宋·王溥《唐會要》卷三三《雅樂下·南蠻諸國樂》　《驃國樂》。貞元十八年正月驃國王來獻，凡有十二曲，以樂工三十五人來朝。樂曲皆演釋氏經論之詞。驃國在雲南西，與天竺國相近，故樂多演釋氏之詞。每為曲，皆齊聲唱，各以兩手十指齊開齊斂，為赴節之狀；一低一昂，未嘗不相對，有類中國柘枝舞。

《新唐書》卷二二《禮樂志十二》　周、隋與北齊、陳接壤，故歌舞雜有四方之樂。至唐，東夷樂有高麗、百濟，【略】南蠻有扶南、天竺、【略】驃國，西戎有【略】康國、安國，凡十四國之樂，而八國之伎，列于十部樂。

中宗時，百濟樂工人亡散，岐王為太常卿，復奏置之，然音伎多闕。舞者二人，紫大袖裙襦、章甫冠、衣履。樂有箏、笛、桃皮觱篥、箜篌、歌而已。【略】扶南樂，舞者二人，以朝霞為衣，赤皮鞋。【略】

（貞元）十七年，驃國王雍羌遣弟悉利移、城主舒難陁獻其國樂，至成都，韋皋復譜次其聲，又圖其舞容、樂器以獻。凡工器二十有二，其音八：金、貝、絲、竹、匏、革、牙、角，大抵皆夷狄之器，其聲曲不隷於有司，故無足采云。

雜技

唐·釋道世《法苑珠林》卷四《日月篇·星宿部》　又王玄策《西國行傳》云：王使顯慶四年，至婆栗闍國。王為漢人設五女戲，其五女傳弄三刀，加至十刀。又作繩伎，騰虛繩上，著履而擲，手弄三仗刀楯槍等。種種關伎，雜諸幻術，截舌抽腸等，不可具述。

又　卷七六《引證部·感應緣》　大唐貞觀二十年，西國有五婆羅門來到京師。善能音樂、祝術、雜戲，截舌抽腸，走繩續斷。又至顯慶已來，王玄策等數有使人向五印度，西國天王為漢使設樂，或有騰空走索，履屐繩行，男女相避，歌戲如常。或有女人手弄三仗、刀稍槍等，擲空手接，繩走不落；或有截舌自縛，解伏依舊，不勞人功。如是幻戲，種種難述。

唐·杜佑《通典》卷一四六《樂六·四方樂》　大抵散樂雜戲，多幻術，皆出西域。始於善幻人至中國。漢安帝時，天竺獻伎，能自斷手足，刳剔腸胃。自是歷代有之。大唐高宗惡其驚人，敕西域關津，不令入中國。睿宗時，婆羅門獻樂舞人，倒行而以足舞，極銛刀鋒，倒植於地，低目就刃，以歷臉中；又於背下吹篳篥其腹上，曲終而亦無傷；又伏伸其手，兩人躡之，旋身繞手，百轉無已。漢代有橦木伎，又有盤舞，晉代加之以杯，謂之杯盤舞。梁有長橋伎、跳跉伎、躑倒伎、跳劍伎，今並存。又有舞輪伎，蓋今之戲車輪者。透三峽伎，蓋今之透飛梯之類也。高絙伎，蓋今之戲繩者也。梁有獼猴幢伎，今有緣竿伎，又有獼猴緣竿伎，未審何者為是。【略】玄宗以其非正聲，置教坊於禁中，以處之。

《舊唐書》卷二九《音樂志二》　大業二年，突厥單于來朝洛陽宮，煬帝爲之大合樂，盡通漢、晉、周、齊之術，胡人大駭。帝命樂署肄習，常以歲首縱觀端門內。大抵散樂雜戲，多幻術，幻術皆出西域，天竺尤甚。

宋·王溥《唐會要》卷三三《散樂》　散樂，歷代有之，其名不一，非部伍之聲。伶優歌舞雜奏，總謂之百戲。跳鈴、擲劍、透梯、戲繩、緣竿、弄盌、弄珠、代面、撥頭、窟礧子，及幻伎激水化魚龍，齊王捲衣、笮鼠、夏育扛鼎、巨象行乳、神龜負岳、桂樹白猿、畫地成川之類，至于斷手足，剔腸胃之術。自漢武帝時，幻伎始入中國，其後或有或無，至國初通西域，復有之。

《新唐書》卷二二《禮樂志十二》　天竺伎能自斷手足，刺腸胃。高宗惡其驚俗，詔不令入中國。睿宗時，婆羅門國獻人倒行以足舞，仰植銛刀，俯身就鋒，歷臉下，復植於背，觱篥者立腹上，終曲而不傷；又伏伸其手，二人躡之，周旋百轉。開元初，其樂猶與四夷樂同列。

體育活動

唐·封寅《封氏聞見録》卷六《打毬》　太宗常御安福門，謂侍臣曰：『聞西蕃人好為打毬，比亦令習，會一度觀之。昨昇仙樓有羣蕃街里打毬，欲令朕見。此蕃疑朕愛此，騁為之。以此思量，帝王舉動豈宜容

易？朕已焚此毬以自誡。』【略】

開元、天寶中，玄宗數御樓觀打毬為事。能者左縈右拂，盤旋宛轉，殊可觀。然馬或奔逸，時致傷斃。永泰中，蘇門山人劉鋼於鄴下上書于刑部尚書薛公云：『打毬一則損人，二則損馬，為樂之方甚衆，何必乘茲至危，以邀晷刻之歡邪？』薛公悦其言，圖鋼之言置於座右，命掌記陸長源為贊美之。然打毬乃軍中常戲，雖不能廢，時復為耳。今樂人又有躡毬之戲，綵畫木毬，高一二丈，妓女登榻毬轉而行縈回去來，無不如意，古蹴鞠之遺事也。

繪畫

唐・朱景玄《唐朝名畫録・神品上一人・吴道玄》 吴道玄，字道子，東京陽翟人也。【略】凡畫人物、佛像、神鬼、禽獸、山水、臺殿、草木，皆冠絶於世，國朝第一。張懷瓘嘗謂道子乃張僧繇之後身，斯言當矣。又按《兩京耆舊傳》云：寺觀之中，圖畫牆壁凡三百餘間，變相人物奇蹤異狀，無有同者。上都唐興寺御注金剛經院，妙迹為多，兼自題經文。慈恩寺塔前文殊、普賢，西面廡下降魔盤龍等壁，趙景公寺地獄壁、帝釋、梵王、龍神，永壽寺中三門兩神，及諸道觀寺院，不可勝紀，皆妙絶一時。

景玄每觀吴生畫，不以裝背為妙，但施筆絶蹤，皆磊落逸勢。又數處圖壁，只以墨蹤為之，近代莫能加其綵繪。凡圖圓光，皆不用尺度規畫，一筆而成。

景玄元和初應舉，住龍興寺，猶有尹老者，年八十餘，嘗云吴生畫興善寺中門内神圓光時，長安市肆老幼士庶競至，觀者如堵。其圓光立筆揮掃，勢若風旋，人皆謂之神助。

又嘗聞景雲寺老僧傳云：吴生畫此寺地獄變相時，京都屠沽漁罟之輩，見之而懼罪改業者，往往有之，率皆修善。所畫並為後代之人規式也。

又《神品中一人・周昉》 周昉字仲朗，京兆人也，節制之後。好屬文，窮丹青之妙，遊卿相間，貴公子也。兄皓善騎射，隨哥舒翰征吐蕃，收石堡城，以功為執金吾。時屬德宗修章敬寺，召皓云：『卿弟昉善畫。朕欲宣畫章敬寺神，卿特言之。』經數月，果召之。昉乃下手，落筆之際，都人競觀，寺抵園門，賢愚畢至。或有言其妙者，或有指其瑕者，隨意改定，經月有餘，是非語絶，無不歎其精妙，為當時第一。

又《神品下七人・尉遲乙僧》 尉遲乙僧者，吐火羅國人。貞觀初，其國王以丹青奇妙，薦之闕下。又云其國尚有兄甲僧，未見其畫蹤也。乙僧今慈恩寺塔前功德又凹凸花面中間，千手眼大悲精妙之狀，不可名焉。又光澤寺七寶臺後面畫降魔像，千怪萬狀，實奇蹤也。凡畫功德、人物、花鳥，皆是外國之物像，非中華之威儀。前輩云：尉遲乙僧，閻立本之比也。

景玄嘗以閻畫外國之人，未盡其妙；尉遲畫中華之像，抑亦未聞。由是評之，所攻各異，其畫故居神品也。

唐・張彦遠《歷代名畫記》卷三《記兩京外州寺觀畫壁・西京寺觀等畫壁》 慈恩寺。塔内面東西間，尹琳畫，西面菩薩騎獅子，東面騎象。

塔下南門，尉遲畫。西壁千鉢文殊，尉遲畫。

南北兩間及兩門，吴畫，并自題。

塔北殿前牕間，吴畫菩薩，殿内楊庭光畫經變，色損。

大殿東軒廊北壁，吴畫未了。舊傳是吴，細看不是。

大殿東廊從北第一院，鄭虔、畢宏、王維等白畫。

入院北壁二神，甚妙，失人名。

兩廊壁間，閻令畫。中間及西廊，李果奴畫行僧。

塔之東南中門外偏，張孝師畫地獄變，已剥落。

院内東廊從北第一房間南壁，韋鑾畫松樹。

大佛殿内東壁好畫，失人名。

中三門裏兩面，尹琳畫神。【略】

興唐寺。三門樓下，吴畫神。

東般若院，楊廷光畫山水等。

西院，韓幹畫一行大師真，徐浩書讚。又有吴生、周昉絹畫。中三門内東西偏兩壁，尉遲畫。

殿軒廊東面南壁，吴畫。

淨土院，董諤、尹琳、楊坦、楊喬畫。

院內次北廊向東，塔院內西壁，吳畫金剛變，工人成色，損。

次南廊，吳畫金剛經變及郗后等，并自題。

小殿內，吳畫神、菩薩、帝釋。西壁西方變，亦吳畫。

東南角，吳弟子李生畫金光明經變。

講堂內，楊廷光畫。【略】

大雲寺。東浮圖北有塔，俗呼為七寶塔，隋文帝造。馮提伽畫瘦馬并帳幕、人物，已剝落。又東壁、北壁鄭法輪畫，西壁田僧亮畫。外邊四面楊契丹畫本行經。據裴《録》，此寺亦有展畫，其田、楊、鄭並同。塔東義手，下畫辟邪，雙目隨人轉眄。

三階院牕下曠野雜獸，似是張孝師。

西南淨土院遶殿僧至妙，失人名。

又《東都寺觀畫壁》 敬愛寺。據裴孝源《畫録》云：有孫尚子畫。彥遠按，敬愛寺是中宗皇帝為高宗、武后置，孫尚子是隋朝畫手，裴君所記為謬矣。佛殿內菩薩樹下彌勒菩薩塑像，麟德二年自內出，王玄策取到西域所圖菩薩像為樣。巧兒張壽、宋朝塑，王玄策指揮，李安貼金。東間彌勒像，張智藏塑，即張壽之弟也。陳永承成。西間彌勒像，竇弘果塑。已上三處像光及化生等，並是劉爽刻。殿中門西神，竇弘果塑。殿中門東神，趙雲質塑。今謂之聖神也。此一殿功德，並妙選巧工，各騁奇思，莊嚴華麗，天下共推。

西禪院殿內佛事并山，並竇弘果塑。東禪院般若臺內佛事，中門兩神，大門內外四金剛并獅子、崑崙各二，并迎送金剛神王及四大獅子，兩食堂講堂兩聖僧。已上並是竇弘果塑。

大殿內東西面壁畫，劉行臣描。維摩詰盧舍那，並劉行臣描，趙龕成。自餘並聖曆已後劉茂德、皇甫節共成。法華太子變，劉茂德成，即行臣子。西壁西方佛會，趙武端描。十六觀及閻羅王變。劉阿祖描。

西禪院北壁華嚴變，張法受描。北壁門西一間佛會及山水、何長壽描。人物等，張法受描，趙龕成。東西兩壁西方彌勒變并禪院門外道西行道僧，並神龍後，王韶應描，董忠成。禪院內西廊壁畫，開元十年，吳道子描。日藏月藏經變及業報差別變。吳道子描，翟琰成。罪福報應是雜手成，所以色損也。

東禪院殿內十輪變，武靜藏描。東壁西方變，蘇思忠描，陳慶子成。殿間菩薩及內廊下壁，武靜藏描，陳慶子成。講堂內大寶帳。開元三年，史小淨起樣，隨隱起等是張阿乾。生銅作并蠟樣，是李正、王兼、亮郭兼子。天后大香爐，高五尺五寸，濶四尺，重二千斤。又大金銅香爐，毛婆羅樣，後更加木座及須彌山浮趺等，高一丈二尺。張阿乾蠟樣。金銅幡十三口，長一丈二尺。張李八寫并成。畫絹幡十三口。金銅脚，長一丈二尺。張李八寫并成。又四口，亦長一丈二尺，雜手成。

大院紗廊壁行僧，中門內已西、並趙武端描，惟唐三藏是劉行臣描，亦成。中門內已東五僧，師奴描。第六僧已東至東行南頭第二門已南、並劉行臣描。已北，並趙武端描。或云劉行臣描。中門西邊，紗廊外面。並聖曆已後，劉茂德描，陳庶子成。

中門內立神，大門內坐神，並劉行臣描。中門東立神及神之東西兩鬼，聖曆後，有神英法師令何長壽掃却，欲重描。神英京兆，黨何生。洛下衆生，黨劉行臣。時人以何生雖善山水，至於畫神，不如劉。劉為關東獨步，與西京長壽齊名。洛下之意，抑何進劉，不許神英之請，還遣行臣之子茂德續其父畫。今中門東神及兩鬼腰已上新接者，亦不逮其父矣。

其日藏月藏經變有病龍，又妙於福先寺者。殿內則天真山亭院十輪經變，華嚴經並武靜藏畫，龍王面上蜥蜴及懷中所抱雞尤妙。真山亭院北及門樓內兩廂震亶、支提二神，並劉行臣畫，今暗。第二門東神亦行臣畫，今暗。彥遠遊西京寺觀，不得遍。惟敬愛寺得細探討，故為詳備。【略】

大雲寺。門東兩壁鬼神，佛殿上菩薩六軀，淨土經變，閣上婆叟仙，並尉遲畫。黃犬及鷹最妙。【略】

昭成寺。西廊障日西域記圖，楊廷光畫。

三門下護法二神，張遵禮畫。

香爐兩頭淨土變、藥師變，程遜畫。

又 卷八《敘歷代能畫人名·隋》 楊契丹，上品中。官至上儀同。僧悰云：『六法備該，甚有骨氣。山東體制，允屬伊人。』在閻立本下。竇云：『契丹之迹，非不雄富，比之董、展，則乏精微。』李云：『田、楊聲侔董、展。昔田、楊與鄭法士同於京師光明寺畫小塔，鄭圖東壁、北壁，田圖西壁、南壁，楊畫外邊四面，是稱三絕。』【略】光明寺後為大雲寺，今長安懷遠里也。又寶刹寺一壁《佛涅槃變》、《維摩》等，亦為妙作，與田同品。《隋朝正會圖》、《幸洛陽圖》、《豆盧寧像》、《貴戚游宴圖》、《雜佛變》傳於代。

李雅，下品。為滕王庫直。或云秦王。僧悰云：『神氣抑揚，獨越倫伍。聖僧形制，是所尤工。』竇云：『佛像鬼神，法士以下，僧繇之亞，契丹、善見，未可比之。』

尉遲跋質那，西國人。善畫外國及佛像。當時擅名，今謂之大尉遲。《六番圖》、《外國寶樹圖》，又有《婆羅門圖》傳於代。

天竺僧曇摩拙義，亦善畫。隋文帝時，自本國來，遍禮中夏阿育王塔。至成都雒縣大石寺，空中見十二神形，便一一貌之，乃刻木為十二神形於寺塔下，至今在焉。具《三寶感通記》。

又　卷九《唐朝上》　立德弟立本，上品下。顯慶初，代立德為工部尚書。總章元年，拜右相，封博陵縣男。有應務之才，兼能書畫，朝廷號為丹青神化。【略】時天下初定，異國來朝，詔立本畫《外國圖》。【略】李嗣真云：『博陵、大安，難兄難弟。自江左陸、謝云亡，北朝子華長逝，象人之妙，號為中興。至若萬國來庭，奉塗山之玉帛；百蠻朝貢，接應門之位序。折旋矩度，端簪奉笏之儀；魁詭譎怪，鼻飲頭飛之俗。盡該毫末，備得人情。二閻同在上品。』

尉遲乙僧，于闐國人。父跋質那。具第八卷。乙僧國初授宿衛官，襲封郡公。善畫外國及佛像。時人以跋質那為大尉遲，乙僧為小尉遲。畫外國及菩薩，小則用筆緊勁，如屈鐵盤絲；大則灑落有氣概。僧悰云：『外國鬼神，奇形異貌，中華罕繼。』竇云：澄思用筆，雖與中華道殊，然氣正迹高，可與顧、陸為友。

靳智異，僧悰云：『祖述仲達，改張琴瑟，變夷為夏，肇自斯人。』在范長壽上。【略】

楊庭光，與吳同時。佛像經變，雜畫山水極妙，頗有似吳生處，但下筆稍細耳。

盧稜伽，吳弟子也。畫迹似吳，但才力有限。頗能細畫，咫尺間山水寥廓，物像精備。經變佛事，是其所長。吳生嘗於京師畫總持寺三門，大獲泉貨。稜伽乃竊畫莊嚴寺三門，鋭意開張，頗臻其妙。一日吳生忽見之，驚歎曰：『此子筆力，常時不及我。今乃類我，是子也精爽，盡於此矣。』居一月，稜伽果卒。《釋教畫源》傳於代。時有姚景仙，能畫寺壁。

陳靜心，善寺壁。弟靜眼，善地獄山水。

楊坦、楊仙喬，並長安人。好圖佛寺鬼神。坦子爽亦善之。【略】

尹琳，善佛事、神鬼、寺壁。高宗時得名，筆迹快利。今京師慈恩寺塔下南面《師利》、《普賢》極妙。李仲昌、李嗣真並琳弟子，並善佛道鬼神。

僧金剛三藏，獅子國人。善西域佛像，運筆持重，非常畫可擬。東京廣福寺木塔下素像，皆三藏起樣。

李果奴，筆迹調潤，天寶中寫貌人物及僧佛為妙。元和中，有李士昉，即果奴之孫，筆迹及其祖，寫貌極妙，在翰林集賢。

宋・釋志磐《佛祖統紀》卷四〇《法運通塞志第十七之六・唐・太宗》

（貞觀）十五年。善導法師【略】至京師，擊發四部三十餘年。般舟行道，造彌陀經十萬餘卷，畫淨土變相三百餘壁。滿長安中，並從其化。

建築

唐・釋道世《法苑珠林》卷二九《感通篇・聖迹部》　依王玄策《行傳》云，西國瑞像無窮，且録摩訶菩提樹像云：昔師子國王，名尸迷佉拔摩。唐云功德云。梵王遣二比丘來詣此寺，大者名摩訶諵，此云大名。小者優波。此云授記。其二比丘禮菩提樹金剛座訖，此寺不安置，其二比丘乃還其本國。王問比丘：『往彼禮拜聖所來，靈瑞云何？』比丘報云：『閻浮大地，無安身處。』王聞此語，遂多與珠寶，使送與此國王三藐陀羅崛多。因此以來，即是師子國比丘。又金剛座上尊像，元造之時，有一外客來，告大衆云：『我聞募好工匠造像，我巧，能作此像。』大衆語云：『所須何物？』其人云：『唯須香及水及料，燈油支料。』既足，語寺僧云：『吾須閉門營造，限至六月，慎莫開門，亦不勞飲食。』其人一入，即不重出。唯少四日，未滿六月，大衆平章不和，各云『此塔中狹迮，復是漏身，因何累月不開見出？』疑其所為，遂開塔門，乃不見匠人。其像已成，唯右乳上有少許未竟。後空神驚誡大衆云：『我是彌勒菩薩！』

像身東西坐，身高一丈一尺五寸，肩闊六尺二寸，兩膝相去八尺八寸。金剛座高四尺三寸，闊一丈二尺五寸。其塔本阿育王造石鉤欄塔。後有婆羅門兄弟二人，兄名王主，弟名梵主。兄造其塔，高百肘；帝造其寺。

其像自彌勒造成已來，一切道俗規模圖寫，聖變難定，未有寫得。王使至彼，請諸僧衆及此諸使人至誠殷請，累日行道懺悔，兼申來意，方得圖畫，髣髴周盡。直為此像，出其經本，向有十卷，將傳此地。其匠宋法智等巧窮聖容，圖寫聖顏，來到京都，道俗競摸。

唐·釋義淨《大唐西域求法高僧傳》卷上《那爛陀寺》　曾憶在京見人畫出祇洹寺樣，咸是憑虛，為廣異聞，略陳梗概云爾。【略】雖復言陳寺樣，終恐在事還迷，為此畫出其圖，冀令目擊無滯。如能奏請依樣造之，即王舍、支那，理成無別耳。【略】

重曰：龍池龜洛，地隔天津；途遙去馬，道絕來人，致令傳說，罕得其真。模形別匠，軌製殊陳，依俙畫古，髣髴驚新。庶觀者之虔想，若佛在而翹神。

又　卷下《靈運傳》　靈運師者，襄陽人也。【略】越南溟，達西國。極閑梵語，利物存懷，所在至處，君王禮敬。遂於那爛陀畫慈氏真容、菩提樹像，一同尺量，妙簡工人，齎以歸唐。

藝　文

唐·元稹《元氏長慶集》卷二四《樂府·驃國樂》　李傳云：貞元辛巳歲始來獻。驃之樂器頭象駞，音聲不合十二和。從舞跳趫筋節硬，繁詞變亂名字訛。千彈萬唱皆咽咽，左旋右轉空傞傞。俯地呼天終不會，曲成調變當如何？德宗深意在柔遠，笙鏞不御停嬪娥。史館書為朝貢傳，太常編入鞮靺科。古時陶堯作天子，遜遁親聽康衢歌。又遣遒人持木鐸，遍採謳謠天下過。萬人有意皆洞達，四嶽不敢施煩苛。盡令區中擊壤塊，燕及海外覃恩波。秦霸周衰古官廢，下堙上塞王道頗。共矜異俗同聲教，不念齊民方薦瘥。傳稱魚鼈亦咸若，苟能効此誠足多。借如牛馬未蒙澤，豈在抱甕滋黿鼉？教化從來有源委，必將泳海先泳河。非是倒置自中古，驃兮驃兮誰爾訶。

又　《胡旋女》　李傳云：天寶中西國來獻。天寶欲末胡欲亂，胡人獻女能胡旋。旋得明王不覺迷，妖胡奄到長生殿。胡旋之義世莫知，胡旋之容我能傳。蓬斷霜根羊角疾，竿戴朱盤火輪炫。驪珠迸珥逐龍星，虹暈輕巾掣流電。潛鯨暗噏笡海波，迴風亂舞當空霰。萬過其誰辨終始，四座安能分背面？才人觀者相為言，承奉君恩在圓變。是非好惡隨君口，南北東西逐君眄。柔軟依身看珮帶，徘徊繞指同環釧。佞臣聞此心計迴，惑亂君心君眼眩。君言似曲屈如鉤，君言好直舒為箭。巧隨清影觸處行，好學春鶯百般囀。傾天側地用君力，抑塞周遮恐君見。翠華南幸萬里橋，玄宗始悟坤維轉。寄言旋目與旋心，有國有家當共譴。

唐·白居易《白氏長慶集》卷三《新樂府·胡旋女·戒近習也》

天寶末康居國獻之。胡旋女，胡旋女，心應絃，手應鼓，絃鼓一聲雙袖舉，廻雪飄飖轉蓬舞。左旋右轉不知疲，千匝萬周無已時。人間物類無可比，奔車輪緩旋風遲。曲終再拜謝天子，天子爲之微啓齒。胡旋女，出康居，徒勞東來萬里餘。中原自有胡旋者，鬬妙爭能爾不如。天寶季年時欲變，臣妾人人學圓轉。中有太眞外祿山，二人最道能胡旋。梨花園中冊作妃，金雞障下養爲兒。祿山胡旋迷君眼，兵過黃河疑未反。貴妃胡旋惑君心，死棄馬嵬念更深。從茲地軸天維轉，五十年來制不禁。胡旋女，莫空舞，數唱此歌悟明主。

又　《驃國樂·欲王化之先邇後遠也》　貞元十七年來獻之。驃國樂，驃國樂，出自大海西南角。雍羌之子舒難陀，來獻南音奉正朔。德宗立仗御紫庭，黈纊不塞爲爾聽。玉螺一吹椎髻聳，銅鼓一擊文身踊。珠纓炫轉星宿搖，花鬘抖擻龍蛇動。曲終王子啓聖人，臣父願爲唐外臣。左右歡呼何翕習，至尊德廣之所及。須臾百辟詣閤門，俯伏拜表賀至尊。伏見驃人獻新樂，請書國史傳子孫。時有擊壤老農父，暗測君心閒獨語：聞君政化甚聖明，欲感人心致太平。感人在近不在遠，太平由實非由聲。觀身理國國可濟，君如心兮民如體。體生疾苦心憯悽，民得和平君愷悌。貞元之民若未安，驃樂雖聞君不歡。貞元之民苟無病，驃樂不來君亦聖。驃樂驃樂徒喧喧，不如聞此蒭蕘言。

宋·周必大《文忠集》卷九二《唐驃國獻樂頌》　德之所及者博，則享其樂也必備。在昔成周，文德遠洽，蓋嘗備四夷之樂矣。職在春官而鞮鞻氏掌之，所以通音聲，一夷夏也。後世服遠以兵不以德，故樓上之梯衝常舞，而兩階之干羽自廢；轅門之金鼓日振，而九成之簫韶莫聞。怨結釁深，拜師不暇，尚何夷樂之問哉？惟唐雖以兵強而參用德化，故遠方萬里，時有慕義而至者。正元中，南詔既獻《奉聖》之樂，驃王雍羌亦以國樂來獻，於是劍南西川節度使韋皋譜次其聲，致之於朝。想夫夷音嘈雜，固不足以混《咸池》之節奏；野容趦趄，固不足以窺八佾之窈妙。然五譯而至，其勤甚矣。使當是時，薦之郊廟，用之燕饗，有如延州來季子者聽而觀之，亦足以知唐德之遠暢也，宜有頌聲形容盛美，而史刊其辭，乃追繼開州刺史唐次之作而獻頌曰：

唐受天命，撫綏八維。戎有弗率，禮以招携。惟是南詔，陸梁邊陲，號登正元，化與天齊。聲教首曁，汶山以西。南詔稽首，乞盟自歸。施及驃王，奔走敢稽，劍水夕航，蜀山晝梯。天子崇儉，南金勿齎。天子有文，滇馬莫馳。何以為摯？樂其庶幾。爾樂維何？導和非嬉。匏革牙角，具竹金絲，其曲十二，各致爾詞。贊者前導，舞工後隨。夷容睢盱，夷音嘔咿。鐃鼓嘈雜，旗纛葳蕤。赫赫上國，《韶》成鳳儀。五譯而至，將焉取斯？既象帝德，亦明畏威；既効巴音，亦補唐遺。在周之興，樂備四夷，東韎南任，北禁西離。巍巍我唐，茲焉似之。在漢永平，仁風載施，百國奉貢，三章獻詩。巍巍我唐，茲焉繼之。天子萬年，夷裔來思。無或不諧，如樂之熙。歸美作頌，惟後之貽。

吸收域外科技分部

綜　述

天文曆算

《隋書》卷三四《經籍志三・子・天文》　《婆羅門天文經》二十一卷。婆羅門捨仙人所說。《婆羅門竭伽仙人天文說》三十卷。《婆羅門天文》一卷。

又　《曆數》　《婆羅門筭法》三卷。《婆羅門陰陽筭曆》一卷。《婆羅門筭經》三卷。

唐・揚景風《文殊師利菩薩及諸仙所說吉凶時日善惡宿曜經》卷上《序三九祕宿品》注　景風曰：凡欲知五星所在分者，據天竺曆術推知何宿，具知也。今有迦葉氏、瞿曇氏、拘摩羅等三家天竺曆，並掌在太史閣。然今之用，多用瞿曇氏曆，與大術相參供奉耳。

唐・瞿曇悉達《唐開元占經》卷一〇四《筭法》　臣等謹案：九執曆法，梵天所造，五通仙人承習傳授，肇自上古百博義，二月春分朔。於時曜躔婁宿，道曆景止，日中氣和，庶物漸榮，一切漸長，動植驩喜，神祇交泰，權茲令節，命為曆元。竊稽開設法數，建立章率，述而不作，信而好古，竊簡易之智陳，得希夷之妙術。河帶山礪，久而逾新；藏往知來，挹而靡竭。嘗試言之，蓋以其國人多好道，苟非其氣，雖曰子弟，終不傳也。臣等謹憑天旨，專精鑽仰，凡在隱秘，咸得解通。今削除繁冗，開明法要，修仍舊貫，緝綴新經，備列筭術，貝摽如左，自作口訣，亦題目附本章。

《新唐書》卷二六《曆志二》　高宗時，戊寅曆益疏，淳風作甲子元曆以獻，詔太史起麟德二年頒用，謂之《麟德曆》。【略】當時以為密，與太史令瞿曇羅所上《經緯曆》參行。

又　卷二八下《曆志四下》　《九執曆》者，出于西域。開元六年，詔太史監瞿曇悉達譯之。

又　卷五九《藝文志・丙部子錄・曆算類》　《都利聿斯經》二卷。貞元中，都利術士李彌乾傳自西天竺，有璩公者譯其文。

宋・鄭樵《通志》卷六八《藝文略・曆數・雜星曆》　《都利聿斯經》二卷。本梵書，五卷。唐貞元初，有都利術士李彌乾將至京師，推十一星行曆，知人命貴賤。

《文殊菩薩所說宿曜經》一卷。唐廣智三藏不空譯。

《曹公小曆》一卷。唐曹蔦撰，李思議重注。本天竺曆。

宋・王應麟《困學紀聞》卷九《天道》　曆有小曆，有大曆。唐曹士蔦《七曜符天曆》，一云《合元萬分曆》，本天竺曆法，以顯慶五年庚申為曆元，雨水為歲首，世謂之小曆，行于民間。

明・朱載堉《律曆融通》卷四《黃鍾曆議下・日食》　《大藏經》

中有《文殊菩薩與諸仙論宿曜經》，以為日輪廣五十一由旬，月輪廣五十由旬。此蓋西域天文。其所謂由旬者，姑不必論；但置五十為實，以五十一為法，除之得九分八十秒，是月輪當日輪百分之九十八，於理或然耳。

清·顧炎武《日知録》卷二九《西域天文》 西域人善天文，自古已然。《唐書》：泥婆羅國『頗解推測盈虚，兼通曆術事。』天竺國『善天文曆筭之術。』罽賓國『遣使進《天文經》。』拂菻國『其王城門樓中懸一大金秤，以金丸十二枚屬於衡端，以候日之十二時。為一金人，其大如人，立於側。每至一時，其金丸輒落，鏗然發聲引唱，以紀日時，毫釐無失。』蓋不始於回回西洋也。

《册府元龜》載：開元七年，吐火羅國王上表：『獻解天文人大慕闍，智慧幽深，問無不知。伏乞天恩喚取，問諸教法，請置一法堂，依本教供養。』此與今之利瑪竇相似。

醫藥學

《隋書》卷三四《經籍志三·子·醫方》 《龍樹菩薩藥方》四卷。《西域諸仙所説藥方》二十三卷。目一卷，本二十五卷。《香山仙人藥方》十卷。《西域波羅仙人方》三卷。《西域名醫所集要方》四卷。本十二卷。《婆羅門諸仙藥方》二十卷。《婆羅門藥方》五卷。《耆婆所述仙人命論方》二卷。目一卷，本三卷。《乾陀利治鬼方》十卷。《新録乾陀利治鬼方》四卷。本五卷。闕。【略】《龍樹菩薩養性方》一卷。

唐·釋義淨《南海寄歸内法傳》卷三《二十七·先體病源》 前云量身輕重、方飡小食者，即是觀四大之强弱也。若其輕利，便可如常所食；必有異處，則須視其起由。既得病源，然後將息。若覺輕健，飢火内然，至小食時，方始飡噉。凡是平旦，名痰癊時，宿食餘津，積在胸膈，尚未疏散，食便成咎。譬乎火焰起而投薪，薪乃尋從火化；若也火未著而安草，草遂存而不然。夫小食者，是聖別開。若粥若飯，量身乃食。必也因粥能資道，即唯此而非餘。若其要餅方長身，且食餅而無損。凡有食噉令身不安者，是與身為病緣也。不要頭痛臥床，方云是疾。若餘藥不療，醫人為處，須非時食，佛言密處與之。如異此流，固非開限。

然西方五明論中，其醫明曰：先當察聲色，然後行八醫。如不解斯妙，求順反成違。言八醫者，一論所有諸瘡，二論針刺首疾，三論身患，四論鬼瘴，五論惡揭陀藥，六論童子病，七論長年方，八論足身力。言瘡事兼内外。首疾但目在頭。齊咽已下，名為身患。鬼瘴謂是邪魅。惡揭陀遍治諸毒。童子始從胎内，至年十六。長年則延身久存。足力乃身體强健。斯之八術，先為八部，近日有人略為一夾。五天之地，咸悉遵修，但令解者，無不食禄。由是西國大貴醫人，兼重商客，為無殺害，自益濟他。於此醫明，已用功學，由非正業，遂乃棄之。

又復須知：西方藥味與東夏不同，互有互無，事非一概。且如人參、茯苓、當歸、遠志、烏頭、附子、麻黄、細辛，若斯之流，神州上藥，察問西國，咸不見有。西方則多足訶黎勒，北道則時有鬱金香，西邊乃阿魏豐饒，南海則少出龍腦。三種豆蔻，皆在杜和羅；兩色丁香，咸生堀淪國。唯斯色類，是唐所須，自餘藥物，不足收採。

凡四大之身有病生者，咸從多食而起，或由勞力而發。或夜餐未洩，平旦便飡；或旦食不消，午時還食。因茲發動，遂成霍亂。呃氣則連宵不息，鼓脹即終旬莫止，然後乃求多錢之腎氣，覓貴價之秦膠。富者此事可為，貧人分隨朝露。病既成矣，斯何救焉。縱使盧醫旦至，進丸散而無因；扁鵲昏來，遺湯膏而寧濟？火燒針刺，與木石而不殊；震足搖頭，媿僵仆而何別！斯乃良由不體病本，不解調將，可謂止流不塞其源，伐樹不除其本，波條彌蔓，求絶無因。致使學經論者，仰三藏而永嘆；習静慮者，想八定而長嗟。俗士乃務明經之輩，則絶轡於金馬之門；求進士之流，遂息步於石渠之署。妨修道業，可不大歟？廢失榮寵，誠非小事。聊為敍之，勿嫌繁重。冀令未損多藥，宿痼可除，不造醫門而新痾遂殄。四大調暢，百病不生，自利利人，豈非益也。然而食毒死生，蓋是由其往業；現緣避就，非不須為者哉。

又《二十八·進藥方法》 夫四大違和，生靈共有，八節交競，發動無恒。凡是病生，即須將息。故世尊親説《醫方經》曰：四大不調者，一窶嚕，二燮跛，三畢哆，四婆哆。初則地大增，令身沈重；二則水大積，涕唾乖常；三則火大盛，頭胸壯熱；四則風大動，氣息擊衝。即當神州沈重、痰癊、熱黄、氣發之異名也。若依俗論病，乃有其三種，謂風、熱、癊，重則與癊體同，不别彰其地大。凡候病源，旦朝自察。若覺四候乖舛，即以絶粒為先。縱令大渴，勿進漿水，斯其極禁。或一日二日，或四朝五朝，以差為期，義無膠柱。

若疑腹有宿食，叉刺齊胸，宜須恣飲熟湯，指剔喉中，變吐令盡，更飲更決，以盡為度。或飲冷水，理亦無傷。或乾薑湯，斯其妙也。其日必須斷食，明朝方始進飡。如若不能，臨時斟酌。必其壯熱，特諱水澆。若沈重戰冷，近火為妙。其江嶺已南熱瘴之地，不可依斯，熱發水淋，是土宜也。

如其風急，塗以膏油。可用布團，火炙而熨折傷之處，斯亦為善。熟油塗之，日驗交益。若覺痰癊闐胸，口中唾數，鼻流清水，氣積咽關，尸滿槍喉，語聲不轉，飲食亡味，動歷一旬。如此之流，絶食便差。不勞炙頂，無假捩咽。斯乃不御湯藥而能蠲疾，即醫明之大規矣。意者以其宿食若除，壯熱便息，流津既竭，痰癊便瘳。內靜氣消，即狂風自殄。將此調停，萬無一失。既不勞其診脉，詎假問乎陰陽。各各自是醫王，人人悉成祇域。至如鸞法師調氣蠲疾，隱默者乃行；思禪師坐內抽邪，非流俗所識。訪名醫於東洛，則貧匱絶其津；求上藥於西郊，則惸獨亡其路。所論絶食，省而且妙，備通窮富，豈非要乎！

又如癰痤暴起，熱血忽衝，手足煩疼，天行時氣。或刀箭傷體，或墜隨損躬，傷寒霍亂之徒，半日暴瀉之類。頭痛心痛，眼疼齒疼，片有病起，咸須斷食。又三等丸能療衆病，復非難得。取訶黎勒皮、乾薑、沙糖，三事等分，擣前二令碎，以水片許，和沙糖融之，并擣為丸，旦服十丸許，以知為度，諸無所忌。若患痢者，不過三兩服即差。能破胘氣，除風消食，為益處廣，故此言之。若無沙糖者，餳蜜亦得。又訶黎勒若能每日嚼一顆咽汁，亦終身無病。

此等醫明，傳乎帝釋。五明一數，五天共遵。其中要者，絶食為最。舊人傳云：若其七日斷食不差，後乃方可求觀世音。神州多並不閑，將為别是齋戒，遂不肯行學，良由傳者不悟醫道也。其有服丹石及長病并腹塊之類，或可依斯。恐有丹石之人，忍飢非所宜也。又飛丹則諸國皆無，服石則神州獨有。然而水精白石有出火者，若服之則身體爆裂。時人不别，枉死者無窮。由此言之，深須體識。蛇蠍等毒，全非此療。而絶食之時，大忌遊行及以作務。其長行之人，縱令斷食，隨路無損。如其差已，後須將息。宜可食新煮飯，飲熟菉豆湯。投以香和，任飲多少。若覺有冷，投椒薑蓽撥。若知是風，著胡葱荊芥。《醫方論》曰：諸辛悉皆動風，唯乾薑非也，加之亦佳。准絶食日而作調息，諱飲冷水，餘如藥禁。如其噉粥，恐痰癊還增。必是風勢，食亦無損。若患熱者，即熟煎苦參湯，飲之為善，茗亦佳也。自離故國，向二十餘年，但以此療身，頗無他疾。【略】

若絶食不損者，後乃隨方處療。苦參湯偏除熱病，酥油蜜特遣風痾。其西天羅荼國，凡有病者絶食，或經半月，或經一月，要待病可，然後方食。中天極多七日，南海二三日矣。斯由風土差互，四大不同，致令多少，不為一概。未委神州，宜斷食不。然而七日不食，人命多殞者，由其無病持故。若病在身，多日亦不死矣。曾見有病，絶粒三旬，後時還差，則何須見怪絶食日多？豈容但見病發，不察病起所由，壯熱火燃，還將熱粥食飲。帶病强食，深是可畏。萬有一差，終亦不堪教俗。醫方明內，極是諱焉。又由東夏時人，魚菜多並生食。此乃西國咸悉不飡。凡是菜茹，皆須爛煮，加阿魏、酥油及諸香和，然後方噉。葅虀之類，人皆不食。時復憶故噉之，遂使臍中結痛，損腹肚，闇眼目，長疾病，益虛疎，其斯之謂。智者思察，用行捨藏，聞而不行，豈醫咎也？行則身安道備，自他之益俱成；捨則體損智微，彼我之功皆失也。

唐·釋智昇《開元釋教録》卷九《總括羣經録上之九》 沙門那提，唐曰福生。【略】顯慶元年，敕往崑崙諸國采取異藥。

唐·王燾《外臺秘要方》卷一八《文仲療脚氣心煩不下食方》 吳茱萸、六升。木瓜二枚，切。右二味，以水一斗三升煮，取三升，分三服，或以吐汗便活。蘇恭云：服得活甚易，但鑽擊，少時熱悶耳。此方是為起死，是高麗老師方。

又 卷二一《天竺經論眼序一首隴上道人撰俗姓謝住齊州於西國胡僧處授》 蓋聞乾坤之道，唯人為貴；在身所重，唯眼為寶。以其所繫，妙絶通神，語其六根，眼最稱上。是以療眼之方，無輕易爾。

唐·杜環《經行記·大食法》 其大秦善醫眼及痢，或未病先見，或開腦出蟲。

唐·鍾輅《續前定録·張寶藏》 貞觀中，張寶藏為金吾長。【略】

時太宗苦於氣痢，衆醫不効，即下詔，問殿庭左右有能治此疾者，當重賞之。寶藏嘗困是疾，即具疏，以乳煎蓽撥方進，上服之立差。

宋·唐慎微《證類本草》卷九《蓽撥》 《圖經》曰：蓽撥出波斯國，今嶺南有之。多生竹林内，正月發苗作叢，高三四尺。其莖如筋，葉青圓，闊二三寸，如桑面，光而厚。三月開花，白色，在表。七月結子，如小指大，長二寸已來，青黑色，類椹子。九月收採，灰殺暴乾。南人愛其辛香，或取葉，生茹之黄牛乳煎其子治氣痢神良。謹按《唐太宗實録》云：貞觀中，上以氣痢久未痊，服它名醫藥不應，因詔訪求其方。有衛士進乳煎蓽撥法，御用有効。劉禹錫亦記其事云：後累試年長而虚冷者，必効。

又《補骨脂》 《圖經》曰：補骨脂，生廣南諸州及波斯國。今嶺外山坂間多有之，不及蕃舶者佳。莖高三四尺，葉似薄荷，花微紫色，實如麻子，圓扁而黑，九月採，或云胡韭子也。胡人呼若婆固脂，故别名破故紙。今人多以胡桃合服。此法出於唐鄭相國，自敍云：予為南海節度，年七十有五。越地卑濕，傷於内外，衆疾俱作，陽氣衰絶。服乳石補益之藥，百端不應。元和七年，有訶陵國舶主李摩訶，知予病狀，遂傳此方并藥。予初疑而未服，摩訶稽顙固請，遂服之。經七八日而覺應驗，自爾常服，其功神驗。十年二月罷郡歸京，録方傳之。【略】此物本自外蕃隨海舶而來，非中華所有，蕃人呼為補骨鴟，語訛為破故紙也。

又 卷一一《威靈仙》 《圖經》曰：【略】唐貞元中，嵩陽子周君巢作《威靈仙傳》云：先時商州有人重病，足不履地者數十年。良醫殫技莫能療，所親置之道傍，以求救者。遇一新羅僧，見之告曰：『此疾一藥可活，但不知此土有否？』因為之入山，求索果得，乃威靈仙也。使服之，數日能步履。其後山人鄧思齊知之，遂傳其事。

《舊唐書》卷一九八《西戎傳·罽賓國》 開元七年，遣使來朝，進《天文經》一夾、秘要方并蕃藥等物。

又《拂菻傳》 乾封二年，遣使獻底也伽。

宋·王溥《唐會要》卷九九《罽賓國》 開元七年，遣使獻《天文經》及秘要藥方。

又《吐火羅國》 （開元）十二年，遣使獻神藥乾陀婆羅等二百餘品。【略】十八年，遣使獻紅頗梨、碧頗梨、青瑪瑙、金精及質汗等藥。

又 卷一〇〇《天竺國》 （開元）十七年六月，北天竺國王三藏沙門僧密多獻質汗等藥。

《新唐書》卷二二一下《西域傳·拂菻》 有善醫，能開腦出蟲，以愈目眚。

明·李時珍《本草綱目》卷五〇下《獸之一》 底野迦。《唐本草》。《集解》恭曰：出西戎。彼人云：用豬膽作之，狀似久壞丸藥，赤黑色。胡人時將至此，甚珍重之，試用有效。氣味苦寒，無毒，主治百病。中惡客，忤邪氣，心腹積聚。《唐本草》。

又 卷一上《序例上·歷代諸家本草》 李珣《海藥本草》一十四種。草部四種，穀部一種，果部一種，木部五種，蟲部一種，介部二種。

明·徐應秋《玉芝堂談薈》卷二九《合昔泥》 又質汗，木名。《本草拾遺》：質汗出西番，煎檉乳、松淚、甘草、地黄，并熱血成之。番人試藥，以小兒斷一足，以藥納口中，將足蹋上，當時能走者。

製糖法

宋·王溥《唐會要》卷一〇〇《雜録》 西番胡國出石蜜，中國貴之。太宗遣使至摩伽佗國，取其法，令揚州煎蔗之汁，於中厨自造焉，色味愈於西域所出者。

《新唐書》卷二二一上《西域傳·摩揭它》 貞觀二十一年，始遣使者，自通于天子，獻波羅樹，樹類白楊。太宗遣使，取熬糖法，即詔揚州上諸蔗，拃瀋如其劑，色味愈西域遠甚。

外物内引分部

綜　述

唐・段公路《北戸録》卷三《偏核桃》　占卑國出偏核桃，形如半月狀，波斯取仁食之，絶香美，極下氣力，比於中夏桃仁療疾不殊。《會最》云：偏桃仁，勃律國尤多，花殷紅色。郎中解忠順使安西，以蘿蔔插接之，而生桃仁肥大，其桃皮不堪食。

又《指甲花》　指甲花，細白色，絶芳香。今蕃人重之，但未詳其名也。又耶悉弭花、白末利花，皆波斯移植中夏，如毗尸沙金錢花也。本出外國，大同二年始來中土。今番禺士女，多以彩縷貫花賣之。愚詳末利乃五印度華名，佛書多載之，貫華亦佛事也。又《扶南傳》曰：頓遜國有區撥花、葉逆花、致祭花、各遂花、摩夷花，燥而合香末以為粉，以粉身體。唐初，罽賓國獻俱物頭花，丹白相間，香氣遠聞。伽失畢國獻泥樓鉢羅花，如荷葉缺圓，其花色碧蘂黄，香聞數十步，皆中國無者。

唐・段成式《酉陽雜俎》卷一六《廣動植之一・羽篇》　鴿。大理丞鄭復禮言：波斯舶上多養鴿，鴿能飛行數千里，輒放一隻至家，以為平安信。

又　卷一八《廣動植之三・木篇》　貝多。出摩伽陀國，長六七丈，經冬不凋。此樹有三種：一者多羅娑一曰婆力叉貝多，二者多梨婆一曰娑力叉貝多，三者部婆一曰娑力義多羅梨。一曰多梨貝多。並書其葉，部闍一色取其皮書之。貝多是梵語，漢翻為葉，貝多婆一曰娑力叉者，漢言葉樹也。西域經書，用此三種皮葉，若能保護，亦得五六百年。

《嵩山記》稱：嵩高等中有思惟樹。即貝多也。

波斯棗。出波斯國，波斯國呼為窟莽。樹長三四丈，圍五六尺，葉似土藤，不凋。二月生花，狀如蕉花，有兩甲，漸漸開罅，中有十餘房。子長二寸，黄白色，有核，熟則子黑，狀類乾棗，味甘如飴，可食。

偏桃。出波斯國，波斯國呼為婆淡。樹長五六丈，圍四五尺，葉似桃而濶大。三月開花，白色，花落結實，狀如桃子而形偏，故謂之偏桃。其肉苦澁不可噉，核中仁甘甜。西域諸國並珍之。

胡椒。出摩伽陁國，呼為昧履支。其苗蔓生，極柔弱。葉長寸半，有細條，與葉齊。條上結子，兩兩相對。其葉晨開暮合，合則裹其子於葉中，形似漢椒，至辛辣，六月採。今人作胡盤肉食皆用之。

白荳蔻。出伽古羅國，呼為多骨。形如芭蕉，葉似杜若，長八九尺，冬夏不凋。花淺黄色，子作朵，如蒲萄。其子初出微青，熟則變白，七月採。

蓽撥。出摩伽陁國，呼為蓽撥梨，拂林國呼為阿梨訶咃，苗長三四尺，莖細如箸，葉似蕺葉，子似桑椹，八月採。

又　卷一九《廣動植之四・草篇》　茄子。【略】有新羅種者，色稍白，形如雞卵。西明寺僧造玄一曰玄造院中有其種。

《舊唐書》卷一九八《西戎傳・康國》　（貞觀）十一年，又獻金桃、銀桃，詔令植之於苑囿。

《新唐書》卷二二一上《西域傳上・高昌》　武德初，伯雅死，子文泰立，遣使來告，高祖命使者臨弔。後五年，獻狗高六寸，長尺，能曳馬銜燭，云出拂菻，中國始有拂菻狗。

宋・王溥《唐會要》卷一〇〇《雜録》　（貞觀）二十一年三月十一日，以遠夷各貢方物，其草木雜物有異于常者，詔所司詳録焉。葉護獻馬乳葡萄一房，長二尺，子亦稍大，其色紫。摩伽國獻菩提樹，一名皮羅，葉似白楊。康國獻黄桃，大如鵝卵，其色如金，亦呼金桃。伽毘國獻鬱金香，葉似麥門，冬九月花開，如芙蓉，其色紫碧，香聞數十步，華而不實，欲種取其根。罽賓國獻俱物頭花，其花丹白相間而香遠聞。伽失畢國獻泥樓鉢羅花，葉類荷葉，圓缺，其花色碧而蕊黄，香芳數十步。健達國獻佛土葉，一莖五葉，花赤，中心正黄，而蘂紫色。泥婆國獻波稜菜，類紅藍花，實似蒺藜，火熟之，能益食味；又酢菜，狀如菜，闊而長，味如美鮮苦菜，狀如苣，其葉闊，味雖少苦，久食益人；胡芹，狀如芹而味香；渾提葱，其狀如葱而白；辛嗅藥，其狀如蘭，凌冬而青，收乾作末，味如桂椒，其根能愈氣疾。

宋·李昉等《太平廣記》卷四一〇《草木六·菜·菠薐》 菜之菠薐者，本西國中有僧自彼將其子來，如苜蓿、蒲萄因張騫而至也。菠薐本是頗陵國將来，語訛耳，多不知也。出《劉賓客嘉話録》。

傳布中華文明部

傳播典章制度分部

綜述

唐·釋玄奘《大唐西域記》卷五《六國·羯若鞠闍國》 初，受拘摩羅王請白，自摩揭陀國往迦摩縷波國。時戒日王巡方在羯朱嗢祇羅國，命拘摩羅王曰：『宜與那爛陀遠客沙門速來赴會。』於是遂與拘摩羅王往會見焉。戒日王勞苦已曰：『自何國來？將何所欲？』對曰：『從大唐國來，請求佛法。』王曰：『大唐國在何方？經途所亘，去斯遠近？』對曰：『當此東北數萬餘里，印度所謂摩訶至那國是也。』王曰：『嘗聞摩訶至那國有秦王天子，少而靈鑒，長而神武。昔先代喪亂，率土分崩，兵戈競起，羣生荼毒，而秦王天子早懷遠略，興大慈悲，拯濟含識，平定海内，風教遐被，德澤遠洽，殊方異域，慕化稱臣。氓庶荷其亭育，咸歌《秦王破陣樂》。聞其雅頌，于兹久矣。盛德之譽，誠有之乎？大唐國者，豈此是耶？』對曰：『然。至那者，前王之國號；大唐者，我君之國稱。昔未襲位，謂之秦王；今已承統，稱曰天子。前代運終，羣生無主，兵戈亂起，殘害生靈。秦王天縱含弘，心發慈愍，威風鼓扇，羣凶殄滅，八方靜謐，萬國朝貢。愛育四生，敬崇三寶，薄賦斂，省刑罰，而國用有餘，氓俗無宄，風猷大化，難以備舉。』戒日王曰：『盛矣哉！彼土羣生，福感聖主。』

［日］舍人親王等《日本書紀》卷二二《推古天皇》 （推古天皇十二年夏四月，丙寅朔戊辰，皇太子親肇作憲法十七條：

一曰，以和為貴，無忤為宗。人皆有黨，亦少達者。是以或不順君父，乍違於鄰里。然上和下睦，諧於論事，則事理自通，何事不成。二曰，篤敬三寶。三寶者，佛、法、僧也。則四生之終歸，萬國之極宗。何世何人，非貴是法。人鮮尤惡，能教從之。其不歸三寶，何以直枉。三曰，承詔必謹。君則天之，臣則地之。天覆地轉，四時順行，萬氣得通。地欲覆天，則致壞耳。是以君言臣承，上行下靡。故承詔必慎，不謹自敗。四曰，羣臣百寮，以禮為本。其治民之本，要在乎禮。上不禮而下非齊，下無禮以必有罪。是以，羣臣有禮，位次不亂；百姓有禮，國家自治。五曰，絶餮棄欲，明辨訴訟。其百姓之訟，一日千事。一日尚爾，況乎累歲。頃治訟者得利為常，見賄聽讞。便有財者之訟，如石投水；乏者之訴，似水投石。是以貧民則不知所由，臣道亦於焉闕。六曰，懲惡勸善，古之良典。是以無匿人善，見惡必匡。其諂詐者，則為覆國家之利器，為絶人民之鋒劍。亦佞媚者，對上則好説下過，逢下則誹謗上失。其如此人皆無忠於君，無仁於民。是大亂之本也。七曰，人各有任，掌宜不濫。其賢哲任官，頌音則起；奸者有官，禍亂則繁。世少生知，剋念作聖。事無大少，得人必治；時無急緩，遇賢自寬。因此國家永久，社稷勿危，故古聖王為官以求人，為人不求官。八曰，羣卿百寮，早朝晏退。公事靡盬，終日難盡。是以遲朝不逮於急，早退必事不盡。九曰，信是義本，每事有信。其善惡成敗，要在於信。羣臣共信，何事不成。羣臣無信，萬事悉敗。十曰，絶忿棄瞋，不怒人違。人皆有心，心各有執。彼是則我非，我是則彼非。我必非聖，彼必非愚，共是凡夫耳。是非之理，詎能可定。相共賢愚，如鐶無端。是以彼人雖瞋，還恐我失，我獨雖得，從衆同舉。十一曰，明察功過，賞罰必當。日者賞不在功，罰不在罪。執事羣卿，宜明賞罰。十二曰，國司、國造，勿斂百姓。國非二君，民無兩主。率土兆民，以王為主。所任官司，皆是王臣。何敢與公，賦斂百姓。十三曰，諸任官者，同知職掌。或病或使，有闕於事。然得知之日，和如曾識。其以非與聞，勿防公務。十四曰，羣臣百寮，無有嫉妒。我既嫉人，人亦嫉我。嫉妒之患，不知其極。所以智勝於己則不悅，才優於己則嫉妒。是以五百之乃今遇賢，千載以難待一聖。其不得賢聖，何以治國。

十五曰，背私向公，是臣之道矣。凡人有私必有恨，有憾必非同。非同則以私妨公，憾起則違制害法。故初章云：上下和諧，其亦是情歟。十六曰，使民以時，古之良典。故冬月有間，可以使民。從春至秋，農桑之節，不可使民。其不農何食，不桑何服。十七曰，大事不可獨斷，必與衆宜論。少事是輕，不可必衆。唯逮論大事，若疑有失。故與衆相辨，辭則得理。

又 卷二五《孝德天皇》（大化）二年春正月甲子朔，賀正禮畢，即宣改新之詔曰：其一曰，罷昔在天皇等所立子代之民，處處屯倉，及別臣、連、伴造、國造、村首所有部曲之民，處處田倉，仍賜食豐，太夫以上各有差。降以布帛，賜官人百姓有差。又曰，大夫，所使治民也。能盡其治，則民賴之。故重其禄，所以為民也。其二曰，初修京師，置畿內國司、郡司、關賽、斥候、防人、驛馬、傳馬，及造鈴契，定山河。凡京每坊置長一人，四坊置令一人，掌按檢戶口，督察奸非。其坊令，取坊內明廉强直堪時務者充。里坊長，並取里坊百姓清正强干者充。若當里坊無人，聽於比里坊簡用。凡畿內，東自名墾橫河以來，南自紀伊兄山以來，西自赤石櫛淵以來，北自近江狹狹波合阪山以來，為畿內國。凡郡以四十里為大郡，三十里以下，四里以上為中郡，三里為小郡。其郡司，並取國造性識清廉、堪時務者，為大領、少領，强干聰敏工書算者為主政、主帳。凡給驛馬傳馬，皆依鈴傳符剋數。凡諸國及關給鈴契，並長官執，無，次官執。其三曰，初造戶籍、計帳、班田收授之法。凡五十戶為里，每里置長一人，掌按檢戶口，課殖農桑，禁察非違，催驅賦役。若山谷阻險，地遠人稀之處，隨便量置。凡田長三十步、廣十二步為段，十段為町。段，租稻二束二把；町，租稻二十二束。其四曰，罷舊賦役而行田之調。凡絹、絁、絲、綿，並隨鄉土所出。田一町絹一丈，四町成匹，長四丈，廣二尺半；絁二丈，二町成匹，長廣同絹；布四丈，長廣同絹、絁。一町成端。別收戶別之調，一戶貲布一丈二尺。凡調副物鹽贄，亦隨鄉土所出。凡官馬者，中馬每一百戶輸一匹。若細馬每兩百戶輸一匹。其買馬值者，一戶布一丈二尺。凡兵者，人身輸刀、甲、弓、矢、幡、鼓。凡仕丁者，改舊每三十戶一人（以一人充廝），而每五十戶一人（以一人充廝），以充諸司，以五十戶充仕丁一人之糧。一戶庸布一丈二尺，庸米五斗。凡采女者，貢郡少領以上，姊妹及子女形容端正者（從丁一人，從女二人），以一百戶充采女一人糧，庸布、庸米，皆准仕丁。

［日］藤原繼繩等《續日本紀》卷四《元明天皇》（元明天皇和銅元年）二月戊寅，詔曰：朕祗奉上玄，君臨宇內，以菲薄之德，處紫宮之尊。常以為作之者勞，居之者逸，遷都之事，必未遑也。而王公大臣咸言，往古已降，至於近代，揆日瞻星，起宮室之基，卜世相土，建帝皇之邑，定鼎之基永固，無窮之業斯在。衆議難忍，詞情深切。然則京師者，百官之府，四海所歸，唯朕一人，豈獨逸豫；苟利於物，其可遠乎？昔殷王五遷，受中興之號，周後三定，致太平之稱，安以遷其久安宅。方今平城之地，四禽葉圖，三山作鎮，龜筮並從，宜建都邑。宜其營構資須，隨事條奏。亦待秋收後，令造路橋。子來之義，勿致勞擾。制度之宜，令後不加。

又 卷一二《聖武天皇》（天平七年四月）辛亥，入唐留學生從八位下下道朝臣真備，獻《唐禮》一百卅卷、《太衍曆經》一卷、《太衍曆立成》十二卷，測影鐵尺一枚，銅律管一部，鐵如方響寫律管聲十二條，《樂書要録》十卷，絃纏漆角弓一張，馬上飲水漆角弓一張，露面漆四節角弓一張，射甲箭廿隻，平射箭十隻。

［日］德川光圀《大日本史》卷一二三《吉備真備傳》 真備，敍從八位下，靈龜二年，為遣唐留學生，時年二十四。在唐研覃經史，該涉衆藝。當時學生播名於唐者，唯真備、阿倍仲麻呂二人而已。天平七年歸，獻《唐禮》一百三十卷、《大衍曆經》一卷、《大衍曆立成》二十卷、測影鐵尺一枚、銅律管一部、《樂書要録》十卷、絃纏漆角弓一張、馬上飲水漆角弓一張、露面漆四節、角弓二張、射甲箭二十隻、平射箭十隻。授正六位下，任大學助。尋為中宮亮，累進從五位上，改右衛士督。孝謙帝在東宮，為學士，授《禮記》、《漢書》，恩寵甚渥。還為大夫，仍兼學士。頃之，改賜今姓，遷右京大夫。

又 《菅原清公傳》 菅原清公，遠江介古人子也。年少略涉經史。延曆中，詔陪東宮。弱冠奉試，補文章生，學業優長，舉秀才。《續日本後紀》為美濃少掾。《公卿補任》。對策登科，除大學少允，尋為遣唐判官，兼近江權掾。至唐，與大使俱見德宗，及歸，敍從五位下，轉大學助。大同初，遷尾張介，其治不用刑罰，效漢劉寬。弘仁初，秩滿入京，補左京亮，累歷大學、主殿頭、左右少辨，遷式部少輔，兼阿波守。九年詔天下儀式，男女衣服，皆依唐制。五位已上位記，改從漢樣。諸宮殿院堂門閣，皆著新榜。又肆百官舞蹈，清公並得關説。兼文章博士，侍讀《文選》，兼參集撰之事。《續日本後紀》。

又　卷二一三《大倭長岡傳》　大倭長岡，神知津彦命後也。神知津彦，神武朝以功為大倭國造，《姓氏録》子孫世轍。父曰五百足，敍從五位上，為刑部少輔。長岡襲為國造。少好刑名之學，兼能屬文。靈龜中，入唐請益，多所發明。當時言法令者，皆就質之。《續日本紀》。

録取賓貢進士分部

綜　述

金雲卿

宋・王應麟《玉海》卷一一六《選舉・科舉三・咸平賓貢》　《登科記》：長慶元年辛丑，賓貢一人，金雲卿。

金可記

唐・沈汾《續仙傳》卷上《金可記》　金可記，新羅人也，賓貢進士。性沉静好道，不尚華侈，或服氣鍊形，自以為樂。博學强記，屬文清麗。美姿容，舉動言談，迥有中華之風。俄擢第，遯居終南山子午谷中。懷隱逸之趣，手植奇花異果極多。嘗焚香静坐，若有思念；又誦《道德》及諸仙經不輟。後三年，思歸本國，航海而去。復來，衣道服，却入終南。務行陰德，人有所求，無阻者。精勤為事，人不可偕也。

崔致遠

［新羅］崔致遠《桂苑筆耕集》卷首《自序》　淮南入本國兼送詔書等使、前都統巡官、承務郎、侍御史、内供奉、賜紫金魚袋臣崔致遠進所著雜詩賦及表奏集二十八卷，具録如後：【略】右臣自年十二離家西泛，當乘桴之際，亡父誡之曰：『十年不第進士，則勿謂吾兒，吾亦不謂有兒。往矣勤哉！無隳乃力。』臣佩服嚴訓，不敢弭忘，懸刺無遑，冀諧養志，實得人百之，己千之。觀光六年，金名牓尾。

又　卷一七《初投獻大尉啓》　某，新羅人也。身也賤，性也愚，才不雄，學不贍。雖形骸則鄙，年齒未衰，自十二則別雞林，至二十得遷鶯谷。方接青襟之侶，旋從黄綬之宫。既忝登龍，敢言絆驥？

又　卷二〇《謝許歸覲啓》　某啓：早来員外郎君奉傳尊旨，伏蒙恩慈，念以某久別庭闈，許令歸覲者。仰銜金諾，虔佩玉音，雖尋海島以榮歸，古今無比；且望煙波而感泣，去住難安。伏緣某自年十二離家，今已二九載矣。百生天幸，獲托德門，驟忝官榮，仍叨命服。一身遭遇，萬里光輝。是以遠親稍慰於倚門，遊子倍榮於得路。唯仰趙衰之冬日，深暖旅懷；豈吟張翰之秋風，遽牽歸思？且緣辭鄉歲久，泛海程遥，住傷烏鳥之情，去懷犬馬之戀。唯願暫謀東返，迎待西来，仰託仁封，永安卑迹。今即將期理，但切戀軒下，情無任感戴，兢灼涕泣之至。謹奉啓陳謝云云。

《新唐書》卷六〇《藝文志・丁部集録・別集類》　崔致遠《四六》一卷，又《桂苑筆耕》二十卷。高麗人，賓貢及第，高駢淮南從事。

［高麗］金富軾《三國史記》卷一一《新羅・景文王紀》　（十四年九月）崔致遠在唐登科。

又　卷四五《崔致遠傳》　崔致遠，字孤雲。或去海雲。王京沙梁部人也。史傳泯滅，不知其世系。致遠少精敏好學。至年十二，將隨海舶入唐求學。其父謂曰：『十年不第，即非吾子也。行矣勉之！』致遠至唐追師，學問無怠。乾符元年甲午，禮部侍郎裴瓚下，一舉及第，調授宣州溧水縣尉。考績為承務郎、侍御史、内供奉，賜紫金魚袋。

時黄巢叛，高駢為諸道行營兵馬都統以討之。辟致遠為從事，以委書記之任。其表、狀、書、啓，傳之至今。及年二十八歲，有歸寧之志。僖宗知之。光啓元年，使將詔書來聘，留為侍讀兼翰林學士、守兵部侍郎、知瑞書監。致遠自以西學多所得，及來，將行己志，而衰季多疑忌，不能容，出為大山郡大守。唐昭宗景福二年，納旌節使兵部侍郎金處誨没於海，即差柑城郡大守金峻為告奏使。時致遠為富城郡大守，祗召為賀正使。以比歲饑荒因之，盜賊交午，道梗不果行。其後致遠亦嘗奉使如唐，但不知其歲月耳。

崔彦撝

［朝鮮］佚名《朝鮮史畧》卷五《高麗紀·惠宗義恭王》 元年，後晉出帝開運元年。平章事崔彦撝卒。彦撝，新羅人。自少能文，十八入唐登第，四十二還國，拜瑞書院學士。新羅歸附，太祖命為太子師，委以文翰之任。謚文英。其子光胤，以賓貢進士，入晉遊學。

李彦昇

宋·李昉等《文苑英華》卷三六四《辯論二·［唐］陳黯〈華心〉》 大中初年，大梁連帥范陽公得大食國人李彦昇，薦于闕下。天子詔春司考其才。二年，以進士第名顯。然常所賓貢者，不得擬。或曰：『梁，大都也；帥，碩賢也。受命于華君，仰禄于華民，其薦人也則求于夷，豈華不足稱也耶？夷人獨可用也耶？吾終有惑于帥也。』曰：帥真薦才而不私其人也。苟以地言之，則有華夷也；以教言之，有華夷乎？夫華夷者，辯在乎心，辯心在察其趣嚮。有生于中州而行戾乎禮義，是形華而心夷也。生于夷域而行合乎禮義，是形夷而心華也。若盧綰、少卿之叛亡，其夷人乎？金日磾之忠赤，其華人乎？由是觀之，皆任其趣嚮耳。今彦昇也，來從海外，能以道祈知于帥，帥故異而薦之，以激夫戎狄，俾日月所燭，皆歸于文明之化，蓋華其心而不以其地也而又夷焉。作《華心》。

李珣

後蜀·何光遠《鑑誡録》卷四《斥李珣》 賓貢李珣，字德潤。本蜀中士，生波斯也。少小苦心，屢稱賓貢。所吟詩句，往往動人。

宋·黄休復《茅亭客話》卷二《李四郎》 李四郎名玹，字廷儀。其先波斯國人，隨僖宗入蜀，授率府率。兄珣，有詩名，預賓貢焉。

藝文

唐·殷璠《河嶽英靈集》卷上《劉眘虚〈海上詩送薛文學歸東海〉》 何處歸且遠，送君東悠悠。滄溟千萬里，日夜一孤舟。曠望絶國所，微茫天際愁。有時近仙境，不定若夢遊。或見青色古，孤山百里秋。前心方杳眇，此路勞夷猶。離別惜吾道，風波敬皇休。春浮花氣遠，思逐海水流。日莫驪歌後，永懷空滄洲。

唐·杜荀鶴《唐風集》卷一《送賓貢登第後歸海東》 歸捷中華第，登船鬢未絲。直應天上桂，别有海東枝。國界波窮處，鄉心日出時。西風送君去，莫慮到家遲。

唐·釋貫休《禪月集》卷二一《送新羅人及第歸》 捧桂香和紫禁烟，遠鄉程徹巨鼇邊。莫言掛席飛連夜，見説無風即數年。衣上日光眞是火，島旁魚骨大於船。到鄉必遇來王使，與作唐書寄一篇。

宋·李昉等《文苑英華》卷二六五《［唐］裴説〈贈賓貢〉》 惟君懷至業，萬里信悠悠。路向東溟出，書從北闕投。家無一夜夢，帆掛隔年秋。鬢髮爭禁得，孤舟往復愁。

又 卷二九七《張喬〈送賓貢金夷吾奉使歸本國〉》 渡海登仙籍，還家備漢儀。孤舟無岸泊，萬里有星隨。積水浮魂夢，流年半别離。東風未迴日，音信杳難期。

清·彭定求等《全唐詩》卷六三九《張喬〈送人及第歸海東〉》 東風日邊起，草木一時春。自笑中華路，年年送遠人。

又 卷五〇六《章孝標〈送金可紀歸新羅〉》 登唐科第語唐音，望日初生憶故林。鮫室夜眠陰火冷，蜃樓朝怕曉霞深。風高高一葉飛魚背，潮浄三山出海心。想把文章合夷樂，蟠桃花裏醉人參。

又 卷五三一《許渾〈送友人罷舉歸東海〉》 滄波天塹外，何島是新羅？舶主辭番遠，碁僧入漢多。海風吹白鶴，沙日曬紅螺。此去知投筆，須求利劍磨。

又 卷七〇二《張蠙〈送新羅友人及第歸〉》 家林滄海東，未曉日先紅。作貢諸蕃别，登科幾國同。遠聲魚呷浪，層氣蜃迎風。鄉俗希攀桂，爭來問月宮。

《全唐詩補編·續拾》卷三四《顧雲〈送崔致遠西遊將還〉》　我聞海上三金鰲，金鰲頭戴山高高。山之上兮，珠宮貝闕黃金殿。山之下兮，千里萬里之洪濤。傍邊一點鷄林碧，鰲山孕秀生奇特。十二乘船渡海來，文章感動中華國。十八横行戰詞苑，一箭射破金門策。

［新羅］崔致遠《桂苑筆耕集》卷二〇《陳情上太尉》　海内誰憐海外人，問津何處是通津？本求食禄非求利，只為榮親不為身。客路離愁江上雨，故園歸夢日邊春。濟川幸遇恩波廣，願濯凡纓十載塵。

又《奉和座主尚書避難過維陽寵示絶句三首》　年年荆棘侵儒苑，處處煙塵滿戰塲。豈料今朝覲宣父，豁開凡眼睹文章。

亂時無事不悲傷，鸞鳳驚飛出帝鄉。應念浴沂諸弟子，每逢春色耿離腸。

濟川終望拯湮沉，喜捧清詞浣俗襟。唯恨吟歸滄海去，泣珠何計報恩深？

又《行次山陽續家太尉寄賜衣段令充歸覲續壽信物謹以詩謝》　自古雖誇晝錦行，長卿翁子占虚名。既傳國信兼家信，不獨家榮國亦榮。萬里始成歸去計，一心先算却来程。望中遥想深恩處，三朶仙山目畔横。

接受外國留學生分部

綜述

《舊唐書》卷一八九上《儒學傳上》　貞觀二年，停以周公為先聖，始立孔子廟堂於國學，以宣父為先聖，顏子為先師。大徵天下儒士，以為學官。數幸國學，令祭酒博士講論，畢，賜以束帛。學士能通一大經已上，咸得署吏。又於國學增築學舍一千二百間，太學、四門博士亦增置生員，其書、算合置博士、學生，以備藝文，凡三千二百六十員。其玄武門屯營飛騎亦給博士，授以經業。有能通經者，聽之貢舉。是時四方儒士多抱負典籍，雲會京師。俄而高麗及百濟、新羅、高昌、吐蕃等諸國酋長，亦遣子弟，請入於國學之内。鼓篋而升講筵者八千餘人，濟濟洋洋焉。儒學之盛，古昔未之有也。

又卷一九九上《東夷傳·新羅》　（開成）五年四月，鴻臚寺新羅國告哀，質子及年滿合歸國學生等共一百五人，並放還。

又《日本傳》　貞元二十年，遣使來朝，留學生橘免勢、學問僧空海。元和元年，日本國使判官高階真人上言：『前件學生，藝業稍成，願歸本國。便請與臣同歸。』從之。

宋·王溥《唐會要》卷三五《學校》　貞觀五年以後，太宗數幸國學，太學遂增築學舍一千二百間，國學、太學、四門亦增生員。其書、算等各置博士，凡三千二百六十員。其屯營飛騎亦給博士，授以經業。無何，高麗、百濟、新羅、高昌、吐蕃諸國部長，亦遣子弟，請入國學。於是國學之内八千餘人。國學之盛，近古未有。

又卷三六《附學讀書》　開成元年六月敕：新羅宿衛生王子金義宗等所請留任學生員，仰准舊例留二人，衣糧准例支給。

二年三月，【略】又新羅差入朝宿衛王子并准舊例割留習業學生，并及先任學生等共二百十六人，請時服、糧料，又請舊住學習業者放還本國。敕新羅學生内許七人准去年八月敕處分，餘時服、馬畜、糧料等，既非舊例，並勒還。

又卷九五《新羅》　（開成）五年四月，鴻臚寺新羅國告哀，質子及年合歸國學生等共一百五人，並放還。

《新唐書》卷一九八《儒學傳上》　貞觀六年，詔罷周公祠，更以孔子為先聖，顏氏為先師。盡召天下惇師老德，以為學官。數臨幸，觀釋菜。命祭酒博士講論經義，賜以束帛。生能通一經者，得署吏。廣學舍千二百區，三學益生員，并置書、算二學，皆有博士。大抵諸生員至三千二百。自玄武屯營飛騎，皆給博士授經。能通一經者，聽入貢限。四方秀艾挾策負素，坌集京師，文治煟然勃興。於是新羅、高昌、百濟、吐蕃、高麗等羣酋長，並遣子弟入學。鼓笥踵堂者，凡八千餘人。紆侈袂，曳方履，誾誾秩秩，雖三代之盛，所未聞也。

又卷二二〇《東夷傳·日本》　貞元末，其王曰桓武，遣使者朝。

其學子橘免勢、浮屠空海願留肄業，歷二十餘年，使者高階真人来請免勢等俱還，詔可。

宋・王欽若等《册府元龜》卷九九九《外臣部・請求》 敬宗寶曆元年五月庚辰，新羅國王金彦昇奏：先在太學生崔利貞、金叔貞、朴季業四人，請放還蕃。其新赴朝貢金允夫、金立之、朴亮之等一十二人，請留在宿衛，仍請配國子監習業，鴻臚寺給資糧。從之。

宋・司馬光《資治通鑑》卷一九五《唐紀十一・太宗文武大聖大廣孝皇帝中之上》 （貞觀十四年）二月丁丑，上幸國子監，觀釋奠，命祭酒孔穎達講《孝經》，賜祭酒以下至諸生高第帛有差。是時上大徵天下名儒為學官，數幸國子監，使之講論。學生能明一大經已上，皆得補官。增築學舍千二百間，增學生滿二千二百六十員。自屯營飛騎亦給博士，使授以經。有能通經者，聽得貢舉。於是四方學者，雲集京師。乃至高麗、百濟、新羅、高昌、吐蕃諸酋長，亦遣子弟，請入國學。升講筵者，至八千餘人。

［高麗］金富軾《三國史記》卷五《新羅・善德王紀》 九年夏五月，王遣子弟於唐，請入國學。是時，太宗大征天下名儒為學官，數幸國子監，使之講論，學生能明一大經已上，皆得補官。增築學舍千二百間，增學生滿三千二百六十員。於是，四方學者雲集京師，高句麗、百濟、高昌、□吐蕃亦遣子弟入學。

又 卷一一《新羅・文聖王紀》 （二年六月）唐文宗敕鴻臚寺，放還質子及年滿合歸國學生共一百五人。

又 卷二〇《高句麗・榮留王紀》 （二十三年春二月）王遣子弟入唐，請入國學。

又 卷二七《百濟・武王紀》 （四十一年）二月，子弟於唐，請入國學。

［日］舍人親王等《日本書紀》卷二二《推古天皇》 是時（推古天皇十六年九月）遣於唐國學生，倭漢直福因、奈羅譯語惠明、高向漢人玄理、新漢人大國。學問僧新漢人日文、南淵漢人請安、志賀漢人慧隱、新漢人廣濟等，幷八人也。

［日］藤原繼繩等《續日本紀》卷一三《桓武天皇》 （延曆廿四年十月）甲寅，授入唐留學生無位粟田、朝臣飽田麻呂正六位上。

又 卷三三《光仁天皇》 （寶龜六年十月）壬戌，前右大臣正二位勳二等吉備朝臣真備薨。右衛士少尉道朝臣國勝之子也。靈龜二年，年廿二，從使入唐，留學受業，研覽經史，該涉衆藝。我朝學生，播名唐國者，唯大臣及晁衡二人而已。天平七年歸朝，授正六位下，拜大學助。高野天皇師之，受《禮記》及《漢書》，恩寵甚渥，賜姓吉備朝臣。

［日］德川光圀《大日本史》卷一一六《高向玄理傳》 高向玄理，初稱高向漢人，又名黑麻呂。推古帝十六年，小野妹子使于隋，時遣玄理等書生，受學於隋。玄理留學三十三年，舒明帝十二年還自唐。《日本紀》。

又 《秦朝元傳》 秦朝元，父僧辨正，滑稽善談論，涉玄學。大寶中，敕往唐學問。當玄宗在藩，以善棊寵。二子朝慶、朝元。辨正及朝慶皆死于唐。辨正嘗作憶鄉絕句曰：『日邊瞻日本，雲裏望雲端，遠遊勞遠國，長恨苦長安。』朝元，歸仕朝廷。《懷風藻》天平初，敕教弟子二人漢語。《續日本紀》。

播揚儒學分部

綜述

宋・宋敏求《唐大詔令集》卷一二八《令蕃客國子監觀禮教敕》

敕：夫國學者，立教之本，故觀文可以知道，敷文可以成化。庠序爰作，皆分澤於神靈；車書是同，乃範圍於天下。是戎狄納欵，日夕歸朝，慕我華風，孰先儒禮？由是執於干羽，常不討而来賓；事於俎豆，庶既知而往學。彼蓬麻之自植，在桑葚之懷音，則仁豈遠哉？習相近也。自今已後，蕃客入朝，並引向國子監，令觀禮教。開元三年十二月二十二日。

《舊唐書》卷一九九上《東夷傳・高麗》 其書有《五經》及《史記》、《漢書》、范曄《後漢書》、《三國志》、孫盛《晉春秋》、《玉篇》、《字統》、《字林》，又有《文選》，尤愛重之。

又《新羅傳》 垂拱二年，政明遣使來朝，因上表請《唐禮》一部並雜文章，則天令所司寫《吉凶要禮》，並于《文館詞林》采其詞涉規誡者，勒成五十卷以賜之。【略】

開元十六年，遣使來獻方物，又上表請令人就中國學問經教，上許之。

又《日本傳》 長安三年，其大臣朝臣眞人來貢方物。朝臣眞人者，猶中國戶部尚書。冠進德冠，其頂為花，分而四散，身服紫袍，以帛為腰帶。眞人好讀經史，解屬文，容止温雅。則天宴之於麟德殿，授司膳卿，放還本國。【略】

開元初，又遣使來朝，因請儒士授經，詔四門助教趙玄默就鴻臚寺教之。乃遺玄默闊幅布，以為束修之禮，題云『白龜元年調布』，人亦疑其僞。所得錫賚，盡市文籍，泛海而還。

宋·王溥《唐會要》卷三六《蕃國請經史》 垂拱二年二月十四日，新羅王金政明遣使請《禮記》一部幷雜文章，令所司寫吉凶要禮幷《文館詞林》採其詞涉規誡者，勒成五十卷賜之。

又 卷一〇〇《日本國》 長安三年，遣其大臣朝臣真人来朝，貢方物。朝臣真人者，猶中國戶部尚書。冠進德冠，其頂為花，分而四散，身服紫袍，以帛為腰帶。好讀經史，解屬文，容止温雅。則天宴之，授司膳卿而還。【略】

開元初，又遣使来朝，因請士授經。詔四門助教趙元默就鴻臚教之。乃遺元默闊幅布，以為束修之禮，題云『白龜元年調布』，人亦疑其偽為題。所得賜賚，盡市史籍，泛海而還。

《新唐書》卷二二〇《東夷傳·日本》 長安元年，其王文武立，改元曰大寶，遣朝臣真人粟田貢方物。朝臣真人者，猶唐尚書也。冠進德冠，頂有華蘤四披，紫袍帛帶。真人好學，能屬文，進止有容。武后宴之麟德殿，授司膳卿，還之。【略】

開元初，粟田復朝，請從諸儒授經，詔四門助教趙玄默即鴻臚寺為師，獻大幅布為贄。悉賞物貿書以歸。

〔高麗〕金富軾《三國史記》卷八《新羅·神文紀》 （六年）遣使入唐，奏請《禮記》並文章。則天令所司寫《吉凶要禮》，並於《文館詞林》采其詞涉規誡者，勒成五十卷，賜之。

又 卷九《新羅·景德王紀》 （二年三月）賜御注《孝經》一部。

又 卷一〇《新羅·元聖王紀》 四年春，始定讀書三品以出身。讀《春秋左氏傳》，若《禮記》，若《文選》，而能通其義兼明《論語》、《孝經》者，為上；讀《曲禮》、《論語》、《孝經》者，為中；讀《曲禮》、《孝經》者為下。若博通『五經』、『三史』、『諸子百家書』者，超擢用之。【略】

論曰：惟學焉然後聞道，惟聞道然後灼知事之本末。故學而後仕者，其於事也，先本而末自正。譬如舉一綱，萬目從而皆正。不學者反此不知事有先後本末之序。但區區弊精神於枝末，或掊斂以為利，或苛察以相高，雖欲利國安民，而反害之。是故學記之言終於務本，而書亦言，不學牆面，莅事惟煩。則執事毛肖一言，可為萬世之模範者焉。

〔日〕藤原繼繩等《續日本紀》卷三五《光仁紀五》 （寶龜九年十二月）庚寅，玄蕃頭從五位上袁晉卿，賜姓清村宿禰。晉卿，唐人也，天平七年隨我朝使歸朝，時年十八九，學得《文選》、《爾雅》音，為大學音博士，於後歷大學頭、安房守。

〔日〕德川光圀《大日本史》卷二一三《清村晉卿傳》 清村晉卿，唐人，本姓袁。天平中，隨遣唐使而歸化。年未弱冠，通《文選》、《爾雅》音，為音博士。景雲初，幸大學釋奠，授晉卿從五上。歷大學頭、日向守。《續日本紀》。

播揚道學分部

綜述

《舊唐書》卷一九八《西戎傳·天竺》 有伽没路國，其俗開東門以向日。王玄策至，其王發使，貢以奇珍異物及地圖，因請老子像及《道德經》。

又 卷一九九上《東夷傳·高麗》 （武德）七年，遣前刑部尚書沈叔安往册建武為上柱國、遼東郡王、高麗王，仍將天尊像及道士往彼，為之講《老子》。其王及道俗等觀聽者，數千人。

《新唐書》卷二二〇《東夷傳・高麗》（武德）後三年，（高祖）命道士以像法往，為講《老子》。建武大悅，率國人共聽之，日數千人。

宋・王欽若等《册府元龜》卷九九九《外臣部・請求》（武德）八年，高麗遣人來學道佛法，詔許之。【略】

開元二十三年閏十一月，日本國遣其臣名代來朝獻表，懇求《老子》經本及天尊像，以歸于國，發揚聖教，許之。

［高麗］金富軾《三國史記》卷九《新羅・孝成王紀》（二年）夏四月，唐使臣邢璹以老子《道德經》等文書獻于王。

又　卷二〇《高句麗・榮留王紀》八年，王遣使入唐，求學佛老教法。帝許之。

又　卷二一《高句麗・寶藏王紀》（二年）三月，蘇文告王曰：『三教譬如鼎足，闕一不可。今儒釋並興，而道教未盛，非所謂備天下之道術者也。伏請遣使于唐，求道教以訓國人。』大王深然之，幸表陳請。太宗遣道士叔達等八人，兼賜老子《道德經》。王喜，取僧寺館之。

播揚漢傳佛教分部

通紀概説

綜　述

唐・釋慧立等《大唐大慈恩寺三藏法師傳》卷七《起二十二年六月天皇製〈述聖記〉終永徽五年春二月法師答書》（永徽）五年春二月，法長辭還，又索報書。法師答并信物，其書同文録奏，然後將付使人。其詞曰：【略】『玄奘所將經論，已翻《瑜伽師地論》等大小三十餘部，其《俱舍》、《順正理》，見譯未周，今年必了。即日大唐天子聖躬萬福，率土安寧，以輪王之慈，敷法王之化，所出經論，並蒙神筆製序，令所司抄寫，國内流行，爰至鄰邦，亦俱遵習。雖居像運之末，而法教光華，邕邕穆穆，亦不異室羅筏、誓多林之化也。』

《新唐書》卷四八《百官志三・崇玄署》新羅、日本僧入朝學問，九年不還者，編諸籍。

宋・釋志磐《佛祖統紀》卷四〇《法運通塞志第十七之六・唐・太宗》（貞觀八年）萊州奏：『高麗三國僧，與新羅、百濟為三國。願入中國學佛法，欲覘虛實耳。』魏徵曰：『陛下所為善，足為夷狄法；所為不善，雖距夷狄，何益於國？』詔許之。

又　《高宗》（永徽）四年，日本國遣沙門道照入中國，從奘法師傳法。【略】

（顯慶三年）日本國遣沙門智通入中國，求大乘法。

又　卷四一《法運通塞志第十七之七・唐・玄宗》（開元四年）日本國遣沙門元昉，入中國求法。【略】

（開元）十四年，日本國沙門榮睿、普照至揚州，奉國主命，以僧伽梨十領施、中國高行律師鑑真受其衣，感外國有佛種，遂與睿等附舶而東。既至，王迎勞之，館於毘盧遮那殿，請其授歸戒。夫人羣臣，以次稟授。日本律教，始行於此。

又　卷四二《法運通塞志第十七之八・唐・德宗》（貞元）二十年，日本國遣使者朝，其學者橘逸勢、沙門空海入中國，學祕密教於不空弟子慧果。【略】

（永貞元年）日本國沙門最澄來，學教於天臺邃法師。盡寫一宗論疏以歸，為日本傳教之始也。

又　卷四三《法運通塞志第十七之九・唐・宣宗》（大中四年）日本國遣沙門常曉入中國，求釋迦密教。

又　《五代・唐・末帝》（清泰）二年，四明沙門子麟往高麗、百濟、日本諸國，傳授天臺教法。高麗遣使李仁日送麟還。吳越王錢鏐令於郡城建院，以安其衆。

中華佛教倒傳西域

綜　述

宋・釋贊寧《宋高僧傳》卷二七《唐京兆大興善寺含光傳》　代宗重光，如見不空，敕委往五臺山修功德。時天臺宗學湛然，【略】與光相見，問西域傳法之事。光云：『有一國僧，體解空宗，問及智者教法。梵僧云：「曾聞此教定邪正，曉偏圓，明止觀，功推第一。」再三囑光，或因緣重至，為翻唐為梵附來，某願受持。屢屢掘手叮囑。詳其南印土多行龍樹宗見，故有此願流布也。』

系曰：未聞中華演述佛教倒傳西域，有諸乎？通曰：昔梁武世，吐谷渾夸呂可汗使來，求佛像及經論十四條。帝與所撰《涅槃般若金光明》等經疏一百三卷付之。原其使者，必通華言，既達音字，到後以彼土言譯華成胡，方令通會。彼亦有僧，必展轉傳譯，從青海西達葱嶺北諸國，不久均行五竺，更無疑矣。故車師有《毛詩》、《論語》、《孝經》，置學官弟子，以相教授，雖習讀之，皆為胡語是也。又唐西域求《易》、《道經》，詔僧、道譯唐為梵。二教爭菩提為道，紛拏不已，中輟。設能翻傳到彼，見此方玄賾之典籍，豈不美歟？又夫西域者，佛法之根幹也；東夏者，傳來之枝葉也。世所知者，知枝葉不知根幹，而不知枝葉殖土，亦根生幹長矣，尼拘律陀樹是也。蓋東人之敏利，何以知耶？秦人好略，驗其言少而解多也。西域之人淳朴，何以知乎？天竺好繁證，其言重而後悟也。由是觀之，西域之人利在乎念性，東人利在乎解性也。如無相空教，出乎龍樹，智者演之，令西域之仰慕。如中道教生乎彌勒，慈恩解之，疑西域之罕及。將知以前二宗，殖於智者、慈恩之土中，枝葉也。入土別生根幹，明矣。善栽接者，見而不識，聞而可愛也。又如合浦之珠，北土之人得之，結步搖而飾冠珮。南海之人見而不識，聞而可愛也。蠶婦之絲，巧匠之家得之，繡衣裳而成黼黻。繅抽之嫗見而不識，聞而可愛也。懿乎智者、慈恩，西域之師焉得不宗仰乎！

宋・勾延慶《錦里耆舊傳》卷二　光天元年春三月，西域胡僧滿多三藏來游峨嵋山，却歸西國。

藝　文

唐・釋皎然《杼山集》卷四《送珍上人還天竺兼寄廣通上人秦山人》
江寺名天竺，多居躡遠蹤。春帆依柳浦，輕履上蓮峰。禪子兼三隱，空書共一封。因君達山信，應向白雲逢。

清・彭定求等《全唐詩》卷六七九《崔塗〈送僧歸天竺〉》　忽憶曾棲處，千峰近沃州。別來秦樹老，歸去海門秋。汲帶寒汀月，禪鄰賈客舟。遥思清興愜，不厭石林幽。

鑑真東渡

綜　述

唐・釋思託《大唐傳戒師僧名記大和上鑑真傳佚文》　釋鑑真，揚州江陽縣人也。俗姓淳於氏，即齊朝淳于髡大夫後也。十六出家，十有八歲受菩薩戒。【略】奉請西京薦福寺大德道岸律師為教授阿闍梨，闍梨生緣光州人也，傳通佛法，一國得名。□□四分律之初，弘福稟者，如風之靡草，且復神儀挺持，朗目威顏，恒戴帽子人朝，帝重親躬揖。初受戒時，夢見聖十大弟子來，為受具足戒。大唐孝和皇帝十緣之一數也。遂以景龍二年三月二十八日晡時，於西京實際寺壇，方受具足戒。弘景律師初受戒了，講律百遍，是南山宣律師重受戒弟子。一生不説人，非嘗自昇高座誦戒，六時行道，禮佛□莊，四九香爐作兜率天業，迄於命終，未嘗廢闕。臨終七日，端坐頂□。則天皇后、中宗孝和皇帝師之，此實法門龍象，匡益當時；軌範緇徒，形儀清肅，於今有賴，寧不欽哉。謹録行事之蹤，用光揚於後代也。【略】鑑真和上乃於長安受戒了，初即稟承滿州融濟律師，學宣律師《行事鈔》及《羯磨疏》、《重輕儀》等。濟律師者，是南山道宣律師弟子也。

鑑真大師受具之時，奉請十師等，亦是滿意律師弟子也。所謂荆州玉泉寺弘景律師、西京總持寺儀律師、西京薦福寺道岸律師、荆州揚溪寺俊律師、西京崇福寺大德禮律師、西京崇聖寺綱律斷、西京崇福寺聞惠律師、西京崇福寺思惠律師、西京荷恩寺法藏律師、西京荷恩寺丹律師、西京薦福寺恒律師、薦福寺志律師，彼列此十二人大德已。總歎云，已上諸德，各研精律藏，兼達大乘，皆是首律師滿意律師弟子也。【略】然通言二人弟子，未知誰人的是，但兄列次中弘景律師，是南山大師弟子；儀律師，即滿意律師傳法輩之隨一矣；道岸律師，宗承文綱律師；禮律師，是學首律師疏，請説弟子也；綱律師學相部疏，此則非文綱之綱，是別人耳，行狀既別，俗年亦異此九十二，彼九十九；志律師，講五分律。自餘諸人，雖不的指，亦可多是意師弟子。又西京禪定寺義威律師、西明寺遠智律師、東京授記寺新羅金修律師及惠策律師、西京觀音寺大亮律師、越州察律師、揚州照隱律師，此等大德並滿意律師門人也。【略】

勝寶六載甲午二月一日，至難渡驛國師鄉，僧崇道及大僧正行基弟子法義等，設供共敍寒暄。三日至河内國守藤原魚名廳，大納言仲丸故遣賀簡光順慰勞衆僧；復有律師道璿令弟子二僧來問許，兼令二近事來躬承。同日復有布衣高行僧志忠、賢璟、曉貴等卅餘人行道讚歎。明發，取大和國平涼驛宿。在道，敕使催令人京，至平涼驛略歇息，少時入京。敕使遣安宿王正四品於南閶門慰勞衆僧；敕令請住於東大寺安置。有京城僧徒及官僚文者等於南閶門，相迎同送引，和東大寺良辨僧都引至大佛前禮拜。良辨云，此是大帝太上天皇引天下人共結良緣，鑄此金銅像，坐高笏尺五十尺。又問唐中頗有如此大像？遣延慶譯語云，無。更禮拜供養，讚歎。行道竟，相引至客堂住。敕使安慰。明旦，即有大唐律師道璿來相問訊；後有婆羅門僧正菩提亦來參問。云某甲在唐崇福寺住，經三日，闍梨在彼講律，闍梨識否？和上云憶得也。復有内道場僧五十人令來相看。良辨僧都云，一時禮拜。光禄大夫、右僕射藤原豐城來相參。復有光禄大夫、大納言藤原仲□來相參，金紫光禄大夫、式部卿藤原永手參禮。［又移入］官倉院。三月敕使朝［臣］真備參東大寺，安慰衆僧：大德遠涉滄波，來至此國；朕先造東大寺，經十餘年，於大佛西欲立戒壇。自有此心，日夜不忘。今諸大德遠來，冥契朕心，乃是朕之有感。自今已後授戒傳律，一任大德。又敕令良辨，問和上在唐相共臨壇僧名，此問有幾律師。和上仍令僧法進付口録出：唐中常共化法僧，即法進、普照、星靜、思祐、義靜等。後經半月，敕使良辨僧都及檢［唐朝］大德位名：和［上位］敕特贈，即大和上；法進、學生普照、延慶、星靜、法顆、思祐、義靜。又令［佐］伯今毛人出贈位絹廿匹、絁廿匹、大布□端、細布一百屯用施和上，餘僧各減半，從仁幹已下與半位，物又減半。和上衆僧併合掌，頻勞主上憂。營客人時有大安寺唐律師道璿問得來由，乃作讚詞，慶賀大和上。其年四月初，敕於盧舍那佛前立壇，為沙門證修等四百卅餘人受戒。後有内道場興行僧神榮、行潛等五十五人，重受大小乘戒。至勝寶七歲，於盧舍那佛前為沙彌受戒，後有實行僧［志］忠、靈福、賢璟、善頂、道緣等八十餘人遠起臥具，進隆和光之族類者，來云受具足戒。

宋·釋贊寧《宋高僧傳》卷一四《唐揚州大雲寺鑑真傳》　釋鑑真，姓淳于氏，廣陵江陽縣人也。總丱俊明，器度宏博，能典謁矣。隨父入大雲寺，見佛像，感動夙心，因白父，求出家。父奇其志，許焉。登便就智滿禪師，循其獎訓。屬天后長安元年，詔於天下度僧，乃為息慈配住本寺，後改為龍興。迨中宗孝和帝神龍元年，從道岸律師受菩薩戒。景龍元年，詣長安。至二年三月二十八日，於實際寺依荆州恒景律師邊得戒。雖新發意，有老成風。觀光兩京，名師陶誘。三藏教法，數稔該通。動必研幾，曾無矜伐。言旋淮海，以戒律化誘，鬱為一方宗首。冰池印月，適足清明。猊座揚音，良多響答。

時日本國有沙門榮叡、普照等東來募法，用補缺然。於開元年中，達于揚州，爰來請問，禮真足曰：『我國在海之中，不知距齊州幾千萬里。雖有法而無傳法人，譬猶終夜有求於幽室，非燭何見乎？願師可能，輟此方之利樂，為海東之導師乎！』真觀其所以，察其翹勤，乃問之曰：『昔聞南岳思禪師生彼為國王，興隆佛法，是乎？又聞彼國長屋曾造千袈裟，來施中華名德，復於衣緣繡偈云：「山川異域，風月同天。寄諸佛子，共結來緣。」以此思之，誠是佛法有緣之地也。』默許行焉。所言長屋者，則相國也。真乃慕比丘思託等一十四人，買舟自廣陵賫經律法離岸，乃天寶二載六月也。至越州浦，止署風山，真夜夢甚靈異。纔出洋，遇惡風濤，舟人顧其垂没，有投棄□香木者。聞空中聲云：『勿投棄！』時見舳艫各有神將介甲操仗焉，尋時風定。俄漂入蛇海，其蛇長三丈餘，色若錦文。後入魚海，魚長尺餘，飛滿空中。次一洋，純見飛鳥集於舟背，壓之幾没。洎出鳥海乏水，俄泊一島，池且泓澄，人飲甘美。相次達於日本，其國王歡喜，迎入城大寺安止。初於盧遮那殿前立壇，為國王授菩薩戒，次夫人、王子等；然後教本土有德沙門足滿十員，度沙彌澄修等四百人，用白四羯磨法也。又有王子一品親田捨宅造寺，號招提，施水田一百頃。自是已來，長敷律藏，受教者多，彼國號大和尚，傳戒律之始祖也。以日本天平寶字七年癸卯歲五月五日，無疾辭衆坐亡，身不傾壞，乃唐代宗廣德元年矣，春秋七十七。至今其身不施苧漆，國王貴人信士時將寶香塗之。僧思託著《東征傳》，詳述焉。

［日］真人元開《唐大和上東征傳》　大和尚諱鑑真，揚州江陽縣人也。俗姓淳于，齊辯士髡之後也。其父先就揚州大雲寺智滿禪師，受戒學禪門。大和尚年十四，隨父入寺。見佛像感動心，因請父求出家。父奇其志，許焉。是時大周則天長安元年有詔，於天下諸州度僧。便就智滿禪師出家為沙彌，配住大雲寺。後改為龍興寺。唐中宗孝和皇帝神龍元年，從道岸律師受菩薩戒。景龍元年，杖錫東都，因入長安。其二年三月二十八日，於西京實際寺登壇受具足戒。荆州南泉寺弘景律師為和上巡遊二京，究學三藏，後歸淮南，教授戒律，江淮之間，獨為化主，於是興建佛事，濟化羣生。其事繁多，不可具載。

日本天平五年，歲次癸酉，沙門榮叡、普照等隨遣唐大使丹墀真人廣成，至唐國留學。是年，唐開元二十一年也。唐國諸寺三藏大德，皆以戒律為入道之正門；若有不持戒者，不齒於僧中。於是方知本國無傳戒人，仍請東都大福先寺沙門道璿律師，附副使中臣朝臣名代之舶，先向本國去擬為傳戒者。

榮叡、普照留學唐國，已經十載，雖不待使而欲早歸，於是請西京安國寺僧道航澄觀、東都僧德清、高麗僧如海，又請得宰相李林甫之兄林宗之書，與揚州倉曹李湊，令造大舟，備糧送遣。又與日本國同學僧玄朗、玄法二人俱，下至揚州。是歲，唐天寶元載冬十月。日本天平十四年，歲次壬午也。

時大和尚在揚州大明寺，為衆講律。榮叡、普照至大明寺，頂禮大和尚足下，具述本意曰：『佛法東流，至日本國。雖有其法，而無傳法人。日本國昔有聖德太子，曰二百年後，聖教興於日本。今鍾此運，願大和上東遊興化。』大和上答曰：『昔聞南岳思禪師遷化之後，託生倭國王子，興隆佛法，濟度衆生。又聞日本國長屋王崇敬佛法，造千袈裟，來施此國大德、衆僧。其袈裟緣上繡著四句曰：「山川異域，風月同天。寄諸佛子，共結來緣。」以此思量，誠是佛法興隆有緣之國也。今我同法衆中，誰有應此遠請，向日本國傳法者乎？』時衆默然，一無對者。良久，有僧祥彦進曰：『彼國太遠，性命難存。滄海淼漫，百無一至。人身難得，中國難生。進修未備，道果未剋。是故衆僧咸默無對而已。』大和上曰：『為是法事也，何惜身命？諸人不去，我即去耳。』【略】

天寶十二載，歲次癸巳，十月十五日壬午，日本國使大使特進藤原朝臣清河，副使銀青光禄大夫、光禄卿大伴宿彌胡麻呂，副使銀青光禄大夫、祕書監吉備朝臣真備，衛尉卿安倍朝臣朝衡等來至延光寺，白大和上云：『弟子等早知大和上五回渡海向日本國，將欲傳教。故今親奉顏色，頂禮歡喜。弟子等先録大和上尊名并持律弟子五僧，已奏聞主上，向日本傳戒。主上要令將道士去。日本君王先不崇道士法，便奏留春桃原等四人，令住學道士法。為此大和上各亦奏退。願大和上自作方便。弟子等自在載國信物船四舶，行裝具足，去亦無難。』時大和上許諾已竟。時揚州道俗皆云大和上欲向日本國，由是龍興寺防護甚固，無由進發。時有仁幹禪師從婺州來，密知大和上欲出，備具船舫，於江頭相待。

大和上於天寶十二載十月二十九日戌時，從龍興寺出，至江頭乘船下。時有二十四沙彌悲泣走來，白大和上言：『大和上今向海東重觀無由，我今者最後請預結緣。』乃於江邊為二十四沙彌授戒訖。乘船下至蘇州黄洫浦。相隨弟子揚州白塔寺僧法進、泉州超功寺僧曇靜、台州開元寺僧思託、揚州興雲寺僧義靜、衢州靈耀寺僧法載、竇州開元寺僧法成等一十四人，藤州通善寺尼智首等三人，揚州優婆塞潘仙童，胡國人安如寶，崑崙國人軍法力，瞻波國人善聽都二十四人。所將如來肉舍利三千粒，功德繡普集變一鋪，阿彌陀如來像一鋪，彫白栴檀千手像一軀，繡千手像一鋪，救世觀世音像一鋪，藥師、彌陀、彌勒菩薩瑞像各一軀，同障子；金字《大方廣佛華嚴經》八十卷，《大佛名經》十六卷，金字《大品經一部，金字《大集經》一部，南本《涅槃經》一部四十卷，《四分律》一部六十卷，法勵師《四分疏》五本各十卷，光統律師《四分疏》百二十紙，《鏡中記》二本，智周師《菩薩戒疏》五卷，靈溪釋子《菩薩戒疏》二卷，《天台止觀法門》、《玄義文句》各十卷，《四教儀》十二卷，《次第禪門》十一卷，《行法華懺法》一卷，《小止觀》一卷，《六妙門》一卷，《明了論》一卷，定賓律師《飾宗義記》九卷、《補釋飾宗記》一卷，《戒疏》二本各一卷，觀音寺亮律師《義記》二本十卷，南山宣律師《含注戒本》一卷及《疏》，《行事鈔》五本，《羯磨疏》等二本，懷素律師《戒本疏》四卷，大覺律師《批記》十四卷，《音訓》二本，《比丘尼傳》二本四卷，玄奘法師《西域記》一本十二卷，終南山宣律師《關中創開戒壇圖經》一卷，法銑律師《尼戒本》一卷及《疏》二卷，合四十八部；及玉環水精手幡四口，□□金珠□□□□□□菩提子三斗，青蓮華廿莖，玳瑁疊子八面，天竺革履二量；王右軍真蹟行書一帖，小王真蹟行書三帖，天竺、朱和等雜體書五十帖，□□□□□□。水精手幡已下，皆進內裏。又阿育王塔樣金銅塔一區。

二十三日庚寅，大使處分：大和上已下分乘副使已下舟。畢後，大使已下共議曰：「方今廣陵郡又覺知大和上向日本國，將欲搜舟。若被搜得，為使有妨。又風被漂還，著唐界，不免罪惡。」由是衆僧總下舟，留。

十一月十日丁未夜，大伴副使竊招大和上及衆僧納己舟，總不令知。十三日，普照師從越餘姚郡來，乘吉備副使舟。十五日壬子，四舟同發。有一雉，飛第一舟前，仍下矴留。十六日發。二十一日戊午，第一、第二兩舟同到阿兒奈波島，在多禰島西南；第三舟昨夜已泊同處。十二月六日，南風起，第一舟著石不動，第二舟發向多禰去，七日至益救島。十八日自益救發，十九日風雨大發，不知四方，午時浪上見山頂。二十日乙酉午時，第二舟着薩摩國阿多郡秋妻屋浦。二十六日辛卯，延慶師引大和上入太宰府。

二月一日到難波，唐僧崇道等迎慰供養。三日至河內國，大納言正二位藤原朝臣仲麻呂遣使迎慰，復有道璿律師遣弟子僧善談等迎勞，復有高行僧志忠、賢璟、靈福、曉貴等三十餘人迎來，禮謁□□。四日，入京。敕遣正四位下安宿王於羅城門外迎慰拜勞，引入東大寺安置。五日，唐道璿律師、婆羅門菩提僧正來慰問，宰相、右大臣、大納言已下官人百餘人來禮拜問訊。後敕使正四位下吉備朝臣真備來，宣詔曰：「大德和上遠涉滄波，來投此國，誠副朕意，喜慰無喻。朕造此東大寺經十餘年，欲立戒壇，傳受戒律。自有此心，日夜不忘。今諸大德遠來傳戒，冥契朕心。自今以後，受戒傳律，一任大和尚。」又敕僧都良辨、令録諸監壇大德名進內。不經日，敕授傳燈大法師位。

其年四月，初於盧遮那殿前立戒壇。天皇初登壇，受菩薩戒。次皇后、皇太子，亦登壇受戒。尋為沙彌證修等四百四十餘人授戒。又舊大僧靈祐、賢璟、志忠、善頂、道緣、平德、忍基、善謝、行潛、行忍等八十餘人僧捨舊戒，受大和上所授之戒。後於大佛殿西，別作戒壇院，即移天皇受戒壇土，築作之。

大和上從天寶二載，始為傳戒，五度裝束，渡海艱辛，雖被漂迴，本願不退。至第六度，過日本卅六人，總無常去退心。道俗二百餘人，唯有大和上學問僧普照、天台僧思託，始終六度，經逾十二年，遂果本願，來傳聖戒。方知濟物慈悲，宿因深厚，不惜身命，所度極多。

時有四方來學戒律者，緣無供養，多有退還。此事漏聞于天聽，仍以寶字元年丁酉十一月二十三日，敕施備前國水田一百町。大和上以此田欲立伽藍，時有敕旨：施大和上園地一區。是故一品新田部親王之舊宅。普照、思託請大和上以此地為伽藍，長傳四分律藏，法勵《四分律疏》，《鎮國道場飾宗義記》，《宣律師鈔》，以持戒之力，保護國家。大和上言：「大好。」即寶字三年八月一日，私立唐律招提名，後請官額，依此為定。還以此日，請善俊師講件疏記等。所立寺者，今唐招提寺是也。

初，大和上受中納言從三位冰上真人之延請，就宅竊嘗其土，知可立寺，仍語弟子僧法智：「此福地也。可立伽藍。」今遂成寺，可謂明鑑之先見也。

大和上誕生象季，親為佛使。經云「如來處處度人，汝等亦斆如來，廣行度人。」大和上既承遺風，度人逾於四萬，如上略件及講遍數。唐道璿律師請大和上門人思託曰：「承學有基緒。璿弟子閑漢語者，令學勵《疏》幷《鎮國記》，幸見開導。」僧思託便受於大安唐院，為忍基等講，四五年中，研磨數遍。寶字三年，僧忍基於東大唐院講《疏記》，僧善俊於唐寺講《件疏記》，僧忠慧於近江講《件疏記》，僧惠新於大安塔院講《件疏記》，僧常魏於大安寺講《件疏記》，僧真法於興福寺講《件疏記》。從此以來，日本律儀漸漸嚴整。師資相傳，遍於寰宇。如佛所言：我諸弟子展轉行之，即為如來常在不滅。亦如一燈燃百千燈，瞑者皆明明不絕。

寶字七年癸卯春，弟子僧忍基夢見講堂棟梁摧折，寤而驚懼，欲大和上遷化之相也，仍率諸弟子模大和上之影。是歲五月六日，結跏趺座，面西化，春秋七十六。化後三日，頂上猶煖。由是久不殯殮，至於闍維，香氣滿山。平生嘗謂僧思託言：『我若終已，願坐死。汝可為我於戒壇院別立影堂，舊住房與僧住。』《千臂經》云：『臨終端坐，如入禪定。當知此人，已入初地。』以茲驗之，聖凡難測。

寶龜八年丁巳，日本國使遣唐。揚州諸寺皆承大和上之凶聞，總著喪服，向東舉哀三日。都會龍興寺，設大齋會。其龍興寺，先是失火，皆被燒；大和上昔住院房，獨不燒損。是亦戒德之餘慶也。

[日]釋豐安《鑑真和上三異事》　進言大和上唐和兩國修治行事三條：一、大唐國住持；一、海路庶奇異；一、日本國修治。

第一　大唐國住持

謂沙門鑑真是大唐揚州江陽縣人，龍興寺之大德也。俗姓淳於氏，齊大夫之苗裔也。稟性秀於人倫，而被行猶由聖法；戒珠淨瑩，利他心深，於諸州中而唯獨為化主。至於大唐開元廿一年，沙門生年卅六也。大唐萬歲通天二年，歲次己丑生也。淮南之內，淨持戒律者，唯沙門獨秀無倫，道俗歸心，天下五百餘州仰為受戒之大師。講說之閑，修造故寺八十餘處，供養十方衆僧，其數無量。縫衲袈裟一千領，布袈裟二千領，供送五臺山衆僧；設無遮之大會，躬調藥物，以治病患。饑者施食，寒者給衣。凡經行之所，無不蒙賴也。沙門前後度人立壇授戒，其數無量，在於一方傳法於世，其事繁多，不可具載。時沙門在揚州大明寺，為衆僧講律，其先所造石磚浮圖，忽然放光，又現菩薩，三日六臂，自稱般若仙，以為講說之靈驗也。種種變現，其事繁廣，不可具述。

第二　海路庶奇異

謂是唐留學問僧榮叡、普照等在都，承聞靈驗遠振，即至揚州大明寺，頂禮和上足下，具述意曰：佛法東流，日本國惟有其法，而無傳法之人，願大和上東遊興化。即大和上唱弟子僧祥彥等廿一人，仍買嶺南軍船一隻，雇得船人十二口，備辨乾糧，載經像並雜隨身物。道俗、工匠、水手等，都有八十五人。天寶二載十二月，舉帆東下；到明州界狼溝浦，遭惡風浪，船被打破，人物共飄没；唯大和上獨在浮草上，端坐不動。有五色物，扶和上左右，漸牽至岸。又同船人三分在一，大和上遙見，欲入水救之，忽然空中有聲云：莫入水，莫入水。俄爾惡風被息，廿餘人人著岸免死，仍即還唐朝。經十一箇年，亦立壇授戒，更有別敕，賜度人，其數亦多。至天寶十二載，歲次癸巳十月十五日壬午，日本國大使特進藤原朝臣清河，副使光禄卿伴宿禰古滿，副使秘書監吉備朝臣真吉備及留學生衛尉卿安倍朝臣仲□，大唐號朝衡等，同至龍興寺，禮拜白大和上云：弟子等早知和上向日本國將欲傳戒，今親奉面頂歡喜。弟子等今録和上尊名上奏，將向日本國，亦不難也。但主上敬崇道士，欲遣東國流傳其法。然弟子等不崇其法，方便奏停，更勸請大和上。以天寶十二載十一月廿九日戊時，從龍興寺出，至江頭乘船。下至蘇州黃泗浦。同隨者：揚州白塔寺法進大德等，道俗總有廿四人，將如來舍利、經像、律論、疏章、隨身衣鉢等，寄載第二船。十二月十五日壬子，四船同發，其三箇船皆飄迴破損；唯大和上所乘第二船，雖遭惡風，平安著薩摩國。此亦和上之所擁護也。經海十二日，即廿六日辛亥，入太宰府。其海路間，異奇巨多，無以注盡。

第三　日本國修治

謂平安勝寶六次甲午年歲二月四日入京，和上年六十九。敕使安宿王於羅城門外慰勞，引入東大寺安置。五日，宣道璿律師、菩提僧正及諸寺大德、禪師等來會慰問。六日，右大臣大納言宰相已上官司二百餘人共來禮拜問訊。後更敕從四位上吉備朝臣真吉備來，宣敕旨慰勞，曰：『大德和上，遠涉滄波，投此國，誠副朕意，喜慰無喻。朕造此東大寺經年，欲立戒壇，充僧受戒。自有此心，日夜不忘。今和上遠來，傳流戒法，冥契朕心。自今以後，授戒傳法，一任和上弘通也。』便大和上及法進沙門，相隨徒衆等，請入內裏安置。太上天皇先請大和上，親對受菩薩之淨戒也。仍拜和上為釋門大僧正。其法進沙門為律師也。天平寶字元年中，更有別敕，加大和上之號。詔天下僧尼，皆師大和上習學戒法也。自爾以來，二百五十戒授與此土佛弟子。時有四方來學者，緣無供養，多有退還。同年十一月廿三日敕賜備前國水田一百町，充十方僧供料，一聽大和上處分之。三年八月三日有恩敕，以薨新田部親王舊家施之。大和上即以此地奉為聖朝造僧伽藍，其號稱招提寺。即大和上聞此國行事者，寺家雖有衆供，而不通外來僧；亦客僧供雖開三日分，若不相識，終不資供。由是塞十方僧路，行人為此辛苦。大和上發願，奉為代代聖朝開廣大福田，別立十方僧往來修道之處；設無遮供，及時日望寺向堂，不簡僧沙彌，不論門升，兼及資供。准天竺雞頭末寺，大唐五臺山華嚴清涼寺，衡考衡下經本有陽字岳寺將考行帝本作仍之。亦如仁王經所說，不立官籍，若貫籍録衆僧，我法隨滅；但修六和同崇，如水乳之。是故十方行者共住此伽藍，住持佛法，鎮護國家，然後彼授戒儀式，迄至今時。經數年而尚為一道能別異矣，惟和上住持當契於佛意趣。於大唐日本兩朝與考恐為而字其流法唯一，亦更無別岐矣。然後七年，歲次癸卯春三月，大和上語諸弟子云，吾從遷化，不過今夏；汝等當勉行道勿致懈惰。是年五月，端坐奄歸大寂，春秋七十有八。臨終之時，摩弟子如寶頂云，垂至廿年，此招提寺方蒙時蔭，記弟子之考之恐為云字爾。後如大和上教，至寶龜七年五月廿一日，降恩敕，施入播磨國封戶□□□充修理之資，令造寺供僧，年歲不絕。其封令移甲斐國，是招提寺之由也。始大和上之世迄及三箇代大和上弟子如寶，如寶弟子豐安。□□□改彼本迹，伏維當今陛下至誠授三寶□□□無限之德所致。昌化之仁所照也。敬録顯鑑真行事。沙門豐安誠恐誠惶，上表以聞。

［日］藤原繼繩等《續日本紀》卷二四《淳仁紀四》（孝謙天皇天平寶字七年）五月癸卯朔戊申，大和上鑑真物化。和上者，揚州龍興寺之大德也。博涉經論，尤精戒律，江淮之間，獨為化主。天寶二載，留學僧榮叡、業行等白和上曰：『佛法東流，至於本國，雖有其教，無人傳授。幸願和上東遊興化。』辭旨懇至，諮請不息，乃於楊州買船入海。而中途風漂，船被打破，和上一心念佛，人皆賴之免死。至於七載，更復渡海，亦遭風浪，漂著日南。時榮叡物故，和上悲泣失明。勝寶四年，本國使適聘于唐，業行乃説以宿心，遂與弟子廿四人，寄乘副使大伴宿禰古麻呂船歸朝，於東大寺安置供養。于時有敕，校正一切經論，往往誤字，諸本皆同，莫之能正。和上諳誦，多下雌黃。又以諸藥物令名真偽，和上一一以鼻別之，一無錯失。聖武皇帝師之受戒焉。及皇太后不悆，所進醫藥有驗，授位-大僧正。俄以綱務煩雜，改授大和上之號，施以備前國水田一百町。又施新田部親王之舊宅，以為戒院，今招提寺是也。和上預記終日，至期端坐，怡然遷化。時年七十有七。

藝文

［日］真人元開《唐大和上東征傳・真人元開〈初謁大和上二首并序〉》 聞夫佛法東流，摩騰入於甲洛；真教南被，僧會遊於吳都。未喪斯文，必有命世。將弘茲道，實待明賢。我皇帝據此龍圖，濟蒼生於八表；受彼佛記，導黔首於三乘。則有負鼎擲鈞，雖比肩於絳闕，而乘盃聽鐸，未連影於玄門。爰有鑑真大和上，張戒網而曾臨；法進闍梨，照智炬而戾止。像化多士，於斯為盛；玄風不墜，寔賴茲焉。弟子浪迹囂塵，馳心真際，奉三歸之有地，欣一覺之非遙。欲贊芳猷，奮弱管云爾。

摩騰遊漢闕，僧會入吳宮。豈若真和上，含章渡海東！禪林戒網密，慧苑覺華豐。欲識玄津路，緇門得妙工。

我是無明客，長迷有漏津。今朝蒙善誘，懷抱絕埃塵。道種將萌夏，空華更落春。自歸三寶德，誰畏六魔瞋？

又 《釋思託〈五言傷大和上傳燈逝日本〉》 上德乘杯渡，金人道已東。戒香餘散馥，慧炬復流風。月隱歸靈鷲，珠逃入梵宮。神飛生死表，遺教法門中。

又 《石上宅嗣〈五言同傷大和上〉》 上德從遷化，餘燈欲斷風。招提禪草剗，戒院覺華空。生死悲含恨，真如歡豈窮？惟視常修者，無處不遺蹤。

又 《藤原朝臣刷雄〈五言傷大和上〉》 萬里傳燈照，風雲遠國香。禪光耀百億，戒月皎千鄉。哀哉歸淨土，悲哉赴泉場。寄語騰蘭迹，洪慈萬代光。

又 《釋法進〈七言傷大和上〉》 大師慈育契圓空，遠邁傳燈照海東。度物草籌盈石室，散流佛戒紹遺蹤。化畢分身歸淨國，娑婆誰復為驅龍？

又《高鶴林〈五言因使日本頂謁鑑真大和上已滅度不覲尊顔嗟而述懷〉》 上方傳佛教，名僧號鑑真。懷藏通鄰國，真如轉付民，早嫌居五濁，寂滅離囂塵。禪院從今古，青松遶塔新。法留千載住，名記萬年春。

清・彭定求等《全唐詩》卷七三二《[日]長屋〈繡袈裟衣緣〉》 明皇時，長屋嘗造千袈裟，繡偈於衣緣，來施中華。真公因泛海，至彼國傳法焉。山川異域，風月同天。寄諸佛子，共結來緣。

日僧請益

綜　述

《隋書》卷八一《東夷傳・倭國》 大業三年，其王多利思北孤遣使朝貢。使者曰：『聞海西菩薩天子重興佛法，故遣朝拜，兼沙門數十人來學佛法。』

[日]圓仁《入唐求法巡禮行記》卷一 日本國承和五年七月二日，即大唐開成三年七月二日。雖年號殊，而月日共同。【略】九日巳時，節度使李相公牒于開元寺，許令畫造佛像。

（開成三年十一月）廿九日，天晴。揚州有四十餘寺，就中過海來鑑真和尚本住龍興寺，影像現在。法進僧都本住白塔，臣善者在此白塔寺撰文選矣，惠云法師亦是白塔寺僧也。每州有開元寺，龍興寺只是揚州龍興寺耳。申時，長安講百論和尚可思來相見。又第一舶判官藤原朝臣貞敏，從先臥病辛苦，殊發心擬畫作妙見菩薩、四天王像，仍以此日令大使傔人粟田家繼到此寺，定畫佛處。

卅日早朝，于迦毗羅神堂里，始畫妙見菩薩、四天王像。

（開成三年）十二月二日，本國留後官為令惟正等受戒，更帖相公。雖先帖送所由，而勾當王友真路間失，仍令更帖送。其狀如別。

五日，圖畫事畢。

廿三日，天晴。第一舶匠、運、射手等五十余人來寺齋，兼令念經。齋後，無量義寺僧道悟來相見，自道解真言。更有棲靈寺文琛法師，傳聞得真言法。近者聞道三論留學僧常曉住彼寺，于琛法師房受真言法。擬畫兩部曼荼羅。

（開成四年正月）三日，始畫南嶽、天臺兩大師像兩鋪各三副。昔梁代有韓幹，是人當梁朝為畫手之第一，若畫禽獸像，及乎其眼，則能飛走。尋南嶽大師顔影，寫于揚州龍興寺，安置法花道場璃殿南廊壁上。乃令大使傔從粟田家繼寫取，無一虧謬，遂於開元寺，令其家繼圖絹上，容貌衣服之體也，一依韓幹之様。

又彼院同廊壁上，畫《寫誦法花經》，將數致異感和尚等影，數及廿來，不能具寫。璃殿東有普賢回風之堂。昔有火起，盡燒彼寺。燒至法花院，有誦經師靈佑，於此普賢堂內誦《法花經》，忽然大風起自院里，吹其火，不燒彼堂。時人因號普賢回風之堂。又於東塔院安置鑑真和尚素影，閣題云：『過海和尚素影。』更中門內東端，建過海和尚碑銘，其碑序記鑑真和尚為佛法渡海之事，稱和尚過海遇惡風，初到蛇海，長數丈餘，行一日即盡；次至黑海，海色如墨等者。

九日，圖寫南嶽、天臺影畢。

十七日，【略】齋後，當寺堂前，敷張珍奇，安置四十二賢聖素影，異種珍彩，不可記得。賢聖容貌，或閉目觀念，或仰面遠視，或向傍似有語話，或伏面瞻地，四十二像皆有四十二種容貌。宴座之別，或結跏趺座，或半跏座，座法不同。四十二賢聖外，別置普賢、文殊像，並共命鳥、伽陵頻伽鳥像。暮際，點燈供養諸聖影。入夜，唱禮禮佛，並作梵歎。作梵法師一來入，或擎金蓮玉幡，列座聖前。同聲梵，通夜無休。每一聖前，點燈。

廿五日，就延光寺僧惠威，覓得《法花圓鏡》三卷。

（閏正月）十九日，天臺山禪林僧敬文來相見。書云：『敬文住天臺山禪林寺，隨師在此山中出家廿一，受學四分律南山鈔，學天臺法花經止觀。去年十月初三日離寺，至浙至西蘇州，知日本國有使進獻，有大和尚相從，故此尋訪。敬文又于童年時，隨和尚行滿，見最澄闍梨來取天臺教門，爾後計已卌年未得消息。適聞知澄大德亡靈變，道門哀喪，當須奈何。先許，滿和尚來入天臺山，滿和尚已亡化，經十六年。敬文忽聞二大德在，故此尋訪。』受請益，來到此間。緣未下，暫住此寺，僧書：『爰圓仁是前入唐澄和尚之弟子，為尋天臺遺不得進發，請照之。』敬文書云：『最澄和尚貞元廿一年入天臺，後歸本國，深喜得達。所將天臺教法，彼土機緣多少。彼國當時儲君，云是南嶽示生，令後事宜不委。今既是澄和尚弟子，未下前，何不且入天臺待。忽住于此，經久下來，使即發還本國，如何更得從容』云云。請益僧問：『未審彼天臺國清寺幾僧幾座主在？』敬文答云：『國清寺常有一百五十僧久住，夏節有三百已上人泊。禪林寺常有四十人住，夏節七十餘人。國清寺有維鐲座主，每講止觀。廣修座主下成業。禪林寺即是廣修座主長講法花經止觀玄義，冬夏不闕。後學座主亦有數人』云云。多有語話。如今任住當州惠照寺禪林院，到暮歸去。

廿一日，敬文又亦來，筆言通情。已後相續來語話。就嵩山院持念和尚全雅，借寫金剛界諸尊儀軌等數十卷。此全和尚現有胎藏、金剛兩部曼荼羅，兼解作壇法。

二月五日，和尚全雅來房里，作如意輪壇。

廿五日，相見真言請益圓行法師語云：『大使在京，再三上奏，請益令住寺里。又不許。後復上奏，僅蒙許，令住青龍寺。於義真座主所十五日，受胎藏法，供百僧，不受金剛界法。』

三月一日，本國相公令本國畫工三人于開元寺畫妙見菩薩、四天王像，是海中漂没之時所發願也。

又 卷二 （開成五年四月）廿八日，入平谷，西行卅里，巳時到停點普通院。未入院中，向西北望見中臺，伏地禮拜，此即文殊師利境地。五頂之圓高，不見樹木，狀如覆銅盆，遙望之會，不覺流淚。樹木異花不同別處，奇境特深，此即清涼山金色世界，文殊師利現在利化。便入停點普通院，禮拜文殊師利菩薩像。因見西亭壁上題云：『日本國內供奉翻經大德靈仙元和十五年九月十五到此蘭若』云云。院中僧等見日本國僧來奇異，示以壁上之題，故記之。

（五月）二日，入貞元戒律院。上樓禮國家功德七十二賢聖、諸尊曼荼羅，彩畫精妙。次開萬聖戒壇，以玉石作，高三尺，八角，底築填香泥。壇上敷一絲毯，闊狹與壇齊。棟樑椽柱，妝畫微妙。謁押壇老宿法諱靈覺，生年一百歲，七十二夏，貌骨非凡，是登壇大德，見客殷懃。見説去年六月，中天竺那蘭陀寺僧三人來遊五臺，見五色雲、圓光、攝身光，歸天竺去。竹林寺有六院：律院、庫院、花岩院、法花院、閣院、佛殿院。一寺都有四十來僧。此等不屬五臺。

十四日夜，惟正、惟曉共數十遠來沙彌，于白玉壇受具足戒。

十六日早朝，出竹林寺，尋谷東行十里，向東北行十里，到大花嚴寺，入庫院住。齋後，入涅盤院見賢座主。彌高閣殿里講摩訶止觀，有四十餘僧列坐聽講，便見天臺座主志遠和尚在講筵聽止觀。堂內莊嚴，精妙難名。座主云：『講第四卷畢。』待下講，到志遠和尚房禮拜。和尚慰問殷懃。法堅座主從西京新來，文鑑座主久住此山，及聽講衆四十餘人，並是天臺宗。同集相慰，喜遇講庭。志遠和尚自説云：『日本最澄三藏貞元廿年入天臺求法，臺州刺史陸公自出紙及書手，寫數百卷與澄三藏，三藏得疏歸本國』云云。便問日本天臺興隆之事，粗陳南嶽大師生日本之事，大衆歡喜不少。遠座主聽説南嶽大師生日本弘法之事極喜。

又 卷三 （開成五年七月）二日，【略】從金閣寺西去寺五里，有清涼寺，今管南臺。此五臺山都，號清涼山，山中造寺，此寺最初，故號清涼寺。寺中有清涼石云云。被頭陀引向南臺去，不得到彼寺。出金閣寺三門，尋嶺向南，上行廿里，到南臺西頭。向東傍臺南岸，行四五里，到臺上，並無樹木。臺東南側，有供養院。從院向北，上三百步許，方到臺頂。於三間堂內，安置文殊菩薩像，白玉石造，騎白玉師子。軟草稠茂，零淩香花，遍臺芳馥。臺體西北及東南，長嶺高低邐迤而漸遠。東、西、北面，峻涯臨于邃谷。在頂向北，遙見四臺，歷然在眼前。回首遍觀，五頂圓高，超然秀於衆峰之上。千峰百嶺，松杉鬱茂，參差間出。五頂之下，深溪邃谷，不見其底，幽泉澗水，但聞流響。異鳥級翔衆峰之上，羽翼淩高，而飛臺上頂者稀矣。五頂之地，五百里外，四面皆有高峰張列，圍擁五臺而可千里，並其鋒刃，而有重墟周遶之勢，谷重重，不知幾重。且從東入臺山，入山谷行五百里，上至巉岩之頂，下到深谷之底，動經七日，方得到五臺山地。其餘三方四維，亦是遠涉山谷，方到五臺。誠知五臺山乃萬峰之中心也。五百毒龍潛山而吐納風云，四時八節輟雷雹頻降矣。天色急晴，遊人不見長明之光景。每晴明時，觀於五臺，是淺黃之色。臺上忽見一點云起，俄爾之間，重云遍山。入此山者，自然起得平等之心。山中設齋，不論僧俗、男女、大小，平等供養，不看其尊卑、大小，於彼皆生文殊之想。

十三日平明，發，行十五里，到太原府，屬河東道。此則北京，去西京二千來里。北門入，到花嚴下寺住。見南天竺僧法達，從臺山先在。自云：『我是鳩摩羅什三藏第三代苗裔。』五臺山大莊嚴寺僧下山來者，皆此寺下，故名花嚴下寺。

十五日，赴四衆寺主請，共頭陀等到彼寺齋。齋後，入度脫寺巡禮盂蘭盆會，及入州見龍泉。次入崇福寺，巡禮佛殿。閣下諸院，皆鋪設張列，光彩映入，供陳珍妙。傾城人盡來巡禮，黃昏自憩。

十六日，入開元寺，上閣觀望。閣內有彌勒佛像，以鐵鑄造，上金色，佛身三丈餘，坐寶座上。諸寺佈設，各選其勝。

十七日，赴節度同軍將胡家請，共供主僧義圓到彼宅齋。諸寺盂蘭盆會，十五日起首，十七日罷。

十八日，南天竺三藏法達邊，寫取五臺山諸靈化傳碑等。十八日，欲向長安發去。頭陀僧義圓見雇博士，自出帔襖子一領，畫《五臺山化現圖》，擬付傳日本國。為待畫畢，不得發去。

廿六日，畫《化現圖》畢。頭陀云：『喜遇日本國三藏，同巡臺，同見大聖化現。今畫《化現圖》一鋪奉上，請將歸日本供養，令觀禮者發心，有緣者同結緣，同生文殊大會中也。』

（八月）廿日，【略】西行十里，到長安城東章敬寺前歇。

廿四日，辰時，巡院押衙作狀差巡官，令參見功德使。【略】細問來由。更作一狀，合知事由如左：

日本國僧圓仁、弟子惟正、惟曉、行者丁雄萬、右圓仁等，去開成三年四月，隨本國朝貢使，上船過海。到七月二日，到揚州海陵縣白湖鎮。八月內到揚州，寄住開元寺，過一冬。開成四年二月，離揚州到楚州，寄住開元寺。至七月，到登州文登縣赤山院。住過一冬，至今年二月，離登州。三月到青州，權住龍興寺。十日已來，遂于節度使壽尚書邊請得公。五月一日，到五臺山巡禮聖迹。七月一日，從五臺來。今月廿三日到城。今請權寄住城中寺舍，尋師聽學，歸本國。謹具如前，伏請處分。牒件狀如前。謹帖。開成五年八月廿四日日本國求法僧圓仁帖。

（九月）六日早朝，當院僧懷慶持念為業，將佛舍利五粒來令禮拜，語曰：『如要持秘法，余能知一城內解大法人。青龍寺潤和尚但解胎藏，深得一業，城中皆許好手。彼寺雖有西國僧，未多解語，持念之業，不多苦解。大興善寺文悟闍梨解金剛界，城中好手。青龍寺義真和尚兼兩部。大興善寺有元政和尚，深解金剛界，事理相解。彼寺雖有西國難陀三藏，不多解唐語。大安國寺有元簡闍梨，解金剛界好手，兼解悉曇、解畫、解書梵字。玄法寺法全和尚深解三部大法。新天子新造一寺，在宣陽坊，未賜寺額，是元和上太后所建也。今上與太后別新造，城中諸寺簡擇五十餘僧，配入此寺。』

廿九日，往大興善寺，入翻經院，參見元政和尚。始受金剛界大法。入置灌頂道場，禮諸大曼荼羅。設供養，受灌頂。

十月十三日，差惟正共懷慶闍梨，遣青龍寺，令見知法人。於東塔院有義真和尚，解胎藏。日本國行闍梨於此學法。更有法潤和尚，解金剛界，年七十三，風疾老耄。

（十二月）廿二日，令永昌坊王惠始畫金剛界大曼荼羅四幅。

（開成六年）二月八日，金剛界曼荼羅幀畫了。

求法僧等十日往彼隨喜，登佛牙樓上，親見佛牙，頂戴禮拜。兼入翻經院，見義淨三藏影，壁上畫三藏摩頂松樹。

二月十三日，受金剛界大法畢。供養金剛界曼荼羅及受傳法灌頂，以五瓶水灌於頂上，至夜，供十二天。每事吉祥，兼登慈恩寺塔。

十五日，興唐寺奉為國開灌頂道場，從十五日至四月八日，有緣赴來，結緣灌頂。

三月廿五日，詣崇聖寺，禮釋迦牟尼佛牙會。

四月一日，大興善寺翻經院為國開灌頂道場，直到廿三日罷。

四日，往青龍寺，入東塔院，委細訪見諸曼荼羅。

七日，往大興善寺，入灌頂道場隨喜，及登大聖文殊閣。

（會昌元年四月）廿八日，下手畫胎藏幀。

(五月)三日，始畫金剛界九會曼荼羅幀五副。【略】此日於青龍寺設供養，便於置本命灌頂道場，受灌頂拋花，始受胎藏毗盧遮那經大法兼蘇悉地大法。

(會昌二年二月)廿九日，于玄法寺法全阿闍梨所，始受胎藏大法。又于大安國寺元簡阿闍梨所，重審決悉曇章。

五月十六日起首，於青龍寺天竺三藏寶月所，重學悉曇，親口受正音。

又　卷四　(大中元年十一月)二十八日，於大山寺，始入唐時所祈金剛般若五千卷，皆先馳使，奉送彩帛。同日，早朝，一時發遣彩帛使訖，便轉經。同日為門大神轉一千卷。

廿九日，午前為住吉大神轉五百卷，午後為香稚名神轉五百卷。

十二月一日，午前為築前名神轉五百卷，午後為松浦少貳靈轉五百卷。

二日，為香春名神轉一千卷。

三日，為八幡菩薩轉一千卷。

[日]舍人親王等《日本書紀》卷二六《齊明天皇》　(齊明天皇四年)是月(七月)沙門智通、智達奉敕乘新羅船往大唐國，受無性衆生義於玄奘法師所。

[日]藤原繼繩等《續日本紀》卷一《文武天皇》　(文武天皇四年)三月，庚戌朔己未，道照和尚物化，天皇甚悼惜之，遣使弔賻之。和尚，河內國丹比郡人也，俗姓船連，父惠釋少錦下。和尚戒行不缺，尤尚忍行。嘗弟子欲究其性，竊穿便器，漏污被褥，和尚乃微笑曰：『放蕩小子，污人之床。』竟無復一言焉。初，孝德天皇白雉四年，隨使入唐，適遇玄奘三藏，師受業焉。三藏特愛，令住同房，謂曰：『吾昔往西域，在路飢乏，無村可乞，忽有一沙門，手持梨子，與吾食之，吾自啖後，氣力日健。今汝是持梨沙門也。』又謂曰：『經論深妙，不能究竟，不如學禪流傳東土。』和尚奉教，始習禪定，所悟稍多。於後，隨使歸朝。臨訣，三藏以所持舍利、經論，咸授和尚而曰：『人能弘道，今以斯文附屬。』又授一鐺子曰：『吾從西域自所將來，煎物養病，無不神驗。』於是和尚拜謝，啼泣而辭，及至登州，使人多病，和尚出鐺子，暖水煮粥，遍與病徒，當日即差。既解纜，順風而去。比至海中，船漂蕩不進者七日七夜。諸人怪曰：『風勢快好，計日應到本國，船不肯行，計必有意。』卜人曰：『龍王欲得鐺子。』和尚聞之曰：『鐺子此是三藏之所施者也，龍王何敢索之？』諸人皆曰：『今惜鐺子不與，恐合船為魚食。』因取鐺子拋入海中，登時船進。

還歸本朝，於元興寺東南隅，別建禪院而住焉。于時天下行業之徒，從和尚學禪焉。於後周遊天下，路傍穿井，諸津濟處，儲船造橋。乃山背國宇治橋，和尚之所創造者也。和尚周遊凡十有餘載，有敕請還止住禪院。坐禪如故，或三日一起，或七日一起，倏忽香氣從房出，諸弟子驚怪，就而謁和尚，端坐繩床，無有氣息，時年七十有二。弟子等奉遺教，火葬於粟原。天下火葬，從此而始也。世傳云：火葬畢，親族與弟子相爭，欲取和尚骨斂之。飄風忽起，吹颺灰骨，終不知其處，時人異焉。後遷都平城也，和尚弟及弟子等奏聞，徙建禪院於新京，今平城右京禪院是也。此院多有經論，書迹楷好，並不錯誤，皆和尚之所將來者也。

又　卷一三《桓武天皇》　(延曆廿四年八月乙巳)，請入唐求法僧最澄於殿上，悔過讀經。最澄獻唐國佛像。

又　卷一九《孝謙天皇》　(八歲五月)丁丑敕：『奉為先帝陛下屈請看病禪師一百廿六人者，宜免當戶課役。但良弁、慈訓、安寬三法師者，並及父母兩戶，然其限者，終僧身。又，和上鑑真、小僧都良弁、華嚴講師慈訓、大唐僧法進、法華寺鎮慶俊，或學業優富，或戒律清淨，堪聖代之鎮護，為玄徒之領袖。加以良弁、慈訓二大德者，當于先帝不豫之日，自盡心力，勞勤晝夜。欲報之德，朕懷罔極。宜和上、小僧都拜大僧都，華嚴講師拜小僧都，法進、慶俊並任律師。』【略】

(六月)辛卯，太政官處分：『太上天皇供御米鹽之類，宜充唐和上鑑真、禪師法榮二人，永令供養焉。』

(十一月)辛未，大唐學問生無位船連夫子，授外從五位下。辭而不受，以出家故也。

[日]藤原良方等《續日本後紀》卷五《仁明紀五》　(承和三年閏五月)丙申，授遣唐留學元興寺僧傳燈住位常曉滿位。

又　卷一七《仁明紀十七》　(承和十四年七月)辛未，天台留學

僧圓載，傔從僧仁好及僧惠蕚等至自大唐，上奏圓載之表狀。唐人張友信等四十七人同乘而來著。【略】

（十月）甲午，遣唐天台請益僧圓仁及弟子二人、唐人四十二人，到自大唐。

又　卷一八《仁明紀十八》　（承和十五年三月）乙酉，天台宗入唐請益僧圓仁，將弟子僧性海、惟正等，去年十月駕新羅商船來著鎮西府，是日歸朝，遣中使慰勞，各施御被。【略】

（六月壬辰），太政官牒送在唐天台宗留學問僧圓載。其辭曰：『奉敕，省圓載表款，容服變更，心事艱阻，然自强不息，乞留數年。凡人心也，皆戀鄉土，非敦求法，誰樂遠偏？事須遂其實歸，不厭年深；又風潮萬里，齎獻遠臻，物豈在奇？唯嘉乃情。宜因于遠成等還次，令知此意，裁賜金物，以充旅資者。准敕聽更住數年，兼賜黃金一百小兩，宜領之。』

［日］德川光圀《大日本史》卷三六四《佛事》　（推古）十五年，遣大禮小野臣妹子、通事鞍作福利等於隋。太子托求佛經，兼使沙門數十人受法。

藝文

唐・錢起《錢仲文集》卷五《送僧歸日本》　上國隨緣至，來途若夢行。浮天滄海遠，去世法船輕。水月通禪觀，魚龍聽梵聲。惟憐一燈影，萬里眼中明。

唐・賈島《長江集》卷七《送褚山人歸日東》　懸帆待秋水，去入杳冥間。東海幾年別，中華此日還。岸遙生白髮，波盡露青山。隔水相思在，無書也是閒。

唐・吳融《唐英歌詩》卷上《送僧歸日本國》　滄溟分故國，渺渺泛杯歸。天盡終期到，人生此別稀。無風亦駭浪，未午已斜暉。繫帛何須雁，金烏日日飛。

唐・劉禹錫《劉賓客文集》卷二九《贈日本僧智藏》　浮栝萬里過滄溟，遍禮名山適性靈。深夜降龍潭水黑，新秋放鶴野田青。身無彼我那懷土？心會真如不讀經。為問中華學道者，幾人雄猛得寧馨？

唐・陸龜蒙《松陵集》卷九《皮日休〈送圓載上人歸日本國〉》　講殿談餘著賜衣，椰帆却返舊禪扉。貝多紙上經文動，如意瓶中佛爪飛。颶母影邊持戒宿，波神宮裏受齋歸。家山到日將何入？白象新秋十二圍。

又《皮日休〈重送〉》　雲濤萬里最東頭，射馬臺深玉署秋。射馬臺即今王城也。無限屬城為躶國，幾多分界是亶州。州在會稽海外，傳是徐福之裔。

又《陸龜蒙〈同前〉》　取經海底開龍藏，誦呪空中散蜃樓。不奈此時貧且病，乘桴直欲伴師遊。老思東極舊巖扉，却待秋風泛舶歸。曉梵陽烏當石磬，夜禪陰火照田衣。見翻經論多盈篋，親植杉松大幾圍。遙想到時思魏闕，秪應遥拜望斜暉。

又《陸龜蒙〈聞圓載上人挾儒家書洎釋典以行更作一絶以送〉》　九流三藏一時傾，萬軸光凌渤澥聲。從此遺編東去後，却應荒外有諸生。

又《顔萱師〈同前〉》　師来一世恣經行，却汎滄波問去程。心静已能防渴鹿，鼙喧時為駭長鯨。師云：每遇鯨，舟人必鳴鼓而恐之。禪林幾結金桃重，日本有金桃，實重一斤。梵室重修鐵瓦輕。以鐵為瓦，輕于陶者。料得還鄉無別利，只應先見日華生。

唐・釋齊己《白蓮集》卷一〇《送僧歸日本》　日東來向日西遊，一鉢閑尋遍九州。却憶雞林本師寺，欲歸還待海風秋。

唐・釋貫休《禪月集》卷一二《送僧歸日本》　焚香祝海靈，開眼夢中行。得達即便是，無生可作輕。流黃山火著，碇石索雷鳴。想到名王禮，還為上寺迎。有僧遊日本云：彼秪有三寺：上寺名兜率，國王供養；中寺名浮上，極品官人供養；下寺名秪上寺，風俗供養。有德行，即漸遷上也。

唐・韋莊《浣花集》卷一《送日本國僧敬龍歸》　扶桑已在渺茫中，家在扶桑東更東。此去與師誰共到？一船明月一颿風。

清・彭定求等《全唐詩》卷六五二《方干〈送僧歸日本〉》　四極雖云共二儀，晦明前後即難知。西方尚在星辰下，東域已過寅卯時。大海浪中分國界，扶桑樹底是天涯。滿帆若有歸風便，到岸猶須隔歲期。

又　卷八一三《無可〈送朴山人歸日本〉》　海霽晚帆開，應無鄉信催。水從荒外積，人指日邊迴。望國乘風久，浮天絶島來。儻因華夏使，書札轉悠哉！

《全唐詩補編・續拾》卷二二《朱千乘〈送日本國三藏空海上人朝宗我唐兼貢方物而歸海東詩并序〉》　滄溟無垠，極不可究。海外僧侶朝宗我唐，即日本三藏空海上人也。解梵書，工八體，繕俱舍，精三乘。去秋而來，今春而往，反掌雲水，扶桑夢中。他方異人，故國羅漢，蓋乎凡聖不可以測識，亦不可知智。勾踐相遇，對江問程，那堪此情。離思增遠，願珍重，珍重！元和元年春沾洗之月，聊序當時少留。詩云：

古貌宛休公，談真説苦空。應傳六祖後，遠化島夷中。去歲朝秦闕，今春赴海東。威儀易舊體，文字冠儒宗。留學幽微旨，玄關護法崇。凌波無際礙，振錫路何窮！水宿鳴金磬，雲行侍玉童。承恩見明主，偏沐僧家風。

又《朱少端〈送空海上人朝謁後歸日本〉》　禪客祖州來，中華謁帝回。騰空猶振錫，過海來浮杯。佛法逢人授，天書到國開。歸程三萬里，後會信悠哉。

又《曇靖〈奉送日本國使空海上人橘秀才朝獻後却還〉》　異國桑門客，乘杯望斗星。來朝漢天子，歸譯竺乾經。萬里洪濤白，三春孤島青。到宮方奏對，圖像列王庭。

又《鴻漸〈奉送日本國使空海上人橘秀才朝獻後却還〉》　禪居一海隔，鄉路祖州東。至國宣周禮，朝天得僧風。山冥魚梵遠，日正蜃樓空。人至非徐福，何由寄信通。

又《鄭壬〈奉送日本國使空海上人橘秀才朝獻後卻却還〉》　承化來中國，朝天是外臣。異才誰作侶，孤嶼自為鄰。雁塔歸殊域，鯨波涉巨津。他年續僧史，更載一賢人。

又《胡伯崇〈贈釋空海歌〉》　説四句，演毗尼，凡夫聽者盡歸依。天假吾師多伎術，就中草聖最狂逸，不可得，難再見。

雜録

[日]最澄《傳教大師將來目録・進官録上表》　沙門最澄言：最澄聞六爻探賾，局於生滅之場；百物正名，未涉真如之境。豈若隨他權教，開三乘於機門；隨自實教，示一乘於道場哉！然則圓教難説，演其義者天台；妙法難傳，暢其道者聖帝。伏惟陛下纂靈出震，撫運登極，北蕃來朝，請賀正於每年；東夷北首，知歸德於先年。於是屬想圓宗，緬懷一乘，紹宣妙法，以為大訓。由是妙圓極教，應聖機而興顯；灌頂祕法，感皇緣而圓滿。最澄奉使求法，遠尋靈蹤，往登台嶺，躬寫教迹。所獲經并疏及記等，總二百三十部，四百六十卷。且見進經一十卷，名曰《金字妙法蓮華經》七卷，《金字金剛般若經》一卷，《金字菩薩戒經》一卷，《金字觀無量壽經》一卷；及天台智者大師《靈應圖》一張，天台大師禪鎮一頭，天台山香爐峰送檉及柏木文釋四枚，説法白角如意一柄。謹遣弟子藏經奉進。但聖鑑照明，二門圓滿，不任誠懇之至。奉表戰慄謹言。延曆二十四年七月十五日沙門最澄上表。

[日]最澄《傳教大師將來台州録》　右件天台智者大師所釋大乘經等并所説教迹，及第二、第五六祖等傳記，并別家抄等，總有百二十部，三百四十五卷。除經教迹所用之紙，八千五百三十二紙。最澄等深蒙郎中慈造，於大唐台州臨海縣龍興寺淨土院依數寫取。勘定已畢，謹請當州印信，示後學者，求法有在。然則郎中法施之德，永劫無窮；衆生法用之用，長夜不盡。願傳法高光，廻向使君，念念增福，刹那圓智；然後普及十方，一切含識，俱乘一實車，同遊八正路，怨親平等，自他俱也。大唐貞元貳拾壹年歲次乙酉貳月朔辛丑拾玖日乙未，日本國比叡山寺求法僧最澄録。【略】

最澄闍梨，形雖異域，性實同源，特稟生知，觸類懸解。遠求天妙旨，又遇龍象邃公，總萬行於一心，了殊途三觀，親承祕密，理絕名言。猶慮他方學徒，不能信受，處請當州印記，安可不任為憑？大唐貞元二十一年二月二十日，朝議持節台州諸軍事守台州刺史上柱國淳給書。

[日]最澄《傳教大師將來越州録》　總合二百三十部，四百六十卷。向台州求得法門，都合一百二十八部，三百四十五卷。名目具別録。向越府取本，寫取經并念誦法門，都合一百二部，一百一十五卷。【略】

右件念誦法門等，并念誦供養具樣等，向越府龍興寺，詣順曉和上所，即最澄并義真逐和上到湖鏡東峰山道場。和上導兩僧治道場，引入五部灌頂曼荼羅壇場，現蒙授真言法，又灌頂真言水。便寫取上件念誦法門并供養具樣，勘定已畢。最澄等深蒙郎中慈造，去年向台州兩僧等受大小二乘戒，又寫取數百卷文書。今年進越府，二僧入五部灌頂壇，又抄取念誦法門。前後都總二百三十部，四百六十卷也。能事已畢，今歸本鄉。今欲請當州印信，外方學徒等將示求法元由矣。然則郎中傳法之功，攀福於現當；羣生聽法之德，期果於妙覺。伏願使君近登三台位，遠證三點果，然後竪通三界，横撥十方，六道四生，一切含靈，同入禪門，俱遊慧苑，信謗平等，自他得益歟！大唐貞元貳拾壹年歲次乙酉五月朔己巳拾參日辛巳，日本國求法僧最澄録。【略】

孔夫子云：吾聞西方有聖人焉。其教以清淨無為為本，不染不著為妙。其化人也，具足功德，乃為圓明。最澄闍梨，性稟生知之才，來自禮義之國。萬里求法，視險若夷，不憚艱勞，神力保護。南登天台之巔，西泛鏡湖之水，窮智者之法門，探灌頂之神祕。可謂法門龍象，青蓮出池。將此大乘，往傳本國，求茲印信，執以為憑。昨者陸台州已與題記，故具所覩，爰申直筆。大唐貞元二十一年五月十五日，朝議郎使持節明州諸軍事守明州刺史上柱國滎陽鄭審則書。

［日］空海《御請來目録·上新請來經等目録表》　入唐學法沙門空海言：空海以去延曆二十三年，銜命留學之末，問津萬里之外，其年臘月，得到長安。二十四年二月十日，准勅配住西明寺；爰則周遊諸寺，訪擇師依。幸遇青龍寺灌頂阿闍梨法號惠果和尚，以為師主。其大德則大興善寺大廣智不空三藏之付法弟子也，弋鈎經律，該通密藏，法之綱紀，國之所師。大師尚佛法之流布，歎生民之可拔，授我以發菩提心戒，許我以入灌頂道場。沐受明灌頂，再三焉；受阿闍梨位，一度也。肘行膝步學未學，稽首接足聞不聞。幸賴國家之大造，大師之慈悲，學兩部之大法，習諸尊之瑜伽。斯法也，則諸佛之肝心，成佛之徑路。於國城墎，於人膏腴，是故薄命不聞名，重垢不能入。印度則輸婆三藏脱躧負扆，振旦則玄宗皇帝景仰忘味。從爾已還，一人三公，接武耽翫；四衆萬民，稽首鼓篋。密藏之宗，自茲稱帝；半珠顯教，靡旗面縛。夫以鳳凰于飛，必窺堯舜；佛法行藏，逐時卷舒。今則一百餘部金剛乘教，兩部大曼荼羅，海會請來見到。雖云波濤淼漠，風雨漂舶，越彼鯨海，平達聖境，是則聖力之所能也。伏惟皇帝陛下至德如天，佛日高轉，人之父，佛之化。悲蒼生而濡足，鍾佛囑而垂衣。以陛下新御旋璣，新譯之經自遠新戾；以陛下慈育海内，海會之像過海而來也。恰似符契，非聖誰測矣。空海雖闕期之罪，死而有餘，竊喜難得之法，生而請來，不任一懼一喜之至。謹附判官正六位、上行大宰大監高階真人遠成，奉表以聞。并請來《新譯經》等目録一卷，且以奉進。輕黷威嚴，伏增戰越。沙門空海誠恐誠惶，謹言。大同元年十月二十二日，入唐學法沙門空海上表。

夫釋教浩汗，無際無涯。一言弊之唯在二利期常樂之果自利也。濟苦空之因利他也。空願常樂不得也。徒計拔苦亦難也。必當福智兼修定慧並行。乃能濟他苦取自樂。修定多途有遲有速。翫一心利刀顯教也。揮三密金剛密藏也。遊心顯教三僧祇眇焉。持身密藏十六生甚促。頓中之頓密藏當之也。是故無畏三藏捨王位而忘味。代宗皇帝屈北極而不厭。龍智和尚八百不老。崇惠禪師摧邪支傾。法之不思議豈過斯藏乎。慕覺之徒願聞未聞。頌曰：

法無行藏，隨人去來，似寶難得，得則心開。
投身半偈，豈論珍財？孜孜書寫，其來悠哉！
願此介福，國泰人蕃。一聞一見，並悉脱煩。

大同元年十月二十二日。入唐學法沙門空海。

為酬四恩廣德，興三寶妙道，寫大師御筆，謹開印板矣。正安四年十一月二十日。高野山愚老沙門慶賢。八十二。

［日］常曉《常曉和尚請來目録·上表》　入唐學法沙門常曉言：常曉以去承和三年五月，銜命留學，遠期萬里之外，其年漂迴。四年，亦不果渡海。五年六月進發，同年八月到淮南城廣綾舘安置。孟冬使等入朝，常曉不得隨使入京，徒留舘裏，空經多日。至于歲盡，勅命未有，爰則周遊郡内，訪擇師依。幸遇栖靈寺灌頂阿闍梨法號文□和尚，并華林寺三教講論大德元照座主。其文□和尚則不空三藏弟子，兼惠應阿闍梨付法人也，妙鉤經律，深通密藏，法之棟梁，國之所歸。同年臘月，請節度使處分，配住栖靈寺，文□和尚以為師主。始學法儀，兼往花林寺元照座主邊問本宗義，并得文書也。然大師尚佛法之流轉，歎生民之可拔，授我以金剛大法，許我以阿闍梨位也。膝步知未知，接足得不得。幸賴國家之大造，大師之慈悲，學金剛海瑜伽，習大元帥祕法。斯法也，則如來之肝心，衆生之父母。於國城塹，於人筋脉。是大元帥者，都內不傳於十供奉

以外，諸州無出於節度使宅，以表緣其靈驗不可思議也。諸佛菩薩、金剛天等像雖在前來，此像未曾請來。今則大元帥諸身曼荼羅并諸靈像所要文書等，請來見到。雖云濤波猛泼，新羅賊畔，越彼厄難，平達聖境，是則聖力之所能也。伏惟皇帝陛下極德如天，佛日高轉，人之父，佛之化。悲羣生而濡足，助佛囑而垂衣。以陛下慈育効祥，靈像教希，自遠新來，恰似符契，非聖誰測矣。常曉本謂，果三十年經歷漢里，求佛法來，事護國家；而緣唐朝不聽留住，隨使迴歸。竊以一喜此法教生而請來，不任一喜一懼之至。謹附准判官藤原朝臣貞敏奉表以聞，并請來法門等目録一通，且以奉進。輕黷威嚴，伏增戰越。常曉誠恐誠惶，謹言。承和六年九月二日，入唐學法沙門傳燈大法師位常曉上表。

常曉去承和五年仲夏之月，隨入唐判官藤原朝臣善主，同上第四舶，發赴尸那。其年六月，到揚州著岸。八月下旬，到淮南大都督府廣綾館安置。同年十二月，住栖靈寺大悲持念院。隨同寺灌頂阿闍梨文□和尚，并華林寺三教講論大德元照座主，顯、密兩法，頗以兼習。六年正月四日，設二百僧齋，普供四衆。於此日，諸寺大德綱維並臨齋會，應供隨喜。常曉夜就師邊，受學瑜伽；晝周諸寺，覓問法門。則喚即供奉李全等，圖繪大元帥將部曼荼羅等諸尊像，并寫文書，漸有次第。二月十九日，受傳法阿闍梨位灌頂。於此日，設大齋，普供大衆。留後判官藤原朝臣貞敏，別請丹墀真人高主知乘安墀、宿禰良棟等，同臨道場。拋花定本尊，受五智灌頂。二十一日，准勑離州，却赴本朝。常曉本業三論之枝，兼真言之條，而才能不聞，言無取。逢時之人，篋留學員，限以三十年。尋以一乘，任重人弱，夙夜懃愿。雖然，國命難乖，忘親萬里，住心遠境，且頗受學顯、密兩道。比未見及太知，有勑不聽留住，而隨使却迴。少間所成此法儀注顯如件。承和六年九月五日，入唐學法沙門傳燈大法師位常曉上。

［日］圓行《靈巖寺和尚請來法門道具等目録·上表》 入唐還學沙門圓行言：圓行載次戊午，銜命請益之列，訪道西海之外。其年臘月，得到長安城。歲次己未正月十三日，依奏奉勑住青龍寺。幸遇彼寺灌頂教主法號義真和尚，以為師主。其大威德則惠果阿闍梨弟子，同門義操和尚付法之弟子也。明閑三教，妙通五部，法之棟梁，國之所歸。圓行幸賴聖朝之鴻恩，師主之深慈，決疑兩部之大法，開悟諸尊之密法。閏正月二日，蒙授阿闍梨位灌頂也。左街功德使并僧録和尚、供奉大德、金剛門徒悉集道場，共致隨喜。斯法也，觀心月輪，則居住凡位，備佛陀之德；誦口密言，則不逕長劫，頓登大覺之位。故龍樹言：乘羊而行，願難致遠；策馬而馳，漸期差疾。乘神通行，發念則到，是則顯、密之別也。亦《祕密經》言：一善男子，建立道場，修念三密，其國界内無七難災。國王大臣，日日增長福壽。是則真言之功矣。雖然，波浪泼漢，風雨漂船，越彼鯨海，平歸聖境，是則聖力之所能也。伏惟皇帝陛下功超玄極，道冠混元，讃堯寶圖，復禹丕績。悲蒼生而濡足，鍾佛囑而垂衣。以陛下興隆佛法，没馱之舍利，浸波遠來；以陛下慈育海内，祕密之經法，過海遙到也。祕法傳來，非是無以也。如來本有福智之力，法界本性，加持之力矣。大日如來，金剛薩埵，龍猛菩薩，龍智菩薩，金剛三藏，不空三藏，惠果和尚，義操和尚，義真和尚次第相傳，即授圓行。所授經法、舍利、道具等目録在別，謹以奉進。輕黷威嚴，伏增戰越。沙門圓行誠恐誠惶，謹言。承和六年十二月十九日，入唐還學沙門傳燈大法師位圓行上表。

［日］圓行《入唐沙門圓行承和六年請來經佛道具目録》 都合七種。新請來真言經法，都二十六部，三十三卷。梵字三部，四卷。顯教經論疏章等，都四十部，八十八卷。【略】

以前經法、道具、舍利、顯教經論疏章等，請來如件。但雖真言宗一百二十三部祕法儀軌等，子細勘校請來。先入唐大師空海阿闍梨延曆年中，請來已了，仍更不載目録焉。承和六年十二月十九日，入唐沙門傳燈大法師圓行上。

［日］圓行《日本國承和五年入唐求法目録》 右件法門等，圓仁去承和五年八月到大唐揚州大都督府，巡歷城内諸寺，寫取如前。爰終南山宗叡和尚學邁先達，悟究幽致，能解梵、漢，妙閑悉曇之音，為向西天辭舊到。圓仁幸得偶謁，受學梵天悉曇，兼習梵、漢之語。又逢大唐内供奉辯弘阿闍梨付法弟子、全雅阿闍梨諮稟祕法和尚，感乎遠誠，付以祕要，遂乃囑授念誦法門，并胎藏、金剛兩部曼荼羅諸壇樣等。其後擬問天台，為行路遼遠，往還失時，有勑不許發赴，慨悵難及。所求法門雖未備足，

且録卷帙勘定如件。大唐開成四年歲次己未四月二十日，天台宗請益傳燈法師位圓仁録。

〔日〕**圓行《慈覺大師在唐送進録》** 右得請益傳燈法師位圓仁書爾，且所求得新譯撰集法門，并兩部曼荼羅等，送延曆寺。凡真言儀軌等，唐國和上等，尤有深誡之不可妄散。但其目録，先附第二舶粟田録事者，仍且記録如件。承和七年正月十九日，都維那傳燈住位僧仁全、寺主傳燈住位僧治哲、上座傳燈住位僧叡道。

〔日〕**圓行《入唐新求聖教目録》** 長安、五臺山及揚州等處所求經論念誦法門，及章疏傳記等，都計五百八十四部，八百二卷。胎藏、金剛界兩部大曼陀羅及諸尊壇像，舍利并高僧真影等，都計五十種。

在長安城所求經論章疏傳等，四百二十三部，五百五十九卷。胎藏、金剛兩部大曼荼羅及諸尊曼荼羅壇像并道具等，二十一種。

在五臺山所求天臺教迹及諸章疏傳等，三十四部，三十七卷，并臺山土石等三種。【略】

右件法門等，大唐開成三年八月初到揚州大都府，巡諸寺尋訪抄寫畢，先寄付使下准判官伴宿禰管雄船，已送延曆寺訖。然都未具目申官，今謹具録數申上。

以前件經論教法、章疏傳記及諸曼荼羅壇像等，伏蒙國恩，隨使到唐，遂於揚州、五臺及長安等處尋師學法，九年之間隨分訪求得者，謹其色目如前。謹録申上，謹言。承和十四年月日入唐天台宗請益傳燈法師位圓仁上。

〔日〕**惠運《惠運禪師將來教法目録》** 真言經儀軌等合壹佰捌拾卷。【略】

右從大唐將來佛舍利、梵夾真言經像、壇供具物數，謹録上。承和十四年六月三十日。

〔日〕**惠運《惠運律師書目録》** 請來經儀軌等合二百二十二卷。

〔日〕**圓珍《開元寺求得經疏記等目録》** 於福府開元寺，求得經論疏記等，總計一百五十六卷。【略】□月二十一日，承州判住開元寺。

【略】巨唐大中七年九月二十一日，本□求法僧圓珍記。

〔日〕**圓珍《福州温州台州求得經律論疏記外書等目録》** 《日本國求法僧圓珍目録》。此録内寄在國清者，都四百三十卷。又從本國將來五十二卷，都計四百八十二卷，留在天臺。大中八年九月二日珍記。

經過福州、温州、台州，求得經律論疏記、外書等，都計四百五十八卷。

〔日〕**圓珍《青龍寺求法目録》** 大中九年七月十五日，入大悲胎藏五瓶灌頂，得《般若波羅蜜菩薩》，便授學胎藏大教畢。又至十月三日，入金剛界五部灌頂，得《金剛波羅蜜菩薩》，便授學金剛界、蘇悉地并諸尊瑜伽，近一百餘本畢。又至十一月五日，入傳五部大教大阿闍梨位灌頂道場，得《曼荼羅菩薩》。

右件大德圓珍已授學總持最上乘教，悉并精通，所問所答，義辯難窮，勘可傳持，廣利有緣。此為相別，淨土願見。千萬珍重，千萬珍重。大中九年十月二十一日，青龍傳教沙門前長生殿持念大德法全，狀付圓珍，千萬千萬。

〔日〕**圓珍《日本比丘圓珍入唐求法目録》** 到長安城，求得毘盧遮那宗教法。茲圖像道具，及國清、禪林等寺傳得智者大師所説教文。茲碑銘等，兼諸州所獲別家章疏，總計三百四十一本，七百七十二卷；及梵夾法物等，前後總計一十七事。謹具名目如後。

〔日〕**圓珍《智證大師請來目録》** 總計大小乘七十一本，一百二十三卷，并本寺目録闕本，於天台山國清寺并福州開元寺請本抄得。

〔日〕**宗睿《新書寫請來法門等目録》** 先《東寺法門録》中以外之者也。合一百三十四部，一百四十三卷。一紙書十九張。

〔日〕**安然《諸阿闍梨真言密教部類總録》卷上** 據八目録為十六録。八目録者：一、叡山澄和上《録》；二、高野海和上《録》；三、叡山仁和上《録》；四、靈巖行和上《録》；五、安祥運和上《録》；六、小栗曉和上《録》；七、叡山珍和上《録》；八、圓覺叡和上《録》。十六録者：一者《灌頂法録》，二《大日散録》，三《金剛頂録》，四《蘇悉地録》，五《諸如來録》，六《諸佛頂録》，七《諸佛母録》，八《諸經法録》，九《觀世音録》，十《諸菩薩録》，十一《金剛手録》，十二《普世天録》，十三《護摩供録》，十四《禮懺讚録》，十五《梵字論録》，十六《碑傳具録》。十六録中，各分部類；類類之中，列經法名，名名之下，更注人名。但恐繁文，敢取一諱，覽者恕之。于時元慶九年正月二十八日，元慶寺勅灌頂傳法沙門安然敍。

又　卷下　小本批云：一千七百五十五卷。

三韓僧受法

綜　述

唐·釋道宣《廣弘明集》卷一七《佛德篇》　（仁壽元年）高麗、百濟、新羅三國使者將還，各請一舍利，於本國起塔供養。詔並許之。詔於京師大興善寺起塔，先置舍利於尚書都堂，十二月二日旦發焉。

[高麗]金富軾《三國史記》卷四《新羅·真平王紀》　十八年春三月，高僧曇育入隋求法。

又　卷五《新羅·善德王紀》　（五年）慈藏法師入唐求法。

又　卷一〇《新羅·興德王紀》　（二年）三月，高句麗僧丘德入唐齎經至。王集諸寺僧徒出迎之。

唐·釋道宣《續高僧傳》卷一三《唐新羅國皇隆寺釋圓光傳》　釋圓光，俗姓朴。本住三韓：卞韓、馬韓、辰韓，光即辰韓新羅人也。家世海東，祖習綿遠，而神器恢廓，愛染篇章。挍獵玄儒，討雠子史，文華騰翥於韓服，博贍猶愧於中原。遂割略親朋，發憤溟渤。年二十五，乘舶造于金陵。【略】光學通吳越，便欲觀化周秦。開皇九年，來遊帝宇。值佛法初會，《攝論》肇興，奉佩文言，振績徽緒。又馳慧解，宣譽京臯。勣業既成，道東須繼，本國遠聞，上啓頻請。有勅厚加勞問，放歸桑梓。光往還累紀，老幼相欣。新羅王金氏，面申虔敬，仰若聖人。光性在虛閑，情多汎愛，言常含笑，慍結不形。而牋表啓書，往還國命，並出自胸襟。一隅傾奉，皆委以治方。詢之道化，事異錦衣，請同觀國，乘機敷訓，垂範于今。年齒既高，乘輿入內，衣服藥食，並王手自營，不許佐助，用希專福。其感敬為此類也。將終之前，王親執慰，囑累遺法，兼濟民斯，為說徵祥，被于海曲。【略】有弟子圓安，神志機穎，性希歷覽，慕仰幽求，遂北趣九都。東觀不耐，又西燕魏，後展帝京，備通方俗。尋諸經論，跨轢大綱，洞清纖旨，晚歸心學，高軌光塵。初住京寺，以道素有聞。特進蕭瑀奏請住於藍田所造津梁寺。四事供給，無替六時矣。

宋·釋贊寧《宋高僧傳》卷四《唐新羅國順璟傳》　釋順璟者，浪郡人也。本土之氏族，東夷之家系，故難詳練。其重譯學聲教，蓋出天然，況乎因明之學，奘師精研付受，華僧尚未多達，璟之克通，非其宿殖之力，自何而至於是歟？傳得奘師真唯識量，乃立決定相違不定量。於乾封年中，因使臣入貢附至。于時奘師長往，向及二年。其量云：『真故極成色，定離眼識，自許初三攝，眼所不攝故，猶如眼根。』良以三藏，隱密周防，非大智不明。璟為宗云：『不離於眼識，自許初三攝，眼所不攝故，猶如眼識也。』如此善成他義。時大乘基覽此作，便見璟所不知。雖然，終仰邊僧識見如此，故歎之曰：『新羅順璟法師者，聲振唐蕃，學包大小。業崇迦葉，唯執行於杜多；心務薄拘，恒馳聲於少欲。』既而蘊藝西夏，傳照東夷。名道日新，緇素欽揖。雖彼龍象不少，海外時稱獨步。於此量作決定相，違基師念。遠國之人，有茲利慧，搪突奘師，暗中機發，善成三藏之義，惜哉！

璟在本國稍多著述，亦有傳來中原者。其所宗，法相大乘了義教也。見《華嚴經》中始從發心，便成佛已。乃生謗毀不信。或云，當啓手足，命弟子輩扶掖下地，地則徐裂，璟身俄墜。時現生身，陷地獄焉。于今有坑，廣袤丈餘，實坎窞然，號順璟捺落迦也。

系曰：曲士不可以語道者，束其教也。是故好白者以黑為污，好黑者以白為污焉。璟怒心尤重，猛利業增，如射箭頃，墮在地獄。列高僧品次，起譏以自臭耶？通曰：難信之法，易速謗讟，謗讟豈唯一人乎？俾令衆所知識者直陷三塗，乃知順璟真顯教菩薩也。況乎趙盾為法受惡，菩薩乃為法亡身，斯何足怪？君不見尼犍外道一一謗佛，而獨使提婆生陷，後於法華會上受記作佛？靜言思之。

又　《唐新羅國義湘傳》　釋義湘，俗姓朴，雞林府人也。生且英奇，長而出離，逍遙入道，性分天然。年臨弱冠，聞唐土教宗鼎盛，與元曉法師同志西遊。【略】湘乃隻影孤征，誓死無退。以總章二年附商船，達登州岸。【略】湘乃徑趨長安終南山智儼三藏所，綜習《華嚴經》。時康藏國師為同學也。所謂知微知章，有倫有要。德瓶云滿，藏海嬉遊，乃議迴程，傳法開誘。【略】

湘入國之後，遍歷山川，於駒麗、百濟風馬牛不相及地曰：『此中地靈山秀，真轉法輪之所。』無何，權宗異部聚徒可半千衆矣。湘默作是念，《大華嚴》教非福善之地不可興焉。【略】湘遂入寺中，敷闡斯經。冬陽夏陰，不召自至者多矣。國王欽重，以田莊奴僕施之。湘言於王曰：『我法平等，高下共均，貴賤同揆。《涅槃經》八不淨財，何莊田之有？何奴僕之為？貧道以法界為家，以盂耕待稔。法身慧命，藉此而生矣。』湘講樹開花，談叢結果。登堂覩奧者，則智通、表訓、梵體、道身等數人，皆啄巨殼飛出迦留羅鳥焉。湘貴如說行，講宣之外，精勤修練，莊嚴刹海，靡憚暄涼。又常行義淨洗穢法，不用巾帨，立期乾燥而止。持三法衣，瓶鉢之餘，曾無他物。凡弟子請益，不敢造次，伺其怡寂，而後啓發。湘乃隨疑解滯，必無滓核。自是已來，雲遊不定，稱可我心，卓錫而居。學侶蜂屯，或執筆書紳，懷鉛札葉，抄如結集，録似載言。如是義門隨弟子為目，如云《道身章》是也。或以處為名，如云《錐穴問答》等。數章疏，皆明《華嚴》性海毘盧，遮那無邊，契經義例也。湘終于本國，塔亦存焉，號海東華嚴初祖也。

[高麗] 釋覺訓《海東高僧傳》卷二《智明傳》 初，師入陳後五年，圓光法師入陳八年，曇育入隋七年，隨入朝使惠文俱還。師與智明，並以高德顯名，當代之才之美，固不相上下者也。

贊曰。季札觀樂於周室，仲尼問禮於老聃，非始學也，亦有宗矣。德等往還上國，訪道而返，斯亦異類而同歸者歟。

又《圓光傳》 乃以真平王十二年春三月，遂入陳，遊歷講肆，領牒微言，傳稟《成實》、《涅槃》、《三藏》數論，便投吳之虎丘，攝想青霄，因信士請，遂講《成實》，企仰請益，相接如鱗。【略】開皇間，《攝論》肇興，奉佩文言，宣譽京皋。

勣業既精，道東須繼，本朝上啓，有敕放還，真平二十二年庚申，隨朝聘使奈麻諸父大舍橫川還國。【略】

真平王三十年，患句高麗屢侵封疆，欲請隋兵，以征敵國，命師修《乞師表》。師曰：『求自存而滅他，非沙門之行也。然貧道在大王之土地，費大王之衣食，敢不唯命是從！』乃述以聞。師性虛閑，情多汎愛，言常含笑，慍結不形。為牋表啓書，並出自胸襟。舉國傾奉，委以治方，乘機敷化，垂範後代。三十五年，皇龍寺設百座會，邀集福田講經，師為上首。常僑居加悉寺，講演真詮。

沙梁部貴山、帚項，詣門摳衣告曰：『俗士顓蒙，無所知識，願賜一言為終身之誡。』師曰：『有菩薩戒，其別有十。若等為人臣子，恐不能行。今有世俗五戒，一曰事君以忠，二曰奉親以孝，三曰交友以信，四曰臨戰不退，五曰殺生有擇。若等行之，無忽。』【略】法臘既高，乘輿入內，衣服藥石，並是王手自營，用希專福。襯施之資，舍充營寺，惟餘衣鉢，以此盛宣正法，誘掖道俗。將終之際，王親執慰，囑累遺法，兼濟斯民，為說徵詳。建福五十八年，不豫，經七日，遺誡清切，端坐終于所住。皇隆寺東北虛中音樂盈空，異香充院，合國悲慶，葬具羽儀，同於王禮，春秋九十九，即貞觀四年也。【略】

高弟圓安，亦新羅人。機鋒穎鋭，性希歷覽，仰慕幽永，遂北趣九都，東觀不耐，又遊西燕、北魏。後展帝京，備通方俗，尋諸經論，跨轢大綱，洞清纖旨，高軌光塵。以道素有聞，特進蕭瑀請住所造藍田津梁寺，供給四事，不知所終。

贊曰：昔遠公不廢俗典，講論之際，引《莊》、《老》連類，能使人悟解玄旨。若光師之論世俗戒，蓋學通內外，隨機設法之效也。然殺生有擇者，夫豈湯網去三面，仲尼弋不射宿之謂耶？

又《釋安含傳》 釋安含，俗姓金，詩賦伊飡之孫也。【略】真平二十二年，約與高僧惠宿為伴，擬將乘桴泛泥浦津，過涉島之下，忽值風浪，回泊此濱。明年有旨，簡差堪成法器者入朝學問，遂命法師□當行矣。乃與聘國使同舟涉海，遠赴天庭，天王引見，皇情大悅，敕配於大興聖寺居住。旬月之間，洞解玄旨，【略】十乘祕法，玄義真文，五稔之中，莫不該覽。越二十七年，爰與于闐沙門毘摩真諦、沙門農加陀等俱來至此。西域胡僧直到雞林，蓋自茲也。崔致遠所撰《義相傳》云：『相，真平建福四十二年受生，是年東方聖人安弘法師與西國二三藏、漢僧二人至自唐。注云：北天竺烏萇國毘摩羅真諦年四十四，農伽陀年四十六，摩豆羅國佛陀僧伽年四十六，經由五十二國始漢土，遂東來住皇龍寺，譯出《旃檀香火星光妙女經》，鄉僧曇和筆授。未幾，漢僧上表，乞還中國，王許而送之。』則安弘者，殆和尚是也。又按《新羅本記》：『真興王三十七年，安弘入陳求法，與胡僧毗摩羅等二人迴，上《楞伽勝鬘經》及佛舍利。』自真興末至真平建福相去幾五十年，何三藏來之前卻如是？或恐安含、安弘，實有二人，然其所與三藏不殊，而厥名不殊。今合而立傳，又未詳西國三藏去留所終。

［高麗］釋一然《三國遺事》卷四《圓光西學》 又東京安逸戶長貞孝家在古本《殊異傳》載《圓光法師傳》曰：法師俗姓薛氏，王京人也。初為僧，學佛法。年三十歲，思靜居修道，獨居三岐山。【略】神亦來曰：【略】『今思法師唯居此處，雖有自利之行，而無利他之功。現在不揚高名，未來不取勝果。盍采佛法於中國，導羣迷於東海？』對曰：『學道中國，是本所願。海陸迥阻，不能自通而已。』神詳誘歸中國所行之計，法師依其言歸中國。留十一年，博通三藏，兼學儒術。真平王二十二年庚申，《三國史》云：明年辛酉來。師將理策東還，乃隨中國朝聘使還國。【略】

法師始自中國來，本朝君臣敬重為師，常講大乘經典。此時高麗、百濟常侵邊鄙，王甚患之，欲請兵於隋，宜作唐。請法師作《乞兵表》。皇帝見，以三十萬兵，親征高麗。自此知法師旁通儒術也。享年八十四入寂，葬明活城西。

又《三國史列傳》云：賢士貴山者，沙梁部人也。與同里帚項為友。二人相謂曰：『我等期與士君子游，而不先正心持身，則恐不免招辱。盍問道於賢者之側乎？』時聞圓光法師入隋回，寓止嘉瑟岬或作加西，又嘉棲。皆方言也。岬，俗云古屍，故或云古屍寺，猶言岬寺也。今云門寺東九千步許，有加西峴，或云嘉瑟峴，峴之北洞有寺基是也。二人詣門進告曰：『俗士顓蒙，無所知識，願賜一言，以為終身之誡。』光曰：『佛有菩薩戒，其別有十。若等為人臣子，恐能堪。今有世俗五戒，一曰事君以忠，二曰事親以孝，三曰交友有信，四曰臨戰無退，五曰殺生有擇。若等行之，無忽。』貴山等曰：『他則受命矣，所謂殺生有擇，特未曉也。』光曰：『六齋日、春夏月不殺，是擇時也；不殺使畜，謂馬牛雞犬；不殺細物，謂肉足一臠，是擇物也。此亦唯其所用，不求多殺。此是世俗之善戒也。』貴山等曰：『自今以後，奉以周旋，不敢失墜。』後二人從軍事，皆有奇功於國家。

又建福三十年癸酉即真平王即位三十五年也。秋，隋使王世儀至，於皇龍寺設百座道場，請諸高德說經，光最居上首。

議曰：原宗興法已來，津梁始置，而未遑堂奧，故宜以歸戒滅之法，開曉愚迷。故光於所住嘉棲岬，置占察寶，以為恒規。時有檀越尼，納田於占察寶，今東平郡之田一百結是也，古迹猶存。光性好虛靜，言常含笑，形無慍色。年臘既邁，乘輿入內。當時羣彥，德義攸屬，無敢出其右者。文藻之贍，一隅所傾。年八十餘，卒於貞觀間。浮圖在三岐山谷寺。今安康之西南洞也，亦明活之西也。唐《傳》云：告寂皇隆寺。未詳其地，疑皇龍之訛也，如芬皇作王芬寺之例也。據如上唐二《傳》之文，但姓氏之朴、薛，出家之東西，如二人焉。不敢詳定，故兩存之。然彼諸傳記，皆無鵲岬、璃目與雲門之事。而鄉人金陟明謬以街巷之說潤文，作《光師傳》，濫記雲門開山祖寶壤師之事蹟，合為一傳。後撰《海東僧傳》者，承誤而録之。故時人多惑之，因辨於此。不加減一字，載二《傳》之文詳矣。陳、隋之世，海東人鮮有航海問道者；設有，猶未大振。及光之後，繼踵西學者憧憧焉，光乃啓途矣。

贊曰：航海初穿漢地雲，幾人來往挹清芬。昔年蹤迹青山在，金谷嘉西事可聞。

又《慈藏定律》 大德慈藏，金氏，本辰韓真骨蘇判三級爵名茂林之子。【略】藏自嘆邊生，西希大化，以仁平三年丙申歲即貞觀十年也受敕，與門人僧實等十餘輩西入唐。謁清涼山，山有曼殊大聖塑相，彼國相傳云帝釋天將工來彫也。藏於像前禱祈冥感，夢像摩頂授梵偈，覺而未解。及旦，有異僧來釋云。已出《皇龍塔》篇。又曰：『雖學萬教，未有過此文。』以袈裟、舍利等付之而滅。藏公初匿之，故唐《僧傳》不載。藏知已蒙聖莂，乃下北臺，抵大和池，入京師。太宗敕使慰撫，安置勝光別院，寵賜頻厚。藏嫌其繁，擁啓表入終南雲際寺之東嶇，架嵒為室，居三年。人神受戒，靈應日錯，辭煩不載。既而再入京，又蒙敕慰，賜絹二百疋，用資衣費。

貞觀十七年癸卯，本國善德王上表乞還，詔許，引入宮，賜絹一領，雜綵五百端。東宮亦賜二百端，又多禮貺。藏以本朝經像未充，乞齎藏經一部，洎諸幡幢花蓋，堪為福利者皆載之。既至，洎舉國欣迎，命住芬皇寺，唐《傳》作王芬。給侍稠渥。一夏，請至宮中，講《大乘論》。又於皇龍寺演菩薩戒本七日七夜，天降甘澍，雲霧暗靄，覆所講堂。四衆咸服其異。朝廷議曰：『佛教東漸，雖百千齡，其於住持修奉，軌儀闕如也。非夫綱理，無以肅清。』啓敕藏為大國統，凡僧尼一切規猷，總委僧統主之。

按北齊天寶中，國置十統，有司卷宜甄異之。於是宣帝以法上法師為大統，餘為通統。又梁陳之間，有國統、州統、國都、州都、僧都、僧正、都維，乃等名，惣屬昭玄曹，曹即領僧尼官名。唐初又有十大德之盛。新羅真興王十一年庚午，以安藏法師為大書省一人，又有小書省二人。明年辛未，以高麗惠亮法師為國統，亦云寺主。寶良法師為大都維那一人，及州統九人、郡統十八人等。至藏更置大國統一人，蓋非常職也。亦猶夫禮郎為大角干，金庾信大大角干。後至元聖大王元年，又置僧官名授法典。以大舍一人，史二人為司，揀僧中有才行者為之。有故即替，無定年限。故今紫衣之徒，亦律寺之別也。

《鄉傳》云：藏入唐，太宗迎至式乾殿，請講《華嚴》，天降甘露。開為國師云者，妄矣。唐《傳》與國史皆無文。藏值斯嘉會，勇邀弘通，令僧尼五部各增舊學，半月說戒，冬春總試。令知持犯，置員管維持之。又遣巡使，歷檢外寺，誡礪僧失，嚴飾經像，為恒式。一代護法，於斯盛矣。如夫子自衛返魯，樂正，《雅》、《頌》各得其宜。當此之際，國中之人受戒奉佛，十室八九，祝髮請度，歲月增至。乃創通度寺，築戒壇以度四來。戒壇事已出上。又改營生緣里第元寧寺，設落成會，講雜花萬偈，感五十二女現身證聽。使門人植樹如其數，以旌厥異，因號知識樹。嘗以邦國服章不同諸夏，舉議於朝，簽允曰臧，乃以真德王三年己酉，始服中朝衣冠。明年庚戌，又奉正朔，始行永徽號。自後每有朝覲，列在上蕃，藏之功也。暮年謝辭京輦，於江陵郡今冥州也。創水多寺居焉。【略】

復又有釋圓勝者，先藏西學，而同還桑梓。助弘律部云。

讚曰：曾向清涼夢破迴，七篇三聚一時開。欲令緇素衣慚愧，東國衣冠上國裁。

又《義湘傳教》 法師義湘，考曰韓信，金氏。年二十九，依京師皇福寺落髮。未幾，西圖觀化，遂與元曉道出遼東。邊戍邏之為諜者，囚閉者累旬，僅免而還。事在崔侯《本傳》及曉師《行狀》等。永徽初，會唐使舡有西還者，寓載入中國。初止楊州，州將劉至仁請留衙內，供養豐贍。尋往終南山至相寺謁智儼。儼前夕夢一大樹生海東，枝葉溥布，來蔭神州。上有鳳巢，登視之，有一摩尼寶珠，光明屬遠。覺而驚異，洒掃而待，湘乃至。殊禮迎際，從容謂曰：『吾昨者之夢，子來投我之兆。』許為入室。雜花妙旨，剖析幽微。儼喜逢郢質，克發新致，可謂鉤深索隱，藍茜沮本色。【略】

儀鳳元年，湘歸太伯山，奉朝旨創浮石寺。敷敞大乘，靈感頗著。終南門人賢首撰《搜玄疏》，送副本於湘處，并奉書懃懇，曰：『西京崇福寺僧法藏致書於海東新羅華嚴法師侍者：一從分別，二十餘年。傾望之誠，豈離心首？加以煙雲萬里，海陸千重，恨此一身，不復再面，抱懷戀戀，夫何可言！故由夙世同因，今生同業，得於此報，俱沐大經。特蒙先師授茲奧典，仰承上人歸鄉之後，開演《華嚴》，宣揚法界，無礙緣起，重重帝網，新新佛國，利益弘廣，喜躍增深。是知如來滅後，光輝佛日，再轉法輪，令法久住者，其唯法師矣。藏進趣無成，周旋寡況，仰念茲典，愧荷先師。隨分受持，不能舍離。希憑此業，用結來因。但以和尚《章疏》，義豐文簡。致令後人，多難趣入。是以録和尚微言妙旨，勒成《義記》。近因勝詮法師抄寫還鄉，傳之彼土。請上人詳檢臧否，幸示箴誨。伏願當當來世，舍身受身，相與同於盧舍那，聽受如此無盡妙法。修行如此無量普賢願行。儻餘惡業，一朝顛墜，伏希上人不遺宿昔，在諸趣中示以正道。人信之次，時訪存没。不具。』文載《大文類》。湘乃令十刹傳教太伯山浮石寺、原州毘摩羅、伽耶之海印、毘瑟之玉泉、金井之梵魚、南嶽華嚴寺等是也。又著《法界圖書印》并《略疏》，括盡一乘樞要，千載龜鏡，競所珍佩。餘無撰述，嘗鼎味一臠足矣。圖成總章元年戊辰。是年儼亦歸寂，如孔氏之絕筆於獲麟矣。世傳湘乃金山寶蓋之幻身也。徒弟悟真、智通、表訓、真定、真藏、道融、良圓、相源、能仁、義寂等十大德為領首，皆亞聖也，各有《傳》。【略】

讚曰：披榛跨海冒煙塵，至相門開接瑞珍。采采雜花栽故國，終南太伯一般春。

又 卷五《明朗神印》 按《金光寺本記》云：【略】師挺生新羅，入唐學道。【略】師諱明朗，字國育，新羅沙干才良之子。【略】善德王元年入唐，貞觀九年乙未來歸。

天台幾處居？

唐・張籍《張司業集》卷三《贈海東僧》 別家行萬里，自説過扶餘。得學中州語，能為外國書。與醫收海藻，持咒取龍魚。更問同來伴，天台幾處居？

唐・陸龜蒙《松陵集》卷八《皮日休〈庚寅歲十一月新羅弘惠上人與本國同書請日休為靈鷲山周禪師碑將還以詩送之〉》 三十麻衣弄渚禽，豈知名字徹雞林？勒銘雖即多遺草，越海還能抵萬金。鯨鬣曉掀峰正燒，鼇睛夜没島還陰。一千餘字終天別，東望辰韓淚灑襟。

又《陸龜蒙〈奉和〉》 一函迢遞過東瀛，祇為先生處乞銘。已得雄詞封靜檢，却懷孤影在禪庭。春過異國人應寫，夜讀滄洲怪亦聽。遙想勒成新塔下，盡望空碧禮文星。

唐・釋齊己《白蓮集》卷一〇《送高麗二僧南遊》 日邊鄉井別年深，中國靈蹤欲徧尋。何處名山逢長老，分明認取祖師心。

唐・釋貫休《禪月集》卷一四《送新羅僧歸本國》 忘身求至教，求得却忘歸。離岸乘空去，終年無所依。月衝陰火出，帆拶大鵬飛。想得還鄉後，多應著紫衣。

又 卷二一《送新羅衲僧》 扶桑枝西眞氣奇，古人呼為師子兒。六環金錫輕擺撼，萬仞雪嶠空參差。枕上已無鄉國夢，囊中猶挈石頭碑。南岳石頭大師劉珂郎中作碑文也。多慚不便隨高步，正是風清無事時。

清・彭定求等《全唐詩》卷一一八《孫逖〈送新羅法師還國〉》 異域今無外，高僧代所稀。苦心歸寂滅，宴坐得精微。持鉢何年至？傳燈是日歸。上卿揮別藻，中禁下禪衣。海濶杯還度，雲遥錫更飛。此行迷處所，何以慰虔祈？

又 卷五五三《姚鵠〈送僧歸新羅〉》 淼淼萬餘里，扁舟發落暉。滄溟何歲別？白首此時歸。寒暑途中變，人煙嶺外稀。驚天巨鰲鬬，蔽日大鵬飛。雪入行砂屨，雲生坐石衣。漢風深習得，休恨本心違。

又 卷六三八《張喬〈送僧雅覺歸海東〉》 山川心地内，一念即千重。老別關中寺，禪歸海外峰。鳥行來有路，帆影去無蹤。幾夜波濤息，先聞本國鐘。

又《張喬〈送新羅僧〉》 東來此學禪，多病念佛緣。把錫離巖寺，收經上海船。落春城外路，舊隱水邊村。歸去無勞久，知音待更論。

又 卷八一〇《法照〈送無著禪師歸新羅國〉》 萬里歸鄉路，隨緣不算程。尋山百衲弊，過海一杯輕。夜宿依雲色，晨齋就水聲。何年持貝葉，却到漢家城。

播揚華夏文學分部

綜 述

《隋書》卷七六《文學傳・杜正藏》 大業中，學業該通，應詔舉秀才，兄弟三人俱以文章一時詣闕，論者榮之。著碑、誄、銘、頌、詩、賦百餘篇，又著《文章體式》，大為後進所賓，時人號為『文軌』。乃至海外高麗、百濟亦共傳習，稱為『杜家新書』。

《舊唐書》卷一四九《張薦傳》 祖鷟，字文成。聰警絶倫，書無不覽。【略】初登進士第，對策尤工。【略】又應下筆成章及才高位下、詞標文苑等科，鷟凡應八舉，皆登甲科。【略】員半千謂人曰：『張子之文，如青錢萬簡，萬中未聞退時。』時流重之，目為『青錢學士』。【略】天后朝，中使馬仙童陷默啜。默啜謂仙童曰：『張文成在否？』曰：『近自御史貶官。』默啜曰：『國有此人而不用，漢無能為也。』新羅、日本、東夷諸蕃，尤重其文。每遣使入朝，必重出金貝，以購其文。其才名遠播如此。

又 卷一六八《馮定傳》 宿弟定，字介夫，儀貌壯偉，與宿俱有文學而定過之。貞元中，皆舉進士，時人比之漢朝二馮君。【略】先長慶中，源寂使新羅國，見其國人傳寫諷念定所為《黑水碑》、《畫鶴記》。韋休符之使西番也，見其國人寫定《商山記》於屏障。其文名馳於戎夷如此。

又　卷一九〇下《文苑傳下・蕭穎士》　是時外夷亦知穎士之名。新羅使入朝，言國人願得蕭夫子為師。其名動華夷若此。

《新唐書》卷一六一《張薦傳》　祖鷟，字文成。早惠絶倫。【略】調露初，登進士第。【略】八以制舉，皆甲科。【略】新羅、日本使至，必出金寶，購其文。

又　卷一七七《馮定傳》　初，源寂使新羅，其國人傳定《黑水碑》、《畫鶴記》。韋休符使西蕃，所館寫定《商山記》於屏。其名播戎夷如此。

又　卷二〇二《文藝傳中・蕭穎士》　穎士四歲屬文，十歲補太學生，觀書一覽即誦，通百家譜系書籀學。開元二十三年舉進士，對策第一。【略】倭國遣使入朝，自陳國人願得蕭夫子為師者。中書舍人張漸等諫不可而止。

唐・元稹《元氏長慶集》卷五一《白氏長慶集序》　然而二十年間，禁省、觀寺、郵候牆壁之上無不書，王公、妾婦、牛童、馬走之口無不道，至於繕寫模勒，衒賣於市井，或持之以交酒茗者，處處皆是。楊、越間多作書模勒樂天及予雜詩，賣於市肆之中也。其甚者，有至於盜竊名姓，苟求自售，雜亂間厠，無可奈何。予於平水市中，鏡湖傍草市名。見村校諸童競習詩，召而問之，皆對曰：『先生教我樂天微之詩。』固亦不知予之為微之也。又云雞林賈人求市頗切，自云本國宰相每以百金換一篇，其甚偽者，宰相輒能辯別之。自篇章以來，未有如是流傳之廣者。

唐・白居易《白氏長慶集》卷七〇《唐故武昌軍節度處置等使正議大夫檢校戶部尚書鄂州刺史兼御史大夫賜紫金魚袋尚書右僕射河南元公墓誌銘并序》　公諱稹，字微之，河南人。【略】公著文一百卷，題為《元氏長慶集》；又集古今刑政之書三百卷，號《類集》，並行於代。公凡為文，無不臻極，尤工詩。在翰林時，穆宗前後索詩數百篇，命左右諷詠，宮中呼為『元才子』。自六宮、兩都八方至南蠻、東夷國，皆寫傳之。每一章一句出，無脛而走，疾于珠玉。又觀其述作編纂之旨，豈止於文章刀筆哉？實有心在于安人治國，致君堯、舜，致身伊、皋耳。

宋・孫光憲《北夢瑣言》卷三《杜審權相斥馮涓》　大中四年，進士馮涓登第，牓中文譽最高。是歲，暹羅國起樓，厚齎金帛，奏請撰《記》，時人榮之。

[新羅]崔致遠《桂苑筆耕集》卷一九《謝高秘書示長歌書》　伏蒙特飛榮誨，寵示長歌，玉海金山，難測高深之本；北方南國，徒觀美麗之姿。贊詠無堦，師資有路，但如青蓮居士，唯誇散誕之詞；白石山人，只騁荒唐之作。但以風月琴罇為勝概，不以君臣禮樂為宏規，遂使千年萬年所流傳，皆嗟《大雅》、《小雅》之淪弊。今覩四十三叔，行出人表，言成世資，弄才子之筆端，寫忠臣之襟抱。在今行古，既爲儒室之宗；憂國如家，固是德門之事。天有耳而必當悔禍，雲無心而亦可銷兵。一言自此興危邦，六義於斯歸正道，則所謂陳平宰社，爾曹何知；鄧艾畫營，其志不小。永言他日，足驗前程。某畏影雖迷，偷光匪懈，既知閱寶，直若發蒙。唯願將鵬舉篇章，傳於異域；豈獨以伯魚對答，誇向同聲？下情但增感戴，欽仰降歎之至，續專祇候陳謝。

宋・李昉等《太平廣記》卷一六四《名賢・蕭穎士》　蕭穎士文章學術俱冠詞林，負盛名而湮沈不遇。常有新羅使至，云東夷士庶，願請蕭夫子為國師。事雖不行，其聲名遠播如此。出《翰林盛事》。

宋・計敏夫《唐詩紀事》卷二七《賈邕》　蕭夫子赴東府，門人送者十二人。劉太真為之《序》云：先師微言既絶者千有餘載，至夫子而後洵美無度，得夫天和。頃東倭之人踰海來賓，舉其國俗，願師於夫子，弗敢私請，表聞于天子。夫子辭以疾，而不之從也。退然貧居，述作萬卷，去其浮辭，存乎正言。

清・永瑢等《四庫全書總目》卷一五一《集部・別集類四》　《徐正字詩賦》二卷。福建巡撫採進本。唐徐寅撰。【略】集中《贈渤海賓貢高元固詩序》稱：『其國傳寫寅《斬蛇劍》、《御溝水》、《人生幾何》三賦，至以金書，列爲屏幛』，則當時亦價重雞林矣。

[日]空海《文鏡秘府論》天卷《自序》　夫大仙利物，名教為基；君子濟時，文章是本也。故能空中塵中，開本有之字；龜上龍上，演自然之文。至如觀時變於三曜，察化成於九州。金玉笙簧，爛其文而撫黔首；鬱乎煥乎，燦其章以馭蒼生。然則一為名始，文則教源，以名教為宗，則文章為紀綱之要也。世間出世，誰能遺此乎！故經說阿毗跋致菩薩，必須先解文章。孔宣有言：『小子何莫學夫《詩》？《詩》可以興，

可以觀。邇之事父，遠之事君。』『人而不為《周南》、《邵南》，其猶正牆面而立也。』是知文章之義，大哉遠哉！

文以五音不奪，五彩得所立名；章因事理俱明，文義不昧樹號。因文詮名，唱名得義，名義已顯，以覺未悟。三教於是分鑣，五乘於是並轍。於焉釋經妙而難入，李篇玄而寡和，桑籍近而爭唱。游、夏得聞之日，屈、宋作賦之時，兩漢辭宗，三國文伯，體韻心傳，音律口授。沈侯、劉善之後，王、皎、崔、元之前，盛談四聲，爭吐病犯，黃卷溢篋，緗帙滿車。貧而樂道者，望絕訪寫；童而好學者，取決無由。

貧道幼就表舅，頗學藻麗，長入西秦，粗聽餘論。雖然志篤禪默，不屑此事。爰有一多後生，扣閑寂於文囿，撞詞華乎詩圃。音響難默，披卷函杖，即閱諸家格式等，勘彼同異。卷軸雖多，要樞則少，名異義同，繁穢尤甚。余癖難療，即事刀筆，削其重復，存其單號，總有一十五種類，謂《聲譜》、《調聲》、《八種韻》、《四聲論》、《十七勢》、《十四例》、《六義》、《十體》、《八階》、《六志》、《二十九種對》、《文三十種病累》、《十種疾》、《論文意》、《論對屬》等是也。配卷軸於六合，懸不朽於兩曜，名曰《文鏡秘府論》。庶緇素好事之人，山野文會之士，不尋千里，蛇珠自得，不煩旁搜，雕龍可期。

藝文

唐・徐寅《徐正字詩賦》卷二《渤海賓貢高元固先輩閩中相訪云本國人寫得寅〈斬蛇劍〉〈御溝水〉〈人生幾何賦〉家皆以金書列為屏障因而有贈》 折桂何年下月中，閩山來問我雕蟲。肯銷金翠書屏上，誰把芻蕘過日東？郯子昔時遭孔聖，由余往日諷秦宮。嗟嗟六國金門士，幾個人能振素風！

播揚華夏藝術分部

綜述

書畫

《舊唐書》卷一六五《柳公權傳》 公權字誠懸。幼嗜學，十二能為辭賦。元和初，進士擢第，釋褐祕書省校書郎。**【略】**穆宗即位，入奏事。帝召見，謂公權曰：『我于佛寺見卿筆蹟，思之久矣。』即日拜右拾遺，充翰林侍書學士。**【略】**穆宗政僻，嘗問公權：『筆何盡善？』對曰：『用筆在心，心正則筆正。』上改容，知其筆諫也。**【略】**公權初學王書，遍閱近代筆法，體勢勁媚，自成一家。當時公卿大臣家碑板不得公權手筆者，人以為不孝。外夷入貢，皆別署貨貝，曰『此購柳書』。

又 卷一八九上《儒學傳・歐陽詢》 詢初學王羲之書，後更漸變其體，筆力險勁，為一時之絕。人得其尺牘文字，咸以為楷範焉。高麗甚重其書，嘗遣使求之。高祖嘆曰：『不意詢之書名遠播夷狄。彼觀其迹，固謂其形魁梧耶！』

《新唐書》卷一六三《柳公權傳》 其書法，結體勁媚，自成一家。**【略】**文宗嘗召與聯句，帝曰：『人皆苦炎熱，我愛夏日長。』公權屬曰：『薰風自南來，殿閣生微涼。』它學士亦屬繼，帝獨諷公權者，以為詞情皆足，命題於殿壁，字率徑五寸。帝歎曰：『鍾、王無以尚也！』其遷少師，宣宗召至御座前，書紙三番，作真、行、草三體，奇祕，賜以器幣，且詔自書謝章，無限真、行。當時大臣家碑誌非其筆，人以子孫為不孝。外夷入貢者，皆別署貨貝，曰『此購柳書』。

又 卷一九八《儒學傳・歐陽詢》 詢初倣王羲之書，後險勁過之，因自名其體。尺牘所傳，人以為法。高麗嘗遣使求之，帝歎曰『彼觀其書，固謂形貌魁梧邪！』

唐·朱景玄《唐朝名畫録·神品中一人周昉》 今上都有畫水月觀自在菩薩。時人又云：大雲佛寺殿前行道僧、廣福寺佛殿前面兩神，皆殊絶當代。昉任宣州别駕，於禪定寺畫北方天王，嘗於夢中見其形像。又畫士女，為古今冠絶。又畫《渾侍中宴會圖》、《劉宣按舞圖》、《獨孤妃按曲圖》粉本，又畫《仲尼問禮圖》、《降真圖》、《五星圖》、《撲蝶圖》，兼寫諸真及文宣王十弟子卷軸等至多。貞元末，新羅國有人於江淮以善價收市數十卷，持往彼國。

棋藝

唐·蘇鶚《杜陽雜編》卷下 大中中，日本國王子來朝，獻寶器音樂。上設百戲珍饌，以禮焉。王子善圍棋，上敕顧師言待詔為對手。王子出楸玉局、冷暖玉棋子云：『本國之東三萬里，有集真島，島上有凝霞臺，臺上有手談池，池中產玉棋子，不由製度，自然黑白分焉。冬温夏冷，故謂之冷暖玉。又產如楸玉，狀類楸木，琢之為棋局，光潔可鑑。』及師言與之敵手，至三十三下，勝負未決。師言懼辱君命，而汗手凝思，方敢落指，則謂之『鎮神頭』，乃是解兩征勢也。王子瞪目縮臂，已伏不勝，迴語鴻臚曰：『待詔第幾手耶？』鴻臚詭對曰：『第三手也。』師言實第一國手矣。王子曰：『願見第一。』曰：『王子勝第三方，得見第二；勝第二方，得見第一。今欲躁見第一，其可得乎？』王子掩局而吁曰：『小國之一，不如大國之三，信矣。』今好事者，尚有顧師言《三十三鎮神頭圖》。

雜技

《隋書》卷一五《音樂志下》 始，齊武平中，有魚龍爛漫、俳優、侏儒、山車、巨象、拔井、種瓜。殺馬、剥驢等，奇怪異端，百有餘物，名爲百戲。周時鄭譯有寵於宣帝，奏徵齊散樂人，並會京師爲之，蓋秦角抵之流者也。開皇初，並放遣之。及大業二年，突厥染干來朝，煬帝欲誇之，總追四方散樂，大集東都。初於芳華苑積翠池側，帝帷宮女觀之。有舍利先來，戲於場内，須臾跳躍，激水滿衢，黿鼉龜鼇，水人蟲魚，徧覆于地。又有大鯨魚噴霧翳日，倏忽化成黃龍，長七八丈，聳踊而出，名曰黃龍變。又以繩繫兩柱，相去十丈，遣二倡女對舞繩上，相逢切肩而過，歌舞不輟。又爲夏育扛鼎，取車輪、石臼、大甕器等，各於掌上而跳弄之；并二人戴竿，其上有舞，忽然騰透而換易之。又有神鼇負山，幻人吐火，千變萬化，曠古莫儔。染千大駭之。自是皆於太常教習，每歲正月萬國來朝，留至十五日，於端門外、建國門内綿亘八里，列爲戲場。百官起棚夾路，從昏達旦，以縱觀之，至晦而罷。伎人皆衣錦繡繒綵。其歌舞者多爲婦人，服鳴環佩，飾以花毦者，殆三萬人。初課京兆、河南製此衣服，而兩京繒錦爲之中虚。

三年，駕幸榆林，突厥啓民朝于行宫，帝又設以示之。六年，諸夷大獻方物，突厥啓民以下，皆國主親來朝賀，乃於天津街盛陳百戲。自海内凡有奇伎，無不總萃，崇侈器翫，盛飾衣服，皆用珠翠金銀，錦罽絺繡。其營費鉅億萬。關西以安德王雄總之，東都以齊王暕總之。金石匏革之聲，聞數十里外。彈弦擫管以上，一萬八千人。大列炬火，光燭天地，百戲之盛，振古無比。自是每年以爲常焉。

論説

宋·王欽若等《册府元龜》卷八六一《總録部·筆札》 自結繩既代，迄於夏商，蟲篆鳥迹，以紀庶物。其後篆籀殊體，草隸繼作，踵事變本，增華競逐。世之學者，研精極慮，克臻其妙，各自名家。乃至馳聲於天臺，流譽於絶域，傑出於衆，為時所珍。自非心術之幽通，天機之異稟，又曷能窮妙墨之深，致為藝圃之殊觀哉！

藝文

宋·李昉等《文苑英華》卷二八三《［唐］張喬〈送棋待詔朴求歸新羅〉》 海東無敵手，歸去道應孤。闕下傳新勢，船中覆舊圖。窮荒迴日月，積水載寰區。故國多年别，桑田復在無？

播揚華夏科技分部

綜　述

造紙術與雕版印刷術

唐·范攄《雲谿友議》卷下《羨門遠》 紇干尚書泉苦求龍虎之丹十五餘稔，及鎮江右，乃大延方術之士，乃作《劉弘傳》，雕印數千本，以寄中朝及四海精心燒鍊之者。

［阿拉伯］薩阿利比《世界明珠》 在撒馬爾罕的特產中應提到的是紙，由於紙更美觀、更適用和更簡便，因此它取代了先前用於書寫的莎草片和羊皮。紙只產於這裏和中國。《道里邦國南》一書的作者告訴我們，紙是由戰俘們從中國傳入撒馬爾罕的。這些戰俘為沙利之子齊亞德·伊本·沙利所有，在其中找到了造紙工。造紙發展後，不僅能供應本地的需要，也成為撒馬爾罕人的一種重要貿易品，因此它滿足了世界各國的需要，並造福於人類。

工　藝

唐·杜環《經行記·大食國》 綾絹機杼，金銀匠，畫匠，漢匠起作畫者，京兆人樊淑、劉泚，織絡者，河東人樂□、呂禮。

醫藥學

唐·釋義淨《南海寄歸內法傳》卷三《二十八·進藥方法》 且如神州藥石、根莖之類，數乃四百有餘。多並色味精奇，香氣芬郁，可以蠲疾，可以王神。針灸之醫，診脉之術，贍部洲中無以加也。長年之藥，唯東夏焉。良以連岡雪巘，接嶺香山，異物奇珍，咸萃於此。故體人像物，號曰神州。五天之內，誰不加尚？四海之中，孰不欽奉？云文殊師利現居其國，所到之處若聞是提婆弗呾攞僧，莫不大生禮敬。提婆是天，弗呾攞是子，云是支那天子所居處來也。

唐·劉禹錫《劉賓客文集》卷一七《為淮南杜相公論新羅請廣利方狀》 淮南節度、觀察、處置等使敕賜《貞元廣利方》五卷。右臣得新羅賀正使朴如言狀稱，請前件方一部，將歸本國者。伏以纂集神效，出自聖衷，藥必易求，疾無隱狀。搜方伎之祕要，拯生靈之夭瘥，坐比華胥，咸躋仁壽，遂令絕域逖聽風聲，美茲豐功，爰有誠請。臣以其久稱藩附，素混車書，航海獻琛，既已通於華禮，釋痾蠲癘，豈獨隔於外區？正當四海為家，冀覩十全之效。臣即欲寫付，未敢自專，謹録奏聞。

宋·李昉等《太平廣記》卷二二〇《醫三·申光遜》 近代曹州觀察判官申光遜言：本家桂林有官人孫仲敖，寓居於桂，交廣人也。申往謁之，延於卧內，冠簪相見，曰：『非慵於巾櫛也，蓋患腦痛爾。』即命醇酒升餘，以辛辣物洎胡椒、乾薑等屑，僅半杯，以溫酒調，又於枕函中取一黑漆筩，如今之笙項，安於鼻竅，吸之至盡。方就枕，有汗出表，其疾立愈，蓋鼻飲蠻獠之類也。出《玉堂閒話》。

曆　法

［日］圓仁《入唐求法巡禮行記》卷二 （開成五年）正月十五日，得當年曆日抄本，寫如左：

開成五年曆，日干同支同納音。本凡三百五十五日，合在乙巳上取土修造。

大歲，申大將軍在午，大陰在午，歲德在甲寅，歲刑在寅，歲破在寅，歲煞在未，黃旛在辰，豹尾在戌，蠶宮在巽。

正月大　一日戊寅，土建，四日得辛。十一日雨水，廿六日驚蟄。

二月小　一日戊申，土破。十一日社、春分，廿六日清明。

三月大　一日丁丑，水閉，二日天赦。十二日谷雨，廿八日立夏。

四月小　一日丁未，水準。十三日小滿，廿八日芒種。

五月　一日丙子，水破。十四日夏至，十九日天赦。

六月大　一日乙巳，火開。十一日初伏，十五日大暑，卅日立秋。

七月小　一日乙亥，土平。二日除伏，十五日處暑。

八月大　一日甲辰，火成。白露。五日天赦。十五日社，十六日秋分。

九月小　一日甲戌，火除。二日寒露，十七日霜降。

十月大　一日癸卯，金執。二日立冬，十八日小雪，廿日天赦。

十一月大　一日癸酉，金收。三日大雪，廿日冬至。

十二月　一日癸卯，金平。三日小寒，十八日大寒，廿六日臘。

右件曆日具注勘過。

度量衡

［日］德川光圀《大日本史》卷三二一《食貨志四・田志》　元明帝和銅六年，改定度量等法，於是廢高麗尺，量地用唐大尺。

又　卷三三二《食貨志十五・度量權衡》　元明帝和銅六年，改定度量權衡，頒佈其法於天下。《續日本紀》。蓋自此度量衡皆從唐制，而官私悉用大，但測影、合湯藥則用小者。《延喜式》。按《令義解》，量制有十龠為合之文，此蓋據唐令為説。然《舊唐書》作二龠為合。即唐制後有改定。且云，量制攻絲不用龠。合内之分，有抄撮之細。本朝制亦合内有撮勺之分，而不見用龠法者。意義解雖有其説，實不用也。

茶　種

［高麗］金富軾《三國史記》卷一〇《新羅・興德王紀》　（三年十二月）入唐廻使大廉持茶種子來，王使植地理山。茶自善德王時有之，至於此盛焉。

研判諸國國情部

通紀概説分部

綜　述

《隋書》卷六七《裴矩傳》　煬帝即位，【略】時西域諸蕃多至張掖，與中國交市，帝令矩掌其事。矩知帝方勤遠略，諸商胡至者，矩誘令言其國俗山川險易，撰《西城圖記》三卷，入朝奏之。其序曰：【略】皇上膺天育物，無隔華夷，率土黔黎，莫不慕化。風行所及，日入以來，職貢皆通，無遠不至。臣既因撫納，監知關市，尋討書傳，訪採胡人，或有所疑，即詳衆口。依其本國服飾儀形，王及庶人，各顯容止，即丹青模寫，爲《西域圖記》，共成三卷，合四十四國。仍別造地圖，窮其要害。從西頃以去，北海之南，縱橫所亘，將二萬里。諒由富商大賈，周遊經涉，故諸國之事罔不偏知。復有幽荒遠地，卒訪難曉，不可憑虛，是以致闕。而二漢相踵，西域爲傳，戶民數十，即稱國王，徒有名號，乃乖其實。今者所編，皆餘千戶，利盡西海，多産珍異。其山居之屬，非有國名，及部落小者，多亦不載。

《舊唐書》卷六三《裴矩傳》　大業初，西域諸蕃款張掖塞，與中國互市。煬帝遣矩監其事。矩知帝方勤遠略，欲吞并夷狄，乃訪西域風俗及山川險易，君長姓族，物産服章，撰《西域圖記》三卷，入朝奏之。帝大悦，賜物五百段。

《新唐書》卷一〇〇《裴矩傳》　煬帝時，西域諸國悉至張掖交市。帝令矩護視。矩知帝勤遠略，乃訪諸商胡國俗、山川險易，撰《西域圖記》三篇，合四十四國。

唐・釋道宣《續高僧傳》卷二《隋東都雒濱上林園翻經館南賢豆沙門達摩笈多傳》　有沙門彦琮，内外通照，華梵並聞，預參傳譯，偏承提誘。以笈多遊履，具歷名邦，見聞陳述，事逾前傳，因著《大隋西國傳》一部。凡十篇：本傳一，方物二，時候三，居處四，國政五，學教六，禮儀七，飲食八，服章九，寶貨十，盛列山河、國邑、人物。斯即五天之良史，亦乃三聖之宏圖，故《後漢·西域傳》云『靈聖之所降集，賢懿之所挺生』者是也。詞極綸綜，廣如所述。

《舊唐書》卷一八九上《儒學傳上·敬播》　永徽初，拜著作郎。與許敬宗等撰《西域圖》。

《新唐書》卷二二一上《西域傳·龜茲》　西域平，帝遣使者分行諸國風俗物産，詔許敬宗與史官譔《西域圖志》。

又　卷四三下《地理志七下·羈縻州》　唐置羈縻諸州，皆傍塞外，或寓名於夷落，而四夷之與中國通者甚衆。若將臣之所征討，敕使之所慰賜，宜有以記其所從出。天寶中，玄宗問諸蕃國遠近，鴻臚卿王忠嗣以《西域圖》對，纔十數國。其後貞元宰相賈耽考方域道里之數最詳，從邊州入四夷通譯于鴻臚者，莫不畢紀。

唐·釋慧立等《大唐大慈恩寺三藏法師傳》卷六《起十九年春正月入西京，終二十二年夏六月謝御製經序并答》（貞觀十九年）二月己亥，見於儀鸞殿。【略】帝曰：『師出家與俗殊隔，然能委命求法，惠利蒼生，朕甚嘉焉，亦不煩爲愧。但念彼山川阻遠，方俗異心，怪師能達也。』法師對曰：『玄奘聞乘疾風者，造天池而非遠；御龍舟者，涉江波而不難。自陛下握乾符，清四海，德籠九域，仁被八區，淳風扇炎景之南，聖威振葱山之外。所以戎夷君長，每見雲翔之鳥自東來者，猶疑發於上國，斂躬而敬之。況玄奘圓首方足，親承育化者也。既賴天威，故得往還無難。』

帝曰：『此自是師長者之言，朕何敢當也。』因廣問彼事。自雪嶺已西，印度之境，玉燭和氣，物産風俗，八王故迹，四佛遺蹤，並博望之所不傳，班、馬無得而載。法師既親遊其地，觀覿疆邑，耳聞目覽，記憶無遺，隨問訓對，皆有條理。帝大悦，謂侍臣曰：『昔苻堅稱釋道安爲神器，舉朝尊之。朕今觀法師詞論典雅，風節貞峻，非唯不愧古人，亦乃出之更遠。』【略】

帝又謂法師曰：『佛國遐遠，靈迹法教，前史不能委詳。師既親覩，宜修一傳，以示未聞。』【略】

前又洛陽奉見日，敕令法師修《西域記》，至是而成。乙未，又表進曰：『沙門玄奘言：竊尋蟠木幽陵，雲官記軒皇之壤；流沙滄海，夏載著伊堯之域。西母白環，薦垂衣之主；東夷楛矢，奉刑措之君。固以飛英曩代，式徽前典。伏惟陛下握紀乘時，提衡制範。刳舟絃木，威天下而濟羣生；鼇足蘆灰，堙方輿而補圓蓋。耀武經於七德，闡文教於十倫，澤遍泉源，化霑蕭葦。房芝發秀，浪井開花，樂囿馴班，巢阿響律，浮紫膏於貝闕，霏白雲於玉檢。遂苑弱木而池濛汜，圃炎火而照積冰，梯赤坂而承朔，泛滄津而委賮。史曠前良，事絶故府，豈如漢開張掖，近接金城，秦戍桂林，纔通珠浦而已。

玄奘幸屬天地貞觀，華夷静謐，冥心梵境，敢符好事，命均朝露，力譬秋螽。徒以憑假皇靈，飄身進影，展轉膜拜之鄉，流離重驛之外。條支巨雀殳，方驗前聞，罽賓孤鸞，還稽曩實。時移歲積，人願天從，遂得下雪岫而泛提河，窺鶴林而觀鷲嶺，祇園之路髣像猶存，王城之基坡陀尚在。尋求歷覽，時序推遷，言返帝京，淹逾一紀，所聞所履，百有二十八國。竊以章彦之所踐藉，空陳廣袤；夸父之所凌厲，無述土風。班超侯而未遠，張騫望而非博。今所記述，有異前聞。雖未極大千之疆，頗窮葱外之境，皆存實録，匪敢彫華。謹具編裁，稱爲《大唐西域記》，凡一十二卷，繕寫如别。望班之右筆，飾以左言，掩博物於晉臣，廣九丘於皇代。但玄奘資識淺短，遺漏寔多，兼拙於筆語，恐無足觀覽。』【略】丙申，神筆自答書曰：『省書，具悉來意。』【略】其新撰《西域記》者，當自披覽。』

唐·釋玄奘《大唐西域記》卷首《敬播序》　親踐者一百一十國，傳聞者二十八國。或事見於前典，或名始於今代。莫不餐和飲澤，頓顙而知歸；請吏革音，梯山而奉贐。歡闕庭而相抃，襲冠帶而成羣。爾其物産風土之差，習俗山川之異，遠則稽之於國典，近則詳之於故老。邈矣殊方，依然在目。無勞握槧，已詳油素。

又　《于志寧序》　若夫玉毫流照，甘露灑於大千；金鏡揚暉，薰風被於有截。故知示現三界，粤稱天下之尊；光宅四表，式標域中之大。是以慧日淪影，像化之迹東歸；帝猷宏闡，大章之步西極。【略】

法師自幼迄長，遊心玄理。【略】或恐傳譯踳駁，未能筌究，欲窮香象之文，將罄龍宫之目。以絶倫之德，屬會昌之期，杖錫拂衣，第如遐境。于是背玄灞而延望，指葱山而矯迹。川陸綿長，備嘗艱險。陋博望之非遠，嗤法顯之爲局。遊踐之處，畢究方言，鐫求幽賾，妙窮津會。于是詞發雌黄，飛英天竺；文傳貝葉，聿歸振旦。

太宗文皇帝金輪纂御，寶位居尊。載佇風徽，召見青蒲之上；廼睠通識，前膝黄屋之間。手詔綢繆，中使繼路。【略】奉詔翻譯梵本，凡六百五十七部。具覽遐方異俗，絶壤殊風，土著之宜，人倫之序，正朔所暨，聲教所覃，著《大唐西域記》，勒成一十二卷。編録典奥，綜覈明審，立言不朽，其在兹焉。

又　卷一二《辯機〈記讚〉》　記讚曰：【略】昔司馬子長，良史之才也，序《太史公書》，仍父子繼業，或名而不字，或縣而不郡。故曰一人之精，思繁文重，蓋不暇也。其況下愚之智，而能詳備哉？若其風土習俗之差，封疆物産之記，性智區品，炎凉節候，則備寫優薄，審存根實。至於胡戎姓氏，頗稱其國。印度風化，清濁羣分，略書梗概，備如前序。賓儀、嘉禮，戶口、勝兵，染衣之士，非所詳記。然佛以神通接物，靈化垂訓，故曰神道洞玄，則理絶人區，靈化幽顯，則事出天外。是以諸佛降祥之域，先聖流美之墟，略舉遺靈，粗申記注。境路盤紆，疆埸迴互，行次即書，不存編比。故諸印度無分境壤，散書國末，略指封域。書行者，親遊踐也；舉至者，傳聞記也。或直書其事，或曲暢其文。優而柔之，推而述之，務從實録，進誠皇極。二十年秋七月，絶筆殺青。文成油素，塵黷聖鑑，詎稱天規！然則冒遠窮遐，寔資朝化；懷奇纂異，誠賴皇靈。逐日八荒，匪專夸父之力；鑿空千里，徒聞博望之功。鷲山徙於中州，鹿苑掩於外囿。想千載如目擊，覽萬里若躬遊。夐古之所不聞，前載之所未記。至德燾覆，殊俗來王，淳風遐扇，幽荒無外。庶斯地志，補闕《山經》，頒左史之書事，備職方之遍舉。

唐·釋道宣《釋迦方誌》卷首《自序》　惟夫大唐之有天下也將四十載，淳風洽而澆俗改，文德修而武功暢。故使青丘丹穴之候，並入堤封；龍砂雁塞之區，聿遵聲教。英髦稽首，顯朝宗之羽儀；輪賝奉贄，表懷柔之盛德。然則八荒内外，前史具舒，五竺方維，由來罕述，豈非時也！雖復周穆西狩，止届昆丘；舜禹南巡，不踰滄海。秦皇晝野，近袤臨洮；漢武封疆，關開鐵路。厥斯以降，遐討未詳。所以崆峒問道，局在酒泉之地；崑崙謁聖，實惟玉門之側。至於弱水洞庭，三危九隴，煙然龍勒，沙障黎河，具曆《夏書》，咸圖雍部。及博望之尋河也，創聞大夏之名；軒皇之遊夢也，初述華胥之國。貳師之伐大宛，定遠之開鐵門，由余入秦，日磾仕漢，聲榮覆於葱嶺，帝德亘於耆山。赫奕皇華，其徒繁矣。而方土所記，人物所宜，風俗之沿革，山川之卓詭，雖陳之油素，略無可紀。豈不以經途遼遠，遊詣之者希乎！以事討論，縱有傳説，皆祖行人，信非躬覩，相從奔競，虚爲實録。何以知其然耶？故積石河源，西瞻赤縣；崑崙天柱，東顧神州；嗚砂以外，咸稱胡國；安用遠籌，空傳緗簡。是知身毒之説，重譯臻焉；神異等傳，斷可知矣。

自佛教道東，榮光燭漢，政流十代，年將六百。輶軒繼接，備盡觀方，百有餘國，咸歸風化，莫不梯山貢職，望日來王。而前後傳録，差互不同，事迹罕述，稱謂多惑。覆尋斯致，宗歸譯人。昔隋代東都上林園翻經館沙門彦琮著《西域傳》一部十篇，廣布風俗，略於佛事，得在洽聞，失於信本。余以爲八相顯道，三乘陶化，四儀所設，莫不逗機，二嚴攸被，皆宗慧解。今聖迹靈相，雜沓於華胥；神光瑞影，氤氲於宇内。義須昌明形量，動發心靈。洎貞觀譯經，嘗參位席，傍出西記，具如別詳。但以紙墨易繁，閲鏡難盡，佛之遺緒，釋門共歸，故撮綱猷，略爲一卷，貽諸後學，序之云爾。

唐·釋義淨《南海寄歸内法傳》卷一《自序》　序曰：【略】然則親指平途，躬宣妙理，説十二緣起，獲三六獨法，號天人師，稱一切智，引四生於火宅，拔三有於昏城，出煩惱流，登涅槃岸者，粵我大師釋迦世尊矣。【略】

大師唱寂，世界空虚。次有弘法應人，結集有五七之異；持律大將，部分爲十八之殊。隨所見聞，三藏各别。著下裙則裙有偏正，披上服則葉存狹廣。同宿乃異室繩圍，兩俱無過；受食以手執畫地，二並亡愆。各有師承，事無和雜。有部則正，餘三並偏。有部則要須別室，正量以繩圍床。有部手請，僧祇畫地也。諸部流派，生起不同，西國相承，大綱唯四。一、阿離耶莫訶僧祇尼迦耶，唐云聖大衆部，分出七部，三藏各有十萬頌，合三十萬頌，唐譯可成千卷。二、阿離耶悉他陛攞尼迦耶，唐云聖上座部，分出三部，三藏多少同前。三、阿離耶慕攞薩婆悉底婆拖尼迦耶，唐云聖根本説一切有部，分出四部，三藏多少同前。四、阿離耶三蜜栗底尼迦耶，唐云聖正量部，分出四部，三藏三十萬頌，律有三十千頌。然而部執所傳，多有同異，且依現事，言其十八。分爲五部，不聞於西國之耳。其間離分出没，部別名字，事非一致，如餘所論，此不繁述。

故五天之地及南海諸洲，皆云四種尼迦耶。然其所欽，處有多少。摩揭陀則四部通習，有部最盛。羅荼、信度，西印度國名。則少兼三部，乃至正量尤多。北方皆全有部，時逢大衆。南面則咸遵上座，餘部少存。東裔諸國，雜行四部。從那爛陀東行五百驛，皆名東裔。乃至盡窮，有大黑山，計當土蕃南畔，《傳》云是蜀川西南行可一月餘，便達斯嶺。次此南畔，逼近海涯，有室利察呾羅國，次東南有郎迦戍國，次東有杜和鉢底國，次東極至臨邑國，並悉極遵三寶，多有持戒之人。乞食杜多，是其國法。西方見有，實異常倫。師子洲並皆上座，而大衆斥焉。然南海諸洲有十餘國，純唯根本有部，正量時欽，近日已來，少兼餘二。從西數之，有婆魯師洲，末羅遊州，即今尸利佛逝國是；莫訶信洲，訶陵洲，呾呾洲，盆盆洲，婆里洲，掘倫洲，佛逝補羅洲，阿善洲，末迦漫洲，又有小洲，不能具録也。斯乃咸遵佛法，多是小乘，唯末羅遊少有大乘耳。

諸國周圍，或可百里，或數百里，或可百驛。大海雖難計里，商舶慣串者准知。良爲掘倫初至交廣，遂使總喚崑崙國焉。唯此崑崙，頭捲體黑，自餘諸國，與神州不殊。赤脚敢曼，總是其式，廣如《南海録》中具述。驩州正南步行可餘半月，若乘船纔五六潮，即到匕景。南至占波，即是臨邑。此國多是正量，少兼有部。西南一月至跋南國，舊云扶南，先是裸國，人多事天，後乃佛法盛流。惡王今並除滅，迥無僧衆，外道雜居。斯即贍部南隅，非海洲也。然東夏大綱，多行法護。關中諸處，僧衹舊兼。江南嶺表，有部先盛。而云《十誦》、《四分》者，多是取其經夾，以爲題目。

詳觀四部之差，律儀殊異，重輕懸隔，開制迢然。出家之侶，各依部執，無宜取他輕事，替己重條，用自開文，見嫌餘制。若爾則部別之義不著，許遮之理莫分。豈得以其一身，遍行於四？裂裳金杖之喻，乃表證滅；不殊行法之徒，須依自部。頻毗娑羅王夢見一氎裂爲十八片，一金杖斬爲十八段，怖而問佛。佛言『我滅度後，一百餘年，有阿輸迦王威加贍部。時諸苾芻，教分十八。趣解脱門，其致一也。此即先兆，王勿見憂耳。』

其四部之中，大乘、小乘區分不定。北天南海之郡，純是小乘；神州赤縣之鄉，意存大教。自餘諸處，大、小雜行。考其致也，則律檢不殊，齊制五篇，通修四諦。若禮菩薩，讀大乘經，名之爲大；不行斯事，號之爲小。所云大乘，無過二種：一則中觀，二乃瑜伽。中觀則俗有真空，體虚如幻；瑜伽則外無内有，事皆唯識。斯並咸遵聖教，孰是孰非？同契涅槃，何真何僞？意在斷除煩惑，拔濟衆生，豈欲廣致紛紜，重增沈結！依行則俱昇彼岸，棄背則並溺生津。西國雙行，理無乖競。既無慧目，誰鑑是非？任久習而修之，幸無勞於自割。

且神州持律，諸部互牽，而講説撰録之家，遂乃章鈔繁雜。五篇七聚，易處更難。方便犯持，顯而還隱。遂使覆一簣而情息，聽一席而心退。上流之伍，蒼髭乃成；中下之徒，白首寧就。律本自然落漠，讀疏遂至終身。師弟相承，用爲成則。論章段則科而更科，述結罪則句而還句。考其功也，實致爲山之勞；覈其益焉，時有海珠之潤。

又凡是製作之家，意在令人易解，豈得故爲密語，而更作解嘲？譬乎水溢平川，決入深井，有懷飲息，濟命無由。准檢律文，則不如此。論斷輕重，但用數行，説罪方便，無煩半日。此則西方南海法徒之大歸也。

至如神州之地，禮教盛行，敬事君親，尊讓耆長，廉素謙順，義而後取。孝子忠臣，謹身節用。皇上則恩育兆庶，納隍軫慮於明發；羣臣則莫不拱手，履薄呈志於通宵。或時大啓三乘，廣開百座。布制底於八澤，有識者咸悉歸心；散伽藍於九宇，迷途者並皆迴向。皇皇焉，農歌畎畝之中；濟濟焉，商詠舟車之上。遂使雞貴、象尊之國，頓顙丹墀；金鄰、玉嶺之鄉，投誠碧砌。爲無爲，事無事，斯固無以加也。雞貴者，西方名高麗國爲俱俱吒醫説羅，俱俱吒是雞，醫説羅是貴。《西方傳》云：彼國敬雞，神而取尊，故戴翎羽而表飾矣。言象尊者，西國君王以象爲最，五天並悉同然也。

宋・王溥《唐會要》卷一〇〇《雜録》 天寶二年四月二十五日，上因問西番諸國遠近，鴻臚卿王忠嗣上言曰：臣謹按《西域圖》，陀拔恩單國在疏勒西南二萬五千里，至渤達國一月程，西至沮滿國一月程，南至羅刹支國十五日程，北至海兩月程。羅刹支國東至都盤國十五日程，西至沙蘭國二十日程，南至大食國二十日程，北至陀拔國十五日程。都盤國東至大食國十五日程，西至羅刹支國十五日程，南至大食國二十五日程，北至渤達國一月程。渤達國東至大食國兩月程，西北至岐蘭國二十日程，南至都盤國一月程，北至大食國一月程。河没國東至南陀拔國十五日程，西北至岐蘭國二十日程，從南至沙蘭國一月程，從北至海兩月程。岐蘭國東南至河没國二十日程，西至大食國兩月程，南至沮滿國二十日程，北至海五日程。涅滿國東至陀拔國一月程，西至大食國兩月程，南至大食國一月程，北至岐蘭國十日程。沙蘭國東至羅刹支國二十五日程，南至大食國二十五日程，北至涅滿國二十五日程。石國東至拔汗那國一百里，西南至東米國五百里。罽賓國在疏勒西南四千里，東至俱蘭佗國七百里，西至大食國一千里，南至婆羅門國五百里，北至吐火羅國二百里。東米國在安國西北二千里，東至碎葉國五千里，西南至石國一千五百里，南至拔汗那國一千五百里。史國在疏勒西四千里，東至俱蜜國一千里，西至大食國二千里，南至吐火羅國一百里，西北至康國七百里。

論說

宋·王欽若等《册府元龜》卷九五六《外臣部·種族》 夫四裔者，居中國之外，禀一氣而生，性別域殊，未始滅絶，天之覆露，必將有以。自唐虞而下，見於書傳，兩漢所紀，最爲詳悉。然弱則卑伏而内附，强則桀驁而難制。遷徙霧擧，居無城郭之處；蕃滋星散，布諸虛曠之野。迭衰迭盛，不可得而去者，蓋所以乖隔方隅，扞蔽諸夏之爲也。是以古之聖人，務於含養，俾列要荒，羈縻不絶，勿使侵擾而已。矧其保姓受氏，分疆畫野，亦有神明之远裔，不專主於怪誕，參考類次，披文而可見焉。

又 卷九五七《外臣部·國邑》 《禹貢》之制，五百里荒服，曰蠻曰荒。《周官》衛服之外，曰蠻曰夷，曰錯曰藩。皆戎夷之區，聲教罔达，職貢無法，流移靡常，可以德綏，難以力制也。漢武承富庶之業，好疆埸之功，或討以戈甲，或餌以玉帛，猛將椎鋒以挫其鋭，辯士緩頰以動其心。是以三王之所不臣，六經之所不載，皆充斥蠻夷之邸，俯伏北闕之下。至乃涉懸度，越流沙，泛重溟，踰峻嶺，回面受吏，稽顙述職焉。其後經略所至，軌迹漸廣，或卉服入覲，或輶軒出使，莫不詢其封域，考其都鄙，記里候之遐邇，詳版籍之衆寡，告於史氏，著之方册。今之論次者，亦以續伯益之《山經》，備成周之《土訓》云爾。

又 卷九五九《外臣部·土風》 夫五方之民，言語不通，衣服殊制，至於居處飲食，固亦異宜，寒燠氣候，諒非一貫。是故先王設象胥之官，以掌其鞮譯；命輶軒之使，分采於方言。聲教之所暨，羈縻而弗絶。若乃藁街之攸舍，秘閣之所記，參考乎殊俗，增廣乎異聞，稽之載籍，灼然惟叙。詮次其説，以著於篇，將使彊戎索者軌制可徵，納職貢者名物斯辨，庶以參司籍之記，備有司之傳云。

又 卷九六二《外臣部·官號》 夫明王慎德，四夷咸賓，乃有款塞稱藩，厥角詣吏，奉琛修貢，解辮向化。由是典客之職，通譯其言，執簡之史，詳記其俗。故其妃匹之號，官稱之品，員秩之命數，典司之位局，或咸得書於載籍而藏之秘閣焉。觀夫疆域殊峙，風軌異化，種族之制匪一，等威之辨不同，仲尼所謂『夷狄之有君』，蓋與夫雲官鳥紀之説戾矣。

又 《才智》 要荒之服，蠻夷是居。北方之疆，世習其俗。丹穴之智，時有其人。豈地氣之使然，抑天性之斯異！或計慮之惟允，或辭辯之可觀。懷英果之才，申嚴于族類；慕華夏之德，竊覽于典章。若能堅柔服之心，革忿鷙之性，奉順王命，自異匪人。雖欲謂之異域，其可得乎？今採其才智之士，著于録。

又 《賢行》 夫天生蒸民，夷夏雖異，而所禀之性，或善或惡，復何殊哉！故仲尼稱『有教無類』，蓋謂是矣。若乃篤仁孝之道，敦愛敬之風，感慨以報仇，謙退而行讓，或崇其信誓，或守之端慤，或殉葬以見志，或憂國以殞命，或俯从忠讜之諫，或力行博施之義。自餘从容知禮，寬厚得衆者，抑又其次焉。咸著之篇，以示於後。

又 卷九九六《外臣部·鞮譯》 《王制》云：東曰寄，南曰象，西曰狄鞮，北曰譯。此蓋王者居域中之大，享四海之富，莫不來远人懷，殊俗乃傳。此徒通八蠻之言語，導外臣之嗜欲，所以其心上达，我澤下降。至於飲食必豐，衣服必美，或錫之冠帶，或授之印綬，故得廻面内向，欣戴皇仁，楛矢東來，白狼西入，獻彼犀象，發爲詠歌，皆繇此道也。

又　卷九九七《外臣部·狀貌》　夫戎狄蠻夷，各處其極，東西南北，咸有所稟。豈惟嗜慾不同，抑亦形貌有異。蓋天意所以分夷夏，別族類也。或自傳譯，狀彼酋帥，或因朝貢，驗彼使人。良史存之，亦圖式之盛也。

藝　文

唐·張籍《張司業集》卷五《崑崙兒》　崑崙家住海中州，蠻客將來漢地遊。言語解教秦吉了，波濤初過鬱林洲。金環欲落曾穿耳，螺髻長拳不裹頭。自愛肌膚黑如漆，行時半脱木綿裘。

宋·李昉等《文苑英華》卷三三四《［唐］盧綸〈慈恩寺石磬歌〉》　靈山石磬生海西，波濤平處與山齊。長眉老僧同佛力，呪使鮫人往求得。珠穴沉成綠浪痕，天衣拂盡蒼苔色。星漢徘徊山有風，禪翁靜扣月明中。羣仙下雲龍出水，鸞鶴交飛半空裏。山精木魅不可聽，落葉秋砧一時起。梵宫香散響泠泠，無數沙門昏夢醒。古廊燈下見行道，疏柳池邊聞誦經。徒使洪鍾秘高閣，萬金費盡工雕鑿。豈如全質掛青松，數葉殘雲一片峰。吾師寶之壽中國，願同劫石無終極。

唐·方干《玄英集》卷二《送人遊日本國》　蒼茫大荒外，風教即難知。連夜揚帆去，經年到岸遲。波濤含左界，星斗定東維。或有歸風便，當爲相見期。

雜　録

《隋書》卷三三《經籍志二·史·地理》　《大隋翻經婆羅門法師外國傳》五卷。《隋西域圖》三卷。裴矩撰。《西域道里記》一卷。《諸蕃國記》十七卷。

唐·釋道世《法苑珠林》卷五《六道篇·脩羅部·感應緣》　《西國志》六十卷。國家修撰。奉敕令諸學士畫圖，集在中臺，復有四十卷。從麟德三年起首，至乾封元年夏末方訖。余見玄策。具述此事。

又　卷一〇〇《傳記篇·雜集部》　《中天竺行記》十卷。右此一部，皇朝朝散大夫王玄策撰。

《西域志》六十卷，《圖畫》四十卷。右此二部，合成一百卷。皇朝麟德三年奉敕令百官撰。

《舊唐書》卷四六《經籍志上·乙部史録·地理》　《西域道理記》三卷。《赤土國記》二卷。常駿等撰。《高麗風俗》一卷。裴矩撰。《中天竺國行記》十卷。王玄策撰。

宋·王溥《唐會要》卷三六《修撰》　（顯慶三年）五月九日，以西域平，遣使分往康國及吐火羅等國，訪其風俗物産及古今廢置，畫圖以進，令史官撰《西域圖志》六十卷，許敬宗監領之。書成，學者稱其博焉。

（貞元十七年）十月，宰臣賈耽撰《海内華夷圖》一軸幷序《古今郡國縣道四夷述》四十卷上之。耽好地理學，四方之使自蕃方來者，必問其土地山川之所終始，凡三十年。問既備，因撰《海内華夷圖》，廣三丈，縱三丈二尺，率以一寸折一百里。人有披圖以問其郡人者，皆得其實，無虚詞焉。

又　卷七三《安西都護府》　龍朔元年六月十七日，吐火羅道置州縣使王名遠進《西域圖志》。

又　卷一〇〇《結骨國》　開元中，安西都護蓋嘉惠撰《西域記》。

《新唐書》卷五八《藝文志·乙部史録·地理類》　裴矩《高麗風俗》一卷。又譔《西域圖記》三卷。《西域圖志》六十卷。高宗遣使，分往康國、吐火，訪其風俗物産，畫圖以聞。詔史官譔次，許敬宗領之，顯慶三年上。賈耽《皇華四達記》十卷，《古今郡國縣道四夷述》四十卷。　顧愔《新羅國記》一卷。大曆中，歸崇敬使新羅，愔爲從事。戴斗《諸蕃記》一卷。達奚通《海南諸蕃行記》一卷。李繁《北荒君長録》三卷。高少逸《四夷朝貢録》十卷。

又　《雜傳記類》　陸贄《遺使録》一卷。李德裕《西戎記》二卷。

又　卷五九《藝文志·丙部子録·道家類·釋氏》　玄奘《大唐西域記》十二卷。姓陳氏，緱氏人。

宋·宋敏求《唐大詔令集》卷五《改元下·開成改元赦》　其邊州

令置譯語學官，常令教習，以達異意。

《舊五代史》卷五三《唐書·李存信傳》 本姓張。父君政，迴鶻部人也。大中初，隨懷化郡王李思忠内附，因家雲中之合羅川。存信通黠多數，會四夷語，別六蕃書，善戰識兵勢。初爲獻祖親信。

研判東亞諸國國情分部

綜述

高麗

《隋書》卷八一《東夷傳·高麗》 高麗之先，出自夫餘。【略】朱蒙建國，自號高句麗，以高爲氏。【略】

其國東西二千里，南北千餘里。都於平壤城，亦曰長安城，東西六里，隨山屈曲，南臨浿水。復有國内城、漢城，並其都會之所，其國中呼爲『三京』。與新羅每相侵奪，戰爭不息。官有太大兄，次大兄，次小兄，次對盧，次意侯奢，次烏拙，次太大使者，次大使者，次小使者，次褥奢，次翳屬，次仙人，凡十二等。復有内評、外評、五部褥薩。人皆皮冠，使人加插鳥羽。貴者冠用紫羅，飾以金銀。服大袖衫，大口袴，素皮帶，黄革屨。婦人裙襦加襈。兵器與中國略同。每春秋校獵，王親臨之。人稅布五匹，穀五石。遊人則三年一稅，十人共細布一匹。租戶一石，次七斗，下五斗。反逆者縛之於柱，爇而斬之，籍沒其家。盜則償十倍。用刑既峻，罕有犯者。樂有五絃、琴、箏、篳篥、橫吹、簫、鼓之屬，吹蘆以和曲。每年初，聚戲於浿水之上，王乘腰輿，列羽儀以觀之。事畢，王以衣服入水，分左右爲二部，以水石相濺擲，諠呼馳逐，再三而止。俗好蹲踞，潔淨自喜，以趨走爲敬，拜則曳一脚，立各反拱，行必搖手。性多詭伏。父子同川而浴，共室而寢。婦人淫奔，俗多遊女。有婚嫁者，取男女相悅，然即爲之，男家送豬酒而已，無財聘之禮。或有受財者，人共恥之。死者殯於屋内，經三年，擇吉日而葬。居父母及夫之喪，服皆三年，兄弟三月。初終哭泣，葬則鼓舞作樂以送之。埋訖，悉取死者生時服玩車馬置於墓側，會葬者爭取而去。敬鬼神，多淫祠。

《舊唐書》卷一九九上《東夷傳·高麗》 高麗者，出自扶餘之別種也。其國都於平壤城，即漢樂浪郡之故地，在京師東五千一百里。東渡海至於新羅，西北渡遼水至於營州，南渡海至於百濟，北至靺鞨。東西三千一百里，南北二千里。其官大者號大對盧，比一品，總知國事，三年一代，若稱職者，不拘年限。交替之日，或不相祗服，皆勒兵相攻，勝者爲之。其王但閉宫自守，不能制禦。次曰太大兄，比正二品。對盧以下官，總十二級。外置州縣六十餘城。大城置傉薩一，比都督。諸城置道使，比刺史。其下各有僚佐，分掌曹事。衣裳服飾，唯王五彩，以白羅爲冠，白皮小帶，其冠及帶，咸以金飾。官之貴者，則青羅爲冠，次以緋羅，插二鳥羽，及金銀爲飾，衫筒袖，褲大口，白韋帶，黄韋履。國人衣褐戴弁，婦人首加巾幗。好圍棋投壺之戲，人能蹴鞠。食用籩豆、簠簋、尊俎、罍洗，頗有箕子之遺風。

其所居必依山谷，皆以茅草葺舍，唯佛寺、神廟及王宫、官府乃用瓦。其俗貧窶者多，冬月皆作長坑，下燃熅火以取暖。種田養蠶，略同中國。其法：有謀反叛者，則集衆持火炬競燒灼之，燋爛備體，然後斬首，家悉籍沒；守城降敵，臨陣敗北，殺人行劫者斬；盜物者，十二倍酬贓；殺牛馬者，沒身爲奴婢。大體用法嚴峻，少有犯者，乃至路不拾遺。其俗多淫祀，事靈星神、日神、可汗神、箕子神。國城東有大穴，名神隧，皆以十月，王自祭之。

俗愛書籍，至於衡門廝養之家，各於街衢造大屋，謂之扃堂，子弟未婚之前，晝夜于此讀書習射。其書有《五經》及《史記》、《漢書》、范曄《後漢書》、《三國志》、孫盛《晉春秋》、《玉篇》、《字統》、《字林》；又有《文選》，尤愛重之。

宋·王溥《唐會要》卷九五《高句麗》 高句麗者，出自扶餘氏。其後有蒙孫莫來者滅扶餘，都平壤，即玄菟之故地。俗頗知書記，而恒與中國通。

《新唐書》卷二二〇《東夷傳·高麗》 高麗，本扶餘別種也。地東跨海距新羅，南亦跨海距百濟，西北度遼水與營州接，北靺鞨。其君居平壤城，亦謂長安城，漢樂浪郡也，去京師五千里而赢，隨山屈繚爲郛，南涯浿水，王築宫其左。又有國内城、漢城，號别都。水有大遼、少遼：大遼出靺鞨西南山，南曆安市城；少遼出遼山西，亦南流，有梁水出塞外，西行與之合。有馬訾水出靺鞨之白山，色若鴨頭，號鴨渌水，歷國内城西，與鹽難水合，又西南至安市，入於海。而平壤在鴨渌東南，以巨艫濟人，因恃以爲塹。

官凡十二級：曰大對盧，或曰吐捽；曰鬱折，主圖簿者；曰太大使者；曰帛衣頭大兄，所謂帛衣者，先人也，秉國政，三歲一易，善職則否，凡代日，有不服則相攻，王爲閉宫守，勝者聽爲之；曰大使者；曰大兄；曰上位使者；曰諸兄；曰小使者；曰過節；曰先人；曰古鄒大加。其州縣六十。大城置傉薩一，比都督；餘城置處閭近支，亦號道使，比刺史。有參佐，分幹。有大模達，比衛將軍；末客，比中郎將。

分五部：曰内部，即漢桂婁部也，亦號黄部；曰北部，即絶奴部也，或號後部；曰東部，即順奴部也，或號左部；曰南部，即灌奴部也，亦號前部；曰西部，即消奴部也。

王服五采，以白羅製冠，革帶皆金扣。大臣青羅冠，次絳羅，珥兩鳥羽，金銀雜扣，衫筒袖，褲大口，白韋帶，黄革履。庶人衣褐，戴弁。女子首巾幗。俗喜弈、投壺、蹴鞠。食用籩、豆、簠、簋、罍、洗。居依山谷，以草茨屋，惟王宫、官府、佛廬以瓦。窶民盛冬作長坑，熅火以取暖。其治，峭法以繩下，故少犯。叛者叢炬灼體，乃斬之，籍入其家。降、敗、殺人及剽劫者斬，盗者十倍取償，殺牛馬者没爲奴婢，故道不掇遺。婚娶不用幣，有受者恥之。服父母喪三年，兄弟逾月除。俗多淫祠，禮靈星及日、箕子、可汗等神。國左有大穴曰神隧，每十月，王皆自祭。人喜學，至窮里廝家，亦相矜勉，衢側悉構嚴屋，號局堂，子弟未婚者曹處，誦經習射。

《舊五代史》卷一三八《外國傳二・高麗》 高麗，本扶餘之别種。其國都平壤城，即漢樂浪郡之故地，在京師東四千餘里。東渡海至于新羅，西北渡遼水至于營州，南渡海至于百濟，北至靺鞨，東西三千一百里，南北二千里。其官大者號大對盧，比一品，總知國事，三年一代，若稱職者不拘年限；對盧已下官總十二級。外置州縣六十餘，大城置傉薩一人，比都督；小城置道使一人，比刺史；其下各有僚佐，分曹掌事。其王以白羅爲冠，白皮小帶，咸以金飾。唐貞觀末，太宗伐之，不能下。至總章初，高宗命李勣率軍征之，遂拔其城，分其地爲郡縣。及唐之末年，中原多事，其國遂自立君長，前王姓高氏。

《新五代史》卷七四《四夷附録第三・高麗》 高麗，本扶餘人之别種也。其國地、君世見於唐，比他夷狄有姓氏，而其官號略可曉其義。當唐之末，其王姓高氏。【略】至長興三年，權知國事王建。【略】建，高麗大族也。開運二年，建卒，子武立。乾祐四年，武卒，子昭立。王氏三世，終五代常來朝貢，其立也必請命中國，中國常優答之。其地產銅、銀。【略】高麗俗知文字，喜讀書，昭進《别敘孝經》一卷、《越王新義》八卷、《皇靈孝經》一卷、《孝經雌圖》一卷。《别敘》，敘孔子所生及弟子事迹；《越王新義》，以『越王』爲問目，若今『正義』；《皇靈》，述延年辟谷；《雌圖》，載日食、星變。皆不經之説。

百濟

《隋書》卷八一《東夷傳・百濟》 百濟之先，出自高麗國。其國王有一侍婢，忽懷孕，王欲殺之。婢云：『有物狀如雞子，來感於我，故有娠也。』王捨之。後遂生一男，棄之廁溷，久而不死，以爲神，命養之，名曰東明。及長，高麗王忌之，東明懼，逃至淹水，夫餘人共奉之。東明之後，有仇台者，篤於仁信，始立其國于帶方故地。漢遼東太守公孫度以女妻之，漸以昌盛，爲東夷强國。初以百家濟海，因號百濟。歷十餘代，代臣中國，前史載之詳矣。開皇初，其王餘昌遣使貢方物，拜昌爲上開府、帶方郡公、百濟王。

其國東西四百五十里，南北九百餘里，南接新羅，北拒高麗。其都曰居拔城。官有十六品：長曰左平，次大率，次恩率，次德率，次杆率，次奈率，次將德，服紫帶；次施德，皂帶；次固德，赤帶；次李德，青帶；次對德以下，皆黄帶；次文督，次武督，次佐軍，次振武，次剋虞，皆用白帶。其冠制並同，唯奈率以上飾以銀花。長史三年一交代。畿内爲五部，部有五巷，士人居焉。五方各有方領一人，方佐貳之。方有十郡，郡有將。其人雜有新羅、高麗、倭等，亦有中國人。其衣服與高麗略同。婦人不加粉黛，女辮髮垂後，已出嫁則分爲兩道，盤於頭上。俗尚騎射，讀書史，能吏事，亦知醫藥、蓍龜、占相之術。以兩手據地爲敬。有僧尼，多寺塔。有鼓角、箜篌、箏、竽、篪、笛之樂，投壺、圍棋、樗蒲、握槊、弄珠之戲。行宋元嘉曆，以建寅月爲歲首。國中大姓有八族，沙氏、燕氏、劦氏、解氏、貞氏、國氏、木氏、苗氏。婚娶之禮，略同於華。喪制如高麗。有五穀、牛、豬、雞，多不火食。厥田下濕，人皆山居。有巨栗。每以四仲之月，王祭天及五帝之神。並其始祖仇台廟於國城，歲四祠之。國西南人島居者十五所，皆有城邑。

《舊唐書》卷一九九上《東夷傳·百濟國》 百濟國，本亦扶餘之別種，嘗爲馬韓故地，在京師東六千二百里，處大海之北，小海之南。東北至新羅，西渡海至越州，南渡海至倭國，北渡海至高麗。其王所居有東西兩城。所置內官曰內臣佐平，掌宣納事；內頭佐平，掌庫藏事；內法佐平，掌禮儀事；衛士佐平，掌宿衛兵事；朝廷佐平，掌刑獄事；兵官佐平，掌在外兵馬事。又外置六帶方，管十郡。其用法：叛逆者死，籍沒其家；殺人者，以奴婢三贖罪；官人受財及盜者，三倍追贓，仍終身禁錮。凡諸賦稅及風土所產，多與高麗同。其王服大袖紫袍，青錦褲，烏羅冠，金花爲飾，素皮帶，烏革履。官人盡緋爲衣，銀花飾冠。庶人不得衣緋紫。歲時伏臘，同於中國。其書籍有《五經》、子、史，又表疏並依中華之法。

宋·王溥《唐會要》卷九五《百濟》 百濟者，本扶餘之別種，當馬韓之故地。其後有高仇台，爲高麗所破，以百家濟海，因號百濟焉。大海之北，小海之南，東北至新羅，西至越州，南渡海至倭國，北渡至高麗。其王所居，有東西城。其所置官，有內佐平，掌宣納事；內頭佐平，掌庫藏事；內法佐平，掌禮儀事；衛士佐平，掌宿衛兵事；朝廷佐平，掌刑獄事；兵官佐平，掌兵馬事。又外置六方，管十郡。其用法，叛逆者死，殺人者以奴婢三人贖罪。官人受財及盜者，三倍追贓，餘多與高麗同。

《新唐書》卷二二〇《東夷傳·百濟》 百濟，扶餘別種也。直京師東六千里而贏，濱海之陽，西界越州，南倭，北高麗，皆逾海乃至，其東，新羅也。王居東、西二城，官有內臣佐平者宣納號令，內頭佐平主帑聚，內法佐平主禮，衛士佐平典衛兵，朝廷佐平主獄，兵官佐平掌外兵。有六方，方統十郡。大姓有八：沙氏，燕氏，畚氏，解氏，貞氏，國氏，木氏，苩氏。其法：反逆者誅，籍其家；殺人者，輸奴婢三贖罪；吏受賕及盜，三倍償，錮終身。俗與高麗同。有三島，生黃漆，六月刺取沈，色若金。王服大袖紫袍，青錦褲，素皮帶，烏革履，烏羅冠飾以金花。羣臣絳衣，飾冠以銀花。禁民衣絳紫。有文籍，紀時月如華人。

新羅

《隋書》卷八一《東夷傳·新羅》 新羅國，在高麗東南，居漢時樂浪之地，或稱斯羅。魏將毌丘儉討高麗，破之，奔沃沮。其後復歸故國，留者遂爲新羅焉。故其人雜有華夏、高麗、百濟之屬，兼有沃沮、不耐、韓、獩之地。其王本百濟人，自海逃入新羅，遂王其國。傳祚至金真平，開皇十四年，遣使貢方物。高祖拜真平爲上開府、樂浪郡公、新羅王。其先附庸於百濟，後因百濟征高麗，高麗人不堪戎役，相率歸之，遂致强盛，因襲百濟附庸於迦羅國。

其官有十七等：其一曰伊罰干，貴如相國；次伊尺干，次迎干，次破彌干，次大阿尺干，次阿尺干，次乙吉干，次沙咄干，次及伏干，次大奈摩干，次奈摩，次大舍，次小舍，次吉土，次大烏，次小烏，次造位。外有郡縣。其文字、甲兵同於中國。選人壯健者悉入軍，烽、戍、邏俱有屯管部伍。風俗、刑政、衣服，略與高麗、百濟同。每正月旦相賀，王設宴會，班賚羣官。其日拜日月神。至八月十五日，設樂，令官人射，賞以馬布。其有大事，則聚羣官詳議而定之。服色尚素。婦人辮髮繞頭，以雜綵及珠爲飾。婚嫁之禮，唯酒食而已，輕重隨貧富。新婚之夕，女先拜舅姑，次即拜夫。死有棺斂，葬起墳陵。王及父母妻子喪，持服一年。田甚良沃，水陸兼種。其五穀、果菜、鳥獸物產，略與華同。大業以來，歲遣朝貢。新羅地多山險，雖與百濟構隙，百濟亦不能圖之。

《舊唐書》卷一九九上《東夷傳·新羅》 新羅國，本弁韓之苗裔也。其國在漢時樂浪之地，東及南方俱限大海，西接百濟，北鄰高麗。東西千里，南北二千里。有城邑村落。王之所居曰金城，周七八里。衛兵三千人，設獅子隊。文武官凡有十七等。其王金真平，隋文帝時授上開府、樂浪郡公、新羅王。武德四年，遣使朝貢。高祖親勞問之，遣通直散騎侍郎庾文素往使焉，賜以璽書及畫屏風、錦彩三百段，自此朝貢不絕。其風俗、刑法、衣服，與高麗、百濟略同，而朝服尚白。好祭山神。其食器作柳杯，亦以銅及瓦。國人多金、樸兩姓，異姓不爲婚。重元日，相慶賀燕饗，每以其日拜日月神。又重八月十五日，設樂飲宴，賚羣臣，射其庭。婦人發繞頭，以彩及珠爲飾，髮甚長美。

宋・王溥《唐會要》卷九五《新羅》　新羅者，本弁韓之地。其風俗衣服，與高麗、百濟略同，而朝服尚白。好祭山神。國人多金、朴兩姓，他姓不爲婚姻。重元日，以其日拜日、月諸神。髮長繞地。其先出高麗。魏將毌邱儉之破高麗也，其衆遁保沃沮，後歸故國，其留者號新羅。

《新唐書》卷二二〇《東夷傳・新羅》　新羅，弁韓苗裔也。居漢樂浪地，横千里，縱三千里，東拒長人，東南日本，西百濟，南瀕海，北高麗。而王居金城，環八里所，衛兵三千人。謂城爲侵牟羅，邑在内曰喙評，外曰邑勒。有喙評六，邑勒五十二。朝服尚白，好祠山神。八月望日，大宴賚官吏，射。其建官，以親屬爲上，其族名第一骨、第二骨以自別。兄弟女、姑、姨、從姊妹，皆聘爲妻。王族爲第一骨，妻亦其族，生子皆爲第一骨，不娶第二骨女，雖娶，常爲妾媵。官有宰相、侍中、司農卿、太府令，凡十有七等，第二骨得爲之。事必與衆議，號『和白』，一人異則罷。宰相家不絕祿，奴僮三千人，甲兵牛馬豬稱之。畜牧海中山，須食乃射。息穀米於人，償不滿，庸爲奴婢。王姓金，貴人姓朴，民無氏有名。食用柳杯若銅、瓦。元日相慶，是日拜日月神。男子褐袴。婦長襦，見人必跪，則以手據地爲恭。不粉黛，率美髮以繚首，以珠彩飾之。男子翦髮鬻，冒以黑巾。市皆婦女貿販。冬則作灶堂中，夏以食置冰上。畜無羊，少驢、驘，多馬。馬雖高大，不善行。

人者，人類長三丈，鋸牙鉤爪，黑毛覆身，不火食，噬禽獸，或搏人以食；得婦人，以治衣服。其國連山數十里，有峽，固以鐵闔，號關門，新羅常屯弩士數千守之。

《舊五代史》卷一三八《外國傳二・新羅》　新羅，其國俗重九日相慶賀，每以是月拜日月之神。婦人以髮繞頭，用彩及珠爲飾，髮甚鬟美。

《新五代史》卷七四《四夷傳附録第三・新羅》　新羅，弁韓之遺種也。其國地、君世、物俗見於唐。其大族曰金氏、朴氏，自唐高祖時封金真爲樂浪郡王，其後世常爲君長。【略】樸英、溥世次、卒立，史皆失其紀。

耽牟羅

《隋書》卷八一《東夷傳・耽牟羅》　其南海行三月，有躭牟羅國，南北千餘里，東西數百里，土多麞鹿，附庸於百濟。

宋・王溥《唐會要》卷一〇〇《耽羅國》　在海居山島上，周迴並接于海，北去百濟可五日行。其王姓儒李，名都羅。無城隍，分作五部落。其屋宇爲圓牆，以草蓋之。戶口有八千。有弓刀楯矟，無文記。唯事鬼神。常役屬百濟。

《新唐書》卷二二〇《東夷傳・儋羅》　龍朔初，有儋羅者，其王儒李都羅遣使入朝，國居新羅武州南島上，俗樸陋，衣大豕皮，夏居革屋，冬窟室。地生五穀，耕不知用牛，以鐵齒杷土。初附百濟。麟德中，酋長來朝，從帝至太山。後附新羅。

日本

《隋書》卷八一《東夷傳・倭國》　倭國，在百濟、新羅東南，水陸三千里，於大海之中依山島而居。魏時，譯通中國。三十餘國，皆自稱王。夷人不知里數，但計以日。其國境東西五月行，南北三月行，各至於海。其地勢東高西下。都於邪靡堆，則魏志所謂邪馬臺者也。古云去樂浪郡境及帶方郡並一萬二千里，在會稽之東，與儋耳相近。漢光武時，遣使入朝，自稱大夫。安帝時，又遣使朝貢，謂之倭奴國。桓、靈之間，其國大亂，遞相攻伐，歷年無主。有女子名卑彌呼，能以鬼道惑衆，於是國人共立爲王。有男弟，佐卑彌理國。其王有侍婢千人，罕有見其面者，唯有男子二人給王飲食，通傳言語。其王有宮室樓觀，城柵皆持兵守衛，爲法甚嚴。自魏至于齊、梁，代與中國相通。

開皇二十年，倭王姓阿每，字多利思比孤，號阿輩雞彌，遣使詣闕。上令所司訪其風俗。使者言倭王以天爲兄，以日爲弟，天未明時出聽政，跏趺坐，日出便停理務，云委我弟。高祖曰：『此太無義理。』於是訓令改之。王妻號雞彌，後宮有女六七百人。名太子爲利歌彌多弗利。無城郭。內官有十二等：一曰大德，次小德，次大仁，次小仁，次大義，次小義，次大禮，次小禮，次大智，次小智，次大信，次小信，員無定數。有軍尼一百二十人，猶中國牧宰。八十戶置一伊尼翼，如今里長也。十伊尼翼屬一軍尼。其服飾，男子衣裙襦，其袖微小，履如屨形，漆其上，繫之於脚。人庶多跣足。不得用金銀爲飾。故時衣橫幅，結束相連而無縫。頭亦無冠，但垂髮於兩耳上。至隋，其王始制冠，以錦綵爲之，以金銀鏤花爲飾。婦人束髮於後，亦衣裙襦，裳皆有襈。攕竹爲梳，編草爲薦，雜皮爲表，緣以文皮。有弓、矢、刀、矟、弩、穳、斧，漆皮爲甲，骨爲矢鏑。雖有兵，無征戰。其王朝會，必陳設儀仗，奏其國樂。戶可十萬。

其俗殺人强盜及姦皆死，盜者計贓酬物，無財者没身爲奴。自餘輕重，或流或杖。每訊究獄訟，不承引者，以木壓膝，或張强弓，以弦鋸其項。或置小石於沸湯中，令所競者探之，云理曲者即手爛。或置蛇甕中，令取之，云曲者即螫手矣。人頗恬靜，罕爭訟，少盜賊。樂有五弦、琴、笛。男女多黥臂點面文身，没水捕魚。無文字，唯刻木結繩。敬佛法，於百濟求得佛經，始有文字。知卜筮，尤信巫覡。每至正月一日，必射戲飲酒，其餘節略與華同。好棋博、握槊、樗蒱之戲。氣候温暖，草木冬青，土地膏腴，水多陸少。以小環挂鸕鷀項，令入水捕魚，日得百餘頭。俗無盤俎，藉以槲葉，食用手餔之。性質直，有雅風。女多男少，婚嫁不取同姓，男女相悅者即爲婚。婦人夫家，必先跨犬，乃與夫相見。婦人不淫妒。死者斂以棺槨，親賓就屍歌舞，妻子兄弟以白布製服。貴人三年殯於外，庶人卜日而瘞。及葬，置屍船上，陸地牽之，或以小輿。有阿蘇山，其石無故火起接天者，俗以爲異，因行禱祭。有如意寶珠，其色青，大如雞卵，夜則有光，云魚眼精也。新羅、百濟皆以倭爲大國，多珍物，並敬仰之，恒通使往來。

《舊唐書》卷一九九上《東夷傳·倭國》　倭國者，古倭奴國也。去京師一萬四千里，在新羅東南大海中。依山島而居，東西五月行，南北三月行。世與中國通。其國，居無城郭，以木爲栅，以草爲屋。四面小島五十餘國，皆附屬焉。其王姓阿每氏，置一大率，檢察諸國，皆畏附之。設官有十二等。其訴訟者，匍匐而前。地多女少男。頗有文字，俗敬佛法。並皆跣足，以幅布蔽其前後。貴人戴錦帽，百姓皆椎髻，無冠帶。婦人衣純色裙，長腰襦，束髮於後，佩銀花，長八寸，左右各數枝，以明貴賤等級。衣服之制，頗類新羅。

又《日本》　日本國者，倭國之別種也。以其國在日邊，故以日本爲名。或曰：倭國自惡其名不雅，改爲日本。或云：日本舊小國，并倭國之地。其人入朝者，多自矜大，不以實對，故中國疑焉。又云：其國界東西南北各數千里，西界、南界咸至大海，東界、北界有大山爲限，山外即毛人之國。

宋·王溥《唐會要》卷九九《倭國》　古倭奴國也。在新羅東南，居大海之中，世與中國通。其王姓阿每氏。設官十二等。俗有文字，敬佛法。椎髻，無冠帶。隋煬帝賜衣冠，令以錦綵爲冠飾。衣服之制，頗類新羅。腰佩金花，長八寸，左右各數枚，以明貴賤等級。

又卷一〇〇《日本國》　倭國之別種。以其國在日邊，故以日本國爲名。或以倭國自惡其名不雅，改爲日本。或云本舊小國，吞併倭國之地。其人入朝者多自矜大，不以實對，故中國疑焉。

又《蝦夷國》　海島中小國也。其使鬚至長四尺，尤善弓矢，插箭於首，令人戴瓠而立，數十步射之，無不中者。

《新唐書》卷二二〇《東夷傳·日本》　日本，古倭奴也。去京師萬四千里，直新羅東南，在海中，島而居，東西五月行，南北三月行。國無城郛，聯木爲栅落，以草茨屋。左右小島五十餘，皆自名國，而臣附之。置本率一人，檢察諸部。其俗多女少男，有文字，尚浮屠法。其官十有二等。其王姓阿每氏，自言初主號天御中主，至彥瀲，凡三十二世，皆以『尊』爲號，居築紫城。彥瀲子神武立，更以『天皇』爲號，徙治大和州。次曰綏靖，次安寧，次懿德，次孝昭，次天安，次孝靈，次孝元，次開化，次崇神，次垂仁，次景行，次成務，次仲哀。仲哀死，以開化曾孫女神功爲王。次應神，次仁德，次履中，次反正，次允恭，次安康，次雄略，次清寧，次顯宗，次仁賢，次武烈，次繼體，次安閑，次宣化，次欽明。欽明之十一年，直梁承聖元年。次海達。次用明，亦曰目多利思比孤，直隋開皇末，始與中國通。次崇峻。崇峻死，欽明之孫女雄古立。次舒明，次皇極。其俗椎髻，無冠帶，跣以行，幅巾蔽後，貴者冒錦；婦人衣純色裙，長腰襦，結髮於後。至煬帝，賜其民錦線冠，飾以金玉，文布爲衣，左右佩銀蘤，長八寸，以多少明貴賤。【略】

永徽初，其王孝德即位，改元曰白雉，【略】未幾孝德死，其子天豐財立。死，子天智立。明年，使者與蝦蛦人偕朝。蝦蛦亦居海島中，其使者須長四尺許，珥箭於首，令人戴瓠立數十步，射無不中。天智死，子天武立。死，子總持立。【略】後稍習夏音，惡倭名，更號日本。使者自言，國近日所出，以爲名。或云日本乃小國，爲倭所並，故冒其號。使者不以情，故疑焉。又妄誇其國都方數千里，南、西盡海，東、北限大山，其外即毛人云。

長安元年，其王文武立，改元曰太寶。【略】文武死，子阿用立。死，子聖武立，改元曰白龜。【略】聖武死，女孝明立，改元曰天平勝寶。【略】孝明死，大炊立。死，以聖武女高野姬爲王。死，白壁立。【略】貞元末，其王曰桓武。【略】次諾樂立，次嵯峨，次浮和，次仁明。【略】次文德，次清和，次陽成。次光孝。【略】

其東海嶼中又有邪古、波邪、多尼三小王，北距新羅，西北百濟，西南直越州，有絲絮、怪珍云。

流鬼

宋・王溥《唐會要》卷九九《流鬼國》　去京師一萬五千里，邊北海，多温澤，有漁鹽之利，地氣沍寒。每堅冰之後，以木廣六寸，長七尺，施系于其上，以踐層冰，遂及奔獸。俗多狗，以其皮毛爲裘褐。勝兵萬人。南與萬設靺鞨鄰接，未嘗通聘中國。貞觀十四年三月，重譯而來朝貢。

《新唐書》卷二二〇《東夷傳・流鬼》　流鬼去京師萬五千里，直黑水靺鞨東北，少海之北，三面皆阻海，其北莫知所窮。人依嶼散居，多沮澤，有魚鹽之利。地蚤寒，多霜雪，以木廣六寸、長七尺繫其上，以踐冰，逐走獸。土多狗，以皮爲裘。俗被髮。粟似莠而小，無蔬蓏它穀。勝兵萬人。南與莫曳靺鞨鄰，東南航海十五日行，乃至。

研判東南亞諸國國情分部

綜述

林邑

《隋書》卷八二《南蠻傳・林邑》　林邑之先，因漢末交阯女子徵側之亂，內縣功曹子區連殺縣令，自號爲王。無子，其甥范熊代立，死，子逸立。日南人范文因亂爲逸僕隸，遂教之築宮室，造器械。逸甚信任，使文將兵，極得衆心。文因間其子弟，或奔或徙。及逸死，國無嗣，文自立爲王。其後范佛爲晉揚威將軍戴桓所破。宋交州刺史檀和之將兵擊之，深入其境。至梁、陳，亦通使往來。

其國延袤數千里，土多香木金寶，物産大抵與交阯同。以塼爲城，蜃灰塗之，東向戶。尊官有二：其一曰西那婆帝，其二曰薩婆地歌。其屬官三等：其一曰倫多姓，次歌倫致帝，次乙他伽蘭。外官分爲二百餘部。其長官曰弗羅，次曰可輪，如牧宰之差也。王戴金花冠，形如章甫，衣朝霞布，珠璣瓔珞，足躡革履，時復錦袍。良家子侍衛者二百許人，皆執金裝刀。有弓、箭、刀、槊，以竹爲弩，傅毒於矢。樂有琴、笛、琵琶、五絃，頗與中國同。每擊鼓以警衆，吹蠡以即戎。

其人深目高鼻，髮拳色黑。俗皆徒跣，以幅布纏身。冬月衣袍。婦人椎髻。施椰葉席。每有婚媾，令媒者齎金銀釧、酒二壺、魚數頭至女家。於是擇日，夫家會親賓，歌舞相對。女家請一婆羅門，送女至男家，壻盥手，因牽女授之。王死七日而葬，有官者三日，庶人一日。皆以函盛屍，鼓舞導從，輿至水次，積薪焚之。收其餘骨，王則內金甖中，沉之於海；有官者以銅甖，沉之於海口；庶人以瓦，送之於江。男女皆截髮，隨喪至水次，盡哀而止，歸則不哭。每七日，然香散花，復哭，盡哀而止，盡七七而罷，至百日、三年，亦如之。人皆奉佛，文字同於天竺。

《舊唐書》卷一九七《南蠻傳・林邑》　林邑國，漢日南象林之地，在交州南千餘里。其國延袤數千里，北與鼎州接。地氣冬温，不識冰雪，常多霧雨。其王所居城，立木爲柵。王著日氎古貝，斜絡膊，繞腰，上加真珠金鎖，以爲瓔珞，卷髮而戴花。夫人服朝霞古貝以爲短裙，首戴金花，身飾以金鎖真珠瓔珞。王之侍衛，有兵五千人，能用弩及矟，以藤爲甲，以竹爲弓，乘象而戰。王出則列象千頭，馬四百匹，分爲前後。其人拳發色黑，俗皆徒跣，得麝香以塗身，一日之中，再塗再洗。拜謁皆合掌頓顙。嫁娶之法，得取同姓。俗有文字，尤信佛法，人多出家。父母死，子則剔發而哭，以棺盛屍，積柴燔柩，收其灰，藏于金瓶，送之水中。俗以十二月爲歲首，稻歲再熟。自此以南，草木冬榮，四時皆食生菜，以檳榔汁爲酒。有結遼鳥，能解人語。【略】

（貞觀中）頭黎死，子范鎮龍代立。太宗崩，詔於陵所刊石圖頭黎之形，列于玄闕之前。十九年，鎮龍爲其臣摩訶漫多伽獨所殺，其宗族並誅夷，范氏遂絶。國人乃立頭黎之女婿婆羅門爲王。後大臣及國人感思舊主。乃廢婆羅門而立頭黎之嫡女爲王。

自林邑以南，皆卷髮黑身，通號爲『昆侖』。

宋・王溥《唐會要》卷九八《林邑國》　漢日南象郡之地。其先因漢女子徵側之亂，是後功曹子區連殺縣令，自號爲王。無子，其甥熊代立。晉、宋已來，恒通中國。其地恒温，不識冰雪，常多霧雨。人能用弩，以藤爲甲。王出則列象千頭。信佛法。以二月爲歲首。稻歲再熟。有結遼鳥，能解人語。亦謂之結了鳥，蓋土音訛也。

《新唐書》卷二二二下《南蠻傳下・環王》　環王，本林邑也，一曰占不勞，亦曰占婆。直交州南，海行三千里。地東西三百里而贏，南北千里。西距真臘霧温山，南抵奔浪陀州。其南大浦，有五銅柱，山形若倚蓋，西重岩，東涯海，漢馬援所植也。又有西屠夷，蓋援還，留不去者，才十戶。隋末孳衍至三百，皆姓馬，俗以其寓，故號『馬留人』，與林邑分唐南境。其地冬温，多霧雨，産虎魄、猩猩獸、結遼鳥。以二月爲歲首，稻歲再熟，取檳榔沈爲酒，椰葉爲席。俗兇悍，果戰鬥，以麝塗身，日再塗再澡，拜謁則合爪頓顙。有文字，喜浮屠道，冶金銀像，大或十圍。呼王爲陽蒲逋，王妻爲陀陽阿熊，太子爲阿長逋，宰相爲婆漫地。王所居曰占城，別居曰齊國、曰蓬皮勢。王衣白氎，古貝斜絡臂，飾金琲爲纓，鬈髮，戴金華冠如章甫。妻服朝霞，古貝短裙，冠纓如王。王衛兵五千，戰乘象，藤爲鎧，竹爲弓矢，率象千、馬四百，分前後。不設刑，有罪者使象踐之；或送不勞山，畀自死。

隋仁壽中，遣將軍劉芳伐之，其王范梵志挺走，以其地爲三郡，置守令。道阻不得通，梵志裒遺衆，別建國邑。【略】貞觀時，王頭黎。【略】頭黎死，子鎮龍立。【略】十九年，摩訶慢多伽獨弑鎮龍，滅其宗，范姓絶。國人立頭黎婿婆羅門爲王，大臣共廢之，更立頭黎女爲王。諸葛地者，頭黎之姑子，父得罪，奔真臘。女之王不能定國，大臣共迎諸葛地爲王，妻以女。【略】至德後，更號環王。

占城

《舊五代史》卷一三八《外國傳二・占城》　占城，本地鳥之大者有孔雀。

《新五代史》卷七四《四夷傳附録三・占城》　占城，在西南海上。其地方千里，東至海，西至雲南，南鄰真臘，北抵驩州。其人，俗與大食同。其乘，象、馬；其食，稻米、水兕、山羊。鳥獸之奇，犀、孔雀。自前世未嘗通中國。顯德五年，其國王因德漫遣使者莆訶散來，貢猛火油八十四瓶、薔薇水十五瓶，其表以貝多葉書之，以香木爲函。猛火油以灑物，得水則出火。薔薇水，云得自西域，以灑衣，雖敝而香不滅。

真臘

《隋書》卷八二《南蠻傳・真臘》　真臘國，在林邑西南，本扶南之屬國也。去日南郡舟行六十日，而南接車渠國，西有朱江國。其王姓刹利氏，名質多斯那。自其祖漸已强盛，至質多斯那，遂兼扶南而有之。死，子伊奢那先代立。居伊奢那城，郭下二萬餘家。城中有一大堂，是王聽政之所。總大城三十，城有數千家，各有部帥，官名與林邑同。其王三日一聽朝，坐五香七寶牀，上施寶帳。其帳以文木爲竿，象牙、金鈿爲壁，狀如小屋，懸金光焰，有同於赤土。前有金香爐，二人侍側。王著朝霞古貝，瞞絡腰腹，下垂至脛，頭戴金寶花冠，被真珠瓔珞，足履革屣，耳懸金瑠。常服白疊，以象牙爲屩。若露髮，則不加瓔珞。臣人服製，大抵相類。有五大臣，一曰孤落支，二曰高相憑，三曰婆何多陵，四曰舍摩陵，五曰髯多婁，及諸小臣。朝於王者，輒以階下三稽首。王喚上階，則跪，以兩手抱膊，遶王環坐。議政事訖，跪伏而去。階庭門閣，侍衛有千餘人，被甲持仗。其國與參半、朱江二國和親，數與林邑、陀桓二國戰爭。其人行止皆持甲仗，若有征伐，因而用之。其俗非王正妻子，不得爲嗣。王初立之日，所有兄弟並刑殘之，或去一指，或劓其鼻，別處供給，不得仕進。

人形小而色黑。婦人亦有白者。悉拳髮垂耳，性氣捷勁。居處器物頗類赤土。以右手爲淨，左手爲穢。每旦澡洗，以楊枝淨齒，讀誦經咒。又澡洒乃食，食罷還用楊枝淨齒，又讀經咒。飲食多蘇酪、沙糖、秔粟、米餅。欲食之時，先取雜肉羹與餅相和，手擩而食。娶妻者，唯送衣一具，擇日遣媒人迎婦。男女二家各八日不出，晝夜燃燈不息。男婚禮畢，即與父母分財別居。父母死，小兒未婚者，以餘財與之。若婚畢，財物入官。其喪葬，兒女皆七日不食，剔髮而哭，僧尼、道士、親故皆來聚會，音樂送之。以五香木燒屍，收灰以金銀瓶盛，送于大水之內。貧者或用瓦，而以彩色畫之。亦有不焚，送屍山中，任野獸食者。

其國北多山阜，南有水澤，地氣尤熱，無霜雪，饒瘴癘毒蠚。土宜粱稻，少黍粟，果菜與日南、九真相類。異者有婆那娑樹，無花，葉似柿，實似冬瓜；菴羅樹，花葉似棗，實似李；毗野樹，花似木瓜，葉似杏，實似楮；婆田羅樹，花葉實並似棗而小異；歌畢他樹，花似林檎，葉似榆而厚大，實似李，其大如升。自餘多同九真。海中有魚名建同，四足，無鱗，其鼻如象，吸水上噴，高五六十尺。有浮胡魚，其形似鮔，嘴如鸚鵡，有八足。多大魚，半身出水，望之如山。

每五六月中，毒氣流行，即以白豬、白牛、白羊於城西門外祠之。不然者，五穀不登，六畜多死，人衆疾疫。近都有陵伽鉢婆山，上有神祠，每以兵五千人守衛之。城東有神名婆多利，祭用人肉。其王年別殺人，以夜祀禱，亦有守衛者千人。其敬鬼如此。多奉佛法，尤信道士，佛及道士並立像於館。

唐・张鷟《朝野僉載》卷二 真臘國在驩州南五百里。其俗有客設檳榔、龍腦香、蛤屑等，以爲賞宴。其酒比之淫穢，私房與妻共飲，對尊者避之。又行房不欲令人見，此俗與中國同。國人不着衣服，見衣服者共笑之。俗無鹽鐵，以竹弩射虫鳥。

唐・樊綽《蠻書》卷一〇《南蠻疆界接連諸蕃夷國名》 水真蠟國、陸真臘國。與蠻鎮南相接，蠻賊曾領馬軍到海畔，見蒼波洶湧，悵然收軍卻回。

宋・王溥《唐會要》卷九八《真臘國》 在林邑之西南，本扶南之屬國也。東接車渠，西屬驃，南濱海。王姓劉利氏。其俗，東向開門，國以東爲上。有戰象五千頭。梁大同中，始幷扶南而有其國。都伊奢那城。風俗與林邑同。

《舊唐書》卷一九七《南蠻傳・真臘》 真臘國，在林邑西北，本扶南之屬國，『崑崙』之類。在京師南二萬七百里，北至愛州六十日行。其王姓剎利氏。有大城三十餘所，王都伊奢那城，風俗被服與林邑同。地饒瘴癘毒。海中大魚有時半出，望之如山。每五六月中，毒氣流行，即以牛豕祠之，不者則五穀不登。其俗東向開戶，以東爲上。有戰象五千頭，尤好者飼以飯肉。與鄰國戰，則象隊在前，於背上以木作樓，上有四人，皆持弓箭。國尚佛道及天神，天神爲大，佛道次之。【略】南方人謂眞臘國爲吉蔑國。自神龍已後，眞臘分爲二：半以南近海，多陂澤處，謂之水眞臘；半以北多山阜，謂之陸眞臘，亦謂之文單國。【略】水眞臘國，其境東西南北約員八百里，東至奔陀浪州，西至墮羅鉢底國，南至小海，北即陸眞臘。其王所居城，號婆羅提拔。國之東界有小城，皆謂之國。其國多象。

《新唐書》卷二二二下《南蠻傳下・真臘》 真臘，一曰吉蔑，本扶南屬國。去京師二萬七百里。東距車渠，西屬驃，南瀕海，北與道明接，東北抵驩州。其王刹利伊金那，貞觀初並扶南有其地。戶皆東向，坐上東。客至，屑檳榔、龍腦、香蛤以進。不飲酒，比之淫。與妻飲房中，避尊屬。有戰象五千，良者飼以肉。世與參半、驃通好，與環王乾陀洹數相攻。【略】

神龍後，分爲二：半北多山阜，號陸眞臘；半南際海，饒陂澤，號水眞臘。半水眞臘，地八百里，王居婆羅提拔城。陸眞臘或曰文單，曰婆鏤，地七百里，王號笪屈。

參　半

《新唐書》卷二二二下《南蠻傳下・參半》　文單西北屬國曰參半。

道　明

《新唐書》卷二二二下《南蠻傳下・道明》　道明者，亦屬國，無衣服，見衣服者共笑之。無鹽鐵，以竹弩射鳥獸自給。

僧　高

《新唐書》卷二二二下《南蠻傳下・僧高》　僧高直水真臘西北，與環王同俗。【略】僧高等國，永徽後爲真臘所并。

扶　南

《新唐書》卷二二二下《南蠻傳下・扶南》　扶南，在日南之南七千里，地卑窪，與環王同俗，有城郭宫室。王姓古龍。居重觀，柵城，楉葉以覆屋。王出乘象。其人黑身、鬈髮，倮行，俗不爲寇盜。田一歲種，三歲獲。國出剛金，狀類紫石英，生水底石上，人没水取之，可以刻玉，扣以羖角，乃泮。人喜鬥雞及豬。以金、珠、香爲稅。治特牧城，俄爲真臘所並，益南徙那弗那城。

白　頭

《新唐書》卷二二二下《南蠻傳下・白頭》　白頭者，直扶南西，人皆素首，膚理如脂。居山穴，四面峭絕，人莫得至。與參半國接。

墮和羅

《舊唐書》卷一九七《南蠻傳・墮和羅》　墮和羅國，南與盤盤、北與迦羅舍佛、東與真臘接，西鄰大海。去廣州五月日行。

《新唐書》卷二二二下《南蠻傳下・墮和羅》　墮和羅，亦曰獨和羅，南距盤盤，北迦羅舍弗，西屬海，東真臘。自廣州行五月乃至。國多

美犀，世謂墮和羅犀。有二屬國，曰曇陵、陀洹。

盤　盤

《舊唐書》卷一九七《南蠻傳・盤盤》　盤盤國，在林邑西南海曲中，北與林邑隔小海，自交州船行四十日乃至，其國與狼牙修國爲鄰，人皆學婆羅門書，甚敬佛法。

宋・王溥《唐會要》卷九九《盤盤國》　在林邑東南海曲中，與狼牙之修國爲鄰。習俗與扶南略同。以路遠，不與中國通。梁大同時，來朝貢。

《新唐書》卷二二二下《南蠻傳下・盤盤》　盤盤，在南海曲，北距環王，限少海，與狼牙脩接，自交州海行四十日乃至。王曰楊粟圬。其民瀕水居，比木爲柵，石爲矢鏃。王坐金龍大榻，諸大人見王，交手抱肩以跽。其臣曰勃郎索濫，曰崑崙帝也，曰崑崙勃和，曰崑崙勃諦索甘，亦曰古龍。古龍者，崑崙聲近耳。在外曰那延，猶中國刺史也。有佛、道士祠，僧食肉，不飲酒，道士謂爲貪，不食酒肉。

哥　羅

唐・杜佑《通典》卷一八八《邊防典四・南蠻下・哥羅》　哥羅國，漢時聞焉。在槃槃東南，亦曰哥羅富沙羅國云。其王姓矢利婆羅，名米失缽羅。其理城累石爲之。城有樓闕，門有禁衛，宫室覆之以草。國有二十四州而無縣。庭列儀仗，有纛，以孔雀羽飾焉。兵器有弓、箭、刀、槊、皮甲。征伐皆乘象，一隊有象百頭，每象有百人衛之。象鞍有鉤欄，之中有四人，一人執槊，一人執弓矢，一人執殳，一人執刀。賦稅人出銀一銖。國無蠶絲、麻紵，唯出古貝布。畜有牛，少馬。其俗，非有官者不得上髮裹頭。又嫁娶初問婚，惟以檳榔爲禮，多者至二百盤。成婚之時，唯以黄金爲財，多者至二百兩。婦人嫁訖則從夫姓。音樂有琵琶、横笛、銅鈸、鐵鼓、簧。吹蠡擊鼓。死亡則焚屍，盛以金甖，沈之大海。

《新唐書》卷二二二下《南蠻傳下・哥羅》　（盤盤）東南有哥羅，一曰個羅，亦曰哥羅富沙羅。王姓矢利波羅，名米失缽羅。累石爲城，樓闕宫室茨以草。州二十四。其兵有弓矢槊殳，以孔雀羽飾纛。每戰，以百

象爲一隊，一象百人，鞍若檻，四人執弓槊在中。賦率輸銀二銖。無絲紵，惟古貝。畜多牛少馬。非有官不束髮。凡嫁娶，納檳榔爲禮，多至二百盤。婦已嫁，從夫姓。樂有琵琶、橫笛、銅鈸、鐵鼓、蠡。死者焚之，取燼貯金罌沈之海。

哥羅舍分

宋・王溥《唐會要》卷一〇〇《哥羅舍分國》　哥羅舍分在南海之南，接墮和羅國。其國王名蒲越摩伽。精兵二萬人。

《新唐書》卷二二二下《南蠻傳下・哥羅舍分》　哥羅舍分者，在南海南，東墮和羅。【略】勝兵二萬。

投和

《新唐書》卷二二二下《南蠻傳下・投和》　投和，在真臘南，自廣州西南海行百日乃至。王姓投和羅，名脯邪迄遙。官有朝請將軍、功曹、主簿、贊理、贊府，分領國事。分州、郡、縣三等。州有參軍，郡有金威將軍，縣有城、有局，長官得選僚屬自助。民居率樓閣，畫壁。王宿衛百人，衣朝霞，耳金鐶，金綖被頸，寶飾革履。頻盜者死，次穿耳及頰而劗其髮，盜鑄者截手。無賦稅，民以地多少自輸。王以農商自業。銀作錢，類榆莢。民乘象及馬，無鞍靮，繩穿頰禦之。親喪，斷髮爲孝，焚屍斂灰于罌，沈之水。

陀洹

《舊唐書》卷一九七《南蠻傳・陀洹》　陀洹國，在林邑西南大海中，東南與墮和羅接，去交趾三月餘日行。賓服於墮和羅。其王姓察失利，字婆末婆那。土無蠶桑，以白氎朝霞布爲衣。俗皆樓居，謂之『干欄』。

宋・王溥《唐會要》卷九九《耨陀洹國》　墮和羅西北。其王姓察失利，名婆那婆末。其國海行五月，至廣州。土無蠶桑，以白疊朝霞布爲衣。穀有稻麥。俗皆樓居，謂之干欄。父母死，停喪在室，輒數日不食；燔屍之後，男女並剔頭臨池先浴，然後進食。

《新唐書》卷二二二下《南蠻傳下・陀洹》　陀洹，一曰耨陀洹，在環王西南海中，與墮和羅接，自交州行九十日乃至。王姓察失利，名婆那，字婆末。無蠶桑，有稻、麥、麻、豆。畜有白象、牛、羊、豬。俗喜樓居，謂爲『干欄』。以白氎、朝霞布爲衣。親喪，在室不食，燔屍已，則剔髮浴于池，然後食。

拘蔞蜜

宋・王溥《唐會要》卷一〇〇《拘蔞密國》　在林邑之西，陸路三月行。山居饒象，並養之以供用。顯慶元年閏正月，來朝貢，在盤盤致物。國東南海路一月行，南去婆離國十日行，東去不述國五日行，西北去單國六日行。風俗、物産與赤土國、墮和羅國略同。

《新唐書》卷二二二下《南蠻傳下・拘蔞蜜》　（哥羅）東南有拘蔞蜜，海行一月至。南距婆利，行十日至。東距不述，行五日至。西北距文單，行六日至。與赤土、墮和羅同俗。

墮婆登

《舊唐書》卷一九七《南蠻傳・墮婆登》　墮婆登國，在林邑南，海行二月，東與訶陵、西與迷黎車接，北界大海。風俗與訶陵略同。其國種稻，每月一熟。亦有文字，書之于貝多葉。其死者，口實以金，又以金釧貫於四肢，然後加以婆律膏及龍腦等香，積柴以燔之。

宋・王溥《唐會要》卷一〇〇《婆登國》　在林邑之南，海行一月。東與訶陵，西與迷黎連接，北鄰大海。風俗與訶陵國同。種穀每月一熟。有文字，書于貝多葉。其死者，口實以金，又以金釧貫于四肢，然後加以婆律膏及沈檀、龍腦等香，積薪以燔之。

《新唐書》卷二二二下《南蠻傳下・墮婆登》　墮婆登在環王南，行二月乃至。東訶陵，西迷黎車，北屬海。俗與訶陵同。種稻，月一熟。有文字，以貝多葉寫之。死者實金于口，以釧貫其體，加婆律膏、龍腦衆香，積薪燔之。

瞻博

《新唐書》卷二二二下《南蠻傳下・瞻博》　瞻博，或曰瞻婆。北距兢伽河。多野象羣行。

甘　畢

《新唐書》卷二二二下《南蠻傳下・甘畢》　甘畢在南海上，東距環王；王名旃陀越摩，有勝兵五千。

修羅分

《新唐書》卷二二二下《南蠻傳下・修羅分》　修羅分者，在海北，東距真臘。其風俗大略相類，有君長，皆柵孚。【略】勝兵二萬。

驃　國

唐・樊綽《蠻書》卷一〇《南蠻疆界接連諸蕃夷國名》　驃國。在蠻永昌城南七十五日程，閣羅鳳所通也。其國用銀錢，以青磚爲圓城，周行一日程。百姓盡在城內，有十二門。當國王所居門前有一大像，露坐高百余尺，白如霜雪。俗尚廉恥，人性和善少言，重佛法，城中並無宰殺。又多推步天文。若有兩相訴訟者，王即令焚香向大像，思惟其非，便各引退。其或有災疫及不安穩之事，王亦焚香對大像，悔過自責。男子多衣白氈，婦人當頂爲高髻，以金銀真珠爲飾，著青婆羅裙，又披羅緞，行必持扇。貴家婦，皆三人五人在傍持扇。有移信使到蠻界河賧，則以江豬、白氈及琉璃、罌爲貿易。與波斯及婆羅門鄰接，西去舍利城二十日程。據《佛經》：『舍利城，中天竺國也。近城有沙山，不生草木』。《恒河經》云：『沙山中過』，然則驃國疑東天竺也。蠻賊大和六年劫掠驃國，虜其衆三千餘人，隸配柘東，令之自給。今子孫亦食魚蟲之類，是其種末也。咸通四年正月六日寅時，有一胡僧裸形，手持一仗，束白絹，進退爲步，在安南羅城南面。本使蔡襲當時以弓飛箭，當胸中此設法胡僧，衆蠻扶舁歸營幕。城內將士無不鼓噪。

《舊唐書》卷一九七《南蠻傳・驃國》　驃國，在永昌故郡南二千餘里，去上都一萬四千里。其國境，東西三千里，南北三千五百里。東鄰真臘國，西接東天竺國，南盡溟海，北通南詔些樂城界，東北拒陽苴咩城六千八百里。往來通聘迦羅婆提等二十國，役屬者道林王等九城，食境土者

羅君潛等二百九十部落。

其王姓困没長，名摩羅惹。其國相名摩訶思那。其王近適則舁以金繩床，遠適則乘象。嬪妹甚衆，常數百人。其羅城構以塼甓，週一百六十里，濠岸亦構塼，相傳本是舍利佛城。城內有居人數萬家，佛寺百餘區。其堂宇皆錯以金銀，塗以丹彩，地以紫鑛，覆以錦罽。其俗好生惡殺。其土宜菽粟稻粱，無麻麥。其理無刑名桎梏之具，犯罪者以竹五十本束之，複犯者撻其背，數止五，輕者止三，殺人者戮之。男女七歲則落髮，止寺舍，依桑門，至二十不悟佛理，乃複長髮爲居人。其衣服悉以白艳爲朝霞，繞腰而已。不衣繒帛，雲出於蠶，爲其傷生故也。君臣父子長幼有序。華言謂之驃，自謂突羅成闍婆，人謂之徒里掘。

宋・王溥《唐會要》卷一〇〇《驃國》　華言謂之驃，自謂突羅朱，闍婆人謂之徒里拙。自古來未嘗通中國。魏、晉間有著《西南異方志》及《南中八郡志》者云，永昌，古哀牢國也。傳聞永昌西南三千里有剽國，君臣父子長幼有序，然向無見史傳者。其王聞南詔異牟尋歸附，心慕之，乃因南詔重譯，遣子朝貢。東北拒南詔咩苴城六千八百里，凡去上都一萬四千里，在永昌故郡南二千餘里。其境東西三千里，往來通聘者迦羅婆提等二十國，役屬者道林王等九城，食境土者羅君潛等二百九十八部落。東鄰真臘國，西接東天竺國，南溟海，北通南詔此樂城界。其王姓困没長，名摩羅惹。其國相名摩訶斯那。其王近適則輿以金繩牀，遠適則乘象。嬪御甚衆，傳御常數百人。

其羅城環以甎甓，周一百六十里，壕岸亦用甎，相傳本是舍利佛城。內有居人數萬家，佛寺百餘區。其堂宇皆金銀渥以丹彩，地以紫鑛覆以錦罽。其俗好生惡殺。其土宜菽粟稻粱，無麻麥。其理無刑名桎梏之具，犯罪者以竹五本束之，復犯者笞其背，數止五，輕者止三，殺人者戮之。男女七歲則落髮止寺舍，依桑門，至二十不悟佛理，乃復爲居人。其衣服悉以白□與朝霞繞腰而已，不衣繒帛，云出于蠶，爲傷生也。又獻其國樂凡二十二曲，與樂工三十五人來朝，樂曲皆演釋氏經論之詞意。二十一年四月，封彌臣國嗣王樂道勿禮爲彌臣國王焉。

《新唐書》卷二二二下《南蠻傳下・驃》　驃，古朱波也，自號突羅朱，闍婆國人曰徒里拙。在永昌南二千里，去京師萬四千里。東陸真臘，

西接東天竺，西南墮和羅，南屬海，北南詔。地長三千里，廣五千里，東北袤長，屬羊苴咩城。

凡屬國十八：曰迦羅婆提，曰摩禮烏特，曰迦梨迦，曰半地，曰彌臣，曰坤朗，曰偈奴，曰羅聿，曰佛代，曰渠論，曰婆梨，曰偈陀，曰多歸，曰摩曳，餘即舍衛、瞻婆、闍婆也。

凡鎮城九：曰道林王，曰悉利移，曰三陀，曰彌諾道立，曰突旻，曰帝偈，曰達梨謀，曰乾唐，曰末浦。

凡部落二百九十八，以名見者三十二：曰萬公，曰充惹，曰羅君潛，曰彌綽，曰道雙，曰道甕，曰道勿，曰夜半，曰不惡奪，曰莫音，曰伽龍睒，曰阿梨吉，曰阿梨闍，曰阿梨忙，曰達磨，曰求潘，曰僧塔，曰提梨郎，曰望騰，曰擔泊，曰禄烏，曰乏毛，曰僧迦，曰提追，曰阿末邏，曰逝越，曰騰陵，曰歐咩，曰磚羅婆提，曰禄羽，曰陋蠻，曰磨地勃。【略】

驃王姓困没長，名摩羅惹。其相名曰摩訶思那。王出，輿以金繩床，遠則乘象。嬪史數百人。青甓爲圓城，周百六十里，有十二門，四隅作浮圖，民皆居中，鉛錫爲瓦，荔支爲材。俗惡殺。拜以手抱臂稽顙爲恭。明天文，喜佛法。有百寺，琉璃爲甓，錯以金銀，丹彩紫鑛塗地，覆以錦罽，王居亦如之。民七歲祝髮止寺，至二十有不達其法，復爲民。衣用白氎、朝霞，以蠶帛傷生不敢衣。戴金花冠、翠冒，絡以雜珠。王宫設金銀二鐘，寇至，焚香之，以占吉凶。有巨白象，高百尺，訟者焚香跽象前，自思是非而退。有災疫，王亦焚香對象跽，自咎。無桎梏，有罪者束五竹捶背，重者五、輕三，殺人則死。土宜菽、粟、稻、粱，蔗大若脛，無麻、麥。以金銀爲錢，形如半月，號登伽佗，亦曰足彈陀。無膏油，以蠟雜香代炷。與諸蠻市，以江豬、白氎、琉璃罌缶相易。婦人當頂作高髻，飾銀珠琲，衣青娑裙，披羅段；行持扇，貴家者傍至五六。近城有沙山不毛，地亦與波斯、婆羅門接，距西舍利城二十日行。西舍利者，中天竺也。南詔以兵强地接，常羈制之。

彌諾彌臣

唐・樊綽《蠻書》卷一〇《南蠻疆界接連諸蕃夷國名》　彌諾國、彌臣國，皆邊海國也。呼其君長爲壽。彌諾面白而長，彌臣面黑而短。性恭謹，每與人語，向前一步一拜。國無城郭。彌諾王所居屋之中大柱，雕刻爲文，飾以金銀。彌臣王以木柵居海際水中，以石獅子爲屋四足，仍以板蓋，悉用香木。百姓皆樓居，披婆羅籠，男女多好音樂。樓兩頭置鼓，飲酒即擊鼓，男子攜手樓中舞蹈爲樂。在蠻永昌城西南六十日程。

昆侖

唐・樊綽《蠻書》卷一〇《南蠻疆界接連諸蕃夷國名》　昆侖國。正北去蠻界西洱河八十一日程。出青木香、檀香、紫檀香、檳榔、琉璃、水精、蠡坯等諸香藥珍寶、犀牛等。蠻賊曾將軍馬攻之，被昆侖國開路放進軍後，鑿其路通江，決水掩浸，進退無計。餓死者萬餘，不死者昆侖去其右腕放回。

《新唐書》卷二二二下《南蠻傳下・驃》　繇彌臣至坤朗，又有小崑崙部，王名茫悉越，俗與彌臣同。繇坤朗至禄羽，有大崑崙王國，王名思利泊婆難多珊那。川原大於彌臣。繇崑崙小王所居，半日行至磨地勃柵，海行五月至佛代國。有江，支流三百六十。其王名思利些彌他。有川名思利毗離芮。土多異香。北有市，諸國估舶所湊，越海即闍婆也。十五日行，逾二大山，一曰正迷，一曰射鞮，有國，其王名思利摩訶羅闍，俗與佛代同。經多茸補邏川至闍婆，八日行至婆賄伽盧，國土熱，衢路植椰子、檳榔，仰不見日。王居以金爲甓，廚覆銀瓦，爨香木，堂飾明珠。有二池，以金爲堤，舟楫皆飾金寶。

赤土

《隋書》卷八二《南蠻傳・赤土》　赤土國，扶南之別種也。在南海中，水行百餘日而達所都。土色多赤，因以爲號。東波羅剌國，西婆羅娑國，南訶羅旦國，北拒大海，地方數千里。其王姓瞿曇氏，名利富多塞，不知有國近遠。稱其父釋王位出家爲道，傳位於利富多塞，在位十六年矣。有三妻，並鄰國王之女也。居僧祇城，有門三重，相去各百許步。每門圖畫飛仙、仙人、菩薩之像，縣金花鈴毦，婦女數十人，或奏樂，或捧金花。又飾四婦人，容飾如佛塔邊金剛力士之狀，夾門而立。門外者持兵仗，門内者執白拂。夾道垂素網，綴花。王宫諸屋悉是重閣，北戶，北面而坐。坐三重之榻。衣朝霞布，冠金花冠，垂雜寶瓔珞。四女子立侍，左右兵衛百餘人。王榻後作一木龕，以金銀五香木雜鈿之。龕後懸一金光焰，夾榻又樹二金鏡，鏡前並陳金甕，甕前各有金香爐。當前置一金伏牛，牛前樹壹寶蓋，蓋左右皆有寶扇。婆羅門等數百人，東西重行，相向而坐。其官有薩陀迦羅一人，陀拏達義二人，迦利蜜迦三人，共掌政事；俱羅末帝一人，掌刑法。每城置那邪迦一人，缽帝十人。

其俗等皆穿耳剪髮，無跪拜之禮。以香油塗身。其俗敬佛，尤重婆羅門。婦人作髻於項後。男女通以朝霞、朝雲雜色布爲衣。豪富之室，恣意華靡，唯金鎖非王賜不得服用。每婚嫁，擇吉日，女家先期五日，作樂飲酒，父執女手以授婿，七日乃配焉。既娶則分財別居，唯幼子與父同居。父母兄弟死則剔髮素服，就水上構竹木爲棚，棚内積薪，以屍置上。燒香建幡，吹蠡擊鼓以送之，縱火焚薪，遂落于水。貴賤皆同。唯國王燒訖，收灰貯以金瓶，藏於廟屋。冬夏常温，雨多霽少，種植無時，特宜稻、穄、白豆、黑麻，自餘物產，多同於交阯。以甘蔗作酒，雜以紫瓜根。酒色黃赤，味亦香美。亦名椰漿爲酒。

單　單

《新唐書》卷二二二下《南蠻傳下·單單》　單單，在振州東南，多羅磨之西，亦有州縣。木多白檀。王姓剎利，名尸陵伽，日視事。有八大臣，號八坐。王以香塗身，冠雜寶瓔，近行乘車，遠乘象。戰必吹蠡、擊鼓。盜無輕重皆死。

婆　利

《隋書》卷八二《南蠻傳·婆利》　婆利國，自交阯浮海，南過赤土、丹丹，乃至其國。國界東西四月行，南北四十五日行。王姓剎利邪伽，名護濫那婆。官曰獨訶邪拏，次曰獨訶氏拏。國人善投輪刀，其大如鏡，中有竅，外鋒如鋸，遠以投人，無不中。其餘兵器，與中國略同。俗類真臘，物產同于林邑。其殺人及盜，截其手，奸者鎖其足，期年而止。祭祀必以月晦，盤貯酒肴，浮之流水。每十一月，必設大祭。海出珊瑚。有鳥名舍利，解人語。

《舊唐書》卷一九七《南蠻傳·婆利》　婆利國，在林邑東南海中洲上。其地延袤數千里，自交州南渡海，經林邑、扶南、赤土、丹丹數國乃至焉。其人皆黑色，穿耳附璫。王姓剎利耶伽，名護路那婆，世有其位。王戴花形如皮弁，裝以真珠瓔珞，身坐金床。侍女有金花寶縷之飾，或持白拂孔雀扇。行則駕象，鳴金擊鼓吹蠡爲樂。男子皆拳髮，被古貝，布橫幅以繞腰。風氣暑熱，恒如中國之盛夏。穀一歲再熟。有古貝草，緝其花以作布，粗者名古貝，細者名白氎。

宋·王溥《唐會要》卷九九《婆利國》　婆利國者，南荒之國也。在林邑東南，海行可萬里。其地延袤數千里，暑熱恒如國中之盛夏。穀一歲再熟。王姓剎利邪伽，名護路那婆，世有其位。人皆黑色，穿耳附璫。其王戴花，飾以真珠瓔珞。身坐金牀，行則駕象鳴金，擊鼓吹蠡。

《新唐書》卷二二二下《南蠻傳下·婆利》　婆利者，直環王東南，自交州泛海，歷赤土、丹丹諸國乃至。地大洲，多馬，亦號馬禮。袤長數千里。多火珠，大者如雞卵，圓白，照數尺，日中以艾藉珠，輒火出。產玳瑁、文螺；石坩，初取柔可治，既鏤刻即堅。有舍利鳥，通人言。俗黑身，朱髮而拳，鷹爪獸牙，穿耳傅璫，以古貝橫一幅繚於腰。古貝，草也，緝其花爲布，粗曰貝，精曰氎。俗以夜爲市，自掩其面。王姓剎利邪伽，名護路那婆，世居位。繚班絲貝，綴珠爲飾。坐金榻，左右持白拂、孔雀翣。出以象駕車，羽蓋珠箔，鳴金、擊鼓、吹蠡爲樂。

婆　羅

《新唐書》卷二二二下《南蠻傳下·婆羅》　赤土西南入海，得婆羅。總章二年，其王旃達鉢遣使者與環王使者偕朝。

羅　剎

宋·王溥《唐會要》卷九九《婆利國》　婆利界有羅剎國。其人極陋，朱髮黑身，獸牙鷹爪。時與林邑人作市，市以夜而自掩其面。其國出火珠，狀如水晶；日正午時，以珠承影，取艾承之，即火出。其年林邑國來獻，云羅剎得之。

《新唐書》卷二二二下《南蠻傳下·羅剎》　其東即羅剎也，與婆利同俗。

室利佛逝

《新唐書》卷二二二下《南蠻傳下·室利佛逝》 室利佛逝，一曰尸利佛誓。過軍徒弄山二千里，地東西千里，南北四千里而遠。有城十四，以二國分總。西曰郎婆露斯。多金、汞砂、龍腦。夏至立八尺表，影在表南二尺五寸。國多男子。有橐它，豹文而犀角，以乘且耕，名曰它牛豹。又有獸類野豕，角如山羊，名曰雩，肉味美，以饋膳。其王號『曷蜜多』。

訶陵

《舊唐書》卷一九七《南蠻傳·訶陵》 訶陵國，在南方海中洲上居，東與婆利、西與墮婆登、北與真臘接，南臨大海。豎木爲城，作大屋重閣，以棕櫚皮覆之。王坐其中，悉用象牙爲床。食不用匙箸，以手而撮。亦有文字，頗識星曆。俗以椰樹花爲酒，其樹生花，長三尺餘，大如人膊，割之取汁以成酒，味甘，飲之亦醉。

宋·王溥《唐會要》卷一〇〇《訶陵國》 在真臘之南海中洲。王之所居，堅木爲城。造大屋重閣，以象爲牀。以椰花爲酒，飲之亦醉。有毒人與常人居止宿處，即令身上生瘡；與之交會，即死。苫旋液露，著草木即枯。

《新唐書》卷二二二下《南蠻傳下·訶陵》 訶陵，亦曰社婆，曰闍婆，在南海中。東距婆利，西墮婆登，南瀕海，北真臘。木爲城，雖大屋亦覆以栟櫚。象牙爲床若席。出瑇瑁、黄白金、犀、象，國最富。有穴自湧鹽。以柳花、椰子爲酒，飲之輒醉，宿昔壞。有文字，知星曆。食無匕筋。有毒女，與接輒苦瘡，人死屍不腐。王居闍婆城。其祖吉延東遷於婆露伽斯城，旁小國二十八，莫不臣服。其官有三十二大夫，而大坐敢兄爲最貴。山上有郎卑野州，王常登以望海。夏至立八尺表，景在表南二尺四寸。貞觀中，與墮和羅、墮婆登皆遣使者入貢，太宗以璽詔優答。墮和羅丐良馬，帝與之。至上元間，國人推女子爲王，號『悉莫』，威令整肅，道不舉遺。大食君聞之，齎金一囊置其郊，行者輒避，如是三年。太子過，以足躪金，悉莫怒，將斬之，羣臣固請。悉莫曰：『而罪實本於足，可斷趾。』羣臣復爲請，乃斬指以徇。大食聞而畏之，不敢加兵。

多摩長

宋·王溥《唐會要》卷一〇〇《多摩長國》 居於南海島中。使云其王先祖骨利龍之子利常得一鳥卵，割之得一女子，容色殊妙，因以爲妻。今尸羅劬傭，即其後地。

《新唐書》卷二二二下《南蠻傳下·多摩萇》 又有多摩萇，東距婆鳳，西多隆，南千支弗，北訶陵。地東西一月行，南北二十五日行。其王名骨利，詭云得大卵，剖之，獲女子，美色，以爲妻。俗無姓，婚姻不別同姓。王坐常東向。勝兵二萬，有弓刀甲槊，無馬。果有波那婆、宅護遮庵摩、石榴。其國經薩盧、都訶盧、君那盧、林邑諸國，乃得交州。

名蔑

宋·王溥《唐會要》卷一〇〇《多蔑國》 多蔑居大海之北，周迴可兩月行，南至海，西俱遊國，北波剌國，東真陀洹國。其王姓摩伽，名失利。戶口極衆，置四十州，又役屬佗國。有城郭樓櫓，宮殿並瓦木，常侍衛兵可四千人。雖有弓箭、刀楯、甲矟，而無戰陣。有刑典、書記及婚聘之禮。事佛及神。亦以十二月爲歲。畜有犀象馬牛，果有檳榔子。其桃棗、瓜李及園蔬、五穀，與中國不殊。

《新唐書》卷二二二下《南蠻傳下·名蔑》 名蔑，東接真陀桓，西但游，南屬海，北波剌。其地一月行，有州三十。以十二月爲歲首。王衣朝霞、氎。賦二十取一。交易皆用金准直。其人短小，兄弟共娶一妻，婦總髮爲角，辨夫之多少。王號『斯多題』。

羅越

《新唐書》卷二二二下《南蠻傳下·羅越》 羅越者，北距海五千里，西南哥谷羅。商賈往來所湊集，俗與墮羅鉢底同。歲乘舶至廣州，州必以聞。

金利毗迦

宋・王溥《唐會要》卷一〇〇《金利毗迦國》 在京師西南四萬餘里。行經祇洹國、訶陵國、摩訶國、新國、多薩國、者埋國、婆婁國、多郎婆黄國、摩羅迦國、真臘國、林邑國，乃至廣州。東去俱羅國二千里，西去赤土國一千五百里，南近婆庭舍。衣朝霞白□，每食，先泥上鋪席而後坐。其國王名本多陽，牙前有隊仗甲鍪，甲用貝多樹皮。風俗、物産與真臘國同。

研判南亞諸國國情分部

綜　述

泥婆羅

唐・釋玄奘《大唐西域記》卷七《五國・尼波羅國》 尼波羅國，周四千餘里，在雪山中。國大都城周二十餘里。山川連屬，宜穀稼，多花果，出赤銅、犛牛、命命鳥。貨用赤銅錢。氣序寒烈，風俗險詖，人性剛獷，信義輕薄。無學藝，有工巧。形貌醜弊，邪正兼信。伽藍、天祠接堵連隅。僧徒二千餘人，大小二乘，兼功綜習。外道異學，其數不詳。王，刹帝利栗呫婆種也。志學清高，純信佛法。近代有王，號鴦輸伐摩，唐言光胄。碩學聰叡，自製《聲明論》，重學敬德，遐邇著聞。都城東南有小水池，以人火投之，水即焰起。更投餘物，亦變爲火。

《舊唐書》卷一九八《西戎傳・泥婆羅》 泥婆羅國，在吐蕃西。其俗翦髮與眉齊，穿耳，揎以竹桶牛角，綴至肩者以爲姣麗。食用手，無匕箸。其器皆銅。多商賈，少田作。以銅爲錢，面文爲人，背文爲馬牛，不穿孔。衣服以一幅蔽布身，日數盥浴。以板爲屋，壁皆雕畫。俗重博戲，好吹蠡擊鼓。頗解推測盈虛，兼通曆術。事五天神，鐫石爲像，每日清水浴神，烹羊而祭。其王那陵提婆，身著真珠、玻璃、車渠、珊瑚、琥珀、瓔珞，耳垂金鉤玉璫，佩寶裝伏突，坐獅子床，其堂内散花燃香。大臣及諸左右並坐於地，持兵數百列侍其側。宮中有七層之樓，覆以銅瓦，欄檻楹桷皆飾珠寶。樓之四角，各懸銅槽，下有金龍，激水上樓，注於槽中，從龍口而出，狀若飛泉。那陵提婆之父，爲其叔父所篡，那陵提婆逃難於外，吐蕃因而納焉，克復其位，遂羈屬吐蕃。

宋・王溥《唐會要》卷一〇〇《泥婆羅國》 在吐蕃之西。其俗剪髮與眉齊，穿耳揎竹筩緩至肩者，以爲妙麗。食用手，其器皆銅。多商賈，少田作。以銅爲錢，面文爲人，背文爲馬牛，不穿孔。衣服以一幅布蔽身，數日一盥浴。以板爲屋壁，皆雕畫。俗重博戲，頗解推測盈虛，皆通曆術。事五天神，鐫石爲像，每日清水浴神，烹羊而祭。其王那陵提婆身著真珠諸寶，耳垂金鉤玉璫，佩寶裝伏突，坐獅子牀。堂内散花燃香，大臣及左右並坐於地。有阿耆婆彌池，週迴二十餘步。以物投之即煙焰，懸釜而炊，須臾而熟。

《新唐書》卷二二一上《西戎傳上・泥婆羅》 泥婆羅，直吐蕃之西樂陵川。土多赤銅、犛牛。俗翦髮逮眉，穿耳，楦以筒若角，緩至肩者爲姣好。無匕箸，攫而食。其器皆用銅，其居版屋畫壁。俗不知牛耕，故少田作，習商賈。一幅布蔽身，日數盥浴。重博戲，通推步曆術。祀天神，鐫石爲象，日浴之，烹羊以祭。鑄銅爲錢，面文人形，背牛馬形。其君服珠、頗黎、車渠、珊瑚、虎魄垂纓，耳金鉤玉璫，佩寶伏突，御師子大床，燎香布花於堂，而大臣坐地不藉。左右持兵，數百列侍。宮中有七重樓，覆銅瓦，楹極皆大珠雜寶，四隅置銅槽，下有金龍，口激水仰注槽中。

天　竺

唐・釋玄奘《大唐西域記》卷二《印度總述・名稱》 詳夫天竺之稱，異議糾紛，舊云身毒，或曰賢豆，今從正音，宜云印度。印度之人，隨地稱國，殊方異俗，遥舉總名，語其所美，謂之印度。印度者，唐言『月』。月有多名，斯其一稱。言諸羣生輪回不息，無明長夜莫有司晨，其猶白日既隱，宵月斯繼，雖有星光之照，豈如朗月之明！敬緣斯致，因而譬月。良以其土聖賢繼軌，導凡御物，如月照臨。由是義故，謂之印度。印度種姓族類羣分，而婆羅門特爲清貴。從其雅稱，傳以成俗，無云經界之別，總謂婆羅門國焉。

又《疆域》　若其封疆之域，可得而言。五印度之境，周九萬餘里。三垂大海，北背雪山。北廣南狹，形如半月。畫野區分，七十餘國。時特暑熱，地多泉濕。北乃山阜隱軫，丘陵舄鹵；東則川野沃潤，疇隴膏腴；南方草木榮茂；西方土地磽确。斯大概也，可略言焉。

又《數量》　夫數量之稱，謂踰繕那。舊曰由旬，又曰踰闍那，又曰由延，皆訛略也。踰繕那者，自古聖王一日軍程也。舊傳一踰繕那四十里矣，印度國俗乃三十里，聖教所載惟十六里。窮微之數，分一踰繕那爲八拘盧舍。拘盧舍者，謂大牛鳴聲所極聞，稱拘盧舍。分一拘盧舍爲五百弓，分一弓爲四肘，分一肘爲二十四指，分一指節爲七宿麥，乃至虱、蟣、隙塵、牛毛、羊毛、兔毫、銅水，次第七分，以至細塵。細塵七分，爲極細塵。極細塵者，不可復析，析即歸空，故曰極微也。

又《歲時》　若乃陰陽曆運，日月次舍，稱謂雖殊，時候無異，隨其星建，以標月名。時極短者，謂刹那也。百二十刹那爲一呾刹那，六十呾刹那爲一臘縛，三十臘縛爲一牟呼栗多，五牟呼栗多爲一時，六時合成一日一夜，晝三夜三。居俗日夜分爲八時。晝四夜四，于一一時各有四分。月盈至滿，謂之白分；月虧至晦，謂之黑分。黑分或十四日、十五日，月有小大故也。黑前白後，合爲一月。六月合爲一行。日遊在內，北行也；日游在外，南行也。總此二行，合爲一歲。又分一歲以爲六時。正月十六日至三月十五日，漸熱也；三月十六日至五月十五日，盛熱也；五月十六日至七月十五日，雨時也；七月十六日至九月十五日，茂時也；九月十六日至十一月十五日，漸寒也；十一月十六日至正月十五日，盛寒也。如來聖教，歲爲三時。正月十六日至五月十五日，熱時也；五月十六日至九月十五日，雨時也；九月十六日至正月十五日，寒時也。或爲四時，春、夏、秋、冬也。春三月謂制呾邏月、吠舍佉月、逝瑟吒月，當此從正月十六日至四月十五日。夏三月謂頞沙荼月、室羅伐拏月、婆達羅鉢陁月，當此從四月十六日至七月十五日。秋三月謂頞濕縛庾闍月、迦剌底迦月、末伽始羅月，當此從七月十六日至十月十五日。冬三月謂報沙月、磨祛月、頗勒窶拏月，當此從十月十六日至正月十五日。故印度僧徒依佛聖教，坐雨安居，或前三月，或後三月。前三月當此從五月十六日至八月十五日，後三月當此從六月十六日至九月十五日。前代譯經律者，或云坐夏，或云坐臘，斯皆邊裔殊俗，不達中國正音，或方言未融，而傳譯有謬。又推如來入胎、初生、出家、成佛、涅槃日月，皆有參差，語在後記。

又《宮室》　若夫邑里閭閻，方城廣峙，街衢巷陌，曲徑盤迂。闤闠當塗，旗亭夾路。屠、釣、倡、優、魁膾、除糞，旌厥宅居，斥之邑外，行里往來，僻于路左。至於宅居之制，垣郭之作，地勢卑濕，城多疊磚，暨諸牆壁，或編竹木。室宇臺觀，板屋平頭，泥以石灰，覆以磚墼。諸異崇構，制同中夏。苫茅苫草，或磚或板，壁以石灰爲飾，地塗牛糞爲淨，時花散佈，斯其異也。諸僧伽藍，頗極奇制。隅樓四起，重閣三層，榱梠棟樑，奇形雕鏤，戶牖垣牆，圖畫衆彩。黎庶之居，內侈外儉。隩室中堂，高廣有異，層臺重閣，形制不拘。門辟東戶，朝座東面。至於坐止，咸用繩床，王族、大人、士庶、豪右，莊飾有殊，規矩無異。君王朝座，彌複高廣，珠璣間錯，謂師子床，敷以細氎，蹈以寶機。凡百庶僚，隨其所好，刻雕異類，瑩飾奇珍。

又《衣飾》　衣裳服玩，無所裁製，貴鮮白，輕雜彩。男則繞腰絡腋，橫巾右袒。女乃襜衣下垂，通肩總覆。頂爲小髻，餘發垂下。或有剪髭，別爲詭俗。首冠花鬘，身佩瓔珞。其所服者，謂憍奢耶衣及氎布等。憍奢耶者，野蠶絲也。菆摩衣，麻之類也。頞鉢羅衣，織細羊毛也。褐剌縭衣，織野獸毛也。獸毛細軟，可得緝績，故以見珍而充服用。其北印度風土寒烈，短制褊衣，頗同胡服。外道服飾，紛雜異制。或衣孔雀羽尾，或飾髑髏瓔珞，或無服露形，或草板掩體，或拔髮斷髭，或蓬鬢椎髻，裳衣無定，赤白不恒。沙門法服，惟有三衣及僧卻崎、泥縛些那。三衣裁制，部執不同，或緣有寬狹，或葉有小大。僧卻崎唐言掩腋。舊曰僧祇支，訛也。覆左肩，掩兩腋，左開右合，長裁過腰。泥嚩些那唐言裙。舊曰涅槃僧，訛也。既無帶襻，其將服也，集衣爲襵，束帶以絛，襵則諸部各異，色乃黃赤不同。刹帝利、婆羅門清素居簡，潔白儉約。國王、大臣服玩良異，花鬘寶冠以爲首飾，環釧瓔珞而作身佩。其有富商大賈，唯釧而已。人多徒跣，少有所履。染其牙齒，或赤或黑，齊髮穿耳，修鼻大眼，斯其貌也。

又《饌食》 夫其潔清自守，非矯其志。凡有饌食，必先盥洗，殘宿不再，食器不傳。瓦木之器，經用必棄。金、銀、銅、鐵，每加摩瑩。饌食既訖，嚼楊枝而爲淨。澡漱未終，無相執觸。每有溲溺，必事澡灌。身塗諸香，所謂旃檀、郁金也。君王將浴，鼓奏弦歌。祭祀拜祠，沐浴盥洗。

又《文字》 詳其文字，梵天所制，原始垂則，四十七言。遇物合成，隨事轉用，流演枝派，其源浸廣。因地隨人，微有改變，語其大較，未異本源。而中印度特爲詳正，辭調和雅，與天同音，氣韻清亮，爲人軌則。鄰境異國，習謬成訓，競趨澆俗，莫守淳風。

至於記言書事，各有司存。史誥總稱，謂尼祿蔽荼，唐言青藏。善惡具舉，災祥備著。

又《教育》 而開蒙誘進，先導十二章。七歲之後，漸授五明大論：一曰聲明，釋詁訓字，詮目疏別；二工巧明，伎術機關，陰陽曆數；三醫方明，禁咒閑邪，藥石針艾；四曰因明，考定正邪，研核真僞；五曰內明，究暢五乘因果妙理。

其婆羅門學四吠陀論：舊曰毗陀，訛也。一曰壽，謂養生繕性；二曰祠，謂享祭祈禱；三曰平，謂禮儀、占卜、兵法、軍陣；四曰術，謂異能、伎數、禁咒、醫方。

師必博究精微，貫究玄奧，示之大義，異以微言，提撕善誘，雕朽勵薄。若乃識量通敏，志懷逋逸，則拘縶反關，業成後已。

年方三十，志立學成，既居祿位，先酬師德。其有博古好雅，肥遁居貞，沈浮物外，逍遙事表，寵辱不驚，聲問以遠，君王雅尚，莫能屈迹。然而國重聰睿，俗貴高明，褒贊既隆，禮命亦重。故能强志篤學，忘疲遊藝，訪道依仁，不遠千里。家雖豪富，志均羈旅，口腹之資，巡匃以濟，有貴知道，無恥匱財。娛遊惰業，偷食靡衣，既無令德，又非時習，恥辱俱至，醜聲載揚。

又《佛教》 如來理教，隨類得解。去聖悠遠，正法醇醨，任其見解之心，俱獲聞知之悟。部執峰峙，諍論波濤，異學專門，殊途同致。十有八部，各擅鋒鋭；大小二乘，居止區別。其有宴默思惟，經行住立，定慧悠隔，喧靜良殊，隨其衆居，各制科防。無雲律論，絓是佛經，講宣一部，乃免僧知事；二部，加上房資具；三部，差侍者祇承。四部，給淨人役使；五部，則行乘象輿；六部，又導從周衛。道德既高，旌命亦異。時集講論，考其優劣，彰別善惡，黜陟幽明。其有商榷微言，抑揚妙理，雅辭贍美，妙辯敏捷，於是馭乘寶象，導從如林。至乃義門虛辟，辭鋒挫鋭，理寡而辭繁，義乖而言順，遂即面塗赭堊，身坌塵土，斥於曠野，棄之溝壑。既旌淑慝，亦表賢愚。人知樂道，家勤志學。出家歸俗，從其所好。罹咎犯律，僧中科罰，輕則衆命訶責，次又衆不與語，重乃衆不共住。不共住者，斥擯不齒，出一住處，措身無所，羈旅艱辛，或返初服。

又《族姓》 若夫族姓殊者，有四流焉：一曰婆羅門，淨行也，守道居貞，潔白其操。二曰刹帝利，王種也，舊曰刹利，略也。奕世君臨，仁恕爲志。三曰吠奢，舊曰毗舍，訛也。商賈也，貿遷有無，逐利遠近。四曰戍陀羅，舊曰首陀，訛也。農人也，肆力疇隴，勤身稼穡。凡茲四姓，清濁殊流，婚娶通親，飛伏異路，內外宗枝，姻媾不雜。婦人一嫁，終無再醮。自餘雜姓，實繁種族，各隨類聚，難以詳載。

又《兵術》 君王奕世，惟刹帝利。弑簒時起，異姓稱尊。國之戰士，驍雄畢選，子父傳業，遂窮兵術。居則宮廬周衛，征則奮旅前鋒。凡有四兵，步、馬、車、象。象則被以堅甲，牙施利距，一將安乘，授其節度，兩卒左右，爲之駕馭。車乃駕以駟馬，兵帥居乘，列卒周衛，扶輪挾轂。馬軍散禦，逐北奔命。步軍輕捍，敢勇充選，負大櫓，執長戟，或持刀劍，前奮行陣。凡諸戎器，莫不鋒鋭，所謂矛、楯、弓、矢、刀、劍、鉞、斧、戈、殳、長槊、輪索之屬，皆世習矣。

又《刑法》 夫其俗也，性雖狷急，志甚貞質，於財無苟得，於義有餘讓，懼冥運之罪，輕生事之業，詭譎不行，盟誓爲信，政教尚質，風俗猶和。凶悖羣小，時虧國憲，謀危君上，事蹟彰明，則常幽囹圄，無所刑戮，任其生死，不齒人倫。犯傷禮義，悖逆忠孝，則劓鼻，截耳，斷手，刖足，或驅出國，或放荒裔。自餘咎犯，輸財贖罪。理獄占辭，不加刑樸，隨問款對，據事平科。拒違所犯，恥過飾非，欲究情實，事須案者，凡有四條：水、火、稱、毒。水則罪人與石，盛以連囊，沈之深流，校其真僞，人沉石浮則有犯，人浮石沉則無隱。火乃燒鐵，罪人踞上，複使足蹈，既遣掌案，又令舌舐，虚無所損，實有所傷。懦弱之人不堪炎熾，捧未開花，散之向焰，虚則花發，實則花焦。稱則人石平衡，輕重取驗，虚則人低石舉，實則石重人輕。毒則以一羖羊，剖其右髀，隨被訟人所食之分，雜諸毒藥置右髀中，實則毒發而死，虚則毒歇而蘇。舉四條之例，防百非之路。

又《致敬》　致敬之式，其儀九等：一發言慰問，二俯首示敬，三舉手高揖，四合掌平拱，五屈膝，六長跪，七手膝踞地，八五輪俱屈，九五體投地。凡斯九等，極惟一拜。跪而讃德，謂之盡敬。遠則稽顙拜手，近則舐足摩踵。凡其致辭受命，褰裳長跪。尊賢受拜，必有慰辭，或摩其頂，或拊其背，善言誨導，以示親厚。出家沙門，既受禮敬，惟加善願，無止跪拜。隨所宗事，多有旋繞，或唯一周，或複三匝，宿心別請，數則從欲。

又《病死》　凡遭疾病，絶粒七日，期限之中，多有痊瘉。必未瘳差，方乃餌藥。藥之性類，名種不同。醫之工伎，占候有異。

終没臨喪，哀號相泣，裂裳拔髮，拍額椎胸。服制無聞，喪期無數。送終殯葬，其儀有三：一曰火葬，積薪焚燎；二曰水葬，沈流飄散；三曰野葬，棄林飼獸。國王殂落，先立嗣君，以主喪祭，以定上下。生立德號，死無議謚。喪禍之家，人莫就食。殯葬之後，複常無諱。諸有送死，以爲不潔，咸于郭外浴而後入。至於年耆壽耄，死期將至，嬰累沈痾，生崖恐極，厭離塵俗，願棄人間，輕鄙生死，希遠世路。於是親故知友，奏樂餞會，泛舟鼓棹，濟殑伽河，中流自溺，謂得生天。十有其一，未盡鄙見。出家僧衆，制無號哭，父母亡喪，誦念酬恩，追遠慎終，寔資冥福。

又《賦税》　政教既寛，機務亦簡，戶不籍書，人無傜課。王田之内，大分爲四：一充國用，祭祀粢盛；二以封建輔佐宰臣；三賞聰睿碩學高才；四樹福田，給諸異道。所以賦斂輕薄，傜税儉省，各安世業，俱佃口分。假種王田，六税其一。商賈逐利，來往貿遷，津路關防，輕税後過。國家營建，不虚勞役，據其成功，酬之價直。鎮戍征行，宮廬宿衛，量事招募，懸賞待人。宰牧、輔臣、庶官、僚佐，各有分地，自食封邑。

又《物産》　風壤既別，地利亦殊。花草果木，雜種異名，所謂菴没羅果、菴弭羅果、末杜迦果、跋達羅果、劫比他果、阿末羅果、鎮杜迦果、烏曇跋羅果、茂遮果、那利羅果、般娑果。凡厥此類，難以備載，見珍人世者，略舉言焉。至於棗、栗、椑、柹，印度無聞；梨、柰、桃、杏、蒲萄等果，迦濕彌羅國已來，往往間植；石榴、甘桔，諸國皆樹。

墾田農務，稼穡耕耘，播植隨時，各從勞逸。土宜所出，稻、麥尤多。

蔬菜則有薑、芥、瓜、瓠、葷陁菜等。葱蒜雖少，啖食亦希，家有食者，驅令出郭。

至於乳酪、膏酥、粆糖、石蜜、芥子油、諸餅麨，常所膳也。魚、羊、獐、鹿，時薦肴胾。牛、驢、象、馬、豕、犬、狐、狼、師子、猴、猿，凡此毛羣，例無味啖，啖者鄙恥，衆所穢惡，屏居郭外，希迹人間。

若其酒醴之差，滋味流別。蒲萄、甘蔗，刹帝利飲也；曲蘖醇醪，吠奢等飲也；沙門、婆羅門飲蒲萄、甘蔗漿，非酒醴之謂也。雜姓卑族，無所流別。

然其資用之器，巧質有殊；什物之具，隨時無闕。雖釜鑊斯用，而炊甑莫知。多器坯土，少用赤銅。食以一器，衆味相調，手指斟酌，略無匙箸，至於老病，乃用銅匙。

若其金、銀、鍮石、白玉、火珠，風土所産，彌複盈積。奇珍雜寶，異類殊名，出自海隅，易以求貿。然其貨用，交遷有無，金錢、銀錢、貝珠、小珠。

印度之境，疆界具舉，風壤之差，大略斯在，同條共貫，粗陳梗概。異政殊俗，據國而敍。

唐・釋道宣《釋迦方誌》卷上《遺迹》　其五印度之境，周匝九萬餘里，三垂大海，北背雪山，北廣南狹，如半月也。七十餘國，同一王命。

唐・釋慧超《往五天竺國傳・拘尸那國》　一月至拘尸那國，佛入涅槃處。其城荒廢，無人住也。佛入涅槃處置塔，有禪師在彼掃灑。每年八月八日，僧尼道俗就彼大設供養。於其空中有幡現。不知其數，衆人同見。當此之日，發心非一。

此塔西有一河，伊羅鉢底水，南流二千里外，方入洹河。

彼塔四絕，無人往也，極荒林木。往彼禮拜者，□犀牛大虫所損也。

此塔東南三十里有一寺，名娑般檀寺。有卅餘之村莊三五所，常供養彼禪師衣食，令在塔所供養。

又《波羅痆斯國》 日，至彼羅痆斯國。此國亦廢無王。即□（下缺）彼五俱輪，見素形像在於塔中。（下缺）上有師子，彼幢極麗，五人合抱。文里細。（下缺）塔時，并造此幢。寺名達磨斫葛羅。僧（下缺）

外道不著衣服，身上塗灰。事於大天。（下缺）

又《摩揭陀國》 此寺中有一金銅像，五百□□□。是摩揭陀國舊有一王，名尸羅栗底，造此像也。兼造一金銅□□輻團圓正等三十餘步。此城俯臨恒河北岸置也。

又《四大靈塔》 即此鹿野苑、拘尸那、舍城、摩訶菩提等四大靈塔，在摩揭陀國王界。

此國大小乘俱行。□□得達摩訶菩提寺，稱其本願，非常歡喜。略題述其愚志。五言：

不慮菩提遠，焉將鹿苑遙？只愁懸路險，非意業風飄。八塔難誠見，參著經劫燒。何其人願滿，目覩在今朝。

又《中天竺國葛那及》 又即從此彼羅痆斯國西行□月，至中天竺國王住城，名葛那及。

自此中天王境界極寬，百姓繁閑。王有九百頭象，餘大首領各有三二百頭。其王每自領兵馬鬭戰，常與餘四天戰也，天中王常勝。彼國法，自知象少兵少，即請和，每年輸稅，不交陣相殺也。

又《五天竺風俗》 衣著言音，人風法用，五天相似。唯南天村草百姓，語有差別。仕□之類，中天不殊。

五天國法，無有枷棒牢獄。有罪之者，據輕重罰錢，亦無刑戮。

上至國王，下及黎庶，不見遊獵、放鷹、走犬等事。道路雖有足賊，取物即放，亦不殤殺。如若恡物，即有損也。

土地甚暖，百卉恒青，無有霜雪。食唯粳糧、餅麨、蘇乳酪等，無醬有鹽。總用土鍋煮飯而食，無鐵釜等也。百姓無別庸稅，但抽田子五石與王，王自遣人運將，田主□不爲送也。

彼土百姓，貧多富少。王官屋裏及富有者，著□一雙，自□一隻。貧者半片。女人亦然。

其王每坐衙處，首領百姓總來遶王四面而坐，各諍道理，訴訟紛紜，非常亂鬧。王聽不嗔，緩緩報云，汝是汝不是。彼百姓等，取王一口語爲定，更不再言。

其王首領等甚敬信三寶。若對師僧前，王及首領等在地而坐，不肯坐床。王及首領行坐來去處，自將床子隨身，到處即坐，他床不坐。

寺及王宅，並皆三重作樓，從下第一重作庫，上二重人住，諸大首領等亦然。屋皆平頭，塼木所造。自外□並皆草屋，似於漢屋雨下作也，又是一重。

土地所出，唯有□布、象馬萬物。當土不出金銀，並從外國來也。亦不養駝騾、驢猪等畜。其牛總白，萬頭之內希有一頭赤黑之者。羊馬全少，唯王有三二百口、六七十匹。自外首領百姓總不養畜，唯愛養牛。取乳酪蘇也。土地人善，不多愛煞。□市店間，不見有屠行賣肉之處。

又《中天竺四大塔》 此中天，大小乘俱行。即此中天界內有四大塔，恒河在北岸有三大塔。

又《舍衛國塔》 一。舍衛國給孤薗中，見有寺有僧。

又《毗耶離城塔》 二。毗耶離城菴羅薗中，有塔見在。其寺荒廢無僧。

又《迦毗羅國塔》 三。迦毗羅國，即佛本生城。無憂樹見在。彼城已廢，有塔無僧，亦無百姓。此城最居北，林木荒多，道路足賊。往彼禮拜者，甚難方迷。

又《中天竺塔》 四。三道寶階塔，在中天王住城西七日程，在兩恒河間。佛當從刀利天變成三道寶階。下閻浮提地處，左金右銀，中吠瑠璃。佛於中道，梵王左路，帝釋右階，侍佛下來，即於此處置塔。見有寺僧有。

又《南天竺國》 即從中天國南行三箇餘月，至南天竺國王所住。王有八百頭象。境土極寬，南至南海，東至東海，西至西海，北至中天、西天、東天等國接界。

衣著飲食人風，與中天相似，唯言音稍別。土地熱於中天。土地所出，□布、象、水牛、黄牛，亦少有羊，無駝騾驢等。有稻田，無黍粟等。至於綿絹之屬，五天總無。

王及領首百姓等極敬三寶，足寺足僧，大小乘俱行。於彼山中有一大寺，是龍樹菩薩便夜叉神造，非人所作。並鑿山爲柱，三重作樓。四面方圓三百餘步。龍樹在日，寺有三千僧，獨供養以十五石米。每日供三千僧，其米不竭，取却還生，元不減少。然今此寺廢，無僧也。龍樹壽年七百。方始亡也。

于時在南天路，爲言曰，五言：月夜瞻鄉路，浮雲颯颯歸。減書忝去便，風急不聽迴。我國天岸北，他邦地角西。日南無有雁，誰爲向林飛。

又《西天竺國》 又從南天北行兩月，至西天國王住城。此西天王亦五六百頭象。土地所出，□布及銀、象、馬、羊、牛，多出大小二麥及諸荳等，稻穀全少。食多餅麨乳酪蘇油。市買用銀錢□布之屬。王及首領百姓等極敬信三寶，足寺足僧，大小乘俱行。

土地甚寬，西至西海。國人多善唱歌，餘四天國不如此國。又無枷棒、牢獄、形戮等事。見今被大寔來侵，半國已損。又五天法，出外去者不將糧食，到處即便乞得食也。唯王首領等出，自齎糧，不食百姓祇糉。

又《闍蘭達羅國》 又從西天北行三箇餘月，至北天國也，名闍蘭達羅國。王有三百頭象。依山作城而住。從茲已北，漸漸有山。爲國狹小，兵馬不多。常被中天及迦葉彌羅國屢屢所吞，所以依山而住。人風衣著言音，與中天不殊。土地稍冷於中天等也，亦無霜雪，但有風冷。土地所有，出象、□布、稻麥，驢騾少有。其王有馬百疋，首領三五疋，百姓並無。西是平川，東近雪山。國内足寺足僧，大小乘俱行。

又《蘇跋那具怛羅國》 又一月程過雪山，東有一小國，名蘇跋那具怛羅。屬土蕃國所管。衣著與北天相似，言音即別。土地極寒也。

又《吒社國》 又從此闍蘭達羅國西行，經一月，至一社吒國。言音稍別，大分相似。衣著人風，土地所出，節氣寒暖，與北天相似。亦足寺足僧，大小乘俱行。王及首領百姓等大敬信三寶。

又《新頭故羅國》 又從此吒國西行一月，至新頭故羅國。衣著風俗，節氣寒暖，與北天相似。言音稍別。此國極足駱駝，國人取乳酪喫也。王及百姓等大敬三寶，足寺足僧。即造《順正理論》衆賢論師，是此國人也。此國大小乘俱行。見今大寔侵，半國損也。即從此國乃至五天，不多飲酒。遍歷五天，不見有醉人相打之者。縱有飲者，得色得力而已。不見有歌舞作劇飲宴之者。

又從北天國有一寺，名多摩三磨娜。佛在之日，來此説法，廣度人天。此寺東澗裏，於泉水邊有一塔，而佛所剃頭及剪爪甲，在此塔中。此見有三百餘僧。寺有大辟支佛牙及骨舍利等。更有七八所寺，各五六百人。大好住持，王及百姓等非常敬信。

又山中有一寺，名那揭羅馱娜。有一漢僧於此寺身亡。彼大德説，從中天來。明閑三藏聖教，將欲還鄉，忽然違和，便即化矣。于時聞説，莫不傷心，便題四韻，以悲冥路。五言：

故里燈無主，他方寶樹摧。神靈去何處，玉貌已成灰。憶想哀情切，悲君願不隨。孰知鄉國路，空見白雲歸。

又《迦葉彌羅國》 又從此北行十五日，入山至迦羅國。此迦彌羅，亦是北天數。此國稍大，王有三百頭象。住在山中，道路險惡。不被外國所侵。人民極衆，貧多富少。王及首領諸富有者，衣著與中天不殊。自外百姓，悉被毛毯，覆其形醜。

土地出銅鐵、□布、毛毯，牛羊，有象，少馬、粳米。蒲桃之類。土地極寒，不同已前諸國。秋霜冬雪，夏足霜雨。百卉亘青葉彫，冬草悉枯。

川谷狹小，南北五日程，東西一日行，土地即盡，餘並蔭山。屋並板木覆上，不用草瓦。

王及首領百姓等甚敬三寶。國内有一龍池，彼龍王每日供養千一羅漢僧。雖無人見彼聖僧食，亦過齋已，即見餅飯從水下紛紛亂上，以此得知。迄今供養不絶。

王及大首領出外乘象，小官乘馬，百姓並皆途步。國内足寺足僧。大小乘俱行。

五天國法，上至國王至國王王妃、王子，下至首領及妻，隨其力能，各自造寺也。還別作，不共修營。彼云各自功德，何須共造？此既如然，餘王子等亦爾。

凡造寺供養，即施村莊百姓供養三寶。無有空造寺不施百姓者，爲外國法。王及妃姤，各別村莊百姓。王子首領，各有百姓。布施自由，不王也。

造寺亦然，須造即造，亦不問王，王亦不敢遮，怕拈罪也。若富有百姓，雖無村莊布施，亦勵力造寺，以自經紀。得物供養三寶。爲五天不賣人，無有奴婢。要須布施百姓村薗也。

又《建馱羅國》 又從迦葉彌羅國西北隔山一月程，至建馱羅。此王及兵馬，總是突厥，土人是胡，兼有婆羅門。此國舊是罽賓王王化，爲此突厥王阿耶領一部落兵馬，投彼罽賓王。於後突厥兵盛，便煞彼罽賓王，自爲國主，因茲國境，突厥霸王此國已北，並住中。其山並燋無草及樹。衣著人風、言音節氣並別。衣是皮毬、□衫、靴袴之類。土地宜大麥小麥，全無黍粟及稻。人多食麨及餅。

唯除迦葉彌羅、大□、小□、揚同等國。即此建馱羅國，乃至五天崑崙等國。總無蒲□□□甘蔗。

此突厥王象有五頭，羊馬無數，駝騾驢等甚多。漢地與胡□□□□□迴不過。向南爲道路險惡，多足劫賊。從茲已北，西業者多，市店之間，極多屠殺。

此王雖是突厥，甚敬信三寶。王、王妃、王子、首領等，各各造寺，供養三寶。此王每年兩迴設無遮大齋，但是緣身所受用之物，妻及象馬等，並皆捨施。唯妻及象，令僧斷價，王還自贖。自餘駝馬、金銀、衣物、家具，聽僧貨賣，自分利養。此王不同餘已北突厥也。兒女亦然，各各造寺，設齋捨施。

此城俯臨辛頭大河北岸而置。此城西三日程，有一大寺，即是天親菩薩、無著菩薩所住之寺。此寺名葛諾歌，有一大塔，每常放光。此寺及塔，舊時葛諾歌王造，從王立寺名也。

又此城東南□里，即是佛過去爲尸毘王救鴿處。見有寺有僧。又佛過去捨頭捨眼餧五夜叉等處，並在此國中。在此城東南山裏，各有寺有僧，見今供養。此國大小乘俱行。

又《烏長國》 又從此建馱羅國正北入山三日程，至烏長國，彼自云鬱地引那。此王大敬三寶，百姓村莊多分施入寺家供養，少分自留以供養衣食。設齋供養，每日是常。足寺足僧，僧稍多於俗人也。專行大乘法也。衣著、飲食、人風與建馱羅國相似，言音不同。土地足駝騾、羊馬、□布之類。節氣甚冷。

又《拘衛國》 又從烏長國東北入山十五日程，至拘衛國，彼自呼云奢摩褐羅闍國。此王亦敬信三寶。有寺有僧。衣著、言音與烏長國相似。著□衫袴等。亦有羊馬等也。

又《覽波國》 又從此建馱羅國西行入山七日，至覽波國。此國無王，有大首領，亦屬建馱羅國所管。衣著、言音與建馱羅國相似。亦有寺有僧，敬信三寶。行大乘法。

唐·樊綽《蠻書》卷一〇《南蠻疆界接連諸蕃夷國名·大秦婆羅門》 大秦婆羅門國，界永昌北，與彌諸國江西正東安西城樓接界，東去蠻陽苴咩城四十日程。蠻王善之，街來其國。

又《小婆羅門》 小婆羅門，與驃國及彌臣國接界，在永昌北七十四日程。俗不食牛肉，預知身後事。出貝齒、白蝎、越諸。共大耳國往來，蠻夷善之，信其國。

《舊唐書》卷一九八《西戎傳·天竺國》 天竺國，即漢之身毒國，或云婆羅門地也。在葱嶺西北，周三萬餘里。其中分爲五天竺：其一曰中天竺，二曰東天竺，三曰南天竺，四曰西天竺，五曰北天竺。地各數千里，城邑數百。南天竺際大海，北天竺拒雪山，四周有山爲壁，南面一谷，通爲國門；東天竺東際大海，與扶南、林邑鄰接；西天竺與罽賓、波斯相接；中天竺據四天竺之會，其都城周回七十餘里，北臨禪連河。雲昔有婆羅門領徒千人，肄業於樹下，樹神降之，遂爲夫婦。宮室自然而立，僮僕甚盛。於是使役百神，築城以統之，經日而就。此後有阿育王，複役使鬼神，累石爲宮闕，皆雕文刻鏤，非人力所及。阿育王頗行苛政，置炮烙之刑，謂之地獄，今城中見有其迹焉。

中天竺王姓乞利咥氏，或云剎利氏，世有其國，不相篡弑。厥土卑濕暑熱，稻歲四熟，有金剛，似紫石英，百煉不銷，可以切玉。又有旃檀、郁金諸香。通於大秦，故其寶物或至扶南、交趾貿易焉。百姓殷樂，俗無簿籍，耕王地者輸地利。以齒貝爲貨。人皆深目長鼻。致敬極者，舐足摩踵。家有奇樂倡伎。其王與大臣多服錦罽。上爲螺髻於頂，餘髮剪之使拳。俗皆徒跣。衣重白色，唯梵志種姓披白疊以爲異。死者或焚屍取灰，以爲浮圖；或委之中野，以施禽獸；或流之於河，以飼魚鼈。無喪紀之文。謀反者幽殺之，小犯罰錢以贖罪。不孝則斷手刖足，截耳割鼻，放流邊外。有文字，善天文算曆之術。其人皆學《悉曇章》，雲是梵天法。書于貝多樹葉以紀事。不殺生飲酒。國中往往有舊佛迹。

宋・王溥《唐會要》卷一〇〇《天竺國》　即漢之身毒，或云摩伽佗，或云婆羅門。地在葱嶺之南，去月氏東南數千里。地方三萬餘里，其中分爲五。南天竺南際大海，北天竺北距雪山，四周有山爲壁，南面一谷，通爲國門。東天竺東際大海，與扶南連，但隔小海而已。西天竺與罽賓、波斯相接。中天竺據四天竺之間。國並有王，而俱以天竺爲名。隋煬帝志通西域，諸國多至，惟天竺不通。

《新唐書》卷二二一上《西域傳上・天竺國》　天竺國，漢身毒國也，或曰摩伽陀，曰婆羅門。去京師九千六百里，都護治所二千八百里。居葱嶺南，幅圓三萬里，分東、西、南、北、中五天竺，皆城邑數百。南天竺瀕海，出師子、豹、犬軍、橐它、犀、象、火齊、琅玕、石蜜、黑鹽。北天竺距雪山，圜抱如壁，南有穀，通爲國門。東天竺際海，與扶南、林邑接。西天竺與罽賓、波斯接。中天竺在四天竺之會，都城曰茶鎛和羅城，濱迦毗黎河。有别城數百，皆置長；别國數十，置王。曰舍衛；曰迦没路，開戶皆東向；曰迦尸，或曰波羅奈，亦曰波羅那斯。其畜有稍割牛，黑色，角細，長四尺許，十日一割，不然困且死。人飲其血，或曰壽五百歲，牛壽如之。

中天竺王姓乞利咥氏，亦曰刹利，世有其國，不篡殺。土溽熱，稻歲四熟。禾之長者没橐它。以貝齒爲貨。有金剛、旃檀、郁金，與大秦、扶南、交趾相貿易。人富樂，無簿籍，耕王地者乃輸稅。以舐足摩踵爲致禮。家有奇樂倡伎。王大臣皆服錦罽，爲螺髻於頂，餘髮翦使卷。男子穿耳垂璫，或懸金，耳緩者爲上類；徒跣，衣重白。婦人項飾金、銀、珠纓絡，死者燔骸取灰，建窣堵，或委野中及河，餌鳥獸魚鱉，無喪紀。謀反者幽殺之；小罪贖錢；不孝者斷手足，劓耳鼻，徙于邊。有文字，善步曆，學《悉曇章》，妄曰梵天法。書貝多葉以記事。尚浮圖法，不殺生飲酒，國中處處指曰佛故迹也。信盟誓，傳禁咒，能致龍起雲雨。

罽賓

《隋書》卷八三《西戎傳・漕國》　漕國，在葱嶺之北，漢時罽賓國也。其王姓昭武，字順達，康國王之宗族。都城方四里。勝兵者萬餘人。國法嚴整，殺人及賊盜皆死。其俗淫祠。葱嶺山有順天神者，儀制極華，金銀鍱爲屋，以銀爲地，祠者日有千餘人。祠前有一魚脊骨，其孔中通，馬騎出入。國王戴金魚頭冠，坐金馬座。土多稻、粟、豆、麥；饒象、馬、封牛、金、銀、鑌鐵、氍氀、朱砂、青黛、安息、青木等香、石蜜、半蜜、黑鹽、阿魏、没藥、白附子。北去帆延七百里，東去刦國六百里，東北去瓜州六千六百里。

唐・釋玄奘《大唐西域記》卷一《三十四國・迦畢試國》　迦畢試國周四千餘里，北背雪山，三陲黑嶺。國大都城周十餘里。宜穀麥，多果木，出善馬、鬱金香。異方奇貨，多聚此國。氣序風寒，人性暴獷，言辭鄙褻，婚姻雜亂。文字大同睹貨邏國，習俗、語言、風教頗異。服用毛氎，衣兼皮褐。貨用金錢、銀錢及小銅錢，規矩模樣異於諸國。王，刹利種也，有智略，性勇烈，威懾鄰境，統十餘國。愛育百姓，敬崇三寶，歲造丈八尺銀佛像，兼設無遮大會，周給貧窶，惠施鰥寡。伽藍百餘所，僧徒六千餘人，並多習學大乘法教。窣堵波、僧伽藍崇高弘敞，廣博嚴淨。天祠數十所，異道千餘人，或露形，或塗灰，連絡髑髏，以爲冠鬘。

唐・釋慧超《往五天竺國傳・罽賓國》　又從此覽波國而行入山，經於八日程，至罽賓國。此國亦是建馱羅王所管。此王夏在罽賓，逐涼而坐，冬往建馱羅，趁暖而住。彼即無雪，暖而不寒。其罽賓國冬天積雪，爲此冷也。

此國土人是胡，王及兵馬突厥。衣著、言音、食飲與吐火羅國大同少異。無問男之與女，並皆著□布衫袴及靴。男女衣服，無有差别。男人並剪鬚髮，女人髮在。土地出駝騾、羊馬、驢牛、□布、蒲桃、大小二麥、欝金香等。

國人大敬信三寶，足寺足僧。百姓家各絲造寺，供養三寶。大城中有一寺，名沙糸寺。寺中見佛螺髻、骨舍利見在，王官百姓每日供養。此國行小乘。亦住山裏，山頭無有草木，恰似火燒山也。

《舊唐書》卷一九八《西戎傳・罽賓國》 罽賓國，在葱嶺南，去京師萬二千二百里。常役屬於大月氏。其地暑濕，人皆乘象，土宜秔稻，草木凌寒不死。其俗尤信佛法。

宋・王溥《唐會要》卷九九《罽賓國》 在葱嶺之南。其地有涇水，皆南流，注于南海。人皆乘象。土宜種稻，多甘蔗、葡萄，草木凌寒不死。尤信佛法。南去舍衛國三千五百里，罕通上國，聞中夏有聖君，故遣使來朝。

《新唐書》卷二二一上《西域傳上・罽賓》 罽賓，隋漕國也，居葱嶺南，距京師萬二千里而贏，南距舍衛三千里。王居脩鮮城，常役屬大月氏。地暑濕，人乘象，俗治浮屠法。

師子國

唐・釋玄奘《大唐西域記》卷一一《二十三國・僧伽羅國》 僧伽羅國，周七千餘里。國大都城周四十餘里。土地沃壤，氣序温暑，稼穡時播，花果具繁。人戶殷盛，家產富饒。其形卑黑，其性獷烈。好學尚德，崇善勤福。

又《寶渚傳説》 此國本寶渚也，多有珍寶，棲止鬼神。其後南印度有一國王，女娉鄰國，吉日送歸，路逢師子，侍衛之徒棄女逃難，女在輿中，心甘喪命。時師子王負女而去，入深山，處幽谷，捕鹿采果，以時資給。既積歲月，遂孕男女，形貌同人，性種畜也。男漸長大，力格猛獸。年方弱冠，人智斯發，請其母曰：『我何謂乎？父則野獸，母乃是人，既非族類，如何配偶？』母乃述昔事以告其子。子曰：『人畜殊途，宜速逃逝。』母曰：『我先已逃，不能自濟。』其子于後逐師子父，登山逾嶺，察其遊止，可以逃難。伺父去已，遂擔負母妹，下趨人里。母曰：『宜各慎密，勿説事源，人或知聞，輕鄙我等。』於是至父本國，國非家族，宗祀已滅。投寄邑人，人謂之曰：『爾曹何國人也？』曰：『我本此國，流離異域，子母相攜，來歸故里。』人皆哀湣，更共資給。其師子王還無所見，追戀男女，憤恚既發，便出山谷，往來村邑，咆哮震吼，暴害人物，殘毒生類，邑人輒出，遂取而殺。擊鼓吹貝，負弩持矛，羣從成旅，然後免害。其王懼仁化之不洽也，乃縱獵者，期於擒獲。王躬率四兵，衆以萬計，掩薄林藪，彌跨山谷。師子震吼，人畜辟易。既不擒獲，尋復招募，其有擒執師子除國患者，當酬重賞，式旌茂績。其子聞王之令，乃謂母曰：『饑寒已甚，宜可應募，或有所得，以相撫育。』母曰：『言不可若是！彼雖畜也，猶謂父焉，豈以艱辛，而興逆害？』子曰：『人畜異類，禮義安在？既以違阻，此心何冀？』乃袖小刀，出應招募。是時千衆萬騎，雲屯霧合，師子踞在林中，人莫敢近。子即其前，父遂馴伏，於是乎親愛忘怒，乃剸刃於腹中，尚懷慈愛，猶無忿毒，乃至刳腹，含苦而死。王曰：『斯何人哉，若此之異地？』誘之以福利，震之以威禍，然後具陳始末，備述情事。王曰：『逆哉！父而尚害，況非親乎？畜種難馴，凶情易動。除民之害，其功大矣；斷父之命，其心逆矣。重賞以酬其功，遠放以誅其逆，則國典不虧，王言不貳。』於是裝二大船，多儲糧糗。母留在國，周給賞功，子女各從一舟，隨波飄蕩。其男船泛海至此寶渚，見豐珍玉，便於中止。其後商人采寶，復至渚中，乃殺其商主，留其子女。如是繁息，子孫衆多，遂立君臣，以位上下，建都築邑，據有疆域。以其先祖擒執師子，因舉元功，而爲國號。其女船者，泛至波剌斯西，神鬼所魅，產育羣女，故今西大女國是也。故師子國人形貌卑黑，方頤大顙，情性獷烈，安忍鴆毒，斯亦猛獸遺種。故其人多勇健。斯一説也。

又《佛教二部》 僧伽羅國先時惟宗淫祀。佛去世後第一百年，無憂王弟摩醯因陁羅舍離欲愛，志求聖果，得六神通，具八解脱，足步虚空，來游此國，弘宣正法，流布遺教。自茲已降，風俗淳信。伽藍數百所，僧徒二萬餘人，遵行大乘上座部法。佛教至後二百餘年，各擅專門，分成二部：一曰摩訶毗訶羅住部，斥大乘，習小教。二曰阿跋耶祇厘住部，學兼二乘，弘演三藏。僧徒乃戒行貞潔，定慧凝明，儀范可師，濟濟如也。

王宫側有佛牙精舍，高數百尺，瑩以珍珠，飾之奇寶。精舍上建表柱，置鉢曇摩羅伽大寶，寶光赫奕聯暉，照曜晝夜，遠望爛若明星。王以佛牙日三灌洗，香水香末，或濯或焚，務極珍奇，式修供養。

佛牙精舍側有小精舍，亦以衆寶而爲瑩飾。中有金佛像，此國先王等身而鑄，肉髻則貴寶飾焉。其後有盜，伺欲竊取，而重門周檻，衛守清切。盜乃鑿通孔道，入精舍而穴之，遂欲取寶，像漸高遠。其盜既不果求，退而歎曰：『如來在昔修菩薩行，起廣大心，發弘誓願，上自身命，下至國城，悲湣四生，周給一切。今者，如何遺像吝寶？靜言於此，不明昔行。』佛乃俯首而授寶焉。是盜得已，尋持貨賣，人或見者，咸謂之曰：『此寶乃先王金佛像頂髻寶也，爾從何獲，來此鬻賣？』遂擒以白王。王問所從得，盜曰：『佛自與我，我非盜也。』王以爲不誠，命使觀驗，像猶俯首。王睹聖靈，信心淳固，不罪其人，重贖其寶，莊嚴像髻，重置頂焉。像因俯首，以至於今。

王宮側建大廚，日營萬八千僧食。食時既至，僧徒持鉢受饌，既得食已，各還其居。自佛教流被，建斯供養，子孫承統，繼業至今。十數年來，國中政亂，未有定主，乃廢斯業。

唐·杜環《經行記·師子國》 師子國，亦曰新檀，又曰婆羅門，即南天竺也。國之北，人盡胡貌，秋夏炎旱。國之南，人盡獠面，四時霖雨，從此始有佛法寺舍。人皆儋耳，布裹腰。

宋·王溥《唐會要》卷一〇〇《師子國》 在西南大海中洲。來使云，其洲中有山，名稜伽，古佛遊處。國中有王，以一善化，人皆以清浄學道爲務。

又 卷九九《婆利國》 （火珠）或云出獅子國，國在西南海中。有稜伽山，出奇寶。人到初無所見，但署寶物價直，置于洲上，商舶依價，貨之而去。其國以能馴養獅子，故以爲國名。

《新唐書》卷二二一下《西域傳下·師子》 師子，居西南海中，延袤二千餘里，有稜伽山，多奇寶，以寶置洲上，商舶償直輒取去。後鄰國人稍往居之。能馴養師子，因以名國。

研判中亞諸國國情分部

康國

隋·韋節《西蕃記》 康國人並善賈，男年五歲則令學書，少解則遣學賈，以得利多爲善。其人好音聲。以六月一日爲歲首，至此日，王及人庶並服新衣，翦髮鬚。在國城東林下七日馬射，至欲罷日，置一金錢於帖上，射中者則得一日爲王。俗事天神，崇敬甚重。云神兒七月死，失骸骨，事神之人每至其月，俱著黑疊衣，徒跣撫胸號哭，涕淚交流。丈夫婦女三五百人散在草野，求天兒骸骨，七日便止。國城外別有二百餘戶，專知喪事，別築一院，院內養狗。每有人死，即往取屍，置此院內，令狗食之，肉盡收骸骨，埋殯無棺槨。

《隋書》卷八三《西域傳·康國》 康國者，康居之後也。遷徙無常，不恒故地，然自漢以來相承不絕。其王本姓溫，月氏人也。舊居祁連山北昭武城，因被匈奴所破，西踰葱嶺，遂有其國。支庶各分王，故康國左右諸國並以昭武爲姓，示不忘本也。王字代失畢，爲人寬厚，甚得衆心。其妻突厥達度可汗女也。都於薩寶水上阿禄迪城。城多衆居。大臣三人共掌國事。其王索髮，冠七寶金花，衣綾羅錦繡白疊。其妻有髻，幪以皂巾。丈夫翦髮錦袍。名爲强國，而西域諸國多歸之。米國、史國、曹國、何國、安國、小安國、那色波國、烏那曷國、穆國皆歸附之。有胡律，置於祆祠，決罰則取而斷之。重罪者族，次重者死，賊盜截其足。

人皆深目高鼻，多鬚髯。善於商賈，諸夷交易多湊其國。有大小鼓、琵琶、五絃、箜篌、笛。婚姻喪制與突厥同。國立祖廟，以六月祭之，諸國皆來助祭。俗奉佛，爲胡書。氣候溫，宜五穀，勤修園蔬，樹木滋茂。出馬、駝、騾、驢、封牛、黄金、鐃沙、香、阿薩那香、瑟瑟、麖皮、氍毹、錦疊。多蒲陶酒，富家或致千石，連年不敗。

唐·釋玄奘《大唐西域記》卷一《三十四國·颯秣建國》 颯秣建國周千六七百里，東西長，南北狹。國大都城週二十餘里，極險固，多居人。異方寶貨，多聚此國。土地沃壤，稼穡備植，林樹蓊鬱，花果滋茂，多出善馬。機巧之技，特工諸國。氣序和暢，風俗猛烈。凡諸胡國，此爲其中。進止威儀，近遠取則。其王豪勇，鄰國承命。兵馬强盛，多是赭羯。赭羯之人，其性勇烈，視死如歸，戰無前敵。

唐·杜環《經行記·康國》　康國在米國西南三百餘里，一名薩末建。土沃人富，國小。

《舊唐書》卷一九八《西戎傳·康國》　康國，即漢康居之國也。其王姓温，月氏人。先居張掖祁連山北昭武城，爲突厥所破，南依葱嶺，遂有其地。枝庶皆以昭武爲姓氏，不忘本也。其人皆深目高鼻，多鬚髯。丈夫翦髮或辮髮。其王冠氈帽，飾以金寶。婦人盤髻，幪以皁巾，飾以金花。人多嗜酒，好歌舞於道路。生子必以石蜜納口中，明膠置掌內，欲其成長口常甘言，掌持錢如膠之黏物。俗習胡書。善商賈，爭分銖之利。男子年二十，即遠之旁國，來適中夏，利之所在，無所不到。以十二月爲歲首。有婆羅門爲之占星候氣，以定吉凶。頗有佛法。至十一月，鼓舞乞寒，以水相潑，盛爲戲樂。

宋·王溥《唐會要》卷九九《康國》　本康居之苗裔也。其王本姓温氏，其人土著役屬於突厥，先居祁連之北昭武城，爲匈奴所破，南依葱嶺，遂有其地。枝庶强盛，分王鄰國，皆以昭武爲姓氏，不忘本也。俗多蒲萄酒。勝兵三千人。深目高鼻，多鬚髯。生子必以蜜納口中，以膠置手內，欲其成長，口常甘言，持錢如膠之粘物，習書善賈，爭分銖之利。男子二十，即送之他國，來過中夏，利之所在，無所不至。以十二月爲歲首。有婆羅門爲其占星候氣，以定吉凶。至十一月，鼓舞乞寒，以水相潑，盛爲戲樂。

《新唐書》卷二二一《西域傳下·康》　康者，一曰薩末鞬，亦曰颯秣建，元魏所謂悉萬斤者。其南距史百五十里，西北距西曹百餘里，東南屬米百里，北中曹五十里。在那密水南，大城三十，小堡三百。君姓温，本月氏人。始居祁連北昭武城，爲突厥所破，稍南依葱嶺，即有其地。枝庶分王，曰安，曰曹，曰石，曰米，曰何，曰火尋，曰戊地，曰史，世謂『九姓』，皆氏昭武。土沃宜禾，出善馬，兵彊諸國。人嗜酒，好歌舞于道。王帽氈，飾金雜寶。女子盤髻，幪黑巾，綴金蘤。生兒以石蜜啖之，置膠於掌，欲長而甘言，持珤若黏云。習旁行書。善商賈，好利，丈夫年二十，去傍國，利所在無不至。以十二月爲歲首，尚浮圖法，祠祆神，出機巧技。十一月鼓舞乞寒，以水交潑爲樂。

安國

《隋書》卷八三《西域傳·安國》　安國，漢時安息國也。王姓昭武氏，與康國王同族，字設力登。妻，康國王女也。都在那密水南，城有五重，環以流水。宮殿皆爲平頭。王坐金駝座，高七八尺。每聽政，與妻相對，大臣三人評理國事。風俗同於康國，唯妻其姊妹，及母子遞相禽獸，此爲異也。

國之西百餘里有畢國，可千餘家。其國無君長，安國統之。

唐·釋玄奘《大唐西域記》卷一《三十四國·喝捍》　喝捍國，周千餘里。土宜風俗，同颯秣建國。

《新唐書》卷二二一下《西域傳下·安》　安者，一曰布豁，又曰捕喝，元魏謂忸蜜者。東北至東安，西南至畢，皆百里所。西瀕烏滸河，治阿濫謐城，即康居小君長罽王故地。大城四十，小堡千餘。募勇健者爲柘羯。柘羯，猶中國言戰士也。【略】

東安，或曰小國，曰喝汗，在那密水之陽，東距何二百里許，西南至大安四百里。治喝汗城，亦曰籛斤。大城二十，小堡百。

曹國

《隋書》卷八三《西域傳·曹國》　曹國，都那密水南數里，舊是康居之地也。國無主，康國王令子烏建領之。都城方三里。勝兵千餘人。國中有得悉神，自西海以東諸國並敬事之。其神有金人焉，金破羅闊丈有五尺，高下相稱。每日以駝五頭、馬十匹、羊一百口祭之，常有千人食之不盡。東南去康國百里，西去何國百五十里，東去瓜州六千六百里。

唐·釋玄奘《大唐西域記》卷一《三十四國·劫布呾那》　劫布呾那國，周千四五百里，東西長，南北狹。土宜風俗，同颯秣建國。

宋·王溥《唐會要》卷九八《曹國》　理那蜜水，古康居之地。俗與康國同。附于突厥，勝兵千餘人。好淫祠，罄資産而無悔。去瓜州六千

里。【略】

又有中曹國，在西曹國之東，康國之北。其所治謂之迦布底真城，在平川。其人長大，工于戰。

又有西曹國，理那蜜水南瑟底痕城，東南去康國一百里，西北至河國二百里，南與史國界接，北與波覽國界接。其城東北四十里，有越于底城，内有得悉神，遠近敬信之。有金義金破羅，濶一丈五尺。每日所祭羊馬，千人食之不盡。并有金銀器，其上題云『漢天子所賜神器』。

唐·段成式《酉陽雜俎》卷四《境異·蘇都識匿》 蘇都識匿國有夜叉城。城舊有野叉，其窟見在。人近窟往者五百餘家，窟口作舍，設關籥，一年再祭。人有逼窟口，煙氣出，先觸者死，因以屍抛窟中，其窟不知深淺。

又 卷一〇《物異·蛇磧》 蘇都瑟匿國西北有蛇磧，南北虵原五百餘里，中間遍蛇毒氣如烟，飛鳥墜地。蛇因吞食，或大小相噬，及食生草。

《新唐書》卷二二一下《西域傳下·東曹》 東曹，或曰率都沙那，蘇對沙那，劫布呾那，蘇都識匿，凡四名。居波悉山之陰，漢貳師城地也。東北距俱戰提二百里，北至石，西至康，東北寧遠，皆四百里許，南至吐火羅五百里。有野叉城，城有巨窟，嚴以關鑰，歲再祭，人向窟立，中即煙出，先觸者死。

中曹者，居西曹東，康之北。王治迦底真城。其人長大，工戰鬬。

西曹者，隋時曹也，南接史及波覽，治瑟底痕城。東北越於底城有得悉神祠，國人事之。有金具器，款其左曰：『漢時天子所賜。』

石國

《隋書》卷八三《西域傳·石國》 石國，居於藥殺水，都城方十餘里。其王姓石，名涅。國城之東南立屋，置座於中，正月六日、七月十五日以王父母燒餘之骨，金甕盛之，置于牀上，巡遶而行，散以花香雜果，王率臣下設祭焉。禮終，王與夫人出就別帳，臣下以次列坐，享宴而罷。有粟麥，多良馬。其俗善戰，曾貳於突厥，射匱可汗興兵滅之，令特勤甸職攝其國事。南去鏺汗六百里，東南去瓜州六千里。

唐·釋玄奘《大唐西域記》卷一《三十四國·赭時國》 赭時國，周千餘里。西臨葉河。東西狹，南北長。土宜氣序，同笯赤建國。城邑數十，各別君長，既無總主，役屬突厥。

唐·杜環《經行記·石國》 其國城一名赭支，一名大宛。天寶中，鎮西節度使高仙芝擒其王及妻子歸京師。

國中有二水，一名真珠河，一名質河。並西北流，土地平敞，多果實，出好犬良馬。

宋·王溥《唐會要》卷九九《石國》 石國，其俗善戰，多良馬。西北去瓜州六千里。

《新唐書》卷二二一下《西域傳下·石》 石，或曰柘支，曰柘折，曰赭時，漢大宛北鄙也。去京師九千里。東北距西突厥，西北波臘，南二百里所抵俱戰提，西南五百里康也。圓千餘里，右涯素葉河。王姓石，治柘折城，故康居小王窳匿城地。西南有藥殺水，入中國謂之真珠河，亦曰質河。東南有大山，生瑟瑟。俗善戰，多良馬。隋大業初，西突厥殺其王，以特勒甸職統其國。武德、貞觀間，數獻方物。顯慶三年，以瞰羯城爲大宛都督府，授其王瞰土屯攝舍提於屈昭穆都督。【略】久之，安西節度使高仙芝劾其無蕃臣禮，請討之。王約降，仙芝遣使者護送至開遠門，俘以獻，斬闕下，於是西域皆怨。王子走大食乞兵，攻怛邏斯城，敗仙芝軍，自是臣大食。

米國

《隋書》卷八三《西域傳·米國》 米國，都那密水西，舊康居之地也。無王。其城主姓昭武，康國王之支庶，字閉拙。都城方二里。勝兵數百人。西北去康國百里，東去蘇對沙那國五百里，西南去史國二百里，東去瓜州六千四百里。

唐·釋玄奘《大唐西域記》卷一《三十四國·弭秣賀》 弭秣賀國，周四五百里。據川中。東西狹，南北長。土宜風俗，同颯秣建國。從此北至劫布呾那國。唐言曹國。

《新唐書》卷二二一下《西域傳下·米》 米，或曰彌末，曰弭秣賀。北百里距康。其君治鉢息德城，永徽時爲大食所破。

何國

《隋書》卷八三《西域傳・何國》　何國，都那密水南數里，舊是康居之地也。其王姓昭武，亦康國王之族類，字敦。都城方二里。勝兵千人。其王坐金羊座。東去曹國百五十里，西去小安國三百里，東去瓜州六千七百五十里。

唐・釋玄奘《大唐西域記》卷一《三十四國・屈霜你迦》　屈霜你迦國，周千四五百里，東西狹，南北長。土宜風俗，同颯秣建國。

《新唐書》卷二二一下《西域傳下・何》　何，或曰屈霜你迦，曰貴霜匿，即康居小王附墨城故地。城左有重樓，北繪中華古帝，東突厥、婆羅門，西波斯、拂菻等諸王，其君旦詣拜則退。

史國

《隋書》卷八三《西域傳・史國》　史國，都獨莫水南十里，舊康居之地也。其王姓昭武，字逖遮，亦康國王之支庶也。都城方二里。勝兵千餘人。俗同康國。北去康國二百四十里，南去吐火羅五百里，西去那色波國二百里，東北去米國二百里，東去瓜州六千五百里。

唐・釋玄奘《大唐西域記》卷一《三十四國・羯霜那國》　羯霜那國，周千四五百里。土宜風俗，同颯秣建國。

唐・釋道宣《釋迦方誌》卷上《遺迹》　羯霜那國云史國也，周可千五百里。又西南二百餘里，入大山，山路絕險，又少人物。東南山行三百餘里，至鐵門關，左右石壁，其色如鐵。鐵固門扉，懸鈴尚在，即漢塞之西門也。

《舊唐書》卷九《玄宗紀下》　（天寶三載）冬十月癸巳，幸温泉宮。丁未，改史國爲來威國。

宋・王溥《唐會要》卷九九《史國》　居近獨莫水，北與康國同域。中有神祠，每祭羊十口。自隋以來，國漸强盛，乃創置使爲城郭都邑。二萬餘家。

其那色波國，亦謂之小史國，爲史國役屬。

《新唐書》卷二二一下《西域傳下・史》　史，或曰佉沙，曰羯霜那，居獨莫水南康居小王蘇薤城故地。西百五十里距那色波，北二百里屬米，南四百里吐火羅也。有鐵門山，左右巉峭，石色如鐵，爲關以限二國，以金錮闔。城有神祠，每祭必千羊，用兵類先禱乃行。國有城五百。隋大業中，其君狄遮始通中國，號最彊盛，築乞史城，地方數千里。【略】天寶中，詔改史爲來威國。

唐・釋慧超《往五天竺國傳・安國、曹國、史國、石騾國、米國、康國》　又從大寔國已東，並是胡國，即是安國、曹國、史國、石騾國、米國、康國等。雖各有王，並屬大寔所管。爲國狹小，兵馬不多，不能自護。土地出駝騾、羊馬、疊布之類。衣著疊衫袴等及皮毬。言音不同諸國。

又此六國總事火祆，不識佛法。唯康國有一寺，有一僧，又不解敬也。此等胡國，並剪鬚髮。愛著白□帽子。極惡風俗，婚姻交雜，納母及姊妹爲妻。波斯國亦納母爲妻。其吐火羅國乃至罽賓國、犯引國、謝□國等，兄弟十人、五人、三人、兩人共娶一妻，不許各娶一婦，恐破家計。

火尋

《新唐書》卷二二一下《西域傳下・火尋》　火尋，或曰貨利習彌，曰過利，居烏滸水之陽。東南六百里距戊地，西南與波斯接，西北抵突厥曷薩，乃康居小王奧鞬城故地。其君治急多颶遮城。諸胡惟其國有車牛，商賈乘以行諸國。

烏那曷

《隋書》卷八三《西域傳・烏那曷》　烏那曷國，都烏滸水西，舊安息之地也。王姓昭武，亦康國種類，字佛食。都城方二里。勝兵數百人。王坐金羊座。東北去安國四百里，西北去穆國二百餘里，東去瓜州七千五百里。

穆國

《隋書》卷八三《西域傳・穆國》　穆國，都烏滸河之西，亦安息之地，與烏那曷爲鄰。其王姓昭武，亦康國王之種類也，字阿濫密。都城方三里。勝兵二千人。東北去安國五百里，東去烏那曷二百餘里，西去波斯國四千餘里，東去瓜州七千七百里。

那色波

《新唐書》卷二二一下《西域傳下·那色波》　那色波，亦曰小史，蓋爲史所役屬。居吐火羅故地，東阨葱嶺，西接波剌斯，南雪山。

拔汗那

《隋書》卷八三《西域傳·鏺汗》　鏺汗國，都葱嶺之西五百餘里，古渠搜國也。王姓昭武，字阿利柒。都城方四里。勝兵數千人。王坐金羊牀，妻戴金花。俗多朱砂、金、鐵。東去疏勒千里，西去蘇對沙那國五百里，西北去石國五百里，東北去突厥牙二千餘里，東去瓜州五千五百里。

唐·釋慧超《往五天竺國傳·跋賀那國》　又從康國已東，即跋賀那國。有兩王。縛又大河，當中西流。河南一王屬大寔，河北一王屬突厥所管。土地亦出駝騾、羊馬、疊布之類。衣著皮裘疊布。食多餅麨。言音各別，不同餘國。不識佛法，無有寺舍僧尼。

唐·杜環《經行記·拔汗那國》　拔汗那國，在恒邏斯南千里，東隔山。去疎勒二千餘里，西去石國千餘里。城有數十，兵有數萬。大唐天寶三年，嫁和義公主於此。國土有波羅林，林下有毬場。又有野鼠，遍於山谷。土宜蒲萄、馣羅果、香棗、桃、李。從此至西海，盡居土室，衣羊皮疊布，男子婦人皆著鞾，婦人不飾鉛粉，以青黛塗眼而已。

唐·段成式《酉陽雜俎》卷四《境異》　拔汗那，十二月十九日，王及酋領分爲兩朋，各出一人着甲，衆人執瓦石棒杖，東西互擊，甲人先死即止，以占當年豐儉。

《新唐書》卷二二一下《西域傳下·寧遠》　寧遠者，本拔汗那，或曰鏺汗，元魏時謂破洛那。去京師八千里。居西鞬城，在真珠河之北。有大城六，小城百。人多壽。其王自魏、晉相承不絕。每元日，王及首領判二朋，朋出一人被甲鬬，衆以瓦石相之，有死者止，以卜歲善惡。

貞觀中，王契苾爲西突厥瞰莫賀咄所殺，阿瑟那鼠匿奪其城。鼠匿死，子遏波之立契苾兄子阿了參爲王，治呼悶城；遏波之治渴塞城。

骨咄

唐·釋玄奘《大唐西域記》卷一《三十四國·珂咄羅國》　珂咄羅國，東西千餘里，南北千餘里。國大都城周二十餘里。東接葱嶺至拘謎陀國。

唐·釋道宣《釋迦方誌》卷上《遺迹》　珂咄羅國，廣從千餘里。王城周二十餘里。

唐·釋慧超《往五天竺國傳·骨咄國》　又跋賀那國東有一國，名骨咄國。此王元是突厥種族。當土百姓，半胡半突厥。土地出駝騾、羊馬、牛驢、蒲桃、疊布、毛毯之類。衣著疊布皮裘。言音半吐火羅半突厥，半當土。王及首領百姓等敬信三寶。有寺有僧。行小乘法。此國屬大寔所管。外國雖云道國，共漢地一箇大州相似。此國男女剪鬚髮。女人在髮。

《新唐書》卷二二一下《西域傳下·骨咄》　骨咄，或曰珂咄羅。廣長皆千里。王治思助建城。多良馬、赤豹。有四大鹽山，山出烏鹽。

吐火羅

《隋書》卷八三《西域傳·吐火羅》　吐火羅國，都葱嶺西五百里，與挹怛雜居。都城方二里。勝兵者十萬人，皆習戰。其俗奉佛。兄弟同一妻，迭寢焉，每一人入房，戶外挂其衣以爲志。生子屬其長兄。其山穴中有神馬，每歲牧牝馬於穴所，必產名駒。南去漕國千七百里，東去瓜州五千八百里。大業中，遣使朝貢。

唐·釋玄奘《大唐西域記》卷一《三十四國·覩貨邏國故地總述》　出鐵門，至覩貨邏國故地。南北千餘里，東西三千餘里。東阨葱嶺，西接波剌斯，南大雪山，北據鐵門，縛芻大河中境西流。自數百年，王族絕嗣，酋豪力競，各擅君長，依川據險，分爲二十七國。雖畫野區分，總役屬突厥。氣序既温，疾疫亦衆。冬末春初，霖雨相繼。故此境已南，濫波已北，其國風土，並多温疾。而諸僧徒以十二月十六日入安居，三月十五日解安居，斯乃據其多雨，亦是設教隨時也。其俗則志性恇怯，容貌鄙陋，粗知信義，不甚欺詐。語言去就，稍異諸國。字源二十五言，轉而相生，用之備物，書以橫讀，自左向右，文記漸多，逾廣窣利。多衣□，少服褐。貨用金、銀等錢，模樣異於諸國。

唐·釋道宣《釋迦方誌》卷上《遺迹》　睹貨邏國古云吐出羅也之故地，南北千餘，東西三千餘。東拒葱嶺，西接波斯，南大雪山，北據鐵門，縛蒭大河中境西流，其中自分二十七國。僧以十二月十六日安居，由温熱多雨故也。

唐·釋慧超《往五天竺國傳·吐火羅國》　又從此犯引國北行二十日，至吐火羅國。王住城名爲縛底那。見今大寔兵馬，在彼鎮押。其王被其王被逼，走向東一月程，在蒲持山住。見屬大寔所管。言音與諸國別，共罽賓國少有相似，多分不同。衣著皮毬、□布等。上至國王，下及黎庶，皆以皮毬爲上服。土地足駝騾羊馬、□布蒲桃。食唯愛餅。土地寒冷，冬天霜雪也。

國王首領及百姓等甚敬三寶。足寺足僧。行小乘法。食內及葱韮等。不事外道。男人並剪鬚髮，女人在髮。土地足山。

宋·王溥《唐會要》卷九九《吐火羅國》　在葱嶺之西數百里，與挹怛雜居。勝兵五萬。國近吐蕃。多男子，少婦人，故兄弟通室。婦人五夫，則首戴五角；十夫，則首戴十角。男子無兄弟，則與他人結爲昆季，方始得妻；不然，則終身無婦矣。被服文字，與于闐略同。其有屋，類頗黎。山南岩穴中有神馬，國人每牧馬于其側，産名駒汗血馬。北界接西域大宛之地。

《新唐書》卷二二一下《西域傳下·吐火羅》　吐火羅，或曰土豁羅，曰覩貨邏，元魏謂吐呼羅者。居葱嶺西，烏滸河之南，古大夏地。與挹怛雜處。勝兵十萬。國土著，少女多男。北有頗黎山，其陽穴中有神馬，國人游牧牝于側，生駒輒汗血。其王號『葉護』。

俱蜜

唐·釋玄奘《大唐西域記》卷一《三十四國·拘謎陀國》　拘謎陁國東西二千餘里，南北二百餘里，據大葱嶺中。國大都城周二十餘里。西南鄰縛芻河，南接尸棄尼國。

唐·釋道宣《釋迦方誌》卷上《遺迹》　拘謎陀國，廣二千餘里，從二百餘里。據大葱嶺之中。王城周二十餘里。西南臨縛芻河。國南接尸棄尼國。南度此河，至達摩悉帝等國。

《新唐書》卷二二一下《西域傳下·俱蜜》　俱蜜者，治山中。在吐火羅東北，南臨黑河。其王突厥延陀種。

怖捍

唐·釋玄奘《大唐西域記》卷一《三十四國·怖捍》　怖捍國週四千餘里，山周四境。土地膏腴，稼穡滋盛，多花果，宜羊馬。氣序風寒，人性剛勇，語異諸國，形貌醜弊。自數十年，無大君長，酋豪力競，不相賓伏，依川據險，畫野分都。

《新唐書》卷二二一下《西域傳下·怖捍》　石東南千餘里，有怖捍者，山四環之，地膏腴，多馬羊。西千里距堵利瑟那，東臨葉葉水，水出葱嶺北原，色濁，西北流入大磧。無水草，望大山，尋遺骴，知所指，五百餘里即康也。

挹怛

《隋書》卷八三《西域傳·挹怛》　挹怛國，都烏滸水南二百餘里，大月氏之種類也。勝兵者五六千人。俗善戰。先時國亂，突厥遣通設字詰强領其國。都城方十餘里。多寺塔，皆飾以金。兄弟同妻。婦人有一夫者，冠一角帽，夫兄弟多者，依其数爲角。南去漕國千五百里，東去瓜州六千五百里。

《新唐書》卷二二一下《西域傳下·挹怛》　挹怛國，漢大月氏之種。大月氏爲烏孫所奪，西過大宛，擊大夏臣之。治藍氏城。大夏即吐火羅也。嚈噠，王姓也，後裔以姓爲國，訛爲挹怛，亦曰挹闐。俗類突厥。

俱蘭

唐·釋玄奘《大唐西域記》卷一二《二十二國·屈浪拏國》　屈浪拏國，睹貨邏國故地也，周二千餘里。土地山川，氣序時候，同淫薄健國。俗無法度，人性鄙暴，多不營福，少信佛法。其貌醜弊，多服氈褐。有山巖，中多出金精，琢析其石，然後得之。伽藍既少，僧徒亦寡。其王淳質，敬崇三寶。

宋·王溥《唐會要》卷一〇〇《俱蘭國》 前亦名俱羅弩國，與吐火羅接，南抵雪山。地險窄，物産惟出金精。

《新唐書》卷二二一下《西域傳下·俱蘭》 俱蘭，或曰俱羅弩，曰屈浪拏，與吐火羅接，環地三千里，南大雪山，北俱魯河。出金精，琢石取之。

劫國

《新唐書》卷二二一下《西域傳下·劫》 劫者，居葱嶺中，西及南距賒彌，西北挹怛也，去京師萬二千里。氣常熱，有稻、麥、粟、豆。畜羊馬。俗死棄於山。

越底延

《新唐書》卷二二一下《西域傳下·越底延》 越底延者，南三千里距天竺，西北千里至賒彌，東北五千里至瓜州，居辛頭水之北。其法不殺人，重罪流，輕罪放。無租税。俗翦髮，被錦袍，貧者白。自澡潔。氣温，多稻、米、石蜜。

似没

《新唐書》卷二二一下《西域傳下·似没》 似没者，北接石。土俗與康同。

役槃

《新唐書》卷二二一下《西域傳下·役槃》 役槃，亦與康鄰。出良馬。

研判西亞諸國國情分部

綜述

波斯

《隋書》卷八三《西域傳·波斯》 波斯國，都達曷水之西蘇藺城，即條支之故地也。其王字庫薩和。都城方十餘里。勝兵二萬餘人，乘象而戰。國無死刑，或斷手刖足，没家財，或剃去其鬚，或繫排於項，以爲標異。人年三歲已上，出口錢四文。妻其姊妹。人死者，棄屍於山，持服一月。王著金花冠，坐金師子座，傅金屑於鬚上以爲飾。衣錦袍，加瓔珞於其上。土多良馬，大驢，師子，白象，大鳥卵，真珠，頗黎，獸魄，珊瑚，琉璃，碼碯，水精，瑟瑟，呼洛羯，吕騰，火齊，金剛，金，銀，瑜石，銅，鑌鐵，錫，錦疊，細布，氍毹，毾㲪，護那，越諾布，檀，金縷織成，赤麖皮，朱沙，水銀，薰陸、鬱金、蘇合、青木等諸香，胡椒，畢撥，石蜜，半蜜，千年棗，附子，訶黎勒，無食子，鹽綠，雌黄。突厥不能至其國，亦羈縻之。波斯每遣使貢獻。西去海數百里，東去穆國四千餘里，西北去拂菻四千五百里，東去瓜州萬一千七百里。

唐·釋玄奘《大唐西域記》卷一一《二十三國·波剌斯國》 波剌斯國周數萬里，國大都城號蘇剌薩儻那，週四十餘里。川土既多，氣序亦異，大抵温也。引水爲田，人戶富饒。出金、銀、鍮石、頗胝、水精、奇珍異寶，工織大錦、細褐、氍毹之類，多善馬、橐駝。貨用大銀錢。人性躁暴，俗無禮義。文字、語言異于諸國，無學藝，多工技，凡諸造作，鄰境所重。婚姻雜亂，死多棄屍。其形偉大，齊髮露頭，衣皮褐，服錦氎。戶課賦税，人四銀錢。天祠甚多，提那跋外道之徒爲所宗也。伽藍二三，僧徒數百，並學小乘教説一切有部法。釋伽佛缽在此王宮。國東境有鶴秣城，內城不廣，外郭周六十餘里。居人衆，家産富。

唐·釋道宣《釋迦方誌》卷下《遺迹之餘》 波剌斯國非印度攝，周數萬里。都城周四十餘里，人物甚盛。寺有三所，僧數百人。天祠甚多，土出金、銀、鍮石、頗胝、水精。死多棄尸。佛鉢在王宮中。東境有鶴秣城，郭周六十餘里，人衆盛。西北接拂懍國。

唐·釋慧超《往五天竺國傳·波斯國》 又從吐火羅國西行一月，至波斯國。此王先管大寔，大寔是波斯王放駝戶，於後叛，便殺彼王，自立爲主。然今此國却被大寔所吞。衣舊著寬□布衫，剪鬢髮。食唯餅肉。縱然有米，亦磨作餅喫也。土地出駝騾羊馬，出高大驢、□布寶物。言音各別，不同餘國。土地人性，受與易。常於西海汎舶，入南海，向師子國，取諸寶物，所以彼國云出寶物。亦向崑崙國取金。亦汎舶漢地，直至廣州，取綾絹絲綿之類。土地出好細疊。國人愛煞生。事天，不識佛法。

唐·杜環《經行記·波斯國》 （波斯）自被大食滅，至天寶末，已百餘年矣。

《舊唐書》卷一九八《西戎傳·波斯國》 波斯國，在京師西一萬五千三百里，東與吐火羅、康國接，北鄰突厥之可薩部，西北拒拂菻，正西及南俱臨大海。戶數十萬。其王居有二城，復有大城十餘，猶中國之離宮。其王初嗣位，便密選子才堪承統者，書其名字，封而藏之。王死後，大臣與王之羣子共發封而視之，奉所書名者爲主焉。其王冠金花冠，坐獅子床，服錦袍，加以瓔珞。俗事天地日月水火之諸神，西域諸胡事火祆者，皆詣波斯受法焉。其事神，以麝香和蘇塗鬚髮點額，及於耳鼻，用以爲敬，拜必交股。文字同于諸胡。男女皆徒跣。丈夫剪髮，戴白皮帽，衣不開襟，並有巾帔，多用蘇方青白色爲之，兩邊緣以織成錦。婦人亦巾帔裙衫，辮髮垂後，飾以金銀，其國乘象而戰，每一象，戰士百人，有敗衄者則盡殺之。國人生女，年十歲已上有姿貌者，其王收而養之，以賞有功之臣。俗右尊而左卑。以六月一日爲歲首。斷獄不爲文書約束，口決於庭。其繫囚無年限，唯王者代立則釋之。其叛逆之罪，就火祆燒鐵灼其舌，瘡白者爲理直，瘡黑者爲有罪。其刑有斷手、刖足、髡鉗、劓刖，輕罪剪鬚，或繫牌于項以志之，經時月而釋焉。其强盜一入獄，至老更不出，小盜罰以銀錢。死亡則棄之於山，制服一月而即吉。氣候暑熱，土地寬平，知耕種，多畜牧，有鳥形如橐駝，飛不能高，食草及肉，亦能啖犬攫羊，土人極以爲患。又多白馬、駿犬，或赤日行七百里者，駿犬今所謂波斯犬也。出騾及大驢、師子、白象、珊瑚樹高一二尺、琥珀、車渠、瑪瑙、火珠、玻璃、琉璃、無食子、香附子、訶黎勒、胡椒、蓽撥、石蜜、千年棗、甘露桃。

隋大業末，西突厥葉護可汗頻繁破其國，波斯王庫薩和爲西突厥所殺，其子施利立，葉護因分其部帥監統其國，波斯竟臣於葉護。及葉護可汗死，其所令監統者因自擅於波斯，不復役屬於西突厥。施利立一年卒，乃立庫薩和之女爲王，突厥又殺之。施利之子單羯方奔拂菻，於是國人迎而立之，是爲伊怛支，在位二年而卒。兄子伊嗣候立。【略】伊嗣候懦弱，爲大首領所逐，遂奔吐火羅，未至，亦爲大食兵所殺。其子名卑路斯，又投吐火羅葉護，獲免。

宋·王溥《唐會要》卷一〇〇《波斯國》 在京師西一萬五千里。戶數十萬。其王初嗣位，便密選諸子才堪承統者名字，封而藏之。王死後，大臣與王之羣子共發封而視之，奏所書名，爲王焉。俗事天地、日月、水火諸神。西域諸國事火祆者，皆詣波斯受法焉。以六月一日爲歲首。繫囚無年限，惟王代立，則釋之。地多名馬，駿者日行七百里。又多駿犬，今所謂波斯犬也。出騾及大驢。

《新唐書》卷二二一下《西戎傳下·波斯》 波斯，居達遏水西，距京師萬五千里而贏。東與吐火羅、康接，北鄰突厥可薩部，西南皆瀕海，西北贏四千里，拂菻也。人數十萬，其先波斯匿王，大月氏別裔，王因以姓，又爲國號。治二城，有大城十餘。俗尊右下左，祠天地日月水火。祠夕，以麝揉蘇，澤耏顏鼻耳。西域諸胡受其法，以祠祆。拜必交股。俗徒跣，丈夫祝髮，衣不剖襟，青白爲巾帔，緣以錦。婦辮髮著後。戰乘象，一象士百人，負則盡殺。斷罪不爲文書，決于廷。叛者鐵灼其舌，瘡白爲直，黑爲曲。刑有髡、鉗、刖、劓，小罪耏，或繫木於頸，以時月而置。劫盜囚終老，偷者輸銀錢。凡死，棄於山，服閱月除。氣常歊熱，地夷漫，知耕種畜牧。有鷲鳥，能啖羊。多善犬、騾、大驢。產珊瑚，高不三尺。

陀拔斯單者，或曰陀拔薩憚。其國三面阻山，北瀕小海。居婆里城，世爲波斯東大將。波斯滅，不肯臣大食。【略】爲黑衣大食所滅。

大食

唐・釋慧超《往五天竺國傳・大食國》　又從波斯國北行十日入山，至大寔國。彼王不住本國，見向小拂臨國住也。爲打得彼國，彼國復居山島。處所極窄，爲此就彼。土地出駝騾羊馬。疊布毛毯，亦有寶物。衣著細疊寬衫，衫上又披一疊布，以爲上服。王及百姓衣服，一種無別。女人亦著寬衫。男人剪髮在鬚，女人在髮。喫食無問貴賤，與同一盆而食。手把亦匙箸取，見極惡。云自手煞而食，得福無量。國人愛煞事天，不識佛法。國法無有跪拜法也。

唐・杜環《經行記・大食國》　大食一名亞俱羅。其大食王號暮門，都此處。其士女瓌偉長大，衣裳鮮潔，容止閑麗。女子出門，必擁蔽其面。無問貴賤，一日五時禮天，食肉作齋，以殺生爲功德。繫銀帶，佩銀刀，斷飲酒，禁音樂。人相爭者，不至毆擊，又有禮堂，容數萬人。每七日，王出禮拜，登高座爲衆説法曰：『人生甚難，天道不易，姦非劫竊，細行謾言，安己危人，欺貧虐賤，有一於此，罪莫大焉。凡有征戰，爲敵所戮，必得生天，殺其敵人，獲福無量。』率土稟化，從之如流。法唯從寬，葬唯從儉，郛郭之內，里閈之中，土地所生，無物不有，四方輻輳，萬貨豐賤，錦繡珠貝，滿於市肆。駝馬驢騾，充於街巷，刻石蜜爲盧舍，有似中國寶轝。每至節日，將獻貴人，琉璃器皿，鍮石瓶鉢，蓋不可數算。粳米白麵，不異中華。其果有楄桃，又千年棗，其蔓菁根大如斗而圓，味甚美，餘菜亦與諸國同。蒲萄大者如雞子。香油貴者有二，一名耶塞漫，一名没匝師，香草貴者有二：一名查塞菶，一名葜蘆茇。

綾絹機杼，金銀匠，畫匠，漢匠起作畫者，京兆人樊淑、劉泚，織絡者，河東人樂隈、呂禮。又以橐駝駕車，其馬，俗云西海濱龍與馬交所産也，腹肚小，脚腕長，善者日走千里。其駝小而緊，背有孤峯，良者日馳千里。又有駝鳥，高四尺以上，脚似駝蹄，頸項勝得人騎，行五六里，其卵大如三升。又有薺樹，實如夏棗，堪作油，食除瘴。其氣候温，土地無冰雪。人多瘧痢，一年之內，十中五死。今吞滅四五十國，皆爲所役屬，多分其兵鎮守，其境盡於西海焉。

《舊唐書》卷一九八《西戎傳・大食國》　大食國，本在波斯之西。大業中，有波斯胡人牧駝於俱紛摩地那之山，忽有獅子人語謂之曰：『此山西有三穴，穴中大有兵器，汝可取之。穴中並有黑石白文，讀之便作王位。』胡人依言，果見穴中有石及槊刃甚多，上有文，教其反叛。於是糾合亡命，渡恒曷水，劫奪商旅，其衆漸盛，遂割據波斯西境，自立爲王。波斯、拂菻各遣兵討之，皆爲所敗。

永徽二年，始遣使朝貢。其王姓大食氏，名噉密莫末膩，自云有國已三十四年，歷三主矣。其國男兒色黑多須，鼻大而長，似婆羅門；婦人白皙。亦有文字。出駝馬，大於諸國。兵刃勁利。其俗勇於戰鬬，好事天神。土多沙石，不堪耕種，唯食駝馬等肉。俱紛摩地那山在國之西南，鄰于大海，其王移穴中黑石置之於國。又嘗遣人乘船，將衣糧入海，經八年而未及西岸。海中見一方石，石上有樹，幹赤葉青，樹上總生小兒，長六七寸，見人皆笑，動其手脚，頭著樹枝，其使摘取一枝，小兒便死，收在大食王宮。又有女國，在其西北，相去三月行。

宋・王溥《唐會要》卷一〇〇《大食國》　波斯之別種也。大業中，有波斯回紇合亡命渡恒曷水，劫奪商旅，其衆漸盛，遂割據波斯西境，自立爲王。其王姓大食氏，名噉蜜莫末膩，自云有國已四十四年，歷三主矣。俗勇于鬬戰。土多沙石，不堪耕種，唯食駞馬肉。西鄰大海，常遣人乘船將衣糧入海，經八年而未極西岸。中有一方石，上有樹，幹赤葉青，上總生小兒，長六寸，見人皆笑動。其手脚既著樹枝，若使摘取一枝，小兒便死。

《新唐書》卷二二一下《西域傳下・大食》　大食，本波斯地。男子鼻高，黑而髯。女子白皙，出輒鄣面。日五拜天神。銀帶，佩銀刀，不飲酒舉樂。有禮堂容數百人，率七日，王高坐爲下説曰：『死敵者生天上，殺敵受福。』故俗勇於鬭。土磽礫不可耕，獵而食肉。刻石蜜爲廬如輿狀，歲獻貴人。蒲陶大者如雞卵。有千里馬，傳爲龍種。

隋大業中，有波斯國人牧於俱紛摩地那山，有獸言曰：『山西三穴，有利兵，黑石而白文，得之者王。』走視，如言。石文言當反，乃詭衆裒亡命于恒曷水，劫商旅，保西鄙自王，移黑石寶之。國人往討之，皆大敗還，於是遂强。滅波斯，破拂菻，始有粟麥倉庾。南侵婆羅門，並諸國，勝兵至四十萬。康、石皆往臣之。其地廣萬里，東距突騎施，西南屬海。

海中有撥拔力種，無所附屬。不生五穀，食肉，刺牛血和乳飲之。俗無衣服，以羊皮自蔽。婦人明皙而麗。多象牙及阿末香，波斯賈人欲往市，必數千人納氎鑱血誓，乃交易。兵多牙角，而有弓、矢、鎧、槊，士至二十萬，數爲大食所破略。【略】

或曰大食族中有孤列種，世酋長，號白衣大食。種有二姓，一曰盆尼末換，二曰奚深。有摩訶末者，勇而智，衆立爲王。辟地三千里，克夏臘城。傳十四世，至末換，殺兄伊疾自王，下怨其忍。有呼羅珊木鹿人並波悉林將討之，徇衆曰：『助我者，皆黑衣。』俄而衆數萬，即殺末換，求奚深種孫阿蒲羅拔爲王，更號黑衣大食。蒲羅死，弟阿蒲恭拂立。至德初，遣使者朝貢。代宗取其兵平兩京。阿蒲恭拂死，子迷地立。死，弟訶論立。貞元時，與吐蕃相攻，吐蕃歲西師，故鮮盜邊。十四年，遣使者含嵯、烏雞、沙北三人朝，皆拜中郎將，賚遣之。傳言其國西南二千里山谷間，有木生花如人首，與語輒笑，則落。

末祿

唐·杜環《經行記·末祿國》 末祿國在亞梅國西南七百餘里。胡姓末者，茲土人也。其城方十五里，用鐵爲城門，城中有鹽池，又有兩所佛寺，其境東西百四十里，南北百八十里，村柵連接，樹木交映，四面合匝，總是流沙，南有大河，流入其境，分渠數百，溉灌一州。其土沃饒，其人淨潔。牆宇高厚，市鄽平正，木既彫刻，土亦繪畫。

又有細軟疊布，羔羊皮裘，估其上者，值銀錢數百。果有紅桃，白，遏白黃李，瓜大者名尋支，十餘人飡一顆輒足。

越瓜長四尺以上，菜有蔓菁、蘿蔔、長葱、顆葱、芸臺、胡苽、葛藍、軍達、茴香、英薤、瓠蘆，尤多蒲萄。又有黃牛、野馬、水鴨、石鷄，其俗以五月爲歲，每歲以畫缸相獻。有打毬節、鞦韆節，其大食東道使鎮此。從此至西海以來，大食波斯，參雜居止，其俗禮天，不食自死肉及宿肉，以香油塗髮。

《新唐書》卷二二一下《西域傳下·大食》 （大食）東有末祿，小國也。治城郭，多木姓。以五月爲歲首，以畫缸相獻。有尋支瓜，大者十人食乃盡。蔬有顆葱、葛藍、軍達、茇薤。

苫國

唐·杜環《經行記·苫國》 苫國在大食西界，周迴數千里。造屋兼瓦，壘石爲壁。米穀殊賤，有大川東流入阿俱羅，商客糴此糶彼，往來相繼，人多魁梧，衣裳寬大，有似儒服。其苫國有五節度，有兵馬一萬以上，北接可薩突厥，可薩北又有突厥，足似牛蹄，好噉人肉。

《新唐書》卷二二一下《西域傳下·大食》 大食之西有苫者，亦自國。北距突厥可薩部，地數千里。有五節度，勝兵萬人。土多禾。有大川，東流入亞俱羅。商賈往來相望云。

火辭彌

宋·王溥《唐會要》卷一〇〇《大辭彌國》 與波斯接。風俗亦與波斯同。

《新唐書》卷二二一下《西域傳下·火辭彌》 火辭彌，與波斯接。

謝颶

唐·釋玄奘《大唐西域記》卷一二《二十二國·漕矩吒國》 漕矩吒國周七千餘里。國大都城號鶴悉那，週三十餘里，或都鶴薩羅城，城週三十餘里，並堅峻險固也。山川隱軫，疇壟爽塏。穀稼時播，宿麥滋豐。草木扶疏，花果茂盛，宜鬱金香，出興瞿草，草生羅摩印度川。鶴薩羅城中踴泉流派，國人利之，以溉田也。氣序寒烈，霜雪繁多。人性輕躁，情多詭詐。好學藝，多伎術，聰而不明，日誦數萬言。文字言辭，異于諸國。多飾虛談，少成事實。雖祀百神，敬崇三寶。伽藍數百所，僧徒萬餘人，並皆習學大乘法教。今王淳信，累葉承統，務興勝福，敏而好學。無憂王所建窣堵波十餘所。

天祠數十，異道雜居，計多外道，其徒極盛，宗事稠那天。其天神昔自迦畢試國阿路猱山徙居此國南界稠那呬羅山中，作威作福，爲暴作惡。信求者遂願，輕蔑者遭殃，故遠近宗仰，上下祇懼。鄰國異俗君臣僚庶，每歲喜辰不期而會，或齎金銀奇寶，或以牛馬馴畜，競興貢奉，俱伸誠素。所以金銀布地，羊馬滿谷，無敢覬覦，唯修施奉。宗事外道，克心苦行，天神授其咒術，外道遵行多效，治療疾病，頗蒙痊癒。

唐・釋慧超《往五天竺國傳・謝颶國》 又從此罽賓國西行至七日謝颶國，彼自呼云社護羅薩他那。土人是胡，王及兵馬即是突厥。其王即是罽賓王姪兒，自把部落兵馬住此於國，不屬餘國，亦不屬阿叔。此王及首領雖是突厥，極敬三寶。足寺足僧。行大乘法。有一大突厥首領名娑鐸幹每年一迴設，金銀無數，多於彼王。衣著人風，土地所出，與罽賓王相似。言音各別。

《新唐書》卷二二一下《西域傳下・謝颶》 謝颶居吐火羅西南，本曰漕矩吒，或曰漕矩，顯慶時謂訶達羅支，武后改今號。東距罽賓，東北帆延，皆四百里。南婆羅門，西波斯，北護時健。其王居鶴悉那城，地七千里，亦治阿娑你城。多鬱金、瞿草。瀵泉灌田。國中有突厥、罽賓、吐火羅種人雜居，罽賓取其子弟持兵以禦大食。

犯引

唐・釋玄奘《大唐西域記》卷一《三十四國・梵衍那國》 梵衍那國，東西二千餘里，南北三百餘里，在雪山之中也。人依山谷，逐勢邑居。國大都城據崖跨谷，長六七里，北背高巖。有宿麥，少花果，宜畜牧，多羊馬。氣序寒烈，風俗剛獷，多衣皮褐，亦其所宜。文字、風教、貨幣之用，同覩貨邏國。語言少異，儀貌大同。淳信之心，特甚鄰國。上自三寶，下至百神，莫不輸誠，竭心宗敬。商估往來者，天神現徵祥，示祟變，求福德。伽藍數十所，僧徒數千人，宗學小乘說出世部。

唐・釋道宣《釋迦方誌》卷上《遺迹》 梵衍那國，廣二千餘里，從三百餘里，在雪山中。城依巖險。寺有數十，僧數千人，學小乘出世部。王城東北山阿有大石佛，高一百五十尺，金寶莊飾。又東寺左有鍮石釋迦立像，高百餘尺，分身別鑄，合成立之。城東三里寺，有涅槃臥素佛，長千餘尺，亦金寶莊之。東南二百餘里，度大雪山東，寺有佛齒及劫初獨覺齒，長五寸餘，廣減四寸。又有金輪王齒，長三寸，廣二寸。又有商諾迦縛娑即商那和修，傳法第三師大阿羅漢鐵鉢，受九升許，并九條僧伽胝絳赤色，設諸草皮之所績成。以其先世於解夏日持此草施僧，福力所被，五百中陰身生恒服之，從胎俱出，逐身而長，阿難度時變爲法服，受具已後，又變爲九條。其齒鉢等並金緘之。羅漢證滅入邊際定，智願力故，留袈裟，待遺法盡方乃變壞。今已少損，信有徵矣。

唐・釋慧超《往五天竺國傳・犯引國》 又從謝□國北行七日，至犯引國。此王是胡，不屬餘國。兵馬强多，諸國不敢來侵。衣著□布衫、皮毬、氎衫等類。土地出羊馬、□布之屬，甚足蒲桃。土地有雪，極寒。住多依山。王及首領、百姓等大敬三寶。足寺足僧。行大小乘法。此國及謝□等，亦並剪於鬢髮。人風大分與罽賓相似，別異處多。當土言音，不同餘國。

《新唐書》卷二二一下《西域傳下・帆延》 帆延者，或曰望衍，曰梵衍那。居斯卑莫運山之旁，西北與護時健接，東南距罽賓，西南訶達羅支，與吐火羅連境。地寒，人穴處。王治羅爛城，有大城四五。水北流入烏滸河。

護蜜

唐・釋玄奘《大唐西域記》卷一二《二十二國・達摩悉鐵帝國》 達摩悉鐵帝國在兩山間，覩貨邏國故地也。東西千五六百餘里，南北廣四五里，狹則不踰一里。臨縛芻河，盤紆曲折，堆阜高下，沙石流漫，寒風淒烈。唯植麥豆，少樹林，乏花菓。多出善馬，馬形雖小而耐馳涉。俗無禮義，人性獷暴，形貌鄙陋，衣服氈褐。眼多碧綠，異於諸國。伽藍十餘所，僧徒寡少。

唐・釋道宣《釋迦方誌》卷上《遺迹》 達摩鐵悉帝國一名鑊侃國一名護密國，即覩貨羅之故地也，在兩山間，東西千五百里，南北減百里，或狹不踰十里，東臨縛芻河。寺有十餘，僧數蓋少。城寺石像上懸金銅圓蓋，衆寶飾之。人有旋繞，蓋亦隨轉，人止便止。四周石壁，莫測其然。有說聖力使之，或謂機關之祕。

唐・釋慧超《往五天竺國傳・胡蜜國》 又從吐火羅國東行七日，至胡蜜王住城。當來於吐火羅國。逢漢使入蕃，略題四韻，取辭五言：君恨西蕃遠，余嗟東路長。道荒宏雪嶺，險澗賊途倡。鳥飛驚峭嶷，人去偏樑□。平生不捫淚，今日灑千行。【略】

此胡蜜王，兵馬少弱，不能自護。見屬大寔所管，每年輸稅絹三千疋。住居山谷，處所狹小。百姓貧多，衣著皮裘氈衫，王著綾絹疊布。食唯餅餎。土地極寒，甚於餘國。言音與諸國不同。所出羊牛，極小不大。亦有馬騾。

有僧有寺。行小乘法。王及首領、百姓等。總事佛，不歸外道，所以此國無外道。男並剪除鬢髮，女人在頭。住居山裹，其山無有樹水及於百草。

《新唐書》卷二二一下《西域傳下・護蜜》 護蜜者，或曰達摩悉鐵帝，曰鑊侃，元魏所謂鉢和者，亦吐火羅故地。東南直京師九千里而贏，橫千六百里，縱狹纔四五里。王居塞迦審城，北臨烏滸河。地寒沍，堆阜曲折，沙石流漫。有豆、麥，宜木果，出善馬。人碧瞳。顯慶時以地爲鳥飛州，王沙鉢羅頡利發爲刺史。地常四鎮入吐火羅道，故役屬吐蕃。

識匿

唐・釋玄奘《大唐西域記》卷一二《二十二國・尸棄尼》 尸棄尼國周二千餘里，國大都城週五六里。山川連屬，沙石遍野。多宿麥，少穀稼，林樹稀疏，花果寡少。氣序寒烈，風俗獷勇，忍於殺戮，務於盜竊，不知禮義，不識善惡，迷未來禍福，懼現世災殃。形貌鄙陋，皮褐爲服。文字同睹貨邏國，語言有異。

唐・釋慧超《往五天竺國傳・識匿國》 又胡蜜國北山裹，有九箇識匿國。九箇王各領兵馬而住。有一箇王，屬胡蜜王。自外各並自住，不屬餘國。近有兩窟王，來投於漢國。使命安西，往來絕。

唯王首領，衣著疊布皮裘。自餘百姓，唯是皮裘氈衫。土地極寒，爲居雪山，不同餘國。亦有羊馬牛驢。言音各別，不同諸國。彼王常遣三二百人於大播蜜川，劫彼與胡及於使命。縱劫得絹，積在庫中，聽從壞爛，亦不解作衣著也。此識匿等國，無有佛法也。

宋・王溥《唐會要》卷一〇〇《瑟匿國》 北接石國。其俗不好商賈，風俗與康國略同。

《新唐書》卷二二一下《西域傳下・識匿》 識匿，或曰尸棄尼，曰瑟匿。東南直京師九千里，東五百里距葱嶺守捉所，南三百里屬護蜜，西北五百里抵俱蜜。初治苦汗城，後散居山谷。有大谷五，酋長自爲治，謂之五識匿。地二千里，無五穀。人喜攻剽，劫商賈。播蜜川四谷稍不用王號令。俗窟室。

研判歐洲大秦國情分部

綜述

拂臨國

唐・釋玄奘《大唐西域記》卷一一《二十三國・波剌斯等三國》 拂懍國，境壤風俗，同波剌斯，形貌語言，稍有乖異。多珍寶，亦富饒也。

唐・釋道宣《釋迦方誌》卷下《遺迹之餘》 拂懍國，非印度。出伯狗子，本赤頭鴨，生於穴中。案《梁貢職圖》云：『去波斯北一萬里，西南海島有西女國，非印度。拂懍年別送男夫配焉。』彼圖又云：『波羅斯西一萬里，極婆羅門國南一萬里，又是婆羅門。』以今往度，疑太遼遠。

唐・釋慧超《往五天竺國傳・大拂臨國》 大拂臨國，此王兵馬強多，不屬餘國。大寔數迴討擊不得，突厥侵亦不得。土地足寶物，甚足駞、騾、羊、馬、疊布等物。衣著與波斯大相似，言音各別不同。

唐・杜環《經行記・拂菻國》 拂菻國在苫國西。隔山數千里，亦曰大秦。其人顏色紅白，男子悉著素衣，婦人皆服珠錦，好飲酒，尚乾餅，多工巧，善織絡，或有俘在諸國，守死不改鄉風，琉璃妙者，天下莫比。

王城方八十里，四面境土，各數千里。勝兵約有百萬，常與大食相禦。西枕西海，南枕南海，北接可薩突厥。西海中有市，客主同和，我往則彼去，彼來則我歸。賣者陳之於前，買者酬之於後，皆以其直置於物傍，待領直然後收物，名曰『鬼市』。

《舊唐書》卷一九八《西戎傳・拂菻國》 拂菻國，一名大秦，在西海之上，東南與波斯接，地方萬餘里，列城四百，邑居連屬。其宮宇柱櫳，多以水精琉璃爲之。有貴臣十二人共治國政，常使一人將囊隨王車，百姓有事者，即以書投囊中，王還宮省發，理其枉直。其王無常人，簡賢者而立之。國中災異及風雨不時，輒廢而更立。其王冠形如鳥舉翼，冠及瓔珞，皆綴以珠寶，著錦繡衣，前不開襟，坐金花床。有一鳥似鵝，其毛綠色，常在王邊倚枕上坐，每進食有毒，其鳥輒鳴。其都城疊石爲之，尤絕高峻，凡有十萬餘戶，南臨大海。城東面有大門，其高二十餘丈，自上及下，飾以黄金，光輝燦爛，連曜數里。自外至王室，凡有大門三重，列異寶雕飾。第二門之樓中，懸一大金秤，以金丸十二枚屬於衡端，以候日之十二時焉；爲一金人，其大如人，立於側，每至一時，其金丸輒落，鏗然發聲，引唱以紀日時，毫釐無失。其殿以瑟瑟爲柱，黄金爲地，象牙爲門扇，香木爲棟樑。其俗無瓦，擣白石爲末，羅之塗屋上，其堅密光潤，還如玉石。至於盛暑之節，人厭囂熱，乃引水潛流，上遍於屋宇，機制巧密，人莫之知。觀者惟聞屋上泉鳴，俄見四簷飛溜，懸波如瀑，激氣成涼風，其巧妙如此。

風俗，男子剪髮，披帔而右袒，婦人不開襟，錦爲頭巾。家資滿億，封以上位。有羊羔生於土中，其國人候其欲萌，乃築牆以院之，防外獸所食也。然其臍與地連，割之則死，唯人著甲走馬及擊鼓以駭之，其羔驚鳴而臍絕，便逐水草。俗皆髡而衣繡，乘輜軿白蓋小車，出入擊鼓，建旌旗幡幟。土多金銀奇寶，有夜光璧、明月珠、駭雞犀、大貝、車渠、瑪瑙、孔翠、珊瑚、琥珀，凡西域諸珍異多出其國。隋煬帝常將通拂菻，竟不能致。

宋・王溥《唐會要》卷九九《拂菻國》　一名大秦，在西海之國北，東南與波斯接，地方萬里，列城四百，邑居連屬。其宮室柱棁，多以水晶琉璃爲之。有貴臣十二，共理國正事。常使一人將囊，隨王車，百姓有事者即以事投囊中，王至宮省發，理其枉直。其王無常，人簡賢者立之。國有災異及風雨不時，即廢之。有鳥似鶴，其毛綠色，常在王邊，倚枕上坐。每進食有毒，其鳥輒鳴。戶十萬餘。南臨大海。城東面有一大門，高二十丈，飾以黄金。凡有大門三重。第二大門之樓，懸一金秤，以金丸十二枚，繫于衡端，以候日之十二時焉。爲一金人，其大如人，立於側。每至一時，其金丸輒落，鏗然發聲，金人即應聲引唱，以紀日時，毫釐無差。其殿以瑟瑟爲柱，黄金爲地，象牙爲門扇，香木爲棟梁。無瓦，以白石末塗屋上，如玉石焉。盛夏之時，引水潛上屋四簷飛溜，激氣成涼風。有羊生于土中，其國人候其欲萌，乃築墻以院之，防外獸所食，然其臍與地連，割之則死。惟人著甲走馬，及擊銅鼓以駭之，其羊驚鳴而臍絕，便逐水草。諸珍寶，多出其國。隋煬帝常欲通之，竟不能致。

《新唐書》卷二二一下《西域傳下・扶菻》　拂菻，古大秦也，居西海上，一曰海西國。去京師四萬里，在苫西，北直突厥可薩部，西瀕海，有遲散城，東南接波斯。地方萬里，城四百，勝兵百萬。十里一亭，三亭一置。臣役小國數十，以名通者曰澤散，曰驢分。澤散直東北，不得其道里。東度海二千里至驢分國。

重石爲都城，廣八十里，東門高二十丈，扣以黄金。王宮有三襲門，皆飾異寶。中門中有金巨稱一，作金人立，其端屬十二丸，率時改一丸落。以瑟瑟爲殿柱，水精、琉璃爲棁，香木梁，黄金爲地，象牙闔。有貴臣十二共治國。王出，一人挈囊以從，有訟書投囊中，還省枉直。國有大災異，輒廢王更立賢者。王冠如鳥翼，綴珠。衣錦繡，前無襟。坐金蘤榻，側有鳥如鵝，綠毛，上食有毒輒鳴。無陶瓦，屑白石堊屋，堅潤如玉。盛暑引水上，流氣爲風。男子翦髮、衣繡，右袒而帔，乘輜軿白蓋小車，出入建旌旗，擊鼓。婦人錦巾。家訾億萬者爲上官。

俗喜酒，嗜幹餅。多幻人，能發火于顔，手爲江湖，口幡眊舉，足墮珠玉。有善醫能開腦出蟲以愈目眚。土多金、銀、夜光璧、明月珠、大貝、車渠、碼碯、木難、孔翠、虎魄。織水羊毛爲布，曰海西布。海中有珊瑚洲，海人乘大舶，墮鐵網水底。珊瑚初生磐石上，白如菌，一歲而黄，三歲赤，枝格交錯，高三四尺。鐵發其根，繫網舶上，絞而出之，失時不敢即腐。西海有市，貿易不相見，置直物旁，名鬼市。有獸名勊，大如狗，獷惡而力。北邑有羊，生土中，臍屬地，割必死，俗介馬而走，擊鼓以驚之，羔臍絕，即逐水草，不能羣。

唐・裴孝源《貞觀公私畫史》　《弗林國人物器樣》二卷。《鬼神樣》二卷。《外國雜獸》二卷。右六卷，西域僧迦佛陀畫，並得楊素家。

唐・段成式《酉陽雜俎》卷一一《廣知》　西域書有驢脣書、蓮葉書、節分書、大秦書、馱乘書、犛牛書、樹葉書、起屍書、石旋書、覆書、天書、龍書、鳥音書等，有六十四種。

宋·李昉等《太平廣記》卷四〇三《寶四·珊瑚》　又拂菻國海去都城二千里，有飛橋。渡海而西，至且蘭國，自且蘭有積石，積石南有大海。海中珊瑚，生於水底。大船載鐵網下海中。初生之時，漸漸似菌。經一年，挺出網目間，變作黄色，支格交錯。小者三尺，大者丈餘。三年色青，似鐵鈔發其根，於舶上爲絞車，舉鐵網而出之，故名其所爲珊瑚州。久而不採，卻蠹爛糜朽。出《洽聞記》

宋·董逌《廣川畫跋》卷三《書劉唐允拂林圖》　《拂林圖》，其傳自唐有之。因安息使朝貢，俾畫其像，有與《王會圖》異者。拂林在唐，不至中國，則其事不可考也。今畫圖衣服，制如突厥。宫殿皆柱水精，旌旗如漢制度。其人類中國，悉白衣，戴白疊巾，設氍毹、毾㲪、罽帳之屬。婦人皆衣胡服，紺紋雜錦，戴金花步摇，綴以木難青珠。樂有琵琶、笙簫，鼓吹，舞垂長袖曳地。其技有額上爲炎燼，手中作江湖，舉足而珠玉隊陳，開口則幡旄亂出。此其爲世所傳，其事或可信也。考之杜環《征行記》：拂林在苫國西，隔山數千里，一名犂軒。其人顔色白，婦人皆服珠錦。好飲酒，尚乾餅。善織絡琉璃，妙者天下莫比。在漢晉，常至中國。前史或名拂木林，亦名拂菻。《外國圖》以爲其人長一丈至丈六尺，此其異也。常聞何國城樓北壁畫華夏天子，西壁則畫波斯、拂菻，東壁則畫突厥、婆羅門。豈安息使人得之何國圖，而能遂傳至中夏邪？

明·楊慎《升菴集》卷六六《拂林圖》　《宣和畫譜》中《拂林圖》，或作佛林，又作拂菻，不知所謂。後考杜環《經行記》：拂林在苫國西，一名犂軒。其人顔色白，婦人皆服珠錦。善織絡琉璃，妙天下。菻音力甚切。董北苑《畫跋》云：《拂林圖》，自唐有之。其人類中國，婦人皆衣邊綾，紺文雜錦，戴金花步摇，綴以木難青珠。盧肇《雙柘枝舞賦》云：『拂林妖姿，西河别部。』蓋如唐人之胡旋女，元末之天魔隊耳。

西女國

唐·釋玄奘《大唐西域記》卷一一《二十三國·波剌斯等三國》

拂懔國西南海島，有西女國，皆是女人，略無男子。多諸珍寶貨，附拂懔國，故拂懔王歲遣丈夫配焉。其俗産男，皆不舉也。

僬僥國

唐·李泰等《括地志》卷四《西域》　小人國在大秦南。人纔三尺。其耕稼之時，懼鶴所食，大秦衛助之。

研判非洲諸國國情分部

綜述

摩鄰

唐·杜環《經行記·摩鄰國》　摩鄰國，在秋薩羅國西南，波大磧，行二千里至其國。其人黑，其俗獷，少米麥，無草木，馬食乾魚，人飡鶻莽，鶻莽，即波斯棗也。瘴癘特甚。

《新唐書》卷二二一下《西戎傳下·扶菻》　自拂菻西南度磧二千里，有國曰磨鄰，曰老勃薩。其人黑而性悍。地瘴癘，無草木五穀，飼馬以槁魚，人食鶻莽。鶻莽，波斯棗也。不恥烝報，于夷狄最甚，號曰『尋』。其君臣七日一休，不出納交易，飲以窮夜。

甘棠

宋·王溥《唐會要》卷九九《甘棠國》　在大海之南，崑崙人也。

《新唐書》卷二二一上《西戎傳上·甘棠》　甘棠，在南海，崑崙人也。

又　卷二二二下《南蠻傳下·甘棠》　國居海南。

殊奈

宋·王溥《唐會要》卷九八《殊奈國》　崑崙人也。在林邑南，去交趾海行三月餘日。習俗、文字與婆羅門同。絶遠，未常朝中國。貞觀二年十月，使至朝貢。

《新唐書》卷二二二下《南蠻傳下・殊奈》　環王南有殊柰者，泛交趾海三月乃至，與婆羅同俗。

撥拔力

唐・段成式《酉陽雜俎》卷四《境異》　撥拔力國，在西南海中，不食五穀，食肉而已。常針牛畜脉，取血和乳生食。無衣服，唯腰下用羊皮掩之。其婦人潔白端正，國人自掠賣與外國商人，其價數倍。土地唯有象牙及阿末香，波斯商人欲入此國，團集數千，齎一緤作綵布，没老幼共刺血立誓，乃市其物。自古不屬外國。戰用象牙排、野牛角爲稍，衣甲弓矢之器。步兵二十萬，大食頻討襲之。

《新唐書》卷二二一下《西域傳下・大食》　大食西南屬海，海中有撥拔力種，無所附屬。不生五穀，食肉，刺牛血和乳飲之。俗無衣服，以羊皮自蔽。婦人明晳而麗。多象牙及阿末香，波斯賈人欲往市，必數千人納氎劖血誓，乃交易。兵多牙角，而有弓、矢、鎧、稍，士至二十萬，數爲大食所破略。

孝億

唐・段成式《酉陽雜俎》卷四《境異》　孝億國界周三千餘里，在平川中，以木爲柵，周十餘里。柵内百姓二千餘家，周國大柵五百餘所。氣候常煖，冬不凋落。宜羊馬，無駞牛。俗性質直，好客侶，軀貌長大，褰鼻黄髮，緑眼赤髭，被髮，面如血色。戰具唯稍一色。宜五穀，出金鐵，衣麻布，舉俗事祆，不識佛法。有祆祠三百一作千餘所，馬步甲兵一萬，不尚商販，自稱孝億人。丈夫、婦人俱佩帶。每一日造食，一月食之，常喫宿食。

仍建

唐・段成式《酉陽雜俎》卷四《境異》　仍建國，無井及河澗，所有種植，待雨而生。以紫鑛泥地，承雨水用之。穿井即若海水，又鹹，土俗俟海潮落之後，平地爲池，收魚以作食。

政治思想總部

國家論部

君主權力論分部

論說

宋・王欽若等《冊府元龜》卷六三〇《銓選部・條制第二》　臣聞《易》稱『君子思不出其位』，言各止其所，不侵官也。此實百王準的。伏見敕旨，敕刑部尚書韋抗等十人分掌吏部銓選，及試判將畢，遽召入禁中決定，雖有吏部尚書及侍郎，皆不得參其事。議者皆以陛下曲受讒言，不信於有司，然則居上臨人之道，經邦緯俗之規必在推誠，方能感物。抑又聞欲用天下之智力者，莫若使天下信之也，故漢光武置赤心於人腹，良有旨哉。昔魏明帝嘗卒至尚書省，尚書令陳矯跪問曰：『陛下欲何之？』帝曰：『欲按下省司文簿。』矯曰：『此自臣之職分，非陛下所宜臨。若臣不稱職，則宜就黜退。陛下宜即還宮。』帝慚回車而反。又陳平、邴吉者，漢家之宰相耳，尚不對錢穀之數，不問鬭死之人。故知自天子，至于卿士，守其職分，而不可輒有侵越也。況我大唐萬乘之君，卓絕千古之上，豈得下行選曹之事，頓取怪於朝野乎？凡是選人書判，並請委之有司，仍停此十銓分選，依舊以三銓為定。

宋・司馬光《資治通鑑》卷二九二《後周紀三・太祖聖神恭肅文武孝皇帝下》　『四海之廣，萬機之衆，雖堯、舜不能獨治，必擇人而任之。今陛下一以身親之，天下不謂陛下聰明睿智，足以兼百官之任，皆言陛下褊迫疑忌，舉不信羣臣也！不若選能知人公正者以為宰相，能愛民聽訟者以為守令，能豐財足食者使掌金穀，能原情守法者使掌刑獄，陛下但垂拱明堂，視其功過而賞罰之，天下何憂不治！何必降君尊而代臣職，屈貴位而親賤事，無乃失爲政之本乎！』

又　卷二九四《後周紀五・世宗睿武孝文皇帝下》　上在藩，多務韜晦，及即位，破高平之寇，人始服其英武。其御軍，號令嚴明，人莫敢犯，攻城對敵，矢石落其左右，人皆失色，而上略不動容。應機決策，出人意表。又勤於為治，百司簿籍，過目無所忘。發姦擿伏，聰察如神。閒暇則召儒者讀前史，商榷大義。性不好絲竹珍玩之物，常言太祖養成王峻、王殷之惡，致君臣之分不終，故羣臣有過則面質責之，服則赦之，有功則厚賞之。文武參用，各盡其能，人無不畏其明而懷其惠，故能破敵廣地，所向無前。然用法太嚴，羣臣職事小有不舉，往往置之極刑，雖素有才幹聲名，無所開宥，尋亦悔之，末年浸寬。登遐之日，遠邇哀慕焉。

《新唐書》卷一〇五《褚遂良傳》　帝曰：『卿記起居，大抵人君得觀之否？』對曰：『今之起居，古左右史也，善惡必記，戒人主不為非法，未聞天子自觀史也。』帝曰：『朕有不善，卿必記邪？』對曰：『守道不如守官，臣職載筆，君舉必書。』劉洎曰：『使遂良不記，天下之人亦記之矣。』帝曰：『朕行有三：一，監前代成敗，以為元龜；二，進善人，共成政道；三，斥遠羣小，有受讒言。朕能守而勿失，亦欲史氏不能書吾惡也。』

正閏觀分部

論說

《隋書》卷六〇《崔仲方傳》　《春秋寶乾圖》云：『王者三百年一蠲法。』今三百之期，可謂備矣。陳氏草竊，起於丙子，至今丙午，又子午為衝，陰陽之忌。昔史趙有言曰：『陳，顓頊之族，為水，故歲在鶉火以滅。』又云：『周武王克商，封胡公滿於陳。』至魯昭公九年，陳災，裨竈曰：『歲五及鶉火而後陳亡，楚克之。』楚，祝融之後也，爲火正，故復滅陳。陳承舜後，舜承顓頊，雖太歲左行，歲星右轉，鶉火之歲，陳族再亡，戊午之年，嬀虞運盡，語迹雖殊，考事無別。皇朝五運相承，感火德而王，國號爲隋，與楚同分。楚是火正，午爲鶉火，未爲鶉首，申爲實沈，酉爲大梁。既當周、秦、晉、趙之分，若當此分發兵，將得歲之助，以今量古，陳滅不疑。

臣謂午未申酉，並是數極。蓋聞天時不如地利，地利不如人和，況主聖臣良，兵强國富，動植回心，人神協契。陳既主昏於上，民讟於下，險無百二之固，衆非九國之師。夏癸、殷辛尚不能立，獨此島夷而稽天討。伏度朝廷自有宏謨，但芻蕘所見，冀申螢爝。今唯須武昌已下，蘄、和、滁、方、吳、海等州更帖精兵，密營渡計。

唐·皇甫湜《皇甫持正集》卷二《東晉元魏正閏論》　王者受命于天，作主於人，必大一統，明所授，所以正天下之位，一天下之心。舜傳之堯，禹傳之舜，以德輝者也；桀放於湯，受殺於武，以時合者也；秦滅二周，兼六國，以力成者也；漢革秦社稷，以義取者也。故自堯以降，或以德，或以時，或以力，或以義，承授如貫，終始可明雖殊厥迹，皆得其正。以及魏取於漢，晉得於魏，史冊既載，彰明可知，百王既通行，異代無異辭矣。惠帝無道，羣胡亂華，晉之南遷，實曰元帝，與夫祖乙之圮耿，盤庚之徙亳，幽王之滅戲，平王之避戎，其事同，其義一矣。而拓跋氏種實匈奴，來自幽代，襲有先王之桑梓，自爲中國之位號。謂之滅邪，晉實未改；謂之禪邪，已無所傳。而往之著書者有帝元，今之爲録者皆閏晉，可謂失之遠矣。或曰：『元之所據，中國也。』對曰：『所以爲中國者，以禮義也；所以爲夷狄者，無禮義也。豈繫於地哉？杞用夷禮，杞即夷矣；子居九夷，夷不陋矣；沐紂之化，商士爲頑人矣；因戎之遷，伊川爲陸渾矣。非繫於地也。晉之南渡，人物攸歸，禮樂咸在，風流善政，史實存焉。魏氏恣其强暴，虐此中夏，斬伐之地，雞犬無餘，驅士女爲肉籬，委之戕殺，指衣冠爲芻狗，逞其屠刈，種落繁熾，歷年滋多。此而帝之，則天下之士，有蹈海而死，天下之人，有登山而餓，忍食其粟而立於朝哉？至於孝文，始用夏變夷，而易姓更法，將無及矣。且授受無所，謂之何哉？』又曰：『周繼元，隋繼周，國家之興，寔繼隋氏，子謂是何？』對曰：『晉爲宋，宋爲齊，齊爲梁，江陵之滅，則爲周矣，陳氏自樹而奪，無容於言。況隋兼江南，一天下而授之於我。故推而上，我受之隋，隋得之周，周取之梁，推梁而上，以至於堯舜，得天統矣。則陳姦於南，元閏於北，其不昭昭乎？其不昭昭乎。』

《舊唐書》卷一四九《沈傳師傳》　伏以則天皇后，初以聰明睿哲，内輔時政，厥功茂矣。及弘道之際，孝和以長君嗣位，而太后以專制臨朝，俄又廢帝，或幽或徙。既而握圖稱籙，移運革名，牝司燕啄之蹤，難乎備述。其後五王建策，皇運復興，議名之際，得無降損。必將義以親隱，禮從國諱，苟不及損，當如其常，安可横絶彝典，超居帝籍？昔仲尼有言：『必也正名。』故夏、殷二代爲帝者三十世矣，而周人通名之曰王，吳、楚、越之君爲王者百餘年，而《春秋》書之爲子。蓋高下自乎彼，而是非稽乎我。過者抑之，不及者援之，不爲弱滅，不爲僭奪。握中持平，不振不傾，使其求不可得，而蓋不可掩，斯古君子所以慎其名也。

夫則天體自坤順，位居乾極，以柔乘剛，天紀倒張，進以强有，退非德讓。今史臣追書，當稱之『太后』，不宜曰『上』。孝和雖迫母后之命，降居藩邸，而體元繼代，本吾君也，史臣追書，宜稱曰『皇帝』，不宜曰『廬陵王』。睿宗在景龍已前，天命未集，徒稟后制，假臨大寶，於倫非次，於義無名，史臣書之，宜曰『相王』，未宜曰『帝』。若以得失既往，遂而不舉，則是非褒貶，安所辨正，載筆執簡，謂之何哉？則天廢國家曆數，用周正朔，廢國家太廟，立周七廟。鼎命革矣，徽號易矣，旂裳服色，既已殊矣，今安得以周氏年曆而列爲《唐書》帝紀？徵諸禮經，是謂亂名。且孝和繼天踐祚，在太后之前，而敍年製紀，居太后之下，方之躋僖，是謂不智，詳今考古，並未爲可。

或曰：班、馬良史也，編述漢事，立高后以續帝載，豈有非之者乎？答曰：昔高后稱制，因其曠嗣，獨有分王諸呂，負於漢約，無遷鼎革命之甚。況其時孝惠已歿，孝文在下，宮中二子，非劉氏種，不紀呂后，將紀誰焉？雖云其然，議者猶爲不可，況遷鼎革命者乎？

或曰：若天后不紀，帝緒缺矣，則二十二年行事，何所繫乎？曰：孝和以始年登大位，以季年復舊業，雖尊名中奪，而天命未改，足以首事，足以表年，何所拘閡，裂爲二紀？昔魯昭之出也，《春秋》歲書其居，曰：『公在乾侯。』且君在雖失位，不敢廢也。今請併《天后紀》合《孝和紀》，每於歲首，必書孝和所在以統之，書曰：『某年春正月，皇帝在房陵，太后行某事，改某制』云云。則《紀》稱孝和，而事述太后，俾名不失正，而禮不違常，名禮兩得，人無間矣。其姓氏名諱，入宮之由，歷位之資，才藝智略，年辰崩葬，別纂録入《皇后傳》，列於廢后王庶人之下，題其篇曰《則天順聖武后》云。

宋・王欽若等《册府元龜》卷二三二《僭僞部・稱藩》

（顯德三年二月壬午，李景）上表云：臣聞捨短從長，乃推通理；以小事大，著在格言。實徵自古之來，卻有爲臣之禮。既逢昭代，幸履良途。伏惟皇帝陛下體上聖之姿，膺下武之運，恊一千而命世，繼八百以卜年。化被區中，恩加海外，虎步則時欽英主，龍飛則圖應眞人。臣僻在一方，謬承餘業，比狥軍民之欲，乃居后辟之崇，雖仰慕華風，而莫通上國。伏自初勞將帥，遠涉封疆，敍寸誠則去使甚艱，於間路則單亟兩獻。載惟素願，方俟睿慈。遽審大駕天臨，六師雷動，猥以遐陬之俗，親為跋履之行，循省伏深，兢畏無所，豈因薄質，有纍烝人。伏惟皇帝陛下義在寧民，心惟庇物，臣儻或不思信順，何以上恊寬仁？今則仰望高明，俯存億兆，虔將下國，永附天朝。已命邊城，各令固守，見於諸路，皆俾戢軍。仰期宸旨纔頒，當發專人布告。伏冀詔虎賁而歸國，於雉堞以回兵，萬乘千官，免馳驅於原隰，地征土貢，常奔走於歲時。質在神明，誓於天地。庶使闔境荷咸寧之德，大君有光被之功。凡在炤臨，孰不歸慕？謹令翰林學士戶部侍郎臣鍾謨、工部侍郎文理院學士臣李德明奉表以聞，仍進金器一千兩，銀器五千兩，錦綺綾羅二千疋，及御衣犀帶茶茗藥物等，又進犒軍牛五百頭，酒二千石。丙午，景遣其臣孫晟、王崇質等奉表來上，表云：伏自上將遠臨，六師尋至，始貢書於間道，旋奉表於行宮，虔仰天光，實祈睿旨。伏聞朝陽委炤，爝火收光，春雷發音，蟄戶知令。惟變通之有在，則去就以斯存，所以徘徊下風，瞻望時雨，載傾捧日，輒敍攀鱗。伏惟皇帝陛下受命上玄，門階中立，仗武功而戡亂略，敷文德以化遠人。故得九鼎慶基，復昌於寶位，十年嘉運，允正於璿衡。實帝道之昭融，知眞人之有立。臣幸因順動，敢慕文明，特遣翰林學士尚書戶部侍郎臣鍾謨、尚書工部侍郎文理院學士臣李德明同奉表章，且申獻贄，請從臣事。仍備歲輸，冀闔境之咸寧，識人君之廣覆，不遙日下，恭達御前，既推向化之誠，更露繇衷之願。臣伏念天祐之後，率土分摧，或跨據江山，或革遷朝代，皆爲司牧，各拯黎元。臣繇是以嗣先基，獲安江表，誠以瞻烏未定，附鳳何從。今則青雲之候明懸，白水之符斯應，仰祈聲教，俯被遐方。豈可遠動和鑾，上勞薄伐，有拒懷來之德，非誠信順之心？臣自遣鍾謨、李德明入覲天朝，具陳懇款，便於水陸，皆戢兵師，方冀寬仁，下安億兆，旋進歷陽之旌旆，又屯隋苑之車徒。緣臣既寫傾依，悉曾止約，令罷警嚴之備，不爲悍禦之謀。其或皇帝陛下未息雷霆，靡矜葵藿，人當積懼，衆必貪生，若接前鋒，偶成小競，在其非敵，固亦可知。但以無所爲圖，出於不獲，必於軍庶，重見傷殘。豈惟瀆大君亭育之慈，抑乃增下臣咎釁之責，進退惟谷，夙夜靡遑。臣復思東則會稽，南惟湘楚，盡承正朔，俾主封疆，自皇帝陛下允屬天飛，方知海納。雖無外之化徒仰祝於皇風，而事大之儀闕卑通於疆吏，惟憑玄造，猥念後期。方今八表未同，一戎茲始，儻或首於下國，許作外臣，則柔遠之風，其誰不服，無戰之勝，自古獨高。臣幸與黎人，共依聖政。蚩蚩之俗，期息於江淮；蕩蕩之風，廣流於華裔。永將菲薄，長奉欽明，白日誓心，皇天可質，虔輸肺腑，上祈冕旒，願俟聖言，以聽朝命。今遣守司空臣孫晟、守禮部尚書臣王崇質部署宣給軍士物，上進金一千兩，銀十萬兩，羅綺二千疋。又表云：臣聞天秩有禮，位已定於高卑；王者無私，事必循於軌轍。儻臣下稍踰名分，則朝廷實紊等夷。情所難安，理須上訴。竊以臣比承舊制，有昧先幾。勞萬乘之時巡，方傾改事；慶千年之嘉會，固已知歸。伏惟皇帝陛下稟上聖之姿，有高世之行，囊括四海，澤潤先民，明目達聰，道均有戴，東征西怨，化被無垠，已覩混一之期，即仰登封之盛。而臣爰從款附，屢奉德音。陛下煦嫗情深，優容義切，全卻藩方之禮，惟頒咫尺之書，粵在事初，便知恩遇。向者未遑堅讓，今茲敢瀝至誠。且臣頃以德薄道乖，時危事蹙，獻誠以奉陛下，請命以庇國人，獲保先基，賜之南服，莫大之惠，曠古未聞。微臣退思，所享已極，豈於殊禮，可以久當？伏乞皇帝陛下深鑑卑衷，終全舊制，凡回詔命，乞降詔書，庶無屈於至尊，且稍安於遠服。

華夷觀分部

論說

唐・司空圖《司空表聖文集》卷一《議華夷》 議天下之大勢者，滯而拘古，必曰固於德；剛而簡謀，必曰弭於威；是皆不足扼阽危之機也，必濟德於謀，濟謀於險，庶幾可以壽宗社之數矣。前古迂儒瞶耳，援據滋惑，不能中今之急病。而近朝有心於經制者，杜司徒之治道，李安邑之地志，元中書之安邊，不謂不馳騁於古今成敗之際也。唯賈僕射耽并包華夷，綿絡山川披圖摘要，繁而不齊，可謂勤而至精者矣。雖然，量力救時，當置遠荒於度外。國史事有追惜而不可形於紀述者，或關防戰而不守，或控制議而不行，或倉廪棄而不保，利害之效，可見於斯。愚是以翫而不默也，雖失之已久，得不慮哉？

《舊唐書》卷六一《竇靜傳》 （竇靜）上封曰：『臣聞夷狄者，同夫禽獸，窮則搏噬，羣則聚麀。不可以刑法威，不可以仁義教。衣食仰給，不務耕桑，徒損有爲之民，以資無知之虜，得之則無益於治，失之則無損於化。然彼首丘之情，未易忘也，誠恐一旦變生，犯我王略，愚臣之所深慮。如臣計者，莫如因其破亡之後，加其無妄之福，假以賢王之號，妻以宗室之女，分其土地，析其部落，使其權弱勢分，易爲羈制，自可永保邊塞，俾爲藩臣，此實長轡遠馭之道。』

又 卷一九四上《突厥傳上》 温彥博奏曰：『天子之於物也，天覆地載，有歸我者則必養之。今突厥破滅之餘，歸心降附，陛下不加憐愍，棄而不納，非天地之道，阻四夷之意，臣愚甚謂不可。遣居河南，所謂死而生之，亡而存之，懷我德惠，終無叛逆。』彥博又曰：『聞聖人之道，無所不通，古先哲王，有教無類。突厥餘魂，以命歸我，我援護之，收居內地，稟我指麾，教以禮法，數年之後，盡爲農民，選其酋首，遣居宿衛，畏威懷德，何患之有？光武居南單于於內郡，爲漢藩翰，終乎一代，不有叛逆。』

又 卷一九六上《吐蕃傳上》 （景龍）四年正月，（中宗）制曰：『聖人布化，用百姓爲心；王者垂仁，以八荒無外。故能光宅遐邇，裁成品物。由是隆周理曆，恢柔遠之圖；强漢乘時，建和親之議。斯蓋御宇長策，經邦茂範。【略】

（開元十八年十月）正字于休烈上疏請曰：

臣聞戎狄，國之寇也；經籍，國之典也。戎之生心，不可以無備；典有恒制，不可以假人。《傳》曰：『裔不謀夏，夷不亂華。』所以格其非心，在乎有備無患。昔東平王入朝求《史記》、諸子，漢帝不與。蓋以《史記》多兵謀，諸子雜詭術。夫以東平，漢之懿戚，尚不欲示征戰之書，今西戎，國之寇讎，豈可貽經典之事？且臣聞吐蕃之性，慓悍果決，敏情持銳，善學不迴。若達於書，必能知戰。深於《詩》，則知武夫有師干之試；深於《禮》，則知《月令》有興廢之兵；深於《傳》，則知用師多詭詐之計；深於《文》，則知往來有書檄之制。何異藉寇兵而資盜糧也！臣聞魯秉《周禮》，齊不加兵；吳獲乘車，楚疲奔命。一以守典存國，一以喪法危邦，可取鑑也。且公主下嫁從人，遠適異國，合慕夷禮，返求良書，愚臣料之，恐非公主本意也。慮有奔北之類，勸教於中。若陛下慮失蕃情，以備國信，必不得已，請去《春秋》。當周德既衰，諸侯强盛，禮樂自出，戰伐交興，情僞於是乎生，變詐於是乎起，則有以臣召君之事，取威定霸之名。若與此書，國之患也。《傳》曰：『于奚請曲縣繁纓，仲尼曰：「惜也，不如多與之邑。惟名與器，不可假人。」』狄固貪婪，貴貨易土，正可錫之錦綺，厚以玉帛，何必率從其求，以資其智。臣忝叨列位，職刊秘籍，實痛經典，棄在戎夷。昧死上聞，惟陛下深察。

宋・李昉等《文苑英華》卷三六四《陳黯〈華心〉》 『梁大都也，帥碩賢也。受命於華君，仰禄於華民。其薦人也，則求於夷。豈華不足稱也耶？夷人獨可用也耶？吾終有惑於帥也。』曰：帥直薦才而不私其人也。苟以地言之，則有華夷也。以教言之，有華夷乎？夫華夷者，辯在乎心，辯心在察其趣向。有生于中州而行戾乎禮義，是形華而心夷也；生於夷域而行合乎禮義，是形夷而心華也。若盧綰少卿之叛亡，其夷人乎？金日磾之忠赤，其華人乎？繇是觀之，皆任其趨向耳。今彥昇也，來從海外，能以道祈知於帥。帥故異而薦之，以激夫戎狄，俾日月所燭，皆歸于文明之化。蓋華其心而不以其地也。而又夷焉？作《華心》。

宋・王欽若等《册府元龜》卷一一八《帝王部・親征第三》　唐玄宗開元二年十月，【略】制曰：朕聞夷不亂華，既殊於中外，虜或犯塞，必興於甲兵。我國家一戎定業，累聖膺期，干戚斯舞，梯航畢至。小蕃遠寇，假息游魂，爰自昔年，慕我朝化，申以婚姻之好，結爲舅甥之國。歲時往復，信使相望。繒繡以益其饒，衣冠以增其寵。鴻恩大造，特加於蠻貊；狼子野心，遂同於梟獍。在於亭障，頗開驚擾，已命師徒，遄往追躡。摧凶殄逆，今也其時，滅迹掃塵，期之不日。然以問罪之義，百王所以龔行；戒嚴之典，六軍所以親御。是用中宵按劍，昧曉求衣，豈自逸於崇高，而不勤於櫛沐。眷茲右輔，遠界西陲，雖駐蹕之暫勞，佇觀兵而決勝，宜取今月，擇日進發。

又　卷九九二《外臣部・備禦第五》　（玄宗開元九年）六月巳亥，詔曰：國家天覆萬方，子育庶彙。要荒所列，並入提封，日月所炤，俱爲臣妾，莫不熙我德澤，納之仁壽，神人以和，鳥獸咸若。河曲之地，密邇京畿，諸蕃所居，舊在於此。自服王化，列爲編甿，安其耕鑿，積有年序。而蠡然造謀，搆此紛孽，勞我師旅，擾其邊隅，不思亭育之愛，坐取滅亡之道。官軍纔及，一鼓而潰，雖肇其首謀，則有元惡，然率以從亂，咸爲匪人。朕思宏其宥之恩，振以好生之惠，伐彼有罪，捨其脅從，使反側自安，胡耇靡獲，則譸張之釁，爾實自取，生成之德，我則有焉。宜令朔方軍大總管兵部尚書王晙宣崇恩命，示以柔服。諸軍戰士，應須酬録功勳，及卻投來吐渾党項左右廂降戶雜蕃，并胡殘部落，或善惡未分，或久長取穩。若須釐革，一事已上，並委王晙敍録，處置訖奏聞。

又　卷九九六《外臣部・責讓》　（天祐十四年二月，讓契丹阿保機）曰：晝野離疆，雖有華戎之別。惟忠與信，不違蠻貊之邦。契丹王氣稟貞忠，心懷仁義，爲天山之貴族，據玉塞之雄藩，恩加辮髮之鄉，威讋控弦之俗。往者降情修好，款塞通盟，各守封疆，交陳贄幣。錦車使者，常馳問遺之書；牙帳賢王，頗識會同之禮。關山無事，風馬有歸，青塚路邊，罕有射鵰之騎；受降城北，更無遺鏃之憂。永保初終，不渝信誓。近者盧文進潛圖凶逆，苟避誅夷，苞姦蘊惡之情，何方可保？有父有君之國，皆所不容。契丹王未始苞藏，專聽誑惑，黨一夫之罪惡，絕兩國之歡盟。縱彼犬羊，窺吾亭鄣。徒封牛耳，難保獸心。輒將左袵之徒，幸我中原之利。見蒐兵甲，決戰西樓。暫勞車騎之師，佇見稾街之首。

宋・宋敏求《唐大詔令集》卷三八《鎮撫夷狄詔》　晝野分疆，山川限其內外；遐荒絕域，刑政殊於函夏。是以昔王御世，懷柔遠人，義在羈縻，無取臣屬。渠搜卽敍，表夏后之成功；越裳重譯，美周邦之長算。有隋季世，黷武耀兵，萬乘疲於河源，三年伐於遼外，構怨連禍，力屈貨殫。朕祗膺寶圖，撫臨四極，悅近來遠，追革前弊。要荒蕃服，宜與和親。其吐谷渾已修職貢，高句麗遠送誠款，契丹、靺鞨，咸求內附，因而鎮撫，允合機宜。分命行人，就申好睦，靜亂息民，於是乎在。布告天下，明知朕意。

又　卷一二九《册回鶻彰信可汗文》　維太和七年，歲次癸丑，某月日，皇帝若曰：『王者運神功以清九有，敷至德以柔四夷，雖萬國遠邦，皆有君長。而一時縟禮，特厚親鄰，用昭絕漠之榮，式示徽章之貴，克膺盛典，允屬雄材。咨爾九姓同鶻愛登里羅汨沒密施合句録毗伽彰信可汗、代濟公忠，時推英毅，剛明有守，信實不渝。總北方勁悍之師，慕中華清淨之化，克紹前訓，實懷遠國。慶叶承家，願申永好，彼無侵軼，此務綏安，兩國咸歡，六姻彌重。事大之義，而志合《春秋》；相向之誠，而皎如日月。使者旁午，贄幣交馳，詞意綢繆，禮貌恭恪。是嘉誠款，宜賜寵光，必能虔受新恩，慕乃舊服。今遣使寧遠將軍、兼御史大夫、上柱國、賜紫金魚袋、嗣唐王弘實，副使中大夫、將作少監、兼御史中丞、賜紫金魚袋、嗣澤王容等，持節備禮，册爲九姓回鶻愛登里羅汨沒密施合句録毗伽彰信可汗。於戲，海內四極，惟唐舊封，天下一家，與我同軌。舉茲典册，布於神明。爾其慎固封疆，祗守名器，罔墜先烈，載揚令猷。欽承禮文，以作來範。』

又　卷一三〇《平党項德音》　冒法干紀，豈限於華夷；伐罪吊民，固資於典訓。朕端拱御寓，六年于茲，兢兢業業，不敢怠忽。常恐一物失所，羣心靡寧，旰食宵衣，思底于道。屬者以黨羌恣爲侵叛，尤苦農商，朕爲民父母，豈無惻惻。雖傷財害物，非朕躬之願，而禁暴定功，實武經之要。是以爰興師旅，龔行天討，而凶渠稔惡，稽曠歲時。師宿既勤，物力將絀，賴宗社儲祉，中外叶心，大搜妖巢，盪定關隴。誠殫財而凋力，亦暫費而永寧。今則軍功以成，制置將就，息民解甲，固在及時，捨罪緩刑，所宜布澤。南山党項，爲惡多年，化論不悛，頗爲邊患，旣興兵士，經歲討除。拒官軍者，悉就誅擒；懼法令者，皆從逃竄。大開湯綱，已施去殺之仁；遠並堯時，寧限可封之屋。今聞殘寇，無所依歸，皆是王民，豈妄惻憫。其南山党項，已出山者，或聞迫於飢乏，猶行劫奪，平夏不容，無處居住。今委李福且先遣蕃官，安存招誘，令就夏銀界内指一空閑田地居住。所有從前掛涉惡迹者，今一切不問。唯再犯疆界，卻入山林，或不從指揮，卽召募平夏党項精鋭者討逐，義不容捨。如能革心向化，願同平夏，卽須輪誠獻款，迹效分明。撫馭之間，便同赤子，如有屈事，卽任於本鎮投狀論理，仍各令本界遣了事軍將安存。平夏党項，素聞爲善，自旬月已來，發使安撫，尤見忠順，一如指揮。更不猖狂，各守生業。自茲必令永戴恩信，長被華風。或聞從前帥臣，多懷貪尅，部落好馬，悉被誅求，無故殺傷，致令怨恨。從今已後，必當精選清廉將帥，撫馭羌戎，明下詔條，漸令知委。靈鹽、夏州、邠寧、鄜坊四道官吏，自用之下，必有孝子順孫、義夫節婦，事迹可有稱者，委所在長吏察訪，優卹其家仍具名聞奏，將加旌異。於戲，蠻夷猾夏，雖用於常刑，撫馭乖方，致興於薄伐。傷夷暴露，朕甚愧焉。是用覃恩，以慰勞瘁。布告中外，咸使聞知。

宋・姚鉉《唐文粹》卷四九《程晏〈内夷檄〉》 四夷之民長有重譯而至，慕中華之仁義忠信。雖身出異域，能馳心於華，吾不謂之夷矣。中國之民長有倔强王化，妄棄仁義忠信。雖身出於華，反竄心於夷，吾不謂之華矣。竄心於夷，非國家之竄爾也，自竄心於惡也。豈止華其名謂之華，夷其名謂之夷邪？華其名有夷其心者，夷其名有華其心者。是知棄仁義忠信於中國者，卽爲中國之夷矣。不待四夷之侵我也，有悖命中國，專倨不王，棄彼仁義忠信，則不可與人倫齒，豈不爲中國之夷乎？四夷内，嚮樂我仁義忠信，願爲人倫齒者，豈不爲四夷之華乎？記吾言者，夷其名尚不爲夷矣，華其名反不如夷其名者也。

元・馬端臨《文獻通考》卷三四八《四裔考二十五》 劉起居貺《武指》曰：自昔議邊者，推高於嚴尤、班固。嚴尤議曰：『御匈奴自古無得上策』者。周時獫狁内侵，命將征之，盡境而還。醫蚊寅螯人驅之而已，是爲中策。漢武經賷深入，連兵三十年，中國罷耗，匈奴亦尅，是爲下策。秦築長城，勤於轉輪，疆境完而中國竭，是爲無策。自古無得其上策也。其班固曰，言匈奴者，大要歸於兩科：搢紳則守和親；介胄則言征伐。漢興以來，有修文以和之，有用武以尅之，有卑下而承事之，有威服而臣畜之。和親之論，發於劉敬。天下新定，故從其言，賂遺以救安邊境。孝惠、高后遵而不違，匈奴加驕，寇盜不止。與通關市，妻以漢女，歲賂千金，無益之明驗也。仲舒欲復守舊文，厚給以財，質愛子，邊城不選武略之臣，修障隧備塞之具。厲長戟勁弩，恃吾所以待寇，而務賦斂於人。遠行貨賂，割剥百姓以奉寇讎，信甘言，守空約而冀胡馬不窺。不亦過乎？王莽時，單于棄其愛子，昧利不顧，侵掠所獲，歲巨萬。而和親賂遺，不過千金，安在其不棄質而失重利也？夷狄之人，貪而好利，人面獸心。聖王禽獸畜之，不與約誓，不就攻伐。約之則費賂而見欺，攻之則勞師而招寇。外而不内，疏而不親。政教不及其人，正朔不加其國。來則懲而禦之，去則備而守之。慕義則接之以禮讓，使曲在彼。蓋聖主禦蠻夷之常道也。貺以爲嚴尤之議，辯而未詳；班固之論，詳而未盡，推而為言，周得上策，秦得其中，漢無策焉。何以言之？荒服之外，聲教所遠，其叛也，不爲之勞師；其降也，不爲之釋備。嚴其守禦，險其走集，犯塞則有執訊之捷，深入則有殪戎之勳。俾其欲爲寇而不能，願臣妾而不得，斯御戎之上策，禁暴之良算。惠此中夏，以綏四方，周人之道也，貺故曰：『周得上策。』《易》稱：『王侯設險，以固其國。』築長城，修障塞，《易》之設險也。今朔塞上，多古長城，未知起自何代？七國分爭，國有長城，趙簡子起長城以備胡燕，秦亦築長城以限中外，則長城之作，其來遠矣。秦兼天下，益理城塹，城全國滅，人歸咎焉。自漢至隋，因其成業，或修或築，無代無之。後魏時築長城議曰：『虜騎輕捷，風來電往，塢壁未遑閉，牛羊不暇收，雷擊至於近郊，雲飛出於塞表，不得不立長城以備之。人築一步，千里之地，役三萬人，不有旬朔之勞，安獲久長之逸？始皇斥中國之戎，出諸塞表，匈奴不敢南下而牧馬，戰士不敢彎弓而報怨。』貺故曰：『秦得中策。』史稱劉敬説高祖，以魯元公主嫁匈奴，嗣王則漢之外孫，豈敢與大父爭哉？假立宗女，匈奴不信，無益也。

帝欲遣魯元，后泣諫曰：『帝惟一女，奈何棄之匈奴乎？』由是遣宗女行。又按魯元公主，則趙王張敖之后也。告趙王反，呂后言：『趙王以公主故，不宜有此。』高祖曰：『使張敖有天下，豈少乃女乎？』高祖審魯元不能止趙王之謀，而謂能息匈奴之叛邪？假有欲遣之辭，固戲言耳。且冒頓手刃頭曼，躬射其母，而冀其不與外祖爭强，豈不惑哉？然則高祖之和親，不能久安。而為之者，以天下初定，苟紓歲月之禍，以息兆人之勤耳。而天姿豁達，不矜智能，沈謀內斷，衆莫之識。武帝時，中國康寧，胡寇益鮮，疏而絕之。此其時也，方更糜耗華夏，連兵積年，嚴尤以爲下策，可矣。而漢之失策，非止用兵。至於昭宣，武士練習，斥候精審。胡入則覆亡，居又畏逼，收迹遠徙，窮竄海陰。朝廷不遵宗周之故事，乃襲奉春之過舉，啓寵納侮，傾竭府藏，給西北方，無慮歲二億七十萬。賞賜之費，傳送之勞，尚不計焉。皇室淑女，嬪於穹廬，掖庭良人，降於沙漠。夫貢子女方物，臣僕之職也。《詩》曰：『莫敢不來享，莫不來王』，《傳》稱『荒服者來王』，此皆稱其來，不言當往也。杞用夷禮，經貶其爵；公及吳盟，諱而不書。奈何以天子之尊，與匈奴約爲兄弟；帝女之號，與胡媼並爲戎妻，烝母報子，從其污俗？中國之異於蠻夷者，以有父子男女之別也。若乃位配天地，職調陰陽，不能革聾昧之性，使漸習華風，反令婉治之姿，毀節異類，其爲垢辱，可勝道哉。漢之君臣，常莫之耻。東漢至曹、馬，招來羌狄，內之塞垣，資奉所費，有踰於昔。百人之酋、千口之長，金印紫綬，食王侯之俸者，相半於朝；牧馬之童、乘羊之隸，齎毳毲之資，邀綾紈之利者，相錯於路。九州五服，耒耨之所，利絲枲之所生，方三千里。植於三千里之中，散於數萬里之外，人焉得不勞？國焉得不貧？胡夷歲驕，華夏日蹙。當其强也，又竭人力以征之；其服也，又如是以養之。病則受養，强則內攻。嗚呼，中國爲羌胡服役，且千載而莫之恤，可不大悲哉。爲政者誠能移其財以賞戍卒，則我人富矣；移其爵以餌守臣，則我將良矣。富利歸於我，危亡移於彼，無納女之辱，無傳送之勞，此之不爲，而棄同卽異，與頑用嚚，以夷亂華，以裔謀夏，變上國之風俗，汩中和之正氣，既故曰：『漢無策焉。』嚴尤深以古無上策君，爲不能臣妾也；聖王誠能之，而不用耳稱；秦氏無策者，謂其攘狄而亡國也，秦亡之咎，非攘狄也；稱漢代得下策者，謂伐胡而人病，人既病矣，又役人而奉之，是無策也。既故曰『嚴尤之議，辯而未詳』者也。班固之論，頗究其情，而曰：『其來慕義，接以禮讓，使曲在彼，是未盡也。』何者？禮讓以交君子，不以接小人，況於禽獸夷狄乎？夫奇貨內來，卽華夏之情蕩；纖麗外散，則戎羯之心生。華夏情蕩，出兵之源也；戎羯心生，侵盜之本也。聖人唯此之慎，不貴奇貨，不寶遠物，禽獸非其土性不育，器服非其所產不御，豈惟贄幣不通哉？至於飲食聲樂，不與共之。故夷狄來朝，坐之門外，使舌人體委以食之，若禽獸然，不使知馨香嘉味也。獲其聲不列於庭廟，受其貢不過楛矢獸皮，不爲贄幣，不爲財。貨利既小矣。酬亦宜然。漢氏習玩驕虜，使悅燕趙之名倡雅質，甘太官之八珍六齊，便五都之文綺羅紈。供之則長欲而增求，絕之則滅德而招怨。加以斥候不明，士卒不習，是猶飽豺狼以食肉，而縱其獵噬疲人。求其禍源，接以禮讓之所致也。故通貢獻則去錦繢而得毛革，討負約則獲犬馬而喪士人，許和親則毀禮義而順戎俗。張騫使西域，得《摩訶兜勒曲》，漢武採之，以爲鼓吹。東漢、魏、晉，樂則胡笛、箜篌，御則胡牀，食則羌炙貊炙，器則蠻盤，祠則胡天。晉末五胡遞居中夏，豈無天道？亦人事使之然也。華人步卒也，利險阻；虜人騎兵也，利平地。彼利馳突，我則堅守，無與追奔，無與競逐。來則杜險使無進，去則閉險使無還，衝以長戟，臨以强弩，非求勝之也，創之而已。措彼頑凶，寘之度外，譬諸蟲豸，方乎虺蜴。如是，何禮讓之接，何曲直之爭哉？既故曰『班固之論詳而未盡』者也。四夷之猾夏尚矣。明達之士，論備邊之要，無代無之。國朝有房司空上書諫伐高麗，云：『比來犯罪死囚，每令三覆，重惜人命。至此而億萬吏卒無一罪戾，委之鋒刃，實爲冤酷。』薛補闕上書諫：『諸蕃侍子，久在京師，恐其知邊塞盈虛險易，悅華夏服翫聲色。或窺圖籍，兼達古今。如有劉元海之徒終成大憝。』劉起居《武指》云：『秦逐戎狄出塞，限隔華夷，是爲中策。』三賢所陳，可謂篤論。言詳理切，度越前古。斯仰歎不暇，豈敢繁述耳。

大一統論分部

論說

《舊五代史》卷一一六《周書·世宗紀三》　朕猥承先訓，恭荷永圖，德不逮於前王，道不方於往古。然而擅一百州之富庶，握三十萬之甲兵，農戰交修，士卒樂用，思欲報累朝之宿怨，刷萬姓之包羞。是以踐位已來，懷安不暇，破幽、并之巨寇，收秦、鳳之全封，兵不告疲，民有餘力。一昨回軍隴上，問罪江干，我實有辭，咎將誰執？朕親提金鼓，尋渡淮、淝，上順天心，下符人欲，前鋒所向，彼衆無遺，棄甲僵屍，動盈川谷。收城徇地，已過滁陽，豈有落其爪牙，折其羽翼，潰其心腹，扼其吭喉而不亡者哉！

早者，泗州主將遞送到書一函；尋又使人鍾謨、李德明至，齎所上表及貢奉衣服腰帶、金銀器幣、茶藥牛酒等；今又使人孫晟等並到行朝。觀其降身聽命，引咎告窮，所謂君子見機，不俟終日，苟非達識，孰能若斯。但以奮武興戎，所以討不服；惇信明義，所以懷遠人，五帝三王，盛德大業，恆用此道，以正萬邦。

朕今躬統戎師，龔行討伐，告於郊廟社稷，詢於將相公卿，天誘其衷，國無異論。苟不能恢復內地，申畫邊疆，便議班旋，眞同戲劇，則何以光祖宗之烈，厭士庶之心，匪獨違天，兼且咈衆。但以淮南部內，已定六州，廬、壽、濠、黃，大軍悉集，指期克日，拉朽焚枯，其餘數城，非足介意。必若盡淮甸之土地，爲大國之隄封，猶是遠圖，豈同迷復。如此則江南吏卒，悉遣放還，江北軍民，並當留住，免違物類之性，俾安鄉土之情。至於削去尊稱，願輸臣禮，非無故事，實有前規。蕭詧奉周，不失附庸之道；孫權事魏，自同藩國之儀。古也雖然，今則不取，但存帝號，何爽歲寒。儻堅事大之心，終不迫人於險。事資眞慤，辭匪枝游，俟諸郡之悉來，即大軍之立罷。質於天地，信若丹青。我無彼欺，爾無我詐，言盡於此，更不煩云，苟曰未然，請自茲絕。

切以陽春在候，庶務縈思，願無廢於節宣，更自期於愛重。音塵非遠，風壤猶殊，翹想所深，勞於夢寐。

又賜其將佐書曰：朕自類禡出師，麾旆問罪，絕長淮而電擊，指建業以鷹揚，旦夕之間，克捷相繼。至若兵興之所自，釁起之所來，勝負之端倪，戎甲之次第，不勞盡諭，必想具知。

近者金陵使人，繼來行闕，追悔前事，委質大朝，非無謝咎之辭，亦有罷軍之請。但以南邦之土地，本中夏之封疆，苟失克復之期，大辜朝野之望，已興是役，固不徒還。必若自淮以南，書江爲界，盡歸中國，猶是遠圖。所云願爲外臣，乞比湖、浙，彼既服義，朕豈忍人，必當別議封崇，待以殊禮。凡爾將佐，各盡乃心，善爲國家之謀，勉擇恆久之利。

宋·王欽若等《冊府元龜》卷四一六《將帥部·傳檄二》　後唐魏王繼岌莊宗同光三年爲都統，西討西川軍至鳳翔，馳檄喻蜀郡曰：捨過論功，王者示好生之道；轉禍爲福，聖人垂善變之文。矧彼蜀民，代承唐德，玄宗朝以兵興河塞，久駐金鑾；僖宗時以盜起中原，曾停玉輅。蜀之乃祖乃父，或士或民，而皆內稟忠貞，外資驍果，武負關張之氣，文傳揚馬之風，迎大駕以涉岷峨，合諸軍而定關輔，忠義冠乎日月，勳業著乎山河，凡在幽遐，皆所傳達。不幸龜龍忽去，蛇豕尋生，遇此匪人，據斯重地。蜀主先父，出身陳許，擁衆巴庸，接王室之頻遷，保邊隅而自大。蓋屬昭宗皇帝方茲播越，正切撫綏，洗彼瑕疵，潤之雨露，綰紅旆碧幢之貴，兼鳳池雞樹之榮。狂兕逢山，漸展横行之志；鳴梟出穴，曾無返哺之聲。拔本塞源，見利忘義，加以結連同惡，聚集羣凶。當天步多艱，莫展扶持之節，及坤維暫絕，卻為僭偽之謀。烈士聞之撫膺，懦夫見之攘臂。洎茲餘裔，益奮殘妖，閹豎擅權，而勳賢結舌。不稼不穡，奢侈者何啻千門；內淫外荒，塗炭者已餘萬室。而更納其短見，侮我大朝，輒横拒轍之臂，擬舉投羅之翼。我皇帝仰膺玄讖，再造皇圖，四時順而玉燭明，萬彙安而金繩正。惟茲蜀土，敢隔朝風。連營虧恤養之恩，比屋困煩苛之政。每聞殘酷，深所憫傷，是命車徒，以申弔伐。步卒則矗如山列，騎車則迅若雷奔，振雄聲而聒動乾坤，騰鋭氣而動摇河嶽。彼若率兵赴死，我則無陣不摧；彼若據壘偷生，我則無城不拔。卻慮高低士庶，遠近封巡，不早迴翔，終同覆滅，故今曉示，貴在保全。應三川管內，有以藩鎮降者，即授之節度；有以州郡降者，即授之刺史；有以鎮縣降者，即付之主守；有能見機知變，誅斬偽命將帥，以其藩鎮城池降者，亦以其官授之。如列陣交鋒之際，有以萬人已上降者，授之節度；五千人已上，授之大郡；三千人已上，授之次郡；一千人已上，授之主將。有蜀城將校誅斬偽主首領降者，授以方鎮。如蜀主王衍首過自新，以三川歸國，即授之方面。其同謀將校，當加列爵，有舊在本朝文武官，或負罪流落在蜀者，苟能率衆歸朝，一切不問。大軍所行之處，不得焚燒廬舍，剽掠馬牛，所有降人，倍加安撫。所罪者一人僭偽，所救者萬姓瘡痍。況蜀主宗枝，成都父老，較其罪狀，良可矜寬。只如偽梁，挾我皇威，竊吾大寶，爲四十年之巨寇，覆十九葉之丕基。昨國家平定中原，只誅元惡，列藩牧伯，咸不替移，闔境生靈，一無騷擾。雖蜀中遐僻，亦合傳聞。各宜審計變通，速謀歸向，據茲事件，得以旌酬。勿謂無言，竟貽後悔。故茲示諭，各宜知悉。

《新唐書》卷一〇九《宗楚客傳》 楚客性明達。【略】然冒於權利，嘗諷右補闕趙廷禧陳符命以媚帝，曰：『唐有天下，當百世繼周，陛下承母禪，周、唐一統，其符兆有八：天皇再以陛下為周王，是在唐興周，則天立陛下為皇太子，是在周興唐，一也；天后立文王廟，二也；唐同泰《洛水圖》云：「永昌帝業」，三也；讖曰：「百代不移宗」，四也；孔子曰：「百世繼周」，五也；《桑條韋歌》，應二聖在位九十八年，而子孫相承九十八世，六也；乃二月慶雲五色，天應以和，七也；去六月九日，內出瑞蒜，八也。起則天為一世，聖朝為二世，後子孫相承九十八，其數正滿百世，唐之曆乃三千餘年。』帝大喜，擢延禧諫議大夫。

又 卷一六八《柳宗元傳》 臣宗元稽首拜手以聞曰：孰稱古初，樸蒙空侗而無爭，厥流以訛，越乃奮奪，鬥怒振動，專肆為淫威？曰：是不知道。惟人之初，總總而生，林林而羣。雪霜風雨雷雹暴其外，於是乃知架巢空穴，挽草木，取皮革；飢渴牝牡之欲驅其內，於是乃噬禽獸，咀果穀。合偶而居，交焉而爭，睽焉而鬥，力大者搏，齒利者齧，爪剛者決，羣衆者軋，兵良者殺，披披藉藉，草野塗血。在後強有力者出而治之，往往為曹於險陰，用號令起，而君臣什伍之法立。德紹者嗣，道怠者奪。於是有聖人焉，曰黃帝，游其兵車，交貫乎其內，一統類，齊制量，然猶大公之道不克建。於是有聖人焉，曰堯，置州牧四嶽，持而綱之，立有德有功有能者，參而維之，運臂率指，屈伸把握，莫不統率；年老，舉聖人而禪焉，大公乃克建。由是觀之，厥初罔匪極亂，而後稍可為也。而非德不樹，故仲尼敘《書》，於堯曰『克明俊德』，於舜曰『濬哲文明』，於禹曰『文命祗承於帝』，於湯曰『克寬克仁，章信兆民』，於武王曰『有道曾孫』。稽揆典誓，貞哉惟茲德，實受命之符，以奠永祀。後之祆淫囂昏好怪之徒，乃始陳大電、大虹、玄鳥、巨迹、白狼、白魚、流火之烏以為符，斯皆詭譎闊誕，其可羞也，莫知本於厥貞。

漢用大度，克懷於有氓，登能庸賢，濯痍煦寒，以瘳以熙，茲其為符也。而其妄臣，乃下取虺蛇，上引天光，推類號休，用誇誣於無知氓，增以騶虞、神鼎，脅驅縱踴，俾東之泰山、石閭，作大號謂之『封禪』，皆《尚書》所無有。莽、述承效，卒奮驁逆。其後有賢帝曰光武，克綏天下，複承舊物，猶崇《赤伏》，以玷厥德。魏、晉而下，尨亂鉤裂，厥符不貞，邦用不靖，亦罔克久，駁乎無以議為也。

積大亂至於隋氏，環四海以為鼎，跨九垠以為爐，爨以毒燎，煽以虐焰，其人沸湧灼爛，號呼騰蹈，莫有救止。於是大聖乃起，丕降霖雨，濬滌蕩沃，蒸為清氛，疏為泠風，人乃漻然休然，相睎以生，相持以成，相彌以寧。琢斮屠剔膏流節離之禍不作，而人乃克完平舒愉，尸其肌膚，以達於夷途。焚坼抵掎奔走轉死之害不起，而人乃克鳩類集族，歌舞悅懌，用抵於元德。徒奮袒呼，犒迎義旅，歡動六合，至於麾下。大盜豪據，阻命遏德，義威殄戮，咸墜厥緒。無劉於虐，人乃並受休嘉，去隋氏，克歸於唐，躑躅謳歌，灝灝和寧。帝庸威栗，惟人之為。敬奠厥賦，積藏於下，是謂豐國。鄉為義廩，斂發謹飭，歲丁大侵，人以有年。簡於厥刑，不殘而懲，是謂嚴威。小屬而支，大生而孥，愷悌祗敬，用底於治。凡其所欲，不謁而獲；凡其所惡，不祈而息。四夷稽服，不作兵革，不竭貨力。丕揚於後嗣，用垂於帝式，十聖濟厥治，孝仁平寬，惟祖之則。澤久而逾深，仁增而益高，人之戴唐，永永無窮。

是故受命不於天，於其人；休符不於祥，於其仁。惟人之仁，匪祥於天。匪祥於天，茲惟貞符哉！未有喪仁而久者也，未有恃祥而壽者也。

商之王以桑穀昌，以雉鴝大，宋之君以法星壽，鄭以龍衰，魯以麟弱，白雉亡漢，黄犀死莽，惡在其為符也？不勝唐德之代，光紹明濬，深鴻尨大，保人斯無疆，宜薦於郊廟，文之雅詩，祇告於德之休。

國家體制論分部

論説

唐・柳宗元《柳河東集》卷三《封建論》 天地果無初乎？吾不得而知之也。生人果有初乎？吾不得而知之也。然則孰爲近？曰：有初爲近。孰明之？由封建而明之也。彼封建者，更古聖王堯、舜、禹、湯、文、武而莫能去之。蓋非不欲去之也，勢不可也。勢之來，其生人之初乎？不初，無以有封建，封建非聖人意也。彼其初與萬物皆生，草木榛榛，鹿豕狉狉，人不能搏噬，而且無毛羽，莫克自奉自衛。荀卿有言，『必將假物以爲用』者也。夫假物者必爭，爭而不已，必就其能斷曲直者而聽命焉。其智而明者，所伏必衆，告之以直而不改，必痛之而後畏，由是君長刑政生焉。故近者聚而爲羣，羣之分，其爭必大，大而後有兵有德。又有大者，衆羣之長又就而聽命焉，以安其屬。於是有諸侯之列，則其爭又有大者焉。德又大者，諸侯之列又就而聽命焉，以安其封。於是有方伯連帥之類，則其爭又有大者焉。德又大者，方伯、連帥之類又就而聽命焉，以安其人，然後天下會於一。是故有里胥而後有縣大夫，有縣大夫而後有諸侯，有諸侯而後有方伯、連帥，有方伯、連帥而後有天子。自天子至於里胥，其德在人者，死必求其嗣而奉之。故封建非聖人意也，勢也。夫堯、舜、禹、湯之事遠矣。及有周而甚詳。周有天下，裂土田而瓜分之，設五等，邦羣后，布履星羅，四周於天下。輪運而輻集，合爲朝覲會同。離爲守臣扞城，然而降於夷王，害禮傷尊，下堂而迎覲者。歷於宣王，挾中興復古之德，雄南征北伐之威，卒不能定魯侯之嗣。陵夷迄於幽厲，王室東徙，而自列爲諸侯矣。厥後問鼎之輕重者有之，射王中肩者有之，伐凡伯、誅萇弘者有之，天下乖盭，無君君之心。余以爲周之喪久矣，徒建空名於公侯之上耳。得非諸侯之盛强，末大不掉之咎歟？遂判爲十二，合爲七國，威分於陪臣之邦，國殄於後封之秦。則周之敗端，其在乎此矣。秦有天下，裂都會而爲之郡邑，廢侯衛而爲之守宰，據天下之雄圖，都六合之上游，攝制四海運於掌握之内，此其所以爲得也。不數載而天下大壞，其有由矣。亟役萬人，暴其威刑，竭其貨賄，負鋤梃謫戍之徒，圜視而合從，大呼而成羣。時則有叛人，而無叛吏。人怨於下，而吏畏於上，天下相合，殺守劫令而並起。咎在人怨，非郡邑之制失也。漢有天下，矯秦之枉，徇周之制，剖海内而立宗子，封功臣。數年之間，奔命扶傷之不暇。困平城，病流矢，陵遲不救者三代。後乃謀臣獻畫，而離削自守矣。然而封建之始，郡邑居半，時則有叛國，而無叛郡。秦制之得，亦以明矣。繼漢而帝者，雖百代可知也。唐興，制州邑，立守宰，此其所以爲宜也。然猶桀猾時起，虐害方域者，失不在於州，而在於兵。時則有叛將，而無叛州。州縣之設，固不可革也。或者曰：『封建者，必私其土，子其人，適其俗，修其理，施化易也。守宰者，苟其心思遷其秩而已，何能理乎？』余又非之。周之事迹斷可見矣。列侯驕盈，黷貨事戎。大凡亂國多，理國寡。侯伯不得變其政，天子不得變其君。私土子人者，百不有一。失在於制，不在於政，周事然也。秦之事迹亦斷可見矣。有理人之制，而不委郡邑是矣。有理人之臣，而不使守宰是矣。郡邑不得正其制，守宰不得行其理，酷刑苦役而萬人側目。失在於政，不在於制，秦事然也。漢興，天子之政行於郡，不行於國。制其守宰，不制其侯王。侯王雖亂，不可變也。國人雖病，不可除也。及夫大逆不道，然後掩捕而遷之，勒兵而夷之耳。大逆未彰，姦利浚財，怙勢作威，大刻於民者，無如之何。及夫郡邑，可謂理且安矣。何以言之？且漢知孟舒於田叔，得魏尚於馮唐，聞黄霸之明審，覩汲黯之簡靖，拜之可也。復其位可也。臥而委之以輯一方可也。有罪得以黜，有能得以賞。朝拜而不道，夕斥之矣。夕受而不法，朝斥之矣。設使漢室盡城邑而侯王之，縱令其亂人，戚之而已。孟舒、魏尚之術莫得而施；黄霸、汲黯之化莫得而行。明譴而導之，拜受而退已違矣。下令而削之，締交合從之謀，周於同列，則相顧裂眦，勃然而起。幸而不起，則削其半。削其半，民猶瘁矣。曷若舉而移之以全其人乎？漢事然也。今國家盡制郡邑，連置守宰，其不可變也固矣。善制兵，謹擇守，則理平矣。或者又曰：『夏、商、周、漢封建而延，秦郡邑而促。』尤非所謂知理者也。魏之承漢也，封爵猶建。晉之承魏也，因循不革。而二姓陵替，不聞延祚。今矯而變之，垂二百祀，大業彌固，何繫於諸侯哉。或者又以爲：『殷周聖王也，而不革其制，固不當復議也。』是大不然。夫殷周之不革者，是不得已也。蓋以諸侯歸殷者三千焉，資以黜夏，湯不得而廢，歸周者八百焉，資以勝殷，武王不得而易。徇之以爲安，仍之以爲俗，湯、武之所不得已也。夫不得已非公之大者也，私其力於己也，私其衞於子孫也。秦之所以革之者，其爲制公之大者也，其情私也，私其一己之威也，私其盡臣畜於我也。然而公天下之端自秦始。夫天下之道，理安斯得人者也。使賢者居上，不肖者居下，而後可以理安。今夫封建者，繼世而理。繼世而理者，上果賢乎，下果不肖乎？則生人之理亂未可知也。將欲利其社稷，以一其人之視聽，則又有世大夫世食祿邑，以盡其封略，聖賢生於其時，亦無以立於天下，封建者爲之也。豈聖人之制使至於是乎？吾固曰：『非聖人之意也。勢也。』

《舊唐書》卷七二《李百藥傳》（貞觀二年李）百藥上《封建論》曰：

臣聞經國庇民，王者之常制；尊主安上，人情之本方。思闡治定之規，以弘長世之業者，萬古不易，百慮同歸。然命曆有賒促之殊，邦家有理亂之異，遐觀載籍，論之詳矣。咸云周過其數，秦不及期，存亡之理，在於郡國。周氏以監夏、殷之長久，遵黃、唐之並建，維城盤石，深根固本，雖王綱弛廢，枝幹相持，故使逆節不生，宗祀不絕。秦氏背師古之訓，棄先王之道，踐華恃險，罷侯置守，子弟無尺土之邑，兆庶罕共治之憂，故一夫號澤，七廟隳祀。

臣以爲自古皇王，君臨宇內，莫不受命上玄，飛名帝籙，締構遇興王之運，殷憂屬啓聖之期。雖魏武攜養之資，漢高徒役之賤，非止意有覬覦，推之亦不能去也。若其獄訟不歸，菁華已竭，雖帝堯之光被四表，大舜之上齊七政，非止情存揖讓，守之亦不可固焉。以放勛、重華之德，尚不能克昌厥後。是知祚之長短，必在天時，政或盛衰，有關人事。隆周卜代三十，卜年七百，雖淪胥之道斯極，而文、武之器猶存，斯則龜鼎之祚，已懸定於杳冥也。至使南征不返，東遷避逼，禋祀如綫，郊畿不守，此乃淩夷之漸，有釁於封建焉。暴秦運短閏餘，數鍾百六。受命之主，德異禹、湯；繼世之君，才非啓、誦。藉使李斯、王綰之輩盛開四履，將閭、子嬰之徒俱啓千乘，豈能逆帝子之勃興，抗龍顏之基命者也。

然則得失成敗，各有由焉。而著述之家，多守常轍，莫不情亡今古，理蔽澆淳，欲以百王之季，行三代之法。天下五服之內，盡封諸侯；王畿千乘之間，俱爲採地。是以結繩之化行虞、夏之朝，用象刑之典治劉、曹之末，紀綱既紊，斷可知焉。鍥船求劍，未見其可；膠柱成文，彌所多惑。徒知問鼎請隧，有懼霸王之師；白馬素車，無復藩籬之援。不悟望夷之釁，未甚羿、浞之災；高貴之殃，寧異申、繒之酷。乃欽明昏亂，自革安危，固非守宰公侯，以成興廢。且數世之後，王室浸微，始自藩屏，化爲仇敵。家殊俗，國異政，强淩弱，衆暴寡，疆埸彼此，干戈日尋。狐駘之役，女子盡髽；崤陵之師，隻輪不返。斯蓋略舉一隅，其餘不可勝數。陸士衡方規規然云：『嗣王委其九鼎，凶族據其大邑，天下晏然，以治待亂。』何斯言之謬也！而設官分職，任賢使能，以循吏之才，膺共治之寄，刺郡分竹，何代無人。至使地或呈祥，天不愛寶，民稱父母，政比神明。曹元首方區區然稱：『與人共其樂者，人必憂其憂；與人同其安者，人必拯其危。』豈容委以侯伯，則同其安危；任之牧宰，則殊其憂樂。何斯言之妄也！

封君列國，藉慶門資，忘其先業之艱難，輕其自然之崇貴，莫不世增淫虐，代益驕侈。自離宮別館，切漢淩雲，或刑人力而將盡，或召諸侯而共樂。陳靈則君臣悖禮，共侮徵舒；衞宣則父子聚麀，終誅壽、朔。乃云爲己思治，豈若是乎？內外羣官，選自朝廷，擢士庶以任之，澄水鏡以鑑之，年勞優其階品，考績明其黜陟。進取事切，砥礪情深，或俸祿不入私門，妻子不之官舍。頒條之貴，食不舉火；剖符之重，衣唯補葛。南陽太守，敝布裹身；萊蕪縣長，凝塵生甑。專云爲利圖物，何其爽歟！總而言之，爵非世及，用賢之路斯廣；民無定主，附下之情不固。此乃愚智所辨，安可惑哉！至如滅國弒君，亂常干紀，春秋二百年間，略無寧歲。次睢咸秩，遂用玉帛之君；魯道有蕩，每等衣裳之會。縱使西漢哀、平之際，東洛桓、靈之時，下吏淫暴，必不至此。爲政之理，可一言以蔽之。

伏惟陛下握紀御天，膺期啓聖，救億兆之焚溺，掃氛祲於寰區。創業垂統，配二儀以立德；發號施令，妙萬物而爲言。獨照宸衷，永懷前古，將復五等而修舊制，建萬國以親諸侯。竊以漢、魏以還，餘風之弊未盡；勛、華既往，至公之道斯革。況晉氏失馭，宇縣崩離；後魏乘時，華夷雜處。重以關河分阻，吳、楚懸隔，習文者學長短縱横之術，習武者盡干戈戰爭之心，畢爲狙詐之階，彌長澆浮之俗。開皇在運，因藉外家。驅御羣英，任雄猜之數；坐移時運，非克定之功。年踰二紀，民不見德。及大業嗣文，世道交喪，一時人物，掃地將盡。雖天縱神武，削平寇虐，兵威不息，勞止未康。

自陛下仰順聖慈，嗣膺寶曆，情深致治，綜覈前王。雖至道無名，言象所紀，略陳梗概，實所庶幾。愛敬蒸蒸，勞而不倦，大舜之孝也。訪安内豎，親嘗御膳，文王之德也。每憲司讞罪，尚書奏獄，大小必察，枉直咸申，舉斷趾之法，易大辟之刑，仁心隱惻，貫徹幽顯，大禹之泣辜也。正色直言，虛心受納，不簡鄙訥，無棄芻蕘，帝堯之求諫也。弘奬名教，勸勵學徒，既擢明經於青紫，將升碩儒於卿相，聖人之善誘也。羣臣以宫中暑濕，寢膳或乖，請徙御高明，營一小閣。遂惜家人之産，竟抑子來之願，不吝陰陽所感，以安卑陋之居。去歲荒儉，普天饑饉，喪亂甫爾，倉廩空虛。聖情矜愍，勤加惠卹，竟無一人流離道路，猶且食啗藜藿，樂撤簨簴，言必悽動，貌成癯瘠。公旦喜於重譯，文命矜其即序。陛下每四夷款附，萬里歸仁，必退思進省，凝神動慮，恐妄勞中國，以事遠方，不藉萬古之英聲，以存一時之茂實。心切憂勞，迹絶游幸，每旦視朝，聽受無倦，智周於萬物，道濟於天下。罷朝之後，引進名臣，討論是非，備盡肝膈，唯及政事，更無異辭。纔及日昃，命才學之士，賜以清閒，高談典籍，雜以文詠，間以玄言，乙夜忘疲，中宵不寐。此之四道，獨邁往初，斯實生民以來，一人而已。弘茲風化，昭示四方，信可以期月之間，彌綸天壤。而淳粹尚阻，浮詭未移，此由習之永久，難以卒變。請待斲雕成樸，以質代文，刑措之教一行，登封之禮云畢，然後定疆理之制，議山河之賞，未爲晚焉。《易》稱：『天地盈虛，與時消息，況於人乎？』美哉斯言也。

又　卷九〇《朱敬則傳》（朱敬則著《五等論》）曰：昔秦廢五等，崔寔、仲長統、王朗、曹冏等皆以爲秦之失，予竊異之，試通其志云。

蓋明王之理天下也，先之以博愛，本之以仁義，張四維，尊五美，懸禮樂於庭宇，置軌範於中衢。然後決玄波使横流，揚薰風以高扇，流愷悌之甘澤，浸曠蕩之膏腴，正理革其淫邪，淳風柔其骨髓。使天下之人，心醉而神足。其於忠義也，立則見其參於前；其於進趨也，若章程之在目。禮經所及，等日月之難踰；聲教所行，雖風雨之不輟。聖人知俗之漸化也，王道之已行也。於是體國經野，庸功勳親。分山裂河，設磐石之固；内守外禦，有維城之基。連絡徧於域中，膠葛盡於封内。雖道昏時喪，澤竭政塞，鄭伯逐王，中侯弑主，魯不供物，宋不城周，吳徵百牢，楚問九鼎，小白之一匡天下，重耳之一戰諸侯，無君之迹顯然，篡奪之謀中寢者，直以周禮尚存，簡書不隕。故曰：『不敢失墜，天威在顔。』

自春秋之後，禮義漸頽，風俗塵昏，愧耻心盡，疾走先得者爲上，奪攘投會者爲能。加以八世專齊，三家分晉，子貢之亂五國，蘇秦之鬬七雄，苛刻繁興，經籍道息，莫不長詐術，貴攻戰，萬姓皆戴爪牙，無人不屬觜距。所以商鞅欺故友，李斯囚舊交，孫臏喪足於龐涓，張儀得志於陳軫。一旅之衆，便欲稱王；再戰之雄，爭來奉帝。先王會盟之禮，昔時樽俎之容，三代玄風，掃地至盡。況始皇削平區宇，殊非至公，李斯之作股肱，罕循大道，人無見德，唯虐是聞。當此時也，主猜於上，人駭於下，父不能保之於子，君不能得之於臣。欲使始皇分土姦雄，建侯薄俗，若喻晉、鄭之可依，便藉賊兵而資盜糧，寄龍魚而助風雨，不可行也。是以秦鑑周德之綿深，懼己圖之不遠，罷侯置守，高下在心，天下制在一人，百姓不聞二主。直是不得行其世封，非薄功臣而賤骨肉也。

高皇帝揭日月之明，懷天地之量，算財不足以分賞，論地不足以受封。邑皆百城，土有千里，人殷國富，地廣兵强。五十年間，七國同反，賈誼憂失其國，鼂錯請削其地。若言由大而反也，不若召陵之師、踐土之衆也；若言有材而起也，劉濞非王霸之材，田禄無先、管之略也。直是齊、晉以逆禮爲慚，吳、楚以犯上非媿，釁由教起，其所由來遠矣。自此之後，雜霸又衰，中興不能改物創圖，黄初不能深謀遠慮。緬觀漢、魏之際，尋其經緯之初，未有積德重光，澤及萬物。觀其教，偷薄於秦風；察其人，豺狼於漢日。故魏太祖曰：『若使無孤，天下幾人稱帝，幾人稱王。』明竊號議者，觸目皆是。欲以此時開四履之祚，垂萬代之封，必有通車三川以窺周室，介馬汾、隰而逐翼侯。而王司徒屢請於當時，曹元首又勤於宗室，皆不知時也。

又 卷一一六《彭王僅傳》 （乾元三年）四月詔曰：古之哲王，宅中御宇，莫不内封子弟，外建藩維。故周稱百代，抑聞麟趾之美；漢命六官，亦樹犬牙之制。歷考前載，率由舊章。朕以薄德，纘承鴻緒，屬豺狼未殄，金革猶虞。賴文武藎臣，協心同德，庶克清於玄祲，期永保於皇圖。且授鉞分符，義已先於用武；又維城作翰，道方弘於建親。咨爾分閫之崇，成予磐石之固。彭王僅等，銀潢毓慶，璿萼分輝，忠孝稟於天成，文武稱其備用。今三秦之地，萬國來庭，誠宜列皇子以建封，崇懿藩而制勝，是資固本，委以臨戎。彭王僅可充河西節度大使，兗王僴可充北庭節度大使，涇王侹可充隴右節度大使，杞王倕可充陝西節度大使，興王佋可充鳳翔節度大使。

宋·王溥《唐會要》卷四六《封建雜論上》 （貞觀二年十二月十六日）魏徵議曰：『臣聞三代之利建藩屏，保乂皇家；兩漢之大啓山河，同獎王室。故楚國不恭，齊桓有召陵之舉；諸呂構難，朱虚奮北軍之謀，九鼎危而復安，諸侯傲而還肅。比夫秦之孤立，子弟爲匹夫，魏氏虚名，藩捍若囹圄，豈可同年而語哉？至於同憂共樂之談，百足不僵之義，曹冏六代，陸機五等，論之詳矣。陛下發明詔封五等，事雖盡善，時卽未遑，何也？自隋氏亂離，百殃俱起，黎元塗炭，十不一存。始蒙敷至仁以流元澤，沐春風而霑夏雨，一朝棄之爲諸侯之隸，衆心未定，或致逃亡，其未可一也；既立諸侯，當建社稷，禮樂文物，儀衞左右，頓闕則理必不安，粗修則事有未暇，其未可二也；大夫卿士咸資禄俸，薄賦則官府困窮，厚斂則人不堪命，其未可三也；王畿千里，地税不多，至於貢賦所資，在於侯甸之外，今並分爲國邑，京師府藏必虚，諸侯朝宗，無所取給，其未可四也；今燕、秦、趙、代俱帶蕃夷，黠羌旅拒，匈奴未滅，追兵内地，遠赴邊庭，不堪其勞，將有他變，難安易動，悔或不追，其不可五也。原夫聖人舉事，貴在相時，時或未可，理資通變。敢進芻蕘之議，惟明主擇焉。

宋·李昉等《文苑英華》卷六二三《顔師古〈論封建表〉》 臣師古言：臣伏聞前年陛下親發聖慮，將降明敕，博問卿士，議欲封建，斯誠天機獨悟，妙策深遠，既合事宜實惟治要。然而議者不壹，各執異端，或欲追法殷周，遠遵上古，天下之地，盡爲封國，庶姓羣官，皆錫茅社，或云承弊之後，人稀土曠，封建之事，普未可行，不臻至理，兩失其中。何者？今古異俗，文質不同，不可空採虚名，以乖實效。若卽廢罷州縣，分爲列國，無功而受封爵，庶姓而專臣吏，非直於理不合，亦自制度難成。至如磐石之基，實資藩屏，皇枝帝子，維城是寄。伏以漢祖撥亂，懲艾前失，大啓九國，雜行霸道，規模弘遠，歷祚延長。近代澆浮，不樹宗子，雖有王侯之號，了無藩輔之實，故易爲傾動，顛而不扶，前哲往賢，論之已備。臣愚以爲當今之要，莫如量於遠近，分置王國，均其户邑，强弱相齊，畫野分疆，不得過大，間以州縣，雜錯而居，互相維持，永無傾奪。使各守其境，而不能爲非，協力同心，則足扶京室。陛下然後命分諸子，各就封之，爲置官僚，皆一省選用，法令之外，不得擅作威刑，朝貢禮儀，具爲條式。一定此制，萬世永久，則狂狡絶暴慢之心，本朝無怵惕之慮。臣輒獻愚管，伏聽採擇，塵黷非宜，退增戰懼。惶恐謹言。

又 卷七四一《李谿〈反五等六代論〉》 魏曹元首《六代論》稱：『夏殷周與人共治，歷世數十，秦王獨制，二世而亡』，亦言：『周氏陵夷侵弱』，大底非秦廢五等之爵，置郡縣之官，至晉陸士衡著《五等論》，陳八代秦漢興亡之由。言：『五等之制，始於黄唐，郡縣之治，創自秦漢。』以爲『周制萬邦思治，羣后圖身。及承微積弊，王室遂卑。猶保名位，祚垂後嗣。秦棄道任術，顛沛之釁，實由孤立』。夫百世非可懸御，善制不能無弊，侵弱愈於殄祀，土崩庸於陵夷。欲權其多福，取其小禍，總二家之旨，皆是五等而非郡縣，徒苟救於疾顛，而未免於陵夷也。譬猶醫者，苟欲救人之死，而不能愈其病苦，豈謂知經脉藥石之本，決存亡禍福之機乎？且陵夷土崩，一患俱免者，豈無通論哉？但二家不能知耳，故皆引五等之長，説郡縣之短。元首則言五等藩衞，引春秋勤王之事以爲證，欲使秦人割裂州國，分王子弟，使土有常君，人有定主。士衡又謂五等之國爲己土，衆皆我人，人安我受其利，國傷家嬰其病，故爲己思制。郡縣之長，進趨之情鋭，安人之譽遲，是以侵百姓以利己，損實事以養名，故爲利圖物。以爲諸侯享食茅土，萬國受世及，則南面之君，各務其治。九服之人，知有定主。此皆不知之説也。夫春秋之時，諸侯擅相攘伐。苟欲求霸，則以正王室爲事，故曰求諸侯莫如勤王。外雖詐忠以邀名，內實包藏禍心以圖神器。此老子所謂將欲弱之必，固强之也，豈所以爲藩衛哉？所謂爲己思治者，誠憂其國傷、其家病而致治矣。且若國不富兵不强，則未出於傷病也。若富國强兵，彊陵弱，衆暴寡，蹙而爲九，幷而爲七，是豈非古制耶？故知雖少其力猶益也，比身臂則不同矣。夫身手者，大小常定也。諸侯之土，變易者也。向使臂指能變而爲大小，於身又烏可得而使耶？是知五等之制，不計於大小强弱，皆得擅權獨斷，自有鄉相，恣之則不遜，削之則怨，陵夷逆節，固必有矣。且士衡云：『勢足者反疾，土狹者逆遲。』夫土狹既不免逆，豈過正境土者之災耶？假令小制七國，則反有遲速者之小異耳，不足稱也。豈如郡縣之主，權弱勢輕，跨有千里，負阻山嶠，奸謀未畢，而身已遷代。然而强兵練甲，足以禦四夷之患。人徒租税，足以蒲家國之急，則未必無土崩之事。而秦漢俱敗，豈由此耶？元首又徵秦之敗於委政趙高，誅夷宗族，西漢則王氏擅朝，排擯宗室，後漢則閹豎執衡，孤立於上。此乃滅君親臣强之殃，而非郡縣之失也。設有侯伯之國，則亦助亂而已，焉足賴哉？由是觀之，五等與郡縣，其利害相去遠矣。向使早覺悟，廢五等世及之法，立郡縣可制之符，以矯周枉，威靈不假於臣下。及刑戮强兵耶則必脩文武之業，設霸王之術。設業固則帝位危矣，雖各安其國，致天子於何地？豈可以爲思治哉？今郡縣或侵百姓，損實事，然而升降黜陟，在於一人。比之侯伯，固不爲大患也。又且奉京師之法，稟宰輔之威，雖職官遷轉不一，而法已定矣。五等者，世及相承，擅更法令。如魯作丘甲，晉立六軍，鄭鑄刑書，如此者寔繁。天下所以安上之國土，非愛事身與子孫也。安與不安，在於立教化，正法令。國雖一姓，而法已萬變，豈所以爲知有定主哉？由是知曹陸之論，所謂藩衛者，乃篡逆之萌也；思治者，乃禍亂之萌也；定主者，乃不定也。夫如是，則焉有不爲患也？昔漢有吴楚七國之患，元首乃懲之於高祖封建，地過古制。引賈誼之言，欲衆建諸侯而少其力，使海內若身之使臂，臂之使指，則下無背叛之心，上無誅伐之事。士衡亦謂漢大啓侯王，境土踰溢，以七國爲過正之災。若然者，則班固《漢書》贊言周制千八百國，《載記》分天下爲九州二百一十國，則千八百九十國也。公侯百里，伯七十里，子男五十里，其爲褊小以極矣。其卒也强，不一一於骨肉以懲秦失，去其弊政，用其上策，如此則可歷世長遠，而支派强大矣。豈有周室陵遲嬴氏土崩之釁乎？

宋·王欽若等《册府元龜》卷四七五《臺省部·奏議第六》 封翹為給事中，天成二年四月戊子上言曰：『臣聞：立愛惟親，教民以睦，實天朝之重事，乃有國之通規。是知維城為固本之資，磐石作安宗之計。所以興隆鴻業，保定皇家。伏惟陛下天祚丕基，日新聖德，使九功之咸叙，致百度以維貞。墜典皆修，遺文必舉，獨於封建，未覩宣行。既尚抑於龍樓，宜且遵於麟趾。乞命親賢，以資夾輔。』

又 卷五四五《諫諍部·直諫第十二》 （景龍三年，吳）兢上疏奏曰：今聞道路云云，皆言賊臣等竊議，以安國相王連謀於重俊，共加羅織。將欲寘於法。臣既忝職諫曹，安敢不奏？臣聞庶物不可以自生，陰陽以之亭育；大寶不可以獨守，子弟成其藩翰。昔武王聖主也，成王賢嗣也，然封建魯衛，以扶社稷，所以龜鼎相傳，七百餘載。始皇絶昭襄之業，承戰爭之弊，忽先王之典制，比宗親於黔首，孤立無輔，二代而亡。及諸吕用權，將傾劉氏，朱虚為其心腹，絳侯作其爪牙，劉氏復安，豈非宗子之力歟？國之安危，在於藩屏，故設官分職，先親後疏。《詩》云『宗子維城』。《書》云『九族既睦』。自文明之後，皇運中衰，國之祚裔，不絶如綫。洎陛下龍興，恩被骨肉，搜擿竄於炎障，復衣冠於庭闕，萬國歡心，孰不慶幸。且安國相王，實陛下之同氣。六合至廣，親莫加焉。但賊臣等日夜同謀，必欲寘於極法，此則禍亂之漸不可不察。夫相王之仁孝，幽明共知，頃遭荼苦，哀毁過制，以陛下為性命，亦陛下之手足。夫孝於父母，而惡於兄弟者，未之有也。若信任邪佞，委之於法，必傷陛下之恩，失天下之望，所謂芟刈股肱，獨任胸臆。方涉江漢，棄其舟檝，可為寒心，可為慟哭，自昔剪伐枝幹，委權異族者，未有不喪其宗社也。何以明之？秦任趙高，卒致傾敗；漢委王莽，遂成篡逆。晉家以自相魚肉，寰瀛鼎沸；隋皇以猜忌子弟，海縣塵飛，驗之覆車，安可重迹？是以任之以權，雖疏必重；奪之以勢，雖親必輕。臣又聞之：根朽則木枯，源涸則流竭，子弟者國之根源，豈可使其朽竭哉？先王所以廣封樹，存親親，使謀孫翼子，柯葉碩茂。況皇家枝幹，零落無幾，方之先朝，十不存一。自陛下登極，於今四稔，一子以弄兵被誅，一子以愆失遠任，唯此一弟，朝夕左右，斗粟尺布之刺，可不慎焉。《蒼蠅》之詩，誠可畏也。昔者謗書盈篋，難明於主君；讒言三至，見疑於慈母。伏願陛下降明制，曉羣邪，使忠臣孝子，知友於之愛；姦佞庸回，執讒慝之口。下全棠棣之美，上慰罔極之心，德教加於兆人，風化流於千載，則羣生幸甚。臣本布衣，匪求官達，聖明過聽，拔齒諍臣，不勝受恩之甚，謹昧死讜言。

宋・姚鉉《唐文粹》卷三四《李翰〈漢祖呂后五等論〉》 或稱漢祖建五等，封異姓，其計得乎？高后立四王，非劉氏，其事順乎？嘗試論之曰：夫思治惡亂，體國之常理；去危就安，宅生之大域。然而制業圖遠，隨化會機，是非較於豪釐，得失差於興滅，可不謂然乎。揆夫高祖造漢，殷鑑亡秦，宗族無尺土之封，子弟立虛空之地。故衆枝莫助，而孤根易拔，封建之心，肇於此矣。又謂大業可以力取，神器推於命歸。思得包四海以獨富，舉百郡以從欲，而外誘異端，內疑成計。及見羣心交阻，偶語間興，適悟天下不可獨理，專欲不能蓋衆。分利推恩，乃先封雍齒，然後將士歛手，不懷反覆；豪俊息慮，知難於動。五等之制，於是行焉。既而鸞輅龍旂，皆王室昭穆，黼衣朱韍，即功臣子孫。君利世祚，人安定主。上敦子愛之情，下結體信之志，羣后固犬牙之勢，匹夫絕烏合之舉，此所以爲計之是也。何創五等之議，不遵三代之典？境土踰溢，隄防漏下，權敵上都，制方偶國。過當啓陵僭之端，怙强速交爭之兆。賈誼痛其將亂，鼂錯憂其必危，卒使諸侯失節，朝廷忿忌，此所以爲計之非也。且夫中興之主，不讓肇基之勳；成務之臣，有高佐命之力。故禮樂大備，取惟新之格言；琴瑟不調，除仍舊之弊法。觀乎孝惠既崩，高后稱制，侯王諸呂，何不可哉？當若卑署禄、產之位，宜序親疏之節，小其國以圖全，薄其勢以遠害。而陳平、周勃亦分茅錫土，將相之後，誓同山河，舅甥之國，穆若脣齒，預閉覬覦之心，不踐嫌猜之路。克復明辟，決自我躬，高謝壽陵，無負先帝，安有齊兵之觀變，代邸之危疑哉？此所以爲計之得也。神害久盈，物無兩大。以呂氏之盛，跨漢朝之權，專禁兵以候疑，秉大政以速謗。趦趄異姓，蓄姦候隙，刺促大臣，側目相視，自投機穽，實履憂虞，此所以為計之失也。嗚呼！物有益之而損，損之而益。凡人臨事多惑，視往則明。向使高祖呂后觀既往之勢，析當時之疑，斷必全之策，杜未萌之禍。則惠、文之間，無劉、呂之難；哀、平之末，有晉、鄭是依。況復周陳諸家，休戚連漢，黎獻思德，謳歌未改。雖天命興廢，孰能明之？然人謨協密，必無悔矣。

國家利益論分部

忠君愛國論

論說

唐・李翺《李文公集》卷九《疏用忠正》 臣聞國之所以興者，主能信任大臣，臣能以忠正輔主。故忠正者，百行之宗也。大臣忠正，則小臣莫敢不為正矣。小臣莫敢不為正，則天下後進之士皆樂忠正之道矣。後進之士皆樂行忠正之道，是王化之本，太平之事也。今之語者必曰：『知人邪正，是堯舜之所難也，焉得知忠正之人而用之耶？』臣以為察忠正之人，蓋有術焉。能盡言憂國，而不希恩容者，此忠正之徒也。夫忠正之人，亦各自有黨類，邪臣嫉而讒之，必且以為相朋黨矣。夫舜、禹、稷、契之相稱贊也，不為朋，顏、閔之相往來也，不為黨，皆在於講道德仁義而已。邪人嫉而讒之，且以為朋黨，用以惑時主之聽，從古以來，皆有之矣。故蕭望之、周堪、劉向，謀退許史，竟為邪臣所勝，漢元帝不能辨，而終任用邪臣，漢室之衰，始於元帝，此不可不察也。故聽其言能數逆於耳者，忠正之臣也。雖任之，雜以邪佞之臣，則太平必不能成矣。文宣王曰：『十室之邑，必有忠信如丘者焉。』故忠信之人不難有也，在陛下辨而用之，各以類進之而已。臣故曰：『用忠正而不疑，則功德成。』

宋・李昉等《文苑英華》卷三六〇《牛僧孺〈訟忠〉》 《春秋》周大夫萇弘之城成周也，晉女叔寬謂弘『違天不免也』。《國語》衛彪傒又云：『萇叔支天有咎也。支天壞，違天也；人道補天，反常也；誘人城周，誣人也。」左丘明皆然。其言某以爲一言喪邦，其例由斯矣。若是則帝王不務爲政，而務稱天命，下不務竭忠，而務別興衰矣。雖欲不亡，其亡固翹足而俟矣。必謂天壞不支，自古無中興之君乎？衰運不輔，自古無持危之臣乎？殷太戊周宣王，胡以承天壞而興乎？殷傳説，周吉甫，胡以持衰運而壽乎？二君二臣，天豈私之乎？且徯謂臣謀其君爲違天，則危而不扶爲順天乎？人道補天爲反道，則捨人徵天爲合道乎？誘人勤王爲誑人，則勸人叛王爲信人乎？辭之悖亂，有至是者。夫人道邇也，忠者人倫紀綱也；天道遠也，談者人倫虛誕也。假天道以助人倫，猶慮論誣於失也，況捨人事，徵天道，棄邇求遠，無裨於教者也。又謂不得終果，由支天壞也，則趙高秦之助壞者也，董賢漢之助壞者也，曹爽魏之助壞者也。賈謐晉之助壞者也，咸家族身戮者，天不壽之。夫天之所與，豈有親者？以道承天，則天無壞者；以亂承天，則天無支者。故支壞非天也，興衰由人也，但有人不支而敗，無天不可支也。嗚呼。弘無殷宗周宣以任之，位卑大夫，不爲王卿士，卒令强晉迫脅，非道殘勸，士死難，於弘為得矣。柰何丘明不譏周殺忠臣，所以國危也。晉殺王臣，所以國分也，但紀弘之戮死？是神彪徯、叔寬反常之説也。謹按魏子賞賈辛以定王室也，夫子曰：『其命也忠，當有後於晉國也。』賞忠有後，則身終不謂反天戮也。是知丘明謬聞偏見，失聖之旨甚遠。恐史冊久謬誣惑，爲臣者將求事之，得不以文字申訟哉。

又　卷七五七《牛希濟〈荀息論〉》　晉獻公子九人，聽驪姬之譖也。太子申生縊於新城，重耳奔蒲，夷吾奔屈。盡逐羣公子，唯姬之子奚齊及其姊之子卓子留於宮。公疾病，召荀息，將使立奚齊。荀息曰：『臣竭盡股肱之力，加之以忠貞；不濟，則以死繼之。』公曰：『何爲忠貞？』對曰：『公家之利，知無不爲，忠也。送往事居，耦俱無猜，貞也。』公薨，荀息立奚齊。里克使人殺之喪次，荀息將死之。人曰：『無益也，不如立卓子。』於朝荀息又立之。里克曰：『三怨將作，秦晉輔之，子將何如？』荀息曰：『吾與先君言矣，我欲復言。然爲人已乎？』里克殺卓子於朝。荀息死之。丘明褒之曰：『詩人有言曰：「白圭之玷，尚可磨也。斯言之玷，不可爲也。」』

安國保民論

論說

《舊唐書》卷六二《李大亮傳》　臣聞欲綏遠者，必先安近。中國百姓，天下本根；四夷之人，猶於枝葉。擾於根本，以厚枝附，而求久安，未之有也。自古明王，化中國以信，馭夷狄以權，故《春秋》云：『戎狄豺狼，不可厭也；諸夏親暱，不可棄也。』自陛下君臨區宇，深根固本，人逸兵强，九州殷盛，四夷自服。今者招致突厥，雖入提封，臣愚稍覺勞費，未悟其有益也。然河西氓庶，積禦蕃夷，州縣蕭條，戶口鮮少，加因隋亂，減耗尤多。突厥未平之前，尚不安業；匈奴微弱已來，始就農畝。若卽勞役，恐致妨損。以臣愚惑，請停招慰。

且謂之荒服者，故臣而不內。是以周室愛人攘狄，竟延七百之齡；秦王輕戰事胡，四十載而遂絶。漢文養兵靜守，天下安豐；孝武揚威遠略，海內虛耗，雖悔輪臺，追已不及。至於隋室，早得伊吾，兼統鄯善，旣得之後，勞費日甚，虛內致外，竟損無益。遠尋秦、漢，近觀隋室，動靜安危，昭然備矣。伊吾雖已臣附，遠在蕃磧，人非中夏，地多沙鹵。其自豎立稱藩附庸者，請羈縻受之，使居塞外，必畏威懷德，永爲蕃臣，蓋行虛惠，而收實福矣。近日突厥傾國入朝，旣不能俘之江淮以變其俗，置於內地，去京不遠，雖則寬仁之義，亦非久安之計也。每見一人初降，賜物五匹，袍一領，酋帥悉授大官，祿厚位尊，理多縻費。以中國之幣帛，供積惡之凶虜，其衆益多，非中國之利也。

又　卷七五《韋雲起傳》　（武德元年）是歲，欲大發兵討王世充，雲起上表諫曰：『國家承喪亂之後，百姓流離，未蒙安養，頻年不熟，關內阻饑。京邑初平，物情未附，鼠竊狗盜，猶爲國憂。盩厔、司竹，餘氛未殄；藍田、谷口，羣盜實多。朝夕伺間，極爲國害。雖京城之內，每夜賊發。北有師都，連結胡寇，斯乃國家腹心之疾也。捨此不圖，而窺兵函、洛，若師出之後，內盜乘虛，一旦有變，禍將不小。臣謂王世充遠隔千里，山川懸絕，無能爲害，待有餘力，方可討之。今內難未弭，且宜弘於度外。如臣愚見，請暫戢兵，務穡勸農，安人和衆，關中小盜，自然寧息。秦川將卒，賈勇有餘，三年之後，一舉便定。今雖欲速，臣恐未可。』

又　卷九一《張柬之傳》　昔漢以得利既多，歷博南山，涉蘭倉水，更置博南、哀牢二縣。蜀人愁怨，行者作歌曰：『歷博南，越蘭津，渡蘭倉，爲他人。』蓋譏漢貪珍奇鹽布之利，而爲蠻夷之所驅役也。漢獲其利，人且怨歌。今減耗國儲，費用日廣，而使陛下之赤子身膏野草，骸骨不歸，老母幼子，哀號望祭於千里之外。於國家無絲髮之利，在百姓受終身之酷。臣竊爲國家痛之。

往者，諸葛亮破南中，使其渠率自相統領，不置漢官，亦不留兵鎮守。人問其故，亮言置官留兵有三不易。大意以置官夷漢雜居，猜嫌必起；留兵運糧，爲患更重；忽若反叛，勞費更多。但粗設紀綱，自然安定。臣竊以亮之此策，妙得羈縻蠻夷之術。

今姚府所置之官，既無安邊靜寇之心，又無葛亮且縱且擒之伎。唯知詭謀狡算，恣情割剝，貪叨劫掠，積以爲常。扇動酋渠，遣成朋黨，折支諂笑，取媚蠻夷，拜跪趨伏，無復慚耻。提挈子弟，嘯引凶愚，聚會蒱博，一擲累萬。劍南逋逃，中原亡命，有二千餘戶，見散在彼州，專以掠奪爲業。姚州本龍朔中武陵縣主簿石子仁奏置之，後長史李孝讓、辛文協並爲羣蠻所殺。前朝遣郎將趙武貴討擊，貴及蜀兵應時破敗，唯類無遺。又使將軍李義總等往征，郎將劉惠基在陣戰死，其州乃廢。臣竊以諸葛亮稱置官留兵有三不易，其言乃驗。至垂拱四年，蠻郎將王善寶、昆州刺史爨乾福又請置州，奏言所有課稅，自出姚府管內，更不勞擾蜀中。及置州後，録事參軍李稜爲蠻所殺。延載中，司馬成琛奏請於瀘南置鎮七所，遣蜀兵防守，自此蜀中騷擾，於今不息。

且姚府總管五十七州，巨猾游客，不可勝數。國家設官分職，本以化俗防姦，無耻無厭，狼籍至此。今不問夷夏，負罪並深，見道路劫殺，不能禁止，恐一旦驚擾，爲禍轉大。伏乞省罷姚州，使隸嶲府，歲時朝覲，同之蕃國。瀘南諸鎮，亦皆悉廢，於瀘北置關，百姓自非奉使入蕃，不許交通往來。增嶲府兵選，擇清良宰牧以統理之。臣愚將爲穩便。

宋・宋敏求《唐大詔令集》卷一〇七《修緣邊障塞詔》　城彼朔方，周朝盛典；繕治河上，漢室宏規。所以作固京畿，設險邊塞，式遏寇虐，隔礙華戎。自隋氏季年，中夏喪亂，黔黎凋盡，州域空虛。突厥因之，侵犯疆埸，乘間幸釁，深入長驅，寇暴滋甚，莫能御製。皇運已來，東西征伐，兵車屢出，未遑北討，遂令胡馬再入，至於涇渭，蹂踐禾稼，駭懼居民，喪失既多，虧廢生業。朕分命師旅，挫其鋒銳，頻獲名王，每夷渠帥。然而凶狡不息，驅侵未已，御以長算，利在脩邊。其北道諸州，所置城寨，粗已周遍，未能備悉。今約以和通，雖云疲寇，然蕃情難測，更事修葺，僉曰宜之。朕以板築之功，方資力役，畚臿之用，興發且多，念彼劬勞，用深怵惕，加以普給優復。詔書始下，旋即科召，有若食言，百姓將疑，謂予不信。但民惟邦本，本固邦寧，醜虜憑陵，實爲民患。其城寨鎮戍，須有修補，審量遠近，詳計功力，所在軍民，且共營辦。所司具爲條式，務使成功。宣示閭里，明知此意。

又　卷二六《令潘孟陽宣慰江淮詔》　理天下者，先修其國。國命之重，寄在方鎮。共理實惟，列城爲政，繫乎屬縣。然則匹夫之耕，匹婦之織，積微成著，以供國用，永念蒸庶，厥惟艱哉。頃年以江淮租賦，爰及榷稅，委在藩服，使其平均。太上皇君臨之初，務從省便，遂令使府，歸在中朝。或恐巡院既多，職因交替，新制未立，舊目已紊。況汴河而東，瀕海之右，多名都奥壤，疆理接連，如或征戰不均，徵輸難濟，物輕貨重，法弊人勞。又聞江淮數道，比隮時雨，深憂黎庶之不足，軍國之闕供。政有所不宣，事有所未便，宰牧有課績，官吏有否臧。爰選使臣，申我休命。宜令度支及諸道鹽鐵轉運副使戶部侍郎兼御史大夫潘孟陽，專往宣諭，慰安疲甿，詢訪便宜，蠲除疾苦，安人利國，稱朕意焉。

環境保護論

論　說

宋・王欽若等《册府元龜》卷七〇《帝王部・務農》　少帝開運二年十二月，中書舍人陶穀奏：竊以稼穡為生民之天，機杼乃豐財之本。是以耕耜在御，王者用三推之儀。鞠衣載陳，后妃有躬桑之禮。則知自天子至於庶人，不可斯須忽於農桑也。又司馬遷著書曰：『齊魯之間千畝桑，安邑千樹棗，其人與千户侯等。』伏見近年以來，所在百姓，皆伐桑為柴。忘終歲之遠圖，趨一日之小利。既所司不禁，乃積習生常。苟桑柘漸稀，則繒帛須缺。三數年内，國用必虧。雖設法課人種桑，且無及也。舊木已伐，新木未成。不知絲綿，欲憑何出。若以下民方困，不可禁之。儻斫伐一空，所在如是。歲或不稔，衣食盡亡。飢凍逼身，須為羣盜。圖難於易，哲王令猷。作事謀始，有國常務。乞留眷覽，詢訪輔臣。欲望特下明敕，此後不得以桑棗為柴。官場亦不許受納，州縣城門不令放入，及不得囊私置賣。犯者請加重罪。

國家安全觀分部

論説

唐・李翺《李文公集》卷九《疏厚邊兵》 臣以為方今中原無事，其慮者蕃戎與北虜而已，議者以為邊備尚虛，皆可憂矣。兵法有之曰：『不恃敵之不來，恃此之不可勝。』今國家威武達于四夷，其不敢犯邊為寇，雖已明矣，然蕃戎如犬羊也，安識禮義，而必其不為寇哉？且去歲犯邊，足以明矣。臣以為使緣邊諸節度使特共召戰士十萬人，每歲不過費錢一百萬貫，則邊備實矣。邊上有召戰之聲，達于四夷，四夷心伏，不敢為盜矣。四夷不敢為盜，邊鄙之人得無兵戰之苦，則京師可高枕而視矣。

唐・李覯《李元賓文集》卷四《安邊書》 維初乾之精，坤之靈，播五行爲五常，而中華之人得之；離四氣爲四方，而蠻夷胡貉得之。五行合而成至和，故宅中；四氣偏而爲匪人，故在邊。是亦太極造物之智，元黄冥成之心者乎？故聖人乘五行而允釐，作九圍而外之。五帝三皇禹湯已來，不聞深入之征，不記薄伐之師，殆繇鴻[illegible]之風未甚流，沖漠之澤未甚醨。周秦之閒，天下始勞，前有涇陽之侵，踵有長城之徭。周人逐之而已，不常爲心。秦人罔知天命，連兵謷謷，至於逆三靈，掊生人，元元蜩螗，魁傑駿奔。始圖備胡之術，卒覆守邦之人，秦之事，萬祀鏡哉。漢孝武承業之殷，負材之雄，隘函夏，鮮黎庶，將郛窮荒而寓不鄰，揚威四臨，霆發電流，歷載五六而功患相儔，詘慮殫，兵老釁仍。於時乃交和親之問，還奔命之勤。然已天下懸罄，君臣與謀，遂有鹽鐵、車船、榷酤、六畜之租興。危矣哉。不居之地，不牧之人，何苦如是乎？矧乃乘秋之虜常存，討虜之賦不除，漢之事，亦萬祀鏡哉。噫，維皇唐操璿璣，馭民而統天，將二百齡，朝更九聖，運開中興，縱横六合。上下天淵，蜚馳之倫，莫不被仁，獨犬戎跳梁，猾我右陲。儒之策曰和親，武之議曰宿兵，和親則易攜，宿兵則厚亡。九聖之君，前後病之。然屬三方乂安，悉力一隅，則右臂可斷，六羸可俘，太宗、元宗之時也。厥後内寇數動，國家一罷，虜滋新謀，土刓故封，伊頃迄今，有加無瘳。豈負鼎虧折衝之資，推轂無封疆之忠？志士仁人，是以累息而長吟。且周曰獫狁，秦曰胡，漢曰匈奴，然實非二，隨國而名之。於今則曰吐蕃，則正居庚方，涉河而北，履海而西，宇宙絕徼，羌戎全區。亦不可得而制，可斥而遠之。觀今不能制也信矣，斥之則何且？横戎所向，不廣千里；扼盜之衝，不越十處。擇一虎臣，練萬虎賁，使制得自專，權得自縱。夫兵有專制則畢力，將無分權則成功。若是則陰山可復泣虜，陽關可復隔戎，何邊而不安焉？今聖人朝在明堂，晚在法宫，左右進佞，焉得知安邊之事哉？雍熙大臣，苟以小者近者爲懷，遑復思崇九廟之原哉？且國家日復三方之民，得以養之，區區然如懼不周而忿生，然寒卒飢徒，終自有之。愚竊恐戎無卻年矣，邊無安期矣，財有盡朝矣。何者？今國家一垂控戎，累所暴兵，兵不問堪，將不擇良。當守者爭險易，當攻者避後先；寇之來則棄民而相保，寇之去則冒賞而稱庸，此所謂戎無卻年矣。夫戰陣多將則勢離，攻守多將則不支，以其勝不得盡有，敗不得獨受故也。至聞築城於虜蹊，遷民於虜濱，城適罷而寇窬，民未居而囚拘，彎弓者卻行，蒙甲者退趨，此所謂邊無安期矣。且虜不可以無兵而威，兵不可以不戰而歸，故明主得下征蒼蒼之產，將軍得外娭悠悠之師，此所謂財有盡朝矣。然三患始萌，一言尚平：欲戎之可卻也，不願多分節與人，願擇一人，敢以近言之，則開元朝哥舒翰之將是也；欲邊之可安也，不願歲更四方之兵，願因其兵，敢以古言之，則漢鼂錯之策是也；欲財之不盡也，不願衣食供給山東，願開邊田，敢以古言之，則趙充國之奏是也。此則兵不得娭無功，虜不得候折膠，國不得殫下民，胡不謂用周漢之策，範孫子之謀哉。又竊觀與北狄和親，帝女下嬪，實國家思往年之績，垂不臣之姻。然聞烝報且數，貪惏無侈，而主上年必遺使，使必備珍，得無費乎？得無勤乎？不知將尋鄭人伐胡之誼，難採賈生五餌之言邪？愚竊以爲無知之俗，不可以歲辱大命；天子之臣，不可以日臨穹廬。是手足倒懸，夷夏相侔，復何以南面而聽天下，穆穆然而觀諸侯？愚敢以棄同卽異而言，且定西之危，有若前之説；申北之恩，有羈縻之文。不願國家曠兵於玆，汙令於斯者，皆巖廊之亟，宸旒之虞，而屑屑狂夫，亮違孔父不謀之經，庶陪公車敢諫之倫，俾委輅輪貲，求試屬國之官而後觀焉。觀再拜。

宋·李昉等《文苑英華》卷七四三《牛僧孺〈守在四夷論〉》 《傳》曰：『古者天子守在四夷。』蓋言能令四夷不侵，咸自守境。洎周漢迄隋，多不知守身，但欲令四夷自守，殊不知四夷自守，國内皆成四夷也。因著論以明之。何者？夫守之大旨，以防攻也。善防其攻者，莫若防其敗；善防其敗者，莫若防其亡。夫四夷不守境，不過於畧地侵城，是有敗無亡也。若王者之貴，如天如地，苟落一星，伐一樹，不足損天地之光輝。蓋帝王之權，能殺人，能生人，能達人，能窮人，能貧人，能富人，故一國之人思親之，必伺君好而贊之，雖似親之，其實攻之。王者守大道，淪非道，昌則不見敗而有亡也。況四夷之攻至難者有四，國人之攻至易者亦有四。四夷之攻以白刃，國人之攻以巧言；四夷之攻以鼓鼙，國人之攻以秘隱；四夷之攻以兵相害，國人之攻以矯相親；四夷之攻以兵相侵，國人之攻以矯相益。故觀白刄則懼而思守也，聆巧言則甘而思受也；聽鼙鼓則警而思備也，遇祕隱則懵而思述也；逢相害則恚而思讐也，見相親則惑而思近也；值相侵則忿而思報也，得相益則和而思鄰也。攻邊則人人思守也，攻身則人人思受也，抑人情之常，非所鑽鑿而異也。且王者之守有六失：守之不固則非道攻之，守之不貞則色攻之，守之不約則聲攻之，守之不廉則聚斂攻之，守之不儉則奢侈攻之，守之不正則邪佞攻之，守之不仁則征伐攻之。夏捨淑德而嬖妹喜，是色攻而亡也；殷捨德音而耽愔愔，是聲攻而亡也；周厲捨廉節而悦榮夷公，是聚斂攻而亡也；秦始皇捨節儉而起阿房，是奢侈攻而亡也；漢靈捨正直而近刑人，是佞倖攻而亡也；隋煬捨慈仁而事遼東，是征伐攻而亡也。自三王百代，無四夷之攻而亡者，皆以守身不謹，爲嗜欲所攻故也，雖得四夷自守，復何益哉？或云幽王爲犬戎所滅，僧孺以爲幽王自以守道不固，頻舉僞烽，嗷嗷天下，空於杼柚，加以褒姒以色攻，俾諸侯不信而敗，非獨由于四夷也。至於晉之十六國，稽其本則禍生於惠帝也。賈后以色攻，賈謐以佞攻，致令八王並興，生人減半，然後戎夷乘間，敢爲窺覦。可謂四夷先起於內，不由四夷不守於外也。故有德者必先守身而後四夷，無德者不先守身，但令四夷自守，曾不防戎夷在其中國。故攻秦之胡者二世也，豈必東夷、南蠻、西戎、北狄哉？沈尹戌雖舉守四夷之言，而未盡守身之道，是載華而畧，實非垂範之旨也。敢因文字，以附簡書之闕。

又 卷七六九《崔融〈拔四鎮議〉》 議曰：北狄之爲中國患者久哉。唐、虞以上爲獯鬻，殷、周之際曰玁狁，西京、東國有匈奴，冒頓焉，當塗、典午有烏丸、鮮卑焉，拓跋世則蠕蠕猖狂，宇文朝則突厥恣睢。斯皆名號因時而改，種落與運而遷，五帝不能臣，三王不能制，兵連禍結，無代不有，長策遠算，曠古莫聞。夫胡者，北狄之總名也。其地南接燕趙，北窮沙漠，東接九夷，西界六戎。天性驕傲，覘伺便隙，鳥飛獸走，草轉水移。自言天地所生，日月所宜，南有大漢，北有强胡，更相馳突，至今陷潰者，靡歲而寧焉。漢興，高皇以百萬衆窘于平城之下，國人羞之。逮至武皇，患其如此，赫然發憤，肆志遠畧，【略】小慈者大慈之賊，前事者後事之師，奈何不圖也？四鎮無守，則狂胡益贍，必兵加西域，諸蕃氣羸，恐不能當長蛇之口。西域既動，自然威臨南羌，南羌樂禍，必以封豕助虐。蛇豕交連，則河西危，河西危，則不得救。況復邊境守禦之具未整，內郡武衛之備未精，方須命將出師，興役動衆，向之所得，今之所失；向之所勞，今之所逸，可不謂然乎？而議者但憂其勞費，念其遠征，曾不知其蹙國減土，春秋所譏，杜漸防萌，安危之計。夫南羌者，請試言之：往孝武皇帝築令居時，羣羌明約，與匈奴合兵至十餘萬，其圍枹罕，遣李息爲擊平之，是則羌胡同惡，有自來矣。遽而依西海鹽池左右，漢遂因山爲塞，河西地空，稍徙民以居之。至宣帝時，先零種豪言，願得度湟水，逐人所不田處爲畜牧，將軍趙克國以爲不可。後羌因緣前言，遂度湟水，郡縣不能禁，乃遣克國與諸將擊平之，是則顧牧始言，非止於今年耳。且漢之匈奴，曷若今之默啜？今之勃律，孰與漢之南羌？頃者若兵稍遲留，賊先據要害，則河西四郡，已非國家之有，今復安得而拔之乎？何謂非國家之有？但莫賀延大磧者，伊州在其北，沙州在其南，延袤向二千里，中間水草不生焉。每災，風横必，石飛吼，行人晝看朽骨，以知道路；夜視斗柄，以辨方隅。

往往遇鹼泉，時時得馬酒，而後度焉，蓋駞馬死者十四五，人畜疲極。若北有强寇，則難以度磧，漢兵難度磧北，伊西延安及諸蕃無救；則疲兵不能自振，不能自振，則爲賊所役屬。賊吞之，又得肥饒之馬，馬肥人逸，漢役焉得懸軍深入乎？有以知通西域之艱難也。磧南有沙、瓜、甘、肅四州，並以南山爲限，山南卽吐渾及吐蕃部落。賊知漢兵不得度磧，必踰南山分路而下，磧北賊與突厥通結，相合而前，則凉州以西，勢必危矣。故曰『非國家之有，拔之非便。』主上以默啜逆天，置之度外，神武不殺，上仁好生，遂令匍匐請命，聳踴知耻，中國不聞犬吠之警，邊亭不識狼顧之憂，聖人之用兵也如此。則知啓脩政而有扈奔，農脩德而夙沙至，禹焚甲而夷人附，舜舞戚而苗民來，爲不虚也。賈誼《書》云：『成王問鬻子曰：「聖王在上位，使人富且壽。夫富則可爲也。壽不在天乎？」對曰：「聖王在上位，則天下無軍兵之事，則人免於一死而得一生矣。君積於道，吏積於德，人無凍餒，則免於二死而得二生矣。君積於仁，吏積於愛，則刑罰廢，人無夭闕之誅，則免於三死而得三生矣。使人以時，而用之以節，人無癘疫，則免於四死而得四生矣。」』今聖主在上，而得四生，稟氣流形，孰不幸甚。然爲邦之道，安不忘危。漢時單於上書，願保塞請罷邊備，郎中侯應習邊事，以爲不可。東漢時西羌作亂，徵天下兵，賦役無已，司徒崔烈以爲宜棄凉州，議卽傳燮厲言曰：『斬司徒，天下乃安。凉州天下要衝，國家藩衛，世宗拓境，列置四郡，議者以爲斷匈奴右臂。烈爲宰相，不念爲國思所以弭之之策，仍欲割棄一方萬里之土，若使左衽之虜，得居此地，士勁甲堅，因以爲亂，此天下之至慮，社稷之深憂。』竟從燮議。今宜日慎一日，雖休勿休，採侯應不可之言，納傳燮深慮之議，然後風爲號令，雷爲折衝，繕甲兵，思將帥，上與天合德，下與地合明，中與人合心，善戰者不戰，如斯而已矣。拔舊安之四鎮，委難制之兩凶，求將來之端，考已然之驗，伏念五六，至千再三，愚下固陋，知其不可，伏惟朝廷再三察焉。

宋·王欽若等《册府元龜》卷五四四《諫諍部·直諫第十一》（萬歲通天二年，薛）謙光上疏曰：臣聞戎夏不雜，自古所誡，夷狄無信，易動難安，故斥居塞外，不違中國，前史所稱，其來久矣。然而帝德廣被，有時朝謁，受化之誠請，納梯山之禮貢，事畢則歸其父母之國，導以指南之車，此三王之盛典也。自漢魏已後，遂革襲衣冠，築室京師，不令歸國，此中葉之故事也。較其利害，則三王是而漢魏非；論其得失，則拒邊長而徵質短；殷鑑在乎往代，豈可不懷經遠之慮哉？昔郭欽獻策於武皇，江統納諫於惠主，咸以為夷狄處中夏必為變。晉武不納二臣之遠策，好慕化之虚名，縱其習《史》、《漢》等書，授以五部都尉，此皆計之失也。若前事不忘，則後代之元龜，此臣所以極言而不隱者也。伏惟陛下德洽區外，仁被左衽，綏懷式遏之方，故無遺策，豈臣庸淺所敢輕議？然而區區之心，有所未盡者也。竊惟突厥、吐蕃、契丹等，往因入侍，並叨殊獎：或執戟丹墀，策名戎秩；或曳裾庠序，高步黌門。服改氊裘，語兼中夏，明習漢法，覩衣冠之儀；目擊朝章，知經國之要。窺成敗於國史，察安危於古今，識邊塞之盈虚，知山川之險易。或委以經略之功，令其展效；或矜其首邱之志，放使歸蕃。於國家雖有冠帶之名，在夷狄廣其從横之智。雖則慕化之美，苟悦於當時；而狼子孤恩，旋生於過後。及歸部落，鮮不稱兵，邊鄙羅災，實由於此。故老子云：『國之利器，不可以示人。』在於齊人，猶不可以示之，況於夷狄乎？謹按楚申公巫臣奔晉，而使於吴，使其子狐庸為吴行人，教吴戰陣，使之叛楚，吴於是始伐楚，取巢取駕，克棘入州來，子反一歲七奔命，其所以能謀楚，良以此也。又按《漢書》：桓帝遷五部匈奴於分晉，其後卒有劉石之難，向使五部不徙，則晉祚猶未可量也；鮮卑不遷幽州，則慕容無中原之僭。又按《漢書》陳湯云：『天胡兵五而當漢兵一。何者？兵刃鈍，弓弩不利。今聞頗得漢工，猶然三而當一。』由是言之，利兵尚不可使胡人得法，況處之中國，而使之習見哉？昔漢東平王請《太史公書》，朝臣以為《太史公書》有戰國從横之説，不可以與諸侯。此則内地諸王尚不可與，況外國乎？臣竊計秦幷天下，及劉項之際，累載用兵，人户凋散，以晉惠方之，八王之喪師，輕於楚漢之地。冒頓之全實，過於五部之微弱，當曩時冒頓之强盛，乘中國之虛弊，高祖餒厄平城，而冒頓不能入中國者何也？非兵不足以侵諸夏，力不足以破汾晉，其所以解圍而縱高祖者，為不習中土之風，不安中國之美。生長磧漠之北，以穹廬賢於城邑，以氈罽美於章紱，既安其所習，而樂其所生，是以無窺中國之心者，為不生漢故也。豈有心不樂漢，而欲深入者乎？劉元海五部離散之餘，而卒能自振於中國者，為少居內地，明習漢法，非元海悅漢，漢亦悅之。一朝背誕，四人響應，遂鄙單于之號，竊帝王之寶，賤沙漠而不居，擁平陽而鼎峙者，為居漢故也。向使元海不內徙，正當劫邊人繒綵麴糵，以歸陰山之北，安能使王彌、崔懿反為其用耶？當今皇風遐覃，含識革面，凡在虺性，莫不懷馴，方使由余效忠，日磾盡節。以臣愚慮者，國家方傳無窮之祚於後，脫備預不謹邊臣失圖，則夷狄稱兵，不在方外，非所以肥中國，威四夷，經營萬乘之規，貽厥孫謀之道也。臣愚以為願充侍子，一皆禁絕；必若先在中國者，亦不可更使歸蕃，則夷人保疆，邊邑無事矣。

又　卷九八五《外臣部・征討第四》（貞觀二十一年）十二月詔曰：皇天理物，蓄嚴厲於積陰；大塊厚生，騰殺氣於秩序。故霆霓震曜，聲慴八紘，繁霜凝肅，威加萬類。朕既承茲介福，超上皇王。憂責在躬，情兼列代。昆蟲不理，尤且納隍；戎羯未寧，豈宜安席。遏矣西土，自古游魂，昔與北場，本同根帶。乘戎致閡，遂爾攜離，雞田戴斗，是其祭天之地，雁塞干雲，上應分術之野。疆踰瀚海，局拒塞垣，總其御燭之鄉，並為征賦之俗。惟有烏孫舊境，罝罘所漏。本既先拔，末豈能全。皮尚不存，毛將安附。侵軼旅獒之壤，剽掠巨雀之藩。播此凶荒，歷年茲久，積其愆禍，祟凶貫盈。凡厥氈裘，不勝焦爛，蠢茲板屋，盡苦侵漁。膜拜錦車，思拯溺以延首；重譯蠻邸，叫嚴闍而委命。裂裳裹足，驟請天誅。朕乃睠西顧，深悼于懷，搶此弗圖，孰祇靈命。是以求衣待旦，對懸亡食，哀彼綴旒，義增投袂。雖臨軒而獨對，慮疑謀之罔從。乃命鼎司，陰籌遠畧。言纔出于唇吻，應已昭于上玄。昧旦臨朝，太史奏曰：『昨宵甲夜，纖阿蝕昴。考靈臺之秘簡，徵渾象之舊文。月者陰精，用刑之兆也；星纏胡分，數終之效焉。』是知天道雖高，去人非遠，至誠仰達，應不踰時。奉以恭行，理當無惑。今便躬秘推轂，制詔夏官，禡社出車，發明秋令。殲斯巨猾，救彼蒼黎。【略】非有名動衆，本為除殘，以義出師，貴能懲惡。是以倒戈必宥，事表於前經；輿櫬不誅，理昭於往誥。其有去危投款，悔禍求哀，毳幙酋豪，宜錫長纓之寵，韋韝種落，惠以飲喙之娛。且夫察微興事者機也，勞已安人者義也。天與則取，可謂乘機；衆欲斯從，是名敦義。踐機而必作，戴義以行之。今此一勞，永康四表，折兵難再，或失時宜。以朕之懷，速頒天下。

宋・司馬光《資治通鑑》卷二九〇《後周紀一・太祖聖神恭肅文武孝皇帝上》（廣順元年九月乙丑）南漢主遺希隱書，言：『武穆王奄有全楚，富强安靖五十餘年。正由三十五舅、三十舅兄弟尋戈，自相魚肉，舉先人基業，北面仇讎。今聞唐兵已據長沙，竊計桂林繼爲所取。當明世爲與國，重以婚姻，覩茲傾危，忍不赴救。已發大軍水陸俱進，當令相公舅永擁節旄，常居方面。』

興師備邊論

論　説

《陳子昂集》卷四《為喬補闕論突厥表》　比以突厥離亂事迹，參驗委曲，窮問往來，竊有以得其眞，莫不自爲鯨鯢，遞相吞食，流離殘餓，莫知所歸。臣誠愚不識事機，然竊以往古之變，考驗於今，乃知天亡凶醜之時，陛下收功之日。然臣聞之，難得易失者時也，易遇難見者機也，聖人所貴者，去禍於未萌。今陛下體上聖之資，開太平之化，匈奴爲中國之患，自上代所苦久矣，合天降其災，以授陛下，萬代之業，在於今時。臣請以秦漢以來事迹證明之。伏願陛下少留聖聽，尋繹省察，天下幸甚。臣聞始皇之時，併吞六國，制有天下，按劍叱咤，八荒奔馳，然匈奴彊梁，威不能服，牧馬河內，以侵邊疆。始皇赫然，使蒙恬將四十萬衆，北築長城，因以逐胡，取其河南之地七百餘里。當時燕、齊海岱，贏糧給費，徭役煩苦，人以不堪。故長城未畢，而閭左之戍已爲其患，二世而亡，莫不始於事胡也。至漢興，高祖受命，率羣雄，乘利便，以三十萬衆窘迫白登，七日被圍，僅而獲免。自是歷呂太后至孝文帝，單于桀驁，益陵漢家。文帝徒以遜詞，致獻金帛，但求其善和而已，不敢有圖。賈誼所以哭之，痛文帝以天下之盛，而卑事戎狄，以倒懸天下也。至景帝時，邊受其患，於是漢武踐祚，以承六代鴻業，屬乎文、景玄默之化，海內乂安，太倉之粟，紅腐而不可食；内庫之錢，貫朽而不可校，財力雄富，士馬精彊，忿匈奴之驕慢，將報先帝之辱。遂使王恢、韓安國將三十萬衆，以馬邑誘單于，師出徒費，竟無毫髮之功。於是大命六師，專以伐胡爲務，首尾三十餘年，中國騷然，大受其弊。至於國用不足，軍興不給，租及六畜，算及船車，盜賊羣興，京師起亂，竟不能制單于之命，一日而臣服之，漢宗衰殘，幾至覆社稷也。故漢武晚年，厭兵革之弊，乃下哀痛之詔，罷輪臺之游，封丞相爲富民侯，將以蘇中國也。至宣帝代，罕復出師。屬匈奴數窮，天降其禍，虚閭權渠單于病死，右賢王屠耆堂代立，骨肉大臣，自不相服。又立虚閭權渠子爲呼韓邪單于，擊殺屠耆堂。諸名王貴人，各自分立爲五單于，更相攻擊，以至大亂，殘虐死者，計萬億數，畜產耗滅，十至八九，人以飢餓，相燔燒以求食。於是寄命無所，諸名王貴人右伊秩訾且渠當戶以下，將兵五萬，稽首來降。於是北方晏然，靡有兵革之事，直至哀、平之際，邊人以安。臣竊以此觀匈奴之形，察天時之變，盛衰存亡之機，事可見也。然則匈奴不滅，中國未可安卧。亦明矣。夫以漢祖之略，武帝之雄，謀臣勇將，勢盛雷電，窮兵黷武，傾天下以事之，終不能屈一王、服一國。宣帝承衰竭之後，撫瘡痍之人，不敢惕然有出師之意，然而未有遺矢之費，而臣僕於單于之長者，其故何哉。蓋盛衰有時，理亂有數。故曰：『聖人脩備以待時，是以正天下如拾遺。』陛下肅恭神明，德動天地。今上帝降匈奴之災孽，遺陛下之良時，不以此時順天誅，建大業，使良時一過，匈虜復興，則萬代爲患，雖後悔之，亦不及矣。古語曰：『天與不取，反受其咎。』今天意厚矣，陛下豈可違之哉。臣比在同城，接居延海，西逼近河南口。其磧北突厥來入者，莫不一一臣所委察。比者歸化，首尾相仍，攜幼扶老，已過數萬，然而瘡痍羸憊，皆無人色，飢餓道死，頗亦相繼。先九姓中遭大旱，經今三年矣，野皆赤地，少有生草，以此羊馬死耗，十至七八。今所來者，皆亦稍能勝致，始得渡磧，磧路既長，又無好水草，羊馬因此重以死盡，莫不掘野鼠。食草根，或自相食，以活喉命。臣具委細問其磧北事，皆異口同辭。又耆老云：『自有九姓來，未曾見此飢餓之甚。』今者同羅僕固都督早已伏誅，爲亂之元，其自喪滅，其餘外小醜徒。侵暴自賊耳。本無遠圖，多獵葛，復自相讎，人被塗炭，逆順相半，莫知所安。回鶻諸部落又與金州，橫相屠戮，羣生無主，號訴嗷嗷。臣所以願陛下建大策，行遠圖，大定北戎，不勞陛下指揮之間，事業可致，則千載之後，邊鄙無虞，中國之人，得安枕而卧，豈不在陛下斷哉。且匈奴爲中國患，非獨秦、漢之間。臣竊惟先聖時，衛公李靖，蓋中國之一老臣，徒藉先帝之威，用妙勝之策，當頡利可汗全盛之日，因機逐便，大破虜庭，遂繫其侯王，裂其郡縣，六十年將於今矣。使中國晏然，斥堠不警，書之唐史，傳之無窮，至今天下謂之爲神。況陛下統先帝之業，履至尊之位，醜虜狂悖，大亂邊陲，皇天遺陛下以鴻基之時，陛下又得復先帝之迹，德之大者，其何以加。若失此機，事已過往，使李靖豎子，獨成千載之名，臣愚竊爲陛下不取也。伏見去月日敕，令同城權置安北都護府，以招納亡叛，扼匈奴之喉。臣伏慶陛下見幾於萬里之外，得制匈奴之上策。臣聞隗囂言：『漢光武，見事於萬里之外，制敵應變，未嘗有遺。』今陛下超然，神鑑遠照，實所謂聖明之見，覩於無形也。臣比住同城，周觀其地利，又博問諳知山川者，莫不悉備。其地東西及北，皆是大磧，磧並石鹵，水草不生，突厥嘗所大入，道莫過同城。今居延海澤，接張掖河，中間堪營田處數百千頃，水草畜牧，供巨萬人。又甘州諸屯，犬牙相接，見所蓄粟麥，積數十萬，田因水利，種無不收，運到同城，甚省功費。又居延河海，多有魚鹽，此可謂强兵用武之國也。陛下若調選天下精兵，採拔名將，任以同城都護，臣愚料之，不用三萬，陛下大業，不出數年，可坐而取成。臣比來看國家興兵，但循於常軌，主將不選，士卒不練，徒如驅市人以戰耳。故臨陣對寇，未嘗不先自潰散，遂使夷狄乘利，輕於國威，兵愈出而事愈屈，蓋是國家自過計於敵爾，故非小醜能有異圖。臣竊以爲陛下今日不更爲之圖，以激勵天下忠勇，但欲以今日之兵，今日之將，冀收功於異域，建業於中興，則臣之愚蒙，必以爲未可得也。陛下即以突厥爲萬代之患，則臣所言願加察。若以夷狄荒服不臣，小人非所敢諫。臣今監領後軍，某等取某月即度磧去，計至某日及。劉敬同謹當親按行磧計至。比已來地形及突厥滅亡之勢，當審虛實，續以聞奏。伏願陛下省臣此章，爲國大計，儻萬有一可中者，請與三事大夫熟圖議之，此亦萬代一時也。伏願少留聖意，閑暇念之，天下幸甚。陛下採臣芻蕘，臣請執殳先驅，爲士卒啓行，橫行匈奴之庭，歸報陛下。

唐·陸贄《翰苑集》卷一九《論緣邊守備事宜狀》 臣歷覽前代史書，皆謂鎮撫四夷，宰相之任。不揆闇劣，屢敢上言，誠以備邊禦戎，國家之重事；理兵足食，備禦之大經。兵不理則無可用之師，食不足則無可固之地，理兵在制置得所，足食在斂導有方。陛下幸聽愚言，先務積穀，人無加賦，官不費財，坐致邊儲數逾百萬。諸鎮收糴，今已向終，分貯軍城，用防艱急，縱有寇戎之患，必無乏絕之憂。守此成規，以為永制，恒收冗費，益贍邊農，則更經二年，可積十萬人三歲之糧矣。足食之原粗立，理兵之術未精，敢試籌量，庶備採擇。伏以戎狄為患，自古有之，其於制禦之方，得失之理，備存史籍，可得而言。大抵尊卽叙者則曰：『非德無以化要荒。』曾莫知威不立，則德不能馴也。樂武威者則曰：『非兵無以服凶獷。』曾莫知德不修，則兵不可恃也。務和親者則曰：『要結可以睦鄰好。』曾莫知我結之，而彼復解之也。美長城者則曰：『設險可以固邦國而捍寇讎。』曾莫知力不足而人不堪，則險之不能恃，城之不能有也。尚薄伐者則曰：『驅遏可以禁侵暴而省征徭。』曾莫知兵不銳，壘不完，則遏之不能勝，驅之不能去也。議邊之要，略盡於斯，雖互相譏評，然各有偏駁。聽一家之説，則理例可徵；考歷代所行，則成敗異效。是由執常理以禦其不常之勢，徇所見而昧於所遇之時。夫中夏有盛衰，夷狄有强弱，事機有利害，措置有安危，故無必定之規，亦無長勝之法。夏后以序戎而聖化茂，古公以避狄而王業興，周城朔方而玁狁攘，秦築臨洮而宗社覆，漢武討匈奴而貽悔，太宗征突厥而致安，文景約和親而不能弭患於當年，宣元弘撫納而足以保寧於累葉。蓋以中夏之盛衰異勢，夷狄之强弱異時，事機之利害異情，措置之安危異便。知其事而不度其時則敗，附其時而不失其稱則成，形變不同，胡可專一。夫以中國强盛，夷狄衰微，而能屈膝稱臣，歸心受制，拒之則阻其嚮化，滅之則類於殺降，安得不存而撫之，卽而叙之也？又如中國强盛，夷狄衰微，而尚棄信忤盟，蔑恩肆毒，論之不變，責之不懲，安得不取亂推亡，息人固境也？其有遇中國喪亂之弊，當夷狄强盛之時，圖之則彼釁未萌，禦之則我力不足，安得不卑詞降禮，約好通和，啗之以利以引其懽心，結之以親以紓其交禍，縱不必信，且無大侵，雖非禦戎之善經，蓋時事亦有不得已而然也。儻或夷夏之勢，强弱適同，撫之不寧，威之不靖，力足以自保，勢不足以出攻，安得不設險以固軍，訓師以待寇，來則薄伐以遏其深入，去則攘斥而戒於遠追，雖非安邊之令圖，蓋勢力亦有不得已而然也。故夏之卽叙，周之於攘，太宗之翦亂，皆乘其時而善用其勢者也；古公之避狄，文景之和親，神堯之降禮，皆順其時而不失其稱者也；秦皇之長城，漢武之窮討，皆知其事而不度其時者也。向若遇孔熾之勢，行卽叙之方，則見侮而不從矣；乘可取之資，懷畏避之志，則失機而養寇矣；有攘卻之力，用和親之謀，則示弱而勞費矣；當降屈之時，務翦伐之略，則召禍而危殆矣。故曰：知其事而不度其時則敗，附其時而不失其稱則成。是無必定之規，亦無長勝之法，得失著效，不其然歟？至於察安危之大情，計成敗之大數，百代之不變易者，蓋有之矣。其要在於失人肆慾則必靡，任人從衆則必全，此乃古今所同，而物理之所壹也。國家自禄山構亂，肅宗中興，撤邊備以靖中邦，藉外威以寧内難，於是吐蕃乘釁，吞噬無猒，回紇矜功，憑凌亦甚。中國不遑振旅，四十餘年，使傷耗遺甿，竭力蠶織西輸賄幣，北償馬資，尚不足塞其煩言，滿其驕志。復又遠徵士馬，列戍邊陲，猶不能遏其奔衝，止其侵侮。小入則驅略黎庶，深入則震驚邦畿。時有議安邊之策者，多務於所難，而忽於所易；勉於所短，而略於所長。遂使所易所長者，行之而其要不精；所難所短者，圖之而其功靡就。憂患未弭，職斯之由。夫制敵行師，必量事勢，勢有難易，事有後先。力大而敵脆，則先其所難，是謂奪人之心，暫勞而久逸者也；力寡而敵堅，則先其所易，是謂固國之本，觀釁而後動者也。頃屬多故，人勞未瘳，而欲廣發師徒，深踐寇境，復其侵地，攻其堅城，前有勝負未必之虞，後有餽運不繼之患，儻或撓敗，適所以啓戎心而挫國威，以此爲安邊之謀，可謂不量事勢而務於所難矣。天之授者，有分事，無全功；地之產者，有物宜，無兼利。是以五方之俗，長短各殊，長者不可踰，短者不可企。勉所短而校其所長必殆；用所長而乘其所短必安。强者乃以水草為邑居，以射獵供飲茹多馬而尤便馳突，輕生而不耻敗亡，此戎狄之所長也。戎狄之所長，乃中國之所短，而欲益兵蒐乘，角力爭驅，交鋒原野之間，決命尋常之內，以此為禦寇之術，可謂勉所短而校其所長矣。務所難，勉所短，勞費百倍，終於無成，雖果成之，不挫則廢，豈不以越天授而違地產，虧時勢以反物宜者哉。將欲去危就安，息費從省，在其慎守所易，精用所長而已。若乃擇將吏以撫寧衆庶，修紀律以訓齊師徒，耀德以佐威，能邇以柔遠，禁侵掠之暴以彰吾信，抑攻取之議以安戎心，彼求和則善待而勿與結盟，彼為寇則嚴備而不務報復，此當今之所易也。賤力而貴智，惡殺而好生，輕利而重人，忍小以全大，安其居而後動，俟其時而後行，是以修封疆，守要害，塹蹊隧，壘軍營，謹禁防，明斥堠，務農以足食，練卒以蓄威，非萬全不謀，非百剋不鬭。寇小至則張聲勢以遏其入，寇大至則謀其大以邀其歸。據險以乘之，多方以悞之，使其勇無所加，衆無所用，掠則靡獲，攻則不能，進有腹背受敵之虞，退有首尾難救之患，所謂乘其弊，不戰而屈人之兵，此中國之所長也。我之所長，乃戎狄之所短；我之所易，乃戎狄之所難。以長制短，則用力寡而見功多；以易敵難，則財不匱而事速就。捨此不務，而反為所乘，斯謂倒持戈矛以鐏授寇者也。今則皆務之矣，然猶封守未固，寇戎未懲者，其病在於謀無定用，衆無適從。所任不必才，才者不必任；所聞不必實，實者不必聞；所信不必誠，誠者不必信；所行不必當，當者未必行。故令措置乖方，課責虧度，財匱於兵衆，力分於將多，怨生於不均，機失於遥制。臣請為陛下粗陳六者之失，惟明主慎聽而熟察之。臣聞工欲善其事，必先利其器；武欲勝其敵，必先練其兵。練兵之中，所用復異，用之於救急，則權以紓難；用之於暫敵，則緩以應機。故事有便宜，而不拘常制；謀有奇詭，而不徇衆情。進退死生，唯將所命，此所謂攻討之兵也。用之於屯戍，則事資可久，勢異從權，非物理所愜不寧，非人情所欲不固。夫人情者，利焉則勸，習焉則安，保親戚則樂生，顧家業則忘死。故可以理術馭，不可以法制驅，此所謂鎮守之兵也。夫欲備封疆禦戎狄，非一朝一夕之事，固當選鎮守之兵以置焉。古之善選置者，必量其性習，辨其土宜，察其技能，知其欲惡，用其力而不違其性，齊其俗而不易其宜，引其善而不責其所不能，禁其非而不處其所不欲，而又類其部伍，安其室家，然後能使之樂其居，定其志，奮其氣勢，結其恩情。撫之以惠，則感而不驕；臨之以威，則肅而不怨，靡督課而人自為用，弛禁防而衆自不攜。故出則足兵，居則足食，守則固，戰則强。其術無他，便於人情而已矣。今者散徵士卒，分戍邊陲，更代往來，以為守備，是則不量性習，不辨土宜，邀其所不能，强其所不欲，求廣其數，而不考其用，將致其力，而不察其情，斯可以為羽衛之儀，而無益於備禦之實也。何者？窮邊之地，千里蕭條，寒風裂膚，驚沙慘目，與豺狼為鄰伍，以戰鬭為嬉游，晝則荷戈而耕，夜則倚烽而覘，日有剽害之慮，永無休暇之娱，地惡人勤，於斯為甚。自非生於其域，習於其風，幼而覩焉，長而安焉，不見樂土而不遷焉，則罕能寧其居而狎其敵也。關東之壤，百物阜殷，從軍之徒，尤被優養，慣於温飽，狎於歡康，比諸邊隅，若異天地。聞絶塞荒陬之苦，則辛酸動容；聆强蕃勁虜之名，則懾駭奪氣，而乃使之去親族，捨園廬，甘其所辛酸，抗其所懾駭，將冀為用，不亦疏乎。矧又有休代之期，無統帥之馭，資奉若驕子，姑息如倩人，進不邀之以成功，退不處之以嚴憲，其來也，咸負得色；其止也，莫有固心，屈指計歸，張頤待飼。僥倖者猶患還期之賒緩，恒念戎醜之充斥，王師挫傷，則將乘其亂離布路東潰，情志且爾，得之奚為？平居則殫耗資儲，以奉浮冗之衆，臨難則投棄城鎮，以摇遠近之心，其弊豈唯無益哉，固亦將有所撓也。復有抵犯刑禁，謫徙軍城，意欲增户實邊，兼令展效自贖，既是無良之類，且加懷土之情，思亂幸災，又甚戍卒，適足煩於防衛，諒無望於功庸，雖前代時或行之，固非良算之可遵者也。復有擁旄之帥，身不臨邊，但分偏師，俾守疆埸。大抵軍中壯鋭，元戎例選自隨委其疲羸，乃配諸鎮。節將既居内地，精兵祇備紀綱，遂令守要禦衝，恒在寡弱之卒。寇戎每至，力勢不支，入壘者纔足閉關，在野者悉遭劫執。恣其芟蹂，盡其搜敺，比及都府聞知，虜已剋獲旋返。且安邊之本，所切在兵，理兵若斯，可謂措置乖方矣。夫賞以存勸，罰以示懲，勸以懋有庸，懲以威不恪。故賞罰之於馭衆也，猶繩墨之於曲直，權衡之於重輕，輗軏之所以行車，銜勒之所以服馬也。馭衆而不用賞罰，則善惡相混，而能否莫殊；用之而不當功過，則姦妄寵榮，而忠實擯抑。夫如是，若聰明可衒，律度無章，則用與不用，其弊一也。自頃權移於下，柄失於朝，將之號令，既鮮克行之於軍，國之典常，又不能施之於將，務相遵養，苟度歲時。欲賞一有功，翻慮無功者反側；

欲罰一有罪，復慮同惡者憂虞。罪以隱忍而不彰，功以嫌疑而不賞，姑息之道，乃至於斯。故使亡身效節者獲誚於等夷，率衆先登者取怨於士卒，僨軍蹙國者不懷於愧畏，緩救失期者自以為智能。褒貶既闕而不行，稱毀復紛然相亂，人雖欲善，誰為言之。況又公忠者直己而不求於人，反罹困厄；敗撓者行私而苟媚於衆，例獲優崇。此義士所以痛心，勇夫所以解體也。又有遇敵而所守不固，陳謀而其效靡成，將帥則以資糧不足為詞，有司復以供給無闕為解。既相執證，理合辨明，朝廷每為含糊，未嘗窮究曲直。措理者含聲而靡訴，誣善者罔上而不慚，馭將若斯，可謂課責虧度矣。課責虧度，措置乖方，將不得竭其才，卒不得盡其力，屯集雖衆，戰陣莫前。虜每越境横行，若涉無人之地，遞相推倚，無敢誰何，虚張賊勢上聞，則曰兵少不敵。朝廷莫之省察，唯務徵發益師，無裨備禦之功，重增供億之弊。閭井日耗，徵求日繁，以編户傾家破產之資，兼有司榷鹽稅酒之利，總其所入，半以事邊。制用若斯，可謂財匱於兵衆矣。今四夷之最强盛為中國甚患者，莫大於吐蕃。舉國勝兵之徒，纔當中國十數大郡而已。其於内虞外備，亦與中國不殊，所能寇邊，數則蓋寡，且又器非犀利，甲不堅完，識迷韜鈐，藝乏趫敏。動則中國懼其衆而不敢抗，靜則中國憚其强而不敢侵，厥理何哉？良以中國之節制多門，蕃醜之統帥專一故也。夫統帥專一，則人心不分；人心不分，則號令不貳；號令不貳，則進退可齊；進退可齊，則疾徐如意；疾徐如意，則機會靡愆；機會靡愆，則氣勢自壯。斯乃以少為衆，以弱為强，變化翕闢，在於反掌之内。是猶臂之使指，心之制形，若所任得人，則何敵之有？夫節制多門，則人心不一；人心不一，則號令不行；號令不行，則進退難必；進退難必，則疾徐失宜；疾徐失宜，則機會不及；機會不及，則氣勢自衰。斯乃勇廢為尩，衆散為弱，逗撓離析，兆乎戰陣之前，是猶一國三公，十羊九牧，欲令齊肅，其可得乎？開元天寶之間，控禦西北兩蕃，唯朔方、河西、隴右三節度而已，猶慮權分勢，散或使兼而領之。中興已來，未遑外討，僑隸四鎮於安定，權附隴右於扶風，所當西北兩蕃，亦朔方、涇原、隴右、河東四節度而已，關東戍卒，至則屬焉。雖委任未盡得人，而措置尚存典制。自頃逆泚誘涇原之衆，叛懷光汚朔方之軍，割裂誅鋤，所餘無幾。而又分朔方之地，建牙擁節者凡三使焉。其餘鎮軍，數且四十，皆承特詔委寄，各降中貴監臨，人得抗衡，莫相稟屬。每俟邊書告急，方令計會用兵，既無軍法下臨，唯以客禮相待。是乃從容拯溺，揖讓救焚，冀無阽危，固亦難矣。夫兵以氣埶為用者也，氣聚則盛，散則消；埶合則威，析則弱。今之邊備，埶弱氣消，建軍若斯，可謂力分於將多矣。理戎之要，最在均齊，故軍法無貴賤之差，軍實無多少之異，是將所以同其志而盡其力也。如或誘其志意，勉其藝能，則當閱其材，程其勇，校其勞逸，度其安危，明申練覈優劣之科，以為衣食等級之制，使能者企及，否者息心，雖有薄厚之殊，而無觖望之釁。蓋所謂日省月試，餼廩稱事，如權量之無情於物，萬人莫不安其分而服其平也。今者窮邊之地，長鎮之兵，皆百戰傷夷之餘，終年勤苦之劇，角其所能則練習，度其所處則孤危，考其服役則勞，察其臨敵則勇。然衣糧所給，唯止當身，例為妻子所分，常有凍餒之色。而關東戍卒，歲月踐更，不安危城，不習戎備，怯於應敵，懈於服勞。然衣糧所頒，厚踰數等，繼以茶藥之饋，益以蔬醬之資。豐約相形，縣絶斯甚。又有素非禁旅，本是邊軍，將校詭為媚詞，因請遥隸神策。不離舊所，唯改虚名，其於廩賜之饒，遂有三倍之益。此則儔類所以忿恨，忠良所以憂嗟，疲人所以流亡，經費所以褊匱。夫事業未異而給養有殊，人情不能甘也。況乎矯佞行而廩賜厚，績藝劣而衣食優，苟未忘懷，孰能無慍？不為戎首，則已可嘉，而欲使其協力同心，以攘寇難，雖有韓、白、孫吳之將，臣知其必不能焉。養士若斯，可謂怨生於不均矣。凡欲選任將帥，必先考察行能，然後指以所授之方，語以所委之事，令其自揣可否，自陳規模。須某色甲兵，藉某人參佐，要若干士馬，用若干資糧，某處置營，某時成績，始終要領，悉俾經綸，於是觀其計謀，校其聲實。若謂材無足取，言不可行，則當退之於初，不宜貽慮於其後也；若謂志氣足任，方略可施，則當要之於終，不宜掣肘於其間也。夫如是，則疑者不使，使者不疑，勞神於選才，端拱於委任。既委其事，既足其求，然後可以覈其否臧，行其賞罰。受其賞者不以為濫，當其罰者無得而辭，付授之柄既專，苟且之心自息。是以古之遣將帥者，君親推轂而命之曰：『自閫以外，將軍裁之。』又賜鈇鉞，示令專斷。故軍容不入國，國容不入軍，將在軍，君命有所不受。誠謂機宜不可以遠決，號令不可以兩從，未有委任不專，而望其尅敵成功者也。自頃邊軍去就，裁斷多出宸衷，選置戎臣，先求易制，多其部以分其力，輕其任以弱其心，雖有所懲，亦有所失。遂令分閫責成之義廢，死綏任咎之志衰，一則聽命，二亦聽命，爽於軍情亦聽命，乖於事宜亦聽命。若所置將帥，必取於承順無違，則如斯可矣。若有意乎平凶靖難，則不可也。夫兩疆相接，兩軍相持，事機之來，間不容息，蓄謀而俟，猶恐失之，臨時始謀，固已疏矣。況乎千里之遠，九重之深，陳述之難明，聽覽之不一，欲其事無遺策，雖聖者亦有所不能焉。設使謀慮能周，其如權變無及，戎虜馳突，迅如風飈，馹書上聞，旬月方報。守土者以兵寡不敢抗敵，分鎮者以無詔不肯出師，逗留之間，寇已奔逼。託於救援未至，各且閉壘自全，牧馬屯牛，鞠為椎剽；嗇夫樵婦，罄作俘囚。雖詔諸鎮發兵，唯以虚聲應援，互相瞻顧，莫敢遮邀。賊既縱掠退歸，此乃陳功告捷，其敗喪則減百而為一，其捃獲則張百而成千。將帥既幸於總制在朝，不憂罪累；陛下又以為大權由己，不究事情。用師若斯，可謂機失於遥制矣。理兵而措置乖方，馭將而賞罰虧度，制用而財匱，建軍而力分，養士而怨生，用師而機失，此六者，疆埸之蟊賊，軍旅之膏肓也。蟊賊不除，而但滋之以糞溉；膏肓不療，而苟啗之以滑甘。適足以養其害，速其災，欲求稼穡豐登，膚革充美，固不可得也。臣愚謂宜罷諸道將士番替防秋之制，率因舊數而三分之：其一分委本道節度使募少壯願住邊城者以徙焉；其一分則本道但供衣糧委關内河東諸軍州募蕃漢子弟願傳邊軍者以給焉；又一分，亦令本道但出衣糧，加給應募之人，以資新徙之業。又令度支散於諸道和市耕牛，雇召工人，就諸軍城繕造器具，募人至者，每家給耕牛一頭，又給田農水火之器，皆令充備。初到之歲，與家口二人糧，并賜種子，勸之播植，待經一稔，俾自給家，若有餘糧，官為収糴，各酬倍價，務獎營田。既息踐更徵發之煩，且無幸災苟免之弊，寇至則人自為戰，時至則家自力農。是乃兵不得不强，食不得不足，與夫倏來忽往，其可同等而論哉。臣又謂宜擇文武能臣一人為隴右元帥，應涇隴鳳翔長武城山南西道等節度管内兵馬，悉以屬焉；又擇一人為朔方元帥，應鄜坊邠寧靈夏等節度管内兵馬，悉以屬焉；又擇一人為河東元帥，河東振武等節度管内兵馬，悉以屬焉。三師各選臨邊要會之州以為理所，見置節度有非要者，隨所便近而幷之，唯元帥得置統軍，餘並停罷。其三帥部内太原鳳翔等府，及諸郡户口稍多者，慎柬良吏，以為尹守，外奉師律，内課農桑，俾為軍糧，以壯戎府。理兵之宜既得，選帥之道既明，然後減姦濫虚浮之費以豐財，定衣糧等級之制以和衆，弘委任之道以宣其用，懸賞罰之典以考其成，而又慎守中國之所長，謹行當今之所易，則八利可致，六失可除。如是而戎狄不威懷，疆埸不寧謐者，未之有也。諸侯軌道，庶類服從，如是而教令不行，天下不理者，亦未之有也。以陛下之英聖，人心之思安，四方之小休，兩寇之方靜，加以頻年豐稔，所在積糧此皆天贊國家可以立制垂統之時也。時不久居，事不常兼，已過而追，雖悔無及。明主者不以言為罪，不以人廢言，罄陳狂愚，惟所省擇。

唐・李絳《李相國論事集》卷六《論邊事》 宰臣李絳，嘗因延英論及邊事，曰：自古及今，戎狄與中國並，雖代有衰盛强弱，然常須邊境備擬，烽堠精明，雖繫頸屈膝，而亭障未嘗一日弛其備也。何者？夷狄無親，見利則進，不知仁義，惟務侵盗，故强則寇掠，弱則卑伏，此其天性也。是以聖王以禽獸蚊蚋待之，其至也則驅除之，其去也則嚴備之。今北虜蕃臣，復多歷年載，雖是有功於國家，報之以厚，施者已倦，求者未壓。滿其志，則曰事當宜爾，悍氣益驕；酌其中，則曰效之難圖，怨讟立至。故印馬益廣，望價轉多，無厭之心，實難爲足。若不如此，異日必有不顧恩德，爲患封疆。寇至而謀事，則不及矣。今西、北兩都，皆無備擬，兵但虚數，坐盗衣糧，將無實效，歲邀官爵，衣甲器械之數，破官錢空有其名，部伍訓練之方，務酒樂都亡其制。古者兵無二事，志在殺敵，將無異望，專在誅寇，器用犀利，斥堠精明，若有煙塵，負弩死戰，若無警急，即營生業。今則不然，戰士採拾以供上命，惟責程課，不卹飢寒，主將刻削以結内寵，不輯戎事，惟濟己身。今戎狄繼來婚嫁，於國情實，巨細必知，邊塞空虚，有無咸悉，至於山川要害，道塗險易，似皆深知熟習，委曲諳識。脱或見利忘義，因便乘間，風塵暴至，羽檄交馳，急詔徵兵，無及繫纍之苦，閉壁逃禍，寧救驅掠之災？使邊人仰天而呼，望國而泣，蓄甲不足以衛疆埸，命將不足以扼寇讎，此聖主所宜圖之，不可忘於終食之間也。伏望詔敕邊鎮節度，俾其虚實有無，少闕事宜，分析奏聞。仍請於八座丞郎兩省中，選擇公忠清幹不撓之臣。奉使，各與大鎮節度使，各與點閱軍中，訪問事理，一時上聞。然後申明制度，增緝募兵，謹其殿最，行其賞罰。罰在不捨，刑罰必加；功有可褒，爵賞必及。如此，則陛下高枕，邊人永寧。古人曰：『備豫不虞，有備無患。』此經國之常制也。

國家治亂論分部

論說

唐・釋道宣《廣弘明集》卷一四《内德論》　我皇誕膺天命，弘濟區宇。覆等蒼旻，載均厚地。掃氛祲，清八表，救塗炭，寧兆民。五教敬敷，九功惟序。總萬古之徽猷，改百王之餘弊。搜羅庶善，崇三寶以津梁，芟夷羣惡，屏四部之稊莠，遵付囑之遺旨，弘紹隆之要術。功德崇高，昊天罔喻。但搢紳之士，祖述多途，各師所學，異論鋒起。或謂三王無佛而年永，二石有僧而政虐，損化由於奉佛，益國在於廢僧。苟明偏見，未申通理，博考興亡，足證浮僞。何則？亡秦者胡亥，時無佛而土崩，興佛者漢明，世有僧而國治。周除佛寺而天元之祚未永；隋弘釋教而開皇之令無虐。盛衰由布政，治亂在庶官。歸咎佛僧，寔非通論。且佛唯弘善，不長惡於臣民。戒本防非，何損害於家國？若人人守善，家家奉戒，則刑罰何得而廣，禍亂無由而作。騏驥雖駿，不乘無以致遠；藥石徒豐，未餌焉能愈疾？項籍喪師，非范增之無算；石氏興虐，豈浮圖之不仁？但爲違之而暴亂，未有遵之而凶虐。由此觀之，亦足明矣。

唐・徐堅《初學記》卷二〇《政理部・貢獻第三・中宗孝和皇帝斷進獻奇巧制》　朕凝懷紫宙，滌想丹闕，考千古之澆淳，稽百王之治亂。蒿宮茅柱，實興國之清猷；玉席珠衣，乃危邦之弊化。朕自承天纂運，佩日披圖，希齊鷇飲之年，願躡鶉居之代。漢文提舄，少小留心；晉武焚裘，生平措意。頃爲皇符肇建，寶廟初登，眷彼王公，多爲進奉，莫不龍歌令節，蛟食芳辰，椒花獻頌之時，菊藥浮觴之日；或雕金鏤玉，採六合之珍奇；或剪翠裁紅，飾三春之草樹。上行延納，下務經求，鄙開紛紜，公私逼迫，昇平欲濟，蠹害非輕，言念於茲，深無所謂。即宜懲革，勿至因循。

唐・元結《次山集》卷八《管仲論》　仲之相齊，及齊强富，則合請其君，恢復王室，節正諸侯。君若惑之，則引禍福以喻之。君既聽矣，然後約諸侯曰：『今王室將卑，諸侯更彊，文王風化，殘削向盡，武王疆域，割奪無幾。禮樂不知其由，征伐何因而出。我是故謹疆域，勉日夜，望振兵威，可臨列國，得與諸侯會盟，一旦能新復天子之正朔，更定天子之封畿，上奉天子復先王之風化，下令諸侯復先公之制度，以爲何如。』若皆不從，我則以兵臨於魯，魯不敢不從。魯從，則與魯西臨宋、鄭。宋、鄭從，則與三國北臨燕、衛。燕、衛從，則與諸國西臨秦、晉。秦、晉從，則與七國以尺簡約吳、楚。吳、楚從，則天下無不從之國，然後定約。若有果不從者，則約從者曰：『吾屬以禮義尊天子，以法度正諸侯，使小國不常患弱，大國不敢怙彊，此誠長世之策。若天子國亡，則諸侯交爭，兵戈相臨，誰爲彊者。則安得世世禮讓相服、宗廟血食。』我是故力勸諸侯尊天子。今謀國猶豫，宜往問之。若不從約，則與諸侯率兵伐之，分其疆土，遷其子孫，留百里之地，奉其宗社。下爲諸侯廣子孫之業，上爲天子除不順之臣，何如。如此，則諸侯誰敢不從。然後定天子封畿、諸侯疆域，輿服器玩、禮樂法度，征賦貢輸。自齊、魯節正，節正既定，乃共盟曰：『有貳約者，當請命天子，廢其驕凶，以立恭順；廢其荒惑，以立明哲。敢不聽者，伐而分之，如初約制定。』於是諸侯先各造邸於天子之都，諸侯乃相率朝覲。已而從天子齋戒。拜宗廟，禮畢，天子誓曰：『於戲。王室之卑久矣。予不敢望皇天后土之所覆載，將且暮阜隸於諸侯。不可，則願全肌骨。下見先王。今諸侯不忘先王之大德。不忘先公之忠烈，共力正王室，俾予主先王宗祀。予若昏荒淫虐，不納諫諍，失先王法度，上不能奉宗祀，下不能安人民，爾諸侯當理爾軍卒，修爾矛戟，約爾列國，罪予凶惡，嗣立明辟。予若能日勉孱弱，力遵先王法度，上奉宗祀，下安人民，爾諸侯當保爾疆域，安爾人民，修爾貢賦，共予郊祀。予有此誓，豈云及予。將及來世。予敢以此誓誓於宗廟，予敢以此誓誓於天地。』諸侯聞天子之誓，相率盟曰：『天子有誓，俾我諸侯世世得力扶王室，使先王先公，德業永長。諸侯其各銘天子之誓，傳之後嗣。我諸侯重自約曰：諸侯有昏惑，當如前盟。若天子昏惑不嗣，虐亂天下，諸侯當力共規諷諫諍。如甚不可，則我諸侯共率禮兵。及王之畿，復諫諍如初。又甚不可，進禮兵及王之郊。終不可，進禮兵及王之宮。兵及王之宮矣，當以宗廟之憂咨之，當以人民之怨咨之，當以天子昔誓咨之，當以諸侯昔盟咨之，以不敢欺先王先公告之，以不敢欺皇天后土告之。然後如天子昔誓，如諸侯昔盟。』使管仲能如此，則周之天子，未爲奴矣，諸侯之國，則未亡矣，秦於天下，未至是矣。如曰：仲才及也，君不從也，仲智及也，時不可也，則仲曾是謀也乎。君不從之也歟。仲曾是爲也乎。時之不可也歟，況今日之兵，不可以禮義節制，不可以盟誓禁止。如仲之輩，欲何爲矣。

唐・陸贄《翰苑集》卷一二《論叙遷幸之由狀》 臣前日蒙恩召見，陛下敍説涇原叛卒驚犯宮闕，及初行幸之事，因自尅責，辭旨過深。臣奏云：『陛下引咎在躬，誠堯舜至德之意，臣竊有所見，以為致今日之患者，羣臣之罪也。』陛下又曰：『卿以君臣之禮，不忍歸過於朕，故有此言。然自古國家興衰，皆有天命，今遇此厄運，雖則是朕失德，亦因事不由人。』未及對詔之間，陛下遂言及宗祧，涕泗交集，主憂臣憤，人理之常，情激於衷，不覺嗚咽。旋屬游瓌請對，臣言未獲畢辭，今輒上煩，以盡愚懇。臣所謂致今日之患，是羣臣之罪者，非敢徒飾浮説，苟寬聖懷，事皆有由，言庶可復。自胡羯稱亂，遺患未除，朝廷因循，久務容養，事多僭越，禮闕會朝。陛下神武統天，將壹區宇，乃命將帥，四征不庭。凶渠稽誅，逆將繼亂，兵連禍結，行及三年。征師四方，無遠不暨，父子訣別，夫妻分離，一人征行，十室資奉，居者有餽送之苦，行者有鋒刃之憂，去留騷然，而閭里不寧矣。聚兵日衆，供費日多，常賦不充，乃令促限；促限纔畢，復命加徵；加徵既殫，又使別配；別配不足，於是榷算之科設，率貸之法興。禁防滋章，條目纖碎，吏不堪命，人無聊生。農桑廢於徵呼，膏血竭於笞捶，市井愁苦，室家怨咨，兆庶嗷然，而郡邑不寧矣。邊陲之戍，用保封疆，禁衛之師，以備巡警，二者或闕，則生戎心，國之大防，莫重於此。陛下急於靖難，累遣東征，邊備空虛，親軍寡弱，尋又搜閱私牧以取馬，簿責將家以出兵。凡有私牧者，例元勳貴戚之門；所謂將家者，皆統帥岳牧之後。是乃嘗蒙親委，或著忠勞，復除征徭，固有常典。今忽奪其畜牧，事其子孫，有乞假以給資裝，有破產以營卒乘，道路悽憫，部曲感傷，貴位崇勳，孰不解體。加以聚斂之法，轂下尤嚴，邸第侯王，咸輸屋税，裨販夫婦，畢算緡錢。貴而不見優，近而不見異，其為憤慼，又甚諸方。誅求轉繁，庶類恐懼，興發無已，羣情動搖，朝野囂然，而京邑關畿不寧矣。陛下又以百度弛廢，志期肅清，持義以掩恩，任法以成理。神斷失於太速，睿察傷於太精。斷速則寡恕於人，而疑似之間不容辯也；察精則多猜於物，而臆度之際未必然也。寡恕則重臣懼禍，反側之釁易生；多猜則羣下防嫌，苟且之風漸扇。是以叛亂繼起，怨讟並興，非常之虞，億兆同慮。惟陛下穆然凝邃獨不得聞，至使凶卒鼓行，白晝犯闕，重門無結草之禦，環衛無誰何之人。自古禍變之興，未有若斯之易，豈不以乘我間隙，因人攜離哉。陛下有股肱之臣，有耳目之任，有諫諍之列，有備衛之司，見危不能竭其誠，臨難不能效其死，所謂致今日之患，是羣臣之罪者，豈徒言歟？聖旨又以家國興衰，皆有天命，今遇此厄運，應不由人者。臣志性介劣，學識庸淺，凡是占算秘術，都不涉其源流，至於興衰大端，則嘗聞諸典籍。《書》曰：『天視自我人視，天聽自我人聽。』又曰：『德惟一，動罔不吉；德二三，動罔不凶。惟吉凶不僭在人，惟天降災祥在德。』又曰：『天難忱，命靡常；常厥德，保厥位；厥德靡常，九有以亡。』此則天所視聽，皆因於人，天降災祥，皆考其德非於人事之外，別有天命也。故祖伊責紂之辭曰：『我生不有命在天。』武王數紂之罪曰：『吾有命，罔懲其侮。』此又捨人事而推天命必不可之理也。《易》曰：『自天祐之，吉無不利。』仲尼以為：『祐者助也。天之所助者，順也；人之所助者，信也。履信思乎順，又以尚賢，是以自天祐之，吉無不利。』又曰：『危者，安其位者也；亡者，保其存者也；亂者，有其理者也。故君子安而不忘危，存而不忘亡，理而不忘亂，是以身安而國家可保。』又曰：『視履考祥。』又曰：『吉凶者，得失之象也。』夫《易》之為書，窮變知化，其於性命，可謂研精。及乎論天人祐助之由，辯安危理亂之故，必本於履行得失，而吉凶之報象焉。此乃天命由人，其義明矣。《春秋傳》曰：『禍福無門，唯人所召。』又曰：『人受天地之中以生，所謂命也。是以有動作威儀禮義之則以定命，能者養之以福，不能者敗以取禍。』《禮記》引詩而釋之曰：『《大雅》

云：「殷之未喪師，克配上帝，儀監於殷，駿命不易。」言得衆則得國，失衆則失國也。』又引《書》而釋之曰：『《康誥》云：「惟命不於常。」言善則得之，不善則失之。』此則聖哲之意，六經會通，皆為禍福由人，不言盛衰有命。蓋人事著於下，而天命降於上，是以事有得失，而命有吉凶，天人之間，影響相準。《詩》《書》已後，史傳相承，理亂廢興，大略可記。人事理而天命降亂者，未之有也；人事亂而天命降康者，亦未之有也。六經之教既如彼，歷代明驗又如此，尚恐其中有可疑者，臣請復以近事證之。自頃征討頗頻，刑綱稍密，物力竭耗，人心驚疑，如居風濤，洶洶靡定。上自朝列，下達烝黎，日夕族黨聚謀，咸憂必有變故。旋屬涇原叛卒，果如衆庶所虞。京師之人，動逾億計，固非悉知算術，皆曉占書，則明致寇之由，未必盡關天命。伏惟陛下鑑既往之深失，建將來之令圖，拯宗社阽危，刷億兆憤耻，在於審察時變，博詢人謀，王化聿修，天祐自至。恐不宜推引厄運，謂為當然，撓追咎之誠，沮惟新之望。臣聞理或生亂，亂或資理，有以無難而失守，有因多難而興邦。理或生亂者，恃理而不修也；亂或資理者，遭亂而能懼也。無難失守者，忽萬機之重而忘憂畏也；多難興邦者，涉庶事之艱而知敕慎也。今生亂失守之事，則既往不可復追矣，其資理興邦之業，在陛下尅勵而謹修之。當至危至難之機，得其道則興，失其道則廢，其間不容復有所悔也。惟陛下勤思焉，熟計焉，捨己以從衆焉，違欲以遵道焉，遠憸佞而親忠直焉，推至誠而去逆詐焉，杜讒沮之路、廣諫諍之門焉，埽求利之法、務息人之術焉，録片善片能、以盡羣材焉，忘小瑕小怨、俾無棄物焉。斯道甚易知，甚易行，不勞神，不苦力，但在約之於心耳。又陛下天資睿哲，有必致之具，安得捨而不為哉。斯道夕誓之於心，則可以感神明，動天地；朝施之於事，則可以服庶類，懷萬方。何憂乎亂人，何畏乎厄運，何患乎天下不寧？昔太王以避狄而興周，文以百里而王，是乃因危難而恢盛業，由僻小而闡丕圖。況陛下稟英姿，承寶曆，四海之利權由己，列聖之德澤在人，苟能增修，蔑有不濟。至如東北羣孽，荏苒逋誅，涇原亂兵，倉卒犯禁，蓋上元保祐陛下，恐陛下神武果斷，有輕天下之心，使知艱難，將永福祚耳。伏願悔前禍以答天戒，新聖化以承天休。勿謂時鍾厄運而自疑，勿謂事不由人而自解。勤勵不息，足致昇平，豈止盪滌妖氛，旋復宮闕而已。愚臣不勝區區憂國奉君之至，誠有所切，辭不覺煩。伏惟陛下不以人廢言，不以言廢直，千慮一得，或有取焉。謹奏。

唐・柳宗元《柳河東集》卷三《六逆論》

《春秋左氏》言衛州吁之事，因載六逆之説曰：賤妨貴、少陵長、遠間親、新間舊、小加大、淫破義。六者，亂之本也。余謂少陵長、小加大、淫破義，是三者，固誠爲亂矣。然其所謂賤妨貴、遠間親、新間舊，雖爲理之本可也，何必曰亂。夫所謂賤妨貴者，蓋斥言擇嗣之道，子以母貴者也。若貴而愚，賤而聖且賢，以是而妨之，其爲理本大矣，而可捨之以從斯言乎。此其不可固也。夫所謂遠間親、新間舊，蓋言任用之道也。使親而舊者愚，遠而新者聖且賢，以是而間之，其爲理本亦大矣，又可捨之以從斯言乎。必從斯言而亂天下，謂之師古訓可乎。此又不可者也。嗚呼。是三者，擇君置臣之道，天下理亂之大本也。爲書者。執斯言，著一定之論，以遺後代，上智之人固不惑於是矣。自中人而降，守是爲大。據而以致敗亂者，固不乏焉。晉厲死而悼公入，乃理；宋襄嗣而子魚退，乃亂。貴不足尚也。秦用張禄而黜穰侯，乃安；魏相成璜而疏吳起，乃危。親不足與也。苻氏進王猛而殺樊世，乃興；胡亥任趙高而族李斯，乃滅。舊不足恃也。顧所信何如耳。然則斯言殆可以廢矣。噫。古之言理者，罕能盡其説。建一言，立一辭，則臲卼而不安，謂之是可也，謂之非亦可也，混然而已。教於後世，莫知其所以去就。明者慨然將定其是非，則拘儒瞽生相與羣而咻之，以爲狂爲怪，而欲世之多有知者，可乎？夫人可知及化者，天下爲不少矣，然而罕有知聖人之道，則固爲書者之罪也。

《舊唐書》卷三七《五行志》

（神龍元年七月二十七日，宋務光上疏曰）臣聞自昔后王，樂聞過，罔不興；拒忠諫，罔不亂。何者？樂聞過則下情通，下情通則政無缺，此其所以興也；拒忠諫則羣議壅，羣議壅則主孤立，此其所以亂也。伏見明敕，令文武九品已上直言極諫，大哉德音，其堯、舜之用心，禹、湯之責己也。

臣嘗讀書，觀天人相與之際，考休咎冥符之兆，有感必通，其間甚密。是以政失於此，變生於彼，亦猶影之像形，響之赴聲，動而輒隨，各以類應。故《易》曰：『天垂象，見吉凶，聖人象之。』竊見自夏已來，水氣悖戾，天下郡國，多罹其災。去月二十七日，洛水暴漲，漂損百姓。

謹按《五行傳》曰：『簡宗廟，廢祭祀，則水不潤下。』夫王者卽位，必郊祀天地，嚴配祖宗，是故鬼神歆饗，多獲福助。自陛下光臨寶極，綿歷炎涼，郊廟遲留，不得殷薦，山川寂寞，未議懷柔。暴水之災，殆因此發。臣又按，水者陰類，臣妾之道。陰氣盛滿，則水泉迸溢。加之虹蜺紛錯，暑雨滯淫，雖丁厥時，而汨恆度，亦陰勝之沴也。臣恐後庭近習，或有離中饋之職，干外朝之政。伏願深思天變，杜絶其萌。又自春及夏，牛多病死，疫氣浸淫，於今未息。謹按《五行傳》曰：『思之不睿，時則有牛禍。』意者萬機之事，陛下或未躬親乎？昔太戊有異木生於朝，伊陟戒以修德，厥妖用殄；高宗有飛雉雊於鼎，祖己陳以政事，殷道再興。此皆視履考祥，轉禍爲福之明鑑也。晁錯曰：『五帝其臣不及，則自親之。』今朝廷怪異，雖則多矣，然皆仰知陛下天光。伏願勤思德容，少凝大化，以萬方爲念，不以聲色爲娛，以百姓爲憂，不以犬馬爲樂。暫勞宵旰，用緝明良，豈不休哉。天下幸甚。

臣聞三王之朝，不能免淫亢；太平之時，不能無小孽。備禦之道，存乎其人。若細微之災，恬而不怪，及禍變成象，駭而圖之，猶水決而繕防，疾困而求藥，雖復僶俛，亦何救哉！夫災變應天，實繫人事，故日蝕修德，月蝕修刑。若乃雨暘或愆，則貌言爲咎，雩禜之法，在於禮典。今暫逢霖雨，卽閉坊門，棄先聖之明訓，遵後來之淺術，時偶中之，安足神耶？蓋當屏翳收津，豐隆戢響之日也。豈有一坊一市，遂能感召皇靈；暫閉暫開，便欲發揮神道。必不然矣，何其謬哉。至今巷議街言，共呼坊門爲宰相，謂能節宣風雨，燮理陰陽。夫如是，則赫赫師尹，便爲虛設；悠悠蒼生，復何所望？

自數年已來，公私俱竭，戶口減耗。家無接新之儲，國無候荒之蓄。陛下不出都邑，近觀朝市，則以爲率土之人，既康且富。及至踐閭陌，視鄉亭，百姓衣牛馬之衣，食犬彘之食，十室而九空，丁壯盡於邊塞，孤孀轉於溝壑，猛吏淫威奮其毒，暴徵急政破其資。馬困斯跌，人窮乃詐，或起爲姦盜，或競爲流亡，從而刑之，良可悲也。臣觀今之甿俗，率多輕佻，人貧而奢不息，法設而僞不止。長吏貪冒，選舉私謁。樂多繁淫，器尚浮巧。稼穡之人少，商旅之人多。誠願坦然更化，以身先之，端本澄源，滌瑕蕩穢。接凋殘之後，宜緩其力役；當久弊之極，宜法訓敦龐。良牧樹風，賢宰垂化，十年之外，生聚方足，三代之美，庶幾可及。

臣聞太子者，君之貳，國之本，《易》有其卦，天有其星，今古相循，率由兹道。陛下自登皇極，未建元良，非所以守器承祧，養德贊業。離明不可輟曜，震位不可久虛。伏願早擇賢能，以光儲副，上安社稷，下慰黎元。且姻戚之間，謗議所集，假令漢帝無私於廣國，元規切讓於中書，天下之人，安可戶說。稽疑成患，馮寵生災，所謂愛之適足以害之。至如武三思等，誠能輟其機務，授以清閑，厚祿以富其身，蕃錫以獎其意，家國俱泰，豈不優乎？

夫爵賞者，君之重柄。傳曰：『惟名與器，不可假人。』自頃官賞，頗亦乖謬，大勳未滿於人聽，高秩已越於朝倫，貪天之功，以爲己力。祕書監鄭普思、國子祭酒葉靜能，或挾小道以登朱紫，或因淺術以取銀黄，既虧國經，實悖天道。《書》曰：『制理於未亂，保邦於未危。』此誠理亂安危之時也。伏願欽祖宗之丕烈，傷王業之艱難，遠佞人，親有德，乳保之愛，妃主之家，以時接見，無令媟瀆。

宋・李昉等《文苑英華》卷六九八《辛替否〈諫中宗置公主府官疏〉》 臣聞聖人廣視聽於四方，納謳謡於九有者，蓋欲以上通下達，遠聞通信，元首惟聖，股肱惟明，若此則國可長久，時無災害者也。臣聞事君上牧黎庶，莫不慎器與名，畏怨重禍，不徼詭以求進，不貨賄以要榮。公、侯、伯、子、男等，各以功爲後先；卿、大夫、士、九品，各以德爲次等。劉毅無賣官之誚，仲經無免爵之謡，則格於皇天，光於后土，何風雨不順、陰陽不和之有哉？臣聞古之建官，員不必備，九卿已下，皆有其位，而闕其選。賞一人謀乎三事，職一人訪乎羣司，負寵者畏權勢之在躬，求榮者避權門而不入。故稱賞不僭，官不濫，士皆完行，家有廉節，朝廷有餘俸，百姓有餘食。下忠於上，上禮於下，委裘而無倉卒之危，垂拱而無顛沛之患。夫事有惕耳目，動心慮，作不師古，以行於今者，蓋有之矣。伏惟陛下百倍行賞，十倍增官，金銀不供其印，束帛無充於錫，何媿於無用之臣？何慚於無力之士？至於公府補授，罕存推擇，遂使富商豪賈，盡居纓冕之流；鬻伎行巫，咸涉膏腴之地。一旦羊頭入興，狗尾生謡，將恐巍巍盛唐，取譏於後。

又 卷七五〇《牛希濟〈時論〉》 或曰：『治亂者，天之常也。是以十年一小變，三十年一大變。至於蟲蝗疫癘，水旱兵革，皆時之數也。若其聖人，亦不能克。』是不然也。何者？天之於人也，至仁而信。其資長百穀草木觸類之物，皆所以仁於人也。故懼物之不生也，春以發之；物之不成也，夏以長之；物之不齊也，秋以肅之；物之不實也，冬以堅之；物在陽畏其暵也，故夜降雨露以潤之；在陰畏其終也，故伏陽以蓄之；人之不之止也，故晦明以息之；人之不之時也，故馳時以警之。日月星辰雷電風雨霜露之作，無不私於人也。焉有爲蟲蝗之時以害其禾稼、爲水旱之時以蕩其生物、爲疫癘之時以毒其性命、爲兵革之時以流其脂膏者？上天垂象昭鑑，萬物之情始兆。高明之象已著，未嘗不丁寧先視之於人。俾知者通其變，而脩其德以爲之防。知而不脩，夫何言哉。聖人所以觀乎天文以察其變。又曰：『先天而天不違，後天而奉天時。』又曰：『則天之明，斯其旨也。』故天子有日官，諸侯有日御，皆所以達變於其君。若聞祥而逸，福必爲禍。必禍而懼，祲益爲善。而無必定之災，桑穀乃中興之道。數無可保之福，烏雀爲滅亡之運。其或有戰爭水旱災沴之世，皆生民之所感，曾無時日之限而及之也。且民之所爲也，繫時君之教化。若以忠孝恭儉爲治，皆可封也；暴亂聲色爲好，皆可誅也。居時之和，爲可誅之教，上帝之仁，且不能祐。膺時之亂，爲求治之具，神明之力，必可以恕。或者曰：三皇之世，不能無戰爭；堯湯之君，不能無水旱；豈聖德有闕歟？蓋時使之然也。夫戰之大者，孰踰於版泉不周之後？人謀之可與乎？兵力之可支乎？卒滅於有德。水旱之數，豈過於堯湯之代？人無飢色，國有常歲。若今之世，一年之水，一年之旱，豈惟人不粒食，國無儲矣，焉能感治水之命，有疏鑿之功，爲桑林之牲，契禱祈之願？若時數之必然，卽當數足而後已，豈復有中救之道？是知天時不能違於聖德明矣。至於長史，爲一郡一邑之政，飛蝗尚不入其境；醫門以藥劑之和，可以拒時之疾；又若時數之一槩，寧有擇其地而遺其人哉？況宋景一言之善，罰星退舍，漢之盛德，日馭再中。其餘感應之迹，布在方冊。是以知天道甚遠，人事至近。又《易》以《履》之説曰：『素履貞吉。』幽人之貞，所履若吉，幽人尚且不懼，況聖人乎？希濟以爲治亂無時，爲人君所行，求治則治，忘理則亂。雖復求治積年，一日違之，禍不旋踵。國亦如之，皆非拘忌之家所能執必矣。

清·董誥等《全唐文》卷四九五《權德輿〈答客問〉》 客問主人曰：『自古理世少，亂世多，豈眞宰有必定之數耶，抑人事耶？』答曰：時風之理亂，在士行之薄厚；士行薄厚，上係於時君大臣所趣向矣。自古輔政者，或直方不試，旋見絀放；或進非其任，疾顛覆餗。之二者，進退相隨，不足以形理亂。理亂者，在君臣之際，心術合符，久而成化焉。故聖與賢合，則爲堯爲舜；暗與諛合，則爲幽爲厲。其閒雖多方萬殊，而不遠此二道。先師曰：『人藏其心，不可測度。』莊生亦云：『人心險於山川，難於知天。』噫夫。淳化爲醨，利勝於義久矣。被薦紳衣冠，語道德仁義，皆偉然有古君子之風。心之所師，有異於是者，則不仁而多才，且以主意爲政，但慮智不足以取合，力不足以固位，而不計合之固之枉直焉。甚者則塞其聰明，道其利欲，順非阿旨。與俱上下。以平仲之和，不如梁邱據之同；卽墨之毀，不如阿大夫之譽。其風下扇，中人之域多由之，以其術易修，其用易博之爲利也。持祿觀望，則曰明哲保身；無所發明，則曰大直若屈；繆於義，則曰反經合道；枉於理，則曰枉尺直尋。或曰夫子之公山，或曰管仲有反坫。旁緣似是，觸類滋長，舞六籍之文，以伸其邪志，迭相薦譽，號爲通人。亦有務名如循實，求進如知退，雖近習不得其誠，巧曆不知其數。鄉原邑聚，變化周流，取美名貴仕，如轉圜反掌，世教無主，蕩然隨之。豈曰盡然，蓋寡不勝衆。其甚也，滅天下之公是，瞀天下之好惡，鉛刀蟬翼，爲銛爲重。於是民反德爲亂，天反時爲災，愆陽伏陰，山童澤涸，皆此物也。及夫中外蕩析，邦家臲卼；則相傳曰：『殆天數乎。非人力所及也。』生極顯尊，死有誄謚，爲惡甚矣，而譏議不失。故天下之人，父教其子，兄諭其弟，奔走寘力，以不能爲耻，而欲望理多亂寡，庸可得乎？接輿、申徒狄之徒，佯狂而不復者，皆惡是也。蓋在爲國者澄其源流，以灑士行，示三代之直道，頒七教於國風。取如是之流，投禦魑魅，示不復用，則時風厚而天下理矣。客曰：『請書所聞，以爲子孫藏。』

國家興亡論分部

論說

隋・王通《中說》卷一〇《録關子明事》 景明四年，同州府君服闋援琴，切切然有憂時之思。子明聞之曰：『何聲之悲乎？』府君曰：『彥誠悲先君與先生有志不就也。』子明曰：『樂則行之，憂則違之。』府君曰：『彥聞治亂損益，各以數至。苟推其運，百世可知。願先生以筮一為決之，何如？』子明曰：『占算幽微，多則有惑。請命蓍卦，以百年為斷。』府君曰：『諾。』於是揲蓍布卦。遇夬之輩，捨蓍而歎曰：『當今大運，不過一再傳爾。從今甲申二十四歲，戊申大亂，而禍始宮掖，有藩臣秉政，世伏其強。若用之以道，則桓文之舉也。如不以道，臣主俱屠地。』府君曰：『其人安出？』朗曰：『參代之墟，有異氣焉。若出，其在并之郊乎。』府君曰：『此人不振，蒼生何屬？』子曰：『當有二雄舉而中原分。』府君曰：『各能成乎？』朗曰：『我隙彼動，能無成乎？若無賢人扶之，恐不能成。』府君曰：『請刻其歲。』朗曰：『始於甲寅，卒於庚子，天之數也。』府君曰：『何國先亡？』朗曰：『不戰德而用詐權，則舊者先亡也。』府君曰：『其後如何？』朗曰：『辛丑之歲，有恭儉之主起，布衣而併六合。』府君曰：『其東南乎？』朗曰：『必在西北。平大亂者，未可以文治，必須武定。且西北用武之國也。東南之俗，其弊也剽。西北之俗，其興也勃。又況東南，中國之舊主也。中國之廢久矣。天之所廢，孰能興之。』府君曰：『東南之歲可刻乎？』朗曰：『東南運曆不出三百，大賢大聖不可卒遇。能終其運，所幸多矣。且辛丑明王當興，定天下者不出九載。己酉江東其危乎？』府君曰：『明王既興，其道若何？』朗曰：『設有始有卒，五帝三王之化復矣。若非其道，則終驕亢，而晚節末路，有桀紂之主出焉。先王之道，墜地久矣。苛化虐政，其窮必酷。故曰：「大軍之後？必有凶年。積亂之後，必有凶主。」理當然也。』府君曰：『先王之道竟亡乎？』朗曰：『何謂亡也？夫明王久曠，必有達者生焉，行其典禮。此三才五常之所繫也。孔子曰：「文王既沒，文不在茲乎。」故王道不能亡也。』府君曰：『請推其數。』朗曰：『乾坤之策，陰陽之數，推而行之，不過三百六十六；引而伸之，不過三百八十四，天之道也。噫！朗聞之先聖與卦象相契，自魏已降，天下無眞主。故黃初元年庚子至今二百八十四年，更八十二年丙午，三百六十六矣，達者當生。更十八年甲子，其興王者合乎。用之則王道振，不用洙泗之教修矣。』府君曰：『其人安出？』朗曰：『其唐晉之郊乎？昔殷後不王，而仲尼生周。周後不王，則斯人生晉。夫生於周者，周公之餘烈也。生於晉者，陶唐之遺風也。天地冥契，其數自然。』府君曰：『厥後何如？』朗曰：『自甲申至甲子正百年矣，過此未或知也。』府君曰：『先生說卦，皆持二端。』朗曰：『何謂也？』府君曰：『先生每及興亡之際，必曰：「用之以道，輔之以賢，未可量也。」是非二端乎？』朗曰：『夫象生有定數，吉凶有前期，變而能通。故治亂有可易之理。是以君子之於易，動則觀其變而玩其占，問之而後行，考之而後舉，欲令天下順時而進，知難而退。此占算所以見重於先王也。故曰：「危者使平，易者使傾。」善人少，惡人多，暗主衆，明君寡。堯舜繼禪，歷代不逢；伊周復辟，近古亦絕。非運之不可變也，化之不可行也。道悠世促，求才實難。或有臣而無君，或有君而無臣。故全之者鮮矣。仲尼曰：「如有用我者，吾其為東周乎。」此有臣而無君也。章帝曰：「堯作大章，一夔足矣。」此有君而無臣也。是以文武之業，遂淪於仲尼；禮樂之美，不行於章帝。治亂之漸，必有厥由。而興廢之成，終罕所遇。《易》曰：「功業見乎變。」此之謂也。何謂無二端？』府君曰：『周公定鼎於郟鄏，卜世三十，卜年八百，豈亦二端乎？』朗曰：『聖人輔相天地，準繩陰陽，恢皇綱，立人極，脩策迴馭，長羅遠羈，昭治亂於未然，算成敗於無兆，固有不易之數，不定之期。假使庸主守之，賊臣犯之，終不促已成之期於未衰之運？故曰：「周德雖衰，天命未改。」聖人知明王賢相，不可必遇，聖謀睿策，有時而弊。故考之典禮，稽之龜策，卽人事以申天命，懸曆數以示將來。或有已盛而更衰；或過算而不及。是故聖人之法所可貴也。向使明王繼及，良佐踵武，則當億萬斯年，與天無極，豈止三十世八百年而已哉？過算餘年者，非先王之功，卽桓文之力也。天意人事，豈徒然哉？』府君曰：『龜筴不出聖謀乎？』朗曰：『聖謀定將來之基，龜筴告未來之事，』遞相表里，安有異同？』府君曰：『大哉人謨。』朗曰：『人謀所以安天下也。夫天下大器也，置之安地則安，置之危地則危。是以平路安車，狂夫審乎難覆；乘奔馭朽，童子知其必危。豈有周禮既行，曆數不延乎八百？秦法既立，宗祧能踰乎二世？噫，天命人事，其同歸乎。』府君曰：『先生所刻治亂興廢果何道也？』朗曰：『文質遞用，勢運相乘，稽損益以驗其時，百代無隱；考龜筴而研其慮，千載可知。未之思歟，夫何遠之有。』府君蹶然驚起，因書策而藏之，退而學《易》。蓋王氏《易》道宗於朗焉。其後宣武正始元年歲次甲申至孝文永安元年二十四歲戊申，而胡后作亂，爾朱榮起并州，君臣相殘，繼踵屠地。及周齊分霸，卒併於西，始於甲寅，終於庚子，皆如其言。明年辛丑歲隋高祖受禪，果以恭儉定天下。

唐·王勃《王子安集》卷一〇《三國論》 論曰：漢自順桓之間，國統屢絶，奸回竊位，閹宦滿朝。士之蹈忠義履冰霜者，居顯列則陷犯忤之誅，伏閭巷則嬰黨錮之戮。當是時也，天下之君子，掃地將盡。雖九伊周、十稷契，不能振已絶之綱，舉土崩之勢，明矣。嘉平中，大黄星見楚宋之分。遼東殷馗曰：『其有眞人起於譙沛之間。』以知曹孟德不為人下，事之明驗也。先時秦帝東游，亦云金陵當有王者興。董扶求出，又曰益州有天子氣。從茲而言，則長江劍閣，作吳蜀之限；天道人謀，有三分之兆，其來尚矣。然廢興有際，崇替遞來。每覽其書，曷能不臨卷而永懷，撫事而伊鬱也。嘗試論之曰：向使何進納公業之言而不追董卓，傕汜棄文和之策而不報王允，則東京焚如之禍，關右亂麻之屍，何繇而興哉？至使乘輿蒙塵於河上，天子露宿於曹陽，百官飢死於牆壁，六宮流離於道路，蓋繇何公之不明，賈詡之言過也。於是劉岱、喬瑁、張超、孔伷之徒，舉義兵而天下響應，英雄者騁其驍悍，運其謀能，海內囂然，於茲大亂矣。袁本初據四州之地，南向爭衡；劉景升擁十萬之師，坐觀成敗。區區公路，欲居列郡之尊；瑣瑣伯珪，謂保易京之業。瓚既窘斃，術亦憂終，譚尚離心，琮琦失守。其故何哉？有大賢而不能用，覩長策而不能施。便謂力濟九區，智周萬物，天下可指麾而定，宇宙可大呼而致也。嗚呼悲夫。余觀三國之君，咸能推誠樂士，忍垢藏疾，從善如不及，聞諫如轉規。其割裂山河鼎足而王宜哉。孫仲謀承父兄之餘事，委瑜肅之良圖，泣周秦之痍，請呂蒙之命，惜休穆之才不加其罪，賢子布之諫而造其門。用能南開交趾，驅五嶺之卒；東界海隅，兼百越之衆；地方五千里，帶甲數十萬。若令登不早卒，休以永年，神器不移於暴酷，則彭蠡衡陽，未可圖也。以先主之寬仁得衆，張飛、關羽萬人之敵，諸葛孔明管樂之儔，左提右挈，以取天下，庶幾有濟矣。然而喪師失律，敗不旋踵，奔波謙、瓚之間，羇旅袁、曹之手，豈拙於用武，將遇非常敵乎？初備之南也，樊、鄧之士，其從如雲。比到當陽，衆十萬餘。操以五千之卒，及長坂縱兵大擊，廓然霧散，脱身奔走。方欲遠竄用魯肅之謀，然後投身夏口。於時諸葛適在軍中，向令帷幄有謀，軍容宿練，包左車之計，運田單之奇，操懸軍數千，夜行三百，輜重不相繼，聲援不相聞，可不一戰而擒也？坐以十萬之衆，而無一矢之備，何異驅犬羊之羣，餌豺虎之口？固知應變將略，非武侯所長，斯言近矣。周瑜方嚴兵取蜀，會物故於巴丘。若其人尚存，恐玉壘銅梁，非劉氏有也。然備數困敗而意不折，終能大啓西土者，其惟雅度最優乎？武侯歿，劉禪舉而棄之。覩譙周之懦詞，甘忿憒而忘食；聞姜維之立事，又慷慨而言憙，惜其功垂成而智不濟，豈伊時喪，抑亦人亡。乃知德之不修，棧道靈關，不足恃也。魏武用兵，髣髴孫吳，臨敵制奇，鮮有喪敗，故能東擒狡布，北走强表，破黄巾於壽張，斬眭固於射犬，援戈北指，蹋頓懸顱；擁旆南臨，劉琮束手，振威烈而清中夏，挾天子以令諸侯，信超然之雄傑矣。而弊於褊刻，失於猜詐。孔融、荀彧終罹其災；孝先、季珪卒不能免。愚知操之不懷柔巴蜀，砥定東南，必然之理也。文帝富於春秋，光膺禪讓，臨朝恭儉，博覽墳籍，文質彬彬，庶幾君子者矣。不能恢崇萬代之業，利建七百之基。骨肉齊於匹夫，衡樞委乎他姓。遠求珠翠，廢禮諒闇之中；近抱辛毗，取笑婦人之口。明帝嗣位，繼以奢淫，征夫困於兵革，人力殫於臺榭。高貴鄉公明決有餘，而深沉不足。其雄才大略，經緯遠圖，求之數君，並無取焉。山陽公之墳土未乾，陳留王之賓館已啓。天之報施，何其速哉。故粗而論之，式備勸戒，俾夫來者有以監諸者焉。

《陳子昂集》卷九《諫政理書》 竊少好三皇五帝霸王之經，歷觀丘墳，旁覽代史，原其政理，察其興亡。自伏羲、神農之初，至於周、隋之際，馳騁數百年，雖未得其詳，而略可知也。莫不先本人情，而後化之，過此已往，亦無神異。獨軒轅氏之代，欲問廣成子以至道之精，理於天下，臣雖奇之，然其説不經，未足信也。至殷高宗，亦延問傅説，然纔救弊，未能宏遠，自此之後，殆不足稱。臣每在山谷，有願朝廷，常恐没代而不得見也。豈知霑沐聖化，未終天年，幸得游京師，覩皇化，親逢大聖之詔布於天下，問於賢士大夫曰：『何道可以調元氣？』賤臣孤陋，誠未足知，然臣竊觀自古帝王，開政之原備矣。未有能深思遠慮，獨絕古今如陛下者也。故賤臣不勝區區，願竭固陋，以聞見言之，雖未足對揚天休，然或萬一有可觀者，敢冒昧闕廷，奏書以聞，伏惟皇太后陛下少加察焉。臣聞之於師曰：『元氣者，天地之始，萬物之祖，王政之大端也。』天地之道，莫大乎陰陽；萬物之靈，莫大乎黔首；王政之貴，莫大乎安人。故人安則陰陽和，陰陽和則天地平，天地平則元氣正矣。是以古先帝代，見人之通於天也，天之應乎人也，天人相感，陰陽相和，災害之所以不生，嘉祥之所以遂作。則觀象於天，察法於地，財成天地之道，輔相天地之宜，以左右人。於是養成羣生，奉順天德。故人得安其俗，樂其業，甘其食，美其服，陰陽大和，元氣以正。天瑞降，地符昇，風雨以時，草木不落，龜龍麟鳳，在郊藪矣。洎顓頊、唐、虞之間，不敢荒寧，亦克用理，故其《書》曰：『百姓昭明，協和萬邦，黎人於變時雍，乃命羲和，欽若昊天，曆象日月星辰，敬授人時，和之得也。』至夏德衰亡，殷政黴喪，桀、紂昏暴，亂於天道，殺戮無罪，放棄忠良。遂竭天下之力，殫天下之貨，作爲瑤臺，起乎瓊室，極荒淫之樂，窮耳目之玩。傾宮之女，至數千人，奇伎淫巧，以億萬計，信巫鬼，聽讒邪。遂爲糟丘酒池、炮烙之刑，一朝牛飲者三千人。龍逢不勝其憂，諫而死；箕子不堪其憤，因爲奴。是以陰陽大乖，天地震怒，山川鬼神，發見災異，疾疫大興，妖孽並作，而桀、紂不悔，卒以滅亡，和之失也。逮周文、武創業，順天應人，誠信忠厚，加於百姓，德澤休泰，興乎頌聲。成、康之時，刑措三十餘年，天人之道始和矣。幽、厲之末，復亂厥常，苛慝暴虐，詬讟天地，百川沸騰，山冢崒崩，人以愁怨，疾厲爲作。故其《詩》曰：『昊天不傭，降此鞫凶；昊天不惠，降此大戾。』不先不後，爲虐爲瘵。天地生人之理，復悖於茲矣。嗚呼，豈不哀哉，豈不哀哉。近有隋氏，亦不克終厥初。隋高帝之有天下也，以六合爲家，方將對越天人，傳之萬代。至煬帝承平，自以貴爲天子，富有四海，欲窮宇宙之觀，極游宴之樂，以爲人主之急務也。於是乃鑿御渠，決黄河，自伊、洛之間而屬之揚州。生人之力既弊，天地之藏又洩。煬帝方忻然以爲得計，將後宫綵女數百千人，遂泛龍舟，游三江五湖之間，當其得意也，視天下如脱屣爾。其後百姓騷弊，災變數興，吏人貪暴，其政日亂，陰陽感怒，彗孛以出。煬帝不悟，自以爲天下安於泰山，方率百萬之師，而有事於遼東。當時山東，父子不得相保也。天厭暴政，人懷亂亡。故遼東之役未歸，而中國之難已起。身死逆手，宗廟以隳，其故何哉？逆天人之理也。是以臣每察天人之際，觀禍亂之由，迹帝王之事，念先師之説，昭然著明，信不欺爾。不意陛下以大聖之慮，見天人之心，將欲調元氣之綱，返淳和之始，自非陛下合天地之德，有日月之明，誰能眇然遠思，欲求大和於元氣哉？此昔者伏羲氏之所以本天人而為三皇首也。愚臣暗昧，不勝大願。願陛下爲大唐建萬代之策，恢三聖之功，傳乎子孫，永作鴻業，千百年間，使繼文之主有所守也。非甚無道，不失厥嗣。陛下可不務之哉。臣伏見天皇大帝，得天地之統，封於泰山，功德大業，與天比崇矣。然尚未建明堂之宫，遂朝上帝，使萬代鴻業，今猶闕然。臣愚意者，豈非天皇大帝知陛下聖明，必能起中興之化，留此盛德，以發揮陛下哉。不然，何所與讓而未作也。今陛下欲調元氣，睦人倫，躋俗仁壽，興風禮讓，捨此道也，於何理哉。故臣不勝區區螻蟻之誠思，願陛下念先帝之休意，恢大唐之鴻業，於國南郊，建立明堂。使宇宙黎元，遐荒夷貊，昆蟲草木，天地鬼神，粲然知陛下方興三皇五帝之事，與天下更始，不其盛哉。昔者黄帝合宫，有虞總唐堯衢室，夏后世室，羣聖之所以調元氣、理陰陽，於此教也。臣雖末學，竊嘗聞明堂之制也。有天地之則焉；有陰陽之統焉。二十四氣、八風、十二月、四時、五行、二十八宿，莫不率備。故順其時月而爲政，則風雨時，寒暑平，萬物茂暢，五穀登稔，元氣不錯，陰陽以和；逆其時而爲政也，則水旱興，疾疫起，蟲螟爲害，霜雹成災，陰陽不和，元氣以錯。故昔者聖人所以爲教之大業也。是以臣願陛下爲大唐建萬代之策者，意在茲乎，意在茲乎。陛下若不以臣微而廢其言，乞以臣此章與三公九卿、賢士大夫議之於庭。倘事便於今，道不違古，即請陛下徵天下鴻生鉅儒、賢良豪俊之士，博通古今、皇王政理之術者，與之按《周禮·月令》而建之，臣必知天下庶人子來，不日而成也。乃正月孟春，陛下乘鑾輿，駕蒼龍，載青旂，佩蒼玉，從三公九卿、賢士大夫、鴻儒碩老、衣冠之倫，朝於青陽左個，負斧扆，憑玉兒，南面以聽天下之政。於是遂發大號，宣布四方，使各順十二月之令，無敢有逆。乃命太史守典，奉法司天，日月星辰之行，無失經紀，以初爲常。陛下遂躬籍田親蠶，以勸天下之農桑，養三老五更，以教天下之孝悌；明訟恤獄，以息天下之淫刑；除害去暴，以正天下之仁壽；修文尚德，以止天下之干戈；察孝興廉，以除天下之貪吏。矜寡孤獨，疲癃羸老，不能自存者，賑恤之；後宮美人，非三妃九嬪八十一御女之數者，出嫁之；珠玉錦繡、雕琢技巧之飾，非益於理者，悉棄之；巫鬼淫祀，誑惑良人者，禁殺之。陛下務以至誠，躬服質素，以爲天下先，愚臣以爲不出數年之間，將見太平之化也。天人之際既洽，鬼神之望尤塞。然後作雅樂，潔粢盛，宗祀天皇於明堂，以配上帝。使萬國各以其職來祭，豈不休哉。臣伏惟陛下至德明聖，未有能越行此道者也。故臣竊以爲此化一成，則人倫之道自睦，刑罰之原自息，兵革之事不興，還淳之途可見，仁壽禮讓，稼穡農桑，不言而自致也。是以賤臣未得爲陛下一二論之。何者？聖人之教，在於可大可久者。故臣欲陛下振領提綱，使天下自理也。然臣竊獨有私恨，陛下方欲興崇大化，而不知國家太學之廢，積歲月矣。堂宇蕪穢，殆無人蹤，詩書禮樂，罕聞習者。陛下明詔，尚未及之，愚臣所以有私恨也。臣聞天子立太學，可以聚天下英賢，爲政教之首。故君臣上下之禮，於是興焉；揖讓樽俎之節，於此生焉。是以天子得賢臣，由此道也。今則荒廢，委而不論，而欲睦人倫，興禮讓，失之於本，而求之於末，豈可得哉？況君子三年不爲禮，禮必壞；三年不爲樂，樂必崩。柰何天子之政而輕禮樂哉？臣所以獨竊有私恨者也。陛下何不詔天下胄子，使歸太學而習業乎？斯亦國家之大務也。臣愚蒙，所言事未曲盡者，恐煩聖覽，必陛下恕臣昏愚，請賜他日，別具奏聞。

唐·吴兢《貞觀政要》卷四《教誡太子諸王第十一》 貞觀七年，太宗謂侍中魏徵曰：『自古侯王能自保全者甚少，皆由生長富貴，好尚驕逸，多不解親君子遠小人故爾。朕所有子弟，欲使見前言往行，冀其以爲規範。』因命徵録古來帝王子弟成敗事，名爲《自古諸侯王善惡録》，以賜諸王。其序曰：

觀夫膺期受命，握圖御宇，咸建懿親，藩屏王室，布在方策，可得而言。自軒分二十五子，舜舉一十六族，爰歷周、漢，以逮陳、隋，分裂山河，大啓磐石者衆矣。或保乂王家，與時升降；或失其土宇，不祀忽諸。然考其盛衰，察其興滅，功成名立，咸資始封之君；國喪身亡，多因繼體之后。其故何哉？始封之君，時逢草昧，見王業之艱阻，知父兄之憂勤。是以在上不驕，夙夜匪懈，或設醴以求賢，或吐飧而接士。故能甘忠言之逆耳，得百姓之歡心，樹至德於生前，流遺愛於身後。暨夫子孫繼體，多屬隆平，生自深宫之中，長居婦人之手，不以高危爲憂懼，豈知稼穡之艱難？昵近小人，疏遠君子，綢繆哲婦，傲狠明德。犯義悖禮，淫荒無度，不遵典憲，僭差越等。恃一顧之權寵，便懷匹嫡之心，矜一事之微勞，遂有無厭之望。棄忠貞之正路，蹈姦宄之迷途。愎諫違卜，往而不返。雖梁孝、齊冏之勳庸，淮南、東阿之才後，摧摩霄之逸翮，成窮轍之涸鱗，棄桓、文之大功，就梁、董之顯戮。垂爲明戒，可不惜乎？皇帝以聖哲之恣，拯傾危之運，耀七德以清六合，總萬國而朝百靈，懷柔四荒，親睦九族。念崋萼於《棠棣》，寄維城於宗子。心乎愛矣，靡日不思，爰命下臣，考覽載籍，博求鑑鏡，貽厥孫謀。臣輒竭愚淺，稽諸前訓。凡爲藩爲翰，有國有家者，其興也必由於積善，其亡也皆在於積惡。故知善不積不足以成名，惡不積不足以滅身。然則禍福無門，吉凶由己，惟人所召，豈徒言哉！令録自古諸王行事得失，分其善惡，各爲一篇，名曰《諸王善惡録》，欲使見善思齊，足以揚名不朽；聞惡能改，庶得免乎大過。從善則有譽，改過則無咎。興亡是繫，可不勉歟？

唐·李華《李遐叔文集》卷四《國之興亡解》 為國者同於理身，身或不和，則藥石之，鍼灸之。若夫扶疾而不攻，疾病則斃，扶之者屍也。齊隋之亡也，以貞於終始為惑，苟而無耻為明，慢於事職為高賢，見義不為為長者。繩違用法，則附强而潰弱也；議於得失，則異寡而同衆也。尚學希古謂之誕，趣便中時謂之工，觀其燥濕而輕重之，候其成敗而褒貶之。肉食之尊，以滋味餬口，忍危亡而僥禄利。自是而下，則曰上司猶如之，我於國何有？設能憤發，則逆為備豫，動開束，闌氣沮志衰，志亦從化。倖於生者，炎炎而四合；死於正者求援而無繼。麒麟悲鳴，鳳鳥垂翅，鴟鼓害翼，犬呀毒喙，則蛇鴆虎狼之徒，其可向耶？嗟乎，心腹支體一也，為病者萬焉，雖有岐緩而不請，岐緩視之而不救。噫，齊隋不亡，得哉。反是而理，則王道易易也。

唐·元結《次山集》卷四《元謨》 古者純公以惛愚聞，或曰，公知聖人之道。天子聞之，咨而問焉，公謝曰：『臣生自山野，順時而老，心如草木，身若鳥獸。主君所問，臣安能知？請說所聞，惟主君聽之。臣曾記有説風化頽弊，或以之興，或以之亡者，不知何代君臣。其臣曰：「上古之君，用眞而耻聖，故大道清粹，滋於至德，至德蘊淪，而人自純。其次用聖而耻明，故乘道施教，修教設化，教化和順，而人從信。其次明而耻殺，故沿化興法，因教置令，法令簡要，而人順教。此頽弊以昌之道也。殆乎衰世之君，先嚴而後殺，乃引法樹刑，援令立罰，刑罰積重，其下畏恐。繼者先殺而後淫，乃深刑長暴，酷罰恣虐，暴虐日肆，其下須畟，繼者先淫而後亂，乃乘暴至亡，因虐及滅，亡滅兆鐘，其下憤凶。此頽弊以亡之道也。」其君歎曰：「嗚呼，眞聖之風，歿無象耶？明順之道，誰爲嗣耶？嚴正之源，開已竭耶。殺淫之流，日深大耶。吾其頌昌人之道，爲戒心之寶。」』

又《演謨》 天子聞之，惽然不娭，冥然深思，乃曰：『昌人之道，豈無故歟？公其演之，其故何如？』公曰：『嗚呼。頽弊以昌之道，其由上古强毁純樸，强生道德，使興云云，使亡惽惽，始開禮樂，始鼓仁義，乃有善惡，乃生眞僞。然後勤儉之風，發而逾扇，嚴急之教，起而逾變，須智謀以引喻，須信讓以敦護。是故必垂清淨，必保公正，所謂聖賢相逢，瀛瀛溶溶，不放不封，乃見禁而無殺，順而無訛，猗悏優游，尚致平和。嗚呼，頽弊以亡之故，其由中古轉生澆眩，轉起邪詐，變其娭娭，驅令嗤嗤，則聞溺惑，則見凶侈，遂長淫靡。然後忿爭之源，流而日廣，慘毒之根，植而彌長，用苛酷以威服，用諂諛以順欲，是故皆恣昏虐，必生亂惡，所謂庸愚相遭，諠諠囂囂，以悲以號，乃見苦而彌怨，逆而彌悖，撣援怰悜，轉扇不歇。』天子感之，欻然歎曰：『噫，聖賢孤獨，生不駢世，蒼蒼四海，生類誰濟？』公曰：『嗚呼，不可遂已。聖人須極道於常臣，賢人須滋德於庸君，使道德優優，不豐不紛，乃須殺而不淫，罰而不重，戒其虐惑，制其昏縱。』

又《系謨》 天子聞之，惘然思而歎曰：『太皇之道，於今已亡，衰季之德，吾不忍當。將學殺而不淫，罰而不重，戒其虐惑，制其昏縱。行之之道，惟公教之。』公曰：『於明主君，斯道未易；猗明主君，斯道良難。敢爲主君，商較其端。夫王者，其道德在清純玄粹，惠和溶油，不可慁會盪爌，衰傷元休；其風教在仁慈論勸，禮信道達，不可沿以澆浮，溺之淫末；其衣服在禦於四時，勿加敗弊，不可積以繡綺，奢侈過制；其飲食在備於五味，示無便耽，不可煎熬珍怪，尚惑所甘；其器用在絕於文彩，敦尚素樸，不可駢鈿珠貝，肆極侈削；其宮室在省費財力，以免隘陋，不可殫窮土木，叢羅聯構；其苑囿在合當制度，使人無厭，不可牆塹肥饒，極地封占；其賦役在簡薄均當，使各勝供，不可横酷繁聚，損人傷農；其刑法在大小必當，理察平審，不可煩苛暴急，殺戮過甚；其兵甲在防制戎夷，鎮服暴變，不可怙恃威武，窮黷爭戰；其畋獵在順時教校，不追以驅，不可騁於殺害，肆極荒娛；其聲樂在節諧八音，聽聆金石，不可耽喜靡慢，宴安淫溺；其嬪嬙在備禮供侍，以正後宮，不可寵貴妖豔，惛好無窮；其任用在校榆材能，察視邪正，不可授付非人，甘順姦佞；其郊祀在敦本廣敬，展誠重禮，不可淫慢禱祈，僻有所係；其思慮在慎於安危，誡其溢滿，不可沈溺近習，肆任談誕。如此，順之爲明聖，逆之爲凶虐，可以觀乎興廢，可以見乎善惡。』純公言已，天子謝曰：『公之所述，眞王者之謨。必當篆刻，置之座隅。』

又卷五《自述三篇》 天寶庚寅，元子初習靜於商餘。人聞之非，非曰：『此狂者也。』見則茫然。無幾，人聞之是，是曰：『此學者也。』見則猗然。及三年，人聞之參，參曰：『此隱者也。』見則崖然。有惑而問曰：『子其隱乎？』對曰：『吾豈隱者邪？愚者也。窮而然爾。』或者不喻，遂爲《述時命》以辯之，先曾爲《述居》一篇，因刊而次之，總命曰《自述》。

又《述時》 昔隋氏逆天地之道，絕生人之命，使怨痛之聲，滿於四海。四海之内，隋人未老，隋社未安，而隋國已亡。何哉？奢淫、暴虐、昏惑而已。烝人苦之，上訴皇天。皇天有命於我國家，六葉於茲。高皇至勤，文皇至明，身鑑隋室，不敢滿溢，清儉之深，聽察之至，仁惠之極，泱泱洋洋，爲萬代則。聖皇承之，不言而化，四十餘年，天下太平，禮樂化於戎夷，慈惠及於草木。雖奴隸齒類，亦能誦周公、孔父之書，説陶唐、虞、夏之道。至於歌頌謳吟，婦人童子，皆抒性情，美辭韻，指詠時物，與絲竹諧會，綺羅當稱。況世貴之士、博學君子，其文學聲望，安得不顯聞於當時也哉？故冠冕之士，傾當時大利；軒車之士，富當時大農。由此知官不勝人，逸於司領。使秩次不能損，又休罷以抑之，尚騈肩累趾，授任不暇。予愚愚者，亦當預焉。日覺抵塞，厭於無用，乃以因慕古人，清和蘊純，周周仲仲，瘱然全眞，上全忠孝，下盡仁信，内順元化，外娭大和，足矣。如戚促蚩諸，封蒙遏滅，暮爲朝貴，心所不喜，亦由金可鎔，不可使爲汙腐；水可濁，不可使爲塵糞然已。鄙語曰：『愚者似直，弱者似仁。』予殆有之，夫復何疑？

唐・劉蛻《文泉子集》卷三《嬴秦論》 無有天下而不知秦之焚書也，無世而不謂不用聖人之道所以亡也。嗚呼，秦亡自亡也，安能焚書爲秦亡耳。天下不用秦如聖人之道，故秦不得其道而用也。當其時，天下一家而尊己，外無非心之人。故深法禁人之惡也，則不當去法以禁人之善。是則果習天下之離心而背己也，豈秦區區之心與？蓋天必以秦之强暴，非大敗無以叛其四海之心，故先絕其事君敬長之術，而後從天下以亡其天下焉。夫天與秦則書存，不與秦則書焚，而秦終無自焚之心也。且聖人宮先自藏其書，是秦未始有焚書之心，聖人之家先有其心矣。故曰秦亡其自亡矣。且聖人之道，與天地合其久，與鬼神合其微，則不得毀置之在秦也然矣。陶唐氏之水，前有聖人之化，後有聖人之勤，而後民知事君敬長之術。自秦之火，前聖已遠，後聖不作，而其術不數世亦已成矣。豈非天之欲有絕而先絕其術，欲有立而先立與？今或怨秦之火不全其道也，不知秦火息矣。

唐・黃滔《黃御史集》卷八《吳楚二醫》 吳人之疾不救，其屬善醫，憫其家，竭其術以治之。楚人之疾救，其屬善醫，欲其家，逆其術以治之。君子痛二醫之行。若乎治亂，比干知殷之不救而救之，仍藥之以九竅。李斯目秦之救而不救之，卒鴆之以二世。嗚呼，殷之亡也，疾之甚矣。秦之亡也，醫之罪也。後之有國有家者，得不慎乎醫？

《舊唐書》卷五三《李密傳》 （李密）作書以移郡縣曰：自元氣肇闢，厥初生人，樹之帝王，以爲司牧。是以羲、農、軒、頊之后，堯、舜、禹、湯之君，靡不祗畏上玄，愛育黔首，乾乾終日，翼翼小心，馭朽索而同危，履春冰而是懼。故一夫有罪，遂下車而泣之。謙德軫於責躬，憂勞切於罪己。普天之下，率土之濱，蟠木距於流沙，瀚海窮於丹穴，莫不鼓腹擊壤，鑿井耕田，治致昇平，驅之仁壽。是以愛之如父母，敬之若神明，用能享國多年，祚延長世。未有暴虐臨人，克終天位者也。

隋氏往因周末，預奉綴衣，狐媚而圖聖寶，胠篋以取神器。及纘承負扆，狼虎其心，始曀明兩之暉，終干少陽之位。先皇大漸，侍疾禁中，遂爲梟獍，便行鴆毒。禍深於莒僕，釁酷於商臣，天地難容，人神嗟憤。州吁安忍，閼伯日尋，劍閣所以懷凶，晉陽所以興亂，甸人爲罄，淫刑斯逞。夫九族既睦，唐帝闡其欽明；百世本枝，文王表其光大。況復隳壞盤石，剿絕維城，脣亡齒寒，寧止虞、虢，欲其長久，其可得乎。其罪一也。

禽獸之行，在於聚麀，人倫之體，別於内外。而蘭陵公主逼幸告終，誰謂敤首之賢，翻見齊襄之耻。逮於先皇嬪御，並進銀鐶；諸王子女，咸貯金屋。牝雞鳴於詰旦，雄雉恣其羣飛，袒衣戲陳侯之朝，穹廬同冒頓之寢。爵賞之出，女謁遂成，公卿宣淫，無復綱紀。其罪二也。

平章百姓，一日萬機，未曉求衣，昃晷不食。大禹不貴於尺璧，光武不隔於支體，以是憂勤，深慮幽枉。而荒湎於酒，俾晝作夜，式號且呼，甘嗜聲伎，常居窟室，每藉糟丘。朝謁罕見其身，羣臣希覩其面，斷決自此不行，敷奏於是停擁。中山千日之飲，酩酊無名；襄陽三雅之盃，留連詎比。又廣召良家，充選宮掖，潛爲九市，親駕四驢，自比商人，見要逆旅。殷辛之譴爲小，漢靈之罪更輕，内外驚心，遐邇失望。其罪三也。

上棟下宇，著在《易》爻；茅茨採椽，陳諸史籍。聖人本意，惟避風雨，詎待朱玉之華，寧須綈錦之麗。故璿室崇構，商辛以之滅亡；阿房崛起，二世是以傾覆。而不遵古典，不念前章，廣立池臺，多營宮觀，金鋪玉戶，青瑣丹墀，蔽虧日月，隔閡寒暑。窮生人之筋力，罄天下之資財，使鬼尚難爲之，勞人固其不可。其罪四也。

公田所徹，不過十畝；人力所供，纔止三日。是以輕徭薄賦，不奪農時，寧積於人，無藏於府。而科税繁猥，不知紀極；猛火屢燒，漏巵難滿。頭會箕斂，逆折十年之租；杼軸其空，日損千金之費。父母不保其赤子，夫妻相棄於匡牀，萬戶則城郭空虛，千里則煙火斷滅。西蜀王孫之室，翻同原憲之貧；東海糜竺之家，俄成鄧通之鬼。其罪五也。

古先哲王，卜征巡狩，唐、虞五載，周則一紀。本欲親問疾苦，觀省風謠，乃復廣積薪芻，多備饔餼。年年歷覽，處處登臨，從臣疲弊，供頓辛苦。飄風凍雨，聊竊比於先驅；車轍馬迹，遂周行於天下。秦皇之心未已，周穆之意難窮，宴西母而歌雲，浮東海而觀日。家苦納秸之勤，人阻來蘇之望。且夫天子有道，守在海外，夷不亂華，在德非險。長城之役，戰國所爲，乃是狙詐之風，非關稽古之法。而追蹤秦代，板築更興，襲其基墟，延袤萬里，屍骸蔽野，血流成河，積怨滿於山川，號哭動於天地。其罪六也。

遼水之東，朝鮮之地，《禹貢》以爲荒服，周王棄而不臣，示以羈縻，達其聲教，苟欲愛人，非求拓土。又强弩末矢，理無穿於魯縞；衝風餘力，詎能動於鴻毛。石田得而無堪，雞肋啖而何用。而恃衆怙力，强兵黷武，惟在并吞，不思長策。夫兵猶火也，不戢將自焚，遂令億兆夷人，隻輪莫返。夫差喪國，實爲黄池之盟；苻堅滅身，良由壽春之役。欲捕鳴蟬於前，不知挾彈在後。復矢相顧，鬂而成行，義夫切齒，壯士扼腕。其罪七也。

直言啓沃，王臣匪躬，惟木從繩，若金須礪。唐堯建鼓，思聞獻替之言；夏禹懸鞀，時聽箴規之美。而愎諫違卜，蠹賢嫉能，直士正人，皆由屠害。左僕射、齊國公高熲，上柱國、宋國公賀若弼，或文昌上相，或細柳功臣，暫吐良藥之言，翻加屬鏤之賜。龍逢無罪，便遭夏癸之誅；王子何辜，濫被商辛之戮。遂令君子結舌，賢人緘口。指白日而比盛，射蒼天而敢欺，不悟國之將亡，不知死之將至。其罪八也。

設官分職，貴在銓衡，察獄問刑，無聞販鬻。而錢神起論，銅臭爲公，梁冀受黄金之蛇，孟佗薦蒲萄之酒。遂使彝倫攸斁，政以賄成，君子在野，小人在位。積薪居上，同汲黯之言；囊錢不如，傷趙壹之賦。其罪九也。

宣尼有言，無信不立，用命賞祖，義豈食言。自昏主嗣位，每歲行幸，南北巡狩，東西征伐。至如浩亹陪蹕，東都守固，閿鄉野戰，鴈門解圍。自外征夫，不可勝紀，既立功勳，須酬官爵。而志懷翻覆，言行浮詭，危急則勳賞懸授，克定則絲綸不行，異商鞅之頒金，同項王之刓印。芳餌之下，必有懸魚，惜其重賞，求人死力，走丸逆坂，匹此非難。凡百驍雄，誰不讎怨。至於匹夫蕞爾，宿諾不虧，既在乘輿，二三其德。其罪十也。

有一於此，未或不亡。况四維不張，三靈總瘁，無小無大，愚夫愚婦，共識殷亡，咸知夏滅。罄南山之竹，書罪未窮；決東海之波，流惡難盡。是以窮奇災於上國，猰貐暴於中原，三河縱封豕之貪，四海被長蛇之毒，百姓殲亡，殆無遺類，十分爲計，纔一而已。蒼生懍懍，咸憂杞國之崩；赤子嗷嗷，但愁歷陽之陷。且國祚將改，必有常期，六百殷亡之年，三十姬終之世。故讖籙云：『隋氏三十六年而滅。』此則厭德之象已彰，代終之兆先見。皇天無親，惟德是輔。况乃欃槍竟天，申繻謂之除舊；歲星入井，甘公以爲義興。兼朱雀門燒，正陽日蝕，狐鳴鬼哭，川竭山崩。並是宗廟爲墟之妖，荆棘旅庭之事。夏氏則災釁非多，殷人則咎徵更少。牽牛入漢，方知大亂之期；王良策馬，始驗兵車之會。

今者順人將革，先天不違，大誓孟津，陳命景亳，三千列國，八百諸侯，不謀而同辭，不召而自至。轟轟隱隱，如霆如雷，彪虎嘯而谷風生，應龍驤而景雲起。

又　卷七五《孫伏伽傳》　（高祖）下詔曰：『秦以不聞其過而亡，典籍豈無先誡，臣僕諂諛，故弗之覺也。漢高祖反正，從諫如流，洎乎文、景繼業，宣、元承緒，不由斯道，孰隆景祚？周、隋之季，忠臣結舌，一言喪邦，諒足深誡。永言於此，常深歎息。朕每惟寡薄，恭膺寶命，雖不能性與天道，庶思勉力，常冀弼諧，以匡不逮。而羣公卿士，罕進直言，將申虛受之懷，物所未論。萬年縣法曹孫伏伽，至誠慷慨，詞義懇切，指陳得失，無所迴避。非有不次之舉，曷貽利行之益。伏伽既懷諒直，宜處憲司，可治書侍御史。仍頒示遠近，知朕意焉。』

《舊五代史》卷四三《唐書·明宗紀九》　（長興三年冬十月）壬申，大理少卿康澄上疏曰：『臣聞安危得失，治亂興亡，誠不繫於天時，固非由於地利，童謠非禍福之本，妖祥豈隆替之源。故雊雉升鼎而桑穀生朝，不能止殷宗之盛；神馬長嘶而玉龜告兆，不能延晉祚之長。是知國家有不足懼者五，有深可畏者六。陰陽不調不足懼，三辰失行不足懼，小人訛言不足懼，山崩川涸不足懼，蟊賊傷稼不足懼，此不足懼者五也。賢人藏匿深可畏，四民遷業深可畏，上下相狥深可畏，廉耻道消深可畏，毁譽亂眞深可畏，直言蔑聞深可畏，此深可畏者六也。伏惟陛下尊臨萬國，奄有八紘，蕩三季之澆風，振百王之舊典，設四科而羅俊彦，提二柄而禦英雄。所以不軌不物之徒，咸思革面；無禮無儀之輩，相率悛心。然而不足懼者，願陛下存而勿論；深可畏者，願陛下修而靡忒。加以崇三綱五常之教，敷六府三事之歌，則鴻基與五岳爭高，盛業共磐石永固。』

宋·李昉等《文苑英華》卷三五九《岑文本〈擬劇秦美新〉》 伊太極草昧，元氣氤氳。二儀肇闢，三才乃分。火化之風既往，結繩之政無聞。遐哉邈矣，故靡得而云也。逮乎書契興，爻象辨，皇王著，謚號闡，歷選列聖，逖聽貴篆，犧農崇行道之化，堯舜弘揖讓之風。湯武以干戈而稱盡美，成康以刑厝而表成功。雖步驟殊時，澆淳異世，道有文質，政有隆替，不在天，文因人垂制。規模煥有其章，聲實渺其難繼。異哉。秦氏之爲政也，恃崤函之作固，因襄文之餘烈，窮起剪之暴兵，納鞅斯之邪説，兼兩州之地，削六雄之轍，先生之道廢，曩聖之德滅。利嘴長距，殫蒼生之命；刮語焚書，愚黔首之性。海内訾其凶滅，天下苦其苛政。於是懷道挾術之士，背三秦而遠迹；抱樸養素之夫，竄九夷而自適。趙高、閻樂啓其亂，陳勝、吳廣伺其隙。喪六璽於二代，隳七廟於一擲。永鑑其弊，吁其劇歟。奧若漢祖之龍飛，踐宸極，居大寶，感素靈之符，行玄聖之道，靖大亂以永寧，濟斯人於難老。洎文、景之纂曆，乃守文之有聲。逮武、宣之繼統，亦王功之有成。然而闕皇王之要道，慚天地之至精，仍踵秦之制度，尚沿秦之章程，既無聞於改作，孰與發其聲明。雖時乘於六位，實貽誚於三靈者矣。我有新之創業也，累功而據帝圖，積德而膺寶命，政化洽於巖廊，惠澤溢於號令，四表荷其亭毒，萬物遂其正性，帝典闕者既補，王綱弛者咸正，其德也彌厚，其道也彌盛。若夫文軌大同，夷狄嚮風，武功也。制禮裁樂，遷風變俗，文教也。肇改正朔，爰變服色，至聖也。盡禮郊禋，致敬鬼神，大孝也。幽人咸洎，奇士畢至，濬哲也。既厝刑書，亦廢囹圄，鴻德也。是以天不愛其道，地不愛其寶，龜威浮洛，飛黄服皁。一角九尾之瑞，朝夕坰牧；并柯共穗之祥，日月畿服。超邃古之芳英，邁前王之簡牘。其天意也如此，其人事也如彼。諒可以披緑圖，詔青史，降齊郊，下嬴里，登介丘以昭德，同梁甫以播美，摛記牒於無窮，播歌誦而盈耳。俾夫千載之上，往聖惡其鴻名；百代之後，下王奉其英聲。固皇極於造化，合至道於神明。豈不美哉，豈不美哉。

又 卷七五一《盧思道〈北齊興亡論〉》 或問主人曰：『往者魏人失御，六合雲擾，河朔闕右，剪爲二國，永熙西道，天平北巡，兩朝先主，分陝而霸，龍戰虎爭，多歷歲祀。既而水運值竭，天禄永終，齊室比迹於唐虞，周人踵武於漢魏。齊有五帝，周易四王，並纔踰二紀，相繼而滅。若其元首膺期，股肱命世，立極補天之業，銘常鏤鼎之功；至於暴君南面，孽臣作輔，民怨神怒，國殄祀絶，易世之由，雖傳之耆舊，載於史策，通人雅旨，其詳可得聞乎。』主人應之曰：『吾少仕齊朝，晚歸周室，因而學業，歷茲永久，雅好博古，雖欲擬議，近世治亂，粤可略陳。在魏正光，牝雞司旦。爾朱榮乘釁内鼻，滔天泯夏，餘燼跋扈，挺禍王城，海内生民，若崩厥角。齊高祖神武皇帝，天縱英明之略，神挺雄武之才，龍攄豹變，投袂而起，四明昆弟，大會韓陵。類蚩尤風雨之兵，若新都犀象之陳，彼曲我直，天實贊之。日未移晷，大殲醜族。然後拔立宗枝，入纂皇統。羣后成務，天下晏如。但芒刺成災，震逼爲梗。流彘，去而不入。遷鼎舊鄴，國命惟新。朝章國憲，燦然畢舉。渭南失律，似烏林之喪師；洛北先鳴，同官渡之凱入。雖天命有歸，而盡於北面，方之魏武，具體而微。文襄嗣業，始踰弱冠，環傑之氣，足稱負荷。賓禮時秀，驅駕羣雄，内外肅清，朝無秕政。侯景背恩棄義，狼顧汝潁。蕭衍失信幸災，蟻聚彭汴。於是謀臣運策，猛士推鋒。渦陽之役，凶渠疋馬南逝；寒山之戰，其卒隻輪不反。王思政入據長安，淹歷歲時，神旗蹔臨，如風掃籜，三秦勍敵，閉關自守，五湖之長，革音請命。魏孝靜以天歷有在，鼎祚將遺，大禮備物，率由舊典，允恭克讓，推而弗居。禍生非慮，匕首竊發，爾其弗凶剪暴，剛斷英峙，天崩地折，堂搆闕如。嗣子幼沖，未堪多難。文宣雖云外弟，少乏令名，人望所歸，便見推奉。干時政有彝倫，朝多後乂，爪牙皆韓、白之伍，心腹盡良、平之儔。外靜方隅，内康庶績。主之不才，四海弗之覺也。洎乎受終文祖，燎天改物，兵强地廣，國富刑清，發號施令，必師古始，信賞必罰，如有四時，年穀屢登，災害不作，敵人竄迹，郊境無虞。天保受命，迄於五祀，黄初泰始，不能遠尚。爰及中年，誕縱昏德。以萬乘之貴，爲長夜之飲。散髮視朝，肉袒聽政。手行刳剔，躬運矛鋋。龍狎佞諛，親愛凡鄙。出入市廛，游走衢路。太保高隆之，佐命元功，廟廊上宰；僕射高德政，龍潛賓友，帷幄重臣；衛尉卿杜弼，碩學偉才，拔萃出類；光禄大夫元景，風流儒雅，師範縉紳。或赤族見誅，或刪頸爲戮，並直言竊歎，斃於讒口。自餘名士良臣，非罪遭命，淫刑以逞，不可殫言。劉曹以還，逮於僭僞，受命稱帝，未有若斯之慘者也。賴有尚書令、弘農楊遵彦，魏太傅津之子也。含章秀出，希世偉人。風鑑俊朗，體局貞固。學無不綜，才靡不通。裴、樂謝其清吉，應、劉媿其藻麗。温良恭儉，讓恕惠和。高行異才，近古無二。有齊建國，便預經綸。軍國政事，一人而已。詰旦坐朝，諮請填湊。千端萬緒，令議如流。剖斷部領，選舉人物。蒲室盈庭，永無凝滯。虚襟泛愛，禮賢好事。聞人之善，若已有之。智調有餘，尤善當世。譖言屢入，時寄無改。每乘與四巡，恒守京邑。凡有善政，皆遵彦之爲。是以主昏於上，國治於下。朝野貴賤，至於今稱之。俄而文宣不豫，弊於趨孽。儲君繼體，纔歷數旬。近習預權，小人並進。楊公慮有危機，引身移疾。幼主若喪股肱，固相敦勉。乾明之始，難起戚藩。變成倏忽，殞於殿省。《詩》云：「人之云亡，邦國殄悴。」君子是以知齊祚之不昌也。孝昭地乃密親，位居元輔。有姬公之戚，無復子之心。亦由主弱時艱，慮深家國。當陽正位，事出權道。身長八尺，腰帶十圍。沈深謹厚，實有君人之望。時甲卒强盛，財力殷阜。乃睠西顧，恒有吞噬之心。兼以天保之後，懲其淫縱，不邇聲色，不事晏游，孝於大后，篤於昆季，慎惜名器，愛養黎元，後庭嬪嬙，皆是藩邸之舊，數不盈十，竟無私寵。特解吏事，尤好禮容。但政苛碎，暗於聽受。降年不永，朞歲而崩。大漸維幾，黜其元子。武成母弟之親，入主宗祐。而少稟凶德，不孝不仁。龍攢在殯，淚不承臉。太后之喪，亦不哀哭。纔及公除，便衣縫裘。縱侈荒淫，不知紀極。甘酒嗜音，夜以繼晝。有和士開者，素有和氏之庶孽，其面目亦似胡人，輕薄幾猥，爲衣冠所棄。武成在田之日，引爲參將。聞好彈胡琵琶，亦解歌舞，一面之後，便大相愛悦，恒在卧内，同食共寢。淫穢之事，無所不爲。天保之世，文宣知其如此，頓鞭二百，徙配長城，後遇赦得還。武成爲右丞相，久別得還，恩眄愈厚。信宿之間，賞賜巨萬。及踐太位，親顧彌隆。爰自黄門，漸至端右，盡景娱侍，晷不休停。就令蹔出，便追騎相尋。士開作威作福，略無顧憚。恩寵勢望，燻灼朝野。恣性貪淫，人倫少例。心如谿壑，行均犬豕。甲第當衢，侔擬公室。富商大賈，朝夕盈門。朝士無賴者，亦競相諂媚。或送婢妾，或進子女。筐篚苞苴，烟聚波屬。士開葬母，傾朝追送。諂諛尤甚者，至悲不自勝。澆薄邪佞，愛踰弟兄。名賢素士，略不交言。其所薦延，奏無不遂。榮枯進退，定於俄頃。於時下陵上替，奔競成習。士無貴賤，風節頓盡。趙彦深阿諛順旨，俛首懷禄。元文遙器能先見，不敢措言。此外羣官，靡衣媮食。齊室大壞，其源始於此。禳河清之末，長彗爲災。太史奏言，須有攘救。武成便自稱太上，傳位後主。胡長粲以從舅之親，馮子琮以姨夫之戚，俱受寄託，並當樞要。或性識庸近，或意懷險薄，皆不學無術，智能淺短。及天統末年，武成即世，和士開一相處內，自擬伊、周。太尉、録尚書事、趙郡王叡，明德茂親，聰爽俊悟，藩王之內，時望隆重，以士開凶醜，宜加屏黜，入踐青蒲，讜言規諫。而少主聰察不類成、昭，母后才明異於馬、鄧。士開禮於疏行，長粲爲其謀主，遂使密戚賢王，絞縊以戮。雖遐邇胥怨，愚智同憤。而依托城社，末如之何。數載之間，肆其穢行，與馮子宗夫婦，鬻獄賣官。三家府藏，賄貨山積。凶愚子弟，並處高資。更相貨易，擇而後授。司徒、瑯琊王儼，年甫十四，兼領憲司，憤其所爲，切齒忿咤，執送南臺，異其身首。子琮以搆扇兩端，一時依法。二凶俱勦，朝野晏清。京師市里，儛蹈成羣。梁董之慶，不足斯比。瑯邪心實去惡，迹乃陵上，不容於時，俄而賜盡，自兹已後，政道彌昏。高阿那以牧圉之勤，重其佞媚；韓長鸞以韝紲之能，悦其趨走。又有女奴陸氏，出自掖庭，凶智狡算，舉世無疋，以保母之恩，特見尊寵，六宮謂之世師，人主以爲内相，舞弄王法，掩塞天聽。慶賞威刑，出於婢口。玩頊弟姪，布於列位。帝戚皇支，不能及也。陸子駱提婆者，出於皁隸，本是韝工，愚暗庸短，僅辯菽麥，與韓高之徒，共持國柄，宣淫肆暴，甚於和氏。窮極富貴，轉日迴天。愚薄之倫，折枝舐痔，輕者進貨賂，甚者緒婚姻。朝廷混然，無復廉耻。清貞守道，更被嗤怪。漢世張、趙，不能喻其萬一；晉朝賈、郭，未足比其錙銖。斛律明月屬鏤之錫，冤動天地；崔季舒、龍逢之戮，痛切幽明。加以內參年少閹官之屬，親狎寵私，盈蒲宮禁，干預政事，剽掠生民。黔首呼嗟，以日爲歲。其反道違常，速亡趨滅，事非一緒，不可勝陳。後主自生宮闕，長於尼媼。不接端士，不見正久。朝夕諂諛，罕聞調護之客。便煩左右，莫匪刀鋸之餘。飛鷹走狗，蕩其心慮；麗色淫聲，亂其耳目。論功德者，云義軒無以尚；述欽明者，稱堯舜不能踰。才智之士，棄而不任，假有名級，備員而已。憲章綱紀，蕩然無餘。魚爛土崩，以俟勍寇。周武大捷平陽，乘虛除入。將有降心，士無鬬志。前世耿賈之雄，俛眉頓顙；先朝貔虎之銳，斂氣重足。舉晉陽如拾芥，攻鄴宮猶振槁。萬里百城，交臂屈膝，南極江淮，北盡砂塞，西界函谷，東至滄溟，府帑粟帛之饒，兵革士民之衆，齊之所畜，盡爲周有。不亦哀哉。』

又《後周興亡論》 周太祖文皇帝，幼而機驚，智數過人。屬魏末多故，召募關隴；值二將相屠，三軍未一。見推爲主，遂握兵符。俄而魏武西巡，奉迎車駕，挾天子以會諸侯，萬世所一時也。撫養荒餘，鳩聚兵甲。同心之旅，不滿萬人。齊神武以大兵數十萬，將清灞滻，雷動雲移，萃於渭曲。太祖以數千弊卒，振旅而還，遂基王業，竇泰以勁兵深入，一戰喪元。高敖曹以銳氣先登，臨陣受首。兵革歲動，敗鮮勝多。高氏雖怙其衆力，莫敢先至。邙山之舉，我師敗績，收合亡散，退守有餘。及蕭氏將亡，邊服震擾，荆郢內附，庸屬來王，器械完整，貨財充實，帶甲百萬，驍將如林，晏駕之辰，國與齊人相埒矣。閔帝以嫡嗣承基，應天納禪，弱齡厭世，未及稱皇，以庶長見立，纂我鴻緒。從容文雅，亦守文之良主焉。二帝景命不融，高祖始登大位。於時大冢宰、晉公宇文護，太祖之猶子也，負圖作宰，親受顧命。國柄朝權，頓去王室。高祖高拱深視，彌歷歲年，談議儒玄，無所關預，祭則寡人，晉公之不忌也。但自下裁物，其主不堪。累世權强，一朝折首。其於黨與，咸見夷戮。惡禽梟物，掃地無餘。爾乃棄奢淫，去浮僞，施一德，布公道。屏重內之饍，躬大布之衣。始自六宮，被於九服。令行禁止，內外肅然。以釋氏立教，本貴清淨。近世以來，糜費財力，下詔削除之，亦前王所未行也。值季失德，取亂侮亡，親御戎軒，再舉而滅。軍令肅然，秋毫莫犯。數旬而定，不戮一人。未及下車，革其弊政。山東士女，欣戴如歸。但天性嚴忍，果於殺戮，血流盈前，無廢飲噉。行幸四方，尤好田獵，從禽於外，非夜不還。飛走之類，值無免者。識者以此少之。雖有武功，未遑文德。憲章禮教，蓋闕如也。練甲治兵，將掃沙漠。遠圖不遂，暴疾升遐。宣帝初在東京，已多罪失。高祖每加嚴訓，不能修改。嗣位之初，觖情自勵。踰年已後，變態轉興。躭酒好色，常居內寢。角抵逸游，不捨晝夜。分命使人，徵求子女，積之後宮，以千萬數，此石虎之淫風也。寵姬四人，並立爲皇后。車服節文，與內主無別，此劉聰之亂政也。少在儲宮，頗覽經籍。臨朝對衆，亦有精神。但稟猜狂，特好詭異。衣冠形色，皆與舊制不同。文武侍臣，屏棄遐裔。內外門閤，皆別令臣者着守，出入去來，並録其數，殿省以目相視。然朋淫於家，無所簡擇。乃至長樂，亦有醜聲。大象之末，忽焉慘虐。鞭撻朝士，動至數百，背及胷腹，一時下手，楚毒之理，不可忍見。祖宗廟號，諱不得稱，變易官名，回官姓族。車乘輪輻，並有貴賤之殊；婦女莊點，亦爲上下之異。後庭嬪妾，房有數人。自旦至夕，恒令危坐相對。有不如法，便卽捶楚。內外命婦，朔望朝謁，皆令爲丈夫拜伏，以示肅恭。自號爲天，不復稱朕。此外小事異同，不可勝紀。狂惑妖僻，開闢未之有也。』客曰：『齊武成荒悖庸暗，怨結人神，厥嗣不昌，理則然矣。周祖聰明神武，冠世雄奇，因患子以至顛覆，豈人事乎，抑天道也。蒙有惑焉，請聞其說。』主人曰：『寒暑晦明，二儀之不同也。賢愚治亂，五勝之相形也。是以酒池肉林，乃周王之締構；坑儒滅學，亦漢后之驅除。齊自天保受終，迄於武平喪國，孝昭之外，竟無令主。河清已後，國基漸墜。昏主慢游於上，黎民怨讟於下。逮於末葉，君弱臣愚，外崩內潰。周人取之，猶坂上走丸也。周武任數矩情，果敢雄斷，擁三秦之銳，屬攻昧之秋，削平天下，易同俯拾。未及三祀，宮車晚駕。嗣子披猖，肆其凶慝，眞人革命，宗廟爲墟。此蓋天所以啓大隋非不幸也。』

又 卷七五二《朱敬則〈魏武帝論〉》 皇漢失圖，網漏讒慝；賊臣承間，搖蕩宸居；宗廟焚燒，天子播越。於是九州幅裂，四海橫流，釋位勤王，天下雲集。初平元年，後將軍袁術、冀州牧韓馥、豫州刺史孔伷、兖州刺史劉岱、河內太守王匡、渤海太守袁紹、陳留太守張邈、東郡太守喬瑁、山陽太守袁遺、濟北相鮑信、長沙太守孫堅等同時俱起，以討董卓爲名，然包藏禍心，以暴易亂，竊命矯制，結黨樹朋，覬釁待時，莫敢先犯。唯魏太祖有汴水之戰，孫討虜有陽人之師矣。觀曹公明鋭權略，神變不窮，兵折而意不衰，在危而聽不惑，臨事決機，舉無遺悔，近古已來，未之有也。故梁國橋玄、南陽何顒皆云：『天下將亂，非命世之才，不能濟也。能安之者，其在君乎。』雖復名微衆寡，地小力窮，官渡受圍，濮陽戰屈。然天下精明之士，拓落之材，趨若百川之宗巨海，游塵之集高嶽。故有荀彧、郭嘉、邢顒、程昱、賈詡、朱雲等，或歛風長感，或一見盡懷。然後覽英雄之心，騁熊羆之勇，挾天子以崇大順，扶幼主而顯至公。旌賁忠良，芟夷叛逆，神道輔德，百姓與能，武功赫然，霸業成矣。若乃獲魏種而有之，高祖之封雍齒也；降張繡而不怨，光武之全朱鮪也。感臧霸之言，以成其氣；重關羽之義，抑而不追。王霸之術也。然後法令嚴峻，賞罰必行，惟材是求，惟力是視，縱夷齊滿路，顏閔並居，未暇存也。救弊卽可，仁則未知。且以術臨人，力無餘地；用智濟物，迹若容身。欲使蕩蕩玄波，涯而不竭；飂飂薰風，周徧草木。玄雲陰而方雨，黃葉衰而木落，不可得也。荀文若首預經綸，提挈草昧，清神昭乎物表，妙識出乎機先，造我魏邦，緊其是賴，一言不合，五毒將施，無詞寄文，空器見志，可不劇哉。加以孔文舉與道翺翔，盡忠漢室；崔季珪天骨高爽，志在扶傾。豈大盗之所安也。嗚呼，欲盗之子，見錦而不見人；弭謗之君，尤人而不尤己。豈知羣鷗不下，衆雀遥驚者乎。故陰謀未洩，天下已知；毒志潛行，忠良前懼。何夔所以帶藥，楊彪由是不出，雲長受恩而不謝，玄德失著而思奔。席上無懷疑之人，閫外少自信之士，良可耻也。固知曹公不能用天下之材，成天下之務也。昔周武之澤及昆蟲，不能感食薇之士；漢高之功濟草木，未能屈歌芝之賢。猶且遂其孤貞，容其怨讟，況功未半古，德異樂推，遭神器之流離，問寶鼎之輕重，欲使庶人不識，宜心寧可得乎。翻乃疾走惡迹，掩耳畏聲，讎匹夫，念平素，殺桓邵，斃婁珪，道路以目，天下鉗口，豈不惜哉。楊德祖才雖清秀，志非遠圖，託事行誅，死非其罪；司馬懿雄材大度，勇而有謀，審其狼顧，知而不剪。若言天下也，則吾未知。若言人事也，其智安在。故知忌小怨而忘遠圖，料目前而忽身後，豈所謂旁求哲人，俾輔後嗣者哉。或問曰：『天厭漢德，海内分崩，三雄鼎立，俱受眷命，乃至控御豪傑，削平區宇，英圖達算，何者爲先？』君子曰：『孫仲謀藉父兄之資，負江海之固，未敢争盟上國，競鹿中原，自守未餘，何足言也。蜀先主抱英濟之器，無角逐之材。遠竄荊蠻，畏曹公神武；奄有庸蜀，乘劉璋之政衰。國小人夷，風頹俗陋。山川險隘，異崤函之奧區；江漢通流，殊河洛之朝市。豈得杭衡中夏，齊足當途乎。』前賢易地之談，全是不關智臆。且夫度德而處，量力而行，劉備豈薄先王之舊居，輕齊魯之故俗。若泰伯之適吳越，孔子之入九夷哉。蓋不得已也。是知才雄者地廣，國大者兵强。地既由才，才寧可易也。

又《晉高祖論》 王業不同，其來尚矣。若乃待辛癸之禪，湯武不得稱仁；要西伯之資，高光無由濟世。或寧亂以得志，或興禍以取威，遭遇雖殊，天命一也。宣帝聰豪明允，博學治聞，敏而好謀，寬而能斷。其未得志也，服勤王事，夙夜在公，知無不爲，芻牧必履，取信嚴主，所謂能臣也。及勳德日隆，雄材漸著，權略不世，合變如神。受命崇華，竭股肱於明帝；忍死嘉福，遂無君於沖人，所謂姦臣也。及内難既平，外寇斯殄，威力翕赫，指麾風飛，遂乃臨神器以徘徊，戮公族以顧望。雖大業初構，人望斯存，若格以名神，請罪不暇；歸諸天命，則前代有辭。美哉。未盡善也。且成湯之在夏世，行仁以動諸侯；文王之處殷朝，好讓以懷鄰國。高祖以豁達容物，光武以長者得人，未有專伏陰謀，每行詭計，寄何晏以鞠獄，示李勝以謬言。請戰以見威，指水以表信。乞糯不與，懼有陳恒之譏；封墓釋囚，不嫌武王之事。媿情負理，掩耳避聲，很顧以噬魏人，狐媚以取天下，亦前史所醜也。

又《宋武帝論》 蓋聖人不能爲時，亦不能失時。歷觀帝王之祚，未有不因人墜塗炭而得志。或天下嗷嗷，新主之資也。是知秦有閻趙之隟，漢罹莽、卓之災，晋由曹氏之專，宋實桓玄之篡。始得奮其智力，救此倒懸，陳浞羿之辜，問滔天之罪。況劉裕天錫神勇，雄略命世，不得思漢之謳，未暇假從可之會。同盟二十七，願從一百人。雷動朱方，風發竹里。龍驤虎步，獨決神襟。長劍一呼，義聲四合。蕩亡楚已成之業，復遺晋久絶之基。祀夏配天，不失舊物，雖古人用兵，不足加也。至乃網羅俊異，待物知人，動必應時，役無再舉，西盡庸蜀，北劃大河。自漢末三分，東晋拓境，未能至也。或問，前史云：『克敵得雋，奇迹多於魏武，此榷論乎。』君子曰：『得雋雖多，前非大敵。若乃黄帝斬蚩尤，高祖制項籍，光武抗尋邑，曹公挫本初，此是奇迹也。至若慕容超政不在躬，奴僕下品；姚泓宗枝猜貳，藉手於人。盧循祆寇之餘，譙縱新造之國，因釁取亂，何足可稱。至乃潛算樽俎之間，明見千里之外，揣機料日，不爽錙銖，亦古之智士，何以加焉。但禮樂文明，日不暇給；垂風邁德，盛所未能。人望不逮於建安，天命乃光於魏武。』又問曰：『棄德非道，捨舊無親，有宋功臣，多不及嗣。豈理須然乎。請聞其要。』君子曰：『且夫奸雄者非淳德之稱，謀勇者乃果決之辭。故昔之同盟，擬覆前敵，故無材不露，無心不披。譬若同舟遇風，寧有隱哉。及高鳥盡，狡兔死，其材能我之儔也。我非積行累能，彼之知也。思已之所行，恐彼之已叛，是以雄猜內發，釁兆易萌，韓彭以之葅醢，劉葛由之覆亡。然則高談堯舜之道，不忍論桀紂之行，思燕齊之血食，見漢宋之不仁，故尉繚畏秦王之屈節，范蠡識勾踐之忍人。綺季不出於商山，嫌漢王之侮慢；嚴光潛形於草澤，知劉秀之未弘。有旨哉。』又問曰：『宋祖入關，老相駕爲；赫連畏逼，姚氏淫昏。中原士廉，耻爲臣妾。王師衆整，頗有禮焉。所以扣馬攀車，請住關右。宮室陵寢，是大漢之遺蹤；開山重復，乃有周之長世。人與不取，違衆獨歸。昔項籍見哂於韓生，宋高又失於父老，其旨可得聞乎。』君子曰：『論項卽非，在劉爲是。以項王之材，天下可以力制，人心可以勢奪，因宮室之嚴，守山河之固，此九州之上腴，何彭城之足筭。劉裕家本江南，全軍遠克。未能制命夏魏，施號秦凉，雖曰關中，寔是邊地。鞭長不及馬腹，風末不□（下闕二十六字）』王買德曰：『貪歸受禪，所留不過愛子。待歸一舉而可取，卒如其策。智士哉。』

又《北齊高祖論》 昔張讓、叚珪濁亂天下。漢召董卓，將顯其誅，竟有小平之奔，曹氏因之，乃創霸業。鄭儼、徐紇點辱皇猷，魏收、爾朱榮欲洗濯宮掖，遂至河陰之禍，齊人籍此，用承明命。故曰亂者理之源，機者命之兆，不可失也。神武崖岸高疏，器宇深沉。望之儼然，風塵自遠；聽之愈厲，雷霆或聞。至乃足踐列星，聲振原地。赤色映團焦之外，青□立旅宿之門。漢高由之自負，徒屬以之增畏，此所謂曆數在躬，推之不可去也。于時魏德已衰，羣胡得志，孝莊殞于虜手，節閔潔於凶徒。義士痛心，壯夫瀝血。結黨求同盟之會，杖劍想勤王之師者，往往而聚焉。所以因天下之心，覽英雄之議，以普泰元年六月，建旗於信都，以討爾朱兆爲名。當時趙魏之豪，有高虔邕、高敖曹、封隆之、李元誠、盧文緯、崔祖禽等盡其死力，蓋代之傑；有尉景、叚榮、彭樂、竇泰匹、婁昭、薛孤廷等共其奔走，然後數亂常之罪，顯安忍之辜。發義帝之喪，三軍縞素；承催氾之逼，萬里同心。莫不精勇感人神，雄略出天地。檄詞未草，聲已馳於賊庭；王誅欲加，乃命懸於鬼籙。但犬羊四合，觜距千羣，大戰韓陵，然始得志。既而龍驤虎步，高下在心。開幕府以臨外藩，分腹心而統京邑。雖生我者父母，立我者高王。既懷震逼之威，易爲芒刺之說。周鄭交惡，衍殖構氣。趙鞅畏讒，遂起晉陽之甲；襄王失據，乃有居氾之悲。雖表數相仍，公怒未息。紫宸不可久曠，丹冗難以更燻。遂應飛來之謠，乃議遷都之便。關西河北，剪爲寇讐；天平永熙，便成敵國。於是疆場大駭，鉦鼓相聞。邙山之師，扶馬捶而自免；砂苑之役，跨驏驄以遁歸。勝負相參，波瀾不定，豐功厚利，各有可觀者焉。昔魏祖西征，中道不豫；晉景南伐，回兵乃殂。此並業未半而意窮，功垂成而景促。是以晉連末命，委曲臨終，不可盡也。尋高祖其辭魏帝之表，可謂其言也哀；顧太子之言，可謂其事也盡。方諸前代，各一時也。若乃推誠與人，懷舊不捨，擇子如之蝨，看尉景之肱，喻高昂於肝膽，委侯景於半體，此明達也。牽馬麥田，不飲杜酒，此嚴斷也。放李穆之歸，使其富貴，感虎兕之對，以勸事君，此宏量也。故能廢立雖多，不失臣節；兵鋒屢折，人望攸存。卽與夫嬖賈充忌荀彧，不同時也。

又《北齊文襄論》 神武云：日爲我蝕，今死亦掩。觀其和敕勒之歌，衰來何極。覽太子之色，仍有別憂。此豈悲促齡而怨昊蒼哉。但强寇在鄰，奸臣不附，以此爲恨也。文襄克纂丕基，堪負大業，追成曩志，不忝遠圖。故能委任紹宗，外平侯景；藉假貞節，內察權豪。沙汰衆流，釐正羣務；紀綱具舉，朝野肅然。況乃嘉思政之忠，遥接其手；痞陸生之直，更賞其能，此亦可稱也。且夫爲人上者，當不忝威儀，慎名器。先王以之革弊，達人因此垂風。是故立其章程，明其限節，水火可蹈，禮教難逾。今天蔭甫傾，洪基靡構。國有大難，未可三年不言；高宴後園，豈得一朝盤舞。此不慎爾儀也。若乃命天子爲癡人，比尊名於徇脚。恨崔陵之語，不念元勳；忿孫騰之儀，寧思佐命。此不惜名器也。加以任情蕩思，率意以之，紅綺如花，妖顏若玉。決池而弄淫女，下嶽而罪貞姬。叛高慎於洛陽，幾傾其父；烝鄭妃於內寢，乃繫乎親。《詩》曰：『人而無儀，胡不遄死。』此之謂也。嗟乎，楚莊絶纓，不顯婦人之節；鄭人獻捷，尚禮南冠之賢。所以盡俘囚之材，得醉者之力。今者陷孝騫之罪，賞王儀之心，拒蘭欽之慈，專諸之劍，非不幸也。

又《北齊文宣論》 文宣承父兄之資，據已成之業，屈奇不測，内剛外柔，屬變起不圖，禍機竊發，臨事而懼，警而後行。故使逆黨無遺，凶徒必盡，自得政二世，樹恩百寮。司馬公之養汝，只在今日；陳恒子之好施，惟取一時。由是腹心不散，勳貴自隨，大會晋陽，共叙哀酷，神彩英颺，風調清閑。既而人固難知，始推天授。故曰今日左僕射，不減大將軍。由是感光禄之言，不俟終日；聽倉丞之諫，理故無歸。然遠邇之心，赫虎之變，爪牙夙將，帷幄舊臣，足使鄰國竊謀，殊邦側席。況屬梁運道銷，江淮家無周室厭關函谷封泥，故得北柔砂漢之陲，東懷遼海之際，政尚明直，時實豐盈，膏澤始流，菁英已竭。中山迫於漢獻，高洋劣於魏文。但禮樂未施，冠履不假。高論王道，此實多慚。或問曰：『夏桀無道，殷辛虐政，舉烽而求一笑，擊鼓而飲三千。雖曰荒淫，未窮鄙穢。猶稱有夏多罪，天命殛之，皇天震怒，命我文考。今者顯祖狂昏，中酒而作，莫不手自支解，躬行刺斫。大集嫗嫗，爲笑目前；廣命宗親，聚塵座上。鄴城無自保之容，當軒有供御之困。或斶行以駡衆寮，或擘尻以示羣下。加以土木不息，金鳳臨雲，徵歛日增，長城千里，仍得快樂，世以保乂。豈天地不仁，降災萬姓之將多僻，適與相逢。岐路無歸，我心如醉。此卽甘酒嗜音之談，蓋成虚論；三風十愆之説，併是高談。』君子曰：『源深者流長，德盛者祚遠。饜之汰雖著，書之德在人；齊神武伐暴勝殘，有大功於天地。其嗣雖復失道，仍未殛於神明。故書曰：「天惟五年須夏，湯之子孫是也。」』問曰：『神武之初基，實多佐命；文宣應籙，共匡霸圖。其間文武高材，略不世出；風流名士，拔萃逸羣。屬主暴政荒，時艱路澁，未有裂裳遠竄，行從近關。聞者尚足動心，遇者曾不驚慮，此復何哉。』君子曰：『達人之道，布在方册；顯晦之迹，理同可尋。若乃色斯舉矣。翔而後集，則仲尼去衛，夷齊讓國，清風流長，高節遠列，固絶倫矣。其次則南山之叟，東門之賢，范蠡泛江湖，尉繚去城市，此又見幾而作也。亦有貞不絶俗，隱不違親，冥默園林，卷舒人事。八月羊酒，聘之而不來；四時束帛，徵之而不屈。亦可與語上矣。過此以往，何足言哉。良爲道喪已久，廉耻不追。崩騰闇主之朝，淪没驕君之世，何足怪乎。悲夫，嚴尚既歿，誰與爲言。俗物蒲塗，彼衆我寡。俾將來不昧，知其志焉哉。』

又 卷七五三《朱敬則〈梁武帝論〉》 梁高祖聰明文思，寬厚通博，生而神異，動多奇怪，此天表也。永元之初，羣賢受命，竭懷輔正，盡力康衢。細隟未開，纖塵不動，而雄圖英算，孤識獨見。審長河之將決，知崑山之必焚。理欲先天，未遑後舉，叫嘯龍虎，合集風雲。馳兩亟以取荆州，連五都以震都邑。長流遠邁，獨決方寸。霜風飛掃，雲雨霑沐。白旄一麾，頑童授首。乃吊冤魂而謝牛酒，昭筐篚而軾善人。師不疲勞，人無怨讟。謳歌是逼，獄訟攸歸。代德立成，眷命斯在。然躬覽載籍，備睹興亡；留心求瘼，勵精納善。雖化未大道，時亦小康也。若尋其德音，討其風俗，尚根淺易拔，源涸難流，禍亂相仍，蓋其宜矣。且兵號義旗，戰稱伐罪，勝非已利，功豈私成。湯有慚德，去道近也；武無愧容，其私厚也。昔魏太祖兵鋒無敵，神機獨行，大戰五十六，九州静七八，百姓與能，天下慕德，猶且翼戴弱主，尊獎漢室。降及宋高，剪平僞孽，安復王家，義聲薄天，高誠動日。然更懸兵四嶽，決勝五湖。北静燕塵，西清秦霧，宏勳不讓，盛德見推。備物蒲庭，猶非望。故晋帝今日之所事，甘心，義士猶或非之，通人尚爲薄德。況梁取天下，又甚於斯。南康主盟，實稱齊帝。奉之以成大順，承之而動義兵。國步既寧，家怨又雪，君稱主祭，臣復何猜。藉人之名而不復命者也。尋其錫文，考其謙讓，事同對面，理非餙詞，寧知悠悠江山，相去千里，矯情僞迹，蝢至於斯。示人此心，豈躬行事，欲令節義行於比屋，其可得乎。夫君人者，日月齊其明，陰陽資其信，江海同其量，天地偕其容。未有餙智驚愚，衒材惑衆，較武力於羊侃，示腰腹於賀琛。商略儒宗，取異於章句；變置官品，無求於典實。每事皆欲先入，所唱復須稱贊。父作子注，君制臣歌，受佞無厭，進諂不倦，浮華道長，輕薄路開。以天譴爲嘉祥，用妖怪爲休祉。聚歛俱極，賞罰無章。有識爲之寒心，羣寮曾不先覺。若言位是神物，何須下殿走乎。若言負重願休，何勞受贖歸乎。若言息人是務，何須納叛臣乎。若言吞代有時，何須中許和乎。利器不藏，奸夫得志。然則侯景之兵我人也，仗我器也，驅我人揭我器而取雋者，豈異術哉。由上之失教也。君父幽辱，宗廟傾危，帝子王孫，跨州連郡，未有晋鄭齊心。牟盧合契，五侯九伯。列海分山，牢聞申包胥之頓哭秦庭，茅夷鴻之幣謁吳國。户口徒衆，不覩死戰之人；寵遇雖多，寧有報恩之士。江淮無波瀾之阻，城闕絶藩籬之固。長州杜若，一旦凋零，稽山竹箭，忽然摧折，可不甚歟。或問曰：『梁主不以黄屋爲尊，紫宸爲貴，離欲絶愛，遺色歸空。有湯武之憂勞，若堯舜之臞臘。享國五十，若登春臺；忽爲覇旅叛臣，鳴吠逋醜。長戟指闕，强弩臨城，兵折意窮，忿毒而没。善不可恃，岐路何歸。』君子曰：『梁主之美，誠如子言。神無與善，未敢聞命。何者。武帝暮年，荒誕實甚。殫守縣之力，不充自縱之資；盡丁口之租，纔足緇衣之費。昔夏桀以九州之富，秦皇以六合之尊，造瓊室而天下土崩，作阿房而寰中瓦解。况地比一郡，國乃三分。外在征戍之勤，内有雕靡之弊。加以金刹寶柱，爛熳雲霞，至於銀榜朱簾，的皪星月。神怒人怨，禍積患生，過往必來，何足疑也。且夫惡於齊而保於我，何補也。得一夫而亡一國，非智也。昔趙納馮亭，有長平之禍；梁受侯景，成未福之災。金甌忽傷，悔之何及。』

又《陳武帝論》　孔子曰：『夏道不亡，商德不作；商道不亡，周德不作。』梁自侯景入寇，蕭詧外奔，西鄰責言，南風不競，篡殺三帝，覆没兩都，可謂亡矣。但人痛既深，天道亦悔，是以大命集於有陳也。武帝身長七尺，垂手過膝，蓋姚襄、劉備之儔也。惟寬以容物，明以知人，曠蕩不羈，雄勇蓋世，聲振嶺表，功濟日南。屬王室不綱，大難未巳，江湖羣盜，日尋戈戎，是以投袂而呼，夕不待旦。以梁大寶三年二月，會王僧辨於白茅灣。齊小白之合諸侯，以謀王室；臧子源之要天地，惟討賊臣。故戮力盡心，有死無二；義聲一發，其從如雲。端居不言，神光滿室，建牙將指，飛龍在天，其所志也。叛而伐之，伏而捨之，伐叛刑也。柔伏德也，德刑既舉，人知其心，旦爲仇讎，暮爲賓友。文公指白水，蕭王推赤心，不足加也。若乃侯瑱賊將也，降無季布之疑；安都敗師也，歸受孟明之任。重孝穆之義，待之如賓；釋歐陽之囚，惟賢是用。故得羣材畢用，衆勇合威。盪徧地之横流，廓溥天之巨禄。臠侯景於竹町，執王偉於草間。爰其息歸，瞻烏遂止。仍以新不間舊，疏不間親，高讓近臣，方求别統。昔魏推袁紹，漢謝項王，道貴能伸，理不嫌屈，及江陵不守，喪君有君，疆埸無虞，羣臣輯祖。足以攄三瞳之遺憤，歇萬國之夙悲。既上宰變圖，假立非次，晋出子圉，秦納貞陽，陵谷遷移，對之長歎。君臣易位，但覺悲哉。况乃居氾不歸，焉用方伯。在鄭未納，誰曰勤王。於是潛謀腹心，陰召武旅。囚杜陵於别室，告文帝於臨時。舟乘旦潮，旗寢夜月。掃重氛於絳闕，反宸極於紫微。役不浹辰，區宇大定。加以比挫蕭軌，西拒王琳，聖德日新，元勳漸茂。然後繼宋齊之丕業，承舜禹之大名，昇壇而告上玄，分珪以楫郡后。大哉美哉。人無間焉。但雲雷尚屯，邊塵未弭；翌日告漸，綴衣在庭。楚之王孫，歎布衣之未返；燕之太子，踐機橋而不歸。悲夫。

又《陳後主論》　長城公器識古人，承平嗣主。觀其求忠讜之士，禁左道之人。淫祀妖書，鏤薄假物；即古明哲，何以加焉。但强寇臨邊，南國斯蹙。禮義不舉，苛刻日滋；鄰好不敦，驕傲是務。嬖妾五十，盡有珥貂之容；麗服一千，咸取夭桃之色。加以貴妃夾坐，狎客承筵。玉貌絳脣，咀嚼宫徵；花牋綵筆，吟諫煙霞。長夜不疲，略無醒日。于時也。隋德甫隆，南被江漢。厚待間諜，羊叔子之傾敵人；不伐有喪，楚恭王之結鄰好。加以賀若謀勇，應變如神，擒虎雄風，臨機若電。莫不迎刀自裂，聽鼓争奔。斬張悌之守迷，降薛瑩之知命。紫殿正色，不用袁憲之言；白刃交前，但爲無社之計。嗟乎，龍盤虎踞之地，露草霑衣；千門雙闕之間，風煙歇絶。臨江離别之感，赴洛嗚咽之悲。五百里之俘囚，纍纍不絶；三百年之王氣，寂寂長空。一國爲一人興，前賢以後愚滅，其來尚矣。或問曰：『安樂公劉禪，歸命侯孫皓。温國公高緯，長城公陳叔寶，並稱域中之大。據天下之尊，或銜璧送降，或逃竄就繫，必不得已，何者爲先。』君子曰：『客所問者，具在方册，請爲吾子陳之，任自擇焉。若乃投井求生，横奔畏死，面縛請罪，膝行待刑，是其謀也。馬上唱無愁之歌，侍宴索達摩之曲，劉禪不思隴蜀，叔寶絶無心肝，對賈充以不忠之詞，和晋帝以鄰國之詠，是其才也。縱黄皓，嬖岑昏，寵高壤，狎江總，是任也。剥面鑿眼，孫皓之刑；棄親卽讎，高緯之志。其餘細故，不可殫論。聽吾子之懸衡，任夫人之明鏡。』客曰：『入井，下策也。』

又《隋高祖論》　昔孫資陰謀，晋宣入輔；鄭譯矯制，隋文受遺。自此而有魏人。從斯以遷周鼎，蓋天厭亂德，神誘其衷。若妄指河水，遂成王業；誤擊金鼓，仍啓霸國也。況體貌奇特，儀表絶人。周太祖之欽明，異其風骨；齊憲王之聰察，憚以非常。韋鼎一見以委誠，趙公聞名而進女。是以稱劉季之靈怪者，不謀同詞；説中興之應禨者，往往偶語。屬周多世故，禍難荐臻。始以后父之尊，遂受托孤之寄。騎虎不下，掎角是因。不利孺子，非唯管叔之言；社稷輸人，寧止休公之對。所以尉遲舉魏，從亂如雲；王謙據蜀，其徒若市。遂能驅駕豪傑，委任忠良，不下廟堂，天下大定。然後謳歌允集，文物滿庭，卿雲曉聚，長星夜掃。拱挹而朝羣后，昇壇而類上帝。紹舜禹之遺躅，光漢魏之大名。於是流曠蕩之玄風，浸淳古之膏澤，削秋荼之繁令，革亡國之哀聲。加之以恪勤，廣之以質素。太陽滿昆蟲之穴，湛露垂行葦之苕。教人七年，亦可以即戎矣。俄屬陳朝喪德，江海揚波，自絶于天，結怨于下。乃以開皇八年十月，承少昊之秋氣，動文昌之將星。下屬漢之舟，翩翩龍躍；集幽并之騎，蕭蕭馬鳴。一葦而可以横大江，三令而可以陵湯火。蔣山苦戰，子文之魂魄飛揚；建業大崩，叔寶之金湯不守。既遭岸上之虎，非復水中之龍。斬伯嚭以謝陳人，禮陸機而慰吴士。春波暫洗，汙俗咸新；秋露一零，弊化斯改。乃下制曰：令率土大同，含生遂性，内外職位，遐邇黎人，家家自脩，人人克念。使不軌不物，蕩然俱盡。此乃憂勤之心，見於動静。故使六合之中，觀如曉日；八紘之内，若遇新晴。況復盡力於人，厲精爲政。躬親以率下，因心以感物。煙火萬里，風雨四時。野有擊壤之歌，天無垂象之誡。玄□冊徼，煙燧不驚；玉檻金河，波瀾久息。天子登雲臺而訪道，實垂拱而無；爲公卿指日觀以推誠，願升中而每竭。可謂盡美矣，未盡善也。然天性既猜，素無學術，意不及遠，政惟目前。是以牝雞司晨，讒人罔極。剖符罕山河之固，同盟多翦黜之悲。恩不終於有功，罰每深於無罪。啓閲墻之兆，藉實沉之兵。楊素決其波，張衡注其隟。柳遠草制，房陵尚遙，穆子授戈，豎牛仍在。禍非天降，釁是人謀。是以知隋運之不永矣。君子曰：『昔陸孟知中興之微，宣帝始重儒術；李通稱漢家之命，世祖專信讖文。時好既行，其流遂廣。故子云符命，尹敏僞言，卽其類也。高祖少愛不經之談，遂好迂誕之説。所以王韶順旨，袁充取容。賞溢丘山，恩深江海，豈不弊乎。又祥瑞者，聖人之應也。至若八百集於孟津，六王至於陔下，周人岐山之北，晉衆江漢之南，負樂就陳，攜手適宋，牛馬内向，羣盜外奔，宗社乂安，黎民不散，此瑞之上也。若乃連珠共軫，的礫清漢之涯；合璧齊輝，光芒黄道之上。四時不爽，百穀用成，家有孝慈，人懷禮義，此善之應也。至如白鹿朱鴈，璚露卿雲，鳩雀異毛，草木殊狀，此並沐我皇澤，煦我帝春。聖人圓城之中，天子生成之物，豈足表太平之日，顯休明之辰。而隋主好之，意不能盡，遂令巧僞相半，何其薄哉。近石虎之有中原也。羶胡晁羯，牧馬驅羊。子女殁於淫昏，文物盡於鋒鏑。猶得厭六馬，駕四麟，燃連理之材，羹白雉之肉。若天道不惑，應降以災，由斯而談，斷可知矣。隋之眷眷，復何爲哉。』問曰：『晉克金陵，功多者屬吏；隋平建業，德俊者尤□。豈争名於朝，事必須此。將廉耻道盡，莫畏簡書乎。』君子曰：『曉兵之家，因敵變化。故有功成請罪之義，君命不受之談。今者王濬乘風，賀若先戰。苟有大利，何簡細瑕。方知責兵士之汙宫闈，徵軍司之隱玉帛，豈不陋乎。始范燮後入，孟側不前，郤克有詞，馮異不語。時無君子，斯焉取斯。豈與夫自伐無慚，奮髯直出，而相類乎。』又問曰：『王者初興，必有佐命。莫不同聲相應，同氣相求。白雲之鬱慶龍，清風之集雕虎。不以夷險易志，不以遠近隔心。千載一時，其來尚矣。三代以前，緬邈無際，兩漢之後，聲名可尋。若乃庇俗臣時，體國經野，謀出心膂，政待服肱。但清濟之入濁河，波瀾莫辨；蚊虻之附驥尾，遲速罔知。既因論討之餘，願示懸衡之末。』君子曰：『神人無功，達人無迹。張子房玄機孤映，清識獨流。踐若發機，應同急箭；優游淡泊，神交太虚，非諸人所及也。至若陳平、荀彧、賈翊、荀攸、劉曄、郭嘉、田豊、沮授、崔浩、張賓等，可謂天下之菁英。帷幄之至妙，中權合變，因敗爲功，爰自秦漢，訖于周隋。蘭菊相薰，惟有此矣。加蕭何之鎮静關中，寇恂之安輯河内，葛亮相蜀，張昭輔吴，茂弘之經理瑯琊，景略之弼諧永固，劉穆之衆務必舉，楊遵彦百度惟貞，蘇綽共濟艱難，高熲同經草昧，雖功有大小，運或長短，咸非股肱之材。悉爲忠烈之士。若乃威以靜國，謀以動鄰。提鼓出師，三軍賈勇；置兵境上，千里無塵。内外兼材，惟孔明景略也。故崔浩云：「王猛是符堅之管仲，劉裕是德宗之曹瞞。」孫盛云：「孔明善輔小國，子産之流也。」斯言中矣。』

又《隋煬帝論》 煬帝美姿儀，性聰慧，少好學，善屬文。故高祖獻后，特所鍾愛。矯情飾迹，有曹丕之釣名；傾承中使，若子楚之仁孝，況南平江，左比靖塞垣，楊素譽其賢，桑和說其貌。屬青宮失愛，子掖流恩，遂映前星，乃昇明兩。衣冠雖偉，入朝少四皓之賓；公宴雖多，言譚止七子之客。但奸心未露，僞迹斯窮。沐猴而冠，輕薄之材不久；況虎爲善，爪牙之毒會施。故無道於大慚之晨，蒸淫於易簀之夕。罕高宗之諒闇，有冊朱之慢游。于時隋德在人，羣生樂業。二十年之訓聚，百萬衆之精疆。乘天下之有盈，驕海内之無事。乃自以土廣三代，威振百蠻，恃才矜已，傲很明德，内懷險躁，外示寬平。盛衣服以掩姦，飾詞令以拒諫。更乃荒淫無度，法令滋章。人力盡於穿築，杼軸空於聚歛。十室之内，思亂者一二焉。方始馭八駿，建五牛。穆天子之白雲，更遠瑤池之外；秦始皇之觀日，方踐石梁之前。或以衢路受刑，或以滋味被戮，死不可無罪而免，賞不可有功而要。相顧凜然，莫知攸止。十室之内，思亂者五六焉。於是斛斯外奔，玄感内逆，兵陷遼水，糧斷河黎。月暈七重，知髦頭之犯畢；日光四散，覺兆庶之分崩。且選妖麗，恣朋淫。嘉羣嫗之慢言，樂少年之醜穢。不軌不物，無威無儀。關梁不通，賦役斷絕。更乃逆取五年之課，以充長夜之娛。十室之内，思亂者八九焉。當此時也，小人方興，羣盗孔熾。大者剽州邑，小者劫村閭。擾擾四人，俱靡息肩之處，喧喧九土，居爲關戰之場。天子乃幸維揚，泛舳艫，驅虎賁之騎，唱龍舟之歌，以大江爲天塹，以長淮爲地險。周章至於戲下，猶自未知；閻樂入於廡前，何不告我。昔爲天下之重，今乃一夫所輕，豈不惜哉。彼煬帝者，聰明多智，廣學博聞，豈不知蛟龍失雲，漁夫足得爲害；鯨鯢出外，螻蟻可以爲災。忽乃棄崤函之奥區，違河洛之重阻。言賊者獲罪，敢諫者受刑，豈不是色醉其心，天奪其鑑。竄吳夷以避其地，虚宫闕以候聖人，蓋爲大唐之驅除也。君子曰：『小人之心猶火也。火之性必須有所燒，小人之心必須有所害。當其受寵遇也。排忠良，庇道德，辨足以移視聽，辭足以結主心。導之以淫奢，引之以苛刻。人困而不卹，政荒而不修。如螻蟻潰隄防，不覺其敗；如春風養草木，但見其盛。事至而未知，禍構而方懼。素無材略，不能以敗求全；本自少恩，豈能得衆成事。進退唯谷，無處容身，或出奔以圖生，或殺主而自解。眇觀史策，遍採興亡。開役者多是愛臣，害上者無非近習。然庸君暗主，莫肯遠之，復何言哉。』

又《權德輿〈兩漢辯亡論〉》　言兩漢所以亡者，皆曰莽、卓。予以爲莽、卓篡逆，汙神器，以亂齊民，自賈夷滅，天下耳目，顯然聞知。静徵厥初，則亡西京者張禹，亡東京者胡廣。皆以假道儒術，得伸其邪心，徼一時大名，致位公輔。詞氣所發，損益繫之，而多方善柔，保位持祿。或陷時君以滋厲階，或附凶沴以結禍胎。故其蕩覆之機，篡奪之兆，皆指導之，馴致之。雖年祀相遠，猶手授頤指之然也。其爲賊害也，豈直莽、卓之比乎。禹以經術爲帝師，身備漢相，特見尊信，當主臣之重，極儒者之貴。永始元延之間，天地之眚屢見，言事者皆譏切王氏顓政。時成帝亦悔懼天變，而未有以決，駕至禹弟，辟左右以問之，須其一言，以爲律度。爲禹計者，亦須陳大易堅冰之誡，誦小雅十月之刺，乘其嚮納，痛言得失。反以罕言命不語怪爲詞，致成帝不疑之心，授王氏寢盛之勢，上下恬然，晦忽亡國。儻帝慮不至是，猶當開陳切劘，面别廷辨，矧當就第宴間之際，虚懷訪決之時。方且視小男於牀下，官子婿於近郡，款款然用家人匹夫爲心，以身圖安，不恤國患，致使羣盗世權，迭執魁柄，禍稔毒流，至于新都，不可遏也，斯可憤也。逮至東都，順桓之間，國統亡絕，胡廣以鉅儒柄用，位極上臺。初梁冀席外戚之重，貪戾當國，既鴆質帝，議立嗣君。公卿大臣，皆以清河王蒜，年長有德，屬最尊親，可以靖人。亦既定策，冀乃憚其明哲，且不利長君，私於蠡吾，獨異羣議，爲廣議者，亦當中立如石，介然不回，率趙誠之徒，同李杜所守。然後三事百工，正詞於朝，雖冀之暴恣，豈能一旦盡誅漢廷郡公耶。反徇一息之安，首鼠畏懦，竟使清河徒廢，蠡吾爲梗，邦家陵夷，漢道日蹙。結黨錮之獄，成閹寺之禍，禍亂循環，以至董卓，赫赫漢室，化爲當塗，蓋棟橈罪，折之所由來久矣。彼梅福以孤遠上疏，張綱以卑秩埋輪，獨何人哉。而不是思也，噫嘻，就利違害，榮通醜窮，大凡有生之常性也。暨乎手持政柄，體國存亡，則謹之於初，決之於始，以導善氣，以遏亂原。若禍胎既萌，則死而後已，白刃可蹈，鴻毛斯輕。奈何禹廣於完安之時，則務小忠而立細行，數數然獻吉筮於露蓍，沮立後於探籌。及夫安危之際，邦家之大，則甘心結舌，陰拱觀變。豈止然也，方又熾燄燄以燎原，決湯湯以襄陵，投天下於煙煨，擠萬民於昏墊，百代之下，無所指名，雖史贊粗言，而不究論本末。且出不越境，書弒君之惡，言僞而辨，有兩觀之誅。若當春秋之時，明禹、廣之罪，作誡來世，可勝既乎。向者西京抑損王氏，尊君卑臣，則庶乎無哀、平之壞。東京登庸清河，主明臣忠，則庶乎無靈、獻之亂。大漢之祚，未易知也。或以國之興亡，皆有陰隲之數，非人謀能亢，則但取瞽矇者而相之，立土木偶而尊之，被以章組，列於廊廟，斯可矣。何堯舜之或咨或吁，殷周之或夢或卜。憂勤日昃之若是，然後爲理耶。予因肄右，史且嗜《春秋》褒貶之學，心所憤激，故辨其所以然。

又《羅衮〈秦論上〉》　亡秦者，不在胡亥、趙高、子嬰，亦不在始皇。亡秦者李斯也。胡亥固亡國器也，以秦授之者過也。趙高不幸秦狗之瘈，左右者不圖，則固噬其主矣。子嬰立於已亂，四十餘日而亡。考其行事，不無庸主之材。其猶坐四屋之間，環火已熾，雖有殺火之術，欲設何由哉。始皇雖不以仁義，死之日，天下無事，民爲擇君，但其遺詔不行於斯耳。李故有名天下，臣主相得。六國既平，不能於此時推廣，使秦脩帝王之道，固亦失矣。及始皇外崩，姦臣謀亂，反不能於此時制變，爲存秦之計。卒使趙高得行其謀，胡亥極其惡，子嬰孤死於蒼黄之地，始皇失賢嗣，遂暴惡於後世。嬴氏之鬼以不食者，李斯之故也。然則趙高之際，爲李斯者，義宜柰何。奔蒙恬，立扶蘇，爲國討賊，以固其社稷可也。當是時，蒙恬與扶蘇將三十萬之師屯上郡。蒙恬之威，外震匈奴，内信秦國。三世積功，兄弟忠信，尊用於世，扶蘇長子，直諫而出。雖然，始皇故知之，所以無詔封諸子，而獨書與扶蘇，欲以爲嗣。雖天下之人，皆知其賢，而以爲當立。故陳勝吴廣作亂，乃詐托公子扶蘇，以從民望。向使李斯以蒙恬之威舉其兵，以扶蘇之望令天下，而誅一趙高，豈難哉。賊臣既誅，恬斯乃復相與盡其材，輔賢明之主，以寬静天下，秦不亡矣。不唯不亡，且將興。斯不務出此，躭禄畏害，怵惕於傾危之際，使秦有殺適立庶，淫刑虐法，殺君亡國之惡。窮天地而不振者，李斯之故也。悲夫！

又《秦論下》　或謂衮曰：『子言秦亡與存秦之計明矣。吾聞國之興亡，乃有天命，設使李不失其計，秦果不亡乎。』衮曰：『吾雖不言天，其實天之道。子雖稱天以問我，而未識天之説。夫所謂天者，平無私也。故曰：「皇天無親，唯德是輔。」君人者有德，天則贊而興之。無德，則革而亡之。興亡之命在乎天，而所以興亡在乎人也。《商書》曰：「夏王弗克庸德，慢神虐民，皇天不保，監于萬方。啓迪有命，眷求一德，俾作神主。」此言桀不能常有德，不敬神明，不恤下民。天下不安桀之所爲，乃廣視萬邦有堪天命者，則開而導之。以湯有純一之德，求使代桀爲天地神祇之主也。故曰：「非天私我有商，惟天祐于一德。」二世無德，爲所以亡之道，天是以革而亡之。使扶蘇果立，則固有德，爲所以興之道，天必贊而興之矣。不當奪嬴與劉代，夏以商也。』或曰：『李斯之失，當責其不任職。雖曰不忠不智也，子加以亡秦之謚，不亦重乎。』衮曰：『吾豈欲加諸斯也。蓋聖人之道，不得易焉。昔鄭公子殺靈公也，謀於子家，子家權不足以禦亂，懼譖而從之，春秋以首惡。故《書》曰：「鄭公子歸弒其君夷。」斯其類也，子欲易聖人之道乎哉。』

政治主體論部

帝王國君論分部

論説

唐・吴兢《貞觀政要》卷八《刑法第三一》　（張）藴古，初以貞觀二年自幽州總管府記室兼直中書省，表《大寶箴》文義甚美，可爲規誡。其詞曰：

今來古往，俯察仰觀，惟辟作福，爲君實難。宅普天之下，處王公之上，任土貢其所求，具僚和其所唱。是故兢懼之心日弛，邪僻之情轉放。豈知事起乎所忽，禍生乎無妄。固以聖人受命，拯溺亨屯，歸罪於己，因心於人。大明無偏照，至公無私親，故以一人治天下，不以天下奉一人。禮以禁其奢，樂以防其佚。左言而右事，出警而入蹕。四時調其慘舒，三光同其得失。故身爲之度，而聲爲之律。勿謂無知，居高聽卑；勿謂何害，積小成大。樂不可極，極樂生哀；欲不可縱，縱欲成災。壯九重於內，所居不過容膝，彼昏不知，瑶其臺而瓊其室；羅八品於前，所食不過適口，惟狂罔念，丘其糟而池其酒。勿內荒於色，勿外荒於禽，勿貴難得之貨，勿聽亡國之音。內荒伐人性，外荒蕩人心，難得之物侈，亡國之聲淫。勿謂我尊而傲賢侮士，勿謂我智而拒諫矜己。聞之夏后，據饋頻起；亦有魏帝，牽裾不止。安彼反側，如春陽秋露，巍巍蕩蕩，推漢高大度；撫茲庶事，如履薄臨深，戰戰慄慄，用周文小心。

《詩》云『不識不知』，《書》曰『無偏無黨』。一彼此於胸臆，捐好惡於心想。衆棄而後加刑，衆悦而後命賞。弱其强而治其亂，申其屈而直其枉。故曰：如衡如石，不定物以數，物之懸者，輕重自具；如水如鏡，不示物以情，物之鑑者，妍蚩自生。勿渾渾而濁，勿皎皎而清，勿汶汶而闇，勿察察而明。雖冕旒蔽目而視於未形，雖黈纊塞耳而聽於無聲。縱心乎湛然之域，游神於至道之精。扣之者應洪纖而效響，酌之者隨淺深而皆盈。故曰：天之清，地之寧，王之貞。四時不言而代序，萬物無爲而受成，豈知帝有其力，而天下和平。吾王撥亂，戡以智力，人懼其威，未懷其德。我皇撫運，扇以淳風，民懷其始，未保其終。爰述金鏡，窮神盡聖。使人以心，應言以行。包括理體，抑揚詞令。天下爲公，一人有慶。開羅起祝，援琴命詩，一日二日，念茲在茲。惟人所召，自天祐之。爭臣司直，敢告前疑。

宋・姚鉉《唐文粹》卷四五《陳黯〈禹誥〉》　禹賢益，以天下授益，採其謳謠之所歸，卒讓于啓，故啓不由父授，而書無典訓。黯追其指，作《禹誥》。

嗚呼！惟位於君，惟父於民。禪授無疏親，親惟其人。德之肖，仇敵可；道之違，昵愛不可。苟昔堯、舜傳人，今吾傳家，孰不知其私耶？所以然者，天人之意然也。汝其念之。陶者，土之器也，持之得其人則完，不則毁。位者，國之器也。持之得其人則治，不則亂。吾得之惟艱，汝繼之無忘其難。苟汝後之不克肖，宜復于堯、舜之道，歸于有德。勿以吾傳之，爲世有之。嗚呼！不賢而毁其器，俾後源私而罪吾也。汝其念之。

清・董誥等《全唐文》卷六六《穆宗三・停抽俸錢敕》　朕聞帝王所重者國體，所切者人情。苟得其體，必臻於大和；如失其情，是曲於小利。況設官求理，須禄責功，既有常數，寧宜就減。近者以每歲經費，量入不充，外官俸料，據數抽貫，再三思度，終未安穩。念彼外方，或從卑官，一家所給，三載言歸。在公常甘於潔廉，受禄又苦於減克，待我庶吏，豈其然乎？雖憂國之誠，固須贍助，而恤人之慮，將起怨咨。必若水旱為虞，干戈未戢，事非獲已，人亦何辭。今則幸遇豐登，又方寧謐，九州之內，永絕妖氛，三邊之上，冀除烽警，自宜克己以足用，安可剝下以為謀？臨軒載懷，實所增愧。其度支所準五月二日敕，應給用錢每貫抽五十文，都計一百五十萬貫文，並宜停抽。

儲君論分部

論説

宋・王溥《唐會要》卷四《儲君》　（永徽）六年十一月，武后既立，禮部尚書許敬宗奏曰：『臣聞元儲以貴，立嫡之義尤彰；罔敢同名，正本之文愈顯。既而皇后生子，合處少陽。出自塗山，是爲吾君之胤；夙嫺胎教，宜展問豎之心。乃復爲孽奪宗，降居藩邸。臣以愚誠，竊所未喻。且今之守器，素非皇嫡，永徽爰始，國本未生，權引彗星，越升明兩。近者元妃載誕，正胤降神，重光日融，爝火宜息。安可以濫茲皇統，叨摛大器！國有諍臣，孰逃其責。竊惟息姑克讓，可以思齊；劉彊守藩，宜遵往軌。追蹤太伯，不亦可乎；踵武延陵，固當安矣。寧可反植枝幹，久易位於天庭；倒襲衣裳，使違方于震位！蠢爾黎庶，云誰繫心；垂裕後昆，將何播美？且父子之際，人所難言，事或犯鱗，必嬰嚴憲。伏自思忖，荷眄前朝，引于陋巷之中，申以後車之禮。雲臺畫像，十有八人，三紀于茲，惟臣僅在，常思勉力，少報鴻恩。今茲家嗣執珪，下支當璧，孟侯淪屈，大典未申。臣既分職文昌，典司嘉禮，位陪宗伯，不敢曠官，效命之秋，宜在茲日。』

《舊唐書》卷八八《韋承慶傳》

儀鳳四年五月，詔皇太子賢監國。時太子頗近聲色，與戶奴等款狎，承慶上書諫曰：臣聞太子者，君之貳，國之本也。所以承宗廟之重，繫億兆之心，萬國以貞，四海屬望。殿下以仁孝之德，明叡之姿，岳峙泉渟，金貞玉裕。天皇升殿下以儲副，寄殿下以監撫，欲使照無不及，恩無不覃，百僚仰重曜之暉，萬姓聞洊雷之響。

夫君無民，無以保其位；人非食，無以全其生。故孔子曰：『百姓足，君孰與不足；百姓不足，君孰與足？』自頃年已來，頻有水旱，菽粟不能豐稔，黎庶自致煎窮。今夏亢陽，米價騰踴，貧寠之室，無以自資，朝夕遑遑，唯憂餒饉。下人之瘼，實可哀矜，稼穡艱難，所宜詳悉。天皇所以垂衣北極，殿下所以守器東宮，爲天下之所尊，得天下之所利者，豈唯上玄之幽贊，亦百姓之力也。百姓危，則社稷不得獨安，百姓亂，則帝王不能獨理。故古之明君，飽而知人飢，温而知人寒，每以天下爲憂，不以四海爲樂。今關、隴之外，凶寇憑凌，西土編甿，凋喪將盡，干戈日用，烽柝荐興，千里有勞於饋糧，三農不遑於稼穡。殿下爲臣爲子，乃國乃家，爲臣在於竭忠，爲子期於盡孝，在家不可以自逸，在國不可以自康。一物有虧，聖上每留神念；三邊或梗，殿下豈不兢懷。況當養德之秋，非是任情之日！

伏承北門之內，造作不常，翫好所營，或有煩費。倡優雜伎，不息於前，鼓吹繁聲，亟聞於外，既喧聽覽，且黷宮闈。兼之僕隸小人，緣此得親左右，亦既奉承顔色，能不恃託恩光。作福作威，莫不由此，不加防慎，必有愆非。儻使微累德音，於後悔之何及？《書》云：『不作無益害有益。』此皆無益之事，固不可耽而悅之。

臣又聞『高而不危，所以長守貴；滿而不溢，所以長守富』。是知高危不可不慎，滿溢不可不持。《易》曰：『君子終日乾乾，夕惕若厲，無咎。』敬慎之謂也。在於凡庶，能守而行之，猶可以高振聾華，坐致榮禄。況殿下有少陽之位，有天挺之姿，片善而天下必聞，小能而天下咸服，豈可不爲盡善盡美之道，以取可大可久之名哉！

伏願博覽經書以廣其德，屏退聲色以抑其情。靜默無爲，恬虛寡欲，非禮勿動，非法不言。居處服玩，必循節儉；畋獵游娛，不爲縱逞。正人端士，必引而親之；便僻側媚，必斥而遠之。使惠聲溢於遠近，仁風翔於內外，則可以克享終吉，長保利貞，爲上嗣之稱首，奉聖人之鴻業者矣。

宋·李昉等《文苑英華》卷六五一《韋承慶〈規止東宮啓〉》

臣承慶言：伏以殿下國之儲貳，主器承祧，百姓繫心，萬方延首。行一事天下所瞻，出一言天下所聽。動靜不可以不慎，進退不可以不思。固須數引正人，詢謀得失，使忠言日聞於耳，善事每關於心，所爲合度，必自知其過。如此，則正心起，邪心息，德業日新，聲聞彌廣，福禄可以長守，榮位可以久安。若諂諛在側，忠良不進。意有所向，則合詞稱善。言未出口，則同聲稱美。有非莫悟，有過莫知。便自謂神睿聰明，超絕今古，驕溢之漸，常必由之。伏願特留睿情，每存規誡，聞過必改，見善必行。朝夕孜孜，常恐不及。則邦家是賴，天下幸甚。進德脩業，《大易》垂文；說禮敦詩，《春秋》所貴。《尚書》云：『念終始，典于學。』《禮》云：『玉不琢，不成器；人不學，不知道。』孔子曰：『吾常終日不食，終夜不寢，以思，無益，不如學也。』殿下昔在藩邸，耽讀典墳，論道觀書，匪朝伊夕。自升儲貳，已歷炎涼。侍讀承言，稍以稀簡。雖睿姿天挺，神用生知，器業自然，非求外獎。然更加研勵，彌益風猷。伏願數召儒生，勤修學藝。緗緗不離於左右，披閱無捨於光陰。使日知所未知，月聞所未聞。凡在匹夫，苟能强學，猶可以高取名譽，坐致簪纓，況殿下以儲后之尊，而能留心於學，德音之美，固無得而稱焉。畋獵馳騁，敗德之源。必須順動，不可以盤游無度。至於從禽逐獸，絕野馳原，駿足雲飛，輕弧電舉。當其適意，豈憚艱危？無險不陵，無深不赴。忽然奔馬委轡，猛獸逸羣。致驚駭之憂，貽顛墜之患。雖有所悔，如何可及？夫以千金之子，猶且坐不垂堂，況在萬國之貞，豈可不思重慎？殿下初升儲位，養德春闈。理宜靜默自居，文史爲務；不可數爲游縱，以損德音。《尚書》云：『內作色荒，外作禽荒。酣酒嗜音，峻宇彫墻。有一於此，未或不亡。』伏願詳覽古今，以爲鑑誡。殿下驅使之人，每於北門召入，如此等色，皆是憸利小人，緣得供奉祇承，自謂別蒙恩幸。外則妄爲威福，內則專事諂諛。巧媚百端，以求顔色。日爲一事，時進一言，漸漬纖微，遂成瑕累。此之浸潤，最難覺察，特須斥遠屏黜，不宜親近左右。殿下皇儲國嗣，帝子天孫。府庫充盈，宮室崇麗。但使不爲鄙僻，不作奢淫，凡所營求，有司畢備，何藉此等，別有祇承？今南衙官寮，皆是搢紳士子。或耆年舊德，博識洽聞；或雅望英材，修身潔行。莫不策名委質，奉事殿下，自非陪扈法仗，不得一奉宸顏。豈有僕隸輿臺，而可特承恩眄？伏願一皆杜絕，勿許更至宮闈。所見者唯端士正人，所聞者唯詩禮典誥，則邪孽無由而起，咎悔無從而生。睿德彌高，休聲日遠，伏見今年六月三十日令書，以崇文館中學士極少，令賓客庶子詹事及宮官五品已下各舉所知。令出已來，日月已久，官寮所舉，咸已進名，迄至于今，更無進止。殿下敦崇學藝廣訪時英。天下四方，莫不欣悦；文學之士，飭躬待問。而淹歷時序，未有指歸，朝廷搢紳，咸謂殿下徒有其聲，而無其實。私談竊議，頗盈衆口。但令出惟行，理非虛設。舉能進善，其事不輕。一降令書，終年寂寞。天下英髦，誰不解體？此乃欲益反損，應是更非。伏願與賓客庶子等量宜早爲處分，事或不可專決，亦須速以聞奏，不可淹延，致招誹議。今關隴之外，蕃夷寇竊，國家將申吊伐，大興師旅，轉輸給用，糜費日多。聖上内恤黎元，外憂疆埸，宵衣旰食，惕慮兢懷。殿下在國爲儲君，在家爲長子，事兼家國，何以自寧？至於居處服翫，飲食聲樂，並請務從省約，以助聖上憂勞。不可每事豐華，自爲安逸。儲副之尊，士庶瞻仰。雖宮闈務簡，不資每日坐朝，至於朔望之辰，諸王賓客咸萃，皆欲親承睿旨，肅奉宸儀。伏見秋冬已來，累月不曾一坐，恭巳之義，竊謂有虧。伏覩每至此朝，特臨法仗。則殿下無宴安之逸，羣寮有趨奉之歡。臣聞體寬裕之德者，在乎納諫；懷忠貞之極者，期於盡節。是知君以不諱昭其美，臣以無隱達其誠。固君臣之大義，古今之通道，伏惟殿下挺叡研機，凝貞毓照。處帝王之元子，爲億兆之副君。當其冊命之初，天下含齒戴髮。童兒牧豎，莫不歡忻踴躍，抃舞謳歌者，以殿下至德至仁克忠克孝，故能上當天意，下應人心。雖夏邦建啓，周朝立誦，不之及也。但能行之以道，守之以仁。居安慮危，在蒲防溢。一日三省，一事九思。知稼穡之艱難，省宮苑之游翫。正辭雅誥，每關心術；奸聲亂色。不留聰明。忠讜者引而親之，便佞者屏而遠之，則可以長主宗鬯，永在國本。照黃離以保元吉，居蒼震而亨利貞。臣出自膠庠，叨參藩邸，微班再易，馳年十變。短才弱翰，濫蒙甄奬；書記文章，特受恩寄。洎乎嗣登銀牓，復得忝侍銅闈。俯存簪履之餘，仰攀鱗羽之末。蕩蕩鴻澤，霑濡不已；區區淺志，答效無階。所以輸罄心源，瀝盡肝血，奉芻蕘之片議，獻狂瞽之一言。庶輕露馳聲，薄滋於少海；纖塵驟影，微助於遙山。逆耳儻申，觸鱗甘罪。無任悾款之至，謹奉啓以聞。

又 卷七四一《牛希濟〈本論〉》 周文之先，自公劉后稷，積德累仁，以至于文王。天下之心歸焉，猶服事於商。武王從兆庶之心，順歷數之命，以取天下，既而有疾，嗣王幼弱，乃命周公旦以輔相成王。周公以弟之親，叔父之尊，公其心而不疑焉。攝天子履萬乘車輅，朝諸侯於明堂，以施教化。召公不悦，四國流言。伐四國，戮管蔡，以安社稷，然後制禮作樂。七年之後，成王齒長德懋，乃歸其政。公亦不離王室，乃命伯禽受封於魯，思不變四海之望。遠乎哉君子，卽周防也若是。武王獨知周公之才之美，兄弟之國，天下之人，皆不知也。向非周公，則非成王之天下也，天下疑矣。然武王之心公乎哉？知子之弱而私之，知弟之德而讓之，且憂後世兄弟相及，豈周之盛，德爲不及歟？曰：是知之深也，所以能明輔相其子。若有疑焉，則與之天下，希存其子亦難矣。周公雖不爲王者，然其道則與大王、王季、文王爲同德矣。成康以降，名仁者多矣，孰可與之爲伍？盖姬周之得天下，未幾而武王崩。紂之子禄父猶存，若委少主，無聖人之助，則少康之舉，嗣夏配天，不其偉歟？此周公所以孜孜焉爲而不有。夫其聖德，過於武王遠矣。今後王之嗣君也，亦莫不蔽於私愛，忘其善惡。曰：『彼長也，冢嫡也，天下之本也，莫之可易。』至有不離襁褓之中，童嬰之列，而卽大位焉，亦使强臣而爲之輔。其詔制之旨，曰：『周公然也，成王然也。』豈惟政亂國危，殆宗廟不血食者有之矣。曹馬之君，卽其人也。自征伐以來，受命創業之主，或起自布衣之中，亭長之役，部尉之列，大夫之家，卿相之位，或歷試諸難，或十年軍中，足以知歷數在躬，時運興廢，經始之艱難，臣下之忠良，人情之巧僞。是以出一言，舉一事，易一法，必使合於典誥，垂於後世。守文之君也，生於深宮，長養婦人之手，慈愛之鍾焉，世子之教不行焉，身軀則安於玉堂金殿輿服之盛，耳目飽於聲色靡曼之樂。曷能知君臣父子之道，忠信邪佞之屬，農桑艱難之本？故小人易欺焉，況幼稚乎？且人君之心，爲天下之晦明。仁者樂於明，而匪仁者便於暗。故時之晦也，盜竊興焉。

魑魅行焉，君之晦也，賢良死焉，邪佞用焉。是以小人奸臣，唯樂於幼君少主，若保姆之態也，以提其耳目，導其言語，教其喜怒。行則行，止則止，易爲之使。欲求天下之治可乎？況近世之嗣王也，始自誕生厥月，無問名之禮。至千婚冠，無金石之樂。告廟之儀，非莫聞焉。春誦夏絃，秋詩冬禮，上庠齒胄之道，或縱不知。封爵之命，掌言者亦不知其誰。師保之道正其身乎？左右之人賢與處乎？其卽位也，降先君之冊，冢宰與百執事，延頸内面而朝新君焉。袞冕端拱之默于殿上，雉扇熒煌，香煙蓬勃，左右紛紛然莫之知也。班列千百，稱慶而退。至于積年之中，宰執大臣，延英入閤，稱述聖德，舞蹈而已。使有言者，皆申有司，徒空言耳，敢及於時乎？敢及於執權亂政之人乎？設有一言，明日之制行矣，不復用矣。歷觀前代明王賢后，未嘗不與名臣賢士厚享宴之禮，接見之儀。俾其忠信相親，亡於畏憚，通於商較，以正先王之得失，以窮聖人之能事。故兩漢金馬石渠文章之選，以備顧問，爲侍從之臣。至有大臣武帳之前亦奏謁，或排闥於危疑之際，以問安否，以圖後事。太宗文皇帝貞觀之初，北門之選舉十六族也，皆建功定策，有布衣之交，非天下文行之士不預焉。既久與游處，非唯知民間之疾苦，時之否臧，從而更之，以熙帝載。至於臣下之情性好惡，無不悉焉，他日之任用，莫不適其材矣。近世朝廷，豈無忠信謇諤之士，徒欲致身之危，救時之弊，指陳千百於上前，敷揚其達乎？諫章其賢乎？若復稍挂聖慮，左右『心』天顔，得之矣。又有以惑之矣，其朝退也，黄門伎女，聲樂駢羅，俳優之人，調笑相雜，擁衛以至於内殿。又日幸于兩軍，游于其所。其從樂乎，斷可知矣。故自乾符之亂？至於今日，莫可救止，蓋少主奸臣之所爲也。或曰：『冢嫡之幼，善惡未知，思欲易之，以卜長世。廢嫡立庶，聖人所惡，未知其可也。』曰：『君人者，上以安宗廟，下以庇蒸人。雖長嫡之義，其不善，易之可矣。且仲雍，王季之長子，讓西伯之聖德，斷髮文身，以避於吳，爲吳太伯，蓋成父之志也。隱公，魯之賢君，居位稱攝，欲讓其弟，後其長矣。吾將與之，桓公聽羽父之譖，以疑其兄，致於篡弑。又晉襄公之薨也，子周有兄而不慧，不能辨菽麥，羣臣迎公子周以立政，是以治三駕而楚不能爭。又穆公之亡也，君無長子，趙盾思立長君，乃迎公子雍于秦，將欲立之，穆嬴朝夕抱太子以朝，且泣曰：「先君以此子之賢，吾受子之賜，此子不才，唯子是怨。今君雖終，言猶在耳。此子何罪，而外求君？」趙孟懼大義於衆人，遂背秦好立靈公。幼而好虐，竟爲所殺，國是以亂。漢高帝遷都長安也，以呂后爐於糟糠，其子盈爲太子，上以趙王如意似我，知盈懦弱，卒不能易。及惠帝之世，幾爲呂嫗所滅。非平勃之不能加誅。及擇諸王之賢者，迎王於代邸，是爲文帝。不十年，幾致刑措。又昌邑之亂，霍子孟定廢立之冊，立宣帝，遂獲中興。衛伯王之於晉武也，君臣之交矣，知主愍之不惠，必傾世祚。撫其牀而歎曰：「此座甚可惜也。」帝心不悟，終以正度爲君，果致元海唱四方之亂，宗廟焚毁，兩京版蕩，懷愍二帝，俱爲俘執而崩。晉祚中絕，國分爲十六。普天之下，皆墜爐炭。比惠帝之所爲也。是知冢嫡賢，而臣擇立者必亡。若立嫡爲亂，執古之道乎？擇善爲治，曰亂嫡庶之制乎？且天子之孝，以安宗廟，克荷祖考之業，卜世於長久，豈以擇善廢不肖爲罪乎？至唐虞之君，知其子朱均不肖，不可付以宗廟之重，又懼其流毒於生民，乃棄其子而禪於有德。若次子之賢，遽以配天之業，授於他人乎？是知君惟其明，不必拘伯仲之制。』《易》曰：『明兩作離，洊雷震。』若不明不法，此覆國亡家之罪人也，何長之爲？若君明於上，小人比周之黨，其能進乎？其獲用乎？其寘於亂乎？主少不明者，亂之本也。故曰：『元良者，天下之本也，莫若先以正之。』正之者，非在廢長，擇善而已。無使叔孫之禱曰：『主少，國家多難。祝我者使我速死，無及於亂。』此憂之深也，悲哉！

諸侯藩王論分部

論説

唐·韓愈《韓昌黎文集》卷一二《守戒》　《詩》曰『大邦維翰』，《書》曰『以蕃王室』，諸侯之於天子，不惟守土地奉職貢而已，固將有以翰蕃之也。今人有宅於山者，知猛獸之爲害，則必高其柴樓而外施窗穽以待之；宅於都者，知穿窬之爲盜，則必峻其垣牆而内固扃鐍以防之：此野人鄙夫之所及，非有過人之智而後能也。今之通都大邑，介於屈强之間，而不知爲之備。噫，亦惑矣！

野人鄙夫能之，而王公大人反不能焉，豈材力爲有不足歟？蓋以謂不足爲而不爲耳！天下之禍，莫大於不足爲，材力不足者次之。不足爲者，敵至而不知；材力不足者，先事而思；則其於禍也有間矣。彼之屈强者，帶甲荷戈不知其多少；其緜地則千里而與我壤地相錯，無有丘陵江河洞庭孟門之關，其間又自知其不得與天下齒，朝夕舉踵引頸，冀天下之有事，以乘吾之便：此其暴於猛獸穿窬也甚矣。嗚呼，胡知而不爲之備乎哉！

賁育之不戒，童子之不抗；魯雞之不期，蜀雞之不支。今夫鹿之於豹非不巍然大矣，然而卒爲之禽者；爪牙之材不同，猛怯之資殊也。曰：然則如之何而備之？曰：在得人。

唐·柳宗元《柳河東集》卷四《晉文公問守原議》 晉文公既受原於王，難其守。問寺人教鞮，以畀趙衰。余謂守原，政之大者也，所以承天子，樹霸功，致命諸侯，不宜謀及媟近，以忝王命。而晉君擇大任，不公議於朝，而私議於宫；不博謀於卿相，而獨謀於寺人。雖或衰之賢足以守，國之政不爲敗，而賊賢失政之端，由是滋矣。況當其時不乏言議之臣乎？狐偃爲謀臣，先軫將中軍，晉君疏而不咨，外而不求，乃卒定於内豎，其可以爲法乎？且晉君將襲齊桓之業，以翼天子，乃大志也。然而齊桓任管仲以興，進豎刁以敗。則獲原啓疆，適其始政，所以觀視諸侯也，而乃背其所以興，迹其所以敗。然而能霸諸侯者，以土則大，以力則强，以義則天子之册也。誠畏之矣，烏能得其心服哉！其後景監得以相衛鞅，弘、石得以殺望之，誤之者晉文公也。嗚呼！得賢臣以守大邑，則問非失舉也，蓋失問也。然猶羞當時，陷後代若此，況於問與舉又兩失者，其何以救之哉？余故著晉君之罪，以附《春秋》許世子止趙盾之義。

唐·元結《次山集》卷八《管仲論》 自兵興已來今三年，論者多云得如管仲者一人以輔人主，當見天下太平矣。元子異之曰：嗚呼，何是言之誤耶！彼管仲者人耳，正可與議私家畜養之計，正可以修鄉里畎澮之事，如此仲當少容與焉。至如相諸侯材量，亦似不足致齊及霸材量極矣。使仲見帝王之道興國之禮，則天子之國不衰，諸侯之國不盛。如曰：不然請有所説仲之相齊及齊彊富，則合請其君恢復王室，節正諸侯，君若惑之，則引禍福以喻之。君既聽矣，然後約諸侯曰：今王室將卑，諸侯更彊，文王風化殘削向盡，武王疆域，割奪無幾，禮樂不知其由征伐何，因而出我。是故謹疆域，勉日夜，望振兵威可臨列國，得與諸侯會盟。一旦能新復天子之正朔，更定天子之封畿，上奉天子，復先王之風化。下令諸侯復先公之制度，以為何如。若皆不從我，則以兵臨於魯，魯不敢不從，則與魯西臨宋鄭，宋鄭從則與三國北臨燕衛，燕衛從則與諸國西臨秦晉，秦晉從則與七國以尺簡約吴楚，吴楚從則天下無不從之國，然後定約。若有果不從者，則約從者曰：吾屬以禮義，尊天子，以法度正諸侯，使小國不常患弱，大國不敢怙彊，此誠長世之策。若天子國亡，則諸侯交爭，兵戈相臨，誰為彊弱，則安得世世禮讓，相服宗廟血食我？是故力勸諸侯尊天子，今謀國猶豫，宜往問之。如約諸侯之説，君不從約，則與諸侯率兵伐之，分其疆土，遷其子孫，留百里之地，奉其宗社。下為諸侯廣子孫之業，上為天子除不順之臣，何如？如此則諸侯誰敢不從，然後定天子封畿、諸侯疆域、輿服、器玩、禮樂、法度、征賦、貢輸。自齊魯節正，節正既定，乃共盟曰：有貳約者，當請命天子，廢其驕凶，以立恭順，廢其荒惑，以立明哲，敢不聽者，伐而分之。如初約制定，於是諸侯先各造邸於天子之都，諸侯乃相率朝覲，已而從天子齋戒，拜宗廟，禮畢天子，誓曰：於戲王室之卑久矣，予不敢望皇天后土之所覆載，將旦暮皁隸於諸侯不可，則願全肌骨下見先王。今諸侯不忘先王之大德，不忘先公之忠烈，共力正王室，俾予主先王宗祀。予若昏荒淫虐不納諫諍，失先王法度，上不能奉宗祀，下不能安人民。爾諸侯當理爾軍卒，修爾矛戟，約爾列國，罪予凶惡嗣立明辟。予若能日勉孱弱，力遵先王法度，上奉宗祀，下安人民，爾諸侯當保爾疆域，安爾人民，修爾貢賦，共予郊祀。予有此誓，豈雲及予將及來世。予敢以此誓，誓於宗廟，予敢以此誓，誓於天地諸侯。聞天子之誓相率盟曰：天子有誓，俾我諸侯世世，得力扶王室，使先王先公德業永長，諸侯其各銘天子之誓，傳之後嗣，我諸侯重自約曰：諸侯有昏惑，當如前盟，若天子昏惑不嗣，虐亂天下諸侯，當力共規諷諫諍。如甚不可，則我諸侯共率禮兵及王之畿復諫諍如初。又甚不可進，禮兵及王之郊終不可進，禮兵及王之官兵及王之宮矣。當以宗廟之憂咨之，當以人民之怨咨之，當以天子昔誓咨之，當以諸侯昔盟咨之，以不敢欺先王先公告之，以不敢欺皇天后土告之，然後如天子昔誓如諸侯昔盟。使管仲能如此，則周之天子未為奴矣。諸侯之國則未亡矣，秦於天下未至是矣。如曰：仲才及也，君不從也；仲智及也，時不可也。則仲曾是謀也乎，君不從之也歟？仲曾是為也乎，時之不可也歟？況今日之兵，不可以禮義節制，不可以盟誓禁止，如仲之輩欲何為矣？

宰輔將帥論分部

論說

唐・吳兢《貞觀政要》卷三《擇官》 貞觀十一年，治書侍御史劉洎以爲左右丞宜特加精簡，上疏曰：『臣聞尚書萬機，實爲政本，伏尋此選，授受誠難。是以八座比於文昌，二丞方於管轄，爰至曹郎，上應列宿，苟非稱職，竊位興譏。伏見比來尚書省詔敕稽停，文案壅滯，臣誠庸劣，請述其源。貞觀之初，未有令、僕，于時省務繁雜，倍多於今。而左丞戴胄、右丞魏徵，並曉達吏方，質性平直，事應彈舉，無所迴避。陛下又假以恩慈，自然肅物。百司匪懈，抑此之由。及杜正倫續任右丞，頗亦厲下。比者綱維不舉，並爲勳親在位，器非其任，功勢相傾。凡在官寮，未循公道，雖欲自强，先懼囂謗。所以郎中予奪，惟事諮稟；尚書依違，不能斷決。或憚聞奏，故事稽延，案雖理窮，仍更盤下。去無程限，來不責遲，一經出手，便涉年載。或希旨失情，或避嫌抑理。勾司以案成爲事了，不究是非；尚書用便僻爲奉公，莫論當否。互相姑息，惟事彌縫。且選衆授能，非才莫舉，天工人代，焉可妄加？至於懿戚元勳，但宜優其禮秩，或年高耄及，或積病智昏，既無益於時宜，當置之以閒逸。久妨賢路，殊爲不可。將救茲弊，且宜精簡。尚書左右丞及左右司郎中，如並

得人，自然綱維備舉，亦當矯正趨競，豈惟息其稽滯哉！』

又 卷五《公平》 貞觀二年，太宗謂房玄齡等曰：『朕比見隋代遺老，咸稱高熲善爲相者，遂觀其本傳，可謂公平正直，尤識治體。隋室安危，繫其存没。煬帝無道，枉見誅夷，何嘗不想見其人，廢書欽嘆！又漢、魏已來，諸葛亮爲丞相，亦甚平直。亮嘗表廢廖立、李嚴於南中。立聞亮卒，泣曰：「吾其左衽矣！」嚴聞亮卒，發病而死。故陳壽稱：「亮之爲政，開誠心，布公道，盡忠益時者，雖讎必賞；犯法怠慢者，雖親必罰。」卿等豈可不企慕及之？朕今每慕前代帝王之善者，卿等亦可慕宰相之賢者。若如是，則榮名高位，可以長守。』

唐・韓愈《韓昌黎文集》卷二《子產不毀鄉校頌》 我思古人，伊鄭之僑。以禮相國，人未安其教。游於鄉之校，衆口囂囂。或謂子產，毀鄉校則止。曰：『何患焉，可以成美。夫豈多言，亦各其志。善也吾行，不善吾避，維善維否，我於此視。川不可防，言不可弭，下塞上聾，邦其傾矣！』既鄉校不毀，而鄭國以理。

在周之興，養老乞言；及其已衰，謗者使監：成敗之迹，昭哉可觀。

維是子產，執政之式，維其不遇，化止一國。誠率是道，相天下君，交暢旁達，施及無垠？於虖！四海所以不理，有君無臣，誰其嗣之，我思古人。

唐・李德裕《會昌一品集・外集》卷四《近世良相論》 客謂余曰：『揚子《法言》有《重黎》、《顏騫》二篇，品藻漢之將相。敢問近代良相，可得聞乎？』余曰：『唯唯。』夫股肱與君同體，四海之所瞻也，恩義至重，實先於愛敬，非社稷大計，不可以强諫，亦猶父有諍子，不獲已而諍，豈可以爲常也？惟宜將明獻替，致其主於三代之隆。《孝經》曰：『天子有諍臣七人。』非宰相之職也。必求端士正人，以當言責，導其謇諤，救其患難而已。惟聖人言，危而不持，顛而不扶，則焉用彼相？此亦將明獻替之謂也。使其君昭明令德，不至於顛危也。漢之良相十數人矣，公孫宏開陳其端，而不肯廷辨，固未可也，蕭望之剛不護闕，王嘉訐而犯上，致元、哀二后有信讒邪之惡，戮忠直之名，此其失者也。魏相薛廣德持重守正，弼諧盡忠，可謂得宰相體矣。近世貞以制動，思在無邪，

松柏所以後彫，藜藿由是不採，貴不患失，言必匪躬，似薛廣德者，鄭丞相、陳丞相有之矣。麟之爲瑞也，仁而不觸；玉之爲寶也，廉而不劌，恕以及物，善不近名，高朗令終，天下無怨，似丙博陽者，王丞相、鄭丞相有之矣。好古洽聞，應變膺敏，幾可以成務，知足以取捨，仁愛樂善，勤瘁奉公，逢時得君，不失其正，似倪寬者，韋丞相、李丞相有之矣。困於𨉖陒，以盡天涯，雖劍光不沈，而鸞翮長鎩，靈均之九死無悔，柳下之三黜非辜，既没不瞑，號於上帝，似蕭望之者，所謂李丞相矣。余亦同病，莫保其生，知我者以爲忠，亦已鮮矣。庶乎數世之後，朋黨稍息，以俟知者耳。

宋・姚鉉《唐文粹》卷七九《陸長源〈上宰相書〉》　月日，大中大夫守汝州刺史兼御史中丞本州防禦使陸長源謹奉書相公閣下：相公以命世之略，應佐時之器；發文苑之鴻猷，繼台庭之盛業。聖上傾心，以待相公之啓沃；天下側耳，以待相公之政理。豈得與房、杜異日，而不與蘇、宋同年哉！某比在朝廷，接君子之步武，聽哲人之語言。區區之誠，願盡於此。今上聰明英武，自漢魏已來，賢君哲后未有如今上者。自臨極已來，宰相未有如房、杜、蘇、宋者，何偶聖之有期，而得賢之無路？蓋有以也。夫誠人之失，亦猶端其躬，而後求影之直。故宰相者，導生人之本，稽政化之源；正辭以固之，平氣以待之。物有其官，官得其人。則提綱而綱目張，振領而毛裘舉。至如移制度，評軍國，事關社稷者，斯在宸衷，猶望宰相自古況今，獻可替否。其餘朝廷之常典，羣司之闕務，弛張由於下筆，指顧在於一言。使政歸常典，理革前弊；和氣浹於下，清風穆於上；自然宰輔之事行，弼諧之義暢。何必捨其易而攻其難，犯龍鱗之不測，蹈虎尾而莫顧哉？其宰相之寄也，在於用賢，賢不濫而人自理；次於秉政，政不撓而國自安。用賢者，除改是也；秉政者，賞罰是也。其用賢也，絕黨與，捨憎嫌，使韋弦各施，輪轅適用。頃者之用人也，聲利以撓其心，愛惡而昏其識。以枉爲直，破觚爲圓。除改出於門庭，賞罰隨其情欲。求道行事舉，其可得乎？且尚書六司，天下之理本；兵部無戎帳，戶部無版圖，虞水不管山川，金倉不司錢穀，光禄不供酒，衛尉不供幕，祕書不校勘，著作不修撰；宮曹虛設，禄俸枉請。計考者假而爲資，養聲者藉而爲地。一隅如是，諸司悉然。欲求綱目張、裘毛舉，其可得乎？此宰相之職也。且棟傾者正之，則屋無壓焉之懼；疾甚者攻之，則人無祲沴之患。正傾在於良匠，攻疾在於良醫。故政化失，諫臣得抗疏以論之；敗累興，憲官得持法而繩之。諫臣須謇謇匪躬之士，憲官須孜孜嫉惡之人。今悉求温潤美秀、沈默弘寬者爲之，蓋北轅適楚，圓鑿方枘。欲求扶傾愈疾，其可得乎？貞元初，兵戈初解，蝗旱爲災，邑多逃亡，人士殍餒。至使官厨有闕，國用增艱。《王制》曰：『國無九年之蓄，曰不足。無六年之蓄，曰急。無三年之蓄，曰國非其國也。三年耕，必有一年之食。九年耕，必有三年之食。以三十年之通，雖有凶旱水溢，民無菜色。然後天子之食，日舉以樂。』今歲豐年稔，穀賤傷農，誠宜出價以斂糴，實太倉之儲。豈可慢易於豐賤之日，危急於凶荒之際？比年國家和糴，殆不得人，文帳空存，倉廩不實，是由賞罰之典曠，姦濫之吏生，此亦宰相擇人之過也。某之州，戶口減一萬，兵數無二千。夏率供秋，秋率供夏。儻四氣或爽，一歲無年，實恐投姦有虞，爲累非淺。況率土州縣，其事略同。古人云『旱則資舟』，雖在豐稔之時，須爲凶險之備，此亦宰相之職也。蝗旱之時，聖上憂畿縣彫瘵，親擇臺省十人，出爲畿令，其後京畿稍理，皆擢以大郡，則聖上旌賢賞功之意也。頃來度支敕符皆云，刺史、縣令以戶口減殿一人，賦斂增最一人，與者騫騰於廊廟，嫌者沈淪於草莽。欲求其爲惡者懼，爲善者勸，其可得乎？此宰相之職也。況今北虜和親，縻費轉甚；西戎作梗，邊鄙未安。所望求方召之才，選甘傅之將，聯營朔裔，復河外之城，振旅湟中，收隴右之地。且田單匹夫也，敗樂毅乘勝之師；謝艾書生也，破麻狄勁鋭之卒。豈有其時而無其人哉？在用與不用耳。此亦宰相之職也。太宗得房杜，貞觀之政成；元宗得蘇宋，開元之業泰。今相公居廟堂之上，當台衮之任，與房、杜、蘇、宋列於青史。盍肯昵親愛，行肺腑，踵覆車之轍哉？某齒髮向衰，志力猶在。遇賢相，逢明時，亦願一豁平生，少展微分。不然者，老於泉石，亦求仁而得仁。

宋・劉清之《戒子通録》卷四《蘇瓌〈中樞龜鏡〉》　宰相者，上佐天子，下理陰陽，萬物之司命。居司命之位，苟不以道應命，翺翔自處，上則阻天地之交泰，中則絕性命之至理，下則阻生物之阜植。苟安一日，是稽陰誅，況久之乎？臨大事，斷大議，正道以當之。若不能，即速退。

中樞之地，非偷安之所。平心以應物，無生妄慮，似覺非正，則速回之，使久而不失正也。敷奏宜直勿婉，應對無常，速機可以回小事，沉機可以成大計。同列之間，隨器以應之，則彼自容矣。容則自峻其道以示之，無令庸者其來浼我也。賢者親而狎之，無過狎而失敬，則事無不舉矣。舉一官、一職、一將、一帥，須其材德者，聽衆議以命之，公是非卽無爽矣。人不可盡賢盡愚，汝惟器之。與正人言，則其道堅實而不渝。材人可以責成辦事，辦事不可與議，與之議則失根本，歸權道也。審姦吏，辭煩而忘親者，去之。崇儒則篤敬，侈靡之風不作，不作則平和，平和則自臻理道矣。刺史縣令，久次以居之。不能者立除之，無奸柄施恩，交馳道路，既失為官之意，受弊者隨之矣。欲庶而富，在乎久安。不教而戰，是謂棄之。佐理在乎謹守制度，俾邊將嚴兵修斥堠，使封疆不侵，不必務廣，徒費中國，事無益也。古者用刑，輕中重之三典，各有攸處。方今為政之道，在乎中典，謹而守之。無為人之所貳，無請數赦，以開倖門。勿畏强禦，而損制度。教令少而確守之，則民情膠固矣。毋太剛以臨人，事慮不盡，臣不密則失身。非所議者，勿與之言，勤思慮，不以小事而忽機。管財無多蓄，計有三年之用，外散之親族，多蓄甚害義，令人心不寧，不寧則理事不當矣。清身檢下，無使邪隙微開，而貨流於外矣。遠妻族，無使揚私於外，仍須先自戒。謹檢子弟，無令開戶牖，毋以親屬撓有司，一挾私，則無以提綱在上矣。子弟壻居官，隨器自任，調之勿過其器，而居人之右。子弟車馬服用，無令越衆，則保家，則能治國。居第在乎潔，不在華，無令稍過，以荒厥心。

文臣武官論分部

論說

唐·元結《次山集》卷八《縣令箴》 古今所貴，有土之官。當其選授，何嘗不難。爲其動靜，是人禍福；爲其噓噏，作人寒燠。煩則人怨，猛則人懼。勿以賞罰，因其喜怒。太寬則慢，豈能行令？太簡則疏，難與爲政，既明且斷，直焉無情；清而且惠，果然必行。或曰：『關由上官，事不自我。辭讓而去，有何不可？誰欲字人，贈君此箴。豈獨書紳？可以銘心。』

唐·柳宗元《柳河東集》卷二〇《咸宜》 興王之臣，多起汙賤，人曰『幸也』；亡王之臣，多死寇盜，人曰『禍也』。余咸宜之。當兩漢氏之始，屠販徒隸出以爲公侯卿相，無他焉，彼固公侯卿相器也。遭時之非是以詘，獨其始之不幸，非遭高、光而以爲幸也。漢晉之末，公侯卿相劫戮困餓伏牆壁間以死，無他焉，彼固劫戮困餓器也。遭時之非是以出，獨其始之幸，非遭卓、曜而爲禍也。彼困於昏亂，伏志氣，屈身體，以下奴虜，平難澤物之德不施于人，一得適其傃，其進晚爾，而人猶幸之。彼伸於昏亂，抗志氣，肆身體，以傲豪傑，殘民興亂之技行於天下，一得適其傃，其死後耳，而人猶禍之。悲夫！余是以咸宜之。

宋·王溥《唐會要》卷六三《史館上》 （長安）三年七月，朱敬則請擇史官，上表曰：『國之要者，在乎記事之官。是以五帝玄風，資其筆削；三王盛業，藉以垂名。此才之難，其難甚矣。何以知其然？昔平王東遷，歷年六百，齊桓之九合天下，晉文之一戰諸侯，秦穆公遠霸西戎，楚莊王利盡南海，禮樂文物，闃爾無聞。今之所存，獨載魯史。向若魯無君子，記傳則遺，雄霸遠圖，必墜于地，可不惜哉！卽如齊、周小國之主，尚能留意于史册。齊神武嘗謂著作郎魏收曰：「卿勿見陳元康、楊遵彥等，在吾目前趨走，謂吾以爲勤勞。我後代聲名，在于卿手，最是要事，勿謂我不知。」及文宣卽位，又嘗敕收曰：「好直筆，勿畏懼，我終不作魏太武誅史官。」又周文帝之爲相也，納柳虬之說，特命書法不隱。其志在懲勸如此。伏以陛下聖德鴻業，誠可垂範將來，倘不遇良史之才，則大典無由而就也。且董狐、南史，豈止生于往代，而獨無於此時，在乎求與不求，好與不好耳。今若訪得其善者，伏願勖之以公忠，期之以遠大，更超加美職，使得行其道，則天下幸甚！』

宋·王欽若等《册府元龜》卷一五八《帝王部·誡勵第三》 天寶元年十月，諸州朝集使回，敕曰：今之牧守，古之諸侯，撫育黎元，歲有朝會。蓋問之疾苦，審以安危，必在適時，期於不擾，洎告辭處分，師古前規。如聞遙自朝廷，初到郡縣，便遠追僧道，廣説滋彰，山谷往還，日夜疲弊。通賢當無此事，俗吏誠恐有之。朕夙夜在心，期之清淨，頃聞此説，深疚乃懷。宜覺前非，俾無後悔。當道採訪固不得違，寮友之間，遽相戒勵。宜知朕意，各守章程，並宜好去。

聖賢觀分部

論説

唐·韓愈《韓昌黎文集》卷一《行難》 或問：『行孰難』？曰：『捨我之矜，從爾之稱。』『孰能之？』曰：『陸先生參何如？』曰：『先生之賢聞天下，是是而非非。貞元中，自越州徵拜祠部員外郎，京師之人日造焉，閉門而拒之滿街。愈嘗往間客席，先生矜語其客曰：「某胥也，某商也，其生某任之，其死某誅之，某與某可人也，任與誅也非罪歟？」皆曰：「然」。愈曰：「某之胥，某之商，其得任與誅也，有由乎？抑有罪不足任而誅之邪？」先生曰：「否，吾惡其初；不然，任與誅也何尤。」愈曰：「苟如是，先生之言過矣！昔者管敬子取盜二人爲大夫於公，趙文子舉管庫之士七十有餘家：夫惡求其初？」先生曰：「不然，彼之取者賢也。」愈曰：「先生之所謂賢者，大賢歟，抑賢於人之賢歟？齊也，晉也，且有二與七十；而可謂今之天下無其人邪？先生之選人也已詳。」先生曰：「然」。愈曰：「聖人不世出，賢人不時出，千百歲之間儻有焉；不幸而有出於胥商之族者，先生之説傳，吾不忍赤子之不得乳於其母也！」先生曰：「然。」』

他日，又往坐焉。先生曰：『今之用人也不詳。位乎朝者吾取某與某而已，在下者多于朝，凡吾與者若干人。』愈曰：『先生之與者盡於此乎？其皆賢乎，抑猶有舉其多而缺其少乎？』先生曰：『固然，吾敢求其全。』愈曰：『由宰相至百執事凡幾位？由一方至一州凡幾位？先生之得者，無乃不足充其位邪！不早圖之，一朝而舉焉；今雖詳，其後用也必粗。』先生曰：『然。子之言，孟軻不如。』

又 卷二《省試顏子不貳過論》 論曰：登孔氏之門者衆矣，三千之徒，四科之目，孰非由聖人之道，爲君子之儒者乎？其於過行過言，亦云鮮矣；而夫子舉不貳過惟顏氏之子，其何故哉？請試論之：

夫聖人抱誠明之正性，根中庸之至德，苟發諸中形諸外者，不由思慮，莫匪規矩；不善之心，無自入焉；可擇之行，無自加焉：故惟聖人無過。所謂過者，非謂發於行、彰於言，人皆謂之過而後爲過也；生于其心則爲過矣。故顏子之過此類也。不貳者，蓋能止之于始萌，絶之於未形，不貳之於言行也。《中庸》曰：『自誠明謂之性，自明誠謂之教。』自誠明者，不勉而中，不思而得，從容中道，聖人也，無過者也；自誠明者，擇善而固執之者也，不勉則不中，不思則不得，不貳過者也。故夫子之言曰：『回之爲人也，擇乎中庸，得一善，則拳拳服膺而不失之矣。』又曰：『顏氏之子，其殆庶幾乎！』言猶未至也。而孟子亦云：『顏子具聖人之體而微者。』皆謂不能無生于其心，而亦不暴之於外。考之於聖人之道，差爲過耳。

顏子自惟其若是也，於是居陋巷以致其誠，飲一瓢以求其志，不以富貴妨其道，不以隱約易其心，確乎不拔，浩然自守，知高堅之可尚，忘鑽仰之爲勞，任重道遠，竟莫之致；是以夫子歎其『不幸短命』，『今也則亡』，謂其不能與己並立於至聖之域，觀教化之大行也。不然，夫行發於身加於人，言發乎邇見乎遠，苟不慎也，敗辱隨之；而後思欲不貳過，其於聖人之道不亦遠乎？而夫子尚肯謂之『其殆庶幾』，孟子尚復謂之『具體而微』者哉？則顏子之不貳過，盡在是矣。

又 《遺文·答侯生問論語書》 愈白，侯生足下：所示《論語問》甚善。聖人踐形之説，孟子詳於其書，當終始究之。若萬物皆備於我，反身而誠是也；苟有僞焉，則萬物不備矣。踐形之道無他，誠是也。

足下謂賢者不能踐形，非也。賢者非不能踐形，能而不備耳。形，言其備也，所謂具體而微是也。『充實之謂美，充實而有光輝之謂大』，充實則具體，未大則微；故或去聖一間，或得其一體：皆踐形而未備者。唯反身而誠，則能踐形之備者耳。

愈昔注解其書，而不敢過求其意；取聖人之旨而合之，則足以信後生輩耳。此説甚爲穩當，切更思之。愈白。

唐・柳宗元《柳河東集》卷一六《乘桴説》 子曰：『道不行。乘桴浮于海。從我者其由歟！』子路聞之喜。子曰：『由也，好勇過我，無所取材。』説曰，海與桴與材，皆喻也。海者，聖人至道之本，所以浩然而游息者也。桴者，所以游息之具也。材者，所以爲桴者也。《易》曰：『復其見天地之心乎？』則天地之心者，聖人之海也。復者，聖人之桴也。所以復者，桴之材也。孔子自以極生人之道，不得行乎其時，將復於至道而游息焉。謂由也勇於聞義，果於避世，故許其從之也。其終曰『無所取材』云者，言子路徒勇於聞義，果於避世，而未得所以爲復也。此以退子路兼人之氣，而明復之難耳。然則有其材以爲其桴，而游息於海，其聖人乎？子謂顔淵曰：『用之則行，捨之則藏，唯我與爾有是夫！』由是而言，以此追庶幾之説，則回近得矣。而曰『其由也歟』者，當是歎也，回死矣夫。或問曰：『子必聖人之雲爾乎？』曰：『吾何敢？以廣異聞，且使遯世者得吾言以爲學，其於無悶也，揵焉而已矣。』

南漢・王定保《唐摭言》卷七《李華〈三賢論〉》 或曰：『吾讀古人之書，而求古人之未獲。』嗟夫！遐叔謂曰：無世無賢人，其或世教不至，淪於風波，雖賢不能自辨，況察者未之究乎！鄭衛方奏，正聲間發。極和無味，至文無采。聽者不達，反以爲怪譎之音；太師、樂工亦失容而止。曼都之姿，雜爲顛頷，被縕絮，蒙蕭艾，美醜夷倫，自以爲陋。此二者，既病不自明，又求者亦昏；將割其善惡，在遷政化，端風俗，則賢不肖異貫，而後賢者自明，而察者不惑也。予兄事元魯山而友劉、蕭二功曹：此三賢者，可謂之達矣。或曰：願聞三子之略。遐叔曰：元之志行當以道紀天下，劉之志行當以六經諧人心，蕭之志行當以中古易今世。元齊愚智，劉感一物不得其正，蕭呼吸折節而獲重禄，不易一刻之安。元之道，劉之深，蕭之志，及於夫子之門，則達者其流也。然各有病：元病酒，劉病賞物，蕭病貶惡太亟，奬能太重。元奉親孝，居喪安，撫孤仁，徇朋友之急，蒞職明於賞罰，終身貧而樂天知命，以爲王者作樂崇德，殷薦上帝以配祖考，天人之極致也，而辭章不稱；於是作《破陣樂詞》，是樂也，協商、周之頌；推是而論，則見元之道矣。劉名儒、史官之家，兄弟以學著稱，乃述《詩》、《書》、《禮》、《樂》、《春秋》，為《五説》，條貫源流，備古今之變；推是而論，則見劉之深矣。蕭以史書爲繁，尤罪子長不編年，陳事而爲列傳，後代因之，非典訓也；將正其失，自《春秋》三家之後，非訓齊生人不録，次序纘修，以迄於今，志未就而殁；推是而論，則見蕭之志矣。元據師保之席，瞻其形容，不俟其言，而見其仁。劉被卿佐之服，居賓友之地；言理亂根源，人倫隱明，參乎元精，而後見其妙。蕭若百鍊之鋼，不可屈折，當廢興去就之際，一死一生之間，而後見其大節；視聽過速，欲人人如我，志與時多背，常見訴於人，取其中節之舉，足可以爲人師矣。學廣而不偏精，其貫穿甚於精者，又文方復雅商之至當，以律度百代，而古之能者往往不至焉。超邁蹈厲，可與知者言也。茂挺父爲莒丞，得罪清河張惟一，時佐廉使按成之。茂挺初登科，自洛還莒，道邀使車發辭哀乞，惟一涕下，卽日捨之，且曰：『蕭贊府生一賢，方資天下風教，吾由是得罪，無憾也！』夫如是，得不謂之孝乎？或曰：『三子者各有所與游乎？』遐叔曰：若太尉房公，可謂名卿矣；每見魯山，卽終日歎息，謂余曰：『見紫芝眉宇，使人名利之心盡矣！』若司業蘇公，可謂賢人矣，每謂當時名士曰：『僕不幸生於衰俗，所不耻者，識元紫芝。』廣平程休士美，端重寡言；河間邢宇紹宗，深明操持；宇弟宙次宗，和而不流；南陽張茂之季豐，守道而能斷；趙郡李崿伯高，含大雅之素；崿族子丹叔南，誠莊而文；丹族子惟岳謀道，沈邃廉靜；梁國喬澤潭源，昂昂有古風；宏農楊拯士扶，敏而安道；清河房垂翼明，志而好古；河東柳識方明，遐曠而才；是皆慕元者也。劉在京下，嘗寢疾，房公時臨；扶風聞之，通夕不寐，顧謂賓從曰：『挺卿若不起，無復有神道！』尚書劉公每有勝理必詣與談，終日忘返，退而嘆曰：『聞清言，見皇王之理矣。』陳郡殷寅，直清有識，尚恨言理少對，未與劉面，常想見其人。河東裴勝士舉，朗邁眞直；弟霸士會，峻清不雜；隴西李廣敬叔堅，明而沖粹；范陽盧虛舟幼眞，質方而清；潁川陳讜言士然，淡而不厭；吳興沈興宗季長，專靜不渝；潁川陳謙不器，行古人之道；渤海高適達夫，落落有奇節：是皆重劉者也。工部侍郎韋述修國史，推蕭同事；禮部侍郎陽浚掌貢舉，問蕭求人海内，以爲德選；汝南邵軫緯卿，有詞學標幹；天水趙驊雲卿，才美行純；陳郡殷寅直清，達於名理；河南源衍季融，粹微而俊；

會稽孔至惟微，述而好古；河南陸據德鄰，恢恢善於事理；河東柳芳仲敷，該練故事；長樂賈至幼鄰，名重當時；京兆韋收仲成，遠慮而深；南陽張有略維之，履道體仁；有略族弟邈季遐，温其如玉；中山劉頌士端，疏明簡暢；潁川韓拯佐元，行備而文；樂安孫益盈孺，温良忠厚；京兆韋建士經，中明外純；潁川陳晉正卿，深於詩書；天水尹徵之誠明，貫百家之言。是皆厚於蕭者也。尚書顔公，重名節，敦故舊，與茂挺少相知，顔與陸據、柳芳最善，茂挺與趙驊、邵軫洎華最善，天下謂之『顔、蕭之交』。殷寅、源衍睦於二交間，不幸元罷魯山，終於陸渾；劉避地逝於安康；蕭歸葬先人，歿於汝南。今復求斯人，有之無之？是必有之，而察之未克也。三賢不登尊位，不享下壽，居易委順，賢人之達也；不蒙其教，生人之病。余知三賢也深，故言之不怍云。

宋・李昉等《文苑英華》卷三七八《李觀〈述行〉》　噫！聖人之所能而賢人所難曰德。德不愧，則脩立之事著矣。琛每究聖人旨，顯而微，隱而著。義讓以表其外，德行以明其内。恩信以招其賢，寬惠以廣其物。剛毅以將其志，温柔以制其勇。去義讓則父子之道乖，捨德行則君臣之志缺。廢恩信則朋友之道墜，亡寬惠則刑法之政弊。用剛毅則勇果之心遂，斥温柔則和弱之旨怠。六者聖人之尊，賢人之難也。所以堯舜而治，冊病而廢。禹湯得堯舜之道，桀紂蕪禹湯之化。是則德行義讓，恩信剛柔，偕隨時而晦明也。吁！以偶爲己任，以利爲己友，夫如是，雖冠帶儼然，事虚美於寰宇下，具年足之一氣爾，烏異沐猴而冠者耶？德行可置宜乎哉？

又　卷七四四《楊夔〈二賢論〉》　子貢以管夷吾之奢、晏平仲之儉，質于宣尼。宣尼以管仲之奢，賢大夫也，而難爲上。晏平仲，賢大夫也，而難爲下。蓋譏其僭上偪下之失。或謂無所輕重，予敢繼其末以論先後焉。夫齊桓承襄公之失政，接無知之亂常。久亡於外，自莒先入。有國之後，鋭心以求其治。及叔牙言夷吾之能，脱囚服，秉國政，有鮑叔之助，隰朋之佐，遂能九合諸侯，以成霸業。此逢時之大者也。若平仲者，立於衰替之朝，有田國之疆，有欒高之侈。時非曩時，君非賢君。當崔杼之弑也，能挺然易其盟。陳氏之大也，能曉然商其短。獨立讒諂之伍，自全於紛擾之中，人無間言，時莫與偶。若桓公九合諸侯，不以兵車，信夷吾之力也。使晏子居桓公之世，有鮑隰之助，則其尊周室，霸諸侯，功豈減於管氏乎？以其鏤簋而朱紘，孰若豚肩不掩豆？以其三歸而友坫，孰若一狐裘三十年？矧國之破家之亡者，以奢乎？以儉乎？《語》曰：『奢則不遜，儉則固。』與其不遜也寧固，然後知聖人輕重之旨斯在。

唐・李商隱《李義山文集》卷一〇《析微・斷非聖人事》　堯去子，舜亦去子，周公去弟，後世人以為能斷，此絕不知聖人事者。斷之為義，疑而後定者也。聖人所行無疑，又安用斷？聖人持天下以道，民不得知；聖人理天下以仁義，民不得知。害去其身，未仁也；害去其家，未仁也？害去其國，亦未仁也；害去其天下，亦未仁也；害去其後世，然後仁也。宜而行之謂之義，子不肖去子，弟不順去弟，家國天下後世，皆蒙利去害矣。不去則反宜，然而為之，堯舜周公未嘗疑，又安用斷？故曰：『斷，非聖人事。』

又《讓非賢人事》　世以為能讓其國，能讓其天下者為賢，此絕不知賢人事者。能讓其國，能讓其天下，是不苟取者耳。湯故時非無臣也，然其卒佐湯，有升陑之役，鳴條之戰，竟何人哉，非伊尹不可也。武故時非無臣也，然其卒佐武，有牧野之誓，白旗之懸，果何人哉？非太公望不可也。苟伊尹之讓汝鳩、仲虺，太公望之讓太顛、閎夭，則商、周之命其集乎？故伊尹之醜夏復歸，太公望之發揚蹈厲。當此時，雖百汝鳩、百仲虺，伊尹不讓也；百太顛、百閎夭，太公望亦不讓也。故曰：『讓，非賢人事。』

南唐・譚峭《化書》卷三《德化・飛蛾》　天下賢愚，營營然若飛蛾之投夜燭，蒼蠅之觸曉窗。知往而不知返，知進而不知退。而但知避害而就利，不知聚利而就害。夫賢於人而不賢於身，何賢之謂也？博於物而不博於己，何博之謂也？是以大人利害俱忘，何往不臧？

清・董誥等《全唐文》卷三一《李隆基〈追謚孔子十哲幷升曾子四科詔〉》　宏我王化，在乎儒術。能發揮此道，啓迪含靈，則生人以來，未有如夫子者也。所謂自天攸縱，將聖多能，德配乾坤，身揭日月，故能立天下之大本，成天下之大經。美政教，移風俗，君君臣臣，父父子子，人到於今受其賜，不其猗歟！於戲！楚王莫封，魯公不用，俾夫大聖，才列陪臣，棲遲旅人，固可知矣。年祀寖遠，光靈益彰，雖代有褒稱，而未爲崇峻，不副於實，人其謂何？朕以薄德，祗膺寶命，思闡文明，廣被華夏，時則異於今古，情每重於師資。既行其教，合旌厥德，爰申盛禮，載表徽猷。夫子既稱先聖，可追謚爲文宣王，宜令三公持節册命。其文宣王陵並舊宅廟。量加人灑掃，用展誠敬。其後嗣褒聖侯，宜改爲文宣公。至如辨方正位，著自禮經，苟非得所，何以示則？昔緣周公南面，夫子西坐。今位既有殊，坐豈依舊，宜補其墜典，永作成式。自今已後，兩京國子監。夫子皆南面坐，十哲等東西列侍，天下諸州亦準此。且門人三千，見稱十哲，包夫衆美，實越等夷。暢元聖之風規，發人倫之耳目，並宜褒贈，以寵賢明。顔子既云亞聖，須優其秩，可贈兖公。閔子騫可贈費侯，冉伯牛可贈鄆侯，冉仲弓可贈薛侯，冉子有可贈徐侯，仲子路可贈衛侯，宰子我可贈齊侯，端木子貢可贈黎侯，言子游可贈吴侯，卜子夏可贈魏侯。又夫子格言，參也稱魯，雖居七十之數，不載四科之目。頃雖參於十哲，終未殊於等倫，允稽先旨，俾循舊位，庶乎禮得其序，人焉式瞻。宗洙泗之丕烈，重膠庠之雅範，布告中外，咸使知聞。

朋黨論分部

論說

唐·李德裕《會昌一品集》卷一〇《論侍講奏孔子門徒事狀》 今月十三日於延英殿，陛下謂臣等云：『侍講稱孔子其徒三千，亦可謂之朋黨。』臣等自元和以來，嘗聞此語，幸因聖慈下問，輒敢覼縷而言。西漢劉向云：『昔孔子與顔回、子貢，更相稱譽，不爲朋黨，禹稷與皋陶，轉相汲引，不爲比周。何則？忠於爲國，無邪心也。』臣嘗以鯀、共工、驩兜，與舜、禹雜處堯朝，共工、驩兜則爲黨，舜、禹則不爲黨。何者？共工、驩兜相與比周，迭爲掩蔽也。如賢人君子則不然，忠於國則同心，聞於義則同志，退而各自行己，不可交以私。是以趙宣子、隨會，繼而納諫，司馬侯、叔向，比以事君，不爲黨也。公孫宏每與汲黯請間，黯先發之，宏推其後，武帝所言皆聽。汲黯雖與公孫宏並進，然庭詰云：『齊人少情。』譏其布被爲詐，則知先發後繼，不爲黨矣。國史稱太宗嘗與房玄齡圖事，則曰：『非杜如晦莫能籌之。』及杜如晦至，竟推玄齡之策，此又同心圖國，不爲黨也。何者爲黨？漢書稱朱博、陳咸，相爲腹心，背公死黨。東漢周福、房植，各以其黨相傾，議論相軋。故漢朝朋黨，始於甘陵二部，及其甚也，謂之鉤黨，繼受誅夷，以《王制》言之，非不幸也。魏朝何晏、丁謐，依附曹爽，祖尚浮虚，使有魏風俗，由茲大壞。此皆爲朋黨也，略舉數節，以明其類。至於歷代朋黨，不可殫言。仲尼知季路之不免，子游識子張之未仁，曾子罪卜商喪親無聞，夫子罪宰我鑽燧爲久，惡既不掩，善固宜稱，此又不可爲黨也。班固稱周室既微，由是列國公子，魏有信陵，趙有平原，齊有孟嘗，楚有春申，抵掌而游談者，以四豪爲稱首，於是背公死黨之議成，守職奉上之義廢矣。此四豪者，各有門客三千，而謂之黨；仲尼三千，則不爲黨。蓋仲尼之徒，惟務仁義，不以爵禄為貴；四豪之門，惟務譎詐，常以勢力相高。今侍講欲以奔走權勢之徒，攫拏名利之輩，比方孔門上哲，實罔聖聽。臣未知元和以來所謂黨者，爲國乎？爲身乎？若以爲國，則隨會、叔向、汲黯、房玄齡之道可得行矣，不必聚黨成羣。以臣觀之，今所謂黨者，進則誣善蔽忠，附下罔上，歙歙相是，態不可容，退則車馬馳驅，惟務權勢，聚於私室，朝夜合謀，清美之官，盡須其黨，華要之選，不在他人，陰附者羽翼自生，中立者抑壓不進。孔門顔、冉，豈有是哉？陛下以此察之，則奸僞自見。臣恐更有小人，妄陳此説，輒舉事例。庶裨聰明。伏望陛下留臣此狀，時賜覽閲，所冀小臣瞽説，免惑聖心。臣不任懇激之至，謹録奏聞。

又《外集》卷三《朋黨論》 治平之世，教化興行，羣臣和於朝，百姓和於野，人自砥礪，無所是非，天下焉有朋黨哉？仲長統所謂『同異生是非，愛憎生朋黨，朋黨致怨隙』是也。東漢桓靈之朝，政在閹寺，綱紀以亂，風教寖衰，黨錮之士，始以議論疵物，於是危言危行，刺譏當世，其志在於維持名教，斥遠佞邪，雖乖大道，猶不失正。今之朋黨者，皆依倚倖臣，誣陷君子，鼓天下之動，以養交游，竊儒家之術，以資大盜，所謂教猱升木，嗾犬害人，穴居城社，不可薰鑿。漢之黨錮，爲理世之罪人矣；今之朋邪，又黨錮之罪人矣。仲長統曰：『才智者，亦姦凶之羽翼；勇氣者，亦盜賊之爪牙。誠如是言，然辨之未盡。如是者皆小才小勇，祇能用詭道入邪徑，鼠牙穿屋，虺毒螫人，如巨海陰夜，百色妖露，焉能白日爲怪哉？大道之行，當奮粉矣。』

唐・李絳《李相國論事集》卷五《論朋黨事》 上御延英殿，與宰臣言：『向外人言朋黨頗甚，如何？』武元衡、李吉甫未對。而李絳奏曰：『朋黨之稱，爲臣也。臣歷觀自古及今，帝王最惡者是朋黨。姦人能揣知上旨，非言朋黨，不足以激怒主心，故小人譖毀賢良，必言朋黨。尋之則無迹，言之則可疑，所以搆陷之端，無不言朋黨者。夫小人懷私，常以利動，不顧忠義，自成朋黨。君子以忠正爲心，以懲勸爲務，不受小人之佞，不遂姦人之利，自然爲小人所嫉，譖毀百端者，蓋緣求無所獲，取無所得故也。忠正之士，直道而行，不爲諂諛，不事左右，明主顧遇則進，疑沮則退，不爲他計，苟安其位，以此長爲姦邪所搆，以其無所入也。夫聖賢合迹，千載同符，忠正端慤之人，所以知獎，亦是此類，是同道也，非爲黨也，豈可使端良之人，取非僻之士，然後謂非朋黨也。陛下親行堯舜之道，高上禹湯之德同也，豈謂上與數千年堯舜禹湯爲黨？是道德乎。孔子，聖人也，顏回已下十哲，希聖者更相稱贊，爲黨乎？是道業同也！仲尼祖述堯舜，憲章文武，又曰：「吾不復夢見周公。」遠者二千年，近者五百年，豈謂之黨？是聖人德行同也。後漢末時，名節骨鯁。忠正儒雅之臣，同心匡國，盡節憂時，而宦官小人，憎嫉正道，同爲搆陷，目爲黨人，遂起錮黨之獄，以成亡國之禍，備在史策，明若日月，豈不爲誡乎？詩人嫉讒佞之人曰：「取彼讒人，投畀豺虎。」可爲三復也。』上曰：『朕無疑卿等意，况言朋黨失至公之道爾。』絳又對曰：『趨利之人，常爲朋黨以同其私。故守正之人，常遭毀以違其私故也。小人多譖言，常勝。正人少機直道，常不勝。伏希陛下監其事情而察其言行，則可矣。』

政治關係論部

君民關係論分部

論説

唐・吴兢《貞觀政要》卷一《政體》 貞觀六年，太宗謂侍臣曰：『看古之帝王，有興有衰，猶朝之有暮，皆爲蔽其耳目，不知時政得失。忠正者不言，邪諂者日進，既不見過，所以至於滅亡。朕既在九重，不能盡見天下事，故布之卿等，以爲朕之耳目。莫以天下無事，四海安寧，便不存意。可愛非君，可畏非民。天子者，有道則人推而爲主，無道則人棄而不用，誠可畏也。』魏徵對曰：『自古失國之主，皆爲居安忘危，處理忘亂，所以不能長久。今陛下富有天下，内外清晏，能留心治道，常臨深履薄，國家曆數，自然靈長。臣又聞古語云：「君，舟也；人，水也。水能載舟，亦能覆舟。」陛下以爲可畏，誠如聖旨。』

又 卷四《教戒太子諸王第十一》 貞觀十八年，太宗謂侍臣曰：『古有胎教世子，朕則不暇。但近自建立太子，遇物必有誨諭，見其臨食將飯，謂曰：「汝知飯乎？」對曰：「不知。」曰：「凡稼穡艱難，皆出人力，不奪其時，常有此飯。」見其乘馬，又謂曰：「汝知馬乎？」對曰：「不知。」曰：「能代人勞苦者也，以時消息，不盡其力，則可以常有馬也。」見其乘舟，又謂曰：「汝知舟乎？」對曰：「不知。」曰：「舟所以比人君，水所以比黎庶，水能載舟，亦能覆舟。爾方爲人主，可不畏懼！」見其休於曲木之下，又謂曰：「汝知此樹乎？」對曰：「不知。」曰：「此木雖曲，得繩則正，爲人君雖無道，受諫則聖。此傳説所言，可以自鑑。」』

元·翟思忠《魏鄭公諫續録》卷下　徵上疏曰：『臣聞君爲元首，臣作股肱，齊契同心，合而成體，體或不備，未有成人。然則首雖尊極，必資手足以成體；君雖明哲，必藉股肱以致理。故《禮》云：「臣以君爲心，君以臣爲體。心莊則體舒，心肅則容敬。」《書》云：「元首明哉，股肱良哉，庶事康哉。元首叢脞哉，股肱惰哉，萬事墮哉。」然則委棄股肱，獨任胸臆，具體成理，非所聞也。夫君臣相遇，自古爲難。以石投水，千載一合。以水投石，無時不有。其能開至公之道，申天下之用，內盡心膂，外竭股肱，和若鹽梅，固同金石者，非唯高位厚秩，在於禮之而已。昔周文王游於鳳凰之墟，襪係解，顧左右，莫可使者，乃自結之。豈周文之朝盡爲俊乂，聖明之代獨無君子哉？但知與不知，禮與不禮耳。是以伊尹，有莘之媵臣；韓信，項氏之亡命。殷湯致禮，定王業於南巢；漢祖登壇，成帝功於垓下。若夏桀不棄於伊尹，項羽垂恩於韓信，寧肯敗已成之國，爲亡虜乎？又微子，骨月也，受茅土於宋；箕子，良臣也，陳洪範於周。促尼稱其仁，莫有非之者。《禮記》稱：『魯繆公問於子思曰：「為舊君反服，古歟？」子思曰：「古之君子進人以禮，退人以禮，故有舊君反服之禮也。今之君子，進人若將加諸膝，退人若將墜諸淵，無爲戎首，不亦善乎？又何反服之有？」』齊景公問於晏子曰：「忠臣之事君，如之何？」晏子對曰：「有難不死，出亡不送。」公曰：「裂地以封之，疏爵以待之，有難不死，出亡不送，何也？」晏子曰：「言而見用，終身無難，臣何死焉？諫而見納，終身不亡，臣何送焉？若言不見用，有難而死，是妄死也。諫不見納，出亡而送，是詐忠也。」《春秋左氏傳》曰：「崔杼弑齊莊公，晏子立於崔氏之門外，其人曰：死乎？曰：獨吾君也乎哉？吾死也。曰：行乎？曰：吾罪也乎哉？吾亡也。故君爲社稷死，則死之；爲社稷亡，則亡之。若爲已死，爲已亡，非其親昵，誰敢任之？門啓而入，枕尸股而哭，興三踴而出。」孟子曰：「君視臣如手足，臣視君如腹心。君視臣如犬馬，臣視君如國人。君視臣如糞土，臣視君如寇讎。」雖臣之事君，無有二志，至於去就之節，當緣恩之厚薄。然則爲人主者，安可以無禮於下哉？竊觀在朝羣臣，當主樞機之寄者，或地鄰秦晉，或業預經綸，並立事立功，皆一時之選，處之衡軸，爲任重矣。任之雖重，信之未篤。信之未篤，則人或自疑。人或自疑，則心懷苟且。心懷苟且，則節義不立。節義不立，則名教不興。名教不興，而可以固太平之基，保七百之祚，未之有也。又聞國家重惜功臣，不念舊惡，方之前聖，一無所間然。但寬於大事，急於小罪，臨時責怒，未免愛憎之心，不可以爲政。君嚴其禁，臣或犯之，況上啓其源，下必有甚。川壅而潰，其傷必多。欲使凡百黎元，何所措其手足？此則君開一源，下生百端之變，無不亂者也。《禮記》曰：「愛而知其惡，憎而知其善。」若憎而不知其善，則爲善者必懼。愛而不知其惡，則爲惡者實繁。《詩》曰：「君子如怒，亂庶遄沮。」然則古人之震怒，將以懲惡，當今之威罰，所以長好，此非堯舜之心也，非禹湯之事也。《書》曰：「撫我則后，虐我則讎。」孫卿子曰：「君舟也，人水也。水所以載舟，亦以覆舟。」孔子曰：「魚失水則死，水失魚猶爲水也。」故堯舜戰戰慄慄，日慎一日，安可不深思之乎？安可不熟慮之乎？夫委大臣以大體，責小臣以小事，爲國之常也，爲理之道也。今委之以職，則重大臣而輕小臣，至於有事，則信小臣而疑大臣。信其所輕，疑其所重，將求致治豈可得乎？又政貴有恒，不求屢易。今或責小臣以大體，或責大臣以小事，乘非其據，大臣失其所守。大臣或以小過獲罪，小臣或以大體受罰，職非其位，罰非其辜，欲其無私，求其盡力，不亦難乎？小臣不可委以大事，大臣不可責以小罪。任其大官，求其細過，刀筆之吏，順旨承風，舞文弄法，曲成其罪。自陳也，則以爲心不伏辜；不言也，則以爲所犯皆實。進退惟咎，莫能自明。則苟求免禍，大臣苟免，則譎詐萌生。譎詐萌生，則矯僞成俗，不可以臻至理。又委任大臣，欲其盡力。每官有所避忌不言，則爲不盡。若舉得其人，何嫌於故舊。若舉非其任，何貴於疏遠。待之不盡誠信，何以責其忠恕哉？臣或有失，君亦未爲得也。夫上之不信於下，必以爲下無可信矣。若必下無可信，則上亦有可疑矣。《禮》云：「上人疑，則百姓惑。下難知，則君長勞。」上下相疑，不可以言至理矣。當今羣臣之內，遠在一方，流言三至而不投杼者，臣竊思度，未見其人。夫以四海之廣，兆庶之衆，豈無一二可信之人哉？蓋信之則無不可，疑之則無可信者，豈獨臣之過乎？一介庸夫結為交友，以身相許，死且不渝，況君臣契合，寄同魚水。若君爲堯舜，臣爲稷契，豈有遇小事則變志，見小利則易心哉？此雖下之立忠，未能明著，亦由上懷不信，待之過薄之所致也。豈君使臣以禮，臣事君以忠乎？以陛下之聖明，以當今之功業，誠能博求時俊，上下同心，則三皇可追而四，五帝可俯而六矣。夏殷周漢，夫何足數？』太宗深嘉納之。

唐·李華《李遐叔文集》卷四《君之牧人》 古之帝者，非不欲厚其養，泰其身，固揣於變化之原，而要之以極，亦至矣。蓋以為上逸則下困，困百衆逸一人而非天意也。極非天意，亦不忍為也。故下逸而上困，帝者甘心焉。況百姓逸君孰與困？《書》曰：『元后作民父母。』文母勞於養子，則襁褓之疾弭，□則父母之心泰。推是而求之，聖人志于儉薄，不得不爾也。

宋·李昉等《文苑英華》卷四三四《鄭窾〈放京畿丁役及免稅制〉》

敕：王者承天命以養人也，愛之如身，豈止如子。餒者食之，寒者衣之，猶恕仁之不至，愧悼之心，惻隱於內而不能已也。故天下有道，藏於百姓。古之使人，不過三日，可以長孺齒，可以養孤老，蓋太平至理之化何施而集於此乎？朕承奉大業，于茲八載，不能恢弘王道，被之六合。雖德之寡昧，未燭於理，常亦憂勤損節，以濟元元。豈不知乾坤以易簡成物，帝王以惇儉守位，從賦斂之薄省哉？然時或多故。事非獲已，屬外攘夷狄，連歲備邊，兵車之會，不下十萬，餉饋耗竭，邦畿大殘。又郊杜宗廟之祀、府庫賜與之用、庶事之費，皆仰給焉。急賦暴徵，日益煩重，加以水旱相乘，歲非豈熟，方冬之首，穀已翔貴。又宿豪大猾，橫恣侵漁，致有半價倍稱，分田劫假。於是棄田宅、鬻子孫，蕩然逋散，轉徙就食，行者甚衆，念之疚心。夫安土重遷人之常性，向非誅求之數，豈去父母之邦哉？蓋以朕不敏不明，鬱於教化，德之寡薄，以至於斯。《傳》曰：『百姓不足，君孰與足。』《書》曰：『民非后何戴？后非衆罔與守邦。』今縣內告病流亡不已，失於撫育之道，得不愧于心乎。哀痛勤約，明發不寐在予之情，懼惕良深，宜有蠲除，以惠貧弱。

君臣關係論分部

論說

《舊唐書》卷二《太宗紀上》（貞觀二年六月庚寅，詔曰）天地定位，君臣之義以彰；卑高既陳，人倫之道斯著。是用篤厚風俗，化成天下。雖復時經治亂，主或昏明，疾風勁草，芬芳無絕，剖心焚體，赴蹈如歸。夫豈不愛七尺之軀，重百年之命？諒由君臣義重，名教所先，故能明大節於當時，立清風於身後。

又 卷一七上《文宗紀上》（大和元年五月）戊辰，詔：『元首股肱，君臣象類，義深同體，理在坦懷。夫任則不疑，疑則不任。然自魏、晉已降，參用霸制，虛議搜索，因習尚存。朕方推表大信，置人心腹，庶使諸侯方嶽，鼓洽道化，夷貊飛走，暢泳治功。況吾台宰，又何間焉。自今已後，紫宸坐朝，衆僚既退，宰臣復進奏事，其監搜宜停。』

又 卷一三四《馬燧傳》 德宗賜燧《宸扆》、《台衡》二銘。序曰：『朕每覽上古之書，及唐、虞之際，君臣相得，聖賢同時，日夕孜孜，講論至道，或陳其鑑誡，或諷以詠歌，煥乎典謨，百代是式，有以見啓沃之道，理化之端，意甚慕之，而未能迨也。頃靈鹽節度使杜希全著書上獻，多所規諫，聊爲《君臣箴》，用答其意。河東等道副元帥、司徒燧固請勒石，貽厥後人。朕以文既非工，義又非備，垂諸來裔，良所恧焉。起予者商，因之有作，庶乎朝夕自儆，且俾後代知我文武殿邦之臣歟。』

又 卷一四四《杜希全傳》 （德宗著《君臣箴》以賜杜希全，其辭曰：）夫惟德惠人，惟辟奉天，從諫則聖，共理惟賢。皇立有極，駿命不易，總萬機以成務，齊六合之殊致。一心不能獨鑑，一目不能周視，敷求哲人，式序在位。於戲！君之任臣，必求一德；臣之事君，咸思正直。何啓沃之所宜，自古今而未得？且以讜言者逆耳，諛諂者伺側，故下情未通，而上聽已惑，俾夫忠賢，敗於凶慝。譬彼輕舟，烝徒楫之；亦有和羹，宰夫膳之。孰云理國，不自得師，覆車之軌，予其懲而。高以下升，和由甘受，惟君無良，亦臣之咎。聞諸辛毗，牽裾魏后，則有禽息，竭忠碎首，勉思獻替，以平可否。勿謂無傷，自微而彰，勿謂何害；積小成大，事有隱而必見，令既出而焉悔。鼓鐘在宮，聲聞于外，浩然涉水，朕未有艾，將負扆以虚心，期盡忠而納誨。在昔稷、契，實匡舜、禹；近兹魏徵，佑我文祖，君臣協德，混一區宇。肆予寡昧，獲纘丕緒，臣哉鄰哉，爾翼爾輔。

高秋始肅，我武惟揚，輟此禁衛，殿于大邦。戀闕方甚，嘉言乃昌，是規是諫，金玉其相。辭高理要，入德知方，總彼千慮，備于八章，宣父有言，啓予者商。殷有盤銘，周有欹器，或誡以辭，或警以事。披圖演義，發于爾志，與金鏡而高懸，將座右而同置。人皆有初，鮮慎厥終，汝其夙夜，期保朕躬。無曰爾身在外，而爾誠不通，一言之應，千里攸同。導彼遐俗，達余四聰，華夷仰德，時乃之功。既往既來，懷賢忡忡，唱予和汝，式示深衷。

《新唐書》卷二〇八《宦者傳下·田令孜》（孟昭圖）上疏極陳：『君與臣一體相成，安則同寧，危則共難。昔日西幸，不告南司，故宰相、御史中丞、京兆尹悉碎于賊，唯兩軍中尉以扈乘輿得全。今百官之在者，率冒重險出百死者也。昨昔黄頭亂，火照前殿，陛下惟與令孜閉城自守，不召宰相，不謀羣臣，欲入不得，求對不許。且天下者，高祖、太宗之天下，非北司之天下；陛下固九州天子，非北司之天子。北司豈悉忠於南司？廷臣豈無用於敕使？文宗時，宫中災，左右巡使不到，皆被顯責，安有天子播越，而宰相無所豫，羣司百官棄若路人？已事誠不足諫，而來者冀可追也。』

宋·龍袞《江南野史》卷二《嗣主》（辛相宋）齊邱上疏極諫，不聽。其略云：『臣事先朝迨三十年，每論議之際，常恐朝廷百官之中有忠赤苦口之人，壅蔽不得達其意懇。今始卽位，面不與羣臣相見，是陛下偏專獨任，自聖特賢而已。是以古之帝王，一人不能獨聞，假天下耳以聽；一人不能獨明，假天下目以視。故無遠邇，羣情世態不必親見躬聞，而可得知之。蓋能延接疏越異方之人，未嘗隔絶也。今深居邃處，而欲聞民間疾瘼艱苦，是猶惡陰而入乎隧道也。然臣老矣，墓木亦既拱矣，桑榆之景，而可待以旦乎？』

君臣民關係論分部

論說

唐·元結《次山集》卷五《訂古五篇有序》　天寶癸巳，元子作訂古，訂古前世君臣父子兄弟夫婦朋友之道。於戲！上古失之，中古亂之，至於近世，有窮極凶惡者矣。或曰：『欲如之何？』對曰：『將如之何？』吾且聞之訂之，嗟之傷之，泣而恨之而已也。

吾觀君臣之間，且有猜忌而聞疑懼，其由禪讓革代之道誤也，故後世有刼篡廢放之惡興焉。嗚呼！卽有孤弱，將安託哉？卽有功業，將安保哉？

吾觀父子之際，且有悲感而聞痛恨，其由聽讒受亂之意惑也，故後世有幽毒囚殺之患起焉。嗚呼！卽有深慈，將安興哉？卽有至孝，將安訴哉？

吾觀兄弟之中，且有鬬爭而聞殘忍，其由分國異家之教薄也，故後世有陰謀誅戮之害生焉。嗚呼！卽有友悌，將安用哉？卽有恭順，將安全哉？

吾觀夫婦之道，且有冤怨而聞嫌妬，其由耽淫惑亂之情多也，故後世有滅身亡家之禍發焉。嗚呼！卽有信義，將安及哉？卽有柔順，將安守哉？

吾觀朋友之義，且有邪詐而聞忌患，其由趨勢近利之心甚也，故後世有窮凶極害之刑生焉。嗚呼！卽有節分，將安與哉？卽有方正，將安容哉？

宋·李昉等《文苑英華》卷三六〇《李世民〈金鏡〉》　朕以萬機暇日，游心前史。仰六代之高風，觀百王之遺迹，興亡之運可得言焉。每至軒昊之無爲，唐虞之至治，未嘗不留連讚詠，不能已已。及於夏殷末世，秦漢暴君，使人懔懔然兢懼，如履朽薄。然人君在上，皆欲永享其萬乘之尊，以垂百王之後。而得失異趣，興滅不同者，何也？蓋短於自見，不聞逆耳之言，故至於滅亡，終身不悟，豈不懼哉！覩治亂之本源，足爲明鏡之鑑戒。亂，未嘗不任不肖；治，未嘗不任忠賢。任忠賢，則享天下之福；用不肖，則受天下之禍。臨危之主，各師其臣。若使覺悟，社稷安有危亡之覆？持由不留心於任使，翻屬意於遨游，豈不哀哉！若以遨游將爲任使，以任使將爲遨游，豈不善哉！古人言：『舜禹不愛於聲，不貪於色。』予謂不然，將爲愛也。人云：『桀紂耽於聲色。』予將爲不好也。何以知之？然桀紂命不終於天年，樂不終於一世，以此爲不好也。舜禹壽命於終，樂畢於世，予謂之愛也。夫人有强躁寬弱之志，愁樂貪慾之心，思情有聰哲之才，此乃天命其性，有善有不善者也。由是觀之，堯舜禹湯躬行仁義，治致隆平，此稟其善性也。幽厲桀紂乃爲炮烙之刑，刳孕婦、剖人心、斮朝涉、脯鬼侯、造酒池糟丘，爲長夜之飲，此其受於天不善之性也。夫立身之道，在乎折衷，不在乎偏射。吳起曰：『昔桑氏之君，修德廢武，以滅其國。有扈氏之君，恃衆好勇，以喪社稷。』仲尼曰：『寬以濟猛，猛以濟寬。』仁義之道，猶不得偏，何況於左道乎？何況於不仁乎？為君之道，處至極之尊，以億兆爲君，以萬邦爲意。理人必以文德，防邊必以武威。孔子曰：『夫文之所加者深，則武之所服者大；德之所施者博，則武之所制者廣。』不可以威武安民，不可以文德備塞。大鯨出入，必廢游波之功，鴻鵠沈泥，定無陵空之效。若使各令遂志，不失其能。古人云：『欲搆大厦者，先擇匠，然後棟材；爲國家者，先擇佐，然後定民。』大匠搆屋，必以大材爲棟梁，以小材爲欀橑。所有中尺寸之木無棄，此善治木者也。非獨屋有棟樑，國家亦然，大德爲宰相，亦國家之棟梁也。予思三代以來，君好仁，人必從之。在上留心臺榭，奇巧之人必至；致精游獵，馳騁之人遠臻。存意管絃，鄭衛多進；降懷粉黛，燕趙斯來。塞切直之路，爲忠者必少；開謟諛之道，爲佞者必多。古人云：『君猶器也，民猶水也，方圓在於器不在於水。』以是而言，足爲永誡。夫玉不琢不成器，人不學不知道。仲尼師於郯子，文王學於虢叔。聖人且猶如此，何況於凡人者乎？治主思賢，若農夫之望歲。哲后求才，若旱苗之思雨。亂君疾勝已如讎，視不肖如子，懷之中心，何日暫忘。王莽僞行仁義之道，有始無終；孫皓權施恩惠之風，有初無末。二子猶膠船之泛巨浪，毀在不遙；若駑馬之奔千里，困其將至。古人云：『升不盛石，小智不可謀大，巧詐不如拙誠。』信非謬矣！有明主，有闇主。高祖攝衣於酈生，比干剖心於辛紂，殷湯則留情於伊尹，龍逄則被誅於夏桀，楚莊睱隙而懷憂，武侯罷朝而含喜。闇主護短而永愚，明主思短而長善。觀高祖殷湯，仰其德行。譬若陰陽調，四時會，法令均，萬民樂，則麒麟呈其祥。漢祖殷湯，豈非麒麟之類乎？觀夏桀商辛，嗟其悖惡之甚。猶時令不行，寒暄失序，則猛獸肆毒，蟊螟爲害。夏桀商辛，豈非猛獸之儔乎？予以此觀之，豈非大道之類也？雖曰天時，抑亦人事。成湯之世，有七年之旱，剪瓜爲犧，千里降雨；太戊之時，桑穀生朝，懼而修德，遂使十有六國，重譯而來，此豈非人事者也？或云爲君難，或云爲君易。人君處尊高之位，執賞罰之權，用人之才，用人之力，何爲不成？何求不得？此言之實易，論之實難。何者？輕陵天地，衆精顯其妖；忽慢神靈，風雨應其暴。是以帝乙有震雷之禍，殷紂致飛沙之焚。多營池觀，遠求異寶，民不得耕耘，女不得蠶織，田荒業廢，兆庶凋殘。見其飢寒不爲之哀，覩其勞苦不爲之感，苦民之君也，非治民之主也。薄賦輕徭，百姓家給，上無暴令之徵，下有謳歌之詠，屈一身之欲，樂四海之民，憂國之主也，樂民之君也。此其所以爲難也。且用人之道，又爲未易。已之所謂賢，未必盡善；衆之所謂毀，未必全惡。知能不舉，則爲失材；知惡不黜，則爲禍始。又人才有長短，不必兼通。是以公綽優於大國之老，子產善爲小邦之相，絳侯木訥，卒安劉氏之宗，嗇夫利口，不任上林之令。捨短取長，然後爲美。夫人剛柔之情各異，曲直之性不同。古今奔馳，貴賤不等，為上之孝，與下豈均？上則匡國寧家，志存崇禮；下則承顔悅色，止存敬養。虞舜孝也，不爲慈親所安；曾參仁也，不爲宣尼所善。孔子曰：『子從令者，不得爲孝；臣苟順者，不得爲忠。』如斯之例，不可不察也。逆主耳而履道，戮孔懷以安國，周公是也。順上心而安身，隨君情以殺子，易牙是也。棄已之命，安君之身，紀信是也。挾國謀事，以報私讐，袁盎是也。孑身而執節，孤直而自毀，屈原是也。外顯和睦之端，內懷湯火之意，宰嚭是也。忠謟之道，以此觀之，足爲永鑑。白起爲秦平趙，乃被昭王所殺；亞夫定七國之亂，卒爲景帝所誅；文種設策滅吳，翻遭越王所戮；伍胥竭力爲國，終罹賜劍之禍，乃是君之過也，非臣之罪也。至若趙高、韓信、黥布、陳豨之儔，此則自貽厥釁，非君之濫刑也。高祖失於存功之能，光武獲於置將之妙，臣安君社稷之固，君處臣危亡之地，豈是相酬之道也。爲天下之君，處萬民之上，安可易乎？皆道違禮，非惟損已，乃爲賢人之所笑。卑身勵行，實爲君子，又爲庸夫之所譏。越品進官，其類必爲深怨；偏與人語，衆望以爲曲私。任使賢良，則爲偶得；委仗庸夫，則言愚闇。言數則謂太繁，辭寡則講道薄。恣情忿怒，則朝野戰慄；留心寬恕，則法令不行。民樂則官苦，官樂則民勞。四海之內，莫非王土，要荒爲枝葉，畿內乃根本。古人云：『皮之不存，毛將安傅？』當使本固根深，委之內相，而伊尹、傅說，人所希逢。至如鎮積水之塞，守飛雪之邊，而魏尚、李牧，當今罕遇。遣人遠撫，則眷戀而不忍；愍而不遣，則枝葉落而不存。二宜之間，致心何所？是用晨興夕惕，無忘斯事。爲上猶然，何況臣下。

唐·柳宗元《柳河東集》卷三《六逆論》

《春秋左氏》言衛州吁之事，因載六逆之說曰：『賤妨貴、少陵長、遠間親、新間舊、小加大、淫破義。』六者，亂之本也。余謂『少陵長、小加大、淫破義』，是三者，固誠為亂矣。然其所謂『賤妨貴、遠間親、新間舊』，雖為理之本可也，何必曰亂？

夫所謂『賤妨貴』者，蓋斥言擇嗣之道，子以母貴者也。若貴而愚，而聖且賢，以是而妨之，其為理本大矣，而可捨之以從斯言乎？此其不可固也。夫所謂『遠間親、新間舊』者，蓋言任用之道也。使親而舊者愚，而新者聖且賢，以是而間之，其為理本亦大矣，又可捨之從斯言乎？此其不可固也。必從斯言而亂天下，謂之師古訓可乎？此又不可者也。

嗚呼！是三者，擇君置臣之道，天下治亂之大本也。為書者，執斯言，一定之論，以遺後代，上智之人固不於是矣；自中人而降，守是為大，據而以攻敗亂者，固不乏焉。晉厲死而悼公入，乃理；宋襄嗣而子魚退，乃亂；貴不足尚也。秦用張禄而黜穰侯，乃安；魏相成、璜而疏吳，乃危；親不足與也。苻氏進王猛而殺樊世，及興；胡亥任趙高而族李斯，乃滅；舊不足恃也。顧所信何如耳！然則斯言殆可以廢矣。

噫！古之言理者，罕能盡其說。建一言，立一辭，則臲卼而不安，謂之是可也，謂之非亦可也，混然而已。教於後世，莫知其所以去就。明者慨然將定其是非，則拘儒瞽生相與羣而咻之，以為狂為怪，而欲世之多有知者可乎？夫中人可以及化者，天下為不少矣，然而罕有知聖人之道，則固為書者之罪也。

清·董誥等《全唐文》卷二七《李隆基〈令奏事仍進先狀詔〉》

君臣之間，不當有隱，敷納之事，必在無私。比年百司及諸使奏陳，皆侍仗下，頗乖公道，須有革正。自今已後，非灼然秘密不合彰露者，並令封狀奏。如文書浩大事理交雜者，仍進先狀，其史官自依舊例。

又　卷四二《李亨〈流第五琦夷州制〉》

君之使臣，期葉心以輔政；臣之事主，當盡忠以明職。苟或冒官罔上，黷利崇奸，靡懲折鼎之凶，載履覆車之轍，自貽厚責，難捨刑章。正議大夫行忠州長史員外置同正員上柱國扶風縣男五琦，素以幹能，早膺任使。自艱難之際，帑藏是司，久彰歲月之勞，頗申强濟之用，所以收其課績，擢在臺階。而行闕由衷，任惟過量，務容身之計，虧許國之誠。變法多紊於常經，率情每違於直道。交惟黨比，用匪忠良，頗乖秉鈞之體，諒乏致君之志。

頃者遂從貶削，爰示典章。是以輿議日聞，僭違益露。引承福於肘腋，殖貨於中；處宋晦於膏腴，竊貲於外；懷金暗室，曾不慚於四知；納賄私家，動有逾於萬計。比令按問，咸伏其辜。且國賦邦徭，軍儲歲備，朕以戎車屢駕，甿俗未康，常有戒敕，令其節省。豈謂陰圖聚斂，擅出科條，上延謗於公家，下益疲於人業，徇私封己，歸怨稱君，忝曰人臣，胡寧忍此。況又深尤隱慝，累干刑書，朕亦含垢匿瑕，為人掩惡。議以明刑，合從秋令。顧君臣之義大，庶終始而禮全。夫除惡務本，國家之彝訓；申恩念舊，王者之深仁。屬陽和在辰，品物咸遂，由是抑從寬典，特屈嚴誅。宜寬殊死之命，俾就投荒之謫。可除名長流夷州，馳驛發遣，仍差綱領送至彼所，勿許東西。

於戲！朕臨御以來，每更輔弼，皆宥以過失，存其禄位。今者琦之所犯，負國誠深。義不可以苟容，法不可以頻貸。申茲憲令，用警庶僚，凡百卿士，宜知朕意。

政治道德論部

君德論分部

論說

唐・吳兢《貞觀政要》卷二《直諫》 貞觀二年，隋通事舍人鄭仁基女，年十六七，容色絕姝，當時莫及。文德皇后訪求得之，請備嬪御，太宗乃聘為充華。詔書已出，策使未發，魏徵聞其已許嫁陸氏，方遽進而言曰：『陛下為人父母，子愛萬姓，當憂其所憂，樂其所樂。自古有道之主，以百姓之心為心，故君處臺榭，則欲民有棟宇之安；食膏粱，則欲民無飢寒之患；顧嬪御，則欲民有室家之歡。此人主之常道也。今鄭氏之女，久已許人，陛下取之不疑，無所顧問，播之四海，豈為民父母之義乎？臣傳聞雖或未的，然恐虧損聖德，情不敢隱。君舉必書，所願特留神慮。』

貞觀三年，詔關中免二年租稅，關東給復一年。尋有敕：已役已納，並遣輸了，明年總為準折。給事中魏徵上書諫曰：『臣伏見八月九日詔書，率土皆給復一年。老幼相歡，或歌且舞。又聞有敕，丁已配役，即令役滿折造，餘物亦遣輸了，待至明年，總為準折。道路之人，咸失所望。此誠平分萬姓，均同七子。但下民難與圖始，日用不知，皆以國家追悔前言，二三其德。臣竊聞，天之所輔者仁，人之所助者信。今陛下初膺大寶，億兆觀德。始發大號，便有二言，生八表之疑心，失四時之大信。縱國家有倒懸之急，猶必不可。況以泰山之安，而輒行此事！為陛下為此計者，於財利小益，於德義大損。臣誠智識淺短，竊為陛下惜之。伏願少覽臣言，詳擇利害。冒昧之罪，臣所甘心。』

又 卷六《謙讓》 貞觀三年，太宗問給事中孔穎達曰：『《論語》云：「以能問於不能，以多問於寡，有若無，實若虛。」何謂也？』穎達對曰：『聖人設教，欲人謙光，己雖有能，不自矜大，仍就不能之人，求訪能事。己之才藝雖多，猶以為少，仍就寡少之人，更求所益。己之雖有，其狀若無，己之雖實，其容若虛。非惟匹庶，帝王之德，亦當如此。夫帝王內蘊神明，外須玄默，使深不可測，遠不可知。故《易》稱「以蒙養正」。以明夷莅衆，若其位居尊極，炫耀聰明，以才陵人，飾非拒諫，則上下情隔，君臣道乖。自古滅亡，莫不由此也。』太宗曰：『《易》云：「勞謙，君子有終，吉。」誠如卿所說。』詔賜物二百段。

又 卷一〇《論畋獵》 貞觀十四年，太宗幸同州沙苑，親格猛獸，復晨出夜還。特進魏徵奏曰：『臣聞《書》美文王，不敢盤於游田，《傳》述《虞箴》稱夷羿以為戒。昔漢文臨霸坂欲馳下，袁盎攬轡曰：「聖主不乘危，不徼幸，今陛下騁六飛，馳不測之山，如有馬驚車覆，陛下縱欲自輕，柰高廟何？」孝武好格猛獸，相如進諫：「力稱烏獲，捷言慶忌，人誠有之，獸亦宜然。猝遇逸材之獸，駭不存之地，雖烏獲、逢蒙之伎不得用，而枯木朽株盡為難矣。雖萬全而無患，然本非天子所宜近。」孝元郊泰畤，因留射獵，薛廣德奏稱：「竊見關東困極，百姓離災，今日撞亡秦之鐘，歌鄭、衛之樂，士卒暴露，從官勞倦，顧其如宗廟社稷何？」憑河暴虎，未之戒也。臣竊思此數帝，心豈木石，獨不好馳騁之樂？而割情屈己，從臣下之言者，志存為國，不為身也。臣伏聞車駕近出，親格猛獸，晨往夜還，以萬乘之尊，闇行荒野，踐深林，涉豐草，甚非萬全之計。願陛下割私情之娛，罷格獸之樂，上為宗廟社稷，下慰羣僚兆庶。』太宗曰：『昨日之事，偶屬塵昏，非故然也，自今深用為誡。』

唐・李世民《帝範》卷一《序》 序曰：朕聞大德曰生，大寶曰位，辨其上下，樹之君臣。所以撫育黎元，鈞陶庶類，自非克明克哲，允武允文，皇天眷命，曆數在躬，安可以濫握靈圖，叨臨神器。是以翠嬀薦唐堯之德，元圭錫夏禹之功。丹字呈祥，周開八百之祚；素靈表瑞，漢啓重世之基。由此觀之，帝王之業，非可以力爭者矣。昔隋季版蕩，海內分崩，先皇以神武之姿，當經綸之會，斬靈蛇而定王業，啓金鏡而握天樞。

然由五嶽含氣，三光戢曜，豺狼尚梗，風塵未寧。朕以弱冠之年，懷慷慨之志，思靖大難，以濟蒼生。躬擐甲冑，親當矢石，夕對魚鱗之陣，朝臨鶴翼之圍，敵無大而不摧，兵何堅而不碎。剪長鯨而清四海，掃欃槍而廓八紘，乘慶天潢，登暉璇極。襲重光之永業，繼大寶之隆基，戰戰兢兢，若臨深而御朽，日慎一日，思善始而令終。汝以幼年，偏鍾慈愛，義方多闕，庭訓有乖。擢自維城之居，屬以少陽之任，未辨君臣之禮節，不知稼穡之艱難，朕每思此為憂，未嘗不廢寢忘食。自軒昊已降，迄至周隋，以經天緯地之君，纂業承基之主，興亡治亂，其道煥焉。所以披鏡前蹤，博覽史籍，聚其要言，以為近誡云耳。

又 卷四《帝範後序》 此十二條者，帝王之大綱也，安危興廢，咸在茲焉。古人有云：『非知之難，惟行之不易。』行之可勉，惟終實難。是以暴亂之君，非獨明於惡路，聖哲之主，非獨見於善途，良由大道遠而難遵，邪徑近而易踐。小人俯從其易，不得力行其難，故禍敗及之；君子勞處其難，不能力居其易，故福慶流之。故知：『禍福無門，惟人所召。』欲悔非於既往，惟慎禍於將來，當擇哲主為師，毋以吾為前鑑。取法於上，僅得為中，取法於中，故為其下，自非上德，不可效焉。吾在位以來，所制多矣。奇麗服翫，錦繡珠玉，不絕於前，此非防欲也；雕楹刻桷，高臺深池，每興其役，此非儉志也；犬馬鷹鶻，無遠必致，此非節心也；數有行幸，以亟勞人，此非屈己也。斯事者，吾之深過，勿以茲為是而後法焉。但我濟育蒼生，其益多，平定寰宇，其功大。益多損少，人不怨，功大過微，德未虧。然猶之盡美之蹤，於焉多媿，盡善之道，顧此懷慚，況汝無纖毫之功，直緣基而履慶。若崇善以廣德，則業泰身安；若肆情以從非，則業傾身喪。且成遲敗速者，國基也，失易得難者，天位也，可不惜哉？

唐·元結《次山集》卷六《時議下篇》 時之議者或相問曰：『今天子思安蒼生，思滅姦逆，思致太平，方力圖之，非不勤勞，於今四年，而說者異之，何哉？』時之議者或相對曰：『如天子所思，如說者所異，天子大臣，非不知之。凡有制誥，皆嘗言及，言雖懇懃，事皆不行，前後再三，頗類諧戲。今或有仁恤之詔、憂勤之誥，人皆族立黨語，指而議之，其由何哉？以言而不行之故也。天子不知其然，以為言雖不行，足堪沮勸。嗚呼。沮勸之道，在明審均當，而必行也。必不行矣，有言何為？自太古已來，致理興化，未有言之不行，而能至矣。若天子能追行已言之令，必行將來之法，且免天下無端雜徭，且除天下隨時弊法，且去天下拘忌煩令，必任天下賢異君子，屏斥天下姦邪小人，然後推仁信威令，與之不惑，此帝王常道，何為不及！』

唐·元稹《元氏長慶集》卷第三三《論追制表》 臣聞令之必行於下者，信也。令苟不信，患莫大焉。今陛下初臨寓內，務切黎元，至於牧守字人之官，所宜詳擇，苟未得人，不當虛授，苟或任使，不可屢遷。臣竊見近除寧州刺史論傢、虔州刺史高弘本、通州刺史豆盧靖，曾不涉旬，並已追制；又以杜兼為蘇州刺史，行未半途，復改郎署。臣不知誰請於陛下而授之，誰請於陛下而追之。追之是，則授之非；授之是，則追之非。以非為是者罰必加，然後人不敢輕其舉；以是為非者罪必及，然後下不敢用其私。此先王所以不令而人從，不言而人信，豈異事哉，率是道也。今陛下如綸之令朝降，反汗之詔夕施，紛紛紜紜，無所歸咎。臣竊恐陛下之令，未能取信於朝廷，而況於取信天下乎？臣伏願陛下徵舉者之詞，察追者之請。若舉者之詞直，則請而追之者不得無過；若追之者理勝，則舉而授之者不得無辜。賞罰是非，所宜明當。況陛下肇臨黎庶，教化惟新，誥令之間，四方所仰，小有得失，天下必聞。臣實庸愚，謬居諫列，職當言責，不敢偷安，苟有所裨，萬死無恨。無任愚迫懇款之至。

《舊唐書》卷七五《孫伏伽傳》 （孫伏伽上表諫曰：）臣聞王言無戲，自古格言。去食存信，聞諸舊典。故《書》云：『爾無不信，朕不食言。』又《論語》云：『一言出口，駟不及舌。』以此而論，言之出口，不可不慎。伏惟陛下光臨區宇，覆育羣生，率土之濱，誰非臣妾。綵綸一發，取信萬方，使聞之者不疑，見之者不惑。陛下今月二日發雲雨之制，光被黔黎，無所間然，公私蒙賴。既雲常赦不免皆赦除之，此非直赦其有罪，亦是與天下斷當，許其更新。以此言之，但是赦後，即便無事。因何王世充及建德部下赦後乃欲遷之？此是陛下自違本心，欲遣下人若為取則？

若欲子細推尋，逆城之內，人誰無罪？故《書》云：『殲厥渠魁，脅從罔治。』若論渠魁，世充等為首，渠魁尚免，脅從何辜？且古人云：

『蹠狗吠堯，蓋非其主。』在東都城內及建德部下，乃有與陛下積小故舊，編髮友朋，猶尚有人敗後始至者。此等豈忘陛下，皆云被壅故也。以此言之，自外疏者，竊謂無罪。

又《書》云：『非知之艱，行之惟艱。』上古以來，何代無君？所以祇稱堯、舜之善者何也？直由為天子者實難，善名難得故也。往者天下未平，威權須應機而作，今四方既定，設法須與人共之。但法者，陛下自作之，還須守之，使天下百姓信而畏之。今自為無信，欲遣兆人若為信畏？故《書》云：『無偏無黨，王道蕩蕩；無黨無偏，王道平平。』賞罰之行，達乎貴賤，聖人制法，無限親疏。如臣愚見，世充、建德下偽官，經赦合免責情，欲遷配者，請並放之，則天下幸甚。

宋・王溥《唐會要》卷二八《蒐狩》（開元）七年十月，右補闕崔向上疏曰：『臣聞千金之子，坐不垂堂，百金之子，立不倚衡，況居大寶之位也哉。陛下宜保萬壽之體，副三禮之望，安可輕出入，重盤游乎？天子三田，前古有訓，豈惟為乾豆賓客庖廚者哉？亦將以閱兵講武，誡不虞也。《詩》美宣王之田，徒御不驚，有聞無聲，謂畋獵時，人皆銜枚，有善聞而無諠譁也。又曰：「悉率左右，以燕天子」，為悉驅禽，順其左右之宜，以安待王射也。則知大綏將下，亦有禮焉。側聞畋於渭濱，有異於是，六飛馳騁，萬騎騰躍，衝翳薈，蹴蒙籠，越嶄險，靡榛蘽，紅塵坐昏，白日將暗，毛羣擾攘，羽族繽紛，左右戎夷，並申勇敢，攢鏑亂下，交刃霜飛，而降尊亂卑，爭捷於其間，豈不殆哉！夫環衞而居，暴客攸待，清道而出，行人尚驚，如有墜駕之虞，流矢之變，獸窮則搏，鳥窮則攫，陛下何以當之哉？靜言思之，臣深為陛下戰慄也。《書》曰：「不畏入畏。」又曰：「從諫則聖。」惟陛下深思遠慮，以誡後圖，則天下孰不幸甚？』

《舊五代史》卷八三《晉書・少帝紀三》（開運元年冬十月）戊午，詔曰：朕虔承顧命，獲嗣丕基，常懼顛危，不克負荷，宵分日昃，罔敢怠寧，夕惕晨興，每懷祇畏。但以恩信未著，德教未敷，理道不明，咎徵斯至。

向者，頻年災沴，稼穡不登，萬姓饑荒，道殣相望，上天垂譴，涼德所招。仍屬干戈尚興，邊陲多事。倉廩不足，則輟人之餱食；帑藏不足，則率人之資財；兵士不足，則取人之丁中；戰騎不足，則假人之乘馬。雖事不獲已，而理將若何！訪聞差去使臣，殊乖體認，不能敦於勉諭，而乃臨以威刑，自有所聞，益深愧悼。旋屬守臣叛命，敵騎入邊，致使甲兵不暇休息，軍旅有征戰之苦，人民有飛輓之勞，疲瘵未蘇，科徭尚急，言念於茲，寢食何安！得不省過興懷，側身罪己，載深減損，思召和平。所宜去無用之資，罷不急之務，棄華取實，惜費省功，一則符先帝慈儉之規，一則慕前王樸素之德。

向者，造作軍器，破用稍多，但取堅剛，不須華楚，今後作坊製器械，不得更用金銀裝飾。比於游畋，素非所好，凡諸服御，尤欲去奢，應天下府州不得以珍寶玩好及鷹犬為貢。在昔聖帝明君，無非惡衣菲食，況於薄德，所合恭行，今後大官尚膳，減去多品，衣服帷帳，務去華飾，在禦寒溫而已。峻宇雕牆，昔人所誡，玉杯象箸，前代攸非，今後凡有營繕之處，丹堊雕鏤，不得過度，宮闈之內，有非理費用，一切禁止。

於戲！繼聖承祧，握樞臨極，昧於至道，若履春冰。屬以天災流行，國步多梗，因時致懼，引咎推誠，期於將來，庶幾有補。更賴王公、將相，貴戚、豪宗，各啓乃心，率由茲道，共臻富庶，以致康寧。凡百臣僚，宜體朕意。

宋・李昉等《文苑英華》卷七四六《牛僧孺〈辨名政論〉》《史記》商鞅見孝公，以為鞅説之以帝王道，公曰：『安得待數十百年』，以伯説之，欲而未能；以强國之術説之，而公甚懽也。似云强國非帝王之道，又若云帝王之道必成於數十百年。余愈恐後之為政者，捨强國富人，而別求帝王之道，則潰潰然無指歸矣，請推而論之。且君道無定名，便國利人，則君之道也。然予非謂鞅之政，必可以强國富人也，而鞅之《傳》曰：『令不十年而人大悅，家給而人足，怯私鬬而勇公戰。』予則不知皇帝王伯，捨此何為君道也？且帝如軒轅、虞舜乎，斬蚩尤而革有苗，是不欲强其國歟？王如夏啓、周文乎，滅有扈而伐有崇，是不欲强其國歟？伯如齊桓、晉文乎，偹寓政而蒐彼廬，是不欲强其國歟？況秦之患者六國，若不先富其人未强其國，又可以高枕無為而成君道歟？況皇帝王伯，同位而異名者也，孰謂皇帝之名優乎哉，王伯之名劣乎哉？君人者當務乎道適時，不務乎名餙位也。故捨名而就時者日昌，捨時而就名者日亡。宋襄之亡，慕伯之名而失時者；徐偃之亡，慕仁之名而失時者；魯隱之亡，慕讓之名而失時者。若使秦居六國之衡，不先富人强國，而別求皇帝王伯之道，予謂就帝王之名而失時者，又安得君於天下乎？嗚呼！天地不分於皇人、帝人、王人、伯人，政利於人皆君也。秦始可以弱其國而有天下，皇矣乎？子曰：『足食足兵，民信之矣。』又曰：『既庶矣，繼曰富之。』若此，則天子之政，亦先强國富人也。庸可謂夫子之道，非帝王之道歟？又曰：『如有用我者，朞月而已可也。』若如此，又不可謂帝王之道必成於數十百年也。或曰：『子云「如有王者，必世而後仁，百年亦可勝殘去殺矣。」如此，則帝王之道，久而成者也。』予又不知其然矣。且堯之有道乎？生冊朱焉。舜之有道乎？生商均焉。則堯之道，宜成於朱也；舜之道，宜成乎均也。又何堯、舜之道，末成於身，而不成於朱、均之世也？且危邦之人思治，甚於飢人之思食也，若以數十百年之道導危邦，是猶强柔嘉之食，遠其期而給飢人，邦危人若，此何以安之乎？飽之乎？予故曰：政有富生人强國家，皆安得不謂之君道也，不知皇帝王伯之名升降也，又不知數十百年而成何待也。

宋·姚鉉《唐文粹》卷四六《沈顏〈時辯〉》　論者以五帝不追於三皇，時變也。三代不追於五帝，時變也。五伯不追於三代，時變也。孰曰：『時其在君乎？在臣乎？在民乎？』沈子曰：『在君不在臣，在臣不在民，在民不在君臣。』古若羲若軒，若陶若虞，時在君也。若殷武丁，若周武王，若齊桓公，若晉文公，時在臣也。若夏之桀，殷之辛，周之赧，秦之二世，時在民也。故時在君，則為皇為帝，時在臣，則為王為霸，時在民，則為禽為虜為禍矣。夫君德日勤，時在於君。君德不申，時在於民。愚故曰在君不在臣，在臣不在民，在民不在君臣。吁，唯明君而能知時之所在乎？

南唐·譚峭《化書》卷二《術化·帝師》　鏡非求鑑於物，而物自投之；橐非求飽於氣，而氣自實之。是故鼻以虛受臭，耳以虛受聲，目以虛受色，舌以虛受味。所以心同幽冥，則物無不受；神同虛無，則事無不知。是以大人奪其機，藏其微，羽符至怪，陰液甚奇，可以守國，可以救時，可以坐為帝王之師。

《新唐書》卷九九《劉洎傳》　太宗好持論，與公卿言古今事，必往復難詰，究臧否。（劉）洎諫曰：『帝王之與臣庶，聖哲之與庸愚，等級遼絕，勢不倫擬。故課愚對聖，持卑抗尊，雖思自彊，不可得已。陛下降慈旨，假柔顏，虛心聽納，猶恐羣臣惴縮不敢進。況以神機天辯，飾辭援古，而迮其議哉！夫天以無言為尊，聖以不言為德，皆弗欲煩也。且多記損心，多語耗氣，心氣內損，形神外勞，初雖無覺，久且為弊。且今之雍平，陛下力行所至耳。欲其長久，匪由辯博，但當忘愛憎，慎取捨，若貞觀初可矣！』手詔答曰：『非慮無以臨下，非言無以述慮。雖然，驕人輕物，恐由榷論致之。若形神心氣，不為勞也。』

宋·宋敏求《唐大詔令集》卷一一二《放邕府金阬敕》　敕：朕聞致理之君，克勤於德，不貴遠物，所寶惟賢。故堯設茅茨，禹卑宮室，光武捨去寶劍，順帝封還大珠。朕以眇身，獲守丕業，仰止前王之德，思齊太素之風，未嘗緣情於服翫，措手於珠玉，庶乎捐金抵璧，返樸還淳。邕州所奏金阬，誠為潤國，語人於利，非朕素懷。方以不貪為寶，惟德是務，豈尚茲難得之貨，生其可欲之心耶？其金阬、宜委康澤差擇清强官專勾當，任貧下百姓採劚，不得令酋豪及官吏影占侵擾，聞奏當重科貶。俾夫俗臻富壽，人識廉隅，副朕意也。

戒奢崇儉論

論說

唐·吳兢《貞觀政要》卷二《納諫》　貞觀四年，詔發卒修洛陽宮之乾元殿以備巡狩。給事中張玄素上書諫曰：陛下智周萬物，囊括四海。令之所行，何往不應？志之所欲，何事不從？微臣竊思秦始皇之為君也，藉周室之餘，因六國之盛，將貽之萬葉，及其子而亡，良由逞嗜奔欲，逆天害人者也。是知天下不可以力勝，神祇不可以親恃。惟當弘儉約，薄賦斂，慎終如始，可以永固。

方今承百王之末，屬凋弊之餘，必欲節之以禮制，陛下宜以身為先。東都未有幸期，即令補葺；諸王今並出藩，又須營構。興發既多，豈疲人之所望？其不可一也。陛下初平東都之始，層樓廣殿，皆令撤毀，天下翕然，同心欣仰。豈有初則惡其侈靡，今乃襲其雕麗？其不可二也。每承音旨，未即巡幸，此即事不急之務，成虛費之勞。國無兼年之積，何用兩都之好？勞役過度，怨讟將起。其不可三也。百姓承亂離之後，財力凋盡，天恩含育，粗見存立，飢寒猶切，生計未安，三五年間，未能復舊。奈何營未幸之都，而奪疲人之力？其不可四也。昔漢高祖將都洛陽，婁敬一言，即日西駕。豈不知地惟土中，貢賦所均，但以形勝不如關內也。伏惟陛下化凋弊之人，革澆漓之俗，為日尚淺，未甚淳和，斟酌事宜，詎可東幸？其不可五也。

臣又嘗見隋室初造此殿，楹棟宏壯，大木非隨近所有，多從豫章採來。二千人拽一柱，其下施轂，皆以生鐵為之，若用木輪，便即火出。略計一柱，已用數十萬功，則餘費又過倍於此。臣聞阿房成，秦人散；章華就，楚衆離；乾元畢工，隋人解體。且以陛下今時功力，何如隋日？承凋殘之後，役瘡痍之人，費億萬之功，襲百王之弊，以此言之，恐甚於煬帝遠矣。深願陛下思之，無為由余所笑，則天下幸甚。

《舊唐書》卷七〇《戴胄傳》 （貞觀五年，太宗將修復洛陽宮，戴胄上表諫曰：）陛下當百王之弊，屬暴隋之後，拯餘燼於塗炭，救遺黎於倒懸。遠至邇安，率土清謐，大功大德，豈臣之所稱贊。臣誠小人，才識非遠，唯知耳目之近，不達長久之策，敢竭區區之誠，論臣職司之事。比見關中、河外，盡置軍團，富室強丁，並從戎旅。重以九成作役，餘丁向盡，去京二千里內，先配司農將作。假有遺餘，勢何足紀？亂離甫爾，戶口單弱，一人就役，舉家便廢。入軍者督其戎仗，從役者責其餱糧，盡室經營，多不能濟。以臣愚慮，恐致怨嗟。七月已來，霖潦過度，河南、河北，厥田洿下，時豐歲稔，猶未可量。加以軍國所須，皆資府庫，絹布所出，歲過百萬。丁既役盡，賦調不減，費用不止，帑藏其虛。且洛陽宮殿，足蔽風雨，數年功畢，亦謂非晚。若頓修營，恐傷勞擾。

又　卷七二《虞世南傳》 後高祖崩，有詔山陵制度準漢長陵故事，務從隆厚，程限既促，功役勞弊。（虞）世南上封事諫曰：臣聞古之聖帝明王所以薄葬者，非不欲崇高光顯，珍寶具物，以厚其親。然審而言之，高墳厚壠，珍物畢備，此適所以為親之累，非曰孝也。是以深思遠慮，安於菲薄，以為長久萬代之計，割其常情以定耳。昔漢成帝造延、昌二陵，制度甚厚，功費甚多。諫議大夫劉向上書，其言深切，皆合事理，其略曰：『孝文居霸陵，悽愴悲懷，顧謂羣臣曰：「嗟乎！以北山石為槨，用紵絮斮陳漆其間，豈可動哉？」張釋之進曰：「使其中有可欲，雖錮南山猶有隙；使其中無可欲，雖無石槨，又何戚焉！」夫死者無終極，而國家有廢興，釋之所言，為無窮計也。孝文寤焉，遂以薄葬。』又漢氏之法，人君在位，三分天下貢賦，以一分入山陵。武帝歷年長久，比葬，陵中不復容物，霍光暗於大體，奢侈過度。其後至更始之敗，赤眉賊入長安，破茂陵取物，猶不能盡。無故聚斂百姓，為盜之用，甚無謂也。魏文帝於首陽東為壽陵，作終制，其略曰：『昔堯葬壽陵，因山為體，無封樹，無立寢殿園邑，為棺槨足以藏骨，為衣衾足以朽肉。吾營此不食之地，欲使易代之後，不知其處，無藏金銀銅鐵，一以瓦器。自古及今，未有不亡之國，無有不發之墓，至乃燒取玉匣金縷，骸骨並盡，乃不重痛哉！若違詔妄有變改，吾為戮屍於地下，死而重死，不忠不孝，使魂而有知，將不福汝。以為永制，藏之宗廟。』魏文帝此制，可謂達於事矣。

向使陛下德止如秦、漢之君，臣則緘口而已，不敢有言。伏見聖德高遠，堯、舜猶所不逮，而俯與秦、漢之君同為奢泰，捨堯、舜、殷、周之節儉，此臣所以尤戚也。今為丘壠如此，其內雖不藏珍寶，亦無益也。萬代之後，但見高墳大墓，豈謂無金玉耶？臣之愚計，以為漢文霸陵，既因山勢，雖不起墳，自然高顯。今之所卜，地勢即平，不可不起，宜依《白虎通》所陳周制，為三仞之墳，其方中制度，事事減少。事竟之日，刻石於陵側，明丘封大小高下之式。明器所須，皆以瓦木，合於禮文，一不得用金銀銅鐵。使萬代子孫，並皆遵奉，一通藏之宗廟，豈不美乎！且臣下除服用三十六日，已依霸陵，今為墳壠，又以長陵為法，恐非所宜。伏願深覽古今，為長久之慮。臣之赤心，唯願萬歲之後，神道常安，陛下孝名，揚於無窮耳。

宋・王溥《唐會要》卷二八《蒐狩》 元和三年七月，上謂宰臣曰：『朕昨因閱秋稼，行至苑東，衹以鷹犬自隨，本非畋獵。于時雖覺行人聚觀，亦無傷稼之意，而諫官在外，章疏頗煩，不解何為，卿等知否？』李古甫對曰：『陛下軫念黎元，毅問禾黍，察閭里之疾苦，知稼穡之艱難，此則聖主憂勤，天下幸甚。但以弧矢前驅，鷹犬在後，田野縱觀，見車從之盛，以為萬乘校獵，傳説必多。諫諍之臣，義當守職，既有聞見，理合上諫。拱默則懷尸素之慚，獻言又懼觸鱗之禍，果決以諫，實謂守官，正當嘉尚，非足致詰。夫蒐狩之制，古今不廢，必在三驅有節，無馳騁之危，戒銜橛之變，既不殄物，又不數行，則禮經所高，固非有害。然逐兔呼鷹，指顧之樂，忘危履險，易以溺人。故老氏譬以發狂，昔賢以為至誡。陛下每與臣等討論古昔，追踪堯、舜，固當棄常俗之末務，詠聖祖之格言，願以徇物為心，克己為慮，則昇平可致，聖祚無疆，羣臣異議，不禁自息。』上曰：『卿言是也，朕亦深悟矣。』

宋·王欽若等《冊府元龜》卷五六《帝王部·節儉》 上元二年八月壬申，内宴宰臣已下，内出妓樂不過數人，甚儉。司徒兼中書令郭子儀等上表曰：『臣聞古先哲王，莫不崇儉以阜時，戒奢以敦本，勤以樹善，利在化淳。伏惟乾元大聖光天文武孝感皇帝陛下，纘成盛業，備歷諸難，功存造化，澤被甿俗。至於服用之飾，聲樂之娱，宜有所增加，以彰聖德。今月十六日，臣等伏蒙天恩，幸霑内宴，切見後庭妓樂，其數非多，衣製儉薄，頗爲逼下。顧無麗綺之玩，是行質素之風，恭惟睿慈，允臻於道。昔漢文帝念中人之產，晉武焚外國之裘，皆抑止於有餘，匪謙讓於當分。以今比古，無德而稱。況聖作物覩，著自格言，上行下效，存於理體。陛下以農桑未乂，軍務猶虞，思懲富教之繇，率先儉約之化。康寧之福，莫尚於此。臣等備位宰臣，職當毗贊，恐聖烈無紀，臣下未知，請編之史策，宣下中外。』

又 卷三二八《宰輔部·諫諍第四》 （開元初宋）璟等上言曰：夫儉德之恭，侈惡之大，高墳乃昔賢所誡，厚葬實君子所非。古者墓而不墳，蓋此道也。凡人子於哀迷之際，則不以禮制為思，故周、孔設齊斬緦免之差，衣衾棺槨之度，賢者俯就，私懷不果。且蒼梧之野，驪山之徒，善惡分區，圖史所載。衆人皆務奢靡，而獨能革之，斯所謂至德要道也。中宫若以為言，則此理故可敦諭。在外或云，竇太尉墳甚高，取則不遠者，縱今往日無極言者，其事偶行，令出一時，故非常式。貞觀中，文德皇后嫁所生女長樂公主，奏請儀注倍於長公主，魏徵諫云：『皇帝之姑姊妹為長公主，皇帝之女為公主。既有長字，合高於公主，若加於長公主，事甚不可。』引漢明故事云：『羣臣欲封皇子為王，帝曰：「朕子豈敢與先帝子等？」』時太宗嘉納，文德皇后奏降中使，致謝於徵。此則乾坤輔佐之間，綽有餘裕。豈若韋庶人父追加王位，擅作酆陵，禍不旋踵，為天下笑。則犯顔逆耳，阿意順旨，不可同日而言也。況今之所載，豫作紀綱，情既無窮，故為之制度。不因人以摇動，不變法以愛憎，所謂金科玉條，蓋以此也。比來蕃夷等輩及城市間人，遞以奢靡相高，不將禮儀為意。今以后父之寵，開府之榮，金穴玉衣之資，不憂少物；高墳大寢之役，不畏無人。百事皆出於官，一朝亦可以就，而臣等區區不已，屢以上聞。諒欲成朝廷之政，崇國母之德，化浹寰區，聲光竹素。倘中宫情不可奪，陛下不能苦違，卽準令一品合陪陵葬者，墳高三丈以上，四丈以下。降敕將同陪陵之例，卽極是高下得宜。

又 卷五四七《諫諍部·直諫第四》 薛融為左諫議大夫，天福三年六月，上疏曰：臣近覩河南留守高行周狀奏脩大内事，以大厦既成，鸞雀尚猶相賀，皇居是葺，臣子豈不同歡。然則時方屬於多虞，事宜停於不急。臣聞帝堯古之聖君也，其所居宫室，則茅茨不翦，土階三尺。漢文帝，古之聖主也，欲造露臺，以費百金之直，尋罷其役。莫不道光圖籍，德冠古今。為千載之美談，作百王之懿範。況漢文承三代之基業，御一統之寰區，百姓富饒，四方寧謐，金帛盈於帑藏，粟麥溢於囷倉，尚惜其財，不從其欲。今雒陽宫殿，雖有先遭焚毁，其所存者，猶且彌滿於帝堯之茅茨，而又重有脩營，其所貴者，豈不倍多於漢文之臺榭。伏自陛下一臨華夏，再歷寒暄。聖猷雖契於上玄，皇化未覃於遐徼。復又鄴城殘寇歷歲逋誅。黎民猶困於轉輸，將士頗勞於攻討。庫藏虛竭，文費殷繁。此則是陛下宵衣旰食之時，非陛下營造宫室之日。且百姓是陛下之赤子也，陛下是百姓之慈父也。子既有疾，父寧不憂？今則天下黎民，莫非疲弊。天下州縣，靡不凋殘。加以率斂頻仍，徭役重疊，尤宜撫恤，俾遂蘇舒。勿謂愚而可輕，勿謂賤而可棄。古人有言：『民猶水也，君猶舟也。水所以載舟，亦所以覆舟。』可不畏乎？兼自去年正月已來，陰陽繼虧，星曜失度。此則上天垂象，使陛下脩德節儉之戒也，固合脩德以應之。向使百姓安寧，則陛下雖當櫛風沐雨，未以為苦也。若或兆民愁苦，則陛下雖處瑤臺瓊室，豈得為安乎？伏願陛下襲帝堯之舊風，繼漢文之餘烈，且停工役，免費資財。使寰海之普寧，或脩營之未晚，則天下幸甚，百姓幸甚。

宋·姚鉉《唐文粹》卷二六《高郢〈諫造章敬寺書〉》　八月二十五日，草莽臣前鄉貢進士高郢昧死再拜稽首獻書闕下。從諫如流者，君之明也；有犯無隱者，臣之忠也。君明臣忠，國之利也。當陛下至明之化，納諫之日，臣敢愛其死以隱其忠乎？臣伏見奉為先太后造章敬寺，陛下大孝因心，與天罔極，蒸蒸之思，惟舜其難，至德要道，無以加也。然臣伏見以畢力追孝，誠有所益，妨時勦人，亦有所損。先太后聖德，不必以一寺增輝；國家永圖，無寧以百姓為本。捨人就寺，何福之為？以臣愚蒙，不知其所。昔魯莊公丹桓公廟楹而刻其桷，可謂孝乎。然而《春秋》書之為非禮。漢惠帝及孝景孝宣令郡國諸侯立高祖及太宗高宗代宗之廟，當時創制，不據《禮》經。至元帝時，與博士議郎斟酌古禮，一朝而罷之。豈元帝不敬宗廟？乃王者示人以軌物也。夫廊廟者，宗社之所在，神靈之所憑，猶不可無故而飾之。越禮而立之況此寺非宗社所安，神靈所宅，而殫萬人之力，以邀二梵之報，其不可以明矣。閒者昆吾孔熾，薦食生人。今猶不悛，偷居宇下，百姓凜凜，無日不惕。遣將攘卻，無尺寸之功，隴外壤地，委之豺狼。太宗文武皇帝封殖萬有，傳之陛下，一夫不獲，尺土見侵。告成之時，猶恐有闕，況甚於一夫尺土者乎？用武已來，十三年矣，傷者不救，死者不收，繕乘補卒，至今未已。夫興師十萬，日費千金，則十有三年百萬之衆，資糧屝屨，取足於人。人之困竭，胡可勝紀？勞疲宛轉，十不存二，父子兄弟，相視無聊，延頸嗷嗷，以俟王命。此皆陛下宜伸勤恤之恩，降痛哀之詔，縱未暇分散穀帛，以贍鰥寡，猶當務省侈費，以燠休之。柰何戎虜未平，侵地未復，金革未戢，疲人未撫，太倉無終歲之儲大農有榷酤之弊，陛下忍以此時興力哉？自八月以來，時雨霽候，禾稼少損，菽麥失時，黔首狼顧，憂在艱食，歲若不給，將何以救？無寺猶可，無人其可乎？臣竊料此寺數年方成，土木之勞，工用之費，不虛府庫，將焉取給？府庫既竭，則又誅求，儻窮匱不堪，鼠竊之盜起；戎狄乘閒，狗吠之驚急，得不為陛下深憂乎？臣聞聖人受命於天，以人為主，苟功濟於天，天人同和，其功大矣。自然上則宗廟受其福，下則子孫賴其慶。故《孝經》云：『德教加於百姓，刑於四海，蓋天子之孝也。』又云：『明王事父孝，故事天明；事母孝，故事地察。』又云：『周公郊祀后稷以配天，宗祀文王於明堂以配上帝。』是以四海之內，各以其職來祭。』《詩》曰：『無念爾祖，聿修厥德。』又曰：『既受帝祉，施於孫子。』是知王者之孝，在於承順天地，嚴配宗考，敬慎德教，以臨兆人。俾四海諸侯，歡心助祭，延福流祚，永永無窮耳。未聞崇建梵宮，雕琢金玉之為孝乎？且佛本無相，不可以有相求；道本無為，不可以有為得。陛下豈馳心於有為之境，而邀福於有相之功哉？臣竊為陛下不取也。臣聞夏禹卑宮室而盡力乎溝洫，人到於今稱之。梁武窮土木而致飾乎寺宇人無德而稱焉。陛下若節用愛人，當與夏后齊駕，何必勞人動衆，而踵梁武之遺風乎？制造初興，役費尚淺，人貴量力，不貴必成；事貴相時，不貴必遂。陛下若迴一人之慮，從萬姓之心，必是陛下聖德孝思，格於天地，湛恩霈澤，濟乎生靈。生靈效誠，天地幽贊，千福萬祿，先后受之，豈與一寺較其功德乎？陛下以臣言鄰於誑妄。伏請令公卿列士庭議，可否得其中，則天下幸甚。臣郢不勝愚忠懇直之至。謹投招諫匭以聞。

又《再上諫書》　九月十二日，草莽臣前鄉貢進士高郢昧死再拜稽首獻書闕下。臣聞聖主開直言之道者，豈好其犯顏忤旨乎？誠欲因天下之心以慮，則無不得；因天下之目以視，則無不見也。忠臣不避誹謗之誅者，豈貪其死諫之名乎？誠以君所行有否焉，不隱忍偷生以負於時也。臣伏見奉為先太后造章敬寺，陛下奉先思孝，興福除禍。而羣黎百姓，不知聖情，議者皆以為蕃戎未殄兵革暴露，國用不贍，元元匱竭，曾未小康，又興此寺。雖睿思罔極，而人力有限也。臣聞衆心成城，衆口鑠金，則輿人之誦，不可輕也。故《書》曰：『罔咈百姓，以從己之欲。』《易》曰：『聖人感人心而天下和平。』《詩》曰：『愷悌君子，神所勞矣。』此言王者將有為也，將有行也，必稽於衆而順於人。則自然之福，不求而自至；未然之禍，不除而自絕矣。臣愚考之於古，則《詩》、《書》與《易》如此，聽之於今，則百姓之議如彼，拳拳之極，不敢不言。昨八月二十五日奏書闕下，事寢無報，不知天門深遠，愚不得上達歟？聖意所斷，臣言不足聽受歟？伏躬待罪，旬八日矣。臣聞神人無功，聖人無名。神人無功者，不為有功之功；聖人無名者，不為可名之名也。不為有功之功，故功莫大焉；不為可名之名，故名莫厚焉。臣又聞古之明王，積善以致福，不費財以求福；修德以消禍，不勞人以禳禍。陛下之作此寺也，臣竊惑之，若以為功乎？則天覆地載，陰施陽化，未曾有為也。若以為名乎？則至德要道，以順天下，未曾有待也。若以致福乎？則通於神明，光於四海，不在於費財也。若以禳禍乎？則方務厥德，罔有天災，不在於勞人也。今興造急促，人徒竭作，土木並起，日計萬工，晝不遑食，夜不遑息，力不逮者，隨以杖笞，愁痛之聲，盈於道路。以此望福，臣恐不然。陛下戡定多難，以安宗社，勵精思理，日昃不暇，內不邇聲色，外不樂游畋，務行寬仁，以幸天下。聖人之德，廣大悉被；太平之風，將可見矣。而興動此役，固違羣情，迴正道於內心，求微助於外物，徇左右之過計，傷皇王之大猷，臣竊為陛下惜之。臣是以敢昧死至於再諫，伏惟陛下留神省察，臣不勝愚懇切直之至。

《新唐書》卷一四二《崔植傳》（長慶初，崔）植曰：『良史非兒言。漢承秦侈縱之餘，海內凋窶，文帝從代來，知稼穡艱難，是以躬履儉約，為天下守財。景帝遵而不改，故家給戶足。至武帝時，錢朽貫，穀紅腐，乃能出師征伐，威動四方。然侈靡不節，末年戶口減半，稅及舟車，人不聊，乃下哀痛詔，封丞相為富人侯。然則帝王不可以不示儉而天下足。』帝曰：『卿言善，患行之為難耳！』

直言納諫論

論　說

唐·獨孤及《毘陵集》卷四《諫表》　臣某言：伏見陛下屢發德音，招延獻納，使左右侍臣，得直言極諫。忠謇者無不聽，狂訐者無不容。又辛丑詔書，詔裴冕、崔渙等十有三人並集賢殿待制，以備詢事考言之問。此五帝之盛德也，而臣以目睹，生則幸矣。然頃者陛下雖容其直，而不録其言。進匭上封者，大抵皆事寢不報，書留不下，但有容諫之名，竟無聽諫之實。遂使諫者稍稍自引，鉗口就列，飽食偷安，相招為禄仕，此忠鯁之士所以竊歎，而臣亦耻之。十室之邑，必有忠信如孔丘者，況以朝廷之大、卿大夫之衆。而陛下選受之精與，假令不能如文王之多士、堯舜之比屋，其中豈不有温故知新，可使懋陳政要，而億則屢中者乎？陛下唯虛存其儀，令條奏不曠，及議政之際，曾不採其一説。堯之疇咨，禹之昌言，豈若是耶？昔堯設謗木於五達之衢，孔子亦曰：『以能問於不能，以多問於寡』，又曰：『丘也幸，苟有過，人必知之。』然則多聞闕疑，不耻下問，聖人之心也。臣不勝大願，願陛下試以堯、孔之心為心，日降清問，啓其宏説。不可者罷之，可者議之於朝。與執事者共之，知之必言，言之必行，行之必恭，則君臣無私論，朝廷無私政，天下無私是。陛下以此辯可否於獻替，而建太平之階可也，況國體乎？自師興不息十年矣，萬姓之生產空於杼軸。擁兵者第館亙街陌，奴婢厭酒肉，而貧人羸餓就役，剥牀及膚。長安城中，白晝椎剽，京兆尹不敢詰。加以官亂職廢，將墮卒暴，百揆隳剌，如粉麻沸粥。百姓不敢訴於有司，有司不敢聞於天聽，士庶茹毒飲痛，窮而無告。今其心顒顒，獨恃於麥，麥不登，則易子齩骨，可跂而待。眠於焚薪之上，豈危於此？陛下不以此時軫薄冰朽索之念，厲精更始，思所以救之之術，忍令宗廟有累卵之危，百姓悼心而失圖，臣實懼焉。去歲十二月丁巳，夜中星隕如雨。昨者清明降霜，三月苦熱，寒暑氣候，錯綜顛倒，沴莫大焉，豈下凌上替，怨讟之氣焰以取之耶？不然天意之丁寧譴誡，以是警陛下。陛下宜返躬罪己，旁求賢良者而師友之，黜棄貪佞不肖而竊位者，下哀痛之詔，去天下所疾苦，廢無用之官，罷不急之費，禁止暴兵，節用愛人，罔使宦官亂國政，佞言敗厥度，兢兢乾乾，以徼福於上下，必能使天誠感而神心應，反妖災以為和氣。彼太戊桑穀，宋景熒惑，焉足為陛下道哉？臣一昨陳奏，請減江淮、山南等諸道兵馬，以贍國用。陛下初不以臣言為愚妄，許當施行，然及今日未有沛然之詔，臣竊遲之。今天下唯朔方、隴西有吐蕃、僕固之虞，邠涇、鳳翔等兵，足當之矣。自此而往，東洎海南至番禺，西盡巴蜀，萬里無鼠竊之盜，已積歲矣，而兵不為之解。傾天下之貨，竭天下之穀，以給不用之軍，而為無竭之費，臣不知其故。假令居安思危，用備不虞，自可於阨要之地，少置屯禦餘悉休之，以其糧儲扉屨之資，充疲人貢賦，歲可以減國賦之半。陛下豈遲疑於改作，逡巡於舊貫，使大議有所壅，而率土之患，日甚一日？是益其弊而厚其疾也，臣竊惑焉。夫療癰者，必決之使潰。今兵之為患猶癰也，不以漸戢之，其害滋大。大而圖之，必力倍而功寡，豈《周易》『不俟終日』之義與？伏惟圖其始而要其終，天下幸甚。臣無任懇款之至。

唐·陸贄《翰苑集》卷一三《奉天請數對羣臣兼許令論事狀》 朝隱奉宣聖旨：『頻覽卿表狀，勸朕數對羣臣，兼許令論事，辭理懇切，深表盡忠。朕本心甚好推誠，亦能納諫，但緣上封事及奏對者，少有忠良，多是論人長短，或探朕意旨。朕雖不受讒譖，出外卽謾生是非，以為威福。朕往日將謂君臣一體，都不隄防，緣推誠信不疑，多被姦人賣弄。今所致患害，朕思亦無他故，卻是失在推誠。又諫官論事，少能慎密，例自矜衒，歸過於朕，以自取名。朕從卽位以來，見奏對論事者甚多，大抵皆是雷同，道聽塗説，試加質問，卽便辭窮。若有奇才異能，在朕豈惜拔擢。朕見從前已來，事秖如此，所以近來不多取次對人，亦不是倦於接納，卿宜深悉此意者。』聖德廣大，如天包容，俯矜狂愚，仍賜獎論，嘉臣以懇切，目臣以盡忠，雖甚庸駑，實懷感勵。夫知無不言之謂盡，事君以義之謂忠，臣之夙心，久以自誓，以此為奉上之道，以此為報主之資。幸逢休明，獲展誠願，既免罪戾，又蒙褒稱，庶奉周旋，不敢失墜。儻陛下廣推此道，施及萬方，咸獎直以矜愚，各録長而捨短，人之欲善，誰不如臣。自然聖德益彰，羣心盡達，愚衷懇懇，實在於斯。睿眷特深，縷宣密旨，備該物理，曲盡人情，其於慮遠防微，固非常識所逮。然臣竊謂天子之道，與天同方，天不以地有惡木而廢發生，天子不以時有小人而廢聽納。帝王之盛，莫盛於堯，雖四凶在朝，而僉議靡輟。故曰：『惟天為大，惟堯則之。』是知人有邪直賢愚，在處之各得其所而已，必不可以忠良者少，而闕於詢謀獻納之道也。昔人有因噎而廢食者，又有懼溺而自沉者，其為矯枉防患之慮，豈不過哉。願陛下取鑑於茲，勿以小虞而妨大道也。臣聞人之所助在乎信，信之所立由乎誠。守誠於中，然後俾衆無惑；存信於已，可以教人不欺。唯信與誠，有補無失。一不誠則心莫之保，一不信則言莫之行。故聖人重焉，以為食可去而信不可失也。又曰：『誠者，物之終始，不誠無物。』物者，事也，言不誠，則無復有事矣。匹夫不誠，無復有事，況王者賴人之誠以自固，而可不誠於人乎？陛下所謂失於誠信以致患害者，臣竊以斯言為過矣。孔子曰：『可與言而不與之言，失人；不可與言而與之言，失言。智者不失人，亦不失言。』由此論之，陛下可審其所言，而不可不慎，信其所與，而不可不誠。海禽至微，猶識情僞，含靈之類，固必難誣。前志所謂衆庶者至愚而神，蓋以蚩蚩之徒，或昏或鄙，此其似於愚也。然而上之得失靡不辯，上之好惡靡不知，上之所秘靡不傳，上之所為靡不效，此其類於神也。故馭之以智則人詐，示之以疑則人偷，接不以禮，則徇義之意輕，撫不以恩，則效忠之情薄。上行之則下從之，上施之則下報之，若響應聲，若影從表。表枉則影曲，聲淫則響邪，懷鄙詐而求顏色之不形，顏色形而求觀者之不辯，觀者辯而求衆庶之不惑，衆庶惑而求叛亂之不生。自古及今，未之得也。故『唯天下至誠，為能盡其性；能盡其性，則能盡人之性。』若不盡於己而望盡於人，衆必紿而不從矣；不誠於前而曰誠於後，衆必疑而不信矣。今方岳有不誠於國者，陛下則興師以伐之；臣庶有虧信於上者，陛下則出令以誅之。有司順命誅伐而不敢縱捨者，蓋以陛下之所有，責彼之所無故也。向若陛下不誠於物，不信於人，人將有辭，何以致討？是知誠信之道，不可斯須去身，願陛下慎守而行之有加，恐非所以為悔者也。臣聞《春秋傳》曰：『人誰無過，過而能改，善莫大焉。』《易》曰：『日新之謂盛德。』《禮記》曰：『德日新，日日新，又日新。』《商書》仲虺述成湯之德曰：『用人惟己，改過不吝。』《周詩》吉甫美宣王之功曰：『袞職有闕，惟仲山甫補之。』夫《禮》《易》《春秋》百代不刊之典也，皆不以無過為美，而謂大善盛德，在於改過日新。成湯聖君也，仲虺聖輔也，以聖輔而贊揚聖君，不稱其無過，而稱其改過；周宣中興之賢主也，吉甫文武之賢臣也，以賢臣而歌誦賢主，不美其無闕，而美其補闕。是則聖賢之意，較然著明，唯以改過為能，不以無過為貴。蓋為人之行己，必有過差，上智下愚，俱所不免。智者改過而遷善，愚者恥過而遂非，遷善則其德日新，是為君子；遂非則其惡彌積，斯謂小人。故聞義能徙者，常情之所難；從諫勿咈者，聖人之所尚。至於贊揚君德，歌述主功，或以改過不吝為言，或以有闕能補為美。中古已降，淳風浸微，臣既尚諛，君亦自聖。掩盛德而行小道，於是有入則造膝，出則詭辭之態興矣。姦由此滋，善由此沮，帝王之意由此惑，譖臣之罪由此生，媚道一行為害斯甚。太宗文皇帝挺秀千古，清明在躬，再懺聖謨，一變流弊，以虛受為理本，以直言為國華。有面折廷爭者，必為霽雷霆之威，而明言獎納；有上封獻議者，必為黜心意之欲，而手敕褒揚。故得有過必知，知而必改，存致雍熙之化，没齊堯舜之名。向若太宗徇中主之常情，滯習俗之凡見，聞過則羞己之短，納諫又畏人之知，雖有求理之心，必無濟代之效，雖有悔過之意，必無從諫之名。此則聽納之實不殊，隱見之情小異，其於損益之際，已有若此相懸，又況不及中才，師心自用，肆於人上，以遂非拒諫，孰有不危者乎。且以太宗有經緯天地之文，有底定禍亂之武，有躬行仁義之德，有致理太平之功，其為休烈耿光，可謂盛極矣。然而人到於今稱詠，以為道冠前古，澤被無窮者，則從諫改過為其首焉。是知諫而能從，過而能改，帝王之美，莫大於斯。陛下所謂『諫官論事，少能慎密，例自矜衒，歸過於朕』者，臣以為不密自矜，信非忠厚，其於聖德，固亦無虧。陛下若納諫不違，則傳之適足增美；陛下若違諫不納，又安能禁之勿傳。伏願以貞觀故事為楷模，使太宗風烈，重光於聖代，恐不可謂此為歸過，而阻絕直言之路也。臣聞虞舜察邇言，故能成聖化；晉文聽輿誦，故能憮霸功。《大雅》有『詢於芻蕘』之言，《洪範》有『謀及庶人』之義。是則聖賢為理，務詢衆心，不敢忽細微，不敢侮鰥寡。侈言無驗不必用，質言當理不必違，遜於志者不必然，逆於心者不必否，異於人者不必是，同於衆者不必非，辭拙而效速者不必愚，言甘而利重者不必智。是皆考之以實，慮之以終，其用無他，唯善所在，則可以盡天下之理，見天下之心。夫人之常情，罕能無惑，大抵蔽於所信，阻於所疑，忽於所輕，溺於所欲。信既偏則聽言而不考其實，由是有過當之言；疑既甚則雖實而不聽其言，於是有失實之聽；輕其人則遺其可重之事，欲其事則存其可棄之人。斯並苟縱私懷，不稽皇極，於以虧天下之理，於以失天下之心。故常情之所輕，乃聖人之所重，圖遠者先驗於近，務大者必慎於微，將在博採而審用其中，固不在慕高而好異也。陛下所謂『比見奏對論事，皆是雷同道聽塗説者』臣竊以衆多之議，足見人情，必有可行，亦有可畏，恐不宜一槩輕侮，而莫之省納也。陛下又謂試加質問，卽便『辭窮』者，臣竊以陛下雖窮其辭，而未盡其理，能服其口，而未服其心。何以知其然？臣每讀史書，見亂多理少，因懷感歎，嘗試思之。竊謂為下者莫不願忠，為上者莫不求理，然而下每苦上之不理，上每苦下之不忠，若是者何？兩情不通故也。下之情莫不願達於上，上之情莫不求知於下。然而下恒苦上之難達，上恒苦下之難知，若是者何？九弊不去故也。所謂九弊者，上有其六，而下有其三。好勝人，耻聞過，騁辯給，眩聰明，厲威嚴，恣彊愎。此六者，君上之弊也。諂諛，顧望，畏愞，此三者，臣下之弊也。上好勝，必甘於佞辭；上耻過，必忌於直諫。如是則下之諂諛者順旨，而忠實之語不聞矣。上騁辯，必勦説而折人以言；上眩明，必臆度而虞人以詐。如是則下之顧望者自便，而切磨之辭不盡矣。上厲威，必不能降情以接物；上恣愎，必不能引咎以受規。如是則下之畏愞者避辜，而情理之説不申矣。夫以區域之廣大，生靈之衆多，宮闕之重深，高卑之限隔，自黎獻而上，獲覩至尊之光景者，踰億兆而無一焉。就獲覩之中，得接言議者，又千萬不一；幸而得接者，猶有九弊居其間，則上下之情，所通鮮矣。上情不通於下則人惑，下情不通於上則君疑，疑則不納其誠，惑則不從其令。誠而不見納，則應之以悖；令而不見從，則加之以刑。下悖上刑，不敗何待？是使亂多理少，從古以然。考其初心，不必淫暴，亦在乎兩情相阻，馴致其失，以至於艱難者焉。昔龍逢誅而夏亡，比干剖而殷滅，宮奇去而虞敗，屈原放而楚衰。臣謂夏殷虞楚之君，若知四子之盡忠，必不勦棄，若知四子之可用，必不拒違。所以至於忍害而捨絕者，蓋謂其言不足行，心不足保故也。四子既去，四君亦危，然則言之固難，聽亦不易。趙武呐呐而為晉賢臣，絳侯木訥而為漢元輔。公孫宏上書論事，帝使難宏以十策，宏不得其一，及為宰相，卒有能名。周昌進諫其君，病吃不能對詔，乃曰：『臣口雖不能言，心知其不可。』然則口給者，事或非信；辭屈者，理或未窮。人之難知，堯舜所病，胡可以一詘一詰，而謂盡其能哉？以此察天下之情，固多失實；以此輕天下之士，必有遺才。臣是以竊慮陛下雖窮其辭，而未窮其理；能服其口，而未服其心。良有以也。古之王者，明四目，達四聰，蓋欲幽抑之必通，且求聞己之過也。垂旒於前，黈纊於側，蓋惡視聽之太察，唯恐彰人之非也。降及末代，則反於斯。聰明不務通物情，視聽秖以伺罪釁，與衆違欲，與道乖方，於是相尚以言，相示以智，相冒以詐，而君臣之義薄矣。以陛下性含仁聖，意務雍熙，而使至道未孚，臣竊為陛下懷愧於前哲也。古人所以有耻君不如堯舜者，故亦以是為心乎？夫欲理天下，而不務於得人心，則天下固不可理矣。務得人心，而不勤於接下，則人心固不可得矣。務勤接下，而不辯君子小人，則下固不可接矣。務辯君子小人，而惡其言過，悅其順己，則君子小人固不可辯矣。趣和求媚，人之甚利存焉；犯顔取怨，人之甚害存焉；居上者，易其害而以美利利之，猶懼忠，告之不疵，況有疏隔而勿接，又有猜忌而加損者乎。天生烝人，合以為國，人之有口，不能無言，人之有心，不能無欲。言不宣於上，則怨讟於下；欲不歸於善，則湊集於邪。聖人知衆之不可以力制也，故植謗木，陳諫鼓，列争臣之位，置採詩之官，以宣其言。尊禮義，安誠信，厚賢能之賞，廣功利之途，以歸其欲。使上不至於亢，下不至於窮，則人心安得而離，亂兆何從而起？古之無為而理者，其率用此歟。苟有理之之意，而不知其方，苟知其方而心守不壹，則得失相半，天下之理亂，未可知也。其又違道以師心，棄人而任己，謂欲可逞，謂衆可誣，謂專斷無傷，謂詢謀無益，謂諛説為忠順，謂獻替為妄愚，謂進善為比周，謂嫉惡為嫌忌，謂多疑為御下之術，謂深察為照物之明，理道全乖，國家之顛危，可立待也。理亂之戒，前哲備言之矣；安危之效，歷代嘗試之矣。舊典盡在，殷鑑足徵，其於措置施為，在陛下明識所擇耳。伏願廣接下之道，開獎善之門，弘納諫之懷，勵推誠之美。其接下也，待之以禮，煦之以和，虛心以盡其言，端意以詳其理，不御人以給，不自眩以明，不以先覺為能，不以臆度為智，不形好惡以招諂，不大聲色以示威。如權衡之懸，不作其輕重，故輕重自辨，無從而詐也。如水鏡之設，無意於妍蚩，而妍蚩自彰，莫得而怨也。有犯顔讜直者，獎而親之；有利口讒佞者，疏而斥之。自然物無壅情，言不苟進，君子之道浸長，小人之態日消，何憂乎少忠良，何有乎作威福，何患乎妄説是非？如此，則接下之要備矣。其獎善也，求之若不及，用之懼不周，如梓人之任材，曲直當分；如滄海之歸水，洪涓必容。能小事則處之以小官，立大勞則報之以大利，不忌怨，不避親，不抉瑕，不求備，不以人廢舉，不以己格人。聞其才必試以事，能其事乃進以班，自然無不用之才，亦無不實之舉。如此，則獎善之道得矣。其納諫也，以補過為心，以求過為急，以能改其過為善，以得聞其過為明。故諫者多，表我之能好；諫者直，示我之能賢；諫者之狂誣，明我之能恕；諫者之漏泄，彰我之能從。有一於斯，皆為盛德。是則人君之與諫者交相益之道也。諫者有爵賞之利，君亦有理安之利；諫者得獻替之名，君亦得採納之名。然猶諫者有失中，而君無不美。唯恐讜言之不切，天下之不聞，如此，則納諫之德光矣。其推誠也，在彰信，在任人。彰信不務於盡言，所貴乎出言則可復；任人不可以無擇，所貴乎已擇則不疑。言而必誠，然後可求人之聽命；任而勿貳，然後可責人之成功。誠信一虧，則百事無不紕繆；疑貳一起，則羣下莫不憂虞。是故言或乖宜，可引過以改其言，而不可苟也；任或乖當，可求賢以代其任，而不可疑也。如此，則推誠之義孚矣。微臣所以屢屢塵瀆而不能自抑者，蓋以陛下有拯亂之志，而多難未平；有務理之誠，而庶績未乂；有堯舜聰明之德，而未光宅於天下；有覆載含弘之量，而未翕受於衆情。故臣每中夜静思，無不竊歎而深惜也。向若陛下有其位而無必行之志，有其志而無可致之資，則臣固已從俗浮沉，何苦而汲汲如是。惟陛下詳省所闕，亟行所宜，歸天下之心濟中興之業。此臣之願也，億兆之福也，宗社無疆之休也。

唐・元稹《元氏長慶集》卷三二《獻事表》　臣聞理亂之始，各有萌象，二者無門，在君上啓之而已。所謂明象，豈有他哉？容直言，廣視聽，躬勤庶務，委信大臣，使左右近習者不敢蔽疏遠之臣庶，此理之象也。此而不理，萬無一焉。大臣不親，直言不進，抵忌諱者殺，犯左右者刑，與一二近習者決事於深宮之中，羣臣莫得參籌畫，此亂之萌也。此而不亂亦萬無一焉。是以古者人君卽位之始，萌象未見之時，必有狂直敢言之士，抵忌諱，獻危言。在上者，苟或宥而容之，激而進之，則天下之君子望風而悦曰：『彼之狂而猶容於上，上之人其欲來天下之士乎？吾之道可以行矣。』其小人竦利而言曰：『彼之直可以得幸於上，吾將直言以徼利可也。』由是天下之賢、不肖，各以所忠貢言於上，上下之志，霈然而通，得失之情，幽遠必達，合天下之智，理萬物之心，人人樂得其所，戴其上如赤子之親慈母也，雖欲誘之為亂，其可得乎？臣故曰：『容直言，廣視聽，而不理者，萬無一焉。』及夫進計者入而不出，直言者戮而不容，則天下之君子自謀於心曰：『與其言且不用而身為戮，吾寧危行言遜以保其終乎？』其小人擇利而言曰：『君之所惡者，拂心逆耳之言也，吾將苟順是非以事之可也。』由是進見者革而不內，言事者寢而不聞，若此則十步之事，不得見也，朝廷之情不得聞也，而況於天下之大、四方之遠乎？故曰：聾瞽之君，非無耳目也，蓋左右前後者屏蔽之不使視聽爾。此而不亂，其可得哉。昔太宗文皇帝初卽位時，天下之人，莫有諫者，唯孫伏伽嘗以小事持諫於上，文皇帝大悅，厚賜田宅以勉之。自是言事者惟懼乎言不直、諫不極，不能激文皇之盛意，曾不以觸龍鱗、犯忌諱為不可矣。於是房、杜、王、魏之徒議可否於前，天下四方之人言得失於外，不四三年而天下大理。豈文皇獨運聰明於上哉，蓋亦羣下各盡其言，以宣揚發暢於天下也。且夫樂全安而惡戮辱，古今之情一也，豈獨貞觀之人，輕犯忌諱而好戮辱哉？蓋文皇激而進之之功也。喜順從而怒謇犯，亦古今情一也，豈獨文皇甘逆耳而怒從心哉？蓋以順從之利輕，而危亡之禍大，無窮之業重，而奉己之事微，思為子孫垂不朽、建永安之計也。為後嗣者，其可順一朝之意，而輕用文皇之天下乎？累聖傳序，於今垂二百年矣，莫不率由斯道，致俗和平。況陛下以上聖之資，紹復前統，卽位之日，天下惟新。罪叔文之徒，而凶邪之黨散；懸惠琳之首，而悖亂之氣消；發承光之詐，而假威之孽除；反焦陂之田，而蒸庶之情感。其餘滌瑕緩死，薄賦恤人，賜帛耆年，旌閭孝悌，脩廢學，建義倉，莫不曲被殊私，覃於有截。斯皆陛下上法堯舜，近法太宗，致理之萌形見者數十，豈臣庸劣一二能明。然而下臣竊復孜孜咄咄有所未決者，獨以陛下卽位已來，既周歲矣，百辟卿士，至於天下四方之人，曾未有獻一計、進一言，受陛下伏伽之賞者；左右前後，拾遺、補闕，亦未有奏一封、執一諫，受陛下激而進之之勸者；設諫鼓，置匭函，曾未聞雪一冤、決一事，明陛下無幽不察之意者。若臣等備位諫列，名為供奉官，曠日彌年，不得召見，每就列位，屏氣鞠躬，不敢仰視，又安暇議得失獻可否哉。供奉官尚爾，又況於疏遠之臣庶，雖有特達不羣之智，思欲自效，其路何階？遂使凡今之人，以諫鼓、匭函為虛器，謂拾遺、補闕為冗員。臣竊思之，以陛下之睿博弘深，勵精求理，豈或入而不出，言而不用哉？蓋羣下因循，不能有所發明之罪也。且臣思之，今之備召承顧問者，獨一二執政而已，每一對敭，不及俄頃問，議天下之事。臣竊料之，恭承聖問仰謝寵光之暇，又安暇陳理亂、議教化哉？其餘瑣瑣有司，或時一召見，言簿書之出入，計錢穀之登降不暇，又安足置牙齒間？臣竊惟陛下以景命惟新之初，何如貞觀致理之後？當貞觀致理之後，以房、杜、王、魏匡輔之智，而猶上封進計者薦至，獻可替否者日聞；今陛下當政理之初，在四方多虞之日，然而言事進計者，終歲無一人，豈非羣下因循竊位之罪乎？若臣積者，稟性駑鈍，昧然無識。然以當陛下臨御之始，首陛下策賢之科，擢授諫司，恩萬常品。若復默默與在位者處，則臣莫大之罪，亦萬於常品矣。輒敢冒昧殊死，件奏十事於後；一曰教太子以崇邦本，二曰任諸王以固磐石，三曰出宮人以消水旱，四曰嫁諸女以遂人倫，五曰無時召宰相以講庶政，六曰序次對百辟以廣聰明，七曰復正衙奏事以示躬親，八曰許方幅糾彈以懾姦佞，九曰禁非時貢獻以絕誅求，十曰省出入畋游以防銜蹶。凡此十者，設使言之而是，是而見用，非臣之福也，天下之福也。苟或言之而非，非而見罪，乃臣之分也，亦臣之願也。

唐·李德裕《會昌一品集》外集卷二《忠諫論》 人君拒諫有二：一曰生於愛名，二曰不能去欲。雖桀、紂、桓、靈之君，未能忘名，自知為惡多矣，畏天下之人知之，將謂諫己則惡不可掩，故不欲人之諫己。如晉獻非驪姬，寢不安，齊桓非易牙，食不美，必不能去之，亦不欲人諫己。人臣忠諫亦有二：欲道行於君，可使身安國理者，其辭婉；欲名高後世，不顧身危國傾者，其辭訐。若考叔啓大隧以成莊公之孝，倉唐獻犬鴈以復文侯之愛，留侯封雍齒以安羣臣，招四皓以定惠帝，此所謂婉也。諫大夫言婢不為主，白馬令言帝欲不諱，激主之怒，自有其名，望其聽從，固不可得，此所謂訐也。漢元帝欲御樓船，薛廣德當乘輿諫曰：『臣自刎頸，以血污車輪，則陛下不入廟矣。』張猛曰：『乘船危，就橋安，聖主不乘危。』元帝曰：『曉人不當如是耶。』則知諫之道在於婉矣。惟英主必能從諫。何者？自知功德及生人者大矣，雖有小惡，不諱人言。如漢高械繫蕭相國，及聞王衛尉之言，乃曰：『我不過為桀紂主，而相國為賢相。』此所謂不諱也。近日名臣王石泉居相時，子為眉州司士，天后嘗問曰：『卿在相位，子何遠乎？』對曰：『廬陵是陛下愛子，今猶在遠，臣之子焉敢相近？』有以見君子之心，亦倉唐之比也。

唐·李絳《李相國論事集》卷二《論諫諍事》 學士李絳浴堂論事畢，上曰：『近日聞諫官諫事，頗有不實。言事朋黨，動多譏。須遠貶三兩人甚者，以勵其餘。』絳因對曰：『陛下此言，似非聖意，恐有邪佞之人，以誤天心。且自古聖王，未嘗不納諫則昌，拒諫則亡。故夏禹拜昌言，漢武延直諫，所以光於史策也。史傳備載，歷代帝王，置敢諫之鼓，立司過之吏，木鐸狗路，以採風謠之詞，商旅謗市，以詳得失之政。故成湯聖德，格於皇天，而稱改過不悋，顏回希聖，四科之首，而美不貳過，則知雖至聖賢，不免有過，所貴能改，不至順非。若無諍諫，何以知過？故《書》云：「汝無面從」又曰：「從諫如流」。昔太宗以聖武削平天下，奄宅萬國，而懼臣下不諫，誘之使言，至於李大亮、孫伏伽之儔，皆以上疏諫事，並蒙褒賞，魏徵、王珪，事無大小，皆獻直言，諍諫切直，用裨聖德，故太宗振英聲於萬古，王、魏流芳名於千載。未聞堯、舜、禹、湯、文、武之君，洎我太宗，窒諫路以自擁蔽，不聞其過。唯失道之君，惡聞己過，夏桀、殷紂、周幽、秦皇，以拒諫飾非，反道敗德，直言者謂之誹謗，正諫者謂之妖邪，忠臣結舌，端士斂迹，故不知己過，遂至亡國。向者四君，招諫使言，聞過輒改，易覆車之轍，啓忠臣之心，則當政化益光，宗社永固，殷湯、周武，安得有鳴條、牧野之戰，戎人、漢祖，安得有驪山、軹道之師？且今補闕、拾遺，天后所置，使在左右，司察得失。昔施之於女主，今黜之於聖時，《國史》之中，何以示後？微臣竊為陛下惜之。夫臣下貢言，於至尊如天，臣卑如地，加以日月之照，雷霆之威，小臣晝度夜思，將有上諫，本欲陳諫十事，至時已除五六，逮於緘封上進，又削其半，其得上達者，十無二三。何哉？啓忤意之言，干不測之禍，顧身無利，相時避禍者也。自非聖主，知直言有益於己，正諫有裨於時，温言容納，獎勵勸道，忠臣抱義，不顧其身，懷忠不避其禍。苟有致君濟時之益，不識觸忌冒諱之誅。何哉？盡節之臣，竭忠之士，顧食君之禄，推事君之道而致然也。其君上納忠如是之急也，臣下上諫如是之難也。所以明主須宥其過，恂恂納諫，切言者，賞之使必進；極諫者，褒之使必行。然後聖德光明，大化宣暢。今黜責諫臣，使直士杜口，非社稷之利，朝廷之福也。陛下詢於微臣，不敢不陳愚［疑］（款）。』上曰：『非卿此言，我安知諫諍之益也。』

又 卷四《論不召對疏》 上踰月不召對，而學士李絳等上疏曰：『學非稽古，才昧濟時，陛下過聽，不以臣等愚懵無取，誤置於嚴密之地。職居肘腋，任切腹心，寵食太官之珍，榮通禁門之籍。縻軀致命？詎報雨露之恩，殉節忘家，寧酬天地之德？所以繼獻章疏，冀增日月之輝；妄進懇誠，希添海岳之廣。而不量力分，觸冒危機，徒竭公盡忠，忤犯嚴旨，雖死不悔，當職所宜。臣以謂忠臣不避罪以匡君，正士不違患以污道，所貴上裨萬一，仰酬顧遇，實臣等之心也。不顧忌諱，合寘嚴譴，此又臣等之分也。一月已來，未蒙賜召，咫尺之地，無申就日之誠，跬步之間，莫獲回天之顧，兢惕無地，慚惶失圖。臣聞管仲對齊桓公云：「大臣持禄不敢諫，小臣畏罪不敢言，下情不通，此害霸之甚也。」臣等不言度日，飽食過時，既無切諫之尤，復道如何？伏惟陛下以社稷宗廟為心，以四海萬姓為慮，詢訪道理，開納直言，知好問而自通，以博聞而自廣。是天下之幸，豈臣等之幸耶。』上覽疏，令宣諭曰：『朕近者以方暑事繁，所以不得召對。卿等卽宜明日二三殿對來。』

唐・杜牧《樊川文集》卷一二《與人論諫書》 某疏愚於惰，不識機括，獨好讀書。讀之多矣，每見君臣治亂之間，興亡諫諍之道，遐想其人，舐筆和墨，則冀人君一悟而至於治平，不悟則烹身滅族，唯此二者，不思中道。自秦、漢已來，凡千百輩，不可悉數。然怒諫而激亂生禍者，累累皆是；納諫而悔過行道者，不能百一。何者？皆以辭語迂險，指射醜惡，致使然也。夫迂險之言，近於誕妄；指射醜惡，足以激怒。夫以誕妄之說，激怒之辭，以卑凌尊，以下干上。是以諫殺人者，殺人愈多；諫畋獵者，畋獵愈甚；諫治宮室者，宮室愈崇；諫任小人者，小人愈寵。觀其旨意，且欲與諫者一鬬是非，一決怒氣耳，不論其他，是以每於本事之上，尤增飾之。

今有兩人，道未相信，甲謂乙曰：『汝好食某物，慎勿食，果更食之，必死。』乙必曰：『我食之久矣，汝為我死，必倍食之。』甲若謂乙曰：『汝好食某物，第一少食，苟多食，必生病。』乙必因而謝之減食。何者？迂險之言，則欲反之，循常之說，則必信之，此乃常人之情，世多然也。是以因諫而生亂者，累累皆是也。

漢成帝欲御樓船過渭水，御史大夫薛廣德諫曰：『宜從橋，陛下不聽，臣自刎以血污車輪，陛下不廟矣。』上不說。張猛曰：『臣聞主聖臣直，乘船危，就橋安，聖主不乘危，御史大夫言可聽。』上曰：『曉人不當如是耶？』乃從橋。近者寶歷中，敬宗皇帝欲幸驪山，時諫者至多，上意不決，拾遺張權輿伏紫宸殿下叩頭諫曰：『昔周幽王幸驪山，為犬戎所殺；秦始皇葬驪山，國亡；玄宗皇帝宮驪山，而祿山亂；先皇帝幸驪山，而享年不長。』帝曰：『驪山若此之凶耶？我宜一往，以驗彼言。』後數日，自驪山回，語親倖曰：『叩頭者之言，安足信哉。』漢文帝亦謂張釋之曰：『卑之，無甚高論，令可行也。』今人平居無事，友朋骨肉，切磋規誨之間，尚宜旁引曲釋，亹亹繹繹，使人樂去其不善，而樂行其善，況於君臣尊卑之間，欲因激切之言，而望道行事治者乎？故《禮》稱五諫，而直諫為下。

前數月見報，上披閤下諫疏，錫以幣帛，僻左且遠，莫知其故。近於游客處一睹閤下諫草，明白辯婉，出入有據，吾君聖明，宜為動心，數日在手，味之不足，且抃且喜且慰，三者交并，不能自止。吾君聞諫，既且行之，仍復寵錫，誘能諫者，斯乃堯、舜、禹、湯、文、武之心也，聞於遠地，宜為吾君抃也。閤下以忠孝文章立於朝廷，勇於諫而且深於其道，果能動吾君而光世德。

某蒙閤下之厚愛，冀於異時資閤下知以進尺寸，能不為閤下之喜，復自喜也？吾君今日披一疏而行之，明日聞一言而用之，賢才忠良之士，森列朝廷，是以奮起志慮，各盡所懷，則文祖武宗之業，窮天盡地，日出月入，皆可掃灑，以復厥初。某縱不得效用，但於一官一局，筐篋簿書之間，活妻子而老身命，作為歌詩，稱道仁聖天子之所為治，則為有餘，能不自慰？故獲閤下之一疏，抃喜慰三者交并，眞不虛也，宜如此也。無因面讚其事，書紙言誠，不覺繁多。某再拜。

唐・羅隱《兩同書・厚薄第五》　夫大德曰生，至貴唯命。故兩臂重於四海，萬物少於一身。雖稟精神於天地，托質氣於父母，然亦因於所養，以遂其天理也。且夫松柏者有凌雲之操也，若壅之以糞壤，沃之以鹹流，則不及崇朝，已見其憔悴矣；冰雪者無逾時之堅也，若藏之於陰井，庇之於幽峰，則苟涉盛夏，未聞其消解也。夫松柏之性非不貞矣，終以速朽；冰雪之性非不液矣，竟以遐延。此二者豈天使之然哉，果以養之所致也。況夫人者，異乎松柏之永矣。養之失其所，則安可以不朽乎？豈徒冰雪之倏忽也！養之得其道，則安可以不延乎！故壽之有長短，由養之有厚薄也。悲夫，飲食男女者，人之大欲存焉。人皆莫不欲其自厚，而不知其厚所以薄也；人皆莫不惡其為薄，而不知薄之所以厚也。何以言之？昔信陵孝惠，為縱長夜之娛、淫酒色之樂，極情肆志，此不自厚也，然卒逢夭折之痛，自殞於泉壟之下，是則為薄亦已甚矣；老氏彭公，修延年之方，遵火食之禁，拘魂制魄，此非不自薄矣，然克保長久之壽，自致於雲霄之上，是則為厚亦已大矣。夫外物者養生之具也，苟以養，過其度則亦為喪生之源也。是故火之所宜者膏也，木之所宜者水也。今以江湖之水清其尺蘖，斛庾之膏沃其皇燭，則必見壞滅也。故性命之分，誠有限也。嗜欲之心，固無窮也。以有限之性命，逐無窮之嗜欲，亦安可不困苦哉！是以易存飲食之節，禮誡男女之際，蓋有由矣。且夫居九五之尊，此天下之至貴也，有億兆之衆，此天下之至富也，苟以養生之不存，則五藏四支猶非我有，而況身形之外安可有乎。夫美玉投蛙、明珠彈雀，捨所貴而求所賤，人卽以為惑矣。今以至尊性命之重，而自輕於嗜欲之下，豈得為不惑乎！是故土能濁河而不能濁海，風能拔樹而不能拔山，嗜欲者適足以亂小人，不足以動君子。故魯仲尼渴而遇盜泉之水，義而不飲；鄭子公則染指以求羹；柳下惠與女子同寢，終不為亂；宋華父則危身以竊色；周公遺酒誥之旨，殷紂沈湎而致亡；婕妤辭同輦之嫌，姜氏遜淫而無耻。豈非貞濫有異、厚薄不同者歟？夫神大用則竭，形大用則勞，神形俱困，而求長生者，未之聞也。為人主者，誠能內實神氣，外損嗜欲，念馳騁之誡，宗頤養之言，永保神仙之壽，常為聖明之主，豈不休哉！故老氏曰外其身而身存，其是之謂乎！

南唐・譚峭《化書》卷六《儉化・太平》　夫水火，常用之物，用之不得其道，以至於敗家，蓋失於不簡也。飲饌，常食之物，食之不得其道，以至於亡身，蓋失於不節也。夫禮失於奢，樂失於淫。奢淫若水，去不復返，議欲救之，莫過乎儉。儉者，均食之道也。食均則仁義生，仁義生則禮樂序，禮樂序則民不怨，民不怨則神不怒，太平之業也。

又《權衡》　服絺綌者不寒，而衣之布帛愈寒；食藜藿者不飢，而飯之黍稷愈飢。是故我之情也，不可不慮；民之心也，不可不防。凡民之心，見負石者則樂於負塗，見負塗者則樂於負芻。飢寒無實狀，輕重無必然，皆豐儉相形，彼我相平。我心重則民心重，我負輕則民負輕。能至於儉者，可以與民為權衡。

又《禮道》　禮貴於盛，儉貴於不盛；禮貴於備，儉貴於不備；

禮貴於簪紱，儉貴於布素；禮貴於炳煥，儉貴於寂寞。富而之愈不樂，貴而貴之愈不美，賞而賞之愈不足，愛而愛之愈不敬。金玉者，富之常；官爵者，貴之常。渴飲則甘，飢食則香。夫惟儉，所以能知非常。

又《食象》 觀食象者食牛不足，觀戴冕者戴冠不足。不足有所自，不廉有所始。是知王好奢則臣不足，臣好奢則士不足，士好奢則民不足，民好奢則天下不足。夫天下之物十之，王好一，民亦一；王好五，民亦五；王好十，民亦十。以十論之，則是十家為一家，十國為一國，十天下為一天下，何不弊之有！

又《民情》 其夫好飲酒者，其妻必貧。其子好臂鷹者，其家必困。剩養一僕，日飯三甌，歲計千甌。以一歲計之，可享千兵。王者歲率是亨，則必告勞而聚怨，病在於增不於損。王駕牛車，民驕於行；王居土陛，民耻於平。杜之於漸，化之於儉。所以見葛藟不足者，則樂然服布素之衣；見窳杯而食者，則欣然用陶匏之器，民之情也。

又《慳號》 世有慳號者，人以為大辱，殊不知始得為純儉之道也。於己無所與，於民無所取。我耕我食，我蠶我衣。妻子不寒，婢僕不飢。人不怨之，神不罪之。故一人知儉則一家富，王者知儉則天下富。

又《君民》 君之於民，異名而同愛。君樂馳騁，民亦樂之；君喜聲色，民亦喜之；君好珠玉，民亦好之；君嗜滋味，民亦嗜之。其名則異，其愛則同。所以服布素者，愛士之簪組；服士之簪組者，愛公卿之劍佩；服公卿之劍佩者，愛王者之旒冕。是故王者居兆民所愛之地，不得不慮也。況金根玉輅奪其貨，高臺崇榭奪其力，是賈民之怨，是教民之愛。所以積薪聚米，一歲之計，而易金換玉，一日之費，不得不困，不得不儉。

又《化柄》 儉於聽可以養虛，儉於視可以養神，儉於言可以養氣，儉於私可以護富，儉於公可以保貴，儉於門闥可以無盜賊，儉於環衛可以無叛亂，儉於職官可以無姦佞，儉於嬪嫱可以保壽命，儉於心可以出生死。是知儉可以為萬化之柄。

又《三皇》 君儉則臣知足，臣儉則士知足，士儉則民知足，民儉則天下知足。天下知足，所以無貪財，無競名，無姦蠹，無欺罔，無矯佞。是故禮義自生，刑政自寧，溝壘自平，甲兵自停，游蕩自耕，所以三皇之化行。

又《天牧》 奢者三歲之計，一歲之用；儉者一歲之計，三歲之用。至奢者猶不及，至儉者尚有餘。奢者富不足，儉者貧有餘。奢者心常貧，儉者心常富。奢者好親人，所以多過，儉者能遠人，所以寡禍。奢者事君必有所辱，儉者事君必保其禄。奢者多憂，儉者多福，能終其儉者，可以為天下之牧。

又《雕籠》 懸雕籠、事玉粒養黃雀，黃雀終不樂。垂禮樂、設賞罰教生民，生民終不泰。夫心不可安而自安之，道不可守而自守之，民不可化而自化之。所以儉於臺榭則民力有餘，儉於寶貨則民財有餘，儉於戰伐則民時有餘。不與之由與之也，不取之由取之也。海伯亡魚，不出於海；國君亡馬，不出於國。

又《禮要》 夫禮者，道出於君而君由不知，事出於職而職由不明。儒者棲山林，敬師友，窮理樂，講本末。暨乎見羽葆車輅之狀，鐘鼓簫韶之作，則矍然若鹿，怡然若豕；若醉於酒，若溺於水，莫知道之本，莫窮禮旨。謂弓為弧，則民不知矣；謂馬為駟，則民莫信矣。所以數亂於多，不亂於少；禮惑於大，不惑於小。能師於儉者，可以得其要。

又《清靜》 奢者好動，儉者好靜；奢者好難，儉者好易；奢者好繁，儉者好簡；奢者好逸樂，儉者好恬淡。有保一器畢生無璺者，有掛一裘十年不弊者。斯人也可以親百姓，可以司粟帛，可以掌符璽，可以即清靜之道。

又《損益》 夫仁不儉，有不仁；義不儉，有不義；禮不儉，有非禮；智不儉，有無智；信不儉，有不信。所以知儉為五常之本，五常為儉之末。夫禮者，益之道也；儉者，損之道也。益者損之旨，損者益之理。禮過則淫，儉過則樸。自古及今，未有亡於儉者也。

《新唐書》卷一三二《吳兢傳》 玄宗初立，收還權綱，銳於決事，羣臣畏伏。（吳）兢慮帝果而不及精，乃上疏曰：自古人臣，不諫則國危，諫則身危。臣愚食陛下禄，不敢避身危之禍。比見上封事者，言有可採，但賜束帛而已，未嘗蒙召見，被拔擢。其忤旨，則朝堂決杖，傳送本州，或死於流貶。由是臣下不敢進諫。古者設誹謗木，欲聞己過，今封事，謗木比也。使所言是，有益於國；使所言非，無累於朝。陛下何遽加斥逐，以杜塞直言？道路流傳，相視怪愕。夫漢高帝赦周昌桀、紂之對，晉武帝受劉毅桓、靈之譏，況陛下豁達大度，不能容此狂直耶？夫人主居尊極之位，顓生殺之權，其為威嚴峻矣。開情抱，納諫諍，下猶懼不敢盡，奈何以為罪？且上有所失，下必知之。故鄭人欲毀鄉校，而子產不聽也。陛下初即位，猶有褚無量、張廷珪、韓思復、辛替否、柳澤、袁楚客等數上疏爭時政得失。自頃上封事，往往得罪，諫者頓少。是鵲巢覆而鳳不至，理之然也。臣誠恐天下骨鯁士以讜言為戒，橈直就曲，斲方為刓，偷合苟容，不復能盡節忘身，納君於道矣。

夫帝王之德，莫盛於納諫。故曰：『木從繩則正，后從諫則聖。』又曰：『朝有諷諫，猶髮之有梳。猛虎在山林，藜藿為之不採。』忠諫之有益如此。自古上聖之君，恐不聞己過，故堯設諫鼓，禹拜昌言。不肖之主，自謂聖智，拒諫害忠，桀殺關龍逢而滅於湯，紂殺王子比干而滅於周，此其驗也。夫與治同道罔不興，與亂同道罔不亡。人將疾，必先不甘魚肉之味；國將亡，必先不甘忠諫之說。嗚呼，惟陛下深監於茲哉！隋煬帝驕矜自負，以為堯、舜莫己若，而諱亡憎諫，乃曰：『有諫我者，當時不殺，後必殺之。』大臣蘇威欲開一言，不敢發，因五月五日獻《古文尚書》，帝以為訕己，即除名。蕭瑀諫無伐遼，出為河池郡守。董純諫無幸江都，就獄賜死。自是蹇諤之士，去而不顧，外雖有變，朝臣鉗口，帝不知也。身死人手，子孫剿絕，為天下笑。太宗皇帝好悅至言，時有魏徵、王珪、虞世南、李大亮、岑文本、劉洎、馬周、褚遂良、杜正倫、高季輔，咸以切諫，引居要職。嘗謂宰相曰：『自知者為難。如文人巧工，自謂己長，若使達者大匠詆訶商略，則蕪辭拙迹見矣。天下萬機，一人聽斷，雖甚憂勞，不能盡善。今魏徵隨事諫正，多中朕失，如明鑑照形，美惡畢見。』當是時，有上書益於政者，皆黏寢殿之壁，坐望臥觀，雖狂瞽逆意，終不以為忤。故外事必聞，刑戮幾措，禮義大行。陛下何不遵此道，與聖祖繼美乎？夫以一人之意，綜萬方之政，明有所不燭，智有所不周，上心未諭於下，下情未達於上。伏惟以虛受人，博覽兼聽，使深者不隱，遠者不塞，所謂『闢四門、明四目』也。其能直言正諫不避死亡之誅者，特加寵榮，待以不次，則失之東隅，冀得之桑榆矣。

王侯操守論分部

論說

唐·王勃《王子安集》卷一〇《平臺秘略論十首》《孝行一》論曰：昔之列桐圭，建茅土者，非一君焉。至於孝思可稱，仁風茂著，存乎緗牒，十一而已。豈非生於深宮之中，長於婦人之手；膏肓積乎驕慢，情奔淪乎嗜欲。嗚呼，有國有家者，可不誡乎？

《貞修二》論曰：美哉貞修之至也！或抗情結操，仗清剛而勵俗；或理韻和神，抱清方而守道。或旌奇表善，擢才於不次之階；或剖滯申嫌，措辭於難犯之地。並能以禮升降，以時舒卷。既明且哲，以保其身。盛矣哉！原夫御俗裁風，變彝倫者寄乎直；全身遠害，得隨時者存乎變。夫然，故進不違義，退不復生。清貞靜一保其道，委迤屈伸合其度。《易》曰：『君子或出或處，或默或語。』『天下何思何慮，同歸而殊塗，百慮而一致。』此之謂也。

《藝文三》論曰：《易》稱『觀乎天文，以察時變。』《傳》稱『言而無文，行之不遠。』故『文章經國之大業，不朽之能事。』而君子等役心勞神，宜於大者遠者，非緣情體物，雕蟲小技而已。是故思王抗言辭頌，耻為君子；武皇裁敕篇章，僅稱往事，不其然乎。至若身處魏闕之下，心存江湖之上，詩以見志，文宣王有焉。

《忠武四》論曰：陰陽代興，剛柔合運。威恩參用以成化，文武相資以定業。況乎卑侯自我，宗子維城者乎！城陽之權略明決，卒摧呂氏之變；任城之志意剛斷，實啓有魏之業。蓋有助焉。陳思雅懷忠勇，義形家國表奏；永昌洞曉兵數，績著疆埸。長沙武陵，亦足云也。

《善政五》論曰：東平以盛德匡時，大興禮樂；齊獻以至親統物，光濟中外。淮陽安定，峻必行之典；安陸扶風，深受遺之泣。能義形家國，理極忠節。使黃河如帶，垂芳不朽。盛矣乎！守方雅以調蕃政，用公直而掌朝論。昂然直上，凜有生氣。衡陽太原，亦足云也。

《尊師六》論曰：前史稱良藥苦口而利於病，忠言逆耳而利於行。豈非事情竭於不顧，主色期於難犯。中人以下，罕免斯纍。其有抗辭必盡，忠烈横匪石之心；聞善若驚，君王動順風之請。相須之際，良可詠也。清河之恭慎貞懇，雅為亂益，上引聖朝，下託師傅，和矣哉。

《褒客七》論曰：原夫重藝尊師，登奇佇逸，道存萬里，神交一面。故有推輪擁篲，寡人忘千乘之榮；越席分庭，上才當四海之禮。斯實藩邸之盛事，問平之用心也。而有矯情役智，揚逸名利之間；窒隙蹈瑕，乾没英翹之地。便辟脂韋飾其迹，甘言巧詞運其辯。假君王之顧眄，用君王之威福。《傳》曰：『好善而不擇人』，則前代有以之傾矣。至於興諧文雅，賞盡煙霞，月庭廣闢，風闈洞敞。西園故事，下蘭坂而宵歌；東苑遺塵，坐槐庭而曉賦。折旋書藝之園，翱翔舞詠之隙，洋洋乎亦為樂之一方也。

《幼俊八》論曰：夫濫觴懸米，翻浮天動地之源；寸株尺蘗，擢捎雲蔽景之榦。豈非積微成大，陟遐自邇。《易》曰：『山下出泉，蒙，君子以果行育德。』故考其前事，備之於篇。

《規諷九》論曰：夫陵谷好遷，乾坤忌滿。哀樂不同而不遠，吉凶相反而相襲。故有全中卒行，用心於不爭之場；杜漸防微，投迹於知幾之地。昔之善持滿者，用此者也。諺曰『禍不入慎家之門』，前代有以之興矣。至若中山激難，重存親禮；武陵變色，復延情愛。子建之陳辭責憤，長沙之發對因機，雖亦各達其心，未若洪慶之希聲也。

《慎終十》論曰：《詩》云：『靡不有初，鮮克有終。』若夫東平之奉憲遵約，耿介原陵之奏；中山之見賢思齊，慇懃濮陽之託，庶幾乎可謂慎終矣。至於塵之奉行文處，中尉之遠述河間，陳思克己，並未易誣也。

唐·韓愈《韓昌黎文集》卷二《貓相乳》 司徒北平王家，貓有生子同日者，其一死焉。有二子飲於死母，母且死，其鳴咿咿。其一方乳其子，若聞之，起而若聽之，走而若救之，銜其一置於其棲，又往如之，反而乳之，若其子然。噫，亦異之大者也。

夫貓，人畜也，非性於仁義者也，其感於所畜者乎哉。北平王牧人以康，伐罪以平，理陰陽以得其宜。國事既畢，家道乃行，父父子子，兄兄弟弟，雍雍如也，愉愉如也，視外猶視中，一家猶一人。夫如是，其所感應召致，其亦可知矣。《易》曰：『信及豚魚』，非此類也夫。

愈時獲幸於北平王，客有問王之德者，愈以是對。客曰：『夫祿位，貴富人之所大欲也。得之之難，未若持之之難也。得之於功，或失於德；得之於身，或失於子孫。今夫功德如是，祥祉如是，其善持之也可知已。』既已，因敍之為《貓相乳》説云。

宋·李昉等《文苑英華》卷七六〇《牛希濟〈不招士論〉》 《史記》以衛青爲大將軍，門下賓客蘇建常責其不招士。青言：『自魏其武安招至賓客，天子常切齒。夫選賢任能，乃天子之柄，豈臣下之所爲哉。』太史公亦美其慎重。予竊未然之。夫諸侯貢士，者在禮經。一與再不貢，有黜爵削地之制，則當位者其可嘿嘿乎？且魏其武安之厚賓客，非有賢智士也，皆任俠之徒。以力折公侯爲能，以權傾州縣爲重。如是，則天子安不切齒哉？蕭何薦韓信，王陵舉張蒼，鮑叔舉夷吾，子皮任子產，如有益於國，濟於時，豈天子之能罪哉？其後武帝詔於青問選士，青但欲以富金賈人多者，皆應命。賴賢大夫趙禹知其事，召問其故，皆聶聶然罔審是非，與土偶無別，遂悉命其徒。於末流中等田仁任安，武帝與語大悦，皆擢用之。若武帝常切齒，不當於青之門下選士也。得田仁任安，協於上意，亦當罪青之門有人也。武既不然，而青以爲切齒，無乃誣上之言歟？仰唯欲聚富金多財者歟？抑悋其金帛，恐招致賢彥，有所費耗歟？若然，則出塞之功，無乃幸而成者歟？

臣德論分部

論説

唐·吴兢《貞觀政要》卷一《君道》 （貞觀十一年）太宗手詔答（魏徵）曰：省頻抗表，誠極忠款，言窮切至，披覽忘倦，每達宵分。非公體國情深，啓沃義重，豈能示以良圖，匡其不及。朕聞晉武帝自平吳已後，務在驕奢，不復留心治政。何曾退朝，謂其子劭曰：『吾每見主上，不論經國遠圖，但説平生常語，此非貽厥子孫者。爾身猶可以免。』指諸孫曰：『此等必遇亂死。』及孫綏，果爲淫刑所戮。前史美之，以爲明於先見。朕意不然，謂曾之不忠，其罪大矣。夫爲人臣，當進思盡忠，退思補過，將順其美，匡救其惡，所以共爲治也。曾位極臺司，名器崇重。當直辭正諫，論道佐時，今乃退有後言，進無廷諍，以爲明智，不亦謬乎？危而不持，焉用彼相？公之所陳，朕聞過矣。當置之幾案，事等弦、韋。必望收彼桑榆，期之歲暮，不使康哉良哉，獨盛於往日，若魚若水，遂爽於當今。遲復嘉謀，犯而無隱。朕將虚襟静志，敬佇德音。

《白居易集》卷四六《李陵論》 《論》曰：『忠、孝、智、勇，四者爲臣爲子之大寶也。』故古之君子，奉以周旋。苟一失之，是非人臣人子矣。漢李陵策名上將，出討匈奴，竊謂不死於王事非忠，生降於戎虜非勇，棄前功非智，召後禍非孝，四者無一可，而遂亡其宗，哀哉。予覽《史記》、《漢書》，皆無明譏，竊甚惑之。司馬遷雖以陵獲罪而無譏，可乎？班孟堅亦從而無譏，又可乎？按《禮》云：『謀人之軍師，敗則死之。』故敗而死者，是其所也。《春秋》所以美狼瞫者，爲能獲其死所。而陵獲所不死，得無譏焉？觀其始，以步卒，深入虜庭，而能以寡擊衆，以勞破逸，再接再捷，功孰大焉；及乎兵盡力殫，摧鋒敗績，不能死戰，卒就生降。噫。墜君命，挫國威，不可以言忠；屈身於夷狄，束手爲俘虜，不可以言勇；喪戰勳於前，墜家聲於後，不可以言智；罪逭於躬，禍移於母，不可以言孝，而引范蠡、曹沫爲比，又何謬歟？且會稽之耻，蠡非其罪，魯國之羞，沫必能報。所以二子不死也。而陵苟免其微軀，受制於强虜，雖有區區之意，亦奚爲哉？夫吴、齊者，越、魯之敵國，匈奴者，漢之外臣，俾大漢之將，爲單於之擒，是長寇讎，辱國家甚矣。況二子雖不死，無陵生降之名，二子苟生降，無陵及親之禍，酌其本末，事不相侔，而陵竊慕之，是大失臣子之義也。觀陵答子卿之書，意者但患漢之不知己，而不自内省其始終焉。何者？與其欲刺心自明，刎頸見志，曷若效節致命，取信於君；與其痛母悼妻，尤君怨國，曷若忘身守死，而紓禍於親焉？或曰：『武帝不能明察，苟聽流言，遽加厚誅，豈非負德。』答曰：設使陵不苟其生，能繼以死，則必賞延於世，刑不加親，戰功足以冠當時，壯節足以垂後代，忠、孝、智、勇，四者立，而死且不朽矣，何流言之能及哉？嗚呼。予聞之古人云：『人各有一死，死或重於泰山，生或輕於鴻毛。』若死重於義，則視之如泰山也；若義重於死，則視之如鴻毛也。故非其義，君子不輕其生；得其所，君子不愛其死。惜哉陵之不死也，失君子之道焉，故隴西士大夫以李氏爲愧，不其然乎，不其然乎？

宋・李昉等《文苑英華》卷七三五《武則天〈臣軌序〉》 蓋聞惟天著象，品物同於照臨；惟地含章，羣生等於亭育。顧以庸昧，忝位坤元，思齊厚載之仁，式罄普覃之惠。乃内乃外，思養之志靡殊；惟子惟臣，慈誘之情無隔。願中殫懇，上翊紫機，爰洎衆僚，聿匡玄化。伏以天皇明逾睿哲，志切旁求，簪裾總川岳之靈，珩佩聚星辰之秀，羣英莅職，衆彦分司，足以廣扇淳風，長隆寶祚。但母之於子，慈愛特存，雖復已積忠良，猶且更垂勸勵。昔文伯既達，仍加喻軸之言；孟軻已賢，更益斷機之誨。良以情隆撫字，心欲助成，比者太子及王，已選脩身之訓；羣公列辟，未敷忠告之規。近以暇辰，游心文府，聊因煒管，用寫虚襟，故綴序所聞，以爲《臣範》一部。想周朝之十亂，爰著十章；思殷室之兩臣，分爲兩卷。所以發揮元行，鎔範身心，爲事上之軌模，作人臣之繩準。若乃遐想綿載，耿鑑前脩，莫不元首居尊，股肱宣力。資棟梁而成大厦，憑舟檝以濟巨川，唱和相依，同功共體。然則君親既立，忠孝形焉。奉國奉家，率由之道寧二；事君事父，資敬之途斯一。臣主之義，其至矣哉，休戚是均，可不深鑑。夫麗容雖麗，猶待鏡以端形；明德雖明，終假言而藥石。今故以兹所撰，普錫具僚，誠非筆削之公，貴用禆道之益。何則？正言斯重，玄珠比而尚輕；選語爲珎，蒼璧喻而非實。是知贈人以賄者，唯申卽日之歡；贈人以言者，能致終身之福。若使佩兹箴戒，同彼韋弦，脩己必顧其規，立行每觀其則，自然榮隨歲積，慶與時新，家將國而共安，下與上而俱泰。察微之士，宜所三思，庶照鄙識，敬終高德。凡諸章目，列之後云。

又 卷八七一《李適〈贈太尉段秀實紀功碑〉》 立人之道，曰君與臣；爲臣之義，曰忠與節。忠莫極於衛國，節莫大於忘身。存其誠德，貫乎天地；致其功用，施於社稷。獨斷勦凶慝之命，沉謀安宇宙之危。

其智勇足以拯時，其義烈足以弘教。非昊穹錫慶，敷佑皇家，重振紀綱，再激汙俗，何邁迍之會，而獲見斯人。【略】嗟乎！天生萬物，唯人最靈，稟元氣之精，鍾五行之秀，是宜守正居順，移孝資忠，君君臣臣，父父子子，各履於達道，同臻於太和。天乎不融，生彼狂悖；神乎不惠，喪我忠貞。靜言思之，輟饋忘寐，詳求其理，抑有以焉。茲朕不明，敗德招損，故列聖垂祐，儆戒於予，則洮之亂，所以懲既往，勗將來；禮教陵夷，風訛俗弊，故上帝玄鑑，聳動於人，則段公之死，所以勵當今，傳不朽也。訪彼前史，稽諸昔賢，全大節者，不必成功，建大功者，或未立節。非節不可以裨教，非功不可以持危。義實相須，事難並備。吉甫以文武翼周室，宣王中興；絳侯以智謀安劉氏，文皇紹立。茂功著矣，而節未可稱。董卓脇國以擅威，伍孚刺之而不畏；王敦擁衆以稱亂，周顗折之而無疑。奇節偉矣，而功竟不就。至若屈伸合變，進退知機，智以遂其謀，勇以決其死，功與時並，節與名偕，中古已還，無公儔比。貞烈之至，通於神明，桀驁聞之而動心，仇讎感之而不怨。死於義而義著，忘其家而家全。行路興悲，懦夫增氣，矧予之慟，其可弭忘。且人之所愛者身也，國之所重者位也，公能殺身徇國，朕得不以重位報之哉？

宋·王欽若等《册府元龜》卷一五八《帝王部·誡勵第三》　（天寶）十三載六月，引吏部新授縣令見。敕曰：唐虞之理，命以子男，周漢建官，委以令宰。朕稽古前哲，寤寐全才，委之銓衡，慎擇銅墨。至於上敷朝政，下字淳人，親其農桑，均其力役，使惸嫠者視之猶父母，俾匱乏者賴之以安全，然後八使類能，六條舉最，擢以含香粉署，獎以秋簡霜臺。是乃立身效官，移忠入仕，榮家報國，豈不美歟。若徇己冒私，擾人敗政，有懷潤屋，無懼害公，豈惟刑網貽憂，抑亦名節隳替，蓋士君子之所耻，亦名教之罪人，鴻漸於磐，豈不勉哉。今卿等將欲赴官，朕之所言，提撕之耳，所謂『聽訟，吾猶人也。必也使無訟乎。』况今之人也，與古人不殊；今之官也，與古者無別。轂璧銅印，其猶昔榮，而卓茂魯恭，逈然無繼。將勸獎之道不至，豈淳樸之風未還。撫事君臨，載深勵惕。今者庶乎卿等，能副此心。賞既超倫，刑必當罪，各宜勉勵，敷我皇猷。無謂天高，四聰必達。並即於朝堂賜食，食訖好去。

宋·姚鉉《唐文粹》卷七八《姚崇〈執秤誡并序〉》　秤者衡，衡天下之平也，君子執之以平其心，夫衡，在天所以齊七政，在人所以均萬物。稱物平施，爲政以公，毫釐不差，輕重必得，是執衡持平之理也。

聖人爲衡，四方取則。志守公平，體兼正直。用於天官，銓綜斯得。行於里閈，紛競以息。故南北以對，左右以持，秤物低昂，不差毫釐。使錙銖不惑，輕重無疑，智不能矯，愚不能欺。存信去詐，以公滅私。無偏無黨，君子似之。法者天下公器，官者庶人之師。其身既正，不令而行。在下無怨，唯上之平。故曰上之所仰，人皆其向；我之所教，人皆其效。心苟至公，人將大同；心能執一，政乃無失。嗟爾多士，欽哉勉旃。庶以觀則，同夫佩弦。

明·楊士奇等《歷代名臣奏議》卷一九九《求言》　（貞觀）二年太宗謂侍臣曰：『明主思短而益善，暗主護短而永愚。隋煬帝好自矜誇，護短拒諫，誠亦寔難犯忤，虞世基不敢直言，或恐未為深罪。昔箕子佯狂自全，孔子亦稱其仁，及煬帝被殺，世基合同死否？』杜如晦對曰：『天子有爭臣，雖無道，不失其天下。仲尼稱：「直哉史魚。邦有道如矢。」邦無道如矢，世基豈得以煬帝無道，不納諫諍，遂杜口無言，偷安重位；又不能解職請退，則與箕子佯狂而去，事理不同。昔晉惠帝賈后將廢愍懷太子，司空張華竟不能苦爭，阿意苟免，趙王倫乃舉兵廢后，使讓張華，華曰：「將廢太子日，非是無言，當時不被納用。」其使曰：「公為三公，太子無罪被廢，言既不從，何不引身而退？」華無詞以答，遂斬之，夷其三族。古人云：「危而不持，顛而不扶，則將焉用彼相？」故君子臨大節而不可奪也。張華既抗直不能成節，遜言不足全身，王臣之節，固已墜矣。虞世基位居宰輔，在得言之地，竟無一言諫爭，誠亦合死。』

士操士風論分部

論說

《梁書》卷五二《止足傳》　《易》曰：『亢之爲言也，知進而不知退，知存而不知亡。知進退存亡而不失其正者，其唯聖人乎？』《傳》曰：『知足不辱，知止不殆。』然則不知夫進退，不達乎止足。殆辱之累，期月而至矣。古人之進也，以康世濟務也。以弘道厲俗也。然其進也，光寵夷易，故愚夫之所乾没；其退也，苦節艱貞，故庸曹之所忌憚，雖禍敗危亡，陳乎耳目，而輕舉高蹈，寡乎前史。漢世張良，功成身退，病卧御粒，比於樂毅、范蠡，至乎顛狽，斯爲優矣。其後薛廣德及二疏等，去就以禮，有可稱焉。魚豢《魏略·知足傳》方田、徐於管、胡，則其道本異。謝靈運《晉書·止足傳》先論晉世文士之避亂者，殆非其人。唯阮思曠遺榮好遁，遠殆辱矣。《宋書·止足傳》有羊欣、王微，咸其流亞。齊時沛國劉瓛，字子珪，辭禄懷道，棲遲養志，不戚戚於貧賤，不耽耽於富貴，儒行之高者也。梁有天下，小人道消，賢士大夫相招在位，其量力守志，則當世罔聞，時或有致事告老，或有寡志少欲，國史書之，亦以爲《止足傳》云。

唐·李華《李遐叔文集》卷二《正交論》 上古無文，飽於和氣，從化而避，何交之哉？至於善惡分，利害競，而後有交。交天命也，附奔走之友，夫友天縱也亦然。微鮑子之知管氏，則諸夏遷為左衽；無歸生之説屈建，則椒舉死於他國。大者濟天下，叔牙、夷吾是也；小者全宗族，聲子、伍舉是也。慈明奉元禮，一如大人；眞長喪仲祖，臨柩動色。由是近於骨肉之恩，不止於交游而已矣。王邑崇繼前好，父事君卿；梁松恃貴遺舊，構陷伏波。兩存其道，而後兼善，是知人事艱難，僅發於造次；生死變禮，不必更相代。朋友漸於講習，緣情而親，於我為重。憂危相急，仕進相推，望而不從，厚實生怨。《詩》曰：『喪亂既平，既安且寧。』美道德相成也。又曰：『將恐將懼，維予與汝；將安將樂，汝轉棄予。』哀勢利相傾也。三代之教，自家行國，樹之以私經，啓其心而修，則家事理；次定朋友，端其性術，攝稱從之，聲與實諧；次諸侯無貢士及於政，是以富有賢哲，動符六經。王策既衰，《小雅》皆廢，諸侯無貢士之理，司馬無論材之政。猷或先王教存，國有君子，聖人生於魯，七十子遍游諸侯。文武之道，噎口復明，孔伋、孟軻之徒，並不儒尊。漢代人心尚樸，辟署由州郡，公府往往有奇節駭俗之士。東京宗祖好學，海内翕然，是以王室多柱石之臣，交游有死生之友。降及魏晉，亦未甚媮。近代無鄉里之選，多寄隸京師，隨時聚散，懷牒自命，積以為常。吠形一發，羣響雷應，銓擇多誤，知之固難，使名實兩虧，朋友道薄，蓋由此也。況衆邪為雄，孤正失守，誘中人之性，易於不善；求便身之路，庸未直道。不從流俗，脩身俟死者益寡焉。加以三尊闕師訓之喪，朋友無寢門之哭，學府無衰服之制。禮亡浸遠，言者為非，人從以偷，俗用不篤。弊在不專經學，淪於苟免者也。師乏儒宗則道不尊，道不尊則門人不親；友非學者則義不固，義不固則交道不重；選不由鄉則情不繫府，情不繫府則舉薦寡恩。三者化人之大端，而情禮盡曠，徼倖道長，而純慤道消。悲夫。禮首於冠而成人，筮日筮賓，卽事於廟，同師之友，鄉邦之族，醮而禮之，楊相與字之，身何以不嚴？友何以不敬？雖有暴慢，無自入焉。嗚呼。士夫畧之，禮以墜於地久矣。信義不厚，斯有漸歟。後進未較，是以非辨者多附成而遠敗，成或非經，敗或非義，三代之理，不能無是，矧弊末乎？於是大雅之友掃除，無妄之交風動，利招則不悔機罔，名眩則甘心鼎鑊。傾之以勢，則不畏於天地；餌之以權，則忍絶其親愛。苟患所不至。故《詩》有《谷風》之刺，《禮》有邦朋之禁。以此防人，猶或踰之。嗟夫。奇巧釣情者，明哲所惡；鋒芒逆物者，道家不取；受施忘惠者，仁義之蠹；迹均心異者，蠻貊之俗；面附背攜者，人道所棄；遠賢奔利者，商販之行；俞可强不者，僕妾恒性；愛子遺親者，犬彘之心，若然者無代無之。嗚呼。至交之道殆絶乎？如有唱而無應，非唱者過也。善交者不好甘而惡章，貴棄同而卽和。鮑叔潔廉而敬管仲三歸，至知之契。故無與二，君子不器，交議宜然。義在切切偲偲，匡救其闕，善則輔宣之，過則以規誨之，不從則一心以蔽之，不幸寘於刑辟，則生死以全之。《傳》曰：『朋友無大故不棄』，此之謂也。苟能久要之約必存，平生之言可復，如樓護終身與呂公同食，張裔養楊恭母如親，則家室有歸，人誰虞死？古者言之不出，耻躬之不逮也。行之難，言之得無訒乎？務省諸身而已矣。

唐·韓愈《韓昌黎文集》卷一《原毁》 古之君子，其責己也重以周，其待人也輕以約。重以周，故不怠；輕以約，故人樂爲善。聞古之人有舜者，其爲人也，仁義人也。求其所以爲舜者，責於己曰：『彼人也，予人也，彼能是，而我乃不能是。』早夜以思，去其不如舜者，就其如舜者。聞古之人有周公者，其爲人也，多才與藝人也。求其所以爲周公者，責於己曰：『彼人也，予人也，彼能是，而我乃不能是。』早夜以思，去其不如周公者，就其如周公者。舜，大聖人也，後世無及焉；周公，大聖人也，後世無及焉。是人也，乃曰：『不如舜，不如周公，吾之病也。』是不亦責於身者重以周乎。其於人也，曰：『彼人也，能有是，是足爲良人矣；能善是，是足爲藝人矣。』取其一，不責其二；即其新，不究其舊，恐恐然惟懼其人之不得爲善之利。一善易修也，一藝易能也，其於人也，乃曰：『能有是，是亦足矣。』曰：『能善是，是亦足矣。』不亦待於人者輕以約乎。

今之君子則不然，其責人也詳，其待己也廉。詳，故人難於爲善；廉，故自取也少。己未有善，曰：『我善是，是亦足矣。』己未有能，曰：『我能是，是亦足矣。』外以欺於人，內以欺於心，未少有得而止矣。不亦待其身者已廉乎其於人也，曰：『彼雖能是，其人不足稱也；彼雖善是，其用不足稱也。』舉其一，不計其十；究其舊，不圖其新。恐恐然惟懼其人之有聞也。是不亦責於人者已詳乎。夫是之謂不以衆人待其身，而以聖人望於人，吾未見其尊己也。

雖然，爲是者，有本有原，怠與忌之謂也。怠者不能修，而忌者畏人修。吾嘗試之矣，嘗試語於衆曰：『某良士，某良士。』其應者，必其人之與也；不然，則其所疏遠不與同其利者也；不然，則其畏也。不若是，强者必怒於言，懦者必怒於色矣。又嘗語於衆曰：『某非良士，某非良士。』其不應者，必其人之與也；不然，則其所疏遠不與同其利者也；不然，則其畏也。不若是，强者必説於言，懦者必説於色矣。是故事修而謗興，德高而毁來。嗚呼。士之處此世，而望名譽之光，道德之行，難已。

將有作於上者，得吾説而存之，其國家可幾而理歟。

又《伯夷頌》 士之特立獨行，適於義而已。不顧人之是非，皆豪傑之士，信道篤而自知明者也。一家非之，力行而不惑者，寡矣；至於一國一州非之，力行而不惑者，蓋天下一人而已矣；若至於舉世非之，力行而不惑者，則千百年乃一人而已耳。若伯夷者，窮天地、亘萬世而不顧者也。昭乎日月不足爲明，崒乎泰山不足爲高，巍乎天地不足爲容也！當殷之亡、周之興，微子賢也，抱祭器而去之；武王、周公聖也，從天下之賢士，與天下之諸侯，而往攻之，未嘗聞有非之者也。彼伯夷叔齊者，乃獨以爲不可。殷既滅矣，天下宗周，彼二子乃獨耻食其粟，餓死而不顧。繇是而言，夫豈有求而爲哉？信道篤而自知明也。

今世之所謂士者，一凡人譽之，則自以爲有餘；一凡人沮之，則自以爲不足。彼獨非聖人，而自是如此。夫聖人乃萬世之標準也。余故曰：若伯夷者，特立獨行，窮天地、亘萬世而不顧者也。雖然，微二子，亂臣賊子接迹於後世矣。

又卷二《爭臣論》 或問諫議大夫陽城於愈，可以爲有道之士乎哉？學廣而聞多，不求聞於人也；行古人之道，居於晉之鄙，晉之鄙人，薰其德而善良者幾千人。大臣聞而薦之，天子以爲諫議大夫。人皆以爲華，陽子不色喜。居於位五年矣，視其德如在野，彼豈以富貴移易其心哉。愈應之曰：是《易》所謂『恒其德貞而夫子凶』者也。惡得爲有道之士乎哉？在《易・蠱》之上九云：『不事王侯，高尚其事』。《蹇》之六二則曰：『王臣蹇蹇，匪躬之故。』夫不以所居之時不一，而所蹈之德不同也？若《蠱》之上九，居無用之地，而致『匪躬』之節；以蹇之六二，在王臣之位，而高『不事』之心，則冒進之患生，曠官之刺興，志不可則，而尤不終無也。今陽子在位不爲不久矣，聞天下之得失不爲不熟矣，天子待之不爲不加矣，而未嘗一言及於政，視政之得失，若越人視秦人之肥瘠，忽焉不加喜戚於其心。問其官，則曰諫議也；問其祿，則曰下大夫之秩也；問其政，則曰我不知也。有道之士，固如是乎哉？且吾聞之，有官守者，不得其職則去；有言責者，不得其言則去。今陽子以爲得其言，言乎哉？得其言而不言，與不得其言而不去，無一可者也。陽子將爲祿仕乎？古之人有云：仕不爲貧，而有時乎爲貧，謂祿仕者也。宜乎辭尊而居卑，辭富而居貧，若抱關擊柝者可也。蓋孔子嘗爲委吏矣，嘗爲乘田矣，亦不敢曠其職，必曰『會計當而已矣』，必曰『牛羊遂而已矣』。若陽子之秩祿，不爲卑且貧，章章明矣，而如此，其可乎哉？

或曰：否，非若此也。夫陽子惡訕上者，惡爲人臣招其君之過而以爲名者；故雖諫且議，使人不得而知焉。《書》曰：『爾有嘉謨嘉猷，則入告爾后於內，爾乃順之於外』；曰：『斯謨斯猷，惟我后之德。』夫陽子之用心，亦若此者。愈應之曰：若陽子之用心如此，滋所謂惑者矣。入則諫其君，出不使人知者，大臣宰相者之事，非陽子之所宜行也。夫陽子本以布衣隱於蓬蒿之下，主上嘉其行誼，擢在此位，官以諫爲名，誠宜有以奉其職，使四方後代知朝廷有直言骨鯁之臣，天子有不僭賞、從諫如流之美。庶巖穴之士，聞而慕之，束帶結髮，願進於闕下，而伸其辭説，致吾君於堯舜，熙鴻號於無窮也。若《書》所謂，則大臣宰相之事，非陽子之所宜行也。且陽子之心將使君人者惡聞其過乎？是啓之也！

或曰：陽子之不求聞而人聞之，不求用而君用之，不得已而起，守其道而不變，何子過之深也？愈曰：自古聖人賢士皆非有求於聞用也，閔其時之不平，人之不乂，得其道，不敢獨善其身，而必以兼濟天下也，孜孜矻矻，死而後已。故禹過家門不入，孔席不暇暖，而墨突不得黔。彼二聖一賢者，豈不知自安佚之爲樂哉？誠畏天命而悲人窮也。夫天授人以賢聖才能，豈使自有餘而已？誠欲以補其不足者也。耳目之於身也，耳司聞而目司見，聽其是非，視其險易，然後身得安焉。聖賢者，時人之耳目也；時人者，聖賢之身也。且陽子之不賢，則將役於賢，以奉其上矣；若果賢，則固畏天命而閔人窮也，惡得以自暇逸乎哉？

或曰：吾聞君子不欲加諸人，而惡訐以爲直者。若吾子之論，直則直矣，無乃傷於德而費於辭乎？好盡言以招人過，國武子之所以見殺於齊也。吾子其亦聞乎。愈曰：君子居其位，則思死其官；未得位，則思修其辭以明其道。我將以明道也，非以爲直而加人也。且國武子不能得善人而好盡言於亂國，是以見殺。《傳》曰：『惟善人，能受盡言。』謂其聞而能改之也。子告我曰：陽子可以爲有道之士也；今雖不能及已，陽子將不得爲善人乎哉？

唐·李德裕《會昌一品集·外集》卷四《近世節士論》 客又謂余曰：近世將相，既已聞之矣。敢問士君子身在下位，而義激衰世者，有其人乎？余曰：焉得無之，丁生魏生是也。昔蓋寬饒多仇少與，在位及貴戚人與爲怨，惟諫議大夫鄭昌，愍傷寬饒忠直憂國，爲文吏所抵挫，上書曰：『山有猛獸，藜藿爲之不採，國有忠臣，奸邪爲之不起。』寬饒上無許史之屬，外無金張之託，職在司察，直道而行，鄭昌可謂好是正直矣。梅福，南昌一尉耳，與王章無薦引之私，無游宴之好，當王鳳之世，權歸外戚，上書曰：『鳶鵲遭害，則仁鳥增逝，愚者蒙戮，則智士遠退。』折直士之節，結諫臣之舌，羣臣皆知其非，然不敢爭，天下以言爲戒，最國家之大患也，梅福可謂不畏强禦矣。余頃歲待罪廟堂，六年竊位，而言責之官，執憲之臣，屢薦丁生，稱其有清直之操。亦有毁之者，曰『體羸多病，必不能舉職。』余惑是説，未及升之於朝。而一旦觸羣邪，犯衆怒，爲一孤臣，獨生正言無避，亦鄭昌、梅福之比也。昔貫高竟能以不生白王，而高祖賢其然諾，戴就不忍以臣謗其君，而薛安感其壯節，周燕寧恨於不食，陸續豈辭於禁錮，世歷千祀，有此幾人？魏生爲酷吏所逼，終不詘服，詞義雅正，有古人之風，亦貫高、戴就之儔也。嗚呼！田叔、孟舒，皆位顯於朝，而魏生亦輿疾遠竄，溘盡道途，疑其幽魂必上訴於天矣。或曰：自古名節之士鮮受厚福，豈天意於善人薄耶？余曰：非也。夫名節者，非危亂不顯，非險難不彰，免鈇鑕全性命者，尚十無二三，況福禄乎？若使不受困辱，不嬰楚毒，父母妻子恬然安樂，則天下之人盡爲之矣，又何貴於名節者哉？

宋·李昉等《文苑英華》卷九二《劉知幾〈思慎賦并序〉》 賦形天地，受氣陰陽，生樂死哀，進榮退辱，此人倫之大分也。然歷觀自古，以迄於今，其有才位見稱，功名取貴，非命者衆，克全者寡。大則覆宗絶祀，堙没無遺；小則繫獄下室，僅而獲免；速者敗不旋踵，寬者憂在子孫。至若保今名以没齒，傳貽厥於後胤，求之歷代，得十一於千百。某嘗迹其行事，略而論之。至如望夷簒奪，鴻溝戰爭，包燕蓋之異志，踐恭顯之邪迹，或於紀亂常，或窺窬僥倖，此而獲罪，固其宜也。爭二城而相殺，期五鼎以就烹，獻魚炙以交鈹，舞鷄鳴而伏鑕，或幸災樂禍，或甘死徇生，求而得之，又何怨也！降兹以外，有異於是，莫不重七尺於太山，悋一毛於尺璧。徒惡其死，而不知救死之有方；但惜其生，而未識衛生之有術。何者？地居流俗之境，身當名利之路，皆物之相物，我之自我。當仁不讓，思倍萬以孤標；唯利是視，願半千而秀出。行高於人，衆必非之；官大於國，主必惡之。而名譽娛其耳，光榮炫其目，口甘腴豢，嗤鈎吻之腐腸；身安棟宇，誡垂堂之折足。自謂長無六疾，水固百齡，巋然可與金石齊堅、松喬比壽者矣。殊不知關、張以傲誕爲將，桑、霍以滿盈居職，晁錯削國以獻忠，伯宗匡朝而好直，處父則純剛立性，張温則太明爲識，見之者爲之寒心，聞之者爲之變色，亦猶卧於積薪之上，而不知火之將燃；巢於折苕之末，而不悟風之已至。既而惡稔釁盈，道窮數極，黄沙在縶，懷上蔡而無追。白刃臨頸，揮廣陵而長歎，猶以爲禍出不虞，災非素漸，以茲自卜，奚其謬歟！假有舉一返三，粗分菽麥，知豐屋之不誡，悟覆車之足尤，而皆宴安鴆毒，遲疑猶豫，交戰未勝，而禍機先發，不杜之於欲萌，方悔之於既兆，用使茂先將戮，顧諍子而多慚；安仁已收，負慈親而永訣。嗚呼！自古所以多殺身亡族者，職由於此也。因斯而言，則知禍福無門，唯人自召，自貽伊戚，匪降於天，而謂之不幸，未之聞也。昔夫子有云：『仁遠乎哉？我欲仁，斯仁至矣。』竊以仁爲百行之首，大聖其猶病諸：『然必以中才之人，企勉而行，猶或可及。況其慎者，蓋不過慎言語，節飲食，知止足，避嫌疑，若斯而已矣；非有朝聞夕死，去食存信之難也。違之則爲凶人，蹈之則成吉士，其爲弘益多矣。而世人罕能脩身厲己，自求多福，方更越禮過度，坐致覆亡。此宣尼所以譏鮑莊子之智不如葵，而孫叔敖譬以螳螂伺蟬，不知黄雀在後。余早游墳索，晚仕流俗，觀古今之人物極矣，見吉凶之成敗衆矣。夫貴不如賤，動不如静，嘗聞其語，而未信其事；及身更之，方覺斯言之徵矣。加以守愚養拙，怯進勇退，每思才輕任重之誡，智小謀大之憂，觀止足於居常，絕覬覦於不次。是以度身而衣，量腹而食，進受代耕之禄，退居負郭之田，庶幾全父母之髮膚，保先人之丘墓，一生之願，於斯足矣，但才非上智，習以性成，猶恐覩芳餌而貪生，處鮑肆而神化。苟或静退之心日弛，則馳競之慾日增，顛沛以之，嗟何及矣？常思列銘幾杖，取配韋弦，刻心骨而不忘，傳諷誦而無斁。蓋語曰：『明鏡可以覽形，往古可以知今。』

又 卷三六八《姚崇〈辭金誡并序〉》 辭金者，取其廉慎也。昔子罕辭玉，以不貪爲寶；楊震辭金，以四知爲慎。列前古之清潔，爲將來之龜鏡。原其立者俯而揖，讓也；跪者仰而受，恭也。俾左右顧盼，又得謙恭之道焉。

古之君子，策名委質，翼翼小心，乾乾終日。慎乎在位，欽乃攸司，請謁者咸息，苞苴者必辭。爾以金玉爲寶，吾以廉謹爲師；爾以夜昏可納，吾將暗室不欺。若爾有贈，吾今取之，爾其喪寶，吾則懷非。故曰欲人不知，莫若勿爲；欲無悔悋，不若守慎。慎之伊何？主誡在乎瓜李；悔之伊何？讟謗由乎意苡。慎則禍之不及，貪則災之所起。苟自謹身，必無謗耻。凡所從政，當須正己，誡往脩來，慎終如始。

又 卷七四五《王泣〈誡節論〉》 炙轂子曰：『漢史著誡節立名之士，謂其能執一不回，死義不顧，雖湯鼎之威，霜刃之刑，不能脅之。故節義彰明，顯於後世。存無愧於英俊，没無果於神靈。蕩蕩然偃於暗室之中，堂堂然行於日月之下。卓爲人傑，乃有節有義之士也。夫能如此者，亦賢哲之一體。客曰：誠如是，無乃滯於變通，而能成功則拙，杖節死義可矣。既不能杖節死義，又不能變通成功，此謂之偷生無耻之夫。昔李陵降匈奴，又要成功，致老母伏誅，妻子棄市，斯始規變通而終爲負義。且臨患難，履顛危，雖商賈小人，屠沽賤品，猶能相拯於窮蹙，尚乃任情於依託。矧乎頂章甫冠，拖縫掖衣，口誦先聖之文，胸懷德義之典，目曰儒士，而無慷慨之心，不有風雲之操，亦何以見分明之男子，磊落之丈夫。昔如敬通不脩廉隅，杜篤請求無厭；班固諂竇以作威，馬融黨梁而黷貨；丁儀貪婪而乞賄，路粹哺啜而無耻。皆文儒之所賤，貞介之所羞。夫士無信不可以立身，無義不可以立名，無節不可以成功，無忠不可以成事。四者不懷，則情同犬豕，行比豺狼，安足以齒於人倫哉！客曰：『先生斯論，不亦傷於嫉惡太甚乎？』對曰：『嫉惡不甚，則好善不篤。若見惡不能去，則邪佞之人羣臻；知善不能用，則賢良之士引去。苟懷誠節，安得不嫉諂諛。今公卿席客，蔑馮諼、毛遂之忠誠，侯伯幙賓肆，李園、祖珽之欺詐。或受賂賣主，奉越以事吳；或首鼠兩端，觀成而望敗。窮其操心姦宄，蘧蒢戚施，與夫誠節之士，執一不回，死義不顧者，亦何遼廓？』論未已，客曰：『若乎先生之論，誠亦富茂。』乃斂衽而退。

又 卷七五九《李翰〈難進論〉》 賓有裳錦握蘭，韜劍懷玉，介然獨立，默而無言。主人怪而問之曰：『僕觀今之士君子，所求速進，體必盡飾。而足下望問若有疑，造庭若有懼。隱文彩，匿芬芳，掩光暉，潛穎利，此何謂也，豈有以哉？』客曰：『夫順時而動，嘉會不可以智求；藏器於身，知己不可以力致。有道足輔天地，而不用於人；行足應神明，而不信於俗。僕所以候寬和之色，伺清晏之間，顧因左右，思待擯介。或没齒不遇，豈直斯須之頃與？』主人曰：『僕方運思量深，游精絶遠。巨蚌潛於溟海，剖而探其珠；靈龜巢於嘉林，灼而訪其兆。而況同聲相應，同氣相求者乎！蟋蟀候秋而吟，蜉蝣乘陰而出，豈藉援於左右，求容於擯介哉？而足下牽流議於俗，忽常道之要，豈安彼詭隨，昧而不察茲理，將有所感激，憤而爲此言乎？』客曰：『主人可謂知其一未知其二。夫察言觀行，下之所以上達，言有邪正，百慮糾紛，行有是非，萬變舛錯。憂虞不可以一逕驗，悔悋不可以一理徵。事固有上不援，下無黨，禮義以爲干櫓，忠信以爲甲胄。見利不虧其分，見害不更其守，杖必然之畫，恥干節而進。則有從俗浮沉，與物厚薄，潔其衣服，矜其車徒，俛仰權貴之門，逶迤富利之室，人玩其飾，孰察其心？然則矩步規行，不如由徑之速達；一辭三讓，不如苟合之易親。據邀乘邪，是有先鳴之勢；難進易退，但積後時之悲。此主人所宜察者一也。士固有履敦懿，佩禮文，漸漬德教之泉，栖息道素之域。然而委身草莽，沉迹蓬茨，位末名卑，譽不聞於左右；含光蓄鋭，價不動於當時。雖折節求容，毀方取合，行衰於寡黨，才蔽於世人。復有養高釣名之徒，動餘戚裔之位，歷玄闕，排朱門。鶖翼鳳翔，乞言鄒枚之口；虎皮羊質，假論崔馬之譚。而悠悠者莫不望景星奔，籍響風靡。夫向聲皆實，人之常情，索隱探微，代所希及。田父獲玉，驚輝廡之暉；靈蛇獻珠，貽按劍之怒。然則遵古人懿業，類芻狗之已陳；道先王法言，比屠龍而莫用。此主人所宜察者二也。固有聚精會神，盡智畢議謀於未兆，慮於未形。探玄妙之源，養浩然之氣，寘立羣情之表，獨與大道爲鄰。復有騁變效奇，□談詭論。文彫琢之辨，縱煒燁之詞，不思作則垂訓，期於動聽駭目。夫繁聲奪雅，令色惑真。綆短不可以汲深，褚小不可以懷大；曲彌高而和寡，技逾下而賞多。此主人之所宜察者三也。士有作矜莊之色，厲耿介之辭，披苦懷，揚憤思，悉精鋭，貢忠誠。矯枉推直，深言切詳，弘其體防，剪其淫侈，復有事無可否，順之如流；言無是非，應之如響。博訪遠引，不綜成敗之幾；虛美飾非，但以苟容爲度。夫吉人之辭寡，躁人之辭多。頌德記，功易以藻飾；閑邪介疾，或犯忌諱。逆耳之談，容之者少；利口之説，悦之者多。然則辨佞進而登庸，忠謇退而獲戾；此主人之所宜察者四也。士固有懷經濟之略，藴弼諧之才，而擬非其倫，履失其位。皆屑屑聚論者，騰喧咋之辭；連袂並駈者，效趨走之技。龍驥捕鼠，非所騁其逸足；牛鼎烹鷄，豈傷殊於常器。然則含章秀發，秘思混而不分；默識玄通，幽旨隱而莫啓。此主人之所宜察者五也。士固有當理以言，由方以進，而關梁非所，鑿枘異宜。或以小人所長，乘於君子所短；或以己所未遑，不信人所能然。則道源蔽而不通，心境曠而不接，辨雖博萬物，不能釋其疑辭；智雖絡天地，不能效其長策。故語曰：誰能爲之，孰令聽之？此主人之所宜察者六也。且夫春樹桃李，秋收其實；春樹［棘］茨，夏蒙其刺。生實未成，同爲后土所生，俱沐陽和之施。不殖不藝，終歲闕甘旨之豐；不芟不耘，毫末成尋拱之患。亮明才士之智，匡時尊主之臣，可不熟計其吉凶，深究其得失乎！而或安於近禁，玩於浮名，忘至理而悦侈言，貴辨僞而惡切直，外恃位以陵物，内自負而輕士。譬猶廢東作而待歲，馳比轅而適越。是以弘奬之意未嘗異，取捨之要未嘗同，徒有好賢之名，終無用賢之實，亦良可悲矣！安在其進乎？』主人曰：『若然者，行不必達，言不必揚，賢人沉抑以爲常，良士無登進之理，將何以革此弊而求其通乎？』賓波曰：『何爲其然也。［夫］揚振風以扇物，清濁必效其響；懸明鏡以鑑形，美惡無隱其象。苟能坦其量，清其心，先公而後私，捨名而責實，得意而忘象，遠佞而納忠，則君子可知，不仁者遠。於是循夷途以招絕迹，總脩林以刈翹楚，則何才不舉，何藝不揚？是知行藏有宜，取捨有分。爲仁由己，芝蘭雖幽而自芳；子苟好之，珠玉無脛而自至。審此要也，夫何問焉？』主人矍然，謝賓而退，齊居三日。罷鍾鼓，遠宴私。執謙下之心，去驕伐之色。夢想正士，飢渴直言。然後備禮延賓，昇堂而訪焉。言行計從，於是家安而國治矣。

又　卷七九〇《陳子昂〈座右銘〉》　事父盡孝敬，事君端忠貞。兄弟敦和睦，朋友篤信誠。從官重公慎，立身貴廉明。待士慕謙讓，蒞民尚寬平。理訟惟正直，察獄必審情。謗議不足怨，寵辱詎須驚。處蒲常懼溢，居高本慮傾。詩禮固可學，鄭衛不足聽。幸能脩實操，何俟釣虛聲。白珪玷可滅，黃金諾不輕。秦穆飲盜馬，楚客報絕纓。言行既無擇，存没自揚名。

唐・張弧《素履子》卷中《履仁》　素履子曰：古者嘗草之君教民粒食而止殺，至仁之化也。黃帝為民除害，殺蚩尤，至仁之教也。大羅氏作網罟，除禽獸之害，至仁之用也。堯舜用八元八凱，明四目，達四聰，至仁之治也。禹鑿龍門，去水害，至仁之功也。湯去三面羅，至仁之政也。文王葬枯骨，至仁之惠也。紂失仁，武王殺之，飾微子之墟，捨箕子之囚，封比干之墓，乃得赤雀銜書之瑞雲，仁得之，仁守之，福癮百代。天使人君用仁守國，故罪己泣辜，吞蝗咽蛭，所以興也。秦不仁，焚書坑儒，身没沙丘，不及二代，子嬰為劉項所競。漢履仁約法，捨子嬰而得天下；楚不仁暴物，殺子嬰而失天下。是知履仁為興國之本，故可履之。孔聖云：仁者愛人。亦曰：好生惡殺為仁，愛人利物為仁，克己復禮為仁，慈惠惻隱為仁。賞善罰惡，拯溺救危，皆仁人之履也。士有殺身以成仁，亡命以成仁。設食於翳桑，板築於危徑；或救黄雀，或放白龜；惠封於傷蛇，探喉於梗虎；博施無倦，惠愛有方。春不伐樹覆巢，夏不燎田傷禾，秋賑孤恤寡，冬覆蓋伏藏。君子順時，履仁而行，仁功著矣。《易》曰：天地之大德曰生，聖人之大寶曰位。又曰：君子體仁，足以長人。唯至賢履之，無倦而已。

又《履義》 素履子曰：理財正辭，禁民為非，曰義。所以義者，不競於物而物自歸之。孔子曰：義，然後取人，不厭其取。昔周太王之太子曰太伯，大王有疾，太伯義讓其位，乃為父採藥而不返。後季曆立封太伯於吴。夫有義必能讓，能讓必能和。王者履義讓，必能和協萬邦，賞善罰惡，立功立事，以義除不義。昔者桀惑於妹喜，亡義而喪德；紂好妲己，失義而害忠賢；周幽王寵褒姒，乖義而失諸侯。晉獻公悦驪姬而終失義於世子。鄭莊姜寵過致叔段不悌。龐涓疾賢，死為不義之友。羅敷沈河，魯胡永為乖義之夫。三閭溺於汨羅，楚淮王為不義之主。子胥得洗紗女，終成守義之賢士。有觸槐刎頸煙目漆身之義，管鮑陳雷立義名標前史。是知義不可不履而不可乖。孔子云：不義而富且貴，於我如浮雲。先聖賤不義也。若不義而死，捨義而生，則浪生死矣。是不賢也。能義和骨肉昆弟，在物以義履之，有何爭哉。故君子義以為質，履而行之，固無乖矣。

又《履智》 素履子曰：夫智者，五行之德水。水以潤下為德，智以謀慮為能。智不能慮無以為能，水不能潤無以為德。是以水流不止，智用無滯。水混則濁，智撓則亂；濁則不能鑑，亂則不能慮。未若止水而能清，定智而能明，水止智定則清且明矣。如水決流不止則浸漬以成弊，智用不端則惑亂以招禍。夫賢者用智能周萬類，若夫鏡之鑑物，妍醜俱見。其中如朗月之當空，泉沼皆臨其內。觀照遐邇，明辨是非，知衆之苦辛，臧己之逸樂，齊飽暖於一體，慮寒餒於四人。故能運智而佐帝王，設慮以防奸弊。所以子房陳平智周而成，商鞅蘇秦智訛而轘。夫有國有家者，履智而能明能慮，則禍患弗可及也。

又《履信》 素履子曰：信之為大人所重焉。天失信，三光不明；地失信，四時不成；人失信，五德不行。故孔宣父云：大車無輗，小車無軏，其何以行之哉。謂人無信，不可行也。子貢問政，子曰：足食，足兵，民信之矣。子貢曰：必不得已而去，於斯三者何先。曰：去兵。曰：必不得已而去，於斯二者何先。曰：去食。自古皆有死，民無信不立，治邦不可失信。昔周幽王西患犬戎，北患獫狁，王與諸侯立信，約舉烽擊鼓，則諸侯救。至褒姒戲而舉之，諸侯皆至，無寇，乃是妃後戲耳。後犬戎逼王城，舉烽火擊鼓召諸侯，諸侯皆言妃後戲耳，遂不至，幽王乃為犬戎所殺。此戲而失信之故也。故齊桓不遺曹劌之盟，晉文捨原以示信，俱為霸主，諸侯皆從之。所以不乖竹馬之期，不爽虞人之約，王者履信則神龜見矣。故用人之智去其詐，用人之勇去其怒，用人之仁去其貪，用智者之謀，勇者之斷，仁者之施，足以成治矣。詐害民信，怒害民恩，貪害民財，三害亂之原也。是知可終身而守約，不可斯須而失信。《易》云：天所助者順也，人所助者信也。君子仗忠信而為甲胄，履之無爽矣。

又《履禮》 素履子曰：禮者，天地四時之正黑，人倫三綱之端首。在物皆敬，於人必周，故能定親疏央嫌疑，別同異明是非。守道立德履之，方成教訓，正俗履之，方備央爭訟辨是非；君臣上下、父子兄弟、軍旅征伐、祭祀鬼神履之，方成其政教。郊天杞地，禮之為大經所備焉。夫父慈子孝，兄良弟悌，夫義婦聽，長惠幼順，君仁臣忠之道，禮之本也。士唯履之，無暫乖失，無小大，無衆寡，無敢慢。故君子正其衣冠，尊其瞻視，望之儼然，即之也温，聽其言也厲，無欺暗室，不愧屋漏。明則有禮樂，幽則有鬼神。是以賢者昏行不變節，夜浴不改容，唯禮唯敬。履之則安，失之則危。《詩》曰：相鼠有體，人而無禮。人而無禮，胡不遺死。《易》曰：藉用白茅，禮敬之至也。

《新唐書》卷九八《韋挺傳》 是時承隋大亂，風俗薄惡，人不知教。

（韋）挺上疏曰：『父母之恩，昊天罔極；創巨之痛，終身何已。今衣冠士族，辰日不哭，謂爲重喪；親賓來吊，輒不臨舉。又閭里細人，每有重喪，不即發問，先造邑社，待營辦具，乃始發哀。至假車乘，雇棺槨，以榮送葬。既葬，鄰伍會集，相與酣醉，名曰出孝。夫婦之道，王化所基，故有三日不息燭、不舉樂之感。今昏嫁之初，雜奏絲竹，以窮宴歡。官司習俗，弗爲條禁。望一切懲革，申明禮憲。』

民德民風論分部

論説

唐・皮日休《皮子文藪》卷八《鄙孝議上篇》　有天地來，言乎孝者，大曰舜，小曰參。舜承順父母之道，無不爲也。雖俾食於褻器，寢於廁竇，猶將順之，況夫修廩浚井哉？然猶避乎大杖也，雖嘗以小杖爲順。則舜修廩可也，浚井可也，設死於大杖，誰養瞽叟哉？參承順父母之道，無不至也。鋤瓜傷根，曾皙杖之，幾至於死，是以仲尼不以爲孝也。何哉？有參則皙安，無參則皙孤，參順鋤瓜之罪，設死於杖，誰養夫皙哉？夫以二孝之不受重責，恐夫糜骨節，隳肢體，有辱於先人也。豈有操其刃，剸己肉以爲孝哉？夫人之身者，父母之遺體也。剸己之肉，由父母之肉也。言一不順，色一不怡，情尚以爲不孝，況剸父母之肉哉？故樂正子春傷足不下堂，漢景不吮孝文之癰，二賢卒成大孝。猶傷足不下堂，吮癰有難色。何者？傷己之足，傷父母之足也；吮父之癰，吮己之癰也。傷之者不敬，吮之者過媟，是以聖賢不爲也。今之愚民，謂己肉可以愈父母之病，必剸而飼之。大者邀縣官之賞，小者市鄉黨之譽。訛風習習，扇成厥俗，通儒不以言，執政不以禁。昔墨氏摩頂至踵，斷指存脛，謂之兼愛。今之愚民如是，其兼愛邪？設使虞舜糜骨節，曾參隳肢體，樂正子春傷足不憂，漢景吮癰無難，今之有是者，吾猶以爲不可，況無是理哉？或執事者嚴令以禁之，則天下之民，保其身，皆父母之身也。欲民爲不孝也難矣哉！

又《鄙孝議下篇》　人之心也，仁者孝有餘；凶者暴不足。故聖人之制禮，非所以懲其不足，抑亦戒其有餘。由是節之以哀戚，定之以封域，制之以斬衰。仁者之喪滿，其哀也不足於心，而不能有餘於禮；凶者之喪滿，其怠也有餘於心，而不能不足於禮。此由民之心，必有嗜欲，必知飢渴，自開闢而至於今，未能改也。『魯人有朝祥而暮歌者，子路笑之。夫子曰：「由，爾責於人終無已夫。三年之喪，亦以久矣。」』又『孔子既合葬於防，曰：「吾聞之，古也墓而不墳。今丘，東西南北之人也，不可以弗識矣。」於是封之，崇四尺。孔子先反，門人後，雨甚，至，孔子問焉，曰：「爾來何遲也？」曰：「防墓崩。」孔子不應，三。孔子泫然流涕曰：「吾聞之，古不修墓。」』以三年之喪，天下之通制也。古不修墓，聖人之格言也。以朝祥而暮歌，聖人尚不笑之；以經雨而防墓崩，聖人尚泣而修之，況廬之於其側，朝夕而哭哉？故合葬於防，孔子先反者，尚修虞事也。今之愚民，既葬不掩，謂乎不忍也；既掩不虞，謂乎廬墓也。傷者必過毀，甚者必越禮，上者要天子之旌表，次者受諸侯之褒贊。自漢、魏以降，厥風逾甚。愚民蚩蚩，過毀者謂得儀；越禮者謂大孝。姦者憑之，以避征徭；僞者扇之，以收名譽。所在之州鄙，礱石峨然。問所從來，曰：『有至孝也，廬墓三年，孝感至瑞，郡守聞於天子，天子爲之旌表焉。』嗚呼！夫古之廬墓，至畜妻子於宅兆之前，其波流弊，至今褻慢焉。有守正者，雖大孝不録；爲非者，雖小道必旌。則聖人之制，後何法焉？或曰：『子貢居於夫子墓側，六年乃去，非廬墓之自邪？』曰：『子貢之罪大矣，口受聖人之言，身違聖人之禮，噫！甚矣。』夫子曰：『事師，無犯無隱，左右就養無方，服勤至死，心喪三年。』又曰：『師，吾哭諸寢。』是師之喪也，心喪止於三年，哭泣至於寢室，未有倍其年而哭於墓者。斯子貢之罪也。今執事者見愚民之有是者，宜責而不貴，鄙而不旌。則民必依禮而行矣。苟若是，則隳教之風息，毀制之道壅。《傳》曰：『辛有適伊川，見被髮而祭於野者。』今之有是被髮而哭於野者，幾何不爲戎之於宅兆乎？有心於是道者，得斯説而存之。禁之可也，令之可也。

宋・王欽若等《册府元龜》卷五九《帝王部・興教化》　（天成）三年八月，帝聞隨鄧復郢均房之間，父母骨肉有疾，以竹竿遙致粥食於病者之側，出嫁女父母有疾，夫家亦不令知，聞哀始奔喪者，敕曰：萬物之中，人曹為貴，百行之內，孝道居先。凡戴北辰，並遵皇化，備聞南土，多爽時風，皆傾事鬼之心，不守敬親之道，於父母如此無行，被日月何以立身？弊久積於鄉閭，化全繇於長吏。昔西門豹一縣令耳，尚能投巫百姓，保女子之愛，絕河伯之虞，斷自一時，傳於千古。況位居侯伯，化洽封巡，豈不能宣北闕之風，變南方之俗？宜令隨處觀察使刺史丁寧曉告，自今後，父母骨肉有疾者，並須日夕專切，不離左右看侍，使子奉其父母，婦事其舅姑，弟不慢於諸兄，姪不怠於諸父。如或不移故態，老者卧病，少者不勤侍養，子女弟姪，並加嚴斷。出嫁女父母有疾不令其知者，當罪其夫及舅姑。

長興二年八月壬申敕：朕聞教化之，本禮讓為先，欲設規程，在循典故。蓋以中興之始，兆庶初安，將使知方，所以漸誘。準儀制令，道路街巷，賤避貴，少避長，重避輕，去避來，有此四事，承前每於道途立碑刻字，令路人皆得聞見。宜令三京諸道州府各遍下管內縣鎮，準舊例於道路明置碑，雕刻四件事文字，兼於要會坊門及諸橋柱刻碑，曉諭路人。委本縣所繇官司共切巡察，有敢犯者，科違敕之罪。貴在所為簡易，所化弘多，既禮教興行，則風俗淳厚，庶皆順序，益致和平。

又 卷一五九《帝王部・革弊》 （開元）二十九年正月丁酉，詔曰：古之送終，所尚乎儉。比來習俗，漸至於奢。苟炫燿於衢路，復何益於泉壤，又凡庶之中，情理多闕，每因送葬，或酣飲而歸，及寒食上墓之時，亦便為宴樂，在於風俗，豈成禮教。自今已後，其緣葬事有不依禮法者，委所由州縣并左右街使嚴加捉搦，一切禁斷。其有犯者，官人殿黜，白身人所在決一頓。凡是庶人，不兼二業。或有衣冠之內，寡於廉隅，專以貨殖為心，商賈為利，須革其弊，以清品流。有犯者，委京都御史臺及諸道採訪使具以狀聞，當則處分，宣布中外，咸使知聞。

宋・宋敏求《唐大詔令集》卷一〇九《禁止街坊輕浮言語詔》 堯屋可封，孔門無侶，此由淳風，彼洽德教。弘之在人，職歸所屬。如聞輦轂之下，閭閻之內，口無擇言，行不近禮，則失長幼之序，豈儀刑之政。宜令府縣長官、左右金吾，明加訓導捉搦。若有犯者，隨事科繩。

政治發展論部

進化論分部

論說

宋・王欽若等《册府元龜》卷五五三《諫諍部・規諫第十》 王易簡仕晉為中書舍人。天福三年易簡進《漸治論》曰：臣聞天地之道起於漸。夫天之高，奮雷霆之威，雨露之惠，覆於萬物，必從漸而生。以地之厚，負江海之滋，淮濟之潤，載於萬物，亦從漸而長。況人者，無天之功，乏地之力，勞方寸之心，豈可急速而治天下也？惟我后膺圖履運，握鏡臨人。蘊勤儉之風，秉弘厚之德。內無躭翫，外絕奢華。信任股肱，委仗將帥。自有仰成之化，固多定亂之功。今者所以尚撓聖懷，親勞御札者何？直以庫藏稍虛，士卒微惰，使天威之莫震，令王化之未敷。此則非臣下之無謀，豈君上之有過。蓋承偽廷之困弊，遇數歲之亂離。今國家宜靜以圖功，不可躁而取失。或欲急徵暴斂，則百姓愈逃。或以峻法嚴刑，則三軍益叛。莫若制治於未亂，求安於未危者也。凡止亂危者，應上玄則以好生惡殺為心，接諸侯則以含垢匿瑕為念。夫如是，卽水旱無繇而興，干戈何門而動也？考諸政教，則禮樂咸在，刑賞具存。任四輔提其綱，遣百司舉其目。必見梯航常貢，士馬日精。所謂強其榦而弱其枝，深其根而固其蒂。於是天地有清和之氣，星辰無謫見之災。可以薄賦恤萬民，足以虛懷馭羣后。或思正名於中夏，問罪於殊方。人皆同心，兵必戮力。寰區既定，帝道自隆。躋元首為睿聖之君，列四輔作賢明之相。主則社稷無患，臣則子孫永安。此則顯漸之功，見治之驗矣。

唐・吴兢《貞觀政要》卷一〇《慎終第四十》　貞觀九年，太宗謂公卿曰：『朕端拱無為，四夷咸服，豈朕一人之所致，實賴諸公之力耳！當思善始令終，永固鴻業，子子孫孫，遞相輔翼。使豐功厚利施於來葉，令數百年後讀我國史，鴻勳茂業粲然可觀，豈惟稱隆周、炎漢及建武、永平故事而已哉？』房玄齡因進曰：『陛下撝挹之志，推功羣下，致理升平，本關聖德，臣下何力之有？惟願陛下有始有卒，則天下永賴。』太宗又曰：『朕觀古先撥亂之主皆年逾四十，惟光武年三十三，但朕年十八便舉兵，年二十四定天下，年二十九升為天子，此則武勝於古也。少從戎旅，不暇讀書，貞觀以來，手不釋卷，知風化之本，見政理之源。行之數年，天下大理而風移俗變，子孝臣忠，此又文過於古也。昔周、秦已降，戎狄內侵，今戎狄稽顙，皆為臣妾，此又懷遠勝古也。此三者，朕何德以堪之？既有此功業，何得不善始慎終耶？』

貞觀十二年，太宗謂侍臣曰：『朕讀書見前王善事，皆力行而不倦，其所任用公輩數人，誠以為賢，然致理比於三、五之代，猶為不逮，何也？』魏徵對曰：『今四夷賓服，天下無事，誠曠古所未有。然自古帝王初即位者，皆欲勵精為政，比迹於堯、舜；及其安樂也，則驕奢放逸，莫能終其善。人臣初見任用者，皆欲匡主濟時，追蹤於稷、契；及其富貴也，則思苟全官爵，莫能盡其忠節。若使君臣常無懈怠，各保其終，則天下無憂不理，自可超邁前古也。』太宗曰：『誠如卿言。』

唐・柳宗元《柳河東集》卷三《封建論》　天地果無初乎？吾不得而知之也。生人果有初乎？吾不得而知之也。然則孰為近？曰：有初為近。孰明之？由封建而明之也。彼封建者，更古聖王堯、舜、禹、湯、文、武而莫能去之。蓋非不欲去之也，勢不可也。勢之來，其生人之初乎？不初，無以有封建。封建，非聖人意也。

彼其初與萬物皆生，草木榛榛，鹿豕狉狉，人不能搏噬，而且無毛羽，莫克自奉自衛。荀卿有言：『必將假物以為用者也。』夫假物者必爭，爭而不已，必就其能斷曲直者而聽命焉。其智而明者，所伏必衆，告之以直而不改，必痛之而後畏，由是君長刑政生焉。故近者聚而為羣，羣之分，其爭必大，大而後有兵有德。又有大者，衆羣之長又就而聽命焉，以安其屬。於是有諸侯之列，則其爭又有大者焉。德又大者，諸侯之列又就而聽命焉，以安其封。於是有方伯、連帥之類，則其爭又有大者焉。德又大者，方伯、連帥之類又就而聽命焉，以安其人，然後天下會於一。是故有里胥而後有縣大夫，有縣大夫而後有諸侯，有諸侯而後有方伯、連帥，有方伯、連帥而後有天子。自天子至於里胥，其德在人者死，必求其嗣而奉之。故封建非聖人意也，勢也。

夫堯、舜、禹、湯之事遠矣，及有周而甚詳。周有天下，裂土田而瓜分之，設五等，邦羣後。布履星羅，四周於天下，輪運而輻集；合為朝覲會同，離為守臣扞城。然而降於夷王，害禮傷尊，下堂而迎覲者。歷於宣王，挾中興復古之德，雄南征北伐之威，卒不能定魯侯之嗣。陵夷迄於幽、厲，王室東徙，而自列為諸侯。厥後問鼎之輕重者有之，射王中肩者有之，伐凡伯、誅萇弘者有之，天下乖戾，無君君之心。余以為周之喪久矣，徒建空名於公侯之上耳。得非諸侯之盛强，末大不掉之咎歟？遂判為十二，合為七國，威分於陪臣之邦，國殄於後封之秦，則周之敗端，其在乎此矣。

秦有天下，裂都會而為之郡邑，廢侯衛而為之守宰，據天下之雄圖，都六合之上游，攝制四海，運於掌握之內，此其所以為得也。不數載而天下大壞，其有由矣：亟役萬人，暴其威刑，竭其貨賄，負鋤梃謫戍之徒，圜視而合從，大呼而成羣，時則有叛人而無叛吏，人怨於下而吏畏於上，天下相合，殺守劫令而並起。咎在人怨，非郡邑之制失也。

漢有天下，矯秦之枉，徇周之制，剖海內而立宗子，封功臣。數年之間，奔命扶傷之不暇，困平城，病流矢，陵遲不救者三代。後乃謀臣獻畫，而離削自守矣。然而封建之始，郡國居半，時則有叛國而無叛郡，秦制之得亦以明矣。繼漢而帝者，雖百代可知也。

唐興，制州邑，立守宰，此其所以為宜也。然猶桀猾時起，虐害方域者，失不在於州而在於兵，時則有叛將而無叛州。州縣之設，固不可革也。

或者曰：『封建者，必私其土，子其人，適其俗，修其理，施化易也。守宰者，苟其心，思遷其秩而已，何能理乎？』余又非之。

周之事蹟，斷可見矣：列侯驕盈，黷貨事戎，大凡亂國多，理國寡，侯伯不得變其政，天子不得變其君，私土子人者，百不有一。失在於制，不在於政，周事然也。

秦之事蹟，亦斷可見矣：有理人之制，而不委郡邑，是矣。有理人之臣，而不使守宰，是矣。郡邑不得正其制，守宰不得行其理。酷刑苦役，而萬人側目。失在於政，不在於制，秦事然也。

漢興，天子之政行於郡，不行於國，制其守宰，不制其侯王。侯王雖亂，不可變也，國人雖病，不可除也；及夫大逆不道，然後掩捕而遷之，勒兵而夷之耳。大逆未彰，奸利浚財，怙勢作威，大刻於民者，無如之何，及夫郡邑，可謂理且安矣。何以言之？且漢知孟舒於田叔，得魏尚於馮唐，聞黃霸之明審，睹汲黯之簡靖，拜之可也，複其位可也，臥而委之以輯一方可也。有罪得以黜，有能得以賞。朝拜而不道，夕斥之矣；夕受而不法，朝斥之矣。設使漢室盡城邑而侯王之，縱令其亂人，戚之而已。孟舒、魏尚之術莫得而施，黃霸、汲黯之化莫得而行；明譴而導之，拜受而退已違矣；下令而削之，締交合從之謀周於同列，則相顧裂眥，勃然而起；幸而不起，則削其半，削其半，民猶瘁矣，曷若舉而移之以全其人乎？漢事然也。

今國家盡制郡邑，連置守宰，其不可變也固矣。善制兵，謹擇守，則理平矣

或者又曰：『夏、商、周、漢封建而延，秦郡邑而促。』尤非所謂知理者也。

魏之承漢也，封爵猶建；晉之承魏也，因循不革；而二姓陵替，不聞延祚。今矯而變之，垂二百祀，大業彌固，何係於諸侯哉？

或者又以為：『殷、周，聖王也，而不革其制，固不當復議也。』是大不然。

夫殷、周之不革者，是不得已也。蓋以諸侯歸殷者三千焉，資以黜夏，湯不得而廢；歸周者八百焉，資以勝殷，武王不得而易。徇之以為安，仍之以為俗，湯、武之所不得已也。夫不得已，非公之大者也，私其力於己也，私其衛於子孫也。秦之所以革之者，其為制，公之大者也；私其其情，私也，私其一己之威也，私其盡臣畜於我也。然而公天下之端自秦始。

夫天下之道，理安斯得人者也。使賢者居上，不肖者居下，而後可以理安。今夫封建者，繼世而理；繼世而理者，上果賢乎，下果不肖乎？則生人之理亂未可知也。將欲利其社稷以一其人之視聽，則又有世大夫世食祿邑，以盡其封略，聖賢生於其時，亦無以立於天下，封建者為之也。豈聖人之制使至於是乎？吾固曰：『非聖人之意也，勢也。』

倒退論分部

論說

宋・姚鉉《唐文粹》卷九九《王績〈負苓者傳〉》　昔者文中子講道於白牛之溪，弟子捧書北面，環堂成列。講罷，程生、薛生退省於松下，語及《周易》。薛收歎曰：『不及伏羲氏乎，何詞之多也？』俄而有負苓者皤皤然，委擔而息曰：『吾子何歎也？』薛生曰：『叟何爲者，而徵吾歎？』負苓者曰：『夫麗朱者丹，附墨者黑，蓋漸而得之也。今吾子所服者道，而猶有歎，是六府五藏不能無受也，吾是以問。』薛生曰：『收聞之師，易者道之蘊也。伏羲畫卦，而文王繫之，不逮省文矣，以爲文王病也，吾是以歎。』負苓者曰：『文王焉病，伏羲氏病甚者也。昔者伏羲氏之未畫卦也，三才其不立乎？四序其不行乎？百物其不生乎？萬象其不森乎？何營營乎而費畫也！自伏羲氏洩道之密，漏神之幾，分張太和，磔裂元氣，使天下之智者，詭道逆出，曰我善言象，而識物情，陰陽相磨，遠近相取作爲剛柔異同之說，以駭人志。於是知者不知，而太樸散矣。則伏羲氏始兆亂者，安得嬴歎而嗟文王乎？』負其苓而行，追而問之居與姓名，不答。文中子聞之曰：『隱者也。』

隋・王通《中說・阮逸序》　周公，聖人之治者也，後王不能舉，則仲尼述之，而周公之道明。仲尼，聖人之備者也，後儒不能達，則孟軻尊之，而仲尼之道明。文中子，聖人之修者也，孟軻之徒歟，非諸子流矣。蓋萬章、公孫醜不能極師之奧，盡錄其言，故孟氏章句略而多闕。房、杜諸公不能臻師之美，大宣其教，故王氏『續經』抑而不振。

又　卷一《王道篇》　文中子曰：『甚矣！王道難行也。吾家頃銅川六世矣，未嘗不篤於斯，然亦未嘗得宣其用，退而咸有述焉，則以志其道也。』蓋先生之述，曰《時變論》六篇，其言化俗推移之理竭矣。江州府君之述，曰《五經決録》五篇，其言聖賢制述之意備矣。晉陽穆公之述，曰《政大論》八篇，其言帝王之道著矣。同州府君之述，曰《政小論》八篇，其言王霸之業盡矣。安康獻公之述，曰《皇極讜義》九篇，其言三才之去就深矣。銅川府君之述，曰《興衰要論》七篇，其言六代之得失明矣。余小子獲睹成訓，勤九載矣。服先人之義，稽仲尼之心，天人之事，帝王之道，昭昭乎！【略】

薛收曰：『敢問《續書》之始於漢，何也？』子曰：『六國之弊，亡秦之酷，吾不忍聞也，又焉取皇綱乎？漢之統天下也，其除殘穢，與民更始，而興其視聽乎？』薛收曰：『敢問《續詩》之備六代，何也？』子曰：『其以仲尼《三百》始終於周乎？』收曰：『然。』子曰：『余安敢望仲尼！然至興衰之際，未嘗不再三焉。故具六代始終，所以告也。』

文中子曰：『天下無賞罰三百載矣，《元經》可得不興乎？』薛收曰：『始於晉惠，何也？』子曰：『昔者明王在上，賞罰其有差乎？《元經》褒貶，所以代賞罰者也。其以天下無主，而賞罰不明乎？』薛收曰：『然則《春秋》之始周平、魯隱，其志亦若斯乎？』子曰：『其然乎？而人莫之知也。』薛收曰：『今乃知天下之治，聖人斯在上矣；天下之亂，聖人斯在下矣。聖人達而賞罰行，聖人窮而褒貶作。皇極所以復建，而斯文不喪也。不其深乎？』再拜而出，以告董生。董生曰：『仲尼没而文在茲乎？』文中子曰：『卓哉，周、孔之道！其神之所為乎？順之則吉，逆之則凶。』【略】

子在長安，楊素、蘇夔、李德林皆請見。子與之言，歸而有憂色。門人問子，子曰：『素與吾言終日，言政而不及化。夔與吾言終日，言聲而不及雅。德林與吾言終日，言文而不及理。』門人曰：『然則何憂？』子曰：『非爾所知也。二三子皆朝之預議者也，今言政而不及化，是天下無禮也；言聲而不及雅，是天下無樂也；言文而不及理，是天下無文也。王道從何而興乎？吾所以憂也。』門人退。子援琴鼓《蕩》之什，門人皆沾襟焉。

《新唐書》卷一七八《劉蕡傳》　太和二年，舉賢良方正能直言極諫，帝引諸儒百餘人於廷，策曰：

朕聞古先哲王之治也，玄默無為，端拱司契，陶氓心以居簡，凝日用於不宰，厚下以立本，推誠而建中，繇是天人通，陰陽和，俗躋仁壽，物無疵癘。噫！盛德之所臻，敻乎其不可及已。三代令主，質文迭救，百氏滋熾，風流浸微，自漢以降，足言蓋寡。

朕顧唯昧道，祗荷丕構，奉若謨訓，不敢怠荒，任賢惕厲，宵衣旰食，詎追三五之遐軌，庶紹祖宗之鴻緒。而心有未達，行有未孚，由中及外，闕政斯廣。是以人不率化，氣或堙厄，災旱竟歲，播植愆時。國廪罕蓄，乏九年之儲；吏道多端，微三載之績。京師，諸夏之本也，將以觀治，而豪猾逾檢；太學，明教之源也，期於變風，而生徒惰業。列郡在乎頒條，而幹禁或未絶；百工在乎按度，而淫巧或未息。俗恬風靡，積訛成蠹。其擇官濟治也，聽人以言則枝葉難辨，御下以法則耻格不形；其阜財發號也，生之寡而食之衆，煩於令而鮮於治。思所以究此繆盭，致之治平，茲心浩然，若涉淵冰。故前詔有司，博延羣彥，佇啟宿懵，冀臻時雍。

子大夫皆識達古今，志在康濟，造廷待問，副朕虛懷，必當箴治之闕，辨政之疵，明綱條之致紊，稽富庶之所急。何施革於前弊？何澤惠於下土？何脩而治古可近？何道而和氣克充？推之本源，著於條對。至若夷吾輕重之權，孰輔於治？嚴尤底定之策，孰葉於時？元凱之考課何先？叔子之克平何務？惟此高抬貴手，擇乎中庸，斯在洽聞，朕將親覽。

蕡對曰：

臣誠不佞，有正國致君之術，無位而不得行；有犯顏敢諫之心，無路而不得達。懷憤鬱抑，思有時而發。常欲與庶人議於道，商賈謗於市，得通上聽，一悟主心，雖被襖言之罪無所悔。況逢陛下詢求過闕，咨訪嘉謀，制詔中外，舉直言極諫。臣辱斯舉，專承大問，敢不悉意以言？至於上所忌，時所禁，權幸所諱惡，有司所與奪，臣愚不識，伏惟陛下少加優容，不使聖時有讜言受戮者，天下之幸也。謹昧死以對：

伏以聖策有思古先之治，念玄默之化，將欲通天地以濟俗，和陰陽以煦物，見陛下慮道之深也。臣以為哲王之治，其則不遠，惟致之之道何如耳。伏以聖策有祗荷丕構而不敢荒寧，奉若謨訓而罔有怠忽，見陛下憂勞之至也。若夫任賢惕厲，宵衣旰食，宜絀左右之纖佞，進股肱之大臣。若夫追蹤三五，紹複祖宗，宜鑒前古之興亡，明當代之成敗。心有未達，以下情蔽而不得上通；行有未孚，以上澤壅而不得下浹。欲人之化，在脩己以先之；欲氣之和，在遂性以導之。救災旱在致精誠，廣播殖在視食力。國廩罕畜，本乎冗食尚繁；吏道多端，本乎選用失當。豪猾逾檢，繇中外之法殊；生徒惰業，繇學校之官廢；列郡幹禁，繇授任非人；百工淫巧，繇制度不立。伏以聖策有擇官濟治之心，阜財發號之歎，見陛下教化之本也。且進人以行，則枝葉安有難辨乎？防下以禮，則恥格安有不形乎？念生寡而食衆，可罷斥惰游；念令煩而治鮮，要察其行否。博延羣彥，願陛下必納其言；造廷待問，則小臣安敢愛死？伏以聖策有求賢箴闕之言，審政辨疵之令，見陛下咨訪之勤也。遂小臣斥奸豪之志，則弊革於前；守陛下念康濟之心，則惠敷於下。邪正之道分，而治古可近；禮樂之方著，而和氣克充。至若夷吾之法，非皇王之權；嚴尤所陳，無最上之策；元凱之所先，不若唐堯考績；叔子之所務，不若虞舜舞幹。且非大德之中庸、上聖之高抬貴手，又何足為陛下道之哉？或有以係安危之機、兆存亡之變者，臣請披肝膽為陛下別白而重言之。

統治權轉移論分部

論說

唐·温大雅《唐創業起居注》卷下（裴寂上疏勸進曰）臣聞天下至公，非一姓之獨有，聖人達節，與萬物而推移。故五運遞興，百王更王，春蘭秋菊，無絶終古。玉疏石記，筆舌紛綸，垂統有光，焕乎寶籙。伏惟陛下資靈種德，稟慶至眞，固縱惟神，生知乃聖。量包乎宇宙，智周乎品物，羣生塗炭，躋之仁壽。逢百六之厄，創業雲雷；追三五之蹤，財成天地。仲夏之半，龍躍晉陽；孟冬伊始，鳳翔灞上。鴻志蝟毛之反者，霧委來庭；觸柱拔山之大盜，風馳獻款。三晉子弟，共獯獫而陪麾；咸秦豪傑，連巴蜀而響應。英聲西被，懋德東漸，南諧交趾，北變幽都。躬未戎衣，手不提劍。機務成於雄斷，人傑得於才子。威加四海，功出一門，計極萬安，戰窮百勝。小往大來，算無遺策。時未期月，業倍前王。今古代興，膺斯撥亂，若茲之舉，如茲之速，載籍以來，未之前聞也。臣等誠歡誠喜，頓首頓首，死罪。

竊以陛下承家開國，積德累功，世濟擬於高陽，纘緒盛於周武。載誕燭神光之異，儀形表玉勝之奇。白雀呈祥，丹書授曆。名合天渕，姓符桃李。君堯之國，靡不則天。星紀雲周，奉時圖始。甲子之旦，不俟而□，起兵西北，勢合乘乾。我來自東，位當出震。至八井深水之圖讖，唐唐李樹之驍歌，固以備在人謠，無德而稱者也。且夫體非常之道，立非常之功，實非常之人，有非常之事。不時正位，人神佇式，天命不常，惟德是與。遷虞事夏，抑有前規。臣等敢録舊典，奉上尊號。當今萬機曠主，九有困窮，伏願降鑑回慮，憂世外己，上順天心，祇膺允執，俯從人願，屈就樂推，變黎庶於時雍，配上帝於宗祀。勿以王者兼濟之功，而爲匹夫獨美之操。昔之堯佐，咸大天工。績尤著者，胤饗稷卨，播穀之都，餘慶商周；臯陶好生洽人，今興陛下。盛德有後，其若是乎？四相三王，齊名踵武，千年得一，相繼風聲，符命所鍾，有自來矣。願納縉紳悽悽之情，允副億兆顒顒之望。率土更生，含靈幸甚。臣等誠惶誠恐，昧死以聞。頓首頓首，死罪死罪。

《陳子昂集》卷七《上大周受命頌表》　臣子昂言：臣聞昔周道昌而頌聲作，遂能昭配天地，光烈祖宗，垂之無窮，永爲代典。伏惟神聖皇帝陛下，闡玄極，昇紫圖，光有唐基，以啓周室。不改舊物，天下惟新，皇王已來，未嘗覩也。臣聞仲尼曰：『聖人丘不得而見之矣。』又曰：『舜禹之有天下，丘不預也。』又曰：『鳳鳥不至，河不出圖，丘已矣夫！』皆傷不得見大道之行而鬱悒也。臣草鄙愚陋，生長休明，親逢聖人，又覩昌運，舜禹之政，河洛之圖，悉皆目見，幸亦多矣。今者鳳鳥來，赤雀至，慶雲見，休氣昇，大周受命之珍符也。不稽元命，探祕文，採風謡，揮象物，紀天人之會，以協頌聲，則臣下之過也。有國彝典，其可闕乎？

臣不揣樸固，輒獻《神鳳頌》四章，以言大周受命之事，誠未足以潤色鴻業，揄揚盛美，亦小臣區區丹慊之至謹。輒詣洛城南門奉進，塵冒旒冕，伏表慚惶。

又《大周受命頌序》　臣聞大人升階，神物紹至，必有非人力所能存者，上招飛鳥，下動泉魚。古之元皇，祇承上帝，所以協人祉，匹天休，卓哉神明，昭格上下，莫不以之矣。是故物有可則，而道有可宗，謂之文獻，其原上也。緬哉有唐，欽崇天命，三祖繼統，品物咸章。玄曆改元，黃瑞告神皇，出地軸，陟天階，歷軒轅，登太昊，集乎初始之極，以授我皇。符鳥之肇，開辟元臺，女希氏姓，神功大哉，莫不盛於茲日矣。乃察璿璣，稽寶命，發玄讖，升紫圖，則天粲然，皇文炳也。非夫昇光之曜，魄寶之精，其孰能威神皇赫赫若斯者哉？是時三階底平，百揆時序，天下昌矣，玄功溥矣，西土耆老。欣然來稱曰：『至哉天子！恤我元元，勤勞下都，升聞上帝。臣聞天無二日，土無二王。皇帝嗣武，以主匕鬯，豈不宜乎？』神皇育然，迺登崑崙之臺，修三統，觀五始，探命曆之紀，則知元氣之所造也。方採鍾龍，象鳴鳳，協林黃之律，以因生賜姓。九月戊申朔，八日乙卯，神都耆老，遐荒夷貊，緇衣黃冠等萬有二千餘人，雲趨詣闕，請曰：『臣等聞王者受命，必有錫氏。軒轅皇帝二十五子，班爲十二姓；高陽氏才子二八，命爲十六族。《書》云：「祇臺德先，不拒朕行。」然則聖人起，則命曆昌，必有錫氏之規。臣等伏惟陛下受天之符，爲人聖母，皇帝仁孝，肅恭神明，可以纂武承家，以克永代。陛下崇錫類，垂憲章。不易日月，天人交際，斯亦萬代之一時。臣等固陋，不達大道，敢昧死上聞。』神皇穆然，方御珍圖，謙而未許也。越翌日丙辰，文武百寮，又與耆老、夷貊、道俗等五萬餘人，守闕固請曰：『蓋臣聞聖人則天以王，順人以昌，今天命陛下以主，人以陛下爲母。天之丕律，元命也；人之大猷，定姓也。陛下不應天，不順人，獨高謙讓之道，無所憲法，臣等何所仰則？敬冒昧萬死固請。』是時目踵昆吾，有鳳鳥從南方來，歷端門，羣鳥數千蔽之。又有赤雀數百從東方來，羣飛映雲，迴翔紫闥，或止庭樹，有黃雀從之者。又有慶雲，休光半天，傾都畢見，羣臣咸覩。於是衆甿雲萃，囂聲雷動，慶天應之如響，驚象物其猶神，咸曰：『大哉！非至德孰能覩此？昔唐虞之瑞，逖聽矣，今則見也。天物來，聖人革，時哉！況鳳者陽鳥，赤雀火精，黃雀從之者土也。土則火之子，子隨母，所以纂母姓。天意如彼，人誠如此，陛下曷可辭之？昔金天鳳凰，鎬京黃鳥。赤氏朱雁，有昊丹鳥，皆紀之金册，藏之瑞府，以有事也。陛下若遂辭之？是推天而絕人，將何以訓？』於是神皇霈然曰：『俞哉。此亦天授也。』乃命有司，正皇典，恢帝綱，建大周之統曆，革舊唐之遺號，在宥天下，咸與惟新。賜皇帝姓曰武氏，命爲嗣皇，崇乎紹天統物，其赫胥大庭之上事已。

唐・韓愈《韓昌黎文集》卷一《對禹問》　或問曰：『堯舜傳諸賢，禹傳諸子，信乎？』曰：『然。』『然則禹之賢不及於堯與舜也歟？』曰：『不然。堯舜之傳賢也，欲天下之得其所也；禹之傳子也，憂後世爭之之亂也。堯舜之利民也大，禹之慮民也深。』

曰：『然則堯舜何以不憂後世？』曰：『舜如堯，堯傳之；禹如舜，舜傳之。得其人而傳之，堯舜也；無其人，慮其患而不傳者，禹也。舜不能以傳禹，堯爲不知人；禹不能以傳子，舜爲不知人。堯以傳舜，爲憂後世；禹以傳子，爲慮後世。』

曰：『禹之慮也則深矣，傳之子而當不淑，則奈何？』曰：『時益以難理，傳之人則爭，未前定也；傳之子則不爭，前定也。前定雖不當賢，猶可以守法，不前定而不遇賢，則爭且亂。天之生大聖也不數，其生大惡也亦不數。傳諸人，得大聖，然後人莫敢爭，傳諸子，得大惡然後人受其亂。禹之後四百年，然後得桀；亦四百年，然後得湯與伊尹。湯與伊尹不可待而傳也。與其傳不得聖人而爭且亂，孰若傳諸子，雖不得賢，猶可守法。』

曰：『孟子之所謂「天與賢，則與賢；天與子，則與子」者，何也？』曰：『孟子之心，以爲聖人不苟私於其子以害天下。求其說而不得，從而爲之辭。』

唐・柳宗元《柳河東集》卷二〇《舜禹之事》　魏公子丕，由其父得漢禪。還自南郊，謂其人曰：『舜禹之事，吾知之矣。』由丕以來皆笑之。柳先生曰：『丕之言若是可也。』向者丕若曰：『舜禹之道，吾知之矣。』丕罪也。其事則信。吾見笑者之不知言，未見丕之可笑者也。凡易姓授位，公與私，仁與强，其道不同；而前者忘，後者繫，其事同。使以堯之聖，一日得舜而與之天下能乎？吾見小爭於朝，大爭於野，其爲亂，堯無以已之。何也？堯未忘於人，舜未繫於人也。堯之得於舜也以聖，舜之得於堯也以聖，兩聖獨得於天下之上，奈愚人何？其立於朝者，放齊猶曰：『朱啓明。』而況在野者乎？堯知其道不可退而自忘；舜知堯之忘己而繫舜於人也。進而自繫。舜舉十六族，去四凶族，使天下咸得其人；命二十二人，興五教，立禮刑，使天下咸得其理；合時月，正曆數，齊律度，量權衡，使天下咸得其用。積十餘年，人曰：『明我者舜也，齊我者舜也，資我者舜也。』天下之在位者，皆舜之人也。而堯隤然，聾其聰，昏其明，愚其聖。人曰：『往之所謂堯者，果烏在哉？』或曰：『耄矣。』曰：『匿矣。』又十餘年，其思而問者加少矣。至於堯死，天下曰：『久矣舜之君我也。』夫然後能揖讓受終於文祖。舜之與禹也亦然。禹旁行天下，功繫於人者多，而自忘也晚。益之自繫猶是也，而啓賢聞於人，故不能。夫其始繫於人也厚，則其忘之也遲。不然反是。漢之失德久矣，其不繫而忘也甚矣。宦、董、袁、陶之賊生人盈矣。丕之父攘禍以立強，積三十餘年，天下之主，曹氏而已，無漢之思也。丕嗣而禪，天下得之以爲晚，何以異夫舜禹之事耶？然則漢非能自忘也，其事自忘也；曹氏非能自繫也，其事自繫也。公與私，仁與強，其道不同，其忘而繫者，無以異也。堯舜之忘，不使如漢，不能授舜禹；舜禹之繫，不使如曹氏，不能受之堯舜。然而世徒探其情而笑之，故曰：『笑其言者非也。』問者曰：『堯崩，天下若喪考妣，四海遏密八音，三載。子之言忘若甚然，是可不可歟？』曰：『是舜歸德於堯，史尊堯之德之辭者也。堯之老更一世矣，德乎堯者，益已死矣，其幼而存者，堯不使之思也。不若是，不能與人天下。

《舊唐書》卷二〇下《哀帝紀》（天祐四年三月）皇帝若曰：咨爾天下兵馬元帥、相國總百揆梁王，朕每觀上古之書，以堯舜爲始者，蓋以禪讓之典，垂於無窮。故封泰山，禪梁父，略可道者七十二君，則知天下至公，非一姓獨有。自古明王聖帝，焦思勞神，惴若納隍，坐以待旦，莫不居之則兢畏，去之則逸安。且軒轅非不明，放勳非不聖，尚欲游於姑射，休彼大庭。矧乎曆數尋終，期運久謝，屬於孤藐，統御萬方者哉！況自懿祖之後，嬖幸亂朝，禍起有階，政漸無象。天綱幅裂，海水橫流，四紀於茲，羣生無庇。洎乎喪亂，誰其底綏。洎於小子，粵以幼年，繼茲衰緒。豈茲沖昧，能守洪基？惟王明聖在躬，體於上哲。奮揚神武，戡定區夏，大功二十，光著册書。北越陰山，南踰瘴海，東至碣石，西暨流沙，懷生之倫，罔不悅附。矧予寡昧，危而獲存。今則上察天文，下觀人願，是土德終極之際，乃金行兆應之辰。況十載之間，彗星三見，布新除舊，厥有明徵，謳歌所歸，屬在睿德。今遣持節、銀青光禄大夫、守中書侍郎、同中書門下平章事張文蔚等，奉皇帝寶綬，敬遜於位。於戲！天之曆數在爾躬，允執其中，天禄永終。王其祇顯大禮，享茲萬國，以肅膺天命。

宋·李昉等《文苑英華》卷七七〇《梁肅〈西伯受命稱王議〉》 太史公曰：『詩人道西伯以受命之年稱王，而斷虞芮之訟，遂追王太、王王季，改正朔，易服色，十年而崩。或謂《大雅》序文王受命作周，《秦誓》序十有一年武王伐殷。妄徵二經，以實其説。予以爲反經非聖，不可以訓，莫此甚焉。』嘗試言之：夫聖人無作，作則爲萬代法。蓋仲尼美文王之德曰：『三分天下有其二，以服事殷。』又曰：『內文明而外柔順，以蒙大難，文王以之。』未有南面稱王，而謂之『服事』，易姓創制，而謂之『柔順』。仲尼稱武王之烈曰：『湯武革命。』又曰：『武王末受命。』未有父受之，而子復『革命』；父爲天子，子云『未受』。當武王之會盟津也，告諸侯曰：『汝未知天命，未可以誓師也。』曰：『惟我文考大統未集，予小子其承厥志。』孰有王者出征，復俟天命；天統既改，而復云『未集』《禮大傳》稱：『牧之野，既事而退，柴於上帝，追王太王、王季、文王，改正朔，書徽號。』若虞芮之歲稱王，則不應復云『追王』，王制既行，則不復應云『改物』。是皆反經者也。夫大者天地，其次君臣，聖人知定位之不可易也。故制爲上下之禮，財成天地之道。使各當其分，而不相間，若億兆之去留，天命之與奪，則與乎其時。聖人順而行之，故謳歌歸，而舜禹揖讓；桀紂惡，則湯武放伐。所謂後天而奉天時，不得已而爲之者也。若殷道未絕，紂惡未極，而遂稱王，以令天下，則不可謂至德也，此其非聖者也。予以爲《大雅》作周之義，蓋承夫積德累仁，爲海內所歸往，武王因之，遂成大業；非謂革命易姓爲作周也。《秦誓》紀年，蓋武王、周公追考前文陳王業之盛，自虞芮始，故斷爲受命之歲。仲尼憲章文武，故因而敍之日十有一年武王伐殷，非所謂自稱王而爲之數也。文王既没，經義斯在，如曰不然，以俟君子。

治國指導思想部

數綱并重論分部

論説

南唐・譚峭《化書》卷一《道化・大化》　虚化神，神化氣，氣化形，形化精，精化顧盼，而顧盼化揖讓，揖讓化升降，升降化尊卑，尊卑化分別，分別化冠冕，冠冕化車輅，車輅化宫室，宫室化掖衛，掖衛化燕享，燕享化奢蕩，奢蕩化聚斂，聚斂化欺罔，欺罔化刑戮，刑戮化悖亂，悖亂化甲兵，甲兵化爭奪，爭奪化敗亡。其來也勢不可遏，其去也力不可拔。是以大人以道德游泳之，以仁義漁獵之，以刑禮籠罩之，蓋保其國家而護其富貴也。故道德有所不實，仁義有所不至，刑禮有所不足，是教民為奸詐，使民為淫邪，化民為悖逆，驅民為盗賊。上昏昏然不知其弊，下怳怳然不知其病，其何以救之哉！

又　卷四《仁化・得一》　曠然無為之謂道，道能自守之謂德，德生萬物之謂仁，仁救安危之謂義，義有去就之謂禮，禮有變通之謂智，智有誠實之謂信，通而用之之謂聖。道，虚無也，無以自守，故授之以德。德，清靜也，無以自用，故授之以仁。仁用而萬物生，萬物生必有安危，故授之以義。義濟安拔危，必有藏否，故授之以禮。禮秉規持範，必有疑滯，故授之以智。智通則多變，故授之以信，信者，成萬物之道也。

又　《五行》　道德者，天地也。五常者，五行也。仁發生之謂也，故均於木。義，救難之謂也，故均於金。禮，明白之謂也，故均於火。智，變通之謂也，故均於水。信，慤然之謂也，故均於土。仁不足則義濟之，金伐木也。義不足則禮濟之，火伐金也。禮不足則智濟之，水伐火也。智不足則信濟之，土伐水也。始則五常相濟之業，終則五常相伐之道，斯大化之往也。

宋・王欽若等《册府元龜》卷四七六《臺省部・奏議第七》　竇儼為中書舍人，顯德四年上疏云：伏以歷代至理，六綱為首。一曰明禮，禮不明則彝倫不敍。二曰崇樂，樂不崇則二儀不和。三曰熙政，政不熙則羣務不整。四曰正刑，刑不正則巨姦不懾。五曰勸農，農不勸則資澤不流。六曰經武，武不經則軍功不盛。故禮有紀，若人之衣冠。樂有章，若人之喉舌。政有統，若人之情性。刑有制，若人之呼吸。農為本，若人之飲食。武為用，若人之手足。斯六者，不可斯須而去身也。陛下思服帝猷，寤寐獻納。亟下方正之詔，廓開藝能之路。士有一技，必得自效。學攻百端，靡不明至。故小臣不揆愚鄙，欲有陳導。於禮樂刑政之内，勸農經武之中，相今所宜，各具疏列。其一曰：夫禮者，太一之紀，品物之崇。與天地同其節，與陰陽順其道。協於分藝，行於國家。本之以忠孝，文之以倫義。君臣、父子、夫婦之制，冠婚喪祭射御之容，朝聘享宴之宜，軍旅田獵之事，各有宜稱，不相侵越。所以講信修睦，所以洗心防患，上得之尊，下得之安。定親疏而別同異，明是非而彰貴賤。執之則致福，繆之則招悔。憲物成教，崇政明本，未有不繇於禮者也。自五帝之後，三王以來，有益有損，或因或革。咸有章憲，書於册書，浩浩千編，不可遽悉。越在唐室，典章頗盛。程軌量，昭採物，酌中古訓，垂法百代，則有《開元禮》在。紀先後，明得失，次其沿變，志其楷式，則有《通典》在。録一朝之事，包五禮之儀，義類相從，討尋不紊，則有《會要》在。此三者，聖教經制，國之大綜也。爰自梁朝之後，仍世多故。典臺之官，皆差使於公務。禮直之吏，悉昧昏於撿按。至今每有戎祀之事，朝會之期，多於市廛草議定注。前後矛楯，卒多粃稗。臣竊以保殘守缺，因狹就寡，乃暗主之事，非明君所為。豈可以光陛下超世之宏圖，為大朝千載之盛美也？所宜闡崇令猷，以立國典。綴敍舊書，以為邦紀。義在精審，理資端要。可以範圍五帝，楷則萬古。彰陛下之聖明，禮不虚道者也。伏請依

《唐會要》所設門類，上自五帝，迄於聖朝，凡所施為，悉令編次凡關禮樂，無有闕漏，《開元禮》、《通典》之書，包綜於內，名之曰《大周禮》，俾禮院掌之。太常博士如得其人，宜久其職。年深則兼官在任，勿使旁轉。如是則助風教以彌隆，昇典制於將替。隱覈前軌，聲施無窮者也。其二曰：夫樂者，以德為本，以聲傳御。中出所以導志，外揚所以審政。有天地辰宿，有軌數形色，有陰陽逆順，有離合隱見。天數五，地數六。六五相合，故十一月至，生黄鐘。黄鐘者，同律之主，五音之元宫也。元宫之諧於仲吕，母子也。傳於林鐘，夫婦也。廻於太簇，父子也。聚於南吕，子婦也。兩陽必爭，二陰必乖。故抗衡者多異，前五相追而後五相隨，蓋繇是也。一章之中，凡有七閏，亥未巳丑酉午寅者，七閏之正也。六日有盈縮之度，月有遲速之期。故或進於前，或退於後，陰陽之理也。六鐘六間十二節，凡二十有四位，聲氣之大率也。平分為七直而略其餘，則子寅卯巳未酉戌謂之羽，子寅辰午未酉亥謂之宫，子丑卯巳未申戌謂之角，子卯辰巳未酉戌謂之商。此四者，靡靡成章，峻而清厲，鄭衛之音也。與夫推曆生律，以律命吕，九六之偶，旋相為宫。三正生天地之美，七宗固陰陽之序者。於其通人神，宣歲功，生成範宜之德，紀協長大之算，則精麤異矣。在乎審治亂，察盛衰，原性情，應形兆，則殊塗而同歸也。三正者，一為天，二為地，三為人。七宗者，黄鐘為宫，太簇為商，姑洗為角，林鐘為徵，南吕為羽，應鐘為變宫，蕤賓為變徵。角為木，商為金，宫為土，變徵為日，變宫為月，徵為火，羽為水，龍角元龜天豕井侯主乎角，平亢河鼓婁聚輿鬼主乎商，天根須女庖俎鳥啄主乎宫，辰馬陰虚旄頭天都主乎變徵，大火兵封天高鳥翼主乎變宫，龍尾玄室四兵天倡主乎徵，天津東壁參伐轃車主乎羽。角之數六十有四，商之數七十有二，宫之數八十有一，變徵之數五十有六，變宫之數四十有二，徵之數五十有四，羽之數四十有八，極商之數九十，陽之數一百二十有八，陰之數一百一十有二，五音之數畢矣。神無形而有化，處乎聲之門。故昭之以音，合之以算。音以定主，算以來象。觸於耳而激於心，然後可言其樂也。其音五，其聲十二，其調六十，雅部之樂也。其音四，其聲八，其調二十有四，胡部之樂也。隋唐已來，樂兼夷夏，天寶之世，雅部大備。竇應之後，音律漸衰。郊廟殿廷，舊事失次。洎黄巢盪覆京兆，鐘磬皆毁。龍紀返正之歲，有司别創樂懸。乘風雖存，旋宫何在。音範寖失，至今闕然。豈可以一時偶失之事，為百代無窮之制。何以訓正四方，綏和百神。軌物垂則，示人之極也。昔唐虞歷載，頌聲方作。文武相繼，樂教大同。陛下布昭聖武，彰信天下。宗社靈祇，聿監明德。所宜憲章成式，不失舊物。原始以要終，體本以正末。使樂與天地同和，禮與天地同節。伏請命博通之士，上自五帝，迄於聖朝，凡樂章沿革，總次編録。凡三絃之通，七絃之琴，十三絃之箏，二十絃之離，二十五絃之瑟；三漏之籥，六漏之篴，七漏之笛，八漏之篪；十三管之和，十七管之笙，十九管之巢，二十三管之簫；皆列譜記，對而合之，類從聲等，雖異必通，編於歷代樂録之後，永為定式。名之曰《大周正樂》，俾樂寺掌之。依文教習，務在齊肅。如是則可以移風俗，和上下。和順之象著，則嘉盛之德備。則六變至幽深，九奏達高明，知樂之為大者也。其三曰：夫政者，正也。以正率下，下思盡誠，則上無闕政。故人道敏政，政在擇人。人能持政，非政持人。若失人而務政，則雖勤而何益。擇人之先，自相而始。登庸廊廟，則有經啓措置之權。入侍帷幄，則有將迎承弼之任。機事攸綜，號令攸發。平章於百揆，維制於四方，不可不重也。唐末政出中要，輕於爰立。才處輔相之任，便兼公揆之官。卿大夫奔競公行，禮讓道息。未得之日，則以致身富貴為馳騖。既得之後，則以與國休戚為憂虞。乃三緘於統要之司，獨善於兼濟之職。但思解密勿之務，守崇重之官，逍遥林亭，保安宗族。於身之謀甚利，於國之效如何。方今宰臣，實罄忠力。燮和元化，則歲以之豐稔。攸敍彝倫，則時以之雍靖。上無闕政，下無異議。固能明舉賢才，羅濟經略也。伏請令宰臣於南宫三品之中，兩省給捨巳上，有能經營國家，寧衛社稷者，具名以舉。若陛下素諳才業，上符定制，則輔相公揆之授，誠亦得宜。陛下向不知名，或官品未稱，則令以本官權知政事。若尚書丞郎權知政事，則兼散騎常侍之官。陛下歲年之間，察其作為，如能興利除害，獻可替否，進賢才，退不肖，則遷其官，加其秩。官高者則受平章事，末高者但循資而轉，且令權知。如其非才，即便守本官，罷知政事。讓其舉主，令廷謝知過，亦繇子玉敗軍，令尹當責之義也。《書》曰：『試可乃巳』，又曰：『歷試諸艱』。今班行之中，有員無職者大半，可令量才授任，臨事制宜。出則以公務效試，入則以舊位登敍。任事者有賞，不任事者當黜。黜陟既明，天下自正。此則為政之道畢矣。其四曰：刑者，五行之鞭策，五性之權衡。下民之隄防，有國之紀律。自古五刑之設，期於無刑。仲尼曰：『民有輕辜，必求其善，以赦其過。民有大罪，必原其故，以輔其化。如有死罪，期使之生，則其善也。』刑肅俗弊，禮謂疵國，勝殘去殺，傳稱善人。昔漢文斷獄四百，殆致刑措。唐朝貞觀之世，歲決死罪二人。今陛下恤刑慎獄，義權情恕，非不至也，而天下冒禁麗法者甚衆，殊死大辟者頗多，蓋繇未塞其原而理其著者也。省刑之要，厥有二端。一者謹吏，二者息盜。謹吏在乎責長，息盜在乎類取。吳姬羣笑，孫武加戮於隊長。此責長之明效也。襄民不道，班伯得賊於酋豪。此息盜之良術也。夫一縣之政，總於令長。令長正，下吏自肅。一州之權，統於牧守。牧守繆，僚屬必濫。濫之與肅，上使然也。近代下民之訟，多訟令佐。敢訴牧守，十中或一。訟令佐者，皆得理察。訟牧守者，十無一問。縱或詰之，而歸罪陪隸者衆矣。斧鉞不用，刀鋸日弊，古人耻之。典刑不阿貴賤，貴猶當罰，賤者自戒。如是則官吏畏法，刑損其半矣。而又除其寇盜，使無逸越。除盜之術，大概有三。一者，使賤人徒侶，自相糾告。糾告不虛，則以所告賊產之半，賞其告者。或一人能告十賊，亦以十賊半產與之。親屬之間，比許容隱。在於用權救弊，亦可暫更。今後有骨肉為非，許令首告。然所被告者，不可令至極刑，傷宗族之情，失風教之義。只令通指同行徒侶，則除惡甚多。骨肉所首之人，特與疏放。如是則同惡自相疑阻，爭先於陳告。骨肉欲保其親，競來於原首，此息盜之上策也。二者，如鄭州新鄭一縣，團結鄉社之人，名為義營。分立將佐，一戶為賊，則纍其一村。一戶被劫，則罪其一將。大舉鼓聲之所，壯丁雲集。賊徒至多，不過一二十數。義營所聚，動及百人，賊人奔逃，無有免者。見今鄭州封內，唯新鄭獨免低能欲歛。頃歲尉氏强民，潛往密縣行劫，回入新鄭疆界，殺獲苦無漏遺。豈止自部之中，不留凶慝，兼令涉境之寇，難出網羅。此息盜之中策也。三者，有賊之後，村人報鎮。鎮將詣村驗蹤，團保限外不能獲賊。罪罰鎮戍，此息盜之下策也。如是則姦盜漸息，刑又損其半矣。何慮漢文之年，貞觀之世，不在於今時邪？其五曰：農者，至正之道，自然之資，為邦大本，當今急務。欲國家之康濟，在府庫之充盈。欲府庫之充盈，在田疇之修闢。人力可以課致，地利可以計生。若地利有遺，人力不勸，欲邦寧本固，化洽時雍，不可得也。今宰牧怠職，百姓怠業。曠土不墾，履畝是憂。但隨宜以耕耘，惟天時而是賴。苟有水旱，其將奈何？危殆之機，在乎反掌。晉朝開運之歲，卽其驗歟。夫欲富國强兵，愛民利物，興事任力，崇德尊道，敷至化，恢長御，革頹風，洽豐澤，無不繇家給人足，而馴致其道也。家給人足，始於務農。務農之原，實有三術。一曰廣田，二曰已債，三曰節費。廣田則所獲豐羨，已債則儲積可保。節費則歲計有餘。今民不廣田，良有以也。蓋慮無盡地之稼，括為稅簿，則並竭所收，輸不滿要，誰不懼也？晉漢二代，累發德音，使民多種廣耕，只以舊額供賦。既種之後，旋以見苗計租，以至倉箱匱空，鄉井愁歎。先皇亭御之始，赦書節文之中，亦勸民勤勞，不殊前意。至今曠隙之地，荒萊不開，繇於誠信前失，民無固志者也。夫為政之先，莫若著信。商君移木，豈禮也哉？蓋使人信之，則無不治也。陛下宜散下明詔，使民廣田。但輸舊租，永不簡案。上言宗廟，以表至誠，令州郡懸法之所，刻石示民。民必信之，而田廣矣。田廣則多獲，多獲則民足。王者藏於天下，實一國之富完。此廣田之上策也。小畝步百，周之制也。中畝二百四十，漢之制也。大畝三百六十，齊魯之制也。今所用者，漢之中畝。若步以大畝之田，輸其中畝之稅，或額不敷舊，則虛加滿之。逮於次年，而田自多矣。此廣田之中策也。前所言已債節費，利莫大焉。今編戶之甿，以債成俗。賦稅之外，罄不償債。收穫纔畢，率無困倉。官有科折之弊，私有酺醵之緍。倍稱速息，半價速賣。則利貸一斗，而償四斗矣。欲民不困，豈可得哉？此外鄉閭之中，常有酒食之耗。諂僧佞佛，相扇成風。且瑞雪甘雨和氣所致，非為一鄉一里委曲而降。小民無知，競作齋賽。一歲之內，數數有之。是則債利之劫民也，將倍於公賦。齋賽之蠹民也，又等於王租。欲民之饒，終不可致。莫若已債節費，歸利於民。起於來年，不得通債今歲見償之者。但令以本債償之，留其利餘。為民不債之備，則民食資半矣。夫陽秋之候，豺獺尚祭。民祭里社，自古而然。宜於二社之辰，得以祭餘，共相飲食。其餘祈禱散賽之事，嚴禁罷之。則民食又資其半矣。民食既足，則民力普存。民力普存，則穡事敦業。穡事敦業，財用益豐。因其利而利之，則國富刑清，天下知禮節矣。其六曰：兵者，所以成武功，遏亂略，行天討，順人心，混一區宇，昭宣文德。三五之代，不能去兵。故軒戰阪泉，堯征丹浦，西伯戡黎之誥，成王踐奄之誓，卽其前躅也。陛下卜世之數，莫知其紀。五德所正涖，萬方之率從。未占而孚契人心，不戒而謀同時利。唯淮南李景，負固不賓。陛下神略内融，大權濳運，整軍經武，倐往忽來。戎輅一巡，則八州降附。靈旗再指，則四塞盪平。歸命者一一皆存，來戰者萬萬無免。偏師獻捷，迨有百數。仁贍交臂以請命，壽春全城而北遷。淮上嚥喉，古來未有。今以衆擊寡，以尊伐卑，以正破僞，以强凌弱，鮮不克矣。然兵道貴速，速則惠民。在敵境者，免驅掠俘馘之無期。處内地者，免資糧供億之為役。荆湖兩浙，並有舟師，聞其水戰之利，勝於淮寇。皆未肯葉心齊力，犄角成功者，蓋慮吞韓併衞，滅虞兼虢，脣亡齒寒，勢之懼也。陛下宜分命使臣，諭其成筞，錫之以丹書鐵契，質之以左宗右社，其三方協同大舉，如秣陵淪陷，南服懷柔，則元功盛勳，當崇賞厚報，俾百世傳襲，保其江山。旌旗服章，僚屬官秩，咸用舊制，朝廷弗詢。彼既得信誓之文，又蒙寬大之詔，必能稟大君之神算，藉清廟之靈祥，親督蒙衝，横江長鷁。李景必分兵禦拒，首尾支離。陛下乃躬御六師，方軌南進。駐蹕江北，圖惟厥成，則濠廬等州，可不攻而拔矣。

文治論分部

論說

唐·呂溫《呂衡州文集》卷一〇《人文化成論》　《易》曰：『觀乎人文，以化成天下。』能諷其言，蓋有之矣，未有明其義者也。嘗試論之。夫一二相生，大鈞造物，百化交錯，六氣節宣，或陰闔而陽開，或天經而地紀，有聖作則，實爲人文。若乃夫以剛克，妻以柔立，父慈而教，子孝而箴，此室家之文也。君以仁使臣，臣以義事君。予違汝弼，獻可替否，此則朝廷之文也。三公論道，六卿分職，九流異趣，百揆同歸，此則官司之文也。寬則人慢，糾之以猛，猛則人殘，施之以寬，寬以濟猛，猛以濟寬，此刑政之文也。樂勝則流，遏之以禮，禮勝則離，和之以樂，與時消息，因俗變通，此教化之文也。文者，蓋言錯綜庶績，藻繪人情，如成文焉，以致其理。然則人文化成之義，其在茲乎？而近代諂諛之臣，特以時君不能則象乾坤，祖述堯舜，作化成天下之文，乃以旂裳冕服，章句翰墨爲人文也。遂使君人者浩然忘本，沛然自得，盛威儀以求至理，坐吟詠而待太平，流蕩因循，敗而未悟，不其痛歟。必以旂裳冕服爲人文，則秦漢魏晉，聲明文物，禮縟五帝，儀繁三王，可曰煥乎其有文章矣，何衰亂之多也？必以章句翰墨爲人文，則陳後主、隋煬帝，雍容綺靡，洋溢編簡，可曰文思安安矣，何滅亡之速也？覈之以名義，研之以情實既如彼，校之以今古，質之以成敗又如此。《傳》不云乎，『經緯天地曰文』，《禮》不云乎，『文王以文理』，則文之時義其大矣哉，焉可以名數末流，雕蟲小技，廁雜其閒也。

唐·韓愈《韓昌黎文集》卷三《本政》　周之政文，既其弊也，後世不知其承，大敷古先，遂一時之術以明示民；民始惑教，百氏之説以興。其言曰：天下可爲也。彼之政仁矣，反於誼；此之政敬矣，戾於忠。何居？我其周從乎！曰：周不及殷，其殷從乎？曰夏，曰虞，曰陶唐，曰三皇氏，曰遂古之初；暴孽情，飾淫志，枝辭琢正，紛紊糾射，以僻民和，以導民亂。嗚呼，道之去世，其終不復矣乎！

長民者發一號，施一令，民莫不悱然非矣。謂不可守，遽變而從之。譬將適千里，及門而復，後雖矻矻，決不可暨。原其始，固有啓之者也。聞於師曰：古之君天下者，化之不示其所以化之之道；及其弊也，易之不示其所以易之之道：政以是得，民以是淳。其有作者，知教化之所繇廢，抑詭怪而暢皇極，伏文貌而尚忠質，茫乎天運，窅爾神化，道之行也，其庶已乎！

清·董誥等《全唐文》卷六七《穆宗四·赦鎮州德音》　門下：仲尼有言：《詩》云「執轡如組」，審此言可以為天下也。蓋為聖人組修其身，而成文於彼。故伯益贊禹則曰：「滿招損，謙受益」，所以服有苗。夏后啟亦云：「吾德未至，教未善」，故能克有扈。苟齊俗有禮，化人以躬，尚可感於神明，柔於蠻貊，況累聖遺教，升平舊風。堅金在熔，惟人之所鑄；猛獸在柙，由人之所馴。因而撫之，敢忘前訓。

朕以菲德，纂承鴻緒，屬先皇掃刷中宇，康濟兆人，八表晏然，五兵咸息。常兢懷於繼述，思致理於和平，豈以樂戰為心，佳兵在念。而鎮州以承宗雲亡，自歸誠款；幽州以劉總懇志，願釋兵符。相繼來同，無思不服。非朕勤於遠略，力以致之，亦既綏柔，咸加霈澤。不愛金帛，以惠我戎士；不吝爵賞，以寵其偏裨。複以一二臺臣，常推謹願，庶將朕志，以靖方隅。而佚於既安，莫能思患，曾未累月，旋聞叛離。朕亦欲因其人心，命將擇帥，顧念宏正盡忠先朝，身嬰陷害，家受屠戮，為之元首，能不痛心？是用下制，先申告諭，求其凶惡，冀釋幽冤。仍令四面節制，各守封境，不欲遽加誅討，所望自效忠誠。而將士等懼罪以相保，王庭湊為衆之所逼，固其封壤，捍以兵鋒。每聞戰爭，永念黎庶，為之君父，又何忍乎？是用輟食忘寢，晝夜萬慮。恭惟烈祖之訓，必用兼愛之心，務以安人為國本，不以窮武為威力。顧予寡昧，敢忘遵承。為追念而興師，已極君臣之分；為軫憂而捨罪，豈非常王之道。況王庭湊倉卒之際，固非始謀。接之以恩榮，自當展其志義；委之以戎鎮，必冀效於勳庸。禍福無門，行之則是，弛張在我，用亦何常。苟推信誠，便保忠順；苟得其衆，孰非吾人。擢而任之，式示光寵，宜特舍雪。仍授檢校右散騎常侍兼鎮州大都督府長史御史大夫充成德軍節度鎮冀深趙等州觀察處置等使，應成德軍將士官吏，一切依舊，待之如初。仍令兵部侍郎韓愈充宣慰使。

於戲！朕於彼三軍，惠非不至，於彼圍境，恩非不周。今宏寬大之典，以應陽和之令，使離散者見親愛之樂，暴露者歸室家之安，各宜感悅，以就寧泰。佈告中外，體朕意焉。主者施行。

德治論分部

論說

唐·張弧《素履子》卷上《履德》　素履子曰：太上貴德。德者，衆善所歸，百福所集。昔舜有膻德而人歸之，如蟻擅不慕蟻而蟻慕膻，舜不慕民而民慕德。文王為西伯，三分天下歸周者二。西伯之德，猶種竹以待禽，竹不慕禽，禽為鷂所逐而自來投竹；周不慕民，民為紂所虐而自來投周。是知德可施，而虐不可肆。常以好生之德洽於民心，誕敷文德，遠方來格。故古昔帝王皆立德以垂教，五行五帝，在木曰木德，在火曰火德，在土曰土德，在金曰金德，在水曰水德。五行相生，遞相為德。所以水火金木土谷正德，利用厚生為之九功，立教於萬祀。此，德之用也，德之施也。無名在物，物皆得之則存，失之則喪。天若失德，寒暑不時；地若失德，萬物不生；人若失德，身必將傾。故大禹謀九功，皋陶謀九德，天下是治。君以慈愛立德，臣以忠孝成名。德唯善政，政在養民。養民之本，在武則有七：禁暴、戢兵、保大、定功、安民、和衆、豐財；文則有五：温、良、恭、儉、讓。恭寬信敏惠，皆歸五德。德也者，能卻水火，能感鬼神，狎伏龍蛇，化敷禽獸，亦能退捨星象，亦能整複山河。桑穀自枯，妖禽亦逝，座蛇之子，捨金之賓，遺藥於敵人，馳酒於盜者，捨絕纓之過，成漆身之忠，皆施之於陰功而獲陽報。夫如是宜施之於萬類，不可失之於一言。天道無親，唯德是輔。有國有家，幸其履之，瞬息無倦，昌矣盛矣。

唐·羅隱《兩同書·貴賤第一》　夫一氣所化，陽尊而陰卑；三才肇分，天高而地下。龜龍為鱗介之長，麟鳳處羽毛之宗。金玉乃土石之標，芝松則卉木之秀。此乃貴賤之理，著之於自然也。龜龍有神靈之別，麟鳳有仁愛之異，金玉有鑑潤之奇，芝松有貞秀之姿，是皆性稟殊致、為衆物之所重也。然則萬物之中唯人為貴，人不自理，必有所尊。亦以明聖之才，而居億兆之上也。是故時之所賢者，則貴之以為君長，才不應代者，則賤之以為黎庶。然處君長之位非不貴矣，雖蒞力有餘而無德可稱，則其貴不足貴也。居黎庶之内非不賤矣，雖貧弱不足而有道可採，則其賤未為賤也。何以言之？昔者殷紂居九五之位，孔丘則魯國之逐臣也；齊景有千駟之饒，伯夷則首陽之餓士也。此非不尊卑道阻、飛伏理殊，然而百代人君競慕丘夷之義，三尺童子羞聞紂景之名。是以貴賤之途，未可以窮達論也。故夫人主所以稱尊者，以其有德也。苟無其德，則何以異於萬物乎。是故明君者，納陛軫慮、旰食興懷，勞十起而無疲，聽八音而受諫。蓋有由矣。且崆峒高臥，黃軒致順風之請；穎水幽居，帝堯發時雨之讓。夫以鰥夫獨善之操，猶降萬乘之尊，況天子厚載之恩，而為百姓所薄者哉。蓋不患無位，而患德之不修也；不憂其賤，而憂道之不篤也。易曰：聖人之大寶曰位，何以守位曰仁。苟無其仁，亦何能守位乎！是以古之人君乾乾而夕惕，豈徒為名而已哉。實恐墜聖人之大寶，辱先王之余慶也。故貴者榮也，非有道而不能居；賤者辱也，雖有力而不能避也。苟以修德，不求其貴，而貴自求之；苟以不仁，欲離其賤，而賤不離之。故昔虞舜處於側陋，非不微矣，而鼎祚肇建，終有揖讓之美；夏桀親禦神器，非不盛矣，而萬姓莫輔，競罹放逐之辱；古公避賤而遷居，豈求其貴也，行未輟策，邑成岐下；胡亥笑堯禹之陋，豈樂其賤也，死不旋踵，地分灞上。夫以虞舜之微，非有穀帛之利以悦於衆也；夏桀之盛，非無戈戟之防以禦於敵也；古公之興，非以一人之力自强於家國也；胡亥之滅，非以萬乘之尊願同於黔首也。貴者愈賤，賤者愈貴，求之者不得，得之者不求。豈皇天之有私，惟德佑之而已矣。故老氏曰道尊德貴，是之謂乎！

又《强弱第二》　夫强不自强，因弱以奉强；弱不自弱，因强以禦弱。故弱為强者所伏，强為弱者所宗，上下相制，自然之理也。然則所謂强者，豈壯勇之謂邪？所謂弱者，豈怯懦之謂邪？蓋在乎有德，不在乎多力也。何以言之？夫金者天下之至剛也，水者天下之至柔也，金雖剛矣，折之而不可以續；水雖柔矣，斬之而不可以斷。則水柔能成其剛，金剛不輟其弱也。故晏嬰之侏儒耳，齊國之宰臣；甘羅之童子耳，秦國之良相。僑如大人也，魯人樁其喉矣；長萬壯士也，宋華醢其肉矣。晏嬰身短不過人，此非不懦矣；甘羅年未弱冠，此非不幼矣；僑如大可專車，此非不壯矣；長萬力能抉革，此非不勇矣。然則僑如長萬，智不足以全身；晏嬰甘羅，謀可以制一國。豈非德力有異、强弱不同者歟。由是乾以健剛，終有亢極之悔；謙以卑下，能成光大之尊，則其致也。然夫所謂德者何？唯慈唯仁矣；所謂力者何？且暴且武耳。苟以仁慈，則天地所不違、鬼神將來舍，而況於邇乎？苟以暴武，則九族所離心、六親所側目，而況於遠乎？是故德者兆庶之所賴也，力者一夫之所恃也。矜一夫之用，故不可得其强；乘兆庶之恩，故不可得其弱。是以紂能索鐵，天下懼之如虎狼；堯不勝衣，天下親之如父母。然虎狼雖使人懼之，豈言虎狼强於人耶；父母能令子親之，豈可言父母弱於子耶？則强弱之理固亦明矣。是以古之明君，道濟天下，知衆心不可以力制，大名不可以暴成，故盛德以自修，柔仁以禦下，用能不言而信，洽垂拱以化行，將乃八極歸誠，四方重譯，豈徒一邦從服，百姓與能而已哉！嗟乎，古之暴君，驕酷天下，捨德而任力，忘已而責人，壯可行舟，不能自制其嗜欲；材堪舉鼎，不足自全其性靈。至今社稷為墟、宗廟無主，永為後代所笑，豈獨當時之弱乎，悲夫！老氏曰：『勝人者有力，自勝者强』，其是之謂乎！

南唐·譚峭《化書》卷三《德化·常道》　仁義者常行之道，行之不得其術，以至於亡國。忠信者常用之道，用之不得其術，以至於護罪。廉潔者常守之道，守之不得其術，以至於暴民。財辯者常禦之道，禦之不得其術，以至於羅禍。蓋拙在用於人，巧在用於身。使民親稼則怨，誡民輕食則怒。夫餌者魚之嗜，膻者蟻之慕，以餌投魚必以懼，以膻投蟻蟻必去，由不得化之道。

《新唐書》卷一一二《韓琬傳》（景雲初，韓琬上言：）國安危在於政。政以法，暫安焉必危；以德，始不便焉終治。夫法者，智也；德者，道也。智，權宜也；道，可以久大也。故以智治國，國之賊；不以智治國，國之福。

貞觀、永徽之間，農不勸而耕者衆，法施而犯者寡；俗不偷薄，器不行窳；吏貪者士耻同列，忠正清白者比肩而立；罰雖輕而不犯，賞雖薄而勸；位尊不倨，家富不奢；學校不勵而勤，道佛不懲而戒；土木質厚，裨販弗蚩。其故奈何？雜以皇道也。自兹以來，任巧智，斥謇諤；趨勢者進，守道者退；諧附者無黜剝之憂，正直者有後時之歎；人趨家競，風俗淪替。其故奈何？行以霸道也。貞觀、永徽之天下，亦今日之天下，淳薄相反，由治則然。

夫巧者知忠孝爲立身之階，仁義爲百行之本，託以求進，口是而心非，言同而意乖，陛下安能盡察哉！貪冒者謂能，清貞者謂孤，浮沈者爲黠，剛正者爲愚。位下而驕，家貧而奢。歲月漸漬，不救其弊，何由變浮之淳哉？不務省事而務捉搦。夫捉搦者，法也。法設而滋章，滋章則盜賊多矣。法而益國，設之可也。比法令數改，或行未見益，止未知損。

譬弈者一棋爲善，而復之者愈善，故曰設法不如息事，事息則巧不生。聖人防亂未然，天下何繇不治哉？

永淳時，雍丘令尹元貞坐婦女治道免官，今婦夫女役常不知怪。調露時，河内尉劉憲父喪，人有請其員者，有司以爲名教不取，今謂爲見機。太宗朝，司農以市木橦倍價抵罪，大理孫伏伽言：『官木橦貴，故百姓者賤。臣見司農識大體，未聞其過。』太宗曰：『善。』今和市顓刻剝，名爲和而實奪之。往者學生、佐史、里正每一員闕，擬者十人，今當選者亡匿以免。往選司從容有禮，今如仇敵賈販。往官將代，儲什物俟其至；今交罷，執符紛競校在亡。往商賈出入萬里，今市井至失業。往家藏鏹積粟相誇，今匿貲示羸以相尚。往夷狄款關，今軍屯積年。往召募，人賈其勇；今差勒，闔宗逃亡。往倉儲盈衍，今所在空虛。

夫流亡之人非愛羈旅、忘桑梓也，斂重役亟，家產已空，鄰伍牽連，遂爲游人。窮詐而犯禁，救死而抵刑。夫亂繩已結，急引之則不可解。今刻薄吏能結者也，舉劾吏能引者也，則解者不見其人。願取奇材卓行者，量能授官。

又言：仕路太廣，故棄農商而趨之。一夫耕，一婦蠶，衣食百人，欲儲蓄有餘，安可得乎？

禮治論分部

論説

唐・張弧《素履子》卷下《履樂》 素履子曰：夫樂者，天地四時之和也，故律呂調財陰陽和，五音調則四時叔。是故古昔帝王制禮作樂以化民也。是以黃帝曰雲門，顓頊曰六經，帝嚳曰五英，堯曰咸池，舜曰大韶，禹曰大夏，湯曰大濩，武王曰大武，皆八代之樂也。用彰其德，以明其功。故天地四時皆順從其化。夫八聲之用，《樂記》曰：鍾聲鏗，鏗以立號，號以立橫，橫以立武。君子聽鍾聲，則思武臣。石聲徑，徑以立別，別以致死。君子聽磬聲，則思死封疆之臣。絲聲哀，一反以立廉，廉以立志。君子聽琴瑟之聲，則思志義之臣。竹聲濫，濫以立會，會以聚衆。君子聽竽笙簫管之聲，則思畜聚之臣。鼙鼓之聲讙，讙以立動，動以進衆。君子聽鼙鼓之聲，則思將帥之臣。五音之用也，五行之音以調正氣，春之角以其清濁，中人之象。春氣和，則角聲調。《樂記》曰：角亂則憂，其民怨也？夏之征，以其征，清事之象也。夏氣和，則征聲調。《樂記》曰：征亂則哀，其事勤也。季夏之宮，以其最大。《樂記》曰：宮亂則荒，其君驕也。秋之商，以其濁，中次宮臣之象也。秋氣和，則商聲調。《樂記》曰：商亂則陂，其臣壞也。冬之羽，以其最，清物之象也。冬氣和，則羽聲調。《樂記》曰：羽亂則危，其財匱也。此五音八聲之用也，所以人情不能免也。用之祭天地，乃天神降地只升；用之祭山川，則鬼神向；用之化人，則人民和。故得其節，則樂行而倫清，耳目聰明，血氣和平，移風易俗，天下皆寧。用失其節，則鄭衛之音作，桑間濮上之風行。所以治世之音安以樂，其政和；亂世之音怨以怒，其政乖；亡國之音哀以思，其民困。又清為君，濁為臣；清為陽，濁為陰。清濁不亂，君臣和平，陰陽順序。賢者聽其音而知其治。然五帝殊時不相沿樂，三王異代不相襲禮。至於禮情主敬，樂情主和，敬之與和，萬代不易。是以禮節之於繁，樂節之於過。禮繁則亂，樂過則淫。節樂止淫，履之本也。

唐・羅隱《兩同書・敬慢第四》 遠古之代，人心混沌，不殊於草木，取類於羽毛，後代聖人乃導之以禮樂，教之以仁義，然後君臣貴賤之制坦然有章矣。然則禮之所先，莫大乎敬；禮之所弊，莫甚於慢。故以敬事天則神降，以敬理國則人和，以慢事天則神欺，以慢理國則人殆。下之不敬則不足以奉君，上之不敬則不足以禦臣，是以地中有山，大易發謙；尊之旨海下於水，老氏著谷王之喻；相鼠有體，風詩刺其失儀；飛鳥能言，古人記其無禮。則敬慢之間美惡殊致，是故明主之於天下也，設壇授將，側席求賢，賁束帛於丘園，降安車於途巷，故得眞龍就位、振鷺來庭，天下榮之，願從其化也。昧主之於天下也，披裳接士，露發朝人，視賢良若草芥，比黎庶為豕畜，是以白駒投轂，飛鴻逝雲，天下惡之，願逃其耻也。然夫敬人者不必自賤，蓋欲用其人也；慢人者不必增貴，適足怨其人也。何以言之？昔文侯軾幹木之閭，昭王築郭隗之館，故得羣才必至、駿足攸歸，何則，以敬之所致也。齊桓有葵丘之驕，漢祖輕過趙之罵，故有諸侯不附，大臣構迍，何則，以慢之所致也。然夫向之所敬者，豈徒敬人而已哉。蓋以自敬也。向之所慢者，豈徒慢人而已哉，蓋以自慢也。故敬一人則千萬人悅，慢一人則千萬人怨，皆欲知好人之敬，而不知行其所以敬；皆欲知惡人之慢，而不知去其所以慢。此猶南望以求燕，北行以適越，誠有不可得也。且夫人主者天下之表也，行書國策言記史官，有一善若慶雲之浮輝，天下之所欣賀，有一惡若朝日之帶蝕，天下之所傷。嗟不可類於匹夫，不慎其敬慢也。故人問田子方曰：富貴者驕人、貧賤者驕人乎？子方曰：諸侯而驕人則失其國，大夫而驕人則失其家，貧賤者行不合道、言不合同，則去之楚越，若脫弊屣。奈何同之，是以虎豹墜穀，頓為齏粉；螻蟻隨風，無傷絲髮。輕重之理，不同年而語也。故周公，文王之子，握吐為勞；馭者，晏嬰之僕，驕矜自若。豈非君子小人之道，敬慢殊途者乎！夫尺蠖求伸，亦因其屈；鷙鳥將擊，必先以卑。以貴下賤，大得人也。故老氏曰『後其身而身先』，其是之謂歟！

南唐・譚峭《化書》卷三《德化・有國》　有國之禮，享郊廟，敬鬼神也；釁龜策，占吉凶也；敬鬼神，信禍福之職也；占吉凶，信興亡之數也。柰何有大不信，窮民之力以為城郭，奪民之食為儲蓄？是福可以力取，是禍可以力敵；是疑貳於鬼神，是欺惑於龜策，是不信於天下之人；斯道也，賞不足動，罰不足懼，國不足守。

又　卷四《仁化・犧牲》　犧牲之享，羔雁之薦，古之禮也。且古之君子，非不知情之憂喜、聲之哀樂能動天地、能感鬼神。刀机前列，則憂喜之情可知矣；鷹犬齊至，則哀樂之聲可知矣。以是祭天地，以是禱神明，天地必不享，苟享之必有咎；神明必不歆，苟歆之必有悔。所以知神龍見，喪風雲之象也；鳳凰來，失尊戴之象也；麒麟出，亡國土之象也。觀我之義，禽必不義也；以彼為祥，禽必不祥也。

《舊唐書》卷二一《禮儀志一》　乾封二年十二月，詔曰：【略】《禮》曰：『化人之道，莫急於禮。禮有五經，莫重於祭。祭者，非物自外至也，自內生於心也。是以惟賢者乃能盡祭之義。』況祖功宗德，道冠百王；盡聖窮神，業高千古。自今以後，祭圓丘、五方、明堂、感帝、神州等祠，高祖太武皇帝、太宗文皇帝崇配，仍總祭昊天上帝及五帝於明堂。庶因心致敬，獲展虔誠，宗祀配天，永光鴻烈。

宋・王溥《唐會要》卷二三《武成王廟》　（貞元二年二月）刑部員外郎陸淳等六人議曰：『臣聞統天下者，禮法也；救天下者，權數也。拯難者常以權變禮，以數易法；有國者則尚德而賤數，尊禮而晦權，何者？禮法行則民安其分，務于修身；權數騁則人思變常，務於苟得。安其分，理之源也；思變常，亂之本也。故救一時之弊者，事不可貽於將來，垂萬世之法者，道必不行於當代。竊以武成王，殷臣也，見紂之暴，不能諫而佐武王以傾之，於周則社稷之臣矣，於殷謂之何哉？且夫尊其道者，必師其人，必尚其行，使天下之人，入是廟也，登是堂也，稽其人可以思見，師其道所由致法，則俾夫立節死義之士，安所措其心乎！聖人所以尊堯舜，賢夷齊，不法桓文，不贊伊呂，先之以敬讓，尊之以禮樂，蓋謂此也。使武成之名，與文宣為偶，權數之略，與道德齊衡，恐非不刊之典也。臣愚謂宜罷上元追封立廟之制，依貞觀於磻溪置祠，令有司以時享奠，斯得禮之正也。

宋・姚鉉《唐文粹》卷四九《王藹〈諷詐〉》　禮法不可斯須而去，有以禮法而爲災；忠信不可斯須而去，有以忠信而爲禍。禮法非災人之端，忠信非禍人之本，理或有害，則禮法忠信爲禍人之萌。狂瞽人之所惡也，效之則恐不及其眞，荒酗人之所耻也，履之則恐不自其性。狂瞽誠可惡也，荒酗誠可耻也，臨難而保全，則狂瞽荒酗爲藏身之藪。禮法忠信直也，狂瞽荒酗詐也，以之保全，則直不如詐之功。嗚呼！三皇之前無所用，五帝之後無所不用。

宋・宋敏求《唐大詔令集》卷八一《頒行唐禮及郊廟新樂詔》　先王之辨方正位，體國經野，象天地以制法，通神明以施化，樂由內作，禮自外成，可以安上治民，可以移風易俗，揖讓而天下治者，其唯禮樂乎。固以同節同和，無聲無體，非飾玉帛之容，豈崇鐘鼓之奏。日來月往，朴散淳漓，淫慝以興，流湎忘本。魯昭所習，惟在折旋；魏文所重，止於鄭衛，秦氏縱暴，載籍咸亡，漢朝修緝，典章不備。時更戰國，多所未遑，雅道淪喪，歷茲永久。朕恭承明命，嗣膺實曆，懼深馭朽，情切納隍。憑宗廟之靈，資股肱之力，上下交泰，遐邇乂安。率土阽危，既拯之於塗炭；羣生遂性，思納之於軌物，興言政本，載惕予懷。蓋知禮樂之情者能作，識禮樂之文者能述，作者之謂聖，述者之謂明。朕雖德謝前王，而情深好古。傷大道之既隱，懼斯文之將墜，故廣命賢才，傍求遺逸，探六經之奥旨，採三代之英華。古典之廢於今者，咸擇善而修復；鄭聲之亂於雅者，並隨違而矯正。莫不本乎人心，稽之物理，正情性而節事宜，窮高深而歸簡易。用之邦國，彝倫以之攸敍；施之律呂，金石於是克諧。今修撰既畢，可頒行天下，俾富教之方，有符先聖；人倫之化，貽厥後昆。貞觀十一年三月。

法治論分部

論說

《舊唐書》卷五〇《刑法志》（武德七年五月詔曰：）古不云乎，『萬邦之君，有典有則。』故九疇之敍，興於夏世，兩觀之法，大備隆周。所以禁暴懲姦，弘風闡化，安民立政，莫此爲先。自戰國紛擾，恃詐任力，苛制煩刑，於茲競起。秦幷天下，隳滅禮教，恣行酷烈，害虐蒸民，宇內騷然，遂以顛覆。漢氏撥亂，思易前軌，雖復務從約法，蠲削嚴刑，尚行葅醢之誅，猶設錙銖之禁。字民之道，實有未弘，刑措之風，以茲莫致。爰及魏、晉，流弊相沿，寬猛乖方，綱維失序。下凌上替，政散民凋，皆由法令湮訛，條章混謬。自斯以後，宇縣瓜分，戎馬交馳，未遑典制。有隋之世，雖云釐革，然而損益不定，疏舛尚多，品式章程，罕能甄備。加以微文曲致，覽者惑其淺深，異例同科，用者殊其輕重，遂使姦吏巧詆，任情與奪，愚民妄觸，動陷羅網，屢聞釐革，卒以無成。

朕膺期受籙，寧濟區宇，永言至治，興寐爲勞。補千年之墜典，拯百王之餘弊，思所以正本澄源，式清流末，永垂憲則，貽範後昆。爰命羣才，修定科律。但今古異務，文質不同，喪亂之後，事殊曩代，應機適變，救弊斯在。是以斟酌繁省，取合時宜，矯正差遺，務從體要。迄茲歷稔，撰次始畢，宜下四方，即令頒用。庶使吏曹簡肅，無取懸石之多；奏讞平允，靡競錐刀之末。勝殘去殺，此焉非遠。

宋·宋敏求《唐大詔令集》卷一一〇《誡勵風俗敕第二道》 敕：【略】且夫法久而弊，法弊則通。制國以立法爲先，教人以地著爲事。自屬清晏，人多婾惰，國章或弛，甿僞實繁。今正朔所及，封疆無外。雖戶口且增，租賦不益，莫不輕去鄉邑，共爲浮惰。或豪人成其泉藪，或奸吏爲之囊橐，逋亡積歲，流蠹日滋。雖朕之薄德，罪則在予，亦官無其政，吏不守法耳。今欲去其末而歸其本，閑其邪而正其德，使法有所立，人知向方，是用恤窮逸，寬逋貸，式廣自新之路，俾由莫厚之恩。

宋·司馬光《資治通鑑》卷一八二《隋紀六·煬皇帝中》（大業九年八月）辛酉，司農卿雲陽趙元淑坐楊玄感黨伏誅。帝使大理卿鄭善果、御史大夫裴蘊、刑部侍郎骨儀、與留守樊子蓋推玄感黨與。儀，本天竺胡人也。帝謂蘊曰：『玄感一呼而從者十萬，益知天下人不欲多，多即相聚為盜耳。不盡加誅，無以懲後。』子蓋性既殘酷，蘊復受此旨，由是峻法治之，所殺三萬餘人，皆籍沒其家，枉死者大半，流徙者六千餘人。玄感之圍東都也，開倉賑給百姓。凡受米者，皆坑之於都城之南。玄感所善文士會稽虞綽、琅邪王胄俱坐徙邊，綽、胄亡命，捕得，誅之。

清·董誥等《全唐文》卷四七《代宗一·削除來瑱官爵詔》 《春秋》之義，貴在於必書；君臣之間，法存於無赦。沮勸式遵於前典，進退莫非於至公。惡稔既彰，明罰難貸。開府儀同三司行兵部尚書中書門下平章事充山南東道節度觀察處置等使上柱國潁國公來瑱，謬當任用，素乏器能，亟曆班榮，累經節制。莅職蔑聞於成績，登朝虛美於崇名。頃者分閫頒條，久淹江漢。或頻徵不至，或移鎮遲留，實乖堂陛下儀，爰及干戈之忿。朕以舊臣宿將，道在含宏，會其來庭，用甄後效。超登宰輔，光拜夏卿，列在三臺，掩其一眚。山陵先遠，事委近臣，謀謨素闕於大猷，卜祝頗聞於私議。實虧周慎，且間樞言。何以輔鼎毗司，儀刑簪紱？據其所犯，合寘殊科，以嘗侍軒闥，用存寬免之辜。緬範舊章，兼膺黜削之譴，其身官爵，一切削除。

道治論分部

論説

唐·張弧《素履子》卷上《履道》 素履子曰：道本無名，無名居天地之始。天地之始，號曰混元。混元之初，無形無象。既分二儀，能生萬象，故云之為道。初自混漠，三皇依之設教，五帝依之置治，始於一化，淳樸自然。將明寒暑之期，遂分陰陽之序，上古聖人履之。無言無教，無心於物，物來歸之，不教於民，民皆仰之，此則履純樸皇道也。畫卦之主，嘗草之君，皆履之而化成。至於服牛乘馬，履之而去强暴，用之而除民害。顓頊履之於忠順，帝嚳履之於清和，唐堯履謙順之道而垂裳，虞舜履孝弟之道而授讓，此履帝道也。禹行勤儉之道而治水，湯能恭敬而感天，西伯以至德而稱尊，武王以孝道而去虐，此聖人以王道設教。使老有所終，壯有所用，幼有所長，鰥寡孤獨廢疾者皆有所養，男有分，女有歸，此以道治世之化也。至於黄老，唯尚樸而不文，素王亦歸之於純素，莫不去華飾而作教，捨文艷以歸眞，不尚賢使人不爭，不貴難得之貨使人不盜，責山節藻梲之宇，尚卑宫菲食之君。《道德經》云：吾有三寶，保而持之。一曰慈，二曰儉，三曰不敢為天下先。此則履道之原也。兼曰：吾有大患，為吾有身。及吾無身，吾有何患。此則至道者亡身履象外之道也。至於餐霞食氣，塞兑轉丸，履離塵之道也。昔鴟夷子在俗，教民種植治生之道，竟乘舟而去。羅眞人卜肆教人忠孝之道，乃拔宅而升。此乃大道不器，在物皆有知，道不虛行，物有玄應，不在高臺廣廈之間，東林西域之内。立身行道之本，未若君睦臣忠，父慈子孝，兄友弟恭，夫順妻貞，勤儉於家，忠良於國。昔夏殷文武得道而昌，桀紂幽厲失道而亡。夫如是道不可捨，得之則昌，失之則亡。故聖人愛人，惠俗施德，保位者也。人之於道，如魚之在水，魚失水則亡，人失道則喪。牢籠萬象，以道治之，謂之大道。欲昌其身，宜履而行之，明矣。

清·董誥等《全唐文》卷一三六《長孫無忌〈進五經正義表〉》 混元初闢，三極之道分焉；醇德既醨，六籍之文著矣。於是龜書浮於温洛，爰演九疇；龍圖出於榮河，以彰八卦。故能範圍天地，埏埴陰陽，道濟四溟，知周萬物。所以七教八政，垂炯誡於百王；五始六虛，貽徽範於千古。詠歌明得失之迹，雅頌表興廢之由。實刑政之紀綱，乃人倫之隱括。昔雲官司契之后，火紀建極之君，雖步驟不同，質文有異，莫不開茲膠序，樂以典墳，敦稽古以宏風，闡儒雅以立訓，啓含靈之耳目，贊神化之丹青。姬孔發揮於前，荀孟抑揚於後。馬鄭迭進，成均之望鬱興；蕭戴同升，石渠之業愈峻。歷夷險其教不墜，經隆替其道彌尊。斯乃邦家之基，王化之本者也。伏惟皇帝陛下得一繼明，通三撫運，乘天地之正，齊日月之暉。敷四術而緯俗經邦，藴九德而辨方軌物。御紫宸而訪道，坐元扈以裁仁。化被丹澤，政洽幽陵。三秀六穗之祥，府無虛月；集囿巢閣之瑞，史不絶書。照金鏡而泰階平，運玉衡而景宿麗。可謂鴻名軼於軒昊，茂績冠於勳華。而垂拱無爲，游心經典，以爲聖教幽賾，妙理深元，訓詁紛綸，文疏踳駁。先儒競生別見，後進爭出異端，未辨三豕之疑，莫袪五日之惑。

唐·王眞《道德經論兵要義述表·序》 臣眞言：臣聞昔者庖犧氏作，承天地，理萬物，猶以為皇道不足，故寂然思化，精義感通，然則天既不言而生，地既不言而育，故河出龍圖，洛出龜書，所以示其文也。由是得以畫卦象，制文字焉。逮夫智慧萌生，眞樸潛消，則文字之理又不足，故載誕我玄元皇帝以代天地而言，將善救其弊者也。是以諄諄然五千之文，殷勤懇惻，斯亦至矣。可謂啟道德之根源，絶言語之枝葉，比之文章，則三辰昭回於天也，擬乎動植，則萬物充盈於地也。論其教戒，則百行全備於人也。何謂禮者亂之首，亂猶理也，亂矣非禮則無以理之，故曰亂之首也。夫文者武之君也，武者文之備也，斯蓋二柄兼行，兩者同出，常居左右，孰可廢墜，故曰忘戰則危，好戰則亡，是知兵者可用也，不可好也，可戰也，不可忘也。自軒轅黄帝以兵遏亂，少昊以降，無代無之，暨於三王之興，雖有聖德，咸以兵定天下，則三王之兵，皆因時而動，動畢而後戢，戢卽不復用也。及至嗣君，或驕或僻，或暴或淫，或怒或貪，或矜或忌，乃為我師我旅我國我家，動必取强，用必求勝，載窮載黷，且戰且前，或不戢而自焚，或無厭而取滅，塗萬姓之肝腦，決一人之忿欲，毒痛海內，災流天下，是以道君哀其若此，又不可得而廢去，遂不得已而用之。夫聖人用兵之道，不以其慍怒也，不以其爭奪也，不以其貪愛也，不以其報怨也，蓋整而理之，蓄而藏之，以謹無良，以威不穗，非用之於戰陣，非用之於殺伐，非用之於田獵，非用之於強梁，此聖人用兵之深旨也。又怒者逆德也，兵者凶器也，爭者人之所甚惡也，若以逆德用凶器，行人之所甚惡，豈容易哉，故曰上德者天下歸之，上仁者海内歸之，上義者一國歸之，上禮者一鄉歸之，無此四德者，人不歸也。人不歸卽用兵，用兵卽危之道也，故謂不祥之器，又曰死地。所以王者必先務於道德而重用兵也。抑臣又聞之創業之主亡，亡以成其功，繼體之君存，存以保其位，故聖人以必不必則兵戎可得而戢，衆人以不必必之，則戰伐益興，故道君非獨諷其當時侯王，蓋亦防其後代人君，輕用其兵也。由是特建五千之言，故先舉大道至德，修身理國之要，無為之事，不言之教，皆數十章之後，方始正言其兵，原夫深衷微旨，未嘗有一章不屬意於兵也。何者？伏惟道君降於殷之末代，征伐出於諸侯，當其時王已失衆正之道也久矣，且不得指斥而言，故極論沖虛不爭之道，柔弱自卑之德以戒之。夫爭者兵戰之源，禍亂之本也，聖人先欲煙其源，絕其本，故經中首尾重迭，唯以不爭為要也。夫唯不爭，則兵革何由而興，戰陣何因而列，故道君叮嚀深誡，其有旨哉，其有旨哉。夫天地何言，陰陽不測，是以道君强為之名而立文字，欲人知之，使其行之，非難知也，非難行也，況我國家，祖有道而宗有德，流聖裔而派仙源乎，唐哉皇哉，不可得而稱也。伏惟睿聖文武皇帝陛下，聰明文思，浚哲温恭，纘十葉之鴻輝，傳千億之命緒，闡皇道而育萬物，弘帝德而貞百度，寂然不動，神而化之，戢干戈於方興之時，卻行陣於已列之地，無為無事，上德上仁，貴五千之至言，賤百二之重險，結繩而理，大化克被於生靈，擊壤之歌，至德亟聞於野老，天下幸甚，天下幸甚。臣少習儒業，長無武功，睹升平於明盛之時，賴亭育於仁壽之域，是以不揆庸陋，敢侮聖人之言，甘心從鼎鑊之誅，僥幸納芻蕘之志。臣伏以道德經文，遠有河公訓釋，中存嚴氏指歸，近經開元注解，微臣狂簡，豈敢措詞。今之所言，獨以兵戰之要，採摭玄微，輒録《道德經》中章首為題，序列如左，各於題後粗述玄元皇帝聖旨，或先經以始其事，或後經以終其義，謬將臆度，用達管窺，既無百中之能，庶均萬分之一，因號曰《道德論兵要義述》，詞理荒鄙，塵瀆宸嚴，無任惶懼戰越之至，謹言。

又 卷一《道可道章第一》 臣眞述曰：夫稟二氣而生居三才之際，靈於萬物者，謂之最靈，靈於最靈者，謂之聖人，聖人代天地而理萬物者也。於是因言以立道，因道以制名，然異於眞常之元，故曰可道。既為萬物之母，故曰可名。又天地之道，無迹可尋，故曰常無欲以觀其妙，聖人之作有物，有物可睹，故曰常有欲以觀其徼。觀猶示也，且乾坤之用，因無入有，是以同出異名，變化之理，因有歸無，是以同謂之玄。蓋天地之道，四時行焉，百物生焉，是為一玄也。聖人之道，代天理物，各正性命，複為一玄也，故曰玄之又玄。是以道君將明王者治天下，安萬國，正師旅，孰不由於此戶者也，故曰衆妙之門。臣伏惟玄元皇帝所建五千之文，將垂億兆之祀，同天地之覆載，比日月之照臨，利將無窮一，人受其賜，故王者得之可以適天下，諸侯得之可以安萬邦，卿大夫得之可以凝庶績，士庶人得之可以知其所歸，若好徑之徒，不遵此道，必有倒行之悔，矧其違易卽險，而欲僥倖者哉。微乎微，至乎至，不可得而言也已，是以初標道非常道，指其殊塗而同歸，末言衆妙之門，明其百慮而一致，冠於篇首，誠有旨哉。

又《太上下知章第十七》 臣眞述曰：太古大道之行，上德不德，是以其下之人，但知其在上有君而已，蓋日用而不知是也。至於中古，仁德兼施，恩惠日及，是以愛而親之，美而譽之，其事漸著。其次以義為治，小罪用刑罰，大罪興甲兵，是以畏之。其下以禮為治，禮煩則亂，誠喪欺生，是以侮之。又信不由衷，人不信矣。飾詞相詐，猶或貴言。悲夫，是以王者當宜成不居之功，守不敗之事，使百姓不知帝力，皆謂我自然而然善也。

德主刑輔論分部

論說

宋・李昉等《太平御覽》卷五九二《文部八・御製下》 夫安人以政，輔政以刑，蓋爲之立中，非使人從欲也。是以務兼聽以酌羣情，擇庶官以咨共理，恒勉不足，而遏其過，我欲仁矣，尚逮夫意哉。然萬務是殷，必戒其失，聽政之暇，常志所存。聊綴斯文，庶乎自儆爾。大朴既散，利欲是生。惟辟御時，建極作程，導以仁政，齊以典刑，惠此下人，致之和平。立政伊何？必循道德。詳刑伊何？必去煩刻。不以人從欲，不以枉傷直，故百度惟貞，萬物作式。匪陽不生，匪陰不成，寬則致慢，猛亦取怨。酌于大猷，戒厥偏見，罔咈人志，罔興人患。邇言必察，芻蕘必詢，奉無私之心，以誠其意；廣無情之聽，思得其眞。喜怒有節，措置有倫，是以令肅如秋，化行如春。無邇憸人，無信側言，憸人則敗政，側言乃惑聽。罔攻異端，愼乃出令。知人不易，在觀其行。事實求理，法乃因時，法非生弊，聖哲不爲。導物類之情，以通其變；相天地之道，咸盡其宜。教必明於順，動必慮於違。是以天覆之德，日用不知。六馬並馳，在鈞御策；五音並奏，在理金石。苟去回邪，可行蠻貊，因人而理，自古不易。唐堯赭服，夏禹泣辜，以弼于理，冀遷其愚。寧漏吞舟，豈求噬膚，陷之於過，是曰毒痡。天監孔明，無臭無聲，罔載爾僞，必先爾誠。蟻壞不防，太山可傾；患生所急，禍起所輕。故作事謀始，而戒於未形。予臨兆人，道存化育，祇荷玄貺，幸清九服，一夫不獲，若履深谷。思正其源，庶登於撲。監於往躅，書以自勗。

唐・陸贄《翰苑集》卷一《平朱泚後車駕還京大赦制》 門下致理之體，先德後刑，禮義興行。故人知耻格，教令明當，則俗致和平，然後奸慝不萌，暴亂不作，古先哲後莫不由斯。國家受命百七十載，八聖儲慶敷佑下人邁種寬大之德，釁蠲苛酷之令，蓋仁之所積者，厚故澤之所流者。深茲予小子，獲主重器，懵於理亂之本，溺於因習之安，授任不明，賞罰乖當，立法以齊，衆而犯命，愈甚興戎以除害，而長亂益繁。賊臣蓄奸，乘釁竊發，九廟乏祀，兆人靡依，猰防肆其吞噬，豺狼穴於宮闕，歲未雲半載罹播遷，仰慚穹昊，俯愧臣庶，敢愛賨越。【略】嗚呼！君者所以撫人也，君苟失位，人將安仰。朕既不德，致寇興禍，使生靈無告，受制凶威。苟全性命，急何能擇，或虧廢名節，或貪冒貨利，防於法網。事匪一端，究其所由，自我而致，不能撫人以道，乃欲繩之以刑，豈所謂恤人罪己之誠，含垢布和之義，滌清汙俗，咸與更新，可大赦天下。

清・董誥等《全唐文》卷四二《李亨〈推恩祈澤詔〉》 古之哲王，臨御區夏，莫不好生愼罰，以理人命。故《易》稱緩死，《書》貴恤刑，所以欒時布和，奉天育物者也。朕恭守丕緒，祇膺皇極。順時調氣，庶欽若於元樞；旰食宵衣，每憂勤於黃屋。頃自獻春之後，膏液稍愆。言念人時，或稽政本，雖離畢之應，未獲滂沱，而滋萌之漸，亦頻ｒ沐。是用申茲渥澤，助彼發生，宜崇寬大之典，俾達陽和之氣。其天下應合死罪，特降從流，流已下罪放免。其事緣反逆造僞頭首情狀難容者，所司詳議聞奏。其流移左降該恩合量移者，宜令所司卽類例處分。

朕爲人父母，義當亭育，時有或愆於令，物有不遂其生，敢懷自逸之志，實受在予之責。但以凶徒尚阻，戎旅多虞，致使黎庶不堪，徭役未息。雖國家之事，休戚當同，而君父之誠，寧忘愧惻，況春農在候，田事方興，百姓之間，固須優恤。天下州縣慶欠租庸課稅傳馬粟貸糧種子糴糴變稅，及營田少作諸色勾徵納未足者，一切放免。其正義等倉及諸色攤徵，亦宜準此。其至德二載十二月三十日已前，和糴和市並負欠官物，及諸色官錢欠利常平義倉欠負五色，一切放免。

王道霸道論分部

論說

唐·趙蕤《長短經》卷一《序》　趙子曰：匠成輿者憂人不貴，作箭者恐人不傷。彼豈有愛憎哉？寔伎業驅之然耳。是知當代之士，馳騖之曹，書讀縱橫，則思諸侯之變；藝長奇正，則念風塵之會。此亦向時之論，必然之理矣。故先師孔子，深探其本，憂其末。遂作《春秋》，大乎王道；制《孝經》，美乎德行。防萌杜漸，預有所抑，斯聖人制作之本意也。然作法於理，其弊必亂。若至於亂，將焉救之？是以御世理人，罕聞沿襲，三代不同禮，五霸不同法。非其相反，蓋以救弊也。是故國容一致，而忠文之道必殊；聖哲同風，而皇王之名或異。豈非隨時設教沿乎此，因物成務牽乎彼？沿乎此者，醇薄繼於所遭；牽乎彼者，王霸存於所遇。故古之理者，其政有三。王者之政化之，霸者之政威之，强國之政脅之。各有所施，不可易也。管子曰：『聖人能輔時不能違時。智者善謀，不如當時。』鄒子曰：『政教文質，所以匡救也。當時則用之，過則捨之。』由此觀之，當霸者之朝而行王者之化，則悖矣；當强國之世而行霸者之威，則乖矣。若時逢狙詐，正道陵夷，欲憲章先王，廣陳德化，是猶待越客以拯溺，白大人以救火，善則善矣，豈所謂通於時變歟？夫霸者駮道也，蓋白黑雜合，不純用德焉。期於有成，不問所以，論於大體，不守小節。雖稱仁引義不及三王，而扶顛定傾，其歸一揆。恐儒者溺於所聞，不知王霸殊略，故敍以長短術，以經綸通變者。㮶立題目，總六十有三篇，合爲十卷，名曰《長短經》。大旨在乎？寧固根蒂，革易時弊，興亡治亂，具載諸篇，爲沿襲之遠圖，作經濟之至道。非欲矯世誇俗，希聲慕名，輒露見聞，逗機來哲？凡厥有位，幸望詳焉。

《舊唐書》卷七三《令狐德棻傳》　王道任德，霸道任刑。自三王以上，皆行王道，唯秦任霸術，漢則雜而行之。魏晉已下，王霸俱失。如欲用之，王道為最，而行之為難。

唐·張九齡《曲江集》卷一六《對嗣魯王道堅所舉道侔伊呂科》　王道務德，不來不强臣；霸道尚功，不伏不偃甲。此勞逸異數，得失可明。故曰：『務廣德者昌，務廣地者亡。』是時，漢武事胡，豈比重華之干羽；秦皇戍越，奚擬公劉之橐囊。雖古人遺害，引之者有同於河漢，而王者大化，行之者必本於唐虞。不亦然乎？此則開基之大者也。國家因已有之地，廣無私之仁，犬戎卽寂，肅慎入貢。若力不能救，豈惟桓公之耻。征在其蘇，是必成湯之怨。然而春秋所貴，惟義所在，内諸夏，而外夷狄。此明中國恐弊，不興異域之功，下人苟安？何惜救兵之舉，則知弔伐之義，隨時之道也。今頗彫弊，抑非其時。至如守塞，則侯應之言為得，斥地，則蒙恬之弊可知。前事昭昭，足為明戒者也。必欲繫單于之頸，裂匈奴之肩，奚霤背恩，受制於北虜。小人發憤，請議於東征。

憂患意識論分部

論說

唐·王方慶《魏鄭公諫録》卷四《對帝王有盛衰》　太宗謂侍臣曰：『觀古來帝王，有盛有衰，猶朝之有暮，皆為蔽其耳目，忠正者不言，邪諂者日進。既不見其過，以至於滅亡。朕在九重之中，不能遍覽天下，故布之卿等，以為朕之耳目，莫以天下無事，四海安寧，便不存意。』公對曰：『自古亡國之主皆為居安忘危，處理忘亂，所以不能長久。陛下富有四海，内外清晏，遂能留心政道，常如臨深履薄，國家歷數，自然靈長。』

唐·元結《次山集》卷六《時議》　將天子能以危為安，而忍以未安忘危邪？對曰：此非難言之。前日天子恨愧陵廟為羯逆傷汙，憤悵上皇南幸巴、蜀，隱悼宗戚見誅，側身勤勞，不憚親撫士卒，與人權位，信而不疑，渴聞忠直，過弗諱改。此以弱制强，以危取安之繇也。今天子重城深宮，燕和而居；凝冕大昕，纓佩而朝；太官具味，視時而獻，太常備樂，和聲以薦；國機軍務，參籌乃敢進；百姓疾苦，時有不聞；廄芻良馬、宫籍美女、輿服禮物、休符瑞諜，日月充備；朝廷歌頌盛德大業，聽而不厭；四方貢賦，爭上尤異；諸臣顫官，怡愉天顔；文武大臣至於庶官，皆權賞逾望。此所以不能以强制弱，以未安忘危。若陛下視今日之安，能如靈武時，何寇盜强弱可言哉！

《舊唐書》卷一九〇上《文苑傳上·謝偃》 臣聞理忘亂，安忘危，逸忘勞，得忘失。此四者，人君莫不皆然。是以夏桀以瑤台瓊室為麗，而不悟鳴條南巢之禍；殷辛以象箸玉杯為華，而不知牧野白旗之敗。故當其盛也，謂四海為己力；及其衰焉，乃匹夫之不制。當其信也，謂天下為無危；及其疑也，則顧盼皆仇敵。是知必有其德，則誠結戎夷，化行荒裔。苟失其度，則變生骨肉，釁起腹心矣！是以為人主者，不可忘初。處殿堂，則思前主之所以亡；朝萬國，則思今己之所以貴；巡府庫，則思今己之所以得；視功臣，則思其為己之始；見名將，則思其用力之初。苟弗忘舊，則人無易心，何患乎天下之不化！故旦行之則為堯、舜，暮失之則為桀、紂，豈異人哉！

《新五代史》卷五四《馮道傳》 天成、長興之間，歲屢豐熟，中國無事。（馮）道嘗戒明宗曰：『臣為河東掌書記時，奉使中山，過井陘之險，懼馬蹷失，不敢怠於銜轡，及至平地，謂無足慮，遽跌而傷。凡蹈危者慮深而獲全，居安者患生於所忽，此人情之常也。』

《宋史》卷二六三《張昭傳》 明宗方務聽納，（張）昭復上疏曰：『臣聞「安不忘危，治不忘亂」者，先儒之丕訓；「靡不有初，鮮克有終」者，前經之至戒。究觀列辟，莫不以驕矜怠惰，有虧盛德。恭惟太宗貞觀之初，玄宗開元之際，焦勞庶政，以致太平。及國富兵消，年高志逸，乃忽守約之道，或貽執簡之譏。陛下以慈儉化天下，以禮法檢臣鄰，紬姦邪之黨，延正直之論，務遵純儉，以節浮費，信賞必罰，至公無私。其創業垂統之規，如貞觀、開元之始，然陛下有始有終，無荒無怠。臣又伏念保邦之道，有八審焉，願為陛下陳之。夫委任審於材器，聽受審於忠邪，出令審於煩苛，興師審於德力，賞罰審於喜怒，毀譽審於愛憎，議論審於賢愚，嬖寵審於姦佞。推是八審，以決萬機，庶可以臻至治。』

興邦論分部

論説

唐·陸贄《翰苑集》卷一二《論敍遷幸之由狀》 理或生亂，亂或資理，有以無難而失守，有因多難而興邦。理或生亂者，恃理而不修也；亂或資理者，遭亂而能懼也。無難失守者，忽萬機之重而忘憂，畏也。多難興邦者，涉庶事之艱而知敕，慎也。今生亂失守之事，則既往不可復追矣。其資理興邦之業，在陛下剋勵而謹修之當，至危至難之機，得其道則興，失其道則廢，其間不容復有所悔也。惟陛下勤思焉，熟計焉，捨己以從衆焉，違欲以遵道焉，遠憸佞而親忠直焉，推至誠而去逆詐焉，杜讒沮之路、廣諫諍之門焉，埽求利之法、務息人之術焉，録片善片能，以盡羣材焉，忘小瑕小怨，俾無棄物焉，斯道甚易知，甚易行，不勞神，不苦力，但在約之於心耳。

《舊唐書》卷一〇一《張廷珪傳》 （開元初，張廷珪上疏曰：）臣聞古有多難興王，殷憂啓聖者，皆以事危則志鋭，情迫則思深，故能自下登高，轉禍爲福者也。伏見景龍之末，中宗遇禍，先天之際，凶黨構謀，社稷有危於綴旒，國朝將均於絶綖。陛下神武超代，精誠動天，再掃氛沴，六合清朗。而後上順皇旨，俯念黔黎，高運璿衡，光膺寶籙。日月所燭之地，書軌未通之鄉，無不霑濡渥恩，被服淳化。十堯、九舜，未足稱也。明明上帝，照臨下土，宜錫介祉，以答鴻休。

然屬頃歲已來，陰陽愆候，九穀失稔，萬姓阻饑，關輔之間，更爲尤劇。至有樵蘇莫爨，糧粒靡資，不復聊生，方憂轉死。偶會昌運，遘茲難否者，臣竊思之，皇天之意，將恐陛下春秋鼎盛，神聖在躬，不崇朝而建大功，自藩邸而陟元后，或簡下濟之道，獨滿雄圖之志，輕虞舜而不法，思漢武以自高。是故昭見咎徵，載加善誘，將欲大君日慎一日，雖休勿休，永保太和，以固邦本也。斯皇天於陛下睠顧深矣，陛下焉可不奉若休旨而寅畏哉！

臣愚誠願陛下約心削志，澄思勵精，考羲、農之書，敦素朴之道。登庸端士，放黜佞人，屏退後宮，減徹外厩，場無蹴踘之翫，野絕從禽之賞。休石田之遠境，罷金甲之懸軍，矜恤惸嫠，蠲薄徭賦。去奇伎淫巧，捐和璧隋珠，不見可欲，使心不亂。自然波清四海，塵銷九域，農夫樂其業，餘糧棲於畝。則和氣上通於天，雖五星連珠，兩曜合璧，未足多也；珍祥下降於地，雖鳳皇巢閣，麒麟在郊，未足奇也。或謂天之炯戒不足畏者，則將上帝憑怒，風雨迷錯，荒饉日甚，無以濟下矣。或謂人之窮乏不足恤者，則將齊甿沮志，億兆攜離，愁苦勢極，無以奉上矣。斯蓋安危所繫，禍福之源，奈何朝廷曾不是察！況今陛下受命伊始，敷政惟新，卿士百僚，華夷萬族，莫不清耳以聽，刮目而視，延頸企踵，冀有所聞見，顒顒如也。何可怠棄典則，坐辜其望哉！

清・董誥等《全唐文》卷六四五《李絳〈對憲宗得賢興化問〉》 陛下興聖懷，發德音，追帝皇之高風，紹祖宗之丕烈，思延鈞築之士，想致唐虞之化，非臣凡近愚昧，所宜獲承聖言而祗應清問也。臣聞聖人與天地合德，日月合明，思發於志，故《易》曰：『出其言善，千里之外應之。』況其邇者乎？又曰：『先天而天勿違，後天而奉天時。天且不違，而況於人乎？』昔周成王泣啓金縢，皇天為之反風；宋景公誠發德言，妖星為之退捨。天人相感，今古同時。《記》曰：『川澤通氣，山川出雲，嗜欲將至，有開必先。』言聖靈相通，有感而應也。今陛下以上聖之資，撫易化之運，積勵精思理之志，求希代濟時之賢，感於誠懷，勞於夢想，言出於口，行加於人。神祇將必效靈，才俊固當接武，豈惟殷宗求於傅說，周文獲於渭濱。願言必從，志誠斯感，惟聖人為能之。

抑臣又聞，奏必觀其實不觀其文，信其行不信其言，若欲天下副陛下之誠，從陛下之化，自非聖躬行之，以導其下，則無由而致。未有表正而影不直，聲鳴而響不答也。今陛下以常士之禮，而待拔俗之賢，以九品之祿，而望超代之器，是由垂蝸蚓之餌，以釣呑舟之鱗，設弓弋之繳，以羅垂天之翼，固不可得而致也。昔文王養老而伯夷、太公出，昭王禮士而鄒衍、樂毅至，故必以身先之，以誠致之，未有不應者也。陛下誠能正身勵己，尊道貴德，親信端士，遠棄邪佞，盡忠進直者奬之，希合從諛者斥之。與大臣言，敬而信之，不使小人參其事；與賢士游，親而禮之，不令不肖者構其隙。唯義所比，不論親疏，惟仁是行，不論貴賤。去冗官無益於時者，則祿及才能矣；出宮女之希御幸者，則時無怨曠矣；簡繁數之儀，則禮得其節矣；除靡曼之奏，則樂得其和矣；將帥廉，則士卒勇矣；官師公，則治化洽矣；法令行，則下不違矣；教化篤，則俗必遷矣。如此，則聖問周達，德聲遐宣，可使金石孚變，鳥獸率舞，而況於人乎？將必賢哲慕義，英彥赴響，伊尹必負鼎而來，呂望必投釣而起，由餘必棄戎而委質，甯戚必捨牛而效用。三傑成功於高祖，四七展才於光武，龍吟則山雲起，虎嘯則谷風生，自然之應也。然後陛下坐明堂，朝羣後，興教化，作禮樂，正風俗，厚人倫，遠比堯舜興崇，近與祖宗合德，時臻至理，代稱中興，則向者聖念所思，睿心企及，何遠之有哉！

唯陛下勤行之爾。

政治戰略與政治策略部

崇學重儒論分部

論說

唐・李絳《李相國論事集》卷二《論國學疏》 自三代哲王已降，奄有天下，未嘗不崇建太學，尊重名儒，習干戚羽籥之容，盛樽俎揖讓之禮，以興教化，以致太平。天子親入視學，皇太子行齒胄之禮，斯所以用化成天下也。故《記》曰：『如欲化民成俗，必由學乎？』當征討之急，則先武事；丁理平之運，則尚文德。二柄相須，百王不易。故漢光武於兵革之中，投戈講藝；魏太祖於擾攘之際，崇立學校。歷代之於儒道，如此急也。後漢儒學之盛。太學至有三萬人，諷先聖之言，酌當代之務，鴻名碩德，康國濟時，未有不游於太學，以躋顯位也。國家自高祖初平，關中便修太學，并為功臣、宗室子弟別立小學，建黌舍，大引儒訓，增置生徒，各立博贍，鴻儒碩學，盛於朝列，質疑應問，酌古辨今，咸徵經據典，得傳師法。故朝廷無不根之論，蕃夷有慕義之名，風教大行，禮樂咸備，貞觀之理，謂之太平。至於開元中，亦弘國學之制，復覩儒道之盛。故太學廢於衰亂之代。非所以俾風俗，趨本業而務實，蓋緜國學廢講論之禮，儒者靡師資之訓。自是以降，不本經義，不識君臣父子之道，不知禮樂制度之方，和氣不流，悖亂遂作。其師氏之廢，如是之害也。今天下遭逢聖明，蕩滌瑕穢，前代所不能舉，而陛下舉之，百王所不能行，而陛下行之，萬方傾耳，兆人企踵，思陶聖化，希承德風。而德盛道隆，闕弦歌之雅詠；政流化洽，鮮儒學之高風。頃自胡寇亂華，乘輿避狄，中夏凋耗，生人流離，儒碩解散，國學毀廢，生徒無鼓篋之士，博士有倚席之譏，馬厩園蔬，殆恐及此。伏惟陛下挺超代之姿，發振俗之令，復崇太學，重延儒碩，精選生徒，獎寵博士，備徵天下名德專門之士，增飾學中屋室廚饌之制，殿最講習之優劣，彰明義訓之得失，明立科品，使有懲勸，拔萃出羣者靡之以祿，廢業怠惰者寘之以刑，自然儒雅日興，經典日重，先王之道日盛，太學之訓日崇。陛下垂拱明廷，受釐清禁，使師氏教德，不獨美於周時，橋門觀禮，豈復謝於漢日？伏希天造，特覽愚言，起茲廢墮，引於教化，冀裨聖政，少助皇風。上於是宣付中書門下，令修起國學，執事者以為虛文，不能將明主上之意，遂因循而已。

唐・李觀《李元賓文集》卷五《請修太學書》　臣伏思太學之爲道也，厥惟大哉。實所以德宇於國家，教源於萬方，辨齊於人倫，親親而尊尊。誠宜歲敕崇嚴，日致肅祇。工度木，不俟乎榱桷崩；朝命官，取備乎師氏當。然後乃可以陳四代之禮，興無窮之風，開素王之堂，削《青衿》之篇。人懋廉隅，俗捐爭端，天下之仁，人相則焉。是以德由此澤，教由此流，若水之潤下，澤滿植物，利不浩哉。今嘗覩斯壞，甚不然？嗚呼，在昔學有六館，居類其業；生有三千，盛侔於古。中年禍難，寖用耗息。洎陛下君臨，宿弊尚在。執事之臣，顧不爲急。升學之徒，罔敢上達，積微成慝，超歲歷紀。賤臣極言，求合要道。具六館之目，其曰國子、太學、四門、書律、算等，今存者三，亡者三。亡者職由厥司，存者恐不逮修。興人有棄本之議，羣生有將壓之虞。至於博士助教，鋤犂其中，播五稼於三時，視辟雍如農郊。堂宇頽廢，磊砢屬聯，終朝之雨，流潦下渟。既夕之天，列宿上羅，羣生寂寥，攸處貿遷。而陛下不以問，學官不以聞，執政之臣不以思。所謂德宇將摧，教源將乾，先聖之道將不堪。猶火之炎上，燄燄至焚。其爲不利也，豈不畏哉。日者聖朝以武夷時屯，有風牧建帝庸；今者聖朝以文象天經，有皋衡宜王猷。實四三六五之君子，閒無足以閒之。然事不爲加理，人不爲加安。歲貢之夫，不能應請問；晏罷之勤，無以申元機。天下有倒懸之悲，諸侯有安忍之懷。執事之臣，深惟無從。但勞心於無益，全身於因循。是了不知長國之術，在乎養士；養士之方，在乎隆學。夫學廢則士亡，士亡則國虛，國虛則上下危，上下危則禮義銷，禮義銷則狂可奸聖，賊可淩德。聖德威迤，不知其終。今觀執事臣之心，必以修學爲害時，而他害者千之；養士爲費財，而他費者萬之。殊不知此費無費，而他費爲費也，此害無害，而他害爲害也。諺所謂『溜之細穿石，綆之細斷榦。』斯言損益有漸，非聰哲靡察。今乃不明徵於儒書，欽若於權輿，繼統於易俗，恢業於純風，而望海内雋傑，靡然踵武於雲龍之庭，不知其可也。《禮》稱『虞、夏、殷、周，天下之盛王也。蓋以其庇民之德，祚國之仁。』可仰而巍巍。且太學之興，本於有虞，達於三王，踰至於漢魏以降，特盛於我太宗文皇帝，重聖遵之，無以增蔫。興於先皇，而及於聖朝，此乃古帝王愍醇醨亂萌，故用教於人，百代奉之以宏長國家，廣之以存濟元元。陛下不宜忽之而已。今四君德以相高，八聖幽而不照，風聲隨而凋落焉。夫四君之民，古猶易制；陛下之民，猾且難矣。易制之民，古猶或遺之；難制之民，得不重慎乎。昔《春秋》書『太室屋壞。』《傳》曰：『書不恭也。』臣今懼聖朝之史書太學廢，使萬代之嗣無法矣。今聖朝聚國中之兵，守塞下之壘，空織錦之機，悉農夫之儲。豈其惡民而賤物，誠爲社稷之謀也？設一旦農夫死，織婦病，兵壘在邊，粟帛不輸，陛下此時其暇勸學乎？則禮義之心，不素蓄於人，亦難以致天下之和矣。且四方之學，太學之枝葉也；天子之教，諸侯之本也。未有本之顛也而枝葉之存，天子之廢而諸侯之興。夫爲國者亦猶理一人之身，京師人之心，四方心之體，諸侯體之四支。心平則體之患易除，體平則四支之患不除而愈。今不嗇神於心體。而竭資於四支，時變於外，氣殫於中，則爲不起之憂矣。伏惟陛下察弛張之會，觀損益之圖；減無用之府，崇有裕之源。廢闕修而百度明，庠序昌而教化行；經邦於長久，熙載於登閎。顧夫周營靈臺，魯修泮宮，於陛下萬分之一焉。伏惟速令職司，無至於不可持。天下幸甚。臣觀再拜。

宋・王欽若等《册府元龜》卷五三三《諫諍部・規諫第十》（張昭）

乾祐中為太常卿，上言：臣聞江海不讓於細流，所以成其大，山岳不讓其撮土，所以成其高。王者不倦昌言，所以成其聖。臣歷觀前代，乃至近朝，遍閲聖君，無不好學。故楚靈王軍中決勝，不忘倚相之書。漢高帝馬上爭衡，猶聽陸生之説。遂得宸謀益治，宗社延長。伏惟皇帝陛下纘禹丕圖，受堯成法。春秋鼎盛，四聰不惑於咨詢。廊廟謀深，六藝何妨於講習。古者或立儒宮，或開文館。旁求巖穴之士，延納草澤之才。雖有前規，伏恐未暇。況國家設官分職，選賢任能，有輔弼講其國經，有師傅啓其言路，可以談天人之際，可以陳理亂之繇。但能屬耳於典謨，何必服膺於卷軸。伏望陛下聽政之餘，數召近臣，討論經義。所冀熟三綱五常之要，窮九疇八政之源。縱無取於儒冠，猶冀賢於博奕。

宋・姚鉉《唐文粹》卷二七《韋嗣立〈請崇學校疏〉》

臣伏聞古先哲王立學官，所以掌教國子以六德、六行、六藝，三教備而人道畢矣。《禮記》曰：『化民成俗，必由學乎。』學之於人，其用蓋博。故立太學以教於國，設小學以化於邑，王之諸子，卿大夫士之子，及國之俊選皆造焉。八歲入小學，十五入太學春秋教以《禮》、樂，冬夏教以《詩》、《書》，是以教洽而化流，行成而不悖。故自天子至於庶人，未有不須學而成者也。國家自永淳以來，二十載餘，國學廢散，冑子衰缺，時輕儒學之官，莫存章句之選。貴門後進，競以僥倖昇班；寒族常流，復因陵替弛業。考試之際，秀茂罕登，驅之臨人，何以從政？又垂拱之後，文明在辰，盛典鴻休，日書月至，因藉際會，入仕尤多。加以讒邪凶黨來俊臣之屬，妄執威權，恣行枉酷。正直之伍，死亡為憂，道路以目，人無固志，罕有執不撓之懷，徇至公之節，偷安苟免，聊以卒歲。遂使綱領不振，請託公行，選舉之曹，彌長踰濫。隨班少經術之士，攝職多庸瑣之才，徒以猛暴相誇，罕能清惠自勖，使海內黔首，騷然不安。賴陛下憂勞，頻有處分，然革弊斯近，此風尚餘，州縣官寮，貪鄙未息。而望事必循理，俗至康寧，求之於今，不可得也。陛下誠能下明制，發德音，廣開庠序，大敦學校，三館生徒，即令追集。王公已下子弟，不容別求仕進，皆入國學，服膺訓典。崇飾館廟，尊尚儒師，盛陳奠菜之儀，宏敷講説之會。使士庶觀聽，有所發揚，弘獎道德，於是乎在，則四海之內，靡然向風延頸舉足，咸知所向。然後審持衡鏡，妙擇良能，以之臨人，寄之調俗，則官無侵暴之政，人有安樂之心。居人則相與樂業，百姓則皆戀桑梓，豈復憂其逃散而貧窶哉？今天下戶口，亡逃過半，租調減耗，國用不足，治人之急，尤切於茲。故知務學之源，豈惟潤身進德而已，將以安人利國，安可不務之哉？

又　卷七二《舒元輿〈問國庠記〉》

先王建太學法，以教國冑子，欲敺人歸義府也。故設官區掌，嚴大其事，明公侯卿大夫必由是而出。某既求售藝於闕下，謂今之太學，猶古之太學，將欲觀焉。自以爲下土小儒，未嘗覩天子庠序，欲往時，先三日齋沐而後行。行及門下，脱蓋下車，循牆而趨。請於謁者曰：『吾欲觀禮於太學，將每事問之於子可乎？』謁者許諾，遂前導之。初過於朱門，門闔沈沈。問，曰：『此魯聖人之宮也。』遂拜之。次至於西，有高門，門中有厦屋。問之，曰：『此論堂也。』予懼其鴻學方論，不敢入。導者曰：『此無人，乃虚堂爾。』予惑之，遂入。見庭廣數畝，盡墾爲圃矣。心益惑，復問導者曰：『此老圃所宅，子安得欺我邪？』導者曰：『此積年無儒論，故庭化爲廢地，久爲官於此者圃之，非圃所宅也。』循廊升堂，堂中無几榻，有苔草没地。予立其上，悽慘滿眼，大不稱嚮之意。復爲導者引，又至一門。問之，曰：『此國子館也。』入其門，其庭其堂，如入論堂。俄又歷至三館門，問之，曰：『廣文也，太學也，四門也。』入其門，其庭其堂如國子，其生徒去聖人之奧，如堂館之蕪。嗟乎，詩、書、禮、樂，國之洪源也。濬其源，天下可以光潤；窒其源，天下爲之顛頽。故唐堯知其如此，亦先命廷臣典三禮，教冑子，誕敷文德於天下，天下之屋皆可封。及夏殷時，其孟也則必能濬之，其季也則皆自窒之。自窒之時，天下之屋皆可誅。至周室有文、武、周公，勃興而作，復唐虞之道，行七八百年而付仲尼。承之，孜孜日夜，席不暇煖，祖述之，憲章之，發於鄒魯，張於洙泗。上摩躪三光，下垂之無窮。其徒有入室者、升堂者、及門者，散滿天下。雖丁周季，而天下姦臣賊子猶解，曰：『周孔之教，不敢妄動。』以此則文之教，豈可須臾而弛邪。至嬴政犯之，窒其源，源未絕而已自絕於天下矣。漢初纔息干戈，復濬其源，而後生、公孫弘、倪寬、卜式之徒，並出維持戰爭之。漢二百年間，無所失墜，皆周公、仲尼之力也。國家用干戈取天下，其道正於漢氏。及闢儒宮，立素王祠，設學官，命生徒，崇盛館宇，固亦不下漢氏。然自寇生幽陵，軍旅之事，始勝俎豆。故太學之道，不得不衰涼。今皇帝傳大寶七祀，生獻吳濞蜀禪於郊廟，梟夏逆首，殱潞姦帥，拔魏世家，比用兩階之舞，可謂至矣。今溟澥無波，兵器可以蒙之虎皮矣，乃大修周公、仲尼之道之時也。而太學且猶衰涼之若此，豈非有司之不供職邪？羣公卿士之不留意邪？不然，何使巍巍國庠，寂寞不聞回也賜也説釋道義之聲？雖館宇雲合，鞠爲荒圃，可謂大國虛設以自欺也，愚甚不取。且懼周公、仲尼之道，没墜於泉。遂記其所荒之大略，以喻有司。

務得民心論分部

論說

唐・陸贄《翰苑集》卷一二《奉天論奏當今所切務狀》 陛下一言失則，四方解體；一事當則萬姓屬心。動關安危，不可不慎。臣謂當今急務，在於審察羣情。若羣情之所甚欲者，陛下先行之；羣情之所甚惡者，陛下先去之。欲惡與天下同，而天下不歸者，自古及今，未之有也。夫理亂之本，繫於人心，况乎當變故動搖之時，在危疑向背之際。人之所歸則植，人之所去則傾，陛下安可不審察羣情，同其欲惡，使億兆歸趣，以靖邦家乎？此誠當今之所急也。然尚恐為之不易者，蓋以朝廷播越，王命未行，施之空言，人或不信，何以言其然。今天下之所欲者，在息兵，在安業；天下之所惡者，在斂重，在法苛。陛下欲息兵，則寇孽猶存，兵固不可息矣；欲安業，則征徭未罷，業固未可安矣；欲薄斂，則郡縣懼乏軍用，令必不從矣；欲去苛，則行在素膺威嚴，言且無驗矣。此皆勢有所未制，意有所未從，雖施於德音，足慰來蘇之望，而稽諸事實，未符悔禍之誠。且動人以言者，其感不深；動人以行者，其應必速。蓋以言因事而易發，行違欲而難成，易發故有所未孚，難成故無思不服。今陛下將欲平禍亂，拯阽危，恤烝黎，安反側，既未有息人之實，又乏於施惠之資，唯當違欲以行已所難，布誠以除人所病，乃可以彰追咎之意，副惟新之言。若猶不然，未見其可。頃者竊聞輿議，頗究羣情，四方則患於中外意乖，百辟又患於君臣道隔，郡國之志，不達於朝廷；朝廷之誠，不升於軒陛。上澤闕於下布，下情壅於上聞，實事不必知，知事不必實，上下否隔於其際，眞偽雜糅於其間，聚怨囂囂，騰謗籍籍，欲無疑阻，其可得乎？物論則然，人心可見。蓋謂含弘聽納，是聖主之所難；鬱抑猜嫌，是衆情之所病。伏惟陛下神無滯用，鑑必窮微，愈其病而易其難，如淬鋒潰疣，決防注水耳。可以崇德美，可以濟艱難，陛下何慮不行，而直為此懔懔也。臣謂宜因文武羣官入參之日，陛下特加延接，親與叙言，備詢禍亂之由，明示咎悔之意，各使極言得失，仍令一一面陳。軍務之際，到即引對，不拘時限，用表憂勤。周公勤握髮吐餐，而天下歸心則此義也。又當假之優禮，悦以温顔。言切而理愜者，必賞導以盡其情；識寡而辭拙者，亦容恕以嘉其意。有諫諍無隱者，願陛下葉成湯改過之美，褒其直而勿吝其非；有謀猷可用者，願陛下體大禹拜言之誠，奬其能而亟行其策。至於匹夫片善，採録不遺，庶士傳言，聽納無倦。是乃總天下之智以助聰明，順天下之心以施教令，則君臣同志，何有不從，遠邇歸心，孰與為亂？化疑梗為訢合，易怨謗為謳歌，浹辰之間，可使丕變。陛下儻行之不猒，用之得中，從義如轉圜，進善如不及，推廣此道，足致和平，其於昭德，塞違，恐不止當今所急也。慮有愚而近道，事有要而似迂，冀垂睿思，反覆詳覽，必或無足觀採，捨棄非遙。

又《奉天論前所答奏未施行狀》 立國之本，在乎得衆，得衆之要，在乎見情。故仲尼以謂人情者聖王之田，言理道所由生也。是則時之否泰，事之損益，萬化所繫，必因人情。情有通塞，故否泰生；情有厚薄，故損益生。通天下之情者，莫智於聖人，盡聖人之心者，莫深於《易》象。其別卦也，乾下坤上則曰泰，坤下乾上則曰否；其取象也，損上益下則曰益，損下益上則為損。乾為天為君，坤為地為臣。天在下而地處上，於位乖矣，而反謂之泰者，上下交故也。君在上而臣處下，於義順矣，而反謂之否者，上下不交故也。氣不交則庶物不育，情不交則萬邦不和。天氣下降，地氣上騰，然後歲功成；君澤下流，臣誠上達，然後理道立。損益之義，亦猶是焉。上約已而裕於人，人必悦而奉上矣，豈不謂之益乎。上蔑人而肆諸己，人必怨而叛上矣，豈不謂之損乎。然則上下交而泰，不交而否，自損者人益，自益者人損，情之得失，豈容易哉。故喻君為舟，喻人為水，水能載舟，亦能覆舟。舟即君道，水即人情。舟順水之道乃浮，違則没；君得人之情乃固，失則危。是以古先聖王之居人上也，必以其心從天下之心，而不敢以天下之人從其欲。乃至『兢兢業業，一日二日萬幾』。夫幾者，事之微也，以聖人之德，天子之尊，且猶慎事之微，乃至一日萬慮，豈不以居上接下，懼失其情歟。《書》曰：『人心惟危，道心惟微。』微則萬幾之慮，不得不精也；危則覆舟之戒，不得不畏也。夫揆物以意，宣意以言，言或是非，莫若考於有迹，迹或成敗，莫若驗於已行。自昔王業盛衰君道得失，史冊盡在，粲然可徵。與衆同欲靡不興，違衆自用靡不廢，從善納諫靡不固，遠賢耻過靡不危。故《詩》《書》稱堯德，則曰：『稽於衆，捨己從人。』數舜之功，則曰：『明四目，達四聰。』言務同欲也。序禹之所由興，則曰：『益贊於禹，禹拜昌言。』述湯之所以王，則曰：『用人惟己，改過不吝。』言能納諫也。歌文王作周，則曰：『濟濟多士，文王以寧。』美武王尅殷，則曰：『亂臣十人，同心同德。』言皆從善也。堯舜禹湯文武，此六君者，天下之盛王也，莫不從諫以輔德，詢衆以成功。是則德益盛者慮益微，功愈高者意愈下。及代之衰也，則道亦反焉。故《書》曰：『紂有億兆夷人，離心離德。』言違衆也。《詩》曰：『汝炰烋於中國，斂怨以為德。不明爾德，時無背無側；爾德不明，以無陪無卿。』又曰：『雖無老成人，尚有典刑。曾是莫聽，大命以傾。』言遠賢也。《書》曰：『謂人莫已若者亡。』《詩》曰：『惟彼不慎，自獨俾臧。自有肺腸，俾人則狂。』言自用也。前史數桀紂之惡曰：『强足以拒諫，辯足以飾非。』言耻過也。考得失於已行之迹，鑑盛衰於已驗之符，孰失道而不衰，孰得理而不盛，報應以類，影響不差，胡可不則而象之，敬而畏之乎。粤自秦漢，暨於周隋，其間將歷千祀，代興者非一姓，繼覆者非一君，雖所遇殊時，所為異迹，然失衆必敗，得衆必成，與堯舜禹湯同務者必興，與桀紂幽厲同趣者必覆，全失衆則全敗，全得衆則全成，多同於善則功多，甚同於惡則禍甚。善惡從類，端如貫珠，成敗象行，明若觀火，此歷代之元龜也。尚恐議者曰：『時異事異』，臣請復為陛下粗舉近效之尤章章者以辯焉。【略】以太宗之德美，貞觀之理安，且猶務得人心，其勤若此，是則人心之於理道，可一日而不接乎？高宗始年，亦親聽納，故當時翕然歸美，以為有貞觀之風。兼賴遺澤在人，先範垂裕，幸無改作，俗以阜康，數十年間，天下無事。承平之業滋久，倦勤之意頗彰，燕居益深，接下彌簡，前哲之耿光浸遠，中宮之威柄潛移。卒有嗣聖臨朝，天授革命。豈不以經邦之道，闕疇咨於大猷，宴安之懷，溺偏信於近狎。馴致禍變幾將傾邦，雖亂匪自他，然其失一也。弊俗一靡，餘風遂流，訖神龍景雲之間，皆嬖倖亂朝，聰明不達。元宗躬定大難，手振宏綱，開懷納忠，克已從諫，尊用舊老，採拔羣才，大臣不敢壅下情，私昵不敢干公議，朝清道泰，垂三十年。謂化已行，謂安可保，耳目之娛漸廣，憂勤之志稍衰，侈心一萌，邪道並進。貪權竊柄者則曰：『德如堯舜矣，焉用勞神？』承意趣媚者則曰：『時已太平矣，胡不為樂？』有深謀遠慮者，謂之迂誕驚衆；有讜言切諫者，謂之誹謗邀名。至尊收視於穆清，上宰養威於廊廟，議曹以頌美為奉職，法吏以識旨為當官，司府以厚斂為公忠，權門以多賂為問望。外寵持竊國之勢，內寵擅迴天之謠，禍機熾然，燄燄滋甚，舉天下如居積薪之上，人人懼焚，而朝廷相蒙，曾莫之省，日務游宴，方謂有無疆之休。大盜一興，至今為梗，豈不以忽於戒備，逸於居安，憚忠鯁之怫心，甘諛詐之從欲，漸漬不聞其失，以至於大失者乎。肅宗懲致寇之由，蘊撥亂之略，虛受廣納，同符乎太宗，招延詢謀，輟食廢寢洞啓誠腑，推心與人，豁披胷襟，忘已應物。故得來蘇之望允塞，配天之業勃興。先皇帝繼守恭勤，而益之以和惠。惠則有感，和則有親，雖時繼艱屯，而衆不離析。理尚寬大，務因循而重作為。然於紫宸聽朝，常限三人奏事，亦宣諭德令，課責侍臣，或賞其盡規，或讓以容默。性本仁恕，事多含弘，諫雖未從，且不深忤，情苟有阻，終獲上通。故君臣相安，而人亦小息。陛下英姿逸辯，邁絶人倫，武略雄圖，牢籠物表。慣習俗以妨理，任削平而在躬，以明威照臨，以嚴法制斷，流弊日久，浚恒太深。遠者驚疑而阻命，逃死之亂作；近者畏懾而偷容，避罪之態生。君臣意乖，上下情隔。君務致理，而下防誅夷；臣將納忠，又上慮欺誕。故睿誠不布於羣物，物情不達於睿聰。臣於往年，曾任御史，獲奉朝謁，僅欲半年。陛下嚴邃高居，未嘗降旨臨問，羣臣蹐蹐趨退，亦不列事奏陳。軒墀之間，且未相諭，宇宙之廣，何由自通。雖復例對使臣，別延宰輔既殊師錫，且異公言。未行者則戒以樞密勿論，已行者又謂之遂事不諫，漸生拘礙，動涉猜嫌。由是人各隱情，以言為諱。至於變亂將起，億兆同憂獨陛下恬然不知，方謂太平可致。陛下以今日之所覩，驗往時之所聞，孰眞孰虛，何得何失，則事之通塞，備詳之矣，人之情僞，盡知之矣。烈聖升降之效，歷歷如彼，當今理亂之由，昭昭如此。未有不興於得衆，殆於失人；裕於僉諧，蔽於偏信；濟美因乎納諫，虧德由乎自賢；善始本乎憂勤，失全萌乎安泰。今陛下將欲悔禍徼福，去危從安，若不循太宗創業之規襲肅宗中興之理，鑑天寶致亂之所以，懲今者遷幸之所由，則何以孚聖懷，彰令問，新遠邇之聽，歸反側之心乎。前承德音，訪及庸鄙，敢緣私議，輒以獻聞。自爾已來，反覆千慮，愚智有分，信非可移。至今拳拳，猶滯所見，不勝愚誠懇款，謹復布露以聞。

唐·羅隱《兩同書·損益第三》 夫萬姓所賴，在乎一人。一人所安，資乎萬姓。則萬姓為天下之足，一人為天下之首也。然則萬姓衆矣，不能免塗炭之禍；一人尊矣，不能逃放戮之辱。豈失之於足，實在於元首也。夫以水動蘋移，風行草偃，處唐虞之代，則比屋可封；居桀紂之朝，則比屋可戮。夫天下者，豈賢於彼而愚於此，易於上而難於下哉。蓋人君有所損益也。然則益莫大於主儉，損莫大於君奢。奢儉之間，乃損益之本也。且夫日月者天下之至明也，然猶有不及之處爾。其儉主之理則天下無為，天下無為則萬姓受其賜，其於日月亦已大矣。豺狼者天下之至害也，然猶有不傷之所爾，其奢君之理則天下多事，天下多事則萬姓受其毒，其於豺狼亦已甚矣。是故古先聖君務修儉德，上階茅宇，綈衣粗裘，捨難得之貨，棓無用之器，薄賦斂、省徭役，損一人之愛好，益萬人之性命。故得天下歡娛，各悅其生矣。古先暴主志在奢淫，瑤臺象牀，錦衣玉食，購難得之貨，斫無用之器，厚賦斂、煩徭役，益一人之愛好，損萬人之性命。故使天下困窮，不畏其死矣。夫死且不畏，豈可畏其亂乎？生且是憂，豈不悅其安乎？故人安者，天子所以得其安也；人亂者，天子所以罹其亂也。人主欲其己安，而不念其人安，恐其人亂，而不思其己亂，此不可謂其智也。且夫剖度掐口，不足謂其美也；温踵動心，不足謂其勞也。夫心口所以存者，為其踵腹也。腹之且剖，豈異口之剖耶；踵之且温，豈異心之温也。故人主所以稱至尊者，徒以有其人也。人且共益，則君孰與其損哉；人且共損，則君孰與其益哉。是故損己以益物者，物既益矣，而物亦益之。堯舜所以成其上聖，克保耆頤之壽也；益己以損物者，物既損矣，而物亦損之。癸辛所以陷其下愚，自取誅逐之敗也。是則彼之自損者，豈非自益之道歟。此之自益者，豈非自損之道歟。損益之途固爾明矣。嗟夫，性命者至重之理也，愛好者不急之事也。今我捨一身之不急，濟萬姓之至重，不言所利，廣遂生成，永居南嶽之安，常有北辰之政，則普天率土，孰為我損乎！夫以嗜欲無厭，貪求莫止，士飢糟糗，犬馬餘其粟肉；人衣皮毛，土木榮其錦罽，崇虛喪實，捨利取危，枳棘生於梗途，鯨鯢游於沸海，則九州四域，孰為益乎！故老氏曰：『天之道，損有餘補不足。』其是之謂歟！

修齊治平論分部

論　說

唐·李翺《李文公集》卷四《正位》 善理其家者，親父子，殊貴賤，別妻妾、男女、高下、內外之位，正其名而已矣。古之善治其國者，先齊其家，言自家之刑於國也；欲其家之治，先正其名，而辨其位之等級。名位正而家不治者，有之矣；名位不正而能治其家者，未之有也。是故出令必當，行事必正，非義不言，三者得，則不勸而下從之矣；出令不當，行事不正，非義而言，三者不得，雖日撻於下，下畏其刑而不敢違，欲其心服而無辭也，其難矣。或寵其妻，或嬖其妾，或聽其子，或任其所使。既愛之，則必信其邪言，信其邪言，則害於人也多，益於身者無有。苟如此，則名位必僭矣。他人拒其間則不和，順其過則虧禮，不正之則上下無章，正之則不得其情，不如己者言之則為愚，賢於己者言之則為吾欺，此治家之所以難也。彼人者，豈言其家之不治哉？縱其心而無畏，欲人之於我無違，故及於斯而不知也。然則可改而為善乎？曰：耳、目、鼻、口、四支、百骸，與聖人不殊也，聖人之道化天下，我獨不能自化，亦足羞也。思其不善而棄之，則百善成，雖希於聖人，猶可也，改為何有？如不思而肆其心之所為，則雖聖人，亦無可奈何。

唐・張九齡《曲江集》卷二〇《故辰州瀘溪令趙公碣銘並序》　有唐瀘溪令，晉國趙君，諱某，字某，終於其位。嗚呼！魯史既没，稱行者不在茲乎？荀孟已來，論命者，亦何謂也。放其言而無苟，作合乃遷；行其志而不迴，與權必遂。故道每屈於位，身必後於時。而猶守貞不奪，固窮自若。立誠者，既獨其所善，尚德者徒隨而為名。名非欲彰，以美實而自著；位非欲下，以屬守而遂卑。此由命而然歟，為自我而然歟？無代無之，而今實續之矣。

唐・劉禹錫《劉賓客文集》卷二〇《名子說》　魏司空王昶名子制誼，咸得立身之要。前史是之。然則書紳銘器，孰若發言必稱之乎？今餘名爾：長子曰咸允，字信臣；次曰庾，字敬臣。欲爾於人無賢愚，於事無小大，咸推以信，同施以敬，俾物從而衆說，其庶幾乎！夫忠孝之於人，如食與衣，不可斯須離也。豈俟餘勖哉？仁義道德，非訓所及，可勉而企者，故存乎名。夫朋友字之，非吾職也。顧名旨所在，遂從而釋之。夫孝始於親，終於事君，偕曰臣，知終也。

唐・孟郊《孟東野詩集》卷一〇《又上養生書》　天之與人，一其道也，天地不棄於人，人自棄於天。天可棄於人乎？曰不可，人自棄也已。曰人皆棄之乎？曰賢人君子不棄也，凡人棄之可。天有殺物之心，而無棄物之心。則萬物莫能生矣。是故君子之於萬物，皆不棄也，而沖於身乎？棄其身，是棄其後也；棄其後，是棄其先也。故曰君子之道豈易哉，敢不法天而行身乎？所以君子養其身，養其公也；小人養其身，養其私也。身以及家，家以及國，國以及天下。以公道養天下，則天下肥也；以私道養天下，則天下削也。養身之道，豈容易哉！養其公者，天道養也；養其私者，人情養也。以天道養其人，則合天矣；以人情養其人，則不合天矣。以人情養，其人自棄矣。天道質也，人情文也；天道靜也，人情動也。質者生之侈也，靜者生之得也，動者生之棄也。文不以質勝之，則文為棄矣；動不以靜制之，則動為棄矣。天者水之謂也，人者魚之謂也。魚棄水，則螻蟻得之矣；人棄天，則疾裁之矣。魚可安於水而不可玩於水，其失也，在乎恣波浪而不回也；人可安於天而不可玩於天，其失也，在乎恣嗜欲而不回也。所謂安於天者，法天之味而食之，食不違於四時也；法天之聽而聽之，聽不違於五節也；法天之明而視之，視不違於五色也。食與視聽苟違於天，則疾裁之矣。故曰君子法天而行身也，小人玩天而棄身也。書之座右，嵇康猶有所棄，秦之醫和，晉之杜蒯，其亦不書於右，則何以為君子之座哉？良藥苦口也，苦口獲罪於人，苟或有矣，仁義之獲罪於天，未之有也。

謹始慎終論分部

論說

唐・吴兢《貞觀政要》卷一〇《慎終》　貞觀十三年，魏徵【略】曰：伏惟陛下，年甫弱冠，大拯横流，削平區宇，肇開帝業。貞觀之初，時方克壯，抑損嗜欲，躬行節儉，内外康寧，遂臻至治。論功則湯、武不足方，語德則堯、舜未爲遠。臣自擢居左右，十有餘年，每侍帷幄，屢奉明旨。常許仁義之道，守而不失；儉約之志，終始不渝。一言興邦，斯之謂也。德音在耳，敢忘之乎？而頃年已來，稍乖曩志，敦樸之理，漸不克終。謹以所聞，列之如左：

陛下貞觀之初，無爲無欲，清靜之化，遠被遐荒。考之於今，其風漸墜，聽言則遠超於上聖，論事則未逾於中主。何以言之？漢文、晉武，俱非上哲，漢文辭千里之馬，晉武焚雉頭之裘。今則求駿馬於萬里，市珍奇於域外，取怪於道路，見輕於戎狄，此其漸不克終一也。

昔子貢問理人於孔子，孔子曰：『懔乎若朽索之馭六馬。』子貢曰：『何其畏哉？』子曰：『不以道導之，則吾讎也，若何其不畏？』故《書》曰：『民惟邦本，本固邦寧。』『爲人上者，奈何不敬？』陛下貞觀之始，視人如傷，恤其勤勞，愛之猶子，每存簡約，無所營爲。頃年已來，意在奢縱，忽忘卑儉，輕用人力，乃云：『百姓無事則驕逸，勞役則易使。』自古以來，未有由百姓逸樂而致傾敗者也，何有逆畏其驕逸而故欲勞役之哉？恐非興邦之至言，豈安人之長算？此其漸不克終二也。

陛下貞觀之初，損己以利物，至於今者，縱欲以勞人。卑儉之迹歲改，驕侈之情日異。雖憂人之言不絕於口，而樂身之事實切於心。或時欲有所營，慮人致諫，乃云：『若不爲此，不便我身。』人臣之情，何可復爭？此直意在杜諫者之口，豈曰擇善而行者乎？此其漸不克終三也。

立身成敗，在於所染。蘭芷鮑魚，與之俱化。慎乎所習，不可不思。陛下貞觀之初，砥礪名節，不私於物，唯善是與，親愛君子，疏斥小人。今則不然，輕褻小人，禮重君子。重君子也，敬而遠之；輕小人也，狎而近之。近之則不見其非，遠之則莫知其是。莫知其是，則不間而自疏；不見其非，則有時而自昵。昵近小人，非致理之道；疏遠君子，豈興邦之義？此其漸不克終四也。

《書》曰：『不作無益害有益，功乃成；不貴異物賤用物，人乃足。犬馬非其土性不畜，珍禽奇獸弗育於國。』陛下貞觀之初，動遵堯、舜，捐金抵璧，反樸還淳。頃年以來，好尚奇異，難得之貨，無遠不臻；珍玩之作，無時能止。上好奢靡而望下敦樸，未之有也。末作滋興，而求農人豐實，其不可得亦已明矣。此其漸不克終五也。

貞觀之初，求賢如渴，善人所舉，信而任之，取其所長，恒恐不及。近歲已來，由心好惡，或衆善舉而用之，或一人毁而棄之，或積年任而信之，或一朝疑而遠之。夫行有素履，事有成迹，所毁之人，未必可信於所舉；積年之行，不應頓失於一朝。君子之懷，蹈仁義而弘大德；小人之性，好讒毁以爲身謀。陛下不審察其根源，而輕爲之臧否，是使守道者日疏，干求者日進，所以人思苟免，莫能盡力。此其漸不克終六也。

陛下初登大位，高居深視，事惟清靜，心無嗜慾，內除畢弋之物，外絕畋獵之源。數載之後，不能固志，雖無十旬之逸，或過三驅之禮，遂使盤游之娛見譏於百姓，鷹犬之貢遠及於四夷。或時教習之處，道路遙遠，侵晨而出，入夜方還，以馳騁爲歡，莫慮不虞之變，事之不測，其可救乎？此其漸不克終七也。

孔子曰：『君使臣以禮，臣事君以忠。』然則君之待臣，義不可薄。陛下初踐大位，敬以接下，君恩下流，臣情上達，咸思竭力，心無所隱。頃年已來，多所忽略。或外官充使，奏事入朝，思睹闕庭，將陳所見，欲言則顔色不接，欲請又恩禮不加。間因所短，詰其細過，雖有聰辯之略，莫能申其忠款，而望上下同心，君臣交泰，不亦難乎？此其漸不克終八也。

傲不可長，欲不可縱，樂不可極，志不可滿。四者，前王所以致福，通賢以爲深誡。陛下貞觀之初，孜孜不怠，屈己從人，恒若不足。頃年已來，微有矜放，恃功業之大，意蔑前王；負聖智之明，心輕當代，此傲之長也。欲有所爲，皆取遂意，縱或抑情從諫，終是不能忘懷，此欲之縱也。志在嬉游，情無厭倦，雖未全妨政事，不復專心治道，此樂之將極也。率土乂安，四夷款服，仍欲遠勞士馬，問罪遐裔，此志將滿也。親狎者阿旨而不肯言，疏遠者畏威而莫敢諫，積而不已，將虧聖德。此其漸不克終九也。

昔陶唐、成湯之時非無災患，而稱其聖德者，以其有始有終，無爲無欲，遇災則極其憂勤，時安則不驕不逸故也。貞觀之初，頻年霜旱，畿內户口並就關外，携負老幼，來往數年，曾無一户逃亡，一人怨苦，此誠由識陛下矜育之懷，所以至死無携貳。頃年已來，疲於徭役，關中之人，勞弊尤甚。雜匠之徒，下番悉留和雇；正兵之輩，上番多別驅使。和市之物不絕於鄉閭，遞送之夫相繼於道路。既有所弊，易爲驚擾，脫因水旱，穀麥不收，恐百姓之心，不能如前日之寧帖。此其漸不克終十也。

臣聞『禍福無門，唯人所召。』人無釁焉，妖不妄作。伏惟陛下統天御宇十有三年，道洽寰中，威加海外，年穀豐稔，禮教聿興，比屋逾於可封，菽粟同於水火。暨乎今歲，天災流行，炎氣致旱，乃遠被於郡國；凶醜作孽，忽近起於轂下。夫天何言哉？垂象示誡，斯誠陛下驚懼之辰，憂勤之日也。若見誡而懼，擇善而從，同周文之小心，追殷湯之罪己，前王所以致理者，勤而行之；今時所以敗德者，思而改之。與物更新，易人視聽，則寶祚無疆，普天幸甚，何禍敗之有乎？然則社稷安危，國家理亂，在於一人而已。當今太平之基，既崇極天之峻；九仞之積，猶虧一簣之功。千載休期，時難再得，明主可爲而不爲，微臣所以鬱結而長嘆者也。

唐・元結《次山集》卷六《時議三篇有表》 臣某言：臣自以昏庸無堪，逸浪江海，陛下忽降公詔，遠徵愚臣。陛下豈不以凶逆未除，盜賊屢起，百姓勞苦，力用不足，將社稷大計，與天下圖之者乎？荒野賤臣，始見軒陛，又拘限忌諱，不能悉下情以上聞，則陛下又安用煩勞車乘，招禮賢異？臣實不能當君子之羞，受小人之辱，故編輿皁之説為三篇，名曰《時議》，敢以上聞。抵冒天威，謹伏待罪。臣結頓首謹上，乾元二年九月日，前進士元結表上。

又《時議上篇》 時之議者或相問曰：『往年逆亂之兵，東窮江海，南極淮漢，西抵秦塞，北盡幽都，今趙衛之疆，悉為盜有。凶勇之徒，在四方者，幾百餘萬。如屯守二京、從衛魁帥者不計。當時之兵，可謂强矣；當時人心，已不固矣。天子獨以數騎，僅至靈武，引聚餘弱，憑陵强寇，頓軍岐陽，師及渭西。曾不踰時，竟摧堅鋭，復兩京，逃降逆類，悉收河南州縣。今河北、隴陰，姦逆尚餘；今山谷江湖，稍多亡命；今所在盜賊，屢犯州縣；今天下百姓，咸轉流亡；今臨敵將士，多喜奔散；今賢士君子，不求任使。天子往在靈武，至於鳳翔，無今日兵革，而能勝敵；無今日禁制，而無亡命；無今日威令，而盜賊不起；無今日財用，而百姓不亡；無今日封賞，而將士不散；無今日朝廷，而人思任使，何哉？豈天子能以弱制强，不能以强制弱？豈天子能以危求安，而忍以未安忘危？』時之議者或相對曰：『此非難言，甚易言矣。天子往年，悲恨陵廟為凶逆傷污，怨憤上皇忽南幸巴蜀，哀傷宗戚多見誅害，驚惶聖躬動息無所，是以勤勞不辭，親撫士卒，與人權位，信而不疑，渴聞忠直，過則喜改。如此，所以能以弱制强，以危求安。今天子重城深宮，燕私而居；冕旒清晨，纓佩而朝；太官具味，當時而食；太常修樂，和聲而聽。軍國機務，參詳而進；萬姓疾苦，時或不聞。而厩有良馬，宮有美女，輿服禮物，日月以備，休符佳瑞，相繼而有，朝廷歌頌盛德大業，四方貢賦尤異品物。公族姻戚，喜荷帝恩，諧臣戲官，怡愉天顔，而文武大臣，至於公卿庶官，皆權位爵賞，名實之外，自己過望。此所以不能以强制弱，忍以未安忘危。若天子能視今日之安，如靈武之危，事無大小，皆若靈武，何寇盜强弱可言？當天下日無事矣。

《舊唐書》卷七七《柳澤傳》 臣又聞危者保其存也，亂者有其理也。伏惟陛下安不忘危，理不忘亂，存不忘亡，則克享天心，國家長保矣。《詩》曰：『罔不有初，鮮克有終。』伏惟陛下慎厥終，修其初，非禮勿視，非禮勿動。《書》曰：『惟德罔小，萬邦惟慶；惟不德罔大，墜厥宗。』甚可畏也，甚可懼也，伏惟陛下慎之哉。

夫驕奢起於親貴，綱紀亂於寵倖。願陛下禁之於親貴，則天下隨風矣；制之於寵倖，則天下法明矣。《詩》曰：『刑于寡妻，至於兄弟，以御于家邦。』若親貴爲之而不禁，寵倖撓之而見從，是政之不常，令之不一，則姦詐斯起，暴亂生焉。雖嚴刑峻制，朝施暮戮，而法不行矣。縱陛下親之愛之，莫若安之福之。寵禄之過，罪之漸也，非安之也；驕奢之淫，危之本也，非福之也。

前事不忘，後之師也，伏願陛下精求俊哲，朝夕納誨。縱有逆於耳、謬於心者，無速之罰，姑籌之以道，省於厥躬。雖木樸忌忤，願恕之以直，開諫諍之路也。或有順於耳、便於身者，無急之賞，當求諸非道，稽之典訓。其不協於德，必置之以法，用杜側媚之行也。有羞淫巧於陛下者，遽黜之，則淫巧息矣；有進忠讜於陛下者，遽賞之，則忠讜進矣。

臣又聞生於富者驕，生於貴者傲。石碏曰：『臣聞愛子，教之以義方，不納於邪，驕奢淫逸，所自邪也。』《書》曰：『罔淫於逸，罔游於樂。』穆王有命，『實賴前後左右有位之士，繩愆糾謬，格其非心。』今儲宮肇建，王府初啓，至於僚友，必惟妙擇。今驕奢之後，流波未變；慢游之樂，餘風或存。夫小人倖臣，易合於意；奇伎淫巧，多適於心。臣恐狎於非德，茲爲愈怠。《書》曰：『愼簡乃僚，無以巧言令色，其惟吉士。』僕臣正，厥后克正；僕臣諛，厥后自聖。』伏願採温良博聞之士，恭儉忠鯁之人，任以東宮及諸王府官，仍請東宮量署拾遺、補闕之職。令朝夕講論，出入侍從，授以訓誥，交修不逭。

臣又聞馳騁畋獵，令人發狂。名教之中，自有樂地。承前貴戚，鮮克由禮。或打毬擊鼓，比周伎術；或飛鷹奔犬，盤游藪澤。此甚爲不道，非進德修業之本也。《書》曰：『内作色荒，外作禽荒。』又曰：『無若丹朱傲，惟慢游是好。朋淫于家，用殄厥世。』伏惟陛下誕降謀訓，敦勸學業，示之以好惡，陳之以成敗，以義制事，以禮制心，圖之於未萌，慮之於未有，則福禄長享，與國並休矣。

臣又聞富不與驕期而驕自至，驕不與罪期而罪自至，罪不與死期而死自至。信矣斯語，明哉至誡。頃韋庶人、安樂公主、武延秀等可謂貴矣，可謂寵矣！權侔人主，威震天下。然怙侈滅德，神怒人棄。豈不謂愛之太極，富之太多，不節之以禮，不防之以法，終轉吉爲凶，變福爲禍。諺曰：『千人所指，無病自死。』不其然歟？《書》曰：『殷鑑不遠，在彼夏王。』今陛下何勸，豈非皇祖謀訓之則也；今陛下何懲，豈非孝和寵任之甚也。《禮》曰：『愛而知其惡，憎而知其善。』可不慎哉。夫寵愛之心則不免，去其太甚，閑之禮節，適則可矣。今諸王、公主、駙馬，亦陛下之所親愛也。矯枉之道，在於厥初；鑑誡之義，其取不遠。使觀過務善，居寵思危，庶夙夜惟寅，聿修厥德。《經》曰：『在上不驕，高而不危，所以長守貴也；制節謹度，滿而不溢，所以長守富也。富貴不離其身，然後能保其社稷。』《書》曰：『制于官刑，儆于有位。敢有常舞于宫，酣歌于室，時謂巫風；敢有徇于貨色，常于游畋，時謂淫風；敢有侮聖言，逆忠直，遠耆德，比頑童，時謂亂風。惟茲三風十愆，卿士有一于身，家必喪；邦君有一于身，國必亡。』甚可畏也，甚可懼也！伏惟陛下必察而明之，必信而勸之。有奢僭驕怠者削其禄封，樸素修業者錫以紳服，以勗其非心，使其奉命，無使久而忽之，無使遠而墜之。

臣聞非知之艱，行之惟艱。又曰：『常厥德，保厥位，厥德匪常，九有以亡。』伏惟陛下慎之哉！前車之覆，實惟明證；先王之誡，可以終吉。若陛下奉伊尹之訓，崇傅説之命，不作無益，不啓私門，刑不差，賞不濫，則惟德是輔，惟人之懷，天禄永終，景福是集。儻陛下忘精一之德，開恩倖之門，爵賞有差，刑罰不當，則忠臣正士，亦不復談矣。

宋·李昉等《文苑英華》卷六二一《韓覃〈諫營建中都表〉》 臣聞古者明王之制也，史書過，瞽誦詩，公卿諫，士傳言，庶人謗於道，商旅議於市；然後君得聞其過失而後改之，見義而從之，所以永有天下也。陛下不以臣不肖，忝在學士，敢不竭忠盡節，有隱避乎？《詩》曰：『靡不有初，鮮克有終。』老氏曰：『慎終如始，則無敗事。』曩者韋氏稱制，萬邦憂惶，實賴陛下神武，克復社稷。其初也，賤珍寶，禁奢華，罷土工，敦樸素，革衆弊，代天工，垂拱無爲，削心虚静，追蹤堯舜，比德羲軒：天下顒顒，傾耳注目，喜遇非常之主，復在於今日矣；《康哉》之歌，復聞於黎庶矣。奈何簡易未幾，而又興建中都乎？蓄於閑厩數倍乎？溺於聲色無極乎？躭於游畋不節乎？營爲繕造衆多乎？都邑課税煩劇乎？不省亡國之風，因循覆車之軌，天下失望，海内驚嗟。朝野心知，而懼罪鉗口，以斯統御天下，豈所謂可久可大之業耶？且自昔歷代之君，皆欲建萬代之業，使子孫長有天下也，豈使子孫傾覆天下哉？子孫若覺所行必將敗亡，則必恐懼不敢爲之矣。以亡國之主，自謂必不亡也，然後至於覆亡也；存國之君，恐懼必將亡也，然後至於不亡也。《易》曰：『知進退存亡得喪，而不失其正者，其惟聖人乎。』又曰：『其亡其亡，繫於包桑。』此言懼亡，獲堅固也。管仲曰：『古之隳國家、失社稷者，非故且爲之也。有樂焉，不知其陷於惡也。』陸凱曰：『有道之君，以樂樂人；無道之君，以樂樂身。樂人者其樂彌長，樂身者不久而亡。』夫人者國之根也，君以人爲本，人以君爲命，人安乃君安，人樂乃君樂，伏惟陛下居安慮危，在得圖失，防患於無形之始，慎禍於纖微之初，念管仲之至言，棄少樂而存社稷，覽陸凱之篤論，思樂人而樂彌長也。

又 卷七四六《楊夔〈創守論〉》 貞觀中，文皇帝聽政之暇，問房、魏以創業守文之難易。房對以創業，魏對以守文。蓋房以經綸之始，備極勤劬，所以見創業之難矣。魏以升平之後，率多懈怠，所以見守文之難也。然則創業之初，雄豪未賓，生民嗷嗷，唯德是歸。所以開基之主，皆乘釁而起。覩覆車之轍，焉肯更脩其軌哉。當其雲雷未亨，天地猶蒙，龍虎交馳，煙塵晝昏，故得一士則前席以待問，聞一言則傾耳而聳聽。用人若不及，從諫若轉圓。勇於得而睞於失，冒履鋒鏑，涉歷險危，其取也既勞，其得也亦勤，誠爲創業之難也。及乾坤霧霽，山河有主。四海之内，罔不臣妾。言而必從，如影之附。欲而必至，如響之應。愛之可以升九霄，怒之可以擠九泉。順意者駢肩，逆耳者畏忌。好惡之情，不由其臧否。賞罰之道，匪關於功過。下懾以求命，衆怒而莫諫。此所以爲守文之難也。然則自漢而下有天下者，孰不始則孜孜以親萬機，將傒乎治？及時既平，俗既康，以泰自逸，怠於庶務者多矣。其終而不惰者，則幾希矣。且創業之主，既得之後，猶隳夙志以壞大業，而況求既治之後，即已安之朝，其能納讜言，任正人，屈己以順從，抑心以從下者，不亦鮮乎？魏文貞公守文之難，豈初心盈中心昃也。總而論之，療飢者易爲食，其創業乎？醫者難爲藥，其守文乎？

宋·王欽若等《册府元龜》卷五三一《諫諍部·規諫第八》　臣聞創撥亂之業者，其功既難；守已成之基者，其道不易。故居安思危，所以定其業也，有始有卒，所以隆其基也。今雖億兆乂安，方隅寧謐既承喪亂之後，又接凋弊之餘，戶口減損尚多，田疇墾闢猶少。覆燾之恩著矣；而創痍未復，德教之風被矣。而資產屢空。是以古人譬之種樹，年紀綿遠，則枝葉扶疏，若種之日淺，根本未固，雖壅之以黑墳，暖之以春日，一人搖之，必致枯槁。今之百姓，頗類於此。常加含養，則日就滋息；漸有征役，則隨而凋耗。凋耗既甚，則人不聊生。人不聊生，則怨氣充塞。怨氣充塞，則離散之心生矣。故帝舜曰：『可愛非君？可畏非民？』孔安國曰：『人以君為命，故可愛。君失道人叛之，故可畏。』仲尼曰：『君猶舟也，人猶水也。水所以載舟，亦所以覆舟。』是以古之哲王，雖休勿休，日慎一日者，良為此也。伏惟陛下覽古今之事，察安危之機，上以社稷為重，下以億兆係念。明選舉，慎賞罰，進賢才，退不肖，聞過既改，從諫如流。為善在於不疑，出令期於必信。頤神養性，省畋游之娛；去奢從儉，減工役之費。務靜方內，而不求闢土，載櫜弓矢，而無忘武備。凡此數者，雖為國之常道，陛下之所常行，臣之愚心，惟願陛下思之而不倦，行之而不怠。則至道之美，與三五比隆，億載之祚，隨天地長久。雖使桑穀為妖，龍蛇作孽，雉雊於鼎耳，石言於晉地，猶當轉禍為福，變咎為祥。況水雨之患，陰陽常理，豈可謂之天譴而繫聖心哉？臣聞古人有言：『農夫勞而君子養焉，愚者言而知者擇。』焉輒陳狂瞽，伏待斧鉞。

强幹弱枝論分部

論　說

《舊唐書》卷一二八《段秀實傳》　初，（段）秀實見禁兵寡少，不足以備非常，乃上疏曰：『臣聞天子曰萬乘，諸侯曰千乘，大夫曰百乘，此蓋以大制小，以十制一也。尊君卑臣，强幹弱枝之義，在於此矣。今外有不庭之虜，內有梗命之臣，竊觀禁兵不精，其數全少，卒有患難，將何待之。且猛虎所以百獸畏者，為爪牙也。若去其爪牙，則犬彘馬牛悉能為敵。伏願少留聖慮，冀裨萬一。』

又　卷一五四《許孟容傳》　自古天人交感事，未有不由百姓利病之急者、切者，邦家教令之大者、遠者。京師是萬國所會，强幹弱枝，自古通規。其一年稅錢及地租，出入一百萬貫。臣伏冀陛下即日下令，全放免之；其次，三分放一。且使旱涸之際，免更流亡。若播種無望，征斂如舊，則必愁怨遷徙，不顧墳墓矣。臣愚以為德音一發，膏澤立應，變災為福，期在斯須。戶部所收掌錢，非度支歲計，本防緩急別用。今此炎旱，直支一百餘萬貫，代京兆百姓一年差科，實陛下巍巍睿謀，天下鼓舞歌揚者也。複更省察庶政之中，有流移征防，當還而未還者，徒役禁錮，當釋而未釋者，逋懸饋送，當免而未免者，沉滯鬱抑，當伸而未伸者，有一於此，則特降明命，令有司條列，三日內聞奏。其當還、當釋、當免、當伸者，下詔之日，所在即時施行。

宋·王溥《唐會要》卷六八《都督府》　今天下諸州，分隸都督。操糾舉之柄，典刑賞之科。若委非其人，授受有失。權柄既重，疵釁或生。豈所以强幹弱枝，經邦軌物者也。其所置都督，事恐不便。今巡察御史，秩卑任重，則漢代刺史之流也。委以時巡，奸宄自禁。伏願慎考古道，率由舊章，法乾元之簡易，守前王之令典，俾夫化洽升平，務依貞觀制度矣。

宋・李昉等《文苑英華》卷四六四《武則天〈廢潼關、雍、洛州置開鄭、汴、許、衛等州府制〉》 鸞臺：朕聞上圖列宿，垂七紀而環紫微；下料物土，制八紘而尊赤縣。是以帝猷方盛，開甸服於平陽；王業肇基，創神郊於景亳。雖政或沿革，道有汙隆。强幹弱枝，率由茲典。用能體國經野，阜俗安人，法天險之崇高，顯宸居之壯觀。朕膺此符命，大庇黎元，俯順謳歌，君臨區夏。紹隆周之睿業，因丕洛之鴻基，相彼土中，實惟新邑，五方入貢，兼水陸之駿奔；六氣運行，均霜露而調序。山川形勝，祥祉荐臻，遠寐乾心，近收甿欲。式建宗社，大啓神都，知王者之無外，明在德之可久。□自夏殷，分土列爵，爰及秦漢，置守罷侯。所以東姬握圖，王畿存千里之制；西京御歷，帝里據三輔之饒。否泰既殊，損益且異，務歸於適物，義尚於隨時。朕以鼎業惟初，竇祚伊始，斟酌今古，申晝封疆。征賦科徭，寔資寬簡，沃瘠勞逸，宜有平分。緬懷習武之規，載隆辨方之術，可以洛東鄭州、汴州、南汝州、許州、西陝州、虢州、北懷州、澤州、潞州、東北衛州、西北蒲州爲王畿。內鄭州、汴州、許州可置八府，汝州可置二府，衛州可置五府。別兵皆一千五百人，所司詳依格格，明爲條例。庶使固本之道，轥轢於前脩；足兵之義，牢籠於振古。主者施行。

持樞理綱論分部

論説

唐・陸贄《翰苑集》卷一一《論兩河及淮西利害狀》 伏以尅敵之要，在乎將得其人；馭將之方，在乎操得其柄。將非其人者，兵雖衆不足恃；操失其柄者，將雖材不為用。兵不足恃，與無兵同；將不為用，與無將同。將不能使兵，國不能馭將，非止費財翫寇之弊，亦有不戢自焚之災。自昔禍亂之興，何嘗不由於此。今兩河淮西，為叛亂之帥者，獨四五凶人而已。尚恐其中或有傍遭詿誤，內蓄危疑，蒼黃失圖，勢不得止，亦未必皆是處心積慮，果為姦逆，以僭帝稱王者也。況其餘衆，蓋並脅從，苟知全生，豈願為惡。若招攜以法，悔禍以誠，使來者必安，安者必久，斯道積著人誰不懷？縱有野心難馴，臣知其從化者必過半矣。舞干苗格，豈獨虛言？假使四五凶渠俱稟梟鴟之性，其下，同惡，復有十百相從，是皆卒伍庸流，闒茸下品。其志好不過聲色財貨之樂，其材用不過蹴蹋距踴之能，其約從締交，則迭相侮詐，以為智謀；其御衆使人，則例質妻孥，以為術數。斯乃盜竊偷安之伍，非有姦雄特異之資。以陛下英神，志期平壹，君臣之勢不類，逆順之理不侔，形勢之大小不倫，師徒之衆寡不敵。然尚曠歲持久，師老費財，加算不止於舟車，徵卒殆窮於閭濮。笿肉捶骨，呻吟里閭，送父別夫，號呼道路，杼軸已空，輿發已殫，而將帥者，尚曰財不足，兵不多，此微臣所以千慮百思，而不悟其理也。未審陛下嘗徵其說、察其由乎？股肱之臣，日月獻納，復為陛下察其事乎？臣愚無知，實所深惑，遂乃過為臆度，輒肆討論。以為尅敵之要，在乎將得其人；馭將之方，在乎操得其柄。將非其人者，兵雖衆不足恃；操失其柄者，將雖材不為用。今以陛下效其明聖，羣帥畏威，雖萬無此虞，然亦不可不試省察也。陛下若謂臣此說蓋虛體耳，不足徵焉，臣請復為陛下效其明徵，以實前說。田悅唱亂之始，氣盛力全，恒、趙、青、齊，迭為脣齒。陛下特詔馬燧，委之專征，抱眞、李艽，聲勢相援。於時士吏畏法，將帥感恩，俱蘊勝殘盡敵之誠，未有爭功邀利之釁，故能累摧堅陣，深抵窮巢，元惡幸脫於俘囚，凶徒幾盡於鋒刃。臣故曰尅敵之要，在乎將得其人；馭將之方，在乎操得其柄，此其明效也。田悅既敗，力屈勢窮，且皆離心，莫有固志，乘我師勝捷之氣，躡亡虜傷夷之餘，比於前功，難易百倍。既而大軍遂駐，遺孽復安，其後餽運日增，師徒日益，於茲在稔，竟不交鋒。量兵力則前者寡而今者多；議軍資則前者薄而今者厚；論氣勢則前者新集而今者乘勝；度攻具則前者草創而今者繕完；計凶黨則前者盛而今者殘；揣敵情則前者銳而今者挫。然而勢因時變，事與理乖，當易而反難，當進而中止，本末殊趣，前後易方，順理之常，必不如此。臣故曰：將非其人者，兵雖衆不足恃；操失其柄者，將雖材不為用。此自昔必然之效，但未審今茲事實，得無近於此乎？在陛下熟察而亟救之耳，固不在益兵以生事，加賦以殄人，無紓目前之虞，或興意外之患。人者邦之本也，財者人之心也，兵者財之蠹也。其心傷則其本傷，其本傷則枝幹顛瘁，而根柢蹷拔矣。惟陛下重慎之，愍惜之。今師興三年，可謂久矣；稅及百物，可謂繁矣；陛下為之宵衣旰食，可謂憂勤矣；海内為之行齎居送，可謂勞弊矣。而寇亂有益，翦滅無期，人搖不寧，事變難測。是以兵貴拙速，不尚巧遲。速則乘機，遲則生變。此兵法深切之誡，往事明著之驗也。

又《論關中事宜狀》與理同道罔不興，與亂同趣罔不廢，此理之常也。其或措置不異，安危則殊，此時之變也。至於君人有大柄，立國有大權，得之必彊，失之必弱，是則歷代不易，百王所同。夫君人之柄，在明其德威；立國之權，在審其輕重。德與威不可偏廢也，輕與重不可倒持也。蓄威以昭德，偏廢則危；居重以馭輕，倒持則悖。恃威則德喪於身，取敗之道也；失重則輕移諸已，啓禍之門也。陛下天錫勇智，志期削平，忿茲昏迷，整旅奮伐，海内震疊，莫敢寧居，此誠英主撥亂拯物，不得已而用之。然威武四加，非謂蓄矣。所可兢兢保惜，慎守而不失者，唯居重馭輕之權耳。陛下又果於成務，急於應機，竭國以奉軍，傾中以資外，倒持之勢，今又似焉。臣是以疚心如狂，不覺妄發，輒踰顧問之旨，深測憂危之端，此臣之愚於自量，而忠於事主之分也。古人所謂愚夫言之，而明主擇之，惟陛下幸留聽焉。臣聞國家之立也，本大而末小，是以能固。又聞理天下者，若身之使臂，臂之使指，則小大適稱而不悖焉。身所以能使臂者，身大於臂故也；臂所以能使指者，臂大於指故也。王畿者，四方之本也，京邑者，又王畿之本也，其勢當令京邑如身，王畿如臂，四方如指，故用卽不悖，處則不危，斯乃居重馭輕，天子之大權也。非獨為御諸夏而已，抑又有鎮撫戎狄之術焉。是以前代之制，轉天下租稅，委之京師；徙郡縣豪傑，處之陵邑；選四方壯勇，實之邊城。其賦役則輕近而重遠也，其惠化則悅近以來遠也。太宗文皇帝既定大業，萬方底乂，猶務戎備，不忘慮危，列置府兵，分隸禁衛，大凡諸府八百餘所，而在關中者殆五百焉。舉天下不敵關中，則居重馭輕之意明矣。承平漸久，武備浸微，雖府衛具存，而卒乘罕習。故禄山竊倒持之柄，乘外重之資，一舉滔天，兩京不守。尚賴經制，頗存典刑，彊本之意則忘，緣邊之備猶在，加以諸牧有馬，每州有糧，故肅宗得以為資，中復興運。乾元之後，大憝初夷，繼有外虞，悉師東討，邊備既弛，禁戎亦空。吐蕃乘虛，深入為寇，故先皇帝莫與為禦，避之東游。是皆失居重馭輕之權，忘深根固柢之慮。内寇則崤函失險，外侵則汧渭為戎，於斯之時，朝市離析，事變可慮，須臾萬端，雖有四方之師，寧救一朝之患？陛下追想及此，豈不為之寒心哉。尚賴宗社威靈，先皇仁聖，攘卻醜類，再安宸居，城邑具全？宮廟無霣。此又非常之幸，振古所未聞焉。足以見天意之於皇家，保祐深矣。故示大儆，將弘永圖，陛下誠宜上副元心，下察時變，遠考前代成敗，近鑑國朝盛衰，垂無疆之休，建不拔之業。【略】

是知立國之安危在勢，任事之濟否在人。勢苟安，則異類同心也；勢苟危，則舟中敵國也。陛下豈可不追鑑往事，惟新令圖，循偏廢之柄以靖人，復倒持之權以固國，而乃孜孜汲汲極思勞神，徇無已之求，望難必之效，其於為人除患之意，則已至矣，其為宗社自重之計，恐未至焉。自頃將帥徂征，久未盡敵，苟以藉口，則請濟師。陛下乃為之輟邊軍，缺環衛，虛内厩之馬，竭武庫之兵，占將家之子以益師，賦私養之畜以增騎。猶且未戰，則曰乏財。陛下又為之算室廬，貸商賈，傾司府之幣，設請榷之科。關輔之間，徵發已甚；宮苑之內，備衛不全。萬一將帥之中，又如朱滔、希烈，或負固邊壘，誘致豺狼，或竊發郊畿，驚犯城闕。此亦愚臣所竊為憂者也，未審陛下復何以備之？以陛下聖德君臨，率土欣戴，非常之慮，豈所宜言。然居安備危，哲王是務；以言為諱，中主不行。若備之已嚴，則言亦何害，儻忽而未備，又安可勿言。臣是以罄陳狂愚，無所諱避，罔敢以中主不行之事，有虞於聖朝也，惟陛下熟察之，過防之。且今之關中，卽古者邦畿千里之地也，王業根本，於是在焉。秦嘗用之以傾諸侯，漢嘗因之以定四海，蓋由憑山河之形勝，宅田里之上腴。弱則内保一方，當天下之半，可以養力俟時也；彊則外制東夏，據域中之大，可以蓄威昭德也。豪勇之在關中者，與籍於營衛不殊；車乘之在關中者，與列於厩牧不殊；財用之在關中者，與貯於帑藏不殊。有急而須，一朝可聚，今執事者先拔其本，棄重取輕，所謂倒持太阿，授人以柄。議制置則彊幹弱枝之術反，語綏懷則悅近來遠之道乖。

變法創制論分部

論説

《舊唐書》卷九六《宋璟傳》 令之所載，預作紀綱，情既無窮，故為之制度，不因人以搖動，不變法以愛憎。頃謂金科玉條，蓋以此也。

宋·王欽若等《册府元龜》卷一五八《帝王部·誡勵第三》 （開元二十四年二月）製《令長新誡》一篇頒賜天下縣令，其詞曰：我求令長保乂下人，人之所爲，必有所因。侵漁浸廣，賦役不均，使夫離散，莫保其身。徵諸善理，寄爾良臣，與之革故，政在維新。調風變俗，背僞歸眞，教先爲富，惠恤於貧。無大無小，必躬必親，責躬勸農，其惟在勤。墨綬行令，孰不攸遵，曷云被之，我澤如春。

《新唐書》卷一〇七《傅弈傳》 時國制草具，多仍隋舊，（傅）弈謂承亂世之後，當有變更，乃上言：『龍紀、火官，黄帝廢之，《咸池》、《六英》，堯不相沿，禹弗行舜政，周弗襲湯禮。《易》稱「已日乃孚，革而信也」，故曰「革之時大矣哉」。有隋之季，違天害民，專峻刑法，殺戮賢俊，天下兆庶同心叛之。陛下撥亂反正，而官名、律令一用隋舊。且懲沸羹者吹冷齏，傷弓之鳥驚曲木，況天下久苦隋暴，安得不新其耳目哉？改正朔，易服色，變律令，革官名，功極作樂，治終制禮，使民知盛德之隆，此其時也。然官貴簡約，夏后官百不如虞氏五十，周三百不如商之百。』又曰：『夏有亂政而作《禹刑》，商有亂政而作《湯刑》，周有亂政而作《九刑》。衛鞅爲秦制法，增鑿顛、抽脅、鑊烹等六篇，始皇爲挾書律，此失於煩，不可不監。』

又 卷一一四《崔融傳》 《周官》九賦，其七曰關市。以市多淫巧，而關通末游，欲止抑之，故加税耳。然唯斂工商，而不及往來。今一切通取，則事不師古。且四人異業舊矣，複動而搖之。市者，兼受善惡也。若甚，則細人無所容，細人無所容，久必為亂。天下之關必險道，市必要津，豪宗、惡少在焉，聞一旦變法，或致騷動，恐南走蠻，北走狄。今江津、河滸列鋪率税，檢覆稽留，加主司僦略邀丐，則商人廢業。

文武並行論分部

論説

唐·李翺《李文公集》卷九《論事疏表》 臣以爲定禍亂者，武功也，能復制度興太平者，文德也，非武功不能以定禍亂，非文德不能以致太平。今陛下既以武功平禍亂，定海内，能爲其難者矣，若革去弊事，復高祖、太宗之舊制，用忠正而不疑，屏邪佞而不近，改税法不督錢而納布帛，絕進獻以寬百姓税租之重，厚邊兵以息蕃戎侵掠之患，數引見待之制官，問以時事，以通擁蔽之路。故用忠正而不疑，則功德成；屏邪佞而不近，則視聽聰明；改税法不督錢而納布帛，則百姓足；絕進獻以寬百姓租税之重，則下不困；厚邊兵以息蕃戎侵掠之患，則天下安；數引見待制官，問以時事，以通擁蔽之路，則下情達。凡此六者，政之根本，太平之所以興。陛下既以能行其難者矣，又何惜不速其易爲者乎？以臣伏覩陛下，上聖之姿也，如不惑近習容悦之詞，選用骨鯁正直之臣，與之脩復故事而行之，以興大平，可不勞而功成也。若一日不以爲事，臣恐大功之後，易生逸樂，而羣臣進言者，必曰『天下既以太平矣，陛下可以高枕而爲宴樂矣』，若如此，則高祖、太宗之制度，不可以復矣，制度不復，則太平未可以遽至矣。

唐·羅隱《兩同書·理亂第六》 夫家國之理亂，在乎文武之道也。昔者聖人之造書契以通隱情，剡弓矢以威不伏，二者古今之所存焉。然則文以致理，武以定亂，文雖致理不必止其亂，武雖定亂不必適其理。故防亂在乎用武，勸理在乎用文。若手足之遞，使舟車之更載也。是以漢祖矜功，陸賈諭以為學；魯公赴會，仲尼請其設備。蓋有由也。然夫文者道之以德，德在乎内誠，不在乎誇飾者也；武者示之以威，威在乎自全，不在乎强名也。苟以强名，則吳雖多利兵，適足彰其敗也；苟以誇飾，則魯雖盡儒服，不足救其弱也。是故始皇築長城修戰伐，勞役不休，人不堪命，遂使陳涉之流，坐乘其弊，禍起於强名也；王莽構靈臺興禮樂，賦斂無度，人不聊生，遂使聖公之徒，行收其利，敗始於虚飾也。故始皇用武於天下也，若陶者之埏器，雖務欲求其大而不知薄者之所以反脆也；王莽用文於天下也，若匠者之斫材，雖志在矜其妙而不知細者之所以速折也。二者皆以理之終以為亂也。此未得其大體也。且夫文者示人有章，必存乎簡易，簡易則易從，將有耻且格；武者示人有備，必在乎恬淡，恬淡則自守，恒以逸而待勞。恒以逸而待勞則攻戰無不利，有耻且格則教化無不行。化行而衆和，戰利而寇息，然後澄之以無事，濡之以至仁，此聖主所以得其理也。然二子不求之於内而索之於外，不撫之以性而縱之以情，煩文以黷下，暴武以困衆，此不可得意於天下也。雖然，猶有其弊，何者？昔伯益鑿井，燧人鑽木，水火之利於今賴之，然智伯因之以灌趙城，董卓因之以焚漢室，是乃為害亦以甚矣。然則文武者理國之利器也，而盗竊者亦何嘗不以文武之道亂天下乎？故章邯以軍旅而分秦地，田常以仁義而簒齊國。則有理不能無其亂，唯人主之所制也。是故牧馬者先去其害，驅羊者亟鞭其後。後之不鞭羊之所失也，害之不去馬之所亡也。魯不能去三家之害，國之所叛也；晉不能鞭六卿之後，地之所分也。苟亦不能，則雖有簡易之文，恬淡之武，適足助其亂也。安可得其理乎！故聖人不得文武之道不理，賊臣不得文武之道不亂，非文武有去就之私，蓋人主失其柄也。故孔子曰：『天下有道，禮樂征伐自天子出。』其是之謂乎！

《舊唐書》卷二〇下《哀帝紀》（天祐二年）四月【略】癸巳，敕曰：『文武二柄，國家大綱，東西兩班，官職同體。咸匡聖運，共列明廷，品秩相對於高卑，禄俸皆均於厚薄。不論前代，祇考本朝。太宗皇帝以中外臣僚，文武參用，或自軍衛而居臺省，亦由衣冠而秉節旄，足明於武列文班，不令分清濁優劣。近代浮薄相尚，凌蔑舊章，假偃武以修文，競棄本而逐末。雖藍衫魚簡，當一見而便許升堂；縱拖紫腰金，若非類而無令接席。以是顯揚榮辱，分别重輕，遽失人心，盡隳朝體。致其今日，實此之由，須議改更，漸期通濟。文武百官，自一品以下，逐月所給料錢，並須均匀，數目多少，一般支給。兼差使諸道，亦依輪次，既就公平，必期開泰。凡百臣庶，宜體朕懷。』

偃武修文論分部

論說

唐・趙蕤《長短經》卷七《時宜二一》 殷事已畢，偃革為軒，倒載干戈，示天下不復用武。今陛下能偃武修文，不復用兵乎？其不可四也。放馬華山之陽，示無所為，今陛下能放馬不復用乎？其不可五也。

宋・范祖禹《唐鑑》卷三《太宗》 貞觀之初，上書者皆云人主當獨運威權，不可委之臣下，又云宜震耀威武征討四夷。唯魏徵勸朕偃武修文，中國安，四夷自服。朕用其言，今頡利成擒，其酋長並帶刀宿衛，皆襲衣冠徵之力也，但恨不使封德彝見之耳。

宋・李昉等《文苑英華》卷七四二《李竦〈偃武修文論〉》 國有二柄以濟人，天有四時以成歲。文武者君之威惠，春秋者天之生成。故人君法天時，順人望，人歸於德，天應以時，莫不奉此而寧災，由斯而康俗。所謂文者，足以經邦國；所謂武者，足以定禍亂。故武在合變，不可一黷；文貴經久，可守爲常。請藉前事而明之，庶斯得矣。夫以堯舜揖讓，湯武干戈，干戈在乎止武，揖讓資乎偃武，故得享國日久，多歷年所。三王既往，霸者是繼，晉文伐原以示信，齊桓勤王以稱德，宋殤好戰以殞越，徐偃專文以喪亡。王霸陵夷，列於秦漢。始皇威懾六國，建萬代。業隳城郭，焚詩書，卒使宗廟爲墟，身殞下國，黷武之徵也。高皇夷秦項，誅韓彭。陸生著書，叔孫制禮，脩文之漸也。光武以長者戡難，孟德以應變卽戎，故得擒樊崇，破袁紹，雖未悉於至理，道亦存乎息戈。晉文之對何曾，不聞經國；惠皇之溺賈后，竟至破家。吳王石頭之都，劉備益州之地，但區區於守險，曾不暇於脩文。後魏則多難臨朝，後周則經國日淺。雖孝文捨辮髮，服衣冠，未能倒載干戈，休放牛馬。武帝降高緯，戮晉公，甲兵未寧，中道而殞。武則不可，文則不如。東晉之僅保江山，宋相之草創社稷；道成以殷憂啓祚，蕭衍以戡定興王。陳主以好内亡，隋皇以征遼喪：皆不明於文武，適足爲我驅除。況高祖端拱無爲，太宗大功繼統，高宗致位於玄默，中宗御俗以康寧，睿宗之恭膺大寶，玄宗之克清海内，肅宗之收復二都，皇帝之光有六合。方今四夷向化，萬姓歸心，總七聖之殊勳，正百王之墜典。然干戈未息，瘡痍未瘳。脩文之期，取則不遠；偃武之義，今則時哉。

機權論分部

論説

宋・姚鉉《唐文粹》卷三七《馮用之〈機論〉》 機者機也，經緯天下，纖綜人事而已矣。機者微也，發之至微，用之至廣。大人行之，則合於道，細人竊之，則階於亂。合道所以濟世，階亂所以滅身，濟世，機之利者也，滅身機之害者也。知利而不知害，雖去其害，害必悅之；知害而不知利，雖就其利，利必違之；知利而知害，知去而知就，其惟聖人乎。文王武王，知機之君也，箕子周公，知機之臣也。夫三才設位，而機行乎其中矣，得之者昌，失之者亡；善用則集乎百祥，昧用則來乎百殃。故天之一發，龍蛇爲之起陸；人之一發，天地爲之反覆。范蠡善用也，句踐以之克霸；無極昧用也，楚國於焉殄瘁。至哉斯術也，莫不以合義爲本，趣時爲用，苟悖於義，則悅隨者寡，未逢於時，則虛其事，稽其取與離合之際，可謂神矣。雖離婁之目不可視烏獲之力不可制，南金之利不可斷，迅雷之聲不可及。夫神器至重也，堯不與子，而禪於舜，蓋取聖之機也；舜不讓丹朱而復禪禹，蓋取時之機也。兄弟至親，周公離於管蔡，取賢之機也；秦越之疏，嬴氏合於由余，取霸之機也。設令堯與丹朱而棄舜，億兆之心，竟歸於虞，則不謂之聖帝矣；舜忘大義而顧小節，不承堯而禪禹，則不謂之明君矣。周公暱管蔡而不戮，必墜文武之業，則不謂之賢臣矣；秦伯鄙由余而不用，必失四方之士，則不謂之霸主矣。天下雖聞之而不可知，雖見之而不可測，善爲國者，如偃師焉，民如幻也，欲之動，欲之靜，機在於我，豈當不悅乎；善爲君者猶造父焉，人猶馬也，欲之東，欲之西，策在於我，豈有能違乎？《經》曰『不獨親其親』，則天下皆親；『不獨子其子』，則天下皆子，富哉是機也。我以天下爲親爲子，天下孰不以我爲親爲子乎？惟然，故災害不生，禍亂不作，此聖人之旨也。則知欲安者必先安，於人，欲利者必先利於人，能安人而人不安之，能利人而人不利之者，未之有也。漢祖入關，不行殺戮，善安人也；秦室寶貨，悉分士卒，善利人也，卒收天下之心，享天下之富，此聖人之作也。項籍反是而亡，不亦宜乎。善爲臣者，不厚於身，而厚於君，不潤於室，而潤於國，厚於君忠也，潤於國公也，既忠且公，君其薄之哉，民其怨之哉，禄位其去之哉？雖不厚於身，而身自厚矣，不潤於室，而室自潤矣，此君子之爲也。酇侯處位而舉淮陰，厚君者也；入秦不取金璧而取圖籍，潤國者也，故能位冠三傑，聲流萬古。韓信忌剋酈生，殛逐田橫，欲有功而自厚，貪賞而自潤，終貽伊慼，雲夢生擒。夫域中至大之謂道，天下至頣之謂機，有道無機，守死而一身獨善；有機無道，好謀而彝倫攸斁，伯夷叔齊，守死也，豈謂億兆塗炭，侯周武哉？李斯趙高，好謀也，豈知刑政酷毒，失民心哉。機道相須，盡善盡美，然而發機之要，實資於時。故進而得時，亦機也，退而得時，亦機也，取而得時，亦機也，捨而得時，亦機也，語而得時，亦機也，默而得時，亦機也，進得其時則有利，伊尹干湯是也；退得其時則無悶，二疏辭禄是也；取得其時則必獲，甘羅陟相是也；捨得其時則元吉，泰伯去吳是也；語得其時則見信，傳説是也；默得其時則保身，微子是也。故進不相時則凶，鼂錯所以見誅也；退不相時則禍，白起所以伏劍也；取不相時則招咎，許伐鄭也；捨不相時則有悔，虞棄虢也；語不相時則殆辱泄冶諫其君也；默不相時則受謗，子家從其賊也。所以失之豪釐，差之千里，故君子得其機，則仇讎變爲心腹，況其恩者乎。失其機，則親昵反爲勍敵，況其疏者乎。齊桓用讎，能盡管仲之謀，九合諸侯一匡天下。衛懿好鶴，失於臣下之望，國之有難，士卒不戰。夫如是，則一得一失，易於反掌，一興一亡，疾如旋踵，爲國家者可不務乎？或曰：『老氏云：

「以智治國國之賊，不以智治國國之福。」然則智非機耶機非智耶？』答曰：機者生於智者也，智者隨其性者也。大人君子，得其遠者大者，爲而不有，功成不居，使天下熙熙然若登春臺，如享太牢，不知帝力，故爲國之福。非謂其無慮無思，兀兀然如草木鳥獸，而能治國者也。細人曲士，得其小者近者，嗜欲繫焉，矜伐在焉，是非生焉，爭鬭興焉，故爲國之賊。聖人慮百世之後，善人少而不善人多，垂此立言，蓋抑揚之旨也。且聖人不仁，以百姓爲芻狗，不仁之仁，豈非機耶？國不用機，以克永世，匪我攸聞。夫茫茫六經，萬機之圃，昭昭前史，萬機之鑑。仲尼云：『知幾其神乎。』有旨哉，有旨哉！

又《權論》　大哉！鼓天下之動，成天下之務，反於常而致治，違於道而合利，非權其孰能與於此乎？夫權者，適一時之變，非悠久之用，然則適變於一時，利在於悠久者也。聖人知道德有不可爲之時，禮義有不可施之時，刑名有不可威之時，由是濟之以權也。其或不可爲而爲，則禮義如畫餅充飢矣；不可施而施，則禮樂如説河濟渴矣；不可威而威，則刑名如治絲而棼矣。豈惟乖理，適足資亂，故用權之際，道德可棄，禮義可置，刑名可弛。及乎發號施令，如風偃草，衆知嚮方，莫敢不服，與夫道德禮義刑名之功，又何異哉。雖曰棄之置之弛之，蓋殊途而同歸也。故權者，國家之利器也，輜重可離，而權不可失。兵食可去，而權不可無。迅雷發則羣物驚，大風起則萬彙振，嚴霜冽則衆木落，遲日昇則百卉秀，孰爲此者？曰天地也，天地尚或用之，而况於人乎。夫休祥不見，則中庸之君，不能力行而躋於聖；咎徵不作，則殘暴之主，不能革心而至於道。福其善，君子所以知勸；禍其淫，小人所以知戒。夫天之德至仁也，地之道無私也，至仁則不傷於物，何乃行肅殺之令乎？蓋秋不殺則春無以生矣，無私則不黨於人，何乃垂災沴之變乎？蓋惡不癉，則善無以彰矣，一弛一張，天道乃長；一懲一勸，天道乃遠，觀天之道，執天之行盡矣。是以君子則而象之，體而行之，故當不合用而用，不合棄而棄，不合賞而賞，不合誅而誅者，皆從權而制宜也。聖人以神道設教，俾民日用而不知，權之時義大矣哉。高宗知傅説之賢，欲委之代天，取於皁隸之徒，儀於百辟之上，慮羣情弗協，事難以濟，故稱夢得賢相，乃刻像而求之，商之中興，賴善權之主也。文王知太公之賢，欲擢居輔弼，搜於屠釣之間，致於三公之上，庶士靡靡，恐未適從，故稱天遺我師，乃出畋而獲之，周之永年，賴善權之君也。此二君苟懼設詐之損德，固執信而循常，則傅巖虛老而莫伸，渭濱没齒而不用，棟梁斯壞，其何以興。夫權之大端，在於利害而已矣，利萬而害一，害之何傷；害百而利十，利之必亡。苟害於事，雖鄙俚之議，君子懼之；苟利於後，雖先王興教，達人抗行也。子雖至親，西伯食其肉，不然，則死於羑里也。父雖至尊，沛公索其羹，不然，則臣於項籍也。西伯非不慈，蓋子已死，不食則己身亦斃；沛公非不孝，蓋其父爲虜，奔赴則己身亦降，又何益乎？能捨無益之慈孝，成莫大之基業，大人之權變，不可得而聞也。夫是非未明，向背未定，成敗未測，取與未決，當此之時，行權之時也。故權可以明是非，定向背，測成敗，決取與。穰苴布衣見景公，景公委之以兵柄，斬一寵臣，三軍畏懾，克成其功也。孫武被褐謁吳王，吳王試以教戰，戮三嬖妾，衆女整齊，卒顯其能也。《易》曰：『巽以行權。』巽風也，風行也，無不可動之物，無不可往之所；權之用，無不可治之時，無不可成之事。昔晉文公見天王於河陽，譎則譎矣，而夾輔之勳，垂於史册。鬻拳諫楚子以兵刃，悖則悖矣，而盡忠之節著於《春秋》。夫事有先奪而後與，先順而後取。太甲不治，伊尹放之，俟其改過，而反其政。公子光謀亂，伍胥避之，乃進專諸，以成其志，然後盡事君之節，雪殺父之寃，不其偉歟。夫乾坤之道，易簡也，而猶窮則變，變則通，通則能久。故王公設權以固其國，知變以馭其民，善馭者，視人如嬰孩，悟之誘之，莫不胥悅；不善馭者，以民爲規矩，謂方圓定矣，不能苟合。善權變者如奕棊焉，或取或捨，或進或退，無固無必，皆任其勢也。捨非資敵，蓋捨小而取大；退非怯彼，蓋進損而退益。孔子曰：『可與共學，未可與立；可與立，未可與適道；可與適道，未可與權。』得非權之難耶？觀其相魯君於夾谷，挫齊鋭於尊俎，當是時，齊侯强而不强，魯國弱而不弱，聖人之智不亦多乎？夫獸廢爪牙，則充羣獸之腸矣；禽鎩羽翮，則供衆禽之羞矣；人失權變，則爲英雄之資矣。三十輻之車制之者梶，萬乘之國，統之者權，五賊在心，神至聰而莫測；三盜既興，物雖衆而皆覩。至哉，始離而終合，始逆而終順，始非而終是，始失而終得，權之旨也。或曰：機之與權同乎異乎？對曰：異也。設於事先之謂機，應於事變之謂權，機之先設，猶張羅待鳥，來則獲矣；權之應變，猶荷戈禦獸，審其勢也。知機而不知權者，得於預謀，失於臨事；知權而不知機者，巧於臨事，拙於預謀；知機而知權者，帝霸之君也，王佐之臣也。自五帝既降，捨機權而能治天下者，未之有也。

清・董誥等《全唐文》卷七〇九《李德裕〈謀議論〉》 欲知謀議之用捨，身名之榮辱，觀其立論可知也。切於時機，明於利害，人主易曉，當世可行，其謀必用，而終有後咎，晁錯、主父偃是也。何者？切時機，明利害，皆怨誹所由生，享其利而自罹其害。謀闊意中，言高旨遠，其道可法，其術則疏，必有高名而不用於世，賈山、王陽是也。謀議不行，故能無患。智足應變，道可與權，言雖切於人情，意常篤於禮義，謀不盡用，而身無近憂，賈誼是也。故當漢文之世，亦列高位。餘門客崔世叔，即宋廣平之維私也，又常預燕公、代公之戎幕，故知三丞相才業甚備。曰：『廣平好言政事，燕公好言文學，至於經國遠慮，意鮮及之。與代公言，初若涉川，未知其止，寥廓廣大，莫見津涯，味之既深，思意愈密。』代公常為西北邊將帥，論四夷事，慮必精遠，則崔之言信有徵矣。凡侍坐於君子，聞其言可以知其才術遠近，用此道也。

中明賞罰論分部

論說

唐・陸贄《翰苑集》卷一六《興元論中官及朝官賜名定難功臣狀》

欽溆奉宣聖旨：『比在奉天將士，並賜名定難功臣。今宰臣等商量，扈從中官，辛苦至甚，亦合依例，並賜此名。朕以南衙朝士之中，有經奉天重圍，又似卿等，昨者奔赴行在，涉歷危險，亦極艱難。今不問中官朝官，但經重圍又到山南者，並擬賜名定難功臣，卿宜商量，豈不穩便者。』陛下惠霑暬御，仁洽庶寮，念隨難之憂危，恤從巡之勞苦，議增寵飾，將錫嘉名。事雖未行，意則已就，凡在貴近，固知銜恩。睿旨淹詳，復詢庸賤，惟精惟慎，允謂防微。顧省何知，屬當下問。臣若自貪榮號，傍懼怨憎，因循順成，不極所見，心且知負，如天鑑何？是以不揆言之淺深，不計身之利害，但輸狂直，唯聖所裁。臣聞賞以懋庸，名以彰行。賞乖其庸，則忠實之效廢；名浮於行，則瀆冒之弊興。一足以撓國權，一足以亂風俗，授受之際，豈容易哉。頃以駐蹕奉天，迫於患難，竟攘凶逆，實賴武人，遂旌定難之勳，特賜功臣之目，名頗符實，事亦會時，所霑雖多，誰曰非允？至如宮闈近侍，班列具臣，雖奔走恪居，各循厥職，而驅除翦伐，諒匪所任？又屬皇輿再遷，天禍未悔，見危無補，曷謂功臣。致寇方深，孰云定難？縱使遭罹圍逼，跋履崎嶇，難則當之，定將安據。勞或有矣，功其謂何？大凡有生之倫，莫不各親其類，賤彼貴我，抑惟常情，黜異獎同，亦是常性。臣忝搢紳之列，又當受賜之科，竊自校量，猶知不可，而況於公議乎，況於介胄之士乎？人之多言，靡所不至，必謂陛下溺愛近習，故徇其苟得之情，汎該羣司，以分其私昵之謗。怨不在大，釁皆自微，必將沮戰士激勵之心，結勳臣憤恨之氣。所悅者寡，所慍者多，所與者虛名，所失者實事。所悅者臣下之誇志，所病者國家之大猷。利害皎然，不爲難辨。且名者衆之所評也，是曰公器，亦爲爭端。覈之至精，猶患相軋，處或乖當，安能勿踰？以漢高之制服雄豪，太宗之削平區宇，天下既定，乃論功勳。有蕭、曹之殊庸，有房、杜之碩畫，戰守經略，倬乎殊倫，猶謂豐、沛故人，刀筆文吏，諸將不服，頗相訐揚。乃至攘袂指天，拔劍擊柱，偶語謀反，諠譁訟冤。矧今國步猶艱，王化未洽，方資武力，以殄寇讎，蓋非恩倖競進之時，文儒角逐之日，當功而獎，尚恐未孚，獎又非功，固宜見誚。儻有節效尤著，理當褒崇，賞典甚多，何必在此。其餘別無績用，例徇驅馳，且俟賊平，甄録非晚。

《舊唐書》卷七七《柳澤傳》（柳澤上書諫曰：）又賞罰之典，紀綱不謬，天秩有禮，君爵有功，不可因怒以妄罰，不可因喜以妄賞。伏見尚醫奉御彭君慶，以邪巫小道，超授三品，奈何輕用名器，加非其才。昔公主爲子求郎，明帝不許；今聖朝私愛，賞及憸人。董狐不亡，豈有所隱？臣聞賞一人而千萬人悅者賞之，罰一人而千萬人勸者罰之。臣雖未覩聖朝之妄罰，已覩聖朝之妄賞矣。《書》曰：『官不及私昵，惟其能；爵罔及惡德，惟其賢。』臣恐近習之人爲其先容，有謬於陛下也。惟陛下熟思而察之。雖往者不可諫，而來者猶可追。願杜請謁之路，塞恩倖之門，鑑誡前非，無累後悔。申畫一之法，明不二之刑，不詢之謀勿庸，無稽之言勿聽，則天下之化，人無間焉，日新之德，天鑑不遠。

宋·李昉等《文苑英華》卷七七〇《魏徵〈賞舊左右議〉》　議曰：昔晉文反國，爰議從亡之賞；漢皇定鼎，先説入蜀之功；太宗兆協大横，未忘代邸之舊；光武符膺赤伏，猶念潁川之勤。此一霸三王，名高前代，豈溺情於近習，曲私於一物哉？蓋理有必然，義不得已也。《書》曰：『人惟求舊。』左右等攀附麟翼，多歷歲年，入參社稷之守，出爲羈紲之僕，冒犯鋒鏑，契濶險難，或力盡鞍甲，恩澤莫沾，或身没戰場，子孫未録。羣議不息，實由於此。今時來有運，天門已開，故攀桂之讙未絶，積薪之歎尚深，若不申此大通，（疑）考之羣望，介之推高潔，猶未免言。臣等慮不及遠，輒申狂瞽，伏惟深察，悚慄謹議。

宋·王欽若等《册府元龜》卷六四《帝王部·發號令第三》　乾元二年三月，詔曰：百姓之間，務在優恤，前詔已有處置訖。其或事妨於政，法害於人，尚有因循，理資改革。前後詔命，非不叮嚀，至於頒行，多有掩蔽。蓋緣賞罰未著，所以恩信或稽。自今已後，如有奸吏弄法，割剥黎元，因公循私，害物傷政，委御史臺訪察，具狀彈奏，當議刑章。比緣軍國務殷，或宣口敕處分，諸色取索及決配囚徒，雖務從權，實爲亂政。自今已後，一切並停，如非正宣，並不得行用，中外諸務，各歸有司。英武軍虞候及六軍諸使諸司等，比來或因論競，懸白進攝，既紊綱紀，復擾甿黎。自今已後，一切須經臺府。如所繇處斷不平，即任具狀奏聞。京城諸色所繇，先緣與逆賊追捕，比今招捉，矜其迫脅，一切並放。其受賊偽官人莊宅不合收納者，一切並還。如有已將借賜，即准估量還價直，仍委所繇勘會處分。賞罰二柄，國之大綱，令在必行，人則無濫。自今已後，朝廷及軍府，疇庸議罪，宜各精詳。如舉或因情，事有不當，所繇長吏，必寘嚴典。王師所往，爲人除害，必使秋毫不犯，信義俱明。如聞比者諸軍，有乖於此。或干戈之下，殺戮無辜；或營壘所經，恣行暴虐。乃貽怨毒，豈曰安人。自今已後，各委本將，嚴加訓誓，明申賞罰。儻師徒不擾，則凶醜自平。如有違犯，悉從軍令。其御史臺所欲彈事，不須更進狀，仍服豸冠。所被彈劾，有稱讎嫌者，皆冀遷延，以求苟免。但所舉當罪，則讎亦不嫌。如憲官不舉所職，降資出臺。儻涉阿容，仍重貶責。今殘妖未殄，國步猶艱，共體至公，以康庶政。朕推誠御物，與衆共之。四海之人，皆朕耳目，則何功不就，何化不成？思與蒼生，臻夫至道，下詔之後，百司及諸州府，事有非便，文有不該，仰各條件奏聞，即當釐革。宣示中外，知朕意焉。

又　卷六五《帝王部·發號令第四》　（天成二年）八月敕旨：刑故無小，義絕惠姦，罪疑惟輕，事全誅意，聖賢明訓，今古通規。非法無以振其威，非恩無以流其澤。故有功不獎，何以激盡忠？有罪不刑，何以戒爲惡？二者無失，庶務有成。朕統華夷，不求奢侈，臨食慮兵師之餒，授衣思黎庶之寒。仗中外勳賢，壯國家基址，熒惑應犯而自退，太陽蹔蝕而復圓，百果無不熟之方，五穀無不豐之處，顧叨寡德，何稱嘉祥？況保義軍節度使石敬塘、晉州留後安崇阮、洺州刺史張進、耀州團練使孫岳、寧州刺史高允環等，杜絕誅求，尋加獎諭。陶玘輒爲聚斂，自掇愆尤，功過既分，黜陟有異，在朝備見，列國皆知，不貪者轉更無私，有過者必應自省。四方侯伯，皆朕忠臣；萬國人民，皆朕愛子。慘舒是繫，賞罰齊行。務德者雅合古賢，效尤者自干朝典。除鄧州見取責情罪諸色官員及豪州李鄴外，其諸道州府，如八月已前，或有偶違條制干於國章者，諸色人並不得更有託訴，若或此後有違，許人上告，當勘情罪，必舉刑書。

均平賦税論分部

論説

唐·李翺《李文公集》卷三《平賦書并序》　孔子曰：『道千乘之國，敬事而信，節用而愛人，使民以時。』又曰：『若欲行而法，則周公之典在。』孟子曰：『夏后氏五十而貢，殷人七十而助，周人百畝而徹，其實皆什一也。欲輕之於堯舜之道，大貉小貉也。欲重之於堯舜之道，大桀、小桀也。』是以什一之道，公私皆足。人既富，然後可以服教化，反淳樸。古之聖賢，未有不善於爲政理人，而能光於後代者也。故善爲政者莫大於理人，理人者莫大於既富之文教之。凡人之情，莫不欲富足而惡貧窮，終歲不製衣則寒，一日不得食則飢。四人之苦者，莫甚於農人。麥粟布帛，農人之所生也，歲大豐，農人猶不能足衣食，如有水旱之災，則農人先受其害。有若曰『百姓不足，君孰與足？』夫如是，百姓之視其長上如仇讎，安既不得享其利危又焉肯盡其力？自古之所以危亡，未有不由此者也。人皆知重斂之爲可以得財，而不知輕斂之得財愈多也。何也？重斂則人貧，人貧則流者不歸，而天下之人不來，由是土地雖大，有荒而不耕者，雖耕之，而地力有所遺，人日益困，財日益匱。是謂棄天之時，遺地之利，竭人之財。如此者雖欲爲社稷之臣，建不朽之功，誅暴逆而威四夷，徒有其心，豈可得耶？故輕欲則人樂其生；人樂其生，則居者不流而流者日來；居者不流而流者日來，則土址無荒，桑柘日繁，盡力畊之，地有餘利，人日益富，兵日益强，四鄰之人，歸之如父母，雖欲驅而去之，其可得耶？是以與之安而居，則富而可教；與之危而守，則人皆自固。孟軻所謂『率其子弟，攻其父母，自生人以來，未有能濟』者也。嗚呼！仁義之道，章章然如大道焉，人莫不知之，然皆不能行，何也？見之有所未盡，而又有嗜欲以害之，其自任太多，而任人太寡，是以有土地者有仁義，無代無之，雖莫不知之，然而未有一人能行之而功及後代者，由此道也。秦滅古法，隳井田，而夏殷周之道廢，相承滋久，不可卒復。翺是以取可行於當時者，爲《平賦書》，而什一之法存焉。庶幾乎能有行之者云耳。

凡爲天下者視千里之都，爲千里之都者視百里之州，爲百里之州者起於一畝之田，五尺謂之步，二百有四十步謂之畝，三百有六十步謂之里。方里之田五百有四十畝，十里之田五萬有四千畝，百里之州五千有四億畝，千里之都五千有四百億畝。方里之內，以十畝爲之屋室徑路，牛豚之所息，葱韭菜蔬之所生植，里之家給焉。凡百里之州，爲方十里者百，州縣城郭之所建，通川大途之所更，丘墓鄉井之所聚，甽遂溝瀆之所渠，大計不過方十里者三十有六，有田一十九億四萬有四千畝，百里之家給焉。千里亦如之。高山大川，則郭其中，斬長綴短而量之。一畝之田，以强並弱，水旱之不，時雖不能盡地力者，歲不下粟一石。公索其十之一。凡百里之州有田五十有四億畝，以一十九億四萬有四千畝爲之州縣、城郭、通川、大途、甽遂、溝澮、丘墓、鄉井、屋室、徑路，牛豚之所息，葱韭菜蔬之所生植，餘田三十四億五萬有六千畝。畝率十取粟一石，爲粟三十四萬五千有六百石，以貢於天子，以給州縣凡執事者之禄，以供賓客，以輸四方，以禦水旱之災，皆足於是矣。其田間樹之以桑，凡樹桑人一日之所休者謂之功。桑太寡則乏于帛，太多則暴于田，是故十畝之田，植桑五功。一功之蠶，取不宜歲度之，雖不能盡其功者，功不下一匹帛。公索其百之十。凡百里之州有田五十四億畝，以十九億四萬有四千畝爲之州縣、城郭、通川、大途、甽遂、溝澮、丘墓、鄉井、屋室、徑路，牛豚之所息，葱韭菜蔬之所生植，餘田三十四億五萬有六千畝，麥之田大計三分當其一，其土卑，不可以植桑，餘田二十三億有四千畝，樹桑凡一百一十五萬有二千功。功率十取一匹帛，爲帛一十一萬五千有二百匹，以貢於天子，以紂州縣凡執事者之禄，以供賓客，以問四方，以禦水旱之災，皆足於是矣。鰥寡孤獨有不人疾者，公與之粟帛；能自給者，弗征其田桑。凡十里之鄉，爲之公囷焉，鄉之所入於公者，歲十捨其一於公囷，十歲得粟三千四百五十有六石。十里之鄉多人者不足千六百家，鄉之家保公囷，使勿偷。饑歲並人不足於食，量家之口多寡，出公囷與之，而勸之種以須麥之升焉。及其大豐，鄉之正告鄉之，人歸公所與之畜，當戒必精勿濡，以內於公囷。窮人不能歸者與之，勿徵於書。則歲雖大饑，百姓不困於食，不死於溝洫，不流而入於他矣。人既富，樂其生，重犯法而易爲善。教其父母使之慈，教其子弟使之孝，教其在鄉黨使之敬讓，羸老者得其安，幼弱者得其養，鰥寡孤獨有不人疾者皆樂其生。屋室相鄰，烟火相接於百里之內，與之居則樂而有禮，與之守則人皆固其業，雖有强暴之兵不敢陵。自百里之內推而布之千里，自千里而被乎四海，其孰能當之？是故善爲政者，百姓各自保而親其君上，雖欲危亡，弗可得也。其在《詩》曰：『迨天之未陰雨，徹彼桑土，綢繆牖戶，今此下民，或敢侮予。』此之謂也。

唐·柳宗元《柳河東集》卷三二《答元饒州論政理書》　奉書，辱示以政理之說及劉夢得書，往復甚善。類非今之長人者之說，不唯充賦稅養禄秩足己而已，獨以富庶且教爲大任。甚盛甚盛！孔子曰：『吾與回言終日，不違如愚。』然則蒙者固難曉，必勞申諭，乃得悦服。用是尚有一疑焉。兄所言免貧病者，而不益富者税，此誠當也。乘理政之後，固非若此不可；不幸乘敝政之後，其可爾邪？夫弊政之大，莫若賄賂行而征賦亂。苟然，則貧者無貲以求於吏，所謂有貧之實，而不得貧之名；富者操其贏以市於吏，則無富之名而有富之實。貧者愈困餓死亡而莫之省，富者愈恣横侈泰而無所忌。兄若所遇如是，則將信其故乎？是不可懼撓人而終不問也，固必問其實。問其實，則貧者固免，而富者固增賦矣，安得持一定之論哉？若曰止免貧者而富者不問，則僥倖者衆，皆挾重利以邀，貧者猶若不免焉。若曰：檢富者懼不得實而不可增焉，則貧者亦不得實不可免矣。若皆得實而故縱以爲不均，何哉？孔子曰：『不患寡，而患不均。不患貧，而患不安。』今富者税益少，貧者不免於捃拾，以輸縣官，其爲不均大矣。然非惟此而已，必將服役而奴使之，多與之田而取其半，或乃出其一而收其二三。主上思人之勞苦，或減除其税，則富者以戶獨免，而貧者以受役，卒輸其二三與半焉。是澤不下流，而人無所告訴，其爲不安亦大矣。夫如是，不一定經界、覈名實，而姑重改作，其可理乎？夫富室，貧之母也，誠不可破壞。然使其大倖而役於下，則又不可。兄云懼富人流爲工商浮窳，蓋甚急而不均，則有此爾。若富者雖益賦，而其實輸當其十一，猶足安其堵，雖驅之不肯易也。檢之逾精，則下逾巧。誠如兄之言。管子亦不欲以民産爲征，故有『殺畜伐木』之説。今若非市井之兄云征，則捨其産而唯丁田之問，推以誠質，示以恩惠，嚴責吏以法，如所陳一社一村之制，遞以信相考，安有不得其實？不得其實，則一社一村之制，亦不可行矣。是故乘弊政必須一定制，而後兄之説乃得行焉。蒙之所見，及此而已。永州以僻隅，少知人事。兄之所代者誰耶？理歟，弊歟？理，則其説行矣；若其弊也，蒙之説其在可用之數乎？因南人來，重曉之。其他皆善，愚不足以議，願同夢得之云者。兄通《春秋》，取聖人大中之法以爲理。饒之理，小也，不足費其慮。無所論刺，故獨舉均賦之事，以求往復而除其惑焉。不習吏職而强言之，宜爲長者所笑弄。然不如是，則無以來至當之言，蓋明而教之，君子所以開後學也。

用法之道論分部

正法修刑論

論　説

唐・長孫無忌等《唐律疏議》附録《進律疏表》　暨炎靈委御，人物道稍，霧翳三光，塵驚九服。秋卿司於邦典，高下在心；獄吏傳於爰書，出没由己。内史溺灰然而被辱，丞相見牘背而行賕。戮逮棄灰，誅及偶語，長平痛積冤之氣，司敗切瘐死之魂。遂使五樓之羣，爭廻地軸；十角之旅，競入天田。國步於是艱難，刑政於焉弛紊。殷憂徯來蘇之後，多難佇撥亂之君。

大唐握乾符以應期，得天統而御歷。誅阪泉之巨猾，勦丹浦之凶渠，掃旬始而静天綱，廓妖氛而清地紀。朱旗乃舉東城，高滅楚之功；黄鉞裁麾西土，建翦商之業。總六合而光宅，包四大以凝旒。異域於是來庭，殊方所以受職。航少海以朝絳闕，梯崑山以謁紫宸。椎髻之酋，加之以文冕；窮髮之長，寵之以徽章：《王會》之所不書，塗山之所莫紀。歌九功以協金奏，運七政以齊玉衡，律增甲乙之科，以正澆俗；禮崇升降之制，以拯頽風。蕩蕩巍巍，信無得而稱也！

伏惟皇帝陛下，體元纂業，則天臨人，覆載並於乾坤，照臨運於日月，坐青蒲而化光四表，負丹扆而德被九圍。日旰忘餐，心存於哀矜；宵分不寐，志在於明威。一夫向隅而責躬，萬方有犯而罪己。仍慮三辟攸斁，八刑尚密，平反之吏，從寬而失情；次骨之人，舞智而陷綱。刑靡定法，律無正條，徽纆妄施，手足安措！

《陳子昂集》卷七《復讎議狀》　臣伏見同州下邽人徐元慶者，父爽爲縣吏趙師韞所殺，卒能手刃父讎，束身歸罪。議曰：先王立禮，所以進人也；明罰，所以齊政也。夫枕干讎敵，人子之義；誅罪禁亂，王政之綱。然則無義不可以訓人，亂綱不可以明法，故聖人修禮理內，飭法防外，使夫守法者不以禮廢刑，居禮者不以法傷義，然後能暴亂不作，廉耻以興，天下所以直道而行也。竊見同州下邽人徐元慶，先時父爲縣吏趙師蘊所殺，元慶鬻身庸保，爲父報讎，手刃師蘊，束身歸罪，雖古烈者，亦何以多？誠足以激清名教，旁感忍辱義士之靡者也。然按之國章，殺人者死，則國家畫一之法也，法之不二，元慶宜伏辜。又按《禮經》，『父讎不同天』，亦國家勸人之教也，教之不苟，元慶不宜誅。然臣聞昔刑之所生，本以遏亂；仁之所利，蓋以崇德。今元慶報父之仇，意非亂也；行子之道，義能仁也，仁而無利，與亂同誅，是曰能刑，未可以訓，元慶之可顯宥於此矣。然則邪由正生，理必亂作，昔禮防至密，其弊不勝，先王所以明刑，本實由此。今儻義元慶之節，廢國之刑，將爲後圖，政必多難，則元慶之罪，不可廢也。何者？人必有子，子必有親，親親相讎，其亂誰救？聖人作始，必圖其終，非一朝一夕之故，所以全其政也。故曰：『信人之義，其政必行。』且夫以私義而害公法，仁者不爲；以公法而徇私節，王道不設。元慶之所以仁高振古，義伏當時，以其能忘生而及於德也。今若釋元慶之罪以利其生，是奪其德而虧其義，非所謂殺身成仁全死無生之節也。如臣等所見，謂宜正國之法，置之以刑，然後旌其閭墓，嘉其徽烈，可使天下直道而行，編之於令，永爲國典。

唐·吴兢《貞觀政要》卷五《論誠》（貞觀十一年，魏徵上疏曰）

貞觀之初，志存公道，人有所犯，一一於法。縱臨時處斷，或有輕重，但見臣下執論，無不忻然受納。民知罪之無私，故甘心而不怨；臣下見言無忤，故盡力以效忠。頃年以來，意漸深刻，雖開三面之綱，而察見川中之魚，取捨在於愛憎，輕重由乎喜怒。愛之者，罪雖重而强爲之辭；惡之者，過雖小而深探其意。法無定科，任情以輕重；人有執論，疑之以阿偽。故受罰者無所控告，當官者莫敢正言。不服其心，但窮其口，欲加之罪，其無辭乎？又五品已上有犯，悉令曹司聞奏。本欲察其情狀，有所哀矜；今乃曲求小節，或重其罪，使人攻擊，惟恨不深。事無重條，求之法外，所加十有六七，故頃年犯者懼上聞，得付法司，以爲多幸。告訐無已，窮理不息，君私於上，吏姦於下，求細過而忘大體，行一罰而起衆姦，此乃背公平之道，乖泣辜之意，欲其人和訟息，不可得也。

故《體論》云：『夫淫泆盗竊，百姓之所惡也，我從而刑罰之，雖過乎當，百姓不以我爲暴者，公也。怨曠飢寒，亦百姓之所惡也，遁而陷之法，我從而寬宥之，百姓不以我爲偏者，公也。我之所重，百姓之所憎也；我之所輕，百姓之所憐也。是故賞輕而勸善，刑省而禁姦。』由此言之，公之於法，無不可也，過輕亦可。私之於法，無可也，過輕則縱姦，過重則傷善。聖人之於法也公矣，然猶懼其未也，而救之以化，此上古所務也。後之理獄者則不然，未訊罪人，則先爲之意，及其訊之，則驅而致之意，謂之能；不探獄之所由，生爲之分，而上求人主之微旨以爲制，謂之忠。其當官也能，其事上也忠，則名利隨而與之，驅而陷之，欲望道化之隆，亦難矣。

凡聽訟理獄，必原父子之親，立君臣之義，權輕重之序，測淺深之量。悉其聰明，致其忠愛，然後察之，疑則與衆共之。疑則從輕者，所以重之也，故舜命咎繇曰：『汝作士，惟刑之恤。』又復加之以三訊，衆所善，然後斷之。是以爲法，參之人情。故《傳》曰：『小大之獄，雖不能察，必以情。』而世俗拘愚苛刻之吏，以爲情也者，取貨者也，立愛憎者也，右親戚者也，陷怨讎者也。何世俗小吏之情，與夫古人之懸遠乎？有司以此情疑之羣吏，人主以此情疑之有司，是君臣上下通相疑也。通相疑，欲其盡忠立節，難矣。

凡理獄之情，必本所犯之事以爲主，不嚴訊，不旁求，不貴多端，以見聰明。故律正其舉劾之法，參伍其辭，所以求實也，非所以飾實也。但當參伍明聽之耳，不使獄使鍛鍊飾理成辭於手。孔子曰：『古之聽獄，求所以生之也；今之聽獄，求所以殺之也。』故析言以破律，詆案以成法，執左道亂政，皆王誅之，所以必加也。又《淮南子》曰：『豐水之深十仞，金鐵在焉，則形見於外。非不深且清，而魚鱉莫之歸也。』故爲政者以苛爲察，以切爲明，以刻下爲忠，以訐多爲功，譬猶廣革，大則大矣，裂之道也。夫賞宜從重，罰宜從輕，君居其厚，百王通制。故臧孫嚴猛，魯邦患其不亡；子產寬仁，鄭國憂其將死。刑之輕重，恩之厚薄，見思與見疾，其可同日言哉！且法者，國之權衡也，時之準繩也。權衡所以定輕重，準繩所以正曲直。今作法貴其寬平，罪人欲其嚴酷，喜怒肆志，高下在心，是則捨準繩以正曲直，棄權衡而定輕重者也，不亦惑哉？諸葛孔明，小國之相，猶曰：『吾心如秤，不能爲人作輕重。』況萬乘之主，當可封之日，而任心棄法，取怨於人乎？

又時有小事，不欲人聞，則暴作威怒，以弭謗議。若所爲是也，聞於外，其何傷？若所爲非也，雖掩之，其何益？故諺曰：『欲人不知，莫若不爲；欲人不聞，莫若勿言。』爲之而欲人不知，言之而欲人不聞，此猶捕雀而掩目，盜鍾而掩耳者，只以取誚，將何益乎？臣又聞之，無常亂之國，無不可理之民，在乎君之善惡，由乎化之薄厚，故禹、湯以之理，桀、紂以之亂；文、武以之安，幽、厲以之危。是以古之哲王，罪己而不以尤人，求身而不以責下。故曰：『禹、湯罪己，其興也勃焉；桀、紂罪人，其亡也忽焉。』今罪己之事未聞，罪人之心無已，既乖惻隱之情，實啓姦邪之路。溫舒恨於曩日，臣亦欲恨於當今。恩不結於人心，而望刑措不用，非所聞也。臣聞堯有敢諫之鼓，舜有誹謗之木，湯有司過之史，武有戒慎之銘。此皆聽之於無形，求之於未有，虛己心以待下，庶下情之達上，上下無私，君臣合德者也。魏文帝云：『有德之君所以樂聞逆耳之言、犯顏之諍，親忠臣、厚諫士、斥讒慝、遠佞人者，誠欲全身保國，遠避滅亡者也。』凡百君子，膺期統運，縱未能上下無私，君臣合德，可不欲全身保國，遠避滅亡乎？《書》曰：『木從繩則正，君從諫則聖。』然自古聖哲之君，功成事立，未有不資同德同心，予違汝弼者也。

唐・元結《次山集》卷八《辯惑二篇有序》　議者多惑朱公叔、第五興先所爲，故引之作《辯惑》二篇，以喻惑者，其意亦欲將辯惑與時人爲勸懼之方。

又《上篇》　昔南陽朱公叔爲冀州刺史，百城長吏多懼罪自去。公叔不舉法彈理之，聽其去官而已。惑者曰：『公叔才達者也。苟能威畏，苟能逃罪，當下自新之令，不問前時之過。公叔之爲也，是哉？』辯者曰：『嗚呼！先王作法令，蓋欲禁貪邪，絕凶暴，使人不得苟免，是以惡蒙異世之誅，善及子孫之賞。若法令不行，則無以沮勸；苟失沮勸，則賞罰何爲？嗚呼！先王懼人民自相侵害，故官人以理之，加其爵祿，使其富貴，蓋爲其能理養人民者也。彼乃絕理養之心，以殺奪爲務，去而不理，而曰是乎？豈有冠冕軒車，佩符持節，取先王典禮以爲盜具，將天下法令而爲盜資乎？致使金寶千囊，財貨百車。令彼盜類，各爲富家。公叔不理，奈何咨嗟。』

又《下篇》　昔第五興先爲詔使，舉奏刺史二千石，蒙削免者甚衆。興先以奉使稱職，獲遷官焉。惑者曰：『興先能糾劾過惡，直哉！使臣遷秩次也！宜乎？』辯者曰：『夫理人貴久其法，明其禁，使人知常且長也。漢家法不常耶？禁不長耶？何得興先暴將威令，急操刑獄，使蒙戮辱者如斯多乎？若漢家天下法禁皆如冀州，四方詔使皆如興先，則亂生於令出，禍作於遣使。誰爲惑者？聽我商之。嗚呼！畏陷人於法，故先於禁制，有抵犯者，理而刑之，示其必常也，人始知懼。先王欲人自新，故爲善者賞之，俾人勸而無懼，然後乃理。所以施賞罰於人民，令似衣冠，不可脫去。如此慇懃，乃能措刑殺，致太平耳。故曰：賞善而不罰惡則亂，罰惡而不賞善亦亂，賞罰不行與過差必止。若如此，漢家之法在乎？興先之爲是也乎？衆人之惑喻無？』

唐・杜佑《通典》卷一六七《刑法五・雜議下》　神龍元年正月，趙冬曦上書曰：『臣聞夫今之律者，昔乃有千餘條。近有隋之姦臣，將弄其法，故著律曰：「犯罪而律無正條者，應出罪則舉重以明輕，應入罪則舉輕以明重。」立夫一言，而廢其數百條。自是迄今，竟無刊革，遂使死生罔由乎法律，輕重必因乎愛憎，賞罰者不知其然，舉事者不知其犯。臣恐賈誼見之，必爲慟哭矣！夫立法者，貴乎下人盡知，則天下不敢犯耳，何必飾其文義、簡其科條哉？夫條科省則下人難知，文義深則法吏得便。下人難知，則暗陷機穽矣，安得無犯法之人哉！法吏得便，則比附而用之矣，安得無弄法之臣哉！臣請律令格式，復更刊定，其科條言罪，直書其事，無假飾文；其以即、加減、比附、原情及舉輕以明重，不應爲而爲之類，皆勿用之。使愚夫愚婦聞之必悟，則相率而遠之矣，亦安肯知而故犯哉！苟有犯者，雖貴必坐，則宇宙之內，肅然咸服矣。故曰：「法明則人信，法一則主尊。」《書》曰：「刑期于無刑。」誠哉是言。』

《舊五代史》卷一〇八《漢書・張允傳》　晉天福初，（張）允以國朝頻有肆赦，乃進《駮赦論》曰：『《管子》云：「凡赦者小利而大害，久而不勝其禍；無赦者小害而大利，久而不勝其福。」又，《漢紀》云：「吳漢疾篤，帝問所欲言。對曰：唯願陛下無爲赦耳。」如是者何？蓋行赦不以爲恩，不行赦亦不以爲無恩，爲罰有罪故也。竊觀自古帝王，皆以水旱則降德音而宥過，開狴牢以放囚，冀感天心以救其災者，非也。假有二人訟，一有罪，一無罪，若有罪者見捨，則無罪者銜冤，銜冤者彼何疏，見捨者此何親乎？如此則是致災之道，非救災之術也。自此小民遇天災則喜，皆相勸爲惡，曰國家好行赦，必赦我以救災，如此卽是國家教民爲惡也。且天道福善禍淫，若以捨爲惡之人，而便變災爲福，則又是天助其惡民也。細而究之，必不然矣。儻或天降之災，蓋欲警誡人主，節嗜欲，務勤儉，恤鰥寡，正刑罰，不濫捨有罪，不僭殺無辜，使美化行於下，聖德聞於上，則雖有水旱，亦不爲沴矣。豈以濫捨有罪，而反能救其災乎？彰其德乎？是知赦之不可行也。明哉！』

宋・李昉等《文苑英華》卷七四九《王志愔〈應正論〉》 志愔爲大理正奏言：法令者，人之隄防，隄防不正，則人無禁。竊見大理官僚，多不奉法，以縱罪爲寬恕，以守文爲苛刻。臣濫執刑典，實恐爲衆所謗。臣常著《應正論》，以見微志，因上之。其論曰：

臣嘗讀《易》至《萃》：『利見大人，亨，聚以正也。』六二：『引吉，無咎。』注曰：『居萃之時，體柔當位，處坤之中，己獨處正，與衆相殊。異操而聚，民之多僻，獨正者危，未能變體以遠於害，故必見引，然後乃吉而無咎也。』王肅曰：『六二與九五相與，俱復眞正，引由迎也，爲吉所迎，何咎之有？』未嘗不輟書而歎曰：『居中理正，事之常體，見引無咎，道亦宜然。』有客聞而感之，因謂僕曰：『今主上文明，域中理定，君纍司典憲，不務和同處正之志，雖存見引之吉，難應行之於己，余竊懼焉。』僕歛袵降階，揖客而謝曰：『補遺闕於衮職，用讜言爲己任，以蒙養正，見引獲吉，應此道也，仁何遠哉？昔咎繇謨虞，登朝作士，設教理訓，開物成務，是以五流有宅，五宅三居，怙終賊刑，刑故無小。於是舜美其事曰：「汝明於五刑，以弼五教，期于予理刑，期於無刑人，恊於中時，乃功懋哉。」故孔子歎其正曰：「舜舉臯陶，不仁者遠。」此非明辟執法，大人見引之應乎？季孫行父之事君也，舉竊寶之愆，黜受邑之賞，明善惡而糾慝，議僭賞以塞遠，在虞舜之功，居二十之一。主司得行其道，時君不以爲嫌，此非已獨處正，引吉而無咎矣乎？觀漁於棠，臧伯正色；賂鼎在廟，哀伯抗詞；言者得盡其忠，聞之不加其罪。故《春秋》稱臧氏之正曰：「積善之家，必有餘慶。」此非異操而聚，引吉之所致乎？魏絳理直，晉侯乃復其位；邪人辭順，趙盾不伐其國：此非正體未變，爲吉所迎者乎？夫在上垂拱，臣下守制，若正應乎上，乃引吉於下，而中士聞道，若存若亡，交戰於胷臆之中，懷疑乎語默之境，懼獨正之莫引，忘此正之必亨。於嗟乎！行己立身，居正踐義，其動也直，其止也方，維正身如是歟，何以明之？《坤》六二：「直方大，不習，無不利。」《言》曰：「直其正也。方其義也。君子敬以直內，義以方外，敬義立而德不孤。直方大，不習無不利，則不疑其所行也。」稽康撰《釋私論》，曹羲著《至公論》，皆以崇公激俗，抑私事主，一言可蔽之，歸於體正而已矣。《禮記》曰：「刑者侀也，侀者成也，一成而不可變，故君子盡心焉。」若以喜怒制刑，輕重設此，是則橋前驚馬，用違一作希旨論人，苑中獵免，以從欲廢法。理有違而合道，物貴和而不同，不同而和，正在其中矣。昔任延爲武威太守，漢帝誡之曰：「善事上官，無失名譽。」延對曰：「臣聞忠臣不私，私臣不忠，上下雷同，非國家之福，善事上官，不敢奉詔。」任延雅奏，漢帝是其正言。此則歸正不回，乖旨順義，不以忤懷見忌，斯亦違而合道。《晏子春秋》：「景公見梁丘據曰：「據與我和乎？」晏子曰：此同也，非和也。夫和者，君甘則臣酸，君淡則臣醎。今據也，君甘亦甘，所謂同也，安得爲和。」是知濟鹽梅以調羹，乃適平心之味；獻可替否而論道，乃恢正體之節：俟引正而遵度，故曰物貴相和而不同，劉曼山辨和同之義，有旨哉！若以不同見議，未敢聞誨。』客曰：『和同乖訓，則以聞之，援法成而不變者，豈恤獄之寬憲耶？《書》曰：「御衆以寬。」《傳》曰：「寬則得衆。」若以嚴綜物，異乎寬政矣。』對曰：『刑賞二柄，惟人主操之，崇厚任寬，是謂皇王之德。《慎之》曰：「以力役法者，百姓也；以死守法者，有司也；以道變法者，君上也。然則非人臣之所操。」後魏游肇之爲廷尉也，魏帝睿私敕肇，有所降恕，肇執而不從曰：「陛下自能恕之，豈可令臣之曲筆也？」肇知任寬恕是君道，曲從非臣節。人或未達斯旨，不料其務，恕乎以平刑爲峻，將曲法爲寬，謹守憲章，號爲密網。一作深密《內律》云：「釋種虧戒律，一日誅五百人，如來不救其罪。」豈謂佛法爲殘刻耶？老子《道德經》云：「天網恢恢，疏而不漏。」豈謂道教爲凝峻耶？《家語》曰：「王者之誅有五，而竊盜不預焉。」卽心辯言僞之流；《禮記》亦陳四殺，破律亂名之謂也：豈是儒學執禁，孔子深文哉？此三教之用法者，所以明眞諦，重玄猷，存天綱，立人極也。然則乾象震曜，天道明威，齊衆惟刑，百王所以垂範；折人以法，三后於是成功：所務掌憲決平，斯廷尉之職耳。《易》曰：「家人嗃嗃無咎，女子嘻嘻終吝。」嚴於其家，可移於國。何有昔崔寔達於理體，而作《政論》，仲長統曰：「凡爲人君，宜寫《政論》一通，置諸坐側。」其大概云：爲國者以嚴致平，非以寬致平者也。然則稱嚴者，不必喻條越制，凝網重罰，在於施隱括以矯枉，用平典以禁非，刑故有常，罰輕無捨，人不易犯，防之難越故也。但人慢吏濁，僞積賊深，而曰以寬理之，可以無過，何異乎命王良御駟，捨御轡於奔縱；請俞跗攻疾，停藥石於膚腠？適見軼駕轉逸，膏有更深，醫人僕吏夫，何功之有？」又謂僕曰：『成法之變，爲唯帝王之令歟？』對曰：『何爲其然也？』昔漢武帝甥昭平君殺人，以公主子，廷尉上請論刑，左右爲言。武帝垂涕嘆曰：「法令者，高帝之所造也，用親故撓先帝之法，吾何面目入高廟乎？又下負萬人。」乃可其奏。近代隋文帝子秦王俊爲並州總管，以奢縱免官，僕射楊素曰：「王陛下愛子，請捨其過。」文帝曰：「法不可違。若如公意，我是五兒之父，非兆人之父，何不別制滅子兒律乎？我安能虧法？」卒不許。此是帝王操法，葉於禮經不變之義也，況於秋官典職，司寇肅事，而可變動者乎？我皇睿哲登宸，高視嚴廊之上；宰衡明允就列，輯穆廟堂之下。乾坤交泰，日月光華，庶績其凝，衆功咸理，聚以正也。僕幸利見大人，引其吉焉，斯養正於下位，中正是託，子何懼乎？夫君子百行之基，出處二途而已：出則策名委質，行直道以事君，進善納忠，仰大階而輔政，謇謇其節，思爲社稷之臣，蹇蹇匪躬，願參柱石之任；處則遠辭徵召，高謝公卿，孝友揚名，是亦爲政，煙霞尚志，其用求貞：行藏事業，心迹斯在。至如水中汎汎，天下悠悠，執馭爲榮，掃門自媚，拜塵邀勢，括囊守禄，從來長思，以爲深耻。」客乃逡巡不對，遂無以問僕也。

又《牛希濟〈刑論〉》　刑罰之用，蓋將以革人之心，勸之於善。所以小罪輕刑，以正其失。大罪重罰，以勵其衆。將刑，王者爲之不舉，以示仁恕之心也。棄人必於市，明其罪之死也。皆欲遷人於善，豈圖斷其肌膚，殘其支體，流其膏血，盡其性命，以逞於威怒者也？三代之後，五刑之用，劓刖之屬，最可以爲耻於衆觀者，則知其所犯，毁其父母之遺體，罔不憯痛於心。犯者不能諱其罪，亦可以永戒其惡，所謂有耻且格。及笞杖之法，易隱其迹，行鄉而無愧。苟富貴而或得行者，其暴犯者不以爲耻，誠哉免而無耻。漢文帝感緹縈之一言，廢肉刑用笞杖。及後笞者多死，文皇帝視明堂圖，亦輕其罰，天下之獄幾亂。知刑罰者，治之具也，不可蹔捨。然罰無輕重，杖無大小，皆成之於胥吏之手，斷之於出没之文。上之人其知乎？夫鞫獄之法，始於疑辯之中，成於案牘之内。吏典之者，捨其罪而彰其是。其不與者，除其善而彰其惡。又復刑律之中，或一與一奪，隨其取捨，以爲出入，官必不盡知，此爲弊之一也。晝灰爲獄，誓不願入。刻木爲吏，誓不願對。獄吏之尊，聲色之大，桎梏之重輕，搒掠之多少，率由其意，孰可與爭？此爲弊之二也。又或欲其僞而怒其眞，惡其輕而思其重，或捽其首，或批其頰，詬辱毆繫，無所不至。又節其飲食，嚴其徽纆，外殘其軀，内脅其心，壯士勇夫，且必流涕，孤弱之人，敢不從命？此爲弊之三也。或上下其手，以取其信，或默染富室，以求資賄，則衆知其非，不能卽止。此爲弊之四也。具獄既久，改爲疑讞，遠取支證，廣擒黨與，淹延歲月，以伺赦宥。此爲弊之五也。捶拷之下，易以强抑，人之支體，頑非木石。若加其殘忍，取其必然，誠雖無罪，百不能免。蓋不勝其楚掠之毒，寧甘心於一死。狡猾之吏，斷成其獄，故戮死之後，盜自他發。衆方知其無辜，且桎梏之苦，笞棰之嚴，輕罪者願重刑而獲出，無辜者畏殘害而求死皆，狡猾之所能爲也。卽平人孰敢與吏爲敵？公卿尊嚴，察視不及，臺寺懸遠，訴訟無門。死者不可再活，親戚焉能申冤？何以感致和氣，平一水旱？此爲弊之六也。復有衆皆知非，難加以法，當炎酷之時，穢其傍而成其疾疫，奪其餉而致其飢餓。園扉嚴邃，守者羅列，親戚之人，胡能知其食與不食，渴與不渴？但成其困，以取其斃。此爲弊之七也。況外府法司，又爲不道。或土囊以鎮其腹，或濕紙以蒙其面。拘録所至，號呼莫聞。瞑然而去，孰知其由？昔東海誤殺貞婦，致三年之旱。今天下之刑，晝常兩血，尚未足以泄其冤憤。且刑罰者，遠於人，非近於人。犯之者皆自求之也，非刑之就於人也，皆人就也。上自天子，下至庶人，若爲不道，必歸於法。故商辛夏桀，懸首於白旗。此天子之刑也。則公卿之下獄，黎庶之就戮，又何足道哉？是知上下皆有分，故君子常懷畏懼。夫厲聲變色，揚眉張目，樂刑罰以毒物之性命，殆非人類信豺狼之心也。故曾子曰：『如得其情，則哀矜而勿喜。』又於定國每歲（次）［決］獄，先自流涕。悲哉仁者之心，深知刑獄之本。所以勸人，非以虐人也。今天下之大，九州之衆，一歲決獄之多少，皆由吏議，豈能盡平。莫若重明桎梏笞杖重輕之制禁，計日月之遠近，寒暑靜温，其所處饘粥每給其飢渴，決罪遍求於刑律，察詞必盡於疑辯，庶幾少塞其弊，當不濫於無辜，以成王者之理。

又　卷七六八《楊夔〈刑議〉》　議曰：『刑可以立乎？堯舜不能去，不亦深乎？』曰：『貳於法而行之。苟違之者，是不由砥。終而紊之，則孰若嚴刑而使知畏。姑以一字言之，立其墻垣，崇其閈閎，猶有穴而入者，而況於不設乎？漢輕其法，穽民於禍矣。之而不是子更嗚呼！致金於路，坐拾者以盜不？』

用法寬恤論

論　説

《舊唐書》卷八八《韋嗣立傳》　揚、豫之後，刑獄漸興，用法之伍，務於窮竟，連坐相牽，數年不絕。遂使巨姦大猾，伺隙乘間，內苞豺狼之心，外示鷹鸇之迹，陰圖潛結，共相影會，構似是之言，成不赦之罪。皆深爲巧詆，恣行楚毒，人不勝痛，便乞自誣，公卿士庶，連頸受戮。道路籍籍，雖知非辜，而鍛鍊已成，辩占皆合。縱臯陶爲理，於公定刑，則謂汙宮毀柩，猶未塞責。雖陛下仁慈哀念，恤獄緩死，及覽辭狀，便已周密，皆謂勘鞫得情，是其實犯，雖欲寬捨，其如法何？於是小乃身誅，大則族滅，相緣共坐者，不可勝言。此豈宿構讎嫌，將申報復，皆圖苟成功效，自求官賞。當時稱傳，謂爲羅織。其中陷刑得罪者，雖有敏識通材，被告言者便遭枉抑，心徒痛其冤酷，口莫能以自明。或受誅夷，或遭竄殛，並甘心引分，赴之如歸。故知弄法徒文，傷人實甚。

又　卷八九《狄仁傑傳》　聖曆初，狄仁傑上疏曰：臣聞朝廷議者，以爲契丹作梗，始明人之逆順，或因迫脅，或有願從，或受僞官，或爲招慰，或兼外賊，或是土人，迹雖不同，心則無別。誠以山東雄猛，由來重氣，一顧之勢，至死不回。近緣軍機，調發傷重，家道悉破，或至逃亡，剔屋賣田，人不爲售，內顧生計，四壁皆空。重以官典侵漁，因事而起，取其髓腦，曾無心媿。修築池城，繕造兵甲，州縣役使，十倍軍機。官司不矜，期之必取，枷杖之下，痛切肌膚。事迫情危，不循禮義，愁苦之地，不樂其生。有利則歸，且圖賒死，此乃君子之愧辱，小人之常行。人猶水也，壅之則爲泉，疏之則爲川，通塞隨流，豈有常性。昔董卓之亂，神器播遷，及卓被誅，部曲無赦，事窮變起，毒害生人，京室丘墟，化爲禾黍。此由恩不普洽，失在機先。臣一讀此書，未嘗不廢卷歎息。今以負罪之伍，必不在家，露宿草行，潛竄山澤。赦之則出，不赦則狂，山東羣盜，緣茲聚結。臣以邊塵暫起，不足爲憂，中土不安，以此爲事。臣聞持大國者不可以小道，理事廣者不可以細分。人主恢弘，不拘常法，罪之則衆情恐懼，恕之則反側自安。伏願曲赦河北諸州，一無所問。自然人神道暢，率土歡心，諸軍凱旋，得無侵擾。

《舊五代史》卷一四七《刑法志》　（開運）三年十一月丁未，左拾遺竇儼上疏曰：『臣伏覩《名例律疏》云：「死刑者，古先哲王，則天垂象，本欲生之，義期止殺，絞斬之坐，皆刑之極也。」又準天成三年閏八月二十三日敕：「行極法日，宜不舉樂，減常膳。」又刑部式：「決重杖一頓處死，以代極法。」斯皆人君哀矜不捨之道也。竊以蚩尤爲五虐之科，尚行鞭扑；漢祖約三章之法，止有死刑。絞者筋骨相連，斬者頭頸異處，大辟之目，不出兩端，淫刑所興，近聞數等。蓋緣外地，不守通規，肆率情性，或以長釘貫篸人手足，或以短刀臠割人肌膚，乃至累朝半生半死，俾冤聲而上達，致和氣以有傷。將宏守位之仁，在峻惟行之令，欲乞特下明敕，嚴加禁斷者。』

宋・李昉等《文苑英華》卷六〇五《崔融〈代皇太子請放罪囚表〉》

臣聞堯、舜推心，諒因於百姓；禹、湯責已，必在於至人。頃以炎亢踰時，資儲頗乏，天皇情勤戒慎，務切憂勞，發倉廩以賙窮，罷珍羞而酌損。紅粟未阜，愈兢御朽之懷；白粲有刑，特軫推溝之念。爰降恩旨，俯加寬恤，凡在生靈，不勝鼓舞。然以和風所被，蘭艾同榮；膏雨所流，公私並潤。徒刑之輩，已沐於深慈；杖罪之流，未霑於厚渥。且五刑之內，笞坐爲輕；兩造之間，原情可恕。時當𢡟勁，命甚漂浮，因茲決罰，或從顛躓。伏乞迎春布澤，應天道而無違；任地成功，順人時而不奪；使三農有望，萬物知歸。臣濫守儲闈，叨陪帝幄，乾坤覆載，荷至德而徒深；日月昭明，在末光而何助？無任區區之至。

又　卷六一七《徐堅〈論刑獄表〉》　臣聞上天之道，先春而後秋；聖人制法，外刑而內禮。故知三辟之設，王者不得已而用之。今帝命惟新，六合光宅，遠無異望，邇無異言，亦宜安彼反側，示以寬典。臣竊見神都諸部勘當所，尋有敕停，迄至於今，猶尚追攝，豈非勘當使等志希僥倖，執斯刻薄，以爲已能哉？長姦濫之源，傷醇和之化，伏願即停之。臣又聞書有五聽，慮失情實也；令著三覆，恐致虛枉也。比見有敕勘當反逆，令使者得實便決，然人命至重，死不可生，儻萬分之中，有一不實，欲訴無路，懷枉誰明？飲恨吞聲，赤族從戮，豈不痛哉！此不足以肅姦逆而明典刑，適所以長威福而生疑懼，臣望絕此處分，依法覆奏，則死者甘伏，知泣辜之恩；生人歡悅，見詳刑之意。又法官之任，人命所懸，若不簡擇，恐招枉濫。諸官僚之內，有用法寬平，爲衆所稱者，願親而進之；處事深酷，不允民望者，願疏而退之。囹圄無冤，億兆幸甚。臣又聞罰不及嗣，虞帝之明規；罪不至孥，漢君之茂德。故郤芮作亂，而郤缺登朝；嵇康被刑，而嵇紹入用；終能立功白狄，效死湯陰，千載美談，斯爲稱首。父子猶其若此，餘親尚何疑哉？竊見逆人之親，還曹廣責，無親無服，亦數十條，士子之中，十將三四。今聖人在上，寶命惟新，有道賤貧，實爲深恥，遂令此等，長從遐棄，懷才抱器，將何望哉？是以聖意哀矜，頻降恩制，令同常例，各使坦懷，姚璹之徒，皆逢委任。而在下僚列，不識天心，苟求微疵，不弘大體。又準敕，逆人周堂親，不得任京官及兩畿三輔官；準法，刑戮緦麻親，不得充近侍宿衛。臣望申敕有司，敕令逆人外，不得輒爲勘責，收其賢能，示之曠蕩。斯巍巍之德，作範百王；穆穆之風，垂裕千祀。

又　卷六一九《李彭年〈論刑法不便表〉》　臣聞明王理人也，設法立制，不私喜怒，與天下共之，忠臣之事主也，竭誠盡節，不顧榮辱，欲天下利之。故得上下同心，法令明一，寬而有制，從容以和，此蓋刑措太平之道也。今陛下作人父母，勤憂庶政，從諫不咈，居安慮危，臣所以敢進逆耳之言，忘忤旨之罪，伏願陛下少垂照察。幸甚！臣聞《書》曰：『罪疑惟輕，功疑惟重。與其殺不辜，寧失不經？好生之德，洽于人心。』竊見紫微主書趙誨，爲取蕃人末河利刀子赼文書，特敕處盡。趙誨受贓，罪不枉法，又異監臨，貪以敗官。事雖挂網，議而定罪，國有常條，若必責之以極典，假有罪重倣此者，陛下復何以加之於法乎？臣又聞政之所興，事資賞罰，賞罰必信，人心乃安；輕重或虧，手足無措。陛下若以借趙誨之命，勵貪吏之心，以臣之愚，又將未益。夫法存畫一、不啓二門者，蓋示人以信也；先教後罰，寧僭無濫者，不陷人以罪也。若有犯必死，則非薄刑之意；同罪異罰，又非畫一之道。何必殺之示信？臣非愛人命也，惜陛下之法也。昔者渭橋驚馬，空見罰金；高廟盜環，惟聞棄市。漢幾刑措，職此之由，釋之之言，可以爲喻。伏惟陛下少留意焉！抑臣聞之，死者不可復生，雖欲改過自新，其道無由及也。殺氣方深，嚴刑在近，一物失所，聖心不安。臣忝諍臣，不敢不奏。又典律所制，輕重各殊，笞杖是輕，徒死是重，爰自近日，此道便乖，凡所決囚，例多非命。此乃徒刑有必生之理，杖刑爲致死之條，既紊國經，有傷和氣。又凡曰：『造僞，例是死囚，伏準條格，先決一百。既必要之以斬罪，何更加以杖刑？臣雖至愚，猶將不可，凡百達識，孰謂其宜？』又《周禮》論刑刺之典，一曰訊羣臣，二曰訊羣吏，三曰訊萬人。陛下若以臣所言，事非可用，則願陛下訊以羣吏，詢諸宰臣，擇善而行，國之利也。夫古之人臣，干救危犯者，非一人也。然遇主榮達者，萬無一也。其遭咎羅禍者，不可勝數。以此觀之，豈臣之利也？誠爲主也！伏惟陛下深察之。臣識謝中庸，才非上達，猥以承乏，叨居諫官。既無涓埃之效，實多尸素之責，謹獻愚直，輕觸威嚴。儻益萬分，甘之九死。

又　《第二表》　臣某言：臣伏見詔書『內外官取受一疋以上，科本罪外，放歸田里；五疋以上，仍於犯處便附貫者』臣聞國之大禮，必存其故不易其宜，循其教不易其俗。故《禮》曰：『刑者侀也』『一成而不可變。』此則百代常行之道也。《周禮》曰：『刑新國用輕典；刑平國用中典；刑亂國用重典。』此又三等用刑之意也。然設三槐九棘之吏，入鈞金束矢之條，蓋又慎之至也。故詳刑則死者不恨而生者不怨；怨恨不生則災害不作；災害不作則太平之理也。以堯舜之聖，猶曰惟刑恤哉；以成康之賢，故稱明德慎罰。爲政之道，可不慎歟？自周室浸微，穆王荒耄，作五刑之屬，立三千之條。度時而用，所謂刑亂者也。春秋之時，王道寖壞，征伐交起，教化不行。子產鑄書，見疵於叔向；荀寅設法，獲毀於仲尼。偷薄之政，自是滋矣。秦至始皇，專任刑罰，赭衣塞路，姦邪並生。囹圄成市，天下愁苦，劉項一呼，土崩瓦解。降自魏晉，至於陳隋，歷代興亡，莫不因此。故孔子曰：『禮樂不興，則刑罰不中；刑罰不中，則人無所措手足。』誠哉是言也。當今天下有道，庶政惟和，四方無虞，萬邦從政。正可勝殘去殺，道德齊禮，大革前非，淳風一變。今乃下明敕峻刑書，深非元元之望也。夫刑罰者御人以威，法令者示人以信。若成而數變，則人之心不安；嚴而必行，則獄訟滋起。先王所言，議事以制，不爲刑辟者，懼人之有爭心也。伏惟陛下取鑑前典，率由舊章，國用常刑，俯收嚴典。則政經有序，德洽人心，萬姓咸曰大哉王心，茲用不犯於有司矣。且臣聞寬者仁也，政者正也；上正其道，下必從之。陛下居無爲之時，行不嚴之化，則如風靡草，日用而不知，豈待威之以深刑，而欲革之以貪性？苟縱免而無耻；亦何益於政哉？臣又聞之，至刑無所用，至政無所理。故楊泉《物理論》曰：『姦與天地俱生，自然之氣也。人主以政御人，政寬則姦易禁，政急則姦難絕。』今法雖大設，犯者逾多，臣愚以爲持政之急。老子曰：『法令滋章，盜賊多有。』此蓋急刑，非止姦之意，伏願陛下深思之。臣識見近淺，才非匡濟，謬參列侍，忝齒諍臣，敢不竭誠，以速官謗？儻裨政化，雖死猶生。

宋・姚鉉《唐文粹》卷六《崔仁師〈請不改反逆緣坐刑名疏〉》　自昔羲農以降，爰及唐虞，或設言而人不犯或畫像而下知禁。三代之盛，泣辜解網，父子兄弟，罪不相及。咸臻至理，俱爲稱首。及其叔代，亂獄滋煩，周之季年，不勝其弊。烈火原於子產，峭澗起於安于，韓季申商，爭持急刻，參夷相坐，始於此也。秦用其法，遂至土崩。漢高之務寬大，未爲盡善；文帝之存仁厚，仍多涼德。遂使新垣族滅，信越菹醢，見嗤良史，謂之過刑。晉魏至隋，雖有損益，凝脂猶密，秋荼尚煩。皇上爰發至仁，念茲刑憲，酌前王之令典，採往哲之嘉猷，革弊蠲苛，可大可久。仍降綸綍，頒之九區。故得斷獄數簡，手足有措，刑清化洽，未有不安。忽以暴秦酷法，爲隆周中典，乖惻隱之情，反惟行之令。進退參詳，未見其可。且父子天屬，昆季同氣，誅其父子，足累其心，此而不顧，何愛兄弟？既欲改法，請更審量。

慎刑論

論說

《舊五代史》卷一四七《刑法志》　（天福四年）三月庚午，詳定院奏：『前守洪洞縣主簿盧燦進策云：「伏以刑獄至重，朝廷所難，尚書省分職六司，天下謂之會府。且諸道決獄，若關人命，卽刑部不合不知。欲請州府凡斷大辟罪人訖，逐季具有無申報刑部，仍具録案款事節，并本判官、馬步都虞候、司法參軍、法直官、馬步司判官名銜申聞。所貴或有案內情曲不圓，刑部可行覆勘。如此則天下遵守法律，不敢輕易刑書。非唯免有銜冤，抑亦勸其立政者。」臣等參詳，伏以人命至重，國法須精，雖載舊章，更宜條理，誠爲允當，望賜施行。』

《陳子昂集》卷九《諫用刑書》　臣本蜀之疋夫，官不望達，陛下過意，擢臣草莽之下，昇在麟臺之間，光寵自天，卓若日月，微臣固陋，將何克負？然臣聞忠臣事君，有死無二，懷佞不諫，罪莫大焉。況在明聖之朝，當不諱之日，方復鉗口下列，俛仰偷榮，非臣之始願也。不勝愚惑，輒奏狂昧之說，伏惟陛下少加察焉。臣聞古之御天下者，其政有三：王者化之，用仁義也；霸者威之，任權智也；彊國脅之，務刑罰也。是以化之不足，然後威之；威之不變，然後刑之。故至於刑，則非王者之所貴矣。凡欲光宅天下，追功上皇，專任刑殺，以爲威斷，可謂策之失者也。伏覩陛下聖德聰明，游心太古，將制靜宇宙，保乂黎人，發號施令，出於誠慊天下蒼生，莫不想望聖風，冀見神化，道德爲政，將待於陛下矣。且臣聞之，聖人出必有驅除，蓋天人之符應休命也。日者東南微孽，敢謀亂常，陛下順天行誅，罪惡咸服，豈非天意欲彰陛下神武之功哉？

而執事者不察天心，以爲人意，惡其首亂唱禍。法合誅屠，將息姦源，窮其黨與，遂使陛下大開詔獄，重設嚴刑，冀以懲創，勸於天下；逆黨親屬，及其交游，有迹涉嫌疑，辭相逮引，莫不窮捕考劾，枝蔓蟠拏，大或流血，小禦魑魅；至有姦人熒惑，乘險相誣，糾告疑似，冀圖爵賞，叫於闕下者，日有數矣。於時朝廷惶惶，莫有固志，海內傾聽，以相驚恐。賴陛下仁慈，憫斯危懼，賜以恩詔，許其大功已上，一切勿論。時人獲泰，謂生再造，臣愚竊亦欣然，賀陛下聖明，得天下之機也。不謂議者異見，又執前圖，比者刑獄紛紛復起，陛下不深思天意，以順休期，尚以督察爲理，威刑爲務，使前者之詔，不信於人，愚臣昧焉，竊恐非三皇五帝伐罪弔人之意。臣竊觀當今天下百姓，思安久矣。曩屬北胡侵塞，西戎寇邊，兵革相圖，向歷十載。關河自北，轉輪幽燕，秦、蜀之西，馳騖湟海：當時天下疲極矣。重以大兵之後，屢遭凶年，流離饑殍，死喪略半。幸賴陛下以至聖之德，撫寧兆人，邊境獲安，中國無事，陰陽大順，年穀累登，天下父子始得相養矣。故揚州構禍，殆有五旬，而海內晏然，纖塵不動，豈非天下蒸庶猒凶亂哉？臣以此卜之，知百姓思安久矣。今陛下不務玄默，以救疲人，而反任威刑，以失其望，欲察察爲政，肅理寰區，愚臣暗昧，竊有大惑。且臣聞刑者，政之末節也，先王以禁暴整亂，不得已而用之。今天下幸安，萬物思泰，陛下乃以末節之法，察理平人。臣愚以爲非適變隨時之義也。頃年已來，伏見諸方告密囚累百千輩，大抵所告皆以揚州爲名，及其窮，竟百無一實。陛下仁恕，又屈法容之，傍訴他事，亦爲推劾。遂使姦惡之黨，決意相讎，睚眦之嫌，即稱有密，一人被訟，百人滿獄，使者推捕，冠蓋如市。或謂陛下愛一人而害百人，天下喁喁，莫知寧所。臣聞自古聖人，不有外患，必有內憂，物理之然也。臣不敢以遠古言之，請藉隋而況。臣聞長老言：隋之末代，天下猶平，煬帝不恭，窮毒威武，猒居皇極，自惣元戎，以百萬之師，觀兵遼海，天下始騷然矣。遂使楊玄感挾不臣之勢，有大盜之心，欲因人謀以竊皇業，乃稱兵中夏，將據洛陽，哮闞之勢，傾宇宙矣。然亂未踰月，而首足異處，何者？天下之弊，未有土崩，蒸人之心，猶望樂業。煬帝不悟，暗忽人機，自以爲元惡既誅，天下無巨猾也，皇極之任，可以刑罰理之。遂使兵部尚書樊子蓋專行屠戮，大窮黨與，海內豪士，無不罹殃，遂至殺人如麻，流血成澤，天下靡然，始思爲亂矣。於是蕭銑、朱粲起於荆南，李密、竇建德亂於河北，四海雲搖，遂並起而隋族亡矣，豈不哀哉！長老至今談之，委曲如是，臣竊以此，上觀三代夏、殷、周興亡，下及秦、漢、魏、晉、理亂，莫不皆以毒刑而致敗壞也。夫大獄一起，不能無濫，何者？刀筆之吏，寡識大方，斷獄能者，名在急刻，文深網密，則共稱至公，爰及人主，亦謂其奉法，於是利在殺人，罕能平恕。故獄吏相誡，以殺爲詞，非憎於人也，而利在己，故上以希人主之旨，下以圖榮身之利。徇利既多，則不能無濫，濫及良善，則淫刑逞矣。夫人情莫不自愛其身，陛下以此察之，豈能無濫也？寃人吁嗟，感傷和氣，和氣悖亂，羣生癘疫，水旱隨之，則有凶年，人既失業，則禍亂之心，怵焉而生矣。頃來亢陽愆候，密雲而不雨，農夫釋耒，瞻望嗷嗷，豈不由陛下之有聖德，而不降澤於下人也？儻旱遂過春，廢於時種，今年稼穡，必有損矣。陛下何不敬承天意，以澤恤人？臣聞古者明王，重慎刑罰，蓋懼此也。《書》不云乎：『與其殺不辜，寧失不經。』陛下奈何以堂堂之聖，猶務彊霸之威哉？愚臣竊爲陛下不取也。且愚人安則樂生，危則思變，故事有招禍，而法有起姦。儻大獄未休，支黨日廣，天下疑惑，相恐無辜，人情之變，不可不察。昔漢武帝時，巫蠱獄起，江充行詐，惑亂京師，致使太子奔走，兵交宮闕，無辜被害者以千萬數，當此之時，劉氏宗廟，幾傾覆矣。賴武帝得壺關三老上書，廓然感悟，夷江充三族，餘獄不論，天下以安耳。臣每讀《漢書》至此，未嘗不爲戾太子流涕也。古人云：『前事之不忘，後事之師。』伏願陛下念之。臣不避湯鑊之罪，以螻蟻之命，輕觸宸嚴，臣非不惡死而貪生也，誠恐負陛下恩遇。臣不敢以微命蔽塞聰明，亦非敢欲陛下頓息刑罰，望在恤刑耳，乞與三事大夫圖其可否。往者不可諫，來者猶可追，無以臣微而忽其奏，天下幸甚。臣子昂誠惶誠恐，死罪死罪。

臣聞昔者聖人理天下者，美在太平；太平之美者，在於刑措。臣伏見陛下務太平之理，而未美太平之功，賤臣頑微，竊惑下列臣前蒙天恩召見，恩制賜臣曰：『既遇非常之主，何不進非常之策？』臣草木微品，天恩降休，伏刻肌骨，不敢忘捨。今陛下創三皇之業，務三皇之理，大統已集，神化光明，雖伏義、神農，昔有天下，誠未足比，臣敢不竭節以效愚忠？臣聞自古聖王謂之大聖者，皆云尚德崇禮，貴仁賤刑，刑措不用，謂之聖德，不稱嚴刑猛制、用獄爲理者也。故周有天下八百餘歲而唯頌成、康；漢有天下四百餘歲而獨稱文、景：皆由幾致刑措者也。何者刑者政之末節，非太平之資，臣竊考之於天；天貴生成；驗之於人，人愛生育；旁稽於聖，聖務勝殘。皆不云以刑爲德者。然則聖王養天下者，固當上務順天，下務順人，不天不人，不可謂理。故曰：『唯天爲大，唯堯則之。』又曰：『天地萬物父母，唯人萬物之靈，亶聰明作元后，元后作人父母。』然則爲人父母，故當貴於德養，不可務於刑殺。臣伏惟陛下聖德至大矣：應天受命，有三皇之功；順人正位，有三皇之業；拜圖巡洛，有三皇之符；尊名顯號，有三皇之冊。明堂神構，萬象宣威，風雨順時，百穀昌熟，可謂足爲萬代之規也。今天下百姓，抱孫弄子，鼓腹以望太平之政矣。陛下爲天地父母，固將務德以順養之，登於大和，以協皇極。今陛下之政，雖盡善矣，然太平之理，猶屈於獄官何以言之？太平之朝，務上下樂化，不宜亂臣賊子，日犯天誅。比者大獄增多，逆徒滋廣。愚臣頑昧，初謂皆實。乃去月十五日，陛下特察詔囚李珍等無罪，明魏眞宰有功，召見高正臣，又重推元萬頃，百僚慶悦，皆荷聖明，臣乃知亦有無罪之人挂於疏網者。陛下務在寬典，獄官務在急刑，以傷陛下之仁，以誣太平之政，臣竊私恨之。賴陛下又獨決天斷，寬蕩羣刑，死囚張楚金、郭正一、弓彭祖、王令基等，以凶惡之罪，特蒙全活，朽骨更肉，萬死再生，天地人祇，實用同慶。何以知之？臣伏見去年八月已來，天苦霖雨，自陛下赦李珍等罪，天朗氣晴；又九月十八日，明堂享會，慶雲抱日，五彩紛郁，龍章竞天，萬品咸觀，宇宙同慶；又其月二十一日，恩敕免楚金等死，初有風雨，變爲景雲，司刑官屬，皆所共見。臣聞陰慘者，刑也；陽舒者，德也；慶雲者，佳氣也。臣伏考之《洪範》，驗之六經，聖人法天，天亦助聖，休咎之應，必不虚來。陛下法天垂仁，天助陛下仁化：獄吏急法則慘而陰雨；陛下赦罪則舒而陽和。君臣歡娱，則嘉而見慶雲，天意如此，陛下豈可不承順之夫刑者怒也。不可以承喜氣，今又陰雨，臣恐過在獄官。況陛下明堂之理，本以崇德，配天之業，不以務刑，今垂拱法宫，且猶議殺，布政徽室，而未措刑。賤臣頑愚，尚疑未可況巍巍大聖，光宅天下哉？今者繫獄囚徒，多極法者，道路之議，或是或非，陛下何不悉召見之，自詰其罪？罪眞實者，顯示明刑；罪有濫者，嚴誅獄吏。使天下咸服，人知政刑，以清太平之階，用登仁壽之域，豈非至德克明哉？昔鄧太后以天降旱，親決洛陽囚徒，良史書之，而以爲德，況陛下大聖億萬超於鄧后者矣？夫獄吏不可信，多弄國權，自古敗之，聖王所誡。陛下萬代之業，千載之名，故不可使竹帛書之，有虧於此也，伏願熟察，以美太平之風。賤臣不勝愚懇忠憤之至，輒投諫匭昧死上聞。

宋・王欽若等《册府元龜》卷四七五《臺省部・奏議第六》（天成三年）六月戊子，散騎常侍蕭希甫奏以府州官吏不務守官，咸思避事。每覩微小刑獄，皆以聞奏。不惟有紊朝綱，實恐淹延刑獄。奉敕：昔虞舜以恤刑安萬國，賴十六相熙帝圖；漢高以約法定八方，致四百年享天禄。故法無常則官有倖，刑不濫則民無冤，千古同風，百王齊致。況今朝廷致理，中外同心，近者無偏，遠者不間，慮於聽訟，或有惠姦。其頻具奏聞，所在不勤決斷，則諸道侯伯，未至盡心，兩使賓僚，亦非稱職。蕭希甫位兼三事，務贊萬幾，更激藩方，共裨庶政。自此凡有争訟，委隨處官吏據罪詳斷，如事有不可裁斷者，則結案聞奏。

息兵養人論分部

論說

唐・陸贄《翰苑集》卷一六《收河中後請罷兵狀》臣聞禍或生福，福亦生禍，喪者得之理，得者喪之端。故晉勝鄢陵，范燮祈死；吳克勁越，夫差啓殃。是知福不可以久徼幸，得不可以常覬覦。居福而慮禍，則其福可保；見得而忘喪，則其喪必臻。臣竊懼諂諛希旨之徒，險躁生事之輩，幸凶醜覆亡之會，揣英主削平之心，必將競效甘言，誘開利欲，謂王師所向莫敵，謂餘孽指顧可平，請迴蒲坂之戈，復起淮沂之役。斯議一啓，必有亂階。故微臣姑以生禍為憂，而未敢以獲福為賀也。何則？建中之難，其事可徵，始以蓄憾而隘於含容，或以亟勝而輕於戰伐。故文喜之討，涇上之瘡痛未平；崇義之征，漢南之芟夷繼甚。阻命之帥，非不誅也；伐叛之師，非不克也；介焉之斷，非不堅也；赫斯之怒，非不逞也。然以人不見恤，惟戮是聞，有辜無辜，不敢自保。是以抱釁反側者，懼鈇鉞之次加；畏禍危疑者，慮猜譖之旋及。遂乃螽結以拒討，狼顧以背恩，彌兩河而亘淮夷，盪三輔而盜京邑，鑾輅為之再駕，行宮至于合圍。于時海內大摇，物情幾，去天命莫保于寸晷，王威不出於一城，邦國之杌隉艱屯，綿綿聯聯，若包桑綴旒，幸而不殊者屢矣。勢之危窘，實足寒心，非有曩時熊羆翕習之師，雷霆奮發之勢，武庫劍戟之，利帑藏財賦之殷，其所以施令率人，取威定亂，比於建中之始，豈不至微至殺哉！然而陛下懷悔過之深誠，降非常之大號，知黷武窮兵之長亂，知急征重斂之剿財，知殘人肆欲之取危，知違衆率心之稔慝，知烝庶困極之興怨，知上下鬱堙之失情。德音涣然，與之更始。所在宣歇之際，聞者莫不涕流，雖或凶獷匪人，亦必為之歔欷，誠之動物，乃至于斯。懷梟鴟以好音，消祲沴為和氣，由是姦回易慮，黎獻歸心。假王叛援之夫，削偽號以請罪；覬釁首鼠之將，壹純誠以效勤。流亡凍餒者，希保於室家；屯戍戰爭者，冀全其性命。德澤將竭而重霈，君臣已絕而更交，天下之情，翕然一變。曩討之而愈叛，今釋之而畢來；曩以百萬之師而力殫，今以咫尺之詔而化洽。是則聖王之敷理道，服暴人，任德而不任兵明矣。羣帥之悖臣禮，拒天誅，圖活而不圖亡，又明矣。尚恐陛下以臣言之略而未喻也，請復循其本而申備之。往以河、朔、青、齊，同惡相扇，擁戎據土，易代不庭。陛下耻王化之未同，忿姦慝之靡格，於是發六軍神策河陽河東澤潞朔方之騎士，以徂征于北，命永平汴宋幽隴江淮閩嶺之將卒，以奮伐于南。罄國家廩帑以贍軍，悉公私廄牧以張武，算斂周於萬類，徵徭被於八荒，勞已甚矣，威亦盛矣！既而曠日綿歲，老師費財，兩河之寇患，有加無瘳，而邦本已始覆矣。洎涇卒倡亂，泚戎構災，豺狼整居於禁闈，猰㺄擇肉於馳道，河朔問罪之衆，布路而歸，宋郊仗順之師，守壘不暇。于斯之亂，海內沸騰，儻有問鼎之雄圖，滔天之巨猾，幸災乘間，何所不為。既而悦納之禱，咸自斂縮，內無非望之議，外無軼境之侵，及聞天澤滌瑕，制書復爵，曾不帶芥，望風款降，爭馳表章，唯恐居後。迹其素志，於此可知，是皆假兵救怨之流，戀主偷安之輩。懷生畏死，蠢動之大情；慮危求安，品物之常性。有天下而子百姓者，以天下之欲為欲，以百姓之心為心，固當遂其所懷，去其所畏，給其所求，使家家自寧，人人自遂。家苟寧矣，國亦固焉；人苟遂矣，君亦泰焉。是則好生以及物者，乃自生之方；施安以及物者，乃自安之術。擠彼於死地，而求此之久生也，從古及今，未之有焉；措彼於危地，而求此之久安也，從古及今，亦未之有焉。是以昔之聖王知生者人之所樂，而己亦樂之，故與人同其生，則上下之樂兼得矣；聖王知安者人之所利，而己亦利之，故與人共其安，則公私之利兩全矣。其有反易常理，昏迷不恭，則當外察其倔强之由，內省於撫馭之失，修近以來遠，檢身而率人。故《書》曰：『惟干戈省厥躬。』又曰：『舞干羽于兩階，七旬有苗格。』孔子曰：『遠人不服，則修文德以來之，既來之，則安之。』此其證也。如或昧於懷柔，務在攻取，不徵教化之未至，不疵誠感之未孚，惟峻威是臨，惟忿心是肆，視人如禽獸，而曝之原野；輕人如草芥，而剿之銛鋒。叛者不賓，則命致討；討者不克，則將議刑。是使負釁者懼必死之誅，奉辭者慮無功之責，編甿以困於杼軸而思變，士卒以憚於死喪而念歸。萬情相攻，亂豈有定？一夫不率，闔境罹殃；一境不寧，普天致擾；兵拏禍結，變起百端。故孔子曰：『遠人不服而不能來也，邦分崩離析而不能守也，而謀動干戈於邦內，吾恐季孫之憂，不在顓臾而在蕭牆之內矣。』此蓋必然之常理，至當之格言，足以為明鑑元龜，貫百王而不易者也。事乃反覆，得無懼乎？夫理有必然，則殊途歸於同轍；言有至當，則異代應如合符。頃以東北孽徒，職貢廢闕，陛下忿其違命，大舉甲兵，至令逆泚誘姦，乘釁而動。所備之寇，猶遠介於河山；不虞之戎，已竊發于都輦。蕭牆之戒，不其信歟！前典垂訓既如彼，近事明驗又如此，所以德音敍哀痛之情，悔征伐之事，引衆慝以咎己，布明信以示人，既往之失畢懲，莫大之辜咸宥，約之以省賦，誓之以息兵，由是億兆汙人，四三叛帥，感陛下自新之旨，悦陛下盛德之言，革面易辭，具修臣禮。其於深言密議，固亦未盡坦然，必當聚黨而謀，傾耳而聽，觀陛下所行之事，考陛下所誓之言。若言與事符，則遷善之心漸固；儻事與言背，則慮禍之態復興。自京邑底寧，乘輿旋返，屬懷光繼亂，天討又行，息兵之言，我則未復，山東羣帥，所以未敢生辭者，蓋為河中之地，密近王城，迫於朝夕之虞，不得不翦除之爾。今若改轅移旆，復指淮西，則淮西元凶，必將誑脅其同惡之徒，間說於新附之帥，謂之曰：『奉天息兵之旨，乃因窘急而言，朝廷稍安，必復誅伐。是以朱泚滅而懷光戮，懷光戮而希烈征，希烈儻平，禍將次及。』則彼之蓄素疑而懷宿負者，能不為之動心哉！心既動，則盈其喪身覆族之憂；憂既盈，則慮以脣亡齒寒之病。夫病同者雖胡越而相愍，憂同者不邀結而自親。河朔青齊，固當響應，建中之禍，勢必重興。以國家再造之初，當羣孽息肩之後，迭來鳴吠，或肆奔衝，討之則我力未遑，縱之乃寇患斯甚，臣愚竊以為禍非細，未審陛下何方以待之？若有其方，悔之可也；如其未有，願陛下勿輕易焉。凡將圖終，必在慎始，禍機一發，難可復追。臣請粗陳當今維馭之所宜，唯聖主省擇萬一。夫君之大柄，在惠與威，二者兼行，廢一不可。惠而罔威則不畏，威而罔惠則不懷。苟知夫惠之可懷，而廢其取威之具，則所敷之惠，適足以示弱也，其何懷之有焉？苟知夫威之可畏，而遺其施惠之德，則所作之威，適足以召敵也，其何畏之有焉？故善為國者，宣惠以養威，蓄威以尊惠，威而能養則不挫，惠而見尊則有恩，是以惠與威交相畜也，威與惠互相行也。人主之欲柔遠人，而服强暴，不明斯術之要，莫之得焉。今皇運中興，天禍將悔，以逆泚之偷居上國，以懷光之竊保中畿，歲未再周，相次梟殄，實衆慝驚心之日，羣生改觀之時。威則已行，惠猶未洽，誠宜上副天眷，下收物情，布恤人之惠以濟威，乘滅賊之威以行惠。宥河中染污之黨，悉無所問；赦淮右僭逆之罪，咸與惟新。蠲貸疲甿休罷戰士，符往歲息兵之令以彰信，丕大君含垢之德以布仁，俾萬姓皆曰：『大哉王言！』又曰：『一哉王心！』如是則威不用而畏如神明，惠不費而懷如父母，凡在危疑懼討者，必將曰：『淮右僭逆之罪且赦矣，吾屬何患焉！』凡在脅從同惡者必將曰：『河中染污之黨且宥矣，吾屬何疚焉！』凡在倦苦思安者必將曰：『吾君有戰勝之師抑而不騁，信乎其罷征矣！』凡在凋殘望理者必將曰：『吾君有嫉亂之憤忍而不攄，信乎其恤隱矣！』天下之心若此，而禍亂不息、理道不行者無之，臣所未敢保其必從，唯希烈一人而已，揆其私心，非不願從也；想其潛慮，非不追悔也。但以猖狂失計，已竊大名，雖荷陛下全宥之恩，然不能不自靦於天地之間耳。縱未順命，斯為獨夫，內則無辭以起兵，外則無類以求助，其計不過厚撫部曲，偷容歲時，心雖陸梁，勢必不敢。陛下但敕諸鎮，各守封疆，彼既氣奪算窮，是乃狴牢之虜，不有人禍，則當鬼誅，朝廷務崇德以待之，臣固知其必不逃於所揣矣。古所謂『不戰而屈人之兵』者，斯之謂歟？今若不顧機宜，復興戎役，瀆威而蔑惠，捨易而即難，是棄明信而務忿心，假敵辭而資寇援，窮者不暇恤，勞者不得居，國之安危，或未可保。此乃成敗理亂之所繫，願陛下難之慎之。區區上干，憂惜在此。儻蒙過納狂瞽，不疑所行，謹當草具招諭之辭，詳陳備禦之畫。

《舊唐書》卷六六《房玄齡傳》 臣聞兵惡不戢，武貴止戈。當今聖化所覃，無遠不屆，洎上古所不臣者，陛下皆能臣之，所不制者，皆能制之。詳觀今古，爲中國患害者，無如突厥。遂能坐運神策，不下殿堂，大小可汗，相次束手，分典禁衛，執戟行間。其後延陀鴟張，尋就夷滅，鐵勒慕義，請置州縣，沙漠以北，萬里無塵。至如高昌叛換於流沙，吐渾首鼠於積石，偏師薄伐，俱從平蕩。高麗歷代逋誅，莫能討擊。陛下責其逆亂，弒主虐人，親總六軍，問罪遼、碣。未經旬月，即拔遼東，前後虜獲，數十萬計，分配諸州，無處不滿。雪往代之宿耻，掩崤陵之枯骨，比功較德，萬倍前王。此聖心之所自知，微臣安敢備説。

且陛下仁風被於率土，孝德彰於配天。覩夷狄之將亡，則指期數歲；授將帥之節度，則決機萬里。屈指而候驛，視景而望書，符應若神，算無遺策。擢將於行伍之中，取士於凡庸之末。遠夷單使，一見不忘；小臣之名，未嘗再問。箭穿七札，弓貫六鈞。加以留情墳典，屬意篇什，筆邁鍾、張，辭窮班、馬。文鋒既振，則管磬自諧；輕翰暫飛，則花蘤競發。撫萬姓以慈，遇羣臣以禮。褒秋毫之善，解吞舟之網。逆耳之諫必聽，膚受之訴斯絕。好生之德，焚障塞於江湖；惡殺之仁，息鼓刀於屠肆。鳧鶴荷稻粱之惠，犬馬蒙帷蓋之恩。降乘吮思摩之瘡，登堂臨魏徵之柩。哭戰亡之卒，則哀動六軍；負填道之薪，則精感天地。重黔黎之大命，特盡心於庶獄。臣心識昏憒，豈足論聖功之深遠，談天德之高大哉！陛下兼衆美而有之，靡不備具，微臣深爲陛下惜之重之，愛之寶之。

《周易》曰：『知進而不知退，知存而不知亡，知得而不知喪。』又曰：『知進退存亡，不失其正者，惟聖人乎！』由此言之，進有退之義，存有亡之機，得有喪之理，老臣所以爲陛下惜之者，蓋此謂也。老子曰：『知足不辱，知止不殆。』謂陛下威名功德，亦可足矣；拓地開疆，亦可止矣。彼高麗者，邊夷賤類，不足待以仁義，不可責以常禮。古來以魚鱉畜之，宜從闊略。若必欲絕其種類，恐獸窮則搏。且陛下每決一死囚，必令三覆五奏，進素食，停音樂者，蓋以人命所重，感動聖慈也。況今兵士之徒，無一罪戾，無故驅之於行陣之間，委之於鋒刃之下，使肝腦塗地，魂魄無歸，令其老父孤兒、寡妻慈母，望轊車而掩泣，抱枯骨以摧心，足以變動陰陽，感傷和氣，實天下冤痛也。且兵者凶器，戰者危事，不得已而用之。向使高麗違失臣節，陛下誅之可也；侵擾百姓，而陛下滅之可也；久長能爲中國患，而陛下除之可也。有一於此，雖日殺萬夫，不足爲愧。今無此三條，坐煩中國，內爲舊王雪恥，外爲新羅報讎，豈非所存者小，所損者大？

願陛下遵皇祖老子止足之誡，以保萬代巍巍之名。發霈然之恩，降寬大之詔，順陽春以布澤，許高麗以自新，焚凌波之船，罷應募之衆，自然華夷慶賴，遠肅邇安。臣老病三公，旦夕入地，所恨竟無塵露，微增海嶽。謹罄殘魂餘息，預代結草之誠。儻蒙録此哀鳴，卽臣死且不朽。

又　卷八九《狄仁傑傳》（神功元年）（狄）仁傑以百姓西戍疏勒等四鎮，極爲凋弊，乃上疏曰：臣聞天生四夷，皆在先王封疆之外，故東拒滄海，西隔流沙，北橫大漠，南阻五嶺，此天所以限夷狄而隔中外也。自典籍所紀，聲教所及，三代不能至者，國家盡兼之矣。此則今日之四境，已逾於夏、殷者也。詩人矜薄伐於太原，美化行於江、漢，則是前代之遠裔，而國家之域中。至前漢時，匈奴無歲不陷邊，殺掠吏人。後漢則西羌侵軼漢中，東寇三輔，入河東上黨，幾至洛陽。由此言之，則陛下今日之土宇，過於漢朝遠矣。若其用武荒外，邀功絕域，竭府庫之實，以爭磽确不毛之地，得其人不足以增賦，獲其土不可以耕織。苟求冠帶遠夷之稱，不務固本安人之術，此秦皇、漢武之所行，非五帝、三皇之事業也。若使越荒外以爲限，竭資財以騁欲，非但不愛人力，亦所以失天心也。昔始皇窮兵極武，以求廣地，男子不得耕於野，女子不得蠶於室，長城之下，死者如亂麻，於是天下潰叛。漢武追高、文之宿憤，藉四帝之儲實，於是定朝鮮，討西域，平南越，擊匈奴，府庫空虛，盜賊蜂起，百姓嫁妻賣子，流離於道路者萬計。末年覺悟，息兵罷役，封丞相爲富民侯，故能爲天所祐也。昔人有言：『與覆車同軌者未嘗安。』此言雖小，可以喻大。近者國家頻歲出師，所費滋廣，西戍四鎮，東戍安東，調發日加，百姓虛弊。開守西域，事等石田，費用不支，有損無益，轉輸靡絕，杼軸殆空。越磧踰海，分兵防守，行役既久，怨曠亦多。昔詩人云：『王事靡盬，不能蓺稷黍。』『豈不懷歸，畏此罪罟。念彼恭人，涕零如雨。』此則前代怨思之辭也。上不是恤，則政不行而邪氣作；邪氣作，則蟲螟生而水旱起。若此，雖禱祀百神，不能調陰陽矣。方今關東饑饉，蜀、漢逃亡，江、淮以南，徵求不息。人不復業，則相率爲盜，本根一搖，憂患不淺。其所以然者，皆爲遠戍方外，以竭中國，爭蠻貊不毛之地，乖子養蒼生之道也。

昔漢元納賈捐之之謀而罷珠崖郡，宣帝用魏相之策而棄車師之田，豈不欲慕尚虛名，蓋憚勞人力也。近貞觀年中，克平九姓，冊李思摩爲可汗，使統諸部者，蓋以夷狄叛則伐之，降則撫之，得推亡固存之義，無遠戍勞人之役。此則近日之令典，經邊之故事。竊見阿史那斛瑟羅，陰山貴種，代雄沙漠，若委之四鎮，使統諸蕃，封爲可汗，遣禦寇患，則國家有繼絕之美，荒外無轉輸之役。如臣所見，請捐四鎮以肥中國，罷安東以實遼西，省軍費於遠方，并甲兵於塞上，則恒、代之鎮重，而邊州之備實矣。況綏撫夷狄，蓋防其越逸，無侵侮之患則可矣，何必窮其窟穴，與螻蟻計校長短哉！

且王者外寧必有內憂，蓋爲不勤修政故也。伏惟陛下棄之度外，無以絕域未平爲念。但當敕邊兵謹守備，蓄鋭以待敵，待其自至，然後擊之，此李牧所以制匈奴也。當今所要者，莫若令邊城警守備，遠斥候，聚軍實，蓄威武。以逸待勞，則戰士力倍；以主禦客，則我得其便；堅壁清野，則寇無所得。自然賊深入必有顛躓之慮，淺入必無虜獲之益。如此數年，可使二虜不擊而服矣。

又　卷一〇三《郭虔瓘傳》　將作大匠韋湊上疏曰：臣聞兵者凶器，不獲已而用之。今西域諸蕃，莫不順軌。縱鼠竊狗盜，有戍卒鎮兵，足宜式遏之威，非降赫斯之怒。此師之出，未見其名。臣又聞安不忘危，理必資備。自近及遠，強幹弱枝，是以漢實關中，徙諸豪族。今關輔戶口，積久逋逃，承前先虛，見猶未實。屬北虜犯塞，西戎駭邊，凡在丁壯，征行略盡。豈宜更募驍勇，遠資荒服。又一萬行人，詣六千餘里，咸給遞馱，並供熟食，道次州縣，將何以供？秦、隴之西，人戶漸少，涼州已去，沙磧悠然。遣彼居人，如何得濟？又萬人賞賜，費用極多；萬里資糧，破損尤廣。縱令必克，其獲幾何？儻稽天誅，無乃甚損！請令計議所用所得，校其多少，卽知利害。況用者必賞，獲者未量，何要此行，頓空畿甸。且上古之時，大同之化，不獨子子，不獨親親，何隔華戎，務均安靖。洎皇道謝古，帝德慚皇，猶尚綏懷，不崇征伐，有占風覘雨之客，無越海踰山之師。其後漢武膺圖，志恢土宇，西通絕域，北擊匈奴。雖廣獲珍奇，多斬首級，而中國疲耗，殆至危亡。是以俗號昇平、君稱盛德者，咸指唐堯之代，不歸漢武之年。其要功不成者，復焉足比議？惟陛下圖之。

宋・姚鉉《唐文粹》卷二七《徐賢妃〈諫太宗息兵罷役疏〉》　自貞觀以來，二十有二載。風雨調順，年登歲稔。人無水旱之弊，國無饑饉之災。昔漢武守文之常主，猶登刻玉之符；齊桓小國之庸君，尚圖泥金之望。陛下推功損己，讓德不居。億兆傾心，猶闕告成之禮；云亭佇謁，未展升中之儀。此之功德，足以咀嚼百王，網羅千代者矣。然古人有言：『雖休勿休』，良有以也。守初保末，聖哲罕兼。是知業大者易驕，願陛下難之；善始者難終，願陛下易之。竊見頃年以來，力役兼總，東有遼海之軍，西有崑邱之役，士馬疲於甲冑，舟車倦於轉輸。且召募投戎，去留懷死生之痛；因風阻浪，往來有漂溺之危。一夫力耕，卒無數十之獲；一船致損，則傾數百之糧。是猶運有盡之農工，填無窮之巨浪，圖未獲之他衆，喪已成之我軍。雖除凶伐暴，有國常規，然黷武翫兵，先哲所戒。昔秦皇并吞六國，反速危亡之兆；晉武奄有三方，翻成覆敗之業。豈非矜功恃大，棄德而輕邦；圖利忘害，肆情而縱欲。遂使悠悠六合，雖廣不救其亡；嗷嗷黎庶，因弊以成其禍。是知地廣非常安之術，人勞乃易亂之源。願陛下布澤流仁，矜弊恤乏，減行役之煩，增《湛露》之惠。妾又聞爲政之本，貴在無爲。竊見土木之功，不可兼遂。北闕初建，南營翠微，曾未逾時，玉華創制。雖復因山藉水，非無架築之勞；損之又損，頗有工力之費。終以茅茨示約，猶興木石之疲。假使和雇取人，不無煩擾之弊。是以卑宮菲食，聖王之所安；金屋瑤臺，驕主之爲麗。故有道之君，以逸逸人；無道之君，以樂樂身。願陛下使之以時，則力無竭矣；用而息之，則人斯悅矣。夫珍翫伎巧，乃喪國之斧斤；珠玉錦繡，實迷心之酖毒。竊見服翫纖靡，如變化於自然；職貢珍奇，若神仙之所製。雖馳華於季俗，實敗素於淳風。是知漆器非延叛之方，桀造之而人叛；玉杯豈招亡之術，紂用之而國亡。方驗侈麗之源，不可不遏。作法於儉，猶恐其奢，作法於奢，何以制後？伏惟陛下明鑑未形，智周無際，窮奧祕於麟閣，盡探頤於儒林。千王治亂之蹤，百代安危之迹，興衰禍福之數，得失成敗之機，故亦苞呑心府之中，循環目圍之內，乃宸衷之久察，無假一二言焉。唯恐知之非難，行之不易，志驕於業泰，體逸於時安。伏惟抑志裁心，愼終如始，削輕過以滋重德，擇後是以替前非，則鴻名與日月無窮，盛業與乾坤永大。

宏圖大計部

論說

《陳子昂集》卷八《答制問事八條》　竊見國之政要，興廢在人。能知人機，順而施化，趨時適變，靜而勿動，政要之賢，可得而行。今陛下以應天命而受寶圖，建立明堂，施布大化，勤恤人隱，存問高年，報功樹德，順時興務，至公至仁，垂訓天人，可謂典章大備，制度弘遠，五帝三王所不及也。愚臣何敢有知政要，然天恩降問，貴採蒭蕘，謹竭愚直，悉心以奏。凡用賢之道未廣，仰成之化尚勞。然則取士之方，任賢之事，故陛下素所深知，應亦倦譚，亦倦聽，不待臣更一二煩說也。

又《請措刑科》　臣聞言有順君意而害天下者，有逆君意而利天下者，唯忠臣能逆意，惟聖君能從利。恩敕不以臣愚微，降問當今政要。臣伏惟當今之政，大理已備矣，但刑獄尚急，法網未寬，恐非當今聖政之要者。臣觀聖人用刑，貴適時變，有用有捨，不專任之。且聖人初制天下，必有凶亂之賊、叛逆之臣，而爲驅除，以顯聖德。聖人誅凶殄逆，濟人寧亂，必資刑殺，以清天下，故所以務用刑也。凶亂既滅，聖道既昌，則必順人施化。赦過宥罪，所以致措刑也。然則聖人用刑，本以禁亂，亂靜刑息，不爲昇平所設，何者？太平之人，悦樂于德，不悦樂于刑，以刑窮于人，人必慘怛，故聖人貴措刑，不貴煩刑。今神皇應運受圖，臨御天下，逆臣賊子，頓伏嚴誅，所以虺貞羣黨，同惡就戮。此蓋天意將顯神皇威靈，豈此凶徒所能自亂？今魁首已滅，朋黨已屠，聖政惟昌，天下咸服。神皇又降文昌鴻恩，滌蕩羣罪，天下昭慶，企望日新，措刑崇德，正在今日，實聖政之至要者也。臣伏見近來詔獄推窮，稍復滋長，追捕支黨，頗及遠方，天下士庶，未敢安止。臣伏惟神皇聖意，務在措刑，安恤天下，不務察法，以損昇平。然今刑獄未息者，應是獄吏未識天意，所以至于此也。伏願神皇垂愷悌之德，務仁壽之恩，赦法慎罰，以省刑典。臣伏見當今天下士庶，思願安寧，途謠巷歌，皆稱萬歲，此其懷樂聖化，願保永年，欲與子孫同此仁壽。今神皇不以此時崇德務仁，使刑措不用，乃任有司明察，專務威刑，臣竊恐非神皇措刑之道。且臣聞殺一人則千人恐，濫一罪則百夫愁，人情大端，畏懼於此。今天下至廣，萬國至繁，神皇雖妙察獄囚，不可門告戶説，令一一知者。若使有一不知，以神皇好任刑法，則非太平安人之務，當今聖政之要者也。

又《重任賢科》 臣伏惟刑措之政，在能官人，官人惟賢，政所以理。此故神皇深知倦問，不假臣一二煩説。今臣所更重説者，實以天下之政，非賢不理，天下之業，非賢不成。固願神皇務在任賢，誠得衆賢而任之，則天下之務自化理也。則賢人既任須信，既信須終，既終須賞。夫任而不信，其才無由展。信而不終，其業無由成。終而不賞，其功無由别。必神皇如此任賢，則天下之賢雲集矣。何以知其然？君子小人，各尚其類者也。若神皇徒務好賢，而不能任能，任而不能信，能信而不能終，能終而不能賞，雖有賢人，終不可用矣。神皇降問小臣當今政理之要者，臣竊以此爲政要之至極。何以言之？神皇大業已成，天下已平，尊名已顯，大禮已備，所未足者在於忠賢。若得忠賢，相與而守之，太平之功，可以於此而就。斯實天地神靈贊助神皇而致此時也，當此時不成千歲之業，立萬代之規，小臣誠愚，竊爲神皇所惜。

又《明必得賢科》 臣伏惟刑措之道，政在任賢，議者皆云，賢不可知，人不可識。臣獨以爲賢固可易知，人固可易識，但是議者不精思之耳。夫尚德行者，必惡凶險之類；務公正者，必無邪佞之朋；保廉節者，必憎貪冒之黨；有信義者，必疾苟且之徒。智者不爲愚者謀，勇者不爲怯者死。猶梟鸞不接翼，薰蕕不同氣。此天地之性，物類之情，其理自然，不可改易，何者？以德事凶，兩不相入；以正接佞，兩不相利；以信質僞，兩不相從；以廉説貪，兩不相和。智者尚謀，愚者不聽；勇者徇死，怯者貪生。皆事業不同，趨向各異。賢人之道，固可預知。誠能尚賢，賢可至矣。然則賢人之業，須賢人達之。賢人之才，須賢人用之。公正廉節，信義勇謀，皆待其人，然後獲展。苟非其類，道不虚行。凡賢人君子，未嘗不思效用，但無其類獲進，所以湮没於時。今神皇誠能信任賢良，旌納忠正，如左右之臣灼然有賢行者，賜之尊爵厚禄以榮寵之，使其以類相舉，責成其政，合度者進，失度者貶，神皇但垂拱明堂，保神和志，天下之事，臣必見日就無爲，不言而治也。今神皇憂恤萬機，日不暇給，昧旦丕顯，中夜以思，誠是羣臣未稱聖任。伏願神皇審察賢能，垂恩信任。夫忠賢事君，必諫君失；奸佞事主，必順主情，直道曲事，惟聖鑑所察。

又《賢不可疑科》 臣伏惟神皇聖明，具知得賢須任，既任須信，既信須終，既終須賞，悉備知也。然今未多信任者，應以經信任無效，所以致疑。如裴炎、劉禕之、蹇味道、周思茂，固蒙神皇信任之矣，然竟背德辜恩，神皇以此有疑於信任賢也。以臣愚誠，則謂不然，何者？聖必藉賢以明，國必待賢以昌，人必待賢以理，物必待賢以寧，若神皇疑於信賢，欲以聖謀自斷，臣恐勤勞聖躬，而天下不可獨理。況聖躬不可勞弊，神心不可細用，此最須任賢者也。臣聞鄙人云：『有人以食噎而得病者，欲絶食以去病，乃不知食絶而身斃。』此言近小，可以喻遠。臣竊謂賢人於國，亦猶食之在人，固不爲一噎而絶餱糧，亦不可以謬賢而遠正士。此實神皇聖鑑可明知也，不待愚臣一二言之。伏願任賢無疑，求士不倦，以此爲務，天下誠不足理也。若外有信賢之名，而内實有疑賢之心，臣竊謂神皇雖日得百賢，終是無益，適足以損賢傷政也。伏惟熟察可信者信之。

又《招諫科》 臣伏惟聖人制天下，貴能至公。能至公者，當務直道。臣伏見神皇至公應物，直道容賢，然朝廷尚未見敢諫之臣、骨鯁之士，天下直道，未得公行。臣聞聖人大德，在能聽諫，古典所説，蓋不足陳。臣伏見太宗文武聖皇帝德冠三王，名高五帝，實由能容魏徵愚直，獲盡忠誠，國史書之，明若日月。直言之路啓，從諫之道開，貞觀已來，此實爲美。今神皇坐明堂，布大政，神功聖業，能事備矣，夫骨鯁之士，能美聖功。伏惟神皇廣延直臣，旌賞諫士，使大聖之德，引納日新，書之金板，萬代有述，非神皇卓犖仁聖，臣不可獻此言也。

又《勸賞科》 臣聞勞臣不賞，不可勸功；死士不賞，不可勵勇。當今或有勤勞之臣、死難之卒，策功命賞，未蒙優異。臣伏惟人臣徇節，在爵與名，死節勤公，名爵不及，偷榮尸禄，寵秩或加，故不可以進賢顯能，旌功勵行。伏願神皇廣求此色，勸勵百寮，以及將士，此最當今聖政之所宜先也。古人云：賞一人而千萬人悦者，蓋言其功當也。夫賞而不知，賢者不務也，伏願神皇陛下特垂省察。

又《請息兵科》 臣伏以當今國家事最大者，在兵甲歲興，賦役不省，神皇欲安人思化，理不可得。何者？兵之所聚，必有所資，千里運糧，萬里應敵。十萬兵在境，則百萬家不得安業，以此徭役，人何敢安？臣伏見國家自有事北狄，於今十有餘年，兵甲歲興，竟不聞其利，豈中國無制勝之策，朝廷無奇畫之臣哉？臣竊謂不然，是未計之廟算爾。臣伏惟神皇聖武，天威若神，突厥小醜，何足誅滅？然今未滅者，臣恐庸將無智，未審廟算之機，故使兵甲日多，徭役日廣。今國家又命將出師，臣願神皇審圖廟算，量其損益，計其利害。若事必不可，請兵不虚行，兵不虚行，賦役自省，以此安人，得賢可理。若失之於此，而救之於彼，臣恐人日以疲勞，不得安息。伏願熟察臣言，審圖廟算，則戎狄不足滅，中國可永寧。

又《安宗子科》 臣伏惟陛下以至仁爲政，以至公應物，天下士庶，莫不咸知。虺貞等干紀亂常，自取屠滅，陛下唯罪其搆逆者，更無他坐，宗室子弟，獲以安寧。自非陛下恩念慈仁，敦睦九族，豈得宗室蒙此寧慶？實大聖之德，崇重宗枝。然臣更願陛下務安慰之，惠以恩信，使其顯然明知陛下慈念之至，上感聖德，下得自安，臣聞人情不能自明，則必疑慮，疑慮則必不安，不安則必危懼，危懼積則愆過生。伏願陛下明恩，賜垂愷悌之德，使天下居無過之地，萬姓知陛下必信任賢，是天下有慶。然賢人之業皆務直道，於姦邪不利，姦邪不利，必有讒譖，此賢人之災厄如是也。一人之行，十人謗之，未有不遭禍患者，自古忠良賢達，罹此患者不可勝言。

又《上軍國機要事》 臣竊聞宗懷昌等軍失律者，乃被逆賊詐造官軍文牒，誣召懷昌，昌等顓愚，無備陷没。今諸軍敗失，東蕃固知，然恐安東阻隔，未審此詐。國家若無私契與安東往來，臣恐凶賊多端，詐僞復設，萬一被其矯命，更失其圖，乃是資長賊權，没陷府城。此固宜天恩已應先有處分，然臣愚見，不敢不言。又賊初勝，不即西侵者，深恐圍略安東，以自全計。若安東被圍略，則遼東以來非國所制，伏乞天恩早爲圖之。臣聞天子義兵不可以怒發，怒則衆懼，急則人搖，人搖則賊得其契。故昔者聖人守静以制亂，持重以服姦，大義常存，人無疑懼。臣伏見恩制，免天下罪人，及募諸色奴充兵討擊者，是捷急之計，非天子之兵。且比來刑獄久清，罪人全少，奴多怯弱，非慣征行，縱其募集，未足可用。況當今天下忠臣勇士，萬分未用其一，契丹小孼，假命待誅，何勞免罪贖奴，損國大義？且陛下富有四海，一戰未勝，遂卽免罪募奴，若更有他虞，復何徵發？臣恐此不可威示天下。臣聞聖人制事，必理未萌，所以姦不敢謀，賊不得起。臣聞吐蕃近日將兵圍瓜州，數日卽退，或云此賊通使墨啜，恐瓜、沙止遏，故以此兵送之。臣雖未信，然惟國家比來勍敵，在此兩蕃，至於契丹小醜，未足以比類。今國家爲契丹大發河東道及六胡州綏延丹隰等州稽胡精兵，悉赴營州，而緣塞空虚，靈夏獨立。今冰生河合，草秋馬肥，秦中北據隴右，亦關東鄰黨，凶羯姦謀，覘知此隙，驅其醜類，大盜秦關，隴右馬羣，是國所寶，防備遠策，良宜預圖，不可竭塞上之兵，使凶虜得計，伏願詳審。臣聞所養非所用，所用非所養，理家必弊，在國必危。故明君不畜無用之臣，慈父不畜無益之子。今朝廷三品五品，受國寵榮，天恩賞賜，府庫虚耗，食人之禄，死人之事，恩養聖朝，甚矣厚矣。及邊有小賊，則云無人驅使，又勞聖恩遠訪外人，外人先無寵禄，臨難又不肯殉節。然則國之所養者，總無用之臣，朝之所遺者，乃有用之士。今不收有用，厚養無用，欲令忠賢效力，凶賊滅亡，以臣愚見，理不可得。近者遼軍張立遇等喪律，實由内外不同心。宰相或賣國樹恩，近臣或附勢私謁，禄重者以拱默爲智，任權者以傾巧爲賢。羣居雷同，以殉私爲能；媚妻保子，以奉國爲患。陛下又寬刑漏網，不循名實，遂令綱紀日廢，奸宄滋多。今國家第一要者，在稍寬兵期，山南、淮南去幽州四千里，所司使十月上旬到，計日行百里，四十日方到。卽今水雨如此，又徵符到彼未久，當日便發，猶不及期，況未便發，且日行不可百里。若違限者死，國有常刑，到不及期，懼罪逃散爲賊，此更生一患。縱倍程趁期。亦恐不及，若違不誅，則軍不可統；若違必誅，則全衆皆怨。況兵疲不堪用。吳廣、陳勝爲盜由此，切急切急。卽日江南、淮南諸州租船數千艘，已至鞏、洛，計有百餘萬斛。所司便勒往幽州。納充軍糧。其船夫多是客戶、游手墮業、無賴雜色人，發家來時，惟作入都資料，今已到京，又勒往幽州，幽州去此二千餘里，還又二千餘里，方寒冰凍，一無資糧，國家更無優恤，但切勒赴限，比聞丁夫，皆甚愁歎。又諸州行綱，承前多儻向至都糴納，今儻有此類向滄瀛糴納，則山東米必二百已上，百姓必騷動。今國家不優恤，又無識事明瞭人檢點勾當，知租米見在虛實，又未宣恩旨慰勞兵夫，惟切勒赴限，儻在道逃亡，此糧有萬一非意損失，則東軍二十萬衆，坐自取敗，爲賊所圖，切急切急。楊玄感以此爲亂，實軍國大命，山東百姓，國家比以供軍，矜不點募。近聞東軍失利，山東人驕慢，乃謂國家怕其粗豪，不敢徵發，今街談巷議，多有苟且之心，爲國瑕隙，頗搖風俗。國家大政，須人無二心，若縱懷二，奸亂必漸。臣伏思卽日山東愚人，有亡命不事產業者，有游俠聚盗者，有奸豪强宗者，有交通州縣造罪過者：知此等色，皆是奸雄。國家又不以法制役之，臣恐無賴子弟，暴橫日廣，上不爲國法所制，下不爲州縣所羈，又不從軍，又不守業，坐觀成敗，養其奸心，在於國家，甚非長計。以臣愚見，望降墨敕，使臣與州縣相知，子細採訪。有粗豪游俠、亡命奸盜、失業浮浪、富族彊宗者，並稍優與賜物，悉募從軍，仍宣恩旨慰勞，以禮發遣。若如此，則山東浮人，安於太山，一者以慴奸豪異心，二者得精兵討賊，不須免奴稽胡等。又身既在軍，則父兄子弟，自不敢爲過。昔漢祖征山東，使蕭何鎮關中，漢軍數敗，蕭何每發關中子弟以助漢軍，三秦無盜亂之患，漢軍有彊雄之勢，蓋以此道是也。夫亂羣敗衆者，惟在奸雄，奸雄既羈，亂弊自息，伏乞聖慈早圖之。詩云：『無縱詭隨。式遏寇虐。』紫袍緋袍、綠袍金帶、牙笏告身、金銀器物等，卽日軍衆已集，入賊有期。臣欲募死士三萬人，長驅賊庭，一戰掃定。軍中未有高爵重賞，無以勵勇使貪。伏望天恩賜給前件袍帶告身器物二千事，庶以勸勵士衆，未敢虛用。比來將軍不明賞罰，所以兵不齊心，今聚十五萬衆，戈甲糧餉，日費萬金，不早克定，恐所費彌廣。山東百姓，貧弊不可再役。特乞天恩。允臣所請。

又《上軍國利害事三條·出使》　臣伏見陛下憂勞天下百姓，恐不得所，又發明詔，將降九道大使，巡察天下諸州，兼申黜陟，以求人瘼，甚大惠也，天下百姓幸甚。臣竊以爲美矣，未盡善也，何以言之？陛下所以降明使，豈非欲令天下黎元衆庶，知陛下夙興夜寐，憂勤念之邪？欲天下賢良忠孝，知陛下夙興夜寐，思任用之邪？欲使天下奸人暴吏亦知陛下夙興夜寐。務欲除之邪？陛下聖意必若以此而發使乎？則臣愚昧，見陛下之使有未盡善也。若愚臣所謂使者，皆先當雅合時望，爲衆人所推：仁愛足以存恤孤惸，賢明足以進拔幽滯，剛直足以不避彊禦，明智足以照察奸非。然後使天下奸人，畏其明而不敢爲惡也；天下彊禦，憚其直而不敢爲過也；天下英奇，慕其德而樂爲之用也；天下孤寡，賴其仁而欣戴其恩也。夫如是，然後可以論出使，故輶軒未動於京師，天下翕然。皆已知矣。今陛下使猶未出朝廷，行路市井之人。皆以爲非任，朝廷有識者亦不稱之。夫天子之使未出魏闕。朝廷之人皆以輕之，何況天下之衆哉？夫欲黜陟求瘼，豈可得也？陛下所以有此失者，在不選人，亦輕此使非天下之大任，故陛下遂大失至於此也。宰相徒以爲常，但奉詔而行之。苟以出使爲名，不求任使之實，故使愈出而天下愈弊，使彌多而天下彌不寧。其故何哉？是朝廷輕其任也。輕其任則不擇人，不擇人則其使非實，其使非實則黜陟不明，刑罰不中，朋黨者進，貞直者退，徒使天下百姓，修飾道路，送往迎來，無益於聖教耳。臣久爲百姓，實委知之，陛下欲令天下黎庶，知陛下夙興夜寐。憂勤政化，不可得也，故臣以陛下大失在於此也。夫欲正其末者，必先端其本；清其流者，必先潔其源：自然之符也。國家茲弊，亦已久矣，今陛下若不重選此使，貴得其人，天下黎元，必以爲陛下尚行尋常之政，不能革此弊也。則賢人必不出，貪吏必得志，惸獨必衷吟，天下百姓無荷賴於陛下此使也。臣不勝有願，願陛下與宰相更妙選朝廷百官，使有威重名節爲衆人所推者，陛下因大朝見，親御正殿，集百寮公卿，設禮儀，以使者之禮見之，於是告以出使之意，殷勤儆誡，無敢或愆，遂授以旌節而發遣之，先自京師而訪豺狼，然後攬轡登車以清天下。若如是，臣必知陛下聖教，不旬月之間，天下家見而戶習也。昔堯舜氏不下席而天下理者，蓋黜陟幽明能折中爾。今陛下方開中興之化，建萬代之功，天下瞻望，冀見聖政，此之一使，是陛下爲政之大端也。諺曰：『欲知其人，觀其所使。』不可不慎也。若陛下必知不可得其人，則不如不出使，出使煩數，無益於化，但勞天下之人，是猶烹小鮮而數撓之爾。

又《牧宰》 臣伏惟陛下當今所共理天下、欲致太平者，豈非宰相與諸州刺史、縣令邪？陛下若重此而治天下乎，臣見天下理也；若陛下輕此而理天下乎，臣見天下不得理也。何者？宰相陛下之腹心，刺史、縣令陛下之手足，未有無腹心、手足而能獨理者也。臣竊觀當今宰相，已略得其人矣；獨刺史、縣令陛下獨甚輕之，未見得其人。是以腹心雖安，而手足猶病，而天下至今所以未有大利爾。臣竊惟刺史、縣令之職，實陛下政教之首也。陛下布德澤，下明詔，將示天下百姓，必待刺史、縣令爲陛下謹宣之。故得其人，則百姓家見而戶聞；不得其人，但委棄有司而掛牆壁爾。陛下欲使家興禮讓，吏勗清勤，不重選刺史、縣令，將何道以致之邪？愚臣竊見陛下未有舟檝，而欲濟河，河不可濟也。臣比在草茅，爲百姓久矣，刺史、縣令之化，臣實委知，國之興衰，莫不在此職也。何者？一州得賢明刺史，以至公循良爲政者，則千萬家賴其福；若得貪暴刺史，以徇私苛虐爲政者，則千萬家受其禍矣。夫一州禍福且如此，況天下之衆，豈得勝道哉？故臣以爲陛下政化之首，國之興衰，在此職者也。臣伏見陛下憂勤政理，欲安天下百姓，無使疾苦，然猶未以刺史、縣令爲念，何可得哉？臣何知陛下未以刺史、縣令爲念？竊見吏部選人，補一縣令，如補一縣尉爾，但以資次攷第從官游歷，即補之，不論賢良德行可以化人，而拔擢見用者，縱吏部侍郎時有知此弊，而欲超越用人，則天下小人已囂然相謗矣。所以然者，習於常而有驚怪也。所以天下庸流，莫不能得爲縣令，庸流一雜，賢不肖莫分，但以爲縣令庸流。資次爲選，不以才能任職，所以天下凌遲，百姓無由知陛下聖德勤勞夙夜之念，但以愁怨，以爲天子之令遣如此也，自有國來，此弊最深，而未能除也，豈不甚哉？昔漢宣帝有言曰：『朕之所共理天下者，豈非良二千石乎。』故宣帝之時，能委任矣。伏願陛下與宰相深知妙選，以救正此弊，使天下之人，稍得以安。

又《人機》 臣聞天下有危機，禍福因之而生；機靜則有福，機動則有禍，天下百姓是也。夫百姓安則樂其生，不安而輕其死；輕其死，則無所不至也。故曰：人不可使窮，窮之則姦宄生；人不可數動，動之則災變起。姦宄不息，災變日興，叛逆乘釁，天下亂矣。當今天下百姓，雖未窮困，軍旅之弊，不得安者，向五六年矣，夫妻不得相保，父子不得相養。自劍以南，爰至河、隴、秦、涼之間，山東則有青、徐、曹、汴，河北則有滄、瀛、恆、趙，莫不或被饑荒，或遭水旱，兵役轉輸，疾疫死亡，流離分散，十至四五，可謂不安矣。幸得陛下以仁聖之恩，憫其失業，所在邊境有兵戰之役，一切且停，遂使窮困之人，尚得與妻子相見，父兄相保，各復其業，獲以救窮，人心稍安，殆半年矣，天下可謂幸甚。愚臣竊賀陛下得天下之機，能密靜之，非陛下至聖大明，不能如此也。愚臣今所以爲陛下更論天下之危機者，恐將相有貪夷狄之利，又說陛下以廣地彊武爲威，謀動甲兵，以事邊塞，陛下或未知天下有危機，萬一聽之，臣懼機失禍搆，則天下有不可柰何也。《詩》不云乎：『人亦勞止，汔可小康。惠此中國，以綏四方。』故臣願陛下垂衣裳，修文德，去刑罰，勸農桑，以息天下之人，務與之共安，然後使遐荒蠻夷，自知中國有聖人，重譯而入貢，愚臣竊以爲當今天下之大計也，伏惟陛下念之。近者隋煬帝不知天下有危機，自以爲威德廣大，欲建萬代之業。動天下之衆，殫萬人之力，兵役相仍，轉輸不絕，北討胡貊，東伐遼人，於是天下百姓窮困，人不堪命，機動禍搆，遂喪天下。此是不知天下有危機，而信貪佞之臣，冀收夷狄之利，卒以滅亡者也。隋氏之失，可以殷鑑，豈不大哉。伏惟陛下察之。國家所伐吐蕃，有大失策，中國之衆，半天下受其弊，然遂事不諫，當復何言？

《舊唐書》卷七四《馬周傳》 （貞觀六年）是歲，（馬）周上疏曰：微臣每讀經史，見前賢忠孝之事，臣雖小人，竊希大道，未嘗不廢卷長想，思履其迹。臣以不幸，早失父母，犬馬之養，已無所施，顧來事可爲者，唯忠義而已。是以徒步二千里而自歸於陛下，陛下不以臣愚瞽，過垂齒録。竊自顧瞻，無階答謝，輒以微軀丹款，惟陛下所擇。

臣伏見大安宮在宮城之西，其牆宇宮闕之制，方之紫極，尙爲卑小。臣伏以東宮皇太子之宅，猶處城中，大安乃至尊所居，更在城外。雖太上皇游心道素，志存清儉，陛下重違慈旨，愛惜人力；而蕃夷朝見及四方觀聽，有不足焉。臣願營築雉堞，修起門樓，務從高顯，以稱萬方之望，則大孝昭乎天下矣。

臣又伏見明敕，以二月二日幸九成宮。臣竊惟太上皇春秋已高，陛下宜朝夕視膳而晨昏起居。今所幸宮去京三百餘里，鑾輿動軔，嚴蹕經旬，非可以旦暮至也。太上皇情或思感，而欲即見陛下者，將何以赴之？且車駕今行，本爲避暑。然則太上皇尙留熱所，而陛下自逐涼處，溫凊之道，臣竊未安。然敕書既出，業已成就，願示速返之期，以開衆惑。

臣又見詔書，令宗室勳賢作鎭藩部，貽厥子孫，嗣守其政，非有大故，無或黜免。臣竊惟陛下封植之者，誠愛之重之，欲其胤裔承守而與國無疆也。臣以爲如詔旨者，陛下宜思所以安存之，富貴之，然則何用代官也。何則？以堯、舜之父，猶有朱、均之子。倘有孩童嗣職，萬一驕愚，兆庶被其殃而國家受其敗。正欲絕之也，則子文之治猶在；正欲留之也，而欒黶之惡已彰。與其毒害於見存之百姓，則寧使割恩於已亡之一臣，明矣。然則向所謂愛之者，乃適所以傷之也。臣謂宜賦以茅土，疇其戶邑，必有材行，隨器方授，則雖其翰翮非强，亦可以獲免尤纍。昔漢光武不任功臣以吏事，所以終全其代者，良得其術也。願陛下深思其事，使夫得奉大恩，而子孫終其福祿也。

臣又聞聖人之化天下，莫不以孝爲基。故曰：『孝莫大於嚴父，嚴父莫大於配天。』又曰：『國之大事，在祀與戎。』孔子亦云：『吾不預祭如不祭。』是聖人之重祭祀也如此。伏惟陛下踐祚以來，宗廟之享，未曾親事。伏緣聖情，獨以鑾輿一出，勞費稍多，所以忍其孝思，以便百姓。遂使一代之史，不書皇帝入廟之事，將何以貽厥孫謀，垂則來葉？臣知大孝誠不在俎豆之間，然聖人之訓人，固有屈己以從時，願聖慈顧省愚款。

臣又聞致化之道，在於求賢審官；爲政之基，在於揚清激濁。孔子曰：『唯名與器，不以假人。』是言愼擧之爲重也。臣伏見王長通、白明達本自樂工，輿皁雜類，韋槃提、斛斯正則更無他材，獨解調馬。縱使術踰儕輩，伎能有取，乍可厚賜錢帛，以富其家；豈得列預士流，超授高爵。遂使朝會之位，萬國來庭，騶子倡人，鳴玉曳履，與夫朝賢君子，比肩而立，同坐而食，臣竊恥之。然朝命既往，縱不可追，謂宜不使在朝班，預於士伍。

宋・李昉等《文苑英華》卷六六九《楊夔〈復宮闕後上執政書〉》

子雲有言曰：『琴瑟鄭衛調，俾夔因之，亦不可以致簫韶。』故董仲舒云：『琴瑟不調，甚者必改而更張也。』舜承堯禪，當太平至理之後，猶且放四凶，舉八元八愷，而後百揆四門，方克調序。當今承百王衰弊之末，繼萬法隳散之餘，皇綱不綱，事無舊貫。閣下掌國之鈞，提人之柄，將循其舊而就爲治乎？將欲擇其善而漸以化乎？將新其轍而革其弊乎？某誠不敏，粗達利病之源。常欲得布露蘊蓄於執政，以助教化。則與躅人之喜愠，隨聲而是非者，固不同其軌矣。夫廣引古事，以黷左右，蓋類庸醫，不審疾病，揞聚衆藥，合爲一法，希有或中耳。況今下筆者，言登庸之善，則臯夔蕭曹，語字牧之能，則龔黃卓魯。此亦閣下飫於聽視矣。今不敢遠爲徵譬，請質而言之。閣下將欲循其舊而就爲治耶？且四海生靈，久陷密網，舉手搖足，如在桎梏。其懷革弊剗訛之政，如旱苗之待甘雨。若循其舊不爲之制，信其治不爲之憂。則蠹不剔則壞及根本，毒不抉則疽及骨肉矣。以此知循舊之難也。閣下將擇其善而化以漸耶？且知人之道，聖哲猶難。故仲尼有以貌以言之失，則閣下所爲善者，其欲詢於人乎？其欲取於言乎？取於言，言未必信。詢於人，人未必誠。蓋澆競日久，扇爲朋黨，內則巧詐萬變，外則絜矩自任。同於己者，互推互挽。出於己者，擠辱如此。訪於人有是有非，聽於人有端有曲。雖秦鑑之明，堯羊之觸，未免其橈且惑。此以見擇善之難也。閣下將欲新其轍而革其弊耶？在今日時之訛，俗之壞，況大兵久役之後，救其衰殘，未有首於此也。前車已覆，後車豈可躡而行之。固當改轍易塗，以取其不傾不蹷。道路之人，亦知此爲至計，況廊廟帷幄之畫，豈不以是爲急哉？然民困已久，如涸澤窮鱗，噞喁餘喘。便沃之沛澤，則有蘇活之望。若顧而哀之曰：『吾未能卒致其澤。』命貫而挈之，俟有水之地，則捨而放諸，則是魚之反不如噞喁於涸澤矣。此以見新轍之難也。然則爲政之道，固在乎人。其人存則其政舉，其人亡則其政息。今大兵之後，生民陷于塗穽。九州四海，固仰首於吾君吾相，以待其脫塗出穽也。使吾君爲堯爲舜，固在吾相之左扶右翼。齊桓公任管仲，九合諸侯，一匡天下。任豎貂易牙，則國亂而無主，身歿而不殯。如此則匡持裨贊，繫於臣不繫於君也。今閤下莅事已來，以爲天下安乎？危乎？賈誼居漢文升平之代，猶言今所安者，抱火而厝於積薪之下，而寢其上。矧今日生民，首未去其壓，足未釋其縛，乃欲循常之轍以安輯還定，猶爲飢僕者譚翊日之膳，將何所濟哉？夫欲安其民，則莫若擇守宰。夫欲固其本，則莫若去奢侈。夫欲官之治，則莫若爲官而擇人。夫欲弊之革，則莫若限田而定賦。夫朝廷之立，在固本根本。根固則兆庶安，兆庶安則盜賊息。盜賊息則基於太平矣。欲安其兆庶，莫若擇守宰，守宰良則人民安。人民安則無逋逸，如抱沉痼者偶所親之衛養，焉肯捨其親而從疏乎？苟不精擇其守，慎選其宰，信虚聲，徇請謁，是致禍於民，而思其安，如挾彈以驅林，惡禽之驚也，決防以涸泉，怪魚之逝也。故漢宣帝詔曰：『與我共治天下，其唯良二千石乎？』故承平之代，號爲得人。内外肅穆，時風一變。如是則守宰之任，其可容易乎？其可輕受乎？今遠方郡邑，民抱愁痛，嗷嗷然如嬰兒之望父母也。朝廷命牧守，選邑宰，以何道而取耶？其有忘慈惠之心，蘊聚斂之志，不思疾痛，但恣刻剝。役尫瘵以從欲，飾厨傳以邀名。天路高邈，叫訴無所。居者以遠而吞氣，行者以賂而設譽。縱使貪過桀跖，亦可高枕夷柳。如此則流毒於下，豈有既乎？故曰欲安其民，莫若擇守宰也。夫世態驕奢，競相扇習。生民益痛，時風益訛。昔有諫舜用漆者，以其漆不已至於象，象不已至於珠玉。夫塞其源，絕其流，猶有浸漬潰防之穴，而況決其源，疏其流，其可罪諸洋溢乎？且古者車服僕隸，悉繫於位。上不得踰制，下不得僭上。故貞觀、開元之初，位至丞相，其導從不過十數人而已。洎林甫秉政，内挾邪以固寵，外託勢以立威。勝已者巧法以誅之，異己者倚公以斥之。内外畏惡，林甫亦自審其曲。由是出入嚴其兵衛，如見大敵。自後執政者，嗣其餘風，至今不衰。下至散班冗職，但力可致者，卽前有驅，後有殿，固莫問於品秩矣。至於崇德雅望，亦不能復其本，縱心有所惡，皆有類聚者讋惑，不得固其節矣。且月俸卽有限，餘給卽無數。以有限之入，供無度之費，俾其分一職，當一位，不掊不斂者，亦鮮矣。車服僕隸之爲費，尚且如此，矧復後庭曳綺羅飾粉黛者，其費如何哉？故因賂而仕，由賄而達。牛驥皁隸，汩爲一流。居外者恃内之權，恣其刻削。居内者恃外之遺，益其侈靡。耗民之生，如城之狐。蠹民之力，如社之鼠。枯骸朽皮，盡取後已。閤下其不痛心乎？其不抆泣乎？夫四方程式，自輦轂去，儻閤下克己以行。俾四海知所法，則其爲革弊剗訛，不啻沃湯於砌雪也。故曰欲崇其本，莫若去奢侈也。自大駕南巡，官失其守。冀販繒織畚之伍，有安劉滅項之才。於是爛羊續貂，首尾顛倒。苟無董正，是紊國經。玄宗平内難，有功者多行自負。姚梁公當國，引光武故事，請不任功臣以政，優其禄秩，寘於散地，使不干禁既，無韓彭菹醢之戮，保子孫爵禄之慶。閤下不以是爲憲乎？《書》曰：『官不必備，唯其人。』國家設庠序之官，蓋閱禮敦詩之本也。苟非其人，焉可妄授？今貴游豪冑，耻言國庠。凡受其官，意若獲譴。故朝廷執事，亦以爲尋常，莫知太學爲國之本。本顛則枝葉從之矣。焉有文明之代，輕易儒學，齒其位者？曾不知書之顛倒，而欲以此發明大義，闡揚大道，是猶責瞽者以玄黄，詰聾者以律呂。舉是一隅，則百辟之選。豈可不摭其名責其實也？故曰欲官之治，莫若爲官擇人也。今天下黔首，不憚征賦，而憚力役。明敕屢除，非不丁寧。州縣奉私，曾不遵稟。既因循未用，亦有所未盡焉。蓋僑寓州縣者，或稱前資，或稱衣冠。既是寄住，例無徭役。且敕有進士及第，許免一門差徭，其餘雜科，止於免一身而已。今有僥倖輩偶忝微官，便住故地。既云前曾守官州縣，須存事體。無厭輩不唯自置莊田，抑亦廣占物產。百姓懼其徭役，悉願與人。不計貨財，只希影覆。富者稱物產典貼，永絕差科。貧者以賦籍擠排，助須從役。利入私室，害及疲民。無利潤者，轉見沉淪。有膏腴者，坐取安逸。衣冠户以餘慶所及，合守清廉。既恃其不差不科，便恣其無畏無忌。且古者盡地之教，限人名田。一則量其富貧，一則均其肥墝。今凡稱衣冠，罔計頃畝。是姦豪之輩，輻湊其門。但許藉名，便曰納貨。既託其權勢，遂恣其苞囊。州縣熟知，莫能糾摘。且州縣所切，莫先差科。富貴者既黨護有人，貧困者卽竄匿無路。上迫公使，下窘衣資。怨嗟之聲，因傷和氣。苟權豪之路絕，請託之倖除，卽民必泰，俗必阜矣。何以塞其門，杜其隧，在定其税額而已。自一品至九品，各限其田。田有恒，卽賦有限，無路廣占矣。旣絕其廣占，卽富者無苟免之徭，貧者無非次之役，則凋瘵何有夫不蘇，時俗何有夫不安？故曰欲弊之革，莫若隨田而定賦也。是四者，固爲政之綱也。

將欲安其人，豐其俗，實未先於此道也。復有急於是者，蓋朝廷之法也。夫法者士庶之所以共，固不以士則廢，庶則用。所以一而行之者，欲人之鮮過也。苟輕者以賂而重，曲者以勢而直，縱朝夕示於人，雖一子不爲信，而況有勢有賂者，焉肯稟畏哉？今朝廷之法，不及州縣之條。州縣之條，違者必有刑，所以人知懼。朝廷之法，犯者未必罪，所以人莫畏。此亦冠履雜處，首尾倒置。國君之威，不行於世。牧伯之令，反信於時。如此則風俗日已醨，國柄日已陵，不其痛歟？不其惜歟，今爲政者，未嘗以此爲痛，蓋各急於私，不計於法。設有其行典者，悉貧而寡援。俾其受罰而興怨，蓄憤而不能訴。鬼神有知，固納其訴，則伏陰隮陽，繁霜苦雨，豈不職於此哉？且石碏殺其子，君子以爲義。叔向戮其弟，仲尼以爲直。今閤下當此大柄，豈有捨其義與直，混其名乎與齪齪者爲偶哉？夫法不患不制，而患不行。事不患不立，而患不公。苟以用法必公，不以豪强而曲直，則不出戶可以見四方之承稟，不下席可以知兆庶之休戚矣。代宗朝用楊綰爲相，綰性清儉，時論推之。及爲相，郭汾陽爲河中節度使，憚之，妓樂減半。驗於此，卽四方稟畏當國者操守耳。陳平對漢文云：『宰相者，上佐天子燮理陰陽，內親附百姓，外鎮撫四夷，使御史大夫各得其職。』今陰陽調乎？百姓親乎？四夷柔乎？內外之職各得其任乎？欲陰陽之調也，獄無滯訟，官無濫政，農桑無失時，公府無加賦則里有歌，巷有頌，和聲達於上，休氣屬於下，陰陽何有於不調哉？欲百姓各親也，不奪其力以營臺榭，不劫其衣以衣土木，不掠其糧以給犬馬，不賦其財以資交結；聞民之病，如子之病，聞民之飢，如己之餒；百姓何有不親哉？欲四夷之柔也，省刑罰，薄賦斂；謹庠序之教，申孝悌之義；鄉里識尚齒之敬，道路知事長之禮；然后固其關防，禁其侵抄，橐其戈革，示以恩信；四夷何有於不柔哉？欲內外之職得其任也，命各舉所知，隨材引用；不以位微而不録其言，不以地寒而不取其行。稱文者授以文學之任，然后考其文之臧否。稱武者授以兵衞之任，然後驗其武之勇怯。稱理者授以親人之任，然後責其理之優劣。稱錢穀者授以度支管榷之任，然後課其錢之盈虛。實者升之，不副者黜之。其升黜皆及其所舉，故人不以黨而進，亦不以獨而退，故內外之職，何有不得其任乎？自元和已降，宰相閉關不接士，游其門外其室者，非有世故，非有媒薦，固不可偶頃刻之語。周公一沐三握髮，公孫弘開東閤，邴吉不以吐車茵爲過，而乃致理平。故太平之基，非一士之功也。藉如大廈崇崇，誠柱石棟梁之力。然捨其欒櫨榱桷，此爲何室哉？今天下有倒懸之急，實閤下夜以繼日籌其事，坐以待旦思其用，忘寢食以待往來，捐金帛以給貧困之秋也。某家且貧，讀書著文之餘，以漁獵奉甘滑。今閤下居密勿啓沃之地，輒以漁獵爲諭焉。夫漁於澤，徧水而布罟，獵於林，被野而設罝。不徧不被，是闕其具也。及其獲魚得兔，非一目之力。今內外百執事，亦置罟之衆目焉。焉可一一責其獲，又不得以不獲而不設也？然能不縱其躍，不漏其走，亦足助爲漁獵矣。苟或不掩其走，不蔽其躍，卽捕之無虧其紀，綱則後日之漁獵，不患於遺矣。

宋·王欽若等《册府元龜》卷五三二《諫諍部·規諫第九》 寧原悌，睿宗時為諫議大夫，上疏五條具陳政體。一曰：臣聞俗正時康，則因循而易守；人訛道替，則馳騖而難安。或垂衣而有餘，或日娛而不足，雖唐、虞之盛烈，文、武之鴻徽，未有不委任股肱，留情陟用。故善人者，天地之綱紀，帝王之羽翼，靡革於仇讐，莫限於芻隸，不可失也。自天授以來，二十餘載，周興、來俊臣等，譖害忠良，壅蔽正直，先皇舊臣，夷滅殆盡，惟有狄仁傑、魏元忠尚存。仁傑等處先帝之朝，猶為小吏，及周室之際，實謂忠臣，或樹績當時，狥身王室。近者變故頻及，衣冠掃地，忠臣名士，纔餘數人，為陛下之棟梁，作聖朝之耳目。今者元惡已誅，佞臣咸黜，而人訛俗壞，為日已久。理宜開張聖聽，杜絕猜嫌，用是求人，宣力王室。使醜正惡直之士，不有容其間隙；讒邪佞媚之徒，無所施其巧辯。然後可以議黎元，安邦國，則僥倖源塞，聖王道興。若使浸潤旁通，危人路啓，顏俊忠而獲罪，茂先直以招怨，雖有渭濱之賢，傅巖之秀，途遭卒遇，難以為用也。則危亡之期，或未可保，拯濟之道，將安所施？二曰：求材之難，每留連於大聖；知人不易，亦惆悵於先哲。今天下諸州，良牧蓋寡，何者？古難其選，今侮其職也。然而代所重於京都，時見輕於州縣者何也？古者牧守政成，擢登三事；郎官特秀，先宰一同。潁川則黃霸為公，會稽則五倫入輔，事不師古，何能垂濟？誠願尚書曠職，則於方伯求材；卽位闕官，必以循良擢用。事懸象魏，道著彝章，玆令克行仁風大闡，考績三載，誠為故實。三曰：隆周之君，垂仁義以勗後；亡秦之主，訓刑罰以流嗣。或八百延慶，或二代亡家，餘烈可知，前史明鑑。伏以太子初建，養德春宮；諸王在藩，飭躬朱邸，並請遠去邪佞，親近正人。知好佞之危身，識尊儒之廣德，動遵師傅之訓，察納風雅之言。誠使宮府官僚，賓客侍讀，日資其道德，月奏其藝能，冀仁義於邦家，樹雍穆於天下。臣又以悖逆庶人，先朝之愛女也，肆讒慝干朝政，崇甲館之華麗，極宇內之驕奢；新都、宜城，先朝之庶孽也，賜不踰於已分，言不預於外謀，抑以全身，疏以遠害。故寵者則驕矜而遇害，疏者則抑損而獲全。誠使悖逆、新都，易地而處，則存亡去就，可立而待也。故長安非賢，燕后為愛，古今明驗，斷可知矣。誠願公主駙馬，不得假以權要，所犯必有懲，所習必有藝，則九族既睦，萬邦以寧。四曰：臣觀老尚虛無，釋尚寂滅，義極幽玄之旨，思游通方之外。故入道流者，則虛室生白，凈慮玄門；該釋教者，則春池得寶，澄心凈域。然後法貫羣有，道垂兼濟，過此以往，莫非邪惑。其有鬻販先覺，詭飾浮言，以複殿為經坊，用層臺為道法，皆無功於玄慮，誠有害於生人。梁武靡報於前，先朝殷鑑於後，咸耳目所接，黎元憤怨。伏以公主入道，京城置觀。雖昭報之成，有功於天旨，而社稷之計，莫踰於凈人。若使廣事修營，假飾圖像，盡宇內之功巧，傾萬國之資儲為福，則靡效於先朝，樹怨則取謗於天下。自隋室以降，寺觀尤多，禪定東明之域，泛愛緇黃之衆，更為建立，罕見其宜。後失請妝，前弊未遠。又先朝所狎僧衆，或有猶居聖側，無益於政理，有紊於朝章，並請屏退，無令親近。五曰：邊陲有釁，廟堂之憂也；近壘多虞，大夫之耻也。今聞彊敵擅命，堅昆娑葛養精蓄鋭，以南侵為多事，而人户全虛，府庫半減。倘或後歲之始，來秋之末，良弓漸勁，塞草將衰，朔、代交鋒，靈、夏受敵，中國將何猝應哉？伏願共天下以禦匈奴，率王公以憂邊事，輕租薄歛，和下士之心；簡賢任能，結衆人之愛；去奢從儉，實府庫之積；推仁重信，納將士之謀。去私恩，布公道，故知兩夷有隙，上國之資也。高壁藏威，待兵觀變，因二敵之相持，擅漁夫之厚利。計有可舉，時不可失，斯五者，並政之要也。伏願陛下舉宏綱，省衆務。高拱嵓廊，責成賢哲，徘徊於大道之域，從容於無為之塲。故立綱垂制，後嗣流範，至仁也；安上全下，先業不墜，至孝也；感而必通，姦不暇伏，至明也；神化風行，萬方草靡，至德也。必使休徵纍及，聖政日隆，遐邇宅心，戎夷慕義，神功光乎區宇，鴻業格乎天地：三代之興，皆由此也。

選人用人論部

人才識拔論分部

論說

唐・杜佑《通典》卷一七《選舉五》（開元十七年三月）左監門衛録事參軍劉秩論曰：王者官人，必視國之要，杜諸户，一其門，安平則尊經術之士，有難則貴介胄之臣。【略】

夫古者以勳賞功，以才莅職，以才莅職，是以職與人宜；近則以職賞功，是以官與人乖。古者計人而貢士，計吏而用人，故士無不官，官無乏吏；近則官倍於古，士十於官，求官者又十於士，故士無官，後魏羽林士，今之萬騎，軍功是也。官乏禄，吏擾人。古者王畿千里，千里之外，封建諸侯，諸侯之吏，自卿以降，各自舉任。當乎漢室，除保傅將相，餘盡專之。州縣佐史，則皆牧守選辟。夫公卿者，主相之所任也；甸外之官吏者，又諸侯牧守之事也。然則主司之所選者，獨甸內之吏，公卿府之屬耳，豈不寡哉！所選既寡，則焉得不精！近則有封建而無國邑，五服之內，政決王朝；一命拜免，必歸吏部。按名授職，猶不能遺，何暇採訪賢良，搜覈行能耶？時皆共嗤其失，而不知失之所以，故備詳之。

又曰：夫官有大小，材有短長，長者任之以大官，短者任之以小職，職與人相宜，而功與事並理。是以孟公綽爲趙、魏老則優，不可以爲滕、薛大夫。近之任官，其選之也略，其使之也備，一人之身，職無不莅，若

委游、夏以政事，責冉、季以文學也，何其謬歟！故人失其長，官失其理。【略】

故老子曰：『聖人常善救人，故無棄人；常善救物，故無棄物。』不善用人者，譬若使驥捕鼠，令鷹守肉：驥之捕鼠，終不可獲，而千里之功廢矣；鷹之守肉，死有餘罪，而攫撮之效没矣。夫裁徑尺之帛，刊方寸之木，不任左右，必求良工者，裁帛、刊木非左右之所能故也。徑尺之帛，方寸之木，薄物也，非良工不能裁之；況帝王之佐，經國之任，可不審擇其人乎？故構大廈者先擇木，然後揀材；理國家者先擇佐，然後守人。大匠構屋，必以大材爲棟梁，小材爲榱橑，苟有所中，尺寸之木無棄，此善理木者也。【略】

夫才智因習就，固然之理。進士者時共貴之，主司褒貶，實在詩賦，務求巧麗，以此爲賢，不唯無益於用，實亦妨其正習；不唯撓其淳和，實又長其佻思。自非識度超然，時或孤秀，其餘溺於所習，悉昧本源。欲以啓導性靈，獎成後進，斯亦難矣！故士林鮮體國之論，其弊一也。又人之心智，蓋有涯分，而九流七略，書籍無窮。主司徵問，不立程限，故修習之時，但務鈔略，比及就試，偶中是期。業無所成，固由於此。故當代寡人師之學，其弊二也。疏以釋經，蓋筌蹄耳。明經讀書，勤苦已甚，其口問義，又誦疏文，徒竭其精華，習不急之業。而當代禮法，無不面墻，及臨人決事，取辦胥吏之口而已。所謂所習非所用，所用非所習者也。故當官少稱職之吏，其弊三也。舉人大率二十人中方收一人，故没齒而不登科者甚衆，其事難，其路隘也如此。而雜色之流，廣通其路也。此一彼十，此百彼千，揆其秩序，無所差降，故受官多底下之人，修業抱後時之歎，待不才者何厚，處有能者何薄！崇末抑本，啓昏窒明，故士子捨學業而趨末伎，其弊四也。收人既少，則爭第急切，交馳公卿，以求汲引，毁訾同類，用以争先。故業因儒雅，行成險薄，非受性如此，勢使然也。浸以成俗，虧損國風，其弊五也。大抵舉選人以秋末就路，春末方歸，休息未定，聚糧未辦，即又及秋。事業不得修習，益令藝能淺薄，其弊六也。羈旅往來，糜費實甚，非唯妨闕生業，蓋亦隳其舊產，未及數舉，索然以空，其弊七也。貧窶之士在遠方，欲力赴京師，而所冀無際，以此揆度，遂至没身。使兹人有抱屈之恨，國家有遺才之闕，其弊八也。

官司運江、淮之儲，計五費其四，乃達京邑，芻薪之貴，又十倍四方。而舉選之人，每年攢會，計其人畜，蓋將數萬，無成而歸，十乃七八，徒令關中煩耗，其弊九也。爲官擇人，唯才是待。今選司並格之以年數，合格者，判雖下劣，一切皆收；如未合格而應科目者，纔有小瑕，莫不見棄。故無能之士，禄以例臻；才俊之流，坐成白首。此非古人求賢審官之義，亦已明矣。其弊十也。選人不約本州所試，悉令聚於京師，人既浩穰，文簿繁雜，因此渝濫，其事百端。故俗閒相傳云：『入試非正身十有三四，赴官非正身十有二三。』此又弊之尤者。

今若未能頓除舉選，以從古制，且稍變易，以息弊源，則官多佳吏，風俗可變。

唐·陸贄《翰苑集》卷一七《請許臺省長官舉薦屬吏狀》　人才選用理道之急，在於得人；而知人之難，聖哲所病。聽其言則未保其行，求其行則或遺其才。校勞考則巧偽繁興，而貞方之人罕進；徇聲華則趨競彌長，而沉退之士莫升。自非素與交親，備詳本末，探其志行，閱其器能，然後守道藏用者可得而知，沽名飾貌者不容其偽，故孔子云：『視其所以，觀其所由，察其所安，人焉廋哉？』夫欲觀視而察之，固非一朝一夕之所能也。是以前代有鄉里舉選之法，長吏辟署之制，所以明歷試，廣旁求，敦行能，息馳鶩也。昔周以伯冏為太僕，命之曰：『慎柬乃寮，罔以巧言令色便僻側媚，其惟吉士。』是則古之王朝，但命其大官，而大官得自柬僚屬之明驗也。漢朝務求多士，其選不唯公府辟召而已，又有父任兄任，皆得為郎，選入之初，雜居三署，臺省有闕，即用補之。是則古之郎官，皆以任舉充選，此其明驗也。魏晉已後，暨于國初，採擇庶官，多由選部，唯高位重職，乃由宰相考庶官之有成效者，請而命焉。故晉代山濤為吏部尚書，中外品員，多所啓授。宋朝以蔡廓為吏部尚書，郎先使人謂宰相徐羡之曰：『若得行吏部之職則拜，不然則否。』羡之答云：『黄散已下悉委。』蔡廓猶憤恚以為失職，遂不之官。是則黄門散騎侍郎，皆由吏部選授，不必朝廷，列位盡合，柬在台司，此其明驗也。國朝之制，庶官五品已上，制敕命之；六品已下，則並旨授。制敕所命者，蓋宰相商議奏可而除拜之也。旨授者，蓋吏部銓材署職，然後上言，詔旨但畫聞以從之，而不可否者也。開元中，吏部注擬選人奏置，循資格限自起居、遺、補及御史等官，猶並列於選曹銓綜之例，著在格令，至今不刊。未聞常參之官，悉委宰臣選擇，此又近事之明驗也。其後舊典失序，倖臣專朝，捨僉議而重己權，廢公舉而行私惠，是使周行庶品，苟不出時宰之意者，則莫致焉。任衆之道益微，進善之途漸隘。近者每須任使，常苦乏人，臨事選求，動淹旬朔，姑務應用，難盡當才。豈不以薦舉凌遲，人物衰少，居常則求精太過，有急則備位不充，欲令庶績咸熙，固亦難矣。臣實駑鈍，一無所堪，猥蒙任使，待罪宰相，惟懷竊位之懼，且乏知人之明。自揣庸虚，終難上報，唯廣求才之路，使賢者各以彙征，啓至公之門，令職司皆得自達。臣當謹守法度，考課百官，奉揚聰明，信賞必罰，庶乎人無滯用，朝不乏才，以此為酬恩之資，以此為致理之具。爰初受命，卽以上陳，求賢審官，粗立綱制。凡是百司之長，兼副貳等官，及兩省供奉之職，并因察舉勞效，須加奬任者，並宰臣叙擬以聞。其餘臺省屬僚，請委長官選擇，指陳才實，以狀上聞。一經薦揚，終身保任，各於除書之內，具標舉授之由，示衆以公，明章得失。得賢則進考增秩失，實則奪俸贖金，亟得則褒升，亟失則黜免。非止搜揚下位，亦可閱試大官，前志所謂達觀其所舉，卽此義也。自蒙允許，卽以宣行，南宮舉人，纔至十數，或非臺省舊吏，則是使府佐僚，累經薦延多歷事任。議其資望，既不愧於班行；考其行能，又未聞於闕敗。而議者遽以騰口，上煩聖聰，道之難行，亦可知矣。陛下勤求理道，務徇物情，因謂舉薦非宜，復委宰臣揀擇，其為崇任輔弼，博採輿詞，可謂聖德之盛者。然於委任責成之道，聽言考實之方，閑邪存誠，猶恐有闕。所謂委任責成者，將立其事，先擇其人，既得其人，慎謀其始；既謀其始，詳慮其終。終始之間，事必前定，有疑則勿果於用，既用則不復有疑。待終其謀，乃考其事，事愆于素者，革其弊而黜其人；事協于初者，賞其人而成其美。使受賞者無所舉讓，見黜者莫得為辭。夫如是，則苟無其才，孰敢當任？苟當其任，必得竭才。此古之聖王，委任責成，無為而理之道也。所謂聽言考實，虚受廣納，弘接下之規；明目達聰，廣濟人之道。欲知事之得失，不可不聽之於言；欲辯言之眞虚，不可不考之於實。言事之得者，勿卽謂是，必原其所得之由。言事之失者，勿卽謂非，必窮其所失之理。稱人之善者，必詳徵行善之迹；論人之惡者，必明辯為惡之端。凡聽其言，皆考其實；既得其實，又察以情；既盡其情，復稽於衆；衆議情實，必參相得。然後信其說，奬其誠；如或矯誣，亦寘明罰。夫如是，則言者不壅，聽之不勞，無浮妄亂教之談，無陰邪傷善之說，無輕信見欺之失，無潛陷不辯之冤。此古之聖王，聽言考實，不出户而知天下之方也。陛下既納臣言而用之，旋聞横議而止之，於臣謀不責成，於横議不考實，此乃謀失者得以辭其罪，議曲者得以肆其誣。率是以行，觸類而長，固無必定之計，亦無必實之言。計不定則理道難成，言不實則小人得志，國家所病，恒必由之。昔齊桓公將啓霸圖，問管仲以害霸之事。管仲對曰：『得賢不能任，害霸也；任賢不能固，害霸也；固始而不能終，害霸也；與賢人謀事，而與小人議之，害霸也。』所謂小人者，不必悉懷險詖，故覆邦家，蓋以其意性憸邪，趣尚狹促，以沮議為出衆，以自異為不羣，趨近利而昧遠圖，效小信而傷大道。故《論語》曰：『言必信，行必果，硜硜然小人也。』夫以能信於言，能果於行。唯以硜硜淺近，不克弘通，宣尼猶謂其小人，管仲尚憂其害霸，况又有言行難保，而恣其非心者乎。此皆任不責成，言不考實之弊也。聖旨以謂外議云：『諸司所舉，皆有情故，兼受賄賂，不得實才者。』臣請陛下當使所言之人，詳陳所犯之狀，某人受賄，某舉有情，陛下然後以事質於臣，臣復以事質於舉主。若便首伏，則據罪抵刑，如或有詞，則付法閲責。謬舉者必行其罰，誣善者亦反其辜，自然憲典克明，邪慝不作，懲一沮百，理之善經。何必貸其姦贓，不加辯詰，私其公議，不出主名。使無辜見疑有罪獲縱，枉直同貫，人何賴焉。聖旨又以官長舉人，法非穩便，令臣並自揀擇，不可信任諸司者。伏以宰輔常制，不過數人，人之所知，固有限極，必不能偏諳多士，備閲羣才。若令悉命羣官，理須展轉詢訪是則變公舉為私薦，易明敭以暗投。儻如議者之言，所舉多有情故，舉於君上，且未絕私；薦於宰臣，安肯無詐？失人之弊，必又甚焉。所以承前命官，罕有不涉私謗，雖則秉鈞不一，或自行情，亦由私訪所親，轉為所賣，其弊非遠，聖鑑明知。今又將徇浮言，專任宰臣除吏，宰臣不偏諳識，踵前須訪於人，若訪於親朋，則是悔其覆車，不易前轍之失也；若訪於朝列，則是求其私薦，必不如公舉之愈也。二者利害，惟陛下更詳擇焉，恐不如委任長官，慎柬寮屬，所柬既少，所求亦精。得賢有鑑識之名，失實當闇謬之責，人之常性，莫不愛人，况於臺省長官，皆是久當朝選，孰肯徇私妄舉，以傷名取責者乎？所謂臺省長官，即僕射、尚書、左右丞、侍郎及侍御史、大夫、中丞是也，陛下比擇輔相，多亦不出其中。今之宰相，則往日臺省長官也；今之臺省長官，乃將來之宰臣也。但是職名暫異固非行業頓殊，豈有為長官之時，則不能舉一二屬吏，居宰臣之位，則可擇千百具寮？物議悠悠，其惑斯甚。聖人制事，必度物宜，無求備於一人，無責人於不逮，尊者領其要，卑者任其詳。是以人主擇輔臣，輔臣擇庶長，庶長擇佐僚，所任愈崇，故所擇愈少，所試漸下，故所舉漸輕。進不失倫，選不失類，以類則詳知實行，有倫則杜絶徼求，將務得人，無易於此。是故選自卑遠，始升於朝者，各委長吏任舉之，則下無遺賢矣，實於周行，既任以事者，於是宰臣序進之，則朝無曠職矣。才德兼茂，歷試不渝者，然後人主倚任之，則海内無遺士矣。夫求才貴廣，考課貴精，求廣在於各舉所知，長吏之薦擇是也；考精在於按名責實，宰臣之序進是也。求不廣則下位罕進，下位罕進則用常乏人，用常乏人則懼曠庶職，懼曠庶職則苟取備員；是以考課之法，不暇精也。考不精則能否無別，能否無別則砥礪漸衰，砥礪漸衰則職業不舉，職業不舉則品格浸微。是以賢能之功，不克彰也。皆失於不廣求人之道，而務選士之精，不思考課之行，而望得人之美，是以望得彌失，務精益麤，塞源浚流，未見其可。臣欲詳徵舊説，伏恐聽覧為煩，粗舉一端，以明其理。往者則天太后踐祚臨朝，欲收人心，尤務拔擢弘委任之意，開汲引之門，進用不疑求訪無倦，非但人得薦，士亦得自舉其才。所薦必行，所舉輒試，其於選士之道，豈不傷於容易哉。然而課責既嚴，進退皆速，不肖者旋黜，才能者驟升，是以當代謂知人之明，累朝賴多士之用，此乃近於求才貴廣，考課貴精之效也。陛下誕膺寶歷，思致理平，雖好賢之心有踰前哲，而得人之盛，未逮往時。蓋由鑑賞獨任於聖聰，搜擇頗難於公舉，但速登延之路，罕施練覈之方。遂使先進者漸益凋訛，後來者不相接續，施一令則謗沮互起，用一人則瘡痏立成，此乃失於選才太精，制法不一之患也，則天舉用之法，傷易而得人；陛下慎柬之規，太精而失士。是知雖易於舉用，而不易於苟容，則所易者適足廣得人之資，不為害也；不精於法制，而務精於選才，則所精者適足梗進賢之途，不為利也。人之才行，自昔罕全，苟有所長，必有所短。若録長補短，則天下無不用之人；責短捨長，則天下無不棄之士。加以情有憎愛，趣有異同，假使聖如伊、周，賢如楊、墨，求諸物議，孰免譏嫌？昔子貢問於孔子曰：『鄉人皆好之，何如？』子曰：『未可也。』『鄉人皆惡之，何如？』子曰：『未可也。不如鄉人之善者好之，其不善者惡之。』蓋以小人君子，意必相反，其在小人之惡君子，亦如君子之惡小人。將察其情，在審其聽。聽君子則小人道廢，聽小人則君子道消。今陛下慎選宰臣，必以為重於庶品；精擇長吏，必以為愈於末流。及至宰臣獻規，長吏薦士，陛下則但納横議，不稽始謀，是乃任以重者輕其言，待以輕者重其事。且又不辯所毁之虚實，不校所議之短長，人之多言，何所不至。是將使人無所措其手足，豈獨選任之道，失其端而已乎？

唐・李德裕《會昌一品集》卷四《折羣疑相論》　夫相之相在乎清明，將之相在乎雄傑。清明者，珠玉是也，爲天下所寶；雄傑者，虎兕是也，爲百獸所伏。然清者必得大權，不能享豐富；雄者必當昌侈，不能爲大柄。兼而有之者，在乎粹美而已。余頃歲莅淮海，屬縣有盱眙山多珉玉，剖而爲器，清瑩洞澈，雖水精明冰，不如也，而價不及凡玉，終不得爲至寶，以其不粹也。清而粹者，天也，故高不可測；清而澈者，泉也，故深亦可察。此其大略也。余嘗精而求之，多士以才爲命，婦人以色爲命，天賦是美者，必將有以貴之。才高者，雖孟嘗眇小，蔡澤折頞，亦居萬人之上；色美者，雖鉤弋之拳，李夫人之賤，亦爲萬乘之偶。然不如清而粹者，必身名俱榮，福禄終泰，張良是也。擇士能用此術，可以拔十得九，無所疑也。

唐・柳宗元《柳河東集》卷三〇《與楊京兆憑書》　大凡薦舉之道，古人之所謂難者，其難非苟一而已也。知之難，言之難，聽信之難。夫人有有之而耻言之者，有有之而樂言之者，有無之而工言之者，有無之而不言似有之者。有之而耻言之者，上也。雖舜猶難於知之。孔子亦曰『失之子羽』。下斯而言，知而不失者，妄矣。有之而言之者，次也。德如漢光武，馮衍不用；才如王景略，以尹緯爲令史。是皆終日號鳴大吒，而卒莫之省。無之而工言之者，賊也。趙括得以代廉頗，馬謖得以惑孔明也。今之若此類者，不乏於世。將相大臣聞其言，而必能辨之者，亦妄矣。無之而不言者，土木類也。周仁以重臣爲二千石，許靖以人譽而致三公。近世尤好此類，以爲長者，最得薦寵。夫言朴愚無害者，其於田野鄉閭爲匹夫，雖稱爲長者可也。自抱關擊柝以往，則必敬其事，愈上則及物者愈大，何事無用之朴哉？今之言曰：『某子長者，可以爲大官。』類非古之所謂長者也，則必土木而已矣。夫捧土揭木而致之巖廊之上，蒙以紱冕，翼以徒隸，而趨走其左右，豈有補於萬民之勞苦哉。聖人之道，不益於世用，凡以此也，故曰知之難。孔子曰：『仁者其言也訒。』『孟子病未同而言。』然則彼未吾信，而吾告之以士，必有三間。是將曰：『彼誠知士歟？知文歟？』疑之而未重，一間也。又曰：『彼無乃私好歟？交以利歟？』二間也。又曰：『彼不足我，而甚我哉？茲咈吾事。』三間也。畏是而不言，故曰言之難。言而有是患，故曰聽信之難。唯明者爲能得其所以薦，得其所以言，得其所以聽，一不至，則不可冀矣。然而君子不以言聽之難，而不務取士。士，理之本也。苟有司之不吾信，吾知之而不捨，其必有信吾者矣。苟知之，雖無有司，而士可以顯，則吾一旦操用人之柄，其必有施矣。故公卿之大任，莫若索士。士不預備而熟講之，卒然君有問焉，宰相有咨焉，有司有求焉，其無所以應之，則大臣之道或闕，故不可憚煩。今之世言士者，先文章。文章，士之末也。然立言存乎其中，卽末而操其本，可十七八，未易忽也。自古文士之多莫如今，今之後生爲文，希屈、馬者，可得數人；希王褒、劉向之徒者，又可得十人；至陸機、潘岳之比，累累相望。若皆爲之不已。則文章之大盛，古未有也。後代乃可知之。今之俗耳庸目，無所取信，傑然特異者，乃見此耳。丈人以文律通流當世，叔仲鼎列，天下號爲文章家。今又生敬之。敬之，希屈、馬者之一也。天下方理平，今之文士咸能先理。理不一斷於古書老生，直趣堯舜之道、孔氏之志，明而出之，又古之所難有也。然則文章未必爲士之末，獨采取何如爾。

南漢·王定保《唐摭言》卷六《公薦》　將仕郎守太子校書郎王泠然曰：僕知天下父不舉子，兄不舉弟。向者，百司諸州長官皆無才能之輩，並是全軀保妻子之徒，一入朝廷，則恐出，暫居州郡，卽思改，豈有輕爲進舉，以取貶削？今聞天下向有四百人應舉，相公豈與四百人盡及第乎？卽有第差，由此百司諸州長官，懼貶削而不舉者多矣。僕竊謂今之得舉者，不以親，則以勢；不以賄，則以交；未必能鳴鼓四科，而裹糧三道。其不得舉者，無媒無黨，有行有才，處卑位之間，仄陋之下，吞聲飲氣，何足算哉？何乃天子令有司舉之，而相公令有司拒之？則所謂『欲德不用』，『徒張此意』，事與《京房易傳》同，故天下以大旱相試也。去年所舉縣令，吏部一例與官，舉若得人，天下何不雨？賢俊之舉，楚既失之，縣令之舉，齊亦未得。夫有賢明宰相，尚不能燮理陰陽，而令庸下宰君，豈卽能緝熙風化？相公必欲選良宰，莫若舉前倉部員外郎吳太玄爲洛陽令；必欲舉御史中丞，莫若舉襄州刺史吳靳。清輦轂之路，非太玄不可；生臺閣之風，非靳不可。僕非吳靳親友，但以知其賢明，相公有而不知，知而不用，亦其過深矣。抑又聞之，昔閔子騫爲政曰：『仍舊貫，如之何？何必改作？』凡校書、正字，一政不得入畿。相公曾爲此職，見貞觀已來故事。今吏部侍郎楊滔，眼不識字，心不好賢，蕪穢我清司，改張我舊貫，去年冬奏請：『自今已後，官無內外，一例不得入畿。』卽知正字、校書，不如十鄉縣尉；明經、進士，不如三衞出身。

《舊唐書》卷八一《劉祥道傳》　今之選司取士，傷多且濫。每年入流，數過一千四百，傷多也。雜色入流，不加銓簡，是傷濫也。經明行修之士，猶或罕有正人，多取胥徒之流，豈能皆有德行。卽知共釐務者，善人少而惡人多。有國以來，已四十載，尚未刑措，豈不由此乎！但服膺先王之道者，奏第然始付選；趨走几案之間者，不簡便加祿秩。稽古之業，雖則難知，斗筲之材，何其易進？其雜色應入流人，望令曹司試判訖，簡爲四等奏聞。第一等付吏部，第二等付兵部，次付主爵，次付司勳。其行署等私犯公坐情狀可責者，雖經赦降，亦量配三司；不經赦降者，放還本貫。冀入流不濫，官無冗雜，且令胥徒之輩，漸知勸勉。

古之選者，爲官擇人，不聞取人多而官員少。今官員有數，入流無限，以有數供無限，遂令九流繁總，人隨歲積。謹約準所須人，量支年別入流者。今內外文武官一品以下，九品已上，一萬三千四百六十五員，略舉大數，當一萬四千人。壯室而仕，耳順而退，取其中數，不過支三十年。此則一萬四千人，三十年而略盡。若年別入流者五百人，經三十年便得一萬五千人，定須者一萬三千四百六十五人，足充所須之數。況三十年之外，在官者猶多，此便有餘，不慮其少。今年常入流者，遂逾一千四百，計應須數外，其餘兩倍。又常選放還者，仍停六七千人，更復年別新加，實非處置之法。

儒爲教化之本，學者之宗，儒教不興，風俗將替。今庠序遍於四海，儒生溢於三學，誘掖之方，理實爲備，而獎進之道，事或未周。但永徽已來，于今八載，在官者以善政粗聞，論事者以一言可採，莫不光被綸音，超升不次。而儒生未聞恩及，臣故以爲獎進之道未周。

國家富有四海，已四十年，百姓官僚，未有秀才之舉。豈今人之不如昔人，將薦賢 之道未至？寧可方稱多士，遂闕斯人。望六品已下，爰及山谷，特降綸言，更審搜訪，仍量爲條例，稍加優獎。不然，赫赫之辰，斯舉遂絶，一代盛事，實爲朝廷惜之。

唐、虞三載考績，黜陟幽明。兩漢用人，亦久居其職。所以因官命氏，有倉、庾之姓。魏、晉以來，事無可紀。今之在任，四考卽遷。官人知將秩滿，必懷去就；百姓見有遷代，能無苟且。以去就之人，臨苟且之輩，責以移風易俗，其可得乎！望經四考，就任加階，至八考滿，然後聽選。還淳反樸，雖未敢必期；送故迎新，實稍減勞弊。

尚書省二十四司及門下中書都事、主書、主事等，比來選補，皆取舊任流外有刀筆之人。縱欲參用士流，皆以儔類爲耻，前後相承，遂成故事。但掖省崇峻，王言秘密，尚書政本，人物攸歸，而多用胥徒，恐未盡銓衡之理。望有釐革，稍清其選。

又 卷八七《魏玄同傳》 臣聞製器者必擇匠以簡材，爲國者必求賢以莅官。匠之不良，無以成其工；官之非賢，無以致於理。君者，所以牧人也；臣者，所以佐君也。君不養人，失君道矣；臣不輔君，失臣任矣。任人者，誠國家之基本，百姓之安危也。方今人不加富，盜賊不衰，獄訟未清，禮義猶闕者，何也？下吏不稱職，庶官非其才也。官之不得其才者，取人之道，有所未盡也。

臣又聞傳説曰：『明王奉若天道，建邦設都，樹后王君公，承以大夫師長，不惟逸豫，惟以理人。』昔之邦國，今之州縣，士有常君，人有定主，自求臣佐，各選英賢，其大臣乃命於王朝耳。秦并天下，罷侯置守，漢氏因之，有沿有革。諸侯得自置吏四百石以下，其傅相大官，則漢爲置之。州郡掾吏、督郵、從事，悉任之於牧守。爰自魏、晉，始歸吏部，遞相祖襲，以迄于今。用刀筆以量才，案簿書而察行，法令之弊，其來自久。

蓋君子重因循而憚改作，有不得已者，亦當運獨見之明，定卓然之議。如今選司所行者，非上皇之令典，乃近代之權道，所宜遷革，實爲至要。何以言之？夫尺丈之量，所及者蓋短；鍾庾之器，所積者寧多。非其所及，焉能度之；非其所受，何以容之？況天下之大，士人之衆，而可委之數人之手乎？假使平如權衡，明如水鏡，力有所極，照有所窮，銓綜既多，紊失斯廣。又以比居此任，時有非人。豈直愧彼清通，昧於甄察；亦將竭其庸妄，糅彼棼絲。情故既行，何所不至，贓私一啓，以及萬端。至乃爲人擇官，爲身擇利，顧親疏而下筆，看勢要而措情。悠悠風塵，此焉奔競；擾擾游宦，同乎市井。加以厚貌深衷，險如溪壑，擇言觀行，猶懼不周。今使百行九能，折之於一面，具僚庶品，專斷於一司，不亦難矣！

且魏人應運，所據者乃三分；晉氏播遷，所臨者非一統。逮乎齊、宋，以及周、隋，戰爭之日多，安泰之時少，瓜分瓦裂，各在一方。隋氏平陳，十餘年耳，接以兵禍，繼以饑饉，既德業之不逮，或時事所未遑，非謂是今而非古也。武德、貞觀，與今亦異，皇運之初，庶事草創，豈唯日不暇給，亦乃人物常稀。天祚大聖，享國永年，比屋可封，異人間出。咸以爲有道耻賤，得時無怠，諸色入流，歲以千計。羣司列位，無復新加，官有常員，人無定限。選集之始，霧積雲屯，擢叙於終，十不收一。淄澠雜混，玉石難分，用捨去留，得失相半。撫卽事之爲弊，知及後之滋失。【略】

裴子野有言曰：『官人之難，先王言之尚矣。居家視其孝友，鄉黨服其誠信，出入觀其志義，憂難取其智謀。煩之以事，以觀其能；臨之以利，以察其廉。《周禮》始於學校，論之州里，告諸六事，而後貢之王庭。其在漢家，尚猶然矣。州郡積其功能，然後爲五府所辟，五府舉其掾屬而昇于朝，三公參得除署，尚書奏之天子。一人之身，所關者衆；一士之進，其謀也詳。故官得其人，鮮有敗事。魏、晉反是，所失弘多。』子野所論，蓋區區之宋朝耳，猶謂不勝其弊，而況于當今乎！

又夫從政莅官，不可以無學。故《書》曰：『學古入官，議事以制。』《傳》曰：『我聞學以從政，不聞以政入學。』今貴戚子弟，例早求官，髫齔之年，已腰銀艾，或童丱之歲，已襲朱紫。弘文崇賢之生，千牛輦脚之類，課試既淺，藝能亦薄，而門閥有素，資望自高。夫象賢繼父，古之道也。所謂胄子，必裁諸學，修六禮以節其性，明七教以興其德，齊八政以防其淫，舉上賢以崇德，簡不肖以黜惡。少則受業，長而出仕，並由德進，必以才昇，然後可以利用賓王，移家事國。少仕則廢學，輕試則無才，於此一流，良足惜也。又勳官三衛流外之徒，不待州縣之舉，直取之於書判，恐非先德而後言才之義也。

臣又以爲國之用人，有似人之用財。貧者厭糟糠，思短褐；富者餘粱肉，衣輕裘。然則當衰弊乏賢之時，則可磨策朽鈍而乘馭之；在太平多士之日，亦宜妙選髦俊而任使之。《詩》云：『翹翹錯薪，言刈其楚。』楚，荆也，在薪之翹翹者。方之用才，理亦當爾，選人幸多，尤宜簡練。臣竊見制書，每令三品、五品薦士，下至九品，亦令舉人，此聖朝側席旁求之意也。但以褒貶不甚明，得失無大隔，故人上不憂黜責，下不盡搜揚，苟以應命，莫慎所舉。且惟賢知賢，聖人篤論，伊、皋既舉，不仁咸遠。復患階秩雖同，人才異等，身且濫進，鑑豈知人？今欲務得實才，兼宜擇其舉主。流清以源潔，影端由表正，不詳舉主之行能，而責舉人之庸濫，不可得已。

《漢書》云：『張耳、陳餘之賓客、厮役，皆天下俊傑。』彼之蕞爾，猶能若斯，況以神皇之聖明，國家之德業，而不建久長之策，爲無窮之基，盡得賢取士之術，而但顧望魏、晉之遺風，留意周、隋之末事，臣竊惑之。伏願稍迴聖慮，時採芻言，略依周、漢之規，以分吏部之選。

又　卷一〇一《薛登傳》　天授中，爲左補闕，時選舉頗濫，（薛）謙光上疏曰：臣聞國以得賢爲寶，臣以舉士爲忠。是以子皮之讓國僑，鮑叔之推管仲，燕昭委兵於樂毅，苻堅託政於王猛。子產受國人之謗，夷吾貪共賈之財，昭王錫輅馬以止讒，永固戮樊世以除譖。處猜嫌而益信，行間毀而無疑，此由默而識之，委而察之深也。至若宰我見愚於宣尼，逢萌被知於文叔，韓信無聞於項氏，毛遂不齒於平原，此失士之故也。是以人主受不肖之士則政乖，得賢良之佐則時泰，故堯資八元而庶績其理，周任十亂而天下和平。由是言之，則士不可不察，而官不可妄授也。何者？比來舉薦，多不以才，假譽馳聲，互相推奬，希潤身之小計，忘臣子之大猷，非所以報國求賢，副陛下翹翹之望者也。

臣竊窺古之取士，實異於今。先觀名行之源，考其鄉邑之譽，崇禮讓以勵己，明節義以標信，以敦樸爲先最，以雕蟲爲後科。故人崇勸讓之風，士去輕浮之行。希仕者必修貞確不拔之操，行難進易退之規。衆議以定其高下，郡將難誣於曲直。故計貢之賢愚，即州將之榮辱；穢行之彰露，亦鄉人之厚顔。是以李陵降而隴西慚，干木隱而西河美。故名勝於利，則小人之道消；利勝於名，則貪暴之風扇。是以化俗之本，須擯輕浮。昔冀缺以禮讓升朝，則晉人知禮；文翁以儒林奬俗，則蜀士多儒。燕照好馬，則駿馬來庭；葉公好龍，則真龍入室。由是言之，未有上之所好而下不從其化者也。

自七國之季，雖雜縱横，而漢代求才，猶徵百行。是以禮節之士，敏德自修，閭里推高，然後爲府寺所辟。魏氏取人，尤愛放達；晉、宋之後，祇重門資。奬爲人求官之風，乖授職惟賢之義。有梁薦士，雅愛屬詞；陳氏簡賢，特珍賦詠。故其俗以詩酒爲重，不以修身爲務。逮至隋室，餘風尚在，開皇中李諤論之於文帝曰：『魏之三祖，更好文詞，忽君人之大道，好雕蟲之小藝。連篇累牘，不出月露之形；積案盈箱，唯是風雲之狀。代俗以此相高，朝廷以茲擢士，故文筆日煩，其政日亂。』帝納李諤之策，由是下制禁斷文筆浮詞。其年，泗州刺史司馬幼之以表不典實得罪。於是風俗改勵，政化大行。煬帝嗣興，又變前法，置進士等科。於是後生之徒，復相放效，因陋就寡，赴速邀時，緝綴小文，名之策學，不以指實爲本，而以浮虚爲貴。

有唐纂曆，雖漸革於故非；陛下君臨，思察才於共理。樹本崇化，惟在旌賢。今之舉人，有乖事實。鄉議決小人之筆，行修無長者之論。策第喧競於州府，祈恩不勝於拜伏。或明制纔出，試遣搜敭，驅馳府寺之門，出入王公之第。上啓陳詩，唯希欬唾之澤；摩頂至足，冀荷提攜之恩。故俗號舉人，皆稱覓舉。覓爲自求之稱，未是人知之辭。察其行而度其材，則人品於茲見矣。徇己之心切，則至公之理乖；貪仕之性彰，則廉潔之風薄。是知府命雖高，異叔度勤勤之讓；黄門已貴，無秦嘉耿耿之辭。縱不能抑己推賢，亦不肯待於三命。豈與夫白駒皎皎，不雜風塵，束帛戔戔，榮高物表，校量其廣狹也！是以耿介之士，羞自拔而致其辭；循常之人，捨其疏而取其附。故選司補署，諠然於禮闈；州貢賓王，爭訟於階闥。謗議紛合，浸以成風。夫競榮者必有競利之心，謙遜者亦無貪賄之纍。自非上智，焉能不移；在於中人，理由習俗。若重謹厚之士，則懷禄者必崇德以修名；若開趨競之門，邀仕者皆戚施而附會。附會則百姓罹其弊，潔己則兆庶蒙其福。故風化之漸，靡不由兹。今訪鄉閭之談，唯祇歸於里正。縱使名虧禮則，罪挂刑章，或冒籍以偷資，或邀動而竊級，假其不義之賂，則是無犯鄉閭。豈得比郭有道之銓量，茅容望重，裴逸人之賞拔，夏少名高，語其優劣也！

祇如才應經邦之流，唯令試策；武能制敵之例，只驗彎弧。若其文擅清奇，便充甲第，藻思微減，便即告歸。以此收人，恐乖事實。何者？樂廣假筆於潘岳，靈運詞高於穆之，平津文劣於長卿，子建筆麗於荀彧。若以射策爲最，則潘、謝、曹、馬必居孫、樂之右；若使協贊機猷，則安仁、靈運亦無裨附之益。由此言之，不可一概而取也。至如武藝，則趙雲雖勇，資諸葛之指撝；周勃雖雄，乏陳平之計略。若使樊噲居蕭何之任，必失指縱之機；使蕭何入戲下之軍，亦無免主之效。鬬將長於摧鋒，謀將審於料事。是以文泉聚米，知隗囂之可圖；陳湯屈指，識烏孫之自解。八難之謀設，高祖追慚於酈生；九拒之計窮，公輸息心於伐宋。謀將不長於弓馬，良相寧資於射策。豈與夫元長自表，妄飾詞鋒，曹植題章，虛飛麗藻，校量其可否也！

伏願陛下降明制，頒峻科。千里一賢，尚不爲少，僥倖冒進，須立隄防。斷浮虛之飾詞，收實用之良策，不取無稽之説，必求忠告之言。文則試以效官，武則令其守禦，始既察言觀行，終亦循名責實，自然僥倖濫吹之伍，無所藏其妄庸。故晏嬰云：『舉之以語，考之以事；寡其言而多其行，拙於文而工於事。』此取人得賢之道也。其有武藝超絕，文鋒挺秀，有效伎之偏用，無經國之大才，爲軍鋒之爪牙，作詞賦之標準。自可試凌雲之策，練穿札之工，承上命而賦《甘泉》，稟中軍而令赴敵，既有隨才之任，必無負乘之憂。臣謹案吳起臨戰，左右進劍，吳子曰：『夫提鼓揮桴，臨難決疑，此將事也。一劍之任，非將事也。』謹案諸葛亮臨戎，不親戎服，頓蜀兵於渭南，宣王持劍，卒不敢當。此豈弓矢之用也！議案楊得意誦長卿之文，武帝曰：『恨不得與此人同時。』及相如至，終於文園令，不以公卿之位處之者，蓋非其所任故也。

謹案漢法，所舉之主，終身保任。楊雄之坐田儀，責其冒薦；成子之居魏相，酬於得賢。賞罰之令行，則請謁之心絕；退讓之義著，則貪競之路消。自然朝廷無爭禄之人，選司有謙撝之士。仍請寬立年限，容其採訪簡汰，堪用者令其試守，以觀能否，參驗行事，以別是非。不實免王丹之官，得人加翟璜之賞，自然見賢不隱，食禄自專。荀彧進鍾繇、郭嘉，劉陶薦李膺、朱穆，勢不云遠。有稱職者受薦賢之賞，濫舉者抵欺罔之罪，自然舉得賢行，則君子之道長矣。

又 卷二九《楊綰傳》 國之選士，必藉賢良。蓋取孝友純備，言行敦實，居常育德，動不違仁。體忠信之資，履謙恭之操，藏器則未嘗自伐，虛心而所應必誠。夫如是，故能率己從政，化人鎮俗者也。自叔葉澆詐，兹道浸微，爭尚文辭，互相矜衒。馬卿浮薄，竟不周於任用；趙壹虛誕，終取擯於鄉閭。自時厥後，其道彌盛，不思實行，皆徇空名，敗俗傷教，備載前史，古人比文章於鄭、衛，蓋有由也。

近煬帝始置進士之科，當時猶試策而已。至高宗朝，劉思立爲考功員外郎，又奏進士加雜文，明經塡帖，從此積弊，浸轉成俗。幼能就學，皆誦當代之詩；長而博文，不越諸家之集。遞相黨與，用致虛聲，六經則未嘗開卷，三史則皆同挂壁。況復徵以孔門之道，責其君子之儒者哉！祖習既深，奔競爲務。矜能者曾無愧色，勇進者但欲凌人，以毁讟爲常談，以向背爲己任。投刺干謁，驅馳於要津；露才揚己，喧騰於當代。古之賢良方正，豈有如此者乎！朝之公卿，以此待士，家之長老，以此垂訓。欲其返淳朴，懷禮讓，守忠信，識廉隅，何可得也！譬之於水，其流已濁，若不澄本，何當復清。方今聖德御天，再寧寰宇，四海之內，顒顒向化，皆延頸舉踵，思聖朝之理也。不以此時而理之，則太平之政又乖矣。

凡國之大柄，莫先擇士。自古哲后，皆側席待賢；今之取人，令投牒自舉，非經國之體也。望請依古制，縣令察孝廉，審知其鄉閭有孝友信義廉恥之行，加以經業，才堪策試者，以孝廉爲名，薦之於州。刺史當以禮待之，試其所通之學，其通者送名於省。自縣至省，不得令舉人輒自陳牒。比來有到狀保辯識牒等，一切並停。其所習經，取《左傳》、《公羊》、

《穀梁》、《禮記》、《周禮》、《儀禮》、《尚書》、《毛詩》、《周易》，任通一經，務取深義奥旨，通諸家之義。試日，差諸司有儒學者對問，每經問義十條，問畢對策三道。其策皆問古今理體及當時要務，取堪行用者。其經義并策全通爲上第，望付吏部便與官；其經義通八、策通二爲中第，與出身；下第罷歸。其明經比試帖經，殊非古義，皆誦帖括，冀圖僥倖。并近有道舉，亦非理國之體，望請與明經、進士並停。其國子監舉人，亦請準此。如有行業不著，所由妄相推薦，請量加貶黜。所冀數年之間，人倫一變，既歸實學，當識大猷。居家者必修德業，從政者皆知廉耻，浮競自止，敦龐自勸，教人之本，實在兹焉。事若施行，即別立條例。

又　卷一五三《劉迺傳》　今夫文部，既始之以掄材，終之以授位，是則知人官人，斯爲重任。昔在禹、稷、臯陶之衆聖，猶曰載采有九德，考績以九載。近代主司，獨委一二小冢宰，察言於一幅之判，觀行於一揖之內，古今遲速，何不侔之甚哉！夫判者，以狹詞短韻，語有定規爲體，亦猶以一小冶而鼓衆金，雖欲爲鼎爲鏞，不可得也。故曰判之在文，至局促者。夫銓者，必以崇衣冠，自媒耀爲賢，斯又士之醜行，君子所病。若引文公、尼父登之於銓廷，則雖圖書《易象》之大訓，以判體挫之，曾不及徐、庾。雖有至德，以喋喋取之，曾不若嗇夫。嗚呼！彼干霄蔽日，誠巨樹也，當求尺寸之材，必後於榱杙。龍吟武嘯，誠希聲也，若尚頰舌之感，必下於蛙黽。觀察之際，猶不悲夫！執事慮過龜策，文合雅誥，豈拘以瑣瑣故事，曲折因循哉？誠能先資以政事，次徵以文學，退觀其理家，進察其臨節，則庞鴻深沉之事，亦可以窺其門戶矣。

《舊五代史》卷一四八《選舉志》（天福五年）四月，禮部侍郎張允奏曰：『明君側席，雖切旁求；貢士觀光，豈宜濫進。竊窺前代，未設諸科，始以明經，俾昇高第。自有《九經》、《五經》之後，及《三禮》、《三傳》已來，孝廉之科，遂因循而不廢，搢紳之士，亦緘默而無言，以至相承，未能改作。每歲明經一科，少至五百以上，多及一千有餘，舉人如是繁多，試官豈能精當。況此等多不究義，唯攻帖書，文理既不甚通，名第豈可妄與。且常年登科者不少，相次赴選者甚多，州縣之間，必無遺闕，輦轂之下，須有稽留，怨嗟自此而興，謗讟因兹而起。但今廣場大啓，諸科並存，明經者悉包於《九經》、《五經》之中，無出於《三禮》、《三傳》之內，若無釐革，恐未便宜，其明經一科，伏請停廢。』

宋·李昉等《文苑英華》卷七五九《沈既濟〈詞科論〉》　開元以後，四海晏清，無賢不肖，耻不以文章達。其應詔而舉者，多則二千人，少猶不減千人，所收纔有一。禮部員外郎沈既濟論曰：初國家治自顯慶已來，高宗聖躬多不康，而武太后任事，參決大政，與天子並。太后頗涉文史，好雕蟲之藝。永隆中，始以文章選士。及永淳之後，太后君天下二十餘年，當時公卿百辟，無不以文章，因循遐久，浸以成風。以至開元天寶之中，上承高祖太宗之遺烈，下繼四聖理平之化，賢人在朝，良將在邊，家給戶足，人無苦窳，四夷來同，海內晏然。雖有宏猷上略無所措，奇謀雄武無所奮，百餘年間，生育長養，不知金鼓之聲，烽燧之光，已至於老。故太平君子，唯門調戶選，徵文射策，以取禄位，此行已立身之美者也。父教其子，兄教其弟，無所易業。大者登臺閣，小者任郡縣，資身奉家，各得其足，五尺童子，耻不言文墨焉。是以進士爲士林華選，四方觀聽，希其風彩，每歲得第之人，不浹辰而周聞天下。故忠賢雋彥，韞才毓行者，咸出於是，而桀奸無良者或有焉。故是非相陵，毁稱相騰，或扇結鈎黨，私爲盟歃，以取科第，而聲名動天下；或鈎摭隱慝，嘲爲篇詠，以列於道路，迭相談訾，無所不至焉。

又　卷七六〇《牛希濟〈薦士論〉》　朝廷求賢之道，備於往古。以經學文藝之流，凡設十有二科以待之。郡國每歲貢士，盡應其科。其外諸侯，各舉所知，以爲裨補聖世。奏章不絶於明庭，爵賞實煩於王命。當承平之時，卿大夫家召傭書者，給之紙筆之資，日就中書録其所命。每昏暮，親朋子弟，相與候望，以其昇沉，以備於慶賀。除書小者五六幅，大者十有二三幅。每日斷長補短，以文以武，不啻三十餘人。一歲之內，萬有餘衆。或考秩遷滿，或方伯慰薦，或伐閲功勞，或昇奬舊勳。制詔之辭，必嘉其官業，賞其才藝，褒其行實，敘其勞績。無一日不爲之，未嘗得一賢士，與天子共治於四海。未嘗得一賢將，與天子鎮靜於二邊。非求之不廣，薦之不至也，豈五百年一賢生世哉？夫畫餅不可以充飢，誦藥不可以愈病。蓋無其實而有其名使之然也。自朝廷及郡國諸侯之所舉，皆無其實，將如之何？嘗試論之。自文藝之流，假手於人，投擲于公卿之門者，率不能知其僞。公試之地，尚復乞貸，經學之子，考帖之時，預有歌括。問義之日，一席之內，對者六七，皆誦本疏，別無新意。更相救助，發起義端。有司但記其屬求之也，以爲之去留。即經學文藝之謬也如是。況漢世公卿大夫，皆以通經對策，名動天下，然後登用。或居諫諍之列，或處燮理之任。朝廷每有水旱災沴、彗孛陵犯、日月薄蝕，必引所通經義證據，以爲之救。殆與今日之經學者異矣。若文學侍從之臣，必選於切問近對之才，必本於諷諫理辭之要。故其文章，傳之至今。又與今日之辭賦者異矣。郡國所送羣衆千萬，孟冬之月，集於京師，麻衣如雪，紛然滿於九衢。是非相難，固不可知矣。諸侯所薦，率皆應權倖之旨，承交游之命，取其虛名奏署，謂之『借聽』，取其謬舉之說，謂之『横薦』。凡四方表函，達於中書者，必可指期於清貫美秩，名邦劇邑。諸侯之薦士也，宰執之命官，豈唯平生未交於一言，盖見其姓字而已，豈能摭實哉！官達倖門，易如秋草，能復貴賤之別□冠裳之重矣。朝廷委輔相之權衡，覽諸侯之章疏，視其文，信其人，以爲薦公孫弘、董仲舒之學也，相如牧臯之才也，冉季政事之能也，孫吴將帥之略也。時君既不問其實，安可不信大臣之言？從而與之，上下相蒙，其何以濟。且姬周之世，薦賢者多受賞，魯史有之矣。魏晉之日，門生故吏有罪，必連坐舉主，史有之矣。今薦賢之賞，久已廢矣，連坐之典，又不行矣。況今之所舉，非徒古者知之審，取其必達，取其必富貴。□如一死生不變之爲誠明也。薦其爲將也，覆軍擒帥，伐國獲地，然後以爲得。薦其爲相也，富國安人，來諸侯之朝，成霸王之業，然後以爲得。今之舉也士，爲筮仕結綬之漸，一命一官而已。他日之功過，皆莫知也。薦人用人之道，何以得其賢矣。昔孔文舉薦禰正平，以爲堪任大臣，有臯陶稷契之才。漢后委而棄之，竟不能知其道之否臧。狄仁傑薦張柬之有宰相業，武后用之爲相，果能克正唐祚，有中興之功。文舉之薦禰衡也，委而棄之；仁傑之薦柬之也，舉而用之；豈繫吾道之廢興？豈繫歷數之理亂乎？然用之則如此，不用之則如彼。騏驥伏櫪，安能千里之步。龍泉在匣，孰知截玉之利。悲夫！用與不用耳。士之於世，不可期於一人之知己者。苟有知者，甘心死節，尚且不疑，況復昇榮顯之中，行心胸之事。安人之安，而存隨之，利人之利，而（亡）有之。利天下者，以利己之厚者也。利百姓者，乃利其身之遠者也。君子之人，豈不利其身哉？爲國家得人則理，失人則亂，古今不易之常理，安可不以求士爲急？《詩》曰：『濟濟多士，文王以寧。』以四海所歸之聖，尚假多士之力，況中庸之主哉！《易》曰：『君子不家食吉。』仲尼以天縱之德，猶思賢者與之共食，況尋常人哉！又曰：『皎皎白駒，在彼空谷。』盖遺賢之歎也。又曰：『束帛戔戔，賁於丘園。』盖求之於野也。賢人君子，何代無之哉。上之人其求之以道，既不廢於朝夕，於所薦不公，所用非賢，將難以至於理。當在伸明上賞（連）坐之典，以正之。奸邪攀緣之路，漸將息矣。一舉之妄，後當自獲其辜，知有畏矣。在位者斯有賢者矣，有道之士争趨之矣。

又《貢士論》　禹畫九州，列貢輕重，舉賢用材，咸在其中。故周官司馬得俊造之名，乃進於天子，謂之『進士』。又天子於射宮以擇諸侯所貢之士，若善者乃受上賞，不善者黜爵，其次削地，得預於射宮以射諸侯之義。而爲諸侯所舉者重，所用者大。漢法，每州若干戶，歲貢若干人。吏以籍上聞，計州里之大小，材之多少，謂之『計籍』。人主親試所通經業策問，理優深者乃中高第。有行著鄉里辟選，自古而然。漢世得人，於斯爲盛。國家武德初，令天下冬季集貢士於京師，天子制策，考其功業辭藝，謂之『進士』，已廢於行實矣。其後以郎官權輕，移之於禮部。大率以三場爲試。初以詞賦，謂之雜文；復對所通經義；終以時務爲策。目雖行此，擢第又不由於文藝矣。惟王公子弟器貌奇偉，無才無藝者，亦冠於多士之首。然相士之道，備嘗聞之。有門閥清貴者，有狀骨卿相者，有容質秀麗者，有才藻可尚者，有權勢抑取者，有朋友力盛者。機權沉密，詞辯雄壯，臧否由己，昇沉在心。羣衆必集其門，若見公相。來交請友，識面爲難。動必有應，游必有從。密處隱會，深誠重約。朱門甲第之間，鬼神不能知者，盡知之。雖名臣碩德，高位重權，可以開闔之，可以摇動之，可以傾覆之。有司畏之，不敢不與之者。言泉疾於波浪，舌端利若鋒鋩。所排殁九泉，所引昇霄漢。默無言，衆必謂之長者。發中心病，時皆目之凶人。秋風八月，鞍馬九衢，神氣揚揚，行者避路。取富貴若咳唾，視州縣如奴僕。亦不獨高於貴冑，亦不賤彼孤介。得其術者，捨耒耜而取公卿，乖其道者，抱文章而成痼疾。朝廷取士之門，於斯爲最。衰世以來，多非其人。明庭無策問之科，有司望至公之道。登第之人，其辭賦皆取能者之作，以玉易石。羊質虎皮，曰抱憤之人，汨没塵土。天九重高，不可以叫。加以浮薄之子，遞相唱和。名第之中，以隻數爲上，賤其雙數。以甲乙爲貴，輕彼兩科。題目之間，增其異名。至其傳粉燻香，服飾鞍馬之費，多致匪人，成於牧宰。取資貨以利輕肥，朋黨比周，交游酒食。亂其國政，於斯爲盛。竊願明君賢臣，悉以同力，大革其弊，復以經明行脩爲急。所謂斥彼浮華，敦其茂實。儒風免墜，失取士之道。

又《銓衡論》 王者列官分職，以成庶政。材不可失，官不可曠。故銓者以慎擇爲目，衡者以公平無私。或失於是，豈稱其本。自周室以司馬宗伯選士，漢魏晉宋，降及國朝，委吏部擇官。上自郎吏，下至丞簿，皆稟之銓注。科名入選，品秩所蔭。勳伐授任，四方奏薦。加黜伸書，易名取姓。其爲猥詐，不可勝紀。以天下之大，九州之衆，職官將萬餘。員令長薄尉，官秩至卑。理道與下最親，朝廷輕之，委有司而已。今吏部自尚書至郎吏五人，抱案者向百餘輩。桀黠詭譎，必出於是。視其官屬，如弄嬰兒。若啗之以利，卽左右手之不若。皆舐筆署名，且未之暇，焉能得其過者。掄材爲善，久廢其事。爲人擇官，殆無虛日。其稍留心者，止於詰其廕緒，循其資歷，黜其昇遷，求其殿犯，豈有問其爲政之本，爲理之道？至若試以章判，拘以棘圍，鬻文之徒，偏得其便。乞憐之子，罣無愧容，大爲笑端，不可以取。亦屈居清官若，罷無資財，考秩既深，然後送堂。時宰視之，不成芻狗。區區風塵，殍死者衆。胥吏賄賂之交，填咽街巷，聒于耳目。清資劇邑，必有主者。朝列之中，以樂爲之。某官若干萬錢，某邑若干束絹。公然大言，魯無畏懼。憧憧政路，指期而取。某之官也，納賄償債，且未之能，豈復爲政爲理？是以生民致困，歲月凋弊。逋逃林藪，竄伏萑蒲。小者掠行旅，大者破井邑。天下九州，蜂飛蝟起。以至於阽危宗社。夫衆庶非樂於遠父母、棄妻子、之爲盜賊，甘心於白刃之下，生業既亡，飢寒是逼，遂陷於此。皆爲政之驅也。持衡者得不以銓擇爲急？

又 卷七六五《崔融〈吏部兵部選人議〉》 今天皇垂衣裳，負黼扆，獨得千年之景運，猶懼一物之未安；發德音，採輿議，憂選司之或爽，慮考績之弗明：此天皇堯舜之用心也。有司伏奉明旨，以吏部、兵部選人，每年萬人已上，及其銓量，十放六七，疲於來往，虛費資糧者，愚臣敢不悉以陳之？夫唐、虞稽古，建官惟百，舉八才，命四子，上有以明其化，下有以晏其風：康哉之歌，於是乎出；郁乎之德，於此自興。夏、商倍之，亦克用乂，濟濟多士，文王以寧。自周道無章，秦原競逐，張官設府，班員積於簡書；選衆舉才，受垂一於典憲。降及漢、魏，下逮周、隋，豈其然歟？無聞焉爾。皇家再造區夏，重張宸極，四神驟雨而來游，五聖奔星而下降，禮明樂備，天平地成。八百餘國之君長，襲賓廷之冠帶；七十二代之帝王，仰仙閭之軌躅。量其土宇，固可頓堅亥而迷大章；算其臣人，固已讋容成而驚隸首。室多忠信，家盡孝慈，老夫不知帝力，童子羞論霸道。文也武也，左之右之，實蕃有徒，不可勝旣。出門無咎，適顯於明時；比屋可封，何驚於聖俗？誠望愽謀俊德，敷求哲人，兩曹妙選，三官備設，然後收其杞梓，搴其蕭稂。其有狀犯贓私，罪當懲貶，案覆已定，景迹具存者：此等既未合得官，遠來徒爲勞費，伏望許同選例，限以歲年。諸色入流，每年參選，資品未著，伎藝未工：此等自知未合得官，情願更加修習，伏望許同選例，録以選勞。關外諸州，道理迢遞，河洛之邑，天地所中，伏望詔東西二曹，兩都分簡。留放既畢，同赴京師，選人每年長名，常至正月半後，伏望速加銓簡，促以程期。夫然，有署者不來，無德者不至，來者就而簡之，至者速而遣之：因其物情，亦何疲於來往？順其人欲，亦何費於資糧？入官考績，先憑善最，比來乃有不論德行，惟據功夫，奬勸之道，未爲折衷者，愚臣敢不明目以論之？《書》不云乎：『三考黜陟』，唐帝、虞帝之遺烈燦焉；《禮》有之矣：『百官會計』，文王、武王之彝典存焉。京房進課式之言，漢王之所未暇；盧毓苦眞僞之雜，魏后竟以施行：盡善之文，明詔攸在。至如不論德行，惟據功夫者，此由外州郡牧，未盡得賢，監司長官，時有其濫，褒貶不遵令式，高下隨其愛憎，至公外爽，曲私内結。伏望播告天下，申明舊章：其有德有行，府寮共推者，雖有公坐小失，重加褒進之；無才無識，朝廷罕稱者，雖有公事微效，量加抑退之；德行雖不能茂，因之以勤勞者，亦量加褒進之。然後命繡衣驄馬，糺舉內外，隨狀推科，以情案察，刑茲無赦，令在必行。夫然，德行爲上，功夫次之，折衷之方，庶幾此道。微臣等才謝知今，學慚半古，海內無事，君子盈朝，天下有道，庶人何議？謹議。

又《賈至〈貢舉議〉》 今試學者以帖字爲精通，而不窮旨義，豈能知還怒、貳過之道乎？考文者以聲病爲是非，而惟擇浮艷，豈能知移風易俗化天下之事乎？是以上失其源，而下襲其流，波蕩不知所止，先王之道，莫能行也。夫先王之道消，則小人之道長；小人之道長，則亂臣賊子由是生焉。臣賊其君，子弑其父，非一朝一夕之故，其所由來者漸矣。漸者何？謂忠信之陵頽，耻尚之失所，末學之馳騁，儒道之不舉，四者皆由取士之失也，夫一國之士，繫一人之本，謂之風。贊揚其風，繫卿大夫也，卿大夫何嘗不出於士乎？今取士試於小道，而不以遠者大者，使千禄之徒，趨於末術，是有道之差也。夫以蝸蚓之餌，雜垂滄海，而望吞舟之魚至，不亦難乎？所以食垂餌者皆小魚，就科目者皆小藝。四人之業，士最關於風化。近代趨仕，靡然同風，致使禄山一呼而四海震蕩，思明再亂而十年不復。向使禮讓之道弘，仁義之風著，則忠臣孝子，比屋可封，逆節不得而萌也，人心不得而搖也。【略】自魏至隋，僅四百載，三光分景，九州阻域，竊號僭位，德義不修，是以子孫迷顛，饗國咸促。國家革魏，晋、梁、隋之弊，承夏、殷、周、漢之業，四隩既宅，九州攸同，覆燾亭育，合德天地，安有捨皇王舉士之道，蹤亂代取人之術？此公卿大夫之辱也。楊綰所奏，實爲正論。然自典午覆敗，中原版蕩，戎狄亂華，衣冠遷徙，南北分裂，人多僑處。聖朝一平區宇，尚復因循，版圖則張，閭井未設，士居鄉土，百無一二，因緣官族，所在耕築，地望繫數百年之外，而身皆東西南北之人焉。今欲止依古制，鄉舉里選，猶恐取士之未盡也，請兼廣學校，以弘訓誘。今京有太學，州縣有小學，兵革一動，生徒流離，儒臣師氏，禄廪尚無，貢士不稱行實，胄子何嘗講習？獨禮部每歲擢甲乙之第，謂弘獎勸，不其謬歟？祗足長浮薄之風，啓僥倖之路矣。其國子博士等，望加員數，厚其禄秩，選通儒碩生，間居其職。十道大郡，量置大學館，令博士出外無領，郡官召置生徒，依乎故事。保桑梓者，鄉里舉焉；在流寓者，庠序推之。朝而行之，夕見其利。如此，則青青不復興刺，擾擾由其歸本矣。人倫之始，王化之先，不過是也。謹議。』

宋·王欽若等《册府元龜》卷六八《帝王部·求賢》 隱帝乾元三年，兵部侍郎盧貫上言：『臣讀唐史，見薛登上疏云：「古之取士，實異於今。先觀名行之原，考其鄉曲之譽，崇禮讓以厲已，取名節以標言，以敦朴為先最，以雕文為後科，故人從禮讓之風，士去輕浮之行，希進者必修貞確不拔之操，行難進易退之規。」臣因覽前書，覩茲舊事，望於聖代。復用此言，則有才者皆務造修，無行者不宜推擇。』

又 卷六三〇《銓選部·條制第二》（開元）二十一年，六月二十八日，制曰：古者諸侯舉士，必本於鄉曲；府庭署吏，亦先於能。行所以人自束脩，官無敗政。及乎魏承漢弊，權立九品，今之吏部，用是因循。久仕漫多，為法轉密，然於濟理求才，未聞深識，持衡取事，徒立煩文，朕寤寐永懷，每以怊悵。夫琴瑟不調者，改而更張，法令不便者，義復何異？頃者有司限數，及拘守循資，遂令銓衡不得採拔，天下賢俊，屈滯頗多。凡人三十始可出身，四十乃得從事，更造格限，分品為差，若如所制之文，六十尚不離一尉，有才能者，始得如此，稍敦朴者，遂以終身。繇是取人，豈為明恕？自今以後，選人每年揔令赴集，仍舊以三月三十日為限。其中有才優業異，操行可明者，一委吏部臨時擢用。貴於取實，何限常科，雖遠郡下僚，名迹稍著，亦須甄拔，令其勸勉。俾人思為善之利，俗知進取之途。朕所責成，實在吏部，可舉其大畧，令有所依。比者流外奏申，乃引過門下，簿書堆盈於瑣闥，胥使填委於掖垣，豈是事宜，過為煩碎。自今以後，亦宜依舊。

又 卷六四〇《學校部·奏議第三》 楊瑒為國子祭酒，開元十七年三月上言曰：『太學者，教人務禮樂，敦詩書也。古制：卿大夫子弟，及諸侯歲貢小學之異者咸造焉。故曰：十五入大學，學先聖禮樂。而知朝廷君臣之禮，班以品類，分以師長，三德以訓之，四教以睦之；人既知勸。且務通經，學成業著，然後爵命加焉。以之效職，則知禮節；以之莅人，使識廉讓：則棫樸之咏興也。伏聞承前之例，監司每年應舉者，常有千數，簡試取其尤精，上者不過二三百人。省司重試，但經明行脩，即與擢第，不限其數。自數年以來，省司定限，天下明經、進士及第，每年不過百人，兩監惟得一二十人，若常以此數而取，臣恐三千學徒，虚廢官廪，兩監博士，濫縻天禄。臣竊見流外入仕，諸色出身，每歲尚二千餘人，方於明經、進士多十餘倍，自然服勤道業之士，不及胥吏浮虚之徒，以其效官，豈識於先王之禮義？國家大啓庠序，廣置教道，厚之以政始，訓之以士先，豈徒然哉？將有以也。陛下設學校，務以勸進之；有司為限約，務以黜退之：臣之微誠，實所未曉。臣伏見承前以來，制舉遁迹丘園孝悌力田者，或試時務策一道，或通一經，粗明文義，卽放出身，亦有與官者，此國家恐其遺才。至於明經、進士，服道日久，請益無倦，經策既廣，文辭極難，監司課試，十已退其八九，考功及第，十又不收其一二。若長以為限，恐儒風漸墜，小道將興。若以出身人多，應須諸色都減，豈在獨抑明經、進士也？』玄宗甚然之。

又 卷六四二《貢舉部·條制第四》（顯德二年）五月，翰林學士、尚書禮部侍郎知貢舉竇儀上言：『伏以朝廷設科，比來取藝，州府貢士，祇合薦能。爰因近年，頗隳舊制。其舉子之弊也，多是才謀習業，便切干名。周儀未詳，赴三禮之舉。公穀不究，應三傳之科。經學則偏試帖由，進士則鮮通經義。取解之處，譸張妄説於辛勤，到京之時，奔競惟求於薦託。其舉送之弊也，多是明知荒淺，具委凶龕。新差考試之官，利其情禮之物。雖所取無幾，實啓倖非輕，凡對問題，任從同議。謾鑿通而鑿否，了無去以無留。惟狥人情，僅同兒戲。致令至時就試，不下三千。每歲登科，罕踰一百。假使無添而漸放，約須畢世而方周。乃知難其舉則至公而有益於人，易其來則小惠而無實於事。有益者知濫進不得，必致精勤。無實者欲多放無能，虛令來往。且明經所業，包在諸科，近間應者漸多，其研精者益少。又今之童子，比號神童，既幼稚之年，稟神異之性，語言辨慧，精采英奇，出於自然，有則可舉。竊聞近日，實異於斯。抑嬉戲之心，教念誦之語。斷其日月，委以師資。限隔而游思不容，仆跌而痛楚多及。孩童之意，本未有知，父母之情，恐或不忍。而復省試之際，歲數難知。或念誦分明，則年貌稍過。或年貌適中，則念誦未精。及有司之去留多，家人之訴訟伏。況晉朝之日，罷此三科，年代非遙，敕又見在。今宜釐革，別俾進修。

宋·姚鉉《唐文粹》卷八八《王昌齡〈上李侍郎書〉》 嗟乎！持衡取士，專在文墨，固未盡矣。況文章體勢，其多面焉，苟不相容，則大迂闊。一時不合，便卽棄之，伏恐傷鉤賾之明，結志士之怨。吁！可畏也，又有恢恢無明，精誠洞物，大不施小，屈於章句。蓋屈寸而伸尺，小枉而大直，君子行焉。儻斯人也，木訥自守，默然而退，明公不以爲賢。是小人敢正顏色，鼓喉舌，欲伸大直於明公，能容之否？所爲直者如何？明公若以爲羣區一舉，自有常式，富貴爲懷，曾莫下視。則明公何以異近代、合古人？匪惟高賢雅量，在小子亦知之矣。明公昔未居此任，豈不曰伊人也，棄正任巧，我爲宗臣，必將革之？操持升降，正在今日。伏願密運心鏡，俾無逃形，振拔非常，以資天軸，乃明公論。則振拔者亦膺摩赤霄，必將逆進其類，以光王國。自邇及遠，其誰曰不當任乎？一爲元龜，自可數千百年不衰其政矣！敬之無任，使小人之口，波盪振駭，君子闇闇，以俟賢俊。昌齡久於貧賤，是以多知危苦之事。天下固有長吟悲歌，無所投足，天工或闕，何惜補之？苟有人焉，有國焉，昌齡請攘袂先驅，爲國士用。棼絲之務，最急之治，實所甘心。昌齡豈不解置身青山，俯飲白水，飽於道義，然後謁王公大臣以希大遇哉？每思力養不給，則不覺獨坐流涕，啜菽負米，惟明公念之。直科不得不謀其始，夫惟明公深念之。投報徇義，非一言所能盡也。昌齡常在暇日，著《鑑略》五篇，以究知人之道，將俟後命，以黷清塵。

宋·鄭樵《通志》卷五九《雜議論下》 德宗時，禮部員外郎沈既濟議曰：『計近代以來，爵禄失之者久矣。其失非佗，在四太而已。何者？入仕之門太多，世胄之家太優，禄利之資太厚，督責之令太薄。夫入仕者多，則農工益少，農工少則物不足，物不足則國貧，是以言入仕之門太多。《禮》曰：「天子之元子，士也。」天下無生而貴者，則雖儲貳之尊，與士伍同。故漢王良以大司徒免歸蘭陵，後光武巡幸，始復其子孫邑中徭役，丞相之子不得蠲户課。而近代以來，九品之家皆不征，其高蔭子弟，重承恩獎，端居役物，坐食百姓，其何以堪之？是以言世胄之家太優。先王制士，所以理物也。置禄，所以代耕也。農工商有經營作役之勞，而士有勤民致治之憂，雖風猷道義，士伍爲貴，其苦樂利害，與工農商等不甚相遠也。後代之士，乃撞鐘鼓，植臺榭，以極其歡。而農工鞭臀背，役筋力，以奉其養。得仕者如升仙，不得仕者如沈泉，歡娛憂苦若天地之相遠也。是以言禄利之資太厚。語曰：「陳力就列，不能者止。」昔李膺、周舉爲刺史，守令畏憚，覩風投印綬者四十餘城。夫豈不懷禄而安榮哉，顧漢之法不可偷也。自隋變選法，則雖甚愚之人，蠕蠕然第能乘一勞，結一課，獲入選敘，則循資授職，族行之官，隨列拜揖，藏俸積禄，四周而罷，因緣侵漁，抑復有焉。其罷之日，必妻孥華楚，僕馬肥腯，而偃仰乎士林之間。及限又選，終而復始，非爲巨害，至死不黜。故里語謂人之爲官若死然，未有不瞭而倒還者。爲官如此易，享禄如此厚，上法如此寬，下歛如此重，則人孰不違其害以就其利者乎？是以言督責之令太薄。』既濟以爲：『當輕其禄利，重其督責，使不才之人，雖虚座設位，置印綬於旁，揖而授之，不敢受。寬其征徭，安其田里，使農商百工各樂其業，雖以官誘之而莫肯易。如此則規求之志不禁而息，多仕之門不扃而閉。夫古今選用之法，九流常叙有三科而已，曰德也，才也，勞也，而今選曹皆不及焉。何以言之？且吏部之本存乎甲令，雖曰度德居官，任才授職，計勞升叙，其文具矣。然考校之法，皆在書判簿歷言詞俯仰之間，侍郎非通神不可得而知之，則安行徐言非德也，麗藻芳翰非才也，累資積考非勞也。按前代選用，皆州府察舉。及年代久遠，訛失滋深。至於齊、隋，不勝其弊，凡所署置，多由請託。故當時議者以爲，與其率私，不若自舉，與其外濫，不若内收。是以罷州府之權，而歸於吏部，此矯時懲弊之權法，非經國不刊之常典。今吏部之法蹙矣，復宜掃而更之，無容循默，坐守刓弊。或以爲當今選舉，人未土著，不必本於鄉閭，鑑不獨明，不可專於吏部。謹按詳度古制，折量今宜，謂五品以上及羣司長官，俾宰臣進叙，吏部、兵部得參議焉。其六品以下或僚佐之屬，許州府辟用。則銓擇之任，悉委於四方，結奏之成，咸歸於二部。必先擇牧守，然後授其權，高者先署而後聞，卑者聽版而不命。其牧守將帥或選用非公，則吏部、兵部得察而舉之。夫如是則接名僞命之徒，菲才薄行之人，貪叨賄貨，懦弱姦宄，下詔之日隨聲而廢，通計大數，十除八九。則人少而員寬，事詳而官審，賢者自進，不肖者不抑而自退。除隋權道，復古美制，則衆才咸得，而天下幸甚。』

宋・司馬光《資治通鑑》卷二二六《唐紀四十二・代宗睿文孝武皇帝下》（大曆十四年八月乙巳）協律郎沈既濟上選舉議，以爲：【略】不慎舉者，小加譴黜，大正刑典。責成授任，誰敢不勉！夫如是，則賢者不獎而自進，不肖者不抑而自退，衆才咸得而官無不治矣。今選法皆擇才於吏部，試職於州郡。若才職不稱，紊亂無任，責於刺史，則曰命官出於吏曹，不敢廢也；責於侍郎，則曰量書判、資考而授之，不保其往也；責於令史，則曰按由歷，出入而行之，不知其他也。黎庶徒弊，誰任其咎！若牧守自用，則罪將焉逃！必州郡之濫，獨換一刺史則革矣。如吏部之濫，雖更其侍郎無益也。蓋人物浩浩，不可得而知，法使之然，非主司之過。今諸道節度、都團練、觀察、租庸等使，自判官、副將以下，皆使自擇，縱其間或有情故，大舉其例，十猶七全。則辟吏之法，已試於今，但未及於州縣耳。利害之理，較然可觀。曏令諸使僚佐盡受於選曹，則安能鎮方隅之重，理財賦之殷乎！』

治在得人論分部

論説

唐・劉禹錫《劉賓客文集》卷五《辯迹論》 客有能通本朝之雅故者曰：時之污崇。視輔臣之用否。房與杜，迹何觀焉？建官取士之制，地征口賦之令，禮樂刑法之章，因隋而已矣。二公奚施焉？余愀然曰：三王之道，猶夫循環，非必變焉，審所當救而已。隋之道豈制置名數之間邪？顧名與事乖耳，因之何害焉。夫上材之道，非務所舉，必的然可使戶曉為迹也。吾觀梁公之迹，章章如懸寓矣。曷然哉？請藉一以明之。史不云乎？初，太宗怒渾戎之横於塞也，度諸將不足以必取，當寧而歎曰：得李靖為帥，快哉。靖時告老且病矣，梁公虚其心以起之，靖忘老與病，一舉虜其君，郡縣其地而還。夫非滅國之難能，起靖之難能也。靖非不克之為慮，居功之為慮也。古之為將，度柄輕不足以遂事。重則嫌生焉。是以有辭第以見志，有多産以取信，有子質以滅貳，有嬖監以虞謗，其多患也如是。若靖者，名既成，位既崇，重失畏偪。其患又甚焉。微梁公之能蓄材，能捍患，能去忌，能照私，彼姑藉舊勞、居素貴足矣，惡乎起哉？夫豈感空言而起邪？心相見久矣。夫豈飾小信而要邪？道相籠久矣。其後敬玄擅能，失材臣而敗隨之；林甫自便，進蕃將而亂隨之。由是而言，固相萬矣。子方規規然窺上材以戶曉之迹，此我之所不取也。若杜萊公者，在相位日淺，將史失其傳。然以梁公之鑑裁，自天策府，遂以王佐材許之，則是又能以道籠房公者矣。房之許與迹孰甚焉？客無以應而作。子劉子曰：觀書者當觀其意，慕賢者當慕其心，循迹而求，雖博寡要，信矣。

唐・李絳《李相國論事集》卷五《論任賢事》 上御浴堂北廊，召學士李絳對。上從容言曰：『朕觀前王，任多賢才，所以理。即今日都無賢才可任，何故也？』絳對曰：『自古及今帝王，未有不任賢則理，用邪則亂，明著史傳，不敢備陳。夫聖王欲理當代之人，祇選當時之賢，極其才分，便可致理，豈藉賢於異代，以理今日之人？近代北齊任楊遵彥則理，用高阿那肱則亂；隋代任高熲則理，用楊素則亂；國家任房玄齡、杜如晦、魏徵、王珪、姚崇、宋璟則理，用李義甫、許敬宗、李林甫、楊國忠則亂。事狀橫於目前，理亂存於史策。夫致賢之路，歷代不同。大凡王者不以至尊輕待臣下，不以己能蓋於凡器，折節下士，卑躬禮賢，天下仰知聖意，賢能之人方出。是巖穴無晦迹之儔，朝廷有佐時之器矣。』上曰：『何以知其必賢而任之乎？』對曰：『聖問至當，誠為難知。堯舜亦以知人為難，況近代澆薄，眞偽不分，固不易知也。然以事小驗之，必十得七八矣。任官清廉，無貪穢之迹，當事堅正，無阿容之私，章疏諫諍，無希望依違之苟，左右獻納，無邪佞愉悅之辭，言必及遠大，行不顧財利，如此則可謂近於賢矣。若言必諂諛，動關名利，但攻人之短，不揚人之美，求己之售，不量己之分，覰望主意，以希合為心，逢迎君意，以恩幸為志，為主招怨，為身圖利，斯可謂之小人也。驗之以行事，參之以輿議，然後用之。委用之後，名實相副，則當任之。既任之，則當久之。使代天下之績，久而化成，然後聖君垂拱而天下治矣。賢者行理端直，身寡黨援，拔擢賢彥，則小人怨謗，杜塞邪徑，則姦人搆陷，制度畫一，則貴戚毀傷，忠正進用，則諛佞攻擊；夫用賢豈容易哉。自非聖主明君，懸鑑情偽，不使毀謗得行，疑似生隙，盡其才器，極其智用，然後政化可得而興。故齊桓公任管夷吾，尊之曰仲父，而齊國大理，是任之不疑也。管仲對桓公曰：「既任君子，而以小人參之，此最害霸也。」古人以求賢不至，則賢者不出，故喻以蝸蚓之餌，以求吞舟之鱗，設釜鍾之祿，以致濟代之器，不可得也。陛下但以數事，驗之以言，校之以實，採之於衆，任之以權，則賢不肖得矣。伏惟聖智詳察。』上曰：『卿言得之，盡於此矣。』

《舊唐書》卷八七《魏玄同傳》 玄同以既委選舉，恐未盡得人之術，乃上疏曰：臣聞製器者必擇匠以簡材，為國者必求賢以莅官。匠之不良，無以成其工；官之非賢，無以致於理。君者，所以牧人也；臣者，所以佐君也。君不養人，失君道矣；臣不輔君，失臣任矣。任人者，誠國家之基本，百姓之安危也。方今人不加富，盜賊不衰，獄訟未清，禮義猶闕者，何也？下吏不稱職，庶官非其才也。官之不得其才者，取人之道，有所未盡也。臣又聞傳說曰：『明王奉若天道，建邦設都，樹後王君公，承以大夫師長，不惟逸豫，惟以理人。』昔之邦國，今之州縣，士有常君，人有定主，自求臣佐，各選英賢，其大臣乃命於王朝耳。秦並天下，罷侯置守，漢氏因之，有沿有革。諸侯得自置吏四百石以下，其傅相大官，則漢為置之。州郡掾吏、督郵從事，悉任之於牧守。爰自魏、晉，始歸吏部，遞相祖襲，以迄於今。用刀筆以量才，案簿書而察行，法令之弊，其來自久。

蓋君子重因循而憚改作，有不得已者，亦當運獨見之明，定卓然之議。如今選司所行者，非上皇之令典，乃近代之權道，所宜遷徙，實為至要。何以言之？夫尺丈之量，所及者蓋短；鍾庾之器，所積者寧多。非其所及，焉能度之；非其所受，何以容之？況天下之大，士人之衆，而可委之數人之手乎？假使平如權衡，明如水鏡，力有所極，照有所窮，銓綜既多，紊失斯廣。又以比居此任，時有非人。豈直愧彼清通，昧於甄察；亦將竟其庸妄，糅彼棼絲。情故既行，何所不至？贓私一啟，以及萬端。至乃為人擇官，為身擇利，顧親疏而下筆，看勢要而措情。悠悠風塵，此焉奔競；擾擾游宦，同乎市井。加以厚貌深衷，險如溪壑，擇言觀行，猶懼不周。今使百行九能，折之於一面，具僚庶品，專斷於一司，不亦難矣！且魏人應運，所據者乃三分；晉氏播遷，所臨者非一統。逮乎齊、宋，以及周、隋，戰爭之日多，安泰之時少，瓜分瓦裂，各在一方。隋氏平陳，十餘年耳，接以兵禍，繼以饑饉，既德業之不逮，或時事所未遑，非謂是今而非古也。武德、貞觀，與今亦異，皇運之初，庶事草創，豈唯日不暇給，亦乃人物常稀。天祚大聖，享國永年，比屋可封，異人間出。咸以為有道恥賤，得時無怠，諸色入流，歲以千計。羣司列位，無複新加，官有常員，人無定限。選集之始，霧積雲屯，擢敘於終，十不收一。淄澠雜混，玉石難分，用捨去留，得失相半。撫卽事之為弊，知及後之滋失。

夏、殷已前，制度多闕，周監二代，煥乎可睹。豈諸侯之臣，不皆命於天子，王朝庶官，亦不專於一職。故周穆王以伯冏為太僕正，命之曰：『慎簡乃僚，無以巧言令色便僻側媚，唯起士。』此則令其自擇下吏之文也。太僕正，中大夫耳，尚以僚屬委之，則三公九卿，亦必然矣。《周禮》：太宰、內史，並掌爵祿廢置；司徒、司馬，別掌興賢詔事。當是分任於羣司，而統之以數職，各自求其小者，而王命其大者焉。夫委任責成，君之體也，所委者當，所用者精，故能得濟濟之多士，盛芃芃之棫樸。

裴子野有言曰：『官人之難，先王言之尚矣。居家視其孝友，鄉黨服其誠信，出入觀其志義，憂歡取其智謀。煩之以事，以觀其能；臨之以利，以察其廉。《周禮》始於學校，論之州里，告諸六事，而後貢之王庭。其在漢家，尚猶然矣。州郡積其功能，然後為五府所辟，五府舉其掾屬而升於朝，三公參得除署，尚書奏之天子。一人之身，所關者衆；一士之進，其謀也詳。故官得其人，鮮有敗事。魏、晉反是，所失弘多。』子野所論，蓋區區之宋朝耳，猶謂不勝其弊，而況於當今乎！

又夫從政莅官，不可以無學。故《書》曰：『學古入官，議事以制。』《傳》曰：『我聞學以從政，不聞以政入學。』今貴戚子弟，例早求官，髫齔之年，已腰銀艾，或童草之歲，已襲朱紫。弘文崇賢之生，千牛輦脚之類，課試既淺，藝能亦薄，而門閥有素，資望自高。夫象賢繼父，古之道也。所謂胄子，必裁諸學，修六禮以節其性，明七教以興其德，齊八政以防其淫，舉上賢以崇德，簡不肖以黜惡。少則受業，長而出仕，並由德進，必以才升，然後可以利用賓王，移家事國。少仕則廢學，輕試則無才，於此一流，良足惜也。又勳官三衛流外之徒，不待州縣之舉，直取之於書判，恐非先德而後言才之義也。

臣又以為國之用人，有似人之用財。貧者厭糟糠，思短褐；富者餘糧肉，衣輕裘。然則當衰弊乏賢之時，則可磨策朽鈍而乘馭之；在太平多士之日，亦宜妙選髦俊而任使之。《詩》云：『翹翹錯薪，言刈其楚。』楚，荆也，在薪之翹翹者。方之用才，理亦當爾，選人幸多，尤宜簡練。

臣竊見制書，每令三品、五品薦士，下至九品，亦令舉人，此聖朝側席旁求之意也。但以褒貶不甚明，得失無大隔，故人上不憂黜責，下不盡搜揚，苟以應命，莫慎所舉。且惟賢知賢，聖人篤論，伊、皋既舉，不仁咸遠。復患階秩雖同，人才異等，身且濫進，鑑豈知人？今欲務得實才，兼宜擇其舉主。流清以源潔，影端由表正，不詳舉主之行能，而責舉人之庸濫，不可得已。《漢書》云：『張耳、陳餘之賓客、廝役，皆天下俊傑。』彼之蕞爾，猶能若斯，況以神皇之聖明，國家之德業，而不建久長之策，為無窮之基，盡得賢取士之術，而但顧望魏、晉之遺風，留意周、隋之末事，臣竊惑之。伏願稍迴聖慮，時採芻言，略依周、漢之規，以分吏部之選。卽望所用精詳，鮮於差失。

人才標準論分部

論説

唐・杜佑《通典》卷一七《選人條例》

《後論》：有司或詰於議者曰：『吏曹所銓者四，謂身、言、書、判。今外州送判，則身、言闕矣，如何？』對曰：『夫身、言者，豈非《洪範》貌、言乎？貌謂舉措可觀，言謂詞說合理，此皆才幹之士方能及此。今所試之判，不求浮華，但令直書是非，以觀理識，於此既蔽，則無貌、言，斷可知矣。書者，非理人之具，但字體不至乖越，卽為知書。判者，斷決百事，眞為吏所切，故觀其判，則才可知矣。彼身、言及書，豈可同為銓序哉。』有司復詰曰：『王者之盛，莫逾堯舜，《書》稱敷納以言，為求才之通軌。今以言為後，亦有說乎？』對曰：『夫敷納以言者，謂引用賢良，升於達位，方將詢以庶政，非言無以知之，其唐、虞官百，咨俞無幾；其下小吏，官長自求，各行敷納，事至簡易。今吏曹所習，輒數千人，三銓藻鑑，心目難溥，詶喧競之不暇，又何敷納之有乎？其茂才以上，學業既優，可以言政教，接以談論，近於敷納矣。』有司復曰：『士有言行不差而闕於文學，或頗有文學而言行未脩。但以諸科取之，無乃未備？』對曰：『吏曹所銓，必求言行，得之既審，然後授官，則外州遥試，未為通矣。今銓衡之下，姦濫所萃，紛争劇於獄訟，偽濫深於市井，法固致此，無如之何。豈若外州先試，兼察其行，苟居宅所在，則鄰伍知之，官司耳目，易為采聽。古之鄉舉里選，方斯近矣。且今之新法，以學舉者，一經畢收；以判選者，直書可否：可謂易矣。修言行者，心當敦固，不能為此，餘何足觀。若有志性過人，足存激勸，及躬為惡行，不當舉用者，則典章已備，但舉而行之耳，故無云焉。』有司復曰：『其有效官公清，且有能政，以其短於詞判，不見褒昇，無乃闕於事實乎？』對曰：『苟能如此，最為公器。使司善狀，國有常規，病在不行耳。但令諸道觀察使，每年終必有褒貶，不得僭濫，則善不蔽矣。』問曰：『試帖經者，求其精熟，今廢之，有何理乎？』對曰：『夫人之為學，帖易於誦，誦易於講。今口問之，令其講釋，若不精熟，如何應對？此舉其難者，何用帖為！且務於帖，則於義不專，非演智之術，固已明矣。夫帖者，童稚之事，今方授之以職，而待以童稚，於理非宜。』有司復曰：『舊法，口問並取通六，今令通八，無乃非就易之義乎？』答曰：『所習者少，當務其精，止於通六，失在鹵莽，是以然耳。』復曰：『舉人試策，例皆五通，今併為一，有何理？』對曰：『夫事尚實則有功，徇虚則益寡。試策五通，多書問目，數立頭尾，徇虚多矣，豈如一策之内並問之乎！』

《舊唐書》卷七五《孫伏伽傳》（陳三事疏）其三曰：臣聞性相近而習相遠，以其所好相染也。故《書》云：『與治同道罔弗興，與亂同事罔弗亡。』以此言之，興亂其在斯與！皇太子及諸王等左右羣僚，不可不擇而任之也。如臣愚見，但是無義之人，及先來無賴，家門不能邕睦，及好奢華馳獵馭射，專作慢游狗馬聲色歌舞之人，不得使親而近之也。此等止可悦耳目，備驅馳，至於拾遺補闕，決不能為也。臣歷窺往古，下觀近代，至於子孫不孝，兄弟離間，莫不為左右亂之也。願陛下妙選賢才，以為皇太子僚友，如此即克隆盤石，永固維城矣。

宋·李昉等《文苑英華》卷六〇七《褚遂良〈請千牛不簡嫡庶表〉》

臣遂良言：臣聞主祭祀之胤，必資於嫡長；擢文武之材，無限於正庶。故知求賢之務，有異於承家。前王制禮，緑情斯極。永嘉以來，王塗不競，在於河北，風俗頓乖。以嫡待庶而若奴，妻遇妾而如婢，廢情虧禮，轉相因習，構怨於室。取笑於朝，莫能自悛，死而無悔。降及隋代，斯流遂遠。獨孤后罕睢鳩之德，同牝雞之晨，普禁庶子，不得入侍。自始及末，怨曠未弭。聖朝御曆，深革前弊。人以才進，不論嫡正，自兹二紀，多士如林，今者簡千牛舍人，方為此制。臣竊思審，於理未安。何者？母以子貴，子不緣母也。今以母非正室，便言子無貴仕，則趙衰孕於越婢，遙集產於胡嫗，田文、枚皋，皆妾子也。文則播美於强齊，皋則有聲於隆漢。未聞前載，有所間然，此類甚多，備存史策，不敢煩引，輕黷宸嚴。今反棄古實從近事，以妬忌之政，施明覈之日，非徒英雋交屈，固亦競端斯始。王者設教，務慎其源流，源流一開，為弊必甚。儻側室之子，負才而不用，君棄之於上，家輕之於下，忠孝不展，友愛無施，如此等人，豈不怨憤？雖隔千牛之選，仍許三衛之官。色類乃復稍殊，捍禦至竟無別。若唯材是用，人自甘心。一彼一此，異端斯起。至於昨來檢括粗人，公孫武遠及崔仁師等兒，多是嫡子，故知善惡由乎積習，邪正寧限嫡庶？必然之理，不言可明。伏願更量可否，還遵昔制。不使側室之胤，有高才而被屈；正妻之子，雖至愚而獲用。則嫡庶於此分鑣，諍訟無因發矣。

又　卷七六〇《牛希濟〈寒素論〉》　堯舜興於畎畝之中，以仁義而得天下。魯顏非諸侯之祚，以德行而居儒道之首。以魯顏比之於天子，天子喜之。以桀紂比之於匹夫，匹夫怒之。豈在其貴賤之位哉。為仁義一日則為君子，不為仁義一日則為小人。豈在世載相襲，冠裳相承。吁哉。蒲輪不往諸侯之家，束帛不在闕庭之下。皆巖穴憑逸之人，行仁抱義之子。化之於鄉里，聞之於郡國，達之於朝廷，然後求之。豈在鄉大夫之子哉？諸侯鄉飲之禮，敬年尚齒。使少年知禮，老者獲養，脩長幼之道也。天子太學，父事三老，兄事五更，教人以孝，教人以悌，興教化之本也。文不以爵禄為差也，況布素對策，名聞於天下者有之矣，徒走以取公卿者有之矣。鄭康成捨胥吏之役，歸為儒者。黄叔度牛醫之子，以德行聞。今服冕之家，流品之人，視寒素之子，輕若僕隸，易如草芥，魯不以為之伍。寒賤之子，能以道德自尊，文藝自將，見之若敬大臣，避之若逢摯獸，又不自審之所致也。堯舜何人也？猶將比肩其道。流品何人也？余何人也？

魯不自敬其身。故且朝為匹夫，暮為卿相者有之矣；朝為諸侯，暮為餒鬼者有之矣。道之用捨，在於我而已。是玉之美者，不產於廊廟之下，為瑚璉之器。材之美者，不出於里閈之內，為棟樑之用。士之美者，非貴冑之子，而登卿相之位。況投竿而為王者師，挽車而為王子相，豈白屋之士，可自遺之哉？

宋·王欽若等《冊府元龜》卷六三九《貢舉部·條制》（開元）二十五年正月制曰：致理興化，必在得賢，強識博聞，可以從政。且今之明經進士，則古之孝廉秀才，近日以來，殊乖本意。進士以聲韻為學，多昧古今，明經以帖誦為功，罕窮旨趣，安得為敦本復古，經明行修？以此登科，非選士取賢之道也。其明經自今已後，每經宜帖十，取通五已上，免舊試一帖。仍案問大義十條，取通六已上，免試經策十條，令荅時務策三首，取粗有文性者與及第。其進士宜停小經，准明經例，帖大經十帖，取通四已上，然後准例試雜文及策，考通與及第，其明經中有明五經以上，試無不通者，進士中兼有精通一史，能試策十條，得六已上者，委所司奏聽進止。其應試進士等唱第訖，具所試雜文及策，送中書門下詳覆。其所問明經大義日，仍須對同舉人考試，庶能否共知，取捨無媿。有功者達，可不勉與。

人才儲備論分部

論說

唐·陸贄《翰苑集》卷二一《論朝官闕員及刺史等改轉倫序狀》

右。臣聞於《經》曰：『濟濟多士，文王以寧。』又曰：『無曠庶官，天工人其代之。』蓋謂士不可不多，官不可不備。敦付物以能之義，闡恭己無為之風，此理道得失之所由也。夫聖人之於愛才，不唯仄席求思而已，乃復引進以崇其術業，歷試以發其器能，旌善以重其言，優禄以全其操。歲月積久，聲實並豐，列之於朝，則王室尊；分之於士，則藩鎮重。故《詩》序太平之君子，能長育人才，《書》比梓人之理材，既勤樸斲，惟施丹雘，《禮》著造士，《易》尚養賢。蓋以人皆含靈，唯所誘致，如玉之在璞，抵擲則瓦石，追琢則圭璋；如水之發源，壅閼則汙泥，疏濬則川沼。是以書籍所載，歷代同途，祚屬殷昌，必時多雋乂，運鍾衰季，則朝乏英髦。當在衰季之時，咸謂無人足任，及其雄才御寓，淑德應期，賢能相從，森若林會。然則興王之良佐，皆是季代之棄才。在季而愚，當興而智，乃知季代非獨遺賢而不用，其於養育獎勸之道，亦有所不至焉。故曰：人皆含靈，唯其誘致。漢高稟大度，故其時多魁傑不羈之材；漢武好英風，故其時富環詭立名之士；漢宣精吏能，故其時萃循良核實之能。迨乎哀、平、桓、靈，昵比小人，疏遠君子，故其時近習操國柄，嬖戚擅朝權。是知人之才性，與時升降，好之則至，獎之則崇，抑之則衰，斥之則絕，此人才消長之所由也。臣每於中夜，竊自深惟，朝之乏人，其患有七，不澄源而防末流，一也；不考實而務博訪，二也；求精太過，三也；嫉惡太甚，四也；程試乖方，五也；取捨違理，六也；循故事而不擇可否，七也。夫多少相繆，非嘉量不平；輕重相欺，非縣衡不定。用之苟不得其道，則主者實病，而權量無尤。故按名責實者，選吏之權量也。宰相者，主權量之用也。宰相之主吏，猶司府之主財，主吏在序進賢能，主財在平頒秩俸，假使用財失節，則司之者可以改易，而秩俸不可以不頒；主吏乖方，則宰之者可以變更，而賢能不可以不進。其行甚易，其理甚明。頃者命官，頗異於是，常以除吏多少，准量宰相重輕。宰相承寵私，則援引雖濫而必進；宰相見疏忌，則擬議雖當而罕俞。是使羣材仕進之窮通，唯繫輔臣恩澤之薄厚，求諸理道，未謂合宜。夫與奪者，人主之利權；名位者，天下之公器。不以公器徇喜心，不以利權肆忿志，不以寡妨衆，不以人廢官，或其阻執事而擁羣材，所謂不澄源而防末流之患也。《經》曰：『無以小謀亂大作，無以嬖人疾莊士。』蓋務大者不拘於小累，謀小者不達於大猷。嬖者或行異於莊，莊者必性殊於嬖，理勢相激，宜其不同。進賢援能，諒君子之事；遏惡揚善，非小人所能。君子以愛才為心，小人以傷善為利，愛而引之則近黨，傷而沮之則似公。近黨則不辨而遽疑，似公則不覈而縣信，是以大道每隳於橫議，良才常困於中傷。失士啓讒，多由於此，所謂不考實而務博訪之患也。夫人之器局，有圓方大小之殊，官之典司，有難易閑劇之別。名稱有虛實之異，課績有升降之差。將使官不失才，才不失序，在乎制法以司契，擇人而秉鈞。制之不得厥中，則其法可更，而其契不可亂也；擇之不當所任，則其人可去，而其秉不可奪也。如或事多錯雜，任靡適從，而但役智以求精，勞神而救弊，則所救愈失，所求愈麤。故《書》曰：『元首明哉，股肱良哉，庶事康哉。元首叢脞哉，股肱墮哉，庶事隳哉。』頃之輔臣，鮮克勝任，過蒙容養，苟備職員，致勞睿思，巨細經慮。每有闕官須補，或緣將命藉才，宰司慎擇上聞，必極當時妙選。聖情未愜，復命別求，執奏既不見從，則又降擇其次。如是至於再，至於三，所選漸高，所得轉下。或斷於獨見，罔徇僉諧；或擢自旁求，不稽公議。權衡失柄，進取多門，等差不倫，聲實相反，此所謂求精太過之患也。臣聞耀乘之珠，不能無纇；連城之璧，不能無瑕。矧伊有情，寧免愆吝。仲尼至聖也，猶以五十學《易》無大過為言，顏子殆庶也，尚稱不遠而復無祇悔為美。況自賢人以降，孰能不有過失哉？珠玉不以瑕纇而不珍，髦彥不以過失而不用，故元元之教曰：『常善救人，則無棄人。』文宣亦云：『赦小過，舉賢才。』齊桓不以射鈎而致嫌，故能成九合之功；秦穆不以一眚而掩德，故能復九敗之辱。前史序項籍之所以失天下曰：『於人之功無所記，於人之過無所遺。』管仲論鮑叔牙不可屬國，曰：『聞人過，終身不忘。』然則棄瑕録用者，霸王之道；記過遺才者，衰亂之源。夫登進以懋庸，黜退以懲過，二者迭用，理如循環。進而有過則示懲，懲而改修則復進，既不廢法，亦無棄人。雖纖芥必懲，而才用不匱，故能使黜退者克勵以求復，登進者警饬以恪居。上無滯疑，下無蓄怨，俾人於變，以致時雍。陛下英聖統天，威莊肅物，好善既切，計過亦深。一抵譴責之中，永居嫌忌之地。夫以天下士人，皆求宦名，獲登朝班，千百無一，其於修身勵行，聚學樹官，非數十年間，勢不能致。而以一言忤犯，一事過差，遂從棄捐，没代不復，則人才不能不乏，風俗不能不偷。此所謂嫉惡太甚之患也。臣聞『君子約言，小人先言』，『君子之道闇然而日章，小人之道的然而日亡。』孔子曰：『始吾於人也，聽其言而信其行；今吾於人也，察其言而觀其行。』又曰：『舉直措諸枉，則民服；舉枉措諸直，則民不服。』然則舉措不可以不審，言行不可以不稽。呐呐寡言者未必愚，喋喋利口者未必智，鄙樸忤逆者未必悖，承順愜可者未必忠。故明主不以辭盡人，不以意選士。凡制爵禄，與衆共之，先論其材，乃授以職，所舉必試之以事，所言必考之於成，然後苟妄不行，而貞實在位矣。如或好善而不擇所用，悦言而不驗所行，進退隨愛憎之情，離合繫異同之趣，是猶捨繩墨而意裁曲直，棄權衡而手揣重輕，雖甚精微，不能無謬。此所謂程試乖方之患也。天之生物，為用罕兼，性有所長，必有所短，材有所合，亦有所睽。曲成則品物不遺，求備則觸類皆棄。是以巧梓順輪桷之用，故枉直無廢材；良御適險易之宜，故駑驥無失性。物既若此，人亦宜然，其於行能，固不兼具。前志所謂千年一聖，五百年一賢者，才難不其然乎。夫唯聖人，方體全德，賢之為目，猶有未周。且以未周之才，彌五百年而有一，造次求備，曷由得人？若夫一至之能，偏稟之性，則中人以上，迭有所長。苟區別得宜，付授當器，各適其性，各宣其能，及乎合以成功，亦與全才無異。但在明鑑大度，御之有道而已。帝王之盛，莫盛唐虞；臣佐之盛，莫盛稷禹。稷禹之比，無非大賢，然猶各任所能，不務兼備。故《尚書》序堯舜命官之美，自稷、禹、咎、益以降，凡二十二人，所命典司，不踰一職。用能平九土，播百穀，敷五教，序五刑，禮樂興和，蠻夷率服，洎鳥獸魚鼈，亦罔不寧。蓋由舉得其人，任得其所，鑑擇職授，審之於初，不求責於力分之外，不沮撓於局守之内，是以事極其理，人盡其材，君垂拱於上，臣濟美於下，功焯當代，名施無窮。及其失也，則升降任情，首末異趣，使人不量其器，與人不由其誠。以一言稱愜為能，而不核虛實；以一事違忤為咎，而不考忠邪。其稱愜則付任逾涯不思其所不及；其違忤則責望過當，不恕其所不能。是以職司之内無成功，君臣之際無定分，此所謂取捨違理之患也。今之議者多曰：『内外庶官，久於其任。』又曰：『官無其人則闕之。』是皆誦老生之常談，而不推時變；守舊典之糟粕，而不本事情。徒眩聰明，以撓理化。古者人風既朴，官號未多，但別愚賢，匪論資序。不責人以朝夕之效，不計事於尺寸之差，不以小善而褒升，不以一眚而罪斥。故《虞書》『三載考績，三考黜陟幽明。』是則必俟九年，方有進退。然其所進者，或自側微，而納於百揆，雖久於任，復何病哉。漢制：部刺史秩六百石，郡守秩二千石。刺史高第者即遷為郡守，郡守高第者即入為九卿，從九卿即遷為亞相相國。是乃從六百石吏而至台輔其間所歷者三四轉耳。久在其任，亦未失宜。近代建官漸多，列級逾密，今縣邑有七等之異，州府有九等之差，同謂省郎，卽有前中後行郎中員外五等之殊；並稱諫官，則有諫議大夫、補闕、拾遺三等之別。洎諸臺寺，率類於斯悉有常資，各須循守。若依唐虞故事，咸以九載為期，是宜高位常苦於乏人，下寮每嗟於白首。三代為理，損益不同，豈必樂於變易哉？蓋時勢有不得已也。至如鯀陻洪水，績用靡成，猶終九年，然後殛竄。後代設有如鯀之比者，豈復能九年而始行罰乎？臣固知其必不能也。行罰欲速，而進官欲遲，以此為稽古之方，是猶卻行而求及前人也。頃者臣因奏事，論及內外序遷，陛下乃言：『舊例居官歲月皆久，朕外祖曾作秘書少監，一任經十餘年。』董晉將順睿情，遂奏云：『臣於大歷中，曾任祠部、司勳二郎中，各經六考。』陛下之意，頗為宜然。以臣憃愚，實有偏見。凡徵舊例，須辨是非，是者不必渝，非者不必守，況於舊例之內，自有舛駁之異哉。先聖之初，權臣用事，其於除授，頗多徇情，有一月屢遷，有積年不轉。迨至中歲，君臣構嫌，姑務優柔，百事凝滯，其於選授，尤所艱難。始以頗僻失平，繼以疑阻成否，至使彝倫闕敘，庶位多淹，是皆可懲，曷足為法？夫覈才取吏，有三術焉：一曰拔擢以旌其異能，二曰黜罷以糾其失職，三曰序進以謹其守常。如此則高課者驟升，無庸者亟退，其餘績非出類，守不敗官，則循以常資，約以定限。故得殊才不滯，庶品有倫，參酌古今，此為中道。而議者暗於通理，一槩但曰宜久其任，得非誦老生之常談，而不推時變者乎？夫列位分官，緝熙帝載，匪唯應務，兼亦養才。是以職事雖有小大閑劇之殊，而俱不可曠缺者，蓋備於時而用耳。故《記》曰：『天子以騶虞為節，樂官備也。』唯經邦贊國之任，則非有盛德不可以居。故《記》曰：『設四輔及三公，不必備惟其人。』議者昧於明徵，一槩但曰官無其人則闕，得非守舊典之糟粕，而不本事情者乎。今內外羣官，考深合轉，陛下或言其已有次第，須且藉留，或謂其未著功勞，何用數改。是乃循默者既以無聞而不進，著課者又有成績而見淹，雖能否或差，而沉滯無異。人之從宦，積小成高，至於內列朝行，外登郡守，其於更歷，多已長年。孜孜慎修，計日思進，而又淹逾考限，亟易星霜，顧懷生涯，能不興歎？殊異登延之義，且乖勸勵之方。夫長吏數遷，固非理道，居官過久，亦有弊生。何者？時俗常情，樂新厭舊，有始卒者，其唯聖人；降及中才，罕能無變，其始也砥勵之心必切，其久也因循之意必萌。加以盈無不虧，張無不弛，天地神化，且難常全，人之所為，安得皆當？是以分分而度，至丈必差；銖銖而稱，至鈞必謬。莅職既久，寧無咎愆？或為姦吏所持，或坐深文所糾，偶以一跌，盡隳前功，至使理行不終，能名中缺，豈非上失其制，而推致以及於斯乎。故聖人愛人之才，慮事之弊，採其英華而使之，當其茂暢而獎之，不滯人於已成之功，不致人於必敗之地。是以銳不挫而力不匱，官有業而事有終，此理之中庸，故書以為法。遷轉甚速，則人心苟而職業不固；甚遲，則人心怠而事守浸衰。然則甚速與甚遲，其弊一也。陛下俯徇浮議，謂協典謨，久次當進者，既曰務欲且留，缺員須補者，復曰官不必備。則才彥何由進益，理化孰與交修？此所謂循故事而不擇可否之患也。伏惟陛下憂勤務理，夢想思賢，體陶唐有虞聰明之德以敷求，法太宗天後英邁之風以拔擢，然而得人之盛，尚愧前朝；底乂之功，未光當代。良以七患未去，三術未行，而又睿察太深，宸嚴太峻，常人才器，曷副天心？故雖獲超升，亦驟從黜廢，人物殘瘁，抑斯之由。而議者莫究致弊之端，但思革弊之策，反以廣於進用為情故，以梗於除授為精詳，以避謗為奉公之誠，以摘瑕為選士之要，乃至稱毀紛糅，美惡混幷。凡有遷升，必遭掎摭，聖德廣納，不時發明，小人多言，益敢陰詐，以是眩惑，目無全人。進用之意轉疑汲引之途漸隘，舊齒既凋敗幾盡，下位或滯淹罕升。故令官序失倫，人才不長，資望漸薄，砥勵浸微，高卑等衰，殆不相續。臣以竊位，屬當序才，懼曠庶官，亟黷宸扆，昧識不足以周物，微誠不足以動天，徒勤進善之心，轉積妨賢之罪，慚惶交慮，焚灼盈懷。凡除吏者，非謗刺之所生，必怨咎之所聚，宰臣獲戾，多起於茲。屢屢上干，何所為利？但以待罪鈞軸，職思其憂，兼迫於感恩願效之誠，不得不冒昧言之耳。其於裁擇用捨，惟陛下圖之。

《舊唐書》卷一一《代宗紀》（永泰）二年春正月【略】乙酉，制：治道同歸，師氏為上，化人成俗，必務於學。俊造之士，皆從此途，國之貴游，罔不受業。修文行忠信之教，崇祗庸孝友之德，盡其師道，乃謂成人。然後揚於王庭，敷以政事，徵之以理，任之以官，置於周行，莫匪邦彥，樂得賢也，其在茲乎！朕志承理體，尤重儒術，先王設教，敢不虔行。頃以戎狄多虞，急於經略，太學空設，諸生蓋寡。絃誦之地，寂寥無聲，函丈之間，殆將不掃，上庠及此，甚用閔焉。今宇縣乂寧，文武並備，方投戈而講藝，俾釋菜以行禮。使四科咸進，六藝復興，神人以和，風化浸美，日用此道，將無間然。其諸道節度、觀察、都防禦等使，朕之腹心，久鎮方面，眷其子弟，為奉義方，修德立身，是資藝業。恐干戈之後，學校尚微，僻居遠方，無所咨稟，負經來學，宜集京師。其宰相朝官、六軍諸將子弟，欲得習學，可並補國子學生。其中身雖有官，欲附學讀書者亦聽。其學官委中書門下選行業堪爲師範者充。其學生員數，所習經業，供承糧料，增修學館，委本司條奏以聞。

唐・張九齡《曲江集》卷一六《上封事書》（五月二十日宣義郎左拾遺內供奉臣張九齡）臣伏以陛下自克清內難，光宅天下，常欲躋人於富壽，致國於太平，聖慮每勤，德音屢發，然猶黎人未息，水旱為憂，臣竊伏思之，有由然矣。臣聞乖政之氣，發為水旱，天道雖遠，其應甚速。昔者東海殺孝婦，旱者久之，一吏不明，匹婦非命，則天為之旱，以昭其爭，況今六合之間，元元之衆，莫不懸命於縣令，宅生於刺史。陛下所與共理，此尤親於人者也。多非其任，徒有其名，致旱之由，豈惟孝婦一事而已。是以親人之任，宜得其賢，用才之道，宜重其選。而今刺史縣令，除京輔近處，雄望之州，刺史猶擇其人，縣令或備員而已。其餘江淮隴蜀三河諸處，除大府之外，稍稍非才。但於京官之中，出爲州縣者，或是緣身有累，在職無聲，用於牧宰之間，以為斥逐之地。或因勢附會，遂忝高班，比其勢衰，且無他責，又謂之不稱京職，亦乃出為刺史。至於武夫流外，積資而得官，成於經久，不計於有才，諸若此流，盡為刺史。其餘縣令，已下固不可勝言。蓋甿庶所係，國家之本，務本務之職，反為好進者所輕，承弊之人，每遭非才者所擾。陛下聖化，從此不宣，皆由不重親人之選，以成其弊，而欲天下和洽，固不可得也。古者刺史入為三公，郎官出宰百里，莫不於其所重，勸其所行。臣竊怪近俗，偏輕此任。今朝廷卿士，入而不出，於其私情，遂自得計。何則京華之地，衣冠所聚。子弟之間，身名所出，從容附會，不勞而成。一出外藩，有異於此人情進取，豈忘於私。但立法制之，不敢違耳。原其本意，固私是欲。今大利在於京職，而不在於外郡。如此則智能之士，欲利之心，日夜營營，寧有複出為刺史縣令。而陛下國家之利，方賴智慧之人，此輩既自固而不行，在外者又技癢而求入，如此則智能之輩常無親人之者。陛下又未格之以法，無乃甚不可乎。故臣愚以為欲理之本，莫若重刺史縣令，此官誠重智能者可行。正宜懸以科條，定其資歷，凡不歷都督刺史，有高第者不得入為侍郎列卿，不歷縣令有善政者亦不得入為臺郎給舍郎。卽雖遠處都督刺史，至於縣令，以久差降，以為出入。亦不得十年頻在京職，又不得十年盡任外官。如此設科以救其失，則內外通理，萬姓獲寧。如積習為常，遂其私計，陛下獨宵衣旰食，天下亦未之理也。又古之選用賢良，取其稱職，或遙聞而辟，召或一見而任之。是以士修素行，不圖僥倖，羣小不逮，亦用息心，以故奸偽自止，流品不雜。今天下未必理於上古，而事務日倍於前，誠為不正其本而設巧於末。所謂末者，吏部條章，動盈千百，刀筆之吏，辨析毫釐。節制搶攘，溺於文墨，胥徒之猾，又緣隙而起。臣以為始造簿書，以備用人之遺亡耳。今反求精於案牘，不急於人才，亦何異遺劍中流而刻舟以記，去之彌遠，可為傷心。凡有稱吏部之能者，則曰從縣尉與主簿，從主簿與縣丞，斯選曹執文而善知官次者也。惟據其合與不合，不論賢與不肖，大畧如此，豈不謬哉？陛下若不以吏部尚書侍郎為賢，必不授以職事。尚書侍郎既以賢而受委，豈複不能知人。人之難知，雖自古所慎，而拔十得五，其道可行。今則執以格條，貴於謹守。幸其心能自覺者，每選於所拔，亦有三人五人。若又專固者，則亦一人不拔。據資配職，自以為能，為官擇人，初無此意。故使時人有平配之議。官曹無得賢之實。朱紫同色，清濁不分，是於聖朝有何裨益？故臣以為選部之法，弊於不變，變法之易，在於陛下煥然行之。假且今之銓衡，欲自為意，亦限當管之內，應有合選之色。先委考其才行堪入品流，然後送臺，臺又推擇，據所用之多少，為州縣之殿最。一則州縣慎其所舉，必取入官之才。二則吏部因其有成無多庸入之數，縱有不任送者，妄起怨端，且猶分謗於外臺，不至喧嘩於南省。今則每歲選者，動以萬計，京師米物為之空虛，豈多士若斯。蓋渝濫至此而欲仍舊致理，難於改制。只益文法煩碎，賢愚渾雜，就中以二詩一判，定其是非。適使賢人君子從此遺逸，斯亦明代之闕政，有識者之所歎息也。夫天下雖廣，朝廷雖衆，而士之名賢誠可知

賢誠可知也。若使毀譽相亂，聽受不明，事將已矣，無複可説。如知其賢，能各有品第，每一官缺，而不以次用之。則是知而不為，焉用彼相。藉如諸司清要之職，當用第一之人，及其要官闕時，或以下等叨進。以故時議無高無下，惟論得與不得。自然清議不立，名節不修。上善則守志而後時，中人則躁求而易操，何哉？朝廷若以令名進人，士子亦以修名而獲利。而利之所出，衆則趨焉，已而名利不出於清修，所趣多歸於人事。其小者茍求取得，一變而至阿私。其大者許以分義，再變而成朋黨。斯並教化漸漬，使之必然。故於用人之際，不可不第高下。若高下不可妄榦。天下士流，必刻意修飾。思齊日衆，刑政自清。此皆興衰之大端，焉可不察？《易》曰：『履霜堅冰至，言聖人之見終始之徵矣。』臣今所言上剌史縣令等事，一皆指實。縱臣所欲變法，不合時宜。伏望更發睿圖，及詢於執事，作為長算，振此頹風，使官修其方，人受其福，天下幸甚。伏惟陛下聰明神武，動以聖斷，正當可為之運，未行反本之法。

用人之道論分部

論説

唐・吴兢《貞觀政要》卷三《論擇官》　貞觀十一年，侍御史馬周上疏曰：『理天下者，以人為本。欲令百姓安樂，惟在刺史、縣令。縣令既衆，不可皆賢，若每州得良刺史，則合境蘇息。天下刺史悉稱聖意，則陛下可端拱巖廊之上，百姓不慮不安。自古郡守、縣令，皆妙選賢德，欲有遷擢為宰相，必先試以臨人，或從二千石入爲丞相及司徒、太尉者。朝廷必不可獨重內官，外刺史、縣令，遂輕其選。所以百姓未安，殆由於此。』

貞觀十四年，特進魏徵上疏曰：臣聞知臣莫若君，知子莫若父。父不能知其子，則無以睦一家；君不能知其臣，則無以齊萬國。萬國咸寧，一人有慶，必藉忠良作弼，俊乂在官，則庶績其凝，無為而化矣。故堯、舜、文、武見稱前載，咸以知人則哲，多士盈朝，元、凱翼巍巍之功，周、召光焕乎之美。然則四岳、九官、五臣、十亂，豈惟生之於曩代，而獨無於當今者哉？在乎求與不求，好與不好耳！何以言之？夫美玉明珠，孔翠犀象，大宛之馬，西旅之獒，或無足也，或無情也，生於八荒之表，塗遥萬里之外，重譯入貢，道路不絶者，何哉？蓋由乎中國之所好也。況從仕者，懷君之榮，食君之禄，率之以義，將何往而不至哉？臣以爲與之爲忠，則可使同乎龍逢、比干矣。與之爲孝，則可使同乎曾參、子騫矣。與之爲信，則可使同乎尾生、展禽矣。與之爲廉，則可使同乎伯夷、叔齊矣。

然而今之羣臣，罕能貞白卓異者，蓋求之不切，勵之未精故也。若勖之以公忠，期之以遠大，各有職分，得行其道。貴則觀其所舉，富則觀其所與，居則觀其所好，習則觀其所言，窮則觀其所不受，賤則觀其所不爲。因其材以取之，審其能以任之，用其所長，掩其所短。進之以六正，戒之以六邪，則不嚴而自勵，不勸而自勉矣。故《説苑》曰：『人臣之行，有六正六邪。行六正則榮，犯六邪則辱。何謂六正？一曰，萌芽未動，形兆未見，昭然獨見存亡之機，得失之要，預禁乎未然之前，使主超然立乎顯榮之處，如此者，聖臣也。二曰，虚心盡意，日進善道，勉主以禮義，諭主以長策，將順其美，匡救其惡，如此者，良臣也。三曰，夙興夜寐，進賢不懈，數稱往古之行事，以勵主意，如此者，忠臣也。四曰，明察成敗，早防而救之，塞其間，絶其源，轉禍以爲福，使君終以無憂，如此者，智臣也。五曰，守文奉法，任官職事，不受贈遺，辭禄讓賜，飲食節儉，如此者，貞臣也。六曰，國家昏亂，所爲不諛，敢犯主之嚴顔，面言主之過失，如此者，直臣也。是謂六正。何謂六邪？一曰，安官貪禄，不務公事，與代沉浮，左右觀望，如此者，具臣也。二曰，主所言皆曰善，主所爲皆曰可，隱而求主之所好而進之，以快主之耳目，偷合苟容，與主爲樂，不顧其後害，如此者，諛臣也。三曰，內實險詖，外貌小謹，巧言令色，妒善嫉賢，所欲進，則明其美、隱其惡；所欲退，則明其過、匿其美，使主賞罰不當，號令不行，如此者，姦臣也。四曰，智足以飾非，辯足以行説，內離骨肉之親，外構亂於朝廷，如此者，讒臣也。五曰，專權擅勢，以輕為重，私門成黨，以富其家，擅矯主命，以自貴顯，如此者，賊臣也。六曰，諂主以佞邪，陷主於不義，朋黨比周，以蔽主明，使白黑無別，是非無間，使主惡布於境內，聞於四鄰，如此者，亡國之臣也。是謂六邪。賢臣處六正之道，不行六邪之術，故上安而下理。生則見樂，死則見思，此人臣之術也。』《禮記》曰：『權衡誠懸，不可欺以輕重。繩墨誠陳，不可欺以曲直。規矩誠設，不可欺以方圓。君子審禮，不可誣以姦詐。』然則臣之情僞，知之不難矣。又設禮以待之，執法以御之，為善者蒙賞，為惡者受罰，安敢不企及乎？安敢不盡力乎？

國家思欲進忠良，退不肖，十有餘載矣，徒聞其語，不見其人，何哉？蓋言之是也，行之非也。言之是，則出乎公道；行之非，則涉乎邪徑。是非相亂，好惡相攻。所愛雖有罪，不及於刑；所惡雖無辜，不免于罰。此所謂愛之欲其生，惡之欲其死者也。或以小惡棄大善，或以小過忘大功。此所謂君之賞不可以無功求，君之罰不可以有罪免者也。賞不以勸善，罰不以懲惡，而望邪正不惑，其可得乎？若賞不遺疏遠，罰不阿親貴，以公平為規矩，以仁義為準繩，考事以正其名，循名以求其實，則邪正莫隱，善惡自分。然後取其實，不尚其華，處其厚，不居其薄，則不言而化，期月而可知矣！若徒愛美錦而不為民擇官，有至公之言，無至公之實，愛而不知其惡，憎而遂忘其善，徇私情以近邪佞，背公道而遠忠良，則雖夙夜不怠，勞神苦思，將求至理，不可得也。

唐・張九齡《曲江集》卷一六《上封事書》 臣聞乖政之氣，發爲水旱，天道雖遠，其應甚速。昔者東海殺孝婦，旱者久之，一吏不明，疋婦非命，則天爲之旱，以昭其寃。況今六合之間，元元之衆，莫不懸命於縣令，宅生於刺史，陛下所與共理，此尤親於人者也，多非其任，徒有其名，致旱之由，豈惟孝婦一事而已？是以親人之任，宜得其賢；用才之道，宜重其選。而今刺史縣令，除京輔近處，雄望之州，刺史猶擇其人，縣令或備員而已，其餘江淮隴蜀三河諸處，除大府之外，稍稍非才。但於京官之中，出爲州縣者，或是緣身有累，在職無聲，用於牧宰之間，以爲斥逐之地；或因勢附會，遂忝高班，比其勢衰，且無他責，又謂之不稱京職，亦乃出爲刺史。至於武夫流外，積資而得，官成於經久，不計於有才。諸若此流，盡爲刺史，其餘縣令已下，固不可勝言。蓋甿庶所繫，國家之本，務本務之職，反爲好進者所輕；承弊之人，每遭非才者所擾：陛下聖化，從此不宣，皆由不重親人之選，以成其弊，而欲天下和洽，固不可得也。古者刺史入爲三公，郎官出宰百里，莫不于其所重，勸其所行，臣竊怪近俗，偏輕此任。今朝廷卿士，入而不出，於其私情，遂自得計。何則？京華之地，衣冠所聚，子弟之間，身名所出，從容附會，不勞而成，一出外藩，有異於此。人情進取，豈忘於私？但立法制之，不敢違耳，原其本意，固私是欲。今大利在於京職，而不在於外郡，如此，則智能之士，欲利之心，日夜營營，寧有復出爲刺史縣令？而陛下國家之利，方賴智能之人，此輩既自固而不行，在外者又技癢而求入，如此，則智能之輩，常無親人之者，陛下又未格之以法，無乃甚不可乎？故臣愚以為欲理之本，莫若重刺史縣令，此官誠重，智能者可行。正宜懸以科條，定其資歷：凡不歷都督刺史，有高第者，不得入爲侍郎列卿；不歷縣令有善政者，亦不得入爲臺郎給舍郎，雖遠處都督刺史，至於縣令，以久差降，以爲出入；亦不得十年頻在京職，又不得十年盡任外官。如此設科，以救其失，則內外通理，萬姓獲寧。如積習爲常，遂其私計，陛下獨宵衣旰食，天下亦未之理也。又古之選用賢良，取其稱職，或遙聞而辟召，或一見而任之，是以士修素行，不圖僥倖，羣小不逮，亦用息心，以故姦僞自止，流品不雜。今天下未必理於上古。而事務日倍於前，誠爲不正其本，而設巧於末。所謂末者，吏部條章，動盈千百，刀筆之吏，辨析毫釐，節制搶攘，溺於文墨，胥徒之猾，又緣隙而起。臣以爲始造簿書，以備用人之遺亡耳，今反求精於案牘，不急於人才，亦何異遺劍中流，而刻舟以記？去之彌遠，可為傷心。凡有稱吏部之能者，則曰從縣尉與主簿，從主簿與縣丞，斯選曹執文，而善知官次者也，惟據其合與不合，不論賢與不肖，大略如此，豈不謬哉？陛下若不以吏部尚書侍郎為賢，必不授以職事，尚書侍郎既以賢而受委，豈復不能知人？人之難知，雖自古所慎，而拔十得五，其道可行。今則執以格條，貴於謹守。幸其心能自覺者，每選於所拔，亦有三人五人。若又專固者，則亦一人不拔，據資配職，自以爲能。爲官擇人，初無此意，故使時人有平配之議，官曹無得賢之實，朱紫同色，清濁不分，是於聖朝，有何裨益？故臣以爲選部之法，弊於不變，變法之易，在陛下煥然行之。假且今之銓衡，欲自爲意，亦限行之已久，動必見疑，遂用因循，益爲浮薄。今若刺史縣令，精覈其人，即每當管之內，應有合選之色，先委考其才行，堪入品流，然後送臺，臺又推擇，據所用之多少，爲州縣之殿最：一則州縣慎其所舉，必取入官之才，二則吏部因其有成，無多庸人之數。縱有不任送者，妄起怨端，且猶分謗於外臺，不至喧譁於南省。今則每歲選者，動以萬計，京師米物，爲之空虛，豈多士若斯？蓋渝濫至此。而欲仍舊致理，難於改制，祇益文法煩碎，賢愚渾雜，就中以二詩一判，定其是非，適使賢人君子，從此遺逸，斯亦明代之闕政，有識者之所歎息也。夫天下雖廣，朝廷雖衆，而士之名賢，誠可知也。若使毀譽相亂，聽受不明，事將已矣，無復可説。如知其賢能，各有品第，每一官缺，而不以次用之，則是知而不為，焉用彼相？藉如諸司清要之職，當用第一之人，及其要官闕時，或以下等叨進，以故時議無高無下，惟論得與不得，自然清議不立，名節不修，上善則守志而後時，中人則躁求而易操。何哉？朝廷若以令名而進人，士子亦以修名而獲利，而利之所出，衆則趨焉。已而名利不出於清修，所趣多歸於人事，其小者苟求輒得，一變而至阿私；其大者許以分義，再變而成朋黨：斯蓋教化漸漬，使之必然。故於用人之際，不可不第高下，若高下不可妄干，天下士流。必刻意修飾，思齊日衆，刑政自清，此皆興衰之大端，焉可不察？《易》曰：『履霜堅冰至。』言聖人之見，終始之徵矣。臣今所言上刺史縣令等事，一皆指實，縱臣所欲變法，不合時宜，伏望更發睿圖，及詢於執事，作為長筭，振此頹風，使官修其方，人受其福，天下幸甚。

又《上姚令公書》　人之情僞，事之得失，所更多矣，非曲學之説，小子之慮，所能損益，亦已明矣。然而意有不盡，未可息，區區之懷，或以見容，亦猶用九九之術，以此道也，忍棄之乎？今君侯秉天下之鈞，為聖朝之佐，大見信用，日渴太平，千載一時，胡可遇也？而君侯既遇非常之主，已踐難得之機，加以明若鏡中，運如掌上，有形必察，無往不臻，朝暮義、軒之時，何云伊、呂而已？際會易失，功業垂成。而舉朝之衆傾心，前人之弊未盡，往往擬議，愚用惜焉。何者？任人當才，爲政大體，與之共理，無出此途。而曩之用才，非無知人之鑑；其所以失，溺在緣情之舉。夫見勢則附，俗人之所能也；與不妄受，志士之所難也。君侯察其苟附，及不輕受，就而厚之，因而用之，則禽息之首，爲知己而必碎；豫讓之身，感國士而能漆。至於洽如市道，廉公之門客虛盈；勢比雀羅，廷尉之交情貴賤。初則許之以死徇，體面俱柔；終乃背之而飽飛，身名已遂：小人恒態，不可不察。自君侯職相國之重，持用人之權，而淺中弱植之徒，已延頸企踵而至，諂親戚以求譽，媚賓客以取容，情結笑言，談生羽翼。萬事至廣，千變難知，其間豈不有才？所失在於無耻。君侯或棄其所短，收其所長，人且不知深，旨之若斯，便謂盡私於此輩。其有議者，則曰不識宰相，無以得遷，不因交游，無以求進，明王在上，君侯爲相，安得此言，猶出其口？某所以爲君侯至惜也。且人可誠感，難可戶説，爲君侯之計，謝媒介之徒，即雖有所長，一皆沮抑，專謀選衆之舉，息彼訕上之失，禍生有胎，亦不可忽。嗚呼！古人有言：『禦寒莫若重裘，止謗莫如自修。』修之至極，何謗不息？勿曰無害，其禍將大。夫長才廣度，珠潛璧匿，無先容以求達，雖後時而自寧。今豈無之？何近何遠？但問於其類，人焉瘦哉？雖不識之，有何不可？是知女不私人，可以爲婦矣；士不苟進，可以爲臣矣：此君侯之度內耳，寧用小人之説爲？固知山藏海納，言之無咎，下情上達，氣用和洽，是以不敢默默而已也。願無以人故而廢其言，以傷君侯之明，此至願也，幸甚、幸甚。

唐・李華《李遐叔文集》卷四《賢之用捨》　上之於賢也，患不能好之；好之也，患不能求之；求之也，患不能知之；知之也，患不能任之；任之也，患不能終之；終之也，患不能同其心而化于道。是故士貴夫遇，懼夫遇而不盡也。

《舊唐書》卷九二《蕭至忠傳》（蕭）至忠上疏陳時政，曰：臣聞王者列職分司，爲人求理，求理之道，必在用賢。得其人則公務克修，非其才則厥官如曠，官曠則事廢，事廢則人殘，漸至凌遲，率由於此。頃者選曹授職，政事官人，或異才昇，多非德進。皆因依貴要，互為粉飾，苟得即是，曾無遠圖，上下相蒙，誰肯言及？臣聞官爵者公器也，恩倖者私惠也，祇可金帛富之，粱肉食之，以存私澤也。若以公器爲私用，則公議不行，而勞人解體；以小私而妨至公，則私謁門開，而正言路絶。儉人遞進，君子道消，日削月朘，卒見凋弊者，爲官非其人也。昔漢館陶公主為子求郎，明帝謂曰：『郎官上應列宿，出宰百里，苟非其人，則人受其殃。』賜錢十萬而已。此即至公之道不虧，恩私之情無替，良史直筆，將卽美談，於今稱之，不輟其口者也。當今列位已廣，冗員倍多，祈求未厭，日月增數。陛下降不貲之澤，近戚有無涯之請，賣官利己，鬻法徇私。臺寺之內，朱紫盈滿，官秩益輕，恩賞彌數。憸利之輩，冒進而莫識廉隅；方雅之流，知難而斂分丘隴。才者莫用，用者不才，二事相形，十有其五。故人不效力，而官匪其人，欲求其理，實亦難成。

臣竊見宰相及近侍要官子弟，多居美爵，此並勢要親戚，罕有才藝，遞相囑託，虛踐官榮。《詩》云：『東人之子，職勞不賚。西人之子，粲粲衣服。私人之子，百僚是試。或以其酒，不以其漿。鞙鞙佩璲，不以其長。』此言王政不平，衆官廢職，私家之子，列試於榮班，非任之人，徒長其飾佩。臣愚伏願陛下想居安思危之義，行改絃易張之道，愛惜爵賞，審量材識，官無虛授，人必為官，進大雅於樞近，退小子於閑僻，政令惟一，威恩以信，私不害公，情不撓法，則天下幸甚。臣伏見永徽故事，宰相子弟多居外職者，非直抑强宗、分大族，亦以退不肖、擇賢才。伏願陛下遠稽舊典，近遵先聖，特降明敕，令宰相已下及諸司長官子弟，並改授外官，庶望分職四方，共寧百姓，表裏相統，遐邇乂安。

又 卷一三八《趙憬傳》（趙憬）獻《審官六議》曰：臣謬登宰府，四年於茲，恭承德音，未嘗不以求賢為切。至於延薦，職在愚臣，雖當代天之工，且乏知人之鑑，漸積歲月，負於聖明，無補王猷，有妨賢路。況多疾恙，兼慮闕遺，頃奉表章，備陳肝膈。陛下以臣性拙直，身病可矜，不棄孱微，尚加委任。自此思省，報效尤難，莫副堯、舜之心，空懷尸素之懼。伏惟陛下法象應期，聖神廣運，雲行雨施，皆發自然，訓誥典謨，悉經睿覽。臣所以不敢援引古昔，上煩天聽，且以用人之要，願伸鄙見。復念稽顙丹陛，仰對宸嚴，謇訥易窮，遽數難辯，理詳則塵瀆頗甚，言略則利害未宣。若默以求容，苟而竊位，縱天地之仁幸免，而中外之責何逃，非陛下用臣之意也。其所欲言者，皆陛下聖慮之內，臣以頂戴恩造，不知所為，身被風毒，漸覺沉痼，是以勤勤懇懇，切於愚誠也。臣聞貞觀、開元之際，宰輔論事，或多上書，所冀獲盡情理。今臣酌前代之損益，體當時之通變，謹獻《審官六議》，伏惟閒宴時賜省覽。

其大指，議相，則曰：『宜博採衆賢，用爲輔弼。今中外知其賢者，伏願陛下用之，識其能者任之，求其全材，恐不可得。』

議進用庶官，則曰：『異同之論，是非難辨。由考課難於實效，好惡雜於衆聲，所以訪之彌多，得之彌少。選士古今爲難，拔十得五，賢愚猶半。陛下謂臣曰：「何必五也？十得二三斯可矣。」聖主思賢至是，而宰臣不能進之，臣之罪也。進賢在於廣任用，明殿最，舉大節，棄其小瑕，隨其所能，試之以事，用人之大綱也。』

議京諸司闕官，則曰：『當今要官多闕，閒官十無一二。文武任用，資序遞遷，要官本以材行，閒官多由恩澤。朝廷或將任，多擬要官則人少闕多，閒官則人多闕少；明當選拔者轉少，在優容者轉多，宜補闕員，務育材用。大廈永固，是棟梁榱桷之全也；聖朝致理，亦庶官羣吏之能也。』

議中外考課官，則曰：『漢以數易長吏，謂之弊政。其有能理者，輒增秩賜金，或八九年、十餘年，乃入爲九卿，或遷三輔，功績茂異，遂至丞相，其間不隔數官。今陛下內選庶僚，外委州府，課績高者，不次超升，致理之法，無踰於此。臣愚以爲黜陟且立年限，若所居要重，未當遷移，就加爵秩，其餘進退，令知褒貶之必應，遲速之有常。如課績在中，年考及限，與之平轉，中外迭處，歷試其能，使無苟且之心，又無滯淹之慮。』

議舉遺滯，則曰：『官司既廣，必委宰輔以舉之；宰輔不能遍知，又詢於庶官；庶官不能遍知，又訪於衆人。衆聲囂然，互有藏否，十人舉之未信，一人毀之可疑，迨至于今，茲弊未改。其所以然者，非盡爲愛憎也，苦於不審實而承聲言之。大凡常人之心，以稱人之善爲清，以攻人之過爲直，苟有除授，多生横議。由是宰臣每將薦用，亦自重難，日往月來，未副聖意。宜須採聽時論，以所舉多者先用，必非大故，皆不棄之。』

議擢用諸使府僚屬，則曰：『諸使辟吏，各自精求，務於得人，將重府望。卽經試效，能否可知，擢其賢能，置之朝列。或曰外使須才，固不可奪。臣知必不然也。屬者使府賓介，每有登朝，本使殊以為榮，自喜知人，且明公選。大凡才能之士，名位未達，多在方鎮，日月在上，誰不知之，思登闕庭，如望霄漢，宜須博採，無宜久滯。』

宋·李昉等《文苑英華》卷六九六《韋嗣立〈諫濫官疏〉》 臣聞設官分職，量才擇吏，此本於理人而務安之也。故《書》曰：『在知人，在安人。知人則哲，能官人安人則惠，黎甿懷之。能哲而惠，何憂乎驩兜？何畏乎有苗者是也？』則明官得其人，而天下自理矣。古者取人，必先採鄉曲之譽，然後辟於州郡；州郡有聲，然後辟之於五府；才著五府，然後昇之於天朝。此則用一人所擇者甚悉，擢一士所歷者甚深。孔子曰：『譬有美錦，不可使人學製。』此明用人不可不審擇也。用得其才則理，非其才則亂，理亂所繫，焉可不深擇之哉！今之取人，有異此道，多未甚試效，卽頓至遷擢。夫趨競者人之常情，僥倖者人之所趨，今之務進不避，僥倖者接踵比肩，布於文武之列。有文者用理內外，則有回邪贓汙上下敗亂之憂；有武者用將軍戎，則有庸懦怯弱師旅喪亡之患。補授無限，員闕不供，遂至員外置官，數倍正闕。曹署典吏，困於祇承，府庫倉儲，竭於資俸。國家大事，豈甚於此？古者懸爵待士，唯有才者得之，若任以無才，則有才之路塞，賢人君子，所以遁迹銷聲，懷歎恨者也。且賢人君子，守於正直之道，遠於僥倖之門。若僥倖開，則賢者不可復出矣；賢者遂退，若欲求人安俗化，復不可得也；若乃不安，國將危矣，陛下安可不深慮之？

宋・王欽若等《冊府元龜》卷六九《帝王部・審官》 乾元二年九月詔曰：『朕聞效官者必量力而授任，致理者亦擇才而簡能。況風化之源，本資於長吏；升降之義，用明於朝典。古之建萬國，親諸侯，蓋以撫綏黎民，宣布王化。則今之令長，古稱子男，矜孤恤寡，均徭省賦，皆是職也。朕以薄德，恭膺寶位。屬殘孽猶聚，戎軍未戢，雖憂國之計，且務於濟時，而恤人之心，每深於惠物。將求厚俗，必在審官。至於刺史治中，皆制命所授，辨其材術，蓋在朝廷。先令中書門下，精加擇訪，務德惟良。如非理人之材，並卽量宜改授。且諸縣令，員數應多。如聞處理之間，廉平者少；或使司所奏，以功見稱；或主司所擬，循資而授。儻乖任用，空忝親人。或有案牘之間，魯未閑於令式；征賦之際，皆委任於胥徒。繇是吏轉生奸，遂為蠹政，人不堪命，因而失業，興言及此，良用憮然。夫易柱以調弦，聲之和也，革弊而從理，政之體也。漢宣帝曰：「與我共理天下者，其惟良二千石乎！」因知方嶽之任，足以委黜陟之權矣。凡諸道節度，皆職備防戎，政在理兵，豈遑廉問。必令郎官御史，分命巡察，則乘驛蹔往，難於委知，諒無益於澄清，反有增於勞擾。其天下縣令，各仰本州府長官審加詳擇。如有衰耄暗弱，或貪財縱暴，不閑時政，為害於人，並具名録奏，卽與改替。其才職相當者，並依舊奏定。已後有不稱者，所繇官長，量加殿黜。庶理人之職，無或謬焉。又入仕之流，本期展用，且無事實，豈可徒勞。今員外之官，所在甚衆，既不釐務，空效馳驅。將適鄉閭，復拘職守，念其旅寓，良可優矜。應州縣見任員外官，並任其所適，計秩滿後，各與成資，仍於本色內減一兩選與留。其先緣罪累貶授者，不在此限。如員外官中，材識幹濟，魯經任使，州縣所資者，亦任量留。上州不得過五人，中州不得過四人，下州不得過三人，上縣已上不得過一人。古之任官，必寄成政，如長吏數易，則綱條不恤。所以人懷苟進之心，俗靡居常之業。比者或開此弊，實謂未便於時。自今已後，刺史縣令，更不得數有移改。善政聞於上，則當議擢遷，如道失厥中，亦自申懲誡。黜陟之道，固有彝章。又比來刺史之任，皆先奏州縣官屬，苟為改作，孰免顏情？自今已後，除帶刺史判官外，一切不得奏改官吏。到任之後，察有罪累及不稱職者，任具狀奏聞請，然後量所與替。其刺史非兼節度但有防禦使者，副使判官委於本州官中推擇，亦不得別奏人，並委中書門下，者為常法，庶使官無失位，政有常經。宣示天下，宜知朕意。』

又 卷四七六《臺省部・奏議第七》 劉皞為駕部員外郎知雜事，天福三年三月上言曰：『藩侯郡牧，仗鉞分符。繫千里之慘舒，行一方之威福。自古選任，須擢賢明。近代統臨，為酬勳績。將邦域之生聚，展將領之人情。識分者附正營私，黷貨者嚴刑廣取。諸頭剝削，多瞻爪牙。自黃巢已來，偽梁之後，公署例皆隳壞，編户悉是凋殘。或不近邊陲，不屯師旅。無城郭郡邑，非控扼藩垣。試任廉能，且權嘗理。逐年屬州錢物，每季申省區分。支解有餘，罄竭供進。府庫漸足，黎庶稍蘇。縱有過愆，亦施懲責。言雖鄙近，望賜施行。』

又 卷六三四《銓選部・條制第六》 （乾祐二年）八月右拾遺高守瓊上言：『有國通規，無先擢士。論選既當，綱紀必陳。而縣令字人，最親理道。若宰大邑，難用小才。一同皆繫於慘舒，百姓咸關於利病。實賴勤恪，以恤孤惸。吏若不臧，人當受弊。近年銓司注擬，藩府薦論，只循資歷而行，不以年顏為念。且少年宰邑，鮮有廉勤，不執公方，惟貪娛樂。以臣愚見，凡朝廷選親人之官，年未三十，請不授縣令。少年授任，必慮因循。』

《新唐書》卷一〇二《李安期傳》 高宗即位，屢責侍臣以不能進賢。衆不敢對，中書舍人李安期進曰：『十室之邑，且有忠信，天下至廣，不為無賢。比見公卿有所薦進，皆劾為朋黨，滯抑者未申，而主薦者已訾。所以人人惟噤默以避囂謗。若陛下忘其親讎，曠然受之，惟才是用。塞讒毁路，其誰敢不竭忠以聞上乎？』

又 卷一〇三《張玄素傳》 諫議大夫張玄素少嘗為刑部令史，帝對朝臣問之曰云云。諫議大夫褚遂良上疏諫曰：『臣聞君子不失言於人，聖主不戲言於臣。言則史書之，禮成之，樂歌之。居上能禮其臣，臣始能盡力以奉其上。近代宋孝武，輕言肆口，侮弄朝臣，攻其門户，乃至狼狽。良史書之，以為非是。陛下昨見問張玄素云，隋任何官？奏云縣尉。又問未為縣尉已前，奏云流外。又問在何曹司？玄素將出閤門，殆不能移步，精爽頓盡，色類死灰，朝臣見之，多所驚怪。大唐創歷，任官以才，卜祝庸保，量能使用。陛下禮重玄素，頻年任使，擢授三品，翼贊皇儲，自不可更對羣臣，窮其門户。棄昔日之殊恩，成一朝之愧耻。人君之御臣下也。禮義以導之，惠澤以驅之，使其負戴玄天，罄竭臣節，猶恐德禮不加，人不自勵，若無故忽畧，使其羞慚，鬱結於懷，衷心靡樂，責其伏節死義，其可得乎？』

人才待遇論分部

論　説

宋·王溥《唐會要》卷四五《功臣》 （興元）五年九月，（李）晟與侍中馬燧召見於延英殿，上嘉其有大勳勞，乃詔曰：『昔我烈祖，乘乾坤之滌盪，埽隋季之荒屯，體元御極，作人父母，則有熊羆之士，不二心之臣，左右經綸，參翊締構，昭文德，恢武功，威不若，康不乂，用端命于上帝，俾懷柔于四方。宇宙既清，日月既正，王業既成，太階既平，乃圖厥容，列于斯閣，懋昭續效，表式儀形，一以無忘于朝夕，一以永垂于來裔。君臣之義，厚莫重焉。貞元己巳歲孟秋七月，我行西宫，瞻宏閣崇構，見老臣遺像，顒然肅然，和敬在色，想雲龍之葉應，感致業之艱難。覩往思今，取類非遠。且功與時並，才為代生，苟藴其材，遇其時，尊主庇人，何代不有？在中宗，則桓彦範等著匡戴之績；在玄宗，則劉幽求等申翼奉之勳；在肅宗，則郭子儀埽殄氛祲；今則李晟等保寧朕躬。咸宣力肆勤，光復宗祏。繼之前烈，夫豈多謝，闕而未録，孰謂旌賢。況念功紀德，文祖所爲也，在予曷其敢怠！有司宜叙年代先後，各圖其像，列于舊臣之次，仍令皇太子書朕是命，紀于壁焉。庶永播嘉庸，昭示天下，俾後之來者，知元勳之不朽。』

宋·李昉等《文苑英華》卷六九七 岑文本〈為侯君集疏〉 臣伏以君集等，或位居輔佐，或職惟爪牙，並蒙拔擢，授將帥之任，不能正身奉法，以報陛下之恩，舉措肆情，罪負盈積，實宜繩之典刑，以肅朝倫。但高昌昏迷，人神共棄，在朝議者，以其地在遐荒，或欲置之度外。惟陛下運獨見之明，授決勝之略，君集等奉行聖算，遂得指期平殄。若論事實，並是陛下之功。君集等止有道路之勞，未足以稱其勳力。而陛下天德弗宰，乃推功於將帥。露布初至，便降大恩。從征之人，皆霑滌蕩。及其凱旋，特蒙曲宴。又封屬國，加之重賞。内外文武，咸欣陛下賞不踰時。而未經旬日，並付大理。雖乃君集等自掛綱羅，而在朝之人，未知所犯，恐海内又疑陛下，惟録其過，似遺其功，臣以下才，謬參近職，既有所見，不敢默然。臣聞古之人君，出師命將，克敵則受重賞，不克則受嚴刑。是以當其有功也，雖貪殘淫縱，必蒙青紫之寵，當其無功也，雖勤躬潔己，不免斧鉞之誅。故《書》曰：『記人之功，忘人之過，宜爲君者也。』昔漢貳師將軍李廣利，捐五萬之師，糜億萬之費，經四年之勞，唯獲駿馬三十疋。雖斬宛王之首，而貪不愛卒，罪惡甚多。武帝以爲萬里征伐，不録其過，遂封廣利海西侯，食邑八千户。又校尉陳湯，矯詔興師，雖斬郅支單于，而湯素貪盜，所收康居財物，事多不法，爲司隸所繫。湯乃上疏曰：『臣與吏士，共誅郅支，幸得擒滅。今司隸乃收繫案驗。是為郅支報讎也。』元帝赦其罪，封湯關内侯，賜黄金百斤。又晉龍驤將軍王濬，有平吳之功，而王渾等論濬違詔，不受節度軍人，得孫皓寶物，並燒皓宮及船。濬上表曰：『今年平吳，實為大慶，於臣之身，更爲咎累。』武帝赦而不推，拜輔國大將軍，封襄陽侯，賜帛萬疋。近隋新義郡公韓擒虎，平陳之日，縱士卒暴亂叔寶宮內，文帝亦不問罪，雖不加爵，拜擒虎上柱國，賜物八千段。由斯觀之，將帥之臣，廉慎者少，貪求者衆。是以《黄石公軍勢》曰：『使智使勇，使貪使愚。故智者樂立其功，勇者好行其志，貪者邀趨其利，愚者不避其死。』是知前聖莫不收人之長，棄人之短，良爲此也。臣又聞之，天地之道，以覆載爲先；帝王之德，以含弘爲美。夫以區區漢武，及歷代諸帝，猶能宥廣利等，況陛下天縱神武，振宏圖以定六合，豈獨正茲刑網，不行古人之事哉？伏惟聖懷當自已有斟酌，臣今所以陳聞，非敢私君集等。庶以螢爝末光，增輝日月。陛下若降雨露之澤，收雷電之威，録其微勞，忘其大過，使君集等重昇朝列，復預驅馳，雖非清貞之臣，猶是貪愚之將。斯則陛下聖德，雖屈法而德彌顯；君集等僭過，雖蒙宥而過更彰。足使立功之士，因茲皆勸；負罪之將，由斯而改節矣。

又　卷七四六《牛僧孺〈質無誠論〉》　周衰至秦漢，大道根蠹，詐源派別，奸稔薙紛，不可救止。往往見强國質小國子弟，天子有疑於諸侯，亦邀子質之，以為膠固。春秋之時，晉懷質秦，而逃歸自立也；六國之時，燕丹質秦，而怨由生也；兩漢之時，隗洵質而囂再叛也。頹風蕩蕩，事難殫記。豈不由信，不以信信之，而以質質之。以信信人，而人信之，以疑疑人，而人疑之。且彼以信矣，而我要其質，是疑無信矣。我以疑疑之，彼固不信，則質無有矣。故《記》曰：『殷人作誓而人叛也，周人作會而人疑也。』作誓會，勸人叛疑也。人疑誓會而叛之，況質其子而人疑之，則非誓會之比也。且君臣之道恩義也，禮義結其外；父子之道天性也，慈孝結其內。離其內，求其外，割其天性，拘其恩義，是不若兩全其道，內外恩親雙得矣。若空知彼不得親其親，而固結之，是不知彼不親其親而怨矣，是又質之無益矣。昔有孝如曾參者，不思離其親，豈可以割之；慈如卜商者，哭以喪明，豈可以奪之；忍如樂羊者，能食其羹，又何以質之？夫天下愛義者少，愛親者多，能從人者少，能從欲者多，故質而求誠，我之利少，因質以生怨辭者多矣。昔樂毅下齊，人有告其叛者，燕昭猶能備禮送其妻子，何也？燕昭信毅，毅必不叛也。苟或以叛，質之無益，而生怨也。奈何秦漢之時，不能以至信信之，王道導之，導之不能，奉順以討之，討之不服，退加修德以柔之，而務質其子脱禍，禦之失所，則賈怨而生禍，禦之得所，猶以離其親，非孝者治也。於戲！秦漢所以至誠不浹於天下矣。

清・董誥等《全唐文》卷六《李世民〈功臣世襲刺史詔〉》　周武定業，胙茅土於子弟；漢高受命，誓帶礪於功臣。豈止重親賢之地，崇其禮秩；抑亦固磐石之基，寄以藩翰。魏晉已降，事不師古，建侯之制，有乖名實，非所謂作屏王室，永固無窮者也。隋氏之季，四海沸騰，朕運屬殷憂，戡翦多難。上憑明靈之祐，下賴英賢之輔，廓清宇縣，嗣膺寶曆，豈予一人，獨能致此。時迍既共資其力，世安而專享其利，乃眷於斯。甚所不取。但今之刺史，即古之諸侯，雖立名不同，而監統一也。故申命有司，斟酌前代，宣條委共理之寄，象賢存世及之典。司空齊國公無忌等，或材稱人傑，望表國章，論道廟堂，寄深舟楫，用資文武，誠著艱難，折沖閫外，隱如敵國；或志力忠烈，實為心膂；或氣幹强果。是曰爪牙。策名運始，功參締構，義貫休戚，效彰夷險。嘉庸懿績，簡於朕心，宜委以藩鎮，改錫土宇。無忌可趙州刺史，改封趙國公；尚書左僕射魏國西元齡可宋州刺史，改封梁國公；故司空蔡國公杜如晦可贈密州刺史，改封萊國公；特進代國公靖可濮州刺史，改封魏國公；特進吏部尚書許國公士廉，可申州刺史，改封申國公；兵部尚書潞國公侯君集可陳州刺史，改封陳國公；刑部尚書任城郡王道宗可鄂州刺史，改封江夏郡王；晉州刺史趙郡王孝恭，可觀州刺史，改封河間郡王；同州刺史吳國公尉遲敬德，可宣州刺史，改封鄂國公；并州都督府長史曹國公李勣可蕲州刺史，改封英國公；左驍衛大將軍楚國公段志元可金州刺史，改封褒國公；左領軍大將軍宿國公程知節可普州刺史，改封盧國公；太僕卿任國公劉宏基可朗州刺史，改封夔國公；相州都督府長史郇國公張亮可澧州刺史。改封鄖國公。餘官食邑並如故，即令子孫奕葉承襲。

澄清吏治論部

振刷朝綱論分部

論説

宋・王欽若等《冊府元龜》卷六五《帝王部・發號令第四》（天成三年四月敕：設官分職，比委仗于公才；詢事考言，務恢弘於理道。朕自祇膺大寶，俯育羣生，四門無塞其聰明，百辟咸專于諫諍。凡閲事務，各有職司，儻踰越于規繩，必申明于典憲。其有凶頑之輩，游惰之夫，藝不度於荒唐，心每懷於僥倖。或妄陳條策，覽尋而多是訛言；或但務訟論，按驗而卻招情罪。不遵格令，輒冒乘輿，若無止絶之文，何戒因循之弊？今後凡有詞狀，并須各於所司部據理陳論。如未盡情，或有阿曲，即許經御史臺。臺司不理，則詣匭投狀。然若有進獻策條，則須審明利害，有益公私，然後投匭。朕當選擇施行，不得容易接駕。如敢故違，當行嚴典。

又 卷六三六《銓選部・考課第二》 少帝開運元年八月，詔曰：向者朝廷無事，經費尚多，今則師旅方興，支贍尤廣，必資國力，以濟軍需。近以四海災傷，頻年饑饉，賦租減少，筦榷虧懸，帑藏不充，公私重困。今歲三時不害，百穀用成，所在流民，漸聞歸業，商旅之人稍衆，山澤之利咸通，郡邑徵科，自然容易，務場課額，必有增盈，較量之間，斷可知矣。牧宰之任，選擢非輕，至於阜俗康民，豐財益國，乃為本職，固合用心。苟能一一躬親，孜孜臨涖，必絶滯凝之事，兼除僥倖之門，副我憂勤，顯爾政績，將求課最，須設科條。況藩侯郡守等，皆是良臣，各膺重委，盡傾誠恪，以奉國朝，式當倚注之時，宜示勸懲之道。應天下諸州，各以係省錢穀秋夏徵科為帳籍，一季一奏，一年賦稅及限，更委在任一年，次年又不稽逋，聽三周年為滿，三年皆得辦事，即與別議陟遷。如或纔到任所，課績不前，亦當即時罷替。其間災沴之地，須明具敷陳，審其虛眞，別有處分。於戲。朕纘承大業，于茲三年，虔奉基局，不敢失墜，兢兢業業，若履春冰，小信未孚，咎徵斯降，旱蝗相繼，連歲為災，兵革未寧，四方多事，下慚黔首，仰愧蒼穹。所賴將相公卿，元戎郡守，或先朝宿舊，或當代英賢，送往事居，始終如一，分憂共治，誠節彌堅，倚賴既深，傾輸亦至，必能為國盡忠，臨事公勤，不更假於指縱，固自知其陳力。凡百有位，宜體朕懷。

宋・宋敏求《唐大詔令集》卷四〇《誡諸王任刺史別駕敕》 朕聞司牧兆人，有國彝訓，敦敍九族，前王令典。念此宗枝，久遭沉翳，近從班命，庶展才能。或授外藩，或居內職，留念訪察，屬想風謠。罕立嘉聲，或聞蠹政。當官不存於職務，處事多陷於偏私。禽荒酒德者蓋多，樂善敬賢者全少。將性之昏昧，違此義方，豈朕之不明，成爾薄德。當從戒慎，勉遂悛改。如迷而不復，自速愆尤，己實爲之，悔之無及。即宜遞相告示，以副朕懷。景雲元年十二月

又 卷八二《糾劾違律行事詔》 朕恭膺寶命，撫臨率土，永鑑前王，憲章典故。雖文質遞變，沿革不同，而發號施令，殊塗一揆。皆所以成當世之典謨，聞生民之耳目，納之軌度，令其禁止。自律令頒行，積有歲時，内外羣官，多不尋究，所行之事，動乖文旨。此乃臣有所隱，民不見德，與夫不令而誅，何以異也？斯豈守道履正，徇公奉法者乎？自今以後，官人行事，與律乖違者，仰所司糾劾，具以名聞。貞觀元年八月

又 卷一一〇《不許羣臣干請詔》 設官分職，本期致理，惟賢是任，匪私親昵。若使才勝其任，望重於時，一月累遷，固未爲速。如或代工無取，考績非明，十年不調，豈應論屈。頃者官失其序，僥倖路開，人不務德，惟速是視。在職無幾，已希遷陟。又每謁見之時，多請仗下奏事，不聞公議，惟乞榮班。以爵與能，豈由干請。朕雖遠慚聖哲，多媿大明，自臨寰宇，斯焉兩載，鄉士人材，皆所知悉。不被升擢，蓋自取之，當務責躬，何宜往訴？且難進而易退，君子格言。後己而先人，往哲明

訓。周文多士，虞舜舉才，克讓滿朝，故稱爲理。今位參臺省，階列通班，唯務趍競，餘何足？紀朕方欲大革澆浮，俾歸淳俗。自今以後，謁見之日，若更有干冒祈榮者，雖地處親勳，才稱俊秀，皆當格之清議，一從屏黜。崇廉耻之節，洽升平之化。景雲二年十二月

整飭官常論分部

論說

宋・王欽若等《册府元龜》卷六五《帝王部・發號令第四》（天成）二年正月敕曰：設官分職，有國宏圖，授才任能，前王重事。凡繫惟行之命，須遵不易之規。朕以猥紹丕基，務弘至理，臨萬國則每勤聽政，任庶官則切在得人。貴內外之叶和，俾華夷之帖泰。頃自本朝多難，雅道中微，皆尚浮華，罕持廉讓。其有除官蘭省，命秩柏臺，或以人事相疏，或以私讎見訝，稍乖敬奉，遽致棄捐。蓋司長之振威，處君恩於何地？緬思積弊，深所疚懷，方當大定之期，特示維新之制。今後應新授官員，朝謝後可準列隨處上事，司長不得輒以私事阻滯。其所授官仍不得因遭抑挫，託故請假，庶使孤弱遂昇遷之路，朝廷無滯雍之端。凡爾羣官，體予深旨。

又 卷六六《帝王部・發號令第五》（天福二年二月）又敕：州縣之官，俾其戢理；錢穀之職，委以秉持。須選廉勤，豈容薦託？一時苟從於私徇，久遠必紊於公方。頃在唐朝，會有敕命，貴杜僥倖之漸，明懸誡約之條，時異理同，再宜申舉。自今後中外臣寮，或因差使出入，並不得薦囑人于藩鎮，希求事任，如有犯者，並準唐朝長興二年敕條處分，仍付所司。

又 卷六三二《銓選部・條制第四》（乾化四年八月）敕：朕以方平區宇，念切蒸黎，頃當災歉之餘，未絕瘡痍之苦。緬惟邦本，實繫官常，苟未致於雍熙，則莫寧於宵旰。必在委於良吏，付以親人，儻縱因循，轉成勞擾。先朝以選門興訟，剝放極多，近年以來，銓注無幾，遂致

諸道州縣，悉是攝官，既無考課之規，豈守廉勤之節？而況多因薦託，苟狥顔情，替罷不常，送迎為弊，殘民害物，以日系時，言念所深，焦勞何已。宜令三京及諸道州府，據見任攝官，如未有正官到間，且差月日録名申奏。如已後或為公事及月限已滿，要行替換，即須具因繇，並選差攝官自來歷任姓名聞奏責免，無故頻有替換。如有內外臣僚，輒行薦託，並不得應副。儻聞違越，當舉憲章。

肅貪倡廉論分部

論說

宋・王欽若等《册府元龜》卷六一二《刑法部・定律令第四》（憲宗元和）十年十月辛亥，詔曰：凡在職司，必當廉慎，苟懷貪汚，實紊政經，為理之先，固在懲誡。其犯贓官，本據律文，刑名甚重，頃者多從寬宥，不足懲姦，切在申明，使其知懼。自今以後，如錢穀稍多，及情狀難恕者，宜杖決配流。餘並比類，節級科處。如有此色，所在長吏及觀察使不能糾察，事發之後，並據所犯輕重加責罰。庶警貪吏，以惠疲人。

又 卷六一三《刑法部・定律令第五》 會昌元年正月，詔曰：朝廷典刑，理當畫一，官吏贓坐，不宜有殊。內外文武官犯入已贓絹三十疋，盡處極法，惟鹽鐵度支戶部等司官吏，破使物數雖多，只遣填納，盜使之罪，一切不論。所以天下官錢，悉為應在，姦吏贓汚，多則轉安。此弊最深，切要杜塞。自今以後，度支鹽鐵戶部等司官吏及行綱脚家等，如隱使官錢計贓至三十疋，並處極法。除估納家產外，並不使徵納，其取受贓，亦準此一條。

清・董誥等《全唐文》卷二八《李隆基〈貶蕭執珪盧季恂崔憬等詔〉》 先王制法度，立師長，將以為理也。夫刺史者，受方嶽之寄，為吏人之表，以宣法則，以樹風教。故得人則河潤九里，京師蒙其福，非材則虐流百城，黎庶受其害。所以漢宣云：『與我共理者，其惟良二千石歟？』中

大夫前守嵐州刺史蕭執珪、通議大夫前守復州刺史盧季恂、中散大夫前守銀州刺史崔憬等，各籍階資，謬居藩牧。不率法度，情匪在公，憑此屍素，黷其貨賄。豈有奉條察之委，居道化之先，黷利無厭，貪以敗類。固上行而下效，豈澄源以正本，有靦面目，實虧風憲。雖罪無所漏，已置刑章，而情頗難容，宜從遠謫。執珪宜除名，配隸營府，即差使所在馳驛領送至彼，不得東西。季恂可恩州司馬，憬可施州司馬，並員外置同正員。即發遣赴任。仍頒於郡國，以勵在官。

又《李隆基〈誅王鈞詔〉》 國之設法，本以閑邪，苟無所施，雖立安用。朕以寡昧，纘承丕業，夙夜怵惕，恐不克勝。馭朽徒知其所危，涉川罔知其所濟。是用痌瘝永歎，常思罪己。冕旒不欲見其臧否，黈纊不欲聞其是非，隱忍含容，十載於茲矣。不能使令行禁止，訟息刑清，家習禮讓之教，人興廉恥之節，此朕之不德也。河南府雒陽縣主簿王鈞，貪殘其性，暴虐其心，輕侮我章程，殘剝我黎獻，處事不遵乎法理，黷貨不知其紀極。此而可恕，孰不可容，且輦轂之下，事猶如此，想於遠處，人何以堪。然而當發生之時，屬陽和之月，朕情存惡殺，不加殊死，且從杖罪，以肅朝端，可與朝堂集衆決殺。自今已後，內外官有犯賄至解免以上，縱使逢恩獲免，並宜勿齒終身。御史憲司，職當推劾，不存糾舉，多有顔情，綱紀不施，誰任其咎？又府縣寮寀，上下相承，犯法公然，無聞按詰。若或知而故縱，即是職務不舉，各自思審，何以當官？自今已後，所進擬御史，皆須歷職清白，衆所推者，不得虛相引進，僥倖祈榮。凡厥朝臣，宜悉朕意。

崇儉戒奢論分部

論說

唐·吳兢《貞觀政要》卷六《奢縱》 侍御史馬周上疏曰：臣歷觀前代，自夏、殷、周及漢氏之有天下，傳祚相繼，多者八百餘年，少者猶四五百年，皆爲積德累業，恩結於人心。豈無僻王，賴前哲以免。自魏、晉已還，降及周、隋，多者不過五六十年，少者纔二三十年而亡，良由創業之君不務廣恩化，當時僅能自守，後無遺德可思，故傳嗣之主政教少衰，一夫大呼而天下土崩矣。今陛下雖以大功定天下，而積德日淺，固當思崇禹、湯、文、武之道，廣施德化，使恩有餘地，爲子孫立萬代之基，豈欲但令政教無失，以持當年而已。且自古明王聖主，雖因人設教，寬猛隨時，而大要以節儉於身、恩加於人二者是務。故其下愛之如父母，仰之如日月，敬之如神明，畏之如雷霆，此其所以卜祚遐長而禍亂不作也。

今百姓承喪亂之後，比於隋時纔十分之一，而供官徭役，道路相繼，兄去弟還，首尾不絶，遠者往來五六千里，春秋冬夏，略無休時。陛下雖每有恩詔令其減省，而有司作既不廢，自然須人，徒行文書，役之如故。臣每訪問，四五年來，百姓頗有怨嗟之言，以陛下不存養之。昔唐堯茅茨土階，夏禹惡衣菲食，如此之事，臣知不復可行於今。漢文帝惜百金之費，輟露臺之役，集上書囊，以爲殿帷，所幸夫人，衣不曳地。至景帝以錦繡纂組妨害女工，特詔除之，所以百姓安樂。至孝武帝雖窮奢極侈，而承文、景遺德，故人心不動。向使高祖之後，即有武帝，天下必不能全。此於時代差近，事迹可見。今京師及益州諸處營造從奉器物，幷諸王妃主服飾，議者皆不以爲儉。臣聞昧旦不顯，後世猶怠，作法於理，其弊猶亂。陛下少處人間，知百姓辛苦，前代成敗，目所親見，尚猶如此，而皇太子生長深宮，不更外事，即萬歲之後，固聖慮所當憂也。

臣竊尋往代以來成敗之事，但有黎庶怨叛，聚爲盜賊，其國無不即滅，人主雖欲改悔，未有重能安全者。凡修政教，當修之於可修之時，若事變一起而後悔之，則無益也。故人主每見前代之亡，則知其政教之所由喪，而皆不知其身之有失。是以殷紂笑夏桀之亡，而幽、厲亦笑殷紂之滅。隋帝大業之初，又笑周、齊之失國。然今之視隋煬帝，亦猶煬帝之視周、齊也。故京房謂漢元帝云：『臣恐後之視今，亦猶今之視古。』此言不可不戒也。

往者貞觀之初，率土霜儉，一匹絹纔得粟一斗，而天下怡然。百姓知陛下甚憂憐之，故人人自安，曾無謗讟。自五六年來，頻歲豐稔，一匹絹得十餘石粟，而百姓皆以陛下不憂憐之，咸有怨言。又今所營爲者，頗多不急之務故也。自古以來，國之興亡不由蓄積多少，唯在百姓苦樂。且以近事驗之，隋家貯洛口倉，而李密因之；東京積布帛，王世充據之；西京府庫，亦爲國家之用，至今未盡。向使洛口、東都無粟帛，卽世充、李密未必能聚大衆。但貯積者固是國之常事，要當人有餘力而後收之。若人勞而强斂之，竟以資寇，積之無益也。然儉以息人，貞觀之初，陛下已躬爲之，故今行之不難也。爲之一日，則天下知之，式歌且舞矣。若人既勞矣，而用之不息，儻中國被水旱之災，邊方有風塵之警，狂狡因之竊發，則有不可測之事，非徒聖躬旰食晏寢而已。若以陛下之聖明，誠欲勵精爲政，不煩遠求上古之術，但及貞觀之初，則天下幸甚。

《舊唐書》卷八《玄宗紀上》（開元二年九月）甲寅，制曰：『自古帝王皆以厚葬為誡，以其無益亡者，有損生業故也。近代以來，共行奢靡，遞相仿效，浸成風俗，既竭家產，多至凋弊。然則魂魄歸天，明精誠之已遠；卜宅於地，蓋思慕之所存。古者不對，未爲非達。且墓爲眞宅，自便有房，今乃別造田園，名爲下帳，又冥器等物，皆競驕侈。失禮違令，殊非所宜；戮屍暴骸，實由於此。承前雖有約束，所司曾不申明，喪葬之家，無所依準。宜令所司據品令高下，明為節制：冥器等物，仍定色數及長短大小；園宅下帳，並宜禁絕；墳墓塋域，務遵簡儉；凡諸送終之具，並不得以金銀為飾。如有違者，先決杖一百。州縣長官不能舉察，並貶授遠官。』

又　卷四五《輿服志》　太極元年，左司郎中唐紹上疏曰：臣聞王公已下，送終明器等物，具標甲令，品秩高下，各有節文。孔子曰，明器者，備物而不可用，以芻靈者善，為俑者不仁。傳曰，俑者，謂有面目機發，似於生人也。以此而葬，殆將於殉，故曰不仁。近者王公百官，競為厚葬，偶人像馬，雕飾如生，徒以眩耀路人，本不因心致禮。更相扇慕，破產傾資，風俗流行，遂下兼士庶。若無禁制，奢侈日增。望諸王公已下，送葬明器，皆依令式，並陳於墓所，不得衢路行。

又士庶親迎之儀，備諸六禮，所以承宗廟，事舅姑，當須昏以為期，詰朝謁見。往者下俚庸鄙，時有障車，邀其酒食，以為戲樂。近日此風轉盛，上及王公，乃廣奏音樂，多集徒侶，遮擁道路，留滯淹時，邀致財物，動踰萬計。遂使障車禮貺，過於聘財，歌舞喧譁，殊非助感。既虧名教，實蠹風猷，違紊禮經，須加節制。望請婚姻家障車者，並須禁斷。其有犯者，有蔭家請準犯名教例附簿，無蔭人決杖六十，仍各科本罪。

宋・王欽若等《册府元龜》卷一五八《帝王部・誡勵第三》　文宗太和四年四月壬戌，詔曰：蓋儉以足用，令出唯行，著在前經，斯為理本。朕自臨四海，憫元元之久困，日昃忘食，宵興疚懷。雖絕文繡之飾，尚愧茅茨之儉，亦喻卿士，刑于詔條。如聞積習流弊，餘風未革。車服第室，相高以華靡之制；資用貨寶，固啓于貪冒之源。有司不禁，侈俗滋扇，是朕之教導未敷，使兆庶昧於耻尚也。其何以足用行令，臻於至理歟？永念慚歎，迨茲申敕。自今內外班列職位之士，各務素樸，弘茲國風。有僭差尤甚者，御史糾上，主者宣示中外，知朕意焉。

又　卷五三二《諫諍部・規諫第九》（盧）藏用上表諫曰：臣愚雖不達時變，竊嘗讀書，見自古帝王之迹衆矣。臣聞土堦三尺，茅茨不剪，彩椽不斷者，唐堯之德也；卑宮室，菲飲食，盡力於溝洫者，大禹之行也，惜中人十家之產，而罷露臺之制者，漢文之明也；並能垂名無窮，為帝王之烈，豈不以克念狥物，博施濟衆，以臻於仁恕哉？今陛下崇臺邃宇，離宮別館，亦已多矣，更窮人之力以事土木，臣恐議者以陛下為不愛人、務奉己也。左右近臣，多以順意為忠；朝廷具僚，皆以犯忤為患；至今陛下不知百姓失業，百姓亦不知左右傷陛下之仁也。小臣固陋，不識忌諱，敢昌死上聞，乞下臣此章，與執政者議其可否。

宋・宋敏求《唐大詔令集》卷八〇《戒厚葬詔》　朕聞死者終也，欲物之反於眞也。葬者藏也，欲人之不得見也。上古垂風，未聞於封樹。後聖貽範，始備於棺槨。譏僭侈者非愛其厚費，美儉薄者實貴於無危。是以唐堯聖帝也，谷林有通樹之說。秦穆明君也，橐泉無丘壟之處。仲尼孝子也，防墓不墳。延陵慈父也，嬴博可隱。洎乎闔廬違禮，珠玉為鳧鴈。始皇無度，水銀如江海。因多藏以速禍，由有利以招辱。朕居四海之尊，承白王之弊，未明求衣，中宵載惕。雖送往之典，詳諸儀制，失禮之禁，著在刑書。而勳戚之家，或流遁於習俗。閭閻之內，或侈靡而傷風。以厚葬為奉終，高墳為行孝。遂使衣衾棺槨，極彫刻之藝；芻靈明器，窮金玉之費。富者越法度以相高，貧者破資產以不逮，徒傷教義，無益泉壤，為害既深，宜有懲革。其公以下，爰及黎庶，送終之具，有乖令式者，明加檢察，隨狀科罪。在京五品以上，及勳戚之家，録狀聞奏。貞觀十七年三月

又 卷一〇八《關内諸州斷屠殺詔》 有隋失馭，喪亂弘多，民物凋殘，俗化踰侈。躭嗜之娱，競逐旨甘；屠宰之家，恣行刳殺。芻豢之畜，靡供肴核之資；貽卵之羣，莫遂蕃滋之性。傷財墮業，職此之由，攘敚穿窬，因茲未息。《禮》曰：『君無故不殺牛，大夫無故不殺羊，士無故不殺犬豕，庶民無故不食珍。』非唯務在仁愛，蓋亦示之儉約。方域未寧，尤須節制，凋弊之後，宜先長育。豈得恣彼貪暴，殘殄庶類之生，苟徇目前，不為經久之慮。導民之理有未足乎？其關内諸州，宜斷屠殺。庶六畜滋多，而兆民殷贍。詳思厥衷，更為條式。武德三年四月

又 卷一〇九《禁斷錦綉珠玉敕》 敕：朕聞召公曰：『弗作無益害有益。』孔子曰：『奢則不遜儉則固。』斯乃聖賢之至言矣。叔代遷訛，僻王驕縱，頗營於玉盃象筯，不務於捐金抵璧，好之者君也，習之者人也，卽用匹帛服長纓之類歟？朕爰在幼沖，每期質樸，手未曾持珠玉，目未嘗觀錦綉，願言其志，造次不忘。寅奉休圖，勉康政道，常想漢文衣綈之德，晉武焚裘之事，竟未能令行禁止，敦本棄末，朕甚懼之。今王侯勳戚，下洎廝養，所得者重於遠，所求者貴於異，至於彫文刻鏤，衣紈履絲，習俗相誇，殊塗競爽，有妨於政，無補於時，豈朕言之不明，教之未篤也？且一夫一女，不耕不織，則天下有受其飢寒者。今四方晏如，而百姓不足，豈不以尚於珠玉，珍於錦綉，墾田疇而奪其務，出布帛而害其功歟？珠玉錦綉等，自今以後，切令禁斷，如更循舊弊，並歸罪長官。仍令御史金吾，嚴加捉搦，州牧縣宰，勸督農桑。待至秋收，課其貯積，使人知禮節，俗登仁壽。有司仍為條例，稱朕意焉。開元二年七月三日

扭轉行政效率低下論分部

澄清濫官論

論説

《舊唐書》卷一一《代宗紀》 （永泰四年）三月壬申，詔：夫計人而置官，度事而賦任，因時立制，損益在焉。吏足以理人，人足以奉吏，則官稱其禄，禄當其秩，然後上下相樂，公私不匱。昔漢光武時及魏太和中，並減吏員，兼省郷邑，致理之道，此其一隅。今連歲治戎，天下凋瘵，京師近甸，煩苦尤重，比屋流散，念之惻然。人寡吏多，困於供費，欲其蘇息，不可得也。設令廉耻守分，以奉科條，猶有禄廩之煩，役使之弊；而況貪猾縱欲，而動踰典章，作威以虐下，厚歛以潤己者乎！古者縣置大夫一員，足以為治，奚必貳佐分掌而後治耶？且京畿户口，減耗大半，職員如舊，何以堪之？豈可以重困之人，供不給之費。使人不倦，其在變通，制事之宜，式從省便。

又 卷九八《盧懷慎傳》 （盧懷慎上疏陳得失）其二曰：臣聞《尚書》云：『唐、虞稽古，建官惟百；夏、商官倍，亦克用乂。』此省官之義也。又云：『官不必備，惟其才。』又云：『無曠庶官，天工人其代之。』此為官擇人之義也。臣竊見京諸司員外官，所在委積，多者數餘十倍，近古以來未之有也。官不必備，此則有餘，人代天工，多不釐務。廣有除拜，無所裨益，俸禄之費，歲巨億萬，空竭府藏而已，豈致理之基哉！方今倉庫空虛，百姓凋弊，河、渭漕輓，西給京師，公私損耗，不可勝紀。況邊隅未靜，兵革猶興，節用愛人，正在今日，增官廣費，豈曰其時？倘水旱成災，租税減入，水衡無貫朽之蓄，京庾闕流衍之儲；或疆場外守，兵車遠出，或收藏無歲，賑救在辰，此軍國之急務也，陛下將

何以濟之乎？《書》云：『無輕人事，惟艱；無安厥位，惟危。』又云：『不見是圖。』此皆慎微之深旨也。

臣竊見員外官中，或簪裾雅望，或臺閣舊人，或明習憲章，或諳閑政要，皆一時之良幹也。多不司案牘，空尸禄俸，滯其才而不申其用，尊其位而不盡其力。周稱多士，漢曰得人，豈其然歟？必有異於此矣。臣望請諸司員外官有才能器識、衆共聞知，堪為州牧縣宰及上佐者，並請遷擢，使宣力四方，申其智效。有老病及不堪理務者，咸從廢省，使賢不肖較然殊貫。此濟時之切務也，安可謂行之艱哉？

宋·王欽若等《册府元龜》卷七一四《宫臣部·規諷第三》　寧原悌為太子洗馬時，玄宗在東宫。原悌上啓曰：臣聞事有可言者，直臣所以抗議；忠而見棄者，志士所以太息。至於竭誠事君，信而獲罪；懷禄輔國，諂於取容；二者難明，取捨或異，臣竊為朝廷憂之。伏惟殿下孝敬純深，仁明善斷，有大功於天下，繼元良於社稷，萬姓所以拭目，百寮所以清耳，皆欲王化之興隆，風俗之革易也。頃年以來，天綱少紊，小人趨競，内難屢起。方當振綱張弦之秋，委才任士之日，若推心得人，則萬目直舉；如托寄非所，則百度斯廢。故王者先擇良臣，復能任使，均明同日月，無私並天地，功高化洽，地平天成。又以為官擇人者理，為人擇官者亂，理亂之由，官人之職也。自二月以來，敕令授官，吏部注擬，填塞府寺，滿盈臺省，其優勞當作別敕放選。或虚名邀功，或非才僥倖，日以增益，布列州縣，殫竭府庫，侵削黎元，臣誠以為漸不可長也。昔晉政多門，官以賄進，劉毅憂其危，傳咸恐其亂，武帝終迷而不悟，卒有敗官之尤，十數年間，億兆塗炭。是知古者省吏以崇化，不聞多官以致理，臣以為懲其弊者，歸乎任人者也。故忠臣難進而易退，無黨而孤立，守死善道，執心不移，乃姦人之所嫉，為國家之所利。近者姚元之、宋璟居獻替之職，處銓衡之地，用節員位，頗立繩紀，不為權門黷貨所拘，而以平心汲引為務。于時草澤之賢，翹足待用，天下凛然，復有昇平之望也。臣觀二相為人，勵己忠肅，直身鯁亮，雖有微疵，又受黜責。且守正之士，志節之人，棄瑕録用，今其時也。昔叔向下獄，祁奚訟之，猶將宥其十世，以勸能者，況其身不免乎？往者易之三思，傾動朝政，所賴柬之、元忠，戮力王室。社稷殆危，忠臣處朝而獲安；神器將移，賢者竭誠而必復；豈非忠臣良士力哉？璟等行事，無忝今古。夫安必思危，理則憂亂，明王之誡也；忠臣處朝，姦邪屏退，興邦之道也。《易》曰：『雷雨作解，君子以赦過宥罪。』殿下誠能捨其無咎，收彼衆望，因主上之餘閒，議朝政之臧否，使並悔過，令復舊職，則舉善之美，垂於無窮；濫官之弊，澄清匪日矣。

《新唐書》卷一四六《李吉甫傳》　（元和）六年，裴垍病免，復以前官召吉甫還秉政。入對延英，凡五刻罷。帝尊任之，官而不名。吉甫疾吏員廣，繇漢至隋，未有多於今者，乃奏曰：『方今置吏不精，流品龐雜，存無事之官，食至重之稅，故生人日困，冗食日滋。又國家自天寶以來，宿兵常八十餘萬，其去為商販、度為佛老、雜入科役者，率十五以上。天下常以勞苦之人三奉坐待衣食之人七。而内外官仰奉稟者，無慮萬員，有職局重出，名異事離者甚衆，故財日寡而受禄多，官有限而調無數。九流安得不雜？萬務安得不煩？漢初置郡不過六十，而文、景化幾三王，則郡少不必政紊，郡多不必事治。今列州三百、縣千四百，以邑設州，以鄉分縣，費廣制輕，非致化之本。願詔有司博議，州縣有可併併之，歲時入仕有可停停之，則吏寡易求，官少易治。國家之制，官一品，奉三千，職田禄米大抵不過千石。大曆時，權臣月奉至九千緡者，州刺史無大小皆千緡，宰相常衮始為裁限，至李泌量閑劇稍增之，使相通濟。然有名在職廢，奉存額去，閑劇之間，厚薄頓異，亦請一切商定。』

又　卷一六六《杜佑傳》　詳設官之本，為理衆庶，所以古者計人置吏，故周官鄉遂稍，縣畿約人定員，吏無虚設。自漢魏晉隋，暨於聖唐，皆因戰爭流離，征繕艱勞，即省吏職，存諸方策，晉荀勗、桓温，俱有此議，息人救弊，何莫由斯。昔皋繇作士師，正五刑，今刑部尚書、大理卿，是二皋陶也；垂作共工，利器用，今工部尚書、將作監是二垂也；契作司徒，敷五教，今司徒、户部尚書是二契也；伯夷秩宗，典邦禮，今禮部尚書、禮儀使是二伯夷也；伯益作虞，掌山澤，今虞部郎中、都水使者是二伯益也；伯冏作太僕，掌車馬，今太僕卿、駕部郎中、尚輦奉御、閑廄使者，是四伯冏也。古者天子有六軍，漢家前後左右將軍四人，今則十二衛神策等八軍，凡有將軍六十人也。歷代增益，以至于是舊名不廢，新職日加，名繁職重，不可遍舉，所以後周依古周建六官，蓋由于此。今略徵外官，别駕本因漢置，隨刺史巡察，若今觀察使之有副使也；參軍後漢末置，參諸府軍事，若今節度判官也。官名職務，遷易不同，空存虚稱，皆無事實。又司田頃景龍三年嘗置，無何以煩冗卻停，併入司户，殊為折衷，誠宜斟酌繁省，詳考損益，欲求致理，必也正名。神龍中，官紀隳紊，有司務廣集選人，競收名稱，其時無闕注授，于是奏署員外官者二千餘人。自爾遂為恒制。當開元天寶之中，四方無虞，百姓全實，大凡編户九百餘萬。吏員雖衆，經用雖繁，人力有餘，帑藏豐溢，縱或枉費，不足為憂。今兵革未寧，黎庶凋瘵，數年前，天下簿帳到省百三十餘萬户，自聖上御極，分命使臣，按比收斂土户與客户，共計三百餘萬，比天寶中，纔三分之一，就中浮寄仍五分有二。出租賦者減耗若此，食租賦者豈可仍舊？如一州無三數千户，置五十六員官，十羊九牧，疲吏煩衆，顧茲大弊，實思革之。議者多云，尚有跋扈未庭，併省官吏之後，恐被罷者仕進無路，别有依托，且縻爵禄，兼示隄防。此乃常情之説，慮非救時之論，有才者即令薦用，不才者何患奔亡，而況各有姻戚，顧戀家産。後漢建武六年，減縣省官，公孫述、隗囂未滅，魏太和、正始中，則吴蜀鼎立，晉大元六年，吴國尚在，隋開皇三年，陳氏割據，皆招羅俊乂，志相吞滅，此時猶不慮有失賢資敵，務以救弊為謀。今田悦之徒，並是庸瑣，繁刑暴賦，惟恤軍戎，衣冠士人，遇如奴虜，豈比公孫述、諸葛亮之在巴蜀，孫權、陳霸先之有江南？固無范睢業秦賈季强狄之慮，斯斷可知矣。今若以人情因習既久，不能更改制度，併省內官，但且權停省外官别駕司馬及參軍州縣額內官，約人户減縣尉，其被罷者，但有德行才器，委州府長史搜擇論薦，固亦不遺器能。如或渝濫，先坐舉主，誰敢罔須以陷刑章？其有不被舉論，但全舊名，任參嘗調，自當脩進，更俟甄拔，暫罷歲時，何負此輩？如柱國後魏末置，當時宿德，勳盛業崇，皆主重兵，寵貴第一。周隋以後，授受至多，暨乎國家，迴作勳級，唯得三千頃地耳。又開府儀同三司及光禄大夫，亦是官名，還為人多，迴作階級，隨時立制，遇弊變通，不必因循，重復改作，待戎車息駕，百姓稍寧，欲增庶官，則復舊制。

政治批判部

綜合議論分部

論說

《舊唐書》卷一二二《魏元忠傳》 陳郡男子袁楚客者以書規之（魏元忠）曰：今皇帝新服厥德，任官惟賢才，左右惟其人，因以布大化，充古誼，以正天下。君侯安得事循默哉？苟利社稷，專之可也。夫安天下者先正其本，本正則天下固，國之興亡繫焉。太子天下本，譬之大樹，無本則枝葉零悴，國無太子，朝野不安。儲君有次及之勢，故師保教以君人之道，用藴崇其德，所以重天下也。今皇子既長，未定嫡嗣，是天下無本。天下無本，猶樹而亡根，枝葉何以存乎？願君侯以清宴之間言於上，擇賢而立之，此安天下之道。曠而不置，朝廷一失也。

女有內則，男有外傳，豈相濫哉？幕府者，丈夫之職。今公主並開府置吏，以女處男職，所謂長陰抑陽也，而望陰陽不愆，風雨時若，得乎？此朝廷二失也。

今度人既多，緇衣半道，不本行業，專以重寶附權門，皆有定直。昔之賣官，錢入公府，今之賣度，錢入私家。以茲入道，徒爲游食。此朝廷三失也。

唯名與器，不可以假人。故曰：『天工，人其代之。』夫代天，非材不可也。代非其人，必失天意。失天意而無患禍，未之有也。今倡優之輩，因耳目之好，遂授以官，非輕朝廷、亂正法邪？人君無私，私怒害物，私賞費財，況私人以官乎？此朝廷四失也。

賢者邦家之光，任之致治，棄之生亂。近詔博求多士，雖有好賢之名，無得賢之實。蓋有司選士，非賄卽勢，上失天心，下違人望，非爲官擇吏，乃爲人擇官。葛洪有言：『舉秀才，不知書；察孝廉，濁如泥；高第賢良各如黽。』此朝廷五失也。

閹豎者，給宮掖掃除事，古以奴隸畜之。中古以來，大道乖喪，疏賢哲，親近習，乃委之以事，授之以權。故豎刁亂齊，伊戾敗宋。君側之人，衆所畏懼，所謂鷹頭之蠅、廟垣之鼠者也。後漢時用事尤甚，晚節卒亂天下。今大君中興，獨有閹豎坐升班秩，既無正闕，率授員外，乃盈千人，綰青紫，耗府藏。前事之驗，後事之師。此朝廷六失也。

古者茅茨棌椽，以儉約遺子孫，所以愛力也。今公主所賞傾庫府，所造皆官供，其疏築臺沼，崇峙觀廡，山無本石，木無近產，造之終歲，功用不絕。夫爲君所以養人，非以害人，今外戚不助養而反害之，是使人主受謗天下。此朝廷七失也。

官以安人，非以害于人也。先王欲人治必選材，欲人安必省事，此誠同天下憂也。人有樂，君共之，君有樂，人慶之，可謂同樂矣。如此，則上下無間，而均一體也。今天下困窮，州牧、縣宰，非以選進，割剝自私，人不聊生，是下有憂而上不卹也。而更員外置官，非助桀歟？夫人情自以員外吏，恐下不己畏也，必峻法懼之；恐財不己奉也，必枉道奪之。欲不亂，可得哉？古語有之，十羊九牧，羊既不得食，人亦不得息。《書》曰：『官不必備，惟其人。』此言正員猶難其備，況員之外乎！此朝廷八失也。

政出多門，大亂之漸。近封數夫人，皆先帝宮嬪。以爲備內職，則不當知外；不備內職，則自可處外。而令出入禁掖，使內言必出，外言必入，固將弄君之法，縱而不禁，非所以重宗廟、固國家。孔子曰：『彼婦之口，可以出走；彼婦之謁，可以死敗。』此朝廷九失也。

不以道事其君者，所以危天下也，危天下之臣不可不逐，安天下之臣不可不任。今有引鬼神，執左道以惑主者，託鬼神爲難知，故致其詐，而據非才之地，食非德之禄，此國盜也。《傳》曰：『國將興，聽於民，將亡，聽於神。』今幾聽於神乎？此朝廷十失也。

君侯不正，誰與正之？

宋·王欽若等《册府元龜》卷五三二《諫諍部·規諫第九》　呂元泰神龍初為清源縣尉，上疏陳時政所宜曰：臣聞國家者，至公之神器，神器，一正則難傾，神器一傾則難正。遠自虞、夏，及乎周、秦，金水相生，成敗相繼者，豈惡於成而欲於敗？蓋迷於事而失於幾者也。夫幾者，事之微也，當今中興之初，政教之始，幾微之際，可不慎哉。昔夏之興也，卑宮菲食，四海會同，其衰也，峻宇彫墻，五子咸怨。殷之興也，佑賢輔德，輯寧邦家，其亡也，崇信姦回，放出師保。周自文、武，及乎成、康，風化大行，夷夏有截，暨乎幽、厲，王室遂卑，强弱相吞，宇縣交戰。秦皇以降，罷侯置守，焚書坑儒，頭會箕斂，嚴刑峻法，驪山之徒未息，閭左之兵已起。夫夏桀、殷紂，非不欲傳子孫也，周幽、秦皇，非不欲保社稷也。而軍敗牧野，烏竄南巢，國殘於犬戎，地奪於項籍者，豈不以侮慢自賢，反道敗德，開邪僻之路，鉗忠直之口，左右侍奉，惜禄位而不悟焉？伏惟應天皇帝陛下再造區宇，重光日月，應五行之運，景嗣累聖之洪基，九服歸心，三靈葉贊。回羲舒之燿，無幽不燭，灑雲雨之澤，無生不潤。然萬方百姓，顒顒然莫不傾耳以聽，拭目以視，思聞太平之風，願見先朝之化，如農夫之望歲，同善人之愒日。自頃營建寺塔。廣度僧尼，朝夕依歸，襯施不絕。陛下好善之德，以被蒼生，然濟時之道，恐非急務，何則？頃者烏桓叛渙，玁狁侵擾，帑藏虛竭，戶口流亡，豈人有厭於枌榆？乃事良由於賦斂。下人失業，不可謂太平也；邊兵未解，不可謂無事也；水旱為災，不可謂年登也；倉廩未實，不可謂國富也。而乃驅役飢凍，雕鐫木石，營搆不急，勞費日深，恐陛下中興之務，又異如來慈悲之法。臣比見都邑坊市，相率為渾脫隊，駿馬胡服，名為蘇莫遮。旗鼓相當，軍陣之勢也；騰逐喧噪，戰爭之象也。錦綉誇競，害女工也；徵斂貧弱，傷政體也；胡服相觀，非雅樂也；渾脫為號，非美名也。安可以禮義之朝，法胡虜之俗？以軍陣之勢，列庭闕之下？竊見諸王，亦有此好，衣馬既盛，奢麗相高。今藩邸初開，庶官必具，何不董之賢傅，教之義方，明君臣之禮，磐石之固，豈不偉哉。方乃驅率下人，相尚胡戲，自家刑國，豈若是焉？《詩》云：『京邑翼翼，四方是則。』非先王之禮樂，而示則於四方者，斯實愚臣之所未喻也。臣謹按《洪範》八政曰：『謀時寒若。』君能謀事，則時寒順之，何必裸露形體，澆灌衢路，鼓舞跳躍，而索寒焉？又《禮記》曰：『立秋之月行夏令，則寒暑不節。』夫陰陽不調，政教之失也；休咎之應，君政之感也。理均影響，可不戒哉。夫樂者，動天地，感鬼神，移風易俗，布德施化。重戎狄之曲，不足以移風也；非宮商之度，不足以易俗也；無八佾之制，不足以布德也；非六代之樂，不足以施化也。四者無一，何以教人？臣本凡愚，不識忌諱，而生草澤，頗曉物情。知而不言，非忠也；言而不實，罔上也。忠於國者以臣為讜言，佞於朝者以臣為誹謗，伏惟陛下少留意焉。臣聞君舉必書有國彝訓，書而不法，後嗣何觀？臣又聞建國君人，尊師重道，禮由天作，樂以地制，禮樂備，風化行焉。伏願陛下敦風化之本，重黎庶之費，興念或躍，思締搆之艱難；矜孤恤窮，思時政之可否；安人和衆，覽先朝之事業。非軍國之衆，則息而罷之；有佞諛之言，則察而退之；有忠直之諫，則誘而進之。豈惟天下幸甚，實亦社稷之大計也。臣奉陛下搜賢之制，忝所知直言之舉，雖乘鴈雙凫。不為損益，而主聖臣直，敢不庶幾。安能和光同塵，懷忠蓄憤，上失陛下求賢之望，下虧愚臣事主之節？亦何以視息於人間，飲啄於聖代？

《新唐書》卷一二三《李嶠傳》（神龍）二年，中書令李嶠上書曰：元首之尊，居有重門擊柝之衛，出有清警戒道之禁，所以備非常，息異望，誠不可易舉動，慢防閑也。陛下厭崇邃，輕尊嚴，微服潛游，閱廛過市，行路私議，朝廷驚懼。如禍產意外，縱不自惜，奈宗廟蒼生何？又分職建官，不可以濫。《傳》曰：『官不必備，惟其人。』自帝室中興，以不慎爵賞為惠，冒級躐階，朝陞夕改，正闕不給，加以員外，內則府庫為殫，外則黎庶蒙害，非求賢助治之道也。願愛惜班榮，息匪服之議。今文武六十以上，而天造含容，皆矜恤之，老病者已解還授，員外者既遣復留，恐非所以消敝救時也。請敕有司，料其可用進，不可用退。又遠方夷人，不堪治事，國家向務撫納而官之，非立功酋長，類糜俸祿。願商度非要者，一切放還。又《易》稱：『何以守位曰仁，何以聚人曰財。』今百姓乏窶，不安居處，不可以守位；倉儲蕩耗，財力傾殫，不足以聚人。山東病水潦，江左困輸轉，國匱於上，人窮於下。如令邊埸少竦，恐逋亡遂多，盜賊羣行，何財召募？何衆閑遏乎？又崇作寺觀，功費浩廣，今山東歲饑，糟糠不厭，而投艱阸之會，收庸調之半。用吁嗟之物，以營土木，恐怨結三靈，謗蒙四海。又比緣征戍，巧詐百情，破役隱身，規脫租賦，今道人私度者，幾數十萬。其中高戶多丁，黠商大賈，詭作臺符，羼名偽度。且國計軍防，並仰丁口，今丁皆出家，兵悉入道，征行租賦，何以備之？又重賂貴近，補府若史，移沒籍產，以州縣甲等，更為下戶，當道城鎮，至無捉驛者，役逮小弱，即破其家。願許十道使訪察括取，使姦猾不得而隱。又太常樂戶已多，復求訪散樂，獨持大鼓者已二萬員。願量留之，餘勒還籍，以杜妄費。

權奸論分部

論説

唐·陸贄《翰苑集》卷二一《論裴延齡姦蠹書》 臣聞君子小人，用捨不並，國家否泰，恒必由之。君子道長，小人道消，於是上下交而萬物通，此所以為泰也。小人道長，君子道消，於是上下不交而萬物不通，此所以為否也。夫小人於蔽明害理，如目之有眯，耳之有充，嘉穀之有蟊，梁木之有蠹也。眯離婁之目，則天地四方之位不分矣；充子野之耳，則雷霆蠅黽之聲莫辨矣；雖後稷之穡，禾易長畝，而蟊傷其本，則零瘁而不植矣。雖公輸之巧，臺成九層，而蠹空其中，則圮折而不支矣。是以古先聖哲之立言垂訓，必殷勤切至，以小人為戒者，豈將有意讎而沮之哉。誠以其蔽主之明，害時之理，致禍之源博，傷善之釁深，所以有國有家者，不得不去耳。其在《周易》則曰：『大君有命，開國承家』；『小人勿用，必亂邦也』。在《尚書》則曰：『除惡務本』；『去邪勿疑』。在《毛詩》則曰：『無縱詭隨，以謹無良』；『曾是掊克，斂怨以為德』；『盜言孔甘，亂是用餤』；『讒人罔極，交亂四國』。在《論語》則曰：『惡利口之覆邦家者。』在《春秋》則曰：『聚歛積實，不知紀極。』『毀信廢忠，崇飾惡言，靖譖庸回，服讒蒐慝。天下之人，謂之四凶。』在《禮記》則曰：『小人行險以徼幸』，『長國家而務財用者，必自小人矣。小人使為國家，而災害並至，雖有善人，無如之何』。臣頃因讀書，常憤此類，不圖聖代，目覩斯人。户部侍郎裴延齡者，其性邪，其行險，其口利，其志凶，其矯妄不疑，其敗亂無耻，以聚斂為長策，以詭妄為嘉謀，以掊克斂怨為匪躬，以靖譖服讒為盡節，總典籍之所惡，以為智術，冒聖哲之所戒，以為行能，可謂堯代之共工，魯邦之少卯，伏惟陛下協放勛文思之德，而鑑其方鳩僝功；體仲尼天縱之明，而辨其順非堅僞。則天討斯得，聖化允孚，小往大來，孰不欣幸。迹其姦蠹，日長月滋，陰秘者固未盡彰，敗露者猶難悉數。今請粗舉數事，用明欺罔大端，悉非隱微，皆可覆驗。陛下若意其負謗，則誠宜亟為辨明；陛下若知其無良，又安可曲加容掩。願擇左右親信，兼與舉朝公卿，據臣所言，閲實其事。儻延齡罪惡無狀，卽臣之奏議是誣，宜申典刑，以制虚妄，俾四海法朝廷之理，兆人戴陛下之明。得失之間，其體甚大，不當復有疑慮，使辨之不早，以竟失天下之望也。前歲秋首，班宏喪亡，特詔延齡，繼司邦賦。數月之内，遽衒功能，奏稱：『勾獲隱欺，計錢二十萬貫，請貯別庫，以為羨財，供御所須，永無匱乏。』陛下欣然信納，因謂委任得人，既賴贏餘之資，稍弘心意之欲，興作浸廣，宣索漸多。延齡務實前言，且希睿旨，不敢告闕，不敢辭難。勾獲既是虚言，無以應命；供辦皆承嚴約，苟在及期。遂乃搜求市鄽，豪奪入獻，追捕夫匠，迫脅就功。以敕索為名，而不酬其直；以和雇為稱，而不償其傭。都城之中，列肆為之書閉；興役之所，百工比於幽囚。聚詛連羣，遮訴盈路，持綱者莫敢致詰，巡察者莫敢為言。時有致詰為言，翻謂黨邪醜直。天子轂下，囂聲沸騰，四方觀瞻，何所取則？蕩心於上，斂怨於人，欺天陷君，遠邇危懼，此其罪之大者也。總制邦用，度支是司，出納貨財，太府攸職。凡是太府出納，皆禀度支文符，太府依符以奉行，度支憑按以勘覆，互相關鍵，用絶姦欺。其出納之數，則每旬申聞；其見在之數，則每月計奏。皆經度支勾覆，又有御史監臨，旬旬相承，月月相繼，明若指掌，端如貫珠，財貨少多，無容隱漏。延齡務行邪謟，公肆誣欺，遂奏云：『左藏庫司，多有失落，近因檢閲，使置簿書，乃於糞土之中，收得銀十三萬兩，其疋段雜貨，百萬有餘，皆是文帳脱遺，並同已棄之物。令所收獲，卽是羨餘，悉合移入雜庫，以供別敕支用者。』其時特宣進止，悉依所奏施行。太府少卿韋少華抗表上陳，殊不引伏，確稱：『每月申奏，皆是見在數中，請令推尋，足驗姦計。』兩司既相論執，理須辨鞫是非，臣等具以奏聞，請定三司詳覆。若左藏庫遺漏不謬，隱匿固合抵刑；如度支舉奏是虚，誣誑亦宜得罪。陛下既不許差三司按問，又不令檢奏辨明。度支言太府隱漏至多，而少華所任如舊；太府論度支姦欺頗甚，而延齡見信不渝。枉直兩存，法度都弛。以在庫之物，為收獲之功；以常賦之財，為羨餘之費。罔上無畏，示人不慚，此又罪之大者也。國之府庫，用寘貨財。物合入官，則納於其内；事合給用，則出乎其中。所納無非法之財，所出無不道之用，坦然明白，何曲何私？而延齡險滑售姦，詭譎求媚，遂於左藏之内，分建六庫之名，意在別貯贏餘，以奉人主私欲。曾不知王者之體，天下為家，國不足則取之於人，人不足乃資之於國，在國為官物，在人為私財，何謂贏餘，復須別貯？是必巧詐以變移官物，暴法以刻斂私財，捨此二途，其將焉取？陛下方務崇信，不加檢裁，延齡既怙寵私，益復放肆，遂録積久逋欠，妄云察獲姦贓，總計緡錢八百餘萬。聽其言則利益雖大，考其事則虚誕自彰；或是水火漂焚，或緣旱澇傷敗；或因兵亂散失，或遭寇賊攲斁；或準法免徵，或經恩合放；或人户逃逸，無處追尋；或綱典拘囚，不克填納；或没入店宅，歲久摧殘；或收獲舟船，年深破壞。類皆如此，難以殫論。在人者並無可科徵，屬官者悉不任貨賣，但存名額，虚掛簿書。大抵錢穀之司，皆耻財物減少，所以相承積累，不肯滌除，每當計奏之時，常充應在之數。延齡苟稱察獲，遂請徵收，恢張利門，誘動天聽。貽誚侮於方岳，賈愁怨於烝黎，于兹累年，一無所得，其為疏妄，亦曰殆哉。陛下姑欲保持，曾無詰問；延齡謂能蔽，惑不復懼思。姦威既沮於四方，憸態復行於内府。由是蹂躪官屬，傾倒貨財，移東就西，便為課績，取此適彼，遂號羨餘，愚弄朝廷，有同兒戲。諸州輸送布帛，度支不務準平，抑制市人，賤通估價，計其所折，卽更下徵，重困疲甿，展轉流弊，既彰忍害，且示不誠。及其支送邊州，用充和糴，則於本價之外，例增一倍有餘。布帛不殊，貴賤有異。剥徵罔下，既以折估為名；抑配傷人，又以出估為利。事多矛盾，交駭物情。窮邊穡夫，痛憤切於骨髓；下土編户，冤叫徹於蒼旻。而延齡以冒取折估為忠公，苟得出估為贍利，所謂失人心而聚財賄，亦何異割支體以徇口腹哉。殊不痦支體分披，口安能食；人心離析，財豈能存。此又罪之大者也。平原遠鎮，扼制蕃戎，五原要衝，控帶靈夏。芟夷榛薉，翦逐豺狼，崎嶇繕完，功力纔畢。地猶夐絕，勢頗孤危，新集之兵，志猶未固。尤資贍恤，俾漸安居，頻敕度支，令貯軍糧。常使平原有一年之蓄，鹽州積半年之儲循環轉輸，不得闕數。近者二鎮告急，俱稱絕糧。陛上召延齡令赴中書，遣希顏宣旨質問，延齡確言饋餉不絕，儲蓄殊多，歲內以來，必無闕乏。希顏懼其推互，邀令草狀自陳，狀亦如言，略無疑畏。陛下覽其所奏，翻謂軍吏不誠，遂遣中官馳往檢覆，道路無轉運之迹，軍城無旬日之儲，將卒嗷嗷，幾將不守。有如是之顛沛，有如是之欺謾，按驗既明，恩勞靡替，其為蠹嫿，曠代罕聞。此又罪之大者也。國之憲度，會府是司，位列諸郎，猶應辰象，任居六事，實代天工，內總轄於庶官，外敷化於列郡，舉措繫生靈之命，得失關理亂之源，為人軌儀，安可容易。未有大官弛縱，而能使羣吏服從；朝典陵遲，而欲禁天下暴慢。是以天寶將季，楊國忠為吏部尚書，亟於私庭詮集選士，果令逆豎得以為詞。史策書之，足為國恥。而延齡放情亂紀，又甚國忠。懈於夙興，多闕會朝之禮；徇其鄙次，大隳省署之儀。徙郎曹於里閭，視公事於私第，盡室飫宮厨之饍，塡街持簿領之書。復有諸部參辭，四方申請，決遣資其判署，去就俟其指撝。延齡或聚客大誇，不令白事；或縱酒憑怒，莫敢入言。至有迫切而來，逾旬未省，輸納之後，累月不歸。資糧罄於滯淹，筋力困於朝集。晨趨夕散，十百為羣；里中喧闐，常若闤闠，衢巷列屠沽之肆，邑居成逆旅之津，離次慢官，虐人斁法，求之今古，鮮有其倫。此又罪之大者也。總領財賦，號為殷繁。自必識究變通，智權輕重，大不失體，細能析微，濟之以均平，蒞之以勤肅，近無滯事，遠無壅情，綱條之下無亂繩，鑑照之內無隱匿，然後人不困而公用足，威不厲而姦吏懲。苟或未然，則非稱職。況延齡以素本僻戾之質，而加之以狂躁滿盈，既懵且驕，事何由理。遂以國家大計，委於胥吏末流，當給者無賄而不支，應徵者受賕而縱免。紀綱大壞，貨賂公行，苟操利權，實竊邦柄。近者度支小吏，屢為府縣所繩，鞫其姦贓，無不狼籍。通結動連於節將，交私匪止於苞苴。威福潛移，乃至於是，職司失序，固亦可知。此又罪之大者也。風教之大，禮讓為先，禮讓之行，朝廷為首。朝廷者，萬方之所宗仰，羣士之所楷模，觀而效焉，必有甚者。是以朝廷好禮，則俗尚敬恭；朝廷尊讓，則時恥貪競。朝廷有失容之慢，則凌暴之弊播於人；朝廷有動色之爭，則攻鬬之禍流於下。聖王知其然也，故選建賢德，以為公卿，使人具瞻，不諭而化。昔周之方盛，多士盈朝，時靡有爭，用能俾乂。故其《詩》曰：『慎爾出話，敬爾威儀，無不柔嘉。』又曰：『有來雍雍，至止肅肅。相維辟公，天子穆穆。』言羣臣相與事上，敬而能和，言語動作，靡有不善也。周德既衰，小人在位，務相侵侮，以至危亡。故其《詩》曰：『方茂爾惡，相爾矛矣。』又曰：『既之陰汝，反予來赫。』又曰：『涼曰不可，覆背善詈。』言小人得志，惡怒是憑肆其褊心，以相詬病也。陛下勤修儀式，以靖四方，慎選庶官，以貞百度，內選則股肱耳目，外選則垣翰藩維。濟濟師師，咸欽至化，庶相感率，馴至大和。而度支憑寵作威，恃權縱暴，侵刻軍鎮，匱闕資糧。將帥每使申論，延齡率加毀訾，或指誣隱盜，或謗訐陰私，或數其出處賤微，或億其心志邪悖，詞皆醜媟，事悉加誣。匹夫見凌，猶或生患，況將帥素加委遇，多著勳庸，縱有踰分取求，但宜執理裁處，苟當其所，孰敢不從？豈可對彼偏裨，恣行侵辱，使其慚靦於麾下，憤恥於朝廷。惟口起羞，諒非細故，為國聚釁，實由斯人。而又虐害羣司，幸其闕敗，蔑彼彝典，逞於凶懷，氣吞等夷，隸蓄郎吏。時有履道而不為屈撓，守官而莫肯由從，遭其詆訶，事則尤劇，或辱兼祖父，或毀及家門，皆名教所不忍聞，敍述所不堪紀。其為構陷，抑復多端，故示凶威，使人懾憚人之狂險，乃至於斯。上虧大猷，下扇流俗，炰烋禮義之府，巇汙清明之朝。此又罪之大者也。度支舊管牛驢三千餘頭，車八百餘乘，循環載負，供饋邊軍，既有番遞之倫，永無科配之擾。延齡苟逞近效，不務遠圖，廢其葺修，減其芻秣，車破畜耗，略無孑遺。每須載運軍資，則令府縣差雇，或有卒承別旨，須赴促期，遂於街市之間，擄奪公私雜畜，披猖頗甚，費損尤多。吏因生姦，人不堪命，所減者則奏以為利，所費者則隱而不論，破實徇虛，多如此類。度支應給宮內及諸司使芻藁薪炭等，除稅草之外，餘並市供，所用既多，恒須貯備。舊例每至秋獲之後，冬收之時，散開諸場，逐便和市，免費高價，復資貧人，公私之間，頗謂兼濟。延齡悉隳舊制，但飾姦情，旋計芻薪價錢，以為節減剩利。及乎春夏之際，藁秸已殫，霖潦之中，樵蘇不繼，軍廐輟莝，官廚待然，告闕頻煩於聖聰，徵催絡繹於省署，崎嶇求買，何暇計量，麋損官錢，不啻累倍，聯蹇狼狽，率以為常。此則睿鑑之所明知，物情之所深駭，事之舛繆，觸緒皆然。臣愚以謂若斯之流，不過歲費國家百萬緡錢，及事體非宜耳。其為罪惡，未足傾危，事之可憂，不在於此。是以不復詳舉，以煩聽覽也。至如矯詭之態，誣罔之辭，遇事輒行，應口便發，靡日不有，靡時不為，自非狀迹尤彰，足致其禍者，又難以備陳也。延齡有詐偽亂邦之罪七，而重之以耗斁闕遺，愚智共知，士庶同憤。以陛下英明鑑照，物無遁情，固非延齡所能蔽虧而莫之辨也。或者聖旨以其甚招疾怨，而謂之孤貞，可託腹心；以其好進讒諛，而謂之盡誠，可寄耳目；以其縱暴無畏，而謂之强直，可肅姦欺；以其大言不疑，而謂之智能，可富財用。將欲排衆議而收其獨行，假殊寵而冀其大成。倘陛下誠有意乎在茲，臣竊以為過矣。夫君天下者，必以天下之心為心，而不私其心；以天下之耳目為耳目，而不私其耳目。故能通天下之志，盡天下之情。夫以天下之心為心，則我之好惡，乃天下之好惡也。是以惡者無繆好者不邪，安在私託腹心，以售其側媚也。以天下之耳目為耳目，則天下之聰明，皆我之聰明也。是以明無不鑑，聰無不聞，安在偏寄耳目，以招其蔽惑也。夫布腹心而用耳目，舜與紂俱用之矣。舜之意務求己之過，以與天下同欲，而無所偏私。由是天下臣庶，莫不歸心，忠讜既聞，元德逾邁。故《虞書》云：『臣作朕股肱耳目。』又云：『明四目，達四聰。』言廣大也。紂之意務求人之過，以與天下違欲，而溺於偏私。由是天下臣庶，莫不離心，險詖既行，昏德彌熾。故《商書》云：『崇信姦回。』《大雅》云：『流言以對，寇攘式內。』言邪僻也，與天下同欲者，謂之聖帝；與天下違欲者，謂之獨夫。其所以布腹心而任耳目之意不殊，然於美惡成敗，若此相遠，豈非求過之情有異，任人之道不同哉。太宗嘗問侍臣：『何者為明君，何者為暗主？』魏徵對曰：『君之所以明者，兼聽也；其所以暗者，偏信也。』又曰：『秦之胡亥偏信，趙高肆其姦欺，卒至顛覆。』徵之此說，理致甚明，簡册備書，足為鑑戒。趙高指鹿為馬，愚弄厥君，歷代流傳，莫不痛憤。陛下每覽前史，詳考興亡，固亦切齒於斯人，傷心於其主。臣謂鹿之與馬，物類猶同。豈若延齡掩有而為無，指無而為有。陛下若不以時省察，得無使後代嗟誚，又甚趙高者乎。斯愚臣所以焦慮疚懷，以陛下為過者，良有所以也。夫理天下者，以義為本，以利為末，以人為本，以財為末。本盛則其末自舉，末大則其本必傾。自古及今，德義立而利用不豐，人庶安而財貨不給，因以喪邦失位者，未之有也。故曰：『不患寡而患不均，不患貧而患不安。』『有德必有人，有人必有土，有土必有財。』『百姓足，君孰與不足？』蓋謂此也。自古及今，德義不立，而利用克宣，人庶不安，而財貨可保，因以興邦固位者，亦未之有焉。故曰：『財散則人聚，財聚則人散。』『與其有聚斂之臣，寧有盜臣。』『無令侵削兆庶，以為天子取怨於下。其有若此者，行罰無赦。』蓋為此也，殷紂以貪冒失人而亡，周武以散發得人而昌，則紂之多藏，適所以為害己者之資耳。尚何賴於財賄哉。太宗亦云：『務蓄積而不恤人，甚非國家之計。隋氏不道，聚斂無厭，所實洛口諸倉，卒為李密所利。』此則前代已行之明效，聖祖垂裕之格言，是而不懲，何以為理。陛下初膺寶曆，志翦羣凶，師旅繁興，徵求浸廣，榷算侵剥，下無聊生。是以涇原叛徒，乘人怨咨，白晝犯闕，都邑甿庶，恬然不驚，反與賊衆相從，比肩而入宮殿。雖蚩蚩之性，靡所不為，然亦由德澤未浹於人，而暴令驅迫，以至於時也。于是內府之積，尚如丘山，竟資凶渠以餌貪卒，此時陛下躬覩之矣。是乃失人而聚貨，夫何利之有焉。車駕既幸奉天，逆泚旋肆圍逼，一壘之內，萬衆所屯，窘如涸流，庶物空匱。嘗欲發一健步，出視賊軍，其人懇以苦寒為辭，跪奏乞一襦袴，陛下為之求覓不致，竟憫默而遣之。又當宮壼之中，服用有闕，聖旨方以戎事之急，不忍重煩於人，乃剥親王飾帶之金，賣以給直。是時行從將吏，赴難師徒，倉黃奔馳，咸未冬服，漸屬凝沍，且無薪烝，飢凍內攻，矢石外迫，晝則荷戈奮迅，夜則映堞呻吟，凌風飈，冒霜霰，踰旬而衆無攜貳，卒能走强賊，全危城者，陛下豈有嚴刑重賞，使之然耶？唯以不厚其身，不藏其資，與衆庶同其憂患，與士伍共其有無，乃能使捐軀命而扞寇讎，餒之不離，凍之不憾，臨危而不易其守，見死而不去其君。所謂：『聖人感人心而天下和平』，此其效也。及乎重圍既解，諸道稍通，賦稅漸臻，貢獻繼至，乃於行宮外廡之下，復列瓊林、大盈之司，未賞功勞，遽私賄玩，甚沮惟新之望，頗攜死義之心。於是輿誦興譏，而軍士始怨矣。財聚人散，不其然歟。旋屬蝨賊內攻，翠華南狩，奉天所積財貨，悉復殲於亂軍。既還岷梁，日不暇給，獨憑大順，遂復皇都。是知天子者以得人為資，以蓄義為富。人苟歸附，何患蔑資；義苟修崇，何憂不富。豈在貯之內府，方為己有哉。故藏於天下者，天子之富也；藏於境內者，諸侯之富也；藏於囷倉篋匵者，農夫商賈之富也。奈何以天子之貴，海內之富，而猥行諸侯之棄德，蹙守農商之鄙業哉。陛下若為厚取可以恢武功，則建中之取，既無成矣；若謂多積可以為已有，則建中之積，又不在矣；若謂狥欲不足傷理化，則建中之失，傷已甚矣；若謂斂怨不足致危亡，則建中之亂，危亦至矣；然而遽能靖滔天之禍，成中興之功者，良以陛下有側身修勵之志，有罪己悔懼之詞，罷息誅求，敦尚節儉，渙發大號，與人更新。故靈祇嘉陛下之誠，臣庶感陛下之意，釋憾迴慮，化危為安。陛下亦當為宗廟社稷建不傾不拔之永圖，為子孫黎元垂可久可大之休業，懲前事徇欲之失，復日新盛德之言。豈宜更縱憸邪，復行刻暴，事之追悔，其可再乎。臣又竊慮陛下納彼盜言，墮其姦計，以為搏噬拏攫，怨集有司，積聚豐盈，利歸君上。是又大繆，所宜慎思。夫人主昏明，繫於所任。咎繇、夔、契之道長，而虞舜享濬哲之名；皇甫、棸楀之嬖行，而周厲嬰顛覆之禍。自古何嘗有小人柄用，而災禍不及邦國者乎。譬猶操兵以刃人，天下不委罪於兵，而委罪於所操之主；蓄蠱以殃物，天下不歸咎於蠱，而歸咎於所蓄之家。理有必然，不可不察。臣竊慮陛下以延齡之進，獨出聖衷，延齡之言，多順宸旨，今若以罪寘辟，則似為衆所擠，故欲保持，用彰堅斷。若然者，陛下與人終始之意則善矣，其於改過不吝去邪勿疑之道，或未盡善焉。夫人之難知，著自淳古；試可乃已，載於典謨。陛下意其賢而任之，知其惡而棄之，此理之常，於何不可？倘陛下猶未知惡，但疑見擠，固有象恭挾詐之人，亦有黨邪害直之士，所資考覈，兩絕欺誣。陛下以延齡為能，愚臣以延齡為罪，能必有迹，罪必有端。陛下胡不指明其所效之能，以表忠賢，按驗其所論之罪，以考虛實，與衆同辨，示人不私。若能迹可稱，而罪端無據，則是黨邪害直之驗也。陛下當繩其傷善，以勵事君。罪端有徵，而能迹無實，則是象恭挾詐之驗也。陛下當糾其包禍，以戒亂邦。如此則上之於下，釋嫌構之疑；下之於上，絕偏惑之議。何必忠邪無辨，枉直莫分，薰蕕同藏，其臭終勝，此則小人道長之象也。實時運否泰安危之所繫，豈但有虧聖德；不利善人而已乎。陛下若以必與己同者為忠良，自我作者無改變，如此，則上之所欲莫不諂，上之所失莫不從，水火相濟不為非，金礪相須不為是，恥過怍非不足戒，捨己從人不足稱。惟意是行，則匡輔或幾乎息矣；匡輔息，則理不可致。仲尼所謂『一言喪邦者』，在於『子之言而莫子違』也。事關興亡，固不可忽，希旨順默，浸已成風，奬之使言，猶懼不既，若又阻抑，誰當貢誠。伏恐未亮斯言，請以一事為證：只如延齡凶妄，流布寰區，上自公卿近臣，下逮輿臺賤品，諠諠談議，億萬為徒，能以上言，其人有幾？

《舊唐書》卷八五《徐有功傳》（徐）有功嘗上疏論天官、秋官及朝堂三司理匭使愆失，其略曰：『陛下即位已來，海內職員一定，而天下選人漸多。掌選之曹用捨不平，補擬乖次，囑請公行，顏面罔懼。遂使囂謗滿路，怨讟盈朝，浸以爲常，殊無愧憚。又往屬唐朝季年，時多逆節，鞫訊結斷，刑獄至嚴。革命以來，載祀遽積，餘風未殄，用法猶深。今推鞫者猶行酷法，妄劾斷，臣即按驗，奏而劾之，獲其枉狀，請即付法斷罪，亦奪禄貶考，以懲其德。其三司受表及理匭申冤使，不速與奪，致令擁塞，有理不爲申者，亦望準前彈奏，貶考奪禄。臣昔處法司，緣蒙擢用，是臣無以上答至造，願以執法酬恩。無縱詭隨，不避强禦，猛噬鷙擊，是臣之分。如蒙允納，請降敕施行，庶不越旬時，亦可以除殘革弊，刑措不用，天下幸甚。』

又 卷九八《盧懷慎傳》（盧懷慎）景龍中，遷右御史臺中丞，上疏以陳時政得失。其一曰：臣聞孔子曰：『爲邦百年，可以勝殘去殺。』又曰：『苟有用我者，期月而已，三年有成。』故《書》云『三載考績』，校其功也。昔子產相鄭，更法令，布刑書，一年而人歌之曰：『取我田疇而伍之，取我衣冠而褚之，孰殺子產，吾其與之！』三年而人又歌之曰：『我有子弟，子產教之，我有田疇，子產殖之，子產而死，誰其嗣之？』終有遺愛，流芳史策。子產，賢者也，其爲政尚累年而化成，況其常材乎。

臣竊見比來州牧、上佐及兩畿縣令，下車布政，罕終四考。在任多者一二年，少者三五月，遽即遷除，不論課最。或有歷時未改，便傾耳而聽，企踵而望，爭求冒進，不顧廉耻，亦何暇爲陛下宣風布化，求瘼恤人哉！禮義未能興行，風俗未能齊一，戶口所以流散，倉庫所以空虛，百姓凋弊，日更滋甚，職爲此也。何則？人知吏之不久，則不從其教；吏知遷之不遙，又不盡其力，偷安爵禄，但養資望。陛下雖勤勞之懷，宵衣旰食，然僥倖路啓，上下相蒙，共爲苟且而已，寧盡至公乎？此國之病也。昔賈誼所謂蹠盭之病，乃小小者耳。此弊久而不革，臣恐爲膏肓，雖和、緩不能療，豈蹠盭而已哉！

漢宣帝綜覈名實，興理致化。黄霸，良二千石也，就增秩賜金，以旌其能，而不遷於潁川，前代之美政也。又古之爲吏者長子孫，倉氏、庾氏，即其後也。《書》云：『事不師古，以克永代，匪説攸聞。』臣望請諸州都督、刺史、上佐及兩畿縣令等，在任未經四考已上，不許遷除。察其課效尤異者，或錫以車裘，或就加禄秩，或降使臨問，並璽書慰勉。若公卿有闕，則擢以勸能。其政績無聞及犯貪暴者，免歸田里。以明聖朝賞罰之信，則萬方之人，一變於道矣。致此之美，革彼之弊，易于反掌，陛下何惜而不行哉！

政界沉痾痼疾論分部

寵倖無度論

論説

《舊唐書》卷一〇一《辛替否傳》（辛替否，景龍年為左拾遺，上疏諫曰：）臣聞古人曰：『福生有基，禍生有胎。』伏惟公主陛下之愛女，選賢良以嫁之，設官職以輔之，傾府軍以賜之，壯第觀以居之，廣池籞以嬉之，可謂之至重也，可謂之至憐也。然而用不合於古義，行不根於人心，將恐變愛成憎，轉福為禍。何者？竭人之力，人怨也；費人之財，人怨也；奪人之家，人怨也。愛數子而取三怨於天下，使邊疆之士不盡力，朝廷之士不盡忠，人之散矣，獨持所愛，何所恃乎？向者魯王賞同諸壻，禮等朝臣，則亦有今日之福，無曩時之禍。人徒見其禍，不知禍之所來，所以禍者，寵愛過於臣子也。去年七月五日，已見其徵矣。而今事無改，更尚因循，棄一宅而造一宅，忘前禍而忽後禍。臣竊謂陛下憎之矣，非愛之也。

《舊唐書》卷五九《姜謩傳》 柔遠子皎，長安中，累遷尚衣奉御。時玄宗在藩，見而悦之。皎察玄宗有非常之度，尤委心焉。尋出為潤州長史。玄宗即位，召拜殿中少監。數召入臥內，命之捨敬，曲侍宴私，與后妃連榻，間以擊球鬥雞，常呼之為姜七而不名也。兼賜以宮女、名馬及諸珍物不可勝數。玄宗又嘗與皎在殿庭玩一嘉樹，皎稱其美，玄宗遽令徙植於其家，其寵遇如此。及竇懷貞等潛謀逆亂，玄宗將討之，皎協贊謀議，以功拜殿中監，封楚國公，實封四百戶。【略】尋遷太常卿，監修國史。弟晦，又歷御史中丞、吏部侍郎，兄弟當朝用事。侍中宋璟以其權寵太盛，恐非久安之道，屢奏請稍抑損之。【略】十年，坐漏泄禁中語，為嗣濮王嶠所奏，敕中書門下究其狀。嶠，即王守一之妹夫；中書令張嘉貞希守一意，構成其罪，仍奏請先決杖配流嶺外。下制曰：『秘書監姜皎，往屬艱難，頗效誠信，功則可録，寵是以加。既忘滿盈之誡，又虧靜慎之道，假説休咎，妄談宮掖。據其作孽，合處極刑，念茲舊勳，免此殊死。宜決一頓，配流欽州。』皎既決杖，行至汝州而卒，年五十餘。皎之所親都水使者劉承祖，配流雷州，自余流死者數人。時朝廷頗以皎為冤，而咎嘉貞焉。源乾曜時為侍中，不能有所持正，論者亦深譏之。玄宗複思皎舊勳，令遞其柩還，以禮葬之，仍遣中使存問其家。【略】皎雖故舊，恩幸不倫，雖嘉貞致冤，亦冒寵自掇，豈非無德而禄，福過災生之驗歟！

宋·李昉等《文苑英華》卷六九五《李綱〈諫唐高祖拜舞人安叱奴爲散騎常侍疏〉》 臣按周禮，均工樂胥，不預於仕伍。雖復才如子野，妙等師襄，皆身終子繼，不易其業。故魏武使禰衡擊鼓，衡先解朝服，露體而擊之，云不敢以先王法服，爲伶人之衣。唯齊高緯封曹妙達爲王，授安馬駒爲開府，既招物議，大斁彝倫，有國有家者以爲殷鑑。方今新定天下，開太平之基，起義功臣，行賞未遍。高才碩學，猶滯草萊，而先令舞人授位五品，鳴玉曳組，趨馳廊廡，故非創業垂統，貽則子孫之道也。伏惟陛下聽察之。

後宮干政論

論説

《舊唐書》卷九一《桓彦範傳》『伏見陛下每臨朝聽政，皇后必施帷幔坐於殿上，預聞政事。臣愚歷選列辟，詳求往代，帝王有與婦人謀及政者，莫不破國亡身，傾輈繼路。且以陰乘陽，違天也；以婦凌夫，違人也。違天不祥，違人不義。由是古人譬以「牝雞之晨，惟家之索」。《易》曰「無攸遂，在中饋」，言婦人不得預於國政也。伏願陛下覽古人之言，察古人之意，上以社稷爲重，下以蒼生在念。宜令皇后無往正殿，干預外朝，專在中宫，聿修陰教，則坤儀式固，鼎命惟永。』

又曰：『臣聞京師喧喧，道路籍籍，皆云胡僧慧範矯託佛教，詭惑后妃，故得出入禁闈，撓亂時政。陛下又輕騎微行，數幸其室，上下媟黷，有虧尊嚴。臣抑嘗聞興化致理，必由進善；康國寧人，莫大棄惡。故孔子曰：「執左道以亂政者殺，假鬼神以危人者殺。」今慧範之罪，不殊於此也，若不急誅，必生變亂。除惡務本，去邪勿疑，實願天聰，早加裁貶。』

清·董誥等《全唐文》卷一八八《賈大隱〈駁周悰立崇先七廟議〉》 臣竊準秦漢皇太后臨朝稱制，並據禮經正文。天子七廟，諸侯五廟，蓋百王不易之義，萬代常行之法，未有越禮違古，而擅裁儀注者也。今周悰別引浮議，廣述異文，直崇臨朝權儀，不依國家常度。升崇先之廟而七，降國家之廟而五。臣聞皇圖廣辟，實崇宗社之尊。帝業宏基，實等山河之固。伏以天步多艱，時逢遏密。代天理物，自古有之。伏惟皇太后親承顧托，憂勤黎庶，納孝慈之請，垂矜撫之懷，實所謂光顯大猷，恢崇聖載。其崇先廟室，合同諸侯之數；國家宗廟，不合輒有移變。臣之愚直，並依正禮，周悰之請，實乖古儀。

又 卷一九九《駱賓王〈代李敬業討武氏檄〉》 僞臨朝武氏者，性非和順，地實寒微。昔充太宗下陳，曾以更衣入侍。及乎晚節，穢亂春宫。潛隱先帝之私，陰圖後房之嬖。入門見嫉，娥眉不肯讓人；掩袖工讒，狐媚偏能惑主。踐元后於翬翟，陷吾君於聚。加以虺蜴為心，豺狼成性。近狎邪僻，殘害忠良。殺姊屠兄，弑君鴆母，神人所共嫉，天地之所不容。猶復包藏禍心，窺竊神器。君之愛子，幽之於別宫；賊之宗盟，委之以重任。嗚呼！霍子孟之不作，朱虚侯之已亡。燕啄皇孫，知漢祚之將盡；龍漦地后，識夏室之遽衰。敬業，皇唐舊臣，公侯冢子。奉先君之成業，荷本朝之舊恩，宋微子之興悲，良有以也；袁君山之流涕，豈徒然哉！是用氣憤風雲，志安社稷。因天下之失望，順宇内之推心。爰舉義旗，以清妖孽。南連百越，北盡三河。鐵騎成羣，玉軸相接。海陵紅粟，倉儲之積無窮；江浦黄旗，匡復之功何遠！班聲動而北風起，劍氣衝而南斗平，喑嗚則山岳崩頽，叱吒則風雲變色。以此制敵，何敵不摧！以此圖功，何功不克！公等或居漢地，或葉周親，或膺重寄於話言，或受顧命於宣室，言猶在耳，忠豈忘心！一抔之土未乾，六尺之孤何托？倘能轉禍為福，送往事居，共立勤王之勳，無廢大君之命。凡諸爵賞，同指山河；若其眷戀舊城，徘徊歧路，坐昧先幾之兆，必貽後世之誅！請看今日之域中，竟是誰家之天下！

宦官干政論

論説

《舊唐書》卷一五《憲宗紀論》 史臣蔣係曰：憲宗嗣位之初，讀列聖實録，見貞觀、開元故事，竦慕不能釋卷，顧謂丞相曰：『太宗之創業如此，玄宗之致理如此，既覽國史，乃知萬倍不如先聖。當先聖之代，猶須宰執臣僚同心輔助，豈朕今日獨為理哉！』自是延英議政，晝漏率下五六刻方退。自貞元十年已後，朝廷威福日削，方鎮權重。德宗不委政宰相，人間細務，多自臨決，奸佞之臣，如裴延齡輩數人，得以錢穀數術進，宰相備位而已。及上自藩邸監國，以至臨御，訖於元和，軍國樞機，盡歸之於宰相。由是中外咸理，紀律再張，果能剪削亂階，誅除羣盜。睿謀英斷，近古罕儔，唐室中興，章武而已。任异、鎛之聚斂，逐羣、度於藩方，政道國經，未至衰紊。惜乎服食過當，閹豎竊發，苟天假之年，庶幾於理矣！

《新唐書》卷一二一《魏元忠傳》 初，元忠相武后，有清正名，至是輔政，天下傾望，冀幹正王室，而稍憚權幸，不能賞善罰惡，譽望大減。陳郡男子袁楚客者以書規之曰：【略】閹豎者，給宫掖掃除事，古以奴隸畜之。中古以來，大道乖喪，疏賢哲，親近習，乃委之以事，授之以權。故豎刁亂齊，伊戾敗宋。君側之人，衆所畏懼，所謂鷹頭之蠅、廟垣之鼠者也。後漢時用事尤甚，晚節卒亂天下。今大君中興，獨有閹豎坐升班秩，既無正闕，率授員外，乃盈千人，綰青紫，耗府藏。前事之驗，後事之師。此朝廷六失也。

《舊唐書》卷一八四《宦官傳》 先皇帝嗣位之始，年在幼沖，羣豎相推，奄專大政。於是毒流宇內，兵起山東，遷幸三川，幾淪神器。迴鑾之始，率土思安，而田令孜妬能忌功，遷搖近鎮，陳倉播越，患難相仍。洎朕纂承，益相侮慢，復恭、重遂逞其禍，道弼、季述繼其凶，幽辱朕躬，凌脅孺子。天復返正，罪己求安，兩軍內樞，一切假藉。韓全誨等每懷憤惋，曾務報讎，視將相若血仇，輕君上如木偶。未周星歲，竟致播遷；及在岐陽，過於羈紲。上憂宗社傾墜，下痛民庶流離，茫然孤居，無所控告。

帝王之爲治也，內有宰輔卿士，外有藩翰大臣，豈可令刑餘之人，參預大政？況此輩皆朕之家臣也，比於人臣之家，則奴隸之流。恣横如此，罪惡貫盈，天命誅之，罪豈能捨？横屍伏法，固不足矜，含容久之，亦所多愧。其第五可範已下，並宜賜死。其在畿甸同華、河中，並盡底處置訖。諸道監軍使已下，及管內經過並居停內使，敕到並仰隨處誅夷訖聞奏。已令準國朝故事，量留三十人，各賜黄絹衫一領，以備宫內指使，仍不得輒有養男。其左右神策軍，並令停廢。

無功食封論

論說

《舊唐書》卷八八《韋思謙傳》（景龍三年，韋嗣立上疏曰：）臣竊見食封之家，其數甚衆，昨略問戶部，云用六十餘萬丁。一丁兩匹，即是一百二十萬已上。臣頃在太府，知每年庸調絹數，多不過百萬，少則七八十萬已來，比諸封家，所入全少。倘有蟲霜旱潦，曾不半在，國家支供，何以取給？臣聞自封茅土，裂山河，皆須業著經綸，功申草昧，然後配宗廟之享，承帶礪之恩。皇運之初，功臣共定天下，當時食封才上三二十家，今以尋常特恩，遂至百家已上。國家租賦，太半私門。私門則資用有餘，國家則支計不足，有餘則或致奢侈，不足則坐致憂危，制國之方，豈謂爲得？封戶之物，諸家自徵，或是官典，或是奴僕，多挾勢騁威，凌突州縣。凡是封戶，不勝侵擾，或輸物多索裹頭，或相知要取中物，百姓怨歎，遠近共知。復有因將貨易，轉更生釁，徵打紛紛，曾不寧息，貧乏百姓，何以克堪。若必限丁物送太府，封家但於左藏請受，不得輒自徵催，則必免侵擾，人冀蘇息。

唐・杜佑《通典》卷一〇四《禮六四》 咸通三年，太常博士袁思古謚贈揚州大都督、高陽郡公許敬宗曰繆，議曰：『敬宗位以才昇，歷居清級，棄長子於荒徼，嫁少女於夷落。聞詩聞禮，事絕於趨庭；納採問名，唯聞於黷貨。白珪斯玷，有虧清塵，易名之典，須憑實行。』敬宗孫、太子舍人彥伯訴屈。戶部尚書戴至德問博士王福畤其故，答曰：『昔晉司空何曾，既忠且孝，徒以日食萬錢，所以貶為繆醜。況敬宗忠孝不逮於曾，飲食男女之累過之，而定謚為繆，無負於許氏矣。』詔令尚書省集五品以上重議。禮部尚書楊思敬議稱：按謚法既過能改曰恭，請謚為恭。

景雲元年，太常謚贈荊州大都督舒國公韋巨原曰昭，戶部員外郎李邕駁曰：『三思引之為相，阿韋託之為親，無功而封，無德而禄，同族則醜正安石，佗人則附邪楚客。謚之曰昭，良恐未當。』博士李處直請依前定。

宋·司馬光《資治通鑑》卷二〇九《唐紀二十五·中宗大和大聖大昭孝皇帝下》（景龍三年）三月，戊午，以宗楚客為中書令，蕭至忠為侍中，大府卿韋嗣立為中書侍郎、同中書門下三品，中書侍郎崔湜、趙彦昭並同平章事。崔湜通於上官昭容，故昭容引以為相。彦昭，張掖人也。

時政出多門，濫官充溢，人以為三無坐處，謂宰相、御史及員外官也。韋嗣立上疏，以為：『比者造寺極多，務取崇麗，大則用錢百數十萬，小則三五萬，無慮所費千萬以上，人力勞弊，怨嗟盈路。佛之為數，要在降伏身心，豈雕畫土木，相誇壯麗！萬一水旱為災，戎狄構患，雖龍象如雲，將何救哉！又，食封之家，其數甚衆，昨問戶部，云用六十餘萬丁，一丁絹兩匹，凡百二十餘萬匹。臣頃在太府，每歲庸絹，多不過百萬，少則六七十萬匹，比之封家，所入殊少。夫有佐命之勳，始可分茅胙土。國初，功臣食封者不過三二十家，今以恩澤食封者乃逾百數；國家租賦，太半私門，私門有餘，徒益奢侈，公家不足，坐致憂危，制國之方，豈謂為得！封戶之物，諸家自征，僮僕依勢，陵轢州縣，多索裹頭，轉行貿易，煩擾驅迫，不勝其苦。不若悉計丁輸之太府，使封家於左藏受之，於事為愈。又，員外置官，數倍正闕，曹署典吏，困於祇承，府庫倉儲，竭於資奉。又，刺史、縣令，近年以來，不存簡擇，京官有犯及聲望下者方遣刺州，吏部選人，衰耄無手筆者方補縣令。以此理人，何由率化！望自今應除三省、兩臺及五品以上清望官，皆先於刺史、縣令中選用，則天下理矣。』上弗聽。

戊寅，以禮部尚書韋温為太子少保、同中書門下三品，太常卿鄭愔為吏部尚書、同平章事。温，皇后之兄也。

太常博士唐紹以武氏昊陵、順陵置守戶五百，與昭陵數同，梁宣王、魯忠王墓守戶多於親王五倍，韋氏褒德廟衛兵多於太廟，上疏請量裁減；不聽。紹，臨之孫也。

又《睿宗玄真大聖大興孝皇帝上》（景雲元年）太平公主沈敏多權略，武后以為類己，故於諸子中獨愛幸，頗得預密謀，然尚畏武后之嚴，未敢招權勢；及誅張易之，公主有力焉。中宗之世，韋后、安樂公主皆畏之，又與太子共誅韋氏。既屢立大功，益尊重，上常與之圖議大政，每入奏事，坐語移時；或時不朝謁，則宰相就第咨之。每宰相奏事，上輒問：『嘗與太平議否？』又問：『與三郎議否？』然後可之。三郎，謂太子也。公主所欲，上無不聽，自宰相以下，進退係其一言，其餘薦士驟曆清顯者不可勝數，權傾人主，趨附其門者如市。子薛崇行、崇敏、崇簡皆封王，田園遍於近甸，收市營造諸器玩，遠至嶺、蜀，輸送者相屬於路，居處奉養，擬於宮掖。

任人唯親論

論說

宋·王欽若等《册府元龜》卷六六《帝王部·發號令第五》（長興二年）五月敕：國賴賢良，雖務搜揚之道，官繇請託；實開僥倖之門，蓋任不當材，則民將受弊，稍乖掄擇，大紊紀綱。近聞百執事等，或親居內職，或貴列廷臣，或因宣達君恩，或因勾當公事，經繇列鎮，干擾諸侯，指射職員，安排親昵。或潛申意旨，或顯發書題，苟徇私情，罔循公道，爭能峻阻，須至强行。遂使受命者負勢以臨人，得替者銜冤而去職。既虧慎舉，漸益躁求，務要肅清，當行釐革。自今已後，應內外臣寮，不計在朝出使，並不得輒發書題，及行所屬，於諸處亂安排人，宜令三司兼諸道節度防禦團練刺史等，或更有人，不畏新敕，猶躡舊踪者，並仰密具姓名聞奏發。薦人貶所在官，求薦人配流邊遠州縣，常知所在。如逐處長吏，自徇人情，顯違敕命，只仰被替本人詣闕上訴，勘問不虚，長吏罰兩月俸，罰薦人比前條更加一等。被替人不準是何職掌，卻令依舊勾當，仍從再勾當後三年內，除別顯有罪名外，不得妄有替移。其餘長興二年五月一日已前所犯，不在上訴之限。兼敕到後，但是州府，並於管驛處粉壁，具録敕命曉示，每令脩護，永使聞知。況國家懸爵待人，惟賢是舉，稍聞後乂，必令獎昇。其有端士正人，雄文大學，言可以經綸王道，行可以規矩人倫者，但當顯陳表章，明具論薦，名如得正，工不棄財。所務絶彼倖人，豈可滯諸賢者。

《舊唐書》卷九二《蕭至忠傳》至忠上疏陳時政，曰：臣聞王者列職分司，為人求理，求理之道，必在用賢。得其人則公務克修，非其才則厥官如曠。官曠則事廢，事廢則人殘，漸至淩遲，率由於此。頃者選曹授職，政事官人，或異才升，多非德進。皆因依貴要，互為粉飾，苟得即是，曾無遠圖，上下相蒙，誰肯言及？臣聞官爵者公器也，恩幸者私惠也，祇可金帛富之，粱肉食之，以存私澤也。若以公器為私用，則公議不行，而勞人解體；以小私而妨至公，則私謁門開，而正言路絕，僉人遞進，君子道消，日削月朘，卒見凋弊者，為官非其人也。昔漢館陶公主為子求郎，明帝謂曰：『郎官上應列宿，出宰百里，苟非其人，則人受其殃。』賜錢十萬而已。此即至公之道不虧，恩私之情無替，良史直筆，將為美談，於今稱之，不輟其口者也。當今列位已廣，冗員倍多，祈求未厭，日月增數。陛下降不貲之澤，近戚有無涯之請，賣官利己，鬻法徇私。臺寺之內，朱紫盈滿，官秩益輕，恩賞彌數。僉利之輩，冒進而莫識廉隅；方雅之流，知難而斂分丘隴。才者莫用，用者不才，二事相形，十有其五。故人不效力而官匪其人，欲求其理，實亦難哉。

臣竊見宰相及近侍要官子弟，多居美爵，此並勢要親戚，罕有才藝，遞相囑託，虛踐官榮。《詩》云：『東人之子，職勞不賚。西人之子，粲粲衣服。私人之子，百僚是試。或以其酒，不以其漿。鞙鞙佩璲，不以其長。』此言王政不平，衆官廢職，私家之子，列試於榮班，非任之人，徒長其飾佩。臣愚伏願陛下想居安思危之義，行改弦易張之道。愛惜爵賞，審量材識，官無虛授，人必為官，進大雅於樞近，退小子於閑僻，政令惟一，威恩以信，私不害公，情不撓法，則天下幸甚。臣伏見永徽故事，宰相子弟多居外職者，非直抑强宗、分大族，亦以退不肖、擇賢才。伏願陛下遠稽舊典，近遵先聖，特降明敕，令宰相已下及諸司長官子弟，並改授外官，庶望分職四方，共寧百姓，表裏相統，遐邇人安。

清・董誥等《全唐文》卷七一九《蔣防〈吏部議〉》 議曰：吏部擇才用之地，職在辨九流之清濁，擇四科之邪正，推忠良而進英傑，舉廉直而黜不職。夫天生萬民，樹之以元后；元后不能以獨任，故委之以羣吏；羣吏不能以自達，故係之以選部。選部者，風化之本源，人倫之砥礪也。書曰：知人則哲，能官人安民則惠。哲與惠，其選部之志歟！所謂羣吏者，君之耳目。君以衆耳聽天下之哀樂，則無遠不聞矣；君以衆目視天下之得失，則無遠不見矣。若以耳不為君之聰，目不為君之明，非羣吏之過。抑亦選部之過，其故何也？背輪轅之用，雜賢愚之迹，以至於此也。夫聖人求賢良而授之政事，非徒貴賢良之德義，蓋重元元之性命也。今之有司，罕通其意。每歲調天下之士，但考其書判，據其資格，為之品第，授之禄秩。先訪私家利便，次論俸錢之厚薄。多士盈庭而自售，若衆賈之徒市焉。豈銓綜人物，品藻英髦之所在也！是以天下百姓未臻於和樂者，職此之由矣。夫以一鏡之明，而照天下之形者，固難盡其妍媸，以一衡之平，而稱天下之輕重得，固難定其毫釐矣。

今每歲選人，請委州府長史先研其迹行，次考其渝濫。曾理務者，以恪勤廉慎為一科；處邱園者，以孝悌貞良為一科。著此二科，然後申送主司，按其詞而閱其材。材與行必良，則試之以理要，可觀則從而禄之，其郡府長史當校其殊考。若材行相反，朋黨相資則從而黜之，其郡府長史亦書以下考材。如此則天下之共公於選吏，吏部郎亦不敢私於天下矣。俾夫人顧行，行顧材，材顧禄，禄無虛授，人無苟得，廉耻之化行，貪競之風息矣。恭聞十目所視，十手所指，猶是非可辨，賢愚可驗。況用天下之目乎，況用天下之手乎？率是道而寮寀不得其人，風俗不致和平者，未之有也。

信讒從佞論

論説

唐・李翱《李文公集》卷九《疏屏奸佞》 臣聞孔子遠佞人，言不可以共為國也。凡自古奸佞之人可辨也，皆不知大體，不懷遠慮，務於利己，貪富貴，固榮寵而已矣。必好甘言諂辭，以希人主之欲，主之所貴，因而賢之，主之所怒，因而罪之，主好利，則獻蓄聚斂剥之計，主好聲色，則開妖艷鄭衛之路，主好神仙，則通燒鍊變化之術，望主之色，希主之意，順主之言，而奉承之。人主悦其不違於己，因而親之，以至於事失怨生而不聞也。若事失怨生而不聞，其危也深矣。自古奸邪之人，未有不如此者也。然則雖堯舜家為君，稷契為臣，而雜之以奸邪之人，則太平必不可興，而危事潛生矣。所謂奸邪之臣者，榮夷公、費無極、太宰嚭、王子蘭、王鳳、張禹、許敬宗、楊再思、李義府、李林甫、盧杞、裴延齡之比是也。奸佞之臣信用，大則亡國，小則壞法度而亂生矣。今之語者必曰：『知人邪正，是堯舜之所難也，焉得知其邪佞而去之邪？』臣以為察奸佞之人，亦有術焉。主之所欲，皆順不違，又從而承奉先後之者，此奸佞之臣也。不去之，雖用稷契為相，不能以致太平矣。故人主之任奸佞，則耳目壅蔽。耳目壅蔽，則過不聞而忠正不進矣。臣故曰：屏奸佞而不近，則視聽聰明。

《舊唐書》卷七八《于志寧傳》 承乾又令閹官多在左右，（于）志寧上書諫曰：臣聞堯稱稽古，功著於搜揚；舜曰聰明，績彰於去惡。然開元立極，布政辨方，莫不旌賁英賢，驅除不肖，理亂之本，咸在於茲。況閹宦之徒，體非全氣，便蕃階闥，左右宮闈，託親近以立威權，假出納以爲禍福。昔易牙被任，變起齊邦；張讓執鈞，亂生漢室。伊戾爲詐，宋國受其殃；趙高作姦，秦氏鍾其弊。加以弘、石用事，京、賈則連首受誅；王、曹掌權，何、竇則踵武被戮。遂使縉紳重足，宰司屏氣，然順其情者，則榮逮幼沖，迕其意者，則災及襁褓。爰曁高齊都鄴，亦弊閹官。鄧長顒位至侍中，陳德信爵隆開府，外干朝政，內預宴私，宗枝藉其吹噓，重臣仰其鼻息。罪積山岳，靡掛於刑書；功無涓塵，已勒於鍾鼎。富踰金穴，財甚銅山。是以家起怨嗟，人懷憤歎。骨鯁之士，語不見聽；謇諤之臣，言必被斥。齊都顛覆，職此之由。向使任諒直之臣，退佞給之士，據趙、魏之地，擁漳、滏之兵，修德行仁，養政施化，何區區周室而敢窺覦者焉？

然杜漸防萌，古人所以遠禍；以大喻小，先哲於焉取則。伏惟殿下道茂重離，德光守器，憲章古始，祖述前修，欲使休譽遠聞，英聲遐暢。臣竊見寺人一色，未識上心，或輕忽高班，凌轢貴仕，便是品命失序，綱紀不立，取笑通方之人，見譏有識之士。然典內職掌，唯在門外通傳，給使主司，但緣階闥供奉。今乃往來閤內，出入宮中，行路之人，咸以爲怪。伏望狎近君子，屏黜小人，上副聖心，下允衆望。

又 卷一二八《顏眞卿傳》 （顏眞卿上疏曰）御史中丞李進等傳宰相語，稱奉進止，緣諸司官奏事頗多，朕不憚省覽，但所奏多挾讒毀，自今論事者，諸司官皆須先白長官，長官白宰相，宰相定可否，然後奏聞者。臣自聞此語已來，朝野囂然，人心亦多衰退。何則？諸司長官皆達官也，言皆專達於天子也。郎官、御史者，陛下腹心耳目之臣也。故其出使天下，事無巨細得失，皆令訪察，迴日奏聞，所以明四目、達四聰也。今陛下欲自屏耳目，使不聰明，則天下何述焉？《詩》云：『營營青蠅，止于棘。讒言罔極，交亂四國。』以其能變白爲黑，變黑爲白也。詩人深惡之，故曰：『取彼讒人，投畀豺虎；豺虎不食，投畀有北。』則夏之伯明，楚之無極，漢之江充，皆讒人也，孰不惡之？陛下惡之，深得君人之體矣，陛下何不深迴聽察？其言虛誣者，則讒人也，因誅殛之；其言不虛者，則正人也，因獎勵之。陛下捨此不爲，使衆人皆謂陛下不能明察，倦於聽覽，以此爲辭，拒其諫諍，臣竊爲陛下痛惜之。

臣聞太宗勤於聽覽，庶政以理，故著《司門式》云：『其有無門籍人，有急奏者，皆令監門司與仗家引奏，不許關礙。』所以防壅蔽也。并置立仗馬二匹，須有乘騎便往，所以平治天下，正用此道也。天寶已後，李林甫威權日盛，羣臣不先諮宰相輒奏事者，仍託以他故中傷。猶不敢明約百司，令先白宰相。又閹官袁思藝日宣詔至中書，玄宗動靜，必告林甫。先意奏請，玄宗驚喜若神，以此權柄恩寵日甚，道路以目。上意不下宣，下情不上達，所以漸致潼關之禍。皆權臣誤主，不遵太宗之法故也。陵夷至于今日，天下之蔽，盡萃于聖躬，豈陛下招致之乎？蓋其所從來者漸矣。自艱難之初，百姓尚未凋弊，太平之理，立可便致。屬李輔國用權，宰相專政，遞相姑息，莫肯直言，大開三司，不安反側。逆賊散落，將士北走黨項，合集土賊，至今爲患。僞將更相驚恐，因思明危懼，扇動卻反。又今相州敗散，東都陷没，先帝由此憂勤，至於損壽，臣每思之，痛切心骨。

今天下兵戈未戢，瘡痏未平，陛下豈得不日聞讜言以廣視聽，而欲頓隔忠讜之路乎？臣竊聞陛下在陝州時，奏事者不限貴賤，務廣聞見，乃堯、舜之事也。凡百臣庶，以爲太宗之理，可翹足而待也。臣又聞君子難進易退，由此言之，朝廷開不諱之路，猶恐不言，況懷厭怠，令宰相宣進止，使御史臺作條目，不令直進。從此人人不敢奏事，則陛下聞見，只在三數人耳。天下之士，方鉗口結舌，陛下後見無人奏事，必謂朝廷無事可論，豈知懼不敢進，卽林甫、國忠復起矣。凡百臣庶，以爲危殆之期，又翹足而至也。如今日之事，曠古未有，雖李林甫、楊國忠猶不敢公然如此。今陛下不早覺悟，漸成孤立，後縱悔之無及矣。臣實知忤大臣者，罪在不測，不忍孤負陛下，無任懇迫之至。

賞罰不公論

論說

清・董誥等《全唐文》卷六二七《呂温〈復漢以粟為賞罰議〉》　議曰：先王賞以飾喜，罰以飾怒，喜必待功，而賞不僭行，怒必得罪，而罰無輕赦，其來尚矣。漢室雜霸道而隳王制，昧宏規而狃小利，俾人納粟，除罪拜爵。以罰人則廢法，以賞人則廢功，以儲蓄則廢本，是阻勞惠奸，而怠棄南畝也。何以言之？惟名與器，不可假人。而班爵於兼併之家，析圭於滯積之室，使屠沽賤隸，陵駕英豪，苟有懷廉恥之心，豈複致患難之死？雖月要天地，日誓山河，而賞不足以勸矣。天討有罪，刑茲無赦。而撓權於殘賊之徒，屈法於奸宄之黨，使凶人酷吏，言暴無傷，苟開必免之門，孰懲罔極之惡？雖臨以斧鉞，驅於鼎鑊，而刑不足以威矣。且朝縻好爵，以粟授受，國有常刑，以粟出入，貪利愛生之夫，孰不願空壟畝而貨圭組，竭倉廩而救死亡？拜爵者坐等封君，遂忘其本業；免罪者室如懸磬，曷保其生聚？雖使三公九卿，躬執耒耜，而嗇不可以務矣。於戲！賞罰者，君人之大柄；農嗇者，為國之永圖。忽而棄焉，曾不是念，而利乎國儲之塹實，兵食之僅濟，其何補歟？然而漢承秦弊，中國耗弱，高、惠務厥完輯，孝文守以恭儉，德未浹於海外，威未行於四夷，邊候猶聞擊柝，戎士不得解甲，晁錯是以有權宜之對，救弊之術，偷利於當代，幸成於一時。雖曰有因而為，終始識者之誚。國家體元御極，繼天而作，騰軼殷周，紹休唐虞，率我蒸人，登於壽域。王一變至於帝，帝一變至於皇，非大道之謨不聽，非聖德之猷不問。焉有襲近古之失策，採庸臣之詭論者哉？必患國廩猶虛，邊饋未繼，莫若興李悝之平糴，務充國之屯田，練將簡兵，以省軍費，輕徭薄賦，以悅人心。東作一興，西成再秩，則太倉之蓄如京矣，塞下之稼如雲矣。亦何必虧昭德塞違之道，墜信賞必罰之典？恐非聖唐經邦軌物之制也。

又　卷六五〇《元稹〈戒勵風俗德音〉》　朕聞昔者卿大夫相與讓於朝，士庶人相與讓於列，周成王刑措不用，漢文帝恥言人過，既理古也，朕甚慕焉。中代以還，爭端斯起，掩抑其言則專蔽，誘掖其說則欺誣，自非責實循名，不能彰善癉惡。故孝宣必有告訐及下，光武不以詭辭遽行，《語》稱訕上之非，律有匿名之禁，皆所以防三至之毀，重兩造之明。是以爵人於朝則皆勸，刑人於市則皆懼，罪有歸而賞當事也。末俗偷巧，內荏外剛，卿大夫無進思盡忠之誠，多退有後言之謗；士庶人無切磋琢磨之益，多銷鑠浸潤之讒；進則諛言諂笑以相求，退則羣居雜處以相議；留中不出之請，蓋發其陰私，公論不容之詞，實生於朋黨。擢一官則曰恩皆自我，黜一職則曰事出他門。比周之迹已彰，尚矜介特，由徑之蹤盡露，自謂貞方；居省寺者，不能以勤恪蒞官，而曰務從簡易，提紀綱者不能以準繩檢下，而曰密奏風聞；獻章疏者更相是非，備顧問者互有憎愛。苟非秦鏡照膽，堯羊觸邪，時君聽之，安可不惑？參斷一謬，俗化益訛，禍發齒牙，言生枝葉，率是道也，朕甚憫焉。我國家貞觀、開元，同符三代，風俗歸厚，禮讓偕行。兵興已來，人散久矣。始欲導之以德，不欲驅之以刑，然而信有未孚，理有未至，曾無耻格，益用雕刓，小則綜核之權，見侵於下輩，大則機樞之重旁撓於薄徒。尚念因而化之，亦既去其尤者，而宰臣等懼其浸染，未克澄清，備列祖宗之書，願垂戒勵之詔。遂申誥教，頗用殷勤，各當自省厥躬，與我同底於道。凡百多士，宜體朕懷。

宋・李昉等《文苑英華》卷七四九《牛希濟〈賞論〉》　賞勸之典，所以顯忠尊賢而待用□感人之心，使各盡其材，以顯於時以爲立身揚名之本。故冠冕衣服，車輅祭祀之儀，皆以品秩爲差。君子之人，其甘心焉。孜孜於善，希公朝之實禄賞，可以榮於家，可以榮於宗廟祖考。賞之義也大矣哉。今國家懸高科，虛重位，此文士之賞也。計首級，視所傷，此武士之賞也。文不中理，宗伯所棄。殺傷奔北，軍法所誅。擇善勸人，亦以明矣。衰世之中，文假他人之手，身居書辭之列，名陷澆浮之中，坐登卿相之位。射不穿札，生不見敵，榮持斧鉞之柄，行居將帥之任，皆藉累世之基業。或由勳伐之餘名，竊位尸祿，觀者憤歎而已。至有文之衰也，行爲四海推重，不成一名，不沾寸祿，老死凍餒之地。或有獻一書，陳一策，探治亂之精微，盡當特之利病，君上不省察，奸邪者深以爲嫌。縱未能顯加明誅，彷徨焉擠之於散冗，斥之於外任，不復省問，可勝言哉。武之衰也，弓聲劍氣，立爲勍敵，馳突擊刺於橫陣之前，出入如鬼神，謀取必勝，瘡痍遍於首面，身委卒伍之中，老棄瘦馬之列。或有破一大敵，擒一渠帥，賞不踰外藩之職，賜不越繒帛之微。捷聲已振於萬里，姓名未達於九重。降符節，益封土，翻爲統帥之福，豈不悲哉？文之求也，既不因於行藝，武之用也，又不因於材力。乃有温溲溺之器以媚黄門者，有繫鞋自名以從公相者，履歷官常出，入藩翰。其餘資材，以致名第，以榮郡邑者，不可遽數之。況時君幼主，有宴樂王堂，從禽豐草，發自愉悦之意，聽從左右之言，淫樂之叟，優倡之子，錫以朱紫，升於官秩。下致飛禽犬馬之微物，亦光於封賞。且國家以五岳四瀆，爲視公侯之秩，乃崇其禮，尊爵敬神之道也。今斯養禽獸之屬，皆列于官，與士君子比肩于朝，無神怨乎？故志士仁人，甘心草澤，没身白日，不復思用力，以在位者爲深耻。昔仲叔于奚救公孫文之患，請以繁纓假藉也，孔子猶曰：『不如多與之邑。』將以定求代之制，杜萌漸之謂也。漢明帝不以館陶子爲郎，寧賜之百萬。曰：『夫郎，出宰百里，上應列宿，不可虚授。』信夫爲中興之嗣也。且賞勸不恒，服章紊亂，君子在野，小人在朝，將難以守四海之業。若善人在位，紀綱大定，賞罰必中，百官稱職，天下焉能爲亂？足加其罪。有國家者，不以仁義，而務財利之道，許而行之，斯不可矣。不許而自行之，而不能知之，又不可矣。足亦覆國家者，不亦過乎？

貪贓枉法論

論說

《舊唐書》卷三七《五行志》 神龍元年七月二十七日，洛水漲，壞百姓廬舍二千餘家。詔九品已上直言極諫，右衛騎曹宋務光上疏曰：**【略】**

自數年已來，公私俱竭，戶口減耗。家無接新之儲，國無候荒之蓄。陛下不出都邑，近觀朝市，則以為率土之人，既康且富。及至踐閭陌，視鄉亭，百姓衣牛馬之衣，食犬彘之食，十室而九空，丁壯盡於邊塞，孤孀轉於溝壑，猛吏淫威奪其毒，暴征急政破其資。馬困斯跌，人窮乃詐，或起為奸盜，或競為流亡，從而刑之，良可悲也！臣觀今之甿俗，率多輕佻，人貧而奢不息，法設而偽不止。長吏貪冒，選舉私謁。樂多繁淫，器尚浮巧。稼穡之人少，商旅之人多。誠願坦然更化，以身先之，端本澄源，滌瑕蕩穢。接凋殘之後，宜緩其力役；當久弊之極，宜法訓敦龐。良牧樹風，賢宰垂化，十年之外，生聚方足，三代之美，庶幾可及。

宋·王欽若等《冊府元龜》卷五一一《貪污》 《詩》云：『貪人敗類』。《傳》云：『貪以敗官為墨』。蓋貪而不敗者，未始有也。夫小人縱欲棄義，貪冒崇侈，心甚丘壑，莫之盈厭，語利於市，猶為不可。況夫總筦權之任舉飛漕之職，內度經費，外調興賦，罔能避白圭之玷，全素絲之潔。惟以取舍由己，奢僭是圖，虐下以刑，傾衆以勢，侵盜於國，誅求於民，聚斂積實，不知紀極，以至苞苴盈門，簠簋不飭，罹罪罟伏歐刀而不悔，焉何狗財瀆貨之至是也？**【略】**唐吳裴，代宗時為舟水轉運使，襄王府司馬。大曆二年，與判官大理司直殷釪並坐贓，配流嶺外。裴等以戚屬得入中禁，妄陳利害，督錢穀之物，貪冒貨賄，更相糾，讁及訊鞫，奸贓悉露，帝深惡之。

《舊唐書》卷九八《盧懷慎傳》 （景龍中，盧懷慎上疏陳時政得失）臣聞天吏逸德，烈於猛火；貪人敗類，取興大風。則知冒于寵賂，侮於鰥寡，爲政之蠹，莫先于玆。臣竊見內外官人，有不率憲章，公犯贓污，侵牟萬姓，剝割蒸人，鞫按非虛，刑憲已及者，或俄復舊資，雖負殘削之名，還膺牧宰之任；或江、淮、嶺、磧，微示懲貶，而徇財黷貨，罕能悛革，委以共理，俟河之清。臣聞明主之於萬姓也，必暢以平分，而無偏施。若犯罪之吏，作牧遐方，便是屈法惠姦，恤近遺遠矣。凡左降之人，鮮能省過，必懷自棄，長惡滋深，則小州遠郡，蠻陬夷落，何負於聖化，獨受其弊政乎？昔孟嘗廉明，方臨合浦，隱之清絜，乃莅番禺。郅都之鎮靜朔方，耿恭之輯寧疏勒。誠則遐僻，必擇賢良，務以寧濟爲懷，豈以遐荒見隔？況邊徼之地，夷夏雜處，負險恃遠，易擾難安，彌藉循良，以寄綏撫。若委失其任，官非其才，凌虐黎庶，侵剝蕃部，小則坐致流亡，大則起爲盜賊。由此言之，不可用凡材，而況於猾吏乎？其內外官人，有犯贓賄推勘得實者，臣望請削迹簪裾，十數年間，不許齒録。《書》云：『旌別淑慝，黜陟幽明。』即其義也。若不循此道，去邪有疑，善政能官，甄獎或未之徧，擔贓負賄，僥倖或即蒙升，則賞罰無章，沮勸安寄？浮競之風轉扇，廉耻之行漸隤。其源不塞，爲蠹斯甚。

賣官鬻爵論

論說

唐·李德裕《會昌一品集·外集》卷三《食貨論》 人君不以聚貨制用之臣處將相弼諧之任，則奸邪無所容矣。左右貴幸，知所愛之人非宰相之器，以此職為發身之捷徑，取位之要津，皆由此汲引，以塞訕謗。領此職者，竊天子之財以為之賂，聚貨者所以得升矣。貴操其奇贏，乘上之急，售於有司，以取倍利，制用者所以得進矣。三司皆有官屬，分部以主郡國，貴幸得其寶賂，多托賈人汗吏處之，頗類牧羊而蓄豺，養魚而縱獺，欲其不侵不暴，焉可得也？故盜用貨泉，多張空簿，國用日蹙，生人日困。揚雄上書言漢武『運帑藏之財，填廬山之壑』，今貨入權門，甚於是矣。孟獻子有言：『與其有聚斂之臣，寧有盜臣。』子輿以利國為非，揚雄以榷酤興歎。稱其職者，必皆挾工商之術，有良賈之才，壽昌習分銖之事，宏羊析秋毫之數，小人以為能，君子所以不忍為也。卜式言：『天久不雨，獨烹宏羊天乃雨。』焉有仲尼之鳴鼓將攻，卜式之欲烹致雨，而反居相位？可為之甚痛哉！

宋·李昉等《文苑英華》卷六〇七《褚遂良〈請廢在官諸司捉錢表〉》 大唐制令，憲章古昔，商估之人，亦不居官位。陛下許諸司令史捉公廨本錢，諸司取此色人號爲捉錢令史。不簡性識，寧論書藝？但令身能估販，家足貲財，録牒吏部，便即依補。大率人捉五十貫已下，四十貫已上，任居市肆，恣其販易。每月納利四千，一年凡輸五萬，送利不違，年滿授職。然有國家者嘗笑漢世賣官，今開此路，頗類於此。在京七十餘司，相率司別九人，更一二載後，年別即有六百餘人輸錢授職。伏惟陛下治致升平，任賢爲政，或太學高第，或諸州進士，皆策同片玉，經若懸河，奉先聖之格言，慕昔賢之廉耻，拔十取五，量能授官。然犯禁違公，輒罹刑法。況乎捉錢令史，主於估販，志意分毫之末，耳目廛肆之間。輸錢於官，以獲品秩，荏苒年歲，陛下能不使用之乎？此人習與性成，慣於求利，苟得無耻，豈蹈廉隅？使居其職，何向而可？將來之弊，宜絕本源。臣每周游民間，爲國視聽，京師僚庶，爰及外官，異口同辭，咸言不便。臣無容靜嘿，輕敢表聞。伏願更敕朝臣，遣其詳録，輒煩聽覽，伏深戰慄。

又 卷七五七《牛希濟〈崔烈論〉》 然近之其人主，無桓靈之僻。自咸通之後，上自宰輔以取方鎮，下至牧伯縣令，皆以賂取。故中官以宰相爲時貨，宰輔以牧守爲時貨，銓注以縣令爲時貨，宰相若干萬緡，刺史若干千緡，令若干百緡，皆聲言於市井之人，更相借貸，以成其求。持權居任之日，若有所求足其欲，信又倍於科矣。爭圖之者，仍以多爲愈。彼以十萬，我以二十萬；彼以二十萬，我以三十萬。自宰邑用賄之法，爭相上下。復結駟連騎而往，觀其堆積之所，然後命官。權倖之門，明如交易。夫三公宰相，坐而論道，平治四海，調燮陰陽，爲造化之主；方鎮牧伯，天子藩屏，以固宗廟社稷之重；刺史縣令爲生民教化之首；率皆如是，不亡何待。度其心而聞其謀，即皆販婦之行。一錢之出，希十錢之入。十萬者望二十萬之獲，三十萬者圖六十萬之報。盡生民髮與骨髓，尚未足以厭其求。漢之亡也，人主爲之。國家之禍也，權倖爲之。或曰：『兆其釁者，崔氏之子。』爲不朽之罪人乎？武帝開之於前，桓靈成之於後，以至今日，鍾而行之而已。且烈之世，不聞教子以義方，不能遺子孫以清白。多藏若是，俸禄之所獲乎？不及於昆弟親戚矣，不施於鄰里鄉黨矣。其賄賂得之乎？今日用之以遠，不亦是乎？且桓靈之世，家諜且曰：『烈爲相矣。』不如是，則羣道之所奪，乃積之者過，非用之者罪也。被髮而祭於河者，辛有知其必戎，作俑者其無後乎？仲尼懼其徇葬，蓋知防其漸之日也。明明天子，許而行之，何罪之有？崔子素無異聞，貪榮固利者，小人之常也。

嗜利貪貨論

論説

唐・柳宗元《柳河東集》卷一九《永某氏之鼠》　永有某氏者，畏日，拘忌特甚。以為己生歲直子，鼠，子神也。因愛鼠，不畜貓犬，禁僮勿擊鼠。倉廩庖廚，悉以恣鼠不問。由是鼠相告，皆來某氏，飽食而無禍。某氏室無完器，椸無完衣，飲食大率鼠之餘也。晝累累與人兼行，夜則竊齧鬥暴，其聲萬狀，不可以寢，終不厭。數歲，某氏徙居他州。後人來居，鼠為態如故。其人曰：『是陰類惡物也，盜暴尤甚，且何以至是乎哉！』假五六貓，闔門，撤瓦灌穴，購童羅捕之。殺鼠如丘，棄之隱處，臭數月乃已。嗚呼！彼以其飽食無禍為可恒也哉！

又　卷二〇《吏商》　吏而商也，污吏之爲商，不若廉吏之商，其爲利也博。污吏以貨商，資同惡與之爲曹，大率多減耗，役傭工，費舟車，射時有得失，取貨有苦良，盜賊水火殺敓焚溺之爲患，幸而得利，不能什一二，身敗禄奪，大者死，次貶廢，小者惡，終不遂。污吏惡能商矣哉？廉吏以行商，不役傭工，不費舟車，無資同惡減耗，時無得失，貨無良苦，盜賊不得殺敓，水火不得焚溺，利愈多，名愈尊，身富而家强，子孫葆光。是故廉吏之商博也。苟修嚴潔白以理政，由小吏得爲縣，由小縣得大縣，由大縣得刺小州，其利月益各倍。其行不改，又由小州得大州，其利月益三之一。其行又不改，又由大州得廉一道，其利月益之三倍，不勝富矣。苟其行又不改，則其爲得也，夫可量哉？雖赭山以爲章，涸海以爲鹽，未有利大能若是者。然而舉世爭爲貨商，以故貶吏相逐於道，百不能一遂。人之知謀。好邇富而近禍如此，悲夫。或曰：『君子謀道不謀富，子見孟子之對宋牼乎？何以利爲也。』柳子曰：『君子有二道，誠而明者，不可教以利；明而誠者，利進而害退焉。吾爲是言，爲利而爲之者設也。或安而行之，或利而行之，及其成功一也。吾哀夫没於利者以亂人而自敗也，姑設是，庶由利之小大登進其志，幸而不撓乎下以成其政，交得其大利。吾言不得已爾，何暇從容若孟子乎？孟子好道而無情，其功緩以疏，未若孔子之急民也。』

清・董誥等《全唐文》卷八六七《楊夔〈較貪〉》　宏農子游下山之陰，遇鄉叟。巾不完，履不全，負薪仰天，吁而複號。因就訊諸，抑有喪而未備乎？抑有冤而莫訴乎？何聲之哀而情之苦耶？叟致薪而泣曰：『逋助軍之賦，男獄於縣，絕糧者三日矣，今將省之。前日之逋，已貨其耕犢矣。昨日之逋，又質其少女矣。今田瘠而貧，播之莫稔。貨之靡售，且以為助軍之賦，豈一一於軍哉？今十未有二三及於戎費，餘悉為外用。又黠吏貪官，盈縮萬變。去無所之，往無所資。非敢懷生，奈不死何？』宏農子聞其言，且助其歎。退而省於世，萬類中最為民害者，莫若虎之暴。將賦之以警貪吏，庶少救民病。是夕夢鷙獸而人言曰：『爾欲警於貪，將以吾為首。雖爾之潔，奈辱我之甚乎？』余曰：『賊人之畜，以自飽腹。爾不為貪哉？』獸曰：『不豢不農，何以給生？苟不捕野，無實吾嗛。吾以其飢而求食之，苟或一飽，則晏然匿迹，不為謀矣。豈爾曹智以役物，豢之畜之，畋之漁之，以給其茹也。桑之育之，經之營之，以供其用也。一物之可求，一貨之可圖，汲汲為謀，孜孜係心。如壑如溪，莫滿莫盈。豈與吾獲一飽則晏然熟寢，而欲比方哉？』宏農子驚而寤，諦而思。若然，則人不如獸也遠矣。

紀綱廢弛論

論說

《舊唐書》卷一〇〇《畢構傳》（景雲初，唐睿宗詔曰：）我國家創開天地，再造黎元，四夷來王，萬邦會至，置州立郡，分職設官。貞觀、永徽之前，皇猷惟穆；咸亨、垂拱之後，淳風漸替。征賦將急，調役頗繁，選吏舉人，涉於浮濫。省閣臺寺，罕有公直，苟貪祿秩，以度歲時。中外因循，紀綱弛紊，且無懲革，弊乃滋深。爲官既不擇人，非親卽賄；爲法又不按罪，作孽寧逃。貪殘放手者相仍，清白潔己者斯絕。蓋由賞罰不舉，生殺莫行，更以水旱時乖，邊隅未謐。日損一日，徵斂不休，大東小東，杼軸爲怨。就更割剝，何以克堪！

昔聞當官，以留犢還珠爲上；今之從職，以充車聯駟爲能。或交結富豪，抑棄貧弱；或矜假典正，樹立腹心。邑屋之間，囊篋俱委；或地有椿幹梓漆，或家有畜產資財；卽被暗通，並從取奪。若有固吝，卽因事以繩。粗杖大枷，動傾性命，懷冤抱痛，無所告陳。比差御史，委令巡察，或有貴要所囑，未能不避權豪；或有親故在官，又罕絕於顏面。載馳原隰，徒煩出使之名；安問狐狸，未見埋車之節。揚清激濁，涇、渭不分，嫉惡好善，蕭、蘭莫別。官守既其若此，下人豈以聊生。數年已來，凋殘更甚。

宋·李昉等《文苑英華》卷六二二《李綱〈論時事表〉》 臣綱言：臣伏見武德五年之後，四海初定，陛下自負太平，日就驕侈，傷於酒德，稍怠萬機，專與幸臣，日夕游宴，所重唯聲樂，所愛唯鷹犬。夷夏進送，道路不絕。又折辱功臣，多所輕侮。或發其微時細過，或加捶撻於殿庭，德澤漸虧，下將疑懼。而戚藩公主，皆逾憲式，嬪媛之家，多違法度，不加禁止，頗有侵漁，行路之間，非無諠籍。又皇太子令及秦齊二教，共詔敕並行，唯計日之先後，州郡之職，無所的從。授官分賞，在意所欲，不復論功伐，簡才行矣。加以每歲秋冬，田游無度，王公妃主，雜糅其間。或時逢考選，皆在原野。至於歷時不返，京邑略無居人。億兆失望，陰懷歎息。朝之綱紀，漸以弛紊。而陛下不悟政教日頹，在內不許論事，當朝略無諫者。愚臣竊懷懔畏，誠有危亡之慮，臣不敢不盡言，伏待刑憲。

唐·李德裕《會昌一品集》卷一〇《論朝廷事體狀》 右，臣等每蒙延英殿召對，獲聞聖言，常欲朝廷尊，臣下肅，此則是陛下深究為理之本。伏以管仲古之大賢，明於理國，其言可以為百代之法。管仲云：『凡軍國之重器，莫重於令。令重則君尊，君尊則國安。故安國在乎尊君，尊君在乎行令。明君察於理人之本，莫要於令。故曰虧令者死，益令者死，不行令者死，留令者死不從令者死，五者死而無赦。』又曰：『令雖在上，而論可與不可者在下，是上失其威，下係於人也。』自太和以來，風俗大壞，令出於上，非之者在下，此弊不除，無以理國。韋宏質所論宰相不合兼領錢谷，臣等敢以事體聞奏。昔匡衡云：『所以為大臣者，國家之股肱，萬姓所瞻仰，明王所慎擇也。』《傳》曰：『下輕其上爵，賤人圖柄臣，則國家動搖而人不靜矣。』今韋宏質受人教導，輒獻封章，則是賤人圖柄臣矣。臣等又以蕭望之是漢朝名儒重德，為御史大夫，奏云：『今首歲日月少光，咎在臣等。』上以望之意輕丞相，乃下侍中、御史中丞詰問。又貞觀中，監察御史陳師合上書云：『人之思慮有限，一人不可兼總數職。』太宗云：『此人妄有毀謗，止欲離間我君臣。』流師合於嶺表。又賈誼云：『人主之尊譬如堂，羣臣如陛，衆庶如地。』故陛九級，上廉遠地則堂高，陛無級，廉近地則堂卑，亦由將相重則君尊，其勢然也。如宰相有奸媒隱慝，則人人皆得上論，至於制置職業，固是人主之柄，非小人所得幹議。古者朝廷之士，各守其官，思不出位元，況韋宏質賤人，豈得以非所宜言，上黷明主，此是輕宰相矣。後漢太學諸生，頗干時政，其時謂之處士橫議，皆是亂風，深要懲絕。伏望陛下知其邪計從朋黨而來，每事明察，遏絕將來之漸，則朝廷安靜，邪黨自銷。

佞佛溺道論

論説

《舊唐書》卷九六《姚崇傳》 近日孝和皇帝發使贖生，傾國造寺，太平公主、武三思、悖逆庶人、張夫人等皆度人造寺，竟術彌街，咸不免受戮破家，爲天下所笑。經云：『求長命得長命，求富貴得富貴』，『刀尋段段壞，火坑變成池。』比求緣精進得富貴長命者爲誰？生前易知，尚覺無應，身後難究，誰見有徵。且五帝之時，父不葬子，兄不哭弟，言其致仁壽、無夭横也。三王之代，國祚延長，人用休息，其人臣則彭祖、老聃之類，皆享遐齡。當此之時，未有佛教，豈抄經鑄像之力，設齋施佛之功耶？《宋書·西域傳》，有名僧爲《白黑論》，理證明白，足解沈疑，宜觀而行之。

且佛者覺也，在乎方寸，假有萬像之廣，不出五藴之中，但平等慈悲，行善不行惡，則佛道備矣。何必溺于小説，惑於凡僧，仍將喻品，用爲實録，抄經寫像，破業傾家，乃至施身亦無所吝，可謂大惑也。亦有緣亡人造像，名爲追福，方便之教，雖則多端，功德須自發心，旁助寧應獲報？遞相欺誑，浸成風俗，損耗生人，無益亡者。假有通才達識，亦爲時俗所拘。如來普慈，意存利物，損衆生之不足，厚豪僧之有余餘，必不然矣。且死者是常，古來不免，所造經像，何所施爲？

夫釋迦之本法，爲蒼生之大弊，汝等各宜警策，正法在心，勿效兒女子曹，終身不悟也。吾亡後必不得爲此弊法。若未能全依正道，須順俗情，從初七至終七，任設七僧齋。若隨齋須布施，宜以吾緣身衣物充，不得輒用餘財，爲無益之枉事，亦不得妄出私物，徇追福之虚談。

道士者，本以玄牝爲宗，初無趨競之教，而無識者慕僧家之有利，約佛教而爲業。敬尋老君之説，亦無過齋之文，抑同僧例，失之彌遠。汝等勿拘鄙俗，輒屈於家。汝等身没之後，亦教子孫依吾此法云。

《舊唐書》卷一〇一《辛替否傳》（景龍年，辛替否上諫疏曰：）臣聞古人曰：『福生有基，禍生有胎。』伏惟公主陛下之愛女，選賢良以嫁之，設官職以輔之，傾府庫以賜之，壯第觀以居之，廣池籞以嬉之，可謂之至重也，可謂之至憐也。然而用不合於古義，行不根於人心，將恐變愛成憎，轉福為禍。何者？竭人之力，人怨也；費人之財，人怨也；奪人之家，人怨也。愛數子而取三怨於天下，使邊疆之士不盡力，朝廷之士不盡忠，人之散矣，獨持所愛，何所恃乎？向者魯王賞同諸壻，禮等朝臣，則亦有今日之福，無曩時之禍，人徒見其禍，不知禍之所來，所以禍者，寵愛過於臣子也。去年七月五日，已見其徵矣。而今事無改，更尚因循，棄一宅而造一宅，忘前禍而忽後禍。臣竊謂陛下憎之矣，非愛之也。

臣聞君以人爲本，本固則邦寧，邦寧則陛下夫婦、母子，長相保也。伏惟外謀宰臣，爲久安之計以存之，不使姦臣賊子以伺之。臣聞微不可不防，遠不可不慮，當今疆埸危駭，倉廩空虚，揭竿守禦之士賞不及，肝腦塗地之卒輸不充。而方大起寺舍，廣造第宅，伐木空山，不足充梁棟，運土塞路，不足充牆壁。誇古耀今，踰章越制，百僚鉗口，四海傷心。夫釋教者，以清淨爲基，慈悲爲主，故當體道以濟物，不欲利己以損人。故常去己以全眞，不爲榮身以害教；三時之月，掘山穿池，損命也；殫府虚帑，損人也；廣殿長廊，榮身也。損命則不慈悲，損人則不濟物，榮身則不清淨，豈大聖大神之心乎？臣以爲非眞教，非佛意，違時行，違人欲。自像王西下，佛教東傳，青螺不入於周前，白馬方行於漢後。風流雨散，千帝百王，飾彌盛而國彌空，役彌重而禍彌大。覆車繼軌，曾不改途，晉臣以佞佛取譏，梁主以捨身構隙。若以造寺必爲其理體，養人不足以經邦，則殷、周已往皆暗亂，漢、魏已降皆聖明；殷、周已往爲不長，漢、魏已降爲不短。臣聞夏爲天子二十餘代，而殷受之；殷爲天子二十餘代，而周受之；周爲天子三十餘代，而秦受之；自漢已後，歷代可知也。何者？有道之長，無道之短，豈因其窮金玉，修塔廟，方得久長之祚乎？

臣聞於經曰：『菩薩心住於法而行布施，如人入暗？卽無所見。』又曰：『一切有爲法，如夢幻泡影，如露亦如電。』臣以減雕琢之費，以賑貧下，是有如來之德；息穿掘之苦，以全昆蟲，是有如來之仁；罷營構之直，以給邊陲，是有湯、武之功；迴不急之禄，以購廉清，是有唐、虞之理。陛下緩其所急。急其所緩，親未來而疏見在，失眞實而冀虛無，重俗人之所爲，而輕天子之功業，臣竊痛之矣。當今出財依勢者，盡度爲沙門；避役姦訛者，盡度爲沙門；其所未度，唯貧窮與善人，將何以作範乎？將何以役力乎？臣以爲出家者，捨塵俗，離朋黨，無私愛。今殖貨營生，非捨塵俗；拔親樹知，非離朋黨；畜妻養孥，非無私愛；是致人以毀道，非廣道以求人。伏見今之宮觀臺榭，京師之與洛陽，不增修飾，猶恐奢麗。陛下尚欲填池壍，捐苑囿，以賑貧人無產業者。今天下之寺，蓋無其數，一寺當陛下一宮，壯麗之甚矣，用度過之矣。是十分天下之財，而佛有七八，陛下何有之矣？百姓何食之矣？雖以陰陽爲炭，萬物爲銅，役不食之人，使不衣之士，猶尚不給，況資於天生地養，風動雨潤，而後得之乎？臣聞國無九年之儲，國非其國。伏計倉廩，度府庫，百僚供給，百事用度，臣恐卒歲不充，況九年之積乎。一旦風塵再擾，霜雹薦臻，沙門不可擐干戈，寺塔不足攘饑饉，臣竊痛之矣。

宋·王欽若等《册府元龜》卷五五三《詞臣部·獻替第二》　陛下自纂帝圖，克崇佛事，止當脩外，未堪得中。今歷採本朝名臣有忠直裨於上者，輒思陳敍以補聖明。臣聞天后時，曾營大像，功踰百萬。狄仁傑上疏云：『夫寶絞彌于綴飾，環材竭于輪奐。功不使鬼，必在役人；物不天來，皆從地出。非損百姓，將何以求？生之則有時，用之則無度。臣每思維，實所悲痛。其如往在江表，像法盛興，梁武、簡文，捨施無限。及至二淮沸浪，五嶺騰烟。列刹盈衢，無救危亡之禍；緇衣蔽路，豈有勤王之師。況近年以來，風塵屢擾，水旱不節，征役稍繁。必若多費官錢，又苦人力，一隅有難，將何救之？』此切當之言一也。中宗時，公主外戚皆奏度僧，姚崇奏曰：『佛不在外，求之於心。佛圖澄最賢，無益於趙；羅什多藝，不救於秦。何充、符融，皆遭敗滅；齊襄、梁武，未免災殃。但發慈悲，行利益事，使蒼生安樂，即是佛身。』此切當之言二也。睿宗為金仙玉眞公主造大觀，辛替否諫曰：『自夏已來，淫雨不解，穀荒不壟，麥爛于場。入秋已來，亢旱成災，苗而不實，霜損蟲暴，草萊枯黃，下人咨嗟，未知賙賑。今陛下愛兩女為造兩觀，燒磚運木，載土填沙。道路流言，皆云計用錢百萬餘貫。伏惟陛下聖人也，遠無所不知；陛下明君也，細無所不見。既知且見，知倉有幾年之儲，庫有幾年之帛，知百姓之間，可存活乎？三邊之士，可轉輸乎？當今發一卒以禦邊陲，遣一兵以衛社稷，多無衣食，皆帶飢寒，賞賜之間，過無所出。軍旅驟敗，莫不繇斯。而乃以百萬貫錢，造無用之觀，以賈六合之怨，以違萬人之心乎。』此切當之言三也。又諫造寺曰：『夫釋教以清淨為基，以慈悲為主。故嘗體道以濟物，不利欲以損人。每去已以全眞，不營身以害教。今三時之月，築山穿池，損命也；殫虛盡帑，損人也；廣殿長廊，營身也。損命則不慈悲，損人則不濟物，營身則不清淨。豈大聖至仁之心乎？經曰：一切有為法，如夢幻泡影，如露亦如電。臣以為減琱琢之費，以賑貧人，是有如來之德；息穿掘之苦，以全昆蟲，是有如來之仁；罷營葺之直，以給邊陲，是有湯武之功；迴不急之祿，以購清廉，是有唐虞之理；陛下緩其所急，急其所緩，親未來而疏見在，失眞實而冀虛無，重俗人之所為，而輕天子之功業，臣實痛之。』此切當之言四也。臣觀仁傑天后、高宗朝上公也，元崇、先天開元中賢哲也。替否中宗、睿宗時直臣也。每覽斯文，則未嘗不廢卷長歎而感慕之。

法苛刑濫論

論　說

唐·柳宗元《柳河東集》卷一六《捕蛇者説》　永州之野產異蛇，黑質而白章，觸草木盡死，以齧人，無禦之者。然得而腊之以爲餌，可以已大風、攣踠、瘻、癘，去死肌，殺三蟲。其始，大醫以王命聚之，歲賦其二，募有能捕之者，當其租入，永之人爭奔走焉。有蔣氏者，專其利三世矣。問之，則曰：『吾祖死於是，吾父死於是，今吾嗣爲之十二年，幾死者數矣。』言之，貌若甚慼者。余悲之，且曰：『若毒之乎？余將告于蒞事者，更若役，復若賦，則何如？』蔣氏大戚，汪然出涕曰：『君將哀而生之乎？則吾斯役之不幸，未若復吾賦不幸之甚也。嚮吾不爲斯役，則久已病矣。自吾氏三世居是鄉，積於今六十歲矣，而鄉鄰之生日蹙。殫其地之出，竭其廬之入，號呼而轉徙，飢渴而頓踣，觸風雨，犯寒暑，呼嘘毒癘，往往而死者相藉也。曩與吾祖居者，今其室十無一焉；與吾父居者，今其室十無二三焉；與吾居十二年者，今其室十無四五焉，非死而徙爾。而吾以捕蛇獨存。悍吏之來吾鄉，叫囂乎東西，隳突乎南北，譁然而駭者，雖雞狗不得寧焉。吾恂恂而起，視其缶，而吾蛇尚存，則弛然而臥。謹食之，時而獻焉。退而甘食其土之有，以盡吾齒。蓋一歲之犯死者二焉，其餘則熙熙而樂，豈若吾鄉鄰之旦旦有是哉。今雖死乎此，比吾鄉鄰之死則已後矣，又安敢毒耶？』余聞而愈悲。孔子曰：『苛政猛於虎也。』吾嘗疑乎是，今以蔣氏觀之猶信。嗚呼。孰知賦斂之毒，有甚是蛇者乎。故爲之說，以俟夫觀人風者得焉。

宋·王欽若等《册府元龜》卷五四四《諫諍部·直諫第二》（魏靖）曰：臣聞國之綱紀，在乎降殺，理道攸寄，人命所懸。法務於寬，刑期尚簡，猶慮詆欺過制，旋濫不歸。臣遠睇前經，歷探故事，刑得其中，則風雨順而陰陽和；法失其宜，則怨濫興而災眚作。虐臣酷吏者，資矯佞以事君，行刻薄以臨下，矯佞似乎用意，刻薄類乎無私。侮憲害公，弄權撓法，倚深之奏。似公之請，既肆淫巧，理難聽察。其周興、來俊臣、丘勣、萬國俊、王弘義、侯思止、郭弘霸、李敬仁、彭先覺、王德壽、張知默者，既堯年四凶矣，恣愚騁暴，縱虐含毒，讎疾在位，安忍朝臣？罪逐法加，刑隨意改。當其時也，囹圄如市，朝廷以目。既而神靈不昧，冤魂有託，行惡期報，禍淫可徵，具嚴天刑，以懲亂首。臣竊見來俊臣身處極法者，以其羅織良善，屠陷忠賢，籍没以勸將來，顯戮以謝天下。臣又聞之道路，上至聖王，傍洎貴臣，明明有羅織事矣。俊臣既死，推者獲功，胡元禮超遷，裴談顯授，中外稱慶，朝廷載安。破其黨者，既能賞不逾時；被其陷者，豈可啣冤累歲？且稱反之徒，須得反狀，惟據口辨，即請行刑，拷楚妄加，疑笞何限？故徐有功以寬平而見忌，斛瑟羅以妓女而受拘，中外具知，枉直斯在，藉以為喻，其餘可詳。臣又聞之，郭弘霸自刺而唱快，萬國俊被遮而遽亡，霍獻可臨終膝拳於頂，李敬仁將死舌至於臍，皆衆鬼滿庭，羣妖橫道。推徵集應若響隨聲，備在人謠，不為虛說，伯有書見，殆無以過，此亦羅織之一據也。

清·董誥等《全唐文》卷八六七《楊夔〈公獄辨〉》紳先生牧於東郡，繩屬吏有公於獄者，某適次於座，承問諮其所以為公之道。先生曰：『吾每窺辭牒，意其曲直，指而付之，彼能立具牘，無不瞭吾意，亦可謂盡其公矣。』某居席之末，不敢以非是為決，因退而辯其公。

且《傳》曰：『君所謂否，臣獻其可。君所謂可，臣獻其否。』是謂彌縫其不至也。及君可亦可，君否亦否，故平仲罪邱據踵君之意，叔向譏欒王鮒從君者也。所以智詢於愚，以其或有得也。尺先其寸，或有長也。皆庸其涓滴，將助其廣大也。況末世纖狡，內外荏剛，烏有不盡其辭而能必究其情乎？使居上者得其情，屬踵而詰之，可謂合於理，未足言公也。忽居上者異於見，遠於理，亦隨而鞫之，取葉於意，所謂明於不法，烏可為公哉？且不師古之言，非不可為也，為之不能遠。不由禮之事，非不可行也，行之不能久。故君子盡心法古，動必本禮。將遠而不泥，久而不亂也。若乃告諸獄任意以為明，其屬犬旬已以為公。是使懷幸者有窺進之路，挾邪者有自容之門矣。矧叢棘之內，辛苦備至，何須而不克，而況承執政指其所欲哉？

嗚呼！欲人之隨意者，吾見亂其曲直矣。樂人之附已者，吾見汨其善惡矣。而猶伐其治，譽其公，無乃瞽者衒別諸五色乎？

空耗民力論

論說

《舊唐書》卷八九《狄仁傑傳》臣聞爲政之本，必先人事。陛下矜羣生迷謬，溺喪無歸，欲令像教兼行，覩相生善，非爲塔廟必欲崇奢，豈令僧尼皆須檀施？得栰尚捨，而況其餘。今之伽藍，制過宮闕，窮奢極壯，畫繢盡工。寶珠殫於綴飾，瓌材竭於輪奐。工不使鬼，止在役人；物不天來，終須地出。不損百姓，將何以求？生之有時，用之無度，編戶所奉，常若不充。痛切肌膚，不辭箠楚。游僧一說，矯陳禍福。翦髮解衣，仍慚其少。亦有離間骨肉，事均路人，身自納妻，謂無彼我。皆託佛法，詿誤生人。里陌動有經坊，闤闠亦立精舍。化誘倍急，切於官徵；法事所須，嚴於制敕。膏腴美業，倍取其多；水碾莊園，數亦非少。逃丁避罪，併集法門。無名之僧，凡有幾萬，都下檢括，已得數千。且一夫不耕，猶受其弊，浮食者衆，又劫人財，臣每思惟，實所悲痛。

往在江表，像法盛興，梁武、簡文，捨施無限。及其三淮沸浪，五嶺騰煙，列刹盈衢，無救危亡之禍；緇衣蔽路，豈有勤王之師？比年已來，風塵屢擾，水旱不節，征役稍繁，家業先空，瘡痍未復，此時興役，力所未堪。伏惟聖朝，功德無量，何必要營大像，而以勞費爲名？雖斂僧錢，百未支一。尊容既廣，不可露居，覆以百層，尚憂未徧，自餘廊廡，不得全無。又云不損國財，不傷百姓。以此事主，可謂盡忠？臣今思惟，兼採衆議，咸以爲如來設教，以慈悲爲主，下濟羣品，應是本心，豈欲勞人，以存虚飾？當今有事，邊境未寧，宜寬征鎮之徭，省不急之費。設令雇作，皆以利趨，既失田時，自然棄本。今不樹稼，來歲必饑，役在其中，難以取給？況無官助，義無得成，若費官財，又盡人力，一隅有難，將何救之？

宋·王欽若等《册府元龜》卷五四五《諫諍部·直諫第十二》　韋湊為太府少卿，太極初，睿宗為則天皇后於東都建荷澤寺，西京建荷恩寺，及金仙、玉眞公主出家造觀。湊上疏曰：臣聞諸《易》曰：『何以守位曰仁，何以聚人曰財。』然則非財無以建國，國之府庫，非自殖財，還資於人，賦斂而制也。人之貲產，非自然生，勞筋苦骨竭力而致也。人所以甘於征賦者，知用之不為私也。資以散人，人有何怨？若乃用之或不節，散之以非公，既盡而厚斂，則人不堪命，鮮不怨叛矣。歷觀古先有天下者，未嘗不以薄賦斂省徭役而興焉，征稅重人力殫而滅焉。並詳諸載籍，列為龜鏡。然囊以邊烽驟驚，戎幕薦興，每應機須，頗傾帑藏。臣竊計卽時庫物，如此常用，畧支一歲，殊恐不足。而觀寺興工，土木所料，動至巨萬，更空竭之，必不支年矣。頃年天下災損流行，乏絕稍多，申奏相繼，每延聖念，總令賑恤，更加賦稅，則人交不堪，衣食靡供，調斂安出？儻邊烽尚警，戎虜南牧，軍資糧用，將何以濟乎？此臣所以深憂也。今營觀寺者，蓋謂修德以禳災也。以臣寡聞，稽諸史冊，人君修德，有異於是。【略】且修德者，謂躋萬姓於仁壽，不狥私於一己。任忠直，退諂諛，省賦役也。自陛下御極，修之久矣，何災不禳？何祥不至？而欲忽生靈之重命，崇棟宇於空祠，適足為憂，何益聖德？此臣竊為陛下不取也。況道德之宗，興乎玄元皇帝。其經曰：『聖人後其身而身先，外其身而身存。以其無私，故能成其私。此乃抱素守眞，薄己厚物，轉稅節用，清淨無為之旨也。』今欲困人弊國，峻宇雕墻，思竭輪飾窮壯麗以希至道，其可得乎？近古以來，修黄老術者，漢之文景，豈造寺觀乎？惟寡欲清心，愛人省費，而時康俗阜，海內晏然，此得之矣，秦始皇規一身之樂，忘神器之危，銳意神仙，將圖羽化，此失之矣。伏願陛下究道家之旨，備不虞之機，緩非急之作，務實府庫，以育黎甿，則寶祚愈隆，寰瀛永久矣。臣伏見勑停金仙、玉眞兩觀，以救農時，可謂為得矣，今承使司市木仍舊，又大修觀內，所費不停，國用將空，何以克濟？支度一失，天下不安。

《舊唐書》卷八八《韋嗣立傳》　景龍三年，【略】時中宗崇飾寺觀，又濫食封邑者衆，國用虚竭。嗣立上疏諫曰：

臣聞國無九年之儲，家無三年之蓄，家非其家，國非其國。故知立國立家，皆資於儲蓄矣。夫水旱之災，關之陰陽運數，非人智力所能及也。堯遭大水，湯遭大旱，則知仁聖之君，所不能免，當此時，不至於困弊者，積也。今陛下倉庫之內，比稍空竭，尋常用度，不支一年。倘有水旱，人須賑給，徵發時動，兵要資裝，則將何以備之？其緣倉庫不實，妨於政化者，觸類而是。

臣竊見比者營造寺觀，其數極多，皆務取宏博，競崇瓌麗。大則費耗百十萬，小則尚用三五萬餘，略計都用資財，動至千萬已上。轉運木石，人牛不停，廢人功，害農務，事既非急，時多怨咨。故《書》曰：『不作無益害有益，功乃成；不貴異物賤用物，民乃足。』誠哉此言，非虚談也。且玄旨秘妙，歸於空寂。苟非修心定慧，諸法皆涉有爲。至如土木雕刻等功，唯是殫竭人力，但學相誇壯麗，豈關降伏身心？且凡所興功，皆須掘鑿，蟄蟲在土，種類實多，每日殺傷，動盈萬計，連年如此，損害可知。聖人慈悲爲心，豈有須行此事？不然之理，皎在目前。世俗衆僧，未通其旨，不慮府庫空竭，不思聖人憂勞，謂廣樹福田，卽是增修法教。倘水旱爲災，人至飢餒，夷狄作梗，兵無資糧，陛下雖有龍象如雲，伽藍概日，豈能裨萬分之一，救元元之苦哉？於道法既有乖，在生人極爲損，陛下豈可不深思之？

君子與小人論分部

論說

唐・羅隱《兩同書・眞僞第八》　夫主上不能獨化也，必資賢輔；物心不為易治也，方俟甄議。使夫小人退野、君子居朝，然後可為得矣。然則善惡相生，是非交蹂，形彰而影附，唇竭而齒寒，苟有其眞，不能無其偽也。是以歷代帝王統御家國，莫不側身馳心以恭英乂，及所封授，則猶是愚小；莫不攘臂切齒以疾奸佞，及所誅逐，則謬加賢良。此有識者之所嗟痛也。夫山雞無靈，買之者謂之鳳；野麟嘉瑞，傷之者謂之麏。然麟鳳有圖、麏雞無識，猶復以眞為偽、以偽為眞，況忠逆之情、靜躁之性，愚靖者類直，智狂者類賢，潔己者不能同人，犯顏者短於忤主。情狀無形象可見，心慮非視聽所知，欲使銀鉛不雜，淄澠殊味，其有得者，亦萬代之一遇也。是以吳用宰嚭，致戮於子胥；魯退仲尼，委政於季氏；秦誅白起以舉應侯，趙信郭開而殺李牧；卞和獻玉反遇楚刑，北郭吹竽濫食齊祿。若斯之類，寔繁有徒，然則所是不必眞，所非不必偽也。故眞偽之際有數術焉，不可不察也。何者？夫衆之所譽者不可必謂其善也，衆之所毀者不可必謂其惡也，我之所親者不可必謂其賢也，我之所疏者不可必謂其鄙也。何以明言？昔堯理洪水，伯鯀為衆所舉，而洪水莫除；魏伐中山，樂羊為衆所慢，而中山卒拔；鄧通延夢於漢主，而非傅說之才；屈原見逐於楚王，而無共工之罪。此則衆議不必是，獨見未為得也。是故明主疇咨在位，詳省已慮，先難而後易，考著以究微，使夫登用者不愧其賞，有罪者不逃其責，然後可為當矣。然則良馬驗之於馳驟，則駑駿可分，不藉孫陽之舉也；柔刃征之於斷割，則利鈍可見，不勞風胡之談也；苟有難知之人，試之以任事，則眞偽自辯，以塞天下之訟也。故先王之用人也，遠使之而觀其忠節，近使之而察其敬勤，令之以謀可識其智慮，煩之以務足見其材能，雜之以居視以貞濫，委之以利詳以貪廉，困窮要之以仁，危難思之以信，尋其行而探其性，聽其辭而別其情，盡呂尚之八徵，驗皋陶之九德，然後素絲皆染，白璧投泥而不渝；黃葉並凋，青松淩霜而獨秀。則偽者去而眞者得矣。故孔子曰：衆善者必察焉，衆惡者必察焉，其是之謂乎！

《新唐書》卷一七八《劉蕡傳》　臣前所謂「若夫任賢惕厲，宵衣旰食，宜黜左右之纖佞，進股肱之大臣」，實以陛下憂勞之至也。臣聞不宜憂而憂者，國必衰；宜憂而不憂者，國必危。陛下不以國家存亡、社稷安危之策而降於清問，臣未知陛下以布衣之臣不足與定大計耶？或萬機之勤有所未至也？不然，何宜憂而不憂乎？臣以為陛下所先憂者，宮闈將變，社稷將危，天下將傾，四海將亂。此四者，國家已然之兆，故臣謂聖慮宜先及之。夫帝業艱難而成之，固不可容易而守之。太祖肇其基，高祖勤其績，太宗定其業，玄宗繼其明，至於陛下，二百餘載，其間聖明相因，擾亂繼作，未有不用賢士、近正人而能興者。或一日不念，則顛覆大器，宗廟之耻，萬古為恨。臣謹按《春秋》，人君之道，在體元以居正。昔董仲舒為漢武帝言之略矣，有未盡者，臣得為陛下備論之。夫繼故必書即位，所以正其始也；終必書所終之地，所以正其終也。故為君者，所發必正言，所履必正道，所居必正位，所近必正人。《春秋》：「閽弑吳子餘祭。」書其名，譏疏遠賢士，昵刑人，有不君之道。伏惟陛下思祖宗開國之勤，念《春秋》繼故之誡。明法度之端，則發正言，履正道；杜篡弑之漸，則居正位，近正人。遠刀鋸之殘，親骨鯁之直，輔相得以顓其任，庶寮得以守其官。奈何以褻近五六人總天下大政，外專陛下之命，內竊陛下之權，威懾朝廷，勢傾海內，羣臣莫敢指其狀，天子不得制其心，禍稔蕭牆，奸生帷幄，臣恐曹節、侯覽復生於今日，此宮闈將變也。臣謹按《春秋》：「定公元年春王。」不言正月者，《春秋》以為先君不得正其終，則後君不得正其始，故曰「定無正」也。今忠賢無腹心之寄，閽寺專廢立之權，陷先帝不得正其終，致陛下不得正其始，況太子未立，郊祀未脩，將相之職不歸，名器之宜不定，此社稷將危也。臣謹按《春秋》：「王劄子殺召伯、毛伯。」《春秋》之義，兩下相殺不書。此書者，重其顓王命也。夫天之所授者在命，君之所存者在令。操其命而失之者，是不君也；侵其命而專之者，是不臣也。君不君，臣不臣，此天下所以將傾也。臣謹按《春秋》，晉趙鞅以晉陽之兵叛入於晉，書其歸者，能逐君側之惡以安其君，故《春秋》善之。今威柄陵夷，籓臣跋扈。有不達人臣大節，而首亂者將以安君為名；不究《春秋》之微，稱兵者在逐惡為義。則典刑不繇天子，征伐必自諸侯，此海内之將亂也。故樊噲排闥而雪涕，袁盎當車而抗辭，京房發憤以殞身，竇武不顧而畢命，此皆陛下明知之矣。臣謹按《春秋》，晉狐射姑殺陽處父，書襄公殺之者，以其君漏言也。襄公不能固陰重之機，處父所以及殘賊之禍，故《春秋》非之。夫上漏其情，則下不敢盡意；上泄其事，則下不敢盡言。故《傳》有造膝詭辭之文，《易》有失身害成之戒。今公卿大臣，非不欲為陛下言之，慮陛下不能用也。忽而不用，必泄其言，臣下既言而不行，必嬰其禍；適足鉗直臣之口，而重奸臣之威。是以欲盡其言則有失身之懼，欲盡其意則有害成之憂，裴回鬱塞，以須陛下感悟，然後盡其啟沃。陛下何不聽朝之餘，時御便殿，召當世賢相老臣，訪持變扶危之謀，求定傾救亂之術，塞陰邪之路，屏褻狎之臣，制侵陵迫脅之心，復門戶掃除之役，戒其所宜戒，憂其所宜憂。既不得治其前，當治於後；不得正其始，當正其終。則可以虔奉典謨，克承丕構，終任賢之效，無宵旰之憂矣。

政治理論辯駁部

凡聖關係論分部

論説

南唐·譚峭《化書》卷三《德化·五常》 儒有講五常之道者，分之為五事，屬之為五行，散之為五色，化之為五聲，俯之為五嶽，仰之為五星，物之為五金，族之為五靈，配之為五味，感之為五情。所以聽之者若醯雞之游太虛，如井蛙之浮滄溟，莫見其鴻濛之涯，莫測其浩渺之程。日暮途遠，無不倒行。殊不知五常之道一也，忘其名則得其理，忘其理則得其情。然後牧之以清靜，棲之以杳冥，使混我神氣，符我心靈。若水投水，不分其清；若火投火，不問其明。是謂奪五行之英，盜五常之精，聚之則一芥可包，散之則萬機齊亨。其用事也如酌醴以投器，其應物也如懸鏡以鑑形。於是乎變之為萬象，化之為萬生，通之為陰陽，虛之為神明。所以運帝王之籌策，代天地之權衡，則仲尼其人也。

唐·李翺《李文公集》卷二《復性書上》 人之所以為聖人者，性也。人之所以惑其性者，情也。喜怒哀懼愛惡欲，七者皆情之所為也。情既昏，性斯匿矣。非性之過也，七者循環而交來，故性不能充也。水之渾也，其流不清，火之煙也，其光不明，非水火清明之過，沙不渾，流斯清矣，煙不鬱，光斯明矣。情不作，性斯充矣。性與情不相無也。雖然，無性則情無所生矣。是情由性而生，情不自情，因性而情，性不自性，由情以明。性者天之命也，聖人得之而不惑者也；情者性之動也，百姓溺之而不能知其本者也。聖人者豈其無情邪？聖人者，寂然不動，不往而到，不言而神，不耀而光，製作參乎天地，變化合乎陰陽，雖有情也，未嘗有情也。然則百姓者，豈其無性者邪？百姓之性與聖人之性弗差也，雖然，情之所昏，交相攻伐，未始有窮，故雖終身而不自睹其性焉。火之潛於山石林木之中，非不火也；江河淮濟之未流而潛於山，非不泉也。石不敲，木不磨，則不能燒其山林而燥萬物；泉之源弗疏，則不能為江為河，為淮為濟，東匯大壑，浩浩蕩蕩，為弗測之深。情之動弗息，則不能復其性而燭天地，為不極之明。故聖人者，人之先覺者也。覺則明，否則惑，惑則昏，明與昏謂之不同。明與昏性本無有，則同與不同二者離矣。夫明者所以對昏，昏既滅，則明亦不立矣。是故誠者，聖人性之也，寂然不動，廣大清明，照乎天地，感而遂通天下之故，行止語默，無不處於極也。復其性者賢人，循之而不已者也，不已則能歸其源矣。《易》曰：『夫聖人者，與天地合其德，日月合其明，四時合其序，鬼神合其吉凶，先天而天不違，後天而奉天時。天且弗違，而況於人乎？況於鬼神乎？』此非自外得者也，能盡其性而已矣。子思曰：『唯天下至誠為能盡其性。能盡其性，則能盡人之性。能盡人之性，則能盡物之性。能盡物之性，則可以贊天地之化育。可以贊天地之化育，則可以與天地參矣。其次致曲，曲能有誠，誠則形，形則著，著則明，明則動，動則變，變則化，唯天下至誠為能化。』聖人知人之性皆善，可以循之不息而至於聖也，故制禮以節之，作樂以和之。安於和樂，樂之本也；動而中禮，禮之本也。故在車則聞鸞和之聲，行步則聞珮玉之音，無故不廢琴瑟，視聽言行，循禮而動，所以教人忘嗜欲而歸性命之道也。道者至誠也，誠而不息則虛，虛而不息則明，明而不息則照天地而無遺，非他也，此盡性命之道也。哀哉，人皆可以及乎此，莫之止而不為也，不亦惑邪？昔者聖人以之傳於顏子，顏子得之，拳拳不失，不遠而復其心，三月不違仁。子曰：『回也其庶乎屢空。』其所以未到於聖人者一息耳，非力不能也，短命而死故也。其餘升堂者，蓋皆傳也，一氣之所養，一兩之所膏，而得之者各有淺深，不必均也。子路之死也，石乞盂黶以戈擊之，斷纓，子路曰：『君子死，冠不免。』結纓而死。由也非好勇而無懼也，其心寂然不動故也。曾子之死也，曰：『吾求何焉，吾得正而斃焉，斯已矣。』此正性命之言也。子思仲尼之孫，得其祖之道，述《中庸》四十七篇，以傳於孟軻。軻曰：『我四十不動心。』軻之門人達者公孫丑、萬章之徒，蓋傳之矣。遭秦滅書，《中庸》之不焚者，一篇存焉。於是此道廢缺，其教授者，唯節行、文章、章句威儀、擊劍之術相師焉，性命之源，則吾弗能知其所傳矣。道之極於剥也必復，吾豈復之時邪？吾自六歲讀書，但為詞句之學，志於道者四年矣，與人言之，未嘗有是我者也。南觀濤江入於越，而吳郡陸傪存焉，與之言之，陸傪曰：『子之言，尼父之心也。東方如有聖人焉，不出乎此也，南方如有聖人焉，亦不出乎此也。惟子行之不息而已矣。』嗚呼，性命之書雖存，學者莫能明，是故皆入於莊、列、老、釋。不知者謂夫子之徒不足以窮性命之道，信之者皆是也。有問於我，我以吾之所知而傳焉，遂書於書，以開誠明之源，而缺絶廢棄不揚之道，幾可以傳於時，命曰《復性書》，以理其心，以傳乎其人。烏戲，夫子復生，不廢吾言矣。

又《復性書中》 或問曰：『人之昏也父矣，將復其性者，必有漸也，敢問其方。』曰：『弗慮弗思，情則不生，清既不生，乃為正思。正思者，無慮無思也。《易》曰：「天下何思何慮。」又曰：「閑邪存其誠」。《詩》曰：「思無邪。」』曰：『已矣乎？』曰：『未也，此齊戒其心者也，猶未離於靜焉。有靜必有動，有動必有靜，動靜不息，是乃情也。《易》曰：「吉凶悔吝，生於動者也。」焉能復其性邪？』曰：『如之何？』曰：『方靜之時，知心無思者，是齊戒也。知本無有思，動靜皆離，寂然不動者，是至誠也。《中庸》曰：「誠則明矣。」《易》曰：「天下之動，貞夫一者也。」』問曰：『不慮不思之時，物格於外，情應於內，如之何而可止也？以情止情，其可乎。』曰：『情者性之邪也，知其為邪，邪本無有。心寂不動，邪思自息。惟性明照，邪何所生？如以情止情，是乃大情也，情互相止，其有已乎？《易》曰：「顏氏之子，有不善未嘗不知，知之未嘗復行也。」《易》曰：「不遠復，無祇悔，元吉。」』問曰：『本無有思，動靜皆離，然則聲之來也，其不聞乎？物之形也，其不見乎？』曰：『不覩不聞，是非人也，視聽昭昭而不起於見聞者，斯可矣。無不知也，無弗為也。其心寂然，光照天地，是誠之明也。《大學》曰：「致知在格物。」《易》曰：「易無思也，無為也，寂然不動，感而遂通天下之故。非天下之至神，其孰能與於此？」』曰：『敢問：「致知在格物」何謂也？』曰：『物者萬物也，格者來也，至也。物至之時，其心昭昭然明辨焉，而不應於物者，是致知也，是知之至也。知至故意誠，意誠故心正，心正故身脩，身脩而家齊，家齊而國理，國理而天下平。此所以能參天地者也。《易》曰：「與天地相似，故不違，知周乎萬物，而道齊天下，故不過；旁行而不流，樂天知命，故不憂；安土敦乎仁，故能愛；範圍天地之化而不過，曲成萬物而不遺，通乎晝夜之道而知，故神無方而易無體。一陰一陽之謂道。」此之謂也。』曰：『生為我說《中庸》。』曰：『不出乎前矣。』曰：『我未明也，敢問何謂「天命之謂性？」』曰：『人生而靜，天之性也，性者天之命也。』『「率性之謂道」何請也？』曰：『率，循也，循其源而反其性者，道也。道也者，至誠也。至誠者，天之道也。誠者定也，不動也。』『「脩道之謂教」何謂也？』曰：『誠之者，人之道也。誠之者，擇善而固執之者也。脩是道而歸其本者明也。教也者，則可以教天下矣，顏子其人也。「道也者，不可須臾離也，可離非道也。」說者曰：其心不可須臾動焉故也。動則遠矣，非道也。變化無方，未始離於不動故也。「是故君子戒慎乎其所不覩，恐懼乎其所不聞，莫見乎隱，莫顯乎微，故君子慎其獨也。」說者曰：不覩之覩，見莫大焉，不聞之聞，聞莫甚焉。其心一動，是不覩之覩，不聞之聞也，其復之也遠矣。故君子慎其獨，慎其獨者，守其中也。』問曰：『昔之註解《中庸》者，與生之言皆不同，何也？』曰：『彼以事解者也，我以心通者也。』曰：『彼亦通於心乎？』曰：『吾不知也。』曰：『如生之言，脩之一日，則可以至於聖人乎？』曰：『十年擾之，一日止之，而求至焉，是孟子所謂以杯水而救一車薪之火也。甚哉。止而不息必誠，誠而不息必明，明與誠終歲不違，則能終身矣。造次必於是，顛沛必於是，則可次希於至矣。故《中庸》曰：「至誠無息，不息則久，久則徵，徵則悠遠，悠遠則博厚，博厚則高明。博厚所以載物也，高明所以覆物也，悠久所以成物也。博厚配地，高明配天，悠久無疆。如此者，不見而章，不動而變，無為而成，大地之道，可一言而盡也。」』問曰：『凡人之性，猶聖人之性歟？』曰：『桀紂之性，猶堯舜之性也。其所以不覩其性者，嗜欲好惡之所昏也，非性之罪也。』曰：『為不善者非性邪？』曰：『非也，乃情所為也。情有善有不善，而性無不善焉。孟子曰：「人無有不善，水無有不下。夫水，搏而躍之，可使過顙，激而行之，可使在山。是豈水之性哉，其所以導引之者然也。人之性皆善，其不善亦猶是也。」』問曰：『堯舜豈不有情邪？』曰：『聖人至誠而已矣。堯舜之舉十六相，非喜也。流共工，放驩兜，殛鯀，竄三苗，非怒也。中於節而已矣。其所以皆中節者，設教於天下故也。《易》曰：「知變化之道者，其知神之所為乎？」《中庸》曰：「喜怒哀樂之未發謂之中，發而皆中節謂之和。中也者，天下之大本也。和也者，天下之達道也。致中和，天地位焉，萬物育焉。」《易》曰：「唯深也，故能通天下之志；唯幾也，故能成天下之務；惟神也，故不疾而速，不行而至。」聖人之謂也。』問曰：『人之性猶聖人之性，嗜欲愛憎之心，何因而生也？』曰：『情者妄也，邪也。邪與妄則無所因矣。妄情滅息，本性清明，周流六虛，所以謂之能復其性也。《易》曰：「乾道變化，各正性命。」《論語》曰：「朝聞道，夕死可矣。」能正性命故也。』問曰：『情之所昏，性即滅矣，何以謂之猶聖人之性也？』曰：『水之性清澈，其渾之者沙泥也。方其渾也，性豈遂無有邪？久而不動，沙泥自沉。清明之性，鑑於天地，非自外來也。故其渾也，性本弗失，及其復也，性亦不生。人之性，亦猶水也。』問曰：『人之性本皆善，而邪情昏焉，敢問聖人之性，將復為嗜欲所渾乎？』曰：『不復渾矣。情本邪也，妄也，邪妄無因，人不能復。聖人既復其性矣，知情之為邪，邪既為明所覺矣，覺則無邪，邪何由生也？伊尹曰：「天之道，以先知覺後知，先覺覺後覺者也。予將以此道覺此民也，非予覺之而誰也？」如將復為嗜欲所渾，是尚不自覺者也，而況能覺後人乎？』曰：『敢問死何所之耶？』曰：『聖人之所不明書於策者也，《易》曰：「原始反終，」故知死生之說，「精氣為物，游魂為變」，是故知鬼神之情狀，斯盡之矣。子曰：「未知生，焉知死？」然則原其始而反其終，則可以盡其生之道。生之道既盡，則死之說不學而自通矣。此非所急也，子脩之不息，其自知之，吾不可以章章然言且書矣。』

又《復性書下》 晝而作，夕而休者，凡人也。作乎作者，與萬物皆作；休乎休者，與萬物皆休，吾則不類於凡人，晝無所作，夕無所休。作非吾作也，作有物；休非吾休也，休有物。作耶休耶？二者離而不存。予之所存者，終不亡且離也。人之不力於道者，昏不思也。天地之間，萬物生焉，人之於萬物，一物也，其所以異於禽獸蟲魚者，豈非道德之性乎哉？受一氣而成其形，一為物而一為人，得之甚難也。生乎世，又非深長之年也。以非深長之年，行甚難得之身，而不專專於大道，肆其心之所為，則其所以自異於禽獸蟲魚者亡幾矣。昏而不思，其昏也終不明矣。吾之生二十有九年矣，思十九年時如朝日也，思九年時亦如朝日也。人之受命，其長者是不過七十、八十、九十年，百年者則稀矣。當百年之時，而視乎九年時也，與吾此日之思于前也，遠近其能大相懸耶？其又能遠於朝日之時耶？然則人之生也，雖享百年，若雷電之驚相激也，若風之飄而旋也，可知耳矣。況千百人而無一及百年者哉。故吾之終日志於道德，猶懼未及也。彼肆其心之所為者，獨何人耶。

道器論分部

論說

唐·韓愈《韓昌黎文集》卷一《原道》 博愛之謂仁，行而宜之之謂義；由是而之焉之謂道，足乎己，無待於外之謂德。仁與義，為定名；道與德，為虛位。故道有君子小人，而德有凶有吉。老子之小仁義，非毀之也，其見者小也。坐井而觀天，曰「天小」者，非天小也；彼以煦煦為仁，孑孑為義，其小之也則宜。其所謂道，道其所道，非吾所謂道也；其所謂德，德其所德，非吾所謂德也。凡吾所謂道德云者，合仁與義言之也，天下之公言也；老子之所謂道德云者，去仁與義言之也，一人之私言也。周道衰，孔子没，火于秦，黄老于漢，佛于晉、魏、梁、隋之間，其言道德仁義者，不入于楊，則入于墨；不入于老，則入于佛。入于彼，必出于此。入者主之，出者奴之；入者附之，出者汙之。噫！後之人其欲聞仁義道德之説，孰從而聽之？老者曰：『孔子，吾師之弟子也。』佛者曰：『孔子，吾師之弟子也。』為孔子者，習聞其說，樂其誕而自小也，亦曰：『吾師亦嘗師之云爾』。不惟舉之於其口，而又筆之於其書。噫！後之人雖欲聞仁義道德之説，其孰從而求之？甚矣，人之好怪也！不求其端，不訊其末，惟怪之欲聞。

古之為民者四，今之為民者六；古之教者處其一，今之教者處其三。農之家一，而食粟之家六；工之家一，而用器之家六；賈之家一，而資焉之家六；奈之何民不窮且盜也！古之時，人之害多矣。有聖人者立，然後教之以相生養之道。為之君，為之師，驅其蟲蛇禽獸而處之中土。寒，然后為之衣，飢，然后為之食；木處而顛，土處而病也，然後為之宮室。為之工，以瞻其器用；為之賈，以通其有無；為之醫藥，以濟其夭死；為之葬埋祭祀，以長其恩愛；為之禮，以次其先後；為之樂，以宣其抑鬱；為之政，以率其怠勸；為之刑，以鋤其強梗。相欺也，為之符璽、斗斛、權衡以信之；相奪也，為之城郭、甲兵以守之。害至而為之備，患生而為之防。今其言曰：『聖人不死，大盜不止；剖斗折衡，而民不爭。』嗚呼，其亦不思而已矣！如古之無聖人，人之類滅久矣。何也？無羽毛鱗介以居寒熱也，無爪牙以爭食也。是故君者，出令者也；臣者，行君之令而致之民者也；民者，出粟米麻絲，作器皿、通貨財，以事其上者也。君不出令，則失其所以為君；臣不行君之令而致之民，民不出粟米麻絲，作器皿、通貨財，以事其上，則誅。今其法曰：必棄而君臣，去而父子，禁而相生養之道，以求其所謂清淨寂滅者。嗚呼！其亦幸而出於三代之後，不見黜於禹湯文武周公孔子也；其亦不幸而不出於三代之前，不見正於禹湯文武周公孔子也。

帝之與王，其號名殊，其所以為聖一也。夏葛而冬裘，渴飲而飢食，其事殊，其所以為智一也。今其言曰：『曷不為太古之無事？』是亦責冬之裘者曰：『曷不為葛之之易也？』責飢之食者曰：『曷不為飲之之易也？』《傳》曰：『古之欲明明德於天下者，先治其國；欲治其國者，先齊其家；欲齊其家者，先修其身；欲修其身者，先正其心；欲正其心者，先誠其意。』然則，古之所謂正心而誠意者，將以有為也。今也欲治其心，而外天下國家，滅其天常；子焉而不父其父，臣焉而不君其君，民焉而不事其事。孔子之作《春秋》也，諸侯用夷禮，則夷之；進於中國，則中國之。《經》曰：『夷狄之有君，不如諸夏之亡。』《詩》曰：『戎狄是膺，荆舒是懲。』今也，舉夷狄之法，而加之先王之教之上，幾何其不胥而為夷也！

夫所謂先王之教者，何也？博愛之謂仁；行而宜之之謂義；由是而之焉之謂道；足乎己，無待於外之謂德。其文《詩》、《書》、《易》、《春秋》，其法禮樂刑政，其民士農工賈，其位君臣、父子、師友、賓主、昆弟、夫婦，其服麻絲，其居宮室，其食粟米果蔬魚肉，其為道易明，而其為教易行也。是故以之為己，則順而祥；以之為人，則愛而公；以之為心，則和而平；以之為天下國家，無所處而不當。是故生則得其情，死則盡其常；郊焉而天神假，廟焉而人鬼饗。曰斯道也，何道也？曰斯吾所謂道也，非向所謂老與佛之道也。堯以是傳之舜，舜以是傳之禹，禹以是傳之湯，湯以是傳之文武周公，文武周公傳之孔子，孔子傳之孟軻，軻之死，不得其傳焉。荀與揚也，擇焉而不精，語焉而不詳。由周公而上，上而為君，故其事行；由周公而下，下而為臣，故其說長。

然則，如之何而可也？曰不塞不流，不止不行。人其人，火其書，廬其居，明先王之道以道之，鰥寡孤獨廢疾者有養也，其亦庶乎其可也？

又《外文附録・三器論》 歸天人之心，興太平之基，是非三器之能繫也。子不謂明堂天子布政者邪？周公、成王居之而朝諸侯，美矣，幽、厲居之，何如哉？子不謂傳國之璽帝王所以傳寶者邪？漢高、文、景得之而以為寶，美矣；新莽、胡石得之，何如哉？子不謂九鼎帝王之所謂神器邪？夏禹鑄之，周文遷之而為寶，美矣；桀癸、紂辛有之，何如哉？若然，歸天人之心，興太平之階，決非三器之所能也。夫帝王之聖者，卑宮室，賤金玉，斥無用之器，以示天下，貽子孫；而後王猶殫天下之土木不肯已，又安忍誇廣之尊其為明堂歟？若傳國璽之狂嬴賊新，童心侈意而為之，示既有之，不抵之足矣，稱其符瑞則未也。若九鼎之死，百牢不能膏其腹火，萬載不能黔其足，其烹飪祠之用又足取，豈不為無用之器哉？堯水滔天，人禽鬼神之居相混已；禹導川決水，以分神人之居，乃銷九金，乃鑄九鼎，儀萬有之族，露怪異之狀；其護人已，其救人已。後王決不如大禹識鬼神之狀，又無當時汩沒之危，而徒欲鬪金大廣器物，與夫墊巾效郭、異名同藺者，豈不遠哉！是亦見謬也。噫，不務其修誠於內，而務其盛飾於外，匹夫之不可，而況帝王哉！

唐・柳宗元《柳河東集》卷三《守道論》 或問曰：『守道不如守官，何如？』對曰：是非聖人之言，傳之者誤也。官也者，道之器也，離之非也。未有守官而失道，守道而失官之事者也。是固非聖人之言，乃傳之者誤也。夫皮冠者，是虞人之物也。物者，道之準也。守其物，由其準，而後其道存焉。苟捨之，是失道也。凡聖人之所以為經紀，為名物，無非道者。命之曰官，官是以行吾道云爾。是故立之君臣、官府、衣裳、輿馬、章綬之數，會朝、表著、周旋、行列之等，是道之所存也。則又示之典命、書制、符璽、奏復之文，參伍、殷輔、陪臺之役，是道之所由也。則又勸之以爵禄、慶賞之美，懲之以黜遠、鞭扑、梏拲、斬殺之慘，是道之所行也。故自天子至於庶民，咸守其經分，而無有失道者，和之至也。失其物，去其準，道從而喪矣。易其小者，而大者亦從而喪矣。古者居其位，思死其官，可易而失之哉？《禮記》曰：『道合則服從，不可則去。』孟子曰：『有官守者，不得其職則去。』然則失其道而居其官者，古之人不與也。是故在上不為抗，在下不為損，矢人者不為不仁，函人者不為仁，率其職，司其局，交相致以全其工也。易位而處，各安其分，而道達於天下矣。且夫官所以行道也，而曰守道不如守官，蓋亦喪其本矣。未有守官而失道，守道而失官者也。是非聖人之言，傳之者誤也，果矣。

唐・羅隱《兩同書・得失第七》 夫駒駼騁遠，必以四足之力；鸑鷟翔遐，莫非六翮之用也。是以聖人撫運、明主乘時，亦以杞梓之材，而為股肱之任。然則地有山川，其險可見；天有冬夏，其時可知。至於凡人之心，杳然無所，素王以之不測，帝堯猶以為難，將欲用之，不無得失也。何以言之？夫君者舟也，臣者水也，水能浮舟亦能覆舟，臣能輔君亦能危君，是以三傑用而漢興，六卿强而晉滅。陶朱在而越霸，田氏盛而齊亡。雖任是同，而成敗尤異也。夫人者奸宄無端，眞偽匪一，或貌恭而心慢，或言親而行違，或賤廉而貴貪，或貧貞而富黷，或慫大以求變，或位高而自疑，或見利而忘恩，或逃刑而構隙，此則蓍筮不足決、鬼神不能定。且利器者至重也，人心者難知也，以至重之利器假難知之人心，未明眞偽之情，徒信毁譽之口，有霍光之才者亦以得矣，有王莽之行者亦以失矣。是故考之於宗親，則管叔周公不無忠僻；驗之於戚屬，則竇嬰呂禄不無正邪。推之於功臣，則王陵黥布不無逆順；論之於故友，則樊噲盧綰不無去留；取以刀筆之能，則若張湯之欺誑；賞以頰舌之用，則厭主父偃之倒行；若智策有餘，則陳平不可獨任；若英謀出衆，則韓信慮其難制。夫天下之至大也，無其人則不可獨守，有其人則又恐為亂，亦何不取其才而不制其亂也。且夫毛髮植於頭也，日以櫛之；爪甲冠於指也，月以鑢之。爪之不鑢，長則不便於使也；發之不櫛，久則彌成於亂也。夫爪甲毛髮者近在己躬，本無情識，苟不以理，猶為之難，況於臣下非同體之物，人心有易遷之慮，委之以臧否，隨之以是非，蓋不可以容易也。是故逐長路者必在於駿馬之力，理天下者必求於賢臣之用。然駿馬苟馴，猶不可以無轡也；賢臣雖任，終不可以失權也。故夫御馬者，其轡煩則其馬蹀而不進，其轡縱則其馬驕而好逸，使夫縱不至逸、煩而每進者，唯造父之所能也；夫御臣者，其權峻則其臣懼而不安，其權寬則其臣慢而好亂，使夫寬而不至亂、峻而能安者，唯聖人之所明也。恐馬之多逸，捨馬而徒行，則長路不可濟也；懼臣之為亂，捨臣而獨任，則天下莫能理也。知馬之可乘而不執其轡，則不能禁其逸也；知臣之可用而不親其權，則不能止其亂也。是故項羽不用范增，是捨馬而徒行；漢帝雖有曹操，是乘馬而無轡。苟欲不敗，其可得乎！故孔子曰唯名與器不可以假於人，其是之謂歟！

質文論分部

論說

唐・劉知幾《史通・內篇・六家第一》 自古帝王編述文籍，《外篇》言之備矣。古往今來，質文遞變，諸史之作，不恒厥體。榷而爲論，其流有六，一曰《尚書》家，二曰《春秋》家，三曰《左傳》家，四曰《國語》家，五曰《史記》家，六曰《漢書》家。今略陳其義，列之於後。

又《言語第二十》 夫天地長久，風俗無恒，後之視今，亦猶今之視昔。而作者皆怯書今語，勇效昔言，不其惑乎！苟記言則約附《五經》，載語則依憑《三史》，是春秋之俗，戰國之風，亙兩儀而并存，經千載其如一，奚驗以今來古往，質文之屢變者哉？

唐・李華《李遐叔文集》卷二《質文論》 天地之道易簡，易則易知，簡則易從。先王質文相變，以濟天下。易知易從，莫尚乎質，質弊則佐之以文，文弊則復之以質。不待其極而變之，故上無從暴，下無從亂。《記》曰：『國奢則示之以儉，國儉則示之以禮。』禮謂易知易從之禮，非酬酢裼襲之煩也；儉謂易知易從之儉，非茅茨土簋之陋也。蓋達其誠信，安其君親而已。質則儉，儉則固，固則愚，其行也豐肥，天下愚極則無恩；文則奢，奢則不遜，不遜則詐，其行也痼瘠，天下詐極則賊亂。故曰不待其極而變之。固而文之，無害於訓人；不遜而質之，艱難於成俗。若不化而過，則愚之病，淺於詐之病也；無恩之病，緩於賊亂之極也。故曰莫尚乎奢也。奢而後化之，求固而不獲也。利害遲速，不其昭昭歟。前王之禮世滋，百家之言世益，欲人專一而不為詐，難乎哉。吉凶之儀、刑賞之級繁矣，使生人無適從。巧者弄而飾之，拙者眩而失守，誠偽無由明，天下浸為陂池，蕩為洪流，雖神禹復生，誰能救之？夫君人者修德以治天下，不在智，不在功，必也質而有制，制而不煩而已。太康，啓子、禹孫，當斯時，有堯舜遺人，親受禹之賜。國有羿奪，之內則夏之六卿，外則夏之四岳，而羿浞愚弄闘爭，內外默然，一以聽命，至少康艱難而後復國。由是觀之，則聖有謨訓何補哉？漢高除秦項煩苛，孝文玄默仁儉，斷獄幾措。及於武帝修三代之法，而天下荒耗，則文不如質明矣。漢氏雖歷產禄、吳楚之亂，而宗室異姓，同力合心，一舉而安。且漢德結於人心，不如夏家；諸吕吳楚之强，倍於羿浞。安漢至易，而復夏至難，何也？周德最深，周公大聖，親則管蔡為亂，遠則徐奄並興，四夷多難，復子明辟。兼虞夏商之典禮，後王之法備矣，太平之階厚矣，至成王季年而後理，惟康王垂拱，囹圄虛空。逮至昭王南征不返，因是陵夷，則郁郁之盛何為哉？周法六官備職，六宫備數，四時盛祭，車服盛飾。至於下國，方五十里，卿大夫士之多，軍師之衆。大聘小聘，朝覲會同，地狹人寡，不堪覲謁。大何得不亂？小何得不亡？《記》云：『周之人强仁窮賞罰。』故曰殷周之道，不勝其弊。考前後而論之，夏衰失於質而無制，周弱失於制而過煩故也。愚以為將求至理，始於學習經史。《左氏》、《國語》、《爾雅》、《荀》、《孟》等家，輔佐五經者也。及藥石之方，行於天下，考試仕進者宜用之。其餘百家之説、讖緯之書，存而不用。至於喪制之縟、祭禮之繁，不可備舉者宜省之，考求簡易、中於人心者以行之，是可以淳風俗，而不泥於坦明之路矣。學者局於恒教因循，而不敢失於毫釐，古人之説，豈或盡善？數骨肉之罪而褒叔向，不忍聞之言而書昭伯，敬龜筴之信而陳勾僂，使不仁之人萌芽賊心，而仁義之士閉目掩卷，何如哉？其或曲書常言，無裨世教，不習可也。則煩潰日亡，而易簡日用矣。海內之廣，億兆之多，無聊於煩彌，世曠久。今以簡質易煩文而便之，則晨命而夕周，踰年而化成。蹈五常，享五福，理必然也。孔子言『以約失之者鮮矣』，『與其不遜也寧固』，《傳》曰：『以欲從人則可』，《記》曰：『大樂必易，大禮必簡』，顏子曰：『無施勞』，經義可據也。如是為政者，得無以為惑乎？

唐・蘇源明《元包經傳》卷五《説源第十》　在昔哲王受明命，皆能變文質，順陰陽，大矣哉。此帝王之能事也。古者天生人而未樹之以君，上下交雜，品位紛錯。陰陽初分，文質未作，庖犧之王天下也。畫八卦法三才而一之，斯尚質之代也。自黄帝暨乎堯舜，垂衣裳而天下理。蓋取諸乾，則尚文也；取諸坤，則尚質也。通其變而使民不倦，神而化之，使人宜之，是以自天祐之，吉無不利。後夏有《連山》，殷有《歸藏》，周有《周易》，皆次不同，而算術各異，斯文質之更變也。仲尼有言：『其或繼周者，雖百世可知也。』斯則百王不易之道明矣。自茲以降，代歷千禩，人非一性，窮奢極麗，飫欲厭心，不能正本澄源，反文歸質，若河傾海覆，汎濫平陸，流盪無依，迄至今日而莫之變也。夫王者之有天下，必改正朔，易服色，以其既往者廢，將來者興。是以三皇之王，五帝之理，樂不相沿，禮不襲，且物極則反，理有固然，文質之體，其將變矣。喆人觀象立言，垂範作則，將以究索厥理，匡贊皇極。推吉凶於卦象，陳理亂於邦家，廣論《易》道，冀裨帝業，蓋時尚質之書也。嗚呼，採世人之訂，述作之意焉爾。

清・董誥等《全唐文》卷六二八《呂温〈人文化成論〉》　《易》曰：『觀乎人文，以化成天下。』能諷其言，蓋有之矣，未有明其義者也。嘗試論之。夫一二相生，大鈞造物，百化交錯，六氣節宣，或陰闔而陽開，或天經而地紀，有聖作則，實爲人文。若乃夫以剛克，妻以柔立，父慈而教，子孝而箴，此室家之文也。君以仁使臣，臣以義事君，予違汝弼，獻可替否，此朝廷之文也。三公論道，六卿分職，九流異趣，百揆同歸，此官司之文也。寬則人慢，糾之以猛，猛則人殘，施之以寬，寬以濟猛，猛以濟寬，此刑政之文也。樂勝則流，遏之以禮，禮勝則離，和之以樂，與時消息，因俗變通，此教化之文也。文者，蓋言錯綜庶績，藻繪人情，如成文焉，以致其理。然則人文化成之義，其在茲乎？而近代諂諛之臣，特以時君不能則象乾坤，祖述堯舜，作化成天下之文，乃旂常冕服章句翰墨爲人文也。遂使君人者浩然忘本，沛然自得，盛威儀以求至理，坐吟咏而待昇平，流盪因循，敗而未悟，不其痛歟！則秦漢魏晉，聲明文物，禮縟五帝，儀繁三王，可曰煥乎其有文章矣，何衰亂之多也？必以章句翰墨爲人文，則陳後主、隋煬帝，雍容綺靡，洋溢編簡，可曰文思安安矣，何滅亡之速也？核之以名義，研之以情實既如彼，較之以今古，質之以成敗又如此。《傳》不云乎，『經緯天地曰文』，《禮》不云乎，『文王以文治』，則文之時義大矣哉，焉可以名數末流，雕蟲小伎，厠雜其間乎。

又　卷七〇九《李德裕〈文章論〉》　魏文《典論》稱『文以氣爲主，氣之清濁有體』，斯言盡之矣。然氣不可以不貫，不貫則雖有英辭麗藻，如編珠綴玉，不得爲全璞之寶矣。鼓氣以勢壯爲美，勢不可以不息，不息則流宕而忘反，亦猶絲竹繁奏，必有希聲窈眇，聽之者悦聞，如川流迅激，必有洄洑逶迤，觀之者不厭。從兄翰常言『文章如千兵萬馬，風恬雨霽，寂無人聲』，蓋謂是矣。近世誥命，唯蘇廷碩叙事之外，自爲文章，才實有餘，用之不竭。沈休文獨以音韵爲切，重輕爲難，語雖甚工，旨則未遠矣。夫荆璧不能無瑕，隋珠不能無纇，文旨毁妙一作高妙，豈以音韵爲病哉？此可以言規矩之內，不可以言文章外意也。較其師友，則魏文與王、陳、應、劉討論之矣。江南唯於五言爲妙，故休文長於音韵，而謂『靈均以來，此秘未睹』，不亦誣人甚矣。古人辭高者，蓋以言妙而工，適情不取於音韵，意盡而止，成篇不拘於只耦，故篇無定曲，辭寡累句。譬諸音樂，古詞如金石琴瑟，尚於至音，今文如絲竹鞞鼓，迫於促節。則知聲律之爲弊也甚矣。世有非文章者，曰：『辭不出於風雅，思不越於《離騷》，模寫古人，何足貴也？』余曰：『譬諸日月，雖終古常見，而光景常新，此所以爲靈物也。』余嘗爲《文箴》，今載於此，曰：『文之爲物，自然靈氣。怳惚而來，不思而至。杼柚得之，淡而無味。琢刻藻繪，珍不足貴。如彼璞玉，磨礱成器。奢者爲之，錯以金翠。美質既雕，良寶所棄。』此爲文之大旨也。

公私關係論分部

論　說

唐・陸贄《翰苑集》卷一四《奉天請罷瓊林大盈二庫狀》　臣聞作法於凉，其弊猶貪；作法於貪，弊將安救？示人以義，其患猶私；示人以私，患必難弭。故聖人之立教也，賤貨而尊讓，遠利而尚廉。天子不問有無，諸侯不言多少，百乘之室，不畜聚斂之臣。夫豈皆能忘其欲賄之心哉？誠懼賄之生人心而開禍端，傷風教而亂邦家耳。是以務鳩斂而厚其帑櫝之積者，匹夫之富也。務散發而收其兆庶之心者，天子之富也。天子所作，與天同方，生之長之，而不恃其為；成之收之，而不私其有。付物以道，混然忘情，取之不為貪，散之不為費，以言乎體則博大，以言乎術則精微。亦何必撓廢公方，崇聚私貨，降至尊而代有司之守，辱萬乘以效匹夫之藏。虧法失人，誘姦聚怨，以斯制事，豈不過哉。今之瓊林、大盈，自古悉無其制，傳諸耆舊之説，皆云創自開元。貴臣貪權，飾巧求媚，乃言『郡邑貢賦所用，盍各區分？稅賦當委之有司，以給經用，貢獻宜歸乎天子，以奉私求。』玄宗悅之，新是二庫。蕩心侈欲，萌柢於茲。迨乎失邦，終以餌寇。《記》曰：『貨悖而入，必悖而出。』豈非其明效歟。陛下嗣位之初，務遵理道，敦行約儉，斥遠貪饕。雖內庫舊藏，未歸太府，而諸方曲獻，不入禁闈，清風肅然，海內丕變。議者咸謂漢文卻馬，晉武焚裘之事，復見於當今。近以寇逆亂常，鑾輿外幸，既屬憂危之運，宜增儆勵之誠。臣昨奉使軍營，出游行殿，忽覩右廊之下，牓列二庫之名，矍然若驚，不識所以。何則？天衢尚梗，師旅方殷，瘡痛呻吟之聲，噢咻未息，忠勤戰守之效，賞賚未行，而諸道貢珍，遽私別庫，萬目所視，孰能忍懷。竊揣軍情，或生觖望，試詢候館之吏，兼採道路之言，果如所虞，積憾已甚。或忿形謗讟，或醜肆謳謠，頗含思亂之情，亦有悔忠之意。是知甿俗昏鄙，識昧高卑，不可以尊極臨，而可以誠義感。頃者六師初降，百物無儲，外扞凶徒，內防危堞，晝夜不息，迨將五旬。凍餒交侵，死傷相枕，畢命同力，竟夷大艱。良以陛下不厚其身，不私其欲。絕甘以同卒伍，輟食以啗功勞。無猛制而人不攜，懷所感也；無厚賞而人不怨，悉所無也。今者攻圍已解，衣食已豐，而謠讟方興，軍情稍阻。豈不以勇夫恒性，嗜貨矜功，其患難既與之同憂，而好樂不與之同利，苟異恬默，能無怨咨？此理之常，固不足怪。《記》曰：『財散則民聚，財聚則民散。』豈非其殷鑑歟。衆怒難任，蓄怨終泄，其患豈徒人散而已，亦將慮有構姦鼓亂，干紀而强取者焉。夫國家作事，以公共為心者，人必樂而從之，以私奉為心者，人必咈而叛之。故燕昭築金臺，天下稱其賢；殷紂作玉杯，百代傳其惡。蓋為人與為已殊也。周文之囿百里，時患其尚小；齊宣之囿四十里，時病其太大，蓋同利與專利異也。為人上者，當辨察茲理，洒濯其心，奉三無私，以壹有衆。人或不率，於是用刑，然則宣其利而禁其私，天子所恃以理天下之具也。捨此不務，而壅利行私，欲人無貪不可得已。今茲二庫，珍幣所歸，不領度支，是行私也。不給經費，非宣利也，物情離怨，不亦宜乎。智者因危而建安，明者矯失而成德。以陛下天姿英聖，儻加之見善必遷，是將化蓄怨為銜恩，反過差為至當，促殄遺孽，永垂鴻名，易如轉規，指顧可致。然事有未可知者，但在陛下行與否耳。能則安，否則危；能則成德，否則失道。此乃必定之理也，願陛下慎之惜之。陛下誠能近想重圍之殷憂，追戒平居之專欲，器用取給，不在過豐，衣食所安，必以分下，凡在二庫貨，賄盡令出賜有功，坦然布懷，與衆同欲。是後納貢，必歸有司，每獲珍華，先給軍賞。環異纖麗，一無上供，推赤心於其腹中，降殊恩於其望外。將卒慕陛下必信之賞，人思建功；兆庶悅陛下改過之誠，孰不歸德。如此則亂必靖，賊必平，徐駕六龍，旋復都邑，興行墜典，整緝棼綱，乘輿有舊儀，郡國有恒賦，天子之貴，豈當憂貧？是乃散其小儲而成其大儲也，損其小寶而固其大寶也，舉一事而衆美具，行之又何疑焉？悋少失多，廉賈不處，溺近迷遠，中人所非。況乎大聖應機，固當不俟終日。

唐・皇甫湜《皇甫持正集》卷四《論進奉書》　臣聞一人莫非王臣，尺土莫非王有，山川林藪之所產殖，雨露春秋之所成就，莫非王財，誠宜推至公示無外。今國家既有公府，又為私藏，使州郡貢賦之外，進奉相及，恐非以天下為家，示天下無私之道也。且任土之貢，生產有常，履畝之收等，籍既定，人識所出，吏難為姦；進奉既無度程，莫知紀極，恣橫徵發，因緣贓私，黷陛下赤子，措之不存之地，侈君之嗜欲。惑君之聰明，實大姦之門，大罪之竇也。臣雖熟知陛下上聖之資，深仁之理，凡內藏之實，以充醮賜，非務積藏，如四遠未知何？如百姓受弊何？如後嗣平中之主由此而傷儉德萌侈心何？雖漢有少府水衡，筦搉山澤之利，終不若領之大農也。且地之財無盡，王之用不會，何必固之內府，以開濫関邪？伏望陛下罷內府歸之公藏，約別進合之古制，徵斂有常，財用無虧，絕姦之根源，除政之秕蠹，全大體，興大和，天下大幸。伏見正月十一日赦書，陛下深念疲民，懇責貪吏，往之隨使貢來，一皆罷之，此實白日之明，曾雲之澤也。凡諸州府，必有羨餘，不歸之王庭，必没於私室。伏請每使當罷，必上其數而謹其收。水旱之不虞，疾疫之不期，以振罷羸，以代蠲免，軍旅之事，工役之用，以給其費，以供其須；居常之歲，閉藏送待，無敢散洩而干刑司。如是則大賴於人，大伸於用矣。

唐·柳宗元《柳河東集》卷三《辨侵伐論》 《春秋》之說曰：『凡師有鍾鼓曰伐，無曰侵。』《周禮大司馬》九伐之法曰：『賊賢害人，則伐之，負固不服，則侵之。』然則所謂伐之者，聲其惡於天下也。聲其惡於天下，必有以猒于天下之心，夫然後得行焉。古之守臣，有朘人之財，危人之生，而又害賢人者，內必棄於其人，外必棄於諸侯，從而後加伐焉，動必克矣。然猶校德而後舉，量力而後會，備三有餘，而以用其人。一曰義有餘，二曰人力有餘，三曰貨食有餘。是三者大備，則又立其禮，正其名，修其辭。其害物也小，則誥誓徵令不過其鄰；雖大，不出所暴；非有逆天地橫四海者，不以動天下之師。故師不踰時而功成焉。斯為人之舉也，故公之。公之，而鍾鼓作焉。夫所謂侵之者，獨以其負固不服而壅王命也。內以保其人，外不犯於諸侯，其過惡不足暴於天下，致文告，修文德，而又不變，然後以師問焉。是為制命之舉，非為人之舉也，故私之。私之，故鍾鼓不作。斯聖人之所志也。周道既壞，兵車之軌交於天下，而罕知侵伐之端焉。是故以無道而正無道者有之，以無道而正有道者有之，不增德而以遂威者又有之，故世日亂。一變而至於戰國，而生人耗矣。是以有其力，無其財，君子不以動衆；有其力，有其財，無其義，君子不以帥師。合是三者，而明其公私之說，而後可焉，嗚呼！後之用師者，有能觀乎侵伐之端，則善矣。

宋·李昉等《文苑英華》卷三六四《牛僧孺〈私辨〉》 近古之人所謂私者，為苟萃於利，苟處於逸，苟潤其屋者也。僧孺以為斯皆小人之私，非聖人之私也。夫聖賢無私，而不自知其私也。何者？必公其身而私於人，是不私一身而使天下私之也。胡以言之，夫嬰兒見保傅之母，則咤然而識，非有知而親之，利其乳而私之也；櫪馬見厮養之夫，則奮然而嘶，非有知而親之，利其芻粟而私之也。夫天下之人，非復乳孩櫪馬之愚也，苟有公其身而利之者，孰不利而私之乎，故賢君良臣，必私天下而公其身，故天下之人皆私而親之；暗君愚臣，必公天下而私其身，故天下之人皆公而疏之。人疏之者多，故天下任其亡也；親之者多，故天下欲其昌也。昔大禹之手足胼胝，是公其身於理水也；咎繇之謇明弼諧，是公其身於規諫也；傅說之對揚王庭，是公其身於輔佐也；周公之吐握勤儉，是公其身於禮賢也；宣父之作《春秋》刪《詩》、《書》，是公其身於垂教也。故有夏之人思大禹之功，有虞之人思皐陶之直，有殷之人思傅說之政，有周之人思周公之勤，有道之人思宣父之教，或開國之尊其嗣而私之，或建祠崇其像而私之。至於殷辛之聚財鹿臺，是以天下之利私於己也，故天下公而疏之；秦始皇之廢棄諸侯，是以天下之爵私於身也，故天下亦公而疏之，故武王公天下之財而散之，而天下之兆庶皆私而親之；高皇帝公天下之爵而封之，而天下之英雄亦皆私而親之。是以自私者，人公而亡也；自公者，人私而昌也。夫聖賢非必公其身，私在其中，不得不公也；天下非必私於一人，公在其中，不得不私也。余謂亡國之君，亡家之臣，亡身之人，俱不得私之道也，非聖賢之無私也。

君子小人關係論分部

論說

唐・吴兢《貞觀政要》卷五《論誠信》 貞觀十一年，時屢有閹宦充外使，妄有所奏發，太宗怒。魏徵進曰：『閹豎雖微，狎近左右，時有言語，輕而易信，浸潤之譖，為患特深。今日之明，必無所慮，為子孫教，不可不杜絶其源。』太宗曰：『非卿，朕安得聞此語？自今已後，充使宜停。』魏徵因上疏曰：

臣聞為人君者，在乎善善而惡惡，近君子而遠小人。善善明，則君子進矣；惡惡著，則小人退矣。近君子，則朝無粃政；遠小人，則聽不私邪。小人非無小善，君子非無小過。君子小過，蓋白玉之微瑕；小人小善，乃鉛刀之一割。鉛刀一割，良工之所不重，小善不足以掩衆惡者；白玉微瑕，善賈之所不棄，小疵不足以妨大美也。善小人之小善，謂之善善，惡君子之小過，謂之惡惡，此則蒿蘭同臭，玉石不分，屈原所以沉江，卞和所以泣血者也。既識玉石之分，又辨蒿蘭之臭，善善而不能進，惡惡而不能去，此郭氏所以為墟，史魚所以遺恨也。

陛下聰明神武，天姿英叡，志存泛愛，引納多途，好善而不甚擇人，疾惡而未能遠佞。又出言無隱，疾惡太深，聞人之善或未全信，聞人之惡以為必然。雖有獨見之明，猶恐理或未盡。何則？君子揚人之善，小人訐人之惡。聞惡必信，則小人之道長矣；聞善或疑，則君子之道消矣。為國家者，急於進君子而退小人，乃使君子道消，小人道長，則君臣失序，上下否隔，亂亡不卹，將何以理乎？且世俗常人，心無遠慮，情在告訐，好言朋黨。夫以善相成謂之同德，以惡相濟謂之朋黨。今則清濁共流，善惡無別，以告訐為誠直，以同德為朋黨。以之為朋黨，則謂事無可信；以之為誠直，則謂言皆可取。此君恩所以不結於下，臣忠所以不達於上。大臣不能辯正，小臣莫之敢論，遠近承風，混然成俗，非國家之福，非為理之道。適足以長姦邪、亂視聽，使人君不知所信，臣下不得相安。若不遠慮，深絶其源，則後患未之息也。今之幸而未敗者，由乎君有遠慮，雖失之於始，必得之於終故也。若時逢少隳，往而不返，雖欲悔之，必無所及。既不可以傳諸後嗣，復何以垂法將來？且夫進善黜惡，施於人者也；以古作鑑，施於己者也。鑑貌在乎止水，鑑己在乎哲人。能以古之哲王，鑑於己之行事，則貌之妍醜宛然在目，事之善惡自得於心，無勞司過之史，不假芻蕘之議，巍巍之功日著，赫赫之名彌遠。為人君者，可不務乎？

唐・李翺《李文公集》卷四《從道論》 中才之人，拘於書而惑於衆。《傳》言『違衆不祥』，《書》曰『三人占，則從二人之言』，翺以為言出於口，則可守而為常。則中人之惑者多矣。何者？君子從乎道也，不從乎衆也。道之公，余將是之，豈知天下黨然而非之；道之私，余將非之，豈知天下黨然而是之。將是之，豈圖是之之利乎；將非之，豈圖非之之害乎？故大道可存，是非可常也。小人則不然，將是之，先懼其利己；將非之，先怖其害已。然則遠害者心是而非之，眩利者心非而是之。故大道喪，是非汩，人倫壞，邪説勝。庸可使衆言必聽，衆違必從之耶？且夫天下蚩蚩，知道者幾何人哉？使天下皆賢人，則從衆可也；使天下賢人二，小人三，其可以從乎？況貪人以利從，則富者之言勝；柔人以生從，則威者之言勝；中人以名從，則狷者之言勝。而君子之處衆，則諄諄然如愚，怡怡然如卑，當言而默者三，游同而器異則默，待近而責遠則默，事及而時未則默。小人俱不然。所以君子慎言，而小人飾言，君子俟時，而小人徇時也。然則君子默於衆，小人默於獨，皆事勢牽之，豈心願耶？學而從之者，得以擇之矣。嗚呼。治世少而亂世多，賢一伸而邪百勝，在上者言貴和而不貴正，在下者言貴從而不貴得，設使一室之中，一人唱而十人和，一人訥，則雖欲言之，羣而詵之矣。是則和者人之喜，默者人之怒，吾寧從道而罹怒乎？寧違道而從衆乎？斯所謂辨難易而擢是非矣。或曰：『衆可違而不可從，必乎？』曰：未也。君子怯於名而勇於實，吾非衆之首，衆非吾必從，君子完其力而已，則奚以違？理不吾之問，辭非人必從，君子耳其聲而已，則奚以違？所謂君子者，進退周旋，羣獨語默，不失其正而不罹其害者，蓋在此而已矣。

唐·皇甫湜《皇甫持正集》卷一《明分》 天下之是非繫於人，不懸於迹，一於分，不定於所為。孰謂人？君子、小人是也；孰謂分？君子、小人之別是也。彼誠君子矣，為之無不是；彼誠小人矣，動而之非。故君子指人之過為嫉惡，譽人之善為樂賢，言己之光美擬於堯禹，參於天地為昌言，順則為周公，變則為伊尹。其心定矣其歸一矣，雖萬殊百化，一於君子而已。所謂左之右之，君子宜之，右之左之，君子有之。小人者不然，其過人為毀訾，其譽人為比周，言己之光美矜誇，變則為賊，順則為偽。其心定矣，其歸一矣，雖萬殊百化，一於小人而已。所謂天下之惡皆歸焉。余故曰：天下是非繫於人，不懸於迹，一於分，不定於所為。横天地，絕古今，人之所由者，二而已。

宋·李昉等《文苑英華》卷三六五《韋端符〈君子無榮辱解〉》 所謂榮與辱者，賢不肖之辨也。朝暮之所存也，君子、小人所以異道而殊名也。君子無榮辱，小人有辱而無榮。志意脩，術業明，德行備飾，是榮之員內者也。由之而爵列尊，穀祿厚，無擇而不宜，是榮之自外者也。君子有諸內而外者至焉。猶是藝之耨之鏄之，水澤以時，而苗之猥大者也。而世謂之榮，是果不足為君子榮也。以至貴於天下立國家，偃然若固有之者，彼脩之非一日也，得之誠有術也，吾所以待之無愧也，又何榮乎哉？阨窮詈侮，暴怒橫逆，以至於繫悴逐礫，世所謂之辱者，是又果不足為君子辱也。問其逢何物也，其遭何時也。吾之所以不容，用吾之所修，可於堯、禹、孔子，而不可於斯時也。吾又何辱乎哉？君子無榮，非不榮也。所以為榮者，出於吾道耳，異乎世之所謂幸而榮者也。謂種而收者幸，可乎？君子無辱，非不辱也。吾之道大，彼不足用，吾之説粹，彼不足聞。辱誠有所在也，猶河海之不可內於坳涔也，是豈河海辱哉？故曰：君子無榮辱。由是為説也，小人有辱無榮。曲哆險詭，突誕嫉賊，是辱自內者也。由之而得形殺流放，是亦有諸內而外者至焉。是猶歲蕪之欝湓之而蓬亂疽結也。謂飯茹死者不幸，可乎？幸而集姦容邪，盜有位勢，則當時之賢者，陰指而默笑之，憤之甚者，筆之於書，以示戒於後。視其所處，如鼠之肥肆於廩也，豕之腯澤於欄也。其榮乎哉？故曰小人有辱無榮也。小人之有辱無榮，內外備至，而不容説焉。然則就是説，吾又有明焉。君子非有榮者，有仁義之榮，而無勢仕之榮也。在吾之修者堯、禹、孔子，吾將坦蕩蕩而君師之。立其朝，躋其堂，悟而有之，流千萬世，鼻口吾芳醲，故曰有仁義之榮也。若勢與仕，吾又惡取哉。得之吾不屑也，流千萬世不遂者，稱道而自信焉。惡在乎得與否也？故曰：無勢仕之榮也。若小人則無適而不辱也。學者述道，行吾説而審取。焉君子、小人分矣。

唐·李德裕《會昌一品集·外集》卷三《小人論》 世所謂小人者，便闢巧佞，翻覆難知，此小人常態，不足懼也；以怨報德，此其甚者也；背本忘義，抑又次之。便闢者疏遠之，則無患矣；翻覆者不信之，則無尤矣；唯以怨報德者，不可預防，此所謂小人之甚者也；背本者雖不害人，亦不知感。昔傷蛇傳藥而能報，飛鴞食椹而懷音，以怨報德者不及傷蛇遠矣，背本忘義者不及飛鴞遠矣。至於白公負卵翼之德，宰嚭遺灌溉之恩，陳余棄父子之交，田蚡忘跪起之禮，此可與叛臣怨子同誅，豈止於知己之義也。世以小人比穿窬之盜，殊不然也。夫穿窬之盜，迫於飢寒，莫保性命，於高貲者有何恩義，於多藏者有何仁愛？既無恩愛，則是取資於路，拾金於野。若能識廉恥而不為，是有償金者之行矣；若忍饑饉而不食，是有蒙袂者之操矣。所以陳仲弓覩梁上之盜，察非惡人。由是而言，盜賊未為害矣。然操戈鋋，挾弓矢，以衆暴寡，殺人取財，謂之盜，比於以怨報德之人者，亦未為甚焉。何者？人之父子兄弟，有不相知者；有德於人者，是知之矣，焉得負之哉？

農商關係論分部

重農抑商論

論説

唐·李世民《帝範》卷四《務農第十》 夫食爲人天，農爲政本。倉廩實則知禮節，衣食足則志廉耻。故躬耕東郊，敬授人時。國無九歲之儲，不足備水旱；家無一年之服，不足禦寒暑。然而莫不帶犢佩牛，棄堅就僞。求什一之利，廢農桑之基。以一人耕而百人食，其爲害也，甚於秋螟。莫若禁絶浮華，勸課耕織，使人還其本，俗反其眞，則競懷仁義之心，永絶貪殘之路，此務農之本也。斯二者，制俗之機。

子育黎黔，惟資威惠。惠而懷也，則殊俗歸風，若披霜而照春日；威可懼也，則中華懾軏，如履刃而戴雷霆。必須威惠並馳，剛柔兩用，晝刑不犯，移木無欺。賞罰既明，則善惡斯別；仁信普著，則遐邇宅心。勸穡務農，則飢寒之患塞；遏奢禁麗，則豐厚之利興。且君之化下，如風偃草。上不節心，則下多逸志；君不約己，而禁人爲非，是猶惡火之燃，添薪望其止焰；忿池之濁，撓浪欲止其流，不可得也。莫若先正其身，則人不言而化矣。

唐·吴兢《貞觀政要》卷八《務農第三十》　貞觀二年，太宗謂侍臣曰：『凡事皆須務本，國以人爲本，人以衣食爲本，凡營衣食，以不失時爲本。夫不失時者，在人君簡静乃可致耳。若兵戈屢動，土木不息，而欲不奪農時，其可得乎？』王珪曰：『昔秦皇、漢武，外則窮極兵戈，内則崇侈宫室，人力既竭，禍難遂興，彼豈不欲安人乎？失所以安人之道也。亡隋之轍，殷鑑不遠，陛下親承其弊，知所以易之，然在初則易，終之實難。伏願慎終如始，方盡其美。』太宗曰：『公言是也。夫安人寧國，惟在於君，君無爲則人樂，君多欲則人苦，朕所以抑情損欲，克己自勵耳。』

貞觀二年，京師旱，蝗蟲大起。太宗入苑視禾，見蝗蟲，掇數枚而咒曰：『人以穀爲命，而汝食之，是害於百姓。百姓有過，在予一人，爾其有靈，但當蝕我心，無害百姓。』將吞之，左右遽諫曰：『恐成疾，不可。』太宗曰：『所冀移災朕躬，何疾之避！』遂吞之。自是蝗不復爲災。

貞觀五年，有司上書言：『皇太子將行冠禮，宜用二月爲吉，請追兵以備儀注。』太宗曰：『今東作方興，恐妨農事，令改用十月。』太子少保蕭瑀奏言：『準陰陽家，用二月爲勝。』太宗曰：『陰陽拘忌，朕所不行，若動静必依陰陽，不顧理義，欲求福祐，其可得乎？若所行皆遵正道，自然常與吉會。且吉凶在人，豈假陰陽拘忌？農時甚要，不可暫失。』

貞觀十六年，太宗以天下粟價率計斗直五錢，其尤賤處，計斗直三錢，因謂侍臣曰：『國以民爲本，人以食爲命，若禾黍不登，則兆庶非國家所有。既屬豐稔若斯，朕爲億兆人父母，唯欲躬務儉約，必不輒爲奢侈。朕常欲賜天下之人，皆使富貴。今省徭賦，不奪其時，使比屋之人，恣其耕稼，此則富矣。敦行禮讓，使鄉閭之間，少敬長，妻敬夫，此則貴矣。但令天下皆然，朕不聽管弦，不從畋獵，樂在其中矣！』

宋·李昉等《文苑英華》卷七四六《牛希濟〈治論〉》　有國家者，未嘗不思治。孜孜焉求才，汲汲焉用人。官無曠位，命不虚日。多不至於治者，何哉？蓋不知重其本也。夫重其本，莫若安人。安人之本，莫先於農桑。上自天子，下至庶人，未有不須衣食以資養其生。此情性之欲一也。故率公卿以躬耕於千畝，非獨致敬於粢盛也；率嬪御以親蠶於蘭絮，非獨致美於黻冕也；皆所以先民之教化也。下之人必曰：『王者后妃，尚勤於耕桑，余何人哉？』若天下之人，皆相率以耕織為務，則穀帛可指期而取。穀帛既賤，人各足其所欲。所欲之大，唯衣食而已。不飢不寒，則時無怨嗟。時無怨嗟，則和氣充塞，則焉有不豐不稔之歲？既庶且富，然後仁義相及，王道可行。方困飢寒，而能致於仁義者，雖淳朴之世，君子之人幾希矣。今天下之人，非不耕也。非不蠶也，率九州之人，一人耕而百人食，一人織而百人衣。王者之征賦在焉，諸侯之車服釰器在焉，職官之禄廪資焉，吏人之求取往焉。俾一人耕一人織，足上下百人之欲，不亦難乎？僕嘗客於山東，寓於民舍。觀其耕也，候天時，相地宜，遠求種稑，胼胝手足，朝昏引頸，以望膏雨。借貸以成其饋餉，筋力竭盡於磽確。汗流汗背，忽以霡霂。日熾其背，無不黧黑。又婦人之為蠶也，髮鬢如蓬，晨昏憧憧，高條長梯，蹈險履危。稚女嬰兒，目不暇顧。歲時之成否，斯在外矣。其五稼登於場圃也，未及簸揚，蠶之為繭也。擇未盈筐，犬吠喧曉，悍吏繞於居。烹茗飫食，然後乃曰：『若千官之常也，若千歲之逋也。我求之，何以應執事之欲？若不從我，他日之役，余無庇爾焉。』民由是懼其督責之急，憚其恐脅之言，無不强足其欲。粟之熟也，糲食未飽，蠶之績也，家不及絲縷。殆不旬五日，皆已罄矣。至有父子拱手屋壁，相顧而坐。向使不為盜，不為非，不鬻不時之物，不犯及時之禁，不受役於鄉豪，不為污詐之計，以給其家，可乎？故孟子曰：『父母妻子，對之飢寒，而不為非，未之有也。』誠哉是言。且古者四人各業，以成其國。士世其詩書，農本其耒耜，工傳其繩墨，商積其貨財。今士大夫以先王言行政事自守，耻趨時捷急之辯者，固獲用於諸侯矣。農人之家，恒若時弊。工之屬也，亦受其役而不受其直。唯賈之利，獨便於時。若關禁之賦薄，市井之不擾，我取積其物以中之。時如不我容，捨而之他邦。非劫取加諸之力，不能為患。農則不然，父母存焉，桑梓在焉，妻子居焉，懷土之戀，居亦可知。使盡室以往，曰避煩賦，他邦之政，亦我邦也，欲何以往？所以今之世，士亦為商，農亦為商，工亦為商，商之利兼四人矣。審利要時，一中百得。易於耕織，人人為之。故諸侯庶人，亦爭趨之矣。且四人之中，其一為農，亦以為鮮矣。加之浮食之衆，曷可勝紀，其大者而有四焉。自京達於閩嶺，豪右兼幷之家，或累思進達其身，或求恃世以庇鄉里者，多以其子納於黄門，俾為之時。且北宫之中，唯有四星，蓋上以備左右灑掃之用。國家自開元天寶以來，中官之盛，不下萬人。出詔旨使於四方，或持寵錫之命，宣慰勞之恩。千里伺其聲塵，候騎從其所欲。絶情於親愛，抗禮於君父。不蠶不農，受愚頑之施捨，亦有積蓄寶貨，爭名競利。出入乃權倖之門，指揮愈僕隸之中。庸夫者一也。道德之士，歹為謗議，實可顯加甄別，用求其道。此為弊之深者二也。卽有衣紫帶金，形貌魁偉，酒食以招於交逝，僕馬以溢於巷陌。樗博擊毬以為之業，自六軍遍於四方。或擊毬一入於門中，天子喜悦，拜為上將。或都城會府，才統繁多。阿黨小人，撓於王法。其目儒者，勢欲吞食，竊比仇讐，曰：『我武也』，文武之事墜於地。及問其日月風雲，孤虚向背，鐔鍔之所，干戈之别，三和六鈞之制，一沉一浮之財，九地之所宜，五行之制變，攻守之難易，進退之是非，莫我知也。已失其為武，然用之為將，穀寄國家之成敗，生人之性命，其可乎？況復喜怒以刑人，視人如草芥，嚴暴以及物，唯物之利己，以至於流亡，以至於敗亂。此為弊之深者三也。復有製儒者之冠服，習儒者之威儀，語不知書，百行無取。亦有耳剽心記之學，多背毁於冠蓋之士。其誑不達，我能是也。又道不是者，以勝謗之。敗俗倨傲之儀，咸致游宦於州里。其官也用刑唯嚴，納賄為能，狡譎之行為長。其行也惣佞媚之術，輕折朋友，交結邪僻，附近右左，炫酒令之奥，恃博奕之精。諸侯遇之曰：『奇才也，能狎宴昵，吾與之私焉。』車服器用，無所愛焉。或引之於賓佐，委之以紀綱，授之以守人，必盡刻削之能，致聚散之力。亦有薄通文藝，尤餙狂妄，升之於府，政可知也。

薦之於朝，時可知也。冠章甫，處同行，望之君子哉，乃小人也。大九小人之屬，非高名厚禄貴胄之家而無之也。負販之列，行君子斯君子也。軒冕之上，行小人斯小人也。率是小人在位，為法必苛，為政必僻。肉食之外，耗蠹齊人，此為弊之深者四也。吁，皆游惰無業，賦於國，害於農之大者。自餘瑣瑣，亦易驅除耳。然無士不可以為治世，無民不可以為國。唯明主擇君子之人，有輔相之才，深治理之道，與之為政。先簡其事，則省其吏，則人易以安。且今吏屬太廣，實擾於時。古者以十羊九牧，不知所從。今十羊百牧矣。啗食之不足，何從之事。夫事簡吏者，然後可以愛惜農人，盡歸其時。什一之外，除其賦斂，驅彼浮食游手之衆，使歸田穡，卽倉廩必實，天下之民，食斯足矣。冠婚喪祭，車馬第宅，尊卑之制，皆歸諸令式。豪民富室，不得衣文組金玉，幃幕不得用繒綵，茵褥不得施錦繡。自宫中至於王公之家，咸遵儉約，無使枉費尺帛，則天下之民，衣斯足矣。夫如是，化之於道，孰有不以從？或曰：『斯論也，乃耳目之常。』夫儒者之言，由人之食，若今日之食，已明之日以為常。欲不之致而不之食，可乎？況高祖太宗得天下之初，從魏文公之言，以王道為治，不三年而化成。立國之基，斯為遠矣。今復用其道，莫若用賢良，遠邪佞，重農桑，禁游惰，廢不急之務，可以丕復祖宗之耿光，堯舜豈遠乎哉？何獨治為！

農工商協調發展論

論説

清・董誥等《全唐文》卷二一九《崔融〈諫税關市疏〉》　伏見有司税關市事條，不限工商，但是行人盡税者，臣謹按《周禮》九賦，其七曰『關市之賦』。竊惟市縱繁巧，關通末游，欲令此徒止抑，所以咸增賦税。臣謹商度今古，料量家國，竊將爲不可税。謹件事迹如左，伏惟聖旨擇焉。

往古之時，淳樸未散，公田籍而不税，關防譏而不征。中代已來，澆風驟進，桑麻疲弊，稼穡辛勤，於是各徇通財，爭趨作巧，求徑捷之欲速，忘歲計之無餘。遂使田萊日荒，倉廩不積，蠶織休廢。弊緼闕如，飢寒猥臻，亂離斯起。先王懲其若此，所以變古隨時，依本者恒科，占末者增税。夫關市之税者，謂市及國門，關門者也，唯斂出入之商賈，不税來往之行人。今若不論商人，通取諸色，事不師古，法乃任情。悠悠末代，於何瞻仰；濟濟盛朝，自取嗤笑。雖欲憲章姬典，乃是違背《周官》。臣知其不可者一也。

臣謹案《易・繫》稱：『庖羲氏没，神農氏作，日中爲市，致天下之人，聚天下之貨，交易而退，各得其所。』《班志》亦云：『財者，帝王聚人守位，養成羣生，奉順天德，理國安人之本也。仕農工商，四人有業。學以居位曰仕，闢土殖穀曰農，作巧成器曰工，通財鬻貨曰商。聖王量能授事，四人陳力受職。』然則四人各業久矣。今復安得動而摇之！蕭何云：『人情一定，不可復動。』班固又云：『曹參相齊，齊國安集，大稱賢相。』參去，屬其後相曰：『以齊獄市爲寄，慎勿擾也。』後相曰：『理無大於此者乎？』參曰：『不然。夫獄市者，所以並容也，今若擾之，姦人安所容乎？吾是以先之。』夫獄市，兼受善惡。若窮極，姦人無所容竄；姦人無所容竄，久且爲亂。秦人極刑而天下叛，孝武峻法而刑獄繁，此其效也。老子曰：『我無爲而人自化，我好静而人自正。』參欲以道化其本，不欲擾其末。臣知其不可者二也。

四海之廣，九州之雜。關必據險路，市必憑要津。若乃富商大賈，豪宗惡少，輕死重義，結黨連羣，喑嗚則彎弓，睚眦則挺劍。小有失意，且猶如此，一旦變法，定是相驚。乘茲困窮，或致騷動，便恐南走越，北走胡，非唯流逆齊人，亦自攪亂殊俗。又如邊徼之地，寇賊爲鄰，興胡之旅，歲月相繼，儻同科賦，致有猜疑，一從散亡，何以制禁？求利雖切，爲害方深。而有司上言，不識大體，徒欲益帑藏，助軍國，殊不知軍國益擾，帑藏逾空。臣知其不可者三也。

孟軻又云：『古之爲關也，將以御暴；今之爲關也，將以爲暴。』今行者皆税，本末同流。且如天下諸津，舟航所聚，旁通巴、漢，前指閩、越，七澤十藪，三江五湖，控引河洛，兼包淮海。弘舸巨艦，千軸萬艘，交貿往還，昧旦永日。今若江津河口，置鋪納税，納税則檢覆，檢覆則遲留。此津才過，彼鋪復止，非唯國家税錢，更遭主司僦賂。船有大小，載有少多，量物而税，觸途淹久。統論一日之中，未過十分之一，因此壅滯，必致吁嗟。一朝失利，則萬商廢業，萬商廢業，則人不聊生。其間或有輕訬任俠之徒，斬龍刺蛟之黨，鄱陽暴謔之客，富平悍壯之夫，居則藏鏹，出便竦劍。加之以重税，因之以威脅，一旦獸窮則搏，鳥窮則攫，執事者復何以安之哉？臣知其不可者四也。

五帝之初，不可詳已；三王之後，厥有著云：『秦、漢相承，典章大備至如關市之税。』史籍有文，秦政以雄圖武力，捨之而不用也；漢武以霸略英才，去之而勿取也。何則？關爲御暴之所，市爲聚人之地，税市則人散，税關則暴興，暴興則起异圖，人散則懷不軌。夫人心莫不背善而樂禍，易動而難安。一市不安，則天下之市心摇矣；一關不安，則天下之關心動矣。況澆風久扇，變法爲難，徒欲禁末流、規小利，豈知失玄默、亂大倫。魏、晉眇小，齊、隋齷齪，亦所不行斯道者也。臣知其不可者五也。

今之所以税關市者，何也？豈不以國用不足，邊寇爲虞，一行斯術，冀有殷贍然也！微臣敢藉前箸以籌之。伏惟陛下當聖期，御玄纂，沉璧於洛，刻石於嵩，鑄寶鼎以窮姦，坐明堂而布政，神化廣洽，至德潛通。東夷暫驚，應時平殄；南蠻才動，計日歸降。西域五十餘國，廣輪一萬餘里，城堡清夷，亭堠静謐。比爲患者，唯苦二蕃。今吐蕃請命，邊事不起，卽目雖尚屯兵，久後疑成馳柝。獨有默啜，假息孤恩，惡貫禍盈，覆亡不暇。徵役日已省矣，繁費日已稀矣，然猶下明制，遵太樸，愛人力，惜人財，王侯舊封，妃主新禮，所有支料，咸令減削。此陛下以躬率先，堯、舜之用心也。且關中、河北，水旱數年，諸處逃亡，今始安輯，儻加重税，或慮相驚。況承平歲積，薄賦日久，俗荷深恩，人知自樂。卒有變法，必多生怨，生怨則驚擾，驚擾則不安，中既不安，外何能御？文王曰：『帝王富其人，霸王富其地，理國若不足，亂國若有餘。』古人有言：『帝王藏於天下，諸侯藏於百姓，農夫藏於庾，商賈藏於篋。』惟陛下詳之。必若師興有費，國儲多窘，卽請倍算商客，加斂平人。如此則國保富强，人免憂懼，天下幸甚。臣知其不可者六也。

又　卷五五〇《韓愈〈論變鹽法事宜狀〉》一件：平叔又云：浮

寄姦猾者轉富，土著守業者日貧。若官自糶鹽，不問貴賤貧富、士農工商、道士僧尼，幷兼游惰，因其所食，盡輸官錢；並諸道軍諸使家口親族，遞相影占，不曾輸税，若官自糶鹽，此輩無一人遺漏者。臣以此數色人等，官未自糶鹽之時，從來糴鹽而食，不待官自糶然後食鹽也。若官不自糶鹽，此色人等不糴鹽而食；官自崇鹽，卽糴而食之，則信如平叔所言矣。若官自糶與不自糶，皆常糴鹽而食，則今官自糶，亦無利也。所謂知其一而不知其二，見其近而不見其遠也。國家榷鹽，糶與商人；商人納榷，糶與百姓，則是天下百姓，無貧富貴賤皆已輸錢於官矣，不必與國家交手付錢，然後爲輸錢於官也。

又　卷五五八《韓愈〈原道〉》　古之爲民者四，今之爲民者六；古之教者處其一，今之教者處其三。農之家一，而食粟之家六；工之家一，而用器之家六；賈之家一，而資焉之家六。奈之何民不窮且盗也！古之時，人之害多矣。有聖人者立，然後教之以相生養之道。爲之君，爲之師，驅其蟲蛇禽獸，而處之中土。寒，然後爲之衣，飢，然後爲之食；木處而顛，土處而病也，然後爲之宫室。爲之工以贍其器用，爲之賈以通其有無，爲之醫藥以濟其夭死，爲之葬埋祭祀以長其恩愛，爲之禮以次其先後，爲之樂以宣其湮鬱，爲之政以率其怠倦，爲之刑以鋤其强梗。相欺也，爲之符璽斗斛、權衡以信之；相奪也，爲之城郭、甲兵以守之。害至而爲之備，患生而爲之防。今其言曰：『聖人不死，大盗不止；剖斗折衡，而民不爭。』嗚呼！其亦不思而已矣！如古之無聖人，人之類滅久矣。何也？無羽毛鱗介以居寒熱也，無爪牙以爭食也。

是故君者，出令者也；臣者，行君之令而致之民者也；民者，出粟米麻絲，作器皿，通貨財以事其上者也。君不出令，則失其所以爲君；臣不行君之令而致之民，則失其所以爲臣；民不出粟米麻絲、作器皿、通貨財以事其上，則誅。今其法曰：必棄而君臣，去而父子，禁而相生養之道，以求其所謂清静寂滅者。嗚呼！其亦幸而出於三代之後，不見黜於禹、湯、文武、周公、孔子也；其亦不幸而不出於三代之前，不見正於禹、湯、文武、周公、孔子也。

又　卷四六五《陸贄〈均節賦税恤百姓六條〉》　其六論兼併之家私斂重於公税國之紀綱，在於制度，商農工賈，各有所專，凡在食禄之家，不得與人爭利。此王者所以節財力，礪廉隅，是古今之所同，不可得而變革者也。代理則其道存而不犯，代亂則其制委而不行。其道存，則貴賤有章，豐殺有度，車服田宅，莫敢僭逾，雖積貨財，無所施設。是以咸安其分，罕徇貪求。藏不偏多，故物不偏罄，用不偏厚，故人不偏窮。聖王能使禮讓興行，而財用均足，則此道也。其制委，則法度不守，教化不從，唯貨是崇，唯力是騁，貨力苟備，無欲不成。租販兼併，下錮齊人之業；奉養豐麗，上侔王者之酋。户蓄羣黎，隸役同輩，既濟嗜慾，不虞憲章，肆其貪惏，曷有紀極。天下之物有限，富室之積無涯。養一人而費百人之資，則百人之食不得不乏；富一家而傾千家之産，則千家之業不得不空。舉類推之，則海内空乏之流，亦已多矣。故前代致有風俗訛靡，氓庶困窮，由此弊也。

天人關係論分部

天人感應論

論　說

唐・歐陽詹《歐陽行周文集》卷六《珍祥論》　漢武帝覽交門之歌，顧謂東方大夫曰：『古人列后巍巍蕩蕩者，則予今日其庶幾乎？』東方大夫曰：『何謂也？』曰：『遠人率俾，天降珍祥。殷湯上感，實獲白狼；周成旁浹，然致越裳。放勛曰聖，幸祀四方；武乙不淑，出有震亡。予享虞舜於九疑，吊罷民乎盛唐；登名山於華陰，俯大川乎潯陽。天清地謐，符應昭彰。是曠迹交神，致放勛之慶；脩身遠害，免武乙之殃。紫芝産於甘泉，白麟呈於雍祠；天馬生於渥洼之域，寶鼎出於汾水之濱。風雲草木，相繼於時。頭飛鼻飲之長，涅齒穿胸之鯢。絶域款塞，無月無之。是多白狼之祉，不少越裳之珍也。比夫巍巍蕩蕩，爾有何見而感焉？』東方大夫曰：『噫，陛下誤意巍巍蕩蕩歟？非古所謂巍巍蕩蕩者。夫巍巍者德之容，蕩蕩者化之稱，非謂廣游從於險阻，幸髣髴於神祇，録莫測於妖祥，免偶然之壓溺，致儻來之貢賦，獲無用之戎狄耳。且此之數者，理不可憑亦明也。秦皇帝周施天下不為德，我太宗不下階闥不為微，周懿死於牖下不為是，虞舜崩於蒼梧不為非。虢叔得神喪其國，西伯無神人以歸。龍降於庭夏道昧，雉雊於鼎商祚輝。苗民逆命堯以盛，有緍來賓桀以衰。以此觀之，卽虐如秦皇，雖車轍遍於宇內，不如太宗端拱於堂上也；弱如周懿，雖終於帷席，不如虞舜之没於草莽也；淫如虢叔，雖獲靈祐，不如西伯無所禱祈也；邪如孔甲，雖有嘉祥，不如武丁之妖怪也；酷如夏桀，雖異人屈膝，不如唐堯域中之解體也。天道沖融，變化無窮，發祥布象，時異始而同終。神理閟密，吉凶罔測，示形告兆，亦同紀而異極。有多瑞以表善，有積慶以稔慝，有無災以厚毒，有見眚以警德。今多瑞多慶，不知天之表善歟？其稔慝歟？無災無眚，不知神之厚毒歟？其亦警德歟？以是先王或不致珍祥而有天下，或屢服蠻夷而覆宗社，或有鴻災巨眚國以寧，或有靈蹤異迹而身以傾。珍祥之實，乍凶乍吉；妖怪之蹤，乍吉乍凶。譬諸藥工也，其有活人之者，亦有殺人之者焉。譬諸酒醴也，雖有敗人之道，固有成人之道焉。』武帝曰：『若之何而信之？』曰：『唯德可以信之。欽若上帝，輯寧下民。其表善也，雖休勿休，則百福是遒；其稔慝也，將覆不覆，則轉禍為福。且人神之主，天地之心也。孰為妖怪，神祇也。孰為珍祥，天地也者。苟脩德以待人，未有主人怡悅而客忿怒，心善而形為惡也。若有其德，日覩妖怪，其巍巍也，若無其德，日對珍祥，其未蕩蕩也。』武帝矍然斂膝而言曰：『善矣哉。微而體大。珍祥不必利，妖怪不必害。而今而後，以二者葉乎道德之外。』敕内府，詔宗伯，加東方大夫命一等，而贈之束帛。

唐·顧況《華陽集》卷下《陰陽不測之謂神論》　黄帝建立甲子，考定星曆，於是有天地神人之官。少昊既衰，神人雜擾，顓頊命羲和，以司之天地。三苗九黎，不復亂逆。周室既壞，君不告朔；漢道隆興，方定餘閏，世時昭昧，君平、季主，張衡，索紞，陳訓，韓友，卜翊，京房，管輅，郭璞，干寶，京房。班固云：『陰陽多拘忌，以為無益。』嗟乎。古論陰陽，以和神人，以順風雨，以播稼穡，以除災害。後之學者，便張恢譎，不自戒慎。不顧親疏之道，不精逆順之理，不達性命之分；而裁衣拜官，沐浴剪爪，徵於曆日，豈不悖哉。左道亂正，先王無赦。往見術者序卜筮之書，及諸家秘訣，七曜九宫六壬三五復返；十精飛鳥天目地耳計神。漢曆以天赦母倉為吉，祥曆以雲漢密莫為吉，各生異義；天竺曆法，復與大衍有差：吾誰歸矣？又以姓配音，以音配墓，以墓配殺，此莊惠以荒唐舛駁之論。且黄帝二十五子，其得姓者十四人，或以地為姓，或以官為姓，或以謚為姓，或以王父字為姓。士會在虞為陶唐氏，在夏為御龍氏，在商為豕韋氏，在周為唐杜，在晉為范宣子，在隋為隋武子，在秦為劉氏，女嫁欒黶為析氏焉。此一人之身，改姓三，改氏五。范蠡在陶為朱公，在齊為鴟夷子，范雎稱張禄先生。第五倫本田齊鮑永本姓包，京房本姓李，張良之後為留氏，田横之後為王氏，姓有兩字、三字、四字、五字，孰先孰後？孰是孰非？長平同坑，南陽同封，時日或同，吉凶或異。行年本命，其事安在？周時玉尺，漢代黄鍾，河汾鼎氣，沉埋日久。不推測則，其道多門，行則無盡不如已也。是故文字非上學，上學神聽，原其性也；集解非宗師，宗師受授，扶於理也。端心靜一，神明將至。黄帝遺玄珠，罔象得之。漢主心動獲貫高，襄子心動得豫讓。披髮祭野，野人之遺魂。非有陰陽算術之功，涉津無涯，安濟所届？釋氏五蔭，輪為四生，或居人中，以為鬼神，唯代有佛法，獨能究竟。白雲依山，出入自得；飛與鳥滅，虛空不礙。清明在躬，志氣如神，陰陽不測，唯佛而已。

唐·李德裕《會昌一品集·外集》卷四《祥瑞論》　夫天地萬物，異於常者，雖至美至麗，無不為妖，覩之宜先戒懼，不可以為禎祥。何以言之？桓靈之世多鸞鳳，邱墳之上生芝草，世人以芝草為孝思所感致，深不然也。夫芝草神仙之物，食之上可以淩倒景，次可以保永年，生於邱墳，豈得為瑞？若以孝思所致，則瞽瞍之墓，曾皙之墳，宜生萬株矣。何者為仁孝之瑞？惟甘露降於松柏，縞鹿素鳥馴擾不去，皆有縞素之色，足表幽明之感。貞元中，余在甌越，有隱者王遇，好黄冶之術，暮年有芝草數十莖，產於丹竈之前。遇自以為名在金格，暢然滿志，逾月而遇病卒。齊中書抗，有別業在若耶溪，忽生芝草百餘莖，數月而中書去世。又餘姚守盧君在郡時，有芝草生於督郵屋梁上，五綵相鮮，若樓臺之狀，其歲盧君為叛將栗鍠所害，置遺骸於屋梁之下。並耳目所驗，非自傳聞。由是而言，則褒姒驪姬，皆為國妖，以禍周晉，緑珠窈娘，皆為家妖，以災喬石，不可不察也。又黄河清而聖人生，徵應不在於當世明矣。柳谷元石為魏室之妖，啓將來之瑞，亦不可不察也。是以宜先戒懼，以消桑穀雉雊之變耳。

又《冥數有報論》　宣尼罕言性命，不語怪神，非無謂也，欲人嚴三綱之道，奉五常之教，修天爵以致人爵，不欲言富貴在於天命，福禄由於冥數。昔衛卜協於沙邱，為諡已久；秦塞屬於臨洮，名子不寤；朝歌未滅，而周流丹烏矣；白帝尚在，而漢斷素蛇矣。皆兆發於先，而符應於後，不可以智測也。周孔與天地合德，與鬼神合契，將來之數，無所遁情而狼跋於周，鳳衰於楚，豈親戚之義不可去也，人倫之教不可廢也。條侯之貴，鄧通之富死於兵革可也，死於女室可也，惟不宜以餒終，此又不可以理得也。而命偶時來，盜有名器者，謂禍福出於胸懷，榮枯生於口吻，沛然而安，溘然而笑，曾不知黄雀游於茂林，而挾彈者在其後也。余乙丑歲，自荆楚保釐東周，路出方城，聞有隱者，困於泥塗，不知其所如也，往謂方城長曰：『居守後二年，南行萬里。』則知憾余者必因天譴，譖余者必自鬼謀，雖抱至冤，不以為恨也。余嘗三遇異人，非卜祝之流，皆遁世者也。初掌記北門，有管涔山隱者詣余曰：『君明年當在人君左右，為文翰之職，然須值少主。』余聞之愕眙，灑然變色。隱者亦悔失言，避席求去。余徐問曰：『何為而事少主？』對曰：『君與少主已有累世緣業，是以言之。』余其年秋登朝，至明年正月，穆宗纘緒，召入禁苑。及為中丞，有閩中隱者叩門請見，余因下榻與語曰：『時事非久，公不早去，冬必作相，禍將至矣。若急請居外，代公者受患。後十年終當作相，自西南而入。』是秋出鎮吴門，歲經八稔。尋又仗鉞南燕。秋暮，有邑子于生引鄴郡道士至，纔升賓階，未及命席，謂余曰：『公當為西南節制，孟冬望舒前，節符至矣。』三者皆與言協，不差歲月，自憲闈竟十年居相，由西蜀而入，代余執憲者，俄亦竄逐。惟再謫南服，未嘗有前知者為余言之，豈禍患不可移者神道所祕，莫得預聞乎？自古銜冤歿世者多矣，冥報之事，或有或無，遂使好亂樂禍者，以神道為茫昧。余嘗論之，仁人上哲，必達生知命，如顔氏之子，犯而不校；釋門達摩，瞭空喻幻，必不思報矣；其下柔弱無心者，力不能報；所能報者，乃中人耳，悍强任氣，如伯有、灌夫之流，亦其在臨歿之際，方寸不撓，魂魄不散，惟結念於此，是以能報。夫人之捨生也，如薪盡火滅，溘然則無能為矣。其達於理者，使心不亂則精爽常存，不生不滅，自可以超然出世，升躋神明。其次精多魄强，則能為厲。冥報之事，或有或無，理在此也。

元·王惲《玉堂嘉話》卷八《賓儀〈水論〉》　『夫水沴所具，厥有二理：一曰數，二曰政。天地有五德：一曰潤，二曰暵，三曰生，四曰成，五曰動。五德者，陰陽之使也；陰陽者，水火之本也。陰陽有常德，故水火有常分。奇偶收半，盈虚有準，謂之通正；羡倍過亢，極無不至，謂之咎徵。二者大期，率有常數。除之主始於淵獻，水之行紀於九六。凡千有七百二十有八歲，為浩浩之會。當是時也，陰布固陽，澍雨天下，百水畡注，漲其通川。岸不受餘，則旁吞原隰；科坎平槩，則漂墊方割。雖堯，舜在上，皐、夔佑政，亦不能弭其沴也。過此以還，則係於時政。如其后辟狂妄以自率，權臣昧冒以下專，政不明，賢不章，則苦雨數至，潦水積厚。然陰陽之數也。貞元壬申之水，匪數之期，乃政之感也。德宗之在位也，啓導邪政，狎暱小人。裴延齡專利為心，陰潛引納；陸贄有其位，棄其言。由是明明上帝，不駿其德，乃降常雨，害于粢盛。百川沸騰，壞民廬舍，固其宜也。王者苟能修五政，崇五禮，禮不瀆，政不紊。則五日一霏微，十日一霢霂，十五日一滂沱，謂之時雨，所以正五運之制節。占象晷刻，無有差爽，則神農之世其驗歟？』

清·仇兆鰲《杜詩》卷二五《朱注〈説旱〉》　《周禮·司巫》：『若國大旱，則率巫而舞雩。』《傳》曰：『龍見而雩。』謂建巳之月，蒼龍宿之體，昏見東方，萬物待雨盛大，故祭天遠為百穀祈膏雨也。今蜀自十月不雨，抵建卯非雩之時，奈久旱何。得非獄吏只知禁繫，不知疏決，怨氣積，冤氣盛，亦能致旱，是何川澤之乾也，塵霧之塞也，行路皆菜色也，田家其愁痛也。自中丞下車之初，軍郡之政，罷弊之俗，已下手開濟矣；百事冗長者，又已革削矣。獨獄囚未聞處分，豈次第未到，為獄無濫繫者乎？穀者，百姓之本，百役是出，況冬麥黄枯，春種不入，公誠能暫輟諸務，親問囚徒，除合死者之外，下筆盡放，使囹圄一空，必甘雨大降。但怨氣消，則和氣應矣。躬自疏決，請以兩縣及府繫為始，管内東西兩川各遣一使，兼委刺史縣令，對巡使同疏決，如兩縣及府等囚例處分，衆人之望也，隨時之義也。昔貞觀中，歲大旱，文皇帝親臨長安、萬年二赤縣決獄，膏雨滂足。即嶽鎮方面歲荒札，皆連師大臣之務也，不可忽。凡今徵求無名數，又耆老合侍者、兩川侍丁，得異常丁乎？不殊常丁賦斂，是老男及老女死日短促也。國有養老，公遽遣吏存問其疾苦，亦和氣合應之義也，時雨可降之徵也。愚以為至仁之人，常以正道應物，天道遠，去人不遠。

天人相分論

論說

唐·柳宗元《柳河東集》卷三《時令論上》 《呂氏春秋》十二紀，漢儒論以為《月令》，措諸禮以為大法焉。其言有十二月七十有二候，迎日步氣，以追寒暑之序，類其物宜而逆為之備，聖人之作也。然而聖人之道，不窮異以為神，不引天以為高，利於人，備於事，如斯而已矣。觀《月令》之說，苟以合五事配五行而施其政令，離聖人之道，不亦遠乎？凡政令之作，有俟時而行之者，有不俟時而行之者。是故孟春修封疆，端徑術，相土宜，無聚大衆。季春利堤防，達溝瀆，止田獵，備蠶器。合牛馬，百工無悖於時。孟夏無起土功，無發大衆，勸農勉人。仲夏班馬政，聚百藥。季夏行水殺草，糞田疇，美土疆土功，兵事不作。孟秋納材葦。仲秋勸人種麥。季秋休百工，人皆入室，具衣裘；舉五穀之要，合秩芻，養犧牲；趨人收斂，務蓄菜，伐薪為炭。孟冬築城郭，穿竇窖，修囷倉，謹蓋藏，勞農以休息之，收水澤之賦。仲冬伐木取竹箭。季冬講武，習射御；出五穀種，計耦耕，具田器；合諸侯，制百縣輕重之法，貢職之數。斯固俟時而行之，所謂敬授人時者也。其餘郊廟百祀，亦古之遺典，不可以廢。誠使古之為政者，非春無以布德和令，行慶施惠，養幼少，省囹圄，賜貧窮，禮賢者；非夏無以贊傑俊，遂賢良，舉長大，行爵出祿，斷薄刑，決小罪，節嗜慾，靜百官；非秋無以選士勵兵，任有功，誅暴慢，明好惡，修法制，養衰老，申嚴百刑，斬殺必當；非冬無以賞死事，恤孤寡，舉阿黨，易關市，來商旅，審門閭，正貴戚近習，罷官之無事者，去器之無用者。則其闕政亦以繁矣，斯固不俟時而行之者也。變天之道，絕地之理，亂人之紀，捨孟春則可以有事乎？作淫巧以蕩上心，捨季春則可以為之者乎？夫如是，內不可以納於君心，外不可以施於人事，勿書之可也。又曰：『反時令，則有飄風、暴雨、霜雪、水潦、大旱、沈陰、氛霧、寒暖之氣，大疫、風欬、鼽嚏、瘧寒、疥癘之疾，螟蝗、五穀、瓜瓠、果實不成，蓬蒿藜莠並興之異，女災、胎夭傷、水火之訛，寇戎來入相掠，兵革並起，道路不通，邊境不寧，土地分裂，四鄙入堡，流亡遷徙之變。』若是者，特瞽史之語，非出於聖人者也。然則夏后、周公之典逸矣。

又《時令論下》 或者曰：月令之作，所以為君人者法也。蓋非為聰明睿智者為之，將慮後代有昏昧傲誕而肆于人上，忽先王之典，舉而廢之，近而取之，若陳隋之季是也。故取仁義禮智信之事，附于時令，俾時至而有以發之也。不為之時，將因循放蕩，而皆無其意焉爾。於是又為之言五行之反戾、相蕩、相摩、妖災之說，以震動於厥心，古之所以防昏亂之術也。今子發而揚之，使前人之奧祕，布露顯明，則後之人而又何憚耶？曰：聖人之為教，立中道以示於後。曰仁、曰義、曰禮、曰智、曰信，謂之五常，言可以常行者也。防昏亂之術，為之勤勤然書於方冊，興亡治亂之致，永守是而不去也。未聞其威之以怪，而使之時而為善，所以滋其怠傲而忘理也。語怪而威之，所以熾其昏邪淫惑，而為禱禳、厭勝、鬼怪之事，以大亂于人也。且吾子以為畏冊書之多，孰與畏人之言？使諤諤者言仁義利害，焯乎列于其前而猶不悟，奚暇顧《月令》哉？是故聖人為大經以存其直道，將以遺後世之君臣，必言其中正而去其奇衺。其有囂然而不顧者，雖聖人復生，無如之何，又何冊書之有？若陳、隋之季，暴戾淫放，則無不為矣。求之二史，豈復有行《月令》之事者乎？然而其臣有勁悍者，爭而與之言先王之道，猶十百而一遂焉。然則《月令》之無益於陳、隋亦固矣。立大中，去大惑，捨是而曰聖人之道，吾未信也。用吾子之說罪我者，雖窮萬世，吾無憾焉爾。

又《斷刑論下》 夫聖人之為賞罰者非他，所以懲勸者也。賞務速而後有勸，罰務速而後有懲。必曰賞以春夏，而刑以秋冬，而謂之至理者偽也。使秋冬為善者，必俟春夏而後賞，則為善者必怠；春夏為不善者，必俟秋冬而後罰，則為不善者必懈。為善者怠，為不善者懈，是歐天下之人而入於罪也。歐天下之人入於罪，又緩而慢之，以滋其懈怠，此刑之所以不措也。必使為善者不越月踰時而得其賞，則人勇而有勸焉；為不善者不越月踰時而得其罰，則人懼而有懲焉。為善者日以有勸，為不善者月以有懲，是歐天下之人而從善遠罪也。歐正下之人而從善遠罪，是刑之所以措，而化之所以成也。或者務言天而不言人，是惑於道者也。胡不謀之人心，以熟吾道。吾道之盡而人化矣。是知蒼蒼者焉能與吾事，而暇知之哉？果以為天時之可得順，大和之可得致，則全吾道而得之矣。全吾道而不得者，非所謂天也，非所謂大和也，是亦必無而已矣。又何必枉吾之道，曲順其時，以詔是物哉？吾固知順時之得天，不如順人順道之得天也。何也？使犯死者自春而窮其辭，欲死不可得。貫三木，加連鎖，而致之獄吏，大暑者數月，痒不得搔，痺不得搖，痛不得摩，飢不得時而食，渴不得時而飲，目不得瞑，支不得舒，怨號之聲聞於里人，如是而大和之不傷，天時之不逆，是亦必無而已矣。彼其所宜得者死而已也，又若是焉何哉？或者乃以為：『雪霜者，天之經也；雷霆者，天之權也。非常之罪，不時可以殺，人之權也；當刑者必順時而殺，人之經也。』是又不然。夫雷霆雪霜者，特一氣耳，非有心於物者也；聖人有心於物者。春夏之有雷霆也，或發而震，破巨石，裂大木，木石豈為非常之罪也哉？秋冬之有霜雪也，舉草木而殘之，草木豈有非常之罪也哉？彼豈有懲於物也哉？彼無所懲，則效之者惑也。果以為仁必知經，智必知權，是又未盡於經權之道也。何也？經也者，常也；權也者，達經者也。皆仁智之事也。離之，滋惑矣。經非權則泥，權非經則悖。是二者，强名也。曰當，斯盡之矣。當也者，大中之道也。離而為名者，大中之器用也。知經而不知權，不知經者也；知權而不知經，不知權者也。偏知而謂之智，不智者也；偏守而謂之仁，不仁者也。知經者，不以異物害吾道；知權者，不以常人佛吾慮。合之於一而不疑者，信于道而已者也。且古之所以言天者，蓋以愚蚩蚩者耳，非為聰明睿智者設也。或者之未達，不思之甚也。

又 卷一六《天説》 韓愈謂柳子曰：『若知天之説乎？吾為子言天之説。今夫人有疾痛、倦辱、飢寒甚者，因仰而呼天曰：「殘民者昌，佑民者殃。」又仰而呼天曰：「何為使至此極戾也？」若是者，舉不能知天。夫果蓏飲食既壞，蟲生之；人之血氣敗逆壅底，為癰瘍、疣贅、瘻痔，蟲生之；木朽而蝎中，草腐而螢飛，是豈不以壞而後出耶？物壞，蟲由之生；元氣陰陽之壞，人由之生。蟲之生而物益壞，食齧之，攻穴之，蟲之禍物也滋事。其有能去之者，有功於物者也；繁而息之者，物之讎也。人之壞元氣陰陽也亦滋甚：墾原田，伐山林，鑿泉以井飲，窾墓以送死，而又穴為偃溲，築為牆垣、城郭、臺榭、觀游，疏為川瀆、溝洫、陂池，燧木以燔，革金以鎔，陶甄琢磨，悴然使天地萬物不得其情，倖倖衝衝，攻殘敗撓而未嘗息。其為禍元氣陰陽也，不甚於蟲之所為乎？吾意有能殘斯人，使日薄歲削，禍元氣陰陽者滋少，是則有功於天地者也；繁而息之者，天地之讎也。今夫人舉不能知天，故為是呼且怨也。吾意天聞其呼且怨，則有功者受賞必大矣，其禍焉者受罰亦大矣，子以吾言為何如？』柳子曰：『子誠有激而為是耶？則信辯且美矣。吾能終其説。彼上而玄者，世謂之天；下而黃者，世謂之地；渾然而中處者，世謂之元氣；寒而暑者，世謂之陰陽。是雖大，無異果蓏、癰痔、草木也。假而有能去其攻穴者，是物也，其能有報乎？蕃而息之者，其能有怒乎？天地，大果蓏也；元氣，大癰痔也；陰陽，大草木也，其烏能賞功而罰禍乎？功者自功，禍者自禍，欲望其賞罰者，大謬；呼而怨，欲望其哀且仁者，愈大謬矣。子而信子之義以游其內，生而死爾，烏置存亡得喪於果蓏、癰痔、草木耶？』

又 卷三《答劉禹錫〈天論〉書》 宗元白：發書得《天論》三篇，以僕所為《天説》為未究，欲畢其言。始得之，大喜，謂有以開吾志慮。及詳讀五六日，求其所以異吾説，卒不可得。其歸要曰：非天預乎人也。凡子之論，乃吾《天説》傳疏耳，無異道焉。諄諄佑吾言，而曰有以異，不識何以為異也。子之所以為異者，豈不以贊天之能生植也歟？夫天之能生植久矣，不待贊而顯。且子以天之生植也，為天耶，為人耶？抑自生而植乎？若以為為人，則吾愈不識也。若果以為自生而植，則彼自生而植耳，何以異夫果蓏之自為果蓏，癰痔之自為癰痔，草木之自為草木耶？

是非為蟲謀明矣，猶天之不謀乎人也。彼不我謀，而我何為務勝之耶？子所謂交勝者，若天恆為惡，人恆為善，人勝天。則善者行。是又過德乎人，過罪乎天也。又曰：天之能者生植也，人之能者法制也。是判天與人為四而言之者也。余則曰：生植與災荒，皆天也；法制與悖亂，皆人也，二之而已。其事各行不相預，而凶豐理亂出焉，究之矣。凡子之辭，枝葉甚美，而根不直，取以遂焉。又子之喻乎旅者，皆人也，而一曰天勝焉，一曰人勝焉，何哉？蒼蒼之先者，力勝也；邑郛之先者，智勝也。虞、芮，力窮也，匡、宋，智窮也。是非存亡，皆未見其可以喻乎天者。若子之說，要以亂為天理、理為人理耶？謬矣。若操舟之言人與天者，愚民恆說耳；幽、厲之云為上帝者，無所歸怨之辭爾，不足喻乎道。子其熟之，無羨言侈論以益其枝葉，姑務本之為得，不亦裕乎？獨所謂無形為無常形者甚善。

《舊唐書》卷九四《盧藏用傳》 神龍中，【略】（盧）藏用常以俗多拘忌，有乖至理，乃著《析滯論》以暢其事，辭曰：客曰：『天道玄微，神理幽化，聖人所以法象，衆庶由其運行。故大撓造甲子，容成著律曆，黄公裁變，玄女啓謨，八門御時，六神直事。從之者則兵强國富，違之者則將弱朝危，有同影響，若合符契。先生亦嘗聞之乎？』

主人曰：『何為其然也？子所謂曲學所習，嚅昧所守，徒識偏方之詭說，未究亨衢之通論。蓋《易》曰「先天不違」，《傳》稱「人神之主」。範圍不過，三才所以虛中；進退非邪，百王所以無外。故曰「國之將興聽於人，將亡聽於神。」又曰：「禍福無門，唯人所召。人無釁焉，妖不自作。」』由是言之，得喪興亡，並關人事；吉凶悔吝，無涉天時。且皇天無親，唯德是輔，為不善者，天降之殃。高宗修德，桑穀以變；宋君引過，法星退捨，此天道所以從人者也。古之為政者，刑獄不濫則人壽，賦斂蠲省則人富，法令有常則國靜，賞罰得中則兵强。所以禮者士之所歸，賞者士之所死，禮賞不倦，則士爭先。苟違此途，雖卜時行刑，擇日出令，必無成功矣。自叔世澆訛，俗多徼倖，競稱怪力，爭誦詭言，屈政教而就孤虛，棄信賞而從推步。附會前史，變易舊經，依託空文，以為徵據。覆軍敗將者，則隱祕無聞；偶同幸中者，則共相文飾。豈唯德之增惑，亦乃學人自是。嗚呼，習俗訛謬，一至此焉。

昔者，甲子興師，非成功之日；往亡用事，異制勝之辰。人事苟修，何往不濟？至若環城自守，接陣重圍，無闕地形，不乖天道。若兵强將智，粟積城堅，雖復屢轉魁剛，頻移太歲，坐推白虎，行計貪狼，自符雞鬬之祥，多貽蟻附之困。故曰，任賢使能，則不時日而事利；明法審令，則不卜筮而事吉；養勞賞功，則不禱祠而得福。此所謂天時不如地利，地利不如人和。太公犯雨，逆天時也，韓信背水，乖地利也，並存人事，俱成大業。削樹而斬龐涓，舉火而屠張郃，未必暗同歲德，冥會日游，俱運三門，並占四殺。杜郵齒劍，抑唯計沮；垓下悲歌，實階刓印。若以並資厭勝，不事良圖，則長平盡坑，固須恆濟，襄城無噍，亦可常保。是知拘而多忌，終喪大功；百姓與能，必遺小數。金雞玉鶴，方為楚國之殃；《萬畢》《枕中》，適構淮南之禍。刻符指盜，反更亡身；被髮邀神，翻招夷族。嗟乎，威斗赭鞭，不禳赤伏之運；築城斷岡，何救素靈之哭！火災不驗，裨竈無力以窺天；超乘階凶，王孫取監於觀德。九徵九變，是曰長途；人謀鬼謀，良歸有道。此並經史陳迹，賢聖通規，仁遠乎哉，詎宜滯執？』

客乃蹙然避席曰：『鄙人困蒙，不階至道，請事斯語，歸於正途。而今而後，焚蓍龜，毁律曆，廢六合，斥五行，浩然請慮，則將奚若？』答曰：此所謂過猶不及也。夫甲子所以配日月，律曆所以通歲時，金木所以備法象，蓍龜所以筮吉凶。聖人以此神明德行，輔助謀猷，存之則協贊成功，執之則凝滯於物。消息之義，其在茲乎！』客於是循牆匍匐，帖然無氣，口呿心醉，不知所以答矣。

宋·李昉等《文苑英華》卷三七七《沈顔〈時日無吉凶解〉》 古者國家將有事乎戎祀，必先擇時日以定其期。是用備物於有司，習儀於禮寺，俾臻其慮而戒其誠，非所以定吉凶決勝負也。後之惑者，不詳其故，惟考時日，妄生穿鑿，斯風不革，拘忌益深。至使凡庶之家，將欲越一溝隍，拆一葭葦必待擇日而後為之。搆一衡宇，薙一榛蕪，必審方位而後為之。且吉凶由人，焉繫時日。夫四遠之衢，輪蹄未嘗息也。五都之市，貨賄未嘗絕也。萬家之邑，斤斧未嘗斷也。七雄之世，戰伐未嘗已也。其凶也必由於人，其吉也必由於人。故吉人凶其吉，凶人吉其凶，一於人之所為而已矣。然則惑者不知其在人，有一不知則罪於時日矣。且以不謀之將，不練之士，有能時日勝者乎？不耕之土，不實之穀，有能以時日種者乎？以鐵為金，以石為玉，有能以時日濟者乎？是皆不能也。則時日於人何有哉。夫王者之兵以德勝，霸者之兵以義勝。其次以智，其次以勇。故古之名將，未嘗不以此而戰勝也，未嘗不以此而立功者也。

又　卷七四〇《牛僧孺〈善惡無餘論〉》　《易》曰：『積善之家，必有餘慶；積不善之家，必有餘殃。』則其善惡之迹，俱無餘也。不者，善人之子，不必皆惡，若慶必加於善人，殃必加於不善人，予恐慶殃之謬加也，力人而已。余固曰善惡慶殃，俱無餘也。餘慶勸人之善，餘殃誠人之惡，則善人之子，能有不恃慶怠於善者？惡人之子，能不有恣惡俟其殃者乎？末代之君，世禄之人，先見萬乘之尊我，八音之娛我，五味之飽我，黃金白璧之富我，不知兄弟得道而傳之，己行不善而失之，乃至乎萬乘為匹夫，世家為皁隸，烏謂餘慶之可恃乎？父善及子乎，子不善而父伐之，石碏是也；母善及弟乎，弟不善而兄殺之，周公是也。父母與兄弟，不能令子弟之不善，又可以恃餘慶於天下乎？父惡殃子乎，父出之而堯貴之，虞舜是也；母惡殃子乎，母惡之而父好之，鄭莊公是也；兄惡殃弟乎，兄伐而齊立之，桓公是也。父母兄弟不能攻子弟之善，而況餘殃可累於天下乎？且善者天下好之，常道也，惡者天下惡之，亦常道也，豈有將好惡先必稽其所自哉？必不然矣。若以勸善懲惡為意，則當懲報復於身，猶慮其不信，況欲遠懲於身後，而取人之信者乎？又不然矣，昔夫差信伍員，初善也，任宰嚭，終惡也，初善霸天下，終惡滅全吳，前慶後殃者，皆身也；太甲放桐宮，初惡也，任伊尹，終善也，初惡受拘囚，終善復天下，前殃後慶，亦身也。吳之嗣可以前慶後殃，殷之嗣可以前殃後慶乎？予固謂殃慶皆復於身也，不復乎子孫也。然予敢謂善必慶而貴，惡必殃而賤也。所以貴者道貴也，所以賤者道賤也。道之貴乎，孔父素王也；道之賤乎，殷辛獨夫也。餘慶餘殃，吾則不信之矣。

天人交相勝論

論説

唐·李翺《李文公集》卷四《命解》　或曰：『貴與富在我而已，以智求之則得之，不求則不得也，何命之為哉？』或曰：『不然。求之有不得者，有不求而得之者，是皆命也，人事何為？』二子出，或問曰：『二者之言，其孰是耶？』對曰：是皆陷人於不善之言也。以智而求之者，盜耕人之田者也；皆以為命者，弗耕而望收者也，吾無取焉。爾循其方，由其道，雖禄之以千乘之富，舉而立諸鄉大夫之上，受而不辭。非曰貪也，私於己者寡，而利於天下者多，故不辭也。何命之有焉？如取之不循其方，用之不由其道，雖一飯之細，猶不可以受，況富貴之大耶？非曰廉也，利於人者鮮，而賊於道者多，故不為也。何智之有焉？然則君子之術，其亦可知也已。

唐·劉禹錫《劉賓客文集》卷五《天論上》　世之言天者二道焉。拘於昭昭者則曰：『天與人實影響：禍必以罪降，福必以善來，窮阨而呼必可聞，隱痛而祈必可答，如有物的然以宰者。』故陰隲之説勝焉。泥於冥冥者則曰：『大與人實刺異：霆震於畜木，未嘗在罪；春滋乎堇荼，未嘗擇善。跖、蹻焉而遂，孔、顔焉而厄，是茫乎無有宰者。』故自然之説勝焉。余之友河東解人柳子厚作《天説》以折韓退之之言，文信美矣，蓋有激而云，非所以盡天人之際。故余作《天論》，以極其辯云。大凡入形器者，皆有能有不能。天，有形之大者也；人，動物之尤者也。天之能，人固不能也；人之能，天亦有所不能也。故余曰：天與人交相勝耳。其説曰：天之道在生植，其用在强弱；人之道在法制，其用在是非。陽而阜生，陰而肅殺；水火傷物，木堅金利；壯而武健，老而耗眊，氣雄相君，力雄相長：天之能也。陽而蓺樹，陰而揫斂；防害用濡，禁焚用光；斬材窾堅，液礦硎鋩；義制强訐，禮分長幼；右賢尚功，建極閑邪：人之能也。人能勝乎天者，法也。法大行，則是為公是，非為公非。天下之人，蹈道必賞，違之必罰。當其賞，雖三旌之貴，萬鍾之祿，處之咸曰宜。何也？為善而然也。當其罰，雖族屬之夷，刀鋸之慘，處之咸曰宜。何也？為惡而然也。故其人曰：『天何預乃事邪？唯告虔報本、肆類授時之禮，曰天而已矣。福兮可以善取，禍兮可以惡召，奚預乎天邪？』法小弛，則是非駁。賞不必盡善，罰不必盡惡。或賢而尊顯，時以不肖參焉；或過而僇辱，時以不辜參焉。故其人曰：『彼宜然而信然，理也。彼不當然而固然，豈理邪？天也。福或可以詐取，而禍亦可以苟免。』人道駁，故天命之說亦駁焉。法大弛，則是非易位。賞恒在佞，而罰恒在直。義不足以制其强，刑不足以勝其非。人之能勝天之具盡喪矣。夫實已喪而名徒存，彼昧者方挈挈然提無實之名，欲抗乎言天者，斯數窮矣。故曰：天之所能者，生萬物也；人之所能者，治萬物也。法大行，則其人曰：『天何預人邪？我蹈道而已。』法大弛，則其人曰：『道竟何為邪？任人而已。』法小弛，則天人之論駁焉。今以一己之窮通，而欲質天之有無，惑矣。余曰：天恒執其所能以臨乎下，非有預乎治亂云爾；人恒執其所能以仰乎天，非有預於寒暑云爾。生乎治者，人道明，咸知其所自，故德與怨不歸乎天；生乎亂者，人道昧，不可知，故由人者舉歸乎天，非天預乎人爾。

又《天論中》或曰：『子之言天與人交相勝，其理微，庸使戶曉，盍取諸譬焉。』劉子曰：『若知旅乎？夫旅者，羣適乎莽蒼，求休乎茂木，飲乎水泉，必强有力者先焉；否則，雖聖且賢，莫能競也。斯非天勝乎？羣次乎邑郛，求蔭於華榱，飽於餼牢，必聖且賢者先焉；否則，强有力莫能競也。斯非人勝乎？苟道乎虞、芮，雖莽蒼猶郛邑然；苟由乎匡、宋，雖郛邑，猶莽蒼然。是一日之途，天與人交相勝矣。我固曰：是非存焉，雖在野，人理勝也；是非亡焉，雖在邦，天理勝也。然則天非務勝乎人者也。何哉？人不宰則歸乎天也。人誠務勝乎天者也。何哉？天無私，故人可務乎勝也。我於一日之途而明乎。天人，取諸近也已。』或者曰：『若是，則天之不相乎人已，信矣。古之人曷引天為？』答曰：『若知操舟乎？夫舟行乎濰、淄、伊、洛者，疑徐存乎天，次捨存乎人。風之怒號，不能鼓為濤也；流之泝洄，不能峭為魁也。適有迅而安，亦人也；適有覆而膠，亦人也。舟中之人未嘗有言天者，何哉？理明故也。彼行乎江河淮海者，疾徐不可得而知也，次舍不可得而必也。鳴條之風可以沃日，車蓋之雲可以見怪。恬然濟，亦天也；黯然沈，亦天也；阽危而僅存，亦天也。舟中之人未嘗有言人者，何哉？理昧故也。』問者曰：『吾見其駢焉而濟者，風水等耳，而有沈有不沈，非天曷司歟？』答曰：『水與舟，二物也。夫物之合并，必有數存乎其間焉。數存，然後勢形乎其間焉。一以沈，一以濟，適當其數，乘其勢耳。彼贊之附乎物而生，猶影響也。本乎徐者其勢緩，故人得以曉也；本乎疾者其勢遽，故難得以曉也。彼江海之覆，猶伊淄之覆也。勢有疾徐，故有不曉耳。』問者曰：『子之言數存而勢生，非天也，天果狹於勢邪？』答曰：『天形恒圓，面色恒青，周回可以度得，晝夜可以表候，非數之存乎？恒高而不卑，恒動而不已，非勢之乘乎？今夫蒼蒼然者一受其形於高大而不能自還於卑小，一乘其氣於動用而不能自休於俄頃，又惡能逃乎數而越乎勢邪？吾固曰：萬物之所以為無窮者，交相勝而已矣，還相用而已矣。天與人，萬物之尤者耳。』問者曰：『天果以有形而不能逃乎數，彼無形者，子安所寓其數邪？』答曰：『若所謂無形者，非空乎？空者，形之希微者也。為體也不妨乎物，而為用也恒資乎有，必依於物而後形焉。今為室廬，而高厚之形藏乎內也；為器用，而規矩之形起乎內也。音之作也有大小，而響不能踰；表之立也有曲直，而影不能踰。非空之數歟？夫目之視，非能有光也，必因乎日月火炎而後光存焉。所謂晦而幽者，目有所不能燭耳。彼狸狌犬鼠之目，庸謂晦為幽邪？吾固曰：以目而視，得形之粗者也；以智而視，得形之微者也。烏有天地之內有無形者邪？古所謂無形，蓋無常形耳，必因物而後見耳。烏能逃乎數邪？』

又《天論下》或曰：『古之言天之曆象，有宣夜、渾天、《周髀》之書，言天之高遠卓詭有鄒子。今子之言有自乎？』答曰：『吾非斯人之徒也。大凡入乎數者，由小而推大必合，由人而推天亦合。以理揆之，萬物一貫也。今夫人之有頭、目、耳、鼻、齒、毛、頤、口，百骸之粹美者也，然而其本在乎腎腸心腹。天之有三光懸寓，萬象之神明者也，然而其本在乎山川五行。濁為清母，重為輕始。兩位既儀，還相為庸，噓為雨露，噫為雷風。乘氣而生，羣分彙從，植類曰生，動類曰蟲。倮蟲之長，為智最大，能執人理，與天交勝，用天之利，立人之紀。紀綱或壞，復歸其始。堯舜之書，首曰「稽古」，不曰稽天，幽厲之詩，首曰「上帝」，不言人事。在舜之庭，元凱舉焉，曰「舜用之」，不曰天授；在殷中宗，襲亂而興，心知説賢，乃曰「帝賚」。堯民之餘，難以神誣；商俗已訛，引天而毆。由是而言，天預人乎？」

天命論

論説

《陳子昂集》卷一〇《與韋五虚己書》 命之不來也，聖人猶無可奈何，況於賢者哉？僕嘗竊不自量，謂以為得失在人，欲揭聞見，抗衡當代之士，不知事有大謬異於此望者，乃令人慚愧悔赧。不自知，大笑顛蹶，怪其所以者爾。虚己足下，何可言耶。夫道之將行也，命也；道之將廢也，命也。子昂其如命何？雄筆雄筆。棄爾歸吾東山，無汨我思，無亂我心，從此遁矣。屬病不得面談，書以述言，子昂白。

唐·元結《次山集》卷五《自述三篇〈述命〉》 元子嘗問命於清惠先生，先生曰：『子欲知命。不如平心，平心不如忘情。』喏曰：『幸先生教之。』先生曰：『夫平心能正是非，忘情能滅有無。子何先焉？』曰：『請先忘情。』先生曰：『子見草木乎？子見天地乎？草木無心也，天地無情也。而四時自化，雨露自均，根柢自深，枝幹自茂。如是，天地豈醜授而成哉？草木豈憂求而生哉？人之命也，亦由是矣。若夭若壽，若貴若賤，烏可强哉？不可强也。不可强也，不如忘情，忘情當學草木。嗚呼！上皇强化天下，天下化之，養之以道德，道德僞薄，天下亦從而僞薄。嗚呼！後王急濟天下，天下從之，救之以權宜，權宜侈惡。天下亦從而侈惡，故赴貪徇紛急之風，以至於今。聖賢者兢兢然，猶傷命性；愚惑者慁慁然，遂忘家國。其由不審不通，醜授憂求而已。子不喻乎？』

宋·李昉等《文苑英華》卷三六一《黄頗〈受命於天説〉》 孔子曰：『唯天子受命於天。士受命於君，故君命順，則臣有順命；君命逆，則臣有逆命。』嗚呼！君人者得不鑑戒於是言乎？王者將順天行道，而

臣下自脩德矣。苟逆於天命，而臣下隨所化矣。然忽湯文居其下，則將因是逆以原於德，搖民心干宇內，為其上者無危乎。故為君不易，而作臣者知難，不易則德明，知難則畏命。是故夏、殷、周、秦、漢、魏、晉、宋、梁、陳、隋末之為理，內逆於心，外亂於身，豈不以受天命者耶。故夫十二朝之亡也，十二朝之作矣，雖小民女童，必知其過矣。何者？為君以為賢，為臣以為然，常不觀於前，無慮於後，大渙一時之榮而已矣。歷以度之，咸失於此。嗚呼！君人者得弗鑑戒于是言乎。

人性論分部

人性三品論

論説

唐·吴筠《宗玄先生玄綱論》上篇《天稟章第四》 夫道本無動靜，而陰陽生焉。氣本無清濁，而天地形焉。純陽赫赫在乎上，九天之上無陰也。純陰冥冥處乎下，九地之下無陽也。陰陽混蒸而生萬有，生萬有者，正在天地之間矣。故氣象變通，晦明有類，陽以明而正，其粹爲眞靈，陰以晦而邪，其精爲魔魅。故稟陽靈生者爲睿哲，資陰魅育者爲頑凶。睿哲惠和，陽好生也。頑凶悖戾，陰好殺也。或善或否，二氣均合而生中人。三者各有所稟，而教安施乎。教之所施，爲中人爾。何者？睿哲不教而自知，頑凶雖教而不移，此皆受陰陽之純氣者也。亦猶火可滅，不能使之寒。冰可消，不能使之熱。理固然矣。夫中人爲善則和、氣應，爲不善則害氣集。故積善有餘慶，積惡有餘殃，有慶有殃，教於是立。

唐·潘世正《道門經法相承次序》 所言戒者，法有二種：一者有得戒，二者無得戒。有得戒者，即《太玄眞經》所謂三戒、五戒、九戒、十戒、百八十戒、三百大戒之例是也。無得戒者，即謂上機之人，靈識惠

解，業行精微，離諸有心，不嬰塵染，體入空界，迹蹈眞源，不求常樂而衆善自臻，不厭人間而諸惡自息。本自無持，今卽不犯，無犯是名無得。既其無得，亦復無失，無得故謂爲眞上機之人。

謹按《太眞科》曰：盟威爲下科，太清爲中科，上清道德爲上科，三科爲三乘。下機之人，先求自利，未能度人，故三皇、洞神陶煉智慧，自近之遠，以明身爲萬善之本，濟己可以及物。中機之人，智慧明瞭，濟物爲利己之由，濟身爲度人之本，故中品洞玄，辯有通無，物我兼濟。若到洞眞，混合眞假，物我兩遺，空有一貫。是以中下之人，初始學道，立功樹德，皆憑陰陽、六甲、日月五星。一擬度身，二擬濟物，或救疾療病，拔死度生。雖是有爲功德，福力大多從此熏修，漸漸增進，功成不處，行滿不居，常行陰惠，爲而不恃，自與道合，終會無爲。

唐・韓愈《韓昌黎文集》卷一《原性》 性也者，與生俱生也；情也者，接於物而生也。性之品有三，而其所以為性者五；情之品有三，而其所以為情者七。

曰何也？曰：性之品有上中下三。上焉者，善焉而已矣；中焉者，可導而上下也；下焉者，惡焉而已矣。其所以為性者五：曰仁、曰禮、曰信、曰義、曰智。上焉者之於五也，主於一而行於四；中焉者之於五也，一不少有焉，則少反焉，其於四也混；下焉者之於五也，反於一而悖於四。性之於情視其品。情之品有上中下三，其所以為情者七：曰喜、曰怒、曰哀、曰懼、曰愛、曰惡、曰欲。上焉者之於七也，動而處其中；中焉者之於七也，有所甚，有所亡，然而求合其中者也；下焉者之於七也，亡與甚，直情而行者也。情之於性視其品。

孟子之言性曰：人之性善；荀子之言性曰：人之性惡；揚子之言性曰：人之性善惡混。夫始善而進惡，與始惡而進善，與始也混而今也善惡；皆舉其中而遺其上下者也，得其一而失其二者也。叔魚之生也，其母視之，知其必以賄死；楊食我之生也，叔向之母聞其號也，知必滅其宗；越椒之生也，子文以為大戚，知若敖氏之鬼不食也。人之性果善乎？后稷之生也，其母無災，其始匍匐也，則岐岐然，嶷嶷然；文王之在母也，母不憂，既生也，傅不勤，既學也，師不煩。人之性果惡乎？堯之朱、舜之均、文王之管蔡，習非不善也，而卒為姦；瞽叟之舜、鯀之禹，習非不惡也，而卒為聖：人之性善惡果混乎？故曰：三子之言性也，舉其中而遺其上下者也，得其一而失其二者也。』曰：然則性之上下者，其終不可移乎？』曰：『上之性，就學而愈明；下之性，畏威而寡罪；是故上者可教，而下者可制也。其品則孔子謂不移也。』

曰：『今之言性者異於此，何也？』曰：『今之言者，雜佛老而言也；雜佛老而言也者，奚言而不異！』

人性本惡論

論說

隋・智者大師《觀音玄義》卷一 問：緣了既有性德善，亦有性德惡否？

答：具。

問：闡提與佛斷何等善惡？

答：闡提斷修善盡但性善在，佛斷修惡盡但性惡在。

問：性德善惡何不可斷。

答：性之善惡但是善惡之法門。性不可改，歷三世無誰能毀，復不可斷壞。譬如魔雖燒經，何能令性善法門盡？縱令佛燒惡譜亦不能令惡法門盡。如秦焚典坑儒，豈能令善惡斷盡耶？

問：闡提不斷性善，還能令修善起；佛不斷性惡，還令修惡起耶？

答：闡提既不達性善，以不達故，還爲善所染；修善得起，廣治諸惡。佛雖不斷性惡而能達於惡，以達惡故，於惡自在，故不爲惡所染，修惡不得起，故佛永無復惡。以自在故，廣用諸惡法門，化度衆生，終日用之終日不染。不染故不起，那得以闡提爲例耶？若闡提能達此善惡，則不復名爲一闡提也。若依他人，明闡提斷善盡，爲阿梨耶識所熏，更能起善。梨耶卽是無記無明。善惡依持爲一切種子。闡提不斷無明無記，故還生善。佛斷無記無明盡，無所可熏，故惡不復還生。若欲以惡化物，但作神通變現度衆生爾。

問：若佛地斷惡盡，作神通以惡化物者，此作意方能起惡，如人畫諸色像非是任運，如明鏡不動色像自形。可是不可思議理能應惡。若作意者與外道何异？

今明闡提不斷性德之善，遇緣善發。佛亦不斷性惡，機緣所激，慈力所熏，入阿鼻同一切惡事化衆生，以有性惡故名不斷，無復修惡名不常。若修性俱盡則是斷，不得爲不斷不常。闡提亦爾。性善不斷還生善根。如來性惡不斷還能起惡。雖起於惡而是解心無染，通達惡際即是實際。能以五逆相而得解脱，亦不縛不脱，行於非道，通達佛道。闡提染而不達，與此爲异也。

唐・湛然大師《止觀義例》卷上　妙境四者。【略】四、佛本不斷性惡法故。性惡若斷，普現色身從何而立？但使分得常住法身不動而動，遍應身土。

唐・湛然大師《止觀輔行傳弘決》卷五之三　彼又問云：既有性德善，亦有性德惡不？答：具有。問：闡提與佛，斷何等善惡？答：闡提斷修善，但有性善在；如來斷修惡，但有性惡在。問：性德善惡，何以不斷？答：性德但是善惡法門，故不可斷。一切世間無能毁者，如魔燒經卷，豈能令於性法門盡？縱燒惡譜，亦不能令惡法門盡。問：闡提不斷性善故，後時還起善；如來不斷性惡故，應當后時還起惡？答：闡提不達性惡故，後時還起於修惡；不瞭於性善故，後時還爲修善染。是故修善還得起；即以修善治修惡，則令修惡不得起。佛雖不斷於性惡，而能瞭達於性惡，而於惡法得自在，不爲修惡之所染，是故修惡不得起。故佛永無於修惡，自在用於惡法門；闡提若能達修惡，則與如來無差别。故知於善、於惡，善達修性，於修照性，以性瞭修。能知此者，方可與論性德三因，生死涅槃、煩惱菩提、十二因緣即是三德，如是無量，理無不通。

人性無善無惡論

論説

唐・惠能《壇經・般若品第二》　何名『摩訶』？『摩訶』是大。心量廣大，猶如虛空，無有邊畔，亦無方圓大小，亦非青黄赤白，亦無上下長短，亦無嗔無喜，無是無非，無善無惡，無有頭尾。諸佛刹土，盡同虛空。世人妙性本空，無有一法可得；自性眞空，亦復如是。

善知識，莫聞吾説空，便即著空。第一莫著空，若空心静坐，即著無記空。

善知識，世界虛空，能含萬物色像。日月星宿，山河大地，泉源溪澗，草木叢林，惡人善人，惡法善法，天堂地獄，一切大海，須彌諸山，總在空中；世人性空，亦復如是。

唐・宗密《原人論・斥迷執第一》　人死六道，不必皆爲鬼，死復爲人等，豈古來積鬼常存耶？且天地之氣本無知也，人稟無知之氣，安得欻起而有知乎？草木亦皆稟氣，何不知乎？又言貧富貴賤，賢愚善惡，吉凶禍福，皆由天命者。則天之賦命，奚有貧多富少，賤多貴少，乃至禍多福少？苟多少之分在天，天何不平乎！况有無行而貴，守行而賤，無德而富，有德而貧，逆吉義凶，仁夭暴壽，乃至有道者喪，無道者興。既皆由天，天乃興不道而喪道，何有福善益謙之賞、禍淫害盈之罰焉？又既禍亂反逆，皆由天命，則聖人設教，責人不責天，罪物不罪命，是不當也。然則《詩》刺亂政，《書》贊王道，禮稱安上，《樂》號移風，豈是奉上天之意、順造化之心乎？是知專此教者，未能原人。

吴越・延壽禪師《宗鏡録》卷一七　是以善惡諸法，皆以無性爲性。此性即是佛性，即無住本，即法性，故此善惡性不可斷也。即今推自心性不可得，即無住處，能遍一切處，即善惡性也。性無善惡，能生善惡；善惡可斷，性不可斷。善惡同以心性爲性，若斷性惡，則斷心性。性不可斷，所以闡提不斷性善。縱墮三塗，性善不减，性惡不增；直至成佛，性善不增，性惡不減。此性卽法身也，猶如明鏡，本無好醜衆像，能現一切好醜衆像。像有增減，明淨光體，不增不減也。鏡本無像，故能現像；佛性無善惡，能現善惡。衆生不得性，但得善惡，爲善惡所拘，不得自在也。性善不壞，故地獄發佛界善；性惡不壞，故佛能現六趣惡。又性者，卽是善惡等諸法之性，遍十方三世衆生國土等一切處，無有變異，不增不減，能現善惡凡聖垢淨因果等，從性而起。故云性善性惡。若善惡等，卽無定相，隨緣構習，如鏡中像，無體可得。若遇淨緣卽善，若因染緣卽惡，從修而得，故名修善修惡。若論性善，不唯闡提；若論性惡，不唯諸佛。以是善惡諸法之性故，卽一切衆生，皆悉具有，一際平等。若覺瞭此性，卽便成佛，故能示聖現凡，自在無礙。若論修善修惡，於上中下根，卽不可定。隨修成之厚薄，任力量之淺深，得世間報而六趣升沉，成出世果而四聖高下。以不瞭善惡之性，故爲善惡業之所拘，而不自在。若見性達道，何道不成？則法法標宗，塵塵契旨。豈唯善惡二法，而得自在耶？

佛道優劣論分部

崇佛論

論說

唐·釋道宣《廣弘明集》卷一一《釋法琳〈對傅奕佛僧表并啓〉》

竊見大業末年，天下喪亂。二儀黲黷，四海沸騰，波震塵飛，丘焚原燎，五馬絕浮江之路，七重有平壘之歌。烽燧時警，羽檄競馳，關塞多虞，刁斗不息。道消德亂，運盡數窮，轉輪寔繁，頭會箕斂。積屍如莽，流血為川，人不聊生，物亦勞止，控告無所，投骸莫從。百姓苦其倒懸，萬國困其無主，豈圖法輪絕響，正教陵夷？聖上興吊俗之心，百姓順昊天之命，爰舉義旗，平一區宇。當時道俗蒙賴，華戎胥悅。於是葉天地而通八風，測陰陽而調四序，和邦國，序人倫，功蓋補天，神侔立極。降雲雨而生育，開日月以照臨；發之以聲明，紀之以文物，恩霈行葦，施洽蟲魚。方欲重述九疇，再敷五教，興石渠之學，布庠序之風，遠紹軒羲，近同文景，功業永隆，不知手之舞之，足之蹈之者矣。竊見傅奕所上之事，披覽未遍，五內分崩；尋讀始周，六情破裂。嗚呼！邪言惑正，魔辯逼眞，猶未足聞諸下愚，況欲上干天聽。但奕職居時要，物望所知何容不近人情，無辜起惡？然其文言淺陋，事理不詳，辱先王之典謨，傷人倫之風軌。何者？夫人不言，言必有中。夫子曰：『一言合理，則天下歸之；一事乖常，則妻子背叛。』觀奕所上之事，括其大都，窮其始末，乃罔冒闕庭處多，毀辱聖人甚切。如奕此意，本欲因茲自媒，苟求進達，實未能益國利人，竟是惑弄朝野。然陛下應天順時，握圖受籙，赴萬國之心，當一人之慶，扶危救世之力，夷凶靜難之功，固以威蓋前王，聲高往帝。爰復存心三寶，留意福田，預是出家之人，莫不感戴天澤。但由僧等不能遵奉戒行，酬報國恩。無識之徒，非違造罪，致令傅奕，陳此惡言，躃踴痛心，投骸無地。然僧尼有罪，甘受極刑。恨奕輕辱聖人，言詞切害，深恐邪見之者，因此行非。案《春秋》，魯莊公七年夏四月，恒星不現，夜明如日，卽佛生時之瑞應也。然佛有眞應二身，權實兩智，三明八解，五眼六通，神曰不可思議，法號心行處滅。其道也，運衆聖於泥洹；其力也，接下凡於苦海。自後漢明帝永平三年，夢見金人已來，像教東流，靈瑞非一，具在漢、魏諸史。姚、石等書。至如道安、道昱之輩，圖澄、羅什之流，並有高行深解，當世名僧，盡被君王識知，貴勝崇重。自五百餘年已來，寺塔遍於九州，僧尼溢於三輔。並由時君敬信，朝野歸心，像教興行，於今不絕者，寔荷人王之力也。世間君臣父子，猶謂恩澤難酬，昊天不報，況佛是衆生出世慈父，又為凡聖良醫，欲抑而挫之，罪而辱之，不可得也。仰尋如來智出有心，豈三皇能測；力包造化，非二儀可方。《列子》云：『昔商太宰嚭問孔丘曰：「夫子聖人歟？」孔子對曰：「丘博識強記，非聖人也。」又問：「三王聖人歟？」對曰：「三王善用智勇，聖非丘所知。」又問：「五帝聖人歟？」對曰：「五帝善用仁信，聖亦非丘所知。」又問：「三皇聖人歟？」對曰：「三皇善用時政，聖亦非丘所知。」太宰大駭曰：「然則孰為聖人乎？」夫子動容有間曰：「西方之人有聖者焉。不治而不亂，不言而自信，不化而自行。蕩蕩乎民無能名焉。」』若三王五帝必是大聖，孔丘豈容隱而不説？便有匿聖之愆。以此校量，推佛為大聖也。《老子西昇經》云：『吾師化游天竺，善入泥洹。』《符子》云：『老氏之師名釋迦文』，直就孔老經書師敬佛處，文證不少，豈奕一人所能謗讟？昔公孫龍著《堅白論》，罪三王，非五帝，至今讀之，人猶切齒。已為前鑑，良可悲夫。主上至聖欽明，方欲放馬休牛，式閭封墓，興皇王之風，開釋老之化；狂簡之説，尤可焚之。若言帝王無佛則大治年長，有佛則虐政祚短者，案堯舜獨治，不及子孫，夏殷周秦，王政數改。蕭墻內起，逆亂相尋，爾時無佛，何因運短？但琳預居堯世，日用莫知，在外見不便事，恐蕃國遠聞，謂華夏無識。夫子曰：『言滿天下無口過，行滿天下無怨惡，言之者欲使無罪，聞之者足以自誡。』傅奕出言不遜，聞者悉驚，有穢國風，特損華俗。謹録丹款，冒以啓聞。伏惟大王殿下天挺英靈，自然岐嶷，風神穎越，器局含弘。好善為樂，邁彼東平，温易是歡，更方西楚。加以阿衡百揆，式序六條，德既褰帷，仁兼裂綱。開康莊之第，坐荀卿之賓，起修竹之園，醼文雅之客。莫不詩極緣情，而賦窮體物，信可譽形朝野，美貫前英者焉。但琳等內顧闇如，方圓寡用。念傅奕下愚之甚，媿凡僧禿丁之呵。惡之極也，罪莫大焉。自尊盧赫胥已來，天地開闢之後，未有如奕之狂勃也。不任斷骨痛心之至。謹録奕害事，輒述鄙詞，件答如左。

又　卷三二《釋明槩〈決對傅奕廢佛法僧事並表〉》　僧明槩言：槩聞三皇統天，五帝御宇，道捨弘而遠大，德普覆而平均。敷善教以訓民，布慈心而育物。逮乎中古，其道弗虧。故漢武欽明，見善而弗及；顯宗睿哲，體道而弗居。遂能紆屈尊儀，甘泉禮金人之瑞；翹想夢寐，德陽降銅像之徵。於是秦景西游，越流沙而訪道；摩騰東入，跨葱嶺而傳眞。遂得化漸漢朝，寺興白馬之號；道流晉世，刹建青龍之名。其間盛寫尊儀，競崇寺塔，騰慧雲於落仞，涌法水於窮源。驅有識於福林，登蒼生於善地。開闡佛法，昭化愚矇。故得永平季年，嘉瑞臻集。慶雲流潤，湛露凝甘，澤馬騰驤，神雀翔集。朱英吐合穎之秀，紫葩生連理之枝。可謂不世之奇徵，非常之嘉瑞者也。於是西域入侍，南越歸仁。偃革休兵，銷金罷刃。豈不由感聖降靈，奉戒行善。精誠昭著，貫達幽明者哉？故《書》云：『天生神物，以祚聖人。無德斯隱，有道則見。』著之惇史，可得而詳。惟我大唐，膺期啓運，握機御曆，誕命建家。初起義則道葉百靈，始登圖則威加萬國，故世克化及，授首於東都；建德、武周，櫬身於北朔。荆、吳克定，秦、隴廓清，方應駕七寶而飛行，導千輪而輕舉，巍巍弗與，蕩蕩誰名？功既成焉，事亦畢矣。加以留心佛法，眷言匡護。故莊嚴總持，再興九級；沙門釋子，更度千人。像化彌盛於前朝，寺塔更興於聖世，方頂戴三寶，弘護四依。合掌低頭，忘帝王之貴；歛心屈膝，盡至敬之誠。槩自慶遭逢，屬此嘉運。方願息心淨刹，畢志玄門。懔厲六時，以酬聖世之德；翹勤五體，用報罔極之恩。而奕忽肆狂言，上聞朝聽，輕辭蔑聖，利口謗賢。出語醜於梟音，發聲毒於鴆響。專欲破滅佛法，毀廢衆僧，割斷衣糧，減省寺塔。其故何也？奕曾為道士，惡姤居懷，故毀聖劣凡，讚愚勝智。以下誇上，用短加長，違理悖情，一至於此。但讒言害德，偏聽傷賢，故宋受子罕之言，囚於墨翟；魯信季孫之説，遂於尼丘。二子之賢，弗能自免；八條之謗，或纍於人。然後主上欽明，弗容讒慝。縱共三至，寧致一疑？但浮雲在天，白日有時虧照；游翳拂日，陽精為之不明。而傅奕浮辭，迷於視聽，情理眩惑，言語混淆，弗可專聽，豈應偏信。請其決對，存毀分甘。槩忝在緇徒，預參法侶，忽聞誹謗，寧不深傷？縱迴刃刳心，未以為痛；抽刀斮髓，詎以為殘，謗讟之深，傷酷甚此。經云：『亡身護法，没命弘道。』此其時也。方抽腸瀝膽，報邪逆之仇讎；申表獻誠，雪師父之謗辱。

又　卷一四《李師政〈辨惑一〉》　有辨聽書生謂忠正君子曰：『蓋聞釋迦生於天竺，修多出自西胡。名號無傳於周孔，功德靡稱於典謨。寔遠夷所尊敬，非中夏之師儒，逮攝摩騰之入漢，及康僧會之游吳。顯舍利於南國，起招提於東都。自茲厥後，乃尚浮圖。沙門盛洙泗之衆，精舍麗王侯之居。既營之於爽塏，雙資之以膏腴。擢修幢而曜日，擬甲第而當衢。王公大人助之以金帛，農商富族施之以田盧。其福利之焉在？何尊崇之有餘也？未若銷像而絕鐫鑄，貨泉可以無費。毀經以禁繕寫，筆紙不為之貴。廢僧以從編戶，益黍稷之餘稅。壞塔以補不足，廣賑恤之仁惠。欲詣闕而效愚忠，上書而獻斯計。竊謂可以益國而利民矣，吾子以為何如乎？忠正君子曰：是何言之過歟？非忠孝之道也。夫忠臣奉國，願受福之無疆；孝子安親，務防災於未兆。聞多福之因，緣求之如不及；覩速禍之萌，柢避之若探湯。國重天地之祈，祈於福也；家避陰陽之忌，忌於禍也。福疑從取，禍疑從去人之情也，忠之道焉。子乃去人之所謂福，取人之所謂殃，豈忠臣奉國之計？非孝子安親之方。觀匹夫之自愛，尚不反醫而違卜，況忠臣之愛君，如何勸殃而阻福乎？何異採藥物以薦君，而取農岐之所忌；求醫術以奉親，而反和鵲之深致。彼勸取忌而用毒，良非重慎之至意，施諸已而猶懼矣，矧敢安於所天乎？若夫廢宗廟之粢盛，供子孫之魚肉，毀蒸嘗之黻冕，克僕妾之衣服，苟求惠下之恩，不崇安上之福，恨養親之費饍，思廢養以潤屋，如此者可謂忠乎？可謂孝乎？且夫周棄弘播殖之教，遂配稷以長尊；勾龍立水土之功，亦為社而恒敬。坊墉小益，尚參八蜡之祭；林澤微靈，猶行一獻之祀。況夫三達無礙之智，百神無以儔；十力無等之尊，千聖莫能匹。萬惑盡矣。萬德備矣。梵天仰焉，帝釋師焉。道濟四生，化通三界，拔生死於輪回，示涅槃之常樂。身光赫奕，奪朗日之流暉，形相端嚴，具聖人之奇表。微妙玄通，周孔未足擬議；博施兼濟，堯舜其猶病諸。等慈而無棄物，可不謂之仁乎？具智而有妙覺，可不謂之聖乎？夫體仁聖之德者，豈為譎誑之說哉？靜而思之，蔑不信矣。至如立寺功深於巨海，度僧福重於高嶽，法王之所明言，開士之所篤信。若興之者增慶益國，不亦大乎？敬之者生善利民，不亦廣乎？或小損而大益，豈非國之所宜崇乎？或小益而大損，豈非民之所當避乎？法眼明瞭，覩福報之無量；金口信實，說咎因之不朽。凡百士民，皆非目見，縱未能信其必爾，亦何以知其不然哉？冥昧不可以意決，深遠唯當以聖證。豈不冀崇之福，資於君父，畏毀之釁，及於家國乎？臣無斯慎於其君，非忠臣也。子無此慮於其親，非孝子也。子欲苟遂媢嫉之褊心，不弘忠慎之深慮，阻祈福之大緣，毀安上之善業，乃取咎之道也，豈盡忠之義哉？余昔篤志於儒林，又措心於文苑，頗同吾子之言論，良由聞法之遲晚，賴指南以去惑，幸失途之未遠。每省過而責躬，則臨餐而忘飯。子若博考而深計，亦將悔迷而知返矣。竊聞有太史令傅君者，又甚余曩日之惑焉。內自省於昔迷，則十同其五矣。請辨傅君之惑言，以釋吾子之邪執。傅謂佛法本出於西胡，不應奉之於中國，余昔同此惑焉，今則悟其不然矣。夫由余出自西戎，輔秦穆以開霸業；日磾生於北狄，侍漢武而除危害。臣既有之，師亦宜爾。何必取其同俗，而捨於異方乎？師以道大為尊，無論於彼此；法以善高為勝，不計於遐邇。若夫尚仁為美，去欲稱高，戒積惡之餘殃，勸為善以邀福，百家之所同，七經無以易。但褊淺而未深至，齷齪而不周廣，其恕已及物，孰與佛之弘乎？其覩未知本，孰與佛之遠乎？其勸善懲惡，孰與佛之廣乎？其明空析有，孰與佛之深乎？由此觀之，其道妙矣。聖人之德，何以加焉，豈得以生於異域而賤其道，出於遠方而棄其寶？夫絕羣之駿，非唯中邑之產；曠世之珍，不必諸華之物。漢求西域之名馬，魏收南海之明珠，貢犀象之牙角，採翡翠之毛羽。物生遠域，尚於此而為珍，道出遐方，獨奈何而可棄？若藥物出於戎夷，禁呪起於胡越，苟可以蠲邪而去疾，豈以遠來而不用之哉？夫滅三毒以證無為，其蠲邪也大矣；除八苦而致常樂，其去疾也深矣。何得拘夷夏而計親疏乎？況百億日月之下，三千世界之內，則中在於彼域，不在於此方矣。

傅謂詩書所未言，以為修多不足尚。余昔同此惑焉，今又悟其不然矣。夫天文曆象之秘奧，地理山川之卓詭，經脉孔穴之譎候，鍼藥符呪之方術，詩書有所不載，周孔未之明言。然考之吉凶而有徵矣，察其行用而多效矣。且又周孔未言之物，蠢蠢無窮；詩書不載之法，茫茫何限？信乎書不盡言，言不盡意，何得拘六經之局教，而背二乘之通旨哉？夫能事未興於上古，聖人開務於後世，故棟宇易層巢之居，文字代結繩之制。飲血茹毛之饌，則先用而未珍；火化粒食之功，雖後作而非弊。彼用捨之先後，非理教之蔽通。豈得以詩書早播而特隆，修多晚至而當替？人有幼噉藜藿，長飫粱肉，少為布衣，老遇侯服，豈得以藜藿先獲，謂勝粱肉之味；侯服晚遇，不如布衣之貴乎？萬物有遷，三寶常住，寂然不動，感而皆遇。化身示隱顯之迹，法體絕興亡之數。非初誕於王宮，不長逝於雙樹，何得論生滅於赴感，計修促於來去乎？

傅氏譽老子而毀釋迦，讚道書而非佛教，余昔同此惑焉，今又悟其不然也。夫釋老之為教，體一而不二矣。同蠲有欲之釁，俱顯無為之宗。老氏明而未融。釋典言臻其極。道若果是，佛固同是而無非。佛若果非，道亦可非而無是。理非矛盾之異，人懷向背之殊，既同梟狙之喜怒，又似葉公之愛畏。至如柱下道德之旨，漆園内外之篇，雅奥而難加，清高而可尚。竊常讀之，無間然矣。豈以信奉釋典而苟訾之哉？抑又論之。夫生死無窮之緣。報應不朽之旨，釋氏之所創明，黄老未之言及。不知今之道書，何因類於佛典，論三世以勸戒，出九流之軌躅。若目覩而言之，則同佛而等其照；若耳聞而放之，則師佛而遵其説。同照則同不當非，於師則師不可毁，譽道而非佛，何謬之甚哉？

傅云，佛是妖魅之氣，寺為淫邪之祀。此其未思之言也。妖唯作孽，豈弘十善之化？魅必憑邪，寧興八正之道？妖猶畏狗，魅亦懼貓，何以降帝釋之高心，摧天魔之巨力？又如圖澄羅什之侶，道安慧遠之儔，高德高名，非狂非醉，豈容捨愛辭榮，求魑魅之邪道，勤身苦節，事魍魎之妖神？又自昔東漢至我大唐，代代而禁妖言，處處而斷淫祀，豈容捨其財力，放其士民，營魑魅之堂塔，入魍魎之徒衆？又有宰輔冠蓋，人倫羽儀，王導、庾亮之徒，戴逵、許詢之輩，置情天人之際，抗迹煙霞之表，並稟教而歸依，皆厝心以崇信，豈容尊妖奉魅以自屈乎？良由覩妙知真使之然耳。又傅氏之先毅字武仲，高才碩學，世號通人，辯顯宗之祥夢，證金人之冥感，釋道東被，毅有功焉。竊揆傅令之才識，未可齊於武仲也，何為毁佛謗法，與其先之反乎？吳尚書令闞澤對吳主孫權曰：『孔老二家，比方佛法，優劣遠矣。何以言之？孔老設教，法天以制，不敢違天。諸佛説教，諸天奉而行，不敢違佛。以此言之，實非比對。』愚謂闞子斯論，知優劣之一隅矣。凡百君子，可不思其言乎？夫大士高僧，觀於理也深矣。明主賢臣，謀於國也忠矣。而歷代寶之，以為大訓，何哉。知其窮理盡性，道莫之加故也。傅氏覩不深於名僧，思未精於前哲，獨師心而背法，輕絶福而興咎，何其為國謀而不忠乎？為身慮而不遠乎？大覺窮神而知化，深勸思患而預防。唯百齡之易，盡嗟五福其難常。命川流而電逝，業地久而天長。三塗極迍而杳杳，四流無際而茫茫。憑法舟而利濟，藉信翮以高翔。宜轉咎而為福，何罔念而作狂也？

傅云趙時梁時，皆有僧反，況今天下僧尼二十萬衆。此又不思之言也。若以昔有反僧，而廢今之法衆，豈得以古有叛臣，而棄今之多士；鄰有逆兒，而逐己之順子；昔有亂民，而不養今之黎庶乎？夫普天之下，出家之衆，非雲集於一邑，寔星分於九土。攝之以州縣，限之以關河，無徵發之威權，有憲章之禁約，縱令五三凶險，一二闡提，既無緣以烏合，亦何憂於蟻聚？且又沙門入道，豈懷亡命之謀？女子出家，寧求帶鉀之用？何乃混計僧尼之數，雷同梟獍之黨，構虚以亂真，蔽善而稱惡。君子有三畏，豈當如是乎？夫青衿有罪，非關尼父之失；阜服為非，豈是釋尊之咎？僧干朝憲，尼犯俗刑，譬誦律而穿窬，如讀禮而驕倨。但以人稟頑嚚之性，而不遷於善，非是經開逆亂之源，而令染於惡。人不皆賢，法實盡善，何得因怒惡而及善，以咎人而棄法？夫口談夷惠，而身行桀跖，耳聽詩禮，而心存邪僻，夏殷已降，何代無之？豈得怒跖而尤夷惠，疾邪而廢詩禮？然則人有可誅之罪，法無可廢之過，但應禁非以弘法，不可以人而賤道。竊篤信於妙法，不苟黨於沙門。至於耘稊稗以殖嘉苗，肅姦回以清大教，所深願矣。

傅云，道人士梟驢騾四色，皆是貪逆之惡種。此又不思之言也。夫以捨俗修道，故稱道人。學道離貪，何名貪逆？若云貪菩提道，逆生死流，則傅子興言，未達斯旨。覩沙門之律行也。行人所不能行，止人所不能止，具諸釋典，可得而究。蠕動之物，猶不加害，況為梟獍之事乎？嫁娶之禮，尚捨不為，況為禽獸之行乎？何乃引離欲之上人，疋聚塵之下物，校有道之賢俊，比無知之驢騾，毁大慈之善衆，媲不祥之惡鳥，謂道人為逆種，以梵行比獸心，害善一何甚乎？反白為黑，類如此乎。

余昔每引《孝經》之不毁傷，以譏沙門之去鬚髮，謂其反先王之道，失忠孝之義，今則悟其不然矣。若夫事君親而盡節，雖殺身而稱仁，虧忠孝而偷存，徒全膚而非義，論美見危而致命，禮防臨難而苟免，何得一而訶毁傷？雷同而顧膚髮？割股納肝，傷則甚矣；剃鬚落髮，毁乃微焉。立忠不顧其命，論者莫之咎，求道不愛其毛，何獨以為過；湯恤蒸民，尚焚軀以祈澤；墨敦兼愛，欲摩足而至頂。況夫上為君父，深求福利，鬚髮之毁，何足顧哉？且夫聖人之教，有殊途而同歸；君子之道，或反經而合義。則泰伯其人也。廢在家之就養，託採藥而不歸，棄中國之服章，依剪髮以為飾反經悖禮，莫甚於斯。然而仲尼稱之曰：『泰伯其謂至德矣。』其故何也？雖迹背君親，而心忠於家國；形虧百越，而德全乎三讓。故泰伯棄衣冠之制，而無損於至德。則沙門捨搢紳之容，亦何傷乎妙道？雖易服改貌，違臣子之常儀，而信道歸心，願君親之多福。苦其身意，修出家之衆善；遺其君父，以歷劫之深慶。其為忠孝，不亦多乎？謂善沙門為不忠，未之信矣。

傅又云，西域胡人，因泥而生，是以便事泥丸。此又未思之言也。夫崇立靈像，模寫尊形，所用多塗，非獨泥丸。或彫或鑄，則以鐵木金銅；圖之繡之，亦在丹青縑素。復謂西域士女，遍從此物而生乎？且又中國之廟，以木為主，則謂制禮君子，皆從木而育邪？親不可忘，故為之宗廟；佛不可忘，故立其形像。以表罔極之心，用伸如在之敬。欽聖仰德，何失之有哉？夫以善為過者，故亦以惡為功矣。

傅又云，帝王無佛則國治年長，有佛則政虐祚短。此又未思之言也。則謂能仁設教，皆闡淫虐之風；菩薩立言，專弘桀紂之事。以實論之，殊不然矣。夫殷喪大寶，災興妲已之言；周失諸侯，禍由褒姒之笑。三代之亡，皆此物也。三乘之教，豈斯尚乎？佛之為道，慈悲喜護，齊物我而等怨親，與安樂而救危苦。古之所以得其民者，佛既弘之矣。民之所以逃其上者，經甚戒之矣。羲軒舜禹之德，在六度而包籠，羿浞癸辛之咎，總十惡以防禁。向使桀弘少欲之教，紂順大慈之道，伊吕無以用其謀，湯武焉得行其討？可使鳴條免去國之禍，牧野息倒戈之亂，夏後從洛汭之歌，楚子違乾溪之難，然則釋氏之化，為益非小，延福祚於無窮，遏危亡於未兆。傅謂有之為損，無之為益，是何言歟？是何言歟？與佛何讎而誣之至此？佛何所負而疾之若讎乎？

傅又云，未有佛法之前，人皆淳和，世無篡逆。此又未思之言也。夫九黎亂德，豈非無佛之年？三苗逆命，非當有法之後。夏殷之季，何有淳和？春秋之時，寧無篡逆？寇賊姦宄，作士命於皋繇；玁狁孔熾，薄伐勞於吉甫。而傅謂佛興篡逆，法敗淳和，專構虛言，皆違實録。一縷之盜，佛猶戒之，豈長篡逆之亂乎？一言之競，佛亦防之，何敗淳和之道乎？惟佛之為教也，勸臣以忠，勸子以孝，勸國以治，勸家以和，弘善示天堂之樂，懲非顯地獄之苦。不唯一字以為褒貶，豈止五刑而作戒？乃謂傷和而長亂，不亦誣謗之甚哉？亦何傷於佛日乎？但自淪於苦海矣，輕而不避，良可悲夫。於是書生心伏而色愧，避席而謝曰：『僕以習俗生常，違道自佚，忽於所未究，翫其所先迷，背正法而異論，受邪言以同失。今聞佛智之玄遠，乃知釋教之忠實，豁然神悟而理攄，足以蕩逆而祛疾。雖從邪於昔歲，請歸正於茲日。謹誦來誡，以為口實矣。』

又　卷二五《馮神德〈上釋在道前表〉》　臣聞秘教東流因明後而闡化；玄風西運，憑至識以開宗。故知弘濟千門，義宣於雅道；提誘萬品，理塞於邪津。只可隨聖教以抑揚，豈得逐人事而興替？沙門者，求未來之勝果；道士者，信有生之自然。自然者，貴取性眞。絕其近僞之迹；勝果者，意存杜漸，遠開趨道之心：誘濟源雖不同，從善終歸一致。伏惟皇帝陛下包元建極，御一飛貞，秉大道以流謙，順無為而下濟，因心會物，教不肅成。今乃定道佛之尊卑，抑沙門之拜伏；有同常禮，未是出俗之因；尊卑物我之情，豈曰無為之妙？陛下道風攸闡，釋教載陳，每至齊忌，皆令祈福，一依經教，二者何獨乖違？陛下者，造化之神宗；父母者，人子之慈稱。陛下以至極之重，猶停拜敬之儀，所生既曰人臣，何得曲伸情禮？捨尊就愛，棄重違經，緣情猶尚不通，據教若為行用？陛下統天光道，順物流形。形物尚不許違，淨教何宜改作？願陛下因天人之志，順萬物之心，停拜伏之新儀，遵尊卑之舊貫。庶望金光東曜，不雜塵俗之悲；紫氣西暉，無驚物我之貴。即大道不昧，而得相於明時；福業永貞，庶重彰於聖日。

限佛道論

論説

唐·釋道宣《廣弘明集》卷一一《傅奕〈請廢佛法表〉》　臣奕言：臣聞羲農軒頊，治合李老之風；虞夏湯姬，政符周孔之教。雖可聖有先後，道德不別；君有沿革，治術尚同。竊聞八十老父，擊壤而歌；十五少童，鼓腹為樂。耕皆讓畔，路不拾遺，孝子承家，忠臣滿國。然國君有難，則徇命以報讎；父母有痾，則終身以側侍。豈非曾參閔子之友，庠序成林；墨翟耿恭之儔，相來羽翊。乃有守道含德，無欲無求，寵辱若驚，職參朝伍，荊山鼎上，攀附昇龍，緱氏壇邊，相從駕鶴。瑤池王母之使，具禮來朝；碧海無夷之神，周行謁帝。所以然者，當此之時，其遵李孔之教，而無胡佛故也。自漢明夜寢，金人入夢，傅毅對詔，辨曰胡神。後漢中原，未之有信，魏晉夷虜，信者一分。笮融託佛齊而起逆，逃竄江東；呂光假征胡而叛君，峙立西土。降斯已後，妖胡滋盛，太半雜華。搢紳門裏，翻受禿丁邪戒；儒士學中，倒説妖胡浪語。曲類蛙歌，聽之喪本；臭同鮑肆，過者失香。兼復廣置伽藍，壯麗非一，勞役工匠，獨坐泥胡。撞華夏之洪鍾，集蕃僧之偽衆，動淳民之耳目，索營私之貨賄。女工羅綺，剪作淫祀之旛；巧匠金銀，散雕舍利之冢。秔粱麪米，横設僧尼之會，香油蠟燭，枉照胡神之堂。剝削民財，割截國貯，朝廷貴臣，曾不一悟。良可痛哉。伏惟陛下定天門之開闔，更新寶位；通萬物之屯否，再育黔黎。布李老無為之風，而民自化；執孔丘愛敬之禮，而天下孝慈。且佛之經教，妄説罪福，軍民逃役，剃髮隱中，不事二親，專行十惡。歲月不除，姦偽逾甚。臣閲覽書契，爰自庖犧，至於漢高，二十九代，四百餘君，但聞郊祀上帝，官治民察，未見寺堂銅像，建社寧邦。請胡佛邪教，退還天竺，凡是沙門，放歸桑梓。令逃課之黨，普樂輸租，避役之曹，恒忻效力，勿度小禿，長揖國家，自足忠臣，宿衛宗廟。則大唐廓定，作造化之主；百姓無事，為羲皇之民。

唐·韓愈《韓昌黎文集》卷三《與孟尚書書》 來示云：有人傳愈近少信奉釋氏，此傳之者妄也。潮州時，有一老僧號大顛，頗聰明，識道理，遠地無可與語者，故自山召至州郭，留十數日，實能外形骸以理自勝，不為事物侵亂。與之語，雖不盡解，要自胸中無滯礙；以為難得，因與來往。及祭神至海上，遂造其廬；及來袁州，留衣服為別，乃人之情，非崇信其法，求福田利益也。孔子云：『丘之禱久矣。』凡君子行己立身自有法度，聖賢事業，具在方册，可效可師；仰不愧天，俯不愧人，內不愧心，積善積惡，殃慶自各以其類至：何有去聖人之道，捨先王之法，而從夷狄之教以求福利也？《詩》不云乎：『愷悌君子，求福不回。』《傳》又曰：『不為威惕，不為利疚。』假如釋氏能與人為禍祟，非守道君子之所懼也；況萬萬無此理。且彼佛者果何人哉？其行事類君子邪？小人邪？若君子也，必不妄加禍於守道之人；如小人也，其身已死，其鬼不靈。天地神祇，昭布森列，非可誣也；又肯令其鬼行胸臆，作威福於其間哉？進退無所據，而信奉之，亦且惑矣！

且愈不助釋氏而排之者，其亦有説。孟子云：『今天下不之楊則之墨，楊墨交亂，而聖賢之道不明，則三綱淪而九法斁，禮樂崩而夷狄横，幾何其不為禽獸也！』故曰：『能言拒楊墨者，皆聖人之徒也。』揚子雲云：『古者楊墨塞路，孟子辭而闢之，廓如也。』夫楊墨行，正道廢，且將數百年，以至於秦，卒滅先王之法；燒除其經，坑殺學士，天下遂大亂。及秦滅，漢興且百年，尚未知脩明先王之道；其後始除挾書之律，稍求亡書，招學士，經雖少得，尚皆殘缺，十亡二三。故學士多老死，新者不見全經，不能盡知先王之事，各以所見為守，分離乖隔，不合不公，二帝三王羣聖人之道於是大壞。後之學者無所尋逐，以至於今泯泯也，其禍出於楊墨肆行而莫之禁故也。孟子雖賢聖，不得位，空言無施，雖切何補？然賴其言，而今學者尚知宗孔氏，崇仁義，貴王賤霸而已。其大經大法皆亡滅而不救，壞爛而不收，所謂存十一於千百，安在其能廓如也？然向無孟氏，則皆服左衽而言侏離矣。故愈嘗推尊孟氏，以為功不在禹下者，為此也。

漢氏已來，羣儒區區修補，百孔千瘡，隨亂隨失，其危如一髮引千鈞，緜緜延延，浸以微滅。於是時也，而唱釋老於其間，鼓天下之衆而從之，嗚呼，其亦不仁甚矣！釋老之害過於楊墨，韓愈之賢不及孟子，孟子不能救之於未亡之前，而韓愈乃欲全之於已壞之後，嗚呼，其亦不量其力且見其身之危，莫之救以死也！雖然，使其道由愈而粗傳，雖滅死萬萬無恨！天地鬼神臨之在上，質之在傍，又安得因一催折，自毁其道以從於邪也！

又 卷八《論佛骨表》 臣某言：伏以佛者夷狄之一法耳。自後漢時流入中國，上古未嘗有也。昔者黄帝在位百年，年百一十歲；少昊在位八十年，年百歲；顓頊在位七十九年，年九十八歲；帝嚳在位七十年，年百五歲；帝堯在位九十八年，年百一十八歲；帝舜及禹年皆百歲。此時天下太平，百姓安樂壽考，然而中國未有佛也。其後殷湯亦年百歲，湯孫太戊在位七十五年，武丁在位五十九年；書史不言其年壽所極，推其年數，蓋亦俱不減百歲。周文王年九十七歲，武王年九十三歲，穆王在位百年。此時佛法亦未入中國，非因事佛而致然也。

漢明帝時，始有佛法，明帝在位纔十八年耳；其後亂亡相繼，運祚不長。宋齊梁陳元魏已下，事佛漸謹，年代尤促。惟梁武帝在位四十八年，前後三度捨身施佛，宗廟之祭，不用牲牢，晝日一食，止於菜果，其後竟為侯景所逼，餓死臺城，國亦尋滅。事佛求福，乃更得禍；由此觀之，佛不足事，亦可知矣！

高祖始受隋禪，則議除之。當時羣臣材識不遠，不能深知先王之道、古今之宜，推闡聖明，以救斯弊，其事遂止，臣常恨焉。伏惟睿聖文武皇帝陛下，神聖英武，數千百年已來，未有倫比。即位之初，即不許度人為僧尼道士，又不許創立寺觀，臣常以為高祖之志必行於陛下之手；今縱未能即行，豈可恣之轉令盛也？今聞陛下令羣僧迎佛骨於鳳翔，御樓以觀，舁入大内，又令諸寺遞迎供養。臣雖至愚，必知陛下不惑於佛，作此崇奉，以祈福祥也；直以年豐人樂，徇人之心，為京都士庶設詭異之觀，戲翫之具耳。安有聖明若此，而肯信此等事哉！然百姓愚冥，易惑難曉，苟見陛下如此，將謂眞心事佛；皆云：『天子大聖，猶一心敬信，百姓何人，豈合更惜身命！』焚頂燒指，百十為羣；解衣散錢，自朝至暮；轉相倣效，惟恐後時；老少奔波，棄其業次。若不即加禁遏，更歷諸寺，必有斷臂臠身以為供養者；傷風敗俗，傳笑四方，非細事也。

夫佛本夷狄之人，與中國言語不通，衣服殊製，口不言先王之法言，身不服先王之法服，不知君臣之義，父子之情。假如其身至今尚在，奉其國命，來朝京師，陛下容而接之，不過宣政一見，禮賓一設，賜衣一襲，衞而出之於境，不令惑衆也；況其身死已久，枯朽之骨，凶穢之餘，豈宜令入宮禁？孔子曰：『敬鬼神而遠之。』古之諸侯行弔於其國，尚令巫祝先以桃茢祓除不祥，然後進弔。今無故取朽穢之物，親臨觀之，巫祝不先，桃茢不用，羣臣不言其非，御史不舉其失，臣實恥之。乞以此骨付之有司，投諸水火，永絶根本，斷天下之疑，絶後代之惑，使天下之人知大聖人之所作為，出於尋常萬萬也，豈不盛哉！豈不快哉！佛如有靈，能作禍祟，凡有殃咎，宜加臣身，上天鑒臨，臣不怨悔。

唐・李翺《李文公集》卷四《去佛齋并序》　佛法之流染於中國也，六百餘年矣。始於漢，浸淫於魏、晉、宋之間，而瀾漫於梁蕭氏，遵奉之以及於兹。蓋後漢氏無辨而排之者，遂使夷狄之術，行於中華，故吉凶之禮謬亂，其不盡為戎禮也無幾矣。且楊氏之述《喪儀》，豈不以禮法遷壞，衣冠士大夫與庶人委巷無別，為是而欲糾之以禮者耶？是宜合於禮者序諸，愆於禮者辨而去之，安得專已心而言也？苟懼時俗之怒已耶，則楊氏之儀，據於古而拂於俗者多矣。置而勿言，則猶可也，既論之而書以為儀，捨聖人之道，則禍流於將來也無窮矣。佛法之所言者，列禦寇、莊周言所詳矣，其餘則皆戎狄之道也。使佛生於中國，則其為作也必異於是，況驅中國之人舉行其術也。君臣、父子、夫婦、兄弟、朋友，存有所養，死有所歸，生物有道，費之有節，自伏羲至於仲尼，雖百代聖人，不能革也。故可使天下舉而行之無弊者，此聖人之道，可謂君臣、父子、夫婦、兄弟、朋友，而養之以道德仁義之謂也，患力不足而已。向使天下之人，力足盡脩身毒國之術，六七十歲之後，雖享百年者亦盡矣，天行乎上，地載乎下，其所以生育於其間者，畜獸、禽鳥、魚鼈、蛇龍之類而止爾，況必不可使舉而行之者耶？夫不可使天下舉而行之，則非聖人之道也。故其徒也，不蠶而衣裳具，弗耨而飲食充，安居不作，役物以養已者，至於幾千百萬人。推是而凍餒者幾何人可知矣。於是築樓殿宮閣以事之，飾土木銅鐵以形之，髡良人男女以居之，雖璇室、象廊、傾宮、鹿臺、章華、阿房弗加也，是豈不出乎百姓之財力歟？昔者禹之治水害也，三過其門而不入，手胼足胝，鑿九河，疏癠溶，導漢汝，決灘江而入於海，人之弗為蛟龍食也，禹實使然。德為聖人，功攘大禍，立為天子，而傳曰：『菲飲食，惡衣服，卑宮室，上階高三尺。』其異於彼也如是。此昭昭然其大者也，詳而言之，其可窮乎？故惑之者溺於其教，而排之者不知其心，雖辯而當，不能使其徒無譁而勸來者，故使其術若彼其熾也。有位者信吾説而誘之，其君子可以理服，其小人可以令禁，其俗之化也弗難矣。然則不知其心無害為君子，而溺於其教者，以夷狄之風而變乎諸夏，禍之大者也。其不為我也幸矣。昔者司士賁告於子游曰：『請襲於牀。』子游曰：『諾。』縣子聞之曰：『汰哉叔氏，專以禮許人。』人之襲於牀，失禮之細者也，猶不可，況舉身毒之術，亂聖人之禮，而欲以傳於後乎？

《舊唐書》卷一《高祖紀》（武德九年）釋迦闡教，清淨為先，遠離塵垢，斷除貪慾。所以弘宣勝業，修植善根，開導愚迷，津梁品庶。是以敷演經教，檢約學徒，調懺身心，捨諸染著，衣服飲食，咸資四輩。

自覺王遷謝，像法流行，末代陵遲，漸以虧濫。乃有猥賤之侶，規自尊高；浮惰之人，苟避徭役。妄為剃度，託號出家，嗜慾無厭，營求不息。出入閭裡，周旋闤闠，驅策田產，聚積貨物。耕織為生，估販成業，事同編戶，迹等齊人。進違戒律之文，退無禮典之訓。至乃親行劫掠，躬自穿窬，造作妖訛，交通豪猾。每罹憲綱，自陷重刑，黷亂眞如，傾毁妙法。譬兹稂莠，有穢嘉苗；類彼淤泥，混夫清水。又伽藍之地，本曰淨居，栖心之所，理尚幽寂。近代以來，多立寺舍，不求閑曠之境，唯趨喧雜之方。繕採崎嶇，棟宇殊拓，錯舛隱匿，誘納姦邪。或有接延鄽邸，鄰近屠酤，埃塵滿室，羶腥盈道。徒長輕慢之心，有虧崇敬之義。且老氏垂化，本貴沖虚，養志無為，遺情物外。全眞守一，是謂玄門，驅馳世務，尤乖宗旨。

朕膺期馭宇，興隆教法，志思利益，情在護持。欲使玉石區分，薰蕕有辨，長存妙道，永固福田，正本澄源，宜從沙汰。諸僧、尼、道士、女冠等，有精勤練行、守戒律者，並令大寺觀居住，給衣食，勿令乏短。其不能精進、戒行有闕、不堪供養者，並令罷遣，各還桑梓。所司明為條式，務依法教，違制之事，悉宜停斷。京城留寺三所，觀二所。其餘天下諸州，各留一所。餘悉罷之。

又 卷七九《傅奕傳》 傅奕上疏請除釋教曰：佛在西域，言妖路遠，漢譯胡書，恣其假託。故使不忠不孝，削髮而揖君親；游手游食，易服以逃租賦。演其妖書，述其邪法，偽啓三塗，謬張六道，恐嚇愚夫，詐欺庸品。凡百黎庶，通識者稀，不察根源，信其矯詐。乃追既往之罪，虚規將來之福。布施一錢，希萬倍之報；持齋一日，冀百日之糧。遂使愚迷，妄求功德，不憚科禁，輕犯憲章。其有造作惡逆，身墜刑網，方乃獄中禮佛，口誦佛經，晝夜忘疲，規免其罪。且生死壽夭，由於自然；刑德威福，關之人主。乃謂貧富貴賤，功業所招，而愚僧矯詐，皆云由佛。竊人主之權，擅造化之力，其為害政，良可悲矣！

案《書》云：『惟辟作福威，惟辟玉食。臣有作福、作威、玉食，害于而家，凶于而國，人用側頗僻。』降自犧、農，至于漢、魏，皆無佛法，君明臣忠，祚長年久。漢明帝假託夢想，始立胡神，西域桑門，自傳其法。西晉以上，國有嚴科，不許中國之人，輒行髡髮之事。洎于苻、石，羌胡亂華，主庸臣佞，政虐祚短，皆由佛教致災也。梁武、齊襄，足為明鏡。昔褒姒一女，妖惑幽王，尚致亡國；況天下僧尼，數盈十萬，翦刻繒綵，裝束泥人，而為厭魅，迷惑萬姓者乎！今之僧尼，請令匹配，卽成十萬餘戶，產育男女，十年長養，一紀教訓，自然益國，可以足兵。四海免蠶食之殃，百姓知威福所在，則妖惑之風自革，淳樸之化還興。

且古今忠諫，鮮不及禍。竊見齊朝章仇子他上表言：『僧尼徒衆，糜損國家，寺塔奢侈，虚費金帛。』為諸僧附會宰相，對朝讒毁；諸尼依託妃主，潛行謗讟。子他竟被囚執，刑於都市。及周武平齊，制封其墓。臣雖不敏，竊慕其蹤。

又 卷一二七《彭偃傳》 （彭）偃獻議曰：【略】當今道士，有名無實，時俗鮮重，亂政猶輕。唯有僧尼，頗為穢雜。自西方之教，被於中國，去聖日遠，空門不行五濁，比丘但行粗法。爰自後漢，至於陳、隋，僧之廢滅，其亦數乎！或至坑殺，殆無遺餘。前代帝王，豈惡僧道之善如此之深耶？蓋其亂人亦已甚矣。且佛之立教，清淨無為，若以色見，卽是邪法，開示悟入，唯有一門，所以三乘之人，比之外道。況今出家者皆是無識下劣之流，縱其戒行高潔，在於王者，已無用矣，況是苟避征徭，於殺盜淫穢，無所不犯者乎！今叔明之心甚善，然臣恐其姦吏詆欺，而去者未必非，留者不必是，無益於國，不能息姦。既不變人心，亦不因人心，强制力持，難致遠耳。

臣聞天生烝人，必將有職，游行浮食，王制所禁。故有才者受爵禄，不肖者出租征，此古之常道也。今天下僧道，不耕而食，不織而衣，廣作危言險語，以惑愚者。一僧衣食，歲計約三萬有餘，五丁所出，不能致此。舉一僧以計天下，其費可知。陛下日旰憂勤，將去人害，此而不救，奚其為政？臣伏請僧道未滿五十者，每年輸絹四疋；尼及女道士未滿五十者，每年輸絹二疋；其雜色役與百姓同。有才智者令入仕，請還俗為平人者聽。但令就役輸課，為僧何傷。臣竊料其所出，不下今之租賦三分之一，然則陛下之國富矣，蒼生之害除矣。其年過五十者，請皆免之。夫子曰：『五十而知天命。』列子曰：『不班白，不知道。』人年五十，嗜慾已衰，縱不出家，心已近道，況戒律檢其情性哉！臣以為此令既行，僧道規避還俗者固已太半。其年老精修者，必盡為人師，則道、釋二教益重明矣。

宋·王欽若等《册府元龜》卷五四七《諫諍部·直諫第十三》 漢李欽明為司勳員外郎，乾祐二年冬上言：伏見天下戶民，大半家貧產薄，征賦之外，差配尤繁。豈宜寒耕熱耨之人，供游手惰農之輩。臣近以簡苗外縣，遍歷鄉村。緇侶□居精舍輝赫，每縣不下二十餘處。求化齋粮，不勝飽飫。寺家耕種，又免征稅。臣竊知淮南不度僧尼，不滋醫卜，已六十年矣，兼不許外求者入境。此貴留蠹耗，幸我國困民窮。古語云：『一夫不耕，一婦不織，必有受飢寒者。』即自聖化之內，且約十萬僧尼。每人日米一升，十萬日費一千石。以日系月，其數可知。每人春冬服裝，除綾羅紗縠外，一僧歲中須絹五疋，綿五十兩。十萬僧計絹疋五十萬，綿兩五百萬。此輩不耕不農，皆出於蠶織。無裨至化，實斁大猷。臣以為聚僧不如聚兵，僧富不如民富。昔秦皇帝並吞六國，虎視天下，以兵多民富故也，僧何預焉？《經》曰：『聖人在上，國無幸民，民之多幸，國之不幸。』臣嘗三復此言，為之扼腕。

《新唐書》卷一四七《李叔明傳》 刑部員外郎裴伯言曰：『衣者，蠶桑也；食者，耕農也；男女者，繼祖之重也。而二教悉禁，國家著令，又從而助之，是以夷狄不經法反制中夏禮義之俗也。《傳》曰：「女子十四有為人母之道，四十九絕生育之理；男子十六有為人父之道，六十四絕陽化之理。」臣請僧、道士一切限年六十四以上，尼、女官四十九以上，許終身在道，餘悉還為編人，官為計口授地，收廢寺觀以為廬舍。』

僧道拜俗論分部

僧道拜君親論

論說

宋·宋敏求《唐大詔令集》卷一一三《令僧尼道士女冠拜父母敕》

敕：夫孝者，天之經，地之義，人之行。故自天子下至庶人，資於敬愛，以事父母，所謂冠五孝之表，稱百行之先。如或不由，其何以訓？如聞道士女冠僧尼等，有不拜父母之禮，朕用思之，茫然罔識。且道釋之教，蓋懲惡而勸善，父子之儀，豈緣情而易制？安有同人代而離怙恃哉？哀哀父母，生我勞瘁，故六親有不和之戒，十號有報恩之旨：此又窮源本而啓宗極也。今若為子而忘其生，傲親而徇於末，日背禮而强名於教，傷於教則不可行；行教而不廢於禮，合於禮則無不遂：二親之與二教，復何異焉？自今已後，道士女冠僧尼等，並令拜父母，喪紀變除，亦依月數，庶能正此頹弊，用明典則，罔虧愛敬之風，自葉眞仙之意。

清·董誥等《全唐文》卷一五三《閻立本〈僧道拜君親議〉》 竊以寂滅垂範，猶宏孝敬之義；無為闡化，終葉虔恭之禮。雖道超可道，尚繫於三尊；法空諸法，猶包於四大。況皇猷遠暢，衍地義以宣風；聖澤遐霑，浹天經而灑潤。至德所被，理不隔於幽明。大道旁通，故無分於眞俗。而違方之士，空迷相物之心；淪俗之徒，尚嬰自我之累。莫識九重之貴，不知得一之尊。絕忠孝於君親，棄親愛於母后。求諸至理，竊謂不通。俱拜君親，未乖舊典。

又 卷一五九《李淳風〈議僧道不應拜俗狀〉》 竊以三辟之重，要君者為上；五刑之極，非孝者無親。是以悖德悖禮，為大亂之本源；唯敬唯忠，乃經邦之正軌。至於老教虛靜，資柔弱之曲全；釋典沖和，常不輕為普敬。未聞慠慢君親，矜誇衆庶，可以敦風勵俗，安國寧家者也。今令道士女冠僧尼恭拜君親，於佛道無虧，復從國王正法，大革前弊，深廢澆訛，使其永識隨順之方，更知天性之重。

又 卷一六〇《呂才〈議僧道不應拜俗狀〉》 一，謹案老子《道德經》云：『域中四大，王居一焉。』又案《仁王般若經》云：『地前三賢菩薩，位當四天下主。』《內經》又云：『假令比丘得須陀洹果經八萬劫，始見於地前。』今令道士、女冠拜敬域中之大僧之及尼拜敬地前菩薩，此乃不乖本教，正合其宜。皇后、皇太子尊同於君，理合敬拜。一，又案《道經》云：『道士一人得道，乃追榮七葉父母。』此則立身成道，貴於追顯前葉。今時未得道者，見生父母，理合拜敬。又案《內經》云：『西方妙樂國土，本為法藏比邱願力所成。』是知妙樂之所，乃是比邱願往生處也。又案《無量壽觀經》云：『願生妙樂國土者，先須孝養父母。』後云具足戒行，然經宿不見，即須跪問，孝之儀也。不拜父母，何成孝義？今令僧尼、道士、女冠拜敬父母，亦是不違本教。一，謹案《周禮》有九拜之儀。一曰稽首。注云：『首至地也。』又案《尚書》言於禹益等，拜皆言稽首，此為拜君之敬，通於古今也。然今之僧尼禮拜，正當稽首之法。是以《維摩經》云：『導衆以寂，故稽首。』然今若令尼作婦女跪拜，但為衣服不稱，恐爽於常情。聖人無心，以百姓心為心，俗行已久，不求改變。今令尼等拜敬，望請許其稽首，此則不乖古今之儀，順於輿人之頌。

又 卷二〇四《崔崇業〈議沙門不應拜俗狀〉》 竊惟藏史立言，靡替君臣之義；能仁闡教，先崇孝敬之風。縱道敬乘凫，尚委身而降禮；業成捧馬，猶負櫬以追恩。況其踐俗塗，同餐聖化，豈有盜名黄服，遂忘亭毒之功；託迹緇門，便遺顧復之德？慠物行已，高視王侯；我慢為心，長揖父母；求之前代，久滯迷方。皇家戶牖百王，澄汰千古，事非害政，容或可沿；時有虧風，理宜革弊。且四大齊德，豈使遵道而不遵？王三教均名，何獨崇釋而不崇孔？今若正其儀而教毀，設敬須疑；屈其身而道存，加拜何惑？重以不輕攝行，更符眞諦之規；持下御情，彌合沖虚之軌。式遵璽誥，輕獻芻言，致拜之禮，實諧僉議。

又《崔安都〈議沙門不應拜俗狀〉》 竊以紫氣騰眞，元牝之風西被；白虹沈化，涅槃之藴東流。轡羽驤霞，影玉京而凝衆妙；津慈昭寂，啓金園而融至道。義觀空有，理洞希夷，袪濟塵蒙，熏滌因累，神道禪教，茲焉有徵。垣躅業已遵從，流弊議資懲革。原夫在三之敬，六位峻尊卑之象；百行之本，四始旌罔極之談，本立然後道生，敬形於焉禮穆，實王化之始，乃天地之經。佛以法為師，帝以天為則。域中有四大，王者居一焉，王道既其齊衡，天法固乃同貫。身為法器，法惟道本，黄冠慕道，緇裳奉佛。致敬君父，眇契元波。且夫戒籙才高，猶盡肅於膜拜；況乎貴賤懸邈，頓遺恭於屈膝。必以山林獨往，物我兼忘，混親疏，齊寵辱，惠我不為是，損已詎稱非？自當泯若無情。湛然恒寂，安假仰迦維而頓顙，覲天尊而雅拜？塵容不異俗，致敬未乖眞。且伯陽緒訓於和光，不輕演教於當禮，妙葉謙尊之德，遠符鄰照之規。又三極之中，師居其末，末猶展敬，本何疑哉？若以袈裟異乎龍黼，縠巾殊於鷟弁，服既戎矣，拜何必華？各循其本，無爽彝式。其有素履貞遯，清規振俗，神化肹蠁，戒行精勤。藻掞桐鸞，梵清霄鶴，錦旌徵獸，瓊符御靈，德秀年耆，蠲其拜禮。自餘初學後進，聲塵寂寥，並令盡敬君父，請即編之恒憲。如此，則進德修業，出塵之軌彌隆；苦節棲壇，入道之心逾勵。元風斯遠，國章維緝，庶可以詳爾景則，靜一訛弊，自我作古，奚舊之拘？夫鏡非常之理，必藉非常之照，天鑑元覽，體睿甄微，探象外之遺宗，極寰中之幽致，雖則暫駭常聽，抑亦終冥大道。

又《邱神靜〈議沙門不應拜俗狀〉》 若夫二儀始闢，君臣之道即隆；三才創分，父子之情斯在；莫不皆竭股肱，俱遵愛敬。故知君臣父子，稟自天然，極尊極親，無可為間。止如釋老之教，近日始崇，釋則興於漢朝，老則置於宋代。皆緣時君有旨，父母承恩，方染緇文，然稱入道，如無所稟，不得離俗。離俗雖言絕境，習道仍居宇內，率土皆曰王臣，不聞限以緇素。父生母育，罔極難酬，於法雖曰絕塵，在身須郭仁義。豈容為臣未曾效節，為子未展温清，承恩乃變素衣，去髮言眞入道，乘茲慠誕，慢君懱親，高揖帝王，不拜父母，為臣貽寬怠之咎，為子招不敬之辜。庸流自謂合然，往代恕其無識，因循日久，行之不改。聖上重纘皇極，欲革前非，孝理蒼生，思遵名教，爰降綸旨，飾光彝典，恐爽恒情，特令詳議。謹尋釋老二教，見在遺文，我慢矜高，是人難度，庶事謙約，無失沖撝，靜思此言，其義見矣。入道已成，陵虚控鶴，深修禪定，得五神通；如此輩流，猶願卑屈，況庸僧尼，見居王土，衣緇異俗，餘事罕知，唯自矜高，願居人上，求之釋教，其義蔑聞。凡曰是人，準經致敬，況在極尊，弁之父母，欲令拜伏，義無不可。其僧、尼、道士、女道士，於君、皇后、皇太子、及其父母所，並請準敕令跪。庶使光二教之謙撝，隆萬代之名教。

僧道不拜君親論

論說

唐・釋道宣《廣弘明集》卷二五《釋彥琮〈福田論〉》 論曰：昔在東晉太尉桓玄，議令沙門敬於王者。廬山遠法師，高名碩德，傷智幢之欲折，悼戒寶之將沈，乃作《沙門不敬王者論》，設敬之儀，當時遂寢。然以緝詞隱密，援例杳深。後學披覽，難見文意。聊因暇日，輒復申敍，更號《福田論》云：忽有嘉客，來自遠方，遙附桓氏，重述前議。主人正念久之，抗聲應曰：『客似未聞福田之要，吾今相為論之。夫云「福田」者何耶？三寶之謂也。功成妙智，道登圓覺者，佛也。玄理幽寂，正教精誠者，法也。禁戒守真，威儀出俗者，僧也。皆是四生導首，六趣舟航，高拔天人，重踰金石，譬乎珍寶，劣相擬。議佛以法主標宗，法以佛師居本。僧為弟子，崇斯佛法，可謂尊卑同位，本末其門，語事三種，論體一致，處五十之載，弘八萬之典。所說指歸，唯此至極。寢聲滅影，盡雙林之運；刻檀書葉，留一化之軌。聖賢間起，門學相承。和合為羣，住持是寄。金人照於漢，殿像法通於洛浦，並宗先覺，俱襲舊章。圖方外而發心，棄世間而立德；官榮無以動其志，親屬莫能累其情；衣則截於壞色，髮則落於毀容；不戴冠而作儀，豈束帶而為飾。上天之帝，猶恒設禮；下土之王，固常致敬。有經有律，斯法未殊；若古若今，其道無滯。推帝王之重，亞神祇之大，八荒欽德，四海歸仁，僧尼朝拜，非所聞也，如懷異旨，請陳雅見。』【略】主曰：『吾所立者內也，子所難者外也，內則通於法理，外則局於人事，相望懸絕，詎可同年？斯謂學而未詠，聞而不洽，子之所惑，吾當為辨。試舉其要，總有七條：無德不報，一也；無善不攝，二也；方便無礙，三也；寂滅無榮，四也；儀不可越，五也；服不可亂，六也；因不可忘，七也。初之四條，對酬難意；後之三條，引出成式。吾聞天不言而四時行焉，王不言而萬國治焉。帝有何力？民無能名。成而不居，為而不恃。斯乃先王之盡善，大人之至德。同霑庶類，齊預率賓，幸殊草木，差非蟲鳥；戴圓履方，俯仰懷惠，食粟飲水，飽滿銜澤，既能矜許出家，慈聽入道，斷麤業於已往，祈妙果於將來。既蒙重惠，還思厚，答方憑萬善之益，豈在一身之敬？追以善答，樞報乃深，徵以身敬，收利蓋淺。良由僧失正儀，俗滅餘慶；僧不拜俗，佛已明言，若知可信，理當遵立；知謂難依，事應除廢，何容崇之欲求其福，卑之復責其禮。卽令從禮，便同其俗，猶于請福，未見其潤。此則存而似棄，僧而類民，非白非黑，無所名也。竊見郊禋總祭，唯存仰福，為尊僧尚，鄙斯不恭，如何令僧拜俗？天地可反，斯儀罕垂，後更為敍，是謂無德不報者也。法既漸衰，人亦稍末，罕有其聖，誠如所言。雖處凡流，仍持忍鎧；縱虧戒學，尚談智典。如塔之貴，似佛之尊，歸之則善生，毀之則罪積。猛以始發割愛，難而能捨；弘願終期成覺，迴而能趣。斯故剃髮之辰，天魔遙懾；染衣之日，帝釋遙懽。妓女聊被，無漏遂滿；醉人暫剪，有緣卽結。龍子賴而息驚，象王見而止怖，威靈斯在，儀服是同。幼未受具，對揚佛旨；小不可輕，光揚僧力。波離既度，釋子服心；尼陀亦歸，匿王屈意。乃至若老若少，可師者法；無賤無豪，所存者道，然後賢愚之際，默語之間，生熟相似，去取非易；肉眼分別，恐不逢寶，信心平等，或其值真。纔滿四人，卽成一衆。僧既弘納，佛亦通在。食看沸水之異，方遺施僧；衣見織金之奇，乃令奉衆。僧之威德，不亦大矣。足可以號良福田之最，為聖教之宗，是謂第二無善不攝者也。若論淨名之功，早外雲地；卧疾之意，本超世境。久行神足，咸歎辯才；新學頂禮，誠謝法施。事是權宜，式非常準，謂時暫變，其例乃多，則有空藏弗恭，如來無責，沙彌大願，和尚推先。一往直觀，悉可驚怪；再詳典釋，莫匪通塗。不輕大士，獨興高迹。警彼上慢之流，設茲下心之拜，偏行一道，直用至誠，既非三慧，詎是恒式？因機作法，足為希有。假弘教化，難著律儀。大聖發二智之明，制五篇之約，廢其爵齒，存其戒夏，始終通訓，利鈍齊仰，耆幼有序，先後無雜，未以一出別業，而令七衆普行，不然之理，分明可見。昔妻死歌而鼓盆，子葬嬴而襯土，此亦匹夫之節，豈概明王之制乎？況覺典沖邃，聖言幽密，局執一邊，殊乖四辯，是謂第三方便無礙者也。且復周之柱史，久掌王役；魯之司寇，已居國宰。宗歸道德，始曰無名；訓在《詩》、《書》，終云不作。祖述堯舜，憲章文武，鞠躬恭敬，非此而誰？巢許之風，望古仍邁；夷齊之操，擬今尚迥。焉似高攀十力，遠度四流？厭斯有為之苦，欣彼無餘之滅，不繫慮於公庭，未流情於王事，自然解脱，固異儒者之儔矣，是謂第四寂滅無榮者也。至如祭祀鬼神，望秩川嶽，國容盛典，書契美談，神輩為王所敬，僧猶莫致於禮；僧衆為神所禮，王寧反受其敬？上下參差，翻違正法。衣裳顛倒，何足相方。令神擁護今來，在僧祈請之至，會開呪力，竟無拜理，是謂第五儀不可越者也。本皇王之奮起，必眞人之託生，上德雖秘於淨心，外像仍標於俗相。是以道彰緇服，則情勤宜猛；業隱玄門，則形恭應絕。求之故實，備有前聞；國主頻婆，父王淨飯。昔之斯等，咸已克聖；專修信順，每事歸依，縱見凡僧，還想崇佛，不以跪親為孝，計非不孝之罪；不以拜君為敬，豈是不敬之愆？所法自殊，所法已別，體無混雜，制從於此，是謂第六服不可亂者也。謹案多羅妙典，釋迦眞説。乃云居刹利而稱尊，藉般若而為護，四信不壞，十善無虧，奉佛事僧，積功累德。然後日精月像之降，赤光白氣之感，金輪既轉，珠寶復懸，應天順民，御圖握鏡，始開五常之術，終弘八正之道。亦宜覆觀宿命，追憶往因，敬佛教而崇僧寶，益戒香而增慧力。自可天基轉高，比梵宮之遠大；聖壽恒固，同劫石之長久。然則雷霆勢極，龍虎威隆，慶必賴兼，其使怒及。出言布令，風行草偃，既抑僧體，誰敢鱗張？但恐有損冥功，無資盛業，竭誠盡命，如斯而已，是謂第七因不可忘者也。上已略引吾意，粗除子惑，欲得博聞，宜尋大部。』【略】主人曰：客知其一，未曉其二，請聽嘉言，少除異想。吾聞鬼者，歸也，死之所入。神者，靈也，形之所宗。鬼劣於人，唯止惡道；神勝於色，普該情趣。心有靈智，稱之曰神；隱而難知，謂之不測。銓其體用，或動或靜；品其性欲，有陰有陽。《周易》之旨，蓋此之故。殊塗顯於一氣，誠言闕於六識，設教之漸，斷可知焉。鬼報冥通，潛來密去，標以神號，特用茲耳。嘗試言之，受父母之遺，稟乾坤之分，可以存乎氣；可以立乎形；至若己之神道，必是我之心業，未曾感之於乾坤，得之於父母，識含胎藏，彌亘虚空，意帶熏種，漫盈世界。去而復生，如火焰之連出；來而更逝，若水波之續轉。根之莫見其始，究之豈覿其終？濁之則為凡，澄之則為聖。神道細幽，理固難詳矣。神之最高，謂之大覺，思議所不得，名相孰能窮？眞身本無遷謝，生盲自不瞻睹，託想追於舊蹤，傾心翫於遺法。若俗荷傳持之任，啓要妙之門，賴此僧徒，膺茲佛付，假慈雲為內影，憑帝威為外力，玄風遠及，至於是乎！教通三世，衆別四部，二從於道，二守於俗。從道則服像尊儀，守俗則務典供事；像尊謂比丘、比丘尼也，典供謂優婆塞、優婆夷也。所像者尊，則未參神位；所典者供，則下預臣頒。原典供之人，同主祭之役，吾非當職，子何錯引？由子切言，發吾深趣，理既明矣，勿復惑諸。在宋之初，暫行此抑，彼亦垂眞，不煩涉論。邊鄙風俗，未見其美，忽遺同之，可怪之極。』客曰：『有旨哉斯論也。蒙告善道，請從退歸。』

又《釋威秀〈上高宗皇帝沙門不合拜俗表〉》 伏奉明詔，令僧拜跪君父，義當依行，理無抗旨。但以儒釋明教，咸陳正諫之文；列化恢張，俱進芻蕘之道。僧等荷國重恩，開以方外之禮；安居率土，得弘出俗之心。所以自古帝王，齊遵其度。敬其變俗之儀，全其抗禮之迹。遂使經教斯廣，代代漸多；宗匠攸遠，時時間發。自漢及隋，行人重阻。靈鷲之風猶鬱，仙苑之化尚疏。未若皇運肇興，提封海外。五竺與五嶽同鎮，神州將大夏齊文。皇華之命載隆，輶軒之塗接軫。莫不欽斯聖迹，興樹遺蹤。固得梵侶來儀，相從不絕。今若返拜君父，乖異羣經。便證驚俗之譽，或陳輕毀之望。昔晉成幼沖，庾水矯詔。桓楚飾詐，王謐抗言。及宋武晚年，將隆虐政。制僧拜主，尋還停息。良由事非經國之典，理越天常之儀。雖曰流言，終纏顯議。況乃夏勃敕拜，納上天之怒；魏燾行誅，肆下厲之責。斯途久列，備舉見聞。僧等奉佩慞惶，投庇失厝。恐絲綸一發，萬國通行。必使寰海望風，方弘失禮之譽。悠哉後代，或接效尤之傳。伏惟陛下中興三寶，慈攝四生。親承付囑之旨，用勵學徒之寄。僧等內遵正教，固絕跪拜之容；外奉明詔，令從儒禮之敬。俯仰惟咎，慚懼實深。如不陳請，有垂臣子之喻；或掩佛化，便陷誷君之罪。謹列衆經不拜俗文，輕用上簡。

又《上請不拜父母表》 謹録佛經出家沙門不合跪拜父母有損無益文如左。《梵網經》云：出家人不向國王父母禮拜，《順正理論》云：國君不求比丘禮拜。玄教東漸，六百餘年，上代皇王，無不依經敬仰。洎乎聖帝遵奉，誠教彌隆，故得列刹相望，精廬峙接，人知慕善，家曉思愆。

僧等忝在生靈，詎忘忠孝？明詔頒下，率土咸遵，恐直筆史臣，書垂佛教，萬代之後，蕪穢皇風。竊聞眞俗異區，桑門割有生之戀；幽顯殊服，田衣無拜首之容。理固越情，道仍殊物。況迺形戒律，鎔念津梁，酬恩不以形骸，致養期於福善。而令儀不改釋，拜必同儒，在僧有越戒之愆，居親有損福之釁。臣子之慮，敢不盡言。伏惟陛下匡振遠猷，提獎幽槩，既已崇之於國，亦乞正之於家，足使捨俗無習俗之儀，出家絕家人之敬。護法斯在，禔福莫先，自然教有可甄，人知自勉。

又《敍朝宰會議沙門致拜君親事九首》 然則道佛二教，俱為三寶，佛以佛、法、僧為旨，道以道、經、師為義。豈直攝生有託，陶性通資？信亦為政是基，裨聲濃化。而比丘未諭，先生多僻，恃出俗而浮逸，以矜傲而誇誕。處匹夫之賤，直形骸於萬乘；忘子育之恩，不降屈於三大；固君父所宜革，乃臣子所知非。遂降綸璽，是改其弊，雖履孝居忠，昌言改轍，而稽古愛道，參酌羣情。懷響者谷不銷聲，撫塵者山無隔細，必備輿人之頌，以貢芻蕘之說。何則？柱史西浮，千有餘祀；法流東漸，六百許年。雖曆變市朝，而事無損益，唯庾冰責沙門之拜，桓玄議比丘之禮。幸有何充進奏，慧遠陳書，事竟不行，道終不墜。是知大易經綸三聖，蠱象不事王侯；大禮充牣兩儀，儒行不臣天子。亦有嚴陵踞謁光武，亞夫長揖漢文，介冑豈曰觸鱗，故人不為纓網。惟舊詎先師道？法侶何後戎昭？上則九天眞皇，十地菩薩；下則南山四皓，淮南八公；或順風而禮謁，或御氣而游處，一以貫之，靡得而屈，十室忠信，亦豈無其人哉？五刑之設，關三木者不拜，豈五德之具，居三服者拜之？罪之不責恭肅，德之誠足容養。然則含識之類，懷生之流，莫不致身以輸忠，彼則不臣王者；莫不竭力而遵孝，彼則不敬其親。雖約弛三章，律輕三尺，有一於此，三千其大，而不被以嚴誅、寘於巨責者，豈不道釋與堯孔殊制，傷毀與禮教正垂，蓮華非結綬之色，貝葉異削珪之旨？人以束帶為彝章，道則冠而不帶；人以束髮為華飾，釋則落而不容。去國不為不忠，辭家不為不孝，出塵滓割愛於君親，奪嗜欲棄情於妻子；理乃區分於物類，不可涯檢於常塗。生莫重於父母，子則不謝；施莫厚於天地，物則不答。君親之恩，事絕名象，豈稽首拜首，可酬萬分之一者歟？出家之於君父，豈曰全無輪報？一念必以人王為願首，四諦則於父母為弘益。方祛塵劫，永離死生，豈與夫屈膝為盡忠，色養為純孝而已矣？必包之俗境，處之儒肆，屈其容，降其禮。則不孝莫過於絕嗣，何不制以婚姻？不忠莫大於不臣，何不令稱臣妾？以袈裟為朝服，稱貧道而趨拜，儀範兩失，名稱兼舛。深恐一跪之益，不加萬乘之尊；一拜之勞，式彰三服之墜：則所不可，而豈然乎？王者無父事三老，無兄事五更，君人之尊，亦有所敬；法服之敬，不敬其人。若屈其敬，則卑其道，敬而可卑，道則云缺矣。豈若存敬於已，存道於物；敬存則已適，道在則物尊；尊道所以敬於物，敬物亦所以尊於已也。況復形猶身也，道若影焉，身既如聲，道亦如響。形動則影隨，聲揚則響應；道崇則形寵，身替則道息。豈可使居身之道，屈於道外之身？豈可使方外之人，存於身中之敬？又彼守一居道，不雜塵俗，若可拜之，是謂俗之。道而可俗，俗又參道，則一當有二，而道不專行矣，安可以區道俗之常域，保專一之至誠哉。據僧衹律，敬袈裟如敬佛塔，謂袈裟為福田衣。衣名銷瘦，取能銷瘦煩惱；鎧名忍辱，取能降伏魔軍；亦喻蓮華不染泥滓，亦為諸佛之所幢相，則袈裟之為義，其至矣夫。若損茲佛塔，壞彼幢相，將輕忍辱，更貶福田，甚用危疑，終迷去取。解服而拜，則越俗非章甫之儀；整服而趨，則緇衣異朝宗之典。故禪幽舍衞之境，步屏高門之地，理絕朝請，事乖榮謁。豈不謂我崇其道，所以彼請其來，請而卑之，復何為者？廬山為道德所居，不在搜簡之例；甘棠為聽訟所息，式致勿翦之思。山與樹之無心，且以德而存物，法與道之有裕，豈崇道而遺人？語曰：『人能弘道，則道亦須人而行也。』王人雖微，位在諸侯之上，行道之輩，焉復可卑其禮？若謂兩為欺詭，則可一而寢之，寢之之道，則芟薙之之謂；是則所奪者多，何止降屈而已。若謂兩為濃助，則崇之，崇之之道，則尊貴之之謂；豈可尊貴其道，而使其恭敬哉？假以金翠為眞儀，不以金翠而增肅；以芻狗而尊像，不以芻狗而加輕。肅敬終寄於道，輕重不係於物，物之不能遷道，亦猶道之恒隨於物矣。沙門橫服於已，資法服而為貴，莫不敬其法服，而豈係於人乎？不拜之典，義高經律，法付國王，事資持護。法為常也，常行不易，一隅可革，千門或爽，通有護法之資，蹇有墜法之慮，與其墜之，曷若護之？何必屈折於僧容，盤辟於法服，使萬國歸依者，居帶芥於其間哉？語曰：『因人所利而利之。』則利之之術亦可因其精詣而為利矣。洎乎日光上照，皇運攸宗，海接天潢，枝連寶構，藉無上之道，闡無疆之業。別氏他族，敬猶崇往，神基靈派，道豈撝今？此為甚不可一也。月氏東國，寶祈斯俟，定水玄波，法雲彩潤，高解脫之慶，演常住之福。前王後帝昔，尚惑攸遵，主聖臣良，胡寧此變？臣愚千慮，萬不一得。儻緣斯創造，無益將來，於恒河沙劫，有毫釐之累。雖率土碎首，羣生粉骨，何以塞有隱之責，竊不忠之罪？此為甚不可二也。

又《釋彥琮〈沙門不應拜俗總論〉》　夫沙門不拜俗者何？蓋出處異流，內外殊分。居宗體極，息慮忘身，不汲汲以求，生不區區以順化，情超宇內，迹寄寰中。斯所以抗禮宸居，背恩天屬，化物不能遷其化，生生無以纍其生。長揖君親，斯其大旨也，若推之人事，稽諸訓詁，則所不應拜，其例十焉。至如望秩山川，郊祀天地，欲其利物，君罄乃誠。今三寶住持，歸戒弘益，幽明翼化，可略言焉，斯神祇之流也。為祭之尸，必葉昭穆。割牲薦熟，時為不臣。今三寶一體，敬僧如佛，備乎內典，無俟繁言，斯祭主之流也。杞宋之君，二王之後，王者所重，敬為國賓。今僧為法王之胤，王者受佛付囑，勸勵四部，進修三行，斯國賓之流也。重道尊師，則弗臣矣，雖詔天子，無北面焉。今沙門傳佛至教，導凡誘物，嚴師敬學，其在茲乎？斯儒行之流也。《禮》云：『介者不拜，為其失於容節，故周亞夫長揖漢文也。今沙門身被忍鎧，戡剪欲軍，掌握慧刀，志摧心惑，斯介胄之流也。蓍代筮賓，尊先冠阼，母兄致拜，以禮成人。今沙門以大法為己任，拯羣生於塗炭，敬遵遺躅，祖承嫡胤，斯傳重之流也。堯稱則天，不屈穎陽之高；武盡美矣，終全孤竹之潔。今沙門高尚其事，不事王侯，蟬蛻囂埃之中，自致寰區之外，斯逸人之流也。犯五刑，闕三木，被箠楚，嬰金鐵者，不責其具禮。今沙門剃毛髮，絕胤嗣，毀形體，易衣服，甚刑之流也。又詔使雖微，承天則貴；沙門縱賤，稟命宜尊。況德動幽明，化霑龍鬼，靜人天之苦浪，清品庶之炎氛，功既廣焉，澤亦弘矣。豈使絕塵之伍，拜累君親，開放之流，削同名教而已。

清·董誥等《全唐文》卷一八八《劉審禮〈議釋道不應拜俗狀〉》

一，竊見王者尊敬神祇，神祇之類尊佛弟子，是以明其遠致，尊其所尊，抑從拜禮，愚謂未可。

一，比見官人承詔不拜王師，非是師賤下人，乃以敬其主教。出家僧衆，染衣除髮，異俗標形，承佛綸言，為國崇福。君父致敬，不禮其身；僧披法衣，不拜君父。

一，竊見神象所立，因人作形，形已作成，人還返敬。豈以因人所立，則不致尊？若不致尊，立之何用？佛以遺教，付囑國王。王之所立，王還尊敬。如王不敬，立之何益？

一，竊見承先代之後者，立居百王之上。道士等身披老君之法服，口傳老君之法言，同俗致拜，恐乖其禮。

又　卷一八九《源直心〈議釋道不應拜俗狀〉》　釋旨希微，理暢有形之表；玄宗罔像，義軼無名之外。括三才而體要，包萬類而窮神。眞氣麗關，佇猶龍之西舉；法雲彩野，馴巨象之東歸。玉洞仙經，沖元羽化；金容懿範，演聖龍宮。至道難名，神功不揣，爰自周漢，咸著丹青，典午當塗，因循不替。是知趨元門者千古，崇釋典者百王。剪髮緇裳，忽輕肥之美；變冠黃服，蔑簪紱之榮，莫不志越寰中，心游方外。去揖讓之節，就戒律之儀。弛禮樂之規，游虛白之室。是以如來祕說，絕敬君親。緜古洎今，無朽茲教。教如可廢，法亦可刊。教捨法存，法將安措？且甲士不拜，豈伍卒之自尊？天顏咫尺，非一介之云貴，並以銜威稟命，所以禮棄謙恭。況乎延思煙霞，解塵俗於羈網，警情法界，釋怨會於樊籠？而使降出俗之容，展入家之禮，考古恐乖通理，論今懼爽彝章。

論曰：元教廢興，理鍾斯運；而盛衰之寄，抑亦人謀。皇上御辯乘時，允膺付託，所以降非常之詔，勵釋侶於明時者也。《春秋》傳曰：『君所謂可，而有否焉；臣獻其否，以成其可。君所謂否，而有可焉；臣獻其可，以去其否。』余聞其語矣。今見其人焉。觀秀上肆力釋君，昌言帝闕，詞志款款。勤則勤矣。而宣公之啓狀，詳切該博，吾無間然。方今以大法為己任，思正其傾危，能負重道遠者，此其人也歟？仲尼云：『顛而不扶，危而不持，則將焉用彼相矣？』若此眞可謂至覺元首，良哉股肱。中臺周府等議，雖文質有乖，而咸得事要。然樞紐經典，疇咨故實。理例鋒穎，詞韻膏腴，則司戎之稱鴻筆麗藻矣。若標以顯議，約以正詞，其文辯潔，其事明覈，則左驍衞舉其綱領矣。將來達鑑，斯焉取斯？

又　卷二〇四《李晦〈議沙門不應拜俗狀〉》　原夫指樹摛祥，誓龍德於皇胄；蹈花標瑞，抗輪寶於宸儀。創迹毗城，包紫宙而開宇；疏基厲壤，貫青曦而闡耀。故能抑揚庶類，控引羣靈，十地閑安，趣紺殿而希果；九天凝負，佩元珠而問津。由是著美皇猷，馳芬帝載，緇服齊裾於上輦，黃冠接武於中州。宴坐經行，道不參於廊廟；登壇執簡，迹未齒於朝宗。今欲約以儒門，牽於王制，儀背纓冕，法符簪笏，便使貴其道而賤其人，申其教而屈其禮。禮隨教顯，人由道尊，固可以道廢人，不應以禮虧教。

又《王玄策〈議沙門不應拜俗狀〉》 自佛教之興，始於天竺，臣經三使，頗有見聞。臣聞輪頭檀王是佛之父，摩訶摩耶是佛之母，僧優波離者，本王家僕隸，王親遍禮，敬同於佛。臣又見彼國僧尼，法不拜諸天神祠，亦不拜君王、父母，君王、父母皆禮僧尼，及諸道衆。臣經難彼僧曰：『此之僕隸，始落髮披緇，殊無所失，即令君父致敬，大不近人情。』僧對曰：『雖初薙髮，形已同佛，復能震動魔宮。雖曰無知，豈不如泥木？泥木一立為主像，縱博通貴勝，得不致敬？』僧不拜俗，亦已明矣。一，臣又親難彼僧曰：『《維摩經》比邱亦禮維摩詰足，《法華經》僧行普敬。此二經文，拜俗明矣，何因此邱得不拜尊者？』僧曰：『佛制律經，乃是僧尼常軌。其《維摩經》比邱荷法，暫行曲禮；《法華經》大士一時別行，何得以權時別行，亂茲恒典？』臣深然之。臣聞妻死鼓盆，環屍而歌，此亦一時別行，豈得預於喪服之制？一，臣於天竺經禮天像，彼王乃笑而問曰：『使等並是優婆塞，何因禮天？』臣問所由，答曰：『此優婆塞，法不禮天。昔迦貳色迦王受佛五戒，亦禮天像，像皆倒地。後至日夭祠，事夭者恐王至禮天像倒，遂將佛像密置天頂。王三禮不倒，王怪令檢，於天冠內得一佛像。王甚大喜，歎佛神德，嘉其智慧，大賞封邑，至今見在。』又云：『有外道受佛五戒，但供養天祠而不頂禮。王責不禮之罪，白王曰：「小子豈敢辭禮？禮恐損夭。」王曰：「天損不關你事。」彼即禮拜，天像遂碎。五戒優婆塞尚不得禮天，況具戒僧尼，而令拜俗？』臣元策言：臣聞百王布軌，但禮制於寰中；大覺垂教，乃津梁於域外；莫不資眞人以易俗，賴高僧以移風，遂得謐四海之波濤，脫三界之塵俗。故漢帝不屈於河上，輪王遍禮於沙彌；此則道俗殊途，豈得內外同貫？教許黃冠之輩，游一道於寰中；緇衣之徒，駕五乘於方外；因循既久，助化益深，草偃風行，其來尚矣。臣聞聖人無常師，以主善者為師；聖人無常心，以百姓心為心。兆庶曩昔，敬信歸依。今議令拜君父，實乖主善、百姓之心。況袈裟異華俗之服，髠削非章甫之儀，崇之則福生，卑之則罪積。其知拜君無益於國，拜父不利於親，臣如寢默不言，豈得為忠為孝？臣望隨舊軌，請不改張，同太宗文皇帝故事，依前不拜。

又《徐慶〈議沙門不應拜俗狀〉》 竊以三綱之重，義極君親，百姓之先，實資敬愛。而黃冠緇服，咸均亭育之恩，謁帝奉親，頓虧臣子之敬。本乎教義，頗紊彝倫，解而更張，抑為通允。然則道樞邃賾，出乎名言之外；慧輪廣運，超乎心行之表。經行之侶，庇白馬而栖禪；繕性之流，佇青牛而警契。雖迹羈有待，而利涉無涯；誠宜重其道而崇其教，尊其人而異其禮。是以河上眞人，親紆漢后之蹕；廬山惠遠，竟絕晉臣之議。況復出家殊致，顯昧異途，羽帶田衣，既匪朝宗之服；乘杯負局，寧同就養之方？致敬之儀，未為盡善。若以道雖可尚，而處非其人，則宜峻彼隄防，甄其律行，不可以人屈道，誠可以道勵人。

又《韋思齊〈議沙門不應拜俗狀〉》 竊以臣子跪拜，固是常規。爰在禮經，兼有權制。母拜其子，以禮成人，不臣其臣，以尊其德。況方外之教，為善不同。道有凌虛，佛無生滅。修心練行，因果是憑。名曰出家，明超俗表。咸言勝業，歷代俱尊。盛立道場，皆求常樂。獻君親以廣福，濟含識於冥塗。久大而論，高於俗教。若同儒例，還入俗流，不尚學徒，無由顯道。賴有崇護，道獲常存。不拜之儀，以彰深護。尊道之本，取益為宗。今據經文，云拜非益，利人益國，實所宜言。

又 卷二〇五《謝壽〈議沙門不應拜俗狀〉》 竊尋教有外教曰教之別，人有在家出家之異。在家則依乎外教，服先王之法服，順先王之法言；上有敬親事君之禮，下有妻子官榮之戀；此則恭孝之躅，理葉儒津。出家則依乎內教；服諸佛之法服，行諸佛之法行；上捨君親愛敬之重，下割妻子官榮之戀；以禮誦之善，自資父母行道之福，以報國恩。既許不以毀形易服為過，豈其責以敬親事君之禮？異乎孔老之教，所以理絕常境，不抑拜禮，無損於國也。

自佛法東流，六百餘載，帝代相次，向有百王，莫不敬崇佛法，樹福僧田者。故以染衣剃髮，同諸佛之容儀；割親辭榮，異衆人之愛戀；天龍敬重，號為福田。故佛告憍曇彌：『莫供養我，當供養僧。』此則大聖誠言，理不可棄。如其佛語可棄，請總除廢，豈容存之欲求其福，辱之而貴其拜禮也？伏惟太宗文皇帝聖智則無所不達，神威則無所不伏，於時僧衆，豈不易令跪拜？故以佛法可敬，長其容善，又耻好異亂常之迹，故不為也。但願近依先朝聖化之道，遠棄晉、宋邊鄙之法，則萬古不怪，道俗心安矣。

一，敕云：『朕稟天經以揚孝，資地義而宣禮』者。此見普天之下，俱行孝道，親在則盡心色養，親歿則追思遺迹者，皆稟陛下至孝之道也。今忽改棄先朝正淳之軌，遠慕晉、宋矯異之風，今僧等雖復暗昧，竊為陛下不取也。伏願追思先迹，還依貞觀之法，此則至孝之道，不化而自行矣。

佛以像法末年，淳心漸薄，邪見增長，正法衰替，四部之衆，無力宏宣，是以付囑國王，令王擁護。如其王者不護，法當衰没自壞，豈勞付囑，令王毁壞？令僧徒雖復凡鄙，而容儀似佛，使之跪拜，還如佛拜。一至於此，則存之無益。且夫去好異順大同者，君子之道也。故先朝云：『以人從欲，亂於大道，君子所耻。』此風未遠，伏願依行。

人或問曰：經中既説新學比邱禮維摩詰足，不輕菩薩亦致敬於慢衆。況今聖主，示為白衣，神德則不謝於維摩，立行則不同於慢衆。今使僧拜，正合其宜，更有何辭，敢不從順。答：不可以一人別行，而亂於大教。若以此邱頂禮於居士，則令五衆設拜於君親，俗人有居母喪而不哀，豈使天下喪親而不哭？至如莊周對婦屍而歌樂，知存歿如四時；孟孫居母喪而不戚，達死生乎一貫；此皆體道勝軌，何不令天下俱行？若以體道之情，不可施於國法者，彼亦證理之行，豈得施於大化之議風也？夫議者蓋欲取其大理，以成畫一之法。三教之法，卽國王法，其法既成，終天不易。若不行用，則須除廢；若行用之，必須述其教迹。昔聞帝王禮佛，未見佛禮帝王。所以帝王敬法服者，以先勝國王受佛付囑，歷代尊承佛教故也。父母敬其袈裟，不可屈其佛衣，招父母之過。自古帝王度人出家，去其鬚髮，與其佛衣，不拘常俗，令作導師，敷演法教，而作福田。若令其禮拜，則屈其尊服，付囑之義安在？今欲改變，恐昧理之流。心有疑惑，因生其過，譬由敬泥龕木像，以其圖寫佛容，若不覩相欽承，泥木一何可貴？泥木尚假佛儀，僧尼還託法服，無假無託，豐伐誰伐？如愚所見，望請循舊，不拜為定。

又　卷九〇八《玄範〈議拜君親狀〉》　夫天雖至元，必著日月之明；地雖至寂，必固山川之化。聖者雖聲通冥運，亦必假賢俊蕃輔，子於百姓者也。君既使臣以禮，臣須事君以忠，若不廷爭於未然，則恐機發於已矣。但佛法是區域之外，逾四大之尊，超寰寓之表，越在三之義，唱無緣之慈，宏不言之化，冥功潛運，故曰沐而悠漸。但中庸之人，以為無益者，良不悟其所捨也。故先朝《聖教序》云：『陰陽之妙難窮者，以其無形也。佛道崇虚，乘幽控寂，宏濟萬品，典御十方者乎？』令既慧日潛暉，像教冥運，秉法和敬，非僧而誰？故佛告信相菩薩曰：『我説三寶，唯是一體，無有別相。斯像法傳持，當於是矣。若阿恕伽之禮小僧，諭邪臣以貿衆首，豈非體道之宋史尚乎？』今欲令僧尼鞠躬於禮儀，劬勞於拜揖，是致佛以拜人，非人者以奉法。如弁舃翻加於首足，實迴換惑亂之甚矣。且王有常不臣者三，暫不臣者五，不名者四，不臣者一。《尚書》曰：『虞賓在位，舜不臣朱。』《詩》曰：『有客有客，亦白其馬。』此承二王之後，帝者尚所不臣，況僧當大聖之允，奚足致敬君主？國之賓序，胡豫失儀，而以不輕禮於四衆，用配敬於一人。此蓋菩薩此邱，情亡物我，況今尊卑位別，殊非媲偶。又舉淨名而取稽首，引知法而招恭敬，昔函丈於新學，不觀機而授藥，以中忘此意，宗半字焉。既宴寂於正念，發宿生而示悟，還得本心，崇滿字矣。於是以亡相稽首，無想接足，乃混緇素於一時，泯性相於萬古，斯並大士權誠，未可小機普準。故《涅槃經》云：『我為菩薩説如此偈。』今以聲聞持戒臘之至，執威儀之切，非以重傲慢悖君親，良欲崇國家利臣人者也。又《順正理論》云：『諸天神衆不敢希求受五戒者禮，如國君主亦不求比邱禮拜，以懼損功德及壽命。』故今欲行之以周孔之教，抑之以從俗之禮，竊為仁者不取也。又僧尼族非蕃類，性簡戎蠻，稟中國而法四夷，承剔割而紹三寶，據其教則有拜君親為損，修其法以資家國有益。恐匿聖言，禍鍾自犯，《四分律》云：『使恭敬耆年不應禮拜白衣者，正以弗縻於爵禄，異俗網於典誨矣。』王制曰：『宗廟有不順者黜以爵，山川有神祇而不舉者削以地。』況僧尼索鬼神之敬，反父母之禮。若使正教淪胥，於是汙鄙，恐神明所不交泰，福慶所不流潤，災害幾生，禍亂幾作。而含靈廢成俗之化，胄子闕啓蒙之訓，率土臣人，順風載靡，不可自新於師戒，有助國於教化者也。《梵網經》云：『不拜君親，鬼神明矣。』且濡需不拜，為容節之失。矧乃割截非束帶之儀，髡削無稽首之飾，於庠序之風範，朝宰之變怪也？佛是絕域異俗之化，靡中和順動之氣，存亡之際實寄於人矣。《大傳》曰：『正朔所不加，卽君子所不臣。』未若福其所訓，利其所稟，便其勞動而用之，乘其利安而事之。故得百姓之歡心，卽一人有慶者也。又介冑不拜，慮折其威；師帝不臣，恐損其道。況衣忍鎧，擐祖甲，伏龍怖以袈裟，懾魔威於抖擻。逃隸出家，王親降禮，波離入道，父王致拜，故知道在則貴，不以人為輕重。是以道破宏人，人蓋宏道者信矣。今遺法所以付於王者，委護持仗流通也。以四衆之微弱，恐三寶之廢壞，藉王者以威伏，假王者以勢逼。今使攝衣屈膝，握拳稽顙，則連河之化，於茲闕矣。《詩》云：『王赫斯怒，爰整其旅。』僧等戰戰兢兢，誠惶誠恐。懼虧遺教之本意，辱同功之法服。一拜之勞，不必加衆僧之損；一拜之敬，不必加萬乘之尊。頃僧等孜孜而不安其業者，非所以苟為庸庸之軀，深存靡靡之化矣。恐煥然之美，無潤色於盛代；異國之求，豈聞於當今者歟？必以經像為蕪穢，不足以崇仰；僧尼為臭腐，不足為福田。覩教籍者目焦，修揖拜者變傴，襲緇服則轉筋，談典禮而齒齲。於是嫌而棄之，變天竺之風，暢中華之禮，以萬物為更始，策三大而自新。則取善之基，徒使修立，不若隔教網於區外，改容儀於物表，臣而子之，足盡忠孝之節也。卽如史傳不必為長夜，經子未必為太陽，司成雖學而無倦，猶將闕焉於大訓。況助國之美，無聞亂矣。不繁禁而獲安，不革情而得志，雖文王至聖也，猶學於虢叔，孔子至明也，尚師於郯子，王者至尊也，猶父事三老，兄事五更。及其釋奠，躬執爵而跪之曰：穆穆焉，恂恂焉。雖至孝之事嚴親，罔以加也。是以大易蠱爻不事王侯，大禮儒行不臣天子。故知道以貴之為貴，不以輕貶為輕。伏想僚宷，談誚正士，為之蠹害，將生螟蟘，而議為拜者，非朝廷之上策也。原夫正法西基，迄於茲日，已過千載，有太平焉。自大教東流，方七百歲，雖歷變市朝，隆之莫替。其中聖主賢臣，計餘可數，未嘗拘檢意況，銑削僧尼，信知潤達之資，為日久矣。間者有執權少主，謀篡微君。私佞自媚，陷墜家國。又一二蕃小，雄雌互舉，雖暫誅除，尋革前弊。夫若此者，可以攘袂鼓肘，怒目切齒，大視而叱之，豈不忠烈之壯觀也。今我大唐應九五之期，四三皇之位，八紘共軌，四海同文，百辟守法度於有司，三寶暢微言於汲引。則道俗資勳，家國延祚，可不盛歟？可不盛歟。

又　卷九一一《道宣〈沙門拜親議優劣論〉》　內經稱沙門拜俗，損君父功德，以及壽命，而抑令俯伏者，胡言之不忍，輕發樞機哉。雖復各言其志，亦何傷之太甚。而威衛等狀，通塞兩兼；司列等狀，一途冰執。或訪二議優劣，余以為楚則失矣，齊亦未為得也。然兩兼則膚腠，冰執乃膏肓，故升威衛於乙科，退司列於景第。至若範公質議，旨贍文華，隴西執奏，言約理舉，既而人庶斯穆，龜筮葉從。故得天渙下覃，載隆高尚之美；慈育之地，更宏拜伏之仁。時法侶名僧，都鄙耆耋，僉曰：『葉私志矣，違教如何。』於是具顯經文，廣陳表啓，匪朝伊夕，連訴庭闕。但天門邃遠，伸請靡由，奉詔求宗，難為去取。《易》曰：『羝羊觸藩羸其角』，方之釋侶，豈不然歟？讚曰：

威衛之流，議雖通塞。以人廢道，誠未為得。司列等狀，抑釋從儒。拜傷君父，詎曰忠謀？質議逌華，敷陳簡要。天人葉允，爰垂璽詔。恭承明命，式抃且歌。顧瞻元籍，有累如何。法俗疇咨，咸申啓表。披瀝丹款，未紓黃道。進退惟谷，投措靡由。仰希神禹，疏茲法流。

革易之際政治思想潮部

前朝鏡鑑分部

論説

唐・吳兢《貞觀政要》卷六《杜讒邪》　貞觀初，太宗謂侍臣曰：『朕觀前代讒佞之徒，皆國之蟊賊也。或巧言令色，朋黨比周。若暗主庸君，莫不以之迷惑；忠臣孝子，所以泣血銜冤。故叢蘭欲茂，秋風敗之；王者欲明，讒人蔽之。此事著於史籍，不能具道。至如齊、隋間讒譖事，耳目所接者，略與公等言之。斛律明月，齊朝良將，威震敵國，周家每歲斲汾河冰，慮齊兵之西渡。及明月被祖孝徵讒搆伏誅，周人始有吞齊之意。高熲有經國大才，為隋文帝贊成霸業，知國政者二十餘載，天下賴以康寧。文帝惟婦言是聽，特令擯斥，及為煬帝所殺，刑政由是衰壞。又隋太子勇撫軍監國，凡二十年間，固亦早有定分，楊素欺主罔上，賊害良善，使父子之道一朝滅於天性。逆亂之源，自此開矣。隋文既混淆嫡庶，竟禍及其身，社稷尋亦覆敗。古人云「代亂則讒勝」，誠非妄言。朕每防微杜漸，用絕讒搆之端，猶恐心力所不至，或不能覺悟。前史云：「猛獸處山林，藜藿為之不採；直臣在朝廷，姦邪為之寢謀。」此實朕所望於羣公也。』

《舊唐書》卷七五《孫伏伽傳》 武德元年，初以三事上諫。其一曰：臣聞天子有諍臣，雖無道不失其天下；父有諍子，雖無道不陷於不義。故云子不可不諍於父，臣不可不諍於君。以此言之，臣之事君，猶子之事父故也。隋後主所以失天下者何也？止為不聞其過。當時非無直言之士，由君不受諫，自謂德盛唐堯，功過夏禹，窮侈極慾，以恣其心。天下之士，肝腦塗地，戶口減耗，盜賊日滋，而不覺知者，皆由朝臣不敢告之也。向使修嚴父之法，開直言之路，選賢任能，賞罰得中，人人樂業，誰能搖動者乎？所以前朝好為變更，不師古訓者，止為天誘其咎，將以開今聖唐也。陛下龍舉晉陽，天下響應，計不旋踵，大位遂隆。陛下勿以唐得天下之易，不知隋失之不難也。陛下貴為天子，富有天下，動則左史書之，言則右史書之。既為竹帛所拘，何可恣情不慎。凡有蒐狩，須順四時，既代天理，安得非時妄動？陛下二十日龍飛，二十一日有獻鷂鶵者，此乃前朝之弊風，少年之事務，何忽今日行之！又聞相國參軍事盧牟子獻琵琶，長安縣丞張安道獻弓箭，頻蒙賞勞。但『普天之下，莫非王土；率土之濱，莫非王臣』。陛下必有所欲，何求而不得？陛下所少者，豈此物哉！願陛下察臣愚忠，則天下幸甚。

其二曰：百戲散樂，本非正聲，有隋之末，大見崇用，此謂淫風，不可不改。近者，太常官司於人間借婦女裙襦五百餘具，以充散妓之服，云擬五月五日於玄武門游戲。臣竊思審，實損皇猷，亦非貽厥子孫謀，為後代法也。故《書》云：『無以小惡為無傷而弗去。』恐從小至於大故也。《論語》云：『放鄭聲，遠佞人。』又云：『樂則《韶》舞。』以此言之，散妓定非功成之樂也。如臣愚見，請並廢之，則天下不勝幸甚。

又《張玄素傳》 『臣觀自古以來，未有如隋室喪亂之甚，豈非其君自專，其法日亂。向使君虛受於上，臣弼違於下，豈至於此。且萬乘之重，又欲自專庶務，日斷十事而五條不中，中者信善，其如不中者何？況一日萬機，已多虧失，以日繼月，乃至累年，乖謬既多，不亡何待！如其廣任賢良，高居深視，百司奉職，誰敢犯之。臣又觀隋末沸騰，被於宇縣，所爭天下者不過十數人，餘皆保邑全身，思歸有道。是知人欲背主為亂者鮮矣，但人君不能安之，遂致於亂。陛下若近覽危亡，日慎一日，堯、舜之道，何以能加。』

宋・王欽若等《冊府元龜》卷五三三《諫諍部・規諫第十》 『臣聞賈生之言曰：「人君之於天下，猶今人置器，置之安處則安，危處則危。」是國之安危，政之理亂，亦由乎陛下所置，甚易為也。今陛下以命代之主，率易為之資，握黎元之命，包宇宙之廣，盡係之於陛下，陛下可不置之於安處乎？《書》云：「一人有慶，兆民賴之。」斯之謂矣。陛下在黎人之上，居萬乘之重，將欲為也，天下已隨之；將所尚也，天下已尚之。然風俗之端，邪正之首者，皆從陛下所為也。非徒風俗邪正所係，亦禍福存亡在焉。陛下取捨運為，甚不可忽也。臣不敢遠徵古昔，博引傳記，請以隋煬帝、太宗文武皇帝言之。煬帝藉文帝之資，躋大寶之位，兵加海外，威震區中。乃自恃其強，不憂時政，大縱驕慾，恣成猜險，所為不軌，所行不順，忌忠正之義，黜廢賢良；狎便佞之言，昵愛邪僻。荒淫酒色，窮極綺麗，兵戈不息，調役非時。奇技淫巧者率獲登遷，力邊攘寇者皆愆財賞。不恤人之疾苦，不知政之理亂。君臣阻隔，上下相蒙，雖制敕交行而聲實舛謬。言同堯舜，迹如桀紂，為行若是，人何克從？夫推心不誠，欲人之附己；資惡內熾，望俗之無邪，猶卻行追人，向日避影。孔子曰：「子帥以正，孰敢不正。其身不正，雖令不從。」煬帝不節其慾，而欲禁人之慾，其可得乎？故四海之風淫，天下之情偽。其人怨，其俗蕩，貞髦擯逐，姦逆競馳，皇綱紊而隙生，禍釁滋而難作。昔之有隋也，今轉為大唐，豈不以縱慝無厭，危患不恤，舉天下之大，一擲而棄之？荒迷沉亂，終不自覺，要之覆滅，死於人手，為天下笑，甚可痛哉！《詩》云：「殷鑑不遠，在夏後之世。」諺云：「前車覆，後車誡。」然則主社稷、承宗廟者，可不極思慮深勗勵乎？夫昏主卽聖君之資，亂邦為開國之始，是用集我昌運。太宗以聖德英武，雄才睿畧，掃除昏虐，大濟生人。咄叱而四維更張，指麾而六合復正。其知人任使，盡得其才。或取諸俘虜讎敵，並推懷而用之，意豁如也。故房玄齡識之於月品，尉遲敬德狎之而不疑，接李靖以優禮。此天下之智謀所以得輸其赤心，天下之勁勇所以得盡其死力也。帝業既就，寰中已安，後武先文，勵精為理。務堯舜之道，想致義皇之俗。開禮賢之館，置十八學士。聽朝之後，覃思典墳，周通百家，樂而忘倦。所謂武以得之，文以守之。其帝王臧否，安危成敗，政刑理亂，風俗興衰，皆鑑於前古，比之明鏡。故以書籍為古鏡，魏徵為人鏡。見善則行之，不善則去之。聞直言則欣然受納，得一士則喜見於朝。謟諛便媚者不得臻於前，梗正貞賢者從容於左右矣。貞觀之際，太平俗治。官人得材，功賞必實。刑不謬及，禮無愆度。於時天下晏如，遺糧在畝，盛德洽於人心，而祥風游乎海內矣。非太宗之明懿聰達、虛心治道，與天下貞臣正士同心戮力，豈能致於此乎？初東巡，以供奉不精而有罰。既到雒邑，又理隋之舊官，頗趣游畋。或見可欲，魏徵驟諫，太宗欣然罷之，曰：「非公無此語也。」自是帝節慾向道，思愆納正由。斯而言，則聖人之情不必無慾也。且物懸於外，情動於中。情之動中則無窮也；物之銜外則不極也。以不極之物銜無窮之情，動而不為之節制，雖有聖智，亦安得致升平之事乎？故太宗之情非無慾也，擬致升平之資，故樽節維持之耳。往以隋人失御，天命有歸，而始終經綸，斯亦勤矣。首建大義，提三尺，安八紘，創萬代，立社稷，傳子孫，位已重矣，功已大矣，亦安得不思盈滿之誡而檢嗜慾之情乎？故太宗之於崇臺邃宇，非不愛之，惜人力也；寶衣玉石，非不美之，節人財也；妍倡絕豔，非不樂之，妨聽政也；犬馬畋獵，非不好之，蕩心意也。此數者皆能裁抑之，是使人之賦歛也輕，歲之調役也寡。舉人之利甚博，資國之用不費。國用不費，人利是豐，則不言而禮讓自行，清淨而仁義大洽。非徒太宗之為理若是，古之明王聖主，曷不繇茲道乎？臣歷觀有國有家，莫不以驕矜放縱而滅，畏慎謙恪而興。然鮮蹈興平之衢，多遵覆滅之路者，何也？實以在既安之日，側忘兢畏；及危逼之勢，始思悔咎。徒成追恨，亦何補乎？臣誠以人主之在深宮，方安平之日，若能先慮危難，以自悔勗，去不經之道，防可欲之原，務任賢之規，除輕暴之迹，則履萬有必安之途，而無顛蹶覆辱之患矣。行之甚易，在人主為之。臣所以舉隋氏縱慾而亡，太宗抑慾而昌，願陛下詳擇。今天下皆拭目而視，傾耳而聽，欲望陛下兢兢業業以致太平也。臣誠以為宜效太宗，去邪佞之士，進忠賢之人，與之討論《詩》、《書》，談議得失，以見先古之成敗，以較當今之可否。行其所長，棄其不善。如此則朝廷無僻謬，國政必清平矣。臣又聞書籍所載，美惡具存，採其陳迹，為之鑑誡，陶然其中，甚足樂也。亦何必窮逐聲色，巡游罔倦，不務《詩》、《書》之樂乎？非獨妨於政理，徒勞棄日矣。往者太宗嘗敕魏徵作《羣書理要》五十篇，大論得失。臣誠請陛下溫凊閒暇，以時觀覽其書。雖簡畧不備，亦足以見忠臣之讜言，知經國之要會矣。夫古之人主，莫不委任忠正，廣務才賢，而保正全忠者稀，傾側向背者衆。非緣人主知其不忠不正而用之也，蓋似正而非正，似忠而不忠，深心以藏邪，厚貌而難測耳。所以嘗患謬用之而不辨其眞實也。且非忠正，尚不辨其眞實。況實忠正，豈得知而信任乎？故有獨行而見疏，有懷忠而受譏矣。此先古帝王迷惑錯誤，以不忠為忠，以賢為不賢，率皆十八九也。《書》曰：「知人則哲」，「惟帝難之」。非夫聖主明王則不能知也。今陛下聰明在位，慶祚方遠，若欲任人擇士，取致太平，必宜先辨忠賢以別邪佞。若忠賢既辨，邪佞不雜，正人為之羽翼，邪人不造其間，則有仁義道德行於四方，而無謟諛傾巧以亂陛下也。且忠賢邪佞，雖有難知，今以陛下明悟神聰，孜孜選用，更垂之以睿鑑，又加之以審察，豈有不知之者乎？然其審察之宜，可以意測，可以情恕矣。以意測者，測邪佞之臣也。以情恕者，恕忠賢之臣也。夫忠不似佞，佞則似忠。請陛下測之恕之，則可知也。臣聞人之性分，不可轉移，邪佞忠賢，各有所趣。順道違俗，忠賢也。違道順俗，邪佞也。若言之咈耳，行之忤心，動繇先王之道，事極終始之慮，志惟安國衛主者，忠賢之所為也。故直質而不佞，勤誠而取容，務正道而抗節，人主聞之，固將疏遠之矣。此眞忠賢之臣也，陛下可不恕而用之乎？順欲從旨，其言美飾，不繇先聖之道，思亂國家之政，務於要利以惑主者，邪佞之所為也。故發小惠以賈信，忘大義而苟合，權寵勢而挾威，伺愉悅而爭媚，人主見之，固將親近之矣。此眞邪佞之臣也，陛下可不測而去之乎？大率人君皆惡其臣忤心，而欲人之順己。賢臣正直，安得不忤心乎？邪臣諂詐，安得不順己乎？故積忤生憎，禍之路也。積順生愛，福之門也。此邪佞所以常親而寵，賢臣所以常疏而辱也。自古帝王之使臣佐者，曷不多論此弊乎？陛下誠能反是而求之，精心而察之。愛其所忤而收忠賢，憎其所順而去邪佞，則天下之忠正，可以比肩重足。天下之太平，可以千秋萬歲。太宗之政化復行，堯舜之淳風日用矣。此愚臣所以請陛下審察忠佞、測恕之之術也。國家自垂拱以後，至於近年，寇賊屢興，兵革數動，邊師潰喪，日費滋多。加以觀寺修營，錫賚繁數，郡縣之吏，未息侵漁。寰區之氓，率盡凋饉。官班冗贅，淫費頻煩。近者人獻直言，時有切諫，徒聞讜議，竟不施行。至於營造，未甚休息。是使國儲不足，人蓄久空。俗弊之繇，其來已漸。又制敕甚重，姦非莫懲，節限雖多，逾越極衆。孤立寡援者小罪必罰，貸賂朋黨者大愆不繩，聽斷之獄不審，寰中之罪未肅也。夫法貴簡而能禁，罰宜輕而必行。陛下方興崇至德，大布新政。譬琴之不理，宜在更張。路之不平，終當徒轍。若不改創而求治，安揚湯以止沸，不可得也。臣請一皆除去碎密，不察小過。小過不察，則無煩苛。大罪不漏，則止姦慝。使簡而難犯，寬而能制，此所謂「天網恢恢，疏而不漏」矣。然後停不急之務，致無為之治。休罷造作，節減稅賦，息傜役，除贅官，絕吏之侵漁，復人之本業，斯則人安而俗富也。且俗富則國富，人安則國安。所為之術無他，惟此而已矣。』帝覽而善之。

宋·馬令《馬氏南唐書》卷一《先主》　『前朝失御，强梗崛起，大者帝，小者王，不以兵戈，利勢弗成，不以殺戮，威武弗行。民受其弊，蓋有年也。或有意於息民者，尚以武人用事，不能宣流德化。其宿學巨儒，察民之故者，巉巖之下，往往有之。彼無路光亨，而進以拊傴為嫌，退以清寧為樂，則上下之情，將何以通？簡易之政，將何所議乎？昔漢世祖數年之間，被堅執銳，提戈斬馘，一日晏然。而兵革之事，雖父子之親，不以一言及之，則兵為民患，其來尚矣。今唐祚中興，與漢頗同，而眇眇之身，坐制元元之上，思所以舉而錯之者，煢在疚，罔有所發，三事大夫，可不務乎？自今宜舉用儒者，以補不逮。』

政治思想家部

王通分部

傳　記

《舊唐書》卷一六三《王質傳》　王質，字華卿，太原祁人。五代祖通，字仲淹，隋末大儒，號文中子。通生福祚，終上蔡主簿。福祚生勉，登進士第，制策登科，位終寶鼎令。勉生怡，終渝州司戶。怡生潛，揚州天長丞。質則潛之第五子。少負志操，以家世官卑，思立名於世，以大其門。寓居壽春，躬耕以養母，專以講學為事，門人受業者大集其門。

又　卷一九〇《文苑傳上·王勃》　王勃，字子安，絳州龍門人。祖通，隋蜀郡司戶書佐。大業末，棄官歸，以著書講學為業。依《春秋》體例，自獲麟後，歷秦、漢至於後魏，著紀年之書，謂之《元經》。又依《孔子家語》、揚雄《法言》例，為客主對答之説，號曰《中説》。皆為儒士所稱。義寧元年卒，門人薛收等相與議謚曰文中子。二子：福畤、福郊。

又　卷一九二《隱逸傳·王績》　王績，字無功，絳州龍門人。少與李播、呂才為莫逆之交。隋大業中，應孝悌廉潔舉，授揚州六合縣丞。非其所好，棄官還鄉里。績河渚中先有田數頃，鄰渚有隱士仲長子先，服食養性，績重其眞素，頗與相近，乃結廬河渚，以琴酒自樂。嘗游北山，因為《北山賦》以見志，詞多不載。

績嘗躬耕於東皋，故時人號東皋子。或經過酒肆，動經數日，往往題壁作詩，多為好事者諷詠。貞觀十八年卒。臨終自克死日，遺命薄葬，兼預自為墓誌。有文集五卷。又撰《隋書》，未就而卒。

兄通，字仲淹，隋大業中名儒，號文中子，自有傳。

綜　述

唐·杜淹《文中子世家》　文中子，王氏，諱通，字仲淹。其先漢征君霸，潔身不仕。十八代祖殷，雲中太守，家於祁，以《春秋》、《周易》訓鄉里，為子孫資。十四代祖述，克播前烈，著《春秋義統》，公府辟不就。九代祖寓，遭湣、懷之難，遂東遷焉。寓生罕，罕生秀，皆以文學顯。秀生二子，長曰玄謨，次曰玄則；玄謨以將略升，玄則以儒術進。玄則字彦法，即文中子六代祖也，仕宋，歷太僕、國子博士，常歎曰：『先君所貴者禮樂，不學者軍旅，兄何為哉？』遂究道德，考經籍，謂功業不可以小成也，故卒為洪儒；卿相不可以苟處也，故終為博士，曰先師之職也，不可墜，故江左號王先生，受其道曰王先生業。於是大稱儒門，世濟厥美。先生生江州府君煥，煥生虬。虬始北事魏，太和中為并州刺史，家河汾，曰晉陽穆公。穆公生同州刺史彦，曰同州府君。彦生濟州刺史，一曰安康獻公。安康獻公生銅川府君，諱隆，字伯高，文中子之父也，傳先生之業，教授門人千餘。隋開皇初，以國子博士待詔雲龍門。時國家新有揖讓之事，方以恭儉定天下。帝從容謂府君曰：『朕何如主也？』府君曰：『陛下聰明神武，得之於天，發號施令，不盡稽古，雖負堯、舜之姿，終以不學為累。』帝默然曰：『先生朕之陸賈也，何以教朕？』府君承詔著《興衰要論》七篇。每奏，帝稱善，然未甚達也。府君出為昌樂令，遷猗氏、銅川，所治著稱，秩滿退歸，遂不仕。開皇四年，文中子始生。銅川府君筮之，遇《坤》之《師》，獻兆於安康獻公，獻公曰：『素王之卦也，何為而來？地二化為天一，上德而居下位，能以衆正，可以王矣。雖有君德，非其時乎？是子必能通天下之志。』遂名之曰通。開皇九年，江東平。銅川府君歎曰：『王道無敍，天下何為而一乎？』文中子侍側十歲矣，有憂色曰：『通聞，古之為邦，有長久之策，故夏、殷以下數百年，四海常一統也。後之為邦，行苟且之政，故魏、晉以下數百年，九州無定主也。上失其道，民散久矣。一彼一此，何常之有？夫子之歎，蓋憂皇綱不振，生人勞於聚斂而天下將亂乎？』銅川府君異之曰：『其然乎？』遂告以《元經》之事，文中子再拜受之。十八年，銅川府君宴居，歌《伐木》，而召文中子。子矍然再拜：『敢問夫子之志何謂也？』銅川府君曰：『爾來！自天子至庶人，未有不資友而成者也。在三之義，師居一焉，道喪已來，斯廢久矣，然何常之有？小子勉旃，翔而後集。』文中子於是有四方之志。蓋受《書》於東海李育，學《詩》於會稽夏琠，問《禮》於河東關子明，正《樂》於北平霍汲，考《易》於族父仲華，不解衣者六歲，其精志如此。仁壽三年，文中子冠矣，慨然有濟蒼生之心，西游長安，見隋文帝。帝坐太極殿召見，因奏《太平策》十有二，策尊王道，推霸略，稽今驗古，恢恢乎運天下於指掌矣。帝大悅曰：『得生幾晚矣，天以生賜朕也。』下其議於公卿，公卿不悅。時將有蕭牆之釁，文中子知謀之不用也，作《東征之歌》而歸，曰：『我思國家兮，遠游京畿。忽逢帝王兮，降禮布衣。遂懷古人之心乎，將興太平之基。時異事變兮，志乖願違。吁嗟！道之不行兮，垂翅東歸。皇之不斷兮，勞身西飛。』帝聞而再征之，不至。四年，帝崩。大業元年，一征又不至，辭以疾。謂所親曰：『我周人也，家於祁。永嘉之亂，蓋東遷焉，高祖穆公始事魏。魏、周之際，有大功於生人，天子錫之地，始家於河汾，故有墳隴於茲四代矣。茲土也，其人憂深思遠，乃有陶唐氏之遺風，先君之所懷也。有敝廬在茅簷，土階撮如也。道之不行，欲安之乎？退志其道而已。』乃續《詩》、《書》，正《禮》、《樂》，修《元經》，贊《易》道，九年而六經大就。門人自遠而至。河南董常、太山姚義、京兆杜淹、趙郡李靖、南陽程元、扶風竇威、河東薛收、中山賈瓊、清河房玄齡、巨鹿魏徵、太原溫大雅、潁川陳叔達等，咸稱師北面，受王佐之道焉。如往來受業者，不可勝數，蓋千餘人。隋季，文中子之教興於河汾，雍雍如也。大業十年，尚書召署蜀郡司戶，不就。十一年以著作郎、國子博士征，並不至。十三年，江都難作。子有疾，召薛收，謂曰：『吾夢顏回稱孔子之命曰：歸休乎？殆夫子召我也。何必永厥齡？吾不起矣。』寢疾七日而終。門弟子數百人會議曰：『吾師其至人乎？自仲尼已來，未之有也。《禮》：男子生有字，所以昭德；死有謚，所以易名。夫子生當天下亂，莫予宗之，故續《詩》、《書》，正《禮》、《樂》，修《元經》，贊《易》道，聖人之大旨，天下之能事畢矣。仲尼既没，文不在茲乎？《易》曰：「黃裳元吉，文在中也。」請謚曰文中子。』絲麻設位，哀以送之。禮畢，悉以文中子之書還於王氏。《禮論》二十五篇，列為十卷。《樂論》二十篇，列為十卷。《續書》一百五十篇，列為二十五卷。《續詩》三百六十篇，列為十卷。《元經》五十篇，列為十五卷。《贊易》七十篇，列為十卷。並未及行。遭時喪亂，先夫人藏其書於篋笥，東西南北，未嘗離身。大唐武德四年，天下大定，先夫人返於故居，又以書授於其弟凝。文中子二子，長曰福郊，少曰福時。

唐·皮日休《皮子文藪》卷四《文中子碑》 天何言哉！民不可縱，是生聖賢。聖賢之道德與命符，是為堯、舜；性與命乖，是為孔、顔。噫！仲尼之化也，不及於一國而被於天下，不治於一時而浸及於萬世，非刪《詩》、《書》，定《禮》、《樂》，贊《周易》，修《春秋》者乎？故孟子疊踵孔聖而贊其道。夐出千世而可繼孟氏者，複何人哉？文中子，王氏，諱通，字仲淹，生於陳、隋之世。以亂世不屑就仕，退於汾晉，序述《六經》，敷為《中説》，以行教於門人。仲尼刪《詩》、《書》，定《禮》、《樂》，贊《周易》，修《春秋》，先生則有《禮論》二十五篇、《續詩》三百六十篇、《元經》二十一篇、《易道》七十篇。孟子之門人有高子公孫醜、萬章焉，先生則有薛收、李靖、魏征、李勣、房玄齡、杜如晦。孟子之門人鬱鬱於亂世，先生之門人赫赫於盛時。較其道與孔、孟實不相戾，豈徒然哉！設先生生於孔聖之世，余恐不在游、夏之亞也，況七十子歟？惜乎！德與命乖，不得睹吾唐受命而歿。苟唐得而用之貞觀之治，不後於房、杜、褚、魏矣。後先生二百五十歲，生日休皮氏子，嗜先生道，業先生文，讀先生《後序》，尚闕於贊述。想先生封隧，先生所在，而為銘云：大道不明，天地淪精。俟聖暢教，乃出先生。百氏黜迹，六藝騰英。道符真宰，用世阿衡。先生門人，為唐之楨。差肩哲孔，接武明卿。未逾乙紀，致我太平。先生之功，莫之與京。

宋·司馬光《文中子補傳》 文中子王通，字仲淹，河東龍門人。六代祖玄則仕宋，歷太僕、國子博士。兄玄謨以將略顯；而玄則用儒術進。玄則生焕，焕生虬，齊高帝將受宋禪，誅袁粲，虬由是北奔魏，魏孝文帝甚重之，累官至並州刺史，封晉陽公，謚曰穆，始家河汾之間。虬生彦，官至同州刺史。彦生傑，官至濟州刺史，封安康公，謚曰獻。傑生隆，字伯高，隋開皇初以國子博士待詔雲龍門。隋文帝嘗從容謂隆曰：『朕何如主？』隆曰：『陛下聰明神武，得之於天，發號施令，不盡稽古，雖負堯舜之資，終以不學為纍。』帝默然有間曰：『先生朕之陸賈也，何以教朕？』隆乃著《興衰要論》七篇奏之，帝雖稱善，亦不甚達也。歷昌樂、猗氏、銅川令，棄官歸，教授，卒於家。隆生通，自玄則以來，世傳儒業。通幼明悟好學，受《書》於東海李育，受《詩》於會稽夏琠，受《禮》於河東關朗，受《樂》於北平霍汲，受《易》於族父仲華。仁壽三年，通始冠，西入長安，獻《太平十二策》。帝召見嘆美之，然不能用，罷歸，尋復徵之。煬帝即位。又徵之。皆稱疾不至，專以教授為事。弟子自遠方至者甚衆，乃著《禮論》二十五篇，《樂論》二十篇，《續書》百有五十篇，《續詩》三百六十篇，《元經》五十篇，《贊易》七十篇，謂之《王氏六經》。司徒楊素重其才行，勸之仕。通曰：『汾水之曲，有先人之弊廬，足以庇風雨，薄田足以具䬸粥、願明公正身以治天下，使時和年豐，通也受賜多矣；不願仕也。』或譖通於素曰：『彼實慢公，公何敬焉？』素以問通，通曰：『使公可慢，則僕得矣；不可慢則，僕失矣；得失在僕，公何預焉？』素待之如初。右武侯大將軍賀若弼，嘗示之射，發無不中。通曰：『美哉藝也！君子志道、據德、依仁，然後游於藝也。』弼不悦而去。通謂門人曰：『夫子矜而愎，難乎免於今之世矣！』納言蘇威，好畜古器，通曰：『昔之好古者聚道，今之好古者聚物。』太學博士劉炫問《易》，通曰：『聖人之於《易》也，没身而已矣，況吾儕乎？』有仲長子光者，隱於河渚，嘗曰：『在險而運奇，不若宅平而無為。』通以為知言，曰：『名愈消，德愈長；身愈退，道愈進，若人知之矣。』通見劉孝標《絶交論》曰：『惜乎舉任公而毁也，任公不可謂知人也。』見《辯命論》曰：『人事廢矣。』弟子薛收問：『恩不害義，儉不傷禮，何如？』通曰：『是漢文之所難也，廢肉刑，害於義，省之可也；衣弋綈，傷於禮，中焉可也。』王孝逸曰：『天下皆争利而棄義，若之何？』通曰：『捨其所争，取其所棄，不亦君子乎？』或問人善，通曰：『知其善則稱之；不善，則對曰，未嘗與久也。』賈瓊問息謗，通曰：

『無辯。』問止怨，曰：『不爭。故其鄉人皆化之，無爭者。』賈瓊問羣居之道，通曰：『同不害正，異不傷物。古之有道者，內不失真，外不殊俗，故全也。』賈瓊請絶人事，通曰：『不可。』瓊曰：『然則奚若？』通曰：『莊以待之，信以應之，來者不拒，去者勿追，泛如也，則可。』通謂姚義能交，或曰：『簡。』通曰：『兹所以能也。』又曰：『廣。』通曰：『廣而不濫，兹又所以為能。』又謂薛收善接小人，遠而不疏，近而不狎，頽如也。通嘗曰：『封禪非古也，其秦漢之侈心乎？』又曰：『美哉，周公之志深矣乎！寧家所以安天下，存我所以厚蒼生也。』又曰：『易樂者必多哀，輕施者必好奪。』又曰：『無赦之國，其刑必平；重斂之國，其財必貧。』又曰：『廉者常樂無求，貪者常憂不足。』又曰：『我未見誹而喜，聞譽而懼者。』又曰：『昏而論財，夷虜之道也。』又曰：『居近而識遠，處今而知古，其唯學乎！』又曰：『輕譽苟毁，好憎尚怒，小人哉！』又曰：『聞謗而怒者，讒之階也；見譽而喜者，佞之媒也；絶階去媒，讒佞遠矣。』通謂北山黄公善醫，先飲食起居，而後針藥。謂汾陰侯生善筮，先人事而後爻象。大業十年，尚書召通蜀郡司戶。十一年以著作郎、國子博士徵，皆不至。十四年，病終於家，門人謚曰文中子。二子，福郊、福時，二弟，凝、績。評曰：此皆通之《世家》及《中説》云爾。玄謨仕宋，至開府儀同三司。績及福時之子勔、勮、勃，皆以能文著於唐世，各有列傳。余竊謂先王之六經，不可勝學也，而又奚續焉？續之，庸能出於其外乎？出則非經矣；苟無出而續之，則贅也，奚益哉？或曰：彼商、周以往，此漢、魏以還也。曰漢、魏以還，遷、固之徒，記之詳矣，奚待於續經？然後人知之，必也好大而欺愚乎？則彼不愚者，孰肯從之哉？今其六經皆亡，而《中説》亦出於其家，雖云門人薛收、姚義所記，然余觀其書，竊疑唐室既興，凝與福時輩依並時事，從而附益之也。何則？其所稱朋友門人，皆隋、唐之際將相名臣，如蘇威、楊素、賀若弼、李德林、李靖、竇威、房玄齡、杜如晦、王珪、魏徵、陳叔達、薛收之徒，考諸舊史，無一人語及通名者。《隋史》，唐初為也，亦未嘗載其名於儒林、隱逸之間，豈諸公皆忘師棄舊之人乎？何獨其家以爲名世之聖人，而外人皆莫之知也。福時又云：『凝為監察御史，劾奏侯君集有反狀，太宗不信之，但黜為姑蘇令。大夫杜淹奏凝直言非辜，長孫無忌與君集善，由是與淹有隙，王氏兄弟皆抑不用。時陳叔達方撰《隋史》，畏無忌不為文中子立傳。』按叔達前宰相與無忌位任相將，何故畏之，至没其師之名，使無聞於世乎？且魏徵實總《隋史》，縱叔達曲避權威，徵肯聽之乎？此予所以疑也。又淹以貞觀二年卒，十四年君集平高昌，還而下獄，由是怨望。十七年謀反，誅。此其前後參差，不實之尤著者也。如通對李靖聖人之道曰：『無所由，亦不至於彼。彼道之方也，必無至乎？』又對魏徵以聖人有憂疑，退語董常，以聖人無憂，疑曰：『心迹之判久矣。』皆流入於釋老者也。夫聖人之道，始於正心、修身、齊家、治國，至於安萬邦，和黎民，格天地，遂萬物，功施當時，法垂後世，安在其無所至乎？聖人所為，皆發於至誠，而後功業被於四海。至誠心也，功業迹也，奚為而判哉？如通所言，是聖人作僞以欺天下也，其可哉？又曰：『佛聖人也，西方之教也，中國則泥。』又曰：『詩書盛而秦氏滅，非仲尼之罪也；虚玄長而晉室亂，非老莊之罪也；齋戒修而梁國亡，非釋迦之罪也。』苟為聖人矣，則推而放諸南海而準，推而放諸北海而準，烏有可行於西方，不可行於中國哉？苟非聖人矣，則泥於中國，獨不泥於西方邪？秦焚詩書之文，詩書之道盛於天下，秦安得滅乎？莊老貴虚無而賤禮法，故王衍、阮籍之徒乘其風而鼓之，飾譚論，恣情欲，以至九州覆没。釋迦稱前生之因果，棄今日之仁義，故梁武帝承其流而信之，嚴齋戒，弛政刑，至於百姓塗炭。發端唱導者，非二家之罪而誰哉？此皆議論不合於聖人者也。唐世文學之士，傳道其書者蓋寡，獨李翺以比《太公家教》，及司空圖、皮日休始重之。宋興，柳開、孫何振而張之，遂大行於世，至有真以為聖人，可繼孔子者。余讀其書，想其為人，誠好學篤行之儒。惜也，其自任太重，其子弟譽之太過，使後之人莫之敢信也。余恐世人譏其僭而纍其美，故采其行事，於理可通而所言切於事情者，著於篇，以補《隋書》之闕。

論説

清・董誥等《全唐文》卷一三三《薛收〈隋故徵君文中子碣銘〉》

蓋聞運無常寧，治窮則亂，教不終廢，人存則闡。故曰：『天下有道，製作歸乎帝王。』斯文或墜，財成寄乎明哲，才之不可以已，其在茲乎？周道竭而孔子興，隋風喪而夫子出。五常為之式序，三綱為之無昧。道沖而用，故無德而名；功足化成，故匪爵而重。於稽其類，其生物之匠乎。夫子諱通，字仲淹，姓王氏，太原人。初高祖晉陽穆公自齊歸魏，始家龍門焉。若乃門風祖業之舊，鴻儒積德之胄，事賁家諜，名昭國史，今可得而略之。粵若夫子，洪惟命世，盡象緯之秀，鍾山川之靈，爰在孺年，素尚天啓，亦既從學，家聲日茂。偉容貌，肅風神，以孝悌為心極，以人倫為己任。步中規矩，響諧音律，術無遠而不窮，理無微而不詣。故夫要道之本，中和之節，九疇六藝之能事，元亨利貞之至美，悉備之矣。豈惟行為世範，言成士則而已哉？十八舉本州秀才，射策高第。十九除蜀州司戶，辭不就列。大業伊始，君子道消，達人遠觀，潛機獨曉，步煙嶺，卧雲溪，軒冕莫得而幹，羅網莫得而迫，時年二十二矣。以為卷懷不可以垂訓，乃立則以開物；顯言不可能避患，故託古以明義。懷雅頌以濡足，覽繁文而援手，乃續詩書，正禮樂，修元經，贊易象。道勝之韻，先達所推；虚往之集，於斯為盛。淵源所漸，著録逾於三千；堂奥所容，達者幾乎七十。兩加太學博士，一加著作郎。夫子絕宦久矣，竟不起矣。朝端□聲節，天下聞其風采，先君內史屈父之尊，楊公僕射忘大臣之貴，漢侯三請而不覿，尚書四召而不起。盛德大業，至矣哉！道風扇而方遠，元猷陟而逾密。可以比姑射於尼岫，擬河汾於洙泗矣。夫教思之宗，聖達之節，形氣之域，古今同盡。六經既就，一德時成，拂衣啓手，其天意乎？以大業十三年五月甲子，遘疾終於萬春鄉甘澤里第，春秋三十二。嗚呼哀哉！天不憖遺，吾將安仰？以其年八月，遷窀穸於汾水之北原，棺木衣衾，以從中制，不封不樹，是遵上古。門人考行，謚曰文中子。禮也。收學不至穀，行無異能，奉高變於絕塵，期深契於終古。義極師友，恩兼親故，遭世道之衰微，屬衣冠之板蕩。將以肆力王事，思存管樂；不獲躬守孔塋，自同游夏。攀昊蒼而不達，俯元堂而已隔。敢揚徽烈，而作銘曰：

兩儀既位，三才式甄。器象雖顯，神機未筌。匪聖孰作，匪明孰傳。文王逝矣，孔子出焉。顯允經籍，作為邦紀。天之未喪，載誕夫子。奄有羣言，遂荒精理。百氏銜璧，九流齊軌。潛龍勿用，鳴鶴在陰。我有宏德，人靈是欽。摳衣遞進，鼓篋相尋。七十成列，三千若林。焕乎經濟，沖乎典則。教思風行，徽猷允塞。庶幾克饗，匡此王國。如何不蒨，殲我明德。嗚呼喪亂，胡及我長。嗚呼哲人，胡充我往。王室方厲，帝邦無象。梁木斯壞，蒼生奚仰。綢練既設，披崇既張。野寒川曠，泉深路長。盛德無没，嘉言孔彰。永為洪範，於何不臧？

唐·皮日休《皮子文藪》卷九《請韓文公配饗太學書》　夫孟子、荀卿翼傳孔道，以至於文中子。文中子之末，降及貞觀、開元，其傳者醨，其繼者淺，或引刑名以為文，或援縱横以為理，或作詞賦以為雅，文中之道，曠百祀而得室授者，唯昌黎韓公焉。

《歐陽修集》卷一六《原正統論》　文中子作《元經》，欲斷南北之疑也，絕宋於元徽五年，進魏於太和元年。是絕宋不得其終，進魏不得其始。夫以子長之博通，王氏之好學，而有不至之論，是果難言與！若夫推天下之至公，據天下之大義，究其興廢，迹其本末，辨其可疑之際，則不同之論息，而正統明矣。

《蘇軾集》卷五〇《問小雅周之衰》　《文中子》曰：『《小雅》烏乎衰？其周之盛乎！』劉之所謂衰者，蓋其當時親見周道之衰，而不睹乎文、武、成、康之盛也。文中子之所謂盛者，言文、武之餘烈，歷數百年而未忘，雖其子孫之微，而天下猶或宗周也。故曰：二子者，皆得其偏而未備也。太史公曰：『《國風》好色而不淫，《小雅》怨誹而不亂。』當周之衰，雖君子不能無怨，要在不至於亂而已。《文中子》以為周之全盛，不已過乎。故通乎二子之説，而《小雅》之道備矣。

宋·石介《上孔中丞書》　夫子之道其肯鬱然蟠伏於其家，乃躍起奮出，散漫於天下。天下人皆可以得之，漢高祖、唐太宗能得之，於上以之有天下三百年；孟軻、揚雄、文中子、韓愈能得之，於下以之有其名於億萬世。

宋·王讜《唐語林》卷一《德行》　文中子，隋末隱於白牛谿，著《王氏六經》。北面受學者皆時偉人，國初多居佐命之列。自貞觀後，三百年間號稱至治，而《王氏六經》卒不傳。至元和初，劉禹錫撰《宣州觀察使王贇碑》，盛稱文中子能昭明王道，以大中立言，游其門者皆天下俊傑；自餘士大夫擬議及史冊，未有言文中子者。

宋・朱熹《近思録》卷一三《異端之學九》 釋氏之說，若欲窮其說而去取之，則其說未能窮，固已化而為佛矣。只且於迹上考之，其設教如是，則其心果如何？固難為取其心不取其迹，有是心則有是迹。王通言心迹之判，便是亂說。故不若且於迹上斷定不與聖人合。其言有合處，則吾道固已有；有不合者，固所不取。如是立定，卻省易。

宋・朱熹《朱子語類》卷一三七《戰國漢唐諸子》 問荀揚王韓四子。曰：『凡人著書，須自有個規模，自有個作用處。或流於申韓，或歸於黃老，或有體而無用，或有用而無體，不可一律觀。且如王通這人，於世務變故、人情物態，施為作用處，極見得分曉，只是於這作用曉得處卻有病。韓退之則於大體處見得，而於作用施為處卻不曉。如原道一篇，自孟子後無人，似它見得。「郊焉而天神格，廟焉而人鬼享。以之為人，則愛而公；以之為心，則和而平；以之為天下國家，無所處而不當」，說得極無疵。只是空見得個本原如此，下面工夫都空疏，更無物事撐住襯簟，所以於用處不甚可人意。緣他費工夫去作文，所以讀書者，只為作文用。自朝至暮，自少至老，只是火急去弄文章；而於經綸實務不曾究心，所以作用不得。每日只是招引得幾個詩酒秀才和尚度日。有些工夫，只瞭得去磨煉文章，所以無工夫來做這邊事。兼他說，我這個便是聖賢事業了，自不知其非。如論文章云：「自屈原、荀卿、孟軻、司馬遷、相如、揚雄之徒」，卻把孟軻與數子同論，可見無見識，都不成議論。荀卿則全是申韓，觀《成相》一篇可見。他見當時庸君暗主戰鬥不息，憤悶惻怛，深欲提耳而誨之，故作此篇。然其要，卒歸於明法制，執賞罰而已。他那做處粗，如何望得王通！揚雄則全是黃老。某嘗說，揚雄最無用，真是一腐儒。他到急處，只是投黃老。如反離騷並「老子道德」之言，可見這人更無說，自身命也奈何不下，如何理會得別事？如《法言》一卷，議論不明快，不瞭決，如其為人。他見識全低，語言極呆，甚好笑！荀揚二人自不可與王韓二人同日語。』問：『王通病痛如何？』曰：『這人於作用都曉得，急欲見之於用，故便要做周公底事業，便去上書要興太平。及知時勢之不可為，做周公事業不得，則急退而續詩書，續玄經，又要做孔子底事業。殊不知孔子之時接乎三代，有許多典謨訓誥之文，有許多禮樂法度、名物度數，數聖人之典章皆在於是，取而纘述，方做得這個家俱成。王通之時，有甚麼典謨訓誥？有甚麼禮樂法度？乃欲取漢魏以下者為之書，則欲以七制命議之屬為續書，『七制』之說亦起於通。有高文武宣光武明章制，蓋以比二典也。詩則欲取曹劉沈謝者為續詩。續得這般詩書，發明得個甚麼道理？自漢以來，紹令之稍可觀者，不過數個。如高帝《求賢詔》雖好，又自不純。文帝勸農，武帝薦賢、制策、輪臺之悔，只有此數詔略好，此外蓋無那壹篇比得典謨訓誥。便求一篇如《君牙》、《冏命》、《秦誓》也無。曹劉沈謝之時，又那得一篇如《鹿鳴》、《四牡》、《大明》、《文王》、《關雎》、《鵲巢》？亦有學為四句古詩者，但多稱頌之詞，言皆過實，不足取信。樂如何有雲英咸韶濩武之樂？禮又如何有伯夷周公制作之禮，它只是急要做個孔子，又無佐證，故裝點幾個人來做堯舜湯武，皆經我刪述，便顯得我是聖人。如《中說》一書，都是要學孔子。《論語》說泰伯「三以天下讓」，它便說陳思王善讓；《論語》說「殷有三仁」，它便說荀氏有二仁。又提幾個公卿大夫來相答問，便比當時門人弟子。正如梅聖俞說：「歐陽永叔它自要做韓退之，卻將我來比孟郊！」王通便是如此。它自要做孔夫子，便胡亂捉別人來為聖為賢。殊不知秦漢以下君臣人物，斤兩已定，你如何能加重！《中說》一書，固是後人假託，非王通自著。然畢竟是王通平生好自誇大，續詩續書，紛紛述作，所以起後人假託之故。後世子孫見它學周公孔子學不成，都冷淡了，故又取一時公卿大夫之顯者，纘緝附會以成之。畢竟是王通有這樣意思在。雖非它之過，亦它有以啓之也。如世人說坑焚之禍起於荀卿。荀卿著書立言，何嘗教人焚書坑儒？只是觀它無所顧藉，敢為異論，則其末流便有坑焚之理。然王通比荀揚又夐別。王通極開爽，說得廣闊。緣它於事上講究得精，故於世變興亡，人情物態，更革沿襲，施為作用，先後次第，都曉得；識得個仁義禮樂都有用處。若用於世，必有可觀。只可惜不曾向上透一著，於大體處有所欠闕，所以如此！若更曉得高處一著，那裏得來！只細看它書，便見他極有好處，非特荀揚道不到，雖韓退之也道不到。韓退之只曉得個大綱，下面工夫都空虛，要做更無下手處，其作用處全疏，如何敢望王通！然王通所以如此者，其病亦只在於不曾子細讀書。他只見聖人有個六經，便欲別做一本六經，將聖人腔子填滿裏面。若是子細讀書，知聖人所說義理之無窮，自然無工夫閑做。他死時極後生，只得三十餘歲。它卻火急要做許多事。』或云：『若少假之年，必有可觀。』曰：『不然，它氣象局促，只如此了。他做許多書時，方只二十餘歲。孔子七十歲方繫《易》，作《春秋》，而王通未三十皆做了，聖人許多事業氣象去不得了，宜其死也。』又曰：『《中說》一書，如子弟記它言行，也煞有好處。雖云其書是後人假託，不會假得許多，須眞有個人坯模如此，方裝點得成。假使懸空白撰得一人如此，則能撰之人亦自大有見識，非凡人矣。』【略】王通也有好處，只是也無本原工夫，卻要將秦漢以下文飾做個三代，他便自要比孔子，不知如何比得！他那斤兩輕重自定，你如何文飾得！如《續詩》、《續書》、《玄經》之作，盡要學個孔子，重做一個三代，如何做得！如《續書》要載漢以來詔令，他那詔令便載得，發明得甚麼義理？發明得甚麼政事？只有高帝時三詔令稍好，然已不純。如曰『肯從吾游者，吾能尊顯之』，此豈所以待天下之士哉？都不足録。三代之書誥詔令，皆是根源學問，發明義理，所以燦然可為後世法。如秦漢以下詔令濟得甚事？緣他都不曾將心子細去讀聖人之書，只是要依他個模子。見聖人作六經，我也學他作六經。只是將前人腔子，自做言語填放他腔中，便說我這個可以比並聖人。聖人做個《論語》，我便做《中說》。【略】至於天下國家事業，恐施展未必得。王通見識高明，如說治體處極高，但於本領處欠。如古人「明德、新民、至善」等處，皆不理會，卻要鬥合漢魏以下之事整頓為法，這便是低處。要之，文中論治體處，高似仲舒，而本領不及；爽似仲舒，而純不及。』因言：『魏徵作《隋史》，更無一語及文中，自不可曉。嘗考文中世系，並看阮逸、龔鼎臣注，及《南史》、《劉夢得集》，次日因考文中世系，四書不同，殊不可曉。』又檢《李泰伯集》，先生因言：『文中有志於天下，亦識得三代制度，較之房魏諸公文，稍有些本領，只本原上工夫都不曾理會。若究其議論本原處，亦只自老莊中來。』【略】『文中子之書，恐多是後人添入，眞偽難見，然好處甚多。但一一似聖人，恐不應恰限有許多事相協得好。如見甚荷蕢隱者之類，不知如何得恰限有這人。若道他都是妝點來，又恐妝點不得許多。然就其中惟是論世變因革處，説得極好。』【略】問：『先生王氏續經説云云，荀卿固不足以望之。若房杜輩，觀其書，則固嘗往來於王氏之門。其後來相業，還亦有得於王氏道否？』曰：『房杜如何敢望文中子之萬一！其規模事業，無文中子仿佛。某嘗說，房杜只是個村宰相。文中子不幹事，他那制度規模，誠有非後人之所及者。』【略】文中子他當時要為伊周事業，見道不行，急急地要做孔子。他要學伊周，其志甚不卑。但不能勝其好高自大欲速之心，反有所纍。二帝三王卻不去學，卻要學兩漢，此是他亂道處。【略】文中子其間有見處，也卽是老氏。又其間被人夾雜，今也難分別。但不合有許多事全似孔子。孔子有荷蕢等人，它也有許多人，便是裝點出來。其間論文史及時事世變，煞好，今浙間英邁之士皆宗之。『文中子中說被人亂了。說治亂處與其他好處極多。但向上事只是老釋。如言非老莊釋迦之罪，並說若云云處，可見。』揚曰：『過法言。』曰：『大過之。』文中子論時事及文史處儘有可觀。於文取陸機，史取陳壽。曾將陸機文來看，也是平正。【略】文中子續經，猶小兒豎瓦屋然。世儒既無高明廣大之見，因遂尊崇其書。『天下皆憂，吾獨得不憂；天下皆疑，吾獨得不疑。』又曰：『樂天知命吾何憂？窮理盡性吾何疑？』蓋有當憂疑者，有不當憂疑者，然皆心也。文中子以為有心、迹之判，故伊川非之。又曰：『惟其無一己之憂疑，故能憂疑以天下；惟其憂以天下，疑以天下，故無一己之憂疑。』大抵觀聖人之出處，須看他至誠懇切處及灑然無纍處。文中子說：『天下皆憂，吾獨得不憂；天下皆疑，吾獨得不疑。』又曰：『窮理盡性吾何疑？樂天知命吾何憂？』此說是。或問：『文中子僭擬古人，是如何？』曰：『這也是他志大，要學古人。如退之則全無要學古人底意思。柳子厚雖無狀，卻又佔便宜，如致君澤民事，也說要做。退之則只要做官，如末年潮州上表，此更不足說了。退之文字侭好，末年尤好。』

明·王守仁《王陽明集》卷一　愛問文中子、韓退之。先生曰：『退之文人之雄耳。文中子賢儒也。后人徒以文詞之故推尊退之，其實退之去文中子遠甚。』【略】自秦、漢以降，文又日盛，若欲盡去之，斷不能去；只宜取法孔子，録其近是者而表章之，則其諸怪悖之說，亦宜漸漸自廢。不知文中子當時擬經之意如何？某切深有取於其事，以爲聖人復起，不能易也。天下所以不治，只因文盛實衰，人出己見，新奇相高，以眩俗取譽。徒以亂天下之聰明，塗天下之耳目，使天下靡然爭務修飾文詞，以求知於世，而不復知有敦本尚實、反樸還淳之行：是皆著述者有以啓之。

又　卷二　若文中子則又不可謂之不知學者，其書雖多出於其徒。亦多有未是處，然其大略則亦居然可見，但今相去遼遠，無有的然憑證，不可懸斷其所至矣。

又　卷二八《書同門科舉題名録後》　嘗讀《文中子》，見唐初諸名臣若房、杜、王、魏之流，大抵皆出其門，而論者猶以文中子之書乃其徒僞爲之而托焉者，未必其實然也。今以邃庵先生之徒觀之，則文中子之門又奚足异乎？予嘗論文中子蓋後世之大儒也，自孔、孟既没，而周、程未興，董、韓諸子未或有先焉者。

先生自爲童子，卽以神奇薦入翰林，未弱冠而已爲人師。其穎悟之蚤，文學之懿，比之文中，實無所愧。而政事之敏卓，才識之超偉，文中未有見焉。文中之在當時，嘗以策干隋文，不及一試，而又蚤死。先生少發科第，入中書，督學政，典禮太常，經略邊陲，弭奸戢亂，陟司徒，登冢宰，晋位師相，威名振於夷狄，聲光被於海宇，功成身退，優游未老之年，以身係天下安危，聖天子且將復起之，以恢中興之烈，而海内之士日翹首跂足焉。則天之厚於先生者，殆文中子所不能有也。

文中之徒，雖顯於唐，然皆异代隔世。若先生之門，具體而微者，亦且幾人，其餘或得其文學，或得其政事，或得其器識，亦各彬彬成章，足爲名士，布列中外，不下數十，又皆同朝共事，光耀於時，其間喬、靳諸公，遂與先生同升相位，相繼爲冢宰。若此者，文中子之門，益有所不敢望矣。且文中子之門，其親經指受，若董常、程元之流，多不及顯而章明於世，往往或請益於片言，邂逅於一接，非若今之題名所載，皆出於先生之陶冶，其出於陶冶而不顯於世，若常、元之徒，殆未暇悉數也。

明·李贄《藏書》卷三二《儒臣傳·德業儒臣》　王通，字仲淹，太原人。父隆，開皇初以國子博士待詔雲龍門，著《興衰要論》七篇。每奏，帝未嘗不稱善。後出為昌樂令，秩滿退歸，遂不仕。四年通始生，九年江東平，隆歎曰：『王道無敍，天下何為而一乎？』通時甫十歲，對曰：『上失其道，民散久矣。夫子之歎，蓋憂生人勞於聚斂而天下將亂乎？』隆異之，遂告以《元經》之事。通後受《書》於東海李育，學《詩》於會稽夏琠，問《禮》於河東關於明，正《樂》於北平霍汲，考《易》於族父仲華，不解衣者六歲。仁壽三年，通始冠，慨然有濟蒼生之心。西游長安，見隋文帝，因奏太平十二策。帝喜曰：『此天以生賜朕也。』下其議於公卿，公卿多不悦。時將有蕭牆之釁矣，通知謀不用，乃歸。大業元年，征不至。通乃續《詩》、《書》，正《禮》、《樂》，修《元經》，贊《易》道，九年而六經大就。門人河南董常、太山姚義、京兆杜淹、趙郡李靖、南陽程允、扶風竇威、河東薛收、中山竇瓊、清河房玄齡、鉅鹿魏徵、太原温大雅、潁川陳叔達等，咸北面稱師，受王佐之道焉。十三年，江都難作。通有疾，召薛收謂曰：『吾夢顏回稱孔子之命，曰：「歸休乎！」吾不起矣。』寢疾七日而終，門弟子共議謚謂文中子。二子，長曰福郊，少曰福疇。

李生曰：文中子於道稍有見，其自負亦不小。然學未離門戶，教不出垣牆，而責房、魏不能興禮樂，舛矣。當太宗時，門弟子羅列將相，未為不遇也。而曰有君無臣，曰必待董薛，別仲淹之教可知矣。彼其區區，欲以周公之禮樂，治當時之天下。以井田封建肉刑為後世之必當復，一步一趨，捨孔子無足法者。然則使通而在．優不能致治平也，況其徒乎！

清·王夫之《讀通鑑論》卷一五《宋文帝·一三》　嗚呼！亦偉矣哉！江東為衣冠禮樂之區，而雷次宗、何胤出入佛、老以害道，北方之儒較醇正焉。流風所被，施於上下，拓拔氏乃革面而襲先王之文物；宇文氏承之，而隋以一天下；蘇綽、李諤定隋之治具，關朗、王通開唐之文教，皆自此昉也。一隅耳，而可以存天下之廢緒；端居耳，而可以消百戰之凶危；賤士耳，而可以折嗜殺橫行之異類。其書雖不傳，其行誼雖不著，然其養道以自珍，無所求於物，物或求之而不屈，則與姚樞、許衡標榜自鬻於蒙古之廷者，相去遠矣。

是故儒者之統，孤行而無待者也；天下自無統，而儒者有統。道存乎人，而人不可以多得，有心者所重悲也。雖然，斯道互天垂地而不可亡者也，勿憂也。

又　卷二〇《唐太宗·六》　嗚呼！豈徒帝王為然哉？自修之士，有見而亟言之，德不崇，心不精，王通之所以不得為眞儒也。況揚雄、韓愈之利慾薰心者乎？故魯論之言也，曰慎、曰後從、曰訥、曰訒、曰耻、曰怍，聖狂之辨，辨於筆舌，可畏也哉！

藝　文

《全宋詞》卷二三一《王質〈浣溪沙〉》　何藥能醫腸九回。榴槤不似蜀當歸。卻簪征帽解戎衣。淚下猿聲巴峽裏，眼荒鷗磧楚江涯。夢魂只傍故人飛。

又　卷二三二《沈瀛〈減字木蘭花〉》　不如知止，看盡世間無可喜。心熱生風，王老門前問仲通仲淹王通。六經如酒，一句中人仁者壽。仁道伊何，要處還他靜處多。

又　卷四七四《王奕〈沁園春〉》　吾祖文中，曾於夫子，受罔極恩。有宇宙以來，春秋而後，三綱所繫，萬古常存。列國何時，東吳何地，十哲之中尚有言。況今也，與聖賢邦域，同一乾坤。

卑飛難傍天閽，但勃窣銜香拜聖門。要水看黃河，山登岱岳，魯求君子，學究中原。雖有他人，不如同姓，仰止文星出禁垣。又安得，藉蒙莊大瓢，酌泗水之源。

清・沈德潛《清詩別裁集》卷一一《李因篤〈得傅征君山信〉》　河汾文獻未全空，《盅》上《乾》初有是公。不卜同舟瞻郭泰，徒知《中論》擬王通。芳期虛訊春來鳥，劇飲猶傳雪後鴻。他日華門相修處，下車應拜採桑翁。以不事王侯重之，中寫得信，末訂過從，極見篇法次第。

又　卷一四《吳雯〈文中子舊居〉》　汾水湯湯繞舊居，白牛溪畔雁飛初。早知道不關窮達，應悔金門輕上書。上書於隋文，非其時也。如此持論，文中亦應首肯。

又　卷二三《沈元滄〈雜詠其二〉》　避世金門不厭深，華顛短褐歲侵尋。相逢北闕青雲客，誰和南山白石吟？數著能談天下事，千秋須識古人心。賈生已去王通逝，獨立蒼茫感不禁。

雜　録

唐・王福疇《王氏家書雜録》　太原府君，諱凝，字叔恬，文中子亞弟也。貞觀初，君子道亨，我先君門人布在廊廟，將播厥師訓，施於王道，遂求其書於仲父。仲父以編寫未就不之出，故六經之義代莫得聞。仲父釋褐，為監察御史。時御史大夫杜淹謂仲父曰：『子聖賢之弟也，有異聞乎？』仲父曰：『凝忝同氣，昔亡兄講道河汾，亦嘗預於斯，然六經之外無所聞也。』淹曰：『昔門人咸存記焉，蓋薛收、姚義綴而名曰《中説》。茲書，天下之昌言也，微而顯，曲而當，旁貫大義，宏闡教源。門人請問之端，文中行事之迹，則備矣。子盍求諸家？』仲父曰：『凝以喪亂以來，未遑及也。』退而求之，得《中説》一百餘紙，大底雜記不著篇目，首卷及序則蠹絕磨滅，未能詮次。會仲父黜為胡蘇令，歎曰：『文中子之教不可不宣也，日月逝矣，歲不我與。』乃解印而歸，大考六經之，而繕録焉。《禮論》、《樂論》各亡其五篇，《續詩》、《續書》各亡《小序》，推《元經》、《贊易》具存焉，得六百六十五篇，勒成七十五卷，分為六部，號曰『王氏六經』。仲父謂諸子曰：『大哉兄之述也，以言乎皇綱帝道，則大明矣，以言乎天地之間，則無不至焉。自春秋以來，未有若斯之述也。』又謂門人曰：『不可使文中之後不達於茲也。』乃召諸子而授焉。貞觀十六年，余二十一歲，受六經之義；三年，頗通大略。嗚呼！小子何足以知之，而有志焉。十九年，仲父被起為洛州録事，又以《中説》授余曰：『先兄之緒言也。』余再拜曰：『《中説》之為教也，務約致深，言寡理大，其比方《論語》之記乎？孺子奉之，無使失墜。』余因而辨類分宗，編為十編，勒成十卷，其門人弟子姓字本末，則訪諸紀牒，列於外傳，以備宗本焉。且《六經》、《中説》，於以觀先君之事業，建義明道，垂則立訓，知文中子之所為者，其天乎？年序浸遠，朝廷事異，同志淪殂，帝閽攸邈，文中子之教抑而未行，吁可悲哉！空傳子孫以為素業云爾。時貞觀二十三年正月序。

宋・司馬光《資治通鑑》卷一七九《隋紀三・高祖文皇帝中》　（仁壽三年）九月，壬戌，置常平官。是歲，龍門王通詣闕獻《太平十二策》，上不能用，罷歸。通遂教授於河、汾之間，弟子自遠至者甚衆，累徵不起。楊素甚重之，勸之仕，通曰：『通有先人之弊廬足以蔽風雨，薄田足以具衍食粥，讀書談道足以自樂。願明公正身以治天下，使時和歲豐，通也受賜多矣，不願仕也。』或譖通於素曰：『彼實慢公，公何敬焉？』素以問通，通曰：『使公可慢，則僕得矣；不可慢，則僕失矣；得失在僕，公何預焉！』素待之如初。

弟子賈瓊問息謗，通曰：『無辯。』問止怨，曰：『不爭。』通嘗稱：『無赦之國，其刑必平；重斂之國，其財必削。』又曰：『聞謗而怒者，讒之囮也；見譽而喜者，佞之媒也；絕囮去媒，讒佞遠矣。』大業末，卒於家，門人謚曰文中子。

明・曹學佺《蜀中廣記》卷九四《文中子》　十卷，隋王通著，初為蜀郡司戶書佐，草創是書。

傅奕分部

傳記

《舊唐書》卷七九《傅奕傳》　傅奕，相州鄴人也。尤曉天文曆數。隋開皇中，以儀曹事漢王諒。及諒舉兵，謂奕曰：『今茲熒惑入井，是何祥也？』奕對曰：『天上東井，黄道經其中，正是熒惑行路，所涉不為怪異；若熒惑入地上井，是為災也。』諒不悦。及諒敗，由是免誅，徙扶風。高祖為扶風太守，深禮之。及踐祚，召拜太史丞。太史令庾儉以其父質在隋言占候忤煬帝意，竟死獄中，遂懲其事，又耻以數術進，乃薦奕自代，遂遷太史令。奕既與儉同列，數排毀儉，而儉不之恨，時人多儉仁厚而稱奕之率直。奕所奏天文密狀，屢會上旨，置參旗、井鉞等十二軍之號，奕所定也。武德三年，進《漏刻新法》，遂行於時。七年，奕上疏請除去釋教，【略】又上疏十一首，詞甚切直。高祖付羣官詳議，唯太僕卿張道源稱奕奏合理。中書令蕭瑀與之爭論曰：『佛，聖人也。奕為此議，非聖人者無法，請寘嚴刑。』奕曰：『禮本於事親，終於奉上，此則忠孝之理著，臣子之行成。而佛踰城出家，逃背其父，以匹夫而抗天子，以繼體而悖所親。蕭瑀非出於空桑，乃遵無父之教。臣聞非孝者無親，其瑀之謂矣！』瑀不能答，但合掌曰：『地獄所設，正為是人。』高祖將從奕言，會傳位而止。

奕武德九年五月密奏太白見秦分，秦王當有天下，高祖以狀授太宗。及太宗嗣位，召奕賜之食，謂曰：『汝前所奏，幾累於我，然今後但須盡言，無以前事為慮也。』太宗常臨朝謂奕曰：『佛道玄妙，聖迹可師，且報應顯然，屢有徵驗，卿獨不悟其理，何也？』奕對曰：『佛是胡中桀黠，欺誑夷狄，初止西域，漸流中國。遵尚其教，皆是邪僻小人，模寫莊、老玄言，文飾妖幻之教耳。於百姓無補，於國家有害。』太宗頗然之。貞觀十三年卒，年八十五。臨終誡其子曰：『老、莊玄一之篇，周、孔《六經》之説，是為名教，汝宜習之。妖胡亂華，舉時皆惑，唯獨竊歎，衆不我從，悲夫！汝等勿學也。古人裸葬，汝宜行之。』奕生平遇患，未嘗請醫服藥，雖究陰陽數術之書，而並不之信。又常醉卧，蹶然起曰：『吾其死矣！』因自為墓誌曰：『傅奕，青山白雲人也。因酒醉死，嗚呼哀哉！』其縱達皆此類。注《老子》，并撰《音義》。又集魏、晉已來駁佛教者為《高識傳》十卷，行於世。

清・朱軾《史傳三編・名臣傳》卷一三《傅奕傳》　傅奕，相州鄴人也，開皇中，徙扶風。高祖為扶風太守，禮之。及即位，拜太史丞。會令庾儉以父質占候忤隋煬帝死，懲其事，薦奕自代，遂為令。時國制草具，多仍隋舊，奕上言：『黄帝、唐虞三代不相湯禮，襲樂隋季，違天害民，專峻刑法，天下兆庶同心叛之。陛下撥亂反正，安可不一新民之耳目？改正朔，易服色，變律令，革官名，功成作樂，治終制禮，使天下知盛德之隆，此其時也。然官貴簡約，夏后官百不如虞氏五十，周三百不如商之百。』又言：『夏有亂政而作《禹刑》，商有亂政作《湯刑》，周有亂政作《九刑》，衛鞅為秦法，增鑿顛、抽脅、鑊亨等六篇，始皇為挾書律，此失於煩，不可不監。』

復上疏極論浮屠謂：西域之法，無君臣父子，以三途六道，嚇愚欺庸。追既往之罪，窺將來之福，習其教者。不憚科禁，輕犯憲章。至有身在獄中，誦梵禮佛，以祈解免。且生死壽夭，本諸自然；刑德威福，繫乎人主。貧富貴賤，功業所招，而愚僧矯詐，皆云由佛，讓天理，竊主權。其為害政良，可悲矣！五帝三王，未有佛法，君明臣忠，年祚長久。至漢明帝始立胡祠，然惟桑門自傳其教。西晉以上，不許中國髠為之徒。石、苻亂華，乃弛厥禁，主庸臣佞，政虐祚短，事佛致然。梁武、齊襄足為明戒。今天下僧尼數盈十萬，請令匹配卽成十萬户，十年之後，滋産必多，加之教訓，兵農兩足，利可勝既耶。又上十二論，言益痛切。詔百官議之，惟太僕卿張道源是奕言。蕭瑀曰：『佛，聖人也。而奕非之，非聖人者無法，當治罪。』奕曰：『人之大倫莫如君父，佛以世嫡而叛其父，以匹夫而抗天子。蕭瑀不生於空桑，乃遵無父之教，非孝者無親，瑀之謂矣！』瑀不能對，帝亦惡沙門道士不守戒律，詔有司沙汰僧道，會傳位未及行而止。太宗既立，召賜食，問：『佛法玄妙可師，卿何獨不悟其理？』奕曰：『佛乃胡中桀黠，欺西域，以自神迷惑滋廣。而孅兒幻夫摸莊、老文飾之，不忠不孝，削髮而揖君親；游手游食，易服以逃租賦。有害國家，無益於民。臣非不悟，鄙不學也。』帝頗然之。他日謂侍臣曰：『梁武帝惟談苦空，侯景之亂，百官不能乘馬。元帝為周師所圍，猶講老子戎服，以聽此深足戒。朕所學者，堯、舜、周孔之道，如鳥之有翼，魚之有水，失之則死，不可一日無也。』後有僧自西域來，能呪人立死，復呪卽生。帝試之驗，以告奕，奕曰：『此邪術也。臣聞邪不干正，請呪臣，必不能行。』帝命僧呪奕，奕初無所覺。須臾僧自僵僕，遂不復蘇。又有婆羅門僧言：『得佛齒物莫能傷。』長安士女，輻輳如市。奕謂其子曰：『吾聞有金剛石，性至堅，惟羚羊角可破，汝往試之。』其子如言，扣之，應手而碎。觀者乃止。奕雖善天文，占候數術，然訓子習六經。謂己學不可以傳妖胡佛書，慎勿寓目，病不問醫，忽酣臥，蹶然起曰：『吾死矣夫！』自書誌曰：『傅奕，青山白雲人也。以醉卒，年八十五。』論曰：奕之斥浮屠也。浮屠之教，淺之則論因果；深之則談玄妙。夫作善降祥；不善降殃，天道自然之。應豈佞佛所能免哉？

綜　述

唐・劉肅《唐新語》卷一〇《釐革》　太史令傅奕，博綜羣言，尤精《莊》、《老》，以齊死生、混榮辱為事，排釋氏，嫉之如讎。嘗至河東，遇彌勒塔，士女輻輳禮拜，奕長揖之曰：『汝往代之聖人，我當今之達士。』奕上疏請去釋教，其詞曰：『佛在西域，言妖路遠。漢譯胡書，恣其假託。故不忠不孝，削髮而揖君親；游手游食，易服以逃租稅。凡百黎庶，不察根源，乃追既往之罪，虛覬將來之福。布施一錢，希萬倍之報；持齋一日，期百日之糧。』又上論十二首，高祖將從之，會傳位而止。

宋・袁樞《通鑑紀事本末》卷二八上《太宗平内難》　己未，太白復經天。傅奕密奏：『太白見秦分，秦王當有天下。』上以其狀授世民，於是世民密奏建成、元吉淫亂后宮，且曰：『臣於兄弟無絲毫負，今欲殺臣，似爲世充、建德報讎。臣今枉死，永違君親，魂歸地下，實耻見諸賊。』

又　卷二九《貞觀君臣論治》　上召傅奕，賜之食，謂曰：『汝前所奏，幾爲吾禍。然凡有天變，卿宜盡言皆如此，勿以前事爲懲也。』上嘗謂奕曰：『佛之爲教玄妙可師，卿何獨不悟其理？』對曰：『［略］無益於民，有害於國。臣非不悟，鄙不學也。』上頗然之。

宋・趙汝愚《宋名臣奏議》卷八四《仁宗論僧紹宗妖妄惑衆》　陳歷代有佛無佛及其享國長短以諫，仍指其骨為凶穢之餘。傅奕請去佛教而曰：『佛是胡中桀黠，欺誑夷俗，皆邪僻小人模寫莊、老微言，文飾妖幻之教，於國家有害。』二人論佛幾於詈矣。以佛威神之力，二人宜夭横短折，坎坷以死，而卒以壽命，晏然而終何也。

明・楊士奇《歷代名臣奏議》卷二七《治道》　高祖時國制草具，多仍隋舊，太史令傅奕謂承亂世之後，當有變更，乃上言：『龍紀、火官，黃帝廢之，《咸池》、《六英》，堯不相沿，禹弗行舜政，周弗襲湯禮。《易》稱「已日乃孚，革而信也」，故曰「革之時大矣哉」。有隋之季，違天害民，專峻刑法，殺戮賢俊，天下兆庶同心叛之。陛下撥亂反正，而官名、律令一用隋舊。且懲沸羹者吹冷齏，傷弓之鳥驚曲木，況天下久苦隋暴，安得不新其耳目哉？改正朔，易服色，變律令，革官名，功極作樂，治終制禮，使民知盛德之隆，此其時也。然官貴簡約，夏后官百不如虞氏五十，周三百不如商之百。』又曰：『夏有亂政而作《禹刑》，商有亂政而作《湯刑》，周有亂政而作《九刑》，衛鞅為秦制法，增鑿顛、抽脅、鑊烹等六篇，始皇為挾書律，此失於煩，不可不監。』

論説

唐・釋道宣《廣弘明集》卷六《敘列代王臣滯惑解》 有唐太史傅奕者，本宗李老猜忌釋門，潛圖芟剪用達其鄙。武德之始上書具述，既非經國當時遂寢。奕不勝其憤，乃引古來王臣訕謗佛法者二十五人，撰次品目名爲《高識傳》，一帙十卷，抄於市賣欲廣其塵，又加潤飾增其罪狀。至於張魯據於漢中，黄巾反於天下，斯并李門勃逆皆覆而不顯非，謂篤論之文乎！若夫城高必頹，木秀斯拔，惟我清峻，故有异道嫉之，不足怪其鄙吝。未見厮徒，皂隸有加惱辱，明非目翳，何事屏除？故因其立言仍隨開喻，此則古來行事釋判天分，未廣見者謂爲新致，聊陳舊解，略顯由途，資此神開，可稱高識。又傅氏寡識，才用寄人，集叙時事廢興，太半坑殘焚蕩之事，可號非政所須，沙汰括撿之條，斯寔王化之本，故僧條俗格，代代滋彰，此乃禁非，豈成除毁？傅氏通入廢限，是謂披毛之夫，終淪塗炭，可悲之甚矣。奕學周子史，意在誅除。搜揚列代論佛法者，莫委存廢。通疏二十五人，大略有二。初則崇敬佛法，恐有淫穢，故須沙汰務得住持；二則憎嫉昌顯，危身挾怨，故須除蕩以暢胸襟。初列住持王臣一十四人，傅奕《高識傳》。通列爲廢除者，今簡則是興隆之人。

宋・王觀國《學林》卷七《佛教》 唐高祖時，傅奕上疏，極詆浮圖法。高祖下奕議於有司，中書令蕭瑀曰：『佛，聖人也。非聖人者無法，請誅之。』奕曰：『禮始於事親，終於事君，而佛逃父出家，以繼體悖所親。瑀非空桑所出，蓋所謂非孝者無親。』瑀不答，但合爪曰：『地獄正為此人設矣。』

宋・程大昌《演繁露》卷六 時宫中施捨已及數千，因鳳碎之，乃止此。與傅奕用羚羊角擊金剛石者，正同一驗也。世人尊佛太甚，但有一人倡言是佛，俗子萬衆擎跽畏敬，傾家以施，焚肌以禮，安有敢證其謬者？況敢出意自言，以斧石試擊之？故其誕得行而人惑不可得解也。

宋・潘自牧《記纂淵海》卷七三《人事部》 傅奕性謹密，職在占候，杜絶交游，所奏灾異，悉焚其藁，人無知者。

《新五代史》卷五五《馬胤孫傳》 《佛國記》行於世，時人誚之曰：『佞清泰不徹，乃來佞佛。』清泰，廢帝年號也。人有戲胤孫曰：『公素慕韓愈為人，而常誦傅奕之論，今反佞佛，是佛佞公邪，公佞佛邪？』胤孫答曰：『豈知非佛佞我也？』

明・陶宗儀《書史會要》卷五《唐史》 奕，相州人，官至太史，家貧傭書，後有金帛洛陽盛稱善書而得富也。

清・倪濤《六藝之一録》卷一二一《石刻文字九十七》 太史令傅奕，學業膚淺，識慮非長，乃穿鑿短篇，憑陵正覺，將恐震茲布鼓，竊比雷門，中庸之人，頗成阻惑。

清・李光地《榕村語録》卷二〇《諸子》 傅奕闢佛，語亦諦當，但卻篤信老子。至戒子孫，猶以道教當從，與聖人之書當讀並舉。不知佛氏即脱胎於老子，故韓子《原道》、《新唐書・李蔚傳》贊，皆從老子説起。佛精於老，禪又精於佛，其實禪學何嘗是西域來？就是中國人替他妝點，《李蔚傳》贊最説得透。朱子釋其論，文筆雖不古，精當第一。

藝文

元・王惲《秋澗集》卷二九《謝太傅奕棋圖》 勝負胸中料已明，又從堂上出奇兵。怡然一笑文楸裹，未礙東山是矯情。

雜録

宋・王欽若等《册府元龜》卷八九五《總録部》 唐傅奕，為太史令。貞觀十年，遇患，未嘗請醫服藥。雖究陰陽術數之書，不之信。嘗醉酒而卧，蹶然興曰：『吾其死矣！』因命筆，自作墓誌曰：『傅奕者，青山白雲人也。因醉死，嗚呼哀哉！』

明・陳耀文《天中記》卷三六《毁佛》 泥犂人傅奕，自武德貞觀中，嘗為太史令，性不信佛法，每輕僧尼，至以石像為塼瓦之用。貞觀十四年秋，暴病，卒。初奕與同伴傅仁均、薛頤並為太史令。頤先負仁均錢五千未償，而仁均死後，頤夢見仁均，言語如平常。頤因問曰：『先所負錢當付誰人？』仁均曰：『可以付泥犂人。』問：『是誰？』答曰：『傅奕是也。』既而寤。是日夜，少監馮長命又夢己在一處，多見先亡人，長命問：『經文説罪福之報，未知審定有否？』答曰：『皆悉有之。』又問：『如傅奕者，生平不信佛，死受何報？』答曰：『罪福定有，然傅奕已配越州，為泥犂人矣。』

明·王世貞《弇州四部稿》卷一七三《説部》　釋道宣記：『傅奕，范陽人，入周通道觀。隋開皇十三年，與中山李播請為道士。十七年，事漢王諒，諒反，遷岐州，唐初為太史令。武德四年，上減省寺塔僧尼等十一事，高祖覽之，廢諸州寺塔。』又云：『奕本道門，起家貧賤。武德之始，西來入京，謁道王巋。巋，左道之望，延奕私宅，待以上賓。三數日間，遂通其婦，入堂笑語，曾不避。巋有兄子為寺僧，見而發之，奕大恚恨又引唐臨《冥報記》，貞觀十四年，奕暴病卒。初與道士傅仁均、薛賾善。奕、鈞先亡，賾夢見鈞曰：『先所負錢可付泥人。』問：『為誰？』曰：『傅奕也。』又馮長命夢見亡人問：『傅奕受何報？』曰：『已配越州作泥人矣。』泥人者，泥黎中人也，蓋地獄名矣。

清·孫岳頒等《御定佩文齋書畫譜》卷二六《傅奕傳》　傅奕，相州鄴人，隋開皇中，以儀曹事漢王諒。諒敗，徙扶風。高祖為扶風太守，禮之。及即位，拜太史丞。貞觀十三年，卒。奕自誌曰：『傅奕，青山白雲人也。以醉死。』

宋·周密《齊東野語》卷一六《三高亭記改本》　貞觀中，有婆羅門言得佛齒，所擊無堅物，於是士女奔湊，其處如市。傅奕方卧病，謂其子曰：『是非佛齒，吾聞金剛石至堅，物不能敵，惟羚羊角能破。汝可往擊之。』果應手而碎，是知此物，自昔亦罕知者矣。

宋·王欽若等《册府元龜》卷六二〇《卿監部總序》　高祖下其議，百寮無同者。惟傅奕以道源為深識政體，宜從其説，高祖亦稱言為當。迫於衆議，事竟不行。

宋·王讜《唐語林》卷三《方正》　貞觀中，西域獻胡僧，呪術能生死人。太宗令於飛騎中選卒之壯勇者試之，如言而死，如言而蘇。帝以告宗正卿傅奕，奕曰：『此邪法也。臣聞邪不干正，若使呪臣，必不能行。』帝召僧呪奕，奕對之，初無所覺。須臾胡僧忽然自倒，若為物所擊者，更不復蘇。

褚遂良分部

傳記

《舊唐書》卷八〇《褚遂良傳》　褚遂良，散騎常侍亮之子也。大業末，隨父在隴右，薛舉僭號，署爲通事舍人。舉敗歸國，授秦州都督府鎧曹參軍。貞觀十年，自秘書郎遷起居郎。遂良博涉文史，尤工隸書，父友歐陽詢甚重之。太宗嘗謂侍中魏徵曰：『虞世南死後，無人可以論書。』徵曰：『褚遂良下筆遒勁，甚得王逸少體。』太宗卽日召令侍書。太宗嘗出御府金帛購求王羲之書迹，天下爭賚古書詣闕以獻，當時莫能辯其眞僞，遂良備論所出，一無舛誤。

十五年，詔有事太山，先幸洛陽，有星孛於太微，犯郎位。遂良言於太宗曰：『陛下撥亂反正，功超前烈，將告成東嶽，天下幸甚。而行至洛陽，彗星輒見，此或有所未允合者也。且漢武優柔數年，始行岱禮，臣愚伏願詳擇。』太宗深然之，下詔罷封禪之事。其年，遷諫議大夫，兼知起居事。太宗嘗問：『卿知起居，記録何事，大抵人君得觀之否？』遂良對曰：『今之起居，古左右史，書人君言事，且記善惡，以爲鑑誡，庶幾人主不爲非法。不聞帝王躬自觀史。』太宗曰：『朕有不善，卿必記之耶？』遂良曰：『守道不如守官，臣職當載筆，君舉必記。』黄門侍郎劉洎曰：『設令遂良不記，天下亦記之矣。』太宗以爲然。

時魏王爲太宗所愛，禮秩如嫡。其年，太宗問侍臣曰：『當今國家何事最急？』中書侍郎岑文本曰：『《傳》稱「導之以德，齊之以禮」，由斯而言，禮義爲急。』遂良進曰：『當今四方仰德，誰敢爲非？但太子、諸王，須有定分，陛下宜爲萬代法以遺子孫。』太宗曰：『此言是也。朕年將五十，已覺衰怠。既以長子守器東宮，弟及庶子數將五十，心常憂慮，頗在此耳。但自古嫡庶無良佐，何嘗不傾敗國家？公等爲朕搜訪賢德，以傳儲宮，爰及諸王，咸求正士。且事人歲久，卽分義情深，非意窺窬，多由此作。』於是限王府官僚不得過四考。

十七年，太宗問遂良曰：『舜造漆器，禹雕其俎，當時諫舜、禹者十餘人。食器之間，苦諫何也？』遂良對曰：『雕琢害農事，纂組傷女工。首創奢淫，危亡之漸。漆器不已，必金爲之；金器不已，必玉爲之。所以諍臣必諫其漸，及其滿盈，無所復諫。』太宗以爲然，因曰：『夫爲人君，不憂萬姓而事奢淫，危亡之機可反掌而待也。』

時皇子年幼者多任都督、刺史，遂良上疏曰：『昔兩漢以郡國理人，除郡以外，分立諸子。割土分疆，雜用周制。皇唐州縣，祖依秦法。皇子幼年，或授刺史，陛下豈不以王之骨肉，鎮扞四方？此之造制，道高前烈。如臣愚見，有小未盡。何者？刺史郡帥，民仰以安。得一善人，部内蘇息；遇一不善，合州勞弊。是以人君愛恤百姓，常爲擇賢。或稱河潤九里，京師蒙福；或人興歌咏，生爲立祠。漢宣帝云：「與我共理者，惟良二千石。」如臣愚見，陛下兒子内年齒尚幼、未堪臨人者，且留京師，教以經學。一則畏天之威，不敢犯禁；二則觀見朝儀，自然成立。因此積習，自知爲人。審堪臨州，然后遣出。臣謹按漢明、章、和三帝，能友愛於弟，自兹已降，取爲準的。封立諸王，雖各有國土，年尚幼小者，召留京師，訓以禮法，垂以恩惠。訖三帝世，諸王數十百人，唯二王稍惡，自餘餐和染教，皆爲善人。則前事已驗，惟陛下詳察。』太宗深納之。

其年，太子承乾以罪廢，魏王泰入侍，太宗面許立爲太子。因謂侍臣曰：『昨青雀自投我懷云：「臣今日始得與陛下爲子，更生之日也。臣唯有一子，臣百年之後，當爲陛下殺之，傳國晋王。」父子之道，故當天性，我見其如此，甚憐之。』遂良進曰：『陛下失言。伏願審思，無令錯誤也。安有陛下百年之後，魏王執權爲天下之主，而能殺其愛子，傳國於晋王者乎？陛下昔立承乾爲太子，而復寵愛魏王，禮數或有逾於承乾者，良由嫡庶不分，所以至此。殷鑑不遠，足爲龜鏡。陛下今日既立魏王，伏願陛下别安置晋王，始得安全耳。』太宗涕泗交下曰：『我不能。』即日召長孫無忌、房玄齡、李勣與遂良等定策，立晋王爲皇太子。時頻有飛雉集於宫殿之内，太宗問羣臣曰：『是何祥也？』對曰：『昔秦文公時，有童子化爲雉，雌者鳴於陳倉，雄者鳴於南陽。童子曰：得雄者王，得雌者霸。文公遂以爲寶鷄。後漢光武得雄，遂起南陽而有四海。陛下舊封秦王，故雄雉見於秦地，此所以彰表明德也。』太宗悦曰：『立身之道，不可無學，遂良博識，深可重也。』尋授太子賓客。

時薛延陀遣使請婚，太宗許以女妻之，納其財聘，既而不與。遂良上疏曰：『臣聞信爲國本，百姓所歸，是以文王許枯骨而不違，仲尼寧去食而存信。延陀曩歲乃一俟斤耳，值神兵北指，蕩平沙塞，狼山、瀚海，萬里蕭條，陛下兵加諸外而恩起於内，以爲餘寇奔波，須立酋長，璽書鼓纛，立爲可汗。其懷恩光，仰天無極，而餘方戎狄，莫不聞知，以共沐和風，同餐恩信。頃者頻年遣使，請婚大國，陛下復降鴻私，許其姻媾。於是報吐蕃，告思摩，示中國，五尺童子人皆知之。於是御幸北門，受其獻食，於時百僚端笏，戎夷左衽，虔奉歡宴，皆承德音，口歌手舞，樂以終日。百官會畢，亦各有言，咸以爲陛下欲得百姓安寧，不欲邊境交戰，遂不惜一女而妻可汗，預在含生，所以感德。今一朝生進退之意，有改悔之心，臣爲國家惜兹聲聽。君子不失色於物，不失口於人。晋文公圍原，命三日糧，原不降，命去之。諜出曰：「原將降矣。」軍吏請待之，公曰：「信，國之寶也，民之庇也。得原失信，何以庇之？」陛下慮生意表，信在言前，今者臨事，忽然乖殊，所惜尤少，所失滋多。情既不通，方生嫌隙，一方所以相畏忌，邊境不得無風塵。西州、朔方，能無勞擾？彼胡以主被欺而心怨，此士以此無信而懷慚，不可以訓戎兵，不可以勵軍事。伏惟陛下以聖德神功，廓清四表。自君臨天下，十有七載，以仁恩而結庶類，以信義而撫戎夷，莫不欣然，負之無力。其見在之人，皆思報厚德；其所生胤嗣，亦望報陛下子孫。今者得一公主配之，以成陛下之信，有始有卒，其唯聖人乎！且又龍沙以北，部落無算，中國擊之，終不能盡。亦由可北敗，芮芮興，突厥亡，延陀盛。時以古人虚外實内，懷之以德，爲惡在夷不在華，失信在彼不在此。伏惟陛下聖德無涯，威靈遠震，遂平高昌，破吐渾，立延陀，滅頡利。輕刑薄賦，庶事無壅，菽粟豊賤，祥符累臻。此則堯、舜、禹、湯不及陛下遠矣。伏願旁垂愷悌，廣兹含育，而常嗔絶域，有意遠籓，非偃伯興文之道，非止戈爲武之義。臣以庸暗，忝居左右，敢獻瞽言，不勝戰懼。』

時太宗欲親征高麗，顧謂侍臣曰：『高麗莫離支賊殺其王，虐用其人。夫出師弔伐，當乘機便，今因其弑虐，誅之甚易。』遂良對曰：『陛下兵機神算，人莫能知。昔隋末亂離，手平寇亂。及北狄侵邊，西蕃失禮，陛下欲命將擊之，羣臣莫不苦諫，陛下獨斷進討，卒幷誅夷。海內之人，徼外之國，畏威懾伏，爲此舉也。今陛下將興師遼東，臣意熒惑。何者？陛下神武，不比前代人君。兵既渡遼，指期克捷，萬一差跌，無以威示遠方，若再發忿兵，則安危難測。』太宗深然之。兵部尚書李勣曰：『近者延陀犯邊，陛下必欲追擊，此時陛下取魏徵之言，遂失機會。若如聖策，延陀無一人生還，可五十年間疆場無事。』帝曰：『誠如卿言，由魏徵誤計耳。朕不欲以一計不當而尤之，後有良算，安肯矢謀。』由是從勣之言，經畫渡遼之師。遂良以太宗鋭意三韓，懼其遺悔，翌日上疏諫曰：『臣聞有國家者譬諸身，兩京等於心腹，四境方乎手足，他方絶域，若在身外。臣近於坐下，伏奉口敕，布語臣下，云自欲伐遼。臣數夜思量，不達其理。高麗王爲陛下之所立，莫離支輒殺其主，陛下討逆收地，斯實乘機。關東賴陛下德澤，久無征戰，但命一二勇將，發兵四、五萬，飛石輕梯，取如回掌。夫聖人有作，必履常規，貴能克平凶亂，駕馭才杰。惟陛下弘兩儀之道，扇三五之風，提厲人物，皆思效命。昔侯君集、李靖，所謂庸夫，猶能掃萬里之高昌，平千載之突厥，皆是陛下發踪指示，聲歸聖明。臣旁求史籍，訖乎近代，爲人之主，無自伐遼，人臣往征，則有之矣。漢朝則荀彘、楊僕，魏代則毋丘儉、王頎；司馬懿猶爲人臣，慕容眞僭號之子，皆爲其主長驅高麗，虜其人民，削平城壘。陛下立功同於天地，美化包於古昔，自當超邁於百王，豈止俯同於六子？陛下昔翦平寇逆，大有爪牙，年齒未衰，猶堪任用，匪唯陛下之所使，亦何行而不克。方今太子新立，年實幼少，自餘藩屏，陛下所知。今一旦棄金湯之全，渡遼海之外，臣忽三思，煩愁幷集。大魚依於巨海，神龍據於川泉，此謂人君不可輕而遠也。且以長遼之左，或遇霖淫，水潦騰波，平地數尺。夫帶方、玄菟，海途深渺，非萬乘所宜行踐。東京太原，謂之中地，東撝可以爲聲勢，西指足以摧延陀，其於西京，逕路非遠，爲其節度，以設軍謀，繫莫離支頸，獻皇家之廟。此實處安全之上計，社稷之根本，特乞天慈，一垂省察。』

太宗不納。十八年，拜黄門侍郎，參綜朝政。高麗莫離支遣使貢白金，遂良言於太宗曰：『莫離支虐弑其主，九夷所不容，陛下以之興兵，將事吊伐，爲遼山之人報主辱之耻。古者，討弑君之賊，不受其賂。昔宋督遺魯君以郜鼎，桓公受之於太廟，臧哀伯諫曰：「君人者昭德塞違，今滅德立違，而置其賂器於太廟，百官象之，其又何誅焉？武王克商，遷九鼎於洛邑，義士猶或非之，而況將昭違亂之賂器，置諸太廟，其若之何？」夫《春秋》之書，百王取法，若受不臣之筐篚，納弑逆之朝貢，不以爲愆，何所致伐？臣謂莫離支所獻，自不得受。』太宗納焉，以其使屬吏。

太宗既滅高昌，每歲調發千餘人防遏其地，遂良上疏曰：『臣聞古者哲后，必先事華夏而後夷狄，務廣德化，不事遐荒。是以周宣薄伐，至境而止；始皇遠塞，中國分離。漢武負文、景之聚財，玩士馬之餘力，始通西域，初置校尉。軍旅連出，將三十年。復得天馬於宛城，採蒲萄於安息。而海內虛竭，生人失所，租及六畜，算至舟車，因之凶年，盜賊幷起，搜粟都尉桑弘羊復希主意，遣士卒遠田輪臺，築城以威西域。帝翻然追悔，情發於中，棄輪臺之野，下哀痛之詔，人神感悦，海內乃康。向使武帝復用弘羊之言，天下生靈皆盡之矣。是以光武中興，不逾葱嶺，孝章卽位，都護來歸。

『陛下誅滅高昌，威加西域，收其鯨鯢，以爲州縣。然則王師初發之歲，河西供役之年，飛刍挽粟，十室九空，數郡蕭然，五年不復。陛下歲遣千餘人遠事屯戍，終年離別，萬里思歸。去者資裝，自須營辧，既賣菽粟，傾其機杼。經途死亡，復在其外，兼遣罪人，增其防遏。彼罪人者，生於販肆，終朝惰業，犯禁違公。止能擾於邊城，實無益於行陣。所遣之內，復有逃亡，官司捕捉，爲國生事。高昌途路，沙磧千里，冬風冰冽，夏風如焚。行人去來，遇之多死。《易》云：「安不忘危，理不忘亂。」設令張掖塵飛，酒泉烽舉，陛下豈能得高昌一人菽粟而及事乎？終須發隴右諸州，星馳電擊。由斯而言，此河西者方於心腹，彼高昌者他人手足，豈得糜費中華，以事無用？《書》曰：「不作無益害有益。」其此之謂乎！

『陛下道映先天，威行無外，平頡利於沙塞，滅吐渾於西海。突厥餘落，爲立可汗；吐渾遺氓，更樹君長。復立高昌，非無前例，此所謂有罪而誅之，既伏而立之。四海百蠻，誰不聞見，蠕動懷生，畏威慕德。宜擇高昌可立者立之，徵給首領，遣還本國，負戴洪恩，長爲藩翰。中國不擾，既富且寧，傳之子孫，以貽永世。』

二十年，太宗於寢殿側別置一院，令太子居，絶不令往東宫。遂良復上疏諫曰：『臣聞周世問安，三至必退，漢儲視膳，五日乃來。前賢作法，規模弘遠。禮曰：『男子十年出就外傅，出宿於外，學書計也。然則古之達者，豈無慈心？減茲私愛，欲使成立。凡人尚猶如此，況君之世子乎？自當春誦夏弦，親近師傅，體人間之庶事，適君臣之大道，使翹足延首，皆聆善聲。若獻歲之有陽春，玄天之有日月，弘此懿德，乃作元良。伏惟陛下道育三才，功包九有，親樹太子，莫不欣欣。既云廢昏立明，須稱天下瞻望，而教成之道，實深乖闕。不離膝下，常居宫内，保傅之説無暢，經籍之談蔑如。且朋友不可以深交，深交必有怨；父子不可以滯愛，滯愛或生愆。伏願遠覽殷、周，近遵漢、魏，不可頓革，事須階漸。嘗計旬日，半遣還宫，專學藝以潤身，布芳聲於天下，則微臣雖死，猶曰生年。』太宗從之。

遂良前後諫奏及陳便宜書數十上，多見採納，其年，加銀青光禄大夫。二十一年，以本官檢校大理卿，尋丁父憂解。明年，起復舊職，俄拜中書令。

二十三年，太宗寢疾，召遂良及長孫無忌入卧内，謂之曰：『卿等忠烈，簡在朕心。昔漢武寄霍光，劉備託葛亮，朕之後事，一以委卿。太子仁孝，卿之所悉，必須盡誠輔佐，永保宗社。』又顧謂太子曰：『無忌、遂良在，國家之事，汝無憂矣。』仍命遂良草詔。高宗即位，賜爵河南縣公。永徽元年，進封郡公。尋坐事出爲同州刺史。三年，徵拜吏部尚書、同中書門下三品，監修國史，加光禄大夫。其月，又兼太子賓客。四年，代張行成爲尚書右僕射，依舊知政事。

六年，高宗將廢皇后王氏，立昭儀武氏爲皇后，召太尉長孫無忌、司空李勣、尚書左僕射于志寧及遂良以籌其事。將入，遂良謂無忌等曰：『上意欲廢中宫，必議其事，遂良今欲陳諫，衆意如何？』無忌曰：『明公必須極言，無忌請繼焉。』及入，高宗難於發言，再三顧謂無忌曰：『莫大之罪，絶嗣爲甚。皇后無胤息，昭儀有子，今欲立爲皇后，公等以爲何如？』遂良曰：『皇后出自名家，先朝所娶，伏事先帝，無愆婦德。先帝不豫，執陛下手以語臣曰：「我好兒好婦，今將付卿。」陛下親承德音，言猶在耳。皇后自此未聞有愆，恐不可廢。臣今不敢曲從，上違先帝之命，特願再三思審。愚臣上忤聖顔，罪合萬死，但願不負先朝厚恩，何顧性命？』遂良致笏於殿陛，曰：『還陛下此笏。』仍解巾叩頭流血。帝大怒，令引出。長孫無忌曰：『遂良受先朝顧命，有罪不加刑。』翌日，帝謂李勣曰：『册立武昭儀之事，遂良固執不從。遂良既是受顧命大臣，事若不可，當且止也。』勣對曰：『此乃陛下家事，不合問外人。』帝乃立昭儀爲皇后，左遷遂良潭州都督。顯慶二年，轉桂州都督。未幾，又貶爲愛州刺史。明年，卒官，年六十三。

遂良卒後二歲餘，許敬宗、李義府奏言長孫無忌所構逆謀，并遂良扇動，乃追削官爵，子孫配流愛州。弘道元年二月，高宗遺詔放還本郡。神龍元年，則天遺制復遂良及韓瑗爵位。

又《韓瑗傳》 尋而尚書左僕射褚遂良以忤旨左授潭州都督，瑗復上疏理之曰：『古之聖王，立諫鼓，設謗木，冀欲聞逆耳之言，甘苦口之議，發揚大化，裨益洪猷，垂令譽於將來，播休聲於不朽者也。伏見詔書以褚遂良爲潭州都督，臣夙夜思之，用增感激。臣識慚知遠，業謝通經，載撫愚情，誠爲未可。遂良運偶昇平，道昭前烈，束髪從宦，方淹累稔。趨侍陛下，俄歷歲年，不聞涓滴之愆，常睹勤勞之效。竭忠誠於早歲，罄直道於茲年。體國忘家，捐身徇物，風霜其操，鐵石其心。誠可重於皇明，詎專方於曩昔？且先帝納之於帷幄，寄之以心膂，德逾水石，義冠舟車，公家之利，言無不可。及纏悲四海，遏密八音，竭忠國家，親承顧託，一德無二，千古懔然。此不待臣言，陛下備知之矣。臣嘗有此心，未敢聞奏。且萬姓失業，旰食忘勞；一物不安，納隍軫慮，在於微細，寧得過差。況社稷之舊臣，陛下之賢佐，無聞罪狀，斥去朝廷，内外氓黎，咸嗟舉措。觀其近日言事，披誠懇切，詎肯後陛下之德異於堯、舜，懼陛下之過塵於史册。而乃深遭厚謗，重負醜言，可以痛志士之心，損陛下之明也。臣聞晉武弘裕，不貽劉毅之誅；漢祖深仁，無恚周昌之直。而遂良被遷，已經寒暑，違忤陛下，其罰塞焉。伏願緬鑑無辜，稍寬非罪，俯矜微款，以順人情。』疏奏，帝謂瑗曰：『遂良之情，朕亦知之矣。然其悖戾犯上，以此責之，朕豈有過，卿言何若是之深也！』瑗對曰：『遂良可謂社稷忠臣，臣恐以諛佞之輩，蒼蠅點白，損陷忠貞。昔微子去之而殷國以亡，張華不死而綱紀不亂，國之欲謝，善人其衰。今陛下富有四海，八紘清泰，忽驅逐舊臣，而不垂省察乎！伏願違彼覆車，以收往過，垂勸誡於事君，則羣生幸甚。』帝竟不納。

瑗以言不見用，憂憤上表，請歸田里，詔不許。顯慶二年，許敬宗、李義府希皇后之旨，誣奏瑗與褚遂良潛謀不軌，以桂州用武之地，故授遂良桂州刺史，實以爲外援。於是更貶遂良爲愛州刺史，左授瑗振州刺史。

綜述

唐・吴兢《貞觀政要》卷二《任賢第三・褚遂良》 褚遂良，字登善，杭州人。博涉經史，工楷隸，累遷起居郎。十五年，拜諫議大夫兼起居事，後授太子賓客，高宗時拜僕射。因沮立武后，后立被貶，卒，詣其靈帳讀訖焚之，其悲悼也。若此又令與房玄齡、長孫無忌、杜如晦、李靖等二十四人，圖形於凌煙閣。

《舊唐書》卷六五《長孫無忌傳》 褚遂良學問稍長，性亦堅正，既寫忠誠，甚親附於朕，譬如飛鳥依人，自加憐愛。

又 卷七五《張玄素傳》 太宗嘗對朝問玄素歷官所由，玄素既出自刑部令史，甚以慚耻。諫議大夫褚遂良上疏曰：『臣聞君子不失言於人，聖主不戲言於臣。言則史書之，禮成之，樂歌之。居上能禮其臣，臣始能盡力以奉其上。近代宋孝武輕言肆口，侮弄朝臣，攻其門户，乃至狼狽。良史書之，以為非是。』

又 卷七六《濮王李泰傳》 諫議大夫褚遂良上疏諫曰：昔聖人制禮，尊嫡卑庶。謂之儲君，道亞睿極。其為崇重，用物不計，泉貨財帛，與王者共之。庶子體卑，不得為例。所以塞嫌疑之漸，除禍亂之源。而先王必本人情，然後制法，知有國家，必有嫡庶。然庶子雖愛，不得超越；嫡子正體，特須尊崇。如當親者疏，當尊者卑，則佞巧之姦，乘機而動，私恩害公，惑志亂國。伏惟陛下功超邃古，道冠百王，發號施令，為世作法。一日萬機，或未盡美，臣職在諫諍，無容静默。伏見儲君料物，翻少魏王，朝野見聞，不以為是。《傳》曰：『臣聞愛子教之以義方。』忠孝恭儉，義方之謂。昔漢竇太后及景帝遂驕恣梁孝王，封四十餘城，苑方三百里，大營宫室，複道彌望，積財鉅萬計，出入警蹕，小不得意，發病而死。宣帝亦驕恣淮陽憲王，幾至於敗，輔以退讓之臣，僅乃獲免。且魏王既新出閤，伏願常存禮則，言提其耳，且示儉節，自可在後月加歲增。妙擇師傅，示其成敗，既敦之以謙儉，又勸之以文學。惟忠惟孝，因而奬之，道德齊禮，乃為良器。此所謂聖人之教，不肅而成者也。

宋・趙佶《宣和書譜》卷三《正書叙論》 登善錢塘人，官至尚書右僕射，河南公，博學通識，有王佐才，工隸楷。文皇嘗歎曰：『虞世南死，無與論書者。』魏徵曰：『褚遂良下筆遒勁，甚得王羲之體。』文皇即召見，令遂良侍書。文皇嘗購王羲之書，天下爭以為獻。然以眞贋莫能辨，遂良獨能區別，如辨白黑，無得以舛惑。

明・葉山《葉八白易傳》卷三 唐高宗一日召長孫無忌、李勣、于志寧、褚遂良於内殿，遂良曰：『今日之事，多爲中宫，上意既決，逆之必死。太尉元舅，司空功臣，不可使上有殺元舅、功臣之名，遂良起於草茅，無汗馬之勞，且受顧命，當以死爭。』遂使李勣等稱疾不入。卒之，遂良寡，特高宗得以遂其無忌憚之心。異日無人，李勣得以逞其長君惡之計，奇禍立成而大事去矣。向使率三子而同入，則大庭顯設之中，非小人無所不至之地。而稠人廣衆之際，亦豈暴君斬艾忠良之時耶？惜也，知不出此。遂使世勣之奸得肆於獨，而高宗之禍可中於孤。嗚呼悲夫！故劉聰時，河間王易素忠直，陳元達倚之爲援。及聰無道殺陳休、王忱等，易上疏極諫，聰大怒手壞其疏。易憤恚而卒，元達大慟歸而自殺。以此知諫諍之所賴者，君子同道以爲朋也。

清・朱軾《史傳三編》卷二二《名臣傳・褚遂良》 褚遂良，字登善，錢塘人，亮子也。貞觀中，爲起居郎。太宗嘗歎：『虞世南死，無與論書者。』魏徵白見遂良，帝令侍書，時方博購王羲之故帖，獨遂良能辨質眞僞，備論所出。帝將有事泰山，至洛陽，星孛太微，犯郎位。遂良諫曰：『陛下撥亂反正，功超古初，方告成岱宗，而彗輒見，此天意有所未合。昔漢武帝行岱禮，優柔者數年，臣愚願加詳慮。』帝悟，遂罷封禪，遷諫議大夫。

清・嵇璜等《續通志》卷二一三《褚遂良傳》 褚遂良，字登善，通直散騎常侍亮子。隋大業末，為薛舉通事舍人。仁果平，授秦王府鎧曹參軍。貞觀中，累遷起居郎，博涉文史，工隸楷，太宗嘗嘆曰：『虞世南死，無與論書者。』魏徵白見遂良，帝令侍書。帝方博購王羲之故帖，天下爭獻，莫能質眞僞，遂良獨論所出，無舛冒者。十五年，帝將有事泰山，至洛陽，星孛太微，犯郎位。遂良諫曰：『陛下方告成岱宗，而彗輒見，此天意有所未合。昔漢武帝行岱禮，優柔者數年，臣愚願加詳慮。』帝寤，詔罷封禪，遷諫議大夫，兼知起居事。帝曰：『卿記起居，大抵人君得觀之否？』對曰：『今之起居，古左右史也，善惡必記，戒人主不為非法，未聞天子自觀史也。』帝曰：『朕有不善，卿必記耶？』對曰：『守道不如守官，臣職載筆，君舉必書。』劉洎曰：『使遂良不記，天下之人亦記之矣。』帝以為然。

論説

《舊唐書》卷八〇《褚遂良傳論》 史臣曰：褚河南上書言事，亹亹有經世遠略。魏徵、王珪之後，骨鯁風彩，落落負王佐器者，殆難其人。名臣事業，河南有焉。昔齊人饋樂而仲尼去，戎王溺妓而由余奔，婦人之言，聖哲懼罹其禍，況二佞據衡軸之地，為正人之魑魅乎！古之志士仁人，一言相期，死不之悔，況於君臣之間，受託孤之寄，而以利害禍福忘平生之言哉！而韓、來諸公，可謂守死善道，求福不回者焉。

又《褚遂良傳贊》贊曰：褚公之言，和樂愔愔，鐘石在簴，動成雅音。二猘雙吠，三賢一心。人皆觀望，我不浮沉。

宋·司馬光《資治通鑑》卷二〇〇《唐紀十六·高宗天皇大聖大弘孝皇帝上之下》 韓瑗上疏，為褚遂良訟冤曰：『遂良體國忘家，捐身狥物，風霜其操，鐵石其心，社稷之舊臣，陛下之賢佐。無聞罪狀，斥去朝廷，內外甿黎，咸嗟舉措。臣聞晉武弘裕，不貽劉毅之誅；漢祖深仁，無恚周昌之直。而遂良被遷，已經寒暑，違忤陛下，其罰塞焉。伏願緬鑑無辜，稍寬非罪，俯矜微款，以順人情。』上謂瑗曰：『遂良之情，朕亦知之。然其悖戾好犯上，故以此責之，卿何言之深也！』對曰：『遂良社稷忠臣，為讒諛所毀。昔微子去而殷國以亡，張華存而綱紀不亂。陛下無故棄逐舊臣，恐非國家之福！』

宋·江端禮《節孝語録》 晉山陽公死，《書》曰：『宋志也，此推本而誅之耳。』王導曰：『我雖不殺伯仁，伯仁由我以死，則其事亦可見矣。』然王導、褚遂良皆賢者，導以疑殺伯仁，而遂良譖死劉洎，皆可惜也。

宋·趙佶《宣和書譜》卷一八《草書六》 高宗嘗以絹素詔寫《文選》，書奏，極嘉賞，因厚錫賚以奬之。行儉每自許：『褚遂良非精筆佳墨未嘗輒書，不擇筆墨而妍捷者，余與虞世南耳』。所譔《選譜草字體》數萬言，後之學者往往宗之。然書帖罕傳，蓋行儉以用兵有功唐室，提孤軍深入萬里，兵不血刃而叛黨禽夷，自是以功揜其他能也。今御府所藏草書。

明·郁逢慶《續書畫題跋記》卷一《褚遂良》 褚遂良，字登善，善書，與虞齊名。世南嘗薦之文皇，世南死，登善獨擅大名。當時御府所收右軍眞迹者，贋者相半他人不能識，登善輒能辨之，至纖悉不爽。後遇有所購，必經登善審鑒為定，及其自書，乃獨得右軍微意。評者謂其字裏金生，行間玉潤，變化開闔，一本右軍。其諸帖中西昇經是學黄庭，度人經學洛神，陰符學畫像。湖州獨孤府君碑、越州右軍祠記、同州鴈門兩聖教序記是其自家之法。世傳蘭亭褚本亦與率更不類，蓋亦多出自家機軸故也。今觀永新文學鄧仲經甫所藏兒寬贊正與蘭亭聖教記諸帖相似，筆意婉美，似瘠而腴，似柔而剛。至於三過三折之妙，特加之意，誠褚法也。後有趙子固及柳道傳黄晉卿揭伯防諸公跋尾皆信，而可徵柳公謂中間刮去弘字，為宋國諱信然，宋人以弘為也。

明·張丑《清河書畫舫》卷二下 余在黔南，未甚覺書字綿弱，及移戎州，見舊書多可憎。大槩十字中有三四差可耳，今方悟古人沈著痛快之語，但難為知音耳！李翹叟出褚遂良臨右軍，文賦豪勁清潤，眞天下之奇書也。

明·汪砢玉《珊瑚網》卷一《法書題跋》 遂良書在唐賢諸名世士書中，為秀穎得羲之法最多者。眞字有隸法，自成一家，非諸人可以比肩，此書蓋其晚年。紹興丙辰十二月初五日，臣友仁審定，褚公初以善書見知文皇，後數直諫，補益國事殊多。遂受顧命，以大節著為唐名臣。

雜録

唐·杜佑《通典》卷三五《職官十七》 諫議大夫褚遂良上疏曰：『為理之本，在於擇人，不正其原，遂差千里。往古明經拜職，或四科辟召，必擇器任使，量才命官。然則市井子孫，不居官吏；國家制令憲章，三代商賈之人，亦不居官位。』

又 卷一九一《邊防七》 侍郎褚遂良上疏曰：『臣聞古者哲后，必先華夏而後戎狄，務廣德化，不事遐荒。是以周宣薄伐，至境而止；始皇遠塞，中國分離。漢武負文景之聚財，翫士馬之餘力，始通西域，將三十年。復得天馬於宛城，採蒲萄於安息。而海内空竭，生人物故，所以租至六畜，算至舟車，因之年凶，盜賊並起。搜粟都尉桑弘羊復希主意，請遣士卒遠田輪臺，築城以威西域。武帝翻然追悔，棄輪臺之野，下哀痛之詔，人神感悦，海内乂康。向使不然，生靈盡矣。是以光武中興，不踰葱嶺；孝章即位，都茶護來歸。今誅滅高昌，威加西域，收其鯨鯢，以為州縣。然則王師初發之歲，河西供役之年，飛芻輓粟，十室九空，數郡蕭然，五年不復。陛下歲遣千餘人遠事屯戍，終年離別，萬里思歸。去者資裝，自須營辦，既賣菽粟，傾其機杼，經途死亡，復在其外。兼遣罪人，增其防遏。彼罪人者，生於販肆，終朝惰業，犯禁違公，必能擾於邊城，無益於行陣。所遣之内，復有逃亡，官司捕捉，為國生事。設令張掖塵飛，酒泉烽舉，豈能得高昌一人斗粟而及事乎？終須起發隴右諸州，星馳電擊。由斯而言，此河西者方已腹心，彼高昌者他人手足，豈得糜費中華，以事無用。《書》曰『不作無益害有益』，此之謂也。陛下平頡利於沙塞，滅吐渾於西海，突厥餘衆，尋為可汗，吐渾隨崩，更樹君長。復立高昌，非無前例，此所謂有罪而誅之，既服而立之。四海百蠻，誰不聞見，蠕動懷生，畏威慕德。宜擇高昌可立者而立之，徵給首領，兼還本國，負戴漢恩，長為藩翰。中國不擾，既富且寧。傳之子孫，以貽永代矣。』不從。

《舊唐書》卷一三《德宗紀》 （貞元五年）九月壬戌，詔以褚遂良已下至李晟等二十七人，圖形於凌煙閣，以繼國初功臣之像。

又 卷八八《韋思謙傳》 時中書令褚遂良賤市中書譯語人地，思謙奏劾其事，遂良左授同州刺史。及遂良復用，思謙不得進，出為清水令。謂人曰：『吾狂鄙之性，假以雄權，觸機便發，固宜為身災也。大丈夫當正色之地，必明目張膽以報國恩，終不能為碌碌之臣保妻子耳。』

宋·王溥《唐會要》卷五四《省號上》 貞觀十八年，黄門侍郎褚遂良上疏曰：『即日内外官人、諸王僚佐，咸云陛下供給皇弟，頓少於親王。大臣深知形迹不奏，私説竊語，殊非光益。臣伏惟聖主奉義，天心豈不恐其多財縱溢？或至自敗，必不得積貨驕盈，寧使儉急不足，雖不比於皇子，亦須微允物望。臣是以謹訪荆韓漢魯四弟，自足資財，滕密霍道四王，尤爲缺少。臣於芳春，冒以奏聞，伏惟天明，必記臣語。若厚於諸弟，人皆聞見。六月四日詔便是至公，若供給諸弟，事皆儉陋。即似叔季昆，由是情薄，臣是以不避斧鉞，更敢陳聞。昔漢明帝每賜子弟，必語羣臣：「不得使朕子多於先帝子。」美哉斯言！王者德音，終後漢皆以明帝爲法。臣聞君施教令謂之風；人隨上行謂之俗。陛下厚於諸弟，太子亦厚於諸弟，相承恩篤，豈不美哉？伏願陛下疑闕短者，因而賜之，所用不多，德音流布。』

宋·司馬光《資治通鑑》卷一九五《唐紀十一·太宗文武大聖大廣孝皇帝中之上》 諫議大夫褚遂良上疏，以為：『君能禮其臣，乃能盡其力。玄素雖出寒微，陛下重其才，擢至三品，翼贊皇儲，豈可復對羣臣窮其門户！棄宿昔之恩，成一朝之耻，使之鬱結於懷，何以責其伏節死義乎！』

宋·袁樞《通鑑紀事本末》卷二九中《唐平遼東》 上謂諫議大夫褚遂良曰：『卿猶知起居注，所書可得觀乎？』對曰：『史官書人君言動，備記善惡，庶幾人君不敢爲非，未聞自取而觀之也。』上曰：『朕有不善，卿亦記之邪？』對曰：『臣職當載筆，不敢不記。』黄門侍郎劉洎曰：『藉使遂良不記，天下亦皆記之。』上曰：『誠然。』

宋·沈樞《通鑑總類》卷七下《三省門》 永徽元年，監察御史陽武韋思謙，劾奏中書令褚遂良抑買中書譯語人地，大理少卿張叡册以為准估無罪。思謙奏曰：『估價之設，備國家所須，臣下交易，豈得准估為定！叡册舞文，附下罔上，罪當誅。』高宗遂左遷遂良為同州刺史。

明・胡廣《性理大全書》卷六八《治道三》 武昭儀稱制，長孫無忌欲諫，褚遂良曰：『公國之元舅，諫而得罪，使上有殺元舅之名。不如遂良先諫，諫而不從，公卻繼之。』遂諫至於棄笏，此非不美也，然費了多少氣力，終亦不成事。孰若高宗初幸尼寺，取才人入宮之時，大臣一言可去矣，大凡事豈可不辨於幾，微小處放過卻來大處旋爭，無益矣。

清・張尚瑗《公羊折諸》卷六《昭公》 唐太宗問褚遂良：『卿記起居，得觀之否？』對曰：『未聞人君自觀史也。』劉洎進曰：『使遂良不記，天下之人亦記之矣。』朱子奢亦曰：『以此開後世史官之禍。』可懼也。故曰：『言之者無罪，聞之者足以戒，一義也。罪我者，其惟《春秋》乎，又一義也。』

清・朱軾《史傳三編・名臣傳》卷一三《褚遂良傳》 貞觀末，以讁還第，黃門侍郎褚遂良言於帝曰：『玄齡事君，自無所負，不可以一便斥，非天子任大臣意。』帝悟，遽召於家後，避位不出久之，會帝幸芙蓉園。

十年之後，隴右空虛散有用以事，無用未見其可。褚遂良亦極諫帝：『不從以其地置西州。』後西突厥欲攻西州，帝悔，謂侍臣曰：『往年初平高昌，魏徵、褚遂良勸朕立其子弟，依舊為國，不用其計，方自悔責，寧得忘所言者乎！』

朱敬則分部

傳記

《舊唐書》卷九〇《朱敬則傳》 朱敬則，字少連，亳州永城人也。代以孝義稱，自周至唐，三代旌表，門標六闕，州黨美之。敬則倜儻重節義，早以辭學知名。與三從兄同居，財產無異。又與左史江融、左僕射魏元忠特相友善。咸亨中，高宗聞而召見，與語甚奇之，將加擢用，為中書舍人李敬玄所毀，乃授洹水尉。

長壽中，累除右補闕。敬則以則天初臨朝稱制，天下頗多流言異議，至是既漸寧晏，宜絕告密羅織之徒，上疏曰：『臣聞李斯之相秦也，行申、商之法，重刑名之家，杜私門，張公室，棄無用之費，損不急之官，惜日愛功，疾耕急戰，人繁國富，乃屠諸侯。此救弊之術也。故曰：刻薄可施於進趨，變詐可陳於攻戰。兵猶火也，不戢將自焚。況鋒鏑已銷，石城又毀，諒可易之以寬泰，潤之以淳和，八風之樂以柔之，三代之禮以導之。秦既不然，淫虐滋甚，往而不返，卒至土崩，此不知變之禍也。

『陸賈、叔孫通之事漢王也，當滎陽、成皋之間，糧饋已窮，智勇俱困，不敢開一說，效一奇，唯進豪猾之材，薦貪暴之客。及區宇適平，干戈向戢，金鼓之聲未歇，傷痍之痛尚聞，二子顧眄，綽有餘態，乃陳《詩》、《書》，說《禮》、《樂》，開王道，謀帝圖。高皇帝忿然曰：「吾以馬上得之，安事《詩》、《書》乎！」對曰：「馬上得之，可馬上理之乎？」高皇默然。於是陸賈著《新語》，叔孫通定禮儀，始知天子之尊，此知變之善也。向使高皇排二子而不用，置《詩》、《書》而不顧，重攻戰之吏，尊首級之材，複道爭功，張良已知其變，拔劍擊柱，吾屬不得無謀。即晷漏難逾，何十二帝乎？亡秦之續，何二百年乎？故曰：仁義者，聖人之蘧廬；禮經者，先王之陳迹。然則祝祠向畢，芻狗須投；淳精已流，糟粕可棄。仁義尚捨，況輕此者乎？

『自文明草昧，天地屯蒙，三叔流言，四凶構難。不設鉤距，無以應天順人；不切刑名，不可摧奸息暴。故置神器，開告端，曲直之影必呈，包藏之心盡露。神道助直，無罪不除；人心保能，無妖不戮。以茲妙算，窮造化之幽深；用此神謀，入天人之秘術。故能計不下席，聽不出闈，蒼生晏然，紫宸易主。大哉偉哉，無得而稱也！豈比造攻鳴條，大戰牧野，血變草木，頭折不周，可同年而語乎？然而急趨無善迹，促柱少和聲，拯溺不規行，療飢非鼎食。即向時之妙策，乃當今之芻狗也。伏願覽秦、漢之得失，考時事之合宜，審糟粕之可遺，覺蘧廬之須毀。見機而作，豈勞終日乎？陛下必不可偃蹇太平，徘徊中路。伏願改法制，立章程，下恬愉之辭，流曠蕩之澤，去萋菲之牙角，頓奸險之鋒芒，窒羅織之源，掃朋黨之迹，使天下蒼生坦然大悅，豈不樂哉！』

則天甚善之。

長安三年，累遷正諫大夫，尋同鳳閣鸞臺平章事。時御史大夫魏元忠、鳳閣舍人張説為張易之兄弟所誣構，將陷重辟，諸宰相無敢言者，敬則獨抗疏申理曰：『元忠、張説素稱忠正，而所坐無名。若令得罪，豈不失天下之望也？』乃得減死。四年，以老疾請罷知政事，許之，累轉冬官侍郎，仍依舊兼修國史。張易之、昌宗嘗命畫工圖寫武三思及納言李嶠、鳳閣侍郎蘇味道、夏官侍郎李迥秀、麟臺少監王紹宗等十八人形像，號為《高士圖》，每引敬則預其事，固辭不就，其高潔守正如此。

神龍元年，出為鄭州刺史，尋以老致仕。二年，侍御史冉祖雍素與敬則不協，乃誣奏云與王同皎親善，貶授廬州刺史。經數月，洎代到，還鄉里，無淮南一物，唯有所乘馬一匹，諸子侄步從而歸。敬則重然諾，善與人交，每拯人急難，不求其報。又嘗與三從兄同居四十餘年，財產無異。雅有知人之鑑，凡在品論者，後皆如其言。景龍三年五月，卒於家，年七十五。

敬則嘗採魏、晉已來君臣成敗之事，著《十代興亡論》。又以前代文士論廢五等者，以秦為失，事未折衷，乃著《五等論》曰：『昔秦廢五等，崔寔、仲長統、王朗、曹冏等皆以為秦之失，予竊異之，試通其志云。

『蓋明王之理天下也，先之以博愛，本之以仁義，張四維，尊五美，懸禮樂於庭宇，置軌範於中衢。然後決玄波使橫流，揚薰風以高扇，流愷悌之甘澤，浸曠蕩之膏腴，正理革其淫邪，淳風柔其骨髓。使天下之人，心醉而神足。其於忠義也，立則見其參於前；其於進趨也，若章程之在目。禮經所及，等日月之難逾；聲教所行，雖風雨之不輟。聖人知俗之漸化也，王道之已行也，於是體國經野，庸功勳親。分山裂河，設磐石之固，內守外禦，有維城之基。連絡遍於域中，膠葛盡於封內。雖道昏時喪，澤竭政塞，鄭伯逐王，申侯弑主，魯不供物，宋不成周，吳徵伯牢，楚問九鼎，小白之一匡天下，重耳之一戰諸侯，無君之迹顯然，簒奪之謀中寢者，直以周禮尚存，簡書不隕。故曰：「不敢失墜，天威在顔。」

『自春秋之後，禮義漸頹，風俗塵昏，愧恥心盡，疾走先得者為上，奪攘投會者為能。加以八世專齊，三家分晉，子貢之亂五國，蘇秦之門七雄，苛刻繁興，經籍道息，莫不長詐術，貴攻戰，萬姓皆戴爪牙，無人不屬觜距。所以商鞅欺故友，李斯囚舊交，孫臏喪足於龐涓，張儀得志於陳軫。一旅之衆，便欲稱王；再戰之雄，爭來奉帝。先王會盟之禮，昔時樽俎之容，三代玄風，掃地至盡。況始皇削平區宇，殊非至公，李斯之作股肱，罕循大道，人無見德，唯虐是聞。當此時也，主猜於上，人駭於下，父不能保之於子，君不能得之於臣。欲使始皇分土奸雄，建侯薄俗，若喻晉、鄭之可依，便藉賊兵而資盜糧，寄龍魚而助風雨，不可行也。是以秦鑑周德之綿深，懼己圖之不遠，罷侯置守，高下在心，天下制在一人，百姓不聞二主。直是不得行其世封，非薄功臣而賤骨肉也。

『高皇帝揭日月之明，懷天地之量，算財不足以分賞，論地不足以受封。邑皆百城，土有千里，人殷國富，地廣兵强。五十年間，七國同反，賈誼憂失其國，晁錯請削其地。若言由大而反也，不若召陵之師、踐土之衆也；若言有材而起也，劉濞非王霸之材，田禄無先、管之略也。是齊、晉以逆禮為慚，吳、楚以犯上非愧，釁由教起，其所由來遠矣。自此之後，雜霸又衰，中興不能改物創圖，黄初不能深謀遠慮。緬觀漢、魏之際，尋其經緯之初，未有積德重光，澤及萬物。觀其教，偷薄於秦風；察其人，豺狼於漢日。故魏太祖曰：「若使無孤，天下幾人稱帝，幾人稱王！」明竊號議者，觸目皆是。欲以此時開四賜之祚，垂萬代之封，必有通車三川以窺周室，介馬汾、濕而逐翼侯。而王司徒屢請於當時，曹元首又勤於宗室，皆不知時也。』

當時賢者是之。

敬則知政事時，每以用人為先。桂州蠻叛，薦裴懷古；鳳閣舍人缺，薦魏知古；右史缺，薦張思敬。則天以為知人。

睿宗即位，嘗謂侍臣曰：『神龍已來，李多祚、王同皎並復舊官，韋月將、燕欽融咸有褒贈，不知更有何人，尚抱冤抑？』吏部尚書劉幽求對曰：『故鄭州刺史朱敬則，往在則天朝任正諫大夫、知政事，忠貞義烈，為天下所推。神龍時，被宗楚客、冉祖雍等誣構，左授廬州刺史。長安年中，嘗謂臣云：「相王必膺期受命，當須盡節事之。」及韋氏簒逆干紀，臣遂見危赴難，翼戴興曆，雖則天誘其事，亦是敬則先啓之心。今陛下龍興寶位，凶黨就戮，敬則尚銜冤泉壤，未蒙昭雪。況復事符先覺，誠即可嘉。』睿宗然之，贈敬則秘書監，謚曰元。

《新唐書》卷一一五《朱敬則傳》　朱敬則字少連，亳州永城人。以孝義世被旌顯，一門六闕相望。敬則志尚恢博，好學，重節義然諾，善與人交，振其急難，不責報於人。與左史江融、左僕射魏元忠善。咸亨中，高宗聞其名，召見，異之，為中書令李敬玄所毀，故授洹水尉。久之，除右補闕。

初，武后稱制，天下頗流言，遂開告密羅織之路，興大獄，誅將相大臣。至是，已革命，事益寧。敬則諫曰【略】。后善其言。

遷正諫大夫，兼脩國史。乃請高史官選，以求名才。侍中韋安石嘗閱其稾史，歎曰：『董狐何以加！世人不知史官權重宰相，宰相但能制生人，史官兼制生死，古之聖君賢臣所以畏懼者也。』時賦斂繁重，民多蕩析，后數召入禁中訪失得。進同鳳閣鸞臺平章事。張易之構魏元忠、張說，欲誅之，無敢言者。敬則獨奏曰：『元忠、説秉心忠一，而所坐無名，殺之失天下望。』乃得不死。

以老疾還政事，俄改成均祭酒、冬官侍郎。易之等集名儒撰《三教珠英》，又繪武三思、李嶠、蘇味道、李迥秀、王紹宗等十八人像以為圖，欲引敬則，固辭不與，世絜其為人。出為鄭州刺史，遂致仕。侍御史冉祖雍誣奏與王同皎善，貶涪州刺史。既明其非罪，改廬州。代還，無淮南一物，所乘止一馬，子曹步從以歸。卒年七十五。

敬則與三從昆弟居四十年，貲産無異。及執政，每以用人為先，細務不省也。嶺表蠻叛，以裴懷古有文武才，用為桂州都督，蠻服其威惠，相率降。薦魏知古為鳳閣舍人，張思敬為右史，皆稱職。初，二張權寵盛，敬則密謂敬暉曰：『公若假太子令，舉北軍誅易之兄弟，兩飛騎力耳。』暉卒用其策。始崔寔、仲長統、王朗、曹冏論封建，指秦為失，敬則以為秦、漢世禮義陵遲，不可復用周制封諸侯，著論明之，儒者以為知言。

睿宗嗣位，嘗曰：『神龍以來，忠於本朝者，李多祚、王同皎、韋月將、燕欽融並褒復矣，尚有遺者耶？』劉幽求曰：『朱敬則忠正義烈，天下所推，往為宗楚客、冉祖雍等所誣，謫守刺史。長安中，嘗語臣曰：「相王必受命，當悉心事之。」及韋氏干紀，臣遂見危赴難。雖天誘其衷，亦敬則啓之。』於是追贈祕書監，謚曰元。

敬則兄仁軌，字德容，隱居養親。常誨子弟曰：『終身讓路，不枉百步；終身讓畔，不失一段。』有赤烏、白鵲棲所居樹，按察使趙承恩表其異。及卒，郭山惲、員半千、魏知古共謚為孝友先生。

又　卷一〇六《高子貢傳》　高子貢，善《太史書》，與朱敬則善，擢明經。

綜述

宋·范祖禹《唐鑑》卷七《高宗》　朱敬則、冀仲甫、翟世言、王同皎率左右羽林兵，迎帝於東宮，誅張易之、張昌宗、張同休、張昌儀、張景雄。

宋·吳縝《新唐書糾謬》卷一九《朱敬則預誅二張可疑》　《武后紀》，桓彥、范敬暉等誅二張，復中宗處。其人名內有庫部員外郎朱敬則。今案《敬則傳》，敬則當武后世已嘗為相，罷後為成均祭酒、冬官侍郎，鄭州刺史致仕，且未嘗為庫部員外郎，而本傳亦不言其同誅二張。雖有與敬暉密議誅之之策，然傳亦止云暉卒用其策，亦不言敬則同臨其事也。疑此一名誤載。

宋·黃震《古今紀要》卷一〇《朱敬則》　世被旌顯，一門六闕，諫羅織，救魏元忠、張説。死廬州，還無淮南一物。論秦漢不可復用封建，與三從兄弟居四十年，貲産無異。執政以用人為先，細務不省。不肯預撰《三教珠英》，不肯與武三思等十八人圖，世潔其為人，敬暉誅易之兄弟本其策。

宋·樂史《太平寰宇記》卷一二《河南道十二·人物》　唐，朱敬則，亳州永城人，相則天，家代以孝義聞，門標六闕。

宋·祝穆《方輿勝覽》卷四八《淮西路》　朱敬則，唐朝為刺史。代還，無淮南一物，所乘止一馬，子曹步從以歸。

宋·錢易《南部新書》卷二《雜録》　朱敬則，亳州永城人也，孝行忠鯁，舉世莫比，門表闕臺者六，所今古無之。

宋·王讜《唐語林》卷五《補遺》　蘇安恒博學，尤明《周禮》、《左氏》。長安二年，上疏請復子明辟，奏疏不納。魏元忠為張易之所構，安恒又申理之。易之大怒，將殺之，賴朱敬則、桓彥範等保護，獲免。後坐節愍太子事，下獄死。睿宗即位，下詔曰：『蘇安恒文學立身，鯁直成操，往年陳疏，忠讜可嘉。屬回邪擅權，奄從非命，興言軫悼，用惻予懷。可贈諫議大夫。』

清・和珅等［乾隆］《清一統志》卷一五五《歸德府二》　朱敬則，字少連，永城人，志尚恢博，好學重節義，善與人交，賑其急難。與三從昆弟同居四十年，貲產無異。武后稱制，興大獄，誅將相大臣。敬則時為右補闕，上書諫后，善其言，進同鳳閣鸞臺平章事。敬則執政，每以用人為先，薦裴懷古、魏知古，皆稱職。嘗密謂敬暉曰：『公若假太子令，舉北軍誅易之兄弟，兩飛騎力耳。』暉卒用其策，唐祚復安。

清・董誥等《全唐文》卷一七〇《朱敬則小傳》　敬則，字少連，亳州永城人。咸亨中授洹水尉，長安三年累遷正諫大夫兼修國史，尋同鳳閣鸞臺平章事。以老疾請罷知政事，改祭酒，轉冬官侍郎。神龍元年出為鄭州刺史，尋以老致事。冉祖雍誣奏與王同皎善，貶涪州刺史，改廬州。景龍三年卒，年七十五。睿宗立，贈秘書監，謚曰元。

唐・劉知幾《史通・內篇》卷三六《自敘》　及年以過立，言悟日多，常恨時無同好，可與言者。維東海徐堅，晚與之遇，相得甚歡，雖古者伯牙之識鍾期，管仲之知鮑叔，不是過也。復有永城朱敬則，沛國劉允濟、義興薛謙光、河南元行沖、陳留吳兢、壽春裴懷古，亦以言議見許，道術相知。所有揚榷，得盡懷抱。每云：『德不孤，必有鄰，四海之內，知我者不過數子而已矣。』

宋・王溥《唐會要》卷四五《功臣》　建中元年十二月敕：『國初以來，將相功臣名迹崇高，功效明著者，宜差次分為二等。其月，定武德以來宰臣，以【略】朱敬則、【略】三十七人為上等。』

宋・朱翌《猗覺寮雜記》卷下《史官權重》　朱敬則謂史官權重宰相。韋貫之云：『禮部侍郎權重宰相。』憲宗曰：『侍郎是宰相除，安得重。』貫之曰：『然為陛下柬宰相者，得無重乎？』

清・董誥等《全唐文》卷九六《令武三思等修史敕》　敕：宜令三思與納言李嶠、正諫大夫朱敬則、司農少卿徐彥伯、鳳閣舍人魏知古、崔融、司封郎中徐堅、左史劉知幾、直史館吳兢修唐史。採四方之志，成一家之言，長懸楷則，以貽勸誡。

又　卷七四二《劉軻〈與馬植書〉》　又自《史記》、班《漢》以來，秉史筆者，予盡知其人矣。【略】言皇家受命有若溫大雅、魏鄭公、房梁公、長孫趙公、許敬宗、劉允之、楊仁卿、顧允、牛鳳及劉子元、朱敬則、徐堅、吳兢。次而修者亦近在耳目。

論說

《新唐書》卷一一五《朱敬則傳贊》　贊曰：【略】敬則一諫，而羅織之獄衰，時而後言者歟！

《舊唐書》卷九〇《朱敬則傳論》　史官曰：【略】朱敬則文學有稱，節行無愧，諫諍果決，推擇精眞，苟非洞鑑古今，深識王霸，何由立其高論哉，惜乎相不得時矣。

清・況周頤《眉廬叢話》卷一《穢史》　唯朱敬則一疏及金海陵之言，則誠猥褻不堪，不當載之史册。敬則疏尤以諫爲薦，逢惡導淫，其人品卑污至極，而則天勞之，且厚賜之，可謂有是君有是臣矣。

雜録

唐・張説《張燕公集》卷二二《貞節君碑》　神功元年十月乙丑，陽鴻卒於雩都縣。友人沛國朱敬則、清河孟乾祚、范陽盧禹等，哀鴻抱德没地，繼體未識，考行定謚，葬於舊域。【略】與狄仁傑、朱敬則、魏元忠、李嶠、韋安石、趙彥昭、韋嗣立、薛稷、張説等為忘言之友。

唐・劉肅《唐新語》卷四《執法》　時朱敬則知政事，對朝堂執懷素手曰：『馬子，馬子，可愛，可愛！』時人深賞之。

唐・白居易《白孔六帖》卷三九《朱敬則諫》　朱敬則，武后稱制，天下頗流言，遂開告密羅織之路，興大獄，誅諸將大臣。至是，已革命，事益寧。敬則諫曰：『國家自文明以來，天地草昧，內則流言，外則構難。故不設鈎距，無以順人；不切刑罰，無以息暴。於是置神器，開告端。故能不出房闥，而天下晏然易主矣。願鑑秦漢之迹，考時事之宜，使天下更始。』后善其言。

宋・葉廷珪《海録碎事》卷八上《聖賢人事部中・萋菲牙角》　朱敬則上言：『願去萋菲之牙角，頓姦險之芒刃。』

宋・王應麟《小學紺珠》卷九《制度類》　朱敬則以孝義，世被旌顯，一門六闕相望。

宋・朱勝非《紺珠集》卷一〇《門標六闕》　朱敬則代著孝義，自宇文周至唐，並旌表，門標六闕焉。

宋・莊綽《雞肋編》卷下《武則天多内寵》　張易之，行成之族孫，則天臨朝，太平公主引其弟昌宗入侍，昌宗薦易之，器用過臣，即令召見，俱承辟陽之寵。右補闕朱敬則諫曰：『臣聞志不可滿，樂不可極，嗜欲之情，愚智皆同。賢者能節之，不使過度，則前聖格言也。陛下内寵，已有薛懷義、張昌宗、易之，固應足矣。近聞尚食奉御柳模，自言子良賓潔白美鬚眉，左監門衛長史侯祥云陽道壯偉，過於薛懷義。專欲自進，堪充奉宸内供奉。無禮無義，溢於朝聽。臣愚職在諫諍，不敢不奏。』則天勞之曰：『非卿直言，朕不知此。』賜彩百段。唐之《舊書》，詳載斯語。父子兄弟君臣薦進獻納如此，亦可謂之穢史矣。

明・彭大翼《山堂肆考》卷五九《臣職・史官・兼制生死》　唐，朱敬則兼修國史，乃請高史官之選，以求名才。韋安石閲其藁，嘆曰：『董狐何以加！』世人不知史官之權重於宰相，蓋宰相能制生人，史官兼制生死。古之聖君賢臣，所以畏懼也。

明・宋濂《文憲集》卷五《重刻〈貞觀政要〉序》　《貞觀政要》者，唐史臣吴兢之所輯也，兢，浚儀，人有良史才，用魏元忠、朱敬則薦，詔直史館修國史。

趙蕤分部

傳記

宋・祝穆《方輿勝覽》卷六二《潼川府路・潼川府・人物》　趙蕤，鹽亭人。篤學不仕，與李白善，著書號《長短經》。

明・李賢等［天順］《明一統志》卷七一《潼川州・人物・唐》　趙蕤，鹽亭人。篤學不仕，明王伯天人大略。李白有《懷趙徵君》詩，即蕤也。

明・曹學佺《蜀中廣記》卷四四《人物記第四・川北道・唐》　趙蕤，鹽亭人。好學不仕，著書屬文。隱於梓州長平山，博考六經、諸家異同之旨。玄宗屢徵不就，李白嘗就學焉。

清・吴任臣《十國春秋》卷四四《前蜀十・列傳・趙蕤》　趙蕤，梓州鹽亭人。博學韜鈐，長於經世。夫婦俱有節操，不受交辟。乾德時著《長短經》十卷，行世。

論曰：【略】趙蕤素以節操見而著作鬱然，故不可没。

清・黄廷桂等［雍正］《四川通志》卷三八之一《隱逸・直隸潼川州・唐》　趙蕤。鹽亭人。明皇屢徵不起，隱於梓州之長平山，博考六經、諸家同異，著書號《長短經》，明王霸大略。李白嘗造其廬訪焉，有詩載《文苑》。

清・和珅等［乾隆］《清一統志》卷三〇八《潼川府・人物・唐》　趙蕤，字大賓，鹽亭人。篤學不仕，著有《長短要術》十卷。開元中召之，不赴。

清・張松孫等［乾隆］《鹽亭縣志》卷六《人物・逸行》　趙蕤，字大賓，又字雲卿，號東巖子，漢儒趙賓之後。任俠好學，善為縱横術，隱居梓州長平山安昌巖，博考六經、諸家異同之旨，著《長短經》，明王霸天人大略。李白嘗從之學，巢居岷山，奇禽千計，呼皆就掌取食，了無驚猜。玄宗時，廣漢太守蘇頲舉二人有道疏云：『趙蕤術數，李白文章。』屢徵不起。李白有《送趙雲卿》及在淮南《寄趙徵君》詩。

清・董誥等《全唐文》卷三五八《趙蕤小傳》　蕤字大賓，鹽亭人。後徙居郪，隱居長平山安昌巖。開元中，三詔召之，不起。或云以讒死。

綜述

唐・趙蕤《長短經》卷首《自序》　趙子曰：匠成輿者憂人不貴，

作箭者恐人不傷。彼豈有愛憎哉？實伎業驅之然耳。是知當代之士，馳騖之曹，書讀縱横則思諸侯之變，藝長奇正則念風塵之會，此亦向時之論，必然之理矣。故先師孔子深探其本憂其末，遂作《春秋》，大乎王道；制《孝經》，美乎德行；防萌杜漸，預有所抑，斯聖人制作之本意也。然作法於理，其弊必亂。若至於亂，將焉救之？是以御世理人，罕聞沿襲。三代不同禮，五霸不同法，非其相反，蓋以救弊也。是故國容一致，而忠、文之道必殊；聖哲同風，而皇、王之名或異。豈非隨時設教沿乎此，因物成務牽乎彼，沿乎此者，醇薄繼於所遭；牽乎彼者，王霸存於所遇。故古之理者，其政有三：王者之政化之，霸者之政威之，强國之政脅之，各有所施，不可易也。

管子曰：『聖人能輔時，不能違時。智者善謀，不如當時。』鄒子曰：『政教文質，所以匡救也。當時則用之，過則捨之。』由此觀之，當霸者之朝而行王者之化，則悖矣；當强國之世而行霸者之威，則乖矣。若時逢狙詐，正道陵夷，欲憲章先王，廣陳德化，是猶待越客以拯溺，白大人以救火，善則善矣，豈所謂通於時變歟？夫霸者，駁道也。蓋白黑雜合，不純用德焉。期於有成，不問所以；論於大體，不守小節。雖稱仁引義，不及三王，而扶顛定傾，其歸一揆。恐儒者溺於所聞，不知王霸殊略，故叙以長短術，以經論通變者創立題目，總六十有三篇，合為十卷，名曰《長短經》。大旨在乎寧固根蒂，革易時弊，興亡治亂，具載諸篇。為沿襲之遠圖，作經濟之至道，非欲矯世誇俗，希聲慕名，輒露見聞，逗機來哲。凡厥有位，幸望詳焉。

唐・李白《李太白集》卷二六《上安州裴長史書》 又昔與逸人東嚴子隱於岷山之陽，白巢居數年，不迹城市，養奇禽千計，呼皆就掌取食，了無驚猜。廣漢太守聞而異之，詣廬親覩，因舉二人以有道，並不起。此則白養高忘機不屈之迹也。

宋・孫光憲《北夢瑣言》卷五《符載侯翮歸隱趙蕤附》 趙蕤者，梓州鹽亭縣人也。博學韜鈐，長於經世。夫婦俱有節操，不受交辟。撰《長短經》十卷，王霸之道，見行於世。

《新唐書》卷五九《藝文志・雜家類》 趙蕤《長短要術》十卷。字太賓，梓州人。開元中召之，不赴。

宋・計有功《唐詩紀事》卷一八《李白》 東蜀楊天惠《彰明逸事》云：【略】太白恐，棄去，隱居戴天大匡山，往來旁郡，依潼江趙徵君蕤。蕤亦節士，任俠有氣，善為縱横學，著書號《長短經》。太白從學，歲餘，去。

宋・晁公武《郡齋讀書志》卷三上《子部・雜家類》 《長短經》十卷。右唐趙蕤撰。論王霸機權正變長短之術，凡六十三篇，第十九載兵權陰謀云。

唐・趙蕤《長短經》卷尾《[明]沈新民〈識語〉》 按馬端臨《文獻經籍考》據晁氏云：唐趙蕤撰《長短經》十卷。又據《北夢瑣言》云蕤，梓州鹽亭人。博學韜鈐，長於經世。夫婦俱有隱操，不應辟召。論王霸機權正變之術，其第十卷載陰謀家，本缺，今存者六十四篇。然不害其為全書也。洪武丁巳秋八月丁巳沈新民識。

明・楊慎《升菴集》卷三《李太白詩題辭》 載考公之自敍《上裴長史書》曰：『白少長江漢，見鄉人相如大誇雲夢之事，云楚有七澤，遂來觀焉。又與逸人東巖子隱於岷山之陽，巢居數年，不迹城市。廣漢太守聞而異之，因舉二人有道，並不起。』今按東巖子，梓州鹽亭人趙蕤，字雲卿。岷山之陽則指康山，杜子美贈詩所謂『康山讀書處』。其説見晏公《類要》，鄭谷詩所謂『雪下文君沽酒市，雲藏李白讀書山』者也。廣漢太守則蘇頲也。頲薦疏云『趙蕤術數，李白文章』，即其事也。公後在淮南，《寄趙徵君》詩云：『國門遥天外，鄉路遠山隔。朝憶相如臺，夕夢子雲宅。』可證矣。

明・楊慎《丹鉛總録》卷一〇《人品類・蜀士》 唐睿宗問蜀士於蘇頲，頲對曰：『李白文章，趙蕤術數。』

又　卷一二《史籍類・太白懷鄉句》 太白《渡金門》詩云：『仍連故鄉水，萬里送行舟。』《送人之羅浮》詩：『爾去之羅浮，余還憩峨眉。』又《淮南卧病懷寄蜀中趙徵君蕤》詩云：『國門遥天外，鄉路遠山隔。朝憶相如臺，夜夢子雲宅。』皆寓鄉懷之意。趙蕤，梓州人，字雲卿，精於數學，與李白齊名。蘇頲《薦西蜀人才疏》云：『趙蕤術數，李白文章。』宋人注李詩，遺其事，幷附見焉。《圖經》云：『蕤，漢儒趙賓之後，鹽亭人。屢徵不起，所著有《長短經》。』

明・曹學佺《蜀中廣記》卷九一《著作記第一・經部》　趙蕤註《關朗易》。蕤，梓州人，李白嘗師事之，所謂趙徵君也。朗字子明，元魏孝文時人。蕤云：『恨其書亡半，隨文詮解，才十一篇而已。』

清・王士禎《居易録》卷一四　《長短經》十卷，總六十三篇。唐梓州郪縣草莽臣趙蕤撰。其文亦《申鑑》、《論衡》之流。蕤自序云：『大旨在乎寧固根蔕，革易時弊，興亡治亂，具載諸篇。』此書流傳絶少，徐健菴過任城得之市中者，宋刻也。按楊天惠《彰明逸事》云：『潼江趙蕤任俠有氣，善為縱横學，著書號《長短經》。』

清・永瑢等《四庫全書總目》卷一一七《雜家類一》　《長短經》九卷。編修勵守謙家藏本。唐趙蕤撰。孫光憲《北夢瑣言》載蕤梓州鹽亭人，博學韜鈐，長於經世。夫婦俱有隱操，不應辟召。《唐書・藝文志》亦載蕤字太賓，梓州人。開元中召之，不赴。與光憲所記略同，惟書名作《長短要術》爲少異，蓋一書二名也。是書皆談王伯經權之要，成於開元四年。自序稱：『凡六十三篇，合爲十卷。』《唐志》與晁公武《讀書志》卷數並同。今久無刊本。王士禎《居易録》記徐乾學嘗得宋槧於臨清。此本前有『傳是樓』一印，又有『健菴收藏圖書』一印，後有乾學名印。每卷之末，皆題『杭州凈戒院新印』七字，猶南宋舊刻，蓋即士禎所言之本，然僅存九卷。末有洪武丁巳沈新民跋，稱其第十卷載陰謀家，本缺，今存者六十四篇云云。案此跋全勦用晁公武之言，疑書賈僞託，是佚其一卷而反多一篇，與蕤序六十三篇之數不合。然勘驗所存，實爲篇六十有四，疑蕤序或傳寫之訛也。第一卷八篇，題曰《文上》；第三卷四篇，題曰《文下》；第二卷四篇，則有子目而無總題。以例推之，當脱『文中』二字。第四卷一篇，題曰《霸紀上》；第五卷一篇，論七雄之事，題曰《霸紀中》；第六卷一篇，論三國之事，亦無總題。以例推之，當脱『霸紀下』三字。第七卷二篇，題曰《權議》；第八卷十九篇，題曰《雜説》；第九卷二十四篇，題曰《兵權》。其第十卷所謂陰謀者，則今不可考。篇中註文頗詳，多引古書，蓋即蕤所自作註。首或標以『議曰』二字，或亦不標，體例不一，亦未詳其故也。劉向序《戰國策》稱：『或題曰《長短》。』此書辨析事勢，其源蓋出於縱横家，故以《長短》爲名。雖因時制變，不免爲事功之學，而大旨主於實用，非策士詭譎之謀，其言故不悖於儒者，其文格亦頗近荀悦《申鑑》、劉邵《人物志》，猶有魏晉之遺。唐人著述，世遠漸稀，雖佚十分之一，固當全璧視之矣。

清・永瑢等《四庫全書簡明目録》卷一三《雜家類》　《長短經》九卷。唐趙蕤撰。原本十卷，今佚其一。其原出於縱横家，主於因時制變，綜覈事功，不免為雜霸之學，而大旨尚為近正，其文格亦在《申鑑》、《人物志》之間。

論説

宋・黄庭堅《山谷集》卷二六《題王觀復所作文後》　觀復下筆不凡，但恐讀書少耳。如梓州生陳子昂之文章，趙蕤之術智，皆所謂人傑地靈也，何必城南有錦屏山哉！

宋・劉弇《龍雲集》卷二七《策問上・第十一》　又嘗觀皋陶九德，止曰亦行有九德爾，非曰某人宜必有某德也。如郭林宗、許子將、許靖、劉邵、趙蕤輩，至以『月旦』著評，『人物』命志，『長短』名説，亦無不如志者。彼數子者，又果賢於皋陶乎？孔子不逆詐，不億不信。子貢欲方人，子曰『我則不暇』。以是而繩數子，能無類乎？厥今知人之術，固有不得而闕者。彼漢唐之君與數子之説，其術何在？試言之。

宋・祝穆《方輿勝覽》卷六二《潼川府路・潼川府・事要》　人傑地靈。《圖經》：梓州出趙蕤之智術，陳子昂之文章，所謂人傑地靈者也。

明・胡應麟《少室山房筆叢》卷一四《四部正譌上》　按蕤有《長短經》十卷。《北夢瑣言》云：『蕤，梓州鹽亭人。博學韜鈐，長於經世。夫婦俱隱，不應徵召。論王霸機權正變，作為此經。』則蕤當是中唐前後人。

清・王士禎《居易録》卷二六　唐趙蕤《長短經》第二十篇曰《懼誡》，引《尸子》曰：『昔周公反政，孔子非之，曰「周公其不聖乎！以天下讓，不為兆人」』云云。此荒唐悠謬之論，乃孔子之所必誅，而託名聖人，眞可謂無忌憚者。孟子惡處士横議，正謂是也。

清・朱彝尊《曝書亭集》卷五二《長短經跋》　《長短經》十卷，唐趙蕤撰。蕤，梓州鹽亭人。嘗注《關朗易傳》，李白師事之。孫光憲稱其夫婦俱有隱操，而是編專論王霸機權正變之術。其第十卷相傳載陰謀捭闔之説，故秘不以示人。依《漢藝文志》，當入之縱横家。按《漢志》縱横家多至一百七篇，而《隋志》止二部，《唐志》四部。此六十四篇，宜著録，不應混入於雜家也。

藝文

唐・李白《李太白集》卷一三《淮南卧病書懷寄蜀中趙徵君蕤》 吴會一浮雲，飄如遠行客。功業莫從就，歲光屢奔迫。良圖俄棄捐，衰疾乃綿劇。古琴藏虛匣，長劍挂空壁。楚懷奏鍾儀，越吟比莊舄。國門遥天外，鄉路遠山隔。朝憶相如臺，夜夢子雲宅。旅情初結緝，秋氣方寂歷。風入松下清，露出草間白。故人不可見，幽夢誰與適？寄書西飛鴻，贈爾慰離析。

又 卷一八《送趙雲卿》 白玉一杯酒，緑楊三月時。春風餘幾日，兩鬢各成絲。秉燭唯須飲，投竿也未遲。如逢渭川獵，猶可帝王師。

明・王紳《繼志齋集》卷一《東樓晚照》 潼川之東山，上有古書樓。相傳唐趙蕤，於中註《春秋》。伊人久已化，其迹尚可求。落日下平陸，登眺光未收。餘輝射崇甍，殘影下簷頭。徙倚對西山，爽氣顥若浮。撫今重懷古，行歌且歸休。

又 卷一《五仙・趙蕤》 高人抱沖志，不與凡士同。譬之凌霄鶴，雞鶩安能從！邈哉趙大賓，錦綉盤心胸。百家盡研究，探索歸會通。業成事肥遯，不肯干王公。竟作赤松游，千載存徽風。

清・愛新覺羅・弘曆《御製詩四集》卷二〇《題趙蕤長短經》 郪縣創為救弊論，愛憎毆業匠和函。向時雖類縱横説，憂末原歸理道談。首章，隱括蕤《序》語意。

宋刋弆自教忠堂，通變稱經曰《短長》。比及亂時思治亂，不如平日慎行王。二章，評作書者。

卷原稱十今失一，總目翻看餘一篇。趙蕤自序稱總目六十三篇，合為十卷，而卷後沈新民跋語乃稱第十卷缺，存者六十四篇。今細檢篇目，實六十四，凡九卷，與沈跋合。按之蕤序所云，卷既缺一，不應轉多一篇。考新民跋，乃《文獻通考》原文。其云鼂氏，則鼂公武《讀書志》；《北夢鎖言》，乃孫光憲所撰。今檢公武《志》亦稱六十三篇，而光憲僅言書十卷，不及篇數。蓋鼂、孫皆就蕤序録載，未加詳考，至馬端臨始為覈正耳。第與原序踳異處，理殊難曉。意者六十三篇，「三」字乃「五」字之訛。其第十卷陰謀家止有一篇，亦未可知。然無可訂正，存以闕疑。既是梓州善經濟，不應辟召又何焉。三章，總論前書。

津瀛文苑繼家聲，四庫蒐羅俾贊成。邂逅世臣獻遺簡，向年論學憶西清。四章，紀事實。是書為編修勵守謙所呈，乃其家藏本，教忠則勵廷儀堂名也。守謙之曾祖勵杜訥、祖廷儀、父宗萬，皆侍直内廷。今守謙亦官翰林，為《四庫全書》纂修，可謂以文學世其家者。

雜録

明・曹學佺《蜀中廣記》卷三〇《名勝記第三十・川北道・潼川州二・鹽亭縣》 趙徵君蕤，此縣人，習術數之學，隱居不仕，著《長短經》。李太白往訪之，縣有濯筆溪，云太白從徵君習書處也。

清・黄廷桂等［雍正］《四川通志》卷二五《山川・直隸潼川州》 西溪。在州西門外，一名濯筆溪。源出州北諸山，積水成溪，下流三十里至州城，西南入中江，相傳李白訪趙蕤，習書於此。

韓愈分部

傳記

《舊唐書》卷一六〇《韓愈傳》 韓愈，字退之，昌黎人。父仲卿，無名位。愈生三歲而孤，養於從父兄。愈自以孤子，幼刻苦學儒，不俟獎勵。大曆、貞元之間，文字多尚古學，效楊雄、董仲舒之述作，而獨孤及、梁肅最稱淵奥，儒林推重。愈從其徒游，鋭意鑽仰，欲自振於一代。洎舉進士，投文於公卿間，故相鄭余慶頗為之延譽，由是知名於時。尋登進士第。

宰相董晉出鎮大梁，辟為巡官。府除，徐州張建封又請為其賓佐。愈發言眞率，無所畏避，操行堅正，拙於世務。調授四門博士，轉監察御史。德宗晚年，政出多門，宰相不專機務。宫市之弊，諫官論之不聽。愈嘗上章數千言極論之，不聽，怒貶為連州山陽令，量移江陵府掾曹。

元和初，召為國子博士，遷都官員外郎。時華州刺史閻濟美以公事停華陰令柳澗縣務，俾攝掾曹。居數月，濟美罷郡，出居公館，澗遂諷百姓遮道索前年軍頓役直。後刺史趙昌按得澗罪以聞，貶房州司馬。愈因使過華，知其事，以為刺史相黨，上疏理澗，留中不下。詔監察御史李宗奭按驗，得澗贓狀，再貶澗封溪尉。以愈妄論，復為國子博士。愈自以才高，累被擯黜，作《進學解》以自喻曰：

國子先生晨入太學，召諸生立館下，誨之曰：『業精于勤荒于嬉，行成于思毁于隨。方今聖賢相逢，治具華張。拔去凶邪，登崇俊良。占小善者率以録，名一藝者無不庸。爬羅剔抉，刮垢磨光。蓋有幸而獲選，孰云多而不揚？諸生業患不能精，無患有司之不明；行患不能成，無患有司之不公！』

言未既，有笑於列者曰：『先生欺予哉！弟子事先生，於兹有年矣。先生口不絶吟於六藝之文，手不停披於百家之編。記事者必提其要，纂言者必鉤其玄。貪多務得，細大不捐。燒膏油以繼晷，常矻矻以窮年。先生之業，可謂勤矣。抵排異端，攘斥佛、老；補苴罅漏，張皇幽眇；尋墜緒之茫茫，獨旁搜而遠紹；障百川而東之，回狂瀾於既倒。先生之於儒，可謂有勞矣。沉浸醲鬱，含英咀華，作為文章，其書滿家。上規姚、姒，渾渾無涯；《周誥》、《殷盤》，佶屈聱牙；《春秋》謹嚴，《左氏》浮誇；《易》奇而法，《詩》正而葩；下逮《莊》、《騷》，太史所録，子雲、相如，同工異曲。先生之於文，可謂閎其中而肆其外矣。少始知學，勇於敢為；長通於方，左右具宜。先生之於為人，可謂成矣。然而公不見信於人，私不見助於友；跋前躓後，動輒得咎。暫為御史，遂竄南夷；三為博士，冗不見治。命與仇謀，取敗幾時。冬暖而兒號寒，年豐而妻啼飢。頭童齒豁，竟死何裨？不知慮此，而反教人為！』

先生曰：『吁，子來前！夫大木為宗，細木為桷，欂櫨侏儒，椳闑扂楔，各得其宜，施以成室者，匠氏之工也。玉劄丹砂，赤箭青芝，朱溲馬勃，敗鼓之皮，俱收並蓄，待用無遺者，醫師之良也。登明選公，雜進巧拙，紆餘為妍，卓犖為傑，校短量長，唯器是適者，宰相之方也。昔者，孟軻好辯，孔道以明，轍環天下，卒老於行。荀卿守正，大論是弘，逃讒於楚，廢死蘭陵。是二儒者，吐辭為經，舉足為法，絶類離倫，優入聖域，其遇於世何如也？今先生學雖勤，不由其統；言雖多，不要其中；文雖奇，不濟於用；行雖修，不顯於衆。猶且月費俸錢，歲靡廩粟，子不知耕，婦不知織，乘馬從徒，安坐而食，踵常途之促促，窺陳編以盗竊。然而聖主不加誅，宰臣不見斥，此非其幸哉！動而得謗，名亦隨之。投閒置散，乃分之宜。若夫商財賄之有無，計班資之崇庳，忘己量之所稱，指前人之瑕疵，是所謂詰匠氏之不以杙為楹，而訾醫師以昌陽引年，欲進其豨苓也。』

執政覽其文而憐之，以其有史才，改比部郎中、史館修撰。逾歲，轉考功郎中、知制誥，拜中書舍人。

俄有不悦愈者，摭其舊事，言愈前左降為江陵掾曹，荆南節度使裴均館之頗厚，均子鍔凡鄙，近者鍔還省父，愈為序餞鍔，仍呼其字。此論喧於朝列，坐是改太子右庶子。

元和十二年八月，宰臣裴度為淮西宣慰處置使，兼彰義軍節度使，請愈為行軍司馬，仍賜金紫。淮、蔡平，十二月隨度還朝，以功授刑部侍郎，仍詔愈撰《平淮西碑》，其辭多敍裴度事。時先入蔡州擒吳元濟，李愬功第一，愬不平之。愬妻出入禁中，因訴碑辭不實，詔令磨愈文。憲宗命翰林學士段文昌重撰文勒石。

鳳翔法門寺有護國眞身塔，塔内有釋迦文佛指骨一節，其書本傳法，三十年一開，開則歲豐人泰。十四年正月，上令中使杜英奇押宫人三十人，持香花赴臨皋驛迎佛骨。自光順門入大内，留禁中三日，乃送諸寺。王公士庶，奔走捨施，唯恐在後。百姓有廢業破産，燒頂灼臂而求供養者。愈素不喜佛，上疏諫曰：

伏以佛者，夷狄之一法耳。自後漢時始流入中國，上古未嘗有也。昔黄帝在位百年，年百一十歲；少昊在位八十年，年百歲；顓頊在位七十九年，年九十八歲；帝嚳在位七十年，年百五歲；帝堯在位九十八年，年百一十八歲；帝舜及禹年皆百歲。此時天下太平，百姓安樂壽考，然而中國未有佛也。其後殷湯亦年百歲，湯孫太戊在位七十五年，武丁在位五十年，書史不言其壽，推其年數，蓋亦俱不減百歲。周文王年九十七歲，武王年九十三歲，穆王在位百年。此時佛法亦未至中國，非因事佛而致此也。

漢明帝時始有佛法，明帝在位，纔十八年耳。其後亂亡相繼，運祚不長。宋、齊、梁、陳、元魏已下，事佛漸謹，年代尤促。唯梁武帝在位四十八年，前後三度捨身施佛，宗廟之祭，不用牲牢，晝日一食，止於菜果。其後竟為侯景所逼，餓死臺城，國亦尋滅。事佛求福，乃更得禍。由此觀之，佛不足信，亦可知矣。

高祖始受隋禪，則議除之。當時羣臣識見不遠，不能深究先王之道、古今之宜，推闡聖明，以救斯弊，其事遂止。臣嘗恨焉！伏惟皇帝陛下，神聖英武，數千百年以來未有倫比。卽位之初，卽不許度人為僧尼、道士，又不許別立寺觀。臣當時以為高祖之志，必行於陛下之手。今縱未能卽行，豈可恣之轉令盛也！

今聞陛下令羣僧迎佛骨於鳳翔，御樓以觀，舁入大內，令諸寺遞迎供養。臣雖至愚，必知陛下不惑於佛，作此崇奉以祈福祥也。直以年豐人樂，徇人之心，為京都士庶設詭異之觀、戲玩之具耳。安有聖明若此而肯信此等事哉！然百姓愚冥，易惑難曉，苟見陛下如此，將謂眞心信佛。皆云天子大聖，猶一心敬信；百姓微賤，於佛豈合惜身命。所以灼頂燔指，百十為羣，解衣散錢，自朝至暮。轉相仿效，唯恐後時，老幼奔波，棄其生業。若不卽加禁遏，更歷諸寺，必有斷臂臠身以為供養者。傷風敗俗，傳笑四方，非細事也。

佛本夷狄之人，與中國言語不通，衣服殊制。口不道先王之法言，身不服先王之法行，不知君臣之義、父子之情。假如其身尚在，奉其國命，來朝京師，陛下容而接之，不過宣政一見，禮賓一設，賜衣一襲，衛而出之於境，不令惑於衆也。況其身死已久，枯朽之骨，凶穢之餘，豈宜以入宮禁！孔子曰：『敬鬼神而遠之。』古之諸侯，行弔於國，尚令巫祝先以桃茢，祓除不祥，然後進弔。今無故取朽穢之物，親臨觀之，巫祝不先，桃茢不用，羣臣不言其非，御史不舉其失，臣實耻之。乞以此骨付之水火，永絕根本，斷天下之疑，絕後代之惑。使天下之人，知大聖人之所作為，出於尋常萬萬也，豈不盛哉！豈不快哉！佛如有靈，能作禍祟，凡有殃咎，宜加臣身。上天鑑臨，臣不怨悔。

疏奏，憲宗怒甚。間一日，出疏以示宰臣，將加極法。裴度、崔羣奏曰：『韓愈上忤尊聽，誠宜得罪，然而非內懷忠懇，不避黜責，豈能至此？伏乞稍賜寬容，以來諫者。』上曰：『愈言我奉佛太過，我猶為容之。至謂東漢奉佛之後，帝王咸致夭促，何言之乖剌也？愈為人臣，敢爾狂妄，固不可赦！』於是人情驚惋，乃至國戚諸貴，亦以罪愈太重，因事言之，乃貶為潮州刺史。

愈至潮陽，上表曰：

臣今年正月十四日，蒙恩授潮州刺史，卽日馳驛就路。經涉嶺海，水陸萬里。臣所領州，在廣府極東。去廣府雖云二千里，然來往動皆踰月。過海口，下惡水，濤瀧壯猛，難計期程，颶風鱷魚，患禍不測。州南近界，漲海連天，毒霧瘴氛，日夕發作。臣少多病，年纔五十，髮白齒落，理不久長。加以罪犯至重，所處又極遠惡，憂惶慚悸，死亡無日。單立一身，朝無親黨，居蠻夷之地，與魑魅同羣。苟非陛下哀而念之，誰肯為臣言者。

臣受性愚陋，人事多所不通，唯酷好學問文章，未嘗一日暫廢，實為時輩推許。臣於當時之文，亦未有過人者。至於論述陛下功德，與《詩》、《書》相表裏。作為歌詩，薦之郊廟，紀太山之封，鏤白玉之牒；鋪張對天之宏休，揚厲無前之偉迹；編於《詩》、《書》之策而無愧，措於天地之間而無虧。雖使古人復生，臣未肯多讓。伏以大唐受命有天下，四海之內，莫不臣妾，南北東西，地各萬里。自天寶之後，政治少懈，文致未優，武克不綱。孽臣奸隸，外順內悖；父死子代，以祖以孫。如古諸侯，自擅其地，不朝不貢，六七十年。四聖傳序，以至陛下，躬親聽斷，干戈所麾，無不從順。宜定樂章，以告神明；東巡泰山，奏功皇天，使永永萬年，服我成烈。當此之際，所謂千載一時，不可逢之嘉會。而臣負罪嬰釁，自拘海島，戚戚嗟嗟，日與死迫；曾不得奏薄伎於從官之內、隸御之間，窮思畢精，以贖前過。懷痛窮天，死不閉目！瞻望宸極，魂神飛去。伏惟陛下，天地父母，哀而憐之。

憲宗謂宰臣曰：『昨得韓愈到潮州表，因思其所諫佛骨事，大是愛我，我豈不知！然愈為人臣，不當言人主事佛乃年促也。我以是惡其容易。』上欲復用愈，故先語及，觀宰臣之奏對。而皇甫鎛惡愈狷直，恐其復用，率先對曰：『愈終大狂疏，且可量移一郡。』乃授袁州刺史。

初，愈至潮陽，既視事，詢吏民疾苦，皆曰：『郡西湫水有鱷魚，卵而化，長數丈，食民畜產將盡，以是民貧。』居數日，愈往視之，令判官秦濟炮一豚一羊，投之湫水，祝之曰：

前代德薄之君，棄楚、越之地，則鱷魚涵泳於此可也。今天子神聖，四海之外，撫而有之。況揚州之境，刺史縣令之所治，出貢賦以共天地宗廟之祀，鱷魚豈可與刺史雜處此土哉？刺史受天子命，令守此土，而鱷魚睅然不安溪潭，食民畜熊鹿獐豕，以肥其身，以繁其卵，與刺史爭為長。刺史雖駑弱，安肯為鱷魚低首而下哉！今潮州大海在其南，鯨鵬之大，蝦蟹之細，無不容，鱷魚朝發而夕至。今與鱷魚約，三日乃至七日，如頑而不徙，須為物害，則刺史選材伎壯夫，操勁弓毒矢，與鱷魚從事矣！

祝之夕，有暴風雷起於湫中。數日，湫水盡涸，徙於舊湫西六十里。自是潮人無鱷患。

袁州之俗，男女隸於人者，逾約則没入出錢之家。愈至，設法贖其所没男女，歸其父母。仍削其俗法，不許隸人。

十五年，徵為國子祭酒，轉兵部侍郎。會鎮州殺田弘正，立王廷湊，令愈往鎮州宣諭。愈既至，集軍民，諭以逆順。辭情切至，廷湊畏重之。改吏部侍郎。轉京兆尹，兼御史大夫。以不臺參，為御史中丞李紳所劾。愈不伏，言準敕仍不臺參。紳、愈性皆褊僻，移刺往來，紛然不止，乃出紳為浙西觀察使，愈亦罷尹為兵部侍郎。及紳面辭赴鎮，泣涕陳敘。穆宗憐之，乃追制以紳為兵部侍郎，愈復為吏部侍郎。長慶四年十二月卒，時年五十七，贈禮部尚書，謚曰文。

愈性弘通，與人交，榮悴不易。少時與洛陽人孟郊、東郡人張籍友善。二人名位未振，愈不避寒暑，稱薦於公卿間，而籍終成科第，榮於禄仕。後雖通貴，每退公之隙，則相與談宴，論文賦詩，如平昔焉。而觀諸權門豪士，如僕隸焉，瞪然不顧。而頗能誘厲後進，館之者十六七，雖晨炊不給，怡然不介意。大抵以興起名教，弘奬仁義為事。凡嫁内外及友朋孤女僅十人。

常以為自魏、晉已還，為文者多拘偶對，而經誥之指歸，遷、雄之氣格，不復振起矣。故愈所為，文，務反近體；抒意立言，自成一家新語。後學之士，取為師法。當時作者甚衆，無以過之，故世稱『韓文』焉。然時有恃才肆意，亦有盭孔、孟之旨。若南人妄以柳宗元為羅池神，而愈撰碑以實之；李賀父名晉，不應進士，而愈為賀作《諱辨》，令舉進士；又為《毛穎傳》，譏戲不近人情，此文章之甚紕繆者。時謂愈有史筆，及撰《順宗實録》，繁簡不當，敍事拙於取捨，頗為當代所非。穆宗、文宗嘗詔史臣添改，時愈婿李漢、蔣係在顯位，諸公難之。而韋處厚竟別撰《順宗實録》三卷。有文集四十卷，李漢為之序。

子昶，亦登進士第。

史臣曰：貞元、太和之間，以文學聳動搢紳之伍者，宗元、禹錫而已。其巧麗淵博，屬辭比事，誠一代之宏才。如俾之詠歌帝載，黼藻王言，足以平揖古賢，氣吞時輩。而蹈道不謹，昵比小人，自致流離，前隳素業。故君子羣而不黨，戒懼慎獨，正為此也。韓、李二文公，於陵遲之末，遑遑仁義，有志於持世範，欲以人文化成，而道未果也。至若抑楊、墨，排釋、老，雖於道未弘，亦端士之用心也。

贊曰：天地經綸，無出斯文。愈、翺揮翰，語切典墳。犧雞斷尾，害馬敗羣。僻塗自噬，劉、柳諸君。

《新唐書》卷一七六《韓愈傳》　韓愈，字退之，鄧州南陽人。七世祖茂，有功於後魏，封安定王。父仲卿，為武昌令，有美政，既去，縣人刻石頌德。終秘書郎。愈生三歲而孤，隨伯兄會貶官嶺表。會卒，嫂鄭鞠之。愈自知讀書，日記數千百言，比長，盡能通《六經》、百家學。擢進士第。會董晉為宣武節度使，表署觀察推官。晉卒，愈從喪出，不四日，汴軍亂，乃去。依武寧節度使張建封，建封辟府推官。操行堅正，鯁言無所忌。調四門博士，遷監察御史。上疏極論宮市，德宗怒，貶陽山令。有愛在民，民生子多以其姓字之。改江陵法曹參軍。元和初，權知國子博士，分司東都，三歲為眞。改都官員外郎，即拜河南令。遷職方員外郎。

【略】

初，憲宗將平蔡，命御史中丞裴度使諸軍按視。及還，且言賊可滅，與宰相議不合。愈亦奏言：

淮西連年修器械防守，金帛糧畜耗於給賞，執兵之卒四向侵掠，農夫織婦餉於其後，得不償費。比聞畜馬皆上槽櫪，此譬有十夫之力，自朝抵夕，跳躍叫呼，勢不支久，必自委頓。當其已衰，三尺童子可制其命。況以三州殘弊困劇之餘而當天下全力，其敗可立而待也，然未可知者，在陛下斷與不斷耳。夫兵不多不足以取勝，必勝之師利在速戰，兵多而戰不速則所費必廣。疆埸之上，日相攻劫，近賊州縣，賦役百端，小遇水旱，百姓愁苦。方此時，人人異議以惑陛下，陛下持之不堅，半塗而罷，傷威損費，為弊必深。所要先決於心，詳度本末，事至不惑，乃可圖功。

又言：『諸道兵羈旅單弱不足用，而界賊州縣，百姓習戰鬥，知賊深淺，若募以內軍，教不三月，一切可用。』又欲『四道置兵，道率三萬，畜力伺利，一日俱縱，則蔡首尾不救，可以責功』。執政不喜。會有人詆愈在江陵時為裴均所厚，均子鍔素無狀，愈為文章，字命鍔謗語囂暴，由是改太子右庶子。及度以宰相節度彰義軍，宣慰淮西，奏愈行軍司馬。愈請乘遽先入汴，說韓弘使葉力。元濟平，遷刑部侍郎。【略】

鎮州亂，殺田弘正而立王廷湊，詔愈宣撫。既行，衆皆危之。元稹言：『韓愈可惜。』穆宗亦悔，詔愈度事從宜，無必入。愈至，廷湊嚴兵迓之，甲士陳廷。既坐，廷湊曰：『所以紛紛者，乃此士卒也。』愈大聲曰：『天子以公為有將帥材，故賜以節，豈意同賊反邪？』語未終，士前奮曰：『先太師為國擊朱滔，血衣猶在，此軍何負，乃以為賊乎？』愈曰：『以為爾不記先太師也，若猶記之，固善。天寶以來，安祿山、史思明、李希烈等有子若孫在乎？亦有居官者乎？』衆曰：『無。』愈曰：『田公以魏博六州歸朝廷，官中書令，父子受旗節；劉悟、李祐皆大鎮。此爾軍所共聞也。』衆曰：『弘正刻，故此軍不安。』愈曰：『然爾曹亦害田公，又殘其家矣，復何道？』衆讙曰：『善。』廷湊慮衆變，疾麾使去。因曰：『今欲廷湊何所為？』愈曰：『神策六軍將如牛元翼者為不乏，但朝廷顧大體，不可棄之。公久圍之，何也？』廷湊曰：『即出之。』愈曰：『若爾，則無事矣。』會元翼亦潰圍出，廷湊不追。愈歸奏其語，帝大悅。轉吏部侍郎。

時宰相李逢吉惡李紳，欲逐之，遂以愈為京兆尹、兼御史大夫，特詔不臺參，而除紳中丞。紳果劾奏愈，愈以詔自解。其後文刺紛然，宰相以臺、府不協，遂罷愈為兵部侍郎，而出紳江西觀察使。紳見帝，得留，愈亦複為吏部侍郎。長慶四年卒，年五十七，贈禮部尚書，謚曰文。

愈性明鋭，不詭隨。與人交，始終不少變。成就後進士，往往知名。經愈指授，皆稱『韓門弟子』，愈官顯，稍謝遣。凡內外親若交友無後者，為嫁遣孤女而恤其家。嫂鄭喪，為服期以報。

每言文章自漢司馬相如、太史公、劉向、揚雄後，作者不世出，故愈深探本元，卓然樹立，成一家言。其《原道》、《原性》、《師説》等數十篇，皆奥衍閎深，與孟軻、揚雄相表裏而佐佑《六經》云。至它文，造端置辭，要為不襲蹈前人者。然惟愈為之，沛然若有餘，至其徒李翺、李漢、皇甫湜從而效之，遽不及遠甚。從愈游者，若孟郊、張籍，亦皆自名於時。

綜述

唐・李翺《李文公集》卷一一《故正議大夫行尚書吏部侍郎上柱國賜紫金魚袋贈禮部尚書韓公行狀》 曾祖泰，皇任曹州司馬。祖浚素，皇任桂州長史。父仲卿，皇任秘書郎，贈尚書左僕射。公諱愈，字退之，昌黎人。生三歲父歿，養於兄會舍。及長讀書，能記他生之所習，年二十五上進士第。汴州亂，詔以舊相東都留守董晉為平章事宣武軍節度使，以平汴州。晉辟公以行，遂入汴州，得試秘書省校書郎，為觀察推官。晉卒，公從晉喪以出，四日而汴州亂，凡從事之居者皆殺死。

武寧軍節度使張建封奏為節度推官，得試太常寺協律郎，選授四門博士，遷監察御史。為幸臣所惡，出守連州陽山令。政有惠於下，及公去，百姓多以公之姓以命其子。改江陵府法曹參軍，入為權知國子博士。宰相有愛公文者，將以文學職處公，有爭先者，構公語以非之，公恐及難，遂求分司東都。權知三年，改眞博士，入省為分司都官員外郎，改河南縣令，日以職分辨於留守及尹，故軍士莫敢犯禁。入為職方員外郎。華州刺史奏華陰縣令柳澗有罪，遂將貶之，公上疏請發御史辯曲直，方可處以罪，則下不受屈。既柳澗有犯，公由是復為國子博士。改比部郎中史館修撰，轉考功郎中，修撰如故，數月以考功知制誥。

上將平蔡州，先命御史中丞裴公度使諸軍以視兵，及還，奏兵可用，賊勢可以滅，頗與宰相意忤。既數月，盜殺宰相，又害中丞不克。中丞微傷，馬逸以免，遂為宰相，以主東兵。自安禄山起范陽，陷兩京，河南、北七鎮節度使，身死則立其子，作軍士表以請，朝廷因而與之。及貞元季年，雖順地節將死，多卽軍中取行軍副使、將校以授之節，習以成故矣。朝廷之賢，恬然於所安，以苟不用兵為貴，議多與裴丞相異。唯公以為『盜殺宰相，而遂息兵，其為懦甚大，兵不可以息；以天下力取三州，尚何不可』，與裴丞相議合，故兵遂用。而宰相有不便之者，月滿遷中書舍人，賜緋魚袋，後竟以他事改太子右庶子。

元和十二年秋，以兵老久屯，賊未滅，上命裴丞相為淮西節度使以招討之。丞相請公以行，於是以公因本官兼御史中丞，賜三品服及魚，為行軍司馬，從丞相居於郾城。公知蔡州精卒悉聚界上，以拒官軍，守城者率老弱，且不過千人，亟白丞相，請以兵三千人間道以入，必擒吳元濟。丞相未及行，而李愬自唐州文城壘提其卒以夜入蔡州，果得元濟。蔡州既平，布衣柏耆以計謁公，公與語奇之，遂白丞相曰：『淮西滅，王承宗膽破，可不勞用衆，宜使辯士奉相公書，明禍福以招之，彼必服。』丞相然之。公令柏耆口占為丞相書，有禍福，使柏耆袖之，以至鎮州。承宗果大恐，上表請割德、棣二州以獻。丞相歸京師，公遷刑部侍郎。

歲餘，佛骨自鳳翔至，傳京師諸寺。時百姓有燒指與頂以祈福者，公奏疏言：『自伏羲至周文武時，皆未有佛，而年多至百歲，有過之者。自佛法入中國，帝王事之，壽不能長。梁武帝事之最謹，而國大亂。請燒棄佛骨。』疏入，貶潮州刺史。移袁州刺史，百姓以男女為人隸者，公皆計傭以償其直而出歸之。入遷國子祭酒。有直講，能説《禮》而陋於容，學官多豪族子，擯之不得共食。公命使曰：『召直講來，與祭酒共食。』學官由此不敢賤直講。奏儒生為學官，日使會講。生徒奔走聽聞，皆相喜曰：『韓公來為祭酒，國子監不寂寞矣。』

改兵部侍郎。鎮州亂，殺其帥田宏正，征之不克，遂以王庭湊為節度使，詔公往宣撫。既行，衆皆危之，元稹奏曰：『韓愈可惜。』穆宗亦悔，有詔令至境觀事勢，無必於入。公曰：『安有受君命而滯留自顧？』遂疾驅入。庭湊嚴兵拔刃，弦弓矢以逆。及館，甲士羅於庭，公與庭湊、監軍使三人就位。既坐，庭湊言曰：『所以紛紛者，乃此士卒所為，本非庭湊心。』公大聲曰：『天子以為尚書有將帥材，故賜之以節，實不知公共健兒語，未嘗及大錯。』甲士前奮言曰：『先太史為國打朱滔，滔遂敗走，血衣皆在。此軍何負朝廷，乃以為賊乎？』公告曰：『兒郎等且勿語，聽愈言。愈將為兒郎已不記先太史之功與忠矣，若猶記得，乃大好。且為逆與順，利與病，不能遠引古事，但以天寶來禍福為兒郎等明之。安禄山、史思明、李希烈、梁崇義、朱滔、朱泚、吳元濟、李師道，復有若子若孫在乎？亦有居官者乎？』衆皆曰：『無。』又曰：『令公以魏博六州歸朝廷，為節度使，後至中書令，父子皆授旌節，子與孫雖在童幼者亦為好官，窮富極貴，寵榮耀天下。劉悟、李佑皆居大鎮，王承元年始十七亦仗節，此皆三軍耳所聞也。』衆乃曰：『田宏正刻此軍，故軍不安。』公曰：『然汝三軍亦害田令公身，又殘其家矣，復何道？』衆乃讙曰：『侍郎語是。』庭湊恐衆心動，遽麾衆散出，因泣謂公曰：『侍郎來，欲令庭湊何所為？』公曰：『神策六軍之將，如牛元翼比者不少，但朝廷顧大體，不可以棄之耳，而尚書久圍之何也？』庭湊曰：『卽出之。』公曰：『若眞耳，則無事矣。』因與之宴而歸，而元翼果出。乃還，於上前盡奏與庭湊言及三軍語，上大悦曰：『卿直向伊如此道！』由是有意欲大用之。王武俊贈太師，呼太史者，燕趙人語也。

轉吏部侍郎。凡令史皆不鎖廳出入，或問公，公曰：『人所以畏鬼者，以其不能見也，鬼如可見，則人不畏矣。選人不得見令史，故令史勢重，聽其出入，則勢輕。』改京兆尹兼御史大夫，特詔不就御史臺謁，後不得引為例。六軍將士皆不敢犯，私相告曰：『是尚欲燒佛骨者，安可忤？』故賊盜止。遇旱，米價不敢上。李紳為御史中丞，械囚送府，使以尹杖杖之。公曰：『安有此？』使歸其囚。是時紳方幸，宰相欲去之，故以臺與府不協為請，出紳為江西觀察使，以公為兵部侍郎。紳既復留，公入謝，上曰：『卿與李紳爭何事？』公因自辯，數日復為吏部侍郎。

長慶四年得病，滿百日假，既罷，以十二月二日卒於靖安里第。

公氣厚性通，論議多大體，與人交始終不易，凡嫁內外及交友之女無主者十人。幼養於嫂鄭氏，及嫂歿，為之服期以報之。深於文章，每以為自揚雄之後，作者不出，其為文未嘗效前人之言，而固與之並。自貞元末以至於茲，後進之士，其有志於古文者，莫不視公以為法。有集四十卷，小集十卷。及病，遂請告以罷。每與交友言既，終以處妻子之語，且曰：『某伯兄德行高，曉方藥，食必視本草，年止於四十二。某疏愚，食不擇禁忌，位為侍郎，年出伯兄十五歲矣。如又不足，於何而足？且獲終於牖下，幸不至失大節，以下見先人，可謂榮矣。』享年五十七，贈禮部尚書。謹具任官事迹如前，請牒考功下太常定謚，並牒史館。謹狀。

唐・皇甫湜《皇甫持正文集》卷六《韓文公神道碑》　韓氏出晉穆侯。晉滅武穆之韓，而邑穆侯孫寓於韓，遂以為氏。後世稱王。漢之興，故韓襄王孫信有功，復封韓王，條葉遂著。後居南陽，又隸延州之武陽。拓跋後魏之帝，其臣有韓茂者，以武功顯，為尚書令，實為安定桓王。次子均襲爵，官至金部尚書，亦能以功名終。尚書曾孫叡素，為唐桂州長史，善化行於江嶺之間，於先生為王父，生贈尚書左僕射諱仲卿。僕射生先生。

先生諱愈，字退之。乳抱而孤，熊熊然角，嫂鄭氏異而恩鞠之。七歲屬文，意語天出。長悅古學，業孔子、孟子，而侈其文。秀人偉生，多從之游，俗遂化服，炳炳烈烈，為唐之章。貞元十四年，用進士從軍宰相董晉平汴州之亂，又佐徐州、青、淄，通漕江淮。入官於四門，先生實師之。擢為御史。十九年，關中旱饑，人死相枕藉，吏刻取怨。先生列言天下根本，民急如是，請寬民徭而免田租之弊。專政者惡之，行為連州陽山令，陽山民至今多以先生氏洎字呼其子孫。累除國子博士，不麗邪寵，懼而中請分司東都避之。除尚書都官郎中，分司判祠部。中官號功德使，司京城觀寺，尚書斂手就職。先生按《六典》，盡索之以歸，誅其無良，時其出入，禁嘩衆以正浮屠。授河南令。魏、鄆、幽、鎮各為留邸，貯潛卒以橐罪士，官無敢問者。先生將摘其禁，以壯朝廷，斷民署吏，候令且發，留守尹以聞，皆大恐，遽相禁。有使還為言，憲宗悅曰：『韓愈助我者。』是後鄆邸果謀反東都，將屠留守以應淮、蔡。華州刺史奏華陰令柳澗贓，詔貶澗官。先生守尚書職方郎中，奏疏言：『華近在國城門外，刺史奏縣令罪，不參驗，坐郡。』御史考實，奏事如州，宰相不為堅白本意，先生竟責出省。復比部郎中修史，主柄者不喜，不卒展用。再遷中書舍人，廷議蔡叛可誅，與衆意違，改右庶子。

十二年七月，詔御史中丞司彰義軍討元濟。出關趨汴，說都統弘，弘悅用命，遂至郾城。審賊勢虛實，請節度使裴度曰：『某領精兵千人取元濟。』度不聽察。居數日，李愬自文城早行，無人，擒賊以獻，遂平蔡方，三軍之士為先生恨。復謂度曰：『今藉聲勢，王承宗可以辭取，不煩兵矣。』得柏耆，先生授詞，使者執筆書之，持以入鎮，承宗恐懼，割德、棣以降，遣子入侍。還拜刑部侍郎。憲宗盛儀衛迎佛骨，士女縱觀傾城，先生大懼，遂移典校上章極諫，貶潮州刺史。大官謫為州縣，薄不治務，先生臨之，若以資遷。洞究海俗，海夷陶然，遂生鮮魚稻蟹，不暴民物。掠賣之口，計庸免之，來相計直，輒與錢贖。及還，著之赦令。轉刺史袁州如潮。徵拜國子祭酒，其屬一奏用儒生，日集講說生徒，官人以藝學淺深為顧，侍品豪曹游一不留。既除兵部侍郎，方鎮反，太原兵以輕利誘回紇，召先生禍福，譬引虎齧臃血，直今所患，非兵不足，遽疏陳得失。王廷湊屠衣冠，圍牛元翼，人情望之若大蚖虺，先生奉詔入賊，淵然無事行者。既至，召衆賊帥前，抗聲數責，致天子命，詞辯而銳，悉其機情，賊衆懼伏。賊帥曰：『惟公指。』令乃約之出元翼，歸士大夫之喪。功可意而複，穆宗大喜，且欲相之。

遷吏部侍郎。會京兆尹以不治聞，遂以遷拜，敕曰：『朕屈韓愈公為尹，宜令無參御史，不得為故常。兼御史大夫用優之。』禁軍老奸，宿惡不攝，盡縛送獄，京理恪然。御史中丞有寵，旦夕且相，先生不詣，固為恥矣。械囚送府，令取尹杖決之，先生脫囚械縱去。御史悉奏，宰相乘之，兩改其官。復為吏部侍郎，銓不鎖，入吏，選父七十、母六十、身七十，悉與三科取才，財勢路絕。病滿三月免。四年十二月丙子，薨靖安里第，年五十七。嗣天子不御朝，贈禮部尚書。寶曆元年三月癸酉，葬河南某縣。

先叔父雲卿，當肅宗、代宗朝，獨為文章官。兄會，亦顯名，官至起居舍人。會妻之亡，先生以期衰服服焉，用報之。朝有大獄大疑，文武會同，莫先發言，先生援《經》引史，考合《傳》、《記》，侃侃正色，伏其所執詞。決政而出，又曰：『某賢善耳。』必心躍色揚，鉤而游之，內外惸弱悉撫之，一親以仁，使男有官，女有從，而不啻於己生。交於人，已而我負，終不計，死則庇其家，均食剖資。與人故，雖微弱，待之如賢戚。人詬笑之，愈篤。未嘗一日不對客，閨人或晝見其面，退相指語，以為異事。實嗜才技，毫細無所略，然而天下之進士而後者望風懃畏，以為瑞人神士，朗出天外，不可梯接，非有奇卓，望門不敢造。未嘗宿貨，有餘財，每曰：『吾明日解衣質食，今存者已多矣。』遺命喪葬，無不如禮。俗習夷教，畫寫浮圖，日以七數之，及拘陰陽，所謂吉凶，一無污我。夫人高平郡君，孤前進士昶，謹以承命。湜既以銘先生墓矣，又悉敍其系葉德誼於碑，以圖永久，而揭以詞：

韓因朔封，自武之穆。厥全趙孤，天下陰福。子孫宜昌，宣惠遂王。秦絕韓祀，蟻虱有子。繼王陽翟，繼王安定。三王其爵，韓氏何盛。桂冑系雅，三祖官下。秘書發祥，追錫僕射。徑孰道荒，物喪其明。誰懇其治，先生之生。先生之武，襲蹈聖矩。基於其身，克後其所。居歸丘軻，危解禍羅。具兮素兮，有覩何多。靡引而忘，天吝其施。廉陛乃頹，羣心孔哀。厥聲赫赫，滿華遍貊。年千世百，新在竹帛。我銘在碑，展我哀思。

又《韓文公墓銘》 長慶四年八月，昌黎韓先生既以疾免吏部侍郎，書諭湜曰：『死能令我躬所以不隨世磨滅者，惟子以為囑。』其年十二月丙子，遂薨。明年正月，其孤昶使奉功緒之録繼訃以至。三月癸酉，葬河南河陽，乃哭而敍銘其墓。其詳將揭之於神道碑云。

先生諱愈，字退之，後魏安桓王茂六代孫。祖朝散大夫、桂州長史諱叡素。父秘書郎贈尚書左僕射諱仲卿。先生七歲好學，言出成文。及冠恣為書，以傳聖人之道。人始未信，既發不掩，聲震業光，衆方驚爆而萃排之。乘危將顛，不懈益張，卒大信於天下。先生之作，無圓無方，至是歸工。抉經之心，執聖之權，尚友作者，跋邪抵異，以扶孔氏，存皇之極。知與罪非我計。茹古涵今，無有端涯，渾渾灝灝，不可窺校。及其酬放，豪曲快字，淩紙怪發，鯨鏗春麗，驚耀天下。然而栗密窈眇，章妥句適，精能之至，入神出天。嗚呼極矣，後人無以加之矣。姬氏已來，一人而已矣。

始先生以進士三十有一仕歷官，其為御史、尚書郎、中書舍人，前後三貶皆以疏陳治事，廷議不隨為罪。常惋佛老氏法，潰聖人之堤，乃唱而築之。及為刑部侍郎，遂章言憲宗迎佛骨非是。任為身耻，震怒天顏。先生處之安然，就貶八千里海上。嗚呼！古所謂非苟知之，亦允蹈之者邪？

吳元濟反，吏兵久屯無功，國涸將疑，衆懼恟恟。先生以右庶子兼御史中丞行軍司馬。宰相軍出潼關，請先乘遽至汴，感説都統，師乘遂和，卒擒元濟。王廷湊反，圍牛元翼於深，救兵十萬，望不敢前。詔擇庭臣往諭，衆栗縮，先生勇行。元稹言於上，曰：『韓愈可惜。』穆宗悔，馳詔無徑入。先生曰：『止，君之仁；死，臣之義。』遂至賊營，麾其衆責之，賊惶汗伏地，乃出元翼。春秋美臧孫辰告糴於齊，以為急病，校其難易，孰為宜褒。嗚呼！先生真古所謂大臣者耶？

還拜京兆尹，斂禁軍，帖旱糴，斷悻臣之鋩。再為吏部侍郎，薨，年五十七，贈禮部尚書。

先生與人洞朗軒辟，不施戟級。族姻友舊不自立者，必待我然後衣食嫁娶喪葬。平居雖寢食未嘗去書，怠以為枕，飡以飴口，講評孜孜，以講諸生。恐不完美，游以詼笑嘯歌，使皆醉義志歸。嗚呼！可為樂易君子，鉅人者矣。夫人高平君范陽盧氏，孤前進士昶，壻左拾遺李漢，集賢校理樊宗懿，次女許嫁陳氏，三女未笄。

銘曰：維天有道，在我先生。萬頸胥延，坐廟以行。令望絕邪，痼此四方。惟聖有文，乖微歲千。先生起之，焯役於前。彌義滂仁，耿照充天。有如先生，而合亙年。按我章書，經紀大環。唫不時施，昌極後昆。噫嘻永歸，奈知之悲。

宋・洪邁《容齋隨筆》卷六《韓退之》 《舊唐史・韓退之傳》，初言：『愈常以為魏、晉已還，為文者多拘偶對，而經誥之指歸，不復振起。故所為文抒意立言，自成一家新語，後學之士取為師法。當時作者甚衆，無以過之，故世稱韓文。』而又云：『時有恃才肆意，亦盭孔孟之旨。若南人妄以柳宗元為羅池神，而愈撰碑以實之。李賀父名晉，不應進士，而愈為賀作《諱辯》，令舉進士。又為《毛穎傳》，譏戲不近人情。此文章之甚紕繆者。撰《順宗實録》繁簡不當，敍事拙於取捨，頗為當代所非。』裴晉公有《寄李翺書》云：『昌黎韓愈，僕識之舊矣，其人信美材也。近或聞諸儕類云：恃其絕足，往往奔放，不以文立制，而以文為戲。可矣乎？今之不及之者，當大為防焉爾。』《舊史》謂愈為紕繆，固不足責，晉公亦有是言，何哉？考公作此書時，名位猶未達，其末云：『昨弟來，欲度及時干進，度昔歲取名，不敢自高。今孤茕若此，游宦謂何？是不能復從故人之所勉耳！但置力田園，苟過朝夕而已。』然則公出征淮西，請愈為行軍司馬，又令作碑，蓋在此累年之後，相知已深，非復前比也。

元・辛文房《唐才子傳》卷五《韓愈》　愈，字退之，南陽人。早孤依嫂，讀書日記數千言，通百家。貞元八年擢第。凡三指光範上書，始得調。董晉表署宣武節度推官。汴軍亂，去依張建封，辟府推官。遷監察御史。上疏論宮市，德宗怒，貶陽山令。有善政，改江陵法曹參軍。元和中，為國子博士、河南令。愈以才高難容，累下遷，乃作《進學解》以自諭。執政奇其才，轉考功，知制誥，進中書舍人。裴度宣慰淮西，奏為行軍司馬。賊平，遷刑部侍郎。憲宗遣使迎佛骨入禁中，因上表極諫，帝大怒，欲殺，裴度、崔羣力救，乃貶潮州刺史。任後上表，陳情哀切，詔量移袁州刺史。召拜國子祭酒，轉兵部侍郎、京兆尹、兼御史大夫。長慶四年卒。公英偉間生，才名冠世，繼道德之統，明列聖之心。獨濟狂瀾，詞彩燦爛，齊、梁綺豔，毫髮都捐。有冠冕佩玉之氣，宮商金石之音，為一代文宗，使頹綱復振，豈易言也哉，固無辭足以贊述云。至若歌詩累百篇，而驅駕氣勢，若掀雷走電，撐決於天地之垠，詞鋒學浪，先有定價也。時功曹張署亦工詩，與公同為御史，又同遷謫，唱答見於集中。有詩賦雜文等四十卷，今行於世。

論説

唐・劉禹錫《劉夢得文集外集》卷一〇《祭韓吏部文》　高山無窮，太華削成。人文無窮，夫子挺生。典訓為徒，百家抗行。當時勍者，皆出其下。古人中求，為敵蓋寡。貞元之中，帝鼓熏琴。奕奕金馬，文章如林。君自幽谷，升於高岑。鸞鳳一鳴，蜩螗革音。手持文柄，高視寰海。權衡低昂，瞻我所在。三十餘年，聲名塞天。公鼎侯碑，志隧表阡。一字之價，輦金如山。權豪來侮，人虎我鼠。然諸洞開，人金我土。親親尚舊，宜其壽考。天人之學，可與論道。二者不至，至者其誰。豈天與人，好惡背馳。昔遇夫子，聰明勇奮。常操利刃，開我混沌。子長在筆，予長在論。持矛舉盾，卒不能困。時惟子厚，竄言其間。贊詞愉愉，固非顏顏。磅礴上下，羲農以還。會於有極，服之無言。□岐山威鳳不復鳴，華亭別鶴中夜驚。畏簡書兮拘印綬。思臨慟兮志莫就。生芻一束酒一杯。故人故人歆此來！

唐・李翺《李文公集》卷一六《祭吏部韓侍郎文》　嗚呼！孔氏去遠，楊朱恣行，孟軻拒之，乃壞於成。戎風混華，異學魁橫。兄嘗辯之，孔道益明。建武以還，文卑質喪。氣萎體敗，剽剝不讓。儷花鬥葉，顛倒相上。及兄之為，思動鬼神。撥去其華，得其本根。開合怪駭，驅濤湧雲。包劉越嬴，並武同殷。六經之風，絕而復新。學者有歸，大變於文。兄之仕官，罔辭於艱。疏奏輒斥，去而復還。升黜不改，正言亟聞。貞元十二，兄在汴州。我游自徐，始得兄交。視我無能，待予以友。講文析道，為益之厚。二十九年，不知其久。兄以疾休，我病臥室。三來視我，笑言窮日。何荒不耕，會之以一。人心樂生，皆惡言凶。兄之在病，則齊其終。順化以盡，靡憾於中。別我千萬，意如不窮。臨喪大號，決裂肝胸。老聃言壽，死而不亡。兄名之垂，星斗之光。我譔兄行，下於太常。聲殫天地，誰云不長。喪車來東，我刺廬江。君命有嚴，不見兄喪。遣使尊罍，百酸攪腸。音容若在，曷日而忘。嗚呼哀哉，尚饗！

宋・姚鉉《唐文粹》卷九二《李漢〈唐吏部侍郎昌黎先生韓愈文集序〉》　文者，貫道之器也，不深於斯道，有至焉者不也。易繇爻象，春秋書事，詩詠歌，書、禮剔其僞，皆深矣乎！秦、漢已前，其氣渾然，迨乎司馬遷、相如、董生、揚雄、劉向之徒，尤所謂傑然者也。至後漢、曹魏，氣象萎薾。司馬氏已來，規範蕩悉，謂易已下，爲古文剽掠僭竊爲工耳。文與道蓁塞，固然莫知也。先生生於大曆戊申，幼孤，隨兄播遷韶嶺。兄卒，鞠於嫂氏，辛勤來歸。自知讀書爲文，日記數千百言。比壯，經書通念曉析。酷排釋氏，諸史百子，皆搜抉無隱。汗瀾卓踔，淵泫澄深，詭然而蛟龍翔，蔚然而虎鳳躍，鏘然而韶鈞發。日光玉潔，周情孔思，千態萬貌，卒澤於道德仁義，炳如也。洞視萬古，愍惻當世，遂大拯頹風，教人自爲。時人始而驚，中而笑且排，先生志益堅，其終人亦翕然而隨。嗚呼！先生於文，摧陷廓清之功，比於武事，可謂雄偉不常者矣。

長慶四年冬。先生歿。門人隴西李漢，辱知最厚且親，遂收拾遺文，無所失墜。得賦四，古詩二百五，聯句十一，律詩一百七十三，雜著六十四，書啓序八十六，哀辭、祭文三十八，碑誌七十六，筆硯鱷魚文三，表狀四十七，總七百並目録合爲四十一卷，目爲《昌黎先生集》，傳於代。又有《注論語》十卷，傳學者。《順宗實録》五卷，列於史書，不在集中。先生諱愈，字退之，官至吏部侍郎，餘在國史本傳。

唐・趙德《文録序》 昌黎公，聖人之徒歟！其文高出，與古之遺文不相上下。所履之道，則堯、舜、禹、湯、文、武、周、孔、孟軻、揚雄所授受服行之實也。固已不雜其傳，由佛及聃、莊、楊之言，不得幹其思，入其文也。以是光於今，大於後，金石焦鑠，斯文燦然。德行道學文庶幾乎古。蓬茨中，手持目覽，飢食渴飲，沛然滿飽，顧非適諸聖賢之域，而謬志於斯，將所以盜其影響。僻處無備，得以所遇，次之為卷，私曰《文録》，實以師氏為請益依歸之所云。

清・董誥等《全唐文》卷七九六《皮日休〈請韓文公配饗太學書〉》 於戲！聖人之道，不過乎求用。用於生前，則一時可知也。用於死後，則百世可知也。故孔子之封賞，自漢至隋，其爵不過乎公侯。至於吾唐，乃榮王號。七十子之爵命，自漢至隋，或卿大夫，至於吾唐，乃封公侯。曾參之孝道，動天地，感鬼神。自漢至隋，不過乎諸子。至於吾唐，乃旌入十哲。噫！天地久否，忽泰則平。日月久昏，忽開則明。雷霆久息，忽震則驚。霧久鬱，忽廓則清。仲尼之道，否於周秦而昏於漢魏，息於晉宋而鬱於陳隋。遇於吾唐，萬世之憤一朝而釋。倘死者可作，其志可知也。今有人，身行聖人之道，口吐聖人之言，行如顏閔，文若游夏，死不得配食於夫子之側，愚又不知尊先聖之道也？

夫孟子、荀卿，翼傳孔道，以至於文中子。文中子之末，降及貞觀開元，其傳者醨，其繼者淺。或引刑名以為文，或援縱横以為理，或作詞賦以為雅。文中之道，曠百世而得室授者，惟昌黎文公焉。公之文，蹴楊墨於不毛之地，蹂釋老於無人之境，故得孔道巍然而自正。夫今之文人千百世之作，釋其卷，觀其詞，無不裨造化，補時政，繄公之力也。公之文曰：『僕自度若世無孔子，僕不當在弟子之列。』設使公生孔子之世，公未必不在四科焉。國家以二十二賢者代用其書，垂於國胄，並配享於孔聖廟堂，其為典禮也大矣美矣。苟以代用其書，不能以釋聖人之辭，箋聖人之義哉？況有身行其道，口傳其文，吾唐以來，一人而已，死反不得在二十二賢之列，則未聞乎典禮為備。伏請命有司定其配享之位，則自兹以後，天下以文化，未必不由夫是也。

《蘇軾全集》卷四三《揚雄論》 昔之為性論者多矣，而不能定於一。始孟子以為善，而荀子以為惡，揚子以為善惡混。而韓愈者又取夫三子之説，而折之以孔子之論，離性以為三品，曰：『中人可以上下，而上智與下愚不移。』以為三子者，皆出乎其中，而遺其上下。而天下之所是者，於愈之説為多焉。

嗟夫，是未知乎所謂性者，而以夫才者言之。夫性與才相近而不同，其別不啻若白黑之異也。聖人之所與小人共之，而皆不能逃焉，是眞所謂性也。而其才固將有所不同。今夫木，得土而後生，雨露風氣之所養，暢然而遂茂者，是木之所同也，性也。而至於堅者為轂，柔者為輪，大者為楹，小者為桷。桷之不可以為楹，輪之不可以為轂，是豈其性之罪耶？天下之言性者，皆雜乎才而言之，是以紛紛而不能一也。

孔子所謂中人可以上下，而上智與下愚不移者，是論其才也。而至於言性，則未嘗斷其善惡，曰『性相近也，習相遠也』而已。韓愈之説，則又有甚者，離性以為情，而合才以為性。是故其論終莫能通。彼以為性者，果泊然而無為耶？則不當複有善惡之説。苟性而有善惡也，則夫所謂情者，乃吾所謂性也。人生而莫不有飢寒之患，牝牡之欲，今告乎人曰：飢而食，渴而飲，男女之欲，不出於人之性也，可乎？是天下知其不可也。聖人無是，無由以為聖；而小人無是，無由以為惡。聖人以其喜怒哀懼愛惡欲七者禦之，而之乎善；小人以是七者禦之，而之乎惡。由此觀之，則夫善惡者，性之所能之，而非性之所能有也。且夫言性者，安以其善惡為哉！雖然，揚雄之論，則固已近之。曰：『人之性善惡混。修其善則為善人，修其惡則為惡人。』此其所以為異者，唯其不知性之不能以有夫善惡，而以為善惡之皆出乎性也而已。

夫太古之初，本非有善惡之論，唯天下之所同安者，聖人指以為善，而一人之所獨樂者，則名以為惡。天下之人，固將即其所樂而行之，孰知夫聖人唯其一人之獨樂不能勝天下之所同安，是以有善惡之辨。而諸子之意將以善惡為聖人之私說，不已疏乎！而韓愈又欲以書傳之所聞昔人之事迹，而折夫三子之論，區區乎以後稷之岐嶷，文王之不勤，瞽、鯀、管、蔡之迹而明之！聖人之論性也，將以盡萬物之天理，與衆人之所共知者，以折天下之疑。而韓愈欲以一人之才，定天下之性，且其言曰：『今之言性者，皆雜乎佛、老。』愈之說，以為性之無與乎情，而喜怒哀樂皆非性者，是愈流入於佛、老而不自知也。

又　卷八六《潮州韓文公廟碑》　匹夫而為百世師，一言而為天下法。是皆有以參天地之化，關盛衰之運。其生也有自來，其逝也有所為矣。故申、呂自嶽降，而傅說為列星，古今所傳，不可誣也。孟子曰：『吾善養吾浩然之氣。』是氣也，寓於尋常之中，而塞乎天地之間。卒然遇之，則王公失其貴，晉、楚失其富，良、平失其智，賁、育失其勇，儀、秦失其辯，是孰使之然哉？其必有不依形而立，不恃力而行，不恃生而存，不隨死而亡者矣。故在天為星辰，在地為河嶽。幽則為鬼神，而明則複為人。此理之常，無足怪者。

自東漢以來，道喪文弊，異端並起，歷唐貞觀、開元之盛，輔以房、杜、姚、宋而不能救。獨韓文公起布衣，談笑而麾之，天下靡然從公，複歸於正，蓋三百年於此矣。文起八代之衰，而道濟天下之溺，忠犯人主之怒，而勇奪三軍之帥。豈非參天地、關盛衰、浩然而獨存者乎！蓋嘗論天人之辨，以謂人無所不至，惟天不容僞。智可以欺王公，不可以欺豚魚；力可以得天下，不可以得匹夫匹婦之心。故公之精誠，能開衡山之雲，而不能回憲宗之惑；能馴鱷魚之暴，而不能弭皇甫鎛、李逢吉之謗；能信於南海之民，廟食百世，而不能使其身一日安於朝廷之上。蓋公之所能者，天也。所不能者，人也。

始，潮人未知學，公命進士趙德為之師。自是潮之士，皆篤於文行，延及齊民，至於今，號稱易治。信乎孔子之言：『君子學道則愛人，小人學道則易使也。』潮人之事公也，飲食必祭，水旱疾疫，凡有求必禱焉。而廟在刺史公堂之後，民以出入為艱。前守欲請諸朝作新廟，不果。元祐五年，朝散郎王君滌來守是邦，凡所以養士治民者，一以公為師。民既悅服，則出令曰：『願新公廟者聽。』民歡趨之。卜地於州城之南七里，期年而廟成。

或曰：『公去國萬里，而謫於潮，不能一歲而歸，没而有知，其不眷戀於潮，審矣。』軾曰：『不然。公之神在天下者，如水之在地中，無所往而不在也。而潮人獨信之深，思之至，焄蒿悽愴，若或見之。譬如鑿井得泉，而曰水專在是，豈理也哉！』元豐七年，詔封公昌黎伯，故榜曰昌黎伯韓文公之廟。潮人請書其事於石，因作詩以遺之，使歌以祀公。其詞曰：

公昔騎龍白雲鄉，手抉雲漢分天章，天孫為織雲錦裳。飄然乘風來帝旁，下與濁世掃秕糠，西游咸池略扶桑。草木衣被昭回光，追逐李、杜參翱翔，汗流籍、湜走且僵，滅没倒景不可望，作書詆佛譏君王，要觀南海窺衡湘。歷舜九疑弔英、皇，祝融先驅海若藏，約束蛟鱷如驅羊。鈞天無人帝悲傷，謳吟下招遣巫陽，爆牲雞卜羞我觴。於粲荔丹與蕉黃，公不少留我涕滂，翩然被發下大荒。

又　卷九二《韓愈優於揚雄》　韓愈亦近世豪傑之士，如《原道》中言語，雖有疵病，然自孟子之後，能將許大見識，尋求古人，自亦難得。觀其斷曰：『孟子醇乎醇；荀、揚擇焉而不精，語焉而不詳。』若不是他有見識，豈千餘年後便斷得如此分明。如揚雄謂老子之言道德，則有取焉爾；至於搥提仁義，絕滅禮樂為無取。若以老子『剖鬥折衡，而民不爭，聖人不起，為救時反本』之言為無取，尚可恕；如老子言『失道而後德，失德而後仁，失仁而後義，失義而後禮』，則不識道已不成言語，卻言其言道德則有取。揚子亦自不見此，其與韓愈相去遠矣。

唐・韓愈《韓昌黎集》卷首《昌黎集敍說》　宋景文公云：柳柳州為文，或取前人陳語用之，不及韓吏部卓然不丐於古，而一出諸己。

蘇明允上歐陽書云：《孟子》之文，語約而意深，不為巉刻斬絕之言，而其鋒不可犯。韓子之文如長江大河，渾浩流轉，魚黿蛟龍，萬怪遑惑，而抑絕蔽掩，不使自露，而人望見其淵然之光，蒼然之色，亦自畏避，不敢迫視。

東坡云：杜詩、韓文、顏書、左史，皆集大成也。又云：唐之古文，自韓愈始。其後學韓而不至者為皇甫湜，學皇甫湜而不至者為孫樵。自樵以降，無足觀矣。

山谷《與王觀復書》云：杜子美到夔州後詩，韓退之自潮州還朝後文章，皆不煩繩削而自合矣。又云：老杜作詩，退之作文，無一字無來處。蓋後人讀書少，故謂韓、杜自作此語耳。又《答洪駒父》云：諸文皆好，但少古人繩墨耳。可更熟讀司馬子長、韓退之文章。

秦少游云：探道德之理，述性命之情，發天人之奥，明死生之變，此論理之文，如列禦寇、莊周之作是也。別黑白陰陽，要其歸宿，決其嫌疑，此論事之文，如蘇秦、張儀之所作是也。考同異，次舊聞，不虚美，不隱惡，人以為實録，此敍事之文，如司馬遷、班固之所作是也。原本山川，極命草木，比物屬事，駭耳目，變心意，此托詞之文，如屈原、宋玉之所作是也。鉤莊、列之微，挾蘇、張之辯，摭遷、固之實，獵屈、宋之英，本之以《詩》、《書》，折之以孔氏，此成體之文，如韓愈之所作是也。蓋前之作者多矣，而莫有備於愈；後之作者亦多矣，而無以加於愈，故曰：總而論之，未有如韓愈者也。

陳後山云：杜之詩法，韓之文法也。詩文各有體，韓以文為詩，杜以詩為文，故不工耳。

李方叔云：東坡教人讀《戰國策》，學説利害；讀賈誼、晁錯、趙充國章疏，學論事；讀《莊子》，學論理性。又須熟讀《論語》、《孟子》、《檀弓》，要志趣正當；讀韓、柳令記得數百篇，要知作文體面。

宋·歐陽修《記舊本韓文後》 予少家漢東，漢東僻陋無學者，吾家又貧無藏書。州南有大姓李氏者，其子彦輔，頗好學。予為兒童時，多游其家，見其弊筐貯故書在壁間，發而視之，得唐《昌黎先生文集》六卷，脱略顛倒無次第。因乞李氏以歸，讀之。見其言深厚而雄博，然予猶少，未能究其義，徒見其浩然無涯，若可愛。是時天下學者，楊、劉之作，號為『時文』，能者取科第，擅名聲，以誇榮當世，未嘗有道韓文者。予亦方舉進士，以禮部詩賦為事。年十有七，試於州，為有司所黜。因取所藏韓氏之文複閲之，則喟然歎曰：『學者當至於是而止爾！』固怪時人之不道，而顧己亦未暇學，徒時時獨念於予心，以謂方從進士干禄以養親。苟得禄矣，當盡力於斯文，以償其素志。後七年，舉進士及第，官於洛陽。而尹師魯之徒皆在，遂相與作為古文，因出所藏《昌黎集》而補綴之。求人家所有舊本而校定之。其後天下學者，亦漸趨於古，而韓文遂行於世，至於今蓋三十餘年矣。學者非韓不學也，可謂盛矣！

嗚呼！道固有行於遠而止於近，有忽於往而貴於今者。非惟世俗好惡之使然，亦其理有當然者。故孔、孟惶惶於一時，而師法於千萬世。韓氏之文，沒而不見者二百年，而後大施於今。此又非特好惡之所上下，蓋其久而愈明，不可磨滅，雖蔽於暫，而終耀於無窮者，其道當然也。予之始得於韓也，當其沉沒棄廢之時。予固知其不足以追時好而取勢利，於是就而學之，則予之所為者，豈所以急名譽而干勢利之用哉？亦志乎久而已矣！故予之仕，於進不為喜，退不為懼者，蓋其志先定，而所學者宜然也。

集本出於蜀，文字刻畫，頗精於今世俗本，而脱繆尤多。凡三十年間，聞人有善本者，必求而改正之。其最後卷帙不足，今不復補者，重增其故也。予家藏書萬卷，獨《昌黎先生集》為舊物也。嗚呼！韓氏之文之道，萬世所共尊，天下所共傳而有也。予於此本，特以其舊物而尤惜之。

宋·邵博《邵氏聞見後録》卷一三《張俞〈論韓愈稱孟子功不在禹下〉》 予讀韓愈書，知其斥楊墨、排釋老，以尊聖人之道，其志篤矣。自孟軻、揚雄没，傳其道而醇者，唯韓愈氏而已。然其言孟軻輔聖明道之功不在禹下，斯亦過矣。得非美其流而忘其源乎？當堯之時，洪水浸天下，民病其害深矣。雖堯舜之聖，猶咨嗟遑遑，未有以治之之道，禹乃決横流而放於海，粒斯民而奠厥居，是天下之患，非禹不能去，昭昭然矣。雖百變離又何益哉？孔子之道，衣被天地，陶甄日月，萬類之性，人靈之本，孰不由其德而能存乎？苟一日失之，則鳥獸之不若也。當周之亡，辯詐暴横，聖人之道偶不行於一時，亦猶天地之晦，日月之蝕，運之常也，復何傷乎？孟軻，學聖人者也，憤然而興，辟楊墨，誅叛義，以尊周公、孔子，信有大功於世。然聖人之道無可無不可，苟當時軻之徒不能力排楊墨，横遏異端，明仁義以訓天下，則聖人之教果從而廢乎？若使聖人之道遭楊墨之害而遂衰微，則亦一家之小説爾，又烏足謂萬世之法哉？軻雖欲張大其教，天下可從而興乎？是聖人之道，不為一人而廢，一人而興，又昭昭然矣。其後嬴政肆虐，火其書，窒其途，愚天下之耳目，使不能通其説，其為害過楊墨遠矣。然漢家之興，則孔氏之言，雷震於海內，豈又由軻之辯而後行邪？故曰：譬之不足益，毁之不足損，由其道大也。後之儒者，有能立言著書，振揚其風，發明其旨則可矣。若曰：隨其廢而興之，因其塞而通之，得非過矣乎？予謂楊墨之禍，未若洪水；然而九年之害，非禹不能平。孔氏之道，雖見侵毀，亦不由軻而益尊。苟毀譽由軻而興，則不足謂之孔氏之道，使聖人復生，必不易於言也。

宋·黎靖德《朱子語類》卷九六　『遺書第一卷言韓愈近世豪傑，揚子雲豈得如愈？第六卷則曰：「揚子之學實，韓子之學華，華則涉道淺。」二說取予，似相抵牾。』曰：『只以言性論之，則揚子「善惡混」之說，所見僅足以比告子。若退之見得到處，卻甚峻絕。性分三品，正是說氣質之性。至程門說破「氣」字，方有去著。此退之所以不易及，而第二說未得其實也。』

自古罕有人說得端的，惟退之原道庶幾近之，卻說見大體。程子謂『能作許大識見尋求』，眞個如此。他資才甚高，然那時更無人制服他，便做大了，謂『世無孔子，不當在弟子之列』。文中子不曾有說見道體處，只就外面硬生許多話，硬將古今事變來厭捺說或笑，似太公家教。

又　卷一三七《戰國漢唐諸子》　韓退之卻有些本領，非歐公比。原道，其言雖不精，然皆實，大綱是。韓子。

蔣明之問：『原道起頭四句，恐說得差。且如「博愛之謂仁」，愛如何便盡得仁？』曰：『只為他說得用，又遺了體。』明之又問：『四字先後當如何？』曰：『公去思量，久後自有著落。』

問：『原道上數句如何？』曰：『首句極不是。「定名、虛位」卻不妨。有仁之道，義之道，仁之德，義之德，故曰「虛位」。大要未說到頂上頭，故伊川云：「西銘，原道之宗祖。」』

『坐井觀天』，謂天只如此大小，是他見得如此。須出井來看，方得。退之謂：『以之為人，則愛而公。』『愛、公』二字甚有意義。

原道中舉大學，卻不說『致知在格物』一句。蘇子由古史論舉中庸『不獲乎上』後，卻不說『不明乎善，不誠乎身』二句。這兩個好做對。司馬溫公說儀秦處，說『立天下之正位，行天下之大道』，卻不說『居天下之廣居』。看得這樣底，都是個無頭學問。

『韓子原性曰，人之性有五，最識得性分明。』蔣兄因問：『「博愛之謂仁」四句如何？』曰：『說得卻差，仁義兩句皆將用做體看。事之合宜者為義，仁者愛之理。若曰「博愛」，曰「行而宜之」，則皆用矣。』

問：『韓文公說，人之「所以為性者五」，是他實見得到後如此說耶？惟複是偶然說得著？』曰：『看它文集中說，多是閑過日月，初不見他做工夫處。想只是才高，偶然見得如此。及至說到精微處，又卻差了。』因言：『惟是孟子說義理，說得來精細明白，活潑潑地。如荀子空說許多，使人看著，如吃糙米飯相似。』

問：『退之原性「三品」之說是否？』曰：『退之說性，只將仁義禮智來說，便是識見高處。如論三品亦是。但以某觀，人之性豈獨三品，須有百千萬品。退之所論卻少了一「氣」字。程子曰：「論性不論氣，不備；論氣不論性，不明。」此皆前所未發。如夫子言「性相近」，若無「習相遠」一句，便說不行。如「人生而靜」，靜固是性，只著一「生」字，便是帶著氣質言了，但未嘗明說著「氣」字。惟周子太極圖卻有氣質底意思。程子之論，又自太極圖中見出來也。』

韓文公原鬼，不知鬼神之本只是在外說個影子。

至問：『韓子稱「孟子醇乎醇，荀與揚大醇而小疵」。程子謂：「韓子稱孟子甚善，非見得孟子意，亦道不到；其論荀揚則非也。荀子極偏駁，只一句『性惡』，大本已失。揚子雖少過，然亦不識性，更說甚道？」至謂韓子既以失大本不識性者為大醇，則其稱孟子「醇乎醇」，亦只是說得到，未必眞見得到。』先生曰：『如何見得韓子稱荀揚大醇處，便是就論性處說？』至云：『但據程子有此議論，故至因問及此。』先生曰：『韓子說荀揚大醇是泛說。與田駢慎到申不害韓非之徒觀之，則荀揚為大醇。韓子只說那一邊，湊不著這一邊。若是會說底，說那一邊，亦自湊著這一邊。程子說「荀子極偏駁，揚子雖少過」，此等語，皆是就分金秤上說下來。今若不曾看荀子揚子，則所謂「偏駁」、「雖少過」等處，亦見不得。』

至問：『孟子謂「楊墨之道不息，孔子之道不著」。韓文公推尊孟氏辟楊墨之功，以為「不在禹下」，而讀墨一篇，卻謂「孔子必用墨子，墨子必用孔子」者，何也？』曰：『韓文公第一義是去學文字，第二義方去窮究道理，所以看得不親切。如云：「其行己不敢有愧於道。」他本只是學文，其行己但不敢有愧於道爾。把這個做第二義，似此樣處甚多。」

退之晚來覺没頓身己處，如招聚許多人博塞去聲。為戲，所與交如靈師惠師之徒，皆飲酒無賴。及至海上見大顛壁立萬仞，自是心服。『其言實能外形骸，以理自勝，不為事物侵亂』，此是退之死款。樂天莫年賣馬遣妾，後亦落莫，其事可見。歐公好事，金石碑刻，都是没著身己處，卻不似參禪修養人，猶是貼著自家身心理會也。宋子飛言：『張魏公謫永州時，居僧寺。每夜與子弟賓客盤膝環坐於長連榻上，有時説得數語，有時不發一語，默坐至更盡而寢，率以為常。』李德之言：『東坡晚年卻不衰。』先生曰：『東坡蓋是夾雜些佛老，添得又闊熱也。』

韓退之云：『磨礱去圭角，浸潤著光精。』又曰：『沈浸醲鬱。』又曰：『沈潛乎訓義，反復乎句讀。』杜元凱云：『優而游之，使自求之；饜而飫之，使自趨之。若江海之浸，膏澤之潤，涣然冰釋，怡然理順，然後為得也。』而今學者都不見這般意思。又曰：『「磨礱去圭角」，易曉；「浸潤著光精」，此句最好，人多不知。』又曰：『只是將聖人言語只管浸灌，少間自是生光精，氣象自別。』

包顯道曰：『新史做得韓退之傳較不甚實。』先生曰：『新史最在後，收拾得事須備。但是它要去做文章，剗地説得不條達。據某意，只將那事説得條達，便是文章。而今要去做言語，剗地説得不分明。』

韓文公似只重皇甫湜，以墓誌付之，李翺只令作行狀。翺作得行狀絜，但湜所作墓誌又顛蹶。李翺卻有些本領，如復性書有許多思量。歐陽公也只稱韓李。又一條云：『退之卻喜皇甫湜，卻不甚喜李翺。後來湜為退之作墓誌，卻説得無緊要，不如李翺行狀較著實。蓋李翺為人較樸實，皇甫湜較落魄。』

浩曰：『唐時，莫是李翺最識道理否？』曰：『也只是從佛中來。』浩曰：『渠有去佛齋文，辟佛甚堅。』曰：『只是粗迹。至説道理，卻類佛。』問：『退之見得不甚分明。』曰：『他於大節目處又卻不錯，亦未易議。』浩云：『莫是説傳道是否？』曰：『亦不止此，他氣象大抵大。又歐陽只説「韓李」，不曾説「韓柳」。』

韓退之，歐陽永叔所謂扶持正學，不雜釋老者也。然到得緊要處，更處置不行，更説不去。便説得來也拙，不分曉。緣他不曾去窮理，只是學作文，所以如此。東坡則雜以佛老，到急處便添入佛老，相和去聲。傾戸孔切。瞞人。如裝鬼戲、放煙火相似，且遮人眼。如諸公平日擔當正道，自視如何！及才議學校，便説不行，臨了又卻只是詞賦好，是甚麼議論！如王介甫用三經義取士。及元佑間議廢之，復詞賦，爭辨一上，臨了又卻只是説經義難考，詞賦可以見人之工拙易考。所爭者只此而已，大可笑也！

韓退之及歐蘇諸公議論，不過是主於文詞，少間卻是邊頭帶説得些道理，其本意終自可見。

宋・朱熹等《近思録》卷一四　韓愈亦近世豪傑之士，如《原道》中言語雖有病，然自孟子而後，能將許大見識尋求者，才見此人。至如斷曰：『孟子醇乎醇。』又曰：『荀與揚擇焉而不精，語焉而不詳。』若不是他見得，豈千餘年後便能斷得如此分明？

宋・洪邁《容齋隨筆》卷八《論韓公文》　劉夢得、李習之、皇甫持正、李漢，皆稱誦韓公之文，各極其摯。劉之語云：『高山無窮，太華削成。人文無窮，夫子挺生。鸞風一鳴，蜩螗革音。手持文柄，高視寰海。權衡低昂，瞻我所在。三十餘年，聲名塞天。』習之云：『建武以還，文卑質喪。氣萎體敗，剽剝不讓。撥去其華，得其本根。包劉越嬴，並武同殷。《六經》之風，絕而復新。學者有歸，大變於文。』又云：『公每以為自揚雄之後，作者不出，其所為文，未嘗效前人之言而固與之並，後進之士有志於古文者，莫不視以為法。』皇甫云：『先生之作，無圓無方，主是歸工，抉經之心，執聖之權，尚友作者，跂邪抵異，以扶孔子，存皇之極。茹古涵今，無有端涯。鯨鏗春麗，驚耀天下，栗密窈眇，章妥句適，精能之至，鬼入神出，姬氏以來，一人而已。』又云：『屬文意語天出，業孔子、孟軻而侈其文，焯焯烈烈，為唐之章。』又云：『如長江秋注，千里一道，然施於灌鉤鳴，日光玉潔，周情孔思，千態萬貌，卒澤於道德仁義，炳如也。』是四人者，所以推高韓公，可謂盡矣。及東坡之碑一出，而後衆説盡廢。其略云：『匹夫而為百世師，一言而為天下法，是皆有以參天地之化，關盛衰之運。自東漢以來，道喪文弊，歷唐貞觀、開元而不能救，獨公談笑而麾之。天下靡然從公，復歸於正。文起八代之衰，道濟天下之溺，豈非參天地而獨存者乎？』騎龍白雲之詩，蹈厲發越，直到

《雅》、《頌》，所謂若捕龍蛇，搏虎豹者，大哉言乎！

宋・晁公武《郡齋讀書志》卷四《〈韓李論語筆解〉十卷》 右唐韓愈退之、李翺習之撰。前有秘書丞許勃序，云韓、李相與講論，共成此書。按唐人通經者寡，獨兩公名冠一代，蓋以此。然《四庫》、《邯鄲書目》皆無之，獨《田氏書目》有韓愈《論語》十卷，《筆解》兩卷。此書題曰《筆解》，而十卷亦不同。

又 卷六《〈唐順宗實録〉五卷》 右唐韓愈撰。起貞元二十一年乙酉正月，止永貞元年丙戌八月。初，愈撰録書禁中事為切直，閹官不喜，訾其非實。文宗時，詔路隋刊正。隋建言：『衆議以刊修非是，李宗閔、牛僧孺謂史官李漢、蔣係皆愈之壻，不可參撰，俾臣下筆。臣謂不然，且愈之所書，非己自出，元和以來，相循逮今。漢等以嫌，無害公誼，請條其甚謬誤者，付史官刊定。』詔擿去元和、永貞間數事為失實，餘不復改。

又 卷一七《〈韓愈集〉四十卷，〈集外文〉一卷》 右唐韓愈退之也。南陽人。貞元八年進士，累擢知制誥，進中書舍人，遷吏部侍郎。為京兆尹，與李紳不協，紳出，愈罷為兵部，俄復舊。劉昫《唐書》稱愈『恃才肆意，盭孔孟之旨。若南人妄以柳宗元為羅池神，而愈碑以實之。李賀父名晉肅，不應進士，而愈作為《諱辨》。又為《毛穎傳》，譏戲不近人情。此文章之甚紕繆者。』《新書》稱『愈三歲而孤，自知讀書。比長，盡通《六經》、百家學。』『性明鋭，不詭隨。』『每言文章自相如、子長後，作者不世出，故深探本原，卓然樹立，成一家言。造端置辭，要為不襲蹈前人者。』議者謂《舊史》謂愈文章甚紕繆，固不待辨，而《新史》謂造端置辭，不蹈襲前人，亦未為知愈。蓋愈之置辭造端，字字悉有據依。如《毛穎傳》、《進學解》之類，皆有所師範云。其集屢經名人是正，其訛舛絶少，但編次殊失倫類，當重為編輯之。

明・王守仁《王陽明集》卷中《答羅整庵少宰書》 楊、墨之道塞天下，孟子之時，天下之尊信楊、墨，當不下於今日之崇尚朱説，而孟子獨以一人呶呶於其間，噫，可哀矣！韓：『佛、老之害甚於楊、墨。』韓愈之賢不及孟子，孟子不能救之於未壞之先，而韓愈乃欲全之於已壞之後，其亦不量其力，且見其身之危，莫之救以死也矣！嗚呼！若某者其尤不量其力，果見其身之危，莫之救以死也矣。夫衆方嘻嘻之中，而獨出涕嗟，若舉世恬然以趨，而獨疾首蹙額以為憂，此其非病狂喪心，殆必誠有大苦者隱於其中，而非天下之至仁，其孰能察之？

清・章學誠《文史通義》卷三《文德》 凡言義理，有前人疏而後人加密者，不可不致其思也。古人論文，惟論文辭而已矣。劉勰氏出，本陸機氏説而昌論文心；蘇轍氏出，本韓愈氏説而昌論文氣；可謂愈推而愈精矣。未見有論文德者，學者所宜於深省也。夫子嘗言『有德必有言』，又言『修辭立其誠』，孟子嘗論『知言』『養氣』，本乎集義，韓子亦言，『仁義之途』，『《詩》、《書》之源』，皆言德也。今雲未見論文德者，以古人所言，皆兼本末，包内外，猶合道德文章而一之；未嘗就文辭之中言其有才，有學，有識，又有文之德也。凡為古文辭者，必敬以恕。臨文必敬，非修德之謂也。論古必恕，非寬容之謂也。敬非修德之謂者，氣攝而不縱，縱必不能中節也。恕非寬容之謂者，能為古人設身而處地也。嗟乎！知德者鮮，知臨文之不可無敬恕，則知文德矣。**【略】**

韓氏論文，『迎而拒之，平心察之』。喻氣於水，言為浮物。柳氏之論文也，『不敢輕心掉之』，『怠心易之』，『矜氣作之』，『昏氣出之』。夫諸賢論心論氣，未即孔、孟之旨，及乎天人、性命之微也。然文繁而不可殺，語變而各有當。要其大旨則臨文主敬，一言以蔽之矣。主敬則心平，而氣有所攝，自能變化從容以合度也。夫史有三長，才、學、識也。古文辭而不由史出，是飲食不本於稼穡也。夫識生於心也，才出於氣也。學也者，凝心以養氣，煉識而成其才者也。心虚難恃，氣浮易弛。主敬者，隨時檢攝於心氣之間，而謹防其一往不收之流弊也。夫緝熙敬止，聖人所以成始而成終也，其為義也廣矣。今為臨文，檢其心氣，以是為文德之敬而已爾。

清・趙翼《甌北詩話》卷三《韓昌黎詩》 韓昌黎生平，所心摹力追者，惟李、杜二公。顧李、杜之前，未有李、杜，故二公才氣橫恣，各開生面，遂獨有千古。至昌黎時，李、杜已在前，縱極力變化，終不能再辟一徑。惟少陵奇險處，尚有可推擴，故一眼覷定，欲從此闢山開道，自成一家。此昌黎注意所在也。然奇險處亦自有得失。蓋少陵才思所到，偶然得之；而昌黎則專以此求勝，故時見斧鑿痕迹。有心與無心異也。其實昌黎自有本色，仍在文從字順中，自然雄厚博大，不可捉摸，不專以奇險

見長。恐昌黎亦不自知，後人平心讀之自見。若徒以奇險求昌黎，轉失之矣。【略】

昌黎以道自任，因孟子距楊、墨，故終身亦辟佛、老。其於世之求仙者，固謂『吾寧屈曲在世間，安能從汝巢神山』矣。《諫佛骨》一表，尤見生平定力。然平日所往來，又多二氏之人。如送張道士有詩，送惠師、靈師、澄觀、文暢、大顛皆有詩文。或疑其交游無檢，與平日持論互異；不知昌黎正欲藉此以暢其議論。如謝自然白日昇天，則歎甚夥妖魅所惑，化為異物；華山女説法動人，則譏其煽誘少年，爭來聽講；於澄觀則欲『收斂加冠巾』；於惠師則云『吾疾游惰者，憐子愚且淳』；於靈師亦云『方將斂之道，且欲冠其顛』；於文暢則草序排訐。惟於大顛無貶詞，則以其頗聰明識道理；於張道士亦無貶詞，則以其上書言事，不用而歸，固異乎尋常黃冠者流也。賈島本為僧，名無本，因昌黎言，且棄僧服而舉進士。然則與二氏之人往來，亦複何害！並非以空穀寂寥，見似人者而喜也。

清・惲敬《大雲山房文稿二集》卷四《潮州韓文公廟碑文》 潮州韓文公廟有二：其一在城南，宋元祐中知軍州王滌始建，蘇文忠銘之，今城南書院是也；其一淳熙中知軍州丁允元遷城南廟於城西，即忠祐廟也。自前明至本朝，春秋祀事皆行於城西。嘉慶二年，知海陽縣韓君異葺治之，陽湖惲敬爲碑文，郵之潮州，與潮之賢士大夫商公之故，且告後世焉。

公以諫迎佛骨貶潮州，去菩提達摩入中國二百八十餘年矣。其時關東西則有丹霞然、圭峰密，河北則有趙州諗、臨濟元，江表則有百丈海、溈山祐、藥山儼，嶺外則有靈山巓。其師友幾遍天下，皆以超世之才智，絕人之功力，津梁後起，以合於菩提達摩之傳。而公之生也，與之同時，公之仕也，與之同地。嗚呼！於此而言不惑，不其難歟？且其時，上無孔子之師，下無七十子之友，老、莊之所流別，管、墨之所出入，馬、鄭之所未攻，孔、賈之所未辯。嗚呼！於此而言不惑，不其難歟？是故公之闢佛闢於極盛之時，宋人之闢佛闢於沒衰之後。宋人之闢佛，以千萬人攻佛之一人；公之闢佛，以一人攻爲佛之千萬人，故不易也。雖然，公之闢佛至矣，而佛之教至今存焉，何也？蓋聖賢之於天下，去其甚而已。禹抑洪水，而水之氾濫仍世有之；周公兼夷狄、驅猛獸，而夷狄、猛獸之侵暴亦仍世有之；孔子成春秋，亂臣賊子懼矣，然不避於當時，不絕於後世；孟子距楊墨，楊墨息矣，然人或竊其行，家或傳其書。若是者，皆然矣。然而孔子、孟子之功，終天地，盡日月，不可沒者，以人人知其爲亂臣、爲賊子，人人知其爲楊墨也。今天下三尺童子抱書入塾，既有公闢佛之説據於胸中；甲胄之士、耒耜之夫，行商坐賈，皆習其説；其宦成名立，才行出人，而沉溺教乘者，朋友、子孫、門弟子皆能別擇於其後；愚夫愚婦，膜手梵唄，隨衆經行，其心皆知有孔子之教。是故公之德，揆之孔子、孟子，有大小純雜之殊；公之功，揆之孔子、孟子，有平頗公私之異；而得墜緒於前世，收明效於後來，未嘗不如一也。且夫天地之道一而已矣，而人事自二三以及千萬焉，行之於行，見之於言，施之於教，皆人事也。惟聖人與道同，其餘皆有出入多寡。申不害、韓非一術也，則傳；李悝、商鞅一術也，則傳；孫武、吳起一術也，則傳；王詡一術也，則傳；張魯鬼道也，而亦傳；寇謙之、杜光庭鬼道之下也，而亦傳。佛者如中國百家之一耳，其徒推演師説，下者可以囿凡愚，高者可以超形氣，故其傳較百家愈遠而愈大，屢滅而屢復，蓋將與天地終焉。是故世有孔子之教，則佛之教亦必行，此天道之所以爲大也。世有佛之教，則公闢佛之功亦益見，此人事之所以爲久也。自公斥爲『子焉而不父其父』，而爲佛者知養其親；自公斥『爲臣焉而不君其君』，而爲佛者知拜其君，供賦稅，應力役，未嘗不事其事。世之儒者知中國之變而爲佛，不知佛之變而爲中國，知士大夫之遁於佛，而不知爲佛者自托於士大夫。人理所同，豈能外哉！自公之後，儒者好爲微言渺論，或由孔子之書失其指而反墮於偏，或由佛之書得其會而忽反於正，是又在乎善學者焉。失者不得妄附聖人之遺經，得者亦不必諱言佛乘也。嘉慶二十年十月，惲敬謹記。

清・曾國藩《曾文正公文集》卷二《祭韓公祠文》 維年月日，具官某謹以清酒庶羞致祭於先儒昌黎韓子之神。維先生之明德，宜祀百世，文人學子皆所喻願。而禮典所載，獨配享先師孔子西廡，他無特祀。國藩前官翰林院詹事府，皆有先生祠堂，今承乏禮部，亦祀先生於官署之西北隅，而皆稱曰土地祠。國藩履任之日，敬謹展謁，乃神像之旁，有先師孔子之木主，儼然在焉。竊以土地之稱，非經非訓。古者惟天子得祭天地，諸侯則社以祭土，大夫以下成羣立社，多者二千五百家或百家以上，小者二十五家。蓋土爰稼穡，民生所賴，凡食毛踐土者，皆得祭以報功，義固然也。自唐以下，有城隍之祀，世傳張説所爲祭文及李陽冰碑記舊已。今天下由京都以至行省郡縣皆立廟以妥城隍，原易有城，復於隍之，占禮有八蠟水庸之祭。高壘深池，以捍民患，推社之義，而爲之立祀，理亦宜之。獨土地之祀不可究其從始，國藩所居之鄉，或家立一神，或村置一廟，大抵與古之里社相類，而京師官署尤多有土地祠，往往取先代有名德者祀之。先生之生，未嘗蒞官禮部，今歿已千年，所謂神在天上，如水之在地中，無所不際，而謂僅妥侑於一署之內，丈室之中，如古所稱社公雲者，亦以黷慢甚矣。若先師孔子，則先生所誦法終身者也。先生嘗羨顏氏得聖人以爲依歸，若深自恨不得與於弟子之列，而無知者乃位孔子於尊容之旁。先生若果陟降在茲，其必蹙然不安也。國藩瞻禮之餘，詢諸胥吏舉不辨其由來。舊例春秋以蕭薌奉祀先生，國藩亦且循沿習之常，以致吾欽向之私。惟於孔子之位，措置失宜，則不敢須臾蹈故，懼幹大戾。謹奉木主爇香焚之，既敬告所以，因爲之詩歌，使工歌以人聲，冀先生之神安休於此。不腆之誠，庶爲歆鑑。詩曰：『皇頡造文，萬物咸秩。尼山纂經，縣於星日。衰周道溺，踵以秦灰。繼世文士，莫究根荄。炎劉之興，炳有揚馬。沿魏及隋，無與紹者。天不喪文，蔚起巨唐。誕降先生，掩薄三光。非經不效，非孔不研。一字之愜，通於皇天。上起八代，下垂千紀。民到於今，恭循成軌。予末小子，少知服膺。朗誦遺集，尊靈式憑。濫廁秩宗，載瞻祠宇。師保如臨，進退維傴。位之不當，宣聖在旁。大祀躋僖，前哲所匡。我來戾止，神其安怙。敬奠椒漿，式告來葉。』

藝文

清·彭定求等《全唐詩》卷二七五《竇庠〈酬韓愈侍郎登岳陽樓見贈〉》 巨浸連空闊，危樓在杳冥。稍分巴子國，欲近老人星。昏旦呈新候，川原按舊經。地圖封七澤，天限鎖重扃。萬象皆歸掌，三光豈遁形。月車才碾浪，日御已翻溟。落照金成柱，餘霞翠擁屏。夜光疑漢曲，寒韻辨湘靈。山晚雲常碧，湖春草遍青。軒黄曾舉樂，范蠡幾揚舲。有客初留鵠，貪程尚數蓂。自當徐孺榻，不是謝公亭。雅論冰生水，雄材刃發硎。座中瓊玉潤，名下茝蘭馨。假手誠知拙，齋心匪暫寧。每慚公府粟，卻憶故山苓。苦調當三歎，知音願一聽。自悲由也瑟，敢墜孔悝銘。野杏初成雪，松醪正滿瓶。莫辭今日醉，長恨古人醒。

又 卷三〇〇《王建〈寄上韓愈侍郎〉》 重登大學領儒流，學浪詞鋒壓九州。不以雄名疏野賤，唯將直氣折王侯。詠傷松桂青山瘦，取盡珠璣碧海愁。敍述異篇經總別，鞭驅險句最先投。碑文合遣貞魂謝，史筆應令諂骨羞。清俸探將還酒債，黄金旋得起書樓。參來擬設官人禮，朝退多逢月閣游。見説雲泉求住處，若無知薦一生休。

又 卷三一三《韋執中〈陪韓退之、竇貽、周同尋劉尊師不遇，得師字〉》 早尚逍遥境，常懷汗漫期。星郎同訪道，羽客杳何之。物外求仙侶，人間失我師。不知柯爛者，何處看圍棋。

又 卷三一四《張署〈贈韓退之〉》 九疑峰畔二江前，戀闕思鄉日抵年。白簡趨朝曾並命，蒼梧左宦一聯翩。鮫人遠泛漁舟水，鵬鳥閑飛露裏天。涣汗幾時流率土，扁舟西下共歸田。

又 卷三七八《孟郊〈汴州離亂後憶韓愈、李翺〉》 會合一時哭，別離三斷腸。殘花不待風，春盡各飛揚。歡去收不得，悲來難自防。孤門清館夜，獨卧明月牀。忠直血白刃，道路聲蒼黄。食恩三千士，一旦為豺狼。海島士皆直，夷門士非良。人心既不類，天道亦反常。自殺與彼殺，未知何者臧。

又《孟郊〈答韓愈、李觀別，因獻張徐州〉》 富別愁在顏，貧別愁銷骨。懶磨舊銅鏡，畏見新白髮。古樹春無花，子規啼有血。離弦不堪聽，一聽四五絶。世途非一險，俗慮有千結。有客步大方，驅車獨迷轍。故人韓與李，逸翰雙皎潔。哀我摧折歸，贈詞縱横設。徐方國東樞，元戎天下傑。禰生投刺游，王粲吟詩謁。高情無遺照，朗抱開曉月。有土不埋冤，有仇皆為雪。願為直草木，永向君地列。願為古琴瑟，永向君聽發。欲識丈夫心，曾將孤劍説。

又 卷三七九《孟郊〈送韓愈從軍〉》 志士感恩起，變衣非變性。親賓改舊觀，僮僕生新敬。坐作羣書吟，行為孤劍詠。始知出處心，不失平生正。淒淒天地秋，凜凜軍馬令。驛塵時一飛，物色極四靜。王師既不戰，廟略在無競。王粲有所依，元瑜初應命。一章喻檄明，百萬心氣定。今朝旌鼓前，笑別丈夫盛。

又《與韓愈、李翺、張籍話別》 朱弦奏離別，華燈少光輝。物色豈有異，人心顧將違。客程殊未已，歲華忽然微。秋桐故葉下，寒露新雁飛。遠游起重恨，送人念先歸。夜集類飢鳥，晨光失相依。馬迹繞川水，雁書還閨闈。常恐親朋阻，獨行知慮非。

又《汴州留別韓愈》 不飲濁水瀾，空滯此汴河。坐見繞岸水，盡為還海波。四時不在家，弊服斷線多。遠客獨憔悴，春英落婆娑。汴水饒曲流，野桑無直柯。但為君子心，歎息終靡他。

又 卷三八三《張籍〈寄韓愈〉》 野館非我室，新居未能安。讀書避塵雜，方覺此地閑。過郭多園墟，桑果相接連。獨游竟寂寞，如寄空雲山。夏景常晝毒，密林無鳴蟬。臨溪一盥濯，清去肢體煩。出林望曾城，君子在其間。戎府草章記，阻我此游盤。憶昔西潭時，並持釣魚竿。共忻得魴鯉，烹鱠於我前。幾朝還復來，歎息時獨言。

又 卷三八四《張籍〈和裴僕射朝回寄韓吏部〉》 獨愛南關裏，山晴竹杪風。從容朝早退，蕭灑客常通。案曲新亭上，移花遠寺中。唯應有吏部，詩酒每相同。

又 卷五七一《賈島〈攜新文詣張籍韓愈途中成〉》 袖有新成詩，欲見張韓老。青竹未生翼，一步萬里道。仰望青冥天，雲雪壓我腦。失卻終南山，惆悵滿懷抱。安得西北風，身願變蓬草。地只聞此語，突出驚我倒。

又 卷五七三《賈島〈卧疾走筆酬韓愈書問〉》 一卧三四旬，數書惟獨君。願為出海月，不作歸山雲。身上衣頻寄，甌中物亦分。欲知强健否，病鶴未離羣。

清・沈德潛《清詩別裁集》卷一七《張尚瑗〈謁韓文公祠〉》 總角誦公文，不啻編三絕。半世味公道，無能劍一吷。維公不朽姿，薄雲貫虹蜺。謗傷與誇眩，兩者均蠓蠛。氛氳一瓣香，萬古應同爇。舉舉何未生，敢云景行切。潮陽謫宦區，偶然鴻爪雪。藉此滌炎陬，海濱門杓揭。湖流漾清派，峰勢環飛岊。江山銜明德，臨眺心神澈。白雲飄簷楹，恍憶靈旗掣。公之行道，只在倫常日用，不特謗傷者可嗤，即誇眩者亦見之未真也。讀《原道》篇自得。次章並其弟子表之，明其熔冶人才，有功後學。

史公識尊聖，世家表弟子。後雖未敢例，義在可竊比。濟濟伊洛徒，游揚復羅李。韓門數入室，若籍湜服喜。唐宋兩朝史，附傳共編記。匹夫百世師，坡言得之矣。配禹尚非誇，傳軻又何訾。荒荒海水南，明珠孕天水。過化遂成材，廟食芳蘋芷。虯枝侍郎木，檜楷同薿薿。

又 卷二三《王圖柄〈詠史〉》 洙泗無煖席，齊梁無停軌。吾道大可為，斯人詎可避。閉戶與纓冠，出處須易地。貞元有韓公，讀書尚其志。唐士太披猖，淫靡沿六季。獨自抱遺經，卓哉不朽事！抵排二氏言，周情兼孔思。鳳躍鈞韶鳴，氣象庶幾似。當其未遇時，皇皇出載贄。佛骨尚欲燒，鱷魚尚欲制。豈其百煉剛，繞指頓柔脆。三上宰相書，誰識艱難意。汝曹不自量，嗤點何容易。撼樹在蚍蜉，當轍笑螳臂。韓公三上書，共謂宜少安毋躁，此獨表其皇皇濟時之心，與席不暇暖同意，知人論世，不當如是耶？

雜録

南漢・王定保《唐摭言》卷六《公薦》 韓文公、皇甫湜，貞元中名價籍甚，亦一代之龍門也。奇章公始來自江黃間，置書囊於國東門，攜所業，先詣二公卜進退。偶屬二公，從容皆謁之，各袖一軸面贄。其首篇說樂。韓始見題而掩卷問之曰：『且以拍板為什麼？』僧孺曰：『樂句。』二公因大稱賞之。問所止，僧孺曰：『某始出山隨計，進退惟公命，故未敢入國門。』答曰：『吾子之文，不止一第，當垂名耳。』因命於客戶坊僦一室而居。俟其他適，二公訪之，因大署其門曰：『韓愈、皇甫湜同訪幾官先輩，不遇。』翌日，自遺闕而下，觀者如堵，咸投刺先謁之。由是僧孺之名，大振天下。

又 卷七《升沉後進》 奇章公始舉進士，致琴書於灞滻間，先以所業謁韓文公、皇甫員外。時首造退之，退之他適，第留卷而已。無何，退之訪湜，遇奇章亦及門。二賢見刺，欣然同契，延接詢及所止。對曰：『某方以薄技卜妍醜於崇匠，進退惟命。一囊猶置於國門之外。』二公披卷，卷首有《說樂》一章，未閱其詞，遽曰：『斯高文，且以拍板為什麼？』對曰：『謂之樂句。』二公相顧大喜曰：『斯高文必矣！』公因謀所居。二公沉默良久，曰：『可於客戶坊稅一廟院。』公如所教，造門致謝。二公復誨之曰：『某日可游青龍寺，薄暮而歸。』二公其日聯鑣至彼，因大署其門曰：『韓愈、皇甫湜同謁幾官先輩。』不過翌日，輦轂名士咸往觀焉。奇章之名由是赫然矣。

宋·李昉等《太平廣記》卷一七四《俊辯二·韓愈》 李河南素替杜公兼。時韓吏部愈為河南令，除職方員外。歸朝，問前後之政如何，對曰：『將兼來比素。』

又 卷二〇一《好尚·韓愈》 韓愈好奇，與客登華山絕峰，度不能返，發狂慟哭，為書遺華陰令。令百計取之，乃下。又李氏子為千牛，與其儕類登慈恩寺浮圖。窮危極險，躍出檻外，失身而墜。賴腰帶掛釘，為風所搖，久而未落。同登者驚倒檻中，不能復起。院僧遙望急呼，一寺悉出以救之，乃連衣為繩，久之取下，經宿而蘇。

又 卷二〇二《憐才·韓愈》 李賀字長吉，唐諸王孫也，父晉肅，邊上從事。賀年七歲，以長短之歌名動京師。時韓愈與皇甫湜賢賀所業，奇之而未知其人。因相謂曰：『若是古人，吾曹不知者。若是今人，豈有不知之理。』會有以瑨肅行止言者，二公因連騎造門，請其子。既而總角荷衣而出。二公不之信，因面試一篇。賀承命欣然，操觚染翰，旁若無人，仍目曰《高軒過》。曰：『華裾織翠青如葱，金環壓轡搖玲瓏。馬蹄隱隱聲隆隆，入門下馬氣如虹。云是東京才子，文章巨公。二十八宿羅心胸，殿前作賦聲磨空。筆補造化天無功，元精耿耿貫當中。龐眉書客感愁蓬，誰知死草生華風。我今垂翅負天鴻，他日不羞蛇作龍。』二公大驚，遂以所乘馬，命聯鑣而還所居，親為束髮。年未弱冠，丁內艱。他日舉進士，或謗賀不避家諱，文公時著《辨諱》一篇，不幸未狀室而終。

韓愈引致後輩，為舉科第，多有投書請益者，時人謂之韓門弟子。後官高，不復為也。

又 卷三〇七《神十七·韓愈》 吏部侍郎韓愈，長慶四年夏，以疾不治務，至秋九月免，疾益甚。冬十一月，於靖安里書臥。見一神人長丈餘，被甲仗劍，佩弧矢，儀狀甚峻，至寢室，立於榻前。久而謂愈曰：『帝命與卿計事。』愈遽起，整冠而坐曰：『臣不幸有疾，敢以踞見王。』神人曰：『威粹骨蓪國，世與韓氏為仇，今欲討之而力不足，卿以為何如？』對曰：『臣願從大王討之。』神人頷而去。於是書其詞，置於座側，數日不能解，至十二月而卒。

又 卷三九二《銘記二·韓愈》 泉州之南有山焉，其山峻起壁立，下有潭水，深不可測，周十餘畝。中有蛟螭，嘗為人患。人有誤近或馬牛就而飲者，輒為吞食。泉人苦之有年矣。由是近山居者，咸挈引妻子，徙去他郡，以逃其患。元和五年，一夕，聞山南有雷震暴興，震數百里，若山崩之狀，一郡驚懼。里人泊牛馬雞犬，俱失聲僕地，流汗被體，屋瓦交擊，木樹顛拔。自戌及子，雷電方息。明旦往視之，其山摧墮石壁數百仞殆盡，俱填其潭，水溢流，注滿四野。蛟螭之血，遍若玄黃。而石壁之上，有鑿成文字一十九言，字勢甚古，郡中士庶無能知者。自是居人無複患矣。懼者既息，遷者亦歸。結屋架廬，接比其地。郡守因之名其地為石銘里，蓋因字為銘，且識其異也。後有客於泉者，能傳其字，持至東洛。時故吏部侍郎韓愈自尚書郎為河南令，見而識之。其文曰：『詔示黑水之鯉魚，天公卑殺牛人，壬癸神書急急。』然則詳究其義，似上帝責蛟螭之詞，令戮其害也。其字則蝌蚪篆書，故泉人無有識者矣。

又 卷四六六《水族三·韓愈》 唐吏部侍郎韓文公愈，自刑部侍郎貶潮陽守。先是郡西有大湫，湫有鱷魚，約百餘尺，每一怒則湫水騰蕩，林嶺如震。民之馬牛有濱其水者，輒吸而噬之，不瞬而盡為所害者，莫可勝計，民患之有年矣。及愈刺郡，既至之三日，問民不便事，俱曰：『郡西湫中之鱷魚也。』愈曰：『吾聞至誠感神，昔魯恭宰中牟，雉馴而蝗避；黃霸治九江，虎皆遁去。是知政之所感，故能化禽獸矣。』即命庭掾，以牢醴陳於湫之旁，且祝曰：『汝水族也，無為生人患。』既而沃以酒。是夕，郡西有風雷，聲動山野，迨夜分霽焉。明日，里民視其湫，水已竭，公命使窮其迹，至湫西六十里，易地為湫，巨鱷亦隨而徙焉。自是郡民獲免其患。故工部郎中皇甫湜撰《愈神道碑敘》曰：『刑部為潮陽守，雲洞僚海彝，陶然皆化；鱷魚稻蟹，不暴民物。』蓋謂此矣。

又 卷四九七《雜録五·韋乾度》 韋乾度為殿中侍御史，分司東都。牛僧孺以制科敕首，除伊闕尉。臺參，乾度不知僧孺授官之本，問何色出身，僧孺對曰：『進士。』又曰：『安得入畿？』僧孺對曰：『某制策連捷，忝為敕頭。』僧孺心甚有所訝，歸以告韓愈。愈曰：『公誠小生，韋殿中固當不知。愈及第十有餘年，倡狂之名，已滿天下，韋殿中尚不知之。子何怪焉？』

又《席夔》 韓愈初貶之制，舍人席夔為之詞曰：『早登科第，亦有聲名。』席既物故，友人多言曰：『席無令子弟，豈有病陰毒傷寒而與不潔？』韓曰：『席不吃不潔太遲。』人曰：『何也？』曰：『出語不當。豈有忿責詞云，「亦有聲名」耳？』

宋·王讜《唐語林》卷一《言語》 陸長源以舊德為宣武行軍司馬，韓愈為巡官。或譏年輩相懸。周顒曰：『大蟲老鼠，俱為十二相屬，何怪之有。』旬日傳於長安中。

又 卷二《文學》 咸通中，進士皮日休進書兩通：其一，請以《孟子》為學科。有能通其義者，其科選同明經。其二，請以韓愈配饗太學，有唐以來，一人而已，苟不得在二十一賢之數列，於典禮未為備也。日休字逸少，後字襲美，襄陽竟陵人。少隱鹿門山，號醉吟先生。榜末及第，禮部侍郎鄭愚以其貌不揚，戲之曰：『子之才學甚富，如一日何？』皮對曰：『侍郎不可一日廢二日。』謂不以人廢言也。官至太常博士。居蘇州，與陸龜蒙為友。著《文藪》十卷、《皮子》三卷。黃巢時遇害。其子仕錢鏐。

元和已後，文筆學奇於韓愈，學澀於樊宗師。歌行則學流蕩於張籍，詩章則學矯激於孟郊，學淺切於白居易，學淫靡於元稹，俱名元和體。大抵天寶之風尚黨，大歷之風尚浮，貞元之風尚蕩，元和之風尚怪也。

又 卷三《方正》 韓愈病將卒，召羣僧曰：『吾不藥，今將病死矣。汝詳視吾手足支體，無誑人云「韓愈癩死」也。』

又《賞譽》 李賀以歌詩謁韓愈，愈時為國子博士分司，送客歸，極困。門人呈卷，解帶，旋讀之。首篇《雁門太守行》云：『黑雲壓城城欲摧，甲光向日金鱗開。』卻緩帶，命迎之。

又 卷四《棲逸》 韓愈好奇，嘗與客登華山絕頂，度不可下返，發狂慟哭，為遺書。華陰令百計取之，乃下。

宋·洪邁《容齋隨筆》卷八《韓文公佚事》 韓文公自御史貶陽山，新舊二《唐史》，皆以為坐論宮市事。按公《赴江陵途中詩》，自敍此事甚詳，云：『是年京師旱，田畝少所收。有司恤經費，未免煩誅求。傳聞閭里間，赤子棄渠溝。我時出衢路，餓者何其稠！適會除御史，誠當得言秋。拜疏移閤門，為忠寧自謀。上陳人疾苦，無令絕其喉。下言畿甸內，根本理宜優。積雪驗豐熟，幸寬待蠶 。天子惻然感，司空歎綢繆。謂言即施設，乃反遷炎洲！』皇甫湜作公神道碑云：『關中旱饑，人死相枕藉，吏刻取恩，先生列言天下根本，民急如是，請寬民謠而免田祖，專政者惡之，遂貶。』然則不因論宮市明甚。碑又書三事云：『公為河南令，魏、鄆、幽、鎮各為留邸，貯潛卒以囊罪亡，公將摘其禁，斷民署吏，俟旦發，留守尹大恐，遽止之，是後鄆邸果謀反，將屠東都，以應淮、蔡。及從討元濟，請於裴度，須精兵千人，間道以入，必擒賊。未及行，李愬自文城夜入，得元濟。三軍之士，為公恨。復謂度曰：「今藉聲勢，王承宗可以辭取，不煩兵矣。」得柏耆，口授其詞，使音執筆書之，持以入鎮州，承宗遂割德、律二州以獻。』李翶作公行狀，所載略同。而《唐書》並逸其事，且以鎮州之功，專歸柏耆，豈非未嘗見湜文集乎？《資治通鑑》亦僅言耆以策於愈，愈為白度，為書遺之耳。

李翶分部

傳記

《舊唐書》卷一六〇《李翶傳》 李翶，字習之，涼武昭王之後。父楚金，貝州司法參軍。翶幼勤於儒學，博雅好古，為文尚氣質。貞元十四年登進士第，授校書郎。三遷至京兆府司録參軍。元和初，轉國子博士、史館修撰。

十四年，太常丞王涇上疏請去太廟朔望上食，詔百官議。議者以《開元禮》，太廟每歲祫、祠、蒸、嘗、臘，凡五享。天寶末，玄宗令尚食每月朔望具常饌，令宮闈令上食於太廟，後遂為常。由是朔望不視朝，比之大祠。翶奏議曰：【略】儻知禮者是之，事竟不行。

翺性剛急，論議無所避。執政雖重其學，而惡其激訐，故久次不遷。翺以史官記事不實，奏狀曰：『臣謬得秉筆史館，以記注為職。夫勸善懲惡，正言直筆，紀聖朝功德，述忠賢事業，載奸臣醜行，以傳無窮者，史官之任也。凡人事迹，非大善大惡，則衆人無由得知，舊例皆訪於人，又取行狀謚議，以為依據。今之作行狀者，多是其門生故吏，莫不虛加仁義禮智，妄言忠肅惠和。此不唯其處心不實，苟欲虛美於受恩之地耳。蓋為文者，又非游、夏、遷、雄之列，務於華而忘其實，溺於文而棄其理。故為文則失《六經》之古風，紀事則非史遷之實録。臣今請作行狀者，但指事實，直載事功。假如作《魏徵傳》，但記其諫諍之辭，足以為正直；段秀實但記其倒用司農印以追逆兵，以象笏擊朱泚，足以為忠烈。若考功視行狀，不依此者不得受。依此，則考功下太常，牒史館，然後定謚。伏乞以臣此奏下考功。』從之。尋權知職方員外郎。十五年六月，授考功員外郎，並兼史職。

翺與李景儉友善。初，景儉拜諫議大夫，舉翺自代。至是，景儉貶黜，七月，出翺為朗州刺史。俄而景儉復為諫議大夫，翺亦入為禮部郎中。翺自負辭藝，以為合知制誥，以久未如志，鬱鬱不樂。因入中書謁宰相，面數李逢吉之過失。逢吉不之校。翺心不自安，乃請告。滿百日，有司準例停官，逢吉奏授廬州刺史。太和初，入朝為諫議大夫，尋以本官知制誥。三年二月，拜中書舍人。

初，諫議大夫柏耆將使滄州軍前宣諭，翺嘗贊成此行。柏耆尋以擅入滄州得罪，翺坐謬舉，左授少府少監。俄出為鄭州刺史。五年，出為桂州刺史、御史中丞，充桂管都防禦使。七年，改授潭州刺史、湖南觀察使。八年，徵為刑部侍郎。九年，轉戶部侍郎。七月，檢校戶部尚書、襄州刺史，充山南東道節度使。會昌中，卒於鎮，謚曰文。

《新唐書》卷一七七《李翺傳》　李翺，字習之，後魏尚書左僕射沖十世孫。【略】又條興復太平大略曰：陛下即位以來，懷不廷臣，誅畔賊，刷五聖憤耻，自古中興之盛無以加。臣見聖德所不可及者，若淄青生口夏侯澄等四十七人，為賊逼脅，質其父母妻子而驅之戰，陛下俘之，赦不誅，詔田弘正隨材授職，欲歸者縱之。澄等得生歸，轉以相謂，賊衆莫不懷盛德，無肯拒戰。劉悟所以能一昔斬師道者，以三軍皆苦賊而暱就陛下，故不淹日成大功。一也。今歲關中麥不收，陛下哀民之窮，下明詔蠲賦十萬石，羣臣動色，百姓歌樂遍畎畮。二也。昔齊遺魯以女樂，季桓子受之，君臣共觀，三日不朝，孔子行。今韓弘獻女樂，陛下不受，遂以歸之。三也。又出李宗奭妻女於掖廷，以田宅賜沈遵師，聖明寬恕，億兆欣感。臣愚不能盡識。若它詔令一皆類此，武德、貞觀不難及，太平可覆掌而致。臣聞定禍亂者，武功也；復制度、興太平者，文德也。今陛下既以武功定海內，若遂革弊事，復高祖、太宗舊制：用忠正而不疑；屏邪佞而不邇；改稅法，不督錢而納布帛；絕進獻，寬百姓租賦；厚邊兵，以制蕃戎侵盜；數引見待制官，問以時事，通壅蔽之路。此六者，政之根本，太平所以興。陛下既已能行其難，若何而不為其易者乎？以陛下資上聖，如不惑近習容悅之辭，任骨鯁正直，與之脩復故事，以興大化，可不勞而成也。若一日不事，臣恐大功之後，逸樂易生，進言者必曰：『天下既平矣，陛下可以高枕自安逸。』如是，則高祖、太宗之制度不可以復；制度不復，則太平未可以至。臣竊惜陛下當可興之時，而謙讓未為也。【略】

時州旱，遂疫，逋捐係路，亡籍口四萬，權豪賤市田屋牟厚利，而窶戶仍輸賦。翺下教使以田占租，無得隱，收豪室稅萬二千緡，貧弱以安。入為諫議大夫，知制誥，改中書舍人。柏耆使滄州，翺盛言其才。耆得罪，由是左遷少府少監。後歷遷桂管湖南觀察使、山南東道節度使，卒。翺始從昌黎韓愈為文章，辭致渾厚，見推當時，故有司亦謚曰文。

宋·祝穆《方輿勝覽》卷三〇《常德府》　李翺，字習之，為朗州刺史，今有文集在郡齋。

又　卷三九《邕州》　文集載：『正元中，翺守邕。大首領黃氏帥其屬納質供賦，黃氏、儂氏皆羣盜也，韋氏不附，率羣黃之兵以攻之，而逐諸海。黃氏既至，羣盜皆伏。於是十三部二十九州之蠻悉平。』

明·李賢等［天順］《明一統志》卷三《真定府》　李翺，趙郡人，文章見推當時。中進士第，元和初為國子博士，史館修撰。性峭鯁，嘗面斥宰相李逢吉之過，出為廬州刺史。後拜諫議大夫。卒謚文，有文集。

清·和珅等［乾隆］《清一統志》卷三二《趙州》　李翺，字習之，趙州人。元和初為國子博士，條上《興復太平大畧》。累遷禮部郎中。翺性峭，直論議無所屈，見宰相李逢吉，面斥其過失。逢吉詭不校，更表為廬州刺史。入為諫議大夫知制誥，後歷山南東道節度使卒。翱始從韓愈為文章，辭致渾厚，見推當時，故有司亦謚曰『文』。

綜述

唐·劉禹錫《劉賓客文集》卷一九《故中書侍郎平章事韋公集序》

初，蕃既纂修父書，諮於先執李習之，請文為領袖，許而未就。一旦習之撫然謂蕃曰：『翱昔與韓吏部退之為文章盟主，同時倫輩，柳儀曹宗元、劉賓客夢得耳。韓柳之逝久矣，今翱又被病，慮不能自述，有孤前言，貴恨無已，將子薦誠矜劉君乎！』

唐·李翱《李文公集》卷六《答皇甫湜書》 僕近寫得《唐書》。史官才薄，言詞鄙淺，不足以發揚高祖、太宗列聖明德，使後之觀者，文採不及周漢之書。僕以為西漢十一帝，高祖起布衣定天下，豁達大度，東漢所不及。其餘惟文、宣二帝為優。自惠、景以下，亦不皆明於東漢明、章兩帝。而前漢事迹灼然傳在人口者，以司馬遷、班固敍述高簡之工，故學者悅而習焉，而其讀之詳也。【略】唐有天下，聖明繼於周漢，而史官敍事曾不如范曄、陳壽所為，況足擬望左丘明、司馬遷、班固之文哉？僕所以為耻。【略】僕竊不自度無位於朝，幸有餘暇，而詞句足以稱讚明盛，紀一代功臣、賢士行迹，灼然可傳於後，自以為能不滅者，不敢為讓。故欲筆削國史，成不刊之書，用仲尼褒貶之心，取天下公是公非為本。【略】韓退之所謂『誅奸諛於既死，發潛德之幽光』，是翱心也。

又 卷一六《祭故東川盧大夫文》 前此八年，公在宣州，翱歸自南，下江之流，公發辟書，使者來召。【略】公遷侍郎，翱赴浙東。【略】公鎮劍州，翱作東椽，巫言於相，臥病飲貧，聞公之喪，惟公見念，復召為賓。

又 卷一八《來南録》 元和三年十月，翱既受嶺南尚書公之命，四年正月己丑，自旌善第以妻子止船於漕。乙未，去京都。韓退之、石浚川假舟送予。明日，及故洛東孟東野第，遂以東野行。浚川以妻疾，自漕口先歸。黃昏，到景雲山居，詰朝登上方，南望嵩山，題姓名，記別。既食，韓、孟別予西歸。戊戌，予病寒，飲葱酒以解表。暮，宿於鞏。庚子，出洛下河，止汴梁口，遂泛汴流，通河於淮。辛丑，及河陰。乙巳，次汴州，疾又加。召醫察脈，使人入盧。又二月丁未朔，宿陳留。戊申，莊人自盧又來，宿雍丘。乙酉，次宋州，疾漸瘳。壬子，至永城。甲寅，至埇口。丙辰，次泗州，見刺史假舟轉淮，上河如楊州。庚申，下汴渠入淮。風帆及盱眙，風逆，天黑色，波水激，順潮入新浦。壬戌，至楚州。丁卯，至楊州。戊辰，上棲靈浮圖。辛未，濟大江，至潤州。戊辰，至常州。壬午，至蘇州。癸未，如虎丘之山，息足千人石，窺劍池，宿望梅樓，觀走砌石，將游報恩，水涸舟不通，無馬，道不果游。乙酉，濟松江。丁亥，官艘隙，水溺舟敗。戊子，至杭州。己丑，如武林之山，即靈隱天竺寺。臨曲波，觀輪轄，登石橋，宿高亭。晨望平湖孤山，江濤窮竹，道上新堂，周眺羣峰，聽松風，召靈山，永吟叫猿，山童學反舌聲。癸巳，駕濤江，逆波至富春。丙申，七里灘至睦州。庚子，上楊盈川亭。辛丑，至衢州，以妻疾，止行居開元佛寺臨江亭。後三月丁未朔，翱在衢州。甲子，女某生。四月丙子朔，翱在衢州，與侯高宿石橋。丙戌，去衢州。戊子，自常山上嶺至玉山。庚寅，至信州。甲午，望君陽山怪峰直聳，似華山。丙申，上千越亭。己亥，直渡蒼石湖。辛丑，至洪州，遇嶺南使，游徐孺亭，看荷葉。五月壬子，至吉州。壬戌，至虔州。己丑，與韓泰、安平渡江游靈應山居。辛未，上大庾嶺。明日至湞昌。癸酉，上靈屯嶺，見韶石。甲戌，宿靈鷲山居。六月乙亥朔，至韶州。丙子，至始興公室。戊寅，入東蔭山，看大竹筍如嬰兒，過湞陽峽。己卯，宿清遠峽山。癸未，至廣州。自東京至廣州，水道出衢、信七千六百里。出上元西江七千一百有三十里。自洛川下黃河、汴梁，過淮至淮陰一千八百有三十里。順流自淮陰至邵伯三百有五十里。逆流自邵伯至江九十里。自潤州至杭州八百里。渠有高下，水皆不流。自杭州至常山六百九十有五里。逆流多驚灘，以竹索引船乃可上。自常山至玉山八十里，陸道謂之玉山嶺。自玉山至湖七百有一十里。順流謂之高溪。自湖至洪州一百有一十八里。逆流自洪州至大庾嶺一千有八百里。逆流謂之漳江。自大庾嶺至湞昌一百有一十里。陸道謂之大庾嶺。自湞昌至廣州九百有四十里，順流謂之湞江。出韶州謂之韶江。

唐·李翱《卓異記》卷一《自序》 翱所著《卓異記》，皇唐帝功，瓌特奇偉，前古無可比倫。及臣下盛事，超絶殊常。揮昔而照今，貽謀紀述，家世徽範。奉上度密，不自顯發，人莫知之，至有誤為傳説者。洎正人碩賢，守道不撓，立言行己，貞貫白日，得以愛慕遵楷，其奸邪之迹睹而益明。自廣利隨所聞見，雜載其事，不以次第，然皆是儆惕在心，或可諷歎。且神仙鬼怪，未得諦言，非有亦用俾好生殺，為人一途無害於教化。故貽自廣，不俟繁書，以見意。時開成五年七月十一日，予在檀溪。

宋・普濟《五燈會元》卷五《刺史李翱傳》 鼎州李翱刺史，嚮藥山玄化，屢請不赴，乃躬謁之。山執經卷不顧。侍者曰：『太守在此。』守性褊急，乃曰：『見面不如著名。』拂袖便出。山曰：『太守何得貴耳賤目？』守回拱謝。

清・永瑢等《四庫全書總目提要》卷五七《史部・傳記類》 《卓異記》一卷，舊本題唐李翱撰。《唐書・藝文志》則作『陳翱』，注曰『憲穆時人』。案李翱為貞元、會昌間人，陳翱為憲、穆間人，何以紀及昭宗。其非李翱亦非陳翱甚明。《宋史・藝文志》作『陳翰』，而注曰『一作翱』，亦不言為何許人。其《序》稱開成五年七月十一日，乃文宗之末年。其次年辛酉，乃為武宗會昌元年。何以書中兩稱武宗。則非惟名姓舛訛，並此《序》年月亦後人妄加，而書則未及竄改耳。其書皆紀唐代朝廷盛事，故曰《卓異》。然中宗、昭宗皆已廢而復辟，一幽囚於悍母，一迫脅於亂臣，皆國家至不幸之事，稱為《卓異》，可謂無識之尤矣。又《讀書志》稱所載凡二十七事，今檢其標目，僅有二十六條。或佚其一，或中宗、昭宗誤合兩事為一事，均未可知也。

論説

《歐陽修全集》卷七二《讀李翱文》 予始讀翱《復性書》三篇，曰此《中庸》之義疏耳。智者誠其性，當讀《中庸》。愚者雖讀此，不曉也，不作可焉。又讀《與韓侍郎薦賢書》，以為翱特窮時，憤世無薦已者，故丁寧如此，使其得志，亦未必然，以韓為秦漢間好俠行義之一豪俊，亦善論人者也。最後讀《幽懷賦》，然後置書而歎，歎已復讀，不自休。恨翱不生於今，不得與之交，又恨予不得生翱時，與翱上下其論也。

凡昔翱一時人，有道而能文者，莫若韓愈。愈嘗有賦矣，不過羡二鳥之光榮，歎一飽之無時爾。此其心使光榮而飽，則不復云矣。若翱獨不然，其賦曰：『衆囂囂而雜處兮，咸歎老而嗟卑。視予心之不然兮，慮行道之猶非。』又怪神堯以一旅取天下，後世子孫不能以天下取河北，以為憂。嗚呼！使當時君子皆易其歎老嗟卑之心，為翱所憂之心。則唐之天下豈有亂與亡哉！

然翱幸不生今時，見今之事，則其憂又甚矣。奈何今之人不憂也？余行天下，見人多矣，脱有一人能如翱憂者，又皆賤遠，與翱無異。其餘光榮而飽者，一聞憂世之言，不以為狂人，則以為病癡。子不怒則笑之矣。嗚呼！在位而不肯自憂，又禁他人使皆不得憂，可歎也夫！

又 卷二〇《雜識》 《跋普門品》曰：『此佛氏之寓言也。昔唐李文公問藥山禪師曰：「如何是黑風吹船，飄落鬼國？」師曰：「李翱小子，問此何為！」文公怫然，怒形於色。師笑曰：「發此瞋恚心，便是黑風吹船，飄落鬼國也。」藥山可謂善啓發人矣。』

宋・張載《張子全書》卷四《詩書》 李翱有言：『觀詩則不知有書，觀書則不知有詩。』亦近之順帝之則，此不失赤子之心也。冥然無所思，慮順天而已，赤子之心，人皆不可知也，惟以一靜言之。

宋・劉子翬《屏山集》卷一《子思》 唐李翱自謂得子思中庸之學，著《復性》三篇，會理者稱其卓絶。然差之毫釐，異乎吾所聞矣。

宋・陳淳《北溪字義》卷下《道》 釋氏之論大槩，欲滅情以復性。李翱作《復性論》二篇，皆是此意。翱雖與韓文公游，文公學無淵源，見理不明，瑩所以流入釋氏，去釋氏要喜怒哀樂，百念都無如何無得，只是有正與不正耳，正底便是天理，不正底便是人欲。

宋・真德秀《西山讀書記》卷一《天命之性》 論情可為善因。曰：李翱論復性，則是滅情以復性，則非情如何可滅。此乃釋氏之説，陷於其中不自知。

宋・黃震《黃氏日抄》卷二五《讀禮記》 《中庸》按：《家語》，子思所作，實得聖門之親傳，非漢儒所集其他記禮比也。然至唐李翱始為之説，至本朝周濂溪始得其要。

宋・王應麟《困學紀聞》卷一四《考史》 《舊史・敬宗紀》，李翱求知制誥，面數宰相李逢吉過。愚謂翱為韓文公之友，此逢吉所深忌也。面數其過可謂直矣，求知制浩乃誣善之辭。荆公嘗辨之曰：『世之淺者以利心量君子。』

元・吴師道《敬鄉録》卷五《上高宗皇帝第二書》　正月初七日具官。臣聞季文子之言曰：『忠臣之事君也，見無禮於其君者誅之，如鷹鸇之逐鳥雀也。』又聞歐陽修之言曰：『士大夫光榮，而飽不以國事為憂，惟李翱怪唐堯以一旅取天下，後世子孫不能以天下取。河北以為憂，使當時君子皆易其心。為翱所憂之心。則唐之天下，豈有亂與亡哉。今日金計叵測，以和好來而使以詔諭，可謂至無禮矣。臣食陛下之禄，不能致鷹鸇之效，徒懷李翱之憂，流涕慟哭，未知死所。』

明・胡廣等《性理大全書》卷五二《師友》　唐之韓愈，固嘗欲以師道自居矣，其視李翱、張籍輩，皆謂『從吾游』。今翱籍之文具在，考其言，未嘗以弟子自列，則師果可好為乎？苟其道未足以成德達財，雖欲為之而人不與也，愈且如是，況其下者乎？

明・章懋《楓山語録》卷一《藝文》　唐李翱《幽懷賦》云：『衆囂囂以雜處兮，咸歎老而嗟卑。視予然之不然兮，慮行道之猶非。』歐公讀其文，恨不得生其時，與翱上下，其論又以為在位君子皆不肯易，其歎老嗟卑之心而憂。翱之憂公之心亦翱之心哉，第不知後之讀歐文者亦有以救時行道為賢而憂公之憂乎？嗚呼！事有利害不切身而傷懷，人有古今不同時而合志，豈獨公之於翱哉？予亦有所感矣。

明・吕柟《張子抄釋》卷三《理窟周禮》　聖人文章無定體，《詩》、《書》、《易》、《禮》、《春秋》只隨義理，如此而言。李翱有言：『觀《詩》則不知有《書》，觀《書》則不知有《詩》。』亦近之。釋聖人之言，固事因人而立如化工。

明・徐光啓《農政全書》卷三《農本》　但使人人有田，田各有公田，通力趨事，相救相恤，不失先王之道，則可矣。而江漢以北，平壤千里，盡而井之，甚易為力也。嗟乎！自限田名田之議，先漢不即行，而貧富益遠，唐李翱、宋林勳，做古井田意分劈講畫，作《平賦》、《政本》二書，甚具。

清・倪濤《六藝之一録》卷八四《唐刻》　唐之文敝極矣，而後有韓退之振起衰陋。故皇甫湜、李翱、張籍輩相附而出，蓋亦求海中之石，溝中之木者也。嗚呼！能不隨人後以自樹立，宜昌黎之文，獨臻其至耶？

又　卷八九《李翱題名》　李子揚出貞元某年李文公題名，唐之進士科目蓋自韋肇始，而兩京初未聞。今考文公所書，知府送皆有會集書於慈恩石檻，蓋當時等甲進士便與科名等，故世尤貴重，觀《韋貫之集》有啓獻韓貞公，乞免知進士。舉當時貞公欲以解頭目送文公，謂頭須用合及第，人恐不可，令舉子作解頭取及第。由是乃得以李翱為第一。張仲素次之，蓋自十人解送而九人入等。時以為盛，即此題名。是也，子揚世系，蓋習之胄緒，宜其保此。

藝文

唐・孟郊《孟東野詩集》卷八《送李翱習之》　習之勢翩翩，東南去遙遙。贈君雙履足，一為上皋橋。皋橋路逶迤，碧水清風飄。新秋折藕花，應對吴語嬌。千巷分渌波，四門生早潮。湖榜輕裹裹，酒旗高寥寥。小時屐齒痕，有處應未銷。舊憶如霧星，恍見於夢消。言之燒人心，事去不可招。獨孤宅前曲，箜篌醉中謠。壯年俱悠悠，逮茲各焦焦。執手復執手，唯道無枯凋。

又《與韓愈李翱張籍話別》　朱弦奏離別，華燈少光輝。物色豈有異，人心顧將違。客程殊未已，歲華忽然微。秋桐故葉下，寒露新雁飛。遠游起重恨，送人念先歸。夜集類飢鳥，晨光失相依。馬迹繞川水，雁書還閨闈。常恐親朋阻，獨行知慮非。

唐・韓愈《韓昌黎詩集》卷一《此日足可惜一首贈張籍》　我友二三子，宦游在西京；東野窺禹穴，李翱觀濤江；蕭條千萬里，會合安可逢？

又　卷六《送李翱》　題注：翱娶愈兄弇之女，與愈善。楊於陵為廣州刺史，表翱佐其府。詩：廣州萬里途，山重江逶迤。行行何時到，誰能定歸期。揖我出門去，顔色異恒時。雖云有追送，足迹絶自茲。人生一世間，不自張與弛。譬如浮江木，縱横豈自知。寧懷別時苦，勿作別後思。

《白居易集》卷一《傷唐衢》 自我心存道，外物少能逼。常排傷心事，不為長歎息。忽聞唐衢死，不覺動顏色。悲端從東來，觸我心惻惻。伊昔未相知，偶游滑臺側。同宿李翺家，一言如舊識。酒酣出送我，風雪黄河北。日西並馬頭，語別至昏黑。君歸向東鄭，我來游上國。交心不交面，從此重相憶。憐君儒家子，不得詩書力。五十著青衫，試官無禄食。遺文僅千首，六義無差忒。散在京洛間，何人為收拾。

雜録

南漢・王定保《唐摭言》卷八《陰注陽受》 盧求者李翺之婿。先是翺典合肥郡，有一道人詣翺，自言能使鬼神。【略】後翺鎮襄陽，其人複至，翺虔敬可知也。謂翺曰：『鄙人再來，蓋仰公之政也。』因命出諸子，熟識，皆曰：『不繼。』翺無所得，遂遣諸女出拜之，乃曰：『尚書他日外孫三人，皆位至宰輔。』

《歐陽修全集》卷七二《書李翺集後》 予為西京留守推官，得此書於魏君，書五十篇。予嘗讀韓文，所作《哀歐陽詹文》云：『詹之事，既有李翺作傳。』而此書亡之，惜其遺闕者多矣。

宋・王堯臣等《崇文總目》卷一《易類》 《琴譜調》三卷，原釋不著撰人名氏，雜録琴譜大小數曲，其前一大曲亡其名，舊本或云李翺，用指注與諸琴法無异，而云翺者，豈其所傳歟。

宋・趙彦衛《雲麓漫鈔》卷二《名迹》 舒州皖公山洞，留題者甚衆，沈樞密復囊嘗游，見洞上莓苔剥落處露一字，日下火，知非今人名，試命抉剔之，乃唐李翺題字，甚勁健，予嘗親到。名公題刻已遍，山水殊勝。

宋・陳振孫《直齋書録解題》卷六《時令類》 《韋氏月録》一卷，唐右領軍衛兵曹韋行規撰，李翺為之序。

又 卷一〇《農家類》 《何首烏傳》一卷，初見唐《李翺集》，今後人增廣之耳。

元・辛文房《唐才子傳》卷四《李翺》 長沙尚書李翺，席上有舞柘枝者，容語悽惻，因感而賦詩以贈，曰：『姑蘇太守青娥女，流落長沙舞柘枝。滿座繡衣皆不識，可憐紅粉淚雙垂。』衆客驚問之。果韋公愛姬所生女也。相與吁歎，翺即命削丹書於賓館中。擇士嫁之、今有集一卷。世皆鏗鏘蘊藉之作也。』

清・翟灝《通俗編》卷六《縣令》 唐制，縣令闕，佐官攝令，曰知縣事。《李翺任上部志》文，云攝富平尉、知縣事，是也。

劉禹錫分部

傳記

《舊唐書》卷一六〇《劉禹錫傳》 劉禹錫，字夢得，彭城人。祖雲。父漵，仕曆州縣令佐，世以儒學稱。禹錫貞元九年擢進士第，又登宏辭科。禹錫精於古文，善五言詩，今體文章複多才麗。從事淮南節度使杜佑幕，典記室，尤加禮異。從佑入朝，為監察御史。與吏部郎中韋執誼相善。

貞元末，王叔文於東宮用事，後輩務進，多附麗之。禹錫尤為叔文知獎，以宰相器待之。順宗即位，久疾不任政事，禁中文誥，皆出於叔文。引禹錫及柳宗元入禁中，與之圖議，言無不從。轉屯田員外郎、判度支鹽鐵案，兼崇陵使判官。頗怙威權，中傷端士。宗元素不悦武元衡，時武元衡為御史中丞，乃左授右庶子。侍御史竇羣奏禹錫挾邪亂政，不宜在朝。羣即日罷官。韓皋憑藉貴門，不附叔文黨，出為湖南觀察使。既任喜怒淩人，京師人士不敢指名，道路以目，時號『二王、劉、柳』。

叔文敗，坐貶連州刺史。在道，貶朗州司馬。地居西南夷，士風僻陋，舉目殊俗，無可與言者。禹錫在朗州十年，唯以文章吟詠，陶冶情性。蠻俗好巫，每淫祠鼓舞，必歌俚辭。禹錫或從事於其間，乃依騷人之作，為新辭以教巫祝。故武陵溪洞間夷歌，率多禹錫之辭也。

初，禹錫、宗元等八人犯衆怒，憲宗亦怒，故再貶。制有『逢恩不原』之令。然執政惜其才，欲洗滌痕累，漸序用之。會程異複掌轉運，有詔以韓皋及禹錫等為遠郡刺史。屬武元衡在中書，諫官十餘人論列，言不可複用而止。

禹錫積歲在湘、澧間，鬱悒不怡，因讀《張九齡文集》，乃敍其意曰：『世稱曲江為相，建言放臣不宜於善地，多徙五溪不毛之鄉。今讀其文章，自內職牧始，安有瘴癘之歎，自退相守荆州，有拘囚之思。託諷禽鳥，寄辭草樹，鬱然與騷人同風。嗟夫，身出於遐陬，一失意而不能堪，矧華人士族，而必致醜地，然後快意哉！議者以曲江為良臣，識胡雛有反相，羞與凡器同列，密啓廷諍，雖古哲人不及。而燕翼無似，終為餒魂。豈忮心失恕，陰謫最大，雖二美莫贖耶？不然，何袁公一言明楚獄而鐘祉四葉。以是相較，神可誣乎？』

元和十年，自武陵召還，宰相複欲置之郎署。時禹錫作《游玄都觀詠看花君子詩》，語涉譏刺，執政不悅，複出為播州刺史。詔下，御史中丞裴度奏曰：『劉禹錫有母，年八十餘。今播州西南極遠，猿狖所居，人迹罕至。禹錫誠合得罪，然其老母必去不得，則與此子為死別，臣恐傷陛下孝理之風。伏請屈法，稍移近處。』憲宗曰：『夫為人子，每事尤須謹慎，常恐貽親之憂。今禹錫所坐，更合重於他人，卿豈可以此論之？』度無以對。良久，帝改容而言曰：『朕所言，是責人子之事，然終不欲傷其所親之心。』乃改授連州刺史。去京師又十餘年。連刺數郡。

太和二年，自和州刺史征還，拜主客郎中。禹錫銜前事未已，複作《游玄都觀詩序》曰：『予貞元二十一年為尚書屯田員外郎，時此觀中未有花木。是歲出牧連州，尋貶朗州司馬。居十年，召還京師，人人皆言有道士手植紅桃滿觀，如爍晨霞，遂有詩以志一時之事。旋又出牧，於今十有四年，得為主客郎中。重游茲觀，蕩然無複一樹，唯兔葵燕麥動搖於春風，因再題二十八字，以俟後游。』其前篇有『玄都觀裏桃千樹，總是劉郎去後栽』之句，後篇有『種桃道士今何在，前度劉郎又到來』之句，人嘉其才而薄其行。禹錫甚怒武元衡、李逢吉，而裴度稍知之。太和中，度在中書，欲令知制誥。執政又聞《詩序》，滋不悅。累轉禮部郎中、集賢院學士。度罷知政事，禹錫求分司東都。終以恃才褊心，不得久處朝列。六月，授蘇州刺史，就賜金紫。秩滿入朝，授汝州刺史，遷太子賓客，分司東都。

禹錫晚年與少傅白居易友善，詩筆文章，時無在其右者。常與禹錫唱和往來，因集其詩而序之曰：『彭城劉夢得，詩豪者也。其鋒森然，少敢當者。予不量力，往往犯之。夫合應者聲同，交爭者力敵。一往一複，欲罷不能。由是每制一篇，先於視草，視竟則興作，興作則文成。一二年來，日尋筆硯，同和贈答，不覺滋多。太和三年春以前，紙墨所存者，凡一百三十八首。其餘乘興仗醉，率然口號者，不在此數。因命小侄龜兒編勒成兩軸。仍寫二本，一付龜兒，一授夢得小男侖郎，各令收藏，附兩家文集。予頃與元微之唱和頗多，或在人口。嘗戲微之云：「僕與足下二十年來為文友詩敵，幸也！亦不幸也。吟詠情性，播揚名聲，其適遺形，其樂忘老，幸也！然江南士女語才子者，多云元、白，以子之故，使僕不得獨步於吳、越間，此亦不幸也！今垂老複遇夢得，非重不幸耶？」夢得夢得，文之神妙，莫先於詩。若妙與神，則吾豈敢？如夢得「雪裏高山頭白早，海中仙果子生遲」，「沉舟側畔千帆過，病樹前頭萬木春」之句之類，眞謂神妙矣！在在處處，應有靈物護持，豈止兩家子弟秘藏而已！』其為名流許與如此。夢得嘗為《西塞懷古》、《金陵五題》等詩，江南文士稱為佳作，雖名位不達，公卿大僚多與之交。

開成初，複為太子賓客分司，俄授同州刺史。秩滿，檢校禮部尚書、太子賓客分司。會昌二年七月卒，時年七十一，贈戶部尚書。

子承雍，登進士第，亦有才藻。

史臣曰：貞元、太和之間，以文學聳動搢紳之伍者，宗元、禹錫而已。其巧麗淵博，屬辭比事，誠一代之宏才。如俾之詠歌帝載，黼藻王言，足以平揖古賢，氣吞時輩。而蹈道不謹，昵比小人，自致流離，前隳素業。故君子羣而不黨，戒懼慎獨，正為此也。韓、李二文公，於陵遲之末，遑遑仁義，有志於持世範，欲以人文化成，而道未果也。至若抑楊、墨，排釋、老，雖於道未弘，亦端士之用心也。

贊曰：天地經綸，無出斯文。愈、翺揮翰，語切典墳。犧雞斷尾，害馬敗羣。僻塗自噬，劉、柳諸君。

《新唐書》卷一六八《劉禹錫傳》 劉禹錫，字夢得，自言系出中山。世為儒。擢進士第，登博學宏辭科，工文章。淮南杜佑表管書記，入為監察御史。素善韋執誼。時王叔文得幸太子，禹錫以名重一時，與之交，叔文每稱有宰相器。太子即位，朝廷大議秘策多出叔文，引禹錫及柳宗元與議禁中，所言必從。擢屯田員外郎，判度支、鹽鐵案，頗馮藉其勢，多中傷士。若武元衡不為柳宗元所喜，自御史中丞下除太子右庶子；御史竇羣劾禹錫挾邪亂政，羣即日罷；韓皋素貴，不肯親叔文等，斥為湖南觀察使。凡所進退，視愛怒重輕，人不敢指其名，號『二王、劉、柳』。

憲宗立，叔文等敗，禹錫貶連州刺史，未至，斥朗州司馬。州接夜郎諸夷，風俗陋甚，家喜巫鬼，每祠，歌《竹枝》，鼓吹裴回，其聲傖佇。禹錫謂屈原居沅、湘間作《九歌》，使楚人以迎送神，乃倚其聲，作《竹枝辭》十餘篇。於是武陵夷俚悉歌之。【略】乃易連州，又徙夔州刺史。

禹錫嘗歎天下學校廢，乃奏記宰相曰：言者謂天下少士，而不知養材之道，鬱堙不揚，非天不生材也。是不耕而歎廪庾之無餘，可乎？貞觀時，學舍千二百區，生徒三千餘，外夷遣子弟入附者五國。今室廬圮廢，生徒衰少，非學官不振，病無貲以給也。

凡學官，春秋釋奠於先師，斯止辟雍、頖宮，非及天下。今州縣咸以春秋上丁有事孔子廟，其禮不應古，甚非孔子意。漢初羣臣起屠販，故孝惠、高後間置原廟於郡國，逮元帝時，韋玄成遂議罷之。夫子孫尚不敢違禮饗其祖，況後學師先聖道而欲違之。《傳》曰：『祭不欲數。』又曰：『祭神如神在。』與其煩於薦饗，孰若行其教？今教頹靡，而以非禮之祀媚之，儒者所宜疾。竊觀歷代無有是事。

武德初，詔國學立周公、孔子廟，四時祭。貞觀中，詔修孔子廟兗州。後許敬宗等奏天下州縣置三獻官，其他如立社。玄宗與儒臣議，罷釋奠牲牢，薦酒脯。時王孫林甫為宰相，不涉學，使御史中丞王敬從以明衣牲牢著為令，遂無有非之者。今夔四縣歲釋奠費十六萬，舉天下州縣歲凡費四千萬，適資三獻官飾衣裳，飴妻子，於學無補也。

請下禮官博士議，罷天下州縣牲牢衣幣，春秋祭如開元時，籍其資半界所隸州，使增學校，舉半歸太學，猶不下萬計，可以營學室，具器用，豐饌食，增掌故，以備使令，儒官各加稍食，州縣進士皆立程督，則貞觀之風，粲然可復。

當時不用其言。由和州刺史入為主客郎中，複作《游玄都》詩，且言：『始謫十年，還京師，道士植桃，其盛若霞。又十四年過之，無複一存，唯兔葵、燕麥動搖春風耳。』以詆權近，聞者益薄其行。俄分司東都。宰相裴度兼集賢殿大學士，雅知禹錫，薦為禮部郎中、集賢直學士。度罷，出為蘇州刺史。以政最，賜金紫服。徙汝、同二州。遷太子賓客，復分司。

禹錫恃才而廢，褊心不能無怨望，年益晏，偃蹇寡所合，乃以文章自適。素善詩，晚節尤精，與白居易酬復頗多。居易以詩自名者，嘗推為『詩豪』，又言：『其詩在處，應有神物護持。』

會昌時，加檢校禮部尚書。卒，年七十二，贈戶部尚書。始疾病，自為《子劉子傳》，【略】其自辯解大略如此。

贊曰：叔文沾沾小人，竊天下柄，與陽虎取大弓《春秋》書為盜無以異。宗元等橈節從之，徼幸一時，貪帝病昏，抑太子之明，規權遂私。故賢者疾，不肖者媢，一僨而不復，宜哉！彼若不傳匪人，自勵材猷，不失為明卿才大夫，惜哉！

綜述

《劉禹錫外集》卷九《子劉子自傳》　子劉子，名禹錫，字夢得。其先漢景帝賈夫人子勝，封中山王，謚曰靖，子孫因封為中山人也。七代祖亮，事北朝為冀州刺史散騎常侍，遇遷都洛陽，為北部都昌里人。世為儒而仕，墳墓在洛陽北山，其後地狹不可依，乃葬滎陽之檀山原。由大王父已還，一昭一穆如平生。曾祖凱，官至博州刺史。祖鍠，由洛陽主簿察視行馬外事，歲滿，轉殿中丞、侍御史，贈尚書祠部郎中。父諱緒，亦以儒學，天寶末應進士，遂及大亂，舉族東遷，以違患難，因為東諸侯所用，後為浙西從事。本府就加鹽鐵副使，遂轉殿中，主務於埇橋。其後罷歸浙右，至揚州，遇疾不諱。小子承夙訓，稟遺教，眇然一身，奉尊夫人不敢殞滅。後忝登朝，或領郡，蒙恩澤，先府君累贈至吏部尚書，先太君盧氏由彭城縣太君贈至范陽郡太夫人。

初，禹錫既冠，舉進士，一幸而中試。間歲，又以文登吏部取士科，授太子校書。官司間曠，得以請告奉清。是時少年，名浮於實，士林榮之。及丁先尚書憂，迫禮不死，因成痼疾。既免喪，相國揚州節度使杜公領徐泗，素相知，遂請為掌書記。

捧檄入告，太夫人曰：『吾不樂江淮間，汝宜謀之於始。』因白丞相以請，曰：『諾。』居數月而罷徐泗，而河路猶艱難，遂改為揚州掌書記。涉二年而道無虞，前約乃行，調補京兆渭南主簿。明年冬，擢為監察御史。

貞元二十一年春，德宗新棄天下，東宮即位。時有寒俊王叔文，以善弈棋得通籍博望，因間隙得言及時事，上大奇之。如是者積久，衆未知之。至是起蘇州掾，超拜起居舍人，充翰林學士，遂陰薦丞相杜公為度支鹽鐵等使。翊日，叔文以本官及內職兼充副使。未幾，特遷戶部侍郎，賜紫，貴振一時。予前已為杜丞相奏署崇陵使判官，居月餘日，至是改屯田員外郎，判度支鹽鐵等案。初，叔文北海人，自言猛之後，有遠祖風，唯東平呂温、隴西李景儉、河東柳宗元以為言然。三子者皆與予厚善，日夕過，言其能。叔文實工言治道，能以口辯移人。既得用，自春至秋，其所施為，人不以為當非。

時上素被疾，至是尤劇。詔下內禪，自為太上皇，後謚曰順宗。東宮即皇帝位，是時太上久寢疾，宰臣及用事者都不得召對。宮掖事秘，而建桓立順，功歸貴臣。於是叔文首貶渝州，後命終死。宰相貶崖州。予出為連州，途至荆南，又貶朗州司馬。居九年，詔徵，復授連州。自連歷夔、和二郡，又除主客郎中，分司東都。明年追入，充集賢殿學士。轉蘇州刺史，賜金紫。移汝州兼御史中丞。又遷同州，充本州防禦長春宮使。後被足疾，改太子賓客，分司東都。又改秘書監分司。一年，加檢校禮部尚書兼太子賓客。行年七十有一，身病之日，自為銘曰：

不夭不賤，天之祺兮。重屯累厄，數之奇兮。天與所長，不使施兮。人或加訕，心無疵兮。寢於北牖，盡所期兮。葬近大墓，如生時兮。魂無不之，庸詎知兮！

宋・晁公武《郡齋讀書志》卷一七《〈劉禹錫集〉三十卷，〈外集〉十卷》　唐劉禹錫，夢得也，中山人。貞元九年進士，登博學宏詞科。貶朗州司馬。元和十年召還，欲任以南省郎，作《玄都觀看花詩》，譏忿當路，出為播州刺史。裴度以母老為請，得易連州。入為主客郎中，復作《游玄都詩》，以詆權近。俄分司東都，遷賓客。會昌時，加檢校禮部尚書，卒。禹錫少工文章，恃才而廢，老年寡所合，乃以文章自適。素善詩，晚節尤精。白居易推為『詩豪』，嘗言：『其詩在處應有神物護持』。禹錫早與柳宗元為文章之友，稱『劉柳』；晚與居易為詩友，號『劉白』；雖詩文似少不及，然能抗衡二人間，信天下之奇才也。

元・辛文房《唐才子傳》卷五《劉禹錫》　禹錫，字夢得，中山人。貞元九年進士。又中博學宏辭科，工文章。時王叔文得幸，禹錫與之交，嘗稱其有宰相器。朝廷大議，多引禹錫及柳宗元與議禁中。判度支鹽鐵案，憑藉其勢，多中傷人。御史竇羣劾云：『挾邪亂政。』即日罷。憲宗立，叔文敗，斥朗州司馬。州接夜郎，俗信巫鬼，每祠，歌《竹枝》，鼓吹俄延，其聲傖佇。禹錫謂屈原居沅、湘間，作《九歌》，使楚人以迎送神。乃倚聲作《竹枝辭》十篇，武陵人悉歌之。始，坐叔文貶者，雖赦不原。宰相哀其才且困，將澡用之，乃悉詔補遠州刺史，諫官奏罷之。時久落魄，鬱鬱不自抑，其吐辭多諷托遠，意感權臣，而憾不釋。久之，召還，欲任南省郎，而作《玄都觀看花君子》詩，語譏忿，當路不喜，又謫守播州。中丞裴度言：『播，猿狖所宅，且其母年八十餘，與子死決，恐傷陛下孝治，請稍內遷。』乃易連州，又徙夔州。後由和州刺史入為主客郎中。至京後，游玄都詠詩，且言：『始謫十年，還輦下，道士種桃，其盛若霞。又十四年而來，無復一存，唯兔葵燕麥動搖春風耳。』權近聞者，益薄其行。裴度薦為翰林學士，俄分司東都，遷太子賓客。會昌時，加檢校禮部尚書，卒。公恃才而放，心不能平，行年益晏，偃蹇寡合，乃以文章自適。善詩，精絕，與白居易酬唱頗多，嘗推為『詩豪』，曰：『劉君詩在處，有神物護持。』有集四十卷，今傳。

論説

唐・趙璘《因話録》卷三　元和以來，詞翰兼奇者，有柳柳州宗元、劉尚書禹錫及楊公。

宋・黎靖德《朱子語類》卷八〇《論詩》　器之問詩。曰：『古人情意温厚寬和，道得言語自恁地好。當時協韻，只是要便於諷詠而已。到得後來，一向於字韻上嚴切，卻無意思。漢不如周，魏晉不如漢，唐不如魏晉，本朝又不如唐。如元微之劉禹錫之徒，和詩猶自有韻相重密。本朝和詩便定不要一字相同，不知卻愈壞了詩！』

宋・王應麟《困學紀聞》卷一七　劉夢得文不及詩，《祭韓退之文》乃謂：子長在筆，予長在論；持予舉楯，卒莫能困。可笑不自量也。

明・楊慎《丹鉛餘録・續録》卷三《寧馨》　馨字，晉人以為語助辭，【略】合此觀之，其為語辭瞭然。唐劉禹錫詩，幾人猛省得寧馨，得晉人語意矣。

清・永瑢等《四庫全書總目提要》卷一五〇《劉賓客文集》　唐劉禹錫撰。《唐書》禹錫本傳稱為彭城人，蓋舉郡望。實則中山無極人。是編亦名《中山集》，蓋以是也。陳振孫《書録解題》稱原本四十卷，宋初佚其十卷。宋次道裒其遺詩四百七篇、雜文二十二首為《外集》，然未必皆十卷所逸也。禹錫在元和初，以附王叔文被貶，為八司馬之一。召還之後，又以《詠玄都觀桃花》觸忤執政，頗有輕薄之譏。然韓愈頗與之友善，集中有《上杜黄裳書》，歷引愈言為重。又《外集》有《子劉子自傳》一篇，敘述前事，尚不肯詆諆叔文。蓋其人品與柳宗元同。其古文則恣肆博辨，於昌黎、柳州之外，自為軌轍。其詩則含蓄不足，而精鋭有餘。氣骨亦在元、白上，均可與杜牧相頡頏，而詩尤矯出。陳師道稱蘇軾詩初學禹錫。呂本中亦謂蘇轍晚年令人學禹錫詩，以為用意深遠，有曲折處。劉克莊《後村詩話》乃稱其詩多感慨，惟『在人雖晚達，於樹似冬青』十字差為閑婉。似非篤論也。其雜文二十卷、詩十卷，明時曾有刊版。獨《外集》世罕流傳，藏書家珍為秘笈。今揚州所進鈔本，乃毛晉汲古閣所藏。紙墨精好，猶從宋刻影寫。謹合為一編，著之於録，用還其卷目之舊焉。

清・況周頤《蕙風詞話》卷二《唐詞與詩近》　唐賢為詞，往往麗而不流，與其詩不甚相遠。劉夢得《憶江南》云：『春去也，多謝洛城人。弱柳從風疑舉袂，叢蘭裛露似沾巾。獨坐亦含顰。』流麗之筆，下開北宋子野、少游一派。唯其出自唐音，故能流而不靡。所謂『風流高格調』，其在斯乎。前調云：『猶有桃花流水上。無辭竹葉醉尊前。』《抛球樂》云：『春早見花枝，朝朝恨發遲。及看花落後，卻憶未開時。』亦皆流麗之句。

清・平步青《霞外捃屑》卷六　柳州初工駢體，後乃篤志古文。其才氣陵厲，足以抗韓。【略】同時若劉賓客，才辨縱横，間以古藻，亦柳之亞。

藝　文

清・彭定求等《全唐詩》卷二七一《竇鞏〈送劉禹錫〉》　十年憔悴武陵溪，鶴病深林玉在泥。今日太行平似砥，九霄初倚入雲梯。

又　卷二七三《戴叔倫〈寄劉禹錫〉》　謝相園西石逕斜，知君習隱暫為家。有時出郭行芳草，長日臨池看落花。春去能忘詩共賦，客來應是酒頻賒。五年不見西山色，悵望浮雲隱落霞。

又　卷二七五《馮宿〈酬白樂天劉夢得〉》　共稱洛邑難其選，何幸天書用不才。遙約和風新草木，且令新雪静塵埃。臨岐有愧傾三省，別酌無辭醉百杯。明歲杏園花下集，須知春色自東來。

又　卷三三四《令狐楚〈節度宣武酬樂天夢得〉》　蓬萊仙監客曹郎，曾枉高車客大樑。見擁旌旄治軍旅，知親筆硯事文章。愁看柳色懸離恨，憶遞花枝助酒狂。洛下相逢肯相寄，南金璀錯玉淒涼。

又　卷三五一《柳宗元〈善謔驛和劉夢得酹淳于先生〉》　水上鵠已去，亭中鳥又鳴。辭因使楚重，名為救齊成。荒壟遽千古，羽觴難再傾。劉伶今日意，異代是同聲。

又《衡陽與夢得分路贈別》　十年憔悴到秦京，誰料翻為嶺外行。伏波故道風煙在，翁仲遺墟草樹平。直以慵疏招物議，休將文字占時名。今朝不用臨河別，垂淚千行便濯纓。

又《重別夢得》　二十年來萬事同，今朝岐路忽西東。皇恩若許歸田去，晚歲當為鄰舍翁。

又　卷三六六《張賈〈送劉禹錫發華州〉》　夫子生知者，相期妙理中。

又　卷四一四《元稹〈留呈夢得、子厚、致用〉》　泉溜才通疑夜磬，燒煙餘暖有春泥。千層玉帳鋪松蓋，五出銀區印虎蹄。暗落金烏山漸黑，深埋粉堠路渾迷。心知魏闕無多地，十二瓊樓百里西。

又　卷四四四《白居易〈答劉禹錫白太守行〉》　吏滿六百石，昔賢輒去之。秩登二千石，今我方罷歸。我秩訝已多，我歸慚已遲。猶勝塵土下，終老無休期。臥乞百日告，起吟五篇詩。朝與府吏別，暮與州民辭。去年到郡時，麥穗黃離離。今年去郡日，稻花白霏霏。為郡已周歲，半歲罹旱饑。襦袴無一片，甘棠無一枝。何乃老與幼，泣別盡沾衣。下慚蘇人淚，上愧劉君辭。

又《除日答夢得同發楚州》　共作千里伴，俱為一郡回。歲陰中路盡，鄉思先春來。山雪晚猶在，淮冰晴欲開。歸歟吟可作，休戀主人杯。

又《憶夢得》　齒髮各蹉跎，疏慵與病和。愛花心在否，見酒興如何。年長風情少，官高俗慮多。幾時紅燭下，聞唱竹枝歌。

又　卷四五〇《白居易〈贈夢得〉》　心中萬事不思量，坐倚屏風臥向陽。漸覺詠詩猶老醜，豈宜憑酒更粗狂。頭垂白髮我思退，脚蹋青雲君欲忙。只有今春相伴在，花前剩醉兩三場。

又《答夢得聞蟬見寄》　開緘思浩然，獨詠晚風前。人貌非前日，蟬聲似去年。槐花新雨後，柳影欲秋天。聽罷無他計，相思又一篇。

又《醉中重留夢得》　劉郎劉郎莫先起，蘇臺蘇臺隔雲水。酒醆來從一百分，馬頭去便三千里。

又　卷四五一《白居易〈府齋感懷酬夢得〉》　府伶呼喚爭先到，家醖提攜動輒隨。合是人生開眼日，自當年老斂眉時。丹砂煉作三銖土，玄發看成一把絲。勞寄新詩遠安慰，不聞枯樹再生枝。

又《贈晦叔憶夢得》　自別崔公四五秋，因何臨老轉風流。歸來不說秦中事，歇定唯謀洛下游。酒面浮花應是喜，歌眉斂黛不關愁。得君更有無厭意，猶恨尊前欠老劉。

又　卷四五二《白居易〈立秋夕有懷夢得〉》　露簟荻竹清，風扇蒲葵輕。一與故人別，再見新蟬鳴。是夕涼飆起，閑境入幽情。回燈見棲鶴，隔竹聞吹笙。夜茶一兩杓，秋吟三數聲。所思渺千里，雲外長洲城。

又　卷四五三《白居易〈夢劉二十八，因詩問之〉》　昨夜夢夢得，初覺思踟躕。忽忘來汝郡，猶疑在吳都。吳都三千里，汝郡二百餘。非夢亦不見，近與遠何殊。尚能齊近遠，焉用論榮枯。但問寢與食，近日兩何如。病後能吟否，春來曾醉無。樓臺與風景，汝又何如蘇。相思一相報，勿復慵為書。

又《酬牛相公宮城早秋寓言見示兼呈夢得》　七月中氣後，金與火交爭。一聞白雪唱，暑退清風生。碧樹未搖落，寒蟬始悲鳴。夜涼枕簟滑，秋燥衣巾輕。疏受老慵出，劉楨疾未平。何人伴公醉，新月上宮城。

又　卷四五四《白居易〈和夢得〉》　綸閣沈沈天寵命，蘇臺籍籍有能聲。豈唯不得清文力，但恐空傳冗吏名。郎署回翔何水部，江湖留滯謝宣城。所嗟非獨君如此，自古才難共命爭。

又　卷四五五《白居易〈詠老贈夢得〉》　與君俱老也，自問老何如。眼澀夜先臥，頭慵朝未梳。有時扶杖出，盡日閉門居。懶照新磨鏡，休看小字書。情於故人重，迹共少年疏。唯是閒談興，相逢尚有餘。

又　卷四五六《白居易〈喜見劉同州夢得〉》　紫綬白髭須，同年二老夫。論心共牢落，見面且歡娛。酒好攜來否，詩多記得無。應須為春草，五馬少踟躕。

又《裴令公席上贈別夢得》　年老官高多別離，轉難相見轉相思。雪銷酒盡梁王起，便是鄒枚分散時。

又《喜夢得自馮翊歸洛，兼呈令公》　上客新從左輔回，高陽興助洛陽才。已將四海聲名去，又占三春風景來。甲子等頭憐共老，文章敵手莫相猜。鄒枚未用爭詩酒，且飲梁王賀喜杯。

又《贈夢得》　年顏老少與君同，眼未全昏耳未聾。放醉臥為春日伴，趁歡行入少年叢。尋花借馬煩川守，弄水偷船惱令公。聞道洛城人盡怪，呼為劉白二狂翁。

又《因夢得酬牛相公初到洛中小飲見贈》　淮南揮手抛紅旆，洛下回頭向白雲。政事堂中老丞相，制科場裏舊將軍。宮城煙月饒全占，關塞風光請半分。詩酒放狂猶得在，莫欺白叟與劉君。

又《新歲贈夢得》　暮齒忽將及，同心私自憐。漸衰宜減食，已喜更加年。紫綬行連袂，籃輿出比肩。與君同甲子，歲酒合誰先。

又《戲贈夢得，兼呈思黯》　霜鬢莫欺今老矣，一杯莫笑便陶然。陳郎中處為高戶，裴使君前作少年。顧我獨狂多自哂，與君同病最相憐。月終齋滿誰開素，須擬奇章置一筵。

又　卷四五八《白居易〈酬夢得貧居詠懷見贈〉》　歲陰生計兩蹉跎，相顧悠悠醉且歌。廚冷難留烏止屋，門閑可與雀張羅。病添莊舄吟聲苦，貧欠韓康藥債多。日望揮金賀新命，俸錢依舊又如何。

又《會昌元年春五絶句・勸夢得酒》　誰人功畫麒麟閣，何客新投魑魅鄉。兩處榮枯君莫問，殘春更醉兩三場。

又《偶吟自慰兼呈夢得》　且喜同年滿七旬，莫嫌衰病莫嫌貧。已為海内有名客，又占世間長命人。耳裏聲聞新將相，眼前失盡故交親。尊榮富壽難兼得，閑坐思量最要身。

又　卷四五九《白居易〈開成二年夏聞新蟬贈夢得〉》　十載與君別，常感新蟬鳴。今年共君聽，同在洛陽城。噪處知林靜，聞時覺景清。涼風忽嫋嫋，秋思先秋生。殘槿花邊立，老槐陰下行。雖無索居恨，還動長年情。且喜未聾耳，年年聞此聲。

又《感舊》　晦叔墳荒草已陳，夢得墓濕土猶新。微之捐館將一紀，杓直歸丘二十春。城中雖有故第宅，庭蕪園廢生荊榛。篋中亦有舊書劄，紙穿字蠹成灰塵。平生定交取人窄，屈指相知唯五人。四人先去我在後，一枝蒲柳衰殘身。豈無晚歲新相識，相識面親心不親。人生莫羨苦長命，命長感舊多悲辛。

又　卷四六三《盧貞〈和劉夢得歲夜懷友〉》　文翰走天下，琴尊臥洛陽。貞元朝士盡，新歲一悲涼。名早緣才大，官遲為壽長。時來知病已，莫歎步趨妨。

又　卷四六六《牛僧孺〈席上贈劉夢得〉》　粉署為郎四十春，今來名輩更無人。休論世上升沉事，且鬥樽前見在身。珠玉會應成咳唾，山川猶覺露精神。莫嫌恃酒輕言語，曾把文章謁後塵。

又　卷四九二《殷堯藩〈送劉禹錫侍禦出刺連州〉》　遐荒迢遞五羊城，歸興濃消客裏情。家近似忘山路險，土甘殊覺瘴煙輕。梅花清入羅浮夢，荔子紅分廣海程。此去定知償隱趣，石田春雨讀書耕。

又　卷四九六《姚合〈送劉禹錫郎中赴蘇州〉》　三十年來天下名，銜恩東守闔閭城。初經咸穀眠山驛，漸入梁園問水程。霽日滿江寒浪靜，春風繞郭白蘋生。虎丘野寺吳中少，誰伴吟詩月裏行。

又　卷五〇一《姚合〈和劉禹錫主客冬初拜表懷上都故人〉》　九陌喧喧騎吏催，百官拜表禁城開。林疏曉日明紅葉，塵靜寒霜覆緑苔。玉佩聲微班始定，金函光動按初來。此時共想朝天客，謝食方從閣裏回。

《韓愈集》卷三《永貞行》　君不見太皇諒陰未出令，小人乘時偷國柄。北軍百萬虎與貔，天子自將非他師。一朝奪印付私黨，懍懍朝士何能為。狐鳴梟噪爭署置，睗睒跳踉相嫵媚。夜作詔書朝拜官，超資越序曾無難。公然白日受賄賂，火齊磊落堆金盤。元臣故老不敢語，晝臥涕泣何汍瀾。董賢三公誰復惜，侯景九錫行可歎。國家功高德且厚，天位未許庸夫幹。嗣皇卓犖信英主，文如太宗武高祖。膺圖受禪登明堂，共流幽州鯀死羽。四門肅穆賢俊登，數君匪親豈其朋。郎官清要為世稱，荒郡迫野嗟可矜。湖波連天日相騰，蠻俗生梗瘴癘烝。江氛嶺祲昏若凝，一蛇兩頭見未曾。怪鳥鳴喚令人憎，蠱蟲羣飛夜撲燈。雄虺毒螫墮股肱，食中置藥肝心崩。左右使令詐難憑，慎勿浪信常兢兢。吾嘗同僚情可勝，具書目見非妄徵，嗟爾既往宜為懲。

雜録

宋・李昉等《太平御覽》卷五七〇《樂部八・歌一》　《唐書》曰：劉禹錫貶朗州司馬，蠻俗好巫，每淫祠鼓舞，必歌俚辭。禹錫或從事於其間，乃依騷人之作為新辭，以教巫祝。故武陵溪洞間夷歌，率多禹錫之辭也。

又　卷五八六《文部二・詩》　劉禹錫晚年與少傅白居易友善。居易詩筆文章時無在其右者，嘗與禹倡和往來，因集其詩而序之曰：『彭城劉夢得，詩豪者也。其鋒森然，少敢當者。予不量力，往往犯之。夫合應者聲同，交爭者力敵，一往一復，欲罷不能。一二年來，日尋筆硯，同和贈答，不覺滋多。太和三年春，已前紙墨所在者，凡一百三十八首，其餘乘興仗醉率然作者不在此數。嘗戲微之云：僕與足下二十年來為文友詩敵，幸也，亦不幸也。吟詠情性，播揚名聲，其適遺形，其樂忘老，幸也。然江南士女語才子者多云「元白」，以子之故，使僕不得獨步於吳越間，此一不幸也；今垂老複遇夢得，非重不幸耶？夢得文之，神妙莫先於詩，若妙與神則吾豈敢如夢得！「雪裏高山頭白早，海中仙果子生遲」，「沉舟側畔千帆過，病樹前頭萬木春」之句之類，真謂神妙矣。在在處處，應有靈物護持，豈止兩家子弟秘藏而已。』

又　卷七三五《方術部十六・巫下》　劉禹錫貶朗州司馬，比居西南夷，土風僻陋，舉目殊俗，無與言者。禹錫在朗十年，惟以文章吟詠陶冶情性。蠻俗好巫，每淫祠舞鼓，必歌俚詞。禹錫或從事於其間，乃依騷人之作，為新辭以教巫祝，故武陵溪洞間夷歌，率多禹錫之辭也。

宋・李昉等《太平廣記》卷一三八《徵應四・段文昌》　唐丞相鄒平公段文昌，負才傲俗，落拓荆楚間。常半酣，靸屐於江陵大街往來。雨霽泥甚，街側有大宅，門枕流渠，公乘醉，於渠上脱屐濯足，旁若無人。自言：『我作江陵節度使，必買此宅。』聞者皆笑。其後果鎮荆南，遂買此宅。又嘗佐太尉南康王韋皋為成都館驛巡官，忽失意，皋逐之，使攝靈池尉。羸童劣馬，奔迫就縣。縣去靈池六七里，日已昏黑，路絶行人。忽有兩炬前引，更呼曰：『太尉來。』既及郭門，兩炬皆滅。先時為皋奉使入長安，素與劉禹錫深交。禹錫時為禮部員外，方與日者從容，文昌入謁，日者匿於箔下。既去，日者謂禹錫曰：『員外若圖省轉，事勢殊遠，須待十年後。此客入相，方轉本曹正郎耳。』是時禹錫失意，連授外官。後十餘年，文昌入相，方除禹錫禮部郎中。

又　卷一五六《定數十一・張正矩》　秘書監劉禹錫，其子咸允，久在舉場無成。禹錫憤惋宦途，又愛咸允甚切，比歸闕，以情訴於朝賢。太和四年，故吏部崔羣與禹錫深於素分，見禹錫蹭蹬如此，尤欲推挽咸允。其秋，羣門生張正謩充京兆府試官。羣特為禹錫召正謩，面以咸允托之，覬首選焉。及榜出，咸允名甚居下。羣怒之，戒門人曰：『張正謩來，更不要通。』正謩兄正矩，前河中參軍，應書判拔萃。其時羣總科目人，考官糊名考訖，羣讀正矩判，心竊推許。又謂是故工部尚書正甫之弟，斷意便與奏。及敕下，正矩與科目人謝主司。獨正矩啓敍，前致詞曰：『某殺身無地以報相公深恩。一門之內，兄弟二人，俱受科名拔擢。粉骨虀肉，無以上答。』方泣下。語未終，羣忽悟是正謩之兄弟，勃然曰：『公是張正謩之兄，爾賢弟大無良，把羣販名，豈有如此事，與賊何異？公之登科命也，非某本意，更謝何為。』

又　卷一六三《讖應・志公詞》　劉禹錫曰：『逆胡之將亂中原，梁朝志公大師已贈詞曰：「「兩角女子緑衣裳，卻背太行邀君王，一止之月必消亡。」「兩角女子」，安字也；「緑者」，禄也；「一止」，正月也。果正月敗亡。聖矣符志公之寓言也。』

又　卷一七〇《知人二・劉禹錫》　劉禹錫曰：『季龍挾彈彈人，其父怒之。』其母曰：『健犢須走車破轅，良馬須逸鞅泛駕，然後能負重致遠。大言童稚，不奇不惠，必非異器定矣。』

又　卷二二四《相四・劉禹錫》　賓客劉禹錫為屯田員外郎，時事稍異，旦夕有騰趠之勢。知一僧術數極精，寓直日，邀之致省。方欲問命，報韋秀才在門。公不得已且見，令僧坐簾下。韋秀才獻卷已，略省之，意氣殊曠，韋覺之，乃去。卻與僧語，僧不得已，吁歎良久，乃曰：『某欲言，員外必不愜，如何？』公曰：『但言之。』僧曰：『員外後遷，乃本行正郎也。然須待適來韋秀才知印處置。』公大怒，揖出之。不旬日貶官。韋秀才乃處厚相也，後二十餘年，在中書，為轉屯田郎中。

又　卷二五一《詼諧七・劉禹錫》　唐劉禹錫牧連州，替高霞寓。寓後入羽林將軍，自京附書曰：『以承眷，輒舉目代矣。』劉答書云：『昔有一話，曾有老嫗山行，見大蟲羸然跬步而不進，若傷其足。嫗目之，而虎遂自舉足以示嫗，乃有芒刺在掌，因為拔之，俄奮迅闞吼而愧其恩。自後擲麋、鹿、狐、兔於庭，日無缺焉。嫗登垣視之，乃前傷虎也。因為親族具言其事，而心異之。一旦，忽擲一死人，血肉狼藉，嫗乃被村胥訶捕。嫗具説其由，始得釋縛。嫗乃登垣，伺其虎至而語曰：「感矣，叩頭大王，已後更莫抛死人來也。」』

又　卷二七三《婦人四・劉禹錫》　劉禹錫赴任姑蘇，道過揚州。州師杜鴻漸飲之酒，大醉而歸驛。稍醒，見二女子在旁，驚非己有也。乃曰：『郎中席上與司空詩，特令二樂妓侍寢，且醉中之作，都不記憶。』明旦，修啓致謝。杜亦優容之。夫禹錫以郎吏州牧，而輕忤三司，豈不過哉。詩曰：『高髻雲鬟宮樣妝，春風一曲杜韋娘。司空見慣尋常事，斷盡蘇州刺史腸。』

又　卷四二二《龍五・劉禹錫》　唐連州刺史劉禹錫，貞元中，寓居滎澤。首夏獨坐林亭，忽然間大雨，天地昏黑，久方開霽。獨亭中杏樹，雲氣不散。禹錫就視樹下，有一物形如龜鱉，腥穢頗甚，大五斗釜。禹錫因以瓦礫投之，其物卽緩緩登階，止於簷柱。禹錫乃退立於牀下，支策以觀之。其物仰視柱杪，欻以前趾，抉去半柱。因大震一聲，屋瓦飛紛亂下，亭內東壁，上下罅裂丈許。先是亭東紫花苜蓿數畝，禹錫時於裂處，分明遙見。雷既收聲，其物亦失，而東壁之裂，亦已自吻合矣。禹錫亟視之，苜蓿如故，壁曾無動處。

又 卷四九七《雜録五・劉禹錫》 牛僧孺赴舉之秋，每為同袍見忽。嘗投贄於補缺劉禹錫，對客展卷，飛筆塗竄其文。且曰：『必先輩期至矣。』雖拜謝礱礪終為怏怏。歷三十餘歲，劉轉汝州，僧孺鎮漢南。枉道駐旌，信宿酒酣，直筆以詩喻之。劉承詩意，才悟往年改牛文卷。因戒子咸佐、承雍等曰：『吾立成人之志，豈料為非。況漢南尚書，高識遠量，罕有其比。昔主父偃家，為孫弘所夷；嵇叔夜身死鐘會之口，是以魏武戒其子云：「吾大忿怒，小過失，慎勿學焉。」汝輩修進，守中為上也。』僧孺詩曰：『粉署為郎四十春，向來名輩更無人。休論世上升沉事，且鬭樽前見在身。珠玉會應成咳唾，山川猶覺露精神。莫嫌恃酒輕言語，會把文章謁後塵。』禹錫詩云：『昔年曾忝漢朝臣，晚歲空餘小病身。初見相如成賦日，後為丞相掃門人。追思往事咨嗟久，幸喜清光語笑頻。猶有當時舊冠劍，待公三日拂埃塵。』牛吟和詩，前意稍解。曰：『三日之事，何敢當焉！宰相三朝主印，可以升降百司。』於是移宴竟夕，方整前驅。

又 卷四九八《雜録六・劉禹錫》 劉禹錫自屯田員外左遷朗州司馬，凡十年，始征還。方春，作《贈看花諸君子》詩曰：『紫陌紅塵拂面來，無人不道看花回。玄都觀裏桃千樹，盡是劉郎去後栽。』其詩當日傳於都下。有嫉其名者，白於執政，又誣其有怨憤。他日，時宰與坐，慰其厚。既辭，即曰：『近者新詩，未免其纍，奈何？』不數日，出為連州刺史。禹錫自敘云：『貞元二十一年春，予為屯田員外時，此觀未有花。是歲出牧連州，至荊南，又貶朗州司馬。居十年，詔至京師。人人皆言，有道士手植仙桃，滿觀盛如紅霞，遂有前篇，以志一時之事耳。旋又出牧，於連州至十四年，始為主客郎中，重游玄都，蕩然無復一樹，唯兔葵燕麥，動搖於春風耳。因再題二十八字，以俟後游。時太和二年三月也。』詩曰：『百畝庭中半是苔，桃花靜盡菜花開。種桃道士今何在，前度劉郎今獨來。』

《蘇軾集》卷九二《劉禹錫文過不悛》 劉禹錫既敗，為書自解，言：『王叔文實工言治道，能以口辯移人，既得用，所施為，人不以為當。太上久疾，宰相及用事者不得對。宮掖事秘，建桓立順，功歸貴臣，由是及貶。』《後漢・宦者傳・論》云：『孫程定立順之功，曹騰參建桓之策。』騰與梁冀比捨清河而立蠡吾，此漢之所以亡也，與廣陵王監國事，豈可同日而語哉。禹錫乃敢以為比，以此知小人為奸，雖已敗猶不悛也，其可複置之要地乎？因讀《禹錫傳》，有所感，書此。

宋・王讜《唐語林》卷二《文學》 劉禹錫云：與柳八、韓七詣施士匄聽《毛詩》，說『維鵜在梁』，梁，人取魚之梁也。言鵜自合求魚，不合於人梁上取其魚。譬之人自無善事，攘人之美者，如鵜在人之梁，毛《注》失之矣。又說『山無草木曰岵』，所以言：『陟彼岵兮』，言無可怙也。以岵之無草木，故以譬之。

劉禹錫曰：『為詩用僻字，須有來處。宋考功云：「馬上逢寒食，春來不見餳。」常疑之。因讀《毛詩》鄭《箋》說吹簫處，注云：「即今賣餳者所吹。」六經惟此中有「餳」字。吾緣明日重陽，押一「糕」字，續尋思六經竟未見有糕字，不敢為之。嘗訝杜員外「巨顙拆老拳」無據，及覽《石勒傳》云：「卿既遭孤老拳，孤亦飽卿毒手。」豈虛言哉！後輩業詩，即須有據，不可率爾道也。』

韋絢曰：『司馬牆何也？』曰：『今唯陵寢繞垣，即呼為司馬牆。』『而球場是也，不呼之何也？』劉禹錫曰：『恐是陵寢，即呼臣下避之。』

劉禹錫曰：茱萸二字，經二詩人用，亦有能否。杜甫言『醉把茱萸子細看』，王右丞『遍插茱萸少一人』，最優也。劉禹錫曰：牛丞相奇章公初為詩，務奇特之語，至有『地瘦草叢短』之句。明年秋，卷成，呈之，乃有『求人氣色沮，憑酒意乃伸』，益加能矣。明年乃上第。

劉禹錫曰：石季龍挾彈殺人，其兄怒之，其母曰：『健犢須走車破轅，良馬須逸鞭泛駕，然後能負重致遠。』蓋言童稚不奇，即非異器矣。

又曰：為文自門異一對不得。予嘗為大司徒杜公之故吏，司徒塚嫡之薨於桂林也，柩過渚宮，予時在朗州，使一介具奠酹，以申門吏之禮。為一祭文云：『事吳之心，雖云已矣；報智之志，豈可徒然！』『報智』人或用之，『事吳』自思得者。

劉禹錫曰：『韓《碑》柳《雅》，予詩云：「城中晨雞喔喔鳴，城頭鼓角聲和平，」美李尚書愬之入蔡城也，須臾之間，賊都不覺。又詩落句言，「始知元和十二載，四海重見升平時。」所以言十二載者，因以記淮西平之年。」

劉禹錫曰：《春秋》稱『趙盾以八百乘』，凡帥能曰『以』，由也，由趙盾也。

又曰：王莽以羲和為官名，如今之司天臺，本屬太史氏。故《春秋》史魚、史蘇、史亶，皆知陰陽術數也。

王武子曾在夔州之西市，俯臨江岸沙石，下看諸葛亮八陣圖，箕張翼舒，鵝形鸛勢，聚石分佈，宛然尚存。峽水大時，三蜀雪消之際，瀨滂滉瀁，大樹十圍，枯槎百丈，破磑巨石，隨波塞川而下。水與岸齊，雷奔山裂，聚石為堆者，斷可知也。及乎水已平，萬物皆失故態，惟陣圖小石之堆，標聚行列，依然如是者，垂六七百年間，淘灑推激，迨今不動。劉禹錫曰：『是諸葛公誠明，一心為先主效死。況此法出《六韜》，是太公上智之材所構。自有此法，惟孔明行之，所以神明保持，一定而不可改也。』東晉桓溫征蜀過此，曰：『此常山蛇陣，擊頭則尾應，擊尾則頭應，擊其中則頭尾皆應。』常山者，地名。其蛇兩頭，出於常山，其陣適類其蛇之兩頭，故名之也。』溫遂勒銘曰：『望古識其眞，臨源愛往迹，恐君遺事節，聊下南山石。』

又　卷三《方正》　裴操者，延齡之子，應鴻辭舉，延齡於吏部侯消息。時苗給事及杜黃門同時為吏部知銓，將出門，延齡接見，採偵二侍郎口氣。延齡乃念操賦頭曰：『是沖仙人。』黃門顧苗給事曰：『記有此否？』苗曰：『恰似無。』延齡仰頭大呼曰：『不得，不得！』敕下，果無名操者。劉禹錫曰：『當延齡用事之時，不預實難也。非杜黃門誰能拒之？』

又　卷五《補遺》　劉希夷詩曰：『年年歲歲花相似，歲歲年年人不同。』其舅卽宋之問也，苦愛此兩句，知其未示人，懇乞此兩句，許而不與。之問怒，以土囊壓殺之。劉禹錫曰：『宋生不得死，天報之矣！』

張巡之守睢陽，玄宗已幸蜀，賊氛方熾，孤城勢蹙，人困食竭，以紙布煮而食之，時以茶汁和之，而意自如。其《謝金吾將軍表》曰：『想峨眉之碧峰，豫游西蜀；追綠耳於懸圃，保壽南山。逆賊祿山，戮辱黎獻，膻腥闕庭。臣被圍四十七日，凡一千二百餘陣。主辱臣死，當臣致命之時；惡稔罪盈，是賊滅亡之日。』忠勇如此。激勵將士，嘗賦詩曰：『接戰春來苦，孤城日漸危。合圍侔月暈，分守效魚麗。屢厭黃塵起，時將白羽揮。裹瘡猶出戰，飲血更登陴。忠信應難敵，堅貞諒不移。無人報天子，心計欲何施？』又《聞笛》詩曰：『岧嶢試一臨，虜騎附城陰。不辨風塵色，安知天地心？營開星月近，戰苦陣雲深。旦夕更樓上，遙聞橫笛吟。』時雍邱令令狐潮以書勸誘，不納。其書有曰：『宋七昆季，衛九諸子，昔斷金成契，今乃刎頸相圖』云云。時劉禹錫具知宋、衛，耳剽所得，濡毫有遺，所冀多聞補其闕也。又說：許遠亦有文，其《祭纛文》，為時所稱，所謂：『太一先鋒，蚩尤後殿。蒼龍持弓，白虎捧箭。』又《祭城隍文》云：『眢井鳩翔，危堞龍護。』皆文武雄健，士氣不衰，眞忠烈之士也。劉禹錫曰：『此二公，天贊其心，俾之守死善道。向若救至身存，不過是一張僕射耳，則張巡、許遠之名，焉得以光揚於萬古哉？』巡性明達，不以簿書介意；為眞源宰，縣有豪華南金，悉委之。故時人語曰：『南金口，明府手。』及巡聞之，不以為事。

劉禹錫為屯田員外郎，旦夕有騰超之勢。知一僧有術數，寓直日邀至省。方欲問命，報韋秀才在門外，不得已見之，令僧坐簾下。韋獻卷已，略省之，意色頗倦。韋覺告去，僧吁歎良久，曰：『某欲言，員外心不愜，如何？員外後遷，乃本曹郎中也。然須待適來韋秀才知印處置。』禹錫大怒，揖出之。不旬日，貶官。韋乃處厚相，二十餘年，在中書。禹錫轉為屯田郎中。

永寧王二十、光福王八二相，皆出於先安邑李丞相之門。安邑薨於位，一王素服受慰；一王則不然，中有變色，是誰過歟？又曰：『李安邑之為淮海也，樹置裴光德，及去則除授不同。』李再入相，對憲宗曰：『臣路逢中人送節與吳少陽，不勝憤憤。』聖顏赧然。翌日，罷李丞相蕃為太子詹事，蓋與節是蕃之謀也。又論：征元濟時饋運使皆不得其人，數日，罷光德為太子賓客；主饋運者，裴之所除也。劉禹錫曰：『宰相皆用此勢，自公孫弘始，而增穩妙焉。但看其《傳》，當自知之。蕭曹之時，未有斯作。』

劉禹錫守連州，替高霞寓，後入為羽林將軍案《唐書・高霞寓傳》：霞寓由歸州刺史，入為右衛大將軍，與劉禹錫之守連州無涉，疑有脫誤。自京附書，曰：『以承眷，輒請自代矣。』公曰：『感。然有一話：曾有老嫗山行，見一獸，如大蟲，羸然跬步而不進，若傷其足者。嫗因卽之，而虎舉前足以示嫗，嫗看之，乃有芒刺在掌下，因為拔之。俄而奮迅闞吼，別嫗而去，似愧其恩者。及歸，翌日，自外擲麋鹿狐兔至於庭者，日無闕焉。嫗登垣視之，乃前傷虎也，因為親族具言其事，而心異之。一旦，忽擲一死人，血肉狼藉，乃被村人凶者呵捕，云「殺人」。嫗具説其由，始得釋縛。乃登垣伺其虎至而語之，曰：「感則感矣。叩頭大王，已後更莫抛人來也！」』

劉禹錫曰：『史氏所貴著作起居注，橐筆於螭首之下，人君言動皆書之，君臣啓沃皆記之，後付史氏記之，故事也。今起居惟寫除目，著作局可張雀羅，不亦倒置乎？』

劉禹錫曰：『大抵諸物須酷好則無不佳，有好騎者必蓄好馬，曰好瑟者必善彈。皆好而別之，不必富貴而亦獲之。』韋絢曰：『蔡邕焦尾，王戎牙籌，若不酷好，豈可得哉！』

劉禹錫云：『韓十八愈直是太輕薄。謂李二十六程曰：「某與丞相崔大羣同年往還，直是聰明過人。」李曰：「何處是過人者？」韓曰：「共愈往還二十餘年，不曾過愈論著文章，此是敏慧過人也。」』

宋・洪邁《容齋隨筆》卷一《裴晉公禊事》　唐開成二年三月三日，河南尹李待價將禊於洛濱，前一日啓留守裴令公。公明日召太子少傅白居易，太子賓客蕭籍，李仍叔，劉禹錫，中書舍人鄭居中等十五人合宴於舟中，自晨及暮，前水嬉而後妓樂，左筆硯而右壺觴，望之若仙，觀者如堵。裴公首賦一章，四坐繼和，樂天為十二韻以獻，見於集中。今人賦上巳，鮮有用其事者。予案《裴公傳》，是年起節度河東，三年以病丐還東都。文宗上巳宴羣臣曲江，度不赴，帝賜以詩，使者及門而度薨。與前事相去正一年。然樂天又有一篇，題ー《奉和裴令公三月上巳日游太原龍泉憶去歲禊洛之作》，是開成三年詩，則度以四年三月始薨。《新史》以為三年，誤也。《宰相表》卻載其三年十二月為中書令，四年三月薨。而帝紀全失書，獨《舊史》紀、傳為是。

又　卷一一《楊虞卿》　劉禹錫有《寄毗陵楊給事》詩云：『曾主魚書輕刺史，今朝自請左魚來。青雲直上無多地，卻要斜飛取勢回。』以其時考之，蓋楊虞卿也。案唐文宗大和七年，以李德裕為相，與之論朋黨事。時給事中楊虞卿、蕭浣、中書舍人張元夫依附權要，上幹執政，下撓有司，上聞而惡之，於是出虞卿為常州刺史，浣為鄭州刺史，元夫為汝州刺史，皆李宗閔客也。它日上複言及朋黨，宗閔曰：『臣素知之，故虞卿輩，臣皆不與美官。』德裕曰：『給事中、中書舍人非美官而何？』宗閔失色。然則虞卿之刺毗陵，乃為朝廷所逐耳，禹錫猶以為自請，詩人之言，渠可信哉！

宋・羅大經《鶴林玉露》卷九　劉禹錫作《九日》詩，欲用『糕』字，以其不經見，迄不敢用。故宋子京詩云：『劉郎不敢題糕字，虛負詩中一世豪。』然白樂天詩云：『移坐就菊叢，糕酒前羅列』，則固已用之矣。劉、白唱和之時，不知曾談及此否？

又　卷一〇　楊子幼以『南山種豆』之句殺其身，此詩禍之始也。至於『空梁落燕泥』之句，『庭草無人隨意緑』之句，非有所譏刺，徒以雕斫工巧，為暴君所忌嫉，至賈奇禍，則詩眞可畏哉！賈至謫嶽州，嚴武謫巴州，杜少陵寄詩云：『賈筆論《孤憤》，嚴君賦兒篇。定知深意苦，莫使衆人傳。貝錦無停織，朱絲有斷弦。浦鷗防碎首，霜鶻不空拳。』蓋深戒之也。劉禹錫種桃之句，不過感歎之詞耳，非甚有所譏刺也，然亦不免於遷謫。

又　卷三　古詩多矣，夫子獨取《三百篇》，存勸戒也。吾輩所作詩，亦須有勸戒之意，庶幾不為徒作。彼有繪畫雕刻，無益勸戒者，固為枉費精力矣。乃若吟賞物華，流連光景，過於求適，幾於誨淫教偷，則又不可之甚者矣。【略】然樂天非是不愛富貴者，特畏禍之心甚於愛富貴耳。其詩中於官職聲色事，極其形容，殊不能掩其戀謬之意。其幹生所善者，元稹、劉禹錫輩，亦皆逐逐聲利之徒，至一聞李文饒之敗，便作詩暢快之，豈非冤親未忘，心有偏黨乎？慕樂天者，愛而知其疵，可也。

清・趙翼《陔餘叢考》卷一一《〈新唐書〉多迴護》　劉禹錫自作《子劉子傳》，敍其與王叔文相善被貶始末，亦以掩其失身之誤。

柳宗元分部

傳記

《舊唐書》卷一六〇《柳宗元傳》 柳宗元，字子厚，河東人。後魏侍中濟陰公之系孫。曾伯祖奭，高祖朝宰相。父鎮，太常博士，終侍御史。宗元少聰警絕衆，尤精《西漢詩騷》。下筆構思，與古為侔。精裁密緻，璨若珠貝。當時流輩咸推之。登進士第，應舉宏辭，授校書郎、藍田尉。貞元十九年，為監察御史。

順宗卽位，王叔文、韋執誼用事，尤奇待宗元。與監察呂温密引禁中，與之圖事。轉尚書禮部員外郎。叔文欲大用之，會居位不久，叔文敗，與同輩七人俱貶。宗元為邵州刺史。在道，再貶永州司馬。既罹竄逐，涉履蠻瘴，崎嶇堙厄，蘊騷人之鬱悼。寫情敍事，動必以文。為騷文十數篇，覽之者為之淒惻。

元和十年，例移為柳州刺史。昌朗州司馬劉禹錫得播州刺史，制書下，宗元謂所親曰：『禹錫有母年高，今為郡蠻方，西南絕域，往復萬里，如何與母偕行？如母子異方，便為永訣。吾於禹錫為執友，胡忍見其若是？』卽草章奏，請以柳州授禹錫，自往播州。會裴度亦奏其事，禹錫終易連州。

柳州土俗，以男女質錢，過期則没人錢主，宗元革其鄉法。其已没者，仍出私錢贖之，歸其父母。江嶺間為進士者，不遠數千里皆隨宗元師法；凡經其門，必為名士。著述之盛，名動於時，時號柳州云。有文集四十卷。

元和十四年十月五日卒，時年四十七。子周六、周七，纔三四歲。觀察使裴行立為營護其喪及妻子還於京師，時人義之。

《新唐書》卷一六八《柳宗元傳》 柳宗元，字子厚，其先蓋河東人。從曾祖奭為中書令，得罪武后，死高宗時。父鎮，天寶末遇亂，奉母隱王屋山，常間行求養，後徙於吳。肅宗平賊，鎮上書言事，擢左衛率府兵曹參軍。佐郭子儀朔方府，三遷殿中侍御史。以事觸竇參，貶夔州司馬。還，終侍御史。

宗元少精敏絕倫，為文章卓偉精緻，一時輩行推仰。第進士、博學宏辭科，授校書郎，調藍田尉。貞元十九年，為監察御史裏行。善王叔文、韋執誼，二人者奇其才。及得政，引內禁近，與計事，擢禮部員外郎，欲大進用。

俄而叔文敗，貶邵州刺史，不半道，貶永州司馬。既竄斥，地又荒癘，因自放山澤間，其堙厄感郁，一寓諸文，仿《離騷》數十篇，讀者咸悲惻。雅善蕭俛，詒書言情曰：

僕向者進當䠒𩓞不安之勢，平居閉門，口舌無數，又久興游者，岌岌而操其間。其求進而退者，皆聚為仇怨，造作粉飾，蔓延益肆。非的然昭晰，自斷於內，孰能瞭僕於冥冥間哉？僕當時年三十三，自御史裏行得禮部員外郎，超取顯美，欲免世之求進者怪怒媢疾，可得乎？與罪人交十年，官以是進，辱在附會。聖朝寬大，貶黜甚薄，不塞衆人之怒，謗語轉侈，囂囂嗷嗷，漸成怪人。飾智求仕者，更詈僕以悅仇人之心，日為新奇，務相悅可，自以速援引之路。僕輩坐益困辱，萬罪橫生，不知其端，悲夫！人生少六七十者，今三十七矣，長來覺日月益促，歲歲更甚，大都不過數十寒暑，無此身矣。是非榮辱，又何足道！云云不已，祇益為罪。

居蠻夷中久，慣習炎毒，昏眊重腿，意以為常。忽遇北風晨起，薄寒中體，則肌革慘懍，毛髮蕭條，瞿然注視，怵惕以為異候，意緒殆非中國人也。楚、越間聲音特異，鴂舌啅噪，今聽之恬然不怪，已與為類矣。家生小童，皆自然嘵嘵，晝夜滿耳；聞北人言，則啼呼走匿，雖病夫亦怛然駭之。出門見適州閭市井者，其十八九杖而後興。自料居此，尚複幾何，豈可更不知止，言説長短，重為一世非笑哉？讀《易·困卦》至『有言不信，尚口乃窮』，往復益喜，曰：『嗟乎！餘雖家置一喙以自稱道，詬益甚耳。』用是更樂瘖默，與木石為徒，不復致意。

今天子興教化，定邪正，海内皆欣欣怡愉，而僕與四五子者，淪陷如此，豈非命歟？命乃天也，非云云者所制，又何恨？然居治平之世，終身為頑人之類，猶有少耻，未能盡忘。儻因賊平慶賞之際，得以見白，使受天澤餘潤，雖朽枿敗腐不能生植，猶足蒸出芝菌，以為瑞物。一釋廢錮，移數縣之地，則世必曰罪稍解矣。然後收召魂魄，買土一廛為耕氓，朝夕歌謠，使成文章，庶木鐸者採取，獻之法宫，增聖唐大雅之什，雖不得位，亦不虛為太平人矣。

又詒京兆尹許孟容曰：

宗元早歲與負罪者親善，始奇其能，謂可以共立仁義，裨教化。過不自料，勤勤勉勵，唯以忠正信義為志，興堯、舜、孔子道，利安元元為務，不知愚陋不可以强，其素意如此也。末路厄塞臲卼，事既壅隔，很忤貴近，狂疏繆戾，蹈不測之辜。今黨與幸獲寬貸，各得善地，無公事，坐食奉禄，德至渥也。尚何敢更俟除棄廢痼，希望外之澤哉？年少氣鋭，不識幾微，不知當否，但欲一心直遂，果陷刑法，皆自所求取，又何怪也？

宗元於衆黨人中，罪狀最甚，神理降罰，又不能即死，猶對人語言，飲食自活，迷不知耻，日復一日。然亦有大故。自以得姓來二千五百年，代為塚嗣，今抱非常之罪，居夷獠之鄉，卑濕昏霧，恐一日填委溝壑，曠墜先緒，以是怛然痛恨，心骨沸熱。煢煢孤立，未有子息，荒陬中少士人女子，無與為婚，世亦不肯與罪人親昵，以是嗣續之重，不絕如縷。每春秋時饗，孑立捧奠，顧眄無後繼者，懍懍然欷歔惴惕，恐此事便已，摧心傷骨，若受鋒刃。此誠丈人所共閔惜也。先墓在城南，無異子弟為主，獨托村鄰。自譴逐來，消息存亡不一至，鄉閭主守固以益怠。晝夜哀憤，懼便毁傷松柏，芻牧不禁，以成大戾。近世禮重拜掃，今闕者四年矣。每遇寒食，則北向長號，以首頓地。想田野道路，士女遍滿，皂隸庸丐，皆得上父母丘墓；馬醫、夏畦之鬼，無不受子孫追養者。然此已息望，又何以云哉？城西有數頃田，樹果數百株，多先人手自封植，今已荒穢，恐便斬伐，無復愛惜。家有賜書三千卷，尚在善和里舊宅，宅今三易主，書存亡不可知。皆付受所重，常係心腑，然無可為者。立身一敗，萬事瓦裂，身殘家破，為世大僇。是以當食不知辛咸節適，洗沐盥漱，動逾歲時，一搔皮膚，塵垢滿爪，誠憂恐悲傷，無所告訴，以至此也。

自古賢人才士，秉志遵分，被謗議不能自明者，以百數。故有無兄盜嫂，娶孤女撾婦翁者。然賴當世豪傑分明辨列，卒光史冊。管仲遇盜，升為功臣；匡章被不孝名，孟子禮之。今已無古人之實為而有詬，欲望世人之明己，不可得也。直不疑買金以償同舍；劉寬下車，歸牛鄉人。此誠知疑似之不可辯，非口舌所能勝也。鄭詹束縛於晉，終以無死；鍾儀南音，卒獲返國；叔向囚虜，自期必免；范痤騎危，以生易死；蒯通據鼎耳，為齊上客；張蒼、韓信伏斧鑕，終取將相；鄒陽獄中，以書自治；賈生斥逐，復召宣室；兒寬擯厄，後至御史大夫；董仲舒、劉向下獄當誅，為漢儒宗。此皆瑰偉博辯奇壯之士，能自解脱。今以恇怯淟涊，下才末伎，又嬰痼病，雖欲慷慨攘臂，自同昔人，愈疏闊矣。

賢者不得志於今，必取貴於後，古之著書者皆是也。宗元近欲務此，然力薄志劣，無異能解，欲秉筆覼縷，神志荒耗，前後遺忘，終不能成章。往時讀書，自以不至牴滯，今皆頑然無復省録。讀古人一傳，數紙後，則再三伸卷，復觀姓氏，旋又廢失。假令萬一除刑部囚籍，復為士列，亦不堪當世用矣！

伏惟興哀於無用之地，垂德於不報之所，以通家宗祀為念，有可動心者操之勿失。雖不敢望歸掃塋域，退托先人之廬，以盡餘齒，姑遂少北，益輕瘴癘，就婚娶，求胄嗣，有可付託，即冥然長辭，如得甘寢，無復恨矣！

然衆畏其才高，懲刈復進，故無用力者。

宗元久汩振，其為文，思益深。嘗著書一篇，號《貞符》，曰：

臣所貶州流人吳武陵為臣言：『董仲舒對三代受命之符，誠然？非邪？』臣曰：『非也。何獨仲舒爾，司馬相如、劉向、揚雄、班彪、彪子固皆沿襲嗤嗤，推古瑞物以配受命，其言類淫巫瞽史，誑亂後代，不足以知聖人立極之本，顯至德，揚大功，甚失厥趣。臣為尚書郎時，嘗著《貞符》，言唐家正德受命於生人之意，累積厚久宜享無極之義，本末閎闊。會貶逐中輟，不克備究。』武陵即叩頭邀臣：『此大事，不宜以辱故休缺，使聖王之典不立，無以抑詭類、拔正道、表核萬代。』臣不勝奮激，即具為書。念終泯没蠻夷，不聞於時，獨不為也。苟一明大道，施於人世，死無所憾，用是自決。臣宗元稽首拜手以聞曰：

孰稱古初，樸蒙空侗而無爭，厥流以訛，越乃奮奪，鬥怒振動，專肆為淫威？曰：是不知道。惟人之初，總總而生，林林而羣。雪霜風雨雷雹暴其外，於是乃知架巢空穴，挽草木，取皮革；飢渴牝牡之欲驅其內，於是乃噬禽獸，咀果穀。合偶而居，交焉而爭，睽焉而鬥，力大者搏，齒利者齧，爪剛者決，羣衆者軋，兵良者殺，披披藉藉，草野塗血。在後强有力者出而治之，往往為曹於險陰，用號令起，而君臣什伍之法立。德紹者嗣，道怠者奪。於是有聖人焉，曰黄帝，游其兵車，交貫乎其內，一統類，齊制量，然猶大公之道不克建。於是有聖人焉，曰堯，置州牧四嶽，持而綱之，立有德有功有能者，參而維之，運臂率指，屈伸把握，莫不統率；年老，舉聖人而禪焉，大公乃克建。由是觀之，厥初罔匪極亂，而後稍可為也。而非德不樹，故仲尼敘《書》，於堯曰『克明俊德』，於舜曰『濬哲文明』，於禹曰『文命祗承於帝』，於湯曰『克寬克仁，章信兆民』，於武王曰『有道曾孫』。稽揆典誓，貞哉惟茲德，實受命之符，以奠永祀。後之祅淫嚚昏好怪之徒，乃始陳大電、大虹、玄鳥、巨迹、白狼、白魚、流火之烏以為符，斯皆詭譎闊誕，其可羞也，莫知本於厥貞。

漢用大度，克懷於有氓，登能庸賢，濯痍煦寒，以瘳以熙，茲其為符也。而其妄臣，乃下取虺蛇，上引天光，推類號休，用誇誣於無知氓，增以騶虞、神鼎，脅驅縱踴，俾東之泰山、石閭，作大號謂之『封禪』，皆《尚書》所無有。莽、述承效，卒奮驁逆。其後有賢帝曰光武，克綏天下，複承舊物，猶崇《赤伏》，以玷厥德。魏、晉而下，尨亂鉤裂，厥符不貞，邦用不靖，亦罔克久，駁乎無以議為也。

積大亂至於隋氏，環四海以為鼎，跨九垠以為爐，爨以毒燎，煽以虐焰，其人沸湧灼爛，號呼騰蹈，莫有救止。於是大聖乃起，丕降霖雨，濬滌蕩沃，蒸為清氛，疏為泠風，人乃漻然休然，相晞以生，相持以成，相彌以寧。琢斮屠剔膏流節離之禍不作，而人乃克完平舒愉，屍其肌膚，以達於夷途。焚坼抵掎奔走轉死之害不起，而人乃克鳩類集族，歌舞悅懌，用抵於元德。徒奮袒呼，犒迎義旅，歡動六合，至於麾下。大盜豪據，阻命遏德，義威殄戮，咸墜厥緒。無劉於虐，人乃並受休嘉，去隋氏，克歸於唐，躑躅謳歌，灝灝和寧。帝庸威栗，惟人之為。敬奠厥賦，積藏於下，是謂豐國。鄉為義廩，斂發謹飭，歲丁大侵，人以有年。簡於厥刑，不殘而懲，是謂嚴威。小屬而支，大生而孥，愷悌祗敬，用底於治。凡其所欲，不謁而獲；凡其所惡，不祈而息。四夷稽服，不作兵革，不竭貨力。丕揚於後嗣，用垂於帝式，十聖濟厥治，孝仁平寬，惟祖之則。澤久而逾深，仁增而益高，人之戴唐，永永無窮。

是故受命不於天，於其人；休符不於祥，於其仁。惟人之仁，匪祥於天。匪祥於天，茲惟貞符哉！未有喪仁而久者也，未有恃祥而壽者也。商之王以桑穀昌，以雉鴝大，宋之君以法星壽，鄭以龍衰，魯以麟弱，白雉亡漢，黄犀死莽，惡在其為符也？不勝唐德之代，光紹明濬，深鴻尨大，保人斯無疆，宜薦於郊廟，文之雅詩，祗告於德之休。帝曰諶哉！乃黜休祥之奏，究貞符之奥，思德之所未大，求仁之所未備，以極於邦治，以敬於人事。其詩曰：

於穆敬德，黎人皇之。惟貞厥符，浩浩將之。仁函於膚，刃莫畢屠。澤熯於爨，灊炎以澣。勃厥凶德，乃驅乃夷。懿其休風，是煦是吹。父子熙熙，相寧以嬉。賦徹而藏，厚我糗粻。刑輕以清，我完靡傷。貽我子孫，百代是康。十聖嗣於治，仁後之子。子思孝父，易患於己。拱之戴之，神其爾宜。載揚於雅，承天之嘏。天之誠神，宜鑑於仁。神之曷依？宜仁之歸。濮沿於北，祝栗於南，幅員西東，祗一乃心。祝唐之紀，後天罔墜；祝皇之壽，與地咸久。曷徒祝之，心誠篤之。神協人同，道以告之。俾彌億萬年，不震不危。我代之延，永永毗之。仁增以崇，曷不爾思？有號於天，僉曰嗚呼，咨爾皇靈，無替厥符！

宗元不得召，內閔悼，悔念往吝，作賦自儆曰：

懲咎愆以本始兮，孰非餘心之所求？處卑污以閔世兮，固前志之為尤。始余學而觀古兮，怪今昔之異謀。惟聰明為可考兮，追駿步而遐游。絜誠之既信直兮，仁友藹而萃之。日施陳以係縻兮，邀堯舜禹之為。上睢盱而混茫兮，下駁詭而懷私。旁羅列以交貫兮，求大中之所宜。

曰道有象兮，而無其形。推變乘時兮，與志相迎。不及則殆兮，過則失貞。謹守而中兮，與時偕行。萬類蕓蕓兮，率由以寧。剛柔弛張兮，出入綸經。登能抑枉兮，白黑濁清。蹈乎大方兮，物莫能嬰。

奉訏謨以植內兮，欣餘志之有獲。再明信乎策書兮，謂耿然而不惑。愚者果於自用兮，惟懼夫誠之不一。不顧慮以周圖兮，專茲道以為服。讒妒構而不戒兮，猶斷斷於所執。哀吾黨之不淑兮，遭任遇之卒迫。勢危疑而多詐兮，逢天地之否隔。欲圖退而保己兮，悼乖期乎曩昔。欲操術以致忠兮，衆呀然而互嚇。進與退吾無歸兮，甘脂潤兮鼎鑊。幸皇鑑之明宥兮，累郡印而南適。惟罪大而寵厚兮，宜夫重仍乎禍謫。既明懼乎天討兮，又幽慄乎鬼責。惶惶乎夜寤而晝駭兮，類鹿濩柜之不息。

凌洞庭之洋洋兮，溯湘流之沄沄。飄風擊以揚波兮，舟摧抑而回邅。日霾曀以昧幽兮，黝雲湧而上屯。暮屑窣以淫雨兮，聽嗷嗷之哀猿。衆鳥萃而啾號兮，沸洲渚以連山。漂遙逐其詎止兮，逝莫屬餘之形魂。攢巒奔以紆委兮，束洶湧之崩湍。畔尺進而尋退兮，蕩洄汩乎淪漣。際窮冬而止居兮，羈纍棼以縈纏。

哀吾生之孔艱兮，循《凱風》之悲詩。罪通天而降酷兮，不亟死而生為！逾再歲之寒暑兮，猶貿貿而自持。將沈淵而隕命兮，詎蔽罪以塞禍？惟滅身而無後兮，顧前志猶未可。進路呀以劃絕兮，退伏匿又不果。為孤囚以終世兮，長拘攣而轗軻。

曩余志之脩蹇兮，今何為此戾也？豈貪食而盜名兮，不混同於世也。將顯身以直遂兮，衆之所宜蔽也。不擇言以危肆兮，固羣禍之際也。

御長轅之無橈兮，行九折之峨峨。卻驚棹以橫江兮，溯凌天之騰波。幸余死之已緩兮，完形軀之既多。苟餘齒之有懲兮，蹈前烈而不頗。死蠻夷固吾所兮，雖顯寵其焉加？配大中以為偶兮，諒天命之謂何！

元和十年，徙柳州刺史。時劉禹錫得播州，宗元曰：『播非人所居，而禹錫親在堂，吾不忍其窮，無辭以白其大人，如不往，便為母子永決。』即具奏欲以柳州授禹錫而自往播。會大臣亦為禹錫請，因改連州。

柳人以男女質錢，過期不贖，子本均，則沒為奴婢。宗元設方計，悉贖歸之。尤貧者，令書庸，視直足相當，還其質。已沒者，出己錢助贖。南方為進士者，走數千里從宗元游，經指授者，為文辭皆有法。世號『柳柳州』。十四年卒，年四十七。

宗元少時嗜進，謂功業可就。既坐廢，遂不振。然其才實高，名蓋一時。韓愈評其文曰：『雄深雅健，似司馬子長，崔、蔡不足多也。』既沒，柳人懷之，托言降於州之堂，人有慢者輒死。廟於羅池，愈因碑以實之云。

贊曰：叔文沾沾小人，竊天下柄，與陽虎取大弓《春秋》書為盜無以異。宗元等橈節從之，徼幸一時，貪帝病昏，抑太子之明，規權遂私。故賢者疾，不肖者媢，一僨而不復，宜哉！彼若不傅匪人，自勵材猷，不失為明卿才大夫，惜哉！

綜述

《柳宗元集》附録《〔唐〕韓愈〈柳子厚墓誌銘〉》　子厚諱宗元。七世祖慶，為拓跋魏侍中，封濟陰公。曾伯祖奭，為唐宰相，與褚遂良、韓瑗俱得罪武后，死高宗朝。皇考諱鎮，以事母，棄太常博士，求為縣令江南。其後，以不能媚權貴，失御史。權貴人死，乃複拜侍御史，號為剛直。所與游皆當世名人。

子厚少精敏，無不通達。逮其父時，雖少年，已自成人，能取進士第，嶄然見頭角，衆謂柳氏有子矣。其後以博學宏詞授集賢殿正字，俊傑廉悍，議論證據今古，出入經史百子，踔厲風發，率常屈其座人，名聲大振，一時皆慕與之交。諸公要人爭欲令出我門下，交口薦譽之。貞元十九年，由藍田尉拜監察御史。順宗即位，拜禮部員外郎。遇用事者得罪，例出為刺史。未至，又例貶州司馬。居閒，益自刻苦，務記覽，為詞章，氾濫停蓄，為深博無涯涘，而自肆於山水間。元和中，嘗例召至京師。又偕出為刺史，而子厚得柳州。既至，歎曰：是豈不足為政邪？因其土俗，為設教禁，州人順賴。其俗以男女質錢，約不時贖，子本相侔，則沒為奴婢。子厚與設方計，悉令贖歸。其尤貧力不能者，令書其傭，足相當，則使歸其質。觀察使下其法於他州，比一歲，免而歸者且千人。衡湘以南，為進士者，皆以子厚為師。其經承子厚口講指畫，為文詞者悉有法度可觀。其召至京師而複為刺史也，中山劉夢得禹錫亦在遣中，當詣播州。子厚泣曰：『播州非人所居，而夢得親在堂，吾不忍夢得之窮，無辭以白其大人，且萬無母子俱往理。』請於朝，將拜疏願以柳易播，雖重得罪，死不恨。遇有以夢得事白上者，夢得於是改刺連州。

嗚呼！士窮乃見節義。今夫平居里巷相慕悅，酒食游戲相征逐，詡詡强笑語以相取下，握手出肺肝相示，指天日涕泣，誓生死不相背負，眞若可信，一旦臨小利害，僅如毛髮比，反眼若不相識，落陷井不一引手救，反擠之，又下石焉者，皆是也。此宜禽獸夷狄所不忍為，而其人自視以為得計，聞子厚之風，亦可以少愧矣。

子厚前時少年，勇於為人，不自貴重顧藉，謂功業可立就，故坐廢退。既退，又無相知有氣力得位者推挽，故卒死於窮裔，材不為世用，道不行於時也。使子厚在臺省時，自持其身已能如司馬、刺史時，亦自不斥。斥時，有人力能舉之，且必復用不窮。然子厚斥不久，窮不極，雖有出於人，其文學辭章，必不能自力以致必傳於後如今無疑也。雖使子厚得所願，為將相於一時，以彼易此，孰得孰失，必有能辨之者。

子厚以元和十四年十一月八日卒，年四十七，以十五年七月十日歸葬萬年先人墓側。子厚有子男二人：長曰周六，始四歲；季曰周七，子厚卒乃生。女子二人，皆幼。其得歸葬也，費皆出觀察使河東裴君行立。行立有節概，重然諾，與子厚結交，子厚亦為之盡，竟賴其力。葬子厚於萬年之墓者，舅弟盧遵。遵，涿人，性謹慎，學問不厭。自子厚之斥，遵從而家焉，逮其死不去。既往葬子厚，又將經紀其家，庶幾有始終者。銘曰：是惟子厚之室。既固既安，以利其嗣人。

又《柳州羅池廟碑》 羅池廟者，故刺史柳侯廟也。

柳侯為州，不鄙夷其民，動以禮法。三年，民各自矜奮，曰：『茲土雖遠京師，吾等亦天氓，今天幸惠仁侯，若不化服，則我非人。』於是老少相教語，莫違侯令。凡有所為，於其鄉閭，及於其家，皆曰：『吾侯聞之，得無不可於意否？』莫不忖度而後從事。凡令之期，民勸趨之，無或後先，必以其時。於是民業有經，公無負租，流逋四歸，樂生興事，宅有新屋，步有新船，池園潔修，豬牛鴨雞，肥大蕃息。子嚴父詔，婦順夫指，嫁娶葬送，各有條法，出相弟長，入相慈孝。先時，民貧以男女相質，久不得贖，盡没為隸。我侯之至，按國之故，以傭除本，悉奪歸之。大修孔子廟，城郭巷道，皆治使端正，樹以名木，柳民既皆悅喜。

嘗與其部將魏忠、謝寧、歐陽翼飲酒驛亭，謂曰：『吾棄於時，而寄於此，與若等好也。明年吾將死，死而為神。後三年，為廟祀我。』及期而死。三年孟秋辛卯，侯降於州之後堂，歐陽翼等見而拜之。其夕，夢翼而告曰：『館我於羅池。』其月景辰，廟成。大祭，過客李儀醉酒，慢侮堂上，得疾，扶出廟門即死。明年春，魏忠、歐陽翼使謝寧來京師，請書其事於石。余謂柳侯生能澤其民，死能驚動福禍之，以食其土，可謂靈也已。作迎享送神詩遺柳民，俾歌以祀焉，而並刻之。

柳侯，河東人，諱宗元，字子厚。賢而有文章，嘗位於朝，光顯矣，已而擯不用。其辭曰：荔子丹兮蕉黃，雜肴蔬兮進侯堂。侯之船兮兩旗，度中流兮風泊之，待侯不來兮不知我悲。侯乘駒兮入廟，慰我民兮不嚬以笑。鵝之山兮柳之水，桂樹團團兮白石齒齒。侯朝出游兮暮來歸，春與猨吟兮秋鶴與飛。北方之人兮為侯是非，千秋萬歲兮侯無我違。福我兮壽我，驅厲鬼兮山之左。下無苦濕兮高無乾，秔充羡兮蛇蛟結蟠。我民報事兮無怠其始，自今兮欽於世世。

又《[宋] 文安禮〈柳先生年譜〉》 柳氏之先，自黃帝歷周魯孝公子夷伯展孫無駭生禽，為魯士師，謚曰惠。食採於柳下，遂姓柳氏。楚滅魯，仕楚。秦幷天下，柳氏遷於河東。秦末，柳下惠裔孫安，始居解縣。安孫隗，漢齊相。六世孫豐，後漢光禄勳。六世孫軌，晉吏部尚書。生景猷，晉侍中。二子耆、純。耆號西眷，純號東眷。耆，汝南太守。二子恭、璩。恭，後魏河東郡守，南徙汝、潁，遂仕江表。曾孫緝，宋州別駕，宋安郡守。生僧習，與豫州刺史裴叔業據州歸於後魏，為揚州大中正、尚書右丞、方與公。五子：鷟、慶、虬、檜、鷙。慶，後魏侍中、左僕射、平齊公。於子厚為七代祖。三子：機、旦、肅。旦，隋黃門侍郎、新城男。於子厚為六代祖。五子：燮、則、綽、楷、亨。則，隋左衛騎曹參軍。生奭，唐中書令。《新唐史・宰相世系表》云：奭字子燕。而《列傳》則云字子邵。按子厚有《先侍御史府君神道表》，云曾伯祖諱奭，字子燕。則當以《世系表》為正。然奭於侍御史為曾伯祖，則於子厚為高伯祖矣。而《新史・子厚傳》及韓退之《子厚墓誌》皆云曾伯祖奭，恐誤。楷，隋濟、房、蘭、廓四州刺史。於子厚為五代祖。三子：融、子敬、子夏。子夏，徐州長史。於子厚為高祖。

又《柳文年譜後序》： 昔之論文者，或謂文章以氣為主，或謂文窮而益工。先生與楊憑書亦曰：『凡為文，以神志為主。』又云：『自貶官來無事，讀百家書，上下馳騁，乃少得知文章利病。』先生自妙齡秀髮，連中異科，繼登臺省，旋遭斥逐，故予以先生《文集》與《唐史》參考，為詩年譜，庶可知其出處，與夫作文之歲月，得以究其辭力之如何也。紹興五年六月甲子，知柳州軍州事潞國文安禮序。

元・辛文房《唐才子傳》卷五《柳宗元》　宗元，字子厚，河東人。貞元九年苑論榜第進士。又試博學宏辭，授校書郎，調藍田縣尉，累遷監察御史裏行。與王叔文、韋執誼善，二人引之謀事，擢禮部員外郎，欲大用，值叔文敗，貶邵州刺史，半道，有詔貶永州司馬。遍貽朝士書言情，衆忌其才，無為用心者。元和十年，徙柳州刺史。時劉禹錫同謫，得播州，宗元以播非人所居，且禹錫母老，具奏以柳州讓禹錫，而自往播，會大臣亦有為請者，遂改連州。宗元在柳多惠政，及卒，百姓追慕，立祠享祀，血食至今。公天才絶倫，文章卓偉，一時輩行，咸推仰之。工詩，語意深切，發纖穠於簡古，寄至味於淡泊，非餘子所及也。司空圖論之曰：『梅止於酸，鹽止於鹹，飲食不可無，而其美常在酸鹹之外，可以一唱而三歎也。子厚詩在陶淵明下，韋應物上，退之豪放奇險則過之，而温麗靖深不及也。』今詩賦雜文等三十卷，傳於世。

論說

《柳宗元集》附録《［唐］韓愈〈祭柳子厚文〉》　維年月日，韓愈謹以清酌庶羞之奠，祭於亡友柳子厚之靈。

嗟嗟子厚，而至然邪！自古莫不然，我又何嗟？人之生世，如夢一覺。其間利害，竟亦何校？當其夢時，有樂有悲。及其既覺，豈足追惟？凡物之生，不願為材。犧罇青黄，乃木之災。子之中棄，天脱馽羈。玉佩瓊琚，大放厥辭。富貴無能，磨滅誰紀？子之自著，表表愈偉。不善為斫，血指汗顔。巧匠旁觀，縮手袖間。子之文章，而不用世。乃令吾徒，掌帝之制。子之視人，自以無前。一斥不復，羣飛刺天。

嗟嗟子厚，今也則亡。臨絶之音，一何琅琅？徧告諸友，以寄厥子。不鄙謂余，亦託以死。凡今之交，觀勢厚薄。餘豈可保，能承子託。非我知子，子實命我。猶有鬼神，寧敢遺墮？念子永歸，無復來期。設祭棺前，矢心以辭。嗚乎哀哉！尚饗。

又《［唐］皇甫湜〈祭柳柳州文〉》　嗚呼柳州，秀氣孤稟。弱冠游學，聲華籍甚。肆意文章，秋濤瑞錦。吹回蟲濫，王風凜凜。連收甲科，驟閲班品。青衿縉紳，屬目斂衽。公卿之禄，若在倉廩。至駿難馭，太白易慘。華鐘始撞，一頓聲寢。梧山恨望，桂水愁飲。鬱鬱羣議，悠悠積稔。竟奄荒獐，遂絶羈枕。

嗚呼柳州，命實在天。賢不必貴，壽不必賢。雖聖與神，無如命何。自古以然，相視咨嗟。歸葬秦原，卽路江皋。聲容蔑然，相歎增勞。惟有令名，日遠日高。式薦誠詞，以佐羞醪。尚饗。

又《［唐］劉禹錫〈祭柳員外文〉》　維元和十五年歲次庚子正月戊戌朔日，孤子劉禹錫銜哀扶力，謹遣所使黄孟萇具清酌庶羞之奠，敬祭於亡友柳君之靈。

嗚呼子厚！我有一言，君其聞否？惟君平昔，聰明絶人；今雖化去，夫豈無物？意君所死，乃形質耳；魂氣何托？聽余哀詞。嗚呼痛哉！嗟餘不天，甫遭閔凶。未離所部，三使來弔。憂我衰病，諭以苦言。情深禮至，款密重複。期以中路，更申願言。途次衡陽，云有柳使。謂複前約，忽承訃書。驚號大叫，如得狂病。良久問故，百哀攻中。涕淚迸落，魂魄震越。伸紙窮竟，得羣遺書。絶弦之音，悽愴徹骨。初托遺嗣，知其不孤。末言歸輤，從祔先域。凡此數事，職在吾徒。永言素交，索居多遠。鄂渚差近，表臣分深，想其聞訃，必勇於義。已命所使，持書徑行，友道尚終，當必加厚。退之成命，改牧宜陽。亦馳一函，候於便道。勒石垂後，屬於伊人。安平、宣英，韓泰，字安平。韓曄，字宣英。會有還使。悉已如禮，形於具書。嗚呼子厚！此是何事？朋友凋落，從古所悲。不圖此言，乃為君發。自君失意，沉伏遠郡。近遇國士，方伸眉頭。亦見遺草，恭辭舊府。志氣相感，必逾常倫。顧余負釁，營奉方重。猶冀前路，望君銘旌。古之達人，朋友則服。今有所厭，其禮莫申。朝晡臨後，出就別次。南望桂水，哭我故人。孰云宿草，此慟何極！嗚呼子厚，卿眞死矣！終我此生，無相見矣！何人不達？使君終否。何人不老？使君夭死。皇天后土，胡寧忍此？知悲無益，奈恨無已。君之不聞，餘心不理。含酸執筆，輒復中止。誓使周六，子厚之子。同於己子。魂兮來思，知我深旨。嗚呼哀哉！尚饗。

又《重祭柳員外文》　嗚呼，自君之没，行已八月。每一念至，忽忽猶疑。今以喪來，使我臨哭。安知世上，眞有此事？既不可贖，翻哀獨生。嗚呼！出人之才，竟無施為。炯炯之氣，戢於一木。形與人等，今既如斯。識與人殊，今復何托？生有高名，没為衆悲。異服同志，異音同歎。唯我之哭，非弔非傷。來與君言，不言成哭。千哀萬恨，寄以一聲。惟識眞者，乃相知耳。庶幾倘聞，君倘聞乎？嗚呼痛哉！君有遺美，其事多梗。桂林舊府，感激主持。俾君内弟，得以義勝。平昔所念，今則無違。旅魂克歸，崔生實主。幼稚在側，故人撫之。敦詩、退之，各展其分。崔羣，字敦詩。韓愈，字退之。安平來賵，禮成而歸。其他赴告，咸復於素。一以誠告，君倘聞乎？嗚呼痛哉！君為已矣，余為苟生。何以言別，長號數聲。冀乎異日，展我哀誠。嗚呼痛哉！尚饗。

又《為鄂州李大夫祭柳員外文》 嗚呼！至人以在生為傳舍，以軒冕為倘來。達於理者，未嘗惑此。昔余與君，論之詳熟。孔子四科，罕能相備。惟公特立秀出，幾於全器。才之何豐，運之何否。大川未濟，乃失巨鑑。長途始半，而喪良驥。搢紳之倫，孰不墮淚？昔者與君，交臂相得。一言一笑，未始有極。馳聲日下，騖名天衢。射策差池，高科齊驅。攜手書殿，分曹藍曲。心志諧同，追歡相續。或秋月銜觴，或春日馳轂。甸服載期，同升憲府。察視之列，斯焉接武。君遷外郎，予侍内闈。出處雖間，音塵不虧。勢變時移，遭罹多故。中復賜環，上京良遇。曾不逾月，君又卽路。遠持郡符，柳水之壖。居陋行道，疲人歌焉。予來夏口，忽復三年。離索則久，音眖屢傳。篋盈草隸，架滿文篇。鍾、索繼美，班、揚差肩。鍾隸、索靖善書，班固、揚雄善文。賈誼賦鵩，屈原問天。自古有死，奚論後先？痛君未老，美志莫宣。邅回世路，奄忽下泉。嗚呼哀哉！令妻蚤謝，稚子四歲。天喪斯文，而君永逝。翩翩丹旐，來自遐裔。聞君旅櫬，既及岳陽。寢門一慟，貫裂衷腸。執紼禮乖，出疆路阻。故人奠觴，莫克親舉。馳神假夢，冀動晤語。平生密懷，願君遺吐。遺孤之才與不才，敢同己子之相許。嗚呼哀哉！尚饗。

又《輯宋人〈河東集敍説〉》 東坡云：子厚之文，發纖濃於古簡，寄至味於淡泊，非餘子所及。又云：詩在陶淵明下，韋蘇州上。退之豪放奇險則過之，而温麗靖深不及也。

呂居仁云：韓退之文，渾大廣遠難窺測；柳子厚文，分明見規摹次第；初學者當先學柳文，後熟韓文，則工夫自易爾。

浮休先生云：扶導聖教，剗除異端，以經常為己任，死而無悔，韓愈一人而已。非獨以屬辭比事為工也。如其祖述典墳，憲章騷雅，上轢三古，下籠百氏，極萬變而不華，會衆流而有歸，逌然沛然，横行闊視於著述之場，子厚其人也。彼韓子者，特以醇正高雅，凜然無雜，乃得與之齊名爾。必也兼育博記，馳騖奔放，則非柳之敵。

陳長方云：柳子厚之才，韓退之有所不逮。但韓公下筆便以三代為法，其文章如人，少年暮年毛髮不同，而風儀皆此人也。子厚在中朝時，尚有六朝規矩，讀之令人鄙厭。自永州以後，始以三代為師。至淮西一事，退之作碑，子厚作雅，逞其餘力，便覺退之不逮，子厚直一日千里也。死於元和十二年。退之長慶間著述，覺子厚瞠若其後耳。余嘗以三言評子厚文章曰：其大體如紀涓子養鬥雞，在中朝時方虚驕而恃氣，永州以後猶聽影響，至柳州後望之似木雞矣。

《邵氏聞見録》云：韓退之之文，自經中來；柳子厚之文，自史中來。

金華先生程子山曰：前輩謂退之、子厚皆於遷謫中始收文章之極功，蓋以其落浮誇之氣，得憂患之助，言從字順，遂造眞理耳。

又《[宋]曹輔〈祭柳侯文〉》 維紹聖二年歲次乙亥十有一月癸巳朔十二日甲辰，朝奉郎、權提點廣南西路刑獄公事兼本路勸農提舉河渠公事、飛騎尉、借紫曹輔，謹以清酌時羞之奠，敬祭於柳侯子厚靈文之祀。惟三元之默運兮，初渾淪而絪緼。惟萬生之並騖兮，悉坯陶乎一鈞。物有大小之不齊兮，人亦智愚之莫倫。何夫子之毓質兮，獨爽邁秀髮而不羣。其學也囊括今古而該百氏兮，或參之駁雜而取之粹純。若大田之揪斂兮，莫知其千倉與萬囷。其文也若秋濤之鼓雷風兮，洶湧澎湃而無垠。若八駿之騁通衢兮，王良執策而造父挾輪。老韓駭汗以縮手兮，翺湜喪氣而噤唇。韓愈、李翺、皇甫湜。夫何天命之不畀兮？亶遇蹇而罹屯。三湘一斥之十年兮，悵遠符之再分。意冥冥以卽夜兮，志鬱鬱而不伸。彼高爵厚禄以誇耀於一時之人兮，皆泯没而無聞。惟夫子之名不可以既兮，愈遠而彌新。柳江演漾以清泚兮，鵝山奇秀而嶙峋。惟夫子血食於此千祀兮，民至今而懷仁。余幼服夫子之遺言兮，不足以追逸軌而襲游塵。剌嶺嶠之荒服兮，弔蒼梧之愁雲。奠桂酒之旨潔兮，薦蘭肴之苾芬。物雖至薄兮，吾誠甚勤。嗚虖其來享兮靈文。尚饗。

又《[宋]黄翰〈祭柳侯文〉》 世傳不朽，文學辭章。惟公之文，駕韓蹴張。韓愈、張籍。雄深雅健，實比子長。司馬遷，字子長。民思無斁，政事循良。惟公之政，祖龔述黄。龔遂、黄霸。深仁遺愛，實比甘棠。孔門四科，達者升堂。公兼得之，光於有唐。天才俊偉，議論慨慷。交口薦譽，名聲益彰。要路立登，臺省翱翔。擢列御史，拜尚書郎。時將大用，器博難量。譬如八駿，奔逸康莊。追風掣電，萬里騰驤。亦如利器，鏌鋣幹將。直視無前，其鋒孰當。不慎交友，玷於韋王。韋執誼、王叔文。羣飛刺天，讒口如簧。一斥不復，困於三湘。譬如鸞鳳，不巢高岡。棲之枳棘，六翮摧傷。亦如巧匠，睥睨觀旁。縮手袖間，善刀以藏。一麾出守，惠此南方。龍城雖遠，龍城，柳州也。毋敢怠荒。動以禮法，率由典常。公無負租，私有積倉。居處有屋，濟川有航。黄柑緑柳，至今滿鄉。修夫子廟，次治城隍。農歌於野，士歌於庠。孝弟怡怡，弦誦洋洋。生能澤民，死且不亡。春秋享祀，旱潦祈禳。四百餘年，血食不忘。翰幼學公文，久服餘芳。遺風善政，凜若冰霜。日想英靈，如在其傍。桂酒清旨，肴蔬雜香。拜獻蕪詞，公其來饗。

又《[宋]許尹〈祭柳侯文〉》 先生德厚而位不稱，仁深而年不長。斂此大惠，施於一方。終焉廟食，如古桐鄉。前漢循吏朱邑病且死，屬其子曰：『我故桐鄉吏，其民愛我，必葬桐鄉。』桐鄉民立祠祀祭，至今不絕。雖去此幾於千祀，而至今猶有耿光。尹以不才，嗣守封疆。顧取法於何有，賴先生之循良。蒞事之始，奠酒一觴。神兮歸來，鑑兹不忘。

宋·歐陽修《歐陽文忠公集》卷一四一《唐柳宗元般舟和尚碑跋元和三年》 右《般舟和尚碑》，柳宗元撰並書。子厚所書碑世頗多有，書既非工，而字畫多不同，疑喜子厚者竊藉其名以為重。子厚與退之，皆以文章知名一時，而後世稱為韓、柳者，蓋流俗之相傳也，其為道不同猶夷、夏也。然退之於文章每極稱子厚者，豈以其名並顯於世，不欲有所貶毀，以避爭名之嫌，而其為道不同，雖不言，顧後世當自知歟？不然，退之以力排釋老為己任，於子厚不得無言也。治平元年三月二十二日書。

又《唐南嶽彌陀和尚碑跋元和五年》 右《南嶽彌陀和尚碑》，柳宗元撰並書。自唐以來，言文章者惟韓、柳，柳豈韓之徒哉？眞韓門之罪人也。蓋世俗不知其所學之非，第以當時輩流言之爾。今餘又多録其文，懼益後人之惑也，故書以見余意。

宋·王安石《臨川文集》卷七一《讀柳宗元傳》 余觀八司馬，皆天下之奇材也。一為叔文所誘，遂陷於不義，至今士大夫欲為君子者，皆羞道而喜攻之。然此八人者既困矣，無所用於世，往往能自强以求列於後世，而其名卒不廢焉。而所謂欲為君子者，吾多見其初而已，要其終能毋與世俯仰，以自别於小人者少耳，復何議彼哉？

《蘇軾全集》卷九二《伊尹五就桀》 聖人之所能有絕人者，不可以常情疑其有無。孔子為魯司寇，墮郈、墮費，三桓不疑其害己。非孔子，能之乎？伊尹去亳適夏，既醜有夏，復歸於亳。伊尹為政於商，既貳於夏矣，以桀之暴戾，處其執政而不疑，往來兩國之間，而商人父師之。非聖人，能如是乎？是以廢太甲，太甲不怨，復其位，太甲不疑皆不可以常情斷其有無也。後世惟諸葛亮近之。玄德將死之言，乃眞實語也。使孔明據劉禪位，蜀人豈有異詞哉！讀柳宗元《五就桀贊》，終篇皆言，伊尹往來兩國之間，豈其有意教誨桀而全其國耶？不然，湯之當王也久矣，伊尹何疑焉！桀能改過而免於誅，可庶幾也。能用伊尹而得志於天下，雖至愚知其不然矣，宗元意欲以此自解其從王叔文之罪也。

又 卷九三《書黄子思詩集後》 予嘗論書，以謂鍾、王之迹，蕭散簡遠，妙在筆劃之外。至唐顔、柳，始集古今筆法而盡發之，極書之變，天下翕然以為宗師，而鍾、王之法益微。至於詩亦然。蘇、李之天成，曹、劉之自得，陶、謝之超然，蓋亦至矣。而李太白、杜子美以英瑋絕世之姿，淩跨百代，古今詩人盡廢，然魏、晉以來高風絕塵，亦少衰矣。李、杜之後，詩人繼作，雖間有遠韻，而才不逮意，獨韋應物、柳宗元發纖穠於簡古，寄至味於澹泊，非餘子所及也。唐末司空圖，崎嶇兵亂之間，而詩文高雅，猶有承平之遺風。其論詩曰：『梅止於酸，鹽止於鹹。』飲食不可無鹽、梅，而其美常在鹹、酸之外。蓋自列其詩之有得於文字之表者二十四韻，恨當時不識其妙。予三復其言而悲之。閩人黄子思，慶曆、皇佑間號能文者。予嘗聞前輩誦其詩，每得佳句妙語，反復數四，乃識其所謂，信乎表聖之言，美在鹹酸之外，可以一唱而三歎也。予既與其子幾道、其孫師是游，得窺其家集，而子思篤行高志，為吏有異材，見於墓誌詳矣，予不復論，獨評其詩如此。

又　卷一〇五《秦廢封建》　秦初并天下，丞相綰等言：『燕、齊、荆地遠，不置王無以鎮之，請立諸子。』始皇下其議，羣臣皆以為便。廷尉斯曰：『周文、武所封子弟同姓甚衆，然後屬疏遠，相攻擊如仇讎，諸侯更相誅伐，天子不能禁止。今海内賴陛下神靈一統，皆為郡縣，諸子功臣公賦稅重賞賜之，甚足易制。天下無異意，則安寧之術也，置諸侯不便。』始皇曰：『天下共苦戰鬥不休，以有侯王。賴宗廟天下初定，又複立國，是樹兵也，求其寧息，豈不難哉！廷尉議是。』分天下為三十六郡，郡置守、尉、監。蘇子曰：聖人不能為時，亦不失時。時非聖人之所能為也，能不失時而已。三代之興，諸侯無罪不可奪削，因而君之雖欲罷侯置守，可得乎？此所謂不能為時者也。周衰，諸侯相并，齊、晉、秦、楚皆千餘里，其勢足以建侯樹屏。至於七國皆稱王，行天子之事，然終不封諸侯，不立强家世卿者，以魯三桓、晉六卿、齊田氏為戒也。久矣，世之畏諸侯之禍也，非獨李斯、始皇知之。始皇既并天下，分郡邑，置守宰，理固當然，如冬裘夏葛，時之所宜，非人之私智獨見也，所謂不失時者，而學士大夫多非之。漢高帝欲立六國後，張子房以為不可，世未有非之者，李斯之論與子房何異？世特以成敗為是非耳。高帝聞子房之言，吐哺罵酈生，知諸侯之不可復，明矣。然卒王韓、彭、英、盧，豈獨高帝，子房亦與焉。故柳宗元曰：『封建非聖人意也，勢也。』昔之論封建者，曹元首、陸機、劉頌，及唐太宗時魏徵、李百藥、顔師古，其後有劉秩、杜佑、柳宗元。宗元之論出，而諸子之論廢矣，雖聖人復起，不能易也。故吾取其説而附益之，曰：凡有血氣必爭，爭必以利，利莫大於封建。封建者，爭之端而亂之始也。自書契以來，臣弑其君，子弑其父，父子兄弟相賊殺，有不出於襲封而爭位者乎？自三代聖人以禮樂教化天下，至刑措不用，然終不能已簒弑之禍。至漢以來，君臣父子相賊虐者，皆諸侯王子孫，其餘卿大夫不世襲者，蓋未嘗有也。近世無復封建，則此禍幾絶。仁人君子，忍復開之歟？故吾以為李斯、始皇之言，柳宗元之論，當為萬世法也。

宋・華鎮《雲溪居士集》卷二〇《復讎論上》　復讎之議，疑生於亂世，而不起於治朝。【略】後之斷是獄者多矣，或殺或赦，隨時予奪，靡有定制。明君達士，徇其所執，往往立言，而唐史尤詳。【略】柳宗元謂：誅其可旌，玆謂濫黷刑甚矣，旌其可誅。【略】陳子昂、柳宗元、韓愈之徒咸著文議，則經無失指矣。

又《復讎論下》　唐自貞觀以來，復讎者甚衆，或殺或貸，罔有定制，惟柳子厚、韓退之之議，達而近於理。至柳不設懲禁之科，韓謂公羊之説不可施於今者，未能無憾。【略】子厚駁子昂之議，辨旌誅之分，其言至矣，而未能盡於禁暴止亂之術。【略】為官吏者，故以公法殺戮無罪，則亦法之所誅矣。法之所誅者，人子讎之何罪之有？公羊之説行於今日不見其悖，此所謂未能無憾者也。

宋・晁公武《郡齋讀書志》卷三《〈非國語〉二卷》　右唐柳宗元子厚撰。序云：『左氏《國語》，其文深閎傑異，而其説多誣淫。懼學者溺其文採，而淪於是非，本諸理作《非國語》。』上卷三十一篇，下卷三十六篇。

又　卷一七《〈柳宗元集〉三十卷，〈集外文〉一卷》　右唐柳宗元子厚也。後魏濟陰公某之裔。貞元九年進士，中博學宏詞科，授校書郎，終於柳州刺史。宗元少精敏絶倫，文章卓偉精緻。既竄斥，堙厄感鬱，一寓諸文，倣《離騷》數十篇，讀者悲惻。在柳州，進士走數千里從學，經指授者，文辭皆有法。世號柳柳州。韓愈評其文曰：『雄深雅健，似司馬子長，崔、蔡不足多也。』集中有《御史周君碣》，司馬温公《考異》以此碣為《周子諒碣》，實開元二十五年，宗元作天寶時，誤。按子諒以彈牛仙客，杖流瀼州，死藍田。《舊唐書紀》、《牛仙客傳》及《玄宗實録》皆載之，而此碣殊疏略。

宋・黎靖德《朱子語類》卷八六　到説制度處，只説『諸侯之禮，吾未之學，嘗聞其略也』。要之，後世若有聖賢出來，如儀禮等書，也不應便行得。如封建諸侯，柳子厚之説自是。當時卻是他各自推戴為主，聖人從而定之耳。如今若要將一州一縣封某人為諸侯，人亦未必安之。兼數世之後，其弊非一。如鄉飲酒之禮，若要教天下之人都如此行，也未必能。只後世太無制度。若有聖賢，為之就中定其尊卑隆殺之數，使人可以通行，這便是禮；為之去其哇淫鄙俚之辭，使之不失中和歡悦之意，這便是樂。

又　卷一〇八　封建實是不可行。若論三代之世，則封建好處，便是君民之情相親，可以久安而無患；不似後世郡縣，一二年輒易，雖有賢者，善政亦做不成。

因言：『封建只是歷代循襲，勢不容已，柳子厚亦説得是。賈生謂「樹國必相疑之勢」，甚然。封建後來自然有尾大不掉之勢。成周盛時，能得幾時！到春秋列國强盛，周之勢亦浸微矣。後來到戰國，東西周分治，赧王但寄於西周公耳。雖是聖人法，豈有無弊者！』大率先生之意，以為封建井田皆易得致弊。

柳子厚封建論則全以封建為非；胡明仲輩破其説，則專以封建為是。要之，天下制度，無全利而無害底道理，但看利害分數如何。封建則根本較固，國家可恃；郡縣則截然易制，然來來去去，無長久之意，不可恃以為固也。如役法亦然。荆公只見差役之害，而免役之利。』先生云：『差役時皆土著家户人，州縣亦較可靠；免役則皆浮浪之人。靖康間州縣亦有守令要守，而吏民皆散去，無復可恃。然其弊亦不勝其多。

又　卷一二二　因言：『自孟子後，聖學不傳，所謂「軻之死不得其傳」。如荀卿説得頭緒多了，都不純一。至揚雄所説底話，又多是莊老之説。至韓退之喚做要説道理，又一向主於文詞。至柳子厚卻反助釋氏之説。因言異端之教，漢魏以後，只是老莊之説。至晉時肇法師，釋氏之教始興。其初只是説，未曾身為。至達摩面壁九年，其説遂熾。』

宋・羅大經《鶴林玉露》卷一四　柳子厚文章精麗，而心術不掩焉，故理意多舛駁。余嘗書其《駡屍蟲文》後云：屍蟲伏人骸竅間，狙伺隱匿，上訴之帝，意求飲食，人以是多罹咎謫，柳子憎而駡之。余謂屍蟲未果有也，果有之，疑帝藉以為耳目，未可駡也。世之人唯不知有屍蟲，世之人而知有屍蟲，則豈特摩牙奮距，昂昂然以凶毒自名者削迹於世哉！色厲內荏，聲善實狠，若共、兜，少正卯輩當亦少衰矣。故余謂屍蟲之有裨於世教甚大，帝之福善禍淫，有藉於屍蟲甚切。帝之歆以飲食也，初非賞讒；屍蟲之嘵嘵上訴也，亦非以讒故。仁人君子謂宜彰屍蟲之功於天下，俾警焉可矣。駡者何也？且柳子何畏乎屍蟲？謹修而身，宅而心，七情所動，不違其則，雖有屍蟲，將焉攸訴？彼若鼓其讒頰，咀毒銜鋒，謂巢由汙，龍逢、比干佞，謂周、孔不仁，則帝之聰明，將怒殛之矣。奚聽信以降割於我民！設或循其首以至踵，未能無面熱汗下，徒憎其不為己隱，申之以駡焉，余恐祇益其訴帝之説而已。

又　卷六　全州士人滕處厚，貽書魏鶴山云：『漢人謂士修於家，而壞於天子之庭。夫能珠於天子之庭者，必其未嘗修之於家者也。』可謂至論。然余觀柳子厚《河間傳》，非不修於家也，及竊視持己者甚美，左右為不善者，已更得適意，鼻息咈然，則雖欲不壞於天子之庭，得乎！要之不壞於天子之庭，乃特立獨行者也。若夫中人，雖修於家，其不壞於天子之庭者，鮮矣。

明・胡震亨《唐音癸籤》卷七　柳宗元詩，與王摩詰韋應物相上下，頗有陶家風氣。

子厚詩雄深簡淡，迥拔流俗，至味自高，直揖陶謝，然似入武庫，但覺森嚴。

柳子厚詩，世與韋應物並稱，然子厚之工緻乃不若蘇州之蕭散自然。

清・章學誠《校讎通義》卷一《宗劉第二》　漢、魏、六朝著述，略有專門之意。至唐宋詩文之集，則浩如煙海矣。今即世俗所謂唐宋大家之集論之，如韓愈之儒家，柳宗元之名家，蘇洵之兵家，蘇軾之縱横家，王安石之法家，皆以生平所得，見於文字，旨無旁出，即古人之所以自成一子者也。其體既謂之集，自不得强列以諸子部次矣。因集部之目録，而推論其要旨，以見古人所謂言有物而行有恒者，編於敍録之下，則一切無實之華言，牽率之文集，亦可因是而治之。庶幾辨章學術之一端矣。

又　卷二《焦竑誤校漢志》　焦竑以《漢志》、《晏子》入儒家為非，因改入於墨家。此用柳宗元之説，以為墨子之徒有齊人者為之。歸其書於墨家，非以晏子為墨者也。其説良是。部次羣書，所以貴有知言之學，否則徇於其名，而不考其實矣。《檀弓》名篇，非檀弓所著，《孟子》篇名有《梁惠王》，亦豈以梁惠王為儒者哉？

清・章學誠《文史通義》卷六　人之性情必有所近；得其性情本趣，則詩賦之所寄託，論辨之所引喻，紀敍之所宗尚，攝其大旨，略其枝葉，古人所謂一家之言，如儒、墨、名、法之中，必有得其流別者矣。如韓愈之儒家，柳宗元之名家，蘇軾之縱横家，王安石之禮家。

清・永瑢等《四庫全書總目提要》卷一五〇《集部・詁訓柳先生文集》　唐柳宗元撰。宋韓醇音釋。醇字仲韶，臨邛人。其始末未詳。宗元集為劉禹錫所編。其後卷目增損，在宋時已有四本。一則三十三卷，為元符間京師開行本。一則曾丞相家本。一則晏元獻家本。一則此四十五卷之本，出自穆脩家。云卽禹錫原本。案陳振孫《書録解題》曰：『劉禹錫作序，稱編次其文為三十二通。退之之志若祭文附第一通之末。』今世所行本皆四十五卷，又不附志文，非當時本也。考今本所載禹錫序，實作四十五通，不作三十二通，與振孫所説不符。或後人追改禹錫之序，以合見行之卷數，亦未可知。要之，刻韓柳集者自穆脩始，雖非禹錫之舊第，諸家之本亦無更古於是者矣。政和中，胥山沈晦取各本參校，獨據此本為正，而以諸本所餘者別作《外集》二卷，附之於後，蓋以此也。至淳熙中，醇因沈氏之本為之箋注。又搜葺遺佚，別成一卷，附於《外集》之末。權知珍州事王咨為之序。醇先作《韓集全解》，及是又注柳文。其書蓋與張敦頤《韓柳音辨》同時並出，而詳博實過之。魏仲舉《五百家注》亦多引其説。明唐覲《延州筆記》嘗摘其注《南霽雲碑》不知『汧城鑿穴之奇』句本潘岳《馬汧督誄》，是誠一失。然不以害其全書也。

清・趙翼《廿二史劄記》卷二〇《唐古文不始于韓柳》　《新書文藝傳序》，唐興百餘年，諸儒爭自名家。大曆、貞元間，美才輩出，擩嚌道眞，涵泳聖涯，於是韓愈倡之，柳宗元、李翺、皇甫湜等和之，唐之文完然為一代法，此其極也。是宋景文謂唐之古文由韓愈倡始，其實不然。案《舊書・韓愈傳》，大曆、貞元間，文字多尚古學，效揚雄、董仲舒之述作，獨孤及、梁肅最稱淵奧。愈從其徒游，鋭意鑽仰，欲自振於一代，舉進士，投文公卿間，故相鄭餘慶為之延譽，由是知名。是愈之先早有以古文名家者。今獨孤及《文集》尚行於世，已變駢體為散文，其勝處有先秦、西漢之遺風，但未自開生面耳。又如《陸宣公奏議》，雖亦不脱駢偶之習，而指切事情，纖微畢到，其氣又渾灝流轉，行乎其所不得不行，也豈可以駢偶少之。此皆在愈之前，固已有早開風氣者矣。

藝文

清・彭定求等《全唐詩》卷三四一《韓愈〈贈別元十八協律六首〉》

吾友柳子厚，其人藝且賢。吾未識子時，已覽贈子篇。寤寐想風採，於今已三年。不意流竄路，旬日同食眠。所聞昔已多，所得今過前。如何又須別，使我抱悁悁。

又《答柳柳州食蝦蟆》　蝦蟆雖水居，水特變形貌。强號為蛙哈，於實無所校。雖然兩股長，其奈脊皴皰。跳擲雖云高，意不離濘淖。鳴聲相呼和，無理只取鬧。周公所不堪，灑灰垂典教。我棄愁海濱，恒願眠不覺。叵堪朋類多，沸耳作驚爆。端能敗笙磬，仍工亂學校。雖蒙勾踐禮，竟不聞報效。大戰元鼎年，孰强孰敗橈。居然當鼎味，豈不辱釣罩。余初不下喉，近亦能稍稍。常懼染蠻夷，失平生好樂。而君復何為，甘食比豢豹。獵較務同俗，全身斯為孝。哀哉思慮深，未見許回棹。

又　卷三五八《劉禹錫〈謝柳子厚寄疊石硯〉》　常時同硯席，寄硯感離羣。清越敲寒玉，參差疊碧雲。煙嵐餘斐亹，水墨兩氛氳。好與陶貞白，松窗寫紫文。

又　卷三六一《劉禹錫〈再授連州至衡陽酬柳柳州贈別〉》　去國十年同赴召，渡湘千里又分岐。重臨事異黄丞相，三黜名慚柳士師。歸目並隨回雁盡，愁腸正遇斷猿時。桂江東過連山下，相望長吟有所思。

又　卷三六四《劉禹錫〈答柳子厚〉》　年方伯玉早，恨比四愁多。會待休車騎，相隨出罻羅。

又　卷四一四《元稹〈留呈夢得、子厚、致用〉》　泉溜才通疑夜磬，燒煙餘暖有春泥。千層玉帳鋪松蓋，五出銀區印虎蹄。暗落金烏山漸黑，深埋粉堠路渾迷。心知魏闕無多地，十二瓊樓百里西。

又　卷八七〇《呂温〈嘲柳州柳子厚〉》　柳州柳刺史，種柳柳江邊。柳管依然在，千秋柳拂天。

《蘇軾全集》卷二一《廉泉》　水性故自清，不清或撓之。君看此廉泉，五色爛摩尼。廉者為我廉，我以此名為。有廉則有貪，有慧則有癡。誰為柳宗元，孰是吳隱之。漁父足豈潔，許由耳何淄。紛然立名字，此水瞭不知。毁譽有時盡，不知無盡時。朅來廉泉上，捋鬚看鬢眉。好在水中人，到處相娛嬉。

又　卷二三《遷居有引》　吾紹聖元年十月二日至惠州，寓合江樓，是月十八日遷於嘉祐寺。二年三月十九日復遷於合江樓，三年四月二十日復歸於嘉祐寺。時方卜築白鶴峰之上，新居成，庶幾其少安乎。

前年家水東，回首夕陽麗。去年家水西，濕面春雨細。東西兩無擇，緣盡我輒逝。今年復東徙，舊館聊一憩。已買白鶴峰，規作終老計。長江在北戶，雪浪舞吾砌。青山滿牆頭，鬖髿幾雲髻。雖慚抱樸子，金鼎陋蟬蛻。猶賢柳柳州，廟俎薦丹荔。吾生本無待，俯仰瞭此世。念念自成劫，塵塵各有際。下觀生物息，相吹等蚊蚋。

雜録

《柳宗元集》附録《［宋］汪藻〈永州柳先生祠堂記〉》　先生以永貞元年冬，自尚書郎出為邵州刺史，道貶永州司馬。至元和九年十二月，詔追赴都，復出為柳州刺史。蓋先生居零陵者十年，至今言先生者必曰零陵，言零陵者亦必曰先生。零陵去長安四千餘里，極南窮陋之區也，而先生辱居之。零陵徒以先生居之之故，遂名聞天下。先生為之不幸可也，而零陵獨非幸歟？先生始居龍興寺西序之下，間坐法華西亭，見西山愛之，命僕夫過瀟水，翦薙榛蕪，搜奇選勝，自放於山水之間。入冉溪二三里，得其尤絕者家焉。因結茅樹蔬，為沼沚，為臺榭，目曰『愚溪』，而刻《八愚詩》於溪石之上。其謂之鈷鉧潭、西小丘、小石潭者，循愚溪而出也。其謂之南澗、朝陽巖、袁家渴、蕪江、百家瀨者，泝瀟水而上也，皆在愚溪數里間，為先生杖屨徜徉之地。唯黃溪為最遠，去郡城七十餘里，游者未嘗到，豈先生好奇如謝康樂，伐木開徑，窮山水之趣，而亦游之不數耶？紹興十四年，予來零陵，距先生三百餘年，求先生遺迹，如愚溪、鈷鉧潭、南澗、朝陽巖之類皆在，獨龍興寺並先生故居曰『愚堂』、『愚亭』者，已湮蕪不可復識。《八愚詩》石亦訪之無有，黃溪則為峒獠侵耕，嶝危徑塞，無自而入。郡人指高山寺曰：『此法華寺故處。』而龍興者，今太平寺西瞰大江者是也。其果然歟？周衰，言文章之盛者，莫如漢唐。賈誼馳騁於孝文之初，時漢興才三十餘年耳。其談治道，述騷辭，已追還三代之風如此，自是踵相躡有之。末而至於劉向、揚雄，益精深不可及，去古未遠故也。唐承貞觀、開元習治之餘，以文章顯者，如陳子昂、蕭穎士、李邕、燕、許之徒，燕公張説，許公蘇頲。固不為無人。而東漢以來猥並之氣未除也。至元和，始粹然一返於正。其所以臻此者，非先生及昌黎韓公之力歟？故以唐三百年所以推尊者，曰韓柳而已，豈非盛哉！先生雖坐貞元黨與劉夢得同，夢得會昌時猶尊顯於朝，先生未及為時君所省，而遽歿於元和之世，事業遂不大見於時，可深惜哉。然零陵一泉石、一草木，經先生品題者，莫不為後世所慕，想見其風流。而先生之文載集中，凡瑰奇絕特者，皆居零陵時所作，則予所謂幸不幸者豈不然哉！零陵人祠先生於學，於愚溪之上，更郡守不知其幾，而莫之敢廢，顧未有求其遺迹而紀之者。余於是採先生之集，與劉夢得之詩可見者，書而置之祠中，附零陵圖志之末，庶幾來者有考焉。

宋・孫光憲《北夢瑣言》卷六　司空圖侍郎撰《李公磎行狀》，以公有出倫之才，為時輩妒忌，罹於非横。其平生著文有《百家著諸心要文集》三十卷、《品流志》五卷、《易之心要》三卷、《注論語》一部、《明無為》上下二篇、《義説》一篇，倉卒之辰焚於賊火，時人無所聞也，惜哉！《陽春白雪》，世人寡和，豈虚言也！葆光子曰：『唐代韓愈、柳宗元洎李翺、李觀、皇甫湜數君子之文，陵轢荀孟，糠秕顔謝，其所宗仰者唯梁浩補闕而已。乃諸人之龜鑑，而梁之聲采寂寂，豈《陽春白雪》之流乎？是知俗譽喧喧者，宜鑑其濫吹也。』

宋・司馬光《資治通鑑》卷二三九《唐紀五十五・憲宗昭文章武大聖至神孝皇帝中之上》（元和十年）王叔文之黨坐謫官者，凡十年不量移，執政有憐其才欲漸進之者，悉召至京師。諫官爭言其不可，上與武元衡亦惡之。三月，乙酉，皆以為遠州刺史，官雖進而地益遠。永州司馬柳宗元為柳州刺史，朗州司馬劉禹錫為播州刺史。宗元曰：『播州非人所居，而夢得親在堂，萬無母子俱往理。』欲請於朝，願以柳易播。會中丞裴度亦為禹錫言曰：『禹錫誠有罪，然母老，與其子為死别，良可傷！』上曰：『為人子尤當自謹，勿貽親憂，此則禹錫重可責也。』度曰：『陛下方侍太后，恐禹錫在所宜矜。』上良久，乃曰：『朕所言，以責為人子者耳，然不欲傷其親心。』退，謂左右曰：『裴度愛我終切。』明日，改禹錫連州刺史。宗元善為文，嘗作《梓人傳》，以為：『梓人不執斧斤刀鋸之技，專以尋引、規矩、繩墨度羣木之材，視棟宇之制，相高深、圓方、短長之宜，指麾衆工，各趨其事，不勝任者退之。大廈既成，則獨名其功，受祿三倍。亦猶相天下者，立綱紀、整法度，擇天下之士使稱其職，居天下之人使安其業，能者進之，不能者退之，萬國既理，而談者獨稱伊、傅、周、召，其百執事之勤勞不得紀焉。或者不知體要，銜能矜名，親小勞，侵衆官，聽聽於府庭，而遺其大者遠者，是不知相道者也。』

又作《種樹郭槖駝傳》曰：『槖駝之所種，無不生且茂者。或問之，對曰：『槖駝非能使木壽且孳也。凡木之性，其根欲舒，其土欲故，既植之，勿動勿慮，去不復顧。其蒔也若子，其置也若棄，則其天全而性得矣。它植者則不然，根拳而土易，愛之太恩，憂之太勤，旦視而暮撫，已去而複顧，甚者爪其膚以驗其生枯，搖其本以觀其疏密，而木之性日以離矣。雖曰愛之，其實害之；雖曰憂之，其實仇之。故不我若也！為政亦然。吾居鄉見長人者，好煩其令，若甚憐焉而卒以禍之。旦幕吏來，聚民而令之，促其耕獲，督其蠶織，吾小人輟饔飧以勞吏之不暇，又何以蕃吾生而安吾性邪！凡病且怠，職此故也。』此其文之有理者也。

宋・李昉等《太平御覽》卷二五八《職官部五十六・良刺史下》 柳宗元為柳州刺史。土俗以男女質錢，過期則没入錢主。宗元革其鄉法，其已没者，仍出私錢贖之，歸其父母。

宋・李昉等《太平廣記》卷一八七《職官・呂温》 通事舍人宣詔，舊命拾遺團句把麻者，蓋謁者不知書，多失句度，故用拾遺低摘聲句以助之。及呂温為拾遺，被喚把麻，不肯去。遂成故事。拾遺不把麻者，自呂始也。時柳宗元戲呂云：『幸識一文半字，何不與他把也？』

又 卷二五六《嘲誚四・柳宗元》 唐柳宗元與劉禹錫，同年及第，題名於慈恩塔，談元茂秉筆，時不欲名字著彰，曰：『押縫版子上者，率多不達，或卽不久物故。』柳起草，暗斟酌之，張復已下，馬徵、鄧文佐名盡著版子矣。題名皆以姓望，而辛南容，人莫知之。元茂閣筆曰：『請辛先輩言其族望。』辛君適在他處，柳曰：『東海人。』元茂曰：『爭得知？』柳曰：『東海之大，無所不容。』俄而辛至，人問其望，曰：『渤海。』衆大笑。慈恩題名，起自張莒，本於寺中閒游，而題其同年。人因為故事。

又 卷二七九《夢四・柳宗元》 柳員外宗元自永州司馬徵至京，意望重用。一日，詣卜者問命，且告以夢，曰：『余柳姓也，昨夢柳樹僕地，其不祥乎？』卜者曰：『無苦，但憂為遠官耳。』徵其意，曰：『夫生則樹柳，死則柳木。木者牧也，君其牧柳州乎？』竟如其言，後卒於柳州焉。

又 卷四六七《水族四・柳宗元》 唐柳州刺史河東柳宗元，常自省郎出為永州司馬，途至荆門，舍驛亭中。是夕，夢一婦人衣黄衣，再拜而泣曰：『某家楚水者也，今不幸，死在朝夕，非君不能活之。倘獲其生，不獨戴恩而已，兼能假君禄益，君為將為相，且無難矣。幸明君子一圖焉。』公謝而許之。既寤，嘿自異之，及再寐，又夢婦人，且祈且謝，久而方去。明晨，有吏來，稱荆帥命，將宴宗元。宗元既命駕，以天色尚早，因假寐焉，既而又夢婦人，嚬然其容，憂惶不暇，顧謂宗元曰：『某之命，今若縷之懸甚風，危危將斷且飄矣。而君不能念其事之急耶？幸疾為計。不爾，亦與敗縷皆斷矣，願君子許之。』言已，又祈拜。既告去，心亦未悟焉，卽俯而念曰：『吾一夕三夢婦人告我，辭甚懇，豈吾之吏有不平於人者耶？抑將宴者以魚為我膳耶？得而活之，亦吾事也。』卽命駕詣郡宴，既而以夢話荆帥，且召吏訊之。吏曰：『前一日，漁人網獲一巨黄鱗魚，將為膳，今已斷其首。』宗元驚曰：『果其夕之夢。』遂命挈而投江中，然而其魚已死矣。是夕，又夢婦人來，亡其首，宗元益異之。

《蘇軾全集》卷一〇四《柳宗元敢為誕妄》 柳宗元敢為誕妄，居之不疑。呂温為道州、衡州，及死，二州之人哭之逾月，客舟之過於此者，必呱呱然。雖子產不至此，温何以得之！其稱温之弟恭亦賢豪絶人者，又云恭之妻裴延齡之女也。孰有士君子肯為裴延齡婿者乎？柳宗元與伾、叔文交，蓋亦不差於延齡姻也。恭為延齡婿不見於史，宜表而出之，見宗元文集恭墓誌云。

宋・計有功《唐詩紀事》卷四三《柳宗元》 宗元《種柳戲題》云：『柳州柳刺史，種柳柳江邊。談笑為故事，推移成昔年。垂陰當覆地，聳幹會參天。好作思人樹，慚無惠化傳。』

《南澗中題》云：『秋氣集南澗，獨游亭午時。回風一蕭瑟，林影久參差。始至若有得，稍深遂忘疲。羈禽響幽谷，寒藻舞淪漪。去國魂已游，懷人淚空垂。孤生易為感，失路少所宜。索寞竟何事，徘徊只自知。誰為後來者，當與此心期。』

《漁翁》云：『漁翁夜傍西巖宿，曉汲清湘燃楚竹。煙銷日出不見人，欸乃一聲山水緑。回看天際下中流，巖上無心雲相逐。』

子厚《與楊誨之書》云：『吾年十七，求進士，四年乃得舉。二十四求博學宏詞，二年乃得仕。及為藍田尉，走謁六官堂下，與卒伍為列。益學老子和光同塵，雖自以為得，然已得號為輕薄人矣。及為御史郎官，自以登朝廷，利害益大，雖戒礪益切，卒不免為連纍廢逐。』子厚陷王叔文之黨遷謫，卒死於柳州，柳人立廟羅池。

《雪詩》云：『千山鳥飛絕，萬徑人蹤滅。孤舟蓑笠翁，獨釣寒江雪。』視鄭谷亂飄僧舍之句不侔矣，東坡居士云。

子厚死三年，愚溪無復曩時矣。劉夢得聞之，賦三絕云：『溪水悠悠春自來，草堂無主燕飛回。隔簾惟見中庭草，一樹山榴依舊開。』其一。『草聖數行留壞壁，木奴千樹屬鄰家。唯見里門通德榜，殘陽寂寞出樵車。』其二。『柳門竹巷依依在，野草青苔日日多。縱有鄰人解吹笛，山陽舊侶更誰過。』其三。

林慎思分部

傳記

《全宋文》卷七九八五《林水〈唐水部郎中伸蒙子林子家傳〉》　伸蒙子姓林，諱慎思，福州長樂人也。少倜儻，有大致，力學好修，與昆仲五人築室讀書稠巖山中。咸通五年，首薦禮部，不第。退居槐里，命蓍禱心，得蒙之觀，曰伸蒙入觀，通明之象也，遂以伸蒙子自名。著書上、中、下三卷，《槐里辨》三篇，象三才，敘天、地、人之事；中卷《澤國紀》三篇，象三人，敘君、臣、人之事；下卷《時喻》二篇，象二教，敘文武之事。指喻明切，自成一家言。又以公孫丑、萬章記孟子之言不能盡其師意，作《續孟子》二卷，凡十四篇。咸通十年，王凝侍郎下歸仁紹榜，中進士第。十一年，高實侍郎下再試，中宏詞拔萃魁，敕改所居崇賢鄉欽平里為芳桂鄉大宏里以表之，授秘書省校書郎、興平尉。在官舉案如法，豪右憚其威令。尋除尚書水部郎中，守萬年縣令，賜緋。治邑有最聲，民懷其惠。屬軍興，科斂百出，他邑皆事嚴束，鞭笞肆行，人不堪命，獨萬年行之以寬。大邑數督趣，且怵以危法，毅然不為動，民力用紓，大吏亦心腹，不敢按發。會黄巢寇長安，逼以偽官，不受。問道興元，賊追及之，卒不屈，罵賊不絕口而死。及巢敗，諸子奉其喪歸葬於昌化鄉渡橋大墓山。所著二書及《外篇》、《宏詞》五篇、《儒範》七篇，皆藏於家，世莫傳焉。今稠巖讀書石室遺址尚存。按歐陽文忠公撰《唐藝文志》，載《伸蒙子》三卷，及上《崇文總目》，又載《續孟子》二卷，近世莆陽鄭夾漈先生《通志・藝文略》亦載此二書。克齋林公執善銘世遠言湮，後世晚輩未識其書，不知前輩典刑，故敘次其概為家傳，以詔吾子孫。去之五百歲，其人若存兮，覽者尚有考於斯文。

清・郝玉麟等［乾隆］《福建通志》卷四三　林慎思，字處中，長樂人。咸通十年進士，復中宏詞科，拜校書郎。乾符中，羣盜蜂起，百姓流殍，僖宗日與宦者燕嬉，慎思與莆田餘鎬，累疏切諫，不納，出為萬年令。廣明元年，黄巢陷長安，慎思領兵出戰，力不支，欲自刎，賊執之逼降，慎思踞牀大罵，北向稽首，遂遇害，年三十七。友人周岌匿慎思母與妻子及所著《續孟子》二卷、《伸蒙子》三卷、《文集》二卷南歸。

又　卷六二　林慎思宅，在長樂縣籌峰山下。林慎思墓，在長樂縣十四都。

清・劉於義等［雍正］《陝西通志》卷五三　林慎思，字處中，莆田人，歷興平尉，為萬年縣令。會黄巢陷長安，迫以偽祿，不屈，罵賊死。

明・凌迪知《萬姓統譜》卷六四　林慎思，字處中，莆田人。咸通中登第，復中宏詞科，歷官秘書省校書郎、興平尉，敕尚書水部郎中，後為萬年縣令。會黄巢陷長安。迫以偽祿，不屈，罵賊而死。所著有《續孟子》書二卷，《伸蒙子》集三卷，議論明切，成一家之言，郡邑並祀鄉賢。

清・穆彰阿等［道光］《清一統志》卷一八〇　林慎思，莆田人，為萬年令，黄巢寇長安，迫以偽祿，不屈，罵賊死。

又　卷三二六　林慎思墓，在長樂縣東十四都大基山。

林慎思，字處中，長樂人，咸通進士，自校書郎至水部郎中。僖宗時與宦官燕嬉，慎思累疏切諫不納，出為萬年令。黄巢入長安，迫以偽秩，慎思不屈，罵賊死。

綜述

《新唐書》卷五九《藝文志三》　林慎思《伸蒙子》三卷咸通中人。

宋・陳振孫《直齋書録解題》卷九　《伸蒙子》三卷，唐校書郎長樂林慎思虔中撰。

元・馬端臨《文獻通考》卷二一四　《伸蒙子》三卷，陳氏曰：唐校書郎長樂林慎思虔中撰。

《宋史》卷二〇五《藝文志四》　林慎思《續孟子》二卷。

元・程鉅夫《續孟子序》　續孟二卷，唐林公慎思所作。其書列於唐藝文志、宋崇文總目。夫以孟子才號亞聖，書次六經。自司馬遷、揚雄、韓愈之徒尊信篤好，以為大有功於聖門，至司馬光、李覯輩乃著書譏毀。學者固自有次第哉！二書免於世俗之見，亦幸矣夫。然二書文深義密，諄切反復，不悖於聖人之道，誠有補於世教也。公字虔中，福州長樂人，兄弟五人同讀書於稠巖山之石室。公中咸通十年第，又中宏詞拔萃魁，賜其鄉曰芳桂，里曰大宏，由秘書省校書郎至尚書水部郎中。黄巢犯長安，罵賊而死，蓋賢者也。其幾世孫崇萬來京師求子序之，崇萬今為浮圖氏云。延佑改元四月晦，程矩夫序。

清・董誥等《全唐文》卷八〇二《林慎思》　慎思字處中，長樂人，咸通中進士，復中宏詞科。歷校書郎水部郎中萬年縣令。黄巢入長安，迫以偽官，不屈，罵賊死。

《伸蒙子序》：予沽名未售，退棲槐里，著《儒範》七篇，辭艱理僻，不為時人所知。復研精覃思，一旦齋沐禱心靈，是宵夢有異焉。明日召蓍祝之，得蒙之觀。曰：『伸蒙入觀，通明之象也。』因感而有所述焉，自號伸蒙子。嘗與二三子辨論興亡，敷陳古今也。或引事以明理，或摛才以潤辭。録近萬言，編成上中下三卷。上卷《槐里辯》三篇，象三才敍天地人之事。中卷《澤國紀》三篇，象三人敍君臣人之事。下卷《時喻》二篇，象二教敍文武之事焉。予所學周公仲尼之道，所言堯舜禹湯文武之行事也。如有用我者，吾言其施，吾學其行乎？昔揚雄謂『後世有揚子，當知吾太元』，安知後世不有林虔中者出？吾言迂乎哉？大唐咸通六年二月四日，長樂林慎思虔中自序。

《續孟子序》：孟子書先自其徒記言而著，予所以複著者，蓋以孟子久行教化，言不在其徒盡矣，故演作《續孟》。

論説

宋・王堯臣《崇文總目》卷五　《續孟子》二卷，林慎思撰。慎思以為孟子七篇非軻著，書而弟子共記其言，不能盡軻意，因傳其説演而續之。

宋・劉希仁《續孟子序》　自文中子有續經書，唐水部郎林虔中亦有序孟子，然續經竟無傳者，郊疇之責，而續孟今行於世者，有名孫元複焉。七篇之書，先儒謂最有功於聖門，而温國文正公乃作疑孟，至謂瞽瞍殺人，非孟子之言。韓昌黎固嘗謂軻之書非自著，其徒萬章、公孫丑相與記軻所言。程子遂以瞽象之事，乃萬章、公孫丑不能極師之奥盡録其言，故孟氏章句略而多闕。今觀水部公出其仁義之言，而善乎敷演，亦長於譬喻，如曰堯之比屋可封，不有凶乎；紂之比屋可誅，不有三仁乎？以其大而舉之，不以其小而廢之，斯言蓋得之矣。不寧惟是，孟子言必及仁義，公之治邑，民懷其惠，臨難不求苟免，仁之至，義之盡，可謂善學孟子者矣。克齋林公稱為吾閩千載不朽之士。豈可欺哉！咸淳癸酉上春，莆田劉希仁書。

元・吳鑑明《續孟子序》　堯舜周孔之道，至孟軻斬焉不傳。仲蒙子作書續孟，此其自在任者，豈淺淺也。然生值唐亂，官不過令，才志不見知於時，斥罵逆巢，抗首白刃，孟氏可作，顧不謂之豪傑大丈夫哉！所恨事不載史，徒得故老傳説四五百年不休。續孟、伸蒙子卷目雖具藝文志，今世所傳者殆放失其本眞矣。史書果眞可盡信哉？可傳者不録，所録者又將泯泯而無傳。伸蒙子何為其生死不遇也哉！元統三年，南康曹侯明源，來宰長安，始訪其子孫於稠巖之野，為之築室立祠，表其大節，而暴之天下耳目。是不惟以昭忠烈、正人倫、亦使時俗知為善之可願，雖掩抑百年，猶遇仁賢君子，以傳其名也。【略】贊曰：唐室不竟，以利稗政，上替下陵，用勸民命，維閩伸蒙，抗志續孟，昌言仁義，以藥時病不能者。天出宰萬年巢賊稱帝，萬乘南遷，百僚鼠竄，比肩從叛，一人抗節，羣醜駭亂，蒙死則那，偷生幾何，較其短長，得喪孰多。夫既殞身，遑恤厥名，記録失官，惟國無人，邑老相傳，彌遠彌在，將五百年，始遇賢宰，賢宰為誰，明源曹公，美俗旌賢，不泥簿文，躬駕之野，訪求後昆，樹祠學官，風於四遠，匪私伸蒙，忠義是勸，稠巖之陰，青青楓林，胡晦於昔，而白於今，我師子輿，好善是喜，勒辭巖石，彰其德美。三山吳鑑明之敍。

元·陳英觀《續孟子序》　余謂伸蒙方著書，時未必先知其身之死於賊，伸蒙方著書時，未必先知其身之死於賊，伸蒙既以義死，續孟雖不作可也。書之存亾，史之得失，又焉能為伸蒙子之有無立祠表義，伸蒙亦何心之有，抑人心之所以不死者，其在是乎。三山陳英觀敍。

明·黃堯臣《續孟子跋》　孟子談仁義，數萬言，一以正人心為己任。伸蒙子續孟子其有孟氏之志乎哉！然伸蒙處黃巢之亂，以萬年令駡賊死官，方其駡賊，其不知其必先死哉。義在於死，而不利於苟生也。質之孟氏，非所謂眞知義利之辨者哉！漢揚雄擬論語作《法言》，既而倍漢仕莽，是雄非特漢罪人，固聖門之罪人也。卽雄而視伸蒙子，豈可同日而語哉？昔朱文公作《通鑑綱目》書雄為新莽大夫，今南康曹侯築室，以祀伸蒙，曹侯之心，卽文公之心者也，噫始天下邑宰，皆如曹之用心，世道其不復古乎。永陽黃堯臣跋。

清·朱彝尊《經義考》卷二三一　林慎思曰：孟子七篇非軻自著，乃弟子共記其言。【略】漢文帝常置博士，其後王充、林慎思、馮休、李覯、司馬光、鄭厚叔之徒與孟子異者，凡六家，故世儒又有翼孟、尊孟等書。

又　卷二七九　閩書林慎思，字處中，長樂人。咸通十年，登第自校書郎至水部郎中、萬年縣令。黃巢寇長安，迫以偽禄，不屈，駡賊死。慎思謂孟子七篇非其所著，書而弟子所記，不能盡孟子意，因傳其説演而續之。作《續孟子》又有《伸蒙子》書。【略】按慎思之死甚烈，而新舊唐書忠義傳中俱不列其名，何也？《續孟子》十四篇，一曰梁大夫，二曰梁襄王，三曰樂正子，四曰公都子，五曰高子六，曰公孫醜，七曰屋廬子，八曰咸丘蒙，九曰齊宣王，十曰萬章，十一曰宋臣，十二曰莊暴，十三曰彭更，十四曰陳臻。

清·永瑢等《四庫全書總目提要》卷九一《續孟子》　唐林慎思撰。慎思字虔中，長樂人。咸通十年進士。十一年又中宏詞拔萃魁，授秘書省校書郎，興平尉。尋除尚書水部郎中，守萬年縣令。黃巢之亂，抗節不屈，死。《崇文總目》及鄭樵《通志·藝文略》皆載是書二卷，與今本合。《崇文總目》載慎思之言曰：《孟子》七篇，非軻自著書，而弟子共記其言，不能盡軻意，因傳其説演而續之。今觀其書十四篇，大抵因《孟子》之言，推闡以盡其義。獨其不自立論，而必假藉姓氏，類乎《莊》、《列》之寓言。又如與民同樂本《莊》暴齊王之事，而移於隔章之樂正子、魯君，義頗無取。然其委曲發明，亦時有至理，不可廢也。昔揚雄作《太玄》以擬《易》，王通作《中説》以擬《論語》，儒者皆有僭經之譏，蔡沈作《洪範九疇數》，《御纂性理精義》亦以其僭經，斥之不録。慎思此書，頗蹈此弊。然唐時《孟子》不號為經，故馬總《意林》與諸子之書並列，而韓愈亦與荀、揚並稱，固不能以後來論定之制為慎思責矣。

又《伸蒙子》　唐林慎思撰。前有慎思自序曰：舊著《儒範》七篇，辭艱理僻，不為時人所知。復研精覃思，一旦齋沐禱心靈，是宵夢有異焉。明日召蓍祝之，得蒙之觀，曰伸蒙入觀，通明之象也。因自號伸蒙子。又曰：嘗與二三子辨論興亡，敷陳古今，編成上、中、下三卷。槐里辨三篇，象三才，敍天、地、人之事。澤國紀三篇，象三人，敍君、臣、人之事。案：唐人避太宗諱，故以君臣民為君臣人。時喻二篇象二教，敍文武之事。今觀其書，上卷設為干禄先生、知道先生、求己先生問答。中卷設為弘文先生、如愚子、盧乳子問答。下卷則自抒己説。惟上卷喻時一篇，釋仲尼小天下之義，詞不近理。其餘皆持論醇正，非唐時天隱、無能諸子所可仿佛。《崇文總目》列之《儒家》，蓋為不忝。惟其所列六人之名，書『干禄』為『⿱山干⿱山彔』，書『知道』為『⿰氵知⿰氵道』，書『求己』為『⿰石求卂』，書『弘文』為『⿰弓戈⿰甲攴』，書『如愚』為『⿰耒如⿰耒愚』，書『盧乳』為『⿰盧瓦⿰乳瓦』，而各注所以增改偏旁之故，皆怪而近妄。是則好奇之過矣。

雜録

宋・林元復《伸蒙子家傳》 《伸蒙子》三卷，先祖唐宏詞水部郎慎思所著書也。孔氏没諸子百家之言，盈天下至季代，如皮日休著《隱書》，宋齊丘《化書》皆傳於世，惟先伸蒙之書，藏於屋壁者數百年。雖一志於唐藝文，再紀於皇朝崇文總目，又述於夾漈先生通志略，而學士大夫猶有未見其書者，蓋其不幸而不生於大曆、正元之前，與韓柳諸公以文章之名顯也，又不幸而不生於天聖、明道之後，與周程諸賢以性命之學著也。然其節不屈於當時，其言可傳於來世，其見録於太史氏也。【略】是書三卷，俾與續孟並行。嗟夫！垂憲言以詒後人，伸蒙子之志遠矣。天之未喪斯文也，倘在茲乎，敬書其概，以昭聖朝右文之治，歲昭陽作噩。咸淳九年正月朔，奉議郎新知泉州南安縣事，林元復謹識。

皮日休分部

傳記

《舊唐書》卷一九下《僖宗紀》 （廣明元年）十二月庚辰朔。辛巳，賊據潼關。時左軍中尉田令孜專政，宰相盧攜曲事之，相與誤謀，以至傾敗。令孜恐衆罪加己，請貶攜官，命學士王徽、裴徹為相。甲申，宣制以戶部侍郎、翰林學士王徽、裴徹本官同平章事。貶右僕射、門下侍郎、平章事盧攜為太子賓客。攜聞賊至，仰藥而死。是日，上與諸王、妃、后數百騎，自子城由含光殿金光門出幸山南，文武百官寮不之知，並無從行者，京城晏然。是日晡晚，賊入京城，時右驍衛大將張直方率武官十餘迎黄巢於坡頭。壬辰，黄巢據大內，僭號大齊，稱年號金統，悉陳文物，據丹鳳門偽赦。以太常博士皮日休、進士沈雲翔為學士。為偽赦書云：『揖讓之儀，廢已久矣，竄遁之迹，良用憮然。朝臣三品已上並停見任，四品已下宜復舊位。』以趙章為中書令，尚讓為太尉，崔璆為中書侍郎、平章事。時宰相豆盧瑑、崔沆、故相左僕射劉鄴、太子少師裴諗、御史中丞趙蒙、刑部侍郎李溥、故相於琮皆從駕不及，匿於閭里，為賊所捕，皆遇害。將作監鄭綦、庫部郎中鄭係義不臣賊，舉家雉經而死。

《新唐書》卷五九《藝文志三》 皮氏《鹿門家鈔》九十卷，皮日休，字襲美，咸通太常博士。

又 卷六〇《藝文志四》 《皮日休集》十卷。

又 卷二二五下《逆臣傳・黄巢》 巢齋太清宮，卜日舍含元殿，僭即位，號大齊。求袞冕不得，繪弋綈為之；無金石樂，擊大鼓數百，列長劍大刀為衛。大赦，建元為金統。王官三品以上停，四品以下還之。因自陳符命，取『廣明』字，判其文曰『唐去丑口而著黄，明黄當代唐，又黄為土，金所生，蓋天啓』云。其徒上巢號承天廣運啓聖睿文宣武皇帝，以妻曹為皇后，以尚讓、趙璋、崔璆、楊希古為宰相，鄭漢璋御史中丞，李儔、黄諤、尚儒為尚書，方特諫議大夫，皮日休、沈雲翔、裴渥翰林學士，孟楷、蓋洪尚書左右僕射兼軍容使，費傳古樞密使，張直方檢校左僕射，馬祥右散騎常侍，王璠京兆尹，許建、米實、劉瑭、朱温、張全、彭攢、季逵等為諸將軍游弈使，其餘以次封拜。取趫偉五百人號『功臣』。以林言為之使，比控鶴府。下令軍中禁妄殺人，悉輸兵於官。然其下本盜賊，皆不從。召王官，無有至者，乃大索里閭，豆盧瑑、崔沆等匿永寧里張直方家。直方者，素豪傑，故士多依之。或告賊納亡命者，巢攻之，夷其家，瑑沆及大臣劉鄴、裴諗、趙濛、李溥、李湯死者百餘人。將作監鄭綦、郎官鄭係舉族縊。

綜述

唐・皮日休《皮子文藪》卷一〇《皮子世録》 皮子之先，蓋鄭公之苗裔，賢大夫子皮之後。在戰國及秦時，無譜牒可考。自漢至唐，其英雄賢俊在位者，往往有焉。前漢時，名容者，以善為容，官至大夫。後漢時，名巡者，為太醫令。三國時，無聞焉。晉朝，名初者，為襄陽太守。宋朝，名熙祖者，與徐廣論議。苻王世，名審者，為堅侍郎。後魏世，名豹子者，為魏名將。子道明，襲爵。弟喜，為使持節侍中，都督秦、雍、梁、益諸軍事，大將軍，仇池鎮將，假公如故。喜以戰守之功，累加勳爵，後轉散騎常侍、安南將軍、豫州刺史。卒於承宗爵。喜弟雙仁，冠軍將軍，仇池鎮將。北齊時，名景和者，以功大，官封王。名延宗者，為黄門侍郎。隋朝，名子信者，為刺史。至於吾唐，汨汨於民間，無能以文取位。唯從祖翁諱瑕叔，舉進士，有名。以剛柔不合時，受蜀聘，為幕府，累官至刺史。從翁諱行修，明經及第，累官至項城令。以盗不發，貶州椽，卒。時日休之世，以遠祖襄陽太守子孫，因家襄陽之竟陵，世世為襄陽人。自有唐以來，或農竟陵，或隱鹿門，皆不拘冠冕，以至皮子。嗚呼！聖賢命世，世不賤，不足以立志。地不卑，不足以立名。是知老子産於厲鄉，仲尼生於闕里。苟使李乾早胎，老子豈降？叔梁早亂，仲尼不生。賢既家有不足為，立大功，致大化，振大名者，其在斯乎？

宋·孫光憲《北夢瑣言》卷二《皮日休獻書》　咸通中，進士皮日休進書兩通，其一請以《孟子》為學科，其畧云：『臣聞聖人之道，不過乎經；經之降者，不過乎史，史之降者，不過乎子；不異道者，《孟子》也。捨是而子者，必斥乎經史，為聖人之賊也。』云云。文多不載。請廢莊、列之書，以《孟子》為主。有能通其義者，其科選同明經也。其二請以韓文公愈配饗太學，其畧曰：『臣聞聖人之道，不過乎求用。用於生前，則一時可知也；用於死後，則萬世可知也。』云云。又云：『孟子、荀卿翼輔孔道，以至於文中子，文中子之道曠矣，其幾於室授者，唯韓愈焉。蹴及楊、墨，蹂踐釋、老，故得孔道炳然如日星焉。吾唐以來，一人而已。苟不得在二十一賢之數列，則典禮未為備也。』日休先字逸少，後字襲美，襄陽竟陵人也。業文，隱鹿門山，號醉吟先生，竊比大聖。榜未及第，禮部侍郎鄭愚以其貌不揚，戲之曰：『子之才學甚富，如一目何？』休對曰：『侍郎不可以一目廢二目。』謂不以人廢言也，舉子咸推伏之。官至太常博士，寓蘇州，與陸龜蒙為文友，著《文藪》十卷，《皮子》三卷，人多傳之。黄寇中遇害，其子為錢尚父吳越相。

宋·尹洙《河南集》卷一五《大理寺丞皮子良墓誌銘》　故宣德郎守大理寺丞累贈司封員外郎皮公墓誌銘　公諱子良，字漢公，其先襄陽人。曾祖日休，避廣明之難，徙籍會稽，及錢氏王其地，遂依之，官太常博士，贈禮部尚書。

宋·錢易《南部新書》卷四　黄巢令皮日休作讖詞，云：『欲知聖人姓，田八二十一，欲知聖人名，果頭三屈律。』巢大怒，蓋巢頭醜，掠鬢不盡，疑『三屈律』之言是其譏也，遂及禍。

又　卷一〇　皮日休，歷太常博士，後從巢寇遇禍。子光業為吳越丞相。子文璨任元帥判官，入京爲太僕少卿卒。子子猷，猷字仲卿，祥符八年御前進士。

宋·陳振孫《直齋書録解題》卷一六　《文藪》十卷，唐太常博士襄陽皮日休襲美撰。日休，咸通八年進士，黄巢之難，陷賊中，為『果頭三屈律』之讖，賊疑譏己髮拳，遂見害。陸游《筆記》以《皮光業碑》辨其不然。

宋·晁公武《郡齋讀書志》卷四中　《皮日休文藪》十卷，右唐皮日休，字襲美，一字逸少，襄陽人，隱鹿門山，自號醉吟先生。以文章自負，尤善箴銘。咸通八年，登進士第，為著作佐郎、太常博士。乾符喪亂，東出關，為毗陵副使，陷巢賊中。賊遣為讖文，疑其譏己，遂害之。集乃咸通丙戌年居州里所編。自序云：發篋次類，文槁繁如藪澤，因以名之，凡二百篇。

宋·計有功《唐詩紀事》卷六四《皮日休》　日休，字襲美，襄陽人。咸通中爲太常博士，遭亂，歸吳中。黄巢寇江浙，劫以從軍。至京師，以爲翰林學士，令日休作讖，云：『欲識聖人姓，田八二十一，欲知聖人名，果頭三屈律。』巢大怒，蓋巢頭醜，掠鬢不盡，疑譏之也。遂及禍。

日休《寒日書齋即事三章》云：『參佐三間似草堂，恬然無事可成忙。移時寂歷澆松子，盡日殷勤拂乳牀。將近道齋先衣褐，欲清詩思更焚香。空庭好待中宵月，獨禮星辰學步罡。』又云：『不知何事有生涯，皮褐裁衣學道家。深夜數甌唯柏葉，清晨一氣是雲華。盆池有鷺窺蘋末，石板無人掃桂花。江漢欲歸應未得，夜來頻夢赤城霞。』又云：『方朔家貧未有車，肯從榮利捨樵漁。從公未怪多侵酒。見客唯求轉借書。暫聽松風生意足，偶看溪月世情疏。如鈎得貴非吾事，合向煙波爲玉魚。』

日休《賦龜詩嘲歸仁紹》云：『硬骨殘形知幾秋，屍骸終是不風流。頑皮死後侯須遍，只爲平生不出頭。』歸氏子以姓嘲日休，云：『八片尖斜砌作裘，火中燖了水中揉。一包閑氣如常在，惹踢招拳卒未休。』

《北夢瑣言》云：『日休傲誕，自號間氣布衣，日休之子光業，辭文宏贍，唐末爲越州副使。』

《松陵集》序曰：『詩有六義，其一曰比。比者，定物之情狀也。則必謂之才，才之備者，於聖為六藝，於賢為聲詩。噫！春秋之後，頌聲亡寢，降及漢氏，詩道薦作。然《二雅》之風，委而不興矣。在《詩》有三言、四言、五言、六言、七言、九言之作。三言者，曰「振振鷺，鷺於飛」是也。五言者，曰「誰謂雀無角，何以穿我屋」是也。六言者，曰「我姑酌彼金罍」是也。七言者，曰「交交黃鳥止於桑」是也。九言者，曰「泂酌彼行潦挹彼注兹」是也。蓋古詩率以四言為本，而漢氏方以五言、七言為之也。其句亦出於周詩。五言者，李陵曰「攜手上河梁」是也。七言者，漢武曰「日月星辰和四時」是也。爾後盛於建安。建安以降，江左君臣，得其浮豔，然詩之六藝微矣。逮及吾唐開元之世，易其體為律焉，始切於儷偶，拘於聲勢。然《詩》云：「遇憫既多，受侮不少。」其對也工矣。《堯典》曰：「聲依永，律和聲。」其為律也甚矣。由漢及唐，詩之道盡矣。吾又不知千祀之後，詩之道止於斯而已。後有變而作者，予不得以知之。夫才之備者，猶天地之氣乎。氣者，止乎一也，分而為四時。其為春，則煦枯發枿，如育如護，百物融洽，酣人肌骨。其為夏，則赫曦朝升，天地如窰，草焦木渴，若燎毛髮。其為秋，則涼飈高瞥，若露天骨，景爽夕清，神不蔽形。其為冬，則霜陣一棲，萬物皆瘁，雲沮日慘，若憚天責。夫如是，豈拘於一哉，亦變之而已。人之有才者，不變則已，苟變之，豈異於是乎？故才之用也，廣之為滄溟，細之為溝竇，高之為山嶽，碎之為瓦礫，美之為西子，惡之為敦洽，壯之為武賁，弱之為處女。大則八荒之外不可窮，小則一毫之末不可見。苟其才如是，複能善用之，則庖丁之牛，扁之輪，郢之斤，不足謂神解也。噫！古之士窮達必形於歌詠，苟欲見乎志，非文不能宣也，於是為其詞。詞之作，固不能獨善，必須人以成之。昔周公為詩以遺成王，吉甫作誦以贈申伯。詩之酬贈，其來尚矣。後每為詩，必多以斯為事。咸通七年，今兵部令狐員外在淮南，今中書舍人弘農公守毗陵，日休皆以詞獲幸，悉䝉以所制命之和，各盈編軸，亦有名其首者。十年，大司諫清河公出牧於吳，日休為郡從事。居一月，有進士陸龜蒙字魯望者，以其業見造，凡數編，其才之變，眞天地之氣也。近代稱温飛卿、李義山為之最，俾生參之，未知其孰為之後先也？』

《雜體詩序》云：『案《舜典》，帝曰：夔，命汝典樂，教胄子。詩言志，歌永言在焉。《周禮》太師之職，掌教六詩，諷賦比興，風雅互作，雜體遂生然。後係之於樂府，蓋典樂之職也。在漢代，李延年為協律，造新聲，雅道雖缺，樂府乃盛。鐃歌、鼓吹、拂舞、幹俞，因斯而興，詞之體，不得不因時而易也。古樂書論之甚詳，今不能備載。載其他見者，漢武集元封三年作柏梁臺，詔羣臣二千石有能為七言詩者，乃得上座。帝曰：「日月星辰和四時。」梁王曰：「驂駕駟馬從梁來。」由是聯句興焉。孔融詩曰：「漁父屈節，水潛匿方。」作郡姓名字離合也，由是離合興焉。晉傅咸有回文反覆詩二首，云反覆其文者，以示憂心輾轉也，「悠悠遠邁獨煢煢」是也，由是反覆興焉。晉温嶠有回文虛言詩云：「寧神靜泊」，由是回文興焉。梁武帝云：「後牖有朽柳」，沈約云：「偏眠船舷邊」，由是疊韻興焉。《詩》云：「蝶蝀在東」，又曰：「鴛鴦在梁」，由是雙聲興焉。《詩》云：「惟南有箕，不可以簸揚。惟北有斗，不可以挹酒漿」，近乎戲也。古詩或為之，蓋風俗之言也。古有採詩官，命之曰風人。「圍棋燒敗襖，看子故依然」，由是風人之作興焉。《梁書》云：「昭明善賦短韻，吴均善壓强韻。」今亦效而為之，存於編中。陸生與予，各有是為，凡八十六首。至如四聲詩、三字離合、全篇雙聲疊韻之作，悉陸生所為，又足見其多能也。案齊竟陵王《郡縣詩》曰：「追共承荔浦，揖道信雲丘」，縣名由是興焉。案梁元《藥名詩》曰：「戍客常山下，當思衣錦歸」，藥名由是興焉。陸與予亦有是作。至如鮑昭之《建除》，沈炯之《六甲十二屬》，梁簡文之《卦名》，陸惠曉之《百姓》，梁元帝之《鳥名龜兆》，蔡黄門之口字，古詩《兩頭纖纖》、《槁砧》、《五雜組》已降，非不能也，皆鄙而不為。噫！由古至律，由律至雜詩，詩之道盡乎此也。近代作雜體，唯《劉賓客集》中有回文、離合、雙聲、疊韻。如聯句，則莫若孟東野與韓文公之多，他集罕見，足知為之之難也。』

日休《疊韻山中吟》云：『穿煙泉潺湲，觸竹犢觳觫。荒篁香牆匡，熟鹿伏屈曲。』

《雙聲溪上思》云：『疏杉低通灘，冷鷺立亂浪。草彩欲夷猶，雲空容澹蕩。』

《晚秋吟》：以題十五字離合。『東皋煙雨歸耕日，免去黃冠手刈禾。火滿酒壚詩在口，今人無計奈儂何。』

《藥名離合夏日即事》云：『季春人病抛芳杜，仲夏溪波繞壞垣。衣典濁醪身倚桂，心中無事到雲昏。』

《懷鹿門縣名離合》云：『山瘦更培秋後桂，溪澄閑數晚來魚。臺前過雁盈千百，泉石無情不寄書。』

《寒日古人名》云：『北顧歡游悲沈宋，梁武改為北顧。南徐陵寢歎齊梁。水邊韶景無窮柳，寒被江淹一半黃。』

《風人詩》云：『江上秋聲起，從來浪得名。逆風猶掛席，苦不會帆情。』

陸龜蒙詩云：『十萬全師出，遙知正憶君。一心如瑞麥，唯作兩歧分。』

論説

明・許文昌《刻文藪小引》 天隨先生隱居松江之上，名傾一時，同時襄陽皮襲美來為州幕，與陸子相得甚歡，唱和最多，今所存《松陵集》可按而睹也。《陸天隨集》已校而梓之。獨《皮集》未見其全，郡中袁氏始獲宋版《文藪》，刻之家塾。《文藪》者，蓋皮子之行卷也。寥寥數十年，漫漶不傳，書亦漸堙，人未有求之者。嗟乎！皮、録二子在唐雖為晚格，其學識淵茂，結構縝密，楚騷、漢賦、魏詩、唐律，咸卓然可觀，自出機軸，不隨人脚踵。恐不得以晚唐少之。故既刻甫裡，複刻文藪，不必求合於睉目，惟求不泯於先哲。楂梨橘柚，菖歜羊棗，必有嗜之者。何況人品超逸俊邁，有足與詩並傳也者。皮公子光業仕吳越錢氏，為丞相，頗有聲，償所謂弓冶箕裘者非耶？吳越史具有其傳，茲不及贅。

明・袁表《題皮子文藪後》 唐文三變，變而至於道者，不可多得。其以文名後世，不下數百家。若皮子日休文，善變而至道者，竟不盡傳，良欠事也。按馬端臨《書考》，【略】陳氏又曰：『黃巢之難，陷賊中，為「果頭三屈律」之讖，賊疑譏己髮拳，遂見害。』陸游《筆記》以《皮光業碑》辨其不然，恐有所諱也。要之，子不特以文章自負，而氣節尤不凡。余偶見舍弟褧摹本，盡讀而奇之，因文愈種其人，遂同諸弟衰、袠勘校録棗，與博古者共。子亦少慰矣。文藪之名義，皮氏之譜牒，詳《自序》並《世録》中，於戲！子負有用之學，生衰亂之世，終為鹿門之隱，竟陵之農，不既多乎？徒出無所裨益，卒死賊難，惜哉！所幸者茲集之存而已。

清・永瑢等《四庫全書總目提要》卷一五一《集部・皮子文藪》 唐皮日休撰。日休字襲美，襄陽人，隱鹿門山，自號醉翁先生。登咸通八年進士，官太常博士。舊傳其降於黃巢，後為所害。尹洙《河南集》有《大理寺丞皮子良墓誌》，則稱日休避廣明之難，奔錢氏，子光業為吳越丞相，生燦為元帥判官，子良即璨之子。陸游《老學菴筆記》獨據《皮光業碑》，以為日休終於吳越，並無陷賊之事，舊傳疑失實也。是編乃其文集，自序稱咸通丙戌不上第，退歸州墅，編次其文，發篋叢萃，繁如藪澤，因名《文藪》。凡二百篇，宋晁公武謂其尤善箴銘。今觀集中書、詩、序、論、辨諸作，亦多能原本經術，其《請孟子立學科》、《請韓愈配饗太學》二書，在唐人尢為卓識，不得僅以詞章目之。集中詩僅一卷，蓋已見《松陵唱和集》者，不復重編，亦如《笠澤叢書》之例耳。王士禎《池北偶談》嘗摘其中《鹿門隱書》一條，《與元徵君書》一條，皆『世民』二字句中連用，以為不避太宗之諱。今考之信然，然後人傳寫古書，往往改易其諱字，安知日休原本，非『世』本作『代』，『民』作『人』，而今本易之耶？是固未足為日休病也。

清・趙翼《甌北詩話》卷一一《皮日休》 孫光憲《北夢瑣言》：『皮日休於咸通中上書，請以《孟子》為學科，其略云：「臣聞聖人之道，不過乎經；經之降，不過乎史；史之降，不過乎子。子不異道者，《孟子》也。舍是而諸子者，皆聖人之賊也。請廢莊、列之書，以《孟子》為主，有能通其義者，其科選並同明經」』云。按唐以前《孟子》雜於諸子中，從未有獨尊之者。昌黎始推尊之，然亦未請立學。皮日休乃獨請設科取士，是能於諸子淆雜之中，別出手眼，別其為儒學之宗，其有功於道學甚鉅。日休又著《鹿門隱書》及《文藪》、《雜著》等，皆論道極有見解。薛崗《天爵堂筆餘》亦甚推尊之。乃《劉貢父詩話》謂日休見輕於歸氏子弟，嘗以皮鞠作詩嘲日休曰：『八片尖皮砌作球，火中燀了水中揉。一包閒氣如常在，惹踢招拳卒未休。』是固已為人所侮慢。又賈似道《悅生隨抄》，記黃巢喜讖語，以唐帝改元廣明，謂『唐』去『丑』、『口』而著『黃』、『明』，為己受命之祥，故又令皮日休作讖。詞云：『欲知聖人姓，田八二十一；欲知聖人名，果頭三屈律。』巢以為譏己，遂殺之。《新唐書》亦謂陷於巢賊，偽署為學士，使之作讖語，賊疑其譏己，遂及禍。是日休學受巢偽官，何其失節若此！豈文人之心，能見道而不能守，固如是耶？《南部新書》卻載其令終，無從賊事，或謂據其家墓碑也。

清·李松壽《重刊宋本文藪序》 文以載道，屬文者必能明道知道，斯有以異於才人浮詩之為。曠古文章之盛，嬴秦、兩漢氏之後，首推李唐。其間握瑜懷瑾之士，軼羣出類之才，名暴當時而文炳後世卓然自樹立者，無慮數十家。【略】晚唐皮子襲美，生懿、僖戎馬之代，道隱榛無而學競聲律。當時聞人如司空表聖之全節，羅昭諫、韓冬郎輩之忠憤，文人中固不可謂無人。然月露風雲，彫鏤為工，大義微言，渺焉耗矣。《皮子文藪》雖能原本經術，要亦猶是咸通、廣明之常，為足方駕貞元、元和而上。獨其《請立孟子於學科》、《配享韓文公於太學》，偉論卓識，唐人中未有及焉。且夫君如堯、舜之大，臣若皋、益之賢，聖如周公、孔子之盛，聞望德業，定論久昭，則隨聲讚美，附和揄揚，人盡能之。巖巖郇嶧，聖亞尼山，功不在禹下。然當時疑之詆之，後世亦非之刺之。甚或取其書妄加刪節，比於忍人辯士儀、秦之流。至若泰山北斗，昌黎氏千載獨步矣。然方其喟然引聖，訕笑爭加，同時諸公既以文士一例相視，門下士服其教者，亦第讚美其文之獨至，初不知其詣公所見，而創其其說，繼李漢、皇甫持正諸人，而力致其尊崇。非知孟、甚之深，而具有知言知人之識者，能乎？昔範文正以《中庸》授横渠張子，論者謂：『有宋一代道學實自文正唱之。』然則孟子之得繼孔、曾、思，而稱『四子』，韓子之能超軼荀、揚，而上配孟子，雖經程、朱、歐、蘇諸公表章論定，卽謂其議，實自皮子開之，可也。皮子自編其集曰《文藪》。

清·章學誠《文史通義》卷一《經解下》 束晳之《補笙詩》，皮日休之《補九夏》，白居易之《補湯征》，以為文人戲謔而不為虐，稱為擬作，抑亦可矣。標題曰補，則亦何取辭章家言，以綴《詩》、《書》之闕邪？

藝文

清·彭定求等《全唐詩》卷六一七《陸龜蒙〈讀襄陽耆舊傳，因作詩五百言寄皮襲美〉》 漢臯古來雄，山水天下秀。高當軫翼分，化作英髦囿。暴秦之前人，灰滅不可究。自從宋生賢，特立冠耆舊。離騷既日月，九辯卽列宿。卓哉悲秋辭，合在風雅右。龐公樂幽隱，辟聘無所就。只愛鹿門泉，泠泠倚巖漱。孔明臥龍者，潛伏躬耕耨。忽遭玄德雲，遂起鱗角鬥。三胡節皆峻，二習名亦茂。其餘文武家，相望如斥堠。緬思齊梁降，寂寞寡清胄。凝融為漪瀾，復結作瑩琇。不知粹和氣，有得方大受。將生皮夫子，上帝可其奏。並包數公才，用以殿厥後。嘗聞兒童歲，嬉戲陳俎豆。積漸開詞源，一派分萬溜。先崇丘旦室，大懼寮結構。次補荀孟垣，所貴亡罅漏。仰瞻三皇道，蟣虱在宇宙。卻視五霸圖，股掌弄孩幼。或能醯髖髀，或與翼雛鷇。或喜掉直舌，或樂斬邪脰。或耨鉏翳薈，或整理錯謬。或如百千騎，合遝原野狩。又如曉江平，風死波不皺。幽埋力須掘，遺落貲必購。乃於文學中，十倍猗頓富。囊乏向咸鎬，馬重遲步驟。專場射策時，縛虎當羿彀。歸來把通籍，且作高堂壽。未足逞戈矛，誰雲被文繡。從知偶東下，帆影拂吳岫。物象悉摧藏，精靈畏雕鏤。伊余抱沈疾，憔悴守圭竇。方推洪範疇，更念大玄首。陳詩採風俗，學古窮篆籀。朝朝貰薪米，往往逢責詬。既被鄰里輕，亦為妻子陋。持冠適甌越，敢怨不得售。窘若曬沙魚，悲如哭霜狖。唯君枉車轍，以逐海上臭。披襟兩相對，半夜忽白晝。執熱濯清風，忘憂飲醇酎。驅為文翰侶，駑皂參驥廄。有時諧宮商，自喜眞邂逅。道孤情易苦，語直詩還瘦。藻匠如見酬，終身致懷袖。

又《奉和襲美二游詩·徐詩》 嘗聞四書曰，經史子集焉。苟非天祿中，此事無由全。自從秦火來，歷代逢迍邅。漢祖入關日，蕭何為政年。盡力取圖籍，遂持天下權。中興熹平時，教化還相宣。立石刻五經，置於太學前。賊卓亂王室，君臣如轉圜。洛陽且煨燼，載籍宜為煙。逮晉武革命，生民才息肩。惠懷亟寡昧，戎羯俄腥膻。已覺天地閉，競為東南遷。日既不暇給，墳索何由專。爾後國脆弱，人多尚虛玄。任學者得謗，清言者為賢。直至沈範輩，始家藏簡編。禦府有不足，仍令就之傳。梁元渚宮日，盡取如蚳蝝。兵威忽破碎，焚爇無遺篇。近者隋後主，搜羅勢駢闐。寶函映玉軸，彩翠明霞鮮。伊唐受命初，載史聲連延。砥柱不我助，驚波湧淪漣。遂令因去書，半在餘浮泉。貞觀購亡逸，蓬瀛漸周旋。炅然東壁光，與月爭流天。偉矣開元中，王道眞平平。八萬五千卷，一一皆塗鉛。人間盛傳寫，海內奔窮研。目雲西齋書，有過東皋田。吾聞徐氏子，奕世皆才賢。因知遺孫謀，不在黃金錢。插架幾萬軸，森森若戈鋋。風吹籖牌聲，滿室鏗鏘然。佳哉鹿門子，好問如除口。倏來參卿處，遂得參卿憐。開懷展櫥簏，唯在性所便。素業已千仞，今為峻雲巔。雄才舊百派，相近浮日川。君抱王佐圖，縱步淩陶甄。他時若報德，誰在參卿先。

又 卷六一八《陸龜蒙〈讀《陰符經》寄鹿門子〉》 清晨整冠坐，朗詠三百言。備識天地意，獻詞犯乾坤。何事不隱德，降靈生軒轅。口銜造化斧，鑿破機關門。五賊忽迸逸，萬物爭崩奔。虛施神仙要，莫救華池源。但學戰勝術，相高甲兵屯。龍蛇競起陸，鬥血浮中原。成湯與周武，反覆更為尊。下及秦漢得，黷弄兵亦煩。奸強自林據，仁弱無枝蹲。狂喉恣吞噬，逆翼爭飛翻。家家伺天發，不肯匡淫昏。生民墜塗炭，比屋為冤魂。只為讀此書，大樸難久存。微臣與軒轅，亦是萬世孫。未能窮意義，豈敢求瑕痕。曾亦愛兩句，可與賢達論。生者死之根，死者生之根。方寸瞭十字，萬化皆胚腪。身外更何事，眼前徒自喧。黃河但東注，不見歸昆侖。晝短苦夜永，勸君傾一尊。

又《奉和襲美初夏游楞伽精舍次韻》 吳都涵汀洲，碧液浸郡郭。微雨蕩春醉，上下一清廓。奇蹤欲探討，靈物先瘵瘼。飄然蘭葉舟，旋倚煙霞泊。吟譚亂篙艫，夢寐雜巘崿。纖情不可逃，洪筆難暫閣。豈知楞伽會，乃在山水箔。金仙著書日，世界名極樂。蒼卜冠諸香，琉璃代華堊。禽言經不輟，象口川寧涸。萬善峻為城，巉巉扞羣惡。清晨欲登造，安得無自愕。險穴駭坤牢，高蘿掛天笮。池容淡相向，蛟怪如可摸。苔蔽石髓根，蒲差水心鍔。嵐侵荅摩髻，日照狻猊絡。仰首乍眩施，回眸更輝爍。簷端凝飛羽，磴外浮碧落。到回解風襟，臨幽濯雲屩。塵機性非便，靜境心所著。自取海鷗知，何煩尸祝酢。峰圍震澤岸，翠浪舞綃幕。瀲灩豈堯遭，巉嶮非禹鑿。潛聽鐘梵處，別有松桂壑。靄重燈不光，泉寒網猶薄。僮能躡孤刹，鳥慣親撥鐸。服道身可遺，乞間心已諾。人間亦何事，萬態相毒蠚。戰壘競高深，儒衣謾裦博。宣尼名位達，未必春秋作。管氏包霸圖，須人解其縛。伊餘採樵者，蓬藋方索寞。近得風雅情，聊將聖賢度。多君富遒採，識度兩清恪。詎寵生滅詞，肯教夷夏錯。未為堯舜用，且向煙霞托。我亦擺塵埃，他年附鴻鶴。

又《奉和襲美酬前進士崔潞盛制見寄因贈至一百四十言》 孔聖鑄顏事，垂之千載餘。其間王道乖，化作荆榛墟。天必授賢哲，為時攻翦除。軻雄骨已朽，百代徒趑趄。近者韓文公，首為閑闢鋤。夫子又繼起，陰霾終廓如。搜得萬古遺，裁成十編書。南山盛雲雨，東序堆瓊琚。偶此眞籍客，悠揚兩情攄。清詞忽窈窕，雅韻何虛徐。唱既野芳坼，酬還天籟疏。輕波掠翡翠，曉露披芙渠。儷曲信寡和，末流難嗣初。空持一竿餌，有意漁鯨魚。

又 卷六二二《陸龜蒙〈奉酬襲美早春病中書事〉》 只貪詩調苦，不計病容生。我亦休文瘦，君能叔寶清。藥須勤一服，春莫累多情。欲入毗耶問，無人敵淨名。

又《襲美見題郊居十首，因次韻酬之以伸榮謝》 近來唯樂靜，移傍故城居。閑打修琴料，時封謝藥書。夜停江上鳥，晴曬篋中魚。出亦圖何事，無勞置棧車。倩人醫病樹，看僕補衡茅。散發還同阮，無心敢慕巢。簡便書露竹，尊待破霜匏。日好林間坐，煙蘿近欲交。倭僧留海紙，山匠制雲牀。懶外應無敵，貧中直是王。池平鷗思喜，花盡蝶情忙。欲問新秋計，菱絲一畝强。故山空自擲，當路竟誰知。只有經時策，全無養拙資。病深憐灸客，炊晚信樵兒。謾欲陳風俗，周官未採詩。福地能容塹，玄關詎有扉。靜思瓊版字，閑洗鐵筇衣。鳥破涼煙下，人沖暮雨歸。故園秋草夢，猶記綠微微。水影沉魚器，鄰聲動緯車。燕輕捎墜葉，蜂懶臥燋花。說史評諸例，論兵到百家。明時如不用，歸去種桑麻。禹穴奇編缺，雷平異境殘。靜吟封籙檢，歸興削帆竿。白石堪為飯，青蘿好作冠。幾時當斗柄，同上步罡壇。强起披衣坐，徐行處暑天。上階來鬥雀，移樹去驚蟬。莫問鹽車駿，誰看醬瓿玄。黄金如可化，相近買雲泉。野入青蕪巷，陂侵白竹門。風高開栗刺，沙淺露芹根。迸鼠緣藤桁，飢烏立石盆。東吳雖不改，誰是武王孫。疏慵眞有素，時勢盡無能。風月雖為敵，林泉幸未憎。酒材經夏闕，詩債待秋徵。只有君同癖，閑來對曲肱。

又　卷六二三《陸龜蒙〈和襲美江南書情二十韻寄秘閣韋校書貽之商洛宋先輩垂文二同年次韻〉》　我志如魚樂，君詞稱鳳銜。暫來從露冕，何事買雲巖。水石應容病，松篁未聽讒。罐香松蠹膩，山信藥苗鹹。愛鷺欹危立，思猿矍鑠獑。謝才偏許朓，阮放最憐咸。大樂寧忘缶，奇工肯顧瑊。客愁迷舊隱，鷹健想秋毚。硯缺猶慵琢，文繁卻要芟。雨餘幽沼淨，霞散遠峰巉。洗筆煙成段，培花土作杴。訪僧還覓伴，醫鶴自須監。荒廟猶懷季，清灘幾夢嚴。背風開蠹簡，衝浪試新帆。悶憶年支酒，閑裁古樣衫。釣家隨野舫，仙蘊逐雕函。度歲賒羸馬，先春買小蠊。共疏泉入竹，同坐月過杉。染翰窮高致，懷賢發至諴。不堪潘子鬢，愁促易髟髟。

又　卷六二四《陸龜蒙〈奉和襲美暇日獨處見寄〉》　謝府殷樓少暇時，又拋清宴入書帷。三千餘歲上下古，八十一家文字奇。冷夢漢皋懷鹿隱，靜憐煙島覺鴻離。知君滿篋前朝事，鳳諾龍奴借與窺。

又　《奉和襲美見訪不遇》　為愁煙岸老塵囂，扶病呼兒劚翠苕。只道府中持簡牘，不知林下訪漁樵。花盤小墢晴初壓，葉擁疏籬凍未燒。倚仗遍吟春照午，一池冰段幾多消。

又　《徐方平後聞赦因寄襲美》　新春旒扆御翬軒，海内初傳渙汗恩。秦獄已收為厲氣，瘴江初返未招魂。英材盡作龍蛇蟄，戰地多成虎豹村。除卻數般傷痛外，不知何事及王孫。

又　卷六二五《陸龜蒙〈聞襲美有親迎之期因以寄賀〉》　梁鴻夫婦欲雙飛，細雨輕寒拂雉衣。初下雪窗因眷戀，次乘煙幰奈光輝。參差扇影分華月，斷續簫聲落翠微。見説春風偏有賀，露花千朵照庭闈。

又　卷六二六《陸龜蒙〈秋賦有期因寄襲美〉》　雲似無心水似閑，忽思名在貢書間。煙霞鹿弁聊懸著，鄰里漁舠暫解還。文草病來猶滿篋，藥苗衰後卽離山。廣寒宮樹枝多少，風送高低便可攀。

又　卷六二八《陸龜蒙〈醉中戲贈襲美〉》　南北風流舊不同，傖吳今日若相通。病來猶伴金杯滿，欲得人呼小褚公。

又　《和同潤卿寒夜訪襲美各惜其志次韻》　醉韻飄飄不可親，掉頭吟側華陽巾。如能跂腳南窗下，便是羲皇世上人。

又　卷六三一《張賁〈酬襲美先見寄倒來韻〉》　尋疑天意喪斯文，故選茅峰寄白雲。酒後只留滄海客，香前唯見紫陽君。近年已絶詩書癖，今日兼將筆硯焚。為有此身猶苦患，不知何者是玄纁。

又　《奉和襲美醉中卽席見贈次韻》　桂枝新下月中仙，學海詞鋒譽藹然。文陣已推忠信甲，窮波猶認孝廉船。清標稱住羊車上，俗韻慚居鶴氅前。共許逢蒙快弓箭，再穿楊葉在明年。

又　《奉和襲美傷開元觀顧道士》　鳳麟膠盡夜如何，共歎先生劍解多。幾度吊來唯白鶴，此時乘去必青騾。圖中含景隨殘照，琴裏流泉寄逝波。惆悵眞靈又空返，玉書誰授紫微歌。

又　《奉和襲美題褚家林亭》　疏野林亭震澤西，朗吟閒步喜相攜。時時風折蘆花亂，處處霜摧稻穗低。百本敗荷魚不動，一枝寒菊蝶空迷。今朝偶得高陽伴，從放山翁醉似泥。

又　《奉和襲美先輩悼鶴》　池塘蕭索掩空籠，玉樹同嗟一土中。莎徑罷鳴唯泣露，松軒休舞但悲風。丹臺舊氅難重緝，紫府新書豈更通。雲減霧消無處問，只留華髮與衰翁。

又　《和襲美寒夜見訪》　雲孤鶴獨且相親，仿效從它折角巾。不用吳江歎留滯，風姿俱是玉清人。

又　《和襲美醉中先起次韻》　何事桃源路忽迷，惟留雲雨怨空閨。仙郎共許多情調，莫遣重歌濁水泥。

又　《悼鶴和襲美》　渥頂鮮毛品格馴，莎庭閒暇重難羣。無端日暮東風起，飄散春空一片雲。

又　《崔璐〈覽皮先輩盛制，因作十韻以寄，用伸款仰〉》　河嶽挺靈異，星辰精氣殊。在人為英傑，與國作禎符。襄陽得奇士，俊邁眞龍駒。勇果魯仲由，文賦蜀相如。渾浩江海廣，葩華桃李敷。小言入無間，大言塞空虛。幾人游赤水，夫子得玄珠。鬼神爭奧秘，天地惜洪爐。既有曾參行，仍兼君子儒。吾知上帝意，將使居黄樞。好保千金體，須為萬姓謨。

又　《李縠〈浙東罷府西歸酬別張廣文皮先輩陸秀才〉》　豈有頭風筆

下痊，浪成蠻語向初筵。蘭亭舊趾雖曾見，柯笛遺音更不傳。照曜文星吳分野，留連花月晉名賢。相逢只恨相知晚，一曲驪歌又幾年。

又《和皮日休悼鶴》　才子襟期本上清，陸雲家鶴伴閒情。猶憐反顧五六里，何意忽歸十二城。露滴誰聞高葉墜，月沉休藉半階明。人間華表堪留語，剩向秋風寄一聲。

道林曾放雪翎飛，應悔庭除閉羽衣。料得王恭披鶴氅，倚吟猶待月中歸。

又《醉中襲美先月中歸》　休文雖即逃瓊液，阿鶩還須掩玉閨。月落金雞一聲後，不知誰悔醉如泥。

又《奉酬皮先輩霜菊見贈》　菊花開晚過秋風，聞道芳香正滿叢。爭奈病夫難强飲，應須速自召車公。

又《和皮日休悼鶴》　直欲裁詩問杳冥，豈教靈化亦浮生。風林月動疑留魄，沙島香愁似蘊情。雪骨夜封蒼蘚冷，練衣寒在碧塘輕。人間飛去猶堪恨，況是泉臺遠玉京。

經秋宋玉已悲傷，況報胎禽昨夜亡。霜曉起來無問處，伴僧彈指繞荷塘。

又《羊昭業〈皮襲美見留小宴次韻〉》　澤國春來少遇晴，有花開日且飛觥。王戎似電休推病，周顗才醒衆卻驚。芳景漸濃偏屬酒，暖風初暢欲調鶯。知君不肯然官燭，爭得華筵徹夜明。

清·愛新覺羅·弘曆《觀皮日休集》　襄陽間氣自標擬，隱居鹿門期不仕。天隨子與相倡和，二十八卷詞誠美。居然進士登咸通，幕府朝銜已委靡。何至學士署黃巢，為作讖詞翻害己。進退無據羞斯文，然似斯者不少矣。吁嗟末路其誠難，適百里半九十里。

又《讀皮日休集》　錬意清新選字奇，鹿門曾亦隱居之。黃巢偽署公然受，朱祐謬稱所弗辭。問氣誠當如是否？醉吟何謂不孤斯間氣布衣、醉吟先生，皆日休自取之號。與其及禍因文字，罵賊奚如死節宜。

按皮日休與陸龜蒙為友，二人風度詩詞頗堪伯仲，然陸始終高放，皮則曾受黃巢偽職，二人品格於斯可判矣。黃巢賊也，賊而從之，直非人類，較褚淵之事二姓，尤可恥矣。猶有為之諱者曰：『使為讖文，疑其譏己，遂遇害。』夫為賊為讖文，豈士君子宜有之事，此而憐其及禍，公論何在？《唐文》録陸而不及皮，尚可謂不孤狐筆耳。

雜録

《皮日休文集》卷一〇《三羞詩·其一》　丙戌歲，日休射策不上，東退於肥陵。出都門，見朝列中論犯當權者，得罪南竄。卯詔辰發，持法吏不容一息留私室。視其色，若將厭禄位，悔名望者。皮子窺之，惘然泣，衄然羞。故作是詩以贐之。

吾聞古君子，介介勵其節。入門疑儲宫，撫已思鈇鉞。志者若不退，佞者何由達。君臣一殽膳，家國共殘殺。此道見於今，永思心若裂。王臣方謇謇，佐我無玷缺。如何以謀計，中道生芽孽。憲司遵故典，分道播南越。蒼惶出班行，家室不容別。玄鬢行為霜，清淚立成血。乘遽劇飛鳥，就傳過風發。嗟吾何為者？叨在造士列。獻文不上第，歸於淮之汭。蹇蹄可再奔，退羽可後歇，利則侶軒裳，入則友松月。而於方寸內，未有是愁結。未為禄食士，俯不愧粱糲。未為冠冕人，死不慚忠烈。如何有是心，不能叩丹闕。去去負君歸，南山採芝蕨。

又《其二》　日休旅次於許傳舍，聞叫咷之聲，動於城郭，問於道民，民曰：『蠻圍我交阯，奉詔徵許兵二千征之，其征再有，戰皆歿，其哭者，許兵之屬。嗚呼！揚子不雲，夫朱崖之絶，捐之之力也，否則介鱗易我衣裳。其是之謂耶。皮子謂之內過，曰：「吾之道不足以濟時，不可以備位，又手不提桴鼓，身不被兵械，恬然自順，恬然自樂，吾亦為許師之罪人耳』。作詩以弔之。

南荒不擇吏，致我交阯覆。綿聯三四年，流為中夏辱。懦者鬬即退，武者兵則黷。軍庸滿天下，戰將多金玉。刮則齊民癰，分為猛士禄。雄健許昌師，忠武冠其族。去為萬騎風，住作一川肉，昨朝殘卒回，千門萬戶哭。哀聲動閭里，怨氣成山穀。誰能聽晝鼙，不忍看金鏃。吾有制勝術，不奈賤碌碌。貯之胷臆間，慚見許師屬。自嗟胡為者，得躡前修躅。家不出軍租，身不識部曲。亦衣許師衣，亦食許師粟。方知古人道，蔭我已為足。念此向誰羞，悠悠潁川緑。

又《其三》　丙戌歲，淮右蝗旱，日休寓小墅於州東，下第後歸之，見潁民轉徙者盈途塞陌，至有父捨其子，夫捐其妻，行哭立丐，朝去夕死。嗚呼！天地誠不仁耶，皮子之山居，梔有襲，鍑有炊，晏眠而夕飽，朝樂而暮娛，何能於潁川民而獨享是為將天地遺之耶！因羞不自容作詩以唁之。

天子丙戌年，淮右民多饑，就中潁之汭，轉徙何纍纍。夫婦相顧亡，棄卻抱中兒。兄弟各自散，出門如大癡。一金易蘆蔔，一縑換鳬茈。荒村墓鳥樹，空屋野花籬。兒童齧草根，倚桑空羸羸。班白死路傍，枕上皆離離。方知聖人教，於民良在斯。厲能去人愛，荒能奪人慈。如何司牧者，有術皆在茲，粵吾何為人，數畝清溪湄。一寫落第文，一家懽復嬉。朝食有麥饘，晨起有布衣。一身既飽暖，一家無怨咨。家雖有畎畝，手不秉鎡基。歲雖有劄瘥，庖不廢晨炊。何道以至是，我有明公知。食之以侯食，衣之以侯衣。歸時郵金帛，使我奉庭闈。撫已愧潁民，奚不進德為。因茲感知己，盡日空涕洟。

南漢・王定保《唐摭言》卷一〇　莊布謁皮日休不遇，因以長書疏之，大行於世。

宋・陶嶽《五代史補》卷一《梁二十一條・楊行密錢塘侵掠》　楊行密嘗命宣州刺史田頵領兵圍錢塘，錢鏐危急，遣其子元璙修好於行密。元璙風神俊邁，行密見之甚喜，因以其女妻之，遽命頵罷兵。初，頵之圍城也，嘗遣使候錢鏐起居，鏐厚待之。將行，復與之小飲。時羅隱、皮日休在坐，意以頵之師無能為也，且欲譏之。於是日休為令，取一字，四面被圍而不失其本音，因曰：『「其」字上加「草」為萁菜，下加「石」為碁子，左加「玉」為琪玉，右加「月」為期會。』羅隱取『於』字，上加『雨』為舞雩，下加『皿』為盤盂，左加『玉』為玗玉，右加『邑』為邘地。使者取『亡』字，譏錢鏐必亡。然『亡』上加『草』為芒，下加『心』為忘，右加『邑』為邙，左加『心』為忙，其令必不通，合坐皆嘻笑之，使大慚而去。未幾，頵果班師。

宋・司馬光《資治通鑑》卷二五四《唐紀七〇・僖宗惠聖恭定孝皇帝中之上》（廣明元年十二月）庚寅，黃巢殺唐宗室在長安者無遺類。辛卯，巢始入宮。壬辰，巢卽皇帝位於含元殿，畫皁繒為袞衣，擊戰鼓數百以代金石之樂。登丹鳳樓，下赦書。國號大齊，改元金統。謂廣明之號，去唐下體而著黃家日月，以為己符瑞。唐官三品以上悉停任，四品以下位如故。以妻曹氏為皇后。以尚讓為太尉兼中書令，趙璋兼侍中，崔璆、楊希古並同平章事，孟楷、蓋洪為左右僕射、知左右軍事，費傳古為樞密使。以太常博士皮日休為翰林學士。璆，邠之子也，時罷浙東觀察使，在長安，巢得而相之。

宋・陸游《老學庵筆記》卷一〇　該聞録言：『皮日休陷黃巢為翰林學士，巢敗被誅。』今唐書取其事。按尹師魯作大理寺丞皮子良墓誌，稱：『曾祖日休，避廣明之難，徙籍會稽，依錢氏，官太常博士，贈禮部尚書。祖光業，為吳越丞相。父璨，為元帥府判官。三世皆以文雄江東。』據此，則日休未嘗陷賊為其翰林學士被誅也。光業見吳越備史頗詳。孫仲容在仁廟時，仕亦通顯，乃知小說謬妄，無所不有。師魯文章傳世，且剛直有守，非欺後世者，可信不疑也。故予表而出之，為襲美雪謗於泉下。

元・辛文房《唐才子傳》卷八《皮日休》　日休，字襲美，一字逸少，襄陽人也。隱居鹿門山，性嗜酒，癖詩，號『醉吟先生』，又自稱『醉士』；且傲誕，又號『間氣布衣』，言已天地之間氣也。以文章自負，尤善箴銘。咸通八年禮部侍郎鄭愚下及第。為著作郎，遷太常博士。時值末年，虎狼放縱，百姓手足無措，上下所行，皆大亂之道，遂作《鹿門隱書》六十篇，多譏切謬政。有云：『毀人者自毀之，譽人者自譽之。』又曰：『不思而立言，不知而定交，吾其憚也。』又曰：『古之殺人也怒，今之殺人也笑。』又曰：『古之置吏也將以逐盜，今之置吏也將以為盜』等，皆有所指云爾。日休性沖泊無營，臨難不懼。乾符喪亂，東出關，為毗陵副使，陷巢賊中，巢惜其才，授以翰林學士。日休惶恐，跼蹴欲死，未能劫。令作讖文以惑衆，曰：『欲知聖人姓，田八二十一；欲知聖人名，果頭三屈律。』賊疑其衷恨必譏己，遂殺之。臨刑神色自若，無知不知皆痛惋也。日休在鄉里，與陸龜蒙交擬金蘭，日相贈和。自集所為文十卷，名《文藪》，及詩集一卷，《滑臺集》七卷，又著《皮氏鹿門家鈔》九十卷，並傳。夫次韻唱酬，其法不古，元和以前，未之見也。暨令狐楚、薛能、元稹、白樂天集中，稍稍開端。以意相和之法漸廢間作。逮日體、龜蒙，則飆流頓盛，猶空穀有聲，隨響卽答。韓偓、吳融以後，守之愈篤，汗漫而無禁也。於是天下翕然，順下風而趨，至數十反而不已，莫知非焉。夫才情斂之不盈握，散之彌八紘，遺意於時間，寄興於物表，或上下出入，縱横流散，游刃所及，孰非我有，本無拘縛沾灃之忌也。今則限以韻聲，莫違次第，得佳韻則杳不相幹，岨峿難入；有當事則韻不能强，進退雙違。必至窘束長才，牽接非類，求無瑕片玉，千不遇焉，詩家之大弊也。更以言巧稱工，誇多鬥麗，足見其少雍容之度。然前修有恨其迷途既遠，無法以救之矣。

宋·李昉等《太平廣記》卷二六五《輕薄一·崔昭符》 劉允章

【略】咸通中，自禮部侍郎授鄂州觀察使。明年，皮日休登第，將歸覲於臺，路由江夏，因投刺焉。劉待之甚厚，至於饔餼有加等。留連累日，仍致宴於黄鶴樓以命之。監軍使與參佐悉集後，日休方赴召，已酒酣矣。既登樓，劉以其末至，復乘酒應命，心薄之。及酒數行，而日休吐論紛擾。頓亡禮敬，劉作色謂曰：『吴兒勿恃蕞爾之才，且可主席！』日休答曰：『大夫豈南嶽諸劉乎？何倨貴如是！』劉大怒戟，手遥指而詬曰：『皮日休，知鸚鵡洲是禰衡死處無？』日休不敢答，但嵬峩如醉，掌客者扶出。翌日，微服而遁於浙左。出《録小牘》

清·趙翼《陔餘叢考》卷四《尊〈孟子〉》 《孟子》書，漢書來雜於諸子中，少有尊崇者。自唐楊綰始請以《論語》、《孝經》、《孟子》兼為一經，未行，韓昌黎又推崇之。其後皮日休請立《孟子》為學科，其表略云：『聖人之道，不過乎經；經之降，不過乎史；史之降，不過乎子。不異道者，《孟子》也；舍是而子者，皆聖人之賊也。請廢莊、老之書，以《孟子》為主，有能通其義者，其科選同明經。』則宋人之尊《孟子》，其端發於楊綰、韓愈，其説暢於日休也。日休又嘗請以韓文公配享太學，則尊昌黎亦自日休始。

羅隱分部

傳記

《舊唐書》卷一八一《羅威傳》 錢塘人羅隱者，有當世詩名，自號『江東生』。威遣使賂遺，敍其宗姓，推為叔父。隱亦集其詩寄之。威酷嗜其作，目己所為曰《偷江東集》，凡五卷，今鄴中人士諷詠之。

《新唐書》卷二一〇《羅紹威傳》 紹威多聚書，至萬卷。江東羅隱工為詩，紹威厚幣結之，通譜系昭穆，因目己所為詩為『偷江東集』云。

《舊五代史》卷一四《羅隱傳》 紹威江東人羅隱者，佐錢鏐軍幕，有詩名於天下。紹威遣使賂遺，敍南巷之敬，隱乃聚其所為詩投寄之。紹威酷嗜其作，因目己之所為曰《偷江東集》，至今鄴中人士諷詠之。紹威嘗有公宴詩云：『簾前淡泊雲頭日，座上蕭騷雨脚風。』雖深於詩者，亦所歎伏。

又 卷二四《羅隱傳》 羅隱，《唐才子傳》：隱字昭諫。餘杭人。詩名於天下，尤長於詠史，然多所譏諷，以故不中第，大為唐宰相鄭畋、李蔚所知。隱雖負文稱，然貌古而陋。畋女幼有文性，嘗覽隱詩卷，諷誦不已，畋疑其女有慕才之意。一日，隱至第，鄭女垂簾而窺之，自是絕不詠其詩。唐廣明中，因亂歸鄉里，節度使錢鏐辟為從事。開平初，太祖以右諫議大夫征，不至。魏博節度使羅紹威密表推薦，乃授給事中。年八十餘，終於錢塘。《澗泉日記》云：唐光啓三年，吴越王表奏為錢塘令，遷著作郎，辟掌書記。天祐三年，充判官。梁開平二年，授給事中。三年，遷發運使。是年卒，葬於定山鄉。金部郎中沈崧銘其墓。有文集數卷行於世。

又 卷六〇《李襲傳》 錢塘有羅隱，魏博有李山甫，皆有文稱，與襲吉齊名於時。

《新五代史》卷六七《吴越世家》 昭宗拜鏐杭州防禦使。是時，楊行密、孫儒爭淮南，與鏐戰蘇、常間。久之，儒為行密所殺，行密據淮南，取潤州，鏐亦取蘇、常。唐升越州威勝軍，以董昌為節度使，封隴西郡王；杭州武勝軍，拜鏐都團練使，以成及為副使。及字弘濟，與鏐同事攻討，謀多出於及，而鏐以女妻及子仁琇。鏐乃以杜棱、阮結、顧全武等為將校，沈崧、皮光業、林鼎、羅隱為賓客。

綜　述

吳越·錢儼《吳越備史》卷一《武肅王上》（乾寧）二年春二月，進封王開國公，食邑一千戶。是月，威勝軍節度使董昌僭稱皇帝，建元順天，國號羅平。年號或云天冊，或云天聖，皆非也。江東羅諫議隱撰《吳越行營露布》曰：『羅平者啓國之名，順天者建元之始。』又曰：『以將門稱天冊之樓，以會府為宣室之地。』明矣。【略】江東羅隱每就方遠授子書，方遠必瞑目而授，餘無他論。門人夏隱言謂方遠曰：『羅記室上令公客，先生何不與之語？』方遠曰：『隱才高性下，吾非授書，不欲及他事。』而隱亦盡師弟之禮。

又　卷二《武肅王下》　初，節度判官羅隱勸王舉兵討梁曰：『縱無成功，猶可退保杭越，自為東帝。奈何交臂事賊？』王以隱不遇於唐，有怨心，其言雖不能用，心甚義之。【略】

（開平三年）十一月乙酉，發運使羅隱卒。隱字昭諫，新登縣人也。祖知微，福唐縣令。父修古，應開元禮科。隱本名橫，凡十上不中第，遂更名。初從事湖南，歷淮、潤，皆不得意，乃歸新登。及來謁王，懼不見納，遂以所為《夏口詩》標於卷末，云『一個禰衡容不得，思量黃祖漫英雄』之句。王覽之大笑，因加殊遇。復命簡書辟之曰：『仲宣遠托劉荊州，都緣亂世；夫子辟為魯司寇，只為故鄉。』隱曰：『是不可去矣。』王初授鎮海節度，時命沈崧草謝表，盛言浙西繁富。成以示隱，隱曰：『今浙西兵火之餘，日不暇給，今朝廷執政方切於賄賂，此表入奏，執政豈無意於要求耶？』乃請更之。其略曰：『天寒而麋鹿常游，日暮而牛羊不下。』朝廷見之，曰：『此羅隱辭也。』及為《賀昭宗更名表》曰：『上則虞舜之全文，右則姬昌之半字。』當時京師稱為第一。隱性不喜軍旅，唯與丞相杜建徽善。王初城西府，命賓僚巡覽，顧謂左右曰：『百步一敵樓，足以言金湯之固。』隱徐曰：『敵樓不若內向。』及徐許之亂，人皆以為先見。一日，隱寢疾，王親臨撫問，因題其壁云：『黃河信有澄清日，後代應難繼此才。』隱起而續末句云：『門外旌旗屯虎豹，壁間章句動風雷。』隱由是以紅紗罩覆其上，其後果無文嗣。隱累官錢塘縣令，尋授鎮海軍掌書記、節度判官、鹽鐵發運副使，授著作佐郎、司勳郎中，歷遷諫議大夫、給事中，賜金紫，卒年七十七歲。所著《江南甲乙集》、《淮海寓言》及《讒書同集》，並行於世。初，新登鼉江常有二氣亙於江上，晝夜不滅。及隱洎丞相杜建徽生，而二氣不復見，識者以為文武秀氣焉。【略】都會堂，即白太傅居易之虛白堂基也。王重建之，號八會亭，江東羅隱為之記。以王平吳定越，講武計議，凡八會於此，故名之。後更名都會堂也。

宋·孫光憲《北夢瑣言》卷五　屯難之世，君子遭遇不幸往往有之。唐進士章魯封與羅隱齊名，皆浙中人，頻舉不第，聲採甚著。錢尚父士豪倔起，號錢塘八都，洎破董昌，奄有杭越。於是章、羅二士罹其籠罩。然其出於草萊，未諳事體，重縣宰而輕郎官，嘗曰：『某人非才，只可作郎官，不堪作縣令。』即可知也。以章魯封為表奏孔目官，章拒而見笞。差羅隱宰錢塘，皆畏死稟命也。章、羅以之為恥，錢公用之為榮。玉石俱焚，吁，可惜也！或云章魯封後典蘇州，著《章子》三卷行於世。羅隱為中朝所重，錢公尋倍加欽，官至給事中，享壽考，溫飽而卒。

又　卷六　唐羅給事隱、顧博士雲俱受知於相國令狐公。顧雖鹺商之子，而風韻詳整。羅亦錢塘人，鄉音乖剌。相國子弟每有宴會，顧獨與之，豐韻談諧，莫辨其寒素之士也。顧文賦為時所稱，而切於成名，嘗有啓事陳於所知，只望丙科盡處，竟列名於尾株之前也。羅既頻不得意，未免怨望，竟為貴子弟所排，契闊東歸。黃寇事平，朝賢議欲召之，韋貽範沮之曰：『某曾與之同舟而載。雖未相識，舟人告云：「此有朝官。」羅曰：「是何朝官！我腳夾筆亦可以敵得數輩。」必若登科通籍，吾徒為秕糠也。』由是不果召。

又　卷一七　鄴王羅紹威喜文學，好儒士，每命幕客作四方書檄，小不稱旨，壞裂抵棄，自劈箋起草，下筆成文。又癖於七言詩，江東有羅隱，為錢鏐客，紹威伸南阮之敬。隱以所著文章詩賦酬寄，紹威大傾慕之，乃目其所為詩集曰《倫江東》，今鄴中人士多有諷誦。

南漢·王定保《唐摭言》卷二　乾符四年，崔淯為京兆尹，復置等第。差萬年縣尉公乘億為試官。試『火中寒暑退』賦，『殘月如新月』詩。李時、韋硎、沈駕、羅隱、劉綦、倪曙、唐駢、周繁、吳廷隱、賈涉。【略】

等第罷舉：【略】韋硎 沈駕 羅隱 周繁並乾符三年【略】

論曰：孟軻言：『遇不遇，命也。』或曰：性能則命通。【略】温岐濫竄於白衣，羅隱負冤於丹桂。由斯言之，可謂命通性能，豈曰『性能命通』者歟！

吳越·沈崧《羅給事墓誌》　昔者軒皇廣運，錫其族以疏封；光武中興，策有動而複姓。兩漢之後，三國以還，間出令人，實惟頭族。吞禽葉蘿，居章之位極泰山；拉虎輸忠，令望之功崇喬嶽。暨乎永嘉南渡，封邑多遷，代不乏賢，世濟其美，枝蕃派遠，詎可編書。府君諱僊，字童知，福州福唐縣令。皇考諱脩古，應開元禮。府君之生也，齠年夙慧，稚齒能文。建木初萌，迥是幹霄之幹；玠圭在璞，以彰揭璽之光。泉湧詞源，雲橫筆陣。國僑博物，舌肸多知。緣情必務於刺時，體物無忘於諫獵。冥鴻淩廩，寧將燕雀同羣；天驥騰驤，肯與駑駘並駕？弱冠舉進士，高文善價，籍甚廣場，才瞭十人，學殫百氏，名宣萬縣，譽播寰區。唯應鮑、謝、曹、劉，足堪並駕；若遇王、楊、盧、駱，必共爭鞭。立言而克當《典》《謨》，屬思而書成《風》、《雅》。華歆名著，合處龍頭；李廣數奇，自傷猿臂。始以光啓三年，罷隨計吏，投迹本藩，乃遇淮浙錢令公吳越國王，將清國步，聿求羣彥，光贊永固。因置錢塘縣，以策表上請，詔下可之。由是直綰銅章，尊榮朱紱，薦尋偃室，擢升隗臺，拜秘書省著作郎，辟為鎮海軍節度掌記。翩翩稱職，鬱鬱清詞，用張昭固可稱王，得劇孟猶如敵國。天祐三年，轉司勳郎中，充鎮海節度判官。開平二年，授給事中。至三年遷鹽錢發運使。莫匪情殷搜帳，禮盛焚林。子玉在朝，晉侯欽德；孔明輔政，魏帝寢謀。折衝樽俎之間，談笑鼓旗之畔。讀書萬卷，討論見先聖之心；摛藻千篇，諷誦在時人之口。嗚呼！蒼天不弔，哲人其萎，以開平三年春寢疾，冬十二月十三日歿於西闕舍，享年七十七歲。以開平四年正月二十三日，歸靈於杭州錢塘縣定山鄉居山里，殯於徐村之穴，禮也。府君娶吳興沈氏，先三年卽世，祔於平陵之北阪。先下泉骨杜氏之西階，今歸同穴。嗣子塞翁，充鎮海軍節度推官，天資至性，孺慕哀增，絕飲水漿，每傷鄰里。噫！昔宣父生於周季，歷聘諸侯，竟莫之遇，至於泣麟著歎，喪狗興嗟，逮至明皇，始封袞冕。今府君世值唐衰，觀光二紀，宗伯不能第，宰蜀不能官，豈有司之遺賢耶？豈府君之賦命耶？及遇我王，錄為上介，致之大僚，存没加恩，翼燕可托，原田賻增，式表初終，儒士於時，亦謂達矣。向非我王之至明玉鑑，豈展府君之多藝多才？所以主有禮賢之名，實有榮家之美，明矣！崧也，鏤冰費力，映雪徒功，乏錫鐵銅斗之知，異甲觀羽鱗之學，因叨前席，久接後塵，具異諸公，述而有道，諒無愧色。乃銘曰：軒轅負扆，磐石開封，姬朝相襲，荆楚附庸。乃文乃武，為光為龍，動積慶，唯賢所鍾。又銘曰：家本新城，地臨浙水，惟彼秀色，鍾乎夫子。性直道古，藝高德美，退罷文場，榮歸故里。

宋·文瑩《湘山野録·續録》　唐昭宗以錢武肅鏐平董昌於越，拜鏐為鎮海鎮東節度使、中書令，賜鐵券恕九死、子孫二死。羅隱撰謝表，略曰：『鑄金作誓，指日成文。蓋陛下憫臣處極多虞，憂臣防奸未至，所以廣開聖澤，永保私門，屈以常刑，宥其必死。雖君親屬意，在其必恕必容；而臣子盡心，亦豈敢傷慈傷愛？謹當日慎一日，戒子戒孫，不可以此而釁恩，不可因茲而賈禍。』止。殆莊宗入洛，又遣使貢奉，懇承旨改回請玉冊、金券。有司定儀，非天子不得用，後竟賜之。鏐卽以節鉞授其子元瓘，自稱吳越國王，名其居曰『殿』，官屬悉稱『臣』。又於衣錦軍大建玉冊、金券，詔書三樓，複遣使冊東夷諸國，封拜其君長。幾極其勢，與向之謝表所陳『處極、防微、釁恩、賈禍』之誡，殊相戾矣。

宋·陶嶽《五代史補》卷一《楊行密錢塘侵掠》　楊行密嘗命宣州刺史田頵領兵圍錢塘，錢鏐危急，遣其子元璙修好於行密。元璙風神俊邁，行密見之甚喜，因以其女妻之，遽命頵罷兵。初，頵之圍城也，嘗遣使候錢鏐起居，鏐厚待之。將行，復與之小飲。時羅隱、皮日休在坐，意以頵之師無能為也，且欲譏之。於是日休為令，取一字四面被圍而不失其本音，因曰：『其』字上加『草』為其菜，下加『石』為碁子，左加『玉』為琪玉，右加『月』為期會。』羅隱取『於』字，上加『雨』為舞雩，下加『皿』為盤盂，左加『玉』為玗玉，右加『邑』為邘地。使者取『亡』字，讖錢鏐必亡，然亡上加『草』為芒，下加『心』為忘，右加『邑』為邙，左加『心』為忙，其令必不通，合坐皆嘻笑之，使大慚而去。

又《羅隱東歸》 羅隱在科場，恃才傲物，尤為公卿所惡，故六舉不第。時長安有羅尊師者，深於相術，隱以貌陋，恐為相術所棄，每於尊師接談，常自大以沮之。及其累遭黜落，不得已，始往問焉。尊師笑曰：『貧道知之久矣，但以吾子決在一第，未可與語。今日之事，貧道敢有所隱乎！且吾子之於一第也，貧道觀之，雖首冠羣英，亦不過簿尉爾，若能罷舉，東歸霸國以求用，則必富且貴矣。兩途，吾子宜自擇之。』隱懵然不知所措者數日。鄰居有賣飯媼見隱，驚曰：『何辭色之沮喪如此，莫有不決之事否？』隱謂知之，因盡以尊師之言告之。媼歎曰：『秀才何自迷甚焉！且天下皆知羅隱，何須一第然後為得哉！不如急取富貴，則老婆之願也。』隱聞之釋然，遂歸錢塘。【略】初，隱罷上中書之日，費宥，因抵魏謁鄴王羅紹威。將入其境，先貽書敍其家世，鄴王為侄。幕府僚吏見其書，皆怒曰：『羅隱一布衣爾，而侄視大王，其可乎？』紹威素重士，且曰：『羅隱名振天下，王公大夫多為所薄，今惠然肯顧，其何以勝！得在侄行，為幸多矣，敢不致恭，諸公慎勿言。』於是擁旆郊迎，一見卽拜，隱亦不讓。及將行，紹威贈以百萬，他物稱是，仍致書於鏐謂叔父，鏐首用之。

元·辛文房《唐才子傳》卷九《羅隱》 隱，字昭諫，錢塘人也。少英敏，善屬文，詩筆尤俊拔，養浩然之氣。乾符初舉進士，累不第。廣明中，遇亂歸鄉里，時錢尚父鎮東南，節鉞崇重，隱欲依焉。進謁，投素作，卷首《過夏口》云：『一個禰衡容不得，思量黃祖謾英雄。』鏐得之大喜遇，以書辟曰：『仲宣遠托劉荊州，蓋因亂世；夫子樂爲魯司寇，祗爲故鄉。』隱曰：『是不可去矣。』遂爲掌書記。性簡傲，高談闊論，滿座風生。好諧謔，感遇輒發。鏐愛其才，前后賜予無數，陪從不頃刻相背。表遷節度判官、鹽鐵發運使。未幾，奏授著作郎。鏐初授鎮，命沈崧草表謝，盛言浙西富庶。隱曰：『今浙西焚蕩之餘，朝臣方切賄賂，表奏，將鷹犬我矣。』鏐請隱爲之，有云：『天寒而麋鹿曾游，日暮而牛羊不下。』又爲賀昭宗改名表云：『左則姬昌之半字，右爲虞舜之全文。』作者稱賞。轉司勛郎中。自號『江東生』。魏博節度羅紹威慕其名，推宗人之分，拜爲叔父，時亦老矣，嘗表薦之。隱恃才忽睨，衆頗憎忌。自以當得大用，而一第落落，傳食諸侯，因人成事，深怨唐室。詩文凡以譏刺爲主，雖荒祠木偶，莫能免者。且介僻寡合，不喜軍旅。獻酬俎豆間，綽綽有餘也。隱初貧，來赴舉，過鍾陵，見營妓雲英有才思。後一紀，下第過之。英曰：『羅秀才尚未脱白。』隱贈詩云：『鍾陵醉別十餘春，重見雲英掌上身。我未成名英未嫁，可能俱是不如人。』與顧雲同謁淮南高駢，駢不禮。駢後爲畢將軍所殺，隱有延和閣之譏。又以詩投相國鄭畋，畋有女殊麗，喜詩咏，讀隱作至『張華謾出如丹語，不及劉侯一紙書』。由是切慕之。精爽飛越，莫知所從。隱忽來謁，女從簾後窺見迂寢之狀，不復念矣。隱精法書，喜筆工萇鳳，謂曰：『筆，文章貨也。今助子取高價。』卽以雁頭箋百幅爲贈，士大夫踵門問價，一致千金。率多藉重如此。所著《讒書》、《讒本》、《淮海寓言》、《湘南應用集》、《甲乙集》、《外集》、《啓事》等，幷行於世。《易》戒毋以小善爲無益而弗爲，小惡爲無傷而弗去也。羅隱以褊急性成，動必嘲訕，率成謾作，頃刻相傳。以其事業非不五鼎也，學術非不經史也，夫何齊東野人，猥巷小子，語及讖誚，必以隱爲稱首。凋喪淳才，揄揚穢德，白日能蔽於浮翳，美玉曾玷於青蠅，雖亦未必盡然，是皆闕慎微之豫。阮嗣宗臧否不挂口，欲免其身。如滑稽玩世東方朔之流，又不相類也。

明·李賢等［天順］《明一統志》卷一六 羅隱，本餘杭人，父仕於池，因家焉。唐光啓初，游謁錢鏐，為從事。開平中，朱全忠以諫議大夫召，不應。後羅紹威密表薦之，乃就授給事中。有文集三十卷，弟鄴亦能詩。

又 卷三八 羅隱，新城人，有能詩名。嘗説錢鏐舉兵討朱温，曰：『縱無成功，猶可退保杭越，奈何交臂事賊，為終古之羞乎？』唐光啓中，鏐表為錢塘令，辟為掌書記，後為給事中，遷發運使。所著有《江南甲乙集》等書。

明·佚名《萬姓統譜》卷三五 羅隱，字昭諫，錢塘人，工詩，尤長於詠史，有湘南雜藁。性傲睨，少與桐廬章魯風齊名，唐宰相深器之。錢鏐辟為從事、節度判官副使。嘗説錢鏐討朱温，曰：『縱無成功，猶可退保杭越，奈何交臂事賊，為終古之羞乎？』所著有《江南甲乙集》等書。弟鄴。

清·穆彰阿等［道光］《清一統志》卷八三 羅隱，字昭諫，餘杭人，父則為池州鐵官。隱遂家於梅根浦上，及去池，有憶九華諸詩。

清·吴任臣《十國春秋》卷八四《羅隱傳》 羅隱，字昭諫，新城人也，後改新城為新登，亦為新登縣人。祖知微，唐福唐縣令。父修古，應開元禮。隱本名横，貌寢陋，凡十上，不中第，遂更今名。少能詩，與族人虬、鄴齊稱，時人謂之三羅。初寓池州梅根浦，刺史竇潏營墅居之，因自號江東生。尋為唐相鄭畋、李蔚所知，臥病長安，會天旱，詔大京兆祈雨作法，隱上疏切諫，詞涉規諷，竟不用。【略】已而遇羅尊者，以相術勸隱曰：『君志在一第，官不過簿尉耳。若能罷舉，東歸霸國，富貴必矣。』隱由是從事湖南，歷淮、潤諸鎮，復多齟齬不合。【略】是時招討使宋威征賊不時進，隱詣軍門上書，言：『王仙芝、尚君長等，淩突我廬壽，焬剝我梁宋，天子因處分十二州，取將軍為節度，非方鎮之無帥，非朝廷之乏主，蓋以將軍跳出隴右，不二十餘年，三擁節旄，謂將軍必能知恩用命耳。今聞羣盗已防睢陽二城，大梁亦板築自固，彼望將軍，猶沸之待沃，壓之待起也。而將軍朱輪大旆，優游東道，不知朝廷以八十三州奉將軍侍衛者乎？抑將俾將軍旦夕剪此草寇也。』威得書，甚病其言。久之，歸杭州，謁武肅王，懼王不納，乃以所為夏口詩標卷首，中有『一個禰衡容不得，思量黄祖漫英雄』句。王覧詩大笑，加殊遇，貽以書曰：『仲宣遠托㝚荆州，都缘亂世；夫子辟為魯司寇，只為故鄉。』隱曰：『是不可去矣。』武肅王初授鎮海節度使，令沈崧草謝表，盛言浙西繁富，成以示隱，隱曰：『今浙西兵火之餘，日不暇給，朝廷執政方切於賄賂，此表入奏，執政豈無意要求邪？』乃請更，其畧曰：『天寒而麋鹿常游，日暮而牛羊不下。』朝廷見之曰：『必羅隱辭也。』及昭宗易名曄，隱為賀表云：『左則虞舜之全文，右則姬昌之半字。』京師稱為第一。

梁既簒唐，欲以虚爵縻强藩，進武肅王吴越兩國，且以諫議大夫召隱。隱不行，請舉兵討梁，曰：『王，唐臣，義當稱戈，北嚮縱無成功，猶可退保，杭越自為東帝，奈何交臂事賊，為終古羞乎？』王始以隱不遇於唐，有觖望心，及聞其言，雖不能用，而心竊義之。

王待隱日隆，時西湖日納魚數斤，號使宅魚。會王召隱題《蟠溪垂釣圖》，隱藉詩寓意，遽蠲其征。【略】又一日寢疾，王親臨撫問，因題詩於壁詩云：黄河信有澄清日，後代應難繼此才。隱為續末二句：幕紅紗於上，以志恩遇焉。

隱性不喜軍旅，而料事多中。初武肅王城西府，命賓寮巡覧，顧謂左右曰：『百步一敵樓，足言金湯之固。』隱徐曰：『敵樓不若内向為佳。』及武勇都之變，援兵多自外攻内人，皆以為先見。世傳隱出語成讖。閩中書筒灘、玉髻峰皆留異迹，而黄滔贈隱詩亦云：三徵不起時賢議，九轉丹成道者言。累官錢塘縣令，授鎮海軍掌書記、節度判官、鹽鐵發運副使，除著作佐郎、司勳郎中，歷遷諫議大夫、給事中、發運使，賜金紫。天寳三年十一月卒，年七十有七，葬新登縣界，沈崧志其墓。任臣案：《研北雜誌》謝皇父常至新城，聞故老言羅隱給事冢在縣界徐村之水隖，冢碣猶存。梁開平四年沈崧志。又《錢塘縣誌》云隱墓在定山鄉居山里。《紹興府志》云隱寓居蕭山卒，墓在許賢鄉。《一統志》云隱墓在涇縣東七十里。《江西通志》曰羅隱墳在樂安縣羅家潭，所説不同，未詳孰是。隱為文章多氣力，而性傲睨。常值韋貽範於舟次，素昧生平，隱直呼舟子曰：『是何朝官？我脚間夾筆，可敵得數輩！』貽範慚恨卒，以此沮之。又作詩文及謔語，常涉刺譏。顧雲依淮南高駢，隱譏之。夏飲於海風亭，云曰：青蠅被扇扇離席。隱遽曰：白澤遭釘釘在門。隱在浙幕，沈崧得新榜示隱，隱題其末曰：霸陵老將無功業，猶憶當時夜獵歸。又昭宗欲以甲科處隱，有大臣舉隱華清宫詩云：也知道德勝堯舜，爭奈楊妃解笑何？其事遂寢。有《吴越掌記集》三卷，《江南甲乙集》十卷，《江東後集》三卷，《湘南應用》三卷，《靈璧子》、《兩同書》十篇，又有《讒書》五卷，《淮海寓言》七卷多散失不傳。

先是，隱適魏，謁鄴王羅紹威，將入境，先寓書敍家世，以紹威為從子行。幕府吏皆怒，曰：『隱一布衣，而侄視大王可乎？』紹威素重士，且曰：『隱名振天下，王公大人多為所薄，今惠然肯顧，得為從子幸矣。』遂擁旆郊迎，執禮甚恭，隱亦不讓。比行，贈錢百萬，仍以書抵武肅王稱為季父。紹威喜學隱詩，號其文曰《偷江東集》。而青州王師範亦常遣信齎禮幣求詩，及得隱詩，大喜。又令狐滈登進士，隱賀以短章，滈父綯曰：『吾不喜兒得第，喜得羅公一篇耳。』其取重當世有如此。唐末時新城鼂江恒有二氣亙江上，晝夜不滅至隱與杜建徽生，二氣不復見，識者以為文武秀氣焉。子塞翁，官鎮海節度推官，善繪羊，超絶妙於一時。

論曰：《語》云『士用則為虎，不用則為鼠』，豈不信哉？方隱屢躓進士第，偏歷諸州，馳驅擾攘之中僊矣。及遭逢霸主，文採爛然，聲施後世，可不謂得時而駕邪？雖然以彼義形於色，勸興兵伐無道梁，藐眡強藩，畜以從子，大義侃侃，又寧獨以文士見哉！

論説

南漢・王定保《唐摭言》卷一〇　羅虬辭藻富贍，與宗人隱、鄴齊名。咸通、乾符中，時號『三羅』。【略】時宗人隱，亦以律韻著稱，然隱才雄而粗疏，鄴才清而綿致。

宋・羅大經《鶴林玉露》卷一二《晚唐詩人》　晚唐詩綺靡乏風骨，或者薄之，且因王維、儲光羲輩，而並薄其人。然氣節之士，亦往往出於其間。【略】羅隱乾符中舉進士，十上不第，黃巢亂，歸依錢鏐。及朱溫篡詔至，痛哭，勸鏐舉義，鏐不能從。溫聞其名，以諫議大夫招之，不就，事鏐終於著作佐郎。若三子者，又可以晚唐詩人薄之乎？

宋・劉克莊《後村詩話・後集》卷一　當時惟羅隱有詩聲，屢擯於名場，然逢世亂離，依錢氏以庇身，未嘗失節。五言云：『四海霍光第，六龍張奉營。』此必是諸鎮皆封王賜功臣號及岐汴劫質天子之時。又云：『陪臣無以報，西望不勝情。』又《聞幸蜀》七言云：『靜憐貴族謀身易，危惜文皇創業難。』猶有惓惓本朝之意，可嘉也。

宋・王應麟《困學紀聞》卷一八　羅昭諫《詠松》曰：『陵遷穀變須高節，莫向人間作大夫。』其志亦可悲矣。唐六臣，彼何人哉？昭諫説錢鏐舉兵討梁，見《通鑑》，其忠義可見。視奴事朱溫之杜荀鶴，猶糞土也。

宋・晁公武《郡齋讀書志》卷一二　《兩同書》兩卷，右唐羅隱撰。隱謂老子養生，孔子訓世，因本之著《內》、《外篇》各五。其曰《兩同書》者，取兩者同出而異名之意也。

宋・洪邁《容齋續筆》卷五　國朝之制，減死一等及胥吏兵卒配徒者，涅其面而刺之，本以示辱，且使人望而識之耳。久而益多，每郡牢城營，其額常溢，殆至十餘萬，凶盜處之恬然。蓋習熟而無所耻也。羅隱《讒書》云：『九人冠而一人髽，則髽者慕而冠者勝，九人髽而一人冠，則冠者慕而髽者勝。』正謂是歟？《老子》曰：『民常不畏死，奈何以死懼之。若使民常畏死，則為惡者吾得執而殺之，孰敢？』可謂至言。荀卿謂象刑為治古不然。亦正論也。

元・黃貞輔《羅昭諫讒書題辭》　余少讀羅公昭諫《嚴陵釣臺遺刻》，蓋所著《讒書》之一者，氣節凜然，煒煒方冊間，每以未睹全書為恨。近客徽學，會公之遠孫云叔來為學正，因得拜觀《讒書》及所賦詩，大抵忿勢嫉邪，舒泄胸中不平之蘊焉耳。公晚唐節士，□抱負卓犖，遭時不偶。受知吳越錢氏幕辟，歷仕給事中、諫議大夫，首勸調師勤王，問罪朱溫。雖錢不見聽，而依中國以自固，遇真主納款歸疆，終其身及子孫，無僭竊之志，往往皆出公平日講明之素也。唐宋僭偽紛起，立其朝者，安食厚禄，充然無赧容，如公沉淪下僚，氣節弗渝者幾何人！吁！士以氣節為重，而文辭特其餘事。在昔，憸邪輩豈無絺章繢句取媚一時，而泯泯無聞。公氣節可敬可慕，凡片言只句，皆足以傳世，況其著書垂訓者乎？【略】讀者當知公之氣節盡在是書，而不可徒以文辭例視之也。大德六年，仲秋後五日，前進士東嘉黃貞輔德弼父書。

元・方回《羅昭諫讒書跋》　宋子京《唐書》無羅隱姓名，歐陽永叔《五代史》記吳越世家，始書錢鏐以沈崧、皮光業、林鼎、羅隱為賓客，在唐昭宗景福元年壬子之前，去天祐四年丁卯唐亡，十六年耳。唐懿宗卽位，咸通元年庚辰，隱在京師舉進士，留七載而不第。咸通八年丁亥，著《讒書》。唐僖宗光啓二年丙午，錢鏐知杭州。丁未，拜杭州刺史。今《方輿勝覽》取《杭州圖志》，書隱唐光啓間為錢塘令，辟掌書記，為給事中，遷發運使，卽皆錢氏之除擢也。而歐陽公稱為錢鏐賓客，何耶？自咸通改元至景福改元，歷懿、僖、昭三十三年，隱之本末可考者如此。所為《讒書》，乃憤悶不平之言，不遇於當世而無所以泄其怒之所作。

明・姚士麟《兩同書跋》　按隱少聰敏，作詩著文，以譏刺為主，與宗人虬、鄴號為三羅。隱為宰相鄭畋、令狐綯、李蔚所知。畋女覽隱詩，諷誦不已，畋疑有慕才意。隱貌寢陋，使女一日簾窺之，自此絶不詠其詩。綯子滈登進士，隱以詩賀之。綯謂滈曰：『吾不喜汝及第，喜汝得羅公一篇耳。』昭宗欲以甲科處之，大有臣奏曰：『隱雖有才，然多輕易，明皇聖德，猶横遭譏謗，將相臣僚，豈能免乎淩轢。』帝問譏謗之詞，對曰：『隱有《華清詩》曰：「樓殿重重佳氣多，開元時節好笙歌。也知道德勝堯舜，爭奈楊妃解笑何。」其事遂寢。』隱老不遇，有《歸五湖》詩曰：『江東日暖花又開，江東行客思悠哉。高陽酒徒半凋落，終南山色空崔嵬。聖代也知無棄物，侯門未必用非才。一船明月一竿竹，家住五湖歸去來。』於是歷游諸鎮，多不合。廣明中，隱池之梅根浦，自號江東生。池守實溮營墅居之。鄴都王紹威學隱為詩，自號其文為《偷江東集》光啓中，錢鏐辟為後事、節度判官副使。初隱與桐盧章魯封齊名。鏐初起，以魯封為表奏孔目官，不就，執之。後以隱為錢塘令，懼而受命，故僧貫休有『二子依公子，雞鳴狗盜徒』之誚。朱温簒唐，隱勸鏐舉兵討梁曰：『縱無成功，猶可退保杭越，自為東帝，奈何交臂事賊？』鏐以隱不遇於唐，有怨心，其言雖不能用，心甚義之。梁祖以諫議大夫召，不行。開平中，魏博羅紹威推為叔父，表授給事中。江南李氏當遣使聘越。越人問：『見羅給事否？』曰：『不識，亦不聞名。』越人云：『四海聞有羅江東，何拙之甚！』使人曰：『為金榜上無名，所以不知。』悲乎！有才如隱，猶以不第為人見輕，況其他乎？第人有異才名士，貴乎褒飭人美善，為一世風動。如裴筠婚蕭遘女而擢第，顧雲依高駢被嘲之類，至今掛人舌端。隱之不第，自是立心譏刺之報，誠足為後來藻士輕狷之戒。《備史》謂隱無文嗣，而《唐詩紀事》云：有子塞翁。特《紀事》卒年八十餘，不若《備史》七十七為有據耳。所著尚有《後集》五卷，有律賦數首，《湘南集》若干卷，皆長沙幕中應用之文。又有《吴越掌記集》一卷，掌錢鏐記室所著表啓也。然《書録解題》謂《淮海寓言》及《讒書》，尚訪求未獲。若《兩同書》後出諸集之外，即置格排比，而持論雅贍，足具五代一種著述也。因緝傳外逸事，附而傳之。海鹽姚士麟叔祥跋。

明·詹景風《詹氏小辨》 《太平兩同書》：《貴賤》、《强弱》、《損益》、《敬慢》、《厚薄》、《理亂》、《得失》、《眞偽》、《同異》、《愛憎》十篇，多言持世，間一二及養生，其説泛然，於二家奥旨無關焉。但每篇所論篇，名篇兩字亦悉。文欲學漢，而音不振；氣不雄奇多凡語，旨又率襲舊，讀之不能使人觸情警心，其書可有可無耳。

明·胡震亨《唐音癸籤》卷八 羅昭諫酣情翰墨，出入幾不可暸，未少佳篇，奈為浮渲所掩。然論筆材，自在偽國諸吟流上。

明·楊慎《丹鉛總録》卷二〇 晚唐亦有數等，如羅隱、杜荀鶴，晚唐之下者。

又 卷二一 晚唐江東三羅，羅隱、羅虬、羅鄴也，皆有集行世，當以鄴為首。

明·于慎行《讀史漫録》 唐末詩人，唯司空圖、羅隱卓有風節。圖見天下將亂，隱於王官穀，屢徵不起。後為柳璨所迫，入見洛陽，陽為衰野，墜笏失儀，遂放還山。羅隱為錢鏐判官，見朱温受禪，請舉兵討梁。鏐雖不能用，心義之。此二子者，可謂不負詩名矣。

清·戴京曾《羅昭諫集序》 羅昭諫詩言中有聲，三百篇後頗寓諷諫之意。或者以其語多平易而忽之，要之勝填詞豪豔而無當於興感者什百矣。況其精髓自然處，正復不讓唐之初盛。【略】時康熙九年秋月轂旦，大理寺丞錢塘戴京曾敬識。

清·袁瑛《重刻羅昭諫集跋》 羅昭諫，唐以文章名者也。説者以其騰口取憎、類詼諧滑稽之所為，似矣。然讀《乞求癸巳詔》、《上宋招討書》、《題蟠溪》、《請更表》諸宏詞讜論，於以佐國是而惠殘黎，當時寔嘉賴之。況乎力勸武肅討梁，垂諸史冊，扶植綱常者之尤堪不朽耶？昭諫固不僅以文章名，而宜以事業著者也。夫文章事業一日不泯没於天壤，則此氣之絢爛正顯顯未有艾。顧遇有齊不齊耳，儻必羅、杜出而青白不復見，則拘墟者之説也。

清·永瑢等《四庫全書總目提要》卷一一七《子部·兩同書》 唐羅隱撰。隱字昭諫，新城人，本名横。以十舉不中第，乃更名。朱温簒唐，以諫議大夫召，不應。後仕錢鏐為錢塘令。尋為鎮海軍掌書記節度判官，鹽鐵發運副使。授著作佐郎，司勳郎中。歷遷諫議大夫，給事中。《吴越備史》載隱所著有《淮海寓言》、《讒書》，不言有此書。然《淮海寓言》及《讒書》陳振孫已訪之未獲，惟此書猶傳於今，凡十篇。上卷五篇，皆終之以老氏之言。下卷五篇，皆終之以孔子之言。《崇文總目》謂以老子修身之説為内，孔子治世之道為外，會其指而同原。然則兩同之名，蓋取晉人將無同之義。晁公武以為取兩者同出而異名，非其旨矣。《書録解題》

引《中興書目》，以為唐吳筠撰。考《宋史・藝文志》別有吳筠《兩同書》二卷，與此書同載之雜家類中，非一書也。

又　卷一五一《集部・羅昭諫集》　唐羅隱撰。隱有《兩同書》，已著録。考《吳越備史・隱本傳》云，隱有《江東甲乙集》、《淮海寓言》及《讒書後集》，並行於世。鄭樵《通志・藝文略》載《羅隱集》二十卷，《後集》三卷，又有《吳越掌記集》三卷。至陳振孫《書録解題》，則《甲乙集》僅十卷，而《後集》反有五卷，又多《湘南集》三卷。且注《甲乙集》皆詩，《後集》有律賦數首，《湘南集》乃長沙幕中應用之文。隱又有《淮海寓言》及《讒書》等，求之未獲云云。據此，則不特《吳越掌記集》不傳，即《淮海寓言》、《讒書》二種，振孫且不得見矣。此本為康熙初彭城知縣張瓚所刻。後有瓚跋云：『昭諫諸集，今不復見，僅得《江東集》抄本於邑人袁英家。嗣後得《甲乙集》刻本，合而讀之，雖全集不獲盡睹，窺豹者已得一斑矣。』蓋出於後人所掇拾，非舊帙也。所載詩四卷，又有雜文一卷。詩與毛晉所刻《甲乙集》合，雜文則不知原在何集。其《湘南集》僅存自序一篇，列於卷中。序謂《湘南》文失落於馬上軍前，僅分三卷，而舉業祠祭亦與焉。今雜文既無長沙應用之作，亦無舉業祠祭之文。惟諸啓多作於湖南，或即《湘南集》中之遺歟。《文苑英華》有隱《秋雲似羅賦》一篇，蓋即後集之律賦，此本失載。則所採亦尚遺漏矣。第七卷末一篇為《廣陵妖亂志》。前十一篇疑即《淮海寓言》之文也。第八卷有《兩同書》十篇，《唐志》著録。其説以儒、道為一致，故曰『兩同』。似乎《讒書》之外，又有此書者。其異同則不可考矣。隱不得志於唐。迨唐之亡也，梁主以諫議大夫召之，拒不應。又力勸錢鏐討梁。事雖不成，君子韙之。其詩如《徐寇南逼感事獻江南知己》一首、《即事中元甲子》一首、《中元甲子以辛丑駕幸蜀》四首，皆忠憤之氣溢於言表，視同時李山甫、杜荀鶴輩有鸞梟之分。雖殘闕之餘，猶為藝林所寶重，殆有由矣。

清・阮元《四庫未收書目提要》　《讒書》五卷，唐羅隱撰。隱有《兩同書》，《四庫全書》已著録。晁公武《讀書志》所載，卷帙與此同。陳振孫《書録解題》云『求之未獲』，蓋佚已久矣。是編依舊抄本影寫，方回《跋》稱隱在京師舉進士，留七載不第，咸通八年丁亥著《讒書》，皆憤悶不平之言，不遇於當時而無所以泄其怒之所作。今觀是編，益信回言之不虛。然隱既仕吳越，能舉兵討梁，勸伐無道，侃侃大義，又豈僅以文士見稱。

清・翁方綱《石洲詩話》卷二　咸通十哲，概乏風骨，方幹、羅隱皆極負詩名，而一望荒蕪，實無足採。

清・吳墉《羅昭諫集跋》　羅昭諫生唐末造，累舉進士不第，繼而薄游吳楚，歸依武肅以終。世傳其混迹滑稽，自全於世，而不知其乃心王室，勸討偽梁，雖志不獲行，而大義凜然。所為詩文，悲涼激楚，亦猶少陵之每飯不忘者已。【略】以視昭諫之未食唐禄，而義不忘唐，奚啻霄壤。然則，昭諫一集，洵足以應二氣而殿三唐者也。【略】道光甲申三月望日，知新城縣事，平江吳墉謹跋。

清・李慈銘《越縵堂讀書記・集部・別集類・羅昭諫集》　閲《羅昭諫集》，詩文共八卷，康熙中新城張瓚所刻，四庫所收即此本。惟此本第八卷即《兩同書》，而四庫書目，既於集部別集類收此八卷，復於子部雜家類列《兩同書》二卷，卷數重出，殊不可解。昭諫所著《讒書》，自《文粹》所選外，不可得見，四庫亦無有。顧澗蘋《思適齋集》中有《讒書跋》，謂係拜經堂奉，蓋武進臧氏刻者。讒書乃吳兔校刊，所謂拜經樓本是也。嘗問河之按：顧瑞清，云其家有之，今昆陵之板，當已不保矣。昭諫詩格雖未醇雅，然峭直可喜，晚唐中之錚錚者，文亦嶄然有氣骨，如其詩與人也。咸豐庚申十月十五日

又《讒書》　閲羅昭諫《讒書》【略】其書乃懿宗咸通八年丁亥留京師時所次雜文，明年戊子落第赴江東，又一年己丑以徐賊龐勳甫平，詔罷科舉，因復序而行之。曰讒書者，自謂用其文，其命名之義淺矣。所次論説雜出，閑以韻語，大率憤懣不平，議古刺今，多出新意，頗以嶄削自喜。而根柢淺薄，篇幅短狹，所識不高，轉入拙俗，此晚唐文辭之通病。余嘗謂國之將亡，江湖派出，故唐宋元明之季，各有一江湖派，為山村野畸仄浮淺之人所託，而唐末最詭瑣，故五代之亂最甚，文章之徵運會，豈不信哉！世人偏訾明季，又專以江湖派譏宋人，非知言者也。昭諫文於當時猶為近古，其《與招討》、《宋將軍書》，謂宋威也，責其養賊釀禍，謂行酷於尚君長王仙芝，辭甚峻厲。《請追癸巳日詔疏》，言用水器爐香蒲

篠絳幡致坊市外門為禳災舊法不足恃，其首自稱曰歲貢賤臣，二文蓋皆私擬為之，然組建其心存君國。後之請討賊温，志節皎然。其《説石烈士》，記石孝忠推到淮西碑為李涼公訟得召見；《拾甲子年事》，記太和中張縠歌妓李新聲勸縠去劉從諫為縠所縊死兩事，為後人言史者所取。其《風雨對》、《蒙叟遺意》、《三帝所長》、《救夏商二帝》、《伊尹有言》、《後雪賦》、《荆巫》、《蟋蟀詩》、《市賦》、《二工人語》、《書馬嵬驛》、《迷樓賦》、《吊崔縣令》凡三十首，皆可觀。文共六十首，缺二首；又《兩同書》二卷，亦昭諫撰。上篇五末皆引老氏曰，下篇五末皆引孔氏曰，惟第十篇無孔子曰，蓋有脱文，其恉以為老與儒同歸也。

藝文

吳越・錢鏐《誠應武肅王集》卷四《題羅昭諫新建小樓二絕・其一》 結構叨憑柱石材，敢期幢蓋此徘徊。陽春曲調高難和，盡日焚香倚隗臺。

又《其二》 玳簪珠履愧非材，時憑欄幹首重回。只待淮妖剪除後，別傾卮酒賀行臺。

清・彭定求等《全唐詩》卷四九七《姚合〈使兩浙贈羅隱〉》 平日時風好涕流，讒書雖盛一名休。寰區嘆屈瞻天問，夷貊聞詩過海求。向夕便思青瑣拜，近年尋伴赤松游。何當世祖從人望，早以公臺命卓侯。

又 卷六九一《杜荀鶴〈錢塘別羅隱〉》 故國看看遠，前程計在誰。五更聽角後，一葉渡江時。吾道天寧喪，人情日可疑。西陵向西望，雙泪為君垂。

又 卷六九二《杜荀鶴〈獻錢塘縣羅著作判官〉》 還鄉夫子遇賢侯，撫字情知不自由。莫把一名專懊惱，放教雙眼絶冤仇。猩袍懶著辭公宴，鶴氅閑披訪道流。猶有九華知己在，羡君高卧早回頭。

又 卷七〇五《黄滔〈寄羅郎中隱〉》 休向中興雪至冤，錢塘江上看濤翻。三徵不起時賢議，九轉終成道者言。緑酒千杯腸已爛，新詩數首骨猶存。瑶蟾若使知人事，仙桂應遭蠹卻根。

又 卷七〇九《徐夤〈寄兩浙羅書記〉》 進卽湮沈退卻升，錢塘風月過金陵。鴻才入貢無人换，白首從軍有詔徵。博簿集成時輩罵，讒書編就薄徒憎。憐君道在名長在，不到慈恩最上層。

又 卷七二七《劉贊〈贈羅隱〉》 人皆言子屈，獨我謂君非。明主既難謁，青山何不歸。年虛侵雪鬢，塵枉污麻衣。自古逃名者，至今名豈微。

又 卷八二五《釋歸仁〈悼羅隱〉》 一著讒書未快心，幾抽胸臆縱狂吟。管中窺豹我猶在，海上釣鼇君也沈。歲月盡能消憤懣，寰區那更有知音。長安冠蓋皆塗地，仍喜先生葬碧岑。

又 卷八三〇《貫休〈懷錢唐羅隱、章魯封〉》 二子依公子，鷄鳴狗盜徒。青雲十上苦，白髮一莖無。風濯潮聲惡，天寒角韵孤。別離千萬里，何以慰榮枯。

清・沈德潛《清詩別裁集》卷一七《程文正〈錢王庙〉》 霸業分星占斗牛，當年氣蓋海山秋。三千客自知羅隱，四十州空問貫休。鐵箭尚藏遺廟在，錦衣誰似故鄉游？殘碑有字還堪讀，玉局鴻文筆力遒。

雜録

南漢・王定保《唐摭言》卷一〇 羅隱，梁開平中累徵夕郎不起。羅衮以小天倅大秋姚公使兩浙，衮以詩贈隱曰：『平日詩風好涕流，讒書雖盛一名休。寰區歎屈瞻天問，夷貊聞詩過海求。向夕便思青瑣拜，近年尋伴赤松游。何當世祖從人望？早以公臺命卓侯。』隱答曰：『昆侖水色九般流，飲卽神仙憩卽休。敢恨守株曾失意，始知緣木更難求。鴒原謾欲均餘力，鶴發那堪問舊游！遙望北辰當上國，羡君歸棹五諸侯。』

羅隱，光化中猶佐兩浙幕。同院沈嵩，得新榜封示隱，隱批一絶於紙尾曰：『黄土原邊狡兔肥，矢如流電馬如飛，灞陵老將無功業，猶憶當時夜獵歸。』

後蜀・何光遠《鑑戒録》卷八《錢塘秀》 羅秀才隱，傲睨於人，體物諷刺。初赴舉之日，於鍾陵筵上，與娼妓雲英一絶。後下第，又經鍾陵，復與雲英相見。雲英撫掌曰：『羅秀才猶未脱白耶？』隱雖內耻，尋亦嘲之：『鍾陵醉別十餘春，重見雲英掌上身。我未成名君未嫁，可能俱是不如人。』

隱常獻卷於鄭相公畋，鄭女妙於篇什，每讀隱詩，至『張華謾出如丹語，不及劉侯一紙書』，未嘗不於父前三復，似慕其才。相國或一日，因隱到宅，遂留從容，命女下簾窺之。女見隱為人迂差醜陋，永不復吟隱詩矣。

隱又與顧雲先輩謁淮南高相公駢。顧為人風雅，時渤海公辟留，隱遂辭歸錢塘，高與賓幕小酌，贐隱於海風亭。是時盛暑，有青蠅入座，渤海公命扇驅之。顧謔隱曰：『青蠅被扇扇平離座。』隱立酬之曰：『白澤遭釘釘去在門。』議者以才調相譏，兩俱全美。隱度高公欲繼淮王求仙，所為妖亂，潛題後土廟刺之，連夕掛帆而邁。巫者告公，公既悔且怒，急棹追之，已出境矣。詩曰：『四海干戈尚未寧，又於汾水建儀形。九天玄女猶無聖，后土夫人豈有靈。一帶野雲侵鬢緑，兩條宮柳入眉青。韋郎年少知何事，端坐唯看《太白經》。』高后失政，因呂用之等幻惑，為畢師鐸所害，隱自錢塘著《妖亂志》以非之。故有《題延和閣》云：『延和高閣勢淩雲，輕語猶疑太一聞。燒盡降香無一事，開門迎得畢將軍。』昔僖宗在蜀日，隱吟詩數首以刺諸侯。及鑾輅還京，為朝貴所嫉，竟不成名。後錢尚父鏐為詩酒之侶，繼遇中原喪亂，無復所聞。《駕在蜀》詩曰：『白丁攘臂犯長安，翠華蒼惶路屈盤。丹鳳有情雲外遠，玉龍無迹渡頭寒。靜思貴族謀身易，危惜文皇創業難。不將不侯何計是，釣魚船上淚闌幹。』又《寄詠漫天嶺》云：『南去休誇蜀道難，此中危峻已多端。到頭不會蒼蒼意，爭得禁他兩度漫。』《駕還京》詩曰：『馬嵬楊柳尚依依，又見鑾輿幸蜀歸。泉下阿蠻應有語，這回休更説楊妃。』

羅隱以諷刺頗深，連年不第。舉子劉贊贈之詩曰：『人皆言子屈，獨我謂君非。明主既難謁，青山何不歸。年虛侵雪鬢，塵枉汙麻衣。自古逃名者，至今名豈微？』隱視之，因起式微之思，遂自歸。《五湖》詩曰：『江東日暖花正開，江東行客思悠哉。高陽酒徒半凋落，終南山色空崔嵬。聖代也知無棄物，侯門未必用非才。一船明月一竿竹，家住五湖歸去來。』

宋・司馬光《資治通鑑》卷二六三《唐紀七十九・昭宗聖穆景文孝皇帝中之下》　初，鏐築杭州羅城，謂僚佐曰：『十步一樓，可以為固矣。』掌書記餘杭羅隱曰：『樓不若皆内向。』至是人以隱言為驗。

又　卷二六六《後梁紀一・太祖神武元聖孝皇帝上》　鎮海節度判官羅隱説吳王鏐興兵討梁，曰：『縱無成功，猶可退保杭、越，自為東帝；奈何交臂事賊，為終古之羞乎！』鏐始以隱為不遇於唐，必有怨心，及聞其言，雖不能用，心甚義之。

宋・沈括《夢溪筆談》卷一三　浙帥錢鏐時，宣州叛卒五千餘人送款，錢氏納之，以為腹心。時羅隱在其幕下，屢諫，以謂敵國之人，不可輕信，浙帥不聽，杭州新治城堞，樓櫓甚盛，浙帥攜僚客觀之。隱指卻敵，佯不曉曰：『設此何用？』浙帥曰：『君豈不知欲備敵邪！』隱謬曰：『審如是，何不向裏設之？』浙帥大笑曰：『本欲拒敵，設於内何用？』對曰：『以隱所見，正當設於内耳。』蓋指宣卒將為敵也，後浙帥巡衣錦城，武勇指揮使徐綰、許再思挾宣卒為亂，火青山鎮，入攻中城。賴城中有備，綰等尋敗，幾於覆國。

宋・佚名《宣和書譜》卷一一　五代羅隱字昭諫，餘杭人也。生於唐末，有詩名，尤長於詠史。多不稱意，窮愁感慨之間，言或譏諷怒張，以故為時所黜固。初名横，以十上不中第，乃更今名。始到浙右謁錢鏐，懼不見納，遂以所為《更口》詩標於卷首。其卒章云：『一個禰衡容不得，思量黄祖漫英雄。』鏐覽之大笑，因加殊遇。鏐一日受朝廷節制之命，令沈崧者草謝表，崧盛述浙右之富。隱卽諭崧曰：『方兵火之餘，豈宜作此語。』卽更之云：『天寒而麋鹿曾游，日暮而牛羊不下。』朝廷見之曰：『此羅隱辭也。』梁開平初，太祖以右諫議大夫召，不至。後節度使羅紹威密表為給事中。隱雖不以書顯名，作行書尤有唐人典刑。觀其《羅城記稿》諸帖，略無季世衰弱之習，蓋自胸中所養，不為世俗淺陋所移爾。今御府所藏行書四：《外羅城記稿》、《三十一郎帖》、《喜慰帖》、《華陰樵寄帖》。

宋・李昉等《太平廣記》卷二五二《詼諧八・羅隱》　唐羅隱與周繇分深，謂隱曰：『閣下有女障子詩極好，乃爲絶唱。』隱不喻何爲也。繇曰：『若教解語應傾國，任是無情也動人。』是隱《題花詩》，隱撫掌大笑。

又　卷二五六《嘲誚四・羅隱》　唐裴筠婚簫遘女，問名未幾，便擢進士第。羅隱以一絶刺之，略曰：『細看月輪還有意，信知青桂近姮娥。』

宋・沈樞《通鑑總類》卷三《南唐朱匡業誦羅隱詩》　後周顯德四

年，唐主議自督諸將拒周，中書舍人喬匡舜上疏切諫唐主，以為沮衆流撫州，唐主問：神衛統軍朱匡業、劉存忠以守禦方略，匡業誦羅隱詩曰：『時來天地皆同力，運去英雄不自由。』存忠以匡業言為然，唐主怒貶匡業撫州副使，流存忠於饒州，既而竟不敢自出昏君門。

又　卷二〇下《吴王鏐甚義羅隱》　後梁開平元年，鎮海節度判官羅隱説吴王鏐舉兵討梁，曰：『縱無成功，猶可退保杭越。自為東帝，奈何交臂事賊，為終古之羞乎？』鏐始以隱為不遇於唐，必有怨心，及聞其言，雖不能用，心甚義之。

宋·袁褧《楓窗小牘》卷上　羅昭諫投身武肅，特加殊遇，複命簡書辟之曰：『仲宣遠記婁荊州，都緣亂世；夫子辟為魯司寇，只為故鄉。』以劉為婁，避武肅嫌名也。

宋·贊寧《宋高僧傳》卷七　（杭州隆興寺）時僧正藴讓，給慧縱横，兩面之敵也。與閭丘方遠先生江東羅隱為莫逆之交也。

又　卷二七　（明州國寧寺）宗亮為江東生羅隱追慕。樂安孫郃最加肯重，著《四明郡才名志序》，諸儒駿士外，獨云釋宗亮。多為文士先達仿仰焉。

宋·洪邁《容齋三筆》卷七《唐昭宗恤録儒士》　唐昭宗光化三年十二月，左補闕韋慶奏：『詞人才子，時有遺賢，不沾一命於聖明，涼作千年之恨骨。據臣所知，則有李賀、皇甫松、李羣玉、陸龜蒙、趙光遠、温庭筠、劉德仁、陸逵、傅錫、平曾、賈島、劉稚珪、羅鄴、方幹，俱無顯遇，皆有奇才，麗句清詞，遍在詞人之口，銜冤抱恨，竟為冥路之塵。伏望追賜進士及第，各贈補闕、拾遺。見存唯羅隱一人，亦乞特賜科名，録升三署。』敕獎莊而令中書門下詳酌處分。

明·田汝成《西湖游覽志餘》卷一二　羅昭諫隱，新城人，博物能詩。唐昭宗時，游京師不遇，歸，謁武肅王，辟為錢唐令，尋掌書記。時鏐初授鎮海軍節度，命沈崧草謝表，盛稱浙西繁盛，成以示隱，隱曰：『是自賈征索也，請更之。』乃極言兵火凋弊，有天寒，而麋鹿來游，日暮而牛羊不下之語，廷臣見之，曰：『此羅隱詞也。』【略】然性傲睨，好議評臧否，探隱命物，往往奇中，故至今杭人稱前定不爽者，猶雲羅隱題破也。

又　卷二一　武肅王招致賢雋，然忍褊多譴斥，獨新城羅隱以詼捷親昵。先是隱與桐廬章魯風齊名。武肅召魯風司筆劄，魯風不就，執而殺之。吴仁璧者，關中人，中第入浙謁武肅，辟入幕府，堅辭不就。又謝以詩云：『東門上相好知音，數展臺前郭隗金。累重雖然容食椹，力微無計報焚林。弊貂不稱芙蓉幕，衰朽仍慚玳瑁簪。十里溪光一山月，可堪從此負歸心。』武肅怒，沉仁璧於江。召隱為錢唐令，隱懼而受命，然亦時有督過。一日倚宴，獻詩云：『一個禰衡容不得，思量黄祖漫英雄。』武肅始悔悟，加禮於隱。

又　卷二四　錢氏時，西湖漁者日納魚數斤，謂之使宅魚。其捕不及者，必市以供，頗為民害。一日羅隱侍坐，壁間有《蟠溪垂釣圖》。武肅王索詩，總應聲曰：『呂望當年展廟謨，直鈎釣國更誰如？若教生在西湖上，也是須供使宅魚。』武肅王大笑，遂蠲其征。

宋·竇苹《酒譜》　五代之亂，干戈日尋，而鄭雲叟隱於華山，與羅隱終日怡然對飲。有酒詩二十章，好事者繪為圖，以相況遺。

明·陳沂［嘉靖］《南畿志》　羅隱，本餘杭人，父為貴池尉，阻黄巢兵，同鄂鄴寓梅根之浦。【略】安慶府望江縣大茗山，在縣北六十里，巔有巨石如砥，相傳羅隱嘗居於此。

明·馮夢龍《智囊·明智部》　浙帥錢鏐時，宣州叛卒五千餘人送款，錢氏納之，以為腹心。時羅隱在幕下，屢諫，以為敵國之人，不可輕信。浙帥不聽。杭州新治，城堞樓櫓甚盛。浙帥攜僚客觀之，隱指卻敵，陽不曉，曰：『設此何用。』浙帥曰：『君豈不知備敵耶？』隱謬曰：『若是，何不向裏設之？』蓋指宣卒也。後指揮使徐綰等挾宣卒為亂，幾於覆國。

清·黨金衡《東陽縣志》　羅隱不就梁祖招，遂略世故，縱游山水。邑之西峴，有羅隱讀書堂，遺址尚存。

譚峭分部

傳記

《新五代史》卷六八《閩世家第八》 昶亦好巫，拜道士譚紫霄為正一先生，又拜陳守元為天師，而妖人林興以巫見幸，事無大小，興輒以寶皇語命之而後行。守元教昶起三清臺三層，以黃金數千斤鑄寶皇及元始天尊、太上老君像，日焚龍腦、薰陸諸香數斤，作樂於臺下，晝夜聲不輟，云如此可求大還丹。三年夏，虹見其宮中，林興傳神言：『此宗室將為亂之兆也。』乃命興率壯士殺審知子延武、延望及其子五人。後興事敗，亦被殺。而昶愈惑亂，立父婢春燕為淑妃，後立以為皇后。又遣醫人陳究以空名堂牒賣官。

昶弟繼嚴判六軍諸衛事，昶疑而罷之，代以季弟繼鏞，而募勇士為宸衛都以自衛，其賜予給賞，獨厚於他軍。控鶴都將連重遇、拱宸都將朱文進，皆以此怨激其軍。是歲夏，術者言昶宮中當有災，昶徙南宮避災，而宮中火，昶疑重遇軍士縱火。內學士陳郯素以便佞為昶所親信，昶以火事語之，郯反以告重遇。重遇懼，夜率衛士縱火焚南宮，昶挾愛姬、子弟、黃門衛士斬關而出，宿於野次。重遇迎延義立之。延義令其子繼業率兵襲昶，及之，射殺數人，昶知不免，擲弓於地，繼業執而殺之，及其妻、子皆死無遺類。延義立，謚昶曰康宗。

延義，審知少子也。既立，更名曦，遣使者朝貢於晉，改元永隆。鑄大鐵錢，以一當十。

綜述

南唐・沈汾《續仙傳》卷下 譚峭，字景昇，國子司業洙之子。幼而聰明，及長頗涉經史，强記問無不知，屬文清麗。洙訓以進士業，而峭不然，迴好黃老諸子及周穆、漢武、茅君、列仙內傳，靡不精究。一旦告父出游終南山，父以終南山近京都許之。自終南游太白、太行、王屋、嵩華泰嶽，迤邐游歷名山，不復歸寧。父馳書委曲責之，復謝曰：『茅君昔為人子，亦辭父學仙，今峭慕之，冀其有益。』父以其堅心求道，豈以世事拘之，乃聽其所從。而峭師於嵩山道士十餘年，得辟穀養氣之術，唯以酒為樂，常醉騰騰，周游無所不之。夏服烏裘，冬則綠布衫，或臥於風霜雪中經日，人謂其已斃，視之氣休休然。父常念之，每遣家童尋訪，春冬必寄之以衣及錢帛。捧之且喜，復書，遽厚遺家童迴，纔去，便以父所寄衣出街，路見貧寒者與之，及寄於酒家，一無所留。人或問之，何為如此？曰：『何能看得盜之所竊必纍於人，不衣不食，固無憂矣。』常欣欣如也，或謂風狂，行吟曰：『線作長江扇作天，靸鞋抛向海東邊。蓬萊通道無多地，祇在譚生拄杖前。』爾後居南嶽，鍊丹成，服之，入水不濡，入火不灼，亦能隱形變化，復入青城山而不出矣。

宋・張君房《雲笈七籤》卷一一三下《譚峭》 譚峭，字景升，國子司業洙之子，幼而聰明。及長，頗涉經史，强記，問無不知，屬文清麗。洙訓以進士為業，而峭不然。迴好黃老、諸子及周穆、漢武、茅君、列仙內傳，靡不精究。一旦，告父出游終南山，父以南山近京都，許之。自經終南、太白、太行、王屋、嵩、華、泰嶽，迤邐游歷名山，不復歸。寧父馳書責之，復謝曰：『茅君昔為人子，亦辭父學仙，今峭慕之，冀其有益。』父母以其堅心求道，豈以世事拘之，乃聽其所從。而峭師於嵩山道士十餘年，得辟穀養氣之術，惟以酒為樂，常醉騰騰，周游無所不之。夏則服烏裘，冬則綠布衫。或臥於風雨雪霜中經日，人為已斃，視之，氣出怵怵然。父常念之，每遣家僮尋訪，春冬必寄之衣及錢帛。捧之且喜，復書，遽遺家僮，乃厚遺之。纔去，便以父所寄衣出街，路見貧寒者與之。及寄於酒家，一無所留。人或問之何為如此，曰：『何能看得盜之所竊，必纍於人，不衣不食，固無憂也。』常欣欣然，或謂風狂，每行吟曰：『線作長江扇作天，靸鞋抛向海東邊。蓬萊通道無多路，只在譚生柱杖前。』爾後居南嶽，煉丹成，服之，入水不濡，入火不灼，亦能隱化，復入青城而去。

《南唐書》卷一七《方術傳》 譚紫霄，泉州人，幼為道士。初有陳守元者，亦道士，劚地得木劄數十貯，銅盎中皆漢張道陵符篆，朱墨如新，藏去而不能用，以授紫霄。紫霄盡能通之，遂自言得道陵天心正法，劾鬼魅，治疾病多效。閩王王昶尊事之，號『金門羽客正一先生』。閩亡，遁居廬山棲隱洞，學者百餘人。武昌節度使何敬洙嘗殺女奴，投屍井中，人無知者，遇疾召紫霄，中夜被髮仗劍考治，見女厲自訴詰，旦屏人以語敬洙，乃丹篆符遣之，疾卽愈。廬山僧闢路有大石堅不可鑱，紫霄往視曰：『此固易爾，索杯水噀之。』命工施鑱應手如粉。後主聞其名，召見賜官階，辭不受。俄無疾卒，年百餘歲，今言天心法者祖紫霄。

元・趙道一《曆世眞仙體道通鑑》卷三九《譚峭傳》 譚峭，字景升，唐國子司業洙之子。幼而聰明，及長，頗涉經史，强記，問無不知，屬文清麗。洙訓以進士為業，而峭不然，迴好黄老、諸子，及周穆、漢武、茅君、列仙、內傳，靡不精究。一旦告父出游終南山，父以南山近，許之。自經終南、太白、太行、王屋，嵩、華、泰嶽，迤邐游歷名山，不複歸寧。父馳書責之，複謝曰： 『茅君昔為人子，亦辭父學仙。今峭慕之，冀其有益於父母。』父母以其堅心求道，不以世事拘之，乃聽其所從。而峭師於嵩山道士十餘年，得辟穀養氣之術，惟以酒為樂，常醉騰騰周游，無所不之。夏則服烏裘，冬則綠布衫。或臥於風雪霜中經日，人謂已斃，視之，氣休休然。父常念之，每遣家僮尋訪，春冬，必寄之衣及錢帛，峭捧之且喜，複書，遽遣家僮，乃厚遺之。才去，便以父所寄衣出街路，見貧寒者與之，及寄於酒家，一無所留。人或問之：『何為如此？』曰：『何能看得？為盜所竊，必纍於人。不衣不食，故無憂也。』常欣然，或謂風狂，每行吟曰： 線作長江扇作天，靸鞋拋向海東旁。蓬萊通道無多路，只在譚生柱杖前。爾後居南嶽，煉丹成，服之，入水不濡，入火不灼，亦能隱化。複入青城山去也。峭嘗作《化書》，南唐宋齊丘竊其名，為己作，見行世。宋仁宗嘉佑五年夏四月，碧虛子題《化書》後序云： 鴻蒙君曰： 吾嘗問希夷先生，誦此書至《稚子篇》，掩冊而語吾曰： 『吾師友譚景升，始於終南山著《化書》，因游三茅，經歷建康，見宋齊丘有仙風道骨，雖溺機智，而異乎黄埃稠人，遂引此篇云：「稚子弄影，不知為影所弄；狂夫侮像，不知為像所侮；化家者，不知為家所化；化國者，不知為國所化。醉者負醉，疥者療疥。其勢彌顛，其病彌篤。而無反者也。」齊丘終不悟，景升乃出《化書》授齊丘，曰：「是書之化，其化無窮，願子序之，流於後世。」於是，杖靸而去。齊丘奪為己有，而序之耳。』噫！昔向秀述《南華解義》未傳而死，郭象偷改成注，誠罪人也！今譚君名刻於白簡，身不老於人間。齊丘敢縱其盜心，蔽其仙迹，其罪大者也，果不得其死，宜乎哉！

宋・志磐《佛祖統紀》卷四三 譚峭，字景升，號紫霄，泉州人，南唐國子司業譚洙之子，具體生卒年代不詳，五代後周時期尚見其活動之迹。譚峭無意仕途，學得道教辟穀養氣之術，隱入山林，常以酒為樂，以雲游傳道為業，恣意行事，終其一生。其事迹最早略見載於歐陽修《新五代史》中。後有宋人張君房在《雲笈七籤》中為其立傳。據《佛祖統紀》卷四二所記載：『顯德四年，隱士譚景升居終南山，與陳摶相師友。著《化書》百十篇，窮括化原。』

論説

明・李贄《續焚書》卷二 老子《道德經》雖日置案頭，行則攜持入手夾，以便諷誦，若關尹子之《文始眞經》，與譚子《化書》，皆宜隨身者，何曾一毫與釋迦差異也？故獨編錄之以示釋子之有志向，而其欲以示楊定見也尤切。

明・謝肇淛《文海披沙》卷四《化書》 譚景升《化書》百一十篇，文詞通暢，義理粲然；其中雖有『長生』『太上』等語，而無龍虎刀圭為妄之術，恍惚之語；道德南華之後，此其翹然者也。齊丘篡弑奸雄之鷹犬，乃欲掩其書為己有，亦無忌憚之甚矣。

清・永瑢等《四庫全書總目》卷一一七《子部・化書》 舊本題曰《齊邱子》，稱南唐宋齊邱撰。宋張耒跋其書，遂謂齊邱『犬鼠之雄，蓋不足道』。晁公武亦以齊邱所撰著於録。然宋碧虛子陳景元跋稱：舊傳陳摶言『譚峭景昇在終南著《化書》。因游三茅，歷建康，見齊邱有道骨，因以授之曰：是書之化，其化無窮，願子序之，流於後世。於是杖靸而去。齊邱遂奪爲己有而序之』。則此書爲峭所撰，稱《齊邱子》者非也。書凡六篇，曰《道化》、《術化》、《德化》、《仁化》、《食化》、《儉化》，其説多本黃老道德之旨，文筆亦簡勁奧質。元陸友仁《硯北雜志》稱：譚景昇書，世未嘗見。他書言：其論書道，鍾王而下，一人而已。今考『書道』一條，見在《仁化》篇中，王友仁顧未之見。則元世流傳蓋已罕矣。明初代王府嘗爲刊行，後復有劉氏、申氏諸本。今仍改題《化書》，而以陳景元跋附焉峭爲唐國子司業洙之子，師嵩山道士，得辟穀養氣之術，見沈汾《續仙傳》中。其説神怪不足深辨。又道家稱峭爲『紫霄眞人』而《五代史·閩世家》稱王昶好巫，拜道士譚紫霄爲正一先生。其事與峭同時，不知卽爲一人否？方外之人，行蹤靡定，亦無從而究詰矣。

雜録

元·俞琰《席上腐談》卷下　《化書》乃譚峭所作。峭字景升，攜其書來求齊丘序。齊丘殺景升，遂竊其書，自名之。

明·陸容《菽園雜記》卷一一　家有《化書》一册，云宋齊邱撰。宋學士景濂《諸子辯》云：『《齊邱子》六卷，一名《化書》，世傳為偽唐宋齊邱子嵩作，非也。作者終南山隱者譚峭景升，齊邱竊之者也。』後見一書有云：『景升因游三茅，道過金陵，見宋齊邱，出《化書》授之，曰：「是書之化，化化無窮。願子序而傳之後世。」齊邱以酒飲景升，虐之盛醉，以革囊裹景升，縫之，投深淵中，奪此以為己書，作序傳世。後有隱者漁淵，獲革囊，剖而視之，一人鼾睡囊中。漁者大呼，乃覺。問其姓名，曰：「我譚景升也。宋齊邱奪我《化書》，沈我於淵。今《化書》曾無行乎？」漁者答曰：「《化書》行之久也。」景升曰：「《化書》若行，不復入世矣。吾睡此囊中，得大休歇，煩君將若囊再縫，而復投斯淵，是亦願望。」漁者如其言，再沈之。齊邱後為南唐相，不得其死。』宜哉！此記齊邱奪書頗詳，而似涉怪誕。《化書》，《道藏》中亦有之，云眞人譚景升撰。沈淵事若信有之，景升其所謂眞人耶。

清·章學誠《文史通義》卷二　竊人之所言，以爲己有者，好名爲甚，而爭功次之。功欺一時，而名欺千古也。以己之所作，僞託古人者，奸利爲甚，而好事次之；好事則罪盡於一身，奸利則傚尤而蔽風俗矣。齊邱竊《化書》於譚峭，郭象竊《莊》注於向秀，君子以謂儇薄無行矣。作者如有知，但欲其説顯白於天下，而不必明之自我也。然而不能不惘心於竊之者，蓋穿窬胠篋之智，必有竄易更張以就其掩著，而因以失其本指也。

張弧分部

綜述

宋·王堯臣《崇文總目》卷三　《素履子》一卷，張宏撰，原釋闕。

侗按：《宋志》、張弧撰。

清·董誥等《全唐文》卷八二八　弧，將仕郎試大理評事。

論説

宋·鄭樵《通志略·校讎略第一》　凡性命道德之書，可以求之道家。小學文字之書，可以求之釋氏。如《素履子》、《玄眞子》、《尹子》、《鬻子》之類，道家皆有。如《蒼頡篇》、《龍龕手鑑》、郭移《音訣圖字母》之類，釋氏皆有。《周易》之書，多藏於卜筮家。《洪範》之書，多藏於五行家。且如邢褵《周易略例正義》，今《道藏》有之。京房《周易飛伏例》，卜筮家有之。此之謂旁類以求。

明·胡應麟《經籍會通》卷三　六經之後擬作者，世但知揚王一二，然不止是也。書亡逸故後無述焉，今稍類列於篇，擬易者【略】張弧《素履子》。

清·董誥等《全唐文》卷八二八《素履子序》　夫素履子者，取《周易》履卦初九『素履往無咎』。以純素爲本，履以履行爲先。雖布衣，素須履先王之政教。故取天地之始，乾坤之初，聖人設教之規，賢哲行道之迹。夫禍福之端，生於所履。是以聖人以德履帝位，而不疚光明者也。士庶履能辨上下，定民志，輒修一十四篇，號曰《素履子》，以爲箴誡而已。

清・永瑢等《四庫全書總目》卷一一六《子部・素履子》　唐張弧撰。以《履道》、《履德》、《履忠》、《履孝》等名分目，凡十四篇。其書《新唐書・藝文志》、晁公武《讀書志》、陳振孫《書録解題》，尤袤《遂初堂書目》皆未著録，惟鄭樵《藝文略》、《宋史・藝文志》有之。蓋其詞義平近，出於後代，不能與漢、魏諸子抗衡，故自宋以來，不甚顯於世。宋濂作《諸子辨》，亦未之及。然其援引經史，根據理道，要皆本聖賢垂訓之旨，而歸之於正，蓋亦儒家者流也。弧，《唐書》無傳。宋晁説之《學易堂記》，謂世所傳子夏《易傳》，乃弧僞作。舊題其官爲大理評事，而里貫已不可考。《藝文略》、《宋志》皆作一卷。今本三卷，殆後人所分析歟？

雜録

《龔自珍集》卷一　古書眞而又完具者益少，佚篇尤多者，《司馬法》是也。能言各書之遺憾歟。又有古人作僞，並其僞而亡之，後人又僞僞，如唐張弧作《子夏易傳》，今則並非弧書是也。尚有類此者歟。古書淪亡，後人掇拾他書所引輯一書，近人爲此學者衆矣。

《隋唐五代政治分典》引用書目

啓顏録　侯白　隋　中華書局二〇一四年本
藝文類聚　歐陽詢等　唐　上海古籍出版社一九八五年本
大唐創業起居注　温大雅　唐　上海古籍出版社一九八三年本
唐太宗全集　李世民　唐　天津古籍出版社二〇〇四年本
隋書　魏徵等　唐　中華書局一九七三年本
周書　令狐德棻等　唐　中華書局一九七一年本
唐律疏議　長孫無忌等　唐　中華書局一九八三年本
北史　李延壽　唐　中華書局一九七四年本
南史　李延壽　唐　中華書局一九七五年本
陳書　姚思廉　唐　中華書局一九七二年本
駱丞集　駱賓王　唐　商務印書館一九三七年本
括地志　李泰　唐　中華書局一九八〇年本
大唐西域記　釋玄奘　唐　上海人民出版社一九七七年本
楊盈川集　楊炯　唐　四部叢刊本
盧昇之集　盧照鄰　唐　中華書局一九九八年本
陳拾遺集　陳子昂　唐　中華書局一九六二年本
開元升平源　吳兢　唐　上海古籍出版社一九八五年本
集古今佛道論衡　釋道宣　唐　四川人民出版社一九九九年本
廣弘明集　釋道宣　唐　文淵閣四庫全書本
續高僧傳　釋道宣　唐　上海古籍出版社一九九一年本
釋迦方志　釋道宣　唐　中華書局一九八三年本
大唐西域求法高僧傳　釋義淨　唐　中華書局一九八八年本
南海寄歸內法傳　釋義淨　唐　中華書局一九九五年本
臣軌　武曌　唐　江蘇古籍出版社一九八八年本
魏鄭公諫録　王方慶　唐　文淵閣四庫全書本
開元釋教録　釋智昇　唐　文淵閣四庫全書本
史通　劉知幾　唐　文淵閣四庫全書本
初學記　徐堅等　唐　文淵閣四庫全書本
長短經　趙蕤　唐　文淵閣四庫全書本
張九齡集　張九齡　唐　中華書局二〇〇八年本
國秀集　芮挺章　唐　上海古籍出版社一九七八年本
河嶽英靈集　殷璠　唐　四部叢刊本
常建詩集　常建　唐　汲古閣正本
沈佺期集　沈佺期　唐　中華書局二〇〇一年本
張燕公集　張説　唐　文淵閣四庫全書本
朝野僉載　張鷟　唐　中華書局一九七九年
貞觀政要　吳兢　唐　中華書局二〇〇三年本
唐六典　李林甫等　唐　中華書局一九九二年本
李太白集　李白　唐　文淵閣四庫全書本
兩京新記　韋述　唐　三秦出版社二〇〇六年本
封氏聞見記　封演　唐　中華書局二〇〇五年本
儲光義詩集　儲光義　唐　文津閣四庫全書本
王右丞集　王維　唐　四部叢刊初編本
高常侍集　高適　唐　文津閣四庫全書本
李遐叔文集　李華　唐　文津閣四庫全書本
岑嘉州詩　岑參　唐　中華書局二〇〇四年本
杜工部詩集　杜甫　唐　文津閣四庫全書本
次山集　元結　唐　文津閣四庫全書本

中興間氣集　高仲武　唐　上海古籍出版社一九七八年本
錢仲文集　錢起　唐　上海古籍出版社一九九三年本
皇甫冉詩集　皇甫冉　唐　四部叢刊本
毘陵集　獨孤及　唐　文津閣四庫全書本
顔魯公集　顔真卿　唐　文淵閣四庫全書本
顔魯公文集　顔真卿　唐　四部叢刊本
劉隨州集　劉長卿　唐　中華書局一九九六年本
司空曙詩集　司空曙　唐　中華書局一九九六年本
韋蘇州集　韋應物　唐　商務印書館一九三七年本
歐陽行周文集　歐陽詹　唐　四部叢刊本
李文公集　李翱　唐　文淵閣四庫全書本
卓異記　李翱　唐　文淵閣四庫全書本
通典　杜佑　唐　中華書局一九八八年本
翰苑集　陸贄　唐　文淵閣四庫全書本
酉陽雜俎　段成式　唐　中華書局一九八一年本
往五天竺國傳　釋慧超　唐　中華書局二〇〇〇年本
經行記　杜環　唐　中華書局二〇〇〇年本
長恨歌傳　陳鴻　唐　上海古籍出版社一九八五年本
翰林志　李肇　唐　臺灣新興書局一九七五年本
華陽集　顧況　唐　文淵閣四庫全書本
權文公集　權德輿　唐　文淵閣四庫全書本
大唐新語　劉肅　唐　中華書局一九八四年本
呂衡州集　呂温　唐　文淵閣四庫全書本
元和姓纂　林寶　唐　文淵閣四庫全書本
元和郡縣志　李吉甫　唐　文淵閣四庫全書本
昌谷集　李賀　唐　文津閣四庫全書本
劉賓客文集　劉禹錫　唐　文津閣四庫全書本
五百家注柳先生集　柳宗元　唐　文淵閣四庫全書本
柳河東集　柳宗元　唐　文津閣四庫全書本
集異集　薛用弱　唐　文淵閣四庫全書本
唐國史補　李肇　唐　上海古籍出版社一九七九年本
元氏長慶集　元稹　唐　文津閣四庫全書本
韋蘇州集　韋應物　唐　四部叢刊本
孟東野詩集　孟郊　唐　上海古籍出版社一九九三年本
韓昌黎詩集　韓愈　唐　中華書局二〇一二年本
五百家注昌黎文集　韓愈　唐　文淵閣四庫全書本
韓集舉正　韓愈　唐　文渊閣四庫全書本
東雅堂昌黎集注　韓愈　唐　文淵閣四庫全書本
昌黎文集　韓愈　唐　文淵閣四庫全書本
白氏長慶集　白居易　唐　文淵閣四庫全書本
白孔六帖　白居易　唐　文淵閣四庫全書本
朱慶餘詩集　朱慶餘　唐　宋臨安府睦親坊陳宅經籍鋪刻本
李相國論事集　李絳　唐　文淵閣四庫全書本
王司馬集　王建　唐　文淵閣四庫全書本
張司業集　張籍　唐　文津閣四庫全書本
元稹集　元稹　唐　臺北漢京文化事業有限公司一九八三年本
沈下賢集　沈亞之　唐　南開大學出版社二〇〇三年本
長江集　賈島　唐　上海古籍出版社一九八三年本
元氏長慶集補遺　元稹　唐　文淵閣四庫全書本
獨異志　李亢　唐　中華書局一九八三年本
安禄山事迹　姚汝能　唐　中華書局二〇〇六年本
姚少監詩集　姚合　唐　文淵閣四庫全書本
極玄集　姚合　唐　上海古籍出版社一九五八年本
李紳集　李紳　唐　中華書局二〇〇九年本
梅妃傳　曹鄴　唐　上海古籍出版社輯校本
次柳氏舊聞　李德裕　唐　上海古籍出版社一九八五年本
會昌一品集　李德裕　唐　文淵閣四庫全書本
樊川文集　杜牧　唐　四部叢刊本
樊川文集外集　杜牧　唐　四部叢刊本
唐闕史　高彥休　唐　臺灣新興書局一九八三年本

黎嶽集　李頻　唐　文淵閣四庫全書本
羅昭諫集　羅隱　唐　文津閣四庫全書本
張祜處士集　張祜　唐　叢書集成續編本
宣室志　張讀　唐　文淵閣四庫全書本
甘澤謡　袁郊　唐　文淵閣四庫全書本
明皇雜録　鄭處誨　唐　上海古籍出版社一九八五年本
劉賓客嘉話録　韋絢　唐　文津閣四庫全書本
丁卯詩集　許渾　唐　文津閣四庫全書本
蠻書　樊綽　唐　中華書局一九六二年本
李義山文集箋注　李商隱　唐　文淵閣四庫全書本
東觀奏記　裴庭裕　唐　江蘇廣陵古籍刻印社一九八三年本
本事詩　孟棨　唐　廣益書局一九三三年本
杜陽雜編　蘇鶚　唐　江蘇廣陵古籍刻印社一九八三年本
歷代名畫記　張彦遠　唐　人民美術出版社一九六三年本
雲溪友議　范攄　唐　江蘇廣陵古籍刻印社一九八三年本
玉泉子　佚名　唐　江蘇廣陵古籍刻印社一九八三年本
北里志　孫棨　唐　臺灣新興書局一九七八年本
劇談録　康軿　唐　臺灣新興書局一九七五年本
温飛卿詩集　温庭筠　唐　文津閣四庫全書本
隋唐嘉話　劉餗　唐　中華書局一九七九年本
孫可之集　孫樵　唐　文淵閣四庫全書本
徐正字詩賦　徐寅　唐　文津閣四庫全書本
大唐傳載　佚名　唐　文津閣四庫全書本
松窗雜録　李濬　唐　文淵閣四庫全書本
因話録　趙璘　唐　上海古籍出版社一九七九年本
伸蒙子　林慎思　唐　知不足齋叢書本
續孟子　林慎思　唐　知不足齋叢書本
李林甫外傳　佚名　唐　上海古籍出版社一九八五年輯校本
幸蜀記　宋居白　唐　杭州出版社二〇〇四年本
幽閒鼓吹　張固　唐　中華書局一九五八年本
開天傳信記　鄭綮　唐　文淵閣四庫全書本
明皇雜録　鄭處誨　唐　上海古籍出版社一九八五年本
甫里先生文集　陸龜蒙　唐　河南大學出版社一九九六年本
陸甫里小品　陸龜蒙　唐　文化藝術出版社一九九七年本
桂苑筆耕録　崔志遠　唐　中華書局一九八五年本
黄御史集　黄滔　唐　文津閣四庫全書本
皮子文藪　皮日休　唐　上海古籍出版社一九八一年本
鮑溶詩集　鮑溶　唐　文淵閣四庫全書本
唐英哥詩　吳融　唐　文津閣四庫全書本
浣花集　韋莊　唐　文津閣四庫全書本
素履子　張弧　唐　文淵閣四庫全書本
無能子　佚名　唐　中華書局一九八一年本
雲臺編　鄭谷　唐　文津閣四庫全書本
禪月集　貫休　唐　文津閣四庫全書本
唐摭言　王定保　南漢　中華書局一九六〇年本
舊唐書　劉昫等　五代　中華書局一九七五年本
開元天寶遺事　王仁裕　五代　中華書局一九八五年本
玉堂閒話　王仁裕　五代　杭州出版社二〇〇四年本
于闐國行程録　平居誨　五代　杭州出版社二〇〇四年本
才調集　韋縠　後蜀　文津閣四庫全書本
鑑誡録　何光遠　五代　中華書局一九八五年本
吳越備史　錢儼　五代　四部叢刊本
化書　譚峭　南唐　中華書局一九九六年本
續仙傳　沈汾　南唐　文淵閣四庫全書本
金華子　劉崇遠　南唐　臺灣新興書局一九七八年本
葆光録　陳纂　宋　杭州出版社二〇〇四年本
周世宗實録　王溥　宋　杭州出版社二〇〇四年本
唐會要　王溥　宋　上海古籍出版社二〇〇六年本
野人閒話　耿焕　宋　杭州出版社二〇〇四年本
錦里耆舊傳　句延慶　宋　杭州出版社二〇〇四年本

清異録　陶穀　宋　臺灣新興書局《筆記小説大觀》一九七八年本
郡閣雅談　潘若沖　宋　文淵閣四庫全書本
九家集注杜詩　郭知達　宋　文淵閣四庫全書本
舊五代史　薛居正等　宋　中華書局一九七六年本
太平廣記　李昉等　宋　中華書局一九六一年本
五代會要　王溥　宋　上海古籍出版社二〇〇六年本
益州名畫録　黄休復　宋　杭州出版社二〇〇四年本
該聞録　李畋　宋　文淵閣四庫全書本
五代史纂誤　吳縝　宋　文淵閣四庫全書本
文苑英華　李昉等　宋　中華書局一九六六年本
小畜集　王禹偁　宋　文津閣四庫全書本
五代史闕文　王禹偁　宋　文淵閣四庫全書本
續翰林志　蘇易簡　宋　知不足叢書本
紀異志　秦再思　宋　文淵閣四庫全書本
洛陽搢紳舊聞記　張奇賢　宋　杭州出版社二〇〇四年本
廣卓異記　樂史　宋　江蘇廣陵古籍刻印社一九八三年本
楊太真外傳　樂史　宋　上海古籍出版社一九八五年輯校本
江表志　鄭文寶　宋　杭州出版社二〇〇四年本
南唐近事　鄭文寶　宋　杭州出版社二〇〇四年本
江南別録　陳彭年　宋　杭州出版社二〇〇四年本
咸平集　田錫　宋　文津閣四庫全書本
西崑酬唱集　楊億　宋　文津閣四庫全書本
崇古文訣　樓昉　宋　文淵閣四庫全書本
乖崖集　張詠　宋　文淵閣四庫全書本
太平寰宇記　樂史　宋　中華書局二〇〇七年點校本
宋高僧傳　釋贊寧　宋　中華書局二〇〇七年點校本
洞微志　錢易　宋　文淵閣四庫全書本
釣磯立談　史温　宋　杭州出版社二〇〇四年本
開譚録　蘇耆　宋　文淵閣四庫全書本
五代春秋　尹洙　宋　杭州出版社二〇〇四年本
五代名畫補遺　劉道醇　宋　杭州出版社二〇〇四年本
玉壺野史　釋文瑩　宋　江蘇廣陵古籍刻印社一九八三年本
集古録　歐陽修　宋　上海古籍出版社一九九五年影印本
南部新書　錢易　宋　中華書局二〇〇二年本
唐文粹　姚鉉　宋　文淵閣四庫全書本
雲笈七籤　張君房　宋　中華書局二〇〇三年本
五代史補　陶越　宋　文淵閣四庫全書本
冊府元龜　王欽若等　宋　文淵閣四庫全書本
涉齋集　許綸　宋　文津閣四庫全書本
宛陵集　梅堯臣　宋　文津閣四庫全書本
母音　張翥　宋　文淵閣四庫全書本
徂徠集　石介　宋　文津閣四庫全書本
文莊集　夏竦　宋　文淵閣四庫全書本
范文正集　范仲淹　宋　文淵閣四庫全書本
崇文總目　王堯臣等　宋　文淵閣四庫全書本
河南先生集　尹洙　宋　四部叢刊本
新五代史　歐陽修　宋　中華書局一九七四年本
唐史論斷　孫甫　宋　商務印書館一九六〇年本
蘇軾詩集　蘇軾　宋　中華書局一九八二年本
蘇軾文集　蘇軾　宋　中華書局一九八六年本
欒城後集　蘇轍　宋　文津閣四庫全書本
蘇門六君子文粹　佚名　宋　文津閣四庫全書本
盱江集　李覯　宋　文津閣四庫全書本
皇王大紀　胡宏　宋　文淵閣四庫全書本
新唐書　歐陽修等　宋　中華書局一九七五年本
新唐書糾謬　吳縝　宋　文淵閣四庫全書本
景文集　宋祁　宋　文津閣四庫全書本
儒林公議　田況　宋　文津閣四庫全書本
伊川擊壤集　邵雍　宋　文津閣四庫全書本

公是集　劉敞　宋　文淵閣四庫全書本
唐百家詩選　王安石　宋　文津閣四庫全書本
湘山野録　釋文瑩　宋　中華書局一九八四年本
蜀檮杌　張唐英　宋　文淵閣四庫全書本
青瑣集　劉斧　宋　臺灣新興書局一九七五年本
江南餘載　佚名（一曰鄭文寶）　宋　杭州出版社二〇〇四年本
文忠集　歐陽修　宋　文淵閣四庫全書本
唐鑑　范祖禹　宋　上海古籍出版社一九八一年本
鄖溪集　鄭獬　宋　文津閣四庫全書本
鐔津集　釋契嵩　宋　文淵閣四庫全書本
祠部集　强至　宋　文津閣四庫全書本
青山集　郭祥正　宋　文津閣四庫全書本
丹淵集　文同　宋　文淵閣四庫全書本
唐大詔令集　宋敏求　宋　商務印書館一九五九年本
長安志　宋敏求　宋　成文出版社有限公司一九三一年本
九國志拾遺　路振　宋　中華書局一九八五年本
廣川書跋　董逌　宋　中華書局一九八五年本
北夢瑣言　孫光憲　宋　中華書局一九六〇年本
資治通鑑　司馬光　宋　中華書局一九五六年本
清獻集　趙抃　宋　文淵閣四庫全書本
資治通鑑考異　司馬光　宋　國家圖書館出版社二〇〇三年本
元豐類稿　曾鞏　宋　文津閣四庫全書本
稽古録　司馬光　宋　文津閣四庫全書本
臨川集　王安石　宋　文淵閣四庫全書本
青箱雜記　吳處厚　宋　中華書局一九八五年本
樂全集　張方平　宋　文津閣四庫全書本
雲溪居士集　華鎮　宋　文淵閣四庫全書本
日涉園集　李彭　宋　商務印書館一九八六年本
何博士備論　何去非　宋　文淵閣四庫全書本
澠水燕談録　王辟之　宋　中華書局一九八一年本
夢溪筆談　沈括　宋　文物出版社一九七六年本
范太史集　范祖禹　宋　文淵閣四庫全書本
跨鼇集　李新　宋　文津閣四庫全書本
樂府詩集　郭茂倩　宋　中華書局一九七九年本
淮海集　秦觀　宋　文津閣四庫全書本
東坡全集　蘇軾　宋　文津閣四庫全書本
節孝集　徐積　宋　文淵閣四庫全書本
錢塘集　韋驤　宋　文津閣四庫全書本
山谷集別集　黄庭堅　宋　文津閣四庫全書本
山谷集外集　黄庭堅　宋　文淵閣四庫全書本
南唐書　馬令　宋　文淵閣四庫全書本
東軒筆録　魏泰　宋　中華書局一九九七年本
欒城集　蘇轍　宋　文淵閣四庫全書本
柯山集　張耒　宋　文淵閣四庫全書本
聞見近録　王鞏　宋　中華書局一九八四年本
姑溪居士全集前集　李之儀　宋　文淵閣四庫全書本
張載集　張載　宋　中華書局一九七八年本
宣和書譜　官方輯　宋　文淵閣四庫全書本
龍雲集　劉弇　宋　文淵閣四庫全書本
紺珠集　朱勝非　宋　文淵閣四庫全書本
海録碎事　葉廷珪　宋　中華書局二〇〇二年本
猗覺寮雜記　朱翌　宋　文淵閣四庫全書本
詩話總龜　阮閱　宋　文津閣四庫全書本
忠肅集　劉摯　宋　文津閣四庫全書本
唐詩紀事　計有功　宋　上海古籍出版社一九五五年本
詩史　蔡居厚　宋　文淵閣四庫全書本
少陽集　陳東　宋　知不足齋本
墨莊漫録　張邦基　宋　文淵閣四庫全書本
邵氏聞見録　邵伯温　宋　臺灣新興書局一九七七年本
侯鯖録　趙令時　臺灣新興書局一九七七年本

揮麈録　王明清　宋　文淵閣四庫全書本
冷然齋詩集　蘇泂　宋　文淵閣四庫全書本
宋文選　佚名　宋　文津閣四庫全書本
歷代名賢確論　佚名　宋　文津閣四庫全書本
山谷集　黄庭堅　宋　文津閣四庫全書本
石門文字禪　釋惠洪　宋　文津閣四庫全書本
廣陵集　王令　宋　文津閣四庫全書本
朱文公校昌黎先生文集　朱熹　宋　四部叢刊本
演山集　黄裳　宋　文淵閣四庫全書本
傳家集　司馬光　宋　文津閣四庫全書本
默記　王銍　宋　文淵閣四庫全書本
古靈集　陳襄　宋　文津閣四庫全書本
類説　曾慥　宋　文津閣四庫全書本
嬾真子　馬永卿　宋　廣陵書社一九八三年本
唐語林校證　王讜　宋　中華書局一九八七年本
紺珠集　佚名　宋　文淵閣四庫全書本
學林　王觀國　宋　中華書局一九八八年點校本
寓簡　沈作喆　宋　江蘇廣陵古籍刻印社一九八三年本
石林燕語　葉夢得　宋　文淵閣四庫全書本
石林詩話　葉夢得　宋　臺灣新興書局一九七七年本
斐然集　胡寅　宋　文淵閣四庫全書本
通志　鄭樵　宋　中華書局一九八七年本
江南野史　龍衮　宋　杭州出版社二〇〇四年本
宋名臣言行録　朱熹、李幼武　宋　清順治辛丑林雲銘刊本
客亭類稿　楊冠卿　宋　文津閣四庫全書本
梁谿集　李綱　宋　文津閣四庫全書本
蘇魏公文集　蘇頌　宋　文津閣四庫全書本
北海集　綦崇禮　宋　文淵閣四庫全書本
韋齋集　朱松　宋　文津閣四庫全書本
丹陽集　葛勝仲　宋　文淵閣四庫全書本
北山集　程俱　宋　文淵閣四庫全書本
樂府雅詞　曾慥　宋　文津閣四庫全書本
唯室集　陳長方　宋　文津閣四庫全書本
漁隱叢話前集　胡仔　宋　文淵閣四庫全書本
漁隱叢話後集　胡仔　宋　文淵閣四庫全書本
紫微集　張嵲　宋　文淵閣四庫全書本
太倉稊米集　周紫芝　宋　文淵閣四庫全書本
香溪集　范浚　宋　文淵閣四庫全書本
莊簡集　李光　宋　文淵閣四庫全書本
屏山集　劉子翬　宋　文津閣四庫全書本
西溪叢語　姚寬　宋　文淵閣四庫全書本
苕溪集　劉一止　宋　文淵閣四庫全書本
通鑑總類　沈樞　宋　文淵閣四庫全書本
濟南集　李廌　宋　文津閣四庫全書本
樵雲獨唱　葉顒　宋　文淵閣四庫全書本
芸庵類稿　李洪　宋　文津閣四庫全書本
相山集　王之道　宋　文津閣四庫全書本
浪語集　薛季宣　宋　中華書局一九八六年本
東牟集　王洋　宋　文津閣四庫全書本
宋文鑑　呂祖謙　宋　文津閣四庫全書本
萬首唐人絶句　洪邁　宋　文淵閣四庫全書本
東萊集　呂祖謙　宋　文淵閣四庫全書本
九家集注杜詩　郭知達　宋　文淵閣四庫全書本
定齋集　蔡戡　宋　文淵閣四庫全書本
竹洲集　吳儆　宋　文淵閣四庫全書本
盤洲文集　洪适　宋　文淵閣四庫全書本
劍南詩稿　陸遊　宋　文津閣四庫全書本
省齋集　廖行之　宋　文淵閣四庫全書本
雪山集　王質　宋　叢書集成初編本
竹屋癡語　高觀國　宋　文津閣四庫全書本

清波雜志　周煇　宋　文津閣四庫全書本
石湖詩集　范成大　宋　文津閣四庫全書本
石湖居士詩集　范成大　宋　文津閣四庫全書本
石湖詩集　范成大　宋　文淵閣四庫全書本
象山集　陸九淵　宋　文淵閣四庫全書本
龍川集　陳亮　宋　文淵閣四庫全書本
演繁露　程大昌　宋　商務印書館一九八三年本
宋名臣奏議　趙汝愚　宋　文淵閣四庫全書本
清江三孔集　孔文仲　宋　文津閣四庫全書本
東都事略　王稱　宋　文淵閣四庫全書本
歷代制度詳説　呂祖謙　宋　浙江古籍出版社二〇〇八年本
晦庵集　朱熹　宋　文津閣四庫全書本
續資治通鑑長編　李燾　宋　中華書局一九九五年本
錦繡萬花谷　佚名　宋　文淵閣四庫全書本
吳郡志　范成大　宋　江蘇古籍出版社一九九九年本
三朝北盟會編　徐夢莘　宋　上海古籍出版社一九八七年本
經幄管見　曹彦約　宋　文淵閣四庫全書本
羣書考索　章如愚　宋　文淵閣四庫全書本
容齋隨筆　洪邁　宋　中華書局二〇〇五年本
容齋續筆　洪邁　宋　中華書局一九九一年本
容齋三筆　洪邁　宋　中華書局二〇〇五年本
容齋四筆　洪邁　宋　中華書局二〇〇五年本
容齋五筆　洪邁　宋　中華書局二〇〇五年本
項氏家説　項安世　宋　世界書局一九三五年本
歷代兵制　陳傅良　宋　文淵閣四庫全書本
止齋集　陳傅良　宋　文津閣四庫全書本
江湖長翁集　陳造　宋　文淵閣四庫全書本
攻媿集　樓鑰　宋　文淵閣四庫全書本
勉齋集　黄榦　宋　文淵閣四庫全書本
梅屋集　許棐　宋　文淵閣四庫全書本
彝齋文編　趙孟堅　宋　文淵閣四庫全書本
魯齋集　王柏　宋　文淵閣四庫全書本
誠齋集　楊萬里　宋　文津閣四庫全書本
竹莊詩話　何溪汶　宋　文津閣四庫全書本
義豐集　王阮　宋　文淵閣四庫全書本
老學庵筆記　陸遊　宋　中華書局一九七九年本
野客叢書　王楙　宋　中華書局二〇一〇年點校本
木鍾集　陳埴　宋　文淵閣四庫全書本
潁川語小　陳叔方　宋　文淵閣四庫全書本
後樂集　衛涇　宋　文淵閣四庫全書本
舊朝編年備要　陳均　宋　國家圖書館出版社二〇〇四年本
玉海　王應麟　宋　江蘇古籍出版社一九八七年本
五代登科記　韓思　宋　杭州出版社二〇〇四年本
近思録　朱熹　宋　中華書局二〇一一年本
楓窗小牘　袁褧　宋　上海古籍出版社二〇〇一年本
雲麓漫鈔　趙彦衛　宋　中華書局一九九六年本
通鑑總類　沈樞　宋　中華書局一九九六年本
泠然齋集　蘇泂　宋　文津閣四庫全書本
筠谿集　李彌遜　宋　文津閣四庫全書本
雙溪類稾　王炎　宋　文津閣四庫全書本
賓退録　趙與時　宋　上海古籍出版社一九八三年本
友林乙稾　史彌寧　宋　文津閣四庫全書本
澗泉集　韓淲　宋　文津閣四庫全書本
緣督集　曾豐　宋　文津閣四庫全書本
靈巖集　唐士恥　宋　文津閣四庫全書本
慈湖遺書　楊簡　宋　文淵閣四庫全書本
燕翼詒謀録　王栐　宋　文淵閣四庫全書本
筠谿集　李彌遜　宋　文淵閣四庫全書本
兩宋名賢小集　陳思　宋　文淵閣四庫全書本
緯略　高似孫　宋　文津閣四庫全書本

西塍集　宋伯仁　宋　文津閣四庫全書本
平齋文集　洪咨夔　宋　四部叢刊續編本
鶴山集　魏了翁　宋　文淵閣四庫全書本
漫塘集　劉宰　宋　文津閣四庫全書本
恥堂存稿　高斯得　宋　廣雅書局清光緒二十五年刻本
野谷詩稿　趙汝鐩　宋　文津閣四庫全書本
楳埜集　徐元傑　宋　文淵閣四庫全書本
北溪字義　陳淳　宋　中華書局一九八三年本
方輿勝覽　祝穆　宋　中華書局二〇〇三年本
鶴林玉露　羅大經　宋　中華書局一九八三年本
五燈會元　釋普濟　宋　中華書局一九八四年本
後村詩話　劉克莊　宋　中華書局一九八三年本
後村集　劉克莊　宋　文津閣四庫全書本
唐宋諸賢絶妙詞選　黄升　宋　文津閣四庫全書本
錦繡萬花谷前集　陳振孫　宋　文淵閣四庫全書本
雪坡集　姚勉　宋　文津閣四庫全書本
江湖小集　陳起　宋　文津閣四庫全書本
葦航漫遊稿　胡仲弓　宋　文津閣四庫全書本
續世説　孔平仲　宋　叢書集成初編本
後村先生大全集　劉克莊　宋　四部叢刊本
魯齋集　王柏　宋　文津閣四庫全書本
真山民集　真山民　宋　文津閣四庫全書本
孝詩　林同　宋　文淵閣四庫全書本
剩語　艾性夫　宋　文津閣四庫全書本
佛祖統紀校注　釋志磐　宋　上海古籍出版社二〇一二年本
黄氏日抄　黄震　宋　文淵閣四庫全書本
古今紀要　黄震　宋　文淵閣四庫全書本
彝齋文編　趙孟堅　宋　文津閣四庫全書本
須溪集　劉辰翁　宋　文津閣四庫全書本
浩然齋雅談　周密　宋　文淵閣四庫全書本
霽山文集　林景熙　宋　文淵閣四庫全書本
桐江續集　方回　宋　文津閣四庫全書本
文山集　文天祥　宋　文津閣四庫全書本
石堂先生遺集　陳普　宋　續修四庫全書本
湖山類稿　汪元量　宋　文津閣四庫全書本
説郛　陶宗儀　宋　文淵閣四庫全書本
郡齋讀書志校證　晁公武　宋　上海古籍出版社一九九〇年本
西山讀書記　眞德秀　宋　文淵閣四庫全書本
直齋書録解題　陳振孫　宋　上海古籍出版社一九八七年本
燕石集　宋褧　宋　文淵閣四庫全書本
朱子語類　黎靖德　宋　中華書局一九八六年本
唐才子傳　辛文房　宋　中華書局一九六五年本
陳剛中詩集　陳孚　宋　文淵閣四庫全書本
榘菴集　同恕　宋　文淵閣四庫全書本
師山集　鄭玉　宋　文淵閣四庫全書本
史詠詩集　徐鈞　宋　叢書集成續編本
宋貞士羅滄州先生集　羅公升　宋　上海古籍出版社二〇〇二年本
三楚新録　周羽翀　宋　文淵閣四庫全書本
通鑑釋文辨誤　胡三省　宋　文淵閣四庫全書本
困學紀聞　王應麟　宋　上海古籍出版社二〇〇八年本
小學紺珠　王應麟　宋　文淵閣四庫全書本
席上腐談　俞琬　宋　文淵閣四庫全書本
蜀鑑　郭允蹈　宋　叢書集成初編本
五國故事　佚名　宋　文淵閣四庫全書本
學易集　劉跂　宋　文淵閣四庫全書本
赤城集　林表民　宋　文津閣四庫全書本
隨隱漫録　陳世崇　宋末元初　文津閣四庫全書本
拙軒集　王寂　金　文津閣四庫全書本
滏水集　趙秉文　金　文淵閣四庫全書本
滹南集　王若虛　金　文津閣四庫全書本

莊靖集　李俊民　金　文津閣四庫全書本
中州集　元好問　金　文津閣四庫全書本
遺山集　元好問　金　四部叢刊本
唐詩鼓吹　元好問　金　文津閣四庫全書本
湛然居士集　耶律楚材　元　文津閣四庫全書本
文獻通考　馬端臨　元　中華書局二〇一一年本
養吾齋集　劉將孫　元　文津閣四庫全書本
申齋集　劉嶽申　元　文淵閣四庫全書本
天籟集　白樸　元　文津閣四庫全書本
雙溪醉隱集　耶律鑄　元　文津閣四庫全書本
秋聲集　衛宗武　元　文淵閣四庫全書本
艮齋詩集　侯克中　元　文淵閣四庫全書本
西巖集　張之翰　元　文津閣四庫全書本
玉井樵唱　尹廷高　元　文淵閣四庫全書本
青崖集　魏初　元　文津閣四庫全書本
山房隨筆　蔣正子　元　文津閣四庫全書本
翠寒集　宋無　元　文津閣四庫全書本
啽囈集　宋無　元　四庫全書存目叢書本
秋巖詩集　陳宜甫　元　文津閣四庫全書本
秋澗集　王惲　元　四部叢刊本
瀛奎律髓　方回　元　文淵閣四庫全書本
陳剛中詩集　陳孚　元　文淵閣四庫全書本
紫山大全集　胡祗遹　元　文津閣四庫全書本
隱居通議　劉壎　元　文津閣四庫全書本
秋澗先生大全文集　王惲　元　四部叢刊本
中原音韻　周德清　元　文津閣四庫全書本
月屋漫稿　黄庚　元　文津閣四庫全書本
斗南老人集　胡奎　元　文津閣四庫全書本
吳文正集　吳澄　元　文津閣四庫全書本
牆東類稿　陸文圭　元　文津閣四庫全書本
元風雅前集　傅習等　元　文津閣四庫全書本
元風雅後集　孫存吾　元　文津閣四庫全書本
淵穎集　吳萊　元　文津閣四庫全書本
遼史　脱脱等　元　中華書局一九七四年點校本
此山詩集　周權　元　文津閣四庫全書本
弁山小隱吟録　黄玠　元　文淵閣四庫全書本
歷世真仙體道通鑑　趙道一　元　文淵閣四庫全書本
宋史　脱脱等　元　中華書局一九七七年本
道園學古録　虞集　元　文津閣四庫全書本
桂隱詩集　劉詵　元　文津閣四庫全書本
谷音　杜本　元　文津閣四庫全書本
居竹軒詩集　成廷圭　元　文津閣四庫全書本
師山集　鄭玉　元　文淵閣四庫全書本
大雅集　賴良　元　文津閣四庫全書本
學言稿　吳當　元　文津閣四庫全書本
至正集　許有壬　元　文淵閣四庫全書本
釋氏稽古略　釋覺岸　元　文淵閣四庫全書本
草堂雅集　顧瑛　元　中華書局二〇〇八年本
玉山璞稿　顧瑛　元　文津閣四庫全書本
鐵厓詠史　楊維禎　元　續修四庫全書本
可閒老人集　張昱　元　文津閣四庫全書本
剡源文集　戴表元　元　文津閣四庫全書本
石初集　周霆震　元　文津閣四庫全書本
蘭軒集　王旭　元　文津閣四庫全書本
歐陽論範　歐陽起鳴　元　齊魯書社一九九七年本
伊濱集　王沂　元　文津閣四庫全書本
九靈山房集　戴良　元　文淵閣四庫全書本
滎陽外史集　鄭真　元　文淵閣四庫全書本
梧溪集　王逢　元　文津閣四庫全書本
花谿集　沈夢麟　元　文津閣四庫全書本

東山存稿　趙汸　元　　文津閣四庫全書本
雁門集　薩都剌　元　　四部叢刊本
石田文集　馬祖常　元　　文津閣四庫全書本
純白齋類稿　胡助　元　　文津閣四庫全書本
北軒筆記　陳世隆　元　　文津閣四庫全書本
麟原文集　王禮　元　　文淵閣四庫全書本
敬鄉録　吳師道　元　　文淵閣四庫全書本
虚舟集　王稱　明　　商務印書館一九八六年本
玉笥集　鄧雅　明　　文津閣四庫全書本
秋澗集　王惲　明　　四部叢刊本
林登州集　林弼　明　　文淵閣四庫全書本
尚絅齋集　童冀　明　　文津閣四庫全書本
翠屏集　張以寧　明　　文淵閣四庫全書本
元史　宋濂等　明　　中華書局一九七六年本
陶學士集　陶安　明　　文津閣四庫全書本
鳳池吟稿　汪廣洋　明　　文津閣四庫全書本
空同集　李夢陽　明　　文淵閣四庫全書本
草閣詩集　李昱　明　　文淵閣四庫全書本
雲林集　危素　明　　文淵閣四庫全書本
誠意伯文集　劉基　明　　文淵閣四庫全書本
白雲集　唐桂芳　明　　文津閣四庫全書本
文憲集　宋濂　明　　文淵閣四庫全書本
性理大全書　胡廣等　明　　文淵閣四庫全書本
耕學齋詩集　袁華　明　　文津閣四庫全書本
三華集　錢子義　明　　文津閣四庫全書本
唐詩品彙　高棅　明　　文津閣四庫全書本
清江詩集　貝瓊　明　　文津閣四庫全書本
繼志齋集　王紳　明　　文淵閣四庫全書本
毋音　佚名　明　　文津閣四庫全書本
文毅集　解縉　明　　商務印書館一九八六年本
栢軒集　凌雲翰　明　　文津閣四庫全書本
元詩體要　宋緒　明　　文淵閣四庫全書本
西郊笑端集　董紀　明　　文津閣四庫全書本
金文靖集　金幼孜　明　　文淵閣四庫全書本
遜志齋集　方孝孺　明　　文津閣四庫全書本
張光弼詩集　張昱　明　　文津閣四庫全書本
東里集　楊士奇　明　　文津閣四庫全書本
運甓漫稿　李昌祺　明　　商務印書館一九八六年本
高太史大全集　高啓　明　　文津閣四庫全書本
敬軒文集　薛瑄　明　　文津閣四庫全書本
明一統志　李賢等　明　　三秦出版社一九九〇年本
武功集　徐有貞　明　　文淵閣四庫全書本
胡文敬集　胡居仁　明　　文淵閣四庫全書本
重編瓊臺　丘濬　明　　文淵閣四庫全書本
歷代名臣奏議　楊士奇等　明　　臺灣學生書局一九六四年影印本
大學衍義補　丘濬　明　　文淵閣四庫全書本
小鳴稿　朱誠泳　明　　文津閣四庫全書本
篁墩文集　程敏政　明　　文津閣四庫全書本
新安文獻志　程敏政　明　　文淵閣四庫全書本
椒邱文集　何喬新　明　　文淵閣四庫全書本
家藏集　吳寬　明　　文淵閣四庫全書本
未軒文集　黄仲昭　明　　文淵閣四庫全書本
西涯樂府　李東陽　明　　叢書集成續編本
懷麓堂集　李東陽　明　　文津閣四庫全書本
古城集　張吉　明　　商務印書館一九八六年本
楓山集　章懋　明　　文淵閣四庫全書本
王文成公全書　王守仁　明　　商務印書館一九三三年本
楓山語録　章懋　明　　文淵閣四庫全書本
文簡集　孫承恩　明　　文津閣四庫全書本
震澤集　王鏊　明　　文淵閣四庫全書本

金薤琳琅　都穆　明　文淵閣四庫全書本
東江家藏集　顧清　明　文淵閣四庫全書本
懷星堂集　祝允明　明　文淵閣四庫全書本
容春堂集前集　邵寶　明　文淵閣四庫全書本
洹詞　崔銑　明　文淵閣四庫全書本
儼山集　陸深　明　文津閣四庫全書本
菽園雜記　陸容　明　中華書局一九八五年本
張子抄釋　呂柟　明　文淵閣四庫全書本
王陽明集　王守仁　明　文淵閣四庫全書本
沙溪集　孫緒　明　文淵閣四庫全書本
鶡林子　趙釴　明　叢書集成續編本
甫田集　文徵明　明　文津閣四庫全書本
全蜀藝文志　楊慎　明　續修四庫全書本
升菴集　楊慎　明　文淵閣四庫全書本
詞林萬選　楊慎　明　河北大學出版社二〇〇五年本
丹鉛餘録　楊慎　明　文淵閣四庫全書本
陳白沙集　陳獻章　明　文淵閣四庫全書本
稗編　唐順之　明　文淵閣四庫全書本
七修類稿　郎瑛　明　中華書局一九六一年本
震川集　歸有光　明　文淵閣四庫全書本
古詩紀　馮惟訥　明　文淵閣四庫全書本
讀書後　王世貞　明　文津閣四庫全書本
弇州四部稿　王世貞　明　文淵閣四庫全書本
弇山堂別集　王世貞　明　中華書局一九八五年本
文章辨體匯選　賀復徵　明　上海古籍出版社一九八七年本
唐詩鏡　陸時雍　明　商務印書館二〇一三年本
通雅　方以智　明　上海古籍出版社一九八八年本
立齋遺文　鄒智　明　文淵閣四庫全書本
穀山筆麈　于慎行　明　中華書局一九八四年本
讀史漫録　于慎行　明　齊魯書社一九九六年本
文海披沙　謝肇淛　明　大連圖書供應社一九三五年本
農政全書　徐光啓　明　文淵閣四庫全書本
幔亭集　徐熥　明　文津閣四庫全書本
唐宋八大家文鈔　茅坤　明　文津閣四庫全書本
清正存稿　徐鹿卿　明　文津閣四庫全書本
廣快書　何偉然　明　叢書集成續編本
宋六十名家詞　毛晉　明　上海古籍出版社一九八九年本
五代詩話　鄭方坤　明　文淵閣四庫全書本
山堂肆考　彭大翼　明　上海古籍出版社一九九二年影印本
藏書　李贄　明　社會科學文獻出版社二〇〇一年本
焚書·續焚書　李贄　明　中華書局二〇一一年本
萬姓統譜　凌迪知　明　文淵閣四庫全書本
唐音癸籤　胡震亨　明　上海古籍出版社一九八一年本
詹氏小辨　詹景鳳　明　文淵閣四庫全書本
經籍會通　胡應麟　明　北京燕山出版社二〇〇八年本
少室山房筆叢　胡應麟　明　文淵閣四庫全書本
石倉歷代詩選　曹學佺　明　文津閣四庫全書本
二皇甫集　劉潤之　明　文淵閣四庫全書本
名義考　周祈　明　學生書局一九七一年影印本
陶菴全集　黃淳耀　明　文淵閣四庫全書本
熊峰集　石珤　明　文津閣四庫全書本
元詩選初集　顧嗣立　明　文津閣四庫全書本
閩書　何喬遠　明　福建人民出版社一九九五年本
讀史吟評　黃鵬揚　清　叢書集成續編本
歷代詩話　吳景旭　清　中華書局一九五八年本
澂景堂史　測施鴻　清　文淵閣四庫全書本
十國春秋　吳任臣　清　中華書局一九八三年本
讀書齋偶存稿　葉方藹　清　文津閣四庫全書本
兼濟堂文集　魏裔介　清　文淵閣四庫全書本
蒼梧詞　董元愷　清　續修四庫全書本

日知録　顧炎武　清　文津閣四庫全書本
歷代宅京記　顧炎武　清　中華書局一九八四年本
讀史方輿紀要　顧祖禹　清　中華書局二〇〇五年本
唐兩京城坊考　徐松　清　中華書局一九八五年本
愚菴小集　朱鶴齡　清　文津閣四庫全書本
宋詩鈔　吳之振等　清　文津閣四庫全書本
西湖夢尋　張岱　明　中華書局二〇〇八年本
求古録　顧炎武　清　文淵閣四庫全書本
御選古文淵鑑　徐乾學　清　文淵閣四庫全書本
堯峰文鈔　汪琬　清　四部叢刊本
讀通鑑論　王夫之　清　中華書局一九七五年本
宋論　王夫之　清　嶽麓書社二〇一一年《船山全書》本
明夷待訪録　黄宗羲　清　浙江古籍出版社二〇〇五年本
霜紅龕集　傅山　清　山西人民出版社一九八四年本
全唐詩　彭定求等　清　中華書局一九六〇年排印本
廣東新語　屈大均　清　中華書局一九八五年本
湛園集　薑宸英　清　文淵閣四庫全書本
松桂堂全集　彭孫遹　清　商務印書館一九八六年本
史弋　王楨　清　叢書集成續編本
古歡堂集　田雯　清　文津閣四庫全書本
明詩綜　朱彝尊　清　文津閣四庫全書本
全唐詩録　徐倬　清　文津閣四庫全書本
御定歷代題畫詩類　陳邦彥　清　文津閣四庫全書本
詞苑叢談　徐釚　清　中華書局二〇〇八年本
經義考　朱彝尊　清　文淵閣四庫全書本
曝書亭集　朱彝尊　清　商務印書館一九三五年本
御選宋金元明四朝詩　張豫章等　清　文津閣四庫全書本
二家詩選　王士禎　清　文淵閣四庫全書本
精華録　王士禎　清　文津閣四庫全書本
居易録　王士禎　清　文淵閣四庫全書本
阮亭詩餘　王士禎　清　叢書集成初編本
衍波詞　王士禎　清　叢書集成初編本
五代詩話　王士禎　清　中華書局一九八五年本
一草亭讀史漫筆　吳孟堅　清　上海書店一九九四年本
午亭文編　陳廷敬　清　文淵閣四庫全書本
御纂朱子全書　李光地等　清　上海古籍出版社二〇〇二年本
聖祖仁皇帝御製文集　愛新覺羅·玄燁　清　文淵閣四庫全書本
御訂全金詩增補中州集　郭元釪　清　文津閣四庫全書本
顧亭林詩文集·亭林詩集　顧炎武　清　中華書局一九五九年本
史傳三編　朱軾　清　文津閣四庫全書本
山西通志　覺羅石麟等　清　文津閣四庫全書本
陝西通志　劉於義等　清　文淵閣四庫全書本
四川通志　黄廷桂等　清　文淵閣四庫全書本
福建通志　郝玉麟等　清　文淵閣四庫全書本
清一統志　徐乾學、和珅、穆彰阿等　清　四部叢刊本
鹽亭縣志　張松孫等　清　中國地方志集成一九九〇年本
御製樂善堂全集定本　愛新覺羅·弘曆　清　文津閣四庫全書本
因園集　趙執信　清　文津閣四庫全書本
宋百家詩存　曹庭棟　清　文津閣四庫全書本
存研樓文集　儲大文　清　文淵閣四庫全書本
宋詩紀事　厲鶚　清　文津閣四庫全書本
綱目訂誤　陳景雲　清　文淵閣四庫全書本
清文穎　張廷玉等　清　文淵閣四庫全書本
歷代通鑑輯覽　傅恒等　清　文津閣四庫全書本
歷代職官表　紀昀等　清　文淵閣四庫全書本
四庫全書總目提要　永瑢等　清　中華書局一九九七年本

望溪集　方苞　清　商務印書館一九四二年本
五代春秋志疑　華湛恩　清　杭州出版社二〇〇四年本
山東通志　岳濬等　清　臺灣商務印書館一九八六年本
唐摭言序　盧見曾　清　中華書局一九六〇年本
五禮通考　秦蕙田　清　臺灣商務印書館一九八六年本
續通典　嵇璜等　清　商務印書館一九三五年本
續通志　嵇璜等　清　清光緒十二年浙江書局本
廿二史考異　钱大昕　清　上海古籍出版社二〇〇四年校點本
南漢紀　吳蘭修　清　杭州出版社二〇〇四年本
南漢書　梁廷枏　清　杭州出版社二〇〇四年本
南漢叢録　梁廷枏　清　杭州出版社二〇〇四年本
補五代藝文志　顧懷三　清　杭州出版社二〇〇四年本
南唐拾遺記　毛先舒　清　杭州出版社二〇〇四年本
補南唐藝文志　汪振民　清　杭州出版社二〇〇四年本
訂譌雜録　胡鳴玉　清　中華書局一九八五年影印本
清詩別裁集　沈德潛　清　上海古籍出版社二〇〇四年本
洪北江詩文集　洪亮吉　清　四部叢刊本
廿二史劄記　趙翼　清　中華書局一九八四年本
樹經堂詠史詩　謝啓昆　清　四庫未收書輯刊本
六藝之一録　倪濤　清　文淵閣四庫全書本
十七史商榷　王鳴盛　清　上海古籍出版社二〇〇五年本
德風亭詞　王貞儀　清　清光緒二十一年刻本影印本
詞苑萃編　馮金伯　清　續修四庫全書本
小倉山房詩文集　袁枚　清　上海古籍出版社一九八八年本
評鑑闡要　愛新覺羅・弘曆　清　文淵閣四庫全書本
御製詩集　愛新覺羅・弘曆　清　文淵閣四庫全書本
古今儲貳金鑑　愛新覺羅・弘曆　清　文淵閣四庫全書本
讀史管見　王轂　清　叢書集成續編本
話雲軒詠史詩　曹振鏞　清　清代詩文集彙編本
文史通義　章學誠　清　中華書局一九八五年本
校讎通義　章學誠　清　四庫備要本
通俗編　翟灝　清　中華書局二〇一三年本
誠應武肅王集　錢隗等　清　北京線裝書局二〇〇三年本
瓶水齋詩集　舒位　清　上海古籍出版社一九九一年本
艷雪堂詩集　張晉　清　清道光十八年刻本影印本
詠史擬古樂府　陳啓疇　清　清代詩文集彙編本
澹香齋詩草　王廷紹　清　清代詩文集彙編本
唐宋小樂府　洪亮吉　清　叢書集成續編本
全唐文　董誥等　清　中華書局一九八三年本
陔餘叢考　趙翼　清　文淵閣四庫全書本
甌北詩話校注　趙翼　清　人民文學出版社二〇一三年本
大雲山房文稿　惲敬　清　四部叢刊本
四庫未收書目提要　阮元　清　商務印書館一九五五年本
龔自珍集　龔自珍　清　四部叢刊本
曾文正公文集　李翰章　清　四部叢刊本
覺生詠史詩鈔　鮑桂星　清　清代詩文集彙編本
本事詞　葉申薌　清　古典文學出版社一九五七年本
樂園詩稿　嚴如熤　清　清代詩文集彙編本
集義軒詠史詩鈔　羅惇衍　清　清代詩文集彙編本
全史宮詞　史夢蘭　清　四庫未收書輯刊本
師伏堂詠史詩　皮錫瑞　清　清光绪中善化皮氏刊本
歷代詞話　王奕清　清　河南教育出版社二〇〇二年本
蕉廊脞録　吳慶坻　清　中華書局一九九〇年本
霞外捃屑　平步青　清　中華書局一九五九年本
越縵堂讀書記　李慈銘　清　中華書局二〇〇六年本
眉廬叢話　況周頤　清　臺灣文海出版社一九六六年影印本
蕙風詞話　況周頤　清　人民文學出版社一九六〇年本
回回原來　佚名　清　民族文化宮一九八一年本
西來宗譜　馬啓榮　清　清光緒二年刊本

續修四庫全書本
晚晴簃詩匯　徐世昌　近代　中華書局二〇一〇年本
中國小説史略　魯迅　近代　中華書局一九九九年本
全唐五代詞　曾昭民等　當代　北京大學出版社一九九一年本
全宋詩　傅璇琮等　當代　中華書局一九六五年本
全宋詞　唐圭璋　當代　上海辭書出版社二〇〇六年本
全宋文　曾棗莊、劉琳　當代　中華書局一九八六年本
詞徵　張德瀛　當代　中華書局二〇〇四年本
全明詞　饒宗頤等　當代
全元散曲　隋樹森　當代　中華書局二〇〇八年本
中國回族金石録　于振貴等　當代　寧夏人民出版社二〇〇一年本
唐大和上東征傳　真人元開　日本　中華書局一九七九年本
入唐求法巡禮行記　釋圓仁　日本　花山文藝出版社一九九二年本
日本書紀　舍人親王等　日本　日本經濟雜志社大正六年本
續日本書紀　藤原繼繩等　日本　日本經濟雜志社大正三年本
三國史記　金富軾　朝鮮　吉林文史出版社二〇〇三年本
三國遺事　一然　朝鮮　吉林文史出版社二〇〇三年本

《中華大典》辦公室

主　任：于永湛

副主任：伍　傑

姜學中

編　審：趙含坤

崔望雲

馮寶志

宋志英

谷笑鵬

封面裝幀設計：章耀達

《中華大典·政治典·隋唐五代政治分典》

責任編輯：王　萍　邵永忠　劉志江

沈　偉　詹　奪　黄煦明

美術編輯：肖　輝　王歡歡

圖書在版編目（CIP）數據

中華大典．政治典．隋唐五代政治分典：全三冊 /《中華大典》工作委員會，《中華大典》編纂委員會編纂．—北京：人民出版社，2018．1
ISBN 978-7-01-017189-0

Ⅰ．①中…　Ⅱ．①中…　②中…　Ⅲ．①百科全書—中國　②政治制度史—中國—隋唐時代　③政治制度史—中國—五代十國時期
Ⅳ．①Z227　②D69

中國版本圖書館CIP數據核字(2016)第303830號

中華大典·政治典·隋唐五代政治分典

編纂：《中華大典》工作委員會
《中華大典》編纂委員會

出版：人民出版社
（北京市東城區隆福寺街99號　郵政編碼 100706）

印刷：北京墨閣印刷有限公司

經銷：全國新華書店

開本：787毫米×1092毫米　1/16

印張：214.25　字數：7000千字

2018年1月第1版　2018年1月北京第1次印刷

書號：ISBN 978-7-01-017189-0

定價：1600.00圓（全三冊）

ISBN 978-7-01-017189-0